中国海关
报关实用手册

《中国海关报关实用手册》编写组

2012

中国海关出版社

图书在版编目（CIP）数据

中国海关报关实用手册：2012/《中国海关报关实用手册》编写组编写．—北京：中国海关出版社，2012.1
ISBN 978－7－80165－865－4

Ⅰ.①中…　Ⅱ.①中…　Ⅲ.①进出口贸易—海关手续—中国—2012—手册　Ⅳ.①F752.5－62

中国版本图书馆 CIP 数据核字（2011）第 274657 号

中国海关报关实用手册（2012）

ZHONGGUO HAIGUAN BAOGUAN SHIYONG SHOUCE（2012）

作　　者：《中国海关报关实用手册》编写组
责任编辑：普　娜　左桂月　冯　菲
助理编辑：赵中娜　张　静　孙广余
出版发行：中国海关出版社
社　　址：北京市朝阳区东四环南路甲 1 号　　邮政编码：100023
网　　址：www.hgcbs.com.cn；www.hgbookvip.com
编 辑 部：01065194242－7527（电话）　　01065194231（传真）
发 行 部：01065194242－7540/42/44/45（电话）　　01065194233（传真）
社办书店：01065195616（电话）　　01065195127（传真）
北京市建国门内大街 6 号海关总署东配楼一层
印　　刷：北京市梓耕印刷有限公司　　经　　销：新华书店
开　　本：880mm×1230mm　1/16
印　　张：73.25　　字　　数：3100 千字
版　　次：2012 年 1 月第 1 版
印　　次：2012 年 1 月第 1 次印刷
书　　号：ISBN 978－7－80165－865－4
定　　价：280.00 元

前　言

自2012年1月1日起，国家将对进出口税目税率和贸易管理目录进行较大调整。为使进出口企业及时了解政策变动情况，加快通关速度，编写组组织海关系统法律和业务专家编写了《中国海关报关实用手册》（下称《报关手册》）。《报关手册》是海关工作人员、进出口企业报关员、预录入企业操作员必备的工作手册，也是与进出口有关的企事业单位了解海关业务和对进出口货物进行成本核算的重要参考资料。

《报关手册》的主要内容有：海关法律事务办理指南、海关最新规章及解读、进出口货物报关单填报规定、海关通关系统常用代码表及说明、10位海关商品编号、商品名称及备注、关税税率、进口环节增值税和消费税税率、海关统计计量单位、进出口监管证件代码、进出口商品暂定税率、各种最新区域或双边协定税率、进口商品从量税、复合税税率和进口关税与进口环节代征税计税常数表等。该《报关手册》具有查阅方便、一目了然的特点。

为方便用户查找，本书附赠光盘一张，具有模拟计税和商品查询功能，可以为用户自动计算综合税款，光盘所载内容与本书不一致时，以本书内容为准。

《报关手册》所列商品编号、商品名称、关税税率、监管证件代码和进口环节代征税税率以及进出口法律法规的截止日期为2011年12月31日。上述内容如有与国家进出口法律法规不一致之处，以法规条文为准。

《中国海关报关实用手册》编写组

2011年12月31日

光盘安装说明

本书所赠光盘是一个在 Windows 环境下运行的软件，现将有关软硬件条件及注意事项说明如下：

运行光盘所需条件

一、硬件条件

用户计算机配置应符合以下条件：

1. CPU 采用 pentium Ⅱ 及以上为宜；
2. 内存不低于 64M，128M 及以上效果更佳；
3. 光盘驱动器。

二、软件条件

1. 操作系统应当 Windows98、WindowsMe、Windows2000、WindowsNT 或更高版本；
2. Internet Explorer 5.5 及以上版本；
3. Ms xml 3.0 。

注 意 事 项

1. 本光盘无须安装，把光盘放入光驱中便可直接运行。
2. 如果 Internet Explorer 低于 5.5 版本，第一次放入光盘，会提示安装 IE 5.5，点击确定后，依照提示安装即可。安装完毕，系统将自动重启。
3. 第一次运行光盘，系统还会自动检测机器是否有 Ms xml 3.0 环境，若没有，光盘会自动安装。安装完毕，便可正常运行。

目　录

海关有关法律事务指南 …… 1

海关执法依据导读 …… 1
进出口货物申报指南 …… 4
进出口货物征税指南 …… 8
进出口货物减免税指南 …… 12
海关税收保全和强制措施指南 …… 15
海关执行的国家贸易管制措施指南 …… 17
知识产权海关保护制度指南 …… 23
海关行政复议指南 …… 29
海关行政诉讼指南 …… 33

海关最新规章及解读 …… 35

《中华人民共和国海关报关员资格考试及资格证书管理办法》及解读 …… 35
《中华人民共和国海关办理行政处罚简单案件程序规定》及解读 …… 41
《海关总署关于修改〈中华人民共和国海关对加工贸易货物监管办法〉的决定（二）》及解读 …… 44
《中华人民共和国海关进出境运输工具监管办法》及解读 …… 49
《中华人民共和国海关企业分类管理办法》及解读 …… 54
《中华人民共和国海关〈中华人民共和国政府和秘鲁共和国政府自由贸易协定〉项下进出口货物原产地管理办法》等几个原产地管理办法及解读 …… 60

海关进出口货物报关单填报规定 …… 77

中华人民共和国海关进出口货物报关单填制规范 …… 77

海关通关系统常用代码表及说明 …… 85

监管方式代码表及说明 …… 85
征免性质代码表及说明 …… 101
征减免税方式代码表及说明 …… 110
运输方式代码表及说明 …… 111
关区代码表及说明 …… 112
国内地区代码表及说明 …… 123
结汇方式代码表及说明 …… 132
监管证件代码表及说明 …… 133
用途代码表及说明 …… 136
其他代码表 …… 137

海关通关系统《商品综合分类表》 …… 145

使用说明 …… 145
商品归类总规则 …… 146

第一类 活动物；动物产品 …… 147
第一章 活动物 …… 147
第二章 肉及食用杂碎 …… 150
第三章 鱼、甲壳动物、软体动物及其他水生无脊椎动物 …… 154
第四章 乳品；蛋品；天然蜂蜜；其他食用动物产品 …… 165
第五章 其他动物产品 …… 167

第二类 植物产品 …… 170
第六章 活树及其他活植物；鳞茎、根及类似品；插花及装饰用簇叶 …… 170
第七章 食用蔬菜、根及块茎 …… 172
第八章 食用水果及坚果；甜瓜或柑橘属水果的果皮 …… 177
第九章 咖啡、茶、马黛茶及调味香料 …… 181
第十章 谷物 …… 183
第十一章 制粉工业产品；麦芽；淀粉；菊粉；面筋 …… 185
第十二章 含油子仁及果实；杂项子仁及果实；工业用或药用植物；稻草、秸秆及饲料 …… 187
第十三章 虫胶；树胶、树脂及其他植物液、汁 …… 192
第十四章 编结用植物材料；其他植物产品 …… 194

第三类 动、植物油、脂及其分解产品；精制的食用油脂；动、植物蜡 …… 195
第十五章 动、植物油、脂及其分解产品；精制的食用油脂；动、植物蜡 …… 195

第四类 食品；饮料、酒及醋；烟草、烟草及烟草代用品的制品 …… 199
第十六章 肉、鱼、甲壳动物、软体动物及其他水生无脊椎动物的制品 …… 199
第十七章 糖及糖食 …… 203
第十八章 可可及可可制品 …… 205
第十九章 谷物、粮食粉、淀粉或乳的制品；糕饼点心 …… 206
第二十章 蔬菜、水果、坚果或植物其他部分的制品 …… 208
第二十一章 杂项食品 …… 213
第二十二章 饮料、酒及醋 …… 215
第二十三章 食品工业的残渣及废料；配制的动物饲料 …… 217
第二十四章 烟草、烟草及烟草代用品的制品 …… 219

第五类 矿产品 …… 220
第二十五章 盐；硫磺；泥土及石料；石膏料、石灰及水泥 …… 220
第二十六章 矿砂、矿渣及矿灰 …… 225
第二十七章 矿物燃料、矿物油及其蒸馏产品；沥青物质；矿物蜡 …… 228

第六类 化学工业及其相关工业的产品 …… 232

第二十八章 无机化学品；贵金属、稀土金属、放射性元素及其同位素的有机及无机化合物 …… 232

第二十九章 有机化学品 …… 245

第三十章 药品 …… 278

第三十一章 肥料 …… 286

第三十二章 鞣料浸膏及染料浸膏；鞣酸及其衍生物；染料、颜料及其他着色料；油漆及清漆；油灰及其他类似胶粘剂；墨水、油墨 …… 288

第三十三章 精油及香膏；芳香料制品及化妆盥洗品 …… 292

第三十四章 肥皂、有机表面活性剂、洗涤剂、润滑剂、人造蜡、调制蜡、光洁剂、蜡烛及类似品、塑型用膏、“牙科用蜡”及牙科用熟石膏制剂 …… 294

第三十五章 蛋白类物质；改性淀粉；胶；酶 …… 297

第三十六章 炸药；烟火制品；火柴；引火合金；易燃材料制品 …… 299

第三十七章 照相及电影用品 …… 301

第三十八章 杂项化学产品 …… 304

第七类 塑料及其制品；橡胶及其制品 …… 311

第三十九章 塑料及其制品 …… 311

第四十章 橡胶及其制品 …… 320

第八类 生皮、皮革、毛皮及其制品；鞍具及挽具；旅行用品、手提包及类似容器；动物肠线（蚕胶丝除外）制品 …… 327

第四十一章 生皮（毛皮除外）及皮革 …… 327

第四十二章 皮革制品；鞍具及挽具；旅行用品、手提包及类似容器；动物肠线（蚕胶丝除外）制品 …… 332

第四十三章 毛皮、人造毛皮及其制品 …… 335

第九类 木及木制品；木炭；软木及软木制品；稻草、秸秆、针茅或其他编结材料制品；篮筐及柳条编结品 …… 337

第四十四章 木及木制品；木炭 …… 337

第四十五章 软木及软木制品 …… 351

第四十六章 稻草、秸秆、针茅或其他编结材料制品；篮筐及柳条编结品 …… 352

第十类 木浆及其他纤维状纤维素浆；回收（废碎）纸或纸板；纸、纸板及其制品 …… 354

第四十七章 木浆及其他纤维状纤维素浆；回收（废碎）纸或纸板 …… 354

第四十八章 纸及纸板；纸浆、纸或纸板制品 …… 356

第四十九章 书籍、报纸、印刷图画及其他印刷品；手稿、打字稿及设计图纸 …… 364

第十一类 纺织原料及纺织制品 …… 366

第五十章 蚕丝 …… 368

第五十一章 羊毛、动物细毛或粗毛；马毛纱线及其机织物 …… 371

第五十二章 棉花 …… 375

第五十三章 其他植物纺织纤维；纸纱线及其机织物 …… 397

第五十四章 化学纤维长丝；化学纤维纺织材料制扁条及类似品 …… 403
第五十五章 化学纤维短纤 …… 414
第五十六章 絮胎、毡呢及无纺织物；特种纱线；线、绳、索、缆及其制品 …… 433
第五十七章 地毯及纺织材料的其他铺地制品 …… 437
第五十八章 特种机织物；簇绒织物；花边；装饰毯；装饰带；刺绣品 …… 439
第五十九章 浸渍、涂布、包覆或层压的纺织物；工业用纺织制品 …… 444
第六十章 针织物及钩编织物 …… 450
第六十一章 针织或钩编的服装及衣着附件 …… 454
第六十二章 非针织或非钩编的服装及衣着附件 …… 476
第六十三章 其他纺织制成品；成套物品；旧衣着及旧纺织品；碎织物 …… 499

第十二类 鞋、帽、伞、杖、鞭及其零件；已加工的羽毛及其制品；人造花；人发制品 …… 505
第六十四章 鞋靴、护腿和类似品及其零件 …… 505
第六十五章 帽类及其零件 …… 509
第六十六章 雨伞、阳伞、手杖、鞭子、马鞭及其零件 …… 510
第六十七章 已加工羽毛、羽绒及其制品；人造花；人发制品 …… 511

第十三类 石料、石膏、水泥、石棉、云母及类似材料的制品；陶瓷产品；玻璃及其制品 …… 512
第六十八章 石料、石膏、水泥、石棉、云母及类似材料的制品 …… 512
第六十九章 陶瓷产品 …… 516
第七十章 玻璃及其制品 …… 518

第十四类 天然或养殖珍珠、宝石或半宝石、贵金属、包贵金属及其制品；仿首饰；硬币 …… 523
第七十一章 天然或养殖珍珠、宝石或半宝石、贵金属、包贵金属及其制品；仿首饰；硬币 …… 523

第十五类 贱金属及其制品 …… 528
第七十二章 钢铁 …… 528
第七十三章 钢铁制品 …… 539
第七十四章 铜及其制品 …… 545
第七十五章 镍及其制品 …… 549
第七十六章 铝及其制品 …… 551
第七十七章 （保留为协调制度将来所用）
第七十八章 铅及其制品 …… 555
第七十九章 锌及其制品 …… 557
第八十章 锡及其制品 …… 559
第八十一章 其他贱金属、金属陶瓷及其制品 …… 561
第八十二章 贱金属工具、器具、利口器、餐匙、餐叉及其零件 …… 565
第八十三章 贱金属杂项制品 …… 569

第十六类　机器、机械器具、电气设备及其零件；录音机及放声机、电视图像、声音的录制和重放设备及其零件、附件 …… 571
第八十四章　核反应堆、锅炉、机器、机械器具及其零件 …… 571
第八十五章　电机、电气设备及其零件；录音机及放声机、电视图像、声音的录制和重放设备及其零件、附件 …… 611

第十七类　车辆、航空器、船舶及有关运输设备 …… 630
第八十六章　铁道及电车道机车、车辆及其零件；铁道及电车道轨道固定装置及其零件、附件；各种机械（包括电动机械）交通信号设备 …… 630
第八十七章　车辆及其零件、附件，但铁道及电车道车辆除外 …… 633
第八十八章　航空器、航天器及其零件 …… 646
第八十九章　船舶及浮动结构体 …… 647

第十八类　光学、照相、电影、计量、检验、医疗或外科用仪器及设备、精密仪器及设备；钟表；乐器；上述物品的零件、附件 …… 649
第九十章　光学、照相、电影、计量、检验、医疗或外科用仪器及设备、精密仪器及设备；上述物品的零件、附件 …… 649
第九十一章　钟表及其零件 …… 661
第九十二章　乐器及其零件、附件 …… 664

第十九类　武器、弹药及其零件、附件 …… 666
第九十三章　武器、弹药及其零件、附件 …… 666

第二十类　杂项制品 …… 668
第九十四章　家具；寝具、褥垫、弹簧床垫、软坐垫及类似的填充制品；未列名灯具及照明装置；发光标志、发光铭牌及类似品；活动房屋 …… 668
第九十五章　玩具、游戏品、运动用品及其零件、附件 …… 671
第九十六章　杂项制品 …… 674

第二十一类　艺术品、收藏品及古物 …… 678
第九十七章　艺术品、收藏品及古物 …… 678

第二十二类　特殊交易品及未分类商品 …… 680
第九十八章　特殊交易品及未分类商品 …… 680

2012年出口商品关税、暂定及特别关税税率表 …… 681

附表 …… 695

附表1　2012年进口商品暂定税率表 …… 695
附表2　2012年进口商品消费税税率表 …… 718
附表3　2012年进口商品从量税、复合税税率表 …… 727

附表 4　入境旅客行李物品和个人邮递物品进口税税则归类表 …… 730
附表 5　入境旅客行李物品和个人邮递物品完税价格表 …… 733
附表 6　2012 年进口商品协定税率表 …… 745
附表 7　2012 年进口商品特惠税率表 …… 1032
附表 8　2012 年进口关税与进口环节代征税（消费税及增值税）计税常数表 …… 1154
附表 9　2012 年进口关税与进口环节代征税（增值税）计税常数表 …… 1155
附表 10　计量单位换算表 …… 1156

海关有关法律事务指南

海关执法依据导读

海关应当执行哪些法律法规?

《中华人民共和国海关法》(以下简称《海关法》)第二条规定:"中华人民共和国海关是国家的进出关境监督管理机关。海关依照本法和其他有关法律、行政法规,监管进出境的运输工具、货物、行李物品、邮递物品和其他物品,征收关税和其他税、费,查缉走私,并编制海关统计和办理其他海关业务。"

《海关法》第四十条规定:"国家对进出境货物、物品有禁止性或者限制性规定的,海关依据法律、行政法规,国务院的规定或者国务院有关部门依据法律、行政法规的授权作出的规定实施监管。具体监管办法由海关总署制定。"

按照上述规定,《海关法》及含有进出境货物、物品禁止性或者限制性规定的法律、行政法规均为海关执法依据。应当注意的是,按照《中华人民共和国立法法》(以下简称《立法法》)规定,法规分为行政法规和地方性法规。行政法规是指"国务院根据宪法和法律制定的"法规;地方性法规是指"省、自治区、直辖市的人民代表大会及其常务委员会根据本行政区域的具体情况和实际需要,在不同宪法、法律、行政法规相抵触的前提下"制定的法规。《海关法》规定行政法规为海关执法依据,从而排除了地方性法规的适用,这是由海关垂直管理体制决定的。

目前海关执行的法律、行政法规主要有:《中华人民共和国海关法》、《中华人民共和国海关关衔条例》、《海关关衔标志式样和佩带办法》、《国务院关于口岸开放的若干规定》、《中华人民共和国海关行政处罚实施条例》、《中华人民共和国知识产权海关保护条例》、《中华人民共和国进出口关税条例》、《中华人民共和国进出口货物原产地条例》、《中华人民共和国海关统计条例》、《中华人民共和国海关对出口加工区监管的暂行办法》、《保税区海关监管办法》、《中华人民共和国海关总署关于外国驻中国使馆和使馆人员进出境物品的规定》、《外国在华常驻人员携带进境物品进口税收暂行规定》、《中华人民共和国海关稽查条例》、《海关工作人员使用武器和警械的规定》、《残疾人专用品免征进口税收暂行规定》、《中华人民共和国海关船舶吨税暂行办法》等。

除法律、行政法规,海关还有哪些执法依据?

《立法法》第七十一条规定:"国务院各部、委员会、中国人民银行、审计署和具有行政管理职能的直属机构,可以根据法律和国务院的行政法规、决定、命令,在本部门的权限范围内,制定规章。"根据上述规定,海关总署制定并公布了《中华人民共和国海关立法工作管理规定》,其中第七条规定:"完整、全面规范某一类海关行政管理关系,并涉及行政相对人权利义务的,应当由海关总署制定海关规章。"为避免频繁修改而导致稳定性欠缺,法律法规通常并不就具体事项进行规范,但海关监管活动又与进出口实践密切相关,解决很多具体问题时都需要有法律依据,海关规章因而成为海关执法最主要的依据。

海关规章有严格的制定、修订及公布程序,海关总署令是海关规章的发布形式,海关规章通过海关总署网站、公告栏等途径公布,并以《中国海关文告》刊登的文本为标准文本。

现行有效的海关规章共有110余件,按照业务类别可以分为:

1. 综合类

《中华人民共和国海关立法工作管理规定》、《中华人民共和国海关关徽使用管理办法》、《中华人民共和国海关实施〈中华人民共和国行政许可法〉办法》、《中华人民共和国海关行政裁定管理暂行办法》、《中华人民共和国海关行政处罚听证办法》、《中华人民共和国海关行政复议办法》、《中华人民共和国海关行政赔偿办法》、《中华人民共和国海关办理申诉案件暂行规定》、《中华人民共和国海关关于〈中华人民共和国知识产权海关保护条例〉的实施办法》、《中华人民共和国海关关于进出口货物申请担保的管理办法》、《中华人民共和国海关行业标准管理办法（试行）》、《中华人民共和国海关关务公开办法》、《中华人民共和国海关行政许可听证办法》等。

2. 进出口货物监管类

《中华人民共和国海关进出口货物申报管理规定》、《中华人民共和国海关关于转关货物监管办法》、《中华人民共和国海关对过境货物监管办法》、《中华人民共和国海关对出口退税报关单管理办法》、《中华人民共和国海关关于超期未报关进口货物、误卸或者溢卸的进境货物和放弃进口货物的处理办法》、《中华人民共和国海关征收进口货物滞报金办法》、《中华人民共和国海关对出口监管仓库及所存货物的管理办法》、《中华人民共和国海关进口货物直接退运管理办法》、《中华人民共和国海关暂时进出境货物管理办法》、《中华人民共和国海关对免税商店及免税品监管办法》、《中华人民共和国海关进出口货物报关单修改和撤销管理办法》、《中华人民共和国海关进出口货物查验管理办法》、《中华人民共和国海关关于大嶝对台小额商品交易市场管理办法》、《中华人民共和国海关进出口货物集中申报管理办法》、《中华人民共和国海关监管场所管理办法》等。

3. 运输工具监管类

《中华人民共和国海关对进出境国际航行船舶及其所载货物、物品监管办法》、《中华人民共和国海关对国际航行船舶船员自用和船舶备用烟、酒的管理规定》、《中华人民共和国海关对国际铁路联运进出境列车和所载货物、物品监管办法》、《中华人民共和国海关关于境内公路承运海关监管货物的运输企业及其车辆、驾驶员的管理办法》、《中华人民共和国海关对用于装载海关监管货物的集装箱和集装箱式货车车厢的监管办法》、《中华人民共和国海关关于来往香港、澳门小型船舶及所载货物、物品管理办法》、《中华人民共和国海关关于来往香港、澳门公路货运企业及其车辆和驾驶员的管理办法》、《中华人民共和国海关对国际民航机监管办法》、《海关对长江驳运船舶转运进出口货物的管理规定》、《〈海关对长江驳运船舶转运进出口货物的管理规定〉实施细则》、《中华人民共和国海关对我国兼营国际国内运输船舶的监管规定》、《中华人民共和国海关进出境运输工具舱单管理办法》等。

4. 进出境物品监管类

"中华人民共和国禁止进出境物品表"、"中华人民共和国限制进出境物品表"、《中华人民共和国海关关于进出境旅客通关的规定》、《中华人民共和国海关对进出境旅客行李物品监管办法》、"旅客进出境行李物品分类表"、《中华人民共和国海关对进出境旅客旅行自用物品的管理规定》、《中华人民共和国海关关于过境旅客行李物品管理规定》、《中华人民共和国海关对中国籍旅客进出境行李物品的管理规定》、《中华人民共和国海关进出境印刷品及音像制品监管办法》、《中华人民共和国海关对常驻机构进出境公用物品监管办法》、《中华人民共和国海关对非居民长期旅客进出境自用物品监管办法》、《中华人民共和国海关对我出国人员进出境免验范围的规定》、《中华人民共和国海关关于境外登山团体和个人进出境物品管理规定》、《中华人民共和国海关对旅客携带和个人邮寄中药材、中成药出境的管理规定》、《中华人民共和国海关对旅客携运和个人邮寄文物出口的管理规定》、《中华人民共和国海关对进出境快件监管办法》、《中华人民共和国海关对进口遗物的管理规定》、"入境旅客行李物品和个人邮递物品进口税税则归类表"、"入境旅客行李物品和个人邮递物品完税价格表"、《中华人民共和国海关对高层次留学人才回国和海外科技专家来华工作进出境物品管理办法》、《中华人民共和国海关对外国驻中国使馆和使馆人员进出境物品监管办法》等。

5. 关税征收管理类

《中华人民共和国海关进出口货物征税管理办法》、《中华人民共和国海关关于〈扶贫、慈善性捐赠物资免征进口税收暂行办法〉的实施办法》、《中华人民共和国海关计核涉嫌走私的货物、物品偷逃税款暂行办法》、《中华人民共和国海关对外国政府、国际组织无偿赠送及我国履行国际条约规定进口物资减免税的审批和管理办法》、《国家限制进口机电产品进口零件、部件构成整机主要特征的确定原则和审批、征税的试行规定》、《中华人民共和国海关审定进出口货物完税价格办法》、《中华人民共和国海关进出口货物商品归类管理规定》、《中华人民共和国海关化验管理办法》、《中华人民共和国海关进出口货物减免税管理办法》、《中华人民共和国海关税收保全和强制措施暂行办法》等。

6. 原产地规则类

《中华人民共和国海关关于执行〈内地与香港关于建立更紧密经贸关系的安排〉项下〈关于货物贸易的原产地规则〉的规定》、《中华人民共和国海关关于执行〈内地与澳门关于建立更紧密经贸关系的安排〉项下〈关于货物贸易的原产地规则〉的规定》、《中华人民共和国海关关于执行〈中华人民共和国与东南亚国家联盟全面经济合作框架协议〉项下〈中国—东盟自由贸易区原产地规则〉的规定》、《中华人民共和国海关〈亚太贸易协定〉项下进出口货物原产地管理办法》、《关于非优惠原产地规则中实质性改变标准的规定》、《中华人民共和国海关〈中华人民共和国政府与巴基斯坦伊斯兰共和国政府自由贸易协定〉项下进口货物原产地管理办法》、《中华人民共和国海关特别优惠关税待遇进口货物原产地管理办法》、《中华人民共和国海关〈中华人民共和国与智利共和国政府自由贸易协定〉项下进口货物原产地管理办法》、《中华人民共和国海关〈中华人民共和国政府和新西兰政府自由贸易协定〉项下进出口货物原产地管理办法》、《中华人民共和国海关〈中华人民共和国政府和新加坡共和国政府自由贸易协定〉项下进出口货物原产地管理办法》、《中华人民共和国海关进出口货物优惠原产地管理规定》等。

7. 加工贸易保税监管类

《中华人民共和国海关对加工贸易货物监管办法》、《中华人民共和国海关对保税仓库及所存货物的管理规定》、《中华人民共和国海关关于加工贸易保税货物跨关区深加工结转的管理办法》、《中华人民共和国海关对进料加工保税集团管理办法》、《中华人民共和国海关对加工贸易保税工厂管理办法》、《中华人民共和国海关关于加工贸易边角料、剩余料件、残次品、副产品和受灾保税货物的管理办法》、《中华人民共和国海关关于异地加工贸易的管理办法》、《中华人民共和国海关加工贸易单耗管理办法》、《中华人民共和国海关出口加工区货物出区深加工结转管理办法》、《中华人民共和国海关加工贸易企业联网监管办法》、《中华人民共和国海关对保税物流园区的管理办法》、《中华人民共和国海关对上海钻石交易所监管办法》、《中华人民共和国海关珠澳跨境工业区珠海园区管理办法》、《中华人民共和国海关对保税物流中心（A型）的暂行管理办法》、《中华人民共和国海关对保税物流中心（B型）的暂行管理办法》、《中华人民共和国海关保税港区管理暂行办法》、《中华人民共和国海关保税核查办法》等。

8. 调查稽查类

《中华人民共和国海关对检举或协助查获违反海关法案件有功人员的奖励办法》、《〈中华人民共和国海关稽查条例〉实施办法》、《中华人民共和国海关实施人身扣留规定》、《中华人民共和国海关办理行政处罚案件程序规定》、《中华人民共和国海关计核违反海关监管规定案件货物、物品价值办法》等。

9. 企业管理类

《中华人民共和国海关对报关员记分考核管理办法》、《中华人民共和国海关企业分类管理办法》、《中华人民共和国海关对报关单位注册登记管理规定》、《中华人民共和国海关关于报关员资格考试及资格证书管理办法》、《中华人民共和国海关报关员执业管理办法》等。

10. 其他

《中华人民共和国海关对外商投资企业进出口货物监管和征免税办法》、《中华人民共和国边民互市贸易管理办法》、《中华人民共和国海关统计工作管理规定》等。

海关执法依据可以通过哪些途径获得?

海关执法依据目前已全部公开。2008年10月出版的《中华人民共和国海关法规汇编》收录了截至2008年10月15日，现行有效作为海关直接执法依据的法律、行政法规、海关规章及其他海关规范性文件901件。同时，可以在海关总署官方网站（www. customs. gov. cn）找到有关执法依据内容。

进出口货物申报指南

什么是申报?

申报是指进出口货物的收发货人或受委托的报关企业，依照《中华人民共和国海关法》（以下简称《海关法》）以及有关法律、行政法规和规章的要求，在规定的期限、地点，采用电子数据报关单和纸质报关单的形式，向海关报告实际进出口货物的情况，并接受海关审核的行为。

申报是进出口货物收发货人履行海关手续的必要环节之一。从法律意义上讲，申报意味着收发货人向海关报告进出口货物的实际情况，申请海关按其申报的内容放行进出口货物。因此，申报不仅是收发货人必须履行的法定义务，也是海关确认进出口货物合法性的先决条件。

根据《海关法》的规定，进出口货物的收发货人应当向海关如实申报，交验进出口许可证件和有关单证。如实申报是指进出口货物的收发货人或受委托的报关企业在向海关申请办理货物通关手续时，按规定的格式真实、准确地填报与进出口货物有关的各项内容。如实申报不仅是货物快捷通关的前提，同时也是进出口货物申报人的法定义务。进出口货物的收发货人、受委托的报关企业应当对申报内容的真实性、准确性、完整性和规范性承担相应的法律责任。

具备申报资格需满足哪些条件?

根据《海关法》的规定，进出口货物的收发货人，可以自行向海关申报，也可以选择委托报关企业向海关申报。向海关办理申报手续的进出口货物收发货人、受委托的报关企业应当预先在海关依法办理注册登记手续，否则，海关不接受其申报。为进出口货物收发货人、受委托的报关企业办理申报手续的人员，应当是取得报关员资格并在海关注册登记的报关员；未取得报关员资格或未在海关注册登记的人员，不得办理进出口货物的申报手续。

海关在接受申报时，首先审核报关单位及其人员是否符合以下条件：

1. 进出口货物的报关单位是有权经营进出口业务的企业；
2. 有权经营进出口业务的企业已向海关办理了报关注册登记手续；
3. 专门或代理从事办理报关手续的专业报关企业、代理报关企业，已向海关办理了报关注册登记手续；
4. 办理申报手续的人员，应当是取得报关员资格并在海关注册登记的报关员。

申报形式有哪些?

办理进出口货物的海关申报手续，应当采用纸质报关单和电子数据报关单的申报形式。

纸质报关单申报形式是指进出口货物的收发货人、受委托的报关企业，按照《中华人民共和国海关进出口货物填制规范》（以下简称《填制规范》）的要求填制纸质报关单，备齐随附单证，向海关当面递交单证的申报方式。进出口货物纸质报关单是收发货人向海关递交的报告货物情况的法律文书，是海关依法监管货物进出口的重要凭证。进出口货物的收发货人或受委托的报关企业必须按照《填制规范》的要求如实、准确地填写，并对所填制内容的真实性、准确性、合法性、完整性负责。

电子数据申报形式是指进出口货物的收发货人、受委托的报关企业备齐随附单证，通过计算机系统，按照《填制规范》的要求录入进出口货物报关单电子数据，通过中国电子口岸将数据传输至海关通关作业系统的申报方式。进出口货物的收发货人或受委托的报关企业在向海关进行纸质报关单申报的同时，应当以电子数据报关单形式向海关申报。特殊情况下，经海关同意，可以先采用纸质报关单形式申报，事后补报电子数据，补报的电子数据应当与纸质报关单内容相一致。

电子数据报关单与纸质报关单具有相同的法律效力。进出口货物的收发货人或受委托的报关企业必须承担因电子数据申报不实而引起的相关法律责任。因此，报关单位在向海关传输电子数据前应当认真核查所申报内容是否规范、准确，交验单证和随附单据是否齐全、有效，是否与申报内容相符。

进出口货物的申报期限有多长?

进口货物的收货人、受委托的报关企业应当自运输工具申报进境之日起 14 日内向海关申报。进口转关运输货物的收货人、受委托的报关企业应当自运输工具申报进境之日起 14 日内向进境地海关办理转关运输手续，有关货物应当自运抵指运地之日起 14 日内向指运地海关申报。

出口货物的发货人、受委托的报关企业，除海关特准外，应当在货物运抵海关监管区后、装货的24小时以前向海关申报。

进口货物逾期未申报需承担哪些法律后果?

根据《中华人民共和国海关征收进口货物滞报金办法》的有关规定，进口货物的收货人超过规定期限向海关申报产生滞报，由海关依法征收滞报金。征收进口货物滞报金应当按日计征，以运输工具申报进境之日起第15日为起征日，以海关接受申报之日为截止日，除另有规定外，起征日和截止日均计入滞报期间。滞报金的日征收金额为进口货物完税价格的0.5‰，以人民币“元”为计征单位，不足人民币1元的部分免予计征。滞报金的起征点为人民币50元。

进口货物的收货人自运输工具申报进境之日起超过3个月未向海关申报的，其进口货物由海关提取依法变卖处理，所得价款在扣除运输、装卸、储存等费用和税款后，尚有余款的，自货物依法变卖之日起1年内，经收货人申请，予以发还；其中属于国家对进口有限制性规定，应当提交许可证件而不能提供的，不予发还。逾期无人申请或不予发还的，上缴国库。

如何确定申报日期?

申报日期是指申报数据被海关接受的日期。无论是以电子数据报关单形式申报还是以纸质报关单形式申报，海关以接受申报数据的日期作为接受申报日期。

以电子数据报关单形式申报的，申报日期为海关通关作业系统接受申报数据时记录的日期，该日期将反馈给报关数据发送单位，或公布于海关业务现场，或通过公共信息系统发布。

以纸质报关单形式申报的，申报日期为海关接受纸质报关单并对报关单进行登记处理的日期。

除此之外，以下几种特殊情况申报日期的确定原则是：

1. 电子数据报关单经过海关计算机检查被退回的，视为海关不接受申报，进出口货物的收发货人、受委托的报关企业应当按照要求修改后重新申报，申报日期为海关接受重新申报的日期。

2. 海关计算机系统已接受申报的报关单电子数据，经人工审核后，需要对部分申报内容进行修改的，进出口货物收发货人、受委托的报关企业应当按照海关规定进行修改并重新发送，申报日期仍为海关原接受申报的日期。

3. 海关审结电子数据报关单后，进出口货物收发货人、受委托的报关企业未在规定期限或核准的期限内递交纸质报关单的，海关删除电子数据报关单，收发货人或报关企业应当重新申报，申报日期为海关接受重新申报的日期。

进出口货物收发货人如何委托报关企业办理报关手续?

进出口货物的收发货人可以自行向海关申报，也可以委托报关企业向海关申报。进出口货物收发货人委托报关企业向海关办理申报手续，应办理委托手续，与报关企业签订载有明确委托事项的委托文件，并提供委托报关事项的真实情况。

委托文件应当使用规范统一的代理报关委托文书。代理报关委托文书纸质格式包括报关委托书、委托报关协议两个文本。报关委托书主要是明确双方的法律地位和责任，侧重于确立委托关系，是进出口货物收发货人单方面授权的法律文书；委托报关协议侧重于履行“合理审查”职责、为填制报关单作准备，进出口货物收发货人要如实提供委托报关事项的真实情况，报关企业要认真履行“合理审查”的法律义务。

报关企业接受进出口货物收发货人的委托，以自己的名义或以委托人的名义向海关申报的，应当向海关提交由委托人签署的授权委托书，并按照委托书的授权范围办理有关海关手续。

报关企业对进出口货物收发货人提供情况的“合理审查”包括哪些内容?

报关企业接受进出口货物收发货人的委托办理报关手续时，应当对委托人所提供情况的真实性、准确性、完整性进行合理审查，审查内容包括：

1. 证明进出口货物实际情况的有关资料，包括进出口货物的品名、规格、用途、产地、贸易方式等；

2. 有关进出口货物的合同、发票、运输单据、装箱单等商业单据；

3. 进出口所需要的许可证件及随附单证；

4. 海关要求的加工贸易手册（纸质或电子数据）以及其他进出口单证。

此外，报关企业还应当向其委托人了解买卖双方是否具有关联关系，对货物的处置、使用是否有特殊的限制条件等情况，以便向海关如实申报。

报关企业对进出口货物收发货人所提供情况的真实性、准确性、完整性未能履行合理审查义务，致使其申报的内容不真实、不合法的，应承担相应的法律责任。根据《中华人民共和国海关行政处罚实施条例》的规定，报关企业、报关人员对委托人所提供情况的真实性未进行合理审查，或者因工作疏忽致使发生申报不实情形的，海关可以对报关企业处货物价值10%

以下的罚款，暂停其6个月以内从事报关业务或者执业；情节严重的，撤销其报关注册登记、取消其报关从业资格。

进口货物收货人能否在申报前查看货物或提取货样?

进口货物的收货人在向海关申报前，因确定货物的品名、规格、型号、归类等原因，可以向海关提出查看货物或者提取货样的书面申请。经海关审核同意的，派员到场实际监管。

进口货物的收货人查看货物或提取货样时，由海关开具取样记录和取样清单。提取货样的货物涉及动植物及其产品以及其他须依法提供检疫证明的，应当按照国家有关法律规定，在取得主管部门签发的书面批准证明后提取。提取货样后，到场实际监管的海关工作人员和进口货物的收货人应当在取样记录和取样清单上签字确认。

收发货人或报关企业办理申报手续时需向海关递交哪些报关单证?

进出口货物的收发货人、受委托的报关企业应当自接到海关“现场交单”或“放行交单”通知之日起10日内，持纸质报关单并备齐随附单证，向货物所在地海关递交书面单证并办理相关海关手续。

进出口货物的收发货人、受委托的报关企业到海关现场办理接单审核、征收税费及验放手续时，应当向海关递交与电子数据报关单内容相一致的纸质报关单、国家实行进出口管理的许可证件及海关要求的随附单证等。进出口货物报关单应当随附的主要单证包括：

1. 贸易合同；
2. 商业发票；
3. 装箱清单；
4. 载货清单（舱单）；
5. 提（运）单；
6. 代理报关授权委托协议；
7. 进出口许可证件；
8. 海关要求的加工贸易手册（纸质或电子数据）以及其他进出口有关单证。

货物实际进出口前，海关已对该货物作出预归类决定的，进出口货物的收发货人、受委托的报关企业在货物实际进出口申报时应当向海关提交“预归类决定书”。

收发货人或报关企业办结海关手续后可以向海关申请签发哪些单据?

进出口货物的收发货人、受委托的报关企业在办结海关手续后，可以向海关申请签发下列单据：

1. 用于办理出口退税的出口货物报关单证明联；
2. 用于办理付汇的进口货物报关单证明联；
3. 用于办理收汇的出口货物报关单证明联；
4. 用于办理加工贸易核销的海关核销联。

进出口货物的收发货人、受委托的报关企业在申领报关单证明联、海关核销联时，应当按照海关要求提供有效证明。

海关已签发的报关单证明联、海关核销联因遗失、损毁等特殊情况需要补签的，进出口货物的收发货人、受委托的报关企业应当自原证明联、核销联签发之日起1年内向海关提出书面申请，并随附有关证明材料；经海关审核同意后，可予以补签。

海关接受进出口货物申报后，收发货人或报关企业在哪些情况下可以申请修改或撤销报关单证?

申报是进出口货物收发货人在办理货物通关手续时履行海关义务的一种法律行为。进出口货物的申报自被海关接受时起，申报单证即产生法律效力，对进出口货物的收发货人或受委托的报关企业具有约束力，原则上申报内容不得修改，报关单证亦不得撤销。但对以下几种情形，进出口货物收发货人或受委托的报关企业可以向海关递交书面申请，经海关审核批准后，可以对报关单证进行修改或撤销：

1. 由于计算机、网络系统等方面的原因导致电子数据申报错误的；
2. 海关在办理出口货物的放行手续后，由于装运、配载等原因造成原申报货物部分或全部退关需要修改或撤销报关单证及其内容的；
3. 报关人员由于操作或书写失误造成申报差错，但未对国家贸易管制政策的实施、税费征收及海关统计指标等造成危害的；
4. 海关审价、归类审核或专业认定后需要对原申报数据进行修改的；

5. 根据贸易惯例先行采用暂时价格成交、实际结算时按商检品质认定或国际市场实际价格付款方式需要修改原申报数据的；海关已经决定布控、查验进出口货物的，进出口货物的收发货人、受委托的报关企业不得修改报关单内容或撤销报关单证。

除常规申报外，还有哪些特殊申报方式？

所谓“常规申报”，是指进口货物的收货人或受委托的报关企业在装载货物的运输工具申报进境后，出口货物的发货人或受委托的报关企业在货物运抵海关监管区后、装货的 24 小时前，逐批逐票货物向海关进行申报的方式。

除常规申报方式外，为了提高通关效率，方便企业合法进出，经海关批准，进出口货物的收发货人或受委托的报关企业还可以采用以下特殊的申报方式：

1. 提前申报

经海关批准，进出口货物的收发货人、受委托的报关企业可以在取得提（运）单或载货清单（舱单）数据后，向海关提前申报。在进出口货物的品名、规格、数量等已确定无误的情况下，经批准的企业可以在进口货物起运后、抵港前或出口货物运抵海关监管场所前 3 日内，提前向海关办理报关手续，并按照海关要求交验有关随附单证、进出口货物批准文件以及其他需要提供的证明文件。

验核提前申报的进出口货物许可证件有效期以海关接受申报之日为准。提前申报的进出口货物税率、汇率的适用，按照《中华人民共和国进出口关税条例》（以下简称《关税条例》）的有关规定办理。

2. 集中申报

集中申报是为满足进出口货物收发货人在同一口岸、特殊监管区域和保税监管场所进出口货物品种相对固定、批次多、通关时效要求高的特殊需求，经海关事先核准，进出口货物收发货人先以集中申报清单申报、再以报关单形式集中办理海关手续的特殊通关方式。

根据《中华人民共和国海关进出口货物集中申报管理办法》（海关总署令第 169 号）的规定，经海关备案，下列进出口货物可以适用集中申报通关方式：

（1）图书、报纸、期刊类出版物等时效性较强的货物；

（2）危险品或者鲜活、易腐、易失效等不宜长期保存的货物；

（3）公路口岸进出境的保税货物。

集中申报企业应当向海关提供有效担保，并在每次货物进、出口时，按照要求填制货物集中申报清单，向海关报告货物的进出口日期、运输工具名称、提（运）单号、税号、品名、规格型号、价格、原产地、数量、重量、收（发）货单位等海关监管所需信息，海关可准许先予查验和提取货物。集中申报企业提取货物后，应当在规定期限内向海关办理集中申报及征税、放行等海关手续。集中申报的进出口货物的税率、汇率的适用，按照《关税条例》的有关规定办理。

3. 补充申报

补充申报是指进出口货物的收发货人、受委托的报关企业，由于受海关进出口货物报关单格式、栏目所限不能完成全部申报事项，可在规定的期限和地点，在报关单之外采用补充申报单的形式向海关进一步申报，并接受海关审核。目前，补充申报的范围主要包括价格补充申报、归类补充申报、原产地补充申报和知识产权补充申报。

补充申报是对报关单申报内容的有效补充，不得与报关单填报的内容相抵触。补充申报单与报关单具有相同的法律效力。进出口货物的收发货人、受委托的报关企业应当按照要求如实、完整地填制补充申报单，并对补充申报内容的真实性、准确性、完整性、规范性承担相应的法律责任。

4. 定期申报

经电缆、管道、运输带或者其他特殊运输方式输送进出口的货物，经海关同意，进出口货物的收发货人、受委托的报关企业可以定期向指定海关申报。

进出口货物征税指南

制定《中华人民共和国海关进出口货物征税管理办法》的法律依据是什么？

《中华人民共和国海关进出口货物征税管理办法》（以下简称《征管办法》）是海关总署制定的部门规章，其直接的立法依据是《海关法》和《关税条例》。《征管办法》进一步规范了海关税收的征管工作，是对《海关法》和《关税条例》关于海关税收管理规定的细化和补充。

海关是国家的进出关境监督管理机关，以“依法行政、为国把关、服务经济、促进发展”为工作方针。除《海关法》、《关税条例》外，还有一些法律、行政法规涉及进出口税收管理，例如《中华人民共和国行政诉讼法》、《中华人民共和国行政复议法》、《中华人民共和国反倾销条例》、《中华人民共和国国家金库条例》等。因此《征管办法》第一条规定，“根据《中华人民共和国海关法》、《中华人民共和国进出口关税条例》及其他有关法律、行政法规的规定，制定本办法。”

《中华人民共和国海关进出口货物征税管理办法》适用于哪些情况？

按照《征管办法》第二条规定，《征管办法》适用于“进出口关税、进口环节海关代征税的征收管理”，包括过去统称为“特别关税”的反倾销税、反补贴税、保障措施关税、报复性关税等。

关于进境物品进口税和船舶吨税的征收管理，首先应按照相关法律法规的规定执行，相关法律法规未明确规定的，则适用《征管办法》有关规定。这主要是考虑到进境物品进口税的征税对象、纳税义务人、税目、税率、完税价格等诸项征税要素与进出口货物的关税构成要素完全不同，管理方式也完全不同，另行制定有关办法将更便于执行。对于船舶吨税来说，其课税对象不是进出口货物而是进境船舶，船舶吨税的征收管理一直有专门的规定，且有关规定的制定和修订主要由财政部负责。因此，对进境物品进口税和船舶吨税的征收管理，应按照包括《海关法》、《关税条例》以及有关的具体部门规章（例如现行的《船舶吨税暂行办法》）等法律、行政法规和部门规章的规定执行，相关法律、行政法规和部门规章中没有明确规定的，则应按照本办法的规定执行。

纳税义务人在向海关申报时，应当提交哪些单证？

申报进出口应税货物在提交单证方面的要求比较严格。按照《征管办法》第五条规定，“纳税义务人进出口货物时应当依法向海关办理申报手续，按照规定提交有关单证。海关认为必要时，纳税义务人还应当提供确定商品归类、完税价格、原产地等所需的相关资料。提供的资料为外文的，海关需要时，纳税义务人应当提供中文译文并对译文内容负责。进出口减免税货物的，纳税义务人还应当提交主管海关签发的“进出口货物征免税证明”。这规定包含以下应当注意的内容：

1. “按照规定提交有关单证”是指按照《中华人民共和国海关进出口货物申报管理规定》第二十七条所列的合同、发票、装箱清单、载货清单（舱单）、提（运）单、代理报关授权委托协议、进出口许可证件、加工贸易手册及其他进出口有关单证。这些单证可以满足海关对大多数进出口货物的报关审核。

2. 对于一些比较复杂、特殊的货物而言，由于涉及影响商品归类、海关估价、原产地认定等方面的因素较多，为了准确计征税款，仅根据上述单证有时还不能作出正确判断，往往需要纳税义务人进一步提供产品的说明资料、与进出口货物有关的反映买卖双方关系及交易活动的资料等，以便于海关正确审核归类、确定完税价格和原产地。因此，纳税义务人除按照规定提交有关单证外，在海关认为必要时，还应当提供确定商品归类、完税价格、原产地等所需的相关资料；提供的资料为外文的，应根据海关的要求提供中文译文并对译文内容负责。

3. 关于提供中文译文的义务。考虑到海关人员受到专业知识、外语水平等因素的限制，直接阅读各类专业性外文资料，有时可能会产生理解上的偏差，甚至错误，从而影响对商品归类、价格等的正确审定，给国家或纳税义务人的利益造成损失。因此，由纳税义务人承担将外文资料翻译为中文的义务的法律责任较为适宜。

纳税义务人在向海关申报时，应当申报哪些涉税内容？

按照《征管办法》第六条规定，纳税义务人应如实申报的涉税内容，主要包括进出口货物的商品名称、商品编号、规格型号、价格、原产地、数量等。

在申报这些内容时，纳税义务人应当按照商品归类、审价和原产地方面的法律法规及海关规章正确填写申报内容，如申报商品编号，应当按照《进出口税则》及归类总规则、类注、章注、子目注释，《海关进出口税则—统计目录商品及品目注释》、《中华人民共和国海关进出口税则—统计目录本国子目注释》等确定；在确定申报价格时，应当按照《关税条例》、《中华人民共和国海关审定进出口货物完税价格办法》等确定；在填报原产地时，应当按照《中华人民共和国进出口货物原产地条例》、《关于非优惠原产地规则中实质性改变标准的规定》及相应的区域性贸易优惠协议项下原产地类海关规章等确定填报内容。

由于影响商品归类、完税价格、原产地确定的因素较多，而受报关单格式、栏目所限，很多征税所需要了解的情况无法在报关单上充分反映出来，因此在必要时，需由纳税义务人在补充申报单中填报与申报货物有关的更为详细的情况，以便于海关人员据此分析、确定进出口货物的商品归类、完税价格或原产地等。例如，买卖双方是否存在特殊关系、是否存在特许权使用费、是否有间接支付的款项、卖方是否需将部分转售收益返还买方，或申报货物更为详细的规格、型号、成分、含量、技术参数、加工工序、加工增值等情况。因此《征管办法》第七条规定："为审核确定进出口货物的商品归类、完税价格、原产地等，海关可以要求纳税义务人按照有关规定进行补充申报。纳税义务人认为必要时，也可以主动要求进行补充申报。"

补充申报通常适用于以下几种情形：

1. 海关事先作出明确规定，对某类货物必须在填写报关单向海关申报的同时，填写补充申报单进行补充申报；

2. 海关在审核报关单的过程中要求纳税义务人填写补充申报单进行补充申报；

3. 在货物放行后，海关对申报内容进一步进行审核或核查，发现申报内容不完整，因而要求纳税义务人填写补充申报单进行补充申报。

补充申报应当按照海关要求进行，如果纳税义务人认为在报关单上填写的内容不够详尽，不能全面反映进口或出口货物的情况，可能会造成海关作出与纳税义务人预期结果不同的决定的，也可以主动要求进行补充申报。

补充申报单具有与报关单申报同等的法律效力。纳税义务人在进行补充申报时应当填写格式化的补充申报单，并对补充申报的内容承担相应的法律责任。如果纳税义务人不如实填报有关内容，海关将依法对其进行处罚。通常情况下，纳税义务人进行补充申报后，海关通常不再要求纳税义务人进一步提供相关资料，除非补充申报单的内容仍然不能满足海关审核确定商品归类、完税价格和原产地等的需要。

纳税义务人认为原申报有误，要求重新申报，更改错误，不属于补充申报。

海关总署已于2009年专门就进出口货物价格、归类、原产地补充申报一事发布了49号公告，其中对补充申报的主体、适用情形及单证格式作了明确规定。

海关是不是只能按照纳税义务人申报的内容核定商品编号、原产地并计征税款?

查验、化验、检验、核查是海关审定商品归类、完税价格、原产地经常使用的手段。例如审定完税价格，在很多情况下，仅仅审核纳税义务人提交的报关单和其他单证资料，并不足以确定完税价格。还需要采取查验（验估）或核查手段，通过实地查看货物、进一步查阅与进出口货物有关的合同、发票、账册、结付汇凭证、单据、业务函电和其他反映买卖双方关系及交易活动的资料，才能够最终确定完税价格。

如果海关经审核认为需要对货物进行化验、检验的，可以委托海关化验机构进行化验、检验，也可以委托具有资质的其他商品化验或者检验机构进行化验、检验。如果出现有两个鉴定结果不相同的情况，应当以海关认可的鉴定结果作为确定商品归类、价格、原产地等的依据。

对纳税义务人申报的进出口货物税则号列有误、纳税义务人申报的进出口货物价格不符合成交价格条件或者成交价格不能确定的情形，海关将按照《中华人民共和国海关进出口货物商品归类管理规定》（海关总署令第158号公布）及商品归类的有关规则重新确定商品的税则号列、按照《中华人民共和国海关审定进出口货物完税价格办法》（海关总署令第148号公布）有关规定另行估价。

如果纳税义务人申报的进出口货物原产地有误，海关还将通过审核纳税义务人提供的原产地证明、对货物进行实际查验或者审核其他相关单证等方法，按照海关原产地管理的有关规定重新确定原产地。

如何确定进出口货物应当适用的税率?

1. 由于《关税条例》对税率适用一事作了较为详细的规定，因此《征管办法》未对进出口货物关税税率的适用作进一步阐述。《关税条例》关于进出口货物适用关税税率的规定是：

（1）原产于共同适用最惠国待遇条款的世界贸易组织成员的进口货物，原产于与中华人民共和国签订含有相互给予最惠国待遇条款的双边贸易协定的国家或者地区的进口货物，以及原产于中华人民共和国境内的进口货物，适用最惠国税率。

（2）原产于与中华人民共和国签订含有关税优惠条款的区域性贸易协定的国家或者地区的进口货物，适用协定税率。

（3）原产于与中华人民共和国签订含有特殊关税优惠条款的贸易协定的国家或者地区的进口货物，适用特惠税率。

（4）原产于上述以外国家或者地区的进口货物，以及原产地不明的进口货物，适用普通税率。

（5）出口货物适用出口税率。

（6）适用最惠国税率的进口货物有暂定税率的，应当适用暂定税率；适用协定税率、特惠税率的进口货物有暂定税率的，应当从低适用税率；适用普通税率的进口货物，不适用暂定税率。

（7）适用出口税率的出口货物有暂定税率的，应当适用暂定税率。

（8）按照国家规定实行关税配额管理的进口货物，关税配额内的，适用关税配额税率。

（9）按照有关法律、行政法规的规定对进口货物采取反倾销、反补贴、保障措施的，其税率的适用按照《中华人民共和国反倾销条例》、《中华人民共和国反补贴条例》和《中华人民共和国保障措施条例》的有关规定执行。

（10）任何国家或者地区违反与中华人民共和国签订或者共同参加的贸易协定及相关协定，对中华人民共和国在贸易方面采取禁止、限制、加征关税或者其他影响正常贸易的措施的，对原产于该国家或地区的进口货物可以征收报复性关税，适用报复性关税税率。

2. 在确定税率时，最关键的问题是搞清楚应当适用哪一天的税率。

按照《征管办法》第十三条规定，“进出口货物，应当适用海关接受该货物申报进口或者出口之日实施的税率”，具体可分为以下几种情形：

（1）进口货物到达前，经海关核准先行申报的，应当适用装载该货物的运输工具申报进境之日实施的税率。

（2）进口转关运输货物，应当适用指运地海关接受该货物申报进口之日实施的税率；货物运抵指运地前，经海关核准先行申报的，应当适用装载该货物的运输工具抵达指运地之日实施的税率。

（3）出口转关运输货物，应当适用起运地海关接受该货物申报出口之日实施的税率。

（4）经海关批准，实行集中申报的进出口货物，应当适用每次货物进出口时海关接受该货物申报之日实施的税率。

（5）因超过规定期限未申报而由海关依法变卖的进口货物，其税款计征应当适用装载该货物的运输工具申报进境之日实施的税率。

（6）因纳税义务人违反规定需要追征税款的进出口货物，应当适用违反规定的行为发生之日实施的税率；行为发生之日不能确定的，适用海关发现该行为之日实施的税率。

3. 已申报进境并放行的保税货物、减免税货物、租赁货物或者已申报进出境并放行的暂时进出境货物，在确定税率适用时还需要先认定是否属于下列情形：

（1）保税货物是否属于经批准不复运出境的情形；

（2）保税仓储货物是否属于转入国内市场销售的情形；

（3）减免税货物是否属于经批准转让或者移作他用的情形；

（4）可暂不缴纳税款的暂时进出境货物，是否属于经批准不复运出境或者进境的情形；

（5）租赁进口货物是否属于分期缴纳税款的情形。

如确认属于上述情形，则有关货物应当适用海关接受纳税义务人再次填写报关单申报办理纳税及有关手续之日实施的税率。

缴纳税款的期限应当怎样计算？

按照《征管办法》第二十条规定：“纳税义务人应当自海关填发税款缴款书之日起 15 日内向指定银行缴纳税款。逾期缴纳税款的，由海关自缴款期限届满之日起至缴清税款之日止，按日加收滞纳税款万分之五的滞纳金。”纳税义务人应当自海关填发滞纳金缴款书之日起 15 日内向指定银行缴纳滞纳金。滞纳金缴款书的格式与税款缴款书相同。

“缴款期限届满日遇星期六、星期日等休息日或者法定节假日的，应当顺延至休息日或者法定节假日之后的第一个工作日。国务院临时调整休息日与工作日的，海关应当按照调整后的情况计算缴款期限。”

《关税条例》第三十七条第一款规定：“纳税义务人应当自海关填发税款缴款书之日起 15 日内向指定银行缴纳税款。纳税义务人未按期缴纳税款的，从滞纳税款之日起，按日加收滞纳税款万分之五的滞纳金。”考虑到缴款期限届满之日可能恰好是星期六、星期日等休息日或者法定节假日（如春节、“十一”等），使纳税义务人在缴款期限届满之日缴纳税款存在一定困难，因此《征管办法》规定遇有此类情况时应当顺延至星期六、星期日等休息日或者法定节假日之后的第一个工作日。“国务院临时调整休息日与工作日”主要是指“五一”、“十一”和春节时，国务院可能会临时对休息日和工作日进行调整，在这种情况下海关应当按照调整后的情况计算缴款期限。

纳税义务人丢失税款缴款书怎么办？

纳税义务人缴纳税款前遗失税款缴款书的，应当向填发海关提出书面补发申请，并列明遗失税款缴款书单号、税款缴款书内容、是否已缴纳税款等情况，海关应当尽快认真核实。为尽可能保证纳税义务人能在缴款期限内及时缴纳税款，按照《征管办法》第二十三条规定，海关应在接到纳税义务人的申请后2个工作日内审核确认并重新予以补发，补发的税款缴款书内容应当与原税款缴款书完全一致。对因纳税义务人遗失税款缴款书造成滞纳税款的，海关不能免除其缴纳滞纳金的义务。

对于纳税义务人缴纳税款后遗失税款缴款书，向海关提出申请要求确认其已缴纳税款的，《办法》第二十三条也作出了明确规定，即海关经审查核实后，应当为纳税义务人作出其已缴清税款的确认，但不再重新补发税款缴款书。这主要是考虑到补发的税款缴款书没有加盖银行已收讫税款的印章，并不能证明纳税义务人已缴清税款，所以补发税款缴款书是没有意义的。

什么情形下可以申请延期缴纳税款？

《征管办法》第二十四条规定，"纳税义务人因不可抗力或者国家税收政策调整不能按期缴纳税款的，应当在货物进出口前向办理进出口申报纳税手续的海关所在的直属海关提出延期缴纳税款的书面申请并随附相关材料，同时还应当提供缴税计划"，那么纳税义务人在什么情形下可以申请延期缴纳税款呢？

1. 存在"不可抗力"的原因。根据《中华人民共和国民法通则》第一百五十三条的有关规定，"不可抗力"是指不能预见、不能避免并不能克服的客观情况。其中"不能预见"是指根据现有技术水平和正常认知能力，当事人对某类情况的发生不可预见；"不能避免并不能克服"是指尽管已尽到最大努力并采取了一切可以采取的防范措施，当事人仍不能避免某类情况的发生亦无法克服由此造成的损害后果，上述三项条件必须同时具备方构成不可抗力。同时，不可抗力作为一种不受人主观意志支配的客观情况，通常表现为某些自然现象（如地震、台风、洪水等自然灾害）和社会现象（如战争等社会问题），而不包括特定人的行为。对于火灾等情况则需要根据具体情况来分析是否属于不可抗力。

2. "因国家税收政策调整不能按期缴纳税款"。这主要是指以下两种情况：

（1）国家决定对某类进口货物（或者出口货物）减免进口关税和（或）进口环节海关代征税（或者出口关税），政策已经公布，实施日期也已明确，但具体操作的实施细则尚未确定，海关还无法按政策规定操作。如果纳税义务人即将进口（或者出口）符合减免税政策的货物，可以根据国家已公布的减免税政策向进出口地海关所在的直属海关提供材料、说明情况，提出延期缴纳税款的申请，经海关审核确认后报海关总署批准。严格意义上说，这种情况不是"不能按期缴纳税款"，而是即使缴纳了税款，待具体操作执行的规定明确后，海关还要退还所征税款。由于退税手续比较复杂，涉及面较大，因此，为了方便海关操作，减轻企业负担，从实际出发，也可以暂缓缴纳税款。但对于这种情况，海关必须能够基本确认缓缴税款的货物属于应予减免税的范围。

（2）国家决定取消某类进口货物（或者出口货物）的减免税政策，实施日期也已明确。如果纳税义务人已经按照原政策规定进行成本核算，对外签约，且必须履行合同，并即将进口（或者出口），但暂时难以筹措资金按时缴纳税款，纳税义务人可以向进出口地海关所在的直属海关提供材料、说明情况，提出延期缴纳税款的申请，经海关审核确认后报海关总署批准。

需要说明的是，并不是只要纳税义务人因资金紧张一时周转不开或无钱缴纳税款就可以向海关申请延期纳税，而必须是由于上述两种原因造成不能在规定期限内缴纳税款，才可申请延期纳税。

关于缴纳关税及进口环节海关代征税，还有哪些海关规章需要学习？

现行有效的与缴纳关税及进口环节海关代征税有关的海关规章，除《办法》外，还有《中华人民共和国海关关于〈扶贫、慈善性捐赠物资免征进口税收暂行办法〉的实施办法》（海关总署令第90号公布）、《中华人民共和国海关计核涉嫌走私的货物、物品偷逃税款暂行办法》（海关总署令第97号公布）、《中华人民共和国海关对外国政府、国际组织无偿赠送及我国履行国际条约规定进口物资减免税的审批和管理办法》（海关总署令第77号公布）、《国家限制进口机电产品进口零件、部件构成整机主要特征的确定原则和审批、征税的试行规定》、《中华人民共和国海关审定进出口货物完税价格办法》（海关总署令第148号公布）、《中华人民共和国海关进出口货物商品归类管理规定》（海关总署令第158号公布）、《中华人民共和国海关化验管理办法》（海关总署令第176号公布）、《中华人民共和国海关进出口货物减免税管理办法》、《中华人民共和国海关税收保全和强制措施暂行办法》等。

进出口货物减免税指南

怎样认识《中华人民共和国海关进出口货物减免税管理办法》的性质？

关税及进口环节代征税的征、减、免属于国务院事权，这一点在《中华人民共和国海关法》（1987 年 1 月 22 日第六届全国人大常委会第十九次会议通过，2000 年 7 月 8 日中华人民共和国主席令第 35 号修正，以下简称《海关法》）、《中华人民共和国进出口关税条例》（国务院令第 392 号公布，以下简称《关税条例》）中有明确规定。在实践中，进出口税收优惠政策通常由财政部、海关总署、国家税务总局三部门会同有关行业主管部门提出政策建议后报国务院批准，同时海关还承担相关政策的具体实施工作。按照《规章制定程序条例》（国务院令第 322 号公布）规定，作为海关总署制定的部门规章，《中华人民共和国海关进出口货物减免税管理办法》（以下简称《办法》）规范的内容应当是海关总署职权范围内的事项，即《办法》主要是程序法，即规范海关减免税业务管理程序，同时涉及减免税政策实施过程中由海关负责执行的实体内容。

哪些情形适用于减免税？

按照《海关法》、《关税条例》规定，一般意义上的减免税可以分为法定减免税、临时减免税和特定减免税三种形式。其中法定减免税是指《海关法》第五十六条、《关税条例》第四十五条规定的无商业价值的广告品和货样、外国政府和国际组织无偿赠送的物资、关税税额在人民币 50 元以下的一票货物等货物、物品；临时减免税是指《海关法》第五十八条、《关税条例》第四十六条授权国务院予以规定的情形；特定减免税是指依据《海关法》第五十八条授权，《关税条例》第四十六条规定的“特定地区、特定企业或者有特定用途的进出口货物减征或者免征关税”情形。

《办法》第二条规定，“进出口货物减征或者免征关税、进口环节海关代征税事务，除法律、行政法规另有规定外，海关依照本办法实施管理”，即《办法》的适用范围包括法定减免税、临时减免税和特定减免税货物。在具体管理要求方面，由于《中华人民共和国海关进出口货物征税管理办法》（海关总署令第 127 号公布，以下简称《征管办法》）第七十二条规定，关税、进口环节增值税或者消费税税额在人民币 50 元以下的一票货物，无商业价值的广告品和货样等部分法定减免税货物，物品无需办理减免税审批手续，因此符合《征管办法》第七十二条规定的货物、物品，无须按照《办法》要求办理减免税审批手续。

非法人分支机构如何办理减免税备案、审批？

在目前的减免税管理实践中，大型国有企业由于减免税项目多，具体承办各项目的分支机构遍布全国各地，如果集中在一个海关办理手续并接受监管，一方面企业将承担较大的行政成本，另一方面主管海关也承担较大的监管压力。近些年屡屡有这类企业来海关要求由具体实施相关投资项目的分支机构承办减免税手续并接受监管。

为妥善解决上述矛盾，《办法》第三条第四款规定，“投资项目由投资项目单位所属非法人分支机构具体实施的，在获得投资项目单位的授权并经投资项目所在地海关审核同意后，该非法人分支机构可以向投资项目所在地海关申请办理减免税备案、审批手续”。

需要进一步说明的是，虽然非法人分支机构可以依据《办法》规定成为减免税申请人，但并不进行海关注册登记，未获得海关编码；准予其办理减免税备案、审批手续的前提又是该非法人分支机构得到了投资项目单位的明确授权，投资项目单位还必须按照海关要求在授权书中对法律责任的承担作出明示的表述，即非法人分支机构违反海关监管规定的，由投资项目单位承担相应法律责任，因此非法人分支机构在海关减免税管理中的法律地位与一般意义上的减免税申请人是不同的。

办理减免税备案、审批等事项应当提交哪些材料？

根据一般立法要求，规定行政相对人需就特定事项向行政机关提出申请的，需要列明行政相对人申请时应当提交的有关材料。《办法》第六条和第十一条均规定了相对人申请减免税备案、审批时需要向主管海关提出申请并提交相关材料，同时对相关材料的种类进行了简单列举，如进出口货物减免税备案申请表、企业营业执照或者事业单位法人证书、国家机关设立文件、社团登记证书、民办非企业单位登记证书、基金会登记证书等证明材料等。

由于目前国家出台的各项税收优惠政策要求受惠单位提交的材料各不相同，难以归纳和分类，无法在《办法》中逐一具体列明，因此相对人在具体办理减免税备案、审批手续时，还应当注意按照相应税收优惠政策及海关要求提交有关材料。

如何办理减免税备案?

《办法》第二章规定的减免税备案程序不是所有减免税项目海关审批的必经程序。按照《办法》第六条规定，应当备案的情形限于海关需要事先对减免税申请人的资格或者投资项目等情况进行确认的情形，通俗地讲，备案相当于在海关设立户口，相对人在海关备案后，海关可以根据备案内容对实际进出口货物进行有效监管，从而提高减免税货物海关管理的针对性、有效性。此外，为加强备案管理的力度，《办法》第十二条进一步规定，海关在审查减免税审批申请时，“对应当进行减免税备案的，还应当审核是否已经按照规定办理备案手续”；发现应当进行减免税备案但未按照规定办理备案手续的，海关不予受理其减免税审批申请。相对人在准备申请减免税进出口货物时，需要注意及时了解自己准备进出口的货物是否应当在海关备案；对应当备案的，要及时在主管海关办理备案手续，以免将来影响货物实际进出口。

特殊情形及相应的期限延长应当怎样理解?

《办法》第九条和第十四条除规定了海关作出准予备案、准予减免税决定的时限外，还规定了因特定情形致使海关不能在规定时限内作出处理决定的相应处理。这些情形绝大多数是指海关不可控制的情形，主要包括减免税政策不明确；有关条目是否属于减免税政策范围不确定，需商国家有关主管部门确定等情形。为了保障相对人在这些情形下的知情权，《办法》第九条规定，“因政策规定不明确或者涉及其他部门管理职责需与相关部门进一步协商、核实有关情况等原因在10个工作日内不能作出决定的，海关应当书面向减免税申请人说明理由”；第十四条规定，因“政策规定不明确或者涉及其他部门管理职责需要与相关部门进一步协商、核实有关情况的”、“需要对货物进行化验、鉴定以确定是否符合减免税政策规定的”，以及“因其他合理原因”不能在规定期限内作出决定的，海关应当书面向减免税申请人说明理由。当特定情形消除后，海关还应当按照自情形消除之日起15个工作日内作出是否准予备案、减免税的决定。上述规定的主要目的在于敦促海关提高行政效率，避免拖沓。

减免税货物能移作他用吗?

准许减免税申请人将其减免税货物移作他用是《办法》最大的看点。长期以来，移作他用在海关管理中一直与行政处罚联系在一起，其负面色彩较为浓重，这当然与特定历史条件下国家加强对减免税货物管理的大局密不可分。但是近些年来，国家在减免税管理方面的政策有所调整，以修订《科技开发用品免征进口税收暂行规定》（财政部、海关总署、国家税务总局第44号令公布）、《科学研究和教学用品免征进口税收规定》（财政部、海关总署、国家税务总局第45号令公布）为明显标志，国家在强调依照规定免税进口的科学研究和教学用品、科技开发用品，应当直接用于本单位的科学研究、教学和技术开发，不得擅自转让、移作他用或者进行其他处置的同时，进一步明确规定，“经海关核准的单位”，其免税进口的科学研究和教学用品、科技开发用品，“可用于其他单位的科学研究和教学活动”。

为促进减免税货物物尽其用，保证国家税收优惠政策更好地服务于社会经济发展，《办法》第三十条规定，“在海关监管年限内，减免税申请人需要将减免税货物移作他用的，应当事先向主管海关提出申请。经海关批准，减免税申请人可以按照海关批准的使用地区、用途、企业将减免税货物移作他用”。为确保国家税收安全，《办法》同时规定，经批准移作他用的，减免税申请人还应当按照移作他用的时间补缴相应税款；移作他用时间不能确定的，应当提交相应的税款担保，税款担保不得低于剩余监管年限应补缴税款总额。

减免税额度是什么?

在国家税收优惠政策制定、执行过程中，通常会规定允许减免税的数额范围，其中有通过限定货物金额来控制减免税额的情形，也有以限定货物数量来控制减免税额的情形，有的政策还会直接规定可以减免的税额，这些情形下的货物金额、货物数量或减免税额，就是减免税管理中常用的一个基本概念——减免税额度。虽然减免税额度是减免税管理中常用的概念，但这一概念并未在法律法规或者规章的层面进行过明确。《办法》首次以部门规章的形式对“减免税额度”作了明确的界定，即减免税额度“是指根据有关进出口税收优惠政策规定确定的减免税申请人可以减税或者免税进出口货物的金额、数量，或者可以减征、免征的进出口关税及进口环节海关代征税的税款”。《办法》同时对减免税额度的扣减、恢复等情形作了原则性规定，如第四十四条规定，“减免税货物转让给进口同一货物享受同等减免税优惠待遇的其他单位的”，转出方额度不予恢复、转入方额度予以扣减；“减免税货物因品质或者规格原因原状退运出境”，未以无代价抵偿方式进口同一类型货物的，可以在规定期限内申请恢复额度等。

减免税货物在国内法人间转让并办理解除监管手续的，是否必然计算折旧、补缴税款?

《办法》关于减免税货物的转让，重点规范了以下几种情形：

1. 在海关监管年限内，减免税申请人将进口减免税货物转让给进口同一货物享受同等减免税优惠待遇的其他单位。

这种情形下，减免税货物转出申请人和转入申请人应当按照《办法》第二十八条规定，申请办理减免税货物结转手续，其中包括分别向各自的主管海关申请办理减免税货物的出口、进口报关手续。

结转减免税货物的监管年限连续计算，转入地主管海关在剩余监管年限内对结转减免税货物继续实施后续监管。

《办法》第二十八条也规定，减免税货物结转的，转出地主管海关办理转出减免税货物的解除监管手续。但这种解除监管手续仅仅意味着转出地海关不再对该减免税货物进行监管，不能理解成该减免税货物从此不再接受海关监管，因为按照第二十八条第一款第（三）项规定，结转减免税货物的转入地海关仍将在剩余监管年限内对该货物实施后续监管。

按照《办法》第二十八条规定进行结转的，由于仍处于海关监管中，属于海关监管货物，因此不需要补缴税款，就海关管理而言，也不存在计算折旧的问题。企业管理中有需求的，可以考虑参照《办法》第四十五条的补税公式计算折旧。

2. 在海关监管年限内，减免税申请人将进口减免税货物转让给不享受进口税收优惠政策或者进口同一货物不享受同等减免税优惠待遇的其他单位。

按照《办法》第二十九条规定，上述转让应当由减免税申请人事先向其主管海关申请办理减免税货物补缴税款和解除监管手续。《办法》第四十五条就转让补税的问题也作了明确规定，即补税的完税价格以海关审定的货物原进口时的价格为基础，按照减免税货物已进口时间与监管年限的比例进行折旧。其中减免税货物已进口时间自减免税货物的放行之日起按月计算。

3. 减免税货物海关监管年限届满后的转让。

按照《办法》第四十二条规定，“减免税货物海关监管年限届满的，自动解除监管”。解除监管后，货物即可以自由转让，但其他法律法规对此类货物的转让另有规定的（如转让减免税进口车辆），货物所有人还应当按照相关法律法规的规定办理有关手续。需要海关出具解除监管证明的，也可以按照《办法》第四十二条规定，“自海关监管年限届满之日起1年内，向主管海关申请领取解除监管证明”。

海关在海关监管年限及其后3年内对减免税申请人进口和使用减免税货物情况实施稽查的法律依据是什么？

《海关法》第四十五条规定，“自进出口货物放行之日起3年内或者在保税货物、减免税进口货物的海关监管期限内及其后的3年内，海关可以对与进出口货物直接有关的企业、单位的会计账簿、会计凭证、报关单证以及其他有关资料和有关进出口货物实施稽查”；根据《海关法》授权，《中华人民共和国海关稽查条例》对账簿单证的管理、稽查程序、稽查处理等事项作了具体规定。上述法律、行政法规是《办法》第四十三条的直接上位法依据。

在海关监管年限内，减免税申请人发生分立、合并、股东变更、改制等变更情形的，原减免税申请人权利义务人承受人或者减免税货物受让人如果有继续享受减免税待遇的资格，应当怎样办理海关手续？

按照《办法》第三十九条规定，在海关监管年限内，减免税申请人发生分立、合并、股东变更、改制等变更情形的，权利义务承受人应当自营业执照颁发之日起30日内，向原减免税申请人的主管海关报告主体变更情况及原减免税申请人进口减免税货物的情况，并按照海关要求办理相应手续，如备案变更手续、结转手续、补税手续等。对可以继续享受减免税待遇的相对人，在按照海关要求办结备案变更手续、结转手续后，即成为在海关备案的减免税货物申请人，可以以自己名义使用、管理减免税货物，同时承担相应法律责任。

《办法》第五十一条对减免税申请人所在地海关进行了解释，无论直属海关还是隶属海关，只要符合解释的标准，就是《办法》规定的申请人所在地海关；《办法》通篇也未对直属海关或者隶属海关作区别规定，无论主管海关、转入地海关还是转出地海关，均按照实际管辖海关认定。同样，按照《办法》第二十八条规定进行结转的，转让地海关与转出地海关也不要求为同一级别的海关。

不作价设备未缴纳关税及进口环节税的，是否也属于减免税货物？

不作价设备未缴纳关税及进口环节税的，虽然在性质上属于减免税货物的范畴，但其管理要求与一般意义上的减免税货物不尽一致，如监管年限、稽查年限、减免税额度等。同时，《办法》第二条规定的适用范围为进出口货物减免税事务，也未排除不作价设备的适用，如果不作价设备在管理方面符合《办法》规定，也可以适用《办法》。

海关税收保全和强制措施指南

海关税收保全和强制措施是海关依法应对税收异常情况，保障税款足额征收的重要手段。为了进一步规范海关实施税收保全和强制措施，维护纳税人的合法权益，海关总署制定了《中华人民共和国海关税收保全和强制措施暂行办法》（以下简称《办法》），以第184号海关总署令对外公布，自2009年9月1日起施行。

为什么要制定《中华人民共和国海关税收保全和强制措施暂行办法》？

2000年修订的《海关法》和2004年颁布实施的《进出口关税条例》赋予了海关采取税收保全和强制措施的权力，规定了适用情形、方式等原则性内容。为保障国家税收，真正发挥两项措施的制度功效，海关总署于2009年初启动了《办法》的立法工作，重点研究如何对执法程序进行细化、明确。在充分调研的基础上，经过反复论证和修改，《办法》最终经海关总署署务会议审议通过，自2009年月1日起正式施行。《办法》的出台有利于统一规范海关税收保全和强制措施的执法行为，进一步完善海关税收征管法律体系，对于加强税收征管、保障纳税义务人合法权益具有重要意义。

海关税收保全措施有哪些？

海关税收保全措施是海关针对进出口货物的纳税义务人在纳税期限内转移、藏匿应税货物等可能导致税款落空的行为所采取的一种暂时性保全措施。其目的是使税款征收处于相对可控和安全的状态，督促纳税义务人缴纳税款或为可能采取的强制执行措施创造条件。

税收保全
- 要求暂停支付（书面通知）
  - 纳税义务人缴纳税款→暂停支付解除（书面通知）
  - 纳税义务人未缴纳税款→从暂停支付款项中扣缴税款（书面通知）
- 扣留货物或财产（书面通知）
  - 纳税义务人缴纳税款→扣留解除（书面通知）
  - 纳税义务人未缴纳税款→依法变卖抵缴（书面通知）

海关税收保全措施示意图

海关税收保全措施的条件是什么？

根据《办法》第三条的规定，海关实施税收保全措施必须同时满足三个条件：一是进出口货物的纳税义务人在规定的纳税期限内有明显的转移、藏匿其应税货物及其他财产的迹象；二是海关要求纳税义务人提供担保，但纳税义务人不能在海关规定的期限内提供担保；三是须经直属海关关长或者其授权的隶属海关关长批准。

海关税收保全措施的具体方式是什么？

根据《办法》第四条的规定，海关应当依次采用以下两种税收保全方式：书面通知纳税义务人开户银行或者其他金融机构暂停支付纳税义务人相当于应纳税款的存款；在无法查明纳税义务人账户、存款数额等不能实施暂停支付措施的情况下，扣留纳税义务人价值相当于应纳税款的货物或者其他财产。需要注意的是，《办法》规定在采用扣留方式时，如果纳税义务人的货物或者其他财产本身不可分割，又没有其他财产可以扣留的，被扣留货物或者其他财产的价值可以高于应纳税款。

海关税收保全措施的后续处理规定是什么？

海关税收保全是一种暂时性控制措施，需要根据纳税义务人的后续行为作进一步处理：纳税义务人在规定的纳税期限内缴纳税款的，海关应当解除对纳税义务人存款的暂停支付措施或是解除对货物、财产的扣留措施；纳税义务人在规定的纳税期限内未缴纳税款的，海关应当通知银行或其他金融机构从暂停支付的款项中扣缴相应税款，或是依法变卖被扣留的货物、财产，以变卖所得抵缴税款。

海关税收强制措施有哪几种？

海关税收强制措施是海关针对进出口货物的纳税义务人、担保人超过一定期限的滞纳行为，所采取的将其自有财产强制扣缴或变卖抵缴税款的强制执行措施。

强制扣缴（书面通知）{海关税收强制措施
变卖抵缴（书面通知）

海关税收强制措施示意图

哪些情形适用海关税收强制措施？

根据《办法》第十一条的规定，进出口货物的纳税义务人、担保人自规定的纳税期限届满之日起超过3个月未缴纳税款的，经直属海关关长或者其授权的隶属海关关长批准，海关可以采取税收强制措施。需要注意的是，采取强制措施的前提条件是超过3个月“未”缴纳税款，而非“不想”缴纳税款，即海关采取强制措施并不以纳税义务人有拒不履行纳税义务的主观故意为前提条件。只要纳税义务人、担保人在规定的期限内没有缴纳税款，经直属海关关长或者其授权的隶属海关关长批准，海关就可以采取相应的强制执行措施。

海关税收强制措施的具体方式是什么？

海关采取强制措施的具体方式分为3种：首先是书面通知银行或其他金融机构从纳税义务人、担保人的存款中扣缴税款；其次是将应税货物依法变卖，以变卖所得抵缴税款；最后是扣留并依法变卖纳税义务人、担保人所有的，价值相当于应纳税款的其他货物或者财产，以变卖所得抵缴税款。按照尽可能给相对人造成最小损失的原则，《办法》规定上述3种方式应当依次采用，只有前一种方式无法适用时，方能采用后一种方式，不能随意颠倒适用顺序。

滞纳金如何计算？

根据《海关法》及《进出口关税条例》的有关规定，纳税义务人未在法定纳税期限内缴纳税款的，从滞纳税款之日起，按日加收滞纳税款万分之五的滞纳金。海关税收强制措施的实施时间是在纳税期限届满之日起超过3个月，此时必定已产生了滞纳金，那么对这些滞纳金应当如何处理呢？《办法》第十三条明确规定，如果采取税收强制措施，滞纳金应当与滞纳税款一并作为强制执行的对象，同时扣缴，其金额按照自滞纳税款之日起至扣缴税款之日计征。

实施税收强制措施要注意哪些问题？

1. 变卖所得与抵缴税款的关系。海关税收保全和强制措施中都有可能出现用扣留货物或财产的变卖所得抵缴税款的情况。实践中，货物或财产的变卖所得金额有时大于应纳税款金额，有时小于应纳税款金额。对此，《办法》规定变卖所得不足以抵缴税款的，海关应当继续采取强制措施抵缴税款的差额部分；变卖所得抵缴税款及扣除相关费用后仍有余款的，应当发还纳税义务人、担保人。

2. 申请人民法院强制执行。《办法》规定，海关无法采取税收保全措施、强制措施，或者依照《办法》规定采取税收保全措施、强制措施仍无法足额征收税款的，应当依法向人民法院申请强制执行。

3. 纳税义务人、担保人的法律责任。为使海关税收保全和强制措施能够得到切实执行，《办法》第二十二条规定，纳税义务人、担保人抗拒、阻碍海关依法采取税收保全措施、强制措施的，移交地方公安机关依法处理；构成犯罪的，依法追究刑事责任。

如何保障对执法相对人合法权益？

海关税收保全和强制措施以纳税义务人、担保人的财产作为执行对象，一旦适用则关乎其切身利益。为最大限度地保障执法相对人的合法权益，《办法》作出了多项规定：

1. 强调告知义务。在实施海关税收保全和强制的过程中，围绕暂停支付、扣留货物、扣缴税款、抵缴税款等措施，《办法》要求海关均应按照规定程序，向纳税义务人、担保人制发相应的告知文书，确保其享有充分的知情权。

2. 必须妥善保管。当纳税义务人、担保人的货物或者其他财产被海关依法扣留时，《办法》要求海关必须对其妥善保管，不得擅自使用或者损毁。

3. 明确救济途径。《办法》规定，纳税义务人、担保人对海关采取税收保全措施、强制措施不服的，可以依法申请行政复议或者提起行政诉讼，通过法律途径维护自身权益。

4. 突出海关责任。《办法》规定，纳税义务人在规定的纳税期限内已缴纳税款，海关未解除税收保全措施，或者采取税收保全措施、强制措施不当，致使纳税义务人、担保人的合法权益受到损失的，海关应当承担赔偿责任。此外，海关工作人员违法实施税收保全或强制措施，损害纳税义务人、担保人合法权益，造成严重后果的，依法给予处分；构成犯罪的，依法追究刑事责任。

海关执行的国家贸易管制措施指南

什么是海关贸易管制措施?

《中华人民共和国海关法》(以下简称《海关法》)从法律上赋予了海关实施贸易管制、监管进出口活动的权力与义务。《海关法》第四十条规定:国家对进出境货物、物品有禁止性或限制性规定的,海关依据法律、行政法规、国务院的规定或者国务院有关部门依据法律、行政法规授权作出的规定实施监管。

海关贸易管制是指海关依据《海关法》赋予的权力,参与国家宏观经济政策制定、微观经济协调,并通过制定相关管理制度和规范在进出境环节落实国家贸易政策,对执法效能分析和评估的行为。

海关贸易管制制度的法律体系包括哪些内容?

海关根据法律、法规和规章对进出境货物履行监督管理职责,形成了以《中华人民共和国海关法》、《中华人民共和国对外贸易法》、《中华人民共和国货物进出口管理条例》为主的贸易管制法律体系。主要包括:

法律

《中华人民共和国对外贸易法》

《中华人民共和国海关法》

《中华人民共和国进出口商品检验法》

《中华人民共和国进出境动植物检疫法》

《中华人民共和国固体废物污染环境防治法》

《中华人民共和国国境卫生检疫法》

《中华人民共和国野生动物保护法》

《中华人民共和国药品管理法》

《中华人民共和国文物保护法》

……

行政法规

《中华人民共和国货物进出口管理条例》

《中华人民共和国技术进出口管理条例》

《中华人民共和国核出口管制条例》

《中华人民共和国核两用品及相关技术出口管制条例》

《易制毒化学品管理条例》

《中华人民共和国导弹及相关物项和技术出口管制条例》

《中华人民共和国生物两用品及相关设备和技术出口管制条例》

《中华人民共和国监控化学品管理条例》

《中华人民共和国野生植物保护条例》

《中华人民共和国陆生野生动物保护实施条例》

《中华人民共和国水生野生动物保护实施条例 》

《中华人民共和国濒危野生动植物进出口管理条例》

《农药管理条例》

《兽药管理条例》

《麻醉药品和精神药品管理条例》

《中华人民共和国音像制品管理条例》

《民用爆炸物品安全管理条例》

《中华人民共和国军品出口管理条例》

《中华人民共和国进出口商品检验法实施条例》

……

除此之外，海关贸易管制法律体系中还包括禁止进（出）口货物目录、货物进（出）口许可证管理办法及目录等部门规章及规范性文件300余件，与贸易管制有关的国际公约及议定书11件。

许可证件的法律规定是什么？

《海关法》对进口货物的收货人或出口货物的发货人提交许可证件作出了明确规定：

1. 《海关法》第二十四条规定：进口货物的收货人、出口货物的发货人应当向海关如实申报，交验进出口许可证件和有关单证。国家限制进出口的货物，没有进出口许可证件的，不予放行，具体处理办法由国务院规定。此项规定，要求进出口货物的收发货人，在向海关申报货物进出口时，如果所申报的货物属于国家限制进出口的，应当向海关交验有关许可证件。不能提交进出口许可证件的，海关不予放行货物。

2. 《海关法》第四十条规定：国家对进出境货物、物品有禁止性或限制性规定的，海关依据法律、行政法规、国务院的规定或者国务院有关部门依据法律、行政法规授权作出的规定实施监管。该规定一方面明确海关是依据法律、行政法规和部门规章对进出境货物、物品采取禁止或限制措施；另一方面明确了对进出境货物、物品实施禁止或限制规定时，需要经过立法程序对外发布。

3. 《海关法》第六十六条规定：国家对进出境货物、物品有限制性规定，应当提供许可证件而不能提供的，以及法律、行政法规规定不得担保的其他情形，海关不得办理担保放行。

海关贸易管制措施的实现方式是什么？

海关执行的部分贸易管制措施通过细化、分解贸易管制商品目录，在海关H2000通关系统中对7500多项商品设置了30种监管证件代码，占全部海关商品编号的62%。

为构建进出口许可证件从申领、发证、验证到核查、核销的严密高效管理模式，海关总署积极推进与许可证件主管部门的电子数据联网工作。目前，已实现进出口许可证、两用物项和技术进出口许可证、固体废物进口许可证、有毒化学品进出口环境管理放行通知单以及入/出境货物通关单等电子数据联网，为科学、规范、便捷管理提供了条件。

1. 禁止进出口货物

禁止进出口货物是指商务部会同国务院其他有关部门依法制定、调整并公布禁止进口货物目录以及其他法律、行政法规规定禁止进口的货物，包括国家规定停止进口的商品等。禁止进口商品监管证件代码为“9”，禁止出口商品监管证件代码为“8”，旧机电产品禁止进口（监管证件代码“6”）。截至2009年年底，禁止进口货物目录共发布6批，禁止出口货物目录共发布5批。自2010年1月1日起，将莱克多巴胺和盐酸莱克多巴胺新增列入禁止进出口商品。

2. 限制、自动进口许可管理货物和限制出口许可管理货物

限制、自动进口许可管理货物和限制出口许可管理货物是指国家有关主管部门依法制定、调整并公布的列入限制、自动进口许可管理货物目录和限制出口许可管理货物目录的货物。进口列入上述目录的货物，应在报关单“许可证号”或“随附单据”栏目填报监管证件种类。

（1）报关单“许可证号”栏目填写的监管证件种类

许可证号栏目填写商务部及其授权发证机关签发的进（出）口货物许可证的编号，包括：

①进口许可证（监管证件代码“1”）

进口许可证是指商务部及其授权发证机构依法对实行数量限制或其他限制的进口货物颁发准予进口的许可证件。对国家规定有数量限制的进口货物，实行配额管理；其他限制进口货物，实行许可证管理。2010年实行进口许可证管理的货物仍为2种，为消耗臭氧层物质和重点旧机电产品。2010年调整了部分消耗臭氧层物质商品编号，将二氟一氯甲烷、二氟乙烷和一氯四氟乙烷的混合物等16种消耗臭氧层物质新增列入消耗臭氧层物质进出口管理目录；重点旧机电产品目录中取消了水泥生产设备、挖掘机、旧熔断器和短路开关。具体管理目录详见商务部、海关总署、质检总局2009年第119号公告。

②出口许可证（监管证件代码“4”、加工贸易出口许可证号监管证件代码“x”，边境小额贸易出口许可证号监管证件代码“y”）

出口许可证是指商务部授权发证机关依法对实行数量限制或其他限制的出口货物签发的准予出口的许可证件。国家规定有数量限制的限制出口货物，实行配额和招标管理；其他限制出口货物，实行许可证管理。2010年取消氟石块（粉）的出口许可证管理。

③两用物项和技术进口许可证（监管证件代码“2”）

两用物项和技术进口许可证是指商务部及其授权发证机关签发的准予进口《两用物项和技术进口许可证管理目录》中商品的许可证件，包括监控化学品、易制毒化学品和放射性同位素三大类。2010年管理范围没有调整，具体目录详见商务部、海关总署2009年第120号公告。

④两用物项和技术出口许可证（监管证件代码“3”，定向两用物项和技术出口许可证监管证件代码“G”）

两用物项和技术出口许可证是指商务部授权发证机关准予两用物项和技术出口签发的许可证件。其中，向特定国家（地区）出口氯化铵等16种易制毒化学品为定向出口。2010年纳入《两用物项和技术出口许可证管理目录》的两用物项和技术类别与2009年相同，包括核、核两用品及相关技术、生物两用品及相关设备和技术、监控化学品、有关化学品及相关设备和技术、导弹及相关物项和技术、易制毒化学品和巨型、大型、中型及小型计算机等两用物项和技术。受《中华人民共和国导弹及相关物项和技术出口管制条例》管制、用于民用航空用途的民用航空零部件出口按《民用航空零部件出口分类管理办法》实行许可证件分类管理制度。2010年管理范围没有调整，具体目录详见商务部、海关总署2009年第120号公告。

（2）报关单“随附单据”栏目填报的监管证件种类

①自动进口许可证（监管证件代码“7”，机电产品自动进口许可证监管证件代码为“O”，加工贸易自动进口许可证监管证件代码为“v”）

自动进口许可证是指商务部授权发证机构依法对实行自动进口许可管理的货物颁发的准予进口的许可证件。其中，属加工贸易“自动进口许可证”管理的商品有原油和成品油。其中，大豆、油菜子、豆粕、猪肉及副产品新增列入2010年《自动进口许可管理货物目录》目录一；空载重量大于7吨的直升机新增列入上述目录二。具体目录详见商务部、海关总署公告2009年第109号。

②入境货物通关单（监管证件代码“A”）、出境货物通关单（监管证件代码“B”）、毛坯钻石入/出境货物通关单（监管证件代码“D”）

入/出境货物通关单是指国家质量监督检验检疫总局授权的出入境检验检疫机构依法对列入《出入境检验检疫机构实施检验检疫的进出境商品目录》（简称《检验检疫法检目录》），以及虽未列入《检验检疫法检目录》，但国家有关法律、行政法规明确由出入境检验检疫机构实施检验检疫的进/出境货物及特殊物品等签发的证明进/出口货物收/发货人或其代理人已办理报验手续的证明文书。其中，监管证件代码“D”专指《金伯利进程国际证书制度》规定的毛坯钻石进出境需提交的“入/出境货物通关单”。

实行入境货物通关单管理的货物主要包括六类：列入《检验检疫法检目录》的进境货物；外商投资企业投资设备价值鉴定；进口可用做原料的废物；进口旧机电产品；进口捐赠的医疗器械以及其他未列入《检验检疫法检目录》，但国家有关法律、行政法规规定由出入境检验检疫机构负责检验检疫的入境货物及特殊物品等。

实行出境货物通关单管理的货物主要包括三类：列入《检验检疫法检目录》的出境货物；对外经济技术援助物资及人道主义紧急救灾援助物资以及其他未列入《检验检疫法检目录》，但国家有关法律、行政法规明确由出入境检验检疫机构负责检验检疫的出境货物及特殊物品等。

2010年新增冰醋酸及12种固体废物列入入/出境货物通关单管理。

③濒危物种允许出口证明书（监管证件代码“E”）、濒危物种允许进口证明书（监管证件代码“F”）

濒危物种允许进/出口证明书是指对纳入《进出口野生动植物种商品目录》管理范围的野生动植物及其制品实施进/出口许可管理，国家濒管办及其授权办事处签发准予进/出口的许可证件。濒危物种允许进/出口证明书包括“濒危野生动植物种国际贸易公约允许进/出口证明书”及“中华人民共和国濒危物种进出口管理办公室野生动植物种允许进/出口证明书”。

《进出口野生动植物种商品目录》所列野生动植物或其产品以一般贸易、无偿捐赠、无偿提供、旅客携带、交换、邮寄及其他各种方式进口的，海关均按规定进行监管。进出口《进出口野生动植物种商品目录》中适用“允许进/出口证明书”管理的《濒危野生动植物种国际贸易公约》附录及国家重点保护野生动植物以外的其他列入《进出口野牛动植物种商品目录》的野生动植物及相关货物或物品，适用《非〈进出口野生动植物种商品目录〉物种证明》管理。

④精神药物进出口准许证（监管证件代码“I”）

精神药物进出口准许证是指国家食品药品监督管理局依法对直接作用于中枢神经系统使之兴奋或抑制，连续使用能产生依赖性的精神药品实施进出口监督管理，签发准予精神药物进出口的许可证件。2010年新增将阿桔片、复方甘草片、地芬诺酯的复方制剂三种精神药物纳入进出口准许证管理。具体目录详见关于列入麻醉药品和精神药品管理品种海关商品编号的公告（国食药监安〔2008〕780号）。

⑤黄金及其制品进出口准许证或批件（监管证件代码“J”）

黄金及其制品进出口准许证或批件是指中国人民银行总行或其授权的中国人民银行分支机构依法对列入《黄金及其制品进出口管理商品目录》的进出口黄金及其制品实施监督管理并签发准予进出口的许可证件。黄金及其制品范围详见黄金及其制品进出口准许事宜公告（人民银行、海关总署〔2008〕3号）和将黄金表壳、黄金表带纳入黄金及其制品进出口管理公告（人民银行、海关总署公告〔2008〕第13号）。

⑥药品进/（出）口准许证（监管证件代码“L”）

药品进（出）口准许证是指国家食品药品监督管理部门依法对列入兴奋剂目录的蛋白同化制剂、肽类激素等供医疗使用的兴奋剂实施进出口管理，签发准予进出口的许可证件。兴奋剂是指兴奋剂目录所列的禁用物质，包括蛋白同化制剂品种、肽类激素品种、麻醉药品品种、刺激剂（含精神药品）品种、药品类易制毒化学品品种、医疗用毒性药品品种及其他品种兴奋剂。对兴奋剂目录中第七类“其他品种”，海关暂不按照兴奋剂实行管理。实行“药品进（出）口准许证”管理的蛋白同化制剂、肽类激素品种详见《2009年兴奋剂目录》。

⑦密码产品和含有密码技术设备进口许可证（监管证件代码“M”）

密码产品和含有密码技术设备进口许可证是指国家密码管理局依法对不涉及国家秘密内容的信息进行加密保护或者安全认证所使用的密码技术和密码产品进口实施监督管理，签发准予进口商用密码产品和含有密码技术设备的许可证件。

第一批《密码产品和含有密码技术的设备进口管理目录》详见国家密码管理局、海关总署公告（国密局公告第18号）。

⑧固体废物进口许可证（监管证件代码“P”）

固体废物进口许可证是指国家环境保护部授权发证机关依法对可用做原料的废物进口实施监督管理，签发准予进口固体废物的许可证件。固体废物进口许可证分为“限制进类可用做原料的固体废物进口许可证”和“自动许可进类可用做原料的固体废物进口许可证”。固体废物是指在生产、生活和其他活动中产生的丧失原有利用价值或者虽未丧失利用价值但被抛弃或者放弃的固态、半固态和置于容器中的气态的物品、物质以及法律、法规及规章规定纳入固体废物管理的物品、物质。

国家对可用做原料的废物进口实行分类管理，分为限制进口类可用做原料的废物及自动进口许可管理类可用做原料的废物。废物进口管理包括以任何贸易方式进口纳入《限制进口类可用做原料的废物目录》及《自动进口许可类可用做原料的废物目录》的固体废物。

2010年固体废物管理范围与2009年一致，仅有部分商品编号进行了调整。

⑨进口药品通关单（监管证件代码“Q”）

进口药品通关单是指国家食品药品监督管理局及其授权发证机关依法对进口药品实施监督管理所签发的准予药品进口的许可证件。列入“进口药品通关单”管理的药品是指用于预防、治疗、诊断人的疾病，有目的地调节人的生理机能并规定有适应症或者功能主治、用法和用量的物质，包括中药材、中药饮片、中成药、化学原料药及其制剂、抗生素、生化药品、放射性药品、血清、疫苗、血液制品和诊断药品等。具体范围详见国家食品药品监督管理局、海关总署公告2003年第9号附件4、国食药监注〔2005〕655号文附件4以及国食药监注〔2006〕544号文。

⑩进口兽药通关单（监管证件代码“R”）

进口兽药通关单是指农业部或兽药进口口岸所在地省级人民政府兽医行政管理部门对列入《进口兽药管理目录》的进口兽药实施监督管理，签发准予进口的许可证件。兽药是指用于预防、治疗、诊断动物疾病或者有目的地调节动物生理机能的物质（含药物饲料添加剂），主要包括：血清制品、疫苗、诊断制品、微生态制品、中药材、中成药、化学药品、抗生素、生化药品、放射性药品及外用杀虫剂、消毒剂等。

⑪进出口农药登记证明（监管证件代码“S”）

进出口农药登记证明是指农业部及其授权发证机关依法对纳入《中华人民共和国进出口农药登记证明管理名录》范围的进出口农药实施登记管理签发的证明文件。农药是指用于预防、消灭或者控制危害农业、林业的病、虫、草和其他有害生物以及有目的地调节植物、昆虫生长的化学合成或者来源于生物、其他天然物质的一种物质或者几种物质的混合物及其制剂。2010年新增磺酰磺隆、唑啶草酮等48种进出口农药登记证明管理商品。

⑫银行调运外币/人民币现钞进出境许可证（监管证件代码“T”）

银行调运外币/人民币现钞进出境许可证是指国家外汇管理局及其授权的地方外汇管理局、中国人民银行总行及其授权的分行依法对银行调运进出境在流通中使用的货币现钞实施监督管理，签发准予调运外币/人民币进出境的许可证件。调运进出境的货币现钞是指在流通中使用的外币和人民币，包括各种面额的纸币和硬币。

⑬麻醉药品进出口准许证（监管证件代码“W”）

麻醉药品进出口准许证是指国家药品监督管理部门依法对连续使用后易使身体产生依赖性、能成瘾癖的麻醉药品实施进出口监督管理，签发准予麻醉药品进出口的许可证件。麻醉药品包括：阿片类、可卡因类、大麻类、合成麻醉药类及其他易成瘾癖的药品、药用原植物及其制剂。纳入《麻醉药品管制品种目录》范围的麻醉药品详见关于列入麻醉药品和精神药品管理品种海关商品编号的公告（国食药监安〔2008〕780号）。

⑭有毒化学品进出口环境管理放行通知单（监管证件代码“X”）

有毒化学品进出口环境管理放行通知单是指国家环境保护部门依法对纳入《中国严格限制进出口的有毒化学品目录》管理的化学品实施进出口环境管理，签发准予有关化学品进出口的许可证件。2010年新增将三丁基氧化锡、三丁基氟化锡、三丁基氯化锡、三丁基锡甲基丙烯酸、三丁基锡苯甲酸、三丁基锡亚油酸、三丁基锡环烷酸等7种有毒化学品纳入《中国严格限制进出口的有毒化学品目录》。

(15) 音像制品进口批准单或节目提取单（监管证件代码“Z”）

音像制品进口批准文件是指国家广播电影电视、新闻出版主管部门按各自职责分工依法对进口音像制品、广播电影电视节目、加工贸易项下只读类光盘实施监督管理，签发准予音像制品进口的许可证件。进口音像制品批准单或节目提取单对应许可证件是：“新闻出版总署音像制品（成品）进口批准单”、“新闻出版总署音像制品（版权引进）批准单”、“进口广播电影电视节目带（片）提取单”及“加工贸易项下光盘进出口批准证”。

音像制品是指载有内容的录音带、录像带、唱片、激光唱盘、激光视盘等（不包括非贸易性的音像制品），具体商品名称及商品编号详见新闻出版总署、海关总署关于音像制品管理目录的公告（新出公告2009年1号）。广播电台、电视台、有线广播电视台、教育电视台、中国电影集团公司、中国电影资料馆及广播电视节目制作经营机构从国外及我国港、澳、台地区进口录有内容的电影胶片、录音带、录像带、唱片、激光唱片、激光视盘等，具体商品名称及商品编号详见《关于加强广播电视节目电影片进口管理的通知》（广发社字〔2000〕91号）附件一。

3. 报关单“备注”栏目填报的监管证件种类

进出口海关暂未设置监管证件代码的许可证件管理的货物，应在报关单“备注”栏目填写批件类型及批件号。

(1) 医疗用毒性药品进出口批件

医疗用毒性药品进出口批件是指国家药品监督管理部门依法对毒性剧烈、治疗剂量与中毒剂量相近，使用不当会致人中毒或死亡的医疗用毒性药品实施进出口管理，签发准予进出口的批准文件。毒性药品管理分中药、西药两种。

(2) 放射性药品进出口批件

放射性药品进出口批件是指国家药品监督管理部门依法对用于临床诊断或者治疗的放射性核素制剂或者其标记药物实施进出口管理，签发准予进出口的批准文件。放射性药品包括裂变制品、堆照制品、加速器制品、放射性同位素发生器及其配套药盒、放射性免疫分析药盒等。

(3) 民用爆炸物品进／出口审批单

民用爆炸物品进/出口审批单是指国家民用爆破器材行业行政主管部门依法对民用爆破器材产品以及生产所需的具有爆炸危险属性的原材料（含半成品）的进出口实行统一管理，签发准予进出口的批准文件。民用爆破器材是指用于非军事目的的工业炸药及其制品和工业火工品。民用爆破器材产品及原材料按产品的专业属性、应用范围和系列化程度分为工业炸药、工业雷管、工业索类火工品、油气井用爆破器材、地震勘探用爆破器材、特种爆破器材、其他爆破器材和原材料等八大类别。具体品种参见《民用爆破器材目录》（科工爆字〔2000〕790号）。

(4) 人类遗传资源材料出口、出境证明

人类遗传资源材料出口、出境证明是指国务院科学技术行政主管部门和卫生行政主管部门依法对人类遗传资源材料及人类遗传资源信息资料实行出口管理，签发准许出口、出境的批准文件。人类遗传资源是指含有人体基因组、基因及其产物的器官、组织、细胞、血液、制备物、重组脱氧核糖核酸（DNA）构建体等遗传材料及相关的信息资料。

(5) 人体血液进出口批件

人体血液进出口批件是指卫生行政主管部门依法对人体血液实行进出口管理，签发准予进出口的批件或证书。人体血液包括全血、血浆等。

(6) 钟乳石出口批件

钟乳石出口批件是指国土资源行政主管部门授权机构依法对具有特殊科学研究和观赏价值的钟乳石实施出口管理，签发准予出口的批准文件。钟乳石是指碳酸盐岩地区洞穴内在漫长地质历史和特定地质条件下形成的石钟乳、石笋、石柱等不同形态碳酸钙沉淀物的总称，系在地球演化的漫长地质历史时期，由于各种内外地质动力作用，形成、发展并遗留下来的珍贵的、不可再生的地质自然遗迹。

(7) 技术进出口许可证

技术进出口许可证是指国家对外贸易主管部门授权发证机构依法对限制进出口技术实施进出口许可管理，签发准予进出口的许可证件。技术进出口，是指从我国境外向我国境内，或者从我国境内向我国境外，通过贸易、投资或者经济技术合作的方式转移技术的行为，包括专利权转让、专利申请权转让、专利实施许可、技术秘密转让、技术服务和其他方式的技术转移。技术进出口分为禁止进出口技术、限制进出口技术和自由进出口技术，具体目录详见《中国禁止进口限制进口技术目录》、《中国禁止出口限制出口技术目录》。

(8) 军品出口许可证

军品出口许可证是指国家军品出口主管部门依法对列入军品出口管理清单范围内的军品及纳入军品管理的货物出口实施监督管理而签发的准予出口的许可证件。军品出口，是指用于军事目的的装备、专用生产设备及其他物资、技术和有关服务的贸易性出口。警用装备的出口适用《中华人民共和国军品出口管理条例》。军品出口管理清单内的军品包括轻武器，火炮及其他发射装置，弹药、地雷、水雷、炸弹、反坦克导弹及其他爆炸装置，坦克、装甲车辆及其他军用车辆，军事工程装备与设备，军用舰船及其专用装备与设备，军用航空飞行器及其专用装备与设备，火箭、导弹、军用卫星及其辅助设备，军用电子产品及火控、测距、光学、制导与控制装置，火炸药、推进剂、燃烧剂及相关化合物，军事训练设备，核、生、化武器防护装备与设备，后勤装备、物资及其他辅助军事装备，以及其他产品共十四大类。

（9）美术品进出口批准文件

美术品进出口批准文件是文化部门为加强美术品进出口经营活动管理准予美术品进出口的批准文件。美术品是指艺术创作者以线条、色彩或者其他方式创作的具有审美意义的造型艺术作品，包括绘画、书法、雕塑、摄影、装置等作品，以及艺术创作者许可并签名的、数量在200件以内的复制品。不包括工业化批量生产的工艺美术产品，不包括文物。

违反贸易管制措施的法律责任是什么？

《中华人民共和国海关法》第八十二条、第八十三条规定：违反国家有关禁止性、限制性管理规定，采取伪、瞒报等行为，运输、邮寄、携带国家禁止或限制进出境货物、物品的，属于违法行为，海关依法追究当事人的责任；构成走私犯罪的，依法追究刑事责任。

《中华人民共和国海关行政处罚实施条例》第七条（二）项、第九条（二）项规定构成走私行为的，由海关依法没收涉案货物及违法所得，并可处等值的罚款。对于不构成走私行为的，依照本条例第十三条、第十四条、第十五条（三）等规定予以行政处罚。

《中华人民共和国对外贸易法》第六十一条规定：违反国家禁限规定，受到海关行政处罚或受到刑事处罚的，自处罚生效之日起三年内，国家对外经贸主管部门或其他部门，不予受理违法行为人进出口配额或许可证件的申请，或者禁止违法行为人在一年以上三年以下的期限内从事有关货物或技术的进出口经营活动。

知识产权海关保护制度指南

什么是知识产权海关保护备案制度?

知识产权海关保护备案，是指知识产权权利人为了寻求海关对其知识产权实施主动保护，按照《中华人民共和国知识产权海关保护条例》(以下简称《知识产权海关保护条例》) 的规定，将其拥有的商标专利权、著作权和与著作权有关的权利、专利权的法律状况及其他有关情况以书面形式向海关总署提出申请的制度。

知识产权权利人向海关总署办理备案，是海关采取主动保护措施的前提条件。根据《知识产权海关保护条例》的规定，知识产权权利人如果事先将其知识产权向海关备案，海关对发现的即将进出境侵权货物则有权主动中止其进出口，并对进出口侵权货物的违法行为进行调查处理。

什么人可以向海关申请知识产权海关保护备案?

只有知识产权权利人才可以申请知识产权海关保护备案。这里的“知识产权权利人”指我国《商标法》、《专利法》和《著作权法》中规定的商标注册人、专利权人、著作权人和与著作权有关的权利人，其既可以是自然人，也可以是法人。

企业的分（子）公司、自然人的近亲属、知识产权被许可人、知识产权代理人及第三人不能以自己的名义申请知识产权海关备案，但可以接受商标注册人、专利权人、著作权人和与著作权有关的权利人的委托，以代理人的身份提出申请。

哪些知识产权可以向海关申请知识产权海关保护备案?

根据《知识产权海关保护条例》第二条的规定，中国海关保护的知识产权应当是与进出口货物有关并受中华人民共和国法律、行政法规保护的商标专用权、著作权和与著作权有关的权利、专利权，以及奥林匹克标志专有权、世界博览会标志专有权。所以，以下知识产权可以向海关总署申请备案：

1. 国家工商行政管理总局商标局核准注册的商标（服务商标除外）；
2. 在世界知识产权组织注册并延伸至我国的国际注册商标（服务商标除外）；
3. 国家知识产权局（包括原中国专利局）授予专利权的发明、外观设计、实用新型专利；
4. 《保护文学和艺术作品的伯尔尼公约》成员国或者世界贸易组织成员的公民或者组织拥有的著作权和与著作权有关的权利；
5. 奥林匹克标志专有权；
6. 世界博览会标志专有权。

权利人是否可以向各口岸海关申请办理知识产权海关保护备案?

不可以。知识产权权利人申请知识产权海关保护备案，应当直接向海关总署提出申请，各口岸海关不受理，也不向海关总署转交知识产权海关保护备案申请。

如何提交知识产权海关保护备案申请?

知识产权海关保护备案申请应当通过“中国海关网”（网址：www. customs. gov. cn）的“知识产权海关保护备案申请系统”提交，同时需要提交书面申请书。

备案申请人在提交备案申请前首先要在“知识产权海关保护备案申请系统”注册为系统用户，系统用户应当以知识产权权利人的名义进行注册，填写必要的用户信息，以获取系统账号和密码，将已录入的备案申请数据打印形成书面申请书，并加盖申请人或代理人印章，连同备案费缴款凭据复印件和其他相关材料邮递至下列地址：

北京市建国门内大街 6 号　海关总署政策法规司知识产权保护处

邮编：100730

如何缴纳知识产权海关保护备案费?

根据《知识产权海关保护条例》第三十二条和海关总署 2004 年 5 月 25 日关于收取知识产权备案费的公告（〔2004〕15

号）的规定，知识产权权利人向海关总署申请知识产权海关保护备案，应当在向海关总署寄送备案申请材料前预先缴纳备案费，每件备案申请缴纳备案费人民币800元，在备案申请材料中应当随附备案费缴款凭证的复印件。对未随附缴款凭证复印件的备案申请，海关总署不予受理。

申请人在备案有效期内申请备案续展或变更的，不再缴纳备案费。但是，申请人在备案失效后再次申请备案的，应当重新缴纳备案费。

备案费应当通过银行转账和电汇方式汇入海关总署账户。为便于海关总署确认备案费到账，申请人在银行办理缴纳备案费手续时，应当将申请备案的知识产权登记号或者授权号（即商标注册证号、专利授权号、作品登记号或者作品名称）或备案申请编号填写在银行单据的汇款用途或备注栏。另外，海关总署只向付款单位（个人）出具收费凭证。

账户名称：中华人民共和国海关总署

账号：0200000709014407044

汇入地址：北京市工行北京王府井金街支行

知识产权海关保护备案的有效期有多长时间?

知识产权海关保护备案自海关总署准予备案之日起生效，有效期为10年。知识产权的有效期在海关总署核准备案后不足10年的，备案的有效期以知识产权的有效期为准；知识产权的有效期超过10年的，备案有效期最长为10年。

如何办理知识产权海关保护备案续展?

知识产权海关保护备案续展申请也应当通过“知识产权海关保护备案申请系统”提交。在知识产权有效的前提下，知识产权权利人可以在备案有效期届满前6个月内，向海关总署提出续展备案的书面申请并随附有关文件。续展备案的有效期自上一届备案有效期满次日起算，有效期为10年。知识产权的有效期自上一届备案有效期满次日起不足10年的，续展备案的有效期以知识产权的有效期为准。

备案有效期届满没有提出续展申请的，备案随即失效，权利人需要获得海关主动保护的，应当重新申请备案。

如何办理知识产权海关保护备案的变更?

备案知识产权的情况发生改变的，知识产权权利人应当自发生改变之日起30个工作日内向海关总署提出“变更知识产权海关保护备案申请”，并随附以下有关文件：

1. 知识产权权利人的名称；
2. 注册商标核定使用商品；
3. 许可使用注册商标、作品或者实施专利的情况；
4. 知识产权权利人的通讯地址、联系人（代理人）、联系电话等；
5. 申请人在备案申请书中提供的其他情况。

什么是知识产权海关保护备案的注销?

有下列情形之一的，知识产权权利人应当自备案的知识产权发生改变之日起30个工作日内向海关总署提出注销知识产权海关保护备案的申请并随附有关文件：

1. 知识产权在备案有效期届满前不再受法律、行政法规保护的；
2. 备案的知识产权发生转让的。

对属上述情形应当予以注销的备案，海关总署可以主动予以注销，或者根据有关利害关系人的申请注销。

知识产权权利人在备案有效期内放弃备案的，可以向海关总署申请注销备案。

海关总署注销备案，应当书面通知有关知识产权权利人。备案自海关总署注销之日起失效。

什么情形下海关可以撤销知识产权海关保护备案?

知识产权权利人申请知识产权海关保护备案时未如实提供有关情况或者文件的，海关总署可以撤销其备案。

海关总署撤销备案的，知识产权权利人自知识产权备案被撤销之日起1年内就被撤销备案的知识产权再次申请备案的，海关总署可以不予受理。

为什么缴纳备案费时会出现备案费被银行退回的情况？

部分权利人通过网上银行提交备案费时出现汇款被银行退回的情况。出现这种情况的原因可能是权利人通过网上银行汇款时，除填写常用的银行账号外，还需要在前面添加网点账号。例如：海关总署知识产权备案费的银行账户是09014407044，网点账号是02000007。

如果您今后无论是否通过网上银行汇款，都填写以下完整的账号信息，就不会再出现汇款被银行退回的问题了。

账户名称：中华人民共和国海关总署

账号：020000709014407044

汇入地址：北京市工行北京王府井金街支行

知识产权权利人委托代理人的授权委托书有哪些要求？

海关总署制定固定格式授权委托书，用于知识产权权利人委托其在境内的代理人向海关总署办理知识产权海关保护备案或向口岸海关提出采取保护措施的申请。具体内容及格式可自 http：//www. customs. gov. cn/publish/portal0/tab2559/info7828. htm下载。

关于申请知识产权海关保护备案的有关问题如何咨询了解？

可以发电子邮件按以下联系方式向海关总署咨询：

知识产权海关保护专用邮箱：ipr@ customs. gov. cn，传真：010－65195358 。

“知识产权海关保护备案申请系统”首页也提供《备案需知及常见问题解答》下载。

知识产权权利人申请商标权备案需要提交的文件有哪些？

商标权备案申请人需要提交申请书及有关证明：

1. 商标权海关保护备案申请书（“知识产权海关保护备案申请系统”自动生成，打印后签章）。

2. 申请人身份证明文件。申请人为自然人的，提交个人身份证件复印件（签章并注明“与原件核对无误”）；申请人为法人的，提交工商营业执照复印件或其他注册登记文件复印件（签章并注明“与原件核对无误”），外文注册证明应当提供中文译本。

3. 商标注册证明文件。商标在中国商标局注册的，提交商标注册证复印件（签章并注明“与原件核对无误”），发生变更、转让、续展情况的还要提供变更、转让、续展证明的复印件（签章并注明“与原件核对无误”）；商标为国际注册的，提交国家工商总局商标局出具的商标注册证明复印件（签章并注明“与原件核对无误”），发生变更、转让、续展情况的，还需提供变更、转让、续展证明的复印件（签章并注明“与原件核对无误”）。

4. 缴纳备案费银行单据复印件（签章并注明“与原件核对无误”）。

知识产权权利人申请专利权备案需要提交的文件有哪些？

专利权备案申请人需要提交申请书及有关证明：

1. 专利权海关保护备案申请书（“知识产权海关保护备案申请系统”自动生成，打印后签章）。

2. 申请人身份证明文件。申请人为自然人的，提交个人身份证件复印件（签章并注明“与原件核对无误”）；申请人为法人的，提交工商营业执照复印件或其他注册登记文件复印件（签章并注明“与原件核对无误”），外文注册证明应当提供中文译本。

3. 专利证书复印件（签章并注明与原件核对无误）。申请外观设计专利还要提供外观设计专利公告复印件（签章并注明“与原件核对无误”），外观设计及实用新型专利要提供专利权评价报告复印件（签章并注明“与原件核对无误”）。上述专利授权自公告之日起已超过1年的，还必须提交申请前6个月内出具的专利登记簿副本原件。

4. 缴纳备案费银行单据复印件（签章并注明“与原件核对无误”）。

申请知识产权海关保护备案有哪些可以选择提交的文件？

1. 货物及其包装的照片或样品。

2. 已知侵权货物进出口的证据。

3. 权利许可使用情况。有许可使用合同的提交合同复印件（签章并注明“与原件核对无误”），没有合同的提供许可名单、内容、期限等情况。

4. 代理授权委托书。海关总署制定的固定格式委托书（可自中国海关网站下载）原件，由权利人签章。

5. 代理人身份证明文件。代理人为自然人的，提交个人身份证件复印件（签章并注明“与原件核对无误”）；代理人为法人的，提交工商营业执照复印件（签章并注明“与原件核对无误”）。

（注：外国及我国港、澳、台地区的知识产权权利人申请知识产权海关备案的，必须由其在我国境内设立的办事机构或者其在我国境内代理人向海关提出申请。）

6. 海关总署要求提供的其他相关文件。

选择提交的随附文件，如果属于规定情形的，则必须提交。

海关对知识产权的保护有哪些具体措施?

根据《知识产权海关保护条例》的规定，海关对知识产权的保护主要采取依职权保护和依申请保护两种模式。依职权保护模式主要用于海关对侵权事实明显的假冒和盗版案件的查处，依申请保护模式则用于帮助权利人向人民法院提起侵权诉讼。

什么是海关依职权保护?

依职权保护，即海关知识产权主动保护模式，是指海关在对进出口货物的监管过程中，发现进出口货物涉嫌侵犯在海关总署备案的知识产权的，有权主动中止其通关，并根据知识产权权利人的申请采取扣留和调查处理。

什么是海关依申请保护?

依申请保护，即海关知识产权被动保护模式，是指知识产权权利人发现侵权嫌疑货物即将进出口时向其进出境地海关提出申请（其知识产权不必事先向海关总署备案），海关根据申请扣留有关货物。

海关采取依职权保护的主要程序是什么?

在知识产权权利人事先将其知识产权向海关总署备案的前提下，海关发现进出口货物涉及在海关总署备案的知识产权且进出口商或者制造商使用有关知识产权的情况未在海关总署备案的，可以要求收发货人在规定期限内申报货物的知识产权状况和提交相关证明文件；收发货人未在规定期限内申报货物知识产权状况、提交相关证明文件或者海关有理由认为货物涉嫌侵犯在海关总署备案的知识产权的，海关应当中止放行，并书面通知知识产权权利人；知识产权权利人在收到通知后 3 个工作日时限内要求海关扣留侵权嫌疑货物并提供担保的，海关应扣留侵权货物并予以调查处理。

海关采取依申请保护的主要程序是什么?

知识产权权利人不必事先将其知识产权向海关总署备案，在发现侵权嫌疑货物后可以直接向口岸海关申请扣留，并提供担保；同时还应当向海关提供能够证明以下事实的证据：

1. 请求海关扣留的货物即将进出口；

2. 在请求海关扣留的货物上未经许可使用了侵犯其商标专用权的商标标志、作品或者实施了专利。

海关根据知识产权权利人的申请扣留侵权嫌疑货物，并书面通知知识产权权利人和收发货人，不负责对货物的侵权状况进行调查；如果在海关扣留货物后 20 个工作日内未收到人民法院协助扣押通知书的，海关应当放行货物。

什么是海关知识产权保护总担保?

经海关总署核准，在海关总署备案的商标专用权的知识产权权利人可以向海关总署提交银行或非银行金融机构出具的保函，为其向海关申请商标专用权海关保护措施提供总担保。总担保的担保金额应相当于知识产权权利人上一年度向海关申请扣留侵权嫌疑货物后发生的仓储、保管和处置等费用总和；知识产权人上一年度未向海关申请扣留侵权嫌疑货物或者仓储、保管和处置等费用不足人民币 20 万元的，总担保的金额为 20 万元人民币。自海关总署核准总担保之日至当年 12 月 31 日，知识产权权利人请求海关扣留涉嫌侵犯已在海关总署备案的商标专用权的进出口货物时，无须再另行提供担保；但知识产权权利人未依法履行承担有关费用或赔偿责任的，海关总署向担保人发出履行担保责任通知的除外。

依职权保护和依申请保护提供的担保有何不同?

依申请保护中知识产权权利人请求海关扣留涉嫌侵权嫌疑货物的，应当在海关规定的期限内向海关提供相当于货物价值的担保。

依职权保护中知识产权权利人除可以向海关提供总担保外，还可以在请求海关扣留货物时按照以下规定向海关提供担保：

1. 货物价值不足人民币2万元的，提供相当于货物价值的担保；

2. 货物价值为人民币2万至20万元的，提供相当于货物价值50%的担保，担保金额不少于人民币2万元；

3. 货物价值超过人民币20万元的，提供人民币10万元的担保。

向海关提供知识产权担保的用途是什么？

知识产权权利人请求海关扣留侵权嫌疑货物时提交的担保，用于赔偿可能因申请不当给收货人、发货人造成的损失，以及支付货物由海关扣留后的仓储、保管和处置等费用。

海关没收侵权货物的，应当在货物处置完毕并结清有关费用后向知识产权权利人退还担保金或者解除担保人的责任。

海关协助人民法院扣押侵权嫌疑货物或者放行被扣留货物的，自协助人民法院扣押侵权嫌疑货物或者放行货物之日起20个工作日内，未收到人民法院就知识产权权利人提供的担保采取财产保全措施的协助执行通知的，海关应当向知识产权权利人退还担保金或者解除担保人的担保责任；收到人民法院协助执行通知书的，海关应当协助执行。

海关认定侵权嫌疑货物是否侵权的时限是多长时间？

海关对扣留的侵权嫌疑货物进行调查，应当自扣留侵权嫌疑货物之日起30个工作日内认定货物是否侵犯有关知识产权，并书面通知知识产权权利人和收发货人。

对海关不能认定有关货物是否侵犯其知识产权的，知识产权权利人可以向人民法院申请采取责令停止侵权行为或者财产保全的措施。海关自扣留侵权嫌疑货物之日起50个工作日内收到人民法院协助扣押有关货物书面通知的，应当予以协助；未收到人民法院协助扣押通知或者知识产权权利人要求海关放行的，海关应当放行货物。

涉嫌侵权的收发货人什么情况下可以要求提供担保放行货物？

涉嫌侵犯专利权货物的收发货人认为其进出口货物未侵犯专利权的，可以向海关提供货物等值的担保金后，书面申请海关放行其货物；

收发货人请求海关放行涉嫌侵犯专利权货物，符合前款规定的，海关应放行货物并书面通知知识产权权利人；

知识产权权利人就有关专利侵权纠纷向人民法院起诉的，应当在前款规定的海关书面通知送达之日起30个工作日内向海关提交人民法院受理案件通知书的复印件。

哪些人可以查看涉嫌侵权货物？

经海关同意，知识产权权利人、收发货人可以查看有关货物。

海关对进出境旅客携带物品、邮寄物品如何实施知识产权保护？

海关发现进出境旅客个人携带或者邮寄进出境的物品，涉嫌侵犯中华人民共和国法律、行政法规所保护的商标专用权、著作权和与著作权有关的权利、专利权的，并超出自用、合理数量的，应当予以扣留，但旅客或者收寄件人向海关申明放弃并经海关同意的除外。

进出境旅客或者进出境邮件的收寄件人认为海关扣留的物品未侵犯有关知识产权或者属于自用的，可以向海关书面说明有关情况并提供相关证据。

海关对涉嫌侵权的进出境货物认定侵权的如何处置？

海关对其认定侵权的货物，有权予以没收并对侵权货物的收发货人进行行政处罚。并对没收的侵权货物按照以下规定处置：

1. 货物可以直接用于社会公益事业或者知识产权权利人有收购意愿的，将货物转交给有关公益机构用于社会公益事业或者有偿转让给知识产权权利人；

2. 征求有关知识产权权利人的意见并消除侵权货物侵权特征后，依法拍卖；

3. 予以销毁。

海关扣留涉嫌侵权嫌疑货物后，知识产权权利人可否再要求海关放行货物？

知识产权权利人与收发货人就海关扣留的侵权嫌疑货物达成协议，向海关提出书面申请并随附相关协议，要求海关解除扣留侵权嫌疑货物的，海关除认为涉嫌构成犯罪的，可以终止调查。

海关处置侵权货物的费用由谁来承担?

海关协助人民法院扣押侵权嫌疑货物或者放行被扣留货物的，知识产权权利人应当支付货物在海关扣留期间的仓储、保管和处置等费用。

海关没收侵权货物的，知识产权权利人应当按照货物在海关扣留后的实际存储时间支付仓储、保管和处置等费用。但海关自没收侵权货物的决定送达收发货人之日起3个月内不能完成货物处置，且非因收发货人申请复议、提起行政诉讼或者货物处置方面的特殊原因导致的，知识产权权利人不需支付3个月后的有关费用。

海关行政复议指南

什么是海关行政复议?

海关行政复议，是指公民、法人或者其他组织认为海关具体行政行为侵犯其合法权益，依法向海关复议机关提出申请，由海关复议机关依照法定程序对该具体行政行为进行审查，并作出决定的活动。

海关行政复议属于法律救济制度，它通过防止和纠正违法或者不当的具体行政行为，既维护公民、法人和其他组织的合法权益，又保障和监督海关依法行使职权。

哪些情况下可以向海关申请行政复议?

1. 对海关作出的警告，罚款，没收货物、物品、运输工具和特制设备，追缴无法没收的货物、物品、运输工具的等值价款，没收违法所得，暂停从事有关业务或者执业，撤销注册登记，取消报关从业资格及其他行政处罚决定不服的；

2. 对海关作出的收缴有关货物、物品、违法所得、运输工具、特制设备决定不服的；

3. 对海关作出的限制人身自由的行政强制措施不服的；

4. 对海关作出的扣留有关货物、物品、运输工具、账册、单证或者其他财产，封存有关进出口货物、账簿、单证等行政强制措施不服的；

5. 对海关收取担保的具体行政行为不服的；

6. 对海关采取的强制执行措施不服的；

7. 对海关确定纳税义务人、确定完税价格、商品归类、确定原产地、适用税率或者汇率、减征或者免征税款、补税、退税、征收滞纳金、确定计征方式以及确定纳税地点等其他涉及税款征收的具体行政行为有异议的（以下简称纳税争议）；

8. 认为符合法定条件，申请海关办理行政许可事项或者行政审批事项，海关未依法办理的；

9. 对海关检查运输工具和场所，查验货物、物品或者采取其他监管措施不服的；

10. 对海关作出的责令退运、不予放行、责令改正、责令拆毁和变卖等行政决定不服的；

11. 对海关稽查决定或者其他稽查具体行政行为不服的；

12. 对海关作出的企业分类决定以及按照该分类决定进行管理的措施不服的；

13. 认为海关未依法采取知识产权保护措施，或者对海关采取的知识产权保护措施不服的；

14. 认为海关未依法办理接受报关、放行等海关手续的；

15. 认为海关违法收取滞报金或者其他费用，违法要求履行其他义务的；

16. 认为海关没有依法履行保护人身权利、财产权利的法定职责的；

17. 认为海关在政府信息公开工作中的具体行政行为侵犯其合法权益的；

18. 认为海关的其他具体行政行为侵犯其合法权益的。

什么是复议前置？哪类案件需要复议前置?

复议前置，是指公民、法人或者其他组织对法律、法规规定的特定具体行政行为不服，在寻求法律救济时，应当先选择向行政复议机关申请行政复议，而不能直接向人民法院提起行政诉讼；如果对行政复议决定仍不服，才可向人民法院提起行政诉讼。

根据《海关法》的规定，纳税争议案件需要复议前置，即公民、法人或者其他组织对海关确定纳税义务人、确定完税价格、商品归类、确定原产地、适用税率或者汇率、减征或者免征税款、补税、退税、征收滞纳金、确定计征方式及确定纳税地点等其他涉及税款征收的具体行政行为有异议的，应当先向海关行政复议机关申请行政复议，对海关行政复议决定不服的，再向人民法院提起行政诉讼。

海关行政复议参加人有哪些?

1. 海关行政复议申请人

海关行政复议申请人是指认为自己的合法权益受到海关作出的具体行政行为的侵犯，依法向海关复议机关申请复议的公民、法人或者其他组织。

有权申请行政复议的公民死亡的，其近亲属可以申请行政复议。有权申请行政复议的公民为无民事行为能力人或者限制民事行为能力人的，其法定代理人可以代为申请行政复议。有权申请行政复议的法人或者其他组织终止的，承受其权利的法人或者其他组织可以申请行政复议。

法人或者其他组织实施违反《海关法》的行为后，有合并、分立或者其他资产重组情形，海关以原法人、组织作为当事人予以行政处罚并且以承受其权利、义务的法人、组织作为被执行人的，被执行人可以以自己的名义申请行政复议。

2. 海关行政复议被申请人

公民、法人或者其他组织对海关作出的具体行政行为不服，依法申请行政复议，作出该具体行政行为的海关是被申请人。

一般情况下，被申请人是以自己的名义作出具体行政行为的海关。但是，依照法律、行政法规或者海关规章的规定，下级海关经上级海关批准后以自己的名义作出具体行政行为的，以作出批准的上级海关为被申请人。根据《海关法》和有关行政法规、海关规章的规定，经直属海关关长或者其授权的隶属海关关长批准后作出的具体行政行为，以直属海关为被申请人。

3. 海关行政复议第三人

海关行政复议第三人是指与行政复议的具体行政行为有利害关系，为维护自己的合法权益，经复议机关同意参加复议的公民、法人或者其他组织。

海关行政复议机关认为与被审查的具体行政行为有利害关系的，应当通知其作为第三人参加行政复议。申请人以外的公民、法人或者其他组织认为与被审查的海关具体行政行为有利害关系的，可以在行政复议期间向海关行政复议机构申请作为第三人参加行政复议。

第三人不参加行政复议，不影响行政复议案件的审理。

4. 海关行政复议委托代理人

海关行政复议委托代理人，是指在海关行政复议中，依法接受申请人、第三人委托，以被代理人的名义在代理权限范围内参加复议活动的人。

申请人、第三人可以委托 1 至 2 名代理人参加行政复议，并向海关行政复议机关提交授权委托书。公民在特殊情况下无法书面委托的，可以口头委托。口头委托的，海关行政复议机构应当核实并且记录在卷。

什么是海关行政复议机关?

海关行政复议机关是指受理申请人提出的行政复议申请，审查被申请人作出的具体行政行为并作出决定的海关。

如何确定向哪一级海关申请行政复议?

1. 对海关具体行政行为不服的，向作出该具体行政行为的海关的上一级海关申请行政复议。

2. 对海关总署作出的具体行政行为不服的，向海关总署申请行政复议。

3. 两个以上海关以共同的名义作出具体行政行为的，以作出具体行政行为的海关为共同被申请人，向其共同的上一级海关申请行政复议。

4. 海关与其他行政机关以共同的名义作出具体行政行为的，海关和其他行政机关为共同被申请人，向海关和其他行政机关的共同上一级行政机关申请行政复议；申请人对海关总署与国务院其他部门共同作出的具体行政行为不服，向海关总署或者国务院其他部门提出行政复议申请，由海关总署、国务院其他部门共同作出处理决定。

5. 依照法律、行政法规或者海关规章的规定，下级海关经上级海关批准后以自己的名义作出具体行政行为的，以作出批准的上级海关为被申请人；根据《海关法》和有关行政法规、海关规章的规定，经直属海关关长或者其授权的隶属海关关长批准后作出的具体行政行为，以直属海关为被申请人。

6. 海关设立的派出机构、内设机构或者其他组织，未经法律、行政法规授权，以自己名义对外作出具体行政行为的，以该海关为被申请人，向该海关的上一级海关申请行政复议。

向海关申请行政复议的方式有哪些?

申请人书面申请行政复议的，可以采取当面递交、邮寄、传真、电子邮件等方式递交行政复议申请书。申请人也可以口头申请行政复议。

复议申请人有什么权利?

1. 申请复议权。

2. 委托权：复议申请人、第三人可以委托行政复议代理人代为参加复议。

3. 查阅权：复议申请人、第三人可以查阅被申请人提出的书面答复、作出具体行政行为的证据、依据和其他有关材料，除涉及国家秘密、商业秘密或者个人隐私外，行政复议机关不得拒绝。

4. 申请回避权：复议申请人、第三人及其代理人、被申请人认为复议人员与本案有利害关系或者有其他关系可能影响公正审理复议案件的，有权申请复议人员回避。

5. 申请听证权：行政复议案件审理中，复议申请人可以向复议机关提出听证要求，由复议机关决定是否举行听证。

6. 撤回复议申请权：行政复议决定作出前，复议申请人要求撤回行政复议申请的，经说明理由，可以撤回；撤回行政复议申请的，行政复议终止。

7. 自愿达成和解协议和调解协议权。

8. 申请执行权：对已发生法律效力的复议决定，复议申请人有依法申请执行的权利。

9. 诉权：复议申请人对复议决定不服或者复议机关不予受理复议申请、逾期不作出复议决定的，可在法定时限内依法向人民法院提起行政诉讼。

10. 法律、法规规定的其他权利。

复议申请人有什么义务?

1. 在复议过程中，复议申请人应自觉遵守复议纪律，维护复议秩序，听从复议机关依法作出的安排；

2. 自觉履行已生效的复议决定；

3. 法律、法规所规定的其他义务。

海关行政复议机构是怎样设置的?

海关行政复议机构是海关内部审理复议案件、解决行政争议的法制机构。

海关总署的行政复议机构为政策法规司，直属海关的行政复议机构为法规处（法规室)。

海关行政复议案件的审理程序是怎样的?

海关行政复议案件实行合议制审理。合议人员为不得少于3人的单数。合议人员由海关行政复议机构负责人指定的行政复议人员或者海关行政复议机构聘任、特邀的其他具有专业知识的人员担任。对于事实清楚、案情简单、争议不大的海关行政复议案件，也可以不适用合议制，但是应当由2名以上行政复议人员参加审理。

海关行政复议机构负责人应当指定1名行政复议人员担任主审，具体负责对行政复议案件事实的审查，并且对所认定案件事实的真实性和适用法律的准确性承担主要责任。合议人员应当根据复议查明的事实，依据有关法律、行政法规和海关规章的规定，提出合议意见，并且对提出的合议意见的正确性负责。

海关行政复议机构审理行政复议案件应当向有关组织和人员调查情况，听取申请人、被申请人和第三人的意见；海关行政复议机构认为必要时可以实地调查核实证据；对于事实清楚、案情简单、争议不大的案件，可以采取书面审查的方式进行审理。

海关行政复议机构提出案件处理意见，经海关行政复议机关负责人审查批准后，作出行政复议决定。

海关行政复议会作出什么样的决定?

海关行政复议机关根据对被申请复议的具体行政行为不同的审查结果，可分别作出以下复议决定：

1. 决定维持

海关具体行政行为具备下列条件，决定维持：(1) 海关具体行政行为所认定的事实清楚，证据确凿；(2) 适用法律、法规、规章和具有普遍约束力的规范性文件正确；(3) 符合法定权限；(4) 符合法定程序；(5) 内容适当。

2. 决定被申请人限期履行法定职责

海关行政复议机关经过审理后，认为被申请人的不作为行为违反了海关法律、行政法规、海关规章及有关规范性文件的规定，属未履行法定职责的，应作出责令其在一定期限内履行法定职责的决定。限期履行包括两种期限：(1) 由海关法律、行政法规、海关规章及有关规范性文件规定的期限；(2) 海关行政复议机关根据具体情况确定的期限。作出这种复议决定必须具备下列条件：(1) 复议申请人要求被申请人履行某一法定职责有事实上和法律上的依据；(2) 被申请人具有这一法定职责；(3) 被申请人未履行此法定职责无正当理由。

3. 有下列情形之一的，决定撤销、变更或者确认该具体行政行为违法：

（1）主要事实不清、证据不足的；

（2）适用依据错误的；

（3）违反法定程序的；

（4）超越或滥用职权的；

（5）海关具体行政行为明显不当的。

决定撤销或者确认该具体行政行为违法的，可以责令被申请人在一定期限内重新作出具体行政行为。被申请人应当在法律、行政法规、海关规章规定的期限内重新作出具体行政行为；法律、行政法规、海关规章未规定期限的，重新作出具体行政行为的期限为60日。

行政复议决定的执行有哪些程序?

申请人认为被申请人不履行或者无正当理由拖延履行“行政复议决定书”、“行政复议调解书”的，可以申请海关行政复议机关责令被申请人履行。

海关行政复议机关发现被申请人不履行或者无正当理由拖延履行行政复议决定书、行政复议调解书的，应当责令其限期履行，并且制作“责令限期履行行政复议决定通知书”，送达被申请人。

申请人在法定期限内未提起行政诉讼又不履行海关行政复议决定的，按照下列规定分别处理：

1. 维持具体行政行为的海关行政复议决定，由作出具体行政行为的海关依法强制执行或者申请人民法院强制执行。

2. 变更具体行政行为的海关行政复议决定，由海关行政复议机关依法强制执行或者申请人民法院强制执行。海关行政复议机关也可以指定作出具体行政行为的海关依法强制执行，被指定的海关应当及时将执行情况上报海关行政复议机关。

申请人不履行“行政复议调解书”的，由作出具体行政行为的海关依法强制执行或者申请人民法院强制执行。

行政复议中需要注意的重要时限规定有哪些?

1. 申请人申请行政复议的时限

申请人应当自知道侵犯其合法权益的具体行政行为之日起60日内提出行政复议申请；因不可抗力或者其他正当理由耽误法定申请期限的，申请期限自障碍消除之日起继续计算。

2. 复议机关决定受理的时限

海关行政复议机构收到行政复议申请后，应当在5个工作日内决定是否受理；对于决定受理的，复议机构收到复议申请之日即为受理之日。

3. 行政复议申请材料补正的时限

行政复议申请材料不齐全或者表述不清楚的，海关行政复议机构可以自收到该行政复议申请之日起5日内书面通知申请人补正；申请人应当在收到补正通知之日起10日内向海关行政复议机构提交需要补正的材料。补正申请材料所用时间不计入行政复议审理期限。

4. 传真、电子邮件方式提出行政复议申请的提交材料原件的时限

海关行政复议机构受理申请人以传真、电子邮件方式提出的行政复议申请后，应当告知申请人自收到“行政复议申请受理通知书”之日起10日内提交有关材料的原件。

5. 被申请人提交书面答复和证据材料的时限

被申请人应当自收到申请书副本或者申请笔录复印件之日起10日内，提出书面答复，并提交当初作出具体行政行为的证据、依据和其他有关材料。

6. 向申请人发送“行政复议答复书”副本的时限

海关行政复议机构应当在收到被申请人提交的“行政复议答复书”之日起7日内，将“行政复议答复书”副本发送申请人。

7. 复议机关作出复议决定的时限

海关行政复议机关应当自受理申请之日起60日内作出行政复议决定；特殊情况下，经复议机关的负责人批准可以适当延长，但是延长期限最多不超过30日。

8. 申请人提起行政诉讼的时限

（1）申请人对复议机关作出的复议决定不服，可以自收到“行政复议决定书”之日起15日内向人民法院提起诉讼。

（2）复议机关逾期不作出复议决定的，申请人可以在复议期满之日起15日内向人民法院提起诉讼。

（3）纳税争议等法律、法规规定应当先向行政复议机关申请行政复议、对行政复议决定不服再向人民法院提起行政诉讼的，行政复议机关决定不予受理的，申请人可以自收到不予受理决定书之日起15日内，向人民法院提起行政诉讼。

海关行政诉讼指南

什么是海关行政诉讼?

海关行政诉讼是指公民、法人或者其他组织认为海关的具体行政行为侵犯其合法权益，依法向人民法院起诉，由人民法院进行审理并作出裁判的活动。

什么是海关行政诉讼的原告和被告?

原告和被告是行政诉讼活动中最基本的诉讼参加人。

海关行政诉讼的原告，是认为海关及其工作人员的具体行政行为侵犯其合法权益，而向人民法院提起诉讼的公民、法人或者其他组织。在司法实践中，存在一些特殊情况需要确定谁有资格成为原告：一是如果有权提起诉讼的公民死亡，其近亲属可以提起诉讼，这时提起诉讼的近亲属是以原告的身份而不是以诉讼代理人的身份提起诉讼。此处的近亲属包括配偶、父母、子女、兄弟姐妹、祖父母、外祖父母、孙子女、外孙子女，以及对公婆、岳父母尽了赡养义务的儿媳、女婿。同样，对于有权可以提起行政诉讼的法人或者其他组织终止的，承受其权利的法人或者其他组织也可以提起诉讼。二是与具体行政行为有法律上的利害关系但不是具体行政行为直接针对的对象的公民、法人或者其他组织，对该具体行政行为不服的，可以以原告的身份提起行政诉讼。三是海关撤销或者变更具体行政行为，与被撤销、变更的行为有法律上利害关系的个人或者组织对撤销行为不服的，可提起行政诉讼。四是当事人在被限制人身自由期间，其近亲属可以依当事人的口头或者书面委托，以当事人的名义提起诉讼。

海关行政诉讼的被告，是各级海关。根据《中华人民共和国行政诉讼法》（以下简称《行政诉讼法》）的规定，原告直接向人民法院提起行政诉讼的，作出被诉的具体行政行为的海关是被告。如果行政案件经复议机关复议，复议机关维持原具体行政行为的，作出原具体行政行为的海关是被告；复议机关改变原具体行政行为的，复议机关是被告。如果是法律、法规授权的组织作出的具体行政行为，作出被诉的具体行政行为的组织是被告。由海关委托的组织所作出的具体行政行为，委托的海关是被告。

海关行政诉讼的基本诉讼环节是什么?

海关行政诉讼的审理程序包括第一审程序、第二审程序和审判监督程序。当然这三者并非每一起行政诉讼案件都会出现，其中只有第一审程序是必经的，是全部审判程序的基础。

简单地说，第一审程序是人民法院受理海关行政诉讼案件后审理该案适用的程序，根据法律规定，海关行政诉讼案件只能适用普通程序，也就是应当包括开庭前的准备、法庭调查、法庭辩论、合议庭评议、宣告判决等阶段。

如果第一审中的当事人对第一审的裁判不服，依法提起上诉的，就使得案件进入第二审程序，也可称为上诉审程序或者终审程序。第二审不一定开庭，对事实清楚的案件，可以实行书面审理，第二审法院作出的裁判，属于终审裁决，不得再提起上诉。

行政诉讼审判监督程序，就是人民法院根据当事人的申请、检察机关的抗诉或者人民法院自己发现已经发生法律效力的判决、裁定确有错误，依法对案件进行再审的程序。

符合什么条件的当事人可以向人民法院提起行政诉讼?

根据《行政诉讼法》的规定，第一，必须是认为具体行政行为侵犯其合法权益的公民、法人或者其他组织；第二，必须有明确的被告，应当指明哪个或者哪些行政机关的具体行政行为侵犯其合法权益；第三，必须有具体的诉讼请求和事实根据，要向人民法院提出具体的权利主张及其初步的理由和根据；第四，起诉的案件属于受诉人民法院受案和管辖范围。

提起诉讼的法定期限有多长?

根据《行政诉讼法》的规定，公民、法人或者其他组织直接向人民法院提起诉讼的，应当在知道作出具体行政行为之日起3个月内提出，法律另有规定的除外。

几种特殊情形的处理：

1. 公民、法人或者其他组织不知道海关作出的具体行政行为内容的，其起诉期限从知道或者应当知道该具体行政行为内容之日起计算。如果涉及不动产的具体行政行为从作出之日起超过20年，其他具体行政行为从作出之日起超过5年提起诉讼的，人民法院将不予受理。

2. 对于海关作出具体行政行为时没有告知公民、法人或者其他组织起诉权、诉讼期限的，起诉期限从公民、法人或者其他组织知道或者应当知道起诉权或者起诉期限之日起计算，这一期限从知道或者应当知道具体行政行为内容之日起最长不得超过2年。

3. 对于公民、法人或者其他组织向上一级海关申请行政复议的，对复议决定不服的，应在收到复议决定之日起15日内向人民法院提起诉讼。如果复议机关逾期不作出复议决定的，申请人可以在复议期满之日起15日内向人民法院提起诉讼。

4. 由于不属于起诉人自身的原因超过起诉期限的，被耽误的时间不计算在起诉期间内。因人身自由受到限制而不能提起诉讼的，被限制人身自由的时间不计算在起诉期间内。

原告的诉讼权利和义务有哪些?

在海关行政诉讼中，原告的诉讼权利主要包括起诉权，委托诉讼代理人的权利，提供证据和申请保全证据权，申请回避权，补充、变更诉讼请求权，申请财产保全权，申请撤诉权，申请强制执行权等。

诉讼义务主要包括依法行使诉权，遵守诉讼程序，服从法庭要求，自觉履行生效的判决、裁定等。

海关最新规章及解读

《中华人民共和国海关报关员资格考试及资格证书管理办法》及解读

中华人民共和国海关报关员资格考试及资格证书管理办法

第一章　总　则

第一条　为了规范报关员资格考试、报关员资格申请及管理等事项，根据《中华人民共和国海关法》的规定，制定本办法。

第二条　报关员资格考试实行全国统一考试制度。

考试合格者可以向海关申请取得报关员资格。

第三条　报关员资格考试应当遵循公平、公开、公正、诚信的原则。

参加报关员资格考试的考生应当遵守考试应试规则。

第四条　海关总署组织报关员资格全国统一考试（以下简称考试），制定考试大纲、应试规则，统一命题；指导、监督各地海关具体实施考试，处理考试工作中的重大问题；组织阅卷，公布考试成绩；管理各海关审核报关员资格申请、颁发报关员资格证书事宜。

第五条　直属海关在海关总署指导下具体实施考试；认定、处理考试违规行为；受理、审查报关员资格申请，颁发报关员资格证书。

直属海关可以委托隶属海关受理、审核报关员资格申请及办理颁发证书等事宜。直属海关应当将受委托的隶属海关和委托的内容予以公告。

第二章　考试实施

第六条　考试每年举行一次，海关总署在考试3个月前对外公告考试事宜。特殊情况下，经海关总署决定，可以进行调整。

第七条　考试主要测试考生从事报关业务必备的知识和技能。考试内容包括报关专业知识、报关专业技能、报关相关知识和与报关业务相关的法律、行政法规及海关规章，具体范围按照海关总署当年制定并公布的《报关员资格全国统一考试大纲》确定。

第八条　考试采取全国统一报名、统一命题、统一考试、统一评分标准、统一阅卷核分的方式进行。

第九条　同时符合下列条件的人员可以报名参加考试：

（一）具有中华人民共和国国籍；

（二）年满18周岁，具有完全民事行为能力；

（三）具有大学专科毕业及以上学历。

第十条　有下列情形之一的，不得报名参加考试，已经办理报名手续的，报名无效：

（一）因故意犯罪受过刑事处罚，以及正在被执行刑罚或者依法被剥夺、限制人身自由的；

（二）在报关活动中发生走私或者违反海关监管规定的行为，被海关依法取消报关从业资格的；

（三）在考试中发生作弊行为，被海关取消考试成绩，或者有其他违规行为，被海关以作弊论处，不满3年的。

第十一条 考试实行网上报名与现场确认相结合。

考生本人应当在网上预报名后，自行打印准考证主证，并在公告规定的期限内到报名海关进行现场确认。

第十二条 考生进行现场确认时，应当向海关提交下列材料，并交验原件：

（一）准考证主证；

（二）学历证书复印件；

（三）本人有效身份证件复印件。

香港、澳门特别行政区居民中的中国公民可以凭有效香港、澳门身份证件报名参加考试。

台湾居民报名参加考试的，比照前款规定办理。

考生应当对所提交材料的真实性、合法性、有效性负责。

第十三条 对符合报名条件的考生，海关应当在现场确认时对准考证主证予以签注。

第十四条 通过现场确认的考生，应当于考试前1个月内自行从网上打印准考证副证。

考生凭身份证件和准考证主证、副证参加考试。

第十五条 考试成绩由海关总署公布。

考生对本人考试成绩有异议的，可以申请对本人试卷卷面各大题已得分数的计算、合计、登录是否有误进行核查。核查结果通知本人后，不进行再次核查。

第三章 考试违规行为处理

第十六条 考生违反考试应试规则，有下列行为之一的，应当认定为考试违纪：

（一）携带禁止带入考场的物品进入考场的；

（二）在考试开始信号发出前开始答题，或者考试结束信号发出后继续答题的；

（三）考试开始30分钟后仍然未按照规定填写、填涂试卷、答题卡姓名和准考证号的；

（四）考试期间旁窥、交头接耳、互打暗号或者手势的；

（五）在考场内吸烟、喧哗或者有其他影响考试秩序行为的；

（六）未在规定座位上答题的；

（七）用规定以外的笔答题的；

（八）抄写试题或者本人答案的；

（九）其他违反考场规则但尚未构成作弊的行为。

第十七条 考生违反考试应试规则，有下列行为之一的，应当认定为考试作弊：

（一）由他人冒名顶替参加考试的；

（二）通过考场内外串通获取或者试图获取试题答案的；

（三）使用电信工具或者具有无线信号接收功能的其他装置，以及具有信息存储、读取功能的电子产品的；

（四）夹带、查看与考试有关资料（准许带入考场的考试工具书除外），或者在考试工具书中书写文字的；

（五）交换试卷、答题卡的；

（六）抄袭他人答案或者同意、默许、帮助他人抄袭的；

（七）故意损毁试卷、答题卡或者将试卷、答题卡带出考场的；

（八）在答题卡上填写、填涂与本人身份不符的姓名和准考证号，或者做特殊标记的；

（九）在规定的不得离开考场的时限内，未经允许离开考场的；

（十）有其他作弊行为的。

第十八条 考生违反考试应试规则，有下列行为之一的，按作弊论处：

（一）以伪造证件、证明及其他相关材料获得考试资格和考试成绩的；

（二）威胁、侮辱、殴打考试工作人员，或者以其他方式故意妨碍考试工作人员履行职责，严重扰乱考场秩序的；

（三）考生答案雷同的。

本条第（三）项规定情形由评卷专家组确定。

第十九条 处理考生违规行为，应当做到事实清楚、证据确凿、定性准确、程序合法。

第二十条 考生有本办法第十六条所列违纪行为的，监考人员应当对其提出口头警告并责令改正；经警告仍不改正的，海关督考人员应当宣布取消其本次考试资格，责令离开考场。

考生有本办法第十六条第（一）项行为的，监考人员应当责令考生将有关物品放置在指定位置。

第二十一条 考生有本办法第十七条所列作弊行为的，海关督考人员应当宣布取消其本次考试资格，责令离开考场，并由直属海关作出3年内不得报名参加考试的决定。不得报名的期限，自海关作出决定之日起算。

第二十二条 考生有本办法第十八条所列按作弊论处的行为的，比照本办法第二十一条规定处理。

考生有本办法第十八条第（二）项所列行为，涉嫌违反《中华人民共和国治安管理处罚法》的，移交公安机关处理。

第二十三条 考生有下列行为之一，导致机读答题卡数据与考生实际个人信息或者答题情况不符的，不予调整：

（一）未在规定考场内或者座位上答题的；

（二）填写、填涂答题卡个人信息有误或者格式不规范的；

（三）填涂答题卡试题答案格式不规范的；

（四）使用读卡器无法识别的笔填涂答题卡的。

第二十四条 考生对违规处理决定不服的，可以向作出决定的直属海关申请复核。

第二十五条 考试工作人员有下列情形之一的，停止其参与考试工作，并视情节轻重给予或者建议其所在单位给予相应的处分，直至开除或者解聘；构成犯罪的，依法追究刑事责任：

（一）未按照报名条件对考生进行审核，或者以不正当手段协助他人取得考试资格的；

（二）擅自改变考试开始时间或者结束时间的；

（三）擅自交换所负责考场或者擅自为考生调换考场、座位的；

（四）提示或者暗示考生答卷、指使或者纵容他人作弊、参与考场内外串通作弊的；

（五）擅自将试卷、答题卡、草稿纸等带出考场或者传给他人的；

（六）未认真履行职责，所负责考场秩序混乱或者出现大面积集体作弊的；

（七）截留、窃取、遗失考试试卷，泄露考题、答案及其他考务工作秘密的；

（八）篡改考生答题卡信息点、评分标准、机读数据或者考生成绩的；

（九）利用考试工作之便索贿、受贿或者谋取其他不正当利益的；

（十）有其他违反考试工作纪律的行为的。

第四章 资格授予

第二十六条 海关总署核定并公布考试合格分数线。

第二十七条 考试合格的考生，应当自公布考试合格分数线之日起6个月内向原报名海关申请报关员资格。

第二十八条 向海关申请报关员资格的，应当提交下列材料，并交验原件：

（一）报关员资格申请表（格式见附件1）；

（二）学历证书复印件；

（三）身份证件复印件。

申请人委托代理人代为提出报关员资格申请的，代理人应当向海关出具被委托人的身份证件复印件、授权委托书（格式见附件2），其中被委托人的身份证件复印件应当由本人加以签注。

考生应当对所提交材料的真实性、合法性、有效性负责。

第二十九条 海关对申请人授予报关员资格的申请进行受理、审查、作出决定，以及对报关员资格予以撤销、注销等活动，应当依据《中华人民共和国行政许可法》、《中华人民共和国海关行政处罚实施条例》、《中华人民共和国海关实施〈中华人民共和国行政许可法〉办法》等法律、行政法规、海关规章规定的程序进行。

第三十条 除当场作出决定的外，海关应当自受理申请之日起20个工作日内作出是否授予报关员资格的决定。

决定不授予报关员资格的，应当向申请人制发“中华人民共和国海关不予授予报关员资格决定书”（格式见附件3）。

第三十一条 海关授予报关员资格的，应当自作出决定之日起10个工作日内颁发报关员资格证书。

颁发报关员资格证书的，可以不再制发准予行政许可决定书。

第三十二条 报关员资格证书由海关总署统一印制。

取得报关员资格证书者可以按照规定向海关申请报关员注册。

第三十三条 报关员资格证书损毁、遗失或者个人信息发生变更的，可以向原发证海关申请补发或者换发。

第三十四条 在报名、考试等过程中有作弊行为，并取得报关员资格的，海关应当宣布其考试成绩无效，并撤销其报关员资格。

第五章 附 则

第三十五条 海关总署在组织考试过程中，可以依据国家政策，在一定时期内对特定地区采取适当的优惠措施，具体办法由海关总署另行制定并公布。

第三十六条 考生申请分数核查和补发、换发报关员资格证书，以及海关处理考生违规行为的具体程序，由海关总署另行制定。

第三十七条 本办法由海关总署负责解释。

第三十八条 本办法自2010年4月1日起施行，2005年11月30日海关总署令第135号公布的《中华人民共和国海关关于报关员资格考试及资格证书管理办法》同时废止。

附件：1. 报关员资格申请表（略）
2. 授权委托书（略）
3. 中华人民共和国海关不予授予报关员资格决定书（略）

《中华人民共和国海关报关员资格考试及资格证书管理办法》解读

新的《中华人民共和国海关报关员资格考试及资格证书管理办法》（以下简称新《办法》）已于2010年3月1日公布，并自2010年4月1日起施行。2005年11月30日海关总署令第135号公布的《中华人民共和国海关关于报关员资格考试及资格证书管理办法》（以下简称旧《办法》）也已于2010年4月1日起同时废止。新《办法》共38条，分为5章，与旧《办法》相比，从章节结构到条款数目，都有较大变化。

一、关于报关员资格授予的基本制度

《中华人民共和国海关法》第十一条规定："报关人员必须依法取得报关从业资格。"这是报关员资格管理的基本法律依据。根据这一规定，海关总署建立了报关员资格授予和报关员执业许可两项制度，其中报关员资格需通过报关员资格考试取得，考生取得报关员资格后，还需经注册登记并取得报关员执业证书，方可获得完整意义上的报关从业资格，进而可以从事报关业务。

（一）报关员资格授予制度的历史沿革

关于报关员资格考试及资格授予制度，自1997年起至今，海关总署共出台了4部规章进行规范，具体情况如下：

1. 1997年4月21日，以海关总署令第63号发布了《报关员资格全国统一考试暂行规定》，自1997年7月1日起实施；

2. 2003年3月18日，以海关总署令第99号发布了《中华人民共和国海关关于报关员资格考试的管理规定》，自2003年5月1日起施行，63号令同时废止；

3. 2005年11月30日，以海关总署令第135号发布了《中华人民共和国海关关于报关员资格考试及资格证书管理办法》，自2006年1月1日起施行，99号令同时废止；

4. 2010年3月1日，以海关总署令第187号公布了《中华人民共和国海关报关员资格考试及资格证书管理办法》，自2010年4月1日起施行，135号令同时废止。

2004年《中华人民共和国行政许可法》（以下简称《行政许可法》）实施后，报关员资格授予和报关员执业许可两项制度均按照《行政许可法》的要求进行了规范，其中报关资格授予制度主要体现在以海关总署令第135号发布的旧《办法》中，这个办法将报关员资格授予的前提条件定为考生通过报关员资格考试、成绩合格，从而明确了报关员资格考试与报关员资格授予的逻辑联系，廓清了行政许可的界限。

（二）现行报关员资格授予制度的基本内容

1. 报关员资格考试

报关员资格授予的前提是考生通过报关员资格考试、成绩合格，也即报关员资格考试是报关员资格授予的前置程序，考生必须参加考试，并取得合格成绩，在此基础上可以向海关申请取得报关员资格。

报关员资格考试实行全国统一考试制度，其全国统一性体现为全国统一报名、统一命题、统一考试、统一评分标准、统一阅卷核分。2006年1月1日旧《办法》施行后，报关员资格考试面向香港、澳门及台湾地区考生开放，中华人民共和国境内所有符合报名条件的公民均可以报名参加考试，从而使"报关员资格全国统一考试"的"全国统一"性得到完全体现，这在

当时是国内其他考试尚未实现的历史性创举。

按照有关部门的意见，考试不属于行政许可。如果某项行政许可必须通过考试的方式取得，那么考试应当认定为行政许可的前置审查程序。按照这一意见，虽然报关员资格授予属于行政许可事项，但报关员资格考试不属于行政许可，因此考生报名参加报关员资格全国统一考试，应当按照规定缴纳相应的费用。

报关员资格考试分网上报名（考生打印准考证主证）、现场确认（考生交验原件）——海关签注、考生打印准考证副证、参加考试、分数核查这几个环节。各个环节的基本要求大致如下：

（1）网上报名环节

新《办法》关于报名条件的规定与旧《办法》基本一致，即凡年满18周岁，具有完全民事行为能力的中华人民共和国公民，具有大学专科毕业及以上学历的，除具有新《办法》第十条规定的情形外，均可以报名参加报关员资格全国统一考试。

新《办法》第十条规定了3种不得报名参加考试的情形，分别是：因故意犯罪受过刑事处罚，以及正在被执行刑罚或者依法被剥夺、限制人身自由的；在报关活动中发生走私或者违反海关监管规定的行为，被海关依法取消报关从业资格的；在考试中发生作弊行为，被海关取消考试成绩，或者有其他违规行为，被海关以作弊论处，不满3年的。凡具有以上3种情形之一的，不得报名参加考试；已经报名的，报名无效。

（2）现场确认环节

考生在网上预报名后，需在考试公告规定的期限内，持自行打印的准考证主证及学历证书、本人有效身份证件等，到报名海关进行现场确认。其中学历证书、本人有效身份证件除向海关提交复印件外，还应当向海关交验原件，以供验核。

对符合报名条件的考生，海关将在现场确认时在准考证主证上予以签注。

（3）考生打印准考证副证环节

通过现场确认的考生，应当于考试前1个月内自行从网上打印准考证副证。由于考生需要凭身份证件和准考证主证、副证参加考试，因此这个环节是不可省略的，考生一定要在规定的时间内及时上网打印准考证副证。

（4）参加考试环节

参加考试时，考生应当携带身份证件和准考证主证、副证参加考试，切不可因疏忽大意、遗漏证件而导致不能参加考试。

（5）分数核查环节

考试成绩公布后，对本人考试成绩有异议的考生可以自考试成绩公布之日起15日内，依法向原报名海关申请分数核查。核查的范围仅限对申请人考试试卷卷面各大题已得分数的计算、合计及登录是否有误，且核查仅限一次。

申请分数核查时，考生应当向海关提交"报关员资格全国统一考试成绩核查单"、准考证主证、本人有效身份证件，其中准考证主证、本人有效身份证件除提交复印件外，还需要向海关交验原件，以供验核。

2. 报关员资格授予

考试合格的考生，应当自公布考试合格分数线之日起6个月内持报关员资格申请表、学历证书及身份证件向原报名海关申请报关员资格，其中学历证书和身份证件除提交复印件外，还需向海关交验原件。

报关员资格授予程序按照行政许可程序办理，包括申请、受理、审查、作出决定等环节，这里不再赘述。

取得报关员资格证书者可以按照规定向海关申请报关员注册。

除基于法定情形撤销、注销外，报关员资格一经取得，终身有效。

二、报关员资格考试违规行为及其处理

新《办法》第二条规定，"参加报关员资格考试的考生应当遵守考试应试规则。"对于不遵守考试应试规则的考生，要按照新《办法》第三章的规定进行处理。

在旧《办法》中，对考生违规行为及其处理没有作系统规定。但随着报关员资格考试规模不断发展，考试违纪、作弊现象也呈明显上升态势，作弊花样、手段层出不穷。为了给那些认真备考的考生创造公平的考试环境，维护考试公正，有效扼制违纪、作弊现象，必须以立法的形式明确考试违规行为及其处理，严厉打击考场违规行为。

（一）违规行为的具体内容

新《办法》第三章将违反考试应试规则的行为分为3种，即违纪行为、作弊行为和以作弊论处的行为。

1. 违纪行为主要包括：

（1）携带禁止带入考场的物品进入考场的；

（2）在考试开始信号发出前开始答题，或者考试结束信号发出后继续答题的；

（3）考试开始30分钟后仍然未按照规定填写、填涂试卷、答题卡姓名和准考证号的；

（4）考试期间旁窥、交头接耳、互打暗号或者手势的；

（5）在考场内吸烟、喧哗或者有其他影响考试秩序行为的；

（6）未在规定座位上答题的；

（7）用规定以外的笔答题的；
（8）抄写试题或者本人答案的；
（9）其他违反考场规则但尚未构成作弊的行为。
2. 作弊行为主要包括：
（1）由他人冒名顶替参加考试的；
（2）通过考场内外串通获取或者试图获取试题答案的；
（3）使用电信工具或者具有无线信号接收功能的其他装置，以及具有信息存储、读取功能的电子产品的；
（4）夹带、查看与考试有关资料（准许带入考场的考试工具书除外），或者在考试工具书中书写文字的；
（5）交换试卷、答题卡的；
（6）抄袭他人答案或者同意、默许、帮助他人抄袭的；
（7）故意损毁试卷、答题卡或者将试卷、答题卡带出考场的；
（8）在答题卡上填写、填涂与本人身份不符的姓名和准考证号，或者做特殊标记的；
（9）在规定的不得离开考场的时限内，未经允许离开考场的；
（10）有其他作弊行为的。
3. 以作弊论处的行为包括：
（1）以伪造证件、证明及其他相关材料获得考试资格和考试成绩的；
（2）威胁、侮辱、殴打考试工作人员，或者以其他方式故意妨碍考试工作人员履行职责，严重扰乱考场秩序的；
（3）考生答案雷同的。
（二）违规行为的处理方式

违规行为按照新《办法》第二十条至第二十四条的规定进行处理。其中有违纪行为的，按照新《办法》第二十条规定，首先由监考人员对其提出口头警告并责令改正；经警告仍不改正的，海关督考人员将宣布取消其本次考试资格，责令离开考场。有作弊行为的，按照新《办法》第二十一条规定，海关督考人员将宣布取消其本次考试资格，责令离开考场，并由直属海关作出3年内不得报名参加考试的决定。有以作弊论处行为的，比照新《办法》第二十一条规定处理，对考生有威胁、侮辱、殴打考试工作人员，或者以其他方式故意妨碍考试工作人员履行职责，严重扰乱考场秩序行为，涉嫌违反《中华人民共和国治安管理处罚法》的，还将移交公安机关处理。

上述处理方式的尺度与考生违规行为的轻重相适应。考生一旦被认定存在违规行为，轻则影响考试成绩，重则导致丧失考试资格，甚至导致3年内不得再次报名参加考试。由于目前海关报关员考录系统是全国联网，所以考生切不可抱有侥幸心理，以为这次违规在甲地海关被查获，下次还可以到乙海关继续报名考试。如果是出于本人就业的切实需要，从将来有利于工作的角度考虑，也应当认真复习、严肃应考，否则一旦被抓获，将后悔莫及。

此外，为配合国家中西部发展战略，海关总署拟比照国家司法考试的模式，在报关员管理方面对中西部地区实施扶持，扶持措施的具体内容将在进一步调查研究的基础上，结合中西部地区的实际情况确定。新《办法》第三十五条为此预先作出了授权性规定，为下一步新措施的施行奠定了基础。

《中华人民共和国海关办理行政处罚简单案件程序规定》及解读

中华人民共和国海关办理行政处罚简单案件程序规定

第一条 为了规范海关办理行政处罚简单案件程序，根据《中华人民共和国行政处罚法》（以下简称《行政处罚法》）、《中华人民共和国海关法》、《中华人民共和国海关行政处罚实施条例》（以下简称《处罚条例》），制定本规定。

第二条 简单案件是指海关在行邮、快件、货管、保税监管等业务现场以及其他海关监管、统计业务中发现的违法事实清楚、违法情节轻微，经现场调查后，可以当场制发行政处罚告知单的违反海关监管规定案件。

第三条 简单案件程序适用于以下案件：

（一）适用《处罚条例》第十五条第一、二项规定进行处理的；

（二）适用《处罚条例》第二十条至第二十三条规定进行处理的；

（三）违反海关监管规定携带货币进出境，金额折合人民币20万元以下的；

（四）其他违反海关监管规定案件货物价值在人民币20万元以下，物品价值在人民币5万元以下的。

第四条 适用简单案件程序办理案件的，海关应当告知当事人。当事人应当根据海关要求提交有关单证材料。

第五条 适用简单案件程序办理案件的，海关应当当场立案，立即开展调查取证工作。

第六条 海关进行现场调查后，应当当场制发行政处罚告知单，并将行政处罚告知单交由当事人或者其代理人当场签收。

符合《行政处罚法》第三十三条规定的简单案件，可以不制发行政处罚告知单。

第七条 海关依法作出行政处罚决定或者不予行政处罚决定的，应当制发行政处罚决定书或者不予行政处罚决定书，送达当事人或者其代理人。

有下列情形之一的，海关可以当场制发行政处罚决定书，并当场送达当事人或者其代理人：

（一）当事人对被告知的事实、理由以及依据无异议，并填写“放弃陈述、申辩、听证权利声明”的；

（二）当事人对海关告知的内容提出陈述、申辩意见，海关能够当场进行复核且当事人对当场复核意见无异议的。

第八条 适用简单案件程序办理的案件，海关应当在立案后5个工作日以内制发行政处罚决定书。

第九条 适用简单案件程序办理的案件有下列情形之一的，海关应当终止适用简单案件程序，适用一般程序规定办理，并告知当事人：

（一）海关发现新的违法事实，认为案件需要进一步调查取证的；

（二）当事人对海关告知的内容提出陈述、申辩意见，海关无法当场进行复核的；

（三）海关当场复核后，当事人对海关的复核意见仍然不服的；

（四）当事人向海关提出听证申请的。

第十条 本规定中的“以下”、“以内”，均包括本数在内。

第十一条 本规定由海关总署负责解释。

第十二条 本规定自2010年4月1日起施行。

《中华人民共和国海关办理行政处罚简单案件程序规定》解读

《中华人民共和国海关办理行政处罚简单案件程序规定》（以下简称《规定》）已于2010年2月23日经海关总署署务会议审议通过，于2010年3月1日对外公布，自2010年4月1日起施行。现就其中的有关内容作以下说明。

一、基本背景

近年来，随着进出口贸易量的不断增长和海关业务领域的逐步拓展，海关行政处罚案件数量呈现增长态势，2009年全国海关立案查处的违规类行政处罚案件超过38000起。如果按照普通案件办理程序办理所有案件，不仅加剧了海关现场人员不足的矛盾，而且由于案件办理周期过长，当事人反映比较强烈，对海关进一步提高办案效率的呼声和期望较高。部分海关针对一些案值较小、事实清楚、证据确凿的简单案件，通过简化内部审批程序，缩短办案周期，得到当事人的普遍好评。2007年出台的《中华人民共和国海关办理行政处罚案件程序规定》（海关总署令第159号）对简单案件的处理程序作了原则规定，但对简单案件程序的适用范围、简单案件的办理时限及具体办理程序等问题未作出明确规定，在实践中难以有效地统一和规范简单案件的办理程序。在海关查处的案件中，符合简单案件标准、可以适用简单案件程序办理的案件数量占有较大的比例，其中2009年可以适用简单案件程序办理的案件为12972起，占案件总数的34%。因此，出台《规定》，对海关办理行政处罚简单案件程序作出明确规定，有利于统一和规范简单案件办理程序，防范执法风险，保证海关执法一致性；同时也有利于提高执法效率，维护当事人的合法权益。

二、简单案件的基本特征

简单案件办理程序是对《行政处罚法》规定的一般行政处罚案件办理程序的简化，实质上简化的是海关办理行政处罚案件的内部审批环节，对于与当事人直接相关的程序，如制发告知单、处罚决定书、送达等，海关不能随意简化。从《规定》第二条“简单案件”的定义可以看出，简单案件应当具备以下几个条件：一是案件违法事实清楚、违法情节轻微；二是能够当场制发行政处罚告知单；三是属于违反海关监管规定的案件，走私案件不能列入简单案件。

三、可以适用简单案件程序的案件

《规定》第三条规定的可以适用简单案件程序办理的案件主要包括两类：一类是不以涉案货物、物品价值作为罚款基数，可以直接依据《中华人民共和国海关行政处罚实施条例》（以下简称《处罚条例》）规定的罚款幅度进行处罚的案件，包括适用《处罚条例》第十五条第一、二项以及第二十条至第二十三条规定进行处理的案件；另一类是案值较小的案件，包括违反海关监管规定超过国家规定限额携带货币进出境、涉案金额折合人民币20万元以下的案件，以及其他涉案货物价值在人民币20万元以下，涉案物品价值在人民币5万元以下的案件。

需要说明的是，符合上述规定的案件不一定最终都适用简单案件程序进行办理。《规定》第九条规定了在以下4种情况下，海关应当终止适用简单案件程序，适用一般程序规定办理，并告知当事人：一是海关发现新的违法事实，认为案件需要进一步调查取证的；二是当事人对海关告知的内容提出陈述、申辩意见，海关无法当场进行复核的；三是海关当场复核后，当事人对海关的复核意见仍然不服的；四是当事人向海关提出听证申请的。

四、关于简单案件程序的告知

一是《规定》第四条规定的适用简单案件程序的告知。这一告知发生在简单案件程序尚未启动之前，主要是为了有效维护当事人的知情权和参与权。《规定》没有要求这一告知必须采用书面形式，但如果在告知适用简单案件程序的同时，要求当事人提供有关单证材料的，则海关应当通过书面形式予以告知。通常情况下，当事人根据要求提供的单证材料主要是为了便于海关当场开展调查并制发处罚告知单，主要包括“放弃陈述、申辩（听证）声明”，授权委托书，申报单证及随附单证，当事人陈述材料，当事人的营业执照或身份证件材料，涉案货物、物品的化验报告，鉴定结论，以及其他有关材料。

二是《规定》第六条规定的处罚告知。简单案件程序的处罚告知与一般办案程序的处罚告知除了前者在时间上必须做到当场制发行政处罚告知单外，两者在告知的形式、签收等其他方面并无区别，海关应当严格按照《行政处罚法》和《中华人民共和国海关办理行政处罚案件程序规定》履行告知义务。《规定》第六条第二款还规定了一种可以不制发行政处罚告知单的情形，即对公民处以50元以下，对法人或者其他组织处以1000元以下罚款或者警告行政处罚的简单案件，可以不进行书面告知，但仍然要履行告知义务，作出处罚之前，应当通过其他形式（包括口头方式）告知当事人作出行政处罚决定的事实、理由和依据，并告知当事人依法享有的权利。

三是《规定》第九条规定的终止适用简单案件程序的告知。这一告知发生在简单案件程序尚未启动之后，只要出现了该条规定的4种情形之一的，海关就应当终止适用简单案件程序。《规定》没有要求这一告知必须采用书面形式，但从前后一致的角度上说，终止适用简单案件程序的告知在形式上应当与适用简单案件程序的告知保持一致。

五、海关“当场”作出的行为

一是当场立案。《规定》第五条对此作了明确。

二是当场开展调查取证工作。虽然《规定》第五条规定的是“立即开展调查取证工作”，但考虑到在办案顺序上，调查取证发生在前，处罚告知发生在后，由于简单案件必须当场制发处罚告知单，因此当场开展调查取证工作应属题中应有之义。

三是当场制发行政处罚告知单。《规定》第二条、第六条对此作了明确。

四是当场送达行政处罚告知单。《规定》第六条虽然没有明确当场送达行政处罚告知单，但规定了海关将行政处罚告知单交由当事人或者其代理人当场签收，由于送达与签收属于互相衔接和呼应的行为，当事人当场签收的前提是海关必须当场送达。

五是部分案件当场作出处罚决定。《规定》第六条第二款规定在具备下列两种情形之一的，海关可以当场制发行政处罚决定书，具体包括当事人对被告知的事实、理由以及依据无异议，并填写“放弃陈述、申辩、听证权利声明”的，以及当事人对海关告知的内容提出陈述、申辩意见，海关能够当场进行复核且当事人对当场复核意见无异议的。

六、关于办案期限

我国现行法律法规对行政处罚案件的办案期限没有作出明确规定，海关行政处罚案件的调查期限一般不超过3个月。经过立法调研并结合部分海关办理简单案件的实践经验，《规定》第九条规定“适用简单案件程序办理的案件，海关应当在立案后5个工作日以内制发行政处罚决定书”，这一规定既可以有效保证办案质量，同时也充分考虑了不同关区的执法实践。

《海关总署关于修改〈中华人民共和国海关对加工贸易货物监管办法〉的决定（二）》及解读

海关总署关于修改《中华人民共和国海关对加工贸易货物监管办法》的决定（二）

为了适应加工贸易形势的变化，规范加工贸易有关业务，海关总署决定对《中华人民共和国海关对加工贸易货物监管办法》（海关总署令第113号发布，以下简称《办法》）作如下修改：

一、将《办法》第七条修改为：未经海关批准，加工贸易货物不得抵押。

二、增加"加工贸易企业应当将加工贸易货物与非加工贸易货物分开管理。加工贸易货物应当存放在经海关备案的场所，实行专料专放。企业变更加工贸易货物存放场所的，应当经海关批准。"作为《办法》第九条第三款。

三、将《办法》第二十五条修改为：

有下列情形之一的，申请开展外发加工业务的经营企业应当向海关提供相当于外发加工货物应缴税款金额的保证金或者银行保函：

（一）外发加工业务跨关区的；

（二）全部工序外发加工的；

（三）外发加工后的货物不运回直接出口的；

（四）申请外发加工的货物未涉案，但经营企业或者承揽企业涉嫌走私、违规，已被海关立案调查、侦查且未审结的。

申请外发加工的货物之前已向海关提供不低于应缴税款金额的保证金或者银行保函的，经营企业无需再按照本条前款规定向海关提供保证金或者银行保函。

经营企业或者承揽企业生产经营管理不符合海关监管要求以及申请外发的货物属于涉案货物且案件未审结的，海关不予批准外发加工业务。

同时，将《办法》第二十五条移作第二十四条；将《办法》第二十四条移作第二十五条。

四、将《办法》第二十七条修改为：

加工贸易货物应当专料专用。

因加工出口产品急需，经海关核准，经营企业保税料件之间、保税料件与非保税料件之间可以进行串换，但料件串换限于同一企业，并应当遵循同品种、同规格、同数量、不牟利的原则。

来料加工保税进口料件不得串换。

本决定自2010年12月5日起施行。

《中华人民共和国海关对加工贸易货物监管办法》根据本决定作相应的修正，重新公布。

中华人民共和国海关对加工贸易货物监管办法

（2004年2月26日海关总署令第113号发布，根据2008年1月14日海关总署令第168号公布的《海关总署关于修改〈中华人民共和国海关对加工贸易货物监管办法〉的决定》和2010年11月1日海关总署令第195号公布的《海关总署关于修改〈中华人民共和国海关对加工贸易货物监管办法〉的决定（二）》修正）

第一章　总　则

第一条　为了促进加工贸易健康发展，规范海关对加工贸易货物管理，根据《中华人民共和国海关法》及其他有关法律、行政法规，制定本办法。

第二条　本办法适用于办理加工贸易货物备案、进出口报关、加工、监管、核销手续。

加工贸易货物的备案、进出口报关、核销，应当采用纸质单证和电子数据的形式。

第三条 本办法下列用语的含义：

加工贸易，是指经营企业进口全部或者部分原辅材料、零部件、元器件、包装物料（以下简称料件），经加工或者装配后，将制成品复出口的经营活动，包括来料加工和进料加工。

来料加工，是指进口料件由境外企业提供，经营企业不需要付汇进口，按照境外企业的要求进行加工或者装配，只收取加工费，制成品由境外企业销售的经营活动。

进料加工，是指进口料件由经营企业付汇进口，制成品由经营企业外销出口的经营活动。

加工贸易货物，是指加工贸易项下的进口料件、加工成品以及加工过程中产生的边角料、残次品、副产品等。

加工贸易企业，包括经海关注册登记的经营企业和加工企业。

经营企业，是指负责对外签订加工贸易进出口合同的各类进出口企业和外商投资企业，以及经批准获得来料加工经营许可的对外加工装配服务公司。

加工企业，是指接受经营企业委托，负责对进口料件进行加工或者装配，且具有法人资格的生产企业，以及由经营企业设立的虽不具有法人资格，但实行相对独立核算并已经办理工商营业证（执照）的工厂。

单位耗料量，是指加工贸易企业在正常生产条件下加工生产单位出口成品所耗用的进口料件的数量，简称单耗。

深加工结转，是指加工贸易企业将保税进口料件加工的产品转至另一加工贸易企业进一步加工后复出口的经营活动。

承揽企业，是指与经营企业签订加工合同，承接经营企业委托的外发加工业务的生产企业。承揽企业须经海关注册登记，具有相应的加工生产能力。

外发加工，是指经营企业因受自身生产特点和条件限制，经海关批准并办理有关手续，委托承揽企业对加工贸易货物进行加工，在规定期限内将加工后的产品运回本企业并最终复出口的行为。

核销，是指加工贸易经营企业加工复出口或者办理内销等海关手续后，凭规定单证向海关申请解除监管，海关经审查、核查属实且符合有关法律、行政法规、规章的规定，予以办理解除监管手续的行为。

第四条 除国家另有规定外，加工贸易进口料件属于国家对进口有限制性规定的，经营企业免于向海关提交进口许可证件；加工贸易出口制成品属于国家对出口有限制性规定的，经营企业应当向海关提交出口许可证件。

第五条 经海关批准，加工贸易项下进口料件实行保税监管的，待加工成品出口后，海关根据核定的实际加工复出口的数量予以核销；对按照规定进口时先征收税款的，待加工成品出口后，海关根据核定的实际加工复出口的数量退还已征收的税款。

加工贸易项下的出口产品属于应当征收出口关税的，海关按照有关规定征收出口关税。

第六条 海关按照国家规定对加工贸易货物实行担保制度。

第七条 未经海关批准，加工贸易货物不得抵押。

第八条 海关根据监管需要，可以对加工贸易企业进行核查，企业应当予以配合。海关核查不得影响企业的正常经营活动。

第九条 加工贸易企业应当根据《中华人民共和国会计法》及国家有关法律、行政法规、规章的规定，设置符合海关监管要求的账簿、报表及其他有关单证，记录与本企业加工贸易货物有关的进口、存储、转让、转移、销售、加工、使用、损耗和出口等情况，凭合法、有效凭证记账并进行核算。

加工贸易企业应当按照规定向海关提交上年度企业生产经营活动的年度报表等资料。

加工贸易企业应当将加工贸易货物与非加工贸易货物分开管理。加工贸易货物应当存放在经海关备案的场所，实行专料专放。企业变更加工贸易货物存放场所的，应当经海关批准。

第二章 加工贸易货物备案

第十条 经营企业应当向加工企业所在地主管海关办理加工贸易货物备案手续。

经营企业与加工企业不在同一直属海关管辖的区域范围的，应当按照海关对异地加工贸易的管理规定办理货物备案手续。

第十一条 经营企业办理加工贸易货物备案手续，应当如实申报贸易方式、单耗、进出口口岸，以及进口料件和出口成品的商品名称、商品编号、规格型号、价格和原产地等。

第十二条 经营企业办理加工贸易货物备案手续，应当提交下列单证：

（一）主管部门签发的同意开展加工贸易业务的有效批准文件；

（二）经营企业自身有加工能力的，应当提交主管部门签发的“加工贸易加工企业生产能力证明”；

（三）经营企业委托加工的，应当提交经营企业与加工企业签订的委托加工合同、主管部门签发的加工企业的“加工贸易加工企业生产能力证明”；

（四）经营企业对外签订的合同；

（五）海关认为需要提交的其他证明文件和材料。

第十三条 经海关审核，单证齐全有效，并且符合本办法第十条至第十二条规定的，海关应当自接受企业备案申请之日起5个工作日内予以备案，并核发加工贸易手册。

需要办理担保手续的，经营企业按照规定办理担保手续后，海关核发加工贸易手册。

第十四条 有下列情形之一的，海关不予备案并且书面告知经营企业：

（一）进口料件或者出口成品属于国家禁止进出口的；

（二）加工产品属于国家禁止在我国境内加工生产的；

（三）进口料件属于海关无法实行保税监管的；

（四）经营企业或者加工企业属于国家规定不允许开展加工贸易的；

（五）经营企业未在规定期限内向海关报核已到期的加工贸易手册，又向海关申请备案的。

第十五条 经营企业或者加工企业有下列情形之一的，海关可以在经营企业提供相当于应缴税款金额的保证金或者银行保函后予以备案：

（一）涉嫌走私、违规，已被海关立案调查、侦查，案件未审结的；

（二）因为管理混乱被海关要求整改，在整改期内的。

经营企业或者加工企业有下列情形之一，海关有理由认为其存在较高监管风险的，可以比照前款规定办理，并书面告知有关企业：

（一）租赁厂房或者设备的；

（二）首次开展加工贸易业务的；

（三）加工贸易手册申请两次或者两次以上延期的；

（四）办理加工贸易异地备案的。

第十六条 海关发现经营企业办理加工贸易货物备案手续提交的单证与事实不符的，应当按照下列规定处理：

（一）货物尚未进口的，海关注销其备案；

（二）货物已进口的，企业可以申请退运，也可以向海关提供相当于应缴税款金额的保证金或者银行保函后继续履行合同。

第十七条 已经办理加工贸易货物备案的经营企业可以向海关申领加工贸易手册分册、续册。

第十八条 加工贸易货物备案内容发生变更的，经营企业应当在加工贸易手册有效期内办理变更手续。需要报原审批机关批准的，还应当报原审批机关批准。

第三章 加工贸易货物进出口、加工

第十九条 经营企业进口加工贸易货物，可以从境外或者海关特殊监管区域、保税仓库进口，也可以通过深加工结转方式转入。

经营企业出口加工贸易货物，可以向境外或者海关特殊监管区域、出口监管仓库出口，也可以通过深加工结转方式转出。

第二十条 经营企业应当持加工贸易手册、加工贸易进出口货物专用报关单等有关单证办理加工贸易货物进出口报关手续。

第二十一条 经营企业以加工贸易方式进出口的货物，列入海关统计。

第二十二条 经营企业经主管部门批准，可以开展深加工结转业务，并按照海关对加工贸易货物深加工结转的管理规定办理有关手续。

第二十三条 经营企业经海关批准可以开展外发加工业务，并按照外发加工的相关管理规定办理。

经营企业开展外发加工业务，不得将加工贸易货物转卖给承揽企业。承揽企业不得将加工贸易货物再次外发至其他企业进行加工。

第二十四条 有下列情形之一的，申请开展外发加工业务的经营企业应当向海关提供相当于外发加工货物应缴税款金额的保证金或者银行保函：

（一）外发加工业务跨关区的；

（二）全部工序外发加工的；

（三）外发加工后的货物不运回直接出口的；

（四）申请外发加工的货物未涉案，但经营企业或者承揽企业涉嫌走私、违规，已被海关立案调查、侦查且未审结的。

申请外发加工的货物之前已向海关提供不低于应缴税款金额的保证金或者银行保函的，经营企业无需再按照本条前款规定向海关提供保证金或者银行保函。

经营企业或者承揽企业生产经营管理不符合海关监管要求以及申请外发的货物属于涉案货物且案件未审结的，海关不予批准外发加工业务。

第二十五条 外发加工的成品、剩余料件以及生产过程中产生的边角料、残次品、副产品等加工贸易货物，经经营企业所在地主管海关批准，可以不运回本企业。

第二十六条 经营企业和承揽企业应当共同接受海关监管。经营企业应当根据海关要求如实报告外发加工货物的发运、加工、单耗、存储等情况。

第二十七条 加工贸易货物应当专料专用。

因加工出口产品急需，经海关核准，经营企业保税料件之间、保税料件与非保税料件之间可以进行串换，但料件串换限于同一企业，并应当遵循同品种、同规格、同数量、不牟利的原则。

来料加工保税进口料件不得串换。

第二十八条 经营企业因加工工艺需要，必须使用非保税料件的，应当事先向海关如实申报使用非保税料件的比例、品种、规格、型号、数量，海关核销时在出口成品总耗用量中予以核扣。

第二十九条 经营企业进口料件因质量问题、规格型号与合同不符等原因，需返还原供货商进行退换的，可以直接向口岸海关办理报关手续。已经加工的保税进口料件不得进行退换。

第四章 加工贸易货物核销

第三十条 经营企业应当在规定的期限内将进口料件加工复出口，并自加工贸易手册项下最后一批成品出口或者加工贸易手册到期之日起30日内向海关报核。

经营企业对外签订的合同因故提前终止的，应当自合同终止之日起30日内向海关报核。

第三十一条 经营企业报核时应当向海关如实申报进口料件、出口成品、边角料、剩余料件、残次品、副产品以及单耗等情况，并向海关提交加工贸易手册、加工贸易进出口货物专用报关单以及海关要求提交的其他单证。

第三十二条 经审核单证齐全有效的，海关受理报核；海关不予受理的，应当书面告知企业原因，企业应当按照规定重新报核。

第三十三条 海关核销可以采取纸质单证核销和电子数据核销的方式，必要时可以下厂核查，企业应当予以配合。

海关应当自受理报核之日起30日内予以核销。特殊情况需要延长的，经直属海关关长或者其授权的隶属海关关长批准可延长30日。

第三十四条 加工贸易保税进口料件或者成品因故转为内销的，海关凭主管部门准予内销的有效批准文件，对保税进口料件依法征收税款并加征缓税利息；进口料件属于国家对进口有限制性规定的，经营企业还应当向海关提交进口许可证件。

第三十五条 经营企业因故将加工贸易进口料件退运出境的，海关凭有关退运单证核销。

经海关批准，经营企业放弃加工贸易货物的，按照海关对放弃进口货物的管理规定办理，海关凭接受放弃的有关单证核销。

第三十六条 经营企业在生产过程中产生的边角料、剩余料件、残次品、副产品和受灾保税货物，按照海关对加工贸易边角料、剩余料件、残次品、副产品和受灾保税货物的管理规定办理，海关凭有关单证核销。

第三十七条 经营企业遗失加工贸易手册的，应当及时向海关报告。

海关在按照有关规定处理后对遗失的加工贸易手册予以核销。

第三十八条 对经核销准予结案的加工贸易手册，海关向经营企业签发“核销结案通知书”。

第三十九条 经营企业已经办理担保的，海关在核销结案后按照规定解除担保。

第四十条 加工贸易货物备案和核销单证自加工贸易手册核销结案之日起留存3年。

第四十一条 加工贸易企业出现分立、合并、破产的，应当及时向海关报告，并办结海关手续。

加工贸易货物被人民法院或者有关行政执法部门封存的，加工贸易企业应当自加工贸易货物被封存之日起5个工作日内向海关报告。

第五章 法律责任

第四十二条 违反本办法，构成走私行为、违反海关监管规定行为或者其他违反海关法行为的，由海关依照海关法和《中华人民共和国海关行政处罚实施条例》的有关规定予以处理；构成犯罪的，依法追究刑事责任。

第六章 附 则

第四十三条 保税工厂开展加工贸易业务，按照海关对加工贸易保税工厂的管理规定办理。

第四十四条 进料加工保税集团开展加工贸易业务，按照海关对进料加工保税集团的管理规定办理。

第四十五条 实施联网监管的加工贸易企业开展加工贸易业务，按照海关对加工贸易企业实施计算机联网监管的管理规定办理。

第四十六条 加工贸易企业在保税区、出口加工区等海关特殊监管区域内开展加工贸易业务，按照海关对保税区、出口加工区等海关特殊监管区域的管理规定办理。

第四十七条 单耗的申报与核定，按照海关对加工贸易单耗的管理规定办理。

第四十八条 海关对加工贸易货物进口时先征收税款出口后予以退税的管理规定另行制定。

第四十九条 本办法由海关总署负责解释。

第五十条 本办法自2004年4月1日起施行。

《海关总署关于修改〈中华人民共和国海关对加工贸易货物监管办法〉的决定（二）》解读

2010年11月1日，海关总署发布195号令公布了《海关总署关于修改〈中华人民共和国海关对加工贸易货物监管办法〉的决定（二）》（以下简称《修改决定》），《修改决定》于2010年12月5日起施行。《修改决定》主要对《中华人民共和国海关对加工贸易货物监管办法》（海关总署令113号，以下简称《办法》）作了以下修改：

一、关于允许加工贸易货物有条件进行抵押（见《办法》第七条）

《办法》第七条规定“加工贸易货物不得抵押、质押、留置”，这一规定体现了当时海关对加工贸易货物比较严格的监管要求。近年来，部分企业尤其是造船企业对修改这一规定的呼声逐步提高，在建船舶的建设周期长，占用资金多，由于不允许其进行抵押，给企业增加很大负担。为切实解决企业实际困难，支持企业发展，《修改决定》将《办法》第七条修改为“未经海关批准，加工贸易货物不得抵押”。

二、关于增加加工贸易货物存储管理规定（见《办法》第九条）

现行《办法》对保税货物的存放管理没有作明确、具体的规定。在海关监管过程中，不时发现部分企业未经海关批准，擅自将加工贸易货物存放至企业经营场所外，或将加工贸易货物与非加工贸易货物混合堆放、管理，给海关有效监管带来很大难度。根据海关监管实际，增加“加工贸易企业应当将加工贸易货物和非加工贸易货物分开管理。加工贸易货物应当存放在经海关备案的场所，实行专料专放。企业变更加工贸易货物的存放场所的，应当经海关批准”作为《办法》第九条第三款。

三、关于外发加工业务（见《办法》第二十五条）

根据《办法》，经海关批准，企业不但可将全部工序外发加工，而且加工后的货物也可以不再运回本企业。在实际工作中，企业将保税货物外发加工特别是开展跨关区外发加工业务的，海关难以全面掌握货物实际加工情况，监管风险较大。此次修改增加了提供保证金或者银行保函的条款，规定企业开展跨关区外发加工业务、全部工序外发加工或外发加工后货物不运回直接出口的，应当向海关提供相当于外发加工货物应缴税款金额的保证金或者银行保函。

同时，根据《办法》第二十五条的规定，经营企业或者承揽企业涉嫌走私、违规，已被海关立案调查、侦查，案件未审结的，该企业的保税货物不得开展外发加工。部分企业对认为仅仅因为企业发生了一些小的违规情事，就禁止其开展外发加工业务，显得过于严格。经过综合考虑，对上述规定作了相应修改，只要申请外发加工的货物未涉案，且经营企业缴纳相应的保证金或者银行保函的，海关将允许其开展外发加工业务。

《中华人民共和国海关进出境运输工具监管办法》及解读

中华人民共和国海关进出境运输工具监管办法

第一章 总则

第一条 为了规范海关对进出境运输工具的监管，保障进出境运输工具负责人和进出境运输工具服务企业的合法权益，根据《中华人民共和国海关法》，制定本办法。

第二条 本办法所称进出境运输工具是指用于载运人员、货物、物品进出境的各种船舶、航空器、铁路列车、公路车辆和驮畜。

第三条 海关对经营性进出境运输工具的监管适用本办法，对非经营性进出境运输工具的监管比照本办法管理。

第四条 除经国务院或者国务院授权的机关批准外，进出境运输工具应当通过设立海关的地点进境或者出境，在海关监管场所停靠、装卸货物、物品和上下人员。

由于不可抗力原因，进出境运输工具被迫在未设立海关的地点或者在非海关监管场所停靠、降落或者抛掷、起卸货物、物品以及上下人员的，进出境运输工具负责人应当立即报告附近海关。附近海关应当对运输工具及其所载的货物、物品实施监管。

第五条 进境运输工具在进境以后向海关申报以前，出境运输工具在办结海关手续以后出境以前，应当按照交通运输主管机关规定的路线行进；交通运输主管机关没有规定的，由海关指定。

进境运输工具在进境申报以后出境以前，应当按照海关认可的路线行进。

第六条 进出境运输工具到达或者驶离设立海关的地点时，进出境运输工具负责人应当采用电子数据和纸质申报单形式向海关申报。

第七条 进境的境外运输工具和出境的境内运输工具，未向海关办理手续并缴纳关税，不得转让或者移作它用。

运输工具作为货物以租赁或其他贸易方式进出口的，除按照本办法办理进出境运输工具进境或者出境手续外，还应当按照有关规定办理进出境运输工具进出口报关手续。

第二章 备案管理

第八条 进出境运输工具、进出境运输工具负责人和进出境运输工具服务企业应当在经营业务所在地的直属海关或者经直属海关授权的隶属海关备案。

海关对进出境运输工具、进出境运输工具负责人以及进出境运输工具服务企业的备案实行全国海关联网管理。

第九条 进出境运输工具、进出境运输工具负责人和进出境运输工具服务企业在海关办理备案的，应当按不同运输方式分别提交《进出境国际航行船舶备案表》、《进出境航空器备案表》、《进出境铁路列车备案表》、《进出境公路车辆备案表》、《运输工具负责人备案表》、《运输工具服务企业备案表》，并同时提交上述备案表随附单证栏中列明的材料。

运输工具服务企业相关管理办法，由海关总署另行制定。

第十条 《运输工具备案表》、《运输工具负责人备案表》和《运输工具服务企业备案表》的内容发生变更的，进出境运输工具负责人、进出境运输工具服务企业应当在海关规定的时限内持《备案变更表》和有关文件到备案海关办理备案变更手续。

进出境运输工具负责人、进出境运输工具服务企业可以主动申请撤销备案，海关也可以依法撤销备案。

第十一条 海关对在海关备案的进出境运输工具服务企业和进出境运输工具所有企业、经营企业实施分类管理，具体办法由海关总署另行制定。

第三章 运输工具管理

第一节 进境监管

第十二条 进境运输工具负责人应当在规定时限将运输工具预计抵达境内目的港和预计抵达时间以电子数据形式通知海

关。

因客观条件限制，经海关批准，公路车辆负责人可以采用电话、传真等方式通知海关。

进境运输工具抵达设立海关的地点以前，运输工具负责人应当将进境时间、抵达目的港的时间和停靠位置通知海关。

第十三条 进境运输工具抵达设立海关的地点时，运输工具负责人应当按不同运输方式向海关申报，分别提交《中华人民共和国海关船舶进境（港）申报单》、《中华人民共和国海关航空器进境（港）申报单》、《中华人民共和国海关铁路列车进境申报单》、《中华人民共和国海关公路车辆进境（港）申报单》，以及上述申报单中列明应当交验的其他单证。

进境运输工具负责人也可以在运输工具进境前提前向海关办理申报手续。

第十四条 进境运输工具抵达监管场所时，监管场所经营人应当通知海关。

第十五条 海关接受进境运输工具申报时，应当审核电子数据和纸质申报单证。

进境运输工具在向海关申报以前，未经海关同意，不得装卸货物、物品，除引航员、口岸检查机关工作人员外不得上下人员。

第二节 停留监管

第十六条 进出境运输工具到达设立海关的地点时，应当接受海关监管和检查。

海关检查进出境运输工具时，运输工具负责人应当到场，并根据海关的要求开启舱室、房间、车门；有走私嫌疑的，并应当开拆可能藏匿走私货物、物品的部位，搬移货物、物料。

海关认为必要时，可以要求进出境运输工具工作人员进行集中，配合海关实施检查。

海关检查完毕后，应当按规定制作检查记录。

第十七条 海关认为必要的，可以派员对进出境运输工具值守，进出境运输工具负责人应当为海关人员提供方便。

海关派员对进出境运输工具值守的，进出境运输工具装卸货物、物品以及上下人员应当征得值守海关人员同意。

第十八条 进出境运输工具负责人应当在进出境运输工具装卸货物的 1 小时以前通知海关；航程或者路程不足 1 小时的，可以在装卸货物以前通知海关。

海关可以对进出境运输工具装卸货物实施监装监卸。

进出境运输工具装卸货物、物品完毕后，进出境运输工具负责人应当向海关递交反映实际装卸情况的交接单据和记录。

第十九条 进出境运输工具在海关监管场所停靠期间更换停靠地点的，进出境运输工具负责人应当事先通知海关。

第三节 境内续驶监管

第二十条 进出境运输工具在境内从一个设立海关的地点驶往另一个设立海关的地点的，进出境运输工具负责人应当按照本章第四节的有关规定办理驶离手续。

第二十一条 进出境运输工具在境内从一个设立海关的地点驶往另一个设立海关的地点的，应当符合海关监管要求，驶离地海关应当制发关封。进出境运输工具负责人应当妥善保管关封，抵达另一设立海关的地点时提交目的地海关。

未经驶离地海关同意，进出境运输工具不得改驶其他目的地；未办结海关手续的，不得改驶境外。

第二十二条 进出境运输工具在境内从一个设立海关的地点驶往另一个设立海关的地点时，海关可以派员随运输工具实施监管，进出境运输工具负责人应当为海关人员提供方便。

第二十三条 进出境运输工具在境内从一个设立海关的地点驶往另一个设立海关的地点抵达目的地以后，应当按照本章第一节的有关规定办理抵达手续。

第四节 出境监管

第二十四条 出境运输工具离开设立海关的地点驶往境外的 2 小时以前，运输工具负责人应当将驶离时间以电子数据形式通知海关。对临时出境的运输工具，运输工具负责人可以在其驶离设立海关的地点以前将驶离时间通知海关。

因客观条件限制，经海关批准，公路车辆负责人可以在车辆出境前采用电话、传真等方式通知海关。

第二十五条 运输工具出境时，运输工具负责人应当按不同运输方式向海关申报，分别提交《中华人民共和国海关船舶出境（港）申报单》、《中华人民共和国海关航空器出境（港）申报单》、《中华人民共和国海关铁路列车出境申报单》、《中华人民共和国海关公路车辆出境（港）申报单》，以及上述申报单中列明应当交验的其他单证。

第二十六条 出境运输工具负责人在货物、物品装载完毕或者旅客全部登机（船、车）以后，应当向海关提交结关申请。海关审核无误的，制发《结关通知书》。

海关制发《结关通知书》以后，非经海关同意，出境运输工具不得装卸货物、上下旅客。

第二十七条 出境运输工具驶离海关监管场所时，监管场所经营人应当通知海关。

第二十八条 进出境运输工具在办结海关出境或者续驶手续后的24小时未能驶离的，运输工具负责人应当重新办理有关手续。

第四章 物料管理

第二十九条 经运输工具负责人申请，海关核准后，进出境运输工具可以添加、起卸、调拨下列物料：

（一）保障进出境运输工具行驶、航行的轻油、重油等燃料；

（二）供应进出境运输工具工作人员和旅客的日常生活用品、食品；

（三）保障进出境运输工具及所载货物运输安全的备件、垫舱物料和加固、苫盖用的绳索、篷布、苫网等；

（四）海关核准的其他物品。

第三十条 进出境运输工具需要添加、起卸物料的，物料添加单位或者接受物料起卸单位应当向海关申报，并提交以下单证：

（一）《中华人民共和国海关运输工具起卸/添加物料申报单》；

（二）添加、起卸物料明细单；

（三）海关认为必要的其他单证。

境外运输工具在我国境内添加、起卸物料的，应当列入海关统计。

第三十一条 进出境运输工具之间调拨物料的，接受物料的进出境运输工具负责人应当在物料调拨完毕后向海关提交《运输工具物料调拨清单》。

第三十二条 进出境运输工具添加、起卸、调拨物料的，应当接受海关监管。

第三十三条 进出境运输工具添加、起卸、调拨的物料，运输工具负责人免予提交许可证件，海关予以免税放行；添加、起卸国家限制进出境或者涉及国计民生的物料超出自用合理数量范围的，应当按照进出口货物的有关规定办理海关手续。

第三十四条 除下列情况外，进出境运输工具使用过的废弃物料应当复运出境：

（一）运输工具负责人声明废弃的物料属于《自动进口类可用做原料的废物目录》和《限制进口类可用做原料的废物目录》列明，且接收单位已经办理进口手续的。

（二）不属于《自动进口类可用做原料的废物目录》和《限制进口类可用做原料的废物目录》目录范围内的供应物料，以及进出境运输工具产生的清舱污油水、垃圾等，且运输工具负责人或者接受单位能够自卸下进出境运输工具之日起30天内依法作无害化处理的。

前款第（一）、（二）项所列物项未办理合法手续或者未在规定时限内依法作无害化处理的，海关可以责令退运。

第三十五条 进出境运输工具负责人应当将进口货物全部交付收货人。经海关核准，同时符合下列条件的扫舱地脚，可以免税放行：

（一）进口货物为散装货物；

（二）进口货物的收货人确认运输工具已经卸空；

（三）数量不足1吨，且不足进口货物重量的0.1%。

前款规定的扫舱地脚涉及许可证件管理的，进出境运输工具负责人免于提交许可证件。

第五章 运输工具工作人员携带物品管理

第三十六条 进出境运输工具工作人员携带物品进出境的，应当向海关申报并接受海关监管。

第三十七条 进出境运输工具工作人员携带的物品，应当以服务期间必需和自用合理数量为限。

运输工具工作人员不得为其他人员托带物品进境或者出境。

第三十八条 进出境运输工具工作人员需携带物品进入境内使用的，应当向海关办理手续，海关按照有关规定验放。

第六章 附 则

第三十九条 违反本办法，构成走私行为、违反海关监管规定行为或者其他违反海关法行为的，由海关依照《海关法》和《中华人民共和国海关行政处罚实施条例》的有关规定予以处理；构成犯罪的，依法追究刑事责任。

第四十条 本办法下列用语的含义是：

运输工具负责人，是指进出境运输工具的所有企业、经营企业，船长、机长、汽车驾驶员、列车长，以及上述企业或者人员授权的代理人。

运输工具服务企业，是指为进出境运输工具提供本办法第二十九条规定的物料或者接受运输工具（包括工作人员及所载旅客）消耗产生的废、旧物品的企业。

扫舱地脚，是指经进口货物收货人确认进出境运输工具已经卸空，但因装卸技术等原因装卸完毕后，清扫进出境运输工具剩余的进口货物。

运输工具工作人员，是指在进出境运输工具上从事驾驶、服务，且具有相关资格证书的人员以及实习生。

第四十一条 经海关总署批准只使用运输工具电子数据通关的，申报单位应当将纸质单证至少保存3年。

第四十二条 海关对驮畜的监管办法另行制定。

海关对来往香港、澳门小型船舶和公路车辆的监管，另按照有关规定执行。

第四十三条 本办法所列文书格式由海关总署另行制定公告。

第四十四条 本办法由海关总署负责解释。

第四十五条 本办法自2011年1月1日起施行。1974年9月10日外贸部"〔1974〕贸关货233号"发布的《中华人民共和国海关对国际民航机监管办法》、1990年3月15日海关总署令第11号发布的《中华人民共和国海关对国际铁路联运进出境列车和所载货物、物品监管办法》、1991年8月23日海关总署令第24号发布的《中华人民共和国海关对进出境国际航行船舶及其所载货物、物品监管办法》同时废止。

《中华人民共和国海关进出境运输工具监管办法》解读

《中华人民共和国海关进出境运输工具监管办法》（以下简称《办法》）已于2010年10月14日经海关总署署务会议审议通过，2011年1月1日起施行。

进出境运输工具是海关的重要监管对象，《中华人民共和国海关法》（以下简称《海关法》）第二章对其作了专章规定。除了《海关法》的有关规定外，对进出境运输工具的监管依据还有海关总署规章和规范性文件。这些监管依据的制定时间都较为久远，其中《中华人民共和国海关对进出国境汽车及所载货物监管试行办法》和《中华人民共和国海关对国际民航机监管办法》分别制定于1963年和1974年，相对较新的《中华人民共和国海关对国际铁路联运进出境列车和所载货物、物品监管办法》（海关总署令第11号）和《中华人民共和国海关对进出境国际航行船舶及其所载货物、物品监管办法》（海关总署令第24号）也分别是1990年和1991年制定的，距今约20年。这些监管依据不能完全覆盖目前的海关监管领域，部分条款与进出境运输工具的海关监管实际相脱节，客观上需要将我国海关近年来的一些成熟的管理方法和模式进行固化，并吸收借鉴发达国家有关进出境运输工具的监管经验，制订一部能够满足海关监管需要、具有可操作性的监管办法。现就《办法》中比较重要的几个问题作以下解读。

一、关于进出境地点

《办法》第四条第一款规定："除经国务院或者国务院授权的机关批准外，进出境运输工具应当通过设立海关的地点进境或者出境，在海关监管场所停靠、装卸货物、物品和上下人员。"该款明确了进出境运输工具的进出境地点。这一款规定主要包括三个概念：一是"监管场所"，根据《中华人民共和国海关监管场所管理办法》（海关总署令第171号）第二条规定，监管场所是指进境运输工具或者境内承运海关监管货物的运输工具进出、停靠以及从事进出境货物装卸、储存、交付、发运等活动，办理海关监管，符合海关设置标准的特定区域。二是"通过"，主要是指进出境的运输工具应当"在"设立在陆路关境线上的海关监管区（如深圳的罗湖桥、珠海的拱北口岸）进出关境；或者按照《办法》第五条规定进出境、行进和到达设立海关地点的海关监管区。如果运输工具、货物和物品擅自从非设关地点进出境，即构成走私或者违反海关监管规定的行为。三是在一些特殊的情况下，运输工具需要从非设关地点进出关境的，必须经国务院或者国务院授权的机关批准，本条中"国务院授权的机关"应当理解为海关总署，因为根据国务院"三定方案"，海关总署除肩负进出境监管管理职责外，还负责国家对口岸的管理。

二、关于运输工具遭遇不可抗力的处理

《办法》第四条第二款规定："由于不可抗力原因，进出境运输工具被迫在未设立海关的地点或者在非海关监管场所停靠、降落或者抛掷、起卸货物、物品以及上下人员的，进出境运输工具负责人应当立即报告附近海关。附近海关应当对运输工具及其所载的货物、物品实施监管。"该款对进出境运输工具遭遇不可抗力的处理作了规定。适用这一规定主要把握好两个问题：一是准确理解不可抗力。《中华人民共和国合同法》第一百一十七条规定："不可抗力是指不可预见、不可克服、不可避免的客观情况。不可抗力包括三类：一是自然灾害（如台风、洪水、冰雹等）；二是政府行为（如征收、征用）；三是社会非常事件（如罢工、骚乱）。"二是准确理解"附近海关"。"附近海关"主要是指船舶、航空器停泊、降落地或者货物、物品抛掷、

起卸地的临近海关。遇到不可抗力时，运输工具负责人可根据具体情况，向任何一个附近海关报告，由附近海关出面处理或与进境地或出境地海关联系，清点进出境货物、物品并做好现场记录。

三、关于运输工具用途限制

《办法》第七条是关于运输工具用途限制的规定。该条第一款规定，进境的境外运输工具和出境的境内运输工具未向海关办理手续并缴纳关税，不得转让或者移作他用。作为运输工具的船舶、航空器、铁路列车和公路车辆，当其成为海关监管对象时可以具有双重性的特性，当用于载运货物、物品和旅客进境出境，承担国际运输任务的，海关应将其作为进出境运输工具，按照本办法规定进行监管；当境外的运输工具进境后因故发生转让、移作他用而不复运出境的或者境内的运输工具在出境前申明将发生转让、移作他用于境外的，实质上是运输工具进口，在法律属性上由“运输工具”转为“进出口货物”，必须办理作为货物的进出口手续。海关在办理上述运输工具转让手续时应严格按照国家贸易管制政策，凡属于许可证管理的商品或者机电产品的，应事先取得主管部门的许可证件，否则不予办理进出口手续。

人民法院判决、裁定或者有关行政执法部门决定处理进境的境外运输工具的，因其将改变运输工具特性，转变为进口货物（进口货物在海关放行前属于海关监管货物），应责令当事人办结海关手续。本条第二款对以租赁或者其他贸易方式进出口的运输工具如何进出境作了规定。客观上讲，在国内使用的租赁境外船舶实际上已经是租赁进口货物，在船舶进出境时应当办理船舶的进境手续后按照租赁货物办理海关进口手续，并应当根据《中华人民共和国海关进出口货物征税管理办法》第 37 条规定按租金缴纳税款。

四、关于进出境运输工具备案地

《办法》第八条是《办法》关于进出境运输备案地的规定，该条主要阐述三层意思：一是进出境运输工具、运输工具负责人、运输工具服务企业应当备案；二是备案的地点为经营业务所在地直属海关或者授权的隶属海关；三是海关实行联网管理，即一地海关备案、全国海关有效。实践中，准确适用该条规定需要重点把握几点：一是关于经营业务所在地的问题。海关之前的立法中鲜有经营业务所在地这一表述，基本采用主管地、所在地、进（出）境地等概念。经营业务所在地这一表述最早出现在《中华人民共和国海运条例》之中，海关在制定《中华人民共和国海关进出境运输工具舱单管理办法》（海关总署令第 172 号）时借鉴了该表述。起草《办法》过程中，考虑到运输企业的注册地与实际业务所在地经常不一致，如我国的大型运输企业注册地基本都在北京，而实际业务操作均分散在全国各个口岸。如果要求在主管海关、注册地海关备案，将造成备案与现场监管脱离，因此，《办法》规定在经营业务所在地的海关备案。二是关于经营业务所在地的直属海关或者直属海关授权的隶属海关备案问题。备案管理属于职能管理的范畴，属于直属海关事权。但从现实需求看，部分关区的口岸，如昆明、乌鲁木齐等口岸距离直属海关比较远，为了方便企业，《办法》明确经直属海关授权的隶属海关也可以办理备案。三是关于多经营业务所在地问题。在实际操作中，运输企业在多个口岸均经营业务，海关将对备案实行联网管理，实现一地海关备案、全国海关有效，避免同一个企业需要在多个经营业务所在地进行备案的问题。

五、关于添加、起卸、调拨物料的限制

《办法》第三十三条规定：“进出境运输工具添加、起卸国家限制进出境或者涉及国计民生的物料超出自用合理数量范围的，应当按照进出口货物的有关规定办理海关手续。”《办法》对非国家限制进出境或者涉及国计民生的物料的数量没有进行限制，但上述物料不准出售或者移作他用，且海关认为必要的时候，可以对留置在进出境运输工具的燃料、油料、零配等进行检查或者加封。《办法》对添加、起卸国家限制进出境或者涉及国计民生的物料所谓数量作了限制，上述物料只有在自用合理范围内免税免征。实践中，涉及国计民生的物料主要指粮食、钢铁制品、石油等，目前国家对这些物料多实行政府补贴。“自用合理数量”中的“自用”包括运输工具自身使用和承载人员使用；“自用合理数量”中的“合理数量”以满足运输工具和承载人员日常用途和紧急情况使用为限。

六、关于废弃物料的处理

对于使用过的废旧物料的处置长期以来是运输工具监管中比较敏感的问题。由于之前我国对航行到我国的境外运输工具起卸污油水，按照国际惯例要求船方缴纳高额的费用，但我国又缺乏严格规范的管理措施，造成不法经营者到进境境外船舶高价购买污油水，致使大量污油水在我国倾卸。《办法》起草过程中，根据《固体废物污染环境防治法》第五十七条关于从事收集，贮存、利用和处置清仓燃料油的单位必须具有环境保护行政主管部门颁发的危险废物经营许可证，禁止无经营许可证从事燃料该项经营货物等规定，提出了一个处置原则、两种留置措施和一个补救方法。一个处置原则是指对于运输工具使用过的废旧物料处理的基本原则是随原运输工具退运出境；两种留置措施是指对属于《自动进口类可用作原料的废物目录》和《限制进口类可用作原料的废物目录》的按货物办理海关手续，对不属于上述两目录范围内废旧物料进行无害化处理；一个补救措施是指对于拟按照上述两措施处置，但没有处置到位的，海关可以责令退运。海关责令退运，应当按照《中华人民共和国海关进口货物直接退运管理办法》（海关总署令第 156 号）办理。

《中华人民共和国海关企业分类管理办法》及解读

中华人民共和国海关企业分类管理办法

第一章　总　则

第一条　了鼓励企业守法自律，提高海关管理效能，保障进出口贸易的安全与便利，根据《中华人民共和国海关法》及其他有关法律、行政法规的规定，制定本办法。

第二条　在海关注册登记的进出口货物收发货人、报关企业的分类管理，适用本办法。

其他企业的分类管理，由海关总署另行规定。

第三条　海关根据企业遵守法律、行政法规、海关规章、相关廉政规定和经营管理状况，以及海关监管、统计记录等，设置AA、A、B、C、D五个管理类别，对有关企业进行评估、分类，并对企业的管理类别予以公开。

第四条　海关总署按照守法便利原则，对适用不同管理类别的企业，制订相应的差别管理措施，其中AA类和A类企业适用相应的通关便利措施，B类企业适用常规管理措施，C类和D类企业适用严密监管措施。

全国海关实行统一的企业分类标准、程序和管理措施。

海关与企业应当加强合作，开展经常性信息交流和业务联系。

第五条　海关总署对企业分类管理工作进行指导、监督；直属海关负责审定、调整本关区企业适用的管理类别。

第二章　管理类别的设定

第一节　进出口货物收发货人

第六条　AA类进出口货物收发货人，应当同时符合下列条件：

（一）符合A类管理条件，已适用A类管理1年以上；

（二）上一年度进出口报关差错率3%以下；

（三）通过海关稽查验证，符合海关管理、企业经营管理和贸易安全的要求；

（四）每年报送“企业经营管理状况评估报告”和会计师事务所出具的上一年度审计报告；每半年报送《进出口业务情况表》。

第七条　A类进出口货物收发货人，应当同时符合下列条件：

（一）已适用B类管理1年以上；

（二）连续1年无走私罪、走私行为、违反海关监管规定的行为；

（三）连续1年未因进出口侵犯知识产权货物而被海关行政处罚；

（四）连续1年无拖欠应纳税款、应缴罚没款项情事；

（五）上一年度进出口总值50万美元以上；

（六）上一年度进出口报关差错率5%以下；

（七）会计制度完善，业务记录真实、完整；

（八）主动配合海关管理，及时办理各项海关手续，向海关提供的单据、证件真实、齐全、有效；

（九）每年报送“企业经营管理状况评估报告”；

（十）按照规定办理“中华人民共和国海关进出口货物收发货人报关注册登记证书”的换证手续和相关变更手续；

（十一）连续1年在商务、人民银行、工商、税务、质检、外汇、监察等行政管理部门和机构无不良记录。

第八条　进出口货物收发货人有下列情形之一的，适用C类管理：

（一）有走私行为的；

（二）1年内有3次以上违反海关监管规定行为，且违规次数超过上一年度报关单及进出境备案清单总票数1‰的，或者1年内因违反海关监管规定被处罚款累计总额人民币100万元以上的；

（三）1年内有2次因进出口侵犯知识产权货物而被海关行政处罚的；

（四）拖欠应纳税款、应缴罚没款项人民币50万元以下的。

第九条 进出口货物收发货人有下列情形之一的，适用D类管理：

（一）有走私罪的；

（二）1年内有2次以上走私行为的；

（三）1年内有3次以上因进出口侵犯知识产权货物而被海关行政处罚的；

（四）拖欠应纳税款、应缴罚没款项超过人民币50万元的。

第十条 进出口货物收发货人未发生本办法第八条和第九条所列情形并符合下列条件之一的，适用B类管理：

（一）首次注册登记的；

（二）首次注册登记后，管理类别未发生调整的；

（三）AA类企业不符合原管理类别适用条件，并且不符合A类管理类别适用条件的；

（四）A类企业不符合原管理类别适用条件的。

第十一条 在海关登记的加工企业，按照进出口货物收发货人实施分类管理。

第二节 报关企业

第十二条 AA类报关企业，应当同时符合下列条件：

（一）符合A类管理条件，已适用A类管理1年以上；

（二）上一年度代理申报的进出口报关单及进出境备案清单总量在2万票（中西部5000票）以上；

（三）上一年度进出口报关差错率3%以下；

（四）通过海关稽查验证，符合海关管理、企业经营管理和贸易安全的要求；

（五）每年报送“企业经营管理状况评估报告”和会计师事务所出具的上一年度审计报告；每半年报送“报关代理业务情况表”。

第十三条 A类报关企业，应当同时符合下列条件：

（一）已适用B类管理1年以上；

（二）企业以及所属执业报关员连续1年无走私罪、走私行为、违反海关监管规定的行为；

（三）连续1年代理报关的货物未因侵犯知识产权而被海关没收，或者虽被没收但对该货物的知识产权状况履行了合理审查义务；

（四）连续1年无拖欠应纳税款、应缴罚没款项情事；

（五）上一年度代理申报的进出口报关单及进出境备案清单等总量在3000票以上；

（六）上一年度代理申报的进出口报关差错率在5%以下；

（七）依法建立账簿和营业记录，真实、正确、完整地记录受委托办理报关业务的所有活动；

（八）每年报送“企业经营管理状况评估报告”；

（九）按照规定办理注册登记许可延续及“中华人民共和国海关报关企业报关注册登记证书”的换证手续和相关变更手续；

（十）连续1年在商务、人民银行、工商、税务、质检、外汇、监察等行政管理部门和机构无不良记录。

第十四条 报关企业有下列情形之一的，适用C类管理：

（一）有走私行为的；

（二）1年内有3次以上违反海关监管规定的行为，或者1年内因违反海关监管规定被处罚款累计总额人民币50万元以上的；

（三）1年内代理报关的货物因侵犯知识产权而被海关没收达2次且未尽合理审查义务的；

（四）上一年度代理申报的进出口报关差错率在10%以上的；

（五）拖欠应纳税款、应缴罚没款项人民币50万元以下的；

（六）代理报关的货物涉嫌走私、违反海关监管规定，拒不接受或者拒不协助海关进行调查的；

（七）被海关暂停从事报关业务的。

第十五条 报关企业有下列情形之一的，适用D类管理：

（一）有走私罪的；

（二）1年内有2次以上走私行为的；

（三）1年内代理报关的货物因侵犯知识产权而被海关没收达3次以上且未尽合理审查义务的；

（四）拖欠应纳税款、应缴罚没款项超过人民币50万元的。

第十六条 报关企业未发生本办法第十四条和第十五条所列情形，并符合下列条件之一的，适用B类管理：

（一）首次注册登记的；

（二）首次注册登记后，管理类别未发生调整的；

（三）AA类企业不符合原管理类别适用条件，并且不符合A类管理类别适用条件的；

（四）A类企业不符合原管理类别适用条件的。

第三章 管理类别的适用与调整

第十七条 企业符合本办法第六条第（一）项或者第十二条第（一）项、第（二）项的规定，可以通过注册地海关向直属海关提出适用AA类管理申请，并提交下列材料：

（一）"适用AA类管理申请书"；

（二）"企业经营管理状况评估报告"；

（三）会计师事务所出具的上一年度审计报告。

第十八条 企业符合本办法第七条或者第十三条的规定，可以通过注册地海关向直属海关提出适用A类管理申请，并提交下列材料：

（一）"适用A类管理申请书"；

（二）"企业经营管理状况评估报告"。

第十九条 注册地海关接受企业适用AA类、A类管理申请后，经审核企业提交的材料齐全，符合法定形式的，应当当场制发"企业分类管理申请受理决定书"，并报直属海关审定。

对申请AA类的，直属海关经审查认为不需要进行稽查验证的，应当自受理之日起1个月内作出不予适用决定；直属海关经审查认为需要进行稽查验证的，应当在稽查结论作出之日起2个月内作出适用或者不予适用决定。

对申请A类的，直属海关应当自受理之日起3个月内作出适用或者不予适用决定。

第二十条 申请适用AA类、A类管理的企业有下列情形之一的，直属海关对其申请予以退回，并作出不予适用的决定：

（一）申请时不符合本办法所规定的条件的；

（二）审核期间不符合本办法所规定的条件的；

（三）审核期间有涉嫌走私或者违反海关监管规定以及侵犯知识产权的行为被海关立案侦查或者调查的。

第二十一条 C类企业自海关作出类别调整决定之日起满1年未再发生本办法第八条或者第十四条所列情形的，经企业申请，海关将其调整为B类。

D类企业自海关作出类别调整决定之日起满1年未再发生本办法第九条或者第十五条所列情形的，经企业申请，海关将其调整为C类。

申请调整为B类、C类管理的C类、D类企业有本办法第二十条所列情形之一的，直属海关对其申请予以退回，并作出不予调整的决定。

第二十二条 C类、D类企业申请调整为B类、C类的，应当通过注册地海关向直属海关提交"企业管理类别调整申请书"。注册地海关经审核，企业提交的材料齐全，符合法定形式的，应当当场制发"企业分类管理申请受理决定书"，并报直属海关审定。

直属海关应当自受理之日起1个月内作出调整或者不予调整的决定。

第二十三条 企业有下列应当降低类别情形之一的，注册地直属海关应当自发现之日起1个月内，根据本办法第二章的规定，作出调整其管理类别的决定：

（一）AA类、A类企业不符合原管理类别适用条件的；

（二）B类企业有C类、D类管理类别情形之一的；

（三）C类企业有D类管理类别情形之一的。

第二十四条 经直属海关决定调整或者不予调整企业管理类别的，由企业注册地海关在决定作出之日起10个工作日内将相关决定送达企业。

自海关作出调整决定之日起，海关按照调整后的管理类别对企业实施相应的管理措施。

企业在海关作出调整或者不予调整企业管理类别之前撤回管理类别调整申请的，海关终止管理类别调整的审核，并作出终止管理类别调整审核的决定。

第二十五条 AA类或者A类企业涉嫌走私被立案侦查或者调查的，海关暂停其与管理类别相应的管理措施；暂停期内，按照B类企业的管理措施实施管理。

第二十六条 企业仅名称或者海关注册编码发生变化的，其管理类别可以继续适用，但是有下列情形之一的，按照下列方式调整：

（一）企业发生存续分立，分立后的存续企业承继分立前企业的主要权利义务或者债权债务关系的，其管理类别适用分立前企业的管理类别，其余的分立企业视为首次注册企业；

（二）企业发生解散分立，分立企业视为首次注册企业；

（三）企业发生吸收合并，合并企业管理类别适用合并后存续企业的管理类别；

（四）企业发生新设合并，合并企业视为首次注册企业。

第四章　管理措施的实施

第二十七条 报关企业代理进出口货物收发货人开展报关业务，海关按照报关企业和进出口货物收发货人各自适用的管理类别分别实施相应的管理措施。

因企业的管理类别不同导致应当实施的管理措施抵触的，海关按照下列方式实施：

（一）报关企业或者进出口货物收发货人为C类或者D类的，按照较低的管理类别实施相应的管理措施；

（二）报关企业和进出口货物收发货人均为B类以上管理类别的，按照报关企业的管理类别实施相应的管理措施。

第二十八条 加工贸易经营企业与承接委托加工的生产企业管理类别不一致的，海关对该加工贸易业务按照较低的管理类别实施相应的管理措施。

第五章　附　则

第二十九条 作为企业分类管理评定记录的走私罪，其评定时间认定以人民法院刑事判决书生效时间为准。

作为企业分类管理评定记录的走私行为、违反海关监管规定行为、进出口侵犯知识产权货物行为，其评定时间认定以海关行政处罚决定书作出时间为准。

第三十条 警告以及罚款额在人民币3万元以下的违反海关监管规定行为，不作为企业分类管理评定记录。

第三十一条 本办法下列用语的含义是：

“其他企业”，指在海关注册登记的进出口货物收发货人、报关企业外，海关总署规定的其他从事与进出口活动直接有关的企业。

“中西部”，指除东部地区以外的其他地区。东部地区包括北京市、天津市、上海市、辽宁省、河北省、山东省、江苏省、浙江省、福建省、广东省。

“拖欠应纳税款”，指自缴纳税款期限届满之日起超过3个月仍未缴纳进出口货物、物品应当缴纳的进出口关税、进出口环节海关代征税之和，包括经海关认定违反海关监管规定，除给予处罚外，尚需缴纳的税款。

“拖欠应缴罚没款项”，指自海关行政处罚决定规定的期限届满之日起超过3个月仍未交付海关罚款、没收的违法所得和追缴走私货物、物品等值价款。

“进出口总值”，包括海关贸易统计与单项统计数据，以海关的统计为准，有关数据仅用于海关企业分类管理。

“报关差错率”，指上一年度企业所有报关员以该企业作为申报单位进行申报被记分的总次数，除以该年度企业作为申报单位申报的报关单及进出境备案清单总票数的百分比。

“1年”，指连续的12个月。

“年度”，指1个公历年度。

“一年内”，涉及向上调整企业管理类别的，以“企业分类管理申请受理决定书”作出之日倒推12个月计算；涉及向下调整企业管理类别的，以最近一次行政处罚决定作出之日倒推12个月计算。

“以上”、“以下”，均包含本数。

第三十二条 本办法由海关总署负责解释。

第三十三条 本办法自2011年1月1日起施行。2008年1月30日海关总署令第170号公布的《中华人民共和国海关企业分类管理办法》同时废止。

《中华人民共和国海关企业分类管理办法》修订解读

2010年11月15日，海关总署以第197号令公布了修订后的《中华人民共和国海关企业分类管理办法》（以下简称新《办法》），同时废止了海关总署以第170号令公布的《中华人民共和国海关企业分类管理办法》（以下简称老《办法》），新《办法》将于2011年1月1日起施行。老《办法》实施两年多来，其所倡导的“守法便利、差别管理、动态调整、关企合作、贸易安全”等原则和管理措施已逐步为企业和社会普遍认可，对于鼓励企业守法自律、规范管理和促进企业发展起到了积极作用。但在实施中也遇到一些问题，主要是一些企业和行会反映AA类企业评定标准中对大小企业没有平等对待、1万元违规罚款作为降类评定记录数额偏低等。《办法》的此次修订，主要是为了回应并积极解决企业和行会反映的有关问题。《办法》修订工作与广大进出口收发货人、报关企业关系密切，受到社会各界的广泛关注。为了充分听取和吸纳广大企业和行会的意见，海关总署于2010年6月在山东济南举行了《办法》修订立法听证会，这也是海关系统举行的第一次立法听证会。会议听取了27家企业和行会对《办法》修订提出的意见和建议，海关总署对与会代表提出的意见认真、逐条进行了研究，并将对企业所提出的主要意见、建议的采纳情况在海关门户网站进行详细说明。现对本次修改涉及的主要内容作如下说明。

一、关于AA类企业规模问题（见《办法》第六条）

《办法》将AA类企业分为AA类进出口收发货人和报关企业。根据老《办法》第六条第二项规定，进出口货物收发货人要评为AA类企业，其上一年度进出口总值应当在3000万美元（中西部1000万美元）以上。这一规定实际上为AA类进出口收发货人设定了进出口规模这一条件。对于大多数守法经营的中小企业而言，由于其进出口规模难以达到上述标准，无法跨入AA类企业行列，不能享受相应的通关便利。为了保障中小企业获得平等竞争机会，进一步凸显“守法便利”理念，新《办法》将AA类进出口货物收发货人的进出口规模限制降低为50万美元（与A类企业相同）。据2008年度统计数据，全国有进出口活动的企业为256367家，进出口总值为3.46万亿美元。其中符合进出口总值50万美元以上的企业为149690家，进出口总值为3.44万亿美元，分别占全国有进出口活动的企业总数和进出口总值的58.39%和99.42%。《办法》的这一修改，将保证占绝大多数进出口业务的进出口收发货人不再由于企业进出口规模问题无法跨入AA类企业行列。

需要说明的是，新《办法》对AA类报关企业报关量的要求仍维持原状，新《办法》第十二条第二项仍将“上一年度代理申报的进出口报关单及进出境备案清单总量在2万票（中西部5000票）以上”作为评选AA类报关企业的条件。

二、关于C类企业的违规比例问题（见《办法》第八条）

老《办法》第八条第二项规定，1年内有3次以上违反海关监管规定行为的，进出口货物收发货人将按照C类企业进行管理。实践中，由于进出口规模不统一，进出口货物收发货人每年报关的票数差异很大，一些规模较大的企业由于其每年报关的票数相对较多，其发生违规的几率在理论上相对较高，如果单纯以违规次数作为确定企业类别的标准对其可能有失公平。为了有效解决上述问题，新《办法》增加了违规比例的规定，将老《办法》第八条第二项的上述内容修改为“1年内有3次以上违反海关监管规定行为，且违规次数超过上一年度报关单及进出境备案清单总票数千分之一的”。根据这一规定，由于发生违规案件导致企业类别降至C类要同时满足两个条件：一是1年内该企业发生3次以上（包括3次）、且每次罚款额超过3万元的违规案件；二是违规比例超过千分之一，如一个企业如果1年内发生了3次超过3万元的违规案件，但如果其上年度的报关单及进出境备案清单总票数为4000票，那么该企业由于违规比例低于千分之一，也不会被降为C类企业。

三、关于报关企业“合理审查义务”问题（见《办法》第十三、十四、十五条）

为了督促报关企业加强对侵权货物的审查，老《办法》将知识产权案件数量作为调整报关企业类别的依据之一。但从老《办法》实施的情况看，仅仅依据侵权案件数量而不考虑报关企业客观上是否履行了审查义务，对报关企业显得过于严格，报关企业对此也提出了一些修改意见。新《办法》将报关企业是否履行“合理审查义务”作为评判此类案件能否作为评定企业依据的前提，即如果报关企业履行了“合理审查义务”，该案件将不列入调整报关企业类别的知识产权案件数目。至于如何判断报关企业是否履行了“合理审查义务”，新《办法》没有罗列具体的标准，实践中主要看对涉及知识产权的进出口货物，报关企业是否要求委托人提供授权委托书；报关企业发现代理的货物有侵权嫌疑的，是否及时报告海关等等。

此外，修订后的《办法》降低了代理报关的货物因侵犯知识产权而被海关没收的次数标准，例如，将适用C类管理的条件由1年内代理报关的货物因侵犯知识产权而被海关没收达3次降低至2次，将适用D类管理的条件由1年内代理报关的货物因侵犯知识产权而被海关没收达4次降低至3次。

四、关于AA类、A类企业报关差错率的设置问题（见《办法》第十二、第十三条）

对于老《办法》第十二、第十三条的规定，AA、A类报关企业“上一年度进出口报关差错率3%以下”，一些海关和企业建议适当降低对A类企业的报关差错率要求。修订后的《办法》对AA类、A类企业分别规定不同的报关差错率，其中AA类报关企业仍然维持“上一年度报关差错率在3%以下”这一条件不变，A类报关企业的进出口报关差错率则作了调高，新《办法》第十三条第六项规定 A 类报关企业“上一年度代理申报的进出口报关差错率在5%以下”。作出这样的调整，一方面充分吸纳了企业的意见，更加契合海关企业管理的客观实际；另一方面对 AA、A 类报关企业设定了不同的标准，层次关系更加清晰。

五、关于调整企业类别的期限（见《办法》第二十三条）

对于需要下调企业类别的，老《办法》没有规定法定期限，难以保障及时调整有关企业的类别。新《办法》第二十三条规定，“注册地直属海关应当自发现之日起 1 个月内，根据本办法第二章的规定，作出调整其管理类别的决定”。这一规定主要明确了几个问题，一是下调企业类别属于直属海关事权，隶属海关无权作出企业下调的决定，应当由直属海关依照法定职责和程序下调企业的类别；二是下调企业类别属于注册地海关事权，例如，某一企业在 A 直属海关关区注册，可能在 B 直属海关关区作出违法违规情事被 B 直属海关依法处理，但仍应由 A 直属海关作出下调企业类别的决定；三是期限从“发现之日”而不是作出某一行政处罚决定之日起计算，例如，某一企业在 A 直属海关关区注册，可能在 B 直属海关关区作出违法违规情事，被 B 直属海关依法处理，A 直属海关应当在得知该企业被 B 直属海关依法处理之日起 1 个月内作出下调企业类别的决定。

六、关于走私违规行为的时间认定（见《办法》第二十九条）

老《办法》第二十九条规定，“走私行为、进出口侵犯知识产权货物行为、违反海关监管规定的行为以海关行政处罚决定书生效时间为准”。由于实践中对海关行政处罚决定书生效时间的理解和判断标准不同，一些人以为海关行政处罚决定书自作出之日起生效，一些人以为海关行政处罚决定书自送达之日起生效。为了规范、统一评定时间，新《办法》第二十九条规定“评定时间认定以海关行政处罚决定书作出时间为准”。

七、关于作为企业分类管理记录的罚款数额标准问题（见《办法》第三十条）

老《办法》第三十条规定，罚款额在人民币 1 万元以下的违反海关监管规定行为，不作为企业分类管理评定记录。根据这一规定，罚款额在 1 万元以上的违反海关监管规定行为将作为企业分类管理评定记录。一些企业反映，上述作为企业分类管理评定记录的罚款额标准偏低，一些企业往往由于轻微违规而被降低管理类别。据统计，2008 年度全国海关剔除走私行为和行邮渠道的违规行为的行政处罚案件总数为 27015 起，其中罚款数额 3 万元以下案件数为 24241 起，占案件总数的 89. 73%。据了解，目前企业违规行为大多是因申报不实影响海关统计准确和海关监管秩序的问题。依据《中华人民共和国海关行政处罚实施条例》第十五条的规定，此类违规行为罚款数额均在 3 万元以下，且这类案件大多是因申报不实影响海关统计准确和海关监管秩序。为了有效解决企业反映的上述问题，同时不明显影响海关对企业的有效管理，新《办法》第三十条中将作为企业分类管理评定记录的罚款额标准提高至 3 万元，规定“警告以及罚款额在人民币 3 万元以下的违反海关监管规定行为，不作为企业分类管理评定记录”。

《中华人民共和国海关〈中华人民共和国政府和秘鲁共和国政府自由贸易协定〉项下进出口货物原产地管理办法》等几个原产地管理办法及解读

中华人民共和国海关《中华人民共和国政府和秘鲁共和国政府自由贸易协定》项下进出口货物原产地管理办法

第一条 为了正确确定《中华人民共和国政府和秘鲁共和国政府自由贸易协定》（以下简称《中秘自贸协定》）项下进出口货物原产地，促进我国与秘鲁的经贸往来，根据《中华人民共和国海关法》（以下简称《海关法》）、《中华人民共和国进出口货物原产地条例》、《中秘自贸协定》的规定，制定本办法。

第二条 本办法适用于我国与秘鲁之间的《中秘自贸协定》项下进出口货物的原产地管理。

第三条 从秘鲁直接运输进口的货物，符合下列条件之一的，其原产国为秘鲁，适用《中华人民共和国进出口税则》（以下简称《税则》）中的《中秘自贸协定》协定税率：

（一）在秘鲁完全获得或者生产的；

（二）在秘鲁境内全部使用符合本办法规定的中国或者秘鲁原产材料生产的；

（三）在秘鲁境内非完全获得或者生产，但符合《中秘自贸协定》项下产品特定原产地规则（附件 1）规定的税则归类改变、区域价值成分、工序等要求的。

附件 1 所列《中秘自贸协定》项下产品特定原产地规则发生变化时，由海关总署另行公告。

第四条 本办法第三条第（一）项所述“在秘鲁完全获得或者生产”的货物是指：

（一）在秘鲁境内出生并饲养的活动物；

（二）从秘鲁境内饲养的活动物获得的货物；

（三）在秘鲁境内通过狩猎、诱捕、捕捞或者水产养殖获得的货物；

（四）在秘鲁注册或者登记，并依法悬挂秘鲁国旗的船只，在秘鲁境外的水域获得的鱼类、甲壳类动物及其他海洋生物；

（五）在秘鲁注册或者登记，并依法悬挂秘鲁国旗的加工船上，完全用上述第（四）项所述货物加工所得的货物；

（六）在秘鲁境内收获、采摘或者收集的植物及植物产品；

（七）从秘鲁的领土、领水、海床或者海床底土提取的矿物质及其他天然生成物质；

（八）从秘鲁境外的水域、海床或者海床底土得到或者提取的除鱼类、甲壳类动物及其他海洋生物以外的货物，只要秘鲁有权对上述水域、海床或者海床底土进行开采；

（九）在秘鲁境内制造过程中产生的或者在秘鲁境内收集旧货物获得，仅适用于原材料回收的废碎料；

（十）在秘鲁境内完全用上述第（一）项至第（九）项所列货物生产的货物。

第五条 《中秘自贸协定》项下进口货物在生产过程中使用了非原产材料，非原产材料税则号列与进口货物税则号列不同，但是从非原产材料到进口货物的税则归类改变符合《中秘自贸协定》项下产品特定原产地规则中相应税则归类改变标准的，该进口货物应当视为原产于秘鲁的货物。

第六条 在秘鲁境内，使用非秘鲁原产材料生产的货物，符合《中秘自贸协定》项下产品特定原产地规则中该货物所对应的区域价值成分标准的，应当视为原产于秘鲁的货物。

本条第一款中的区域价值成分应当按照下列方法计算：

$$\text{区域价值成分} = \frac{\text{货物船上交货价格（FOB）} - \text{非原产材料价格}}{\text{货物船上交货价格（FOB）}} \times 100\%$$

其中，“非原产材料价格”，是指非秘鲁原产材料的进口成本、运至目的港口或者地点的运费和保险费（CIF）。原产地不明的材料按照最早可以确定的在秘鲁境内为该材料实付或者应付的价格，计入非原产材料价格；该原产地不明材料由货物生产商在秘鲁境内获得时，从供应商仓库运抵生产商所在地的运费、保费、包装费及任何其他费用均不计入非原产材料价格。

本条规定中货物船上交货价格和非原产材料价格的计算应当符合《海关估价协定》。

第七条 原产于中国的货物或者材料在秘鲁境内被用于生产另一货物，并构成另一货物组成部分的，该货物或者材料应当视为原产于秘鲁境内。

第八条 适用《中秘自贸协定》项下产品特定原产地规则税则归类改变标准确定原产地的货物，其生产过程中所使用的部分非秘鲁原产材料未能满足该税则归类改变标准，但是这部分非秘鲁原产材料按照第六条规定确定的价格未超过该货物船上交货价格10%，并且货物符合本办法所有其他适用规定的，应当视为原产于秘鲁的货物。

本条第一款所述货物同时适用区域价值成分标准的，在计算区域价值成分时，第一款所述未能满足税则归类改变标准的部分非秘鲁原产材料的价格仍然应当计入区域价值成分中的非原产材料价格。

第九条 下列微小加工或者处理不影响货物原产地确定：

（一）为确保货物在运输或者贮存期间保持良好状态而进行的操作；

（二）托运货物的拆解或者组装；

（三）以零售为目的的包装、拆包或者重新打包的操作；

（四）屠宰动物。

第十条 属于《税则》归类总规则三所规定的成套货物，其中全部货物均原产于秘鲁的，该成套货物即为原产于秘鲁；其中部分货物非原产于秘鲁，但是按照本办法第六条确定的价格未超过该成套货物价格15%的，该成套货物仍应当视为原产于秘鲁。

第十一条 运输期间用于保护货物的包装材料及容器的原产地不影响货物原产地的确定。

适用《中秘自贸协定》项下产品特定原产地规则中税则归类改变标准或者符合本办法第三条第（一）项、第（二）项规定的货物，其零售用包装材料及容器与该货物在《税则》中一并归类的，该零售用包装材料及容器的原产地不影响货物原产地的确定。

适用《中秘自贸协定》项下产品特定原产地规则中区域价值成分标准确定原产地的货物，其零售用包装材料和容器的价格应当纳入原产材料价格或者非原产地材料价格予以计算。

第十二条 适用《中秘自贸协定》项下产品特定原产地规则中税则归类改变标准确定原产地的货物，与该货物一起申报进出口的附件、备件、工具、说明书或者信息材料，在《税则》中与该货物一并归类，并且不单独开具发票的，其原产地不影响货物原产地的确定。

适用《中秘自贸协定》项下产品特定原产地规则中区域价值成分标准确定原产地的货物，与该货物一起申报进出口的附件、备件、工具、说明书或者信息材料，在《税则》中与该货物一并归类，并且不单独开具发票的，在计算区域价值成分时，该附件、备件、工具、说明书或者信息材料的价格应当纳入原产材料价格或者非原产材料价格予以计算。

本条第一款与第二款所述附件、备件、工具、说明书或者信息材料的数量与价格应当在合理范围之内。

第十三条 在确定货物的原产地时，货物生产过程中使用，本身既不构成货物物质成分、也不成为货物组成部件的下列材料或者物品，其原产地不影响货物原产地的确定：

（一）燃料、能源、催化剂及溶剂；

（二）用于测试或者检验货物的设备、装置及用品；

（三）手套、眼镜、鞋靴、衣服、安全设备及用品；

（四）工具、模具及型模；

（五）用于维护设备和厂房建筑的备件及材料；

（六）在生产中使用或者用于运行设备和维护厂房建筑的润滑剂、油（滑）脂、合成材料及其他材料；

（七）在货物生产过程中使用，未构成该货物物质成分或者组成部件，但能够合理表明其参与了该货物生产过程的任何其他货物。

第十四条 在确定货物原产地时，可互换货物或者材料应当通过下列方法加以区分：

（一）货物或者材料的物理分离；

（二）出口方公认会计原则承认的库存管理方法。该库存管理方法应当在至少1个以上的完整财政年度内持续使用。

第十五条 本办法第三条所称的“直接运输”是指《中秘自贸协定》项下进口货物从秘鲁直接运输至我国境内，途中未经过中国、秘鲁以外的其他国家或者地区（以下简称其他国家或者地区）。

原产于秘鲁的货物，经过其他国家或者地区运输至我国，不论在运输中是否转换运输工具或者作临时储存，同时符合下列条件的，应当视为“直接运输”：

（一）未进入这些国家或者地区进行贸易或者消费；

（二）该货物在经过这些国家或者地区时，未作除装卸、重新包装或者其他为使货物保持良好状态所必需处理以外的其他处理；

本条第二款规定的情况下，相关货物进入其他国家或者地区停留时间最长不得超过3个月。

第十六条 原产于秘鲁的货物，在其他国家或者地区展览并于展览后售往中国，同时满足下列条件的，在进口时可以享受

《税则》中的《中秘自贸协定》协定税率：

（一）该货物已经以送展时的状态在展览期间或者展览后立即发运至中国；

（二）该货物送展后，除用于展览会展示外，未作他用；

（三）该货物在展览期间处于展览所在国家或者地区的海关监管之下。

在商店或者商业场所以出售外国产品为目的的展销活动不属于本条规定的展览范围。

本条第一款规定情形下，进口货物收货人或者其代理人应当在货物申报进口时向海关提交注明展览名称及地点的原产地证书，并且同时向海关提交与展览相关的证明文件。

第十七条 货物申报进口时，进口货物收货人或者其代理人应当按照海关的申报规定填制《中华人民共和国海关进口货物报关单》（以下简称《进口报关单》），申明适用《中秘自贸协定》协定税率，并同时提交下列单证：

（一）由秘鲁授权机构签发的有效原产地证书正本（格式见附件2）。

符合本办法第二十条所列情形的，进口货物收货人或者其代理人应当向海关提交原产地声明（格式见附件3）。

原产地申报为秘鲁的进口货物，收货人或者其代理人未提交原产地证书或者原产地声明的，应当就该进口货物是否具备秘鲁原产资格向海关进行补充申报（格式见附件4）。

（二）货物的商业发票正本、装箱单及其相关运输单证。

货物经过其他国家或者地区运输至我国境内的，应当提交在秘鲁境内签发的联运提单、货物的商业发票正本以及其他国家或者地区海关出具的证明文件，或者其他证明货物符合本办法第十五条第二款、第三款规定的相关文件。

货物申报进口时，进口货物收货人或者其代理人未提交有效原产地证书正本、原产地声明，也未就该进口货物是否具备秘鲁原产资格向海关进行补充申报，海关依法按照该货物适用的最惠国税率、普通税率或者其他税率计征关税及进口环节海关代征税并放行货物后，收货人或者其代理人向海关提交有效原产地证书的，已征税款不予调整。

第十八条 进口货物收货人或者其代理人按照本办法第十七条规定就进口货物具备秘鲁原产资格向海关进行补充申报的，海关可以根据进口货物收货人或者其代理人的申请，收取相当于应缴税款的等值保证金后放行货物，并按照规定办理进口手续、进行海关统计。

第十九条 同时具备下列条件的，进口货物收货人或者其代理人可以自缴纳税款之日起1年内，向海关申请退还：

（一）进口时已就进口货物具备秘鲁原产资格向海关进行补充申报，申明适用《中秘自贸协定》协定税率；

（二）提交有效原产地证书、原产地声明及海关要求提供的与货物进口相关的其他文件。

进口时已就进口货物具备秘鲁原产资格向海关进行补充申报，申明适用《中秘自贸协定》协定税率，并经海关批准交纳保证金放行货物的，进口货物收货人或者其代理人可以自交纳保证金之日起3个月内向海关提交有效原产地证书、原产地声明及海关要求提供的与货物进口相关的其他文件，并向海关申请退还保证金。经海关批准，可以延长，但最长不得超过1年。

进口货物收货人或者其代理人未在自缴纳保证金之日起3个月内或者经海关批准延长的期限内提出退还保证金申请的，海关应当立即办理保证金转为进口税款手续，海关统计数据同时作相应修改。

第二十条 《中秘自贸协定》项下进口货物，经海关依法审定的完税价格总值不超过600美元的，进口货物收货人或者其代理人可以提交原产地声明。

一份进口报关单上所列货物应当对应一份原产地声明。

为规避本办法规定进口货物的，不适用前款规定。

第二十一条 具有下列情形之一的，该进口货物不适用《中秘自贸协定》协定税率：

（一）进口货物的原产地不符合本办法第三条至第十五条规定的；

（二）货物申报进口时，进口货物收货人或者其代理人没有向海关提交有效原产地证书正本或者原产地声明，也未就进口货物具备秘鲁原产资格进行补充申报的；

（三）原产地证书所用的安全特征与海关备案资料不一致的；

（四）原产地证书、原产地声明所列内容与实际进口货物不符的；

（五）自提出原产地核查请求之日起90天内，海关没有收到进口货物收货人或者其代理人、出口商或者生产商提交的符合第二十八条第一款第（一）项、第（二）项规定信息的；

（六）自提出原产地核查请求之日起150天内，海关没有收到秘鲁主管机构答复结果或者秘鲁主管机构答复结果未包含足以确定原产地证书真实性或者货物真实原产地信息的；

（七）进口货物收货人或者其代理人存在其他不遵守本办法有关规定行为的。

第二十二条 《中秘自贸协定》项下进出口货物及其包装上标有原产地标记的，其原产地标记应当与依照本办法确定的货物原产地相一致。

第二十三条 进口货物收货人或者其代理人向海关提交的原产地证书应当同时符合下列条件：

（一）由秘鲁授权机构在货物出口前或者出口时签发；

（二）符合本办法附件2所列格式，以英文填制；

（三）含有包括秘鲁通知中国海关的印章样本等内容的安全特征；

（四）所列的一项或者多项货物为同一批次的进口货物；

（五）仅有一份正本，并且具有不重复的原产地证书编号；

（六）注明确定货物具有原产资格的依据。

第二十四条 原产地证书及原产地声明自签发之日起1年内有效。

第二十五条 具有下列情形之一的，原产地证书可以在货物出口后予以补发：

（一）由于不可抗力没有在出口前或者出口时签发原产地证书的；

（二）秘鲁授权机构确信已签发原产地证书，但由于技术原因，原产地证书在进口时未被接受的。

本条第一款第（一）项情形下，补发证书自货物实际出口日起1年内有效；第一款第（二）项情形下，补发证书的有效期应当与原原产地证书的有效期一致。

第二十六条 原产地证书被盗、遗失或者损毁，并且未经使用的，进口货物收货人或者其代理人可以要求进口货物的出口商或者制造商向秘鲁授权机构书面申请在原证书正本有效期内签发经核准的原产地证书副本。该副本应当注明“原产地证书正本（编号______日期______）经核准的真实副本”字样。经核准的原产地证书副本向海关提交后，原产地证书正本失效。

原产地证书正本已经使用的，经核准的原产地证书副本无效。

第二十七条 出口货物申报时，出口货物发货人或者其代理人应当按照海关的申报规定填制《中华人民共和国海关出口货物报关单》，并向海关提交《中秘自贸协定》项下原产地证书电子数据或者原产地证书正本的复印件。

第二十八条 海关对《中秘自贸协定》项下原产地证书的真实性，相关进口货物是否原产于秘鲁，或者是否符合本办法其他规定产生怀疑时，可以通过以下方式进行核实：

（一）书面要求进口货物的收货人或者其代理人提供补充信息；

（二）通过秘鲁主管机构，书面要求秘鲁境内的出口商或者生产商提供补充信息；

（三）要求秘鲁主管机构协助对货物原产地进行核查；

（四）派员访问秘鲁出口商或者生产商所在地，对秘鲁主管机构的核查程序进行实地考察。

第二十九条 进出口货物收发货人可以依照《中华人民共和国海关行政裁定管理暂行办法》的规定，向海关申请《中秘自贸协定》项下进出口货物原产地行政裁定。

第三十条 海关对依照本办法规定获得的商业秘密依法负有保密义务。未经进出口货物收发货人同意，海关不得泄露或者用于其他用途，但是法律、行政法规及相关司法解释另有规定的除外。

第三十一条 违反本办法，构成走私行为、违反海关监管规定行为或者其他违反《海关法》行为的，由海关依照《海关法》和《中华人民共和国海关行政处罚实施条例》的有关规定予以处理；构成犯罪的，依法追究刑事责任。

第三十二条 本办法下列用语的含义：

“材料”，是指在生产另一货物的过程中所使用的任何物体或者物质，包括组件、成分、原材料、零件或者部件；

“生产”，是指货物的种植、饲养、提取、采摘、采集、开采、收获、捕捞、诱捕、狩猎、制造、加工或者装配；

“生产商”，是指从事货物的种植、饲养、提取、采摘、采集、开采、收获、捕捞、诱捕、狩猎、制造、加工或者装配的人。

“公认会计原则”是指在中国或者秘鲁境内有关记录收入、支出、成本、资产及负债、信息披露以及编制财务报表方面的公认的一致意见或者实质性权威支持。公认会计原则既包括普遍适用的概括性指导原则，也包括详细的标准、惯例及程序；

“可互换货物或材料”是指为商业目的可互换的、其性质实质相同的货物或者材料。

第三十三条 本办法由海关总署负责解释。

第三十四条 本办法自2010年3月1日起施行。

附件：1. 产品特定原产地规则（中文）（略）
2. 原产地证书（略）
3. 原产地声明（略）
4. 原产资格申明（略）

中华人民共和国海关最不发达国家特别优惠关税待遇进口货物原产地管理办法

第一条 为了正确确定与我国建交的最不发达国家特别优惠关税待遇进口货物的原产地，促进我国与有关国家间的经贸往来，根据《中华人民共和国海关法》、《中华人民共和国进出口货物原产地条例》的规定，制定本办法。

第二条 本办法适用于从与我国建交的最不发达国家（以下称受惠国）进口并享受特别优惠关税待遇货物的原产地管理。

受惠国名单由海关总署另行公告。

第三条 从受惠国直接运输进口的货物，符合下列条件之一的，为该受惠国原产货物，适用《中华人民共和国进出口税则》（以下简称《税则》）中相应的特惠税率：

（一）完全在受惠国获得或者生产的；

（二）非完全在受惠国获得或者生产，但在该受惠国最后完成实质性改变的。

本条第一款第（二）项所称“实质性改变”，适用本办法第五条、第六条、第七条规定的标准确定。

第四条 本办法第三条第（一）项所称“完全在受惠国获得或者生产”的货物是指：

（一）在该受惠国出生并饲养的活动物；

（二）在该受惠国从本条第（一）项所指的动物中获得的货物；

（三）在该受惠国收获、采摘或者采集的植物和植物产品；

（四）在该受惠国狩猎或者捕捞获得的货物；

（五）在该受惠国注册或者登记，并合法悬挂该受惠国国旗的船只，在该受惠国根据符合其缔结的相关国际协定可适用的国内法有权开发的境外水域得到的鱼类、甲壳类动物及其他海洋生物；

（六）在该受惠国注册或者登记，并合法悬挂受惠国国旗的加工船上加工本条第（五）项所列货物获得的货物；

（七）在该受惠国开采或者提取的矿产品及其他天然生成物质，或者从该受惠国根据符合其缔结的相关国际协定可适用的国内法有权开采的境外水域、海床或者海床底土得到或者提取的除鱼类、甲壳类动物及其他海洋生物以外的货物；

（八）在该受惠国收集的该受惠国消费过程中产生的仅适用于原材料回收的废旧物品；

（九）在该受惠国加工制造过程中产生的仅适用于原材料回收的废碎料；

（十）利用本条第（一）项至第（九）项所列货物在该受惠国加工所得的货物。

第五条 在受惠国境内非完全获得或者生产，但符合《与我国建交的最不发达国家产品特定原产地规则》的，应当视为该受惠国原产货物。

《与我国建交的最不发达国家产品特定原产地规则》是本办法的组成部分，由海关总署另行制定并公布。

第六条 除《与我国建交的最不发达国家产品特定原产地规则》另有规定外，在受惠国境内，部分或者完全使用非受惠国原产材料进行制造或者加工，所得货物在《税则》中的四位数级税则归类发生变化的，应当视为原产于受惠国的货物。

第七条 除《与我国建交的最不发达国家产品特定原产地规则》另有规定外，在受惠国境内，部分或者完全使用非受惠国原产材料生产的货物，其增值部分不低于所得货物船上交货价格（FOB）40%的，应当视为原产于该受惠国的货物。

本条第一款所称货物的增值部分应当按照下列方法计算比例：

$$\frac{\text{货物船上交货价格（FOB）}-\text{非原产材料价格}}{\text{货物船上交货价格（FOB）}}\times 100\% \geqslant 40\%$$

“非原产材料价格”，是指非受惠国原产材料的进口成本、运至目的港口或者地点的运费和保险费（CIF）。原产地不明的材料按照最早可以确定的在受惠国境内为该材料实付或者应付的价格，计入非原产材料价格；该原产地不明材料由货物生产商在受惠国境内获得时，从供应商仓库运抵生产商所在地的运费、保费、包装费及任何其他费用均不计入非原产材料价格。

本条规定中货物船上交货价格和非原产材料价格的计算应当符合《海关估价协定》。

第八条 下列微小加工或者处理不影响货物原产地确定：

（一）为在运输或者贮存期间使货物保持良好状态而进行的加工或者处理；

（二）为便于货物装卸而进行的加工或者处理；

（三）为便于货物销售而进行的包装、展示等加工或者处理；

（四）简单的稀释、混合、干燥、装配、分类或者装饰；

（五）动物屠宰。

第九条 属于《税则》归类总规则三所规定的成套货物，其中全部货物均原产于某一受惠国的，该成套货物即为原产于该受惠国；其中部分货物非原产于该受惠国，但是非原产货物的价格按照本办法第七条确定的比例未超过该成套货物价格

15%的，该成套货物仍应当视为原产于该受惠国。

第十条 在确定货物的原产地时，货物生产过程中使用，本身不构成货物物质成分、也不成为货物组成部件的下列材料或者物品，其原产地不影响货物原产地的确定：

（一）燃料、能源、催化剂及溶剂；

（二）用于测试或者检验货物的设备、装置及用品；

（三）手套、眼镜、鞋靴、衣服、安全设备及用品；

（四）工具、模具及型模；

（五）用于维护设备和厂房建筑的备件及材料；

（六）在生产中使用或者用于运行设备和维护厂房建筑的润滑剂、油（滑）脂、合成材料及其他材料；

（七）在货物生产过程中使用，未构成该货物组成成分，但能够合理表明其参与了该货物生产过程的任何其他货物。

第十一条 与货物一起申报进口并在《税则》中与该货物一并归类的包装、包装材料和容器的原产地，以及正常配备的附件、备件、工具及介绍说明性材料的原产地，不影响货物原产地的确定。

第十二条 本办法第三条所称“直接运输”，是指申报享受特别优惠关税待遇的进口货物从受惠国直接运输至我国境内，途中未经过中国和该受惠国以外的其他国家或者地区（以下简称“其他国家或者地区”）。

货物经过其他国家或者地区运输至我国境内，不论在运输途中是否转换运输工具或者作临时储存，同时符合下列条件的，应当视为“直接运输”：

（一）未进入其他国家或者地区的贸易或者消费领域；

（二）该货物在经过其他国家或者地区时，未作除装卸或者其他为使货物保持良好状态所必需处理以外的其他处理；

（三）处于该国家或者地区海关的监管之下。

本条第二款规定情况下，相关货物进入其他国家或者地区停留时间最长不得超过3个月。

第十三条 海关有证据证明进口货物有规避本办法嫌疑的，该进口货物不得享受特别优惠关税待遇。

第十四条 货物申报进口时，进口货物收货人或者其代理人应当按照海关的申报规定填制《中华人民共和国海关进口货物报关单》，申明适用特惠税率，并同时提交下列单证：

（一）由出口受惠国政府指定的原产地证书签发机构（以下简称签证机构）签发，并由该国海关在出口时加盖印章的有效原产地证书（格式见附件）正本以及第二副本。

未提交有效原产地证书正本以及第二副本的，应当按照《中华人民共和国海关进出口货物优惠原产地管理规定》的规定，就该进口货物是否具备原产资格向海关进行补充申报。

（二）货物的商业发票正本。

（三）货物的运输单证：

1. 货物从受惠国直接运输至我国境内，进口货物收货人或者其代理人应当提交在出口受惠国签发的运输单证。

2. 货物经过其他国家或者地区运输至我国境内，进口货物收货人或者其代理人应当提交在出口受惠国签发的联运提单以及证明符合本办法第十二条第二款规定的相关文件等。

受惠国为内陆国家，因运输原因货物必须从其他国家起运的，进口货物收货人或者其代理人可以提交国际联运始发的其他国家或者地区签发的联运提单、由出口受惠国运输至签发联运提单的国家或者地区的运输单证以及证明符合本办法第十二条第二款规定的相关文件等。

3. 在其他国家或者地区作临时储存的，进口货物收货人或者其代理人应当提交货物全程运输单证，以及临时储存货物的国家或者地区海关出具的证明符合本办法第十二条规定的文件。

第十五条 进口货物收货人或者其代理人按照第十四条规定就该进口货物具备受惠国原产资格向海关进行补充申报的，海关可以根据进口货物收货人或者其代理人的申请，依法选择按照该货物适用的最惠国税率、普通税率或者其他税率收取等值保证金后放行货物，并按照规定办理进口手续，进行海关统计。

第十六条 同时具备下列条件的，进口货物收货人或者其代理人可以自缴纳保证金之日起1年内，向海关申请退还已缴纳的等值保证金：

（一）进口时已就进口货物具备原产资格向海关进行补充申报，申明适用特惠税率；

（二）提交有效原产地证书正本、第二副本及海关要求提供的与货物进口相关的其他文件。

进口货物收货人或者其代理人未在缴纳保证金之日起1年内提出退还保证金申请的，海关应当立即办理保证金转为进口税款手续。海关统计数据同时作相应修改。

第十七条 享受特别优惠关税待遇进口货物适用的原产地证书应当由1份正本和3份副本组成。副本包括第二副本、第三副本和第四副本，其中第二副本为海关认为必要时核查之用，第三副本应当由出口受惠国签证机构留存，第四副本由出口人留存。

第十八条 原产地证书自签发之日起1年内有效。

第十九条 进口货物收货人或者其代理人向海关提交的原产地证书应当同时符合下列条件：

（一）由签证机构在货物出口前或者出口时签发；

（二）符合本办法附件所列格式，以英文填制；

（三）符合与受惠国通知中国海关的印章样本相符等安全要求；

（四）具有出口受惠国海关在出口时加盖的印章；

（五）所列的一项或者多项货物为同一批次的进口货物；

（六）具有不重复的原产地证书编号；

（七）注明确定货物具有原产资格的依据；

（八）证书在其有效期内。

第二十条 海关对原产地证书的真实性、相关货物是否原产于相关受惠国或者是否符合本办法其他规定产生怀疑时，海关总署可以直接或者通过中国驻相关受惠国使领馆经济商务参赞处（室）向受惠国海关或者原产地证书签证机构提出核查要求，并要求其在自收到核查要求之日起的180日内予以答复。

未能在上述期限内收到答复的，该货物不得适用特惠税率。

在等待受惠国原产地证书核查结果期间，依照进口货物收货人或者其代理人的申请，海关可以依法选择按照该货物适用的最惠国税率、普通税率或者其他税率收取等值保证金后放行货物，并按规定办理进口手续、进行海关统计。核查完毕后，海关应当根据核查结果，立即办理退还保证金手续或者办理保证金转为进口税款手续，海关统计数据应当作相应修改。

对国家限制进口或者有违法嫌疑的进口货物，海关在原产地证书核查完毕前不得放行。

第二十一条 原产地证书被盗、遗失或者损毁，并且未经使用的，进口货物收货人或者其代理人可以要求该进口货物的出口人凭原产地证书第四副本向受惠国原签证机构书面申请在原证书正本有效期内签发经核准的原产地证书副本。该副本应当在备注栏注明“原产地证书正本（编号______日期______）经核准的真实副本”字样。经核准的原产地证书副本向海关提交后，原产地证书正本失效。

原产地证书正本已经使用的，经核准的原产地证书副本无效。

第二十二条 具有下列情形之一的，进口货物不适用特惠税率：

（一）进口货物的原产地不符合本办法规定的；

（二）货物申报进口时，进口货物收货人或者其代理人没有提交有效的原产地证书正本以及第二副本，也未就进口货物是否具备受惠国原产资格进行补充申报的；

（三）原产地证书所用的签证机构印章与海关备案资料不一致的；

（四）原产地证书所列货物与实际进口货物不符的；

（五）自受惠国海关或者签证机构收到原产地核查请求之日起180日内，海关没有收到受惠国海关或者签证机构答复结果，或者该答复结果未包含足以确定原产地证书真实性或者货物真实原产地信息的；

（六）进口货物收货人或者其代理人存在其他不遵守本办法有关规定行为的。

第二十三条 海关对依照本办法规定获得的商业秘密依法负有保密义务。未经进口货物收货人同意，海关不得泄露或者用于其他用途，但是法律、行政法规及相关司法解释另有规定的除外。

第二十四条 违反本办法，构成走私行为、违反海关监管规定行为或者其他违反《海关法》行为的，由海关依照《海关法》和《中华人民共和国海关行政处罚实施条例》的有关规定予以处理；构成犯罪的，依法追究刑事责任。

第二十五条 本办法下列用语的含义：

“受惠国”，是指与中国签有对最不发达国家特别优惠关税待遇换文的国家或者地区；

“材料”，是指在生产另一货物的过程中所使用的货物，包括任何组件、成分、原材料、零件或者部件；

“生产”，是指货物获得的方法，包括货物的种植、饲养、提取、采摘、采集、开采、收获、捕捞、诱捕、狩猎、制造、加工或者装配；

“海关估价协定”，是指作为《马拉喀什建立世贸组织协定》一部分的《关于履行1994年关税与贸易总协定第7条的协定》。

第二十六条 本办法由海关总署负责解释。

第二十七条 本办法自2010年7月1日起施行。

中华人民共和国海关《中华人民共和国与东南亚国家联盟全面经济合作框架协议》项下进出口货物原产地管理办法

第一条 为了正确确定《中华人民共和国与东南亚国家联盟全面经济合作框架协议》（以下简称《协议》）项下进出口货物原产地，促进我国与东盟成员国的经贸往来，根据《中华人民共和国海关法》（以下简称《海关法》）、《中华人民共和国进出口货物原产地条例》、《协议》的规定，制定本办法。

第二条 本办法适用于我国与东盟成员国之间的《协议》项下进出口货物的原产地管理。

第三条 从东盟成员国直接运输进口的货物，符合下列条件之一的，其原产国为东盟成员国，适用《中华人民共和国进出口税则》（以下简称《税则》）中的中国—东盟自由贸易区（以下简称“中国—东盟自贸区”）协定税率：

（一）完全在一个东盟成员国获得或者生产的；

（二）在东盟成员国非完全获得或者生产，但符合本办法第五条、第六条、第七条以及第八条规定的。

第四条 本办法第三条第（一）项所述“完全在一个东盟成员国获得或者生产”的货物是指：

（一）在该东盟成员国收获、采摘或者收集的植物和植物产品；

（二）在该东盟成员国出生并饲养的活动物；

（三）在该东盟成员国从上述第（二）项活动物中获得的产品；

（四）在该东盟成员国狩猎、诱捕、捕捞、水生养殖、采集或者捕获所得的产品；

（五）在该东盟成员国领土、领水、海床或者海床底土开采或者提取的除上述第（一）项至第（四）项产品以外的矿物质或者其他天然生成的物质；

（六）在该东盟成员国领水以外的水域、海床或者海床底土获得的产品，只要按照国际法规定该国有权开发上述水域、海床及海床底土；

（七）在该东盟成员国注册或者悬挂该成员国国旗的船只在公海捕捞获得的鱼类及其他海产品；

（八）在该东盟成员国注册或者悬挂该成员国国旗的加工船上加工、制造上述第（七）项产品获得的产品；

（九）在该东盟成员国收集的既不能用于原用途，也不能恢复或者修理，仅适于废弃或者原材料回收，或者仅适于再生用途的废旧物品；

（十）在该东盟成员国完全采用上述第（一）项至第（九）项产品获得或者生产的产品。

第五条 在东盟成员国非完全获得或者生产的货物，其生产过程中使用的非原产于中国—东盟自贸区的材料、零件或者产品的总价格不超过该货物船上交货价格（FOB）的60%，并且最后生产工序在东盟成员国境内完成的，应当视为原产于东盟成员国境内。

第六条 在东盟成员国非完全获得或者生产的货物，其生产过程中使用的原产于任一东盟成员国的中国—东盟自贸区成分不低于该货物船上交货价格（FOB）40%的，应当视为原产于东盟成员国境内。

本条第一款中的中国—东盟自贸区成分应当按照下列方法计算：

$$100\% - \frac{\text{非中国—东盟自贸区材料价格} + \text{不明原产地材料价格}}{\text{货物的船上交货价格（FOB）}} \times 100\% \geqslant 40\%$$

其中，非中国—东盟自贸区材料价格，是指非中国—东盟自贸区原产材料的进口成本、运至目的港口或者地点的运费和保险费（CIF）；不明原产地材料价格是指在生产或者加工货物的该成员国境内最早可以确定的为不明原产地材料所支付的价格。

第七条 除另有规定外，原产于中国的货物或者符合本办法第三条规定的东盟成员国原产货物在其他东盟成员国境内被用作制造、加工其他制成品，最终制成品的中国—东盟自贸区成分累积值不低于40%的，该货物应当视为原产于制造或者加工该最终制成品的东盟成员国境内。

第八条 在东盟成员国制造、加工的产品符合《中国—东盟自由贸易区原产地规则》项下产品特定原产地规则规定的，应当视为原产于东盟成员国的货物，制造、加工该产品的东盟成员国为其原产国。

《中国—东盟自由贸易区原产地规则》项下产品特定原产地规则是本办法的组成部分，由海关总署另行公告。

第九条 下列微小加工或者处理不影响货物原产地确定：

（一）为确保货物在运输或者贮存期间保持良好状态而进行的加工或者处理；

（二）为便于货物装运而进行的加工或者处理；

（三）为货物销售而进行的包装、展示等加工或者处理。

第十条 与货物一起申报进出口的包装、包装材料、容器以及附件、备件、工具、介绍说明性材料，在《税则》中与该货物一并归类的，其原产地不影响货物原产地确定。

第十一条 除另有规定外，下列材料或者物品的原产地不影响货物原产地确定：

（一）在货物制造过程中使用的动力及燃料、厂房及设备、机器及工具；

（二）未物化在货物内的材料；

（三）未构成货物组成部分的材料。

第十二条 本办法第三条所称"直接运输"是指《协议》项下的进口货物从东盟成员国直接运输至我国境内，途中没有经过中国—东盟自贸区成员国以外的其他国家或者地区（以下简称其他国家或者地区）。

原产于东盟成员国的货物，经过其他国家或者地区运输至我国，不论在运输中是否转换运输工具或者作临时储存，同时符合下列条件的，应当视为"直接运输"：

（一）该货物经过这些国家或者地区仅是由于地理原因或者运输需要；

（二）未进入这些国家或者地区进行贸易或者消费；

（三）该货物经过这些国家或者地区时，未做除装卸或者为使货物保持良好状态所必需处理以外的其他处理。

第十三条 货物申报进口时，进口货物收货人或者其代理人应当按照海关的申报规定填制《中华人民共和国海关进口货物报关单》，申明适用中国—东盟自贸区协定税率，并同时提交下列单证：

（一）由东盟成员国签证机构签发的有效原产地证书正本、有效流动证明正本（见附件1）。本办法第十六条规定的免于提交原产地证书或者流动证明的情况除外。

（二）货物的商业发票正本、装箱单及其相关运输单证。

货物经过其他国家或者地区运输至我国境内的，应当提交在出口国境内签发的联运提单、货物的商业发票正本以及其他国家或者地区海关出具的证明文件，或者其他证明货物符合本办法第十二条第二款规定的相关文件。

货物申报进口时，进口货物收货人或者其代理人未提交东盟成员国签证机构签发的有效原产地证书正本或者有效流动证明正本，也未就该进口货物是否具备东盟成员国原产资格向海关进行补充申报的，其申报进口的货物不适用中国—东盟自贸区协定税率，海关应当依法按照该货物适用的最惠国税率、普通税率或者其他税率计征关税及进口环节海关代征税，并按照规定办理进口手续、进行海关统计。收货人或者其代理人在货物放行后向海关提交原产地证书或者流动证明的，已征税款不予调整。

本条规定的商业发票正本是否在东盟成员国境内签发，不影响货物原产地的确定，但进口货物收货人或者其代理人应当将第三方发票复印件随同原产地证书或者流动证明一并提交申报地海关。

第十四条 原产地申报为东盟成员国的进口货物，收货人或者其代理人在申报进口时未提交原产地证书或者流动证明的，应当在办结海关手续前就该进口货物是否具备东盟成员国原产资格向海关进行补充申报（见附件2）。

进口货物收货人或者其代理人依照本条第一款规定就进口货物具备东盟成员国原产资格向海关进行补充申报的，海关可以根据进口货物收货人或者其代理人的申请，收取相当于应缴税款的等值保证金后放行货物，并按照规定办理进口手续，进行海关统计。

第十五条 同时具备下列条件的，进口货物收货人或者其代理人可以自收取保证金之日起3个月内，向海关申请退还保证金：

（一）进口时已就进口货物具备东盟成员国原产资格向海关进行补充申报，申明适用中国—东盟自贸区协定税率；

（二）提交有效原产地证书正本或者有效流动证明正本以及海关要求提供的与货物进口相关的其他文件。

自收取保证金之日起3个月内或者经海关批准延长的期限内进口货物收货人或者其代理人未提出退还保证金申请的，海关应当立即办理保证金转为进口税款手续，海关统计数据同时作相应修改。

第十六条 原产于东盟成员国的进口货物，每批船上交货价格（FOB）不超过200美元的，免予提交原产地证书或者流动证明。进口货物收货人应当同时按照《协议》的要求就进口货物具备原产资格进行书面声明。为规避本办法规定，一次或者多次进口货物的，不适用前款规定。

第十七条 具有下列情形之一的，该进口货物不适用中国—东盟自贸区协定税率：

（一）进口货物的原产地不符合本办法第三条至第十二条规定的；

（二）货物申报进口时，进口货物收货人或者其代理人没有向海关提交有效原产地证书正本或者流动证明正本，也未就进口货物具备原产资格进行补充申报的；

（三）东盟成员国未将相关签证机构的名称、使用的印章样本、签证人员签名样本或者上述信息的任何变化通知中国海关的；

（四）原产地证书或者流动证明所用的签发印章、签证人员签名与海关备案资料不一致的；

（五）原产地证书或者流动证明所列内容与实际进口货物不符的；

（六）自提出原产地核查请求之日起，海关没有在《协议》规定的期限内收到东盟成员国相关机构的核查反馈结果，或者反馈结果未包含足以确定原产地证书、流动证明真实性或者货物真实原产地信息的；

（七）进口货物收货人或者其代理人存在其他不遵守本办法有关规定行为的。

第十八条 进口货物收货人或者其代理人向海关提交的原产地证书、流动证明应当同时符合下列条件：

（一）由东盟成员国签证机构签发；

（二）符合本办法附件1所列格式，以英文填制并由出口商署名和盖章；

（三）原产地证书、流动证明的签证机构印章、签证人员签名与东盟成员国通知中国海关的签证机构印章、签证人员签名样本相符；

（四）所列的一项或者多项货物为同一批次的进口货物；

（五）仅有一份正本，并且具有不重复的原产地证书编号；

（六）注明确定货物具有原产资格的依据。

《协议》项下进口货物原产地证书应当由东盟成员国签证机构在货物装运前或者装运时签发；因不可抗力未能在货物装运前或者装运时签发的，可以在货物装运后3天内签发。

第十九条 原产于东盟成员国的货物经过我国关境运往中国—东盟自贸区其他成员国，同时符合下列条件的，可以向海关申请签发流动证明：

（一）该货物始终处于海关监管之下，除了装卸、搬运外，未作其他加工或者处理；

（二）申报该货物进入我国关境的收货人同时是申报该货物离开我国关境的发货人；

（三）申报该货物离开我国关境的发货人向海关提出书面签发申请。

依照本条第一款规定申请签发流动证明的，发货人应当向海关提交如下单证：

（一）中国—东盟自由贸易区流动证明申请书；

（二）原产国签发的有效原产地证书正本；

（三）过境货物的商业发票、合同、提单等证明文件；

（四）海关认为需要提供的其他证明文件。

流动证明签发办法由海关总署另行制定并公告。

第二十条 进口货物原产证书自签发之日起1年内有效。

进口货物流动证明的有效期与其据以签发的原产地证书的有效期相同。

第二十一条 因不可抗力不能在本办法第十八条第二款规定的期限内签发原产地证书的，可以由东盟成员国签证机构在货物装运之日起12个月内补发。补发的原产地证书应当注明“补发”字样。

第二十二条 原产地证书被盗、遗失或者损毁，并且未经使用的，进口货物收货人或者其代理人可以要求进口货物的出口商或者制造商向东盟成员国签证机构书面申请在原证书正本的有效期内签发注明“经核准的真实副本”字样的原产地证书副本。

经核准的原产地证书副本向海关提交后，原产地证书正本失效。

原产地证书正本已经使用的，经核准的原产地证书副本无效。

第二十三条 海关对中国—东盟自贸区进口货物原产地证书的真实性，相关进口货物是否原产于东盟成员国，或者是否符合本办法其他规定产生怀疑的，可以按照《协议》规定向出口该货物的东盟成员国提出后续核查请求或者到该成员国进行核查访问。

海关对《协议》项下进口货物所附流动证明的真实性，流动证明涵盖的进口货物是否原产于东盟成员国或者是否符合本办法其他规定产生怀疑时，可以按照《协议》规定向签发流动证明的东盟成员国和出口该货物的东盟成员国同时提出核查请求。

在等待核查结果期间，依照进口货物收货人或者其代理人申请，海关可以依法选择按照该货物适用的最惠国税率、普通税率或者其他税率收取相当于应缴税款的等值保证金后放行货物，并且按照规定办理进口手续，进行海关统计。核查完毕后，海关应当根据核查结果，立即办理保证金退还手续或者保证金转为进口税款手续，海关统计数据应当作相应修改。

进口货物属于国家禁止或者限制进口货物，或者存在瞒骗嫌疑的，海关在原产地证书或者流动证明核实完毕前不得放行货物。

第二十四条 进口货物在向海关申报之后、放行之前，目的地发生变化需要运往其他国家的，进口货物的收货人或者其代理人应当向海关提出书面申请。

经审查确认的，海关应当在原产地证书正本加以签注并留存证书正本，同时将证书复印件提供给进口货物收货人或者其代理人。

第二十五条 出口货物申报时，出口货物发货人应当按照海关的申报规定填制“中华人民共和国海关出口货物报关单”，并向海关提交《协议》项下原产地证书或者流动证明的电子数据，或者原产地证书、流动证明正本的复印件。

第二十六条 《协议》项下进出口货物及其包装上标有原产地标记的，其原产地标记应当与依照本办法确定的货物原产地相一致。

第二十七条 原产于东盟成员国的货物，在其他东盟成员国或者我国境内展览并于展览期间或者展览结束后销售至我国境内，同时符合下列条件的，可以适用中国—东盟自贸区协定税率：

（一）该货物已经以送展时的状态在展览期间或者展览后立即发运至中国；

（二）该货物送展后，除用于展览会展示外，未作他用；

（三）该货物在展览期间处于展览所在国家或者地区的海关监管之下。

上述展览货物申报进口时，收货人或者其代理人应当向海关提交原产该货物的东盟成员国签证机构签发的原产地证书正本、展览举办国有关政府机构签发的注明展览会名称及地址的证明书，以及证明货物符合本办法第十二条第二款规定的相关文件。

第二十八条 海关对依照本办法规定获得的商业秘密依法负有保密义务。未经进出口货物收发货人同意，海关不得泄露或者用于其他用途，但是法律、行政法规及相关司法解释另有规定的除外。

第二十九条 违反本办法，构成走私行为、违反海关监管规定行为或者其他违反《海关法》行为的，由海关依照《海关法》和《中华人民共和国海关行政处罚实施条例》的有关规定予以处理；构成犯罪的，依法追究刑事责任。

第三十条 本办法下列用语的含义：

东盟成员国，是指与中国共同签订《协议》的东盟成员国，包括文莱达鲁萨兰国、柬埔寨王国、印度尼西亚共和国、老挝人民民主共和国、马来西亚、缅甸联邦、菲律宾共和国、新加坡共和国、泰王国和越南社会主义共和国；

材料，包括组成部分、零件、部件、半组装件、已实际上构成另一产品组成部分或者已用于另一产品生产过程的产品；

生产，是指获得产品的方法，包括产品的种植、开采、收获、饲养、繁殖、提取、收集、采集、捕获、捕捞、诱捕、狩猎、制造、生产、加工或者装配；

展览会，包括任何以销售外国产品为目的、展览期间货物处于海关监管之下的交易会、农业或者手工业展览会、展销会或者在商店或者商业场所举办的类似展览或者展示。

第三十一条 本办法由海关总署负责解释。

第三十二条 本办法自2011年1月1日起施行。2003年12月30日海关总署令第108号发布的《中华人民共和国海关关于执行〈中华人民共和国与东南亚国家联盟全面经济合作框架协议〉项下〈中国—东盟自由贸易区原产地规则〉的规定》同时废止。

附件：1. 原产地证书（格式）（略）
　　　2. 原产资格申明（略）

中华人民共和国海关《海峡两岸经济合作框架协议》项下进出口货物原产地管理办法

第一条 为了正确确定《海峡两岸经济合作框架协议》（以下简称《协议》）项下进出口货物原产地，促进两岸的经贸往来，根据《中华人民共和国海关法》（以下简称《海关法》）、《中华人民共和国进出口货物原产地条例》、《协议》的规定，制定本办法。

第二条 本办法适用于大陆与台湾之间《协议》项下进出口货物的原产地管理。

第三条 从台湾直接运输进口的货物，符合下列条件之一的，其原产地为台湾，适用《中华人民共和国进出口税则》（以下简称《税则》）中的《协议》协定税率：

（一）在台湾完全获得的；

（二）在台湾仅由大陆或者台湾原产材料生产的；

（三）在台湾非完全获得，但符合《协议》项下产品特定原产地规则的。

该规则是本办法的组成部分，由海关总署另行公告。

第四条 本办法第三条第（一）项所述“在台湾完全获得”的货物是指：

（一）在台湾出生并饲养的活动物；

（二）在台湾从上述第（一）项所述活动物中获得的货物；

（三）在台湾收获、采摘或者采集的植物、植物产品；

（四）在台湾狩猎、诱捕、捕捞、耕种、采集或者捕获获得的货物；

（五）在台湾采掘的矿物；

（六）在台湾相关的水域、海床或者底土获得的货物；

（七）在台湾注册的加工船上，完全用上述第（六）项所述货物加工、制造的货物；

（八）在台湾加工过程中产生并且仅适用于原材料回收的废碎料，或者在台湾消费后所收集并且仅适用于原材料回收的废品；

（九）在台湾完全从上述第（一）项至第（八）项所述货物获得的货物。

第五条 《协议》项下进口货物在生产过程中使用了非台湾原产材料，非台湾原产材料的税则号列与进口货物的税则号列不同，但是从非台湾原产材料到进口货物的税则归类改变符合《协议》项下产品特定原产地规则中相应税则归类改变标准的，该进口货物应当视为原产于台湾的货物。

第六条 在台湾使用非台湾原产材料生产的货物，符合《协议》项下产品特定原产地规则中该货物所对应的区域价值成分标准的，应当视为原产于台湾的货物。

本条第一款中的区域价值成分应当按照下列公式计算：

$$\text{区域价值成分}=\frac{\text{货物船上交货价格（FOB）}-\text{非台湾原产材料价格}}{\text{货物船上交货价格（FOB）}}\times 100\%$$

非台湾原产材料价格，是指非台湾原产材料的进口成本、运至目的港口或者地点的运费和保险费（CIF）。

货物船上交货价格（FOB）和非台湾原产材料价格应当依据《海关估价协定》及公认会计原则进行核定。

第七条 在台湾使用非台湾原产材料生产的货物，符合《协议》项下产品特定原产地规则中该货物所对应的加工工序标准的，应当视为原产于台湾的货物。

第八条 原产于大陆的材料在台湾被用于生产另一货物，并构成另一货物组成部分的，在确定另一货物原产地时，该材料应当视为台湾原产材料。

第九条 下列微小加工或者处理不影响货物原产地确定：

（一）为确保货物在运输或者储藏期间处于良好状态而进行的处理，例如通风、干燥、冷藏、冷冻、上油、涂抹防锈漆、包覆保护层、加盐或者水溶液；

（二）为便利托运而对货物进行的拆解、组装；

（三）以销售或者展示为目的的包装、拆包或者重新包装等处理；

（四）动物屠宰、冷冻、分割、切片；

（五）过滤、筛选、挑选、分类、分级、匹配（包括成套物品的组合）、纵切、弯曲、卷绕、展开等作业；

（六）洗涤、清洁、除尘、去除氧化物、除油、去漆以及去除其他涂层；

（七）简单的上漆、磨光、削尖、研磨、切割、装配或者拆卸等作业；

（八）装瓶、装罐、装袋、装箱、装盒、固定于纸板或者木板及其他类似的包装工序；

（九）在产品或者其包装上粘贴或者印刷标志、标签、标识及其他类似的区别标记；

（十）稀释、溶解或者简单混合，未实质改变货物本质的；

（十一）除稻米以外的谷物的去壳、部分或者完全的漂白、抛光及上光；

（十二）食糖上色或者形成糖块的操作；

（十三）纺织品的熨烫或者压平；

（十四）水果、坚果及蔬菜的去皮、去核或者去壳。

第十条 适用《协议》项下产品特定原产地规则税则改变标准确定原产地的货物，其生产过程中所使用的部分非台湾原产材料未能满足税则归类改变标准，但这部分非台湾原产材料依据本办法第六条计算的价格不超过货物船上交货价格10%，货物同时符合本办法所有其他适用规定的，该货物应当视为原产于台湾。

第十一条 在确定货物原产地时，对性质相同，为商品目的可互换的货物或者材料，仅靠视觉观察无法加以区分的，应当通过下列方法加以区分：

（一）货物的物理分离；

（二）出口方公认会计原则承认的库存管理方法。

依照本条第一款第（二）项规定使用库存管理方法的，应当在其整个会计年度内连续使用该方法对上述货物或者材料进行管理。

第十二条 在确定货物的原产地时，货物生产过程中使用，本身既不构成货物物质成分、也不成为货物组成部件的下列材料或者物品，其原产地不影响货物原产地的确定：

（一）燃料、能源、催化剂及溶剂；

（二）用于测试或者检验货物的设备、装置及相关用品；

（三）手套、眼镜、鞋靴、衣服、安全设备及用品；

（四）工具及模具；

（五）用于维护设备和建筑的备用零件及材料；

（六）在生产过程中使用的其他材料或者物品。

第十三条 属于协调制度归类总规则三规定的成套货品，其中全部货物均原产于台湾的，该成套货品即为原产于台湾；其中部分货物非原产于台湾，但是按照本办法第六条确定的价格不超过该成套货品船上交货价格10%的，该成套货品仍然应当视为原产于台湾。

第十四条 运输期间用于保护货物的包装材料及容器的原产地不影响货物原产地的确定。

适用《协议》项下产品特定原产地规则中税则归类改变标准确定原产地的货物，其零售用包装材料及容器与该货物在《税则》中一并归类的，该零售用包装材料及容器的原产地不影响货物原产地确定。

适用《协议》项下产品特定原产地规则中区域价值成分标准确定原产地的货物，其零售用包装材料及容器的价格应当纳入原产材料价格或者非台湾原产地材料的价格予以计算。

第十五条 适用《协议》项下产品特定原产地规则中税则归类改变标准确定原产地的货物，与该货物一同申报进出口的配件、备用零件、工具、说明书及信息资料，在《税则》中与该货物一并归类，并且不单独开具发票的，其原产地不影响货物原产地确定。

适用《协议》项下产品特定原产地规则中区域价值成分标准确定原产地的货物，与该货物一同申报进出口的配件、备用零件、工具、说明书及信息资料，不单独开具发票的，在计算该货物的区域价值成分时，该配件、备用零件、工具、说明书及信息资料的价格应当纳入原产材料价格或者非台湾原产材料价格予以计算。

本条第一款与第二款所述配件、备用零件、工具、说明书及信息资料的数量与价格应当在合理范围之内。

第十六条 本办法第三条所称的“直接运输”是指《协议》项下进口货物从台湾直接运输至大陆，途中未经过大陆、台湾以外的其他第三方。

原产于台湾的货物经过大陆、台湾以外的一个或者多个第三方，不论是否在第三方转换运输工具或者临时储存，同时符合下列条件的，应当视为“直接运输”：

（一）由于地理原因或者运输需要；

（二）货物在该第三方未进行贸易或者消费；

（三）除装卸、重新包装或者使货物保持良好状态所必需的处理外，货物在该第三方未经其他处理；

（四）该货物在第三方作临时储存时，处于该第三方海关监管之下。

本条第二款规定情形下，货物进入第三方停留时间自运抵该方之日起不得超过60日。

第十七条 货物申报进口时，进口货物收货人或者其代理人应当按照海关的申报规定填制《中华人民共和国海关进口货物报关单》，申明适用《协议》协定税率，并同时提交下列单证：

（一）由台湾签证机构签发的有效原产地证书正本（见附件1）。

（二）货物的商业发票正本、装箱单以及相关运输单证。

货物经过大陆、台湾以外的第三方运输至大陆的，应当提交在台湾签发的联运提单、第三方海关出具的证明文件以及海关认可的其他证明文件。

货物申报进口时，进口货物收货人或者其代理人未提交有效原产地证书正本，也未就该进口货物是否具备台湾原产资格向海关进行补充申报，海关应当依法按照该货物适用的最惠国税率、普通税率或者其他税率计征关税及进口环节海关代征税，并按照规定办理进口手续、进行海关统计。收货人或者其代理人在货物征税放行后向海关提交原产地证书的，海关不予受理，已征税款不予调整。

第十八条 原产地申报为台湾的进口货物，收货人或者其代理人在申报进口时未提交原产地证书的，应当在办结海关手续前就该进口货物是否具备台湾原产资格向海关进行补充申报（见附件2）。

进口货物收货人或者其代理人依照本条第一款规定就进口货物具备台湾原产资料向海关进行补充申报的，海关可以根据进口货物收货人或者其代理人的申请，收取相当于应缴税款的等值保证金后放行货物，并按照规定办理进口手续，进行海关统计。依照法律、行政法规规定不得办理担保的情形除外。

第十九条 同时具备下列条件的，进口货物收货人或者其代理人可以自缴纳保证金之日起1年内，向海关申请退还：

（一）进口时已就进口货物具备台湾原产资格向海关进行补充申报，申明适用《协议》协定税率；

（二）提交有效原产地证书及海关要求提供的与货物进口相关的其他文件。

进口货物收货人或者其代理人未在缴纳保证金之日起1年内提出退还保证金申请的，海关应当立即办理保证金转为进口税款手续，海关统计数据同时作相应修改。

第二十条 原产地证书自签发之日起12个月内有效。

第二十一条 进口货物收货人或者其代理人向海关提交的原产地证书应当同时符合下列条件：

（一）由台湾签证机构在货物申报出口前签发；

（二）在有效期内；

（三）以附件1规定的格式正确填制、署名和盖章；

（四）仅有一份正本，并且具有单一证书编号；

（五）所列的货物为同一批次的进口货物，项数不超过20项；

（六）一份进口报关单上所列货物对应一份原产地证书。

第二十二条 具有下列情形之一的，出口商或者生产商可以自货物实际出口之日起90日内申请补发原产地证书：

（一）因不可抗力或者符合台湾规定的正当理由，未能在货物出口报关前申请签发原产地证书的；

（二）签证机构已签发原产地证书，但由于在填制或者签发证书时产生的技术性错误，出口商已申请注销在先原产地证书的；

（三）原产地证书遗失或者损毁，并且未经使用的。

补发的原产地证书应当注明“补发”字样，并自货物实际出口之日起12个月内有效。

本条第一款第（三）项情形下，原产地证书已使用的，补发的原产地证书无效。

第二十三条 海关对《协议》项下原产地证书的真实性，部分或者全部进口货物是否原产于台湾，或者是否符合本办法其他规定产生怀疑时，可以通过以下方式进行核实：

（一）要求进口货物的收货人或者其代理人在《协议》规定的期限内提供补充资料；

（二）通过台湾原产地核查联络机构书面要求出口商、生产商或者签证机构提供相关核查协助；

（三）与台湾海关商定的其他方式。

第二十四条 具有下列情形之一的，该进口货物不适用《协议》协定税率：

（一）进口货物的原产地不符合本办法第三条至第十六条规定的；

（二）货物申请进口时，进口货物收货人或者其代理人未向海关提交有效原产地证书正本，也未就进口货物具备台湾原产资格进行补充申报的；

（三）原产地证书未按照附件1规定的格式正确填制、署名和盖章的；

（四）原产地证书所列内容与实际进口货物不符的；

（五）在《协议》规定的期限内，海关未收到进口货物收货人或者其代理人、台湾有关部门答复结果，或者答复结果未包含足以确定原产地证书真实性、货物真实原产地信息的；

（六）原产地证书所列内容与其他申报单证不符的；

（七）原产地证书所列货物名称、8位级税则号列、数量、重量、包装唛头、编号、包装件数或者种类等内容与进口货物不符的，

（八）进口货物收货人或者其代理人存在其他不遵守本办法有关规定行为的。

第二十五条 出口货物申报时，出口货物发货人或者其代理人应当按照海关的申报规定填制《中华人民共和国海关出口货物报关单》，并向海关提交《协议》项下原产地证书电子数据或者原产地证书正本的复印件。

第二十六条 海关对依照本办法规定获得的商业秘密依法负有保密义务。未经进出口货物收发货人同意，海关不得泄露或者用于其他用途，但是法律、行政法规及相关司法解释另有规定的除外。

第二十七条 违反本办法，构成走私行为、违反海关监管规定行为或者其他违反《海关法》行为的，由海关依照《海关法》和《中华人民共和国海关行政处罚实施条例》的有关规定予以处理；构成犯罪的，依法追究刑事责任。

第二十八条 本办法下列用语的含义：

海关估价协定，是指作为《马拉喀什建立世界贸易组织协定》组成部分的《关于实施1994年关税与贸易总协定第七条的协定》；

非台湾原产材料，是指除依据本办法规定具备台湾原产资格的材料以外的其他材料；

生产，是指获得货物的方法，包括但不限于种植、饲养、开采、收获、捕捞、耕种、诱捕、狩猎、捕获、采集、收集、养殖、提取、制造、加工或者装配。

第二十九条 本办法由海关总署负责解释。

第三十条 本办法自2011年1月1日起施行。

附件：1. 大陆原产地证书格式（略）
2. 台湾原产地证明书格式（略）
3. 原产资料申明书（略）

《中华人民共和国海关〈中华人民共和国政府和秘鲁共和国政府自由贸易协定〉项下进出口货物原产地管理办法》等几个原产地管理办法解读

2010年年内，海关总署陆续制定并公布了《中华人民共和国海关〈中华人民共和国政府和秘鲁共和国政府自由贸易协定〉项下进出口货物原产地管理办法》（海关总署令第186号公布，以下简称《中国—秘鲁原产地管理办法》）、《中华人民共和国海关最不发达国家特别优惠关税待遇进口货物原产地管理办法》（海关总署令第192号公布，以下简称《特惠原产地管理办法》）、《中华人民共和国海关〈中华人民共和国与东南亚国家联盟全面经济合作框架协议〉项下进出口货物原产地管理办法》（海关总署令第199号公布，以下简称《中国—东盟原产地管理办法》）和《中华人民共和国海关〈海峡两岸经济合作框架协议〉项下进出口货物原产地管理办法》（海关总署令第200号公布，以下简称《两岸原产地管理办法》）等几部原产地管理的部门规章，其中《中国—东盟原产地管理办法》还于施行同时废止2003年12月30日海关总署令第108号发布的《中华人民共和国海关关于执行〈中华人民共和国与东南亚国家联盟全面经济合作框架协议〉项下〈中国—东盟自由贸易区原产地规则〉的规定》。新制定的原产地规章既在有关原产地管理的一般性规定方面具有高度相似性，又各有其特殊之处。为便于准确掌握有关规定的内涵，现就其特殊性解析如下：

一、《中国—秘鲁原产地管理办法》中需要注意的内容

（一）关于原产资格申报义务

《中秘自贸协定》第四十二条规定，“进口商在进口时未向进口方海关报明所进货物为本协定项下的原产货物的，即使其在事后向海关提交有效的原产地证书，已缴税款或者保证金不予退还”，也即进口商在申报进口时既没有提交原产地证书、原产地声明，也没有就进口货物具备秘鲁原产资格进行补充申报的，海关应当按照进口货物适用的最惠国税率、普通税率等税率计征税款。当海关征税放行后，进口商再没有理由申请退税，即使提交有效的原产地证书或者原产地声明也无效。这一规定有利于督促相对人及时行使权利，提高海关行政效率。《中国—秘鲁原产地管理办法》第十七条第二款体现了上述规定，即“货物申报进口时，进口货物收货人或者其代理人未提交有效原产地证书正本、原产地声明，也未就该进口货物是否具备秘鲁原产资格向海关进行补充申报，海关依法按照该货物适用的最惠国税率、普通税率或者其他税率计征关税及进口环节海关代征税并放行货物后，收货人或者其代理人向海关提交有效原产地证书的，已征税款不予调整”。

（二）关于原产地证书的补发

《中秘自贸协定》第三十八条规定了两种情况可以补发原产地证书，但对于因不可抗力导致未签发而不得不进行补发的情形，《中秘自贸协定》并未就补发原产地证书的有效期作出明确规定。结合我国海关实际监管和国际上对原产地证书有效期的通行做法，《中国—秘鲁原产地管理办法》第二十五条规定，因不可抗力导致未能在出口前或者出口时签发原产地证书的，其补发的原产地证书有效期为自货物实际出口之日起1年内。

（三）关于核查方式

按照原产地管理的惯例，如果进口国海关对货物真实原产地产生疑问，通常有3种核查方式：一是通过要求进口商提供补充信息，二是通过出口国主管机构或者进口商要求出口商或者生产商提供补充信息，三是要求出口国主管机构进行核查。此次《中秘自贸协定》第四十五条规定的核查方式除上述几种外，还首次增加了“进口方主管机构派员访问出口方境内的出口商或者生产商所在地，对出口方主管机构的核查程序进行实地考察”的方式，这一方式将极大地增强海关原产地核查力度，严密监管漏洞。《中国—秘鲁原产地管理办法》第二十八条对此进行了如实转换，即海关对《中秘自贸协定》项下原产地证书的真实性，相关进口货物是否原产于秘鲁，或者是否符合本办法其他规定产生怀疑时，可以通过包括“派员访问秘鲁出口商或者生产商所在地，对秘鲁主管机构的核查程序进行实地考察”在内的4种方式进行核实。

二、《特惠原产地管理办法》中需要注意的内容

（一）关于《特惠原产地管理办法》与《中华人民共和国海关特别优惠关税待遇进口货物原产地管理办法》（海关总署令第149号公布）的关系

《特惠原产地管理办法》与《中华人民共和国海关特别优惠关税待遇进口货物原产地管理办法》均为适用于与我国建交最不发达国家进口货物的特殊原产地管理办法。由于《特惠原产地管理办法》施行当时，与有关国家的换文工作尚未完全结束，这部分未完成换文的国家仍然需要依据《中华人民共和国海关特别优惠关税待遇进口货物原产地管理办法》来享受特惠待遇，因此在海关总署另行废止《中华人民共和国海关特别优惠关税待遇进口货物原产地管理办法》之前，《特惠原产地管理办法》与《中华人民共和国海关特别优惠关税待遇进口货物原产地管理办法》均为有效的海关规章，在各自调整范围内施行。

（二）关于《特惠原产地管理办法》的原产地规则

《特惠原产地管理办法》是我国对最不发达国家的单方给惠，其原产地规则相对其他自贸协定项下的原产地规则要简单一些，主要包括：

1. 完全获得标准，即完全在受惠国获得或生产的货物。《特惠原产地管理办法》第四条列举了符合完全获得标准的10种情况，这10种情况基本包括了最不发达国家的主要出口产业。

2. 实质性改变标准。《特惠原产地管理办法》第三条第二款对实质性改变标准作了原则性规定，第五条、第六条、第七条分别对确定实质性改变的标准作了明确界定。

此外，《特惠原产地管理办法》第八条、第九条、第十条、第十一条分别对微小加工、成套货物、中性成分及包装材料在货物原产地确定中的影响作了简单规定。

三、《中国—东盟原产地管理办法》中需要注意的内容

（一）关于保证金的收取与退还

《中国—东盟自贸区原产地规则操作程序》未对保证金收取及退还作出规范。货物进口时收货人或者其代理人如果未提交原产地证书或者流动证明，则应当就该进口货物是否具备原产资格向海关进行补充申报，此时需要明确海关采取何种相应的处理措施。为统一执法、便利相对人，《中国—东盟原产地管理办法》第十四条规定，上述情形下，海关可以应收货人或者其代理人的申请收取相当于应缴税款的等值保证金后放行货物，并按照规定办理进口手续、进行海关统计。

《中国—东盟原产地管理办法》第十五条进一步规定，符合规定条件的，进口货物收货人或者其代理人可以自缴纳税款或者保证金之日起1年内，向海关申请退还已收取的等值保证金。

（二）关于流动证明

流动证明是简化中国—东盟自贸区内缔约方之间物流管理的一种贸易便利化措施，主要适用于过境货物，这一措施在我国属于新生事物。考虑到签发流动证明的前提是必须确保有关货物处于海关监管之下，根据《中国—东盟自贸区原产地规则操作程序》修正案第十二条，《中国—东盟原产地管理办法》第十九条明确规定，进口货物同时符合下列条件，可以向我国海关申请签发流动证明：

1. 该货物始终处于海关监管之下，除了装卸、搬运外，未作其他加工或者处理；

2. 申报该货物进入我国关境的收货人同时是申报该货物离开我国关境的发货人；

3. 申报该货物离开我国关境的发货人向海关提出书面签发申请。

按照上述规定，流动证明必须由我国海关签发。其具体签发办法由海关总署另行制定并公告。

（三）关于原产地核查

考虑到原产地核查对于确保中国—东盟自贸区原产地规则有效实施的重要性，《中国—东盟自贸区原产地规则操作程序》修正案对原产地核查条款作了重大调整：一是引入“核查访问”条款，丰富了核查手段；二是对于各种核查方式的核查结果反馈期限提出了更加明确的时限要求。《中国—东盟原产地管理办法》第二十条对此进行了相应规范，主要包括：

1. 海关对中国—东盟自贸区进口货物原产地证书的真实性，相关进口货物是否原产于东盟成员国，或者是否符合本办法其他规定产生怀疑的，可以按照《中华人民共和国与东南亚国家联盟全面经济合作框架协议货物贸易协议》规定向出口该货物的东盟成员国提出后续核查请求或者到该成员国进行核查访问。

2. 海关对《中华人民共和国与东南亚国家联盟全面经济合作框架协议货物贸易协议》项下进口货物所附流动证明的真实性、流动证明涵盖的进口货物是否原产于东盟成员国或者是否符合本办法其他规定产生怀疑时，可以按照《中华人民共和国与东南亚国家联盟全面经济合作框架协议货物贸易协议》规定向签发流动证明的东盟成员国和出口该货物的东盟成员国同时提出核查请求。

3. 在等待核查结果期间，依照进口货物收货人或者其代理人申请，海关可以依法选择按照该货物适用的最惠国税率、普通税率或者其他税率收取相当于应缴税款的等值保证金后放行货物，并且按照规定办理进口手续，进行海关统计。核查完毕后，海关应当根据核查结果，立即办理保证金退还手续或者保证金转为进口税款手续，海关统计数据应当作相应修改。

4. 进口货物属于国家禁止或者限制进口货物，或者存在瞒骗嫌疑的，海关在原产地证书或者流动证明核实完毕前不得放行货物。

四、《两岸原产地管理办法》中需要注意的内容

（一）关于原产地证书的提交时间

为进一步明确进口货物收货人及其代理人的申报义务和未按照规定履行申报义务的不利后果，敦促相对人及时履行法律义务，《中国一秘鲁自贸区协定》、《中国一东盟框架协议》等自贸协定明确规定，如果相对人在申报进口时既未提交原产地证书，也未申明适用协定税率，海关依法按照该货物适用的最惠国税率、普通税率或者其他税率计征关税及进口环节海关代征税并放行货物后，相对人再向海关提交有效原产地证书的，已征税款不予调整。此次大陆与台湾签署的《海峡两岸经济合作框架协议》也规定："货物进口时，进口商未按本条第一款规定向海关主动申报，且未申明该货物具备原产资格，事后提交任何原产地证书的，进口方海关不予受理。"鉴于《中华人民共和国进出口关税条例》明确规定了补充申报制度，海关总署也于2009年制发了49号公告，对补充申报的适用情形、时间要求、申报格式进行了明确规范，因此《两岸原产地管理办法》第十七条规定："海关应当依法按照该货物适用的最惠国税率、普通税率或者其他税率计征关税及进口环节海关代征税，并按照规定办理进口手续、进行海关统计。收货人或者其代理人在货物征税放行后向海关提交原产地证书的，海关不予受理，已征税款不予调整。"

（二）关于原产地证书补发

1. 原产地证书的事后签发分为申请补发和申请签发经核准的真实副本两种情形，其中申请补发一般适用于因不可抗力等原因，未能在规定时间申请签发，或者已签发的原产地证书有技术性错误的情形；如果原产地证书遗失或者损毁的，相对人则应当申请签发"经核准的真实副本"。由于《海峡两岸经济合作框架协议》未按照惯例对上述两种情形进行区分，而是将两种情形合并为补发，《两岸原产地管理办法》第二十二条也没有对具体情形进行区分。

2. 在事后签发原产地证书的情形下，补发证书和经核准的真实副本的效力规定是不同的，其中补发的证书通常自货物实际出口之日起1年内有效，而经核准的真实副本的效力则应当与被遗失或者损毁的原产地证书有效期间相同。这主要是由于补发的证书通常是自始未签发原产地证书，或者原先签发的原产地证书自始无效；而在原产地证书遗失或者损毁的情形下，由于被遗失或者损毁的原产地证书并非自始无效，经核准的真实副本的效力来源仍然是被遗失或者损毁的原产地证书，因此经核准的真实副本的有效期应当与被遗失或者损毁的原产地证书相同。

由于《海峡两岸经济合作框架协议》在有效期方面，未遵循以往惯例对两种情形进行区分，而是统一规定补发的原产地证书和经核准的真实副本均"自货物实际出口之日起12个月内有效"，因此《两岸原产地管理办法》第二十二条也未按照以往惯例进行区分，而是如实进行了转换，其具体表述为"补发的原产地证书应当注明'补发'字样，并自货物实际出口之日起12个月内有效"。

海关进出口货物报关单填报规定

中华人民共和国海关进出口货物报关单填制规范

（2008年第52号公告）

为规范进出口货物收发货人的申报行为，统一进出口货物报关单填制要求，保证报关单数据质量，根据《中华人民共和国海关法》及有关法规，制定本规范。

《中华人民共和国海关进（出）口货物报关单》在本规范中采用“报关单”、“进口报关单”、“出口报关单”的提法。

报关单各栏目的填制规范如下：

一、预录入编号

本栏目填报预录入报关单的编号，预录入编号规则由接受申报的海关决定。

二、海关编号

本栏目填报海关接受申报时给予报关单的编号，一份报关单对应一个海关编号。

报关单海关编号为18位，其中第1～4位为接受申报海关的编号（海关规定的《关区代码表》中相应海关代码），第5～8位为海关接受申报的公历年份，第9位为进出口标志（“1”为进口，“0”为出口；集中申报清单“I”为进口，“E”为出口），后9位为顺序编号。在海关H883/EDI通关系统向H2000通关系统过渡期间，后9位的编号规则同H883/EDI通关系统的要求，即1～2位为接受申报海关的编号（海关规定的《关区代码表》中相应海关代码的后2位），第3位为海关接受申报公历年份4位数字的最后1位，后6位为顺序编号。

三、进口口岸/出口口岸

本栏目应根据货物实际进出境的口岸海关，填报海关规定的《关区代码表》中相应口岸海关的名称及代码。特殊情况填报要求如下：

进口转关运输货物应填报货物进境地海关名称及代码，出口转关运输货物应填报货物出境地海关名称及代码。按转关运输方式监管的跨关区深加工结转货物，出口报关单填报转出地海关名称及代码，进口报关单填报转入地海关名称及代码。

在不同海关特殊监管区域或保税监管场所之间调拨、转让的货物，填报对方特殊监管区域或保税监管场所所在的海关名称及代码。

其他无实际进出境的货物，填报接受申报的海关名称及代码。

四、备案号

本栏目填报进出口货物收发货人在海关办理加工贸易合同备案或征、减、免税备案审批等手续时，海关核发的《中华人民共和国海关加工贸易手册》、电子账册及其分册（以下统称《加工贸易手册》）、《进出口货物征免税证明》（以下简称《征免税证明》）或其他备案审批文件的编号。

一份报关单只允许填报一个备案号。具体填报要求如下：

（一）加工贸易项下货物，除少量低值辅料按规定不使用《加工贸易手册》及以后续补税监管方式办理内销征税的外，填报《加工贸易手册》编号。

使用异地直接报关分册和异地深加工结转出口分册在异地口岸报关的，本栏目应填报分册号；本地直接报关分册和本地深加工结转分册限制在本地报关，本栏目应填报总册号。

加工贸易成品凭《征免税证明》转为减免税进口货物的，进口报关单填报《征免税证明》编号，出口报关单填报《加工贸易手册》编号。

对加工贸易设备之间的结转，转入和转出企业分别填制进、出口报关单，在报关单“备案号”栏目填报《加工贸易手册》编号。

（二）涉及征、减、免税备案审批的报关单，填报《征免税证明》编号。

（三）涉及优惠贸易协定项下实行原产地证书联网管理（香港CEPA、澳门CEPA，下同）的报关单，填报原产地证书代码“Y”和原产地证书编号。

（四）减免税货物退运出口，填报《减免税进口货物同意退运证明》的编号；减免税货物补税进口，填报《减免税货物补税通知书》的编号；减免税货物结转进口（转入），填报《征免税证明》的编号；相应的结转出口（转出），填报《减免税进口货物结转联系函》的编号。

（五）涉及构成整车特征的汽车零部件的报关单，填报备案的Q账册编号。

五、合同协议号

本栏目填报进出口货物合同（包括协议或订单）编号。

六、进口日期/出口日期

进口日期填报运载进口货物的运输工具申报进境的日期。

出口日期指运载出口货物的运输工具办结出境手续的日期，本栏目供海关签发打印报关单证明联用，在申报时免予填报。

无实际进出境的报关单填报海关接受申报的日期。

本栏目为8位数字，顺序为年（4位）、月（2位）、日（2位）。

七、申报日期

申报日期指海关接受进出口货物收发货人、受委托的报关企业申报数据的日期。以电子数据报关单方式申报的，申报日期为海关计算机系统接受申报数据时记录的日期。以纸质报关单方式申报的，申报日期为海关接受纸质报关单并对报关单进行登记处理的日期。

申报日期为8位数字，顺序为年（4位）、月（2位）、日（2位）。本栏目在申报时免予填报。

八、经营单位

本栏目填报在海关注册登记的对外签订并执行进出口贸易合同的中国境内法人、其他组织或个人的名称及海关注册编码。

特殊情况下填制要求如下：

（一）进出口货物合同的签订者和执行者非同一企业的，填报执行合同的企业。

（二）外商投资企业委托进出口企业进口投资设备、物品的，填报外商投资企业，并在标记唛码及备注栏注明“委托某进出口企业进口”。

（三）有代理报关资格的报关企业代理其他进出口企业办理进出口报关手续时，填报委托的进出口企业的名称及海关注册编码。

九、收货单位/发货单位

（一）收货单位填报已知的进口货物在境内的最终消费、使用单位的名称，包括：

1. 自行从境外进口货物的单位。

2. 委托进出口企业进口货物的单位。

（二）发货单位填报出口货物在境内的生产或销售单位的名称，包括：

1. 自行出口货物的单位。

2. 委托进出口企业出口货物的单位。

（三）有海关注册编码或加工企业编码的收、发货单位，本栏目应填报其中文名称及编码；没有编码的应填报其中文名称。使用《加工贸易手册》管理的货物，报关单的收、发货单位应与《加工贸易手册》的“经营企业”或“加工企业”一致；减免税货物报关单的收、发货单位应与《征免税证明》的“申请单位”一致。

十、申报单位

自理报关的，本栏目填报进出口企业的名称及海关注册编码；委托代理报关的，本栏目填报经海关批准的报关企业名称及海关注册编码。

本栏目还包括报关单左下方用于填报申报单位有关情况的相关栏目，包括报关员、报关单位地址、邮政编码和电话号码等栏目。

十一、运输方式

运输方式包括实际运输方式和海关规定的特殊运输方式，前者指货物实际进出境的运输方式，按进出境所使用的运输工具分类；后者指货物无实际进出境的运输方式，按货物在境内的流向分类。

本栏目应根据货物实际进出境的运输方式或货物在境内流向的类别，按照海关规定的《运输方式代码表》选择填报相应的运输方式。

（一）特殊情况填报要求如下：

1. 非邮件方式进出境的快递货物，按实际运输方式填报；

2. 进出境旅客随身携带的货物，按旅客所乘运输工具填报；

3. 进口转关运输货物，按载运货物抵达进境地的运输工具填报；出口转关运输货物，按载运货物驶离出境地的运输工具填报；

4. 不复运出（入）境而留在境内（外）销售的进出境展览品、留赠转卖物品等，填报“其他运输”（代码9）；

（二）无实际进出境货物在境内流转时填报要求如下：

1. 境内非保税区运入保税区货物和保税区退区货物，填报“非保税区”（代码0）；

2. 保税区运往境内非保税区货物，填报“保税区”（代码7）；

3. 境内存入出口监管仓库和出口监管仓库退仓货物，填报“监管仓库”（代码1）；

4. 保税仓库转内销货物，填报“保税仓库”（代码8）；

5. 从境内保税物流中心外运入中心或从中心运往境内中心外的货物，填报“物流中心”（代码W）；

6. 从境内保税物流园区外运入园区或从园区运往境内园区外的货物，填报“物流园区”（代码X）；

7. 从境内保税港区外运入港区（不含直通）或从港区运往境内港区外（不含直通）的货物，填报“保税港区”（代码Y），综合保税区比照保税港区填报；

8. 从境内出口加工区、珠澳跨境工业区珠海园区（以下简称珠海园区）外运入加工区、珠海园区或从加工区、珠海园区运往境内区外的货物，区外企业填报“出口加工区”（代码Z），区内企业填报“其他运输”（代码9）；

9. 境内运入深港西部通道港方口岸区的货物，填报

"边境特殊海关作业区"（代码 H）；

10. 其他境内流转货物，填报"其他运输"（代码 9），包括特殊监管区域内货物之间的流转、调拨货物，特殊监管区域、保税监管场所之间相互流转货物，特殊监管区域外的加工贸易余料结转、深加工结转、内销等货物。

十二、运输工具名称

本栏目填报载运货物进出境的运输工具名称或编号。填报内容应与运输部门向海关申报的舱单（载货清单）所列相应内容一致。具体填报要求如下：

（一）直接在进出境地或采用"属地申报，口岸验放"通关模式办理报关手续的报关单填报要求如下：

1. 水路运输：填报船舶编号（来往港澳小型船舶为监管簿编号）或者船舶英文名称。

2. 公路运输：填报该跨境运输车辆的国内行驶车牌号，深圳提前报关模式的报关单填报国内行驶车牌号 + "/" + "提前报关"。

3. 铁路运输：填报车厢编号或交接单号。

4. 航空运输：填报航班号。

5. 邮件运输：填报邮政包裹单号。

6. 其他运输：填报具体运输方式名称，例如：管道、驮畜等。

（二）转关运输货物的报关单填报要求如下：

1. 进口

（1）水路运输：直转、提前报关填报"@" +16 位转关申报单预录入号（或 13 位载货清单号）；中转填报进境英文船名。

（2）铁路运输：直转、提前报关填报"@" +16 位转关申报单预录入号；中转填报车厢编号。

（3）航空运输：直转、提前报关填报"@" +16 位转关申报单预录入号（或 13 位载货清单号）；中转填报"@"。

（4）公路及其他运输：填报"@" +16 位转关申报单预录入号（或 13 位载货清单号）。

（5）以上各种运输方式使用广东地区载货清单转关的提前报关货物填报"@" +13 位载货清单号。

2. 出口

（1）水路运输：非中转填报"@" +16 位转关申报单预录入号（或 13 位载货清单号）。如多张报关单需要通过一张转关单转关的，运输工具名称字段填报"@"。

中转货物，境内水路运输填报驳船船名；境内铁路运输填报车名（主管海关 4 位关别代码 + "TRAIN"）；境内公路运输填报车名（主管海关 4 位关别代码 + "TRUCK"）。

（2）铁路运输：填报"@" +16 位转关申报单预录入号（或 13 位载货清单号），如多张报关单需要通过一张转关单转关的，填报"@"。

（3）航空运输：填报"@" +16 位转关申报单预录入号（或 13 位载货清单号），如多张报关单需要通过一张转关单转关的，填报"@"。

（4）其他运输方式：填报"@" +16 位转关申报单预录入号（或 13 位载货清单号）。

（三）采用"集中申报"通关方式办理报关手续的，报关单本栏目填报"集中申报"。

（四）无实际进出境的报关单，本栏目免予填报。

十三、航次号

本栏目填报载运货物进出境的运输工具的航次编号。

具体填报要求如下：

（一）直接在进出境地或采用"属地申报，口岸验放"通关模式办理报关手续的报关单

1. 水路运输：填报船舶的航次号。

2. 公路运输：填报运输车辆的 8 位进出境日期［顺序为年（4 位）、月（2 位）、日（2 位），下同］。

3. 铁路运输：填报列车的进出境日期。

4. 航空运输：免予填报。

5. 邮件运输：填报运输工具的进出境日期。

6. 其他运输方式：免予填报。

（二）转关运输货物的报关单

1. 进口

（1）水路运输：中转转关方式填报"@" + 进境干线船舶航次。直转、提前报关免予填报。

（2）公路运输：免予填报。

（3）铁路运输："@" +8 位进境日期。

（4）航空运输：免予填报。

（5）其他运输方式：免予填报。

2. 出口

（1）水路运输：非中转货物免予填报。中转货物：境内水路运输填报驳船航次号；境内铁路、公路运输填报 6 位起运日期［顺序为年（2 位）、月（2 位）、日（2 位）］。

（2）铁路拼车拼箱捆绑出口：免予填报。

（3）航空运输：免予填报。

（4）其他运输方式：免予填报。

（三）无实际进出境的报关单，本栏目免予填报。

十四、提运单号

本栏目填报进出口货物提单或运单的编号。

一份报关单只允许填报一个提单或运单号，一票货物对应多个提单或运单时，应分单填报。

具体填报要求如下：

（一）直接在进出境地或采用"属地申报，口岸验放"通关模式办理报关手续的

1. 水路运输：填报进出口提单号。如有分提单的，填报进出口提单号 + "*" + 分提单号。

2. 公路运输：免予填报。

3. 铁路运输：填报运单号。

4. 航空运输：填报总运单号 + "_" + 分运单号，无分运单的填报总运单号。

5. 邮件运输：填报邮运包裹单号。

（二）转关运输货物的报关单

1. 进口

（1）水路运输：直转、中转填报提单号。提前报关免予填报。

（2）铁路运输：直转、中转填报铁路运单号。提前报关免予填报。

（3）航空运输：直转、中转货物填报总运单号＋“_”＋分运单号。提前报关免予填报。

（4）其他运输方式：免予填报。

（5）以上运输方式进境货物，在广东省内用公路运输转关的，填报车牌号。

2. 出口

（1）水路运输：中转货物填报提单号；非中转货物免予填报；广东省内汽车运输提前报关的转关货物，填报承运车辆的车牌号。

（2）其他运输方式：免予填报。广东省内汽车运输提前报关的转关货物，填报承运车辆的车牌号。

（三）采用“集中申报”通关方式办理报关手续的，报关单填报归并的集中申报清单的进出口起止日期［按年（4位）月（2位）日（2位）年（4位）月（2位）日（2位）］。

（四）无实际进出境的，本栏目免予填报。

十五、贸易方式（监管方式）

本栏目应根据实际对外贸易情况按海关规定的《监管方式代码表》选择填报相应的监管方式简称及代码。一份报关单只允许填报一种监管方式。

特殊情况下加工贸易货物监管方式填报要求如下：

（一）进口少量低值辅料（即5000美元以下，78种以内的低值辅料）按规定不使用《加工贸易手册》的，填报“低值辅料”。使用《加工贸易手册》的，按《加工贸易手册》上的监管方式填报。

（二）外商投资企业为加工内销产品而进口的料件，属非保税加工的，填报“一般贸易”。

外商投资企业全部使用国内料件加工的出口成品，填报“一般贸易”。

（三）加工贸易料件结转或深加工结转货物，按批准的监管方式填报。

（四）加工贸易料件转内销货物以及按料件办理进口手续的转内销制成品、残次品、半成品，应填制进口报关单，填报“来料料件内销”或“进料料件内销”；加工贸易成品凭《征免税证明》转为减免税进口货物的，应分别填制进、出口报关单，出口报关单本栏目填报“来料成品减免”或“进料成品减免”，进口报关单本栏目按照实际监管方式填报。

（五）加工贸易出口成品因故退运进口及复运出口的，填报“来料成品退换”或“进料成品退换”；加工贸易进口料件因换料退运出口及复运进口的，填报“来料料件退换”或“进料料件退换”；加工贸易过程中产生的剩余料件、边角料退运出口，以及进口料件因品质、规格等原因退运出口且不再更换同类货物进口的，分别填报“来料料件复出”、“来料边角料复出”、“进料料件复出”、“进料边角料复出”。

（六）备料《加工贸易手册》中的料件结转转入加工出口《加工贸易手册》的，填报“来料加工”或“进料加工”。

（七）保税工厂加工贸易进出口货物，根据《加工贸易手册》填报“来料加工”或“进料加工”。

（八）加工贸易边角料内销和副产品内销，应填制进口报关单，填报“来料边角料内销”或“进料边角料内销”。

（九）加工贸易进口料件不再用于加工成品出口，或生产的半成品（折料）、成品因故不再出口，主动放弃交由海关处理时，应填制进口报关单，填报“料件放弃”或“成品放弃”。

十六、征免性质

本栏目应根据实际情况按海关规定的《征免性质代码表》选择填报相应的征免性质简称及代码，持有海关核发的《征免税证明》的，应按照《征免税证明》中批注的征免性质填报。一份报关单只允许填报一种征免性质。

加工贸易货物报关单应按照海关核发的《加工贸易手册》中批注的征免性质简称及代码填报。特殊情况填报要求如下：

（一）保税工厂经营的加工贸易，根据《加工贸易手册》填报“进料加工”或“来料加工”。

（二）外商投资企业为加工内销产品而进口的料件，属非保税加工的，填报“一般征税”或其他相应征免性质。

（三）加工贸易转内销货物，按实际情况填报（如一般征税、科教用品、其他法定等）。

（四）料件退运出口、成品退运进口货物填报“其他法定”（代码0299）。

（五）加工贸易结转货物，本栏目免予填报。

十七、征税比例/结汇方式

进口报关单本栏目免予填报。

出口报关单填报结汇方式，按海关规定的《结汇方式代码表》选择填报相应的结汇方式名称或代码。

十八、许可证号

本栏目填报以下许可证的编号：进（出）口许可证、两用物项和技术进（出）口许可证、两用物项和技术出口许可证（定向）、纺织品临时出口许可证、出口许可证（加工贸易）、出口许可证（边境小额贸易）。

一份报关单只允许填报一个许可证号。

十九、起运国（地区）/运抵国（地区）

起运国（地区）填报进口货物起始发出直接运抵我国或者在运输中转国（地）未发生任何商业性交易的情况下运抵我国的国家（地区）。

运抵国（地区）填报出口货物离开我国关境直接运抵或者在运输中转国（地区）未发生任何商业性交易的情况下最后运抵的国家（地区）。

不经过第三国（地区）转运的直接运输进出口货物，以进口货物的装货港所在国（地区）为起运国（地区），以出口货物的指运港所在国（地区）为运抵国（地区）。

经过第三国（地区）转运的进出口货物，如在中转国（地区）发生商业性交易，则以中转国（地区）作为起运/运抵国（地区）。

本栏目应按海关规定的《国别（地区）代码表》选择填报相应的起运国（地区）或运抵国（地区）中文名称及代码。

无实际进出境的，填报“中国”（代码142）。

二十、装货港/指运港

装货港填报进口货物在运抵我国关境前的最后一个境外装运港。

指运港填报出口货物运往境外的最终目的港；最终目的港不可预知的，按尽可能预知的目的港填报。

本栏目应根据实际情况按海关规定的《港口航线代码表》选择填报相应的港口中文名称及代码。装货港/指运港在《港口航线代码表》中无港口中文名称及代码的，可选择填报相应的国家中文名称或代码。

无实际进出境的，本栏目填报“中国境内”（代码142）。

二十一、境内目的地/境内货源地

境内目的地填报已知的进口货物在国内的消费、使用地或最终运抵地，其中最终运抵地为最终使用单位所在的地区。最终使用单位难以确定的，填报货物进口时预知的最终收货单位所在地。

境内货源地填报出口货物在国内的产地或原始发货地。出口货物产地难以确定的，填报最早发运该出口货物的单位所在地。

本栏目按海关规定的《国内地区代码表》选择填报相应的国内地区名称及代码。

二十二、批准文号

进口报关单中本栏目免予填报。

出口报关单中本栏目填报出口收汇核销单编号。

二十三、成交方式

本栏目应根据进出口货物实际成交价格条款，按海关规定的《成交方式代码表》选择填报相应的成交方式代码。

无实际进出境的报关单，进口填报CIF，出口填报FOB。

二十四、运费

本栏目填报进口货物运抵我国境内输入地点起卸前的运输费用，出口货物运至我国境内输出地点装载后的运输费用。进口货物成交价格包含前述运输费用或者出口货物成交价格不包含前述运输费用的，本栏目免于填报。

运费可按运费单价、总价或运费率三种方式之一填报，注明运费标记（运费标记“1”表示运费率，“2”表示每吨货物的运费单价，“3”表示运费总价），并按海关规定的《货币代码表》选择填报相应的币种代码。

运保费合并计算的，填报在本栏目。

二十五、保费

本栏目填报进口货物运抵我国境内输入地点起卸前的保险费用，出口货物运至我国境内输出地点装载后的保险费用。进口货物成交价格包含前述保险费用或者出口货物成交价格不包含前述保险费用的，本栏目免于填报。

保费可按保险费总价或保险费率两种方式之一填报，注明保险费标记（保险费标记“1”表示保险费率，“3”表示保险费总价），并按海关规定的《货币代码表》选择填报相应的币种代码。

运保费合并计算的，本栏目免予填报。

二十六、杂费

本栏目填报成交价格以外的、按照《中华人民共和国进出口关税条例》相关规定应计入完税价格或应从完税价格中扣除的费用。可按杂费总价或杂费率两种方式之一填报，注明杂费标记（杂费标记“1”表示杂费率，“3”表示杂费总价），并按海关规定的《货币代码表》选择填报相应的币种代码。

应计入完税价格的杂费填报为正值或正率，应从完税价格中扣除的杂费填报为负值或负率。

二十七、件数

本栏目填报有外包装的进出口货物的实际件数。特殊情况填报要求如下：

（一）舱单件数为集装箱的，填报集装箱个数。

（二）舱单件数为托盘的，填报托盘数。

本栏目不得填报为零，裸装货物填报为“1”。

二十八、包装种类

本栏目应根据进出口货物的实际外包装种类，按海关规定的《包装种类代码表》选择填报相应的包装种类代码。

二十九、毛重（千克）

本栏目填报进出口货物及其包装材料的重量之和，计量单位为千克，不足一千克的填报为“1”。

三十、净重（千克）

本栏目填报进出口货物的毛重减去外包装材料后的重量，即货物本身的实际重量，计量单位为千克，不足一千克的填报为“1”。

三十一、集装箱号

本栏目填报装载进出口货物（包括拼箱货物）集装箱的箱体信息。一个集装箱填一条记录，分别填报集装箱号（在集装箱箱体上标示的全球唯一编号）、集装箱的规格和集装箱的自重。非集装箱货物填报为“0”。

三十二、随附单证

本栏目根据海关规定的《监管证件代码表》选择填报除本规范第十八条规定的许可证件以外的其他进出口许可证件或监管证件代码及编号。

本栏目分为随附单证代码和随附单证编号两栏，其中代码栏应按海关规定的《监管证件代码表》选择填报相应证件代码；编号栏应填报证件编号。

（一）加工贸易内销征税报关单，随附单证代码栏填写“c”，随附单证编号栏填写海关审核通过的内销征税联系单号。

（二）含预归类商品报关单，随附单证代码项下填写“r”，随附单证编号项下填写××关预归类书××号。

（三）优惠贸易协定项下进出口货物

“Y”为原产地证书代码。优惠贸易协定代码选择“01”、“02”、“03”、“04”、“05”、“06”、“07”、“08”、“09”填报：

“01”为“亚太贸易协定”项下的进口货物；

“02”为“中国—东盟自贸区”项下的进口货物；

“03”为“内地与香港紧密经贸关系安排”（香港CEPA）项下的进口货物；

“04”为“内地与澳门紧密经贸关系安排”（澳门CEPA）项下的进口货物；

“05”为“对非洲特惠待遇”项下的进口货物；

“06”为“台湾农产品零关税措施”项下的进口货物；

“07”为“中巴自贸区”项下的进口货物；

“08”为“中智自贸区”项下的进口货物；

“09”为“对也门等国特惠待遇”项下的进口货物。

具体填报要求如下：

1. 实行原产地证书联网管理的，随附单证代码栏填写“Y”，随附单证编号栏的“〈〉”内填写优惠贸易协定代码。例如香港 CEPA 项下进口商品，应填报为：“Y”和“〈03〉”。一票进口货物中如涉及多份原产地证书或含有非原产地证书商品，应分单填报。

2. 未实行原产地证书联网管理的，随附单证代码栏填写“Y”，随附单证编号栏“〈〉”内填写优惠贸易协定代码+“：”+需证商品序号。例如《亚太贸易协定》项下进口报关单中第1到第3项和第5项为优惠贸易协定项下商品，应填报为：“〈01：1-3，5〉”。

优惠贸易协定项下出口货物，本栏目填报原产地证书代码和编号。

三十三、用途/生产厂家

进口货物本栏目填报用途，应根据进口货物的实际用途按海关规定的《用途代码表》选择填报相应的用途代码。

出口货物本栏目填报其境内生产企业。

三十四、标记唛码及备注

本栏目填报要求如下：

（一）标记唛码中除图形以外的文字、数字。

（二）受外商投资企业委托代理其进口投资设备、物品的进出口企业名称。

（三）与本报关单有关联关系的，同时在业务管理规范方面又要求填报的备案号，填报在电子数据报关单中“关联备案”栏。

加工贸易结转货物及凭《征免税证明》转内销货物，其对应的备案号应填报在“关联备案”栏。

减免税货物结转进口（转入），报关单“关联备案”栏应填写本次减免税货物结转所申请的《减免税进口货物结转联系函》的编号。

减免税货物结转出口（转出），报关单“关联备案”栏应填写与其相对应的进口（转入）报关单“备案号”栏中《征免税证明》的编号。

（四）与本报关单有关联关系的，同时在业务管理规范方面又要求填报的报关单号，填报在电子数据报关单中“关联报关单”栏。

加工贸易结转类的报关单，应先办理进口报关，并将进口报关单号填入出口报关单的“关联报关单”栏。

办理进口货物直接退运手续的，除另有规定外，应当先填写出口报关单，再填写进口报关单，并将出口报关单号填入进口报关单的“关联报关单”栏。

减免税货物结转出口（转出），应先办理进口报关，并将进口（转入）报关单号填入出口（转出）报关单的“关联报关单”栏。

（五）办理进口货物直接退运手续的，本栏目填报《准予直接退运决定书》或者《责令直接退运通知书》编号。

（六）申报时其他必须说明的事项填报在本栏目。

三十五、项号

本栏目分两行填报及打印。第一行填报报关单中的商品顺序编号；第二行专用于加工贸易、减免税等已备案、审批的货物，填报和打印该项货物在《加工贸易手册》或《征免税证明》等备案、审批单证中的顺序编号。

优惠贸易协定项下实行原产地证书联网管理的报关单，第一行填报报关单中的商品顺序编号，第二行填报该项商品对应的原产地证书上的商品项号。

加工贸易项下进出口货物的报关单，第一行填报报关单中的商品顺序编号，第二行填报该项商品在《加工贸易手册》中的商品项号，用于核销对应项号下的料件或成品数量。其中第二行特殊情况填报要求如下：

（一）深加工结转货物，分别按照《加工贸易手册》中的进口料件项号和出口成品项号填报。

（二）料件结转货物（包括料件、制成品和半成品折料），出口报关单按照转出《加工贸易手册》中进口料件的项号填报；进口报关单按照转进《加工贸易手册》中进口料件的项号填报。

（三）料件复出货物（包括料件、边角料、来料加工半成品折料），出口报关单按照《加工贸易手册》中进口料件的项号填报；如边角料对应一个以上料件项号时，填报主要料件项号。料件退换货物（包括料件、不包括半成品），进出口报关单按照《加工贸易手册》中进口料件的项号填报。

（四）成品退换货物，退运进境报关单和复运出境报关单按照《加工贸易手册》原出口成品的项号填报。

（五）加工贸易料件转内销货物（以及按料件办理进口手续的转内销制成品、半成品、残次品）应填制进口报关单，填报《加工贸易手册》进口料件的项号；加工贸易边角料、副产品内销，填报《加工贸易手册》中对应的进口料件项号。如边角料或副产品对应一个以上料件项号时，填报主要料件项号。

（六）加工贸易成品凭《征免税证明》转为减免税货物进口的，应先办理进口报关手续。进口报关单填报《征免税证明》中的项号，出口报关单填报《加工贸易手册》原出口成品项号，进、出口报关单货物数量应一致。

（七）加工贸易料件放弃或成品放弃，本栏目应填报《加工贸易手册》中的进口料件或出口成品项号。半成品放弃的应按单耗折回料件，以料件放弃申报，本栏目填报《加工贸易手册》中对应的进口料件项号。

（八）加工贸易副产品退运出口、结转出口或放弃，本栏目应填报《加工贸易手册》中新增的变更副产品的出口项号。

（九）经海关批准实行加工贸易联网监管的企业，按海关联网监管要求，企业需申报报关清单的，应在向海关申报进出口（包括形式进出口）报关单前，向海关申报“清单”。一份报关清单对应一份报关单，报关单上的商品由报关清单归并而得。加工贸易电子账册报关单中项号、品名、规格等栏目的填制规范比照《加工贸易手册》。

三十六、商品编号

本栏目应填报由《中华人民共和国进出口税则》确定的进出口货物的税则号列和《中华人民共和国海关统计商品目录》确定的商品编码，以及符合海关监管要求的附加编号组成的10位商品编号。

三十七、商品名称、规格型号

本栏目分两行填报及打印。第一行填报进出口货物规范的中文商品名称，第二行填报规格型号。

具体填报要求如下：

（一）商品名称及规格型号应据实填报，并与进出口货物收发货人或受委托的报关企业所提交的合同、发票等相关单证相符。

（二）商品名称应当规范，规格型号应当足够详细，以能满足海关归类、审价及许可证件管理要求为准，可参照《中华人民共和国海关进出口商品规范申报目录》中对商品名称、规格型号的要求进行填报。

（三）加工贸易等已备案的货物，填报的内容必须与备案登记中同项号下货物的商品名称一致。

（四）对需要海关签发《货物进口证明书》的车辆，商品名称栏应填报“车辆品牌＋排气量（注明cc）＋车型（如越野车、小轿车等）”。进口汽车底盘不填报排气量。车辆品牌应按照《进口机动车辆制造厂名称和车辆品牌中英文对照表》中“签注名称”一栏的要求填报。规格型号栏可填报“汽油型”等。

（五）由同一运输工具同时运抵同一口岸并且属于同一收货人、使用同一提单的多种进口货物，按照商品归类规则应当归入同一商品编号的，应当将有关商品一并归入该商品编号。商品名称填报一并归类后的商品名称；规格型号填报一并归类后商品的规格型号。

（六）加工贸易边角料和副产品内销，边角料复出口，本栏目填报其报验状态的名称和规格型号。

（七）进口货物收货人以一般贸易方式申报进口属于《需要详细列名申报的汽车零部件清单》（海关总署2006年第64号公告）范围内的汽车生产件的，应按以下要求填报：

1. 商品名称填报进口汽车零部件的详细中文商品名称和品牌，中文商品名称与品牌之间用“/”相隔，必要时加注英文商业名称；进口的成套散件或者毛坯件应在品牌后加注“成套散件”、“毛坯”等字样，并与品牌之间用“/”相隔。

2. 规格型号填报汽车零部件的完整编号。在零部件编号前应当加注“S”字样，并与零部件编号之间用“/”相隔，零部件编号之后应当依次加注该零部件适用的汽车品牌和车型。

汽车零部件属于可以适用于多种汽车车型的通用零部件的，零部件编号后应当加注“TY”字样，并用“/”与零部件编号相隔。

与进口汽车零部件规格型号相关的其他需要申报的要素，或者海关规定的其他需要申报的要素，如“功率”、“排气量”等，应当在车型或“TY”之后填报，并用“/”与之相隔。

汽车零部件报验状态是成套散件的，应当在“标记唛码及备注”栏内填报该成套散件装配后的最终完整品的零部件编号。

（八）进口货物收货人以一般贸易方式申报进口属于《需要详细列名申报的汽车零部件清单》（海关总署2006年第64号公告）范围内的汽车维修件的，填报规格型号时，应当在零部件编号前加注“W”，并与零部件编号之间用“/”相隔；进口维修件的品牌与该零部件适用的整车厂牌不一致的，应当在零部件编号前加注“WF”，并与零部件编号之间用“/”相隔。其余申报要求同上条执行。

三十八、数量及单位

本栏目分三行填报及打印。

（一）第一行应按进出口货物的法定第一计量单位填报数量及单位，法定计量单位以《中华人民共和国海关统计商品目录》中的计量单位为准。

（二）凡列明有法定第二计量单位的，应在第二行按照法定第二计量单位填报数量及单位。无法定第二计量单位的，本栏目第二行为空。

（三）成交计量单位及数量应填报并打印在第三行。

（四）法定计量单位为“千克”的数量填报，特殊情况下填报要求如下：

1. 装入可重复使用的包装容器的货物，应按货物扣除包装容器后的重量填报，如罐装同位素、罐装氧气及类似品等。

2. 使用不可分割包装材料和包装容器的货物，按货物的净重填报（即包括内层直接包装的净重重量），如采用供零售包装的罐头、化妆品、药品及类似品等。

3. 按照商业惯例以公量重计价的商品，应按公量重填报，如未脱脂羊毛、羊毛条等。

4. 采用以毛重作为净重计价的货物，可按毛重填报，如粮食、饲料等大宗散装货物。

5. 采用零售包装的酒类、饮料，按照液体部分的重量填报。

（五）成套设备、减免税货物如需分批进口，货物实际进口时，应按照实际报验状态确定数量。

（六）根据《商品名称及编码协调制度》归类规则，零部件按整机或成品归类的，法定计量单位是非重量的，其对应的法定数量填报“0.1”。

（七）具有完整品或制成品基本特征的不完整品、未制成品，根据《商品名称及编码协调制度》归类规则应按完整品归类的，按照构成完整品的实际数量填报。

（八）加工贸易等已备案的货物，成交计量单位必须与《加工贸易手册》中同项号下货物的计量单位一致，加工贸易边角料和副产品内销、边角料复出口，本栏目填报其报验状态的计量单位。

（九）优惠贸易协定项下进出口商品的成交计量单位必须与原产地证书上对应商品的计量单位一致。

（十）法定计量单位为立方米的气体货物，应折算成标准状况（即摄氏零度及1个标准大气压）下的体积进行填报。

三十九、原产国（地区）/最终目的国（地区）

原产国（地区）应依据《中华人民共和国进出口货物原产地条例》、《中华人民共和国海关关于执行〈非优惠原产地规则中实质性改变标准〉的规定》以及海关总署关于各项优惠贸易协定原产地管理规章规定的原产地确定标准填报。同一批进口货物的原产地不同的，应分别填报原产国（地区）。进口货物原产国（地区）无法确定的，填报“国别不详”（代码701）。

最终目的国（地区）填报已知的出口货物的最终实际消费、使用或进一步加工制造国家（地区）。不经过第三国（地区）转运的直接运输货物，以运抵国（地区）为最终目的国（地区）；经过第三国（地区）转运的货物，以最后运往国（地区）为最终目的国（地区）。同一批出口货物的最终目的国（地区）不同的，应分别填报最终目的国（地区）。出口货物不能确定最终目的国（地区）时，以尽可能预知的最后运往国（地区）为最终目的国（地区）。

本栏目应按海关规定的《国别（地区）代码表》选择填报相应的国家（地区）名称及代码。

四十、单价

本栏目填报同一项号下进出口货物实际成交的商品单位价格。无实际成交价格的，本栏目填报单位货值。

四十一、总价

本栏目填报同一项号下进出口货物实际成交的商品总价格。无实际成交价格的，本栏目填报货值。

四十二、币制

本栏目应按海关规定的《货币代码表》选择相应的货币名称及代码填报，如《货币代码表》中无实际成交币种，需将实际成交货币按申报日外汇折算率折算成《货币代码表》列明的货币填报。

四十三、征免

本栏目应按照海关核发的《征免税证明》或有关政策规定，对报关单所列每项商品选择海关规定的《征减免税方式代码表》中相应的征减免税方式填报。

加工贸易货物报关单应根据《加工贸易手册》中备案的征免规定填报；《加工贸易手册》中备案的征免规定为“保金”或“保函”的，应填报“全免”。

四十四、税费征收情况

本栏目供海关批注进（出）口货物税费征收及减免情况。

四十五、录入员

本栏目用于记录预录入操作人员的姓名。

四十六、录入单位

本栏目用于记录预录入单位名称。

四十七、填制日期

本栏目填报申报单位填制报关单的日期。本栏目为8位数字，顺序为年（4位）、月（2位）、日（2位）。

四十八、海关审单批注及放行日期（签章）

本栏目供海关作业时签注。

本规范所述尖括号（〈〉）、逗号（,）、连接符（-）、冒号（:）等标点符号及数字，填报时都必须使用非中文状态下的半角字符。

相关用语的含义：

报关单录入凭单：指申报单位按报关单的格式填写的凭单，用做报关单预录入的依据。该凭单的编号规则由申报单位自行决定。

预录入报关单：指预录入单位按照申报单位填写的报关单凭单录入、打印由申报单位向海关申报，海关尚未接受申报的报关单。

报关单证明联：指海关在核实货物实际进出境后按报关单格式提供的，用做进出口货物收发货人向国税、外汇管理部门办理退税和外汇核销手续的证明文件。

海关通关系统常用代码表及说明

监管方式代码表及说明

监管方式代码表

监管方式代码	监管方式简称	监管方式全称
0110	一般贸易	一般贸易
0130	易货贸易	易货贸易
0139	旅游购物商品	用于旅游者 5 万美元以下的出口小批量订货
0200	料件放弃	主动放弃交由海关处理的来料或进料加工料件
0214	来料加工	来料加工装配贸易进口料件及加工出口货物
0245	来料料件内销	来料加工料件转内销
0255	来料深加工	来料深加工结转货物
0258	来料余料结转	来料加工余料结转
0265	来料料件复出	来料加工复运出境的原进口料件
0300	来料料件退换	来料加工料件退换
0314	加工专用油	国营贸易企业代理来料加工企业进口柴油
0320	不作价设备	加工贸易外商提供的不作价进口设备
0345	来料成品减免	来料加工成品凭征免税证明转减免税
0400	成品放弃	主动放弃交由海关处理的来料及进料加工成品
0420	加工贸易设备	加工贸易项下外商提供的进口设备
0444	保区进料成品	按成品征税的保税区进料加工成品转内销货物
0445	保区来料成品	按成品征税的保税区来料加工成品转内销货物
0446	加工设备内销	加工贸易免税进口设备转内销
0456	加工设备结转	加工贸易免税进口设备结转
0466	加工设备退运	加工贸易免税进口设备退运出境
0500	减免设备结转	用于监管年限内减免税设备的结转
0513	补偿贸易	补偿贸易
0544	保区进料料件	按料件征税的保税区进料加工成品转内销货物
0545	保区来料料件	按料件征税的保税区来料加工成品转内销货物
0615	进料对口	进料加工（对口合同）
0642	进料以产顶进	进料加工成品以产顶进

监管方式代码	监管方式简称	监管方式全称
0644	进料料件内销	进料加工料件转内销
0654	进料深加工	进料深加工结转货物
0657	进料余料结转	进料加工余料结转
0664	进料料件复出	进料加工复运出境的原进口料件
0700	进料料件退换	进料加工料件退换
0715	进料非对口	进料加工（非对口合同）
0744	进料成品减免	进料加工成品凭征免税证明转减免税
0815	低值辅料	低值辅料
0844	进料边角料内销	进料加工项下边角料转内销
0845	来料边角料内销	来料加工项下边角料内销
0864	进料边角料复出	进料加工项下边角料复出口
0865	来料边角料复出	来料加工项下边角料复出口
1139	国轮油物料	中国籍运输工具境内添加的保税油料、物料
1200	保税间货物	海关保税场所及保税区域之间往来的货物
1215	保税工厂	保税工厂
1233	保税仓库货物	保税仓库进出境货物
1234	保税区仓储转口	保税区进出境仓储转口货物
1300	修理物品	进出境修理物品
1427	出料加工	出料加工
1500	租赁不满 1 年	租期不满 1 年的租赁贸易货物
1523	租赁贸易	租期在 1 年及以上的租赁贸易货物
1616	寄售代销	寄售、代销贸易
1741	免税品	免税品
1831	外汇商品	免税外汇商品
2025	合资合作设备	合资合作企业作为投资进口设备物品
2225	外资设备物品	外资企业作为投资进口的设备物品
2439	常驻机构公用	外国常驻机构进口办公用品
2600	暂时进出货物	暂时进出口货物
2700	展览品	进出境展览品
2939	陈列样品	驻华商业机构不复运出口的进口陈列样品
3010	货样广告品 A	有经营权单位进出口的货样广告品
3039	货样广告品 B	无经营权单位进出口的货样广告品
3100	无代价抵偿	无代价抵偿进出口货物
3339	其他进出口免费	其他进出口免费提供货物
3410	承包工程进口	对外承包工程进口物资
3422	对外承包出口	对外承包工程出口物资
3511	援助物资	国家和国际组织无偿援助物资
3611	无偿军援	无偿军援
3612	捐赠物资	进出口捐赠物资
3910	军事装备	军事装备

监管方式代码	监管方式简称	监管方式全称
4019	边境小额	边境小额贸易（边民互市贸易除外）
4039	对台小额	对台小额贸易
4139	对台小额商品交易市场	进入对台小额商品交易专用市场的货物
4200	驻外机构运回	我驻外机构运回旧公用物品
4239	驻外机构购进	我驻外机构境外购买运回国的公务用品
4400	来料成品退换	来料加工成品退换
4500	直接退运	直接退运
4539	进口溢误卸	进口溢卸、误卸货物
4561	退运货物	因质量不符、延误交货等原因退运进出境货物
4600	进料成品退换	进料成品退换
5000	料件进出区	料件进出海关特殊监管区域
5010	特殊区域研发货物	海关特殊监管区域与境外之间进出的研发货物
5014	区内来料加工	海关特殊监管区域与境外之间进出的来料加工货物
5015	区内进料加工货物	海关特殊监管区域与境外之间进出的进料加工货物
5033	区内仓储货物	加工区内仓储企业从境外进口的货物
5034	区内物流货物	海关特殊监管区域与境外之间进出的物流货物
5100	成品进出区	成品进出海关特殊监管区域
5200	区内边角调出	用于区内外非实际进出境货物
5300	设备进出区	设备及物资进出海关特殊监管区域
5335	境外设备进区	海关特殊监管区域从境外进口的设备及物资
5361	区内设备退运	海关特殊监管区域设备及物资退运境外
6033	物流中心进出境货物	保税物流中心与境外之间进出仓储货物
9600	内贸货物跨境运输	内贸货物跨境运输
9639	海关处理货物	海关变卖处理的超期未报货物、走私违规货物
9700	后续补税	无原始报关单的后续补税
9739	其他贸易	其他贸易
9800	租赁征税	租赁期1年及以上的租赁贸易货物的租金
9839	留赠转卖物品	外交机构转售境内或国际活动留赠放弃特批货物
9900	其他	其他

监管方式代码表说明

进出口货物海关监管方式（以下简称监管方式），即现行进出口货物报关单“监管方式”，是以国际贸易中进出口货物的交易方式为基础，结合海关对进出口货物的征税、统计及监管条件综合设定的海关对进出口货物的管理方式。

由于海关对不同监管方式下进出口货物的监管、征税、统计作业的要求不尽相同，因此为满足海关管理的要求，H2000通关管理系统的监管方式代码采用四位数字结构，其中前二位是按海关监管要求和计算机管理需要划分的分类代码，后二位为海关统计代码。

●一般贸易

一、定义与代码

一般贸易是指我国境内有进出口经营权的企业单边进口或单边出口的贸易。

本监管方式代码“0110”，简称“一般贸易”。

二、适用范围

（一）本监管方式包括：

1. 以正常交易方式成交的进出口货物。

2. 贷款援助的进出口货物。

3. 外商投资企业进口供加工内销产品的料件。

4. 外商投资企业用国产原材料加工成品出口或采购产品出口。

5. 供应外国籍船舶、飞机等运输工具的国产燃料、物料及零配件。

6. 保税仓库进口供应给中国籍国际航行运输工具使用的燃料、物料等保税货物。

7. 境内企业在境外投资以实物投资带出的设备、物资。

8. 来料养殖、来料种植进出口货物。

（二）本监管方式不适用：

1. 进出口货样广告品，监管方式为“货样广告品 A”（3010）、“货样广告品 B”（3039）。

2. 没有对外贸易经营资格的单位获准临时进出口货物，监管方式为“其他贸易”（9739）。

3. 境外劳务合作项目，对方以实物产品抵偿我劳务人员工资所进口的货物（如钢材、木材、化肥、海产品等），对外承包工程期间在国外获取及在境外购买的设备、物资等，监管方式为“承包工程进口”（3410）。

●易货贸易

一、定义与代码

易货贸易是指不通过货币媒介而直接用出口货物交换进口货物的贸易。

本监管方式代码“0130”，简称“易货贸易”。

二、适用范围

本监管方式仅适用于易货贸易经营企业在核准的范围内易货贸易进出口货物。

以下情况不适用本监管方式：

（一）对台小额贸易中签订易货合同的贸易，监管方式为“对台小额”（4039）。

（二）边境小额贸易企业易货贸易进出口货物，监管方式为“边境小额贸易”（4019）。

●旅游购物商品

一、定义与代码

旅游购物商品是指境外旅游者用自带外汇购买的或委托境内企业托运出境5万美元以下的旅游商品或小批量订货。

本监管方式代码“0139”，简称“旅游购物商品”。

二、适用范围

以下情况不适用本监管方式：

（一）出口5万美元以上的旅游购物商品。出口旅游商品5万美元以上的，有进出口经营权的企业，按“一般贸易”（0110）申报出口；没有进出口经营权的企业，按“其他贸易”（9739）申报出口。

（二）入境旅游者（包括外籍运输工具服务人员）自带出境用外汇购买的旅游纪念品、工艺品、中药材和中成药，由出境地海关旅检部门按照规定限值、限量办理。

●加工贸易料件、成品放弃

一、定义与代码

（一）加工贸易料件放弃是指加工贸易企业来料加工或进料加工进口的料件，不再用于加工成品出口，主动放弃交由海关处理。

本监管方式代码“0200”，简称“料件放弃”。

（二）加工贸易成品放弃是指加工贸易企业来料加工或进料加工生产的成品因故不再出口，主动放弃交由海关处理。

本监管方式代码“0400”，简称“成品放弃”。

二、适用范围

（一）料件放弃包括：加工贸易进口料件、剩余料件和边角料。

（二）成品放弃包括：加工贸易进口料件加工的成品、半成品、残次品。

●来料加工

一、定义与代码

来料加工是指进口料件由境外企业提供，经营企业不需要付汇进口，按照境外企业的要求进行加工或者装配，只收取加工费，制成品由境外企业销售的经营活动。

本监管方式代码“0214”，简称“来料加工”。

二、适用范围

（一）本监管方式包括：

1. 来料加工项下进口的料件和加工出口的成品。

2. 设立保税工厂的加工贸易企业来料加工进口料件和出口成品。

（二）以下情况不适用本监管方式：

1. 国营企业代理来料加工企业进口加工生产用柴油，监管方式为“加工专用油”（0314）。

2. 由特定企业以加工贸易进口原油加工成品油，不返销出境，供应国内市场的，监管方式为“成品油”（0642）。

3. 进口5000美元以下的78种列名辅料，监管方式为“低值辅料”（0815）。

●加工贸易保税货物深加工结转

一、定义与代码

加工贸易保税货物深加工结转是指来料加工、进料加工经营企业将保税进口料件加工的产品不直接出口，在境内结转给另一个加工贸易企业再加工后复出口。

来料深加工结转货物监管方式代码“0255”，简称“来料深加工”。

进料深加工结转货物监管方式代码“0654”，简称“进料深加工”。

二、适用范围

（一）本监管方式适用：

1. 非海关特殊监管区域加工贸易经营企业之间来料、进料深加工货物结转。

2. 非海关特殊监管区域加工贸易经营企业转自海关特殊监管区域加工贸易经营企业加工的货物。

（二）本监管方式不适用：

1. 保税区、保税物流园区等海关特殊监管区域之间结转的货物，监管方式为“保税间货物”（1200）。

2. 出口加工区企业生产的产品结转至其他出口加工区或非海关特殊监管区域加工复出口，加工区企业转出、转入报关单监管方式为“出口加工区成品进出区”（5100）。

3. 经营企业进料加工产品转给享受减免税优惠的企业，监管方式为“进料成品转减免”（0744）。

●加工贸易余料结转

加工贸易余料结转是指加工贸易企业在经营来料加工、进料加工的加工复出口业务过程中剩余的、可以继续用于加工制成品的加工贸易进口料件，结转到同一经营单位、同一加工企业、同样进口料件和同一加工监管方式的另一个加工贸易合同项下继续加工复出口。

来料余料结转监管方式代码“0258”，简称“来料余料结转”。

进料余料结转监管方式代码“0657”，简称“进料余料结转”。

●加工贸易料件复出

一、定义与代码

加工贸易料件复出是指来料加工、进料加工进口的保税料件因品质、规格等原因退运，以及加工过程中产生的剩余料件、边角料、废料退运出境。

来料加工料件复出监管方式代码“0265”，简称“来料料件复出”。

来料加工边角料复出监管方式代码“0865”，简称“来料边角料复出”。

进料加工料件复出监管方式代码“0664”，简称“进料料件复出”。

进料加工边角料复出监管方式代码“0864”，简称“进料边角料复出”。

二、适用范围

（一）加工贸易料件复出适用：

1. 来料加工、进料加工进口的保税料件因品质、规格等原因退运，以及加工过程中产生的剩余料件、边角料、废料退运出境。

2. 经营企业因加工贸易出口产品售后服务需要，申请出口加工贸易手册项下进口的保税料件。

（二）本监管方式不适用：

加工贸易进口料件、剩余料件及边角料、废料复运出境后更换同类货物进口，监管方式为“来料料件退换”（0300）、“进料料件退换”（0700）。

●加工贸易货物退换

一、定义与代码

（一）加工贸易料件退换

加工贸易料件退换是指来料、进料加工进口的保税料件因品质、规格等原因退运出境，更换料件复进口。

来料加工料件退换监管方式代码“0300”，简称“来料料件退换”。

进料加工料件退换监管方式代码“0700”，简称“进料料件退换”。

（二）加工贸易成品退换

加工贸易成品退换是指来料、进料加工出口的成品因品质、规格或其他原因退运进境，经加工、维修或更换同类商品复出口。

来料加工成品退换监管方式代码“4400”，简称“来料成品退换”。

进料加工成品退换监管方式代码“4600”，简称“进料成品退换”。

二、适用范围

本监管方式不适用于来料加工、进料加工过程中产生的剩余料件、边角料、废料退运出境，以及进口料件因品质、规格等原因退运出境且不再更换同类货物进境。这几类货物分别适用以下监管方式：来料料件复出（0265）、来料边角料复出（0865）、进料料件复出（0664）、进料边角料复出（0864）。

●加工贸易保税货物转内销

包括以下监管方式：来料料件内销（0245）、来料成品转减免（0345）、进料料件内销（0644）、进料成品转减免（0744）、进料边角料内销（0844）、来料边角料内销（0845）。

一、定义与代码

（一）加工贸易保税料件转内销是指经营企业来料、进料加工过程中产生的剩余料件或用剩余料件生产的制成品、半成品、残次品及受灾保税货物，经批准转为国内销售，不再加工复出口，包括海关事后发现有关企业擅自转内销并准予补办进口手续的货物。

来料加工料件转内销监管方式代码“0245”，简称“来料料件内销”。

进料加工料件转内销监管方式代码“0644”，简称“进料料件内销”。

（二）加工贸易保税货物减免是指来料、进料加工成品在境内销售给凭征免税证明进口货物的企业。

来料加工成品转减免监管方式代码“0345”，简称“来料成品转减免”。

进料加工成品转减免监管方式代码“0744”，简称“进料成品转减免”。

（三）加工贸易边角料内销是指经批准在境内销售的来料、进料加工过程中有形损耗产生的、仍有商业价值的边角料，包括来料、进料加工副产品。

来料加工边角料转内销监管方式代码“0845”，简称

“来料边角料内销”。

进料加工边角料转内销监管方式代码“0844”，简称“进料边角料内销”。

二、适用范围

（一）加工贸易保税货物内销监管方式适用于边角料、剩余料件、残次品、副产品和受灾保税货物。

1. 边角料，是指加工贸易企业经营来料加工、进料加工业务，在海关核定的单耗内、加工过程中产生的、无法再用于加工该合同项下出口制成品的数量合理的废、碎及下脚料件。

2. 剩余料件，是指加工贸易企业在经营业务过程中剩余的、可以继续用于加工制成品的加工贸易进口料件。

3. 残次品，是指加工贸易企业经营来料加工、进料加工业务，在生产过程中产生的有严重缺陷或者达不到出口合同标准，无法复出口的制品（包括完成品和未完成品）。

4. 副产品，是指加工贸易企业经营来料加工、进料加工业务，在加工生产出口合同规定的制成品（即主产品）过程中同时产生的且出口合同未规定应当复出口的一个或者一个以上的其他产品。

5. 受灾保税货物，是指加工贸易企业经营业务过程中，因不可抗力原因或者其他经海关审核认可的正当理由造成灭失、短少、损毁等导致无法复出口的保税进口料件和制品。

（二）以下情况不适用加工贸易保税货物转内销的监管方式：

1. 特定企业以加工贸易的方式进口原油炼制成品油，不返销出境而供应国内市场，监管方式为“成品油”（0642）。

2. 保税区、出口加工区加工贸易转内销货物，监管方式为“保税区进料料件”（0544）、“保税区来料料件”（0545）。

3. 企业擅自内销加工贸易保税货物，按走私或违规处理的。

●加工专用油

加工专用油是指指定国营贸易企业代理来料加工企业进口来料加工生产用柴油。

本监管方式代码“0314”，简称“加工专用油”。

●加工贸易设备

包括以下监管方式：不作价设备（0320）、加工贸易设备（0420）、加工设备内销（0446）、加工设备结转（0456）、加工设备退运（0466）。

一、定义与代码

（一）外商提供的加工贸易不作价设备是指境外企业与境内企业开展来料、进料加工业务，外商免费向境内加工贸易经营单位提供加工生产所需设备，境内经营单位不需支付外汇、不需用加工费或差价偿还。

外商提供的加工贸易不作价设备监管方式代码“0320”，简称“不作价设备”。

（二）加工贸易设备是指来料加工、进料加工贸易项下外商作价提供、不扣减企业投资总额的进口设备。

加工贸易设备监管方式代码“0420”，简称“加工贸易设备”。

（三）加工贸易设备转内销是指在海关监管期内的加工贸易免税进口设备经批准转售给境内非加工贸易企业。

加工贸易设备转内销监管方式代码“0446”，简称“加工设备内销”。

（四）加工贸易设备结转是指海关监管期内的加工贸易免税进口设备经批准转让给另一加工企业，或从本企业一本《加工贸易手册》结转入另一本《加工贸易手册》。

加工贸易设备结转监管方式代码“0456”，简称“加工设备结转”。

（五）加工贸易设备退运是指加工贸易免税进口设备退运出境。

加工贸易设备退运监管方式代码“0466”，简称“加工设备退运”。

二、适用范围

以下情况不适用本监管方式：

（一）暂时进口（期限在半年以内）加工贸易生产所需不作价设备（限模具、单台设备），按暂时进口货物办理。

（二）外商投资企业投资总额内资金进口的设备，监管方式“合资合作设备”（2025）、“外资设备物品”（2225）。

（三）外商投资企业自有资金（投资总额以外）进口设备，监管方式“一般贸易”（0110）。

（四）出口加工区的设备进口、退运及结转，分别适用“境外设备进区”（代码5335）、“区内设备退运”（代码5361）和“设备进出区”（代码5300）。

●监管年限内减免税设备结转

一、定义与代码

监管年限内减免税设备结转是指进口企业在减免税设备监管年限内转让给另一享受减免税待遇的企业。

本监管方式代码“0500”，简称“减免设备结转”。

二、适用范围

本监管方式不适用于加工贸易项下进口设备结转给另一加工贸易企业，监管方式为“加工设备结转”（0456）。

●保税区加工贸易内销货物

保税区进料加工、来料加工的加工成品不复运出境，转为国内使用，按征税方式区分，适用以下监管方式：

一、区内加工企业来料、进料加工全部用境外运入料件加工的制成品销往非保税区，以及来料、进料加工内销制成品所含进口料件的品名、数量、价值难以区分的，按照制成品征税，监管方式为：

（一）按成品征税的保税区来料加工成品转内销货物，监管方式代码“0445”，简称“保区来料成品”。

（二）按成品征税的保税区进料加工成品转内销货物，

监管方式代码“0444”，简称“保区进料成品”。

二、区内企业来料、进料加工用含有部分境外运入料件加工的制成品销往非保税区时，对其制成品按照所含进口料件征税，监管方式为：

（一）按料件征税的保税区来料加工成品转内销货物，监管方式代码“0545”，简称“保区来料料件”。

（二）按料件征税的保税区进料加工成品转内销货物，监管方式代码“0544”，简称“保区进料料件”。

●补偿贸易

一、定义与代码

补偿贸易是指由境外厂商提供或者利用国外出口信贷进口生产技术或设备，我方企业（包括外商投资企业）进行生产，以返销其产品的方式分期偿还对方技术、设备价款或贷款本息的交易方式。包括经经贸主管部门批准，使用该企业（包括企业联合体）所生产的其他产品返销给对方，进行间接补偿。

补偿贸易偿还对方技术、设备价款或贷款本息的方式一般有两种：

（一）产品出口先偿还设备价款，还清本息后再出口收汇。

（二）设备价款本息在每批出口货物价款中扣还一部分，直到还清为止。

本监管方式代码“0513”，简称“补偿贸易”。

二、适用范围

本监管方式包括补偿贸易中对方有偿或免费提供的机器设备、模具等。

本监管方式不包括：

（一）直接用国内产品同国外厂商交换设备、料件或成品，以货换货，监管方式为“易货贸易”（0130）。

（二）出口产品收取外汇，监管方式为“一般贸易”（0110）。

（三）在补偿贸易合同中同时订有来料加工合同的，来料加工合同部分，监管方式为“来料加工”（0214）。

●进料加工贸易

一、定义与代码

进料加工贸易，是指进口料件由经营企业付汇进口，制成品由经营企业外销出口的经营活动。

进料加工贸易按照对外签约形式分为“进料加工非对口合同”和“进料加工对口合同”。

进料加工非对口合同是指我方有外贸进出口经营权的企业动用外汇购买进口原料、材料、元器件、零部件、配套件和包装物料（以下简称料件），加工成品或半成品再返销出口的交易形式。

本监管方式代码“0715”，简称“进料非对口”。

进料加工对口合同是指买卖双方分别签订进出口对口合同，料件进口时，我方先付料件款，加工成品出口时再向对方收取出口成品款项的交易形式，包括动用外汇的对口合同或不同客户的对口的联号合同，以及对开信用证的对口合同。

本监管方式代码“0615”，简称“进料对口”。

境外客户为境内企业加工复出口产品提供进口5000美元及以下、数量零星的辅料或包装物料，以及数量合理直接用于服装生产车间的小型易耗性生产工具。

本监管方式代码“0815”，简称“低值辅料”。

二、适用范围

（一）本监管方式包括：

1. 进料加工项下进口料件和加工出口产品。

2. 设立保税工厂的加工贸易企业进料加工进口料件和出口成品。

（二）本监管方式不适用出口加工区加工贸易进出口货物，其监管方式为“区内加工货物”（5015）。

●加工贸易成品油以产顶进

加工贸易成品油以产顶进是指特定企业以加工贸易形式进口原油，加工供国内市场的成品油。

本监管方式代码“0642”，简称“成品油”。

●国轮油物料

一、定义与代码

国轮油物料指中国籍国际航行的运输工具在境内添加的保税仓库进口仓储的油料、物料。

本监管方式代码“1139”，简称“国轮油物料”。

二、适用范围

本监管方式适用于从保税仓库提取，供应航行国际航线的中国籍船舶、民用航空器等运输工具的进口燃料、物料及零配件等。

本监管方式不适用从设在非海关特殊监管区域的保税仓库提取，供应航行国际航线的外国籍船舶、飞机等运输工具的进口燃料、物料，监管方式为“保税仓库货物”（1233）。

●保税区间及保税仓库间货物结转

一、定义与代码

保税区间及保税仓库间货物结转是指保税区、保税物流园区、出口加工区、出口监管仓库、保税仓库、保税物流中心（A、B型）等海关特殊监管区域、保税监管场所间往来的货物。

本监管方式代码“1200”，简称“保税间货物”。

二、适用范围

本监管方式不适用出口加工区间结转货物，不同出口加工区企业结转货物适用“出口加工区成品进出区”（5100）和“料件进出区”（5000）。

●保税仓库进出境仓储、转口货物

一、定义与代码

保税仓库进出境仓储及转口货物，指从境外进口直接存入保税仓库和保税仓库出境的仓储、转口货物，以及出口监管仓库出境的货物。

本监管方式代码“1233”，简称“保税仓库货物”。

二、适用范围

（一）本监管方式适用于经批准设立的保税仓库进出境和出口监管仓库出境货物。包括从保税仓库提取用于外国籍国际航行运输工具的物料。

（二）下列情况不适用本监管方式：

1. 保税仓库、出口监管仓库进口自用的货架、办公用品、管理用具、运输车辆、搬运、起重和包装设备，以及改装用的机器等，监管方式为“一般贸易”（0110）。

2. 从保税仓库提取用于本国籍运输工具或用于维修境内设备的仓储货物，按进口申报，监管方式为“一般贸易”（0110）。

3. 保税仓库进境货物销往境内，按货物运出保税仓库的实际用途填报相应的监管方式。

4. 境内存入出口监管仓库和出口监管仓库退仓货物，分各种监管方式。

5. 保税区、保税物流中心进出境仓储、转口货物，监管方式分别为“保税区仓储、转口”（1234）、“物流中心进出境货物”（6033）。

6. 保税仓库货物出仓运往境内其他地方转为正式进口的，在仓库主管海关办结出仓报关手续，填制出口报关单，监管方式填写“1200”，进口报关单按实际进口监管方式填报。

7. 保税仓库寄售维修零部件申请免税出仓的，进口报关单贸易方式应为“无代价抵偿货物”（代码为“3100”）。

●保税区进出境仓储、转口货物

一、定义与代码

保税区进出境仓储、转口货物是指从境外存入保税区、保税物流园区和从保税区、保税物流园区运出境的仓储、转口货物。

本监管方式代码“1234”，简称“保税区仓储转口”。

二、适用范围

下列情况不适用本监管方式：

（一）保税区、保税物流园区除仓储、转口货物以外的其他进出境货物，按实际监管方式填报。

（二）从境内非海关特殊监管区域、保税监管场所运入保税区、保税物流园区的货物，按实际监管方式填报。

从境内非海关特殊监管区域、保税监管场所运入保税区、保税物流园区的货物退回境内，按实际监管方式填报。

（三）从保税区、保税物流园区运往境内非海关特殊监管区域、保税监管场所的货物，按实际监管方式填报。

●寄售代销贸易

一、定义与代码

寄售代销贸易是指寄售人把货物运交事先约定的代销人，由代销人按照事先约定或根据寄售代销协议规定的条件，在当地市场代为销售，所得货款扣除代销人的佣金和其他费用后，按协议规定方式将余款付给寄售人的交易形式。寄售人与代销人之间不是买卖关系，而是委托关系，代销人对货物没有所有权。

本监管方式代码“1616”，简称“寄售代销”。

二、适用范围

本监管方式包括寄售代销贸易进出口的货物及进口寄售货物的增发部分。

本监管方式不包括：

（一）经营寄售代销业务的企业，接受国外免费提供的样品，监管方式应为“货样广告品 B”（3039）。

（二）委托我驻港澳机构代销的鲜活商品，监管方式应为“一般贸易”（0110）。

●进出境修理物品

一、定义与代码

进出境修理物品是指进境或出境维护修理的货物、物品。

本监管方式代码“1300”，简称“修理物品”。

二、适用范围

本监管方式适用于各类进出境维修的货物，以及修理货物维修所用的原材料、零部件。

以下情况不适用本监管方式：

（一）按加工贸易保税货物管理的进境维修业务。

（二）加工贸易进口料件和出口成品进出境维修，分别适用来料料件退换（0300）、来料成品退换（4400）、进料料件退换（0700）、进料成品退换（4600）。

●出料加工贸易

一、定义及代码

出料加工贸易是指境内企业将境内原辅料、零部件、元器件或半成品交由境外厂商按我方要求进行加工或装配，成品复运进口，我方支付加工费的交易方式。

本监管方式代码“1427”，简称“出料加工”。

二、适用范围

本监管方式不包括：

（一）运往境外维修的货物，以及石化生产过程中所需催化剂需运至国外添加氢以增加活性后复运进境继续投入生产使用，不改变其物理和化学性质，未产生新的产品，监管方式为“修理物品”（1300）。

（二）出料加工，原则上不改变原出口货物的物理形态。对完全改变原出口货物的物理形态如出口废钢进口钢材，出口废铝进口铝合金板材等，不属出料加工，应按一般贸易货物办理进出口手续。

●租赁贸易

一、定义及代码

租赁贸易是指经营租赁业务的企业与外商签订国际租赁

合同项下境内企业租赁进口或出租出口的货物。

租赁期在一年及以上的进出口货物，监管方式代码“1523”，简称“租赁贸易”。

租赁期在一年及以上的进出口货物分期办理征税手续时，每期征税适用监管方式代码“9800”，简称“租赁征税”。

租赁期不满一年的进出口货物，监管方式代码“1500”，简称“租赁不满一年”。

二、适用范围

以下情况不适用本监管方式：

（一）经营租赁业务的企业进口自用的设备、办公用品，监管方式为“一般贸易”（0110）。

（二）加工贸易租赁进口的机器设备，监管方式应为“加工贸易设备”（0420）。

（三）补偿贸易租借进口的货物，监管方式应为“补偿贸易”（0513）。

（四）“租赁贸易”（1523）期满复运出（进）口的货物，监管方式为“退运货物”（4561），“租赁不满一年”（1500）期满复运出（进）境的货物，监管方式为“租赁不满一年”（1500）。

●免税品

一、定义及代码

免税品是指设在国际机场、港口、车站和过境口岸的免税品商店进口，按有关规定销售给办完出境手续的旅客的免税商品，供外国籍船员和我国远洋船员购买送货上船出售的免税商品，供外交人员购买的免税品，以及在我国际航机、国际班轮上向国际旅客出售的免税商品。

本监管方式代码“1741”，简称“免税品”。

二、适用范围

（一）本监管方式适用于：

1. 范围：进出境口岸免税店、运输工具免税店、市内免税店、外交人员免税店和供船免税店等五类免税店进口核定品种的免税品。

2. 供应对象：办结出境手续的出境旅客、国际航行运输工具服务人员、外交人员。

（二）本监管方式不适用：

1. 境内免税外汇商店销售给为我出国人员、华侨的免税外汇商品，监管方式为“免税外汇商品”（1831）。

2. 经营免税品业务的单位进口的供维修使用的零部件、工具、展台、货架，监管方式为“一般贸易”（0110）。

3. 免税品退运出境，监管方式为“其他”（9900）。

●免税外汇商品

一、定义及代码

免税外汇商品是指由经批准的经营单位进口，销售专供入境的我国特定出国人员和驻华外交人员的免税外汇商品。

本监管方式代码“1831”，简称“免税外汇商品”。

二、适用范围

（一）本监管方式适用：

1. 免税外汇商品供应对象是指我国驻外外交机构人员、留学人员、访问学者、赴境外劳务人员、援外人员和远洋船员。

2. 上述人员用结存外汇在境内免税外汇商品店购买限定品种的免税外汇商品。

3. 专供外国驻华外交人员免税商品的特定公司进口的免税外汇商品。

（二）本监管方式不适用：

1. 设在国际机场、港口、车站和过境口岸的免税品商店所进口的，按有关规定销售给办结出境手续的旅客的免税商品，供外国籍船员和我国远洋船员购买送货上船出售的免税商品，供外交人员购买的免税品，以及在我国际航机、国际班轮上向国际旅客出售的免税商品。监管方式为“免税品”（1741）。

2. 经营免税外汇商品的单位进口供商品维修用的零部件、工具和商场自用的货架、手推车等。监管方式为“一般贸易”（0110）。

3. 因故经批准转内销进口免税外汇商品，监管方式为“一般贸易”（0110）。

4. 免税外汇商品退运出境，监管方式为“退运货物”（4561）。

●外商投资企业作为投资进口的设备、物品

一、定义及代码

外商投资企业作为投资进口的设备、物品是指外商投资企业投资总额内的资金（包括中方投资）进口的机器设备、零部件和其他建厂（场）物料，安装、加固机器所需材料，以及进口本企业自用合理数量的交通工具、生产用车辆、办公用品（设备）（以下简称“设备物品”）。

中外合资、合作企业进口设备、物品，监管方式代码“2025”，简称“合资合作设备”；外商独资企业（以下简称“外资企业”）进口设备、物品，监管方式代码“2225”，简称“外资设备物品”。

二、适用范围

（一）外商投资企业是指中外合资企业、中外合作企业、外商独资企业，包括华侨、港、澳、台同胞投资企业。

（二）设备是指外商投资企业在其投资总额内进口本企业自用的机器设备、零部件和其他物料［指建厂（场）及安装、加固机器所需材料］及生产用车辆。

（三）物品是指外商投资企业进口自用合理数量的办公用品（设备）和交通工具。

（四）下列情况不适用本监管方式：

1. 鼓励类和限制类外商投资企业、外商投资研究开发中心、先进技术型和产品出口型外商投资企业，以及符合中西部省、自治区、直辖市利用外资优势产业和优势项目目录的项目、企业自有资金（投资总额以外，具体是指企业储备基金、发展基金、折旧和税后利润），在原批准的生产经营范

围内，对设备进行更新维修，进口国内不能生产或性能不能满足需要的自用设备及其配套的技术、配件、备件，监管方式为“一般贸易”（0110）。

2. 外商投资企业经营来料加工、进料加工、租赁贸易等进口的设备、物品，分别适用“不作价设备”（0320）、“加工贸易设备”（0420）、“租赁不满一年”（1500）、“租赁贸易”（1523）。

3. 外国常驻机构进口自用合理数量的公用物品，监管方式为“常驻机构公用”（2439）。

4. 没有实际进出境，在境内结转的减免税设备，监管方式为“减免设备结转”（0500）。

5. 出口加工区外商投资企业进口设备、物品，监管方式为“出口加工区进口设备”（5035）。

●退运货物

一、定义及代码

退运货物是指原进出口货物因残损、短少、品质不良或者规格不符、延误交货或其他原因退运出、进境的货物。

本监管方式代码“4561”，简称“退运货物”。

二、适用范围

（一）本监管方式适用以下监管方式进出口货物退运出、进境：

代码	名称	代码	名称
0110	一般贸易	3039	货样广告品 B
0130	易货贸易	3339	其他进出口免费
0139	旅游购物商品	3410	承包工程进口
1523	租赁贸易	3422	对外承包出口
1616	寄售代销	3511	无偿援助
2025	外商投资企业	3612	捐赠物资
2225	设备物品	4019	边境小额
1831	外汇免税商品	4039	对台小额
3010	货样广告品 A	9739	其他贸易

（二）本监管方式不适用：

1. 货物进境后、放行结关前退运的货物，监管方式为“直接退运”（4500）。

2. 加工贸易进出口货物退运，监管方式为“来料料件退换”（0300）、“进料料件退换”（0700）、“来料成品退换”（4400）、“进料成品退换”（4600）。

3. 加工贸易设备退运，监管方式为“加工设备退运”（0466）。

4. “租赁不满一年”（1500）、“免税品”（1741）退运出境，监管方式为“其他”（9900）。

5. 出口加工区进口设备退运出境，监管方式为“区内设备退运”（5361）。

6. 进出口无代价抵偿货物，被更换的原进口货物退运出境，监管方式为“其他”（9900）。

●外国常驻机构进出境公用物品

一、定义及代码

外国常驻机构进出境公用物品是指境外（地区）企业、新闻机构、经贸机构、文化团体及其他境外（地区）法人经我国政府主管部门批准，在境内设立的常驻代表机构为开展公务活动所需进出境的物品。

本监管方式代码“2439”，简称“常驻机构公用”。

二、适用范围

（一）本监管方式包括常驻机构进境自用且数量合理的办公用机器设备、家具、文具、机动车辆等及复运出境的原进境的公用物品。

（二）本监管方式适用于以下机构：

1. 外国企业和其他经济组织常驻机构。

2. 外国民间经济贸易团体常驻机构。

3. 外国常驻新闻机构。

4. 其他外国常驻机构。

5. 华侨、港澳同胞、台湾同胞经营的企业常驻机构。

（三）下列监管业务不适用本监管方式：

1. 外国驻中国使馆、领馆，联合国及其专门机构，以及其他与中国政府签有协议的国际组织驻中国代表机构进出境物品填报“外国使领馆公私用物品进出境申报单”。

2. 外国人员子女学校进出境物品，监管方式为“其他贸易”（9739）。

3. 常驻机构人员进境自用的汽车，监管方式为“其他贸易”（9739）。

4. 外国驻华使、领馆在我国内购运出境的货物，监管方式为“其他”（9900）。

5. 暂时进出境的公用物品，监管方式为“暂时进出口”（2600）。

●暂时进出境货物

一、定义及代码

暂时进出境货物是指经海关批准，暂时进出关境并且在规定的期限内复运出境、进境的货物。

本监管方式代码“2600”，简称“暂时进出货物”。

（一）本监管方式包括：

1. 文化、体育交流活动中使用的表演、比赛用品。

2. 进行新闻报道或者摄制电影、电视节目使用的仪器、设备及用品。

3. 开展科研、教学、医疗活动使用的仪器、设备及用品。

4. 在本款第 1 ~ 3 项所列活动中使用的交通工具及特种车辆。

5. 货样。

6. 慈善活动使用的仪器、设备及用品。

7. 供安装、调试、检测、修理设备时使用的仪器及工具。

8. 盛装货物的容器。

9. 旅游用自驾交通工具及其用品。

10. 工程施工中使用的设备、仪器及其用品。

11. 海关批准的其他暂时进出境货物。

（二）以下情况不适用本监管方式：

1. 进出境展览品，监管方式为“展览品”（2700）。

2. 驻华商业机构不复运出口的进口陈列样品，监管方式为“陈列样品”（2939）。

3. 对外承包工程出口物资，监管方式为“对外承包出口”（3422）。

4. 进出境修理物品，监管方式为“修理物品”（1300）。

5. 租赁贸易进出口货物，监管方式为“租期不满一年”（1500）、“租期一年及以上”（1523）。

6. 企业使用旧钢瓶容器进口燃料、物料，按进口燃料、物料的监管方式申报，报关单“包装种类”栏目填报“旧钢瓶”。旧钢瓶容器凭“入境货物通关单”验放，复运出境时监管方式填报“其他”（9900）。

7. 从境外暂时进境的货物转入保税区、出口加工区等海关特殊监管区域和保税监管场所的，不属于复运出境。

8. 用于装载海关监管货物的进出境集装箱。

9. 享有外交特权和豁免的外国驻华机构或者人员暂时进出境物品。

●进出境展览品

一、定义及代码

进出境展览品是指外国来华或我国为到国外举办经济、文化、科技等展览或参加博览会而进出口的展览品及展览品有关的宣传品、布置品、招待品、小卖品和其他物品。

本监管方式代码“2700”，简称“展览品”。

二、适用范围

（一）进出境展览品主要包括：

1. 在展览会、交易会、会议及类似活动中展示或者使用的货物，包括：

（1）为了示范展览会展出机器或者器具所使用的货物；

（2）设置临时展台的建筑材料及装饰材料；

（3）宣传展示货物的电影片、幻灯片、录像带、录音带、说明书、广告、光盘、显示器材等。

2. 上述所列活动中使用的交通工具及特种车辆。

3. 其他经海关批准用于展示的进出境货物、物品。

（二）以下情况不适用本监管方式：

1. ATA 单证册项下的暂准进出口展览品，持证人免填报关单。

2. 不复运出（进）境而留在国内（外）销售的进出境展览品，按实际监管方式填报。

3. 在商店或者其他营业场所以销售国外货物为目的而组织的非公共展览会。

●货样、广告品

一、定义及代码

进出口货样是指专供订货参考的进出口货物样品；广告品是指用以宣传有关商品的进出口广告宣传品。

有进出口经营权的企业价购或价售进出口货样广告品，监管方式代码“3010”，简称“货样广告品 A”。

没有进出口经营权的企业（单位）进出口及免费提供进出口的货样广告品，监管方式代码“3039”，简称“货样广告品 B”。

二、适用范围

上述监管方式除以上定义所述范围外，还包括寄售代销贸易中外商免费提供的货样广告品。

下列情况不适用本监管方式：

（一）暂时进出口的货样、广告品，监管方式为“暂时进出口货物”（2600）。

（二）驻华商业机构不复运出口的进口陈列样品，监管方式应为“陈列样品”（2939）。

●无代价抵偿进出口货物

一、定义及代码

无代价抵偿货物是指进出口货物海关放行后，因残损、短少、品质不良或者规格不符原因，由进出口货物的发货人、承运人或保险公司免费补偿或更换的与原货物相同或者与合同规定相符的货物。

本监管方式代码“3100”，简称“无代价抵偿”。

二、适用范围

下列情况不适用本监管方式：

（一）来料加工、进料加工贸易进口料件和出口成品因残损、短少、品质不良或者规格不符原因，由进出口货物的发货人、承运人或保险公司免费补偿或更换的与原货物相同或者与合同规定相符的货物，分别适用具体列名的料件或成品退换的监管方式。

（二）与无代价抵偿进出口货物相关的原进出口货物退运出、进境，监管方式为“其他”（9900）。

●其他免费提供的进出口货物

一、定义及代码

其他免费提供货物指除已具体列名的礼品、无偿援助和赠送物资、捐赠物资、无代价抵偿进口货物、国外免费提供的货样、广告品等及归入列名监管方式的免费提供货物以外，进出口其他免费提供的货物。

本监管方式代码“3339”，简称“其他进出口免费”。

二、适用范围

（一）本监管方式包括：

1. 外商在经贸活动中赠送的物品。

2. 外国人捐赠品。

3. 驻外中资机构向国内单位赠送的物资。

4. 经贸活动中，由外商免费提供的试车材料、消耗性物品等。

（二）下列情况不适用本监管方式：

1. 保税仓库中由外商免费提供进口的机械设备、手工工具、运输工具、办公用品等，监管方式为“其他贸易”（9739）。

2. 免税店由外商免费提供进口的货架、柜台、手推车等，监管方式为“其他贸易”（9739）。

3. 来料加工、进料加工贸易项下外商免费提供的机械设备，监管方式为“不作价设备”（0320）。

4. 免费提供进出口的货样广告品，监管方式为“货样广告品 B”（3039）。

5. 国家和国际组织无偿援助物资，监管方式为“援助物资”（3511）。

6. 捐赠物资，监管方式为“捐赠物资”（3612）。

7. 无代价抵偿进出口货物，监管方式为“无代价抵偿”（3100）。

●对外承包工程进出口物资

一、定义及代码

对外承包工程出口物资是指经商务部批准的有对外承包工程经营权的公司为承包国外建设工程和开展劳务合作等对外合作项目而出口的设备、物资。

承包工程出口物资监管方式代码“3422”，简称“对外承包出口”。

对外承包工程进口物资是指承包工程期间在国外获取的设备、物资，以及境外劳务合作项目对方以实物产品抵偿我劳务人员工资所进口的货物。

监管方式代码“3410”，简称“承包工程进口”。

二、适用范围

（一）本监管方式不包括我劳务人员带出的自用生活物资，监管方式为“其他”（9900）。

（二）援外成套项目出口的货物应根据无偿援助或贷款援助，监管方式代码分别选用“援助物资”（3511）或“一般贸易”（0110）。

（三）边境地区有对外经济技术合作经营权的企业与毗邻国家边境地区开展承包工程和劳务合作项下出口的工程设备、物资（包括在外购买及换回的）运回境内时，监管方式代码“边境小额贸易”（4019）。

（四）承包工程结束后复运进境原从国内运出的承包工程项下的设备、物资，监管方式为“退运货物”（4561）。

●国家或国际组织无偿援助和赠送的物资

一、定义及代码

国家或国际组织无偿援助和赠送的物资是指我国根据两国政府间的协议或临时决定，对外提供无偿援助的物资、捐赠品，或我国政府、组织基于友好关系向对方国家政府、组织赠送的物资，以及我国政府、组织接受国际组织、外国政府、组织无偿援助、捐赠或赠送的物资。

本监管方式代码“3511”，简称“无偿援助”。

二、适用范围

（一）有关名词：

外国政府，是指外国国家的中央政府。

国际组织，是指联合国各专门机构，以及长期与我国有合作关系的其他国际组织。

国际条约，是指依据《中华人民共和国缔结条约程序法》以“中华人民共和国”、“中华人民共和国政府”及“中华人民共和国政府部门”名义同外国缔结协定或协议及参加的国际条约。

（二）以下情况不适用本监管方式：

1. 贷款援助的进出口货物（包括我方利用贷款或援助款项自行采购进口的货物），监管方式为“一般贸易”（0110）。

2. 来（出）访的团体和人员相互馈赠的礼品，监管方式为“其他”（9900）。

3. 经济贸易往来关系赠送的物资，监管方式为“其他进出口免费提供”（3339）。

4. 随援外物资一并出口或另外发运的批量出口的生活物资，应按照“其他贸易”（9739）报关。

5. 以扶贫、慈善、救灾为目的，向我国境内或向境外捐赠的直接用于扶贫、救灾、兴办公益福利事业的物资，监管方式为“捐赠物资”（3612）。

●进出口捐赠物资

一、定义及代码

进出口捐赠物资是指境外捐赠人以扶贫、慈善、救灾为目的，向我国境内捐赠的直接用于扶贫、救灾、兴办公益福利事业的物资，以及境内捐赠人以扶贫、慈善、救灾为目的，向境外捐赠的直接用于扶贫、救灾、兴办公益福利事业的物资。

本监管方式代码“3612”，简称“捐赠物资”。

二、适用范围

（一）本监管方式适用范围：

1. 捐赠人

（1）境外捐赠人，包括华侨，港、澳、台同胞，外籍人，包括法人。

（2）境内捐赠人，包括法人。

2. 扶贫、慈善公益性事业的物资

（1）新的衣服、被褥、鞋帽、帐篷、手套、睡袋、毛毯及其他维持基本生活的必需用品等。

（2）食品类及饮用品（调味品、水产品、水果、饮料、烟酒等除外）。

（3）医疗类，包括直接用于治疗特困患者疾病或贫困地区治疗地方病，以及基本医疗卫生、公共环境卫生所需的基本医疗药品、基本医疗器械、医疗书籍和资料。

（4）直接用于公共图书馆、公共博物馆、各类职业学校、高中、初中、小学、幼儿园教育的教学仪器、器材、图书、资料和一般学习用品。

(5) 直接用于环境保护的专用仪器。

(6) 经国务院批准的其他直接用于扶贫、慈善事业的物资。

3. 受赠人和使用人

受赠人是指国务院有关部门和各省、自治区、直辖市人民政府，以及从事人道救助和以发展扶贫、慈善事业为宗旨的全国性的社会团体。包括中国红十字会总会、全国妇女联合会、中国残疾人联合会、中华慈善总会、中国初级卫生保健基金会和宋庆龄基金会。

使用人（使用单位）是指捐赠物资的直接使用者或负责分配该捐赠物资的单位或个人。

（二）下列情况不适用本监管方式：

1. 国家间、国际组织无偿援助和赠送的物资，监管方式为“援助物资”（3611）。

2. 经贸往来中赠送的物品、外国人捐赠品、我驻外（包括驻港、澳）中资机构向国内单位赠送的物资等，监管方式为“其他进出口免费提供货物”（3339）。

●边境小额贸易

一、定义及代码

边境小额贸易指我国沿陆地边境线经国家批准对外开放的边境县（旗）、边境城市辖区内（以下简称边境地区），经批准有边境小额贸易经营权的企业，通过国家指定的陆地边境口岸，与毗邻国家边境地区的企业或其他贸易机构进行的贸易活动。

本监管方式代码“4019”，简称“边境小额”。

二、适用范围

（一）本监管方式包括：

1. 边境地区有对外经济技术合作经营权的企业与我国毗邻国家边境地区以易货贸易、现汇贸易形式开展的边境小额贸易。

2. 边境地区有对外经济技术合作经营权的企业与我国毗邻国家边境地区经济合作（工程承包、劳务输出）项下进出口物资及原出口工程设备、物资（包括在境外购买及换回的）运回境内。

（二）下列情况不适用本监管方式：

1. 边民互市贸易（互市进口商品），每人每日价值人民币3000元以下免征进口关税和进口环节税，超出部分照章征税，监管方式为“其他贸易”（9739）。

2. 未获准经营边境小额贸易的企业进出口货物。

3. 对台湾居民同大陆对台小额贸易公司成交用台湾船只直接运进产自台湾的产品和运出大陆产品到台湾，监管方式为“对台小额”（4039）。

●对台小额

一、定义及代码

对台湾小额贸易是指台湾地区居民与大陆经批准的企业依照有关规定进行的货物交易。

本监管方式代码“4039”，简称“对台小额”。

二、适用范围

本监管方式不适用于进入厦门大嶝对台小额商品交易市场的人员带出台湾产品，每人每日价值人民币3000元以下免征进口关税和进口环节税，超出部分照章征税，监管方式为“其他贸易”（9739）。

●对台小额商品交易市场

一、定义及代码

对台小额商品交易市场是经国家批准设立，用于开展对台民间小额商品交易活动，并实行封闭管理的特定区域，以下简称“交易市场”。

本监管方式代码“4139”，简称“对台市场”。

二、适用范围

本监管方式仅限于厦门大嶝对台小额商品交易市场。

下列情况不适用本监管方式：

（一）对台湾居民同大陆对台小额贸易公司成交用台湾船只直接运进产自台湾的产品和运出大陆产品到台湾，监管方式为“对台小额”（4039）。

（二）我国沿陆地边境线经国家批准对外开放的边境县（旗）、边境城市辖区内（以下简称边境地区）经批准有边境小额贸易经营权的企业，通过国家指定的陆地边境口岸，与毗邻国家边境地区的企业或其他贸易机构进行的贸易活动，监管方式为“边境小额”（4019）。

●驻外机构运回旧公用物品

一、定义及代码

驻外机构运回旧公用物品是指我驻各国（地区）使、领馆，驻国外、港澳地区的经济、贸易机构，驻国际组织代表处等我驻外机构更新且闲置不用而运回或因机构撤销而运回的物品，包括临时出国展览团、考察团等运回的生产资料和公用物品。

本监管方式代码“4200”，简称“驻外机构运回”。

二、适用范围

本监管方式不适用于暂时进出境公用物品。

●直接退运货物

一、定义及代码

直接退运货物是指进口货物收发货人、原运输工具负责人或者其代理人（以下统称当事人）在有关货物进境后、办结海关放行手续前，因海关责令或有正当理由获准退运境外的货物。

本监管方式代码“4500”，简称“直接退运货物”。

二、适用范围

（一）在货物进境后、办结海关放行手续前，有下列情形之一的，当事人可以向海关申请办理直接退运手续：

1. 因国家贸易管理政策调整，收货人无法提供相关证件的；

2. 属于错发、误卸或者溢卸货物，能够提供发货人或者承运人书面证明文书的；

3. 收发货人双方协商一致同意退运，能够提供双方同意退运的书面证明文书的；

4. 有关贸易发生纠纷，能够提供法院判决书、仲裁机构仲裁决定书或者无争议的有效货物所有权凭证的；

5. 货物残损或者国家检验检疫不合格，能够提供国家检验检疫部门根据收货人申请而出具的相关检验证明文书的。

（二）在货物进境后、办结海关放行手续前，有下列情形之一依法应当退运的，由海关责令当事人将进口货物直接退运境外：

1. 进口国家禁止进口的货物，经海关依法处理后的；

2. 违反国家检验检疫政策法规，经国家检验检疫部门处理并且出具“检验检疫处理通知书”或者其他证明文书后的；

3. 未经许可擅自进口属于限制进口的固体废物用做原料，经海关依法处理后的；

4. 违反国家有关法律、行政法规，应当责令直接退运的其他情形。

（三）保税区、出口加工区及其他海关特殊监管区域和保税监管场所进口货物的直接退运。

（四）下列情况不适用本监管方式：

1. 放行后的进口货物退运出境，监管方式为“退运货物”（4561）。

2. 进口转关货物在进境地海关放行后，当事人申请办理退运手续的，应当按照一般退运手续办理。

●区内加工货物

区内加工货物指出口加工区内企业经营加工贸易业务从境外进口料件及加工出口的成品。

本监管方式代码“5015”，简称“区内加工货物”。

●区内仓储货物

区内仓储货物指出口加工区内仓储企业从境外进口供区内企业加工的仓储货物。

本监管方式代码“5033”，简称“区内仓储货物”。

●境外设备进区

境外设备进区指加工区内企业从境外进口用于区内加工生产所需的机器设备和工模具、区内建设所需的基建物资，以及区内企业和行政管理机构自用合理数量的办公用品等。

本监管方式代码“5335”，简称“境外设备进区”。

●区内设备退运

区内设备退运指出口加工区内退运境外的设备。

本监管方式代码“5361”，简称“区内设备退运”。

●加工贸易料件进出出口加工区

加工贸易料件进出出口加工区指出口加工区内加工贸易料件在境内结转、销售，包括从区外购进或加工区内企业经批准销往区外的料件，同一出口加工区或不同出口加工区内的企业之间相互结转（调拨）的料件，深加工结转转入的料件，加工区内企业为区外加工的料件进区，以及上述料件在境内的退运，但不包括退换货物。

本监管方式代码“5000”，简称“料件进出区”。

●加工贸易成品进出出口加工区

加工贸易成品进出出口加工区指出口加工区内加工贸易成品在境内结转、销售，包括销往区外、结转到同一出口加工区或另一出口加工区内的企业，以及加工区内企业为区外加工的成品出区、销往区外的成品因故退运进区，不包括退换货物。

本监管方式代码“5100”，简称“成品进出区”。

●设备进出区

设备进出区指出口加工区内企业设备、物资在境内结转、销售，包括从区外购进设备、物资，设备因故销往区外，设备结转到同一出口加工区或另一出口加工区内的企业，以及上述设备、物资在境内的退运、退换。

本监管方式代码“5300”，简称“设备进出区”。

●出口加工区加工贸易边角料出区

出口加工区加工贸易边角料出区指出口加工区内企业边角料结转到同一加工区或不同加工区的另一企业，或经批准销售到区外。

本监管方式代码“5200”，简称“区内边角调出”。

●物流中心进出境货物

一、定义及代码

保税物流中心进出境仓储货物是指从境外直接存入保税物流中心（A、B型）和从保税物流中心（A、B型）运出境的仓储、转口货物。

本监管方式代码“6033”，简称“物流中心进出境货物”。

二、适用范围

（一）保税物流中心（A型）是指经海关批准，由中国境内企业法人经营，专门从事保税仓储物流业务的海关监管场所。

保税物流中心（A型）按照服务范围分为公用型物流中心和自用型物流中心。

1. 公用型物流中心是指由专门从事仓储物流业务的中国境内企业法人经营，向社会提供保税仓储物流综合服务的海关监管场所。

2. 自用型物流中心是指中国境内企业法人经营，仅向本企业或者本企业集团内部成员提供保税仓储物流服务的海关监管场所。

（二）保税物流中心（B型）（以下简称物流中心）是指

经海关批准，由中国境内一家企业法人经营、多家企业进入并从事保税仓储物流业务的海关集中监管场所。

（三）下列情况不适用本监管方式：

1. 从境内（海关特殊监管区域除外）运入保税物流中心（A、B 型）货物和从保税物流中心（A、B 型）提取运往境内的货物。

2. 保税物流中心（A、B 型）与保税区、出口加工区、保税物流园区、保税仓库、出口监管仓库及保税物流中心（A、B 型）之间等海关特殊监管区域或保税监管场所之间往来的货物，监管方式填报“保税间货物”（1200）。

3. 保税仓库进出境仓储、转口货物，监管方式为“保税仓库货物”（1233）。

4. 保税区、保税物流园区进出境仓储、转口货物，监管方式为“保税区仓储、转口”（1234）。

●内贸货物跨境运输

一、定义及代码

内贸货物跨境运输是指国内贸易货物由我国关境内一口岸起运，通过境外运至我国关境内另一口岸的业务，以下简称“跨境运输”。

本监管方式代码“9600”，简称“内贸跨境”。

二、适用范围

经海关总署批准的进出境口岸、所经境外口岸、运输方式等实行跨境运输的货物。

●海关处理货物

一、定义及代码

海关处理货物是指由海关提取变卖处理的超期未报关进口货物及误卸、溢卸货物、放弃进口货物，以及走私违规案件查处的货物。

本监管方式代码“9639”，简称“海关处理货物”。

二、适用范围

本监管方式适用以下定义的货物：

（一）超期未报关货物，是指进口货物的收货人自运输工具申报进境之日起超过 3 个月未向海关申报，由海关提取依法变卖处理的进口货物。

超期未报关货物还包括保税货物、暂时进口货物超过规定的期限 3 个月，未向海关办理复运出境或者其他有关手续，以及过境、转运和通运货物超过规定的期限 3 个月，未运输出境，由海关提取依法变卖处理。

（二）误卸、溢卸货物，是指未列入进境运输工具载货清单、运单申报进境的误卸或者溢卸的货物，运输工具负责人或进口货物收货人未向海关办理退运出境或申报进口手续，由海关提取依法变卖处理的进口货物。

（三）放弃进口货物，是指进口货物的收货人或其所有人声明放弃，由海关提取依法变卖处理的进口货物。

（四）超期未报关进口货物及误卸或者溢卸进口货物属于危险品或者鲜活、易腐、易烂、易失效、易变质、易贬值等不宜长期保存的货物的，海关根据实际情况，提前提取依法变卖处理。

（五）进出境物品所有人声明放弃的物品，在海关规定期限内未办理海关手续或者无人认领的物品，以及无法投递又无法退回的进境邮递物品，由海关提取依法变卖处理。

（六）走私违法案件予以没收，由海关依法变卖处理的货物。

●无原始报关单的后续补税

无原始报关单的后续补税是指无法获得原始报关单的后续退补税货物，包括调查、稽查补税及审价、归类等各种原因的后续退补税货物。

本监管方式代码“9700”，简称“后续补税”。

●其他贸易

一、定义及代码

其他贸易是指除本章上述各节列名的监管方式以外，列入海关“其他贸易”统计的进出口货物。

本监管方式代码“9739”，简称“其他贸易”。

二、适用范围

（一）本监管方式适用：

1. 我国境内经批准临时进出口货物的机关、团体、学校、企事业单位等进出口货物、物品。

2. 外国驻华使、领馆在我国内购买货物出口。

3. 外商投资企业外方常驻人员和外国驻华机构的常驻人员，以及持有长期居留证件和来华定居的引进专家等进口自用汽车。

4. 进入厦门大嶝对台小额商品交易市场的人员带出台湾产品，每人每日价值人民币 1000 元以下免征进口关税和进口环节税，超出部分照章征税，监管方式为“其他贸易”。

5. 外国企业常驻我国办事机构进口不复运出境的陈列用企业产品样品。

6. 未列入运输工具进口载货清单、提（运）单，或多于进口载货清单、提（运）单所列数量的货物，运输工具负责人或溢卸货物的收货人申请办理进口溢卸货物。

（二）本监管方式不包括：

1. 入境旅客在境内购买 5 万美元以内的旅游商品托运出境，监管方式为“旅游购物商品”（0139）。

2. 本国籍运输工具在境内添加进口保税油、物料，监管方式为“国轮油物料”（1139）。

3. 外国常驻机构进口办公用品，监管方式为“常驻机构公用”（2439）。

4. 驻华商业机构进口不复运出口的陈列样品，监管方式为“陈列样品”（2939）。

5. 对台湾小额贸易，监管方式为“对台小额”（4039）。

6. 没有进出口经营权的企业或单位进出口货样广告品，监管方式为“货样广告品 B”（3039）。

7. 除援助、捐赠以外进出口其他免费提供的货物，监管方式为“其他进出口免费”（3339）。

8. 我国驻外机构在境外购买的公务用品、机动车辆运回境内，监管方式为“驻外机构购进”（4239）。

9. 海关拍卖处理超期未报货物、走私违规货物，监管方式为“海关处理货物”（9639）。

10. 驻华外交机构转售境内非外交机构或个人，国际文体交流活动进口物品获准留赠或放弃，监管方式为“留赠、转卖物品”（9839）。

●留赠、转卖物品

留赠、转卖物品是指外国（地区）驻我国外交机构转售境内非外交机构或国际文体活动留赠、放弃的特批进口物品。

本监管方式代码“9839”，简称“留赠、转卖物品”。

●其他

一、定义及代码

指除已具体列名监管方式以外其他不列入海关统计的进出境货物、物品。

本监管方式代码“9900”，简称“其他”。

二、适用范围

（一）从货运渠道进出境的个人行李物品。

（二）中国驻外国使领馆出口公务或自用物品。

（三）在境内结转的进出口货物：

1. 以出顶进货物，指经批准在国内以外汇向有关进出口公司购买出口商品顶替其应进口的同一商品。

2. 供应国内外汇免税商店并收取外汇的出口商品。

3. 经批准将来料加工、进料加工贸易项下加工的成品转为免税外汇商品。

4. 经批准内销征税的进口免税品。

（四）边民互市贸易进出境货物。

（五）我国远洋渔业企业进口自捕水产品。

（六）国有文物收藏单位经国家文物局核准后，接受境外捐赠、归还和从境外追索的文物进口。

国有文物收藏单位系指经国家文物局审核批准从事文物收藏和研究的博物馆（院）、展览馆、研究所（院）等单位。

（七）与无代价抵偿进出口货物相关的原进口货物退运出境或原出口货物退运进境。

（八）我国各银行总行调运进出境的人民币、外币现钞。

征免性质代码表及说明

征免性质代码表

征免性质代码	征免性质简称	征免性质全称
101	一般征税	一般征税进出口货物
118	整车征税	构成整车特征的汽车零部件纳税
119	零部件征税	不构成整车特征的汽车零部件纳税
201	无偿援助	无偿援助进出口物资
299	其他法定	其他法定减免税进出口货物
301	特定区域	特定区域进口自用物资及出口货物
307	保税区	保税区进口自用物资
399	其他地区	其他执行特殊政策地区出口货物
401	科教用品	大专院校及科研机构进口科教用品
403	技术改造	企业技术改造进口货物
405	科技开发用品	科学研究、技术开发机构进口科技开发用品
406	重大项目	国家重大项目进口货物
408	重大技术装备	生产重大技术装备进口关键零部件及原材料
409	科技重大专项	科技重大专项进口关键设备、零部件和原材料
412	基础设施	通信、港口、铁路、公路、机场建设进口设备
413	残疾人	残疾人组织和企业进出口货物
417	远洋渔业	远洋渔业自捕水产品
418	国产化	国家定点生产小轿车和摄录机企业进口散件
419	整车特征	构成整车特征的汽车零部件进口
420	远洋船舶	远洋船舶及设备部件
421	内销设备	内销远洋船用设备及关键部件
422	集成电路	集成电路生产企业进口货物
423	新型显示器件	新型显示器件生产企业进口物资
499	ITA 产品	非全税号信息技术产品
501	加工设备	加工贸易外商提供的不作价进口设备
502	来料加工	来料加工装配和补偿贸易进口料件及出口成品
503	进料加工	进料加工贸易进口料件及出口成品
506	边境小额	边境小额贸易进口货物
510	港澳 OPA	港澳在内地加工的纺织品获证出口
601	中外合资	中外合资经营企业进出口货物
602	中外合作	中外合作经营企业进出口货物
603	外资企业	外商独资企业进出口货物
605	勘探开发煤层气	勘探开发煤层气

征免性质代码	征免性质简称	征免性质全称
606	海洋石油	勘探、开发海洋石油进口货物
608	陆上石油	勘探、开发陆上石油进口货物
609	贷款项目	利用贷款进口货物
611	贷款中标	国际金融组织贷款、外国政府贷款中标机电设备零部件
698	公益收藏	国有公益性收藏单位进口藏品
789	鼓励项目	国家鼓励发展的内外资项目进口设备
799	自有资金	外商投资额度外利用自有资金进口设备、备件、配件
801	救灾捐赠	救灾捐赠进口物资
802	扶贫慈善	境外向我境内无偿捐赠用于扶贫慈善的免税进口物资
803	抗艾滋病药品	进口抗艾滋病病毒药品
811	种苗种畜	享受进口税收优惠政策的进口种子（苗）、种畜（禽）、鱼种（苗）和种用野生动植物种源
818	中央储备粮油	中央储备粮油免征进口环节增值税政策
819	科教图书	进口科研教学用图书资料
888	航材减免	经核准的航空公司进口维修用航空器材
898	国批减免	国务院特准减免税的进出口货物
997	自贸协定	
998	内部暂定	享受内部暂定税率的进出口货物
999	例外减免	例外减免税进出口货物

征免性质代码表说明

征免性质是指海关对进出口货物实施征、减、免税管理的性质类别。

征免性质分为照章征税、法定减免税、特定减免税和临时减免税四部分。其中特定减免税又分为按地区实施的税收政策、按用途实施的税收政策、按贸易性质实施的税收政策、按企业性质和资金来源实施的税收政策等五类。

一份报关单只允许填报一种征免性质，涉及多个征免性质的，应分单填报。

●一般征税进出口货物

一、定义及代码

一般征税进出口货物指海关根据《中华人民共和国海关法》、《中华人民共和国进出口关税条例》（国务院令第392号）、《中华人民共和国进出口税则》及其他法律、行政法规、规章的规定征收进出口关税、进口环节税的进出口货物。

本征免性质代码“101”，简称“一般征税”。

二、适用范围

本征免性质限于海关依据法律、行政法规、规章规定的法定税率征收进出口关税、进口环节税的进出口货物，包括按照公开暂定、关税配额、反倾销、反补贴、保障措施等税率、税额征税或补税的进出口货物。

执行ITA税率的货物（征免性质代码“499”）不适用本征免性质。

●无偿援助进出口物资

一、定义及代码

无偿援助进出口物资指外国政府、国际组织对我国无偿赠送及我国履行国际条约规定进口的物资，或我国对国外无偿援助或赠送的物资。

本征免性质代码“201”，简称“无偿援助”。

二、适用范围

（一）本征免性质所称外国政府是指外国国家的中央政府；国际组织是指联合国各专门机构，以及长期与我国有合作关系的其他国际组织；国际条约是指依据《中华人民共和国缔结条约程序法》以“中华人民共和国”、“中华人民共和国政府”、“中华人民共和国政府部门”名义同外国缔结协定或协议，以及参加的国际条约。

（二）免税范围

1. 根据中国与外国政府、国际组织间的协定或协议，由外国政府、国际组织直接无偿赠送的物资，或由其提供无偿赠款，由我国受赠单位按照协定或协议规定用途自行采购进口的物资。

2. 外国地方政府或民间组织受外国政府委托无偿赠送的物资。

3. 国际组织成员受国际组织委托无偿赠送的物资。

4. 我国履行国际条约规定免税进口的物资。

（三）外国民间团体、企业、友好人士和华侨、香港居民，以及台湾、澳门同胞及外籍华人无偿向我境内受灾地区捐赠的直接用于救灾的物资（征免性质代码“801”），境外捐赠人无偿向我国境内捐赠的直接用于扶贫、慈善事业的进口物资（征免性质代码“802”）不适用本征免性质。

●其他法定减免税进出口货物

一、定义及代码

其他法定减免税进出口货物指海关依照《中华人民共和国海关法》、《中华人民共和国进出口关税条例》，对除无偿援助进出口物资外的其他实行法定减免税的进出口货物，以及根据有关规定按非全额货值征税的部分进出口货物。

本征免性质代码“299”，简称“其他法定”。

二、适用范围

本征免性质仅限无代价抵偿货物，货样和广告品，暂时进出境货物，展览会货物，退运货物，残损货物，进出境运输工具装载的途中必需的燃料、物料和饮食用品，我国缔结或者参加的国际条约规定减免税款的货物，因不可抗力因素造成的受灾保税货物等不按“进出口货物征免税证明”管理的减免税货物。

●保税区进口自用物资

一、定义及代码

保税区进口自用物资是指对保税区单独实施征减免税政策的进口自用物资。

本征免性质代码“307”，简称“保税区”。

二、适用范围

本征免性质仅限保税区进口的自用物资，包括区内生产性基础设施建设物资，区内企业自用的生产、管理设备和自用合理数量的办公用品，建设生产厂房、仓储设施所需的物资设备，保税区行政管理机构自用合理数量的管理设备和办公用品等。

保税区内加工贸易进出口货物、仓储货物、转口货物和外商投资企业按照外商投资企业进口税收政策进口的设备等不适用本征免性质。

●其他执行特殊政策地区进出口货物

一、定义及代码

其他执行特殊政策地区进出口货物指除保税区外单独实施特殊税收政策地区进出口的货物。

本征免性质代码“399”，简称“其他地区”。

二、适用范围

（一）本征免性质仅限出口加工区、保税港区、综合保税区、珠澳跨境工业园区等海关特殊监管区进口的基建、生产和管理设备、物资，区内出口货物，以及从境内区外进入上述海关特殊监管区（包括中哈霍尔果斯国际边境合作中心）的基建物资或区内生产企业在国内采购用于生产出口产品的原材料。

（二）本征免性质不适用：

1. 特殊区域内加工贸易进出口货物、仓储货物、转口货物和外商投资企业按照外商投资企业进口税收政策进口的设备等。

2. 保税区进出口货物，征免性质代码“307”。

●科教用品和科技开发用品

一、定义及代码

科教用品指为促进科学研究和教育事业的发展，推动科教兴国战略的实施，科学研究机构和学校以科学研究和教学为目的，在合理数量范围内进口国内不能生产或者性能不能满足需要的科学研究和教学用品。

科技开发用品指为鼓励科学研究和技术开发，促进科技进步，科学研究、技术开发机构在2010年12月31日前，在合理数量范围内进口国内不能生产或者性能不能满足需要的科技开发用品。

本征免性质代码“401”，简称“科教用品”。

二、适用范围

（一）本征免性质所称科研机构和学校是指：

1. 国务院部委、直属机构和省、自治区、直辖市、计划单列市所属专门从事科学研究工作的各类科研院所。

2. 国家承认学历的实施专科及以上高等学历教育的高等学校。

3. 财政部会同国务院有关部门核定的其他科学研究机构和学校。

（二）本征免性质所称科学研究、技术开发机构是指：

1. 科技部会同财政部、海关总署和国家税务总局核定的科技体制改革过程中转制为企业和进入企业的主要从事科学研究和技术开发工作的机构。

2. 国家发展和改革委员会会同财政部、海关总署和国家税务总局核定的国家工程研究中心。

3. 国家发展和改革委员会会同财政部、海关总署、国家税务总局和科技部核定的企业技术中心。

4. 科技部会同财政部、海关总署和国家税务总局核定的国家重点实验室和国家工程技术研究中心。

5. 财政部会同国务院有关部门核定的其他科学研究、技术开发机构。

（三）具体免税范围限于《免税进口科学研究和教学用品清单》和《免税进口科技开发用品清单》。

（四）转制科研机构进口国家鼓励发展的内外资项目技术和设备（征免性质代码“789”）不适用本征免性质。

●国家重大项目进口货物

一、定义及代码

国家重大项目进口货物指经国务院批准的国家重大建设项目项下进口的设备，以及安装所需材料等。

本征免性质代码“406”，简称“重大项目”。

二、适用范围

（一）本征免性质仅限1996年4月1日前经国务院批准可行性研究报告中列明减免税条款或另有减免税批准文件的重大建设项目。

（二）利用政府贷款、世界银行贷款等外资贷款建设的重大项目（征免性质代码“609”）不适用于本征免性质。

●进口残疾人专用品和专用设备

一、定义及代码

进口残疾人专用品和专用设备指为支持残疾人康复工作、帮助残疾人自立免税进口的残疾人专用品和有关福利机构、康复机构、企业按照国家有关规定免税进口的国内不能生产的残疾人专用设备及专用生产设备。

本征免性质代码“413”，简称“残疾人”。

二、适用范围

（一）本征免性质仅限进口的残疾人专用品和残疾人福利机构、康复机构、企业进口的残疾人专用设备及专用生产设备。

（二）免税货物范围

1. 残疾人个人专用品

（1）假肢及其零部件：上肢假肢，包括部分手、前臂、上臂、假手、肘关节；下肢假肢，包括部分足、小腿、大腿、膝关节等。

（2）假眼。

（3）假鼻。

（4）内脏托带：肾托、胃托、疝气带、疝气腰带等。

（5）矫形器：包括脊柱、上肢、下肢、功能性电子刺激器和复合力源矫形器系统等。

（6）矫形鞋：成品矫形鞋、订做的矫形鞋、适配的标准鞋。

（7）非机动助行器：包括单臂操作助行器（手杖、肘拐、前臂支撑拐、腋拐、三脚及多脚拐杖等）、双臂操作助行器（助行架、轮式助行架、助行椅、助行台等）及助行器的附件等。

（8）代步工具（不包括汽车、摩托车）：包括轮椅车（手动、电动、机动）、残疾人专业自行车（如手摇三轮车、串翼自行车、助行自行车手扒推轮椅等）。

（9）辅助器具：移动用辅助器具、翻身用辅助器具（如翻身垫、翻身床单、翻身毯等）、升降用辅助器具（如轮椅爬楼梯装置、升降架等）。

（10）生活自助具：包括残疾人专用服装（如轮椅使用者的连裤服、雨衣、手套，鞋和靴的防滑装置等），安全防护辅助器具（如用于头部、面部、上肢、下肢及全身的防护装置等），穿脱衣服的辅助器具，画图和书写辅助器具（如书写板、书写框等），日常生活用辅助器具（如罐头开启器、防洒碗等）。

（11）专用卫生用品。

（12）视力残疾者用盲杖。

（13）导盲镜。

（14）助视器。

（15）盲人阅读器：电子盲文书写器、手动盲文书写器等。

（16）语言、听力残疾者用的语言训练器：言语训练辅助器具。

（17）智力残疾者用的行为训练器。

（18）生活能力训练用品。

2. 残疾人专用设备和专用生产设备

（1）残疾人康复及专用设备：包括床旁监护设备、中心监护设备、生化分析仪和超声诊断仪。

（2）残疾人特殊教育设备和职业教育设备：指对残疾人进行义务教育、学历教育、职业教育所需的各类设备（如聋人助听设备、智力残疾检测设备等）。

（3）残疾人职业能力评估测试设备（如手腕作业检查盘、注意力集中能力测试仪等）。

（4）残疾人专用劳动设备和劳动保护设备（如某种肢残人操作的特殊机床、聋人专用的特殊报警装置等），以及为残疾人就业设立的福利企业进口的适合残疾人操作的生产设备。

（5）残疾人文体活动专用设备：指残疾人进行文化、娱乐、体育活动和体育竞赛所需的专用设备（如各种运动轮椅、盲人门球等）。

（6）假肢专用生产、装配、检测设备，包括假肢专用铣磨机、假肢专用真空成型机、假肢专用平板加热器和假肢综合检测仪。

（7）听力残疾者用的助听器：包括各类助听器等。

（三）境外捐赠人无偿向我国境内捐赠的直接用于扶贫、慈善事业的进口物资（征免性质代码“802”）不适用本征免性质。

●远洋渔业自捕水产品

一、定义及代码

远洋渔业自捕水产品是指根据国家远洋渔业企业运回自捕水产品的原产地规则，我国远洋渔业企业在公海或按照有关协议规定，在国外海域捕获并运回国内销售的自捕水产品及其加工制品，视同国内产品，免征关税和进口环节税。

本征免性质代码“417”，简称“远洋渔业”。

二、适用范围

本征免性质仅限经农业部批准，获得“农业部远洋渔业企业资格证书”的我国远洋渔业企业。

运回的水产品及其加工制品限于在公海或按照有关协议规定，在国外海域自捕，并符合原产地规则的认定。

●远洋船舶及设备部件

一、定义及代码

远洋船舶及设备部件是指中央关于制定国民经济和社会发展第十一个五年规划期间（以下简称“十一五”期间），在国内订造、改造远洋渔船进口船用关键设备和部件，进口少量带有入渔配额的二手远洋渔船，以及进口国内不能建造的特种渔船，实施进口税收优惠政策。

本征免性质代码“420”，简称“远洋船舶”。

二、适用范围

（一）本征免性质仅适用于“十一五”期间（2006年1月1日至2010年12月31日）经农业部批准的在国内订造、改造远洋渔船所需进口的船用关键设备和部件，国内尚不能建造的特种渔船及少量带有入渔配额的二手远洋渔船。

（二）本征免性质不适用于“十一五”期间为建造内销远洋船所需进口的国内不能生产或性能不能满足要求的关键设备及部件，征免性质代码“421”。

●内销远洋船用设备及关键部件

一、定义及代码

内销远洋船用设备及关键部件是指为建造内销远洋船所需进口的国内不能生产或性能不能满足要求的关键设备及部件。

征免性质代码“421”，简称“内销设备”。

二、适用范围

（一）本征免性质仅适用于“十一五”期间（2006年1月1日至2010年12月31日）经国家有关部门共同审定，为建造内销远洋船所需进口的国内不能生产或性能不能满足要求的关键部件及设备。

内销远洋船舶是指中国远洋运输（集团）总公司、中国海运（集团）总公司、中国对外贸易运输（集团）总公司和长江航运（集团）总公司委托中国船舶工业集团公司和中国船舶重工集团公司所属企业（包括造船企业和配套造船企业）建造的远洋船舶。

（二）本征免性质不适用于远洋渔业企业、国内船舶及船用设备制造企业在国内订造、改造远洋渔船所需进口的船用关键设备和部件，征免性质代码“420”。

●集成电路生产企业进口货物

一、定义及代码

集成电路生产企业进口货物是指在中国境内设立的经审核符合条件的集成电路生产企业进口国内无法生产的自用生产性原材料、消耗品、净化室专用建筑材料、配套系统和集成电路生产设备零、配件。

本征免性质代码“422”，简称“集成电路”。

二、适用范围

本征免性质仅适用于集成电路线宽小于0.8微米（含）集成电路生产企业进口自用生产性原材料、消耗品，集成电路线宽小于0.25微米或投资额超过80亿元的集成电路生产企业进口自用生产性原材料、消耗品、净化室专用建筑材料、配套系统和集成电路生产设备零、配件。

●薄膜晶体管液晶显示器件生产企业进口货物

一、定义及代码

薄膜晶体管液晶显示器件生产企业进口货物是指薄膜晶体管液晶显示器件生产企业进口国内不能生产的净化室专用建筑材料、配套系统，以及维修用的生产设备零部件、自用生产性原材料和消耗品。

本征免性质代码“423”，简称“膜晶显”。

二、适用范围

本征免性质仅适用于经国务院有关部门共同审核确定，可享受本税收政策的薄膜晶体管液晶显示器件生产企业（以下简称“膜晶显生产企业”）进口国内不能生产的净化室专用建筑材料、配套系统，以及维修用的生产设备零部件、自用生产性原材料和消耗品。

第一批符合条件的膜晶显生产企业是：北京京东方光电科技有限公司（以下简称京东方）、上海广电NEC液晶显示器公司（以下简称上广电）和吉林北方彩晶数码电子有限公司。

●非全税号信息技术产品

一、定义及代码

非全税号信息技术产品是指为执行“信息技术产品协议”，海关核定用途后执行ITA税率的部分用于信息技术产品生产的商品。

本征免性质代码“499”，简称“ITA产品”。

二、适用范围

本征免性质仅适用于进口《中华人民共和国进出口税则》所列的ITA产品。

●加工贸易外商提供的不作价进口设备

一、定义及代码

加工贸易外商提供的不作价进口设备是指与经营企业开展加工贸易（包括来料加工、进料加工）的境外企业，以免费即不需经营企业付汇进口、也不需用加工费或差价偿还方式，向经营企业提供的加工生产所需设备。

本征免性质代码“501”，简称“加工设备”。

二、适用范围

（一）本征免性质仅适用于加工贸易项下境外企业免费提供的不作价进口设备。

（二）本征免性质不适用按暂时进出口货物监管（监管方式为“暂时进出口”，代码“2600”）的加工贸易生产所需的不作价设备（限模具、单台设备），征免性质为“法定减免”（299）。

●来料加工贸易进口料件及出口成品

一、定义及代码

来料加工贸易进口料件及出口成品是指由境外企业提供，

经营企业不需要付汇进口的来料加工业务所需全部或部分原辅材料、零部件、元器件和包装物料（以下简称料件），以及经加工或者装配后复出口的成品。

本征免性质代码“502”，简称“来料加工”。

二、适用范围

（一）本征免性质仅限来料加工项下进口的用于加工复出口成品所需的料件，以及经加工或者装配后复出口的成品。

（二）进口料件或制成品内销的，不适用本征免性质，征免性质为“照章征税”（101）。

●进料加工贸易进口料件及出口成品

一、定义及代码

进料加工贸易进口料件及出口成品是指经营企业付汇进口的进料加工所需的全部或者部分原辅材料、零部件、元器件、包装物料（以下简称料件），以及经过加工或者装配后复出口的成品。

本征免性质代码“503”，简称“进料加工”。

二、适用范围

（一）本征免性质仅限进料加工项下进口的用于加工复出口成品所需的料件，以及经加工后复出口的成品。

（二）进口料件或制成品内销的，按规定不予保税备案的消耗性物料，不适用本征免性质。征免性质为“照章征税”（101）。

●边境小额贸易进口货物

一、定义及代码

边境小额贸易进口货物是指我国边境地区经批准有小额贸易经营权的企业通过国家指定的陆路边境口岸，进口原产于毗邻国家的货物，包括边境地区开展易货贸易、现汇贸易、互利经济合作（工程承包、劳务输出），以及以除边民互市贸易以外的其他各类边境贸易形式进口的货物。

本征免性质代码“506”，简称“边境小额”。

二、适用范围

（一）本征免性质适用于边境小额贸易企业通过国家指定的陆路边境口岸进口原产于毗邻国家的货物及边境地区外经贸企业与毗邻国家边境地区开展承包工程和劳务合作项下换回的原产于毗邻国家的物资。

（二）本征免性质不适用于边民互市贸易、通过边境口岸进口第三国贸易的商品。

●外商投资企业进出口货物

一、定义及代码

外商投资企业进出口货物指1997年12月31日前按国家规定程序批准设立的国内企业与境外企业在中国境内合资经营的企业、合作经营的企业，以及境外企业在中国境内独资经营的企业在投资总额内进口的设备，以及外商投资企业（不受批准时间限制）生产的出口产品（加工贸易除外）。

中外合资经营企业进出口货物征免性质代码“601”，简称“中外合资”。

中外合作经营企业进出口货物征免性质代码“602”，简称“中外合作”。

外商独资企业进出口货物征免性质代码“603”，简称“外资企业”。

二、适用范围

（一）征免性质“601”、“602”、“603”适用以下经批准设立的外商投资企业、外商投资项目在项目额度或投资总额内进口的自用设备及其按照合同随设备进口的技术及配套件、备件，以及所有外商投资企业生产（加工贸易除外）的出口产品：

1. 1996年3月31日前成立的外商投资企业，包括依法批准增资及原外经贸部颁发批准证书的外商投资企业。

2. 1995年10月1日至1996年3月31日依照程序经原外经贸部、原国家计委、原国家经贸委备案审核合格并经海关总署关税司转发各海关清单内的外商投资企业。

3. 1995年9月30日前地方依法审批报原外经贸部备案的外商投资企业。

4. 1996年4月1日至1997年12月31日按国家规定程序批准设立的外商投资项目。

（二）本征免性质不适用：

1. 外商投资企业开展加工贸易进口的不作价设备，征免性质代码“501”。

2. 国家鼓励发展的外资项目项下进口的货物，征免性质代码“789”。

3. 外商投资额度外利用自有资金进口的货物，征免性质代码“799”。

●勘探开发煤层气进口物资

一、定义及代码

勘探开发煤层气进口物资指勘探开发煤层气项目的单位在我国境内进行煤层气勘探开发所需进口的设备、仪器、零附件和专用工具。

本征免性质代码“605”，简称“勘探开发煤层气”。

二、适用范围

勘探开发煤层气所需进口物资的免税政策执行期限为“十一五”期间。

勘探开发煤层气项目的单位为中联煤层气有限责任公司及其他经财政部商海关总署和税务总局审核认定的单位。

具体免税范围限于国内不能生产或国内产品性能不能满足要求，并直接用于勘探开发作业的设备、仪器、零附件和专用工具。上述物资应符合《勘探开发煤层气免税进口物资清单》。

●开采海洋、陆上石油（天然气）进口物资

一、定义及代码

开采海洋、陆上石油（天然气）进口物资指在我国海洋或陆上特定地区进行石油和天然气开采作业所需进口的设备、仪器、零附件和专用工具。

海洋指我国内海、领海、大陆架及其他海洋资源管辖海域，包括浅海滩涂。

陆上特定地区指我国领土内的沙漠、戈壁荒漠和中外合作开采经国家批准的陆上石油、天然气中标区块。

开采海洋石油、天然气进口物资征免性质代码“606”，简称“海洋石油”。

开采陆上石油、天然气进口物资征免性质代码“608”，简称“陆上石油”。

二、适用范围

开采海洋、陆上石油（天然气）所需进口物资的免税政策执行期限为“十一五”期间。

具体免税范围限于国内不能生产或性能不能满足要求，并直接用于开采作业的设备、仪器、零附件、专用工具。上述物资应符合《开采海洋石油（天然气）免税进口物资清单》或《开采陆上特定地区石油（天然气）免税进口物资清单》。

●利用贷款进口货物

一、定义及代码

外国政府贷款和国际金融组织贷款项目进口设备指于1997年12月31日前按国家规定程序批准的利用外国政府贷款和国际金融组织（世界银行、亚洲开发银行、联合国农业发展基金）贷款项目所进口的自用设备，以及按合同随设备进口的技术及数量合理的配套件、备件。

本征免性质代码“609”，简称“贷款项目”。

二、适用范围

（一）本征免性质仅限1997年12月31日前按国家规定程序批准的利用外国政府贷款和国际金融组织贷款项目。

（二）本征免性质不适用：

1. 利用国际金融组织贷款、外国政府贷款生产中标机电设备所需进口的零部件，征免性质代码“611”。

2. 纳入国家鼓励发展内外资项目的利用外国政府贷款和国际金融组织贷款项目，征免性质代码“789”。

●中标机电设备零部件

一、定义及代码

国际金融组织贷款、外国政府贷款中标机电设备零部件指国内中标单位利用国际金融组织贷款、外国政府贷款，为生产中标机电设备而进口国内不能生产或性能不能满足需要的零部件。

本征免性质代码“611”，简称“贷款中标”。

二、适用范围

（一）本征免性质适用于利用国际金融组织贷款、外国政府贷款（世界银行贷款、亚洲开发银行贷款、日本国际协力银行贷款，以及上述组织的赠款）为生产中标机电设备所需进口的零部件。

中标机电设备限于在国际招标中国内企业直接中标、中外联合中标生产的机电设备，以及中标的境外企业、国内企业将中标项目再分包给国内其他企业制造的机电设备，不包括《外商投资项目不予免税的进口商品目录》中所列设备。

（二）本征免性质不适用于1997年12月31日前按国家规定程序批准的利用外国政府贷款和国际金融组织贷款项目，征免性质代码“609”。

●国家鼓励发展的内外资项目进口设备

一、定义及代码

国家鼓励发展的内外资项目进口设备指自1998年1月1日起对按国家规定程序审批并出具确认书的国家鼓励发展的国内投资项目和外商投资项目，以及从1999年9月1日起，按国家规定程序审批的外商投资研究开发中心，中西部省、自治区、直辖市利用外资优势产业和优势项目目录的项目，在投资总额内进口的自用设备，以及按合同随设备进口的技术及数量合理的配套件、备件。

本征免性质代码“789”，简称“鼓励项目”。

二、适用范围

（一）本征免性质适用于1998年1月1日后国家鼓励发展的国内投资项目和外商投资项目，以及从1999年9月1日起，按国家规定程序审批的外商投资研究开发中心，中西部省、自治区、直辖市利用外资优势产业和优势项目目录的项目，在投资总额内进口的自用设备，以及按合同随设备进口的技术及数量合理的配套件、备件。

（二）本征免性质不适用：

1. 1997年12月31日前批准设立的外商投资企业进口货物，征免性质代码“601”、“602”、“603”。

2. 1997年12月31日前按国家规定程序批准的利用外国政府贷款和国际金融组织贷款项目，征免性质代码“609”。

3. 外商投资企业投资额度外利用自有资金进口货物，征免性质代码“799”。

●外商投资额度外利用自有资金进口设备、备件、配件

一、定义及代码

外商投资额度外利用自有资金进口设备、备件、配件是指已设立的鼓励类和原限制乙类外商投资企业、外商投资研究开发中心、先进技术型和产品出口型外商投资企业技术改造，在投资总额以外利用自有资金，在原批准的生产经营范围内进口国内不能生产或性能不能满足需要的自用设备及其配套的技术、配件、备件。

本征免性质代码“799”，简称“自有资金”。

二、适用范围

（一）本征免性质适用于已设立的鼓励类和原限制乙类外商投资企业、外商投资研究开发中心、先进技术型和产品出口型外商投资企业（以下简称“五类企业”）技术改造，在投资总额以外利用自有资金，在原批准的生产经营范围内进口国内不能生产或性能不能满足需要的自用设备及其配套的技术、配件、备件。

1. 资金来源

“五类企业”投资总额以外的自有资金，具体是指企业储备基金、发展基金、折旧和税后利润。

2. 进口商品用途

在原批准的生产经营范围内，对本企业原有设备更新（不包括成套设备和生产线）或维修。

成套设备是指以完成某零、部件或产品生产加工或装配全部过程所有工序所需的全部设备。生产线是指用于完成某种产品一道或多道工序的、有一定节拍要求的、以一定方式连续生产的设备组合。

3. 进口商品范围

国内不能生产或性能不能满足需要的设备（即不属于《国内投资项目不予免税的进口商品目录》的商品），以及与上述设备配套的技术、配件、备件，包括随设备进口或单独进口的。

（二）本征免性质不适用：

1. 1997 年 12 月 31 日前批准设立的外商投资企业进口货物，征免性质代码“601”、“602”、“603”。

2. 国家鼓励发展的外资项目项下进口货物，征免性质代码“789”。

●救灾捐赠进口物资

一、定义及代码

救灾捐赠进口物资指外国民间团体、企业、友好人士和华侨、香港居民，以及台湾、澳门同胞及外籍华人无偿向我境内受灾地区捐赠的直接用于救灾的物资。

本征免性质代码“801”，简称“救灾捐赠”。

二、适用范围

（一）本征免性质适用范围：

1. 外国民间团体、企业、友好人士和华侨、香港居民，以及台湾、澳门同胞及外籍华人无偿向我境内受灾地区捐赠的直接用于救灾的物资。

2. 享受救灾捐赠物资进口免税的区域限于新华社对外发布和民政部《中国灾情信息》公布的受灾地区。

●境外向我境内无偿捐赠用于扶贫慈善的免税进口物资

一、定义代码

扶贫、慈善性捐赠物资是指境外捐赠人无偿向我国境内捐赠的直接用于扶贫、慈善事业的进口物资。

本征免性质代码“802”，简称“扶贫慈善”。

二、适用范围

（一）本征免性质适用于境外捐赠人无偿向我国境内捐赠的直接用于扶贫、慈善事业的进口物资。

1. 境外捐赠人应为中华人民共和国关境外的自然人、法人或者其他组织。

2. 受赠人应为国务院有关部门和各省、自治区、直辖市人民政府，以及从事人道救助和以发展扶贫、慈善事业为宗旨的全国性的社会团体，包括中国红十字会总会、全国妇女联合会、中国残疾人联合会、中华慈善总会、中国初级卫生保健基金会和宋庆龄基金会。

3. 使用人应为捐赠物资的直接使用者或负责分配该捐赠物资的单位或个人。

（二）扶贫、慈善公益性事业物资包括：

1. 新的衣服、被褥、鞋帽、帐篷、手套、睡袋、毛毯及其他维持基本生活的必需用品等。

2. 食品类及饮用品（调味品、水产品、水果、饮料、烟酒等除外）。

3. 医疗类包括直接用于治疗特困患者疾病或贫困地区治疗地方病及基本医疗卫生、公共环境卫生所需的基本医疗药品、基本医疗器械、医疗书籍和资料。

其中，“基本医疗药品”是指用于急救、治疗、防疫、消毒、抗菌等用途的药品和人体移植用的器官，但不包括保健药和营养药；“基本医疗器械”是指诊疗器械、手术器械、卫生检测器械、伤残修复器械、防疫防护器械、消毒灭菌器械。

4. 直接用于公共图书馆、公共博物馆、各类职业学校、高中、初中、小学、幼儿园教育的教学仪器、教材、图书、资料和一般学习用品。

其中，“公共图书馆和公共博物馆”是指经省级以上文化行政管理部门认定、向社会开放的县（市）级以上单位管理的公益性图书馆或经省级以上文物行政管理部门认定、向公众开放的县（市）级以上单位管理的各类公益性博物馆；“教学仪器”是指《扶贫、慈善性捐赠物资免征进口税收暂行办法》规定的学校、幼儿园专用于教学的检验、观察、计量、演示用的仪器和器具；“一般学习用品”是指《扶贫、慈善性捐赠物资免征进口税收暂行办法》规定的学校、幼儿园教学和学生专用的文具、教具、婴幼儿玩具、标本、模型、切片、各类学习软件、实验室用器皿和试剂、学生服装（含鞋帽）和书包等。

5. 直接用于环境保护的专用仪器。具体是指环保系统专用的空气质量与污染源废气监测仪器及治理设备、环境水质与污水监测仪器及治理设备、环境污染事故应急监测仪器、固体废物监测仪器及处置设备、辐射防护与电磁辐射监测仪器及设备、生态保护监测仪器及设备、噪声及振动监测仪器和实验室通用分析仪器及设备。

6. 经国务院批准的其他直接用于扶贫、慈善事业的物资。

上述物资不包括国家停止减免税的 20 种商品、汽车、生产性设备、生产性原材料及半成品等。

捐赠物资应为新品，在捐赠物资内不得夹带有害环境、公共卫生和社会道德及政治渗透等违禁物品。

（三）本征免性质不适用：

1. 无偿援助物资，征免性质代码“201”。

2. 残疾人专用品、残疾人专用设备及专用生产设备，征免性质代码“413”。

●进口抗艾滋病病毒药品

进口抗艾滋病病毒药品指对卫生部委托进口的抗艾滋病病毒药物免征进口关税和进口环节增值税政策。

本征免性质代码“803”，简称“抗艾滋病药品”。

●享受进口税收优惠政策的进口种子（苗）、种畜（禽）、鱼种（苗）和种用野生动植物种源

享受进口税收优惠政策的进口种子（苗）、种畜（禽）、鱼种（苗）和种用野生动植物种源指根据规定进口种子（苗）、种畜（禽）、鱼种（苗）和种用野生动植物种源免征进口环节增值税政策。

本征免性质代码“811”，简称“种苗种畜”。

●中央储备粮油免征进口环节增值税政策

中央储备粮油免征进口环节增值税政策指对中储粮总公司及其子公司在免税进口额度范围内进口的粮油，予以免征进口环节增值税。

本征免性质代码“818”，简称“中央储备粮油”。

●进口科研教学用图书资料

一、定义及代码

进口科研教学用图书资料指根据规定对中国图书进出口（集团）总公司等7家图书进出口公司为科研单位、大专院校进口用于科研、教学的图书、文献、报刊及其他资料（包括只读光盘、缩微平片、胶卷、地球资料卫星照片、科技和教学声像制品）免征进口环节增值税。

本征免性质代码“819”，简称“科教图书”。

二、适用范围

享受该项进口税收优惠政策的企业为中国图书进出口（集团）总公司及其具有独立法人资格的子公司、中国经济图书进出口公司、中国教育图书进出口公司、中国出版对外贸易总公司、北京中科进出口有限责任公司、中国科技资料进出口总公司和中国国际图书贸易集团有限公司等7家图书进出口公司。

●经核准的航空公司进口维修用航空器材

一、定义及代码

经核准的航空公司进口维修用航空器材是指经国务院批准，由民航总局确认的营运国际和港澳航线的国内航空公司进口的维修用航空器材。

本征免性质代码“888”，简称“航材减免”。

二、适用范围

（一）本征免性质仅限经国务院批准，由民航总局确认的营运国际和港澳航线的国内航空公司。

（二）进口维修用航空器材限于用于维修飞机机载设备及其零部件所进口的航空器材，以及维修飞机所必需的消耗材料，包括：

1. 发动机及其零部件、附件。
2. 辅助动力装置（APU）及其零部件、附件。
3. 起落架及其零部件、附件。
4. 其他飞机零部件、附件。
5. 维修飞机所必需的润滑油、油漆。
6. 上述设备、装置和附件送境外维修时所更换的零部件及附件。

进口维修用的飞机驾驶舱内的设备及其零部件，以及固定安装在飞机上且为飞行和载客、载货运输所必需的设备及其零部件（例如，飞机上的液晶显示屏、机上用照明灯具、飞机轮胎等），属于可享受进口税收优惠政策的商品范围。但移动式餐车等非固定安装在飞机上的物品不属于减税商品范围。

●国务院特准减免税的进出口货物

一、定义及代码

国务院特准减免税的进出口货物指经国务院特案批准予以减免税的进出口货物。

本征免性质代码“898”，简称“国批减免”。

二、适用范围

本征免性质仅限国务院特案批准予以减免税的特殊行业或进出口货物，如国家计划内进口的化肥、饲料、图书资料、种子（苗）、种畜（禽）、鱼苗和非盈利性种用野生动植物、航空公司进口或租赁的飞机等。

●例外减免税进出口货物

一、定义及代码

例外减免税进出口货物指无法归入以上各类列名征免性质的减免税进出口货物。

本征免性质代码“999”，简称“例外减免”。

二、管理规定

（一）按海关总署文件或通知的具体内容执行。

（二）减免税办理程序：

申请减免税的企业或单位持批准文件和其他有关单证，到所在地海关办理减免税审批手续。

海关核发“进出口货物征免税证明”，进出口地海关凭以办理货物的减免税手续。

征减免税方式代码表及说明

征减免税方式代码表

征减免税方式代码	征减免税方式名称
1	照章征税
2	折半征税
3	全免
4	特案
5	随征免性质
6	保证金
7	保函

征减免税方式代码表说明

征减免税方式是指进出口货物征税、减税、免税或特案处理的方式。

一、征减免税方式的分类

征减免税方式分为照章征税、折半征税、全免、特案减免、随征免性质、保证金、保证函、折半补税，各种方式分别用不同的代码标定。

二、征减免税方式代码说明

（一）征减免税方式分为照章征税、折半征税、全免、特案减免、随征免性质、保证金、保证函、折半补税及出口全额退税九种。

（二）征减免税方式代码表说明

照章征税：代码“1”，进出口货物依照法定税率计征各类税、费。

折半征税：代码“2”，依照海关签发的“进出口货物征免税证明”或海关总署的通知，对进出口货物依照法定税率折半征收税款。

全免：代码“3”，依照海关签发的“进出口货物征免税证明”或其他有关规定，对进出口货物免征关税和增值税，消费税是否免征依批文规定办理。

特案减免：代码“4”，依照海关签发的“进出口货物征免税证明”或其他有关规定所规定的税率或完税价计征关税、增值税和消费税。

随征免性质：代码“5”，用于特定监管方式进出口的货物按特殊计税公式或税率计征关税、增值税和消费税。

保证金：代码“6”，经海关准予担保放行的货物收取保证金。

保证函：代码“7”，经海关准予担保放行的货物凭保证函办理。

运输方式代码表及说明

运输方式代码表

运输方式代码	运输方式名称	运输方式代码	运输方式名称
0	非保税区	8	保税仓库
1	监管仓库	9	其他运输
2	水路运输	A	全部运输方式
3	铁路运输	H	边境特殊海关作业区
4	公路运输	W	物流中心
5	航空运输	X	物流园区
6	邮件运输	Y	保税港区
7	保税区	Z	出口加工区

运输方式代码表说明

一、定义

运输方式包括实际运输方式和海关规定的特殊运输方式，前者指货物实际进出境的运输方式，按进出境所使用的运输工具分类；后者指货物无实际进出境的运输方式，按货物在境内的流向分类。

二、运输方式分类说明

（一）水路运输：代码“2”，指利用船舶在国内外港口之间，通过固定的航区和航线进行货物运输的一种方式。

（二）铁路运输：代码“3”，指利用铁路承担进出口货物运输的一种方式。

（三）公路运输：代码“4”，指利用汽车承担进出口货物运输的一种方式。

（四）航空运输：代码“5”，指利用航空器承运进出口货物的一种方式。

（五）邮件运输：代码“6”，指通过邮局寄运货物进出口的一种方式。

（六）其他运输：代码“9”，除上述几种运输方式以外的货物进出口运输方式。如利用人扛、驮畜、输油管道、输水管道和输电网等方式进出口货物的运输方式。

（七）用于标志境内进出和退回保税区或保税仓库等区域的运输方式代码如下：

非保税区：代码“0”，指境内非保税区运入保税区和保税区退区（退运境内）货物。

监管仓库：代码“1”，指境内存入出口监管仓和出口监管仓退仓货物。

保税区：代码“7”，指保税区运往境内非保税区货物。

保税仓库：代码“8”，指保税仓库转内销货物。

边境特殊海关作业区：代码“H”，指境内运入深港西部通道港方口岸区的货物。

物流中心：代码“W”，指从境内运入保税物流中心或从保税物流中心运往境内非保税物流中心的货物。

物流园区：代码“X”，指从境内运入保税物流园区或从园区运往境内的货物。

保税港区：代码“Y”，指从保税港区（不包括直通港区）运往区外和区外运入保税港区的货物。

出口加工区：代码“Z”，指出口加工区运往境内加工区外和区外运入出口加工区的货物。

关区代码表及说明

关区代码表

关区代码	关区名称	关区简称	关区代码	关区名称	关区简称
0100	**北京关区**	**北京关区**	0210	武清海关	武清海关
0101	机场单证	机场单证	0211	津加工区	津加工区
0102	京监管处	京监管处	0212	天津保税物流园区	津物流园
0103	京关展览	京关展览	0213	天津东疆保税港区	天津东疆
0104	京一处	京一处	0214	天津滨海新区综合保税区	津滨综保
0105	京二处	京二处	0215	天津机场海关快件监管中心	津机快件
0106	京关关税	京关关税	0216	天津经济技术开发区保税物流中心	津开物流
0107	机场库区	机场库区	0220	津关税处	津关税处
0108	京通关处	京通关处	**0400**	**石家庄区**	**石家庄区**
0109	机场旅检	机场旅检	0401	石家庄关	石家庄关
0110	平谷海关	平谷海关	0402	秦皇岛关	秦皇岛关
0111	京五里店	京五里店	0403	唐山海关	唐山海关
0112	京邮办处	京邮办处	0404	廊坊海关	廊坊海关
0113	京中关村	京中关村	0405	保定海关	保定海关
0114	京国际局	京国际局	0406	石家庄海关驻邯郸办事处	石关邯办
0115	京东郊站	京东郊站	0407	秦加工区	秦加工区
0116	京信	京信	0408	中华人民共和国沧州海关	沧州海关
0117	京开发区	京开发区	0409	廊坊海关驻出口加工区办事处	廊加工区
0118	十八里店	十八里店	0410	石家庄海关驻机场办事处	石机场办
0119	机场物流	机场物流	**0500**	**太原海关**	**太原海关**
0121	京调查局	京调查局	0501	并关监管	并关监管
0123	机场调技	机场调技	0502	太原机场海关	并机场关
0124	北京站	北京站	0503	大同海关	大同海关
0125	西客站	西客站	0504	侯马海关	侯马海关
0126	京加工区	京加工区	0505	山西方略保税物流中心	方略物流
0127	京快件	京快件	**0600**	**满洲里关**	**满洲里关**
0128	京顺义办	京顺义办	0601	海拉尔关	海拉尔关
0129	北京海关天竺综合保税区	京关天竺	0602	额尔古纳	额尔古纳
0200	**天津关区**	**天津关区**	0603	满十八里	满十八里
0201	天津海关	天津海关	0604	满赤峰办	满赤峰办
0202	新港海关	新港海关	0605	满通辽办	满通辽办
0203	津开发区	津开发区	0606	满哈沙特	满哈沙特
0204	东港海关	东港海关	0607	满室韦	满室韦
0205	津塘沽办	津塘沽办	0608	满互贸区	满互贸区
0206	津驻邮办	津驻邮办	0609	满铁路	满铁路
0207	津机场办	津机场办	0610	满市区	满市区
0208	津保税区	津保税区	0611	满洲里海关驻西郊机场办事处	满关机办
0209	蓟县海关	蓟县海关	**0700**	**呼特关区**	**呼特关区**

关区代码	关区名称	关区简称
0701	呼和浩特	呼和浩特
0702	二连海关	二连海关
0703	包头海关	包头海关
0704	呼关邮办	呼关邮办
0705	二连公路	二连公路
0706	包头海关驻国际集装箱中转站办事处	包头箱站
0707	额济纳海关	额济纳关
0708	乌拉特海关	乌拉特关
0709	满都拉口岸	满达口岸
0710	东乌海关	东乌海关
0711	呼和浩特海关驻白塔机场办事处	呼关机办
0712	呼和浩特海关驻出口加工区办事处	呼加工区
0713	鄂尔多斯海关	鄂尔多斯
0800	**沈阳关区**	**沈阳关区**
0801	沈阳海关	沈阳海关
0802	锦州海关	锦州海关
0803	沈驻邮办	沈驻邮办
0804	沈驻抚顺	沈驻抚顺
0805	沈开发区	沈开发区
0806	沈驻辽阳	沈驻辽阳
0807	沈机场办	沈机场办
0808	沈集装箱	沈集装箱
0809	沈阳东站	沈阳东站
0810	葫芦岛关	葫芦岛关
0811	沈阳海关驻辽宁沈阳出口加工区办事处	辽沈加区
0812	沈阳海关驻张士出口加工区办事处	沈张出加
0813	沈阳保税物流中心	沈阳物流
0900	**大连海关**	**大连海关**
0901	大连港湾海关	大连港湾
0902	大连机场	大连机场
0903	连开发区	连开发区
0904	连加工区	连加工区
0905	大窑湾海关驻北良港办事处	窑北良办
0906	连保税区	连保税区
0907	大连保税物流园区	连物流园
0908	连大窑湾	连大窑湾
0909	大连邮办	大连邮办
0910	大连大窑湾保税港区	连保税港
0912	大连国际快件监管中心	大连快件
0915	庄河海关	庄河海关
0917	大连海关驻旅顺办事处	大连旅办
0930	丹东海关	丹东海关
0931	丹东海关驻本溪办事处	丹本溪办
0932	太平湾海关	丹太平湾
0940	营口海关	营口海关
0941	营口海关驻盘锦办事处	营盘锦办
0950	鲅鱼圈关	鲅鱼圈关
0951	营口港保税物流中心	营港物流

关区代码	关区名称	关区简称
0960	大东港关	大东港关
0980	鞍山海关	鞍山海关
1500	**长春关区**	**长春关区**
1501	长春海关	长春海关
1502	长开发区	长开发区
1503	长白海关	长白海关
1504	临江海关	临江海关
1505	图们海关	图们海关
1506	集安海关	集安海关
1507	珲春海关	珲春海关
1508	吉林海关	吉林海关
1509	延吉海关	延吉海关
1511	长春机办	长春机办
1515	图们车办	图们车办
1516	集海关村	集海关村
1517	珲长岭子	珲长岭子
1518	吉林海关驻车站办事处	吉关车办
1519	延吉三合	延吉三合
1521	一汽场站	一汽场站
1525	图们桥办	图们桥办
1526	集安青石	集安青石
1527	珲春圈河	珲春圈河
1529	延吉南坪	延吉南坪
1531	长春东站	长春东站
1537	珲沙坨子	珲沙坨子
1539	延开山屯	延开山屯
1547	珲加工区	珲加工区
1549	延古城里	延古城里
1557	珲春海关驻车站办事处	珲春车办
1559	延吉邮办	延吉邮办
1569	延吉海关驻机场办事处	延吉机办
1591	长春邮办	长春邮办
1593	长白邮办	长白邮办
1595	图们邮办	图们邮办
1596	集安邮办	集安邮办
1900	**哈尔滨区**	**哈尔滨区**
1901	哈尔滨关	哈尔滨关
1902	绥关铁路	绥关铁路
1903	黑河海关	黑河海关
1904	同江海关	同江海关
1905	佳木斯关	佳木斯关
1906	牡丹江关	牡丹江关
1907	东宁海关	东宁海关
1908	逊克海关	逊克海关
1909	齐齐哈尔	齐齐哈尔
1910	大庆海关	大庆海关
1911	密山海关	密山海关
1912	虎林海关	虎林海关
1913	富锦海关	富锦海关

关区代码	关区名称	关区简称
1914	抚远海关	抚远海关
1915	漠河海关	漠河海关
1916	萝北海关	萝北海关
1917	嘉荫海关	嘉荫海关
1918	饶河海关	饶河海关
1919	哈内陆港	哈内陆港
1920	哈开发区	哈开发区
1921	黑龙江绥芬河综合保税区	绥综保区
1922	哈关邮办	哈关邮办
1923	哈关车办	哈关车办
1924	哈关机办	哈关机办
1925	绥关公路	绥关公路
2200	**上海海关**	**上海海关**
2201	浦江海关	浦江海关
2202	吴淞海关	吴淞海关
2203	沪机场关	沪机场关
2204	闵开发区	闵开发区
2205	沪车站办	沪车站办
2206	沪邮局办	沪邮局办
2207	沪稽查处	沪稽查处
2208	宝山海关	宝山海关
2209	龙吴海关	龙吴海关
2210	浦东海关	浦东海关
2211	卢湾监管	卢湾监管
2212	奉贤海关	奉贤海关
2213	莘庄海关	莘庄海关
2214	漕河泾发	漕河泾发
2215	上海海关驻上海世博会园区监管服务中心	世博中心
2216	上海浦东机场综合保税区	浦机综保
2217	嘉定海关	嘉定海关
2218	外高桥关	外高桥关
2219	杨浦监管	杨浦监管
2220	金山海关	金山海关
2221	松江海关	松江海关
2222	青浦海关	青浦海关
2223	南汇海关	南汇海关
2224	崇明海关	崇明海关
2225	外港海关	外港海关
2226	贸易网点	贸易网点
2227	普陀区站	普陀区站
2228	长宁区站	长宁区站
2229	航交办	航交办
2230	徐汇区站	徐汇区站
2231	洋山海关驻市内报关点	洋山市内
2232	嘉定海关驻出口加工区办事处	嘉定出口
2233	浦东机场	浦东机场
2234	沪钻交所	沪钻交所
2235	松江加工	松江加工
2236	洋山海关驻芦潮港铁路集装箱中心站监管点	洋山芦潮
2237	上海松江出口加工区 B 区	松江 B 区
2238	上海青浦出口加工区	青浦加工
2239	上海闵行出口加工区	闵行加工
2240	上海漕河泾出口加工区	漕河泾加
2241	沪业一处	沪业一处
2242	沪业二处	沪业二处
2243	沪业三处	沪业三处
2244	上海快件	上海快件
2245	沪金桥办	沪金桥办
2246	上海保税物流园区	保税物流
2247	上海海关驻化学工业区办事处	沪化工区
2248	洋山海关（港区）	洋山港区
2249	洋山海关（保税）	洋山保税
2300	**南京海关**	**南京海关**
2301	连云港关	连云港关
2302	南通海关	南通海关
2303	苏州海关	苏州海关
2304	无锡海关	无锡海关
2305	张家港关	张家港关
2306	常州海关	常州海关
2307	镇江海关	镇江海关
2308	新生圩关	新生圩关
2309	盐城海关	盐城海关
2310	扬州海关	扬州海关
2311	徐州海关	徐州海关
2312	江阴海关	江阴海关
2313	张保税区	张保税区
2314	苏工业区	苏工业区
2315	淮安海关	淮安海关
2316	泰州海关	泰州海关
2317	禄口机办	禄口机办
2318	南京现场	南京现场
2319	如皋海关	如皋海关
2320	无锡海关驻机场办事处	锡关机办
2321	常溧阳办	常溧阳办
2322	镇丹阳办	镇丹阳办
2324	常熟海关	常熟海关
2325	昆山海关	昆山海关
2326	吴江海关	吴江海关
2327	太仓海关	太仓海关
2328	苏吴县办	苏吴县办
2329	通启东办	通启东办
2330	泰州海关驻泰兴办事处	泰泰兴办
2331	锡宜兴办	锡宜兴办
2332	锡锡山办	锡锡山办
2333	南通关办	南通关办
2335	昆山加工	昆山加工

关区代码	关区名称	关区简称
2336	苏园加工	苏园加工
2337	连开发办	连开发办
2338	苏关邮办	苏关邮办
2339	南通海关驻出口加工区办事处	南通加工
2340	无锡海关驻出口加工区办事处	无锡加工
2341	连云港海关驻连云港出口加工区办事处	连关加工
2342	南京海关驻江苏南京出口加工区办事处	南京加工
2343	南京海关驻江苏南京出口加工区（南区）办事处	宁南加工
2344	苏州海关驻苏州高新区出口加工区办事处	苏高加工
2345	镇江海关驻镇江出口加工区办事处	镇江加工
2346	苏州工业园区海关保税物流中心	苏园物流
2347	苏州工业园区海关驻苏州工业园区出口加工区B区办事处	苏园B区
2348	张家港保税物流园区	张物流园
2349	南京海关驻邮局办事处	宁关邮办
2350	苏州高新区保税物流中心（B型）	苏高物流
2351	南京海关驻江宁经济技术开发区办事处	江宁办
2352	南京龙潭保税物流中心（B型）	龙潭物流
2353	常州海关驻出口加工区办事处	常关出加
2354	扬州海关驻出口加工区办事处	扬关出加
2355	常熟海关驻出口加工区办事处	常熟出加
2356	吴江海关驻出口加工区办事处	吴江出加
2357	常州海关驻武进办事处	常关武办
2358	苏州工业园综合保税区	苏园保税
2359	苏州海关驻吴中出口加工区办事处	吴中出加
2360	盐城海关驻大丰港办事处	盐关港办
2361	淮安海关驻出口加工区办事处	淮关出加
2362	江阴保税物流中心	澄关物流
2363	太仓保税物流中心	太仓物流
2364	江苏武进出口加工区	武进出加
2365	张家港保税港区	张保税港
2366	中华人民共和国宿迁海关	宿迁海关
2367	泰州海关驻出口加工区办事处	泰出加区
2368	苏州高新技术产业开发区综合保税区	苏高综保
2369	昆山综合保税区	昆山综保
2900	**杭州关区**	**杭州关区**
2901	杭州海关	杭州海关
2903	温州海关	温州海关
2904	舟山海关	舟山海关
2905	台州海关	台州海关
2906	绍兴海关	绍兴海关
2907	湖州海关	湖州海关
2908	嘉兴海关	嘉兴海关
2909	杭经开关	杭经开关
2910	杭州萧山机场海关	杭州机场
2911	杭关邮办	杭关邮办
2912	杭关萧办	杭关萧办
2915	丽水海关	丽水海关
2916	杭州萧山机场海关快件监管中心	杭州快件
2917	衢州海关	衢州海关
2918	杭关余办	杭关余办
2919	杭富阳办	杭富阳办
2920	金华海关	金华海关
2921	义乌海关	义乌海关
2922	金华海关驻永康办事处	金关永办
2931	温关邮办	温关邮办
2932	温经开关	温经开关
2933	温关机办	温关机办
2934	温关鳌办	温关鳌办
2935	温州海关驻瑞安办事处	温关瑞办
2936	温州海关驻乐清办事处	温关乐办
2941	舟山海关驻嵊泗办事处	舟关嵊办
2951	台州海关驻临海办事处	台关临办
2952	台州海关驻温岭办事处	台关温办
2961	绍兴海关驻上虞办事处	绍关虞办
2962	绍兴海关驻诸暨办事处	绍关诸办
2981	嘉关乍办	嘉关乍办
2982	嘉兴海关驻嘉善办事处	嘉关善办
2983	嘉兴海关驻出口加工区办事处	嘉兴加工
2984	嘉兴海关驻海宁办事处	嘉关宁办
2985	嘉兴海关驻桐乡办事处	嘉兴桐办
2986	嘉兴海关驻出口加工区（B）区办事处	嘉加B区
2991	杭州经济技术开发区海关驻出口加工区办事处	杭加工区
3100	**宁波关区**	**宁波关区**
3101	宁波海关	宁波海关
3102	镇海海关	镇海海关
3103	甬开发区	甬开发区
3104	北仑海关	北仑海关
3105	甬保税区	甬保税区
3106	大榭海关	大榭海关
3107	甬驻余办	甬驻余办
3108	甬驻慈办	甬驻慈办
3109	宁波机场海关	甬机场关
3110	象山海关	象山海关
3111	宁波保税区海关驻出口加工区办事处	甬加工区
3112	宁波保税物流园区	甬物流区
3113	浙江慈溪出口加工区	慈加工区
3114	宁波海关驻鄞州办事处	甬驻鄞办
3115	宁波海关驻鄞州办事处栎社保税物流中心	栎社物流
3116	宁波梅山保税港区港口功能区	梅山港区

关区代码	关区名称	关区简称	关区代码	关区名称	关区简称
3117	宁波梅山保税港区保税加工物流功能区	梅山保税	3719	厦门加工	厦门加工
			3720	厦门火炬（翔安）保税物流中心	厦门物流
3300	**合肥海关**	**合肥海关**	3722	厦门海关驻同安办事处大嶝监管科	大嶝监管
3301	芜湖海关	芜湖海关	3777	厦稽查处	厦稽查处
3302	安庆海关	安庆海关	3788	厦侦查局	厦侦查局
3303	马鞍山海关	马鞍山关	**4000**	**南昌关区**	**南昌关区**
3304	黄山海关	黄山海关	4001	南昌海关	南昌海关
3305	蚌埠海关	蚌埠海关	4002	九江海关	九江海关
3306	铜陵海关	铜陵海关	4003	赣州海关	赣州海关
3307	阜阳海关	阜阳海关	4004	景德镇关	景德镇关
3308	池州海关	池州海关	4005	吉安海关	吉安海关
3310	合肥现场	合肥现场	4006	昌北机办	昌北机办
3311	合肥海关驻骆岗机场办事处	合肥机场	4007	南昌海关驻高新技术产业开发区办事处	洪关高新
3312	芜湖海关驻出口加工区办事处	芜关加办			
3500	**福州关区**	**福州关区**	4008	南昌海关驻龙南办事处	洪关龙南
3501	马尾海关	马尾海关	4009	新余海关	新余海关
3502	福清海关	福清海关	4010	九江海关驻出口加工区办事处	浔关区办
3503	宁德海关	宁德海关	4011	南昌海关驻出口加工区办事处	洪关区办
3504	三明海关	三明海关	4012	赣州海关驻出口加工区办事处	虔关区办
3505	福保税区	福保税区	4013	南昌海关驻上饶办事处	洪关上饶
3506	莆田海关	莆田海关	4014	南昌保税物流中心	南昌物流
3507	福关机办	福关机办	**4200**	**青岛海关**	**青岛海关**
3508	福州新港	福州新港	4201	烟台海关	烟台海关
3509	福关邮办	福关邮办	4202	日照海关	日照海关
3510	南平海关	南平海关	4203	龙口海关	龙口海关
3511	武夷山关	武夷山关	4204	威海海关	威海海关
3513	福现业处	福现业处	4205	济南海关	济南海关
3520	福州出口加工区海关	福州加工	4206	潍坊海关	潍坊海关
3521	福清出口加工区海关	福清加工	4207	淄博海关	淄博海关
3522	福州保税物流园区	福物流园	4208	烟台海关驻出口加工区B区办事处	烟加B区
3700	**厦门关区**	**厦门关区**	4209	荣成海关	荣成海关
3701	厦门海关	厦门海关	4210	青保税区	青保税区
3702	泉州海关	泉州海关	4211	济宁海关	济宁海关
3703	漳州海关	漳州海关	4212	泰安海关	泰安海关
3704	东山海关	东山海关	4213	临沂海关	临沂海关
3705	石狮海关	石狮海关	4214	青前湾港	青前湾港
3706	龙岩海关	龙岩海关	4215	青菏泽办	青菏泽办
3707	厦肖厝关	厦肖厝关	4216	东营海关	东营海关
3708	厦门海沧保税港区港口功能区	海沧港区	4217	青枣庄办	青枣庄办
3709	厦门海沧保税港区保税加工物流功能区	海沧保税	4218	青开发区	青开发区
3710	厦高崎办	厦高崎办	4219	蓬莱海关	蓬莱海关
3711	厦门东渡海关	东渡海关	4220	青机场关	青机场关
3712	厦海沧办	厦海沧办	4221	烟机场办	烟机场办
3713	厦驻邮办	厦驻邮办	4222	莱州海关	莱州海关
3714	象屿保税	象屿保税	4223	青邮局办	青邮局办
3715	高崎机场海关	机场海关	4224	龙长岛办	龙长岛办
3716	厦同安办	厦同安办	4225	威开发区	威开发区
3717	象屿保税物流园区	厦物流园	4226	青聊城办	青聊城办
3718	泉州出口加工区	泉州加工	4227	青岛大港	青岛大港

关区代码	关区名称	关区简称	关区代码	关区名称	关区简称
4228	烟关快件	烟关快件	4710	武关货管	武关货管
4229	德州海关	德州海关	4711	武关江岸	武关江岸
4230	青岛保税物流园区	青物流园	4712	武关机场	武关机场
4231	烟开发区	烟开发区	4713	武关邮办	武关邮办
4232	日岚山办	日岚山办	4716	十堰海关	十堰海关
4233	济机场办	济机场办	4718	武汉东湖新技术开发区海关	东湖海关
4234	济南海关驻出口加工区办事处	济加工区	**4900**	**长沙关区**	**长沙关区**
4235	济邮局办	济邮局办	4901	衡阳海关	衡阳海关
4236	荣成海关驻龙眼港办事处	荣龙眼办	4902	岳阳海关	岳阳海关
4237	济通关处	济通关处	4903	长沙海关驻郴州办事处	湘关郴办
4238	威海关驻威海邮局办事处	威海快件	4904	常德海关	常德海关
4239	潍诸城办	潍诸城办	4905	长沙海关	长沙海关
4240	青岛海关快件监管中心	青关快件	4906	株洲海关	株洲海关
4241	烟加工区	烟加工区	4907	韶山海关	韶山海关
4242	威加工区	威加工区	4908	湘关机办	湘关机办
4243	济宁海关驻曲阜办事处	济曲阜办	4909	株洲海关驻醴陵办事处	株关醴办
4244	青岛海关驻滨州办事处	青滨州办	4910	长沙海关驻郴州出口加工区办事处	郴加工区
4245	烟台海关驻邮局办事处	烟台邮办	4911	衡阳海关永州监管组	衡关永办
4246	青加工区	青加工区	4912	郴州国际快件监管	郴州快件
4247	威海海关驻机场办事处	威机场办	4913	长沙金霞保税物流中心	金霞物流
4248	青岛海关驻莱芜办事处	青莱芜办	**5100**	**广州海关**	**广州海关**
4249	潍坊海关驻出口加工区办事处	潍加工区	5101	广州新风	广州新风
4250	青岛西海岸出口加工区	青西加区	5103	清远海关	清远海关
4253	日照保税物流中心	日照物流	5104	清远英德	清远英德
4254	青岛保税物流中心	青岛物流	5105	广州海关现场业务处	广州现场
4255	潍坊海关驻寿光办事处	潍寿光办	5106	南沙海关小虎监管点	南沙小虎
4258	青岛前湾保税港区	青保税港	5107	肇庆高新区大旺进出境货运车辆检查场	肇庆大旺
4600	**郑州关区**	**郑州关区**	5108	肇庆德庆	肇庆德庆
4601	郑州海关	郑州海关	5109	新风窖心	新风窖心
4602	洛阳海关	洛阳海关	5110	南海海关	南海海关
4603	南阳海关	南阳海关	5111	南海官窑	南海官窑
4604	郑州机办	郑州机办	5112	南海九江	南海九江
4605	郑州邮办	郑州邮办	5113	南海北村	南海北村
4606	郑铁东办	郑铁东办	5114	南海平洲	南海平洲
4607	郑安阳办	郑安阳办	5116	南海业务	南海业务
4608	郑州海关驻出口加工区办事处	郑加工区	5117	桂江货柜车场	桂江车场
4609	郑州海关驻商丘办事处	郑关商办	5118	平洲旅检	平洲旅检
4610	周口海关	周口海关	5119	南海三山	南海三山
4700	**武汉海关**	**武汉海关**	5120	广州内港	广州内港
4701	宜昌海关	宜昌海关	5121	内港芳村	内港芳村
4702	荆州海关	荆州海关	5122	内港洲嘴	内港洲嘴
4703	襄樊海关	襄樊海关	5123	内港四仓	内港四仓
4704	黄石海关	黄石海关	5125	从化海关	从化海关
4705	武汉沌口	武汉沌口	5126	内港赤航	内港赤航
4706	宜三峡办	宜三峡办	5130	广州萝岗	广州萝岗
4707	鄂加工区	鄂加工区	5131	花都海关	花都海关
4708	武汉海关现场业务处	武业务处	5132	花都码头	花都码头
4709	武汉海关驻江汉办事处东西湖保税物流中心	武江物流	5133	萝岗石牌	萝岗石牌

关区代码	关区名称	关区简称	关区代码	关区名称	关区简称
5134	穗保税处	穗保税处	5184	佛山窖口	佛山窖口
5135	广州海关现场业务处驻市政务中心监管点	穗现场处	5185	佛山海关快件监管现场	佛山快件
			5186	佛山保税	佛山保税
5136	穗统计处	穗统计处	5187	佛山车场	佛山车场
5137	穗价格处	穗价格处	5188	佛山火车	佛山火车
5138	穗调查局	穗调查局	5189	佛山新港	佛山新港
5139	穗监管处	穗监管处	5190	韶关海关	韶关海关
5140	穗关税处	穗关税处	5191	韶关乐昌	韶关乐昌
5141	广州机场	广州机场	5192	三水海关	三水海关
5142	民航快件	民航快件	5193	三水车场	三水车场
5143	广州车站	广州车站	5194	三水港	三水港
5144	穗州头咀	穗州头咀	5195	审单中心	审单中心
5145	广州邮办	广州邮办	5196	云浮新港	云浮新港
5146	亚运物资通关服务中心	穗亚运会	5197	广州联邦快递亚太转运中心	转运中心
5147	穗邮办监	穗邮办监	5198	穗河源关	穗河源关
5148	穗大郎站	穗大郎站	5199	穗技术处	穗技术处
5149	大铲海关	大铲海关	**5200**	**黄埔关区**	**黄埔关区**
5150	顺德海关	顺德海关	5201	黄埔老港海关	埔老港关
5151	顺德海关加工贸易监管科	顺德保税	5202	黄埔新港海关	埔新港关
5152	顺德食出	顺德食出	5203	新塘海关	新塘海关
5153	顺德车场	顺德车场	5204	东莞海关	东莞海关
5154	北窖车场	北窖车场	5205	太平海关	太平海关
5155	顺德旅检	顺德旅检	5206	惠州海关	惠州海关
5157	顺德陈村港澳货柜车检查场	陈村车场	5207	黄埔海关驻凤岗办事处	埔凤岗办
5158	顺德勒流	顺德勒流	5208	黄埔海关驻广州经济技术开发区办事处（广州保税区海关）	埔开发区
5160	番禺海关	番禺海关			
5161	沙湾车场	沙湾车场	5210	埔红海办	埔红海办
5162	番禺旅检	番禺旅检	5211	河源海关	河源海关
5163	番禺货柜	番禺货柜	5212	新沙海关	新沙海关
5164	番禺船舶	番禺船舶	5213	黄埔海关驻长安办事处	埔长安办
5165	南沙旅检	南沙旅检	5214	黄埔海关驻常平办事处	埔常平办
5166	广州南沙保税港区	南沙保税	5216	黄埔海关驻沙田办事处	埔沙田办
5167	南沙货港	南沙货港	5217	东莞海关寮步车检场	寮步车场
5168	广东南沙出口加工区	南沙加工	5218	新塘海关江龙车检场	江龙车场
5169	南沙海关	南沙海关	5219	广州保税物流园区	埔物流园
5170	肇庆海关	肇庆海关	5220	东莞保税物流中心（B 型）	东莞物流
5171	肇庆高要	肇庆高要	**5300**	**深圳海关**	**深圳海关**
5172	肇庆车场	肇庆车场	5301	皇岗海关	皇岗海关
5173	肇庆新港	肇庆新港	5302	罗湖海关	罗湖海关
5174	肇庆旅检	肇庆旅检	5303	沙头角关	沙头角关
5175	肇庆码头	肇庆码头	5304	蛇口海关	蛇口海关
5176	肇庆四会	肇庆四会	5305	深关现场	深关现场
5177	肇庆三榕	肇庆三榕	5306	笋岗海关	笋岗海关
5178	云浮海关	云浮海关	5307	南头海关	南头海关
5179	罗定海关	罗定海关	5308	沙湾海关	沙湾海关
5180	佛山海关	佛山海关	5309	布吉海关	布吉海关
5181	高明海关	高明海关	5310	淡水办	淡水办
5182	佛山澜石	佛山澜石	5311	深关车站	深关车站
5183	三水码头	三水码头	5312	深监管处	深监管处

关区代码	关区名称	关区简称	关区代码	关区名称	关区简称
5313	深调查局	深调查局	5750	九洲海关	九洲海关
5314	深关邮办	深关邮办	5760	拱白石办	拱白石办
5315	惠东海关	惠东海关	5770	斗门海关	斗门海关
5316	大鹏海关	大鹏海关	5771	斗井岸办	斗井岸办
5317	深关机场	深关机场	5772	斗平沙办	斗平沙办
5318	梅林海关	梅林海关	5780	高栏海关	高栏海关
5319	同乐海关	同乐海关	5790	拱监管处	拱监管处
5320	文锦渡关	文锦渡关	5791	珠澳跨境工业区珠海园区海关办事机构	拱跨工区
5321	福保税关	福保税关			
5322	沙保税关	沙保税关	5792	拱保税区	拱保税区
5323	深审单处	深审单处	5793	万山海关	万山海关
5324	深审价办	深审价办	5795	横琴海关	横琴海关
5325	深关税处	深关税处	5796	澳门大学新校区临时监管区	澳大校区
5326	深数统处	深数统处	5798	拱行监邮	拱行监邮
5327	深法规处	深法规处	5799	拱行监处	拱行监处
5328	深规范处	深规范处	**6000**	**汕头海关**	**汕头海关**
5329	深保税处	深保税处	6001	汕关货一	汕关货一
5330	盐保税关	盐保税关	6002	汕关货二	汕关货二
5331	三门岛办	三门岛办	6003	汕关行邮	汕关行邮
5332	深财务处	深财务处	6004	汕关机场	汕关机场
5333	深侦查局	深侦查局	6006	汕关保税	汕关保税
5334	深稽查处	深稽查处	6007	汕关业务	汕关业务
5335	深技术处	深技术处	6008	汕保税区	汕保税区
5336	深办公室	深办公室	6009	汕关邮包	汕关邮包
5337	大亚湾核	大亚湾核	6011	揭阳海关	揭阳海关
5338	惠州港关	惠州港关	6012	汕关普宁	汕关普宁
5339	深加工区	深加工区	6013	澄海海关	澄海海关
5340	深关特办	深关特办	6014	广澳海关	广澳海关
5341	深惠州关	深惠州关	6015	南澳海关	南澳海关
5342	深红海办	深红海办	6018	汕关惠来	汕关惠来
5343	深圳盐田港保税物流园区	深盐物流	6019	汕关联成	汕关联成
5344	惠州港海关驻大亚湾石化区办事处	惠石化办	6020	汕关港口	汕关港口
5345	深圳湾海关	深圳湾关	6021	潮州海关	潮州海关
5346	深圳机场海关快件监管中心	深机快件	6022	饶平海关	饶平海关
5348	大铲湾海关	深关大铲	6023	潮州海润快件监管中心	饶平快件
5349	深圳前海湾保税港区	深关前海	6028	潮阳海关	潮阳海关
5700	**拱北关区**	**拱北关区**	6031	汕尾海关	汕尾海关
5701	拱稽查处	拱稽查处	6032	汕关海城	汕关海城
5710	拱关闸办	拱关闸办	6033	汕关陆丰	汕关陆丰
5720	中山海关	中山海关	6038	汕头海关外砂快件监管中心	汕关快件
5721	中山港	中山港	6041	梅州海关	梅州海关
5724	中石岐办	中石岐办	6042	梅州兴宁	梅州兴宁
5725	坦洲货场	坦洲货场	**6400**	**海口关区**	**海口关区**
5726	中山保税物流中心	中山物流	6401	海口海关	海口海关
5727	中小榄办	中小榄办	6402	三亚海关	三亚海关
5728	中山海关驻神湾港办事处	神湾办	6403	八所海关	八所海关
5730	拱香洲办	拱香洲办	6404	洋浦经济开发区海关	洋浦区关
5740	湾仔海关	湾仔海关	6405	海保税区	海保税区
5741	湾仔船舶	湾仔船舶	6406	清澜海关	清澜海关

关区代码	关区名称	关区简称	关区代码	关区名称	关区简称
6407	美兰机场	美兰机场	7205	柳州海关	柳州海关
6408	洋浦保税港区海关	洋浦港区	7206	防城海关	防城海关
6700	**湛江关区**	**湛江关区**	7207	东兴海关	东兴海关
6701	湛江海关	湛江海关	7208	凭祥海关	凭祥海关
6702	茂名海关	茂名海关	7209	贵港海关	贵港海关
6703	徐闻海关	徐闻海关	7210	水口海关	水口海关
6704	湛江南油	湛江南油	7211	龙邦海关	龙邦海关
6705	湛江水东	湛江水东	7212	钦州海关	钦州海关
6706	湛江吴川	湛江吴川	7213	桂林机办	桂林机办
6707	湛江廉江	湛江廉江	7214	北海海关驻出口加工区办事处	北海加工
6708	湛江高州	湛江高州	7215	广西钦州保税港区	南关钦保
6709	湛江信宜	湛江信宜	7216	南宁保税物流中心	南宁物流
6710	东海岛组	东海岛组	7217	广西钦州保税港（口岸）	钦保口岸
6711	霞山海关	霞山海关	**7900**	**成都关区**	**成都关区**
6712	湛江霞海	湛江霞海	7901	成都海关	成都海关
6713	湛江机场	湛江机场	7902	成都双流机场海关	蓉机场关
6714	湛江博贺	湛江博贺	7903	乐山海关	乐山海关
6715	湛江进出境快件监管中心	湛江快件	7904	攀枝花关	攀枝花关
6800	**江门关区**	**江门关区**	7905	绵阳海关	绵阳海关
6810	江门海关	江门海关	7906	成关邮办	成关邮办
6811	江门高沙	江门高沙	7907	成都自贡	成都自贡
6812	江门外海	江门外海	7908	成都加工	成都加工
6813	江门旅检	江门旅检	7909	成都公路国际物流中心监管场站	公路场站
6816	江门市进出境货运车辆检查场	江门车场	7910	成都双流机场海关非邮政快件监管点	蓉机快件
6817	江门保税	江门保税	7911	成都海关驻泸州办事处	泸州办
6820	新会海关	新会海关	7912	成都海关驻宜宾办事处	宜宾办
6821	新会港	新会港	7913	成都海关驻南充办事处	南充办
6827	新会稽查	新会稽查	7914	绵阳出口加工区	绵阳出口
6830	台山海关	台山海关	7915	成都保税物流中心（B 型）	成都物流
6831	台公益港	台公益港	**8000**	**重庆关区**	**重庆关区**
6837	台山稽查	台山稽查	8001	重庆海关	重庆海关
6840	开平海关	开平海关	8002	南坪开发	南坪开发
6841	开平码头	开平码头	8003	重庆机办	重庆机办
6847	开平稽查	开平稽查	8004	重庆邮办	重庆邮办
6850	恩平海关	恩平海关	8005	万州海关	万州海关
6851	恩平港	恩平港	8006	重庆东站	重庆东站
6857	恩平稽查	恩平稽查	8007	九龙坡港	九龙坡港
6860	鹤山海关	鹤山海关	8008	渝加工区	渝加工区
6861	鹤山码头	鹤山码头	8009	重庆海关驻涪陵办事处	渝涪陵办
6867	鹤山稽查	鹤山稽查	8010	重庆两路寸滩保税港区水港功能区	寸滩水港
6870	阳江海关	阳江海关	8011	重庆两路寸滩保税港区空港功能区	两路空港
6871	阳江港	阳江港	8012	重庆两路寸滩保税港区保税加工物流功能区	重庆保税
6872	阳江车场	阳江车场			
6877	阳江稽查	阳江稽查	8013	重庆西永综合保税区	西永综保
7200	**南宁关区**	**南宁关区**	**8300**	**贵阳海关**	**贵阳海关**
7201	南宁海关	南宁海关	8301	贵阳总关	贵阳总关
7202	北海海关	北海海关	8302	贵阳海关驻机场办事处	贵关机办
7203	梧州海关	梧州海关	8303	中华人民共和国遵义海关	遵义海关
7204	桂林海关	桂林海关	**8600**	**昆明关区**	**昆明关区**

关区代码	关区名称	关区简称	关区代码	关区名称	关区简称
8601	昆明海关	昆明海关	9406	伊宁海关	伊宁海关
8602	畹町海关	畹町海关	9407	吉木乃办	吉木乃办
8603	瑞丽海关	瑞丽海关	9408	喀什海关	喀什海关
8604	章凤海关	章凤海关	9409	红其拉甫	红其拉甫
8605	盈江海关	盈江海关	9410	乌鲁木齐海关隶属阿勒泰海关	阿勒泰关
8606	孟连海关	孟连海关	9411	塔克什肯	塔克什肯
8607	南伞海关	南伞海关	9412	乌拉斯太	乌拉斯太
8608	孟定海关	孟定海关	9413	老爷庙	老爷庙
8609	打洛海关	打洛海关	9414	红山嘴	红山嘴
8610	腾冲海关	腾冲海关	9415	伊尔克什	伊尔克什
8611	沧源海关	沧源海关	9416	库尔勒办	库尔勒办
8612	勐腊海关	勐腊海关	9417	乌鲁木齐机场海关	乌机场关
8613	河口海关	河口海关	9418	乌鲁木齐海关驻出口加工区办事处	乌加工区
8614	金水河关	金水河关	9419	都拉塔海关	都拉塔关
8615	天保海关	天保海关	9420	乌鲁木齐海关驻车站办事处	乌关车办
8616	田蓬海关	田蓬海关	**9500**	**兰州关区**	**兰州关区**
8617	大理海关	大理海关	9501	兰州海关	兰州海关
8618	芒市海关	芒市海关	9502	酒泉海关	酒泉海关
8619	保山监管	保山监管	9505	兰州海关驻天水监管组	天水监管
8620	昆明机场	昆明机场	9600	银川海关	银川海关
8621	昆明邮办	昆明邮办	9601	银川海关业务现场	银川现场
8622	西双版纳	西双版纳	9602	银川海关驻机场办事处	银机办
8623	昆丽江办	昆丽江办	9603	银川海关驻惠农监管组	惠农监管
8624	思茅海关	思茅海关	**9700**	**西宁关区**	**西宁关区**
8625	河口海关驻山腰办事处	河口山腰	9701	西宁海关现场	西宁海关
8626	六库监管	六库监管			
8627	昆明海关现场业务处开发区监管科	昆明高新			
8628	云南昆明出口加工区	昆明加工			
8800	**拉萨海关**	**拉萨海关**			
8801	聂拉木关	聂拉木关			
8802	日喀则关	日喀则关			
8803	狮泉河关	狮泉河关			
8804	拉萨机办	拉萨机办			
8805	拉萨现场	拉萨现场			
8808	吉隆海关	吉隆海关			
9000	**西安关区**	**西安关区**			
9001	西安海关	西安海关			
9002	咸阳机场	咸阳机场			
9003	宝鸡海关	宝鸡海关			
9004	西安海关邮局办事处	西关邮办			
9005	陕西西安出口加工区 A 区	陕加工 A			
9006	陕西西安出口加工区 B 区	陕加工 B			
9007	西安保税物流中心	西安物流			
9400	**乌关区**	**乌关区**			
9401	乌鲁木齐海关现场业务处	乌关现场			
9402	霍尔果斯	霍尔果斯			
9403	吐尔尕特	吐尔尕特			
9404	阿拉山口	阿拉山口			
9405	塔城海关	塔城海关			

关区代码表说明

一、关区代码表用于填报进出口报关单的进出口口岸海关的名称。

关区代码表由两部分组成，即关区代码和关区名称。

关区代码由四位数字组成，前两位采用海关统计的直属海关关别代码，后两位为隶属海关的代码。关区名称即各口岸海关中文名称。

二、使用关区代码时应注意的问题

代码表中只有直属海关关别和代码的，可以填报直属海关名称和代码（见例1）；如果有隶属海关关别和代码，则必须填报隶属海关关别和代码（见例2）。

例1：在太原海关办理货物进出口报关手续，本栏目可填报“太原海关”，代码“0500”。

例2：在上海浦江海关办理货物进出口报关手续，本栏目不得填报“上海海关”、代码“2200”，必须填报“上海浦江海关”、代码“2201”。

国内地区代码表及说明

国内地区代码表

国内地区代码	国内地区名称	国内地区性质标记	国内地区代码	国内地区名称	国内地区性质标记
11019	东城区	9	12089	滨海新区（汉沽）	2
11029	西城区	9	12099	滨海新区（大港）	2
11039	崇文区	9	12106	天津滨海新区综合保税区	6
11049	宣武区	9	12109	东丽区	2
11053	北京电子城科技园区	B	12119	西青区	2
11059	朝阳区	9	12129	津南区	2
11063	北京丰台科技园区	B	12139	北辰区	2
11069	丰台区	9	12149	宁河县	2
11079	石景山	9	12159	武清县	2
11083	北京海淀科技园区	B	12169	静海县	2
11089	海淀区其他	9	12179	宝坻县	2
11099	门头沟	9	12189	蓟县	2
11109	房山	9	12909	天津其他	2
11115	北京天竺出口加工区		13013	石家庄高新技术产业开发实验区	B
11116	北京天竺综合保税区		13019	石家庄其他	2
11119	顺义	9	13029	唐山	
11123	北京昌平科技园区	B	13032	秦皇岛经济技术开发区	3
11129	昌平	9	13035	河北秦皇岛出口加工区	2
11132	北京经济技术开发区	3	13039	秦皇岛其他	2
11133	北京亦庄科技园区	B	13049	邯郸	
11139	大兴其他	9	13059	邢台	
11149	通县	9	13063	保定高新技术产业开发区	B
11159	怀柔	9	13069	保定其他	
11169	平谷	9	13079	张家口	
11179	延庆	9	13089	承德	
11189	密云	9	13099	沧州	
11909	北京其他	9	13105	河北廊坊出口加工区	
12019	和平区	2	13109	廊坊	
12029	河东区	2	13119	衡水	
12039	河西区	2	13129	武安	
12043	天津新技术产业园区	B	13909	河北其他	
12049	南开区其他	2	14012	山西太原经济技术开发区	3
12059	河北区	2	14013	太原高新技术产业开发区	B
12069	红桥区	2	14019	太原其他	2
12072	天津经济技术开发区	3	14029	大同	
12074	天津港保税区	A	14039	阳泉	
12075	天津出口加工区		14049	长治	
12076	天津东疆保税港区	2	14059	晋城	
12077	天津保税物流园	2	14069	朔州	
12079	滨海新区（塘沽其他）	2	14079	雁北	

国内地区代码	国内地区名称	国内地区性质标记	国内地区代码	国内地区名称	国内地区性质标记
14089	忻州		21159	瓦房店	
14099	吕梁		21169	海城	
14109	晋中		21179	兴城	
14119	临汾		21189	铁法	
14129	运城		21199	北票	
14139	古交		21209	开源	
14909	山西其他		21909	辽宁其他	
15015	内蒙古呼和浩特出口加工区		22012	长春经济技术开发区	3
15019	呼和浩特		22013	长春南湖—南岭新技术产业园区	B
15023	包头高新技术产业开发区	B	22019	长春其他	2
15029	包头其他		22023	吉林高新技术产业开发区	B
15039	乌海		22029	吉林其他	
15049	赤峰		22039	四平	
15059	二连	2	22049	辽源	
15069	满洲里	2	22059	通化	
15079	呼伦贝尔盟		22069	白山	
15089	哲里木盟		22075	吉林珲春出口加工区	
15099	兴安盟		22079	珲春	2
15109	乌兰察布盟		22089	图们	
15119	巴彦淖尔市		22099	白城	
15129	伊克昭盟		22109	延边	
15139	阿拉善盟		22119	公主岭	
15149	锡林郭勒盟		22129	梅河口	
15909	内蒙古其他		22139	集安	
21012	沈阳经济技术开发区	3	22149	桦甸	
21013	沈阳南湖科技开发区	B	22159	九台	
21015	辽宁沈阳、张士出口加工区		22169	蛟河	
21019	沈阳其他		22179	松原	
21022	大连经济技术开发区	3	22189	延吉市	
21023	大连高新技术产业园区	B	22909	吉林其他	
21024	大连大窑湾保税区	A	23012	哈尔滨经济技术开发区	3
21025	辽宁大连出口加工区		23013	哈尔滨高技术开发区	B
21026	大窑湾保税港区		23019	哈尔滨其他	2
21027	大连保税物流园区	2	23029	齐齐哈尔	
21029	大连其他	2	23039	鸡西	
21033	鞍山高新技术产业开发区	B	23049	鹤岗	
21039	鞍山其他		23059	双鸭山	
21049	抚顺		23063	大庆高新技术产业开发区	B
21059	本溪		23069	大庆其他	
21069	丹东		23079	伊春	
21079	锦州		23089	佳木斯	
21089	营口		23099	七台河	
21099	阜新		23109	牡丹江	
21109	辽阳		23119	黑河	2
21119	盘锦		23129	绥芬河	2
21129	铁岭		23139	松花江	
21139	朝阳		23149	绥化	
21149	葫芦岛市		23159	大兴安岭	

国内地区代码	国内地区名称	国内地区性质标记
23169	阿城	
23179	同江	
23189	富锦	
23199	铁力	
23209	密山	
23909	黑龙江其他	
31019	黄浦	2
31029	南市	2
31039	卢湾	2
31043	上海漕河泾新技术开发区	B
31049	徐汇其他	2
31052	上海经济技术开发区	3
31059	长宁	2
31069	静安	2
31079	普陀	2
31089	闸北	2
31099	虹口	2
31109	杨浦	2
31112	上海闵行经济技术开发区	2
31113	上海浦江高科技园区	B
31115	上海漕河泾出口加工区	2
31119	闵行其他	2
31129	宝山	2
31145	上海嘉定出口加工区	2
31149	嘉定	2
31159	川沙	2
31162	上海闵行经济技术开发区（临港新城）	3
31166	洋山保税港区	2
31169	南汇	2
31175	上海闵行出口加工区	2
31179	奉贤	2
31185	上海松江出口加工区	
31189	松江	2
31199	金山	2
31205	上海青浦出口加工区	2
31209	青浦	2
31219	崇明	2
31222	上海浦东新区	3
31224	上海外高桥保税区	A
31225	上海金桥出口加工区南区	
31226	上海浦东机场综合保税区	2
31227	上海保税物流园区	2
31229	浦东其他	2
31909	上海其他	2
32013	南京浦口高新技术外向型开发区	B
32015	江苏南京出口加工区	
32019	南京其他	
32023	无锡高新技术产业开发区	B
32025	江苏无锡出口加工区	
32029	无锡其他	
32039	徐州	
32043	常州高新技术产业开发区	B
32045	江苏常州出口加工区	
32049	常州其他	
32052	苏州工业园区	3
32053	苏州高新技术产业开发区	B
32055	江苏苏州工业园区加工区	
32056	苏州工业园综合保税区	
32059	苏州其他	
32062	南通经济技术开发区	3
32065	江苏南通出口加工区	
32069	南通其他	2
32072	连云港经济技术开发区	3
32075	江苏连云港出口加工区	2
32079	连云港其他	2
32085	江苏淮安出口加工区	
32089	淮安市	
32099	盐城	
32105	江苏扬州出口加工区	
32109	扬州	
32115	江苏镇江出口加工区	
32119	镇江	
32125	江苏泰州出口加工区	
32129	泰州	
32139	仪征	
32145	江苏常熟出口加工区	
32149	常熟	
32154	江苏张家港保税区	A
32156	张家港保税港区	
32157	张家港保税物流园	
32159	张家港其他	
32169	江阴	
32179	宿迁	
32189	丹阳	
32199	东台	
32209	兴化	
32229	宜兴	
32235	江苏昆山出口加工区	
32236	昆山综合保税区	
32239	昆山	
32249	启东	
32255	江苏吴江出口加工区	
32259	吴江市	
32269	太仓市	
32909	江苏其他	

国内地区代码	国内地区名称	国内地区性质标记	国内地区代码	国内地区名称	国内地区性质标记
33012	杭州经济技术开发区	3	34109	阜阳	
33013	杭州高新技术产业开发区	B	34119	宿州	
33015	浙江杭州出口加工区		34129	滁州	
33019	杭州其他		34139	六安	
33022	宁波经济技术开发区	3	34149	宣城	
33024	宁波北仑港保税区	A	34159	巢湖	
33025	浙江宁波出口加工区	2	34169	池州	
33026	宁波梅山保税港区	2	34179	亳州	
33027	宁波保税物流园	2	34909	安徽其他	
33029	宁波其他	2	35012	福州经济技术开发区	3
33032	温州经济技术开发区	3	35013	福州科技园区	B
33039	温州其他	2	35014	福建马尾保税区	A
33045	浙江嘉兴出口加工区		35015	福建福州、福清出口加工区	8
33049	嘉兴		35017	福州保税物流园区	2
33059	湖州		35019	福州其他	2
33069	绍兴		35021	厦门特区	1
33079	金华		35023	厦门火炬高技术产业开发区	B
33089	衢州		35024	厦门象屿保税区	A
33099	舟山		35025	福建厦门出口加工区	
33109	丽水		35026	厦门海沧保税港区	
33119	台州		35027	厦门象屿保税物流园	1
33129	余姚		35029	厦门其他	2
33139	海宁		35039	莆田	8
33149	兰溪		35049	三明	
33159	瑞安		35055	福建泉州出口加工区	8
33169	萧山		35059	泉州	8
33179	江山		35069	漳州	8
33189	义乌		35079	南平	8
33199	东阳		35089	宁德	8
33205	浙江慈溪出口加工区		35099	龙岩	8
33209	慈溪		35109	永安	8
33219	奉化		35119	石狮	8
33229	诸暨		35909	福建其他	8
33239	黄岩		36013	南昌高新技术产业开发区	B
33909	浙江其他		36015	江西南昌出口加工区	
34012	合肥经济技术开发区	3	36019	南昌其他	
34013	合肥科技工业园区	B	36029	景德镇	
34019	合肥其他	2	36039	萍乡	
34022	芜湖经济技术开发区	3	36045	江西九江出口加工区	2
34025	安徽芜湖出口加工区		36049	九江	2
34029	芜湖其他	2	36059	新余	
34039	蚌埠		36069	鹰潭	
34049	淮南		36075	江西赣州出口加工区	
34059	马鞍山		36079	赣州	
34069	淮北		36089	宜春	
34079	铜陵		36099	上饶	
34089	安庆		36109	吉安	
34099	黄山		36119	抚州	

国内地区代码	国内地区名称	国内地区性质标记	国内地区代码	国内地区名称	国内地区性质标记
36129	瑞昌		41015	河南郑州出口加工区	
36909	江西其他		41019	郑州其他	2
37013	济南高技术产业开发区	B	41029	开封	
37015	山东济南出口加工区		41033	洛阳高新技术产业开发区	B
37019	济南其他		41039	洛阳其他	
37022	青岛经济技术开发区	3	41049	平顶山	
37023	青岛高新技术产业开发区	B	41059	安阳	
37024	青岛保税区	A	41069	鹤壁	
37025	山东青岛出口加工区		41079	新乡	
37026	青岛前湾保税港区	2	41089	焦作	
37027	青岛保税物流园	2	41099	濮阳	
37029	青岛其他	2	41109	许昌	
37033	淄博高新技术产业开发区	B	41119	漯河	
37039	淄博		41129	三门峡	
37049	枣庄		41139	商丘	
37059	东营		41149	周口	
37062	烟台经济技术开发区	3	41159	驻马店	
37065	山东烟台出口加工区		41169	南阳	
37069	烟台其他	2	41179	信阳	
37073	潍坊高新技术产业开发区	B	41189	义马	
37075	山东潍坊出口加工区		41199	汝州	
37079	潍坊其他		41209	济源	
37089	济宁		41219	禹州	
37099	泰安		41229	卫辉	
37103	威海火炬高技术产业开发区	B	41239	辉县	
37105	山东威海出口加工区		41249	泌阳	
37109	威海其他		41909	河南其他	
37119	日照		42012	武汉经济技术开发区	3
37129	惠民		42013	武汉东湖新技术开发区	B
37139	德州		42015	湖北武汉出口加工区	
37149	聊城		42019	武汉其他	2
37159	临沂		42029	黄石	
37169	菏泽		42039	十堰	
37179	青州		42049	沙市	
37189	龙口		42059	宜昌	
37199	曲阜		42063	襄樊高新技术产业开发区	B
37209	莱芜		42069	襄樊其他	
37219	新泰		42079	鄂州	
37229	胶州		42089	荆门	
37239	诸城		42099	黄冈	
37249	莱阳		42109	孝感	
37259	滕州		42119	咸宁	
37269	文登		42129	荆州	
37279	荣城		42139	郧阳	
37289	即墨		42149	鄂西	
37299	平度		42159	随州	
37909	山东其他		42169	老河口	
41013	郑州高新技术开发区	B	42179	枣阳	

国内地区代码	国内地区名称	国内地区性质标记	国内地区代码	国内地区名称	国内地区性质标记
42189	神农架		44069	佛山其他	7
42909	湖北其他		44079	江门	7
43013	长沙科技开发区	B	44082	湛江经济技术开发区	3
43019	长沙其他	2	44089	湛江其他	2
43023	株州高新技术产业开发区	B	44099	茂名	7
43029	株州其他		44129	肇庆	7
43039	湘潭		44133	惠州高新技术产业开发区	B
43049	衡阳		44139	惠州其他	7
43059	邵阳		44149	梅州	7
43069	岳阳	2	44159	汕尾	7
43079	常德		44169	河源	7
43089	张家界		44179	阳江	7
43099	益阳		44189	清远	7
43109	娄底		44199	东莞	7
43115	湖南郴州出口加工区		44203	中山火炬高技术产业开发区	B
43119	郴州		44209	中山其他	7
43129	永州		44219	潮州	7
43139	怀化		44229	顺德	7
43149	湘西		44235	广东南沙出口加工区	7
43159	醴陵		44236	广州南沙保税港区	
43169	湘乡		44239	番禺	7
43179	耒阳		44249	揭阳	7
43189	汨罗		44289	南海	7
43199	津市		44299	云浮市	7
43909	湖南其他		44909	广东其他	7
44012	广州经济技术开发区	3	45013	南宁高新技术产业开发区	B
44013	广州天河高新技术产业开发区	B	45019	南宁其他	2
44014	广州保税区	A	45029	柳州	
44015	广东广州出口加工区		45033	桂林高新技术产业开发区	B
44017	广州保税物流园区	7	45039	桂林其他	
44019	广州其他	2	45049	梧州	
44029	韶关	7	45055	广西北海出口加工区	
44031	深圳特区	1	45059	北海	2
44033	深圳科技工业园	B	45069	玉林	
44034	福田盐田沙头角保税区	A	45079	百色	
44035	广东深圳出口加工区		45089	河池	
44036	深圳前海湾保税港区		45096	广西钦州保税港区	
44037	深圳盐田保税物流园	1	45099	钦州	
44039	深圳其他	7	45109	凭祥	2
44041	珠海特区	1	45119	东兴	2
44043	珠海高新技术产业开发区	B	45129	防城港市	
44044	珠海保税区	A	45139	贵港市	
44045	珠澳跨境工业区珠海园区	7	45149	崇左	
44049	珠海其他	7	45159	来宾	
44051	汕头特区	1	45169	贺州	
44054	汕头保税区	A	45909	广西其他	
44059	汕头其他	7	46011	海口	1
44063	佛山高新技术产业开发区	B	46013	海南国际科技园区	B

国内地区代码	国内地区名称	国内地区性质标记	国内地区代码	国内地区名称	国内地区性质标记
46014	海南海口保税区	A	50829	合川区	
46021	三亚	5	50839	永川区	
46901	海南其他	1	50849	南川区	
46902	海南洋浦经济技术开发区	3	51012	成都经济技术开发区	3
46906	海南洋浦保税港区	5	51013	成都高新技术产业开发区	B
50019	万州区		51015	四川成都出口加工区	
50029	涪陵区		51019	成都其他	2
50039	渝中区		51039	自贡	
50049	大渡口区		51049	攀枝花	
50056	重庆两路寸滩保税港区（水港）		51059	泸州	
50059	江北区		51069	德阳	
50066	重庆西永综合保税区		51073	绵阳高新技术产业开发区	B
50069	沙坪坝区		51075	四川绵阳出口加工区	
50073	重庆高新技术产业开发区	B	51079	绵阳其他	
50079	九龙坡区		51089	广元	
50082	重庆经济技术开发区	3	51099	遂宁	
50089	南岸区		51109	内江	
50099	北碚区		51119	乐山	
50109	万盛区		51149	宜宾	
50119	双桥区		51159	南充	
50125	重庆出口加工区		51169	达县	
50126	重庆两路寸滩保税港区（空港）		51179	雅安	
50129	渝北区		51189	阿坝	
50139	巴南区		51199	甘孜	
50219	长寿县		51209	凉山	
50229	綦江县		51229	广汉	
50239	潼南县		51239	江油	
50249	铜梁县		51249	都江堰	
50259	大足县		51259	峨眉山	
50269	荣昌县		51269	资阳	资阳
50279	璧山县		51279	眉山	眉山
50289	梁平县		51289	广安	广安
50299	城口县		51299	巴中	巴中
50309	丰都县		51909	四川其他	
50319	垫江县		52013	贵阳高新技术产业开发区	B
50329	武隆县		52019	贵阳其他	2
50339	忠县		52029	六盘水	
50349	开县		52039	遵义	
50359	云阳县		52049	铜仁	
50369	奉节县		52059	黔西南	
50379	巫山县		52069	毕节	
50389	巫溪县		52079	安顺	
50399	黔江		52089	黔东南	
50409	石柱土家族自治县		52099	黔南	
50419	秀山土家族苗族自治县		52909	贵州其他	
50429	酉阳土家族苗族自治县		53012	昆明经济技术开发区	3
50439	彭水苗族土家族自治县		53013	昆明高新技术产业开发区	B
50819	江津区		53015	云南昆明出口加工区	

国内地区代码	国内地区名称	国内地区性质标记
53019	昆明其他	
53029	东川	
53039	昭通	
53042	曲靖经济技术开发区	3
53049	曲靖	
53059	楚雄	
53069	玉溪	
53079	红河	
53089	文山	
53099	普洱	
53109	西双版纳	
53119	大理	
53129	保山	
53139	德宏	
53149	丽江	
53159	怒江	
53169	迪庆	
53179	临沧	
53189	畹町	2
53199	瑞丽	2
53209	河口	2
53909	云南其他	
54019	拉萨	6
54029	昌都	6
54039	山南	6
54049	日喀则	6
54059	那曲	6
54069	阿里	6
54079	林芝	6
54909	西藏其他	6
61013	西安新技术产业开发区	B
61015	陕西西安出口加工区	
61019	西安其他	2
61029	铜川	
61033	宝鸡高新技术产业开发区	B
61039	宝鸡其他	
61049	咸阳	
61059	渭南	
61069	汉中	
61079	安康	
61089	商洛	
61099	延安	
61109	榆林	
61909	陕西其他	
62013	兰州宁卧庄新技术产业开发区	B
62019	兰州其他	2
62029	嘉峪关	
62039	金昌	
62049	白银	
62059	天水	
62069	酒泉	
62079	张掖	
62089	武威	
62099	定西	
62109	陇南	
62119	平凉	
62129	庆阳	
62139	临夏	
62149	甘南	
62909	甘肃其他	
63012	西宁经济技术开发区	3
63019	西宁	2
63029	海东	
63039	海北	
63049	黄南	
63059	海南	
63069	果洛	
63079	玉树	
63089	海西	
63909	青海其他	
64012	银川经济技术开发区	3
64019	银川	2
64029	石嘴山	
64039	吴中	
64049	固原	
64059	中卫	
64909	宁夏其他	
65012	乌鲁木齐经济技术开发区	3
65013	乌鲁木齐高新技术产业开发区	B
65015	新疆乌鲁木齐出口加工区	9
65019	乌鲁木齐其他	9
65029	克拉玛依	9
65039	博乐	9
65049	巴音	9
65059	阿克苏	9
65069	克孜	9
65079	喀什	9
65089	和田	9
65099	伊宁	9
65109	塔城	2
65119	阿勒泰	9
65122	石河子经济技术开发区	3
65129	石河子	9
65219	吐鲁番	9
65229	哈密	9
65239	昌吉回族自治州	9
65909	新疆其他	9

国内地区代码表说明

国内地区代码表用于填报进出口报关单的境内目的地和境内货源地。

国内地区代码表由5位数字组成：

（一）第一～四位为行政区划代码：

1. 第一、二位表示省、自治区、直辖市。

例如：北京市11、广东省44

2. 第三、四位表示省辖市（地区、省直辖行政单位），包括省会城市、计划单列城市、沿海开放城市。

例如：北京市东城区1101、广州市4401、深圳4403。

（二）第五位为省辖市（地区、省直辖行政单位）经济区划代码：

代码“1”：经济特区，例如：深圳市44031、44030，厦门市35021。

代码“2”：经济技术开发区，包括上海浦东新区、海南洋浦经济开发区。

代码“3”：高新技术产业开发区。

代码“4”：保税区。

代码“5”：出口加工区。

代码“6”：保税港区。

代码“7”：保税物流园区。

代码“9”：其他地区。

结汇方式代码表及说明

结汇方式代码表

结汇方式代码	结汇方式名称	结汇方式代码	结汇方式名称
1	信汇	6	信用证
2	电汇	7	先出后结
3	票汇	8	先结后出
4	付款交单	9	其他
5	承兑交单		

结汇方式代码表说明

一、定义

结汇方式是出口货物发货人或其代理通过银行收结外汇的方式。

二、结汇方式代码表结构及说明

（一）结汇方式代码表由两部分组成，即结汇方式代码和结汇方式名称。

（二）结汇方式代码分为汇付、托收、信用证和其他。

1. 汇付包括：

（1）信汇：代码“1”，指买方将货款交给进口地银行，由银行开具付款委托书，邮寄出口地银行，委托其向卖方付款。

（2）电汇：代码“2”，指进口地银行应买方申请，直接用电报发出付款委托书，委托出口地银行向卖方付款。

（3）票汇：代码“3”，指买方向进口地银行购买银行汇票径寄卖方，由卖方或其指定的人持票向出口地有关银行取款。

汇付从时间上分预付和后付。预付即卖方装运货物前，买方先将货款汇结卖方；后付即卖方先交货，在买方收到货物或单据后才汇付货款。

2. 托收包括：

（1）付款交单（D/P）：代码“4”，指卖方托收时指示托收行，只有在买方付清货款时才交出单据。

（2）承兑交单（D/A）：代码“5”，指买方承兑汇票后即可取得单据，提取货物，待汇票到期时才付货款。

3. 信用证（L/C）：代码“6”，是银行在买卖双方之间保证付款的凭证。银行根据买方的申请书，向卖方开出保证付款的信用证，即只要卖方提交符合信用证要求的单据，银行就保证付款。

4. 先出后结：代码“7”。

5. 先结后出：代码“8”。

6. 其他：代码“9”，指除上述以外的结汇方式。

监管证件代码表及说明

监管证件代码表

监管证件代码	监管证件名称	监管证件代码	监管证件名称
1	进口许可证	O	自动进口许可证（新旧机电产品）
2	两用物项和技术进口许可证	P	固体废物进口许可证
3	两用物项和技术出口许可证	Q	进口药品通关单
4	出口许可证	R	进口兽药通关单
5	纺织品临时出口许可证	S	进出口农药登记证明
6	旧机电产品禁止进口	T	银行调运现钞进出境许可证
7	自动进口许可证	U	合法捕捞产品通关证明
8	禁止出口商品	W	麻醉药品进出口准许证
9	禁止进口商品	X	有毒化学品环境管理放行通知单
A	入境货物通关单	Y	原产地证明
B	出境货物通关单	Z	音像制品进口批准单或节目提取单
D	出/入境货物通关单（毛坯钻石用）	c	内销征税联系单
E	濒危物种允许出口证明书	e	关税配额外优惠税率进口棉花配额证
F	濒危物种允许进口证明书	q	国别关税配额证明
G	两用物项和技术出口许可证（定向）	r	预归类标志
H	港澳 OPA 纺织品证明	s	适用 ITA 税率的商品用途认定证明
I	精神药物进（出）口准许证	t	关税配额证明
J	黄金及其制品进出口准许证或批件	v	自动进口许可证（加工贸易）
K	深加工结转申请表	x	出口许可证（加工贸易）
L	药品进出口准许证	y	出口许可证（边境小额贸易）
M	密码产品和设备进口许可证		

监管证件代码表说明

一、定义

监管证件名称代码是海关依据我国外贸法律、法规及规章，为便于实施计算机系统管理和便捷通关需求，对实行进出口许可证件管理的货物在海关管理环节须验核的各种进出口许可证件的分类标志。其总和称为监管证件名称代码表。

二、监管证件名称代码表结构

监管证件名称代码表由两部分组成，即监管证件代码和监管证件名称。例如：代码“1”，为进口许可证，如果某一商品编号后注有监管证件“1”，则说明在一般贸易项下进口该种商品需申领进口许可证。

三、监管证件名称代码说明

（一）代码“1”——进口许可证：指商务部配额许可证事务局或其授权机关签发的进口许可证。

（二）代码“2”——两用物项和技术进口许可证：指列入《两用物项和技术进口许可证管理目录》的商品，进口时由商务部签发两用物项和技术进口许可证。

（三）代码“3”——两用物项和技术出口许可证：根据商务部会同海关总署联合发布《敏感物项和技术出口许可证暂行管理办法》及《敏感物项和技术出口许可证管理目录》，凭商务部签发的敏感物项和技术出口批复到商务部授权的发证机构领取敏感物项和技术出口许可证。

（四）代码“4”——出口许可证：指商务部配额许可证事务局或其授权机关签发的出口许可证。

（五）代码“6”——旧机电产品禁止进口：商品编码后面有此代码的商品，其旧品禁止进口。

（六）代码“7”——自动进口许可证或重要工业品证明：指进口商品实行自动进口许可管理，由商务部及其授权机构按职责分工签发自动进口许可证。

（七）代码“8”——禁止出口商品：指国务院授权商务部门会同有关部门，依照《中华人民共和国对外贸易法》等有关法律法规，制定、调整并公布的禁止出口货物目录所列商品。商品编码后有此代码的商品禁止出口。

（八）代码“9”——禁止进口商品：指国务院授权商务部门会同有关部门，依照《中华人民共和国对外贸易法》等有关法律法规，制定、调整并公布的禁止进口货物目录所列商品。商品编码后有此代码的商品禁止进口。

（九）代码“A”——入境货物通关单：指国家质量监督检验检疫机构根据《中华人民共和国进出口商品检验法》、《中华人民共和国动植物检疫法》和《中华人民共和国食品卫生法》等有关法律、法规，对列入《出入境检验检疫机构实施检验检疫的进出境商品目录》的进口商品签发的入境货物通关单。

（十）代码“B”——出境货物通关单：指国家质量监督检验检疫机构根据《中华人民共和国进出口商品检验法》、《中华人民共和国动植物检疫法》和《中华人民共和国食品卫生法》等有关法律、法规，对列入《出入境检验检疫机构实施检验检疫的进出境商品目录》的进口商品签发的出境货物通关单。

（十一）代码“D”——出/入境货物通关单：为履行我国国际义务，制止“冲突钻石”非法交易，国家质检总局、海关总署等六部委联合发布2002年第132号公告，对毛坯钻石进口实施管理，毛坯钻石进出口时，授权检验检疫机构签发出/入境货物通关单。

（十二）代码“E”——濒危物种出口允许证：指根据《中华人民共和国野生动物保护法》及相关法律法规，对列入《国家重点保护野生动物名录》货物，出口时由国家濒危物种进出口管理办公室或其办事机构签发允许出口证明书。

（十三）代码“F”——濒危物种进口允许证：指根据《中华人民共和国野生动物保护法》及相关法律法规，对列入《国家重点保护野生动物名录》货物，进口时由国家濒危物种进出口管理办公室或其办事机构签发允许进口证明书。

（十四）代码“G”——易制毒化学品定向出口许可证：指列入《向特定国家（地区）出口易制毒化学品管理目录》的商品，向特定国家出口时由商务部签发易制毒化学品定向出口许可证。

（十五）代码“I”——精神药物进（出）口准许证：根据《中华人民共和国药品管理法》和国务院《精神药品管理办法》及相关法律法规，国家对精神药品的进（出）口实行进（出）口准许证管理制度。

对列入《精神药品管制品种目录》的商品，国家食品药品监督管理局核发精神药品进（出）口准许证或携带麻醉药品、精神药品证明。

（十六）代码“J”——黄金及其制品进出口准许证或批件：指根据《中华人民共和国金银管理条例》及相关法律法规，对进出口黄金及其制品，由中国人民银行签发的准许进出境证件。

（十七）代码“L”——药品进（出）口准许证：根据《中华人民共和国反兴奋剂条例》，国家食品药品监督管理部门依法对列入兴奋剂目录的蛋白同化制剂、肽类激素等供医疗使用的兴奋剂实施进出口管理，签发准予进（出）口的许可证件。

（十八）代码“M”——密码产品和设备进口许可证：根据《商用密码管理条例》，对列入《密码产品和含有密码技术的设备进口管理目录》的商品，由国家密码管理局签发进口许可证件。

（十九）代码“O”——自动进口许可证（新旧机电产品）：根据商务部、海关总署、国家质检总局2001年第10号令《机电产品进口管理办法》和《机电产品自动进口许可管理实施细则》，进口实行自动进口许可管理的机电产品，进口单位应当在办理海关报关手续前，向商务部或地方外经贸主管机构、部门机电办申领自动进口许可证。

（二十）代码“P”——进口废物批准证书：根据《中华人民共和国固体废物污染环境防治法》和《废物进口环境保护管理暂行规定》及相关法律法规，对列入《国家限制进口的可用做原料的废物目录》的进口商品，由国家环境保护部签发进口废物批准证书。

（二十一）代码“Q”——进口药品通关单：根据《中华人民共和国药品管理法》及相关法律法规，对列入《进口药品管理目录》的药品，国家食品药品监督管理局及其授权机构签发进口药品通关单。

（二十二）代码“R”——进口兽药通关单：根据《兽药管理条例》，农业部或兽药进口口岸所在地省级人民政府兽医行政管理部门对列入《进口兽药管理目录》的进口兽药实施监督管理，签发准予进口的许可证件。

（二十三）代码“S”——进出口农药登记证明：根据《农药管理条例》及有关法律法规，《中华人民共和国进出口农药登记证明管理名录》和《中华人民共和国进出口列入事先知情同意程序（PIC）农药登记证明管理名录》的商品，进出口时，农业部签发进出口农药登记证明。

（二十四）代码“T”——银行调运外币现钞进出境许可证：指国家外汇管理局和中国人民银行根据《银行调运外币现钞进出境管理规定》等法律、法规，对允许进出境的外币和人民币现钞签发的许可证件。

（二十五）代码“U”——合法捕捞产品通关证明：进口“实施合法捕捞证明的水产品清单”所列的鱼类，由农业部签发“合法捕捞产品通关证明”。

（二十六）代码“W”——麻醉药品进出口准许证：根据《中华人民共和国药品管理法》和国务院《麻醉药品管理办法》及相关法律法规，国家对麻醉药品的进（出）口实行进（出）口准许证管理制度。

对列入“麻醉药品管制品种目录”的商品，国家食品药品监督管理局核发麻醉药品进（出）口准许证或携带麻醉药品、精神药品证明。

（二十七）代码“X”——有毒化学品环境管理放行通知单：指列入《中国严格限制的有毒化学品名录》的进出口化学品，由国家环境保护部签发的放行通知单。

（二十八）代码“Y”——原产地证明：是指受惠国政府指定部门签发的证明该货物原产于该国的证明文书。

（二十九）代码“Z”——进口音像制品批准单或节目提取单：指国家实行进口管理的音像制品，由文化部签发的文化部进口音像制品批准单或广播电影电视总局及其授权部门签发的进口广播电影电视节目带（片）提取单。

（三十）代码“e”——关税配额外优惠关税税率进口棉花配额证：指对于一定数量的关税配额外报关进口的棉花，按“暂定优惠关税税率”征收进口关税，由国家发展改革委授权机构出具关税配额外优惠关税税率进口棉花配额证。

（三十一）代码“q”——国别关税配额证明：进口原产于新西兰并享受协定税率的羊毛或毛条时，应单独向海关申报，并按照海关总署令第175号规定提交原产地证明文件和商务部及其授权机构签发的在备注栏注明“新西兰羊毛、毛条国别配额”字样的农产品进口关税配额证，该证简称“国别关税配额证明”。

（三十二）代码“t”——关税配额证明：指列入实施《关税配额目录》的商品，进口时由商务部签发关税配额证明。

（三十三）代码“v”——自动进口许可证（加工贸易）：适用于加工贸易方式下自动进口许可证管理的商品。

（三十四）代码“x”——出口许可证（加工贸易）：适用于加工贸易方式下出口许可证管理的商品。

（三十五）代码“y”——出口许可证：边境小额贸易项下需凭出口许可证办理有关手续。

用途代码表及说明

用途代码表

用途代码	用途	用途代码	用途
01	外贸自营内销	07	收保证金
02	特区内销	08	免费提供
03	其他内销	09	作价提供
04	企业自用	10	货样，广告品
05	加工返销	11	其他
06	借用		

用途代码表说明

一、定义

指进口货物的实际用途，以此对征免税和监管条件进行辅助检查和处理。

二、用途分类代码及说明

（一）外贸自营内销：代码“01”，指有外贸进出口经营权的企业，在其经营范围内以正常方式成交的进口货物。

（二）特区内销：代码“02”，指特区内有外贸进出口经营权的企业在其经营范围内进口在特区内销售的货物。

（三）其他内销：代码“03”，指进料加工转内销部分、来料加工转内销货物及外商投资企业进口供加工内销产品的料件。

（四）企业自用：代码“04”，指进口供本单位（企业）自用的货物，如外商投资企业及特区内的企业、事业和机关单位进口自用的机器设备等。

（五）加工返销：代码“05”，指来料加工、进料加工、补偿贸易和外商投资企业为履行产品出口合同从国外进口料件，用于在国内加工后返销到境外。

（六）借用：代码“06”，指从境外租借进口，在规定的使用期满后退运出境外的进口货物，如租赁贸易进口货物。

（七）收保证金：代码“07”，指由担保人向海关缴纳现金的一种担保形式。

（八）免费提供：代码“08”，指免费提供的进口货物，如无偿援助、捐赠、礼品等进口货物。

（九）作价提供：代码“09”，指我方与外商签订合同（协议），规定由外商作价提供进口的货物，事后由我方支付或从我方出口货物款中或出口加工成品的加工费中扣除，如来料加工贸易进口设备等。

（十）货样、广告品：代码“10”，指进口专供订货参考的货物样品及用以宣传有关商品内容的广告宣传品。

（十一）其他：代码“11”，指用途代码表中未具体列名的其他用途。

其他代码表

货币代码表

货币代码	货币符号	货币名称	货币代码	货币符号	货币名称
110	HKD	港币	305	FRF	法国法郎
116	JPY	日本元	307	ITL	意大利里拉
121	MOP	澳门元	312	ESP	西班牙比赛塔
129	PHP	菲律宾比索	315	ATS	奥地利先令
132	SGD	新加坡元	318	FIM	芬兰马克
133	KRW	韩国圆	326	NOK	挪威克朗
136	THB	泰国铢	330	SEK	瑞典克朗
142	CNY	人民币	331	CHF	瑞士法郎
300	EUR	欧元	501	CAD	加拿大元
302	DKK	丹麦克朗	502	USD	美元
303	GBP	英镑	601	AUD	澳大利亚元
304	DEM	德国马克	609	NZD	新西兰元

成交方式代码表

成交方式代码	成交方式名称
1	CIF
2	C&F
3	FOB
4	C&I
5	市场价
6	垫仓

计量单位代码表

计量单位代码	计量单位名称	计量单位代码	计量单位名称	计量单位代码	计量单位名称	计量单位代码	计量单位名称
001	台	038	万个	079	短担	135	捆
002	座	039	具	080	两	136	袋
003	辆	040	百副	081	市担	139	粒
004	艘	041	百支	083	盎司	140	盒
005	架	042	百把	084	克拉	141	合
006	套	043	百个	085	市尺	142	瓶
007	个	044	百片	086	码	143	千支
008	只	045	刀	088	英寸	144	万双
009	头	046	疋	089	寸	145	万粒
010	张	047	公担	095	升	146	千粒
011	件	048	扇	096	毫升	147	千米
012	支	049	百枝	097	英加仑	148	千英尺
013	枝	050	千只	098	美加仑	149	百万贝可
014	根	051	千块	099	立方英尺	163	部
015	条	052	千盒	101	立方尺		
016	把	053	千枝	110	平方码		
017	块	054	千个	111	平方英尺		
018	卷	055	亿支	112	平方尺		
019	副	056	亿个	115	英制马力		
020	片	057	万套	116	公制马力		
021	组	058	千张	118	令		
022	份	059	万张	120	箱		
023	幅	060	千伏安	121	批		
025	双	061	千瓦	122	罐		
026	对	062	千瓦时	123	桶		
027	棵	063	千升	124	扎		
028	株	067	英尺	125	包		
029	井	070	吨	126	箩		
030	米	071	长吨	127	打		
031	盘	072	短吨	128	筐		
032	平方米	073	司马担	129	罗		
033	立方米	074	司马斤	130	匹		
034	筒	075	斤	131	册		
035	千克	076	磅	132	本		
036	克	077	担	133	发		
037	盆	078	英担	134	枚		

国别（地区）代码表

国家(地区)代码	国际标准英文简称	中文国家(地区)名称	英文国家(地区)名称	优惠/普通税率标记	船舶吨税优/普标记
101	AFG	阿富汗	Afghanistan	L	H
102	BHR	巴林	Bahrian	L	H
103	BGD	孟加拉国	Bangladesh	L	L
104	BTN	不丹	Bhutan	H	H
105	BRN	文莱	Brunei	L	H
106	MMR	缅甸	Myanmar	L	L
107	KHM	柬埔寨	Cambodia	L	H
108	CYP	塞浦路斯	Cyprus	L	L
109	PRK	朝鲜	Korea, DPR	L	L
110	HKG	香港	Hong Kong	L	L
111	IND	印度	India	L	L
112	IDN	印度尼西亚	Indonesia	L	H
113	IRN	伊朗	Iran	L	L
114	IRQ	伊拉克	Iraq	L	H
115	ISR	以色列	Israel	L	L
116	JPN	日本	Japan	L	L
117	JOR	约旦	Jordan	L	H
118	KWT	科威特	Kuwait	L	H
119	LAO	老挝	Lao PDR	L	L
120	LBN	黎巴嫩	Lebanon	L	L
121	MAC	澳门	Macau	L	L
122	MYS	马来西亚	Malaysia	L	L
123	MDV	马尔代夫	Maldives	L	H
124	MNG	蒙古	Mongolia	L	L
125	NPL	尼泊尔联邦民主共和国	Nepal, FDR	L	H
126	OMN	阿曼	Oman	L	L
127	PAK	巴基斯坦	Pakistan	L	L
128	PSE	巴勒斯坦	Palestine	H	H
129	PHL	菲律宾	Philippines	L	L
130	QAT	卡塔尔	Qatar	L	H
131	SAU	沙特阿拉伯	Saudi Arabia	L	H
132	SGP	新加坡	Singapore	L	L
133	KOR	韩国	Korea, Rep.	L	L
134	LKA	斯里兰卡	Sri Lanka	L	L
135	SYR	叙利亚	Syrian Arab Republic	L	H
136	THA	泰国	Thailand	L	L
137	TUR	土耳其	Turkey	L	L
138	ARE	阿联酋	United Arab Emirates	L	H
139	YEM	也门	Yemen	L	L
141	NVM	越南	Viet Nam	L	L
142	CHN	中国	China	L	L
143	TWN	台澎金马关税区	Taiwan, Prov. of China	L	H
144	TLS	东帝汶	Timor – Leste	L	H

国家（地区）代码	国际标准英文简称	中文国家（地区）名称	英文国家（地区）名称	优惠/普通税率标记	船舶吨税优/普标记
145	KAZ	哈萨克斯坦	Kazakhstan	L	H
146	KGZ	吉尔吉斯斯坦	Kyrgyzstan	L	H
147	TJK	塔吉克斯坦	Tajikistan	L	H
148	TKM	土库曼斯坦	Turkmenistan	L	H
149	UZB	乌兹别克斯坦	Uzbekistan	L	H
199		亚洲其他国家（地区）	Oth. Asia nes		
201	DZA	阿尔及利亚	Algeria	L	L
202	AGO	安哥拉	Angola	L	H
203	BEN	贝宁	Benin	L	H
204	BWA	博茨瓦那	Botswana	L	H
205	BDI	布隆迪	Burundi	L	H
206	CMR	喀麦隆	Cameroon	L	H
207		加那利群岛	Canary Islands	H	H
208	CPV	佛得角	Cape Verde	L	H
209	CAF	中非	Central African Republic.	L	H
210		塞卜泰（休达）	Ceuta	H	H
211	TCD	乍得	Chad	L	H
212	COM	科摩罗	Comoros	H	H
213	COG	刚果（布）	Congo	L	L
214	DJI	吉布提	Djibouti	L	H
215	EGY	埃及	Egypt	L	H
216	GNQ	赤道几内亚	Equatorial Guinea	L	H
217	ETH	埃塞俄比亚	Ethiopia	L	L
218	GAB	加蓬	Gabon	L	H
219	GMB	冈比亚	Gambia	L	H
220	GHA	加纳	Ghana	L	L
221	GIN	几内亚	Guinea	L	H
222	GNB	几内亚比绍	Guinea - Bissau	L	H
223	CIV	科特迪瓦	Cote d1voire	L	H
224	KEN	肯尼亚	Kenya	L	L
225	LBR	利比里亚	Liberia	L	H
226	LBY	利比亚	Libyan Arab Jamahiriya	L	H
227	MDG	马达加斯加	Madagascar	L	H
228	MWI	马拉维	Malawi	L	H
229	MLI	马里	Mali	L	H
230	MRT	毛里塔尼亚	Mauritania	L	H
231	MUS	毛里求斯	Mauritius	L	H
232	MAR	摩洛哥	Morocco	L	L
233	MOZ	莫桑比克	Mozambique	L	H
234	NAM	纳米比亚	Namibia	L	H
235	NER	尼日尔	Niger	L	H
236	NGA	尼日利亚	Nigeria	L	H
237	REU	留尼汪	Reunion	H	H
238	RWA	卢旺达	Rwanda	L	H
239	STP	圣多美和普林西比	Sao Tome and Principe	H	H
240	SEN	塞内加尔	Senegal	L	H
241	SYC	塞舌尔	Seychelles	H	H

国家(地区)代码	国际标准英文简称	中文国家(地区)名称	英文国家(地区)名称	优惠/普通税率标记	船舶吨税优/普标记
242	SLE	塞拉利昂	Sierra Leone	L	H
243	SOM	索马里	Somalia	L	H
244	ZAF	南非	South Africa	L	H
245	ESH	西撒哈拉	Western Sahara	H	H
246	SDN	苏丹	Sudan	L	L
247	TZA	坦桑尼亚	Tanzania	L	H
248	TGO	多哥	Togo	L	H
249	TUN	突尼斯	Tunisia	L	L
250	UGA	乌干达	Uganda	L	H
251	BFA	布基纳法索	Burkina Faso	L	H
252	COD	刚果（金）	Congo，DR	L	L
253	ZMB	赞比亚	Zambia	L	H
254	ZWE	津巴布韦	Zimbabwe	L	H
255	LSO	莱索托	Lesotho	L	H
256		梅利利亚	Melilla	H	H
257	SWZ	斯威士兰	Swaziland	L	H
258	ERI	厄立特里亚	Eritrea	L	H
259	MYT	马约特	Mayotte	L	H
299		非洲其他国家（地区）	Oth. Afr. nes		
301	BEL	比利时	Belgium	L	L
302	DNK	丹麦	Denmark	L	L
303	GBR	英国	United Kingdom	L	L
304	DEU	德国	Germany	L	L
305	FRA	法国	France	L	L
306	IRL	爱尔兰	Ireland	L	H
307	ITA	意大利	Italy	L	L
308	LUX	卢森堡	Luxembourg	L	L
309	NLD	荷兰	Netherlands	L	L
310	GRC	希腊	Greece	L	L
311	PRT	葡萄牙	Portugal	L	H
312	ESP	西班牙	Spain	L	H
313	ALB	阿尔巴尼亚	Albania	L	L
314	AND	安道尔	Andorra	H	H
315	AUT	奥地利	Austria	L	H
316	BGR	保加利亚	Bulgaria	L	L
318	FIN	芬兰	Finland	L	L
320	GIB	直布罗陀	Gibraltar	H	L
321	HUN	匈牙利	Hungary	L	H
322	ISL	冰岛	Iceland	L	H
323	LIE	列支敦士登	Liechtenstein	L	H
324	MLT	马耳他	Malta	L	L
325	MCO	摩纳哥	Monaco	L	H
326	NOR	挪威	Norway	L	L
327	POL	波兰	Poland	L	L
328	ROM	罗马尼亚	Romania	L	L
329	SMR	圣马力诺	San Marino	L	H
330	SWE	瑞典	Sweden	L	L
331	CHE	瑞士	Switzerland	L	H

国家(地区)代码	国际标准英文简称	中文国家(地区)名称	英文国家(地区)名称	优惠/普通税率标记	船舶吨税优/普标记
334	EST	爱沙尼亚	Estonia	L	H
335	LVA	拉脱维亚	Latvia	L	H
336	LTU	立陶宛	Lithuania	L	L
337	GEO	格鲁吉亚	Georgia	L	L
338	ARM	亚美尼亚	Armenia	L	H
339	AZE	阿塞拜疆	Azerbai jan	L	H
340	BLR	白俄罗斯	Belarus	L	H
343	MDA	摩尔多瓦	Moldova	L	H
344	RUS	俄罗斯联邦	Russian Federation	L	L
347	UKR	乌克兰	Ukraine	L	L
349		塞尔维亚和黑山		H	H
350	SVN	斯洛文尼亚	Slovenia	L	H
351	HRV	克罗地亚	Croatia	L	L
352	CZE	捷克	Czech Republic	L	H
353	SVK	斯洛伐克	Slovakia	L	H
354	MKD	前南马其顿	Macedonia，FYR	L	H
355	BIH	波黑	Bosnia and Hercegovina	L	H
356	VAT	梵蒂冈城国	Vatican City State	H	H
357	FRO	法罗群岛	Faroe Islands	L	H
358	SRB	塞尔维亚	Serbia	L	H
359	MNE	黑山	Montenegro	L	H
399		欧洲其他国家（地区）	Oth. Eur. nes		
401	ATG	安提瓜和巴布达	Antigua & Barbuda	L	H
402	ARG	阿根廷	Argentina	L	L
403	ABW	阿鲁巴	Aruba	H	H
404	BHS	巴哈马	Bahamas	H	L
405	BRB	巴巴多斯	Barbados	L	H
406	BLZ	伯利兹	Belize	L	H
408	BOL	多民族玻利维亚国	Estado Plurinacional de Bolivia	L	H
409		博内尔	Bonaire	H	H
410	BRA	巴西	Brazil	L	L
411	CYM	开曼群岛	Cayman Islands	H	L
412	CHL	智利	Chile	L	L
413	COL	哥伦比亚	Colombia	L	H
414	DMA	多米尼克	Dominica	L	H
415	CRI	哥斯达黎加	Costa Rica	L	H
416	CUB	古巴	Cuba	L	L
417		库腊索岛	Curacao	H	H
418	DOM	多米尼加共和国	Dominican Republic	L	H
419	ECU	厄瓜多尔	Ecuador	L	H
420	GUF	法属圭亚那	French Guiana	H	H
421	GRD	格林纳达	Grenada	L	H
422	GLP	瓜德罗普	Guadeloupe	H	H
423	GTM	危地马拉	Guatemala	L	H
424	GUY	圭亚那	Guyana	L	H
425	HTI	海地	Haiti	L	H
426	HND	洪都拉斯	Honduras	L	H
427	JAM	牙买加	Jamaica	L	H

国家(地区)代码	国际标准英文简称	中文国家(地区)名称	英文国家(地区)名称	优惠/普通税率标记	船舶吨税优/普标记
428	MTQ	马提尼克	Martinique	H	H
429	MEX	墨西哥	Mexico	L	L
430	MSR	蒙特塞拉特	Montserrat	H	H
431	NIC	尼加拉瓜	Nicaragua	L	H
432	PAN	巴拿马	Panama	L	H
433	PRY	巴拉圭	Paraguay	L	H
434	PER	秘鲁	Peru	L	L
435	PRI	波多黎各	Puerto Rico	L	H
436		萨巴	Saba	H	H
437	LCA	圣卢西亚	Saint Lucia	L	H
438		圣马丁岛	Saint Martin Islands	H	H
439	VCT	圣文森特和格林纳丁斯	Saint Vincent and Grenadines	L	H
440	SLV	萨尔瓦多	El Salvador	H	H
441	SUR	苏里南	Suriname	L	H
442	TTO	特立尼达和多巴哥	Trinidad and Tobago	L	H
443	TCA	特克斯和凯科斯群岛	Turks and Caicos Islands	H	H
444	URY	乌拉圭	Uruguay	L	H
445	VEN	委内瑞拉	Venezuela	L	H
446	VGB	英属维尔京群岛	VirginIslands, British	H	H
447	KNA	圣其茨和尼维斯	SaintKitts and Nevis	L	H
448	SPM	圣皮埃尔和密克隆	Saint. Pierre and Miquelon	L	H
449	ANT	荷属安地列斯	Netherlands Antilles	H	H
499		拉丁美洲其他国家（地区）	Oth. L. Amer. nes		
501	CAN	加拿大	Canada	L	L
502	USA	美国	United States	L	L
503	GRL	格陵兰	Greenland	L	H
504	BMU	百慕大	Bermuda	H	L
599		北美洲其他国家（地区）	Oth. N. Amer. nes		
601	AUS	澳大利亚	Australia	L	H
602	COK	库克群岛	Cook Islands	L	H
603	FJI	斐济	Fiji	L	H
604		盖比群岛	Gambier Islands	H	H
605		马克萨斯群岛	Marquesas Islands	H	H
606	NRU	瑙鲁	Nauru	H	H
607	NCL	新喀里多尼亚	New Caledonia	L	H
608	VUT	瓦努阿图	Vanuatu	L	H
609	NZL	新西兰	New Zealand	L	L
610	NFK	诺福克岛	Norfolk Island	H	H
611	PNG	巴布亚新几内亚	Papua New Guinea	L	H
612		社会群岛	Society Islands	H	H
613	SLB	所罗门群岛	Solomon Islands	L	H
614	TON	汤加	Tonga	L	H
615		土阿莫土群岛	Tuamotu Islands	H	H
616		土布艾群岛	Tubai Islands	H	H
617	WSM	萨摩亚	Samoa	L	H
618	KIR	基里巴斯	Kiribati	H	H
619	TUV	图瓦卢	Tuvalu	H	H
620	FSM	密克罗尼西亚联邦	Micronesia, Fs	L	H

国家(地区)代码	国际标准英文简称	中文国家(地区)名称	英文国家(地区)名称	优惠/普通税率标记	船舶吨税优/普标记
621	MHL	马绍尔群岛	Marshall Islands	H	H
622	PLW	帕劳	Palau	H	H
623	PYF	法属波利尼西亚	French Polynesia	L	H
625	WLF	瓦利斯和浮图纳	Wallis and Futuna	L	H
699		大洋洲其他国家（地区）	Oth. Ocean. nes		
701		国（地）别不详	Countries (reg.) unknown	H	H
702		联合国及机构和国际组织	UN and oth. int1org.		
999		中性包装原产国别	Conutries of Neutral Package	H	H

地区性质代码表

地区性质代码	地区性质名称
1	经济特区
2	沿海开放城市
3	经济技术开发区
4	经济开放区
5	海南省
6	西藏自治区
7	广东省
8	福建省
9	北京市、新疆
A	保税工业区
B	新技术开发园区

企业性质代码表

企业性质代码	企业性质简称
1	国有
2	合作
3	合资
4	独资
5	集体
6	私营
7	个体工商户
8	报关
9	其他

海关通关系统《商品综合分类表》

使 用 说 明

为便于读者查阅，现将《商品综合分类表》的有关栏目说明如下：

一、《商品综合分类表》的第一列为“商品编号”，其前八位代码与《税则》中的税则号列和《统计商品目录》中的商品编号完全一致，第九、十位代码是根据进口环节税、进出口暂定税和贸易管制的需要而增设的。商品编号未增列第九位、第十位时，用“00”补齐十位。

“商品编号”栏有 * 标志的，表示：

1. 该项商品实施年度暂定税率，凡从世贸组织成员国或与我国有双边互惠协议的国家或地区进口的货物，即按暂定税率征税（见附表 1），从其他国家或地区进口的货物仍按规定的普通税率征税。

2. 该项商品实施出口商品暂定税率（见《2012 年出口商品关税、暂定及特别关税税率表》）。

二、《商品综合分类表》的第二列为“商品名称及备注”，它是为适应通关系统的需要，由《税则》和《统计商品目录》中的“货品名称”缩减而成，括号内的文字是对该商品名称的补充描述。

三、《商品综合分类表》的第三列为“进口关税税率”，栏内数字表示为关税税率的百分比。对从世贸组织成员国或与我国订有关税互惠协议的国家或地区进口的货物，按最惠国税率征税，对从其他国家或地区进口的货物按普通税率征税。

进口关税税额 = 到岸价格 × 进口关税税率

$$出口关税税额 = \frac{离岸价格}{1 + 出口关税税率} \times 出口关税税率$$

四、《商品综合分类表》的第四列为“增值税率”，仅有 13 和 17 两栏，栏内数字相应地表示为该项商品的进口环节增值税税率为 13% 或 17%。

增值税税额 = （到岸价格 + 关税税额 + 消费税税额） × 增值税税率

五、《商品综合分类表》的第五列为“计量单位”。

六、《商品综合分类表》的第六列为“监管条件”，该栏目的代码表示该项商品在一般贸易进出口时需要向海关提交的监管证件。具体代码所代表的证件请查阅《监管证件代码表》。

商品归类总规则

货品在本税则目录上的归类，应遵循以下原则：

规则一　类、章及分章的标题，仅为查找方便而设；具有法律效力的归类，应按税目条文和有关类注或章注确定，如税目、类注或章注无其他规定，按以下规则确定。

规则二　（一）税目所列货品，应视为包括该项货品的不完整品或未制成品，只要在进口或出口时该项不完整品或未制成品具有完整品或制成品的基本特征；还应视为包括该项货品的完整品或制成品（或按本款可作为完整品或制成品归类的货品）在进口或出口时的未组装件或拆散件。

（二）税目中所列材料或物质，应视为包括该种材料或物质与其他材料或物质混合或组合的物品。税目所列某种材料或物质构成的货品，应视为包括全部或部分由该种材料或物质构成的货品。由一种以上材料或物质构成的货品，应按规则三归类。

规则三　当货品按规则二（二）或由于其他原因看起来可归入两个或两个以上税目时，应按以下规则归类：

（一）列名比较具体的税目，优先于列名一般的税目。但是，如果两个或两个以上税目都仅述及混合或组合货品所含的某部分材料或物质，或零售的成套货品中的某些货品，即使其中某个税目对该货品描述得更为全面、详细，这些货品在有关税目的列名应视为同样具体。

（二）混合物、不同材料构成或不同部件组成的组合物以及零售的成套货品，如果不能按照规则三（一）归类时，在本款可适用的条件下，应按构成货品基本特征的材料或部件归类。

（三）货品不能按照规则三（一）或（二）归类时，应按号列顺序归入其可归入的最末一个税目。

规则四　根据上述规则无法归类的货品，应归入与其最相类似的货品的税目。

规则五　除上述规则外，本规则适用于下列货品的归类：

（一）制成特殊形状仅适用于盛装某个或某套物品并适合长期使用的照相机套、乐器盒、枪套、绘图仪器盒、项链盒及类似容器，如果与所装物品同时进口或出口，并通常与所装物品一同出售的，应与所装物品一并归类。但本款不适用于本身构成整个货品基本特征的容器。

（二）除规则五（一）规定的以外，与所装货品同时进口或出口的包装材料或包装容器，如果通常是用来包装这类货品的，应与所装货品一并归类。但明显可重复使用的包装材料和包装容器可不受本款限制。

规则六　货品在某一税目项下各子目的法定归类，应按子目条文或有关的子目注释以及以上各条规则来确定，但子目的比较只能在同一数级上进行。除本税则目录条文另有规定的以外，有关的类注、章注也适用于本规则。

第一类　活动物;动物产品

注释:

一、本类所称的各属种动物,除条文另有规定的以外,均包括其幼仔在内。

二、除条文另有规定的以外,本手册所称干的产品,均包括经脱水、蒸发或冷冻干燥的产品。

第一章　活动物

注释:

本章包括所有活动物,但下列各项除外:

一、品目 03.01、03.06、03.07 或 03.08 的鱼、甲壳动物、软体动物及其他水生无脊椎动物;

二、品目 30.02 的培养微生物及其他产品;

三、品目 95.08 的动物。

商品编号	商品名称及备注	进口关税税率(%) 最惠国	进口关税税率(%) 普通	增值税率(%)	计量单位	监管条件
0101	**马、驴、骡**					
0101210010	改良种用濒危野马	0	0	13	千克/头	AFEB
0101210090	其他改良种用马	0	0	13	千克/头	AB
0101290010	非改良种用濒危野马	10	30	13	千克/头	AFEB
0101290090	非改良种用其他马	10	30	13	千克/头	AB
0101301010	改良种用的濒危野驴	0	0	13	千克/头	AFEB
0101301090	改良种用的其他驴	0	0	13	千克/头	AB
0101309010	非改良种用濒危野驴	10	30	13	千克/头	AFEB
0101309090	非改良种用其他驴	10	30	13	千克/头	AB
0101900000	骡	10	30	13	千克/头	AB
0102	**牛**					
0102210000	改良种用家牛	0	0	13	千克/头	AB
0102290000	非改良种用家牛	10	30	13	千克/头	4xAB
0102310010	改良种用濒危水牛	0	0	13	千克/头	ABEF
0102310090	改良种用其他水牛	0	0	13	千克/头	AB
0102390010	非改良种用濒危水牛	10	30	13	千克/头	4ABEFx
0102390090	非改良种用其他水牛	10	30	13	千克/头	4ABx
0102901010	改良种用濒危野牛	0	0	13	千克/头	AFEB
0102901090	其他改良种用牛	0	0	13	千克/头	AB
0102909010	非改良种用濒危野牛	10	30	13	千克/头	4xABFE
0102909090	非改良种用其他牛	10	30	13	千克/头	4xAB
0103	**猪**					
0103100010	改良种用的鹿豚、姬猪	0	0	13	千克/头	AFEB
0103100090	其他改良种用的猪	0	0	13	千克/头	AB
0103911010	重量<10 千克的其他野猪(改良种用的除外)	10	50	13	千克/头	4xABFE
0103911090	重量<10 千克的其他猪(改良种用的除外)	10	50	13	千克/头	4xAB
0103912010	10≤重量<50 千克的其他野猪(改良种用的除外)	10	50	13	千克/头	4xABFE

商品编号	商品名称及备注	进口关税税率(%) 最惠国	进口关税税率(%) 普通	增值税率(%)	计量单位	监管条件
0103912090	10≤重量<50千克的其他猪(改良种用的除外)	10	50	13	千克/头	4xAB
0103920010	重量≥50千克的其他野猪(改良种用的除外)	10	50	13	千克/头	4xABFE
0103920090	重量≥50千克的其他猪(改良种用的除外)	10	50	13	千克/头	4xAB
0104	**绵羊、山羊**					
0104101000	改良种用的绵羊	0	0	13	千克/头	AB
0104109000	其他绵羊(改良种用的除外)	10	50	13	千克/头	AB
0104201000	改良种用的山羊	0	0	13	千克/头	AB
0104209000	非改良种用山羊	10	50	13	千克/头	AB
0105	**家禽,即鸡、鸭、鹅、火鸡及珍珠鸡**					
0105111000	不超过185克的改良种用鸡	0	0	13	千克/只	AB
0105119000	不超过185克的其他鸡(改良种用的除外)	10	50	13	千克/只	AB
0105121000	不超过185克的改良种用火鸡	0	0	13	千克/只	AB
0105129000	不超过185克的其他火鸡(改良种用的除外)	10	50	13	千克/只	AB
0105131000	不超过185克的改良种用鸭	0	0	13	千克/只	AB
0105139000	不超过185克的其他鸭(改良种用的除外)	10	50	13	千克/只	AB
0105141000	不超过185克的改良种用鹅	0	0	13	千克/只	AB
0105149000	不超过185克的其他鹅(改良种用的除外)	10	50	13	千克/只	AB
0105151000	不超过185克的改良种用珍珠鸡	0	0	13	千克/只	AB
0105159000	不超过185克的其他珍珠鸡(改良种用的除外)	10	50	13	千克/只	AB
0105941000	超过185克改良种用鸡	0	0	13	千克/只	4xAB
0105949000	超过185克其他鸡(改良种用的除外)	10	50	13	千克/只	4xAB
0105991000	超过185克的其他改良种用家禽	0	0	13	千克/只	AB
0105999100	超过185克的非改良种用鸭	10	50	13	千克/只	AB
0105999200	超过185克的非改良种用鹅	10	50	13	千克/只	AB
0105999300	超过185克的非改良种用珍珠鸡	10	50	13	千克/只	4xAB
0105999400	超过185克的非改良种用火鸡	10	50	13	千克/只	AB
0106	**其他活动物**					
0106111000	改良种用灵长目哺乳动物(包括人工驯养、繁殖的)	0	0	13	千克/只	AFEB
0106119000	其他灵长目哺乳动物(包括人工驯养、繁殖的)	10	50	13	千克/只	AFEB
0106121100*	改良种用鲸、海豚及鼠海豚(鲸目哺乳动物);改良种用海牛及儒艮(海牛目哺乳动物)(包括人工驯养、繁殖的)	10	50	13	千克/只	AFEB
0106121900	非改良种用鲸、海豚及鼠海豚(鲸目哺乳动物);非改良种用海牛及儒艮(海牛目哺乳动物)(包括人工驯养、繁殖的)	10	50	13	千克/只	AFEB
0106122100	改良种用海豹、海狮及海象(鳍足亚目哺乳动物)(包括人工驯养、繁殖的)	0	0	13	千克/只	AFEB
0106122900	非改良种用海豹、海狮及海象(鳍足亚目哺乳动物)(包括人工驯养、繁殖的)	10	50	13	千克/只	ABEF
0106131010	改良种用濒危骆驼及其他濒危骆驼科动物(包括人工驯养、繁殖的)	0	0	13	千克/只	ABFE
0106131090	其他改良种用骆驼及其他骆驼科动物	0	0	13	千克/只	AB
0106139010	其他濒危骆驼及其他濒危野生骆驼科动物(包括人工驯养、繁殖的)	10	50	13	千克/只	AFEB
0106139090	其他骆驼及其他骆驼科动物	10	50	13	千克/只	AB
0106141010	改良种用濒危野兔(包括人工驯养、繁殖的)	0	0	13	千克/只	ABEF
0106141090	改良种用家兔及其他改良种用野兔	0	0	13	千克/只	AB
0106149010	其他濒危野兔(包括人工驯养、繁殖的)	10	50	13	千克/只	AFEB

商品编号	商品名称及备注	进口关税税率(%)		增值税率(%)	计量单位	监管条件
		最惠国	普通			
0106149090	其他家兔及野兔	10	50	13	千克/只	AB
0106191010	其他改良种用濒危野生哺乳动物(包括人工驯养、繁殖的)	0	0	13	千克/只	ABFE
0106191090	其他改良种用非野生哺乳动物	0	0	13	千克/只	AB
0106199010	其他濒危野生哺乳动物(包括人工驯养、繁殖的)	10	50	13	千克/只	AFEB
0106199090	其他非野生哺乳动物	10	50	13	千克/只	AB
0106201100	改良种用鳄鱼苗(包括人工驯养、繁殖的)	0	0	13	千克/只	AFEB
0106201900	其他改良种用爬行动物(包括人工驯养、繁殖的)	0	0	13	千克/只	FEAB
0106202010	食用野生蛇(包括人工驯养、繁殖的)	10	50	13	千克/只	AFEB
0106202020	食用野生龟鳖(包括人工驯养、繁殖的)	10	50	13	千克/只	ABFE
0106202090	其他食用爬行动物(包括人工驯养、繁殖的)	10	50	13	千克/只	FEAB
0106209000	其他爬行动物(包括人工驯养、繁殖的)	10	50	13	千克/只	FEAB
0106311000	改良种用猛禽(包括人工驯养、繁殖的)	0	0	13	千克/只	AFEB
0106319000	其他猛禽(包括人工驯养、繁殖的)	10	50	13	千克/只	ABFE
0106321010	改良种用虎皮鹦鹉	0	0	13	千克/只	AB
0106321020	改良种用鸡尾鹦鹉	0	0	13	千克/只	AB
0106321090	改良种用其他鹦形目的鸟(包括人工驯养、繁殖的)	0	0	13	千克/只	ABFE
0106329010	非改良种用虎皮鹦鹉	10	50	13	千克/只	AB
0106329020	非改良种用鸡尾鹦鹉	10	50	13	千克/只	AB
0106329090	非改良种用其他鹦形目的鸟(包括人工驯养、繁殖的)	10	50	13	千克/只	ABFE
0106331010	改良种用濒危鸵鸟(包括人工驯养、繁殖的)	0	0	13	千克/只	ABFE
0106331090	其他改良种用鸵鸟和改良种用鸸鹋	0	0	13	千克/只	AB
0106339010	其他濒危鸵鸟(包括人工驯养、繁殖的)	10	50	13	千克/只	ABFE
0106339090	其他鸵鸟、鸸鹋	10	50	13	千克/只	AB
0106391010	其他濒危野生改良种用的鸟(包括人工驯养、繁殖的)	0	0	13	千克/只	ABFE
0106391090	其他非野生的改良种用的鸟	0	0	13	千克/只	AB
0106392100	食用乳鸽	10	50	13	千克/只	AB
0106392300	食用野鸭	10	50	13	千克/只	FEAB
0106392910	其他食用濒危野生鸟(包括人工驯养、繁殖的)	10	50	13	千克/只	ABFE
0106392990	其他食用非野生的鸟	10	50	13	千克/只	AB
0106399010	其他濒危野生鸟(包括人工驯养、繁殖的)	10	50	13	千克/只	ABFE
0106399090	其他非野生的鸟	10	50	13	千克/只	AB
0106411000	改良种用蜂	0	0	13	千克/只	AB
0106419001*	赤眼蜂	10	50	13	千克/只	ABS
0106419090	其他蜂	10	50	13	千克/只	AB
0106491010	其他改良种用濒危昆虫(包括人工驯养、繁殖的)	0	0	13	千克/只	ABFE
0106491090	其他改良种用非濒危昆虫	0	0	13	千克/只	AB
0106499001*	捕食螨	10	50	13	千克/只	ABS
0106499010	其他濒危昆虫(包括人工驯养、繁殖的)	10	50	13	千克/只	ABFE
0106499090	其他非濒危昆虫	10	50	13	千克/只	AB
0106901110	改良种用濒危蛙苗	0	0	13	千克/只	ABFE
0106901190	其他改良种用蛙苗	0	0	13	千克/只	AB
0106901910	其他改良种用濒危野生动物(包括人工驯养、繁殖的)	0	0	13	千克/只	ABFE
0106901990	其他改良种用非野生动物	0	0	13	千克/只	AB
0106909010	其他濒危野生动物(包括人工驯养、繁殖的)	10	50	13	千克/只	ABFE
0106909090	其他非野生动物	10	50	13	千克/只	AB

第二章　肉及食用杂碎

注释：

本章不包括：

一、品目02.01至02.08或02.10的不适合供人食用的产品；

二、动物的肠、膀胱、胃（品目05.04）或动物血（品目05.11、30.02）；

三、品目02.09所列产品以外的动物脂肪（第十五章）。

商品编号	商品名称及备注	进口关税税率（%）		增值税率（%）	计量单位	监管条件
		最惠国	普通			
0201	**鲜、冷牛肉**					
0201100010	整头及半头鲜或冷藏的野牛肉	20	70	13	千克	47ABEFx
0201100090	其他整头及半头鲜或冷藏的牛肉	20	70	13	千克	47ABx
0201200010	鲜或冷藏的带骨野牛肉	12	70	13	千克	47ABEFx
0201200090	其他鲜或冷藏的带骨牛肉	12	70	13	千克	47ABx
0201300010	鲜或冷藏的去骨野牛肉	12	70	13	千克	47ABEFx
0201300090	其他鲜或冷藏的去骨牛肉	12	70	13	千克	47ABx
0202	**冻牛肉**					
0202100010	冻藏的整头及半头野牛肉	25	70	13	千克	47ABEFx
0202100090	其他冻藏的整头及半头牛肉	25	70	13	千克	47ABx
0202200010	冻藏的带骨野牛肉	12	70	13	千克	47ABEFx
0202200090	其他冻藏的带骨牛肉	12	70	13	千克	47ABx
0202300010	冻藏的去骨野牛肉	12	70	13	千克	47ABEFx
0202300090	其他冻藏的去骨牛肉	12	70	13	千克	47ABx
0203	**鲜、冷、冻猪肉**					
0203111010	鲜或冷藏整头及半头野乳猪肉	20	70	13	千克	47ABEFx
0203111090	其他鲜或冷藏的整头及半头乳猪肉	20	70	13	千克	47ABx
0203119010	其他鲜或冷藏整头及半头野猪肉	20	70	13	千克	47ABEFx
0203119090	其他鲜或冷藏的整头及半头猪肉	20	70	13	千克	47ABx
0203120010	鲜或冷的带骨野猪前腿、后腿及肉块	20	70	13	千克	47ABEFx
0203120090	鲜或冷的带骨猪前腿、后腿及其肉块	20	70	13	千克	47ABx
0203190010	其他鲜或冷藏的野猪肉	20	70	13	千克	47ABEFx
0203190090	其他鲜或冷藏的猪肉	20	70	13	千克	47ABx
0203211010	冻整头及半头野乳猪肉	12	70	13	千克	47ABEFx
0203211090	冻整头及半头乳猪肉	12	70	13	千克	47ABx
0203219010	其他冻整头及半头野猪肉	12	70	13	千克	47ABEFx
0203219090	其他冻整头及半头猪肉	12	70	13	千克	47ABx
0203220010	冻带骨野猪前腿、后腿及肉	12	70	13	千克	47ABEFx
0203220090	冻藏的带骨猪前腿、后腿及其肉块	12	70	13	千克	47ABx
0203290010	冻藏野猪其他肉	12	70	13	千克	47ABEFx
0203290090	其他冻藏猪肉	12	70	13	千克	47ABx
0204	**鲜、冷、冻绵羊肉或山羊肉**					
0204100000	鲜或冷藏的整头及半头羔羊肉	15	70	13	千克	7AB
0204210000	鲜或冷藏的整头及半头绵羊肉	23	70	13	千克	7AB
0204220000	鲜或冷藏的带骨绵羊肉	15	70	13	千克	7AB

商品编号	商 品 名 称 及 备 注	进口关税税率(%)		增值税率(%)	计量单位	监管条件
		最惠国	普通			
0204230000	鲜或冷藏的去骨绵羊肉	15	70	13	千克	7AB
0204300000	冻藏的整头及半头羔羊肉	15	70	13	千克	7AB
0204410000	冻藏的整头及半头绵羊肉	23	70	13	千克	7AB
0204420000	冻藏的其他带骨绵羊肉	12	70	13	千克	7AB
0204430000	冻藏的其他去骨绵羊肉	15	70	13	千克	7AB
0204500000	鲜或冷藏、冻藏的山羊肉	20	70	13	千克	7AB
0205	**鲜、冷、冻马、驴、骡肉**					
0205000010	鲜、冷或冻的濒危野马、野驴肉	20	70	13	千克	ABFE
0205000090	鲜、冷或冻的马、驴、骡肉	20	70	13	千克	AB
0206	**鲜、冷、冻牛、猪、绵羊、山羊、马、驴、骡食用杂碎**					
0206100000	鲜或冷藏的牛杂碎	12	70	13	千克	47ABx
0206210000	冻牛舌	12	70	13	千克	47ABx
0206220000	冻牛肝	12	70	13	千克	47ABx
0206290000	其他冻牛杂碎	12	70	13	千克	47ABx
0206300000	鲜或冷藏的猪杂碎	20	70	13	千克	47ABx
0206410000	冻猪肝	20	70	13	千克	47ABx
0206490000	其他冻猪杂碎	12	70	13	千克	47ABx
0206800010	鲜或冷的羊杂碎	20	70	13	千克	7AB
0206800090	鲜或冷的马、驴、骡杂碎	20	70	13	千克	AB
0206900010	冻藏的羊杂碎	18	70	13	千克	7AB
0206900090	冻藏的马、驴、骡杂碎	18	70	13	千克	AB
0207	**品目01.05所列家禽的鲜、冷、冻肉及食用杂碎**					
0207110000	鲜或冷藏的整只鸡	20	70	13	千克	4x7AB
0207120000	冻的整只鸡	见附表3	见附表3	13	千克	4x7AB
0207131100	鲜或冷的带骨的鸡块	20	70	13	千克	4x7AB
0207131900	其他鲜或冷的鸡块	20	70	13	千克	4x7AB
0207132100	鲜或冷的鸡翼(不包括翼尖)	20	70	13	千克	4x7AB
0207132900	其他鲜或冷的鸡杂碎	20	70	13	千克	7AB4x
0207141100	冻的带骨鸡块(包括鸡胸脯、鸡大腿等)	见附表3	见附表3	13	千克	7AB4x
0207141900	冻的不带骨鸡块(包括鸡胸脯、鸡大腿等)	见附表3	见附表3	13	千克	7AB4x
0207142100	冻的鸡翼(不包括翼尖)	见附表3	见附表3	13	千克	7AB4x
0207142200	冻的鸡爪	见附表3	见附表3	13	千克	7AB4x
0207142900	冻的其他食用鸡杂碎(包括鸡翼尖、鸡肝等)	见附表3	见附表3	13	千克	7AB4x
0207240000	鲜或冷的整只火鸡	20	70	13	千克	AB
0207250000	冻的整只火鸡	20	70	13	千克	AB
0207260000	鲜或冷的火鸡块及食用杂碎(肥肝除外)	20	70	13	千克	AB
0207270000	冻的火鸡块及食用杂碎(肥肝除外)	10	70	13	千克	AB
0207410000	鲜或冷的整只鸭	20	70	13	千克	AB
0207420000	冻的整只鸭	20	70	13	千克	AB
0207430000	鲜或冷的鸭肥肝	20	70	13	千克	AB
0207440000	鲜或冷的鸭块及食用杂碎(肥肝除外)	20	70	13	千克	AB
0207450000	冻的鸭块及食用杂碎	20	70	13	千克	AB
0207510000	鲜或冷的整只鹅	20	70	13	千克	AB

商品编号	商品名称及备注	进口关税税率(%)		增值税率(%)	计量单位	监管条件
		最惠国	普通			
0207520000	冻的整只鹅	20	70	13	千克	AB
0207530000	鲜或冷的鹅肥肝	20	70	13	千克	AB
0207540000	鲜或冷的鹅块及食用杂碎(肥肝除外)	20	70	13	千克	AB
0207550000	冻的鹅块及食用杂碎	20	70	13	千克	AB
0207600000	鲜、冷、冻的珍珠鸡、珍珠鸡块及食用杂碎	20	70	13	千克	AB
0208	**其他鲜、冷、冻肉及食用杂碎**					
0208101000	鲜或冷的家兔肉(不包括兔头)	20	70	13	千克	AB
0208102000	冻家兔肉(不包括兔头)	20	70	13	千克	AB
0208109010	鲜、冷或冻濒危野兔肉及其食用杂碎(不包括兔头)	20	70	13	千克	ABFE
0208109090	鲜、冷或冻家兔食用杂碎	20	70	13	千克	AB
0208300000	鲜、冷或冻的灵长目动物肉及食用杂碎	23	70	13	千克	ABFE
0208400000	鲜、冷或冻的鲸、海豚及鼠海豚(鲸目哺乳动物)的;海牛及儒艮(海牛目哺乳动物)的;海豹、海狮及海象(鳍足亚目哺乳动物)的肉及食用杂碎(鲜、冷或冻的鲸、海豚、鼠海豚、海牛、儒艮、海豹、海狮及海象的肉及食用杂碎)	23	70	13	千克	ABFE
0208500000	鲜、冷或冻的爬行动物肉及食用杂碎	23	70	13	千克	ABFE
0208600010	鲜、冷或冻的濒危野生骆驼及其他濒危野生骆驼科动物的肉及食用杂碎	23	70	13	千克	ABFE
0208600090	其他鲜、冷或冻骆驼及其他骆驼科动物的肉及食用杂碎	23	70	13	千克	AB
0208901000	鲜、冷或冻的乳鸽肉及其杂碎	20	70	13	千克	AB
0208909010	其他鲜、冷或冻的濒危野生动物肉	23	70	13	千克	ABFE
0208909090	其他鲜、冷或冻肉及食用杂碎	23	70	13	千克	AB
0209	**未炼制或用其他方法提取的不带瘦肉的肥猪肉、猪脂肪及家禽脂肪,鲜、冷、冻、干、熏、盐腌或盐渍的**					
0209100000	未炼制或用其他方法提取的不带瘦肉的肥猪肉、猪脂肪(包括鲜、冷、冻、干、熏、盐制的)	20	70	13	千克	AB
0209900000	未炼制或用其他方法提取的家禽脂肪(包括鲜、冷、冻、干熏、盐制的)	20	70	13	千克	AB
0210	**肉及食用杂碎,干、熏、盐腌或盐渍的;可供食用的肉或杂碎的细粉、粗粉**					
0210111010	干、熏、盐制的带骨鹿豚、姬猪腿	25	80	13	千克	ABFE
0210111090	其他干、熏、盐制的带骨猪腿	25	80	13	千克	AB
0210119010	干、熏、盐制带骨鹿豚、姬猪腿肉块	25	80	13	千克	ABFE
0210119090	其他干、熏、盐制的带骨猪腿肉	25	80	13	千克	AB
0210120010	干、熏、盐制的鹿豚、姬猪腹肉(指五花肉)	25	80	13	千克	ABFE
0210120090	其他干、熏、盐制的猪腹肉(指五花肉)	25	80	13	千克	AB
0210190010	干、熏、盐制的鹿豚、姬猪其他肉	25	80	13	千克	ABFE
0210190090	其他干、熏、盐制的其他猪肉	25	80	13	千克	AB
0210200010	干、熏、盐制的濒危野牛肉	25	80	13	千克	ABFE
0210200090	干、熏、盐制的其他牛肉	25	80	13	千克	AB
0210910000	干、熏、盐制灵长目动物肉及食用杂碎	25	80	13	千克	ABFE
0210920000	干、熏、盐制鲸、海豚及鼠海豚(鲸目哺乳动物)的;海牛及儒艮(海牛目哺乳动物)的;海豹、海狮及海象(鳍足亚目哺乳动物)的肉及食用杂碎(包括可供食用的肉或杂碎的细粉、粗粉)	25	80	13	千克	ABFE

商品编号	商 品 名 称 及 备 注	进口关税税率(%)		增值税率(%)	计量单位	监管条件
		最惠国	普通			
0210930000	干、熏、盐制爬行动物肉及食用杂碎(包括食用的肉及杂碎的细粉、粗粉)	25	80	13	千克	ABFE
0210990010	干、熏、盐制其他濒危动物肉及杂碎(包括可供食用的肉或杂碎的细粉、粗粉)	25	80	13	千克	ABFE
0210990090	干、熏、盐制的其他肉及食用杂碎(包括可供食用的肉或杂碎的细粉、粗粉)	25	80	13	千克	AB

第三章　鱼、甲壳动物、软体动物及其他水生无脊椎动物

注释：

一、本章不包括：

（一）品目01.06的哺乳动物；

（二）品目01.06的哺乳动物的肉（品目02.08或02.10）；

（三）因品种或鲜度不适合供人食用的死鱼（包括鱼肝及鱼卵）、死甲壳动物、死软体动物及其他死水生无脊椎动物（第五章），不适合供人食用的鱼、甲壳动物、软体动物及其他水生无脊椎动物的粉、粒（品目23.01）；

（四）鲟鱼子酱及用鱼卵制成的鲟鱼子酱代用品（品目16.04）。

二、本章所称"团粒"，是指直接挤压或加入少量黏合剂制成的粒状产品。

商品编号	商品名称及备注	进口关税税率（%）		增值税率（%）	计量单位	监管条件
		最惠国	普通			
0301	**活鱼**					
0301110010	观赏用濒危淡水鱼	17.5	80	13	千克	ABFE
0301110090	观赏用其他淡水鱼	17.5	80	13	千克	AB
0301190010	其他观赏用濒危非淡水鱼	17.5	80	13	千克	ABFE
0301190090	其他观赏用非淡水鱼	17.5	80	13	千克	AB
0301911000	鳟鱼（河鳟、虹鳟、克拉克大麻哈鱼、阿瓜大麻哈鱼、吉雨大麻哈鱼、亚利桑那大麻哈鱼、金腹大麻哈鱼）的鱼苗	0	0	13	千克	AB
0301919000	其他活鳟鱼（河鳟、虹鳟、克拉克大麻哈鱼、阿瓜大麻哈鱼、吉雨大麻哈鱼、亚利桑那大麻哈鱼、金腹大麻哈鱼）	10.5	40	13	千克	AB
0301921010	花鳗鲡鱼苗	0	0	13	千克	ABE
0301921020	欧洲鳗鲡鱼苗	0	0	13	千克	ABEF
0301921090	其他鳗鱼（鳗鲡属）苗	0	0	13	千克	AB
0301929010	花鳗鲡	10	40	13	千克	ABE
0301929020	欧洲鳗鲡	10	40	13	千克	ABEF
0301929090	其他活鳗鱼（鳗鲡属）	10	40	13	千克	AB
0301931000	鲤科鱼（西鲤、黑鲫、草鱼、鲢属、鲮属、青鱼）鱼苗	0	0	13	千克	AB
0301939000	其他活鲤科鱼（西鲤、黑鲫、草鱼、鲢属、鲮属、青鱼）	10.5	40	13	千克	AB
0301941000	大西洋及太平洋蓝鳍金枪鱼鱼苗	0	0	13	千克	AB
0301949100	大西洋蓝鳍金枪鱼	10.5	40	13	千克	AB
0301949200	太平洋蓝鳍金枪鱼	10.5	40	13	千克	AB
0301951000	南方蓝鳍金枪鱼（Thunnus maccoyii）苗	0	0	13	千克	AB
0301959000	其他南方蓝鳍金枪鱼（Thunnus maccoyii）	10.5	40	13	千克	AB
0301991100	鲈鱼种苗	0	0	13	千克	AB
0301991200	鲟鱼种苗	0	0	13	千克	ABFE
0301991910	其他濒危鱼苗	0	0	13	千克	ABFE
0301991990	其他鱼苗	0	0	13	千克	AB
0301999100	活罗非鱼	10.5	40	13	千克	AB
0301999200	活的鲀	10.5	40	13	千克	AB
0301999310	活的濒危鲤科鱼	10.5	40	13	千克	ABFE
0301999390	活的其他鲤科鱼［鲤科鱼（西鲤、黑鲫、草鱼、鲢属、鲮属、青鱼）除外］	10.5	40	13	千克	AB
0301999910	其他濒危活鱼	10.5	40	13	千克	ABFE
0301999990	其他活鱼	10.5	40	13	千克	AB

商品编号	商品名称及备注	进口关税税率(%)		增值税率(%)	计量单位	监管条件
		最惠国	普通			
0302	**鲜、冷鱼,但品目03.04的鱼片及其他鱼肉除外**					
0302110000	鲜或冷鳟鱼(河鳟、虹鳟、克拉克大麻哈鱼、阿瓜大麻哈鱼、吉雨大麻哈鱼、亚利桑那大麻哈鱼、金腹大麻哈鱼)(鱼肝及鱼卵除外)	12	40	13	千克	AB
0302130000	鲜或冷的大麻哈鱼[红大麻哈鱼、细鳞大麻哈鱼、大麻哈鱼(种)、大鳞大麻哈鱼、银大麻哈鱼、马苏大麻哈鱼、玫瑰大麻哈鱼](鱼肝及鱼卵除外)	10	40	13	千克	AB
0302141000	鲜或冷大西洋鲑鱼(鱼肝及鱼卵除外)	10	40	13	千克	AB
0302142000	鲜或冷多瑙哲罗鱼(鱼肝及鱼卵除外)	10	40	13	千克	AB
0302190010	鲜或冷川陕哲罗鲑(鱼肝及鱼卵除外)	12	40	13	千克	ABE
0302190020	鲜或冷秦岭细鳞鲑(鱼肝及鱼卵除外)	12	40	13	千克	ABE
0302190090	其他鲜或冷鲑科鱼(鱼肝及鱼卵除外)	12	40	13	千克	AB
0302210000	鲜或冷庸鲽鱼(鱼肝及鱼卵除外)	12	40	13	千克	AB
0302220000	鲜或冷鲽鱼(鱼肝及鱼卵除外)	12	40	13	千克	AB
0302230000	鲜或冷鳎鱼(鱼肝及鱼卵除外)	12	40	13	千克	AB
0302240000	鲜或冷大菱鲆(瘤棘鲆)(鱼肝及鱼卵除外)	12	40	13	千克	AB
0302290000	其他鲜或冷比目鱼(鱼肝及鱼卵除外)	12	40	13	千克	AB
0302310000	鲜或冷长鳍金枪鱼(鱼肝及鱼卵除外)	12	40	13	千克	AB
0302320000	鲜或冷黄鳍金枪鱼(鱼肝及鱼卵除外)	12	40	13	千克	AB
0302330000	鲜或冷鲣鱼或狐鲣(鱼肝及鱼卵除外)	12	40	13	千克	AB
0302340000	鲜或冷大眼金枪鱼(鱼肝及鱼卵除外)	12	40	13	千克	AB
0302351000	鲜或冷大西洋蓝鳍金枪鱼(鱼肝及鱼卵除外)	12	40	13	千克	ABU
0302352000	鲜或冷太平洋蓝鳍金枪鱼(鱼肝及鱼卵除外)	12	40	13	千克	AB
0302360000	鲜或冷南金枪鱼(鱼肝及鱼卵除外)	12	40	13	千克	AB
0302390000	其他鲜或冷金枪鱼(鱼肝及鱼卵除外)	12	40	13	千克	AB
0302410000	鲜或冷鲱鱼(大西洋鲱鱼、太平洋鲱鱼)(鱼肝及鱼卵除外)	12	40	13	千克	AB
0302420000	鲜或冷鳀鱼(鳀属)(鱼肝及鱼卵除外)	12	40	13	千克	AB
0302430000	鲜或冷沙丁鱼(沙丁鱼、沙瑙鱼属)、小沙丁鱼属、黍鲱或西鲱(鱼肝及鱼卵除外)	12	40	13	千克	AB
0302440000	鲜或冷鲭鱼[大西洋鲭、澳洲鲭(鲐)、日本鲭(鲐)](鱼肝及鱼卵除外)	12	40	13	千克	AB
0302450000	鲜或冷对称竹荚鱼、新西兰竹荚鱼及竹荚鱼(竹荚鱼属)(鱼肝及鱼卵除外)	12	40	13	千克	AB
0302460000	鲜或冷军曹鱼(鱼肝及鱼卵除外)	12	40	13	千克	AB
0302470000	鲜或冷剑鱼(鱼肝及鱼卵除外)	12	40	13	千克	ABU
0302510000	鲜或冷鳕鱼(大西洋鳕鱼、太平洋鳕鱼、格陵兰鳕鱼)(鱼肝及鱼卵除外)	12	40	13	千克	AB
0302520000	鲜或冷黑线鳕鱼(黑线鳕)(鱼肝及鱼卵除外)	12	40	13	千克	AB
0302530000	鲜或冷绿青鳕鱼(鱼肝及鱼卵除外)	12	40	13	千克	AB
0302540000	鲜或冷狗鳕鱼(无须鳕属、长鳍鳕属)(鱼肝及鱼卵除外)	12	40	13	千克	AB
0302550000	鲜或冷狭鳕鱼(鱼肝及鱼卵除外)	12	40	13	千克	AB
0302560000	鲜或冷蓝鳕鱼(小鳍鳕、南蓝鳕)(鱼肝及鱼卵除外)	12	40	13	千克	AB
0302590000	其他鲜或冷犀鳕科、多丝真鳕科、鳕科、长尾鳕科、黑鳕科、无须鳕科、深海鳕科及南极鳕科鱼(鱼肝及鱼卵除外)	12	40	13	千克	AB
0302710000	鲜或冷罗非鱼(口孵非鲫属)(鱼肝及鱼卵除外)	12	40	13	千克	AB

商品编号	商品名称及备注	进口关税税率(%)		增值税率(%)	计量单位	监管条件
		最惠国	普通			
0302720000	鲜或冷鲶鱼(鮰鲶属、鲶属、胡鲶属、鮰真鮰属)(鱼肝及鱼卵除外)	12	40	13	千克	AB
0302730000	鲜或冷鲤科鱼(西鲤、黑鲫、草鱼、鲢属、鲮属、青鱼)(鱼肝及鱼卵除外)	12	40	13	千克	AB
0302740010	鲜或冷花鳗鲡(鱼肝及鱼卵除外)	12	40	13	千克	ABE
0302740020	鲜或冷欧洲鳗鲡(鱼肝及鱼卵除外)	12	40	13	千克	ABEF
0302740090	其他鲜或冷鳗鱼(鳗鲡属)(鱼肝及鱼卵除外)	12	40	13	千克	AB
0302790001	鲜或冷尼罗河鲈鱼(尼罗尖吻鲈)(鱼肝及鱼卵除外)	12	40	13	千克	AB
0302790090	鲜或冷的黑鱼(鳢属)(鱼肝及鱼卵除外)	12	40	13	千克	AB
0302810010	鲜或冷鲸鲨、噬人鲨、姥鲨(鱼肝及鱼卵除外)	12	40	13	千克	ABEF
0302810090	其他鲜或冷角鲨及其他鲨鱼(鱼肝及鱼卵除外)	12	40	13	千克	AB
0302820000	鲜或冷魟鱼及鳐鱼(鳐科)(鱼肝及鱼卵除外)	12	40	13	千克	AB
0302830000	鲜或冷南极犬牙鱼(南极犬牙鱼属)(鱼肝及鱼卵除外)	12	40	13	千克	ABU
0302840000	鲜或冷尖吻鲈鱼(舌齿鲈属)(鱼肝及鱼卵除外)	12	40	13	千克	AB
0302850000	鲜或冷菱羊鲷(鲷科)(鱼肝及鱼卵除外)	12	40	13	千克	AB
0302891000	鲜或冷带鱼(鱼肝及鱼卵除外)	12	40	13	千克	AB
0302892000	鲜或冷黄鱼(鱼肝及鱼卵除外)	12	40	13	千克	AB
0302893000	鲜或冷鲳鱼(鱼肝及鱼卵除外)	12	40	13	千克	AB
0302894000	鲜或冷鲀(鱼肝及鱼卵除外)	12	40	13	千克	AB
0302899001	鲜或冷其他鲈鱼(鱼肝及鱼卵除外)	12	40	13	千克	AB
0302899010	其他未列名濒危鲜或冷鱼(鱼肝及鱼卵除外)	12	40	13	千克	ABFE
0302899090	其他鲜或冷鱼(鱼肝及鱼卵除外)	12	40	13	千克	AB
0302900010	鲜或冷濒危鱼种的肝及鱼卵	12	50	13	千克	ABFE
0302900090	其他鲜或冷鱼肝及鱼卵	12	50	13	千克	AB
0303	**冻鱼,但品目03.04的鱼片及其他鱼肉除外**					
0303110000	冻红大麻哈鱼(鱼肝及鱼卵除外)	10	40	13	千克	AB
0303120000	其他冻大麻哈鱼[细鳞大麻哈鱼、大麻哈鱼(种)、大鳞大麻哈鱼、银大麻哈鱼、马苏大麻哈鱼、玫瑰大麻哈鱼](鱼肝及鱼卵除外)	10	40	13	千克	AB
0303130000	冻大西洋鲑鱼及多瑙哲罗鱼(鱼肝及鱼卵除外)	10	40	13	千克	AB
0303140000	冻鳟鱼(河鳟、虹鳟、克拉克大麻哈鱼、阿瓜大麻哈鱼、吉雨大麻哈鱼、亚利桑那大麻哈鱼、金腹大麻哈鱼)(鱼肝及鱼卵除外)	12	40	13	千克	AB
0303190010	冻川陕哲罗鲑(鱼肝及鱼卵除外)	10	40	13	千克	ABE
0303190020	冻秦岭细鳞鲑(鱼肝及鱼卵除外)	10	40	13	千克	ABE
0303190090	其他冻鲑科鱼(鱼肝及鱼卵除外)	10	40	13	千克	AB
0303230000	冻罗非鱼(口孵非鲫属)(鱼肝及鱼卵除外)	10	40	13	千克	AB
0303240000	冻鲶鱼(鮰鲶属、鲶属、胡鲶属、真鮰属)(鱼肝及鱼卵除外)	10	40	13	千克	AB
0303250000	冻鲤科鱼(西鲤、黑鲫、草鱼、鲢属、鲮属、青鱼)(鱼肝及鱼卵除外)	10	40	13	千克	AB
0303260010	冻花鳗鲡(鱼肝及鱼卵除外)	12	40	13	千克	ABE
0303260020	冻欧洲鳗鲡(鱼肝及鱼卵除外)	12	40	13	千克	ABEF
0303260090	其他冻鳗鱼(鳗鲡属)(鱼肝及鱼卵除外)	12	40	13	千克	AB
0303290001	冻尼罗河鲈鱼(尼罗尖吻鲈)(鱼肝及鱼卵除外)	10	40	13	千克	AB
0303290090	冻黑鱼(鳢属)(鱼肝及鱼卵除外)	10	40	13	千克	AB
0303311000*	冻格陵兰庸鲽鱼(鱼肝及鱼卵除外)	10	40	13	千克	AB

商品编号	商品名称及备注	进口关税税率(%)		增值税率(%)	计量单位	监管条件
		最惠国	普通			
0303319000	其他冻庸鲽鱼(鱼肝及鱼卵除外,冻格陵兰庸鲽鱼除外)	10	40	13	千克	AB
0303320000*	冻鲽鱼(鱼肝及鱼卵除外)	12	40	13	千克	AB
0303330000	冻鳎鱼(鱼肝及鱼卵除外)	12	40	13	千克	AB
0303340000	冻大菱鲆(瘤棘鲆)(鱼肝及鱼卵除外)	10	40	13	千克	AB
0303390000	其他冻比目鱼(鲽科、鲆科、舌鳎科、鳎科、菱鲆科、刺鲆科)(鱼肝及鱼卵除外)	10	40	13	千克	AB
0303410000	冻长鳍金枪鱼(鱼肝及鱼卵除外)	12	40	13	千克	AB
0303420000	冻黄鳍金枪鱼(鱼肝及鱼卵除外)	12	40	13	千克	AB
0303430000	冻鲣鱼或狐鲣(鱼肝及鱼卵除外)	12	40	13	千克	AB
0303440000	冻大眼金枪鱼(鱼肝及鱼卵除外)	12	40	13	千克	ABU
0303451000	冻大西洋蓝鳍金枪鱼(鱼肝及鱼卵除外)	12	40	13	千克	ABU
0303452000	冻太平洋蓝鳍金枪鱼(鱼肝及鱼卵除外)	12	40	13	千克	AB
0303460000	冻南方蓝鳍金枪鱼(鱼肝及鱼卵除外)	12	40	13	千克	AB
0303490000	其他冻金枪鱼(金枪鱼属)(鱼肝及鱼卵除外)	12	40	13	千克	AB
0303510000*	冻鲱鱼(大西洋鲱鱼、太平洋鲱鱼)(鱼肝及鱼卵除外)	10	40	13	千克	AB
0303530000	冻沙丁鱼(沙丁鱼、沙瑙鱼属)、小沙丁鱼属、黍鲱或西鲱(鱼肝及鱼卵除外)	12	40	13	千克	AB
0303540000	冻鲭鱼[大西洋鲭、澳洲鲭(鲐)、日本鲭(鲐)](鱼肝及鱼卵除外)	10	40	13	千克	AB
0303550000	冻对称竹荚鱼、新西兰竹荚鱼及竹荚鱼(竹荚鱼属)(鱼肝及鱼卵除外)	10	40	13	千克	AB
0303560000	冻军曹鱼(鱼肝及鱼卵除外)	10	40	13	千克	AB
0303570000	冻剑鱼(鱼肝及鱼卵除外)	10	40	13	千克	ABU
0303630000*	冻鳕鱼(大西洋鳕鱼、太平洋鳕鱼、格陵兰鳕鱼)(鱼肝及鱼卵除外)	10	40	13	千克	AB
0303640000	冻黑线鳕鱼(黑线鳕)(鱼肝及鱼卵除外)	12	40	13	千克	AB
0303650000	冻绿青鳕鱼(鱼肝及鱼卵除外)	12	40	13	千克	AB
0303660000	冻狗鳕鱼(无须鳕属、长鳍鳕属)(鱼肝及鱼卵除外)	12	40	13	千克	AB
0303670000	冻狭鳕鱼(鱼肝及鱼卵除外)	10	40	13	千克	AB
0303680000	冻蓝鳕鱼(小鳍鳕、南蓝鳕)(鱼肝及鱼卵除外)	10	40	13	千克	AB
0303690000	冻的其他犀鳕科、多丝真鳕科、鳕科、长尾鳕科、黑鳕科、无须鳕科、深海鳕科及南极鳕科鱼(鱼肝及鱼卵除外)	10	40	13	千克	AB
0303810010	冻鲸鲨、噬人鲨、姥鲨(鱼肝及鱼卵除外)	12	40	13	千克	ABFE
0303810090	冻角鲨及其他鲨鱼(鱼肝及鱼卵除外)	12	40	13	千克	AB
0303820000	冻魟鱼及鳐鱼(鳐科)(鱼肝及鱼卵除外)	10	40	13	千克	AB
0303830000	冻南极犬牙鱼(南极犬牙鱼属)(鱼肝及鱼卵除外)	10	40	13	千克	ABU
0303840000	冻尖吻鲈鱼(舌齿鲈属)(鱼肝及鱼卵除外)	12	40	13	千克	AB
0303891000	冻带鱼(鱼肝及鱼卵除外)	10	40	13	千克	AB
0303892000	冻黄鱼(鱼肝及鱼卵除外)	10	40	13	千克	AB
0303893000	冻鲳鱼(鱼肝及鱼卵除外)	10	40	13	千克	AB
0303899001	其他冻鲈鱼(鱼肝及鱼卵除外)	10	40	13	千克	AB
0303899010	其他未列名濒危冻鱼(鱼肝及鱼卵除外)	10	40	13	千克	ABFE
0303899090	其他未列名冻鱼(鱼肝及鱼卵除外)	10	40	13	千克	AB
0303900010	冻濒危鱼种的肝及鱼卵	10	50	13	千克	ABFE
0303900090	其他冻鱼肝及鱼卵	10	50	13	千克	AB
0304	**鲜、冷、冻鱼片及其他鱼肉(不论是否绞碎)**					

商品编号	商品名称及备注	进口关税税率(%)		增值税率(%)	计量单位	监管条件
		最惠国	普通			
0304310000	鲜或冷的罗非鱼(口孵非鲫属)的鱼片	12	70	13	千克	AB
0304320000	鲜或冷的鲶鱼(鲇鲶属、鲶属、胡鲶属、真鮰属)的鱼片	12	70	13	千克	AB
0304330000	鲜或冷的尼罗河鲈鱼(尼罗尖吻鲈)的鱼片	12	70	13	千克	AB
0304390010	鲜或冷的花鳗鲡鱼片	12	70	13	千克	ABE
0304390020	鲜或冷的欧洲鳗鲡鱼片	12	70	13	千克	ABEF
0304390090	鲜或冷的鲤科鱼(西鲤、黑鲫、草鱼、鲢属、鲮属、青鱼)、其他鳗鱼(鳗鲡属)及黑鱼(鳢属)的鱼片	12	70	13	千克	AB
0304410000	鲜或冷的大麻哈鱼[红大麻哈鱼、细磷大麻哈鱼、大麻哈鱼(种)、大鳞大麻哈鱼、银大麻哈鱼、马苏大麻哈鱼、玫瑰大麻哈鱼]、大西洋鲑鱼及多瑙哲罗鱼的鱼片	12	70	13	千克	AB
0304420000	鲜或冷的鳟鱼(河鳟、虹鳟、克拉克大麻哈鱼、阿瓜大麻哈鱼、吉雨大麻哈鱼、亚利桑那大麻哈鱼、金腹大麻哈鱼)鱼片	12	70	13	千克	AB
0304430000	鲜或冷的比目鱼(鲽科、鲆科、舌鳎科、鳎科、菱鲆科、刺鲆科)的鱼片	12	70	13	千克	AB
0304440000	鲜或冷的犀鳕科、多丝真鳕科、鳕科、长尾鳕科、黑鳕科、无须鳕科、深海鳕科及南极鳕科鱼的鱼片	12	70	13	千克	AB
0304450000	鲜或冷的剑鱼鱼片	12	70	13	千克	ABU
0304460000	鲜或冷的南极犬牙鱼(南极犬牙鱼属)鱼片	12	70	13	千克	ABU
0304490010	鲜或冷的其他濒危鱼鱼片	12	70	13	千克	ABFE
0304490090	鲜或冷的其他鱼鱼片	12	70	13	千克	AB
0304510010	鲜或冷的花鳗鲡的鱼肉(不论是否绞碎)	12	70	13	千克	ABE
0304510020	鲜或冷的欧洲鳗鲡的鱼肉(不论是否绞碎)	12	70	13	千克	ABEF
0304510090	鲜或冷的罗非鱼(口孵非鲫属)、鲶鱼(鲇鲶属、鲶属、胡鲶属、真鮰属)、鲤科鱼(西鲤、黑鲫、草鱼、鲢属、鲮属、青鱼)、其他鳗鱼(鳗鲡属)、尼罗河鲈鱼(尼罗尖吻鲈)及黑鱼(醴属)的鱼肉(不论是否绞碎)	12	70	13	千克	AB
0304520000	鲜或冷的鲑科鱼鱼肉(不论是否绞碎)	12	70	13	千克	AB
0304530000	鲜或冷的犀鳕科、多丝真鳕科、鳕科、长尾鳕科、黑鳕科、无须鳕科、深海鳕科及南极鳕科鱼的鱼肉(不论是否绞碎)	12	70	13	千克	AB
0304540000	鲜或冷的剑鱼鱼肉(不论是否绞碎)	12	70	13	千克	ABU
0304550000	鲜或冷的南极犬牙鱼(南极犬牙鱼属)鱼肉(不论是否绞碎)	12	70	13	千克	ABU
0304590010	鲜或冷的其他濒危鱼鱼肉(不论是否绞碎)	12	70	13	千克	ABEF
0304590090	鲜或冷的其他鱼鱼肉(不论是否绞碎)	12	70	13	千克	AB
0304610000	冻罗非鱼(口孵非鲫属)鱼片	10	70	13	千克	AB
0304621100	冻斑点叉尾鮰鱼鱼片(斑点叉尾鮰鱼亦称沟鲶,属于鲇形目、叉尾鮰科、叉尾鮰属)	10	70	13	千克	AB
0304621900	冻的其他叉尾鮰鱼片	10	70	13	千克	AB
0304629000	冻的其他鲶鱼(鲇鲶属、鲶属、胡鲶属、真鮰属)鱼片	10	70	13	千克	AB
0304630000	冻的尼罗河鲈鱼(尼罗尖吻鲈)鱼片	10	70	13	千克	AB
0304690010	冻的花鳗鲡鱼片	10	70	13	千克	ABE
0304690020	冻的欧洲鳗鲡鱼片	10	70	13	千克	ABEF
0304690090	冻的鲤科鱼(西鲤、黑鲫、草鱼、鲢属、鲮属、青鱼)、其他鳗鱼(鳗鲡属)及黑鱼(鳢属)的鱼片	10	70	13	千克	AB
0304710000	冻的鳕鱼(大西洋鳕鱼、太平洋鳕鱼、格陵兰鳕鱼)鱼片	10	70	13	千克	AB
0304720000	冻的黑线鳕鱼(黑线鳕)鱼片	10	70	13	千克	AB
0304730000	冻的绿青鳕鱼鱼片	10	70	13	千克	AB
0304740000	冻的狗鳕鱼(无须鳕属、长鳍鳕属)鱼片	10	70	13	千克	AB

商品编号	商品名称及备注	进口关税税率(%) 最惠国	进口关税税率(%) 普通	增值税率(%)	计量单位	监管条件
0304750000	冻的狭鳕鱼鱼片	10	70	13	千克	AB
0304790000	冻的犀鳕科、多丝真鳕科、鳕科、长尾鳕科、黑鳕科、无须鳕科、深海鳕科及南极鳕科鱼的鱼片	10	70	13	千克	AB
0304810000	冻的大麻哈鱼[红大麻哈鱼、细鳞大麻哈鱼、大麻哈鱼(种)、大鳞大麻哈鱼、银大麻哈鱼、马苏大麻哈鱼、玫瑰大麻哈鱼]、大西洋鲑鱼及多瑙哲罗鱼鱼片	10	70	13	千克	AB
0304820000	冻的鳟鱼(河鳟、虹鳟、克拉克大麻哈鱼、阿瓜大麻哈鱼、吉雨大麻哈鱼、亚利桑那大麻哈鱼、金腹大麻哈鱼) 鱼片	10	70	13	千克	AB
0304830000	冻的比目鱼(鲽科、鲆科、舌鳎科、鳎科、菱鲆科、刺鲆科) 鱼片	10	70	13	千克	AB
0304840000	冻剑鱼鱼片	10	70	13	千克	ABU
0304850000	冻南极犬牙鱼(南极犬牙鱼属)鱼片	10	70	13	千克	ABU
0304860000	冻的鲱鱼(大西洋鲱鱼、太平洋鲱鱼)鱼片	10	70	13	千克	AB
0304870000	冻的金枪鱼(金枪鱼属)、鲣鱼或狐鲣(鲣)鱼片	10	70	13	千克	AB
0304890010	冻的其他濒危鱼片	10	70	13	千克	ABEF
0304890090	冻的其他鱼片	10	70	13	千克	AB
0304910000	其他冻剑鱼(Xiphias gladius)肉(不论是否绞碎)	10	70	13	千克	ABU
0304920000	其他冻南极犬牙鱼(Toothfish, Dissostichus spp.)肉(不论是否绞碎)	10	70	13	千克	ABU
0304930010	冻的花鳗鲡鱼肉(不论是否绞碎)	10	70	13	千克	ABE
0304930020	冻的欧洲鳗鲡鱼肉(不论是否绞碎)	10	70	13	千克	ABEF
0304930090	冻的罗非鱼(口孵非鲫属)、鲶鱼(鲿鲶属、鲶属、胡鲶属、真鮰属)、鲤科鱼(西鲤、黑鲫、草鱼、鲢属、鲮属、青鱼)、其他鳗鱼(鳗鲡属)、尼罗河鲈鱼(尼罗尖吻鲈)及黑鱼(鳢属)鱼肉(不论是否绞碎)	10	70	13	千克	AB
0304940000	冻的狭鳕鱼鱼肉(不论是否绞碎)	10	70	13	千克	AB
0304950000	冻的犀鳕科、多丝真鳕科、鳕科、长尾鳕科、黑鳕科、无须鳕科、深海鳕科及南极鳕科鱼鱼肉(不论是否绞碎)	10	70	13	千克	AB
0304990010	濒危鱼类其他冻鱼肉(不论是否绞碎)	10	70	13	千克	ABFE
0304990090	其他冻鱼肉(不论是否绞碎)	10	70	13	千克	AB
0305	**干、盐腌或盐渍的鱼;熏鱼,不论在熏制前或熏制过程中是否烹煮;适合供人食用的鱼的细粉、粗粉及团粒**					
0305100000	供人食用的鱼粉及团粒	10	80	13	千克	AB
0305200010	干、熏、盐制的濒危鱼种肝、卵	10	80	13	千克	ABFE
0305200090	其他干、熏、盐制的鱼肝及鱼卵	10	80	13	千克	AB
0305310010	干、盐腌或盐渍的花鳗鲡鱼片(熏制的除外)	10	80	13	千克	ABE
0305310020	干、盐腌或盐渍的欧洲鳗鲡鱼片(熏制的除外)	10	80	13	千克	ABEF
0305310090	干、盐腌或盐渍的罗非鱼(口孵非鲫属)、鲶鱼(鲿鲶属、鲶属、胡鲶属、真鮰属)、鲤科鱼(西鲤、黑鲫、草鱼、鲢属、鲮属、青鱼)、其他鳗鱼(鳗鲡属)、尼罗河鲈鱼(尼罗尖吻鲈)及黑鱼(鳢属)的鱼片(熏制的除外)	10	80	13	千克	AB
0305320000	干、盐腌或盐渍的犀鳕科、多丝真鳕科、鳕科、长尾鳕科、黑鳕科、无须鳕科、深海鳕科及南极鳕科的鱼片(熏制的除外)	10	80	13	千克	AB
0305390010	干、盐腌或盐渍的濒危鱼类的鱼片(熏制的除外)	10	80	13	千克	ABEF
0305390090	其他干、盐腌或盐渍的鱼片(熏制的除外)	10	80	13	千克	AB
0305411000	熏大西洋鲑鱼及鱼片(食用杂碎除外)	14	80	13	千克	AB
0305412000	熏大麻哈鱼、多瑙哲罗鱼及鱼片(食用杂碎除外)	14	80	13	千克	AB

商品编号	商品名称及备注	进口关税税率(%)		增值税率(%)	计量单位	监管条件
		最惠国	普通			
0305420000	熏制鲱鱼(大西洋鲱鱼、太平洋鲱鱼)及鱼片(食用杂碎除外)	16	80	13	千克	AB
0305430000	熏制鳟鱼(河鳟、虹鳟、克拉克大麻哈鱼、阿瓜大麻哈鱼、吉雨大麻哈鱼、亚利桑那大麻哈鱼、金腹大麻哈鱼)及鱼片(食用杂碎除外)	14	80	13	千克	AB
0305440010	熏制花鳗鲡及鱼片(食用杂碎除外)	14	80	13	千克	ABE
0305440020	熏制欧洲鳗鲡及鱼片(食用杂碎除外)	14	80	13	千克	ABEF
0305440090	熏制罗非鱼(口孵非鲫属)、鲶鱼(鮰鲶属、鲶属、胡鲶属、真鮰属)、鲤科鱼(西鲤、黑鲫、草鱼、鲢属、鲮属、青鱼)、其他鳗鱼(鳗鲡属)、尼罗河鲈鱼(尼罗尖吻鲈)及黑鱼(鳢属)及鱼片(食用杂碎除外)	14	80	13	千克	AB
0305490020	熏制其他濒危鱼及鱼片(食用杂碎除外)	14	80	13	千克	ABEF
0305490090	其他熏鱼及鱼片(食用杂碎除外)	14	80	13	千克	AB
0305510000	干鳕鱼(大西洋鳕鱼、太平洋鳕鱼、格陵兰鳕鱼),食用杂碎除外(不论是否盐腌,但熏制的除外)	16	80	13	千克	AB
0305591000	干海马、干海龙,食用杂碎除外(不论是否盐腌,但熏制的除外)	2	20	13	千克	FEAB
0305599010	其他濒危干鱼,食用杂碎除外(不论是否盐腌,但熏制的除外)	16	80	13	千克	AFEB
0305599090	其他干鱼,食用杂碎除外(不论是否盐腌,但熏制的除外)	16	80	13	千克	AB
0305610000	盐腌及盐渍的鲱鱼(大西洋鲱鱼、太平洋鲱鱼),食用杂碎除外(干或熏制的除外)	16	80	13	千克	AB
0305620000	盐腌及盐渍鳕鱼(大西洋鳕鱼、太平洋鳕鱼、格陵兰鳕鱼),食用杂碎除外(干或熏制的除外)	16	80	13	千克	AB
0305630000	盐腌及盐渍的醍鱼(Anchovies),食用杂碎除外(干或熏制的除外)	16	80	13	千克	AB
0305640010	盐腌及盐渍的花鳗鲡,食用杂碎除外(干或熏制的除外)	16	80	13	千克	ABE
0305640020	盐腌及盐渍的欧洲鳗鲡,食用杂碎除外(干或熏制的除外)	16	80	13	千克	ABEF
0305640090	盐腌及盐渍的罗非鱼(口孵非鲫属)、鲶鱼(鮰鲶属、鲶属、胡鲶属、真鮰属)、鲤科鱼(西鲤、黑鲫、草鱼、鲢属、鲮属、青鱼)、其他鳗鱼(鳗鲡属)、尼罗河鲈鱼(尼罗尖吻鲈)及黑鱼(鳢属),食用杂碎除外(干或熏制的除外)	16	80	13	千克	AB
0305691000	盐腌及盐渍的带鱼,食用杂碎除外(干或熏制的除外)	16	80	13	千克	AB
0305692000	盐腌及盐渍的黄鱼,食用杂碎除外(干或熏制的除外)	16	80	13	千克	AB
0305693000	盐腌及盐渍的鲳鱼,食用杂碎除外(干或熏制的除外)	16	80	13	千克	AB
0305699010	盐腌及盐渍的其他濒危鱼,食用杂碎除外(干或熏制的除外)	16	80	13	千克	ABFE
0305699090	盐腌及盐渍的其他鱼,食用杂碎除外(干或熏制的除外)	16	80	13	千克	AB
0305710010	鲸鲨鱼翅、噬人鲨鱼翅、姥鲨鱼翅(不论是否干制、盐腌、盐渍和熏制)	15	80	13	千克	ABEF
0305710090	其他的鲨鱼翅(不论是否干制、盐腌、盐渍和熏制)	15	80	13	千克	AB
0305720010	濒危鱼的鱼头、鱼尾、鱼鳔(不论是否干制、盐腌、盐渍和熏制)	16	80	13	千克	ABEF
0305720090	其他鱼的鱼头、鱼尾、鱼鳔(不论是否干制、盐腌、盐渍和熏制)	16	80	13	千克	AB
0305790010	其他濒危可食用鱼杂碎(不论是否干制、盐腌、盐渍和熏制)	16	80	13	千克	ABEF
0305790090	其他可食用鱼杂碎(不论是否干制、盐腌、盐渍和熏制)	16	80	13	千克	AB

商品编号	商品名称及备注	进口关税税率(%) 最惠国	普通	增值税率(%)	计量单位	监管条件
0306	**带壳或去壳的甲壳动物,活、鲜、冷、冻、干、盐腌或盐渍的;熏制的带壳或去壳甲壳动物,不论在熏制前或熏制过程中是否烹煮;蒸过或用水煮过的带壳甲壳动物,不论是否冷、冻、干、盐腌或盐渍的;适合供人食用的甲壳动物的细粉、粗粉及团粒**					
0306110000	冻大螯虾及小龙虾	10	70	13	千克	AB
0306120000	冻龙虾	10	70	13	千克	AB
0306141000	冻梭子蟹	10	70	13	千克	AB
0306149000	其他冻蟹	10	70	13	千克	AB
0306150000	冻挪威海螯虾	16	70	13	千克	AB
0306161100	冻冷水小虾虾仁	8	70	13	千克	AB
0306161200	冻北方长额虾(虾仁除外)	5	70	13	千克	AB
0306161900	其他冻冷水小虾	5	70	13	千克	AB
0306162100	冻冷水对虾仁	8	70	13	千克	AB
0306162900	其他冻冷水对虾	5	70	13	千克	AB
0306171100	其他冻小虾仁	8	70	13	千克	AB
0306171900	其他冻小虾	5	70	13	千克	AB
0306172100	其他冻对虾仁	8	70	13	千克	AB
0306172900	其他冻对虾	5	70	13	千克	AB
0306191100	冻淡水小龙虾仁	16	70	13	千克	AB
0306191900	冻带壳淡水小龙虾	16	70	13	千克	AB
0306199000	其他冻甲壳动物(包括供人食用的甲壳动物粉及团粒)	16	70	13	千克	AB
0306211000	未冻的大螯虾及小龙虾种苗	0	0	13	千克	AB
0306219000	活、鲜、冷、干、盐腌或盐渍的带壳或去壳大螯虾及小龙虾(包括熏制的带壳或去壳的,不论在熏制前或熏制过程中是否烹煮;蒸过或用水煮过的带壳的)	15	70	13	千克	AB
0306221000	未冻的龙虾种苗	0	0	13	千克	AB
0306229000	活、鲜、冷、干、盐腌或盐渍的带壳或去壳龙虾(包括熏制的带壳或去壳的,不论在熏制前或熏制过程中是否烹煮;蒸过或用水煮过的带壳的)	15	70	13	千克	AB
0306241000	蟹种苗	0	0	13	千克	AB
0306249100	活、鲜、冷、干、盐腌或盐渍的带壳或去壳中华绒螯蟹(包括熏制的带壳或去壳的,不论在熏制前或熏制过程中是否烹煮;蒸过或用水煮过的带壳的)	14	70	13	千克	AB
0306249200	活、鲜、冷、干、盐腌或盐渍的带壳或去壳梭子蟹(包括熏制的带壳或去壳的,不论在熏制前或熏制过程中是否烹煮;蒸过或用水煮过的带壳的)	14	70	13	千克	AB
0306249900	其他活、鲜、冷、干、盐腌或盐渍的带壳或去壳蟹(包括熏制的带壳或去壳的,不论在熏制前或熏制过程中是否烹煮;蒸过或用水煮过的带壳的)	14	70	13	千克	AB
0306251000	挪威海螯虾种苗	0	0	13	千克	AB
0306259000	其他活、鲜、冷、干、盐腌或盐渍的带壳或去壳挪威海螯虾(包括熏制的带壳或去壳的,不论在熏制前或熏制过程中是否烹煮;蒸过或用水煮过的带壳的)	14	70	13	千克	AB
0306261000	冷水小虾及对虾(长额虾属、褐虾)种苗	0	0	13	千克	AB
0306262000	鲜、冷的带壳或去壳冷水对虾	15	70	13	千克	AB
0306269001	鲜、冷的冷水小虾	12	70	13	千克	AB

商品编号	商品名称及备注	进口关税税率(%)		增值税率(%)	计量单位	监管条件
		最惠国	普通			
0306269090	其他活、干、盐腌或盐渍的带壳或去壳冷水对虾、冷水小虾(包括熏制的带壳或去壳的,不论在熏制前或熏制过程中是否烹煮;蒸过或用水煮过的带壳的)	12	70	13	千克	AB
0306271000	其他小虾及对虾种苗	0	0	13	千克	AB
0306272000	其他鲜、冷带壳或去壳对虾	15	70	13	千克	AB
0306279001	其他鲜、冷小虾	12	70	13	千克	AB
0306279090	其他活、干、盐腌或盐渍的带壳或去壳小虾及对虾(包括熏制的带壳或去壳的,不论在熏制前或熏制过程中是否烹煮;蒸过或用水煮过的带壳的)	12	70	13	千克	AB
0306291000	其他甲壳动物种苗	0	0	13	千克	AB
0306299000	其他活、鲜、冷、干、盐腌或盐渍的带壳或去壳甲壳动物(包括熏制的带壳或去壳的,不论在熏制前或熏制过程中是否烹煮;蒸过或用水煮过的带壳的)	14	70	13	千克	AB
0307	**带壳或去壳的软体动物,活、鲜、冷、冻、干、盐腌或盐渍的;熏制的带壳或去壳软体动物,不论在熏制前或熏制过程中是否烹煮;适合供人食用的软体动物的细粉、粗粉及团粒**					
0307111000	活、鲜、冷牡蛎(蚝)种苗	0	0	13	千克	AB
0307119000	其他活、鲜、冷的牡蛎(蚝)	14	70	13	千克	AB
0307190000	其他冻、干、盐腌或盐渍牡蛎(蚝)(包括熏制的带壳或去壳的,不论在熏制前或熏制过程中是否烹煮)	14	70	13	千克	AB
0307211010	大珠母贝种苗	0	0	13	千克	ABE
0307211090	其他扇贝种苗(包括海扇种苗)	0	0	13	千克	AB
0307219010	其他活、鲜、冷大珠母贝	14	70	13	千克	ABE
0307219090	其他活、鲜、冷扇贝(包括海扇,种苗除外)	14	70	13	千克	AB
0307290010	其他冻、干、盐腌或盐渍的大珠母贝(包括熏制的带壳或去壳的,不论在熏制前或熏制过程中是否烹煮)	14	80	13	千克	ABE
0307290090	其他冻、干、盐腌或盐渍的扇贝(包括海扇;包括熏制的带壳或去壳的,不论在熏制前或熏制过程中是否烹煮)	14	80	13	千克	AB
0307311000	贻贝种苗	0	0	13	千克	AB
0307319001	鲜、冷贻贝	14	70	13	千克	AB
0307319090	其他活贻贝	14	70	13	千克	AB
0307390001	冻贻贝	14	70	13	千克	AB
0307390090	其他干、盐腌或盐渍的贻贝(包括熏制的带壳或去壳的,不论在熏制前或熏制过程中是否烹煮)	14	70	13	千克	AB
0307411000	墨鱼及鱿鱼种苗	0	0	13	千克	AB
0307419000	其他活、鲜、冷墨鱼及鱿鱼	12	70	13	千克	AB
0307490000	其他冻、干、盐制的墨鱼及鱿鱼(包括熏制的带壳或去壳的,不论在熏制前或熏制过程中是否烹煮)	12	70	13	千克	AB
0307510000	活、鲜、冷章鱼	17	70	13	千克	AB
0307590000	其他冻、干、盐制的章鱼(包括熏制的,不论在熏制前或熏制过程中是否烹煮)	17	70	13	千克	AB
0307601010	濒危蜗牛及螺种苗,海螺除外	0	0	13	千克	ABFE
0307601090	其他蜗牛及螺种苗,海螺除外	0	0	13	千克	AB
0307609010	其他濒危蜗牛及螺,海螺除外	14	70	13	千克	ABFE
0307609090	其他活、鲜、冷、冻、干、盐腌或盐渍的蜗牛及螺,海螺除外(包括熏制的带壳或去壳的,不论在熏制前或熏制过程中是否烹煮)	14	70	13	千克	AB

商品编号	商品名称及备注	进口关税税率(%)		增值税率(%)	计量单位	监管条件
		最惠国	普通			
0307711010	活、鲜、冷砗磲的种苗	0	0	13	千克	ABEF
0307711090	活、鲜、冷蛤、鸟蛤及舟贝(蚶科、北极蛤科、鸟蛤科、斧蛤科、缝栖蛤科、蛤蜊科、中带蛤科、海螂科、双带蛤科、截蛏科、竹蛏科、帘蛤科)的种苗	0	0	13	千克	AB
0307719100	活、鲜、冷蛤	14	70	13	千克	AB
0307719910	活、鲜、冷砗磲	14	70	13	千克	ABEF
0307719990	活、鲜、冷鸟蛤及舟贝(蚶科、北极蛤科、鸟蛤科、斧蛤科、缝栖蛤科、蛤蜊科、中带蛤科、海螂科、双带蛤科、截蛏科、竹蛏科、帘蛤科)	14	70	13	千克	AB
0307791000	冻、干、盐制蛤(包括熏制的带壳或去壳的,不论在熏制前或熏制过程中是否烹煮)	10	70	13	千克	AB
0307799010	冻、干、盐制砗磲(包括熏制的带壳或去壳的,不论在熏制前或熏制过程中是否烹煮)	10	70	13	千克	ABEF
0307799090	冻、干、盐制鸟蛤及舟贝(蚶科、北极蛤科、鸟蛤科、斧蛤科、缝栖蛤科、蛤蜊科、中带蛤科、海螂科、双带蛤科、截蛏科、竹蛏科、帘蛤科)(包括熏制的带壳或去壳的,不论在熏制前或熏制过程中是否烹煮)	10	70	13	千克	AB
0307811000	活、鲜、冷的鲍鱼种苗	0	0	13	千克	AB
0307819000	活、鲜、冷的鲍鱼	14	80	13	千克	AB
0307890000	其他冻、干、盐腌或盐渍的鲍鱼(包括熏制的带壳或去壳的,不论在熏制前或熏制过程中是否烹煮)	10	80	13	千克	AB
0307911010	活、鲜、冷的濒危软体动物的种苗	0	0	13	千克	AFEB
0307911090	其他活、鲜、冷的软体动物的种苗	0	0	13	千克	AB
0307919010	其他活、鲜、冷的濒危软体动物	14	70	13	千克	ABEF
0307919090	其他活、鲜、冷的软体动物	14	70	13	千克	AB
0307990010	其他冻、干、盐腌或盐渍的濒危软体动物(包括供人食用的软体动物粉、团粒,甲壳动物除外;包括熏制的带壳或去壳的,不论在熏制前或熏制过程中是否烹煮)	10	70	13	千克	ABEF
0307990090	其他冻、干、盐腌或盐渍软体动物(包括供人食用的软体动物粉、团粒,甲壳动物除外;包括熏制的带壳或去壳的,不论在熏制前或熏制过程中是否烹煮)	10	70	13	千克	AB
0308	**不属于甲壳动物及软体动物的水生无脊椎动物,活、鲜、冷、冻、干、盐腌或盐渍的;熏制的不属于甲壳动物及软体动物的水生无脊椎动物,不论在熏制前或熏制过程中是否烹煮;适合供人食用的不属于甲壳动物及软体动物的水生无脊椎动物的细粉、粗粉及团粒**					
0308111010	活、鲜或冷的暗色刺参的种苗	0	0	13	千克	ABEF
0308111090	活、鲜或冷的其他海参(仿刺参、海参纲)的种苗	0	0	13	千克	AB
0308119010	活、鲜或冷的暗色刺参	14	70	13	千克	ABEF
0308119090	活、鲜或冷的其他海参(仿刺参、海参纲)	14	70	13	千克	AB
0308190010	其他冻、干、盐腌或盐渍暗色刺参(包括熏制的,不论在熏制前或熏制过程中是否烹煮;适合供人食用的细粉、粗粉及团粒)	10	80	13	千克	ABEF
0308190090	其他冻、干、盐腌或盐渍的海参(仿刺参、海参纲)(包括熏制的,不论在熏制前或熏制过程中是否烹煮;适合供人食用的细粉、粗粉及团粒)	10	80	13	千克	AB

商品编号	商 品 名 称 及 备 注	进口关税税率(%)		增值税率(%)	计量单位	监管条件
		最惠国	普通			
0308211000	活、鲜或冷的海胆(球海胆属、拟球海胆、智利海胆、食用正海胆)的种苗	0	0	13	千克	AB
0308219000	活、鲜或冷的海胆(球海胆属、拟球海胆、智利海胆、食用正海胆)	14	70	13	千克	AB
0308290000	其他冻、干、盐制海胆(球海胆属、拟球海胆、智利海胆、食用正海胆)(包括熏制的,不论在熏制前或熏制过程中是否烹煮;适合供人食用的细粉、粗粉及团粒)	10	70	13	千克	AB
0308301100	活、鲜或冷的海蜇(海蜇属)的种苗	0	0	13	千克	AB
0308301900	活、鲜或冷的海蜇(海蜇属)	14	70	13	千克	AB
0308309000	其他冻、干、盐制海蜇(海蜇属)(包括熏制的,不论在熏制前或熏制过程中是否烹煮;适合供人食用的细粉、粗粉及团粒)	10	70	13	千克	AB
0308901110	活、鲜或冷的其他濒危水生无脊椎动物的种苗(甲壳动物及软体动物除外)	0	0	13	千克	ABFE
0308901190	活、鲜或冷的其他水生无脊椎动物的种苗(甲壳动物及软体动物除外)	0	0	13	千克	AB
0308901200	活、鲜或冷的沙蚕,种苗除外	14	70	13	千克	AB
0308901910	活、鲜或冷的其他濒危水生无脊椎动物(甲壳动物及软体动物除外)	14	70	13	千克	ABFE
0308901990	活、鲜或冷的其他水生无脊椎动物(甲壳动物及软体动物除外)	14	70	13	千克	AB
0308909010	其他冻、干、盐制濒危水生无脊椎动物,包括供人食用的水生无脊椎动物粉、团粒(甲壳动物及软体动物除外;包括熏制的,不论在熏制前或熏制过程中是否烹煮;适合供人食用的细粉、粗粉及团粒)	10	70	13	千克	ABFE
0308909090	其他冻、干、盐制水生无脊椎动物,包括供人食用的水生无脊椎动物粉、团粒(甲壳动物及软体动物除外;包括熏制的,不论在熏制前或熏制过程中是否烹煮;适合供人食用的细粉、粗粉及团粒)	10	70	13	千克	AB

第四章　乳品；蛋品；天然蜂蜜；其他食用动物产品

注释：

一、所称“乳”，是指全脂乳及半脱脂或全脱脂的乳。

二、品目04.05所称：

（一）“黄油”，指从乳中提取的天然黄油，乳清黄油及调制黄油（淡的，加盐或酸败的，包括罐装黄油），按重量计乳脂含量在80%及以上，但不超过95%，乳的无脂固形物最大含量不超过2%，以及水的最大含量不超过16%，黄油中不含添加的乳化剂，但可含有氯化钠、食用色素、中和盐及无害乳酸菌的培养物。

（二）“乳酱”，是一种油包水型可涂抹的乳状物，乳脂是该制品所含的唯一的脂肪，按重量计其含量在39%及以上，但小于80%。

三、乳清经浓缩并加入乳或乳脂制成的产品，若同时具有下列三种特性，则视为乳酪归入品目04.06：

（一）按干重计乳脂含量在5%及以上的；

（二）按重量计干质成分至少为70%，但不超过85%的；

（三）已成形或可以成形的。

四、本章不包括：

（一）按重量计乳糖含量（以干燥无水乳糖计）超过95%的乳清制品（品目17.02）；

（二）白蛋白（包括按重量计干质成分的乳清蛋白含量超过80%的两种或两种以上的乳清蛋白浓缩物）（品目35.02）及球蛋白（品目35.04）。

子目注释：

一、子目0404.10所称“改性乳清”，是指由乳清成分构成的制品，即全部或部分去除乳糖、蛋白或矿物质的乳清、加入天然乳清成分的乳清及由混入天然乳清成分制成的产品。

二、子目0405.10所称“黄油”不包括脱水黄油及印度酥油（子目0405.90）。

商品编号	商品名称及备注	进口关税税率（%）		增值税率（%）	计量单位	监管条件
		最惠国	普通			
0401	**未浓缩及未加糖或其他甜物质的乳及奶油**					
0401100000	脂肪含量≤1%未浓缩的乳及奶油（脂肪含量按重量计，本编号货品不得加糖和其他甜物质）	15	40	17	千克	7AB
0401200000	1%＜脂肪含量≤6%的未浓缩的乳及奶油（脂肪含量按重量计，本编号货品不得加糖和其他甜物质）	15	40	17	千克	7AB
0401400000	6%＜脂肪含量≤10%的未浓缩的乳及奶油（脂肪含量按重量计，本编号货品不得加糖和其他甜物质）	15	40	17	千克	7AB
0401500000	脂肪含量＞10%未浓缩的乳及奶油（脂肪含量按重量计，本编号货品不得加糖和其他甜物质）	15	40	17	千克	7AB
0402	**浓缩、加糖或其他甜物质的乳及奶油**					
0402100000	脂肪含量≤1.5%固状乳及奶油（指粉状、粒状或其他固体状态，浓缩，加糖或其他甜物质）	10	40	17	千克	7AB
0402210000	脂肪量＞1.5%未加糖固状乳及奶油（指粉状、粒状或其他固体状态，浓缩，未加糖或其他甜物质）	10	40	17	千克	7AB
0402290000	脂肪量＞1.5%的加糖固状乳及奶油（指粉状、粒状或其他固体状态，浓缩，加糖或其他甜物质）	10	40	17	千克	7AB
0402910000	浓缩但未加糖的非固状乳及奶油（未加其他甜物质）	10	90	17	千克	AB
0402990000	浓缩并已加糖的非固状乳及奶油（加其他甜物质）	10	90	17	千克	AB
0403	**酪乳、结块的乳及奶油、酸乳、酸乳酒及其他发酵或酸化的乳和奶油，不论是否浓缩、加糖、加其他甜物质、加香料、加水果、加坚果或加可可**					
0403100000	酸乳	10	90	17	千克	AB
0403900000	酪乳及其他发酵或酸化的乳及奶油（不论是否浓缩、加糖或加其他甜物质、加香料、加水果等）	20	90	17	千克	AB

商品编号	商品名称及备注	进口关税税率(%)		增值税率(%)	计量单位	监管条件
		最惠国	普通			
0404	**乳清,不论是否浓缩、加糖或其他甜物质;其他品目未列名的含天然乳的产品,不论是否加糖或其他甜物质**					
0404100000*	乳清及改性乳清(不论是否浓缩、加糖或其他甜物质)	6	30	17	千克	7AB
0404900000	其他编号未列名的含天然乳的产品(不论是否浓缩、加糖或其他甜物质)	20	90	17	千克	AB
0405	**黄油及其他从乳提取的脂和油;乳酱**					
0405100000	黄油	10	90	17	千克	AB
0405200000	乳酱	10	90	17	千克	AB
0405900000	其他从乳中提取的脂和油	10	90	17	千克	AB
0406	**乳酪及凝乳**					
0406100000	鲜乳酪(未熟化或未固化的)(包括乳清乳酪;凝乳)	12	90	17	千克	AB
0406200000	各种磨碎或粉化的乳酪	12	90	17	千克	AB
0406300000	经加工的乳酪(但磨碎或粉化的除外)	12	90	17	千克	AB
0406400000	蓝纹乳酪和娄地青霉生产的带有纹理的其他乳酪	15	90	17	千克	AB
0406900000	其他乳酪	12	90	17	千克	AB
0407	**带壳禽蛋,鲜、腌制或煮过的**					
0407110010	孵化用受精的濒危鸡的蛋	0	0	13	千克/个	AFEB
0407110090	孵化用受精的其他鸡的蛋	0	0	13	千克/个	AB
0407190010	其他孵化用受精濒危禽蛋	0	0	13	千克/个	AFEB
0407190090	其他孵化用受精禽蛋	0	0	13	千克/个	AB
0407210000	其他带壳的鸡的鲜蛋	20	80	13	千克/个	AB
0407290010	其他鲜的带壳濒危禽蛋	20	80	13	千克/个	ABFE
0407290090	其他鲜的带壳禽蛋	20	80	13	千克/个	AB
0407901000	咸蛋	20	90	13	千克/个	AB
0407902000	皮蛋	20	90	13	千克/个	AB
0407909010	其他腌制或煮过的带壳濒危野鸟蛋	20	90	13	千克/个	ABFE
0407909090	其他腌制或煮过的带壳禽蛋	20	90	13	千克/个	AB
0408	**去壳禽蛋及蛋黄,鲜、干、冻、蒸过或水煮、制成型或用其他方法保藏的,不论是否加糖或其他甜物质**					
0408110000	干蛋黄	20	90	13	千克	AB
0408190000	其他蛋黄	20	90	13	千克	AB
0408910000	干的其他去壳禽蛋	20	90	13	千克	AB
0408990000	其他去壳禽蛋	20	90	13	千克	AB
0409	**天然蜂蜜**					
0409000000	天然蜂蜜	15	80	13	千克	AB
0410	**其他品目未列名的食用动物产品**					
0410001000	燕窝	25	80	17	千克	AB
0410004100	鲜蜂王浆	15	70	13	千克	AB
0410004200	鲜蜂王浆粉	15	70	17	千克	AB
0410004300	蜂花粉	20	70	17	千克	AB
0410004900	其他蜂产品	20	70	17	千克	AB
0410009010	其他编号未列名濒危野生动物产品(食用)	20	70	17	千克	ABFE
0410009090	其他编号未列名的食用动物产品	20	70	17	千克	AB

第五章　其他动物产品

注释：

一、本章不包括：

（一）食用产品（整个或切块的动物肠、膀胱和胃，以及液态或干制的动物血除外）；

（二）生皮或毛皮（第四十一章、第四十三章），但品目05.05的货品及品目05.11的生皮或毛皮的边角废料仍归入本章；

（三）马毛及废马毛以外的动物纺织原料（第十一类）；

（四）供制帚、制刷用的成束、成簇的材料（品目96.03）。

二、仅按长度而未按发根和发梢整理的人发，视为未加工品，归入品目05.01。

三、本手册所称"兽牙"，是指象、河马、海象、一角鲸和野猪的长牙、犀角及其他动物的牙齿。

四、本手册所称"马毛"，是指马科、牛科动物的鬃毛和尾毛。

商品编号	商品名称及备注	进口关税税率（%）		增值税率（%）	计量单位	监管条件
		最惠国	普通			
0501	**未经加工的人发，不论是否洗涤；废人发**					
0501000000	未经加工的人发；废人发（不论是否洗涤）	15	90	17	千克	9B
0502	**猪鬃、猪毛；獾毛及其他制刷用兽毛；上述鬃毛的废料**					
0502101000	猪鬃	20	90	13	千克	AB
0502102000	猪毛	20	90	13	千克	AB
0502103000	猪鬃或猪毛的废料	20	90	13	千克	9B
0502901100	山羊毛	20	90	13	千克	AB
0502901200	黄鼠狼尾毛	20	90	13	千克	ABEF
0502901910	濒危獾毛及其他制刷用濒危兽毛	20	90	13	千克	ABFE
0502901990	其他獾毛及其他制刷用兽毛	20	90	13	千克	AB
0502902010	濒危獾毛及其他制刷濒危兽毛废料	20	90	13	千克	BEF
0502902090	其他獾毛及其他制刷用兽毛的废料	20	90	13	千克	9B
0504	**整个或切块的动物（鱼除外）的肠、膀胱及胃，鲜、冷、冻、干、熏、盐腌或盐渍的**					
0504001100	整个或切块盐渍的猪肠衣（猪大肠头除外）	20	90	13	千克	AB
0504001200	整个或切块盐渍的绵羊肠衣	18	90	13	千克	AB
0504001300	整个或切块盐渍的山羊肠衣	18	90	13	千克	AB
0504001400	整个或切块盐渍的猪大肠头	20	90	13	千克	AB
0504001900	整个或切块的其他动物肠衣（包括鲜、冷、冻、干、熏、盐腌或盐渍的，鱼除外）	18	90	13	千克	AB
0504002100	冷、冻的鸡胗（即鸡胃）	见附表3	见附表3	13	千克	7AB
0504002900	整个或切块的其他动物的胃（包括鲜、冷、冻、干、熏、盐腌或盐渍的，鱼除外）	20	90	13	千克	AB
0504009000	整个或切块的其他动物肠、膀胱（包括鲜、冷、冻、干、熏、盐腌或盐渍的，鱼除外）	20	80	13	千克	AB
0505	**带有羽毛或羽绒的鸟皮及鸟体其他部分；羽毛及不完整羽毛（不论是否修边）、羽绒，仅经洗涤、消毒或为了保藏而做过处理，但未经进一步加工；羽毛或不完整羽毛的粉末及废料**					
0505100010	填充用濒危野生禽类羽毛、羽绒（仅经洗涤、消毒等处理，未进一步加工）	10	100	13	千克	ABFE

商品编号	商品名称及备注	进口关税税率（%）		增值税率（%）	计量单位	监管条件
		最惠国	普通			
0505100090	其他填充用羽毛；羽绒（仅经洗涤、消毒等处理，未进一步加工）	10	100	13	千克	AB
0505901000	羽毛或不完整羽毛的粉末及废料	10	35	13	千克	9AB
0505909010	其他濒危野生禽类羽毛、羽绒（包括带有羽毛或羽绒的鸟皮及鸟体的其他部分）	10	90	13	千克	AFEB
0505909090	其他羽毛、羽绒（包括带有羽毛或羽绒的鸟皮及鸟体的其他部分）	10	90	13	千克	AB
0506	**骨及角柱，未经加工或经脱脂、简单整理（但未切割成形）、酸处理或脱胶；上述产品的粉末及废料**					
0506100000	经酸处理的骨胶原及骨	12	50	17	千克	AB
0506901110	含牛羊成分的骨废料（未经加工或仅经脱脂等加工的）	12	35	17	千克	9AB
0506901190	含牛羊成分的骨粉（未经加工或仅经脱脂等加工的）	12	35	17	千克	AB
0506901910	其他骨废料（未经加工或仅经脱脂等加工的）	12	35	17	千克	9AB
0506901990	其他骨粉（未经加工或仅经脱脂等加工的）	12	35	17	千克	AB
0506909011*	已脱胶的虎骨（指未经加工或经脱脂等加工的）	12	50	13	千克	89
0506909019	未脱胶的虎骨（指未经加工或经脱脂等加工的）	12	50	13	千克	89
0506909021*	已脱胶的豹骨（指未经加工或经脱脂等加工的）	12	50	13	千克	ABFE
0506909029	未脱胶的豹骨（指未经加工或经脱脂等加工的）	12	50	13	千克	ABFE
0506909031*	已脱胶的濒危野生动物的骨及角柱（不包括虎骨、豹骨，指未经加工或经脱脂等加工的）	12	50	13	千克	AFEB
0506909039	未脱胶的濒危野生动物的骨及角柱（不包括虎骨、豹骨，指未经加工或经脱脂等加工的）	12	50	13	千克	AFEB
0506909091*	已脱胶的其他骨及角柱（不包括虎骨、豹骨，指未经加工或经脱脂等加工的）	12	50	13	千克	AB
0506909099	未脱胶的其他骨及角柱（不包括虎骨、豹骨，指未经加工或经脱脂等加工的）	12	50	13	千克	AB
0507	**兽牙、龟壳、鲸须、鲸须毛、角、鹿角、蹄、甲、爪及喙，未经加工或仅简单整理但未切割成形；上述产品的粉末及废料**					
0507100010	犀牛角	10	30	13	千克	89
0507100020	其他濒危野生兽牙、兽牙粉末及废料	10	30	13	千克	AFEB
0507100030	其他兽牙	10	30	13	千克	AB
0507100090	其他兽牙粉末及废料	10	30	13	千克	9AB
0507901000	羚羊角及其粉末和废料	3	14	13	千克	ABFE
0507902000	鹿茸及其粉末	11	30	13	千克	ABFE
0507909000	龟壳、鲸须、鲸须毛、鹿角及其他角（包括蹄、甲、爪及喙及其粉末和废料）	10	50	13	千克	AFEB
0508	**珊瑚及类似品，未经加工或仅简单整理但未经进一步加工；软体动物壳、甲壳动物壳、棘皮动物壳、墨鱼骨，未经加工或仅简单整理但未切割成形，上述壳、骨的粉末及废料**					
0508001010	珊瑚及濒危水产品的粉末、废料（包括介、贝、棘皮动物壳，墨鱼骨的粉末、废料）	12	35	13	千克	AFEB
0508001090	其他水产品壳、骨的粉末及废料（包括介、贝、棘皮动物壳，墨鱼骨的粉末及废料）	12	35	13	千克	AB
0508009010	珊瑚及濒危水产品的壳、骨（包括介、贝、棘皮动物的壳，墨鱼骨）	12	50	13	千克	AFEB
0508009090	其他水产品的壳、骨（包括介、贝、棘皮动物的壳，墨鱼骨）	12	50	13	千克	AB

商品编号	商品名称及备注	进口关税税率(%)		增值税率(%)	计量单位	监管条件
		最惠国	普通			
0510	**龙涎香、海狸香、灵猫香及麝香;斑蝥;胆汁,不论是否干制;供配制药用的腺体及其他动物产品,鲜、冷、冻或用其他方法暂时保藏的**					
0510001010	牛黄	3	14	13	千克	8A
0510001020	猴枣	3	14	13	千克	QAFEB
0510001090	其他黄药(不包括牛黄)	3	14	13	千克	AFEB
0510002000	龙涎香、海狸香、灵猫香	7	50	13	千克	AFEB
0510003000	麝香	7	20	13	千克	8AF
0510004000	斑蝥	7	50	13	千克	QAB
0510009010	其他濒危野生动物胆汁及其他产品(不论是否干制;鲜、冷、冻或用其他方法暂时保藏的)	6	20	13	千克	AFEB
0510009090	胆汁,配药用腺体及其他动物产品(不论是否干制;鲜、冷、冻或用其他方法暂时保藏的)	6	20	13	千克	AB
0511	**其他品目未列名的动物产品;不适合供人食用的第一章或第三章的死动物**					
0511100010	濒危野生牛的精液	0	0	13	千克	ABFE
0511100090	其他牛的精液	0	0	13	千克	AB
0511911110*	濒危鱼的受精卵	12	35	13	千克	ABFE
0511911190*	其他受精鱼卵	12	35	13	千克	AB
0511911910	濒危鱼的非食用产品(包括鱼肚)	12	35	13	千克	ABFE
0511911990	其他鱼的非食用产品(包括鱼肚)	12	35	13	千克	AB
0511919010	濒危水生无脊椎动物产品(包括甲壳动物、软体动物、第三章死动物)	12	35	13	千克	ABFE
0511919090	其他水生无脊椎动物产品(包括甲壳动物、软体动物、第三章死动物)	12	35	13	千克	AB
0511991010	濒危野生动物精液(牛的精液除外)	0	0	13	千克	AFEB
0511991090	其他动物精液(牛的精液除外)	0	0	13	千克	AB
0511992010	濒危野生动物胚胎	0	0	13	千克	AFEB
0511992090	其他动物胚胎	0	0	13	千克	AB
0511993000	蚕种	0	0	13	千克	AB
0511994010	废马毛(不论是否制成有或无衬垫的毛片)	15	90	13	千克	9B
0511994090	其他马毛(不论是否制成有或无衬垫的毛片)	15	90	13	千克	AB
0511999010	其他编号未列名濒危野生动物产品(包括不适合供人食用的第一章的死动物)	12	35	13	千克	AFEB
0511999090	其他编号未列名的动物产品(包括不适合供人食用的第一章的死动物)	12	35	13	千克	AB

第二类　植物产品

注释：

一、本类所称“团粒”，是指直接挤压或加入按重量计比例不超过3%的黏合剂制成的粒状产品。

第六章　活树及其他活植物；鳞茎、根及类似品；插花及装饰用簇叶

注释：

一、除品目06.01的菊苣植物及其根以外，本章只包括通常由苗圃或花店供应为种植或装饰用的活树及其他货品（包括植物秧苗）；但不包括马铃薯、洋葱、青葱、大蒜及其他第七章的产品。

二、品目06.03、06.04的各种货品，包括全部或部分用这些货品制成的花束、花篮、花圈及类似品，不论是否有其他材料制成的附件。但这些货品不包括品目97.01的拼贴画或类似的装饰板。

商品编号	商品名称及备注	进口关税税率（%）		增值税率（%）	计量单位	监管条件
		最惠国	普通			
0601	**鳞茎、块茎、块根、球茎、根颈及根茎，休眠、生长或开花的；菊苣植物及其根，但品目12.12的根除外**					
0601101000	休眠的番红花球茎	4	14	13	个/千克	AB
0601102100	种用休眠的百合球茎	0	0	13	个/千克	AB
0601102900	其他休眠的百合球茎	5	40	13	个/千克	AB
0601109110	种用休眠的兰花块茎（包括球茎、根颈及根茎）	0	0	13	个/千克	AFEB
0601109191	种用休眠其他濒危植物鳞茎等（包括球茎、根颈、根茎、鳞茎、块茎、块根）	0	0	13	个/千克	ABFE
0601109199	种用休眠的其他鳞茎、块茎、块根（包括球茎、根颈及根茎）	0	0	13	个/千克	AB
0601109910	其他休眠的兰花块茎（包括球茎、根颈及根茎）	5	40	13	个/千克	AFEB
0601109991	其他休眠濒危植物鳞茎等（包括球茎、根颈、根茎、鳞茎、块茎、块根）	5	40	13	个/千克	AFEB
0601109999	其他休眠的其他鳞茎、块茎、块根（包括球茎、根颈及根茎）	5	40	13	个/千克	AB
0601200010	生长或开花的兰花块茎（包括球茎、根颈及根茎）	15	80	13	个/千克	AFEB
0601200020	生长或开花的仙客来鳞茎	15	80	13	个/千克	AFEB
0601200091	生长或开花的其他濒危植物鳞茎等（包括球茎、根颈、根茎、鳞茎、块茎、块根、菊苣植物）	15	80	13	个/千克	AFEB
0601200099	生长或开花的其他鳞茎及菊苣植物（包括块茎、块根、球茎、根颈及根茎，品目12.12的根除外）	15	80	13	个/千克	AB
0602	**其他活植物（包括其根）、插枝及接穗；蘑菇菌丝**					
0602100010	濒危植物的无根插枝及接穗	0	0	13	株/千克	ABFE
0602100090	其他无根插枝及接穗	0	0	13	株/千克	AB
0602201000	食用水果及坚果树的种用苗木（包括食用果灌木种用苗木）	0	0	13	株/千克	AB
0602209000	其他食用水果、坚果树及灌木（不论是否嫁接）	10	80	13	株/千克	AB
0602301000	种用杜鹃（不论是否嫁接）	0	0	13	株/千克	AB
0602309000	其他杜鹃（不论是否嫁接）	15	80	13	株/千克	AB

商品编号	商品名称及备注	进口关税税率（%）		增值税率（%）	计量单位	监管条件
		最惠国	普通			
0602401000	种用玫瑰（不论是否嫁接）	0	0	13	株/千克	AB
0602409000	其他玫瑰（不论是否嫁接）	15	80	13	株/千克	AB
0602901000	蘑菇菌丝	0	0	13	千克	AB
0602909110	种用兰花	0	0	13	株/千克	AFEB
0602909191	其他濒危植物种用苗木	0	0	13	株/千克	AFEB
0602909199	其他种用苗木	0	0	13	株/千克	AB
0602909200	其他兰花（种用除外）	10	80	13	株/千克	ABFE
0602909300	其他菊花（种用除外）	10	80	13	株/千克	AB
0602909410	芦荟（种用除外）	10	80	13	株/千克	ABEFQ
0602909490	其他百合（种用除外）	10	80	13	株/千克	AB
0602909500	其他康乃馨（种用除外）	10	80	13	株/千克	AB
0602909910	苏铁（铁树）类	10	80	13	株/千克	ABFE
0602909920	仙人掌（包括仙人球、仙人柱、仙人指）	10	80	13	株/千克	ABFE
0602909991	其他濒危活植物（种用除外）	10	80	13	株/千克	AFEB
0602909999	其他活植物（种用除外）	10	80	13	株/千克	AB
0603	**制花束或装饰用的插花及花蕾，鲜、干、染色、漂白、浸渍或用其他方法处理的**					
0603110000	鲜的玫瑰（制花束或装饰用的）	10	100	13	千克/枝	AB
0603120000	鲜的康乃馨（制花束或装饰用的）	10	100	13	千克/枝	AB
0603130000	鲜的兰花（制花束或装饰用的）	10	100	13	千克/枝	ABEF
0603140000	鲜的菊花（制花束或装饰用的）	10	100	13	千克/枝	AB
0603150000	鲜的百合花（百合属）（制花束或装饰用的）	10	100	13	千克/枝	AB
0603190010	鲜的濒危植物插花及花蕾（制花束或装饰用的）	10	100	13	千克/枝	ABFE
0603190090	其他鲜的插花及花蕾（制花束或装饰用的）	10	100	13	千克/枝	AB
0603900010	干或染色等加工濒危插花及花蕾（制花束或装饰用的，鲜的除外）	23	100	17	千克/枝	ABFE
0603900090	其他干或染色等加工的插花及花蕾（制花束或装饰用的，鲜的除外）	23	100	17	千克/枝	AB
0604	**制花束或装饰用的不带花及花蕾的植物枝、叶或其他部分，草、苔藓及地衣，鲜、干、染色、漂白、浸渍或用其他方法处理的**					
0604201000	鲜的苔藓及地衣	23	100	13	千克	AB
0604209010	其他鲜濒危植物枝、叶或其他部分，草（枝、叶或其他部分是指制花束或装饰用并且不带花及花蕾）	10	100	13	千克	ABFE
0604209090	其他鲜植物枝、叶或其他部分，草（枝、叶或其他部分是指制花束或装饰用并且不带花及花蕾）	10	100	13	千克	AB
0604901000	其他苔藓及地衣	23	100	13	千克	AB
0604909010	其他染色或经加工的濒危枝、叶，草等（枝、叶或其他部分是指制花束或装饰用并且不带花及花蕾）	10	100	17	千克	ABFE
0604909090	其他染色或经加工的枝、叶，草等（枝、叶或其他部分是指制花束或装饰用并且不带花及花蕾）	10	100	17	千克	AB

第七章　食用蔬菜、根及块茎

注释：

一、本章不包括品目12.14的草料。

二、品目07.09、07.10、07.11及07.12所称“蔬菜”，包括食用的蘑菇、块菌、油橄榄、刺山柑、菜葫芦、南瓜、茄子、甜玉米、辣椒、茴香菜、欧芹、细叶芹、龙蒿、水芹、甜茉乔栾那。

三、品目07.12包括干制的归入品目07.01至07.11的各种蔬菜，但下列各项除外：

(一)作蔬菜用的脱荚干豆(品目07.13)；

(二)品目11.02至11.04所列形状的甜玉米；

(三)马铃薯细粉、粗粉、粉末、粉片、颗粒及团粒(品目11.05)；

(四)用品目07.13的干豆制成的细粉、粗粉及粉末(品目11.06)。

四、本章不包括辣椒干及辣椒粉(品目09.04)。

商品编号	商品名称及备注	进口关税税率(%)		增值税率(%)	计量单位	监管条件
		最惠国	普通			
0701	**鲜或冷藏的马铃薯**					
0701100000	种用马铃薯	13	70	13	千克	AB
0701900000	其他鲜或冷藏的马铃薯	13	70	13	千克	AB
0702	**鲜或冷藏的番茄**					
0702000000	鲜或冷藏的番茄	13	70	13	千克	AB
0703	**鲜或冷藏的洋葱、青葱、大蒜、韭葱及其他葱属蔬菜**					
0703101000	鲜或冷藏的洋葱	13	70	13	千克	AB
0703102000	鲜或冷藏的青葱	13	70	13	千克	AB
0703201000	鲜或冷藏的蒜头	13	70	13	千克	AB
0703202000	鲜或冷藏的蒜薹及蒜苗(包括青蒜)	13	70	13	千克	AB
0703209000	鲜或冷藏的其他大蒜(包括切片、切碎、切丝、捣碎、磨碎、去皮等)	13	70	13	千克	AB
0703901000	鲜或冷藏的韭葱	13	70	13	千克	AB
0703902000	鲜或冷藏的大葱	13	70	13	千克	AB
0703909000	鲜或冷藏的其他葱属蔬菜	13	70	13	千克	AB
0704	**鲜或冷藏的卷心菜、菜花、球茎甘蓝、羽衣甘蓝及类似的食用芥菜类蔬菜**					
0704100001	鲜、冷硬花甘蓝	10	70	13	千克	AB
0704100002	鲜、冷花椰菜(花椰菜也叫菜花)	10	70	13	千克	AB
0704200000	鲜或冷藏的抱子甘蓝	13	70	13	千克	AB
0704901000	鲜或冷藏的卷心菜(学名结球甘蓝，又名圆白菜、洋白菜，属十字花科芸薹属甘蓝变种)	13	70	13	千克	AB
0704902000	鲜或冷藏的西兰花(西兰花，又称青花菜、绿菜花，属十字花科芸薹属甘蓝变种)	13	70	13	千克	AB
0704909001	鲜、冷其他甘蓝	13	70	13	千克	AB
0704909090	鲜或冷藏的其他食用芥菜类蔬菜	13	70	13	千克	AB
0705	**鲜或冷藏的莴苣及菊苣**					
0705110000	鲜或冷藏的结球莴苣(包心生菜)	10	70	13	千克	AB
0705190000	鲜或冷藏的其他莴苣	10	70	13	千克	AB
0705210000	鲜或冷藏的维特罗夫菊苣	13	70	13	千克	AB
0705290000	鲜或冷藏的其他菊苣	13	70	13	千克	AB

商品编号	商品名称及备注	进口关税税率(%) 最惠国	进口关税税率(%) 普通	增值税率(%)	计量单位	监管条件
0706	**鲜或冷藏的胡萝卜、萝卜、色拉甜菜根、婆罗门参、块根芹、小萝卜及类似的食用根茎**					
0706100001	鲜、冷胡萝卜	13	70	13	千克	AB
0706100090	鲜或冷藏的萝卜	13	70	13	千克	AB
0706900000	鲜或冷藏的小萝卜及类似食用根茎(包括色拉甜菜根、婆罗门参、块根芹)	13	70	13	千克	AB
0707	**鲜或冷藏的黄瓜及小黄瓜**					
0707000000	鲜或冷藏的黄瓜及小黄瓜	13	70	13	千克	AB
0708	**鲜或冷藏的豆类蔬菜,不论是否脱荚**					
0708100000	鲜或冷藏的豌豆(不论是否脱荚)	13	70	13	千克	AB
0708200000	鲜或冷藏的豇豆及菜豆(不论是否脱荚)	13	70	13	千克	AB
0708900000	鲜或冷藏的其他豆类蔬菜(不论是否脱荚)	13	70	13	千克	AB
0709	**鲜或冷藏的其他蔬菜**					
0709200000	鲜或冷藏的芦笋	13	70	13	千克	AB
0709300000	鲜或冷藏的茄子	13	70	13	千克	AB
0709400000	鲜或冷藏的芹菜(块根芹除外)	10	70	13	千克	AB
0709510000	鲜或冷藏的伞菌属蘑菇	13	90	13	千克	AB
0709591000	鲜或冷藏的松茸	13	90	13	千克	ABE
0709592000	鲜或冷藏的香菇	13	90	13	千克	AB
0709593000	鲜或冷藏的金针菇	13	90	13	千克	AB
0709594000	鲜或冷藏的草菇	13	90	13	千克	AB
0709595000	鲜或冷藏的口蘑	13	90	13	千克	AB
0709596000	鲜或冷藏的块菌	13	90	13	千克	AB
0709599000	鲜或冷藏的其他蘑菇	13	90	13	千克	AB
0709600000	鲜或冷藏的辣椒(包括甜椒)	13	70	13	千克	AB
0709700000	鲜或冷藏的菠菜	13	70	13	千克	AB
0709910000	鲜或冷藏的洋蓟	13	70	13	千克	AB
0709920000	鲜或冷藏的油橄榄	13	70	13	千克	AB
0709930000	鲜或冷藏的南瓜、笋瓜及瓠瓜(南瓜属)	13	70	13	千克	AB
0709991010	鲜或冷藏的酸竹笋	13	70	13	千克	ABE
0709991090	鲜或冷藏的其他竹笋	13	70	13	千克	AB
0709999001	鲜或冷藏的丝瓜	13	70	13	千克	AB
0709999002	鲜或冷藏的青江菜	13	70	13	千克	AB
0709999003	鲜或冷藏的小白菜	13	70	13	千克	AB
0709999004	鲜或冷藏的苦瓜	13	70	13	千克	AB
0709999005	鲜或冷藏的山葵	13	70	13	千克	AB
0709999010	鲜或冷藏的莼菜	13	70	13	千克	ABE
0709999090	鲜或冷藏的其他蔬菜	13	70	13	千克	AB
0710	**冷冻蔬菜(不论是否蒸煮)**					
0710100000	冷冻马铃薯(不论是否蒸煮)	13	70	13	千克	AB
0710210000	冷冻豌豆(不论是否蒸煮)	13	70	13	千克	AB
0710221000	冷冻的红小豆(赤豆)(不论是否蒸煮)	13	70	13	千克	AB
0710229000	冷冻豇豆及菜豆(不论是否蒸煮)	13	70	13	千克	AB
0710290000	冷冻其他豆类蔬菜(不论是否蒸煮)	13	70	13	千克	AB
0710300000	冷冻菠菜(不论是否蒸煮)	13	70	13	千克	AB

商品编号	商 品 名 称 及 备 注	进口关税税率(%)		增值税率(%)	计量单位	监管条件
		最惠国	普通			
0710400000	冷冻甜玉米(不论是否蒸煮)	10	70	13	千克	AB
0710801000	冷冻松茸(不论是否蒸煮)	13	70	13	千克	ABE
0710802000	冷冻蒜薹及蒜苗(包括青蒜)(不论是否蒸煮)	13	70	13	千克	AB
0710803000	冷冻蒜头(不论是否蒸煮)	13	70	13	千克	AB
0710804000	冷冻牛肝菌(不论是否蒸煮)	13	70	13	千克	AB
0710809010	冷冻的大蒜瓣(不论是否蒸煮)	13	70	13	千克	AB
0710809020	冷冻的香菇(不论是否蒸煮)	13	70	13	千克	AB
0710809030	冷冻莼菜(不论是否蒸煮)	13	70	13	千克	ABE
0710809090	冷冻的未列名蔬菜(不论是否蒸煮)	13	70	13	千克	AB
0710900000	冷冻什锦蔬菜(不论是否蒸煮)	10	70	13	千克	AB
0711	**暂时保藏(例如,使用二氧化硫气体、盐水、亚硫酸水或其他防腐液)的蔬菜,但不适于直接食用的**					
0711200000	暂时保藏的油橄榄(用二氧化硫气体、盐水等物质处理,但不适于直接食用的)	13	70	13	千克	AB
0711400000	暂时保藏的黄瓜及小黄瓜(用二氧化硫气体、盐水等物质处理,但不适于直接食用的)	13	70	13	千克	AB
0711511200	盐水小白蘑菇(洋蘑菇)(指小白蘑菇,不适于直接食用的)	13	90	13	千克	AB
0711511900	盐水的其他伞菌属蘑菇(不适于直接食用的)	13	90	13	千克	AB
0711519000	暂时保藏的其他伞菌属蘑菇(不适于直接食用的)	13	90	13	千克	AB
0711591100	盐水松茸(不适于直接食用的)	13	90	13	千克	EAB
0711591910	盐水的香菇(不适于直接食用的)	13	90	13	千克	AB
0711591990	盐水的其他非伞菌属蘑菇及块菌(不适于直接食用的)	13	90	13	千克	AB
0711599010	暂时保藏的香菇(用二氧化硫气体等物质处理,但不适于直接食用的)	13	90	13	千克	AB
0711599090	暂时保藏的蘑菇及块菌(用二氧化硫气体等物质处理,但不适于直接食用的)	13	90	13	千克	AB
0711903110	盐水酸竹笋(不适于直接食用的)	13	70	13	千克	ABE
0711903190	其他盐水竹笋(不适于直接食用的)	13	70	13	千克	AB
0711903410	盐水简单腌制的大蒜头、大蒜瓣(无论是否去皮,但不适于直接食用)	13	70	13	千克	AB
0711903490	盐水简单腌制的其他大蒜(不含蒜头、蒜瓣,无论是否去皮,但不适于直接食用)	13	70	13	千克	AB
0711903900	盐水的其他蔬菜及什锦蔬菜(不适于直接食用的)	13	70	13	千克	AB
0711909000	暂时保藏的其他蔬菜及什锦蔬菜(用二氧化硫气体等物质处理,但不适于直接食用的)	13	90	13	千克	AB
0712	**干蔬菜,整个、切块、切片、破碎或制成粉状,但未经进一步加工的**					
0712200000	干制洋葱(整个、切块、切片、破碎或制成粉状,但未经进一步加工的)	13	80	13	千克	AB
0712310000	干伞菌属蘑菇(整个、切块、切片、破碎或制成粉状,但未经进一步加工的)	13	80	13	千克	AB
0712320000	干木耳(整个、切块、切片、破碎或制成粉状,但未经进一步加工的)	13	100	13	千克	AB
0712330000	干银耳(白木耳)(整个、切块、切片、破碎或制成粉状,但未经进一步加工的)	13	90	13	千克	AB

商品编号	商品名称及备注	进口关税税率(%)		增值税率(%)	计量单位	监管条件
		最惠国	普通			
0712391000	干制香菇(整个、切块、切片、破碎或制成粉状,但未经进一步加工的)	13	100	13	千克	AB
0712392000	干制金针菇(整个、切块、切片、破碎或制成粉状,但未经进一步加工的)	13	100	13	千克	AB
0712393000	干制草菇(整个、切块、切片、破碎或制成粉状,但未经进一步加工的)	13	100	13	千克	AB
0712394000	干制口蘑(整个、切块、切片、破碎或制成粉状,但未经进一步加工的)	13	100	13	千克	AB
0712395000	干制牛肝菌(整个、切块、切片、破碎或制成粉状,但未经进一步加工的)	13	100	13	千克	AB
0712399010	干制松茸(整个、切块、切片、破碎或制成粉状,但未经进一步加工的)	13	100	13	千克	ABE
0712399090	其他干制蘑菇及块菌(整个、切块、切片、破碎或制成粉状,但未经进一步加工的)	13	100	13	千克	AB
0712901010	酸竹笋干丝	13	80	13	千克	ABE
0712901090	其他笋干丝	13	80	13	千克	AB
0712902000	紫萁(薇菜干)(整条、切段、破碎或制成粉状,但未经进一步加工的)	13	80	13	千克	AB
0712903000	干金针菜(黄花菜)(整条、切段、破碎或制成粉状,但未经进一步加工的)	13	80	13	千克	AB
0712904000	蕨菜干(整个,切段,破碎或制成粉状,但未经进一步加工的)	13	80	13	千克	AB
0712905010	干燥或脱水的大蒜头、大蒜瓣(无论是否去皮)	13	80	17	千克	AB
0712905090	干燥或脱水的其他大蒜(不含蒜头、蒜瓣,无论是否去皮)	13	80	17	千克	AB
0712906000	干甜椒(整个、切块、切片、破碎或制成粉状,但未经进一步加工的)	13	80	13	千克	AB
0712909100	干辣根(整个、切块、切片、破碎或制成粉状,但未经进一步加工的)	13	80	13	千克	AB
0712909910	干莼菜(整个、切块、切片、破碎或制成粉状,但未经进一步加工的)	13	80	13	千克	ABE
0712909990	干制的其他蔬菜及什锦蔬菜(整个、切块、切片、破碎或制成粉状,但未经进一步加工的)	13	80	13	千克	AB
0713	**脱荚的干豆,不论是否去皮或分瓣**					
0713101000	种用干豌豆(不论是否去皮或分瓣)	0	0	13	千克	AB
0713109000	其他干豌豆(不论是否去皮或分瓣)	5	20	13	千克	AB
0713201000	种用干鹰嘴豆(不论是否去皮或分瓣)	0	0	13	千克	AB
0713209000	其他干鹰嘴豆(不论是否去皮或分瓣)	7	20	13	千克	AB
0713311000	种用干绿豆(不论是否去皮或分瓣)	0	0	13	千克	AB
0713319000	其他干绿豆(不论是否去皮或分瓣)	3	11	13	千克	AB
0713321000	种用红小豆(赤豆)(不论是否去皮或分瓣)	0	0	13	千克	AB
0713329000	其他干赤豆(不论是否去皮或分瓣)	3	14	13	千克	AB
0713331000	种用干芸豆(不论是否去皮或分瓣)	0	0	13	千克	AB
0713339000	其他干芸豆(不论是否去皮或分瓣)	7.5	20	13	千克	AB
0713340000	干巴姆巴拉豆(不论是否去皮或分瓣)	7	20	13	千克	AB
0713350000	干牛豆(豇豆)(不论是否去皮或分瓣)	7	20	13	千克	AB
0713390000	其他干豇豆属及菜豆属(不论是否去皮或分瓣)	7	20	13	千克	AB

商品编号	商品名称及备注	进口关税税率(%) 最惠国	进口关税税率(%) 普通	增值税率(%)	计量单位	监管条件
0713401000	种用干扁豆(不论是否去皮或分瓣)	0	0	13	千克	AB
0713409000	其他干扁豆(不论是否去皮或分瓣)	7	20	13	千克	AB
0713501000	种用干蚕豆(不论是否去皮或分瓣)	0	0	13	千克	AB
0713509000	其他干蚕豆(不论是否去皮或分瓣)	7	20	13	千克	AB
0713601000	种用干木豆(木豆属)(不论是否去皮或分瓣)	0	0	13	千克	AB
0713609000	其他干木豆(木豆属)(不论是否去皮或分瓣)	7	20	13	千克	AB
0713901000	种用干豆(不论是否去皮或分瓣)	0	0	13	千克	AB
0713909000	其他干豆(不论是否去皮或分瓣)	7	20	13	千克	AB
0714	**鲜、冷、冻或干的木薯、竹芋、兰科植物块茎、菊芋、甘薯及含有高淀粉或菊粉的类似根茎,不论是否切片或制成团粒;西谷茎髓**					
0714101000	鲜木薯(不论是否切片)	10	30	13	千克	AB
0714102000	干木薯(不论是否切片或制成团粒)	5	30	13	千克	AB
0714103000	冷或冻的木薯(不论是否切片或制成团粒)	10	80	13	千克	AB
0714201100	鲜种用甘薯		50	13	千克	AB
0714201900	其他非种用鲜甘薯(不论是否切片)	13	50	13	千克	AB
0714202000	干甘薯(不论是否切片或制成团粒)	13	50	13	千克	AB
0714203000	冷或冻的甘薯(不论是否切片或制成团粒)	13	80	13	千克	AB
0714300000	鲜、冷、冻或干的山药(不论是否切片或制成团粒)	13	50	13	千克	AB
0714400001	鲜、冷芋头(芋属)(不论是否切片或制成团粒;芋头又称芋艿,为天南星科芋属植物,分旱芋、水芋)	13	50	13	千克	AB
0714400090	冻、干的芋头(芋属)(不论是否切片或制成团粒;芋头又称芋艿,为天南星科芋属植物,分旱芋、水芋)	13	50	13	千克	AB
0714500000	鲜、冷、冻或干的黄体芋(黄肉芋属)(不论是否切片或制成团粒)	13	50	13	千克	AB
0714901000	鲜、冷、冻、干的荸荠(不论是否切片或制成团粒)	13	50	13	千克	AB
0714902100	种用藕(不论是否去皮或分瓣)	0	0	13	千克	AB
0714902900	鲜、冷、冻、干的非种用藕(不论是否切片或制成团粒)	13	50	13	千克	AB
0714909010	鲜、冷、冻、干的兰科植物块茎	13	50	13	千克	ABFE
0714909091	含高淀粉或菊粉的其他濒危类似根茎(包括西谷茎髓,不论是否切片或制成团粒,鲜、冷、冻或干的)	13	50	13	千克	ABFE
0714909099	含有高淀粉或菊粉的其他类似根茎(包括西谷茎髓,不论是否切片或制成团粒,鲜、冷、冻或干的)	13	50	13	千克	AB

第八章　食用水果及坚果；甜瓜或柑橘属水果的果皮

注释：

一、本章不包括非供食用的坚果或水果。

二、冷藏的水果和坚果应按相应的鲜果品目归类。

三、本章的干果可以部分复水或为下列目的进行其他处理：

（一）为保藏或保持其稳定性（例如，经适度热处理或硫化处理、添加山梨酸或山梨酸钾）；

（二）改进或保持其外观（例如，添加植物油或少量葡萄糖浆）。

但必须保持干果的特征。

商品编号	商品名称及备注	进口关税税率（%）		增值税率（%）	计量单位	监管条件
		最惠国	普通			
0801	**鲜或干的椰子、巴西果及腰果，不论是否去壳或去皮**					
0801110000	干的椰子（不论是否去壳或去皮）	12	80	13	千克	AB
0801120000	鲜的未去内壳（内果皮）椰子（不论是否去壳或去皮）	12	80	13	千克	AB
0801191000	种用椰子	0	0	13	千克	AB
0801199000	其他鲜椰子	12	80	13	千克	AB
0801210000	鲜或干的未去壳巴西果	10	80	13	千克	AB
0801220000	鲜或干的去壳巴西果	10	80	13	千克	AB
0801310000	鲜或干的未去壳腰果	20	70	13	千克	AB
0801320000	鲜或干的去壳腰果	10	70	13	千克	AB
0802	**鲜或干的其他坚果，不论是否去壳或去皮**					
0802110000	鲜或干的未去壳巴旦杏	24	70	13	千克	AB
0802120000	鲜或干的去壳巴旦杏	10	70	13	千克	AB
0802210000	鲜或干的未去壳榛子	25	70	13	千克	AB
0802220000	鲜或干的去壳榛子	10	70	13	千克	AB
0802310000	鲜或干的未去壳核桃	25	70	13	千克	AB
0802320000	鲜或干的去壳核桃	20	70	13	千克	AB
0802411000	鲜或干的未去壳板栗	25	70	13	千克	AB
0802419000*	鲜或干的其他未去壳栗子（板栗除外）（不论是否去壳或去皮）	25	70	13	千克	AB
0802421000	鲜或干去壳板栗（不论是否去皮）	25	70	13	千克	AB
0802429000*	鲜或干的其他去壳栗子（板栗除外）（不论是否去皮）	25	70	13	千克	AB
0802510000*	鲜或干的未去壳阿月浑子果（开心果）	10	70	13	千克	AB
0802520000*	鲜或干的去壳阿月浑子果（开心果）	10	70	13	千克	AB
0802611000	鲜或干的种用未去壳马卡达姆坚果（夏威夷果）		70	13	千克	AB
0802619000	鲜或干的其他未去壳马卡达姆坚果（夏威夷果）	24	70	13	千克	AB
0802620000	去壳马卡达姆坚果（夏威夷果）（不论是否去皮）	24	70	13	千克	AB
0802700000	鲜或干的可乐果（可乐果属）（不论是否去壳或去皮）	24	70	13	千克	AB
0802800001	鲜的槟榔果（不论是否去壳或去皮）	10	30	13	千克	AB
0802800090	干的槟榔果（不论是否去壳或去皮）	10	30	13	千克	AB
0802902000*	鲜或干的白果（不论是否去壳或去皮）	25	70	13	千克	ABE
0802903010	鲜或干的红松子仁	25	70	13	千克	ABE
0802903020	鲜或干的其他濒危松子仁	25	70	13	千克	ABEF
0802903090	鲜或干的其他松子仁	25	70	13	千克	AB
0802909010	鲜或干的榧子、红松子（不论是否去壳或去皮）	24	70	13	千克	ABE

商品编号	商 品 名 称 及 备 注	进口关税税率(%)		增值税率(%)	计量单位	监管条件
		最惠国	普通			
0802909020	鲜或干的其他濒危松子(不论是否去壳或去皮)	24	70	13	千克	ABEF
0802909030	鲜或干的巨籽棕(海椰子)果仁	24	70	13	千克	ABEF
0802909090	鲜或干的其他坚果(不论是否去壳或去皮)	24	70	13	千克	AB
0803	**鲜或干的香蕉,包括芭蕉**					
0803100000	鲜或干的芭蕉	10	40	13	千克	AB
0803900000	鲜或干的香蕉	10	40	13	千克	AB
0804	**鲜或干的椰枣、无花果、菠萝、鳄梨、番石榴、芒果及山竹果**					
0804100000	鲜或干的椰枣	15	40	13	千克	AB
0804200000	鲜或干的无花果	30	70	13	千克	AB
0804300001	鲜菠萝	12	80	13	千克	AB
0804300090	干菠萝	12	80	13	千克	AB
0804400000	鲜或干的鳄梨	25	80	13	千克	AB
0804501001	鲜番石榴	15	80	13	千克	AB
0804501090	干番石榴	15	80	13	千克	AB
0804502001	鲜芒果	15	80	13	千克	AB
0804502090	干芒果	15	80	13	千克	AB
0804503000	鲜或干的山竹果	15	80	13	千克	AB
0805	**鲜或干的柑橘属水果**					
0805100000	鲜或干的橙	11	100	13	千克	AB
0805201000	鲜或干的蕉柑	12	100	13	千克	AB
0805202000	鲜或干的阔叶柑橘	12	100	13	千克	AB
0805209000	鲜或干的柑橘及杂交柑橘	12	100	13	千克	AB
0805400001	鲜葡萄柚,包括鲜柚	12	100	13	千克	AB
0805400090	干葡萄柚,包括干柚	12	100	13	千克	AB
0805500000	鲜或干的柠檬及酸橙	11	100	13	千克	AB
0805900000	鲜或干的其他柑橘属水果	30	100	13	千克	AB
0806	**鲜或干的葡萄**					
0806100000	鲜葡萄	13	80	13	千克	AB
0806200000	葡萄干	10	80	13	千克	AB
0807	**鲜的甜瓜(包括西瓜)及木瓜**					
0807110000	鲜西瓜	25	70	13	千克	AB
0807191000	鲜哈密瓜	12	70	13	千克	AB
0807192000	鲜罗马甜瓜及加勒比甜瓜	12	70	13	千克	AB
0807199000	其他鲜甜瓜	12	70	13	千克	AB
0807200000	鲜木瓜	25	70	13	千克	AB
0808	**鲜的苹果、梨及榅桲**					
0808100000	鲜苹果	10	100	13	千克	AB
0808301000	鲜鸭梨及雪梨	12	100	13	千克	AB
0808302000	鲜香梨	12	100	13	千克	AB
0808309000	其他鲜梨	10	100	13	千克	AB
0808400000	鲜榅桲(Quinces)	16	100	13	千克	AB
0809	**鲜的杏、樱桃、桃(包括油桃)、梅及李**					
0809100000	鲜杏	25	70	13	千克	AB
0809210000	鲜欧洲酸樱桃	10	70	13	千克	AB

商品编号	商品名称及备注	进口关税税率(%) 最惠国	普通	增值税率(%)	计量单位	监管条件
0809290000	其他鲜樱桃	10	70	13	千克	AB
0809300000	鲜桃,包括鲜油桃	10	70	13	千克	AB
0809400001	鲜梅	10	70	13	千克	AB
0809400090	鲜李子	10	70	13	千克	AB
0810	**其他鲜果**					
0810100000	鲜草莓	14	80	13	千克	AB
0810200000	鲜的木莓、黑莓、桑葚及罗甘莓	25	80	13	千克	AB
0810300000	鲜的黑、白或红的穗醋栗(加仑子)及醋栗	25	80	13	千克	AB
0810400000	鲜蔓越橘及越橘	30	80	13	千克	AB
0810500000	鲜猕猴桃	20	80	13	千克	AB
0810600000	鲜榴莲	20	80	13	千克	AB
0810700000	鲜柿子	20	80	13	千克	AB
0810901000	鲜荔枝	30	80	13	千克	AB
0810903000	鲜龙眼	12	80	13	千克	AB
0810904000	鲜红毛丹	20	80	13	千克	AB
0810905000	鲜蕃荔枝	20	80	13	千克	AB
0810906000	鲜杨桃	20	80	13	千克	AB
0810907000	鲜莲雾	20	80	13	千克	AB
0810908000	鲜火龙果	20	80	13	千克	AB
0810909001	鲜枣	20	80	13	千克	AB
0810909002	鲜枇杷	20	80	13	千克	AB
0810909010	鲜的翅果油树果	20	80	13	千克	ABE
0810909090	其他鲜果	20	80	13	千克	AB
0811	**冷冻水果及坚果,不论是否蒸煮,加糖或其他甜物质**					
0811100000	冷冻草莓	30	80	13	千克	AB
0811200000	冷冻木莓、黑莓、桑葚、罗甘莓,黑、白或红的穗醋栗(加仑子)及醋栗	30	80	13	千克	AB
0811901000	未去壳的冷冻栗子	30	80	13	千克	AB
0811909010	冷冻的白果	30	80	13	千克	ABE
0811909021	冷冻的红松子	30	80	13	千克	ABE
0811909022	冷冻的其他濒危松子	30	80	13	千克	ABEF
0811909030	冷冻的榧子	30	80	13	千克	ABE
0811909040	冷冻的翅果油树果	30	80	13	千克	ABE
0811909050	冷冻的巨籽棕(海椰子)果仁	30	80	13	千克	ABEF
0811909090	其他未列名冷冻水果及坚果	30	80	13	千克	AB
0812	**暂时保藏(例如,使用二氧化硫气体、盐水、亚硫酸水或其他防腐液)的水果及坚果,但不适于直接食用的**					
0812100000	暂时保藏的樱桃(用二氧化硫气体、盐水等物质处理,但不适于直接食用的)	30	80	13	千克	AB
0812900010	暂时保存的白果(用二氧化硫气体、盐水等物质处理,但不适于直接食用的)	25	80	13	千克	ABE
0812900021	暂时保存的红松子(用二氧化硫气体、盐水等物质处理,但不适于直接食用的)	25	80	13	千克	ABE
0812900022	暂时保存的其他濒危松子(用二氧化硫气体、盐水等物质处理,但不适于直接食用的)	25	80	13	千克	ABEF

商品编号	商品名称及备注	进口关税税率（%）		增值税率（%）	计量单位	监管条件
		最惠国	普通			
0812900030	暂时保存的榧子（用二氧化硫气体、盐水等物质处理，但不适于直接食用的）	25	80	13	千克	ABE
0812900040	暂时保存的翅果油树果（用二氧化硫气体、盐水等物质处理，但不适于直接食用的）	25	80	13	千克	ABE
0812900050	暂时保存的巨籽棕（海椰子）果仁（用二氧化硫气体、盐水等物质处理，但不适于直接食用的）	25	80	13	千克	ABEF
0812900090	暂时保存的其他水果及坚果（用二氧化硫气体、盐水等物质处理，但不适于直接食用的）	25	80	13	千克	AB
0813	**品目 0.801 至 08.06 以外的干果；本章的什锦坚果或干果**					
0813100000	杏干（品目 08.01 至 08.06 的干果除外）	25	70	13	千克	AB
0813200000	梅干及李干（品目 08.01 至 08.06 的干果除外）	25	70	13	千克	AB
0813300000	苹果干（品目 08.01 至 08.06 的干果除外）	25	70	13	千克	AB
0813401000	龙眼干、肉（品目 08.01 至 08.06 的干果除外）	20	70	13	千克	AB
0813402000	柿饼（品目 08.01 至 08.06 的干果除外）	25	70	13	千克	AB
0813403000	干红枣（品目 08.01 至 08.06 的干果除外）	25	70	13	千克	AB
0813404000	荔枝干（品目 08.01 至 08.06 的干果除外）	25	70	13	千克	AB
0813409010	翅果油树干果	25	70	13	千克	ABE
0813409090	其他干果（品目 08.01 至 08.06 的干果除外）	25	70	13	千克	AB
0813500000	本章的什锦坚果或干果（品目 08.01 至 08.06 的干果除外）	18	70	13	千克	AB
0814	**柑橘属水果或甜瓜（包括西瓜）的果皮，鲜、冻、干或用盐水、亚硫酸水或其他防腐液暂时保藏的**					
0814000000	柑橘属水果或甜瓜（包括西瓜）的果皮（仅包括鲜、冻、干或暂时保藏的）	25	70	13	千克	AB

第九章　咖啡、茶、马黛茶及调味香料

注释：

一、品目09.04至09.10所列产品的混合物，应按下列规定归类：

（一）同一品目的两种或两种以上产品的混合物仍应归入该品目；

（二）不同品目的两种或两种以上产品的混合物应归入品目09.10。

品目09.04至09.10的产品［或上述（一）或（二）项的混合物］如加添了其他物质，只要所得的混合物保持了原产品的基本特性，其归类应不受影响。基本特性已经改变的，则不应归入本章；构成混合调味品的，应归入品目21.03。

二、本章不包括荜澄茄椒或品目12.11的其他产品。

商品编号	商品名称及备注	进口关税税率（%）		增值税率（%）	计量单位	监管条件
		最惠国	普通			
0901	**咖啡，不论是否焙炒或浸除咖啡碱；咖啡豆荚及咖啡豆皮；含咖啡的咖啡代用品**					
0901110000	未浸除咖啡碱的未焙炒咖啡	8	50	17	千克	AB
0901120000	已浸除咖啡碱的未焙炒咖啡	8	50	17	千克	AB
0901210000	未浸除咖啡碱的已焙炒咖啡	15	80	17	千克	AB
0901220000	已浸除咖啡碱的已焙炒咖啡	15	80	17	千克	AB
0901901000	咖啡豆荚及咖啡豆皮	10	30	17	千克	AB
0901902000	含咖啡的咖啡代用品	30	80	17	千克	AB
0902	**茶，不论是否加香料**					
0902101000	每件净重不超过3千克的花茶（未发酵的，净重指内包装）	15	100	13	千克	AB
0902109000	每件净重不超过3千克的其他绿茶（未发酵的，净重指内包装）	15	100	13	千克	AB
0902201000	每件净重超过3千克的花茶（未发酵的，净重指内包装）	15	100	13	千克	AB
0902209000	每件净重超过3千克的其他绿茶（未发酵的，净重指内包装）	15	100	13	千克	AB
0902301000	每件净重不超过3千克的乌龙茶（净重指内包装）	15	100	13	千克	AB
0902302000	每件净重不超过3千克的普洱茶（净重指内包装）	15	100	13	千克	AB
0902309000	红茶内包装每件净重不超过3千克（包括其他半发酵茶）	15	100	13	千克	AB
0902401000	每件净重超过3千克的乌龙茶（净重指内包装）	15	100	13	千克	AB
0902402000	每件净重超过3千克的普洱茶（净重指内包装）	15	100	13	千克	AB
0902409000	红茶（内包装每件净重超过3千克）（包括其他半发酵茶）	15	100	13	千克	AB
0903	**马黛茶**					
0903000000	马黛茶	10	100	13	千克	AB
0904	**胡椒；辣椒干及辣椒粉**					
0904110010	毕拨	20	70	13	千克	QAB
0904110090	未磨胡椒（毕拨除外）	20	70	13	千克	AB
0904120000	已磨胡椒	20	70	13	千克	AB
0904210000	干且未磨辣椒	20	70	13	千克	AB
0904220000	已磨辣椒	20	70	13	千克	AB
0905	**香子兰豆**					
0905100000	未磨的香子兰豆	15	50	13	千克	AB

商品编号	商品名称及备注	进口关税税率(%)		增值税率(%)	计量单位	监管条件
		最惠国	普通			
0905200000	已磨的香子兰豆	15	50	13	千克	AB
0906	**肉桂及肉桂花**					
0906110000	未磨锡兰肉桂	5	50	13	千克	AB
0906190000	其他未磨肉桂及肉桂花	5	50	13	千克	AB
0906200000	已磨肉桂及肉桂花	15	50	13	千克	QAB
0907	**丁香(母丁香、公丁香及丁香梗)**					
0907100000	未磨的丁香(母丁香、公丁香及丁香梗)	3	14	13	千克	QAB
0907200000	已磨的丁香(母丁香、公丁香及丁香梗)	3	14	13	千克	QAB
0908	**肉豆蔻、肉豆蔻衣及豆蔻**					
0908110000	未磨的肉豆蔻	8	30	13	千克	QABE
0908120000	已磨的肉豆蔻	8	30	13	千克	QABE
0908210000	未磨的肉豆蔻衣	8	30	13	千克	ABE
0908220000	已磨的肉豆蔻衣	8	30	13	千克	ABE
0908310000	未磨的豆蔻	3	14	13	千克	QABE
0908320000	已磨的豆蔻	3	14	13	千克	QABE
0909	**茴芹子、八角茴香、小茴香子、芫荽子、枯茗子及蒿子;杜松果**					
0909210000	未磨的芫荽子	15	50	13	千克	AB
0909220000	已磨的芫荽子	15	50	13	千克	AB
0909310000	未磨的枯茗子	15	50	13	千克	AB
0909320000	已磨的枯茗子	15	50	13	千克	AB
0909611000	未磨的八角茴香	20	90	13	千克	QAB
0909619010	未磨的小茴香子;杜松果	15	50	13	千克	QAB
0909619090	未磨的茴芹子;贳蒿子	15	50	13	千克	AB
0909621000	已磨的八角茴香	20	90	13	千克	QAB
0909629010	已磨的小茴香子;杜松果	15	50	13	千克	QAB
0909629090	已磨的茴芹子;贳蒿子	15	50	13	千克	AB
0910	**姜、番红花、姜黄、麝香草、月桂叶、咖喱及其他调味香料**					
0910110000	未磨的姜	15	50	13	千克	AB
0910120000	已磨的姜	15	50	13	千克	AB
0910200000	番红花(西红花)	2	14	13	千克	QAB
0910300000	姜黄	15	50	13	千克	QAB
0910910000	混合调味香料[本章注释一(二)所述的混合物]	15	50	17	千克	AB
0910990000	其他调味香料	15	50	17	千克	AB

第十章　谷　物

注释：

一、（一）本章各品目所列产品必须带有谷粒，不论是否成穗或带秆。

（二）本章不包括已去壳或经其他加工的谷物。但去壳、碾磨、磨光、上光、半熟或破碎的稻米仍应归入品目10.06。

二、品目10.05不包括甜玉米（第七章）。

子目注释：

所称"硬粒小麦"，是指硬粒小麦属的小麦及以该属具有相同染色体数目（28）的小麦种间杂交所得的小麦。

商品编号	商品名称及备注	进口关税税率（%）		增值税率（%）	计量单位	监管条件
		最惠国	普通			
1001	小麦及混合麦					
1001110001	种用硬粒小麦（配额内）	1	180	13	千克	4xABty
1001110090	种用硬粒小麦（配额外）	65	180	13	千克	4xABy
1001190001	其他硬粒小麦（配额内）	1	180	13	千克	4xABty
1001190090	其他硬粒小麦（配额外）	65	180	13	千克	4xABy
1001910001	其他种用小麦及混合麦（配额内）	1	180	13	千克	4xABty
1001910090	其他种用小麦及混合麦（配额外）	65	180	13	千克	4xABy
1001990001	其他小麦及混合麦（配额内）	1	180	13	千克	4xABty
1001990090	其他小麦及混合麦（配额外）	65	180	13	千克	4xABy
1002	黑麦					
1002100000	种用黑麦	0	0	13	千克	AB
1002900000	其他黑麦	3	8	13	千克	AB
1003	大麦					
1003100000	种用大麦	0	160	13	千克	AB
1003900000	其他大麦	3	160	13	千克	AB
1004	燕麦					
1004100000	种用燕麦	0	0	13	千克	AB
1004900000	其他燕麦	2	8	13	千克	AB
1005	玉米					
1005100001	种用玉米（配额内）	1	180	13	千克	4xAByt
1005100090	种用玉米（配额外）	20	180	13	千克	4xABy
1005900001	其他玉米（配额内）	1	180	13	千克	4xAByt
1005900090	其他玉米（配额外）	65	180	13	千克	4xABy
1006	稻谷、大米					
1006101101	种用籼米稻谷（配额内）	1	180	13	千克	4xAByt
1006101190	种用籼米稻谷（配额外）	65	180	13	千克	4xABy
1006101901	其他种用稻谷（配额内）	1	180	13	千克	4xAByt
1006101990	其他种用稻谷（配额外）	65	180	13	千克	4xABy
1006109101	其他籼米稻谷（配额内）	1	180	13	千克	4xAByt
1006109190	其他籼米稻谷（配额外）	65	180	13	千克	4xABy
1006109901	其他稻谷（配额内）	1	180	13	千克	4xAByt
1006109990	其他稻谷（配额外）	65	180	13	千克	4xABy
1006201001	籼米糙米（配额内）	1	180	13	千克	4xAByt

商品编号	商品名称及备注	进口关税税率(%)		增值税率(%)	计量单位	监管条件
		最惠国	普通			
1006201090	籼米糙米(配额外)	65	180	13	千克	4xABy
1006209001	其他糙米(配额内)	1	180	13	千克	4xAByt
1006209090	其他糙米(配额外)	65	180	13	千克	4xABy
1006301001	籼米精米[不论是否磨光或上光(配额内)]	1	180	13	千克	4xAByt
1006301090	籼米精米[不论是否磨光或上光(配额外)]	65	180	13	千克	4xABy
1006309001	其他精米[不论是否磨光或上光(配额内)]	1	180	13	千克	4xAByt
1006309090	其他精米[不论是否磨光或上光(配额外)]	65	180	13	千克	4xABy
1006401001	籼米碎米(配额内)	1	180	13	千克	4xAByt
1006401090	籼米碎米(配额外)	65	180	13	千克	4xABy
1006409001	其他碎米(配额内)	1	180	13	千克	4xAByt
1006409090	其他碎米(配额外)	65	180	13	千克	4xABy
1007	**食用高粱**					
1007100000	种用食用高粱	0	0	13	千克	AB
1007900000	其他食用高粱	2	8	13	千克	AB
1008	**荞麦、谷子及加那利草子;其他谷物**					
1008100000	荞麦	2	8	13	千克	AB
1008210000	种用谷子	2	8	13	千克	AB
1008290000	其他谷子	2	8	13	千克	AB
1008300000	加那利草子	2	8	13	千克	AB
1008401000	种用直长马唐(马唐属)	0	0	13	千克	AB
1008409000	其他直长马唐(马唐属)	3	8	13	千克	AB
1008501000	种用昆诺阿藜	0	0	13	千克	AB
1008509000	其他昆诺阿藜	3	8	13	千克	AB
1008601000	种用黑小麦	0	0	13	千克	AB
1008609000	其他黑小麦	3	80	13	千克	AB
1008901000	其他种用谷物	0	0	13	千克	AB
1008909000	其他谷物	3	8	13	千克	AB

第十一章　制粉工业产品;麦芽;淀粉;菊粉;面筋

注释:

一、本章不包括:

(一)作为咖啡代用品的焙制麦芽(品目09.01或21.01);

(二)品目19.01的经制作的细粉、粗粒、粗粉或淀粉;

(三)品目19.04的玉米片及其他产品;

(四)品目20.01、20.04或20.05的经加工或保藏的蔬菜;

(五)药品(第三十章);

(六)具有芳香料制品或化妆盥洗品性质的淀粉(第三十三章)。

二、(一)下表所列谷物碾磨产品按干制品重量计如果同时符合以下两个条件,应归入本章。但是,整粒、滚压、制片或磨碎的谷物胚芽均归入品目11.04:

1. 淀粉含量(按修订的尤艾斯旋光法测定)超过表列第(2)栏的比例;

2. 灰分含量(除去任何添加的矿物质)不超过表列第(3)栏的比例。否则,应归入品目23.02。

(二)符合上述规定归入本章的产品,如果用表列第(4)或第(5)栏规定孔径的金属丝网筛过筛,其通过率按重量计不低于表列比例的,应归入品目11.01或11.02。否则,应归入品目11.03或11.04。

谷　物 (1)	淀粉含量 (2)	灰分含量 (3)	通过下列孔径筛子的比率	
			315微米 (4)	500微米 (5)
小麦及黑麦	45%	2.5%	80%	–
大麦	45%	3%	80%	–
燕麦	45%	5%	80%	–
玉米及高粱	45%	2%	–	90%
大米	45%	1.6%	80%	–
荞麦	45%	4%	80%	–

三、品目11.03所称“粗粒”及“粗粉”,是指谷物经碾碎所得的下列产品:

(一)玉米产品,用2毫米孔径的金属丝网筛过筛后,通过率按重量计不低于95%的;

(二)其他谷物产品,用1.25毫米孔径的金属丝网筛过筛后,通过率按重量计不低于95%的。

商品编号	商品名称及备注	进口关税税率(%) 最惠国	进口关税税率(%) 普通	增值税率(%)	计量单位	监管条件
1101	**小麦或混合麦的细粉**					
1101000001	小麦或混合麦的细粉(配额内)	6	130	13	千克	4ABtxy
1101000090	小麦或混合麦的细粉(配额外)	65	130	13	千克	4ABxy
1102	**其他谷物细粉,但小麦或混合麦的细粉除外**					
1102200001	玉米细粉(配额内)	9	130	13	千克	4ABtxy
1102200090	玉米细粉(配额外)	40	130	13	千克	4ABxy
1102901101	籼米大米细粉(配额内)	9	130	13	千克	4ABtxy
1102901190	籼米大米细粉(配额外)	40	130	13	千克	4ABxy
1102901901	其他大米细粉(配额内)	9	130	13	千克	4ABtxy
1102901990	其他大米细粉(配额外)	40	130	13	千克	4ABxy
1102909000	其他谷物细粉	5	14	13	千克	AB
1103	**谷物的粗粒、粗粉及团粒**					
1103110001	小麦粗粒及粗粉(配额内)	9	130	13	千克	4ABtxy
1103110090	小麦粗粒及粗粉(配额外)	65	130	13	千克	4ABxy
1103130001	玉米粗粒及粗粉(配额内)	9	130	13	千克	4ABtxy
1103130090	玉米粗粒及粗粉(配额外)	65	130	13	千克	4ABxy
1103191000	燕麦粗粒及粗粉	5	14	13	千克	AB
1103192101	籼米大米粗粒及粗粉(配额内)	9	70	13	千克	4ABtxy
1103192190	籼米大米粗粒及粗粉(配额外)	10	70	13	千克	4ABxy
1103192901	其他大米粗粒及粗粉(配额内)	9	70	13	千克	4ABtxy

商品编号	商品名称及备注	进口关税税率(%)		增值税率(%)	计量单位	监管条件
		最惠国	普通			
1103192990	其他大米粗粒及粗粉(配额外)	10	70	13	千克	4ABxy
1103199000	其他谷物粗粒及粗粉	5	14	13	千克	AB
1103201001	小麦团粒(配额内)	10	180	13	千克	4ABtxy
1103201090	小麦团粒(配额外)	65	180	13	千克	4ABxy
1103209000	其他谷物团粒	20	50	13	千克	AB
1104	**经其他加工的谷物(例如,去壳、滚压、制片、制成粒状、切片或粗磨),但品目10.06的稻谷、大米除外;谷物胚芽,整粒、滚压、制片或磨碎的**					
1104120000	滚压或制片的燕麦	20	50	17	千克	AB
1104191000	滚压或制片的大麦	20	50	17	千克	AB
1104199010	滚压或制片的玉米	20	50	17	千克	4ABxy
1104199090	滚压或制片的其他谷物	20	50	17	千克	AB
1104220000	经其他加工的燕麦	20	50	17	千克	AB
1104230001	经其他加工的玉米(配额内)	10	180	13	千克	4ABtxy
1104230090	经其他加工的玉米(配额外)	65	180	13	千克	4ABxy
1104291000	经其他加工的大麦	65	114	13	千克	AB
1104299000	经其他加工的其他谷物	20	50	13	千克	AB
1104300000	整粒或经加工的谷物胚芽(经加工是指滚压、制片或磨碎)	20	50	17	千克	AB
1105	**马铃薯的细粉、粗粉、粉末、粉片、颗粒及团粒**					
1105100000	马铃薯细粉、粗粉及粉末	15	50	17	千克	AB
1105200000	马铃薯粉片、颗粒及团粒	15	50	17	千克	AB
1106	**用品目07.13的干豆或品目07.14的西谷茎髓及植物根茎、块茎制成的细粉、粗粉及粉末;用第八章的产品制成的细粉、粗粉及粉末**					
1106100000	干豆细粉、粗粉及粉末(干豆仅指品目07.13所列的干豆)	10	30	17	千克	AB
1106200000	西谷茎髓粉、木薯粉及类似粉(仅包括品目07.14所列货品的粉)	20	50	17	千克	AB
1106300000	水果及坚果的细粉、粗粉及粉末(仅包括第八章所列货品的粉)	20	80	17	千克	AB
1107	**麦芽,不论是否焙制**					
1107100000	未焙制麦芽	10	50	17	千克	AB
1107200000	已焙制麦芽	10	50	17	千克	AB
1108	**淀粉;菊粉**					
1108110000	小麦淀粉	20	50	17	千克	AB
1108120000	玉米淀粉	20	50	17	千克	AB
1108130000	马铃薯淀粉	15	50	17	千克	AB
1108140000	木薯淀粉	10	50	17	千克	AB
1108190000	其他淀粉	20	50	17	千克	AB
1108200000	菊粉	20	50	17	千克	AB
1109	**面筋,不论是否干制**					
1109000000	面筋(不论是否干制)	18	80	17	千克	AB

第十二章　含油子仁及果实；杂项子仁及果实；工业用或药用植物；稻草、秸秆及饲料

注释：

一、品目12.07主要包括棕榈果及棕榈仁、棉子、蓖麻子、芝麻、芥子、红花子、罂粟子、牛油树果，但不包括品目08.01或08.02的产品及油橄榄（第七章或第二十章）。

二、品目12.08不仅包括未脱脂的细粉和粗粉，而且包括部分或全部脱脂以及用其本身的油料全部或部分复脂的细粉和粗粉。但不包括品目23.04至23.06的残渣。

三、甜菜子、草子及其他草本植物种子、观赏用花的种子、蔬菜种子、林木种子、果树种子、巢菜子（蚕豆除外）、羽扇豆属植物种子，可一律视为种植用种子，归入品目12.09。

但是，下列各项即使作种子用，也不归入品目12.09：

（一）第七章作蔬菜用的豆类或甜玉米；

（二）第九章的调味香料及其他产品；

（三）第十章的谷物；

（四）品目12.01至12.07或12.11的产品。

四、品目12.11主要包括下列植物或这些植物的某部分：罗勒、琉璃苣、人参、海索草、甘草、薄荷、迷迭香、芸香、鼠尾草及苦艾。

但品目12.11不包括：

（一）第三十章的药品；

（二）第三十三章的芳香料制品及化妆盥洗品；

（三）品目38.08的杀虫剂、杀菌剂、除草剂、消毒剂及类似产品。

五、品目12.12的“海草及其他藻类”不包括：

（一）品目21.02的已死的单细胞微生物；

（二）品目30.02的培养微生物；

（三）品目31.01或31.05的肥料。

子目注释：

子目1205.10所称“低芥子酸油菜子”，是指所获取的固定油中芥子酸含量按重量计低于2%，以及所得的固体成分每克葡萄糖苷酸（酯）含量低于30微摩尔的油菜子。

商品编号	商品名称及备注	进口关税税率（%）		增值税率（%）	计量单位	监管条件
		最惠国	普通			
1201	**大豆，不论是否破碎**					
1201100000	种用大豆	0	180	13	千克	7AB
1201901000	非种用黄大豆（不论是否破碎）	3	180	13	千克	7AB
1201902000	非种用黑大豆（不论是否破碎）	3	180	13	千克	7AB
1201903000	非种用青大豆（不论是否破碎）	3	180	13	千克	7AB
1201909000	非种用其他大豆（不论是否破碎）	3	180	13	千克	7AB
1202	**未焙炒或未烹煮的花生，不论是否去壳或破碎**					
1202300000	种用花生	0	0	13	千克	AB
1202410000	其他未去壳花生（未焙炒或未烹煮的）	15	70	13	千克	AB
1202420000	其他去壳花生，不论是否破碎（未焙炒或未烹煮的）	15	70	13	千克	AB
1203	**干椰子肉**					
1203000000	干椰子肉	15	30	13	千克	AB
1204	**亚麻子，不论是否破碎**					
1204000000	亚麻子（不论是否破碎）	15	70	13	千克	AB
1205	**油菜子，不论是否破碎**					
1205101000	种用低芥子酸油菜子	0	80	13	千克	7AB
1205109000	其他低芥子酸油菜子（不论是否破碎）	9	80	13	千克	7AB
1205901000	其他种用油菜子	0	80	13	千克	7AB
1205909000	其他油菜子（不论是否破碎）	9	80	13	千克	7AB
1206	**葵花子，不论是否破碎**					

商品编号	商品名称及备注	进口关税税率(%)		增值税率(%)	计量单位	监管条件
		最惠国	普通			
1206001000	种用葵花子	0	0	13	千克	AB
1206009000	其他葵花子(不论是否破碎)	15	70	13	千克	AB
1207	**其他含油子仁及果实,不论是否破碎**					
1207101010	种用濒危棕榈果及棕榈仁	0	0	13	千克	ABEF
1207101090	其他种用棕榈果及棕榈仁	0	0	13	千克	AB
1207109010	其他濒危棕榈果及棕榈仁(不论是否破碎)	10	70	13	千克	ABEF
1207109090	其他棕榈果及棕榈仁(不论是否破碎)	10	70	13	千克	AB
1207210000	种用棉子	0	0	13	千克	AB
1207290000	其他棉子(不论是否破碎)	15	70	13	千克	AB
1207301000	种用蓖麻子	0	0	13	千克	AB
1207309000	其他蓖麻子(不论是否破碎)	15	70	13	千克	AB
1207401000	种用芝麻(不论是否破碎)	0	0	13	千克	AB
1207409000	其他芝麻(不论是否破碎)	10	70	13	千克	AB
1207501000	种用芥子(不论是否破碎)	0	0	13	千克	AB
1207509000	其他芥子(不论是否破碎)	15	70	13	千克	AB
1207601000	种用红花子	0	0	13	千克	AB
1207609000	其他红花子(不论是否破碎)	20	70	13	千克	AB
1207701000	种用甜瓜的子(包括西瓜属和甜瓜属的子)	0	0	13	千克	AB
1207709100	黑瓜子(不论是否破碎)	20	80	13	千克	AB
1207709200	红瓜子(不论是否破碎)	20	80	13	千克	AB
1207709900	其他甜瓜的子(包括西瓜属和甜瓜属的子;不论是否破碎)	30	70	13	千克	AB
1207910000	罂粟子(不论是否破碎)	20	70	13	千克	AB
1207991000	其他种用含油子仁及果实	0	0	13	千克	AB
1207999100	牛油树果(不论是否破碎)	20	70	13	千克	AB
1207999900	其他含油子仁及果实(不论是否破碎)	10	70	13	千克	AB
1208	**含油子仁或果实的细粉及粗粉,但芥子粉除外**					
1208100000	大豆粉	9	70	17	千克	AB
1208900000	其他含油子仁或果实的细粉及粗粉(芥子粉除外)	15	80	17	千克	AB
1209	**种植用的种子、果实及孢子**					
1209100000	糖甜菜子	0	0	13	千克	AB
1209210000	紫苜蓿子	0	0	13	千克	AB
1209220000	三叶草子	0	0	13	千克	AB
1209230000	羊茅子	0	0	13	千克	AB
1209240000	草地早熟禾子	0	0	13	千克	AB
1209250000	黑麦草种子	0	0	13	千克	AB
1209291000	甜菜子、糖甜菜子除外	0	0	13	千克	AB
1209299000	其他饲料植物种子	0	0	13	千克	AB
1209300010	濒危草本花卉植物种子	0	0	13	千克	AFEB
1209300090	其他草本花卉植物种子	0	0	13	千克	AB
1209910000	蔬菜种子	0	0	13	千克	AB
1209990010	其他种植用濒危种子、果实及孢子	0	0	13	千克	AFEB
1209990090	其他种植用的种子、果实及孢子	0	0	13	千克	AB
1210	**鲜或干的啤酒花,不论是否研磨或制成团粒;蛇麻腺**					
1210100000	未研磨也未制成团粒的啤酒花(鲜或干的)	20	50	17	千克	AB
1210200000	已研磨或制成团粒的啤酒花(包括蛇麻腺,鲜或干的)	10	50	17	千克	AB

商品编号	商品名称及备注	进口关税税率(%)		增值税率(%)	计量单位	监管条件
		最惠国	普通			
1211	**主要用做香料、药料、杀虫、杀菌或类似用途的植物或这些植物的某部分(包括子仁及果实),鲜或干的,不论是否切割、压碎或研磨成粉**					
1211201000	鲜或干的西洋参(不论是否切割、压碎或研磨成粉)	7.5	70	13	千克	AQBFE
1211202000	鲜或干的野山参(不论是否切割、压碎或研磨成粉)	20	90	13	千克	ABEF
1211209100	其他鲜人参(不论是否切割、压碎或研磨成粉)	20	50	13	千克	AB
1211209900	其他干人参(不论是否切割、压碎或研磨成粉)	20	50	13	千克	ABQ
1211300010	药用古柯叶(不论是否切割、压碎或研磨成粉)	9	50	13	千克	ABW
1211300020	做香料用古柯叶(不论是否切割、压碎或研磨成粉)	9	50	13	千克	AB
1211300090	杀虫杀菌用古柯叶(不论是否切割、压碎或研磨成粉)	9	50	13	千克	AB
1211400010	药用罂粟秆(不论是否切割、压碎或研磨成粉)	9	50	13	千克	AB
1211400020	做香料用罂粟秆(不论是否切割、压碎或研磨成粉)	9	50	13	千克	AB
1211400090	杀虫杀菌用罂粟秆(不论是否切割、压碎或研磨成粉)	9	50	13	千克	AB
1211901100	鲜或干的当归(不论是否切割、压碎或研磨成粉)	6	30	13	千克	AQB
1211901200	鲜或干的三七(田七)(不论是否切割、压碎或研磨成粉)	6	20	13	千克	AQB
1211901300	鲜或干的党参(不论是否切割、压碎或研磨成粉)	6	20	13	千克	AQB
1211901400	鲜或干的黄连(不论是否切割、压碎或研磨成粉)	6	20	13	千克	AQB
1211901500	鲜或干的菊花(不论是否切割、压碎或研磨成粉)	6	20	13	千克	AQB
1211901600	鲜或干的冬虫夏草(不论是否切割、压碎或研磨成粉)	6	20	13	千克	AQBE
1211901700	鲜或干的贝母(不论是否切割、压碎或研磨成粉)	6	20	13	千克	AQB
1211901800	鲜或干的川芎(不论是否切割、压碎或研磨成粉)	6	20	13	千克	AQB
1211901900	鲜或干的半夏(不论是否切割、压碎或研磨成粉)	6	20	13	千克	AQB
1211902100	鲜或干的白芍(不论是否切割、压碎或研磨成粉)	6	20	13	千克	AQB
1211902200	鲜或干的天麻(不论是否切割、压碎或研磨成粉)	6	20	13	千克	AQBFE
1211902300	鲜或干的黄芪(不论是否切割、压碎或研磨成粉)	6	30	13	千克	AQB
1211902400	鲜或干的大黄、籽黄(不论是否切割、压碎或研磨成粉)	6	20	13	千克	AQB
1211902500	鲜或干的白术(不论是否切割、压碎或研磨成粉)	6	20	13	千克	AQB
1211902600	鲜或干的地黄(不论是否切割、压碎或研磨成粉)	6	20	13	千克	AQB
1211902700	鲜或干的槐米(不论是否切割、压碎或研磨成粉)	6	20	13	千克	AQB
1211902800	鲜或干的杜仲(不论是否切割、压碎或研磨成粉)	6	20	13	千克	ABQ
1211902900	鲜或干的茯苓(不论是否切割、压碎或研磨成粉)	6	20	13	千克	AQB
1211903100	鲜或干的枸杞(不论是否切割、压碎或研磨成粉)	6	30	13	千克	AQB
1211903200	鲜或干的大海子(不论是否切割、压碎或研磨成粉)	6	20	13	千克	AQB
1211903300	鲜或干的沉香(不论是否切割、压碎或研磨成粉)	3	20	13	千克	AQFEB
1211903400	鲜或干的沙参(不论是否切割、压碎或研磨成粉)	6	20	13	千克	AQB
1211903500	鲜或干的青蒿(不论是否切割、压碎或研磨成粉)	6	20	13	千克	AB
1211903600*	鲜或干的甘草(不论是否切割、压碎或研磨成粉)	6	30	13	千克	AQB4xy
1211903700	鲜或干的黄芩(不论是否切割、压碎或研磨成粉)	6	20	13	千克	ABQ
1211903910	药料用麻黄草粉	6	20	13	千克	23AQB
1211903920	药料用麻黄草	6	20	13	千克	8AQ
1211903930	大麻	6	20	13	千克	AWB
1211903940	罂粟壳	6	20	13	千克	AWB
1211903950	鲜或干的木香(不论是否切割、压碎或研磨成粉)	6	20	13	千克	ABFE
1211903960	鲜或干的黄草及枫斗(石斛)(不论是否切割、压碎或研磨成粉)	6	20	13	千克	ABFE
1211903970	鲜或干的苁蓉(不论是否切割、压碎或研磨成粉)	6	20	13	千克	ABFE

商品编号	商品名称及备注	进口关税税率(%)		增值税率(%)	计量单位	监管条件
		最惠国	普通			
1211903980	鲜或干的红豆杉皮、枝叶等(不论是否切割、压碎或研磨成粉)	6	20	13	千克	ABFE
1211903991	其他主要用做药料鲜或干濒危植物(包括其某部分,不论是否切割、压碎或研磨成粉)	6	20	13	千克	ABFE
1211903992	加纳籽、车前子壳粉、育亨宾皮(包括其某部分,不论是否切割、压碎或研磨成粉)	6	20	13	千克	AB
1211903999	其他主要用做药料的鲜或干的植物(包括其某部分,不论是否切割、压碎或研磨成粉)	6	20	13	千克	ABQ
1211905010	香料用麻黄草粉	8	50	13	千克	23AB
1211905020	香料用麻黄草	8	50	13	千克	8A
1211905091	主要用做香料的濒危植物(包括其某部分,不论是否切割、压碎或研磨成粉)	8	50	13	千克	ABFE
1211905099	其他主要用做香料的植物(包括其某部分,不论是否切割、压碎或研磨成粉)	8	50	13	千克	AB
1211909100	鲜或干的鱼藤根、除虫菊(不论是否切割、压碎或研磨成粉)	3	11	13	千克	ABS
1211909910	其他用麻黄草粉	9	30	13	千克	23AB
1211909920	其他用麻黄草	9	30	13	千克	8A
1211909991	其他鲜或干杀虫、杀菌用濒危植物(不论是否切割、压碎或研磨成粉)	9	30	13	千克	ABFE
1211909999	其他鲜或干的杀虫、杀菌用植物(不论是否切割、压碎或研磨成粉)	9	30	13	千克	AB
1212	**鲜、冷、冻或干的刺槐豆、海草及其他藻类、甜菜及甘蔗,不论是否碾磨;主要供人食用的其他品目未列名的果核、果仁及植物产品(包括未焙制的菊苣根)**					
1212211000	适合供人食用的鲜、冷、冻或干的海带(不论是否碾磨)	20	70	13	千克	AB
1212212000	适合供人食用的鲜、冷、冻或干的发菜(不论是否碾磨)	20	70	13	千克	8A
1212213100	适合供人食用的干的裙带菜(不论是否碾磨)	15	70	13	千克	AB
1212213200	适合供人食用的鲜的裙带菜(不论是否碾磨)	15	70	13	千克	AB
1212213900	适合供人食用的冷、冻的裙带菜(不论是否碾磨)	15	70	13	千克	AB
1212214100	适合供人食用的干的紫菜(不论是否碾磨)	15	70	13	千克	AB
1212214200	适合供人食用的鲜的紫菜(不论是否碾磨)	15	70	13	千克	AB
1212214900	适合供人食用的冷、冻紫菜(不论是否碾磨)	15	70	13	千克	AB
1212216100	适合供人食用的干的麒麟菜(不论是否碾磨)	15	70	13	千克	AB
1212216900	适合供人食用的鲜、冷或冻的麒麟菜(不论是否碾磨)	15	70	13	千克	AB
1212217100	适合供人食用的干的江蓠(不论是否碾磨)	15	70	13	千克	AB
1212217900	适合供人食用的鲜、冷或冻的江蓠(不论是否碾磨)	15	70	13	千克	AB
1212219000*	其他适合供人食用的鲜、冷、冻或干海草及藻类(不论是否碾磨)	15	70	13	千克	AB
1212290000*	不适合供人食用的鲜、冷、冻或干海草及藻类(不论是否碾磨)	15	70	13	千克	AB
1212910000	鲜、冷、冻或干的甜菜(不论是否碾磨)	20	70	13	千克	AB
1212920000	鲜、冷、冻或干的刺槐豆(不论是否碾磨)	20	70	13	千克	AB
1212930000	鲜、冷、冻或干的甘蔗(不论是否碾磨)	20	70	13	千克	AB
1212940000	菊苣根(不论是否碾磨)	20	70	13	千克	AB
1212991100	苦杏仁	20	80	13	千克	QAB
1212991200	甜杏仁	20	80	13	千克	AB
1212991900	其他杏核,桃、梅或李的核及核仁(杏仁除外,包括油桃)	20	80	13	千克	AB

商品编号	商品名称及备注	进口关税税率(%)		增值税率(%)	计量单位	监管条件
		最惠国	普通			
1212999300	白瓜子	20	80	13	千克	AB
1212999400	莲子	20	80	13	千克	AB
1212999910	其他供人食用濒危植物产品(包括未焙制的菊苣根,包括果核、仁等)	30	70	13	千克	ABFE
1212999990	其他供人食用果核、仁及植物产品(包括未焙制的菊苣根)	30	70	13	千克	AB
1213	**未经处理的谷类植物的茎、秆及谷壳,不论是否切碎、碾磨、挤压或制成团粒**					
1213001000	未经处理的稻草的茎、秆(不论是否切碎、碾磨、挤压或制成团粒)	12	35	13	千克	AB
1213009000	未经处理谷类植物的茎、秆及谷壳(不论是否切碎、碾磨、挤压或制成团粒)	12	35	13	千克	AB
1214	**芜菁甘蓝、饲料甜菜、饲料用根、干草、紫苜蓿、三叶草、驴喜豆、饲料羽衣甘蓝、羽扇豆、巢菜及类似饲料,不论是否制成团粒**					
1214100000	紫苜蓿粗粉及团粒	5	35	13	千克	AB
1214900000	芜菁甘蓝、饲料甜菜、其他植物饲料(包括饲料用根、干草、三叶草、驴喜豆等,不论是否制成团粒)	9	35	13	千克	AB

第十三章　虫胶;树胶、树脂及其他植物液、汁

注释:

品目13.02主要包括甘草、除虫菊、啤酒花、芦荟的浸膏及鸦片,但不包括:

一、按重量计蔗糖含量在10%以上或制成糖食的甘草浸膏(品目17.04);

二、麦芽膏(品目19.01);

三、咖啡精、茶精、马黛茶精(品目21.01);

四、构成含酒精饮料的植物的汁、液(第二十二章);

五、樟脑、甘草甜及品目29.14或29.38的其他产品;

六、罂粟秆浓缩物,按重量计生物碱含量不低于50%(品目29.39);

七、品目30.03或30.04的药品及品目30.06的血型试剂;

八、鞣料或染料的浸膏(品目32.01或32.03);

九、精油、浸膏、净油、香膏提取的油树脂及精油的水质馏出液或其水溶液,饮料制造业用的以芳香物质为基料的制剂(第三十三章);

十、天然橡胶、巴拉塔胶、古塔波胶、银胶菊胶、糖胶树胶或类似的天然树胶(品目40.01)。

子目注释:

子目1302.1100的鸦片,我国禁止进口。

商品编号	商品名称及备注	进口关税税率(%)		增值税率(%)	计量单位	监管条件
		最惠国	普通			
1301	**虫胶;天然树胶、树脂、树胶脂及油树脂(例如,香树脂)**					
1301200000	阿拉伯胶	15	40	13	千克	AB
1301901000	胶黄耆树胶	15	40	13	千克	AB
1301902000	乳香、没药及血竭	3	17	13	千克	ABQ
1301903000	阿魏	3	17	13	千克	AB
1301904010	濒危松科植物的松脂	15	45	13	千克	ABE
1301904090	其他松脂	15	45	13	千克	AB
1301909010	龙血树脂、大戟脂、愈疮树脂	15	45	13	千克	ABFE
1301909020	大麻脂	15	45	13	千克	ABW
1301909091	其他濒危植物的天然树胶、树脂[包括天然树胶、树脂及其他油树脂(例如,香树脂)]	15	45	13	千克	ABFE
1301909099	其他天然树胶、树脂[包括天然树胶、树脂及其他油树脂(例如,香树脂)]	15	45	13	千克	AB
1302	**植物液汁及浸膏;果胶、果胶酸盐及果胶酸酯;从植物产品制得的琼脂、其他胶液及增稠剂,不论是否改性**					
1302110000	鸦片液汁及浸膏(也称阿片)	0	0	0	千克	9BW
1302120000*	甘草液汁及浸膏	6	20	17	千克	4xABy
1302130000	啤酒花液汁及浸膏	10	80	17	千克	AB
1302191000	生漆	20	90	17	千克	AB
1302192000	印楝素	3	11	17	千克	ABS
1302193000	除虫菊或含鱼藤酮植物根茎的液汁及浸膏	3	11	17	千克	ABS
1302194000	银杏的液汁及浸膏	20	80	17	千克	ABE
1302199001*	苦参碱	20	80	17	千克	ABS
1302199011	供制农药用麻黄浸膏粉	20	80	17	千克	23AB
1302199012	供制农药用麻黄浸膏	20	80	17	千克	23AB
1302199013	供制农药用的濒危植物液汁及浸膏	20	80	17	千克	ABFE
1302199019	供制农药用的其他植物液汁及浸膏	20	80	17	千克	AB
1302199091	供制医药用麻黄浸膏粉	20	80	17	千克	Q23AB

商品编号	商品名称及备注	进口关税税率(%)		增值税率(%)	计量单位	监管条件
		最惠国	普通			
1302199092	供制医药用麻黄浸膏	20	80	17	千克	Q23AB
1302199093	其他麻黄浸膏粉	20	80	17	千克	23AB
1302199094	其他麻黄浸膏	20	80	17	千克	23AB
1302199095	红豆杉液汁及浸膏	20	80	17	千克	ABFE
1302199096	黄草汁液及浸膏	20	80	17	千克	ABFE
1302199097	其他濒危植物液汁及浸膏	20	80	17	千克	ABFE
1302199099	其他植物液汁及浸膏	20	80	17	千克	AB
1302200000	果胶、果胶酸盐及果胶酸酯	20	80	17	千克	AB
1302310000	琼脂	10	80	17	千克	AB
1302320000	刺槐豆胶液及增稠剂(从刺槐豆、刺槐豆子或瓜尔豆制得的,不论是否改性)	15	80	17	千克	AB
1302391100	卡拉胶(不论是否改性)	15	80	17	千克	AB
1302391200	褐藻胶(不论是否改性)	15	80	17	千克	AB
1302391900	海草及其他藻类胶液及增稠剂(不论是否改性)	15	80	17	千克	AB
1302399010	未列名濒危植物胶液及增稠剂	15	80	17	千克	ABFE
1302399090	其他未列名植物胶液及增稠剂	15	80	17	千克	AB

第十四章　编结用植物材料；其他植物产品

注释：

一、本章不包括归入第十一类的下列产品：

主要供纺织用的植物材料或植物纤维，不论其加工程度如何；或经过处理使其只能作为纺织原料用的其他植物材料。

二、品目14.01主要包括竹子（不论是否劈开、纵锯、切段、圆端、漂白、磨光、染色或进行不燃处理）、劈开的柳条、芦苇及类似品和藤心、藤丝、藤片。但不包括木片条（品目44.04）。

三、品目14.04不包括木丝（品目44.05）及供制帚、制刷用成束、成簇的材料（品目96.03）。

商品编号	商品名称及备注	进口关税税率（%）		增值税率（%）	计量单位	监管条件
		最惠国	普通			
1401	**主要作编结用的植物材料（例如，竹、藤、芦苇、灯芯草、柳条、酒椰叶，已净、漂白或染色的谷类植物的茎秆，椴树皮）**					
1401100010	酸竹	10	70	13	千克	ABE
1401100090	其他竹	10	70	13	千克	AB
1401200010	濒危藤	10	35	13	千克	ABFE
1401200090	其他藤	10	35	13	千克	AB
1401901000	谷类植物的茎秆（麦秸除外）（已净、漂白或染色的）	10	70	13	千克	AB
1401902000	芦苇（已净、漂白或染色的）	10	70	13	千克	AB
1401903100	蔺草（已净、漂白或染色的）	10	70	13	千克	AB4xy
1401903900	其他灯芯草属植物材料（已净、漂白或染色的）	10	70	13	千克	AB
1401909000	未列名主要作编结用的植物材料（已净、漂白或染色的）	10	70	13	千克	AB
1404	**其他品目未列名的植物产品**					
1404200000	棉短绒	4	30	13	千克	AB
1404901000	主要供染料或鞣料用的植物原料	5	45	13	千克	AB
1404909000	其他编号未列名植物产品	15	70	13	千克	AB

第三类　动、植物油、脂及其分解产品；精制的食用油脂；动、植物蜡

第十五章　动、植物油、脂及其分解产品；精制的食用油脂；动、植物蜡

注释：

一、本章不包括：

（一）品目02.09的猪脂肪及家禽脂肪；

（二）可可脂、可可油（品目18.04）；

（三）按重量计品目04.05所列产品的含量超过15%的食品（通常归入第二十一章）；

（四）品目23.01的油渣或品目23.04至23.06的残渣；

（五）第六类的脂肪酸、精制蜡、药品、油漆、清漆、肥皂、香水、化妆品、盥洗品、磺化油以及其他货品；

（六）从油类提取的油膏（品目40.02）。

二、品目15.09不包括用溶剂提取的橄榄油（品目15.10）。

三、品目15.18不包括变性的油、脂及其分离品，这些货品应归入其相应的未变性油、脂及其分离品的品目。

四、皂料、油脚、硬脂沥青、甘油沥青及羊毛脂残渣，归入品目15.22。

子目注释：

子目1514.11及1514.19所称"低芥子酸菜子油"，是指按重量计芥子酸含量低于2%的固定油。

商品编号	商品名称及备注	进口关税税率（%）		增值税率（%）	计量单位	监管条件
		最惠国	普通			
1501	**猪脂肪（包括已炼制的猪油）及家禽脂肪，但品目02.09及15.03的货品除外**					
1501100000	猪油（但品目02.09及15.03的货品除外）	10	35	17	千克	AB
1501200000	其他猪脂肪（但品目02.09及15.03的货品除外）	10	35	17	千克	AB
1501900000	家禽脂肪（但品目02.09及15.03的货品除外）	10	35	17	千克	AB
1502	**牛、羊脂肪，但品目15.03的货品除外**					
1502100000*	牛、羊油脂（但品目15.03的货品除外）	8	30	17	千克	AB
1502900000*	其他牛、羊脂肪（但品目15.03的货品除外）	8	70	17	千克	AB
1503	**猪油硬脂、液体猪油、油硬脂、食用或非食用脂油，未经乳化、混合或其他方法制作**					
1503000000	未经制作的猪油硬脂、油硬脂等（包括液体猪油及脂油，未经乳化、混合或其他方法制作）	10	30	17	千克	AB
1504	**鱼或海生哺乳动物的油、脂及其分离品，不论是否精制，但未经化学改性**					
1504100000	鱼肝油及其分离品	12	30	17	千克	AB
1504200000	其他鱼油、脂及其分离品（鱼肝油除外）	12	50	17	千克	AB
1504300010	濒危哺乳动物的油、脂及其分离品（仅指海生）	14.4	50	17	千克	ABFE
1504300090	其他海生哺乳动物油、脂及其分离品	14.4	50	17	千克	AB
1505	**羊毛脂及从羊毛脂制得的脂肪物质（包括纯净的羊毛脂）**					
1505000000	羊毛脂及羊毛脂肪物质（包括纯净的羊毛脂）	20	70	17	千克	AB

商品编号	商品名称及备注	进口关税税率(%)		增值税率(%)	计量单位	监管条件
		最惠国	普通			
1506	**其他动物油、脂及其分离品,不论是否精制,但未经化学改性**					
1506000010	其他濒危动物为原料制取的脂肪(包括河马、熊、野兔、海龟为原料的及海龟蛋油)	20	70	17	千克	ABFE
1506000090	其他动物油、脂及其分离品(不论是否精制,但未经化学改性)	20	70	17	千克	AB
1507	**豆油及其分离品,不论是否精制,但未经化学改性**					
1507100000	初榨的豆油(但未经化学改性)	9	190	13	千克	7AB
1507900000	精制的豆油及其分离品(包括初榨豆油的分离品,但未经化学改性)	9	190	13	千克	7AB
1508	**花生油及其分离品,不论是否精制,但未经化学改性**					
1508100000	初榨的花生油(但未经化学改性)	10	100	13	千克	AB
1508900000	精制的花生油及其分离品(包括初榨花生油的分离品,但未经化学改性)	10	100	13	千克	AB
1509	**油橄榄油及其分离品,不论是否精制,但未经化学改性**					
1509100000	初榨油橄榄油(但未经化学改性)	10	30	13	千克	7AB
1509900000	精制的油橄榄油及其分离品(包括初榨油橄榄油的分离品,但未经化学改性)	10	30	17	千克	7AB
1510	**其他橄榄油及其分离品,不论是否精制,但未经化学改性,包括掺有品目15.09的油或分离品的混合物**					
1510000000	其他橄榄油及其分离品(不论是否精制,但未经化学改性)	10	30	17	千克	7AB
1511	**棕榈油及其分离品,不论是否精制,但未经化学改性**					
1511100000	初榨的棕榈油(但未经化学改性)	9	60	13	千克	7AB
1511901000	棕榈液油(熔点为19℃~24℃,未经化学改性)	9	60	13	千克	7AB
1511902001*	固态棕榈硬脂(50℃≤熔点≤56℃)(未经化学改性)	8	60	13	千克	7AB
1511902090	棕榈硬脂(44℃≤熔点<50℃,未经化学改性)	8	60	13	千克	AB
1511909000	其他精制棕榈油(包括棕榈油的分离品,但未经化学改性)	9	60	17	千克	7AB
1512	**葵花油、红花油或棉子油及其分离品,不论是否精制,但未经化学改性**					
1512110000	初榨的葵花油和红花油(但未经化学改性)	9	160	13	千克	AB
1512190000	精制的葵花油和红花油及其分离品(包括初榨葵花油和红花油的分离品,但未经化学改性)	9	160	17	千克	AB
1512210000	初榨的棉子油(不论是否去除棉子酚)	10	70	13	千克	AB
1512290000	精制的棉子油及其分离品(包括初榨棉子油的分离品,但未经化学改性)	10	70	17	千克	AB
1513	**椰子油、棕榈仁油或巴巴苏棕榈果油及其分离品,不论是否精制,但未经化学改性**					
1513110000	初榨椰子油(但未经化学改性)	9	40	13	千克	AB
1513190000	其他椰子油及其分离品(包括初榨椰子油的分离品,但未经化学改性)	9	40	13	千克	AB
1513210000	初榨棕榈仁油或巴巴苏棕榈果油(未经化学改性)	9	40	13	千克	AB
1513290000	精制的棕榈仁油或巴巴苏棕榈果油(包括分离品,但未经化学改性,初榨的除外)	9	40	17	千克	AB

商品编号	商品名称及备注	进口关税税率(%)		增值税率(%)	计量单位	监管条件
		最惠国	普通			
1514	**菜子油或芥子油及其分离品,不论是否精制,但未经化学改性**					
1514110000	初榨的低芥子酸菜子油(但未经化学改性)	9	170	13	千克	7AB
1514190000	其他低芥子酸菜子油(包括其分离品,但未经化学改性)	9	170	13	千克	7AB
1514911000	初榨的非低芥子酸菜子油(但未经化学改性)	9	170	13	千克	7AB
1514919000	初榨的芥子油(但未经化学改性)	9	170	13	千克	7AB
1514990000	精制非低芥子酸菜子油、芥子油(包括其分离品,但未经化学改性)	9	170	17	千克	7AB
1515	**其他固定植物油、脂(包括希蒙得木油)及其分离品,不论是否精制,但未经化学改性**					
1515110000	初榨亚麻子油(但未经化学改性)	15	30	13	千克	AB
1515190000	精制的亚麻子油及其分离品(包括初榨亚麻子油的分离品,但未经化学改性)	15	30	17	千克	AB
1515210000	初榨的玉米油(但未经化学改性)	10	160	13	千克	AB
1515290000	精制的玉米油及其分离品(包括初榨玉米油的分离品,但未经化学改性)	10	160	17	千克	AB
1515300000	蓖麻油及其分离品(不论是否精制,但未经化学改性)	10	70	17	千克	AB
1515500000	芝麻油及其分离品(不论是否精制,但未经化学改性)	12	20	13	千克	AB
1515901000	希蒙得木油及其分离品(不论是否精制,但未经化学改性)	20	70	17	千克	AB
1515902000	印楝油及其分离品(不论是否精制,但未经化学改性)	20	70	17	千克	ABS
1515903000	桐油及其分离品(不论是否精制,但未经化学改性)	20	70	17	千克	AB
1515909010	红松子油(不论是否精制,但未经化学改性)	20	70	17	千克	ABE
1515909090	其他固定植物油、脂及其分离品(不论是否精制,但未经化学改性)	20	70	17	千克	AB
1516	**动、植物油、脂及其分离品,全部或部分氢化、相互酯化、再酯化或反油酸化,不论是否精制,但未经进一步加工**					
1516100000	氢化、酯化或反油酸化动物油、脂(包括其分离品,不论是否精制,但未经进一步加工)	5	70	17	千克	AB
1516200000	氢化、酯化或反油酸化植物油、脂(包括其分离品,不论是否精制,但未经进一步加工)	25	70	17	千克	AB
1517	**人造黄油;本章各种动、植物油、脂及其分离品混合制成的食用油、脂或制品,但品目15.16的食用油、脂及其分离品除外**					
1517100000	人造黄油(但不包括液态的)	30	80	17	千克	AB
1517901001	动物油脂制造的起酥油(品目15.16的食用油、脂及其分离品除外)	25	70	17	千克	AB
1517901090	植物油脂制造的起酥油(品目15.16的食用油、脂及其分离品除外)	25	70	13	千克	AB
1517909001	其他混合制成的动物质食用油脂或制品(品目15.16的食用油、脂及其分离品除外)	25	70	17	千克	AB
1517909090	其他混合制成的植物质食用油脂或制品(品目15.16的食用油、脂及其分离品除外)	25	70	13	千克	AB
1518	**动、植物油、脂及其分离品,经过熟炼、氧化、脱水、硫化、吹制或在真空、惰性气体中加热聚合及用其他化学方法改性的,但品目15.16的产品除外;本章各种油、脂及其分离品混合制成的其他品目未列名的非食用油、脂或制品**					

商品编号	商品名称及备注	进口关税税率(%)		增值税率(%)	计量单位	监管条件
		最惠国	普通			
1518000000	化学改性的动、植物油、脂(包括其分离品及本章油脂混合制成的非食用油脂或制品,品目15.16的产品除外)	10	70	17	千克	AB
1520	**粗甘油;甘油水及甘油碱液**					
1520000000*	粗甘油;甘油水及甘油碱液	20	50	17	千克	AB
1521	**植物蜡(甘油三酯除外)、蜂蜡、其他虫蜡及鲸蜡,不论是否精制或着色**					
1521100010	小烛树蜡	20	80	17	千克	ABEF
1521100090	其他植物蜡	20	80	17	千克	AB
1521901000	蜂蜡(不论是否精制或着色)	20	80	17	千克	AB
1521909010	鲸蜡(不论是否精制或着色)	20	80	17	千克	AFEB
1521909090	其他虫蜡(不论是否精制或着色)	20	80	17	千克	AB
1522	**油鞣回收脂;加工处理油脂物质及动、植物蜡所剩的残渣**					
1522000000	油鞣回收脂(包括加工处理油脂物质及动、植物蜡所剩的残渣)	20	50	17	千克	9

第四类　食品；饮料、酒及醋；烟草、烟草及烟草代用品的制品

注释：

本类所称“团粒”，是指直接挤压或加入按重量计比例不超过3%的黏合剂制成的粒状产品。

第十六章　肉、鱼、甲壳动物、软体动物及其他水生无脊椎动物的制品

注释：

一、本章不包括用第二章、第三章及品目05.04所列方法制作或保藏的肉、食用杂碎、鱼、甲壳动物、软体动物或其他水生无脊椎动物。

二、本章的食品按重量计必须含有20%以上的香肠、肉、食用杂碎、动物血、鱼、甲壳动物、软体动物或其他水生无脊椎动物及其混合物。对于含有两种或两种以上前述产品的食品，则应按其中重量最大的产品归入第十六章的相应品目。但本条规定不适用于品目19.02的包馅食品或品目21.03或21.04的食品。

子目注释：

一、子目1602.10的“均化食品”，是指用肉、食用杂碎或动物血经精细均化制成，供婴幼儿食用或营养用的零售包装食品（每件净重不超过250克）。为了调味、保藏或其他目的，均化食品中可以加入少量其他配料，还可以含有少量可见的肉粒或食用杂碎粒。归类时该子目优先于品目16.02的其他子目。

二、品目16.04或16.05项下各子目所列的是鱼、甲壳动物、软体动物及其他水生无脊椎动物的俗名，它们与第三章中相同名称的鱼、甲壳动物、软体动物及其他水生无脊椎动物种类范围相同。

商品编号	商品名称及备注	进口关税税率（%）		增值税率（%）	计量单位	监管条件
		最惠国	普通			
1601	**肉、食用杂碎或动物血制成的香肠及类似产品；用香肠制成的食品**					
1601001010	濒危野生动物肉，杂碎，血制天然肠衣香肠（含品目02.08的野生动物，包括类似品）	15	90	17	千克	ABFE
1601001090	其他动物肉，杂碎及血制天然肠衣香肠（包括类似品）	15	90	17	千克	AB
1601002010	濒危野生动物肉，杂碎，血制其他肠衣香肠（含品目02.08的野生动物，包括类似品）	15	90	17	千克	ABFE
1601002090	其他动物肉，杂碎及血制其他肠衣香肠（包括类似品）	15	90	17	千克	AB
1601003010	用含濒危野生动物成分的香肠制的食品（含品目02.08的野生动物）	15	90	17	千克	ABFE
1601003090	用含其他动物成分的香肠制的食品	15	90	17	千克	AB
1602	**其他方法制作或保藏的肉、食用杂碎或动物血**					
1602100010	含濒危野生动物成分的均化食品（指用肉、食用杂碎或动物血经精细均化制成，零售包装）	15	90	17	千克	ABFE
1602100090	其他动物肉或食用杂碎的均化食品（指用肉、食用杂碎或动物血经精细均化制成，零售包装）	15	90	17	千克	AB

商品编号	商品名称及备注	进口关税税率(%)		增值税率(%)	计量单位	监管条件
		最惠国	普通			
1602200010	制作或保藏的濒危动物肝(第二、三章所列方法制作或保藏的除外)	15	90	17	千克	ABEF
1602200090	制作或保藏的其他动物肝(第二、三章所列方法制作或保藏的除外)	15	90	17	千克	AB
1602310000	制作或保藏的火鸡肉及杂碎(第二、三章所列方法制作或保藏的除外)	15	90	17	千克	AB
1602321000	鸡罐头	15	90	17	千克	AB
1602329100	其他方法制作或保藏的鸡胸肉(第二、三章所列方法制作或保藏的除外)	15	90	17	千克	AB
1602329200	其他方法制作或保藏的鸡腿肉(第二、三章所列方法制作或保藏的除外)	15	90	17	千克	AB
1602329900	其他方法制作或保藏的其他鸡产品(第二、三章所列方法制作或保藏的除外;鸡胸肉、鸡腿肉除外)	15	90	17	千克	AB
1602391000	其他家禽肉及杂碎的罐头	15	90	17	千克	AB
1602399100	其他方法制作或保藏的鸭(第二、三章所列方法制作或保藏的除外)	15	90	17	千克	AB
1602399900	其他方法制作或保藏的其他家禽肉及杂碎(第二、三章所列方法制作或保藏的除外;鸡、鸭除外)	15	90	17	千克	AB
1602410010	制作或保藏鹿豚,姬猪后腿及肉块	15	90	17	千克	ABFE
1602410090	制作或保藏的猪后腿及其肉块	15	90	17	千克	AB
1602420010	制作或保藏鹿豚,姬猪前腿及肉块	15	90	17	千克	ABFE
1602420090	制作或保藏的猪前腿及其肉块	15	90	17	千克	AB
1602491010	其他含鹿豚、姬猪肉及杂碎的罐头	15	90	17	千克	ABFE
1602491090	其他猪肉及杂碎的罐头	15	90	17	千克	AB
1602499010	制作或保藏其他鹿豚,姬猪肉、杂碎(包括血等)	15	90	17	千克	ABFE
1602499090	制作或保藏的其他猪肉、杂碎、血	15	90	17	千克	AB
1602501010	含濒危野牛肉的罐头	12	90	17	千克	ABFE
1602501090	其他牛肉及牛杂碎罐头(含野牛肉的除外)	12	90	17	千克	AB
1602509010	其他制作或保藏濒危野牛肉、杂碎(包括血等)	12	90	17	千克	ABFE
1602509090	其他制作或保藏的牛肉、杂碎、血	12	90	17	千克	AB
1602901010	其他濒危野生动物肉及杂碎罐头	15	90	17	千克	ABFE
1602901090	其他肉及杂碎罐头	15	90	17	千克	AB
1602909010	制作或保藏其他濒危野生动物肉(包括杂碎、血)	15	90	17	千克	ABFE
1602909090	经制作或保藏的其他肉、杂碎及血	15	90	17	千克	AB
1603	**肉、鱼、甲壳动物、软体动物或其他水生无脊椎动物的精及汁**					
1603000010	含濒危野生动物及鱼类成分的肉(指品目02.08及编号030192野生动物及鱼类)	23	90	17	千克	ABFE
1603000090	肉及水产品的精、汁(水产品指鱼、甲壳动物、软体动物或其他水生无脊椎动物)	23	90	17	千克	AB
1604	**制作或保藏的鱼;鲟鱼子酱及鱼卵制的鲟鱼子酱代用品**					
1604111000	制作或保藏的大西洋鲑鱼(整条或切块,但未绞碎)	12	90	17	千克	AB
1604119010	制作或保藏的川陕哲罗鲑鱼(整条或切块,但未绞碎)	12	90	17	千克	ABE
1604119020	制作或保藏的秦岭细鳞鲑鱼(整条或切块,但未绞碎)	12	90	17	千克	AEB
1604119090	制作或保藏的其他鲑鱼	12	90	17	千克	AB
1604120000	制作或保藏的鲱鱼(整条或切块,但未绞碎)	12	90	17	千克	AB

商品编号	商品名称及备注	进口关税税率(%) 最惠国	进口关税税率(%) 普通	增值税率(%)	计量单位	监管条件
1604130000	制作或保藏的沙丁鱼、小沙丁鱼属、黍鲱或西鲱(整条或切块,但未绞碎)	5	90	17	千克	AB
1604140000	制作或保藏的金枪鱼、鲣鱼及狐鲣(狐鲣属)(整条或切块,但未绞碎)	5	90	17	千克	AB
1604150000	制作或保藏的鲭鱼(整条或切块,但未绞碎)	12	90	17	千克	AB
1604160000	制作保藏的醍鱼(Anchovies)(整条或切块,但未绞碎)	12	90	17	千克	AB
1604170010	制作或保藏的花鳗鲡(整条或切块,但未绞碎)	12	90	17	千克	ABE
1604170020	制作或保藏的欧洲鳗鲡(整条或切块,但未绞碎)	12	90	17	千克	ABEF
1604170090	其他制作或保藏的鳗鱼(整条或切块,但未绞碎)	12	90	17	千克	AB
1604192000	制作或保藏的罗非鱼(整条或切块,但未绞碎)	12	90	17	千克	AB
1604193100	制作或保藏的斑点叉尾鮰鱼(整条或切块,但未绞碎)	12	90	17	千克	AB
1604193900	制作或保藏的其他叉尾鮰鱼(整条或切块,但未绞碎)	12	90	17	千克	AB
1604199010	制作或保藏的濒危鱼类(整条或切块,但未绞碎)	12	90	17	千克	AFEB
1604199090	制作或保藏的其他鱼(整条或切块,但未绞碎)	12	90	17	千克	AB
1604201110	鲸鲨、噬人鲨、姥鲨鱼翅罐头	12	90	17	千克	ABFE
1604201190	其他鱼翅罐头	12	90	17	千克	AB
1604201910	非整条或切块的濒危鱼罐头(鱼翅除外)	12	90	17	千克	ABFE
1604201990	非整条或切块的其他鱼罐头(鱼翅除外)	12	90	17	千克	AB
1604209110	制作或保藏鲸鲨、噬人鲨、姥鲨鱼翅(非整条、非切块、非罐头)	12	90	17	千克	ABFE
1604209190	制作或保藏其他鱼翅(非整条、非切块、非罐头)	12	90	17	千克	AB
1604209910	其他制作或保藏的濒危鱼(非整条、非切块、非罐头,鱼翅除外)	12	90	17	千克	ABFE
1604209990	其他制作或保藏的鱼(非整条、非切块、非罐头 ,鱼翅除外)	12	90	17	千克	AB
1604310000	鲟鱼子酱	12	90	17	千克	ABFE
1604320000	鲟鱼子酱代用品	12	90	17	千克	AB
1605	**制作或保藏的甲壳动物、软体动物及其他水生无脊椎动物**					
1605100000	制作或保藏的蟹	5	90	17	千克	AB
1605210000	制作或保藏的非密封包装小虾及对虾	5	90	17	千克	AB
1605290000	其他制作或保藏的小虾及对虾	5	90	17	千克	AB
1605300000	制作或保藏的龙虾	5	90	17	千克	AB
1605401100	制作或保藏的淡水小龙虾仁	5	90	17	千克	AB
1605401900	制作或保藏的带壳淡水小龙虾	5	90	17	千克	AB
1605409000	制作或保藏的其他甲壳动物	5	90	17	千克	AB
1605510000	制作或保藏的牡蛎(蚝)	5	90	17	千克	AB
1605520010	制作或保藏的大珠母贝	5	90	17	千克	ABE
1605520090	其他制作或保藏的扇贝,包括海扇	5	90	17	千克	AB
1605530000	制作或保藏的贻贝	5	90	17	千克	AB
1605540000	制作或保藏的墨鱼及鱿鱼	5	90	17	千克	AB
1605550000	制作或保藏的章鱼	5	90	17	千克	AB
1605561000	制作或保藏的蛤	5	90	17	千克	AB
1605562010	制作或保藏的砗磲	5	90	17	千克	ABEF
1605562090	其他制作或保藏的鸟蛤及舟贝	5	90	17	千克	AB
1605570000	制作或保藏的鲍鱼	5	90	17	千克	AB
1605580010	制作或保藏的濒危蜗牛及螺,海螺除外	5	90	17	千克	ABFE
1605580090	其他制作或保藏的蜗牛及螺,海螺除外	5	90	17	千克	AB

商品编号	商 品 名 称 及 备 注	进口关税税率（%）		增值税率（%）	计量单位	监管条件
		最惠国	普通			
1605590010	其他制作或保藏的濒危软体动物	5	90	17	千克	ABFE
1605590090	其他制作或保藏的软体动物	5	90	17	千克	AB
1605610010	制作或保藏的暗色刺参	5	90	17	千克	ABFE
1605610090	其他制作或保藏的海参	5	90	17	千克	AB
1605620000	制作或保藏的海胆	5	90	17	千克	AB
1605630000	制作或保藏的海蜇	15	90	17	千克	AB
1605690010	其他制作或保藏的濒危水生无脊椎动物	5	90	17	千克	ABFE
1605690090	其他制作或保藏的水生无脊椎动物	5	90	17	千克	AB

第十七章　糖及糖食

注释：

本章不包括：

一、含有可可的糖食（品目18.06）；

二、品目29.40的化学纯糖（蔗糖、乳糖、麦芽糖、葡萄糖及果糖除外）及其他产品；

三、第三十章的药品及其他产品。

子目注释：

一、子目1701.12、1701.13及1701.14所称“原糖”，是指按重量计干燥状态的蔗糖含量对应的旋光读数低于99.5°的糖。

二、子目1701.13仅包括非离心甘蔗糖，其按重量计干燥状态的蔗糖含量对应的旋光读数不低于69°但低于93°。该产品仅含肉眼不可见的不规则形状天然他形微晶，外被糖蜜残余及其他甘蔗成分。

商品编号	商品名称及备注	进口关税税率（%）		增值税率（%）	计量单位	监管条件
		最惠国	普通			
1701	**固体甘蔗糖、甜菜糖及化学纯蔗糖**					
1701120001	未加香料或着色剂的甜菜原糖［按重量计干燥状态的糖含量低于旋光读数99.5度（配额内）］	15	125	17	千克	ABt
1701120090	未加香料或着色剂的甜菜原糖［按重量计干燥状态的糖含量低于旋光读数99.5度（配额外）］	50	125	17	千克	AB
1701130001	未加香料或着色剂的本章子目注释二所述的甘蔗原糖［按重量计干燥状态的糖含量低于旋光读数99.5度（配额内）］	15	125	17	千克	ABt
1701130090	未加香料或着色剂的本章子目注释二所述的甘蔗原糖［按重量计干燥状态的糖含量低于旋光读数99.5度（配额外）］	50	125	17	千克	AB
1701140001	未加香料或着色剂其他甘蔗原糖［按重量计干燥状态的糖含量低于旋光读数99.5度（配额内）］	15	125	17	千克	ABt
1701140090	未加香料或着色剂其他甘蔗原糖［按重量计干燥状态的糖含量低于旋光读数99.5度（配额外）］	50	125	17	千克	AB
1701910001	加有香料或着色剂的糖［指甘蔗糖、甜菜糖及化学纯蔗糖（配额内）］	15	125	17	千克	ABt
1701910090	加有香料或着色剂的糖［指甘蔗糖、甜菜糖及化学纯蔗糖（配额外）］	50	125	17	千克	AB
1701991010	砂糖（配额内）	15	125	17	千克	ABt
1701991090	砂糖（配额外）	50	125	17	千克	AB
1701992001	绵白糖（配额内）	15	125	17	千克	BAt
1701992090	绵白糖（配额外）	50	125	17	千克	BA
1701999001	其他精制糖（配额内）	15	125	17	千克	ABt
1701999090	其他精制糖（配额外）	50	125	17	千克	AB
1702	**其他固体糖，包括化学纯乳糖、麦芽糖、葡萄糖及果糖；未加香料或着色剂的糖浆；人造蜜，不论是否掺有天然蜂蜜；焦糖**					
1702110000	无水乳糖（按重量计干燥无水乳糖含量在99%及以上）	10	80	17	千克	AB
1702190000	其他乳糖及乳糖浆	10	80	17	千克	AB
1702200000	槭糖及槭糖浆	30	80	17	千克	AB
1702300000	低果糖含量的葡萄糖及糖浆（仅指按重量计干燥状态的果糖含量在20%以下的葡萄糖）	30	80	17	千克	BA

商品编号	商品名称及备注	进口关税税率(%)		增值税率(%)	计量单位	监管条件
		最惠国	普通			
1702400000	中果糖含量的葡萄糖及糖浆(仅指干燥果糖重量在20%～50%的葡萄糖,转化糖除外)	30	80	17	千克	BA
1702500000	化学纯果糖	30	80	17	千克	AB
1702600000	其他果糖及糖浆(仅指干燥果糖重量在50%以上的,转化糖除外)	30	80	17	千克	BA
1702900010	人造蜜	30	80	17	千克	AB
1702900090	其他固体糖,焦糖(包括转化糖及按重量计干燥状态果糖含量50%的糖、糖浆)	30	80	17	千克	AB
1703	**制糖后所剩的糖蜜**					
1703100000	甘蔗糖蜜	8	50	17	千克	ABP
1703900000	其他糖蜜	8	50	17	千克	ABP
1704	**不含可可的糖食(包括白巧克力)**					
1704100000	口香糖(不论是否裹糖)	12	50	17	千克	AB
1704900000	其他不含可可的糖食(包括白巧克力)	10	50	17	千克	AB

第十八章　可可及可可制品

注释：

一、本章不包括品目04.03、19.01、19.04、19.05、21.05、22.02、22.08、30.03、30.04的制品。

二、品目18.06包括含有可可的糖食及注释一以外的其他含可可的食品。

商品编号	商品名称及备注	进口关税税率(%)		增值税率(%)	计量单位	监管条件
		最惠国	普通			
1801	**整颗或破碎的可可豆,生的或焙炒的**					
1801000000*	生或焙炒的整颗或破碎的可可豆	8	30	17	千克	AB
1802	**可可荚、壳、皮及废料**					
1802000000	可可荚、壳、皮及废料	10	30	17	千克	AB
1803	**可可膏,不论是否脱脂**					
1803100000	未脱脂可可膏	10	30	17	千克	AB
1803200000	全脱脂或部分脱脂的可可膏	10	30	17	千克	AB
1804	**可可脂、可可油**					
1804000010	可可脂	22	70	17	千克	AB
1804000090	可可油	22	70	17	千克	AB
1805	**未加糖或其他甜物质的可可粉**					
1805000000	未加糖或其他甜物质的可可粉	15	40	17	千克	AB
1806	**巧克力及其他含可可的食品**					
1806100000	含糖或其他甜物质的可可粉	10	50	17	千克	AB
1806200000	每件净重超过2千克的含可可食品	10	50	17	千克	AB
1806310000	其他夹心块状或条状的含可可食品(每件净重不超过2千克)	8	50	17	千克	AB
1806320000	其他不夹心块状或条状含可可食品(每件净重不超过2千克)	10	50	17	千克	AB
1806900000	其他巧克力及含可可的食品(每件净重不超过2千克)	8	50	17	千克	AB

第十九章　谷物、粮食粉、淀粉或乳的制品；糕饼点心

注释：

一、本章不包括：

（一）按重量计含香肠、肉、食用杂碎、动物血、鱼、甲壳动物、软体动物、其他水生无脊椎动物及其混合物超过20%的食品（第十六章），但品目19.02的包馅食品除外；

（二）用粮食粉或淀粉制的专作动物饲料用的饼干及其他制品（品目23.09）；

（三）第三十章的药品及其他产品。

二、品目19.01所称：

（一）"粗粒"是指第十一章谷物的粗粒；

（二）"细粉"及"粗粉"，是指：

1. 第十一章谷物的细粉及粗粉；

2. 其他章植物的细粉、粗粉及粉末，但不包括干蔬菜、马铃薯和干豆类的细粉、粗粉及粉末（应分别归入品目07.12、11.05和11.06）。

三、品目19.04不包括按重量计全脱脂可可含量超过6%或用巧克力完全包裹的食品以及其他含可可的食品（品目18.06）。

四、品目19.04所称"其他方法制作的"，是指制作或加工程度超过第十章或第十一章各品目或注释所规定范围的。

商品编号	商品名称及备注	进口关税税率（%）		增值税率（%）	计量单位	监管条件
		最惠国	普通			
1901	**麦精；细粉、粗粒、粗粉、淀粉或麦精制的其他品目未列名的食品，不含可可或按重量计全脱脂可可含量低于40%；品目04.01至04.04所列货品制的其他品目未列名的食品，不含可可或按重量计全脱脂可可含量低于5%**					
1901100010*	供婴幼儿食用的零售包装配方奶粉（可可含量＜5%乳品制）	15	40	17	千克	7AB
1901100090*	供婴幼儿食用的零售包装食品（可可含量＜40%粉、淀粉或麦精制、或可可含量＜5%乳品制）	15	40	17	千克	AB
1901200000	供烘焙品目19.05所列面包糕饼用的调制品及面团（可可含量＜40%粉，淀粉或麦精制或可可含量＜5%乳品制）	25	80	17	千克	AB
1901900000*	麦精，粮食粉等制食品及乳制食品（可可含量＜40%粉，淀粉或麦精制或可可含量＜5%乳品制）	10	80	17	千克	AB
1902	**面食，不论是否煮熟、包馅（肉馅或其他馅）或其他方法制作，例如，通心粉、面条、汤团、馄饨、饺子、奶油面卷；古斯古斯面食，不论是否制作**					
1902110000	未包馅或未制作的含蛋生面食	15	80	17	千克	AB
1902190000	其他未包馅或未制作的生面食	15	80	17	千克	AB
1902200000	包馅面食（不论是否烹煮或经其他方法制作）	15	80	17	千克	AB
1902301000	米粉干	15	80	17	千克	AB
1902302000	粉丝	15	80	17	千克	AB
1902303000	即食或快熟面条	15	80	17	千克	AB
1902309000	其他面食	15	80	17	千克	AB
1902400000	古斯古斯面食（古斯古斯粉是一种经热处理的硬麦粗粉）	25	80	17	千克	AB
1903	**珍粉及淀粉制成的珍粉代用品，片、粒、珠、粉或类似形状的**					
1903000000	珍粉及淀粉制成的珍粉代用品（片、粒、珠、粉或类似形状的）	15	80	17	千克	AB
1904	**谷物或谷物产品经膨化或烘炒制成的食品（例如，玉米片）；其他品目未列名的预煮或经其他方法制作的谷粒（玉米除外），谷物片或经其他加工的谷粒（细粉、粗粒及粗粉除外）**					

商品编号	商 品 名 称 及 备 注	进口关税税率(%)		增值税率(%)	计量单位	监管条件
		最惠国	普通			
1904100000	膨化或烘炒谷物制成的食品	25	80	17	千克	AB
1904200000	未烘炒谷物片制成的食品(包括未烘炒谷物片与烘炒谷物片或膨化谷物混合制成食品)	30	80	17	千克	AB
1904300000	碾碎的干小麦	30	80	17	千克	AB
1904900000	预煮或经其他方法制作的谷粒[包括其他经加工的谷粒(除细粉、粗粒及粗粉),玉米除外]	30	80	17	千克	AB
1905	**面包、糕点、饼干及其他烘焙糕饼,不论是否含可可;圣餐饼、装药空囊、封缄、糯米纸及类似制品**					
1905100000	黑麦脆面包片	20	80	17	千克	AB
1905200000	姜饼及类似品	20	80	17	千克	AB
1905310000	甜饼干	15	80	17	千克	AB
1905320000	华夫饼干及圣餐饼	15	80	17	千克	AB
1905400000	面包干、吐司及类似的烤面包	20	80	17	千克	AB
1905900000	其他面包、糕点、饼干及烘焙糕饼(包括装药空囊、封缄、糯米纸及类似制品)	20	80	17	千克	AB

第二十章　蔬菜、水果、坚果或植物其他部分的制品

注释:

一、本章不包括:

(一)用第七章、第八章或第十一章所列方法制作或保藏的蔬菜、水果或坚果;

(二)按重量计含香肠、肉、食用杂碎、动物血、鱼、甲壳动物、软体动物、其他水生无脊椎动物及其混合物超过20%的食品(第十六章);

(三)品目19.05的烘焙糕饼及其他制品;

(四)品目21.04的均化混合食品。

二、品目20.07及20.08不包括制成糖食的果冻、果膏、糖衣杏仁或类似品(品目17.04)及巧克力糖食(品目18.06)。

三、品目20.01、20.04及20.05仅分别包括用本章注释一(一)以外的方法制作或保藏的第七章或品目11.05、11.06的产品(第八章产品的细粉、粗粉除外)。

四、干重量在7%及以上的番茄汁归入品目20.02。

五、品目20.07所称"烹煮的"是指,在常压或减压下,通过减少水分或其他方法增加产品黏稠度的热处理。

六、品目20.09所称"未发酵及未加酒精的水果汁",是指按容量计酒精浓度(标准见第二十二章注释二)不超过0.5%的水果汁。

子目注释:

一、子目号2005.10所称"均化蔬菜",是指蔬菜经精细均化制成供婴幼儿食用或营养用的零售包装食品(每件净重不超过250克)。为了调味、保藏或其他目的,均化蔬菜中可以加入少量其他配料,还可以含有少量可见的蔬菜粒。归类时,子目号2005.10优先于品目20.05的其他子目。

二、子目号2007.10所称"均化食品",是指果实经精细均化制成供婴幼儿食用或营养用的零售包装食品(每件净重不超过250克)。为了调味、保藏或其他目的,均化食品中可以加入少量其他配料,还可以含有少量可见的果粒。归类时,子目号2007.10优先于品目20.07的其他子目。

三、子目2009.12、2009.21、2009.31、2009.41、2009.61及2009.71所称"白利糖度值",是指直接从白利糖度计读取的度数或在20℃时从折射计读取的以蔗糖百分比含量计的折射率,在其他温度下读取的数值应折算为20℃时的折射率。

商品编号	商品名称及备注	进口关税税率(%)		增值税率(%)	计量单位	监管条件
		最惠国	普通			
2001	**蔬菜、水果、坚果及植物的其他食用部分,用醋或醋酸制作或保藏的**					
2001100000	用醋或醋酸制作的黄瓜及小黄瓜	25	70	17	千克	AB
2001901010	用醋或醋酸腌制的大蒜头、大蒜瓣(无论是否加糖或去皮)	25	70	17	千克	AB
2001901090	用醋或醋酸腌制的其他大蒜(不含蒜头、蒜瓣,无论是否加糖或去皮)	25	70	17	千克	AB
2001909010	用醋或醋酸制作或保藏的松茸	25	70	17	千克	ABE
2001909020	用醋或醋酸制作或保藏的酸竹笋	25	70	17	千克	ABE
2001909030	用醋或醋酸制作或保藏的芦荟	25	70	17	千克	ABFE
2001909040	用醋或醋酸制作或保藏的仙人掌植物	25	70	17	千克	ABFE
2001909050	用醋或醋酸制作或保藏的莼菜	25	70	17	千克	ABE
2001909090	用醋制作的其他果、菜及食用植物(包括用醋酸制作或保藏的)	25	70	17	千克	AB
2002	**番茄,用醋或醋酸以外的其他方法制作或保藏的**					
2002101000	非用醋制作的整个或切片番茄罐头	19	80	17	千克	AB
2002109000	非用醋制作的其他整个或切片番茄	25	70	17	千克	AB
2002901100	重量不超过5千克的番茄酱罐头	20	80	17	千克	AB
2002901900	重量大于5千克的番茄酱罐头	20	80	17	千克	AB
2002909000	非用醋制作的绞碎番茄(用醋或醋酸以外其他方法制作或保藏的)	18	70	17	千克	AB

商品编号	商品名称及备注	进口关税税率(%)		增值税率(%)	计量单位	监管条件
		最惠国	普通			
2003	**蘑菇及块菌,用醋或醋酸以外的其他方法制作或保藏的**					
2003101100	小白蘑菇罐头(指洋蘑菇,用醋或醋酸以外其他方法制作或保藏的)	25	90	17	千克	AB
2003101900	其他伞菌属蘑菇罐头(用醋或醋酸以外其他方法制作或保藏的)	25	90	17	千克	AB
2003109000	非用醋制作的其他伞菌属蘑菇(用醋或醋酸以外其他方法制作或保藏的)	25	90	17	千克	AB
2003901010	非用醋制作的香菇罐头[用醋或醋酸以外其他方法制作或保藏的(非伞菌属蘑菇)]	25	90	17	千克	AB
2003901020	非用醋制作的松茸罐头(用醋或醋酸以外其他方法制作或保藏的)	25	90	17	千克	ABE
2003901090	非用醋制作的其他蘑菇罐头[用醋或醋酸以外其他方法制作或保藏的(非伞菌属蘑菇)]	25	90	17	千克	AB
2003909010	非用醋制作的其他香菇[用醋或醋酸以外其他方法制作或保藏的(非伞菌属蘑菇)]	25	90	17	千克	AB
2003909020	非用醋制作的其他松茸(用醋或醋酸以外其他方法制作或保藏的)	25	90	17	千克	ABE
2003909090	非用醋制作的其他蘑菇[用醋或醋酸以外其他方法制作或保藏的(非伞菌属蘑菇)]	25	90	17	千克	AB
2004	**其他冷冻蔬菜,用醋或醋酸以外的其他方法制作或保藏的,但品目 20.06 的产品除外**					
2004100000	非用醋制作的冷冻马铃薯(品目 20.06 的货品除外)	13	70	17	千克	AB
2004900010	非用醋制作的冷冻松茸	25	70	17	千克	ABE
2004900020	非用醋制作的冷冻酸竹笋	25	70	17	千克	ABE
2004900030	非用醋制作的冷冻芦荟	25	70	17	千克	ABFE
2004900040	非用醋制作的冷冻仙人掌植物	25	70	17	千克	ABFE
2004900090	非用醋制作的其他冷冻蔬菜(品目 20.06 的货品除外)	25	70	17	千克	AB
2005	**其他未冷冻蔬菜,用醋或醋酸以外的其他方法制作或保藏的,但品目 20.06 的产品除外**					
2005100000	非用醋制作的未冷冻均化蔬菜	25	70	17	千克	AB
2005200000	非用醋制作的未冷冻马铃薯	15	70	17	千克	AB
2005400000	非用醋制作的未冷冻豌豆	25	70	17	千克	AB
2005511100	非用醋制作的赤豆馅罐头	25	80	17	千克	AB
2005511900	其他非用醋制作的脱荚豇豆及菜豆罐头	25	80	17	千克	AB
2005519100	非用醋制作的赤豆馅,罐头除外	25	70	17	千克	AB
2005519900	非用醋制作的其他脱荚豇豆及菜豆,罐头除外	25	70	17	千克	AB
2005591000	非用醋制作的其他豇豆及菜豆罐头	25	80	17	千克	AB
2005599000	非用醋制作的其他豇豆及菜豆	25	70	17	千克	AB
2005601000	非用醋制作的芦笋罐头	25	80	17	千克	AB
2005609000	非用醋制作的其他芦笋	25	70	17	千克	AB
2005700000	非用醋制作的未冷冻油橄榄	10	70	17	千克	AB
2005800000	非用醋制作的未冷冻甜玉米	10	80	17	千克	AB
2005911010	非用醋制作的酸竹笋罐头	25	80	17	千克	ABE
2005911090	非用醋制作的其他竹笋罐头	25	80	17	千克	AB
2005919010	非用醋制作的酸竹笋	25	70	17	千克	ABE
2005919090	非用醋制作的其他竹笋	25	70	17	千克	AB

商品编号	商品名称及备注	进口关税税率(%) 最惠国	进口关税税率(%) 普通	增值税率(%)	计量单位	监管条件
2005991000	清水马蹄罐头	25	80	17	千克	AB
2005992000	非用醋制作的蚕豆罐头	25	80	17	千克	AB
2005994000	榨菜	25	70	17	千克	AB
2005995000	咸蕨菜	25	70	17	千克	AB
2005996000	咸荞(藠)头	25	70	17	千克	AB
2005999100	其他蔬菜及什锦蔬菜罐头(非用醋制作)	25	70	17	千克	AB
2005999910	非用醋制作的仙人掌	25	70	17	千克	ABFE
2005999920	非用醋制作的芦荟	25	70	17	千克	ABFE
2005999990	非用醋制作的其他蔬菜及什锦蔬菜	25	70	17	千克	AB
2006	**糖渍蔬菜、水果、坚果、果皮及植物的其他部分(沥干、糖渍或裹糖的)**					
2006001000	蜜枣	30	90	17	千克	AB
2006002000	糖渍制橄榄	30	90	17	千克	AB
2006009010	糖渍制松茸	30	90	17	千克	ABE
2006009090	其他糖渍蔬菜、水果、坚果、果皮(包括糖渍植物的其他部分)	30	90	17	千克	AB
2007	**烹煮的果酱、果冻、柑橘酱、果泥及果膏,不论是否加糖或其他甜物质**					
2007100000	烹煮的果子均化食品(包括果酱、果冻、果泥、果膏)	30	80	17	千克	AB
2007910000	烹煮的柑橘属水果(包括果酱、果冻、果泥、果膏)	30	80	17	千克	AB
2007991000	其他烹煮的果酱、果冻罐头(包括果泥、果膏)	5	80	17	千克	AB
2007999000	其他烹煮的果酱、果冻(包括果泥、果膏)	5	80	17	千克	AB
2008	**用其他方法制作或保藏的其他品目未列名水果、坚果及植物的其他食用部分,不论是否加酒、加糖或其他甜物质**					
2008111000	花生米罐头	30	90	17	千克	AB
2008112000	烘焙花生	30	80	17	千克	AB
2008113000	花生酱	30	90	17	千克	AB
2008119000	其他非用醋制作的花生(用醋或醋酸以外其他方法制作或保藏的)	30	80	17	千克	AB
2008191000	核桃仁罐头	20	90	17	千克	AB
2008192000	其他果仁罐头	13	90	17	千克	AB
2008199100	栗仁(用醋或醋酸以外其他方法制作或保藏的)	10	80	17	千克	AB
2008199200	芝麻(用醋或醋酸以外其他方法制作或保藏的)	10	80	17	千克	AB
2008199910	其他方法制作或保藏的红松子仁(用醋或醋酸以外其他方法制作或保藏的)	10	80	17	千克	ABE
2008199990	未列名制作或保藏的坚果及其他子仁(用醋或醋酸以外其他方法制作或保藏的)	10	80	17	千克	AB
2008201000	菠萝罐头	15	90	17	千克	AB
2008209000	非用醋制作的其他菠萝(用醋或醋酸以外其他方法制作或保藏的)	15	80	17	千克	AB
2008301000	柑橘属水果罐头	20	90	17	千克	AB
2008309000	非用醋制作的其他柑橘属水果(用醋或醋酸以外其他方法制作或保藏的)	20	80	17	千克	AB
2008401000	梨罐头	20	90	17	千克	AB
2008409000	非用醋制作的其他梨(用醋或醋酸以外其他方法制作或保藏的)	20	80	17	千克	AB

商品编号	商品名称及备注	进口关税税率(%)		增值税率(%)	计量单位	监管条件
		最惠国	普通			
2008500000	非用醋制作的杏(用醋或醋酸以外其他方法制作或保藏的)	20	90	17	千克	AB
2008601000	非用醋制作的樱桃罐头(用醋或醋酸以外其他方法制作或保藏的)	20	90	17	千克	AB
2008609000	非用醋制作的樱桃,罐头除外(用醋或醋酸以外其他方法制作或保藏的)	20	90	17	千克	AB
2008701000	桃罐头,包括油桃罐头	10	90	17	千克	AB
2008709000	非用醋制作的其他桃,包括油桃(用醋或醋酸以外其他方法制作或保藏的)	20	80	17	千克	AB
2008800000	非用醋制作的草莓(用醋或醋酸以外其他方法制作或保藏的)	15	90	17	千克	AB
2008910000	非用醋制作的棕榈芯(用醋或醋酸以外其他方法制作或保藏的)	5	80	17	千克	AB
2008930000	非用醋制作的蔓越橘(大果蔓越橘、小果蔓越橘、越橘)(用醋或醋酸以外其他方法制作或保藏的)	15	80	17	千克	AB
2008970000	非用醋制作的什锦果实(用醋或醋酸以外其他方法制作或保藏的)	10	80	17	千克	AB
2008991000	荔枝罐头	20	90	17	千克	AB
2008992000	龙眼罐头	15	80	17	千克	AB
2008993100	调味紫菜	15	90	17	千克	AB
2008993200	盐腌海带	15	80	17	千克	AB
2008993300	盐腌裙带菜	15	80	17	千克	AB
2008993900	海草及其他藻类制品	15	80	17	千克	AB
2008999000	未列名制作或保藏的水果、坚果(包括植物的其他食用部分)	15	80	17	千克	AB
2009	**未发酵及未加酒精的水果汁(包括酿酒葡萄汁)、蔬菜汁,不论是否加糖或其他甜物质**					
2009110000	冷冻的橙汁(未发酵及未加酒精的,不论是否加糖或其他甜物质)	7.5	90	17	千克	AB
2009120000	非冷冻白利糖浓度≤20 的橙汁(未发酵及未加酒精的,不论是否加糖或其他甜物质)	30	90	17	千克	AB
2009190000	非冷冻白利糖浓度>20 的橙汁(未发酵及未加酒精的,不论是否加糖或其他甜物质)	30	90	17	千克	AB
2009210000	白利糖浓度不超过 20 的葡萄柚(包括柚)汁(未发酵及未加酒精的,不论是否加糖或其他甜物质)	15	90	17	千克	AB
2009290000	白利糖浓度超过 20 的葡萄柚(包括柚)汁(未发酵及未加酒精的,不论是否加糖或其他甜物质)	15	90	17	千克	AB
2009311000	白利糖浓度≤20 的柠檬汁(未发酵及未加酒精的,不论是否加糖或其他甜物质)	18	90	17	千克	AB
2009319000	其他未混合的白利糖浓度≤20 的柑橘属果汁(未发酵及未加酒精的;柠檬汁除外)	18	90	17	千克	AB
2009391000	白利糖浓度>20 的柠檬汁(未发酵及未加酒精的,不论是否加糖或其他甜物质)	18	90	17	千克	AB
2009399000	其他未混合白利糖浓度>20 的柑橘属果汁(未发酵及未加酒精的;柠檬汁除外)	18	90	17	千克	AB
2009410000	白利糖浓度≤20 的菠萝汁(未发酵及未加酒精的,不论是否加糖或其他甜物质)	10	90	17	千克	AB

商品编号	商品名称及备注	进口关税税率(%)		增值税率(%)	计量单位	监管条件
		最惠国	普通			
2009490000	白利糖浓度>20的菠萝汁(未发酵及未加酒精的,不论是否加糖或其他甜物质)	10	90	17	千克	AB
2009500000	番茄汁(未发酵及未加酒精的,不论是否加糖或其他甜物质)	30	80	17	千克	AB
2009610000	白利糖≤30的葡萄汁(包括酿酒葡萄汁)(未发酵及未加酒精的,不论是否加糖或其他甜物质)	20	90	17	千克	AB
2009690000	白利糖>30的葡萄汁(包括酿酒葡萄汁)(未发酵及未加酒精的,不论是否加糖或其他甜物质)	20	90	17	千克	AB
2009710000	白利糖浓度≤20的苹果汁(未发酵及未加酒精的,不论是否加糖或其他甜物质)	20	90	17	千克	AB
2009790000	白利糖浓度>20的苹果汁(未发酵及未加酒精的,不论是否加糖或其他甜物质)	20	90	17	千克	AB
2009810000	蔓越橘汁(大果蔓越橘、小果蔓越橘、越橘)(未发酵及未加酒精的,不论是否加糖或其他甜物质)	20	90	17	千克	AB
2009891200	未混合芒果汁(未发酵及未加酒精的,不论是否加糖或其他甜物质)	20	90	17	千克	AB
2009891300	未混合西番莲果汁(未发酵及未加酒精的,不论是否加糖或其他甜物质)	20	90	17	千克	AB
2009891400	未混合番石榴果汁(未发酵及未加酒精的,不论是否加糖或其他甜物质)	20	90	17	千克	AB
2009891900	其他未混合的水果汁(未发酵及未加酒精的,不论是否加糖或其他甜物质)	20	90	17	千克	AB
2009892000	其他未混合的蔬菜汁(未发酵及未加酒精的,不论是否加糖或其他甜物质)	20	80	17	千克	AB
2009901000	混合水果汁(未发酵及未加酒精的,不论是否加糖或其他甜物质)	20	90	17	千克	AB
2009909000	混合蔬菜汁、水果与蔬菜的混合汁(未发酵及未加酒精的,不论是否加糖或其他甜物质)	20	80	17	千克	AB

第二十一章　杂项食品

注释：

一、本章不包括：

（一）品目07.12的什锦蔬菜；

（二）含咖啡的焙炒咖啡代用品（品目09.01）；

（三）加香料的茶（品目09.02）；

（四）品目09.04至09.10的调味香料或其他产品；

（五）按重量计含香肠、肉、食用杂碎、动物血、鱼、甲壳动物、软体动物、其他水生无脊椎动物及其混合物超过20%的食品（第十六章），但品目21.03或21.04的产品除外；

（六）品目30.03或30.04的药用酵母及其他产品；

（七）品目35.07的酶制品。

二、上述注释一（二）所述咖啡代用品的精汁归入品目21.01。

三、品目21.04所称"均化混合食品"，是指两种或两种以上的基本配料，例如，肉、鱼、蔬菜或果实等，经精细均化制成供婴幼儿食用或营养用的零售包装食品（每件净重不超过250克）。为了调味、保藏或其他目的，可以加入少量其他配料，还可以含有少量可见的小块配料。

商品编号	商品名称及备注	进口关税税率（%）		增值税率（%）	计量单位	监管条件
		最惠国	普通			
2101	**咖啡、茶、马黛茶的浓缩精汁及以其为基本成分或以咖啡、茶、马黛茶为基本成分的制品；烘焙菊苣和其他烘焙咖啡代用品及其浓缩精汁**					
2101110000	咖啡浓缩精汁	17	130	17	千克	AB
2101120000	以咖啡为基本成分的制品（包括以咖啡浓缩精汁为基本成分的制品）	30	130	17	千克	AB
2101200000	茶、马黛茶浓缩精汁及其制品	32	130	17	千克	AB
2101300000	烘焙咖啡代用品及其浓缩精汁	32	130	17	千克	AB
2102	**酵母（活性或非活性）；已死的其他单细胞微生物（不包括品目30.02的疫苗）；发酵粉**					
2102100000	活性酵母	25	80	17	千克	AB
2102200000	非活性酵母，已死单细胞微生物（品目30.02疫苗除外）	25	70	13	千克	AB
2102300000	发酵粉	25	70	17	千克	AB
2103	**调味汁及其制品；混合调味品；芥子粉及其调制品**					
2103100000	酱油	28	90	17	千克	AB
2103200000	番茄沙司及其他番茄调味汁	15	90	17	千克	AB
2103300000	芥子粉及其调味品	15	70	17	千克	AB
2103901000	味精	21	130	17	千克	AB
2103902000	别特酒（Aromatic Bitters，仅做烹饪用，不适于饮用）	21	90	17	千克	AB
2103909000	其他调味品	21	90	17	千克	AB
2104	**汤料及其制品；均化混合食品**					
2104100000	汤料及其制品	15	90	17	千克	AB
2104200000	均化混合食品	32	90	17	千克	AB
2105	**冰淇淋及其他冰制食品，不论是否含可可**					
2105000000	冰淇淋及其他冰制食品（不论是否含可可）	19	90	17	千克	AB
2106	**其他品目未列名的食品**					
2106100000	浓缩蛋白质及人造蛋白物质	10	90	17	千克	AB
2106901000	制造碳酸饮料的浓缩物	35	100	17	千克	AB
2106902000	制造饮料用的复合酒精制品	20	180	17	千克	AB

商品编号	商品名称及备注	进口关税税率(%)		增值税率(%)	计量单位	监管条件
		最惠国	普通			
2106903010	含濒危植物成分的蜂王浆制剂	3	80	17	千克	ABFE
2106903090	其他蜂王浆制剂	3	80	17	千克	AB
2106904000	椰子汁	10	90	17	千克	AB
2106909001*	乳蛋白部分水解配方、乳蛋白深度水解配方、氨基酸配方特殊婴幼儿奶粉	20	90	17	千克	AB
2106909010	含濒危动植物成分的其他编号未列名食品	20	90	17	千克	ABEF
2106909090	其他编号未列名的食品	20	90	17	千克	AB

第二十二章　饮料、酒及醋

注释：

一、本章不包括：

（一）本章的产品（品目22.09的货品除外）经配制后，用于烹饪而不适于作为饮料的制品（通常归入品目21.03）；

（二）海水（品目25.01）；

（三）蒸馏水、导电水及类似的纯净水（品目28.53）；

（四）按重量计浓度超过10%的醋酸（品目29.15）；

（五）品目30.03或30.04的药品；

（六）芳香料制品及盥洗品（第三十三章）。

二、本章及第二十章和第二十一章所称"按容量计酒精浓度"，应是温度在20℃时测得的浓度。

三、品目22.02所称"无酒精饮料"，是指按容量计酒精浓度不超过0.5%的饮料。含酒精饮料应分别归入品目22.03至22.06或品目22.08。

子目注释：

子目号2204.10所称"汽酒"，是指温度在20℃时装在密封容器中超过大气压力3巴及以上的酒。

商品编号	商品名称及备注	进口关税税率（%）		增值税率（%）	计量单位	监管条件
		最惠国	普通			
2201	**未加糖或其他甜物质及未加味的水，包括天然或人造矿泉水及汽水；冰及雪**					
2201101000	未加糖及未加味的矿泉水（包括天然或人造矿泉水）	20	90	17	升/千克	AB
2201102000	未加糖及未加味的汽水	20	90	17	升/千克	AB
2201901000	天然水（未加味、加糖或其他甜物质）	10	30	17	千升/吨	AB
2201909000	其他水、冰及雪（未加味、加糖或其他甜物质）	10	30	17	千升/吨	AB
2202	**加味、加糖或其他甜物质的水，包括矿泉水及汽水，其他无酒精饮料，但不包括品目20.09的水果汁或蔬菜汁**					
2202100010	含濒危动植物成分的加味、加糖或其他甜物质的水（包括矿泉水及汽水）	20	100	17	升/千克	ABEF
2202100090	其他加味、加糖或其他甜物质的水（包括矿泉水及汽水）	20	100	17	升/千克	AB
2202900011	含濒危动植物成分散装无酒精饮料（不包括品目20.09的水果汁或蔬菜汁）	35	100	17	升/千克	ABEF
2202900019	其他散装无酒精饮料（不包括品目20.09的水果汁或蔬菜汁）	35	100	17	升/千克	AB
2202900091	含濒危动植物成分其他包装无酒精饮料（不包括品目20.09的水果汁或蔬菜汁）	35	100	17	升/千克	ABEF
2202900099	其他包装无酒精饮料（不包括品目20.09的水果汁或蔬菜汁）	35	100	17	升/千克	AB
2203	**麦芽酿造的啤酒**					
2203000000	麦芽酿造的啤酒	见附表3	见附表3	17	升/千克	AB
2204	**鲜葡萄酿造的酒，包括加酒精的；品目20.09以外的酿酒葡萄汁**					
2204100000	葡萄汽酒	14	180	17	升/千克	AB
2204210000	小包装的鲜葡萄酿造的酒（小包装指装入两升及以下容器的）	14	180	17	升/千克	AB
2204290000	其他包装鲜葡萄酿造的酒（其他包装指装入两升以上容器的）	20	180	17	升/千克	AB
2204300000	其他酿酒葡萄汁（品目20.09以外的）	30	90	17	升/千克	AB

商品编号	商 品 名 称 及 备 注	进口关税税率(%)		增值税率(%)	计量单位	监管条件
		最惠国	普通			
2205	**味美思酒及其他加植物或香料的用鲜葡萄酿造的酒**					
2205100000	小包装的味美思酒及类似酒(两升及以下容器包装,加植物或香料的用鲜葡萄酿造的酒)	65	180	17	升/千克	AB
2205900000	其他包装的味美思酒及类似酒(两升以上容器包装,加植物或香料的用鲜葡萄酿造的酒)	65	180	17	升/千克	AB
2206	**其他发酵饮料(例如,苹果酒、梨酒、蜂蜜酒);其他品目未列名的发酵饮料的混合物及发酵饮料与无酒精饮料的混合物**					
2206001000	黄酒(以稻米、黍米、玉米、小米、小麦等为主要原料,经进一步加工制成)	40	180	17	升/千克	AB
2206009000	其他发酵饮料(未列名发酵饮料混合物及发酵饮料与无酒精饮料的混合物)	40	180	17	升/千克	AB
2207	**未改性乙醇,按容量计酒精浓度在80%及以上;任何浓度的改性乙醇及其他酒精**					
2207100000	酒精浓度在80%及以上的未改性乙醇	40	100	17	升/千克	ABG
2207200010*	任何浓度的改性乙醇	30	80	17	升/千克	ABG
2207200090*	任何浓度的其他酒精	30	80	17	升/千克	ABG
2208	**未改性乙醇,按容量计酒精浓度在80%以下;蒸馏酒、利口酒及其他酒精饮料**					
2208200000	蒸馏葡萄酒制得的烈性酒	10	180	17	升/千克	AB
2208300000	威士忌酒	10	180	17	升/千克	AB
2208400000	朗姆酒及蒸馏已发酵甘蔗产品制得的其他烈性酒	10	180	17	升/千克	AB
2208500000	杜松子酒	10	180	17	升/千克	AB
2208600000	伏特加酒	10	180	17	升/千克	AB
2208700000	利口酒及柯迪尔酒	10	180	17	升/千克	AB
2208901000	龙舌兰酒	10	180	17	升/千克	ABFE
2208902000	白酒	10	180	17	升/千克	AB
2208909001	酒精浓度在80%以下的未改性乙醇	10	180	17	升/千克	AB
2208909021	含濒危野生动植物成分的薯类蒸馏酒	10	180	17	升/千克	ABEF
2208909029	其他薯类蒸馏酒	10	180	17	升/千克	AB
2208909091	含濒危野生动植物成分的其他蒸馏酒及酒精饮料	10	180	17	升/千克	ABEF
2208909099	其他蒸馏酒及酒精饮料	10	180	17	升/千克	AB
2209	**醋及用醋酸制得的醋代用品**					
2209000000	醋及用醋酸制得的醋代用品	20	70	17	升/千克	AB

第二十三章　食品工业的残渣及废料;配制的动物饲料

注释:

品目23.09包括其他品目未列名的配制动物饲料,这些饲料是由动、植物原料加工而成的,并且已改变了原料的基本特性,但加工过程中的植物废料、植物残渣及副产品除外。

子目注释:

子目2306.41所称"低芥子酸油菜子",是指第十二章子目注释一所定义的油菜子。

商品编号	商品名称及备注	进口关税税率(%)		增值税率(%)	计量单位	监管条件
		最惠国	普通			
2301	**不适于供人食用的肉、杂碎、鱼、甲壳动物、软体动物或其他水生无脊椎动物的渣粉及团粒;油渣**					
2301101100	含牛羊成分的肉骨粉(不适于供人食用的)	2	11	13	千克	AB
2301101900	其他肉骨粉(不适于供人食用的)	2	11	13	千克	AB
2301102000	油渣(不适于供人食用的)	5	50	13	千克	AB
2301109000	其他不适于供人食用的肉渣粉(包括杂碎渣粉)	5	30	13	千克	AB
2301201000	饲料用鱼粉	2	11	13	千克	AB
2301209000	其他不适于供人食用的水产品渣粉	5	30	13	千克	AB
2302	**谷物或豆类植物在筛、碾或其他加工过程中所产生的糠、麸及其他残渣,不论是否制成团粒**					
2302100000	玉米糠、麸及其他残渣	5	30	13	千克	AB
2302300000	小麦糠、麸及其他残渣	3	30	13	千克	AB
2302400000	其他谷物糠、麸及其他残渣	5	30	13	千克	AB
2302500000	豆类植物糠、麸及其他残渣	5	30	13	千克	AB
2303	**制造淀粉过程中的残渣及类似的残渣,甜菜渣、甘蔗渣及制糖过程中的其他残渣,酿造及蒸馏过程中的糟粕及残渣,不论是否制成团粒**					
2303100000	制造淀粉过程中的残渣及类似品	5	30	13	千克	AB
2303200000	甜菜渣、甘蔗渣及类似残渣	5	30	13	千克	AB
2303300010	玉米酒糟	5	30	13	千克	7AB
2303300090	其他酿造及蒸馏过程中的糟粕及残渣	5	30	13	千克	AB
2304	**提炼豆油所得的油渣饼及其他固体残渣,不论是否碾磨或制成团粒**					
2304001000	提炼豆油所得的油渣饼(豆饼)	5	30	13	千克	7AB
2304009000	提炼豆油所得的其他固体残渣(不论是否研磨或制成团)	5	30	13	千克	7AB
2305	**提炼花生油所得的油渣饼及其他固体残渣,不论是否碾磨或制成团粒**					
2305000000	花生饼及类似油渣	5	30	13	千克	AB
2306	**品目23.04或23.05以外的提炼植物油脂所得的油渣饼及其他固体残渣,不论是否碾磨或制成团粒**					
2306100000	棉子油渣饼及固体残渣(品目23.04或23.05以外提炼植物油脂所得的)	5	30	13	千克	AB
2306200000	亚麻子油渣饼及固体残渣(品目23.04或23.05以外提炼植物油脂所得的)	5	30	13	千克	AB

商品编号	商品名称及备注	进口关税税率(%)		增值税率(%)	计量单位	监管条件
		最惠国	普通			
2306300000	葵花子油渣饼及固体残渣(品目23.04或23.05以外提炼植物油脂所得的)	5	30	13	千克	AB
2306410000	低芥子酸油菜子油渣饼及固体残渣(品目23.04或23.06以外提炼植物油脂所得的)	5	30	13	千克	AB
2306490000	其他油菜子油渣饼及固体残渣(品目23.04或23.05以外提炼植物油脂所得的)	5	30	13	千克	AB
2306500000	椰子或干椰肉油渣饼及固体残渣(品目23.04或23.05以外提炼植物油脂所得的)	5	30	13	千克	AB
2306600010	濒危棕榈果或濒危棕榈仁油渣饼及固体残渣(品目23.04或23.05以外提炼植物油脂所得的)	5	30	13	千克	ABEF
2306600090	其他棕榈果或其他棕榈仁油渣饼及固体残渣(品目23.04或23.05以外提炼植物油脂所得的)	5	30	13	千克	AB
2306900000	其他油渣饼及固体残渣(品目23.04或23.05以外提炼植物油脂所得的)	5	30	13	千克	AB
2307	**葡萄酒渣;粗酒石**					
2307000000	葡萄酒渣、粗酒石	5	30	13	千克	AB
2308	**动物饲料用的其他品目未列名的植物原料、废料、残渣及副产品,不论是否制成团粒**					
2308000000	其他饲料用植物产品(包括废料、残渣及副产品)	5	35	13	千克	AB
2309	**配制的动物饲料**					
2309101000	狗食或猫食罐头	15	90	13	千克	AB
2309109000	其他零售包装的狗食或猫食	15	90	13	千克	AB
2309901000	制成的饲料添加剂	5	14	17	千克	AB
2309909000*	其他配制的动物饲料	6.5	14	13	千克	AB

第二十四章　烟草、烟草及烟草代用品的制品

注释：

本章不包括药用卷烟（第三十章）。

子目注释：

子目 2403.11 所称“水烟料”，是指由烟草和甘油混合而成用水烟筒吸用的烟草，不论是否含有芳香油及提取物、糖蜜或糖，也不论是否用水果调味，但供在水烟筒中吸用的非烟草产品除外。

商品编号	商品名称及备注	进口关税税率（%）最惠国	进口关税税率（%）普通	增值税率（%）	计量单位	监管条件
2401	**烟草；烟草废料**					
2401101000	未去梗的烤烟	10	70	17	千克	7AB
2401109000	其他未去梗的烟草	10	70	17	千克	7AB
2401201000	部分或全部去梗的烤烟	10	70	17	千克	7AB
2401209000	部分或全部去梗的其他烟草	10	70	17	千克	7AB
2401300000	烟草废料	10	70	17	千克	AB7
2402	**烟草或烟草代用品制成的雪茄烟及卷烟**					
2402100000	烟草制的雪茄烟	25	180	17	千支/千克	7AB
2402200000	烟草制的卷烟	25	180	17	千支/千克	7AB
2402900001	烟草代用品制的卷烟	25	180	17	千支/千克	7AB
2402900009	烟草代用品制的雪茄烟	25	180	17	千支/千克	7AB
2403	**其他烟草及烟草代用品的制品；“均化”或“再造”烟草；烟草精汁**					
2403110000	供吸用的本章子目注释所述的水烟料（不论是否含有任何比例的烟草代用品）	57	180	17	千克	7AB
2403190000	其他供吸用的烟草（不论是否含有任何比例的烟草代用品）	57	180	17	千克	7AB
2403910010*	再造烟草	57	180	17	千克	AB7
2403910090	均化烟草	57	180	17	千克	AB7
2403990010	烟草精汁	57	180	17	千克	7AB
2403990090	其他烟草及烟草代用品的制品	57	180	17	千克	AB

第五类　矿　产　品

第二十五章　盐;硫磺;泥土及石料;石膏料、石灰及水泥

注释:

一、除条文及注释四另有规定的以外,本章各品目只包括原产状态的矿产品,或只经过洗涤(包括用化学物质清除杂质而未改变产品结构的)、破碎、磨碎、研粉、淘洗、筛分以及用浮选、磁选和其他机械物理方法(不包括结晶法)精选过的货品,但不得经过焙烧、煅烧、混合或超过品目所列的加工范围。

本章产品可含有添加的抗尘剂,但所加剂料并不使原产品改变其一般用途而适用于某些特殊用途。

二、本章不包括:

(一)升华硫磺、沉淀硫磺及胶态硫磺(品目28.02);

(二)土色料,按重量计三氧化二铁含量在70%及以上(品目28.21);

(三)第三十章的药品及其他产品;

(四)芳香料制品及化妆盥洗品(第三十三章);

(五)长方砌石、路缘石、扁平石(品目68.01)、镶嵌石或类似石料(品目68.02)及铺屋顶、饰墙面或防潮用的板石(品目68.03);

(六)宝石或半宝石(品目71.02或71.03);

(七)每颗重量不低于2.5克的氯化钠或氧化镁培养晶体(光学元件除外)(品目38.24);氯化钠或氧化镁制的光学元件(品目90.01);

(八)台球用粉块(品目95.04);

(九)书写或绘画用粉笔及裁缝划粉(品目96.09)。

三、既可归入品目25.17又可归入本章其他品目的产品,应归入品目25.17。

四、品目25.30主要包括:未膨胀的蛭石、珍珠岩及绿泥石;不论是否煅烧或混合的土色料;天然云母氧化铁;海泡石(不论是否磨光成块);琥珀;模制后未经进一步加工的片、条、杆或类似形状的粘聚海泡石及粘聚琥珀;黑玉;菱锶矿(不论是否煅烧),但不包括氧化锶;陶器、砖或混凝土的碎块。

商品编号	商品名称及备注	进口关税税率(%)		增值税率(%)	计量单位	监管条件
		最惠国	普通			
2501	**盐(包括精制盐及变性盐)及纯氯化钠,不论是否为水溶液,也不论是否添加抗结块剂或松散剂;海水**					
2501001100	食用盐	0	0	13	千克	AB
2501001900	其他盐	0	0	17	千克	AB
2501002000	纯氯化钠	3	35	17	千克	
2501003000	海水	0	0	17	千克	
2502	**未焙烧的黄铁矿**					
2502000000*	未焙烧的黄铁矿	3	20	17	千克	
2503	**各种硫磺,但升华硫磺、沉淀硫磺及胶态硫磺除外**					
2503000000*	各种硫磺(升华硫磺、沉淀硫磺及胶态硫磺除外)	3	17	17	千克	AB
2504	**天然石墨**					
2504101000*	鳞片状天然石墨	3	30	17	千克	
2504109100	球化石墨(天然石墨经球化加工、分级得到的产品,直径120微米以下)	3	30	17	千克	
2504109900*	其他粉末状天然石墨	3	30	17	千克	
2504900000*	其他天然石墨	3	30	17	千克	
2505	**各种天然砂,不论是否着色,但第二十六章的含金属矿砂除外**					

商品编号	商品名称及备注	进口关税税率(%)		增值税率(%)	计量单位	监管条件
		最惠国	普通			
2505100000*	硅砂及石英砂(不论是否着色)	3	40	17	千克	48xy
2505900010*	标准砂(不论是否着色,第二十六章的金属矿砂除外)	3	40	17	千克	4xy
2505900090*	其他天然砂(不论是否着色,第二十六章的金属矿砂除外)	3	40	17	千克	48xy
2506	**石英(天然砂除外);石英岩,不论是否粗加修整或仅用锯或其他方法切割成矩形(包括正方形)的板、块**					
2506100000*	石英(天然砂除外)	3	40	17	千克	
2506200000*	石英岩(不论是否粗加修整或仅用锯或其他方法切割成矩形板或块)	3	40	17	千克	
2507	**高岭土及类似土,不论是否煅烧**					
2507001000	不论是否煅烧的高岭土	3	50	17	千克	
2507009000	不论是否煅烧的其他高岭土类似土	3	50	17	千克	
2508	**其他黏土(不包括品目68.06的膨胀黏土)、红柱石、蓝晶石及硅线石,不论是否煅烧;富铝红柱石;火泥及第纳斯土**					
2508100000	膨润土,不论是否煅烧	3	50	17	千克	
2508300000*	耐火黏土,不论是否煅烧(包括矾土、焦宝石及其他耐火黏土)	3	20	17	千克	4xy
2508400000	其他黏土,不论是否煅烧	3	50	17	千克	
2508500000*	红柱石、蓝晶石及硅线石,不论是否煅烧	3	40	17	千克	
2508600000*	富铝红柱石	3	40	17	千克	
2508700010	火泥	3	20	17	千克	
2508700090	第纳斯土	3	20	17	千克	
2509	**白垩**					
2509000000	白垩	3	45	17	千克	
2510	**天然磷酸钙、天然磷酸铝钙及磷酸盐白垩**					
2510101000*	未碾磨磷灰石	3	11	17	千克	4xy
2510109000*	其他未碾磨天然磷酸钙(包括天然磷酸铝钙及磷酸盐白垩,磷灰石除外)	3	20	17	千克	4xy
2510201000*	已碾磨磷灰石	3	11	17	千克	4xy
2510209000*	其他已碾磨天然磷酸钙(包括天然磷酸铝钙及磷酸盐白垩)	3	20	17	千克	4xy
2511	**天然硫酸钡(重晶石);天然碳酸钡(毒重石),不论是否煅烧,但品目28.16的氧化钡除外**					
2511100000*	天然硫酸钡(重晶石)	3	45	17	千克	
2511200000*	天然碳酸钡(毒重石)(不论是否煅烧,但品目28.16的氧化钡除外)	3	45	17	千克	
2512	**硅质化石粗粉(例如各钟硅藻土)及类似的硅质土,不论是否煅烧,其表观比重不超过1**					
2512001000	硅藻土(不论是否煅烧,表观比重不超过1)	3	40	17	千克	AB
2512009000	其他硅质化石粗粉及类似的硅质土(不论是否煅烧,表观比重不超过1)	3	40	17	千克	
2513	**浮石;刚玉岩;天然刚玉砂;天然石榴石及其他天然磨料,不论是否热处理**					
2513100000	浮石	3	35	17	千克	
2513200000	刚玉岩、天然刚玉砂等天然磨料(包括天然石榴石及其他天然磨料)	3	17	17	千克	

商品编号	商 品 名 称 及 备 注	进口关税税率(%)		增值税率(%)	计量单位	监管条件
		最惠国	普通			
2514	**板岩,不论是否粗加修整或仅用锯或其他方法切割成矩形(包括正方形)的板、块**					
2514000000	板岩(不论是否粗加修整或仅用锯或其他方法切割成矩形板或块)	3	50	17	千克	
2515	**大理石、石灰华及其他石灰质碑用或建筑用石,表观比重为2.5及以上,蜡石,不论是否粗加修整或仅用锯或其他方法切割成矩形(包括正方形)的板、块**					
2515110000*	原状或粗加修整的大理石及石灰华	4	80	17	千克	
2515120000*	矩形大理石及石灰华(用锯或其他方法切割成矩形)	4	80	17	千克	
2515200000*	其他石灰质碑用或建筑用石,蜡石	3	50	17	千克	
2516	**花岗岩、斑岩、玄武岩、砂岩以及其他碑用或建筑用石,不论是否粗加修整或仅用锯或其他方法切割成矩形(包括正方形)的板、块**					
2516110000*	原状或粗加修整花岗岩	4	50	17	千克	A
2516120000*	矩形花岗岩(用锯或其他方法切割成矩形)	4	50	17	千克	A
2516200001*	原状或粗加修整砂岩	3	50	17	千克	A
2516200090*	矩形(包括正方形)砂岩(用锯或其他方法切割成矩形的板、块)	3	50	17	千克	
2516900000	其他碑用或建筑用石	3	50	17	千克	
2517	**通常作混凝土粒料、铺路、铁道路基或其他路基用的卵石、砾石及碎石,圆石子及燧石,不论是否热处理;矿渣、浮渣及类似的工业残渣不论是否混有本品目第一部分所列的材料;沥青碎石,品目25.15、25.16所列各种石料的碎粒、碎屑及粉末,不论是否热处理**					
2517100000	卵石、砾石及碎石、圆石子及燧石(通常作混凝土粒料、铺路或其他路基用,不论是否热处理)	4	50	17	千克	
2517200000	矿渣、浮渣及类似的工业残渣(不论是否混有25171000所列的材料)	3	50	17	千克	9
2517300000	沥青碎石	3	50	17	千克	9
2517410000	大理石碎粒、碎屑及粉末(不论是否热处理)	3	50	17	千克	
2517490000	品目25.15及25.16所列其他石碎粒等(不论是否热处理)	3	50	17	千克	
2518	**白云石,不论是否煅烧或烧结、粗加修整或仅用锯或其他方法切割成矩形(包括正方形)的板、块;夯混白云石**					
2518100000	未煅烧白云石(不论是否粗加修整或仅用锯或其他方法切割成矩形板、块)	3	40	17	千克	
2518200000	已煅烧白云石(不论是否粗加修整或仅用锯或其他方法切割成矩形板、块)	3	40	17	千克	
2518300000	夯混白云石(包括沥青白云石)	3	40	17	千克	
2519	**天然碳酸镁(菱镁矿);熔凝镁氧矿;烧结镁氧矿,不论烧结前是否加入少量其他氧化物;其他氧化镁,不论是否纯净**					
2519100000*	天然碳酸镁(菱镁矿)	3	40	17	千克	y4x
2519901000*	熔凝镁氧矿(电熔镁,包括喷补料)	3	40	17	千克	y4x
2519902000*	烧结镁氧矿(重烧镁)(包括喷补料)	3	40	17	千克	y4x
2519903000*	碱烧镁(轻烧镁)	3	40	17	千克	y4x
2519909100	化学纯氧化镁	3	35	17	千克	AB
2519909910*	其他氧化镁含量在70%及以上的矿产品	3	40	17	千克	4xy

商品编号	商品名称及备注	进口关税税率(%) 最惠国	进口关税税率(%) 普通	增值税率(%)	计量单位	监管条件
2519909990*	其他氧化镁	3	40	17	千克	
2520	**生石膏;硬石膏;熟石膏(由煅烧的生石膏或硫酸钙构成),不论是否着色,也不论是否带有少量促凝剂或缓凝剂**					
2520100000	生石膏,硬石膏	5	80	17	千克	
2520201000	牙科用熟石膏(不论是否着色或带有少量促凝剂或缓凝剂)	5	40	17	千克	
2520209000	其他熟石膏(不论是否着色或带有少量促凝剂或缓凝剂)	5	80	17	千克	
2521	**石灰石助熔剂;通常用于制造石灰或水泥的石灰石及其他钙质石**					
2521000000	石灰石助熔剂、石灰石及其他钙石	5	50	17	千克	
2522	**生石灰、熟石灰及水硬石灰,但品目28.25的氧化钙及氢氧化钙除外**					
2522100000	生石灰	5	80	17	千克	
2522200000	熟石灰	5	80	17	千克	
2522300000	水硬石灰	5	80	17	千克	
2523	**硅酸盐水泥、矾土水泥、矿渣水泥、富硫酸盐水泥及类似的水凝水泥,不论是否着色,包括水泥熟料**					
2523100000	水泥熟料	8	30	17	千克	
2523210000	白水泥,不论是否人工着色	6	30	17	千克	
2523290000	其他硅酸盐水泥	8	30	17	千克	AB
2523300000	矾土水泥	6	30	17	千克	
2523900000	其他水凝水泥	8	30	17	千克	AB
2524	**石棉**					
2524100000	青石棉	5	30	17	千克	89
2524901010	长纤维阳起石石棉(包括长纤维铁石棉、透闪石石棉及直闪石石棉)	5	30	17	千克	89
2524901090	其他长纤维石棉	5	30	17	千克	
2524909010	其他阳起石石棉(包括其他铁石棉、透闪石石棉及直闪石石棉)	5	35	17	千克	89
2524909090	其他石棉	5	35	17	千克	
2525	**云母,包括云母片;云母废料**					
2525100000	原状云母及劈开的云母片	5	30	17	千克	
2525200000	云母粉	5	30	17	千克	
2525300000	云母废料(指云母机械加工产生的边角料)	5	30	17	千克	AP
2526	**天然冻石,不论是否粗加修整或仅用锯或其他方法切割成矩形(包括正方形)的板、块;滑石**					
2526101000	未破碎及未研粉的天然冻石(不论是否粗加修整或仅用锯或其他方法切割成矩形板块)	3	50	17	千克	
2526102000*	未破碎及未研粉的滑石(不论是否粗加修整或仅用锯或其他方法切割成矩形板块)	3	50	17	千克	4xy
2526201000	已破碎或已研粉的天然冻石	3	50	17	千克	
2526202001*	滑石粉(体积百分比90%及以上的产品颗粒度≤18微米的)	3	50	17	千克	4ABxy
2526202090*	已破碎或已研粉的其他天然滑石	3	50	17	千克	4xy

商品编号	商品名称及备注	进口关税税率(%)		增值税率(%)	计量单位	监管条件
		最惠国	普通			
2528	**天然硼酸盐及其精矿(不论是否煅烧),但不包括从天然盐水析离的硼酸盐;天然粗硼酸,含硼酸干重不超过85%**					
2528001000*	天然硼砂及其精矿(不论是否煅烧,不含从天然盐水析离的硼酸盐)	3	30	17	千克	A
2528009000*	其他天然硼酸盐及精矿;天然粗硼酸,含硼酸干重不超过85%	5	30	17	千克	
2529	**长石;白榴石;霞石及霞石正长岩;萤石(氟石)**					
2529100000	长石	3	50	17	千克	
2529210000*	按重量计氟化钙含量≤97%的萤石	3	50	17	千克	
2529220000*	按重量计氟化钙含量>97%的萤石	3	50	17	千克	
2529300000	白榴石、霞石及霞石正长岩	5	50	17	千克	
2530	**其他品目未列名的矿产品**					
2530101000*	未膨胀的绿泥石	5	30	17	千克	
2530102000	未膨胀的蛭石及珍珠岩	5	30	17	千克	
2530200000	硫镁矾矿及泻盐矿(天然硫酸镁)	3	30	17	千克	
2530901000	矿物性药材	3	30	17	千克	
2530902010*	按重量计中重稀土总含量≥30%的稀土金属矿	0	0	17	千克	4Bxy
2530902090*	其他稀土金属矿	0	0	17	千克	4Bxy
2530909100	硅灰石	3	50	17	千克	
2530909901*	天青石	3	50	17	千克	
2530909902*	锂辉石矿	3	50	17	千克	
2530909910*	废镁砖	3	50	17	千克	49xy
2530909920	叶蜡石	3	50	17	千克	
2530909930*	未煅烧的水镁石	3	50	17	千克	4xy
2530909992*	其他品目未列名氧化镁含量在70%及以上的矿产品	3	50	17	千克	
2530909999	其他矿产品	3	50	17	千克	

第二十六章　矿砂、矿渣及矿灰

注释：

一、本章不包括：

（一）供铺路用的矿渣及类似的工业废渣（品目25.17）；

（二）天然碳酸镁（菱镁矿），不论是否煅烧（品目25.19）；

（三）主要含有石油的石油储罐的淤渣（品目27.10）；

（四）第三十一章的碱性熔渣；

（五）矿物棉（品目68.06）；

（六）贵金属或包贵金属的废碎料；主要用于回收贵金属的含贵金属或贵金属化合物的其他废碎料（品目71.12）；

（七）通过熔炼所产生的铜锍、镍锍或钴锍（第十五类）。

二、品目26.01至26.17所称"矿砂"，是指冶金工业中提炼汞、品目28.44的金属，以及第十四类、第十五类金属的矿物，即使这些矿物不用于冶金工业，也包括在内。但品目26.01至26.17不包括不是以冶金工业正常加工方法处理的各种矿物。

三、品目26.20仅适用于：

（一）在工业上提炼金属或作为生产金属化合物基本原料的矿渣、矿灰及残渣，但焚化城市垃圾所产生的灰、渣除外（品目26.21）；

（二）含有砷的矿渣、矿灰及残渣，不论其是否含有金属，用于提取或生产砷、金属及其化合物。

子目注释：

一、子目2620.21所称"含铅汽油的淤渣及含铅抗震化合物的淤渣"，是指含铅汽油及含铅抗震化合物（例如，四乙基铅）储罐的淤渣，主要含有铅、铅化合物以及铁的氧化物；

二、含有砷、汞、铊及其混合物的矿渣、矿灰及残渣，用于提取或生产砷、汞、铊及其化合物，归入子目2620.60。

商品编号	商品名称及备注	进口关税税率（%）		增值税率（%）	计量单位	监管条件
		最惠国	普通			
2601	**铁矿砂及其精矿，包括焙烧黄铁矿**					
2601111000*	未烧结铁矿砂及其精矿（平均粒度小于0.8毫米的，焙烧黄铁矿除外）	0	0	17	千克	7A
2601112000*	未烧结铁矿砂及其精矿（平均粒度不小于0.8毫米，但不大于6.3毫米的，焙烧黄铁矿除外）	0	0	17	千克	7A
2601119000*	平均粒度大于6.3毫米的未烧结铁矿砂及其精矿（焙烧黄铁矿除外）	0	0	17	千克	7A
2601120000*	已烧结铁矿砂及其精矿（焙烧黄铁矿除外）	0	0	17	千克	7A
2601200000*	焙烧黄铁矿	0	0	17	千克	7A
2602	**锰矿砂及其精矿，包括以干重计含锰量在20%及以上的锰铁矿及其精矿**					
2602000000*	锰矿砂及其精矿（包括以干重计含锰量在20%及以上的锰铁矿及其精矿）	0	0	17	千克	AB
2603	**铜矿砂及其精矿**					
2603000010*	铜矿砂及其精矿（黄金价值部分）	0	0	0	千克	7A
2603000090*	铜矿砂及其精矿（非黄金价值部分）	0	0	17	千克	7A
2604	**镍矿砂及其精矿**					
2604000001*	镍矿砂及其精矿（黄金价值部分）	0	0	0	千克	
2604000090*	镍矿砂及其精矿（非黄金价值部分）	0	0	17	千克	
2605	**钴矿砂及其精矿**					
2605000001*	钴矿砂及其精矿（黄金价值部分）	0	0	0	千克	
2605000090*	钴矿砂及其精矿（非黄金价值部分）	0	0	17	千克	
2606	**铝矿砂及其精矿**					

商品编号	商品名称及备注	进口关税税率(%) 最惠国	普通	增值税率(%)	计量单位	监管条件
2606000000	铝矿砂及其精矿	0	0	17	千克	47Bxy
2607	**铅矿砂及其精矿**					
2607000001	铅矿砂及其精矿(黄金价值部分)	0	0	0	千克	A
2607000090	铅矿砂及其精矿(非黄金价值部分)	0	0	17	千克	A
2608	**锌矿砂及其精矿**					
2608000001*	灰色饲料氧化锌(氧化锌 ZnO 含量>80%)	0	0	17	千克	A4xy
2608000090	其他锌矿砂及其精矿	0	0	17	千克	A4xy
2609	**锡矿砂及其精矿**					
2609000000*	锡矿砂及其精矿	0	0	17	千克	B4xy
2610	**铬矿砂及其精矿**					
2610000000*	铬矿砂及其精矿	0	0	17	千克	A
2611	**钨矿砂及其精矿**					
2611000000	钨矿砂及其精矿	0	0	17	千克	4xBy
2612	**铀或钍矿砂及其精矿**					
2612100000*	铀矿砂及其精矿	0	0	17	千克	
2612200000*	钍矿砂及其精矿	0	0	17	千克	4xy
2613	**钼矿砂及其精矿**					
2613100000*	已焙烧钼矿砂及其精矿	0	0	17	千克	4Bxy
2613900000*	其他钼矿砂及其精矿	0	0	17	千克	4Bxy
2614	**钛矿砂及其精矿**					
2614000000*	钛矿砂及其精矿	0	0	17	千克	
2615	**铌、钽、钒或锆矿砂及其精矿**					
2615100000*	锆矿砂及其精矿	0	0	17	千克	
2615901000	水合钽铌原料(钽铌矿富集物)	0	0	17	千克	
2615909010	铌、钽精矿及其矿砂	0	0	17	千克	
2615909090	钒矿砂;钒精矿	0	0	17	千克	
2616	**贵金属矿砂及其精矿**					
2616100000*	银矿砂及其精矿	0	0	17	千克	
2616900001*	黄金矿砂	0	0	0	千克	
2616900009*	其他贵金属矿砂及其精矿	0	0	17	千克	
2617	**其他矿砂及其精矿**					
2617101000	生锑(锑精矿,选矿产品)	0	0	17	千克	4xy
2617109001*	其他锑矿砂及其精矿(黄金价值部分)	0	0	0	千克	4xBy
2617109090*	其他锑矿砂及其精矿(非黄金价值部分)	0	0	17	千克	4xBy
2617901000*	朱砂(辰砂)	3	14	17	千克	X
2617909000*	其他矿砂及其精矿	0	0	17	千克	
2618	**冶炼钢铁所产生的粒状熔渣(熔渣砂)**					
2618001001*	主要含锰的冶炼钢铁产生的粒状熔渣,含锰量>25%(包括熔渣砂)	4	35	17	千克	AP
2618001090*	其他主要含锰的冶炼钢铁产生的粒状熔渣(包括熔渣砂)	4	35	17	千克	9A
2618009000*	其他的冶炼钢铁产生的粒状熔渣(包括熔渣砂)	4	35	17	千克	9A

商品编号	商品名称及备注	进口关税税率(%) 最惠国	进口关税税率(%) 普通	增值税率(%)	计量单位	监管条件
2619	**冶炼钢铁所产生的熔渣、浮渣(粒状熔渣除外)、氧化皮及其他废料**					
2619000010*	轧钢产生的氧化皮	4	35	17	千克	AP
2619000021*	冶炼钢铁所产生的含钒浮渣、熔渣,五氧化二钒含量>25%(冶炼钢铁所产生的粒状熔渣除外)	4	35	17	千克	AP
2619000029*	其他冶炼钢铁所产生的含钒浮渣、熔渣(冶炼钢铁所产生的粒状熔渣除外)	4	35	17	千克	AP
2619000030*	含铁大于80%的冶炼钢铁产生的渣钢铁	4	35	17	千克	AP
2619000090*	冶炼钢铁产生的其他熔渣、浮渣及其他废料(冶炼钢铁所产生的粒状熔渣除外)	4	35	17	千克	9A
2620	**含有金属、砷及其化合物的矿渣、矿灰及残渣(冶炼钢铁所产生的灰、渣除外)**					
2620110000*	含硬锌的矿渣、矿灰及残渣(冶炼钢铁所产生灰、渣的除外)	4	35	17	千克	9
2620190010*	含锌>12%的烧结铅锌冶炼矿渣(用做锌冶炼的原料)	4	35	17	千克	AP
2620190090*	含其他锌的矿渣、矿灰及残渣(冶炼钢铁所产生灰、渣的除外)	4	35	17	千克	9
2620210000*	含铅汽油淤渣及含铅抗震化合物的淤渣	4	35	17	千克	9
2620290000*	其他主要含铅的矿渣、矿灰及残渣(冶炼钢铁所产生灰、渣的除外)	4	35	17	千克	9
2620300000*	主要含铜的矿渣、矿灰及残渣(冶炼钢铁所产生灰、渣的除外)	4	35	17	千克	9
2620400000	主要含铝的矿渣、矿灰及残渣(冶炼钢铁所产生灰、渣的除外)	4	35	17	千克	9
2620600000*	含砷、汞及混合物矿渣、矿灰与残渣(用于提取或生产砷、汞、铊及其化合物)	4	35	17	千克	9
2620910000*	含锑、铍、镉、铬及混合物的矿渣、矿灰及残渣	4	35	17	千克	9
2620991000*	其他主要含钨的矿渣、矿灰及残渣	4	35	17	千克	y4x9
2620999011*	含其他金属及其化合物的矿渣、矿灰及残渣,五氧化二钒>25%(冶炼钢铁所产生的除外)	4	35	17	千克	AP
2620999019*	含其他金属及其化合物的矿渣、矿灰及残渣,10%<五氧化二钒≤25%的(冶炼钢铁所产生的除外)	4	35	17	千克	AP
2620999020*	含铜>10%的铜冶炼转炉渣、其他铜冶炼渣	4	35	17	千克	AP
2620999090*	含其他金属及其化合物的矿渣、矿灰及残渣(冶炼钢铁所产生灰、渣的除外)	4	35	17	千克	9
2621	**其他矿渣及矿灰,包括海藻灰(海草灰);焚化城市垃圾所产生的灰、渣**					
2621100000	焚化城市垃圾所产生的灰、渣	4	35	17	千克	9
2621900010	海藻灰及其他植物灰(包括稻壳灰)	4	35	17	千克	9
2621900090	其他矿渣及矿灰	4	35	17	千克	9

第二十七章　矿物燃料、矿物油及其蒸馏产品；沥青物质；矿物蜡

注释：

一、本章不包括：

（一）单独的已有化学定义的有机化合物，但纯甲烷及纯丙烷应归入品目27.11；

（二）品目30.03及30.04的药品；

（三）品目33.01、33.02及38.05的不饱和烃混合物。

二、品目27.10所称"石油及从沥青矿物提取的油类"，不仅包括石油、从沥青矿物提取的油及类似油，还包括那些用任何方法提取的主要含有不饱和烃混合物的油，但其非芳族成分的重量必须超过芳族成分。然而，它不包括温度在300℃时，压力转为1013毫巴后减压蒸馏出以体积计小于60%的液体合成聚烯烃（第三十九章）。

三、品目27.10所称"废油"，是指主要含石油及从沥青矿物提取的油类（参见本章注释二）的废油，不论其是否与水混合。它们包括：

（一）不再适于作为原产品使用的废油（例如，用过的润滑油、液压油、变压器油）；

（二）石油储罐的淤渣油，主要含废油及高浓度的在生产原产品时使用的添加剂（例如，化学品）；

（三）水乳浊液状或与水混合的废油，例如，浮油、清洗油罐所得的油或机械加工中已用过的切削油。

子目注释：

一、子目2701.11所称"无烟煤"，是指含挥发物（以干燥、无矿物质计）不超过14%的煤。

二、子目2701.12所称"烟煤"，是指含挥发物（以干燥、无矿物质计）超过14%，并且热值（以潮湿、无矿物质计）等于或大于5833大卡/千克的煤。

三、子目2707.10、2707.20、2707.30、2707.40所称"粗苯"、"粗甲苯"、"粗二甲苯"、"萘"，是分别指按重量计苯、甲苯、二甲苯、萘的含量在50%以上的产品。

四、子目2710.12所称"轻油及其制品"，是指温度在210℃时以体积计馏出量（包括损耗）在90%及以上的产品（以美国标准试验法D86为准）。

五、品目27.10的子目所称"生物柴油"，是指从动植物油脂（不论是否使用过）得到的用做燃料的脂肪酸单烷基酯。

商品编号	商品名称及备注	进口关税税率（%）		增值税率（%）	计量单位	监管条件
		最惠国	普通			
2701	**煤；煤砖、煤球及用煤制成的类似固体燃料**					
2701110010*	无烟煤（不论是否粉化，但未制成型）	3	20	17	千克	47ABxy
2701110090*	无烟煤滤料	3	20	17	千克	7AB
2701121000*	未制成型的炼焦煤（不论是否粉化）	3	20	17	千克	47ABxy
2701129000*	其他烟煤（不论是否粉化，但未制成型）	6	20	17	千克	47ABxy
2701190000*	其他煤（不论是否粉化，但未制成型）	5	20	17	千克	47ABxy
2701200000*	煤砖、煤球及类似用煤制固体燃料	5	50	17	千克	
2702	**褐煤，不论是否制成型，但不包括黑玉**					
2702100000*	褐煤（不论是否粉化，但未制成型）	3	20	17	千克	4xy
2702200000*	制成型的褐煤	3	20	17	千克	
2703	**泥煤（包括肥料用泥煤），不论是否制成型**					
2703000010*	泥炭（草炭）［沼泽（湿地）中，地上植物枯死、腐烂堆积而成的有机矿体（不论干湿）］	5	20	17	千克	8AB
2703000090*	泥煤（包括肥料用泥煤）（不论是否制成型）	5	20	17	千克	AB
2704	**煤、褐煤或泥煤制成的焦炭及半焦炭，不论是否制成型；甑炭**					
2704001000*	焦炭或半焦炭（煤，褐煤或泥煤制成的，不论是否成型）	5	11	17	千克	4xBy
2704009000*	甑炭	5	11	17	千克	

商品编号	商品名称及备注	进口关税税率(%)		增值税率(%)	计量单位	监管条件
		最惠国	普通			
2705	**煤气、水煤气、炉煤气及类似气体,但石油气及其他烃类气除外**					
2705000010*	煤气	5	20	13	千克	AB
2705000090*	水煤气、炉煤气及类似气体(石油气及其他烃类气除外)	5	20	13	千克	
2706	**从煤、褐煤或泥煤蒸馏所得的焦油及其他矿物焦油,不论是否脱水或部分蒸馏,包括再造焦油**					
2706000001*	含蒽油≥50%及沥青≥40%的"炭黑油"	6	30	17	千克	
2706000090*	其他从煤、褐煤或泥煤蒸馏所得的焦油及矿物焦油(不论是否脱水或部分蒸馏,包括再造焦油)	6	30	17	千克	AB
2707	**蒸馏高温煤焦油所得的油类及其他产品;芳族成分重量超过非芳族成分的类似产品**					
2707100000*	粗苯	6	20	17	千克	AB
2707200000	粗甲苯	6	30	17	千克	
2707300000*	粗二甲苯	6	20	17	千克	
2707400000	萘	7	30	17	千克	
2707500000*	其他芳烃混合物(250℃时蒸馏出芳烃含量以体积计在65%及以上)	7	30	17	千克	
2707910000	杂酚油	7	30	17	千克	
2707991000	酚	7	30	17	千克	
2707999000	蒸馏煤焦油所得的其他产品(包括芳族成分重量超过非芳族成分的其他类似产品)	7	30	17	千克	
2708	**从煤焦油或其他矿物焦油所得的沥青及沥青焦**					
2708100000	沥青	7	35	17	千克	
2708200001*	针状沥青焦	6	11	17	千克	
2708200090	其他沥青焦	6	11	17	千克	
2709	**石油原油及从沥青矿物提取的原油**					
2709000000*	石油原油(包括从沥青矿物提取的原油)	见附表3	见附表3	17	千克	4x7ABvy
2710	**石油及从沥青矿物提取的油类,但原油除外;以上述油为基本成分(按重量计不低于70%)的其他品目未列名制品;废油**					
2710121001*	车用汽油及航空汽油,不含生物柴油(铅含量每升不超过0.013克)	5	14	17	千克/升	47ABvy
2710121002*	车用汽油及航空汽油,不含生物柴油(铅含量每升超过0.013克)	5	14	17	千克/升	47ABvy
2710122000*	石脑油,不含生物柴油	6	20	17	千克/升	47ABvy
2710123000	橡胶溶剂油、油漆溶剂油、抽提溶剂油,不含生物柴油	6	30	17	千克/升	
2710129101*	壬烯,不含生物柴油(碳九异构体混合物含量高于90%)	9	20	17	千克	4Ay
2710129190	其他壬烯,不含生物柴油	9	20	17	千克	4Ay
2710129910*	异戊烯同分异构体混合物,不含生物柴油	9	20	17	千克	4Ay
2710129990	其他轻油及制品,不含生物柴油(包括按重量计含油≥70%的制品)	9	20	17	千克	4Ay
2710191100*	航空煤油,不含生物柴油	9	14	17	千克/升	47ABvy
2710191200	灯用煤油,不含生物柴油	9	14	17	千克	47ABvy
2710191910*	正构烷烃(C9~C13),不含生物柴油	6	20	17	千克	4y
2710191990	其他煤油馏分的油及制品,不含生物柴油	6	20	17	千克	4ABy

商品编号	商 品 名 称 及 备 注	进口关税税率（%）		增值税率（%）	计量单位	监管条件
		最惠国	普通			
2710192100*	轻柴油，不含生物柴油	6	11	17	千克/升	47ABvy
2710192200*	5～7号燃料油，不含生物柴油	6	20	17	千克/升	7ABv
2710192910*	蜡油，不含生物柴油（350℃以下馏出物体积＜20%，550℃以下馏出物体积＞80%）	6	20	17	千克/升	7ABv
2710192920	重柴油，不含生物柴油	6	20	17	千克/升	47ABvy
2710192990	其他柴油及燃料油，不含生物柴油	6	20	17	千克/升	7ABv
2710199100	润滑油，不含生物柴油	6	17	17	千克/升	4ABxy
2710199200	润滑脂，不含生物柴油	6	17	17	千克/升	4ABxy
2710199300	润滑油基础油，不含生物柴油	6	17	17	千克/升	4xy
2710199400	液体石蜡和重质液体石蜡，不含生物柴油	6	20	17	千克	AB
2710199900	其他重油；其他重油制品，不含生物柴油（包括按重量计含油≥70%的制品）	6	20	17	千克/升	B
2710200000	石油及从沥青矿物提取的油类（但原油除外）以及以上述油为基本成分（按重量计≥70%）的其他税目未列名制品（含生物柴油＜30%，废油除外）	6	20	17	千克/升	4ABvy
2710910000	含多氯联苯、多溴联苯的废油（包括含多氯三联苯的废油）	6	20	17	千克	9
2710990000	其他废油	6	20	17	千克	9
2711	**石油气及其他烃类气**					
2711110000	液化天然气	0	20	13	千克	47ABy
2711120000*	液化丙烷	5	20	13	千克	AB
2711131000	直接灌注香烟打火机等用液化丁烷（包装容器容积超过300立方厘米）	11	80	17	千克	
2711139000*	其他液化丁烷	5	20	13	千克	
2711140010	液化的乙烯	5	20	17	千克	AB
2711140090	液化的丙烯、丁烯及丁二烯	5	20	17	千克	
2711191000	其他直接灌注打火机等用液化燃料（包装容器容积超过300立方厘米）	10	80	17	千克	
2711199010	其他液化石油气	3	20	13	千克	AB
2711199090	其他液化烃类气	3	20	13	千克	
2711210000	气态天然气	0	20	13	千克	7AB
2711290010	其他气态石油气	6	20	13	千克	AB
2711290090	其他气态烃类气	6	20	13	千克	
2712	**凡士林；石蜡、微晶石蜡、疏松石蜡、地蜡、褐煤蜡、泥煤蜡、其他矿物蜡及用合成或其他方法制得的类似产品，不论是否着色**					
2712100000	凡士林	8	45	17	千克	AB
2712200000	石蜡，不论是否着色（按重量计含油量小于0.75%）	8	45	17	千克	4ABx
2712901000	微晶石蜡	8	45	17	千克	4ABx
2712909000	其他矿物蜡，不论是否着色（包括疏松石蜡、地蜡、褐煤蜡、泥煤蜡等）	8	45	17	千克	
2713	**石油焦、石油沥青及其他石油或从沥青矿物提取的油类的残渣**					
2713111000	硫的重量百分比小于3%的未煅烧石油焦	3	11	17	千克	B
2713119000	其他未煅烧石油焦	3	11	17	千克	B
2713121000	已煅烧石油焦（硫的重量百分比小于0.8%）	3	11	17	千克	B
2713129000	其他已煅烧石油焦	3	11	17	千克	B

商品编号	商 品 名 称 及 备 注	进口关税税率(%)		增值税率(%)	计量单位	监管条件
		最惠国	普通			
2713200000	石油沥青	8	35	17	千克	
2713900000	其他石油等矿物油类的残渣	6	35	17	千克	9
2714	**天然沥青(地沥青)、沥青页岩、油页岩及焦油砂;沥青岩**					
2714100000	沥青页岩、油页岩及焦油砂	6	20	17	千克	
2714901000	天然沥青(地沥青)	8	35	17	千克	
2714902000	乳化沥青	0	20	17	千克	
2714909000	沥青岩	3	20	17	千克	
2715	**以天然沥青(地沥青)、石油沥青、矿物焦油或矿焦油沥青为基本成分的沥青混合物(例如,沥青胶粘剂、稀释沥青)**					
2715000000	天然沥青等为基本成分的沥青混合物(包括石油沥青、矿物焦油、矿物焦油沥青等的沥青混合物)	8	35	17	千克	
2716	**电力**					
2716000000	电力	0	8	17	千瓦时	

第六类　化学工业及其相关工业的产品

注释：

一、(一)凡符合品目28.44、28.45规定的货品(放射性矿砂除外)，应分别归入这两个品目而不归入本手册的其他品目。

(二)除上述(一)款另有规定的以外，凡符合品目28.43、28.46或28.52规定的货品，应分别归入以上品目而不归入本类的其他品目。

二、除上述注释一另有规定的以外，凡由于按一定剂量或作为零售包装而可归入品目30.04、30.05、30.06、32.12、33.03、33.04、33.05、33.06、33.07、35.06、37.07及38.08的货品，应分别归入以上品目，而不归入本手册的其他品目。

三、由两种或两种以上单独成分配套的货品，其部分或全部成分属于本类范围以内，混合后则构成第六类或第七类的货品，应按混合后产品归入相应的品目，但其组成成分必须同时符合下列条件：

(一)其包装形式足以表明这些成分不需经过改装就可一起使用的；

(二)一起进口或出口的；

(三)这些成分的属性及相互比例足以表明是相互配用的。

第二十八章　无机化学品；贵金属、稀土金属、放射性元素及其同位素的有机及无机化合物

注释：

一、除条文另有规定的以外，本章各品目只适用于：

(一)单独的化学元素及单独的已有化学定义的化合物，不论是否含有杂质；

(二)上述(一)款产品的水溶液；

(三)溶于其他溶剂的上述(一)款产品，但该产品处于溶液状态只是为了安全或运输所采取的正常必要方法，其所用溶剂并不使该产品改变其一般用途而适合于某些特殊用途；

(四)为了保存或运输需要，加入稳定剂(包括抗结块剂)的上述(一)、(二)、(三)款产品；

(五)为了便于识别或安全起见，加入抗尘剂或着色剂的上述(一)、(二)、(三)、(四)款产品，但所加剂料并不使原产品改变其一般用途而适合于某些特殊用途。

二、除以有机物质稳定的连二亚硫酸盐及次硫酸盐(品目28.31)，无机碱的碳酸盐及过碳酸盐(品目28.36)，无机碱的氰化物、氧氰化物及氰络合物(品目28.37)，无机碱的雷酸盐、氰酸盐及硫氰酸盐(品目28.42)，品目28.43至28.46及28.52的有机产品，以及碳化物(品目28.49)之外，本章仅包括下列碳化合物：

(一)碳的氧化物，氰化氢及雷酸、异氰酸、硫氰酸及其他简单或络合氰酸(品目28.11)；

(二)碳的卤氧化物(品目28.12)；

(三)二硫化碳(品目28.13)；

(四)硫代碳酸盐、硒代碳酸盐、碲代碳酸盐、硒代氰酸盐、碲代氰酸盐、四氰硫基二氨基络酸盐及其他无机碱络合氰酸盐(品目28.42)；

(五)用尿素固化的过氧化氢(品目28.47)、氧硫化碳、硫代羰基卤化物、氰、卤化氰、氨基氰及其金属衍生物(品目28.53)，不论是否纯净，但氰氨化钙除外(第三十一章)。

三、除第六类注释一另有规定的以外，本章不包括：

(一)氯化钠或氧化镁(不论是否纯净)及第五类的其他产品；

(二)上述注释二所述以外的有机—无机化合物；

(三)第三十一章注释二、三、四、五所述的产品；

(四)品目32.06的用做发光剂的无机产品；品目32.07的搪瓷玻璃料及其他玻璃，呈粉、粒或粉片状的；

(五)人造石墨(品目38.01)；品目38.13的灭火器的装配药及已装药的灭火弹；品目38.24的零售包装的除墨剂；品目38.24的每颗重量不少于2.5克的碱金属或碱土金属卤化物的培养晶体(光学元件除外)；

(六)宝石或半宝石(天然、合成或再造)及这些宝石、半宝石的粉末(品目71.02至71.05)，第七十一章的贵金属及贵金属合金；

(七)第十五类的金属(不论是否纯净)、金属合金或金属陶瓷，包括硬质合金物(与金属烧结的金属碳化物)；

(八)光学元件，例如用碱金属或碱土金属卤化物制成的(品目90.01)。

四、由本章第二分章的非金属酸和第四分章的金属酸所构成的已有化学定义的络酸，应归入品目28.11。

五、品目28.26至28.42只适用于金属盐、铵盐及过氧酸盐。除条文另有规定的以外，复盐及络盐应归入品目28.42。

六、品目28.44只适用于：

(一)锝(原子序数43)、钷(原子序数61)、钋(原子序数84)及原子序数大于84的所有化学元素；

(二)天然或人造放射性同位素(包括第十四类及第十五类的贵金属和贱金属的放射性同位素),不论是否混合;

(三)上述元素或同位素的无机或有机化合物,不论是否已有化学定义或是否混合;

(四)含有上述元素或同位素及其无机或有机化合物并且具有某种放射性强度超过74贝克勒尔/克(0.002微居里/克)的合金、分散体(包括金属陶瓷)、陶瓷产品及混合物;

(五)核反应堆已耗尽(已辐照)的燃料元件(释热元件);

(六)放射性的残渣,不论是否有用。

品目28.44、28.45及本注释所称"同位素"是指:

1. 单独的核素,但不包括自然界中以单一同位素状态存在的核素;

2. 同一元素的同位素混合物,其中一种或几种同位素已被浓缩,即人工地改变了该元素同位素的自然构成。

七、品目28.48包括按重量计含磷量超过15%的磷化铜(磷铜)。

八、经掺杂用于电子工业的化学元素(例如,硅、硒),如果拉制后未经加工或呈圆筒形、棒形,应归入本章;如果已切成圆片、薄片或类似形状,则归入品目38.18。

子目注释:

子目2852.10所称"已有化学定义"是指符合第二十八章注释一(一)至(五)或第二十九章注释一(一)至(八)规定的汞的无机或有机化合物。

商品编号	商品名称及备注	进口关税税率(%)		增值税率(%)	计量单位	监管条件
		最惠国	普通			
2801	**氟、氯、溴及碘**					
2801100000	氯	5.5	80	17	千克	AB
2801200000	碘	5.5	30	17	千克	G
2801301000	氟	5.5	30	17	千克	AB
2801302000*	溴	5.5	30	17	千克	AB
2802	**升华硫磺、沉淀硫磺;胶态硫磺**					
2802000000*	升华、沉淀、胶态硫磺	5.5	17	17	千克	AB
2803	**碳(碳黑及其他品目未列名的其他形态的碳)**					
2803000000	碳(包括碳黑及其他品目未列名的其他形态的碳)	5.5	35	17	千克	
2804	**氢、稀有气体及其他非金属**					
2804100000	氢	5.5	30	17	立方米/千克	AB
2804210000	氩	5.5	30	17	立方米/千克	AB
2804290000	其他稀有气体	5.5	30	17	立方米/千克	
2804300000	氮	5.5	30	17	立方米/千克	AB
2804400000	氧	5.5	80	17	立方米/千克	AB
2804500001*	碲	5.5	17	17	千克	
2804500010	颗粒<500微米的硼及其合金(含量≥97%,不论球形、椭球体、雾化、片状、研碎金属燃料)	5.5	17	17	千克	3
2804500020	能量密度>40MJ/kg的硼浆(硼溶于溶剂形成的硼浆)	5.5	17	17	千克	3
2804500090	其他硼	5.5	17	17	千克	
2804611700	电子工业用直径≥30厘米单晶硅棒(按重量计含硅量不少于99.99%)	4	11	17	千克	
2804611900	电子工业用7.5厘米≤直径<30厘米单晶硅棒(按重量计含硅量不少于99.99%)	4	11	17	千克	
2804612000	电子工业用直径<7.5厘米单晶硅棒(按重量计含硅量不少于99.99%)	4	17	17	千克	
2804619011*	含硅量不少于99.99%的多晶硅废碎料	4	30	17	千克	AP
2804619019*	其他含硅量不少于99.99%的多晶硅	4	30	17	千克	
2804619091	其他含硅量不少于99.99%的硅废碎料	4	30	17	千克	AP
2804619099	其他含硅量不少于99.99%的硅	4	30	17	千克	

商品编号	商品名称及备注	进口关税税率(%)		增值税率(%)	计量单位	监管条件
		最惠国	普通			
2804690000*	其他含硅量少于99.99%的硅	4	30	17	千克	
2804701000	黄磷(白磷)	5.5	30	17	千克	AB
2804709010*	红磷	5.5	30	17	千克	ABG
2804709090*	其他磷	5.5	30	17	千克	
2804800000	砷	5.5	30	17	千克	X
2804901000	经掺杂用于电子工业的硒晶体棒	4	17	17	千克	
2804909000*	其他硒	5.5	30	17	千克	
2805	**碱金属、碱土金属;稀土金属、钪及钇,不论是否相互混合或相互熔合;汞**					
2805110000*	钠	5.5	30	17	千克	AB
2805120010*	高纯度钙(金属杂质(除镁外)含量<1‰,硼含量小于十万分之一)	5.5	30	17	千克	3A
2805120090*	其他钙	5.5	30	17	千克	
2805190000*	其他碱金属及碱土金属	5.5	30	17	千克	
2805301100*	钕(未相互混合或相互熔合)	5.5	30	17	千克	4Bxy
2805301200*	镝(未相互混合或相互熔合)	5.5	30	17	千克	4Bxy
2805301300*	铽(未相互混合或相互熔合)	5.5	30	17	千克	4Bxy
2805301400*	镧(未相互混合或相互熔合)	5.5	30	17	千克	4Bxy
2805301510*	颗粒<500微米的铈及其合金(含量≥97%,不论球形、椭球体、雾化、片状、研碎金属燃料;未相互混合或相互熔合)	5.5	30	17	千克	3B
2805301590*	其他金属铈(未相互混合或相互熔合)	5.5	30	17	千克	4Bxy
2805301600*	金属镨(未相互混合或相互熔合)	5.5	30	17	千克	4Bxy
2805301700*	金属钇(未相互混合或相互熔合)	5.5	30	17	千克	4Bxy
2805301913*	金属钐(未相互混合或相互熔合)	5.5	30	17	千克	4Bxy
2805301914*	金属铕(未相互混合或相互熔合)	5.5	30	17	千克	4Bxy
2805301915*	金属钪(未相互混合或相互熔合)	5.5	30	17	千克	4Bxy
2805301990*	其他稀土金属(未相互混合或相互熔合)	5.5	30	17	千克	4Bxy
2805302110*	按重量计中重稀土总含量≥30%电池级的稀土金属、钪及钇(已相互混合或相互熔合)	5.5	30	17	千克	4Bxy
2805302190*	其他电池级的稀土金属、钪及钇(已相互混合或相互熔合)	5.5	30	17	千克	4Bxy
2805302910*	按重量计中重稀土总含量≥30%的其他稀土金属、钪及钇(已相互混合或相互熔合)	5.5	30	17	千克	4Bxy
2805302990*	其他稀土金属、钪及钇(已相互混合或相互熔合)	5.5	30	17	千克	4Bxy
2805400000	汞	5.5	17	17	千克	X
2806	**氯化氢(盐酸);氯磺酸**					
2806100000	氯化氢(盐酸)	5.5	80	17	千克	23AB
2806200000	氯磺酸	5.5	40	17	千克	AB
2807	**硫酸;发烟硫酸**					
2807000010*	硫酸	5.5	35	17	千克	32
2807000090*	发烟硫酸	5.5	35	17	千克	AB
2808	**硝酸;磺硝酸**					
2808000010	红发烟硝酸	5.5	40	17	千克	3A
2808000090	磺硝酸及其他硝酸	5.5	40	17	千克	
2809	**五氧化二磷;磷酸;多磷酸,不论是否已有化学定义**					
2809100000	五氧化二磷	1	8	17	千克	AB

商品编号	商品名称及备注	进口关税税率(%)		增值税率(%)	计量单位	监管条件
		最惠国	普通			
2809201100	食品级磷酸(食品级磷酸的具体技术指标参考 GB3149 - 2004)	1	8	17	千克	AB
2809201900*	其他磷酸及偏磷酸、焦磷酸(食品级磷酸除外)	1	8	17	千克	B
2809209000	其他多磷酸	5.5	35	17	千克	
2810	**硼的氧化物;硼酸**					
2810001000	硼的氧化物	5.5	30	17	千克	
2810002000	硼酸	5.5	30	17	千克	A
2811	**其他无机酸及非金属无机氧化物**					
2811110000*	氢氟酸	5.5	35	17	千克	3A
2811191000	氢氰酸(包括氰化氢)	5.5	35	17	千克	23
2811199010	氢碘酸	5.5	35	17	千克	ABG
2811199020	砷酸、焦砷酸、偏砷酸	5.5	35	17	千克	X
2811199090	其他无机酸	5.5	35	17	千克	AB
2811210000	二氧化碳	5.5	30	17	千克	AB
2811220000	二氧化硅	5.5	30	17	千克	AB
2811290010	三氧化二砷、五氧化二砷[亚砷(酸)酐、砒霜、白砒、氧化亚砷、砷(酸)酐、三氧化砷]	5.5	30	17	千克	X
2811290020	四氧化二氮	5.5	30	17	千克	3A
2811290090	其他非金属无机氧化物	5.5	30	17	千克	
2812	**非金属卤化物及卤氧化物**					
2812101000*	氯化亚砜(亚硫酰氯、氧氯化硫)	5.5	30	17	千克	23
2812102000	氧氯化磷(即磷酰氯、三氯氧磷)	5.5	30	17	千克	23
2812103000	碳酰二氯(光气)	5.5	30	17	千克	23
2812104100	一氯化硫(氯化硫)	5.5	30	17	千克	23
2812104200	二氯化硫	5.5	30	17	千克	23
2812104300	三氯化磷	5.5	30	17	千克	23
2812104400	三氯化砷	5.5	30	17	千克	23
2812104500	五氯化磷	5.5	30	17	千克	23
2812104900	其他非金属氯化物	5.5	30	17	千克	
2812109000	其他非金属氯氧化物	5.5	30	17	千克	
2812901100	三氟化氮	5.5	30	17	千克	AB
2812901910	三氟化氯	5.5	30	17	千克	3A
2812901920	三氟化砷(氟化亚砷)	5.5	30	17	千克	X
2812901930	硫酰氟	5.5	30	17	千克	S
2812901990	其他氟化物及氟氧化物	5.5	30	17	千克	
2812909010	三溴化砷,三碘化砷(溴化亚砷,碘化亚砷)	5.5	30	17	千克	X
2812909090	其他非金属卤化物及卤氧化物	5.5	30	17	千克	
2813	**非金属硫化物;商品三硫化二磷**					
2813100000	二硫化碳	5.5	30	17	千克	X
2813900010	五硫化二磷	5.5	30	17	千克	23
2813900020	三硫化二磷	5.5	30	17	千克	AB
2813900090	其他非金属硫化物	5.5	30	17	千克	
2814	**氨及氨水**					
2814100000*	氨	5.5	35	17	千克	AB
2814200010*	氨水(含量≥10%)	5.5	35	17	千克	AB

商品编号	商品名称及备注	进口关税税率(%) 最惠国	进口关税税率(%) 普通	增值税率(%)	计量单位	监管条件
2814200090*	其他氨水	5.5	35	17	千克	
2815	**氢氧化钠(烧碱);氢氧化钾(苛性钾);过氧化钠及过氧化钾**					
2815110000	固体氢氧化钠	10	35	17	千克	ABG
2815120000	氢氧化钠水溶液,液体烧碱	8	35	17	千克	ABG
2815200000	氢氧化钾(苛性钾)	5.5	30	17	千克	AB
2815300000	过氧化钠及过氧化钾	5.5	30	17	千克	AB
2816	**氢氧化镁及过氧化镁;锶或钡的氧化物、氢氧化物及过氧化物**					
2816100010	过氧化镁	5.5	30	17	千克	AB
2816100090	氢氧化镁	5.5	30	17	千克	
2816400000*	锶或钡的氧化物、氢氧化物(及其过氧化物)	5.5	30	17	千克	
2817	**氧化锌及过氧化锌**					
2817001000	氧化锌	5.5	40	17	千克	AB
2817009000	过氧化锌	5.5	30	17	千克	AB
2818	**人造刚玉,不论是否已有化学定义;氧化铝;氢氧化铝**					
2818101000	棕刚玉(不论是否已有化学定义)	5.5	20	17	千克	
2818109000	其他人造刚玉(不论是否已有化学定义,棕刚玉除外)	5.5	20	17	千克	
2818200000*	氧化铝,但人造刚玉除外	8	30	17	千克	7
2818300000	氢氧化铝	5.5	30	17	千克	
2819	**铬的氧化物及氢氧化物**					
2819100000	三氧化铬	5.5	20	17	千克	AB
2819900000	其他铬的氧化物及氢氧化物	5.5	30	17	千克	
2820	**锰的氧化物**					
2820100000	二氧化锰	5.5	40	17	千克	
2820900000	其他锰的氧化物	5.5	30	17	千克	
2821	**铁的氧化物及氢氧化物;土色料,按重量计三氧化二铁含量在70%及以上**					
2821100000	铁的氧化物及氢氧化物	5.5	30	17	千克	
2821200000	土色料(三氧化二铁含量在70%及以上)	5.5	45	17	千克	
2822	**钴的氧化物及氢氧化物;商品氧化钴**					
2822001000*	四氧化三钴	5.5	30	17	千克	4xy
2822009000*	其他钴的氧化物及氢氧化物(包括商品氧化钴,但四氧化三钴除外)	5.5	30	17	千克	4xy
2823	**钛的氧化物**					
2823000000	钛的氧化物	5.5	30	17	千克	
2824	**铅的氧化物;铅丹及铅橙**					
2824100000	一氧化铅(铅黄,黄丹)	5.5	30	17	千克	X
2824901000	铅丹及铅橙[四氧化(三)铅](红丹)	5.5	45	17	千克	X
2824909000	其他铅的氧化物	5.5	30	17	千克	
2825	**肼(联氨)、胲(羟胺)及其无机盐;其他无机碱;其他金属氧化物、氢氧化物及过氧化物**					
2825101010	纯度70%及以上的水合肼	5.5	30	17	千克	3A
2825101090	纯度70%以下的水合肼	5.5	30	17	千克	AB

商品编号	商品名称及备注	进口关税税率(%) 最惠国	普通	增值税率(%)	计量单位	监管条件
2825102000	硫酸羟胺	5.5	30	17	千克	AB
2825109000	其他肼、胲及其无机盐	5.5	30	17	千克	
2825201000	氢氧化锂	5.5	30	17	千克	AB
2825209000	锂的氧化物	5.5	30	17	千克	
2825301000*	五氧化二钒	5.5	30	17	千克	4ABxy
2825309000	其他钒的氧化物及氢氧化物	5.5	30	17	千克	4xy
2825400000*	镍的氧化物及氢氧化物	5.5	30	17	千克	
2825500000	铜的氧化物及氢氧化物	5.5	30	17	千克	
2825600001*	锗的氧化物	5.5	30	17	千克	4xy
2825600090	二氧化锆	5.5	30	17	千克	3
2825700000*	钼的氧化物及氢氧化物	5.5	30	17	千克	4xy
2825800000	锑的氧化物	5.5	30	17	千克	4xBy
2825901100*	钨酸	5.5	30	17	千克	4xy
2825901200*	三氧化钨	5.5	30	17	千克	4xy
2825901910*	蓝色氧化钨	5.5	30	17	千克	4xy
2825901990*	其他钨的氧化物及氢氧化物	5.5	30	17	千克	
2825902100	三氧化二铋	5.5	30	17	千克	4ABxy
2825902900	其他铋的氧化物及氢氧化物	5.5	30	17	千克	4ABxy
2825903100	二氧化锡	5.5	30	17	千克	4ABxy
2825903900	其他锡的氧化物及氢氧化物	5.5	30	17	千克	4ABxy
2825909000	其他金属的氧化物及氢氧化物	5.5	30	17	千克	AB
2826	**氟化物;氟硅酸盐、氟铝酸盐及其他氟络盐**					
2826121000	无水氟化铝	5.5	30	17	千克	AB
2826129000*	其他氟化铝	5.5	30	17	千克	AB
2826191010*	氟化氢铵	5.5	30	17	千克	3A
2826191090*	其他铵的氟化物	5.5	30	17	千克	
2826192010*	氟化钠	5.5	30	17	千克	3AB
2826192020*	氟化氢钠	5.5	30	17	千克	3A
2826192090*	其他钠的氟化物	5.5	30	17	千克	
2826199010*	氟化钾	5.5	30	17	千克	3A
2826199020*	氟化氢钾	5.5	30	17	千克	3A
2826199030*	氟化铅,四氟化铅,氟化镉	5.5	30	17	千克	X
2826199090*	其他氟化物	5.5	30	17	千克	
2826300000	六氟铝酸钠(人造冰晶石)	5.5	30	17	千克	
2826901000	氟硅酸盐	5.5	30	17	千克	
2826909001*	六氟磷酸锂	5.5	30	17	千克	
2826909010	氟钽酸钾	5.5	30	17	千克	
2826909030	氟硼酸铅,氟硼酸镉	5.5	30	17	千克	X
2826909090	氟铝酸盐及其他氟络盐	5.5	30	17	千克	
2827	**氯化物、氯氧化物及氢氧基氯化物;溴化物及溴氧化物;碘化物及碘氧化物**					
2827101000*	肥料用氯化铵	4	11	17	千克	G
2827109000	非肥料用氯化铵	5.5	30	17	千克	G
2827200000	氯化钙	5.5	50	17	千克	AB
2827310000	氯化镁	5.5	30	17	千克	AB
2827320000	氯化铝	5.5	30	17	千克	

商品编号	商品名称及备注	进口关税税率(%)		增值税率(%)	计量单位	监管条件
		最惠国	普通			
2827350000	氯化镍	5.5	30	17	千克	
2827391000	氯化锂	5.5	30	17	千克	
2827392000	氯化钡	5.5	30	17	千克	AB
2827393000	氯化钴	5.5	30	17	千克	4ABxy
2827399000	其他氯化物	5.5	30	17	千克	AB
2827410000	铜的氯氧化物及氢氧基氯化物	5.5	30	17	千克	
2827491000	锆的氯氧化物及氢氧基氯化物	5.5	30	17	千克	
2827499000	其他氯氧化物及氢氧基氯化物	5.5	30	17	千克	
2827510000	溴化钠及溴化钾	5.5	30	17	千克	
2827590000	其他溴化物及溴氧化物	5.5	30	17	千克	
2827600000	碘化物及碘氧化物	5.5	30	17	千克	AB
2828	**次氯酸盐;商品次氯酸钙;亚氯酸盐;次溴酸盐**					
2828100000	商品次氯酸钙及其他钙的次氯酸盐	12	80	17	千克	
2828900000	次溴酸盐、亚氯酸盐、其他次氯酸盐	5.5	30	17	千克	AB
2829	**氯酸盐及高氯酸盐;溴酸盐及过溴酸盐;碘酸盐及高碘酸盐**					
2829110000	氯酸钠	12	30	17	千克	AB
2829191000	氯酸钾(洋硝)	5.5	20	17	千克	9B
2829199000	其他氯酸盐	5.5	30	17	千克	
2829900010	颗粒<500微米的球形高氯酸铵	5.5	30	17	千克	3A
2829900090	其他高氯酸盐,溴酸盐等(包括过溴酸盐、碘酸盐及高碘酸盐)	5.5	30	17	千克	
2830	**硫化物;多硫化物,不论是否已有化学定义**					
2830101000	硫化钠	5.5	40	17	千克	3A
2830109000	其他钠的硫化物	5.5	30	17	千克	
2830902000	硫化锑	5.5	45	17	千克	B
2830903000	硫化钴	5.5	30	17	千克	
2830909000	其他硫化物、多硫化物	5.5	30	17	千克	
2831	**连二亚硫酸盐及次硫酸盐**					
2831101000	钠的连二亚硫酸盐	5.5	30	17	千克	AB
2831102000	钠的次硫酸盐	5.5	30	17	千克	
2831900000	其他连二亚硫酸盐及次硫酸盐	5.5	30	17	千克	
2832	**亚硫酸盐;硫代硫酸盐**					
2832100000	钠的亚硫酸盐	5.5	30	17	千克	
2832200000	其他亚硫酸盐	5.5	30	17	千克	AB
2832300000	硫代硫酸盐	5.5	30	17	千克	
2833	**硫酸盐;矾;过硫酸盐**					
2833110000*	硫酸二钠	5.5	40	17	千克	4xy
2833190000	钠的其他硫酸盐	5.5	30	17	千克	
2833210000	硫酸镁	5.5	30	17	千克	AB
2833220000	硫酸铝	5.5	30	17	千克	
2833240000	镍的硫酸盐	5.5	30	17	千克	
2833250000	铜的硫酸盐	5.5	30	17	千克	
2833270000	硫酸钡	5.5	30	17	千克	G
2833291000	硫酸亚铁	5.5	45	17	千克	AB
2833292000	铬的硫酸盐	5.5	30	17	千克	

商品编号	商 品 名 称 及 备 注	进口关税税率(%)		增值税率(%)	计量单位	监管条件
		最惠国	普通			
2833293000	硫酸锌	5.5	30	17	千克	AB
2833299010	硫酸钴	5.5	30	17	千克	4ABxy
2833299090	其他硫酸盐	5.5	30	17	千克	AB
2833301000	钾铝矾	5.5	45	17	千克	
2833309000	其他矾	5.5	30	17	千克	
2833400000	过硫酸盐	5.5	30	17	千克	
2834	**亚硝酸盐;硝酸盐**					
2834100000	亚硝酸盐	5.5	30	17	千克	AB
2834211000*	肥料用硝酸钾	4	11	17	千克	7AB
2834219000	非肥料用硝酸钾	5.5	30	17	千克	AB
2834291000	硝酸钴	5.5	30	17	千克	AB
2834299001*	硝酸钡	5.5	30	17	千克	AB
2834299090	其他硝酸盐	5.5	30	17	千克	
2835	**次磷酸盐、亚磷酸盐及磷酸盐;多磷酸盐,不论是否已有化学定义**					
2835100000	次磷酸盐及亚磷酸盐	5.5	20	17	千克	
2835220000	磷酸一钠及磷酸二钠	5.5	20	17	千克	
2835240000	钾的磷酸盐	5.5	20	17	千克	
2835251000	饲料级的正磷酸氢钙(磷酸二钙)	5.5	20	17	千克	AB
2835252000	食品级的正磷酸氢钙(磷酸二钙)	5.5	20	17	千克	AB
2835259000	其他正磷酸氢钙(磷酸二钙)	5.5	20	17	千克	
2835260000	其他磷酸钙	5.5	20	17	千克	
2835291000	磷酸三钠	5.5	20	17	千克	AB
2835299000	其他磷酸盐	5.5	20	17	千克	A
2835311000	食品级的三磷酸钠(三聚磷酸钠)	5.5	20	17	千克	AB
2835319000	其他三磷酸钠(三聚磷酸钠)	5.5	20	17	千克	
2835391100	食品级的六偏磷酸钠	5.5	20	17	千克	AB
2835391900	其他六偏磷酸钠	5.5	20	17	千克	
2835399000	其他多磷酸盐	5.5	20	17	千克	
2836	**碳酸盐;过碳酸盐;含氨基甲酸铵的商品碳酸铵**					
2836200000	碳酸钠(纯碱)	5.5	35	17	千克	ABG
2836300000	碳酸氢钠(小苏打)	5.5	45	17	千克	ABG
2836400000	钾的碳酸盐	5.5	30	17	千克	
2836500000	碳酸钙	5.5	45	17	千克	AB
2836600000*	碳酸钡	5.5	40	17	千克	
2836910000*	锂的碳酸盐	5.5	30	17	千克	
2836920000*	锶的碳酸盐	5.5	30	17	千克	
2836991000	碳酸镁	5.5	45	17	千克	AB
2836993000*	碳酸钴	5.5	30	17	千克	4xy
2836994000	商品碳酸铵及其他铵的碳酸盐	5.5	30	17	千克	
2836995000	碳酸锆	5.5	30	17	千克	AB
2836999000	其他碳酸盐及过碳酸盐	5.5	30	17	千克	AB
2837	**氰化物、氧氰化物及氰络合物**					
2837111000	氰化钠(山奈)	5.5	20	17	千克	X23
2837112000	氧氰化钠	5.5	30	17	千克	

商品编号	商品名称及备注	进口关税税率(%)		增值税率(%)	计量单位	监管条件
		最惠国	普通			
2837191000	氰化钾	5.5	20	17	千克	23X
2837199011	氰化锌,氰化亚铜,氰化铜(氰化高铜)	5.5	30	17	千克	X
2837199012	氰化镍,氰化钙(氰化亚镍)	5.5	30	17	千克	X
2837199013	氰化钡,氰化镉,氰化铅()	5.5	30	17	千克	X
2837199014	氰化钴[氰化钴(Ⅱ)、氰化钴(Ⅲ)]	5.5	30	17	千克	X
2837199090	其他氰化物及氧氰化物	5.5	30	17	千克	
2837200011	氰化镍钾,氰化钠铜锌(氰化钾镍,镍氰化钾,铜盐)	5.5	30	17	千克	X
2837200012	氰化亚铜(三)钠,氰化亚铜(三)钾(紫铜盐、紫铜矾、氰化铜钠、氰化亚铜钾、亚铜氰化钾)	5.5	30	17	千克	X
2837200090	其他氰络合物	5.5	30	17	千克	
2839	**硅酸盐;商品碱金属硅酸盐**					
2839110000	偏硅酸钠	5.5	40	17	千克	
2839191000	硅酸钠	5.5	30	17	千克	A
2839199000	其他钠盐	5.5	30	17	千克	
2839900001*	锆的硅酸盐	5.5	30	17	千克	
2839900010	硅酸铅	5.5	30	17	千克	X
2839900090	其他硅酸盐;商品碱金属硅酸盐	5.5	30	17	千克	
2840	**硼酸盐及过硼酸盐**					
2840110000*	无水四硼酸钠	5.5	20	17	千克	
2840190000*	其他四硼酸钠	5.5	20	17	千克	
2840200000	其他硼酸盐	5.5	30	17	千克	
2840300000	过硼酸盐	5.5	30	17	千克	
2841	**金属酸盐及过金属酸盐**					
2841300000	重铬酸钠	5.5	20	17	千克	AB
2841500000	其他铬酸盐及重铬酸盐、过铬酸盐	5.5	30	17	千克	
2841610000	高锰酸钾	5.5	30	17	千克	23AB
2841691000	锰酸锂	5.5	30	17	千克	
2841699000	亚锰酸盐、其他锰酸盐及其他高锰酸盐	5.5	30	17	千克	
2841701000*	钼酸铵	5.5	30	17	千克	4xy
2841709000*	其他钼酸盐	5.5	30	17	千克	4xy
2841801000*	仲钨酸铵	5.5	30	17	千克	4xy
2841802000*	钨酸钠	5.5	30	17	千克	4xy
2841803000*	钨酸钙	5.5	30	17	千克	4xy
2841804000*	偏钨酸铵	5.5	30	17	千克	4xy
2841809000*	其他钨酸盐	5.5	30	17	千克	
2841900001*	钴酸锂	5.5	30	17	千克	
2841900090	其他金属酸盐及过金属酸盐	5.5	30	17	千克	
2842	**其他无机酸盐及过氧酸盐(包括不论是否已有化学定义的硅铝酸盐),但叠氮化物除外**					
2842100000	硅酸复盐及硅酸络盐(包括不论是否已有化学定义的硅铝酸盐)	5.5	30	17	千克	AB
2842901100	硫氰酸钠	5.5	30	17	千克	A
2842901910	其他硫氰酸盐	5.5	30	17	千克	AB
2842901990	雷酸盐及氰酸盐	5.5	30	17	千克	

商品编号	商品名称及备注	进口关税税率(%)		增值税率(%)	计量单位	监管条件
		最惠国	普通			
2842902000	碲化镉	5.5	30	17	千克	X
2842903000	锂镍钴锰氧化物	5.5	30	17	千克	AB
2842904000	磷酸铁锂	5.5	30	17	千克	AB
2842909013	亚砷酸钠、亚砷酸钾、亚砷酸钙(偏亚砷酸钠)	5.5	30	17	千克	X
2842909014	亚砷酸锶、亚砷酸钡、亚砷酸铁	5.5	30	17	千克	X
2842909015	亚砷酸铜、亚砷酸锌、亚砷酸铅(亚砷酸氢铜)	5.5	30	17	千克	X
2842909016	亚砷酸锑、砷酸铵、砷酸氢二铵	5.5	30	17	千克	X
2842909017	砷酸钠、砷酸氢二钠、砷酸二氢钠(砷酸三钠)	5.5	30	17	千克	X
2842909018	砷酸钾、砷酸二氢钾、砷酸镁	5.5	30	17	千克	X
2842909019	砷酸钙、砷酸钡、砷酸铁(砷酸三钙)	5.5	30	17	千克	X
2842909021	砷酸亚铁、砷酸铜、砷酸锌	5.5	30	17	千克	X
2842909022	砷酸铅、砷酸锑、偏砷酸钠	5.5	30	17	千克	X
2842909023	硒化铅、硒化镉	5.5	30	17	千克	X
2842909090	其他无机酸盐及过氧酸盐(迭氮化物除外)	5.5	30	17	千克	AB
2843	**胶态贵金属;贵金属的无机或有机化合物,不论是否已有化学定义;贵金属汞齐**					
2843100000	胶态贵金属	5.5	30	17	克	
2843210000	硝酸银	5.5	30	17	克	AB
2843290010	氰化银、氰化银钾、亚砷酸银(银氰化钾、砷酸银)	5.5	30	17	克	X
2843290090	其他银化合物(不论是否已有化学定义)	5.5	30	17	克	
2843300010	氰化金、氰化金钾等[包括氰化亚金(Ⅰ)钾、氰化亚金(Ⅲ)钾]	5.5	30	17	克	JX
2843300090	其他金化合物(不论是否已有化学定义)	5.5	30	17	克	J
2843900010	氯化钯	5.5	30	17	克	G
2843900020	氯化铂	5.5	30	17	克	4xy
2843900030	其他铂化合物	5.5	30	17	克	4xy
2843900090	其他贵金属化合物,贵金属汞齐(不论是否已有化学定义)	5.5	30	17	克	4xy
2844	**放射性化学元素及放射性同位素(包括可裂变或可转换的化学元素及同位素)及其化合物;含上述产品的混合物及残渣**					
2844100000	天然铀及其化合物(包括其合金、分散体、陶瓷产品及混合物)	5.5	30	17	克/百万贝可	23
2844200000	U235 浓缩铀,钚及其化合物(包括其合金、分散体、陶瓷产品及混合物)	5.5	30	17	克/百万贝可	23
2844300000	U235 贫化铀,钍及其化合物(包括其合金、分散体、陶瓷产品及混合物)	5.5	30	17	克/百万贝可	23
2844401010	镭-226 及其化合物、混合物(两用物项管制商品)	4	14	17	克/百万贝可	23
2844401090	其他镭及镭盐	4	14	17	克/百万贝可	2
2844402000	放射性钴及放射性钴盐(包括其合金、分散体、陶瓷产品等)	4	14	17	克/百万贝可	2
2844409010	铀-233 及其化合物(包括呈金属、合金、化合物或浓缩物形态的各种材料)	5.5	30	17	克/百万贝可	23
2844409020	氚、氚化物和氚的混合物,以及含有上述任何一种物质的产品[氚—氢原子比超过千分之一的,不包括含氚(任何形态)量小于 1.48×10^3 GBq 的产品]	5.5	30	17	克/百万贝可	3
2844409030	氦-3(3He)、含有氦-3 的混合物(不包括氦-3 的含量<1 克的产品)	5.5	30	17	克/百万贝可	3

商品编号	商品名称及备注	进口关税税率(%)		增值税率(%)	计量单位	监管条件
		最惠国	普通			
2844409040	发射α粒子,其α半衰期为10天或更长但小于200年的放射性核素(1. 单质;2. 含有α总活度为37GBq/kg或更大的任何这类放射性核素的化合物;3. 含有α总活度为37GBq/kg或更大的任何这类放射性核素的混合物;4. 含有任何上述物质的产品,不包括所含α活度小于3.7GBq的产品)	5.5	30	17	克/百万贝可	3
2844409090	其他放射性元素、同位素及其化合物(编号284410、284420、284430以外的放射性元素,同位素)	5.5	30	17	克/百万贝可	2
2844500000	核反应堆已耗尽的燃料元件	5.5	30	17	克	
2845	**品目28.44以外的同位素;这些同位素的无机或有机化合物,不论是否已有化学定义**					
2845100000	重水(氧化氘)	5.5	30	17	克	3
2845900010	除重水外的氘及氘化物	5.5	30	17	克	3
2845900020	硼-10同位素及其化合物、混合物(硼-10同位素占硼总量>20%的硼及其化合物、混合物)	5.5	30	17	克	3
2845900030	富集锂-6同位素及其化合物混合物[富集锂-6同位素指锂-6同位素富集度>7.5%(按原子数计)]	5.5	30	17	克	3
2845900090	其他同位素及其他化合物(品目28.44以外的同位素)	5.5	30	17	克	
2846	**稀土金属、钇、钪及其混合物的无机或有机化合物**					
2846101000*	氧化铈	5.5	30	17	千克	4Bxy
2846102000*	氢氧化铈	5.5	30	17	千克	4Bxy
2846103000*	碳酸铈	5.5	30	17	千克	4Bxy
2846109010*	氰化铈	5.5	30	17	千克	4BXxy
2846109090*	铈的其他化合物	5.5	30	17	千克	4Bxy
2846901100*	氧化钇	5.5	30	17	千克	4xBy
2846901200*	氧化镧	5.5	30	17	千克	4Bxy
2846901300*	氧化钕	5.5	30	17	千克	4Bxy
2846901400*	氧化铕	5.5	30	17	千克	4Bxy
2846901500*	氧化镝	5.5	30	17	千克	4Bxy
2846901600*	氧化铽	5.5	30	17	千克	4Bxy
2846901700*	氧化镨	5.5	30	17	千克	4Bxy
2846901920*	氧化铒	5.5	30	17	千克	4Bxy
2846901930*	氧化钆	5.5	30	17	千克	4Bxy
2846901940*	氧化钐	5.5	30	17	千克	4Bxy
2846901970*	氧化镱	5.5	30	17	千克	4Bxy
2846901980*	氧化钪	5.5	30	17	千克	4Bxy
2846901991*	灯用红粉	5.5	30	17	千克	4Bxy
2846901992*	按重量计中重稀土总含量≥30%的其他氧化稀土(灯用红粉、氧化铈除外)	5.5	30	17	千克	4Bxy
2846901999*	其他氧化稀土(灯用红粉、氧化铈除外)	5.5	30	17	千克	4Bxy
2846902100*	氯化铽	5.5	30	17	千克	4Bxy
2846902200*	氯化镝	5.5	30	17	千克	4Bxy
2846902300*	氯化镧	5.5	30	17	千克	4Bxy
2846902400*	氯化钕	5.5	30	17	千克	4Bxy
2846902500*	氯化镨	5.5	30	17	千克	4Bxy
2846902600*	氯化钇	5.5	30	17	千克	4Bxy
2846902810*	按重量计中重稀土总含量≥30%的混合氯化稀土	5.5	30	17	千克	4Bxy

商品编号	商品名称及备注	进口关税税率(%)		增值税率(%)	计量单位	监管条件
		最惠国	普通			
2846902890*	其他混合氯化稀土	5.5	30	17	千克	4Bxy
2846902900*	其他未混合氯化稀土	5.5	30	17	千克	4Bxy
2846903100*	氟化铽	5.5	30	17	千克	4Bxy
2846903200*	氟化镝	5.5	30	17	千克	4Bxy
2846903300*	氟化镧	5.5	30	17	千克	4Bxy
2846903400*	氟化钕	5.5	30	17	千克	4Bxy
2846903500*	氟化镨	5.5	30	17	千克	4Bxy
2846903600*	氟化钇	5.5	30	17	千克	4Bxy
2846903900*	其他氟化稀土	5.5	30	17	千克	4Bxy
2846904100*	碳酸镧	5.5	30	17	千克	4Bxy
2846904200*	碳酸铽	5.5	30	17	千克	4Bxy
2846904300*	碳酸镝	5.5	30	17	千克	4Bxy
2846904400*	碳酸钕	5.5	30	17	千克	4Bxy
2846904500*	碳酸镨	5.5	30	17	千克	4Bxy
2846904600*	碳酸钇	5.5	30	17	千克	4Bxy
2846904810*	按重量计中重稀土总含量≥30%的混合碳酸稀土	5.5	30	17	千克	4Bxy
2846904890*	其他混合碳酸稀土	5.5	30	17	千克	4Bxy
2846904900*	其他未混合碳酸稀土	5.5	30	17	千克	4Bxy
2846909100*	镧的其他化合物	5.5	30	17	千克	4Bxy
2846909200*	钕的其他化合物	5.5	30	17	千克	4Bxy
2846909300*	铽的其他化合物	5.5	30	17	千克	4Bxy
2846909400*	镝的其他化合物	5.5	30	17	千克	4Bxy
2846909500*	镨的其他化合物	5.5	30	17	千克	4Bxy
2846909600*	钇的其他化合物	5.5	30	17	千克	4Bxy
2846909910*	按重量计中重稀土总含量≥30%的稀土金属、钪的其他化合物(铈的化合物除外)	5.5	30	17	千克	4Bxy
2846909990*	其他稀土金属、钪的其他化合物(铈的化合物除外)	5.5	30	17	千克	4Bxy
2847	**过氧化氢,不论是否用尿素固化**					
2847000000	过氧化氢(不论是否用尿素固化)	5.5	30	17	千克	AB
2848	**磷化物,不论是否已有化学定义,但不包括磷铁**					
2848000010	磷化铝,磷化锌	5.5	20	17	千克	S
2848000090	其他磷化物(不论是否已有化学定义,但不包括磷铁)	5.5	20	17	千克	
2849	**碳化物,不论是否已有化学定义**					
2849100000	碳化钙	5.5	45	17	千克	AB
2849200000	碳化硅	5.5	30	17	千克	4xy
2849901000	碳化硼	5.5	30	17	千克	
2849902000*	碳化钨	5.5	30	17	千克	4xy
2849909000	其他碳化物	5.5	30	17	千克	
2850	**氢化物、氮化物、叠氮化物、硅化物及硼化物,不论是否已有化学定义,但可归入品目28.49的碳化物除外**					
2850001100	氮化锰	5.5	30	17	千克	
2850001900	其他氮化物(包括迭氮化物)	5.5	30	17	千克	
2850009010	砷化氢(砷烷、砷化三氢、胂)	5.5	30	17	千克	X
2850009090	其他氢化物、硅化物等(包括硼化物,可归入品目28.49的碳化物除外)	5.5	30	17	千克	

商品编号	商品名称及备注	进口关税税率(%)		增值税率(%)	计量单位	监管条件
		最惠国	普通			
2852	**汞的无机或有机化合物,不论是否已有化学定义,汞齐除外**					
2852100000	汞的无机或有机化合物,汞齐除外,已有化学定义的	5.5	30	17	千克	X
2852900000	其他汞的无机或有机化合物,汞齐除外,已有化学定义的除外	5.5	30	17	千克	X
2853	**其他无机化合物(包括蒸馏水、导电水及类似的纯净水);液态空气(不论是否除去稀有气体);压缩空气;汞齐,但贵金属汞齐除外**					
2853001000	饮用蒸馏水	5.5	70	17	千克	AB
2853002000	氯化氰	5.5	30	17	千克	23
2853003000	镍钴锰氢氧化物	6.5	30	17	千克	
2853009010	饮用纯净水	5.5	30	17	千克	AB
2853009021	氰、氰化碘、氰化溴、铅汞齐(包括氰气、碘化氰、溴化氰)	5.5	30	17	千克	X
2853009022	砷化锌、砷化镓	5.5	30	17	千克	X
2853009030	单氰胺	5.5	30	17	千克	
2853009090	其他无机化合物、压缩空气等(包括导电水、液态空气、汞齐等,贵金属汞齐除外)	5.5	30	17	千克	

第二十九章　有机化学品

注释：

一、除条文另有规定的以外，本章各品目只适用于：

（一）单独的已有化学定义的有机化合物，不论是否含有杂质；

（二）同一有机化合物的两种或两种以上异构体的混合物（不论是否含有杂质），但无环烃异构体的混合物（立体异构体除外），不论是否饱和，应归入第二十七章；

（三）品目 29.36 至 29.39 的产品，品目 29.40 的糖醚、糖缩醛、糖酯及其盐类和品目 29.41 的产品，不论是否已有化学定义；

（四）上述（一）、（二）、（三）款产品的水溶液；

（五）溶于其他溶剂的上述（一）、（二）、（三）款的产品，但该产品处于溶液状态只是为了安全或运输所采取的正常必要方法，其所用溶剂并不使该产品改变其一般用途而适合于某些特殊用途；

（六）为了保存或运输的需要，加入了稳定剂（包括抗结块剂）的上述（一）、（二）、（三）、（四）、（五）各款产品；

（七）为了便于识别或安全起见，加入抗尘剂、着色剂或气味剂的上述（一）、（二）、（三）、（四）、（五）、（六）各款产品，但所加剂料并不使原产品改变其一般用途而适用于某些特殊用途；

（八）为生产偶氮染料而稀释至标准浓度的下列产品：重氮盐，用于重氮盐、可重氮化的胺及其盐类的耦合剂。

二、本章不包括：

（一）品目 15.04 的货品及品目 15.20 的粗甘油；

（二）乙醇（品目 22.07 或 22.08）；

（三）甲烷及丙烷（品目 27.11）；

（四）第二十八章注释二所述的碳化合物；

（五）品目 30.02 的免疫制品；

（六）尿素（品目 31.02 或 31.05）；

（七）植物性或动物性着色料（品目 32.03）、合成有机着色料、用做荧光增白剂或发光体的合成有机产品（品目为 32.04）及零售包装的染料或其他着色料（品目 32.12）；

（八）酶（品目 35.07）；

（九）聚乙醛、六亚甲基四胺（乌洛托品）及类似物质，制成片、条或类似形状作为燃料用的，以及包装容器的容积不超过 300 立方厘米的直接灌注香烟打火机及类似打火器用的液体燃料或液化气体燃料（品目 36.06）；

（十）灭火器的装配药及已装药的灭火弹（品目 38.13）；零售包装的除墨剂（品目 38.24）；或

（十一）光学元件，例如，用酒石酸乙二胺制成的（品目 90.01）。

三、可以归入本章两个或两个以上品目的货品，应归入有关品目中的最后一个品目。

四、品目 29.04 至 29.06、29.08 至 29.11 及 29.13 至 29.20 的卤化、磺化、硝化或亚硝化衍生物均包括复合衍生物，例如，卤磺化、卤硝化、磺硝化及卤磺硝化衍生物。硝基及亚硝基不作为品目 29.29 的含氮基官能团。

品目 29.11、29.12、29.14、29.18 及 29.22 所称“含氧基”，仅限于品目 29.05 至 29.20 的各种含氧基（其特征为有机含氧基）。

五、（一）本章第一分章至第七分章的酸基有机化合物与这些分章的有机化合物构成的酯，应归入上述分章有关品目中的最后一个品目。

（二）乙醇与本章第一分章至第七分章的酸基有机化合物所构成的酯，应按有关酸基化合物归类。

（三）除第六类注释一及第二十八章注释二另有规定的以外：

1. 第一分章至第十分章及品目 29.42 的有机化合物的无机盐，例如，含酸基、酚基或烯醇基的化合物及有机碱的无机盐，应归入相应的有机化合物的品目；

2. 第一分章至第十分章及品目 29.42 的有机化合物之间生成的盐，应按生成该盐的碱或酸（包括酚基或烯醇基化合物）归入本章有关品目中的最后一个品目；

3. 除第十一分章或品目 29.41 的产品外，配位化合物应按该化合物所有金属键（金属－碳键除外）“断开”所形成的片段归入第二十九章有关品目中的最后一个品目。

（四）金属醇化物应按相应的醇归类，但乙醇除外（品目 29.05）。

（五）羧酸酰卤化物应按相应的酸归类。

六、品目 29.30 及 29.31 的化合物是指有机化合物，其分子中除含氢、氧或氮原子外，还含有与碳原子直接连接的其他非金属或金属原子（例如，硫、砷或铅）。

品目 29.30（有机硫化合物）及品目 29.31（其他有机—无机化合物）不包括某些磺化或卤化衍生物（含复合衍生物）。这些衍生物分子中除氢、氧、氮之外，只有具有磺化或卤化衍生物（或复合衍生物）性质的硫原子或卤素原子与碳原子直接连接。

七、品目 29.32、29.33 及 29.34 不包括三节环环氧化物、过氧化酮、醛或硫醛的环聚合物、多元羧酸酐、多元醇或酚与多元酸构成的环酯及多元酸酰亚胺。

本条规定只适用于由本条所列环化功能形成环内杂原子的化合物。

八、品目 29.37 所称：

（一）“激素”包括激素释放因子、激素刺激和释放因子、激素抑制剂以及激素抗体；

（二）“主要起激素作用的”，不仅适用于激素衍生物以及主要起激素作用的结构类似物，也适用于在本品目所列产品合成过程中主要用做中间体的激素衍生物以及结构类似物。

子目注释：

一、属于本章任一品目项下的一种(组)化合物的衍生物，如果该品目其他子目未明确将其包括在内，而且有关的子目中又无列名为“其他”的子目，则应与该种(组)化合物归入同一子目。

二、第二十九章注释三不适用于本章的子目。

商品编号	商品名称及备注	进口关税税率(%)		增值税率(%)	计量单位	监管条件
		最惠国	普通			
2901	**无环烃**					
2901100000	饱和无环烃	2	30	17	千克	
2901210000	乙烯	2	20	17	千克	AB
2901220000*	丙烯	2	20	17	千克	AB
2901231000	1－丁烯	2	20	17	千克	AB
2901232000	2－丁烯	2	20	17	千克	AB
2901233000	2－甲基丙烯	2	20	17	千克	
2901241000	1,3－丁二烯	2	20	17	千克	AB
2901242000	异戊二烯	2	20	17	千克	
2901291000	异戊烯	2	30	17	千克	AB
2901292000	乙炔	2	45	17	千克	AB
2901299010	诱虫烯	2	30	17	千克	S
2901299090	其他不饱和无环烃	2	30	17	千克	
2902	**环烃**					
2902110000	环已烷	2	30	17	千克	AB
2902191000	蒎烯	2	30	17	千克	
2902192000	4－烷基－4'－烷基双环已烷	2	30	17	千克	
2902199011	1－甲基环丙烯	2	30	17	千克	S
2902199012	d－柠檬烯	2	30	17	千克	
2902199090	其他环烷烃、环烯及环萜烯	2	30	17	千克	
2902200000*	苯	2	20	17	千克	AB
2902300000	甲苯	2	30	17	千克	23
2902410000	邻二甲苯	2	20	17	千克	
2902420000	间二甲苯	2	20	17	千克	
2902430000	对二甲苯	2	20	17	千克	
2902440000	混合二甲苯异构体	2	20	17	千克	
2902500000	苯乙烯	2	30	17	千克	
2902600000	乙苯	2	30	17	千克	AB
2902700000	异丙基苯	2	30	17	千克	AB
2902901000	四氢萘	2	11	17	千克	
2902902000	精萘	2	35	17	千克	AB
2902903000	十二烷基苯	2	30	17	千克	
2902904000	4－(4'－烷基环已基)环已基乙烯	2	30	17	千克	
2902909010	联苯	2	30	17	千克	
2902909090	其他芳香烃	2	30	17	千克	
2903	**烃的卤化衍生物**					
2903110000	一氯甲烷及氯乙烷	5.5	30	17	千克	
2903120001	纯度在99%及以上的二氯甲烷	8	30	17	千克	X
2903120090	其他二氯甲烷	8	30	17	千克	X
2903130000	三氯甲烷(氯仿)	10	30	17	千克	23X

商品编号	商品名称及备注	进口关税税率(%)		增值税率(%)	计量单位	监管条件
		最惠国	普通			
2903140010	非用于清洗剂的四氯化碳	8	30	17	千克	49Bxy
2903140090	用于清洗剂的四氯化碳	8	30	17	千克	89
2903150000*	1,2－二氯乙烷(ISO)	5.5	30	17	千克	ABX
2903191010	1,1,1－三氯乙烷(甲基氯仿)(用于清洗剂的除外)	8	30	17	千克	14ABxy
2903191090	1,1,1－三氯乙烷(甲基氯仿)(用于清洗剂的)	8	30	17	千克	18A
2903199000	其他无环烃的饱和氯化衍生物	5.5	30	17	千克	
2903210000*	氯乙烯	5.5	30	17	千克	AB
2903220000	三氯乙烯	8	30	17	千克	X
2903230000	四氯乙烯	5.5	30	17	千克	X
2903291000	3－氯－1－丙烯(氯丙烯)	5.5	30	17	千克	
2903299010	1,1－二氯乙烯	5.5	30	17	千克	X
2903299090	其他无环烃的不饱和氯化衍生物	5.5	30	17	千克	
2903310000	1,2－二溴乙烷(ISO)	5.5	30	17	千克	89
2903391000	1,1,3,3,3－五氟－2－三氟甲基－1－丙烯(全氟异丁烯、八氟异丁烯)	5.5	30	17	千克	23
2903399010	二溴甲烷	5.5	30	17	千克	AB
2903399020	溴甲烷(别名甲基溴)	5.5	30	17	千克	14ABxy
2903399030	碘甲烷	5.5	30	17	千克	AB
2903399090	其他无环烃的氟化、溴化或碘化衍生物	5.5	30	17	千克	
2903710000	一氯二氟甲烷	5.5	30	17	千克	14ABxy
2903720000	二氯三氟乙烷	5.5	30	17	千克	14xy
2903730000	二氯一氟乙烷	5.5	30	17	千克	14xy
2903740000	一氯二氟乙烷	5.5	30	17	千克	14xy
2903750010	1,1,1,2,2－五氟－3,3－二氯丙烷	5.5	30	17	千克	14xy
2903750020	1,1,2,2,3－五氟－1,3－二氯丙烷	5.5	30	17	千克	14xy
2903750090	其他二氯五氟丙烷	5.5	30	17	千克	14xy
2903760010	溴氯二氟甲烷(Halon－1211)	5.5	30	17	千克	14ABxy
2903760020	溴三氟甲烷(Halon－1301)	5.5	30	17	千克	14ABxy
2903760030	二溴四氟乙烷	5.5	30	17	千克	
2903771000	三氯氟甲烷(CFC－11)	5.5	30	17	千克	14ABxy
2903772011	二氯二氟甲烷(CFC－12)	5.5	30	17	千克	14ABxy
2903772012	三氯三氟乙烷,用于清洗剂除外(CFC－113)	5.5	30	17	千克	14xy
2903772013	三氯三氟乙烷,用于清洗剂(CFC－113)	5.5	30	17	千克	89
2903772014	二氯四氟乙烷(CFC－114)	5.5	30	17	千克	14ABxy
2903772015	一氯五氟乙烷(CFC－115)	5.5	30	17	千克	14ABxy
2903772016	一氯三氟甲烷(CFC－13)	5.5	30	17	千克	14ABxy
2903772017	五氯一氟乙烷	5.5	30	17	千克	
2903772018	四氯二氟乙烷	5.5	30	17	千克	
2903772019	七氯一氟丙烷	5.5	30	17	千克	
2903772021	六氯二氟丙烷	5.5	30	17	千克	
2903772022	五氯三氟丙烷	5.5	30	17	千克	
2903772023	四氯四氟丙烷	5.5	30	17	千克	
2903772024	三氯五氟丙烷	5.5	30	17	千克	
2903772025	二氯六氟丙烷	5.5	30	17	千克	
2903772026	一氯七氟丙烷	5.5	30	17	千克	
2903779000	其他无环烃全卤化物(指仅含氟和氯的)	5.5	30	17	千克	

商品编号	商品名称及备注	进口关税税率(%)		增值税率(%)	计量单位	监管条件
		最惠国	普通			
2903780000	其他无环烃全卤化衍生物(指含两种或两种以上不同卤素的)	5.5	30	17	千克	
2903791011	一氟二氯甲烷	5.5	30	17	千克	14xy
2903791012	1,1,1,2-四氟-2-氯乙烷	5.5	30	17	千克	14xy
2903791013	三氟一氯乙烷	5.5	30	17	千克	14ABxy
2903791014	1-氟-1,1-二氯乙烷	5.5	30	17	千克	14xy
2903791015	1,1-二氟-1-氯乙烷	5.5	30	17	千克	14xy
2903791090	其他仅含氟和氯的甲烷、乙烷及丙烷的卤化衍生物	5.5	30	17	千克	14xy
2903799010	二溴氯丙烷(1,2-二溴-3-氯丙烷)	5.5	30	17	千克	89
2903799020	其他仅含氟和溴的甲烷等卤化衍生物(包括其他仅含氟和溴的乙烷及丙烷的卤化衍生物)	5.5	30	17	千克	
2903799090	其他无环烃卤化衍生物(含两种或两种以上不同卤素)	5.5	30	17	千克	
2903810010	林丹(ISO,INN)	5.5	30	17	千克	S
2903810090	1,2,3,4,5,6-六氯环已烷[六六六(ISO)](混合异构体)	5.5	30	17	千克	X
2903820010	艾氏剂(ISO)及七氯(ISO)	5.5	30	17	千克	89
2903820090	氯丹(ISO)(别名八氯化甲桥茚)	5.5	30	17	千克	89
2903890010	毒杀芬	5.5	30	17	千克	89
2903890030	灭蚁灵	5.5	30	17	千克	89
2903890090	其他环烷烃、环烯烃或环萜烯烃的卤化衍生物	5.5	30	17	千克	
2903911000	邻二氯苯	5.5	30	17	千克	
2903919010	1,4-二氯苯(又称对二氯苯)	5.5	30	17	千克	S
2903919090	氯苯	5.5	30	17	千克	AB
2903920000	六氯苯(ISO)及滴滴涕(ISO,INN)[六氯苯别名过氯苯,滴滴涕别名1,1,1-三氯-2,2-双(4-氯苯基)乙烷]	5.5	30	17	千克	89
2903991000	对氯甲苯	5.5	30	17	千克	
2903992000	3,4-二氯三氟甲苯	5.5	30	17	千克	
2903993000	4-(4'-烷基苯基)-1-(4'-烷基苯基)-2-氟苯	5.5	30	17	千克	
2903999010	多氯联苯、多溴联苯	5.5	30	17	千克	89
2903999030	多氯三联苯(PCT)	5.5	30	17	千克	X
2903999040	稗草烯	5.5	30	17	千克	S
2903999090	其他芳烃卤化衍生物	5.5	30	17	千克	
2904	**烃的磺化、硝化或亚硝化衍生物,不论是否卤化**					
2904100000	仅含磺基的衍生物及其盐和乙酯	5.5	30	17	千克	
2904201000	硝基苯	5.5	20	17	千克	AB
2904202000	硝基甲苯	5.5	30	17	千克	
2904203000	二硝基甲苯	5.5	20	17	千克	AB
2904204000	三硝基甲苯(TNT)	5.5	40	17	千克	AB
2904209010	六硝基芪	5.5	30	17	千克	3
2904209020	4-硝基联苯	5.5	30	17	千克	X
2904209090	其他仅含硝基或亚硝基衍生物	5.5	30	17	千克	
2904901100	邻硝基氯化苯	5.5	30	17	千克	
2904901200	间硝基氯化苯	5.5	30	17	千克	
2904901300	对硝基氯化苯	5.5	30	17	千克	
2904902000	二硝基氯化苯	5.5	20	17	千克	
2904903000	氯化苦	5.5	30	17	千克	23S
2904909011	氯硝丙烷	5.5	30	17	千克	S

商品编号	商品名称及备注	进口关税税率(%)		增值税率(%)	计量单位	监管条件
		最惠国	普通			
2904909012	四氯硝基苯	5.5	30	17	千克	S
2904909013	五氯硝基苯	5.5	30	17	千克	S
2904909090	其他烃的磺化、硝化、亚硝化衍生物(不论是否卤化)	5.5	30	17	千克	
2905	**无环醇及其卤化、磺化、硝化或亚硝化衍生物**					
2905110000	甲醇	5.5	30	17	千克	AB
2905121000*	正丙醇	5.5	30	17	千克	
2905122000	异丙醇	5.5	30	17	千克	G
2905130000	正丁醇	5.5	30	17	千克	AB
2905141000	异丁醇	5.5	30	17	千克	
2905142000	仲丁醇	5.5	30	17	千克	
2905143000	叔丁醇	5.5	30	17	千克	
2905161000	正辛醇	5.5	30	17	千克	
2905169000	辛醇的异构体	5.5	30	17	千克	
2905170000	十二醇、十六醇及十八醇	7	30	17	千克	
2905191000	3,3-二甲基丁-2-醇(频哪基醇)	5.5	30	17	千克	23
2905199010	三十烷醇	5.5	30	17	千克	S
2905199090	其他饱和一元醇	5.5	30	17	千克	
2905221000	香叶醇、橙花醇(3,7-二甲基-2,6-辛二烯-1-醇)	5.5	30	17	千克	
2905222000	香茅醇(3,7-二甲基-6-辛烯-1-醇)	5.5	30	17	千克	
2905223000	芳樟醇	5.5	30	17	千克	AB
2905229000	其他无环萜烯醇	5.5	30	17	千克	
2905290000	其他不饱和一元醇	5.5	30	17	千克	
2905310000	1,2-乙二醇	5.5	30	17	千克	
2905320000*	1,2-丙二醇	5.5	30	17	千克	
2905391000	2,5-二甲基已二醇	4	11	17	千克	
2905399001*	1,3-丙二醇	5.5	30	17	千克	AB
2905399002	1,4-丁二醇	5.5	30	17	千克	AB
2905399010	驱蚊醇	5.5	30	17	千克	S
2905399090	其他二元醇	5.5	30	17	千克	AB
2905410000	三羟甲基丙烷[2-乙基-2-(羟甲基)丙烷-1,3-二醇]	5.5	30	17	千克	
2905420000	季戊四醇	5.5	30	17	千克	
2905430000	甘露糖醇	8	30	17	千克	AB
2905440000	山梨醇	14	40	17	千克	
2905450000*	丙三醇(甘油)	14	50	17	千克	AD
2905491000	木糖醇	5.5	30	17	千克	AB
2905499000	其他多元醇	5.5	30	17	千克	
2905510000	乙氯维诺(INN)	5.5	30	17	千克	I
2905590010	乙氯维诺的盐	5.5	30	17	千克	I
2905590020	2-氯乙醇	5.5	30	17	千克	3A
2905590030	溴硝醇	5.5	30	17	千克	
2905590040	鼠甘伏	5.5	30	17	千克	S
2905590090	其他无环醇的卤化、磺化等衍生物	5.5	30	17	千克	
2906	**环醇及其卤化、磺化、硝化或亚硝化衍生物**					
2906110000	薄荷醇	5	70	17	千克	
2906120010	甲基环已醇	5.5	30	17	千克	AB
2906120090	环已醇,二甲基环已醇	5.5	30	17	千克	

商品编号	商品名称及备注	进口关税税率(%)		增值税率(%)	计量单位	监管条件
		最惠国	普通			
2906131000*	固醇	5.5	30	17	千克	
2906132000	肌醇	5.5	30	17	千克	AB
2906191000	萜品醇	5.5	30	17	千克	
2906199011	阿法雄烷二醇(包括5α-雄烷-3β,17β-二醇;倍他雄烷二醇)	5.5	30	17	千克	L
2906199012	雄烯二醇(异构体)(包括雄-4-烯-3α,17β-二醇)	5.5	30	17	千克	L
2906199013	雄-5-烯-3α,17α-二醇(包括雄-5-烯-3α,17β-二醇)	5.5	30	17	千克	L
2906199090	其他环烷醇,环烯醇及环萜烯醇	5.5	30	17	千克	
2906210000	苄醇	5	30	17	千克	
2906291000	2-苯基乙醇	5.5	30	17	千克	
2906299010	三氯杀螨醇、杀螨醇	5.5	30	17	千克	S
2906299090	其他芳香醇	5.5	30	17	千克	
2907	**酚;酚醇**					
2907111000	苯酚	5.5	30	17	千克	AB
2907119000	苯酚的盐	5.5	30	17	千克	
2907121100*	间甲酚	5.5	30	17	千克	
2907121200*	邻甲酚	5.5	30	17	千克	
2907121900	其他甲酚	5.5	30	17	千克	AB
2907129000	甲酚的盐	5.5	30	17	千克	
2907131000	壬基酚、对壬基酚、支链-4-壬基酚(包括4-壬基苯酚、壬基苯酚)	5.5	30	17	千克	X
2907139000	辛基酚及其异构体(包括辛基酚及其异构体的盐和壬基酚盐)	5.5	30	17	千克	
2907151000	β-萘酚(2-萘酚)	5.5	30	17	千克	
2907159000	其他萘酚及萘酚盐	5.5	30	17	千克	AB
2907191010*	邻异丙基(苯)酚	4	11	17	千克	AB
2907191090*	邻仲丁基酚	4	11	17	千克	
2907199011	邻苯基苯酚及其盐	5.5	30	17	千克	
2907199012	邻烯丙基苯酚及盐	5.5	30	17	千克	S
2907199090	其他一元酚	5.5	30	17	千克	
2907210000*	间苯二酚及其盐	5.5	30	17	千克	
2907221000	对苯二酚	5.5	30	17	千克	
2907229000	对苯二酚的盐	5.5	30	17	千克	
2907230001	双酚A(4,4-异亚丙基联苯酚)	5.5	30	17	千克	
2907230090	双酚A的盐(4,4-异亚丙基联苯酚的盐)	5.5	30	17	千克	
2907291000	邻苯二酚	4	11	17	千克	
2907299010	毒菌酚	5.5	30	17	千克	S
2907299090	其他多元酚;酚醇	5.5	30	17	千克	AB
2908	**酚及酚醇的卤化、磺化、硝化或亚硝化衍生物**					
2908110000	五氯苯酚(五氯酚)	5.5	30	17	千克	X
2908191000	对氯苯酚	4	11	17	千克	
2908199021	格螨酯	5.5	30	17	千克	S
2908199022	双氯酚	5.5	30	17	千克	S
2908199023	五氯酚钠	5.5	30	17	千克	S
2908199090	其他仅含卤素取代基的衍生物及盐	5.5	30	17	千克	

商品编号	商品名称及备注	进口关税税率(%)		增值税率(%)	计量单位	监管条件
		最惠国	普通			
2908910000	地乐酚及其盐和酯	5.5	30	17	千克	89
2908920000	4,6-二硝基邻甲酚[二硝酚(ISO)]及其盐	5.5	30	17	千克	89
2908991010	4-硝基苯酚(对硝基苯酚)	5.5	30	17	千克	X
2908991090	对硝基苯酚钠	5.5	30	17	千克	S
2908999021	芬螨酯	5.5	30	17	千克	S
2908999022	消螨酚	5.5	30	17	千克	S
2908999023	戊硝酚	5.5	30	17	千克	S
2908999024	特乐酚	5.5	30	17	千克	S
2908999090	其他酚及酚醇的卤化等衍生物(包括其磺化、硝化或亚硝化衍生物)	5.5	30	17	千克	
2909	**醚、醚醇、醚酚、醚醇酚、过氧化醇、过氧化醚、过氧化酮(不论是否已有化学定义)及其卤化、磺化、硝化或亚硝化衍生物**					
2909110000	乙醚	5.5	30	17	千克	23
2909191000	甲醚	5.5	30	17	千克	
2909199011	八氯二丙醚	5.5	30	17	千克	S
2909199012	二氯异丙醚	5.5	30	17	千克	S
2909199090	其他无环醚及其卤化等衍生物(包括其磺化、硝化或亚硝化衍生物)	5.5	30	17	千克	
2909208100	1,8-桉树脑(包括其卤化、磺化、硝化或亚硝化衍生物)	5.5	30	17	千克	
2909208900	其他环萜烯醚(包括其卤化、磺化、硝化或亚硝化衍生物)	5.5	30	17	千克	
2909209000	环烷醚、环烯醚(包括其卤化、磺化、硝化或亚硝化衍生物及环萜烯醚的上述衍生物)	5.5	30	17	千克	
2909301000	1-烷氧基-4-(4-乙烯基环己基)-2,3-二氟苯	5.5	30	17	千克	
2909309011	甲氧滴滴涕、除草醚	5.5	30	17	千克	S
2909309012	醚菊酯、苄螨醚、三氟醚	5.5	30	17	千克	S
2909309013	氯苯甲醚、甲氧除草醚	5.5	30	17	千克	S
2909309014	三氟硝草醚、草枯醚	5.5	30	17	千克	S
2909309015	氟除草醚、乙氧氟草醚	5.5	30	17	千克	S
2909309090	其他芳香醚及其卤化、磺化、硝化衍生物(包括其亚硝化衍生物)	5.5	30	17	千克	
2909410000*	2,2'-氧联二乙醇(二甘醇)	5.5	30	17	千克	
2909430000	乙二醇或二甘醇的单丁醚	5.5	30	17	千克	
2909440000	乙二醇或二甘醇的其他单烷基醚	5.5	30	17	千克	
2909491000	间苯氧基苄醇	4	11	17	千克	
2909499000	其他醚醇及其衍生物(包括其卤化、磺化、硝化或亚硝化衍生物)	5.5	30	17	千克	
2909500000	醚酚、醚醇酚及其衍生物(包括其卤化、磺化、硝化或亚硝化衍生物)	5.5	30	17	千克	
2909600000	过氧化醇、过氧化醚、过氧化酮[含其卤化、磺化、硝化或亚硝化衍生物(过氧化二异丙苯除外)]	5.5	30	17	千克	
2910	**三节环环氧化物、环氧醇、环氧酚、环氧醚及其卤化、磺化、硝化或亚硝化衍生物**					
2910100000	环氧乙烷	5.5	30	17	千克	X
2910200000	甲基环氧乙烷(氧化丙烯)	5.5	30	17	千克	
2910300000	1-氯-2,3-环氧丙烷(表氯醇)(环氧氯丙烷)	5.5	30	17	千克	

商品编号	商品名称及备注	进口关税税率(%)		增值税率(%)	计量单位	监管条件
		最惠国	普通			
2910400000	狄氏剂(ISO、INN)	5.5	30	17	千克	89
2910900010	异狄氏剂	5.5	30	17	千克	89
2910900020	灭草环	5.5	30	17	千克	S
2910900090	三节环环氧化物,环氧醇(酚、醚)(包括其卤化、磺化、硝化或亚硝化的衍生物)	5.5	30	17	千克	
2911	**缩醛及半缩醛,不论是否含有其他含氧基,及其卤化、磺化、硝化或亚硝化衍生物**					
2911000000	缩醛、半缩醛,不论含否其他含氧基(包括其卤化、磺化、硝化或亚硝化的衍生物)	5.5	30	17	千克	
2912	**醛,不论是否含有其他含氧基;环聚醛;多聚甲醛**					
2912110000	甲醛	5.5	30	17	千克	AB
2912120000	乙醛	5.5	30	17	千克	X
2912190001*	乙二醛	5.5	30	17	千克	
2912190030	丙烯醛	5.5	30	17	千克	X
2912190090	其他无环醛(指不含其他含氧基)	5.5	30	17	千克	
2912210000	苯甲醛	5.5	30	17	千克	
2912291000	铃兰醛(即对叔丁基-α-甲基-氧化肉桂醛)	5.5	30	17	千克	
2912299000	其他环醛(指不含其他含氧基)	5.5	30	17	千克	
2912410000	香草醛(3-甲氧基-4-羟基苯甲醛)	5.5	30	17	千克	
2912420000	乙基香草醛	5.5	30	17	千克	
2912491000	醛醇(指不含其他含氧基)	5.5	30	17	千克	
2912499000	其他醛醚、醛酚(包括含其他含氧基的醛)	5.5	30	17	千克	
2912500010	四聚乙醛	5.5	30	17	千克	S
2912500090	其他环聚醛	5.5	30	17	千克	
2912600000	多聚甲醛	5.5	30	17	千克	AB
2913	**品目29.12所列产品的卤化、磺化、硝化或亚硝化衍生物**					
2913000010	三氯乙醛	5.5	30	17	千克	ABG
2913000090	品目29.12所列产品的其他衍生物(指卤化、磺化、硝化或亚硝化的衍生物)	5.5	30	17	千克	
2914	**酮及醌,不论是否含有其他含氧基,及其卤化、磺化、硝化或亚硝化衍生物**					
2914110000	丙酮(二甲基甲酮、二甲酮、醋酮、木酮)	5.5	20	17	千克	23
2914120000	丁酮[甲基乙基(甲)酮](甲乙酮)	5.5	30	17	千克	23
2914130000	4-甲基-2-戊酮(甲基异丁基(甲)酮)	5.5	30	17	千克	
2914190010	频哪酮	5.5	30	17	千克	23
2914190090	其他不含其他含氧基的无环酮	5.5	30	17	千克	
2914220000	环已酮及甲基环已酮	5.5	30	17	千克	AB
2914230000	芷香酮及甲基芷香酮	5.5	30	17	千克	
2914291000	樟脑	5.5	40	17	千克	B
2914299000	其他环烷酮、环烯酮或环萜烯酮(指不含其他含氧基的)	5.5	30	17	千克	
2914310000	苯丙酮(苯基丙-2-酮)	5.5	30	17	千克	23
2914391000	苯乙酮	4	11	17	千克	
2914399011	杀鼠酮	5.5	30	17	千克	S
2914399012	鼠完	5.5	30	17	千克	S
2914399013	敌鼠	5.5	30	17	千克	S

商品编号	商品名称及备注	进口关税税率(%)		增值税率(%)	计量单位	监管条件
		最惠国	普通			
2914399090	其他不含其他含氧基的芳香酮	5.5	30	17	千克	
2914400010	敌鼠钠	5.5	30	17	千克	S
2914400020	3β-羟基-5α-雄烷-17-酮、表睾酮	5.5	30	17	千克	L
2914400090	其他酮醇及酮醛	5.5	30	17	千克	
2914501100	覆盆子酮	5.5	30	17	千克	
2914501900	其他酮酚	5.5	30	17	千克	
2914502000	2-羟基-4-甲氧基二苯甲酮	5.5	30	17	千克	
2914509011	肟草酮,双炔酰菌胺	5.5	30	17	千克	S
2914509012	甲氧虫酰肼	5.5	30	17	千克	S
2914509090	含其他含氧基的酮	5.5	30	17	千克	
2914610000	蒽醌	5.5	30	17	千克	
2914690010	大黄素甲醚	5.5	30	17	千克	S
2914690090	其他醌	5.5	30	17	千克	
2914700011	氯鼠酮、表苯草酮、茚草酮	5.5	30	17	千克	S
2914700012	二氯萘醌	5.5	30	17	千克	S
2914700013	四氯对醌	5.5	30	17	千克	S
2914700014	六氯丙酮	5.5	30	17	千克	S
2914700015	氯敌鼠钠盐	5.5	30	17	千克	S
2914700090	其他酮及醌的卤化、磺化衍生物(包括硝化或亚硝化衍生物)	5.5	30	17	千克	
2915	**饱和无环一元羧酸及其酸酐、酰卤化物、过氧化物和过氧酸,以及它们的卤化、磺化、硝化或亚硝化衍生物**					
2915110000	甲酸	5.5	40	17	千克	AB
2915120000	甲酸盐	5.5	30	17	千克	
2915130000	甲酸酯	5.5	30	17	千克	
2915211100	食品级冰乙酸(冰醋酸)(GB1903-2008)	5.5	30	17	千克	ABG
2915211910	乙酸溶液,10% < 含量≤80%	5.5	30	17	千克	ABG
2915211920	乙酸,含量 > 80%	5.5	30	17	千克	ABG
2915211990	其他冰乙酸(冰醋酸)	5.5	30	17	千克	G
2915219000	其他乙酸	5.5	50	17	千克	ABG
2915240000	乙酸酐(醋酸酐)	5.5	50	17	千克	23
2915291000	乙酸钠	5.5	50	17	千克	ABG
2915299011	乙酸铜	5.5	50	17	千克	
2915299023	乙酸铅(醋酸铅)	5.5	50	17	千克	X
2915299090	其他乙酸盐	5.5	50	17	千克	AB
2915310000	乙酸乙酯	5.5	30	17	千克	ABG
2915320000	乙酸乙烯酯	5.5	30	17	千克	AB
2915330000	乙酸正丁酯	5.5	30	17	千克	
2915360000	地乐酚(ISO)乙酸酯	5.5	30	17	千克	S
2915390011	三氯杀虫酯	5.5	30	17	千克	S
2915390013	特乐酯	5.5	30	17	千克	S
2915390014	灭螨醌	5.5	30	17	千克	S
2915390015	红铃虫性诱素	5.5	30	17	千克	S
2915390016	种衣酯	5.5	30	17	千克	S
2915390090	其他乙酸酯	5.5	30	17	千克	AB
2915400010	一氯醋酸钠	5.5	30	17	千克	

商品编号	商品名称及备注	进口关税税率(%) 最惠国	进口关税税率(%) 普通	增值税率(%)	计量单位	监管条件
2915400090	其他一氯代乙酸的盐和酯(包括二氯乙酸或三氯乙酸的盐和酯)	5.5	30	17	千克	
2915501000*	丙酸	5.5	30	17	千克	AB
2915509000	丙酸盐和酯	5.5	30	17	千克	AB
2915600000	丁酸、戊酸及其盐和酯	5.5	30	17	千克	
2915701000	硬脂酸(以干燥重量计,纯度在90%及以上)	7	50	17	千克	AB
2915709000	棕榈酸及其盐和酯、硬脂酸盐、酯	5.5	30	17	千克	
2915900011	茅草枯	5.5	30	17	千克	S
2915900012	抑草蓬	5.5	30	17	千克	S
2915900013	四氟丙酸	5.5	30	17	千克	S
2915900020	氟乙酸钠	5.5	30	17	千克	89
2915900090	其他饱和无环一元羧酸及其酸酐[(酰卤、过氧)化物,过氧酸及其卤化、硝化、磺化、亚硝化衍生物]	5.5	30	17	千克	AB
2916	**不饱和无环一元羧酸、环一元羧酸及其酸酐、酰卤化物、过氧化物和过氧酸,以及它们的卤化、磺化、硝化或亚硝化衍生物**					
2916110000	丙烯酸及其盐	6.5	30	17	千克	
2916121000	丙烯酸甲酯	6.5	30	17	千克	AB
2916122000	丙烯酸乙酯	6.5	30	17	千克	AB
2916123001	丙烯酸正丁酯	6.5	30	17	千克	AB
2916123090	丙烯酸异丁酯	6.5	30	17	千克	AB
2916124000	丙烯酸异辛酯	6.5	30	17	千克	
2916129000	其他丙烯酸酯	6.5	30	17	千克	
2916130010	甲基丙烯酸	6.5	80	17	千克	AB
2916130090	甲基丙烯酸盐	6.5	80	17	千克	
2916140000	甲基丙烯酸酯	6.5	80	17	千克	
2916150000	油酸、亚油酸或亚麻酸及其盐和酯	6.5	30	17	千克	
2916160000	乐杀螨(ISO)	6.5	30	17	千克	S
2916190011	烯虫乙酯	6.5	30	17	千克	S
2916190012	烯虫炔酯	6.5	30	17	千克	S
2916190013	消螨普	6.5	30	17	千克	S
2916190090	其他不饱和无环一元羧酸(包括其酸酐,酰卤化物,过氧化物和过氧酸及它们的衍生物)	6.5	30	17	千克	AB
2916201000	DV菊酸甲酯、二溴菊酸	4	11	17	千克	
2916209021	苄菊酯、苯醚菊酯(包括右旋苯醚菊酯、富右旋反式苯醚菊酯)	6.5	30	17	千克	S
2916209022	苄烯菊酯、氯菊酯(包括生物氯菊酯)	6.5	30	17	千克	S
2916209023	氯烯炔菊酯、联苯菊酯	6.5	30	17	千克	S
2916209024	七氟菊酯、四氟苯菊酯、五氟苯菊酯、七氟甲醚菊酯(包括甲氧苄氟菊酯、氯氟醚菊酯)	6.5	30	17	千克	S
2916209025	戊菊酯、环螨酯	6.5	30	17	千克	S
2916209026	四氟甲醚菊酯、烯炔菊酯(包括右旋烯炔菊酯、富右旋反式烯炔菊酯)	6.5	30	17	千克	S
2916209027	炔丙菊酯(包括右旋炔丙菊酯、富右旋反式炔丙菊酯)	6.5	30	17	千克	S
2916209028	氯丙炔菊酯(包括右旋反式氯丙炔菊酯)	6.5	30	17	千克	S
2916209090	其他(环烷、环烯、环萜烯)一元羧酸(包括酸酐,酰卤化物,过氧化物和过氧酸及其衍生物)	6.5	30	17	千克	AB

商品编号	商品名称及备注	进口关税税率(%)		增值税率(%)	计量单位	监管条件
		最惠国	普通			
2916310020	2-(乙酰氧基)苯甲酸	6.5	30	17	千克	S
2916310090	其他苯甲酸及其盐和酯	6.5	30	17	千克	AB
2916320000	过氧化苯甲酰及苯甲酰氯	6.5	30	17	千克	AB
2916340010	苯乙酸	6.5	30	17	千克	23
2916340090	苯乙酸盐	6.5	30	17	千克	
2916391000	邻甲基苯甲酸	6.5	30	17	千克	
2916392000	布洛芬	6.5	30	17	千克	
2916399012	草芽畏、燕麦酯	6.5	30	17	千克	S
2916399013	5-硝基邻甲氧基苯酸钠	6.5	30	17	千克	S
2916399014	对氯苯氧乙酸及其盐	6.5	30	17	千克	S
2916399015	三碘苯甲酸	6.5	30	17	千克	S
2916399016	萘乙酸	6.5	30	17	千克	S
2916399017	伐草克	6.5	30	17	千克	S
2916399018	α-萘乙酸及其盐	6.5	30	17	千克	S
2916399090	其他芳香一元羧酸	6.5	30	17	千克	
2917	**多元羧酸及其酸酐、酰卤化物、过氧化物和过氧酸，以及它们的卤化、磺化、硝化或亚硝化衍生物**					
2917111000	草酸	6.5	40	17	千克	
2917112000	草酸钴	9	30	17	千克	4xy
2917119000	其他草酸盐和酯	6.5	30	17	千克	
2917120001	己二酸	6.5	30	17	千克	AB
2917120090	己二酸盐和酯	6.5	30	17	千克	AB
2917131000	癸二酸及其盐和酯	6.5	30	17	千克	
2917139000	壬二酸及其盐和酯	6.5	30	17	千克	
2917140000	马来酐	6.5	30	17	千克	
2917190010	驱虫特、硝苯菌酯	6.5	30	17	千克	S
2917190090	其他无环多元羧酸	6.5	30	17	千克	
2917201000	四氢苯酐	4	11	17	千克	
2917209010	驱蚊灵	6.5	30	17	千克	S
2917209090	其他(环烷、环烯、环萜烯)多元羧酸	6.5	30	17	千克	AB
2917320000	邻苯二甲酸二辛酯	6.5	30	17	千克	
2917330000	邻苯二甲酸二壬酯等(包括邻苯二甲酸二癸酯)	6.5	30	17	千克	
2917341010	驱蚊叮	6.5	30	17	千克	S
2917341090	其他邻苯二甲酸二丁酯	6.5	30	17	千克	
2917349000	其他邻苯二甲酸酯	6.5	30	17	千克	
2917350000	邻苯二甲酸酐(苯酐)	6.5	30	17	千克	AB
2917361100	精对苯二甲酸[白色针状结晶或粉末，密度1.510，主要技术指标为4-羧基苯甲醛(4-CBA)≤25PPM]	6.5	30	17	千克	
2917361900	其他对苯二甲酸	6.5	30	17	千克	
2917369000	对苯二甲酸盐	6.5	30	17	千克	
2917370000	对苯二甲酸二甲酯	6.5	30	17	千克	
2917391000	间苯二甲酸	6.5	30	17	千克	
2917399011	酞菌酯	6.5	30	17	千克	S
2917399012	氯酞酸甲酯	6.5	30	17	千克	S
2917399013	氯酞酸	6.5	30	17	千克	S
2917399090	其他芳香多元羧酸	6.5	30	17	千克	

商品编号	商 品 名 称 及 备 注	进口关税税率(%)		增值税率(%)	计量单位	监管条件
		最惠国	普通			
2918	**含附加含氧基的羧酸及其酸酐、酰卤化物、过氧化物和过氧酸,以及它们的卤化、磺化、硝化或亚硝化衍生物**					
2918110000	乳酸及其盐和酯	6.5	30	17	千克	AB
2918120000	酒石酸	6.5	35	17	千克	AB
2918130000	酒石酸盐及酒石酸酯	6.5	30	17	千克	AB
2918140000	柠檬酸	6.5	35	17	千克	4ABxy
2918150000	柠檬酸盐及柠檬酸酯	6.5	30	17	千克	4ABxy
2918160000	葡糖酸及其盐和酯	6.5	30	17	千克	
2918180000	乙酯杀螨醇(包括其酸酐,酰卤化物,过氧化物和过氧酸及其衍生物)	6.5	30	17	千克	S
2918191000	2,2-二苯基-2-羟基乙酸(二苯羟乙酸、二苯乙醇酸)	6.5	30	17	千克	23
2918199010	二苯乙醇酸甲酯(包括其酸酐,酰卤化物,过氧化物和过氧酸及其衍生物)	6.5	30	17	千克	23
2918199030	γ-羟基丁酸及其盐	6.5	30	17	千克	I
2918199041	丙酯杀螨醇	6.5	30	17	千克	S
2918199042	溴螨酯	6.5	30	17	千克	S
2918199043	苭丁酯	6.5	30	17	千克	S
2918199044	整形醇	6.5	30	17	千克	S
2918199090	其他含醇基但不含其他含氧基羧酸(包括其酸酐,酰卤化物,过氧化物和过氧酸及其衍生物)	6.5	30	17	千克	
2918211000	水杨酸、水杨酸钠	6.5	20	17	千克	
2918219000	其他水杨酸盐	6.5	30	17	千克	
2918221000	邻乙酰水杨酸(阿司匹林)	6	20	17	千克	
2918229000	邻乙酰水杨酸盐和酯	6.5	30	17	千克	
2918230000	水杨酸其他酯及其盐	6.5	30	17	千克	
2918290000	其他含酚基但不含其他含氧基羧酸(包括其酸酐,酰卤化物,过氧化物和过氧酸及其衍生物)	6.5	30	17	千克	AB
2918300011	除虫菊素Ⅰ、除虫菊素Ⅱ	6.5	30	17	千克	S
2918300012	瓜叶菊素Ⅰ、瓜叶菊素Ⅱ	6.5	30	17	千克	S
2918300013	茉酮菊素Ⅰ、茉酮菊素Ⅱ	6.5	30	17	千克	S
2918300014	环戊烯丙菊酯	6.5	30	17	千克	S
2918300015	调环酸、抗倒酯、环虫菊酯	6.5	30	17	千克	S
2918300016	烯丙菊酯等(包括右旋烯丙菊酯、富右旋反式烯丙菊酯、右旋反式烯丙菊酯)	6.5	30	17	千克	S
2918300017	Es-生物烯丙菊酯、生物烯丙菊酯等(包括S-生物烯丙菊酯)	6.5	30	17	千克	S
2918300018	乙酰氟菊酯	6.5	30	17	千克	S
2918300090	其他含醛基或酮基不含其他含氧基羧酸(包括酸酐、酰卤化物、过氧化物和过氧酸及其衍生物)	6.5	30	17	千克	
2918910000	2,4,5-涕(ISO)(2,4,5-三氯苯氧乙酸)及其盐或酯	6.5	30	17	千克	89
2918990021	2,4-滴、2,4-滴丙酸、2,4-滴丁酸等(包括精2,4-滴丙酸、苯醚菌酯)	6.5	30	17	千克	S
2918990022	2甲4氯、2甲4氯丙酸等(包括精2甲4氯丙酸)	6.5	30	17	千克	S
2918990023	2甲4氯丁酸	6.5	30	17	千克	S
2918990024	麦草畏、杀草畏	6.5	30	17	千克	S
2918990025	禾草灵、乳氟禾草灵	6.5	30	17	千克	S

商品编号	商品名称及备注	进口关税税率(%) 最惠国	进口关税税率(%) 普通	增值税率(%)	计量单位	监管条件
2918990026	氟萘禾草灵、甲羧除草醚	6.5	30	17	千克	S
2918990027	三氟羧草醚、乙羧氟草醚	6.5	30	17	千克	S
2918990028	氟乳醚、调果酸、座果酸	6.5	30	17	千克	S
2918990029	增糖酯、S－诱抗素、氯氟草醚乙酯(包括烯虫酯)	6.5	30	17	千克	S
2918990030	调磺酸钙	6.5	30	17	千克	S
2918990090	其他含其他附加含氧基羧酸(包括其酸酐、酰卤化物、过氧化物和过氧酸及其衍生物)	6.5	30	17	千克	
2919	**磷酸酯及其盐，包括乳磷酸盐，以及它们的卤化、磺化、硝化或亚硝化衍生物**					
2919100000	三(2,3－二溴丙基)磷酸酯	6.5	30	17	千克	89
2919900020	磷酸三丁酯	6.5	30	17	千克	3
2919900031	敌敌钙、敌敌畏	6.5	30	17	千克	S
2919900032	速灭磷、二溴磷	6.5	30	17	千克	S
2919900033	巴毒磷、杀虫畏	6.5	30	17	千克	S
2919900034	毒虫畏、甲基毒虫畏	6.5	30	17	千克	S
2919900035	庚烯磷、特普	6.5	30	17	千克	S
2919900036	三乙膦酸铝、乙膦酸	6.5	30	17	千克	S
2919900037	氯瘟磷、伐草磷	6.5	30	17	千克	S
2919900090	其他磷酸酯及其盐(包括乳磷酸盐)(包括它们的卤化、磺化、硝化或亚硝化衍生物)	6.5	30	17	千克	AB
2920	**其他非金属无机酸酯(不包括卤化氢的酯)及其盐，以及它们的卤化、磺化、硝化或亚硝化衍生物**					
2920110000	对硫磷(ISO)及甲基对硫磷(ISO)	6.5	30	17	千克	X
2920190012	氯氧磷、虫螨畏	6.5	30	17	千克	S
2920190013	杀螟硫磷、除线磷	6.5	30	17	千克	S
2920190014	异氯磷、皮蝇磷	6.5	30	17	千克	S
2920190015	溴硫磷、乙基溴硫磷、硝虫硫磷	6.5	30	17	千克	S
2920190016	甲基增效磷、增效磷	6.5	30	17	千克	
2920190017	碘硫磷、苯稻瘟净	6.5	30	17	千克	S
2920190018	甲基立枯磷、克菌磷	6.5	30	17	千克	S
2920190019	速杀硫磷、丰丙磷	6.5	30	17	千克	S
2920190090	其他硫代磷酸酯及其盐(包括它们的卤化、磺化、硝化或亚硝化衍生物)	6.5	30	17	千克	
2920901100	亚磷酸三甲酯	6.5	30	17	千克	23
2920901200	亚磷酸三乙酯	6.5	30	17	千克	23
2920901300	亚磷酸二甲酯	6.5	30	17	千克	23
2920901400	亚磷酸二乙酯	6.5	30	17	千克	23
2920901900	亚磷酸酯	6.5	30	17	千克	
2920909001*	碳酸二苯酯	6.5	30	17	千克	
2920909011	硫丹	6.5	30	17	千克	S
2920909012	治螟磷	6.5	30	17	千克	S
2920909013	消螨通	6.5	30	17	千克	S
2920909014	炔螨特	6.5	30	17	千克	S
2920909015	浸种磷	6.5	30	17	千克	S
2920909016	赛松	6.5	30	17	千克	S
2920909020	三乙基砷酸酯	6.5	30	17	千克	X

商品编号	商品名称及备注	进口关税税率(%)		增值税率(%)	计量单位	监管条件
		最惠国	普通			
2920909090	其他无机酸酯(不包括卤化氢的酯)(包括其盐,以及它们的卤化、磺化、硝化或亚硝化衍生物)	6.5	30	17	千克	
2921	氨基化合物					
2921110010	二甲胺	6.5	30	17	千克	23
2921110020	二甲胺盐酸盐	6.5	30	17	千克	23
2921110030	甲胺盐	6.5	30	17	千克	
2921110090	甲胺,三甲胺及其盐	6.5	30	17	千克	AB
2921191000	二正丙胺	4	11	17	千克	AB
2921192000*	异丙胺	6.5	30	17	千克	
2921193000	N,N-二(2-氯乙基)乙胺	6.5	30	17	千克	32
2921194000	N,N-二(2-氯乙基)甲胺	6.5	30	17	千克	32
2921195000	三(2-氯乙基)胺	6.5	30	17	千克	32
2921196000	二烷氨基乙基-2-氯及相应质子盐(其中烷基指甲、乙、正丙或异丙基)	6.5	30	17	千克	23
2921199011	三乙胺(单一成分,用做点火剂)	6.5	30	17	千克	3A
2921199020	二异丙胺	6.5	30	17	千克	3
2921199031	2-氨基丁烷	6.5	30	17	千克	S
2921199033	胺鲜酯	6.5	30	17	千克	S
2921199090	其他无环单胺及其衍生物及其盐	6.5	30	17	千克	
2921211000	乙二胺	6.5	30	17	千克	
2921219000	乙二胺盐	6.5	30	17	千克	
2921221000	己二酸己二胺盐(尼龙-66盐)	6.5	20	17	千克	
2921229000	六亚甲基二胺及其他盐	6.5	30	17	千克	
2921290000	其他无环多胺及其衍生物(包括它们的盐)	6.5	30	17	千克	
2921300010	丙己君及其盐	6.5	30	17	千克	I
2921300030	氨基羧酸环丙烷	6.5	30	17	千克	S
2921300040	乙撑亚胺	6.5	30	17	千克	AB
2921300090	其他环(烷、烯、萜烯)单胺或多胺(包括其衍生物及它们的盐)	6.5	30	17	千克	
2921411000	苯胺	6.5	20	17	千克	X
2921419000	苯胺盐	6.5	30	17	千克	
2921420012	敌锈钠	6.5	30	17	千克	S
2921420013	苯草醚	6.5	30	17	千克	S
2921420090	其他苯胺衍生物及其盐	6.5	30	17	千克	
2921430010	氟乐灵	6.5	30	17	千克	S
2921430020*	邻甲苯胺	6.5	30	17	千克	
2921430031	溴鼠胺	6.5	30	17	千克	S
2921430032	乙丁氟灵	6.5	30	17	千克	S
2921430033	氯乙氟灵	6.5	30	17	千克	S
2921430034	环丙氟灵	6.5	30	17	千克	S
2921430035	乙丁烯氟灵	6.5	30	17	千克	S
2921430036	地乐灵	6.5	30	17	千克	S
2921430037	氯乙灵	6.5	30	17	千克	S
2921430038	氟节胺	6.5	30	17	千克	S
2921430090	甲苯胺及其衍生物,以及它们的盐	6.5	30	17	千克	
2921440000	二苯胺及其衍生物,以及它们的盐	6.5	30	17	千克	

商品编号	商品名称及备注	进口关税税率(%)		增值税率(%)	计量单位	监管条件
		最惠国	普通			
2921450010	2-萘胺	6.5	30	17	千克	X
2921450090	1-萘胺和2-萘胺的衍生物及盐(包括1-萘胺)	6.5	30	17	千克	
2921460011	安非他明、苄非他明、右苯丙胺(包括它们的盐)	6.5	30	17	千克	I
2921460012	乙非他明、芬坎法明、利非他明(包括它们的盐)	6.5	30	17	千克	I
2921460013	左苯丙胺、美芬雷司、芬特明(包括它们的盐)	6.5	30	17	千克	I
2921491000	对异丙基苯胺	4	11	17	千克	
2921492000	二甲基苯胺	6.5	20	17	千克	
2921493000	2,6-甲基乙基苯胺	4	11	17	千克	
2921494000	2,6-二乙基苯胺	6.5	20	17	千克	
2921499011	异丙乐灵	6.5	30	17	千克	S
2921499012	仲丁灵	6.5	30	17	千克	S
2921499013	二甲戊灵	6.5	30	17	千克	S
2921499020	4-氨基联苯	6.5	30	17	千克	X
2921499031	乙环利定、二甲基安非他明(以及它们的盐)	6.5	30	17	千克	I
2921499032	芬氟拉明、右旋芬氟拉明(以及它们的盐)	6.5	30	17	千克	I
2921499090	其他芳香单胺及衍生物及它们的盐	6.5	30	17	千克	
2921511000	邻苯二胺	4	11	17	千克	
2921519011	氨氟灵	6.5	30	17	千克	S
2921519012	氨氟乐灵	6.5	30	17	千克	S
2921519020	2,4-二氨基甲苯	6.5	30	17	千克	X
2921519090	间-、对-苯二胺、二氨基甲苯等(包括衍生物及它们的盐)	6.5	30	17	千克	
2921590010	三氨基三硝基苯	6.5	30	17	千克	3
2921590020	联苯胺(4,4'-二氨基联苯)	6.5	30	17	千克	89
2921590031	4,4'-二氨基-3,3'-二氯二苯基甲烷	6.5	30	17	千克	X
2921590032	3,3'-二氯联苯胺	6.5	30	17	千克	X
2921590033	4,4'-二氨基二苯基甲烷	6.5	30	17	千克	X
2921590090	其他芳香多胺及衍生物及它们的盐	6.5	30	17	千克	
2922	**含氧基氨基化合物**					
2922111000	莱克多巴胺和盐酸莱克多巴胺	6.5	30	17	千克	89
2922119001	其他单乙醇胺	6.5	30	17	千克	AB
2922119090	单乙醇胺盐	6.5	30	17	千克	
2922120001	二乙醇胺	6.5	30	17	千克	
2922120090	二乙醇胺盐	6.5	30	17	千克	
2922131000	三乙醇胺	6.5	30	17	千克	23AB
2922132020	三乙醇胺盐酸盐	6.5	30	17	千克	23
2922132090	其他三乙醇胺的盐	6.5	30	17	千克	
2922140000	右丙氧吩(INN)及其盐	6.5	30	17	千克	W
2922191000	乙胺丁醇	6.5	30	17	千克	
2922192100	二甲氨基乙醇及其质子化盐	6.5	30	17	千克	
2922192210	2-二乙氨基乙醇(或称N,N-二乙基乙醇胺)	6.5	30	17	千克	3
2922192290	二乙氨基乙醇的质子化盐	6.5	30	17	千克	
2922192900	其他二烷氨基乙-2-醇及质子化盐(烷基指正丙或异丙基)	6.5	30	17	千克	23
2922193000	乙基二乙醇胺	6.5	30	17	千克	23
2922194000	甲基二乙醇胺	6.5	30	17	千克	23
2922195000	本芴醇	6.5	30	17	千克	

商品编号	商品名称及备注	进口关税税率(%)		增值税率(%)	计量单位	监管条件
		最惠国	普通			
2922199010	增产胺	6.5	30	17	千克	S
2922199020	克仑特罗	6.5	30	17	千克	L
2922199031	醋美沙朵、阿醋美沙朵、阿法美沙朵(以及它们的盐)	6.5	30	17	千克	W
2922199032	倍醋美沙朵、倍他美沙朵(以及它们的盐)	6.5	30	17	千克	W
2922199033	地美沙朵、地美庚醇、诺美沙朵(以及它们的盐)	6.5	30	17	千克	W
2922199090	其他氨基醇及其醚、酯和它们的盐(但含有一种以上含氧基的除外)	6.5	30	17	千克	
2922210000	氨基羟基萘磺酸及其盐(但含有一种以上含氧基的除外)	6.5	30	17	千克	
2922291000	茴香胺,二茴香胺,氨基苯乙醚等(但含有一种以上含氧基的除外)	6.5	30	17	千克	
2922299011	布苯丙胺、二甲氧基乙基安非他明(以及它们的盐)	6.5	30	17	千克	I
2922299012	二甲氧基安非他明、副甲氧基安非他明(以及它们的盐)	6.5	30	17	千克	I
2922299013	二甲氧基甲苯异丙胺、三甲氧基安非他明(以及它们的盐)	6.5	30	17	千克	I
2922299014	2,5-二甲氧基-4-溴苯乙胺、地佐辛(以及它们的盐)	6.5	30	17	千克	I
2922299090	其他氨基(萘酚、酚)及醚、酯(包括它们的盐,但含有一种以上含氧基的除外)	6.5	30	17	千克	
2922310010	安非拉酮及其盐	6.5	30	17	千克	I
2922310020	美沙酮、去甲美沙酮及它们的盐	6.5	30	17	千克	W
2922391000	4-甲基甲卡西酮及其盐	6.5	30	17	千克	I
2922399010	氯胺酮及其盐	6.5	30	17	千克	I
2922399020	灭藻醌	6.5	30	17	千克	S
2922399030	异美沙酮及其盐	6.5	30	17	千克	W
2922399040	甲卡西酮及其盐	6.5	30	17	千克	I
2922399090	其他氨基醛、氨基酮及其盐(包括氨基醌及其盐,但含有一种以上含氧基的除外)	6.5	30	17	千克	
2922411000	赖氨酸	5	20	17	千克	AB
2922419000	赖氨酸酯和赖氨酸盐(包括赖氨酸酯的盐)	6	30	17	千克	AB
2922421000*	谷氨酸	10	90	17	千克	AB
2922422000	谷氨酸钠	10	130	17	千克	AB
2922429000	其他谷氨酸盐	6.5	30	17	千克	AB
2922431000	邻氨基苯甲酸(氨茴酸)	6.5	20	17	千克	23
2922439000	邻氨基苯甲酸(氨茴酸)盐	6.5	30	17	千克	
2922440000	替利定(INN)及其盐	6.5	30	17	千克	W
2922491010	安咪奈丁及其盐	6.5	20	17	千克	I
2922491090	其他氨基酸	6.5	20	17	千克	AB
2922499100	普鲁卡因	6	20	17	千克	
2922499911	草灭畏	6.5	30	17	千克	ABS
2922499912	灭杀威、灭除威、混灭威等(害扑威、速灭威、残杀威、猛杀威)	6.5	30	17	千克	ABS
2922499913	兹克威、灭害威、除害威	6.5	30	17	千克	ABS
2922499914	异丙威	6.5	30	17	千克	ABS
2922499915	仲丁威、畜虫威、合杀威	6.5	30	17	千克	ABS
2922499916	甲萘威、地麦威、蜱虱威	6.5	30	17	千克	ABS
2922499917	苯氧威、除线威	6.5	30	17	千克	ABS
2922499918	氨酰丙酸(盐酸盐)	6.5	30	17	千克	ABS
2922499990	其他氨基酸及其酯及它们的盐(含有一种以上含氧基的除外)	6.5	30	17	千克	AB

商品编号	商品名称及备注	进口关税税率(%)		增值税率(%)	计量单位	监管条件
		最惠国	普通			
2922501000	对羟基苯甘氨酸及其邓钾盐	6.5	30	17	千克	AB
2922509010	曲马多	6.5	30	17	千克	I
2922509090	其他氨基醇酚、氨基酸酚(包括其他含氧基氨基化合物)	6.5	30	17	千克	AB
2923	**季铵盐及季铵碱;卵磷脂及其他磷氨基类脂,不论是否已有化学定义**					
2923100000	胆碱及其盐	6.5	30	17	千克	AB
2923200000	卵磷脂及其他磷氨基类脂	6.5	30	17	千克	AB
2923900011	矮壮素	6.5	30	17	千克	S
2923900012	菊胺酯	6.5	30	17	千克	S
2923900090	其他季铵盐及季铵碱	6.5	30	17	千克	
2924	**羧基酰胺基化合物;碳酸酰胺基化合物**					
2924110000	甲丙氨酯(INN)	6.5	30	17	千克	I
2924120010	氟乙酰胺(ISO)(氟乙酰胺别名敌蚜胺)	6.5	30	17	千克	89
2924120090	久效磷(ISO)及磷胺(ISO)	6.5	30	17	千克	X
2924191000	二甲基甲酰胺	6.5	30	17	千克	
2924199012	百治磷	6.5	30	17	千克	S
2924199013	溴乙酰胺	6.5	30	17	千克	S
2924199014	霜霉威	6.5	30	17	千克	S
2924199015	叶枯炔	6.5	30	17	千克	S
2924199016	二丙烯草胺	6.5	30	17	千克	S
2924199017	解草烯	6.5	30	17	千克	
2924199018	驱蚊酯	6.5	30	17	千克	S
2924199030	甲丙氨酯的盐	6.5	30	17	千克	I
2924199040	丙烯酰胺	6.5	30	17	千克	X
2924199090	其他无环酰胺(包括无环氨基甲酸酯)(包括其衍生物及其盐)	6.5	30	17	千克	
2924210010	氟环脲	6.5	30	17	千克	S
2924210090	其他酰脲及其衍生物,以及它们的盐	6.5	30	17	千克	
2924230010	2-乙酰氨基苯甲酸、N-乙酰邻氨基苯酸(包括N-乙酰邻氨基苯甲酸)	6.5	30	17	千克	23
2924230090	2-乙酰氨基苯甲酸的盐	6.5	30	17	千克	
2924240000	炔已蚁胺(INN)	6.5	30	17	千克	I
2924291000	对乙酰氨基苯乙醚(非那西丁)	6	30	17	千克	Q
2924292000	对乙酰氨基酚(扑热息痛)	6	30	17	千克	Q
2924293000	阿斯巴甜	6.5	30	17	千克	
2924299011	避蚊胺、灭锈胺、叶枯酞、水杨菌胺、氟丁酰草胺(包括苯酰菌胺)	6.5	30	17	千克	S
2924299012	萘草胺、新燕灵、非草隆、氯炔灵、苄草隆	6.5	30	17	千克	S
2924299013	燕麦灵、苄胺灵、特草灵、特胺灵、环丙酰亚胺	6.5	30	17	千克	S
2924299014	毒草胺、丁烯草胺、二氯己酰草胺	6.5	30	17	千克	S
2924299015	萘丙胺、牧草胺、溴丁酰草胺	6.5	30	17	千克	S
2924299016	氯甲酰草胺、麦草伏M、麦草伏	6.5	30	17	千克	S
2924299017	氯虫酰肼、异丙甲草胺、苯肽胺酸等(包括精异丙甲草胺、缬霉威)	6.5	30	17	千克	S
2924299020	氟酰脲、环丙酰草胺、烯草胺	6.5	30	17	千克	S

商品编号	商 品 名 称 及 备 注	进口关税税率（%）		增值税率（%）	计量单位	监管条件
		最惠国	普通			
2924299031	苯胺灵、苯霜灵、丙草胺、敌稗等（包括丙炔草胺、草不隆、草完隆、除虫脲、除幼脲）	6.5	30	17	千克	S
2924299032	敌草胺、敌草隆、二甲苯草胺等（包括丁草胺、丁酰草胺、二甲草胺、氟苯脲、氟草隆）	6.5	30	17	千克	S
2924299033	庚酰草胺、环丙草胺、环酰草胺、氟虫隆等（包括氟虫脲、氟铃脲、氟酰胺、氟蚁灵、氟幼脲）	6.5	30	17	千克	S
2924299034	甲氯酰草胺、甲霜灵、环草隆等（包括环莠隆、甲草胺、甲氧隆、克草胺、枯草隆）	6.5	30	17	千克	S
2924299035	甲基杀草隆、枯莠隆、邻酰胺等（包括绿麦隆、氯苯胺灵、麦草氟甲酯、麦草氟异丙酯）	6.5	30	17	千克	S
2924299036	灭草隆、灭幼脲、炔苯酰草胺等（包括麦锈灵、棉胺宁、灭草灵、炔草隆、杀草胺）	6.5	30	17	千克	S
2924299037	虱螨脲、双苯酰草胺、双酰草胺等（包括杀草隆、杀铃脲、杀螺胺、莎稗磷）	6.5	30	17	千克	S
2924299038	甜菜安、特丁草胺、乙氧苯草胺等（包括甜菜宁、戊菌隆、酰草隆、乙草胺、乙霉威）	6.5	30	17	千克	S
2924299039	乙酰甲草胺、异丙隆、异草完隆等（包括异丙草胺、异丁草胺）	6.5	30	17	千克	S
2924299040	炔已蚁胺的盐	6.5	30	17	千克	I
2924299050	地恩丙胺及其盐	6.5	30	17	千克	W
2924299090	其他环酰胺（包括环氨基甲酸酯）（包括其衍生物，以及它们的盐）	6.5	30	17	千克	
2925	**羧基酰亚胺化合物（包括糖精及其盐）及亚胺基化合物**					
2925110000	糖精及其盐	9	90	17	千克	AB
2925120000	格鲁米特（INN）	6.5	30	17	千克	I
2925190010	格鲁米特的盐	6.5	30	17	千克	I
2925190021	腐霉利	6.5	30	17	千克	S
2925190022	菌核净、菌核利、甲菌利、乙菌利	6.5	30	17	千克	S
2925190023	氟烯草酸	6.5	30	17	千克	S
2925190024	胺菊酯（包括右旋胺菊酯、右旋反式胺菊酯、富右旋反式胺菊酯）	6.5	30	17	千克	S
2925190090	其他酰亚胺及其衍生物、盐	6.5	30	17	千克	
2925210000	杀虫脒（ISO）	6.5	30	17	千克	89
2925290011	杀螨特、杀螨脒	6.5	30	17	千克	S
2925290012	单甲脒、伐虫脒、丙烷脒	6.5	30	17	千克	S
2925290013	烯肟菌胺、烯肟菌酯、醚菌酯	6.5	30	17	千克	S
2925290014	双胍辛胺、多果啶、双胍辛胺乙酸盐等（包括双胍三辛烷基苯磺酸盐）	6.5	30	17	千克	S
2925290015	禾草灭、氟草醚、增产肟	6.5	30	17	千克	S
2925290016	氯代水杨胺、双胍辛乙酸盐、顺已烯醇	6.5	30	17	千克	S
2925290020	羟亚胺及其盐	6.5	30	17	千克	23
2925290030	双甲脒	6.5	30	17	千克	S
2925290090	其他亚胺及其衍生物，以及它们的盐	6.5	30	17	千克	
2926	**腈基化合物**					
2926100000*	丙烯腈（即2－丙烯腈、乙烯基氰）	6.5	30	17	千克	X
2926200000	1－氰基胍（双氰胺）	6.5	30	17	千克	

商品编号	商品名称及备注	进口关税税率(%)		增值税率(%)	计量单位	监管条件
		最惠国	普通			
2926300010	美沙酮中间体(4-氰基-2-二甲氨基-4,4-二苯基丁烷)	6.5	30	17	千克	W
2926300020	芬普雷司及其盐	6.5	30	17	千克	I
2926901000	对氯氰苄	4	11	17	千克	
2926902000	间苯二甲腈	6.5	30	17	千克	
2926909010	甲氰菊酯、S-氰戊菊酯、氯氟氰菊酯(包括氰氟虫腙)	6.5	30	17	千克	S
2926909020*	己二腈	6.5	30	17	千克	
2926909030	杀灭菊酯乳剂(含量>25%)	6.5	30	17	千克	AB
2926909031	氯氰菊酯、氟氯氰菊酯等(包括高效氯氰菊酯、高效反式氯氰菊酯、高效氟氯氰菊酯)	6.5	30	17	千克	S
2926909032	杀螟腈、甲基辛硫磷等(包括敌草腈、碘苯腈、辛酰碘苯腈、溴苯腈、辛酰溴苯腈)	6.5	30	17	千克	S
2926909033	氯辛硫磷、戊氰威、苯醚氰菊酯等(包括稻瘟酰胺、丙螨氰、右旋苯醚氰菊酯)	6.5	30	17	千克	S
2926909034	戊烯氰氯菊酯、溴氯氰菊酯(包括高效氯氟氰菊酯、精高效氯氟氰菊酯)	6.5	30	17	千克	S
2926909035	溴氰菊酯、四溴菊酯、氟丙菊酯	6.5	30	17	千克	S
2926909036	氟氯苯菊酯、氰戊菊酯、乙氰菊酯	6.5	30	17	千克	S
2926909037	氟氰戊菊酯、溴氟菊酯、溴灭菊酯	6.5	30	17	千克	S
2926909038	氰菌胺、百菌清、霜脲氰、溴菌腈	6.5	30	17	千克	S
2926909039	氟胺氰菊酯、氰氟草酯、苯氰菊酯(包括富右旋反式苯氰菊酯)	6.5	30	17	千克	S
2926909050	辛硫磷	6.5	30	17	千克	S
2926909090	其他腈基化合物	6.5	30	17	千克	
2927	**重氮化合物、偶氮化合物及氧化偶氮化合物**					
2927000010	敌磺钠(包括氧化偶氮化合物)	6.5	30	17	千克	S
2927000020	4-二丙基氨基苯重氮氯化锌盐	6.5	30	17	千克	AB
2927000090	其他重氮化合物、偶氮化合物等(包括氧化偶氮化合物)	6.5	30	17	千克	
2928	**肼(联氨)及胲(羟胺)的有机衍生物**					
2928000010	偏二甲肼	6.5	20	17	千克	3
2928000020	甲基肼	6.5	20	17	千克	3A
2928000031	抑食肼、虫酰肼、丁酰肼、联苯肼酯(包括肟菌酯、苯氧菌胺)	6.5	20	17	千克	S
2928000032	绿谷隆、溴谷隆、利谷隆、氯溴隆	6.5	20	17	千克	S
2928000033	溴酚肟、乙二肟	6.5	20	17	千克	S
2928000034	苯螨特	6.5	20	17	千克	S
2928000035	醌肟腙	6.5	20	17	千克	S
2928000036	三甲苯草酮	6.5	20	17	千克	S
2928000037	解草胺腈	6.5	20	17	千克	
2928000090	其他肼(联氨)及胲(羟胺)的有机衍生物	6.5	20	17	千克	
2929	**其他含氮基化合物**					
2929101000	甲苯二异氰酸酯(TDI)	6.5	30	17	千克	
2929102000	二甲苯二异氰酸酯(TODI)	6.5	30	17	千克	
2929103000	二苯基甲烷二异氰酸酯(纯 MDI)	6.5	30	17	千克	
2929104000	六亚基甲烷二异氰酸酯	6.5	30	17	千克	
2929109000	其他异氰酸酯	6.5	30	17	千克	

商品编号	商品名称及备注	进口关税税率(%)		增值税率(%)	计量单位	监管条件
		最惠国	普通			
2929901000	环已基氨基磺酸钠(甜蜜素)	9	90	17	千克	AB
2929902000	二烷氨基膦酰二卤(其中烷基指甲、乙、正丙或异丙基)	6.5	30	17	千克	23
2929903000	二烷氨基膦酸二烷酯(其中烷基指甲、乙、正丙或异丙基)	6.5	30	17	千克	23
2929904000	乙酰甲胺磷	6.5	30	17	千克	S
2929909011	胺丙畏、胺草磷、抑草磷,丁苯草酮等(包括甲基胺草磷)	6.5	30	17	千克	S
2929909012	异柳磷、甲基异柳磷、丙胺氟磷等	6.5	30	17	千克	S
2929909013	八甲磷、育畜磷、甘氨硫磷等(包括甲氟磷、毒鼠磷、水胺硫磷)	6.5	30	17	千克	S
2929909090	其他含氮基化合物	6.5	30	17	千克	
2930	**有机硫化合物**					
2930200011	禾草丹、杀螟丹	6.5	30	17	千克	S
2930200012	威百亩、代森钠、丙森锌、福美铁等(包括福美锌、代森福美锌、安百亩)	6.5	30	17	千克	S
2930200013	燕麦敌、野麦畏、硫草敌	6.5	30	17	千克	S
2930200014	苄草丹、戊草丹、坪草丹、仲草丹	6.5	30	17	千克	S
2930200015	丁草敌、克草敌、茵草敌、灭草敌等(包括环草敌)	6.5	30	17	千克	S
2930200016	硫菌威、菜草畏	6.5	30	17	千克	S
2930200090	其他硫代氨基甲酸盐(或酯)(包括二硫代氨基甲酸盐)	6.5	30	17	千克	
2930300010	福美双	6.5	30	17	千克	S
2930300090	其他一硫化二烃氨基硫羰等(包括二硫化二烃氨基硫羰及四硫化二烃氨基硫羰)	6.5	30	17	千克	
2930400000	甲硫氨酸(蛋氨酸)	6.5	30	17	千克	AB
2930500010	甲胺磷(ISO)	6.5	30	17	千克	X
2930500020	敌菌丹(ISO)	6.5	30	17	千克	S
2930901000	双巯丙氨酸(胱氨酸)	6.5	30	17	千克	AB
2930902000	二硫代碳酸酯(或盐)[黄原酸酯(或盐)]	6.5	30	17	千克	
2930909011	烯禾啶、双环磺草酮、氟虫酰胺、氟虫双酰胺	6.5	30	17	千克	S
2930909013	2-氯乙基氯甲基硫醚	6.5	30	17	千克	32
2930909014	二(2-氯乙基)硫醚(即芥子气)	6.5	30	17	千克	32
2930909015	二(2-氯乙硫基)甲烷	6.5	30	17	千克	32
2930909016	1,2-二(2-氯乙硫基)乙烷(即倍半芥气)	6.5	30	17	千克	32
2930909017	1,3-二(2-氯乙硫基)正丙烷	6.5	30	17	千克	32
2930909018	1,4-二(2-氯乙硫基)正丁烷	6.5	30	17	千克	32
2930909019	1,5-二(2-氯乙硫基)正戊烷	6.5	30	17	千克	32
2930909021	二(2-氯乙硫基甲基)醚	6.5	30	17	千克	32
2930909022	二(2-氯乙硫基乙基)醚(即氧芥气)	6.5	30	17	千克	32
2930909023	胺吸膦(硫代磷酸二乙基-S-2-二乙氨基乙酯及烷基化或质子化盐)	6.5	30	17	千克	23
2930909024	烷基氨基乙-2-硫醇及相应质子盐	6.5	30	17	千克	23
2930909025	硫二甘醇(二(2-羟乙基)硫醚、硫代双乙醇)	6.5	30	17	千克	23
2930909026	烷基硫代膦酸烷S-2-二烷氨基乙酯(包括相应烷基化盐、质子化盐,烷基指甲、乙、正丙、异丙基)	6.5	30	17	千克	23
2930909027	含一磷原子与甲、乙、丙基结合化合物(不包括地虫磷)	6.5	30	17	千克	23
2930909028	内吸磷	6.5	30	17	千克	X
2930909031	4-甲基硫基安非他明	6.5	30	17	千克	I
2930909032	莫达非尼	6.5	30	17	千克	I

商品编号	商品名称及备注	进口关税税率(%) 最惠国	普通	增值税率(%)	计量单位	监管条件
2930909040*	DL－羟基蛋氨酸	6.5	30	17	千克	AB
2930909051	甲基硫菌灵、硫菌灵、苯螨醚等(包括乙蒜素、敌灭生、丁酮威、丁酮砜威、棉铃威)	6.5	30	17	千克	S
2930909052	灭多威、涕灭威、乙硫苯威等(包括杀线威、甲硫威、多杀威、涕灭砜威、硫双威、)	6.5	30	17	千克	S
2930909053	丁醚脲、久效威、苯硫威等(包括敌螨特、2甲4氯乙硫酯)	6.5	30	17	千克	S
2930909054	杀虫双、杀虫单、灭虫脲等(包括避虫醇、烯虫硫酯、三氯杀螨砜、杀螨醚、杀螨酯)	6.5	30	17	千克	S
2930909055	代森锌、代森锰、代森锰锌等(包括福美胂、福美甲胂、代森铵、代森联)	6.5	30	17	千克	S
2930909056	烯草酮、磺草酮、嗪草酸甲酯、硝磺草酮等(包括苯氟磺胺、甲磺乐灵、氯硫酰草胺、脱叶磷)	6.5	30	17	千克	S
2930909057	灭菌丹、克菌丹、杀螨硫醚等(包括氟杀螨、硫肟醚、莠不生)	6.5	30	17	千克	S
2930909058	稻瘟净、异稻瘟净、稻丰散等(包括敌瘟磷)	6.5	30	17	千克	S
2930909059	安妥、灭鼠特、二硫氰基甲烷等(包括灭鼠肼、氟硫隆)	6.5	30	17	千克	S
2930909061	马拉硫磷、苏硫磷、赛硫磷等(包括丙虫磷、双硫磷、亚砜磷、异亚砜磷)	6.5	30	17	千克	S
2930909062	丙溴磷、田乐磷、特丁硫磷等(包括硫丙磷、地虫硫膦、乙硫磷、丙硫磷、甲基乙拌磷)	6.5	30	17	千克	S
2930909063	乐果、益硫磷、氧乐果等(包括甲拌磷、乙拌磷、虫螨磷、果虫磷)	6.5	30	17	千克	S
2930909064	氯胺磷、家蝇磷、灭蚜磷等(包括安硫磷、四甲磷、丁苯硫磷、苯线磷、蚜灭磷)	6.5	30	17	千克	S
2930909065	硫线磷、氯甲硫磷、杀虫磺等(包括砜吸磷、砜拌磷、异拌磷、三硫磷、芬硫磷)	6.5	30	17	千克	S
2930909066	倍硫磷、甲基内吸磷、乙酯磷等(包括丰索磷、内吸磷、发硫磷)	6.5	30	17	千克	S
2930909067	灭线磷	6.5	30	17	千克	S
2930909090	其他有机硫化合物	6.5	30	17	千克	
2931	**其他有机—无机化合物**					
2931100000	四甲基铅及四乙基铅	6.5	30	17	千克	X
2931200000	三丁基锡化合物	6.5	30	17	千克	X
2931900001	六甲基环三硅氧烷(包括八甲基环四硅氧烷,十甲基环五硅氧烷,十二甲基环六硅氧烷)	6.5	30	17	千克	
2931900011	烷基亚膦酰烷基－2－二烷氨基乙酯(包括相应烷基化盐或质子化盐)	6.5	30	17	千克	23
2931900012	氯沙林、氯梭曼(氯沙林即甲基氯膦酸异丙酯,氯梭曼即甲基氯膦酸频那酯)	6.5	30	17	千克	23
2931900013	2－氯乙烯基二氯胂	6.5	30	17	千克	23
2931900014	二(2－氯乙烯基)氯胂	6.5	30	17	千克	23
2931900015	三(2－氯乙烯基)胂	6.5	30	17	千克	23
2931900016	烷基氟膦酸烷酯,10碳原子以下(烷基指甲、乙、正丙、异丙基,例如,沙林、梭曼)	6.5	30	17	千克	23
2931900017	二烷氨基氰膦酸烷酯,10碳原子以下(烷基指甲、乙、正丙、异丙基,例如,塔崩)	6.5	30	17	千克	23

商品编号	商品名称及备注	进口关税税率(%)		增值税率(%)	计量单位	监管条件
		最惠国	普通			
2931900018	烷基膦酰二氟(烷基指甲、乙、正丙、异丙基,例如,DF:甲基膦酰二氟)	6.5	30	17	千克	23
2931900022	锆试剂、二甲胂酸等(包括4-二甲氨基偶氮苯-4'-胂酸、卡可基酸、二甲基胂酸钠)	6.5	30	17	千克	X
2931900023	4-氨基苯胂酸钠、二氯化苯胂(对氨基苯胂酸钠、二氯苯胂、苯胂化二氯)	6.5	30	17	千克	X
2931900024	蒽醌-1-胂酸、三环锡(普特丹)等(包括月桂酸三丁基锡、醋酸三丁基锡)	6.5	30	17	千克	X
2931900025	硫酸三乙基锡、二丁基氧化锡等(包括氧化二丁基锡、乙酸三乙基锡,三乙基乙酸锡)	6.5	30	17	千克	X
2931900026	四乙基锡、乙酸三甲基锡(四乙锡、醋酸三甲基锡)	6.5	30	17	千克	X
2931900027	毒菌锡[三苯基羟基锡(含量>20%)]	6.5	30	17	千克	X
2931900028	乙酰亚砷酸铜、二苯(基)胺氯胂(祖母绿;翡翠绿;醋酸亚砷酸铜,吩吡嗪化氯;亚当氏气)	6.5	30	17	千克	X
2931900029	3-硝基-4-羟基苯胂酸(4-羟基-3-硝基苯胂酸)	6.5	30	17	千克	X
2931900035	乙基二氯胂、二苯(基)氯胂(包括二氯化乙基胂、氯化二苯胂)	6.5	30	17	千克	X
2931900036	甲(基)胂酸、丙(基)胂酸、二碘化苯胂(苯基二碘胂)	6.5	30	17	千克	X
2931900037	苯胂酸、2-硝基苯胂酸等(包括邻硝基苯胂酸、3-硝基苯胂酸、间硝基苯胂酸等)	6.5	30	17	千克	X
2931900038	4-硝基苯胂酸,2-氨基苯胂酸(对硝基苯胂酸,邻氨基苯胂酸)	6.5	30	17	千克	X
2931900039	3-氨基苯胂酸、4-氨基苯胂酸(间氨基苯胂酸、对氨基苯胂酸)	6.5	30	17	千克	X
2931900041	草甘膦	6.5	30	17	千克	S
2931900042	草铵膦、草硫膦、杀木膦等(包括双丙氨膦、双丙氨酰膦、增甘膦及其盐)	6.5	30	17	千克	S
2931900043	乙烯利、乙烯硅	6.5	30	17	千克	S
2931900044	三丁氯苄鏻	6.5	30	17	千克	S
2931900045	敌百虫、氟硅菊酯、毒壤膦等(包括苯硫膦、溴苯膦、苯腈膦、丁酯膦)	6.5	30	17	千克	S
2931900046	三苯锡、三苯基乙酸锡等(包括三苯基氯化锡、三苯基氢氧化锡、苯丁锡、三唑锡)	6.5	30	17	千克	S
2931900047	田安	6.5	30	17	千克	S
2931900090	其他有机—无机化合物	6.5	30	17	千克	AB
2932	**仅含有氧杂原子的杂环化合物**					
2932110000	四氢呋喃	6	20	17	千克	AB
2932120000	2-糠醛	6	20	17	千克	B
2932130000	糠醇及四氢糠醇	6	20	17	千克	
2932190011	喃烯菊酯、炔呋菊酯等(包括甲呋炔菊酯、溴苄呋菊酯、右旋炔呋菊酯)	6.5	20	17	千克	S
2932190012	呋菌胺、酯菌胺、抑霉胺等(包括环菌胺、甲呋酰胺、二甲呋酰胺)	6.5	20	17	千克	S
2932190013	呋氧草醚、环庚草醚、呋草酮等(包括茵多酸)	6.5	20	17	千克	S
2932190014	楝素、呋霜灵等(包括呋菌隆、季酮螨酯)	6.5	20	17	千克	S

商品编号	商品名称及备注	进口关税税率(%)		增值税率(%)	计量单位	监管条件
		最惠国	普通			
2932190015	苄呋菊酯(包括右旋苄呋菊酯、生物苄呋菊酯)	6.5	20	17	千克	S
2932190020	呋芬雷司	6.5	20	17	千克	I
2932190090	其他结构上有非稠合呋喃环化合物	6.5	20	17	千克	
2932201000	香豆素、甲基香豆素及乙基香豆素	6.5	20	17	千克	
2932209011	杀鼠灵、克鼠灵、敌鼠灵、溴鼠灵等(包括氯灭鼠灵、氟鼠灵、鼠得克、杀鼠醚)	6.5	20	17	千克	S
2932209012	赤霉酸	6.5	20	17	千克	S
2932209013	蝇毒磷、茴蒿素、溴敌隆、呋酰胺等(包括四氯苯酞、畜虫磷)	6.5	20	17	千克	S
2932209014	丁香菌酯	6.5	20	17	千克	S
2932209090	其他内酯	6.5	20	17	千克	
2932910000	4-丙烯基-1,2-亚甲二氧基苯(即异黄樟脑)	6.5	20	17	千克	23
2932920000	1-(1,3-苯并二噁茂-5-基)丙烷-2-酮(即3,4-亚甲基二氧苯基-2-丙酮)	6.5	20	17	千克	23
2932930000	3,4-亚甲二氧基苯甲醛(胡椒醛)(别名洋茉莉醛、天芥菜精)	6.5	20	17	千克	23
2932940000	4-烯丙基-1,2-亚甲二氧基苯(即黄樟脑)	6.5	20	17	千克	23
2932950000	四氢大麻酚(所有异构体)	6.5	20	17	千克	I
2932991000	呋喃酚	4	11	17	千克	
2932992000	联苯双酯(即4,4’双甲氧基5,6,5’6’双次甲二氧基2,2’双甲氧羰基苯)	6.5	20	17	千克	
2932993000	蒿甲醚	6.5	20	17	千克	
2932999011	克百威	6.5	20	17	千克	S
2932999012	二氧威、恶虫威、丙硫克百威等(包括丁硫克百威、呋线威)	6.5	20	17	千克	S
2932999013	因毒磷、敌恶磷、碳氯灵	6.5	20	17	千克	S
2932999014	增效特、增效砜、增效醚、增效酯等(包括增效环、增效散)	6.5	20	17	千克	
2932999015	吡喃灵、吡喃隆、乙氧呋草黄等(包括呋草黄、氟草肟)	6.5	20	17	千克	S
2932999016	避蚊酮、苯虫醚、鱼藤酮	6.5	20	17	千克	S
2932999017	调呋酸、芸苔素内酯	6.5	20	17	千克	S
2932999021	紫杉醇	6.5	20	17	千克	QFE
2932999022	三尖杉宁碱	6.5	20	17	千克	FE
2932999023	十去乙酰基巴卡丁三(红豆杉提取物10-DAB)	6.5	20	17	千克	FE
2932999024	十去乙酰基紫杉醇(红豆杉提取物10-DAT)	6.5	20	17	千克	FE
2932999025	巴卡丁三	6.5	20	17	千克	FE
2932999026	7-表紫杉醇	6.5	20	17	千克	FE
2932999027	10-去乙酰7-表紫杉醇	6.5	20	17	千克	FE
2932999028	7,10-双(三氯乙酰基)-10-去乙酰基巴卡丁三类似物	6.5	20	17	千克	EF
2932999029	多烯紫杉醇	6.5	20	17	千克	EF
2932999031	7,10-双(三氯乙酰基)-多西他赛	6.5	20	17	千克	EF
2932999040	替苯丙胺及其盐	6.5	20	17	千克	I
2932999051	(1,2-二甲基庚基)羟基四氢甲基二苯吡喃(包括六氢大麻酚)	6.5	20	17	千克	I
2932999052	甲羟芬胺、乙芬胺、羟芬胺	6.5	20	17	千克	I
2932999053	二亚甲基双氧安非他明及其盐(MDMA)	6.5	20	17	千克	I
2932999060	二恶英、呋喃(多氯二苯并对二恶英、多氯二苯并呋喃)	6.5	20	17	千克	89
2932999070	1,4-二噁烷	6.5	20	17	千克	X
2932999080	二氢黄樟素	6.5	20	17	千克	G
2932999091	其他濒危植物提取的仅含氧杂原子的杂环化合物	6.5	20	17	千克	EF

商品编号	商品名称及备注	进口关税税率(%)		增值税率(%)	计量单位	监管条件
		最惠国	普通			
2932999099	其他仅含氧杂原子的杂环化合物	6.5	20	17	千克	
2933	**仅含有氮杂原子的杂环化合物**					
2933110000	二甲基苯基吡唑酮及其衍生物(二甲基苯基吡唑酮即安替比林)	6.5	20	17	千克	
2933192000	安乃近	6	20	17	千克	Q
2933199011	吡硫磷、吡唑硫磷、敌蝇威、乙虫腈等(包括异索威、吡唑威)	6.5	20	17	千克	S
2933199012	氟虫腈、唑螨酯、吡螨胺等(包括吡唑醚菌酯)	6.5	20	17	千克	S
2933199013	吡草醚、吡唑草胺、氟氯草胺等(包括野燕枯、苄草唑、吡唑特、吡草酮)	6.5	20	17	千克	S
2933199014	吡唑萘菌胺(包括氟唑菌胺、乙唑螨腈、异丙吡草酯、唑虫酰胺)	6.5	20	17	千克	S
2933199090	其他结构上有非稠合吡唑环化合物	6.5	20	17	千克	
2933210000	乙内酰脲及其衍生物	6.5	30	17	千克	
2933290011	异菌脲	6.5	20	17	千克	S
2933290012	抑霉唑、咪菌腈、咪菌酮、咪鲜胺等(包括克霉唑、咪鲜胺锰盐)	6.5	20	17	千克	S
2933290013	咪草酸、丁咪酰胺	6.5	20	17	千克	S
2933290014	果绿啶	6.5	20	17	千克	S
2933290015	氟菌唑	6.5	20	17	千克	S
2933290090	其他结构上有非稠合咪唑环化合物	6.5	20	17	千克	
2933310010	吡啶	6	20	17	千克	AB
2933310090	吡啶盐	6	20	17	千克	
2933321000	哌啶(六氢吡啶)	4	11	17	千克	23
2933322000	哌啶(六氢吡啶)盐	6.5	20	17	千克	
2933330011	阿芬太尼、芬太尼(以及它们的盐)	6.5	20	17	千克	W
2933330012	哌替啶、地芬诺酯(以及它们的盐)	6.5	20	17	千克	W
2933330013	哌氰咪特、哌丙吡胺(以及它们的盐)	6.5	20	17	千克	W
2933330021	哌醋甲酯、喷他左辛、溴西泮(以及它们的盐)	6.5	20	17	千克	I
2933330022	苯环利定、哌苯甲醇(以及它们的盐)	6.5	20	17	千克	I
2933330031	地匹哌酮、凯托米酮、地芬诺新(以及它们的盐)	6.5	20	17	千克	W
2933330032	哌替啶中间体A、苯哌利定、三甲利定(以及它们的盐)	6.5	20	17	千克	W
2933330033	阿尼利定、苯氰米特(以及它们的盐)	6.5	20	17	千克	W
2933391000	二苯乙醇酸-3-奎宁环酯(即BZ)	6.5	20	17	千克	23
2933392000	奎宁环-3-醇	6.5	20	17	千克	23
2933399010	甲基吡啶、氰基吡啶、吡啶硫酮锌(包括三甲基吡啶)	6.5	20	17	千克	
2933399021	精吡氟禾草灵、毒死蜱、二氯氨基吡啶羧酸(包括二氟吡隆、啶虫丙醚、氯虫苯甲酰胺)	6.5	20	17	千克	S
2933399022	百草枯、啶虫脒	6.5	20	17	千克	S
2933399023	精喹禾灵	6.5	20	17	千克	S
2933399024	喹禾灵、氟吡禾灵、吡氟禾草灵等(包括炔禾灵、氟吡乙禾灵、氟吡胺、卤草啶)	6.5	20	17	千克	S
2933399025	高效氟吡甲禾灵、氟吡甲禾灵等(包括鼠特灵、灭鼠优、灭鼠安、氟鼠啶)	6.5	20	17	千克	S
2933399026	甲基毒死蜱、吡虫啉等(包括吡氯氰菊酯、啶蜱脲、氟啶脲、哒幼酮、吡丙醚)	6.5	20	17	千克	S
2933399027	驱蝇啶、烯啶虫胺	6.5	20	17	千克	S

商品编号	商品名称及备注	进口关税税率(%)		增值税率(%)	计量单位	监管条件
		最惠国	普通			
2933399028	咪唑烟酸、甲咪唑烟酸、咪唑乙烟酸等(包括氨氯吡啶酸、三氯吡氧乙酸、氯氟吡氧乙酸、二氯吡啶酸)	6.5	20	17	千克	S
2933399029	炔草酸、哌草磷、哌草丹、稗草丹等(包括吡氟酰草胺、氟啶草酮、氟硫草啶、甲氧咪草烟)	6.5	20	17	千克	S
2933399030	3-羟基-1-甲基哌啶	6.5	20	17	千克	23
2933399040	3-奎宁环酮	6.5	20	17	千克	23
2933399051	甲哌翁、抗倒胺、氯吡脲、吡啶醇	6.5	20	17	千克	S
2933399052	啶菌噁唑、苯锈啶、啶斑肟等(包括啶菌腈)	6.5	20	17	千克	S
2933399053	氟啶胺、氟啶虫酰胺、三氯甲基吡啶	6.5	20	17	千克	S
2933399054	咪唑嗪、丁硫啶、氯苯吡啶、哌丙灵	6.5	20	17	千克	S
2933399055	氟吡菌酰胺	6.5	20	17	千克	S
2933399060	啶氧菌酯(包括氟啶虫胺腈、环啶菌胺、四氯虫酰胺、溴氰虫酰胺、玉雄杀、氟吡菌胺)	6.5	20	17	千克	S
2933399071	乙酰阿法甲基芬太尼、烯丙罗定、阿法美罗定(以及它们的盐)	6.5	20	17	千克	W
2933399072	阿法甲基芬太尼、阿法罗定、苄替啶(以及它们的盐)	6.5	20	17	千克	W
2933399073	倍他羟基芬太尼、倍他羟基-3-甲基芬太尼、倍他美罗定(以及它们的盐)	6.5	20	17	千克	W
2933399074	倍他罗定、依托利定、羟哌替啶、美他佐辛(以及它们的盐)	6.5	20	17	千克	W
2933399075	3-甲基芬太尼、1-甲基-4-苯基-4-哌啶丙酸酯、诺匹哌酮(以及它们的盐)	6.5	20	17	千克	W
2933399076	对氟芬太尼、1-苯乙基-4-苯基-4-哌啶乙酸酯(以及它们的盐)	6.5	20	17	千克	W
2933399077	哌替啶中间体B、哌替啶中间体C(以及它们的盐)	6.5	20	17	千克	W
2933399078	非那丙胺、非那佐辛、匹米诺定、丙哌利定(以及它们的盐)	6.5	20	17	千克	W
2933399080	瑞芬太尼及其盐	6.5	20	17	千克	W
2933399090	其他结构上有非稠合吡啶环化合物	6.5	20	17	千克	
2933410000	左非诺(INN)及其盐	6.5	20	17	千克	W
2933491000	环丙氟哌酸	6.5	20	17	千克	
2933499011	丙烯酸喹啉酯、苯氧喹啉	6.5	20	17	千克	S
2933499012	咯喹酮	6.5	20	17	千克	S
2933499013	氯甲喹啉酸、喹草酸、乙氧喹啉	6.5	20	17	千克	S
2933499014	二氯喹啉酸	6.5	20	17	千克	S
2933499021	羟蒂巴酚、左美沙芬、左分吗烷	6.5	20	17	千克	W
2933499022	去甲左啡诺、非诺啡烷、消旋甲啡烷、消旋啡烷	6.5	20	17	千克	W
2933499030	布托啡诺	6.5	20	17	千克	I
2933499090	其他含喹琳或异喹啉环系的化合物(但未进一步稠合的)	6.5	20	17	千克	
2933520000	丙二酰脲(巴比妥酸)及其盐	6.5	20	17	千克	
2933530011	阿洛巴比妥、仲丁巴比妥(以及它们的盐)	6.5	20	17	千克	I
2933530012	乙烯比妥、布他比妥、正丁巴比妥(以及它们的盐)	6.5	20	17	千克	I
2933530013	环己巴比妥、甲苯巴比妥(以及它们的盐)	6.5	20	17	千克	I
2933530014	司可巴比妥、异戊巴比妥(以及它们的盐)	6.5	20	17	千克	I
2933530015	戊巴比妥、苯巴比妥、巴比妥(以及它们的盐)	6.5	20	17	千克	I
2933540000	其他丙二酰脲的衍生物及它们的盐	6.5	20	17	千克	
2933550011	甲氯喹酮、甲喹酮(以及它们的盐)	6.5	20	17	千克	I
2933550012	氯普唑仑、齐培丙醇(以及它们的盐)	6.5	20	17	千克	I
2933591000	胞嘧啶	6.5	20	17	千克	

商品编号	商品名称及备注	进口关税税率(%)		增值税率(%)	计量单位	监管条件
		最惠国	普通			
2933599011	嘧啶磷、甲基嘧啶磷、二嗪磷，双苯嘧草酮等(包括嘧啶氧磷、乙嘧硫磷)	6.5	20	17	千克	S
2933599012	烯腺嘌呤、苄腺嘌呤、丁基嘧啶磷，嘧啶肟草醚等(包括苄氨基嘌呤、羟烯腺嘌呤)	6.5	20	17	千克	S
2933599013	嘧草醚、双草醚、除草啶、环草啶等(包括异草啶、异丙酯草醚、嘧草硫醚、特草啶)	6.5	20	17	千克	S
2933599014	吡菌磷、嘧霉胺、嘧菌胺、嘧菌酯等(包括嘧菌环胺、嘧菌腙)	6.5	20	17	千克	S
2933599015	嘧啶威、抗蚜威、环虫腈、嘧螨醚等(包括嘧螨酯)	6.5	20	17	千克	S
2933599016	氯苯嘧啶醇、环丙嘧啶醇、呋嘧醇等(包括氟苯嘧啶醇)	6.5	20	17	千克	S
2933599017	氟蚁腙、鼠立死	6.5	20	17	千克	S
2933599018	二甲嘧酚、乙嘧酚、乙嘧酚磺酸酯	6.5	20	17	千克	S
2933599019	嗪氨灵、咪唑喹啉酸、丙酯草醚	6.5	20	17	千克	S
2933599020	氟丙嘧草酯、氯丙嘧啶酸	6.5	20	17	千克	S
2933599030	溴嘧草醚	6.5	20	17	千克	S
2933599090	其他结构上有嘧啶环等的化合物(包括其他结构上有哌嗪环的化合物)	6.5	20	17	千克	
2933610000	三聚氰胺(蜜胺)	6.5	20	17	千克	A
2933691000	三聚氰氯	6	20	17	千克	
2933692100	二氯异氰脲酸	6.5	20	17	千克	AB
2933692200	三氯异氰脲酸	6.5	20	17	千克	AB
2933692910	二氯异氰尿酸钠	6.5	20	17	千克	AB
2933692990	其他异氰脲酸氯化衍生物	6.5	20	17	千克	
2933699011	西玛津、莠去津、扑灭津、草达津等(包括特丁津、氰草津、环丙津、甘扑津、甘草津)	6.5	20	17	千克	S
2933699012	西草净、扑草净、敌草净、莠灭净等(包括特丁净、异丙净、异戊乙净、氰草净、氟草净、甲氧丙净)	6.5	20	17	千克	S
2933699013	扑灭通、仲丁通	6.5	20	17	千克	S
2933699014	丁嗪草酮、环嗪酮、嗪草酮等(包括苯嗪草酮、乙嗪草酮)	6.5	20	17	千克	S
2933699015	灭蚜硫磷、灭蝇胺、吡蚜酮等(包括敌菌灵)	6.5	20	17	千克	S
2933699016	三嗪氟草胺	6.5	20	17	千克	S
2933699090	其他结构上含非稠合三嗪环化合物	6.5	20	17	千克	
2933710000	6－己内酰胺	9	35	17	千克	A
2933720000	氯巴占和甲乙哌酮(INN)	9	15	17	千克	I
2933790010	氯巴占和甲乙哌酮的盐	9	20	17	千克	I
2933790020	灭菌磷、螺虫酰胺	9	20	17	千克	S
2933790090	其他内酰胺	9	20	17	千克	
2933910011	阿普唑仑、卡马西泮、氯氮卓(以及它们的盐)	6.5	20	17	千克	I
2933910012	氯硝西泮、氯拉卓酸、地洛西泮(以及它们的盐)	6.5	20	17	千克	I
2933910013	地西泮、艾司唑仑、氯氟卓乙酯(以及它们的盐)	6.5	20	17	千克	I
2933910014	氟地西泮、氟硝西泮、氟西泮(以及它们的盐)	6.5	20	17	千克	I
2933910015	哈拉西泮、劳拉西泮、氯甲西泮(以及它们的盐)	6.5	20	17	千克	I
2933910016	马吲哚、咪达唑仑、硝西泮(以及它们的盐)	6.5	20	17	千克	I
2933910017	奥沙西泮、匹那西泮、普拉西泮(以及它们的盐)	6.5	20	17	千克	I
2933910018	去甲西泮、三唑仑(以及它们的盐)	6.5	20	17	千克	I
2933910021	硝甲西泮、美达西泮(以及它们的盐)	6.5	20	17	千克	I
2933910022	吡咯戊酮、替马西泮、四氢西泮(以及它们的盐)	6.5	20	17	千克	I

商品编号	商品名称及备注	进口关税税率(%)		增值税率(%)	计量单位	监管条件
		最惠国	普通			
2933990011	抑芽丹、三唑磷、虫线磷、喹硫磷、唑啶草酮等(包括哒嗪硫磷、亚胺硫磷、氯亚胺硫磷、保棉磷、益棉磷、威菌磷)	6.5	20	17	千克	S
2933990012	氯唑磷、炔咪菊酯,吲哚酮草酯等(包括呋喃虫酰肼、唑蚜威、不育胺、虫螨腈、抗螨唑、四螨嗪)	6.5	20	17	千克	S
2933990013	多菌灵、苯菌灵、氰菌灵、麦穗宁、氟哒嗪草酯等(包括咪菌威、丙硫多菌灵、氟氯菌核利、哒菌酮、拌种咯、杀草强)	6.5	20	17	千克	S
2933990014	三唑酮、醚草敏、三唑醇、唑草酮等(包括四氯喹恶啉、己唑醇、腈苯唑、亚胺唑、四氟醚唑、氟环唑)	6.5	20	17	千克	S
2933990015	苄氯三唑醇、戊菌唑、粉唑醇等(包括联苯三唑醇、腈菌唑、环丙唑醇、烯唑醇、戊唑醇、氟硅唑)	6.5	20	17	千克	S
2933990016	环菌唑、叶菌唑、灭菌唑、种菌唑等(包括申嗪霉素、氟喹唑、哒螨灵、喹螨醚、氟草敏、氟咯草酮)	6.5	20	17	千克	S
2933990017	唑草酯、四环唑、恶草酸等(包括喹禾糠酯、哒草特、咯草隆、禾草敌、唑草胺、敌草快、氯草敏)	6.5	20	17	千克	S
2933990018	氟胺草唑、酰胺磺隆、三氟苯唑等(包括吲哚丁酸、溴莠敏、哌壮素、吲熟酯、三唑磺、四唑酰草胺)	6.5	20	17	千克	S
2933990019	多效唑、烯效唑、抑芽唑等(包括异麦赛津、叶枯净、叶锈特、吡喃草酮、吲哚乙酸)	6.5	20	17	千克	S
2933990021	氯尼他秦	6.5	20	17	千克	W
2933990022	依托尼秦	6.5	20	17	千克	W
2933990023	普罗庚嗪、布桂嗪	6.5	20	17	千克	W
2933990030	扎莱普隆、唑吡坦(以及它们的盐)	6.5	20	17	千克	I
2933990040	齐帕特罗	6.5	20	17	千克	L
2933990051	二甲基色胺、二乙基色胺	6.5	20	17	千克	I
2933990052	乙色胺、咯环利定	6.5	20	17	千克	I
2933990060	(环)四亚甲基四硝胺(俗名奥托金 HMX)	6.5	20	17	千克	3
2933990070	(环)三亚甲基三硝基胺(俗名黑索金 RDX)	6.5	20	17	千克	3
2933990080	丁羟咯酮(包括杀雄啉、杀雄嗪酸、双唑草腈、唑酮草酯)	6.5	20	17	千克	S
2933990090	其他仅含氮杂原子的杂环化合物	6.5	20	17	千克	
2934	**核酸及其盐,不论是否已有化学定义;其他杂环化合物**					
2934100011	噻螨酮	6.5	20	17	千克	S
2934100012	噻唑膦、噻唑硫磷	6.5	20	17	千克	S
2934100013	噻唑烟酸、噻唑菌胺	6.5	20	17	千克	S
2934100014	氯噻啉、氟螨噻	6.5	20	17	千克	S
2934100015	噻菌灵、噻菌胺、噻丙腈	6.5	20	17	千克	S
2934100016	噻呋酰胺、噻虫胺、噻虫嗪、噻虫啉	6.5	20	17	千克	S
2934100017	辛噻酮、拌种灵	6.5	20	17	千克	S
2934100018	稻瘟灵	6.5	20	17	千克	S
2934100090	结构上含有非稠合噻唑环的化合物(非稠合噻唑环不论是否氢化)	6.5	20	17	千克	
2934200011	噻螨威、噻霉酮	6.5	20	17	千克	S
2934200012	苯噻硫氰	6.5	20	17	千克	S
2934200013	烯丙苯噻唑	6.5	20	17	千克	S
2934200014	草除灵	6.5	20	17	千克	S
2934200015	噻唑禾草灵	6.5	20	17	千克	S
2934200016	苯噻隆	6.5	20	17	千克	S

商品编号	商品名称及备注	进口关税税率(%)		增值税率(%)	计量单位	监管条件
		最惠国	普通			
2934200017	甲基苯噻隆	6.5	20	17	千克	S
2934200018	苯噻酰草胺	6.5	20	17	千克	S
2934200019	苯噻菌酯	6.5	20	17	千克	S
2934200090	其他含一个苯并噻唑环系的化合物	6.5	20	17	千克	
2934300000	含一个吩噻嗪环系的化合物(吩噻嗪环系不论是否氢化,化合物未经进一步稠合的)	6.5	20	17	千克	
2934910011	阿米雷司、溴替唑仑、氯噻西泮(以及它们的盐)	6.5	20	17	千克	I
2934910012	氯恶唑仑、卤沙(恶)唑仑(以及它们的盐)	6.5	20	17	千克	I
2934910013	凯他唑仑、美索卡、恶唑仑(以及它们的盐)	6.5	20	17	千克	I
2934910014	匹莫林、苯甲曲嗪、芬美曲嗪(以及它们的盐)	6.5	20	17	千克	I
2934910020	右吗拉胺、舒芬太尼(以及它们的盐)	6.5	20	17	千克	W
2934991000	磺内酯及磺内酰胺	6.5	30	17	千克	
2934992000	呋喃唑酮	6	20	17	千克	A
2934993000	核酸及其盐	6.5	35	17	千克	
2934994000	奈韦拉平、依发韦仑、利托那韦及它们的盐	6.5	20	17	千克	
2934995000	克拉维酸及其盐	6.5	20	17	千克	
2934996000	7-苯乙酰氨基-3-氯甲基-4-头孢烷酸对甲氧基苄酯、7-氨基头孢烷酸、7-氨基脱乙酰氧基头孢烷酸	6	20	17	千克	
2934999001	核苷酸类食品添加剂	6.5	20	17	千克	AB
2934999010	恶草酮、氟噻草胺、活化酯、高效二甲吩草胺(包括吡噻菌胺)	6.5	20	17	千克	S
2934999021	恶唑磷、蔬果磷、茂硫磷、除害磷等(包括甲基吡恶磷、丁硫环磷、硫环磷、杀扑磷、伏杀硫磷、地胺磷)	6.5	20	17	千克	S
2934999022	环线威、杀虫环、杀虫钉、多噻烷等(包括甲基硫环磷、噻嗯菊酯、噻嗪酮、恶虫酮、茚虫威)	6.5	20	17	千克	S
2934999023	恶唑禾草灵、毒鼠硅、噻鼠灵等(包括福拉比、噻节因、糠菌唑、精恶唑禾草灵)	6.5	20	17	千克	S
2934999024	代森硫、代森环、福吗啉、咯菌腈等(包括稻瘟酯、烯酰吗啉、噻菌腈、土菌灵、恶霜灵、恶霉灵)	6.5	20	17	千克	S
2934999025	噻森铜、丙环唑、乙环唑等(包括恶唑菌酮、金核霉素、呋菌唑、叶枯唑、呋醚唑、苯醚甲环唑)	6.5	20	17	千克	S
2934999026	嗪草酸、噻氟隆、丁噻隆、异恶隆等(包括噻苯隆、磺噻隆、恶唑隆、异恶草醚、噻吩草胺、二甲吩草胺)	6.5	20	17	千克	S
2934999027	苯草灭、灭草松、灭草唑等(包括异恶草松、恶嗪草酮、环苯草酮、丙炔氟草胺)	6.5	20	17	千克	S
2934999028	氟噻乙草酯、丙炔恶草酮、噻草酮等(包括糖氨基嘌呤、苯螨噻、异恶酰草胺、异恶唑草酮)	6.5	20	17	千克	S
2934999029	炔丙恶唑草、韩乐宁、噻唑锌等(包括噻菌茂、硅丰环)	6.5	20	17	千克	S
2934999031	多抗霉素、灰瘟素	6.5	20	17	千克	S
2934999032	三环唑、氧环唑	6.5	20	17	千克	S
2934999033	灭螨猛、克杀螨、螨蜱胺	6.5	20	17	千克	S
2934999034	二氰蒽醌、吗菌威	6.5	20	17	千克	S
2934999035	十二环吗啉、十三吗啉	6.5	20	17	千克	S
2934999036	杀螺吗啉、丁苯吗啉	6.5	20	17	千克	S
2934999037	喹菌酮、肼菌酮	6.5	20	17	千克	S
2934999038	萎锈灵、氧化萎锈灵	6.5	20	17	千克	S
2934999039	棉隆、乙烯菌核利	6.5	20	17	千克	S

商品编号	商品名称及备注	进口关税税率(%)		增值税率(%)	计量单位	监管条件
		最惠国	普通			
2934999041	环酯草醚	6.5	20	17	千克	S
2934999042	噻菌铜	6.5	20	17	千克	S
2934999043	苯唑草酮	6.5	20	17	千克	S
2934999044	丁吡吗啉	6.5	20	17	千克	S
2934999050	恶唑酰草胺(包括环氧虫啶、噻恩菊酯、双苯恶唑酸 、乙螨唑、异恶氯草酮、唑啉草酯)	6.5	20	17	千克	S
2934999061	甲米雷司及其盐	6.5	20	17	千克	I
2934999062	替诺环定及其盐	6.5	20	17	千克	I
2934999071	硫代芬太尼、阿法甲基硫代芬太尼(以及它们的盐)	6.5	20	17	千克	W
2934999072	二乙噻丁、二甲噻丁 、吗苯丁酯、乙甲噻丁(以及它们的盐)	6.5	20	17	千克	W
2934999073	呋替啶、左吗拉胺、3－甲基硫代芬太尼(以及它们的盐)	6.5	20	17	千克	W
2934999074	吗拉胺中间体、吗哌利定、苯吗庚酮、消旋吗拉胺(以及它们的盐)	6.5	20	17	千克	W
2934999090	其他杂环化合物	6.5	20	17	千克	
2935	**磺(酰)胺**					
2935001000	磺胺嘧啶	6.5	35	17	千克	
2935002000	磺胺双甲基嘧啶	6.5	35	17	千克	A
2935003000	磺胺甲噁唑(磺胺甲基异噁唑、新诺明、新明磺)	6.5	35	17	千克	
2935009011	氟唑磺隆、氟吡磺隆、磺酰磺隆、氯酯磺草胺等(包括甲酰胺嘧磺隆、乙氧磺隆、氯磺隆、甲磺隆、苯磺隆、胺苯磺隆)	6.5	35	17	千克	S
2935009012	醚苯磺隆、噻吩磺隆、醚磺隆、氟啶嘧磺隆等(包括氟胺磺隆、氟磺隆、甲嘧磺隆、氯嘧磺隆、氟嘧磺隆)	6.5	35	17	千克	S
2935009013	苄嘧磺隆、吡嘧磺隆、烟嘧磺隆、双氯磺草胺等(包括啶嘧磺隆、砜嘧磺隆、唑嘧磺隆)	6.5	35	17	千克	S
2935009014	四唑嘧磺隆、唑吡嘧磺隆、三氟甲磺隆等(包括氯吡嘧磺隆、酰嘧磺隆、环丙嘧磺隆、甲基二磺隆)	6.5	35	17	千克	S
2935009015	氟磺酰草胺、甲磺草胺、嘧苯胺磺隆等(包括唑嘧磺草胺、双氟磺草胺、五氟磺草胺)	6.5	35	17	千克	S
2935009016	氟磺胺草醚、磺草灵、吲唑磺菌胺等(包括单嘧磺酯、磺草唑胺、三氟啶磺隆钠)	6.5	35	17	千克	S
2935009017	磺草膦、氨磺乐灵、三氟啶磺隆、啶磺草胺等(包括甲基碘磺隆钠盐)	6.5	35	17	千克	S
2935009018	磺菌胺、增糖胺等(包括甲苯氟磺胺、氟虫胺)	6.5	35	17	千克	S
2935009019	畜蜱磷、伐灭磷、地散磷等(包括磺菌威、氰霜唑)	6.5	35	17	千克	S
2935009020	环氧嘧磺隆	6.5	35	17	千克	S
2935009031	苯嘧磺草胺	6.5	35	17	千克	S
2935009032	噻酮磺隆	6.5	35	17	千克	S
2935009090	其他磺(酰)胺	6.5	35	17	千克	
2936	**天然或合成再制的维生素原和维生素(包括天然浓缩物)及其主要用做维生素的衍生物,上述产品的混合物,不论是否溶于溶剂**					
2936210000	未混合的维生素 A 及其衍生物(不论是否溶于溶剂)	4	20	17	千克	AB
2936220000	未混合的维生素 B_1 及其衍生物(不论是否溶于溶剂)	4	20	17	千克	AB
2936230000	未混合的维生素 B_2 及其衍生物(不论是否溶于溶剂)	4	20	17	千克	AB
2936240000	未混合的 D 或 DL－泛酸及其衍生物(不论是否溶于溶剂)	4	20	17	千克	AB
2936250000	未混合的维生素 B_6 及其衍生物(不论是否溶于溶剂)	4	20	17	千克	AB

商品编号	商品名称及备注	进口关税税率(%)		增值税率(%)	计量单位	监管条件
		最惠国	普通			
2936260000	未混合的维生素 B_{12} 及其衍生物(不论是否溶于溶剂)	4	20	17	千克	AB
2936270010	未混合的维生素 C 原粉(不论是否溶于溶剂)	4	20	17	千克	4ABxy
2936270020	未混合的维生素 C 钙、维生素 C 钠	4	20	17	千克	4ABxy
2936270030	颗粒或包衣维生素 C(不论是否溶于溶剂)	4	20	17	千克	4ABxy
2936270090	维生素 C 酯类及其他(不论是否溶于溶剂)	4	20	17	千克	4ABxy
2936280000	未混合的维生素 E 及其衍生物(不论是否溶于溶剂)	4	20	17	千克	AB
2936290010	胆钙化醇(不论是否溶于溶剂)	4	20	17	千克	ABS
2936290090	其他未混合的维生素及其衍生物(不论是否溶于溶剂)	4	20	17	千克	AB
2936900000	维生素原、混合维生素原、维生素及其衍生物(包括天然浓缩物,不论是否溶于溶剂)	4	20	17	千克	AB
2937	**天然或合成再制的激素、前列腺素、血栓烷、白细胞三烯及其衍生物和结构类似物,包括主要用做激素的改性链多肽**					
2937110000	生长激素及其衍生物和结构类似物	4	20	17	千克	L
2937121000	重组人胰岛素及其盐	4	20	17	千克	L
2937129000	其他胰岛素及其盐	4	20	17	千克	L
2937190011	促红素(EPO)及其类似物	4	20	17	千克	L
2937190012	胰岛素样生长因子 1	4	20	17	千克	L
2937190013	促性素	4	20	17	千克	L
2937190014	生长因子素	4	20	17	千克	L
2937190015	促皮质素	4	20	17	千克	L
2937190090	其他多肽激素及衍生物和结构类似物(包括蛋白激素、糖蛋白激素及其衍生物和结构类似物)	4	20	17	千克	Q
2937210000	可的松、氢化可的松等[包括脱氢皮(质甾)醇]	4	20	17	千克	Q
2937221000	地塞米松	4	30	17	千克	Q
2937229000	其他肾上腺皮质激素的卤化衍生物	4	30	17	千克	Q
2937230010	泽仑诺、孕三烯酮、替勃龙(包括四氢孕三烯酮)	4	30	17	千克	L
2937230090	其他雌(甾)激素及孕激素	4	30	17	千克	Q
2937290011	雄烯二醇、雄烯二酮(包括雄-4-烯-3β,17α-二醇、雄-5-烯-3β, 17α-二醇)	4	30	17	千克	L
2937290012	雄-4-烯二醇、雄烯二酮异构体(包括倍他雄烷二醇异构体、雄烷二醇异构体、勃拉睾酮)	4	30	17	千克	L
2937290013	勃地酮、卡芦睾酮(包括1,4-雄二烯-3,17-二酮、氯司替勃)	4	30	17	千克	L
2937290014	达那唑、脱氢氯甲基睾酮(包括雄-1-烯-3,17-二酮、(Δ)雄烯二醇、普拉睾酮、去氧甲基睾酮)	4	30	17	千克	L
2937290015	双氢睾酮、屈他雄酮(包括表双氢睾酮、乙雌烯醇、氟甲睾酮、甲酰勃龙)	4	30	17	千克	L
2937290016	夫拉扎勃(包括4-羟基睾酮、4-羟基诺龙、3α-羟基-5α-雄烷-17-酮)	4	30	17	千克	L
2937290017	美雄诺龙、美睾酮、美雄酮(包括2α,17α-二甲基-5α-雄烷-3-酮-17β-醇)	4	30	17	千克	L
2937290018	甲基-1-睾酮、甲睾酮、甲基去甲睾酮(包括17α-甲基-17β-羟基雌-4,9(10)-二烯-3-酮、去甲雄酮)	4	30	17	千克	L
2937290019	美替诺龙、美雄醇(包括17α-甲基-17β-羟基雌-4,9,11-三烯-3-酮)	4	30	17	千克	L

商品编号	商品名称及备注	进口关税税率(%)		增值税率(%)	计量单位	监管条件
		最惠国	普通			
2937290021	米勃酮、诺龙、诺勃酮、诺司替勃(包括19-去甲雄烯二醇、19-去甲雄烯二酮、诺乙雄龙)	4	30	17	千克	L
2937290022	19-去甲本胆烷醇酮(包括环戊丙羟勃龙、氧雄龙)	4	30	17	千克	L
2937290023	羟甲睾酮、羟甲烯龙[包括17β-羟基-5α-雄烷(3,2-c)吡唑]	4	30	17	千克	L
2937290024	奎勃龙、司坦唑醇、司腾勃龙(包括1-睾酮、睾酮、群勃龙)	4	30	17	千克	L
2937290025	7α-hydroxy-DHEA(7α-羟基-普拉睾酮)	4	30	17	千克	L
2937290026	7β-hydroxy-DHEA(7β-羟基-普拉睾酮)	4	30	17	千克	L
2937290027	7-keto-DHEA(7-酮-普拉睾酮)	4	30	17	千克	L
2937290090	其他甾类激素及其衍生物和结构类似物	4	30	17	千克	Q
2937500000	前列腺素、血栓烷和白细胞三烯(包括它们的衍生物和结构类似物)	4	30	17	千克	L
2937900010	氨基酸衍生物	4	30	17	千克	ABQ
2937900090	其他激素及其衍生物和结构类似物	4	30	17	千克	Q
2938	**天然或合成再制的苷(配糖物)及其盐、醚、酯和其他衍生物**					
2938100000	芸香苷及其衍生物	6.5	20	17	千克	Q
2938901000	齐多夫定、拉米夫定、司他夫定、地达诺新及它们的盐	6.5	20	17	千克	
2938909010	甘草酸粉	6.5	20	17	千克	y4x
2938909020	甘草酸盐类	6.5	20	17	千克	4ABxy
2938909030	甘草次酸及其衍生物	6.5	20	17	千克	y4x
2938909090	其他天然或合成再制的苷及其盐等(包括醚、酯和其他衍生物)	6.5	20	17	千克	
2939	**天然或合成再制的生物碱及其盐、醚、酯和其他衍生物**					
2939110011	罂粟秆浓缩物	4	50	17	千克	W
2939110012	可待因、双氢可待因、乙基吗啡(以及它们的盐)	4	50	17	千克	W
2939110013	埃托啡、海洛因、氢可酮(以及它们的盐)	4	50	17	千克	W
2939110014	氢吗啡酮、吗啡、尼可吗啡(以及它们的盐)	4	50	17	千克	W
2939110015	羟考酮、羟吗啡酮、福尔可定(以及它们的盐)	4	50	17	千克	W
2939110016	醋氢可酮,蒂巴因(以及它们的盐)	4	50	17	千克	W
2939110020	丁丙诺啡及其盐	4	50	17	千克	I
2939190010	二氢埃托啡及其盐	4	50	17	千克	W
2939190021	苄吗啡、可多克辛、地索吗啡、醋托啡(以及它们的盐)	4	50	17	千克	W
2939190022	双氢吗啡、氯吗啡醇、甲地索啡、甲二氢吗啡(以及它们的盐)	4	50	17	千克	W
2939190023	美托酮、吗啡-N-氧化物、麦罗啡、去甲吗啡(以及它们的盐)	4	50	17	千克	W
2939190024	醋氢可待因、尼可待因、尼二氢可待因、去甲可待因(以及它们的盐)	4	50	17	千克	W
2939190025	吗啡甲溴化物及其盐	4	50	17	千克	W
2939190030	纳布啡及其盐	4	50	17	千克	I
2939190090	其他鸦片碱及其衍生物及它们的盐	4	50	17	千克	Q
2939200000	金鸡纳生物碱及其衍生物及它们的盐	4	20	17	千克	Q
2939300010	咖啡因	4	20	17	千克	ABI
2939300090	咖啡因的盐	4	20	17	千克	ABI
2939410010	麻黄碱(麻黄素、盐酸麻黄碱)	4	20	17	千克	23Q
2939410020	硫酸麻黄碱	4	20	17	千克	23Q

商品编号	商品名称及备注	进口关税税率（%）		增值税率（%）	计量单位	监管条件
		最惠国	普通			
2939410030	消旋盐酸麻黄碱	4	20	17	千克	23Q
2939410040	草酸麻黄碱	4	20	17	千克	23Q
2939410090	麻黄碱盐	4	20	17	千克	Q
2939420010	伪麻黄碱(伪麻黄素、盐酸伪麻黄碱)	4	20	17	千克	23Q
2939420020	硫酸伪麻黄碱	4	20	17	千克	23Q
2939420090	假麻黄碱盐(D－2－甲胺基－1－苯基丙醇)	4	20	17	千克	Q
2939430000	d－去甲假麻黄碱(INN)及其盐	4	20	17	千克	I
2939440000	去甲麻黄碱及其盐	4	20	17	千克	23
2939490010	盐酸甲基麻黄碱	4	20	17	千克	Q23
2939490020	消旋盐酸甲基麻黄碱	4	20	17	千克	Q23
2939490090	其他麻黄碱及其盐	4	20	17	千克	Q
2939510000	芬乙茶碱及其盐	4	20	17	千克	I
2939590000	其他茶碱和氨茶碱及其衍生物、盐	4	20	17	千克	Q
2939610010	麦角新碱	4	20	17	千克	3Q2
2939610090	麦角新碱盐	4	20	17	千克	Q
2939620010	麦角胺	4	20	17	千克	3Q2
2939620090	麦角胺盐	4	20	17	千克	Q
2939630010	麦角酸	4	20	17	千克	3Q2
2939630090	麦角酸盐	4	20	17	千克	Q
2939690010	麦角二乙胺及其盐	4	20	17	千克	I
2939690090	其他麦角生物碱及其衍生物(包括它们的盐)	4	20	17	千克	Q
2939911000	可卡因及其盐	4	20	17	千克	W
2939919011	左甲苯丙胺(以及它们的盐、酯及其他衍生物)	4	20	17	千克	I
2939919012	去氧麻黄碱(以及它们的盐、酯及其他衍生物)	4	20	17	千克	I
2939919013	去氧麻黄碱外消旋体(以及它们的盐、酯及其他衍生物)	4	20	17	千克	I
2939919020	芽子碱及其盐	4	20	17	千克	W
2939991010	烟碱	4	20	17	千克	ABQ
2939991090	烟碱盐	4	20	17	千克	Q
2939992010	番木鳖碱	4	17	17	千克	ABQ
2939992090	番木鳖碱盐	4	17	17	千克	Q
2939999011	卡西酮、麦司卡林(以及它们的盐)	4	20	17	千克	I
2939999012	赛洛新、赛洛西宾(以及它们的盐)	4	20	17	千克	I
2939999090	其他生物碱及其衍生物(包括生物碱的盐、酯及其他衍生物)	4	20	17	千克	ABQ
2940	**化学纯糖,但蔗糖、乳糖、麦芽糖、葡萄糖、及果糖除外;糖醚、糖缩醛、糖酯及其盐,但不包括品目29.37、29.38、29.39的产品**					
2940000000	化学纯糖,糖醚、糖酯及其盐(蔗糖、乳糖、麦芽糖、葡萄糖、品目29.37～29.39产品除外)	6	30	17	千克	ABQ
2941	抗菌素					
2941101100	氨苄青霉素	6	20	17	千克	Q
2941101200	氨苄青霉素三水酸	6	20	17	千克	Q
2941101900	氨苄青霉素盐	6	20	17	千克	Q
2941109100	羟氨苄青霉素	4	20	17	千克	Q
2941109200	羟氨苄青霉素三水酸	4	20	17	千克	Q
2941109300	6氨基青霉烷酸(6APA)	4	20	17	千克	

商品编号	商品名称及备注	进口关税税率(%)		增值税率(%)	计量单位	监管条件
		最惠国	普通			
2941109400	青霉素V	4	20	17	千克	Q
2941109500	磺苄青霉素	4	20	17	千克	Q
2941109600	邻氯青霉素	4	20	17	千克	Q
2941109900	其他青霉素或衍生物及其盐(包括具有青霉烷酸结构和青霉素衍生物及其盐)	4	20	17	千克	4Qxy
2941200000	链霉素及其衍生物、盐	4	20	17	千克	Q
2941301100	四环素	4	20	17	千克	Q
2941301200	四环素盐	4	20	17	千克	Q
2941302000	四环素衍生物及其盐	4	20	17	千克	Q
2941400000	氯霉素及其衍生物,以及它们的盐	4	20	17	千克	Q
2941500000	红霉素及其衍生物、盐	4	20	17	千克	Q
2941901000	庆大霉素及其衍生物、盐	4	20	17	千克	Q
2941902000	卡那霉素及其衍生物、盐	4	20	17	千克	Q
2941903000	利福平及其衍生物、盐	4	20	17	千克	Q
2941904000	林可霉素及其衍生物、盐	4	20	17	千克	Q
2941905200	头孢氨苄及其盐	6	20	17	千克	Q
2941905300	头孢唑啉及其盐	6	20	17	千克	Q
2941905400	头孢拉啶及其盐	6	20	17	千克	Q
2941905500	头孢三嗪(头孢曲松)及其盐	6	20	17	千克	Q
2941905600	头孢哌酮及其盐	6	20	17	千克	Q
2941905700	头孢噻肟及其盐	6	20	17	千克	Q
2941905800	头孢克罗及其盐	6	20	17	千克	Q
2941905910	放线菌酮	6	20	17	千克	QS
2941905990	其他头孢菌素及其衍生物(包括它们的盐)	6	20	17	千克	Q
2941906000	麦迪霉素及其衍生物(包括它们的盐)	6	20	17	千克	Q
2941907000	乙酰螺旋霉素及其衍生物(包括它们的盐)	4	20	17	千克	Q
2941909000	其他抗菌素	6	20	17	千克	Q
2942	**其他有机化合物**					
2942000000	其他有机化合物	6.5	30	17	千克	

第三十章 药 品

注释：

一、本章不包括：

（一）食品及饮料（例如，营养品、糖尿病食品、强化食品、保健食品、滋补饮料及矿泉水），但不包括供静脉摄入用的滋养品（第四类）；

（二）用于帮助吸烟者戒烟的制剂，例如，片剂、咀嚼胶或透皮贴片（品目21.06或38.24）；

（三）经特殊煅烧或精细研磨的牙科用熟石膏（品目25.20）；

（四）适合医药用的精油水馏液及水溶液（品目33.01）；

（五）品目33.03至33.07的制品，不论是否具有治疗及预防疾病的作用；

（六）加有药料的肥皂及品目34.01的其他产品；

（七）以熟石膏为基本成分的牙科用制品（品目34.07）；或

（八）不作治疗及预防疾病用的血清蛋白（品目35.02）。

二、品目30.02所称的"免疫制品"是指直接参与免疫过程调节的多肽及蛋白质（品目29.37的货品除外），例如，单克隆抗体（MAB）、抗体片段、抗体偶联物及抗体片段偶联物、白介素、干扰素（IFN）、趋化因子及特定的肿瘤坏死因子（TNF）、生长因子（GF）、促红细胞生成素及集落刺激因子（CSF）。

三、品目30.03及30.04以及本章注释四（四）所述的非混合产品及混合产品，按下列规定处理：

（一）非混合产品：

1. 溶于水的非混合产品；

2. 第二十八章及第二十九章的所有货品；

3. 品目13.02的单一植物浸膏，只经标定或溶于溶剂的。

（二）混合产品：

1. 胶体溶液及悬浮液（胶态硫磺除外）；

2. 从植物性混合物加工所得的植物浸膏；

3. 蒸发天然矿质水所得的盐及浓缩物。

四、品目30.06仅适用于下列物品（这些物品只能归入品目30.06而不得归入本手册其他品目）：

（一）无菌外科肠线、类似的无菌缝合材料（包括外科或牙科用无菌可吸收缝线）及外伤创口闭合用的无菌黏合胶布；

（二）无菌昆布及无菌昆布塞条；

（三）外科或牙科用无菌吸收性止血材料；外科或牙科用无菌抗粘连阻隔材料，不论是否可吸收；

（四）用于病人的X光检查造影剂及其他诊断试剂，这些药剂是由单一产品配定剂量或由两种以上成分混合而成的；

（五）血型试剂；

（六）牙科粘固剂及其他牙科填料、骨骼粘固剂；

（七）急救药箱、药包；

（八）以激素、品目29.37的其他产品或杀精子剂为基本成分的化学避孕药物；

（九）专用于人类或作兽药用的凝胶制品，作为外科手术或体检时躯体部位的润滑剂，或者作为躯体和医疗器械之间的耦合剂；

（十）废药物，即因超过有效保存期等原因而不适于作原用途的药品；

（十一）可确定用于造口术的用具，即裁切成型的结肠造口术、回肠造口术、尿道造口术用袋及其具有黏性的片或底盘。

商品编号	商 品 名 称 及 备 注	进口关税税率（%）		增值税率（%）	计量单位	监管条件
		最惠国	普通			
3001	**已干燥的器官疗法用腺体及其他器官，不论是否制成粉末；器官疗法用腺体、其他器官及其分泌物的提取物；肝素及其盐；其他供治疗或预防疾病用的其他品目未列名的人体或动物制品**					
3001200010	其他濒危野生动物腺体、器官（包括分泌物）	3	30	17	千克	AQFEB
3001200020	人类的腺体、器官及其分泌物提取物	3	30	17	千克	AQB
3001200090	其他腺体、器官及其分泌物提取物	3	30	17	千克	AQB
3001901000	肝素及其盐	3	30	17	千克	Q
3001909010	蛇毒制品（供治疗或预防疾病用）	3	30	17	千克	AQFEB
3001909091	其他濒危动物制品（供治疗或预防疾病用）	3	30	17	千克	ABFEQ
3001909099	其他未列名的人体或动物制品（供治疗或预防疾病用）	3	30	17	千克	ABQ

商品编号	商品名称及备注	进口关税税率(%)		增值税率(%)	计量单位	监管条件
		最惠国	普通			
3002	**人血;治病、防病或诊断用的动物血制品;抗血清、其他血份及免疫制品,不论是否修饰或通过生物工艺加工制得;疫苗、毒素、培养微生物(不包括酵母)及类似产品**					
3002100010*	生长因子(不论是否通过修饰或生物工艺加工制得,具有免疫调节作用)	3	20	17	千克	ABQ
3002100090*	其他抗血清、其他血份及免疫制品(不论是否通过修饰或生物工艺加工制得)	3	20	17	千克	AB
3002200000*	人用疫苗	3	20	17	千克	QAB
3002300000	兽用疫苗	3	20	17	千克	ABR
3002901000	石房蛤毒素	3	20	17	千克	23Q
3002902000	蓖麻毒素	3	20	17	千克	23Q
3002903010	两用物项管制细菌及病毒	3	20	17	千克/株	3AB
3002903090	其他细菌及病毒	3	20	17	千克/株	AB
3002904010*	两用物项管制遗传物质和基因修饰生物体	3	20	17	千克	3AB
3002904090*	其他遗传物质和基因修饰生物体	3	20	17	千克	AB
3002909011*	濒危动物血制品	3	20	17	千克	ABQFE
3002909019*	其他人血制品、动物血制品	3	20	17	千克	ABQ
3002909091*	两用物项管制毒素	3	20	17	千克	3AB
3002909092*	苏云金杆菌	3	20	17	千克	ABS
3002909099*	人血、其他毒素等[包括培养微生物(不包括酵母)及类似产品]	3	20	17	千克	AB
3003	**两种或两种以上成分混合而成的治病或防病用药品(不包括品目30.02、30.05或30.06的货品),未配定剂量或制成零售包装**					
3003101100	氨苄青霉素(未配定剂量或非零售包装)	6	30	17	千克	Q
3003101200	羟氨苄青霉素(未配定剂量或非零售包装)	6	30	17	千克	Q
3003101300	青霉素V(未配定剂量或非零售包装)	6	30	17	千克	Q
3003101900	其他青霉素(未配定剂量或非零售包装)	6	30	17	千克	Q
3003109000	其他含有青霉素或链霉素的混合药(未配定剂量或非零售包装,混合指含两种或两种以上成分)	6	30	17	千克	Q
3003201100	头孢噻肟(未配定剂量或非零售包装)	6	30	17	千克	Q
3003201200	头孢他啶(未配定剂量或非零售包装)	6	30	17	千克	Q
3003201300	头孢西丁(未配定剂量或非零售包装)	6	30	17	千克	Q
3003201400	头孢替唑(未配定剂量或非零售包装)	6	30	17	千克	Q
3003201500	头孢克罗(未配定剂量或非零售包装)	6	30	17	千克	Q
3003201600	头孢呋辛(未配定剂量或非零售包装)	6	30	17	千克	Q
3003201700	头孢三嗪(头孢曲松)(未配定剂量或非零售包装)	6	30	17	千克	Q
3003201800	头孢哌酮(未配定剂量或非零售包装)	6	30	17	千克	Q
3003201900	其他头孢菌素(未配定剂量或非零售包装)	6	30	17	千克	Q
3003209000	含有其他抗菌素的混合药品(未配定剂量或非零售包装,混合指含两种或两种以上成分)	6	30	17	千克	Q
3003310000	含有胰岛素的混合药品(不含抗菌素且未配定剂量或非零售包装,混合指含两种或两种以上成分)	5	30	17	千克	Q
3003390000	其他含品目29.37激素等的混合药(不含抗菌素且未配定剂量或非零售包装,混合指含两种或两种以上成分)	6	30	17	千克	Q
3003401000	含奎宁或其盐的混合药品(未配定剂量或非零售包装,混合指含两种或两种以上成分)	5	35	17	千克	Q

商品编号	商品名称及备注	进口关税税率(%)		增值税率(%)	计量单位	监管条件
		最惠国	普通			
3003409000	含其他生物碱及衍生物的混合药品(但不含抗菌素及品目29.37的激素或其他产品)	5	30	17	千克	Q
3003901000	含磺胺类的混合药品(未配定剂量或非零售包装,混合指含两种或两种以上成分)	6	40	17	千克	Q
3003902000	含有青蒿素及其衍生物的混合药品(未配定剂量或非零售包装,混合指含两种或两种以上成分)	5	30	17	千克	Q
3003909010	含紫杉醇的混合药品(未配定剂量或非零售包装,混合指含两种或两种以上成分)	5	30	17	千克	EFQ
3003909020	含其他未列名濒危动植物混合药品(未配定剂量或非零售包装,混合指含两种或两种以上成分)	5	30	17	千克	QFE
3003909090	含其他未列名成分混合药品(未配定剂量或非零售包装,混合指含两种或两种以上成分)	5	30	17	千克	Q
3004	**由混合或非混合产品构成的治病或防病用药品(不包括品目30.02、30.05或30.06的货品),已配定剂量(包括制成皮肤摄入形式的)或制成零售包装**					
3004101110	兽用普鲁卡因青霉素、奈夫西林钠制剂(包括制成零售包装)	6	30	17	千克	R
3004101190	氨苄青霉素制剂(包括制成零售包装)	6	30	17	千克	Q
3004101200	羟氨苄青霉素制剂(包括制成零售包装)	6	30	17	千克	Q
3004101300	青霉素V制剂(包括制成零售包装)	6	30	17	千克	Q
3004101900	其他已配剂量青霉素制剂(包括制成零售包装)	6	30	17	千克	Q
3004109000	已配剂量含有青霉素或链霉素药品(包括制成零售包装)	6	30	17	千克	Q
3004201100	已配剂量头孢噻肟制剂(包括制成零售包装)	6	30	17	千克	Q
3004201200	已配剂量头孢他啶制剂(包括制成零售包装)	6	30	17	千克	Q
3004201300	已配剂量头孢西丁制剂(包括制成零售包装)	6	30	17	千克	Q
3004201400	已配剂量头孢替唑制剂(包括制成零售包装)	6	30	17	千克	Q
3004201500	已配剂量头孢克罗制剂(包括制成零售包装)	6	30	17	千克	Q
3004201600	已配剂量头孢呋辛制剂(包括制成零售包装)	6	30	17	千克	Q
3004201700	已配剂量头孢三嗪(头孢曲松)制剂(包括制成零售包装)	6	30	17	千克	Q
3004201800	已配剂量头孢哌酮制剂(包括制成零售包装)	6	30	17	千克	Q
3004201911	兽用已配剂量的头孢氨苄、头孢噻呋钠制剂(包括零售包装的制成品)	6	30	17	千克	R
3004201912	兽用已配剂量的头孢噻呋晶体,硫酸头孢喹肟制剂(包括零售包装的制成品)	6	30	17	千克	R
3004201990	其他已配剂量头孢菌素制剂(包括零售包装的制成品)	6	30	17	千克	Q
3004209011	兽用已配剂量的土霉素、延胡索酸泰妙菌素、泰拉霉素制剂(包括制成零售包装)	6	30	17	千克	R
3004209012	兽用已配剂量的氟苯尼考、多拉菌素、硫酸庆大霉素制剂(包括制成零售包装)	6	30	17	千克	R
3004209013	兽用已配剂量的硫酸双羟链霉素制剂(包括制成零售包装)	6	30	17	千克	R
3004209090	已配剂量含有其他抗菌素的药品(包括制成零售包装)	6	30	17	千克	Q
3004311010	已配剂量含重组人胰岛素的单方制剂(包括零售包装)	5	30	17	千克	L
3004311090	已配剂量含重组人胰岛素的其他药品(不含抗菌素,包括零售包装)	5	30	17	千克	Q
3004319010	其他已配剂量含胰岛素的单方制剂(包括零售包装)	5	30	17	千克	L
3004319090	其他已配剂量含胰岛素的其他药品(不含抗菌素,包括零售包装)	5	30	17	千克	Q

商品编号	商品名称及备注	进口关税税率(%) 最惠国	进口关税税率(%) 普通	增值税率(%)	计量单位	监管条件
3004320011	已配剂量含雄烯二醇或雄烯二酮的单方制剂(包括其衍生物及结构类似物,包括零售包装)	5	30	17	千克	L
3004320012	已配剂量含甲酰勃龙的单方制剂(包括其衍生物及结构类似物,包括零售包装)	5	30	17	千克	L
3004320013	已配剂量含雄-4-烯-3β,17α-二醇的单方制剂(包括其衍生物及结构类似物,包括零售包装)	5	30	17	千克	L
3004320014	含雄-5-烯-3β,17α-二醇的单方制剂(包括其衍生物及结构类似物,已配剂量或制成零售包装)	5	30	17	千克	L
3004320015	已配剂量含雄-4-烯二醇或乙雌烯醇的单方制剂(包括其衍生物及结构类似物,包括零售包装)	5	30	17	千克	L
3004320016	已配剂量含雄烯二酮异构体的单方制剂(包括其衍生物及结构类似物,包括零售包装)	5	30	17	千克	L
3004320017	已配剂量含倍他雄烷二醇异构体的单方制剂(包括其衍生物及结构类似物,包括零售包装)	5	30	17	千克	L
3004320018	已配剂量含雄烷二醇异构体的单方制剂(包括其衍生物及结构类似物,包括零售包装)	5	30	17	千克	L
3004320019	已配剂量含勃拉睾酮的单方制剂(包括其衍生物及结构类似物,包括零售包装)	5	30	17	千克	L
3004320021	已配剂量含勃地酮的单方制剂(包括其衍生物及结构类似物,包括零售包装)	5	30	17	千克	L
3004320022	已配剂量含1,4-雄二烯-3,17-二酮的单方制剂(包括其衍生物及结构类似物,包括零售包装)	5	30	17	千克	L
3004320023	已配剂量含卡芦睾酮或达那唑的单方制剂(包括其衍生物及结构类似物,包括零售包装)	5	30	17	千克	L
3004320024	已配剂量含氯司替勃的单方制剂(包括其衍生物及结构类似物,包括零售包装)	5	30	17	千克	L
3004320025	已配剂量含脱氢氯甲基睾酮的单方制剂(包括其衍生物及结构类似物,包括零售包装)	5	30	17	千克	L
3004320026	已配剂量含雄-1-烯-3,17-二酮的单方制剂(包括其衍生物及结构类似物,包括零售包装)	5	30	17	千克	L
3004320027	已配剂量含(Δ)雄烯二醇的单方制剂(包括其衍生物及结构类似物,包括零售包装)	5	30	17	千克	L
3004320028	已配剂量含普拉睾酮或屈他雄酮的单方制剂(包括其衍生物及结构类似物,包括零售包装)	5	30	17	千克	L
3004320029	已配剂量含去氧甲基睾酮或双氢睾酮的单方制剂(包括其衍生物及结构类似物,包括零售包装)	5	30	17	千克	L
3004320031	已配剂量含表双氢睾酮或氟甲睾酮的单方制剂(包括其衍生物及结构类似物,包括零售包装)	5	30	17	千克	L
3004320032	已配剂量含夫拉扎勃的单方制剂(包括其衍生物及结构类似物,包括零售包装)	5	30	17	千克	L
3004320033	已配剂量含孕三烯酮或4-羟基睾酮的单方制剂(包括其衍生物及结构类似物,包括零售包装)	5	30	17	千克	L
3004320034	含3α-羟基-5α-雄烷-17-酮的单方制剂(包括其衍生物及结构类似物,已配剂量或制成零售包装)	5	30	17	千克	L
3004320035	已配剂量含美睾酮或美雄酮的单方制剂(包括其衍生物及结构类似物,包括零售包装)	5	30	17	千克	L

商品编号	商品名称及备注	进口关税税率(%)		增值税率(%)	计量单位	监管条件
		最惠国	普通			
3004320036	含2α,17α-二甲基-5α-雄烷-3-酮-17β-醇的单方制剂(包括其衍生物及结构类似物,已配剂量或制成零售包装)	5	30	17	千克	L
3004320037	含17α-甲基-17β-羟基雌-4,9(10)-二烯-3-酮的单方制剂(包括其衍生物及结构类似物,已配剂量或制成零售包装)	5	30	17	千克	L
3004320038	已配剂量含甲基-1-睾酮或甲基去甲睾酮的单方制剂(包括其衍生物及结构类似物,包括零售包装)	5	30	17	千克	L
3004320039	含17α-甲基-17β-羟基雌-4,9,11-三烯-3-酮的单方制剂(包括其衍生物及结构类似物,已配剂量或制成零售包装)	5	30	17	千克	L
3004320041	已配剂量含美雄诺龙或美替诺龙的单方制剂(包括其衍生物及结构类似物,包括零售包装)	5	30	17	千克	L
3004320042	已配剂量含美雄醇或甲睾酮或米勃酮的单方制剂(包括其衍生物及结构类似物,包括零售包装)	5	30	17	千克	L
3004320043	已配剂量含诺龙或诺勃酮或诺司替勃的单方制剂(包括其衍生物及结构类似物,包括零售包装)	5	30	17	千克	L
3004320044	含19-去甲雄烯二醇或19-去甲雄烯二酮的单方制剂(包括其衍生物及结构类似物,已配剂量或制成零售包装)	5	30	17	千克	L
3004320045	已配剂量含去甲雄酮或诺乙雄龙的单方制剂(包括其衍生物及结构类似物,包括零售包装)	5	30	17	千克	L
3004320046	已配剂量含19-去甲本胆烷醇酮的单方制剂(包括其衍生物及结构类似物,包括零售包装)	5	30	17	千克	L
3004320047	含环戊丙羟勃龙或氧雄龙的单方制剂(包括其衍生物及结构类似物,已配剂量或制成零售包装)	5	30	17	千克	L
3004320048	已配剂量含羟甲睾酮或羟甲烯龙的单方制剂(包括其衍生物及结构类似物,包括零售包装)	5	30	17	千克	L
3004320049	含17β-羟基-5α-雄烷[3,2-c]吡唑的单方制剂(包括其衍生物及结构类似物,已配剂量或制成零售包装)	5	30	17	千克	L
3004320051	含奎勃龙或替勃龙或群勃龙的单方制剂(包括其衍生物及结构类似物,已配剂量或制成零售包装)	5	30	17	千克	L
3004320052	已配剂量含司坦唑醇或司腾勃龙的单方制剂(包括其衍生物及结构类似物,包括零售包装)	5	30	17	千克	L
3004320053	已配剂量含1-睾酮或睾酮的单方制剂(包括其衍生物及结构类似物,包括零售包装)	5	30	17	千克	L
3004320054	已配剂量含四氢孕三烯酮或泽仑诺的单方制剂(包括其衍生物及结构类似物,包括零售包装)	5	30	17	千克	L
3004320060	兽用已配剂量倍他米松戊酸酯制剂(包括其衍生物及结构类似物,包括零售包装)	5	30	17	千克	R
3004320090	已配剂量含其他皮质甾类激素的药品(包括其衍生物及结构类似物,不含抗菌素,包括零售包装)	5	30	17	千克	Q
3004390011	已配剂量含克仑特罗的单方制剂(包括零售包装)	5	30	17	千克	L
3004390012	已配剂量含4-羟基诺龙的单方制剂(包括零售包装)	5	30	17	千克	L
3004390021	已配剂量含促红素(EPO)及其类似物的单方制剂(包括零售包装)	5	30	17	千克	L
3004390022	已配剂量含生长激素的单方制剂(包括零售包装)	5	30	17	千克	L

商品编号	商 品 名 称 及 备 注	进口关税税率（%）		增值税率（%）	计量单位	监管条件
		最惠国	普通			
3004390023	已配剂量含胰岛素样生长因子1的单方制剂（包括零售包装）	5	30	17	千克	L
3004390024	已配剂量含生长因子素的单方制剂（包括零售包装）	5	30	17	千克	L
3004390025	已配剂量含促性素的单方制剂（包括零售包装）	5	30	17	千克	L
3004390026	已配剂量含促皮质素的单方制剂（包括零售包装）	5	30	17	千克	L
3004390030	兽用血促性素、绒促性素制剂（包括零售包装）	5	30	17	千克	R
3004390090	其他已配剂量含激素或品目29.37产品的药品（不含抗菌素，包括零售包装）	5	30	17	千克	Q
3004401000	已配剂量含有奎宁或其盐的药品（不含抗菌素及品目29.37的激素或其他产品，包括零售包装）	5	35	17	千克	Q
3004409010	麻黄碱盐类单方制剂[指盐酸（伪）麻黄碱片、盐酸麻黄碱注射剂、硫酸麻黄碱片]	5	30	17	千克	23Q
3004409020	含可待因及衍生物及盐的复方制剂（已配定剂量或制成零售包装）	5	30	17	千克	I
3004409030	含生物碱类精神药品的单方制剂（包括其衍生物，已配定剂量或制成零售包装）	5	30	17	千克	I
3004409040	含生物碱类麻醉药品的单方制剂（包括其衍生物，已配定剂量或制成零售包装）	5	30	17	千克	W
3004409050	吗啡阿托品注射液	5	30	17	千克	W
3004409061	含有氨酚氢可酮片或其盐	5	30	17	千克	I
3004409062	含有麦角胺咖啡因片/安钠咖或其盐	5	30	17	千克	I
3004409063	阿桔片、复方甘草片（含阿片粉，已配定剂量或制成零售包装）	5	30	17	千克	I
3004409090	已配剂量含有其他生物碱等的药品（不含抗菌素及品目29.37的激素或其他产品，包括零售包装）	5	30	17	千克	Q
3004500000	已配剂量含有维生素等的其他药品（包括含有品目29.36所列产品的，包括零售包装）	6	40	17	千克	Q
3004901000	已配剂量含有磺胺类的药品（包括零售包装）	6	40	17	千克	Q
3004902000	含联苯双酯的药品（包括零售包装）	4	30	17	千克	Q
3004905110	含濒危动植物成分的中药酒（已配定剂量或零售包装）	3	30	17	千克	FE
3004905190	含其他成分的中药酒（已配定剂量或零售包装）	3	30	17	千克	Q
3004905200	片仔癀（已配定剂量或零售包装）	3	30	17	千克	QFE
3004905300	白药（已配定剂量或零售包装）	3	30	17	千克	FEQ
3004905400	清凉油（已配定剂量或零售包装）	3	30	17	千克	Q
3004905510	含天然麝香的安宫牛黄丸（已配定剂量或零售包装）	3	30	17	千克	QFE
3004905590	其他安宫牛黄丸（已配定剂量或零售包装）	3	30	17	千克	Q
3004905910	含濒危动植物成分的中式成药（已配定剂量或零售包装）	3	30	17	千克	QFE
3004905990	含其他成分的中式成药（已配定剂量或零售包装）	3	30	17	千克	Q
3004906000	含有青蒿素及其衍生物的药品（已配定剂量或制成零售包装）	4	30	17	千克	Q
3004909010	含濒危野生动植物成分的药品（已配定剂量或零售包装，不含紫杉醇）	4	30	17	千克	FEQ
3004909020	含紫杉醇成分的药品（已配定剂量或制成零售包装）	4	30	17	千克	EFQ
3004909030	其他含第二十九章麻醉药品的单方制剂（已配定剂量或制成零售包装）	4	30	17	千克	W
3004909041	地芬诺酯复方制剂（已配定剂量或制成零售包装）	4	30	17	千克	I

商品编号	商品名称及备注	进口关税税率(%)		增值税率(%)	计量单位	监管条件
		最惠国	普通			
3004909049	其他含第二十九章精神药品的单方制剂(已配定剂量或制成零售包装)	4	30	17	千克	I
3004909050	含右丙氧芬及其盐的复方制剂(已配定剂量或制成零售包装)	4	30	17	千克	I
3004909060	复方樟脑酊(含阿片酊、樟脑、苯甲酸、八角茴香油等,包括零售包装)	4	30	17	千克	W
3004909071	已配剂量含雄-4-烯-3α,17β-二醇的单方制剂(包括零售包装)	4	30	17	千克	L
3004909072	已配剂量含雄-5-烯-3α,17α-二醇的单方制剂(包括零售包装)	4	30	17	千克	L
3004909073	已配剂量含雄-5-烯-3α,17β-二醇的单方制剂(包括零售包装)	4	30	17	千克	L
3004909074	含阿法雄烷二醇或雄烯二醇(异构体)的单方制剂(已配剂量或制成零售包装)	4	30	17	千克	L
3004909075	已配剂量含倍他雄烷二醇的单方制剂(包括零售包装)	4	30	17	千克	L
3004909076	已配剂量含5α-雄烷-3β,17β-二醇的单方制剂(包括零售包装)	4	30	17	千克	L
3004909077	含3β-羟基-5α-雄烷-17-酮的单方制剂(已配剂量或制成零售包装)	4	30	17	千克	L
3004909078	已配剂量含齐帕特罗的单方制剂(包括零售包装)	4	30	17	千克	L
3004909079	已配剂量含表睾酮的单方制剂(包括零售包装)	4	30	17	千克	L
3004909081	兽用已配剂量含右旋糖苷铁、替泊沙林、布他磷制剂(包括零售包装)	4	30	17	千克	R
3004909082	兽用已配剂量含硝碘酚腈、氟尼辛葡甲胺、美洛昔康制剂(包括零售包装)	4	30	17	千克	R
3004909090	其他已配定剂量的药品(包括零售包装)	4	30	17	千克	Q
3005	**软填料、纱布、绷带及类似物品(例如,敷料、橡皮膏、混罨剂),经过药物浸涂或制成零售包装供医疗、外科、牙科或兽医用**					
3005101000	橡皮膏(制成零售包装供医疗、外科、牙科或兽医用)	5	70	17	千克	
3005109000	其他胶粘敷料及有胶粘涂层的物品(经药物浸涂或制成零售包装,供医疗、外科、牙科或兽医用)	5	35	17	千克	
3005901000	药棉、纱布、绷带(经药物浸涂或制成零售包装,供医疗、外科、牙科或兽医用)	5	70	17	千克	
3005909000	其他软填料及类似物品(经药物浸涂或制成零售包装,供医疗、外科、牙科或兽医用)	5	35	17	千克	
3006	**本章注释四所规定的医药用品**					
3006100000	无菌外科肠线、类似的无菌缝合材料,无菌昆布及其塞条(无菌吸收性止血材料,无菌抗粘连阻隔材料,外伤创口闭合用无菌黏合胶布)	5	30	17	千克	
3006200000	血型试剂	3	20	17	千克	
3006300000	X光检查造影剂、诊断试剂	4	30	17	千克	Q
3006400000	牙科黏固剂及其他牙科填料(包括骨骼黏固剂)	5	30	17	千克	
3006500000	急救药箱、药包	5	30	17	千克	
3006601000	以激素为基本成分的避孕药	0	0		千克	Q

商品编号	商品名称及备注	进口关税税率(%)		增值税率(%)	计量单位	监管条件
		最惠国	普通			
3006609000	其他化学避孕药(以品目29.37的其他产品或杀精子剂为基本成分)	0	0		千克	Q
3006700000	医用凝胶制品、润滑剂、耦合剂(用于人类或作兽药用,或外科手术,体检时用)	6.5	30	17	千克	
3006910000	可确定用于造口术的用具	10	80	17	千克	
3006920000	废药物(超过有效保存期等原因而不适于原用途的药品)	5	30	17	千克	9

第三十一章 肥 料

注释：

一、本章不包括：

（一）品目05.11的动物血；

（二）单独的已有化学定义的化合物［符合下列注释二（一）、三（一）、四（一）或五所规定的化合物除外］；

（三）品目38.24的每颗重量不低于2.5克的氯化钾培养晶体（光学元件除外）、氯化钾光学元件（品目90.01）。

二、品目31.02只适用于下列货品，但未制成品目31.05所述形状或包装：

（一）符合下列任何一条规定的货品：

1. 硝酸钠，不论是否纯净；

2. 硝酸铵，不论是否纯净；

3. 硫酸铵及硝酸铵的复盐，不论是否纯净；

4. 硫酸铵，不论是否纯净；

5. 硝酸钙及硝酸铵的复盐（不论是否纯净）或硝酸钙及硝酸铵的混合物；

6. 硝酸钙及硝酸镁的复盐（不论是否纯净）或硝酸钙及硝酸镁的混合物；

7. 氰氨化钙，不论是否纯净或用油处理；

8. 尿素，不论是否纯净。

（二）由上述（一）款任何货品互相混合的肥料。

（三）由氯化铵或上述（一）或（二）款任何货品与白垩、石膏或其他无肥效无机物混合而成的肥料。

（四）由上述（一）2或8项的货品或其混合物溶于水或液氨的液体肥料。

三、品目31.03只适用于下列货品，但未制成品目31.05所述形状或包装：

（一）符合下列任何一条规定的货品：

1. 碱性熔渣；

2. 品目25.10的天然磷酸盐，已焙烧或经过超出清除杂质范围的热处理；

3. 过磷酸钙（一过磷酸钙、二过磷酸钙或三过磷酸钙）；

4. 磷酸氢钙，按干燥无水产品重量计含氟量不低于0.2%。

（二）由上述（一）款的任何货品互相混合的肥料，不论含氟量多少。

（三）由上述（一）或（二）款的任何货品与白垩、石膏或其他无肥效无机物混合而成的肥料，不论含氟量多少。

四、品目31.04只适用于下列货品，但未制成品目31.05所述形状或包装：

（一）符合下列任何一条规定的货品：

1. 天然粗钾盐（例如，光卤石、钾盐镁矾及钾盐）；

2. 氯化钾，不论是否纯净，但上述注释一（三）所述的产品除外；

3. 硫酸钾，不论是否纯净；

4. 硫酸镁钾，不论是否纯净。

（二）由上述（一）款任何货品互相混合的肥料。

五、磷酸二氢铵及磷酸氢二铵（不论是否纯净）及其相互之间的混合物应归入品目31.05。

六、品目31.05所称“其他肥料”，仅适用于其基本成分至少含有氮、磷、钾中一种肥效元素的肥料用产品。

商品编号	商品名称及备注	进口关税税率（%）		增值税率（%）	计量单位	监管条件
		最惠国	普通			
3101	**动物或植物肥料，不论是否相互混合或经化学处理；动植物产品经混合或化学处理制成的肥料**					
3101001100	未经化学处理的鸟粪	3	11	13	千克	AB
3101001910	未经化学处理的森林凋落物（包括腐叶、腐根、树皮、树叶、树根等森林腐殖质）	6.5	30	13	千克	8AB
3101001990	未经化学处理的其他动植物肥料	6.5	30	13	千克	AB
3101009010	经化学处理的含动物源性成分（如粪、羽毛等）动植物肥料	4	11	13	千克	AB
3101009020	经化学处理的森林凋落物（包括腐叶、腐根、树皮、树叶、树根等森林腐殖质）	4	11	13	千克	8AB
3101009090	经化学处理的其他动植物肥料	4	11	13	千克	AB
3102	**矿物氮肥及化学氮肥**					
3102100001*	尿素（配额内，不论是否水溶液）	4	150	13	千克	tA

商品编号	商品名称及备注	进口关税税率(%)		增值税率(%)	计量单位	监管条件
		最惠国	普通			
3102100090*	尿素(配额外,不论是否水溶液)	50	150	13	千克	A
3102210000	硫酸铵	4	11	13	千克	7AB
3102290000	硫酸铵和硝酸铵的复盐及混合物	4	11	13	千克	7
3102300000	硝酸铵(不论是否水溶液)	4	11	13	千克	9
3102400000*	硝酸铵与碳酸钙等的混合物(包括硝酸铵与其他无效肥及无机物的混合物)	4	11	13	千克	7
3102500000*	硝酸钠	4	11	13	千克	7AB
3102600000*	硝酸钙和硝酸铵的复盐及混合物	4	11	13	千克	7
3102800000*	尿素及硝酸铵混合物的水溶液(包括氨水溶液)	4	11	13	千克	7
3102901000*	氰氨化钙	4	11	13	千克	7AB
3102909000*	其他矿物氮肥及化学氮肥(包括上述编号未列名的混合物)	4	11	13	千克	7
3103	**矿物磷肥及化学磷肥**					
3103101000*	重过磷酸钙	4	11	13	千克	7A
3103109000*	其他过磷酸钙	4	11	13	千克	7A
3103900000*	其他矿物磷肥或化学磷肥	4	11	13	千克	7
3104	**矿物钾肥及化学钾肥**					
3104201000	分析纯的氯化钾	3	11	13	千克	7A
3104209000*	其他氯化钾	3	11	13	千克	7AB
3104300000*	硫酸钾	3	11	13	千克	7A
3104901000*	光卤石、钾盐及其他天然粗钾盐	3	11	13	千克	7
3104909000*	其他矿物钾肥及化学钾肥	3	11	13	千克	7
3105	**含氮、磷、钾中两种或三种肥效元素的矿物肥料或化学肥料;其他肥料;制成片及类似形状或每包毛重不超过10千克的本章各项货品**					
3105100010*	制成片状及类似形状或零售包装的硝酸铵(零售包装每包毛重不超过10千克)	4	11	13	千克	9
3105100090*	制成片状及类似形状或零售包装的第三十一章其他货品(零售包装每包毛重不超过10千克)	4	11	13	千克	7
3105200001*	化学肥料或矿物肥料(配额内,含氮、磷、钾三种肥效元素)	4	150	13	千克	At
3105200090*	化学肥料或矿物肥料(配额外,含氮、磷、钾三种肥效元素)	50	150	13	千克	A
3105300001*	磷酸氢二铵(配额内)	4	150	13	千克	ABt
3105300090*	磷酸氢二铵(配额外)	50	150	13	千克	AB
3105400000*	磷酸二氢铵(包括磷酸二氢铵与磷酸氢二铵的混合物)	4	11	13	千克	7A
3105510000*	含有硝酸盐及磷酸盐的肥料(包括矿物肥料或化学肥料)	4	11	13	千克	7A
3105590000*	其他含氮、磷两种元素肥料(包括矿物肥料或化学肥料)	4	11	13	千克	7A
3105600000*	含磷、钾两种元素的肥料(包括矿物肥料或化学肥料)	4	11	13	千克	7A
3105900000*	其他肥料	4	11	13	千克	7A

第三十二章 鞣料浸膏及染料浸膏；鞣酸及其衍生物；染料、颜料及其他着色料；油漆及清漆；油灰及其他类似胶粘剂；墨水、油墨

注释：

一、本章不包括：

（一）单独的已有化学定义的化学元素及化合物（品目32.03及32.04的货品、品目32.06的用做发光体的无机产品、品目32.07所述形状的熔融石英或其他熔融硅石制成的玻璃及品目32.12的零售形状或零售包装的染料及其他着色料除外）；

（二）品目29.36至29.39，29.41及35.01至35.04的鞣酸盐及其他鞣酸衍生物；

（三）沥青胶黏剂（品目27.15）。

二、品目32.04包括生产偶氮染料用的稳定重氮盐与耦合物的混合物。

三、品目32.03、32.04、32.05及32.06也包括以着色料为基本成分的制品（例如，品目32.06包括以品目25.30或第二十八章的颜料、金属粉片及金属粉末为基本成分的制品）。该制品是用做原材料着色剂的拼料。但以上品目不包括分散在非水介质中呈液状或浆状的制漆用颜料，例如，品目32.12的瓷漆及品目32.07、32.08、32.09、32.10、32.12、32.13及32.15的其他制品。

四、品目32.08包括由品目39.01至39.13所列产品溶于挥发性有机溶剂的溶液（胶棉除外），但溶剂重量必须超过溶液重量的50%。

五、本章所称"着色料"，不包括作为油漆填料的产品，不论这些产品能否用于水浆涂料的着色。

六、品目32.12所称"压印箔"，只包括用以压印诸如书本封面或帽带之类的薄片，这些薄片由以下材料构成：

（一）金属粉（包括贵金属粉）或颜料经胶水、明胶及其他黏合剂凝结而成的；

（二）金属（包括贵金属）或颜料沉积于任何材料衬片上的。

商品编号	商品名称及备注	进口关税税率（%）		增值税率（%）	计量单位	监管条件
		最惠国	普通			
3201	**植物鞣料浸膏；鞣酸及其盐、醚、酯和其他衍生物**					
3201100000	坚木浸膏	5	35	17	千克	
3201200000	荆树皮浸膏	6.5	35	17	千克	
3201901010	其他濒危植物鞣料浸膏	6.5	40	17	千克	FE
3201901090	其他植物鞣料浸膏	6.5	40	17	千克	
3201909000	鞣酸及其盐、醚、酯和其他衍生物	6.5	35	17	千克	
3202	**有机合成鞣料；无机鞣料；鞣料制剂，不论是否含有天然鞣料；预鞣用酶制剂**					
3202100000	有机合成鞣料	6.5	35	17	千克	
3202900000	无机鞣料、鞣料制剂等（不论是否含有天然鞣料，包括预鞣用酶制剂）	6.5	35	17	千克	
3203	**动植物质着色料（包括染料浸膏，但动物碳黑除外），不论是否已有化学定义；本章注释三所述的以动植物质着色料为基本成分的制品**					
3203001100	天然靛蓝及以其为基本成分的制品	6.5	80	17	千克	AB
3203001910	濒危植物质着色料及制品（制品是指以植物质着色料为基本成分的）	6.5	45	17	千克	ABEF
3203001990	其他植物质着色料及制品（制品是指以植物质着色料为基本成分的）	6.5	45	17	千克	AB
3203002000	动物质着色料及制品（制品是指以动物质着色料为基本成分的）	6.5	50	17	千克	AB

商品编号	商品名称及备注	进口关税税率(%) 最惠国	进口关税税率(%) 普通	增值税率(%)	计量单位	监管条件
3204	**有机合成着色料,不论是否已有化学定义;本章注释三所述的以有机合成着色料为基本成分的制品;用做荧光增白剂或发光体的有机合成产品,不论是否已有化学定义**					
3204110000	分散染料及以其为基本成分的制品,不论是否有化学定义	6.5	35	17	千克	AB
3204120000	酸性染料及制品、媒染染料及制品(包括以酸性染料或媒染染料为基本成分的制品,不论是否有化学定义)	6.5	35	17	千克	AB
3204130000	碱性染料及以其为基本成分的制品	6.5	35	17	千克	AB
3204140000	直接染料及以其为基本成分的制品	6.5	35	17	千克	AB
3204151000	合成靛蓝(还原靛蓝)	6.5	35	17	千克	AB
3204159000	其他还原染料及以其为基本成分品(包括颜料用的)	6.5	35	17	千克	
3204160000	活性染料及以其为基本成分的制品(不论是否有化学定义)	6.5	35	17	千克	
3204170000	颜料及以其为基本成分的制品	6.5	35	17	千克	
3204191100	硫化黑及以其为基本成分的制品(硫化黑即硫化青)	6.5	35	17	千克	
3204191900	其他硫化染料及以其为基本成分品	6.5	35	17	千克	
3204199000	其他着色料组成的混合物	6.5	35	17	千克	AB
3204200000	用做荧光增白剂的有机合成产品	6.5	40	17	千克	A
3204901000	生物染色剂及染料指示剂	6.5	20	17	千克	
3204909000	其他用做发光体的有机合成产品	6.5	40	17	千克	
3205	**色淀;本章注释三所述的以色淀为基本成分的制品**					
3205000000	色淀及以色淀为基本成分的制品	6.5	35	17	千克	AB
3206	**其他着色料;本章注释三所述的制品,但品目32.03、32.04及32.05的货品除外;用做发光体的无机产品,不论是否已有化学定义:**					
3206111000	钛白粉	6.5	30	17	千克	4Bxy
3206119000	其他干量计二氧化钛≥80%的颜料	6.5	30	17	千克	B
3206190000	其他二氧化钛为基料的颜料及制品	10	30	17	千克	B
3206200000	铬化合物为基本成分的颜料及制品	6.5	35	17	千克	
3206410000	群青及以其为基本成分的制品	6.5	35	17	千克	
3206421000	锌钡白	6.5	30	17	千克	
3206429000	其他以硫化锌为基本成分的颜料(包括制品)	6.5	30	17	千克	
3206490000	其他无机着色料及其制品	6.5	35	17	千克	
3206500000	用做发光体的无机产品	6.5	35	17	千克	
3207	**陶瓷、搪瓷及玻璃工业用的调制颜料、遮光剂、着色剂、珐琅和釉料、釉底料(泥釉)、光瓷釉以及类似产品;搪瓷玻璃料及其他玻璃,呈粉、粒或粉片状的**					
3207100000	调制颜料、遮光剂、着色剂及类似品	5	50	17	千克	
3207200000	珐琅和釉料、釉底料及类似制品	5	50	17	千克	
3207300000	光瓷釉及类似制品	5	50	17	千克	
3207400000	呈粉、粒状搪瓷玻璃料及其他玻璃	5	50	17	千克	
3208	**以合成聚合物或化学改性天然聚合物为基本成分的油漆及清漆(包括瓷漆及大漆),分散于或溶于非水介质的;本章注释四所述的溶液**					
3208100000	溶于非水介质的聚酯油漆及清漆等[以聚酯为基本成分的(包括瓷漆及大漆)]	10	50	17	千克	A
3208201001*	分散于或溶于非水介质的光导纤维用涂料(主要成分为聚胺酯丙烯酸酯类化合物,以丙烯酸聚合物为基本成分)	10	50	17	千克	A

商品编号	商品名称及备注	进口关税税率(%)		增值税率(%)	计量单位	监管条件
		最惠国	普通			
3208201090	其他聚丙烯酸油漆、清漆等(溶于非水质的以丙烯酸聚合物为基本成分,包括瓷漆大漆)	10	50	17	千克	A
3208202000	溶于非水介质的聚乙烯油漆及清漆(以乙烯聚合物为基本成分(包括瓷漆及大漆))	10	50	17	千克	A
3208901001*	分散于或溶于非水介质的光导纤维用涂料(主要成分为聚胺酯丙烯酸酯类化合物,以聚胺酯类化合物为基本成分)	10	50	17	千克	A
3208901090	其他聚胺酯油漆、清漆等(溶于非水介质以聚胺酯类化合物为基本成分,含瓷漆大漆)	10	50	17	千克	A
3208909000	溶于非水介质其他油漆、清漆溶液(包括以聚合物为基本成分的漆,本章注释四所述溶液)	10	50	17	千克	A
3209	**以合成聚合物或化学改性天然聚合物为基本成分的油漆及清漆(包括瓷漆及大漆),分散于或溶于水介质的**					
3209100000	溶于水介质的聚丙烯酸油漆及清漆(以聚丙烯酸或聚乙烯为基本成分的(包括瓷漆及大漆))	10	50	17	千克	A
3209901000	以环氧树脂为基本成分的油漆及清漆(包括瓷漆及大漆,分散或溶于水介质)	10	50	17	千克	A
3209902000	以氟树脂为基本成分的油漆及清漆(包括瓷漆及大漆,分散于或溶于水介质)	10	50	17	千克	A
3209909000	溶于水介质其他聚合物油漆及清漆(以合成聚合物或化学改性天然聚合物为基本成分的)	10	50	17	千克	A
3210	**其他油漆及清漆(包括瓷漆、大漆及水浆涂料);加工皮革用的水性颜料**					
3210000001*	其他光导纤维用涂料	10	50	17	千克	
3210000090	其他油漆及清漆,皮革用水性颜料(包括非聚合物为基料的瓷漆,大漆及水浆涂料)	10	50	17	千克	
3211	**配制的催干剂**					
3211000000	配制的催干剂	10	50	17	千克	
3212	**制造油漆(含瓷漆)用的颜料(包括金属粉末或金属粉片),分散于非水介质中呈液状或浆状的;压印箔;零售形状及零售包装的染料或其他着色料**					
3212100000	压印箔	15	80	17	千克	
3212900000	制漆用颜料及零售包装染料、色料(制漆用颜料指溶于非水介质中呈液状或浆状的)	10	50	17	千克	
3213	**艺术家、学生和广告美工用的颜料、调色料、文娱颜料及类似品,片状、管装、罐装、瓶装、扁盒装以及类似形状或包装的**					
3213100000	成套的颜料(艺术家,学生和广告美工用的)	10	70	17	千克	
3213900000	非成套颜料、调色料及类似品(片状、管装、罐装、瓶装、扁盒装等类似形状或包装的)	10	70	17	千克	
3214	**安装玻璃用油灰、接缝用油灰、树脂胶泥、嵌缝胶及其他类似胶粘剂;漆工用填料;非耐火涂面制剂,涂门面、内墙、地板、天花板等用**					
3214101000	半导体器件封装材料	9	70	17	千克	
3214109000	其他安装玻璃用油灰等;漆工用填料(包括接缝用油灰、树脂胶泥、嵌缝胶及其他胶粘剂)	9	70	17	千克	
3214900000	非耐火涂面制剂(涂门面、内墙、地板、天花板等用)	9	70	17	千克	

商品编号	商 品 名 称 及 备 注	进口关税税率(%)		增值税率(%)	计量单位	监管条件
		最惠国	普通			
3215	**印刷油墨、书写或绘图墨水及其他墨类,不论是否固体或浓缩**					
3215110000	黑色印刷油墨(不论是否固体或浓缩)	6.5	45	17	千克	AB
3215190000	其他印刷油墨(不论是否固体或浓缩)	6.5	45	17	千克	
3215901000	书写墨水(不论是否固体或浓缩)	6.5	70	17	千克	
3215909000	绘图墨水及其他墨类(不论是否固体或浓缩)	10	70	17	千克	

第三十三章　精油及香膏;芳香料制品及化妆盥洗品

注释:

一、本章不包括:

(一)品目13.01及13.02的天然油树脂及植物浸膏;

(二)品目34.01的肥皂及其他产品;

(三)品目38.05的脂松节油、木松节油和硫酸盐松节油及其他产品。

二、品目33.02所称“香料”,仅指品目33.01的物质、从这些物质离析出来的香料组分及合成芳香剂。

三、品目33.03至33.07主要包括适合做这些品目所列用途的零售包装产品,不论其是否混合(精油水馏液及水溶液除外)。

四、品目33.07所称“芳香料制品及化妆盥洗品”,主要适用于下列产品:香袋;通过燃烧散发香气的制品;香纸及用化妆品浸渍或涂布的纸;隐形眼镜片或假眼用的溶液;用香水或化妆品浸渍、涂布、包覆的絮胎、毡呢及无纺织物;动物用盥洗品。

商品编号	商品名称及备注	进口关税税率(%)		增值税率(%)	计量单位	监管条件
		最惠国	普通			
3301	**精油(无萜或含萜),包括浸膏及净油;香膏;提取的油树脂;用花香吸取法或浸渍法制成的含浓缩精油的脂肪、固定油、蜡及类似品;精油脱萜时所得的萜烯副产品;精油水馏液及水溶液**					
3301120000	橙油(包括浸膏及净油)	20	80	17	千克	A
3301130000	柠檬油(包括浸膏及净油)	20	80	17	千克	A
3301191000	白柠檬油(酸橙油)(包括浸膏及净油)	20	80	17	千克	A
3301199000	其他柑橘属果实的精油(包括浸膏及净油)	20	80	17	千克	A
3301240000	胡椒薄荷油(包括浸膏及净油)	20	90	17	千克	AB
3301250000*	其他薄荷油(包括浸膏及净油)	15	90	17	千克	AB
3301291000	樟脑油(包括浸膏及精油)	20	90	17	千克	ABE
3301292000	香茅油(包括浸膏及净油)	15	70	17	千克	AB
3301293000	茴香油(包括浸膏及净油)	20	80	17	千克	AB
3301294000	桂油(包括浸膏及净油)	20	80	17	千克	AB
3301295000	山苍子油(包括浸膏及净油)	20	80	17	千克	AB
3301296000	桉叶油(包括浸膏及净油)	20	80	17	千克	AB
3301299100	老鹳草油(香叶油)(包括浸膏及精油)	20	80	17	千克	A
3301299910*	黄樟油	15	80	17	千克	23A
3301299991	其他非柑橘属果实濒危植物的精油(包括浸膏及净油)	15	80	17	千克	AFE
3301299999	其他非柑橘属果实的精油(包括浸膏及净油)	15	80	17	千克	A
3301301000*	鸢尾凝脂(香膏类)	20	80	17	千克	
3301309010	其他濒危植物香膏	20	80	17	千克	FE
3301309090	其他香膏	20	80	17	千克	
3301901010	濒危植物提取的油树脂	20	80	17	千克	FE
3301901090	其他提取的油树脂	20	80	17	千克	
3301902000	柑橘属果实精油脱萜的萜烯副产品	20	80	17	千克	
3301909000	吸取浸渍法制成含浓缩精油的脂肪(含固定油、蜡及类似品,精油水溶液及水馏液)	20	80	17	千克	
3302	**工业原料用的混合香料,以及以一种或多种香料为基本成分的混合物(包括酒精溶液);生产饮料用的以香料为基本成分的其他制品**					

商品编号	商品名称及备注	进口关税税率(%)		增值税率(%)	计量单位	监管条件
		最惠国	普通			
3302101000	以香料为基本成分的制品(生产饮料用,按容量计酒精浓度≤0.5%)	15	90	17	千克	AB
3302109001	生产食品、饮料用混合香料及制品(含以香料为基本成分的混合物,按容量计酒精浓度>0.5%)	15	130	17	千克	AB
3302109090	其他生产食品用混合香料及制品(含以香料为基本成分的混合物)	15	130	17	千克	AB
3302900000	其他工业用混合香料及香料混合物(以一种或多种香料为基本成分的混合物)	10	130	17	千克	
3303	**香水及花露水**					
3303000000	香水及花露水	10	150	17	千克	AB
3304	**美容品或化妆品及护肤品(药品除外),包括防晒油或晒黑油,指(趾)甲化妆品**					
3304100010	含濒危植物成分唇用化妆品	10	150	17	千克	ABEF
3304100090	其他唇用化妆品	10	150	17	千克	AB
3304200010	含濒危植物成分眼用化妆品	10	150	17	千克	ABEF
3304200090	其他眼用化妆品	10	150	17	千克	AB
3304300000*	指(趾)甲化妆品	15	150	17	千克	AB
3304910001	痱子粉、爽身粉	10	150	17	千克	AB
3304910090	粉,不论是否压紧	10	150	17	千克	AB
3304990010*	护肤品(包括防晒油或晒黑油,但药品除外)	6.5	150	17	千克	AB
3304990091	其他含濒危植物成分美容品或化妆品	6.5	150	17	千克	ABFE
3304990099	其他美容品或化妆品	6.5	150	17	千克	AB
3305	**护发品**					
3305100010	含濒危植物成分的洗发剂	6.5	150	17	千克	ABFE
3305100090	其他洗发剂(香波)	6.5	150	17	千克	AB
3305200000*	烫发剂	15	150	17	千克	AB
3305300000*	定型剂	15	150	17	千克	AB
3305900000	其他护发品	10	150	17	千克	AB
3306	**口腔及牙齿清洁剂,包括假牙模膏及粉;清洁牙缝用的纱线(牙线),单独零售包装的**					
3306101010	含濒危植物成分牙膏	10	150	17	千克	ABEF
3306101090	其他牙膏	10	150	17	千克	AB
3306109000	其他洁齿品	10	150	17	千克	
3306200000	清洁牙缝用的纱线(牙线)	10	70	17	千克	
3306900000	其他口腔及牙齿清洁剂(包括假牙模膏及粉)	10	70	17	千克	AB
3307	**剃须用制剂、人体除臭剂、沐浴用制剂、脱毛剂和其他品目未列名的芳香料制品及化妆盥洗品;室内除臭剂,不论是否加香水或消毒剂**					
3307100000	剃须用制剂	10	150	17	千克	AB
3307200000	人体除臭剂及止汗剂	10	150	17	千克	AB
3307300000	香浴盐及其他沐浴用制剂	10	150	17	千克	AB
3307410000	神香及其他通过燃烧散发香气制品	10	150	17	千克	
3307490000	其他室内除臭制品(不论是否加香水或消毒剂)	10	150	17	千克	
3307900000	其他编号未列名的芳香料制品(包括化妆盥洗品)	9	150	17	千克	

第三十四章　肥皂、有机表面活性剂、洗涤剂、润滑剂、人造蜡、调制蜡、光洁剂、蜡烛及类似品、塑型用膏、“牙科用蜡”及牙科用熟石膏制剂

注释：

一、本章不包括：

（一）用做脱模剂的食用动植物油、脂混合物或制品（品目15.17）；

（二）单独的已有化学定义的化合物；

（三）含肥皂或其他有机表面活性剂的洗发剂、洁齿品、剃须膏及沐浴用制剂（品目33.05、33.06及33.07）。

二、品目34.01所称“肥皂”，只适用于水溶性肥皂。品目34.01的肥皂及其他产品可以含有添加料（例如，消毒剂、磨料粉、填料或药料）。含磨料粉的产品，只有条状、块状或模制形状可以归入品目34.01。其他形状的应作为“去污粉及类似品”归入品目34.05。

三、品目34.02所称“有机表面活性剂”，是指温度在20℃时与水混合配成0.5%浓度的水溶液，并在同样温度下搁置1小时后与下列规定相符的产品：

（一）成为透明或半透明的液体或稳定的乳浊液而未离析出不溶解物质；

（二）将水的表面张力降低到每厘米45达因及以下。

四、品目34.03所称“石油及从沥青矿物提取的油类”，适用于第二十七章注释二所规定的产品。

五、品目34.04所称“人造蜡及调制蜡”，仅适用于：

（一）用化学方法生产的具有蜡质特性的有机产品，不论是否为水溶性的；

（二）各种蜡混合制成的产品；

（三）以一种或几种蜡为基本原料并含有油脂、树脂、矿物质或其他原料的具有蜡质特性的产品。

本品目不包括：

（一）品目15.16、38.23或34.02的产品，不论是否具有蜡质特性；

（二）品目15.21的未混合的动物蜡或未混合的植物蜡，不论是否精制或着色；

（三）品目27.12的矿物蜡或类似产品，不论是否相互混合或仅经着色；

（四）混合、分散或溶解于液体溶剂的蜡（品目34.05、38.09等）。

商品编号	商品名称及备注	进口关税税率（%）		增值税率（%）	计量单位	监管条件
		最惠国	普通			
3401	**肥皂；作肥皂用的有机表面活性产品及制品，条状、块状或模制形状的，不论是否含有肥皂；洁肤用的有机表面活性产品及制品，液状或膏状并制成零售包装的，不论是否含有肥皂；用肥皂或洗涤剂浸渍、涂面或包覆的纸、絮胎、毡呢及无纺织物**					
3401110000	盥洗用皂及有机表面活性产品（包括含有药物的产品、呈条状、块状或模制形状）	10	130	17	千克	AB
3401191000	洗衣皂（呈条状、块状或模制形状的）	10	80	17	千克	
3401199000*	其他有机表面活性产品及制品（包括用肥皂或洗涤剂浸、涂或包覆的纸、絮胎及无纺织物）	15	130	17	千克	
3401200000*	其他形状的肥皂（除条状、块状或模制形状以外的）	15	130	17	千克	
3401300000	洁肤用有机表面活性产品及制品（液状或膏状并制成零售包装的，不论是否含有肥皂）	10	130	17	千克	AB
3402	**有机表面活性剂（肥皂除外）；表面活性剂制品、洗涤剂（包括助洗剂）及清洁剂，不论是否含有肥皂，但品目34.01的产品除外**					
3402110000	阴离子型有机表面活性剂（不论是否零售包装，肥皂除外）	6.5	30	17	千克	
3402120000	阳离子型有机表面活性剂（不论是否零售包装，肥皂除外）	6.5	30	17	千克	

商品编号	商品名称及备注	进口关税税率(%) 最惠国	进口关税税率(%) 普通	增值税率(%)	计量单位	监管条件
3402130010	含有壬基酚聚氧乙烯醚的有机表面活性剂(不论是否零售包装,肥皂除外)	6.5	30	17	千克	X
3402130090	其他非离子型有机表面活性剂(不论是否零售包装,肥皂除外)	6.5	30	17	千克	
3402190000	其他有机表面活性剂(不论是否零售包装,肥皂除外)	6.5	30	17	千克	
3402201000	零售包装的合成洗涤粉	10	80	17	千克	
3402209000	其他零售包装有机表面活性剂制品(包括洗涤剂及清洁剂,不论是否含有肥皂)	10	80	17	千克	
3402900001*	十二烷基苯磺酸钙甲醇溶液(非零售包装,十二烷基苯磺酸钙含量高于70%)	9	80	17	千克	
3402900090	非零售包装有机表面活性剂制品(包括洗涤剂及清洁剂,不论是否含有肥皂)	9	80	17	千克	
3403	**润滑剂(包括以润滑剂为基本成分的切削油制剂、螺栓或螺母松开剂、防锈或防腐蚀制剂及脱模剂)及用于纺织材料、皮革、毛皮或其他材料油脂处理的制剂,但不包括以石油或从沥青矿物提取的油类为基本成分(按重量计不低于70%)的制剂**					
3403110000*	含有石油类的处理纺织等材料制剂[指含石油或沥青矿物油(重量<70%)的制剂]	10	50	17	千克	
3403190000*	其他含有石油或矿物提取油类制剂[指含石油或沥青矿物油(重量<70%)的制剂]	10	50	17	千克	
3403910000*	其他处理纺织等材料的制剂(包括处理皮革、毛皮或其他材料的制剂)	10	50	17	千克	
3403990000	其他润滑剂(含油<70%)(包括以润滑剂为基本成分的切削油制剂、螺栓松开剂等)	10	50	17	千克	
3404	**人造蜡及调制蜡**					
3404200000	聚乙二醇蜡	10	70	17	千克	
3404900000	其他人造蜡及调制蜡	10	70	17	千克	
3405	**鞋靴、家具、地板、车身、玻璃或金属用的光洁剂、擦洗膏、去污粉及类似制品(包括用这类制剂浸渍、涂面或包覆的纸、絮胎、毡呢、无纺织物、泡沫塑料或海绵橡胶),但不包括品目34.04的蜡**					
3405100000	鞋靴或皮革用的上光剂及类似制品	10	80	17	千克	
3405200000	保养木制品的上光剂及类似制品(指保养木家具、地板或其他木制品的上光剂及类似制品)	10	80	17	千克	
3405300000	车身用的上光剂及类似制品(但金属用的光洁剂除外)	10	80	17	千克	
3405400000	擦洗膏、去污粉及类似品	10	80	17	千克	
3405900000	其他玻璃或金属用的光洁剂(不包括擦洗膏、去污粉及类似制品)	10	80	17	千克	
3406	**各种蜡烛及类似品**					
3406000010	含濒危动物成分的蜡烛及类似品	10	130	17	千克	EF
3406000090	其他各种蜡烛及类似品	10	130	17	千克	
3407	**塑型用膏,包括供儿童娱乐用的在内;通称为"牙科用蜡"或"牙科造形膏"的制品,成套、零售包装或制成片状、马蹄形、条状及类似形状的;以熟石膏(煅烧石膏或硫酸钙)为基本成分的牙科用其他制品**					

商品编号	商 品 名 称 及 备 注	进口关税税率（%）		增值税率（%）	计量单位	监管条件
		最惠国	普通			
3407001000	牙科用蜡及造型膏（成套、零售包装或制成片状、马蹄形、条状及类似形状的）	6.5	30	17	千克	
3407002000	以熟石膏为成分的牙科用其他制品（包括以煅石膏或硫酸钙为基本成分的）	6.5	40	17	千克	
3407009000	其他塑型用膏（包括供儿童娱乐用物品）	10	100	17	千克	

第三十五章　蛋白类物质;改性淀粉;胶;酶

注释:

一、本章不包括:

(一)酵母(品目21.02);

(二)第三十章的血份(非治病、防病用的血清白蛋白除外)、药品及其他产品;

(三)预鞣用酶制剂(品目32.02);

(四)第三十四章的加酶的浸透剂、洗涤剂及其他产品;

(五)硬化蛋白(品目39.13);

(六)印刷工业用的明胶产品(第四十九章)。

二、品目35.05所称"糊精",是指淀粉的降解产品,其还原糖含量以右旋糖的干重量计不超过10%。

如果还原糖含量超过10%,应归入品目17.02。

商品编号	商品名称及备注	进口关税税率(%) 最惠国	进口关税税率(%) 普通	增值税率(%)	计量单位	监管条件
3501	**酪蛋白、酪蛋白酸盐及其他酪蛋白衍生物;酪蛋白胶**					
3501100000	酪蛋白	10	35	17	千克	AB
3501900000	酪蛋白酸盐及其衍生物,酪蛋白胶	10	35	17	千克	AB
3502	**白蛋白(包括按重量计干质成分的乳清蛋白含量超过80%的两种或两种以上的乳清蛋白浓缩物)、白蛋白盐及其他白蛋白衍生物**					
3502110000	干的卵清蛋白	10	80	17	千克	AB
3502190000	其他卵清蛋白	10	80	17	千克	AB
3502200000	乳白蛋白(包括两种或两种以上乳清蛋白浓缩物)	10	35	17	千克	AB
3502900000	其他白蛋白及白蛋白盐(包括白蛋白衍生物)	10	35	17	千克	AB
3503	**明胶(包括长方形、正方形明胶薄片,不论是否表面加工或着色)及其衍生物;鱼鳔胶;其他动物胶,但不包括品目35.01的酪蛋白胶**					
3503001001*	明胶	12	35	17	千克	AB
3503001090	明胶的衍生物(包括长方形、正方形明胶薄片,不论是否表面加工或着色)	12	35	17	千克	AB
3503009000	鱼鳔胶、其他动物胶(但不包括品目35.01的酪蛋白胶)	12	50	17	千克	AB
3504	**蛋白胨及其衍生物;其他品目未列名的蛋白质及其衍生物;皮粉,不论是否加入铬矾**					
3504001000	蛋白胨	3	11	17	千克	AB
3504009000	其他编号未列名蛋白质及其衍生物(包括蛋白胨的衍生物及皮粉(不论是否加入铬矾))	8	35	17	千克	AB
3505	**糊精及其他改性淀粉(例如,预凝化淀粉或酯化淀粉);以淀粉、糊精或其他改性淀粉为基本成分的胶**					
3505100000*	糊精及其他改性淀粉	12	50	17	千克	AB
3505200000	以淀粉糊精等为基本成分的胶	20	50	17	千克	AB
3506	**其他品目未列名的调制胶及其他调制黏合剂;适于作胶或黏合剂用的产品,零售包装每件净重不超过1千克**					
3506100010	硅酮结构密封胶(零售包装每件净重不超过1千克)	10	90	17	千克	A
3506100090	其他适于作胶或黏合剂的零售产品(零售包装每件净重不超过1千克)	10	90	17	千克	
3506911000	以聚酰胺为基本成分的黏合剂	10	90	17	千克	

商品编号	商 品 名 称 及 备 注	进口关税税率(%)		增值税率(%)	计量单位	监管条件
		最惠国	普通			
3506912000	以环氧树脂为基本成分的黏合剂	10	90	17	千克	
3506919010	非零售,硅酮结构密封胶	10	90	17	千克	A
3506919090	其他橡胶或塑料为基本成分黏合剂[包括以人造树脂(环氧树脂除外)为基本成分的]	10	90	17	千克	
3506990000	其他编号未列名的调制胶,黏合剂	10	90	17	千克	
3507	**酶;其他品目未列名的酶制品**					
3507100000	粗制凝乳酶及其浓缩物	6	30	17	千克	AB
3507901000	碱性蛋白酶	6	30	17	千克	AB
3507902000	碱性脂肪酶	6	30	17	千克	AB
3507909000	其他编号未列名的酶制品	6	30	17	千克	AB

第三十六章　炸药;烟火制品;火柴;引火合金;易燃材料制品

注释:

一、本章不包括单独的已有化学定义的化合物,但下列注释二(一)、(二)所述物品除外。

二、品目36.06所称"易燃材料制品",只适用于:

(一)聚乙醛、六甲撑四胺及类似物质,已制成片、棒或类似形状做燃料用的;以酒精为基本成分的固体或半固体燃料及类似的配制燃料;

(二)直接灌注香烟打火机及类似打火器用的液体燃料或液化气体燃料,其包装容器的容积不超过300立方厘米;

(三)树脂火炬、引火物及类似品。

商品编号	商品名称及备注	进口关税税率(%)		增值税率(%)	计量单位	监管条件
		最惠国	普通			
3601	**发射药**					
3601000010	模压的胶质推进剂	9	50	17	千克	3
3601000020	含硝化粘接剂及铝粉>5%的推进剂	9	50	17	千克	3
3601000090	其他发射药	9	50	17	千克	
3602	**配制炸药,但发射药除外**					
3602001010	符合特定标准的硝铵炸药(硝胺类物质超过2%,或密度>1.8克/立方厘米、爆速>8000m/s)	9	50	17	千克	3
3602001090	其他硝铵炸药,但发射药除外	9	50	17	千克	
3602009010	符合特定标准的其他配制炸药(含六硝基芪>2%,或密度>1.8克/立方厘米、爆速>8000m/s)	9	50	17	千克	3
3602009090	其他配制炸药,但发射药除外	9	50	17	千克	
3603	**安全导火索;导爆索;火帽或雷管;引爆器;电雷管**					
3603000010	爆炸桥	9	50	17	千克	3
3603000020	爆炸桥丝	9	50	17	千克	3
3603000030	冲击片	9	50	17	千克	3
3603000040	爆炸箔起爆器	9	50	17	千克	3
3603000050	使用单个或多个雷管的装置(由单一点火信号同时起爆,不包括仅使用起药的雷管)	9	50	17	千克	3
3603000060	炸药雷管点火装置(用于引爆上述品目36.03各子目列名的爆炸配件的雷管)	9	50	17	千克	3
3603000090	其他安全导火索导爆索等引爆器件(包括火帽或雷管、引爆器、电雷管)	9	50	17	千克	
3604	**烟花、爆竹、信号弹、降雨火箭、浓雾信号弹及其他烟火制品**					
3604100000	烟花、爆竹	6	130	17	千克	AB
3604900000	信号弹、降雨火箭及其他烟火制品(包括浓雾信号弹)	6	100	17	千克	
3605	**火柴,但品目36.04的烟火制品除外**					
3605000000	火柴,但品目36.04的烟火制品除外	6	100	17	千克	AB
3606	**各种形状的铈铁及其他引火合金;本章注释二所述的易燃材料制品**					
3606100000	打火机等用液体或液化气体燃料(其包装容器的容积≤300立方厘米)	10	80	17	千克	

商品编号	商品名称及备注	进口关税税率(%)		增值税率(%)	计量单位	监管条件
		最惠国	普通			
3606901100	已切成形可直接使用的铈铁(包括其他引火合金)	9	80	17	千克	
3606901900	未切成形不可直接使用的铈铁(包括其他引火合金)	9	50	17	千克	
3606909000	其他易燃材料制品(本章注释二所述的)	9	80	17	千克	

第三十七章　照相及电影用品

注释：

一、本章不包括废碎料。

二、本章所称“摄影”，是指光或其他射线作用于感光面上直接或间接形成可见影像的过程。

商品编号	商品名称及备注	进口关税税率(%)		增值税率(%)	计量单位	监管条件
		最惠国	普通			
3701	**未曝光的摄影感光硬片及平面软片，用纸、纸板及纺织物以外任何材料制成；未曝光的一次成像感光平片，不论是否分装**					
3701100000*	未曝光的X光感光硬片及平面软片	20	40	17	千克/平方米	
3701200000	未曝光的一次成像感光平片(平面，不论是否分装)	5	40	17	千克	
3701302100	未曝光照相制版用激光照排片(任何一边>255毫米)	见附表3	见附表3	17	千克/平方米	
3701302200	未曝光照相制版用PS版(任何一边>255毫米)	见附表3	见附表3	17	千克/平方米	
3701302400*	未曝光照相制版用CTP版(任何一边>255毫米)	见附表3	见附表3	17	千克/平方米	
3701302500	柔性印刷版(任何一边>255毫米)	见附表3	见附表3	17	千克/平方米	
3701302900	其他未曝光照相制版用感光硬软片(任何一边>255毫米)	见附表3	见附表3	17	千克/平方米	
3701309000	未曝光其他用途的感光硬片及软片(平面软片，任何一边>255毫米)	20	70	17	千克/平方米	
3701910000	其他用未曝光彩色硬片及平面软片(边长≤255毫米)	22	70	17	千克	
3701992010	超微粒干版	10	40	17	千克/平方米	
3701992090	照相制版用其他未曝光软片及硬片(非彩色摄影用，边长≤255毫米；超微粒干版除外)	10	40	17	千克/平方米	
3701999000	其他用未曝光软片及硬片(非彩色摄影用，边长≤255毫米)	25	70	17	千克/平方米	
3702	**成卷的未曝光摄影感光胶片，用纸、纸板及纺织物以外任何材料制成；未曝光的一次成像感光卷片**					
3702100000	成卷的未曝光的X光感光胶片	10	40	17	千克/平方米	
3702311000	未曝光无齿孔彩色窄一次成像感光卷片(窄胶卷指宽度≤105毫米，彩色摄影用)	5	40	17	个/平方米	
3702319000	其他未曝光无齿孔彩色窄胶卷(窄胶卷指宽度≤105毫米，彩色摄影用)	见附表3	见附表3	17	个/平方米	
3702321000	照相制版用涂卤化银液无齿孔窄一次成像感光卷片(成卷未曝光感光胶片，窄胶卷指宽度≤105毫米)	5	40	17	千克/平方米	
3702322000	照相制版用涂卤化银液无齿孔窄胶卷(成卷未曝光感光胶片，窄胶卷指宽度≤105毫米)	见附表3	见附表3	17	千克/平方米	
3702329000	其他涂卤化银乳液无齿孔窄胶卷(成卷未曝光感光胶片，窄胶卷指宽度≤105毫米)	见附表3	见附表3	17	千克/平方米	
3702392000	照相制版用其他无齿孔窄感光胶卷(成卷未曝光感光胶片，窄胶卷指宽度≤105毫米)	见附表3	见附表3	17	千克/平方米	
3702399000	其他用无齿孔窄感光胶卷(成卷未曝光感光胶片，窄胶卷指宽度≤105毫米)	见附表3	见附表3	17	千克/平方米	
3702410000	未曝光无齿孔宽长彩色胶卷(宽长胶卷指宽度>610毫米，长度>200米)	见附表3	见附表3	17	千克/平方米	

商品编号	商品名称及备注	进口关税税率(%)		增值税率(%)	计量单位	监管条件
		最惠国	普通			
3702422100	印刷电路板制造用光致抗蚀干膜(指宽度>610毫米,长度>200米)	见附表3	见附表3	17	千克/平方米	
3702422900	照相制版用其他未曝光无齿宽长胶卷(宽长指宽度>610毫米,长度>200米米,非彩色摄影用)	见附表3	见附表3	17	千克/平方米	
3702429201*	未曝光红色或红外激光胶片(宽长胶卷指宽度>800毫米,长度>1000米)	见附表3	见附表3	17	千克/平方米	
3702429290	其他未曝光红色或红外激光胶片(610毫米<宽度≤800毫米,200米<长度≤1000米)	见附表3	见附表3	17	千克/平方米	
3702429900	其他未曝光无齿孔宽长胶卷(宽长胶卷指宽度>610毫米,长度>200米,非彩色摄影用)	见附表3	见附表3	17	千克/平方米	
3702432100	照相制版用激光照排片(宽度>610毫米,长度≤200米)	见附表3	见附表3	17	千克/平方米	
3702432900	其他照相制版用未曝光无齿孔胶卷(指宽度>610毫米,长度≤200米)	见附表3	见附表3	17	千克/平方米	
3702439000	其他用未曝光无齿孔中长胶卷(中长胶卷指宽度>610毫米,长度≤200米)	见附表3	见附表3	17	千克/平方米	
3702442100	照相制版用未曝光激光照排片(105毫米<宽度≤610毫米)	见附表3	见附表3	17	千克/平方米	
3702442200	印刷电路板制造用光致抗蚀干膜(105毫米<宽度≤610毫米)	见附表3	见附表3	17	千克/平方米	
3702442900	其他照相制版用无齿孔未曝光胶卷(105毫米<宽度≤610毫米)	见附表3	见附表3	17	千克/平方米	
3702449000	其他用无齿孔未曝光中宽胶卷(中宽胶卷指105毫米<宽度≤610毫米)	见附表3	见附表3	17	千克/平方米	
3702520000	未曝光中窄彩色胶卷(中窄胶卷指宽度≤16毫米)	见附表3	见附表3	17	米/平方米	
3702530000	幻灯片用未曝光彩色摄影胶卷(16毫米<宽度≤35毫米,长度≤30米)	见附表3	见附表3	17	米/平方米	
3702541000	非幻灯片用彩色摄影胶卷(宽度=35毫米,长度≤2米)	见附表3	见附表3	17	米/平方米	
3702549000	其他非幻灯片用彩色摄影胶卷(16毫米<宽度≤35毫米,长度≤30米)	见附表3	见附表3	17	米/平方米	
3702552000*	未曝光的彩色电影胶卷(16毫米<宽度≤35毫米,长度>30米)	见附表3	见附表3	17	米/平方米	
3702559000	其他未曝光窄长彩色胶卷(窄长胶卷指16毫米<宽度≤35毫米,长度>30米)	见附表3	见附表3	17	米/平方米	
3702562000	未曝光的中宽彩色电影胶卷(中宽胶卷指宽度>35毫米)	见附表3	见附表3	17	米/平方米	
3702569000	其他未曝光的中宽彩色胶卷(中宽胶卷指宽度>35毫米)	见附表3	见附表3	17	米/平方米	
3702960000	宽度≤35毫米,长度≤30米有齿孔未曝光非彩色胶卷(用纸、纸板及纺织物以外任何材料制成)	见附表3	见附表3	17	米/平方米	
3702970000	宽度≤35毫米,长度>30米有齿孔未曝光非彩色胶卷(用纸、纸板及纺织物以外任何材料制成)	见附表3	见附表3	17	米/平方米	
3702980000	宽度>35毫米有齿孔未曝光非彩色胶卷(用纸、纸板及纺织物以外任何材料制成)	见附表3	见附表3	17	米/平方米	
3703	**未曝光的摄影感光纸、纸板及纺织物**					
3703101000	成卷未曝光的宽幅感光纸及纸板(宽幅指成卷宽度>610毫米)	18	100	17	千克	
3703109000	成卷未曝光的宽幅感光布(宽幅指成卷宽度>610毫米)	18	70	17	千克	

商品编号	商品名称及备注	进口关税税率(%)		增值税率(%)	计量单位	监管条件
		最惠国	普通			
3703201000	未曝光的彩色感光纸及纸板(成卷的宽幅感光纸及纸板除外)	35	100	17	千克	
3703209000	未曝光的彩色感光布(成卷的宽幅感光布除外)	18	70	17	千克	
3703901000	其他未曝光的非彩色感光纸及纸板(成卷的宽幅感光纸及纸板除外)	35	100	17	千克	
3703909000	其他未曝光的非彩色感光布(成卷的宽幅感光布除外)	18	70	17	千克	
3704	**已曝光未冲洗的摄影硬片、软片、纸、纸板及纺织物**					
3704001000	已曝光未冲洗的电影胶片	6.5	30	17	千克	Z
3704009000	其他已曝光未冲洗的摄影硬、软片(包括已曝光未冲洗的感光纸、纸板及纺织物)	18	70	17	千克	
3705	**已曝光已冲洗的摄影硬片及软片,但电影胶片除外**					
3705100000	已冲洗供复制胶版用摄影硬、软片(电影胶片除外)	18	70	17	千克	
3705901000	已冲洗的教学专用幻灯片	0	0	17	千克	
3705902100	书籍、报刊用的已曝光已冲洗的缩微胶片	0	0	17	千克	
3705902900	已曝光已冲洗的其他缩微胶片	4	14	17	千克	
3705909000	已冲洗的其他摄影硬、软片(包括其他已冲洗的摄影纸、纸板及纺织物;电影胶片除外)	18	70	17	千克	
3706	**已曝光已冲洗的电影胶片,不论是否配有声道或仅有声道**					
3706101000	已冲洗的教学专用中宽电影胶片(中宽胶片指宽度≥35 毫米,不论是否配有声道或仅有声道)	0	0	17	千克/米	Z
3706109000	已冲洗的其他中宽电影胶片(中宽胶片指宽度≥35 毫米,不论是否配有声道或仅有声道)	5	14	17	千克/米	Z
3706901000	教学专用其他已冲洗的电影胶片(宽度<35 毫米)	0	0	17	千克/米	Z
3706909000	其他已冲洗的电影胶片(宽度<35 毫米)	4	14	17	千克/米	Z
3707	**摄影用化学制剂(不包括上光漆、胶水、黏合剂及类似制剂);摄影用未混合产品;定量包装或零售包装可立即使用的**					
3707100001*	不含银的感光乳液剂	8	35	17	千克	
3707100090	其他感光乳液	8	35	17	千克	
3707901000	冲洗胶卷及相片用化学制剂(包括摄影用未混合产品,定量或零售包装即可使用的)	16	100	17	千克	
3707902000*	复印机用化学制剂(不包括上光漆、胶水、黏合剂及类似制剂)	10	45	17	千克	
3707909001*	打印机或多功能一体机用化学制剂	8	35	17	千克	
3707909090	其他摄影用化学制剂(包括摄影用未混合产品)	8	35	17	千克	

第三十八章　杂项化学产品

注释：

一、本章不包括：

（一）单独的已有化学定义的元素及化合物，但下列各项除外：

1. 人造石墨（品目38.01）；

2. 制成品目38.08所述的形状或包装的杀虫剂、杀鼠剂、杀菌剂、除草剂、抗萌剂、植物生长调节剂、消毒剂及类似产品；

3. 灭火器的装配药及已装药的灭火弹（品目38.13）；

4. 下列注释二所规定的检定参照物；

5. 下列注释三（一）及三（三）所规定的产品。

（二）化学品与食物或其他营养物质的混合物，配制食品用的（一般归入品目21.06）。

（三）含有金属、砷及其混合物，并符合第二十六章注释三（一）或三（二）的规定的矿渣、矿灰和残渣（包括淤渣，但下水道淤泥除外）（品目26.20）。

（四）药品（品目30.03及30.04）。

（五）用于提取贱金属或生产贱金属化合物的废催化剂（品目26.20），主要用于回收贵金属的废催化剂（品目71.12），或某种形态（例如，精细粉末或纱网纱）的金属或金属合金催化剂（第十四类或第十五类）。

二、（一）品目38.22所称的“检定参照物”，是指附有证书的参照物，该证书标明了参照物属性的指标、确定这些指标的方法以及与每一指标相关的确定度，这些参照物适用于分析、校准和比较。

（二）除第二十八章和二十九章的产品外，检定参照物在本手册中应优先归入品目38.22。

三、品目38.24包括不归入本手册其他品目的下列货品：

（一）每颗重量不小于2.5克的氧化镁、碱金属或碱土金属卤化物制成的培养晶体（光学元件除外）；

（二）杂醇油、骨焦油；

（三）零售包装的除墨剂；

（四）零售包装的蜡纸改正液、其他改正液及改正带（品目96.12的产品除外）；以及

（五）可熔性陶瓷测温器（例如塞格测温锥）。

四、本手册所称“城市垃圾”，是指从家庭、宾馆、餐馆、医院、商店、办公室等收集来的废物、马路和人行道的垃圾以及建筑垃圾或废墟废物。城市垃圾通常含有大量各种各样的材料，例如，塑料、橡胶、木材、纸张、纺织品、玻璃、金属、食物、破碎家具和其他已损坏或被丢弃的物品，但不包括：

（一）已从垃圾中分拣出来的单独的材料或物品，例如，塑料、橡胶、木材、纸张、纺织品、玻璃、金属的废品及用尽的电池，这些材料或物品应归入本手册中适当品目；

（二）工业废物；

（三）第三十章注释四（十）所规定的废药物；

（四）本章注释六（一）所规定的医疗废物。

五、品目38.25所称“下水道淤泥”，是指城市污水处理厂产生的淤渣，包括预处理的废物、刷洗污垢和性质不稳定的淤泥。但适合作为肥料用的性质稳定的淤泥除外（第三十一章）。

六、品目38.25所称“其他废物”适用于：

（一）医疗废物，即医学研究、诊断、治疗以及其他内科、外科、牙科或兽医治疗所产生的被污染的废物，通常含有病菌和药物，需作专门处理（例如，脏的敷料、用过的手套及注射器）；

（二）废有机溶剂；

（三）废的金属酸洗液、液压油、制动油及防冻液；

（四）其他化学工业及相关工业的废物。

但不包括主要含有石油及从沥青矿物提取的油类的废油（品目27.10）。

七、品目38.26所称的“生物柴油”，是指从动植物油脂（不论是否使用过）得到的用做燃料的脂肪酸单烷基酯。

子目注释：

一、子目3808.50仅包括品目38.08的货品，含有一种或多种下列物质：艾氏剂（ISO）；乐杀螨（ISO）；毒杀芬（ISO）；敌菌丹（ISO）；氯丹（ISO）；杀虫脒（ISO）；乙酯杀螨醇（ISO）；滴滴涕（ISO，INN）〔1，1，1－三氯－2，2－双（4－氯苯基）乙烷〕；狄氏剂（ISO，INN）；4，6－二硝基邻甲酚〔二硝酚（ISO）〕及其盐；地乐酚（ISO）及其盐或酯；1，2－二溴乙烷（ISO）；1，2－二氯乙烷（ISO）；氟乙酰胺（ISO）；七氯（ISO）；六氯苯（ISO）；1，2，3，4，5，6－六氯环已烷〔六六六（ISO）〕，包括林丹（ISO，INN）；汞化合物；甲胺磷（ISO）；久效磷（ISO）；环氧乙烷（氧化乙烯）；对硫磷（ISO）；甲基对硫磷（ISO）；五氯苯酚（ISO）及其盐或酯；磷胺（ISO）；2，4，5－涕（ISO）（2，4，5－三氯苯氧基乙酸）及其盐或酯；三丁基锡化合物。子目3808.50还包括含有苯菌灵（ISO）、克百威（ISO）及福美双（ISO）混合物的粉状制剂。

二、子目3825.41和3825.49所称“废有机溶剂”，是指主要含有有机溶剂的废物，不适合再作原产品使用，不论其是否用于回收溶剂。

商品编号	商品名称及备注	进口关税税率(%) 最惠国	进口关税税率(%) 普通	增值税率(%)	计量单位	监管条件
3801	**人造石墨;胶态或半胶态石墨;以石墨或其他碳为基本成分的糊状、块状、板状制品或半制品**					
3801100010*	核级石墨(纯度高于百万分之五硼当量,密度大于1.50克/立方厘米)	6.5	30	17	千克	3
3801100020*	人造细晶粒整体石墨(20℃下的密度、拉伸断裂应变、热膨胀系数符合特殊要求)	6.5	30	17	千克	3
3801100090*	其他人造石墨	6.5	30	17	千克	3
3801200000	胶态或半胶态石墨	6.5	30	17	千克	
3801300000	电极用碳糊及炉衬用的类似糊	6.5	35	17	千克	
3801900000	其他以石墨或其他碳为基料的制品[呈糊状、块状、板状的制品(包括半制品)]	6.5	35	17	千克	3
3802	**活性炭;活性天然矿产品;动物炭黑,包括废动物炭黑**					
3802101000	木质的活性炭	6.5	20	17	千克	G
3802109000	其他活性炭	6.5	20	17	千克	ABG
3802900010	濒危动物炭黑(包括废动物炭黑)	10	45	17	千克	FE
3802900090	活性天然矿产品;其他动物炭黑(包括废动物炭黑)	10	45	17	千克	
3803	**妥尔油,不论是否精炼**					
3803000000	妥尔油,不论是否精炼	6.5	35	17	千克	
3804	**木浆残余碱液,不论是否浓缩、脱糖或经化学处理,包括木素磺酸盐,但不包括品目38.03的妥尔油**					
3804000010	未经浓缩、脱糖或经过化学处理的木浆残余碱液(妥尔油除外)	6.5	35	17	千克	9
3804000090	经浓缩、脱糖或经过化学处理的木浆残余碱液,包括木素磺酸盐(妥尔油除外)	6.5	35	17	千克	
3805	**脂松节油、木松节油和硫酸盐松节油及其他萜烯油,用蒸馏或其他方法从针叶木制得;粗制二聚戊烯;亚硫酸盐松节油及其他粗制对异丙基苯甲烷;以α萜品醇为基本成分的松油**					
3805100000	松节油(包括脂松节油、木松节油和硫酸盐松节油)	6.5	50	17	千克	AB
3805901000	以α萜品醇为基本成分的松油	6.5	50	17	千克	AB
3805909000	粗制二聚戊烯、亚硫酸盐松节油等(包括其他粗制对异丙基苯甲烷及其他萜烯油)	6.5	50	17	千克	
3806	**松香和树脂酸及其衍生物;松香精及松香油;再熔胶**					
3806101000	松香(包括松香渣)	10	70	17	千克	
3806102000	树脂酸	10	70	17	千克	
3806201000	松香盐及树脂酸盐	6.5	40	17	千克	
3806209000	松香或树脂酸衍生物的盐(松香加合物的盐除外)	6.5	40	17	千克	
3806300000	酯胶	6.5	50	17	千克	AB
3806900010	歧化松香及松香衍生物	6.5	40	17	千克	
3806900090	其他松香及树脂酸衍生物(包括松香精及松香油;再熔胶)	6.5	40	17	千克	
3807	**木焦油;精制木焦油;木杂酚油;粗木精;植物沥青;以松香、树脂酸或植物沥青为基本成分的啤酒桶沥青及类似制品**					
3807000000	木焦油、木杂酚油、粗木精植、物沥青等(包括以松香、树脂酸、植物沥青为基料的啤酒桶沥青及类似品)	6.5	35	17	千克	

商品编号	商品名称及备注	进口关税税率(%)		增值税率(%)	计量单位	监管条件
		最惠国	普通			
3808	**杀虫剂、杀鼠剂、杀菌剂、除草剂、抗萌剂、植物生长调节剂、消毒剂及类似产品,零售形状、零售包装或制成制剂及成品(例如,经硫磺处理的带子、杀虫灯芯、蜡烛及捕蝇纸)**					
3808501010	零售包装的含有一种第三十八章子目注释一所列物质的货品	9	35	13	千克	S
3808501090	零售包装含有多种第三十八章子目注释一所列物质的货品	9	35	13	千克	X
3808509010	非零售包装的含有一种第三十八章子目注释一所列物质的货品	5	11	13	千克	S
3808509090	非零售包装含有多种第三十八章子目注释一所列物质的货品	5	11	13	千克	X
3808911100	蚊香(不含有一种或多种第三十八章子目注释一所列物质的货品)	10	80	17	千克	AS
3808911900	零售包装的其他杀虫剂成药	10	35	13	千克	AS
3808919000	非零售包装杀虫剂成药	6	11	13	千克	AS
3808921000	零售包装的杀菌剂成药	9	35	17	千克	S
3808929010	非零售包装的医用杀菌剂	6	11	17	千克	
3808929021	经农药杀菌剂浸渍的纸质水果套袋	6	11	17	千克	S
3808929029	非零售包装的其他农用杀菌剂成药	6	11	13	千克	S
3808929090	非零售包装的非农用杀菌剂成药(包括非医用杀菌剂)	6	11	13	千克	
3808931100	零售包装的除草剂成药	9	35	13	千克	AS
3808931900	非零售包装的除草剂成药	5	11	13	千克	AS
3808939100	零售包装抗萌剂及植物生长调节剂	9	35	13	千克	S
3808939900	非零售抗萌剂及植物生长调节剂	6	14	13	千克	S
3808940010	医用消毒剂	9	35	17	千克	
3808940020	兽用已配剂量含戊二醛、癸甲溴铵消毒剂等(包括复方煤焦油酸溶液消毒防腐药)	9	35	13	千克	R
3808940090	其他非医用消毒剂	9	35	13	千克	
3808991000	零售包装的杀鼠剂及其他农药(包括类似品)	9	35	13	千克	S
3808999000	非零售包装的杀鼠剂及其他农药(包括类似品)	9	14	13	千克	S
3809	**纺织、造纸、制革及类似工业用的其他品目未列名的整理剂、染料加速着色或固色助剂及其他产品和制剂(例如,修整剂及媒染剂)**					
3809100000	以淀粉为基料的纺织等工业用制剂(纺织、造纸、制革等工业用整理剂、固色剂及其他制剂)	10	35	17	千克	
3809910000	纺织工业用其他未列名产品和制剂(包括整理剂、染料加速着色或固色助剂及其他制剂)	6.5	35	17	千克	
3809920000	造纸工业用其他未列名产品和制剂(包括整理剂、染料加速着色或固色助剂及其他制剂)	6.5	35	17	千克	
3809930000	制革工业用其他未列名产品和制剂(包括整理剂、染料加速着色或固色助剂及其他制剂)	6.5	35	17	千克	
3810	**金属表面酸洗剂;焊接用的焊剂及其他辅助剂;金属及其他材料制成的焊粉或焊膏;作焊条芯子或焊条涂料用的制品**					
3810100000	金属表面酸洗剂,焊粉或焊膏(金属及其他材料制成的焊粉或焊膏)	6.5	35	17	千克	
3810900000	焊接用的焊剂及其他辅助剂等(包括作焊条芯子或焊条涂料用的制品)	6.5	35	17	千克	

商品编号	商品名称及备注	进口关税税率(%)		增值税率(%)	计量单位	监管条件
		最惠国	普通			
3811	**抗震剂、抗氧剂、防胶剂、黏度改良剂、防腐蚀制剂及其他配制添加剂,用于矿物油(包括汽油)或与矿物油同样用途的其他液体**					
3811110000	以铅化合物为基本成分的抗震剂	6.5	35	17	千克	X
3811190000	其他抗震剂	6.5	35	17	千克	
3811210000	含有石油的润滑油添加剂(包括含有从沥青矿物提取的油类的润滑油添加剂)	6.5	35	17	千克	
3811290000	不含石油的润滑油添加剂	6.5	35	17	千克	
3811900000	其他矿物油用的配制添加剂(抗氧剂、防胶剂、黏度改良剂、防腐剂及其他配制添加剂)	6.5	35	17	千克	
3812	**配制的橡胶促进剂;其他品目未列名的橡胶或塑料用复合增塑剂;橡胶或塑料用抗氧制剂及其他复合稳定剂**					
3812100000	配制的橡胶促进剂	6	20	17	千克	
3812200000	橡胶或塑料用复合增塑剂	6.5	35	17	千克	
3812301000	橡胶的防老剂	6	20	17	千克	
3812309000	其他橡、塑用抗氧剂及其他稳定剂	6.5	35	17	千克	
3813	**灭火器的装配药;已装药的灭火弹**					
3813001000	灭火器的装配药	6.5	35	17	千克	
3813002000	已装药的灭火弹	10	70	17	千克	
3814	**其他品目未列名的有机复合溶剂及稀释剂;除漆剂**					
3814000000	有机复合溶剂及稀释剂,除漆剂(指其他编号未列名的)	10	50	17	千克	
3815	**其他品目未列名的反应引发剂、反应促进剂、催化剂**					
3815110000	以镍为活性物的载体催化剂(包括以镍化合物为活性物的)	6.5	35	17	千克	
3815120010*	载铂催化剂(为了从重水中回收氚或为了生产重水而专门设计或制备,用于加速氢和水之间的氢同位素交换反应)	6.5	35	17	千克	3
3815120090*	其他以贵金属为活性物的载体催化剂	6.5	35	17	千克	
3815190000	其他载体催化剂	6.5	35	17	千克	
3815900000	其他未列名的反应引发剂、促进剂(包括反应催化剂)	6.5	35	17	千克	
3816	**耐火的水泥、灰泥、混凝土及类似耐火混合制品,但品目38.01的产品除外**					
3816000000	耐火水泥、灰泥及类似耐火材料(耐火混凝土及类似耐火混合制品,但品目38.01的产品除外)	6.5	35	17	千克	
3817	**混合烷基苯及混合烷基萘,但品目27.07及29.02的货品除外**					
3817000000	混合烷基苯和混合烷基萘(品目27.07及29.02的货品除外)	6.5	35	17	千克	
3818	**经掺杂用于电子工业的化学元素,已切成圆片、薄片或类似形状;经掺杂用于电子工业的化合物**					
3818001100	7.5厘米≤直径≤15.24厘米的单晶硅片(经掺杂用于电子工业的)	0	11	17	千克	
3818001900	直径>15.24厘米的单晶硅片(经掺杂用于电子工业的)	0	11	17	千克	
3818009000	其他经掺杂用于工业的晶体切片(包括经掺杂用于电子工业的化学元素及化合物)	0	17	17	千克	

商品编号	商品名称及备注	进口关税税率(%) 最惠国	普通	增值税率(%)	计量单位	监管条件
3819	**闸用液压油及其他液压传动用液体,不含石油或从沥青矿物提取的油类,或者按重量计石油或从沥青矿物提取的油类含量低于70%**					
3819000000	闸用液压油及其他液压传动用液体(按重量计石油或从矿物提取的油类含量低于70%)	6.5	35	17	千克	
3820	**防冻剂及解冻剂**					
3820000000	防冻剂及解冻剂	10	35	17	千克	
3821	**制成的供微生物(包括病毒及类似品)或植物、人体、动物细胞生长或维持用的培养基**					
3821000000	制成的供微生物(包括病毒及类似品)生长或维持用培养基(及制成的供植物、人体或动物细胞生长或维持用的培养基)	3	11	17	千克	
3822	**附于衬背上的诊断或实验用试剂及不论是否附于衬背上的诊断或实验用配制试剂,但品目30.02及30.06的货品除外;检定参照物**					
3822001000	附于衬背上的诊断或实验用试剂(包括不论是否附于衬背上的诊断或实验用配制试剂)	4	35	17	千克	
3822009000	其他诊断或实验用配制试剂	5	35	17	千克	
3823	**工业用单羧脂肪酸;精炼所得的酸性油;工业用脂肪醇**					
3823110000	硬脂酸	16	50	17	千克	
3823120000*	油酸	16	50	17	千克	AB
3823130000	妥尔油脂肪酸	16	50	17	千克	
3823190001*	植物酸性油(酸性油仅指精炼所得的)	16	50	17	千克	
3823190090	其他工业用单羧脂肪酸、酸性油(酸性油仅指精炼所得的)	16	50	17	千克	
3823700000*	工业用脂肪醇	13	50	17	千克	
3824	**铸模及铸芯用黏合剂;其他处未列名的化学工业及其相关工业的化学产品及配制品(包括由天然产品混合组成的)**					
3824100000	铸模及铸芯用黏合剂	6.5	35	17	千克	
3824300010	混合的未烧结金属碳化钨(包括自身混合或与金属黏合剂混合的)	6.5	35	17	千克	4xy
3824300090	其他混合的未烧结金属碳化物(包括自身混合或与金属黏合剂混合的)	6.5	35	17	千克	
3824401000	高效减水剂	6.5	35	17	千克	
3824409000	其他水泥、灰泥及混凝土用添加剂	6.5	35	17	千克	
3824500000	非耐火的灰泥及混凝土	6.5	35	17	千克	
3824600000	编号290544以外的山梨醇	14	40	17	千克	
3824710011	二氯二氟甲烷和二氟乙烷的混合物(R-500)	6.5	35	17	千克	14ABxy
3824710012	一氯二氟甲烷和二氯二氟甲烷的混合物(R-501)	6.5	35	17	千克	14xy
3824710013	一氯二氟甲烷和一氯五氟乙烷的混合物(R-502)	6.5	35	17	千克	14ABxy
3824710014	三氟甲烷和一氯三氟甲烷的混合物(R-503)	6.5	35	17	千克	14ABxy
3824710015	二氟甲烷和一氯五氟乙烷的混合物(R-504)	6.5	35	17	千克	14xy
3824710016	二氯二氟甲烷和一氟一氯甲烷的混合物(R-505)	6.5	35	17	千克	14xy
3824710017	一氟一氯甲烷和二氯四氟乙烷的混合物(R-506)	6.5	35	17	千克	14xy
3824710018	二氯二氟甲烷和二氯四氟乙烷的混合物(R-400)	6.5	35	17	千克	14xy

商品编号	商品名称及备注	进口关税税率(%)		增值税率(%)	计量单位	监管条件
		最惠国	普通			
3824710090	其他含甲烷、乙烷或丙烷的全氯氟烃(CFCs)混合物[不论是否含甲烷、乙烷或丙烷的氢氯氟烃(HCFCs)、全氟烃(PFCs)或氢氟烃(HFCs)]	6.5	35	17	千克	
3824720000	含溴氯二氟甲烷、溴三氟甲烷或二溴四氟乙烷的混合物	6.5	35	17	千克	
3824730000	含甲烷、乙烷或丙烷的氢溴氟烃(HBFCs)的混合物	6.5	35	17	千克	
3824740011	二氟一氯甲烷、二氟乙烷和一氯四氟乙烷的混合物(R－401)	6.5	35	17	千克	14xy
3824740012	五氟乙烷、丙烷和二氟一氯甲烷的混合物(R402)	6.5	35	17	千克	14xy
3824740013	丙烷、二氟一氯甲烷和八氟丙烷的混合物(R403)	6.5	35	17	千克	14xy
3824740014	二氟一氯甲烷、二氟乙烷、一氯二氟乙烷和八氟环丁烷的混合物(R405)	6.5	35	17	千克	14xy
3824740015	二氟一氯甲烷、2－甲基丙烷(异丁烷)和一氯二氟乙烷的混合物(R406)	6.5	35	17	千克	14xy
3824740016	五氟乙烷、三氟乙烷和二氟一氯甲烷的混合物(R408)	6.5	35	17	千克	14xy
3824740017	二氟一氯甲烷、一氯四氟乙烷和一氯二氟乙烷的混合物(R409)	6.5	35	17	千克	14xy
3824740018	丙烯、二氟一氯甲烷和二氟乙烷的混合物(R411)	6.5	35	17	千克	14xy
3824740019	二氟一氯甲烷、八氟丙烷和一氯二氟乙烷的混合物(R412)	6.5	35	17	千克	14xy
3824740021	二氟一氯甲烷、一氯四氟乙烷、一氯二氟乙烷和2－甲基丙烷的混合物(R414)	6.5	35	17	千克	14xy
3824740022	二氟一氯甲烷和二氟乙烷的混合物(R415)	6.5	35	17	千克	14xy
3824740023	四氟乙烷、一氯四氟乙烷和丁烷的混合物(R416)	6.5	35	17	千克	14xy
3824740024	丙烷、二氟一氯甲烷和二氟乙烷的混合物(R418)	6.5	35	17	千克	14xy
3824740025	二氟一氯甲烷和八氟丙烷的混合物(R509)	6.5	35	17	千克	14xy
3824740026	二氟一氯甲烷和一氯二氟乙烷的混合物	6.5	35	17	千克	14xy
3824740090	其他含甲烷、乙烷或丙烷的氢氯氟烃混合物(不论是否含甲烷、乙烷或丙烷的全氟烃或氢氟烃,但不含全氯氟烃)	6.5	35	17	千克	14xy
3824750000	含四氯化碳的混合物	6.5	35	17	千克	
3824760000	含1,1,1－三氯乙烷(甲基氯仿)的混合物	6.5	35	17	千克	
3824770000	含溴化甲烷(甲基溴)或溴氯甲烷的混合物	6.5	35	17	千克	
3824780000	含甲、乙或丙烷的全氟烃(PFCs)或氢氟烃(HFCs)混合物[但不含甲烷、乙烷或丙烷的全氯氟烃(CFCs)或氢氯氟烃(HCFCs)的混合物]	6.5	35	17	千克	
3824790000	其他含甲烷、乙烷或丙烷的卤化衍生物的混合物	6.5	35	17	千克	
3824810000	含环氧乙烷(氧化乙烯)的混合物	6.5	35	17	千克	
3824820000	含多氯联苯(PCBs)、多氯三联苯(PCTs)或多溴联苯(PBBs)的混合物	6.5	35	17	千克	X
3824830000	含三(2,3－二溴丙基)磷酸酯的混合物	6.5	35	17	千克	
3824901000	杂醇油	6.5	40	17	千克	
3824902000	除墨剂、蜡纸改正液及类似品	9	80	17	千克	
3824903000	增炭剂	6.5	35	17	千克	
3824909100*	按重量计含滑石50%以上的混合物	6.5	35	17	千克	4xy
3824909200	按重量计含氧化镁70%以上的混合物	6.5	35	17	千克	4xy
3824909901*	高钛渣(二氧化钛质量百分含量>70%的)	6.5	35	17	千克	
3824909902*	生产等离子显示屏用的银电极、介质、障蔽、荧光粉浆料	6.5	35	17	千克	
3824909903*	电极浆料(主要成分为金属和有机溶剂)	6.5	35	17	千克	

商品编号	商 品 名 称 及 备 注	进口关税税率（%）		增值税率（%）	计量单位	监管条件
		最惠国	普通			
3824909904	水解物或水解料、DMC（六甲基环三硅氧烷、八甲基环四硅氧烷、十甲基环五硅氧烷、十二甲基环六硅氧烷中任何2种、3种或4种组成的混合物）	6.5	35	17	千克	
3824909905	核苷酸类食品添加剂	6.5	35	17	千克	AB
3824909910	粗制碳化硅［其中碳化硅含量>15%（按重量计）］	6.5	35	17	千克	y4x
3824909920	混胺（二甲胺和三乙胺混合物的水溶液）	6.5	35	17	千克	3
3824909930	氰化物的混合物	6.5	35	17	千克	X
3824909940	膨胀石墨	6.5	35	17	千克	3
3824909990	其他编号未列名的化工产品	6.5	35	17	千克	
3825	**其他品目未列名的化学工业及其相关工业的副产品；城市垃圾；下水道淤泥；本章注释六所规定的其他废物**					
3825100000	城市垃圾	6.5	35	17	千克	9
3825200000	下水道淤泥	6.5	35	17	千克	9
3825300000	医疗废物	6.5	35	17	千克	9
3825410000	废卤化物的有机溶剂	6.5	35	17	千克	9
3825490000	其他废有机溶剂	6.5	35	17	千克	9
3825500000	废的金属酸洗液、液压油及制动油（还包括废的防冻液）	6.5	35	17	千克	9
3825610000	主要含有有机成分的化工废物（其他化学工业及相关工业的废物）	6.5	35	17	千克	9
3825690000	其他化工废物（其他化学工业及相关工业的废物）	6.5	35	17	千克	9
3825900010	浓缩糖蜜发酵液	6.5	35	17	千克	AB
3825900090	其他商品编号未列名化工副产品及废物	6.5	35	17	千克	9
3826	**生物柴油及其混合物，不含或含有按重量计低于70%的石油或从沥青矿物提取的油类**					
3826000000	生物柴油及其混合物，不含或含有按重量计低于70%的石油或从沥青矿物提取的油类	6.5	35	17	千克/升	

第七类　塑料及其制品;橡胶及其制品

注释:

一、由两种或两种以上单独成分配套的货品,其部分或全部成分属于本类范围以内,混合后则构成第六类或第七类的货品,应按混合后产品归入相应的品目,但其组成成分必须同时符合下列条件:

(一)其包装形式足以表明这些成分不需经过改装就可以一起使用的;

(二)一起进口或出口的;

(三)这些成分的属性及相互比例足以表明是相互配用的。

二、除品目39.18或39.19的货品外,印有花纹、文字、图画的塑料、橡胶及其制品,如果所印花纹、字画作为其主要用途,应归入第四十九章。

第三十九章　塑料及其制品

注释:

一、本手册所称"塑料",是指品目39.01至39.14的材料,这些材料能够在聚合时或聚合后在外力(一般是热力和压力,必要时加入溶剂或增塑剂)作用下通过模制、浇铸、挤压、滚轧或其他工序制成一定的形状,成形后除去外力,其形状仍保持不变。

本手册所称"塑料",还应包括钢纸,但不包括第十一类的纺织材料。

二、本章不包括:

(一)品目27.10或34.03的润滑剂;

(二)品目27.12或34.04的蜡;

(三)单独的已有化学定义的有机化合物(第二十九章);

(四)肝素及其盐(品目30.01);

(五)品目39.01至39.13所列任何产品溶于挥发性有机溶剂的溶液(火胶棉除外),但溶剂的重量必须超过溶液重量的50%(品目32.08);品目32.12的压印箔;

(六)有机表面活性剂或品目34.02的制剂;

(七)再熔胶及酯胶(品目38.06);

(八)配制的添加剂,用于矿物油(包括汽油)或与矿物油同样用途的其他液体(品目38.11);

(九)以第三十九章的聚乙二醇、聚硅氧烷或其他聚合物为基本成分的液压用液体(品目38.19);

(十)有塑料衬背的诊断或实验用试剂(品目38.22);

(十一)第四十章规定的合成橡胶及其制品;

(十二)鞍具及挽具(品目42.01)、品目42.02的衣箱、提箱、手提包及其他容器;

(十三)第四十六章的缏条、编结品及其他制品;

(十四)品目48.14的壁纸;

(十五)第十一类的货品(纺织原料及纺织制品);

(十六)第十二类的物品(例如,鞋靴、帽类、雨伞、阳伞、手杖、鞭子、马鞭及其零件);

(十七)品目71.17的仿首饰;

(十八)第十六类的物品(机器、机械器具或电气器具);

(十九)第十七类的航空器零件及车辆零件;

(二十)第九十章的物品(例如,光学元件、眼镜架及绘图仪器);

(二十一)第九十一章的物品(例如,钟壳及表壳);

(二十二)第九十二章的物品(例如,乐器及其零件);

(二十三)第九十四章的物品(例如,家具、灯具、照明装置、灯箱及活动房屋);

(二十四)第九十五章的物品(例如,玩具、游戏品及运动用品);

(二十五)第九十六章的物品(例如,刷子、纽扣、拉链、梳子、烟斗的嘴及柄、香烟嘴及类似品、保温瓶的零件及类似品、钢笔、活动铅笔)。

三、品目39.01至39.11仅适用于化学合成的下列货品:

(一)温度在300℃时,压力转为1013毫巴后减压蒸馏出以体积计小于60%的液体合成聚烯烃(品目39.01及39.02);

(二)非高度聚合的苯并呋喃—茚式树脂(品目39.11);

(三)平均至少有五个单体单元的其他合成聚合物;

(四)聚硅氧烷(品目39.10);

(五)甲阶酚醛树脂(品目39.09)及其他预聚物。

四、所称"共聚物",包括在整个聚合物中按重量计没有一种单体单元的含量在95%及以上的各种聚合物。

在本章中,除条文另有规定以外,共聚物(包括共缩聚物、共加聚物、嵌段共聚物及接枝共聚合物)及聚合物混合体应按聚合物中重量最大的那种共聚单体单元所构成的聚合物的品目归类。在本注释中,归入同一品目的聚合物的共聚单体单元应作为一种单体单元对待。

如果没有任何一种共聚单体单元重量为最大,共聚物或聚合物混合体应按号列顺序归入其可归入的最后一个品目。

五、化学改性聚合物,即聚合物主链上的支链通过化学反应发生了变化的聚合物，应按未改性的聚合物的相应品目归类。本规定不适用于接枝共聚物。

六、品目39.01至39.14所称“初级形状”，只限于下列各种形状：

（一）液状及糊状，包括分散体（乳浊液及悬浮液）及溶液；

（二）不规则形状的块，团、粉（包括压型粉）、颗粒、粉片及类似的散装形状。

七、品目39.15不适用于已制成初级形状的单一的热塑材料废碎料及下脚料（品目39.01至39.14）。

八、品目39.17所称“管子”，是指通常用于输送或供给气体或液体的空心制品或半制品（例如，肋纹浇花软管、多孔管），还包括香肠用肠衣及其他扁平管。除肠衣及扁平管外，内截面如果不呈圆形、椭圆形、矩形（其长度不超过宽度的1.5倍）或正几何形，则不能视为管子，而应作为异型材。

九、品目39.18所称“塑料糊墙品”，适用于墙壁或天花板装饰用的宽度不小于45厘米的成卷产品，这类产品是将塑料牢固地附着在除纸张以外任何材料的衬背上，并且在塑料面起纹、压花、着色、印制图案或用其他方法装饰。

十、品目39.20及39.21所称“板、片、膜、箔、扁条”，只适用于未切割或仅切割成矩形（包括正方形，含切割后即可供使用的），但未经进一步加工的板、片、膜、箔、扁条（第五十四章的物品除外）及正几何形块，不论是否经过印制或其他表面加工。

十一、品目39.25只适用于第二分章以前各品目未包括的下列物品：

（一）容量超过300升的囤、柜（包括化粪池）、罐、桶及类似容器；

（二）用于地板、墙壁、隔墙、天花板或屋顶等方面的结构件；

（三）槽管及其附件；

（四）门、窗及其框架和门槛；

（五）阳台、栏杆、栅栏、栅门及类似品；

（六）窗板、百叶窗（包括威尼斯式百叶窗）或类似品及其零件、附件；

（七）商店、工棚、仓库等用的拼装式固定大型货架；

（八）建筑用的特色（例如，凹槽、圆顶及鸽棚式）装饰件；

（九）固定装于门窗、楼梯、墙壁或建筑物其他部位的附件及架座，例如，球形把手、拉手、挂钩、托架、毛巾架、开关板及其他护板。

子目注释：

一、属于本章任一品目项下的聚合物（包括共聚物）及化学改性聚合物应按下列规则归类：

（一）在同一组子目中有一个其他子目的：

1. 子目所列聚合物名称冠有“聚（多）”的（例如，聚乙烯及聚酰胺-6,6），是指列名的该种聚合物单体单元含量在整个聚合物中按重量计必须占95%及以上。

2. 子目3901.30、3903.20、3903.30及3904.30所列的共聚物，如果该种共聚单体单元含量在整个聚合物中按重量计占95%及以上，即应归入上述子目。

3. 化学改性聚合物如未在其他子目具体列名，应归入列明为“其他”的子目内。

4. 不符合上述1、2、3款规定的聚合物，应按聚合物中重量最大的那种单体单元（与其他各种单一的共聚单体单元相比）所构成的聚合物归入该级其他相应子目。为此，归入同一子目的聚合物单体单元应作为一种单体单元对待。只有在同级子目中的聚合物共聚单体单元才可以进行比较。

（二）在同一组子目中没有“其他”子目的：

1. 聚合物应按聚合物中重量最大的那种单体单元（与其他各种单一的共聚单体单元相比）所构成的聚合物归入该组其他相应子目。为此，归入同一子目的聚合物单体单元应作为一种单体单元对待。只有在同一组子目中的聚合物共聚单体单元才可以进行比较；

2. 化学改性聚合物应按相应的未改性聚合物的子目归类。

聚合物混合体应按单体单元比例相等、种类相同的聚合物归入相应子目。

二、子目3920.43所称增塑剂，包括次级增塑剂。

商品编号	商品名称及备注	进口关税税率（%）		增值税率（%）	计量单位	监管条件
		最惠国	普通			
3901	**初级形状的乙烯聚合物**					
3901100001*	初级形状比重<0.94的聚乙烯（进口CIF价高于3800美元/吨）	6.5	45	17	千克	
3901100090	初级形状比重<0.94的聚乙烯（进口CIF不超过3800美元/吨）	6.5	45	17	千克	
3901200001*	初级形状比重≥0.94的聚乙烯（进口CIF价高于3800美元/吨）	6.5	45	17	千克	

商品编号	商品名称及备注	进口关税税率(%)		增值税率(%)	计量单位	监管条件
		最惠国	普通			
3901200090	初级形状比重≥0.94的聚乙烯(进口CIF价不超过3800美元/吨)	6.5	45	17	千克	
3901300000	初级形状乙烯—乙酸乙烯酯共聚物	6.5	45	17	千克	
3901901000	乙烯—丙烯共聚物(乙丙橡胶)(初级形状,乙烯单体单元的含量大于丙烯单体单元)	6.5	45	17	千克	
3901902000	线型低密度聚乙烯(初级形状的)	6.5	45	17	千克	
3901909000	其他初级形状的乙烯聚合物	6.5	45	17	千克	
3902	**初级形状的丙烯或其他烯烃聚合物**					
3902100010*	电工级初级形状聚丙烯树脂(灰分含量不大于30PPM)	6.5	45	17	千克	
3902100090	其他初级形状的聚丙烯	6.5	45	17	千克	
3902200000	初级形状的聚异丁烯	6.5	45	17	千克	AB
3902301000	乙烯—丙烯共聚物(乙丙橡胶)(丙烯单体单元的含量大于乙烯单体单元)	6.5	45	17	千克	
3902309000	其他初级形状的丙烯共聚物	6.5	45	17	千克	
3902900010	端羧基聚丁二烯,CTPB(做粘接剂或燃料)	6.5	45	17	千克	3
3902900020	端羟基聚丁二烯,HTPB(做粘接剂或燃料)	6.5	45	17	千克	3
3902900090	其他初级形状的烯烃聚合物	6.5	45	17	千克	
3903	**初级形状的苯乙烯聚合物**					
3903110000	初级形状的可发性聚苯乙烯	6.5	45	17	千克	
3903191000	改性的初级形状的非可发性的聚苯乙烯	6.5	45	17	千克	
3903199000	其他初级形状的聚苯乙烯	6.5	45	17	千克	
3903200000	初级形状苯乙烯—丙烯腈共聚物	12	45	17	千克	
3903301000	改性的丙烯腈—丁二烯—苯乙烯共聚物(初级形状的ABS树脂)	6.5	45	17	千克	
3903309000	其他丙烯腈—丁二烯—苯乙烯共聚物(初级形状的ABS树脂)	6.5	45	17	千克	
3903900000	初级形状的其他苯乙烯聚合物	6.5	45	17	千克	
3904	**初级形状的氯乙烯或其他卤化烯烃聚合物**					
3904101000	聚氯乙烯糊树脂(纯指未掺其他物质)	6.5	45	17	千克	
3904109001	聚氯乙烯纯粉(纯指未掺其他物质)	6.5	45	17	千克	
3904109090	其他初级形状的纯聚氯乙烯(纯指未掺其他物质)	6.5	45	17	千克	
3904210000	初级形状未塑化的聚氯乙烯	6.5	45	17	千克	
3904220000	初级形状已塑化的聚氯乙烯	6.5	45	17	千克	
3904300000	氯乙烯—乙酸乙烯酯共聚物(初级形状的)	9	45	17	千克	
3904400000	初级形状的其他氯乙烯共聚物	12	45	17	千克	
3904500000	初级形状的偏二氯乙烯聚合物	6.5	45	17	千克	
3904610000	初级形状的聚四氟乙烯	10	45	17	千克	
3904690000	初级形状的其他氟聚合物	6.5	45	17	千克	
3904900000	初级形状的其他卤化烯烃聚合物	10	45	17	千克	
3905	**初级形状的乙酸乙烯酯或其他乙烯酯聚合物;初级形状的其他乙烯基聚合物**					
3905120000	聚乙酸乙烯酯的水分散体	10	45	17	千克	
3905190000	其他初级形状聚乙酸乙烯酯	10	45	17	千克	
3905210000	乙酸乙烯酯共聚物的水分散体	10	45	17	千克	
3905290000	其他初级形状的乙酸乙烯酯共聚物	10	45	17	千克	

商品编号	商品名称及备注	进口关税税率(%) 最惠国	进口关税税率(%) 普通	增值税率(%)	计量单位	监管条件
3905300000	初级形状的聚乙烯醇(不论是否含有未水解的乙酸酯基)	14	45	17	千克	AB
3905910000	其他乙烯酯或乙烯基的共聚物(初级形状的)	10	45	17	千克	
3905990000	其他乙烯酯或乙烯基的聚合物(初级形状的,共聚物除外)	10	45	17	千克	
3906	**初级形状的丙烯酸聚合物**					
3906100000	初级形状的聚甲基丙烯酸甲酯	6.5	45	17	千克	
3906901000	聚丙烯酰胺	6.5	45	17	千克	AB
3906909001*	聚丙烯酸钠	6.5	45	17	千克	
3906909090	其他初级形状的丙烯酸聚合物	6.5	45	17	千克	
3907	**初级形状的聚缩醛、其他聚醚及环氧树脂;初级形状的聚碳酸酯、醇酸树脂、聚烯丙基酯及其他聚酯**					
3907101000	初级形状的聚甲醛	6.5	45	17	千克	
3907109000	其他初级形状的聚缩醛(聚甲醛除外)	6.5	45	17	千克	
3907201000*	聚四亚甲基醚二醇	6.5	45	17	千克	
3907209000	初级形状的其他聚醚	6.5	45	17	千克	
3907300001*	初级形状溴质量≥18%或进口CIF价高于3800美元/吨的环氧树脂(如溶于溶剂,以纯环氧树脂折算溴的百分比含量)	6.5	45	17	千克	AB
3907300090	初级形状的环氧树脂(溴重量百分比含量在18%以下)	6.5	45	17	千克	AB
3907400000*	初级形状的聚碳酸酯	6.5	45	17	千克	
3907500000	初级形状的醇酸树脂	10	45	17	千克	AB
3907601100	高黏度聚对苯二甲酸乙二酯切片	6.5	45	17	千克	
3907601900	其他聚对苯二甲酸乙二酯切片	6.5	45	17	千克	
3907609000	其他初级形状聚对苯二甲酸乙二酯	6.5	45	17	千克	
3907700000*	初级形状的聚乳酸	6.5	45	17	千克	
3907910000	初级形状的不饱和聚酯	6.5	45	17	千克	
3907991001	未经增强或改性的初级形状PBT树脂	6.5	45	17	千克	
3907991090	其他聚对苯二甲酸丁二酯	6.5	45	17	千克	
3907999000	初级形状的其他聚酯	6.5	45	17	千克	AB
3908	**初级形状的聚酰胺:**					
3908101101	聚酰胺-6,6切片	6.5	45	17	千克	
3908101190	改性聚酰胺-6,6切片(经螺杆二次混炼加入玻璃纤维、矿物质、增韧剂、阻燃剂的改性聚酰胺-6,6切片)	6.5	45	17	千克	
3908101200	聚酰胺-6切片(锦纶6切片)	6.5	45	17	千克	
3908101910	尼龙11、尼龙12切片(即聚酰胺 -11、-12切片)	6.5	45	17	千克	
3908101999	聚酰胺-6,9切片等(包括聚酰胺-6,9、-6,10、-6,12)	6.5	45	17	千克	
3908109000	其他初级形状的聚酰胺-6,6等(包括聚酰胺-6、-6,9、-6,10、-6,12、-11、-12)	6.5	45	17	千克	
3908900000	初级形状的其他聚酰胺	10	45	17	千克	
3909	**初级形状的氨基树脂、酚醛树脂及聚氨酯类**					
3909100000	初级形状的尿素树脂及硫尿树脂	6.5	45	17	千克	
3909200000	初级形状的蜜胺树脂	6.5	45	17	千克	
3909301000	聚(亚甲基苯基异氰酸酯)(聚合MDI或粗MDI)	6.5	35	17	千克	
3909309000	其他初级形状的氨基树脂	6.5	45	17	千克	AB
3909400000	初级形状的酚醛树脂	6.5	45	17	千克	
3909500000	初级形状的聚氨基甲酸酯	6.5	45	17	千克	AB

商品编号	商品名称及备注	进口关税税率(%) 最惠国	普通	增值税率(%)	计量单位	监管条件
3910	**初级形状的聚硅氧烷**					
3910000000	初级形状的聚硅氧烷	6.5	45	17	千克	
3911	**初级形状的石油树脂、苯并呋喃—茚树脂、多萜树脂、多硫化物、聚砜及本章注释三所规定的其他品目未列名产品**					
3911100000	初级形状的石油树脂等(指苯并呋喃树脂、茚树脂、苯并呋喃—茚树脂及多萜树脂)	6.5	45	17	千克	
3911900001*	芳基酸与芳基胺预缩聚物	6.5	45	17	千克	
3911900003*	改性三羟乙基脲酸酯类预缩聚物	6.5	45	17	千克	
3911900004	聚苯硫醚	6.5	45	17	千克	
3911900005*	偏苯三酸酐和异氰酸预缩聚物	6.5	45	17	千克	
3911900090	其他初级形状的多硫化物、聚砜等(包括本章注释三所规定的其他编号未列名产品)	6.5	45	17	千克	
3912	**初级形状的其他品目未列名的纤维素及其化学衍生物**					
3912110001*	未塑化二醋酸纤维素等(包括未塑化三醋酸纤维素)	6.5	40	17	千克	
3912110090	初级形状的未塑化醋酸纤维素(未塑化二醋酸纤维素和未塑化三醋酸纤维素除外)	6.5	40	17	千克	
3912120000	初级形状的已塑化醋酸纤维素	6.5	40	17	千克	
3912200000	初级形状的硝酸纤维素(包括棉胶)	6.5	45	17	千克	
3912310000	初级形状的羧甲基纤维素及其盐	6.5	45	17	千克	
3912390000	初级形状的其他纤维素醚	6.5	45	17	千克	
3912900000	初级形状的其他未列名的纤维素(包括化学衍生物)	6.5	45	17	千克	
3913	**初级形状的其他品目未列名的天然聚合物(例如藻酸)及改性天然聚合物(例如,硬化蛋白、天然橡胶的化学衍生物)**					
3913100000	初级形状的藻酸及盐和酯	10	45	17	千克	AB
3913900000	初级形状的未列名天然聚合物[包括改性天然聚合物(如硬化蛋白)]	6.5	50	17	千克	
3914	**初级形状的离子交换剂,以品目39.01至39.13的聚合物为基本成分的**					
3914000000	初级形状的离子交换剂(以品目39.01至39.13的聚合物为基本成分的)	6.5	45	17	千克	
3915	**塑料的废碎料及下脚料**					
3915100000	乙烯聚合物的废碎料及下脚料	6.5	50	17	千克	AP
3915200000	苯乙烯聚合物的废碎料及下脚料	6.5	50	17	千克	AP
3915300000	氯乙烯聚合物的废碎料及下脚料	6.5	50	17	千克	AP
3915901000	聚对苯二甲酸乙二酯的废碎料及下脚料	6.5	50	17	千克	AP
3915909000	其他塑料的废碎料及下脚料	6.5	50	17	千克	AP
3916	**塑料制的单丝(截面直径超过1毫米)、条、杆、型材及异型材,不论是否经表面加工,但未经其他加工**					
3916100000	乙烯聚合物制单丝、条、杆及型材(包括异型材,单丝截面直径超过1毫米)	10	45	17	千克	
3916201000	氯乙烯聚合物制异型材	10	45	17	千克	
3916209000	其他氯乙烯聚合物制单丝、条、杆及型材(单丝截面直径超过1毫米)	10	45	17	千克	

商品编号	商品名称及备注	进口关税税率(%)		增值税率(%)	计量单位	监管条件
		最惠国	普通			
3916901000	聚酰胺制的单丝、条、杆及型材(包括异型材,单丝截面直径超过1毫米)	10	45	17	千克	
3916909000	其他塑料制单丝、条、杆及型材(包括异型材,单丝截面直径超过1毫米)	10	45	17	千克	
3917	**塑料制的管子及其附件(例如,接头、肘管、法兰)**					
3917100000	硬化蛋白或纤维素材料制人造肠衣(香肠用肠衣)	10	50	17	千克	A
3917210000	乙烯聚合物制的硬管	10	45	17	千克	
3917220000	丙烯聚合物制的硬管	10	45	17	千克	
3917230000	氯乙烯聚合物制的硬管	10	45	17	千克	
3917290000	其他塑料制的硬管	10	45	17	千克	
3917310000	塑料制的软管(最小爆破压力为27.6MPa)	10	45	17	千克	
3917320000	其他未装有附件的塑料制管子(未经加强也未与其他材料合制)	6.5	45	17	千克	
3917330000	其他装有附件的塑料管子(未经加强也未与其他材料合制)	6.5	45	17	千克	
3917390000	塑料制的其他管子(经加强或与其他材料合制)	6.5	45	17	千克	
3917400000	塑料制的管子附件(如接头、肘管及法兰等)	10	45	17	千克	
3918	**块状或成卷的塑料铺地制品,不论是否胶粘;本章注释九所规定的塑料糊墙品**					
3918101000	氯乙烯聚合物制糊墙品(本章注释九所规定的糊墙品)	10	45	17	千克	
3918109000	氯乙烯聚合物制的铺地制品(块状或成卷的,不论是否胶粘)	10	45	17	千克	
3918901000	其他塑料制的糊墙品(成卷或块状的)	10	45	17	千克	
3918909000	其他塑料制的铺地制品(成卷或块状的,不论是否胶粘)	10	45	17	千克	
3919	**自粘的塑料板、片、膜、箔、带、扁条及其他扁平形状材料,不论是否成卷**					
3919101000	丙烯酸树脂类为主的自粘塑料板等(含片、膜、箔、带、扁条及其他扁平形状材料,成卷的,宽≤20厘米)	6.5	45	17	千克	
3919109100	宽度≤20厘米的胶囊型反光膜	6.5	45	17	千克	
3919109900	其他宽度≤20厘米的自粘塑料板片等(包括膜、箔、带、扁条及其他扁平形状材料,成卷的)	6.5	45	17	千克	
3919901000	其他胶囊型反光膜	6.5	45	17	千克	
3919909000	其他自粘塑料板、片、膜等材料(包括箔、带、扁条及其他扁平形状材料,不论是否成卷)	6.5	45	17	千克	
3920	**其他非泡沫塑料的板、片、膜、箔及扁条,未用其他材料强化、层压、支撑或用类似方法合制**					
3920101000*	乙烯聚合物制电池隔膜	6.5	45	17	千克	
3920109010	农用非泡沫聚乙烯薄膜(未用其他材料强化、层压、支撑或用类似方法合制)	6.5	45	13	千克	
3920109090	其他非泡沫乙烯聚合物板、片、膜、箔及扁条(未用其他材料强化、层压、支撑或用类似方法合制,非农用)	6.5	45	17	千克	
3920201000	丙烯聚合物制电池隔膜	6.5	45	17	千克	
3920209010	农用非泡沫聚丙烯薄膜(未用其他材料强化、层压、支撑或用类似方法合制)	6.5	45	13	千克	
3920209090	非泡沫丙烯聚合物板、片、膜、箔及扁条(未用其他材料强化、层压、支撑或用类似方法合制,非农用)	6.5	45	17	千克	

商品编号	商品名称及备注	进口关税税率(%)		增值税率(%)	计量单位	监管条件
		最惠国	普通			
3920300000	非泡沫苯乙烯聚合物板、片、膜、箔及扁条(未用其他材料强化、层压、支撑或用类似方法合制)	6.5	45	17	千克	
3920430010	农用软质聚氯乙烯薄膜(增塑剂含量≥6%,未用其他材料强化、层压、支撑)	6.5	45	13	千克	
3920430090	氯乙烯聚合物板、片、膜、箔及扁条(增塑剂含量≥6%,未用其他材料强化、层压、支撑)	6.5	45	17	千克	
3920490010	其他农用软质聚氯乙烯薄膜(非泡沫料的,未用其他材料强化、层压、支撑)	6.5	45	13	千克	
3920490090	其他氯乙烯聚合物板、片、膜、箔及扁条(非泡沫料的,未用其他材料强化、层压、支撑,非农用)	6.5	45	17	千克	
3920510000	聚甲基丙烯酸甲酯板、片、膜、箔及扁条(非泡沫料的,未用其他材料强化、层压、支撑)	6.5	45	17	千克	
3920590000	其他丙烯酸聚合物板、片、膜、箔及扁条(非泡沫料的,未用其他材料强化、层压、支撑)	6.5	45	17	千克	
3920610000	聚碳酸酯制板、片、膜、箔,扁条(非泡沫料的,未用其他材料强化、层压、支撑)	6.5	45	17	千克	
3920620001	9微米≤厚≤15.9微米聚酯薄膜(聚对苯二甲酸乙二酯制,型号XA10AUDIO)	6.5	45	17	千克	
3920620002	5微米≤厚≤8.9微米聚酯薄膜(聚对苯二甲酸乙二酯制,型号XL07AUTEN)	6.5	45	17	千克	
3920620003	16微米≤厚≤29.9微米聚酯薄膜(聚对苯二甲酸乙二酯制,型号XB30CAB(N))	6.5	45	17	千克	
3920620004	50微米≤厚≤99.9微米聚酯薄膜(聚对苯二甲酸乙二酯制,型号XB30CAB(M))	6.5	45	17	千克	
3920620009	其他聚对苯二甲酸乙二酯板、片、膜等(包括箔及扁条,非泡沫料,未用其他材料强化、层压、支撑)	6.5	45	17	千克	
3920630000	不饱和聚酯板、片、膜、箔及扁条(非泡沫料的,未用其他材料强化、层压、支撑)	10	45	17	千克	
3920690000	其他聚酯板、片、膜、箔及扁条(非泡沫料的,未用其他材料强化、层压、支撑)	10	45	17	千克	
3920710000	再生纤维素制板、片、膜、箔及扁条(非泡沫料的,未用其他材料强化、层压、支撑)	6.5	45	17	千克	
3920730000	醋酸纤维素制板、片、膜、箔及扁条(非泡沫料,未用其他材料强化、层压、支撑)	6.5	45	17	千克	
3920790000	其他纤维素衍生物制板、片、膜、箔及扁条(非泡沫料的,未用其他村料强化、层压、支撑)	10	45	17	千克	
3920910001*	聚乙烯醇缩丁醛膜(厚度不超过3毫米,非泡沫料的,未用其他材料强化、层压、支撑)	6.5	45	17	千克	
3920910090	聚乙烯醇缩丁醛板、片、箔、扁条及厚度超过3毫米的膜(非泡沫料的,未用其他材料强化、层压、支撑)	6.5	45	17	千克	
3920920000	聚酰胺板、片、膜、箔、扁条(非泡沫料的,未用其他材料强化、层压、支撑)	10	45	17	千克	
3920930000	氨基树脂板、片、膜、箔、扁条(非泡沫料的,未用其他材料强化、层压、支撑)	6.5	45	17	千克	
3920940000	酚醛树脂板、片、膜、箔、扁条(非泡沫料的,未用其他材料强化、层压、支撑)	10	45	17	千克	

商品编号	商品名称及备注	进口关税税率(%)		增值税率(%)	计量单位	监管条件
		最惠国	普通			
3920991000	聚四氟乙烯制非泡沫塑料板、片、箔(含膜及扁条,未用其他材料层压、支撑或类似方法合制)	6.5	45	17	千克	
3920999001*	聚酰亚胺膜,厚度≤0.03毫米(未用其他材料强化、层压、支撑)	6.5	45	17	千克	
3920999090	其他非泡沫塑料板、片、膜、箔及扁条(未用其他材料强化、层压、支撑)	6.5	45	17	千克	
3921	**其他塑料板、片、膜、箔、扁条**					
3921110000	泡沫聚苯乙烯板、片、带、箔、扁条	10	45	17	千克	
3921121000	泡沫聚氯乙烯人造革及合成革	9	70	17	千克/米	
3921129000	泡沫聚氯乙烯板、片、带、箔、扁条	6.5	45	17	千克	
3921131000	泡沫聚氨酯制人造革及合成革	9	70	17	千克/米	
3921139000	泡沫聚氨酯板、片、带、箔、扁条	6.5	45	17	千克	
3921140000	泡沫再生纤维素板、片、膜、箔、扁条	10	45	17	千克	
3921191000	其他泡沫塑料制人造革及合成革	9	45	17	千克/米	
3921199000	其他泡沫塑料板、片、膜、箔、扁条	6.5	45	17	千克	
3921902000	以聚乙烯为基本成分的板、片(以玻璃纤维加强的)	6.5	45	17	千克	
3921903000	以聚异丁烯为基本成分的板、片、卷材(附有人造毛毡的)	6.5	45	17	千克	
3921909001*	离子交换膜	6.5	45	17	千克	
3921909010	两用物项管制结构复合材料的层压板(用纤维和丝材增强而制成的各种预浸件和预成形件,其中增强材料的比拉伸强度 $>7.62\times10^4$ 米和比模量 $>3.18\times10^6$ 米)	6.5	45	17	千克	3
3921909090	未列名塑料板、片、膜、箔、扁条(离子交换膜、两用物项管制结构复合材料的层压板除外)	6.5	45	17	千克	
3922	**塑料浴缸、淋浴盘、洗涤槽、盥洗盆、坐浴盆、便盆、马桶座圈及盖、抽水箱及类似卫生洁具**					
3922100000	塑料浴缸、淋浴盘、洗涤槽及盥洗盆	10	80	17	千克	
3922200010	含濒危动物成分的塑料马桶座圈及盖	10	80	17	千克	EF
3922200090	其他塑料马桶座圈及盖	10	80	17	千克	
3922900000	塑料便盆、抽水箱等类似卫生洁具	10	80	17	千克	
3923	**供运输或包装货物用的塑料制品;塑料制的塞子、盖子及类似品**					
3923100000	塑料制盒、箱及类似品(包括塑料制板条箱,供运输或包装货物用的)	10	80	17	千克	
3923210000	乙烯聚合物制袋及包(供运输或包装货物用的)	10	80	17	千克	
3923290000	其他塑料制的袋及包(供运输或包装货物用的)	10	80	17	千克	
3923300000	塑料制坛、瓶及类似品(供运输或包装货物用的)	6.5	80	17	千克	
3923400000	塑料制卷轴、纡子、筒管及类似品	10	35	17	千克	
3923500000	塑料制塞子、盖子及类似品	10	80	17	千克	
3923900000	供运输或包装货物用其他塑料制品	10	80	17	千克	
3924	**塑料制的餐具、厨房用具、其他家庭用具及卫生或盥洗用具**					
3924100000	塑料制餐具及厨房用具	10	80	17	千克	AB
3924900000	塑料制其他家庭用具及卫生或盥洗用具	10	80	17	千克	AB
3925	**其他品目未列名的建筑用塑料制品**					
3925100000	塑料制囤、柜、罐、桶及类似容器(容积超过300升)	10	80	17	千克	
3925200000	塑料制门、窗及其框架、门槛	10	80	17	千克	

商品编号	商品名称及备注	进口关税税率(%)		增值税率(%)	计量单位	监管条件
		最惠国	普通			
3925300000	塑料制窗板、百叶窗及类似制品(包括威尼斯式百叶窗和塑料制窗零件)	10	80	17	千克	
3925900000	其他未列名的建筑用塑料制品	10	80	17	千克	
3926	**其他塑料制品及品目39.01至39.14所列其他材料的制品**					
3926100000	办公室或学校用塑料制品	10	80	17	千克	
3926201100	聚氯乙烯制手套(包括分指手套、连指手套及露指手套)	10	90	17	千克/双	
3926201900	其他塑料制手套(包括分指手套、连指手套及露指手套,聚氯乙烯制除外)	10	90	17	千克/双	
3926209000	其他塑料制衣服及衣着附件[手套(包括分指手套、连指手套及露指手套)除外]	10	90	17	千克	
3926300000	塑料制家具、车厢及类似品的附件	10	80	17	千克	
3926400000	塑料制小雕塑品及其他装饰品	10	100	17	千克	
3926901000	塑料制机器及仪器用零件	10	35	17	千克	
3926909010	两用物项管制结构复合材料的预成形件和制品(用纤维和丝材增强而制成的各种预浸件和预成形件,其中增强材料的比拉伸强度>7.62×10^4米和比模量>3.18×10^6米)	10	80	17	千克	3
3926909090	其他塑料制品(包括品目39.01至39.14所列材料的制品)	10	80	17	千克	

第四十章　橡胶及其制品

注释：

一、除条文另有规定的以外，本手册所称“橡胶”，是指不论是否硫化或硬化的下列产品：天然橡胶、巴拉塔胶、古塔波胶、银胶菊胶、糖胶树胶及类似的天然树胶、合成橡胶、从油类中提取的油膏以及上述物品的再生品。

二、本章不包括：

（一）第十一类的货品（纺织原料及纺织制品）；

（二）第六十四章的鞋靴及其零件；

（三）第六十五章的帽类及其零件（包括游泳帽）；

（四）第十六类硬质橡胶制的机械器具、电气器具及其零件（包括各种电气用品）；

（五）第九十章、第九十二章、第九十四章或第九十六章的物品；

（六）第九十五章的物品（运动用分指手套、连指手套、露指手套及品目40.11至40.13的制品除外）。

三、品目40.01至40.03及40.05所称“初级形状”，只限于下列形状：

（一）液状及糊状，包括胶乳（不论是否预硫化）及其他分散体和溶液；

（二）不规则形状的块、团、包、粉、粒、碎屑及类似的散装形状。

四、本章注释一和品目40.02所称“合成橡胶”，适用于：

（一）不饱和合成物质，即用硫磺硫化能使其不可逆地变为非热塑物质，这种物质能在温度18℃至29℃之间被拉长到其原长度的3倍而不致断裂，拉长到原长度的2倍时，在5分钟内能回复到不超过原长度的1.5倍。为了进行上述试验，可以加入交联所需的硫化活化剂或促进剂；也允许含有注释五（二）2及3所述的物质。但不能加入非交联所需的物质，例如，增量剂、增塑剂及填料；

（二）聚硫橡胶（TM）；

（三）与塑料接枝共聚或混合而改性的天然橡胶、解聚天然橡胶以及不饱和合成物质与饱和合成高聚物的混合物，但这些产品必须符合以上（一）款关于硫化、延伸及回复的要求。

五、（一）品目40.01及40.02不适用于任何凝结前或凝结后与下列物质相混合的橡胶或橡胶混合物：

1. 硫化剂、促进剂、防焦剂或活性剂（为制造预硫胶乳所加入的除外）；

2. 颜料或其他着色料，但仅为易于识别而加入的除外；

3. 增塑剂或增量剂（用油增量的橡胶中所加的矿物油除外）、填料、增强剂、有机溶剂或其他物质，但以下注释（二）所述的除外。

（二）含有下列物质的橡胶或橡胶混合物，只要仍具有原料的基本特性，应归入品目40.01或40.02：

1. 乳化剂或防粘剂；

2. 少量的乳化剂分解产品；

3. 微量的下列物质：热敏剂（一般为制造热敏胶乳用）、阳离子表面活性剂（一般为制造阳性胶乳用）、抗氧剂、凝固剂、碎裂剂、抗冻剂、胶溶剂、保存剂、稳定剂、粘度控制剂或类似的特殊用途添加剂。

六、品目40.04所称“废碎料及下脚料”，是指在橡胶或橡胶制品生产或加工过程中由于切割、磨损或其他原因所造成的没有使用价值的废橡胶及下脚料。

七、全部用硫化橡胶制成的线，其任一截面的尺寸超过5毫米的，应作为带、杆或型材及异型材归入品目40.08。

八、品目40.10包括用橡胶浸渍、涂布、包覆或层压的织物制成的或用橡胶浸渍、涂布、包覆或套裹的纱线或绳制成的传动带、输送带。

九、品目40.01、40.02、40.03、40.05及40.08所称“板”、“片”、“带”，仅指未切割或只简单切割成矩形（包括正方形）的板、片、带及正几何形块，不论是否具有成品的特征，也不论是否经过印制或其他表面加工，但未切割成其他形状或进一步加工。

品目40.08所称“杆”或“型材及异型材”，仅指不论是否切割成一定长度或表面加工，但未经进一步加工的该类产品。

商品编号	商品名称及备注	进口关税税率（%）		增值税率（%）	计量单位	监管条件
		最惠国	普通			
4001	**天然橡胶、巴拉塔胶、古塔波胶、银胶菊胶、糖胶树胶及类似的天然树胶，初级形状或板、片、带**					
4001100000*	天然胶乳（不论是否预硫化）	20	40	17	千克	AB
4001210000*	天然橡胶烟胶片	20	40	17	千克	AB
4001220000*	技术分类天然橡胶（TSNR）［初级形状（胶乳、烟胶片除外）或板、片、带］	20	40	17	千克	

商品编号	商品名称及备注	进口关税税率(%)		增值税率(%)	计量单位	监管条件
		最惠国	普通			
4001290000	其他初级形状的天然橡胶(胶乳除外的初级形状或板、片、带状)	20	40	17	千克	
4001300000	巴拉塔胶等及类似的天然树胶(包括古塔波胶、糖胶树胶等,胶乳外的初级形状或板、片、带)	20	40	17	千克	
4002	**合成橡胶及从油类提取的油膏,初级形状或板、片、带;品目40.01所列产品与本品目所列产品的混合物,初级形状或板、片、带**					
4002111000	羧基丁苯橡胶胶乳	7.5	14	17	千克	
4002119000	其他胶乳	7.5	14	17	千克	
4002191100	初级形状未经任何加工的丁苯橡胶(胶乳除外)	7.5	14	17	千克	
4002191200	初级形状充油丁苯橡胶(胶乳除外)	7.5	14	17	千克	
4002191300	初级形状热塑丁苯橡胶(胶乳除外)	7.5	14	17	千克	
4002191400	初级形状充油热塑丁苯橡胶(胶乳除外)	7.5	14	17	千克	
4002191900	其他初级形状羧基丁苯橡胶等(胶乳除外)	7.5	14	17	千克	
4002199001	简单处理的丁苯橡胶,热塑或充油热塑丁苯橡胶除外(指为便于运输,对初级形状进行压缩、挤压等简单成型处理)	7.5	35	17	千克	
4002199090	其他丁苯橡胶及羧基丁苯橡胶板、片、带(4002199001项下的除外)	7.5	35	17	千克	
4002201000	初级形状的丁二烯橡胶	7.5	14	17	千克	
4002209000	丁二烯橡胶板、片、带	7.5	35	17	千克	
4002311000	初级形状的异丁烯—异戊二烯橡胶	6	14	17	千克	
4002319000	异丁烯—异戊二烯橡胶板、片、带	7.5	35	17	千克	
4002391000	初级形状的其他卤代丁基橡胶	7.5	14	17	千克	
4002399000	卤代丁基橡胶板、片、带	7.5	35	17	千克	
4002410000	氯丁二烯橡胶胶乳	7.5	14	17	千克	
4002491000	初级形状的氯丁二烯橡胶(胶乳除外)	7.5	14	17	千克	
4002499000	氯丁二烯橡胶板、片、带	7.5	35	17	千克	
4002510000	丁腈橡胶胶乳	7.5	14	17	千克	
4002591000	初级形状的丁腈橡胶(胶乳除外)	7.5	14	17	千克	
4002599000	丁腈橡胶板、片、带	7.5	35	17	千克	
4002601000	初级形状的异戊二烯橡胶	3	14	17	千克	
4002609000	异戊二烯橡胶板、片、带	5	35	17	千克	
4002701000	初级形状的乙丙非共轭二烯橡胶	7.5	14	17	千克	
4002709000	乙丙非共轭二烯橡胶板、片、带	7.5	35	17	千克	
4002800000	天然橡胶与合成橡胶的混合物	7.5	35	17	千克	
4002910000	本编号其他未列名的胶乳	7.5	14	17	千克	
4002991100	其他初级形状的合成橡胶	7.5	14	17	千克	
4002991900	其他合成橡胶板、片、带(胶乳除外)	7.5	35	17	千克	
4002999000	从油类提取的油膏	4	14	17	千克	
4003	**再生橡胶,初级形状或板、片、带**					
4003000000	初级形状或板、片、带状再生橡胶	8	30	17	千克	
4004	**橡胶(硬质橡胶的除外)的废碎料、下脚料及其粉、粒**					
4004000010	废轮胎及其切块	8	30	17	千克	9
4004000020	硫化橡胶废碎料、下脚料及其粉、粒(硬质橡胶的除外)	8	30	17	千克	9
4004000090	未硫化橡胶废碎料、下脚料及其粉、粒	8	30	17	千克	AP
4005	**未硫化的复合橡胶,初级形状或板、片、带**					

商品编号	商品名称及备注	进口关税税率(%)		增值税率(%)	计量单位	监管条件
		最惠国	普通			
4005100000	与碳黑等混合的未硫化复合橡胶(包括与硅石混合,初级形状或板、片、带)	8	35	17	千克	
4005200000	未硫化的复合橡胶溶液及分散体(分散体指编号400510以外的)	8	35	17	千克	
4005910000	其他未硫化的复合橡胶板、片、带	8	35	17	千克	
4005990000	其他未硫化的初级形状复合橡胶	8	35	17	千克	
4006	**其他形状(例如,杆、管或型材及异型材)的未硫化橡胶及未硫化橡胶制品(例如,盘、环)**					
4006100000	未硫化轮胎翻新用胎面补料胎条	8	35	17	千克	
4006901000	未硫化橡胶的杆、管、型材及异型材(初级形状或板、片、带以外形状)	8	35	17	千克	
4006902000	未硫化橡胶制品(盘、环等)	14	80	17	千克	
4007	**硫化橡胶线及绳**					
4007000000	硫化橡胶线及绳	14	80	17	千克	
4008	**硫化橡胶(硬质橡胶除外)制的板、片、带、杆或型材及异型材**					
4008110000	海绵硫化橡胶制的板、片及带	8	35	17	千克	
4008190000	海绵硫化橡胶制型材、异型材及杆	8	35	17	千克	
4008210000	非海绵硫化橡胶制板、片及带	8	35	17	千克	
4008290000	非海绵硫化橡胶型材、异型材及杆	8	35	17	千克	
4009	**硫化橡胶(硬质橡胶除外)制的管子,不论是否装有附件(例如,接头、肘管、法兰)**					
4009110000	未加强或其他材料合制硫化橡胶管(不带附件,硬质橡胶除外)	10.5	40	17	千克	
4009120000	未加强或其他材料合制硫化橡胶管(装有附件,硬质橡胶除外)	10	40	17	千克	
4009210000	加强或只与金属合制的硫化橡胶管(不带附件,硬质橡胶除外)	10.5	40	17	千克	
4009220000	加强或只与金属合制的硫化橡胶管(装有附件,硬质橡胶除外)	10	40	17	千克	
4009310000	加强或与纺织材料合制硫化橡胶管(不带附件,硬质橡胶除外)	10.5	40	17	千克	
4009320000	加强或与纺织材料合制硫化橡胶管(装有附件,硬质橡胶除外)	10	40	17	千克	
4009410000	加强或与其他材料合制硫化橡胶管(不带附件,硬质橡胶除外)	10.5	40	17	千克	
4009420000	加强或与其他材料合制硫化橡胶管(装有附件,硬质橡胶除外)	10	40	17	千克	
4010	**硫化橡胶制的传动带或输送带及带料**					
4010110000	金属加强的硫化橡胶输送带(包括带料)	10	35	17	千克	
4010120000	纺织材料加强的硫化橡胶输送带(包括带料)	10	35	17	千克	
4010190000	其他硫化橡胶制的输送带及带料	10	35	17	千克	
4010310000	60厘米<周长≤180厘米的V形肋状三角带(硫化橡胶制梯形截面的环形传动带,不论是否开槽)	8	35	17	千克	

商品编号	商品名称及备注	进口关税税率(%) 最惠国	普通	增值税率(%)	计量单位	监管条件
4010320000	60 厘米<周长≤180 厘米的三角带(硫化橡胶制梯形截面的环形传动带,V 形肋状带除外)	8	35	17	千克	
4010330000	180 厘米<周长≤240 厘米的 V 形肋状三角带(硫化橡胶制梯形截面的环形传动带)	8	35	17	千克	
4010340000	180 厘米<周长≤240 厘米的三角带(硫化橡胶制梯形截面的环形传动带,V 形肋状带除外)	8	35	17	千克	
4010350000	60 厘米<周长≤150 厘米的环形同步带(硫化橡胶制)	10	35	17	千克	
4010360000	150 厘米<周长≤198 厘米的环形同步带(硫化橡胶制)	10	35	17	千克	
4010390000	其他硫化橡胶制的传动带及带料	8	35	17	千克	
4011	新的充气橡胶轮胎					
4011100010	机动小客车用新的充气子午线轮胎(橡胶轮胎,包括旅行小客车及赛车用)	10	50	17	千克/条	AB
4011100090	机动小客车用新的充气非子午线轮胎(橡胶轮胎,包括旅行小客车及赛车用)	10	50	17	千克/条	AB
4011200011*	客或货运车用新的充气子午线轮胎(指机动车辆用橡胶轮胎,断面宽度≥30 英寸)	10	50	17	千克/条	AB
4011200019*	断面宽≥30 英寸的客或货车用新的非子午线充气橡胶轮胎	10	50	17	千克/条	AB
4011200091	其他客或货车用新的充气子午线轮胎(指机动车辆用橡胶轮胎)	10	50	17	千克/条	AB
4011200099	客或货车用新的其他非子午线充气橡胶轮胎	10	50	17	千克/条	AB
4011300000	航空器用新的充气橡胶轮胎	1	11	17	千克/条	
4011400000	摩托车用新的充气橡胶轮胎	15	80	17	千克/条	AB
4011500000	自行车用新的充气橡胶轮胎	20	80	17	千克/条	B
4011610011*	断面宽≥24 英寸人字形子午线轮胎(新充气橡胶轮胎,含胎面类似人字形的,农林车辆机械用)	17.5	50	17	千克/条	A
4011610019*	断面宽≥24 英寸人字形非子午线轮胎(新充气橡胶轮胎,含胎面类似人字形的,农林车辆机械用)	17.5	50	17	千克/条	A
4011610091	其他人字形胎面子午线轮胎(新充气橡胶轮胎,含胎面类似人字形的,农林车辆机械用)	17.5	50	17	千克/条	A
4011610099	其他人字形胎面非子午线轮胎(新充气橡胶轮胎,含胎面类似人字形的,农林车辆机械用)	17.5	50	17	千克/条	A
4011620011	断面宽≥24 英寸人字形子午线轮胎(建筑业、工业用,辋圈≤61 厘米,新充气橡胶胎,含类似人字形)	17.5	50	17	千克/条	A
4011620019	断面宽≥24 英寸人字形非子午线轮胎(建筑业、工业用,辋圈≤61 厘米,新充气橡胶胎,含类似人字形)	17.5	50	17	千克/条	A
4011620091	其他人字形胎面子午线轮胎(建筑业、工业用,辋圈≤61 厘米,新充气橡胶胎,含类似人字形)	17.5	50	17	千克/条	A
4011620099	其他人字形胎面非子午线轮胎(建筑业、工业用,辋圈≤61 厘米,新充气橡胶胎,含类似人字形)	17.5	50	17	千克/条	A
4011630011*	断面宽≥24 英寸人字形子午线轮胎(建筑业、工业用,辋圈>61 厘米,新充气橡胶胎,含类人字形)	17.5	50	17	千克/条	A
4011630019*	断面宽≥24 英寸人字形非子午线轮胎(建筑业、工业用,辋圈>61 厘米,新充气橡胶胎,含类人字形)	17.5	50	17	千克/条	A
4011630091	其他人字形胎面子午线轮胎(建筑业、工业用,辋圈>61 厘米,新充气橡胶胎,含类人字形)	17.5	50	17	千克/条	A

商品编号	商 品 名 称 及 备 注	进口关税税率（%）		增值税率（%）	计量单位	监管条件
		最惠国	普通			
4011630099	其他人字形胎面非子午线轮胎（建筑业、工业用，辋圈＞61厘米，新充气橡胶胎，含类似人字形）	17.5	50	17	千克/条	A
4011690011*	断面宽≥30英寸人字形子午线轮胎（其他用途，新充气橡胶轮胎，含胎面类似人字形的）	17.5	50	17	千克/条	A
4011690019*	断面宽≥30英寸人字形非子午线轮胎（其他用途，新充气橡胶轮胎，含胎面类似人字形的）	17.5	50	17	千克/条	A
4011690091	其他人字形胎面子午线轮胎（其他用途，新充气橡胶轮胎，含胎面类似人字形的）	17.5	50	17	千克/条	A
4011690099	其他人字形胎面非子午线轮胎（其他用途，新充气橡胶轮胎，含胎面类似人字形的）	17.5	50	17	千克/条	A
4011920011*	其他断面宽度≥24英寸子午线轮胎（新充气橡胶轮胎，非人字形胎面，农林车辆机械用）	25	50	17	千克/条	B
4011920019*	其他断面宽≥24英寸非子午线轮胎（新充气橡胶轮胎，非人字形胎面，农林车辆机械用）	25	50	17	千克/条	B
4011920091	其他新的充气橡胶子午线轮胎（新充气橡胶轮胎，非人字形胎面，农林车辆机械用）	25	50	17	千克/条	B
4011920099	其他新的充气橡胶非子午线轮胎（新充气橡胶轮胎，非人字形胎面，农林车辆机械用）	25	50	17	千克/条	B
4011930011	其他断面宽度≥24英寸子午线轮胎（建筑业、工业用，辋圈≤61厘米，新充气橡胶胎，非人字形胎面）	25	50	17	千克/条	B
4011930019	其他断面宽≥24英寸非子午线轮胎（建筑业、工业用，辋圈≤61厘米，新充气橡胶胎，非人字形胎面）	25	50	17	千克/条	B
4011930091	其他新的充气橡胶子午线轮胎（建筑业、工业用，辋圈≤61厘米，新充气橡胶胎，非人字形胎面）	25	50	17	千克/条	B
4011930099	其他新的充气橡胶非子午线轮胎（建筑业、工业用，辋圈≤61厘米，新充气橡胶胎，非人字形胎面）	25	50	17	千克/条	B
4011940011*	其他断面宽度≥24英寸子午线轮胎（建筑业、工业用，辋圈＞61厘米，新充气橡胶胎，非人字形胎面）	25	50	17	千克/条	B
4011940019*	其他断面宽≥24英寸非子午线轮胎（建筑业、工业用，辋圈＞61厘米，新充气橡胶胎，非人字形胎面）	25	50	17	千克/条	B
4011940091	其他新的充气橡胶子午线轮胎（建筑业、工业用，辋圈＞61厘米，新充气橡胶胎，非人字形胎面）	25	50	17	千克/条	B
4011940099	其他新的充气橡胶非子午线轮胎（建筑业、工业用，辋圈＞61厘米，新充气橡胶胎，非人字形胎面）	25	50	17	千克/条	B
4011990011*	其他断面宽度≥30英寸子午线轮胎（其他用途，新充气橡胶轮胎，非人字形胎面）	25	50	17	千克/条	B
4011990019*	其他断面宽≥30英寸非子午线轮胎（其他用途，新充气橡胶轮胎，非人字形胎面）	25	50	17	千克/条	B
4011990091	其他新的充气橡胶子午线轮胎（其他用途，新充气橡胶轮胎，非人字形胎面）	25	50	17	千克/条	B
4011990099	其他新的充气橡胶非子午线轮胎（其他用途，新充气橡胶轮胎，非人字形胎面）	25	50	17	千克/条	B
4012	**翻新的或旧的充气橡胶轮胎；实心或半实心橡胶轮胎、橡胶胎面及橡胶轮胎衬带**					
4012110000	机动小客车用翻新轮胎（包括旅行小客车及赛车用翻新轮胎）	20	50	17	千克/条	A

商品编号	商品名称及备注	进口关税税率(%)		增值税率(%)	计量单位	监管条件
		最惠国	普通			
4012120000	机动大客车或货运车用翻新轮胎	20	50	17	千克/条	A
4012130000*	航空器用翻新轮胎	20	50	17	千克/条	
4012190000	其他翻新轮胎	20	50	17	千克/条	
4012201010	汽车用旧的充气橡胶子午线轮胎	25	50	17	千克/条	A
4012201090	汽车用旧的充气橡胶非子午线轮胎	25	50	17	千克/条	A
4012209010	其他用途旧的充气橡胶子午线轮胎	25	80	17	千克/条	
4012209090	其他用旧的充气橡胶非子午线轮胎	25	80	17	千克/条	
4012901000*	航空器用实心或半实心橡胶轮胎(包括橡胶胎面及橡胶轮胎衬带)	3	11	17	千克	
4012902010	汽车用实心或半实心子午线轮胎	22	50	17	千克	A
4012902090	汽车用实心或半实心非子午线轮胎(还包括可互换橡胶胎面及橡胶轮胎衬带)	22	50	17	千克	A
4012909010	其他用实心或半实心子午线轮胎	22	50	17	千克	
4012909090	其他用实心或半实心非子午线轮胎(还包括可互换橡胶胎面及橡胶轮胎衬带)	22	50	17	千克	
4013	**橡胶内胎**					
4013100000	汽车用橡胶内胎[机动小客车(包括旅行小客车及赛车)、客运车或货运车用]	15	50	17	千克/条	A
4013200000	自行车用橡胶内胎	15	80	17	千克/条	B
4013901000*	航空器用橡胶内胎	3	11	17	千克/条	
4013909000	其他用橡胶内胎	15	50	17	千克/条	B
4014	**硫化橡胶(硬质橡胶除外)制的卫生及医疗用品(包括奶嘴),不论是否装有硬质橡胶制的附件**					
4014100000	硫化橡胶制避孕套	0	0	0	千克	B
4014900000	硫化橡胶制其他卫生及医疗用品(包括奶嘴,不论有无硬质橡胶配件,硬化橡胶的除外)	17.5	50	17	千克	AB
4015	**硫化橡胶(硬质橡胶除外)制的衣着用品及附件(包括手套)**					
4015110000	硫化橡胶制外科用手套(硬化橡胶的除外)	8	30	17	千克/双	B
4015190000	硫化橡胶制其他手套(硬化橡胶的除外)	18	80	17	千克/双	B
4015901000	医疗用硫化橡胶衣着用品及附件(硬化橡胶的除外)	8	30	17	千克	
4015909000	其他硫化橡胶制衣着用品及附件(硬化橡胶的除外)	15	90	17	千克	
4016	**硫化橡胶(硬质橡胶除外)的其他制品**					
4016101000	硫化海绵橡胶制机器及仪器用零件(硬质橡胶的除外)	8	30	17	千克	
4016109000	硫化海绵橡胶制其他制品(硬质橡胶的除外)	15	80	17	千克	
4016910000	硫化橡胶制铺地制品及门垫(硬质橡胶的除外)	18	80	17	千克	
4016920000	硫化橡胶制橡皮擦	18	80	17	千克	
4016931000	其他硫化橡胶制密封制品(硫化橡胶密封圈,机器、仪器用,硬质橡胶的除外)	8	30	17	千克	
4016939000	硫化橡胶制其他用垫片、垫圈(包括密封垫,硬质橡胶除外)	15	80	17	千克	
4016940000	硫化橡胶制船舶或码头的碰垫(不论是否可充气,硬质橡胶除外)	18	80	17	千克	
4016950000	硫化橡胶制其他可充气制品	18	80	17	千克	
4016991000	硫化橡胶制机器及仪器用其他零件(硬质橡胶除外)	8	30	17	千克	
4016999000	其他未列名硫化橡胶制品(硬质橡胶除外)	10	80	17	千克	

商品编号	商 品 名 称 及 备 注	进口关税税率(%)		增值税率(%)	计量单位	监管条件
		最惠国	普通			
4017	**各种形状的硬质橡胶(例如,纯硬质胶),包括废碎料;硬质橡胶制品**					
4017001010	各种形状的硬质橡胶废碎料	8	35	17	千克	9
4017001090	各种形状的硬质橡胶	8	35	17	千克	
4017002000	硬质橡胶制品	15	90	17	千克	

第八类　生皮、皮革、毛皮及其制品；鞍具及挽具；旅行用品、手提包及类似容器；动物肠线（蚕胶丝除外）制品

第四十一章　生皮（毛皮除外）及皮革

注释：

一、本章不包括：

（一）生皮的边角废料（品目05.11）；

（二）品目05.05或67.01的带羽毛或羽绒的整张或部分鸟皮；

（三）带毛生皮或已鞣的带毛皮张（第四十三章）；但下列动物的带毛生皮应归入第四十一章：牛（包括水牛）、马、绵羊及羔羊（不包括阿斯特拉罕、喀拉科尔、波斯羔羊或类似羔羊、印度、中国或蒙古羔羊）、山羊或小山羊（不包括也门或蒙古山羊及小山羊）、猪（包括野猪）、小羚羊、瞪羚、骆驼（包括单峰骆驼）、驯鹿、麋、鹿、狍或狗。

二、（一）品目41.04至41.06不包括经逆鞣（包括预鞣）加工的皮（酌情归入品目41.01至41.03）；

（二）品目41.04至41.06所称"坯革"，包括在干燥前经复鞣、染色或加油（加脂）的皮。

三、本手册所称"再生皮革"，仅指品目41.15的皮革。

商品编号	商品名称及备注	进口关税税率（%）		增值税率（%）	计量单位	监管条件
		最惠国	普通			
4101	**生牛皮（包括水牛皮）、生马皮（鲜的、盐腌的、干的、石灰浸渍的、浸酸的或以其他方法保藏，但未鞣制、未经羊皮纸化处理或进一步加工的），不论是否去毛或刨层**					
4101201110	规定重量退鞣未剖层整张濒危生野牛皮（指每张简单干燥的≤8千克，干盐腌的≤10千克，鲜或湿盐腌的≤16千克）	8	17	13	千克/张	ABFE
4101201190	规定重量未剖层退鞣处理整张生牛皮（包括水牛皮）（指每张，简单干燥的≤8千克，干盐腌的≤10千克，鲜或湿盐腌的≤16千克）	8	17	13	千克/张	AB
4101201910	规定重量非退鞣未剖层整张濒危生野牛皮（指每张简单干燥的≤8千克，干盐腌的≤10千克，鲜或湿盐腌的≤16千克）	5	17	13	千克/张	ABFE
4101201990	规定重量非退鞣未剖层处理整张生牛皮（包括水牛皮）（指每张简单干燥的≤8千克，干盐渍腌的≤10千克，鲜或湿盐腌的≤16千克）	5	17	13	千克/张	AB
4101202010	规定重量未剖层整张濒危生野马皮（指每张简单干燥的≤8千克，干盐腌的≤10千克，鲜或湿盐腌的≤16千克）	5	30	13	千克/张	ABFE
4101202090	规定重量未剖层整张生马皮（指每张，简单干燥≤8千克，干盐渍腌的≤10千克，鲜或湿盐腌的≤16千克）	5	30	13	千克/张	AB
4101501110	重>16千克退鞣整张濒危生野牛皮	8.4	17	13	千克/张	ABFE
4101501190	重>16千克退鞣处理整张生牛皮（包括水牛皮）	8.4	17	13	千克/张	AB
4101501910	重>16千克非退鞣整张濒危生野牛皮	5	17	13	千克/张	ABFE
4101501990	重>16千克非退鞣处理整张生牛皮（包括水牛皮）	5	17	13	千克/张	AB
4101502010	重>16千克整张濒危生野马皮	5	30	13	千克/张	ABFE
4101502090	重>16千克整张生马皮	5	30	13	千克/张	AB

商品编号	商品名称及备注	进口关税税率(%)		增值税率(%)	计量单位	监管条件
		最惠国	普通			
4101901110	其他退鞣处理濒危生野牛皮(包括整张或半张的背皮及腹皮)	8.4	17	13	千克	FEAB
4101901190	其他退鞣处理生牛皮(包括整张或半张的背皮及腹皮)	8.4	17	13	千克	AB
4101901910	其他濒危生野牛皮(包括整张或半张的背皮及腹皮)	5	17	13	千克	FEAB
4101901990	其他生牛皮(包括整张或半张的背皮及腹皮)	5	17	13	千克	AB
4101902010	其他濒危生野马皮(包括整张或半张的背皮及腹皮)	5	30	13	千克	FEAB
4101902090	其他生马皮(包括整张或半张的背皮及腹皮)	5	30	13	千克	AB
4102	**绵羊或羔羊生皮(鲜的、盐渍的、干的、石灰浸渍的、浸酸的或经其他方法保藏,但未鞣制、未经羊皮纸化处理或进一步加工的),不论是否带毛或剖层,但本章注释一(三)所述不包括的生皮除外**					
4102100000	带毛的绵羊或羔羊生皮[本章注释一(三)所述不包括的生皮除外]	7	30	13	千克/张	AB
4102211000	浸酸退鞣不带毛绵羊或羔羊生皮[本章注释一(三)所述不包括的生皮除外]	14	30	13	千克/张	AB
4102219000	浸酸非退鞣不带毛绵羊或羔羊生皮[本章注释一(三)所述不包括的生皮除外]	9	30	13	千克/张	AB
4102291000	其他不带毛退鞣绵羊或羔羊生皮[浸酸的及本章注释一(三)所述不包括的生皮除外]	14	30	13	千克/张	AB
4102299000	其他不带毛非退鞣绵羊或羔羊生皮[浸酸的及本章注释一(三)所述不包括的生皮除外]	7	30	13	千克/张	AB
4103	**其他生皮(鲜的、盐渍的、干的、石灰浸渍的、浸酸的或以其他方法保藏,但未鞣制、未经羊皮纸化处理或进一步加工的),不论是否去毛或剖层,但本章注释一(二)或(三)所述不包括的生皮除外**					
4103200000	爬行动物的生皮	9	30	13	千克/张	FEAB
4103300010	生鹿豚、姬猪皮	9	30	13	千克/张	ABFE
4103300090	生猪皮	9	30	13	千克/张	AB
4103901100	退鞣山羊板皮[本章注释一(三)所述不包括的生皮除外]	14	35	13	千克/张	AB
4103901900	非退鞣山羊板皮[本章注释一(三)所述不包括的生皮除外]	9	35	13	千克/张	AB
4103902100	其他退鞣山羊或小山羊皮[山羊板皮及本章注释一(三)所述不包括的生皮除外]	14	30	13	千克/张	AB
4103902900	其他非退鞣山羊或小山羊皮[山羊板皮及本章注释一(三)所述不包括的生皮除外]	9	30	13	千克/张	AB
4103909010	其他濒危野生动物生皮[本章注释一(二)或(三)所述不包括的生皮除外]	9	30	13	千克/张	ABEF
4103909090	其他生皮[本章注释一(二)或(三)所述不包括的生皮除外]	9	30	13	千克/张	AB
4104	**经鞣制的不带毛牛皮(包括水牛皮)、马皮及其坯革,不论是否剖层,但未经进一步加工**					
4104111110*	蓝湿濒危野牛皮(全粒面未剖或粒面剖层,经鞣制不带毛)	7	17	17	千克	ABFE
4104111190*	全粒面未剖层或粒面剖层蓝湿牛皮(经鞣制不带毛)	7	17	17	千克	AB
4104111910	湿濒危野牛皮(全粒面未剖或粒面剖层,经鞣制不带毛)	8	35	17	千克	EF
4104111990	全粒面未剖层或粒面剖层湿牛皮(经鞣制不带毛)	8	35	17	千克	
4104112010	湿濒危野马皮(全粒面未剖或粒面剖层,经鞣制不带毛)	5	35	17	千克	EF
4104112090	全粒面未剖层或粒面剖层湿马皮(经鞣制不带毛)	5	35	17	千克	

商品编号	商品名称及备注	进口关税税率(%)		增值税率(%)	计量单位	监管条件
		最惠国	普通			
4104191110*	其他蓝湿濒危野牛皮(经鞣制不带毛)	6	17	17	千克	ABFE
4104191190*	其他蓝湿牛皮(经鞣制不带毛)	6	17	17	千克	AB
4104191910	其他湿濒危野牛皮(经鞣制不带毛)	7	35	17	千克	EF
4104191990	其他湿牛皮(经鞣制不带毛)	7	35	17	千克	
4104192010*	其他湿濒危野马皮(经鞣制不带毛)	7	35	17	千克	EF
4104192090*	其他湿马皮(经鞣制不带毛)	7	35	17	千克	
4104410010*	濒危野牛马干革(全粒面未剖或粒面剖层,经鞣制不带毛)	5	35	17	千克	EF
4104410090*	全粒面未剖层或粒面剖层干革(经鞣制不带毛)	5	35	17	千克	
4104491010	其他机器带用濒危野牛马皮革(经鞣制不带毛)	5	20	17	千克	FE
4104491090	其他机器带用牛马皮革(经鞣制不带毛)	5	20	17	千克	
4104499010	其他濒危野牛马皮革(经鞣制不带毛)	7	35	17	千克	EF
4104499090	其他牛马皮革(经鞣制不带毛)	7	35	17	千克	
4105	**经鞣制的不带毛绵羊或羔羊皮及其坯革,不论是否剖层,但未经进一步加工**					
4105101000*	蓝湿绵羊或羔羊皮(经鞣制不带毛)	14	50	17	千克	AB
4105109000	其他绵羊或羔羊湿革(经鞣制不带毛)	10	50	17	千克	
4105300000	绵羊或羔羊干革(经鞣制不带毛)	8	50	17	千克	
4106	**经鞣制的其他不带毛动物皮及其坯革,不论是否剖层,但未经进一步加工**					
4106210001*	蓝湿山羊皮(经鞣制不带毛)	14	50	17	千克	
4106210090	其他山羊或小山羊湿革(经鞣制不带毛)	14	50	17	千克	
4106220000	山羊或小山羊干革(经鞣制不带毛)	14	50	17	千克	
4106311010*	蓝湿鹿豚、姬猪皮(经鞣制不带毛)	14	50	17	千克	FEAB
4106311090*	其他蓝湿猪皮(经鞣制不带毛)	14	50	17	千克	AB
4106319010	鹿豚、姬猪湿革(经鞣制不带毛)	14	50	17	千克	EF
4106319090	其他猪湿革(经鞣制不带毛)	14	50	17	千克	
4106320010	鹿豚、姬猪干革(经鞣制不带毛,坯革)	14	50	17	千克	EF
4106320090	其他猪干革(经鞣制不带毛,坯革)	14	50	17	千克	
4106400000	爬行动物皮革(经鞣制不带毛)	14	50	17	千克	FE
4106910010	其他濒危野生动物湿革(经鞣制不带毛)	14	50	17	千克	FE
4106910090	其他动物湿革(经鞣制不带毛)	14	50	17	千克	
4106920010	濒危其他野生动物干革(经鞣制不带毛)	14	50	17	千克	FE
4106920090	其他动物干革(经鞣制不带毛)	14	50	17	千克	
4107	**经鞣制或半硝处理后进一步加工的牛皮革(包括水牛皮革)及马皮革,包括羊皮纸化处理的皮革,不论是否剖层,但品目41.14的皮革除外**					
4107111010	全粒面未剖层整张濒危野牛皮(经鞣制或半硝后进一步加工,羊皮纸化处理)	8	50	17	千克/张	FE
4107111090	全粒面未剖层整张牛皮(经鞣制或半硝后进一步加工,羊皮纸化处理)	8	50	17	千克/张	
4107112010	全粒面未剖层整张濒危野马皮(经鞣制或半硝后进一步加工,羊皮纸化处理)	5	50	17	千克/张	FE
4107112090	全粒面未剖层整张马皮(经鞣制或半硝后进一步加工,羊皮纸化处理)	5	50	17	千克/张	
4107121010*	粒面剖层整张濒危野牛皮(经鞣制或半硝后进一步加工,羊皮纸化处理)	8	50	17	千克/张	FE

商品编号	商品名称及备注	进口关税税率(%)		增值税率(%)	计量单位	监管条件
		最惠国	普通			
4107121090*	粒面剖层整张牛皮(经鞣制或半硝后进一步加工,羊皮纸化处理)	8	50	17	千克/张	
4107122010	粒面剖层整张濒危野马皮(经鞣制或半硝后进一步加工,羊皮纸化处理)	5	50	17	千克/张	FE
4107122090	粒面剖层整张马皮(经鞣制或半硝后进一步加工,羊皮纸化处理)	5	50	17	千克/张	
4107191010	其他机器带用整张濒危野牛马皮革(经鞣制或半硝后进一步加工,羊皮纸化处理)	5	50	17	千克/张	FE
4107191090	其他机器带用整张牛马皮革(经鞣制或半硝后进一步加工,羊皮纸化处理)	5	50	17	千克/张	
4107199010	其他整张濒危野牛马皮革(经鞣制或半硝后进一步加工,羊皮纸化处理)	7	50	17	千克/张	EF
4107199090	其他整张牛马皮革(经鞣制或半硝后进一步加工,羊皮纸化处理)	7	50	17	千克/张	
4107910010	全粒面未剖层非整张濒危野牛马皮(经鞣制或半硝后进一步加工,羊皮纸化处理)	5	50	17	千克	EF
4107910090	全粒面未剖层非整张革(经鞣制或半硝后进一步加工,羊皮纸化处理)	5	50	17	千克	
4107920010	粒面剖层非整张濒危野牛马皮革(经鞣制或半硝后进一步加工,羊皮纸化处理)	5	50	17	千克	FE
4107920090	粒面剖层非整张革(经鞣制或半硝后进一步加工,羊皮纸化处理)	5	50	17	千克	
4107991010	其他机器带用非整张濒危野牛马皮(经鞣制或半硝后进一步加工,羊皮纸化处理)	5	50	17	千克	FE
4107991090	其他机器带用非整张牛马皮革(经鞣制或半硝后进一步加工,羊皮纸化处理)	5	50	17	千克	
4107999010	其他非整张濒危野牛马皮革(经鞣制或半硝后进一步加工,羊皮纸化处理)	7	50	17	千克	EF
4107999090	其他非整张牛马皮革(经鞣制或半硝后进一步加工,羊皮纸化处理)	7	50	17	千克	
4112	**经鞣制或半硝处理后进一步加工的不带毛的绵羊或羔羊皮革,包括羊皮纸化处理的,不论是否剖层,但品目41.14的皮革除外**					
4112000000	加工的绵羊或羔羊皮革(经鞣制或半硝后进一步加工,不带毛,羊皮纸化处理)	8	50	17	千克	
4113	**经鞣制或半硝处理后进一步加工的不带毛的其他动物皮革,包括羊皮纸化处理的,不论是否剖层,但品目41.14的皮革除外**					
4113100000	加工的山羊或小山羊皮革(经鞣制或半硝后进一步加工,不带毛,羊皮纸化处理)	14	50	17	千克	
4113200010	加工的鹿豚、姬猪皮革(经鞣制或半硝后进一步加工,不带毛,羊皮纸化处理)	14	50	17	千克	EF
4113200090	加工的猪皮革(经鞣制或半硝后进一步加工,不带毛,羊皮纸化处理)	14	50	17	千克	
4113300000	加工的爬行动物皮革(经鞣制或半硝后进一步加工,不带毛,羊皮纸化处理)	14	50	17	千克	FE

商品编号	商品名称及备注	进口关税税率(%)		增值税率(%)	计量单位	监管条件
		最惠国	普通			
4113900010	加工的其他濒危野生动物皮革(经鞣制或半硝后进一步加工,不带毛,羊皮纸化处理)	14	50	17	千克	FE
4113900090	加工的其他动物皮革(经鞣制或半硝后进一步加工,不带毛,羊皮纸化处理)	14	50	17	千克	
4114	**油鞣皮革(包括结合鞣制的油鞣皮革);漆皮及层压漆皮;镀金属皮革**					
4114100010	油鞣其他濒危野生动物皮革(包括结合鞣制的油鞣皮革)	14	50	17	千克	FE
4114100090	油鞣其他动物皮革(包括结合鞣制的油鞣皮革;野生动物皮革除外)	14	50	17	千克	
4114200000	漆皮及层压漆皮;镀金属皮革	10	50	17	千克	
4115	**以皮革或皮革纤维为基本成分的再生皮革,成块、成张或成条,不论是否成卷;皮革或再生皮革的边角废料,不适宜作皮革制品用;皮革粉末**					
4115100000	再生皮革(以皮革或皮革纤维为基本成分,成块、张、条,不论是否成卷)	14	50	17	千克	
4115200010	皮革废渣、灰渣、淤渣及粉末	14	50	17	千克	9
4115200090	皮革或再生皮革边角料	14	50	17	千克	AP

第四十二章　皮革制品;鞍具及挽具;旅行用品、手提包及类似容器;动物肠线(蚕胶丝除外)制品

注释:

一、本章所称的“皮革”包括油鞣皮革(含结合鞣制的油鞣皮革)、漆皮、层压漆皮和镀金属皮革。

二、本章不包括:

(一)外科用无菌肠线或类似的无菌缝合材料(品目30.06);

(二)以毛皮或人造毛皮衬里或做面(仅饰边的除外)的衣服及衣着附件(分指手套、连指手套及露指手套除外)(品目43.03或43.04);

(三)网线袋及类似品(品目56.08);

(四)第六十四章的物品;

(五)第六十五章的帽类及其零件;

(六)品目66.02的鞭子、马鞭或其他物品;

(七)袖扣、手镯或其他仿首饰(品目71.17);

(八)单独进口或出口的挽具附件或装饰物,例如,马镫、马嚼子、马铃铛及类似品、带扣(一般归入第十五类);

(九)弦线、鼓面皮或类似品及其他乐器零件(品目92.09);

(十)第九十四章的物品(例如,家具、灯具及照明装置);

(十一)第九十五章的物品(例如,玩具、游戏品及运动用品);

(十二)品目96.06的纽扣、揿扣、纽扣芯或这些物品的其他零件、纽扣坯。

三、(一)除上述注释二所规定的以外,品目42.02也不包括:

1. 非供长期使用的带把手塑料薄膜袋,不论是否印制(品目39.23);

2. 编结材料制品(品目46.02)。

(二)品目42.02及42.03的制品,如果装有用贵金属、包贵金属、天然或养殖珍珠、宝石或半宝石(天然、合成或再造)制的零件,即使这些零件不是仅作为小配件或小饰物的,只要其未构成物品的基本特征,仍应归入上述品目;但如果这些零件已构成物品的基本特征,则应归入第七十一章。

四、品目42.03所称“衣服及衣着附件”,主要适用于分指手套、连指手套及露指手套(包括运动手套及防护手套)、围裙及其他防护用衣着、裤吊带、腰带、子弹带及腕带,但不包括表带(品目91.13)。

商品编号	商品名称及备注	进口关税税率(%)		增值税率(%)	计量单位	监管条件
		最惠国	普通			
4201	**各种材料制成的鞍具及挽具(包括缰绳、挽绳、护膝垫、口套、鞍褥、马褡裢、狗外套及类似品),适合各种动物用**					
4201000010	濒危野生动物材料制的鞍具及挽具(适合各种动物用)	20	100	17	千克	FE
4201000090	各种材料制成的鞍具及挽具(野生动物材料制的除外,适合各种动物用)	20	100	17	千克	
4202	**衣箱、提箱、小手袋、公文箱、公文包、书包、眼镜盒、望远镜盒、照相机套、乐器盒、枪套及类似容器;旅行包、食品或饮料保温包、化妆包、帆布包、手提包、购物袋、钱夹、钱包、地图盒、烟盒、烟袋、工具包、运动包、瓶盒、首饰盒、粉盒、刀叉餐具盒及类似容器,用皮革或再生皮革、塑料片、纺织材料、钢纸或纸板制成,或者全部或主要用上述材料或纸包覆制成**					
4202111010	以含濒危野生动物皮革或再生皮革作面的衣箱	15	100	17	千克/个	FE
4202111090	其他以皮革或再生皮革作面的衣箱	15	100	17	千克/个	
4202119010	以濒危野生动物皮革或再生皮革作面的箱包(包括提箱、小手袋、公文包、书包及类似容器,但不包括衣箱)	10	100	17	千克/个	FE
4202119090	其他以皮革或再生皮革作面的箱包(包括提箱、小手袋、公文包、书包及类似容器,但不包括衣箱)	10	100	17	千克/个	
4202121000	以塑料或纺织材料作面的衣箱	20	100	17	千克/个	

商品编号	商品名称及备注	进口关税税率(%)		增值税率(%)	计量单位	监管条件
		最惠国	普通			
4202129000	以塑料或纺织材料作面的其他箱包(包括提箱、小手袋、公文箱、公文包、书包及类似容器)	20	100	17	千克/个	
4202190000	以钢纸或纸板作面的衣箱等(包括提箱、小手袋、公文箱、公文包、书包及类似容器)	20	100	17	千克/个	
4202210010	以濒危野生动物皮革或再生皮革作面的手提包(不论是否有背带,包括无把手的)	10	100	17	千克/个	FE
4202210090	其他以皮革或再生皮革作面的手提包(不论是否有背带,包括无把手的)	10	100	17	千克/个	
4202220000	以塑料片或纺织材料作面的手提包(不论是否有背带,包括无把手的)	10	100	17	千克/个	
4202290000	以钢纸或纸板作面的手提包(不论是否有背带,包括无把手的)	20	100	17	千克/个	
4202310010	以濒危野生动物皮革或再生皮革作面的钱包等物品(指通常置于口袋或手提包内的物品)	10	100	17	千克/个	FE
4202310090	以皮革或再生皮革作面的钱包等物品(指通常置于口袋或手提包内的物品)	10	100	17	千克/个	
4202320000	塑料片或纺织材料作面的钱包等物品(指通常置于口袋或手提包内的物品)	20	100	17	千克/个	
4202390000	以钢纸或纸板作面的钱包等物品(指通常置于口袋或手提包内的物品)	20	100	17	千克/个	
4202910010	濒危野生动物皮革或再生皮革作面的其他容器	10	100	17	千克/个	FE
4202910090	其他皮革或再生皮革作面的其他容器	10	100	17	千克/个	
4202920000	塑料片或纺织材料作面的其他容器	10	100	17	千克/个	
4202990000	以钢纸或纸板作面的其他容器	20	100	17	千克/个	
4203	**皮革或再生皮革制的衣服及衣着附件**					
4203100010	濒危野生动物皮革制的衣服(包括再生野生动物皮革制作的)	10	100	17	件/千克	EF
4203100090	皮革或再生皮革制的衣服(野生动物皮革制作的除外)	10	100	17	件/千克	
4203210010	濒危野生动物皮革制的运动手套(包括再生野生动物皮革制作的)	20	100	17	双/千克	FE
4203210090	皮革或再生皮革制专供运动用手套(包括连指或露指的,野生动物皮革制作的除外)	20	100	17	双/千克	
4203291010	濒危野生动物皮革制的劳保手套(包括再生野生动物皮革制作的)	20	100	17	双/千克	FE
4203291090	皮革或再生皮革制的劳保手套(野生动物皮革制作的除外)	20	100	17	双/千克	
4203299010	濒危野生动物皮革制的其他手套(包括再生野生动物皮革制作的)	20	100	17	双/千克	FE
4203299090	皮革或再生皮革制的其他手套(包括连指或露指的)	20	100	17	双/千克	
4203301010	濒危野生动物皮革制的腰带(包括再生野生动物皮革制作的)	10	100	17	千克	FE
4203301090	其他动物皮革制的腰带(包括再生动物皮革制作的)	10	100	17	千克	
4203302010	濒危野生动物皮革制的子弹带(包括再生野生动物皮革制作的)	10	100	17	千克	FE
4203302090	其他动物皮革制的子弹带(包括再生动物皮革制作的)	10	100	17	千克	
4203400010	濒危野生动物皮革制的衣着附件(包括再生野生动物皮革制作的)	20	100	17	千克	FE

商品编号	商品名称及备注	进口关税税率(%)		增值税率(%)	计量单位	监管条件
		最惠国	普通			
4203400090	皮革或再生皮革制的其他衣着附件	20	100	17	千克	
4205	**皮革或再生皮革的其他制品**					
4205001010	濒危野生动物皮革制的坐具套(包括再生野生动物皮革制作的)	12	100	17	千克	FE
4205001090	其他动物皮革制的坐具套(包括再生皮革制作的)	12	100	17	千克	
4205002010	濒危野生动物皮革制工业用皮革或再生皮革制品(工业用指机器、机械器具或其他专门技术用途的)	8	35	17	千克	FE
4205002090	其他工业用皮革或再生皮革制品(工业用指机器、机械器具或其他专门技术用途的)	8	35	17	千克	
4205009010	濒危野生动物皮革的其他制品(包括再生野生动物皮革制作的)	12	100	17	千克	FE
4205009020	皮革或再生皮革制宠物用品	12	100	17	千克	AB
4205009090	皮革或再生皮革的其他制品	12	100	17	千克	
4206	**肠线(蚕胶丝除外)、肠膜、膀胱或筋腱制品**					
4206000000	肠线、肠膜、膀胱或筋腱制品(不包括外科用无菌肠线或制成乐器弦的肠线,蚕胶丝除外)	20	90	17	千克	

第四十三章　毛皮、人造毛皮及其制品

注释：

一、本手册所称“毛皮”，是指已鞣的各种动物的带毛毛皮，但不包括品目43.01的生毛皮。

二、本章不包括：

（一）带羽毛或羽绒的整张或部分鸟皮（品目05.05或67.01）；

（二）第四十一章的带毛生皮[见该章注释一（三）]；

（三）用皮革与毛皮或用皮革与人造毛皮制成的分指手套、连指手套及露指手套（品目42.03）；

（四）第六十四章的物品；

（五）第六十五章的帽类及其零件；

（六）第九十五章的物品（例如，玩具、游戏品及运动用品）。

三、品目43.03包括加有其他材料缝合的毛皮和毛皮部分品，以及缝合成衣服、衣服部分品、衣着附件或其他制品的毛皮和毛皮部分品。

四、以毛皮或人造毛皮衬里或做面（仅饰边的除外）的衣服及衣着附件（不包括注释二所述的货品），应分别归入品目43.03或43.04，但毛皮或人造毛皮仅作为装饰的除外。

五、本手册所称“人造毛皮”，是指以毛、发或其他纤维粘附或缝合于皮革、织物或其他材料之上而构成的仿毛皮，但不包括以机织或针织方法制得的仿毛皮（一般应归入品目58.01或60.01）。

商品编号	商品名称及备注	进口关税税率（%）		增值税率（%）	计量单位	监管条件
		最惠国	普通			
4301	**生毛皮（包括适合加工皮货用的头、尾、爪及其他块、片），但品目41.01、41.02或41.03的生皮除外**					
4301100000	整张生水貂皮（不论是否带头、尾或爪）	15	100	13	千克	AB
4301300000	阿斯特拉罕等羔羊的整张生毛皮（还包括喀拉科尔、波斯、印度、中国或蒙古等羔羊）	20	90	13	千克	AB
4301600010	整张濒危生狐皮（不论是否带头、尾或爪）	20	100	13	千克/张	AFEB
4301600090	其他整张生狐皮（不论是否带头、尾或爪）	20	100	13	千克/张	AB
4301801010	整张生濒危野兔皮（不论是否带头、尾或爪）	20	90	13	千克/张	AFEB
4301801090	整张生兔皮（不论是否带头、尾或爪）	20	90	13	千克/张	AB
4301809010	整张的其他生濒危野生动物毛皮（不论是否带头、尾或爪，包括整张濒危生海豹皮）	20	90	13	千克/张	ABEF
4301809090	整张的其他生毛皮（不论是否带头、尾或爪，包括整张生海豹皮）	20	90	13	千克/张	AB
4301901000	未鞣制的黄鼠狼尾	20	50	13	千克	ABEF
4301909010	其他濒危野生动物未鞣头尾（加工皮货用，包括爪及其他块、片）	20	90	13	千克	ABFE
4301909090	适合加工皮货用的其他未鞣头、尾（包括爪及其他块、片）	20	90	13	千克	AB
4302	**未缝制或已缝制（不加其他材料）的已鞣毛皮（包括头、尾、爪及其他块、片），但品目43.03的货品除外**					
4302110000	已鞣未缝制的整张水貂皮（不论是否带头、尾或爪）	12	130	17	千克/张	
4302191010	已鞣未缝制的濒危狐皮（兰狐皮、银狐皮除外）	10	130	17	千克/张	EF
4302191020	已鞣未缝制的兰狐皮、银狐皮	10	130	17	千克/张	
4302191090	已鞣未缝制的其他贵重濒危动物毛皮（灰鼠皮、白鼬皮、其他貂皮、水獭皮、旱獭皮、猞猁皮）	10	130	17	千克/张	EF
4302192010	已鞣未缝制的整张濒危野兔皮（不论是否带头、尾或爪）	10	100	17	千克/张	FE
4302192090	已鞣未缝制的整张兔皮（不论是否带头、尾或爪）	10	100	17	千克/张	

商品编号	商 品 名 称 及 备 注	进口关税税率(%)		增值税率(%)	计量单位	监管条件
		最惠国	普通			
4302193000	已鞣未缝制阿斯特拉罕等羔羊皮(还包括喀拉科尔、波斯、印度、中国或蒙古羔羊皮)	20	100	17	千克/张	
4302199010	已鞣未缝制其他濒危野生动物毛皮	10	100	17	千克/张	EF
4302199090	已鞣未缝制的其他毛皮	10	100	17	千克/张	
4302200010	已鞣未缝濒危野生动物头、尾、爪等(包括块、片)	20	100	17	千克	EF
4302200090	已鞣未缝制的头、尾、爪及其他块片	20	100	17	千克	
4302301010	已鞣已缝制貂皮、狐皮及其块、片(兰狐、银狐、水貂、艾虎的整张毛皮及块、片除外)	20	130	17	千克	EF
4302301090	已鞣已缝制的贵重濒危动物毛皮及其块、片(灰鼠皮、白鼬皮、其他貂皮、水獭皮、旱獭皮、猞猁皮及块、片)	20	130	17	千克	EF
4302309010	已鞣已缝制的其他整张濒危野生毛皮(包括块、片)	20	100	17	千克	EF
4302309090	已鞣已缝制的其他整张毛皮及块、片	20	100	17	千克	
4303	**毛皮制的衣服、衣着附件及其他物品**					
4303101010	濒危野生动物毛皮衣服	23	150	17	千克/件	BEF
4303101090	其他毛皮衣服	23	150	17	千克/件	B
4303102010	濒危野生动物毛皮衣着附件	18	150	17	千克	EF
4303102090	其他毛皮衣着附件	18	150	17	千克	
4303900010	濒危野生动物毛皮制其他物品	18	150	17	千克	EF
4303900090	其他毛皮制物品	18	150	17	千克	
4304	**人造毛皮及其制品**					
4304001000	人造毛皮	18	130	17	千克	
4304002000	人造毛皮制品	18	150	17	千克	

第九类　木及木制品；木炭；软木及软木制品；稻草、秸秆、针茅或其他编结材料制品；篮筐及柳条编结品

第四十四章　木及木制品；木炭

注释：

一、本章不包括：

（一）主要做香料、药料、杀虫、杀菌或类似用途的木片、刨花、木碎、木粒或木粉（品目12.11）；

（二）竹或主要做编织用的其他木质材料，呈原木状，不论是否经劈开、纵锯或切段（品目14.01）；

（三）主要做染料或鞣料用的木片、刨花、木粒或木粉（品目14.04）；

（四）活性炭（品目38.02）；

（五）品目42.02的物品；

（六）第四十六章的货品；

（七）第六十四章的鞋靴及其零件；

（八）第六十六章的货品（例如，伞、手杖及其零件）；

（九）品目68.08的货品；

（十）品目71.17的仿首饰；

（十一）第十六类或第十七类的货品（例如，机器零件，机器及器具的箱、罩、壳，车辆部件）；

（十二）第十八类的货品（例如，钟壳、乐器及其零件）；

（十三）火器的零件（品目93.05）；

（十四）第九十四章的物品（例如，家具、灯具及照明器具、活动房屋）；

（十五）第九十五章的物品（例如，玩具、游戏品及运动用品）；

（十六）第九十六章的物品（例如，烟斗及其零件、纽扣、铅笔），但品目96.03所列物品的木身及木柄除外；

（十七）第九十七章的物品（例如，艺术品）。

二、本章所称“强化木”，是指经过化学或物理方法处理（对于多层黏合木材，其处理应超出一般黏合需要），从而增加了密度或硬度并改善了机械强度、抗化学或抗电性能的木材。

三、品目44.14至44.21适用于木质碎料板或类似木质材料板、纤维板、层压板或强化木的制品。

四、品目44.10、44.11或44.12的产品，可以加工成品目44.09所述的各种形状，也可以加工成弯曲、瓦楞、多孔或其他形状（正方形或矩形除外），以及经其他任何加工，但未具有其他品目所列制品的特性。

五、品目44.17不包括装有第八十二章注释一所述材料制成的刀片、工作刃、工作面或其他工作部件的工具。

六、除上述注释一及其他另有规定的以外，本章品目中所称“木”，也包括竹及其他木质材料。

子目注释：

一、子目4401.31所称“木屑棒”是指由木材加工业、家具制造业及其他木材加工活动中产生的副产品（例如，刨花、锯末及碎木片）直接压制而成或加入按重量计不超过3%的黏合剂后粘聚而成的产品。此类产品呈圆柱状，其直径不超过25毫米，长度不超过100毫米。

二、子目4403.41至4403.49、4407.21至4407.29、4408.31至4408.39及4412.31所称“热带木”，是指下列木材：

大叶帽柱木、非洲桃花心木、西非红豆木、箭毒木、阿兰木、圭亚那苦油楝木、非洲甘比山榄木、杜楝木、非洲栎柞木、婆罗双木、美洲轻木、白驼峰楝木、黑驼峰楝木、卡蒂沃木、雪松木、西非褐红椴木、深红色红柳桉木、非洲核桃楝木、阿夫苏木、象牙海岸榄仁木、破布木、吉贝木、丝棉木、乔状黄牛木、安哥拉丛花木、巴西胡桃木、皮蚁木、伊罗科木、拟爱神木、夹竹桃木、巴西红木、绒根木、龙脑香木、开姆帕斯木、羯布罗香木、康多非洲楝木、象牙海岸褐红椴木、象牙海岸翼梧桐木、浅红色红柳桉木、非洲榄仁木、南美樟木、圭亚那铁线子木、西印度桃花心木、猴子果木、肖氏夸利亚木、曼孙梧桐木、马来蝴蝶木、巴栲红柳桉木、粗轴坡垒木、一茄木、斯温漆木、异翅香木、非洲梨木、非洲银叶木、胶木、非洲白梧桐木、加蓬榄木、蓖麻木、爱里古夷苏木、奥文科尔木、中非蜡烛木、紫檀木、人面子木、危地马拉黑黄檀木、印度黑黄檀木、巴西黑黄檀木、巴西花梨木、巴西柚木、白坚木、鸡骨常山木、印马四出香木、大沃契希亚木、东南亚棱柱木、萨撇列木、萌生木棉木、苏帕楠木、西波木、苏古皮拉木、红椿木、圭亚那考拉玉蕊木、柚木、安哥拉香桃花心木、非洲阿勃木、南美肉豆蔻木、白柳桉木、白色红柳桉木、白色柳桉木、黄色红柳桉木。

商品编号	商 品 名 称 及 备 注	进口关税税率(%)		增值税率(%)	计量单位	监管条件
		最惠国	普通			
4401	**薪柴(圆木段、块、枝、成捆或类似形状);木片或木粒;锯末、木废料及碎片,不论是否粘结成圆木段、块、片或类似形状**					
4401100000	薪柴(圆木段、块、枝、成捆或类似形状)	0	70	17	千克	AB
4401210010*	濒危针叶木木片或木粒	0	8	17	千克	ABFE
4401210090*	其他针叶木木片或木粒	0	8	17	千克	AB
4401220010*	濒危非针叶木木片或木粒	0	8	17	千克	ABFE
4401220090*	其他非针叶木木片或木粒	0	8	17	千克	AB
4401310000	木屑棒	0	8	17	千克	ABP
4401390000	其他锯末、木废料及碎片(不论是否粘结成圆木段、块、片或类似形状)	0	8	17	千克	ABP
4402	**木炭(包括果壳炭及果核炭),不论是否结块**					
4402100000	竹炭	10.5	70	17	千克	
4402900010	以木材为原料直接烧制的木炭	10.5	70	17	千克	8
4402900090	其他木炭(包括果壳炭及果核炭,不论是否结块)	10.5	70	17	千克	
4403	**原木,不论是否去皮、去边材或粗锯成方**					
4403100010	油漆、着色剂等处理的濒危树种原木(包括用杂酚油或其他防腐剂处理)	0	8	13	立方米/千克	8AF
4403100090	其他油漆、着色剂等处理的原木(包括用杂酚油或其他防腐剂处理)	0	8	13	立方米/千克	8A
4403201010	其他红松原木(用油漆、着色剂、杂酚油或其他防腐剂处理的除外)	0	8	13	立方米/千克	8AEF
4403201090	其他樟子松原木(用油漆、着色剂、杂酚油或其他防腐剂处理的除外)	0	8	13	立方米/千克	8A
4403202010	濒危白松、云杉和冷杉原木	0	8	13	立方米/千克	8AF
4403202090	其他白松、云杉和冷杉原木	0	8	13	立方米/千克	8A
4403203000	其他辐射松原木	0	8	13	立方米/千克	8A
4403204000	其他落叶松原木	0	8	13	立方米/千克	8A
4403209010	其他濒危针叶木原木	0	8	13	立方米/千克	8AF
4403209090	其他针叶木原木	0	8	13	立方米/千克	8A
4403410000	其他红柳桉木原木(指深红色红柳桉木、浅红色红柳桉及巴栲红色红柳桉木)	0	8	13	立方米/千克	8A
4403491000	其他柚木原木(用油漆、着色剂、杂酚油或其他防腐剂处理的除外)	0	35	13	立方米/千克	8A
4403492000	其他奥克曼 OKOUME 原木(奥克榄 Aukoumed klaineana)	0	35	13	立方米/千克	8A
4403493000	其他龙脑香木、克隆原木(龙脑香木 Dipterocarpus spp.,克隆 Keruing)	0	35	13	立方米/千克	8A
4403494000	其他山樟 Kapur 原木(香木 Dryobalanops spp.)	0	35	13	立方米/千克	8A
4403495000	其他印加木 Intsia spp. 原木(波罗格 Mengaris)	0	35	13	立方米/千克	8A
4403496000	其他大干巴豆 Koompassia spp.(门格里斯 Mengaris 或康派斯 Kempas)	0	35	13	立方米/千克	8A
4403497000	其他异翅香木 Anisopter spp.	0	35	13	立方米/千克	8A
4403499010	其他本章子目注释二濒危热带原木(用油漆、着色剂、杂酚油或其他防腐剂处理的除外)	0	8	13	立方米/千克	8AF
4403499090	其他本章子目注释二所列热带原木(用油漆、着色剂、杂酚油或其他防腐剂处理的除外)	0	8	13	立方米/千克	8A

商品编号	商品名称及备注	进口关税税率(%)		增值税率(%)	计量单位	监管条件
		最惠国	普通			
4403910000	栎木(橡木)原木(用油漆、着色剂、杂酚油或其他防腐剂处理的除外)	0	8	13	立方米/千克	8A
4403920000	山毛榉木原木(用油漆、着色剂、杂酚油或其他防腐剂处理的除外)	0	8	13	立方米/千克	8A
4403991000	楠木原木(用油漆、着色剂、杂酚油或其他防腐剂处理的除外)	0	35	13	立方米/千克	8A
4403992000	樟木原木(用油漆、着色剂、杂酚油或其他防腐剂处理的除外)	0	35	13	立方米/千克	8A
4403993000	红木原木(用油漆、着色剂、杂酚油或其他防腐剂处理的除外)	0	35	13	立方米/千克	8AF
4403994000	泡桐木原木(用油漆、着色剂、杂酚油或其他防腐剂处理的除外)	0	8	13	立方米/千克	8A
4403995000	水曲柳原木(用油漆、着色剂、杂酚油或其他防腐剂处理的除外)	0	8	13	立方米/千克	8A
4403996000	北美硬阔叶木原木(包括樱桃木、枫木、黑胡桃木)	0	8	13	立方米/千克	8A
4403998010	其他未列名温带濒危非针叶木原木(用油漆、着色剂、杂酚油或其他防腐剂处理的除外)	0	8	13	立方米/千克	8AF
4403998090	其他未列名温带非针叶木原木(用油漆、着色剂、杂酚油或其他防腐剂处理的除外)	0	8	13	立方米/千克	8A
4403999011	南美蒺藜木(玉檀木)原木(用油漆、着色剂、杂酚油或其他防腐剂处理的除外)	0	8	13	立方米/千克	8AEF
4403999012	沉香木及拟沉香木原木(用油漆、着色剂、杂酚油或其他防腐剂处理的除外)	0	8	13	立方米/千克	8AEF
4403999019	其他未列名濒危非针叶原木(用油漆、着色剂、杂酚油或其他防腐剂处理的除外)	0	8	13	立方米/千克	8AEF
4403999090	其他未列名非针叶原木(用油漆、着色剂、杂酚油或其他防腐剂处理的除外)	0	8	13	立方米/千克	8A
4404	**箍木;木劈条;已削尖但未经纵锯的木桩;粗加修整但未经车圆、弯曲或其他方式加工的木棒,适合制手杖、伞柄、工具把柄及类似品;木片条及类似品**					
4404100010	濒危针叶木的箍木等及类似品(包括木劈条、棒及类似品)	8	50	17	千克	ABFE
4404100090	其他针叶木的箍木等及类似品(包括木劈条、棒及类似品)	8	50	17	千克	AB
4404200010	濒危非针叶木箍木等(包括木劈条、棒及类似品)	8	50	17	千克	ABFE
4404200090	其他非针叶木箍木等(包括木劈条、棒及类似品)	8	50	17	千克	AB
4405	**木丝;木粉**					
4405000000	木丝及木粉	8	40	17	千克	AB
4406	**铁道及电车道枕木**					
4406100000	未浸渍的铁道及电车道枕木	0	14	17	立方米/千克	4ABxy
4406900010	濒危木已浸渍铁道及电车道枕木	0	14	17	立方米/千克	FE
4406900090	其他已浸渍的铁道及电车道枕木	0	14	17	立方米/千克	
4407	**经纵锯、纵切、刨切或旋切的木材,不论是否刨平、砂光或指榫接合,厚度超过6毫米**					
4407101011	端部接合的红松厚板材(经纵锯、纵切、刨切或旋切的,厚度超过6毫米)	0	14	17	立方米/千克	ABEF
4407101019	端部接合的樟子松厚板材(经纵锯、纵切、刨切或旋切的,厚度超过6毫米)	0	14	17	立方米/千克	AB

商品编号	商品名称及备注	进口关税税率(%)		增值税率(%)	计量单位	监管条件
		最惠国	普通			
4407101091	非端部接合的红松厚板材(经纵锯、纵切、刨切或旋切的,厚度超过6毫米)	0	14	17	立方米/千克	4ABEFxy
4407101099	非端部接合的樟子松厚板材(经纵锯、纵切、刨切或旋切的,厚度超过6毫米)	0	14	17	立方米/千克	4ABxy
4407102011	端部接合的濒危白松(云杉、冷杉)厚板材(经纵锯、纵切、刨切或旋切的,厚度超过6毫米)	0	14	17	立方米/千克	ABEF
4407102019	端部接合的其他白松(云杉、冷杉)厚板材(经纵锯、纵切、刨切或旋切的,厚度超过6毫米)	0	14	17	立方米/千克	AB
4407102091	非端部接合的濒危白松(云杉、冷杉)厚板材(经纵锯、纵切、刨切或旋切的,厚度超过6毫米)	0	14	17	立方米/千克	4ABEFxy
4407102099	非端部接合的其他白松(云杉、冷杉)厚板材(经纵锯、纵切、刨切或旋切的,厚度超过6毫米)	0	14	17	立方米/千克	4ABxy
4407103010	端部接合的辐射松厚板材(经纵锯、纵切、刨切或旋切的,厚度超过6毫米)	0	14	17	立方米/千克	AB
4407103090	非端部接合的辐射松厚板材(经纵锯、纵切、刨切或旋切的,厚度超过6毫米)	0	14	17	立方米/千克	4ABxy
4407104010	端部接合的花旗松厚板材(经纵锯、纵切、刨切或旋切的,厚度超过6毫米)	0	14	17	立方米/千克	AB
4407104090	非端部接合的花旗松厚板材(经纵锯、纵切、刨切或旋切的,厚度超过6毫米)	0	14	17	立方米/千克	4ABxy
4407109011	端部接合的其他濒危针叶木厚板材(经纵锯、纵切、刨切或旋切的,厚度超过6毫米)	0	14	17	立方米/千克	FEAB
4407109019	端部接合的其他针叶木厚板材(经纵锯、纵切、刨切或旋切的,厚度超过6毫米)	0	14	17	立方米/千克	AB
4407109091	非端部接合的其他濒危针叶木厚板材(经纵锯、纵切、刨切或旋切的,厚度超过6毫米)	0	14	17	立方米/千克	FEAB4xy
4407109099	非端部接合的其他针叶木厚板材(经纵锯、纵切、刨切或旋切的,厚度超过6毫米)	0	14	17	立方米/千克	AB4xy
4407210010	端部接合的美洲桃花心木(经纵锯、纵切、刨切或旋切的,厚度超过6毫米)	0	14	17	立方米/千克	FEAB
4407210090	非端部接合的美洲桃花心木(经纵锯、纵切、刨切或旋切的,厚度超过6毫米)	0	14	17	立方米/千克	4ABEFxy
4407220010	端部接合的苏里南肉豆蔻木、巴西胡桃木及美洲轻木(经纵锯、纵切、刨切或旋切的,厚度超过6毫米)	0	14	17	立方米/千克	AB
4407220090	非端部接合的苏里南肉豆蔻木、巴西胡桃木及美洲轻木(经纵锯、纵切、刨切或旋切的,厚度超过6毫米)	0	14	17	立方米/千克	4ABxy
4407250010	端部接合的红柳桉木板材(指深红色、浅红色及巴栲红柳桉木,厚度超过6毫米)	0	14	17	立方米/千克	AB
4407250090	非端部接合的红柳桉木板材(指深红色、浅红色及巴栲红柳桉木,经纵锯、纵切、刨切或旋切的,厚度超过6毫米)	0	14	17	立方米/千克	y4xAB
4407260010	端部接合的白柳桉、其他柳桉木和阿兰木板材(经纵锯、纵切、刨切或旋切的,厚度超过6毫米)	0	14	17	立方米/千克	AB
4407260090	非端部接合的白柳桉、其他柳桉木和阿兰木板材(经纵锯、纵切、刨切或旋切的,厚度超过6毫米)	0	14	17	立方米/千克	y4xAB
4407270010	端部接合的沙比利木板材(经纵锯、纵切、刨切或旋切的,厚度超过6毫米)	0	40	17	立方米/千克	AB

商品编号	商 品 名 称 及 备 注	进口关税税率(%)		增值税率(%)	计量单位	监管条件
		最惠国	普通			
4407270090	非端部接合的沙比利木板材(经纵锯、纵切、刨切或旋切的,厚度超过6毫米)	0	40	17	立方米/千克	4ABxy
4407280010	端部接合的伊罗科木板材(经纵锯、纵切、刨切或旋切的,厚度超过6毫米)	0	14	17	立方米/千克	AB
4407280090	非端部接合的伊罗科木板材(经纵锯、纵切、刨切或旋切的,厚度超过6毫米)	0	14	17	立方米/千克	4ABxy
4407291010	端部接合的柚木板材(经纵锯、纵切、刨切或旋切的,厚度超过6毫米)	0	40	17	立方米/千克	AB
4407291090	非端部接合的柚木板材(经纵锯、纵切、刨切或旋切的,厚度超过6毫米)	0	40	17	立方米/千克	y4xAB
4407292010	端部接合的非洲桃花心木板材(经纵锯、纵切、刨切或旋切的,厚度超过6毫米)	0	40	17	立方米/千克	AB
4407292090	非端部接合的非洲桃花心木板材(经纵锯、纵切、刨切或旋切的,厚度超过6毫米)	0	40	17	立方米/千克	AB
4407293010	端部接合的波罗格 Merban 板材(经纵锯、纵切、刨切或旋切的,厚度超过6毫米)	0	40	17	立方米/千克	AB
4407293090	非端部接合的波罗格 Merban 板材(经纵锯、纵切、刨切或旋切的,厚度超过6毫米)	0	40	17	立方米/千克	AB
4407299011	端部接合的拉敏木厚板材(经纵锯、纵切、刨切或旋切的,厚度超过6毫米)	0	14	17	立方米/千克	FEAB
4407299012	端部接合的其他未列名本章子目注释二濒危热带木厚板材(经纵锯、纵切、刨切或旋切的,厚度超过6毫米)	0	14	17	立方米/千克	FEAB
4407299019	端部接合的其他未列名本章子目注释二热带木厚板材(经纵锯、纵切、刨切或旋切的,厚度超过6毫米)	0	14	17	立方米/千克	AB
4407299091	非端部接合的其他未列名本章子目注释二濒危热带木板材(经纵锯、纵切、刨切或旋切的,厚度超过6毫米)	0	14	17	立方米/千克	y4xAFEB
4407299099	非端部接合的其他未列名本章子目注释二热带木板材(经纵锯、纵切、刨切或旋切的,厚度超过6毫米)	0	14	17	立方米/千克	y4xAB
4407910010	端部接合的栎木(橡木)厚板材(经纵锯、纵切、刨切或旋切的,厚度超过6毫米)	0	14	17	立方米/千克	AB
4407910090	非端部接合的栎木(橡木)厚板材(经纵锯、纵切、刨切或旋切的,厚度超过6毫米)	0	14	17	立方米/千克	y4xAB
4407920010	端部接合的山毛榉木厚板材(经纵锯、纵切、刨切或旋切的,厚度超过6毫米)	0	14	17	立方米/千克	ABE
4407920090	非端部接合的山毛榉木厚板材(经纵锯、纵切、刨切或旋切的,厚度超过6毫米)	0	14	17	立方米/千克	4ABExy
4407930010	端部接合的枫木厚板材(经纵锯、纵切、刨切或旋切,厚度超过6毫米)	0	14	17	立方米/千克	AB
4407930090	非端部接合的枫木厚板材(经纵锯、纵切、刨切或旋切,厚度超过6毫米)	0	14	17	立方米/千克	4ABxy
4407940010	端部接合的樱桃木厚板材(经纵锯、纵切、刨切或旋切,厚度超过6毫米)	0	14	17	立方米/千克	AB
4407940090	非端部接合的樱桃木厚板材(经纵锯、纵切、刨切或旋切,厚度超过6毫米)	0	14	17	立方米/千克	4ABxy
4407950010	端部接合的白蜡木厚板材(经纵锯、纵切、刨切或旋切的,厚度超过6毫米)	0	14	17	立方米/千克	AB

商品编号	商品名称及备注	进口关税税率(%)		增值税率(%)	计量单位	监管条件
		最惠国	普通			
4407950090	非端部接合的白蜡木厚板材(经纵锯、纵切、刨切或旋切的,厚度超过6毫米)	0	14	17	立方米/千克	4ABxy
4407991010	端部接合的樟木/楠木/红木厚板材(经纵锯、纵切、刨切或旋切的,厚度超过6毫米)	0	40	17	立方米/千克	AFEB
4407991090	非端部接合的樟木/楠木/红木厚板材(经纵锯、纵切、刨切或旋切的,厚度超过6毫米)	0	40	17	立方米/千克	y4xAFEB
4407992010	端部接合的泡桐木厚板材(经纵锯、纵切、刨切或旋切的,厚度超过6毫米)	0	14	17	立方米/千克	AB
4407992090	非端部接合的泡桐木厚板材(经纵锯、纵切、刨切或旋切的,厚度超过6毫米)	0	14	17	立方米/千克	AB
4407993010	端部接合的北美硬阔叶材厚板材(含黑胡桃木,纵锯、纵切、刨切或旋切的,厚度超过6毫米)	0	14	17	立方米/千克	AB
4407993090	非端部接合的北美硬阔叶材厚板材(含黑胡桃木,纵锯、纵切、刨切或旋切的,厚度超过6毫米)	0	14	17	立方米/千克	AB
4407998011	端部接合其他温带濒危非针叶板材(纵锯、纵切、刨切或旋切的,厚度超过6毫米)	0	14	17	立方米/千克	FEAB
4407998019	端部接合的其他温带非针叶厚板材(纵锯、纵切、刨切或旋切的,厚度超过6毫米)	0	14	17	立方米/千克	AB
4407998091	非端部结合的其他温带濒危非针叶厚板材(纵锯、纵切、刨切或旋切的,厚度超过6毫米)	0	14	17	立方米/千克	4ABEFxy
4407998099	非端部接合的其他温带非针叶厚板材(纵锯、纵切、刨切或旋切的,厚度超过6毫米)	0	14	17	立方米/千克	4ABxy
4407999011	端部接合的南美蒺藜木(玉檀木)厚板材(经纵锯、纵切、刨切或旋切的,厚度超过6毫米)	0	14	17	立方米/千克	AFEB
4407999012	端部接合的沉香木及拟沉香木厚板材(经纵锯、纵切、刨切或旋切的,厚度超过6毫米)	0	14	17	立方米/千克	AFEB
4407999015	端部接合的其他濒危木厚板材(经纵锯、纵切、刨切或旋切的,厚度超过6毫米)	0	14	17	立方米/千克	AFEB
4407999019	端部接合的其他木厚板材(经纵锯、纵切、刨切或旋切的,厚度超过6毫米)	0	14	17	立方米/千克	AB
4407999091	非端部接合的南美蒺藜木(玉檀木)厚板材(经纵锯、纵切、刨切或旋切的,厚度超过6毫米)	0	14	17	立方米/千克	y4xAFEB
4407999092	非端部接合的沉香木及拟沉香木厚板材(经纵锯、纵切、刨切或旋切的,厚度超过6毫米)	0	14	17	立方米/千克	y4xAFEB
4407999095	非端部接合的其他濒危木厚板材(经纵锯、纵切、刨切或旋切的,厚度超过6毫米)	0	14	17	立方米/千克	y4xAFEB
4407999099	非端部接合的其他木厚板材(经纵锯、纵切、刨切或旋切的,厚度超过6毫米)	0	14	17	立方米/千克	y4xAB
4408	**饰面用单板(包括刨切积层木获得的单板)、制胶合板或类似多层板用单板以及其他经纵锯、刨切或旋切的木材,不论是否刨平、砂光、拼接或端部接合,厚度不超过6毫米**					
4408101110	胶合板等多层板制濒危针叶木单板(厚度≤6毫米,饰面用)	8	40	17	千克	ABFE
4408101190	其他胶合板等多层板制针叶木单板(厚度≤6毫米,饰面用)	8	40	17	千克	AB
4408101910	其他饰面濒危针叶木单板(厚度≤6毫米)	4	40	17	千克	ABFE
4408101990	其他饰面针叶木单板(厚度≤6毫米)	4	40	17	千克	AB

商品编号	商 品 名 称 及 备 注	进口关税税率(%)		增值税率(%)	计量单位	监管条件
		最惠国	普通			
4408102010	制胶合板用濒危针叶木单板(厚度≤6 毫米)	4	17	17	千克	ABFE
4408102090	其他制胶合板用针叶木单板(厚度≤6 毫米)	4	17	17	千克	AB
4408109010	其他濒危针叶木单板材(经纵锯、刨切或旋切的,厚度≤6 毫米)	4	30	17	千克	ABFE
4408109090	其他针叶木单板材(经纵锯、刨切或旋切的,厚度≤6 毫米)	4	30	17	千克	AB
4408311100	胶合板多层板制饰面红柳桉木单板(指深红色、浅红色红柳桉木及巴栲红柳桉木,厚度≤6 毫米)	10	40	17	千克	AB
4408311900	其他饰面用红柳桉木单板(深红色、浅红色红柳桉木及巴栲红柳桉木,厚度≤6 毫米)	4	40	17	千克	AB
4408312000	红柳桉木制的胶合板用单板(深红色、浅红色红柳桉木及巴栲红柳桉木,厚度≤6 毫米)	4	17	17	千克	AB
4408319000	红柳桉木制的其他单板(深红色、浅红色红柳桉木及巴栲红柳桉木,厚度≤6 毫米)	4	30	17	千克	AB
4408391110	胶合板多层板制饰面桃花心木单板(厚度≤6 毫米)	10	40	17	千克	ABFE
4408391120	胶合板多层板制饰面拉敏木单板(厚度≤6 毫米)	10	40	17	千克	ABFE
4408391130	厚度≤6 毫米胶合板多层板制饰面濒危木单板(本章子目注释二所列其他热带木)	10	40	17	千克	ABFE
4408391190	厚度≤6 毫米胶合板多层板制饰面热带木单板(本章子目注释二所列其他热带木)	10	40	17	千克	AB
4408391910	其他饰面用桃花心木单板(厚度≤6 毫米)	4	40	17	千克	ABFE
4408391920	其他饰面用拉敏木单板(厚度≤6 毫米)	4	40	17	千克	ABFE
4408391930	厚度≤6 毫米其他濒危热带木制饰面用单板(本章子目注释二所列其他热带木)	4	40	17	千克	ABFE
4408391990	厚度≤6 毫米其他饰面用单板(本章子目注释二所列其他热带木)	4	40	17	千克	AB
4408392010	其他桃花心木制的胶合板用单板(厚度≤6 毫米)	4	17	17	千克	ABFE
4408392020	其他拉敏木制的胶合板用单板(厚度≤6 毫米)	4	17	17	千克	ABFE
4408392030	其他濒危热带木制的胶合板用单板(本章子目注释二所列其他热带木,厚度≤6 毫米)	4	17	17	千克	ABFE
4408392090	其他列名热带木制的胶合板用单板(本章子目注释二所列其他热带木,厚度≤6 毫米)	4	17	17	千克	AB
4408399010	其他桃花心木制的其他单板(本章子目注释二所列其他热带木,厚度≤6 毫米)	4	30	17	千克	ABFE
4408399020	其他拉敏木制的其他单板(本章子目注释二所列其他热带木,厚度≤6 毫米)	4	30	17	千克	ABFE
4408399030	其他列名濒危热带木制的其他单板(本章子目注释二所列其他热带木,厚度≤6 毫米)	4	30	17	千克	ABFE
4408399090	其他列名的热带木制的其他单板(本章子目注释二所列其他热带木,厚度≤6 毫米)	4	30	17	千克	AB
4408901110	胶合板多层板制饰面濒危木单板(厚度≤6 毫米)	4	40	17	千克	ABFE
4408901190	胶合板多层板制饰面其他木单板(厚度≤6 毫米,针叶木、热带木除外)	4	40	17	千克	AB
4408901210*	温带濒危非针叶木制饰面用木单板(厚度≤6 毫米,针叶木、热带木除外)	3	40	17	千克	ABFE
4408901290*	其他温带非针叶木制饰面用木单板(厚度≤6 毫米,针叶木、热带木除外)	3	40	17	千克	AB
4408901310	濒危竹制饰面用单板(厚度≤6 毫米)	4	40	17	千克	ABE

商品编号	商品名称及备注	进口关税税率(%)		增值税率(%)	计量单位	监管条件
		最惠国	普通			
4408901390	其他竹制饰面用单板(厚度≤6毫米)	4	40	17	千克	AB
4408901911*	家具饰面用濒危木单板(厚度≤6毫米)	3	40	17	千克	ABFE
4408901919*	其他家具饰面用单板(厚度≤6毫米)	3	40	17	千克	AB
4408901991	其他饰面用濒危木单板(厚度≤6毫米)	3	40	17	千克	ABFE
4408901999	其他饰面用单板(厚度≤6毫米)	3	40	17	千克	AB
4408902110	温带濒危非针叶木制胶合板用单板(厚度≤6毫米)	3	17	17	千克	ABFE
4408902190	其他温带非针叶木制胶合板用单板(厚度≤6毫米)	3	17	17	千克	AB
4408902911*	其他濒危木制胶合板用旋切单板(厚度≤6毫米)	3	17	17	千克	ABFE
4408902919	其他濒危木制胶合板用其他单板(厚度≤6毫米,旋切单板除外)	3	17	17	千克	ABFE
4408902991*	其他木制胶合板用旋切单板(厚度≤6毫米)	3	17	17	千克	AB
4408902999	其他木制胶合板用其他单板(厚度≤6毫米,旋切单板除外)	3	17	17	千克	AB
4408909110	温带濒危非针叶木制其他单板材(经纵锯、刨切或旋切的,厚度≤6毫米)	3	30	17	千克	ABFE
4408909190	温带非针叶木制其他单板材(经纵锯、刨切或旋切的,厚度≤6毫米)	3	30	17	千克	AB
4408909910	其他濒危木制的其他单板材(经纵锯、刨切或旋切的,厚度≤6毫米)	3	30	17	千克	ABFE
4408909990	其他木材,但针叶木热带木除外(经纵锯、刨切或旋切的,厚度≤6毫米)	3	30	17	千克	AB
4409	**任何一边端或面制成连续形状(舌榫、槽榫、半槽榫、斜角、V形接头、珠榫、缘饰、刨圆及类似形状)的木材(包括未装拼的拼花地板用板条及缘板),不论是否刨平、砂光或端部接合**					
4409101010*	一边或面制成连续形状的濒危针叶木制地板条、块(包括未装拼的拼花地板用板条及缘板)	7.5	50	17	千克	ABFE
4409101090*	一边或面制成连续形状的其他针叶木地板条、块(包括未装拼的拼花地板用板条及缘板)	7.5	50	17	千克	AB
4409109010	一边或面制成连续形状的濒危针叶木材	7.5	50	17	千克	ABFE
4409109090	其他一边或面制成连续形状的针叶木材	7.5	50	17	千克	AB
4409211010	一边或面制成连续形状的濒危竹地板条(块)(包括未装拼的拼花竹地板用板条及缘板)	4	50	17	千克	ABE
4409211090	一边或面制成连续形状的竹地板条(块)(包括未装拼的拼花竹地板用板条及缘板)	4	50	17	千克	AB
4409219010	一边或面制成连续形状的其他濒危竹材	4	50	17	千克	ABE
4409219090	一边或面制成连续形状的其他竹材	4	50	17	千克	AB
4409291010*	一边或面制成连续形状的拉敏木地板条、块(包括未装拼的拉敏木拼花地板用板条及缘板)	4	50	17	千克	ABFE
4409291020*	一边或面制成连续形状的桃花心木地板条、块(包括未装拼的桃花心木拼花地板用板条及缘板)	4	50	17	千克	ABFE
4409291030*	一边或面制成连续形状的其他濒危木地板条、块(包括未装拼的其他濒危木拼花地板用板条及缘板)	4	50	17	千克	ABFE
4409291090*	一边或面制成连续形状的其他非针叶木地板条、块(包括未装拼的其他非针叶木拼花地板用板条及缘板)	4	50	17	千克	AB
4409299010	一边或面制成连续形状的拉敏木	4	50	17	千克	ABFE
4409299020	一边或面制成连续形状的桃花心木	4	50	17	千克	ABFE

商品编号	商品名称及备注	进口关税税率(%)		增值税率(%)	计量单位	监管条件
		最惠国	普通			
4409299030	一边或面制成连续形状的其他濒危木	4	50	17	千克	ABFE
4409299090	一边或面制成连续形状的其他非针叶木材	4	50	17	千克	AB
4410	**碎料板、定向刨花板(OSB)及类似板(例如,华夫板),木或其他木质材料制,不论是否用树脂或其他有机黏合剂黏合**					
4410110000	木制碎料板(不论是否用树脂或其他有机黏合剂黏合)	4	40	17	千克	AB
4410120000	木制定向刨花板(OSB)(不论是否用树脂或其他有机黏合剂黏合)	4	40	17	千克	AB
4410190000	其他木制板(不论是否用树脂或其他有机黏合剂黏合)	4	40	17	千克	AB
4410901100	麦稻秸秆制碎料板(不论是否用树脂或其他有机黏合剂黏合)	7.5	40	17	千克	AB
4410901900	其他碎料板(不论是否用树脂或其他有机黏合剂黏合)	7.5	40	17	千克	AB
4410909000	其他板(不论是否用树脂或其他有机黏合剂黏合)	7.5	40	17	千克	AB
4411	**木纤维板或其他木质材料纤维板,不论是否用树脂或其他有机黏合剂黏合**					
4411121100	密度>0.8克/立方厘米且厚度≤5毫米的中密度纤维板(未经机械加工或盖面的)	4	40	17	千克	AB
4411121900	密度>0.8克/立方厘米且厚度≤5毫米的其他中密度纤维板	7.5	40	17	千克	AB
4411122100	辐射松制的0.5<密度≤0.8克/立方厘米且厚≤5毫米的中密度纤维板	4	40	17	千克	AB
4411122900	0.5<密度≤0.8克/立方厘米且厚度≤5毫米的其他中密度纤维板(辐射松制的除外)	4	40	17	千克	AB
4411129100	未经机械加工或盖面的其他厚度≤5毫米的中密度纤维板	7.5	40	17	千克	AB
4411129900	其他厚度≤5毫米的中密度纤维板	4	40	17	千克	AB
4411131100	密度>0.8克/立方厘米且5毫米<厚度≤9毫米的中密度纤维板(未经机械加工或盖面的)	4	40	17	千克	AB
4411131900	密度>0.8克/立方厘米且5毫米<厚度≤9毫米的其他中密度纤维板	7.5	40	17	千克	AB
4411132100	辐射松制的0.5<密度≤0.8克/立方厘米且5毫米<厚度≤9毫米的中密度纤维板	4	40	17	千克	AB
4411132900	0.5<密度≤0.8克/立方厘米且5毫米 <厚度≤9毫米的其他中密度纤维板(辐射松制的除外)	4	40	17	千克	AB
4411139100	未机械加工或盖面的其他5毫米<厚度≤9毫米的中密度纤维板	7.5	40	17	千克	AB
4411139900	其他5毫米<厚度≤9毫米的中密度纤维板	4	40	17	千克	AB
4411141100	密度>0.8克/立方厘米且厚度>9毫米的中密度纤维板(未经机械加工或盖面的)	4	40	17	千克	AB
4411141900	密度>0.8克/立方厘米且厚度>9毫米的其他中密度纤维板	7.5	40	17	千克	AB
4411142100	辐射松制的0.5克/立方厘米<密度≤0.8克g立方/厘米且厚度>9毫米的中密度纤维板	4	40	17	千克	AB
4411142900	0.5克/立方厘米<密度≤0.8克/立方厘米且厚度>9毫米的其他中密度纤维板(辐射松制的除外)	4	40	17	千克	AB
4411149100	未经机械加工或盖面的其他厚度>9毫米的中密度纤维板	7.5	40	17	千克	AB
4411149900	其他厚度>9毫米的中密度纤维板	4	40	17	千克	AB

商品编号	商品名称及备注	进口关税税率(%)		增值税率(%)	计量单位	监管条件
		最惠国	普通			
4411921000	密度>0.8克/立方厘米的未经机械加工或盖面的其他纤维板	4	40	17	千克	AB
4411929000	密度>0.8克/立方厘米的其他纤维板	7.5	40	17	千克	AB
4411931000	辐射松制的0.5克/立方厘米<密度≤0.8克/立方厘米的其他纤维板	4	40	17	千克	AB
4411939000	0.5克/立方厘米<密度≤0.8克/立方厘米的其他纤维板(辐射松制的除外)	4	40	17	千克	AB
4411941000	0.35克/立方厘米<密度≤0.5克/立方厘米的其他纤维板	7.5	40	17	千克	AB
4411942100	密度≤0.35克/立方厘米的未经机械加工或盖面的木纤维板	7.5	40	17	千克	AB
4411942900	密度≤0.35克/立方厘米的其他木纤维板	4	40	17	千克	AB
4412	**胶合板、单板饰面板及类似的多层板**					
4412101111	至少有一表层为濒危热带木薄板制濒危竹胶合板(每层厚度≤6毫米,热带木指本章子目注释二所列木材)	12	30	17	立方米/千克	ABFE
4412101119	至少有一表层为濒危热带木薄板制其他竹胶合板(每层厚度≤6毫米,热带木指本章子目注释二所列木材)	12	30	17	立方米/千克	ABFE
4412101191	至少有一表层是其他热带木薄板制濒危竹胶合板(每层厚度≤6毫米,热带木指本章子目注释二所列木材)	12	30	17	立方米/千克	ABEF
4412101199	至少有一表层是其他热带木薄板制其他竹胶合板(每层厚度≤6毫米,热带木指本章子目注释二所列木材)	12	30	17	立方米/千克	AB
4412101911	至少有一表层为濒危非针叶木薄板胶合板(至少有一表层为温带非针叶木制,每层厚度≤6毫米)	4	30	17	立方米/千克	ABFE
4412101919	其他至少有一表层为非针叶木薄板胶合板(至少有一表层为温带非针叶木制,每层厚度≤6毫米)	4	30	17	立方米/千克	AB
4412101921	濒危竹地板层叠胶合而成的多层板(每层厚度≤6毫米)	4	30	17	立方米/千克	ABE
4412101929	其他竹地板层叠胶合而成的多层板(每层厚度≤6毫米)	4	30	17	立方米/千克	AB
4412101991	其他濒危竹胶合板(每层厚度≤6毫米)	4	30	17	立方米/千克	ABE
4412101999	其他竹胶合板(每层厚度≤6毫米)	4	30	17	立方米/千克	AB
4412102011	至少有一表层是濒危非针叶木的濒危竹制多层板(每层厚度≤6毫米)	10	30	17	立方米/千克	ABFE
4412102019	至少有一表层是其他非针叶木的其他濒危竹制多层板(每层厚度≤6毫米)	10	30	17	立方米/千克	ABEF
4412102091	至少有一表层是濒危非针叶木的其他竹制多层板(每层厚度≤6毫米)	10	30	17	立方米/千克	ABEF
4412102099	至少有一表层是其他非针叶木的其他竹制多层板(每层厚度≤6毫米)	10	30	17	立方米/千克	AB
4412109110	至少有一层是热带木的濒危竹制多层板(热带木指本章子目注释二所列木材)	8	30	17	立方米/千克	ABEF
4412109190	至少有一层是热带木的其他竹制多层板(热带木指本章子目注释二所列木材)	8	30	17	立方米/千克	AB
4412109210	至少含有一层木碎料板的濒危竹制多层板	10	30	17	立方米/千克	ABEF
4412109290	至少含有一层木碎料板的其他竹制多层板	10	30	17	立方米/千克	AB
4412109910	其他濒危竹制多层板	4	30	17	立方米/千克	ABE
4412109990	其他竹制多层板	4	30	17	立方米/千克	AB
4412310010	至少有一表层为桃花心木薄板制胶合板(每层厚度≤6毫米)	12	30	17	立方米/千克	ABFE

商品编号	商品名称及备注	进口关税税率(%)		增值税率(%)	计量单位	监管条件
		最惠国	普通			
4412310020	至少有一表层为拉敏木薄板制胶合板(每层厚度≤6毫米)	12	30	17	立方米/千克	ABFE
4412310030	一表层为濒危热带木薄板制胶合板(每层厚度≤6毫米,热带木指本章子目注释二所列木材)	12	30	17	立方米/千克	ABFE
4412310090	至少有一表层是其他热带木制的胶合板(每层厚度≤6毫米,竹制除外,热带木指本章子目注释二所列木材)	12	30	17	立方米/千克	AB
4412321010	至少有一表层是濒危温带非针叶木薄板制胶合板(每层厚度≤6毫米,竹制除外)	4	30	17	立方米/千克	ABFE
4412321090	至少有一表层是其他温带非针叶木薄板制胶合板(每层厚度≤6毫米,竹制除外)	4	30	17	立方米/千克	AB
4412329010	至少有一表层是濒危其他非针叶胶合板(每层厚度≤6毫米,竹制除外)	4	30	17	立方米/千克	ABEF
4412329090	至少有一表层是其他非针叶胶合板(每层厚度≤6毫米,竹制除外)	4	30	17	立方米/千克	AB
4412390010	其他濒危薄板制胶合板(每层厚度≤6毫米,竹制除外)	4	30	17	立方米/千克	ABFE
4412390090	其他薄板制胶合板(每层厚度≤6毫米,竹制除外)	4	30	17	立方米/千克	AB
4412941010	至少有一表层是桃花心木的木块芯胶合板等(还包括侧板条芯胶合板及板条芯胶合板)	10	30	17	立方米/千克	ABFE
4412941020	至少有一表层是拉敏木的木块芯胶合板等(还包括侧板条芯胶合板及板条芯胶合板)	10	30	17	立方米/千克	ABFE
4412941030	至少有一表层是濒危热带木的木块芯胶合板等(还包括侧板条芯胶合板及板条芯胶合板)	10	30	17	立方米/千克	ABFE
4412941040	至少有一表层是濒危非针叶木的木块芯胶合板等(还包括侧板条芯胶合板及板条芯胶合板)	10	30	17	立方米/千克	ABFE
4412941090	至少有一表层是非针叶木的木块芯胶合板等(还包括侧板条芯胶合板及板条芯胶合板)	10	30	17	立方米/千克	AB
4412949110	至少有一层是濒危热带木的针叶木面木块芯胶合板等(还包括侧板条芯胶合板及板条芯胶合板,热带木指本章子目注释二所列木材)	8	30	17	立方米/千克	ABFE
4412949190	至少有一层是热带木的针叶木面木块芯胶合板等(还包括侧板条芯胶合板及板条芯胶合板,热带木指本章子目注释二所列木材)	8	30	17	立方米/千克	AB
4412949210	至少含有一层木碎料板的濒危针叶木面木块芯胶合板等(还包括侧板条芯胶合板及板条芯胶合板)	10	30	17	立方米/千克	ABFE
4412949290	至少含有一层木碎料板的针叶木面木块芯胶合板等(还包括侧板条芯胶合板及板条芯胶合板)	10	30	17	立方米/千克	AB
4412949910	其他濒危针叶木面木块芯胶合板等(还包括侧板条芯胶合板及板条芯胶合板)	4	30	17	立方米/千克	ABEF
4412949990	其他针叶木面木块芯胶合板等(还包括侧板条芯胶合板及板条芯胶合板)	4	30	17	立方米/千克	AB
4412991010	至少有一表层是桃花心木的多层板	10	30	17	立方米/千克	ABFE
4412991020	至少有一表层是拉敏木的多层板	10	30	17	立方米/千克	ABFE
4412991030	至少有一表层是濒危热带木的多层板	10	30	17	立方米/千克	ABFE
4412991040	其他至少有一表层是濒危非针叶木的多层板	10	30	17	立方米/千克	ABFE
4412991090	其他至少有一表层是非针叶木的多层板	10	30	17	立方米/千克	AB
4412999110	其他至少有一层是濒危热带木的针叶木面多层板(热带木指本章子目注释二所列木材)	8	30	17	立方米/千克	ABFE

商品编号	商品名称及备注	进口关税税率（%）		增值税率（%）	计量单位	监管条件
		最惠国	普通			
4412999190	其他至少有一层是热带木的针叶木面多层板（热带木指本章子目注释二所列木材）	8	30	17	立方米/千克	AB
4412999210	其他至少含有一层木碎料板的濒危针叶木面多层板	10	30	17	立方米/千克	ABFE
4412999290	其他至少含有一层木碎料板的针叶木面多层板	10	30	17	立方米/千克	AB
4412999910	其他濒危针叶木面多层板	4	30	17	立方米/千克	ABFE
4412999990	其他针叶木面多层板	4	30	17	立方米/千克	AB
4413	**强化木，成块、板、条或异型的**					
4413000000	强化木（成块、板、条或异型的）	6	20	17	千克	AB
4414	**木制的画框、相框、镜框及类似品**					
4414001000	辐射松木制的画框、相框、镜框及类似品	20	100	17	千克	AB
4414009010	拉敏木制画框、相框、镜框及类似品	20	100	17	千克	ABFE
4414009020	濒危木制画框、相框、镜框及类似品	20	100	17	千克	ABFE
4414009090	其他木制的画框、相框、镜框及类似品	20	100	17	千克	AB
4415	**包装木箱、木盒、板条箱、圆桶及类似的包装容器；木制电缆卷筒；木托板、箱形托盘及其他装载用木板；木制的托盘护框**					
4415100010	拉敏木制木箱及类似包装容器（电缆卷筒）	7.5	80	17	件/千克	ABFE
4415100020	濒危木制木箱及类似包装容器（电缆卷筒）	7.5	80	17	件/千克	ABFE
4415100090	木箱及类似的包装容器，电缆卷筒	7.5	80	17	件/千克	AB
4415201000	辐射松木制托板、箱形托盘及其他装载用辐射松木板（包括辐射松木制托盘护框）	7.5	80	17	件/千克	AB
4415209010	拉敏木托板、箱形托盘及装载木板（包括拉敏木制托盘护框）	7.5	80	17	件/千克	ABFE
4415209020	濒危木托板、箱形托盘及装载木板（包括濒危木制托盘护框）	7.5	80	17	件/千克	ABFE
4415209090	其他木制托板、箱形托盘及其他装载木板（包括其他木制托盘护框）	7.5	80	17	件/千克	AB
4416	**木制大桶、琵琶桶、盆和其他木制箍桶及其零件，包括桶板**					
4416001000	辐射松木制大桶、琵琶桶、盆和其他箍桶及其零件（包括辐射松木制桶板）	16	80	17	千克	AB
4416009010	拉敏木制大桶、琵琶桶、盆和其他箍桶及其零件（包括拉敏木制桶板）	16	80	17	千克	ABFE
4416009020	濒危木制大桶、琵琶桶、盆和其他箍桶及其零件（包括濒危木制桶板）	16	80	17	千克	ABFE
4416009090	其他木制大桶、琵琶桶、盆和其他箍桶及其零件（包括其他木制桶板）	16	80	17	千克	AB
4417	**木制的工具、工具支架、工具柄、扫帚及刷子的身及柄；木制鞋靴楦及楦头**					
4417001000	辐射松木制工具、工具支架、工具柄、扫帚及刷子的身及柄（包括辐射松木制鞋靴楦及楦头）	16	80	17	千克	AB
4417009010	拉敏木制工具、工具支架、工具柄、扫帚及刷子的身及柄（包括拉敏木制鞋靴楦及楦头）	16	80	17	千克	ABFE
4417009020	濒危木制工具、工具支架、工具柄、扫帚及刷子的身及柄（包括濒危木制鞋靴楦及楦头）	16	80	17	千克	ABFE

商品编号	商品名称及备注	进口关税税率(%)		增值税率(%)	计量单位	监管条件
		最惠国	普通			
4417009090	其他木制工具、工具支架、工具柄、扫帚及刷子的身及柄(包括其他木制鞋靴楦及楦头)	16	80	17	千克	AB
4418	**建筑用木工制品,包括蜂窝结构木镶板、已装拼的地板、木瓦及盖屋板**					
4418101000	辐射松木制的木窗、落地窗及其框架	4	70	17	千克	AB
4418109010	拉敏木制木窗、落地窗及其框架	4	70	17	千克	ABFE
4418109020	濒危木制木窗、落地窗及其框架	4	70	17	千克	ABFE
4418109090	其他木制木窗、落地窗及其框架	4	70	17	千克	AB
4418200010	拉敏木制的木门及其框架和门槛	4	70	17	千克	ABFE
4418200020	濒危木制的木门及其框架和门槛	4	70	17	千克	ABFE
4418200090	木门及其框架和门槛	4	70	17	千克	AB
4418400000	水泥构件的木模板	4	70	17	千克	AB
4418500000	木瓦及盖屋板	7.5	70	17	千克	AB
4418600010	濒危木制柱和梁	4	70	17	千克	FEAB
4418600090	其他木制柱和梁	4	70	17	千克	AB
4418710010	已装拼的拉敏木制马赛克地板	4	70	17	千克	ABFE
4418710020	已装拼的其他濒危木制马赛克地板	4	70	17	千克	ABFE
4418710090	已装拼的其他木制马赛克地板	4	70	17	千克	AB
4418721000	已装拼的竹制多层地板	4	70	17	千克	AB
4418729010	已装拼的拉敏木制多层地板	4	70	17	千克	ABFE
4418729020	已装拼的其他濒危木制多层地板	4	70	17	千克	ABFE
4418729090	已装拼的其他木制多层地板	4	70	17	千克	AB
4418791000	已装拼的竹制其他地板	4	70	17	千克	AB
4418799010	已装拼的拉敏木制其他地板	4	70	17	千克	ABFE
4418799020	已装拼的其他濒危木制地板	4	70	17	千克	ABFE
4418799090	已装拼的木制其他地板	4	70	17	千克	AB
4418901010	濒危竹制其他建筑用木工制品(包括蜂窝结构的木镶板)	4	70	17	千克	ABE
4418901090	其他竹制其他建筑用木工制品(包括蜂窝结构的木镶板)	4	70	17	千克	AB
4418909010	拉敏木制其他建筑用木工制品(包括蜂窝结构的木镶板)	4	70	17	千克	FEAB
4418909020	濒危木制其他建筑用木工制品(包括蜂窝结构的木镶板)	4	70	17	千克	FEAB
4418909090	其他建筑用木工制品(包括蜂窝结构的木镶板)	4	70	17	千克	AB
4419	**木制餐具及厨房用具**					
4419003100	木制一次性筷子	0	100	17	千克	AB
4419003210	酸竹制一次性筷子	0	100	17	千克	ABE
4419003290	其他竹制一次性筷子	0	100	17	千克	AB
4419009100	竹制的餐具及厨房用具	0	100	17	千克	AB
4419009910	拉敏木制的餐具及厨房用具	0	100	17	千克	FEAB
4419009920	濒危木制的餐具及厨房用具	0	100	17	千克	FEAB
4419009990	其他木制餐具及厨房用具	0	100	17	千克	AB
4420	**镶嵌木(包括细工镶嵌木);装珠宝或刀具用的木制盒子和小匣子及类似品;木制小雕像及其他装饰品;第九十四章以外的木制家具**					
4420101110	拉敏木制的木刻	0	100	17	千克	FEAB
4420101120	濒危木制的木刻	0	100	17	千克	FEAB
4420101190	其他木刻	0	100	17	千克	AB
4420101200	竹刻	0	100	17	千克	AB

商品编号	商品名称及备注	进口关税税率(%)		增值税率(%)	计量单位	监管条件
		最惠国	普通			
4420102010	拉敏木制的木扇	0	100	17	千克	FEAB
4420102020	濒危木制的木扇	0	100	17	千克	FEAB
4420102090	木扇	0	100	17	千克	AB
4420109010	拉敏木制其他小雕像及其他装饰品	0	100	17	千克	FEAB
4420109030	沉香木及拟沉香木制其他小雕像及其他装饰品	0	100	17	千克	FEAB
4420109040	濒危木制其他小雕像及其他装饰品	0	100	17	千克	FEAB
4420109090	其他木制小雕像及其他装饰品	0	100	17	千克	AB
4420901010	拉敏木制的镶嵌木	0	45	17	千克	FEAB
4420901020	濒危木制的镶嵌木	0	45	17	千克	FEAB
4420901090	镶嵌木	0	45	17	千克	AB
4420909010	拉敏木盒及类似品,非落地木家具(前者用于装珠宝或家具,后者不包括第九十四章的家具)	0	100	17	千克	FEAB
4420909020	濒危木盒及类似品,非落地木家具(前者用于装珠宝或家具,后者不包括第九十四章的家具)	0	100	17	千克	FEAB
4420909090	木盒子及类似品;非落地式木家具(前者用于装珠宝或家具,后者不包括第九十四章的家具)	0	100	17	千克	AB
4421	**其他木制品**					
4421100010	拉敏木制木衣架	0	90	17	千克	FEAB
4421100020	濒危木制木衣架	0	90	17	千克	FEAB
4421100090	木衣架	0	90	17	千克	AB
4421901010	拉敏木纡子、筒管、卷轴、线轴及类似品	0	35	17	千克	FEAB
4421901020	濒危木纡子、筒管、卷轴、线轴及类似品	0	35	17	千克	FEAB
4421901090	木卷轴、纡子、筒管、线轴及类似品	0	35	17	千克	AB
4421902110*	一次性拉敏木制圆签、圆棒、冰果棒、压舌片(包括类似的一次性制品)	0	35	17	千克	FEAB
4421902120*	一次性濒危木制圆签、圆棒、冰果棒、压舌片(包括类似的一次性制品)	0	35	17	千克	FEAB
4421902190*	一次性其他木制圆签、圆棒、冰果棒、压舌片(包括类似的一次性制品)	0	35	17	千克	AB
4421902210	一次性酸竹制圆签、圆棒、冰果棒、压舌片(包括类似的一次性制品)	0	35	17	千克	ABE
4421902290	一次性其他竹制圆签、圆棒、冰果棒、压舌片(包括类似的一次性制品)	0	35	17	千克	AB
4421909010	拉敏木制的未列名的木制品	0	90	17	千克	FEAB
4421909020	濒危木制的未列名的木制品	0	90	17	千克	FEAB
4421909090	未列名的木制品	0	90	17	千克	AB

第四十五章　软木及软木制品

注释：

本章不包括：

一、第六十四章的鞋靴及其零件；

二、第六十五章的帽类及其零件；

三、第九十五章的物品（例如，玩具、游戏品及运动用品）。

商品编号	商品名称及备注	进口关税税率（%）		增值税率（%）	计量单位	监管条件
		最惠国	普通			
4501	**未加工或简单加工的天然软木；软木废料；碎的、粒状的或粉状的软木**					
4501100000*	未加工或简单加工的天然软木	6	17	17	千克	AB
4501901000	软木废料	0	17	17	千克	ABP
4501902000	碎的、粒状的或粉状的软木（软木碎、软木粒或软木粉）	0	17	17	千克	AB
4502	**天然软木，除去表皮或粗切成方形，或成长方块、正方块、板、片或条状（包括做塞子用的方块坯料）**					
4502000000	块、板、片或条状的天然软木（包括做塞子用的方块坯料）	8	30	17	千克	AB
4503	**天然软木制品**					
4503100000	天然软木塞子	8	50	17	千克	AB
4503900000	其他天然软木制品	10.5	50	17	千克	AB
4504	**压制软木（不论是否使用黏合剂压成）及其制品**					
4504100000	块、板、片及条状压制软木（包括任何形状的压制软木的砖、瓦、实心圆柱体、圆片）	8.4	30	17	千克	AB
4504900000	其他压制软木及其制品（不论是否使用黏合剂压成）	0	50	17	千克	AB

第四十六章　稻草、秸秆、针茅或其他编结材料制品；篮筐及柳条编结品

注释：

一、本章所称“编结材料”，是指其状态或形状适于编结、交织或类似加工的材料，包括稻草、秸秆、柳条、竹、藤、灯芯草、芦苇、木片条、其他植物材料扁条（例如，树皮条、狭叶、酒椰叶纤维或其他从阔叶获取的条）、未纺的天然纺织纤维、塑料单丝及扁条、纸带，但不包括皮革、再生皮革、毡呢或无纺织物的扁条、人发、马毛、纺织粗纱或纱线以及第五十四章的单丝和扁条。

二、本章不包括：

（一）品目48.14的壁纸；

（二）不论是否编结而成的线、绳、索、缆（品目56.07）；

（三）第六十四章和第六十五章的鞋靴、帽类及其零件；

（四）编结而成的车辆或车身（第八十七章）；

（五）第九十四章的物品（例如，家具、灯及灯具）。

三、品目46.01所称“平行连结的成片编结材料、缏条或类似的编结材料产品”，是指编结材料、缏条及类似的编结材料产品平行排列连结成片的制品，其连结材料不论是否纺制的纺织材料。

商品编号	商品名称及备注	进口关税税率（%）		增值税率（%）	计量单位	监管条件
		最惠国	普通			
4601	**用编结材料编成的缏条及类似产品，不论是否缝合成宽条；平行连结或编结的成片材料、缏条或类似的编结材料产品，不论是否制成品（例如，席子、席料、帘子）**					
4601210000	竹制的席子、席料及帘子	9	90	17	千克/张	AB
4601220000	藤制的席子、席料及帘子	9	100	17	千克/张	AB
4601291111	蔺草制的提花席、双苜席、垫子（单位面积＞1平方米，不论是否包边）	9	90	17	千克/张	4ABxy
4601291112	蔺草制的其他席子（单位面积＞1平方米，不论是否包边）	9	90	17	千克/张	4ABxy
4601291119	蔺草制的其他席子、席料及帘子（单位面积≤1平方米，不论是否包边）	9	90	17	千克/张	AB
4601291190	其他灯心草属材料制的席子等（包括席子、席料、帘子、垫子）	9	90	17	千克/张	AB
4601291900	其他草制的席子、席料及帘子	9	90	17	千克/张	AB
4601292100	苇帘	9	90	17	千克/张	AB
4601292900	芦苇制的席子、席料	9	90	17	千克/张	AB
4601299000	其他植物材料制席子、席料及帘子	9	90	17	千克/张	AB
4601921000	竹制缏条及类似产品（不论是否缝合成宽条）	9	100	17	千克	AB
4601929000	竹制的其他编结材料产品	9	90	17	千克	AB
4601931000	藤制的缏条及类似产品（不论是否缝合成宽条）	9	100	17	千克	AB
4601939000	藤制的其他编结材料产品	9	90	17	千克	AB
4601941100	稻草制的缏条（绳）及类似产品（不论是否缝合成宽条）	10	90	17	千克	AB
4601941900	稻草制的其他编结材料产品	10	90	17	千克	AB
4601949100	其他植物材料制缏条及类似产品（不论是否缝合成宽条）	9	100	17	千克	AB
4601949900	其他植物编结材料产品	9	90	17	千克	AB
4601991000	非植物材料制缏条及类似产品（不论是否缝合成宽条）	9	90	17	千克	
4601999000	其他非植物编结材料产品	9	90	17	千克	
4602	**用编结材料直接编成或用品目46.01所列货品制成的篮筐、柳条编结品及其他制品；丝瓜络制品**					
4602110000	竹编制的篮筐及其他制品	9	100	17	千克	AB

商品编号	商 品 名 称 及 备 注	进口关税税率（%）		增值税率（%）	计量单位	监管条件
		最惠国	普通			
4602120000	藤编制的篮筐及其他制品	9	100	17	千克	AB
4602191000	草编制的篮筐及其他制品	9	100	17	千克	AB
4602192000	玉米皮编制的篮筐及其他制品	9	100	17	千克	AB
4602193000	柳条编制的篮筐及其他制品	9	100	17	千克	AB
4602199000	其他植物材料编制篮筐及其他制品	9	100	17	千克	AB
4602900000	其他编结材料制品及其他制品（非植物材料制的）	9	100	17	千克	

第十类 木浆及其他纤维状纤维素浆;回收(废碎)纸或纸板;纸、纸板及其制品

第四十七章 木浆及其他纤维状纤维素浆;回收(废碎)纸或纸板

注释:

品目47.02所称"化学木浆,溶解级",是指温度在20℃时浸入含18%氢氧化钠的苛性碱溶液内,1小时后,按重量计含有92%及以上的不溶级分的烧碱木浆或硫酸盐木浆,或者含有88%及以上的不溶级分的亚硫酸盐木浆。对于亚硫酸盐木浆,按重量计灰分含量不得超过0.15%。

商品编号	商品名称及备注	进口关税税率(%)		增值税率(%)	计量单位	监管条件
		最惠国	普通			
4701	**机械木浆**					
4701000000*	机械木浆	0	8	17	千克	
4702	**化学木浆、溶解级**					
4702000000*	化学木浆,溶解级	0	8	17	千克	
4703	**碱木浆或硫酸盐木浆,但溶解级的除外:**					
4703110000*	未漂白针叶木碱木浆或硫酸盐木浆(溶解级的除外)	0	8	17	千克	
4703190000*	未漂白非针叶木碱木浆等(包括硫酸盐木浆,但溶解级的除外)	0	8	17	千克	
4703210000*	漂白针叶木碱木浆或硫酸盐木浆(包括半漂白的,溶解级的除外)	0	8	17	千克	
4703290000*	漂白非针叶木碱木浆或硫酸盐木浆(包括半漂白的,溶解级的除外)	0	8	17	千克	
4704	**亚硫酸盐木浆,但溶解级的除外**					
4704110000*	未漂白的针叶木亚硫酸盐木浆(溶解级的除外)	0	8	17	千克	
4704190000*	未漂白的非针叶木亚硫酸盐木浆(溶解级的除外)	0	8	17	千克	
4704210000*	漂白的针叶木亚硫酸盐木浆(包括半漂白的,溶解级的除外)	0	8	17	千克	
4704290000*	漂白的非针叶木亚硫酸盐木浆(包括半漂白的,溶解级的除外)	0	8	17	千克	
4705	**用机械与化学联合制浆法制得的木浆**					
4705000000*	机械与化学联合制浆法制的木浆	0	8	17	千克	
4706	**从回收(废碎)纸或纸板提取的纤维浆或其他纤维状纤维素浆**					
4706100000	棉短绒纸浆	0	8	17	千克	
4706200000*	从回收纸或纸板提取的纤维浆	0	8	17	千克	
4706300000*	其他纤维状纤维素竹浆(包括机械浆、化学浆、半化学浆)	0	8	17	千克	

商品编号	商 品 名 称 及 备 注	进口关税税率(%)		增值税率(%)	计量单位	监管条件
		最惠国	普通			
4706910000*	其他纤维状纤维素机械浆	0	8	17	千克	
4706920000*	其他纤维状纤维素化学浆	0	8	17	千克	
4706930000*	用机械和化学联合法制得的其他纤维状纤维素浆	0	8	17	千克	
4707	**回收(废碎)纸或纸板**					
4707100000	回收(废碎)的未漂白牛皮、瓦楞纸或纸板	0	8	17	千克	7ABP
4707200000	回收(废碎)的漂白化学木浆制的纸和纸板(未经本体染色)	0	8	17	千克	7ABP
4707300000	回收(废碎)的机械木浆制的纸或纸板(例如,废报纸、杂志及类似印刷品)	0	8	17	千克	7ABP
4707900010	回收(废碎)墙(壁)纸、涂蜡纸、浸蜡纸、复写纸(包括未分选的废碎品)	0	8	17	千克	79AB
4707900090	其他回收纸或纸板(包括未分选的废碎品)	0	8	17	千克	7ABP

第四十八章　纸及纸板;纸浆、纸或纸板制品

注释:

一、除条文另有规定的以外,本章所称“纸”包括“纸板”(不考虑其厚度或每平方米重量)。

二、本章不包括:

(一)第三十章的物品;

(二)品目32.12的压印箔;

(三)香纸及用化妆品浸渍或涂布的纸(第三十三章);

(四)肥皂或洗涤剂浸渍、覆盖或涂布的纸或纤维素絮纸(品目34.01)和用光洁剂、擦光膏及类似制剂浸渍、覆盖或涂布的纸或纤维素絮纸(品目34.05);

(五)品目37.01至37.04的感光纸或感光纸板;

(六)用诊断或实验用试剂浸渍的纸(品目38.22);

(七)第三十九章的用纸强化的层压塑料板,用塑料覆盖或涂布的单层纸或纸板(塑料部分占总厚度的一半以上),以及上述材料的制品,但品目48.14的壁纸除外;

(八)品目42.02的物品(例如,旅行用品);

(九)第四十六章的物品(编结材料制品);

(十)纸纱线或纸纱线纺织物(第十一类);

(十一)第六十四章或第六十五章的物品;

(十二)品目68.05的砂纸或品目68.14的用纸或纸板衬底的云母(但涂布云母粉的纸及纸板归入本章);

(十三)用纸或纸板衬底的金属箔(通常为第十四类或第十五类);

(十四)品目92.09的制品;

(十五)第九十五章的物品(例如,玩具、游戏品及运动用品);或

(十六)第九十六章的物品[例如,纽扣、卫生巾(护垫)及止血塞、婴儿尿布及尿布衬里]。

三、除注释七另有规定的以外,品目48.01至48.05包括经研光、高度研光、釉光或类似处理、仿水印、表面施胶的纸及纸板;同时还包括用各种方法本体着色或染成斑纹的纸、纸板、纤维素絮纸及纤维素纤维网纸。除品目48.03另有规定的以外,上述品目不适用于经过其他方法加工的纸、纸板、纤维素絮纸或纤维素纤维网纸。

四、本章所称“新闻纸”,是指所含用机械或化学—机械方法制得的木纤维不少于全部纤维重量的50%的未经涂布的报刊用纸,未施胶或微施胶,每面粗糙度[帕克印刷表面粗糙度(1兆帕)]超过2.5微米,每平方米重量不小于40克,但不超过65克。

五、品目48.02所称“书写、印刷或类似用途的纸及纸板”及“未打孔的穿孔卡片纸及穿孔纸带纸”,是指主要用漂白纸浆或用机械或化学—机械方法制得的纸浆制成的纸及纸板,并且符合下列任一标准:

每平方米重量不超过150克的纸或纸板:

(一)用机械或化学—机械方法制得的纤维含量在10%及以上,并且

1. 每平方米重量不超过80克;或

2. 本体着色。

(二)灰分含量在8%以上,并且

1. 每平方米重量不超过80克;或

2. 本体着色。

(三)灰分含量在3%以上,亮度在60%及以上。

(四)灰分含量在3%以上,但不超过8%,亮度低于60%,耐破指数等于或小于2.5千帕斯卡·平方米/克。

(五)灰分含量在3%及以下,亮度在60%及以上,耐破指数等于或小于2.5千帕斯卡·平方米/克。

每平方米重量超过150克的纸或纸板:

(一)本体着色;或

(二)亮度在60%及以上,并且

1. 厚度在225微米及以下;或

2. 厚度在225微米以上,但不超过508微米,灰分含量在3%以上;

(三)亮度低于60%,厚度不超过254微米,灰分含量在8%以上。

品目48.02不包括滤纸及纸板(含茶袋纸)或毡纸及纸板。

六、本章所称“牛皮纸及纸板”,是指所含用硫酸盐法或烧碱法制得的纤维不少于全部纤维重量的80%的纸及纸板。

七、除品目条文另有规定的以外,符合品目48.01至48.11中两个或两个以上品目所规定的纸、纸板、纤维素絮纸及纤维素纤维网纸,应按号列顺序归入有关品目中的最末一个品目。

八、品目48.01及48.03至48.09仅适用于下列规格的纸、纸板、纤维素絮纸及纤维素纤维网纸:

(一)成条或成卷,宽度超过36厘米;

(二)成张矩形(包括正方形),一边超过36厘米,另一边超过15厘米(以未折叠计)。

九、品目48.14所称“壁纸及类似品”,仅限于:

(一)适合做墙壁或天花板装饰用的成卷纸张,宽度不小于45厘米,但不超过160厘米:

1. 起纹、压花、染面、印有图案或经其他装饰的(例如,起绒),不论是否用透明的防护塑料涂布或覆盖;

2. 表面饰有木粒或草粒而凹凸不平的;

3. 表面用塑料涂布或覆盖并起纹、压花、染面、印有图案或经其他装饰的;

4. 表面用不论是否平行连结或编织的编结材料覆盖的。

(二)适于装饰墙壁或天花板用的经上述加工的纸边及纸条,不论是否成卷。

(三)由几幅拼成的壁纸,成卷或成张,贴到墙上可组成印制的风景或图案。

既可做铺地制品,也可做壁纸的以纸或纸板为底的产品,

应归入品目48.23。

十、品目48.20不包括切成一定尺寸的活页纸张或卡片，不论是否印制、压花、打孔。

十一、品目48.23主要适用于提花机或类似机器用的穿孔纸或卡片，以及纸花边。

十二、除品目48.14及48.21的货品外，印有图案、文字或图画的纸、纸板、纤维素絮纸及其制品，如果所印图案、文字或图画作为其主要用途，应归入第四十九章。

子目注释：

一、子目4804.11及4804.19所称“牛皮衬纸”，是指所含用硫酸盐法或烧碱法制得的木纤维不少于全部纤维重量的80%的成卷机器上光或砑光纸及纸板，每平方米重量超过115克，并且最低缪伦耐破度符合下表所示（其他重量的耐破度可参照下表换算）：

重量（克/平方米）	最低耐破度（千帕斯卡）
115	393
125	417
200	637
300	824
400	961

二、子目4804.21及4804.29所称“袋用牛皮纸”，是指所含用硫酸盐法或烧碱法制得的木纤维不少于全部纤维重量的80%的成卷机器上光纸，每平方米重量不小于60克，但不超过115克，并且符合下列一种规格：

（一）缪伦耐破指数不小于3.7千帕斯卡·平方米/克，并且横向伸长率大于4.5%，纵向伸长率大于2%；

（二）至少能达到下表所示的最小撕裂度和抗张强度（其他重量的可参照下表换算）：

重量（克/平方米）	最小撕裂度（毫牛顿）		最小抗张强度（千牛顿/米）	
	纵向	纵向加横向	横向	纵向加横向
60	700	1510	1.9	6
70	830	1790	2.3	7.2
80	965	2070	2.8	8.3
100	1230	2635	3.7	10.6
115	1425	3060	4.4	12.3

三、子目4805.11所称“半化学的瓦楞纸”，是指所含用机械和化学联合法制得的未漂白硬木纤维不少于全部纤维重量的65%的成卷纸张，并且在温度为23℃和相对湿度为50%时，经过30分钟的瓦楞芯纸平压强度测定（CMT30），抗压强度超过1.8牛顿/克/平方米。

四、子目4805.12包括主要用机械和化学联合法制得的草浆制成的成卷纸张，每平方米重量在130克及以上，并且在温度为23℃和相对湿度为50%时，经过30分钟的瓦楞芯纸平压强度测定（CMT30），抗压强度超过1.4牛顿/克/平方米。

五、子目4805.24及4806.25包括全部或主要用回收（废碎）纸及纸板制得的浆制成的纸及纸板。强韧箱纸板也可以有一面用染色纸或由漂白或未漂白的非再生浆制得的纸做表层。这些产品缪伦耐破指数不小于2千帕斯卡·平方米/克。

六、子目4805.30所称“亚硫酸盐包装纸”，是指所含用亚硫酸盐法制得的木纤维超过全部纤维重量的40%的机器砑光纸，灰分含量不超过8%，并且缪伦耐破指数不小于1.47千帕斯卡·平方米/克。

七、子目4810.22所称“轻质涂布纸”，是指双面涂布纸，其每平方米总重量不超过72克，每面每平方米的涂层重量不超过15克，原纸中所含用机械方法制得的木纤维不少于全部纤维重量的50%。

商品编号	商品名称及备注	进口关税税率（%）		增值税率（%）	计量单位	监管条件
		最惠国	普通			
4801	**成卷或成张的新闻纸**					
4801000000	成卷或成张的新闻纸（成条宽>36厘米，或一边>36厘米，一边>15厘米成张矩形）	5	30	17	千克	
4802	**书写、印刷或类似用途的未经涂布的纸及纸板、未打孔的穿孔卡片纸及穿孔纸带纸，成卷或成张矩形（包括正方形），任何尺寸，但品目48.01或48.03的纸除外；手工制纸及纸板**					
4802101000	宣纸	7.5	70	17	千克	
4802109000	其他手工制纸及纸板	7.5	70	17	千克	
4802201000*	照相原纸（未经涂布的，成卷或成张）	7.5	40	17	千克	

商品编号	商品名称及备注	进口关税税率(%)		增值税率(%)	计量单位	监管条件
		最惠国	普通			
4802209000	其他光、热、电敏纸、纸板的原纸[未经涂布的,成卷或成张(包括原纸板)]	7.5	40	17	千克	
4802400000	壁纸原纸(未经涂布的,成卷或成张)	7.5	40	17	千克	
4802540000	书写、印刷等用未涂布薄纸或纸板(每平方米重<40克,机械或化学-机械法制得的纤维含量≤10%)	7.5	30	17	千克	
4802550010	40克<每平方米重≤150克的胶版纸(成卷,机械或化学-机械法制得的纤维含量≤10%)	5	30	17	千克	
4802550090	40克<每平方米重≤150克未涂布中厚纸(书写印刷用,成卷,含机械或化学-机械法制纤维≤10%)	5	30	17	千克	
4802560010	成张40克<每平方米重≤150克胶版纸(长≤435毫米,宽≤297毫米,含机械或化学-机械法制纤维≤10%)	5	30	17	千克	
4802560090	40克<每平方米重≤150克未涂布纸,成张(书写印刷,长≤435毫米,宽≤297毫米,含机械或半化学浆≤10%)	5	30	17	千克	
4802570010	其他40克<每平方米重≤150克的胶版纸(机械或化学-机械法制得的纤维含量≤10%)	5	30	17	千克	
4802570090	其他40克<每平方米重≤150克未涂中厚纸(书写印刷用,含机械或化学-机械法制纤维≤10%)	5	30	17	千克	
4802580000	书写、印刷等用未涂布厚纸(板)(每平方米重>150克,机械或化学-机械法制得的纤维含量≤10%)	5	30	17	千克	
4802611000	成卷新闻纸(机械或化学-机械法制得的纤维含量>10%,宽度≤36厘米)	7.5	30	17	千克	
4802619000	其他成卷书写、印刷用未涂布纸(机械或化学-机械法制得的纤维含量>10%,宽度≤36厘米)	5	30	17	千克	
4802620000	成张书写、印刷用未涂布纸(长≤435毫米,宽≤297毫米含机械或化学-机械法制纤维>10%)	5	30	17	千克	
4802691000	其他新闻纸(机械或化学-机械法制得的纤维含量>10%)	7.5	30	17	千克	
4802699000	其他书写、印刷用未涂布纸(机械或化学-机械法制得的纤维含量>10%)	5	30	17	千克	
4803	**卫生纸、面巾纸、餐巾纸以及家庭或卫生用的类似纸、纤维素絮纸和纤维素纤维网纸,不论是否起纹、压花、打孔、染面、饰面或印花,成卷或成张的**					
4803000000	卫生纸、面巾纸、餐巾纸及类似纸(成条或成卷宽>36厘米,或一边>36厘米,一边>15厘米的成张矩形)	7.5	40	17	千克	AB
4804	**成卷或成张的未经涂布的牛皮纸及纸板,但不包括品目48.02或48.03的货品**					
4804110010	每平方米重115~360克未漂白、成卷或成张未涂布牛皮挂面纸(紧度≥0.68克/立方厘米,耐破指数≥2.6kpa·m^2/g,横向环压指数≥7.5N/m·m^2/g,横向耐折度≥60次,饱和牛皮纸除外)	5	30	17	千克	
4804110090	其他未漂白的牛皮挂面纸(成卷或成张的及未经涂布的)	5	30	17	千克	
4804190000	漂白的牛皮挂面纸(成卷或成张的及未经涂布的)	5	30	17	千克	
4804210000	未漂白的袋用牛皮纸(成卷或成张的及未经涂布的)	5	30	17	千克	
4804290000	漂白的袋用牛皮纸(成卷或成张的及未经涂布的)	5	30	17	千克	
4804310010	每平方米重115~150克未漂白、成卷或成张未涂布其他牛皮纸(紧度≥0.68克/立方厘米,耐破指数≥2.6kpa·m^2/g,横向环压指数≥7.5N/m·m^2/g,横向耐折度≥60次,饱和牛皮纸除外)	2	30	17	千克	

商品编号	商品名称及备注	进口关税税率(%) 最惠国	普通	增值税率(%)	计量单位	监管条件
4804310090	其他未漂白的其他薄牛皮纸及纸板(薄纸指每平方米重≤150克,成卷或成张未经涂布的)	2	30	17	千克	
4804390000	每平方米重量≤150克的其他牛皮纸及纸板	2	30	17	千克	
4804410010	150克<每平方米重<225克未漂白、成卷或成张未涂布其他牛皮纸(紧度≥0.68克/立方厘米,耐破指数≥2.6kpa·m^2/g,横向环压指数≥7.5N/m·m^2/g,横向耐折度≥60次,饱和牛皮纸除外)	2	30	17	千克	
4804410090	其他未漂白的其他中厚牛皮纸及纸板(中厚指150克<每平方米重<225克,成卷或成张未涂布的)	2	30	17	千克	
4804420000	本体均匀漂白的中厚牛皮纸及纸板(中厚指150克<每平方米重<225克,成卷或成张未经涂布的)	5	30	17	千克	
4804490000	其他漂白的中厚牛皮纸及纸板(中厚指150克<每平方米重<225克,成卷或成张未经涂布)	2	30	17	千克	
4804510010	每平方米重225~360克未漂白、成卷或成张未涂布其他牛皮纸(紧度≥0.68克/立方厘米,耐破指数≥2.6kpa·m^2/g,横向环压指数≥7.5N/m·m^2/g,横向耐折度≥60次,饱和牛皮纸除外。)	2	30	17	千克	
4804510090	其他未漂白的其他厚牛皮纸及纸板(厚纸指每平方米重≥225克,成卷或成张未经涂布的)	2	30	17	千克	
4804520000	本体均匀漂白的厚牛皮纸及纸板(厚纸指每平方米重≥225克,成卷或成张未经涂布的)	5	30	17	千克	
4804590000	其他漂白的厚牛皮纸及纸板(厚纸指每平方米重≥225克,成卷或成张未经涂布的)	2	30	17	千克	
4805	**成卷或成张的其他未经涂布的纸及纸板,加工程度不超过本章注释三所列范围**					
4805110000	半化学的瓦楞原纸(成卷或成张的及未经涂布)	7.5	30	17	千克	
4805120000	草浆瓦楞原纸(成卷或成张的及未经涂布)	7.5	30	17	千克	
4805190000	其他瓦楞原纸(成卷或成张的及未经涂布)	7.5	30	17	千克	
4805240000	强韧箱纸板(再生挂面纸板,成卷或成张的及未经涂布的,每平方米重≤150克)	7.5	30	17	千克	
4805250000	强韧箱纸板(再生挂面纸板,成卷或成张的及未经涂布的,每平方米重>150克)	7.5	30	17	千克	
4805300000	亚硫酸盐包装纸(成卷或成张的及未经涂布)	7.5	30	17	千克	
4805400000	滤纸及纸板(成卷或成张的及未经涂布)	7.5	30	17	千克	
4805500000	毡纸及纸板(成卷或成张的及未经涂布)	7.5	30	17	千克	
4805911000	电解电容器原纸(每平方米重量≤150克,成卷或成张的)	7.5	30	17	千克	
4805919000	其他未经涂布薄纸及纸板(薄纸指每平方米重量≤150克,成卷或成张的)	7.5	30	17	千克	
4805920000	其他未经涂布中厚纸及纸板(中厚指150克<每平方米重量<225克,成卷或成张的)	7.5	30	17	千克	
4805930000	其他未经涂布厚纸及纸板(厚纸指每平方米重量≥225克,成卷或成张的)	7.5	30	17	千克	
4806	**成卷或成张的植物羊皮纸、防油纸、描图纸、半透明纸及其他高光泽透明或半透明纸**					
4806100000	植物羊皮纸(成卷或成张的)	7.5	40	17	千克	
4806200000	防油纸(成卷或成张的)	7.5	40	17	千克	
4806300000	描图纸(成卷或成张的)	7.5	30	17	千克	

商品编号	商品名称及备注	进口关税税率(%)		增值税率(%)	计量单位	监管条件
		最惠国	普通			
4806400000*	高光泽透明或半透明纸(成卷或成张的)	7.5	40	17	千克	
4807	**成卷或成张的复合纸及纸板(用黏合剂黏合各层纸或纸板制成),未经表面涂布或未浸渍,不论内层是否有加强材料**					
4807000000*	成卷或成张的复合纸及纸板(未经表面涂布或未浸渍,不论内层是否有加强材料)	7.5	40	17	千克	
4808	**成卷或成张的瓦楞纸及纸板(不论是否与平面纸胶合)、皱纹纸及纸板、压纹纸及纸板、穿孔纸及纸板,但品目48.03的纸除外**					
4808100000	瓦楞纸及纸板(成卷或成张的,不论是否穿孔)	7.5	30	17	千克	
4808400000	皱纹牛皮纸(成卷或成张的,不论是否压花或穿孔)	7.5	40	17	千克	
4808900000	其他皱纹纸及纸板,压纹纸及纸板(包括穿孔纸及纸板)	7.5	40	17	千克	
4809	**复写纸、自印复写纸及其他拷贝或转印纸(包括涂布或浸渍的油印蜡纸或胶印版纸),不论是否印制,成卷或成张的**					
4809200000	大张(卷)的自印复写纸[成卷(宽>36厘米),成张(至少有一边>36厘米)]	7.5	40	17	千克	
4809900000	其他大张(卷)的复写纸及类似拷贝纸或转印纸[成卷(宽>36厘米),成张(至少有一边>36厘米)]	7.5	40	17	千克	
4810	**成卷或成张矩形(包括正方形)的任何尺寸的单面或双面涂布高岭土或其他无机物质(不论是否加黏合剂)的纸及纸板,但未涂布其他涂料,不论是否染面、饰面或印花**					
4810130001	成卷的铜版纸(所含用机械或化学-机械法制得的纤维≤10%)	5	40	17	千克	
4810130090	涂无机物的其他书写、印刷或类似用途纸及纸板(成卷的,所含用机械或化学-机械法制得的纤维≤10%)	5	40	17	千克	
4810140001	成张的铜版纸(一边≤435毫米,另一边≤297毫米,机械或化学-机械纤维≤10%)	5	40	17	千克	
4810140090	涂无机物的其他成张的书写、印刷的纸及纸板(一边≤435毫米,另一边≤297毫米,机械或化学-机械纤维≤10%)	5	40	17	千克	
4810190001	其他铜版纸(所含用机械或化学-机械法制得的纤维≤10%)	5	40	17	千克	
4810190090	涂无机物的其他书写、印刷用途的纸及纸板(所含用机械或化学-机械法制得的纤维≤10%)	5	40	17	千克	
4810220000	书写、印刷用途的轻质涂布纸(所含用机械或化学-机械法制得的纤维>10%)	5	40	17	千克	
4810290000	涂无机物的其他书写、印刷用途的纸及纸板(所含用机械或化学-机械法制得的纤维>10%)	5	40	17	千克	
4810310010	涂无机物的白板纸、白卡纸(薄纸指重量≤150克/平方米,含用化学方法制得木纤维)	5	40	17	千克	
4810310090	涂无机物的薄漂白牛皮纸及纸板(薄纸指重量≤150克/平方米,含用化学方法制得的木纤维)	5	40	17	千克	
4810320010	涂无机物的白板纸、白卡纸(厚纸指重量>150克/平方米,含用化学方法制得的木纤维)	5	40	17	千克	
4810320090	涂无机物的厚漂白牛皮纸及纸板(厚纸指重量>150克/平方米,含用化学方法制得的木纤维)	5	40	17	千克	
4810390000	涂无机物的其他牛皮纸及纸板(成卷或成张的)	5	40	17	千克	
4810920000	其他涂无机物的多层纸及纸板(成卷或成张的)	5	40	17	千克	

商品编号	商品名称及备注	进口关税税率(%)		增值税率(%)	计量单位	监管条件
		最惠国	普通			
4810990000	其他涂无机物的纸及纸板(成卷或成张的)	7.5	40	17	千克	
4811	**成卷或成张矩形(包括正方形)的任何尺寸的经涂布、浸渍、覆盖、染面、饰面或印花的纸、纸板、纤维素絮纸及纤维素纤维网纸,但品目48.03、48.09或48.10的货品除外**					
4811100000	焦油纸及纸板,沥青纸及纸板(成卷或成张的,品目48.03、48.09、48.10的货品除外)	7.5	40	17	千克	
4811410000	自粘的胶粘纸及纸板(成卷或成张的,品目48.03、48.09、48.10的货品除外)	7.5	40	17	千克	
4811490000	其他胶粘纸及纸板(成卷或成张的,品目48.03、48.09、48.10的货品除外)	7.5	40	17	千克	
4811511000*	漂白的彩色相纸用双面涂塑厚纸(每平方米重量>150克,成卷或成张的)	7.5	40	17	千克	
4811519000	漂白的其他涂、浸、盖厚纸及纸板(厚纸指每平方米重量>150克,成卷或成张,包括以纸或纸板为底制成的铺地制品)	7.5	40	17	千克	
4811591000	用塑料浸涂的绝缘纸及纸板(成卷或成张任何尺寸的)	7.5	30	17	千克	
4811599100	镀铝的用塑料涂布、浸渍的其他纸及纸板(成卷或成张任何尺寸的,包括以纸或纸板为底制成的铺地制品)	7.5	40	17	千克	
4811599900	用塑料涂布、浸渍的其他纸及纸板(成卷或成张任何尺寸的,包括以纸或纸板为底制成的铺地制品)	7.5	40	17	千克	
4811601000	用蜡或油等涂布的绝缘纸及纸板(指用石蜡、硬脂精、油或甘油涂布的,成卷或成张)	7.5	30	17	千克	
4811609000	用蜡或油等涂布的其他纸及纸板(用石蜡、硬脂精、油或甘油涂布,成卷或成张,包括以纸或纸板为底制成的铺地制品)	7.5	40	17	千克	
4811900000	其他经涂布、浸渍、覆盖的纸及纸板(包括纤维素絮纸及纤维素纤维网纸,成卷或成张,包括以纸或纸板为底制成的铺地制品)	7.5	40	17	千克	
4812	**纸浆制的滤块、滤板及滤片**					
4812000000	纸浆制的滤块、滤板及滤片	7.5	40	17	千克	
4813	**卷烟纸,不论是否切成一定尺寸、成小本或管状**					
4813100000	成小本或管状的卷烟纸	7.5	100	17	千克	7
4813200000	宽度≤5厘米成卷的卷烟纸	7.5	100	17	千克	7
4813900000	其他卷烟纸(不论是否切成一定尺寸,品目48.13未具体列名的)	7.5	100	17	千克	7
4814	**壁纸及类似品;窗用透明纸**					
4814200000	用塑料涂面或盖面的壁纸及类似品(包括起纹、压花、着色、印制图案或经其他装饰)	7.5	50	17	千克	
4814900010	用木粒或草粒等饰面的壁纸	7.5	50	17	千克	AB
4814900090	其他壁纸及类似品,窗用透明纸	7.5	50	17	千克	
4816	**复写纸、自印复写纸及其他拷贝或转印纸(不包括品目48.09的纸),油印蜡纸或胶印版纸,不论是否盒装**					
4816200000	小卷(张)自印复写纸(不包括品目48.09的纸,宽度≤36厘米,不论是否盒装)	7.5	70	17	千克	
4816901000	小卷(张)热敏转印纸(不包括品目48.09的纸,宽度≤36厘米,不论是否盒装)	7.5	40	17	千克	

商品编号	商品名称及备注	进口关税税率(%) 最惠国	进口关税税率(%) 普通	增值税率(%)	计量单位	监管条件
4816909000	复写纸及其他拷贝纸或转印纸、油印蜡纸或胶印版纸(不包括品目48.09的纸,宽度≤36厘米,不论是否盒装)	7.5	70	17	千克	
4817	**纸或纸板制的信封、封缄信片、素色明信片及通信卡片;纸或纸板制的盒子、袋子及夹子,内装各种纸制文具**					
4817100000	信封	7.5	80	17	千克	
4817200000	封缄信片、素色明信片及通信卡片	7.5	80	17	千克	
4817300000	纸或纸板制的盒子、袋子及夹子(内装各种纸制文具的)	7.5	80	17	千克	
4818	**卫生纸及类似纸,家庭或卫生用纤维素絮纸及纤维素纤维网纸,成卷宽度不超过36厘米或切成一定尺寸或形状的;纸浆、纸、纤维素絮纸或纤维素纤维网纸制的手帕、面巾、台布、餐巾、床单及类似的家庭、卫生或医院用品、衣服及衣着附件**					
4818100000	小卷(张)卫生纸(成卷或矩形成张的宽度≤36厘米,或制成特殊形状的)	7.5	80	17	千克	AB
4818200000	小卷(张)纸手帕及纸面巾(成卷或矩形成张的宽度≤36厘米,或制成特殊形状的)	7.5	90	17	千克	AB
4818300000	小卷(张)纸台布及纸餐巾(成卷或矩形成张的宽度≤36厘米,或制成特殊形状的)	7.5	90	17	千克	AB
4818500000	纸制衣服及衣着附件(纸浆、纸、纤维素絮纸和纤维素纤维网纸制的)	7.5	90	17	千克	AB
4818900000	纸床单及类似家庭、卫生、医院用品(纸浆、纸、纤维素絮纸和纤维素纤维网纸制的)	7.5	90	17	千克	AB
4819	**纸、纸板、纤维素絮纸或纤维素纤维网纸制的箱、盒、匣、袋及其他包装容器;纸或纸板制的卷宗盒、信件盘及类似品,供办公室、商店及类似场所使用的**					
4819100000	瓦楞纸或纸板制的箱、盒、匣	5	80	17	千克	
4819200000	非瓦楞纸或纸板制可折叠箱、盒、匣	5	80	17	千克	
4819300000	底宽≥40厘米的纸袋	7.5	80	17	千克	
4819400000	其他纸袋(包括锥形袋)	7.5	80	17	千克	
4819500000	其他纸包装容器(包括唱片套)	7.5	80	17	千克	A
4819600000	纸卷宗盒、信件、盘存储盒及类似品(办公室、商店及类似场所使用的)	7.5	80	17	千克	
4820	**纸或纸板制的登记本、账本、笔记本、订货本、收据本、信笺本、记事本、日记本及类似品、练习本、吸墨纸本、活动封面(活页及非活页)、文件夹、卷宗皮、多联商业表格纸、页间夹有复写纸的本及其他文具用品;纸或纸板制的样品簿、粘贴簿及书籍封面**					
4820100000	登记本、账本、笔记本等及类似品(包括订货本、收据本、信笺本、记事本、日记本)	7.5	80	17	千克	
4820200000	练习本	7.5	80	17	千克	
4820300000	纸制活动封面、文件夹及卷宗皮	7.5	80	17	千克	
4820400000	多联商业表格纸(本)(包括页间夹有复写纸的本)	7.5	80	17	千克	
4820500000	纸制样品簿及粘贴簿	7.5	80	17	千克	
4820900000	其他纸制文具用品	7.5	80	17	千克	
4821	**纸或纸板制的各种标签,不论是否印制**					
4821100000	纸或纸板印制的各种标签	7.5	50	17	千克	

商品编号	商品名称及备注	进口关税税率（%）最惠国	进口关税税率（%）普通	增值税率（%）	计量单位	监管条件
4821900000	纸或纸板制的其他各种标签	7.5	50	17	千克	
4822	**纸浆、纸或纸板（不论是否穿孔或硬化）制的筒管、卷轴、纡子及类似品**					
4822100000	纺织纱线用纸制的筒管、卷轴、纡子（包括类似品）	7.5	35	17	千克	
4822900000	纸制的其他筒管、卷轴、纡子（包括类似品）	7.5	70	17	千克	
4823	**切成一定尺寸或形状的其他纸、纸板、纤维素絮纸及纤维素纤维网纸；纸浆、纸、纸板、纤维素絮纸及纤维素纤维网纸制的其他物品**					
4823200000	切成形的滤纸及纸板	7.5	30	17	千克	
4823400000	已印制的自动记录器用打印纸（切成一定尺寸或形状的打印纸卷、纸张及纸盘）	7.5	30	17	千克	
4823610000	竹浆纸制的盘、碟、盆、杯及类似品	7.5	90	17	千克	AB
4823690000	其他纸制的盘、碟、盆、杯及类似品	7.5	90	17	千克	AB
4823700000	压制或模制纸浆制品	7.5	90	17	千克	
4823901000	其他以纸或纸板为底制成的铺地制品	7.5	90	17	千克	
4823902000	神纸及类似用品	7.5	180	17	千克	
4823903000	纸扇	7.5	90	17	千克	
4823909000	其他纸及纸制品（包括纤维素絮纸及纤维素纤维网纸制的其他物品）	7.5	90	17	千克	

第四十九章　书籍、报纸、印刷图画及其他印刷品；手稿、打字稿及设计图纸

注释：

一、本章不包括：

（一）透明基的照相负片或正片（第三十七章）；

（二）立体地图、设计图表或地球仪、天体仪，不论是否印刷（品目90.23）；

（三）第九十五章的扑克牌或其他物品；

（四）雕版画、印刷画、石印画的原本（品目97.02），品目97.04的邮票、印花税票、纪念封、首日封、邮政信笺及类似品，以及第九十七章的超过100年的古物或其他物品。

二、第四十九章所称“印刷”，也包括用胶版复印机、油印机印制，在自动数据处理设备控制下打印绘制，压印、冲印、感光复印、热敏复印或打字。

三、用纸以外材料装订成册的报纸、杂志和期刊，以及一期以上装订在同一封面里的成套报纸、杂志和期刊，应归入品目49.01，不论是否有广告材料。

四、品目49.01还包括：

（一）附有说明文字，每页编有号数以便装订成一册或几册的整集印刷复制品，例如，美术作品、绘画；

（二）随同成册书籍的图画附刊；

（三）供装订书籍或小册子用的散页、集页或书帖形式的印刷品，已构成一部作品的全部或部分。

但没有说明文字的印刷图画或图解，不论是否散页或书帖形式，应归入品目49.11。

五、除本章注释三另有规定的以外，品目49.01不包括主要做广告用的出版物（例如，小册子、散页印刷品、商业目录、同业公会出版的年鉴、旅游宣传品），这类出版物应归入品目49.11。

六、品目49.03所称“儿童图画书”，是指以图画为主、文字为辅，供儿童阅览的书籍。

商品编号	商品名称及备注	进口关税税率（%）		增值税率（%）	计量单位	监管条件
		最惠国	普通			
4901	**书籍、小册子、散页印刷品及类似印刷品，不论是否单张**					
4901100000	单张的书籍、小册子及类似印刷品（不论是否折叠，还包括散页印刷品）	0	0	13	千克	
4901910000	字典、百科全书（包括连续出版的分册）	0	0	13	千克	
4901990000	其他书籍、小册子及类似的印刷品（非单张的）	0	0	13	千克	
4902	**报纸、杂志及期刊，不论有无插图或广告材料**					
4902100000	每周至少出版四次的报纸、杂志（包括期刊，不论有无插图或广告材料）	0	0	13	千克	
4902900000	其他报纸、杂志及期刊（不论有无插图或广告材料）	0	0	13	千克	
4903	**儿童图画书、绘画或涂色书**					
4903000000	儿童图画书、绘画或涂色书	0	0	13	千克	
4904	**乐谱原稿或印本，不论是否装订或印有插图**					
4904000000	乐谱原稿或印本（不论是否装订或印有插图）	0	0	13	千克	
4905	**各种印刷的地图、水道图及类似图表，包括地图册、挂图、地形图及地球仪、天体仪**					
4905100000	地球仪、天体仪	0	0	17	千克	
4905910000	成册的各种印刷的地图及类似图表（包括水道图、地图册、地形图）	0	0	17	千克	
4905990000	其他各种印刷的地图及类似图表（包括水道图、挂图、地形图，成册的除外）	0	0	17	千克	

商品编号	商品名称及备注	进口关税税率(%)		增值税率(%)	计量单位	监管条件
		最惠国	普通			
4906	**手绘的建筑、工程、工业、商业、地形或类似用途的设计图纸原稿;手稿;用感光纸照相复印或用复写纸誊写的上述物品复制件**					
4906000000	设计图纸原稿或手稿及其复制件(手绘的建筑、工程、工业、商业、地形或类似用途的)	0	0	17	千克	
4907	**在承认或将承认其面值的国家流通或新发行并且未经使用的邮票、印花税票及类似票证;印有邮票或印花税票的纸品;钞票;空白支票;股票、债券及类似所有权凭证**					
4907001000	新的邮票(包括印花税票、空白支票、债券及类似的所有权凭证)	7.5	50	17	千克	
4907002000	新的钞票	0	50	17	千克	
4907003000	证券凭证(包括印花税票、空白支票、债券及类似的所有权凭证)	0	50	17	千克	
4907009001*	特许权使用凭证(包括软件升级许可证、软件用户许可证等)	7.5	50	17	千克	
4907009090	其他印有邮票等的其他纸品(包括印有印花税票的纸品,特许权使用凭证除外)	7.5	50	17	千克	
4908	**转印贴花纸(移画印花法用图案纸)**					
4908100000	釉转印贴花纸(移画印花法用图案纸)	7.5	50	17	千克	
4908900000	其他转印贴花纸(移画印花法用图案纸)	7.5	50	17	千克	
4909	**印刷或有图画的明信片;印有个人问候、祝贺、通告的卡片,不论是否有图画、带信封或饰边**					
4909001000	印刷或有图画的明信片	7.5	50	17	千克	
4909009000	其他致贺或通告卡片(贺卡及类似卡片,不论是否有图画、带信封或饰边)	7.5	50	17	千克	
4910	**印刷的各种日历,包括日历芯**					
4910000000	印刷的各种日历(包括日历芯)	7.5	50	17	千克	
4911	**其他印刷品,包括印刷的图片及照片**					
4911101000	无商业价值的广告品及类似印刷品(包括无商业价值的商品目录)	0	0	17	千克	
4911109000	其他商业广告品及类似印刷品(包括商品目录)	7.5	50	17	千克	
4911910000	印刷的图片、设计图样及照片	7.5	50	17	千克	
4911991001*	印有自动数据处理设备用程序的纸张	7.5	50	17	千克	
4911991090	其他纸质的印刷品,不包括纸质的图片、设计图样及照片(印有自动数据处理设备用程序的纸张除外)	7.5	50	17	千克	
4911999090	其他印刷品(印有自动数据处理设备用程序的纸张除外)	7.5	50	17	千克	

第十一类　纺织原料及纺织制品

注释：

一、本类不包括：

（一）制刷用的动物鬃、毛（品目05.02）；马毛及废马毛（品目05.11）；

（二）人发及人发制品（品目05.01、67.03或67.04），但通常用于榨油机或类似机器的滤布除外（品目59.11）；

（三）第十四章的棉短绒或其他植物材料；

（四）品目25.24的石棉、品目68.12或68.13的石棉制品或其他产品；

（五）品目30.05或30.06的物品；品目33.06的用于清洁牙缝的纱线（牙线），单独零售包装的；

（六）品目37.01至37.04的感光布；

（七）截面尺寸超过1毫米的塑料单丝和表面宽度超过5毫米的塑料扁条及类似品（例如，人造草）（第三十九章），以及上述单丝或扁条的缏条、织物、篮筐或柳条编结品（第四十六章）；

（八）第三十九章的用塑料浸渍、涂布、包覆或层压的机织物、针织物或钩编织物、毡呢或无纺织物及其制品；

（九）第四十章的用橡胶浸渍、涂布、包覆或层压的机织物、针织物或钩编织物、毡呢或无纺织物及其制品；

（十）带毛皮张（第四十一章或第四十三章）、品目43.03或43.04的毛皮制品、人造毛皮及其制品；

（十一）品目42.01或42.02的用纺织材料制成的物品；

（十二）第四十八章的产品或物品（例如，纤维素絮纸）；

（十三）第六十四章的鞋靴及其零件、护腿、裹腿及类似品；

（十四）第六十五章的发网、其他帽类及其零件；

（十五）第六十七章的货品；

（十六）涂有研磨料的纺织材料（品目68.05），以及品目68.15的碳纤维及其制品；

（十七）玻璃纤维及其制品，但可见底布的玻璃线刺绣品除外（第七十章）；

（十八）第九十四章的物品（例如，家具、寝具、灯具及照明装置）；

（十九）第九十五章的物品（例如，玩具、游戏品、运动用品及网具）；

（二十）第九十六章的物品［例如，刷子、旅行用成套缝纫用具、拉链、打字机色带、卫生巾（护垫）及止血塞、婴儿尿布及尿布衬里］；或

（二十一）第九十七章的物品。

二、（一）可归入第五十章至第五十五章及品目58.09或59.02的由两种或两种以上纺织材料混合制成的货品，应按其中重量最大的那种纺织材料归类。当没有一种纺织材料的重量较大时，应按可归入的有关品目中最后一个品目所列的纺织材料归类。

（二）应用上述规定时：

1. 马毛粗松螺旋花线（品目51.10）和含金属纱线（品目56.05）均应作为一种单一的纺织材料，其重量应为它们在纱线中的合计重量；在机织物的归类中，金属线应作为一种纺织材料；

2. 在选择合适的品目时，应首先确定章，然后再确定该章的有关品目，至于不归入该章的其他材料可不予考虑；

3. 当归入第五十四章及第五十五章的货品与其他章的货品进行比较时，应将这两章作为一个单一的章对待；

4. 同一章或同一品目所列各种不同的纺织材料应作为单一的纺织材料对待。

（三）上述（一）、（二）两款规定亦适用于以下注释三、四、五或六所述纱线。

三、（一）本类的纱线（单纱、多股纱线或缆线）除下列（二）款另有规定的以外，凡符合以下规格的应作为“线、绳、索、缆”：

1. 丝或绢丝纱线，细度在20000分特以上。

2. 化学纤维纱线（包括第五十四章的用两根及以上单丝纺成的纱线），细度在10000分特以上。

3. 大麻或亚麻纱线：

（1）加光或上光的，细度在1429分特及以上。

（2）未加光或上光的，细度在20000分特以上。

4. 三股或三股以上的椰壳纤维纱线。

5. 其他植物纤维纱线，细度在20000分特以上。

6. 用金属线加强的纱线。

（二）下列各项不按上述（一）款规定办理：

1. 羊毛或其他动物毛纱线及纸纱线，但用金属线加强的纱线除外。

2. 第五十五章的化学纤维长丝丝束以及第五十四章的未加捻或捻度每米少于5转的复丝纱线。

3. 品目50.06的蚕胶丝及第五十四章的单丝。

4. 品目56.05的含金属纱线；但用金属线加强的纱线按上述（一）款6项规定办理。

5. 品目56.06的绳绒线、粗松螺旋花线及纵行起圈纱线。

四、（一）除下列（二）款另有规定的以外，第五十章、第五十一章、第五十二章、第五十四章和第五十五章所称“供零售用”纱线，是指以下列方式包装的纱线（单纱、多股纱线或缆线）：

1. 绕在纸板、线轴、纱管或类似芯子上，其重量（含线芯）符合下列规定：

（1）丝、绢丝或化学纤维长丝纱线，不超过85克。

(2)其他纱线,不超过125克。

2. 绕成团、绞或束,其重量符合下列规定:

(1)细度在3000分特以下的化学纤维长丝纱线,丝或绢丝纱线,不超过85克。

(2)细度在2000分特以下的任何其他纱线,不超过125克。

(3)其他纱线,不超过500克。

3. 绕成绞或束,每绞或每束中有若干用线分开的小绞或小束,每小绞或小束的重量相等,并且符合下列规定:

(1)丝、绢丝或化学纤维长丝纱线,不超过85克。

(2)其他纱线,不超过125克。

(二)下列各项不按上述(一)款规定办理:

1. 各种纺织材料制的单纱,但下列两种除外:

(1)未漂白的羊毛或动物细毛单纱。

(2)漂白、染色或印色的羊毛或动物细毛单纱,细度在5000分特以上。

2. 未漂白的多股纱线或缆线:

(1)丝或绢丝制的,不论何种包装。

(2)除羊毛或动物细毛外其他纺织材料制,成绞或成束的。

3. 漂白、染色或印色丝或绢丝制的多股纱线或缆线,细度在133分特及以下。

4. 任何纺织材料制的单纱、多股纱线或缆线:

(1)交叉绕成绞或束的。

(2)绕于纱芯上或以其他方式卷绕,明显用于纺织工业的(例如,绕于纱管、加捻管、纬纱管、锥形筒管或锭子上的或者绕成蚕茧状以供绣花机使用的纱线)。

五、品目52.04、54.01及55.08所称"缝纫线",是指下列多股纱线或缆线:

(一)绕于芯子(例如,线轴、纱管)上,重量(包括纱芯)不超过1000克;

(二)经上浆用做缝纫线的;

(三)终捻为反手(Z)捻的。

六、本类所称"高强力纱",是指断裂强度大于下列标准的纱线:

尼龙、其他聚酰胺或聚酯制的单纱——60厘牛顿/特克斯;

尼龙、其他聚酰胺或聚酯制的多股纱线或缆线——53厘牛顿/特克斯;

粘胶纤维制的单纱、多股纱线或缆线——27厘牛顿/特克斯。

七、本类所称"制成的",是指:

(一)裁剪成除正方形或长方形以外的其他形状的;

(二)呈制成状态,无需缝纫或其他进一步加工(或仅需剪断分隔联线)即可使用的(例如,某些抹布、毛巾、台布、方披巾、毯子);

(三)裁剪成一定尺寸,至少有一边为带有可见的锥形或压平形的热封边,其余各边经本注释其他各项所述加工,但不包括为防止剪边脱纱而用热切法或其他简单方法处理的织物;

(四)已缝边或滚边,或者在任一边带有结制的流苏,但不包括为防止剪边脱纱而锁边或用其他简单方法处理的织物;

(五)裁剪成一定尺寸并经抽纱加工的;

(六)缝合、胶合或用其他方法拼合而成的(将两段或两段以上同样料子的织物首尾连接而成的匹头,以及由两层或两层以上的织物,不论中间有无胎料,层叠而成的匹头除外);

(七)针织或钩编成一定形状,不论报验时是单件还是以若干件相连成幅的。

八、对于第五十章至第六十章:

(一)第五十章至第五十五章及第六十章,除条文另有规定以外的第五十六章至第五十九章,不适用于上述注释七所规定的制成货品;

(二)第五十章至第五十五章及第六十章不包括第五十六章至第五十九章的货品。

九、第五十章至第五十五章的机织物包括由若干层平行纱线以锐角或直角相互层叠,在纱线交叉点黏合剂或以热黏合法黏合而成的织物。

十、用纺织材料和橡胶线制成的弹性产品归入本类。

十一、本类所称"浸渍",包括"浸泡"。

十二、本类所称"聚酰胺",包括"芳族聚酰胺"。

十三、本类及本手册所称"弹性纱线"是指合成纤维纺织材料制成的长丝纱线(包括单丝,变形纱线除外)。这些纱线可拉伸至原长的3倍而不断裂,并可在拉伸至原长2倍后5分钟内回复到不超过原长度1.5倍。

十四、除条文另有规定的以外,各种服装即使成套包装供零售用,也应按各自品目分别归类。

本注释所称"纺织服装",是指品目61.01至61.14及品目62.01至62.11所列的各种服装。

子目注释:

一、本类及本手册所用有关名词解释如下:

(一)未漂白纱线:

1. 带有纤维自然色泽并且未经漂染(不论是否整体染色)或印色的纱线;

2. 从回收纤维制得,色泽未定的纱线(本色纱)。

这种纱线可用无色浆料或易褪色染料(可轻易地用肥皂洗去)处理,如果是化学纤维纱线,则整体用消光剂(例如二氧化钛)进行处理。

(二)漂白纱线:

1. 经漂白加工、用漂白纤维制得或经染白(除条文另有规定的以外)(不论是否整体染色)及用白浆料处理的纱线;

2. 用未漂白纤维和漂白纤维混纺的制得的纱线;

3. 用未漂白纱和漂白纱纺成多股纱线或缆线。

(三)着色(染色或印色)纱线:

1. 染成彩色(不论是否整体染色,但白色或易褪色除外)或印色的纱线,以及用染色或印色纤维纺制的纱线;

2. 用各色染色纤维混合纺制或用未漂白或漂白纤维与着色纤维混合制得的纱线(夹色纱或混色纱),以及用一种或几种颜色间隔印色而获得点纹印迹的纱线；

3. 用已经印色的纱条或粗纱纺制的纱线；

4. 用未漂白纱和漂白纱与着色纱纺成的多股纱线或缆线。

上述定义作相应调整后适用于第五十四章的单丝、扁条或类似产品。

(四)未漂白机织物：

用未漂白纱线织成后未经漂白、染色或印花的机织物。这类织物可用无色浆料或易褪色染料处理。

(五)漂白机织物：

1. 经漂白、染白或用白浆料处理(除条文另有规定的以外)的成匹机织物；

2. 用漂白纱线织成的机织物；

3. 用未漂白纱线和漂白纱线织成的机织物；

(六)染色机织物：

1. 除条文另有规定的以外，染成白色以外的其他单一颜色或用白色以外的其他有色整理剂处理的成匹机织物；

2. 用单一颜色的着色纱线织成的机织物。

(七)色织机织物：

除印花机织物以外的下列机织物：

1. 用各种不同颜色纱线或同一颜色不同深浅(纤维的自然色彩除外)纱线织成的机织物；

2. 用未漂白或漂白与着色纱线织成的机织物；

3. 用夹色纱线或混色纱线织成的机织物。

不论何种情况，布边或布头的纱线均可忽略不计。

(八)印花机织物：

成匹印花的机织物，不论是否用各色纱线织成。

(用刷子或喷枪、经转印纸转印、植绒或蜡防印花等方法印成花纹图案的机织物亦可视为印花机织物)。

上述各类纱线或织物如经丝光工艺处理并不影响其归类。

上述(四)至(八)的定义在作必要修改后适用于针织或钩编织物。

(九)平纹组织：

每根纬纱在并排的经纱间上下交错而过，而每根经纱也在并排的纬纱间上下交错而过的织物组织。

二、(一)含有两种或两种以上纺织材料的第五十六章至第六十三章的产品，应根据本类注释二对第五十章至第五十五章或品目58.09的此类纺织材料产品归类的规定来确定归类。

(二)运用本条规定时：

1. 应酌情考虑按归类总规则第三条来确定归类。

2. 对由底布和绒面或毛圈面构成的纺织品，在归类时可不考虑底布的属性。

3. 对品目58.10的刺绣品及其制品归类时应只考虑底布的属性，但不见底布的刺绣品及其制品根据绣线的属性确定归类。

第五十章　蚕　丝

商品编号	商品名称及备注	进口关税税率(%)		增值税率(%)	计量单位	监管条件
		最惠国	普通			
5001	**适于缫丝的蚕茧**					
5001001000	适于缫丝的桑蚕茧	6	70	17	千克	AB
5001009000	适于缫丝的其他蚕茧	6	70	17	千克	AB
5002	**生丝(未加捻)**					
5002001100	未加捻的桑蚕厂丝	9	80	17	千克	AB
5002001200	未加捻的桑蚕土丝	9	80	17	千克	AB
5002001300	未加捻的桑蚕双宫丝	9	80	17	千克	AB
5002001900	其他未加捻的桑蚕丝	9	80	17	千克	AB
5002002000	未加捻柞蚕丝	9	80	17	千克	AB
5002009000	未加捻其他生丝	9	80	17	千克	AB
5003	**废丝(包括不适于缫丝的蚕茧、废纱及回收纤维)**					
5003001100	未梳的下茧、茧衣、长吐、滞头	9	70	17	千克	AB
5003001200	未梳的回收纤维	9	70	17	千克	AB

商品编号	商品名称及备注	进口关税税率(%)		增值税率(%)	计量单位	监管条件
		最惠国	普通			
5003001900	其他未梳废丝(包括不适于缫丝的废纱)	9	70	17	千克	AB
5003009100	绵球	9	70	17	千克	AB
5003009900	其他废丝(包括不适于缫丝的蚕茧、废纱及回收纤维)	9	70	17	千克	AB
5004	**丝纱线(绢纺纱线除外),非供零售用**					
5004000000	非供零售用丝纱线(绢纺纱线除外)	6	90	17	千克	
5005	**绢纺纱线,非供零售用**					
5005001010	非供零售用䌷丝纱线(䌷丝为主,含丝及绢丝85%及以上纱线)	6	90	17	千克	
5005001090	非供零售用䌷丝纱线(䌷丝为主,含丝及绢丝85%以下纱线)	6	90	17	千克	
5005009010	非供零售用其他绢纺纱线(含丝及绢丝85%及以上纱线)	6	90	17	千克	
5005009020	非供零售用其他绢纺纱线(含丝及绢丝85%以下纱线)	6	90	17	千克	
5006	**丝纱线及绢纺纱线,供零售用;蚕胶丝**					
5006000010	零售用丝纱线,绢纺纱线;蚕胶丝(含丝及绢丝85%及以上纱线)	6	100	17	千克	
5006000020	零售用丝纱线,绢纺纱线;蚕胶丝(含丝及绢丝85%以下纱线)	6	100	17	千克	
5007	**丝或绢丝机织物**					
5007101010	未漂白或漂白的䌷丝机织物(包括未练白或练白的,含䌷丝85%及以上)	10	130	17	米/千克	
5007101020	未漂白或漂白的䌷丝机织物(包括未练白或练白的,含䌷丝85%以下,棉或化纤限内)	10	130	17	米/千克	
5007101031	未漂白或漂白的䌷丝机织物(含未练白或练白,䌷丝<85%与精梳羊毛或动物细毛混纺,羊毛限内)	10	130	17	米/千克	
5007101039	未漂白或漂白的䌷丝机织物(未练白或练白的,含䌷丝85%以下,与其他混纺,羊毛限内)	10	130	17	米/千克	
5007101091	未漂白或漂白的䌷丝机织物(未练白或练白的,含䌷丝<85%与精梳羊毛或动物细毛混纺)	10	130	17	米/千克	
5007101099	未漂白或漂白的䌷丝机织物(包括未练白或练白的,含䌷丝85%以下,与其他混纺)	10	130	17	米/千克	
5007109010	其他䌷丝机织物(含䌷丝85%及以上)	10	130	17	米/千克	
5007109021	其他色织䌷丝机织物(含䌷丝85%以下,棉或化纤限内)	10	130	17	米/千克	
5007109029	其他非色织䌷丝机织物(含䌷丝85%以下,棉或化纤限内)	10	130	17	米/千克	
5007109031	其他䌷丝机织物(含䌷丝85%以下,与精梳羊毛或动物细毛混纺,羊毛限内)	10	130	17	米/千克	
5007109039	其他䌷丝机织物(含䌷丝85%以下,与其他混纺,羊毛限内)	10	130	17	米/千克	
5007109091	其他䌷丝机织物(含䌷丝85%以下,与精梳羊毛或动物细毛混纺)	10	130	17	米/千克	
5007109099	其他䌷丝机织物(含䌷丝85%以下,与其他混纺)	10	130	17	米/千克	
5007201100	未漂白或漂白的桑蚕丝机织物(包括未练白或练白,按重量计丝或绢丝含量85%及以上)	10	130	17	米/千克	
5007201900	其他桑蚕丝机织物(按重量计丝或绢丝含量在85%及以上)	10	130	17	米/千克	
5007202100	未漂白或漂白的柞蚕丝机织物(包括未练白或练白,按重量计丝或绢丝含量85%及以上)	10	130	17	米/千克	
5007202900	其他柞蚕丝机织物(按重量计丝或绢丝含量在85%及以上)	10	130	17	米/千克	

商品编号	商品名称及备注	进口关税税率(%)		增值税率(%)	计量单位	监管条件
		最惠国	普通			
5007203100	未漂白或漂白的绢丝机织物(包括未练白或练白,按重量计丝或绢丝含量85%及以上)	10	130	17	米/千克	
5007203900	其他绢丝机织物(按重量计丝或绢丝含量在85%及以上)	10	130	17	米/千克	
5007209010	未漂白或漂白其他丝机织物(包括未练白或练白,按重量计丝或绢丝含量在85%及以上)	10	130	17	米/千克	
5007209090	其他丝机织物(按重量计丝或绢丝含量在85%及以上)	10	130	17	米/千克	
5007901010	未漂白或漂白其他丝机织物(包括未练白或练白,含丝及绢丝85%及以上)	10	130	17	米/千克	
5007901020	未漂白或漂白其他丝机织物(包括未练白或练白,含丝及绢丝<85%与其他混纺,棉或化纤限内)	10	130	17	米/千克	
5007901031	未漂白或漂白其他丝机织物(未练白或练白,含丝及绢丝<85%,与精梳羊毛或动物细毛混纺,羊毛限内)	10	130	17	米/千克	
5007901039	未漂白或漂白其他丝机织物(未练白或练白,含丝及绢丝<85%,与其他混纺,羊毛限内)	10	130	17	米/千克	
5007901091	未漂白或漂白其他丝机织物(未练白或练白,含丝及绢丝<85%,与精梳羊毛或动物细毛混纺)	10	130	17	米/千克	
5007901099	未漂白或漂白其他丝机织物(未练白或练白,含丝及绢丝85%以下,与其他混纺)	10	130	17	米/千克	
5007909010	其他丝机织物(含丝及绢丝85%及以上)	10	130	17	米/千克	
5007909021	其他色织丝机织物(含丝及绢丝85%以下,与其他混纺,棉或化学纤维限内)	10	130	17	米/千克	
5007909029	其他非色织丝机织物(含丝及绢丝85%以下,与其他混纺,棉或化学纤维限内)	10	130	17	米/千克	
5007909031	其他丝机织物(含丝及绢丝<85%,与精梳羊毛或动物细毛混纺,羊毛限内)	10	130	17	米/千克	
5007909039	其他丝机织物(含丝及绢丝85%以下,与其他混纺,羊毛限内)	10	130	17	米/千克	
5007909091	其他丝机织物(含丝及绢丝85%以下,与精梳羊毛或动物细毛混纺)	10	130	17	米/千克	
5007909099	其他丝机织物(含丝及绢丝85%以下,与其他混纺)	10	130	17	米/千克	

第五十一章　羊毛、动物细毛或粗毛;马毛纱线及其机织物

注释:

本手册所称:

一、"羊毛",是指绵羊或羔羊身上长的天然纤维;

二、"动物细毛",是指下列动物的毛:羊驼、美洲驼、驼马、骆驼(包括单峰骆驼)、牦牛、安哥拉山羊、西藏山羊、喀什米尔山羊及类似山羊(普通山羊除外)、家兔(包括安哥拉兔)、野兔、海狸、河狸鼠或麝鼠;

三、"动物粗毛",是指以上未提及的其他动物的毛,但不包括制刷用鬃、毛(品目05.02)以及马毛(品目05.11)。

商品编号	商品名称及备注	进口关税税率(%)		增值税率(%)	计量单位	监管条件
		最惠国	普通			
5101	**未梳的羊毛**					
5101110001	未梳的含脂剪羊毛(配额内)	1	50	13	千克	tAB
5101110090	未梳的含脂剪羊毛(配额外)	38	50	13	千克	AB
5101190001	未梳的其他含脂羊毛(配额内)	1	50	13	千克	tAB
5101190090	未梳的其他含脂羊毛(配额外)	38	50	13	千克	AB
5101210001	未梳的脱脂剪羊毛(未碳化)(配额内)	1	50	17	千克	tAB
5101210090	未梳的脱脂剪羊毛(未碳化)(配额外)	38	50	17	千克	AB
5101290001	未梳的其他脱脂羊毛(未碳化)(配额内)	1	50	17	千克	tAB
5101290090	未梳的其他脱脂羊毛(未碳化)(配额外)	38	50	17	千克	AB
5101300001	未梳碳化羊毛(配额内)	1	50	17	千克	tAB
5101300090	未梳碳化羊毛(配额外)	38	50	17	千克	AB
5102	**未梳的动物细毛或粗毛**					
5102110000	未梳喀什米尔山羊的细毛	9	45	17	千克	AB
5102191010	未梳濒危兔毛	9	50	17	千克	ABFE
5102191090	其他未梳兔毛	9	50	17	千克	AB
5102192000	其他未梳山羊绒	9	45	17	千克	AB
5102193010	未梳濒危野生骆驼科动物毛、绒	9	45	17	千克	FEAB
5102193090	其他未梳骆驼毛、绒	9	45	17	千克	AB
5102199010	未梳的其他濒危野生动物细毛	9	45	17	千克	FEAB
5102199090	未梳的其他动物细毛	9	45	17	千克	AB
5102200010	未梳的濒危野生动物粗毛	9	50	17	千克	FEAB
5102200090	未梳的其他动物粗毛	9	50	17	千克	AB
5103	**羊毛或动物细毛或粗毛的废料,包括废纱线,但不包括回收纤维**					
5103101001	羊毛落毛(配额内)	1	50	17	千克	tAB
5103101090	羊毛落毛(配额外)	38	50	17	千克	AB
5103109010	其他濒危野生动物细毛的落毛	9	50	17	千克	FEAB
5103109090	其他动物细毛的落毛	9	50	17	千克	ABP
5103201000	羊毛废料(包括废纱线,不包括回收纤维)	13.5	20	17	千克	AB
5103209010	其他濒危野生动物细毛废料(包括废纱线,不包括回收纤维)	9	50	17	千克	FEAB
5103209090	其他动物细毛废料(包括废纱线,不包括回收纤维)	9	50	17	千克	ABP
5103300010	濒危野生动物粗毛废料(包括废纱线,不包括回收纤维)	9	50	17	千克	FEAB
5103300090	其他动物粗毛废料(包括废纱线,不包括回收纤维)	9	50	17	千克	ABP

商品编号	商品名称及备注	进口关税税率(%)		增值税率(%)	计量单位	监管条件
		最惠国	普通			
5104	**羊毛或动物细毛或粗毛的回收纤维**					
5104001000	羊毛的回收纤维	15	20	17	千克	AB
5104009010	其他濒危野生动物细毛(包括粗毛回收纤维)	5	50	17	千克	FEAB
5104009090	其他动物细毛或粗毛的回收纤维	5	50	17	千克	ABP
5105	**已梳的羊毛及动物细毛或粗毛(包括精梳片毛)**					
5105100001	粗梳羊毛(配额内)	3	50	17	千克	tAB
5105100090	粗梳羊毛(配额外)	38	50	17	千克	AB
5105210001	精梳羊毛片毛(配额内)	3	50	17	千克	tAB
5105210090	精梳羊毛片毛(配额外)	38	50	17	千克	AB
5105290001	羊毛条及其他精梳羊毛(配额内)	3	50	17	千克	tAB
5105290090	羊毛条及其他精梳羊毛(配额外)	38	50	17	千克	AB
5105310000	已梳喀什米尔山羊的细毛	5	50	17	千克	AB
5105391010	已梳濒危兔毛	5	70	17	千克	ABFE
5105391090	其他已梳兔毛	5	70	17	千克	AB
5105392100	其他已梳无毛山羊绒	5	50	17	千克	AB
5105392900	其他已梳山羊绒	5	50	17	千克	AB
5105399010	其他已梳野生动物细毛	5	50	17	千克	ABEF
5105399090	其他已梳动物细毛	5	50	17	千克	AB
5105400010	其他已梳濒危野生动物粗毛	5	50	17	千克	FEAB
5105400090	其他已梳动物粗毛	5	50	17	千克	AB
5106	**粗梳羊毛纱线,非供零售用**					
5106100000	非零售用粗梳羊毛纱线(按重量计羊毛含量≥85%)	5	70	17	千克	
5106200000	非零售用粗梳混纺羊毛纱线(混纺以羊毛纱线为主,但羊毛含量<85%)	5	70	17	千克	
5107	**精梳羊毛纱线,非供零售用**					
5107100000	非供零售用精梳纯羊毛纱线(按重量计羊毛含量≥85%)	5	70	17	千克	
5107200000	非供零售用精梳混纺羊毛纱线(混纺以羊毛纱线为主,但羊毛含量<85%)	5	70	17	千克	
5108	**动物细毛(粗梳或精梳)纱线,非供零售用**					
5108101100	非供零售用粗梳山羊绒纱线(按重量计山羊绒含量≥85%)	5	70	17	千克	
5108101910	非供零售用粗梳其他濒危动物细毛纱线(按重量计其他动物细毛含量≥85%)	5	70	17	千克	FE
5108101990	非供零售用粗梳其他动物细毛纱线(按重量计其他动物细毛含量≥85%)	5	70	17	千克	
5108109010	非供零售用粗梳其他濒危动物细毛纱线(按重量计其他粗梳动物细毛含量<85%)	5	70	17	千克	FE
5108109090	非供零售用粗梳其他动物细毛纱线(按重量计其他粗梳动物细毛含量<85%)	5	70	17	千克	
5108201100	非供零售用精梳山羊绒纱线(按重量计山羊绒含量≥85%)	5	70	17	千克	
5108201910	非供零售用精梳其他濒危动物细毛纱线(按重量计其他动物细毛含量≥85%)	5	70	17	千克	FE
5108201990	非供零售用精梳其他动物细毛纱线(按重量计其他动物细毛含量≥85%)	5	70	17	千克	
5108209010	非供零售用精梳其他濒危动物细毛纱线(按重量计其他精梳动物细毛含量<85%)	5	70	17	千克	FE

商品编号	商品名称及备注	进口关税税率(%)		增值税率(%)	计量单位	监管条件
		最惠国	普通			
5108209090	非供零售用精梳其他动物细毛纱线(按重量计其他精梳动物细毛含量<85%)	5	70	17	千克	
5109	**羊毛或动物细毛的纱线,供零售用**					
5109101100	零售用山羊绒纱线(按重量计山羊绒含量≥85%)	6	80	17	千克	
5109101900	零售用其他动物细毛纱线(按重量计其他动物细毛含量≥85%)	6	80	17	千克	
5109109000	零售用羊毛纱线(按重量计羊毛含量≥85%)	6	80	17	千克	
5109901100	零售用混纺山羊绒纱线(混纺以羊毛纱线为主,但羊毛含量<85%)	6	80	17	千克	
5109901900	零售用混纺其他动物细毛纱线(混纺以羊毛纱线为主,但羊毛含量<85%)	6	80	17	千克	
5109909000	零售用混纺羊毛纱线(混纺以羊毛纱线为主,但羊毛含量<85%)	6	80	17	千克	
5110	**动物粗毛或马毛的纱线(包括马毛粗松螺旋花线),不论是否供零售用**					
5110000010	濒危动物粗毛的纱线(包括马毛粗松螺旋花线,不论是否供零售用)	6	70	17	千克	FE
5110000090	其他动物粗毛或马毛的纱线(包括马毛粗松螺旋花线,不论是否供零售用)	6	70	17	千克	
5111	**粗梳羊毛或粗梳动物细毛的机织物**					
5111111100	每平方米重≤300克山羊绒机织物(按重量计粗梳山羊绒含量≥85%)	10	130	17	米/千克	
5111111900	每平方米重≤300克其他动物细毛机织物(按重量计其他粗梳动物细毛含量≥85%)	10	130	17	米/千克	
5111119000	每平方米重≤300克羊毛机织物(按重量计粗梳羊毛含量≥85%)	10	130	17	米/千克	
5111191100	每平方米重>300克山羊绒机织物(按重量计粗梳山羊绒含量≥85%)	10	130	17	米/千克	
5111191900	每平方米重>300克其他动物细毛机织物(按重量计其他粗梳动物细毛含量≥85%)	10	130	17	米/千克	
5111199000	每平方米重>300克羊毛机织物(按重量计粗梳羊毛含量≥85%)	10	130	17	米/千克	
5111200010	与化纤长丝混纺提花、装饰家具布(重量≤140克/平方米或>300克/平方米,羊毛或动物细毛含量<85%)	10	130	17	米/千克	
5111200090	与化纤长丝混纺其他粗梳毛机织物(羊毛或动物细毛含量<85%)	10	130	17	米/千克	
5111300010	与化纤短纤混纺提花、装饰家具布(重量≤140克/平方米或>300克/平方米,羊或动物细毛含量<85%)	10	130	17	米/千克	
5111300090	与化纤短纤混纺其他粗梳毛机织物(羊毛或动物细毛含量<85%)	10	130	17	米/千克	
5111900011	其他丝与粗梳羊毛或动物细毛混纺(丝及绢丝含量≥30%,粗梳羊毛或动物细毛含量<85%,价值>33美元/千克)	10	130	17	米/千克	
5111900019	其他丝混纺机织物(丝及绢丝含量≥30%,粗梳羊毛或动物细毛含量<85%,价值>33美元/千克)	10	130	17	米/千克	
5111900021	其他毛混纺提花、装饰家具布(粗梳羊毛或动物细毛含量<85%,重量≤140克/平方米或>300克/平方米)	10	130	17	米/千克	

商品编号	商品名称及备注	进口关税税率(%)		增值税率(%)	计量单位	监管条件
		最惠国	普通			
5111900029	其他毛混纺提花、装饰家具布(粗梳羊毛或动物细毛含量<85%,重量≤140克/平方米或>300克/平方米)	10	130	17	米/千克	
5111900091	其他机织物(与粗梳羊毛或动物细毛混纺,粗梳羊毛或动物细毛含量<85%)	10	130	17	米/千克	
5111900099	其他机织物(与其他混纺,粗梳羊毛或动物细毛含量<85%)	10	130	17	米/千克	
5112	**精梳羊毛或精梳动物细毛的机织物**					
5112110010	重量≤140克/平方米毛提花、装饰家具布(精梳羊毛或动物细毛含量≥85%)	10	130	17	米/千克	
5112110090	其他重量≤200克/平方米毛制机织物(精梳羊毛或动物细毛含量≥85%)	10	130	17	米/千克	
5112190010	重量>200克/平方米毛提花、装饰家具布(精梳羊毛或动物细毛含量≥85%)	10	130	17	米/千克	
5112190090	重量>200克/平方米其他毛制机织物(精梳羊毛或动物细毛含量≥85%)	10	130	17	米/千克	
5112200010	与化纤长丝混纺毛制提花、家具布(精梳羊毛或动物细毛含量<85%,重量≤140克/平方米或>300克/平方米)	10	130	17	米/千克	
5112200090	与化纤长丝混纺其他毛制机织物(精梳羊毛或动物细毛含量<85%)	10	130	17	米/千克	
5112300010	与化纤短纤混纺毛制提花、家具布(精梳羊、动物细毛含量<85%,重量≤140克/平方米或>300克/平方米)	10	130	17	米/千克	
5112300090	与化纤短纤混纺其他毛制机织物(精梳羊毛或动物细毛含量<85%)	10	130	17	米/千克	
5112900010	其他丝与毛混纺机织物(精梳羊毛或动物细毛含量<85%,丝及绢丝含量≥30%,价值>33美元/千克)	10	130	17	米/千克	
5112900020	其他精梳毛制提花、装饰家具布(羊毛或动物细毛含量<85%,重量≤140克/平方米或>300克/平方米)	10	130	17	米/千克	
5112900090	其他机织物(精梳羊毛或动物细毛<85%)	10	130	17	米/千克	
5113	**动物粗毛或马毛的机织物**					
5113000000	动物粗毛或马毛的机织物	10	130	17	米/千克	

第五十二章　棉　　花

子目注释：

子目 5209.42 及 5211.42 所称“粗斜纹布（劳动布）”，是指用不同颜色的纱线织成的三线或四线斜纹织物，包括破斜纹组织的织物，这种织物以经纱为面，经纱染成一种相同的颜色，纬纱未漂白或经漂白、染成灰色或比经纱稍浅的颜色。

商品编号	商品名称及备注	进口关税税率（%）		增值税率（%）	计量单位	监管条件
		最惠国	普通			
5201	**未梳的棉花**					
5201000001	未梳的棉花[包括脱脂棉花（配额内）]	1	125	13	千克	t4xAB
5201000080	未梳的棉花[包括脱脂棉花（关税配额外暂定）]	见附表 3	0	13	千克	4ABex
5201000090	未梳的棉花[包括脱脂棉花（配额外）]	40	125	13	千克	4xAB
5202	**废棉（包括废棉纱线及回收纤维）**					
5202100000	废棉纱线（包括废棉线）	10	30	17	千克	AP
5202910000	棉的回收纤维	10	30	17	千克	ABP
5202990000	其他废棉	10	30	17	千克	ABP
5203	**已梳的棉花**					
5203000001	已梳的棉花（配额内）	1	125	17	千克	t4xAB
5203000090	已梳的棉花（配额外）	40	125	17	千克	4xAB
5204	**棉制缝纫线，不论是否供零售用**					
5204110000	非零售棉缝纫线（按重量计含棉量≥85%）	5	40	17	千克	
5204190000	非零售棉缝纫线（按重量计含棉量＜85%）	5	40	17	千克	
5204200000	零售用棉制缝纫线	5	50	17	千克	
5205	**棉纱线（缝纫线除外），按重量计含棉量在 85% 及以上，非供零售用**					
5205110000	非零售粗梳粗支纯棉单纱（粗支指单纱细度≥714.29 分特，含棉量≥85%）	5	40	17	千克	
5205120000	非零售粗梳中支纯棉单纱（中支指单纱细度为 232.56～714.29 分特之间，含棉量≥85%）	5	40	17	千克	
5205130000	非零售粗梳细支纯棉单纱（细支指单纱细度在 192.31～232.56 分特之间，含棉量≥85%）	5	40	17	千克	
5205140000	非零售粗梳较细支纯棉单纱（较细支指单纱细度在 125～192.31 分特之间，含棉量≥85%）	5	40	17	千克	
5205150000	非零售粗梳特细支纯棉单纱（特细支指单纱细度＜125 分特，含棉量≥85%）	5	40	17	千克	
5205210000	非零售精梳粗支纯棉单纱（粗支指单纱细度≥714.29 分特，含棉量≥85%）	5	40	17	千克	
5205220000	非零售精梳中支纯棉单纱（中支指单纱细度为 232.56～714.29 分特之间，含棉量≥85%）	5	40	17	千克	
5205230000	非零售精梳细支纯棉单纱（细支指单纱细度在 192.31～232.56 分特之间，含棉量≥85%）	5	40	17	千克	
5205240000	非零售精梳较细支纯棉单纱（较细支指单纱细度在 125～192.31 分特之间，含棉量≥85%）	5	40	17	千克	

商品编号	商 品 名 称 及 备 注	进口关税税率(%)		增值税率(%)	计量单位	监管条件
		最惠国	普通			
5205260000	非零售精梳特细支纯棉单纱(特细支指单纱细度在106.38~125分特之间,含棉量≥85%)	5	40	17	千克	
5205270000	非零售精梳超特细支纯棉单纱(超特细支指单纱细度在83.33~106.38分特之间,含棉量≥85%)	5	40	17	千克	
5205280000	非零售精梳微支纯棉单纱(微支指单纱细度<83.33分特,含棉量≥85%)	5	40	17	千克	
5205310000	非零售粗梳粗支纯棉多股纱(粗支指单纱细度≥714.29分特,含棉量≥85%)	5	40	17	千克	
5205320000	非零售粗梳中支纯棉多股纱(中支指单纱细度为232.56~714.29分特之间,含棉量≥85%)	5	40	17	千克	
5205330000	非零售粗梳细支纯棉多股纱(细支指单纱细度在192.31~232.56分特之间,含棉量≥85%)	5	40	17	千克	
5205340000	非零售粗梳较细支纯棉多股纱(较细支指单纱细在125~192.31分特之间,含棉量≥85%)	5	40	17	千克	
5205350000	非零售粗梳特细支纯棉多股纱(特细支指单纱细度<125分特,含棉量≥85%)	5	40	17	千克	
5205410000	非零售精梳粗支纯棉多股纱(粗支指单纱细度≥714.29分特,含棉量≥85%)	5	40	17	千克	
5205420000	非零售精梳中支纯棉多股纱(中支指单纱细度为232.56~714.29分特之间,含棉量≥85%)	5	40	17	千克	
5205430000	非零售精梳细支纯棉多股纱(细支指单纱细度在192.31~232.56分特之间,含棉量≥85%)	5	40	17	千克	
5205440000	非零售精梳较细支纯棉多股纱(较细支指单纱细度在125~192.31分特之间,含棉量≥85%)	5	40	17	千克	
5205460000	非零售精梳特细支纯棉多股纱(特细支指单纱细度在106.38~125分特之间,含棉量≥85%)	5	40	17	千克	
5205470000	非零售精梳超特细支多股纱(超特细支指单纱细度在83.33~106.38分特之间,含棉量≥85%)	5	40	17	千克	
5205480000	非零售精梳微支纯棉多股纱(微支指单纱细度<83.33分特,含棉量≥85%)	5	40	17	千克	
5206	**棉纱线(缝纫线除外),按重量计含棉量在85%以下,非供零售用**					
5206110000	非零售粗梳粗支混纺棉单纱(粗支指单纱细度≥714.29分特,含棉量<85%)	5	40	17	千克	
5206120000	非零售粗梳中支混纺棉单纱(中支指单纱细度在232.56~714.29分特之间,含棉量<85%)	5	40	17	千克	
5206130000	非零售粗梳细支混纺棉单纱(细支指单纱细度在192.31~232.56分特之间,含棉量<85%)	5	40	17	千克	
5206140000	非零售粗梳较细支混纺棉单纱(较细支指单纱细在125~192.31分特之间,含棉量<85%)	5	40	17	千克	
5206150000	非零售粗梳特细支混纺棉单纱(特细支指单纱细度<125分特,含棉量<85%)	5	40	17	千克	
5206210000	非零售精梳粗支混纺棉单纱(粗支指单纱细度≥714.29分特,含棉量<85%)	5	40	17	千克	
5206220000	非零售精梳中支混纺棉单纱(中支指单纱细度在232.56~714.29分特之间,含棉量<85%)	5	40	17	千克	

商品编号	商品名称及备注	进口关税税率(%)		增值税率(%)	计量单位	监管条件
		最惠国	普通			
5206230000	非零售精梳细支混纺棉单纱(细支指单纱细度在192.31~232.56分特之间,含棉量<85%)	5	40	17	千克	
5206240000	非零售精梳较细支混纺棉单纱(较细支指单纱细度在125~192.31分特之间,含棉量<85%)	5	40	17	千克	
5206250000	非零售精梳特细支混纺棉单纱(特细支指单纱细度<125分特,含棉量<85%)	5	40	17	千克	
5206310000	非零售粗梳粗支混纺棉多股纱或缆线(粗支指单纱细度≥714.29分特,含棉量<85%)	5	40	17	千克	
5206320000	非零售粗梳中支混纺棉多股纱或缆线(中支指单纱细度在232.56~714.29分特之间,含棉量<85%)	5	40	17	千克	
5206330000	非零售粗梳细支其他混纺棉多股纱或缆线(细支指单纱细度在192.31~232.56分特之间,含棉量<85%)	5	40	17	千克	
5206340000	非零售粗梳较细混纺棉多股纱或缆线(较细支指单纱细度在125~192.31分特之间,含棉量<85%)	5	40	17	千克	
5206350000	非零售粗梳特细混纺棉多股纱或缆线(特细支指单纱细度<125分特,含棉量<85%)	5	40	17	千克	
5206410000	非零售精梳粗支混纺棉多股纱(粗支指单纱细度≥714.29分特,含棉量<85%)	5	40	17	千克	
5206420000	非零售精梳中支混纺棉多股纱(中支指单纱细度为232.56~714.29分特之间,含棉量<85%)	5	40	17	千克	
5206430000	非零售精梳细支混纺棉多股纱(细支指单纱细度在192.31~232.56分特之间,含棉量<85%)	5	40	17	千克	
5206440000	非零售精梳较细混纺棉多股纱(较细支指单纱细度在125~192.31分特之间,含棉量<85%)	5	40	17	千克	
5206450000	非零售精梳特细混纺棉多股纱(特细支指单纱细度<125分特,含棉量<85%)	5	40	17	千克	
5207	**棉纱线(缝纫线除外),供零售用**					
5207100000	供零售用纯棉纱线(纯棉纱线指按重量计含棉量≥85%,缝纫线除外)	6	50	17	千克	
5207900000	供零售用混纺棉纱线(混棉纱线指按重量计含棉量<85%,缝纫线除外)	6	50	17	千克	
5208	**棉机织物,按重量计含棉量在85%及以上,每平方米重量≤200克**					
5208110010	未漂白全棉平纹府绸及细平布(每平方米重量≤100克,含棉量≥85%)	10	70	17	米/千克	
5208110020	未漂白全棉平纹机织平布(每平方米重量≤100克,68号及以下)	10	70	17	米/千克	
5208110030	未漂白全棉平纹奶酪布(每平方米重量≤100克,含棉量≥85%)	10	70	17	米/千克	
5208110040	未漂白全棉平纹印染用布(每平方米重量≤100克,43~68号)	10	70	17	米/千克	
5208110050	未漂白全棉平纹巴里纱及薄细布(每平方米重量≤100克,69号及以上)	10	70	17	米/千克	
5208110060	未漂白全棉平纹机织打字布(每平方米重量≤100克,含棉量≥85%)	10	70	17	米/千克	

商品编号	商品名称及备注	进口关税税率(%)		增值税率(%)	计量单位	监管条件
		最惠国	普通			
5208110070	未漂白全棉医用纱布(每平方米重量≤100克,含棉量≥85%)	10	70	17	米/千克	
5208120010	未漂白全棉平纹府绸及细平布(100克<每平方米重量≤200克,含棉量≥85%)	10	70	17	米/千克	
5208120020	未漂白全棉平纹机织平布(100克<每平方米重量≤200克,68号及以下)	10	70	17	米/千克	
5208120030	未漂白全棉平纹奶酪布(100克<每平方米重量≤200克,含棉量≥85%)	10	70	17	米/千克	
5208120040	未漂白全棉平纹印染用布(100克<每平方米重量≤200克,43~68号)	10	70	17	米/千克	
5208120050	未漂白全棉平纹巴里纱及薄细布(100克<每平方米重量≤200克,69号及以上)	10	70	17	米/千克	
5208130000	未漂白全棉三、四线斜纹布(每平方米重量≤200克,含棉量≥85%,包括双面斜纹机织物)	10	70	17	米/千克	
5208190010	未漂白其他全棉机织缎布(每平方米重量≤200克,含棉量≥85%)	10	70	17	米/千克	
5208190020	未漂白其他全棉机织斜纹布(每平方米重量≤200克,含棉量≥85%)	10	70	17	米/千克	
5208190030	未漂白其他全棉机织牛津布(每平方米重量≤200克,含棉量≥85%)	10	70	17	米/千克	
5208190090	未漂白其他全棉机织物(每平方米重量≤200克,含棉量≥85%)	10	70	17	米/千克	
5208210010	漂白全棉平纹府绸及细平布(每平方米重量≤100克,含棉量≥85%)	10	70	17	米/千克	AB
5208210020	漂白全棉平纹机织平布(每平方米重量≤100克,68号及以下)	10	70	17	米/千克	AB
5208210030	漂白全棉平纹奶酪布(每平方米重量≤100克,含棉量≥85%)	10	70	17	米/千克	AB
5208210040	漂白全棉平纹印染用布(每平方米重量≤100克,43~68号)	10	70	17	米/千克	AB
5208210050	漂白全棉平纹巴里纱及薄细布(每平方米重量≤100克,69号及以上)	10	70	17	米/千克	AB
5208210060	漂白全棉医用纱布(每平方米重量≤100克,含棉量≥85%)	10	70	17	米/千克	AB
5208220010	漂白全棉平纹府绸及细平布(100克<每平方米重量≤200克,含棉量≥85%)	10	70	17	米/千克	AB
5208220020	漂白全棉平纹机织平布(100克<每平方米重量≤200克,68号及以下)	10	70	17	米/千克	AB
5208220030	漂白全棉平纹奶酪布(100克<每平方米重量≤200克,含棉量≥85%)	10	70	17	米/千克	AB
5208220040	漂白全棉平纹印染用布(100克<每平方米重量≤200克,43~68号)	10	70	17	米/千克	AB
5208220050	漂白全棉巴里纱及薄细布(100克<每平方米重量≤200克,69号及以上)	10	70	17	米/千克	AB
5208230000	漂白的全棉三、四线斜纹布(每平方米重量≤200克,含棉量≥85%,包括双面斜纹机织物)	12	70	17	米/千克	AB

商品编号	商 品 名 称 及 备 注	进口关税税率(%)		增值税率(%)	计量单位	监管条件
		最惠国	普通			
5208290010	漂白其他全棉机织缎布(每平方米重量≤200克,含棉量≥85%)	10	70	17	米/千克	AB
5208290020	漂白其他全棉机织斜纹布(每平方米重量≤200克,含棉量≥85%)	10	70	17	米/千克	AB
5208290030	漂白其他全棉机织牛津布(每平方米重量≤200克,含棉量≥85%)	10	70	17	米/千克	AB
5208290090	漂白其他全棉机织物(每平方米重量≤200克,含棉量≥85%)	10	70	17	米/千克	AB
5208310010	染色全棉手工织布(每平方米重量≤100克,含棉量≥85%)	10	70	17	米/千克	AB
5208310091	染色全棉平纹府绸及细平布(每平方米重量≤100克,含棉量≥85%)	10	70	17	米/千克	AB
5208310092	染色全棉平纹机织平布(每平方米重量≤100克,68号及以下)	10	70	17	米/千克	AB
5208310093	染色全棉平纹奶酪布(每平方米重量≤100克,含棉量≥85%)	10	70	17	米/千克	AB
5208310094	染色全棉平纹印染用布(每平方米重量≤100克,43~68号)	10	70	17	米/千克	AB
5208310095	染色全棉巴里纱及薄细布(每平方米重量≤100克,69号及以上)	10	70	17	米/千克	AB
5208320010	染色全棉手工织布(100克<每平方米重量≤200克,含棉量≥85%)	10	70	17	米/千克	AB
5208320091	染色全棉平纹府绸及细平布(100克<每平方米重量≤200克,含棉量≥85%)	10	70	17	米/千克	AB
5208320092	染色全棉平纹机织平布(100克<每平方米重量≤200克,68号及以下)	10	70	17	米/千克	AB
5208320093	染色全棉平纹奶酪布(100克<每平方米重量≤200克,含棉量≥85%)	10	70	17	米/千克	AB
5208320094	染色全棉平纹印染用布(100克<每平方米重量≤200克,43~68号)	10	70	17	米/千克	AB
5208320095	染色全棉巴里纱及薄细布(100克<每平方米重量≤200克,69号及以上)	10	70	17	米/千克	AB
5208330000	染色的全棉三、四线斜纹布(每平方米重量≤200克,含棉量≥85%,包括双面斜纹机织物)	10	70	17	米/千克	AB
5208390010	染色其他全棉机织缎布(每平方米重量≤200克,含棉量≥85%)	10	70	17	米/千克	AB
5208390020	染色其他全棉机织斜纹布(每平方米重量≤200克,含棉量≥85%)	10	70	17	米/千克	AB
5208390030	染色其他全棉机织牛津布(每平方米重量≤200克,含棉量≥85%)	10	70	17	米/千克	AB
5208390090	染色其他全棉机织物(每平方米重量≤200克,含棉量≥85%)	10	70	17	米/千克	AB
5208410010	色织的全棉手工织布(每平方米重量≤100克,含棉量≥85%)	10	70	17	米/千克	AB
5208410090	色织的全棉平纹机织物(每平方米重量≤100克,含棉量≥85%)	10	70	17	米/千克	AB
5208420010	色织的全棉手工织布(100克<每平方米重量≤200克,含棉量≥85%)	10	70	17	米/千克	AB

商品编号	商 品 名 称 及 备 注	进口关税税率(%)		增值税率(%)	计量单位	监管条件
		最惠国	普通			
5208420090	色织的全棉平纹机织物(100 克<每平方米重量≤200 克,含棉量≥85%)	10	70	17	米/千克	AB
5208430000	色织的全棉三、四线斜纹布(每平方米重量≤200 克,含棉量≥85%,包括双面斜纹机织物)	10	70	17	米/千克	AB
5208490010	色织的其他全棉提花机织物(每平方米重量≤200 克,含棉量≥85%)	10	70	17	米/千克	AB
5208490090	色织的其他全棉机织物(每平方米重量≤200 克,含棉量≥85%)	10	70	17	米/千克	AB
5208510010	印花全棉手工织布(每平方米重量≤100 克,含棉量≥85%)	10	70	17	米/千克	AB
5208510091	印花全棉平纹府绸及细平布(每平方米重量≤100 克,含棉量≥85%)	10	70	17	米/千克	AB
5208510092	印花全棉平纹机织平布(每平方米重量≤100 克,68 号及以下)	10	70	17	米/千克	AB
5208510093	印花全棉平纹奶酪布(每平方米重量≤100 克,含棉量≥85%)	10	70	17	米/千克	AB
5208510094	印花全棉平纹印染用布(每平方米重量≤100 克,43~68号)	10	70	17	米/千克	AB
5208510095	印花全棉平纹巴里纱及薄细布(每平方米重量≤100 克,69号及以上)	10	70	17	米/千克	AB
5208520010	印花的全棉手工织布(100 克<每平方米重量≤200 克,含棉量≥85%)	10	70	17	米/千克	AB
5208520091	印花的全棉平纹府绸及细平布(100 克<每平方米重量≤200 克,含棉量≥85%)	10	70	17	米/千克	AB
5208520092	印花的全棉平纹机织平布(100 克<每平方米重量≤200克,68 号及以下)	10	70	17	米/千克	AB
5208520093	印花的全棉平纹奶酪布(100 克<每平方米重量≤200 克,含棉量≥85%)	10	70	17	米/千克	AB
5208520094	印花的全棉平纹印染用布(100 克<每平方米重量≤200克,43~68 号)	10	70	17	米/千克	AB
5208520095	印花的全棉巴里纱及薄细布(100 克<每平方米重量≤200克,69 号及以上)	10	70	17	米/千克	AB
5208591000	印花的全棉三、四线斜纹布(每平方米重量≤200 克,含棉量≥85%,包括双面斜纹机织物)	10	70	17	米/千克	AB
5208599010	印花其他全棉机织缎布(每平方米重量≤200 克,含棉量≥85%)	10	70	17	米/千克	AB
5208599020	印花其他全棉机织斜纹布(每平方米重量≤200 克,含棉量≥85%)	10	70	17	米/千克	AB
5208599030	印花其他全棉机织牛津布(每平方米重量≤200 克,含棉量≥85%)	10	70	17	米/千克	AB
5208599090	印花其他全棉机织物(每平方米重量≤200 克,含棉量≥85%)	10	70	17	米/千克	AB
5209	**棉机织物,按重量计含棉量在 85% 及以上,每平方米重量超过 200 克**					
5209110010	未漂白全棉平纹府绸及细平布(指每平方米重>200 克,含棉量≥85%)	10	70	17	米/千克	

商品编号	商品名称及备注	进口关税税率(%)		增值税率(%)	计量单位	监管条件
		最惠国	普通			
5209110020	未漂白的全棉平纹机织平布(指每平方米重>200克,含棉量≥85%)	10	70	17	米/千克	
5209110030	未漂白的全棉平纹机织帆布(指每平方米重>200克,含棉量≥85%)	10	70	17	米/千克	
5209120000	未漂白的全棉三、四线斜纹布(指每平方米重>200克,含棉量≥85%包括双面斜纹机织物)	10	70	17	米/千克	
5209190010	未漂白的其他全棉机织缎布(指每平方米重>200克,含棉量≥85%)	10	70	17	米/千克	
5209190020	未漂白的其他全棉机织斜纹布(指每平方米重>200克,含棉量≥85%)	10	70	17	米/千克	
5209190030	未漂白的其他全棉机织帆布(指每平方米重>200克,含棉量≥85%)	10	70	17	米/千克	
5209190090	未漂白的其他全棉机织物(指每平方米重>200克,含棉量≥85%)	10	70	17	米/千克	
5209210010	漂白全棉平纹府绸及细平布(指每平方米重>200克,含棉量≥85%)	12	70	17	米/千克	B
5209210020	漂白的全棉平纹机织平布(指每平方米重>200克,含棉量≥85%)	12	70	17	米/千克	B
5209210030	漂白的全棉平纹机织帆布(指每平方米重>200克,含棉量≥85%)	12	70	17	米/千克	B
5209220000	漂白的全棉三、四线斜纹布(指每平方米重>200克,含棉量≥85%,包括双面斜纹机织物)	12	70	17	米/千克	B
5209290010	漂白的其他全棉机织缎布(指每平方米重>200克,含棉量≥85%)	12	70	17	米/千克	B
5209290020	漂白的其他全棉机织斜纹布(指每平方米重>200克,含棉量≥85%)	12	70	17	米/千克	B
5209290030	漂白的其他全棉机织帆布(指每平方米重>200克,含棉量≥85%)	12	70	17	米/千克	B
5209290090	漂白的其他全棉机织物(指每平方米重>200克,含棉量≥85%)	12	70	17	米/千克	B
5209310010	染色全棉手工织布(指每平方米重>200克,含棉量≥85%)	10	70	17	米/千克	AB
5209310091	染色全棉平纹府绸及细平布(指每平方米重>200克,含棉量≥85%)	10	70	17	米/千克	AB
5209310092	染色的全棉平纹机织平布(指每平方米重>200克,含棉量≥85%)	10	70	17	米/千克	AB
5209310093	染色的全棉平纹机织帆布(指每平方米重>200克,含棉量≥85%)	10	70	17	米/千克	AB
5209320000	染色的全棉三、四线斜纹布(指每平方米重>200克,含棉量≥85%,包括双面斜纹机织物)	10	70	17	米/千克	AB
5209390010	染色的其他全棉机织缎布(指每平方米重>200克,含棉量≥85%)	10	70	17	米/千克	AB
5209390020	染色的其他全棉机织斜纹布(指每平方米重>200克,含棉量≥85%)	10	70	17	米/千克	AB
5209390030	染色的其他全棉机织帆布(指每平方米重>200克,含棉量≥85%)	10	70	17	米/千克	AB

商品编号	商品名称及备注	进口关税税率(%)		增值税率(%)	计量单位	监管条件
		最惠国	普通			
5209390090	染色的其他全棉机织物(指每平方米重>200克,含棉量≥85%)	10	70	17	米/千克	AB
5209410010	色织的全棉手工织布(指每平方米重>200克,含棉量≥85%)	10	70	17	米/千克	AB
5209410090	色织的全棉平纹机织物(指每平方米重>200克,含棉量≥85%)	10	70	17	米/千克	AB
5209420010	色织全棉蓝粗斜纹布(劳动布)(指每平方米重>200克,含棉量≥85%)	10	70	17	米/千克	AB
5209420090	色织其他全棉粗斜纹布(劳动布)(指每平方米重>200克,含棉量≥85%)	10	70	17	米/千克	AB
5209430000	其他色织的全棉三、四线斜纹布(指每平方米重>200克,含棉量≥85%,包括双面斜纹机织物)	10	70	17	米/千克	AB
5209490010	色织的其他全棉提花机织物(指每平方米重>200克,含棉量≥85%)	10	70	17	米/千克	AB
5209490090	色织的其他全棉机织物(指每平方米重>200克,含棉量≥85%)	10	70	17	米/千克	AB
5209510010	印花全棉手工织布(指每平方米重>200克,含棉量≥85%)	10	70	17	米/千克	AB
5209510091	印花全棉平纹府绸及细平布(指每平方米重>200克,含棉量≥85%)	10	70	17	米/千克	AB
5209510092	印花全棉平纹机织平布(指每平方米重>200克,含棉量≥85%)	10	70	17	米/千克	AB
5209510093	印花全棉平纹机织帆布(指每平方米重>200克,含棉量≥85%)	10	70	17	米/千克	AB
5209520000	印花的全棉三、四线斜纹布(指每平方米重>200克,含棉量≥85%,双面斜纹布)	10	70	17	米/千克	AB
5209590010	印花的其他全棉机织缎布(指每平方米重>200克,含棉量≥85%)	10	70	17	米/千克	AB
5209590020	印花的其他全棉机织斜纹布(指每平方米重>200克,含棉量≥85%)	10	70	17	米/千克	AB
5209590030	印花的其他全棉机织帆布(指每平方米重>200克,含棉量≥85%)	10	70	17	米/千克	AB
5209590090	印花的其他全棉机织物(指每平方米重>200克,含棉量≥85%)	10	70	17	米/千克	AB
5210	**棉机织物,按重量计含棉量在85%以下,主要或仅与化学纤维混纺,每平方米重量≤200克**					
5210110011*	未漂白与聚酯短纤混纺的棉制府绸(指每平方米重≤200克,含棉量<85%,含平细布)	12	90	17	米/千克	
5210110012*	未漂白与聚酯短纤混纺棉机织平布(指每平方米重≤200克,≤68号,含棉量<85%)	12	90	17	米/千克	
5210110013*	未漂白与聚酯短纤混纺棉奶酪布(指每平方米重≤200克,含棉量<85%)	12	90	17	米/千克	
5210110014*	未漂白与聚酯短纤混纺棉印染用布(指每平方米重≤200克,43~68号,含棉量<85%)	12	90	17	米/千克	
5210110015*	未漂白与聚酯短纤混纺棉巴里纱(指每平方米重≤200克,≥69号,含棉量<85%,含薄细布)	12	90	17	米/千克	

商品编号	商品名称及备注	进口关税税率(%)		增值税率(%)	计量单位	监管条件
		最惠国	普通			
5210110091*	未漂白与其他化纤混纺棉府绸(指每平方米重≤200克,含棉量<85%,含细平布)	12	90	17	米/千克	
5210110092*	未漂白与其他化纤混纺棉机织平布(指每平方米重≤200克,≤68号,含棉量<85%)	12	90	17	米/千克	
5210110093*	未漂白与其他化纤混纺棉奶酪布(指每平方米重≤200克,含棉量<85%)	12	90	17	米/千克	
5210110094*	未漂白与其他化纤混纺棉印染用布(指每平方米重≤200克,43~68号,含棉量<85%)	12	90	17	米/千克	
5210110095*	未漂白与其他化纤混纺棉巴里纱(指每平方米重≤200克,≥69号,含棉量<85%,含薄细布)	12	90	17	米/千克	
5210191010*	未漂白与聚酯短纤混纺三、四线或双面棉斜纹布(每平方米重≤200克,含棉量<85%)	12	90	17	米/千克	
5210191090*	未漂白与其他化纤混纺三、四线或双面棉斜纹布(每平方米重≤200克,含棉量<85%)	12	90	17	米/千克	
5210199011*	其他未漂白与聚酯短纤混纺的缎布(每平方米重≤200克,含棉量<85%)	12	90	17	米/千克	
5210199012*	其他未漂白与聚酯短纤混纺斜纹布(每平方米重≤200克,含棉量<85%)	12	90	17	米/千克	
5210199013*	其他未漂白与聚酯短纤混纺牛津布(每平方米重≤200克,含棉量<85%)	12	90	17	米/千克	
5210199019*	其他未漂白与聚酯短纤混纺棉布(每平方米重≤200克,含棉量<85%)	12	90	17	米/千克	
5210199091*	其他未漂白与其他化纤混纺缎布(每平方米重≤200克,含棉量<85%)	12	90	17	米/千克	
5210199092*	其他未漂白与其他化纤混纺斜纹布(每平方米重≤200克,含棉量<85%)	12	90	17	米/千克	
5210199093*	其他未漂白与其他化纤混牛津布(每平方米重≤200克,含棉量<85%)	12	90	17	米/千克	
5210199099*	其他未漂白与其他化纤混纺棉布(每平方米重≤200克,含棉量<85%)	12	90	17	米/千克	
5210210011	漂白与聚酯短纤混纺棉府绸(每平方米重≤200克,含棉量<85%,含细平布)	14	90	17	米/千克	B
5210210012	漂白与聚酯短纤混纺棉机织平布(每平方米重≤200克,68号及以下,含棉量<85%)	14	90	17	米/千克	B
5210210013	漂白与聚酯短纤混纺棉奶酪布(每平方米重≤200克,含棉量<85%)	14	90	17	米/千克	B
5210210014	漂白与聚酯短纤混纺棉印染布(每平方米重≤200克,43~68号,含棉量<85%)	14	90	17	米/千克	B
5210210015	漂白与聚酯短纤混纺棉巴里纱(每平方米重≤200克,69号及以上,含棉量<85%,含薄细布)	14	90	17	米/千克	B
5210210021	漂白与化纤长丝混纺棉府绸(每平方米重≤200克,含棉量<85%,含细平布)	14	90	17	米/千克	B
5210210022	漂白与化纤长丝混纺棉机织平布(每平方米重≤200克,68号及以下,含棉量<85%)	14	90	17	米/千克	B
5210210023	漂白与化纤长丝混纺棉奶酪布(每平方米重≤200克,含棉量<85%)	14	90	17	米/千克	B

商品编号	商 品 名 称 及 备 注	进口关税税率(%)		增值税率(%)	计量单位	监管条件
		最惠国	普通			
5210210024	漂白与化纤长丝混纺棉印染布(每平方米重≤200 克,43～68 号,含棉量<85%)	14	90	17	米/千克	B
5210210025	漂白与化纤长丝混纺棉巴里纱(每平方米重≤200 克,69 号及以上,含棉量<85%,含薄细布)	14	90	17	米/千克	B
5210210091	漂白与其他化纤混纺棉府绸(每平方米重≤200 克,含棉量<85%,含细平布)	14	90	17	米/千克	B
5210210092	漂白与其他化纤混纺棉机织平布(每平方米重≤200 克,68 号及以下,含棉量<85%)	14	90	17	米/千克	B
5210210093	漂白与其他化纤混纺棉奶酪布(每平方米重≤200 克,含棉量<85%)	14	90	17	米/千克	B
5210210094	漂白与其他化纤混纺棉印染布(每平方米重≤200 克,43～68 号,含棉量<85%)	14	90	17	米/千克	B
5210210095	漂白与其他化纤混纺棉巴里纱(每平方米重≤200 克,69 号及以上,含棉量<85%,含薄细布)	14	90	17	米/千克	B
5210291010	漂白与聚酯短纤混纺三、四线或双面棉斜纹布(每平方米重≤200 克,含棉量<85%)	14	90	17	米/千克	B
5210291020	漂白与化纤长丝混纺三、四线或双面棉斜纹布(每平方米重≤200 克,含棉量<85%)	14	90	17	米/千克	B
5210291090	漂白与其他化纤混纺三、四线或双面棉斜纹布(每平方米重≤200 克,含棉量<85%)	14	90	17	米/千克	B
5210299011	其他漂白与聚酯短纤混纺缎布(每平方米重≤200 克,含棉量<85%)	14	90	17	米/千克	B
5210299012	其他漂白与聚酯短纤混纺斜纹布(每平方米重≤200 克,含棉量<85%)	14	90	17	米/千克	B
5210299013	其他漂白与聚酯短纤混纺牛津布(每平方米重≤200 克,含棉量<85%)	14	90	17	米/千克	B
5210299019	其他漂白与聚酯短纤混纺棉布(每平方米重≤200 克,含棉量<85%)	14	90	17	米/千克	B
5210299021	其他漂白与化纤长丝混纺缎布(每平方米重≤200 克,含棉量<85%)	14	90	17	米/千克	B
5210299022	其他漂白与化纤长丝混纺斜纹布(每平方米重≤200 克,含棉量<85%)	14	90	17	米/千克	B
5210299023	其他漂白与化纤长丝混纺牛津布(每平方米重≤200 克,含棉量<85%)	14	90	17	米/千克	B
5210299029	其他漂白与化纤长丝混纺棉布(每平方米重≤200 克,含棉量<85%)	14	90	17	米/千克	B
5210299091	其他漂白与其他化纤混纺缎布(每平方米重≤200 克,含棉量<85%)	14	90	17	米/千克	B
5210299092	其他漂白与其他化纤混纺斜纹布(每平方米重≤200 克,含棉量<85%)	14	90	17	米/千克	B
5210299093	其他漂白与其他化纤混纺牛津布(每平方米重≤200 克,含棉量<85%)	14	90	17	米/千克	B
5210299099	其他漂白与其他化纤混纺棉布(每平方米重≤200 克,含棉量<85%)	14	90	17	米/千克	B
5210310011	染色与聚酯短纤混纺棉府绸(每平方米重≤200 克,含棉量<85%,含细平布)	10	90	17	米/千克	B

商品编号	商品名称及备注	进口关税税率(%)		增值税率(%)	计量单位	监管条件
		最惠国	普通			
5210310012	染色与聚酯短纤混纺棉机织平布(每平方米重≤200克,68号及以下,含棉量<85%)	10	90	17	米/千克	B
5210310013	染色与聚酯短纤混纺棉奶酪布(每平方米重≤200克,含棉量<85%)	10	90	17	米/千克	B
5210310014	染色与聚酯短纤混纺棉印染布(每平方米重≤200克,43~68号,含棉量<85%)	10	90	17	米/千克	B
5210310015	染色与聚酯短纤混纺棉巴里纱(每平方米重≤200克,69号及以上,含棉量<85%,含薄细布)	10	90	17	米/千克	B
5210310021	染色与化纤长丝混纺棉府绸(每平方米重≤200克,含棉量<85%,含细平布)	10	90	17	米/千克	B
5210310022	染色与化纤长丝混纺棉机织平布(每平方米重≤200克,含棉量<85%)	10	90	17	米/千克	B
5210310023	染色与化纤长丝混纺棉奶酪布(每平方米重≤200克,含棉量<85%)	10	90	17	米/千克	B
5210310024	染色与化纤长丝混纺棉印染布(每平方米重≤200克,43~68号,含棉量<85%)	10	90	17	米/千克	B
5210310025	染色与化纤长丝混纺棉巴里纱(每平方米重≤200克,69号及以上,含棉量<85%,含薄细布)	10	90	17	米/千克	B
5210310091	染色与其他化纤混纺棉府绸(每平方米重≤200克,含棉量<85%,含细平布)	10	90	17	米/千克	B
5210310092	染色与其他化纤混纺棉机织平布(每平方米重≤200克,68号及以下,含棉量<85%)	10	90	17	米/千克	B
5210310093	染色与其他化纤混纺棉奶酪布(每平方米重≤200克,含棉量<85%)	10	90	17	米/千克	B
5210310094	染色与其他化纤混纺棉印染布(每平方米重≤200克,43~68号,含棉量<85%)	10	90	17	米/千克	B
5210310095	染色与其他化纤混纺棉巴里纱(每平方米重≤200克,69号及以上,含棉量<85%,含薄细布)	10	90	17	米/千克	B
5210320010	染色与聚酯短纤混纺的三、四线斜纹棉布(每平方米重≤200克,含棉量<85%,含双面斜纹布)	10	90	17	米/千克	B
5210320020	染色与化纤长丝混纺的三、四线斜纹棉布(每平方米重≤200克,含棉量<85%,含双面斜纹布)	10	90	17	米/千克	B
5210320090	染色与其他化纤混纺的三、四线斜纹棉布(每平方米重≤200克,含棉量<85%,含双面斜纹布)	10	90	17	米/千克	B
5210390011	其他染色与聚酯短纤混纺缎布(每平方米重≤200克,含棉量<85%)	10	90	17	米/千克	B
5210390012	其他染色与聚酯短纤混纺斜纹布(每平方米重≤200克,含棉量<85%)	10	90	17	米/千克	B
5210390013	其他染色与聚酯短纤混纺牛津布(每平方米重≤200克,含棉量<85%)	10	90	17	米/千克	B
5210390019	其他染色与聚酯短纤混纺棉布(每平方米重≤200克,含棉量<85%)	10	90	17	米/千克	B
5210390021	其他染色与化纤长丝混纺缎布(每平方米重≤200克,含棉量<85%)	10	90	17	米/千克	B
5210390022	其他染色与化纤长丝混纺斜纹布(每平方米重≤200克,含棉量<85%)	10	90	17	米/千克	B

商品编号	商品名称及备注	进口关税税率(%)		增值税率(%)	计量单位	监管条件
		最惠国	普通			
5210390023	其他染色与化纤长丝混纺牛津布(每平方米重≤200克,含棉量<85%)	10	90	17	米/千克	B
5210390029	其他染色与化纤长丝混纺棉布(每平方米重≤200克,含棉量<85%)	10	90	17	米/千克	B
5210390091	其他染色与其他化纤混纺缎布(每平方米重≤200克,含棉量<85%)	10	90	17	米/千克	B
5210390092	其他染色与其他化纤混纺斜纹布(每平方米重≤200克,含棉量<85%)	10	90	17	米/千克	B
5210390093	其他染色与其他化纤混纺牛津布(每平方米重≤200克,含棉量<85%)	10	90	17	米/千克	B
5210390099	其他染色与其他化纤混纺棉布(每平方米重≤200克,含棉量<85%)	10	90	17	米/千克	B
5210410010	色织与聚酯短纤混纺棉平纹布(每平方米重≤200克,含棉量<85%)	10	90	17	米/千克	B
5210410020	色织与化纤长丝混纺棉平纹布(每平方米重≤200克,含棉量<85%)	10	90	17	米/千克	B
5210410090	色织与其他化纤混纺棉平纹布(每平方米重≤200克,含棉量<85%)	10	90	17	米/千克	B
5210491010	色织与聚酯短纤混纺三、四斜纹棉布(每平方米重≤200克,含棉量<85%,含双面斜纹布)	10	90	17	米/千克	B
5210491020	色织与化纤长丝混纺三、四斜纹棉布(每平方米重≤200克,含棉量<85%,含双面斜纹布)	10	90	17	米/千克	B
5210491090	色织其他化纤混纺三、四斜纹棉布(每平方米重≤200克,含棉量<85%,含双面斜纹布)	10	90	17	米/千克	B
5210499011	色织与聚酯短纤混纺提花布(每平方米重≤200克,含棉量<85%)	10	90	17	米/千克	B
5210499019	色织与聚酯短纤混纺其他棉布(每平方米重≤200克,含棉量<85%)	10	90	17	米/千克	B
5210499021	色织与化纤长丝混纺提花布(每平方米重≤200克,含棉量<85%)	10	90	17	米/千克	B
5210499029	色织与化纤长丝混纺其他棉布(每平方米重≤200克,含棉量<85%)	10	90	17	米/千克	B
5210499091	色织与其他化纤混纺提花布(每平方米重≤200克,含棉量<85%)	10	90	17	米/千克	B
5210499099	色织与其他化纤混纺其他棉布(每平方米重≤200克,含棉量<85%)	10	90	17	米/千克	B
5210510011	印花与聚酯短纤混纺的棉府绸(每平方米重≤200克,含棉量<85%,含细平布)	10	90	17	米/千克	B
5210510012	印花与聚酯短纤混纺棉机织平布(每平方米重≤200克,68号及以下,含棉量<85%)	10	90	17	米/千克	B
5210510013	印花与聚酯短纤混纺的棉奶酪布(每平方米重≤200克,含棉量<85%)	10	90	17	米/千克	B
5210510014	印花与聚酯短纤混纺棉印染布(每平方米重≤200克,43~68号,含棉量<85%)	10	90	17	米/千克	B
5210510015	印花与聚酯短纤混纺棉巴里纱(每平方米重≤200克,69号及以上,含棉量<85%,含薄细布)	10	90	17	米/千克	B

商品编号	商品名称及备注	进口关税税率(%)		增值税率(%)	计量单位	监管条件
		最惠国	普通			
5210510021	印花与化纤长丝混纺的棉府绸(每平方米重≤200克,含棉量<85%,含细平布)	10	90	17	米/千克	B
5210510022	印花与化纤长丝混纺棉机织平布(每平方米重≤200克,68号及以下,含棉量<85%)	10	90	17	米/千克	B
5210510023	印花与化纤长丝混纺棉奶酪布(每平方米重≤200克,含棉量<85%)	10	90	17	米/千克	B
5210510024	印花与化纤长丝混纺棉印染布(每平方米重≤200克,43～68号,含棉量<85%)	10	90	17	米/千克	B
5210510025	印花与化纤长丝混纺棉巴里纱(每平方米重≤200克,69号及以上,含棉量<85%,含薄细布)	10	90	17	米/千克	B
5210510091	印花与其他化纤混纺的棉府绸(每平方米重≤200克,含棉量<85%,含细平布)	10	90	17	米/千克	B
5210510092	印花与其他化纤混纺棉机织平布(每平方米重≤200克,68号及以下,含棉量<85%)	10	90	17	米/千克	B
5210510093	印花与其他化纤混纺的棉奶酪布(每平方米重≤200克,含棉量<85%)	10	90	17	米/千克	B
5210510094	印花与其他化纤混纺棉印染布(每平方米重≤200克,43～68号,含棉量<85%)	10	90	17	米/千克	B
5210510095	印花与其他化纤混纺棉巴里纱(每平方米重≤200克,65号及以上,含棉量<85%,含薄细布)	10	90	17	米/千克	B
5210591010	印花聚酯短纤混纺三、四线斜纹棉布(每平方米重≤200克,含棉量<85%,含双面斜纹布)	10	90	17	米/千克	B
5210591020	印花化纤长丝混纺三、四线斜纹棉布(每平方米重≤200克,含棉量<85%,含双面斜纹布)	10	90	17	米/千克	B
5210591090	印花其他化纤混纺三、四线斜纹棉布(每平方米重≤200克,含棉量<85%,含双面斜纹布)	10	90	17	米/千克	B
5210599011	其他印花与聚酯短纤混纺缎布(每平方米重≤200克,含棉量<85%)	10	90	17	米/千克	B
5210599012	其他印花与聚酯短纤混纺斜纹布(每平方米重≤200克,含棉量<85%)	10	90	17	米/千克	B
5210599013	其他印花与聚酯短纤混纺牛津布(每平方米重≤200克,含棉量<85%)	10	90	17	米/千克	B
5210599019	其他印花与聚酯短纤混纺棉布(每平方米重≤200克,含棉量<85%)	10	90	17	米/千克	B
5210599021	其他印花与化纤长丝混纺缎布(每平方米重≤200克,含棉量<85%)	10	90	17	米/千克	B
5210599022	其他印花与化纤长丝混纺斜纹布(每平方米重≤200克,含棉量<85%)	10	90	17	米/千克	B
5210599023	其他印花与化纤长丝混纺牛津布(每平方米重≤200克,含棉量<85%)	10	90	17	米/千克	B
5210599029	其他印花与化纤长丝混纺棉布(每平方米重≤200克,含棉量<85%)	10	90	17	米/千克	B
5210599091	其他印花与其他化纤混纺缎布(每平方米重≤200克,含棉量<85%)	10	90	17	米/千克	B
5210599092	其他印花与其他化纤混纺斜纹布(每平方米重≤200克,含棉量<85%)	10	90	17	米/千克	B

商品编号	商品名称及备注	进口关税税率（%）		增值税率（%）	计量单位	监管条件
		最惠国	普通			
5210599093	其他印花与其他化纤混纺牛津布（每平方米重≤200克，含棉量<85%）	10	90	17	米/千克	B
5210599099	其他印花与其他化纤混纺棉布（每平方米重≤200克，含棉量<85%）	10	90	17	米/千克	B
5211	**棉机织物，按重量计含棉量在85%以下，主要或仅与化学纤维混纺，每平方米重量>200克**					
5211110011*	未漂白与聚酯短纤混纺棉府绸（每平方米重>200克，含棉量<85%，含细平布）	12	90	17	米/千克	
5211110012*	未漂白与聚酯短纤混纺棉机织平布（每平方米重>200克，含棉量<85%）	12	90	17	米/千克	
5211110019*	未漂白与聚酯短纤混纺棉平纹帆布（每平方米重>200克，含棉量<85%）	12	90	17	米/千克	
5211110091*	未漂白与其他化纤混纺棉府绸（每平方米重>200克，含棉量<85%，含细平布）	12	90	17	米/千克	
5211110092*	未漂白与其他化纤混纺棉机织平布（每平方米重>200克，含棉量<85%）	12	90	17	米/千克	
5211110099*	未漂白与其他化纤混纺棉平纹帆布（每平方米重>200克，含棉量<85%）	12	90	17	米/千克	
5211120010*	未漂白聚酯短纤混纺斜纹棉布（每平方米重>200克，含棉量<85%，三、四线斜纹布，双面斜纹布）	12	90	17	米/千克	
5211120090*	未漂白其他化纤混纺斜纹棉布（每平方米重>200克，含棉量<85%，三、四线斜纹布，双面斜纹布）	12	90	17	米/千克	
5211190011*	未漂白与聚酯短纤混纺其他棉缎布（每平方米重>200克，含棉量<85%）	12	90	17	米/千克	
5211190012*	未漂白与聚酯短纤混纺其他棉斜纹布（每平方米重>200克，含棉量<85%）	12	90	17	米/千克	
5211190013*	未漂白与聚酯短纤混纺其他棉帆布（每平方米重>200克，含棉量<85%）	12	90	17	米/千克	
5211190019*	未漂白与聚酯短纤混纺其他棉布（每平方米重>200克，含棉量<85%）	12	90	17	米/千克	
5211190091*	未漂白与其他化纤混纺其他棉缎布（每平方米重>200克，含棉量<85%）	12	90	17	米/千克	
5211190092*	未漂白与其他化纤混纺其他棉斜纹布（每平方米重>200克，含棉量<85%）	12	90	17	米/千克	
5211190093*	未漂白与其他化纤混纺其他棉帆布（每平方米重>200克，含棉量<85%）	12	90	17	米/千克	
5211190099*	未漂白与其他化纤混纺其他棉布（每平方米重>200克，含棉量<85%）	12	90	17	米/千克	
5211200000	漂白主要或仅与其他化纤混纺的棉机织布（每平方米重>200克，含棉量<85%）	14	90	17	米/千克	B
5211310011	染色与聚酯短纤混纺棉府绸（每平方米重>200克，含棉量<85%，含细平布）	10	90	17	米/千克	B
5211310012	染色与聚酯短纤混纺机织平布（每平方米重>200克，含棉量<85%）	10	90	17	米/千克	B
5211310013	染色与聚酯短纤混纺平纹帆布（每平方米重>200克，含棉量<85%）	10	90	17	米/千克	B

商品编号	商品名称及备注	进口关税税率(%)		增值税率(%)	计量单位	监管条件
		最惠国	普通			
5211310021	染色与化纤长丝混纺棉府绸(每平方米重>200克,含棉量<85%,含细平布)	10	90	17	米/千克	B
5211310022	染色与化纤长丝混纺机织平布(每平方米重>200克,含棉量<85%)	10	90	17	米/千克	B
5211310023	染色与化纤长丝混纺平纹帆布(每平方米重>200克,含棉量<85%)	10	90	17	米/千克	B
5211310091	染色与其他化纤混纺棉府绸(每平方米重>200克,含棉量<85%,含细平布)	10	90	17	米/千克	B
5211310092	染色与其他化纤混纺机织平布(每平方米重>200克,含棉量<85%)	10	90	17	米/千克	B
5211310093	染色与其他化纤混纺平纹帆布(每平方米重>200克,含棉量<85%)	10	90	17	米/千克	B
5211320010	染色聚酯短纤混纺三、四线斜纹棉布(每平方米重>200克,含棉量<85%,含双面斜纹布)	10	90	17	米/千克	B
5211320020	染色化纤长丝混纺三、四线斜纹棉布(每平方米重>200克,含棉量<85%,含双面斜纹布)	10	90	17	米/千克	B
5211320090	染色其他化纤混纺三、四线斜纹棉布(每平方米重>200克,含棉量<85%,含双面斜纹布)	10	90	17	米/千克	B
5211390011	染色与聚酯短纤混纺的棉缎布(每平方米重>200克,含棉量<85%)	10	90	17	米/千克	B
5211390012	染色与聚酯短纤混纺的棉斜纹布(每平方米重>200克,含棉量<85%)	10	90	17	米/千克	B
5211390013	染色与聚酯短纤混纺的棉帆布(每平方米重>200克,含棉量<85%)	10	90	17	米/千克	B
5211390019	染色与聚酯短纤混纺其他棉布(每平方米重>200克,含棉量<85%)	10	90	17	米/千克	B
5211390021	染色与化纤长丝混纺的棉缎布(每平方米重>200克,含棉量<85%)	10	90	17	米/千克	B
5211390022	染色与化纤长丝混纺的棉斜纹布(每平方米重>200克,含棉量<85%)	10	90	17	米/千克	B
5211390023	染色与化纤长丝混纺的棉帆布(每平方米重>200克,含棉量<85%)	10	90	17	米/千克	B
5211390029	染色与化纤长丝混纺的其他棉布(每平方米重>200克,含棉量<85%)	10	90	17	米/千克	B
5211390091	染色与其他化纤混纺的棉缎布(每平方米重>200克,含棉量<85%)	10	90	17	米/千克	B
5211390092	染色与其他化纤混纺的棉斜纹布(每平方米重>200克,含棉量<85%)	10	90	17	米/千克	B
5211390093	染色与其他化纤混纺的棉帆布(每平方米重>200克,含棉量<85%)	10	90	17	米/千克	B
5211390099	染色与其他化纤混纺其他棉布(每平方米重>200克,含棉量<85%)	10	90	17	米/千克	B
5211410010	色织与聚酯短纤混纺平纹棉布(每平方米重>200克,含棉量<85%)	10	90	17	米/千克	B
5211410020	色织与化纤长丝混纺平纹棉布(每平方米重>200克,含棉量<85%)	10	90	17	米/千克	B

商品编号	商 品 名 称 及 备 注	进口关税税率（%）		增值税率（%）	计量单位	监管条件
		最惠国	普通			
5211410090	色织与其他化纤混纺平纹棉布（每平方米重>200克，含棉量<85%）	10	90	17	米/千克	B
5211420010	色织与化纤混纺蓝色粗斜纹棉布（每平方米重>200克，含棉量<85%）	10	90	17	米/千克	
5211420090	色织与化纤混纺非蓝色粗斜纹棉布（每平方米重>200克，含棉量<85%）	10	90	17	米/千克	
5211430010	其他色织与聚酯短纤混纺三、四线斜纹棉布（每平方米重>200克，含棉量<85%，含双面斜纹布）	10	90	17	米/千克	
5211430020	其他色织与化纤长丝混纺三、四线斜纹棉布（每平方米重>200克，含棉量<85%，含双面斜纹布）	10	90	17	米/千克	
5211430090	其他色织与其他化纤混纺三、四线斜纹棉布（每平方米重>200克，含棉量<85%，含双面斜纹布）	10	90	17	米/千克	
5211490011	色织与聚酯短纤混纺的提花布（每平方米重>200克，含棉量<85%）	10	90	17	米/千克	B
5211490019	色织与聚酯短纤混纺其他棉布（每平方米重>200克，含棉量<85%）	10	90	17	米/千克	B
5211490021	色织与化纤长丝混纺的提花布（每平方米重>200克，含棉量<85%）	10	90	17	米/千克	B
5211490029	色织与化纤长丝混纺其他棉布（每平方米重>200克，含棉量<85%）	10	90	17	米/千克	B
5211490091	色织与其他化纤混纺的提花布（每平方米重>200克，含棉量<85%）	10	90	17	米/千克	B
5211490099	色织与其他化纤混纺其他棉布（每平方米重>200克，含棉量<85%）	10	90	17	米/千克	B
5211510011	印花与聚酯短纤混纺棉府绸（每平方米重>200克，含棉量<85%，含细平布）	10	90	17	米/千克	B
5211510012	印花与聚酯短纤混纺的机织平布（每平方米重>200克，含棉量<85%）	10	90	17	米/千克	B
5211510013	印花与聚酯短纤混纺的平纹帆布（每平方米重>200克，含棉量<85%）	10	90	17	米/千克	B
5211510021	印花与化纤长丝混纺棉府绸（每平方米重>200克，含棉量<85%，含细平布）	10	90	17	米/千克	B
5211510022	印花与化纤长丝混纺机织平布（每平方米重>200克，含棉量<85%）	10	90	17	米/千克	B
5211510023	印花与化纤长丝混纺平纹帆布（每平方米重>200克，含棉量<85%）	10	90	17	米/千克	B
5211510091	印花与其他化纤混纺棉府绸（每平方米重>200克，含棉量<85%，含细平布）	10	90	17	米/千克	B
5211510092	印花与其他化纤混纺的机织平布（每平方米重>200克，含棉量<85%）	10	90	17	米/千克	B
5211510093	印花与其他化纤混纺的平纹帆布（每平方米重>200克，含棉量<85%）	10	90	17	米/千克	B
5211520010	印花与聚酯短纤混纺三、四线斜纹棉布（每平方米重>200克，含棉量<85%，含双面斜纹布）	10	90	17	米/千克	
5211520020	印花与化纤长丝混纺三、四线斜纹棉布（每平方米重>200克，含棉量<85%，含双面斜纹布）	10	90	17	米/千克	

商品编号	商品名称及备注	进口关税税率(%)		增值税率(%)	计量单位	监管条件
		最惠国	普通			
5211520090	印花与其他化纤混纺三、四线斜纹棉布(每平方米重>200克,含棉量<85%,含双面斜纹布)	10	90	17	米/千克	
5211590011	印花与聚酯短纤混纺棉缎布(每平方米重>200克,含棉量<85%)	10	90	17	米/千克	
5211590012	印花与聚酯短纤混纺斜纹棉布(每平方米重>200克,含棉量<85%)	10	90	17	米/千克	
5211590013	印花与聚酯短纤混纺棉帆布(每平方米重>200克,含棉量<85%)	10	90	17	米/千克	
5211590019	印花与聚酯短纤混纺其他棉布(每平方米重>200克,含棉量<85%)	10	90	17	米/千克	
5211590021	印花与化纤长丝混纺棉缎布(每平方米重>200克,含棉量<85%)	10	90	17	米/千克	
5211590022	印花与化纤长丝混纺斜纹棉布(每平方米重>200克,含棉量<85%)	10	90	17	米/千克	
5211590023	印花与化纤长丝混纺棉帆布(每平方米重>200克,含棉量<85%)	10	90	17	米/千克	
5211590029	印花与化纤长丝混纺其他棉布(每平方米重>200克,含棉量<85%)	10	90	17	米/千克	
5211590091	印花与其他化纤混纺棉缎布(每平方米重>200克,含棉量<85%)	10	90	17	米/千克	
5211590092	印花与其他化纤混纺斜纹棉布(每平方米重>200克,含棉量<85%)	10	90	17	米/千克	
5211590093	印花与其他化纤混纺棉帆布(每平方米重>200克,含棉量<85%)	10	90	17	米/千克	
5211590099	印花与其他化纤混纺其他棉布(每平方米重>200克,含棉量<85%)	10	90	17	米/千克	
5212	**其他棉机织物**					
5212110011*	未漂白的其他混纺棉布(每平方米重≤200克,与36%及以上精梳羊毛或动物细毛混纺)	12	80	17	米/千克	
5212110019*	未漂白的其他混纺棉布(每平方米重≤200克,与36%以下精梳羊毛或动物细毛混纺)	12	80	17	米/千克	
5212110021*	未漂白的其他混纺棉布(每平方米重≤200克,与36%及以上其他羊毛或动物细毛混纺)	12	80	17	米/千克	
5212110029*	未漂白的其他混纺棉布(每平方米重≤200克,与其他羊毛或动物细毛混纺)	12	80	17	米/千克	
5212110030*	未漂白的其他混纺府绸及细平布(每平方米重≤200克,与化纤、羊毛或动物细毛以外其他纤维混纺)	12	80	17	米/千克	
5212110040*	未漂白的其他混纺棉机织平布(每平方米重≤200克,与化纤、羊毛或动物细毛以外其他纤维混纺)	12	80	17	米/千克	
5212110050*	未漂白的其他混纺棉印染布(每平方米重≤200克,与化纤、羊毛或动物细毛以外其他纤维混纺)	12	80	17	米/千克	
5212110060*	未漂白其他混纺棉奶酪布、薄细布、巴里纱(每平方米重≤200克,与化纤、羊毛或动物细毛以外其他纤维混纺)	12	80	17	米/千克	
5212110070*	未漂白的其他混纺棉缎布(每平方米重≤200克,与化纤、羊毛或动物细毛以外其他纤维混纺)	12	80	17	米/千克	

商品编号	商品名称及备注	进口关税税率(%)		增值税率(%)	计量单位	监管条件
		最惠国	普通			
5212110081*	未漂白的其他混纺斜纹棉布(每平方米重≤200克,与化纤、羊毛或动物细毛以外其他纤维混纺)	12	80	17	米/千克	
5212110089*	未漂白的其他混纺棉牛津布(每平方米重≤200克,与化纤、羊毛或动物细毛以外其他纤维混纺)	12	80	17	米/千克	
5212110090*	未漂白的其他混纺棉布(每平方米重≤200克,与化纤、羊毛或细毛以外其他纤维混纺)	12	80	17	米/千克	
5212120011	漂白的其他混纺棉布(每平方米重≤200克,与36%及以上精梳羊毛或动物细毛混纺)	14	80	17	米/千克	B
5212120019	漂白的其他混纺棉布(每平方米重≤200克,与36%以下精梳羊毛或动物细毛混纺)	14	80	17	米/千克	B
5212120021	漂白的其他混纺棉布(每平方米重≤200克,与36%及以上其他羊毛或动物细毛混纺)	14	80	17	米/千克	B
5212120029	漂白的其他混纺棉布(每平方米重≤200克,与36%以下其他羊毛或动物细毛混纺)	14	80	17	米/千克	B
5212120030	漂白的其他混纺府绸及平细布(每平方米重≤200克,与除化纤、羊毛或动物细毛其他纤维混纺)	14	80	17	米/千克	B
5212120040	漂白的其他混纺棉机织平布(每平方米重≤200克,与除化纤、羊毛或动物细毛其他纤维混纺)	14	80	17	米/千克	B
5212120050	漂白的其他混纺棉印染布(每平方米重≤200克,与除化纤、羊毛或动物细毛其他纤维混纺)	14	80	17	米/千克	B
5212120060	漂白其他混纺棉奶酪布、薄细布、纱(每平方米重≤200克,与除化纤、羊毛或动物细毛其他纤维混纺)	14	80	17	米/千克	B
5212120071	漂白的其他混纺棉缎布(每平方米重≤200克,与除化纤、羊毛或动物细毛其他纤维混纺)	14	80	17	米/千克	B
5212120072	漂白的其他混纺斜纹棉布(每平方米重≤200克,与除化纤、羊毛或动物细毛其他纤维混纺)	14	80	17	米/千克	B
5212120079	漂白的其他混纺棉牛津布(每平方米重≤200克,与除化纤、羊毛或动物细毛其他纤维混纺)	14	80	17	米/千克	B
5212120090	漂白的其他混纺棉机织物(每平方米重≤200克,与除化纤、羊毛或动物细毛其他纤维混纺)	14	80	17	米/千克	B
5212130011	染色其他混纺棉布(每平方米重≤200克,与36%及以上精梳羊毛或动物细毛混纺)	10	80	17	米/千克	B
5212130019	染色其他混纺棉布(每平方米重≤200克,与36%及以下精梳羊毛或动物细毛混纺)	10	80	17	米/千克	B
5212130021	染色其他混纺棉布(每平方米重≤200克,与36%及以上其他羊毛或动物细毛混纺)	10	80	17	米/千克	B
5212130029	染色其他混纺棉布(每平方米重≤200克,与36%及以下其他羊毛或动物细毛混纺)	10	80	17	米/千克	B
5212130030	染色其他混纺府绸及平细布(每平方米重≤200克,与化纤以外其他纤维混纺)	10	80	17	米/千克	B
5212130040	染色其他混纺棉机织平布(每平方米重≤200克,与化纤以外其他纤维混纺)	10	80	17	米/千克	B
5212130050	染色其他混纺棉印染布(每平方米重≤200克,与化纤以外其他纤维混纺)	10	80	17	米/千克	B
5212130060	染色其他混纺奶酪布、薄细布、巴里纱(每平方米重≤200克,与化纤以外其他纤维混纺)	10	80	17	米/千克	B

商品编号	商品名称及备注	进口关税税率(%)		增值税率(%)	计量单位	监管条件
		最惠国	普通			
5212130071	染色其他混纺棉缎布(每平方米重≤200克,与化纤以外其他纤维混纺)	10	80	17	米/千克	B
5212130072	染色其他混纺斜纹棉布(每平方米重≤200克,与化纤以外其他纤维混纺)	10	80	17	米/千克	B
5212130079	染色其他混纺棉牛津布(每平方米重≤200克,与化纤以外其他纤维混纺)	10	80	17	米/千克	B
5212130090	染色其他混纺棉布(每平方米重≤200克,与化纤以外其他纤维混纺)	10	80	17	米/千克	B
5212140011	色织其他混纺棉布(每平方米重≤200克,与36%及以上精梳羊毛或动物细毛混纺)	10	80	17	米/千克	B
5212140019	色织其他混纺棉布(每平方米重≤200克,与36%及以下精梳羊毛或动物细毛混纺)	10	80	17	米/千克	B
5212140021	色织其他混纺棉布(每平方米重≤200克,与36%及以上其他羊毛或动物细毛混纺)	10	80	17	米/千克	B
5212140029	色织其他混纺棉布(每平方米重≤200克,与36%及以下其他羊毛或动物细毛混纺)	10	80	17	米/千克	B
5212140030	色织其他混纺棉提花布(每平方米重≤200克,与化纤以外其他纤维混纺)	10	80	17	米/千克	B
5212140090	色织其他混纺棉布(每平方米重≤200克,与化纤以外其他纤维混纺)	10	80	17	米/千克	B
5212150011	印花其他混纺棉布(每平方米重≤200克,与36%及以上精梳羊毛或动物细毛混纺)	10	80	17	米/千克	B
5212150019	印花其他混纺棉布(每平方米重≤200克,与36%及以下精梳羊毛或动物细毛混纺)	10	80	17	米/千克	B
5212150021	印花其他混纺棉布(每平方米重≤200克,与36%及以上其他羊毛或动物细毛混纺)	10	80	17	米/千克	B
5212150029	印花其他混纺棉布(每平方米重≤200克,与36%及以下其他羊毛或动物细毛混纺)	10	80	17	米/千克	B
5212150030	印花其他混纺府绸及细平布(每平方米重≤200克,与化纤或羊毛或细毛以外其他纤维混纺)	10	80	17	米/千克	B
5212150040	印花其他混纺棉机织平布(每平方米重≤200克,与化纤或羊毛或细毛以外其他纤维混纺)	10	80	17	米/千克	B
5212150050	印花其他混纺棉印染布(每平方米重≤200克,与化纤或羊毛或细毛以外其他纤维混纺)	10	80	17	米/千克	B
5212150060	印花其他混纺棉奶酪布、薄细布、巴里纱(每平方米重≤200克,与化纤或羊毛或细毛以外其他纤维混纺)	10	80	17	米/千克	B
5212150071	印花其他混纺棉缎布(每平方米重≤200克,与化纤、羊毛或细毛以外其他纤维混纺)	10	80	17	米/千克	B
5212150072	印花其他混纺斜纹棉布(每平方米重≤200克,与化纤、羊毛或细毛以外其他纤维混纺)	10	80	17	米/千克	B
5212150079	印花其他混纺棉牛津布(每平方米重≤200克,与化纤、羊毛或细毛以外其他纤维混纺)	10	80	17	米/千克	B
5212150090	印花其他混纺棉布(每平方米重≤200克,与化纤、羊毛或细毛以外其他纤维混纺)	10	80	17	米/千克	B
5212210011*	未漂白其他混纺棉布(每平方米重>200克,与36%及以上精梳羊毛或动物细毛混纺)	12	80	17	米/千克	

商品编号	商品名称及备注	进口关税税率(%)		增值税率(%)	计量单位	监管条件
		最惠国	普通			
5212210019*	未漂白其他混纺棉布(每平方米重>200克,与36%及以下精梳羊毛或动物细毛混纺)	12	80	17	米/千克	
5212210021*	未漂白其他混纺棉布(每平方米重>200克,与36%及以上其他羊毛或动物细毛混纺)	12	80	17	米/千克	
5212210029*	未漂白其他混纺棉布(每平方米重>200克,与36%及以下其他羊毛或动物细毛混纺)	12	80	17	米/千克	
5212210030*	未漂白其他混纺府绸及平细布(每平方米重>200克,与化纤以外其他纤维混纺)	12	80	17	米/千克	
5212210040*	未漂白其他混纺棉机织平布(每平方米重>200克,与化纤以外其他纤维混纺)	12	80	17	米/千克	
5212210050*	未漂白其他混纺棉帆布(每平方米重>200克,与化纤以外其他纤维混纺)	12	80	17	米/千克	
5212210060*	未漂白其他混纺棉缎布(每平方米重>200克,与化纤以外其他纤维混纺)	12	80	17	米/千克	
5212210070*	未漂白其他混纺斜纹棉布(每平方米重>200克,与化纤以外其他纤维混纺)	12	80	17	米/千克	
5212210090*	未漂白其他混纺棉布(每平方米重>200克,与化纤以外其他纤维混纺)	12	80	17	米/千克	
5212220011	漂白的其他混纺棉布(每平方米重>200克,与36%及以上精梳羊毛或动物细毛混纺)	14	80	17	米/千克	
5212220019	漂白的其他混纺棉布(每平方米重>200克,与36%及以下精梳羊毛或动物细毛混纺)	14	80	17	米/千克	
5212220021	漂白的其他混纺棉布(每平方米重>200克,与36%及以上其他羊毛或动物细毛混纺)	14	80	17	米/千克	
5212220029	漂白的其他混纺棉布(每平方米重>200克,与36%及以下其他羊毛或动物细毛混纺)	14	80	17	米/千克	
5212220030	漂白的其他混纺府绸及细平布(每平方米重>200克,与化纤、羊毛或动物细毛以外其他纤维混纺)	14	80	17	米/千克	
5212220040	漂白的其他混纺棉机织平布(每平方米重>200克,与化纤、羊毛或动物细毛以外其他纤维混纺)	14	80	17	米/千克	
5212220050	漂白的其他混纺棉帆布(每平方米重>200克,与化纤、羊毛或动物细毛以外其他纤维混纺)	14	80	17	米/千克	
5212220060	漂白的其他混纺棉缎布(每平方米重>200克,与化纤、羊毛或动物细毛以外其他纤维混纺)	14	80	17	米/千克	
5212220070	漂白的其他混纺棉斜纹布(每平方米重>200克,与化纤、羊毛或动物细毛以外其他纤维混纺)	14	80	17	米/千克	
5212220090	漂白的其他混纺棉布(每平方米重>200克,与化纤、羊毛或动物细毛以外其他纤维混纺)	14	80	17	米/千克	
5212230011	染色的其他混纺棉布(每平方米重>200克,与36%及以上精梳羊毛或动物细毛混纺)	10	80	17	米/千克	
5212230019	染色的其他混纺棉布(每平方米重>200克,与36%及以下精梳羊毛或动物细毛混纺)	10	80	17	米/千克	
5212230021	染色的其他混纺棉布(每平方米重>200克,与36%及以上其他羊毛或动物细毛混纺)	10	80	17	米/千克	

商品编号	商品名称及备注	进口关税税率(%)		增值税率(%)	计量单位	监管条件
		最惠国	普通			
5212230029	染色的其他混纺棉布(每平方米重>200克,与36%及以下其他羊毛或动物细毛混纺)	10	80	17	米/千克	
5212230030	染色的其他混纺府绸及细平布(每平方米重>200克,与化纤、羊毛或动物细毛以外其他纤维混纺)	10	80	17	米/千克	
5212230040	染色的其他混纺棉机织平布(每平方米重>200克,与化纤、羊毛或动物细毛以外其他纤维混纺)	10	80	17	米/千克	
5212230050	染色的其他混纺棉帆布(每平方米重>200克,与化纤、羊毛或动物细毛以外其他纤维混纺)	10	80	17	米/千克	
5212230060	染色的其他混纺棉缎布(每平方米重>200克,与化纤、羊毛或动物细毛以外其他纤维混纺)	10	80	17	米/千克	
5212230070	染色的其他混纺棉斜纹布(每平方米重>200克,与化纤、羊毛或动物细毛以外其他纤维混纺)	10	80	17	米/千克	
5212230090	染色的其他混纺棉布(每平方米重>200克,与化纤、羊毛或动物细毛以外其他纤维混纺)	10	80	17	米/千克	
5212240011	色织的其他混纺棉布(每平方米重>200克,与36%及以上精梳羊毛或动物细毛混纺)	10	80	17	米/千克	
5212240019	色织的其他混纺棉布(每平方米重>200克,与36%及以下精梳羊毛或动物细毛混纺)	10	80	17	米/千克	
5212240021	色织的其他混纺棉布(每平方米重>200克,与36%及以上其他羊毛或动物细毛混纺)	10	80	17	米/千克	
5212240029	色织的其他混纺棉布(每平方米重>200克,与36%及以下其他羊毛或动物细毛混纺)	10	80	17	米/千克	
5212240030	色织的其他混纺蓝色粗斜纹布(每平方米重>200克,与化纤、羊毛或动物细毛以外其他纤维混纺)	10	80	17	米/千克	
5212240040	色织的其他混纺提花布(每平方米重>200克,与化纤、羊毛或动物细毛以外其他纤维混纺)	10	80	17	米/千克	
5212240090	色织的其他混纺棉布(每平方米重>200克,与化纤、羊毛或动物细毛以外其他纤维混纺)	10	80	17	米/千克	
5212250011	印花的其他混纺棉布(每平方米重>200克,与36%及以上精梳羊毛或动物细毛混纺)	10	80	17	米/千克	
5212250019	印花的其他混纺棉布(每平方米重>200克,与36%及以下精梳羊毛或动物细毛混纺)	10	80	17	米/千克	
5212250021	印花的其他混纺棉布(每平方米重>200克,与36%及以上其他羊毛或动物细毛混纺)	10	80	17	米/千克	
5212250029	印花的其他混纺棉布(每平方米重>200克,与36%及以下其他羊毛或动物细毛混纺)	10	80	17	米/千克	
5212250030	印花的其他混纺府绸及细平布(每平方米重>200克,与化纤、羊毛或动物细毛以外其他纤维混纺)	10	80	17	米/千克	
5212250040	印花的其他混纺棉机织平布(每平方米重>200克,与化纤、羊毛或动物细毛以外其他纤维混纺)	10	80	17	米/千克	
5212250050	印花的其他混纺棉帆布(每平方米重>200克,与化纤、羊毛或动物细毛以外其他纤维混纺)	10	80	17	米/千克	
5212250060	印花的其他混纺棉缎布(每平方米重>200克,与化纤、羊毛或动物细毛以外其他纤维混纺)	10	80	17	米/千克	

商品编号	商品名称及备注	进口关税税率（%）		增值税率（%）	计量单位	监管条件
		最惠国	普通			
5212250070	印花的其他混纺棉斜纹布（每平方米重>200克，与化纤、羊毛或动物细毛以外其他纤维混纺）	10	80	17	米/千克	
5212250090	印花的其他混纺棉布（每平方米重>200克，与化纤、羊毛或动物细毛以外其他纤维混纺）	10	80	17	米/千克	

第五十三章　其他植物纺织纤维;纸纱线及其机织物

商品编号	商品名称及备注	进口关税税率(%)		增值税率(%)	计量单位	监管条件
		最惠国	普通			
5301	**亚麻,生的或经加工但未纺制的;亚麻短纤及废麻(包括废麻纱线及回收纤维)**					
5301100000	生的或沤制的亚麻	6	30	17	千克	AB
5301210000*	破开或打成的亚麻	6	30	17	千克	AB
5301290000	栉梳或经其他加工未纺制的亚麻	6	30	17	千克	AB
5301300000*	亚麻短纤及废麻(包括废麻纱线及回收纤维)	6	30	17	千克	AB
5302	**大麻,生的或经加工但未纺制的;大麻短纤及废麻(包括废麻纱线及回收纤维)**					
5302100000	生的或经沤制的大麻	6	30	17	千克	AB
5302900000	加工未纺的大麻、大麻短纤及废麻(包括废麻纱线及回收纤维)	6	30	17	千克	AB
5303	**黄麻及其他纺织用韧皮纤维(不包括亚麻、大麻及苎麻),生的或经加工但未纺制的;上述纤维的短纤及废麻(包括废纱线及回收纤维)**					
5303100000	生或沤制黄麻,其他纺织韧皮纤维(不包括亚麻、大麻、苎麻)	5	20	13	千克	AB
5303900000	加工未纺的黄麻及纺织用韧皮纤维(包括短纤、废麻、废纱线及回收纤维,不含亚麻、大麻、苎麻)	5	30	17	千克	AB
5305	**椰壳纤维、蕉麻(马尼拉麻)、苎麻及其他品目未列名的纺织用植物纤维,生的或经加工但未纺制的;上述纤维的短纤、落麻及废料(包括废纱线及回收纤维)**					
5305001100	生的苎麻	5	30	17	千克	AB
5305001200	经加工、未纺制的苎麻	5	30	17	千克	AB
5305001300	苎麻短纤及废麻(包括废纱线及回收纤维)	5	30	17	千克	AB
5305001900	经加工的未列名纺织用苎麻纤维(包括短纤、落麻、废料、废纱线及回收纤维)	5	20	17	千克	AB
5305002000	生的或经加工、未纺制的蕉麻(包括短纤、落麻、废料、废蕉麻纱线及回收纤维)	3	20	17	千克	AB
5305009100	生的或经加工、未纺制的西沙尔麻及纺织用龙舌兰纤维(包括短纤、落麻、废料、废纱线及回收纤维)	5	30	17	千克	AB
5305009200	生的或经加工、未纺制的椰壳纤维(包括短纤、落麻、废料、废椰壳纱线及回收纤维)	5	30	17	千克	AB
5305009900	生的或经加工的未列名纺织用植物纤维(包括短纤、落麻、废料、废纱线及回收纤维)	5	30	17	千克	AB
5306	**亚麻纱线**					
5306100000	亚麻单纱	6	50	17	千克	
5306200000*	亚麻多股纱线或缆线	10	50	17	千克	
5307	**黄麻纱线或品目53.03的其他纺织用韧皮纤维纱线**					
5307100000	黄麻及其他纺织用韧皮纤维单纱	6	35	17	千克	
5307200000	黄麻及其他韧皮纤维多股纱或缆线	6	35	17	千克	
5308	**其他植物纺织纤维纱线;纸纱线**					

商品编号	商品名称及备注	进口关税税率(%)		增值税率(%)	计量单位	监管条件
		最惠国	普通			
5308100000	椰壳纤维纱线	6	45	17	千克	
5308200000	大麻纱线	6	45	17	千克	
5308901100	漂白或未漂白的纯苎麻纱线(纯按重量计苎麻含量≥85%)	6	50	17	千克	
5308901200	纯苎麻色纱线(纯按重量计苎麻含量≥85%)	6	50	17	千克	B
5308901300	漂白或未漂白其他苎麻纱线(按重量计苎麻含量<85%)	6	50	17	千克	
5308901400	其他苎麻色纱线(按重量计苎麻含量<85%)	6	50	17	千克	B
5308909100	纸纱线	6	70	17	千克	
5308909900	其他植物纺织纤维纱线	6	45	17	千克	
5309	**亚麻机织物**					
5309111000	未漂白的纯亚麻机织物(按重量计亚麻含量≥85%)	10	80	17	米/千克	
5309112000	漂白的纯亚麻机织物(按重量计亚麻含量≥85%)	10	80	17	米/千克	B
5309190000	其他全亚麻机织物(按重量计亚麻含量≥85%)	10	80	17	米/千克	B
5309211011	未漂白与精梳毛混纺的亚麻机织物(亚麻含量<85%,羊毛或动物细毛含量>17%)	10	80	17	米/千克	
5309211019	未漂白的其他混纺亚麻机织物(亚麻含量<85%,羊毛或动物细毛含量>17%)	10	80	17	米/千克	
5309211021	未漂白的混纺亚麻府绸及细平布(亚麻含量<85%,与棉及化纤混纺,棉限内)	10	80	17	米/千克	
5309211022	未漂白的混纺亚麻机织平布(亚麻含量<85%,与棉及化纤混纺,棉限内)	10	80	17	米/千克	
5309211023	未漂白的混纺亚麻机织印染用布(亚麻含量<85%,与棉及化纤混纺,棉限内)	10	80	17	米/千克	
5309211024	未漂白的混纺亚麻其他机织物(亚麻含量<85%,与棉及化纤混纺,棉限内)	10	80	17	米/千克	
5309211025	未漂白的混纺亚麻府绸及细平布(亚麻含量<85%,与棉及化纤混纺,化纤限内)	10	80	17	米/千克	
5309211026	未漂白的混纺亚麻机织平布(亚麻含量<85%,与棉及化纤混纺,化纤限内)	10	80	17	米/千克	
5309211027	未漂白的混纺亚麻机织印染用布(亚麻含量<85%,与棉及化纤混纺,化纤限内)	10	80	17	米/千克	
5309211028	未漂白的混纺亚麻其他机织物(亚麻含量<85%,与棉及化纤混纺,化纤限内)	10	80	17	米/千克	
5309211029	未漂白的混纺亚麻其他机织物(亚麻含量<85%,与棉及化纤混纺)	10	80	17	米/千克	
5309211091	未漂白的混纺亚麻其他机织物(亚麻含量<85%,主要或仅与精梳羊毛或动物细毛混纺)	10	80	17	米/千克	
5309211099	未漂白的混纺亚麻其他机织物(亚麻含量<85%)	10	80	17	米/千克	
5309212011	漂白与精梳毛混纺的亚麻机织物(亚麻含量<85%,羊毛或动物细毛含量>17%)	10	80	17	米/千克	B
5309212019	漂白的其他混纺亚麻机织物(亚麻含量<85%,羊毛或动物细毛含量>17%)	10	80	17	米/千克	B
5309212021	漂白的混纺亚麻府绸及细平布(亚麻含量<85%,与棉及化纤混纺,棉限内)	10	80	17	米/千克	B
5309212022	漂白的混纺亚麻机织平布(亚麻含量<85%,与棉及化纤混纺,棉限内)	10	80	17	米/千克	B

商品编号	商品名称及备注	进口关税税率(%)		增值税率(%)	计量单位	监管条件
		最惠国	普通			
5309212023	漂白的混纺亚麻机织印染用布(亚麻含量<85%,与棉及化纤混纺,棉限内)	10	80	17	米/千克	B
5309212024	漂白的混纺亚麻其他机织物(亚麻含量<85%,与棉及化纤混纺,棉限内)	10	80	17	米/千克	B
5309212025	漂白的混纺亚麻府绸及细平布(亚麻含量<85%,与棉及化纤混纺,化纤限内)	10	80	17	米/千克	B
5309212026	漂白的混纺亚麻机织平布(亚麻含量<85%,与棉及化纤混纺,化纤限内)	10	80	17	米/千克	B
5309212027	漂白的混纺亚麻机织印染用布(亚麻含量<85%,与棉及化纤混纺,化纤限内)	10	80	17	米/千克	B
5309212028	漂白的混纺亚麻其他机织物(亚麻含量<85%,与棉及化纤混纺,化纤限内)	10	80	17	米/千克	B
5309212029	漂白的混纺亚麻其他机织物(亚麻含量<85%,与棉及化纤混纺)	10	80	17	米/千克	B
5309212091	漂白的混纺亚麻其他机织物(亚麻含量<85%,主要或仅与精梳羊毛或动物细毛混纺)	10	80	17	米/千克	B
5309212099	漂白的混纺亚麻其他机织物(亚麻含量<85%)	10	80	17	米/千克	B
5309290011	其他与精梳毛混纺的亚麻机织物(亚麻含量<85%,羊毛或动物细毛含量>17%)	10	80	17	米/千克	B
5309290019	其他混纺亚麻机织物(亚麻含量<85%,羊毛或动物细毛含量>17%)	10	80	17	米/千克	B
5309290021	其他混纺亚麻府绸及细平布(亚麻含量<85%,与棉及化纤混纺,棉限内)	10	80	17	米/千克	B
5309290022	其他混纺亚麻机织平布(亚麻含量<85%,与棉及化纤混纺,棉限内)	10	80	17	米/千克	B
5309290023	其他混纺亚麻机织印染用布(亚麻含量<85%,与棉及化纤混纺,棉限内)	10	80	17	米/千克	B
5309290024	其他混纺亚麻其他机织物(亚麻含量<85%,与棉及化纤混纺,棉限内)	10	80	17	米/千克	B
5309290025	其他混纺亚麻府绸及细平布(亚麻含量<85%,与棉及化纤混纺,化纤限内)	10	80	17	米/千克	B
5309290026	其他混纺亚麻机织平布(亚麻含量<85%,与棉及化纤混纺,化纤限内)	10	80	17	米/千克	B
5309290027	其他混纺亚麻机织印染用布(亚麻含量<85%,与棉及化纤混纺,化纤限内)	10	80	17	米/千克	B
5309290028	其他混纺亚麻其他机织物(亚麻含量<85%,与棉及化纤混纺,化纤限内)	10	80	17	米/千克	B
5309290029	其他混纺亚麻其他机织物(亚麻含量<85%,与棉及化纤混纺)	10	80	17	米/千克	B
5309290091	其他混纺亚麻其他机织物(亚麻含量<85%,主要或仅与精梳羊毛或动物细毛混纺)	10	80	17	米/千克	B
5309290099	其他混纺亚麻机织物(亚麻含量<85%)	10	80	17	米/千克	B
5310	**黄麻或品目 53.03 的其他纺织用韧皮纤维机织物**					
5310100011	未漂白黄麻或其他韧皮纤维机织物(宽度≤150 厘米,与精梳羊毛或动物细毛混纺)	10	40	17	米/千克	

商品编号	商品名称及备注	进口关税税率(%)		增值税率(%)	计量单位	监管条件
		最惠国	普通			
5310100019	未漂白黄麻或其他韧皮纤维机织物(宽度≤150厘米,与其他纤维混纺)	10	40	17	米/千克	
5310100091	未漂白黄麻或其他韧皮纤维机织物(宽度>150厘米,与精梳羊毛或动物细毛混纺)	10	40	17	米/千克	
5310100099	未漂白黄麻或其他韧皮纤维机织物(宽度>150厘米,与其他纤维混纺)	10	40	17	米/千克	
5310900011	其他黄麻机织物,宽度≤150厘米(含品目53.03其他纺织用韧皮纤维布与精梳羊毛或动物细毛混纺)	10	40	17	米/千克	
5310900019	其他黄麻机织物,宽度≤150厘米(含品目53.03的其他纺织用韧皮纤维布,与其他纤维混纺)	10	40	17	米/千克	
5310900091	其他黄麻机织物,宽度>150厘米(含品目53.03其他纺织用韧皮纤维布与精梳羊毛或动物细毛混纺)	10	40	17	米/千克	
5310900099	其他黄麻机织物,宽度>150厘米(含品目53.03的其他纺织用韧皮纤维布,与其他纤维混纺)	10	40	17	米/千克	
5311	**其他纺织用植物纤维机织物;纸纱线机织物**					
5311001211	未漂白与精梳毛混纺的苎麻机织物(苎麻含量≥85%,羊毛或动物细毛含量>17%)	10	80	17	米/千克	
5311001219	未漂白苎麻机织物(苎麻含量≥85%,羊毛或动物细毛含量>17%)	10	80	17	米/千克	
5311001221	未漂白的苎麻府绸及细平布(苎麻含量≥85%,与棉及化纤混纺,棉限内)	10	80	17	米/千克	
5311001222	未漂白的苎麻机织平布(苎麻含量≥85%,与棉及化纤混纺,棉限内)	10	80	17	米/千克	
5311001223	未漂白的苎麻机织印染用布(苎麻含量≥85%,与棉及化纤混纺,棉限内)	10	80	17	米/千克	
5311001229	未漂白的苎麻其他机织物(苎麻含量≥85%,与棉及化纤混纺,棉限内)	10	80	17	米/千克	
5311001231	未漂白的苎麻府绸及细平布(苎麻含量≥85%,与棉及化纤混纺,化纤限内)	10	80	17	米/千克	
5311001232	未漂白的苎麻机织平布(苎麻含量≥85%,与棉及化纤混纺,化纤限内)	10	80	17	米/千克	
5311001233	未漂白的苎麻机织印染用布(苎麻含量≥85%,与棉及化纤混纺,化纤限内)	10	80	17	米/千克	
5311001239	未漂白的苎麻其他机织物(苎麻含量≥85%,与棉及化纤混纺,化纤限内)	10	80	17	米/千克	
5311001240	未漂白的苎麻其他机织物(苎麻含量≥85%,与棉及化纤混纺)	10	80	17	米/千克	
5311001291	未漂白的苎麻其他机织物(苎麻含量≥85%,主要或仅与精梳羊毛或细毛混纺)	10	80	17	米/千克	
5311001299	未漂白的苎麻其他机织物(苎麻含量≥85%)	10	80	17	米/千克	
5311001311	与精梳毛混纺的苎麻其他机织物(苎麻含量≥85%,羊毛或动物细毛含量>17%)	12	80	17	米/千克	B
5311001319	苎麻其他机织物(苎麻含量≥85%,羊毛或细毛含量>17%)	12	80	17	米/千克	B
5311001321	苎麻府绸及细平布(苎麻含量≥85%,与棉及化纤混纺,棉限内)	12	80	17	米/千克	B

商品编号	商品名称及备注	进口关税税率(%)		增值税率(%)	计量单位	监管条件
		最惠国	普通			
5311001322	苎麻机织平布(苎麻含量≥85%,与棉及化纤混纺,棉限内)	12	80	17	米/千克	B
5311001323	苎麻机织印染布(苎麻含量≥85%,与棉及化纤混纺,棉限内)	12	80	17	米/千克	B
5311001329	苎麻其他机织物(苎麻含量≥85%,与棉及化纤混纺,棉限内)	12	80	17	米/千克	B
5311001331	苎麻府绸及细平布(苎麻含量≥85%,与棉及化纤混纺,化纤限内)	12	80	17	米/千克	B
5311001332	苎麻机织平布(苎麻含量≥85%,与棉及化纤混纺,化纤限内)	12	80	17	米/千克	B
5311001333	苎麻机织印染布(苎麻含量≥85%,与棉及化纤混纺,化纤限内)	12	80	17	米/千克	B
5311001339	苎麻其他机织物(苎麻含量≥85%,与棉及化纤混纺,化纤限内)	12	80	17	米/千克	B
5311001340	苎麻其他机织物(苎麻含量≥85%,与棉及化纤混纺)	12	80	17	米/千克	B
5311001391	苎麻其他机织物(苎麻含量≥85%,主要或仅与精梳羊毛或细毛混纺)	12	80	17	米/千克	B
5311001399	苎麻其他机织物(苎麻含量≥85%)	12	80	17	米/千克	B
5311001411	未漂白与精梳羊毛混纺苎麻机织物(苎麻含量<85%,羊毛或细毛含量>17%)	10	80	17	米/千克	
5311001419	未漂白苎麻机织物(苎麻含量<85%,羊毛或细毛含量>17%)	10	80	17	米/千克	
5311001421	未漂白的苎麻府绸及细平布(苎麻含量<85%,与棉及化纤混纺,棉限内)	10	80	17	米/千克	
5311001422	未漂白的苎麻机织平布(苎麻含量<85%,与棉及化纤混纺,棉限内)	10	80	17	米/千克	
5311001423	未漂白的苎麻机织印染用布(苎麻含量<85%,与棉及化纤混纺,棉限内)	10	80	17	米/千克	
5311001429	未漂白的苎麻其他机织物(苎麻含量<85%,与棉及化纤混纺,棉限内)	10	80	17	米/千克	
5311001431	未漂白的苎麻府绸及细平布(苎麻含量<85%,与棉及化纤混纺,化纤限内)	10	80	17	米/千克	
5311001432	未漂白的苎麻机织平布(苎麻含量<85%,与棉及化纤混纺,化纤限内)	10	80	17	米/千克	
5311001433	未漂白的苎麻机织印染用布(苎麻含量<85%,与棉及化纤混纺,化纤限内)	10	80	17	米/千克	
5311001439	未漂白的苎麻其他机织物(苎麻含量<85%,与棉及化纤混纺,化纤限内)	10	80	17	米/千克	
5311001440	未漂白的苎麻其他机织物(苎麻含量<85%,与棉及化纤混纺)	10	80	17	米/千克	
5311001491	未漂白的苎麻其他机织物(苎麻含量<85%,主要或仅与精梳羊毛或动物细毛混纺)	10	80	17	米/千克	
5311001499	未漂白的苎麻其他机织物(苎麻含量<85%)	10	80	17	米/千克	
5311001511	其他苎麻机织物,含量<85%(毛重>17%,主要或仅与精梳羊毛或动物细毛混纺)	12	80	17	米/千克	B
5311001519	其他苎麻机织物(苎麻含量<85%,羊毛或动物细毛含量>17%)	12	80	17	米/千克	B

商品编号	商品名称及备注	进口关税税率(%)		增值税率(%)	计量单位	监管条件
		最惠国	普通			
5311001521	苎麻府绸及细平布(苎麻含量<85%,与棉及化纤混纺,棉限内)	12	80	17	米/千克	B
5311001522	苎麻机织平布(苎麻含量<85%,与棉及化纤混纺,棉限内)	12	80	17	米/千克	B
5311001523	苎麻机织印染用布(苎麻含量<85%,与棉及化纤混纺,棉限内)	12	80	17	米/千克	B
5311001529	其他苎麻机织物(苎麻含量<85%,与棉及化纤混纺,棉限内)	12	80	17	米/千克	B
5311001531	苎麻府绸及细平布(苎麻含量<85%,与棉及化纤混纺,化纤限内)	12	80	17	米/千克	B
5311001532	苎麻机织平布(苎麻含量<85%,与棉及化纤混纺,化纤限内)	12	80	17	米/千克	B
5311001533	苎麻机织印染用布(苎麻含量<85%,与棉及化纤混纺,化纤限内)	12	80	17	米/千克	B
5311001539	其他苎麻机织物(苎麻含量<85%,与棉及化纤混纺,化纤限内)	12	80	17	米/千克	B
5311001540	其他苎麻机织物(苎麻含量<85%,与棉及化纤混纺)	12	80	17	米/千克	B
5311001591	其他苎麻机织物(苎麻含量<85%,主要或仅与精梳羊毛或动物细毛混纺)	12	80	17	米/千克	B
5311001599	其他苎麻机织物(指按重量计苎麻含量<85%)	12	80	17	米/千克	B
5311002010	纸纱线机织物(主要或仅与精梳羊毛或动物细毛混纺)	10	90	17	米/千克	B
5311002090	纸纱线机织物	10	90	17	米/千克	B
5311003000	大麻机织物	10	50	17	米/千克	B
5311009011	其他纺织用植物纤维机织物(毛含量>17%,主要或仅与精梳羊毛或动物细毛混纺)	10	50	17	米/千克	B
5311009019	其他纺织用植物纤维机织物(羊毛或动物细毛含量>17%)	10	50	17	米/千克	B
5311009021	其他纺织用植物纤府绸及细平布(与棉及化纤混纺,棉限内)	10	50	17	米/千克	B
5311009022	其他纺织用植物纤维机织平布(与棉及化纤混纺,棉限内)	10	50	17	米/千克	B
5311009023	其他纺织用植物纤维机织印染用布(与棉及化纤混纺,棉限内)	10	50	17	米/千克	B
5311009029	其他纺织用植物纤维机织物(与棉及化纤混纺,棉限内)	10	50	17	米/千克	B
5311009031	其他纺织用植物纤维府绸及细平布(与棉及化纤混纺,化纤限内)	10	50	17	米/千克	B
5311009032	其他纺织用植物纤维机织平布(与棉及化纤混纺,化纤限内)	10	50	17	米/千克	B
5311009033	其他纺织用植物纤维机织印染用布(与棉及化纤混纺,化纤限内)	10	50	17	米/千克	B
5311009039	其他纺织用植物纤维其他机织物(与棉及化纤混纺,化纤限内)	10	50	17	米/千克	B
5311009040	其他纺织用植物纤维其他机织物(与棉及化纤混纺)	10	50	17	米/千克	B
5311009091	其他纺织用植物纤维其他机织物(主要或仅与精梳羊毛或动物细毛混纺)	10	50	17	米/千克	B
5311009099	其他纺织用植物纤维其他机织物	10	50	17	米/千克	B

第五十四章　化学纤维长丝;化学纤维纺织材料制扁条及类似品

注释:

一、本手册所称"化学纤维",是指通过下列任一方法加工制得的有机聚合物的短纤或长丝:

(一)将有机单体物质加以聚合而制成的聚合物,例如,聚酰胺、聚酯、聚烯烃、聚氨基甲酸酯;或通过上述加工得到的聚合物经化学改性制得(例如,聚乙酸乙烯酯水解制得的聚乙烯醇);或

(二)将天然有机聚合物(例如,纤维素)溶解或化学处理制成聚合物,例如,铜铵纤维或粘胶纤维;或将天然有机聚合物(例如,纤维素、酪蛋白及其他蛋白质或藻酸)经化学改性制成聚合物,例如,醋酸纤维素纤维或藻酸盐纤维。

对于化学纤维,所称"合成",是指(一)款所述的纤维;所称"人造",是指(二)款所述的纤维。品目 54.04 或 54.05 的扁条及类似品不视作化学纤维。

对于纺织材料,所称"化学纤维"、"合成纤维"及"人造纤维",其含义应与上述解释相同。

二、品目 54.02 及 54.03 不适用于第五十五章的合成纤维或人造纤维的长丝丝束。

商品编号	商品名称及备注	进口关税税率(%)		增值税率(%)	计量单位	监管条件
		最惠国	普通			
5401	**化学纤维长丝纺制的缝纫线,不论是否供零售用**					
5401101000	非供零售用合纤长丝缝纫线	5	70	17	千克	
5401102000	供零售用合纤长丝缝纫线	5	90	17	千克	
5401201000	非供零售用人纤长丝缝纫线	5	35	17	千克	
5401202000	供零售用人纤长丝缝纫线	5	90	17	千克	
5402	**合成纤维长丝纱线(缝纫线除外),非供零售用,包括细度在67分特以下的合成纤维单丝**					
5402111000	聚间苯二甲酰间苯二胺纺制的高强力纱(非供零售用)	5	70	17	千克	A
5402112000	聚对苯二甲酰对苯二胺纺制的高强力纱(非供零售用)	5	70	17	千克	A
5402119000	其他芳香族聚酰胺纺制的高强力纱(非供零售用)	5	70	17	千克	A
5402191000	聚酰胺 - 6(尼龙 - 6)纺制高强力纱(非供零售用)	5	70	17	千克	A
5402192000	聚酰胺 - 6,6(尼龙 66)纺制的高强力纱(非供零售用)	5	70	17	千克	A
5402199000	其他尼龙或其他聚酰胺制高强力纱(非供零售用)	5	70	17	千克	A
5402200010	非零售聚酯高强力纱(单丝/未捻或捻度 <5 转/米的复丝单纱)	5	70	17	千克	A
5402200020	非零售聚酯高强力纱(捻度≥5 转/米的复丝单纱)	5	70	17	千克	A
5402200090	非零售聚酯高强力多股纱	5	70	17	千克	A
5402311100	聚酰胺 - 6(尼龙 - 6)纺制弹力丝(非供零售用,指每根单纱细度不超过 50 特)	5	80	17	千克	A
5402311200	聚酰胺 - 6,6 纺制的弹力丝(非供零售用,尼龙 - 66,指每根单纱细度不超过 50 特)	5	80	17	千克	A
5402311300	芳香族聚酰胺纺制弹力丝(非供零售用,指每根单纱细度不超过 50 特)	5	80	17	千克	A
5402311900	其他尼龙或其他聚酰胺制弹力丝(指每根单纱细度不超过 50 特,非供零售用)	5	80	17	千克	A
5402319000	非零售其他细尼龙变形纱线(指每根单纱细度不超过 50 特,包括其他聚酰胺变形丝)	5	70	17	千克	A

商品编号	商品名称及备注	进口关税税率(%) 最惠国	进口关税税率(%) 普通	增值税率(%)	计量单位	监管条件
5402321100	聚酰胺－6(尼龙－6)纺制的弹力丝(指每根单纱细度超过50特，非供零售用)	5	80	17	千克	
5402321200	聚酰胺－6,6纺制的弹力丝(指每根单纱细度超过50特，尼龙－66,非供零售用)	5	80	17	千克	
5402321300	芳香族聚酰胺纺制的弹力丝(指每根单纱细度超过50特，非供零售用)	5	80	17	千克	
5402321900	其他尼龙或其他聚酰胺制弹力丝(指每根单纱细度超过50特,非供零售用)	5	80	17	千克	
5402329000	非零售其他粗尼龙变形纱线(粗指每根单纱细度超过50特,包括其他聚酰胺变形丝)	5	70	17	千克	
5402331000	非零售聚酯弹力丝	5	90	17	千克	A
5402339000	非零售聚酯变形纱线	5	70	17	千克	A
5402340000	聚丙烯长丝变形纱线(非供零售用)	5	70	17	千克	
5402390000	其他合成纤维长丝变形纱线(非供零售用)	5	70	17	千克	
5402441000	氨纶弹性单纱(未加捻或捻度每米不超过50转,非供零售用)	5	70	17	千克	
5402449000	其他合成纤维长丝弹性单纱(非供零售用,未加捻或捻度每米不超过50转)	5	70	17	千克	A
5402451000	聚酰胺－6(尼龙－6)纺制的其他单纱(非供零售用,未加捻或捻度每米不超过50转)	5	70	17	千克	
5402452000	聚酰胺－6,6(尼龙－66)纺制的其他单纱(非供零售用,未加捻或捻度每米不超过50转)	5	70	17	千克	
5402453000	芳香族聚酰胺纺制的其他单纱(非供零售用,未加捻或捻度每米不超过50转)	5	70	17	千克	
5402459000	其他尼龙或其他聚酰胺单纱纺制的其他单纱(非供零售用,未加捻或捻度每米不超过50转)	5	70	17	千克	
5402460000	其他部分定向聚酯单纱(非供零售用,未加捻或捻度每米不超过50转)	5	70	17	千克	A
5402470000	其他聚酯单纱(非供零售用,未加捻或捻度每米不超过50转)	5	70	17	千克	A
5402480000	其他聚丙烯单纱(非供零售用,未加捻或捻度每米不超过50转)	5	70	17	千克	
5402491000	聚乙烯长丝纱线(单纱)(断裂强度≥22cN/dtex,且初始模量≥750cN/dtex,非供零售用,未加捻或捻度每米不超过50转,缝纫线除外)	5	70	17	千克	
5402499001	非弹性氨纶单纱(非供零售用,未加捻或捻度每米不超过50转,缝纫线除外)	5	70	17	千克	
5402499090	其他合成纤维长丝单纱(非供零售用,未加捻或捻度每米不超过50转,缝纫线除外)	5	70	17	千克	
5402511000	聚酰胺－6(尼龙－6)纺制的单纱(指捻度每米超过50转，非供零售用)	5	70	17	千克	
5402512000	聚酰胺－6,6纺制的单纱(指捻度每米超过50转,尼龙－66,非供零售用)	5	70	17	千克	
5402513000	芳香族聚酰胺纺制的单纱(指捻度每米超过50转，非供零售用)	5	70	17	千克	
5402519000	其他尼龙或其他聚酰胺单纱(指捻度每米超过50转，非供零售用)	5	70	17	千克	

商品编号	商品名称及备注	进口关税税率（%）		增值税率（%）	计量单位	监管条件
		最惠国	普通			
5402520000	非零售加捻的其他聚酯纱线（加捻指捻度每米超过50转）	5	70	17	千克	
5402591000	聚丙烯纱线（捻度每米超过50转，非供零售用）	5	70	17	千克	
5402592000	聚乙烯长丝纱线（单纱）（断裂强度≥22cN/dtex，且初始模量≥750cN/dtex，非供零售用，捻度每米超过50转，缝纫线除外）	5	70	17	千克	
5402599000	其他合成纤维长丝纱线（捻度每米超过50转，非供零售用）	5	70	17	千克	
5402611000	聚酰胺－6（尼龙－6）纺制的纱线（包括多股纱线或缆线，非供零售用）	5	70	17	千克	
5402612000	聚酰胺－6,6纺制的纱线（包括多股纱线或缆线，尼龙－66，非供零售用）	5	70	17	千克	
5402613000	芳香族聚酰胺纺制的纱线（包括多股纱线或缆线，非供零售用）	5	70	17	千克	
5402619000	其他尼龙或其他聚酰胺纺制纱线（包括多股纱线或缆线，非供零售用）	5	70	17	千克	
5402620000	非零售聚酯多股纱线（包括缆线）	5	70	17	千克	
5402691000	聚丙烯纱线（包括多股纱线或缆线，非供零售用）	5	70	17	千克	
5402692000	氨纶纱线（包括多股纱线或缆线，非供零售用）	5	70	17	千克	
5402699000	其他合纤长丝多股纱线或缆线（非供零售用）	5	70	17	千克	
5403	**人造纤维长丝纱线（缝纫线除外），非供零售用，包括细度在67分特以下的人造纤维单丝**					
5403100010	非零售粘胶纤维高强力纱（单丝/未捻或捻度每米5转以下的复丝单纱，非供零售用）	5	35	17	千克	
5403100020	非零售粘胶纤维高强力纱（捻度5转/米及以上的复丝单纱）	5	35	17	千克	
5403100090	非零售粘胶纤维高强力多股纱	5	35	17	千克	
5403311000	非零售竹制粘胶纤维单纱（未捻或捻度每米不超过120转的单纱，包括变形纱线）	5	35	17	千克	
5403319000	其他非零售粘胶纤维单纱（未捻或捻度每米不超过120转的单纱，包括变形纱线）	5	35	17	千克	
5403321000	非零售的竹制粘胶纤维单纱（加捻捻度每米超过120转包括变形纱线）	5	35	17	千克	
5403329000	其他非零售粘胶纤维单纱（加捻捻度每米超过120转包括变形纱线）	5	35	17	千克	
5403331010	非零售二醋酸纤维单纱（单丝/未捻或捻度每米5转以下的复丝单纱，包括变形纱线）	5	40	17	千克	A
5403331020	非零售二醋酸纤维单纱（5转/米≤捻度≤250转/米，包括变形纱线）	5	40	17	千克	A
5403331090	非零售二醋酸纤维单纱（捻度超过250转/米）	5	40	17	千克	A
5403339010	非零售其他醋酸纤维单纱（单丝/未捻或捻度每米5转以下的复丝单纱，非供零售用，包括变形纱线）	5	35	17	千克	
5403339020	非零售其他醋酸纤维单纱（5转/米≤捻度≤250转/米，包括变形纱线）	5	35	17	千克	
5403339090	非零售其他醋酸纤维单纱（捻度超过250转/米，包括变形纱线）	5	35	17	千克	
5403390010	非零售其他人纤长丝单纱（单丝/未捻或捻度每米5转以下的复丝单纱，非供零售用，包括变形纱线）	5	35	17	千克	

商品编号	商 品 名 称 及 备 注	进口关税税率(%)		增值税率(%)	计量单位	监管条件
		最惠国	普通			
5403390090	非零售其他人纤长丝单纱(捻度5转/米及以上,包括变形纱线)	5	35	17	千克	
5403410000	非零售粘胶长丝多股纱线或缆线(包括变形纱线)	5	35	17	千克	
5403420000	非零售醋酸长丝多股纱线或缆线(包括变形纱线)	5	35	17	千克	
5403490000	非零售其他人纤长丝多股纱或缆线(包括变形纱线)	5	35	17	千克	
5404	**截面尺寸不超过1毫米,细度在67分特及以上的合成纤维单丝;表观宽度不超过5毫米的合成纤维纺织材料制扁条及类似品(例如,人造草)**					
5404110010	细度≥67分特的涤纶纤维弹性单丝(截面尺寸不超过1毫米,细度<67分特的合纤单丝归入品目54.02)	5	80	17	千克	
5404110090	细度≥67分特的其他合成纤维弹性单丝(截面尺寸不超过1毫米,细度<67分特的合纤单丝归入品目54.02)	5	80	17	千克	
5404120000	细度≥67分特的其他聚丙烯单丝(截面尺寸不超过1毫米,细度<67分特的合纤单丝归入品目54.02)	5	80	17	千克	
5404190010	细度≥67分特的涤纶纤维单丝(截面尺寸不超过1毫米,细度<67分特的合纤单丝归入品目54.02)	5	80	17	千克	
5404190090	细度≥67分特的其他合成纤维单丝(截面尺寸不超过1毫米,细度<67分特的合纤单丝归入品目54.02)	5	80	17	千克	
5404900000	其他合成纺织材料制扁条及类似品(表观宽度不超过5毫米,例如,人造草)	5	80	17	千克	
5405	**截面尺寸不超过1毫米,细度在67分特及以上的人造纤维单丝;表观宽度不超过5毫米的人造纤维纺织材料制扁条及类似品(例如,人造草)**					
5405000000	细度≥67分特其他人纤单丝及其扁条(单丝截面尺寸≤1毫米,扁条及其类似品宽度≤5毫米)	5	80	17	千克	
5406	**化学纤维长丝纱线(缝纫线除外),供零售用**					
5406001000	供零售用合成纤维长丝纱线(缝纫线除外)	5	90	17	千克	
5406002000	供零售用人造纤维长丝纱线(缝纫线除外)	5	90	17	千克	
5407	**合成纤维长丝纱线的机织物,包括品目54.04所列材料的机织物**					
5407101000	高强力纱纺制机织物(由尼龙或其他聚酰胺高强力纱纺制的)	10	130	17	米/千克	A
5407102010	聚酯高强力纱纺制机织物(重量≤170克/平方米)	10	130	17	米/千克	A
5407102090	聚酯高强力纱纺制机织物(重量>170克/平方米)	10	130	17	米/千克	A
5407200010	聚乙烯聚丙烯扁条或类似机织物(宽度在3米以下)	10	130	17	米/千克	
5407200090	其他合成纤维扁条及类似品机织物	10	130	17	米/千克	
5407300010	平行纱线相互层叠并黏合织物(第十一类注释九所列的机织物,含塑料>60%)	10	130	17	米/千克	
5407300020	平行纱线相互层叠并黏合织物(第十一类注释九所列的机织物,含塑料≤60%)	10	130	17	米/千克	
5407410010	未漂或漂白的打字机带用机织物(尼龙或其他聚酰胺长丝含量≥85%)	10	130	17	米/千克	
5407410020	未漂白纯尼龙机织物(尼龙含量≥85%)	10	130	17	米/千克	
5407410090	未漂白的或漂白的其他机织物(其他聚酰胺长丝含量≥85%)	10	130	17	米/千克	

商品编号	商品名称及备注	进口关税税率(%)		增值税率(%)	计量单位	监管条件
		最惠国	普通			
5407420000	染色的纯尼龙机织物(按重量计尼龙或其他聚酰胺长丝含量≥85%)	10	130	17	米/千克	
5407430000	色织的纯尼龙机织物(按重量计尼龙或其他聚酰胺长丝含量≥85%)	10	130	17	米/千克	
5407440000	印花的纯尼龙机织物(按重量计尼龙或其他聚酰胺长丝含量≥85%)	10	130	17	米/千克	
5407510010	未漂白或漂白纯聚酯变形长丝布(聚酯变形长丝含量≥85%,重量≤170克/平方米)	10	130	17	米/千克	
5407510020	未漂白或漂白纯聚酯变形长丝机织物(聚酯变形长丝含量≥85%,重量>170克/平方米)	10	130	17	米/千克	
5407520010	染色的聚酯变形长丝布,含量≥85%(宽<77厘米,每厘米经纱密70~142根,纬密32~71根)	10	130	17	米/千克	
5407520091	染色的其他聚酯变形长丝机织物(聚酯变形长丝含量≥85%,重量≤170克/平方米)	10	130	17	米/千克	
5407520092	染色的其他聚酯变形长丝机织物(聚酯变形长丝含量≥85%,重量>170克/平方米)	10	130	17	米/千克	
5407530010	色织的聚酯变形长丝布,含量≥85%(宽<77厘米,每厘米经纱密70~142根,纬密32~71根)	10	130	17	米/千克	
5407530091	色织的聚酯变形长丝机织物(聚酯变形长丝含量≥85%,重量≤170克/平方米)	10	130	17	米/千克	
5407530092	色织的聚酯变形长丝机织物(聚酯变形长丝含量≥85%,重量>170克/平方米)	10	130	17	米/千克	
5407540010	印花的聚酯变形长丝机织物(聚酯变形长丝含量≥85%,重量≤170克/平方米)	10	130	17	米/千克	
5407540020	印花的聚酯变形长丝机织物(聚酯变形长丝含量≥85%,重量>170克/平方米)	10	130	17	米/千克	
5407610011	染色聚酯非变形长丝布,含量≥85%(宽<77厘米,每厘米经纱密70~142根,纬密32~71根)	10	130	17	米/千克	
5407610012	色织聚酯非变形长丝布,含量≥85%(宽<77厘米,每厘米经纱密70~142根,纬密32~71根)	10	130	17	米/千克	
5407610020	全聚酯其他非变形长丝机织物(单纱含27根丝,细度75~80分特,捻度900转及以上)	10	130	17	米/千克	
5407610031	未漂白或漂白聚酯非变形长丝机织物(聚酯非变形长丝含量≥85%,重量>170克/平方米)	10	130	17	米/千克	
5407610032	未漂白或漂白聚酯非变形长丝机织物(聚酯非变形长丝含量≥85%,重量≤170克/平方米)	10	130	17	米/千克	
5407610041	染色其他聚酯非变形长丝布(聚酯非变形长丝含量≥85%,重量>170克/平方米)	10	130	17	米/千克	
5407610042	染色其他纯聚酯非变形长丝布(聚酯非变形长丝含量≥85%,重量≤170克/平方米)	10	130	17	米/千克	
5407610051	色织其他聚酯非变形长丝布(聚酯非变形长丝含量≥85%,重量>170克/平方米)	10	130	17	米/千克	
5407610052	色织其他聚酯非变形长丝布(聚酯非变形长丝含量≥85%,重量≤170克/平方米)	10	130	17	米/千克	
5407610061	印花其他聚酯非变形长丝布(聚酯非变形长丝含量≥85%,重量>170克/平方米)	10	130	17	米/千克	

商品编号	商品名称及备注	进口关税税率(%)		增值税率(%)	计量单位	监管条件
		最惠国	普通			
5407610062	印花其他聚酯非变形长丝布(聚酯非变形长丝含量≥85%,重量≤170克/平方米)	10	130	17	米/千克	
5407690011	未漂白或漂白其他聚酯长丝布(聚酯长丝含量≥85%,重量>170克/平方米)	10	130	17	米/千克	
5407690012	未漂白或漂白其他聚酯长丝布(聚酯长丝含量≥85%,重量≤170克/平方米)	10	130	17	米/千克	
5407690021	染色其他聚酯长丝布(聚酯长丝含量≥85%,重量>170克/平方米)	10	130	17	米/千克	
5407690022	染色其他聚酯长丝布(聚酯长丝含量≥85%,重量≤170克/平方米)	10	130	17	米/千克	
5407690031	色织其他聚酯长丝布,含量≥85%(每厘米经纱密70~142根,纬密32~71根)	10	130	17	米/千克	
5407690032	色织其他聚酯长丝布(聚酯长丝含量≥85%,重量>170克/平方米)	10	130	17	米/千克	
5407690033	色织其他聚酯长丝布(聚酯长丝含量≥85%,重量≤170克/平方米)	10	130	17	米/千克	
5407690041	印花其他聚酯长丝布(聚酯长丝含量≥85%,重量>170克/平方米)	10	130	17	米/千克	
5407690042	印花其他聚酯长丝布(聚酯长丝含量≥85%,重量≤170克/平方米)	10	130	17	米/千克	
5407710000	未漂白或漂白其他纯合纤长丝机织物(按重量计其他合成纤维长丝含量≥85%)	10	130	17	米/千克	
5407720000	染色的其他纯合纤长丝布(纯合纤布指按重量计其他合成纤维长丝含量≥85%)	10	130	17	米/千克	
5407730000	色织的其他纯合纤长丝布(纯合纤布指按重量计其他合成纤维长丝含量≥85%)	10	130	17	米/千克	
5407740000	印花的其他纯合纤长丝布(纯合纤布指按重量计其他合成纤维长丝含量≥85%)	10	130	17	米/千克	
5407810010	未漂白或漂白与棉混纺府绸及细平布(其他合成纤维长丝含量<85%)	10	130	17	米/千克	
5407810020	未漂白或漂白的与棉混纺平布(其他合成纤维长丝含量<85%)	10	130	17	米/千克	
5407810030	未漂或漂白的与棉混纺印染用布(混纺合纤布指按重量计其他合成纤维长丝含量<85%)	10	130	17	米/千克	
5407810040	未漂白或漂白与棉混纺缎纹或斜纹布(混纺合纤布指按重量计其他合成纤维长丝含量<85%)	10	130	17	米/千克	
5407810090	未漂白或漂白与棉混纺其他合纤布(混纺合纤布指按重量计其他合成纤维长丝含量<85%)	10	130	17	米/千克	
5407820010	染色的与棉混纺府绸及细平布(混纺合纤布指按重量计其他合成纤维长丝含量<85%)	10	130	17	米/千克	B
5407820020	染色的与棉混纺平布(混纺合纤布指按重量计其他合成纤维长丝含量<85%)	10	130	17	米/千克	B
5407820030	染色的与棉混纺印染用布(混纺合纤布指按重量计其他合成纤维长丝含量<85%)	10	130	17	米/千克	B
5407820040	染色的与棉混纺缎纹或斜纹布(混纺合纤布指按重量计其他合成纤维长丝含量<85%)	10	130	17	米/千克	B

商品编号	商品名称及备注	进口关税税率(%)		增值税率(%)	计量单位	监管条件
		最惠国	普通			
5407820090	染色的与棉混纺其他合成纤维布(混纺合纤布指按重量计其他合成纤维长丝含量<85%)	10	130	17	米/千克	B
5407830010	色织的与棉混纺府绸及细平布(混纺合纤布指按重量计其他合成纤维长丝含量<85%)	10	130	17	米/千克	
5407830020	色织的与棉混纺平布(混纺合纤布指按重量计其他合成纤维长丝含量<85%)	10	130	17	米/千克	
5407830030	色织的与棉混纺印染用布(混纺合纤布指按重量计其他合成纤维长丝含量<85%)	10	130	17	米/千克	
5407830040	色织的与棉混纺缎纹或斜纹布(混纺合纤布指按重量计其他合成纤维长丝含量<85%)	10	130	17	米/千克	
5407830090	色织的与棉混纺其他合成纤维布(混纺合纤布指按重量计其他合成纤维长丝含量<85%)	10	130	17	米/千克	
5407840010	印花的与棉混纺府绸及细平布(混纺合纤布指按重量计其他合成纤维长丝含量<85%)	10	130	17	米/千克	B
5407840020	印花的与棉混纺平布(混纺合纤布指按重量计其他合成纤维长丝含量<85%)	10	130	17	米/千克	B
5407840030	印花的与棉混纺印染用布(混纺合纤布指按重量计其他合成纤维长丝含量<85%)	10	130	17	米/千克	B
5407840040	印花的与棉混纺缎纹或斜纹布(混纺合纤布指按重量计其他合成纤维长丝含量<85%)	10	130	17	米/千克	B
5407840090	印花的与棉混纺其他合成纤维布(混纺合纤布指按重量计其他合成纤维长丝含量<85%)	10	130	17	米/千克	B
5407910011	未漂白或漂白的其他混纺合成纤维布(与精梳羊毛或动物细毛≥36%混纺,合纤含量<85%)	10	130	17	米/千克	
5407910019	未漂白或漂白的其他混纺合成纤维布(合纤含量<85%,与其他羊毛或动物细毛≥36%混纺)	10	130	17	米/千克	
5407910021	未漂白或漂白的其他混纺合成纤维布(与精梳羊毛或动物细毛<36%混纺,合纤含量<85%)	10	130	17	米/千克	
5407910029	未漂白或漂白的其他混纺合成纤维布(与其他羊毛或动物细毛<36%混纺,合纤含量<85%)	10	130	17	米/千克	
5407910030	未漂白或漂白的其他混纺合成纤维布(与人造纤维长丝混纺,合纤含量<85%)	10	130	17	米/千克	
5407910091	未漂白或漂其他混纺府绸及细平布(合成纤维长丝含量<85%,与其他纤维混纺)	10	130	17	米/千克	
5407910092	未漂白或漂白的其他混纺平布(合成纤维长丝含量<85%,与其他纤维混纺)	10	130	17	米/千克	
5407910093	未漂白或漂白的其他混纺印染用布(合成纤维长丝含量<85%,与其他纤维混纺)	10	130	17	米/千克	
5407910094	未漂白或漂其他混纺缎纹或斜纹布(合成纤维长丝含量<85%,与其他纤维混纺)	10	130	17	米/千克	
5407910099	未漂白或漂白的其他混纺合成纤维布(合成纤维长丝含量<85%,与其他纤维混纺)	10	130	17	米/千克	
5407920011	染色的其他混纺合成纤维布(与精梳羊毛或动物细毛≥36%混纺,17%<合纤含量<85%)	10	130	17	米/千克	
5407920019	染色的其他混纺合成纤维布(与其他羊毛或动物细毛≥36%混纺,17%<合纤含量<85%)	10	130	17	米/千克	

商品编号	商品名称及备注	进口关税税率(%)		增值税率(%)	计量单位	监管条件
		最惠国	普通			
5407920021	染色的其他混纺合成纤维布(与精梳羊毛或动物细毛<36%混纺,合纤含量<85%)	10	130	17	米/千克	
5407920029	染色的其他混纺合成纤维布(与其他羊毛或动物细毛<36%混纺,合纤含量<85%)	10	130	17	米/千克	
5407920030	染色的其他混纺合成纤维布(与人造纤维长丝或含金属纱线混纺,合纤含量<85%)	10	130	17	米/千克	
5407920091	染色的其他混纺府绸及细平布(合成纤维长丝含量<85%,与其他纤维混纺)	10	130	17	米/千克	
5407920092	染色的其他混纺平布(合成纤维长丝含量<85%,与其他纤维混纺)	10	130	17	米/千克	
5407920093	染色的其他混纺印染用布(合成纤维长丝含量<85%,与其他纤维混纺)	10	130	17	米/千克	
5407920094	染色的其他混纺缎纹或斜纹布(合成纤维长丝含量<85%,与其他纤维混纺)	10	130	17	米/千克	
5407920099	染色的其他混纺合成纤维布(合成纤维长丝含量<85%,与其他纤维混纺)	10	130	17	米/千克	
5407930011	色织的其他混纺合成纤维布(与精梳羊毛或动物细毛≥36%混纺,合纤含量<85%)	10	130	17	米/千克	
5407930019	色织的其他混纺合成纤维布(与其他羊毛或动物细毛≥36%混纺,合纤含量<85%)	10	130	17	米/千克	
5407930021	色织的其他混纺合成纤维布(与精梳羊毛或动物细毛<36%混纺,合纤含量<85%)	10	130	17	米/千克	
5407930029	色织的其他混纺合成纤维布(与其他羊毛或动物细毛<36%混纺,合纤含量<85%)	10	130	17	米/千克	
5407930030	色织其他混纺合纤布,合纤含量<85%(含化纤长丝≥85%,每厘米经密70~142根,纬密32~71根)	10	130	17	米/千克	
5407930040	色织的其他混纺合成纤维布(与人造纤维长丝或含金属纱线混纺,合纤长丝含量<85%)	10	130	17	米/千克	
5407930091	色织的其他混纺府绸及细平布(合成纤维长丝含量<85%,与其他纤维混纺)	10	130	17	米/千克	
5407930092	色织的其他混纺平布(合成纤维长丝含量<85%,与其他纤维混纺)	10	130	17	米/千克	
5407930093	色织的其他混纺印染用布(合成纤维长丝含量<85%,与其他纤维混纺)	10	130	17	米/千克	
5407930094	色织的其他混纺缎纹或斜纹布(合成纤维长丝含量<85%,与其他纤维混纺)	10	130	17	米/千克	
5407930099	色织的其他混纺合成纤维布(合成纤维长丝含量<85%,与其他纤维混纺)	10	130	17	米/千克	
5407940011	印花的其他混纺合成纤维布(与精梳羊毛或动物细毛≥36%混纺,合纤含量<85%)	10	130	17	米/千克	B
5407940019	印花的其他混纺合成纤维布(与其他羊毛或动物细毛≥36%混纺,合纤含量<85%)	10	130	17	米/千克	B
5407940021	印花的其他混纺合成纤维布(与精梳羊毛或动物细毛<36%混纺,合纤含量<85%)	10	130	17	米/千克	B
5407940029	印花的其他混纺合成纤维布(与其他羊毛或动物细毛<36%混纺,合纤含量<85%)	10	130	17	米/千克	B

商品编号	商品名称及备注	进口关税税率(%)		增值税率(%)	计量单位	监管条件
		最惠国	普通			
5407940030	印花的其他混纺合成纤维布(与人造纤维长丝或含金属纱线混纺,合纤含量<85%)	10	130	17	米/千克	B
5407940091	印花的其他混纺府绸及细平布(合成纤维长丝含量<85%,与其他纤维混纺)	10	130	17	米/千克	B
5407940092	印花的其他混纺平布(合成纤维长丝含量<85%,与其他纤维混纺)	10	130	17	米/千克	B
5407940093	印花的其他混纺印染用布(合成纤维长丝含量<85%,与其他纤维混纺)	10	130	17	米/千克	B
5407940094	印花的其他混纺缎纹或斜纹布(合成纤维长丝含量<85%,与其他纤维混纺)	10	130	17	米/千克	B
5407940099	印花的其他混纺合成纤维布(合成纤维长丝含量<85%,与其他纤维混纺)	10	130	17	米/千克	B
5408	**人造纤维长丝纱线的机织物,包括品目54.05所列材料的机织物**					
5408100000	粘胶纤维高强力纱的机织物	10	130	17	米/千克	B
5408211000	未漂白或漂白粘胶长丝机织物(按重量计粘胶纤维长丝、扁条或类似品含量≥85%)	12	130	17	米/千克	
5408212000	未漂白或漂白醋酸长丝机织物(按重量计醋酸纤维长丝、扁条或类似品含量≥85%)	12	130	17	米/千克	
5408219000	未漂白或漂白其他纯人纤长丝机织物(包括扁条布,按重量计其他人造纤维长丝含量≥85%)	12	130	17	米/千克	
5408221000	染色的粘胶长丝机织物(按重量计粘胶纤维长丝、扁条或类似品含量≥85%)	10	130	17	米/千克	
5408222000	染色的醋酸长丝机织物(按重量计醋酸纤维长丝、扁条或类似品含量≥85%)	10	130	17	米/千克	
5408229000	染色的其他人纤长丝机织物(按重量计其他人造纤维长丝、扁条含量≥85%)	10	130	17	米/千克	
5408231000	色织的粘胶长丝机织物(按重量计粘胶纤维长丝、扁条或类似品含量≥85%)	10	130	17	米/千克	
5408232000	色织的醋酸长丝机织物(按重量计醋酸纤维长丝、扁条或类似品含量≥85%)	10	130	17	米/千克	
5408239000	色织的其他人纤长丝机织物(按重量计其他人造纤维长丝、扁条含量≥85%)	10	130	17	米/千克	
5408241000	印花的粘胶长丝机织物(按重量计粘胶纤维长丝、扁条或类似品含量≥85%)	10	130	17	米/千克	
5408242000	印花的醋酸长丝机织物(按重量计醋酸纤维长丝、扁条或类似品含量≥85%)	10	130	17	米/千克	
5408249000	其他印花人纤长丝,扁条机织物(按重量计人造纤维长丝、扁条或类似品含量≥85%)	10	130	17	米/千克	
5408310011	未漂白或漂白人纤长丝机织物(与精梳羊毛或动物细毛≥36%混纺,人纤<85%)	10	130	17	米/千克	
5408310019	未漂白或漂白人纤长丝机织物(与其他羊毛或动物细毛≥36%混纺,人纤<85%)	10	130	17	米/千克	
5408310021	未漂白或漂白人纤长丝机织物(与精梳羊毛或动物细毛<36%混纺,人纤<85%)	10	130	17	米/千克	

商品编号	商 品 名 称 及 备 注	进口关税税率(%)		增值税率(%)	计量单位	监管条件
		最惠国	普通			
5408310029	未漂白或漂白人纤长丝机织物(与其他羊毛或动物细毛<36%混纺,人纤<85%)	10	130	17	米/千克	
5408310030	未漂白或漂白人纤长丝机织物(与人纤长丝混纺,人纤长丝含量<85%)	10	130	17	米/千克	
5408310091	未漂白或漂白人纤长丝府绸及细平布(混纺布指按重量计人纤长丝、扁条或类似品含量<85%)	10	130	17	米/千克	
5408310092	未漂白或漂白人纤长丝平布(混纺布指按重量计人纤长丝、扁条或类似品含量<85%)	10	130	17	米/千克	
5408310093	未漂白或漂白人纤长丝印染用布(混纺布指按重量计人纤长丝、扁条或类似品含量<85%)	10	130	17	米/千克	
5408310094	未漂白或漂白人纤长丝缎纹或斜纹布(混纺布指按重量计人纤长丝、扁条或类似品含量<85%)	10	130	17	米/千克	
5408310099	未漂白或漂白人纤长丝其他混纺布(混纺布指按重量计人纤长丝、扁条或类似品含量<85%)	10	130	17	米/千克	
5408320011	染色的人纤长丝机织物(与精梳羊毛或动物细毛≥36%混纺,人纤<85%)	10	130	17	米/千克	B
5408320019	染色的人纤长丝机织物(与其他羊毛或动物细毛≥36%混纺,人纤<85%)	10	130	17	米/千克	B
5408320021	染色的人纤长丝机织物(与精梳羊毛或动物细毛<36%混纺,人纤<85%)	10	130	17	米/千克	B
5408320029	染色的人纤长丝机织物(与其他羊毛或动物细毛<36%混纺,人纤<85%)	10	130	17	米/千克	B
5408320030	染色的人纤长丝机织物(含丝及绢丝30%及以上,每千克价值超过33美元,人纤<85%)	10	130	17	米/千克	B
5408320040	染色的人纤长丝机织物(与合纤长丝混纺,人纤长丝、扁条或类似品含量<85%)	10	130	17	米/千克	B
5408320091	染色的人纤长丝府绸或细平布(混纺布指按重量计人纤长丝、扁条或类似品含量<85%)	10	130	17	米/千克	B
5408320092	染色的人纤长丝平布(混纺布指按重量计人纤长丝、扁条或类似品含量<85%)	10	130	17	米/千克	B
5408320093	染色的人纤长丝印染用布(混纺布指按重量计人纤长丝、扁条或类似品含量<85%)	10	130	17	米/千克	B
5408320094	染色的人纤长丝缎纹或斜纹布(混纺布指按重量计人纤长丝、扁条或类似品含量<85%)	10	130	17	米/千克	B
5408320099	染色的人纤长丝其他机织物(混纺布指按重量计人纤长丝、扁条或类似品含量<85%)	10	130	17	米/千克	B
5408330011	色织的人纤长丝机织物(与精梳羊毛或动物细毛≥36%混纺,人纤<85%)	10	130	17	米/千克	B
5408330019	色织的人纤长丝机织物(与其他羊毛或动物细毛≥36%混纺,人纤<85%)	10	130	17	米/千克	B
5408330021	色织的人纤长丝机织物(与精梳羊毛或动物细毛<36%混纺,人纤<85%)	10	130	17	米/千克	B
5408330029	色织的人纤长丝机织物(与其他羊毛或动物细毛<36%混纺,人纤<85%)	10	130	17	米/千克	B
5408330030	色织的人纤长丝机织物,人纤<85%(含化纤长丝≥85%,每厘米经密70~142根,纬密32~71根)	10	130	17	米/千克	B

商品编号	商品名称及备注	进口关税税率(%)		增值税率(%)	计量单位	监管条件
		最惠国	普通			
5408330040	色织的人纤长丝机织物(含丝及绢丝30%及以上,每千克价值超过33美元,人纤<85%)	10	130	17	米/千克	B
5408330050	色织的人纤长丝机织物(与合纤长丝混纺,人纤长丝、扁条或类似品含量<85%)	10	130	17	米/千克	B
5408330091	色织的人纤长丝府绸或细平布(混纺布指按重量计人纤长丝、扁条或类似品含量<85%)	10	130	17	米/千克	B
5408330092	色织的人纤长丝平布(混纺布指按重量计人纤长丝、扁条或类似品含量<85%)	10	130	17	米/千克	B
5408330093	色织的人纤长丝印染用布(混纺布指按重量计人纤长丝、扁条或类似品含量<85%)	10	130	17	米/千克	B
5408330094	色织的人纤长丝缎纹或斜纹布(混纺布指按重量计人纤长丝、扁条或类似品含量<85%)	10	130	17	米/千克	B
5408330099	色织的人纤长丝其他机织物(混纺布指按重量计人纤长丝、扁条或类似品含量<85%)	10	130	17	米/千克	B
5408340011	印花的人纤长丝机织物(与精梳羊毛或动物细毛≥36%混纺,人纤<85%)	10	130	17	米/千克	B
5408340019	印花的人纤长丝机织物(与其他羊毛或动物细毛≥36%混纺,人纤<85%)	10	130	17	米/千克	B
5408340021	印花的人纤长丝机织物(与精梳羊毛或动物细毛<36%混纺,人纤<85%)	10	130	17	米/千克	B
5408340029	印花的人纤长丝机织物(与其他羊毛或动物细毛<36%混纺,人纤<85%)	10	130	17	米/千克	B
5408340030	印花的人纤长丝机织物(含丝及绢丝30%及以上,每千克超过33美元,人纤<85%)	10	130	17	米/千克	B
5408340040	印花的人纤长丝机织物(与合纤长丝混纺,人纤长丝、扁条或类似品含量<85%)	10	130	17	米/千克	B
5408340091	印花的人纤长丝府绸或细平布(混纺布指按重量计人纤长丝、扁条或类似品含量<85%)	10	130	17	米/千克	B
5408340092	印花的人纤长丝平布(混纺布指按重量计人纤长丝、扁条或类似品含量<85%)	10	130	17	米/千克	B
5408340093	印花的人纤长丝印染用布(混纺布指按重量计人纤长丝、扁条或类似品含量<85%)	10	130	17	米/千克	B
5408340094	印花的人纤长丝缎纹或斜纹布(混纺布指按重量计人纤长丝、扁条或类似品含量<85%)	10	130	17	米/千克	B
5408340099	印花的人纤长丝其他机织物(混纺布指按重量计人纤长丝、扁条或类似品含量<85%)	10	130	17	米/千克	B

第五十五章　化学纤维短纤

注释：

品目55.01和55.02仅适用于每根与丝束长度相等的平行化学纤维长丝丝束。前述丝束应同时符合下列规格：

一、丝束长度超过2米；

二、捻度每米少于5转；

三、每根长丝细度在67分特以下；

四、合成纤维长丝丝束，须经拉伸处理，即本身不能被拉伸至超过本身长度的1倍；

五、丝束总细度大于20000分特。

丝束长度不超过2米的归入品目55.03或55.04。

商品编号	商品名称及备注	进口关税税率(%)		增值税率(%)	计量单位	监管条件
		最惠国	普通			
5501	**合成纤维长丝丝束**					
5501100000	尼龙或其他聚酰胺长丝丝束	5	70	17	千克	
5501200000	聚酯长丝丝束	5	70	17	千克	
5501300000	聚丙烯腈长丝丝束(包括变性聚丙烯腈长丝丝束)	5	35	17	千克	
5501400000	聚丙烯长丝丝束	5	70	17	千克	
5501900000	其他合成纤维长丝丝束	5	70	17	千克	
5502	**人造纤维长丝丝束**					
5502001000	二醋酸纤维丝束	3	40	17	千克	7
5502009000	其他人造纤维长丝丝束	5	35	17	千克	
5503	**合成纤维短纤，未梳或未经其他纺前加工**					
5503111000	未梳的聚间苯二甲酰间苯二胺纺制的短纤(包括未经其他纺前加工的)	5	70	17	千克	
5503112000	未梳的聚对苯二甲酰对苯二胺纺制的短纤(包括未经其他纺前加工的)	5	70	17	千克	
5503119000	未梳的其他芳香族聚酰胺纺制的短纤(包括未经其他纺前加工的)	5	70	17	千克	
5503190000	未梳的尼龙或其他聚酰胺短纤(包括未经其他纺前加工的)	5	70	17	千克	
5503200000	未梳的聚酯短纤(包括未经其他纺前加工的)	5	70	17	千克	
5503300000	未梳的聚丙烯腈短纤维(包括变性聚丙烯腈制短纤维)	5	35	17	千克	
5503400000	未梳的聚丙烯短纤(包括未经其他纺前加工的)	5	70	17	千克	
5503901000	未梳的聚苯硫醚短纤(包括未经其他纺前加工的)	5	70	17	千克	
5503909000	未梳的其他合成纤维短纤(包括未经其他纺前加工的)	5	70	17	千克	
5504	**人造纤维短纤，未梳或未经其他纺前加工**					
5504101000	未梳的竹制粘胶短纤(包括未经其他纺前加工的)	5	35	17	千克	
5504102100	未梳的木制阻燃粘胶短纤(包括未经其他纺前加工的)	5	35	17	千克	
5504102901*	高湿模量未梳木制非阻燃粘胶纤维(湿强≥2.0cn/dtex，干强≥3.0cn/dtex)(干伸>14%，湿伸>18%，纤度0.89dtex~2.67dtex)	5	35	17	千克	
5504102990	其他未梳的木制非阻燃粘胶短纤(包括未经其他纺前加工的)	5	35	17	千克	
5504109000	其他未梳的粘胶短纤(包括未经其他纺前加工的)	5	35	17	千克	
5504900000	未梳的其他人造纤维短纤(包括未经其他纺前加工的)	5	35	17	千克	
5505	**化学纤维废料(包括落绵、废纱及回收纤维)**					

商品编号	商品名称及备注	进口关税税率(%)		增值税率(%)	计量单位	监管条件
		最惠国	普通			
5505100000	合成纤维废料(包括落绵、废纱及回收纤维)	5	70	17	千克	AP
5505200000	人造纤维废料(包括落绵、废纱及回收纤维)	5	70	17	千克	AP
5506	**合成纤维短纤,已梳或经其他纺前加工**					
5506101100	已梳聚间苯二甲酰间苯二胺纺制的短纤(包括经其他纺前加工的)	5	70	17	千克	
5506101200	已梳聚对苯二甲酰对苯二胺纺制的短纤(包括经其他纺前加工的)	5	70	17	千克	
5506101900	其他已梳芳香族聚酰胺纺制的短纤(包括经其他纺前加工的)	5	70	17	千克	
5506109000	其他已梳的尼龙或其他聚酰胺短纤(包括经其他纺前加工的)	5	70	17	千克	
5506200000	已梳的聚酯短纤(包括经其他纺前加工的)	5	70	17	千克	
5506300000	已梳的聚丙烯腈及其变性短纤(包括经其他纺前加工的)	5	35	17	千克	
5506901000	已梳的聚苯硫醚短纤(包括经其他纺前加工的)	5	70	17	千克	
5506909000	已梳的其他合成纤维短纤(包括经其他纺前加工的)	5	70	17	千克	
5507	**人造纤维短纤,已梳或经其他纺前加工**					
5507000000	已梳的人造纤维短纤(包括经其他纺前加工的)	5	35	17	千克	
5508	**化学纤维短纤纺制的缝纫线,不论是否供零售用**					
5508100011	非零售用聚丙烯腈短纤缝纫线	5	90	17	千克	
5508100019	非零售用其他合纤短纤缝纫线	5	90	17	千克	
5508100090	零售用合成纤维短纤缝纫线	5	90	17	千克	
5508200010	非零售用人造纤维短纤缝纫线	5	70	17	千克	
5508200090	零售用人造纤维短纤缝纫线	5	70	17	千克	
5509	**合成纤维短纤纺制的纱线(缝纫线除外),非供零售用**					
5509110000	非零售纯尼龙短纤单纱(纯指按重量计尼龙或其他聚酰胺短纤含量≥85%)	5	90	17	千克	
5509120000	非零售纯尼龙短纤多股纱线(包括缆线,纯指按重量计尼龙或其他聚酰胺短纤含量≥85%)	5	90	17	千克	
5509210000	非零售纯聚酯短纤单纱(纯指按重量计聚酯短纤含量≥85%)	5	90	17	千克	
5509220010	非零售聚酯短纤多股纱线或缆线(终捻为Z捻,聚酯短纤含量≥85%,缝纫线除外)	5	90	17	千克	
5509220090	非零售其他聚酯短纤多股纱线缆线(聚酯短纤含量≥85%,缝纫线除外)	5	90	17	千克	
5509310000	非零售纯聚丙烯腈短纤单纱(纯指按重量计聚丙烯腈或变性聚丙烯腈短纤含量≥85%)	5	90	17	千克	
5509320000	非零售纯聚丙烯腈短纤多股纱线(包括缆线,纯指按重量计聚丙烯腈或其变性短纤含量≥85%)	5	90	17	千克	
5509410000	非零售纯合成纤维短纤单纱(纯指按重量计其他合成纤维短纤含量≥85%)	5	90	17	千克	
5509420000	非零售纯合纤短纤多股纱线(包括缆线,纯指按重量计含其他合成纤维≥85%)	5	90	17	千克	
5509510000	非零售与人纤短纤混纺聚酯短纤纱(混纺指按重量计聚酯短纤含量<85%)	5	90	17	千克	

商品编号	商 品 名 称 及 备 注	进口关税税率（%）		增值税率（%）	计量单位	监管条件
		最惠国	普通			
5509520000	非零售与毛混纺聚酯短纤纱线（混纺指按重量计聚酯短纤含量<85%）	5	90	17	千克	
5509530000	非零售与棉混纺聚酯短纤纱线（混纺指按重量计聚酯短纤含量<85%）	5	90	17	千克	
5509590000	非零售与其他混纺聚酯短纤纱线（混纺指按重量计聚酯短纤含量<85%）	5	90	17	千克	
5509610000	非零售与毛混纺腈纶短纤纱线（混纺指按重量计聚丙烯腈及其变性短纤含量<85%）	5	90	17	千克	
5509620000	非零售与棉混纺腈纶短纤纱线（混纺指按重量计聚丙烯腈及其变性短纤含量<85%）	5	90	17	千克	
5509690000	非零售与其他混纺腈纶短纤纱线（混纺指按重量计聚丙烯腈及其变性短纤含量<85%）	5	90	17	千克	
5509910000	非零售与毛混纺其他合纤短纤纱线（混纺指按重量计其他合成纤维短纤含量<85%）	5	90	17	千克	
5509920000	非零售与棉混纺其他合纤短纤纱线（混纺指按重量计其他合成纤维短纤含量<85%）	5	90	17	千克	
5509990000	非零售与其他混纺合纤短纤纱线（混纺指按重量计其他合成纤维短纤含量<85%）	5	90	17	千克	
5510	**人造纤维短纤纺制的纱线（缝纫线除外），非供零售用**					
5510110000	非零售其他纯人造纤维短纤单纱（纯指按重量计其纤维短纤含量≥85%）	5	70	17	千克	
5510120000	非零售其他纯人纤短纤多股纱线（包括缆线，纯指按重量计其他人造纤维短纤含量≥85%）	5	70	17	千克	
5510200000	非零售与毛混纺其他人纤短纤纱线（混纺指按重量计其他人造纤维短纤含量<85%）	5	70	17	千克	
5510300000	非零售与棉混纺其他人纤短纤纱线（混纺指按重量计其他人造纤维短纤含量<85%）	5	70	17	千克	
5510900000	非零售与其他混纺人纤短纤纱线（混纺指按重量计其他人造纤维短纤含量<85%）	5	70	17	千克	
5511	**化学纤维短纤纺制的纱线（缝纫线除外），供零售用**					
5511100000	零售用纯合纤短纤纱线（纯指按重量计其他合成纤维短纤含量≥85%）	5	90	17	千克	
5511200000	零售用混纺合纤短纤纱线（混纺指按重量计其他合成纤维含量<85%）	5	90	17	千克	
5511300000	零售用人纤短纤纱线	5	90	17	千克	
5512	**合成纤维短纤纺制的机织物，按重量计合成纤维短纤含量≥85%**					
5512110010	未漂或漂白聚酯短纤机织府绸（聚酯短纤含量≥85%，包括细平布）	15	130	17	米/千克	
5512110020	未漂或漂白聚酯短纤机织平布（聚酯短纤含量≥85%）	15	130	17	米/千克	
5512110030	未漂或漂白聚酯短纤印染用布（纯聚酯布指按重量计聚酯短纤含量≥85%）	15	130	17	米/千克	
5512110040	未漂或漂白聚酯短纤平纹奶酪布（聚酯短纤含量≥85%，含薄细布、巴里纱）	15	130	17	米/千克	
5512110050	未漂或漂白聚酯短纤机织帆布（纯聚酯布指按重量计聚酯短纤含量≥85%）	15	130	17	米/千克	

商品编号	商品名称及备注	进口关税税率(%)		增值税率(%)	计量单位	监管条件
		最惠国	普通			
5512110060	未漂或漂白聚酯短纤其他斜纹机织物(聚酯短纤含量≥85%,含缎纹)	15	130	17	米/千克	
5512110070	未漂或漂白聚酯短纤牛津布(纯聚酯布指按重量计聚酯短纤含量≥85%)	15	130	17	米/千克	
5512110090	未漂或漂白聚酯短纤其他机织物(纯聚酯布指按重量计聚酯短纤含量≥85%)	15	130	17	米/千克	
5512190010	聚酯短纤色织机织物(聚酯短纤含量≥85%,蓝粗斜纹布及提花织物除外)	10	130	17	米/千克	
5512190020	聚酯短纤蓝粗斜纹布(纯聚酯布指按重量计聚酯短纤含量≥85%)	10	130	17	米/千克	
5512190031	聚酯短纤其他机织府绸或细平布(纯聚酯布指按重量计聚酯短纤含量≥85%)	10	130	17	米/千克	
5512190032	聚酯短纤其他机织平布(纯聚酯布指按重量计聚酯短纤含量≥85%)	10	130	17	米/千克	
5512190033	聚酯短纤其他机织印染用布(纯聚酯布指按重量计聚酯短纤含量≥85%)	10	130	17	米/千克	
5512190034	聚酯短纤其他平纹奶酪布等(聚酯短纤含量≥85%,含薄细布、巴里纱)	10	130	17	米/千克	
5512190035	聚酯短纤其他机织帆布(纯聚酯布指按重量计聚酯短纤含量≥85%)	10	130	17	米/千克	
5512190036	聚酯短纤其他缎纹或斜纹机织物(纯聚酯布指按重量计聚酯短纤含量≥85%)	10	130	17	米/千克	
5512190037	聚酯短纤其他牛津布(纯聚酯布指按重量计聚酯短纤含量≥85%)	10	130	17	米/千克	
5512190090	聚酯短纤其他机织物(纯聚酯布指按重量计聚酯短纤含量≥85%)	10	130	17	米/千克	
5512210010	未漂白或漂白腈纶短纤机织府绸细平布(纯腈纶布指按重量计腈纶短纤含量≥85%)	13	130	17	米/千克	
5512210020	未漂白或漂白腈纶短纤机织平布(纯腈纶布指按重量计腈纶短纤含量≥85%)	13	130	17	米/千克	
5512210030	未漂白或漂白腈纶短纤机织印染用布(纯腈纶布指按重量计腈纶短纤含量≥85%)	13	130	17	米/千克	
5512210040	未漂白或漂白腈纶短纤平纹奶酪布等(腈纶短纤含量≥85%,含薄细布、巴里纱)	13	130	17	米/千克	
5512210050	未漂白或漂白腈纶短纤机织帆布(纯腈纶布指按重量计腈纶短纤含量≥85%)	13	130	17	米/千克	
5512210060	未漂白或漂白的腈纶短纤其他斜纹机织物(腈纶短纤含量≥85%,含缎纹机织物)	13	130	17	米/千克	
5512210070	未漂白或漂白腈纶短纤牛津布(纯腈纶布指按重量计腈纶短纤含量≥85%)	13	130	17	米/千克	
5512210090	未漂白或漂白腈纶短纤其他机织物(纯腈纶布指按重量计腈纶短纤含量≥85%)	13	130	17	米/千克	
5512290010	腈纶短纤色织机织物(腈纶短纤含量≥85%,蓝粗斜纹布及提花织物除外)	10	130	17	米/千克	
5512290020	腈纶短纤蓝粗斜纹布(纯腈纶布指按重量计腈纶短纤含量≥85%)	10	130	17	米/千克	

商品编号	商品名称及备注	进口关税税率(%)		增值税率(%)	计量单位	监管条件
		最惠国	普通			
5512290031	腈纶短纤其他机织府绸或细平布(纯腈纶布指按重量计腈纶短纤含量≥85%)	10	130	17	米/千克	
5512290032	腈纶短纤其他机织平布(纯腈纶布指按重量计腈纶短纤含量≥85%)	10	130	17	米/千克	
5512290033	腈纶短纤其他机织印染用布(纯腈纶布指按重量计腈纶短纤含量≥85%)	10	130	17	米/千克	
5512290034	腈纶短纤其他平纹奶酪布等(腈纶短纤含量≥85%,含薄细布、巴里纱)	10	130	17	米/千克	
5512290035	腈纶短纤其他机织帆布(纯腈纶布指按重量计腈纶短纤含量≥85%)	10	130	17	米/千克	
5512290036	腈纶短纤其他缎纹或斜纹机织物(纯腈纶布指按重量计腈纶短纤含量≥85%)	10	130	17	米/千克	
5512290037	腈纶短纤其他牛津布(纯腈纶布指按重量计腈纶短纤含量≥85%)	10	130	17	米/千克	
5512290090	腈纶短纤其他机织物(纯腈纶布指按重量计腈纶短纤含量≥85%)	10	130	17	米/千克	
5512910010	未漂白或漂白其他合纤短纤机织府绸(其他合纤短纤含量≥85%,含细平布)	18	130	17	米/千克	
5512910020	未漂白或漂白其他合纤短纤机织平布(其他纯合纤布指按重量计其他合纤短纤含量≥85%)	18	130	17	米/千克	
5512910030	未漂白或漂白其他合纤短纤印染用布(其他纯合纤布指按重量计其他合纤短纤含量≥85%)	18	130	17	米/千克	
5512910040	未漂白或漂白其他合纤短纤平纹奶酪布(其他合纤短纤含量≥85%,含薄细布、巴里纱)	18	130	17	米/千克	
5512910050	未漂白或漂白其他合纤短纤机织帆布(其他纯合纤布指按重量计其他合纤短纤含量≥85%)	18	130	17	米/千克	
5512910060	未漂白或漂白其他合纤短纤斜纹机织物(其他合纤短纤含量≥85%,含缎纹机织物)	18	130	17	米/千克	
5512910070	未漂白或漂白其他合纤短纤牛津布(其他纯合纤布指按重量计其他合纤短纤含量≥85%)	18	130	17	米/千克	
5512910090	未漂白或漂白其他合纤短纤其他机织物(其他纯合纤布指按重量计其他合纤短纤含量≥85%)	18	130	17	米/千克	
5512990010	其他合纤短纤色织机织物(其他合纤短纤含量≥85%,蓝粗斜纹布及提花织物除外)	10	130	17	米/千克	
5512990020	其他合纤短纤蓝粗斜纹布(其他纯合纤布指按重量计其他合纤短纤含量≥85%)	10	130	17	米/千克	
5512990031	其他合纤短纤机织府绸或细平布(其他纯合纤布指按重量计其他合纤短纤含量≥85%)	10	130	17	米/千克	
5512990032	其他合纤短纤其他机织平布(其他纯合纤布指按重量计其他合纤短纤含量≥85%)	10	130	17	米/千克	
5512990033	其他合纤短纤其他机织印染用布(其他纯合纤布指按重量计其他合纤短纤含量≥85%)	10	130	17	米/千克	
5512990034	其他合纤短纤平纹奶酪布等(其他合纤短纤≥85%,含薄细布、巴里纱)	10	130	17	米/千克	
5512990035	其他合纤短纤其他机织帆布(其他纯合纤布指按重量计其他合纤短纤含量≥85%)	10	130	17	米/千克	

商品编号	商 品 名 称 及 备 注	进口关税税率(%)		增值税率(%)	计量单位	监管条件
		最惠国	普通			
5512990036	其他合纤短纤缎纹或斜纹机织物(其他纯合纤布指按重量计其他合纤短纤含量≥85%)	10	130	17	米/千克	
5512990039	其他合纤短纤其他牛津布(其他纯合纤布指按重量计其他合纤短纤含量≥85%)	10	130	17	米/千克	
5512990090	其他合纤短纤其他机织物(其他纯合纤布指按重量计其他合纤短纤含量≥85%)	10	130	17	米/千克	
5513	**合成纤维短纤纺制的机织物,按重量计合成纤维短纤含量<85%,主要或仅与棉混纺,每平方米重量不超过170克**					
5513111010	与棉混纺未漂白聚酯短纤平纹府绸(含聚酯短纤<85%,每平方米重≤170克,含细平布)	16	130	17	米/千克	
5513111020	与棉混纺未漂白聚酯短纤机织平布(混纺为含聚酯短纤<85%,轻质指每平方米重≤170克)	16	130	17	米/千克	
5513111030	与棉混未漂白聚酯短纤平纹印染用布(混纺为含聚酯短纤<85%,轻质指每平方米重≤170克)	16	130	17	米/千克	
5513111040	与棉混纺未漂白聚酯短纤平纹奶酪布(含聚酯短纤<85%,轻质每平方米重≤170克,含薄细布、巴里纱)	16	130	17	米/千克	
5513112010	与棉混纺漂白聚酯短纤平纹府绸(含聚酯短纤<85%,每平方米重≤170克,含细平布)	15	130	17	米/千克	A
5513112020	与棉混纺漂白聚酯短纤机织平布(混纺为含聚酯短纤<85%,轻质指每平方米重≤170克)	15	130	17	米/千克	A
5513112030	与棉混纺漂白聚酯平纹印染用布(混纺为含聚酯短纤<85%,轻质指每平方米重≤170克)	15	130	17	米/千克	A
5513112040	与棉混纺漂白聚酯短纤平纹奶酪布等(含聚酯短纤<85%,每平方米重≤170克,含薄细布、巴里纱)	15	130	17	米/千克	A
5513121000	与棉混纺未漂白的轻质聚酯斜纹布(混纺为含聚酯短纤<85%,轻质指每平方米重≤170克)	16	130	17	米/千克	B
5513122000	与棉混纺漂白的轻质聚酯斜纹布(混纺为含聚酯短纤<85%,轻质指每平方米重≤170克)	18	130	17	米/千克	
5513131010	与棉混纺未漂聚酯短纤斜纹机织物(含聚酯短纤<85%,轻质指每平方米重≤170克,含缎纹布)	16	130	17	米/千克	
5513131020	与棉混纺未漂白聚酯短纤牛津布(混纺为含聚酯短纤<85%,轻质指每平方米重≤170克)	16	130	17	米/千克	
5513131090	与棉混纺未漂聚酯短纤其他机织物(混纺为含聚酯短纤<85%,轻质指每平方米重≤170克)	16	130	17	米/千克	
5513132010	与棉混纺漂白聚酯短纤斜纹机织物(含聚酯短纤<85%,轻质指每平方米重≤170克,含缎纹)	18	130	17	米/千克	
5513132020	与棉混纺漂白聚酯短纤牛津布(混纺为含聚酯短纤<85%,轻质指每平方米重≤170克)	18	130	17	米/千克	
5513132090	与棉混纺漂白聚酯短纤其他机织物(混纺为含聚酯短纤<85%,轻质指每平方米重≤170克)	18	130	17	米/千克	
5513190010	与棉混纺的未漂白或漂白的其他合纤短纤布(其他合短纤<85%,每平方米重≤170克,专指府绸或细平布)	18	130	17	米/千克	
5513190020	与棉混纺的未漂白或漂白的其他合纤短纤布(其他合短纤<85%,每平方米重≤170克,专指机织平布)	18	130	17	米/千克	
5513190030	与棉混纺的未漂白或漂白的其他合纤短纤布(其他合短纤<85%,每平方米重≤170克,专指平纹印染用布)	18	130	17	米/千克	

商品编号	商品名称及备注	进口关税税率(%)		增值税率(%)	计量单位	监管条件
		最惠国	普通			
5513190040	与棉混纺的未漂白或漂白的其他合纤短纤布(合短纤<85%,每平方米重≤170克,指奶酪布,薄细布、巴里纱)	18	130	17	米/千克	
5513190050	与棉混纺的未漂白或漂白的其他合纤短纤布(其他合短纤<85%,每平方米重≤170克,专指缎纹或斜纹布)	18	130	17	米/千克	
5513190060	与棉混纺的未漂白或漂白的其他合纤短纤布(其他合短纤<85%,每平方米重≤170克,专指牛津布)	18	130	17	米/千克	
5513190090	与棉混纺的未漂白或漂白的其他合纤短纤布(其他合短纤<85%,每平方米重≤170克,特指其他机织物)	18	130	17	米/千克	
5513210010	与棉混纺染色聚酯短纤平纹府绸(含聚酯短纤<85%,每平方米重≤170克,含细平布)	10	130	17	米/千克	
5513210020	与棉混纺染色聚酯短纤机织平布(混纺为含聚酯短纤<85%,轻质指每平方米重≤170克)	10	130	17	米/千克	
5513210030	与棉混纺的染色聚酯短纤平纹印染用布(混纺为含聚酯短纤<85%,轻质指每平方米重≤170克)	10	130	17	米/千克	
5513210040	与棉混染色聚酯短纤平纹奶酪布等(聚酯短纤<85%,每平方米重≤170克,含薄细布、巴里纱)	10	130	17	米/千克	
5513231000	与棉混纺染色的轻质聚酯斜纹机织物(包括三线或四线、双面斜纹机织物,聚酯短纤<85%,轻质指每平方米重≤170克)	10	130	17	米/千克	
5513239000	与棉混纺染色聚酯短纤其他机织物(混纺为含聚酯短纤<85%,每平方米重≤170克)	10	130	17	米/千克	
5513290010	与棉混纺染色其他合纤短纤府绸(其他合短纤<85%,每平方米重≤170克,含细平布)	10	130	17	米/千克	
5513290020	与棉混纺染色其他合纤短纤平布(混纺为含其他合短纤<85%,轻质指每平方米重≤170克)	10	130	17	米/千克	
5513290030	与棉混纺染色其他合纤短纤平纹布(印染用,其他合短纤<85%,指每平方米重≤170克)	10	130	17	米/千克	
5513290040	与棉混纺的染色其他合纤短纤平纹布(合短纤<85%,每平方米重≤170克,指奶酪布,薄细布、巴里纱)	10	130	17	米/千克	
5513290050	与棉混纺染色其他合纤短纤斜纹布(其他合短纤<85%,每平方米重≤170克,含缎纹布)	10	130	17	米/千克	
5513290060	与棉混纺染色其他合纤短纤牛津布(混纺为含其他合短纤<85%,轻质指每平方米重≤170克)	10	130	17	米/千克	
5513290090	与棉混纺染色其他合纤短纤其他布(混纺为含其他合短纤<85%,轻质指每平方米重≤170克)	10	130	17	米/千克	
5513310000	与棉混纺色织的聚酯短纤平纹布(含聚酯短纤<85%,每平方米重≤170克)	10	130	17	米/千克	
5513391000	与棉混纺色织的聚酯短纤三或四线斜纹布(含聚酯短纤<85%,每平方米重≤170克,包括双面斜纹机织物)	10	130	17	米/千克	
5513392000	与棉混纺色织聚酯短纤其他机织物(混纺为含聚酯短纤<85%,每平方米重≤170克)	10	130	17	米/千克	
5513399000	与棉混纺色织其他合纤短纤其他布(混纺为含其他合短纤<85%,每平方米重≤170克)	10	130	17	米/千克	
5513410010	与棉混纺印花聚酯短纤平纹府绸(含聚酯短纤<85%,指每平方米重≤170克,含细平布)	10	130	17	米/千克	
5513410020	与棉混纺印花聚酯短纤机织平布(混纺为含聚酯短纤<85%,轻质指每平方米重≤170克)	10	130	17	米/千克	

商品编号	商品名称及备注	进口关税税率(%)		增值税率(%)	计量单位	监管条件
		最惠国	普通			
5513410030	与棉混纺的印花聚酯短纤平纹印染用布(混纺为含聚酯短纤<85%,轻质指每平方米重≤170克)	10	130	17	米/千克	
5513410040	与棉混印花聚酯短纤平纹奶酪布等(含聚酯短纤<85%,每平方米重≤170克,含薄细布、巴里纱)	10	130	17	米/千克	
5513491000	与棉混纺印花的轻质聚酯三或四线斜纹布(混纺为含聚酯短纤<85%,轻质指每平方米重≤170克,包括双面斜纹机织物)	10	130	17	米/千克	
5513492000	与棉混纺印花聚酯短纤其他机织物(混纺为含聚酯短纤<85%,每平方米重≤170克)	10	130	17	米/千克	
5513499000	与棉混纺印花其他合纤短纤其他布(混纺为含其他合短纤<85%,轻质指每平方米重≤170克)	10	130	17	米/千克	
5514	**合成纤维短纤纺制的机织物,按重量计合成纤维短纤含量<85%,主要或仅与棉混纺,每平方米重量超过170克**					
5514111010	与棉混纺未漂白聚酯短纤平纹府绸(含聚酯短纤<85%,每平方米重>170克,含细平布)	16	130	17	米/千克	
5514111020	与棉混纺未漂白聚酯短纤机织平布(混纺为含聚酯短纤<85%,重质指每平方米重>170克)	16	130	17	米/千克	
5514111030	与棉混纺未漂白聚酯短纤平纹帆布(混纺为含聚酯短纤<85%,重质指每平方米重>170克)	16	130	17	米/千克	
5514112010	与棉混纺漂白聚酯短纤平纹府绸(聚酯短纤<85%,每平方米重>170克,含细平布)	18	130	17	米/千克	
5514112020	与棉混纺漂白聚酯短纤机织平布(混纺为含聚酯短纤<85%,重质指每平方米重>170克)	18	130	17	米/千克	
5514112030	与棉混纺漂白聚酯短纤平纹帆布(混纺为含聚酯短纤<85%,重质指每平方米重>170克)	18	130	17	米/千克	
5514121000	与棉混纺未漂白的重质聚酯斜纹布(混纺为含聚酯短纤<85%,重质指每平方米重>170克)	16	130	17	米/千克	
5514122000	与棉混纺漂白的聚酯短纤斜纹布(含聚酯短纤<85%,每平方米重>170克)	18	130	17	米/千克	
5514191100	与棉混纺未漂白聚酯短纤其他机织物(混纺为含聚酯短纤<85%,每平方米重>170克)	16	130	17	米/千克	
5514191200	与棉混纺漂白聚酯短纤其他机织物(混纺为含聚酯短纤<85%,每平方米重>170克)	18	130	17	米/千克	
5514199000	与棉混纺未漂白或漂白其他合纤短纤布(其他合纤短纤<85%,每平方米重>170克,指其他机织物)	16	130	17	米/十克	
5514210010	与棉混纺染色聚酯短纤平纹府绸(含细平布,聚酯短纤<85%,重质指每平方米重>170克)	10	130	17	米/千克	
5514210020	与棉混纺染色聚酯短纤机织平布(混纺为含聚酯短纤<85%,重质指每平方米重>170克)	10	130	17	米/千克	
5514210030	与棉混纺染色聚酯短纤平纹帆布(混纺为含聚酯短纤<85%,重质指每平方米重>170克)	10	130	17	米/千克	
5514220000	与棉混纺染色的重质聚酯斜纹布(混纺为含聚酯短纤<85%,重质指每平方米重>170克)	10	130	17	米/千克	
5514230010	与棉混纺染色聚酯短纤其他斜纹布(聚酯短纤<85%,每平方米重>170克,含缎纹布)	10	130	17	米/千克	

商品编号	商品名称及备注	进口关税税率（%）		增值税率（%）	计量单位	监管条件
		最惠国	普通			
5514230020	与棉混纺染色聚酯短纤其他帆布（混纺为含聚酯短纤 < 85%，重质指每平方米重 > 170 克）	10	130	17	米/千克	
5514230090	与棉混纺染色聚酯短纤其他机织物（混纺为含聚酯短纤 < 85%，重质指每平方米重 > 170 克）	10	130	17	米/千克	
5514290010	与棉混纺染色其他合纤短纤府绸（含细平布，其他合短纤 < 85%，重质指每平方米重 > 170 克）	10	130	17	米/千克	
5514290020	与棉混纺染色其他合纤短纤平布（混纺为含其他合短纤 < 85%，重质指每平方米重 > 170 克）	10	130	17	米/千克	
5514290030	与棉混纺染色其他合纤短纤帆布（混纺为含其他合短纤 < 85%，重质指每平方米重 > 170 克）	10	130	17	米/千克	
5514290040	与棉混纺染色其他合纤短纤斜纹布（含缎纹布，其他合短纤 < 85%，重质指每平方米重 > 170 克）	10	130	17	米/千克	
5514290090	与棉混纺染色其他合纤短纤其他布（混纺为含其他合短纤 < 85%，重质指每平方米重 > 170 克）	10	130	17	米/千克	
5514301000	与棉混纺色织的重质聚酯平纹布（混纺为含聚酯短纤 < 85%，重质指每平方米重 > 170 克）	10	130	17	米/千克	
5514302000	与棉混纺色织聚酯短纤三四线斜纹布（聚酯短纤 < 85%，每平方米重 > 170 克，包括双面斜纹机织物）	10	130	17	米/千克	
5514303000	与棉混纺色织聚酯短纤其他机织物（混纺为含聚酯短纤 < 85%，每平方米重 > 170 克）	10	130	17	米/千克	
5514309000	与棉混纺色织合纤短纤其他机织物（混纺为含其他合短纤 < 85%，每平方米重 > 170 克）	10	130	17	米/千克	
5514410010	与棉混纺印花聚酯短纤平纹府绸（聚酯短纤 < 85%，每平方米重 > 170 克，含细平布）	10	130	17	米/千克	
5514410020	与棉混纺印花聚酯短纤机织平布（混纺为含聚酯短纤 < 85%，重质指每平方米重 > 170 克）	10	130	17	米/千克	
5514410030	与棉混纺印花聚酯短纤平纹帆布（混纺为含聚酯短纤 < 85%，重质指每平方米重 > 170 克）	10	130	17	米/千克	
5514420000	与棉混纺印花的重质聚酯斜纹布（混纺为含聚酯短纤 < 85%，重质指每平方米重 > 170 克）	10	130	17	米/千克	
5514430010	与棉混纺印花聚酯短纤其他斜纹布（含缎纹布，聚酯短纤 < 85%，重质指每平方米重 > 170 克）	10	130	17	米/千克	
5514430020	与棉混纺印花聚酯短纤其他帆布（混纺为含聚酯短纤 < 85%，重质指每平方米重 > 170 克）	10	130	17	米/千克	
5514430090	与棉混纺印花聚酯短纤其他机织物（混纺为含聚酯短纤 < 85%，重质指每平方米重 > 170 克）	10	130	17	米/千克	
5514490010	与棉混纺印花其他合纤短纤府绸（含细平布，其他合短纤 < 85%，重质指每平方米重 > 170 克）	10	130	17	米/千克	
5514490020	与棉混纺印花其他合纤短纤平布（混纺为含其他合短纤 < 85%，重质指每平方米重 > 170 克）	10	130	17	米/千克	
5514490030	与棉混纺印花其他合纤短纤帆布（混纺为含其他合短纤 < 85%，重质指每平方米重 > 170 克）	10	130	17	米/千克	
5514490040	与棉混纺印花其他合纤短纤斜纹布（含缎纹布，其他合短纤 < 85%，重质指每平方米重 > 170 克）	10	130	17	米/千克	
5514490090	与棉混纺印花其他合纤短纤其他布（混纺为含其他合短纤 < 85%，重质指每平方米重 > 170 克）	10	130	17	米/千克	

商品编号	商品名称及备注	进口关税税率(%)		增值税率(%)	计量单位	监管条件
		最惠国	普通			
5515	**合成纤维短纤纺制的其他机织物**					
5515110011	聚酯短纤蓝粗斜纹布(与粘胶纤维短纤混纺,聚酯短纤含量<85%)	10	130	17	米/千克	
5515110019	聚酯短纤其他色织布(短纤含量<85%,提花织物除外,与粘胶纤维短纤混纺)	10	130	17	米/千克	
5515110021	未漂或漂白聚酯短纤府绸或细平布(聚酯短纤含量<85%,主要或仅与粘胶纤维短纤混纺)	10	130	17	米/千克	
5515110022	未漂或漂白聚酯短纤其他机织平布(聚酯短纤含量<85%,主要或仅与粘胶纤维短纤混纺)	10	130	17	米/千克	
5515110023	未漂或漂白聚酯短纤其他印染用布(聚酯短纤含量<85%,主要或仅与粘胶纤维短纤混纺)	10	130	17	米/千克	
5515110024	未漂或漂白聚酯短纤奶酪布等(短纤含量<85%,含薄细布、巴里纱,与粘胶纤维短纤混纺)	10	130	17	米/千克	
5515110025	未漂或漂白聚酯短纤机织帆布(聚酯短纤含量<85%,主要或仅与粘胶纤维短纤混纺)	10	130	17	米/千克	
5515110026	未漂或漂白聚酯短纤缎纹或斜纹布(聚酯短纤含量<85%,主要或仅与粘胶纤维短纤混纺)	10	130	17	米/千克	
5515110027	未漂或漂白聚酯短纤牛津布(聚酯短纤含量<85%,主要或仅与粘胶纤维短纤混纺)	10	130	17	米/千克	
5515110029	未漂或漂白聚酯短纤其他机织物(聚酯短纤含量<85%,主要或仅与粘胶纤维短纤混纺)	10	130	17	米/千克	
5515110031	其他聚酯短纤府绸或细平布(聚酯短纤含量<85%,主要或仅与粘胶纤维短纤混纺)	10	130	17	米/千克	
5515110032	其他聚酯短纤机织平布(聚酯短纤含量<85%,主要或仅与粘胶纤维短纤混纺)	10	130	17	米/千克	
5515110033	其他聚酯短纤机织印染用布(聚酯短纤含量<85%,主要或仅与粘胶纤维短纤混纺)	10	130	17	米/千克	
5515110034	其他聚酯短纤奶酪布等(短纤含量<85%,含薄细布、巴里纱,与粘胶纤维短纤混纺)	10	130	17	米/千克	
5515110035	其他聚酯短纤机织帆布(聚酯短纤含量<85%,主要或仅与粘胶纤维短纤混纺)	10	130	17	米/千克	
5515110036	其他聚酯短纤缎纹或斜纹机织物(聚酯短纤含量<85%,主要或仅与粘胶纤维短纤混纺)	10	130	17	米/千克	
5515110037	其他聚酯短纤牛津布(聚酯短纤含量<85%,主要或仅与粘胶纤维短纤混纺)	10	130	17	米/千克	
5515110039	其他聚酯短纤其他机织物(聚酯短纤含量<85%,主要或仅与粘胶纤维短纤混纺)	10	130	17	米/千克	
5515120011	未漂或漂聚酯短纤府绸或细平布(聚酯短纤含量<85%,与化纤长丝混纺)	10	130	17	米/千克	
5515120012	未漂白或漂白聚酯短纤平布(聚酯短纤含量<85%,与化纤长丝混纺)	10	130	17	米/千克	
5515120013	未漂白或漂白聚酯短纤印染用布(聚酯短纤含量<85%,与化纤长丝混纺)	10	130	17	米/千克	
5515120014	未漂白或漂白聚酯短纤缎纹或斜纹布(聚酯短纤含量<85%,与化纤长丝混纺)	10	130	17	米/千克	

商品编号	商品名称及备注	进口关税税率(%)		增值税率(%)	计量单位	监管条件
		最惠国	普通			
5515120019	未漂白或漂白聚酯短纤其他机织物(聚酯短纤含量<85%,与化纤长丝混纺)	10	130	17	米/千克	
5515120021	其他聚酯短纤府绸或细平布(聚酯短纤含量<85%,与化纤长丝混纺)	10	130	17	米/千克	
5515120022	其他聚酯短纤平布(聚酯短纤含量<85%,与化纤长丝混纺)	10	130	17	米/千克	
5515120023	其他聚酯短纤印染用布(聚酯短纤含量<85%,与化纤长丝混纺)	10	130	17	米/千克	
5515120024	其他聚酯短纤缎纹或斜纹机织物(聚酯短纤含量<85%,与化纤长丝混纺)	10	130	17	米/千克	
5515120029	其他聚酯短纤其他机织物(聚酯短纤含量<85%,与化纤长丝混纺)	10	130	17	米/千克	
5515130011	未漂白或漂白的聚酯短纤与精梳毛混纺布(含羊毛或动物细毛≥36%,聚酯短纤含量<85%)	10	130	17	米/千克	
5515130012	未漂白或漂白的聚酯短纤与粗梳毛混纺布(含羊毛或动物细毛≥36%,聚酯短纤含量<85%)	10	130	17	米/千克	
5515130013	未漂白或漂白的聚酯短纤与精梳毛混纺布(含羊毛或动物细毛<36%,聚酯短纤含量<85%)	10	130	17	米/千克	
5515130019	未漂白或漂白的聚酯短纤与粗梳毛混纺布(含羊毛或动物细毛<36%,聚酯短纤含量<85%)	10	130	17	米/千克	
5515130021	其他聚酯短纤与精梳毛混纺机织物(含羊毛或动物细毛≥36%,聚酯短纤含量<85%)	10	130	17	米/千克	
5515130022	其他聚酯短纤与粗梳毛混纺机织物(含羊毛或动物细毛≥36%,聚酯短纤含量<85%)	10	130	17	米/千克	
5515130023	其他聚酯短纤与精梳毛混纺机织物(含羊毛或动物细毛<36%,聚酯短纤含量<85%)	10	130	17	米/千克	
5515130029	其他聚酯短纤与粗梳毛混纺机织物(含羊毛或动物细毛<36%,聚酯短纤含量<85%)	10	130	17	米/千克	
5515190011	聚酯短纤与其他纤维混蓝粗斜纹布(混纺为以聚酯短纤为主,但聚酯短纤含量<85%)	10	130	17	米/千克	
5515190019	聚酯短纤其他色织机织物(聚酯短纤<85%,提花织物除外,与其他纤维混纺)	10	130	17	米/千克	
5515190021	未漂白或漂白聚酯短纤其他府绸(聚酯短纤含量<85%,与其他纤维混纺,含细平布)	10	130	17	米/千克	
5515190022	未漂白或漂白聚酯短纤其他机织平布(聚酯短纤含量<85%,与其他纤维混纺)	10	130	17	米/千克	
5515190023	未漂白或漂白聚酯短纤其他机织印染布(聚酯短纤含量<85%,与其他纤维混纺)	10	130	17	米/千克	
5515190024	未漂白或漂白聚酯短纤奶酪布等(短纤含量<85%,与其他纤维混纺,含薄细布、巴里纱)	10	130	17	米/千克	
5515190025	未漂白或漂白聚酯短纤机织帆布(聚酯短纤含量<85%,与其他纤维混纺)	10	130	17	米/千克	
5515190026	未漂白或漂白聚酯短纤缎纹或斜纹布(聚酯短纤含量<85%,与其他纤维混纺)	10	130	17	米/千克	
5515190027	未漂白或漂白聚酯短纤牛津布(聚酯短纤含量<85%,与其他纤维混纺)	10	130	17	米/千克	

商品编号	商品名称及备注	进口关税税率(%) 最惠国	进口关税税率(%) 普通	增值税率(%)	计量单位	监管条件
5515190029	未漂白或漂白聚酯短纤其他机织物(聚酯短纤含量<85%,与其他纤维混纺)	10	130	17	米/千克	
5515190031	其他聚酯短纤府绸或细平布(聚酯短纤含量<85%,与其他纤维混纺)	10	130	17	米/千克	
5515190032	其他聚酯短纤机织平布(聚酯短纤含量<85%,与其他纤维混纺)	10	130	17	米/千克	
5515190033	其他聚酯短纤机织印染用布(聚酯短纤含量<85%,与其他纤维混纺)	10	130	17	米/千克	
5515190034	其他聚酯短纤奶酪布等(聚酯短纤含量<85%,与其他纤维混纺,含薄细布、巴里纱)	10	130	17	米/千克	
5515190035	其他聚酯短纤机织帆布(聚酯短纤含量<85%,与其他纤维混纺)	10	130	17	米/千克	
5515190036	其他聚酯短纤缎纹或斜纹机织物(聚酯短纤含量<85%,与其他纤维混纺)	10	130	17	米/千克	
5515190037	其他聚酯短纤牛津布(聚酯短纤含量<85%,与其他纤维混纺)	10	130	17	米/千克	
5515190039	其他聚酯短纤其他机织物(聚酯短纤含量<85%,与其他纤维混纺)	10	130	17	米/千克	
5515210011	未漂白或漂白腈纶短纤府绸或细平布(腈短纤含量<85%,主要或仅与化纤长丝混纺)	10	130	17	米/千克	
5515210012	未漂白或漂白腈纶短纤平布(腈短纤含量<85%,主要或仅与化纤长丝混纺)	10	130	17	米/千克	
5515210013	未漂白或漂白腈纶短纤印染用布(腈短纤含量<85%,主要或仅与化纤长丝混纺)	10	130	17	米/千克	
5515210014	未漂白或漂白腈纶短纤缎纹或斜纹布(腈短纤含量<85%,主要或仅与化纤长丝混纺)	10	130	17	米/千克	
5515210019	未漂白或漂白腈纶短纤其他机织物(腈短纤含量<85%,主要或仅与化纤长丝混纺)	10	130	17	米/千克	
5515210021	其他腈纶短纤混纺府绸或细平布(腈短纤含量<85%,主要或仅与化纤长丝混纺)	10	130	17	米/千克	
5515210022	其他腈纶短纤平布(腈短纤含量<85%,主要或仅与化纤长丝混纺)	10	130	17	米/千克	
5515210023	其他腈纶短纤印染用布(腈短纤含量<85%,主要或仅与化纤长丝混纺)	10	130	17	米/千克	
5515210024	其他腈纶短纤混纺缎纹或斜纹布(腈短纤含量<85%,主要或仅与化纤长丝混纺)	10	130	17	米/千克	
5515210029	其他腈纶短纤混纺其他机织物(腈短纤含量<85%,主要或仅与化纤长丝混纺)	10	130	17	米/千克	
5515220011	未漂白或漂白的腈纶短纤与精梳毛混纺布(腈短纤含量<85%,含羊毛或动物细毛≥36%)	12	130	17	米/千克	
5515220012	未漂白或漂白的腈纶短纤与粗梳毛混纺布(腈短纤含量<85%,含羊毛或动物细毛≥36%)	12	130	17	米/千克	
5515220013	未漂白或漂白的腈纶短纤与精梳毛混纺布(腈短纤含量<85%,含羊毛或动物细毛<36%)	12	130	17	米/千克	
5515220019	未漂白或漂白的腈纶短纤与粗梳毛混纺布(腈短纤含量<85%,含羊毛或动物细毛<36%)	12	130	17	米/千克	

商品编号	商品名称及备注	进口关税税率(%)		增值税率(%)	计量单位	监管条件
		最惠国	普通			
5515220021	其他腈纶短纤与精梳毛混纺机织物(腈短纤含量<85%,含羊毛或动物细毛≥36%)	12	130	17	米/千克	
5515220022	其他腈纶短纤与粗梳毛混纺机织物(腈短纤含量<85%,含羊毛或动物细毛≥36%)	12	130	17	米/千克	
5515220023	其他腈纶短纤与精梳毛混纺机织物(腈短纤含量<85%,含羊毛或动物细毛<36%)	12	130	17	米/千克	
5515220029	其他腈纶短纤与粗梳毛混纺机织物(腈短纤含量<85%,含羊毛或动物细毛<36%)	12	130	17	米/千克	
5515290011	腈纶短纤与其他纤维混蓝粗斜纹布(混纺为以聚丙烯腈短纤为主,腈短纤含量<85%)	10	130	17	米/千克	
5515290019	其他腈纶短纤色织机织布(腈短纤含量<85%,提花织物除外,与其他纤维混纺)	10	130	17	米/千克	
5515290021	其他未漂白或漂白的腈纶短纤府绸(腈短纤含量<85%,与其他纤维混纺,含细平布)	10	130	17	米/千克	
5515290022	其他未漂白或漂白的腈纶短纤平布(腈短纤含量<85%,与其他纤维混纺)	10	130	17	米/千克	
5515290023	其他未漂白或漂白的腈纶短纤印染用布(腈短纤含量<85%,与其他纤维混纺)	10	130	17	米/千克	
5515290024	其他未漂白或漂白的腈纶短纤奶酪布等(腈短纤含量<85%,与其他纤维混纺,含薄细布、巴里纱)	10	130	17	米/千克	
5515290025	其他未漂白或漂白的腈纶短纤机织帆布(腈短纤含量<85%,与其他纤维混纺)	10	130	17	米/千克	
5515290026	其他未漂白或漂白的腈纶短纤缎纹布(含斜纹机织物,腈短纤含量<85%,与其他纤维混纺)	10	130	17	米/千克	
5515290027	其他未漂白或漂白的腈纶短纤牛津布(腈短纤含量<85%,与其他纤维混纺)	10	130	17	米/千克	
5515290029	其他未漂白或漂白的腈纶短纤其他机织物(腈短纤含量<85%,与其他纤维混纺)	10	130	17	米/千克	
5515290031	其他腈纶短纤府绸或细平布(腈短纤含量<85%,与其他纤维混纺)	10	130	17	米/千克	
5515290032	其他腈纶短纤机织平布(腈短纤含量<85%,与其他纤维混纺)	10	130	17	米/千克	
5515290033	其他腈纶短纤机织印染用布(腈短纤含量<85%,与其他纤维混纺)	10	130	17	米/千克	
5515290034	其他腈纶短纤奶酪布等(腈短纤含量<85%,与其他纤维混纺,含薄细布、巴里纱)	10	130	17	米/千克	
5515290035	其他腈纶短纤机织帆布(腈短纤含量<85%,与其他纤维混纺)	10	130	17	米/千克	
5515290036	其他腈纶短纤与其他纤维混牛津布(腈短纤含量<85%,与其他纤维混纺)	10	130	17	米/千克	
5515290037	其他腈纶短纤缎纹或斜纹机织物(腈短纤含量<85%,与其他纤维混纺)	10	130	17	米/千克	
5515290039	其他腈纶短纤与其他纤维混机织物(混纺为以聚丙烯腈短纤为主,腈短纤含量<85%)	10	130	17	米/千克	
5515910011	未漂白或漂白的其他合纤短府绸(与化纤长丝混纺,合成纤维短纤含量<85%,含细平布)	10	130	17	米/千克	

商品编号	商品名称及备注	进口关税税率(%)		增值税率(%)	计量单位	监管条件
		最惠国	普通			
5515910012	未漂白或漂白的其他合纤短纤平布(与化纤长丝混纺,合成纤维短纤含量<85%)	10	130	17	米/千克	
5515910013	未漂白或漂白的其他合纤短纤混印染用布(与化纤长丝混纺,合成纤维短纤含量<85%)	10	130	17	米/千克	
5515910014	未漂白或漂白的其他合纤短纤缎纹布等(与化纤长丝混纺,合成纤维短纤含量<85%,含斜纹机织物)	10	130	17	米/千克	
5515910019	未漂白或漂白的其他合纤短纤其他机织物(与化纤长丝混纺,合成纤维短纤含量<85%)	10	130	17	米/千克	
5515910021	其他合纤短纤府绸或细平布(与化纤长丝混纺,合成纤维短纤含量<85%)	10	130	17	米/千克	
5515910022	其他合纤短纤平布(与化纤长丝混纺,合成纤维短纤含量<85%)	10	130	17	米/千克	
5515910023	其他合纤短纤印染用布(与化纤长丝混纺,合成纤维短纤含量<85%)	10	130	17	米/千克	
5515910024	其他合纤短纤缎纹或斜纹机织物(与化纤长丝混纺,合成纤维短纤含量<85%)	10	130	17	米/千克	
5515910029	其他合纤短纤其他机织物(与化纤长丝混纺,合成纤维短纤含量<85%)	10	130	17	米/千克	
5515990011	其他合纤短纤蓝粗斜纹布(合成纤维短纤含量<85%,与其他纤维混纺)	10	130	17	米/千克	
5515990019	其他合纤短纤其他色织机织物(合成纤维短纤含量<85%,与其他纤维混纺,提花织物除外)	10	130	17	米/千克	
5515990021	未漂白或漂白的其他合纤短纤府绸(合成纤维短纤含量<85%,与其他纤维混纺,含细平布)	10	130	17	米/千克	
5515990022	未漂白或漂白的其他合纤短纤其他平布(合成纤维短纤含量<85%,与其他纤维混纺)	10	130	17	米/千克	
5515990023	未漂白或漂白的其他合纤短纤印染用布(合成纤维短纤含量<85%,与其他纤维混纺)	10	130	17	米/千克	
5515990024	未漂白或漂白的其他合纤短纤奶酪布等(合纤短纤含量<85%,与其他纤维混纺,含薄细布、巴里纱)	10	130	17	米/千克	
5515990025	未漂白或漂白的其他合纤短纤帆布(合成纤维短纤含量<85%,与其他纤维混纺)	10	130	17	米/千克	
5515990026	未漂白或漂白的其他合纤短纤混纺缎纹布(合成纤维短纤含量<85%,与其他纤维混纺,含斜纹机织物)	10	130	17	米/千克	
5515990027	未漂白或漂白的其他合纤短纤牛津布(合成纤维短纤含量<85%,与其他纤维混纺)	10	130	17	米/千克	
5515990029	未漂白或漂白的其他合纤短纤其他机织物(合成纤维短纤含量<85%,与其他纤维混纺)	10	130	17	米/千克	
5515990031	其他合纤短纤府绸或细平布(合成纤维短纤含量<85%,与其他纤维混纺)	10	130	17	米/千克	
5515990032	其他合纤短纤其他机织平布(合成纤维短纤含量<85%,与其他纤维混纺)	10	130	17	米/千克	
5515990033	其他合纤短纤机织印染用布(合成纤维短纤含量<85%,与其他纤维混纺)	10	130	17	米/千克	
5515990034	其他合纤短纤奶酪布等(合成纤维短纤含量<85%,与其他纤维混纺,含薄细布、巴里纱)	10	130	17	米/千克	

商品编号	商品名称及备注	进口关税税率(%)		增值税率(%)	计量单位	监管条件
		最惠国	普通			
5515990035	其他合纤短纤机织帆布(合成纤维短纤含量<85%,与其他纤维混纺)	10	130	17	米/千克	
5515990036	其他合纤短纤缎纹或斜纹机织物(合成纤维短纤含量<85%,与其他纤维混纺)	10	130	17	米/千克	
5515990037	其他合纤短纤其他纤维混牛津布(合成纤维短纤含量<85%,与其他纤维混纺)	10	130	17	米/千克	
5515990039	其他合纤短纤其他机织物(合成纤维短纤含量<85%,与其他纤维混纺)	10	130	17	米/千克	
5516	**人造纤维短纤纺制的机织物**					
5516110000	未漂白或漂白的纯人纤短纤机织物(按重量计人造纤维短纤含量≥85%)	12	130	17	米/千克	
5516120000	染色的纯人纤短纤布(纯人纤布指按重量计人造纤维短纤含量≥85%)	10	130	17	米/千克	
5516130000	色织的纯人纤短纤布(纯人纤布指按重量计人造纤维短纤含量≥85%)	10	130	17	米/千克	
5516140000	印花的纯人纤短纤布(纯人纤布指按重量计人造纤维短纤含量≥85%)	10	130	17	米/千克	
5516210010	未漂白或漂白的人纤短纤府绸或细平布(人造纤维短纤含量<85%,与化纤长丝混纺)	12	130	17	米/千克	
5516210020	未漂白或漂白的人纤短纤平布(人造纤维短纤含量<85%,与化纤长丝混纺)	12	130	17	米/千克	
5516210030	未漂白或漂白的人纤短纤印染用布(人造纤维短纤含量<85%,与化纤长丝混纺)	12	130	17	米/千克	
5516210040	未漂白或漂白的人纤短纤缎纹或斜纹布(人造纤维短纤含量<85%,与化纤长丝混纺)	12	130	17	米/千克	
5516210090	未漂白或漂白的人纤短纤其他机织物(人造纤维短纤含量<85%,与化纤长丝混纺)	12	130	17	米/千克	
5516220010	染色人纤短纤府绸或细平布(人造纤维短纤含量<85%,与化纤长丝混纺)	10	130	17	米/千克	
5516220020	染色人纤短纤平布(人造纤维短纤含量<85%,与化纤长丝混纺)	10	130	17	米/千克	
5516220030	染色人纤短纤印染用布(人造纤维短纤含量<85%,与化纤长丝混纺)	10	130	17	米/千克	
5516220040	染色人纤短纤缎纹或斜纹机织物(人造纤维短纤含量<85%,与化纤长丝混纺)	10	130	17	米/千克	
5516220090	染色人纤短纤其他机织物(人造纤维短纤含量<85%,与化纤长丝混纺)	10	130	17	米/千克	
5516230010	色织人纤短纤府绸和细平布(人造纤维短纤含量<85%,与化纤长丝混纺)	10	130	17	米/千克	
5516230020	色织人纤短纤平布(人造纤维短纤含量<85%,与化纤长丝混纺)	10	130	17	米/千克	
5516230030	色织人纤短纤印染用布(人造纤维短纤含量<85%,与化纤长丝混纺)	10	130	17	米/千克	
5516230040	色织人纤短纤缎纹或斜纹机织物(人造纤维短纤含量<85%,与化纤长丝混纺)	10	130	17	米/千克	

商品编号	商 品 名 称 及 备 注	进口关税税率(%)		增值税率(%)	计量单位	监管条件
		最惠国	普通			
5516230090	色织人纤短纤其他机织物(人造纤维短纤含量<85%,与化纤长丝混纺)	10	130	17	米/千克	
5516240010	印花人纤短纤府绸或细平布(人造纤维短纤含量<85%,与化纤长丝混纺)	10	130	17	米/千克	
5516240020	印花人纤短纤平布(人造纤维短纤含量<85%,与化纤长丝混纺)	10	130	17	米/千克	
5516240030	印花人纤短纤印染用布(人造纤维短纤含量<85%,与化纤长丝混纺)	10	130	17	米/千克	
5516240040	印花人纤短纤缎纹或斜纹机织物(人造纤维短纤含量<85%,与化纤长丝混纺)	10	130	17	米/千克	
5516240090	印花人纤短纤其他布(人造纤维短纤含量<85%,与化纤长丝混纺)	10	130	17	米/千克	
5516310011	未漂白或漂白人纤短纤与精梳毛混纺布(人造纤维短纤含量<85%,羊毛或动物细毛≥36%)	12	130	17	米/千克	
5516310019	未漂白或漂白人纤短纤与粗梳毛混纺布(人造纤维短纤含量<85%,羊毛或动物细毛≥36%)	12	130	17	米/千克	
5516310021	未漂白或漂白人纤短纤与精梳毛混纺布(人造纤维短纤含量<85%,羊毛或动物细毛<36%)	12	130	17	米/千克	
5516310029	未漂白或漂白人纤短纤与粗梳毛混纺布(人造纤维短纤含量<85%,羊毛或动物细毛<36%)	12	130	17	米/千克	
5516320011	染色人纤短纤与精梳毛混纺机织物(人造纤维短纤含量<85%,羊毛或动物细毛≥36%)	10	130	17	米/千克	
5516320019	染色人纤短纤与粗梳毛混纺机织物(人造纤维短纤含量<85%,羊毛或动物细毛≥36%)	10	130	17	米/千克	
5516320021	染色人纤短纤与精梳毛混纺机织物(人造纤维短纤含量<85%,羊毛或动物细毛<36%)	10	130	17	米/千克	
5516320029	染色人纤短纤与粗梳毛混纺机织物(人造纤维短纤含量<85%,羊毛或动物细毛<36%)	10	130	17	米/千克	
5516330011	色织人纤短纤与精梳毛混纺机织物(人造纤维短纤含量<85%,羊毛或动物细毛≥36%)	10	130	17	米/千克	
5516330019	色织人纤短纤与粗梳毛混纺机织物(人造纤维短纤含量<85%,羊毛或动物细毛≥36%)	10	130	17	米/千克	
5516330021	色织人纤短纤与精梳毛混纺机织物(人造纤维短纤含量<85%,羊毛或动物细毛<36%)	10	130	17	米/千克	
5516330029	色织人纤短纤与粗梳毛混纺机织物(人造纤维短纤含量<85%,羊毛或动物细毛<36%)	10	130	17	米/千克	
5516340011	印花人纤短纤与精梳毛混纺机织物(人造纤维短纤含量<85%,羊毛或动物细毛≥36%)	10	130	17	米/千克	
5516340019	印花人纤短纤与粗梳毛混纺机织物(人造纤维短纤含量<85%,羊毛或动物细毛≥36%)	10	130	17	米/千克	
5516340021	印花人纤短纤与精梳毛混纺机织物(人造纤维短纤含量<85%,羊毛或动物细毛<36%)	10	130	17	米/千克	
5516340029	印花人纤短纤与粗梳毛混纺机织物(人造纤维短纤含量<85%,羊毛或动物细毛<36%)	10	130	17	米/千克	
5516410010	未漂白或漂白人纤短纤府绸或细平布(人造纤维短纤含量<85%,与棉混纺)	12	130	17	米/千克	

商品编号	商品名称及备注	进口关税税率(%)		增值税率(%)	计量单位	监管条件
		最惠国	普通			
5516410020	未漂白或漂白人纤短纤与棉混纺平布(混纺为以人纤短纤为主,但人造纤维短纤含量<85%)	12	130	17	米/千克	
5516410030	与棉混纺的未漂白或漂白人纤短纤印染用布(混纺为以人纤短纤为主,但人造纤维短纤含量<85%)	12	130	17	米/千克	
5516410040	未漂白或漂白人纤短纤与棉混纺的奶酪布等(人造纤维短纤含量<85%,含薄细布、巴里纱)	12	130	17	米/千克	
5516410050	与棉混纺的未漂白或漂白人纤短纤机织帆布(混纺为以人纤短纤为主,但人造纤维短纤含量<85%)	12	130	17	米/千克	
5516410060	与棉混纺的未漂白或漂白人纤短纤缎纹布等(含斜纹布,人造纤维短纤含量<85%)	12	130	17	米/千克	
5516410070	与棉混纺的未漂白或漂白人纤短纤牛津布(混纺为以人纤短纤为主,但人造纤维短纤含量<85%)	12	130	17	米/千克	
5516410090	与棉混纺的未漂白或漂白人纤短纤其他布(混纺为以人纤短纤为主,但人造纤维短纤含量<85%)	12	130	17	米/千克	
5516420010	与棉混纺的染色人纤短纤府绸或细平布(混纺为以人纤短纤为主,但人造纤维短纤含量<85%)	12	130	17	米/千克	
5516420020	与棉混纺的染色人纤短纤平布(混纺为以人纤短纤为主,但人造纤维短纤含量<85%)	12	130	17	米/千克	
5516420030	与棉混纺的染色人纤短纤印染用布(混纺为以人纤短纤为主,但人造纤维短纤含量<85%)	12	130	17	米/千克	
5516420040	与棉混纺的染色人纤短纤奶酪布等(含薄细布、巴里纱,人造纤维短纤含量<85%)	12	130	17	米/千克	
5516420050	与棉混纺的染色人纤短纤机织帆布(混纺为以人纤短纤为主,但人造纤维短纤含量<85%)	12	130	17	米/千克	
5516420060	与棉混纺的染色人纤短纤缎纹或斜纹布(混纺为以人纤短纤为主,但人造纤维短纤含量<85%)	12	130	17	米/千克	
5516420070	与棉混纺的染色人纤短纤牛津布(混纺为以人纤短纤为主,但人造纤维短纤含量<85%)	12	130	17	米/千克	
5516420090	与棉混纺的染色人纤短纤其他机织物(混纺为以人纤短纤为主,但人造纤维短纤含量<85%)	12	130	17	米/千克	
5516430010	与棉混纺的人纤短纤色织蓝色粗斜纹布(混纺为以人纤短纤为主,但人造纤维短纤含量<85%)	10	130	17	米/千克	
5516430020	与棉混纺人纤短纤色织提花机织物(混纺为以人纤短纤为主,但人造纤维短纤含量<85%)	10	130	17	米/千克	
5516430090	与棉混纺人纤短纤其他色织机织物(混纺为以人纤短纤为主,但人造纤维短纤含量<85%)	10	130	17	米/千克	
5516440010	与棉混纺的印花人纤短纤府绸或细平布(混纺为以人纤短纤为主,但人造纤维短纤含量<85%)	10	130	17	米/千克	
5516440020	与棉混纺的印花人纤短纤平布(混纺为以人纤短纤为主,但人造纤维短纤含量<85%)	10	130	17	米/千克	
5516440030	与棉纺的混印花人纤短纤印染用布(混纺为以人纤短纤为主,但人造纤维短纤含量<85%)	10	130	17	米/千克	
5516440040	与棉混纺印花人纤短纤奶酪布等(含薄细布、巴里纱,人造纤维短纤含量<85%)	10	130	17	米/千克	
5516440050	与棉混纺印花人纤短纤机织帆布(混纺为以人纤短纤为主,但人造纤维短纤含量<85%)	10	130	17	米/千克	

商品编号	商品名称及备注	进口关税税率(%)		增值税率(%)	计量单位	监管条件
		最惠国	普通			
5516440060	印花人纤短纤缎纹或斜纹机织物(与棉混纺,人造纤维短纤含量<85%)	10	130	17	米/千克	
5516440070	与棉混纺印花人纤短纤牛津布(混纺为以人纤短纤为主,但人造纤维短纤含量<85%)	10	130	17	米/千克	
5516440090	与棉混纺印花人纤短纤其他机织物(混纺为以人纤短纤为主,但人造纤维短纤含量<85%)	10	130	17	米/千克	
5516910010	未漂或漂白人纤短纤府绸或细平布(与其他纤维混纺,人造纤维短纤含量<85%)	12	130	17	米/千克	
5516910020	未漂或漂白人纤短纤机织平布(与其他纤维混纺,人造纤维短纤含量<85%)	12	130	17	米/千克	
5516910030	未漂或漂白人纤短纤印染用布(与其他纤维混纺,人造纤维短纤含量<85%)	12	130	17	米/千克	
5516910040	未漂或漂白人纤短纤奶酪布等(与其他纤维混纺,人纤短纤含量<85%,含薄细布、巴里纱)	12	130	17	米/千克	
5516910050	未漂或漂白人纤短纤机织帆布(与其他纤维混纺,人造纤维短纤含量<85%)	12	130	17	米/千克	
5516910060	未漂或漂白人纤短纤缎纹或斜纹布(与其他纤维混纺,人造纤维短纤含量<85%)	12	130	17	米/千克	
5516910070	未漂或漂白人纤短纤牛津布(与其他纤维混纺,人造纤维短纤含量<85%)	12	130	17	米/千克	
5516910090	未漂或漂白人纤短纤其他机织物(与其他纤维混纺,人造纤维短纤含量<85%)	12	130	17	米/千克	
5516920010	染色人纤短纤府绸或细平布(与其他纤维混纺,人造纤维短纤含量<85%)	10	130	17	米/千克	
5516920020	染色人纤短纤机织平布(与其他纤维混纺,人造纤维短纤含量<85%)	10	130	17	米/千克	
5516920030	染色人纤短纤印染用布(与其他纤维混纺,人造纤维短纤含量<85%)	10	130	17	米/千克	
5516920040	染色人纤短纤奶酪布等(与其他纤维混纺,人纤短纤含量<85%,含薄细布、巴里纱)	10	130	17	米/千克	
5516920050	染色人纤短纤机织帆布(与其他纤维混纺,人造纤维短纤含量<85%)	10	130	17	米/千克	
5516920060	染色人纤短纤缎纹或斜纹机织物(与其他纤维混纺,人造纤维短纤含量<85%)	10	130	17	米/千克	
5516920070	染色人纤短纤牛津布(与其他纤维混纺,人造纤维短纤含量<85%)	10	130	17	米/千克	
5516920090	染色人纤短纤其他机织物(与其他纤维混纺,人造纤维短纤含量<85%)	10	130	17	米/千克	
5516930010	人纤短纤色织蓝粗斜纹布(与其他纤维混纺,人造纤维短纤含量<85%)	10	130	17	米/千克	
5516930020	色织人纤短纤提花机织物(与其他纤维混纺,人造纤维短纤含量<85%)	10	130	17	米/千克	
5516930090	色织人纤短纤其他机织物(与其他纤维混纺,人造纤维短纤含量<85%)	10	130	17	米/千克	
5516940010	印花人造纤维短纤府绸或细平布(与其他纤维混纺,按重量计人造纤维短纤含量<85%)	10	130	17	米/千克	

商品编号	商品名称及备注	进口关税税率(%)		增值税率(%)	计量单位	监管条件
		最惠国	普通			
5516940020	印花人造纤维短纤机织平布(与其他纤维混纺,按重量计人造纤维短纤含量<85%)	10	130	17	米/千克	
5516940030	印花人造纤维短纤印染用布(与其他纤维混纺,按重量计人造纤维短纤含量<85%)	10	130	17	米/千克	
5516940040	印花人造纤维短纤奶酪布等(含薄细布、巴里纱,与其他纤维混纺,人纤短纤含量<85%)	10	130	17	米/千克	
5516940050	印花人造纤维短纤机织帆布(与其他纤维混纺,按重量计人造纤维短纤含量<85%)	10	130	17	米/千克	
5516940060	印花人纤短纤缎纹或斜纹机织物(与其他纤维混纺,按重量计人造纤维短纤含量<85%)	10	130	17	米/千克	
5516940070	印花人造纤维短纤牛津布(与其他纤维混纺,按重量计人造纤维短纤含量<85%)	10	130	17	米/千克	
5516940090	印花人造纤维短纤其他机织物(与其他纤维混纺,按重量计人造纤维短纤含量<85%)	10	130	17	米/千克	

第五十六章　絮胎、毡呢及无纺织物；特种纱线；线、绳、索、缆及其制品

注释：

一、本章不包括：

（一）用各种物质或制剂（例如，第三十三章的香水或化妆品、品目34.01的肥皂或洗涤剂、品目34.05的光洁剂及类似制剂、品目38.09的织物柔软剂）浸渍、涂布、包覆的絮胎、毡呢或无纺织物，其中的纺织材料仅作为承载介质；

（二）品目58.11的纺织产品；

（三）以毡呢或无纺织物为底的砂布及类似品（品目68.05）；

（四）以毡呢或无纺织物为底的粘聚或复制云母（品目68.14）；

（五）以毡呢或无纺织物为底的金属箔（通常归入第十四类或第十五类）；或

（六）品目96.19的卫生巾（护垫）及止血塞、婴儿尿布及尿布衬里和类似品。

二、所称“毡呢”，包括针刺机制毡呢以及纤维本身通过缝编工序增强了抱合力的纺织纤维网状织物。

三、品目56.02及56.03分别包括用各种性质（紧密结构或泡沫状）的塑料或橡胶浸渍、涂布、包覆或层压的毡呢及无纺织物。

品目56.03还包括用塑料或橡胶作黏合材料的无纺织物。

但品目56.02及56.03不包括：

（一）用塑料或橡胶浸渍、涂布、包覆或层压，按重量计纺织材料含量在50%及以下的毡呢或者完全嵌入塑料或橡胶之内的毡呢（第三十九章或第四十章）；

（二）完全嵌入塑料或橡胶之内的无纺织物，以及用肉眼可辨别出两面都用塑料或橡胶涂布、包覆的无纺织物，涂布或包覆所引起的颜色变化可不予考虑（第三十九章或第四十章）；

（三）与毡呢或无纺织物混制的泡沫塑料或海绵橡胶板、片或扁条，纺织材料仅在其中起增强作用（第三十九章或第四十章）。

四、品目56.04不包括用肉眼无法辨别出是否经过浸渍、涂布或包覆的纺织纱线或品目54.04或54.05的扁条及类似品（通常归入第五十章至第五十五章）；运用本条规定，可不考虑浸渍、涂布或包覆所引起的颜色变化。

商品编号	商品名称及备注	进口关税税率（%）		增值税率（%）	计量单位	监管条件
		最惠国	普通			
5601	**纺织材料絮胎及其制品；长度不超过5毫米的纺织纤维（纤维屑）、纤维粉末及球结**					
5601210010	棉制的成匹絮胎	10	50	17	千克	
5601210090	其他棉制的絮胎及絮胎制品	10	50	17	千克	
5601221000	化学纤维制的卷烟滤嘴	12	100	17	千克	7
5601229010	化学纤维制的成匹絮胎	12	100	17	千克	
5601229090	化学纤维制的其他絮胎及絮胎制品	12	100	17	千克	
5601290010	羊毛或动物细毛制絮胎及制品	10	90	17	千克	
5601290090	其他纺织材料制絮胎及制品	10	90	17	千克	
5601300010*	由两种或以上有机聚合物纺制的纤维（横截面为皮芯结构或并列结构或海岛结构，长度不超过5毫米）	10	100	17	千克	
5601300090	纺织纤维屑，纤维粉末及球结（纺织纤维长度不超过5毫米）	10	100	17	千克	
5602	**毡呢，不论是否浸渍、涂布、包覆或层压**					
5602100010	毛制针刺机制毡呢及纤维缝编织（不论是否浸渍、涂布、包覆或层压）	10	100	17	千克	
5602100090	其他纺织料制针刺机制毡呢等（含缝编织物，不论是否浸渍、涂布、包覆或层压）	10	100	17	千克	
5602210000	羊毛及动物细毛制其他毡呢（未浸渍、涂布、包覆或层压）	10	100	17	千克	

商品编号	商品名称及备注	进口关税税率(%)		增值税率(%)	计量单位	监管条件
		最惠国	普通			
5602290000	其他纺织材料制其他毡呢(未浸渍、涂布、包覆或层压)	10	100	17	千克	
5602900010	其他纺织材料制其他毡呢(层压)	10	100	17	千克	
5602900091	化学纤维制其他毡呢(浸渍、涂布、包覆)	10	100	17	千克	
5602900099	其他纺织材料制其他毡呢(浸渍、涂布、包覆)	10	100	17	千克	
5603	**无纺织物,不论是否浸渍、涂布、包覆或层压**					
5603111000	化学纤维长丝制无纺织物(浸渍、涂布、包覆或层压,每平方米重≤25克)	10	70	17	千克	
5603119000	其他化学纤维长丝制无纺织物(每平方米重≤25克)	10	130	17	千克	
5603121000	25<每平方米重≤70克浸渍长丝无纺布(浸渍包括涂布、包覆或压层;长丝指化纤长丝)	10	70	17	千克	
5603129000	25<每平方米重≤70克其他长丝无纺布(长丝指化纤长丝)	10	130	17	千克	
5603131000	70<每平方米重≤150克浸渍长丝无纺(浸渍包括涂布、包覆或压层;长丝指化纤长丝)	10	70	17	千克	
5603139000	70<每平方米重≤150克其他长丝无纺(长丝指化纤长丝)	10	130	17	千克	
5603141000	每平方米重>150克经浸渍长丝无纺布(浸渍包括涂布、包覆或压层;长丝指化纤长丝)	10	70	17	千克	
5603149000	每平方米重>150克的其他长丝无纺布(长丝指化纤长丝)	10	130	17	千克	
5603911000	每平方米重≤25克经浸渍其他无纺布(浸渍包括涂布、包覆或压层)	10	70	17	千克	
5603919000	每平方米重≤25克的其他无纺布	10	85	17	千克	
5603921000	25<每平方米重≤70克浸渍其他无纺布(浸渍包括涂布、包覆或压层)	10	70	17	千克	
5603929000	25<每平方米重≤70克其他无纺布	10	85	17	千克	
5603931000	70<每平方米重≤150克浸渍其他无纺布(浸渍包括涂布、包覆或压层)	10	70	17	千克	
5603939000	70<每平方米重≤150克的其他无纺布	10	85	17	千克	
5603941011	毛制铺地品衬底用物纺织物(浸渍、涂布、包覆或压层,每平方米重>150克)	10	70	17	千克	
5603941019	其他材料制铺地品衬底用无纺织物(浸渍、涂布、包覆或压层,每平方米重>150克)	10	70	17	千克	
5603941090	其他材料制无纺织物(浸渍、涂布、包覆或压层,每平方米重>150克)	10	70	17	千克	
5603949011	毛制铺地品衬底用无纺织物(每平方米重>150克)	10	85	17	千克	
5603949019	其他材料制铺地品衬底用无纺织物(每平方米重>150克)	10	85	17	千克	
5603949090	其他材料制无纺织物(每平方米重>150克)	10	85	17	千克	
5604	**用纺织材料包覆的橡胶线及绳;用橡胶或塑料浸渍、涂布、包覆或套裹的纺织纱线及品目54.04或54.05的扁条及类似品**					
5604100000	用纺织材料包覆的橡胶线及绳	5	80	17	千克	
5604900010	棉制纱线(用橡胶或塑料浸渍、涂布、包覆、套裹)	5	80	17	千克	
5604900020	品目54.04的合成纤维单丝、扁条(用橡胶或塑料浸渍、涂布、包覆、套裹)	5	80	17	千克	
5604900030	品目54.04的人造纤维单丝、扁条(用橡胶或塑料浸渍、涂布、包覆、套裹)	5	80	17	千克	
5604900090	其他纺织纱线(用橡胶或塑料浸渍、涂布、包覆、套裹)	5	80	17	千克	

商品编号	商 品 名 称 及 备 注	进口关税税率(%)		增值税率(%)	计量单位	监管条件
		最惠国	普通			
5605	**含金属纱线,不论是否螺旋花线,由纺织纱线或品目54.04或54.05的扁条及类似品与金属线,扁条或粉末混合制得或用金属包覆制得**					
5605000010	金属涂层或层压化纤长丝等(扁条及类似品,非螺旋,未加捻或捻度每米低于5转)	5	70	17	千克	
5605000090	其他含金属纱线,可含螺旋花边(与金属线、扁条或粉末混合制的或用金属包覆制)	5	70	17	千克	
5606	**粗松螺旋花线,品目54.04或54.05的扁条及类似品制的螺旋花线(品目56.05的货品及马毛粗松螺旋花线除外);绳绒线(包括植绒绳绒线);纵行起圈纱线**					
5606000000	绳绒线及粗松螺旋花线(包括纵行起圈纱线,但品目56.05的货品及马毛粗松线除外)	5	70	17	千克	
5607	**线、绳、索、缆,不论是否编织或编结而成,也不论是否用橡胶或塑料浸渍、涂布、包覆或套裹**					
5607210010	剑麻或其他龙舌兰纤维制包扎用绳(农机用,可编织或编结,可用橡胶或塑料浸涂包套)	5	50	17	千克	
5607210090	剑麻或龙舌兰纤维制其他包扎用绳(农机用,可编织或编结,可用橡胶或塑料浸涂包套)	5	50	17	千克	
5607290000	剑麻或龙舌兰纤维制其他线绳索缆(可编织或编结,可用橡胶或塑料浸渍、涂布、包覆、套裹)	5	50	17	千克	
5607410010	宽的非裂膜扁条聚乙烯包扎用绳(可编织或编结,可用橡胶或塑料浸渍、涂布、包覆、套裹)	5	100	17	千克	
5607410090	其他聚乙烯或聚丙烯制包扎用绳(可编织或编结,可用橡胶或塑料浸渍、涂布、包覆、套裹)	5	100	17	千克	
5607490010	宽非裂膜扁条聚乙烯其他线绳索缆(可编织或编结用橡胶或塑料浸涂包套,含聚丙烯制)	5	100	17	千克	
5607490020	其他聚乙烯或聚丙烯制线绳索缆(未经编织或编结,可用橡胶或塑料浸渍、涂布、包覆、套裹)	5	100	17	千克	
5607490090	其他聚乙烯或聚丙烯制线绳索缆(已编织或编结,可用橡胶或塑料浸渍、涂布、包覆、套裹)	5	100	17	千克	
5607500010	其他合纤制未编织或编织线绳索缆(可用橡胶或塑料浸渍、涂布、包覆、套裹)	5	100	17	千克	
5607500090	其他合纤制已编织或编织线绳索缆(可用橡胶或塑料浸渍、涂布、包覆、套裹)	5	100	17	千克	
5607901000	蕉麻或硬质(叶)纤维制线,绳,索,缆(可编织或编结,可用橡胶或塑料浸渍、涂布、包覆、套裹)	5	50	17	千克	
5607909010	大麻制线、绳、索、缆(可编织或编结,可用橡胶或塑料浸渍、涂布、包覆、套裹)	5	100	17	千克	
5607909090	其他纺织材料制线、绳、索、缆(可编织或编结,可用橡胶或塑料浸渍、涂布、包覆、套裹)	5	100	17	千克	
5608	**线、绳或索结制的网料;纺织材料制成的渔网及其他网**					
5608110010	化纤材料制成手撒线拉的渔网	10	50	17	千克	
5608110090	化纤材料制成其他渔网	10	50	17	千克	
5608190010	化纤材料制用拉线收口的诱饵包(罗网及篓状网除外)	12	100	17	千克	
5608190090	化纤材料制成的网料和其他网(包括化纤线、绳、索结制的网料,罗网及篓状网除外)	12	100	17	千克	

商品编号	商 品 名 称 及 备 注	进口关税税率（%）		增值税率（%）	计量单位	监管条件
		最惠国	普通			
5608900011	毛、棉制的渔网	10	100	17	千克	
5608900019	其他纺织纤维制的渔网	10	100	17	千克	
5608900091	棉制的其他网及网料（吊床，罗网及篓状网除外）	10	100	17	千克	
5608900092	毛制的其他网及网料（包括棉制的网式吊床，罗网及篓状网除外）	10	100	17	千克	
5608900099	其他纺织纤维制成的其他网及网料（罗网及篓状网除外）	10	100	17	千克	
5609	**用纱线、品目54.04或54.05的扁条及类似品或线、绳、索、缆制成的其他品目未列名物品**					
5609000000	用纱线、扁条、绳、索、缆制其他物品（扁条及类似品指品目54.04或54.05的物品）	10	100	17	千克	

第五十七章　地毯及纺织材料的其他铺地制品

注释：

一、本章所称"地毯及纺织材料的其他铺地制品"，是指使用时以纺织材料作面的铺地制品，也包括具有纺织材料铺地制品特征但作其他用途的物品。

二、本章不包括铺地制品衬垫。

商品编号	商 品 名 称 及 备 注	进口关税税率（%）		增值税率（%）	计量单位	监管条件
		最惠国	普通			
5701	**结织栽绒地毯及纺织材料的其他结织栽绒铺地制品，不论是否制成的**					
5701100000	羊毛或动物细毛制的结织栽绒地毯（包括羊毛或动物细毛制的其他结织栽绒铺地制品）	14	130	17	千克/平方米	
5701901000	化学纤维制的结织栽绒地毯（包括化学纤维制的结织栽绒铺地制品）	16	130	17	千克/平方米	
5701902000	丝制结织栽绒铺地制品（其他铺地制品，未簇绒或未植绒，不论是否制成）	14	100	17	千克/平方米	
5701909000	其他纺织材料制结织栽绒地毯（包括其他纺织材料制结织栽绒铺地制品）	14	100	17	千克/平方米	
5702	**机织地毯及纺织材料的其他机织铺地制品，未簇绒或未植绒，不论是否制成的，包括"开来姆"、"苏麦克"、"卡拉马尼"及类似的手织地毯**					
5702100000	"开来姆"，"苏麦克"，"卡拉马尼"地毯（包括类似的手织地毯）	14	130	17	千克/平方米	
5702200000	椰壳纤维制的铺地制品（未簇绒或未植绒，不论是否制成的）	14	100	17	千克/平方米	
5702310000	未制成的羊毛起绒地毯及铺地制品（包括动物细毛制，未簇绒或未植绒）	10	130	17	千克/平方米	
5702320000	未制成的化纤起绒地毯及铺地制品（未簇绒或未植绒）	16	130	17	千克/平方米	
5702390000	其他纺织料未制成起绒铺地制品（未簇绒或未植绒）	14	100	17	千克/平方米	
5702410000	制成的羊毛起绒地毯及铺地制品（包括动物细毛制，未簇绒或未植绒）	10	130	17	千克/平方米	
5702420000	制成的化纤起绒地毯及铺地制品（未簇绒或未植绒）	10	130	17	千克/平方米	
5702490000	其他纺织材料制成的起绒铺地制品	14	100	17	千克/平方米	
5702501000	未制成羊毛非起绒地毯及铺地制品（包括动物细毛制，未簇绒或未植绒）	14	130	17	千克/平方米	
5702502000	未制成化纤非起绒地毯及铺地制品（未簇绒或未植绒）	16	130	17	千克/平方米	
5702509000	未制成其他纺织料制非起绒铺地制品	14	100	17	千克/平方米	
5702910000	制成的毛制非起绒铺地制品（指羊毛或动物细毛）	14	130	17	千克/平方米	
5702920000	制成的化纤非起绒地毯及铺地制品（未簇绒或未植绒）	16	130	17	千克/平方米	
5702990000	制成的其他纺材制非起绒铺地制品	14	100	17	千克/平方米	
5703	**簇绒地毯及纺织材料的其他簇绒铺地制品，不论是否制成的**					
5703100000	羊毛簇绒地毯及其他簇绒铺地制品（包括动物细毛制，不论是否制成）	14	130	17	千克/平方米	

商品编号	商品名称及备注	进口关税税率(%)		增值税率(%)	计量单位	监管条件
		最惠国	普通			
5703200000	尼龙簇绒地毯及其他簇绒铺地制品(包括其他聚酰胺制,不论是否制成)	10	130	17	千克/平方米	
5703300000	化纤簇绒地毯及其他簇绒铺地制品(尼龙制的除外,不论是否制成)	10	130	17	千克/平方米	
5703900000	其他簇绒地毯及其他簇绒铺地制品(羊毛、化纤制除外,不论是否制成)	14	100	17	千克/平方米	
5704	**毡呢地毯及纺织材料的其他毡呢铺地制品,未簇绒或未植绒,不论是否制成的**					
5704100000	毡呢铺地制品,最大面积≤0.3平方米(未簇绒或未植绒)	14	130	17	千克/平方米	
5704900000	毡呢铺地制品,最大面积>0.3平方米(未簇绒或未植绒)	10	130	17	千克/平方米	
5705	**其他地毯及纺织材料的其他铺地制品,不论是否制成的**					
5705001000	羊毛制其他地毯及其他铺地制品(包括动物细毛制,不论是否制成的)	14	130	17	千克/平方米	
5705002000	化纤制其他地毯及其他铺地制品(不论是否制成的)	10	130	17	千克/平方米	
5705009000	其他纺材制未列名地毯及铺地制品	14	100	17	千克/平方米	

第五十八章　特种机织物;簇绒织物;花边;装饰毯;装饰带;刺绣品

注释:

一、本章不适用于经浸渍、涂布、包覆或层压的第五十九章注释一所述的纺织物或第五十九章的其他货品。

二、品目58.01也包括因未将浮纱割断而使表面无竖绒的纬起绒织物。

三、品目58.03所称"纱罗",是指经线全部或部分由地经纱和绞经纱构成的织物,其中绞经纱绕地经纱半圈、一圈或几圈而形成圈状,纬纱从圈中穿过。

四、品目58.04不适用于品目56.08的线、绳、索结制的网状织物。

五、品目58.06所称"狭幅机织物",是指:

(一)幅宽不超过30厘米的机织物,不论是否织成或从宽幅料剪成,但两侧必须有织成的、胶粘的或用其他方法制成的布边;

(二)压平宽度不超过30厘米的圆筒机织物;

(三)折边的斜裁滚条布,其未折边时的宽度不超过30厘米。

流苏状的狭幅织物归入品目58.08。

六、品目58.10所称"刺绣品",除了一般纺织材料绣线绣制的刺绣品外,还包括在可见底布上用金属线或玻璃线刺绣的刺绣品,也包括用珠片、饰珠或纺织材料或其他材料制的装饰用花纹图案所缝绣的贴花织物。但不包括手工针绣嵌花装饰毯(品目58.05)。

七、除品目58.09的产品外,本章还包括金属线制的用于衣着、装饰及类似用途的物品。

商品编号	商品名称及备注	进口关税税率(%)		增值税率(%)	计量单位	监管条件
		最惠国	普通			
5801	**起绒机织物及绳绒织物,但品目58.02或58.06的织物除外**					
5801100000	毛制起绒机织物及绳绒织物(品目58.02或58.06的织物除外)	10	130	17	米/千克	
5801210010	未漂白不割绒的棉制纬起绒织物(品目58.02或58.06的织物除外)	12	70	17	米/千克	
5801210090	其他不割绒的棉制纬起绒织物(品目58.02或58.06的织物除外)	12	70	17	米/千克	
5801220000	割绒的棉制灯芯绒(品目58.02或58.06的织物除外)	10	70	17	米/千克	
5801230010	未漂白其他棉制纬起绒织物(品目58.02或58.06的织物除外)	10	70	17	米/千克	
5801230090	其他棉制纬起绒织物(品目58.02或58.06的织物除外)	10	70	17	米/千克	
5801260010	未漂白棉制绳绒织物(品目58.02或58.06的织物除外)	10	70	17	米/千克	
5801260090	其他棉制绳绒织物(品目58.02或58.06的织物除外)	10	70	17	米/千克	
5801271000	棉制不割绒的经起绒织物(棱纹绸)(品目58.02或58.06的织物除外)	10	70	17	米/千克	
5801272000	棉制割绒的经起绒织物(品目58.02或58.06的织物除外)	10	70	17	米/千克	
5801310000	不割绒的化纤制纬起绒织物(品目58.02或58.06的织物除外)	10	130	17	米/千克	
5801320000	割绒的化纤制灯芯绒(品目58.02或58.06的织物除外)	10	130	17	米/千克	
5801330000	其他化纤纬起绒织物(品目58.02或58.06的织物除外)	10	130	17	米/千克	
5801360000	化纤绳绒织物(品目58.02或58.06的织物除外)	10	130	17	米/千克	
5801371000	化纤制不割绒经起绒织物(棱纹绸)(品目58.02或58.06的织物除外)	10	130	17	米/千克	
5801372000	化纤制割绒的经起绒织物(品目58.02或58.06的织物除外)	10	130	17	米/千克	

商品编号	商 品 名 称 及 备 注	进口关税税率（%）		增值税率（%）	计量单位	监管条件
		最惠国	普通			
5801901000	丝及绢丝制起绒机织物及绳绒织物（品目58.02或58.06的织物除外）	10	130	17	米/千克	
5801909010	亚麻和苎麻起绒机织物及绳绒织物（品目58.02或58.06的织物除外）	10	80	17	米/千克	
5801909090	其他材料制起绒机织物及绳绒织物（品目58.02或58.06的织物除外）	10	80	17	米/千克	
5802	**毛巾织物及类似的毛圈机织物，但品目58.06的狭幅织物除外；簇绒织物，但品目57.03的产品除外**					
5802110000	未漂棉毛巾织物及类似毛圈机织物（品目58.06的狭幅织物除外）	12	70	17	米/千克	
5802190000	其他棉毛巾织物及类似毛圈机织物（品目58.06的狭幅织物除）	10	70	17	米/千克	
5802201010	丝及绢丝毛巾织物及类似毛圈织物（品目58.06的狭幅织物除外，含丝85%及以上）	12	130	17	米/千克	
5802201090	丝及绢丝毛巾织物及类似毛圈织物（品目58.06的狭幅织物除外，含丝<85%）	12	130	17	米/千克	
5802202000	羊毛等毛巾织物及类似毛圈机织物（指羊毛或动物细毛制，品目58.06的狭幅织物除外）	12	130	17	米/千克	
5802203000	化纤毛巾织物及类似毛圈机织物（品目58.06的狭幅织物除外）	14	130	17	米/千克	
5802209000	其他材料毛巾织物及类似毛圈机织物（品目58.06的狭幅织物除外）	12	80	17	米/千克	
5802301010	丝及绢丝制簇绒织物（品目57.03的产品除外，含丝85%及以上）	10	130	17	米/千克	
5802301090	其他丝及绢丝制簇绒织物（品目57.03的产品除外，含丝<85%）	10	130	17	米/千克	
5802302000	羊毛或动物细毛制簇绒织物（品目57.03的产品除外）	10	130	17	米/千克	
5802303010	麻制簇绒织物（品目57.03的产品除外）	10	70	17	米/千克	
5802303090	棉制簇绒织物（品目57.03的产品除外）	10	70	17	米/千克	
5802304000	化学纤维制簇绒织物（品目57.03的产品除外）	10	130	17	米/千克	
5802309000	其他纺织材料制簇绒织物（品目57.03的产品除外）	10	80	17	米/千克	
5803	**纱罗，但品目58.06的狭幅织物除外**					
5803001000	棉制纱罗（品目58.06的狭幅织物除外）	10	70	17	米/千克	
5803002000	丝及绢丝制纱罗（品目58.06的狭幅织物除外）	10	130	17	米/千克	
5803003000	化学纤维制纱罗（品目58.06的狭幅织物除外）	10	130	17	米/千克	
5803009000	其他纺织材料制纱罗（品目58.06的狭幅织物除外）	10	80	17	米/千克	
5804	**网眼薄纱及其他网眼织物，但不包括机织物、针织物或钩编织物；成卷、成条或成小块图案的花边，但品目60.02的织物除外**					
5804101010	丝及绢丝网眼薄纱及其他网眼织物（含丝85%及以上，不包括机织物，针织物或钩编织物）	10	130	17	千克	
5804101090	丝及绢丝网眼薄纱及其他网眼织物（含丝<85%，不包括机织物，针织物或钩编织物）	10	130	17	千克	
5804102000	棉制网眼薄纱及其他网眼织物（不包括机织物，针织物或钩编织物）	10	70	17	千克	

商品编号	商品名称及备注	进口关税税率(%)		增值税率(%)	计量单位	监管条件
		最惠国	普通			
5804103000	化纤制网眼薄纱及其他网眼织物(不包括机织物,针织物或钩编织物)	12	130	17	千克	
5804109000	其他材料网眼薄纱及其他网眼织物(不包括机织物,针织物或钩编织物)	10	90	17	千克	
5804210000	化纤机制花边(成卷成条或成小块图案的,但品目60.02的织物除外)	10	130	17	千克	
5804291010	丝及绢丝含量85%及以上机制花边(成卷成条或成小块图案的,但品目60.02的织物除外)	10	130	17	千克	
5804291090	丝及绢丝含量<85%机制花边(成卷成条或成小块图案的,但品目60.02的织物除外)	10	130	17	千克	
5804292000	棉机制花边(成卷成条或成小块图案的,但品目60.02的织物除外)	10	70	17	千克	
5804299000	其他纺织材料制机制花边(成卷成条或成小块图案的,但品目60.02的织物除外)	10	90	17	千克	
5804300011	丝含量达85%及以上制手工制花边(成卷成条或成小块图案的,但品目60.02的织物除外)	10	100	17	千克	
5804300019	丝含量达<85%制手工制花边(成卷成条或成小块图案的,但品目60.02的织物除外)	10	100	17	千克	
5804300020	棉或化纤制手工制花边(成卷成条或成小块图案的,但品目60.02的织物除外)	10	100	17	千克	
5804300090	其他纺织材料制手工制其他花边(成卷成条或成小块图案的,但品目60.02的织物除外)	10	100	17	千克	
5805	**“哥白林”、“弗朗德”、“奥步生”、“波威”及类似式样的手织装饰毯,以及手工针绣嵌花装饰毯(例如,小针脚或十字绣),不论是否制成的**					
5805001010	毛制非民间工艺针绣嵌花其他装饰毯(不论是否制成的)	12	130	17	平方米/千克	
5805001020	棉制手工针绣嵌花其他装饰毯(不论是否制成的)	12	130	17	平方米/千克	
5805001030	化纤制手工针绣嵌花其他装饰毯(不论是否制成的)	12	130	17	平方米/千克	
5805001090	其他纺织料制手工针绣嵌花装饰毯(不论是否制成的)	12	130	17	平方米/千克	
5805009010	毛制非民间工艺的手织装饰毯(包括“哥白林”、“弗朗德”、“奥步生”、“波威”及类似式样的)	12	130	17	平方米/千克	
5805009020	棉制“哥白林”等手织装饰毯(包括“弗朗德”、“奥步生”、“波威”及类似式样的手织装饰毯)	12	130	17	平方米/千克	
5805009030	化纤制“哥白林”等手织装饰毯(包括“弗朗德”、“奥步生”、“波威”及类似式样的手织装饰毯)	12	130	17	平方米/千克	
5805009090	其他纺织料制“哥白林”等手织装饰毯(包括“弗朗德”、“奥步生”、“波威”及类似式样的手织装饰毯)	12	130	17	平方米/千克	
5806	**狭幅机织物,但品目58.07的货品除外;用黏合剂黏合制成的有经纱而无纬纱的狭幅织物(包扎匹头用带)**					
5806101010	棉制狭幅起绒机织物及绳绒织物(包括狭幅毛巾织物及类似毛圈织物,品目58.07的货品除外)	10	70	17	千克	
5806101090	麻制狭幅起绒机织物及绳绒织物(包括狭幅毛巾织物及类似毛圈织物,品目58.07的货品除外)	10	70	17	千克	
5806109010	含丝≥85%狭幅起绒及绳绒等织物(包括狭幅毛巾织物及类似毛圈织物,品目58.07的货品除外)	10	80	17	千克	

商品编号	商品名称及备注	进口关税税率(%)		增值税率(%)	计量单位	监管条件
		最惠国	普通			
5806109020	毛制狭幅起绒织物及绳绒织物(包括狭幅毛巾织物及类似毛圈织物,品目58.07的货品除外)	10	80	17	千克	
5806109030	化纤制狭幅起绒织物及绳绒织物(包括狭幅毛巾织物及类似毛圈织物,品目58.07的货品除外)	10	80	17	千克	
5806109090	其他材料狭幅起绒织物及绳绒织物(包括狭幅毛巾织物及类似毛圈织物,品目58.07的货品除外)	10	80	17	千克	
5806200000	含弹性纱线≥5%狭幅织物(包括含橡胶线,品目58.07的货品除外)	10	100	17	千克	
5806310000	棉制未列名狭幅机织物(品目58.07的货品除外)	10	70	17	千克	
5806320010	化纤制用于打字机色带狭幅机织物(品目58.07的货品除外)	10	130	17	千克	
5806320090	化纤制其他狭幅机织物(品目58.07的货品除外)	10	130	17	千克	
5806391000	含丝量≥85%制其他狭幅机织物(品目58.07的货品除外)	10	130	17	千克	
5806392000	羊毛制其他狭幅机织物(品目58.07的货品除外)	10	130	17	千克	
5806399010	含金属纱线制其他狭幅机织物(品目58.07的货品除外)	10	80	17	千克	
5806399090	其他材料制其他狭幅机织物(品目58.07的货品除外)	10	80	17	千克	
5806401000	棉或麻黏合有经纱无纬纱狭幅织物(包括扎匹头用带,品目58.07的货品除外)	10	70	17	千克	
5806409000	其他材料黏合有经无纬狭幅织物(包括扎匹头用带,品目58.07的货品除外)	10	80	17	千克	
5807	**非绣制的纺织材料制标签、徽章及类似品,成匹、成条或裁成一定形状或尺寸**					
5807100010	棉制机织非绣制标签(成匹,成条或裁成一定形状或尺寸)	10	100	17	千克	
5807100020	化纤制机织非绣制标签(成匹,成条或裁成一定形状或尺寸)	10	100	17	千克	
5807100090	其他纺织材料制机织非绣制标签等(包括徽章及类似品,成匹、成条或裁成一定形状或尺寸)	10	100	17	千克	
5807900010	棉制非绣制的标签(成匹,成条或裁成一定形状或尺寸)	10	100	17	千克	
5807900020	化纤制非绣制的标签(成匹,成条或裁成一定形状或尺寸)	10	100	17	千克	
5807900090	其他纺织材料制非绣制的标签等(包括徽章及类似品,成匹,成条或裁成一定形状或尺寸)	10	100	17	千克	
5808	**成匹的编带;非绣制的成匹装饰带,但针织或钩编的除外;流苏、绒球及类似品**					
5808100010	棉或化纤制成匹的编带	10	100	17	千克	
5808100020	蕉麻或苎麻制成匹的编带(适合制造或装饰帽类用)	10	100	17	千克	AB
5808100090	其他纺织材料制成匹的编带	10	100	17	千克	
5808900010	棉或化纤制非绣制成匹装饰带(针织或钩编的除外)	10	100	17	千克	
5808900090	其他非绣制成匹装饰带,流苏等(含绒球及类似品,针织或钩编的除外)	10	100	17	千克	
5809	**其他品目未列名的金属线机织物及品目56.05所列含金属纱线的机织物,用于衣着、装饰及类似用途**					
5809001000	金属线及含金属纱线与棉混制的布(用于衣着、装饰及类似用途,布指机织物)	10	90	17	米/千克	
5809002000	金属线及含金属纱线与化纤混制布(用于衣着、装饰及类似用途,布指机织物)	10	130	17	米/千克	

商品编号	商品名称及备注	进口关税税率（%）		增值税率（%）	计量单位	监管条件
		最惠国	普通			
5809009000	金属线与其他纤维混制的布（含金属纱线，用于衣着、装饰及类似用途，布指机织物）	10	100	17	米/千克	
5810	**成匹、成条或成小块图案的刺绣品**					
5810100000	不见底布的刺绣品（成匹、成条或成小块图案）	10	130	17	千克	
5810910000	棉制见底布的刺绣品（成批、成条或成小块图案）	10	130	17	千克	
5810920010	化学纤维制见底布刺绣标签（成匹、成条或成小块图案）	10	130	17	千克	
5810920090	其他化学纤维制见底布刺绣品（成匹、成条或成小块图案）	10	130	17	千克	
5810990010	羊毛或动物细毛制见底布刺绣品（成匹、成条或成小块图案）	10	130	17	千克	
5810990090	其他纺织材料制见底布刺绣品（成匹、成条或成小块图案）	10	130	17	千克	
5811	**用一层或几层纺织材料与胎料经绗缝或其他方法组合制成的被褥状纺织品，但品目58.10的刺绣品除外**					
5811001000	丝及绢丝制被褥状纺织品（经绗缝等法用一层或几层织物与胎料组合不含品目58.10刺绣品）	10	130	17	千克	
5811002000	羊毛或动物细毛制被褥状纺织品（经绗缝等法用一层或几层织物与胎料组合不含品目58.10刺绣品）	10	130	17	千克	
5811003010	未漂或漂白棉制被褥状纺织品（经绗缝等法用一层或几层织物与胎料组合不含品目58.10刺绣品）	10	80	17	千克	
5811003090	其他棉制被褥状纺织品（经绗缝等法用一层或几层织物与胎料组合不含品目58.10刺绣品）	10	80	17	千克	
5811004000	化学纤维制被褥状纺织品（经绗缝等法用一层或几层织物与胎料组合不含品目58.10刺绣品）	12	130	17	千克	
5811009000	其他纺织材料制被褥状纺织品（经绗缝等法用一层或几层织物与胎料组合不含品目58.10刺绣品）	10	90	17	千克	

第五十九章　浸渍、涂布、包覆或层压的纺织物；工业用纺织制品

注释：

一、除条文另有规定的以外，本章所称“纺织物”，仅适用于第五十章至第五十五章、品目58.03及58.06的机织物、品目58.08的成匹编带和装饰带及品目60.02至60.06的针织物或钩编织物。

二、品目59.03适用于：

（一）用塑料浸渍、涂布、包覆或层压的纺织物，不论每平方米重量多少以及塑料的性质如何（紧密结构或泡沫状的），但下列各项除外：

1. 用肉眼无法辨别出是否经过浸渍、涂布、包覆或层压的织物（通常归入第五十章至第五十五章、第五十八章或第六十章）；但由于浸渍、涂布、包覆或层压所引起的颜色变化可不予考虑；

2. 温度在15℃～30℃时，用手工将其绕于直径7毫米的圆柱体上会发生断裂的产品（通常归入第三十九章）；

3. 纺织物完全嵌入塑料内或在其两面均用塑料完全包覆或涂布，而这种包覆或涂布用肉眼是能够辨别出的产品（但由于包覆或涂布所引起的颜色变化可不予考虑）（第三十九章）；

4. 用塑料部分涂布或包覆并由此而形成图案的织物（通常归入第五十章至第五十五章、第五十八章或第六十章）；

5. 与纺织物混制而其中纺织物仅起增强作用的泡沫塑料板、片或带（第三十九章）；

6. 品目58.11的纺织品。

（二）由品目56.04的用塑料浸渍、涂布、包覆或套裹的纱线、扁条或类似品制成的织物。

三、品目59.05所称“糊墙织物”，是指以纺织材料做面，固定在一衬背上或在背面进行处理（浸渍或涂布以便于裱糊），适于装饰墙壁或天花板，且宽度不小于45厘米的成卷产品。

但本品目不适用于以纺织纤维屑或粉末直接粘于纸上（品目48.14）或布底上（通常归入品目59.07）的糊墙物品。

四、品目59.06所称“用橡胶处理的纺织物”是指：

（一）用橡胶浸渍、涂布、包覆或层压的纺织物：

1. 每平方米重量不超过1500克；

2. 每平方米重量超过1500克，按重量计纺织材料含量在50%以上；

（二）由品目56.04的用橡胶浸渍、涂布、包覆或套裹的纱线、扁条或类似品制成的织物；

（三）平行纺织纱线经橡胶黏合的织物，不论每平方米重量多少。

但本品目不包括与纺织物混制而其中纺织物仅起增强作用的海绵橡胶板、片或带（第四十章），也不包括品目58.11的纺织品。

五、品目59.07不适用于：

（一）用肉眼无法辨别出是否经过浸渍、涂布或包覆的织物（通常归入第五十章至第五十五章、第五十八章或第六十章），但由于浸渍、涂布或包覆所引起的颜色变化可不予考虑；

（二）绘有图画的织物（作为舞台、摄影布景或类似品的已绘制的画布除外）；

（三）用短绒、粉末、软木粉或类似品部分覆面并由此而形成图案的织物，但仿绒织物仍归入本品目；

（四）以淀粉或类似物质为基本成分的正常浆料上浆整理的织物；

（五）以纺织物为底的木饰面板（品目44.08）；

（六）以纺织物为底的砂布及类似品（品目68.05）；

（七）以纺织物为底的粘聚或复制云母片（品目68.14）；

（八）以纺织物为底的金属箔（通常为第十四类或第十五类）。

六、品目59.10不适用于：

（一）厚度小于3毫米的纺织材料制传动带或输送带；

（二）用橡胶浸渍、涂布、包覆或层压的织物制成的或用橡胶浸渍、涂布、包覆或套裹的纱线或绳制成的传动带及运输带（品目40.10）。

七、品目59.11适用于下列不能归入第十一类其他品目的货品：

（一）下列成匹的、裁成一定长度或仅裁成矩形（包括正方形）的纺织产品（具有品目59.08至59.10所列产品特征的产品除外）：

1. 用橡胶、皮革或其他材料涂布、包覆或层压的做针布用的纺织物、毡呢及毡呢衬里机织物，以及其他专门技术用途的类似织物，包括用橡胶浸渍的用于包覆纺锤（织轴）的狭幅丝绒织物；

2. 筛布；

3. 用于榨油机器或类似机器的纺织材料制或人发制滤布；

4. 用多股经纱或纬纱平织而成的纺织物，不论是否毡化、浸渍或涂布，通常用于机械或其他专门技术用途；

5. 专门技术用途的增强纺织物；

6. 工业上做填塞或润滑材料的线绳、编带及类似品，不论是否涂布、浸渍或用金属加强。

（二）专门技术用途的纺织制品（品目59.08至59.10的货品除外），例如，造纸机器或类似机器（如制浆机或制石棉水泥的机器）用的环状或装有连接装置的纺织物或毡呢、密封垫、垫圈、抛光盘及其他机器零件。

商品编号	商品名称及备注	进口关税税率(%)		增值税率(%)	计量单位	监管条件
		最惠国	普通			
5901	**用胶或淀粉物质涂布的纺织物,作书籍封面及类似用途的;描图布;制成的油画布;作帽里的硬衬布及类似硬挺纺织物**					
5901101010	胶或淀粉涂布的棉纺织物(作书籍封面,棉织物重≥50%,经漂染印花)	10	80	17	千克	
5901101090	胶或淀粉涂布的麻及其他棉纺织物(作书籍封面及类似用途的)	10	80	17	千克	
5901102010	胶或淀粉涂布的涤棉短纤混纺织品(书籍封面及类似用途,聚酯短纤棉混纺漂染织物重>50%)	10	130	17	千克	
5901102090	胶或淀粉涂布的其他化纤纺织物(作书籍封面及类似用途的)	10	130	17	千克	
5901109010	用胶或淀粉涂布的精梳毛纺织物(书籍封面及类似用途,精梳羊毛或动物细毛织物重≥50%)	10	100	17	千克	
5901109090	用胶或淀粉涂布的其他纺织物(作书籍封面及类似用途的)	10	100	17	千克	
5901901010	精梳毛织物制油画布(精梳羊毛或动物细毛织物重≥50%)	10	50	17	千克	
5901901020	棉制油画布(棉织物重≥50%,经漂白染色印花等加工)	10	50	17	千克	
5901901030	聚酯短纤与棉混纺织物制油画(织物重≥50%,经漂白染色印花等加工)	10	50	17	千克	
5901901090	其他纺织物制成的油画布	10	50	17	千克	
5901909110	棉制描图布、帽里硬衬布等(包括类似硬挺纺织物,棉织物重≥50%,经漂染印花)	10	80	17	千克	
5901909190	麻及其他棉制描图布、帽里硬衬布(包括类似硬挺纺织物)	10	80	17	千克	
5901909210	聚酯短纤与棉混纺织物制描图布(含帽里硬衬类似硬挺纺织物,织物重≥50%,经漂染印)	10	130	17	千克	
5901909290	其他化纤制描图布、帽里硬衬布等(包括类似硬挺纺织物)	10	130	17	千克	
5901909910	精梳毛纺织物制描图布、帽里硬衬(包括类似硬挺纺织物,精梳羊毛或动物细毛织物重≥50%)	10	100	17	千克	
5901909990	其他纺织物制描图布、帽里硬衬布(包括类似硬挺纺织物)	10	100	17	千克	
5902	**尼龙或其他聚酰胺、聚酯或粘胶纤维高强力纱制的帘子布**					
5902101000	聚酰胺-6(尼龙-6)制的帘子布	10	40	17	千克	
5902102000	聚酰胺-6,6(尼龙-66)制的帘子布	10	40	17	千克	
5902109000	其他聚酰胺制的帘子布	10	40	17	千克	
5902200000	聚酯高强力纱制的帘子布	10	40	17	千克	
5902900000	粘胶纤维高强力纱制帘子布	10	40	17	千克	
5903	**用塑料浸渍、涂布、包覆或层压的纺织物,但品目59.02的货品除外**					
5903101010	若干平行化纤纱线黏合绝缘布或带(聚氯乙烯浸渍、涂布、包覆或层压,塑料≤60%)	10	40	17	千克	
5903101020	聚氯乙烯浸渍涤棉混纺绝缘布或带(聚氯乙烯涂、包、漂、染聚酯短纤棉混纺,塑或胶<50%)	10	40	17	千克	
5903101030	聚氯乙烯浸渍其他化纤绝缘布或带(用聚氯乙烯涂布、包覆或层压,塑或胶≤70%)	10	40	17	千克	
5903101090	用聚氯乙烯浸渍的其他绝缘布或带(包括用聚氯乙烯涂布、包覆或层压的)	10	40	17	千克	
5903102010	若干层平行纱线黏合的化纤人造革(用聚氯乙烯浸渍、涂布、包覆层压,塑料≤60%)	10	70	17	千克/米	

商品编号	商品名称及备注	进口关税税率（%）		增值税率（%）	计量单位	监管条件
		最惠国	普通			
5903102020	用聚氯乙烯浸渍的涤棉织物人造革（聚氯乙烯涂布、漂、印、染聚酯短纤棉混纺，塑或胶＜50%）	10	70	17	千克/米	
5903102030	用聚氯乙烯浸渍的其他化纤人造革（包括用聚氯乙烯涂布、包覆或层压，塑或胶≤70%）	10	70	17	千克/米	
5903102040	用聚氯乙烯浸渍的棉织物人造革（聚氯乙烯涂布、包覆或层压，漂、染、印花织物≥50%）	10	70	17	千克/米	
5903102090	用聚氯乙烯浸渍的其他人造革（包括用聚氯乙烯涂布、包覆或层压的）	10	70	17	千克/米	
5903109010	若干层平行纱线黏合化纤其他织物（聚氯乙烯浸渍涂布、包覆层压，塑料重≤60%）	10	90	17	千克	
5903109021	聚氯乙烯浸渍的其他涤棉混纺织物（聚氯乙烯涂布、漂印染聚酯短纤棉混纺，塑或胶＜50%）	10	90	17	千克	
5903109029	聚氯乙烯浸渍的其他化纤织物（包括用聚氯乙烯涂布包覆层压，塑或胶≤70%）	10	90	17	千克	
5903109030	聚氯乙烯浸渍的棉织物（聚氯乙烯涂布包覆层压，漂染印花织物≥50%）	10	90	17	千克	
5903109040	用聚氯乙烯浸渍的精梳毛织物（聚氯乙烯涂布包覆或层压，精梳羊毛或动物细毛≥50%）	10	90	17	千克	
5903109090	聚氯乙烯浸渍的其他纺织物（包括用聚氯乙烯涂布、包覆或层压的）	10	90	17	千克	
5903201010	若干平行纱线黏合化纤绝缘布或带（聚氨基甲酸酯浸渍涂布、包覆或层压，塑料重≤60%）	10	40	17	千克	
5903201020	聚氨基甲酸酯浸渍涤棉绝缘布或带（聚氨基甲酸酯浸涂漂染聚酯短纤棉混纺，塑或胶＜50%）	10	40	17	千克	
5903201030	聚氨基甲酸酯浸渍其他化纤绝缘布（包括用聚氨基甲酸酯涂布、包覆层压，塑或胶≤70%）	10	40	17	千克	
5903201090	聚氨基甲酸酯浸渍其他绝缘布或带（包括用聚氨基甲酸酯涂布，包覆或层压的）	10	40	17	千克	
5903202010	若干层平行纱线黏合化纤人造革（聚氨基甲酸酯浸渍涂布、包覆层压，塑料≤60%）	10	70	17	千克/米	
5903202020	用聚氨基甲酸酯浸渍的涤棉人造革（聚氨基甲酸酯涂布漂染聚酯短纤棉混纺，塑或胶＜50%）	10	70	17	千克/米	
5903202030	聚氨基甲酸酯浸渍其他化纤人造革（包括用聚氨基甲酸酯涂布、包覆层压，塑或胶≤70%）	10	70	17	千克/米	
5903202040	聚氨基甲酸酯浸渍的棉织物人造革（聚氨基甲酸酯涂布、包覆层压，漂染印织物≥50%）	10	70	17	千克/米	
5903202090	用聚氨基甲酸酯浸渍的其他人造革（包括用聚氨基甲酸酯涂布，包覆或层压的）	10	70	17	千克/米	
5903209010	若干层平行纱线黏合化纤其他织物（聚氨基甲酸酯浸渍涂布、包覆层压，塑料≤60%）	10	90	17	千克	
5903209021	聚氨基甲酸酯浸渍其他涤棉织物（聚氨基甲酸酯涂布漂染聚酯短纤棉混纺，塑或胶＜50%）	10	90	17	千克	
5903209029	聚氨基甲酸酯浸渍其他化纤织物（含聚氨基甲酸酯涂布包覆或层压，塑或胶≤70%）	10	90	17	千克	
5903209030	用聚氨基甲酸酯浸渍的棉织物（聚氨基甲酸酯涂布包覆层压，漂染印织物≥50%）	10	90	17	千克	

商品编号	商品名称及备注	进口关税税率(%)		增值税率(%)	计量单位	监管条件
		最惠国	普通			
5903209041	用聚氨基甲酸酯浸渍的精梳毛织物(聚氨基甲酸酯涂布包覆层压,精梳羊毛或动物细毛≥50%)	10	90	17	千克	
5903209049	用聚氨基甲酸酯浸渍的其他毛织物(聚氨基甲酸酯涂布包覆或层压,精梳毛织物除外)	10	90	17	千克	
5903209090	用聚氨基甲酸酯浸渍的其他纺织物(包括用聚氨基甲酸酯涂布、包覆或层压的)	10	90	17	千克	
5903901010	若干平行化纤纱线黏合绝缘布或带(其他塑料浸渍涂布、包覆或层压,塑料重≤60%)	10	40	17	千克	
5903901020	其他塑料浸渍涤棉混纺绝缘布或带(塑料浸涂包的漂染聚酯短纤棉混纺,塑料橡胶<50%)	10	40	17	千克	
5903901030	其他塑料浸渍其他化纤绝缘布或带(包括用其他塑料涂布、包覆或层压,塑料或橡胶≤70%)	10	40	17	千克	
5903901090	用其他塑料浸渍的其他绝缘布或带(包括用其他塑料涂布、包覆或层压的)	10	40	17	千克	
5903902010	由若干层平行纱线黏合化纤人造革(用其他塑料涂布、包覆或层压,塑料重≤60%)	10	70	17	千克/米	
5903902020	用其他塑料浸渍的涤棉织物人造革(其他塑料涂布、包覆的漂染,印花聚酯短纤棉混纺,塑料或橡胶<50%)	10	70	17	千克/米	
5903902030	用其他塑料浸渍的其他化纤人造革(包括用其他塑料涂布、包覆的,塑料或橡胶≤70%)	10	70	17	千克/米	
5903902040	用其他塑料浸渍的棉织物人造革(用其他塑料涂布、包覆或层压,漂染印花织物≥50%)	10	70	17	千克/米	
5903902090	用其他塑料浸渍的其他人造革(包括用其他塑料涂布、包覆或层压的)	10	70	17	千克/米	
5903909010	若干层化纤平行纱线黏合其他织物(用其他塑料浸渍、涂布、包覆或层压,塑料重≤60%)	10	90	17	千克	
5903909021	其他塑料浸渍的其他涤棉混纺织物(其他塑料涂布、漂染印花,聚酯短纤棉混纺,塑料或橡胶<50%)	10	90	17	千克	
5903909029	用其他塑料浸渍的其他化纤织物(包括用其他塑料涂布、包覆或层压的,塑料或橡胶≤70%)	10	90	17	千克	
5903909030	用其他塑料浸渍的棉织物(用其他塑料涂布、包覆或层压的,漂染印花织物≥50%)	10	90	17	千克	
5903909041	用其他塑料浸渍的精梳毛织物(用其他塑料涂布、包覆或层压的,精梳羊毛或动物细毛≥50%)	10	90	17	千克	
5903909049	用其他塑料浸渍的其他毛织物(用其他塑料涂布、包覆或层压的,精梳毛织物除外)	10	90	17	千克	
5903909090	用其他塑料浸渍的其他纺织物(包括用其他塑料涂布、包覆或层压的)	10	90	17	千克	
5904	**列诺伦(亚麻油地毡),不论是否剪切成形;以织物为底布经涂布或覆面的铺地制品,不论是否剪切成形**					
5904100000	列诺伦(亚麻油地毡)(不论是否剪切成形)	14	90	17	千克/平方米	
5904900000	以纺织物为底涂布或覆面的铺地品(不论是否剪切成形)	14	90	17	千克/平方米	
5905	**糊墙织物**					
5905000011	以纸衬背的合成短纤制糊墙织物	10	80	17	千克/平方米	
5905000019	以纸衬背的人造短纤制糊墙织物	10	80	17	千克/平方米	
5905000020	平行纱线固定的糊墙织物(固定在任何其他衬背上的)	10	80	17	千克/平方米	

商品编号	商品名称及备注	进口关税税率(%) 最惠国	进口关税税率(%) 普通	增值税率(%)	计量单位	监管条件
5905000031	其他合成短纤制糊墙织物	10	80	17	千克/平方米	
5905000039	其他人造短纤制糊墙织物	10	80	17	千克/平方米	
5905000090	其他纺织糊墙织物	10	80	17	千克/平方米	
5906	**用橡胶处理的纺织物,但品目59.02的货品除外**					
5906101000	用橡胶处理宽≤20厘米纺织绝缘带(纺织物胶粘绝缘带)	10	40	17	千克	
5906109000	用橡胶处理宽≤20厘米其他胶粘带(纺织物胶粘绝缘带)	10	100	17	千克	
5906910010	用橡胶处理的针织或钩编化纤纺织物(按重量计塑料或橡胶不超过70%,宽>20厘米)	10	130	17	千克	
5906910090	用橡胶处理的针织或钩编其他纺织物(宽>20厘米)	10	130	17	千克	
5906991010	用橡胶处理的精梳毛纺绝缘布或带(非针织或钩编、精梳羊毛或动物细毛≥50%,宽>20厘米)	10	40	17	千克	
5906991020	用橡胶处理的棉织物绝缘布或带(非针织或钩编、漂染印花棉织物≥50%,宽>20厘米)	10	40	17	千克	
5906991031	用橡胶处理聚酯短纤棉混纺绝缘布带(非针织或钩编、漂染印花混纺布≥50%,宽>20厘米)	10	40	17	千克	
5906991039	用橡胶处理的其他化纤绝缘布或带(非针织或钩编,宽>20厘米,塑料或橡胶≤70%)	10	40	17	千克	
5906991090	用橡胶处理宽>20厘米其他绝缘布或带(非针织或钩编的,宽>20厘米)	10	40	17	千克	
5906999010	用橡胶处理的精梳毛纺织物(精梳羊毛或动物细毛≥50%,非针织或钩编的,宽>20厘米)	10	100	17	千克	
5906999020	用橡胶处理的其他棉纺织物(非针织或钩编,宽>20厘米,漂染印花棉织物≥50%)	10	100	17	千克	
5906999031	用橡胶处理的聚酯短纤棉混纺织物(非针织或钩编,宽>20厘米,漂染印花聚酯混纺布≥50%)	10	100	17	千克	
5906999039	用橡胶处理的其他化纤纺织物(非针织或钩编,宽>20厘米,塑料或橡胶≤70%)	10	100	17	千克	
5906999090	用橡胶处理的其他纺织物(非针织或钩编,宽>20厘米)	10	100	17	千克	
5907	**用其他材料浸渍、涂布或包覆的纺织物;作舞台、摄影布景或类似用途的已绘制画布**					
5907001010	其他材料浸涂植物纤维绝缘布或带(用橡胶、塑料、浆料以外材料浸渍涂布或包覆,棉除外)	10	40	17	千克	
5907001020	其他材料浸涂的棉制绝缘布或带(用橡胶、塑料、浆料以外材料浸涂或包覆,漂染棉织物≥50%)	10	40	17	千克	
5907001030	其他材料浸涂涤短纤棉混纺绝缘布(橡胶、塑料、浆料以外材料浸涂或包覆,漂染涤棉织物≥50%)	10	40	17	千克	
5907001090	其他材料浸涂其他纺织绝缘布或带(用橡胶、塑料、浆料以外材料浸渍、涂布或包覆)	10	40	17	千克	
5907002010	其他材料浸涂植物纤维已绘制画布(用橡胶、塑料、浆料以外材料浸渍、涂布或包覆,棉除外)	10	50	17	千克	
5907002020	其他材料浸涂精梳毛已绘制画布(用橡胶、塑料、浆料以外材料浸涂或包覆,精梳羊/动物细毛≥50%)	10	50	17	千克	
5907002030	用其他材料浸涂的棉制已绘制画布(用橡胶、塑料、浆料以外材料浸涂或包覆,漂染棉织物≥50%)	10	50	17	千克	
5907002040	其他材料浸涂涤短纤棉混已绘画布(用橡胶、塑料、浆料以外材料浸涂或包覆,漂染涤短棉织物≥50%)	10	50	17	千克	

商品编号	商品名称及备注	进口关税税率(%)		增值税率(%)	计量单位	监管条件
		最惠国	普通			
5907002090	其他材料浸涂其他织物已绘制画布(用橡胶、塑料、浆料以外材料浸渍、涂布或包覆)	10	50	17	千克	
5907009010	用其他材料浸涂的植物纤维纺织物(用橡胶、塑料、浆料以外材料浸渍、涂布或包覆,棉除外)	10	100	17	千克	
5907009020	用其他材料浸涂的精梳毛纺织物(用橡胶、塑料、浆料以外材料浸涂或包覆,精梳羊/动物细毛≥50%)	10	100	17	千克	
5907009030	用其他材料浸涂的棉制纺织物(用橡胶、塑料、浆料以外材料浸涂或包覆,漂染棉织物≥50%)	10	100	17	千克	
5907009040	用其他材料浸涂的涤短纤棉混纺织物(用橡胶、塑料、浆料以外材料浸涂或包覆,漂染涤棉织物≥50%)	10	100	17	千克	
5907009090	用其他材料浸涂的其他纺织物(用橡胶、塑料、浆料以外材料浸渍、涂布或包覆)	10	100	17	千克	
5908	**用纺织材料机织、编结或针织而成的灯芯、炉芯、打火机芯、烛芯或类似品;煤气灯纱筒及纱罩,不论是否浸渍**					
5908000000	灯芯、炉芯等和煤气灯纱筒及纱罩(包括打火机芯、烛芯或类似品,用纺织材料机织、编结、针织)	10	70	17	千克	
5909	**纺织材料制的水龙软管及类似的管子,不论有无其他材料作衬里、护套或附件**					
5909000000	纺织材料制水龙软管及类似管子(不论有无其他材料作衬里、护套或附件)	8	35	17	千克	
5910	**纺织材料制的传动带或输送带及带料,不论是否用塑料浸渍、涂布、包覆或压层,也不论是否用金属或其他材料加强**					
5910000000	纺织材料制的传动带或输送带及带料(不论是否用塑料浸渍、涂布、包覆、层压或用金属等加强)	8	35	17	千克	
5911	**本章注释七所规定的作专门技术用途的纺织产品及制品**					
5911101000	包覆纺锤用浸胶的狭幅丝绒织物(包括用橡胶、皮革等材料包覆、压层的毡呢及类似织物)	8	75	17	千克	
5911109000	其他起绒狭幅织物(包括用橡胶、皮革等材料包覆、压层的毡呢及类似织物)	8	35	17	千克	
5911200010	丝制筛布(不论是否制成的)	8	35	17	千克	
5911200090	其他纺织材料制筛布(不论是否制成的,刻版筛网印布除外)	8	35	17	千克	
5911310000	轻的环状或有连接装置的布或毡呢(每平方米重量在650克以下,用于造纸机器或类似机器)	8	35	17	千克	
5911320000	重的环状或有连接装置的布或毡呢(每平方米重量在650克及以上,用于造纸机器或类似机器)	8	35	17	千克	
5911400000	用于榨油机器或类似机器的滤布(包括人发制滤布)	8	35	17	千克	
5911900000	其他专门技术用途纺织产品及制品(见第五十九章注释七)	8	35	17	千克	

第六十章　针织物及钩编织物

注释：

一、本章不包括：

（一）品目 58.04 的钩编花边；

（二）品目 58.07 的针织或钩编的标签、徽章及类似品；

（三）第五十九章的经浸渍、涂布、包覆或层压的针织物及钩编织物。但经浸渍、涂布、包覆或层压的起绒针织物及起绒钩编织物仍归入品目 60.01。

二、本章还包括用金属线制的用于衣着、装饰或类似用途的织物。

三、本手册所称"针织物"，包括由纺织纱线用链式针法构成的缝编织物。

商品编号	商 品 名 称 及 备 注	进口关税税率（%）		增值税率（%）	计量单位	监管条件
		最惠国	普通			
6001	**针织或钩编的起绒织物，包括"长毛绒"织物及毛圈织物**					
6001100010	毛制针织或钩编的长毛绒织物（羊毛及动物细毛制）	10	130	17	米/千克	
6001100020	棉制针织或钩编的长毛绒织物	10	130	17	米/千克	
6001100030	化纤制针织或钩编的长毛绒织物	10	130	17	米/千克	
6001100090	其他纺材制针织或钩编长毛绒织物	10	130	17	米/千克	
6001210000	棉制针织或钩编的毛圈绒头织物	10	70	17	米/千克	
6001220000	化纤制针织或钩编毛圈绒头织物	10	130	17	米/千克	
6001290010	毛制针织或钩编毛圈绒头织物（羊毛及动物细毛制）	12	130	17	米/千克	
6001290090	其他材料制针织或钩编毛圈绒头布	12	130	17	米/千克	
6001910000	棉制针织或钩编起绒织物	10	70	17	米/千克	
6001920000	化纤制针织或钩编起绒织物	10	130	17	米/千克	
6001990010	丝制针织或钩编其他起绒织物（按重量计含丝及绢丝 85%及以上）	12	130	17	米/千克	
6001990020	毛制针织或钩编其他起绒织物（羊毛及动物细毛制）	12	130	17	米/千克	
6001990090	其他纺材制针织或钩编起绒织物	12	130	17	米/千克	
6002	**宽度不超过 30 厘米，按重量计弹性纱线或橡胶线含量在5%及以上的针织物或钩编织物，但品目 60.01 的货品除外**					
6002401000	棉制宽≤30 厘米弹性针织或钩编织物（按重量计弹性纱线含量在 5%及以上且不含橡胶线）	10	70	17	米/千克	
6002402000	丝及绢丝制宽≤30 厘米针织或钩编织物（按重量计弹性纱线含量在 5%及以上且不含橡胶线）	10	130	17	米/千克	
6002403000	合成纤维制宽≤30 厘米针织或钩编织物（按重量计弹性纱线含量在 5%及以上且不含橡胶线）	10	130	17	米/千克	
6002404000	人造纤维制宽≤30 厘米针织或钩编织物（按重量计弹性纱线含量在 5%及以上且不含橡胶线）	10	130	17	米/千克	
6002409000	其他纺材宽≤30 厘米针织或钩编织物（按重量计弹性纱线含量在 5%及以上且不含橡胶线）	10	130	17	米/千克	
6002901000	棉制宽≤30 厘米弹性针织或钩编织物（按重量计含弹性纱线或橡胶线≥5%）	10	70	17	米/千克	
6002902000	丝及绢丝宽≤30 厘米针织或钩编织物（按重量计含弹性纱线或橡胶线≥5%）	10	130	17	米/千克	
6002903000	合成纤维制宽≤30 厘米针织或钩编织（按重量计含弹性纱线或橡胶线≥5%）	10	130	17	米/千克	

商品编号	商品名称及备注	进口关税税率(%)		增值税率(%)	计量单位	监管条件
		最惠国	普通			
6002904000	人造纤维制宽≤30厘米针织或钩编织物(按重量计含弹性纱线或橡胶线≥5%)	10	130	17	米/千克	
6002909000	其他纺材宽≤30厘米针织或钩编织物(按重量计含弹性纱线或橡胶线≥5%)	10	130	17	米/千克	
6003	**宽度不超过30厘米的针织或钩编织物,但品目60.01或60.02的货品除外**					
6003100000	毛制宽≤30厘米针织或钩编织物(按重量计弹性纱线或橡胶线含量<5%)	10	130	17	米/千克	
6003200010	棉制宽≤30厘米经编织物(按重量计弹性纱线或橡胶线含量<5%)	10	70	17	米/千克	
6003200090	棉制宽≤30厘米非经编针织或钩编织物(按重量计弹性纱线或橡胶线含量<5%)	10	70	17	米/千克	
6003300010	合纤制宽≤30厘米经编织物(按重量计弹性纱线或橡胶线含量<5%)	10	130	17	米/千克	
6003300090	合纤制宽≤30厘米非经编针织或钩编织物(按重量计弹性纱线或橡胶线含量<5%)	10	130	17	米/千克	
6003400010	人纤制宽≤30厘米经编织物(按重量计弹性纱线或橡胶线含量<5%)	10	130	17	米/千克	
6003400090	人纤制宽≤30厘米非经编针织或钩编织物(按重量计弹性纱线或橡胶线含量<5%)	10	130	17	米/千克	
6003900000	其他纺材宽≤30厘米针织或钩编织物(按重量计弹性纱线或橡胶线含量<5%)	10	130	17	米/千克	
6004	**宽度超过30厘米,按重量计弹性纱线或橡胶线含量在5%及以上的针织物或钩编织物,但品目60.01的货品除外**					
6004101000	棉制宽>30厘米弹性针织或钩编织物(按重量计弹性纱线含量在5%及以上且不含橡胶线)	10	70	17	米/千克	
6004102000	丝及绢丝宽>30厘米针织或钩编织物(按重量计弹性纱线含量在5%及以上且不含橡胶线)	10	130	17	米/千克	
6004103000	合成纤维制宽>30厘米针织或钩编织物(按重量计弹性纱线含量在5%及以上且不含橡胶线)	10	130	17	米/千克	
6004104000	人造纤维制宽>30厘米针织或钩编织物(按重量计弹性纱线含量在5%及以上且不含橡胶线)	10	130	17	米/千克	
6004109000	其他纺材宽>30厘米针织或钩编织物(按重量计弹性纱线含量在5%及以上且不含橡胶线)	10	130	17	米/千克	
6004901000	棉制宽>30厘米弹性针织或钩编织物(按重量计含弹性纱线或橡胶线≥5%)	10	70	17	米/千克	
6004902000	丝及绢丝宽>30厘米针织或钩编织物(按重量计含弹性纱线或橡胶线≥5%)	10	130	17	米/千克	
6004903000	合成纤维制宽>30厘米针织或钩编织物(按重量计含弹性纱线或橡胶线≥5%)	10	130	17	米/千克	
6004904000	人造纤维制宽>30厘米针织或钩编织物(按重量计含弹性纱线或橡胶线≥5%)	10	130	17	米/千克	
6004909000	其他纺材制宽>30厘米针织或钩编织物(按重量计含弹性纱线或橡胶线≥5%)	10	130	17	米/千克	
6005	**经编织物(包括由花边针织机织成的),但品目60.01至60.04的货品除外**					

商品编号	商品名称及备注	进口关税税率(%)		增值税率(%)	计量单位	监管条件
		最惠国	普通			
6005210000	漂白或未漂白棉制经编织物(包括由花边针织机织成的经编织物)	10	70	17	米/千克	
6005220000	染色棉制经编织物(包括由花边针织机织成的经编织物)	10	70	17	米/千克	
6005230000	色织棉制经编织物(包括由花边针织机织成的经编织物)	10	70	17	米/千克	
6005240000	印花棉制经编织物(包括由花边针织机织成的经编织物)	10	70	17	米/千克	
6005310010	漂白或未漂白合成纤维制经编透孔织物(包括由花边针织机织成的经编织物)	10	130	17	米/千克	
6005310090	漂白或未漂白合成纤维制经编非透孔织物(包括由花边针织机织成的经编织物)	10	130	17	米/千克	
6005320010	染色合成纤维制经编透孔织物(包括由花边针织机织成的经编织物)	10	130	17	米/千克	
6005320090	染色合成纤维制经编非透孔织物(包括由花边针织机织成的经编织物)	10	130	17	米/千克	
6005330010	色织合成纤维制经编透孔织物(包括由花边针织机织成的经编织物)	10	130	17	米/千克	
6005330090	色织合成纤维制经编非透孔织物(包括由花边针织机织成的经编织物)	10	130	17	米/千克	
6005340010	印花合成纤维制经编透孔织物(包括由花边针织机织成的经编织物)	10	130	17	米/千克	
6005340090	印花合成纤维制经编非透孔织物(包括由花边针织机织成的经编织物)	10	130	17	米/千克	
6005410010	漂白或未漂白人造纤维制经编透孔织物(包括由花边针织机织成的经编织物)	10	130	17	米/千克	
6005410090	漂白或未漂白人造纤维制经编非透孔织物(包括由花边针织机织成的经编织物)	10	130	17	米/千克	
6005420010	染色人造纤维制经编透孔织物(包括由花边针织机织成的经编织物)	10	130	17	米/千克	
6005420090	染色人造纤维制经编非透孔织物(包括由花边针织机织成的经编织物)	10	130	17	米/千克	
6005430010	色织人造纤维制经编透孔织物(包括由花边针织机织成的经编织物)	10	130	17	米/千克	
6005430090	色织人造纤维制经编非透孔织物(包括由花边针织机织成的经编织物)	10	130	17	米/千克	
6005440010	印花人造纤维制经编透孔织物(包括由花边针织机织成的经编织物)	10	130	17	米/千克	
6005440090	印花人造纤维制经编非透孔织物(包括由花边针织机织成的经编织物)	10	130	17	米/千克	
6005901000	羊毛或动物细毛制经编织物(包括由花边针织机织成的经编织物)	12	130	17	米/千克	
6005909000	其他纺织材料制经编织物(包括由花边针织机织成的经编织物)	12	130	17	米/千克	
6006	**其他针织或钩编织物**					
6006100000	毛制其他针织或钩编织物(羊毛或动物细毛制)	12	130	17	米/千克	
6006210000	棉制其他漂或未漂针织或钩编织物(漂白或未漂白)	10	70	17	米/千克	
6006220000	棉制其他染色针织或钩编织物	10	70	17	米/千克	
6006230000	棉制其他色织针织或钩编织物	10	70	17	米/千克	

商品编号	商 品 名 称 及 备 注	进口关税税率(%)		增值税率(%)	计量单位	监管条件
		最惠国	普通			
6006240000	棉制其他印花针织或钩编织物	10	70	17	米/千克	
6006310000	合成纤维制其他针织或钩编织物(漂白或未漂白)	10	130	17	米/千克	
6006320000	合成纤维其他染色针织或钩编织物(染色)	10	130	17	米/千克	
6006330000	合成纤维其他色织针织或钩编织物(色织)	10	130	17	米/千克	
6006340000	合成纤维制其他针织或钩编织物(印花)	10	130	17	米/千克	
6006410000	人造纤维制其他针织或钩编织物(漂白或未漂白)	10	130	17	米/千克	
6006420000	人造纤维制其他针织或钩编织物(染色)	10	130	17	米/千克	
6006430000	人造纤维制其他针织或钩编织物(色织)	10	130	17	米/千克	
6006440000	人造纤维制其他针织或钩编织物(印花)	10	130	17	米/千克	
6006900010	丝及绢丝制其他针织或钩编织物(按重量计含丝及绢丝85%及以上)	12	130	17	米/千克	
6006900090	其他纺材制其他针织或钩编织物	12	130	17	米/千克	

第六十一章　针织或钩编的服装及衣着附件

注释：

一、本章仅适用于制成的针织品或钩编织品。

二、本章不包括：

（一）品目62.12的货品；

（二）品目63.09的旧衣着或其他旧物品；

（三）矫形器具、外科手术带、疝气带及类似品（品目90.21）。

三、品目61.03及61.04所称：

（一）“西服套装”，是指面料用相同的织物制成的两件套或三件套的下列成套服装：

——　一件人体上半身穿着的外套或短上衣，除袖子外，应由四片或四片以上面料组成；也可附带一件西服背心，这件背心的前片面料应与套装其他各件的面料相同，后片面料则应与外套或短上衣的衬里料相同；以及

——　一件人体下半身穿着的服装，即不带背带或护胸的长裤、马裤、短裤（游泳裤除外）、裙子或裙裤。

西服套装各件面料质地、颜色及构成必须完全相同，其款式也必须相同，尺寸大小也须相互般配。但套装的各件可以有不同织物的滚边（在缝口上缝入长条织物）。

如果数件人体下半身穿着的服装同时报验（例如，两条长裤、长裤与短裤、裙子或裙裤与长裤），构成西服套装下装的应是一条长裤，对于女式西服套装，应是裙子或裙裤；其他服装应分别归类。

所称“西服套装”，包括不论是否完全符合上述条件的下列配套服装：

1. 常礼服，由一件后襟下垂并下端开圆弧形叉的素色短上衣和一条条纹长裤组成；

2. 晚礼服（燕尾服），一般用黑色织物制成，上衣前襟较短且不闭合，背后有燕尾；

3. 无燕尾套装夜礼服，其中上衣款式与普通上衣相似（可以更为显露衬衣前胸），但有光滑丝质或仿丝质的翻领。

（二）“便服套装”，是指面料相同并作零售包装的下列成套服装（西服套装及品目61.07、61.08或61.09的物品除外）：

——　一件人体上半身穿着的服装，但套头衫及背心除外，因为套头衫可在两件套服装中作为内衣，背心也可作为内衣；以及

——　一件或两件不同的人体下半身穿着的服装，即长裤、护胸背带工装裤、马裤、短裤（游泳裤除外）、裙子或裙裤。

便服套装各件面料质地、款式、颜色及构成必须相同；尺寸大小也须相互般配。所称“便服套装”，不包括品目61.12的运动服及滑雪服。

四、品目61.05及61.06不包括在腰围以下有口袋的服装、带有罗纹腰带及以其他方式收紧下摆的服装或其织物至少在10厘米×10厘米的面积内沿各方向的直线长度上平均每厘米少于10针的服装。品目61.05不包括无袖服装。

五、品目61.09不包括带有束带、罗纹腰带或其他方式收紧下摆的服装。

六、对于品目61.11：

（一）所称“婴儿服装及衣着附件”，是指用于身高不超过86厘米幼儿的服装；

（二）既可归入品目61.11，也可归入本章其他品目的物品，应归入品目61.11。

七、品目61.12所称“滑雪服”，是指从整个外观和织物质地来看，主要在滑雪（速度滑雪或高山滑雪）时穿着的下列服装或成套服装：

（一）“滑雪连身服”，即上下身连在一起的单件服装；除袖子和领子外，滑雪连身服可有口袋或脚带；或

（二）“滑雪套装”，即由两件或三件构成一套并作零售包装的下列服装：

一件用一条拉链扣合的带风帽的厚夹克、防风衣、防风短上衣或类似的服装，可以附带一件背心（滑雪背心）；以及一条不论是否过腰的长裤、一条马裤或一条护胸背带工装裤。

“滑雪套装”也可由一件类似以上（一）款所述的连身服和一件可套在连身服外面的有胎料背心组成。

“滑雪套装”各件颜色可以不同，但面料质地、款式及构成必须相同；尺寸大小也须相互般配。

八、既可归入品目61.13，也可归入本章其他品目的服装，除品目61.11所列的仍归入该品目外，其余的应一律归入品目61.13。

九、本章的服装，凡门襟为左压右的，应视为男式；右压左的，应视为女式。但本规定不适用于其式样已明显为男式或女式的服装。

无法区别是男式还是女式的服装，应按女式服装归入有关品目。

十、本章物品可用金属线制成。

商品编号	商品名称及备注	进口关税税率(%)		增值税率(%)	计量单位	监管条件
		最惠国	普通			
6101	**针织或钩编的男式大衣、短大衣、斗篷、短斗篷、带风帽的防寒短上衣(包括滑雪短上衣)、防风衣、防风短上衣及类似品,但品目61.03的货品除外**					
6101200010	棉制针织或钩编男式大衣(包括短大衣、斗篷、短斗篷及类似品,雨衣除外)	17.5	90	17	件/千克	
6101200021	棉制针织或钩编手工制男式防风衣(包括防寒短上衣、防风短上衣及类似品)	17.5	90	17	件/千克	
6101200029	棉制针织或钩编男式防风衣(包括防寒短上衣、防风短上衣及类似品)	17.5	90	17	件/千克	
6101200030	棉制针织或钩编男式雨衣	17.5	90	17	件/千克	
6101300011	化纤制针织或钩编男式大衣等(含毛≥23%,包括短上衣、斗篷、短斗篷及类似品,雨衣除外)	17.5	130	17	件/千克	
6101300019	其他化纤制针织或钩编男式大衣等(包括短大衣、斗篷、短斗篷及类似品,雨衣除外)	17.5	130	17	件/千克	
6101300021	化纤制针织或钩编手工男式防风衣(含毛≥23%,包括防寒短上衣、防风短上衣及类似品)	17.5	130	17	件/千克	
6101300022	化纤制针织或钩编男式防风衣(含毛≥23%,包括防寒短上衣、防风短上衣及类似品)	17.5	130	17	件/千克	
6101300023	其他化纤针织钩编手工男式防风衣(包括防寒短上衣、防风短上衣及类似品)	17.5	130	17	件/千克	
6101300029	其他化纤制其他男式防风衣(包括防寒短上衣、防风短上衣及类似品)	17.5	130	17	件/千克	
6101300031	化纤制针织或钩编男式雨衣(按重量计含羊毛或动物细毛≥23%)	17.5	130	17	件/千克	
6101300039	化纤制针织或钩编男式雨衣	17.5	130	17	件/千克	
6101901010	毛制针织或钩编非手工制男式防风衣(包括防寒短上衣、防风短上衣及类似品)	25	130	17	件/千克	
6101901090	毛制针织或钩编其他男大衣、斗篷、防风衣等(包括防寒短上衣、防风短上衣、短大衣、短斗篷及类似品)	25	130	17	件/千克	
6101909000	其他纺织材料制男大衣、斗篷、防风衣等(包括防寒短上衣、防风短上衣、短大衣、短斗篷及类似品)	17.5	130	17	件/千克	
6102	**针织或钩编的女式大衣、短大衣、斗篷、短斗篷、带风帽的防寒短上衣(包括滑雪短上衣)、防风衣、防风短上衣及类似品,但品目61.04的货品除外**					
6102100010	毛制针织或钩编女式大衣等(包括短大衣、斗篷、短斗篷及类似品,雨衣除外)	25	130	17	件/千克	
6102100021	毛制针织或钩编手工制女式防风衣(包括防寒短上衣、防风短上衣及类似品)	25	130	17	件/千克	
6102100029	毛制针织或钩编女式防风衣(包括防寒短上衣、防风短上衣及类似品)	25	130	17	件/千克	
6102100030	毛制针织或钩编女式雨衣	25	130	17	件/千克	
6102200010	棉制针织或钩编女式大衣(包括短大衣、斗篷、短斗篷及类似品,雨衣除外)	17.5	90	17	件/千克	
6102200021	棉制针织或钩编手工女式防风衣(包括防风短上衣、防寒短上衣及类似品)	17.5	90	17	件/千克	

商品编号	商品名称及备注	进口关税税率(%)		增值税率(%)	计量单位	监管条件
		最惠国	普通			
6102200029	棉制针织或钩编女式防风衣(包括防风短上衣、防寒短上衣及类似品)	17.5	90	17	件/千克	
6102200030	棉制针织或钩编女式雨衣	17.5	90	17	件/千克	
6102300011	化纤制针织或钩编女式大衣等(含毛≥23%,含短大衣、斗篷短斗篷及类似品,雨衣除外)	17.5	130	17	件/千克	
6102300019	其他化纤制针织或钩编女式大衣(含短大衣、斗篷短斗篷及类似品,雨衣除外)	17.5	130	17	件/千克	
6102300021	化纤制针织或钩编手工女式防风衣(含毛≥23%,包括防寒短上衣、防风短上衣及类似品)	17.5	130	17	件/千克	
6102300022	化纤制针织或钩编女式防风衣(含毛≥23%,包括防寒短上衣、防风短上衣及类似品)	17.5	130	17	件/千克	
6102300023	其他化纤制针织钩编手工女防风衣(包括防寒短上衣、防风短上衣及类似品)	17.5	130	17	件/千克	
6102300029	其他化纤制针织钩编其他女防风衣(包括防寒短上衣、防风短上衣及类似品)	17.5	130	17	件/千克	
6102300031	化纤制针织或钩编女式雨衣(按重量计羊毛及动物细毛≥23%)	17.5	130	17	件/千克	
6102300039	化纤制针织或钩编女式雨衣	17.5	130	17	件/千克	
6102900011	丝及绢丝制针织或钩编女式大衣等(含丝≥70%包括短大衣.斗篷短斗篷及类似品,雨衣除外)	20	130	17	件/千克	
6102900014	丝及绢丝制针织或钩编女式防风衣(含丝≥70%,包括防寒短上衣.防风短上衣及类似品)	20	130	17	件/千克	
6102900015	丝及绢丝制针织或钩编女式雨衣(含丝≥70%)	20	130	17	件/千克	
6102900021	其他纺织材料制针织或钩编女大衣(包括短大衣.斗篷短斗篷及类似品,雨衣除外,棉限内)	20	130	17	件/千克	
6102900022	其他纺织材料制针织或钩编女大衣(包括短大衣.斗篷短斗篷及类似品,雨衣除外,羊毛限内)	20	130	17	件/千克	
6102900023	其他纺织材料制针织或钩编女大衣(包括短大衣.斗篷短斗篷及类似品,雨衣除外,化纤限内)	20	130	17	件/千克	
6102900029	其他纺织材料制针织或钩编女大衣(包括短大衣.斗篷短斗篷及类似品,雨衣除外)	20	130	17	件/千克	
6102900031	其他纺织料针织或钩编女式防风衣(包括防寒短上衣.防风短上衣及类似品,棉限内)	20	130	17	件/千克	
6102900032	其他纺织料针织或钩编女式防风衣(包括防寒短上衣.防风短上衣及类似品,羊毛限内)	20	130	17	件/千克	
6102900033	其他纺织料针织或钩编女式防风衣(包括防寒短上衣.防风短上衣及类似品,化纤限内)	20	130	17	件/千克	
6102900039	其他纺织料针织或钩编女式防风衣(包括防寒短上衣.防风短上衣及类似品)	20	130	17	件/千克	
6102900041	其他纺材制针织或钩编女式雨衣(棉限内)	20	130	17	件/千克	
6102900042	其他纺材制针织或钩编女式雨衣(羊毛限内)	20	130	17	件/千克	
6102900043	其他纺材制针织或钩编女式雨衣(化纤限内)	20	130	17	件/千克	
6102900049	其他纺材制针织或钩编女式雨衣	20	130	17	件/千克	
6103	**针织或钩编的男式西服套装、便服套装、上衣、长裤、护胸背带工装裤、马裤及短裤(游泳裤除外)**					
6103101000	毛制针织或钩编男式西服套装	25	130	17	套/千克	

商品编号	商品名称及备注	进口关税税率(%)		增值税率(%)	计量单位	监管条件
		最惠国	普通			
6103102010	合成纤维制针织或钩编男西服套装(含羊毛或动物细毛23%及以上)	25	130	17	套/千克	
6103102090	其他合成纤维制针织或钩编男式西服套装	25	130	17	套/千克	
6103109011	人造纤维针织或钩编男式西服套装(含羊毛或动物细毛23%及以上)	17.5	130	17	套/千克	
6103109019	其他人纤针织或钩编男式西服套装	17.5	130	17	套/千克	
6103109020	棉制针织或钩编男式西服套装	17.5	130	17	套/千克	
6103109030	丝及绢丝制针织或钩编男西服套装	17.5	130	17	套/千克	
6103109041	其他纺材制针织或钩编男西服套装(棉限内)	17.5	130	17	套/千克	
6103109042	其他纺材制针织或钩编男西服套装(羊毛限内)	17.5	130	17	套/千克	
6103109043	其他纺材制针织或钩编男西服套装(化纤限内)	17.5	130	17	套/千克	
6103109049	其他纺材制针织或钩编男西服套装	17.5	130	17	套/千克	
6103220000	棉制针织或钩编男式便服套装	20	90	17	套/千克	
6103230010	合成纤维制针织或钩编男便服套装(含羊毛或动物细毛23%及以上)	25	130	17	套/千克	
6103230091	其他合纤针织或钩编含毛衫或针织衬衫或裤子的男便服套装	25	130	17	套/千克	
6103230099	其他合纤制针织或钩编其他男便服套装	25	130	17	套/千克	
6103291000	毛制针织或钩编男式便服套装	25	130	17	套/千克	
6103299010	丝或绢丝制针织或钩编男便服套装(含丝或绢丝70%及以上)	25	130	17	套/千克	
6103299020	人造纤维制针织或钩编男便服套装	25	130	17	套/千克	
6103299031	其他纺织料针织或钩编男便服套装(上装为毛衫,棉限内)	25	130	17	套/千克	
6103299032	其他纺织料针织或钩编男便服套装(上装为毛衫,羊毛限内)	25	130	17	套/千克	
6103299033	其他纺织料针织或钩编男便服套装(上装为毛衫,化纤限内)	25	130	17	套/千克	
6103299034	其他纺织料针织或钩编男便服套装(上装为毛衫)	25	130	17	套/千克	
6103299035	其他纺织料针织或钩编男便服套装	25	130	17	套/千克	
6103310000	毛制针织或钩编男式上衣	16	130	17	件/千克	
6103320000	棉制针织或钩编男式上衣	16	90	17	件/千克	
6103330010	合成纤维制针织或钩编男式上衣(含羊毛或动物细毛23%及以上)	19	130	17	件/千克	
6103330090	其他合纤制针织或钩编男式上衣	19	130	17	件/千克	
6103390010	人造纤维制针织或钩编男式上衣	16	130	17	件/千克	
6103390020	丝制针织或钩编男式上衣(含丝及绢丝70%及以上)	16	130	17	件/千克	
6103390031	其他纺织料制针织或钩编男式上衣(棉限内)	16	130	17	件/千克	
6103390032	其他纺织料制针织或钩编男式上衣(羊毛限内)	16	130	17	件/千克	
6103390033	其他纺织料制针织或钩编男式上衣(化纤限内)	16	130	17	件/千克	
6103390039	其他纺织料制针织或钩编男式上衣	16	130	17	件/千克	
6103410010	毛制针织或钩编护胸背带男工装裤(羊毛或动物细毛制)	16	130	17	条/千克	
6103410020	毛制针织或钩编男长裤(羊毛或动物细毛制,包括8~18号男童长裤)	16	130	17	条/千克	
6103410090	毛制针织或钩编其他男裤(羊毛或动物细毛制,包括马裤、短裤及其他长裤)	16	130	17	条/千克	
6103420011	棉制针织或钩编护胸背带男工装裤(保暖)	16	90	17	条/千克	

商品编号	商 品 名 称 及 备 注	进口关税税率(%)		增值税率(%)	计量单位	监管条件
		最惠国	普通			
6103420012	棉针织钩编男童非保暖背带工装裤(2~7号男童护胸背带工装裤)	16	90	17	条/千克	A
6103420019	棉针织钩编男式非保暖背带工装裤(护胸背带工装裤,2~7号男童的除外)	16	90	17	条/千克	
6103420021	棉制针织或钩编男童游戏套装长裤(指男童8~18号)	16	90	17	条/千克	AB
6103420029	棉针织或钩编其他男童游戏套装裤(包括长裤、马裤、短裤)	16	90	17	条/千克	AB
6103420030	棉制针织或钩编男长裤(包括8~18号男童长裤)	16	90	17	条/千克	
6103420090	棉制针织或钩编其他男裤等(包括马裤、短裤及其他长裤)	16	90	17	条/千克	
6103430010	合纤针织或钩编护胸背带男工装裤(含羊毛或动物细毛23%及以上)	17.5	130	17	条/千克	
6103430021	合成纤维制针织或钩编男长裤(含羊毛或动物细毛23%及以上,包括8~18号男童长裤)	17.5	130	17	条/千克	
6103430029	合成纤维制针织或钩编其他男裤(含毛23%及以上,包括马裤、短裤及其他长裤)	17.5	130	17	条/千克	
6103430091	其他合纤制护胸背带男工装裤(针织或钩编)	17.5	130	17	条/千克	
6103430092	其他合纤制男童游戏套装长裤(针织或钩编,指男童8~18号)	17.5	130	17	条/千克	AB
6103430093	其他合纤制男童游戏套装长裤(针织或钩编,包括马裤、短裤及其他长裤)	17.5	130	17	条/千克	AB
6103430094	其他合纤制针织或钩编男长裤(包括8~18号男童长裤)	17.5	130	17	条/千克	
6103430099	其他合纤制针织或钩编其他男裤(包括马裤、短裤及其他长裤)	17.5	130	17	条/千克	
6103490012	丝制针织或钩编男成人长裤、马裤(含8~18号男童长裤及马裤,丝及绢丝含量在70%及以上)	16	130	17	条/千克	
6103490013	丝制针织或钩编其他男童长裤、马裤(丝及绢丝含量在70%及以上)	16	130	17	条/千克	A
6103490014	丝制针织或钩编其他男式短裤(丝及绢丝含量在70%及以上)	16	130	17	条/千克	
6103490021	人造纤维制男式护胸背带工装裤(针织或钩编)	16	130	17	条/千克	
6103490022	人纤制针织或钩编男人长裤、马裤(含8~18号男童长裤及马裤,含毛23%及以上)	16	130	17	条/千克	
6103490023	人纤制针织或钩编其他男童长裤、马裤(含毛23%及以上)	16	130	17	条/千克	AB
6103490024	人纤制针织或钩编男式短裤(含毛23%及以上)	16	130	17	条/千克	
6103490025	其他人纤制针织或钩编男长裤、马裤(含8~18号男童长裤及马裤)	16	130	17	条/千克	
6103490026	其他人纤制针织或钩编其他男童长裤(包括马裤)	16	130	17	条/千克	AB
6103490027	其他人纤制针织或钩编其他男短裤	16	130	17	条/千克	
6103490031	其他纺材制男式护胸背带工装裤(针织或钩编,棉限内)	16	130	17	条/千克	
6103490032	其他纺材制男式护胸背带工装裤(针织或钩编,羊毛限内)	16	130	17	条/千克	
6103490033	其他纺材制男式护胸背带工装裤(针织或钩编,化纤限内)	16	130	17	条/千克	
6103490039	其他纺材制男式护胸背带工装裤(针织或钩编)	16	130	17	条/千克	
6103490041	其他纺材制针织或钩编男长裤、马裤(包括8~18号男童长裤、马裤,棉限内)	16	130	17	条/千克	
6103490042	其他纺材制针织或钩编男长裤、马裤(包括8~18号男童长裤、马裤,羊毛限内)	16	130	17	条/千克	
6103490043	其他纺材制针织或钩编男长裤、马裤(包括8~18号男童长裤、马裤,化纤限内)	16	130	17	条/千克	

商品编号	商品名称及备注	进口关税税率(%) 最惠国	进口关税税率(%) 普通	增值税率(%)	计量单位	监管条件
6103490049	其他纺材制针织或钩编男长裤、马裤(包括8~18号男童长裤、马裤)	16	130	17	条/千克	
6103490051	其他纺织材料制其他男童长裤马裤(针织或钩编,棉限内)	16	130	17	条/千克	A
6103490052	其他纺织材料制其他男童长裤马裤(针织或钩编,羊毛限内)	16	130	17	条/千克	A
6103490053	其他纺织材料制其他男童长裤马裤(针织或钩编,化纤限内)	16	130	17	条/千克	A
6103490059	其他纺织材料制其他男童长裤马裤(针织或钩编)	16	130	17	条/千克	A
6103490061	其他纺材制针织或钩编男式短裤(棉限内)	16	130	17	条/千克	
6103490062	其他纺材制针织或钩编男式短裤(羊毛限内)	16	130	17	条/千克	
6103490063	其他纺材制针织或钩编男式短裤(化纤限内)	16	130	17	条/千克	
6103490069	其他纺材制针织或钩编男式短裤	16	130	17	条/千克	
6104	**针织或钩编的女式西服套装、便服套装、上衣、连衣裙、裙子、裙裤、长裤、护胸背带工装裤、马裤及短裤(游泳服除外)**					
6104130010	合成纤维制针织或钩编女西服套装(含羊毛或动物细毛23%及以上)	25	130	17	套/千克	
6104130090	其他合纤制针织或钩编女西服套装	25	130	17	套/千克	
6104191000	毛制针织或钩编女式西服套装	17.5	130	17	套/千克	
6104192010	含裤子的棉针织或钩编女西服套装	17.5	90	17	套/千克	
6104192090	不含裤子的棉针织或钩编女西服套装	17.5	90	17	套/千克	
6104199010	含裤子的其他纺材制针织或钩编女西服套装(棉限内)	17.5	130	17	套/千克	
6104199090	其他纺织材料制针织或钩编女式西服套装(除合成纤维、羊毛或动物细毛、棉以外的其他纺织材料)	17.5	130	17	套/千克	
6104220010	含针织衬衫或毛衫或裤子棉制针织或钩编女便服套装	17.5	90	17	套/千克	
6104220090	其他棉针织或钩编女便服套装	17.5	90	17	套/千克	
6104230010	合纤制针织或钩编女便服套装(含羊毛23%及以上)	25	130	17	套/千克	
6104230091	含针织衬衫或毛衫或裤子其他合纤针织或钩编女便服套装(含毛23%以下)	25	130	17	套/千克	
6104230099	其他合纤针织或钩编其他女便服套装(含毛23%以下)	25	130	17	套/千克	
6104291000	毛制针织或钩编女式便服套装	17.5	130	17	套/千克	
6104299021	含针织衬衫或毛衫或裤子的人纤制其他女便服套装(针织或编织)	15	130	17	套/千克	
6104299029	人纤制其他女便服套装(针织或编织)	15	130	17	套/千克	
6104299031	含针织衬衫或毛衫或裤子其他纺材针织或钩编女便服套装(棉限内)	15	130	17	套/千克	
6104299032	其他纺材针织或钩编女式便服套装(羊毛限内)	15	130	17	套/千克	
6104299033	含针织衬衫或毛衫或裤子其他纺材针织或钩编女便服套装(化纤限内)	15	130	17	套/千克	
6104299034	含裤子的其他纺材针织或钩编女式便服套装	15	130	17	套/千克	
6104299039	其他纺材针织或钩编其他女式便服套装	15	130	17	套/千克	
6104310010	毛制钩编女式上衣	16	130	17	件/千克	
6104310090	毛制针织女式上衣	16	130	17	件/千克	
6104320010	棉制钩编女式上衣	16	90	17	件/千克	
6104320090	棉制针织女式上衣	16	90	17	件/千克	
6104330011	合成纤维制钩编女上衣(含羊毛或动物细毛23%及以上)	19	130	17	件/千克	
6104330019	其他合成纤维制钩编女上衣	19	130	17	件/千克	

商品编号	商 品 名 称 及 备 注	进口关税税率(%)		增值税率(%)	计量单位	监管条件
		最惠国	普通			
6104330091	合成纤维制针织女上衣(含羊毛或动物细毛23%及以上)	19	130	17	件/千克	
6104330099	其他合成纤维制针织女上衣	19	130	17	件/千克	
6104390011	丝及绢丝制钩编女上衣(含丝70%及以上)	16	130	17	件/千克	
6104390019	丝及绢丝制针织女上衣(含丝70%及以上)	16	130	17	件/千克	
6104390021	人造纤维制钩编女上衣	16	130	17	件/千克	
6104390029	人造纤维制针织女上衣	16	130	17	件/千克	
6104390031	其他纺织材料制钩编女上衣(棉限内)	16	130	17	件/千克	
6104390032	其他纺织材料制钩编女上衣(羊毛限内)	16	130	17	件/千克	
6104390033	其他纺织材料制钩编女上衣(化纤限内)	16	130	17	件/千克	
6104390039	其他纺织材料制钩编女上衣	16	130	17	件/千克	
6104390041	其他纺织材料制针织女上衣(棉限内)	16	130	17	件/千克	
6104390042	其他纺织材料制针织女上衣(羊毛限内)	16	130	17	件/千克	
6104390043	其他纺织材料制针织女上衣(化纤限内)	16	130	17	件/千克	
6104390049	其他纺织材料制针织女上衣	16	130	17	件/千克	
6104410000	毛制针织或钩编连衣裙	16	130	17	件/千克	
6104420000	棉制针织或钩编连衣裙	16	90	17	件/千克	
6104430010	合纤制针织或钩编连衣裙(含羊毛或动物细毛23%及以上)	17.5	130	17	件/千克	
6104430090	其他合纤制针织或钩编连衣裙	17.5	130	17	件/千克	
6104440010	人纤制针织或钩编连衣裙(含羊毛或动物细毛23%及以上)	16	130	17	件/千克	
6104440090	其他人纤制针织或钩编连衣裙	16	130	17	件/千克	
6104490010	丝及绢丝制针织或钩编连衣裙(含丝70%及以上)	16	130	17	件/千克	
6104490091	其他纺织材料制针织或钩编连衣裙(棉限内)	16	130	17	件/千克	
6104490092	其他纺织材料制针织或钩编连衣裙(羊毛限内)	16	130	17	件/千克	
6104490093	其他纺织材料制针织或钩编连衣裙(化纤限内)	16	130	17	件/千克	
6104490099	其他纺织材料制针织或钩编连衣裙	16	130	17	件/千克	
6104510000	毛制针织或钩编裙子及裙裤	14	130	17	件/千克	
6104520000	棉制针织裙子及裙裤	14	90	17	件/千克	
6104530010	合纤制针织或钩编裙子及裙裤(含羊毛或动物细毛23%及以上)	16	130	17	件/千克	
6104530090	其他合纤制针织或钩编裙子及裙裤	16	130	17	件/千克	
6104590010	丝及绢丝制针织或钩编裙子及裙裤(含丝70%及以上)	14	130	17	件/千克	
6104590021	人纤制针织或钩编裙子及裙裤(含羊毛或动物细毛23%及以上)	14	130	17	件/千克	
6104590029	其他人纤制针织或钩编裙子及裙裤	14	130	17	件/千克	
6104590091	其他纺材制针织或钩编裙子及裙裤(棉限内)	14	130	17	件/千克	
6104590092	其他纺材制针织或钩编裙子及裙裤(羊毛限内)	14	130	17	件/千克	
6104590093	其他纺材制针织或钩编裙子及裙裤(化纤限内)	14	130	17	件/千克	
6104590099	其他纺材制针织或钩编裙子及裙裤	14	130	17	件/千克	
6104610010	毛制针织或钩编女护胸背带工装裤	16	130	17	条/千克	
6104610020	毛制针织或钩编女长裤、马裤(包括女童7~16号)	16	130	17	条/千克	
6104610090	毛制针织或钩编其他女裤(包括短裤及其他女童裤)	16	130	17	条/千克	
6104620010	棉制针织或钩编护胸背带女工装裤(保暖护胸背带工装裤)	16	90	17	条/千克	
6104620020	棉针织或钩编非保暖女成人工装裤(护胸背带工装裤)	16	90	17	条/千克	
6104620030	棉制针织或钩编女童游戏套装长裤(指女童7~16号,包括马裤)	16	90	17	条/千克	AB
6104620040	棉针织或钩编其他女童游戏套装裤(包括马裤、短裤、非保暖护胸背带工装裤及其他长裤)	16	90	17	条/千克	AB

商品编号	商品名称及备注	进口关税税率(%)		增值税率(%)	计量单位	监管条件
		最惠国	普通			
6104620050	棉制针织或钩编女长裤、马裤(包括女童7~16号)	16	90	17	条/千克	
6104620090	棉制针织或钩编其他女裤(包括短裤及其他女童裤)	16	90	17	条/千克	
6104630010	合成纤维制护胸背带女工装裤(针织或钩编,包括女童护胸背带工装裤)	17.5	130	17	条/千克	
6104630021	合成纤维制针织或钩编女长裤(含毛或动物细毛23%及以上,包括女童7~16号)	17.5	130	17	条/千克	
6104630029	合成纤维制针织或钩编其他女裤(含毛或动物细毛23%及以上,包括长裤、短裤)	17.5	130	17	条/千克	
6104630091	其他合纤制女童游戏套装长裤、马裤(针织或钩编,指女童7~16号)	17.5	130	17	条/千克	AB
6104630092	其他合成纤维制女童游戏套装裤(针织或钩编,包括短裤及其他长裤)	17.5	130	17	条/千克	AB
6104630099	其他合成纤维制针织或钩编女裤(包括长裤、马裤、短裤)	17.5	130	17	条/千克	
6104690011	丝及绢丝制针织或钩编女工装裤(含丝70%及以上)	16	130	17	条/千克	
6104690012	丝及绢丝制针织或钩编女长裤、马裤(含丝70%及以上,包括女童7~16号)	16	130	17	条/千克	
6104690013	丝及绢丝制针织或钩编女短裤(含丝70%及以上,包括女童7~16号)	16	130	17	条/千克	
6104690019	丝及绢丝制针织或钩编其他女长裤(含丝70%及以上)	16	130	17	条/千克	
6104690021	人造纤维制护胸背带女工装裤(针织或钩编)	16	130	17	条/千克	
6104690022	人造纤维制针织或钩编女长裤、马裤(含毛或动物细毛23%及以上,包括女童7~16号)	16	130	17	条/千克	
6104690023	人造纤维制针织或钩编其他女裤(含毛或动物细毛23%及以上,包括长裤、短裤)	16	130	17	条/千克	
6104690024	其他人造纤维制女长裤(针织或钩编,包括女童7~16号)	16	130	17	条/千克	
6104690029	其他人纤制针织或钩编其他女裤(包括长裤、马裤)	16	130	17	条/千克	
6104690031	其他纺材制针织或钩编女工装裤(棉限内)	16	130	17	条/千克	
6104690032	其他纺材制针织或钩编女工装裤(羊毛限内)	16	130	17	条/千克	
6104690033	其他纺材制针织或钩编女工装裤(化纤限内)	16	130	17	条/千克	
6104690039	其他纺材制针织或钩编女工装裤	16	130	17	条/千克	
6104690041	其他纺织材料制针织或钩编女长裤(棉限内,包括女童7~16号,包括马裤)	16	130	17	条/千克	
6104690042	其他纺织材料制针织或钩编女长裤(羊毛限内,包括女童7~16号,包括马裤)	16	130	17	条/千克	
6104690043	其他纺织材料制针织或钩编女长裤(化纤限内,包括女童7~16号,包括马裤)	16	130	17	条/千克	
6104690049	其他纺织材料制针织或钩编女长裤(包括女童7~16号,包括马裤)	16	130	17	条/千克	
6104690051	其他纺织材料针织或钩编其他女长裤(棉限内)	16	130	17	条/千克	
6104690052	其他纺织材料针织或钩编其他女长裤(羊毛限内)	16	130	17	条/千克	
6104690053	其他纺织材料针织或钩编其他女长裤(化纤限内)	16	130	17	条/千克	
6104690059	其他纺织材料针织或钩编其他女长裤	16	130	17	条/千克	
6104690061	其他纺织材料制针织或钩编女短裤(棉限内)	16	130	17	条/千克	
6104690062	其他纺织材料制针织或钩编女短裤(羊毛限内)	16	130	17	条/千克	
6104690063	其他纺织材料制针织或钩编女短裤(化纤限内)	16	130	17	条/千克	
6104690069	其他纺织材料制针织或钩编女短裤	16	130	17	条/千克	

商品编号	商品名称及备注	进口关税税率(%)		增值税率(%)	计量单位	监管条件
		最惠国	普通			
6105	**针织或钩编的男衬衫**					
6105100011	棉制针织或钩编男童游戏套装衬衫(不带缝制领,指男童8~18号)	16	90	17	件/千克	AB
6105100019	棉制其他男童游戏套装衬衫(针织或钩编)	16	90	17	件/千克	AB
6105100091	其他棉制针织或钩编男衬衫(不带缝制领,包括男童8~18号)	16	90	17	件/千克	
6105100099	其他棉制针织或钩编其他男衬衫	16	90	17	件/千克	
6105200011	化纤制针织或钩编男衬衫(含羊毛23%及以上,不带缝制领,包括男童8~18号)	17.5	130	17	件/千克	
6105200019	化纤制针织或钩编其他男衬衫(含羊毛23%及以上)	17.5	130	17	件/千克	
6105200021	化纤针织或钩编男童游戏套装衬衫(不带缝制领,指男童8~18号)	17.5	130	17	件/千克	AB
6105200029	化纤制其他男童游戏套装衬衫(针织或钩编)	17.5	130	17	件/千克	AB
6105200091	其他化纤制针织或钩编男衬衫(不带缝制领,包括男童8~18号)	17.5	130	17	件/千克	
6105200099	其他化纤制针织或钩编其他男衬衫	17.5	130	17	件/千克	
6105900011	丝及绢丝制针织或钩编男衬衫(含丝70%及以上,不带特制领,包括男童8~18号)	16	130	17	件/千克	
6105900019	丝及绢丝制针织或钩编其他男衬衫(含丝70%及以上)	16	130	17	件/千克	
6105900021	羊毛或动物细毛制男衬衫(针织或钩编,不带缝制领,包括男童8~18号)	16	130	17	件/千克	
6105900029	羊毛或动物细毛制其他男衬衫(针织或钩编)	16	130	17	件/千克	
6105900031	其他纺织材料制针织或钩编男衬衫(棉限内,不带特制领,包括男童8~18号)	16	130	17	件/千克	
6105900032	其他纺织材料制针织或钩编男衬衫(羊毛限内,不带特制领,包括男童8~18号)	16	130	17	件/千克	
6105900033	其他纺织材料制针织或钩编男衬衫(化纤限内,不带特制领,包括男童8~18号)	16	130	17	件/千克	
6105900039	其他纺织材料制针织或钩编男衬衫(不带特制领,包括男童8~18号)	16	130	17	件/千克	
6105900041	其他纺织材料制针织或钩编男衬衫(棉限内)	16	130	17	件/千克	
6105900042	其他纺织材料制针织或钩编男衬衫(羊毛限内)	16	130	17	件/千克	
6105900043	其他纺织材料制针织或钩编男衬衫(化纤限内)	16	130	17	件/千克	
6105900049	其他纺材制针织或钩编其他男衬衫	16	130	17	件/千克	
6106	**针织或钩编的女衬衫**					
6106100010	棉制针织或钩编女童游戏套装衬衫	16	90	17	件/千克	AB
6106100090	棉制针织或钩编其他女衬衫	16	90	17	件/千克	
6106200010	化纤制针织或钩编女衬衫(含羊毛23%及以上)	17.5	130	17	件/千克	
6106200020	其他化纤制女童游戏套装衬衫(针织或钩编)	17.5	130	17	件/千克	AB
6106200090	其他化纤针织或钩编未列名女衬衫(针织或钩编)	17.5	130	17	件/千克	
6106900010	丝及绢丝制针织或钩编女衬衫(含丝70%及以上)	16	130	17	件/千克	
6106900020	羊毛或动物细毛针织或钩编女衬衫	16	130	17	件/千克	
6106900031	其他纺织材料制针织或钩编女衬衫(棉限内)	16	130	17	件/千克	
6106900032	其他纺织材料制针织或钩编女衬衫(羊毛限内)	16	130	17	件/千克	
6106900033	其他纺织材料制针织或钩编女衬衫(化纤限内)	16	130	17	件/千克	
6106900039	其他纺织材料制针织或钩编女衬衫	16	130	17	件/千克	

商品编号	商品名称及备注	进口关税税率(%) 最惠国	进口关税税率(%) 普通	增值税率(%)	计量单位	监管条件
6107	**针织或钩编的男式内裤、三角裤、长睡衣、睡衣裤、浴衣、晨衣及类似品**					
6107110000	棉制针织或钩编男内裤及三角裤	14	90	17	件/千克	AB
6107120000	化纤制针织或钩编男内裤及三角裤	16	130	17	件/千克	AB
6107191010	丝及绢丝制男内裤及三角裤(含丝70%及以上,针织或钩编)	14	130	17	件/千克	A
6107191090	其他丝及绢丝制男内裤及三角裤(含丝70%以下,针织或钩编)	14	130	17	件/千克	A
6107199010	羊毛或动物细毛制男内裤及三角裤(针织或钩编)	14	130	17	件/千克	A
6107199090	其他纺织材料制男内裤及三角裤(针织或钩编)	14	130	17	件/千克	A
6107210000	棉制针织或钩编男长睡衣及睡衣裤	14	90	17	件/千克	AB
6107220000	化纤制针织或钩编男睡衣裤(包括长睡衣)	16	130	17	件/千克	AB
6107291010	丝及绢丝制针织或钩编男睡衣裤(含丝70%及以上,包括长睡衣)	14	130	17	件/千克	A
6107291090	其他丝及绢丝制针织或钩编男睡衣裤(含丝70%以下,包括长睡衣)	14	130	17	件/千克	A
6107299010	羊毛或动物细毛针织或钩编男睡衣裤(包括长睡衣)	14	130	17	件/千克	A
6107299090	其他纺材制针织或钩编男睡衣裤(包括长睡衣)	14	130	17	件/千克	AB
6107910010	棉制针织或钩编其他睡衣裤	14	90	17	件/千克	AB
6107910090	棉制针织或钩编男浴衣、晨衣等(包括类似品)	14	90	17	件/千克	AB
6107991000	化学纤维制其他男睡衣裤、浴衣、晨衣等(包括类似品)	16	130	17	件/千克	AB
6107999000	其他纺织材料制其他男睡衣裤、浴衣、晨衣等(包括类似品,针织或钩编)	14	130	17	件/千克	AB
6108	**针织或钩编的女式长衬裙、衬裙、三角裤、短衬裤、睡衣、睡衣裤、浴衣、晨衣及类似品**					
6108110000	化纤制针织或钩编长衬裙及衬裙	16	130	17	件/千克	
6108191000	棉制针织或钩编女式长衬裙及衬裙	14	90	17	件/千克	
6108192010	丝及绢丝制女式长衬裙及衬裙(针织或钩编,含丝70%及以上)	14	130	17	件/千克	
6108192090	其他丝及绢丝制女式长衬裙及衬裙(针织或钩编,含丝70%以下)	14	130	17	件/千克	
6108199000	其他纺织材料制女式长衬裙及衬裙(针织或钩编)	14	130	17	件/千克	
6108210000	棉制针织或钩编女三角裤及短衬裤	14	90	17	件/千克	AB
6108220010	化纤制一次性女三角裤及短衬裤(针织或钩编)	16	130	17	件/千克	AB
6108220090	化纤制其他女三角裤及短衬裤(针织或钩编)	16	130	17	件/千克	AB
6108291010	丝及绢丝制女三角裤及短衬裤(针织或钩编,含丝70%及以上)	14	130	17	件/千克	A
6108291090	其他丝及绢丝制女三角裤及短衬裤(针织或钩编,含丝70%以下)	14	130	17	件/千克	A
6108299010	羊毛制女三角裤及短衬裤(针织或钩编)	14	130	17	件/千克	A
6108299090	其他纺织材料制女三角裤及短衬裤(针织或钩编)	14	130	17	件/千克	A
6108310000	棉制针织或钩编女睡衣及睡衣裤	14	90	17	件/千克	AB
6108320000	化纤制针织或钩编女睡衣及睡衣裤	16	130	17	件/千克	AB
6108391010	丝及绢丝制女睡衣及睡衣裤(针织或钩编,含丝70%及以上)	14	130	17	件/千克	A

商品编号	商 品 名 称 及 备 注	进口关税税率(%)		增值税率(%)	计量单位	监管条件
		最惠国	普通			
6108391090	其他丝及绢丝制女睡衣及睡衣裤(针织或钩编,含丝70%以下)	14	130	17	件/千克	A
6108399010	羊毛或动物细毛制女睡衣及睡衣裤(针织或钩编)	14	130	17	件/千克	A
6108399090	其他纺织材料制女睡衣及睡衣裤(针织或钩编)	14	130	17	件/千克	A
6108910010	棉制针织或钩编女内裤、内衣	14	90	17	件/千克	AB
6108910090	其他棉制针织或钩编女浴衣、晨衣等(包括类似品)	14	90	17	件/千克	AB
6108920010	化纤制针织或钩编女内裤、内衣	16	130	17	件/千克	AB
6108920090	其他化纤制针织或钩编女浴衣、晨衣等(包括类似品)	16	130	17	件/千克	AB
6108990010	丝及绢丝制女浴衣、晨衣等(针织或钩编,包括类似品,含丝70%及以上)	14	130	17	件/千克	A
6108990020	羊毛或动物细毛制女浴衣、晨衣等(针织或钩编,包括类似品)	14	130	17	件/千克	A
6108990090	其他纺织材料制女浴衣、晨衣等(针织或钩编,包括类似品)	14	130	17	件/千克	A
6109	**针织或钩编的T恤衫、汗衫及其他背心**					
6109100010	棉制针织或钩编T恤衫、汗衫等(内衣式,包括其他背心)	14	90	17	件/千克	AB
6109100021	其他棉制针织或钩编男式T恤衫(内衣除外)	14	90	17	件/千克	AB
6109100022	其他棉制针织或钩编女式T恤衫(内衣除外)	14	90	17	件/千克	AB
6109100091	其他棉制男式汗衫及其他背心(针织或钩编,内衣除外,包括男童8~18号)	14	90	17	件/千克	AB
6109100092	其他棉制男式汗衫及其他背心(针织或钩编,内衣除外)	14	90	17	件/千克	AB
6109100099	其他棉制女式汗衫及其他背心(针织或钩编,内衣除外)	14	90	17	件/千克	AB
6109901011	丝及绢丝针织或钩编T恤衫、汗衫、背心(内衣式,含丝≥70%)	14	130	17	件/千克	A
6109901019	其他丝及绢丝针织或钩编T恤衫、背心(包括汗衫,内衣式,含丝70%以下)	14	130	17	件/千克	A
6109901021	丝及绢丝针织钩编汗衫、背心(内衣除外,含丝≥70%,男童8~18号,女童7~16号)	14	130	17	件/千克	A
6109901029	其他丝及绢丝针织钩编汗衫、背心(内衣除外,含丝<70%,男童8~18号,女童7~16号)	14	130	17	件/千克	A
6109901091	其他丝及绢丝针织或钩编T恤衫、汗衫(含丝≥70%,包括其他背心)	14	130	17	件/千克	A
6109901099	其他丝及绢丝针织或钩编T恤衫、汗衫(含丝<70%,包括其他背心)	14	130	17	件/千克	A
6109909011	毛制针织或钩编T恤衫、汗衫等(内衣式,长袖衫)	14	130	17	件/千克	A
6109909012	毛制针织或钩编男式T恤衫、汗衫(内衣式,长袖衫除外)	14	130	17	件/千克	A
6109909013	毛制针织或钩编女式T恤衫、汗衫(内衣式,长袖衫除外)	14	130	17	件/千克	A
6109909021	毛制针织或钩编男式其他T恤衫(内衣除外)	14	130	17	件/千克	A
6109909022	毛制针织或钩编女式其他T恤衫(内衣除外)	14	130	17	件/千克	A
6109909031	毛制男式汗衫及其他背心(针织或钩编,内衣除外,含男童8~18号)	14	130	17	件/千克	A
6109909032	其他毛制男式汗衫及其他背心(针织或钩编,内衣除外)	14	130	17	件/千克	A
6109909033	其他毛制女式汗衫及其他背心(针织或钩编,内衣除外)	14	130	17	件/千克	A
6109909041	化纤制针织或钩编保暖式内衣	14	130	17	件/千克	AB
6109909042	化纤制针织或钩编其他男内衣	14	130	17	件/千克	AB
6109909043	化纤制针织或钩编其他女内衣	14	130	17	件/千克	AB
6109909051	化纤制针织或钩编男式T恤衫(内衣除外)	14	130	17	件/千克	AB

商品编号	商 品 名 称 及 备 注	进口关税税率(%) 最惠国	普通	增值税率(%)	计量单位	监管条件
6109909052	化纤制针织或钩编女式T恤衫(内衣除外)	14	130	17	件/千克	AB
6109909061	化纤针织钩编男汗衫及其他背心(内衣除外,包括男童8~18号)	14	130	17	件/千克	AB
6109909062	其他化纤制男式汗衫及其他背心(针织或钩编,内衣除外)	14	130	17	件/千克	AB
6109909063	其他化纤制女式汗衫及其他背心(针织或钩编,内衣除外)	14	130	17	件/千克	AB
6109909091	其他纺织材料制T恤衫、汗衫等(针织或钩编,内衣式,包括其他背心)	14	130	17	件/千克	A
6109909092	其他纺材制针织或钩编汗衫及其他背心(内衣除外,包括男童8~18号,女童7~16号)	14	130	17	件/千克	A
6109909093	其他纺材制针织或钩编T恤衫、汗衫(内衣除外,包括其他背心)	14	130	17	件/千克	A
6110	**针织或钩编的套头衫、开襟衫、背心及类似品**					
6110110011	羊毛制手工针织或钩编起绒外穿背心	14	130	17	件/千克	B
6110110019	羊毛制针织或钩编起绒外穿背心	14	130	17	件/千克	B
6110110021	羊毛制手工制起绒男毛衫(针织或钩编)	14	130	17	件/千克	B
6110110029	羊毛针织制或钩编起绒男毛衫	14	130	17	件/千克	B
6110110031	羊毛制手工制起绒女毛衫(针织或钩编)	14	130	17	件/千克	B
6110110039	羊毛制针织或钩编起绒女毛衫	14	130	17	件/千克	B
6110110041	羊毛手工制起绒套头衫等(包括开襟衫、背心及类似品,针织或钩编)	14	130	17	件/千克	B
6110110049	羊毛针织或钩编起绒套头衫等(包括开襟衫、背心及类似品)	14	130	17	件/千克	B
6110110051	羊毛手工制非起绒外穿背心(针织或钩编)	14	130	17	件/千克	B
6110110059	羊毛针织或钩编非起绒外穿背心	14	130	17	件/千克	B
6110110061	其他羊毛手工制非起绒男毛衫(针织或钩编)	14	130	17	件/千克	B
6110110069	其他羊毛针织或钩编非起绒男毛衫	14	130	17	件/千克	B
6110110071	其他羊毛制手工制非起绒女毛衫(针织或钩编)	14	130	17	件/千克	B
6110110079	其他羊毛针织或钩编非起绒女毛衫	14	130	17	件/千克	B
6110110091	其他羊毛制手工制非起绒套头衫等(针织或钩编,包括开襟衫、背心及类似品)	14	130	17	件/千克	B
6110110099	其他羊毛制非起绒套头衫等(针织或钩编,包括开襟衫、背心及类似品)	14	130	17	件/千克	B
6110120011	喀什米尔山羊细毛手工起绒男套头衫(针织或钩编,包括开襟衫、外穿背心及类似品)	14	130	17	件/千克	B
6110120019	喀什米尔山羊细毛制起绒男套头衫(针织或钩编,包括开襟衫、外穿背心及类似品)	14	130	17	件/千克	B
6110120021	喀什米尔山羊细毛手工起绒女套头衫(针织或钩编,包括开襟衫、外穿背心及类似品)	14	130	17	件/千克	B
6110120029	喀什米尔山羊细毛制起绒女套头衫(针织或钩编,包括开襟衫、外穿背心及类似品)	14	130	17	件/千克	B
6110120031	喀什米尔山羊细毛手工非起绒男套头衫(针织或钩编,包括开襟衫、外穿背心及类似品)	14	130	17	件/千克	B
6110120039	喀什米尔山羊细毛非起绒男套头衫(针织或钩编,包括开襟衫、外穿背心及类似品)	14	130	17	件/千克	B
6110120041	喀什米尔山羊细毛手工非起绒女套头衫(针织或钩编,包括开襟衫、外穿背心及类似品)	14	130	17	件/千克	B

商品编号	商品名称及备注	进口关税税率(%)		增值税率(%)	计量单位	监管条件
		最惠国	普通			
6110120049	喀什米尔山羊细毛非起绒女套头衫(针织或钩编,包括开襟衫、外穿背心及类似品)	14	130	17	件/千克	B
6110191011	其他山羊细毛手工起绒男套头衫(针织或钩编,包括开襟衫、背心及类似品)	14	130	17	件/千克	B
6110191019	其他山羊细毛制起绒男套头衫(针织或钩编,包括开襟衫、背心及类似品)	14	130	17	件/千克	B
6110191021	其他山羊细毛手工起绒女套头衫(针织或钩编,包括开襟衫、背心及类似品)	14	130	17	件/千克	B
6110191029	其他山羊细毛制起绒女套头衫(针织或钩编,包括开襟衫、背心及类似品)	14	130	17	件/千克	B
6110191031	其他山羊细毛手工非起绒男套头衫(针织或钩编,包括开襟衫、背心及类似品)	14	130	17	件/千克	B
6110191039	其他山羊细毛非起绒男套头衫(针织或钩编,包括开襟衫、背心及类似品)	14	130	17	件/千克	B
6110191041	其他山羊细毛手工非起绒女套头衫(针织或钩编,包括开襟衫、背心及类似品)	14	130	17	件/千克	B
6110191049	其他山羊细毛非起绒女套头衫(针织或钩编,包括开襟衫、背心及类似品)	14	130	17	件/千克	B
6110192011	兔毛制手工针织或钩编起绒马甲	14	130	17	件/千克	
6110192019	兔毛制针织或钩编起绒马甲	14	130	17	件/千克	
6110192021	兔毛制手工针织或钩编起绒男毛衫	14	130	17	件/千克	
6110192029	兔毛制针织或钩编起绒男毛衫	14	130	17	件/千克	
6110192031	兔毛制手工针织或钩编起绒女毛衫	14	130	17	件/千克	
6110192039	兔毛制针织或钩编起绒女毛衫	14	130	17	件/千克	
6110192041	其他兔毛制手工制起绒套头衫等(针织或钩编,包括开襟衫、背心及类似品)	14	130	17	件/千克	
6110192049	其他兔毛制起绒套头衫等(针织或钩编,包括开襟衫、背心及类似品)	14	130	17	件/千克	
6110192051	兔毛制手工制非起绒马甲(针织或钩编)	14	130	17	件/千克	
6110192059	兔毛制针织或钩编非起绒马甲	14	130	17	件/千克	
6110192061	兔毛手工制非起绒男毛衫(针织或钩编)	14	130	17	件/千克	
6110192069	兔毛针织或钩编非起绒男毛衫	14	130	17	件/千克	
6110192071	兔毛制手工制非起绒女毛衫(针织或钩编)	14	130	17	件/千克	
6110192079	兔毛制针织或钩编非起绒女毛衫	14	130	17	件/千克	
6110192091	其他兔毛制手工制非起绒套头衫等(针织或钩编,包括开襟衫、背心及类似品)	14	130	17	件/千克	
6110192099	其他兔毛制非起绒套头衫等(针织或钩编,包括开襟衫、背心及类似品)	14	130	17	件/千克	
6110199011	其他动物细毛制手工起绒马甲(针织或钩编)	14	130	17	件/千克	
6110199019	其他动物细毛制起绒马甲(针织或钩编)	14	130	17	件/千克	
6110199021	其他动物细毛手工起绒男毛衫(针织或钩编)	14	130	17	件/千克	
6110199029	其他动物细毛制起绒男毛衫(针织或钩编)	14	130	17	件/千克	
6110199031	其他动物细毛手工起绒女毛衫(针织或钩编)	14	130	17	件/千克	
6110199039	其他动物细毛制起绒女毛衫(针织或钩编)	14	130	17	件/千克	
6110199041	其他动物细毛手工起绒套头衫(针织或钩编,包括开襟衫、背心及类似品)	14	130	17	件/千克	

商品编号	商品名称及备注	进口关税税率(%)		增值税率(%)	计量单位	监管条件
		最惠国	普通			
6110199049	其他动物细毛制起绒套头衫(针织或钩编,包括开襟衫、背心及类似品)	14	130	17	件/千克	
6110199051	其他动物细毛制手工非起绒马甲(针织或钩编)	14	130	17	件/千克	
6110199059	其他动物细毛制非起绒马甲(针织或钩编)	14	130	17	件/千克	
6110199061	其他动物细毛手工非起绒男毛衫(针织或钩编)	14	130	17	件/千克	
6110199069	其他动物细毛非起绒男毛衫(针织或钩编)	14	130	17	件/千克	
6110199071	其他动物细毛手工非起绒女毛衫(针织或钩编)	14	130	17	件/千克	
6110199079	其他动物细毛非起绒女毛衫(针织或钩编)	14	130	17	件/千克	
6110199091	其他动物细毛手工非起绒套头衫(针织或钩编,包括开襟衫、背心及类似品)	14	130	17	件/千克	
6110199099	其他动物细毛非起绒套头衫(针织或钩编,包括开襟衫、背心及类似品)	14	130	17	件/千克	
6110200011	棉制儿童游戏套装紧身衫及套头衫(针织起绒,轻薄细针翻领、开领、高领,含亚麻36%以下)	14	90	17	件/千克	AB
6110200012	棉制其他起绒儿童游戏套头衫等(针织钩编,包括开襟衫、背心及类似品,含亚麻36%以下)	14	90	17	件/千克	AB
6110200020	棉制针织或钩编起绒马甲(毛衫、背心除外)	14	90	17	件/千克	
6110200031	棉制针织起绒紧身及套头毛衫(轻薄细针翻领、开领、高领)	14	90	17	件/千克	
6110200032	棉制针织起绒男紧身衫及套头衫(轻薄细针翻领、开领、高领,但平床机生产、直接针织成形除外)	14	90	17	件/千克	
6110200033	棉制针织起绒女紧身衫及套头衫(轻薄细针翻领、开领、高领,但平床机生产、直接针织成形除外)	14	90	17	件/千克	
6110200041	棉制针织或钩编起绒其他毛衫	14	90	17	件/千克	
6110200042	棉制针织或钩编起绒男套头衫等(包括开襟衫、背心及类似品,但平床机生产、直接针织成形除外)	14	90	17	件/千克	
6110200043	棉制针织或钩编起绒女套头衫等(包括开襟衫、背心及类似品,但平床机生产、直接针织成形除外)	14	90	17	件/千克	
6110200051	其他棉儿童游戏套装紧身及套头衫(针织、非起绒、轻薄细针翻领、开领、高领)	14	90	17	件/千克	AB
6110200052	其他棉儿童游戏套装套头衫等(针织或钩编、非起绒,包括开襟衫、背心及类似品)	14	90	17	件/千克	AB
6110200060	其他棉制针织或钩编非起绒马甲(毛衫、背心除外)	14	90	17	件/千克	
6110200071	棉制针织非起绒男紧身及套头衫等(轻薄细针翻领、开领、高领)	14	90	17	件/千克	
6110200072	棉制非起绒男紧身衫及套头衫(轻薄细针翻领、开领、高领,但平床机生产、直接针织成形除外)	14	90	17	件/千克	
6110200073	棉制针织非起绒女紧身衫及套头衫(轻薄细针翻领、开领、高领,但平床机生产、直接针织成形除外)	14	90	17	件/千克	
6110200091	其他棉制针织或钩编非起绒毛衫	14	90	17	件/千克	
6110200092	其他针织或钩编棉制非起绒男套头衫等(包括开襟衫、背心及类似品,但平床机生产、直接针织成形除外)	14	90	17	件/千克	
6110200093	棉制针织或钩编女套头衫等(包括开襟衫、背心及类似品,但平床机生产、直接针织成形除外)	14	90	17	件/千克	
6110200099	其他棉制针织钩编套头衫等(包括开襟衫、背心及类似品)	14	90	17	件/千克	
6110300011	化纤儿童游戏套装紧身衫及套头衫(针织起绒,轻薄细针翻领、开领、高领,毛<23%,丝<30%)	16	130	17	件/千克	AB

商品编号	商品名称及备注	进口关税税率(%)		增值税率(%)	计量单位	监管条件
		最惠国	普通			
6110300012	化纤起绒儿童游戏套装及套头衫等(针织或钩编,包括开襟衫、背心及类似品,含毛<23%,含丝<30%)	16	130	17	件/千克	AB
6110300021	化纤制针织或钩编起绒马甲(含羊毛或动物细毛23%及以上)	16	130	17	件/千克	
6110300022	化纤制针织起绒男紧身及套头毛衫(含羊毛或动物细毛23%及以上,轻薄细针翻领、开领、高领)	16	130	17	件/千克	
6110300023	化纤制针织或钩编起绒男毛衫(含羊毛或动物细毛23%及以上)	16	130	17	件/千克	
6110300024	化纤制针织起绒女紧身及套头毛衫	16	130	17	件/千克	
6110300025	化纤制针织或钩编起绒女毛衫(含羊毛或动物细毛23%及以上)	16	130	17	件/千克	
6110300026	其他化纤针织起绒套头衫(含羊毛或动物细毛≥23%,轻薄细针翻领、开领、高领)	16	130	17	件/千克	
6110300029	其他化纤针织或钩编起绒开襟衫等(含羊毛或动物细毛≥23%,包括背心及类似品)	16	130	17	件/千克	
6110300031	其他化纤制针织或钩编起绒马甲	16	130	17	件/千克	
6110300032	化纤针织或起绒男紧身及套头毛衫(轻薄细针翻领、开领、高领)	16	130	17	件/千克	
6110300033	其他化纤制针织或钩编起绒男毛衫	16	130	17	件/千克	
6110300034	化纤制针织起绒女紧身及套头毛衫(轻薄细针翻领、开领、高领)	16	130	17	件/千克	
6110300035	其他化纤制针织或钩编起绒女毛衫	16	130	17	件/千克	
6110300036	其他化纤针织起绒男套头衫(轻薄细针翻领、开领、高领,但平床机生产、直接针织成形除外)	16	130	17	件/千克	
6110300037	其他化纤针织或钩编起绒男开襟衫等(包括背心及类似品,但平床机生产、直接针织成形除外)	16	130	17	件/千克	
6110300038	其他化纤起绒针织女套头衫(轻薄细针翻领、开领、高领,但平床机生产、直接针织成形除外)	16	130	17	件/千克	
6110300039	其他化纤制针织或钩编女开襟衫等(起绒,包括背心及类似品,但平床机生产、直接针织成形除外)	16	130	17	件/千克	
6110300041	化纤其他童游戏套装紧身及套头衫(针织非起绒,轻薄细针翻领、开领、高领)	16	130	17	件/千克	AB
6110300042	化纤制其他童游戏套装套头衫等(针织或钩编,非起绒,包括开襟衫、背心及类似品)	16	130	17	件/千克	AB
6110300051	其他化纤制针织或钩编非起绒马甲(含羊毛或动物细毛23%及以上)	16	130	17	件/千克	
6110300052	化纤针织非起绒男紧身及套头毛衫(含羊毛或动物细毛23%及以上,轻薄细针翻领、开领高领)	16	130	17	件/千克	
6110300053	化纤制针织或钩编非起绒男毛衫(含羊毛或动物细毛23%及以上)	16	130	17	件/千克	
6110300054	化纤制针织非起绒女紧身及套头毛衫(含羊毛或动物细毛23%及以上,轻薄细针翻领、开领、高领)	16	130	17	件/千克	
6110300057	化纤制针织钩编非起绒女毛衫(含羊毛或动物细毛23%及以上)	16	130	17	件/千克	
6110300058	其他化纤制针非起绒套头衫(含毛≥23%,非起绒,轻薄细针翻领、开领、高领)	16	130	17	件/千克	

商品编号	商品名称及备注	进口关税税率(%)		增值税率(%)	计量单位	监管条件
		最惠国	普通			
6110300059	其他化纤针织或钩编开襟衫等(含羊毛或动物细毛≥23%,非起绒,包括背心及类似品)	16	130	17	件/千克	
6110300091	其他化纤针织男紧身及套头毛衫(非起绒,轻薄细针翻领、开领、高领)	16	130	17	件/千克	
6110300092	其他化纤针织或钩编非起绒男毛衫	16	130	17	件/千克	
6110300093	化纤针织非起绒女紧身及套头毛衫(轻薄细针翻领、开领、高领)	16	130	17	件/千克	
6110300094	其他化纤针织或钩编非起绒女毛衫	16	130	17	件/千克	
6110300095	其他化纤针织非起绒男套头衫(轻薄细针翻领、开领、高领,但平床机生产、直接针织成形除外)	16	130	17	件/千克	
6110300096	其他化纤针织或钩编男开襟衫等(非起绒,包括外穿背心及类似品,但平床机生产、直接针织成形除外)	16	130	17	件/千克	
6110300097	其他化纤制针织非起绒女套头衫(轻薄细针翻领、开领、高领,但平床机生产、直接针织成形除外)	16	130	17	件/千克	
6110300098	其他化纤制针织或钩编女开襟衫等(包括外穿背心及类似品,但平床机生产、直接针织成形除外)	16	130	17	件/千克	
6110300099	其他化纤制针织钩编套头衫等(包括开襟衫,背心及类似品)	16	130	17	件/千克	
6110901011	丝及绢丝制针织或钩编起绒毛衫等(含丝≥70%,含开衫、马甲)	14	130	17	件/千克	
6110901019	丝及绢丝制针织或钩编起绒毛衫等(含丝<70%,含开衫、马甲)	14	130	17	件/千克	
6110901091	其他丝及绢丝针织或钩编毛衫等(非起绒,含丝≥70%,含开衫、马甲)	14	130	17	件/千克	
6110901099	其他丝及绢丝针织或钩编毛衫等(非起绒,含丝<70%,含开衫、马甲)	14	130	17	件/千克	
6110909011	其他纺织材料针织或钩编起绒马甲(棉限内,毛衫背心除外)	14	130	17	件/千克	
6110909012	其他纺织材料针织或钩编起绒马甲(羊毛限内,毛衫背心除外)	14	130	17	件/千克	
6110909013	其他纺织材料针织或钩编起绒马甲(化纤限内,毛衫背心除外)	14	130	17	件/千克	
6110909019	其他纺织材料起绒针织或钩编马甲(毛衫背心除外)	14	130	17	件/千克	
6110909021	其他纺材制针织或钩编非起绒马甲(棉限内,毛衫背心除外)	14	130	17	件/千克	
6110909022	其他纺材制针织或钩编非起绒马甲(羊毛限内,毛衫背心除外)	14	130	17	件/千克	
6110909023	其他纺材制针织或钩编非起绒马甲(化纤限内,毛衫背心除外)	14	130	17	件/千克	
6110909029	其他纺材制针织或钩编马甲(非起绒,毛衫背心除外)	14	130	17	件/千克	
6110909031	其他纺材制针织或钩编起绒毛衫(棉限内)	14	130	17	件/千克	
6110909033	其他纺材制针织或钩编起绒男毛衫(羊毛限内)	14	130	17	件/千克	
6110909034	其他纺材制针织或钩编起绒女毛衫(羊毛限内)	14	130	17	件/千克	
6110909035	其他纺材制针织或钩编起绒男毛衫(化纤限内)	14	130	17	件/千克	
6110909036	其他纺材制针织或钩编起绒女毛衫(化纤限内)	14	130	17	件/千克	
6110909039	其他纺材制针织或钩编毛衫(起绒)	14	130	17	件/千克	

商品编号	商品名称及备注	进口关税税率(%)		增值税率(%)	计量单位	监管条件
		最惠国	普通			
6110909041	其他纺材针织或钩编起绒男套头衫等(棉限内,包括开襟衫、马甲及类似品,但平床机生产、直接针织成形除外)	14	130	17	件/千克	
6110909042	其他纺材针织或钩编起绒女套头衫等(棉限内,包括开襟衫、马甲及类似品,但平床机生产、直接针织成形除外)	14	130	17	件/千克	
6110909043	其他纺材针织或钩编起绒套头衫等(羊毛限内,包括开襟衫、马甲及类似品)	14	130	17	件/千克	
6110909045	其他纺材针织或钩编起绒男套头衫等(化纤限内,包括开襟衫、马甲及类似品,但平床机生产、直接针织成形除外)	14	130	17	件/千克	
6110909046	其他纺材针织或钩编起绒女套头衫等(化纤限内,包括开襟衫、马甲及类似品,但平床机生产、直接针织成形除外)	14	130	17	件/千克	
6110909049	其他纺材针织或钩编套头衫等(起绒,包括开襟衫、马甲及类似品)	14	130	17	件/千克	
6110909051	其他纺材针织或钩编非起绒毛衫(棉限内)	14	130	17	件/千克	
6110909053	其他纺材针织或钩编非起绒男毛衫(羊毛限内)	14	130	17	件/千克	
6110909054	其他纺材针织或钩编非起绒女毛衫(羊毛限内)	14	130	17	件/千克	
6110909057	其他纺材针织或钩编非起绒男毛衫(化纤限内)	14	130	17	件/千克	
6110909058	其他纺材针织或钩编非起绒女毛衫(化纤限内)	14	130	17	件/千克	
6110909059	其他纺材针织或钩编毛衫(非起绒)	14	130	17	件/千克	
6110909061	其他纺材针织或钩编非起绒男套衫等(包括开襟衫、背心及类似品,但平床机生产、直接针织成形除外)	14	130	17	件/千克	
6110909062	其他纺材针织或钩编非起绒女套衫等(包括开襟衫、背心及类似品,但平床机生产、直接针织成形除外)	14	130	17	件/千克	
6110909063	其他纺材针织或钩编非起绒套头衫等(羊毛限内,包括开襟衫、背心及类似品)	14	130	17	件/千克	
6110909065	其他纺材针织或钩编非起绒男套衫等(化纤限内,包括开襟衫、背心及类似品,但平床机生产、直接针织成形除外)	14	130	17	件/千克	
6110909066	其他纺材针织或钩编非起绒女套衫等(化纤限内,包括开襟衫、背心及类似品,但平床机生产、直接针织成形除外)	14	130	17	件/千克	
6110909069	其他纺材针织或钩编套头衫等(非起绒,包括开襟衫、背心及类似品)	14	130	17	件/千克	
6110909090	其他纺材针织或钩编套头衫等(包括开襟衫、背心及类似品)	14	130	17	件/千克	
6111	**针织或钩编的婴儿服装及衣着附件**					
6111200010	棉制针织或钩编婴儿袜	14	90	17	千克	AB
6111200020	棉制婴儿分指、连指、露指手套(针制或钩编)	14	90	17	千克	AB
6111200040	棉制针织婴儿外衣、雨衣、滑雪装(针制或钩编,包括夹克类似品)	14	90	17	千克	AB
6111200050	棉制针织钩编婴儿其他服装	14	90	17	千克	AB
6111200090	棉制针织钩编婴儿衣着附件	14	90	17	千克	AB
6111300010	合纤制针织或钩编婴儿袜	16	130	17	千克	AB
6111300020	合纤婴儿分指、连指及露指手套(针制或钩编)	16	130	17	千克	AB
6111300040	合纤婴儿外衣、雨衣、滑雪装(针制或钩编,包括夹克类似服装)	16	130	17	千克	AB
6111300050	合纤针织或钩编婴儿其他服装(包括衣着附件)	16	130	17	千克	AB
6111300090	合纤针织或钩编婴儿衣着附件	16	130	17	千克	AB
6111901000	毛制针织或钩编婴儿服装及衣着附件(羊毛或动物细毛制)	14	130	17	千克	AB

商品编号	商品名称及备注	进口关税税率(%)		增值税率(%)	计量单位	监管条件
		最惠国	普通			
6111909010	人造纤维针织或钩编婴儿袜	14	130	17	千克	AB
6111909090	其他纺织材料制婴儿服装及衣着附件(针织或钩编)	14	130	17	千克	AB
6112	**针织或钩编的运动服、滑雪服及游泳服**					
6112110011	棉制针织或钩编男式运动套装	16	90	17	套/千克	
6112110019	棉制针织或钩编女式运动套装	16	90	17	套/千克	
6112120021	合纤制针织或钩编男式运动服	17.5	130	17	套/千克	
6112120029	合纤制针织或钩编女式运动套装	17.5	130	17	套/千克	
6112190031	人造纤维制针织或钩编男式运动服	16	130	17	套/千克	
6112190039	人造纤维制针织或钩编女运动套装	16	130	17	套/千克	
6112190041	羊毛制男式运动套装(针织或钩编含丝70%以下)	16	130	17	套/千克	
6112190049	羊毛制女式运动套装(针织或钩编含丝70%以下)	16	130	17	套/千克	
6112190051	动物细毛制男式运动套装(针织或钩编含丝70%以下)	16	130	17	套/千克	
6112190059	动物细毛制女式运动套装(针织或钩编含丝70%以下)	16	130	17	套/千克	
6112190061	其他纺织材料制男式运动套装(针织或钩编含丝70%以下)	16	130	17	套/千克	
6112190069	其他纺织材料制女式运动套装(针织或钩编含丝70%以下)	16	130	17	套/千克	
6112190090	其他纺织材料制运动套装(针织或钩编含丝70%以上)	16	130	17	套/千克	
6112201000	棉制针织或钩编滑雪服	16	90	17	套/千克	
6112209010	羊毛或动物细毛针织或钩编滑雪套装	19	130	17	套/千克	
6112209021	化学纤维制针织或钩编男式滑雪套装	19	130	17	套/千克	
6112209029	化学纤维制针织或钩编女式滑雪套装	19	130	17	套/千克	
6112209090	其他纺织材料针织或钩编滑雪套装	19	130	17	套/千克	
6112310000	合纤制针织或钩编男式游泳服	17.5	130	17	件/千克	AB
6112390010	棉制针织或钩编男式游泳服	16	130	17	件/千克	AB
6112390040	其他材料制针织或钩编男式游泳服	16	130	17	件/千克	A
6112390090	其他材料制针织或钩编男式游泳服(含丝及绢丝70%及以上)	16	130	17	件/千克	A
6112410000	合纤制针织或钩编女式游泳服	17.5	130	17	件/千克	AB
6112490010	棉制针织或钩编女游泳服	16	130	17	件/千克	AB
6112490040	其他纺织材料制针织或钩编女游泳服	16	130	17	件/千克	A
6112490090	其他纺织材料制针织或钩编女泳服(含丝及绢丝70%及以上)	16	130	17	件/千克	A
6113	**用品目59.03、59.06或59.07的针织物或钩编织物制成的服装**					
6113000011	用橡胶处理的服装(针织或钩编,织物外表面由橡胶完全覆盖)	16	130	17	件/千克	
6113000013	用塑料处理的毛、棉及化纤制服装(针织或钩编,毛指羊毛或动物细毛织物外表面由塑料完全覆盖)	16	130	17	件/千克	
6113000019	用塑料处理的其他纺织材料制服装(针织或钩编,织物外表面由塑料完全覆盖)	16	130	17	件/千克	
6113000021	其他橡胶处理的棉针织或钩编男上衣	16	130	17	件/千克	
6113000022	其他塑料等处理的棉制针织男上衣(包括钩编,包括用其他材料处理的)	16	130	17	件/千克	
6113000023	其他橡胶处理的棉针织或钩编女上衣	16	130	17	件/千克	
6113000028	其他塑料等处理的棉针织女上衣(包括钩编,包括用其他材料处理的)	16	130	17	件/千克	
6113000031	其他橡胶处理的纺织材料制男上衣(针织或钩编)	16	130	17	件/千克	

商品编号	商品名称及备注	进口关税税率(%)		增值税率(%)	计量单位	监管条件
		最惠国	普通			
6113000032	其他塑料等处理的毛制男上衣(针织或钩编,羊毛或动物细毛制,包括用其他材料处理的)	16	130	17	件/千克	
6113000033	其他塑料等处理的毛、化纤男上衣(针织或钩编,包括用其他材料处理的)	16	130	17	件/千克	
6113000034	其他塑料等处理的纺织材料男上衣(针织或钩编,包括用其他材料处理的)	16	130	17	件/千克	
6113000035	其他橡胶处理的纺织材料制女上衣(针织或钩编)	16	130	17	件/千克	
6113000036	其他塑料等处理的毛制女上衣(针织或钩编,羊毛或动物细毛制,包括用其他材料处理的)	16	130	17	件/千克	
6113000037	其他塑料等处理的化纤制女上衣(针织或钩编,包括用其他材料处理的)	16	130	17	件/千克	
6113000038	其他塑料等处理的纺织材料制女上衣(针织或钩编,包括用其他材料处理的)	16	130	17	件/千克	
6113000041	其他橡胶等处理的棉制男式长短裤(针织或钩编)	16	130	17	件/千克	
6113000042	其他塑料等处理的棉制男式长短裤(针织或钩编,包括用其他材料处理的)	16	130	17	件/千克	
6113000043	其他橡胶等处理的棉制女式长短裤(针织或钩编)	16	130	17	件/千克	
6113000044	其他塑料等处理的棉制女式长短裤(针织或钩编,包括用其他材料处理的)	16	130	17	件/千克	
6113000051	其他橡胶处理纺织材料男长短裤(针织或钩编)	16	130	17	件/千克	
6113000053	其他塑料等处理的毛化纤制男裤(针织或钩编长短裤包括用其他材料处理的)	16	130	17	件/千克	
6113000054	其他塑料等处理纺织材料男长短裤(针织或钩编长、短裤,包括用其他材料处理的)	16	130	17	件/千克	
6113000057	其他橡胶处理纺织材料女长短裤(针织或钩编)	16	130	17	件/千克	
6113000058	其他塑料等处理的毛、化纤制女裤(针织或钩编长、短裤,包括用其他材料处理)	16	130	17	件/千克	
6113000059	其他塑料等处理纺织材料女长短裤(针织或钩编,包括用其他材料处理)	16	130	17	件/千克	
6113000091	其他橡胶处理棉针织或钩编服装	16	130	17	件/千克	
6113000092	其他塑料处理棉针织或钩编服装(包括用其他材料处理的)	16	130	17	件/千克	
6113000093	其他橡胶处理纺织材料针织服装(包括钩编服装)	16	130	17	件/千克	
6113000094	其他塑料等处理毛化纤针织服装(包括钩编服装,包括用其他材料处理)	16	130	17	件/千克	
6113000098	其他塑料等处理纺织材料针织服装(包括钩编服装,包括用其他材料处理)	16	130	17	件/千克	
6114	**针织或钩编的其他服装**					
6114200011	棉制针织或钩编儿童非保暖连身裤	16	90	17	件/千克	AB
6114200019	棉制针织或钩编其他连身裤	16	90	17	件/千克	
6114200021	棉制针织或钩编男成人及男童 TOPS(指 8 ~ 18 号男童 TOPS)	16	90	17	件/千克	AB
6114200022	棉制针织或钩编其他男童 TOPS	16	90	17	件/千克	AB
6114200029	棉制针织或钩编女式 TOPS	16	90	17	件/千克	
6114200030	棉制针织或钩编其他运动服	16	90	17	件/千克	
6114200040	棉制针织或钩编夏服、水洗服(包括女成人、女童及男童)	16	90	17	件/千克	AB
6114200090	棉制针织或钩编其他服装	16	90	17	件/千克	

商品编号	商品名称及备注	进口关税税率(%)		增值税率(%)	计量单位	监管条件
		最惠国	普通			
6114300011	化纤制针织或钩编连身衣(含羊毛或动物细毛23%及以上)	17.5	130	17	件/千克	
6114300012	化纤制针织或钩编紧身服及衬衫(含羊毛或动物细毛23%及以上,包括无袖罩衫)	17.5	130	17	件/千克	
6114300013	化纤制针织或钩编其他连身衣	17.5	130	17	件/千克	
6114300019	化纤制针织或钩编紧身服及衬衫(包括无袖罩衫)	17.5	130	17	件/千克	
6114300021	化纤针织或钩编男成人及男TOPS(指8~18号男童TOPS)	17.5	130	17	件/千克	AB
6114300022	化纤针织或钩编其他男童TOPS	17.5	130	17	件/千克	AB
6114300029	化纤针织或钩编女式TOPS	17.5	130	17	件/千克	
6114300030	化纤针织或钩编其他运动服	17.5	130	17	件/千克	
6114300040	化纤针织或钩编夏服、水洗服(包括女成人、女童及男童)	17.5	130	17	件/千克	
6114300090	化纤针织或钩编其他服装	17.5	130	17	件/千克	
6114901000	毛制针织或钩编其他服装(指羊毛或动物细毛)	16	130	17	件/千克	
6114909000	其他纺织材料制其他服装	16	130	17	件/千克	
6115	**针织或钩编的连裤袜、紧身裤袜、长筒袜、短袜及其他袜类,包括渐紧压袜类(例如,用以治疗静脉曲张的长筒袜)和无外绱鞋底的鞋类**					
6115100000	渐紧压袜类(例如,用以治疗静脉曲张的长筒袜,针织或钩编)	16	130	17	双/千克	
6115210000	每根单丝细度<67分特的合成纤维制连裤袜及紧身裤袜(针织或钩编)	16	130	17	双/千克	
6115220000	每根单丝细度≥67分特的合成纤维制连裤袜及紧身裤袜(针织或钩编)	16	130	17	双/千克	
6115291000	棉制针织或钩编连裤袜及紧身裤袜	14	90	17	双/千克	
6115299000	其他纺织材料制针织或钩编连裤袜及紧身裤袜(除合成纤维、棉外其他纺织材料制)	14	130	17	双/千克	
6115300021	合纤制针织或钩编女长筒袜(单丝细度在67分特以下)	14	130	17	双/千克	
6115300029	合纤制针织或钩编女中筒袜(单丝细度在67分特以下)	14	130	17	双/千克	
6115300090	其他材料制女筒袜(单丝细度在67分特以下)	14	130	17	双/千克	
6115940000	毛制针织或钩编短袜及其他袜类	14	130	17	双/千克	
6115950011	棉制针织或钩编矫正袜(外科用带压缩刻度)	14	90	17	双/千克	
6115950019	棉制针织或钩编短袜及其他袜类	14	90	17	双/千克	
6115960011	合纤制针织或钩编矫正袜(外科用带压缩刻度)	16	130	17	双/千克	
6115960012	合纤制女长筒袜(针织或钩编,含羊毛或动物细毛23%及以上)	16	130	17	双/千克	
6115960013	合纤制短袜及其他袜类(针织或钩编,含羊毛或动物细毛23%及以上)	16	130	17	双/千克	
6115960014	其他合纤制女长筒袜(针织或钩编)	16	130	17	双/千克	
6115960019	其他合纤制短袜及其他袜类(针织或钩编)	16	130	17	双/千克	
6115990011	人纤制短袜及其他袜类(针织或钩编,含羊毛或动物细毛23%及以上)	14	130	17	双/千克	
6115990019	其他人纤制短袜及其他袜类(针织或钩编)	14	130	17	双/千克	
6115990091	其他纺织材料制短袜及其他袜类(针织或钩编,含丝70%及以上)	14	130	17	双/千克	
6115990099	其他纺织材料制短袜及其他袜类(针织或钩编,含丝70%及以下)	14	130	17	双/千克	
6116	**针织或钩编的分指手套、连指手套及露指手套**					

商品编号	商品名称及备注	进口关税税率(%)		增值税率(%)	计量单位	监管条件
		最惠国	普通			
6116100010	塑料或橡胶浸渍的运动手套	14	130	17	双/千克	
6116100091	塑料或橡胶浸渍的非运动手套(含塑料或橡胶超过50%及以上)	14	130	17	双/千克	
6116100092	塑料或橡胶浸渍的非运动手套(含塑料或橡胶不超过50%,棉限内)	14	130	17	双/千克	
6116100093	塑料或橡胶浸渍的非运动手套(含塑料或橡胶不超过50%,毛限内)	14	130	17	双/千克	
6116100094	塑料或橡胶浸渍的其他非运动手套(含塑料或橡胶不超过50%,化纤限内)	14	130	17	双/千克	
6116100099	塑料或橡胶浸渍的其他非运动手套(含塑料或橡胶不超过50%)	14	130	17	双/千克	
6116910000	毛制其他针织或钩编手套	14	130	17	双/千克	
6116920000	棉制其他针织或钩编手套(非运动手套)	14	90	17	双/千克	
6116930010	合纤制其他针织或钩编手套(含羊毛或动物细毛23%及以上)	16	130	17	双/千克	
6116930090	合纤制其他针织或钩编手套(含羊毛或动物细毛23%以下)	16	130	17	双/千克	
6116990011	人造纤维制其他针织或钩编手套(运动手套)	14	130	17	双/千克	
6116990019	人造纤维制其他针织或钩编手套(非运动手套)	14	130	17	双/千克	
6116990020	丝或绢丝制其他针织或钩编手套(含丝70%及以上)	14	130	17	双/千克	
6116990091	其他纺材制其他针织或钩编手套(棉限内)	14	130	17	双/千克	
6116990092	其他纺材制其他针织或钩编手套(毛限内)	14	130	17	双/千克	
6116990093	其他纺材制其他针织或钩编手套(化纤限内)	14	130	17	双/千克	
6116990099	未列名纺材制其他针织或钩编手套	14	130	17	双/千克	
6117	**其他制成的针织或钩编的衣着附件;服装或衣着附件的针织或钩编的零件**					
6117101100	山羊绒制披巾、头巾、围巾、披纱、面纱及类似品(针织或钩编)	14	130	17	条/千克	
6117101900	其他动物细毛制披巾、头巾、围巾、披纱、面纱及类似品(针织或钩编)	14	130	17	条/千克	
6117102000	羊毛制披巾、头巾、围巾、披纱、面纱及类似品(针织或钩编)	14	130	17	条/千克	
6117109000	其他纺织材料制披巾、头巾、围巾、披纱、面纱及类似品(针织或钩编)	14	130	17	条/千克	
6117801000	领带及领结(针织或钩编)	14	130	17	千克/条	
6117809000	其他衣着附件(针织或钩编)	14	130	17	千克	
6117900010	保暖型衬里(针织或钩编)	14	130	17	千克	
6117900021	毛制针织毛衫的零件(针织或钩编,羊毛或动物细毛)	14	130	17	千克	
6117900022	毛制针织衬衫的零件(针织或钩编,羊毛或动物细毛)	14	130	17	千克	
6117900023	毛制针织上衣的零件(针织或钩编,羊毛或动物细毛)	14	130	17	千克	
6117900024	毛制针织长裤、马裤、短裤的零件(针织或钩编,羊毛或动物细毛)	14	130	17	千克	
6117900029	毛制其他未列名针织服装零件(针织或钩编,羊毛或动物细毛)	14	130	17	千克	
6117900031	棉制针织毛衫的零件(针织或钩编)	14	130	17	千克	
6117900032	棉制针织衬衫的零件(针织或钩编)	14	130	17	千克	
6117900033	棉制针织上衣的零件(针织或钩编)	14	130	17	千克	
6117900034	棉制针织长裤、马裤、短裤的零件(针织或钩编)	14	130	17	千克	

商品编号	商品名称及备注	进口关税税率(%)		增值税率(%)	计量单位	监管条件
		最惠国	普通			
6117900039	棉制其他未列名针织服装零件(针织或钩编)	14	130	17	千克	
6117900041	化纤制针织毛衫的零件(针织或钩编)	14	130	17	千克	
6117900042	化纤制针织衬衫的零件(针织或钩编)	14	130	17	千克	
6117900043	化纤制针织上衣的零件(针织或钩编)	14	130	17	千克	
6117900044	化纤制针织长裤、马裤、短裤零件(针织或钩编)	14	130	17	千克	
6117900049	化纤制其他未列名针织服装零件(针织或钩编)	14	130	17	千克	
6117900091	其他材料制衣着零件(针织或钩编,含丝70%及以上)	14	130	17	千克	
6117900092	其他材料制针织毛衫的零件(针织或钩编)	14	130	17	千克	
6117900093	其他材料制针织衬衫的零件(针织或钩编)	14	130	17	千克	
6117900094	其他材料制针织上衣的零件(针织或钩编)	14	130	17	千克	
6117900095	其他材料制长裤、马裤、短裤零件(针织或钩编)	14	130	17	千克	
6117900099	其他材料制未列名针织服装零件(针织或钩编)	14	130	17	千克	

第六十二章　非针织或非钩编的服装及衣着附件

注释：

一、本章仅适用于除絮胎以外任何纺织物的制成品，但不适用于针织品或钩编织品（品目62.12的除外）。

二、本章不包括：

（一）品目63.09的旧衣服及其他旧物品；

（二）矫形器具、外科手术带、疝气带及类似品（品目90.21）。

三、品目62.03及62.04所称：

（一）"西服套装"，是指面料用完全相同织物制成的两件套或三件套的下列成套服装：

—— 一件人体上半身穿着的外套或短上衣，除袖子外，应由四片或四片以上面料组成；也可附带一件西服背心，这件背心的前片面料应与套装其他各件的面料相同，后片面料则应与外套或短上衣的衬里料相同；以及

—— 一件人体下半身穿着的服装，即不带背带或护胸的长裤、马裤、短裤（游泳裤除外）、裙子或裙裤。

西服套装各件面料质地、颜色及构成必须完全相同，其款式、尺寸大小也须相互般配，但套装的各件可以有不同织物的滚边（缝入夹缝中的成条织物）。如果数件人体下半身穿着的服装同时进口或出口（例如，两条长裤、长裤与短裤、裙子或裙裤与长裤），构成西服套装下装的应是一条长裤，对于女式西服套装，应是裙子或裙裤；其他服装应分别归类。

所称"西服套装"，包括不论是否完全符合上述条件的下列配套服装：

1. 常礼服，由一件后襟下垂并下端开圆弧形叉的素色短上衣和一条条纹长裤组成；

2. 晚礼服（燕尾服），一般用黑色织物制成，上衣前襟较短且不闭合，背后有燕尾；

3. 无燕尾套装夜礼服，其中上衣款式与普通上衣相似（可以更为显露衬衣前胸），但有光滑丝质或仿丝质的翻领。

（二）"便服套装"，是指面料相同并做零售包装的下列成套服装（西服套装及品目62.07或62.08的物品除外）：

—— 一件人体上半身穿着的服装，但背心除外，因为背心可作为内衣；以及

—— 一件或两件不同的人体下半身穿着的服装，即长裤、护胸背带工装裤、马裤、短裤（游泳裤除外）、裙子或裙裤。

便服套装各件面料质地、款式、颜色及构成必须相同；尺寸大小也须相互般配。所称"便服套装"不包括品目62.11的运动服及滑雪服。

四、对于品目62.09：

（一）所称"婴儿服装及衣着附件"，是指用于身高不超过86厘米幼儿的服装；

（二）既可归入品目62.09，也可归入本章其他品目的物品，应归入品目62.09；

五、既可归入品目62.10，也可归入本章其他品目的服装，除品目62.09所列的仍归入该品目外，其余的应一律归入品目62.10。

六、品目62.11所称"滑雪服"，是指从整个外观和织物质地来看，主要在滑雪（速度滑雪和高山滑雪）时穿着的下列服装或成套服装：

（一）"滑雪连身服"，即上下身连在一起的单件服装；除袖子和领子外，滑雪连身服可有口袋或脚带；或

（二）"滑雪套装"，即由两件或三件构成一套并作零售包装的下列服装：

一件用一条拉链扣合的带风帽的厚夹克、防风衣、防风短上衣或类似的服装，可以附带一件背心；以及一条不论是否过腰的长裤、一条马裤或一条护胸背带工装裤。

"滑雪套装"也可由一件类似以上（一）款所述的连身服和一件可套在连身服外面的有胎料背心组成。

"滑雪套装"各件颜色可以不同，但面料质地、款式及构成必须相同；尺寸大小也须相互般配。

七、正方形或近似正方形的围巾及围巾式样的物品，如果每边均不超过60厘米，应作为手帕归类（品目62.13）。任何一边超过60厘米的手帕，应归入品目62.14。

八、本章的服装，凡门襟为左压右的，应视为男式；右压左的，应视为女式。但本规定不适用于其式样已明显为男式或女式的服装。无法区别是男式还是女式的服装，应按女式服装归入有关品目。

九、本章物品可用金属线制成。

商品编号	商品名称及备注	进口关税税率(%)		增值税率(%)	计量单位	监管条件
		最惠国	普通			
6201	**男式大衣、短大衣、斗篷、短斗篷、带风帽的防寒短上衣(包括滑雪短上衣)、防风衣、防风短上衣及类似品,但品目62.03的货品除外**					
6201110010	毛制男式雨衣(羊毛或动物细毛制)	16	130	17	件/千克	
6201110090	毛制男式大衣、斗篷及类似品(含短大衣、短斗篷,羊毛或动物细毛制)	16	130	17	件/千克	
6201121000	棉制男式羽绒大衣等及类似品(包括羽绒雨衣、短大衣、斗篷、短斗篷)	16	90	17	件/千克	B
6201129010	棉制男式雨衣	16	90	17	件/千克	
6201129020	棉制男式连风帽派克大衣等(含带风帽的防寒短上衣、防风衣、防风短上衣及类似品)	16	90	17	件/千克	
6201129090	棉制男式大衣、斗篷及类似品(包括短大衣、短斗篷)	16	90	17	件/千克	
6201131000	化纤制男羽绒大衣等及类似品(包括羽绒雨衣、短大衣、斗篷、短斗篷)	17.5	130	17	件/千克	B
6201139010	化纤制男式雨衣	17.5	130	17	件/千克	
6201139020	化纤制男式连风帽派克大衣等(羊毛或动物细毛≥36%,带风帽防寒短上衣、防风衣等)	17.5	130	17	件/千克	
6201139030	化纤制男大衣、斗篷及类似品(包括短大衣、短斗篷,含羊毛或动物细毛36%及以上)	17.5	130	17	件/千克	
6201139040	化纤制男式连风帽派克大衣等(羊毛或动物细毛<36%,带风帽防寒短上衣、防风衣等)	17.5	130	17	件/千克	
6201139090	化纤制男大衣、斗篷及类似品(包括短大衣、短斗篷,含羊毛或动物细毛36%以下)	17.5	130	17	件/千克	
6201190010	其他材料制男雨衣	16	100	17	件/千克	
6201190021	其他材料制男大衣、斗篷及类似品(含短大衣、斗篷、短斗篷,含丝70%及以上)	16	100	17	件/千克	
6201190029	其他材料制男大衣、斗篷及类似品(含短大衣、斗篷、短斗篷,含丝<70%)	16	100	17	件/千克	
6201190030	其他材料制男大衣等,羊毛限内(含短大衣、斗篷、短斗篷)	16	100	17	件/千克	
6201190040	其他材料制男大衣等,棉限内(含短大衣、斗篷、短斗篷)	16	100	17	件/千克	
6201190050	其他材料制男大衣等,化纤限内(含短大衣、斗篷、短斗篷)	16	100	17	件/千克	
6201190090	其他材料制男大衣等(含短大衣、斗篷、短斗篷)	16	100	17	件/千克	
6201910010	毛制男式有填料无袖上衣(羊毛或动物细毛制)	16	130	17	件/千克	
6201910020	毛制男式带防寒衬里防风衣(羊毛或动物细毛制,含防风短上衣)	16	130	17	件/千克	
6201910030	毛制男式带风帽、有填料短上衣(羊毛或动物细毛制,含防风上衣、衬衫式样、特制领)	16	130	17	件/千克	
6201910090	毛制男式其他防寒上衣(羊毛或动物细毛制)	16	130	17	件/千克	
6201921000	棉制男式羽绒防寒短上衣、防风衣(包括羽绒滑雪短上衣、防风短上衣及类似品)	16	90	17	件/千克	B
6201929010	棉制男式有填料无袖上衣(不带可连接袖子配件)	16	90	17	件/千克	
6201929020	棉制男式带防寒衬里防风衣(含防风短上衣)	16	90	17	件/千克	
6201929030	棉制男式带风帽、有填料上衣(包括防风上衣、衬衫式样、特制领)	16	90	17	件/千克	
6201929090	棉制男式其他防寒上衣(包括滑雪短上衣、防风短上衣及类似品)	16	90	17	件/千克	

商品编号	商品名称及备注	进口关税税率(%)		增值税率(%)	计量单位	监管条件
		最惠国	普通			
6201931000	化纤制男式羽绒防寒短上衣防风衣(包括羽绒滑雪短上衣、防风短上衣及类似品)	17.5	130	17	件/千克	B
6201939010	化纤制男式有填料无袖上衣(不带可连接袖子配件)	17.5	130	17	件/千克	
6201939020	化纤制男式带风帽防寒短上衣(羊毛或动物细毛36%及以上)	17.5	130	17	件/千克	
6201939030	化纤制男式带防寒衬里防风衣(含防风短上衣)	17.5	130	17	件/千克	
6201939040	化纤制男式带风帽、有填料上衣(包括防风上衣、衬衫式样、特制领)	17.5	130	17	件/千克	
6201939090	化纤制其他防寒上衣(包括带风帽防寒短上衣、防风短上衣及其他类似品)	17.5	130	17	件/千克	
6201990011	丝制男式带防寒衬里短上衣(含丝70%及以上,含防风上衣、防风短上衣)	16	100	17	件/千克	
6201990012	丝制男式带特制领、有填料短上衣(含丝70%及以上,含防风上衣、衬衫式样、带风帽)	16	100	17	件/千克	
6201990019	丝制其他防寒上衣(含丝70%及以上)	16	100	17	件/千克	
6201990021	丝制男式带防寒衬里短上衣(含丝70%以下,含防风上衣、防风短上衣)	16	100	17	件/千克	
6201990022	丝制男式带特制领、有填料短上衣(含丝70%以下,含防风上衣、衬衫式样、带风帽)	16	100	17	件/千克	
6201990029	丝制其他防寒上衣(含丝70%以下)	16	100	17	件/千克	
6201990031	其他材料制男式带风帽防寒短上衣(棉限内,带防寒衬里)	16	100	17	件/千克	
6201990032	其他材料制男式带风帽防寒短上衣(羊毛限内,带防寒衬里)	16	100	17	件/千克	
6201990033	其他材料制男式带风帽防寒短上衣(化纤限内,带防寒衬里)	16	100	17	件/千克	
6201990039	其他材料制男式带风帽防寒短上衣(其他纺织材料制,带防寒衬里)	16	100	17	件/千克	
6201990041	其他材料制男式带风帽短上衣(棉限内,带特制领,有填料,衬衫式样)	16	100	17	件/千克	
6201990042	其他材料制男式带风帽短上衣(羊毛限内,带特制领,有填料,衬衫式样)	16	100	17	件/千克	
6201990043	其他材料制男式带风帽短上衣(化纤限内,带特制领,有填料,衬衫式样)	16	100	17	件/千克	
6201990049	其他材料制男式带风帽短上衣(其他材料制,带特制领,有填料,衬衫式样)	16	100	17	件/千克	
6201990091	其他材料制男式防寒短上衣(棉限内,含防风衣、防风短上衣类似品)	16	100	17	件/千克	
6201990092	其他材料制男式防寒短上衣(羊毛限内,含防风衣、防风短上衣类似品)	16	100	17	件/千克	
6201990093	其他材料制男式防寒短上衣(化纤限内,含防风衣、防风短上衣类似品)	16	100	17	件/千克	
6201990099	其他材料制男式其他防寒短上衣(含防风衣、防风短上衣类似品)	16	100	17	件/千克	
6202	**女式大衣、短大衣、斗篷、短斗篷、带风帽的防寒短上衣(包括滑雪短上衣)、防风衣、防风短上衣及类似品,但品目62.04的货品除外**					
6202110010	毛制女式雨衣(羊毛或动物细毛制)	16	130	17	件/千克	

商品编号	商品名称及备注	进口关税税率(%)		增值税率(%)	计量单位	监管条件
		最惠国	普通			
6202110090	毛制女式大衣、斗篷及类似品等(包括短大衣、短斗篷,羊毛或动物细毛制)	16	130	17	件/千克	
6202121000	棉制女式羽绒大衣等及类似品(包括羽绒雨衣、短大衣、斗篷、短斗篷)	16	90	17	件/千克	B
6202129010	棉制女式雨衣	16	90	17	件/千克	
6202129020	棉制女式连风帽派克大衣等(含带风帽的防寒短上衣、防风衣、防风短上衣及类似品)	16	90	17	件/千克	
6202129090	棉制女式大衣、斗篷及类似品(包括短大衣、短斗篷)	16	90	17	件/千克	
6202131000	化纤制女羽绒大衣等及类似品(包括羽绒雨衣、短大衣、斗篷、短斗篷)	19	130	17	件/千克	B
6202139010	化纤制女雨衣(含羊毛或动物细毛<36%,含带风帽防寒上衣、防风衣及类似品)	19	130	17	件/千克	
6202139020	化纤制女式连风帽派克大衣(含短大衣、短斗篷,含羊毛或动物细毛36%及以上)	19	130	17	件/千克	
6202139030	化纤制女大衣、斗篷及类似品(含短大衣、短斗篷,含羊毛或动物细毛36%及以上)	19	130	17	件/千克	
6202139040	化纤制女式连风帽派克大衣(含羊毛或动物细毛<36%,含带风帽防寒上衣、防风衣及类似品)	19	130	17	件/千克	
6202139090	化纤制女大衣、斗篷及类似品(含短大衣、短斗篷,含羊毛或动物细毛36%以下)	19	130	17	件/千克	
6202190010	其他材料制女雨衣	16	100	17	件/千克	
6202190021	其他材料制女大衣、斗篷及类似品(含短大衣、短斗篷,含丝70%及以上)	16	100	17	件/千克	
6202190029	其他材料制女大衣、斗篷及类似品(含短大衣、短斗篷,含丝70%及以下)	16	100	17	件/千克	
6202190030	其他材料制女大衣等,羊毛限内(含短大衣、斗篷、短斗篷)	16	100	17	件/千克	
6202190040	其他材料制女大衣等,棉限内(含短大衣、斗篷、短斗篷)	16	100	17	件/千克	
6202190050	其他材料制女大衣等,化纤限内(含短大衣、斗篷、短斗篷)	16	100	17	件/千克	
6202190090	其他材料制女大衣(含短大衣、斗篷、短斗篷)	16	100	17	件/千克	
6202910010	毛制女式有填料无袖上衣(羊毛或动物细毛制)	16	130	17	件/千克	
6202910020	毛制女式带防寒衬里的短上衣(羊毛或动物细毛制,含防风衣、防风短上衣)	16	130	17	件/千克	
6202910090	毛制女式其他防寒上衣(羊毛或动物细毛制)	16	130	17	件/千克	
6202921000	棉制女式羽绒防寒短上衣、防风衣(包括羽绒滑雪短上衣、防风短上衣及类似品)	16	90	17	件/千克	B
6202929010	棉制女式有填料无袖上衣(不带可连接袖子配件)	16	90	17	件/千克	
6202929020	棉制女式带防寒衬里的短上衣(含防风衣、防风短上衣)	16	90	17	件/千克	
6202929090	棉制女式其他防寒上衣	16	90	17	件/千克	
6202931000	化纤制女式羽绒防寒短上衣等(包括羽绒滑雪短上衣、防风衣、防风短上衣及类似品)	17.5	130	17	件/千克	B
6202939010	化纤制女式有填料无袖上衣(不带可连接袖子配件)	17.5	130	17	件/千克	
6202939020	化纤制女式带风帽防寒短上衣(含羊毛或动物细毛36%及以上)	17.5	130	17	件/千克	
6202939030	化纤制女式带防寒衬里的短上衣(含防风衣、防风短上衣)	17.5	130	17	件/千克	
6202939090	化纤制女式其他防寒上衣	17.5	130	17	件/千克	
6202990011	丝制女式带防寒衬里的短上衣(含丝70%及以上,含防风衣、防风短上衣)	16	100	17	件/千克	

商品编号	商品名称及备注	进口关税税率(%)		增值税率(%)	计量单位	监管条件
		最惠国	普通			
6202990019	丝制女式其他防寒上衣(含丝70%及以上)	16	100	17	件/千克	
6202990021	丝制女式带防寒衬里的短上衣(含丝70%以下,含防风衣、防风短上衣)	16	100	17	件/千克	
6202990029	丝制女式其他防寒上衣(含丝70%以下)	16	100	17	件/千克	
6202990031	其他材料制女式带风帽防寒短上衣(棉限内,带防寒衬里)	16	100	17	件/千克	
6202990032	其他材料制女式带风帽防寒短上衣(羊毛限内,带防寒衬里)	16	100	17	件/千克	
6202990033	其他材料制女式带风帽防寒短上衣(化纤限内,带防寒衬里)	16	100	17	件/千克	
6202990039	其他材料制女式带风帽防寒短上衣(其他纺织材料制,带防寒衬里)	16	100	17	件/千克	
6202990091	其他材料制女式防寒短上衣等(棉限内,含防风衣、防风短上衣及类似品)	16	100	17	件/千克	
6202990092	其他材料制女式防寒短上衣等(羊毛限内,含防风衣、防风短上衣及类似品)	16	100	17	件/千克	
6202990093	其他材料制女式防寒短上衣等(化纤限内,含防风衣、防风短上衣及类似品)	16	100	17	件/千克	
6202990099	其他材料制女式其他防寒短上衣等(含防风衣、防风短上衣及类似品)	16	100	17	件/千克	
6203	**男式西服套装、便服套装、上衣、长裤、护胸背带工装裤、马裤及短裤(游泳裤外)**					
6203110000	毛制男式西服套装(羊毛或动物细毛制)	17.5	130	17	套/千克	B
6203120010	合纤制男式西服套装(含羊毛或动物细毛36%及以上)	17.5	130	17	套/千克	
6203120090	其他合纤制男式西服套装	17.5	130	17	套/千克	
6203191010	丝及绢丝制男式西服套装(含丝70%及以上)	17.5	100	17	套/千克	
6203191090	其他丝及绢丝制男式西服套装(含丝70%以下)	17.5	100	17	套/千克	
6203199010	棉制男式西服套装	17.5	100	17	套/千克	
6203199021	人造纤维制男式西服套装(含羊毛或动物细毛36%及以上)	17.5	100	17	套/千克	
6203199029	其他人造纤维制男式西服套装	17.5	100	17	套/千克	
6203199091	其他材料制男式西服套装(棉限内)	17.5	100	17	套/千克	
6203199092	其他材料制男式西服套装(毛限内)	17.5	100	17	套/千克	
6203199093	其他材料制男式西服套装(化纤限内)	17.5	100	17	套/千克	
6203199099	其他材料制其他男式西服套装	17.5	100	17	套/千克	
6203220010	棉制男式便服套装(工业及职业用)	17.5	90	17	套/千克	B
6203220090	其他棉制男式便服套装	17.5	90	17	套/千克	B
6203230011	合纤制其他男式便服套装(含羊毛或动物细毛≥36%,工业及职业用)	17.5	130	17	套/千克	B
6203230019	合纤制其他男式便服套装(含羊毛或动物细毛≥36%)	17.5	130	17	套/千克	B
6203230091	其他合纤制其他男式便服套装(工业及职业用)	17.5	130	17	套/千克	B
6203230099	其他合纤制其他男式便服套装	17.5	130	17	套/千克	B
6203291010	丝制男式便服套装(含丝70%及以上)	17.5	130	17	套/千克	B
6203291090	丝制其他男式便服套装(含丝70%以下)	17.5	130	17	套/千克	B
6203292000	羊毛或动物细毛制男式便服套装(羊毛或动物细毛制)	17.5	130	17	套/千克	
6203299011	人造纤维制其他男式便服套装(工业及职业用)	17.5	100	17	套/千克	
6203299019	人造纤维制其他男式便服套装	17.5	100	17	套/千克	
6203299090	其他材料制其他男式便服套装	17.5	100	17	套/千克	

商品编号	商品名称及备注	进口关税税率(%)		增值税率(%)	计量单位	监管条件
		最惠国	普通			
6203310010	毛制男式西服式上衣(羊毛或动物细毛制)	16	130	17	件/千克	B
6203310090	毛制男式其他上衣(羊毛或动物细毛制)	16	130	17	件/千克	B
6203320010	棉制工业及职业用男式上衣	16	90	17	件/千克	B
6203320090	棉制其他男式上衣	16	90	17	件/千克	B
6203330011	合成纤维制男式西服式上衣(含羊毛或动物细毛36%及以上,工业及职业用)	17.5	130	17	件/千克	B
6203330019	合成纤维制男式西服式上衣(含羊毛或动物细毛36%及以上)	17.5	130	17	件/千克	B
6203330021	合成纤维制男式其他上衣(含羊毛或动物细毛36%及以上,工业及职业用)	17.5	130	17	件/千克	B
6203330029	合成纤维制男式其他上衣(含羊毛或动物细毛36%及以上)	17.5	130	17	件/千克	B
6203330091	其他合成纤维制男式上衣(工业及职业用)	17.5	130	17	件/千克	B
6203330099	其他合成纤维制男式上衣	17.5	130	17	件/千克	B
6203391010	丝制男式上衣(含丝70%及以上)	16	130	17	件/千克	B
6203391090	丝制男式上衣(含丝70%以下)	16	130	17	件/千克	B
6203399011	人造纤维制男式西服式上衣(含羊毛或动物细毛36%及以上,工业及职业用)	16	100	17	件/千克	B
6203399019	人造纤维制男式西服式上衣(含羊毛或动物细毛36%及以上)	16	100	17	件/千克	B
6203399021	人造纤维制男式其他上衣(含羊毛或动物细毛36%及以上,工业及职业用)	16	100	17	件/千克	B
6203399029	人造纤维制男式其他上衣(含羊毛或动物细毛36%及以上)	16	100	17	件/千克	B
6203399031	其他人造纤维制男式上衣(工业及职业用)	16	100	17	件/千克	B
6203399039	其他人造纤维制男式上衣	16	100	17	件/千克	B
6203399091	其他材料制男式上衣(棉限内)	16	100	17	件/千克	B
6203399092	其他材料制男式上衣(毛限内)	16	100	17	件/千克	B
6203399093	其他材料制男式上衣(化纤限内)	16	100	17	件/千克	B
6203399099	其他材料制男式上衣	16	100	17	件/千克	B
6203410011	毛制男式护胸背带工装裤(羊毛或动物细毛制,带防寒衬里)	16	130	17	条/千克	B
6203410019	毛制男式护胸背带工装裤(羊毛或动物细毛制)	16	130	17	条/千克	B
6203410021	毛制男式长裤、马裤(羊毛或动物细毛制,带防寒衬里)	16	130	17	条/千克	B
6203410022	毛制男式长裤、马裤(羊毛或动物细毛制,含8~18号男童)	16	130	17	条/千克	AB
6203410029	毛制其他男童长裤、马裤(羊毛或动物细毛制)	16	130	17	条/千克	AB
6203410090	毛制男式短裤(羊毛或动物细毛制)	16	130	17	条/千克	B
6203421010	棉制男式阿拉伯裤(羽绒和水禽毛≥15%且含绒率≥35%,或含羽绒≥10%)	16	90	17	条/千克	B
6203421090	棉制男式阿拉伯裤	16	90	17	条/千克	B
6203429011	工业、职业用棉男护胸背带工装裤(羽绒和水禽毛≥15%且含绒率≥35%,或含羽绒≥10%)	16	90	17	条/千克	B
6203429012	棉制男式护胸背带工装裤(羽绒和水禽毛≥15%且含绒率≥35%,或含羽绒≥10%)	16	90	17	条/千克	B
6203429013	棉制其他男成人护胸背带工装裤(带防寒衬里,工业及职业用)	16	90	17	条/千克	B
6203429014	棉制其他男成人护胸背带工装裤(带防寒衬里)	16	90	17	条/千克	B
6203429015	棉制其他男童护胸背带工装裤(带防寒衬里)	16	90	17	条/千克	AB
6203429016	棉制其他男成人护胸背带工装裤(工业及职业用)	16	90	17	条/千克	B

商品编号	商品名称及备注	进口关税税率(%)		增值税率(%)	计量单位	监管条件
		最惠国	普通			
6203429017	棉制其他男成人护胸背带工装裤	16	90	17	条/千克	B
6203429019	棉制其他男童护胸背带工装裤	16	90	17	条/千克	AB
6203429021	工业、职业用棉男长裤、马裤(羽绒和水禽毛≥15%且含绒率≥35%,或含羽绒≥10%)	16	90	17	条/千克	B
6203429029	棉制男式长裤、马裤(羽绒和水禽毛≥15%且含绒率≥35%,或含羽绒≥10%)	16	90	17	条/千克	B
6203429030	棉制男式长裤、马裤(游戏装,带防寒衬里)	16	90	17	条/千克	B
6203429041	棉制男式长裤、马裤(游戏装,不带防寒衬里,含8~18号男童)	16	90	17	条/千克	B
6203429049	棉制其他男童长裤、马裤(游戏装,不带防寒衬里)	16	90	17	条/千克	AB
6203429051	棉制男式长裤、马裤(非游戏装,带防寒衬里,工业及职业用)	16	90	17	条/千克	B
6203429059	棉制男式长裤、马裤(非游戏装,带防寒衬里)	16	90	17	条/千克	B
6203429061	棉制男成人长裤、马裤(非游戏装,不带防寒衬里,工业及职业用)	16	90	17	条/千克	B
6203429062	棉制男式长裤、马裤(非游戏装,不带防寒衬里,含8~18号男童)	16	90	17	条/千克	AB
6203429069	棉制其他男童长裤、马裤(非游戏装,不带防寒衬里)	16	90	17	条/千克	AB
6203429091	棉制男式短裤(羽绒和水禽毛≥15%且含绒率≥35%,或含羽绒≥10%)	16	90	17	条/千克	B
6203429092	棉制其他男式短裤(游戏装)	16	90	17	条/千克	B
6203429099	棉制其他男式短裤(非游戏装)	16	90	17	条/千克	B
6203431010	合成纤维制男式阿拉伯裤(羽绒和水禽毛≥15%且含绒率≥35%,或含羽绒≥10%)	17.5	130	17	条/千克	B
6203431090	合成纤维制男式阿拉伯裤	17.5	130	17	条/千克	B
6203439011	工业、职业用合纤制男护胸背带工裤(羽绒和水禽毛≥15%且含绒率≥35%,或含羽绒≥10%)	17.5	130	17	条/千克	B
6203439012	合纤制男式护胸背带工裤(羽绒和水禽毛≥15%且含绒率≥35%,或含羽绒≥10%)	17.5	130	17	条/千克	B
6203439013	其他合纤制男成人护胸背带工装裤(带防寒衬里,工业及职业用)	17.5	130	17	条/千克	B
6203439014	其他合纤制男成人护胸背带工装裤(带防寒衬里)	17.5	130	17	条/千克	B
6203439015	其他合纤制男童护胸背带工装裤(带防寒衬里)	17.5	130	17	条/千克	AB
6203439016	其他合纤制男成人护胸背带工装裤(工业及职业用)	17.5	130	17	条/千克	B
6203439017	其他合纤制男成人护胸背带工装裤	17.5	130	17	条/千克	B
6203439019	其他合纤制男童护胸背带工装裤	17.5	130	17	条/千克	AB
6203439021	工业、职业用合纤制男长裤、马裤(羽绒和水禽毛≥15%且含绒率≥35%,或含羽绒≥10%)	17.5	130	17	条/千克	B
6203439029	合纤制男式长裤、马裤(羽绒和水禽毛≥15%且含绒率≥35%,或含羽绒≥10%)	17.5	130	17	条/千克	B
6203439031	其他合纤制男式长裤、马裤(带防寒衬里,含羊毛或动物细毛36%及以上,工业、职业用)	17.5	130	17	条/千克	B
6203439039	其他合纤制男式长裤、马裤(带防寒衬里,含羊毛或动物细毛36%及以上)	17.5	130	17	条/千克	B
6203439041	其他合纤制男成人长裤、马裤(不带防寒衬里,含羊毛或动物细毛36%及以上,工业、职业用)	17.5	130	17	条/千克	B

商品编号	商品名称及备注	进口关税税率(%)		增值税率(%)	计量单位	监管条件
		最惠国	普通			
6203439042	其他合纤制男式长裤、马裤(不带防寒衬里,含羊毛或动物细毛36%及以上,指8~18号男童)	17.5	130	17	条/千克	B
6203439049	其他合纤制男童长裤、马裤(不带防寒衬里,含羊毛或动物细毛36%及以上)	17.5	130	17	条/千克	AB
6203439050	其他合纤制男式长裤、马裤(带防寒衬里,游戏装)	17.5	130	17	条/千克	B
6203439061	其他合纤制男式长裤、马裤(不带防寒衬里,游戏装,含8~18号男童)	17.5	130	17	条/千克	AB
6203439069	其他合纤制其他男童长裤、马裤(不带防寒衬里,游戏装)	17.5	130	17	条/千克	AB
6203439071	其他合纤制男式长裤、马裤(带防寒衬里,非游戏装和滑雪裤,工业及职业用)	17.5	130	17	条/千克	B
6203439079	其他合纤制男式长裤、马裤(带防寒衬里,非游戏装和滑雪裤)	17.5	130	17	条/千克	B
6203439081	其他合纤制男成人长裤、马裤(不带防寒衬里,非游戏装和滑雪裤,工业及职业用)	17.5	130	17	条/千克	B
6203439082	其他合纤制男童长裤、马裤(不带防寒衬里,非游戏装和滑雪裤,指8~18号男童)	17.5	130	17	条/千克	AB
6203439089	其他合纤制其他男童长裤、马裤(不带防寒衬里,非游戏装和滑雪裤)	17.5	130	17	条/千克	AB
6203439091	合纤制男式短裤(羽绒和水禽毛≥15%且含绒率≥35%,或含羽绒≥10%)	17.5	130	17	条/千克	B
6203439092	其他合纤制男式短裤(游戏装)	17.5	130	17	条/千克	B
6203439093	其他合纤制男式短裤(非游戏装)	17.5	130	17	条/千克	B
6203439099	其他合纤制男裤	17.5	130	17	条/千克	B
6203491010	人纤制男式阿拉伯裤(羽绒和水禽毛≥15%且含绒率≥35%,或含羽绒≥10%)	16	100	17	条/千克	B
6203491020	人纤制男式阿拉伯裤	16	100	17	条/千克	B
6203491030	其他材料制男式阿拉伯裤(羽绒和水禽毛≥15%且含绒率≥35%,或含羽绒≥10%)	16	100	17	条/千克	B
6203491090	其他材料制男式阿拉伯裤	16	100	17	条/千克	B
6203499011	人纤制男成人护胸背带工装裤(带防寒衬里)	16	100	17	条/千克	B
6203499012	人纤制男童护胸背带工装裤(带防寒衬里)	16	100	17	条/千克	AB
6203499013	人纤制男成人护胸背带工装裤	16	100	17	条/千克	B
6203499019	人纤制男童护胸背带工装裤	16	100	17	条/千克	AB
6203499021	人纤制男式长裤、马裤(带防寒衬里,含羊毛或动物细毛36%及以上)	16	100	17	条/千克	B
6203499022	人纤制其他男式长裤、马裤(不带防寒衬里,含羊毛或动物细毛36%及以上)	16	100	17	条/千克	B
6203499023	人纤制男式长裤、马裤(带防寒衬里,游戏装)	16	100	17	条/千克	B
6203499024	人纤制其他男式长裤、马裤(不带防寒衬里,游戏装)	16	100	17	条/千克	B
6203499025	人纤制男式长裤、马裤(带防寒衬里,非游戏装)	16	100	17	条/千克	B
6203499026	人纤制其他男式长裤、马裤(不带防寒衬里,非游戏装)	16	100	17	条/千克	B
6203499027	人纤制男式短裤(含羊毛或动物细毛36%及以上)	16	100	17	条/千克	B
6203499028	人纤制男式短裤(游戏装)	16	100	17	条/千克	B
6203499029	人纤制男式短裤(非游戏装)	16	100	17	条/千克	B
6203499031	丝制男式护胸背带工装裤(含丝70%及以上)	16	100	17	条/千克	B
6203499032	丝制男式长裤、马裤(含丝70%及以上,带防寒衬里)	16	100	17	条/千克	B
6203499033	丝制男式长裤、马裤(含丝70%及以上,不带防寒衬里)	16	100	17	条/千克	B

商品编号	商品名称及备注	进口关税税率(%)		增值税率(%)	计量单位	监管条件
		最惠国	普通			
6203499034	丝制男式短裤(含丝70%及以上)	16	100	17	条/千克	B
6203499035	丝制男式护胸背带工装裤(含丝70%以下,带防寒衬里)	16	100	17	条/千克	B
6203499036	丝制男式护胸背带工装裤(含丝70%以下,不带防寒衬里)	16	100	17	条/千克	B
6203499037	丝制男式长裤、马裤(含丝70%以下,带防寒衬里)	16	100	17	条/千克	B
6203499038	丝制男式长裤、马裤(含丝70%以下,不带防寒衬里)	16	100	17	条/千克	B
6203499039	丝制男式短裤(含丝70%以下)	16	100	17	条/千克	B
6203499041	其他材料制男式长裤、马裤(棉限内,带防寒衬里)	16	100	17	条/千克	B
6203499042	其他材料制男式长裤、马裤(棉限内,不带防寒衬里)	16	100	17	条/千克	B
6203499049	其他材料制男式短裤(棉限内)	16	100	17	条/千克	B
6203499051	其他材料制男式长裤、马裤(毛限内,带防寒衬里)	16	100	17	条/千克	B
6203499052	其他材料制男式长裤、马裤(毛限内,不带防寒衬里)	16	100	17	条/千克	B
6203499059	其他材料制男式短裤(毛限内)	16	100	17	条/千克	B
6203499061	其他材料制男式长裤、马裤(化纤限内,带防寒衬里)	16	100	17	条/千克	B
6203499062	其他材料制男式长裤、马裤(化纤限内,不带防寒衬里)	16	100	17	条/千克	B
6203499069	其他材料制男式短裤(化纤限内)	16	100	17	条/千克	B
6203499091	其他材料制男式护胸背带工装裤(带防寒衬里)	16	100	17	条/千克	B
6203499092	其他材料制男式护胸背带工装裤(不带防寒衬里)	16	100	17	条/千克	B
6203499093	其他材料制男式长裤、马裤(带防寒衬里)	16	100	17	条/千克	B
6203499094	其他材料制男式长裤、马裤(不带防寒衬里)	16	100	17	条/千克	B
6203499099	其他材料制男式短裤	16	100	17	条/千克	B
6204	**女式西服套装、便服套装、上衣、连衣裙、裙子、裙裤、长裤、护胸背带工装裤、马裤及短裤(游泳服除外)**					
6204110000	毛制女式西服套装(羊毛或动物细毛制)	17.5	130	17	套/千克	B
6204120010	含裤子的棉制女式西服套装	17.5	90	17	套/千克	
6204120090	不含裤子的棉制女式西服套装	17.5	90	17	套/千克	
6204130010	合纤制女式西服套装(含羊毛或动物细毛36%及以上)	17.5	130	17	套/千克	
6204130090	其他合纤制女式西服套装	17.5	130	17	套/千克	
6204191010	丝及绢丝制女式西服套装(含丝70%及以上)	17.5	100	17	套/千克	
6204191090	其他丝及绢丝制女式西服套装(含丝70%以下)	17.5	100	17	套/千克	
6204199011	人造纤维制女式西服套装(含羊毛或动物细毛36%及以上)	17.5	100	17	套/千克	
6204199019	其他人造纤维制女式西服套装	17.5	100	17	套/千克	
6204199091	含裤子的其他材料制女西服套装(棉限内)	17.5	100	17	套/千克	
6204199092	其他材料制女式西服套装(毛限内)	17.5	100	17	套/千克	
6204199093	其他材料制女式西服套装(化纤限内)	17.5	100	17	套/千克	
6204199099	其他材料制其他女式西服套装	17.5	100	17	套/千克	
6204210000	羊毛或动物细毛制女式便服套装	17.5	130	17	套/千克	
6204220011	含裤子的棉制女式便服套装(工业及职业用)	17.5	90	17	套/千克	B
6204220019	不含裤子的棉制女式便服套装(工业及职业用)	17.5	90	17	套/千克	B
6204220091	含裤子的棉制非工业及职业用女式便服套装	17.5	90	17	套/千克	B
6204220099	不含裤子的棉制非工业及职业用女式便服套装	17.5	90	17	套/千克	B
6204230011	工业、职业用合纤制女式便服套装(含羊毛或动物细毛≥36%)	20	130	17	套/千克	B
6204230019	合成纤维制其他女式便服套装(含羊毛或动物细毛≥36%)	20	130	17	套/千克	B
6204230091	其他合成纤维制含裤子的女式便服套装	20	130	17	套/千克	B
6204230099	其他合成纤维制其他女式便服套装	20	130	17	套/千克	B
6204291010	丝制女式便服套装(含丝及绢丝≥70%)	20	130	17	套/千克	B

商品编号	商品名称及备注	进口关税税率(%)		增值税率(%)	计量单位	监管条件
		最惠国	普通			
6204291090	丝制其他女式便服套装(含丝及绢丝<70%)	20	130	17	套/千克	B
6204299011	含裤子的人纤制女便服套装	14	100	17	套/千克	
6204299019	不含裤子的人纤制女便服套装	14	100	17	套/千克	
6204299021	含裤子的其他材料制女式便服套装(棉限内)	14	100	17	套/千克	
6204299029	不含裤子的其他材料制女式便服套装(棉限内)	14	100	17	套/千克	
6204299030	其他材料制女式便服套装(毛限内)	14	100	17	套/千克	
6204299041	含裤子的其他材料制女式便服套装(化纤限内)	14	100	17	套/千克	
6204299049	不含裤子的其他材料制女式便服套装(化纤限内)	14	100	17	套/千克	
6204299091	含裤子的其他材料制女式便服套装	14	100	17	套/千克	
6204299099	不含裤子的其他材料制女式便服套装	14	100	17	套/千克	
6204310000	毛制女式上衣(羊毛或动物细毛制)	16	130	17	件/千克	B
6204320010	棉制女式上衣(工业及职业用)	16	90	17	件/千克	B
6204320090	棉制其他女式上衣	16	90	17	件/千克	B
6204330010	合成纤维制女式上衣(含羊毛或动物细毛36%及以上,工业及职业用)	17.5	130	17	件/千克	B
6204330020	合成纤维制其他女式上衣(含羊毛或动物细毛36%及以上)	17.5	130	17	件/千克	B
6204330030	合成纤维制女式上衣(工业及职业用)	17.5	130	17	件/千克	B
6204330090	合成纤维制其他女式上衣	17.5	130	17	件/千克	B
6204391010	丝制女式上衣(含丝及绢丝70%及以上)	16	130	17	件/千克	B
6204391090	丝制其他女式上衣(含丝及绢丝70%以下)	16	130	17	件/千克	B
6204399011	人纤制女式上衣(含羊毛或动物细毛≥36%,工业及职业用)	16	100	17	件/千克	B
6204399012	人纤制其他女式上衣(含羊毛或动物细毛≥36%)	16	100	17	件/千克	B
6204399013	人纤制女式上衣(工业及职业用)	16	100	17	件/千克	B
6204399019	人纤制其他女式上衣	16	100	17	件/千克	B
6204399091	其他材料制女式上衣(棉限内)	16	100	17	件/千克	B
6204399092	其他材料制女式上衣(毛限内)	16	100	17	件/千克	B
6204399093	其他材料制女式上衣(化纤限内)	16	100	17	件/千克	B
6204399099	其他材料制女式上衣	16	100	17	件/千克	B
6204410000	毛制女式连衣裙(羊毛或动物细毛制)	16	130	17	件/千克	B
6204420000	棉制女式连衣裙	16	90	17	件/千克	B
6204430010	合成纤维制女式连衣裙(含羊毛或动物细毛≥36%)	17.5	130	17	件/千克	B
6204430090	合成纤维制其他女式连衣裙	17.5	130	17	件/千克	B
6204440010	人造纤维制女式连衣裙(含羊毛或动物细毛≥36%)	16	130	17	件/千克	
6204440090	人造纤维制其他女式连衣裙	16	130	17	件/千克	
6204491010	丝制女式连衣裙(含丝及绢丝70%及以上)	16	130	17	件/千克	B
6204491090	丝制其他女式连衣裙(含丝及绢丝70%以下)	16	130	17	件/千克	B
6204499091	其他材料制女式连衣裙(棉限内)	16	100	17	件/千克	
6204499092	其他材料制女式连衣裙(毛限内)	16	100	17	件/千克	
6204499093	其他材料制女式连衣裙(化纤限内)	16	100	17	件/千克	
6204499099	其他材料制其他女式连衣裙	16	100	17	件/千克	
6204510000	毛制女式裙子及裙裤(羊毛或动物细毛制)	14	130	17	件/千克	B
6204520000	棉制女式裙子及裙裤	14	90	17	件/千克	B
6204530010	合成纤维制女式裙子及裙裤(含羊毛或动物细毛≥36%)	16	130	17	件/千克	B
6204530090	合成纤维制其他女式裙子及裙裤	16	130	17	件/千克	B
6204591010	丝制女式裙子及裙裤(含丝70%及以上)	14	130	17	件/千克	B
6204591090	其他丝制女式裙子及裙裤(含丝70%以下)	14	130	17	件/千克	B

商品编号	商品名称及备注	进口关税税率(%)		增值税率(%)	计量单位	监管条件
		最惠国	普通			
6204599011	人造纤维制女式裙子及裙裤(含羊毛或动物细毛36%及以上)	14	100	17	件/千克	
6204599019	人造纤维制其他女式裙子及裙裤	14	100	17	件/千克	
6204599091	其他材料制女式裙子及裙裤(棉限内)	14	100	17	件/千克	
6204599092	其他材料制女式裙子及裙裤(毛限内)	14	100	17	件/千克	
6204599093	其他材料制女式裙子及裙裤(化纤限内)	14	100	17	件/千克	
6204599099	其他材料制其他女式裙子及裙裤	14	100	17	件/千克	
6204610010	毛制女式护胸背带工装裤及短裤(带防寒衬里)	16	130	17	条/千克	B
6204610090	毛制女式长裤、马裤	16	130	17	条/千克	B
6204620010	棉制女式护胸背带工装裤	16	90	17	条/千克	B
6204620021	棉制女式长裤、马裤(羽绒和水禽毛≥15%且含绒率≥35%,或含羽绒≥10%)	16	90	17	条/千克	B
6204620022	棉制女式长裤、马裤(游戏装)	16	90	17	条/千克	B
6204620029	其他棉制女式长裤、马裤	16	90	17	条/千克	B
6204620091	棉制女式短裤(羽绒和水禽毛≥15%且含绒率≥35%,或含羽绒≥10%)	16	90	17	条/千克	B
6204620092	棉制女式短裤(游戏装)	16	90	17	条/千克	B
6204620099	其他棉制女式短裤	16	90	17	条/千克	B
6204630010	合纤制女式护胸背带工装裤	17.5	130	17	条/千克	B
6204630021	合纤女式长裤、马裤(羽绒和水禽毛≥15%且含绒率≥35%,或含羽绒≥10%)	17.5	130	17	条/千克	B
6204630022	合纤制其他女式长裤、马裤(含羊毛或动物细毛36%及以上)	17.5	130	17	条/千克	B
6204630023	合纤制女式长裤、马裤(游戏装)	17.5	130	17	条/千克	B
6204630024	合纤制女式长裤、马裤(滑雪裤除外)	17.5	130	17	条/千克	B
6204630029	合纤制女式其他长裤、马裤	17.5	130	17	条/千克	B
6204630091	合纤制女式短裤(羽绒和水禽毛≥15%且含绒率≥35%,或含羽绒≥10%)	17.5	130	17	条/千克	B
6204630092	合纤制女式短裤(游戏装)	17.5	130	17	条/千克	B
6204630099	其他合纤制女式短裤	17.5	130	17	条/千克	B
6204690011	人纤制女式护胸背带工装裤	16	100	17	条/千克	B
6204690012	人纤制女式长裤、马裤(含羊毛或动物细毛36%及以上)	16	100	17	条/千克	B
6204690013	人纤制女式短裤(含羊毛或动物细毛36%及以上)	16	100	17	条/千克	B
6204690014	人纤制女式长裤、马裤(游戏装)	16	100	17	条/千克	B
6204690015	人纤制女式短裤(游戏装)	16	100	17	条/千克	B
6204690016	人纤制女式其他长裤、马裤	16	100	17	条/千克	B
6204690017	人纤制女式其他短裤	16	100	17	条/千克	B
6204690021	丝制女式护胸背带工装裤	16	100	17	条/千克	B
6204690025	丝制女式其他长裤、马裤、短裤(含丝70%及以上)	16	100	17	条/千克	B
6204690026	丝制女式长裤、马裤、短裤(含丝70%以下的游戏装)	16	100	17	条/千克	B
6204690029	丝制女式其他长裤、马裤、短裤(含丝70%以下)	16	100	17	条/千克	B
6204690091	其他材料制女式护胸背带工装裤	16	100	17	条/千克	B
6204690092	其他材料制女长裤、马裤、短裤(游戏装)	16	100	17	条/千克	B
6204690093	其他材料制女式长裤、马裤、短裤(棉限内)	16	100	17	条/千克	B
6204690094	其他材料制女式长裤、马裤、短裤(羊毛限内)	16	100	17	条/千克	B
6204690095	其他材料制女式长裤、马裤、短裤(化纤限内)	16	100	17	条/千克	B
6204690099	其他材料制其他女式长、马、短裤	16	100	17	条/千克	B

商品编号	商品名称及备注	进口关税税率(%)		增值税率(%)	计量单位	监管条件
		最惠国	普通			
6205	男衬衫					
6205200010	不带特制领的棉制男成人衬衫(含男童8~18号衬衫)	16	90	17	件/千克	AB
6205200091	其他棉制男童游戏套装衬衫(不包括长衬衫)	16	90	17	件/千克	AB
6205200099	其他棉制男式衬衫	16	90	17	件/千克	AB
6205300011	不带特制领的化学纤维制男式衬衫(含羊毛或动物细毛36%及以上,含男童8~18号衬衫)	16	130	17	件/千克	AB
6205300019	不带特制领的化纤制其他男童衬衫(含羊毛或动物细毛36%及以上)	16	130	17	件/千克	AB
6205300091	化学纤维制其他男成人及男童衬衫(不带特制领,男童衬衫指8~18号)	16	130	17	件/千克	AB
6205300092	化学纤维制其他男童游戏套装衬衫	16	130	17	件/千克	AB
6205300099	化纤制其他男成人衬衫	16	130	17	件/千克	AB
6205901011	不带特制领的丝制非针织男式衬衫(含丝70%及以上,含男童8~18号衬衫)	16	130	17	件/千克	AB
6205901019	丝制非针织其他男式衬衫(含丝70%及以上)	16	130	17	件/千克	AB
6205901021	丝制其他非针织男式衬衫(棉限内,不带特制领的,含男童8~18号衬衫)	16	130	17	件/千克	AB
6205901029	丝制其他非针织其他男式衬衫(棉限内)	16	130	17	件/千克	AB
6205901031	丝制其他非针织男式衬衫(羊毛限内,不带特制领的,含男童8~18号衬衫)	16	130	17	件/千克	AB
6205901039	丝制其他非针织其他男式衬衫(羊毛限内)	16	130	17	件/千克	AB
6205901041	丝制非针织男式衬衫(化纤限内,不带特制领的,含男童8~18号衬衫)	16	130	17	件/千克	AB
6205901049	丝制其他非针织其他男式衬衫(化纤限内)	16	130	17	件/千克	AB
6205901091	未列名丝制非针织男式衬衫(含丝70%以下,不带特制领的,含男童8~18号衬衫)	16	130	17	件/千克	AB
6205901099	未列名丝制非针织其他男式衬衫(含丝70%以下)	16	130	17	件/千克	AB
6205902000	羊毛或动物细毛制男式衬衫(含男童8~18号衬衫)	16	100	17	件/千克	AB
6205909011	其他纺织材料制男式衬衫(棉限内,不带特制领的,含男童8~18号衬衫)	16	100	17	件/千克	AB
6205909019	其他纺织材料制其他男式衬衫(棉纤限内)	16	100	17	件/千克	AB
6205909021	其他纺织材料制男式衬衫(羊毛限内,不带特制领的,含男童8~18号衬衫)	16	100	17	件/千克	AB
6205909029	其他纺织材料制其他男式衬衫(羊毛限内)	16	100	17	件/千克	AB
6205909031	其他纺织材料制男式衬衫(化纤限内,不带特制领的,含男童8~18号衬衫)	16	100	17	件/千克	AB
6205909039	其他纺织材料制其他男式衬衫(化纤限内)	16	100	17	件/千克	AB
6205909091	未列名纺织材料制男式衬衫(不带特制领的,含男童8~18号衬衫)	16	100	17	件/千克	AB
6205909099	未列名纺织材料制其他男式衬衫	16	100	17	件/千克	AB
6206	女衬衫					
6206100011	丝及绢丝制女式衬衫(棉限内,成人及7~16号女童衬衫)	16	130	17	件/千克	AB
6206100019	丝及绢丝制其他女童衬衫(棉限内)	16	130	17	件/千克	AB
6206100021	丝及绢丝制女式衬衫(羊毛限内,成人及7~16号女童衬衫)	16	130	17	件/千克	AB
6206100029	丝及绢丝制其他女童衬衫(羊毛限内)	16	130	17	件/千克	AB

商品编号	商品名称及备注	进口关税税率(%)		增值税率(%)	计量单位	监管条件
		最惠国	普通			
6206100031	丝及绢丝制女式衬衫(化纤限内,成人及7~16号女童衬衫)	16	130	17	件/千克	AB
6206100039	丝及绢丝制其他女童衬衫(化纤限内)	16	130	17	件/千克	AB
6206100041	丝制女成人及7~16号女童衬衫(含丝70%及以上)	16	130	17	件/千克	AB
6206100049	其他丝及绢丝制女童衬衫(含丝70%及以上)	16	130	17	件/千克	AB
6206100091	丝制女成人及7~16号女童衬衫(含丝70%以下)	16	130	17	件/千克	AB
6206100099	其他丝及绢丝制女童衬衫(含丝70%以下)	16	130	17	件/千克	AB
6206200010	毛制女成人及7~16号女童衬衫	16	130	17	件/千克	AB
6206200090	其他羊毛或动物细毛制女童衬衫	16	130	17	件/千克	AB
6206300010	棉制女成人及7~16号女童衬衫	16	90	17	件/千克	AB
6206300020	棉制女童游戏套装衫(含游戏套装衬衫)	16	90	17	件/千克	AB
6206300090	其他棉制女式衬衫	16	90	17	件/千克	AB
6206400011	化学纤维制女成人及女童衬衫(含羊毛或动物细毛36%及以上,成人及7~16号女童衬衫)	17.5	130	17	件/千克	AB
6206400019	化学纤维制女成人及女童衬衫(含羊毛或动物细毛36%及以上)	17.5	130	17	件/千克	AB
6206400020	化纤制女成人及7~16号女童衬衫	17.5	130	17	件/千克	AB
6206400030	化学纤维制女童游戏套装衫	17.5	130	17	件/千克	AB
6206400090	其他化学纤维制女式衬衫	17.5	130	17	件/千克	AB
6206900010	其他纺织材料制女式衬衫(棉限内)	16	100	17	件/千克	AB
6206900020	其他纺织材料制女式衬衫(羊毛限内)	16	100	17	件/千克	AB
6206900030	其他纺织材料制女式衬衫(化纤限内)	16	100	17	件/千克	AB
6206900091	其他纺织材料制女成人及女童衬衫(女童衬衫指7~16号)	16	100	17	件/千克	AB
6206900099	其他纺织材料制女成人及女童衬衫	16	100	17	件/千克	AB
6207	**男式背心及其他内衣、内裤、三角裤、长睡衣、睡衣裤、浴衣、晨衣及类似品**					
6207110000	棉制男式内裤及三角裤	14	90	17	件/千克	AB
6207191010	含丝70%及以上男式内裤及三角裤	14	130	17	件/千克	A
6207191090	含丝70%以下男式内裤及三角裤	14	130	17	件/千克	A
6207192000	化纤制男式内裤及三角裤	16	130	17	件/千克	AB
6207199010	毛制男式内裤及三角裤	14	100	17	件/千克	A
6207199090	其他材料制男式内裤及三角裤	14	100	17	件/千克	A
6207210000	棉制男式长睡衣及睡衣裤	14	90	17	件/千克	AB
6207220000	化纤制男式长睡衣及睡衣裤	16	130	17	件/千克	AB
6207291011	含丝70%及以上男式长睡衣/睡衣裤(含8~18号男童长睡衣/睡衣裤)	14	130	17	件/千克	AB
6207291019	含丝70%以下男式长睡衣/睡衣裤(含8~18号男童长睡衣/睡衣裤)	14	130	17	件/千克	AB
6207291091	其他含丝≥70%男童长睡衣/睡衣裤	14	130	17	件/千克	AB
6207291099	其他含丝<70%男童长睡衣/睡衣裤	14	130	17	件/千克	AB
6207299010	毛制男式长睡衣及睡衣裤	14	100	17	件/千克	A
6207299091	其他材料制男式长睡衣及睡衣裤(含8~18号男童长睡衣及睡衣裤)	14	100	17	件/千克	A
6207299099	其他材料制男童长睡衣及睡衣裤	14	100	17	件/千克	A
6207910011	棉制男式内衣式背心	14	90	17	件/千克	AB
6207910012	棉制男式非内衣式背心(男成人及8~18号男童背心)	14	90	17	件/千克	AB

商品编号	商品名称及备注	进口关税税率(%)		增值税率(%)	计量单位	监管条件
		最惠国	普通			
6207910019	棉制其他男童非内衣式背心	14	90	17	件/千克	AB
6207910091	棉制男式浴衣、晨衣及类似品	14	90	17	件/千克	AB
6207910092	棉制男式睡衣、睡裤(男成人及8~18号男童背心)	14	90	17	件/千克	AB
6207910099	棉制男式其他内衣(男成人及8~18号男童背心)	14	90	17	件/千克	AB
6207991011	丝制男式内衣式背心(含丝70%及以上)	14	130	17	件/千克	AB
6207991019	丝制其他男式内衣式背心	14	130	17	件/千克	AB
6207991021	丝制男式非内衣式背心(含丝70%及以上)	14	130	17	件/千克	AB
6207991029	丝制其他男式非内衣式背心	14	130	17	件/千克	AB
6207991091	丝制男睡衣、浴衣、晨衣及类似品(含丝70%及以上)	14	130	17	件/千克	AB
6207991099	丝制其他男睡衣、浴衣、晨衣(含类似品)	14	130	17	件/千克	AB
6207992011	化学纤维制男式内衣式背心	16	130	17	件/千克	AB
6207992012	化学纤维制男式非内衣式背心(男成人及8~18号男童背心)	16	130	17	件/千克	AB
6207992019	化学纤维制其他男式非内衣式背心	16	130	17	件/千克	AB
6207992021	化纤制男式浴衣、晨衣(含羊毛或动物细毛36%及以上,含类似品)	16	130	17	件/千克	AB
6207992029	其他化纤制男浴衣、晨衣(含类似品)	16	130	17	件/千克	AB
6207992091	化纤制男睡衣、睡裤(含类似品)	16	130	17	件/千克	AB
6207992099	化纤制男式其他内衣(含类似品)	16	130	17	件/千克	AB
6207999011	毛制男式内衣式背心	14	100	17	件/千克	A
6207999012	毛制男式非内衣式背心(男成人及8~18号男童背心)	14	100	17	件/千克	A
6207999013	毛制其他男式非内衣式背心	14	100	17	件/千克	A
6207999019	毛制男睡衣、浴衣、晨衣及类似品	14	100	17	件/千克	A
6207999091	其他材料制男式内衣式背心	14	100	17	件/千克	A
6207999092	其他材料制男式非内衣式背心	14	100	17	件/千克	A
6207999099	其他材料制男睡衣、浴衣、晨衣(含类似品)	14	100	17	件/千克	A
6208	**女式背心及其他内衣、长衬裙、衬裙、三角裤、短衬裤、睡衣、睡衣裤、浴衣、晨衣及类似品**					
6208110000	化纤制长衬裙及衬裙	16	130	17	件/千克	
6208191011	丝制女式长衬裙及衬裙(含7~16号女童长衬裙及衬裙,含丝70%及以上)	14	130	17	件/千克	
6208191019	丝制其他女式长衬裙及衬裙(含7~16号女童长衬裙及衬裙,含丝70%以下)	14	130	17	件/千克	
6208191091	丝制女童长衬裙及衬裙(含丝70%及以上)	14	130	17	件/千克	
6208191099	丝制其他女童长衬裙及衬裙(含丝70%以下)	14	130	17	件/千克	
6208192000	棉制长衬裙及衬裙	14	90	17	件/千克	
6208199010	毛制女式长衬裙及衬裙	14	100	17	件/千克	
6208199090	其他材料制女式长衬裙及衬裙	14	100	17	件/千克	
6208210000	棉制女式睡衣及睡衣裤	14	90	17	件/千克	AB
6208220000	化纤制女式睡衣及睡衣裤	16	130	17	件/千克	AB
6208291010	丝及绢丝≥70%女式睡衣及睡衣裤	14	130	17	件/千克	AB
6208291090	丝及绢丝<70%女式睡衣及睡衣裤	14	130	17	件/千克	AB
6208299010	毛制女式睡衣及睡衣裤	14	100	17	件/千克	A
6208299090	其他材料制女式睡衣及睡衣裤	14	100	17	件/千克	A
6208910010	棉制女式内衣式背心、三角裤等(包括短衬裤)	14	90	17	件/千克	AB
6208910021	棉制女式非内衣式背心(女成人及7~16号女童背心)	14	90	17	件/千克	AB

商品编号	商品名称及备注	进口关税税率（%）		增值税率（%）	计量单位	监管条件
		最惠国	普通			
6208910029	棉制其他女式非内衣式背心	14	90	17	件/千克	AB
6208910090	棉制女式浴衣、晨衣及类似品	14	90	17	件/千克	AB
6208920010	化纤制女式内衣式背心、三角裤（含短衬裤）	16	130	17	件/千克	AB
6208920021	化纤制女式非内衣式背心（女成人及7~16号女童背心）	16	130	17	件/千克	AB
6208920029	化纤制其他女式非内衣式背心	16	130	17	件/千克	AB
6208920090	化纤制女式浴衣、晨衣及类似品	16	130	17	件/千克	AB
6208991011	丝制女内衣式背心、三角裤等（含丝及绢丝≥70%，包括短衬裤）	14	130	17	件/千克	AB
6208991019	丝制女内衣式背心、三角裤等（含丝及绢丝<70%，包括短衬裤）	14	130	17	件/千克	AB
6208991021	丝制女式非内衣式背心（含丝及绢丝70%及以上）	14	130	17	件/千克	AB
6208991029	丝制女式非内衣式背心（含丝70%以下）	14	130	17	件/千克	AB
6208991091	丝制女式浴衣、晨衣及类似品（含丝及绢丝70%及以上）	14	130	17	件/千克	AB
6208991099	丝制女式浴衣、晨衣及类似品（含丝及绢丝70%以下）	14	130	17	件/千克	AB
6208999011	毛制女式内衣式背心、三角裤等（包括短衬裤）	14	100	17	件/千克	A
6208999012	毛制女式非内衣式背心（女成人及7~16号女童背心）	14	100	17	件/千克	A
6208999013	毛制其他女式非内衣式背心	14	100	17	件/千克	A
6208999019	毛制女式浴衣、晨衣及类似品	14	100	17	件/千克	A
6208999091	其他材料制女式内衣式背心等（含三角裤、短衬裤）	14	100	17	件/千克	AB
6208999092	其他材料制女式非内衣式背心	14	100	17	件/千克	AB
6208999099	其他材料制女式浴衣、晨衣（含类似品）	14	100	17	件/千克	AB
6209	**婴儿服装及衣着附件**					
6209200000	棉制婴儿服装及衣着附件	14	90	17	千克	AB
6209300010	合成纤维制婴儿手套、袜子（含分指、连指及露指手套，长袜，短袜及其他袜）	16	130	17	千克	AB
6209300020	合成纤维婴儿外衣、雨衣、滑雪装（包括夹克类似服装）	16	130	17	千克	AB
6209300030	合成纤维制婴儿其他服装（含裤子、衬衫、裙子、睡衣、内衣等）	16	130	17	千克	AB
6209300090	合成纤维制婴儿衣着附件	16	130	17	千克	AB
6209901000	羊毛或动物细毛制婴儿服装衣及衣着附件	14	130	17	千克	AB
6209909000	其他纺织材料制婴儿服装及衣着附件（除棉、合成纤维、羊毛或动物细毛外其他纺织材料制）	14	100	17	千克	AB
6210	**用品目56.02、56.03、59.03、59.06或59.07的织物制成的服装**					
6210101010	毛制纸衬背或覆盖的无纺布服装（羊毛或动物细毛制，包括毡呢或无纺织物制服装）	16	130	17	件/千克	
6210101020	毛制一次性或医疗用无纺织物服装（羊毛或动物细毛制）	16	130	17	件/千克	
6210101090	毛制其他毡呢或无纺织物服装（羊毛或动物细毛制）	16	130	17	件/千克	
6210102010	棉或麻制纸衬或覆盖的无纺布服装（包括毡呢或无纺织物制服装）	16	90	17	件/千克	
6210102020	棉或麻一次性或医用无纺织物服装	16	90	17	件/千克	
6210102090	棉或麻制其他毡呢或无纺织物服装	16	90	17	件/千克	
6210103010	化纤制纸衬背或覆盖的无纺布服装（包括毡呢或无纺织物制服装）	17.5	130	17	件/千克	
6210103020	化纤制一次性或医用无纺织物服装	17.5	130	17	件/千克	
6210103090	化纤制其他毡呢或无纺织物服装	17.5	130	17	件/千克	

商品编号	商品名称及备注	进口关税税率(%) 最惠国	进口关税税率(%) 普通	增值税率(%)	计量单位	监管条件
6210109010	其他纺织材料制纸衬背的无纺服装(包括纸覆盖的毡呢或无纺织物制服装)	16	100	17	件/千克	
6210109020	其他材料制一次性或医用无纺服装	16	100	17	件/千克	
6210109090	其他纺织材料制其他无纺织物服装(包括毡呢制服装)	16	100	17	件/千克	
6210200011	用塑料或橡胶处理化纤制男外装(织物外表面由塑料或橡胶完全覆盖的大衣、雨衣、斗篷等)	16	100	17	件/千克	
6210200019	其他用塑料或橡胶处理化纤制男外装(含用其他材料处理的织物制大衣、雨衣、斗篷等)	16	100	17	件/千克	
6210200021	用塑料或橡胶处理的羊毛制男外装(织物外表面由塑料或橡胶完全覆盖的大衣、雨衣、斗篷等)	16	100	17	件/千克	
6210200029	用塑料或橡胶处理的羊毛制男外装(含用其他材料处理的织物制大衣、雨衣、斗篷等)	16	100	17	件/千克	
6210200031	用塑料或橡胶处理的棉制男外装(织物外表面由塑料或橡胶完全覆盖的大衣、雨衣、斗篷等)	16	100	17	件/千克	
6210200039	其他用塑料或橡胶等处理棉制男外装(含用其他材料处理的织物制大衣、雨衣、斗篷等)	16	100	17	件/千克	
6210200040	用塑料或橡胶处理的其他纺材男外装(织物外表面由塑料或橡胶完全覆盖的大衣、雨衣、斗篷等)	16	100	17	件/千克	
6210200091	用塑料或橡胶等处理的亚麻制男外装(含用其他材料处理的织物制大衣、雨衣、斗篷等)	16	100	17	件/千克	
6210200099	用塑料等处理的其他纺材制男外装(含用橡胶及其他材料处理的织物制大衣、雨衣、斗篷等)	16	100	17	件/千克	
6210300011	用塑料或橡胶处理化纤制女外装(织物外表面由塑料或橡胶完全覆盖的大衣、雨衣、斗篷等)	16	100	17	件/千克	
6210300019	其他用塑料或橡胶处理化纤制女外装(含用其他材料处理的织物制大衣、雨衣、斗篷等)	16	100	17	件/千克	
6210300021	用塑料或橡胶处理的羊毛制女外装(织物外表面由塑料或橡胶完全覆盖的大衣、雨衣、斗篷等)	16	100	17	件/千克	
6210300029	用塑料或橡胶处理的羊毛制女外装(含用其他材料处理的织物制大衣、雨衣、斗篷等)	16	100	17	件/千克	
6210300031	用塑料或橡胶处理的棉制女外装(织物外表面由塑料或橡胶完全覆盖的大衣、雨衣、斗篷等)	16	100	17	件/千克	
6210300039	其他用塑料或橡胶等处理棉制女外装(含用其他材料处理的织物制大衣、雨衣、斗篷等)	16	100	17	件/千克	
6210300040	用塑料或橡胶处理的其他纺材女外装(织物外表面由塑料或橡胶完全覆盖的大衣、雨衣、斗篷等)	16	100	17	件/千克	
6210300091	用塑料或橡胶等处理的亚麻制女外装(含用其他材料处理的织物制大衣、雨衣、斗篷等)	16	100	17	件/千克	
6210300099	用塑料等处理的其他纺材制女外装(含用橡胶及其他材料处理的织物制大衣、雨衣、斗篷等)	16	100	17	件/千克	
6210400011	用塑料或橡胶处理化纤制其他男式服装(织物外表面由塑料或橡胶完全覆盖)	16	100	17	件/千克	
6210400012	用塑料等处理的化纤制男防风衣(含用橡胶及其他材料处理织物制带风帽防寒短上衣、风衣)	16	100	17	件/千克	
6210400013	用塑料等处理的化纤制男式长、短裤(滑雪裤除外)	16	100	17	件/千克	
6210400019	用塑料等处理的化纤制其他男式服装(含用橡胶及其他材料处理的织物)	16	100	17	件/千克	

商品编号	商品名称及备注	进口关税税率(%)		增值税率(%)	计量单位	监管条件
		最惠国	普通			
6210400021	用塑料或橡胶处理的毛制其他男外装(织物外表面由塑料或橡胶完全覆盖,羊毛或动物细毛制)	16	100	17	件/千克	
6210400022	用塑料等处理的毛制男式防风衣(含用橡胶及其他材料处理织物制带风帽防寒短上衣、风衣)	16	100	17	件/千克	
6210400023	用塑料等处理的毛制男式长、短裤(含用橡胶及其他材料处理的毛制男式长、短裤)	16	100	17	件/千克	
6210400029	用塑料等处理的其他男式服装(用橡胶及其他材料处理的织物)	16	100	17	件/千克	
6210400031	用塑料或橡胶处理的棉制其他男外装(织物外表面由塑料或橡胶完全覆盖)	16	100	17	件/千克	
6210400032	用塑料等处理的棉制男式防风衣(含用橡胶及其他材料处理织物制带风帽防寒短上衣、风衣)	16	100	17	件/千克	
6210400033	用塑料等处理的棉制男式长、短裤(含用橡胶及其他材料处理的棉制男式长、短裤)	16	100	17	件/千克	
6210400039	用塑料等处理的棉制其他男式服装(含用橡胶及其他材料处理的织物)	16	100	17	件/千克	
6210400040	用塑料或橡胶处理其他纺材其他男装	16	100	17	件/千克	
6210400091	用塑料等处理的丝制其他男式服装(含用橡胶及其他材料处理的织物,含丝及绢丝70%及以上)	16	100	17	件/千克	
6210400092	用塑料等处理其他纺材制男防风衣(含用橡胶及其他材料处理织物制带风帽防寒短上衣、风衣)	16	100	17	件/千克	
6210400093	用塑料等处理其他纺材制男长、短裤(含用橡胶及其他材料处理的其他纺材制男长、短裤)	16	100	17	件/千克	
6210400099	用塑料等处理的其他纺材制男服装(含用橡胶及其他材料处理的织物)	16	100	17	件/千克	
6210500011	用塑料或橡胶处理化纤制其他女装(织物外表面由塑料或橡胶完全覆盖)	16	100	17	件/千克	
6210500012	用塑料等处理的化纤制女防风衣(含用橡胶及其他材料处理织物制带风帽防寒短上衣、风衣)	16	100	17	件/千克	
6210500013	用塑料等处理的化纤制女式长、短裤(滑雪裤除外)	16	100	17	件/千克	
6210500019	用塑料等处理的化纤制其他女服装(含用橡胶及其他材料处理的织物)	16	100	17	件/千克	
6210500021	用塑料或橡胶处理的毛制其他女外装(织物外表面由塑料或橡胶完全覆盖,羊毛或动物细毛制)	16	100	17	件/千克	
6210500022	用塑料等处理的毛制女式防风衣(含用橡胶及其他材料处理织物制带风帽防寒短上衣、风衣)	16	100	17	件/千克	
6210500023	用塑料等处理的毛制女式长、短裤(含用橡胶及其他材料处理的毛制女式长、短裤)	16	100	17	件/千克	
6210500029	用塑料等处理的毛制其他女式服装(含用橡胶及其他材料处理的织物)	16	100	17	件/千克	
6210500031	用塑料或橡胶处理的棉制其他女外装(织物外表面由塑料或橡胶完全覆盖)	16	100	17	件/千克	
6210500032	用塑料等处理的棉制女式防风衣(含用橡胶及其他材料处理织物制带风帽防寒短上衣、风衣)	16	100	17	件/千克	
6210500033	用塑料等处理的棉制女式长、短裤(含用橡胶及其他材料处理的棉制女式长、短裤)	16	100	17	件/千克	

商品编号	商品名称及备注	进口关税税率(%)		增值税率(%)	计量单位	监管条件
		最惠国	普通			
6210500039	用塑料等处理的棉制其他女式服装(含用橡胶及其他材料处理的棉制其他女式服装)	16	100	17	件/千克	
6210500040	用塑料或橡胶处理其他纺材其他女装(织物外表面由塑料或橡胶完全覆盖)	16	100	17	件/千克	
6210500091	用塑料等处理的丝制其他女式服装(含用橡胶及其他材料处理的织物,含丝及绢丝70%及以上)	16	100	17	件/千克	
6210500092	用塑料等处理其他纺材制女防风衣(含用橡胶及其他材料处理织物制带风帽防寒短上衣、风衣)	16	100	17	件/千克	
6210500093	用塑料等处理其他纺材制女长、短裤(含用橡胶及其他材料处理织物制带风帽防寒短上衣、风衣)	16	100	17	件/千克	
6210500099	用塑料等处理的其他纺材制女服装(含用橡胶及其他材料处理的其他纺材制女服装)	16	100	17	件/千克	
6211	**运动服、滑雪服及游泳服;其他服装**					
6211110010	羊毛或动物细毛制男式游泳服	16	130	17	件/千克	A
6211110020	棉制男式游泳服	16	130	17	件/千克	AB
6211110030	化学纤维制男式游泳服(包括各种材料的织物制游泳服)	16	130	17	件/千克	AB
6211110041	丝制男式游泳服(含丝70%及以上)	16	130	17	件/千克	A
6211110049	丝制男式游泳服(含丝70%以下)	16	130	17	件/千克	A
6211110090	其他纺织材料制男式游泳服	16	130	17	件/千克	A
6211120010	羊毛或动物细毛制女式游泳服	16	130	17	件/千克	A
6211120020	棉制女式游泳服	16	130	17	件/千克	AB
6211120030	化学纤维制女式游泳服	16	130	17	件/千克	AB
6211120041	丝制女式游泳服(含丝70%及以上)	16	130	17	件/千克	A
6211120049	丝制女式游泳服(含丝70%以下)	16	130	17	件/千克	A
6211120090	其他纺织材料制女式游泳服	16	130	17	件/千克	A
6211201000	棉制滑雪套装	16	90	17	套/千克	
6211209011	含滑雪男裤的羊毛制滑雪套装	19	130	17	套/千克	
6211209019	不含滑雪男裤的羊毛制滑雪套装	19	130	17	套/千克	
6211209021	含滑雪短裤或不防水滑雪裤的化纤制滑雪套装	19	130	17	套/千克	
6211209029	化纤制其他滑雪套装	19	130	17	套/千克	
6211209090	其他纺织材料制滑雪套装	19	130	17	套/千克	
6211321000	棉制男式阿拉伯袍	16	90	17	件/千克	
6211322011	棉制男式运动套装(面和衬里的面料相同的运动套装)	16	90	17	套/千克	
6211322019	棉制其他男式运动套装	16	90	17	套/千克	
6211329021	棉制男式连衣服及类似品	16	90	17	件/千克	
6211329029	棉制男式连衣裤及类似品	16	90	17	件/千克	
6211329030	棉制男式水洗服、夏服、游戏装	16	90	17	件/千克	
6211329040	棉制男式工业及职业衣着	16	90	17	件/千克	
6211329051	棉制男式TOPS(男成人及8~18号男童TOPS)	16	90	17	件/千克	
6211329059	棉制其他男式TOPS	16	90	17	件/千克	
6211329060	棉制男式风雪套装及类似服装	16	90	17	件/千克	
6211329091	棉制男衬衫(品目62.05的衬衫除外)	16	90	17	件/千克	
6211329099	棉制男式其他服装(含马甲、上衣)	16	90	17	件/千克	
6211331000	化纤制男式阿拉伯袍	17.5	130	17	件/千克	
6211332011	化纤制男式运动套装(面和衬里的面料相同的运动套装)	18	130	17	套/千克	
6211332019	化纤制其他男式运动套装	18	130	17	套/千克	

商品编号	商品名称及备注	进口关税税率(%)		增值税率(%)	计量单位	监管条件
		最惠国	普通			
6211339021	化纤制男式连衣服及类似品	17.5	130	17	件/千克	
6211339029	化纤制男式连衣裤及类似品	17.5	130	17	件/千克	
6211339030	化纤制男式水洗服、夏服、游戏装(含类似服)	17.5	130	17	件/千克	
6211339091	化纤制男式工业及职业衣着	17.5	130	17	件/千克	
6211339092	化纤制男式 TOPS(男成人及 8~18 号男童 TOPS)	17.5	130	17	件/千克	
6211339093	化纤制其他男式 TOPS	17.5	130	17	件/千克	
6211339094	化纤制男式风雪套装及类似服装	17.5	130	17	件/千克	
6211339095	化纤制男衬衫(品目 62.05 的衬衫除外)	17.5	130	17	件/千克	
6211339099	化纤制男式其他服装(含马甲,上衣)	17.5	130	17	件/千克	
6211391011	丝及绢丝制男运动服(含丝 70% 及以上)	16	130	17	件/千克	
6211391019	丝及绢丝制男运动服(含丝 70% 以下)	16	130	17	件/千克	
6211391021	丝或绢丝制男连衣裤及类似品(含丝 70% 及以上)	16	130	17	件/千克	
6211391029	丝或绢丝制男连衣裤及类似品(含丝 70% 以下)	16	130	17	件/千克	
6211391091	丝或绢丝制男式 TOPS(含丝 70% 及以上)	16	130	17	件/千克	
6211391092	丝或绢丝制男式 TOPS(含丝 70% 以下)	16	130	17	件/千克	
6211391093	丝或绢丝制男式风雪套装(含类似服装,含丝 70% 及以上)	16	130	17	件/千克	
6211391094	丝或绢丝制男式风雪套装(含类似服装,含丝 70% 以下)	16	130	17	件/千克	
6211391095	丝或绢丝制男式其他服装(含衬衫、马甲、上衣,含丝 70% 及以上)	16	130	17	件/千克	
6211391099	丝或绢丝制男式其他服装(含衬衫、马甲、上衣,含丝 70% 以下)	16	130	17	件/千克	
6211392010	毛制男式运动套装	16	130	17	件/千克	
6211392090	毛制男式其他服装	16	130	17	件/千克	
6211399010	其他纺织材料制男式运动套装	16	100	17	件/千克	
6211399020	其他纺织材料制男连衣裤(含类似品)	16	100	17	件/千克	
6211399091	其他纺织材料制男式水洗服、夏服(含游戏装等类似服装)	16	100	17	件/千克	
6211399092	其他纺织材料制男式 TOPS	16	100	17	件/千克	
6211399093	其他纺织材料制男式风雪套装(含类似服装)	16	100	17	件/千克	
6211399099	其他纺织材料制男式其他服装(含衬衫、马甲、上衣)	16	100	17	件/千克	
6211421010	棉制女式运动套装(面和衬里的面料相同的运动套装)	16	90	17	套/千克	
6211421090	棉制其他女式运动套装	16	90	17	套/千克	
6211429000	棉制女式其他服装	16	90	17	件/千克	
6211431010	化纤制女式运动套装(面和衬里的面料相同的运动套装)	17.5	130	17	套/千克	
6211431090	化纤制其他女式运动套装	17.5	130	17	套/千克	
6211439000	化纤制其他女式服装	17.5	130	17	件/千克	
6211491011	丝或绢丝制女式运动套装(含丝 70% 及以上)	16	130	17	件/千克	
6211491019	丝或绢丝制女式运动套装(含丝 70% 以下)	16	130	17	件/千克	
6211491021	丝或绢丝制女连衣裤及类似品(含丝 70% 及以上)	16	130	17	件/千克	
6211491029	丝或绢丝制女连衣裤及类似品(含丝 70% 以下)	16	130	17	件/千克	
6211491031	丝或绢丝制女式 TOPS(含丝 70% 及以上)	16	130	17	件/千克	
6211491039	丝或绢丝制女式 TOPS(含丝 70% 以下)	16	130	17	件/千克	
6211491041	丝或绢丝制女式风雪套装(含类似服装,含丝 70% 及以上)	16	130	17	件/千克	
6211491049	丝或绢丝制女式风雪套装(含类似服装,含丝 70% 以下)	16	130	17	件/千克	
6211491051	丝及绢丝制女式其他服装(含衬衫、马甲,、衣、无袖罩衫,含丝 70% 及以上)	16	130	17	件/千克	
6211491059	丝及绢丝制女式其他服装(含衬衫、马甲、上衣和无袖罩衫,含丝 70% 以下)	16	130	17	件/千克	

商品编号	商品名称及备注	进口关税税率(%)		增值税率(%)	计量单位	监管条件
		最惠国	普通			
6211491091	丝及绢丝制女式其他服装(含丝70%及以上)	16	130	17	件/千克	
6211491099	丝及绢丝制女式其他服装(含丝70%以下)	16	130	17	件/千克	
6211499010	其他纺织材料制女式运动套装	16	100	17	件/千克	
6211499020	其他纺织材料制女连衣裤(含类似品)	16	100	17	件/千克	
6211499030	其他纺织材料制女式其他服装(含游戏装,类似服)	16	100	17	件/千克	
6211499040	其他纺织材料制女式TOPS	16	100	17	件/千克	
6211499050	其他纺织材料制女式风雪套装(含类似服装)	16	100	17	件/千克	
6211499090	其他纺织材料制女式其他服装(含衬衫、马甲、上衣、无袖罩衫)	16	100	17	件/千克	
6212	**胸罩、束腰带、紧身胸衣、吊裤带、吊袜带、束袜带和类似品及其零件,不论是否针织或钩编的**					
6212101000	化纤制其他胸罩(不论是否针织或钩编)	16	130	17	件/千克	AB
6212109010	毛制其他胸罩(不论是否针织或钩编)	14	100	17	件/千克	A
6212109020	棉制其他胸罩(不论是否针织或钩编)	14	100	17	件/千克	AB
6212109031	丝制胸罩(不论是否针织或钩编,含丝70%及以上)	14	100	17	件/千克	A
6212109039	丝制其他胸罩(不论是否针织或钩编,含丝70%以下)	14	100	17	件/千克	A
6212109090	其他纺织材料制其他胸罩(不论是否针织或钩编)	14	100	17	件/千克	A
6212201000	化纤制束胸带及腹带(不论是否针织或钩编)	16	130	17	件/千克	AB
6212209010	毛制束胸带及腹带(不论是否针织或钩编)	14	100	17	件/千克	A
6212209020	棉制束腰带及腹带(不论是否针织或钩编)	14	100	17	件/千克	AB
6212209031	丝制束腰带及腹带(不论是否针织或钩编,含丝70%及以上)	14	100	17	件/千克	A
6212209039	丝制束腰带及腹带(不论是否针织或钩编,含丝70%以下)	14	100	17	件/千克	A
6212209090	其他材料制束胸带及腹带(不论是否针织或钩编)	14	100	17	件/千克	A
6212301000	化纤制紧身胸衣(不论是否针织或钩编)	16	130	17	件/千克	AB
6212309010	毛制紧身胸衣(不论是否针织或钩编)	14	100	17	件/千克	A
6212309020	棉制紧身胸衣(不论是否针织或钩编)	14	100	17	件/千克	AB
6212309031	丝制紧身胸衣(不论是否针织或钩编,含丝70%及以上)	14	100	17	件/千克	A
6212309039	丝制其他紧身胸衣(不论是否针织或钩编,含丝70%以下)	14	100	17	件/千克	A
6212309090	其他材料制紧身胸衣(不论是否针织或钩编)	14	100	17	件/千克	A
6212901000	化纤制吊裤带、吊袜带等(不论是否针织或钩编,含化纤与橡胶、塑料塞制的)	16	130	17	件/千克	
6212909010	毛制吊裤带、吊袜带、束袜带等(不论是否针织或钩编,含羊毛与橡胶、塑料塞制的)	14	100	17	件/千克	
6212909020	棉制吊裤带、吊袜带、束袜带等(不论是否针织或钩编,含棉与橡胶、塑料塞制的)	14	100	17	件/千克	
6212909031	丝制吊裤带、吊袜带、束袜带等(不论是否针织或钩编,含丝70%及以上)	14	100	17	件/千克	
6212909039	丝制吊裤带、吊袜带、束袜带等(不论是否针织或钩编,含丝70%以下)	14	100	17	件/千克	
6212909090	其他材料制吊裤带、吊袜带等(不论是否针织或钩编,包括束袜带和类似品及其零件)	14	100	17	件/千克	
6213	**手帕**					
6213201000	棉制刺绣手帕	14	90	17	条/千克	
6213209000	其他棉制手帕	14	90	17	条/千克	
6213902000	其他纺织材料制刺绣手帕	14	100	17	条/千克	

商品编号	商品名称及备注	进口关税税率(%)		增值税率(%)	计量单位	监管条件
		最惠国	普通			
6213909010	化纤制其他手帕	14	100	17	条/千克	
6213909020	麻制其他手帕	14	100	17	条/千克	
6213909090	其他材料制手帕	14	100	17	条/千克	
6214	**披巾、领巾、围巾、披纱、面纱及类似品**					
6214100010	含丝70%及以上的披巾、头巾、围巾(包括披纱、面纱等及类似品)	14	130	17	条/千克	
6214100090	含丝70%以下的披巾、头巾、围巾(包括披纱、面纱等及类似品)	14	130	17	条/千克	
6214201000	羊毛制披巾、头巾、围巾及类似品(包括披纱、面纱等)	14	130	17	条/千克	
6214202000	山羊绒制披巾、头巾、围巾及类似品(包括披纱、面纱等)	14	130	17	条/千克	
6214209000	其他动物细毛制披巾、头巾、围巾及类似品(包括披纱、面纱等)	14	130	17	条/千克	
6214300000	合纤制披巾、头巾及类似品(包括围巾、披纱、面纱等)	16	130	17	条/千克	
6214400000	人纤制披巾、头巾及类似品(包括围巾、披纱、面纱等)	14	130	17	条/千克	
6214900010	棉制披巾、头巾及类似品(包括围巾、披纱、面纱)	14	100	17	条/千克	
6214900090	其他材料制披巾、头巾及类似品(包括围巾、披纱、面纱及类似品)	14	100	17	条/千克	
6215	**领带及领结**					
6215100011	丝及绢丝制领带及领结(非丝纺织材料含量50%及以上)	14	130	17	条/千克	
6215100019	丝及绢丝制领带及领结(非丝纺织材料含量50%以下,外层织物含丝70%及以上)	14	130	17	条/千克	
6215100090	其他丝及绢丝制领带及领结(非丝纺织材料含量50%以下)	14	130	17	条/千克	
6215200000	化纤制领带及领结	16	130	17	条/千克	
6215900010	毛制领带及领结	14	100	17	条/千克	
6215900020	棉制领带及领结	14	100	17	条/千克	
6215900090	其他材料制领带及领结	14	100	17	条/千克	
6216	**分指手套、连指手套及露指手套**					
6216000011	非针织物裁剪缝制成的运动手套(已浸渍塑料/橡胶,但含量不超过50%;棉限内;并四指)	14	100	17	双/千克	
6216000012	非针织物裁剪缝制成的非运动手套(已浸渍塑料/橡胶,但含量不超过50%;棉限内;并四指)	14	100	17	双/千克	
6216000013	非针织物裁剪缝制成的运动手套(已浸渍塑料/橡胶,但含量不超过50%;化纤限内;并四指)	14	100	17	双/千克	
6216000014	非针织物裁剪缝制成的非运动手套(已浸渍塑料/橡胶,但含量不超过50%;化纤限内;并四指)	14	100	17	双/千克	
6216000015	其他非针织物裁剪缝成的运动手套(已浸渍塑料/橡胶,但含量不超过50%;并四指)	14	100	17	双/千克	
6216000019	其他非针织物制成的非运动手套(已浸渍塑料/橡胶,但含量不超过50%;并四指)	14	100	17	双/千克	
6216000021	其他浸渍塑料/橡胶非针织运动手套(含棉、化学纤维及其他纺织纤维50%及以上;棉限内)	14	100	17	双/千克	
6216000022	其他浸渍塑料/橡胶非针织非运动手套(含棉、化学纤维及其他纺织纤维50%及以上;棉限内)	14	100	17	双/千克	
6216000023	其他浸渍塑料/橡胶非针织运动手套(含棉、化学纤维及其他纺织纤维50%及以上;化纤限内)	14	100	17	双/千克	

商品编号	商品名称及备注	进口关税税率(%)		增值税率(%)	计量单位	监管条件
		最惠国	普通			
6216000024	其他浸渍塑料/橡胶非针织非运动手套(含棉、化学纤维及其他纺织纤维50%及以上;化纤限内)	14	100	17	双/千克	
6216000025	未列名浸渍塑料/橡胶非针织运动手套(含棉、化学纤维及其他纺织纤维50%及以上)	14	100	17	双/千克	
6216000029	未列名浸渍塑料/橡胶非针织非运动手套(含棉、化学纤维及其他纺织纤维50%及以上)	14	100	17	双/千克	
6216000031	棉非针织物制的运动手套(非浸渍塑料/橡胶;含并四指、分四指)	14	100	17	双/千克	
6216000039	棉非针织物制的非运动手套(非浸渍塑料/橡胶;含并四指、分四指)	14	100	17	双/千克	
6216000041	化纤制非针织物制的运动手套(非浸渍塑料/橡胶;含并四指、分四指;含羊毛或动物细毛36%及以上)	14	100	17	双/千克	
6216000042	化纤制非针织物制的非运动手套(非浸渍塑料/橡胶;含并四指、分四指;含羊毛或动物细毛36%及以上)	14	100	17	双/千克	
6216000043	其他化纤制非针织运动手套(非浸渍塑料/橡胶的;含并四指、分四指)	14	100	17	双/千克	
6216000049	其他化纤制非针织非运动手套(非浸渍塑料/橡胶的;含并四指、分四指)	14	100	17	双/千克	
6216000051	毛制非针织运动手套(非浸渍塑料/橡胶的;含并四指、分四指)	14	100	17	双/千克	
6216000059	毛制非针织非运动手套(非浸渍塑料/橡胶的;含并四指、分四指)	14	100	17	双/千克	
6216000091	其他纺织材料制非针织运动手套(非浸渍塑料/橡胶的;含分指手套、连指手套及露指手套)	14	100	17	双/千克	
6216000099	其他纺织材料制非针织非运动手套(非浸渍塑料/橡胶的;含分指手套、连指手套及露指手套)	14	100	17	双/千克	
6217	**其他制成的衣着附件;服装或衣着附件的零件,但品目62.12的货品除外**					
6217101000	非针织非钩编袜子及袜套	14	130	17	双/千克	
6217102000	非针织非钩编和服腰带	14	100	17	条/千克	
6217109010	毛制服装或衣着附件(指非针织非钩编)	14	100	17	千克	
6217109020	棉制服装或衣着附件(指非针织非钩编)	14	100	17	千克	
6217109030	化纤制服装或衣着附件(指非针织非钩编)	14	100	17	千克	
6217109041	丝制服装或衣着附件(指非针织非钩编,含丝70%及以上)	14	100	17	千克	
6217109049	丝制服装或衣着附件(指非针织非钩编,含丝70%以下)	14	100	17	千克	
6217109090	其他服装或衣着附件(指非针织非钩编)	14	100	17	千克	
6217900011	羊毛或动物细毛制保暖型衬里	14	100	17	千克	
6217900012	毛制非针织或非钩编衬衫的零件	14	100	17	千克	
6217900013	毛制非针织或非钩编上衣的零件	14	100	17	千克	
6217900014	毛制长裤及马裤的零件(指非针织非钩编)	14	100	17	千克	
6217900019	其他毛制服装或衣着零件(指非针织非钩编)	14	100	17	千克	
6217900021	棉制保暖型衬里	14	100	17	千克	
6217900022	棉制非针织非钩编衬衫的零件	14	100	17	千克	
6217900023	棉制非针织非钩编上衣的零件	14	100	17	千克	
6217900024	棉制长裤及马裤的零件(指非针织非钩编)	14	100	17	千克	
6217900029	棉制服装或衣着零件(指非针织非钩编)	14	100	17	千克	

商品编号	商品名称及备注	进口关税税率(%)		增值税率(%)	计量单位	监管条件
		最惠国	普通			
6217900031	化纤制保暖型衬里	14	100	17	千克	
6217900032	化纤制非针织非钩编衬衫的零件	14	100	17	千克	
6217900033	化纤制非针织非钩编上衣的零件	14	100	17	千克	
6217900034	化纤制长裤及马裤的零件(指非针织非钩编)	14	100	17	千克	
6217900039	化纤制服装或衣着零件(指非针织非钩编)	14	100	17	千克	
6217900041	丝制保暖型衬里	14	100	17	千克	
6217900042	丝制服装或衣着零件(指非针织非钩编,含丝70%及以上)	14	100	17	千克	
6217900049	丝制服装或衣着零件(指非针织非钩编,含丝70%以下)	14	100	17	千克	
6217900091	其他材料制保暖型衬里	14	100	17	千克	
6217900092	其他材料制衬衫零件(非针织非钩编)	14	100	17	千克	
6217900093	其他材料制上衣零件(指非针织非钩编)	14	100	17	千克	
6217900094	其他材料制长裤及马裤的零件(指非针织非钩编)	14	100	17	千克	
6217900099	其他材料制服装或衣着附件(指非针织或非钩编,含各种附件的零件)	14	100	17	千克	

第六十三章 其他纺织制成品；成套物品；旧衣着及旧纺织品；碎织物

注释：

一、第一分章仅适用于各种纺织物制成的物品。

二、第一分章不包括：

（一）第五十六章至第六十二章的货品；

（二）品目63.09的旧衣着或其他旧物品。

三、品目63.09仅适用于下列货品：

（一）纺织材料制品：

1. 衣着和衣着附件及其零件；

2. 毯子及旅行毯；

3. 床上、餐桌、盥洗及厨房用的织物制品；

4. 装饰用织物制品，但品目57.01至57.05的地毯及品目58.05的装饰毯除外。

（二）用石棉以外其他任何材料制成的鞋帽类。

上述物品只有同时符合下列两个条件才能归入本品目：

1. 必须明显看得出穿用过；

2. 必须以散装、捆装、袋装或类似大包装形式进口或出口。

商品编号	商品名称及备注	进口关税税率（%）		增值税率（%）	计量单位	监管条件
		最惠国	普通			
6301	**毯子及旅行毯**					
6301100000	电暖毯	16	100	17	条/千克	AB
6301200010	毛制毯子及旅行毯（羊毛或动物细毛制，非电暖的，长度不超过3米）	16	130	17	条/千克	B
6301200020	其他毛制毯子及旅行毯（羊毛或动物细毛制，非电暖的，长度超过3米）	16	130	17	条/千克	B
6301300000	棉制毯子及旅行毯	16	90	17	条/千克	
6301400000	合纤制毯子及旅行毯	17.5	130	17	条/千克	B
6301900010	人造纤维制的毯子及旅行毯（非电暖的）	16	90	17	条/千克	B
6301900020	丝制毯子及旅行毯（非电暖的，含丝及绢丝85%及以上）	16	90	17	条/千克	B
6301900090	其他纺织材料制毯子及旅行毯（非电暖的）	16	90	17	条/千克	B
6302	**床上、餐桌、盥洗及厨房用的织物制品**					
6302101000	棉制针织或钩编的床上用织物制品	14	90	17	条/千克	
6302109000	其他材料制床上用织物制品（指针织或钩编类制品）	14	130	17	条/千克	
6302211000	棉制印花床单	14	90	17	条/千克	
6302219010	棉制印花枕套	14	90	17	条/千克	
6302219020	棉制印花枕罩	14	90	17	条/千克	
6302219090	其他棉制印花床上用织物制品	14	90	17	条/千克	
6302221000	化纤制印花床单	16	130	17	条/千克	
6302229010	化纤制印花枕套	16	130	17	条/千克	
6302229020	化纤无纺织物制印花床用织物制品	16	130	17	条/千克	
6302229090	其他化纤制印花床上用织物制品	16	130	17	条/千克	
6302291010	丝及绢丝制印花床上用织物制品（含丝85%及以上）	14	130	17	条/千克	
6302291090	丝及绢丝制印花床上用织物制品（含丝85%以下）	14	130	17	条/千克	
6302292010	亚麻或苎麻制印花床上用织物制品	14	90	17	条/千克	
6302292090	其他麻制印花床上用织物制品	14	90	17	条/千克	
6302299000	其他材料制印花床上用织物制品	14	100	17	条/千克	
6302311000	棉制刺绣其他床上用织物制品	14	90	17	条/千克	
6302319100	棉制其他床单	14	90	17	条/千克	

商品编号	商品名称及备注	进口关税税率(%)		增值税率(%)	计量单位	监管条件
		最惠国	普通			
6302319200	棉制其他毛巾被	14	90	17	条/千克	
6302319910	棉制其他枕套	14	90	17	条/千克	
6302319920	其他棉与亚麻混纺床上用织物制品	14	90	17	条/千克	
6302319930	棉制其他枕罩	14	90	17	条/千克	
6302319990	棉制其他床上用织物制品	14	90	17	条/千克	
6302321000	化纤制刺绣其他床上用织物制品	16	130	17	条/千克	
6302329010	化纤制其他床单	16	130	17	条/千克	
6302329020	化纤制其他枕套	16	130	17	条/千克	
6302329030	其他化纤无纺织物制床上织物制品	16	130	17	条/千克	
6302329090	化纤制其他床上用织物制品	16	130	17	条/千克	
6302391010	丝及绢丝制其他床上用织物制品(含丝85%及以上)	14	130	17	条/千克	
6302391090	丝及绢丝制其他床上用织物制品(含丝85%以下)	14	130	17	条/千克	
6302392110	亚麻或苎麻制其他床上用织物制品(刺绣的)	14	90	17	条/千克	
6302392190	其他麻制其他床上用织物制品(刺绣的)	14	90	17	条/千克	
6302392910	亚麻或苎麻制其他床上用织物制品	14	90	17	条/千克	
6302392990	其他麻制其他床上用织物制品	14	90	17	条/千克	
6302399110	毛制刺绣床上用织物制品	14	100	17	条/千克	
6302399190	其他材料制刺绣床上用织物制品	14	100	17	条/千克	
6302399910	毛制非刺绣床上用织物制品	14	100	17	条/千克	
6302399990	其他材料制其他床上用织物制品	14	100	17	条/千克	
6302401010	手工棉制餐桌用织物制品(指针织或钩编类的)	14	100	17	件/千克	B
6302401020	手工植物纺织纤维制餐桌用制品(指针织或钩编类的)	14	100	17	件/千克	B
6302401090	手工其他纺织材料制餐桌用制品(指针织或钩编类的)	14	100	17	件/千克	B
6302409010	棉制餐桌用织物制品(针织或钩编的,非手工)	14	100	17	件/千克	
6302409020	植物纺织纤维制的餐桌用织物制品(针织或钩编的,非手工)	14	100	17	件/千克	
6302409090	其他纺织材料制餐桌用织物制品(针织或钩编的,非手工)	14	100	17	件/千克	
6302511000	棉制刺绣其他餐桌用织物制品	14	90	17	件/千克	B
6302519000	棉制其他餐桌用织物制品	14	90	17	件/千克	
6302531000	化纤制刺绣其他餐桌织物制品	14	130	17	件/千克	B
6302539010	化纤无纺织物制餐桌用织物制品	16	130	17	件/千克	
6302539090	化纤制其他餐桌用织物制品	16	130	17	件/千克	
6302591100	亚麻制刺绣其他餐桌用织物制品	14	90	17	件/千克	B
6302591900	亚麻制其他餐桌用织物制品	14	90	17	件/千克	
6302599010	羊毛或动物细毛制餐桌用织物制品	14	100	17	件/千克	B
6302599090	其他纺织材料制餐桌用织物制品	14	100	17	件/千克	B
6302601010	棉制针织或钩编毛巾织物浴巾(含类似毛圈织物的制品)	14	90	17	条/千克	
6302601090	棉制非针织或非钩编毛巾织物浴巾(含类似毛圈织物的制品)	14	90	17	条/千克	
6302609011	棉制针织或钩编毛巾织物茶巾(包括类似毛圈织物的制品)	14	90	17	条/千克	
6302609019	棉制非针织或非钩编毛巾织物茶巾(包括类似毛圈织物的制品)	14	90	17	条/千克	
6302609091	棉制其他盥洗及厨房用毛巾制品(包括类似毛圈织物的制品,针织或钩编)	14	90	17	条/千克	
6302609099	棉制其他盥洗及厨房用毛巾制品(含类似毛圈织物的制品,非针织或非钩编)	14	90	17	条/千克	
6302910010	棉制茶巾(毛巾织物或类似毛圈织物的除外)	14	90	17	条/千克	

商品编号	商品名称及备注	进口关税税率(%)		增值税率(%)	计量单位	监管条件
		最惠国	普通			
6302910020	棉制毛巾(毛巾织物或类似毛圈织物的除外)	14	90	17	条/千克	
6302910090	棉制其他盥洗及厨房织物制品(毛巾织物或类似毛圈织物的除外)	14	90	17	条/千克	
6302930010	化纤无纺织物制盥洗及厨房制品	16	130	17	条/千克	
6302930090	化纤制其他盥洗及厨房织物制品	16	130	17	条/千克	
6302991000	亚麻制盥洗及厨房织物制品	14	90	17	条/千克	
6302999010	毛制盥洗及厨房用织物制品	14	100	17	条/千克	
6302999090	其他材料制盥洗及厨房织物制品	14	100	17	条/千克	
6303	**窗帘(包括帷帘)及帐幔;帘帷或床帷**					
6303121010	合纤制针织百叶窗、卷帘和窗幔	16	130	17	件/千克	
6303121090	其他合纤制针织窗帘等(包括帷帘、帐幔、帘帷及床帷)	16	130	17	件/千克	
6303122010	合纤制钩编百叶窗、卷帘和窗幔	16	130	17	件/千克	
6303122090	其他合纤制钩编的窗帘等(包括帷帘、帐幔、帘帷及床帷)	16	130	17	件/千克	
6303193100	棉制针织的窗帘等(包括帷帘、帐幔、帘帷及床帷)	14	90	17	件/千克	
6303193200	棉制钩编的窗帘等(包括帷帘、帐幔、帘帷及床帷)	14	90	17	件/千克	
6303199100	其他纺织材料制针织的窗帘等(包括帷帘、帐幔、帘帷及床帷)	14	130	17	件/千克	
6303199200	其他纺织材料制钩编的窗帘等(包括帷帘、帐幔、帘帷及床帷)	14	130	17	件/千克	
6303910010	棉制非针织网眼窗帘(包括帷帘、帐幔、帘帷及床帷)	14	90	17	件/千克	
6303910090	棉制非针织非钩编窗帘(包括帷帘、帐幔、帘帷及床帷)	14	90	17	件/千克	
6303920010	合纤百叶窗、卷帘和窗幔(非针织非钩编)	16	130	17	件/千克	
6303920090	其他合纤制非针织非钩编窗帘等(包括帷帘、帐幔、帘帷及床帷)	16	130	17	件/千克	
6303990010	毛制非针织非钩编窗帘(包括帷帘、帐幔、帘帷及床帷)	14	100	17	件/千克	
6303990020	人造纤维制非针织非钩编窗帘(包括帷帘、帐幔、帘帷及床帷)	14	100	17	件/千克	
6303990031	丝制非针织非钩编窗帘(包括帷帘、帐幔、帘帷及床帷,含丝85%及以上)	14	100	17	件/千克	
6303990039	丝制非针织非钩编窗帘(含帷帘、帐幔、帘帷及床帷,含丝85%以下)	14	100	17	件/千克	
6303990040	其他纺织材料无纺织物制窗帘(包括帷帘、帐幔、帘帷及床帷)	14	100	17	件/千克	
6303990050	亚麻或苎麻制非针织非钩编窗帘(包括帷帘、帐幔、帘帷及床帷)	14	100	17	件/千克	
6303990060	其他纺织材料制非针织网眼窗帘(包括帷帘、帐幔、帘帷及床帷)	14	100	17	件/千克	
6303990090	其他纺织材料制非针织非钩编窗帘(包括帷帘、帐幔、帘帷及床帷)	14	100	17	件/千克	
6304	**其他装饰用织物制品,但品目94.04的货品除外**					
6304112110	棉制手工针织床罩	14	100	17	件/千克	
6304112120	化纤制手工针织床罩	14	100	17	件/千克	
6304112190	其他纺织材料制手工针织床罩	14	100	17	件/千克	
6304112910	棉制非手工针织床罩	14	100	17	件/千克	
6304112920	化纤制非手工针织床罩	14	100	17	件/千克	
6304112990	其他纺织材料制非手工针织床罩	14	100	17	件/千克	

商品编号	商品名称及备注	进口关税税率(%)		增值税率(%)	计量单位	监管条件
		最惠国	普通			
6304113110	棉制手工钩编床罩	14	100	17	件/千克	
6304113120	化纤制手工钩编床罩	14	100	17	件/千克	
6304113190	其他纺织材料制手工钩编床罩	14	100	17	件/千克	
6304113910	棉制非手工钩编床罩	14	100	17	件/千克	
6304113920	化纤制非手工钩编床罩	14	100	17	件/千克	
6304113990	其他纺织材料制非手工钩编床罩	14	100	17	件/千克	
6304191010	丝及绢丝制非针织非钩编床罩(含丝85%及以上)	14	130	17	件/千克	
6304191090	丝及绢丝制非针织非钩编床罩(含丝85%以下)	14	130	17	件/千克	
6304192110	亚麻或苎麻制刺绣床罩(指非针织非钩编)	14	90	17	件/千克	
6304192120	其他麻制非针织非钩编刺绣床罩	14	90	17	件/千克	
6304192190	棉制非针织非钩编刺绣床罩	14	90	17	件/千克	
6304192910	亚麻或苎麻制非针织非钩编床罩	14	90	17	件/千克	
6304192991	其他麻制其他非针织非钩编床罩	14	90	17	件/千克	
6304192999	棉制其他非针织非钩编床罩	14	90	17	件/千克	
6304193100	化纤制非针织非钩编刺绣床罩	16	130	17	件/千克	
6304193900	化纤制其他非针织非钩编床罩	16	130	17	件/千克	
6304199110	毛制非针织非钩编刺绣床罩(羊毛或动物细毛制)	14	100	17	件/千克	
6304199190	其他纺织材料制非针织刺绣床罩(含非钩编的)	14	100	17	件/千克	
6304199910	毛制其他非针织非钩编床罩(羊毛或动物细毛制)	14	100	17	件/千克	
6304199990	其他材料制非针织非钩编其他床罩	14	100	17	件/千克	
6304912110	棉制手工针织的其他装饰制品	14	100	17	千克	
6304912120	毛制手工针织的其他装饰制品(羊毛或动物细毛制)	14	100	17	千克	
6304912131	丝制手工针织的其他装饰制品(含丝85%及以上)	14	100	17	千克	
6304912139	丝制手工针织的其他装饰制品(含丝85%以下)	14	100	17	千克	
6304912140	化纤制手工针织的其他装饰制品	14	100	17	千克	
6304912190	其他纺材制手工针织其他装饰制品	14	100	17	千克	
6304912910	棉制非手工针织的其他装饰制品	14	100	17	千克	
6304912920	毛制非手工针织的其他装饰制品(羊毛或动物细毛制)	14	100	17	千克	
6304912931	丝制非手工针织的其他装饰制品(含丝85%及以上)	14	100	17	千克	
6304912939	丝制非手工针织的其他装饰制品(含丝85%以下)	14	100	17	千克	
6304912940	化纤制非手工针织其他装饰制品	14	100	17	千克	
6304912990	其他纺材制非手工针织其他装饰品	14	100	17	千克	
6304913110	棉制手工钩编的其他装饰制品	14	100	17	千克	
6304913120	毛制手工钩编的其他装饰制品(羊毛或动物细毛制)	14	100	17	千克	
6304913131	丝制手工钩编的其他装饰制品(含丝85%及以上)	14	100	17	千克	
6304913139	丝制手工钩编的其他装饰制品(含丝85%以下)	14	100	17	千克	
6304913140	化纤制手工钩编的其他装饰制品	14	100	17	千克	
6304913190	其他制手工钩编的其他材料装饰制品	14	100	17	千克	
6304913910	棉制非手工钩编的其他装饰制品	14	100	17	千克	
6304913920	毛制非手工钩编的其他装饰制品(羊毛或动物细毛制)	14	100	17	千克	
6304913931	丝制非手工钩编的其他装饰制品(含丝85%及以上)	14	100	17	千克	
6304913939	丝制非手工钩编的其他装饰制品(含丝85%以下)	14	100	17	千克	
6304913940	化纤制非手工钩编其他装饰制品	14	100	17	千克	
6304913990	其他纺材制非手工钩编其他装饰品	14	100	17	千克	
6304921000	棉制非针织的其他刺绣装饰制品(非钩编)	14	90	17	千克	
6304929000	棉制非针织或钩编的其他装饰制品	14	90	17	千克	
6304931000	合成纤维制其他刺绣装饰制品(指非针织非钩编装饰制品)	16	130	17	千克	

商品编号	商品名称及备注	进口关税税率(%)		增值税率(%)	计量单位	监管条件
		最惠国	普通			
6304939000	合纤制其他非针织装饰制品(包括非钩编装饰制品)	16	130	17	千克	
6304991010	丝制非针织非钩编的装饰制品(含绢丝制品,含丝85%及以上)	14	130	17	千克	
6304991090	丝制非针织非钩编的装饰制品(含绢丝制品,含丝85%以下)	14	130	17	千克	
6304992110	亚麻或苎麻非针织其他刺绣装饰品(含非钩编制品)	14	90	17	千克	
6304992190	其他麻制非针织其他刺绣装饰品(包括非钩编的)	14	90	17	千克	
6304992910	亚麻或苎麻制其他非针织的装饰品(含非钩编制品)	14	90	17	千克	
6304992990	其他麻制其他非针织的装饰制品(含非钩编制品)	14	90	17	千克	
6304999010	毛制非针织非钩编装饰制品(羊毛或动物细毛制)	14	100	17	千克	
6304999020	人造纤维制非针织非钩编装饰品	14	100	17	千克	
6304999090	其他材料制非针织非钩编装饰品	14	100	17	千克	
6305	**货物包装用袋**					
6305100010	黄麻制旧的货物包装袋(含品目53.03的其他韧皮纤维制)	10	40	17	条/千克	
6305100090	黄麻制其他货物包装袋(含品目53.03的其他韧皮纤维制)	10	40	17	条/千克	
6305200000	棉制货物包装袋	16	90	17	条/千克	
6305320011	聚乙烯或聚丙烯制软袋(针织或钩编的,用扁条及类似材料制成,散装货物周转用)	16	100	17	条/千克	
6305320019	聚乙烯或聚丙烯制软袋(非针织或钩编的,扁条及类似材料制成,散装货物周转用)	16	100	17	条/千克	
6305320090	化纤制的散装货物周转软袋	16	100	17	条/千克	
6305330010	聚乙烯或聚丙烯制其他货物包装袋(针织或钩编的,用扁条及类似材料制成)	16	100	17	条/千克	
6305330090	聚乙烯或聚丙烯制其他货物包装袋(非针织或钩编的,用扁条及类似材料制成)	16	100	17	条/千克	
6305390000	其他化学纤维制货物包装袋	16	100	17	条/千克	
6305900011	亚麻制旧货物包装袋(针织或钩编的)	14	90	17	条/千克	
6305900019	其他亚麻制旧货物包装袋	14	90	17	条/千克	
6305900090	其他纺织材料制其他货物包装袋	14	90	17	条/千克	
6306	**油苫布、天篷及遮阳篷;帐篷;风帆;野营用品**					
6306120000	合纤制油苫布、天篷及遮阳篷	16	130	17	件/千克	
6306191000	麻制油苫布、天篷及遮阳篷	14	80	17	件/千克	
6306192000	棉制油毡布、天篷及遮阳篷	14	80	17	件/千克	
6306199010	人造纤维制油苫布、天篷及遮阳篷	14	100	17	件/千克	
6306199090	其他材料制油苫布、天篷及遮阳篷	14	100	17	件/千克	
6306220010	合纤制移动帐篷	16	130	17	件/千克	
6306220090	合纤制帐篷	16	130	17	件/千克	
6306291000*	棉制帐篷	14	80	17	件/千克	
6306299000*	其他纺织材料制帐篷	14	100	17	件/千克	
6306301000	合纤制风帆	16	130	17	件/千克	
6306309000	其他纺织材料制风帆	14	100	17	件/千克	
6306401000*	棉制充气褥垫	14	80	17	件/千克	
6306402000*	化纤制充气褥垫	16	130	17	件/千克	
6306409000*	其他纺织材料制充气褥垫	14	100	17	件/千克	
6306901000	棉制其他野营用品	14	80	17	件/千克	
6306902000	麻制其他野营用品	14	80	17	件/千克	

商品编号	商品名称及备注	进口关税税率(%)		增值税率(%)	计量单位	监管条件
		最惠国	普通			
6306903000	化纤制其他野营用品	16	130	17	件/千克	
6306909000	其他材料制其他野营用品	14	100	17	件/千克	
6307	**其他制成品,包括服装裁剪样**					
6307100011*	棉制抹布、拖布及擦光布	14	130	17	件/千克	
6307100019*	其他纺织材料抹布、拖布及擦光布	14	130	17	件/千克	
6307100021*	棉制汽车修理厂加油站等工厂用巾	14	130	17	件/千克	
6307100029*	其他纺材制汽车修理厂等工厂用巾	14	130	17	件/千克	
6307100030*	棉毛圈织物制酒吧用布[(46~57)厘米×(38~43)厘米]	14	130	17	件/千克	
6307100041*	棉制擦碗布	14	130	17	件/千克	
6307100049*	其他纺织材料制擦碗布	14	130	17	件/千克	
6307100090*	其他擦拭用布等(含抹布及类似擦拭用布)	14	130	17	件/千克	
6307200000*	救生衣及安全带	14	70	17	件/千克	q
6307900011	棉制标签、服饰辫线及流苏(含紧身胸衣、鞋及类似品的系带)	14	100	17	千克	
6307900019	其他制标签、服饰辫线及流苏(含紧身胸衣、鞋及类似品的系带)	14	100	17	千克	
6307900020	棉制起绒或簇绒织物制毛巾	14	100	17	千克	
6307900030	棉制枕壳	14	100	17	千克	
6307900040	棉制被壳、羽绒被壳、盖被壳(含类似品,含棉85%以下)	14	100	17	千克	
6307900051	棉制手术用巾及其他毛巾	14	100	17	千克	
6307900059	化学纤维制未列名毛巾	14	100	17	千克	
6307900061	以棉做面的冷藏包	14	100	17	千克	
6307900062	以化纤纺织材料做面的冷藏包	14	100	17	千克	
6307900069	其他纺织材料做面的冷藏包	14	100	17	千克	
6307900090	纺织材料制未列名制品	14	100	17	千克	
6308	**由机织物及纱线构成的零售包装成套物品,不论是否带附件,用以制作小地毯、装饰毯、绣花台布、餐巾或类似的纺织物品**					
6308000010	机织物及纱线制零售包装成套物品(内含羊毛纱的)	14	130	17	千克	
6308000020	机织物及纱线制零售包装成套物品(由普通棉机织物及棉绗缝被褥织物与纱线构成的)	14	130	17	千克	
6308000030	机织物及纱线制零售包装成套物品(由合成纤维普通机织物及绗缝被褥织物与纱线构成)	14	130	17	千克	
6308000090	其他机织物及纱线构成的成套物品(零售包装的)	14	130	17	千克	
6309	**旧衣物**					
6309000000	旧衣物	14	130	17	千克	9
6310	**纺织材料的新的或旧的碎织物及废线、绳、索、缆及其制品**					
6310100010	新的或未使用过的纺织材料制经分拣的碎织物等(新的或未使用过的,包括废线、绳、索、缆及其制品)	14	50	17	千克	AP
6310100090	其他纺织材料制经分拣的碎织物等(包括废线、绳、索、缆及其制品)	14	50	17	千克	9
6310900010	新的或未使用过的纺织材料制其他碎织物等(新的或未使用过的,包括废线、绳、索、缆及其制品)	14	50	17	千克	AP
6310900090	其他纺织材料制碎织物等(包括废线、绳、索、缆及其制品)	14	50	17	千克	9

第十二类 鞋、帽、伞、杖、鞭及其零件；已加工的羽毛及其制品；人造花；人发制品

第六十四章 鞋靴、护腿和类似品及其零件

注释：

一、本章不包括：

（一）易损材料（例如，纸或塑料薄膜）制无外绱鞋底的一次性脚套或鞋套。这些产品应按其构成材料归类；

（二）纺织材料制的鞋靴，没有用粘、缝或其他方法将外底装或绱在鞋面上的纺织材料制鞋靴（第十一类）；

（三）品目63.09的旧鞋靴；

（四）石棉制品（品目68.12）；

（五）矫形鞋靴或其他矫形器具及其零件（品目90.21）；

（六）玩具鞋及装有冰刀或轮子的滑冰鞋；护胫或类似的运动防护服装（第九十五章）。

二、品目64.06所称"零件"，不包括鞋钉、护鞋铁掌、鞋眼、鞋钩、鞋扣、编带、鞋带、绒球或其他装饰物（应分别归入相应品目）及品目96.06的纽扣或其他货品。

三、本章所称：

（一）"橡胶"及"塑料"，包括肉眼可辨其外表有一层橡胶或塑料的机织物或其他纺织产品，但颜色的变化不予考虑；

（二）"皮革"，是指品目41.07及41.12至41.14的货品。

四、除本章注释三另有规定的以外：

（一）鞋面的材料应以占表面面积最大的那种材料为准，计算表面面积可不考虑附件及加固件，例如，护踝、裹边、饰物、扣子、拉襻、鞋眼或类似附属件；

（二）外底的主要材料应以与地面接触最广的那种材料为准，计算接触面时可不考虑鞋底钉、铁掌或类似附属件。

子目注释：

子目号6402.12、6402.19、6403.12、6403.19及6404.11所称"运动鞋靴"，仅适用于：

（一）带有或可装鞋底钉、止滑柱、夹钳、马蹄掌或类似品的体育专用鞋靴；

（二）滑冰靴、滑雪靴及越野滑雪用鞋靴、滑雪板靴、角力靴、拳击靴及赛车鞋。

商品编号	商品名称及备注	进口关税税率（%）		增值税率（%）	计量单位	监管条件
		最惠国	普通			
6401	**橡胶或塑料制外底及鞋面的防水鞋靴，其鞋面不是用缝、铆、钉、旋、塞或类似方法固定在鞋底上的**					
6401101000	橡胶制鞋面的装金属护头的防水鞋靴（鞋面与鞋底非用缝、铆、钉、旋、塞等类似方法连结的）	24	100	17	千克/双	B
6401109000	塑料制鞋面的装金属护头的防水鞋靴（鞋面与鞋底非用缝、铆、钉、旋、塞等类似方法连结的）	24	100	17	千克/双	B
6401921000	橡胶制鞋面的中，短筒防水靴（未过膝，鞋面与鞋非用缝、铆、钉、旋、塞等类似方法连结的）	24	100	17	千克/双	B
6401929000	塑料制鞋面的中，短筒防水靴（未过膝，鞋面与鞋非用缝、铆、钉、旋、塞等类似方法连结的）	24	100	17	千克/双	B
6401990000	其他橡胶塑料制外底及鞋面防水靴（鞋面与鞋底非用缝、铆、钉、旋、塞等类似方法连结的）	24	100	17	千克/双	B
6402	**橡胶或塑料制外底及鞋面的其他鞋靴**					
6402120010	含濒危动物毛皮橡胶、塑料鞋底及面滑雪靴（包括越野滑雪鞋靴及滑雪板靴）	10	100	17	千克/双	BEF
6402120090	其他橡胶、塑料鞋底及面滑雪靴（包括越野滑雪鞋靴及滑雪板靴）	10	100	17	千克/双	B

商品编号	商 品 名 称 及 备 注	进口关税税率(%)		增值税率(%)	计量单位	监管条件
		最惠国	普通			
6402190010	含濒危动物毛皮其他运动鞋靴(橡胶、塑料制底及面)	24	100	17	千克/双	BEF
6402190090	橡胶、塑料制底及面的其他运动鞋靴	24	100	17	千克/双	B
6402200000	将鞋面条带栓塞在鞋底上的鞋(橡胶或塑料制外底及鞋面)	24	100	17	千克/双	B
6402910000	其他橡胶、塑料短筒靴(过踝)(橡胶或塑料制外底及鞋面,防水及运动鞋靴除外,包括其他装金属护鞋头的橡胶、塑料鞋靴)	24	100	17	千克/双	B
6402991000	其他橡胶制鞋面的鞋靴(橡胶制外底及鞋面,防水及运动鞋靴除外,包括其他装金属护鞋头的橡胶、塑料鞋靴)	24	100	17	千克/双	B
6402992100	其他以机织物或其他纺织材料做衬底的鞋靴[塑料制鞋面,防水及运动鞋靴除外(包括其他装金属护鞋头的橡胶、塑料鞋靴)]	24	100	17	千克/双	B
6402992900	其他塑料制鞋面的鞋靴[塑料制鞋面,防水及运动鞋靴除外(包括其他装金属护鞋头的橡胶、塑料鞋靴)]	24	100	17	千克/双	B
6403	**橡胶、塑料、皮革或再生皮革制外底,皮革制鞋面的鞋靴**					
6403120010	野生动物皮革制鞋面的滑雪靴	24	100	17	千克/双	FEB
6403120090	其他皮革制鞋面的滑雪靴(包括橡胶、塑料、皮革制外底和越野滑雪鞋靴及板靴)	24	100	17	千克/双	B
6403190010	野生动物皮革制鞋面其他运动鞋靴	15	100	17	千克/双	FEB
6403190090	皮革制鞋面的其他运动鞋靴(橡胶、塑料、皮革或再生皮革制外底)	15	100	17	千克/双	B
6403200010	野生动物皮革条带为鞋面的皮底鞋	24	100	17	千克/双	BFE
6403200090	其他皮革条带为鞋面的皮底鞋(皮革条带交叉于脚背并绕大脚趾的)	24	100	17	千克/双	B
6403400010	其他含野生动物皮革面鞋靴(装有金属护鞋头的)	24	100	17	千克/双	FEB
6403400090	装有金属护鞋头的其他皮革面鞋靴(橡胶、塑料、皮革或再生皮革制外底)	24	100	17	千克/双	B
6403511110	野生动物皮革制外底皮革面过脚踝但低于小腿的短筒靴(内底长度<24 厘米,运动用靴除外)	10	100	17	千克/双	FEB
6403511190	皮革制外底皮革面过脚踝但低于小腿的短筒靴(内底长度<24 厘米,运动用靴除外)	10	100	17	千克/双	B
6403511910	其他野生动物皮革制外底皮革面过脚踝但低于小腿短筒靴(运动用靴除外)	10	100	17	千克/双	FEB
6403511990	其他皮革制外底皮革面过脚踝但低于小腿短筒靴(运动用靴除外)	10	100	17	千克/双	B
6403519110	野生动物皮革制外底皮革面短筒靴(内底长度<24 厘米,运动用靴除外)	10	100	17	千克/双	FEB
6403519190	皮革制外底的皮革面短筒靴(过踝)(内底长度<24 厘米,运动用靴除外)	10	100	17	千克/双	B
6403519910	野生动物皮革制外底皮革面短筒靴(运动用靴除外)	10	100	17	千克/双	FEB
6403519990	皮革制外底的皮革面短筒靴(过踝)(运动用靴除外)	10	100	17	千克/双	B
6403590010	野生动物皮革制外底皮革面其他鞋(包括靴,运动用鞋靴除外)	10	100	17	千克/双	FEB
6403590090	皮革制外底的皮革面其他鞋靴(运动用鞋靴除外)	10	100	17	千克/双	B
6403911110	其他野生动物皮革制面过脚踝但低于小腿的短筒靴(内底<24 厘米,橡胶、塑料、再生皮革制外底,运动用靴除外)	10	100	17	千克/双	FEB

商品编号	商品名称及备注	进口关税税率(%) 最惠国	进口关税税率(%) 普通	增值税率(%)	计量单位	监管条件
6403911190	其他皮革制面过脚踝但低于小腿的短筒靴(内底<24厘米,橡胶、塑料、再生皮革制外底,运动用靴除外)	10	100	17	千克/双	B
6403911910	其他野生动物皮革制面过脚踝但低于小腿的短筒靴(橡胶、塑料、再生皮革制外底,运动用靴除外)	10	100	17	千克/双	FEB
6403911990	其他皮革制面过脚踝但低于小腿的短筒靴(橡胶、塑料、再生皮革制外底,运动用靴除外)	10	100	17	千克/双	B
6403919110	其他野生皮革制面的短筒靴(过踝)(内底<24厘米,橡胶、塑料、再生皮革制外底,运动用靴除外)	10	100	17	千克/双	FEB
6403919190	其他皮革制面的短筒靴(过踝)(内底<24厘米,橡胶、塑料、再生皮革制外底,运动用靴除外)	10	100	17	千克/双	B
6403919910	其他野生皮革制面的短筒靴(过踝)(橡胶、塑料、再生皮革制外底,运动用靴除外)	10	100	17	千克/双	FEB
6403919990	其他皮革制面的短筒靴(过踝)(橡胶、塑料、再生皮革制外底,运动用靴除外)	10	100	17	千克/双	B
6403990010	野生动物皮革制面的其他鞋靴(橡胶、塑料、再生皮革制外底,运动用鞋靴除外)	10	100	17	千克/双	FEB
6403990090	其他皮革制面的其他鞋靴(橡胶、塑料、再生皮革制外底,运动用鞋靴除外)	10	100	17	千克/双	B
6404	**橡胶、塑料、皮革或再生皮革制外底,用纺织材料制鞋面的鞋靴**					
6404110000	纺织材料制鞋面的运动鞋靴(橡胶或塑料制外底,包括球类、体操、训练鞋及类似鞋)	24	100	17	千克/双	B
6404190000	纺织材料制鞋面胶底的其他鞋靴(橡胶或塑料制外底,运动用鞋靴除外)	24	100	17	千克/双	B
6404200000	纺织材料制鞋面皮革底的鞋靴(皮革或再生皮革制外底,包括运动用鞋靴)	24	100	17	千克/双	B
6405	**其他鞋靴**					
6405101000	再生皮革制面的,橡胶、塑料、皮革及再生皮革制外底的其他鞋靴	24	100	17	千克/双	B
6405109010	野生动物皮革制面的其他鞋靴(外底用橡胶、塑料、皮革及再生皮革以外材料制成)	24	100	17	千克/双	BEF
6405109090	其他皮革或再生皮革制面的其他鞋靴(外底用橡胶、塑料、皮革及再生皮革以外材料制成)	24	100	17	千克/双	B
6405200010	羊毛毡呢制内底及鞋面的鞋靴(外底用橡胶、塑料、皮革或再生皮革制以外材料制成)	22	100	17	千克/双	B
6405200090	纺织材料制鞋面的其他鞋靴(外底用橡胶、塑料、皮革或再生皮革制以外材料制成)	22	100	17	千克/双	B
6405901000	其他材料制面的橡胶、塑料、皮革及再生皮革制外底的鞋靴(面用皮革,再生皮革及纺织材料以外的材料制成)	15	100	17	千克/双	
6405909000	其他材料制面非橡胶、塑料、皮革及再生皮革制外底的鞋靴(面用皮革,再生皮革及纺织材料以外的材料制成)	15	100	17	千克/双	
6406	**鞋靴零件(包括鞋面,不论是否带有除外底以外的其他鞋底);活动式鞋内底、跟垫及类似品;护腿、裹腿和类似品及其零件**					
6406100010	含野生动物皮的鞋面及其零件	15	90	17	千克	FE
6406100090	其他鞋面及其零件(不包括硬衬及毡呢制品)	15	90	17	千克	

商品编号	商品名称及备注	进口关税税率(%)		增值税率(%)	计量单位	监管条件
		最惠国	普通			
6406201000	橡胶制的外底及鞋跟	15	90	17	千克	
6406202000	塑料制的外底及鞋跟	15	90	17	千克	
6406901000	其他木制鞋靴零件,活动式鞋内底等(包括跟垫及类似品,护腿、裹腿和类似品及其零件)	15	90	17	千克	AB
6406909000	其他材料制鞋靴零件(包括活动式鞋内底、跟垫、裹腿和类似品及其零件)	15	90	17	千克	

第六十五章　帽类及其零件

注释：

一、本章不包括：

（一）品目 63.09 的旧帽类；

（二）石棉制帽类（品目 68.12）；

（三）第九十五章的玩偶帽、其他玩具帽或狂欢节用品。

二、品目 65.02 不包括缝制的帽坯，但仅将条带缝成螺旋形的除外。

商品编号	商品名称及备注	进口关税税率（%）		增值税率（%）	计量单位	监管条件
		最惠国	普通			
6501	**毡呢制的帽坯、帽身及帽兜，未楦制成形，也未加帽边；毡呢制的圆帽片及制帽用的毡呢筒（包括裁开的毡呢筒）**					
6501000000	毡呢制帽坯及圆帽片（包括帽身、帽兜及不论是否裁开的制帽毡呢筒）	22	100	17	千克	
6502	**编结的帽坯或用任何材料的条带拼制而成的帽坯，未楦制成形，也未加帽边、衬里或装饰物**					
6502000000	编结或用条带拼制的帽坯（未楦制成形，未加帽边、衬里或装饰物）	20	100	17	千克	
6504	**编结帽或用任何材料的条带拼制而成的帽类，不论有无衬里或装饰物**					
6504000000	编结或用条带拼制成的帽类（不论有无衬里或饰物）	20	130	17	个/千克	
6505	**针织或钩编的帽类，用成匹的花边、毡呢或其他纺织物（条带除外）制成的帽类，不论有无衬里或装饰物；任何材料制的发网，不论有无衬里或装饰物**					
6505001000	发网（不论有无衬里或装饰物）	10	130	17	个/千克	
6505002000	钩编的帽类	20	130	17	个/千克	
6505009100	成品毡呢制帽类（用品目 65.01 的帽身、帽兜或圆帽片制成，不论有无衬里或装饰物）	22	130	17	个/千克	
6505009900	针织帽类及用其他纺织物（条带除外）制成帽类（包括用成匹的花边、毡呢制成的，不论有无衬里或装饰物）	20	130	17	个/千克	
6506	**其他帽类，不论有无衬里或装饰物**					
6506100010	防护罩（带有能够滤除生物因子滤器的面罩）	10	100	17	个/千克	3
6506100090	其他安全帽（不论有无衬里或饰物）	10	100	17	个/千克	
6506910000	橡胶或塑料制帽类（不论有无衬里或饰物，不包括安全帽）	10	100	17	个/千克	
6506991010	野生动物皮革制帽类	10	130	17	个/千克	FEB
6506991090	其他皮革制帽类	10	130	17	个/千克	B
6506992010	野生动物毛皮制的帽类（无论有无衬里或饰物）	10	130	17	个/千克	FEB
6506992090	其他毛皮制的帽类（无论有无衬里或饰物）	10	130	17	个/千克	B
6506999000	其他材料制的未列名帽类（不论有无衬里或饰物）	24	100	17	个/千克	
6507	**帽圈、帽衬、帽套、帽帮、帽骨架、帽舌及帽颏带**					
6507000010	含野生动物成分的帽类附件（指帽圈、衬、套、帮、骨架、舌及颏带）	24	100	17	千克	FE
6507000090	其他帽类附件（指帽圈、衬、套、帮、骨架、舌及颏带）	24	100	17	千克	

第六十六章　雨伞、阳伞、手杖、鞭子、马鞭及其零件

注释：

一、本章不包括：

（一）丈量用杖及类似品（品目90.17）；

（二）火器手杖、刀剑手杖、灌铅手杖及类似品（第九十三章）；

（三）第九十五章的货品（例如，玩具雨伞、玩具阳伞）。

二、品目66.03不包括纺织材料制的零件、附件及装饰品或者任何材料制的罩套、流苏、鞭梢、伞套及类似品。此类货品即使与品目66.01或66.02的物品一同进口或出口，只要未装配在一起，则不应视为上述品目所列物品的组成零件，而应分别归入各有关品目。

商品编号	商品名称及备注	进口关税税率（%）		增值税率（%）	计量单位	监管条件
		最惠国	普通			
6601	**雨伞及阳伞（包括手杖伞、庭园用伞及类似伞**					
6601100000	庭院用伞及类似品（玩具伞除外）	14	130	17	千克/把	
6601910000	折叠伞（玩具伞除外）	10	130	17	千克/把	
6601990000	其他伞（玩具伞除外）	10	130	17	千克/把	
6602	**手杖、带座手杖、鞭子、马鞭及类似品**					
6602000011	含野生动物成分的手杖、带座手杖（包括马鞭、鞭子及类似品）	10	130	17	千克/把	EF
6602000019	动植物材料制手杖、鞭子及类似品（包括带座手杖）	10	130	17	千克/把	
6602000090	其他手杖、带座手杖、鞭子及类似品	10	130	17	千克/把	
6603	**品目66.01或66.02所列物品的零件及装饰品**					
6603200000	伞骨（包括装在伞柄上的伞骨）	14	130	17	千克	
6603900010	含野生动物成分的伞、手杖的零件及装饰品（包括鞭子的其他零件及饰品）	14	130	17	千克	EF
6603900090	伞、手杖及鞭子的其他零件及饰品（罩套、流苏、鞭梢及纺织材料制品除外）	14	130	17	千克	

第六十七章　已加工羽毛、羽绒及其制品；人造花；人发制品

注释：

一、本章不包括：

（一）人发制滤布（品目59.11）；

（二）花边、刺绣品或其他纺织物制成的花卉图案（第十一类）；

（三）鞋靴（第六十四章）；

（四）帽类及发网（第六十五章）；

（五）玩具、运动用品或狂欢节用品（第九十五章）；

（六）羽毛掸帚、粉扑及人发制的筛子（第九十六章）。

二、品目67.01不包括：

（一）羽毛或羽绒仅在其中作为填充料的物品（例如，品目94.04的寝具）；

（二）羽毛或羽绒仅作为饰物或填充料的衣服或衣着附件；

（三）品目67.02的人造花、叶及其部分品，以及它们的制成品。

三、品目67.02不包括：

（一）玻璃制品（第七十章）；

（二）用陶器、石料、金属、木料或其他材料经模铸、锻造、雕刻、冲压或用其他方法整件制成形的人造花、叶或果实；用捆扎、胶粘及类似方法以外的其他方法将部分品组合而成的上述制品。

商品编号	商品名称及备注	进口关税税率（%）		增值税率（%）	计量单位	监管条件
		最惠国	普通			
6701	**带羽毛或羽绒的鸟皮及鸟体其他部分、羽毛、部分羽毛、羽绒及其制品（品目05.05的货品和经加工的羽管及羽轴除外）**					
6701000010	已加工野禽羽毛、羽绒及其制品	20	130	17	千克	AFEB
6701000090	其他已加工羽毛、羽绒及其制品（品目05.05的货品及经加工的羽管及羽轴除外）	20	130	17	千克	AB
6702	**人造花、叶、果实及其零件；用人造花、叶或果实制成的物品**					
6702100000	塑料制花、叶、果实及其制品（包括花、叶、果实的零件）	20	130	17	千克	
6702901010	野禽羽毛制花、叶、果实及其制品	20	130	17	千克	AFEB
6702901090	其他羽毛制花、叶、果实及其制品（包括花、叶、果实的零件）	20	130	17	千克	AB
6702902000	丝或绢丝制花、叶、果实及其制品（包括花、叶、果实的零件）	24	130	17	千克	
6702903000	化学纤维制花、叶、果实及其制品（包括花、叶、果实的零件）	24	130	17	千克	
6702909000	其他材料制花、叶、果实及其制品（包括花、叶、果实的零件）	20	130	17	千克	
6703	**经梳理、稀疏、脱色或其他方法加工的人发；作假发及类似品用的羊毛、其他动物毛或其他纺织材料**					
6703000000	经梳理、稀疏等方法加工的人发（包括作假发及类似品用羊毛、其他动物毛或其他纺织材料）	20	100	17	千克	
6704	**人发、动物毛或纺织材料制的假发、假胡须、假眉毛、假睫毛及类似品；其他品目未列名的人发制品**					
6704110000	合成纺织材料制整头假发	25	130	17	千克	
6704190000	合成纺织材料制其他假发、须等（不包括整头假发）	25	130	17	千克	
6704200000	人发制假发、须、眉及类似品（包括整头假发）	15	130	17	千克	
6704900000	其他材料制假发、须、眉及类似品（包括整头假发）	25	130	17	千克	

第十三类　石料、石膏、水泥、石棉、云母及类似材料的制品；陶瓷产品；玻璃及其制品

第六十八章　石料、石膏、水泥、石棉、云母及类似材料的制品

注释：

一、本章不包括：

（一）第二十五章的货品；

（二）品目48.10或48.11的经涂布、浸渍或覆盖的纸及纸板（例如，用云母粉或石墨涂布的纸及纸板、沥青纸及纸板）；

（三）第五十六章或第五十九章的经涂布、浸渍或包覆的纺织物（例如，用云母粉、沥青涂布或包覆的织物）；

（四）第七十一章的物品；

（五）第八十二章的工具及其零件；

（六）品目84.42的印刷用石板；

（七）绝缘子（品目85.46）或品目85.47绝缘材料制的零件；

（八）牙科用磨锉（品目90.18）；

（九）第九十一章的物品（例如，钟及钟壳）；

（十）第九十四章的物品（例如，家具、灯具及照明装置、活动房屋）；

（十一）第九十五章的物品（例如，玩具、游戏品及运动用品）；

（十二）用第九十六章注释二（二）所述材料制成的品目96.02的物品或品目96.06的物品（例如，纽扣）、品目96.09的物品（例如，石笔）或品目96.10的物品（例如，绘画石板）；

（十三）第九十七章的物品（例如，艺术品）。

二、品目68.02所称“已加工的碑石或建筑用石”，不仅适用于已加工的品目25.15、25.16的各种石料，也适用于所有经类似加工的其他天然石料（例如，石英岩、燧石、白云石及冻石），但不适用于板岩。

商品编号	商品名称及备注	进口关税税率（%）最惠国	进口关税税率（%）普通	增值税率（%）	计量单位	监管条件
6801	**天然石料（不包括板岩）制的长方砌石、路缘石、扁平石**					
6801000000	长方砌石，路缘石，扁平石［由天然石料（不包括板岩）所制］	12	70	17	千克	
6802	**已加工的碑石或建筑用石（不包括板岩）及其制品，但品目68.01的货品除外；天然石料（包括板岩）制的镶嵌石（马赛克）及类似品，不论是否有衬背；天然石料（包括板岩）制的人工染色石粒、石片及石粉**					
6802101000	大理石制砖、瓦、方块及类似品（不论是否为矩形，可置入边长＜7厘米的方格）	24	90	17	千克	
6802109000	其他石料制砖瓦、方块及类似品（可置入边长＜7厘米的方格，板岩除外，但包括板岩制嵌石）	20	90	17	千克	
6802211000	经简单切削或锯开的大理石及制品（具有一个平面）	10	90	17	千克	
6802212000	经简单切削或锯开的石灰华及制品（具有一个平面）	24	90	17	千克	
6802219000	经简单切削或锯开的蜡石及制品（具有一个平面）	24	90	17	千克	
6802230000	经简单切削或锯开的花岗岩及制品（具有一个平面）	10	90	17	千克	A
6802291000	经简单切削或锯开的其他石灰石（包括制品）	24	90	17	千克	
6802299000	经简单切削或锯开的其他石及制品（不包括板岩及制品）	15	90	17	千克	
6802911000	大理石、石灰华及蜡石制石刻	24	90	17	千克	
6802919000	其他已加工大理石及蜡石及制品（包括已加工石灰华及制品）	10	90	17	千克	
6802921000	其他石灰石制石刻	24	90	17	千克	

商品编号	商品名称及备注	进口关税税率(%)		增值税率(%)	计量单位	监管条件
		最惠国	普通			
6802929000	其他已加工石灰石及制品	10	90	17	千克	
6802931100	花岗岩制石刻墓碑石	24	90	17	千克	A
6802931900	其他花岗岩制石刻	24	90	17	千克	A
6802939000	其他已加工花岗岩及制品	10	90	17	千克	A
6802991000	其他石制成的石刻(不包括板岩制成的石刻)	24	90	17	千克	
6802999000	其他已加工的石及制品(不包括板岩及制品)	24	90	17	千克	
6803	**已加工的板岩及板岩或粘聚板岩的制品**					
6803001000	已加工板岩及板岩制品	20	80	17	千克	
6803009000	粘聚板岩制品	20	80	17	千克	
6804	**未装支架的石磨、石碾、砂轮和类似品及其零件,用于研磨、磨刃、抛光、整形或切割,以及手用磨石、抛光石及其零件,用天然石料、粘聚的天然磨料、人造磨料或陶瓷制成,不论是否装有由其他材料制成的零件**					
6804100000	碾磨或磨浆用石磨、石碾	8	40	17	千克	
6804210000	其他石磨、石碾及砂轮(包括类似品,由粘聚合成或天然金刚石所制)	8	17	17	千克	B
6804221000	其他砂轮(由其他粘聚磨料或陶瓷所制)	8	17	17	千克	B
6804229000	其他石磨,石碾及类似品(由其他粘聚磨料或陶瓷所制)	8	40	17	千克	
6804231000	天然石料制的砂轮	8	17	17	千克	B
6804239000	天然石料制其他石磨、石碾等(包括类似品)	8	40	17	千克	
6804301000	手用琢磨油石	8	17	17	千克	
6804309000	手用其他磨石及抛光石	8	40	17	千克	
6805	**砂布、砂纸及以其他材料为底的类似品,不论是否裁切、缝合或用其他方法加工成形**					
6805100000	砂布(不论是否裁切、缝合或用其他方法加工成型)	8	40	17	千克	
6805200000	砂纸(不论是否裁切、缝合或用其他方法加工成型)	8	40	17	千克	
6805300000	不以布或纸为底的砂纸类似品	8	40	17	千克	B
6806	**矿渣棉、岩石棉及类似的矿质棉;页状蛭石、膨胀黏土、泡沫矿渣及类似的膨胀矿物材料;具有隔热、隔音或吸音性能的矿物材料的混合物及制品,但品目68.11、68.12或第六十九章的货品除外**					
6806100001*	矿物纤维,渣球含量小于5%	10.5	40	17	千克	
6806100090	矿渣棉、岩石棉及类似矿质棉(包括相互混合物,块状、成片或成卷)	10.5	40	17	千克	
6806200000	页状硅石、膨胀黏土、泡沫矿渣(包括类似膨胀矿物材料及相互混合物)	10.5	40	17	千克	
6806900000	其他矿物材料的混合物及制品(指具有隔热、隔音或吸音性能的矿物材料的混合物)	10	50	17	千克	
6807	**沥青或类似原料(例如,石油沥青或煤焦油沥青)的制品**					
6807100001*	聚酯—铜复合胎基改性沥青根阻防水卷材	12	50	17	千克	
6807100090	成卷的沥青或类似原料的制品(如石油沥青或煤焦油沥青)	12	50	17	千克	
6807900000	其他形状的沥青或类似原料的制品(如石油沥青或煤焦油沥青)	12	50	17	千克	
6808	**镶板、平板、瓦、砖及类似品,用水泥、石膏及其他矿物黏合材料黏合植物纤维、稻草、刨花、木片屑、木粉、锯末或木废料制成**					

商品编号	商品名称及备注	进口关税税率(%)		增值税率(%)	计量单位	监管条件
		最惠国	普通			
6808000000	镶板、平板、瓦、砖及类似品(以水泥等矿物为材料将植物纤维、稻草、刨花等黏合而成)	10.5	40	17	千克	
6809	**石膏制品及以石膏为基本成分的混合材料制品**					
6809110000	未饰的石膏板、片、砖、瓦及类似品(包含以石膏为主成分的混合物制品,用纸、纸板贴面或加强)	28	100	17	千克	
6809190000	以其他材料贴面加强的未饰石膏板(含片、砖、瓦及类似品包含以石膏为主成分的混合物制品)	25	100	17	千克	
6809900000	其他石膏制品(包括以石膏为主成分的混合材料制品)	25	100	17	千克	
6810	**水泥、混凝土或人造石制品,不论是否加强**					
6810110000	水泥制建筑用砖及石砌块(包括混凝土或人造石制,不论是否加强)	10.5	40	17	千克	
6810191000	人造石制砖、瓦、扁平石(含类似品,不论是否加强)	10.5	70	17	千克	
6810199000	水泥或混凝土制其他砖、瓦、扁平石(含类似品,不论是否加强)	10.5	70	17	千克	
6810911000	钢筋混凝土和预应力混凝土管等(包括杆、板、桩等,无论是否加强)	10.5	40	17	千克	
6810919000	水泥制建筑或土木工程用预制构件(包括混凝土或人造石制,不论是否加强)	10.5	40	17	千克	
6810991000	铁道用水泥枕	8	14	17	千克	
6810999000	水泥、混凝土或人造石制其他制品	10.5	70	17	千克	
6811	**石棉水泥、纤维素水泥或类似材料的制品**					
6811401000	含石棉的瓦楞板	5	40	17	千克	
6811402000	含石棉的片、板、砖、瓦及类似品	10.5	40	17	千克	
6811403000	含石棉的管子及管子附件	8	40	17	千克	
6811409000	含石棉的其他制品	8.4	40	17	千克	
6811810000	不含石棉的瓦楞板	5	40	17	千克	
6811820000	不含石棉的片、板、砖、瓦及类似品	10.5	40	17	千克	
6811891000	不含石棉的管子及管子附件	8	40	17	千克	
6811899000	不含石棉的其他制品	8.4	40	17	千克	
6812	**已加工的石棉纤维;以石棉为基本成分或以石棉和碳酸镁为基本成分的混合物;上述混合物或石棉的制品(例如,纱线、机织物、服装、帽类、鞋靴、衬垫),不论是否加强,但品目68.11或68.13的货品除外**					
6812800000	青石棉或青石棉混合物及其制品(包含服装、衣着附件、帽及鞋靴、毡子、接合纤维及其他青石棉制品)	10.5	40	17	千克	
6812910000	其他石棉或石棉混合物制的服装(包含衣着附件、帽子及鞋靴)	10.5	40	17	千克	
6812920000	其他石棉或石棉混合物制的纸、麻丝板(包含毡子)	10.5	40	17	千克	
6812930000	成片或成卷的压缩石棉纤维接合材料(不含青石棉制品)	10.5	40	17	千克	
6812990000	其他石棉或石棉混合物制品	10	40	17	千克	
6813	**以石棉、其他矿物质或纤维素为基本成分的未装配磨擦材料及其制品(例如,片、卷、带、盘、圈、垫及扇形),适于作制动器、离合器及类似品,不论是否与织物或其他材料结合而成**					
6813201000	含石棉的闸衬、闸垫(由石棉为基本成分的摩擦材料所制)	10	40	17	千克	

商品编号	商品名称及备注	进口关税税率(%)		增值税率(%)	计量单位	监管条件
		最惠国	普通			
6813209000	含石棉的摩擦材料及其他用于制动等用途的制品(摩擦材料由石棉为主原料构成)	12	40	17	千克	
6813810000	其他闸衬、闸垫(其他矿物或纤维素为基本成分的摩擦材料所制)	10	40	17	千克	
6813890000	其他摩擦材料及用于制动等用途的制品(摩擦材料由其他矿物或纤维素为主原料构成)	12	40	17	千克	
6814	**已加工的云母及其制品,包括粘聚或复制的云母,不论是否附于纸、纸板或其他材料上**					
6814100000	粘聚或复制云母制的板、片、带(不论是否附于其他材料上)	10.5	35	17	千克	
6814900000	其他已加工的云母及其制品(包括粘聚或复制的云母及其他制品)	10.5	35	17	千克	
6815	**其他品目未列名的石制品及其他矿物制品(包括碳纤维及其制品和泥煤制品)**					
6815100000	非电器用的石墨或其他碳精制品	15	70	17	千克	3
6815200000	泥煤制品	15	70	17	千克	
6815910000	含菱镁矿、白云石或铬铁矿的制品	15	70	17	千克	
6815992000	碳纤维	17.5	70	17	千克	
6815993100	碳布	17.5	70	17	千克	
6815993200	碳纤维预浸料(制品)	17.5	70	17	千克	
6815993921*	碳含量>90%特种碳纤维纱线(比模量≥12.3×10^6米,比抗拉强度≥23.5×10^4米)	17.5	70	17	千克	3
6815993929	碳含量≤90%特种碳纤维纱线(比模量≥12.3×10^6米,比抗拉强度≥23.5×10^4米)	17.5	70	17	千克	3
6815993991*	其他碳含量>90%碳纤维纱线	17.5	70	17	千克	
6815993999	其他碳纤维制品	17.5	70	17	千克	
6815999000	其他未列名石制品及矿物制品	17.5	70	17	千克	

第六十九章 陶瓷产品

注释：

一、本章仅适用于成形后经过烧制的陶瓷产品。品目69.04至69.14仅适用于不能归入品目69.01至69.03的产品。

二、本章不包括：

（一）品目28.44的产品；

（二）品目68.04的物品；

（三）第七十一章的物品（例如，仿首饰）；

（四）品目81.13的金属陶瓷；

（五）第八十二章的物品；

（六）绝缘子（品目85.46）或绝缘材料制的配件（品目85.47）；

（七）假牙（品目90.21）；

（八）第九十一章的物品（例如，钟及钟壳）；

（九）第九十四章的物品（例如，家具、灯具及照明装置、活动房屋）；

（十）第九十五章的物品（例如，玩具、游戏品及运动用品）；

（十一）品目96.06的物品（例如，纽扣）或品目96.14的物品（例如，烟斗）；

（十二）第九十七章的物品（例如，艺术品）。

商品编号	商品名称及备注	进口关税税率（%）		增值税率（%）	计量单位	监管条件
		最惠国	普通			
6901	**硅质化石粉（例如，各种硅藻土）或类似硅土制的砖、块、瓦及其他陶瓷制品**					
6901000000	硅质化石粉或类似硅土制的砖、瓦（包括硅质化石粉或类似硅土制的其他陶瓷制品）	8	50	17	千克	
6902	**耐火砖、块、瓦及类似耐火陶瓷建材制品，但硅质化石粉及类似硅土制的除外**					
6902100000	镁、钙、铬含量＞50%的耐火砖及类似品	8	30	17	千克	
6902200000	铝、硅含量＞50%的耐火砖及类似品（指超过50%的三氧化二铝、二氧化硅等耐火陶瓷建材制品）	8	30	17	千克	
6902900000	其他耐火砖及耐火陶瓷建材制品（包括类似耐火陶瓷制品，品目69.01的制品除外）	8	30	17	千克	
6903	**其他耐火陶瓷制品（例如，甑、坩埚、马弗罩、喷管、栓塞、支架、烤钵、管子、护套及棒条），但硅质化石粉及类似硅土制的除外**					
6903100000	石墨含量＞50%的其他耐火陶瓷制品（包括含超过50%的其他碳及其混合物的制品）	8	20	17	千克	
6903200000	氧化铝含量＞50%的其他耐火陶瓷制品（氧化铝包括三氧化二铝和二氧化硅的混合物或化合物）	8	20	17	千克	
6903900000	其他耐火陶瓷制品	8	20	17	千克	
6904	**陶瓷制建筑用砖、铺地砖、支撑或填充用砖及类似品**					
6904100000	陶瓷制建筑用砖	15	90	17	千克/千块	
6904900000*	陶瓷制铺地砖、支撑或填充用砖（包括类似品）	24.5	90	17	千克	
6905	**屋顶瓦、烟囱罩、通风帽、烟囱衬壁、建筑装饰及其他建筑用陶瓷制品**					
6905100000*	陶瓷制屋顶瓦	24.5	90	17	千克	
6905900000*	其他建筑用陶瓷制品（包括烟囱罩通风帽、烟囱衬壁、建筑装饰物）	24.5	90	17	千克	
6906	**陶瓷套管、导管、槽管及管子附件**					
6906000000*	陶瓷套管、导管、槽管及管子配件	15	90	17	千克	

商品编号	商 品 名 称 及 备 注	进口关税税率(%)		增值税率(%)	计量单位	监管条件
		最惠国	普通			
6907	**未上釉的陶瓷贴面砖、铺面砖,包括炉面砖及墙面砖;未上釉的陶瓷镶嵌砖(马赛克)及类似品,不论是否有衬背**					
6907100010*	瓷砖、陶瓷等产品,未打磨上釉陶瓷(表面最宽 <7 厘米)	24.5	90	17	千克/平方米	
6907100090*	未上釉的小陶瓷砖、瓦、块及类似品(小指最大表面积可置入边长 <7 厘米的方格为限)	24.5	90	17	千克/平方米	
6907900000*	未上釉的大陶瓷砖、瓦,块及类似品(大指最大表面积超过编号 690710 所列规格的)	12	90	17	千克/平方米	
6908	**上釉的陶瓷贴面砖、铺面砖,包括炉面砖及墙面砖;上釉的陶瓷镶嵌砖(马赛克)及类似品,不论是否有衬背**					
6908100000	上釉的小陶瓷砖、瓦、块及类似品(小指最大表面积以可置入边长 <7 厘米的方格为限)	12	100	17	千克/平方米	
6908900000	上釉的大陶瓷砖、瓦、块及类似品(大指最大表面积超过编号 690810 所列规格的)	12	100	17	千克/平方米	
6909	**实验室、化学或其他专门技术用途的陶瓷器;农业用陶瓷槽、缸及类似容器;通常供运输及盛装货物用的陶瓷罐、坛及类似品**					
6909110000	实验室、化学或其他技术用瓷器	8	30	17	千克	
6909120000	摩氏硬度≥9 的技术用陶瓷器(实验室、化学或其他专门技术用途的)	8	30	17	千克	
6909190000	其他实验室、化学用陶瓷器(包括其他技术用)	8	30	17	千克	
6909900000*	农业、运输或盛装货物用陶瓷容器	21	90	17	千克	
6910	**陶瓷洗涤槽、脸盆、脸盆座、浴缸、坐浴盆,抽水马桶、水箱、小便池及类似的固定卫生设备**					
6910100000	瓷制脸盆、浴缸及类似卫生器具(包括洗涤槽、抽水马桶、小便池等)	10	100	17	千克/件	B
6910900000	陶制脸盆、浴缸及类似卫生器具(包括洗涤槽、抽水马桶、小便池等)	10	100	17	千克/件	AB
6911	**瓷餐具、厨房器具及其他家用或盥洗用瓷器**					
6911101000*	瓷餐具	12	100	17	千克	AB
6911102000*	瓷厨房器具	15	100	17	千克	AB
6911900000	其他家用或盥洗用瓷器	24.5	100	17	千克	B
6912	**陶餐具、厨房器具及其他家用或盥洗用陶器**					
6912001000*	陶餐具	15	100	17	千克	AB
6912009000*	陶制厨房器具(包括家用或盥洗用的)	15	100	17	千克	AB
6913	**塑像及其他装饰用陶瓷制品**					
6913100000	瓷塑像及其他装饰用瓷制品	15	100	17	千克	
6913900000	陶塑像及其他装饰用陶制品	15	100	17	千克	
6914	**其他陶瓷制品**					
6914100000	其他瓷制品	24.5	100	17	千克	
6914900000	其他陶制品	10	100	17	千克	

第七十章　玻璃及其制品

注释：

一、本章不包括：

（一）品目32.07的货品（例如，珐琅和釉料、搪瓷玻璃料及其他玻璃粉、粒或粉片）；

（二）第七十一章的物品（例如，仿首饰）；

（三）品目85.44的光缆、品目85.46的绝缘子或品目85.47所列绝缘材料制的零件；

（四）光导纤维、经光学加工的光学元件、注射用针管、假眼、温度计、气压计、液体比重计或第九十章的其他物品；

（五）有永久固定电光源的灯具及照明装置、灯箱标志或铭牌和类似品及其零件（品目94.05）；

（六）玩具、游戏品、运动用品、圣诞树装饰品及第九十五章的其他物品（供玩偶或第九十五章其他物品用的无机械装置的玻璃眼珠除外）；

（七）纽扣、保温瓶、香水喷雾器和类似的喷雾器及第九十六章的其他物品。

二、对于品目70.03、70.04及70.05：

（一）玻璃在退火前的各种处理都不视为“已加工”；

（二）玻璃切割成一定形状并不影响其作为板片归类；

（三）所称“吸收、反射或非反射层”，是指极薄的金属或化合物（例如，金属氧化物）镀层，该镀层可以吸收红外线等光线或可以提高玻璃的反射性能，同时仍然使玻璃具有一定程度的透明性或半透明性；或该镀层可防止光线在玻璃表面的反射。

三、品目70.06所述产品，不论是否具有制成品的特性仍归入该品目。

四、品目70.19所称“玻璃棉”，是指：

（一）按重量计二氧化硅的含量在60%及以上的矿质棉；

（二）按重量计二氧化硅的含量在60%以下，但碱性氧化物（氧化钾或氧化钠）的含量在5%以上或氧化硼的含量在2%以上的矿质棉。

不符合上述规定的矿质棉归入品目68.06。

五、本手册所称“玻璃”，包括熔融石英及其他熔融硅石。

子目注释：

子目7013.22、7013.33、7013.41及7013.91所称“铅晶质玻璃”，仅指按重量计氧化铅含量不低于24%的玻璃。

商品编号	商品名称及备注	进口关税税率（%）		增值税率（%）	计量单位	监管条件
		最惠国	普通			
7001	**碎玻璃及废玻璃；玻璃块料**					
7001000010	废碎玻璃	12	50	17	千克	9
7001000090	玻璃块料	12	50	17	千克	
7002	**未加工的玻璃球、棒及管（品目70.18的微型玻璃球除外）**					
7002100000	未加工的玻璃球（品目70.18的微型玻璃球除外）	12	50	17	千克	
7002201000*	光导纤维预制棒	6	50	17	千克	
7002209000	其他未加工的玻璃棒	12	50	17	千克	
7002311000*	光导纤维用波导级石英玻璃管（未经加工，熔凝石英或其他熔凝硅石制）	5	17	17	千克	
7002319000	熔凝石英或熔凝硅石制其他玻璃管	14	50	17	千克	
7002320000	其他未加工的玻璃管（0℃～300℃时线膨胀系数 $<5\times10^{-6}$/开尔文的玻璃制）	12	50	17	千克	
7002390001*	光通信用微光组件的玻璃毛细管、定位管（外径<3毫米）	12	50	17	千克	
7002390090	未列名、未加工的玻璃管	12	50	17	千克	
7003	**铸制或轧制玻璃板、片或型材及异型材，不论是否有吸收、反射或非反射层，但未经其他加工**					
7003120000	铸、轧制着色的非夹丝玻璃板、片（不透明，镶色或有吸收、反射或非反射层的，未经其他加工）	15	50	17	千克/平方米	

商品编号	商 品 名 称 及 备 注	进口关税税率(%) 最惠国	进口关税税率(%) 普通	增值税率(%)	计量单位	监管条件
7003190001*	液晶或有机发光二极管(OLED)显示屏用原板玻璃(铸、轧制的非夹丝玻璃板、片,未着色、透明及不具吸收层的,未经其他加工)	17.5	50	17	千克/平方米	
7003190090	铸、轧制的其他非夹丝玻璃板、片(未着色、透明及不具吸收层的,未经其他加工)	17.5	50	17	千克/平方米	
7003200000	铸、轧制的夹丝玻璃板、片(未经其他加工)	15	50	17	千克/平方米	
7003300000	铸、轧制的玻璃型材及异型材(未经其他加工)	15	50	17	千克/平方米	
7004	**拉制或吹制玻璃板、片,不论是否有吸收、反射或非反射层,但未经其他加工**					
7004200000	拉、吹制的着色玻璃板、片(不透明、镶色或有吸收反射或非反射层的,未经其他加工)	17.5	50	17	千克/平方米	
7004900001*	光学平板玻璃,厚度 0.7 毫米以下(未着色、透明及不具吸收层的,未经其他加工)	17.5	50	17	千克/平方米	
7004900090	拉、吹制的其他玻璃板、片(未着色、透明及不具吸收层的,未经其他加工)	17.5	50	17	千克/平方米	
7005	**浮法玻璃板、片及表面研磨或抛光玻璃板、片,不论是否有吸收、反射或非反射层,但未经其他加工**					
7005100000	有吸收层非夹丝浮法或抛光玻璃板(包括有反射或非反射层的玻璃板、片)	15	50	17	千克/平方米	
7005210000	其他着色非夹丝浮法玻璃板、片(整块着色、不透明、镶色或仅表面研磨的)	15	50	17	千克/平方米	
7005290002*	液晶或有机发光二极管(OLED)显示屏用原板玻璃(非夹丝浮法玻璃板、片)	15	50	17	千克/平方米	
7005290090	其他非夹丝浮法玻璃板、片	15	50	17	千克/平方米	
7005300000	夹丝浮法玻璃板、片(包括表面研磨或抛光的,不论是否有吸收或反射层)	17.5	50	17	千克/平方米	
7006	**经弯曲、磨边、镂刻、钻孔、涂珐琅或其他加工的品目 70.03,70.04 或 70.05 的玻璃,但未用其他材料镶框或装配**					
7006000001*	液晶玻璃基板(经弯曲、磨边、镂刻、钻孔、涂珐琅等加工、未镶框或装配)	15	50	17	千克	
7006000090	经其他加工品目 70.03~70.05 的玻璃(经弯曲、磨边、镂刻、钻孔、涂珐琅等加工、未镶框或装配)	15	50	17	千克	
7007	**钢化或层压玻璃制的安全玻璃**					
7007111001*	空载重量≥25 吨飞机的挡风玻璃	2	11	17	千克	
7007111090	航空航天器及船舶用钢化安全玻璃(其他规格及形状适于安装在航空航天器及船上的)	2	11	17	千克	
7007119000	车辆用钢化安全玻璃(规格及形状适于安装在车辆上的)	10	50	17	千克	A
7007190001*	低铁钢化太阳能电池组件封装专用玻璃(指最大含铁量 0.02% Fe_2O_3,厚度为 2.5 毫米~3.5 毫米的玻璃)	14	50	17	千克/平方米	
7007190090	其他钢化安全玻璃	14	50	17	千克/平方米	
7007211000	航空航天器及船舶用层压安全玻璃(规格及形状适于安装在航空航天器及船上的)	2	11	17	千克	
7007219000	车辆用层压安全玻璃(规格及形状适于安装在车辆上的)	20	50	17	千克	A
7007290000	其他层压安全玻璃	14	50	17	千克/平方米	
7008	**多层隔温、隔音玻璃组件**					

商品编号	商品名称及备注	进口关税税率(%)		增值税率(%)	计量单位	监管条件
		最惠国	普通			
7008001000	中空或真空隔温、隔音玻璃组件	14	50	17	千克	
7008009000	其他多层隔温、隔音玻璃组件	14	50	17	千克	
7009	**玻璃镜(包括后视镜),不论是否镶框**					
7009100000	车辆后视镜(不论是否镶框)	10	100	17	千克	
7009910001*	槽式太阳能抛物面反射镜	21	70	17	千克	
7009910090	其他未镶框玻璃镜(包括后视镜)	21	70	17	千克	
7009920000	其他镶框玻璃镜(包括后视镜)	12	100	17	千克	
7010	**玻璃制的坛、瓶、缸、罐、安瓿及其他容器,用于运输或盛装货物;玻璃制保藏罐;玻璃塞、盖及类似的封口器**					
7010100000	玻璃安瓿	14	50	17	千克	
7010200000	玻璃制的塞、盖及类似封口器	14	50	17	千克	
7010901000	装运货物或保藏用的玻璃大容器(指超过1升的坛、瓶、缸、罐及其他容器)	14	50	17	千克	
7010902000	装运货物或保藏用的玻璃中容器(指超过0.33升,但不超过1升的坛、瓶、缸、罐及其他容器)	14	50	17	千克	
7010903000	装运货物或保藏用的玻璃小容器(指超过0.15升,但不超过0.33升的坛、瓶、缸、罐及其他容器)	14	50	17	千克	
7010909000	装运货物或保藏用的玻璃特小容器(指不超过0.15升的坛、瓶、缸、罐及其他容器)	14	50	17	千克	
7011	**制灯泡、阴极射线管及类似品用的未封口玻璃外壳(包括玻璃泡及管)及其玻璃零件,但未装有配件**					
7011100000	电灯用未封口玻璃外壳及玻璃零件(未装有配件)	21	80	17	千克	
7011201000	显像管玻壳及其零件(未装有配件)	10	35	17	千克	6
7011209001*	显示管玻壳及其零件(包括零件,但未装有配件)	10	35	17	千克	6
7011209090	其他阴极射线管用的未封口玻壳(包括零件,但未装有配件)	10	35	17	千克	6
7011901000	电子管未封口玻璃外壳及玻璃零件(未装有配件)	8	35	17	千克	
7011909000	其他类似品用未封口玻璃外壳零件(未装有配件)	21	80	17	千克	
7013	**玻璃器,供餐桌、厨房、盥洗室、办公室、室内装饰或类似用途(品目70.10或70.18的货品除外)**					
7013100000	玻璃陶瓷制玻璃器皿(供餐桌、厨房、办公室及室内装饰等用)	24.5	100	17	千克	
7013220000*	铅晶质玻璃制高脚杯(玻璃陶瓷制的除外)	24.5	100	17	千克	
7013280000	其他玻璃制高脚杯(玻璃陶瓷制的除外)	8	100	17	千克	A
7013330000*	铅晶质玻璃制其他杯(玻璃陶瓷制的除外)	24.5	100	17	千克	
7013370000	其他玻璃杯(玻璃陶瓷制的除外)	8	100	17	千克	A
7013410000*	铅晶质玻璃制餐桌、厨房用器皿[(不包括杯子)玻璃陶瓷制的除外]	24.5	100	17	千克	A
7013420000	低膨胀系数玻璃制餐桌厨房用器皿(低膨胀系数指温度0℃~300℃膨胀系数$<5\times10^{-6}$/开尔文)	10	100	17	千克	A
7013490000	其他玻璃制餐桌、厨房用器皿(不包括杯子,玻璃陶瓷制的除外)	10	100	17	千克	A
7013910000	其他铅晶质玻璃器皿	10	100	17	千克	
7013990000	其他玻璃器皿	10	100	17	千克	

商品编号	商品名称及备注	进口关税税率(%)		增值税率(%)	计量单位	监管条件
		最惠国	普通			
7014	**未经光学加工的信号玻璃器及玻璃制光学元件(品目70.15的货品除外)**					
7014001000	光学仪器用光学元件毛坯(未经光学加工的,品目70.15的物品除外)	10	40	17	千克	
7014009001*	滤波玻璃(带有抗红外和防反射薄膜的)	17.5	80	17	千克	
7014009090	其他未经光学加工的信号玻璃器(包括玻璃制光学元件,品目70.15的物品除外)	17.5	80	17	千克	
7015	**钟表玻璃及类似玻璃、视力矫正或非视力矫正眼镜用玻璃,呈弧面、弯曲、凹形或类似形状但未经光学加工的;制造上述玻璃用的凹面圆形及扇形玻璃**					
7015101000*	视力矫正眼镜用变色镜片坯件(未经光学加工的)	21	80	17	千克	
7015109000*	其他视力矫正眼镜用镜片坯件(未经光学加工的)	17.5	70	17	千克	
7015901000	钟表玻璃(未经光学加工的)	17.5	70	17	千克	
7015902000*	平光变色镜片坯件(未经光学加工的)	18	80	17	千克	
7015909000	品目70.15的其他未经光学加工玻璃	12	80	17	千克	
7016	**建筑用压制或模制的铺面用玻璃块、砖、片、瓦及其他制品,不论是否夹丝;供镶嵌或类似装饰用的玻璃马赛克及其他小件玻璃品,不论是否有衬背;花饰铅条窗玻璃及类似品;多孔或泡沫玻璃块、板、片及类似品**					
7016100000	供镶嵌或装饰用玻璃马赛克(包括其他小件玻璃品,不论是否有衬背)	22	100	17	千克	
7016901000	花饰铅条窗玻璃及类似品	24	90	17	千克	
7016909000	建筑用压制或模制铺面玻璃块、砖(包括瓦等,不论是否夹丝以及多孔或泡沫玻璃块、板等)	18	90	17	千克	
7017	**实验室、卫生及配药用的玻璃器,不论有无刻度或标量**					
7017100000	实验室,卫生及配药用玻璃器(熔凝石英或熔凝硅石制,不论有无刻度或标量)	0	30	17	千克	
7017200000	其他玻璃制实验室等用玻璃器(0℃~300℃时线膨胀系数$\leq 5\times10^{-6}$/开尔文的玻璃制)	8	30	17	千克	
7017900000	其他实验室、卫生及配药用玻璃器	8	30	17	千克	
7018	**玻璃珠、仿珍珠、仿宝石或仿半宝石和类似小件玻璃品及其制品,但仿首饰除外;玻璃假眼,但医用假眼除外;灯工方法制作的玻璃塑像及其他玻璃装饰品,但仿首饰除外;直径不超过1毫米的微型玻璃球**					
7018100000	玻璃珠,仿珍珠及类似小件玻璃品(包括仿宝石,仿首饰除外)	10	100	17	千克	
7018200000	直径不超过1毫米的玻璃珠	20	100	17	千克	
7018900000*	灯工方法制的玻璃塑像及玻璃饰品,玻璃假眼(仿首饰除外,医用假眼除外)	20	100	17	千克	
7019	**玻璃纤维(包括玻璃棉)及其制品(例如,玻璃纤维纱线及其织物)**					
7019110000	长度不超过50毫米的短切玻璃纤维	12	50	17	千克	
7019120010	复合结构用的玻璃纤维粗纱(比模量$\geq 12.3\times10^{6}$米,比极限抗拉强度$\geq 0.3\times10^{6}$米)	12	50	17	千克	3
7019120090	玻璃纤维粗纱	12	50	17	千克	

商品编号	商品名称及备注	进口关税税率(%)		增值税率(%)	计量单位	监管条件
		最惠国	普通			
7019190011	间苯二酚甲醛胶浸渍的玻璃纤维纱(用于生产非导电玻璃纤维长丝粗纱机织轮胎帘子布的)	10	50	17	千克	
7019190012	玻璃纤维或纤丝材料(其"比模量"为 3.18×10^6 米或更大和"比抗拉强度"为 7.62×10^4 米或更大的玻璃纤维或纤丝材料)	10	50	17	千克	3
7019190019	其他玻璃纱线(包括长度超过50毫米的短切纤维)	10	50	17	千克	
7019190090	其他玻璃纤维(含长度超过50毫米的短切纤维)	10	50	17	千克	
7019310000	玻璃纤维(包括玻璃棉)制的席	5	40	17	千克	
7019320000	玻璃纤维(包括玻璃棉)制的薄片(也称巴厘纱)	14	40	17	千克	
7019390000	玻璃纤维制的网及类似无纺产品(包括垫、板)	10.5	40	17	千克	
7019400000	玻璃纤维粗纱机织物	12	40	17	千克	
7019510000	宽度≤30厘米的玻璃纤维机织物	12	40	17	千克	
7019520001*	覆铜板用玻璃纤维长丝平纹布,开纤或每平方米重≤180克(宽度超过30厘米,单根纱线细度不超过136特)	12	40	17	千克	
7019520090	其他平方米重≤250克玻璃长丝平纹布(宽度超过30厘米,单根纱线细度不超过136特)	12	40	17	千克	
7019590000	其他玻璃纤维机织物	12	40	17	千克	
7019901000	玻璃棉及其制品	7	40	17	千克	
7019902100	玻璃纤维布浸胶制品(每平方米重量<450克)	7	40	17	千克	
7019902900	其他玻璃纤维布浸胶制品(每平方米重量≥450克)	7	40	17	千克	
7019909000	其他玻璃纤维及其制品	7	40	17	千克	
7020	**其他玻璃制品**					
7020001100*	导电玻璃	10.5	40	17	千克	
7020001200	绝缘子用玻璃伞盘	10.5	40	17	千克	
7020001901	半导体晶片生产用石英反应管及夹持器(用于插入熔化和氧化炉内)	0	40	17	千克	s
7020001902*	等离子模块生产用高应变点玻璃(应变点在550℃及以上)	10.5	40	17	千克	
7020001990	其他工业用玻璃制品	10.5	40	17	千克	
7020009100	保温瓶或其他保温容器用玻璃胆	21	100	17	千克/个	A
7020009901*	石英玻璃,平整度≤1微米	15	100	17	千克	
7020009990	其他非工业用玻璃制品	15	100	17	千克	

第十四类　天然或养殖珍珠、宝石或半宝石、贵金属、包贵金属及其制品；仿首饰；硬币

第七十一章　天然或养殖珍珠、宝石或半宝石、贵金属、包贵金属及其制品；仿首饰；硬币

注释：

一、除第六类注释一（一）及下列各款另有规定的以外，凡制品的全部或部分由下列物品构成，均应归入本章：

（一）天然或养殖珍珠、宝石或半宝石（天然、合成或再造）；

（二）贵金属或包贵金属。

二、（一）品目71.13、71.14及71.15不包括带有贵金属或包贵金属制的小附件或小装饰品［例如，交织字母、套、圈、套环）的制品，上述注释一（二）也不适用于这类制品］；

（二）品目71.16不包括含有贵金属或包贵金属（仅作为小附件或小装饰品的除外）的制品。

三、本章不包括：

（一）贵金属汞齐及胶态贵金属（品目28.43）；

（二）第三十章的外科用无菌缝合材料、牙科填料或其他货品；

（三）第三十二章的货品（例如，光瓷釉）；

（四）载体催化剂（品目38.15）；

（五）第四十二章注释三（二）所述的品目42.02或42.03的物品；

（六）品目43.03或43.04的物品；

（七）第十一类的货品（纺织原料及纺织制品）；

（八）第六十四章或第六十五章的鞋靴、帽类及其他物品；

（九）第六十六章的伞、手杖及其他物品；

（十）品目68.04或68.05及第八十二章含有宝石或半宝石（天然或合成）粉末的研磨材料制品；第八十二章装有宝石或半宝石（天然、合成或再造）工作部件的器具；第十六类的机器、机械器具、电气设备及其零件；然而，完全以宝石或半宝石（天然、合成或再造）制成的物品及其零件，除未安装的唱针用已加工蓝宝石或钻石外（品目85.22），其余仍应归入本章；

（十一）第九十章、第九十一章或第九十二章的物品（科学仪器、钟表及乐器）；

（十二）武器及其零件（第九十三章）；

（十三）第九十五章注释二所述物品；

（十四）根据第九十六章注释四应归入该章的物品；

（十五）雕塑品原件（品目97.03）、收藏品（品目97.05）或超过100年的古物（品目97.06），但天然或养殖珍珠、宝石及半宝石除外。

四、（一）所称“贵金属”，是指银、金及铂；

（二）所称“铂”，是指铂、铱、锇、钯、铑及钌；

（三）所称“宝石或半宝石”，不包括第九十六章注释二（二）所述任何物质。

五、含有贵金属的合金（包括烧结及化合的），只要其中任何一种贵金属的含量达到合金重量的2%，即应视为本章的贵金属合金。贵金属合金应按下列规则归类：

（一）按重量计含铂量在2%及以上的合金，应视为铂合金；

（二）按重量计含金量在2%及以上，但不含铂或按重量计含铂量在2%以下的合金，应视为金合金；

（三）按重量计含银量在2%及以上的其他合金，应视为银合金。

六、除条文另有规定的以外，本手册所称贵金属应包括上述注释五所规定的贵金属合金，但不包括包贵金属或表面镀以贵金属的贱金属及非金属。

七、本手册所称“包贵金属”，是指以贱金属为底料，在其一面或多面用焊接、熔接、热轧或类似机械方法覆盖一层贵金属的材料。除条文另有规定的以外，也包括镶嵌贵金属的贱金属。

八、除第六类注释一（一）另有规定的以外，凡符合品目71.12规定的货品，应归入该品目而不归入本手册的其他品目。

九、品目71.13所称“首饰”，是指：

（一）个人用小饰物（例如，戒指、手镯、项圈、饰针、耳环、表链、表链饰物、垂饰、领带别针、袖扣、饰扣、宗教性或其他勋章及徽章）；

（二）通常放置在衣袋、手提包或佩戴在身上的个人用品（例如，烟盒、鼻烟盒、口香糖盒或药丸盒、粉盒、链袋或念珠）。

这些物品可以和下列物品组合或镶嵌下列物品，例如，天然或养殖珍珠、宝石或半宝石、合成或再造的宝石或半宝石、玳瑁壳、珍珠母、兽牙、天然或再生琥珀、黑玉或珊瑚。

十、品目71.14所称“金银器”，包括装饰品、餐具、梳妆用具、吸烟用具及类似的家庭、办公室或宗教用的其他物品。

十一、品目71.17所称“仿首饰”，是指不含天然或养殖珍

珠、宝石或半宝石(天然、合成或再造)及贵金属或包贵金属(仅作为镀层或小附件、小装饰品的除外)的上述注释九(一)所述的首饰(不包括品目96.06的纽扣及其他物品或品目96.15的梳子、发夹及类似品)。

子目注释:

一、子目号7106.10、7108.11、7110.11、7110.21、7110.31及7110.41所称"粉末",是指按重量计90%及以上可从网眼孔径为0.5毫米的筛子通过的产品;

二、子目号7110.11及7110.19所称"铂",可不受本章注释四(二)的规定约束,不包括铱、锇、钯、铑及钌;

三、对于品目71.10项下的子目所列合金的归类,按其所含铂、钯、铑、铱、锇或钌中重量最大的一种金属归类。

商品编号	商品名称及备注	进口关税税率(%)		增值税率(%)	计量单位	监管条件
		最惠国	普通			
7101	**天然或养殖珍珠,不论是否加工或分级,但未成串或镶嵌;天然或养殖珍珠,为便于运输而暂穿成串**					
7101101100*	未分级的天然黑珍珠(不论是否加工,但未制成制品)	21	100	17	克	AB
7101101900	其他未分级的天然珍珠(不论是否加工,但未制成制品)	21	100	17	克	AB
7101109100*	其他天然黑珍珠(不论是否加工,但未制成制品)	21	130	17	克	AB
7101109900	其他天然珍珠(不论是否加工,但未制成制品)	21	130	17	克	AB
7101211001*	未分级、未加工的养殖黑珍珠(未制成制品)	21	100	17	千克	AB
7101211090	其他未分级、未加工的养殖珍珠(未制成制品)	21	100	17	千克	AB
7101219001*	其他未加工的养殖黑珍珠(未制成制品)	21	130	17	千克	AB
7101219090	其他未加工的养殖珍珠(未制成制品)	21	130	17	千克	AB
7101221001*	未分级、已加工的养殖黑珍珠(未制成制品)	21	100	17	千克	
7101221090	其他未分级、已加工的养殖珍珠(未制成制品)	21	100	17	千克	
7101229001*	其他已加工的养殖黑珍珠(未制成制品)	21	130	17	千克	
7101229090	其他已加工的养殖珍珠(未制成制品)	21	130	17	千克	
7102	**钻石,不论是否加工,但未镶嵌**					
7102100000	未分级钻石(未镶嵌)	3	14	17	克拉	D
7102210000	工业用钻石(未加工或经简单锯开、劈开或粗磨未镶嵌)	0	14	17	克拉	D
7102290000	工业用其他钻石(未镶嵌)	0	14	17	克拉	
7102310000	非工业用钻石(未加工或经简单锯开、劈开或粗磨,未镶嵌)	3	14	17	克拉	D
7102390000	非工业用其他钻石(未镶嵌)	8	35	17	克拉	
7103	**宝石(钻石除外)或半宝石,不论是否加工或分级,但未成串或镶嵌,未分级的宝石(钻石除外)或半宝石,为便于运输而暂穿成串**					
7103100000	未加工宝石或半宝石(经简单锯开或粗制成形,未成串或镶嵌)	3	14	17	千克	
7103910000	经其他加工的红、蓝、绿宝石(未成串或镶嵌)	8	35	17	克拉	
7103991000	经其他加工的翡翠(未成串或镶嵌)	8	35	17	克拉	
7103999000	经其他加工的其他宝石或半宝石(未成串或镶嵌)	8	35	17	克拉	
7104	**合成或再造的宝石或半宝石,不论是否加工或分级,但未成串或镶嵌的;未分级的合成或再造的宝石或半宝石,为便于运输而暂穿成串**					
7104100000	压电石英	6	14	17	克	
7104201000	未加工合成或再造钻石(经简单锯开或粗制成形,未成串或镶嵌)	0	14	17	克	
7104209000	未加工合成或再造其他宝石半宝石(经简单锯开或粗制成形,未成串或镶嵌)	0	14	17	千克	
7104901100	其他工业用合成或再造的钻石	6	14	17	克	
7104901201*	蓝宝石衬底(由人造刚玉加工而成)(厚度 <0.5毫米)	6	14	17	千克	

商品编号	商品名称及备注	进口关税税率(%)		增值税率(%)	计量单位	监管条件
		最惠国	普通			
7104901290	其他工业用蓝宝石(合成或再造宝石、半宝石)	6	14	17	千克	
7104901900	其他工业用合成或再造宝石半宝石	6	14	17	千克	
7104909100	其他非工业用合成钻石(未成串或镶嵌)	8	35	17	克	
7104909900	其他非工业用合成宝石或半宝石(未成串或镶嵌)	8	35	17	千克	
7105	**天然或合成的宝石或半宝石的粉末**					
7105101000	天然的钻石粉末	0	17	17	克拉	
7105102000	人工合成的钻石粉末	0	17	17	克拉	
7105900000	其他天然或合成宝石或半宝石粉末	0	17	17	克	
7106	**银(包括镀金、镀铂的银),未锻造、半制成或粉末状**					
7106101100	平均粒径<3 微米非片状银粉	0	0	17	克	4xy
7106101900	平均粒径≥3 微米的非片状银粉	0	0	17	克	4xy
7106102100	平均粒径<10 微米片状银粉	0	0	17	克	4xy
7106102900	平均粒径≥10 微米的片状银粉	0	0	17	克	4xy
7106911000	纯度达 99.99% 及以上未锻造银(包括镀金、镀铂的银)	0	0	17	克	4xy
7106919000	其他未锻造银(包括镀金、镀铂的银)	0	0	17	克	4xy
7106921000	纯度达 99.99% 及以上的半制成银(包括镀金、镀铂的银)	0	50	17	克	4xy
7106929000	其他半制成银(包括镀金、镀铂的银)	0	50	17	克	4xy
7107	**以贱金属为底的包银材料**					
7107000000	以贱金属为底的包银材料	10.5	50	17	千克	
7108	**金(包括镀铂的金),未锻造、半制成或粉末状**					
7108110000	非货币用金粉	0	0	0	克	J
7108120000	非货币用未锻造金(包括镀铂的金)	0	0	0	克	J
7108130000	非货币用半制成金(包括镀铂的金)	0	50	0	克	J
7108200000	货币用未锻造金(包括镀铂的金)	0	0	0	克	J
7109	**以贱金属或银为底的包金材料**					
7109000000	以贱金属或银为底的包金材料	10.5	50	17	克	
7110	**铂,未锻造、半制成或粉末状**					
7110110000	未锻造或粉末状铂	0	0	0	克	8x
7110191000	板、片状铂	0	0	0	克	8x
7110199000	其他半制成铂	3	11	0	克	4xy
7110210000	未锻造或粉末状钯	0	10	17	克	4xy
7110291000	板、片状钯	0	0	17	克	4xy
7110299000	其他半制成钯	3	11	17	克	4xy
7110310000	未锻造或粉末状铑	0	0	17	克	4xy
7110391000	板、片状铑	0	0	17	克	4xy
7110399000	其他半制成铑	3	11	17	克	4xy
7110410000	未锻造或粉末状铱、锇、钌	0	0	17	克	4xy
7110491000	板、片状铱、锇、钌	0	0	17	克	4xy
7110499000	其他半制成铱、锇、钌	3	11	17	克	4xy
7111	**以贱金属、银或金为底的包铂材料**					
7111000000	以贱金属,银或金为底的包铂材料	3	11	17	克	4xy
7112	**贵金属或包贵金属的废碎料;含有贵金属或贵金属化合物的其他废碎料,主要用于回收贵金属**					
7112301000	含有银或银化合物的灰(主要用于回收银)	8	50	17	克	9

商品编号	商 品 名 称 及 备 注	进口关税税率(%)		增值税率(%)	计量单位	监管条件
		最惠国	普通			
7112309000	含其他贵金属或贵金属化合物的灰(主要用于回收贵金属)	6	50	17	克	9
7112911010	金的废碎料	0	0	17	克	AJP
7112911090	包金的废碎料(但含有其他贵金属的除外)	0	0	17	克	AP
7112912000	含有金及金化合物的废碎料(但含有其他贵金属除外,主要用于回收金)	6	35	17	克	9
7112921000	铂及包铂的废碎料(但含有其他贵金属的除外)	0	0	17	克	4APxy
7112922001*	铂含量在3%以上的其他含有铂或铂化合物的废碎料(但含有其他贵金属除外,主要用于回收铂)	6	35	17	克	4xy
7112922090	其他含有铂及铂化合物的废碎料(但含有其他贵金属除外,主要用于回收铂)	6	35	17	克	4xy
7112991000	含有银及银化合物的废碎料(主要用于回收银)	8	35	17	克	9
7112992000	含其他贵金属或贵金属化合物废碎料(主要用于回收贵金属)	6	35	17	克	9
7112999000	其他贵金属或贵金属化合物废碎料(主要用于回收贵金属)	0	50	17	克	
7113	**贵金属或包贵金属制的首饰及其零件**					
7113111000	镶嵌钻石的银首饰及其零件(不论是否包、镀其他贵金属)	20	130	17	克	
7113119010	镶嵌濒危物种制品的银首饰及零件(不论是否包、镀其他贵金属)	20	130	17	克	FE
7113119090	其他银首饰及其零件(不论是否包、镀其他贵金属)	20	130	17	克	
7113191100	镶嵌钻石的黄金制首饰及其零件(不论是否包、镀其他贵金属)	20	130	17	克	J
7113191910	镶嵌濒危物种制品的金首饰及零件(不论是否包、镀其他贵金属)	20	130	17	克	FEJ
7113191990	其他黄金制首饰及其零件(不论是否包、镀其他贵金属)	20	130	17	克	J
7113192100	镶嵌钻石的铂金制首饰及其零件(不论是否包、镀其他贵金属)	35	130	17	克	
7113192910	镶嵌濒危物种制品的铂金首饰及零件(不论是否包、镀其他贵金属)	35	130	17	克	EF
7113192990	其他铂金制首饰及其零件(不论是否包、镀其他贵金属)	35	130	17	克	
7113199100	其他镶嵌钻石贵金属首饰及其零件(不论是否包、镀其他贵金属)	35	130	17	克	
7113199910	镶嵌濒危物种制品其他贵金属首饰(不论是否包、镀其他贵金属)	35	130	17	克	FE
7113199990	其他贵金属制首饰及其零件(不论是否包、镀其他贵金属)	35	130	17	克	
7113201000	镶嵌钻石贱金属为底包贵金属首饰(不论是否包、镀其他贵金属,包括零件)	35	130	17	克	
7113209010	镶嵌濒危物种制品以贱金属为底的包贵金属制首饰(包括零件)	35	130	17	克	FE
7113209090	其他以贱金属为底的包贵金属制首饰(包括零件)	35	130	17	克	
7114	**贵金属或包贵金属制的金银器及其零件**					
7114110010	镶嵌濒危物种制品的银器及零件(不论是否包、镀贵金属)	35	100	17	克	FE
7114110090	其他银器及零件(不论是否包、镀贵金属)	35	100	17	克	
7114190010	镶嵌濒危物种制品的金银器及零件(不论是否包、镀贵金属)	35	100	17	克	FE
7114190090	其他贵金属制金银器及零件(不论是否包、镀贵金属)	35	100	17	克	

商品编号	商品名称及备注	进口关税税率(%)		增值税率(%)	计量单位	监管条件
		最惠国	普通			
7114200010	以贱金属为底的包贵金属制金银器(镶嵌濒危物种制品,包括零件)	35	100	17	克	FE
7114200090	其他贱金属为底包贵金属制金银器(包括零件)	35	100	17	克	
7115	**贵金属或包贵金属的其他制品**					
7115100000	金属丝布或格栅状的铂催化剂	3	11	17	克	4xy
7115901010*	银制工业、实验室用制品	3	11	17	克	
7115901020*	金制工业、实验室用制品	3	11	17	克	J
7115901090*	其他工业、实验室用贵或包贵金制品	3	11	17	克	
7115909000	其他用途的贵或包贵金属制品	35	100	17	克	
7116	**用天然或养殖珍珠、宝石或半宝石(天然、合成或再造)制成的物品**					
7116100000	天然或养殖珍珠制品	35	130	17	千克	
7116200000	宝石或半宝石制品(包括天然、合成或再造的)	35	130	17	千克	
7117	**仿首饰**					
7117110000	贱金属制袖扣、饰扣(不论是否镀贵金属)	35	130	17	千克	AB
7117190000	其他贱金属制仿首饰	17	130	17	千克	AB
7117900000	未列名材料制仿首饰	35	130	17	千克	AB
7118	**硬币**					
7118100000	非法定货币的硬币(金币除外)	0	0	17	千克	
7118900000	其他硬币	0	0	17	千克	

第十五类　贱金属及其制品

注释：

一、本类不包括：

（一）以金属粉末为基本成分的调制油漆、油墨或其他产品（品目32.07至32.10、32.12、32.13或32.15）；

（二）铈铁或其他引火合金（品目36.06）；

（三）品目65.06或65.07的帽类及其零件；

（四）品目66.03的伞骨及其他物品；

（五）第七十一章的货品（例如，贵金属合金、以贱金属为底的包贵金属、仿首饰）；

（六）第十六类的物品（机器、机械器具及电气设备）；

（七）已装配的铁路或电车轨道（品目86.08）或第十七类的其他物品（车辆、船舶、航空器）；

（八）第十八类的仪器及器具，包括钟表发条；

（九）做弹药用的铅弹（品目93.06）或第十九类的其他物品（武器、弹药）；

（十）第九十四章的物品（例如，家具、弹簧床垫、灯具及照明装置、灯箱标志、活动房屋）；

（十一）第九十五章的物品（例如，玩具、游戏品及运动用品）；

（十二）手用筛子、纽扣、钢笔、铅笔套、钢笔尖或第九十六章的其他物品（杂项制品）；

（十三）第九十七章的物品（例如，艺术品）。

十、本手册所称“通用零件”，是指：

（一）品目73.07、73.12、73.15、73.17或73.18的物品及其他贱金属制的类似品；

（二）贱金属制的弹簧及弹簧片，但钟表发条（品目91.14）除外；

（三）品目83.01、83.02、83.08、83.10的物品及品目83.06的贱金属制的框架及镜子。

第七十三章至第七十六章（品目73.15除外）及第七十八章至第八十二章所列货品的零件，不包括上述的通用零件。

除上段及第八十三章注释一另有规定的以外，第七十二章至第七十六章及第七十八章至第八十一章不包括第八十二章、第八十三章的物品。

三、本手册所称“贱金属”是指：铁及钢、铜、镍、铝、铅、锌、锡、钨、钼、钽、镁、钴、铋、镉、钛、锆、锑、锰、铍、铬、锗、钒、镓、铪、铟、铌、铼和铊。

四、本手册所称“金属陶瓷”，是指金属与陶瓷成分的极细微粒不均匀结合而成的产品。“金属陶瓷”包括硬质合金（金属碳化物与金属烧结而成）。

五、合金的归类规则（第七十二章、第七十四章所规定的铁合金及母合金除外）：

（一）贱金属的合金按其所含重量最大的金属归类；

（二）由本类的贱金属和非本类的元素构成的合金，如果所含贱金属的总重量等于或超过所含其他元素的总重量，应作为本类贱金属合金归类；

（三）本类所称“合金”，包括金属粉末的烧结混合物、熔化而得的不均匀紧密混合物（金属陶瓷除外）及金属间化合物。

六、除条文另有规定的以外，本手册所称的贱金属包括贱金属合金，这类合金应按上述注释五的规则进行归类。

七、复合材料制品的归类规则：

除各品目另有规定的以外，贱金属制品（包括根据“归类总规则”作为贱金属制品的混合材料制品）如果含有两种或两种以上贱金属的，按其所含重量最大的贱金属的制品归类。

为此：

（一）钢、铁或不同种类的钢铁，均视为一种金属；

（二）按照注释五的规定作为某一种金属归类的合金，应视为一种金属；

（三）品目81.13的金属陶瓷，应视为一种贱金属。

八、本类所用有关名词解释如下：

（一）废碎料

在金属生产或机械加工中产生的废料及碎屑以及因破裂、切断、磨损及其他原因而明显不能作为原物使用的金属货品。

（二）粉末

按重量计90%及以上可从网眼孔径为1毫米的筛子通过的产品。

第七十二章　钢　　铁

注释：

一、本章所述有关名词解释如下：

［本条注释（四）、（五）、（六）适用于本手册其他各章］

（一）生铁

无实用可锻性的铁碳合金、按重量计含碳量在2%以上并可含有一种或几种下列含量范围的其他元素：

铬不超过10%；

锰不超过6%；

磷不超过3%；

硅不超过8%；

其他元素合计不超过10%。

(二)镜铁

按重量计含锰量在6%以上,但不超过30%的铁碳合金、其他方面符合上述注释(一)款所列标准。

(三)铁合金

锭、块、团或类似初级形状、连续铸造而形成的各种形状及颗粒、粉末状的合金,不论是否烧结,通常用于其他合金生产过程中的添加剂或在黑色金属冶炼中作除氧剂、脱硫剂及类似用途、一般无实用可锻性、按重量计铁元素含量在4%及以上并含有下列一种或几种元素:

铬超过10%;

锰超过30%;

磷超过3%;

硅超过8%;

除碳以外的其他元素,合计超过10%,但最高含铜量不得超过10%。

(四)钢

除品目72.03以外的黑色金属材料(某些铸造而成的种类除外)具有实用可锻性,按重量计含碳量在2%及以下,但铬钢可具有较高的含碳量。

(五)不锈钢

按重量计含碳量在1.2%及以下,含铬量在10.5%及以上的合金钢,不论是否含有其他元素。

(六)其他合金钢

不符合以上不锈钢定义的钢,含有一种或几种按重量计符合下列含量比例的元素:

铝0.3%及以上;

硼0.0008%及以上;

铬0.3%及以上;

钴0.3%及以上;

铜0.4%及以上;

铅0.4%及以上;

锰1.65%及以上;

钼0.08%及以上;

镍0.3%及以上;

铌0.06%及以上;

硅0.6%及以上;

钛0.05%及以上;

钨0.3%及以上;

钒0.1%及以上;

锆0.05%及以上;

其他元素(硫、磷、碳及氮除外)单项含量在0.1%及以上。

(七)供再熔的碎料钢铁锭

粗铸成形无缩孔或冒口的锭块产品,表面有明显瑕疵,化学成分不同于生铁、镜铁及铁合金。

(八)颗粒

按重量计不到90%可从网眼孔径为1毫米的筛子通过,而90%及以上可从网眼孔径为5毫米的筛子通过的产品。

(九)半制成品

连续铸造的实心产品,不论是否初步热轧;其他实心产品,除经初步热轧或锻造粗制成形以外未经进一步加工,包括角材、型材及异型材的坯件。

本类产品不包括成卷的产品。

(十)平板轧材

截面为矩形(正方形除外)并且不符合以上第(九)款所述定义的下列形状实心轧制产品:

1. 层叠的卷材;

2. 平直形状,其厚度如果在4.75毫米以下,则宽度至少是厚度的10倍;其厚度如果在4.75毫米及以上,其宽度应超过150毫米,并且至少应为厚度的2倍。

平板轧材包括直接轧制而成并有凸起式样(例如,凹槽、肋条形、格槽、珠粒、菱形)的产品以及穿孔、抛光或制成瓦楞形的产品,但不具有其他品目所列制品或产品的特征。

各种规格的平板轧材(矩形或正方形除外),但不具有其他品目所列制品或产品的特征,都应作为宽度为600毫米及以上的产品归类。

(十一)不规则盘绕的热轧条、杆

经热轧不规则盘绕的实心产品,其截面为圆形、扇形、椭圆形、矩形(包括正方形)、三角形及其他外凸多边形(包括“扁圆形”及“变形矩形”,即相对两条边为弧拱形,另两条边为等长平行直线形)。

这类产品可带有在轧制过程中产生的凹痕、凸缘、槽沟或其他变形(钢筋)。

(十二)其他条、杆

不符合上述(九)、(十)、(十一)款或“丝”定义的实心产品,其全长截面均为圆形、扇形、椭圆形、矩形(包括正方形)、三角形或其他外凸多边形(包括“扁圆形”及“变形矩形,即相对两条边为弧拱形,另两条边为等长平行直线形)。这些产品可以:

1. 带有在轧制过程中产生的凹痕、凸缘、槽沟或其他变形(钢筋);

2. 轧制后扭曲的。

(十三)角材、型材及异型材

不符合上述(九)、(十)、(十一)、(十二)款或“丝”定义但其全长截面均为同样形状的实心产品。

第七十二章不包括品目73.01或73.02的产品。

(十四)丝

不符合平板轧材定义但全长截面均为同样形状的盘卷冷成形实心产品。

(十五)空心钻钢

适合钻探用的各种截面的空心条、杆,其最大外形尺寸超过15毫米但不超过52毫米,最大内孔尺寸不超过最大外形尺寸的1/2。不符合本定义的钢铁空心条、杆应归入品目73.04。

二、用一种黑色金属包覆不同种类的黑色金属,应按其中重量最大的材料归类。

三、用电解沉积法、压铸法或烧结法所得的钢铁产品,应按其形状、成分及外观归入本章类似热轧产品的相应品目。

子目注释：

一、本章所用有关名词解释如下：

（一）合金生铁

按重量计含有一种或几种下列比例的元素的生铁：

铬0.2%以上；

铜0.3%以上；

镍0.3%以上；

0.1%以上的任何下列元素：铝、钼、钛、钨、钒。

（二）非合金易切削钢

按重量计含有一种或几种下列比例的元素的非合金钢：

硫0.08%及以上；

铅0.1%及以上；

硒0.05%以上；

碲0.01%以上；

铋0.05%以上。

（三）硅电钢

按重量计含硅量至少为0.6%但不超过6%，含碳量不超过0.08%的合金钢。这类钢还可含有按重量计不超过1%的铝，但所含其他元素的比例并不使其具有其他合金钢的特性。

（四）高速钢

不论是否含有其他元素，但至少含有按重量计合计含量在7%及以上的钼、钨、钒中两种元素的合金钢，按重量计其含碳量在0.6%及以上，含铬量为3%～6%。

（五）硅锰钢

按重量计同时含有下列元素的合金钢：

碳不超过0.7%；

锰0.5%及以上，但不超过1.9%；

硅0.6%及以上，但不超过2.3%；

所含其他元素的比例并不使其具有其他合金钢特性。

二、品目72.02项下的子目所列铁合金，应按照下列规则归类：

对于只有一种元素超出本章注释一（三）规定的最低百分比的铁合金，应作为二元合金归入相应的子目号。以此类推，如果有两种或三种合金元素超出了最低百分比的，则可分别作为三元或四元合金。

在运用本规定时，本章注释一（三）所述的未列名的“其他元素”，按重量计单项含量必须超过10%。

商品编号	商品名称及备注	进口关税税率（%）		增值税率（%）	计量单位	监管条件
		最惠国	普通			
7201	**生铁及镜铁，锭、块或其他初级形状**					
7201100000*	非合金生铁，按重量计含磷量≤0.5%	1	8	17	千克	
7201200000*	非合金生铁，按重量计含磷量>0.5%	1	8	17	千克	
7201500010*	合金生铁	1	8	17	千克	
7201500090*	镜铁	1	8	17	千克	
7202	**铁合金**					
7202110000	锰铁，按重量计含碳量>2%	2	11	17	千克	4Bxy
7202190000	锰铁，按重量计含碳量≤2%	2	11	17	千克	4Bxy
7202210010	硅铁，55%<含硅量≤90%	2	11	17	千克	4ABxy
7202210090	硅铁，含硅量>90%	2	11	17	千克	4Bxy
7202290010	硅铁，30%≤含硅量≤55%	2	11	17	千克	4ABxy
7202290090	硅铁，含硅量<30%	2	11	17	千克	4Bxy
7202300000	硅锰铁	2	11	17	千克	4Bxy
7202410000*	铬铁，按重量计含碳量>4%	2	8	17	千克	4Bxy
7202490000*	铬铁，按重量计含碳量≤4%	2	8	17	千克	4Bxy
7202500000*	硅铬铁	2	11	17	千克	4Bxy
7202600000*	镍铁	2	11	17	千克	4xy
7202700000*	钼铁	2	11	17	千克	4Bxy
7202801000*	钨铁	2	11	17	千克	4Bxy
7202802000*	硅钨铁	2	11	17	千克	4xy
7202910000*	钛铁及硅钛铁	2	11	17	千克	4xy
7202921000	按重量含钒≥75%钒铁	9	30	17	千克	4Bxy
7202929000*	其他钒铁	9	30	17	千克	4Bxy
7202930010*	铁钽铌合金（钽含量<10%）	2	11	17	千克	4xy

商品编号	商品名称及备注	进口关税税率(%) 最惠国	进口关税税率(%) 普通	增值税率(%)	计量单位	监管条件
7202930090*	其他铌铁	2	11	17	千克	4xy
7202991100*	钕铁硼合金速凝永磁片	2	11	17	千克	4Bxy
7202991200	钕铁硼合金磁粉	2	11	17	千克	4Bxy
7202991900*	其他钕铁硼合金	2	11	17	千克	4Bxy
7202999110*	按重量计中重稀土总含量≥30%的铁合金(按重量计稀土元素总含量>10%)	2	11	17	千克	4Bxy
7202999191*	稀土硅铁合金(按重量计稀土元素总含量>10%)	2	11	17	千克	4Bxy
7202999199*	其他按重量计稀土元素总含量>10%的铁合金	2	11	17	千克	4Bxy
7202999900*	其他铁合金	2	11	17	千克	4Bxy
7203	**直接从铁矿还原所得的铁产品及其他海绵铁产品,块、团、团粒及类似形状;按重量计纯度≥99.94%的铁,块、团、团粒及类似形状**					
7203100001*	热压铁块	2	8	17	千克	
7203100090*	直接从铁矿还原的铁产品(铁团、铁粒及类似形状)	2	8	17	千克	
7203900000*	其他海绵铁产品或纯度≥99.94%的铁(包括块、团、团粒及类似形状)	2	8	17	千克	
7204	**钢铁废碎料;供再熔的碎料钢铁锭**					
7204100000*	铸铁废碎料	2	8	17	千克	7AP
7204210000	不锈钢废碎料	0	8	17	千克	7AP
7204290000	其他合金钢废碎料	0	8	17	千克	7AP
7204300000*	镀锡钢铁废碎料	2	8	17	千克	7AP
7204410000*	机械加工中产生的钢铁废料(机械加工指车、刨、铣、磨、锯、锉、剪、冲加工)	2	8	17	千克	7AP
7204490010	废汽车压件	0	8	17	千克	AP
7204490020	以回收钢铁为主的废五金电器	0	8	17	千克	AP
7204490090	未列名钢铁废碎料	0	8	17	千克	7AP
7204500000	供再熔的碎料钢铁锭	0	8	17	千克	7AP
7205	**生铁、镜铁及钢铁的颗粒和粉末**					
7205100001	棱角钢砂(不带球弧面的棱角形颗粒数>80%)	2	30	17	千克	
7205100090*	其他生铁、镜铁及钢铁颗粒	2	30	17	千克	
7205210000	合金钢粉末	2	17	17	千克	
7205290000*	生铁、镜铁及其他钢铁粉末	2	17	17	千克	
7206	**铁及非合金钢,锭状或其他初级形状(品目72.03的铁除外)**					
7206100000*	铁锭及非合金钢锭	2	11	17	千克	
7206900000*	其他初级形状的铁及非合金钢	2	11	17	千克	
7207	**铁及非合金钢的半制成品**					
7207110000*	宽度小于厚度两倍的矩形截面钢坯(含碳量<0.25%)	2	11	17	千克	
7207120000*	其他矩形截面钢坯[含碳量<0.25%(正方形截面除外)]	2	11	17	千克	
7207190000*	其他含碳量<0.25%的钢坯	2	11	17	千克	
7207200000*	含碳量≥0.25%的钢坯	2	11	17	千克	
7208	**宽度≥600毫米的铁或非合金钢平板轧材,经热轧,但未经包覆、镀层或涂层**					
7208100000	轧有花纹的热轧卷材(除热轧外未进一步加工的)	5	14	17	千克	A

商品编号	商品名称及备注	进口关税税率(%)		增值税率(%)	计量单位	监管条件
		最惠国	普通			
7208250000	厚度≥4.75毫米其他经酸洗的热轧卷材(除热轧外未进一步加工,宽度≥600毫米,未包、镀、涂层)	5	14	17	千克	A
7208261000	3毫米≤厚度<4.75毫米其他大强度热轧卷材(经酸洗,宽度≥600毫米,屈服强度>355牛顿/平方毫米)	5	14	17	千克	A
7208269000	其他3毫米≤厚度<4.75毫米热轧卷材(经酸洗,宽度≥600毫米,屈服强度≤355牛顿/平方毫米)	5	14	17	千克	A
7208271000	厚度<1.5毫米其他的热轧卷材(经酸洗,宽度≥600毫米,未包、镀、涂层)	5	14	17	千克	A
7208279000	1.5毫米≤厚度<3毫米其他的热轧卷材(经酸洗,宽度≥600毫米,未包、镀、涂层)	5	14	17	千克	A
7208360000	厚度>10毫米的其他热轧卷材(除热轧外未进一步加工,宽度≥600毫米,未包、镀、涂层)	6	14	17	千克	A
7208370000	4.75毫米≤厚度≤10毫米的其他热轧卷材(除热轧外未进一步加工,宽度≥600毫米,未包、镀、涂层)	5	14	17	千克	A
7208381000	3毫米≤厚度<4.75毫米的大强度卷材(宽度≥600毫米,屈服强度>355牛顿/平方毫米)	5	14	17	千克	A
7208389000	其他3毫米≤厚度<4.75的卷材(宽度≥600毫米,屈服强度≤355牛顿/平方毫米)	5	14	17	千克	A
7208391000	厚度<1.5毫米的其他热轧卷材(除热轧外未进一步加工宽度≥600毫米,未包、镀、涂层)	3	14	17	千克	A
7208399000	1.5毫米≤厚度<3毫米的其他热轧卷材(除热轧外未进一步加工宽度≥600毫米,未包、镀、涂层)	3	14	17	千克	A
7208400000	轧有花纹的热轧非卷材(除热轧外未进一步加工,宽度≥600毫米,未包、镀、涂层)	6	17	17	千克	A
7208511000	厚度>50毫米的其他热轧非卷材(宽度≥600毫米,未包、镀、涂层)	6	17	17	千克	A
7208512000	20毫米<厚度≤50毫米的其他热轧非卷材(宽度≥600毫米,未包、镀,涂层)	6	17	17	千克	A
7208519000	10毫米<厚度≤20毫米的其他热轧非卷材(宽度≥600毫米,未包、镀,涂层)	6	17	17	千克	A
7208520000	4.75毫米≤厚度≤10毫米的热轧非卷材(除热轧外未进一步加工,宽度≥600毫米,未包、镀、涂层)	6	17	17	千克	A
7208531000	3毫米≤厚度<4.75毫米大强度热轧非卷材(宽度≥600毫米,屈服强度>355牛顿/平方毫米)	6	17	17	千克	A
7208539000	其他3毫米≤厚度<4.75毫米的热轧非卷材(宽度≥600毫米,屈服强度≤355牛顿/平方毫米)	6	17	17	千克	A
7208541000	厚度<1.5毫米的热轧非卷材(除热轧外未进一步加工,宽度≥600毫米,未包、镀、涂层)	6	17	17	千克	A
7208549000	1.5≤厚度<3毫米的热轧非卷材(除热轧外未进一步加工,宽度≥600毫米,未包、镀、涂层)	6	17	17	千克	A
7208900000	其他热轧铁或非合金钢宽平板轧材(除热轧外经进一步加工,宽度≥600毫米,未经包、渡、涂层)	6	17	17	千克	A
7209	**宽度≥600毫米的铁或非合金钢平板轧材,经冷轧,但未经包覆、镀层或涂层**					
7209151000	厚度≥3毫米的大强度冷轧卷材(宽度≥600毫米,屈服强度>355牛顿/平方毫米)	6	17	17	千克	A

商品编号	商品名称及备注	进口关税税率(%)		增值税率(%)	计量单位	监管条件
		最惠国	普通			
7209159000	其他厚度≥3毫米的冷轧卷材(宽度≥600毫米,屈服强度≤355牛顿/平方毫米)	6	17	17	千克	A
7209161000	1毫米<厚度<3毫米的大强度冷轧卷材(宽度≥600毫米,屈服强度>275牛顿/平方毫米)	6	17	17	千克	A
7209169000	1毫米<厚度<3毫米小强度冷轧卷材(宽度≥600毫米,屈服强度≤275牛顿/平方毫米)	6	17	17	千克	A
7209171000	0.5毫米≤厚度≤1毫米大强度冷轧卷材(宽度≥600毫米,屈服强度>275牛顿/平方毫米)	3	17	17	千克	A
7209179000	0.5毫米≤厚度≤1毫米小强度冷轧卷材(宽度≥600毫米,屈服强度≤275牛顿/平方毫米)	3	17	17	千克	A
7209181000	厚度<0.3毫米的非合金钢冷轧卷材(未进一步加工,宽度≥600毫米,未包、镀、涂层)	6	17	17	千克	A
7209189000	0.3毫米≤厚度<0.5毫米非合金钢冷轧卷材(未进一步加工宽度≥600毫米,未包、镀、涂层)	6	17	17	千克	A
7209250000	厚度≥3毫米的冷轧非卷材(除冷轧外未进一步加工,宽度≥600毫米,未包、镀、涂层)	6	17	17	千克	A
7209260000	1毫米<厚度<3毫米的冷轧非卷材(除冷轧外未进一步加工,宽度≥600毫米,未包、镀、涂层)	6	17	17	千克	A
7209270000	0.5毫米≤厚度≤1毫米的冷轧非卷材(未进一步加工,宽度≥600毫米,未包、镀、涂层)	6	17	17	千克	A
7209280000	厚度<0.5毫米的冷轧非卷材(除冷轧外未进一步加工,宽度≥600毫米,未包、镀、涂层)	6	17	17	千克	A
7209900000	其他冷轧铁或非合金钢宽平轧材(除冷轧外,未进一步加工,宽度≥600毫米,未包、镀、涂层)	6	17	17	千克	A
7210	**宽度≥600毫米的铁或非合金钢平板轧材,经包覆、镀层或涂层**					
7210110000	镀(涂)锡的非合金钢厚宽平板轧材(厚度≥0.5毫米,宽度≥600毫米)	10	20	17	千克	A
7210120000	镀(涂)锡的非合金钢薄宽平板轧材(厚度<0.5毫米,宽度≥600毫米)	5	20	17	千克	A
7210200000	镀或涂铅的铁或非合金钢平板轧材(包括镀铅锡钢板,宽度≥600毫米)	4	20	17	千克	
7210300000	电镀锌的铁或非合金钢宽板材(宽度≥600毫米)	8	20	17	千克	A
7210410000	镀锌的瓦楞形铁或非合金钢宽板材(电镀锌的除外,宽度≥600毫米)	8	20	17	千克	A
7210490000	镀锌的其他形铁或非合金钢宽板材(电镀锌的除外,宽度≥600毫米)	4	20	17	千克	A
7210500000	镀或涂氧化铬的铁或非合金钢宽板材(宽度≥600毫米)	8	20	17	千克	
7210610000	镀或涂铝锌合金的铁宽平板轧材(包括非合金钢的,宽度≥600毫米)	8	20	17	千克	
7210690000	其他镀或涂铝的铁宽平板轧材(包括非合金钢的,宽度≥600毫米)	8	20	17	千克	
7210700000	涂漆或涂塑的铁或非合金钢宽板材(宽度≥600毫米)	4	20	17	千克	
7210900000	涂镀其他材料铁或非合金钢宽板材(宽度≥600毫米)	8	20	17	千克	
7211	**宽度<600毫米的铁或非合金钢平板轧材,但未经包覆、镀层或涂层**					

商品编号	商品名称及备注	进口关税税率(%)		增值税率(%)	计量单位	监管条件
		最惠国	普通			
7211130000	未轧花纹的四面轧制的热轧非卷材(150毫米<宽度<600毫米,厚度≥4毫米,未包、镀、涂层)	6	30	17	千克	A
7211140000	厚度≥4.75毫米的其他热轧板材(宽度<600毫米,未包、镀、涂层)	6	30	17	千克	A
7211190000	其他热轧铁或非合金钢窄板材(宽度<600毫米,未包、镀、涂层)	6	30	17	千克	A
7211230000	含碳量低于0.25%的冷轧板材(宽度<600毫米,未包、镀、涂层)	6	30	17	千克	A
7211290000	其他冷轧铁或非合金钢窄板材(宽度<600毫米,未经包、镀、涂层,含碳量≥0.25%)	6	30	17	千克	A
7211900000	冷轧的铁或非合金钢其他窄板材(宽度<600毫米,未经包、镀、涂层)	6	30	17	千克	A
7212	**宽度<600毫米的铁或非合金钢平板轧材,经包覆、镀层或涂层**					
7212100000	镀(涂)锡的铁或非合金钢窄板材(宽度<600毫米)	5	20	17	千克	A
7212200000	电镀锌的铁或非合金钢窄板材(宽度<600毫米)	8	20	17	千克	A
7212300000	其他镀或涂锌的铁窄板材(包括非合金钢的,宽度<600毫米)	8	20	17	千克	A
7212400000	涂漆或涂塑的铁或非合金钢窄板材(宽度<600毫米)	4	20	17	千克	
7212500000	涂镀其他材料的铁或非合金钢窄板材(宽度<600毫米)	8	20	17	千克	
7212600000	经包覆的铁或非合金钢窄板材(宽度<600毫米)	8	20	17	千克	
7213	**不规则盘卷的铁及非合金钢的热轧条、杆**					
7213100000*	铁或非合金钢制热轧盘条(带有轧制过程中产生的变形)	3	20	17	千克	AB
7213200000*	其他易切削钢制热轧盘条(不带有轧制过程中产生的变形)	3	20	17	千克	AB
7213910000*	圆截面直径<14毫米的其他热轧盘条(不带有轧制过程中产生的变形)	5	20	17	千克	AB
7213990000*	其他热轧盘条(不带有轧制过程中产生的变形)	5	20	17	千克	AB
7214	**铁或非合金钢的其他条、杆,除锻造、热轧、热拉拔或热挤压外未经进一步加工,包括轧制后扭曲的**					
7214100000	铁或非合金钢的锻造条、杆(除热加工外未进一步加工)	7	10	17	千克	AB
7214200000*	铁或非合金钢的热加工条、杆(带有轧制过程中产生变形,热加工指热轧、热拉拔或热挤压)	3	20	17	千克	AB
7214300000*	易切削钢的热加工条、杆(不带有轧制过程中产生变形,热加工指热轧、热拉拔、热挤压)	7	20	17	千克	AB
7214910000*	其他矩形截面的条、杆(正方形除外)	3	20	17	千克	AB
7214990000*	其他热加工条、杆	3	20	17	千克	AB
7215	**铁及非合金钢的其他条、杆**					
7215100000*	其他易切削钢制冷加工条、杆(包括冷成形)	7	20	17	千克	A
7215500000*	其他冷加工或冷成形的条、杆	7	20	17	千克	A
7215900000*	铁及非合金钢的其他条、杆	3	20	17	千克	A
7216	**铁或非合金钢的角材、型材及异型材**					
7216101000	截面高度<80毫米H形钢(除热加工外未经进一步加工)	3	14	17	千克	AB
7216102000	截面高度<80毫米工字钢(除热加工外未经进一步加工)	3	14	17	千克	AB
7216109000	截面高度<80毫米槽钢(除热加工外未经进一步加工)	3	14	17	千克	AB
7216210000	截面高度<80毫米角钢(除热加工外未经进一步加工)	6	17	17	千克	AB

商品编号	商品名称及备注	进口关税税率(%)		增值税率(%)	计量单位	监管条件
		最惠国	普通			
7216220000	截面高度<80毫米丁字钢(除热加工外未经进一步加工)	6	14	17	千克	AB
7216310000	截面高度≥80毫米槽钢(除热加工外未经进一步加工)	6	14	17	千克	AB
7216321000	截面高度>200毫米工字钢(除热加工外未经进一步加工)	6	14	17	千克	AB
7216329000	80毫米≤截面高度≤200毫米工字钢(除热加工外未经进一步加工)	6	14	17	千克	AB
7216331100	截面高度>800毫米H形钢(除热加工外未经进一步加工)	6	14	17	千克	AB
7216331900	200毫米<截面高度≤800毫米H形钢(除热加工外未经进一步加工)	6	14	17	千克	AB
7216339000	80毫米≤截面高度≤200毫米H形钢(除热加工外未经进一步加工)	6	14	17	千克	AB
7216401000	截面高度≥80毫米角钢(除热加工外未经进一步加工)	3	17	17	千克	AB
7216402000	截面高度≥80毫米丁字钢(除热加工外未经进一步加工)	3	14	17	千克	AB
7216501000	乙字钢(除热加工外未经进一步加工)	6	14	17	千克	AB
7216502000	球扁钢(除热加工外未经进一步加工)	3	20	17	千克	AB
7216509000	其他角材、型材及异型材(除热加工外未经进一步加工)	3	20	17	千克	AB
7216610000	平板轧材制的角材、型材及异型材(除冷加工外未经进一步加工)	3	20	17	千克	AB
7216690000	冷加工的角材、型材及异型材(除冷加工外未经进一步加工)	3	20	17	千克	AB
7216910000	其他平板轧材制角材、型材、异型材(冷成型或冷加工制的)	3	20	17	千克	AB
7216990000	其他角材、型材及异型材(除冷加工或热加工外经进一步加工)	3	20	17	千克	AB
7217	**铁丝或非合金钢丝**					
7217100000	未镀或涂层的铁或非合金钢丝(不论是否抛光)	8	40	17	千克	
7217200000	镀或涂锌的铁或非合金钢丝	8	40	17	千克	
7217301000	镀或涂铜的铁或非合金钢丝	8	40	17	千克	
7217309000	镀或涂其他贱金属的铁或非合金钢丝	8	40	17	千克	
7217900000	其他铁丝或非合金钢丝	8	40	17	千克	
7218	**不锈钢,锭状或其他初级形状;不锈钢半制成品**					
7218100000*	不锈钢锭及其他初级形状产品	2	11	17	千克	
7218910000*	矩形截面的不锈钢半制成品(正方形截面除外)	2	11	17	千克	
7218990000*	其他不锈钢半制成品	2	11	17	千克	
7219	**不锈钢平板轧材,宽度≥600毫米**					
7219110000	厚度>10毫米热轧不锈钢卷板(除热轧外未经进一步加工,宽度≥600毫米)	4	14	17	千克	A7
7219120000	4.75毫米≤厚度≤10毫米热轧不锈钢卷板(除热轧外未经进一步加工,宽度≥600毫米)	4	14	17	千克	A7
7219131200*	3毫米≤厚度<4.75毫米未经酸洗的热轧不锈钢卷板(除热轧外未经进一步加工,宽度≥600毫米,含锰≥5.5%铬锰系不锈钢)	4	14	17	千克	A
7219131900	3毫米≤厚度<4.75毫米未经酸洗的其他热轧不锈钢卷板(除热轧外未经进一步加工,宽度≥600毫米)	4	14	17	千克	A
7219132200*	3毫米≤厚度<4.75毫米经酸洗的热轧不锈钢卷板(除热轧外未经进一步加工,宽度≥600毫米,含锰≥5.5%铬锰系不锈钢)	4	14	17	千克	7A

商品编号	商 品 名 称 及 备 注	进口关税税率(%)		增值税率(%)	计量单位	监管条件
		最惠国	普通			
7219132900	3 毫米≤厚度<4.75 毫米经酸洗的其他热轧不锈钢卷板(除热轧外未经进一步加工,宽度≥600 毫米)	4	14	17	千克	7A
7219141200*	厚度<3 毫米未经酸洗的热轧不锈钢卷板(除热轧外未经进一步加工,宽度≥600 毫米,含锰≥5.5%铬锰系不锈钢)	4	14	17	千克	A
7219141900	厚度<3 毫米未经酸洗的其他热轧不锈钢卷板(除热轧外未经进一步加工,宽度≥600 毫米)	4	14	17	千克	A
7219142200*	厚度<3 毫米经酸洗的热轧不锈钢卷板(除热轧外未经进一步加工,宽度≥600 毫米,含锰≥5.5%铬锰系不锈钢)	4	14	17	千克	7A
7219142900	厚度<3 毫米经酸洗的其他热轧不锈钢卷板(除热轧外未经进一步加工,宽度≥600 毫米)	4	14	17	千克	A7
7219210000	厚度>10 毫米热轧不锈钢平板(除热轧外未经进一步加工,宽度≥600 毫米)	10	40	17	千克	A7
7219220000	4.75 毫米≤厚度≤10 毫米热轧不锈钢平板(除热轧外未经进一步加工,宽度≥600 毫米)	10	40	17	千克	A7
7219230000	3 毫米≤厚度<4.75 毫米热轧不锈钢平板(除热轧外未经进一步加工,宽度≥600 毫米)	10	40	17	千克	A7
7219241000	1 毫米<厚度<3 毫米热轧不锈钢平板(除热轧外未经进一步加工,宽度≥600 毫米)	10	40	17	千克	A7
7219242000	0.5 毫米≤厚度≤1 毫米热轧不锈钢平板(除热轧外未经进一步加工,宽度≥600 毫米)	10	40	17	千克	A7
7219243000	厚度<0.5 毫米热轧不锈钢平板(除热轧外未经进一步加工,宽度≥600 毫米)	10	40	17	千克	A7
7219310000	厚度≥4.75 毫米冷轧不锈钢板(除冷轧外未经进一步加工,宽度≥600 毫米)	10	40	17	千克	A7
7219320000	3 毫米≤厚度<4.75 毫米冷轧不锈钢板材(除冷轧外未经进一步加工,宽度≥600 毫米)	10	40	17	千克	A7
7219331000	1 毫米<厚度<3 毫米,按重量计含锰量在 5.5%及以上的铬锰系不锈钢(除冷轧外未经进一步加工,宽度≥600 毫米)	10	40	17	千克	A7
7219339000	其他 1 毫米<厚度<3 毫米冷轧不锈钢板材(除冷轧外未经进一步加工,宽度≥600 毫米)	10	40	17	千克	A7
7219340000	0.5 毫米≤厚度≤1 毫米冷轧不锈钢板材(除冷轧外未经进一步加工,宽度≥600 毫米)	10	40	17	千克	A7
7219350000	厚度<0.5 毫米冷轧不锈钢板材(除冷轧外未经进一步加工,宽度≥600 毫米)	10	40	17	千克	A7
7219900000	其他不锈钢冷轧板材(热轧或冷轧后经进一步加工,非卷材,宽度≥600 毫米)	10	40	17	千克	A7
7220	**不锈钢平板轧材,宽度<600 毫米**					
7220110000	热轧不锈钢带材厚度≥4.75 毫米(除热轧外未经进一步加工,宽度<600 毫米)	10	20	17	千克	A
7220120000	热轧不锈钢带材厚度<4.75 毫米(除热轧外未经进一步加工,宽度<600 毫米)	10	20	17	千克	A
7220202000	厚度≤0.35 毫米冷轧不锈钢带材(除冷轧外未经进一步加工,宽度<600 毫米)	10	20	17	千克	A7
7220203000	0.35 毫米<厚度<3 毫米的冷轧不锈钢带材(除冷轧外未经进一步加工,宽度<600 毫米)	10	20	17	千克	A7

商品编号	商品名称及备注	进口关税税率（%）		增值税率（%）	计量单位	监管条件
		最惠国	普通			
7220204000	厚度≥3 毫米的冷轧不锈钢带材（除冷轧外未经进一步加工，宽度＜600 毫米）	10	20	17	千克	A
7220900000	其他不锈钢带材（热轧或冷轧后经进一步加工，宽度＜600 毫米）	10	20	17	千克	A
7221	**不规则盘卷的不锈钢热轧条、杆**					
7221000000	不锈钢热轧条、杆（不规则盘卷的不锈钢热轧条、杆）	10	20	17	千克	A
7222	**不锈钢其他条、杆；不锈钢角材、型材及异型材**					
7222110000	圆形截面的热加工不锈钢条、杆（除热加工外未经进一步加工）	10	40	17	千克	A
7222190000	其他截面形状的热加工不锈钢条、杆（除热加工外未进一步加工）	10	40	17	千克	A
7222200000	冷成形或冷加工的不锈钢条、杆（除冷加工外未进一步加工的不锈钢条、杆）	10	40	17	千克	
7222300000	其他不锈钢条、杆（除热加工或冷加工外未进一步加工的不锈钢条、杆）	10	40	17	千克	
7222400000	不锈钢角材、型材及异型材	10	17	17	千克	A
7223	**不锈钢丝**					
7223000000	不锈钢丝	10	20	17	千克	
7224	**其他合金钢，锭状或其他初级形状；其他合金钢制的半制成品**					
7224100000*	其他合金钢锭及其他初级形状	2	11	17	千克	
7224901000*	粗铸锻件坯（单件重量≥10 吨）	2	11	17	千克	
7224909000*	其他合金钢坯（其他合金钢锭及其他初级形态的）	2	11	17	千克	
7225	**其他合金钢平板轧材，宽度≥600 毫米**					
7225110000	取向性硅电钢宽板（宽度≥600 毫米）	3	20	17	千克	A7
7225190000	其他硅电钢宽板（宽度≥600 毫米）	6	20	17	千克	A
7225300000	宽度≥600 毫米热轧其他合金钢卷材（除热轧外未经进一步加工）	3	14	17	千克	A
7225400000	宽度≥600 毫米热轧其他合金钢材（除热轧外未经进一步加工）	3	17	17	千克	A
7225500000	宽度≥600 毫米冷轧其他合金钢板材（除冷轧外未经进一步加工）	3	17	17	千克	A
7225910000	电镀锌的其他合金钢宽平板轧材（宽度≥600 毫米）	7	17	17	千克	A
7225920000	其他镀或涂锌的其他合金钢宽板材（宽度≥600 毫米）	7	17	17	千克	A
7225991000	宽度≥600 毫米的高速钢制平板轧材	3	17	17	千克	A
7225999000	宽度≥600 毫米的其他合金钢平板轧材	7	17	17	千克	A
7226	**其他合金钢平板轧材，宽度＜600 毫米**					
7226110000	取向性硅电钢窄板（宽度＜600 毫米）	3	20	17	千克	A
7226190000	其他硅电钢窄板（宽度＜600 毫米）	3	20	17	千克	A
7226200000	宽度＜600 毫米的高速钢平板轧材	3	20	17	千克	A
7226910000	宽度＜600 毫米热轧其他合金钢板材（除热轧外未经进一步加工）	3	20	17	千克	A
7226920000	宽度＜600 毫米冷轧其他合金钢板材（除冷轧外未经进一步加工）	3	20	17	千克	A
7226991000	电镀锌的其他合金钢窄平板轧材（宽度＜600 毫米）	7	20	17	千克	A

商品编号	商品名称及备注	进口关税税率(%)		增值税率(%)	计量单位	监管条件
		最惠国	普通			
7226992000	用其他方法镀或涂锌的其他合金钢窄板材(宽度<600毫米)	7	20	17	千克	A
7226999001*	铁镍合金带材(生产集成电路框架用)(宽度<600毫米)	7	20	17	千克	A
7226999090	其他合金板材(宽度<600毫米)	7	20	17	千克	A
7227	**不规则盘卷的其他合金钢热轧条、杆**					
7227100000	高速钢的热轧盘条(不规则盘卷的)	3	20	17	千克	A
7227200000	硅锰钢的热轧盘条(不规则盘卷的)	6	20	17	千克	A
7227900000	不规则盘卷的其他合金钢热轧条杆	3	20	17	千克	A
7228	**其他合金钢条、杆;其他合金钢角材、型材及异型材;合金钢或非合金钢制的空心钻钢**					
7228100000	其他高速钢的条、杆	3	20	17	千克	A
7228200000	其他硅锰钢的条、杆	6	20	17	千克	A
7228300000	其他合金钢热加工条、杆(除热轧,热拉拔或热挤压外未经进一步加工的)	3	20	17	千克	A
7228400000	其他合金钢锻造条、杆(除锻造外未经进一步加工的)	3	20	17	千克	A
7228500000	其他合金钢冷成形或冷加工条、杆(除冷成形或冷加工外未进一步加工)	3	20	17	千克	A
7228600000	其他合金钢条、杆(热加工或冷加工后经进一步加工)	3	20	17	千克	A
7228701000	履带板合金型钢	6	17	17	千克	A
7228709000	其他合金钢角材、型材及异型材	6	17	17	千克	A
7228800000	其他合金钢空心钻钢(包括非合金钢)	7	35	17	千克	A
7229	**其他合金钢丝**					
7229200000	硅锰钢丝	7	20	17	千克	
7229901000	高速钢丝	3	20	17	千克	
7229909000	其他合金钢丝	7	20	17	千克	

第七十三章　钢铁制品

注释：

一、本章所称"铸铁"，适用于经铸造而得的产品，按重量计其铁元素含量超过其他元素单项含量并与第七十二章注释一(四)所述的钢的化学成分不同。

二、本章所称"丝"，是指热或冷成形的任何截面形状的产品，但其截面尺寸均不超过16毫米。

商品编号	商品名称及备注	进口关税税率(%)		增值税率(%)	计量单位	监管条件
		最惠国	普通			
7301	**钢铁板桩，不论是否钻孔、打眼或组装；焊接的钢铁角材、型材及异型材**					
7301100000	钢铁板桩(不论是否钻孔、扎眼或组装)	7	20	17	千克	
7301200000	焊接的钢铁角材、型材及异型材	7	30	17	千克	
7302	**铁道及电车道铺轨用钢铁材料(钢轨、护轨、齿轨、道岔尖轨、辙叉、尖轨拉杆及其他岔道段体、轨枕、鱼尾板、轨座、轨座楔、钢轨垫板、钢轨夹、底板、固定板及其他专门用于连接或加固路轨的材料)**					
7302100000	钢轨	6	14	17	千克	AB
7302300000	道岔尖轨、辙叉、尖轨拉杆(及其他岔道段体)	8	17	17	千克	AB
7302400000	钢铁制鱼尾板、钢轨垫板	7	17	17	千克	AB
7302901000	钢铁轨枕	6	14	17	千克	AB
7302909000	其他铁道电车道铺轨用钢铁材料	7	17	17	千克	AB
7303	**铸铁管及空心异型材**					
7303001000	内径>500毫米的铸铁圆型截面管	4	40	17	千克	
7303009000	其他铸铁管及空心异型材	4	40	17	千克	
7304	**无缝钢铁管及空心异型材(铸铁的除外)**					
7304111000	不锈钢制215.9毫米≤外径≤406.4毫米的管道管(石油或天然气无缝钢铁管道管)	5	17	17	千克	7AB
7304112000	不锈钢制114.3毫米<外径<215.9毫米的管道管(石油或天然气无缝钢铁管道管)	5	17	17	千克	7AB
7304113000	不锈钢制外径≤114.3毫米的管道管(石油或天然气无缝钢铁管道管)	5	17	17	千克	7AB
7304119000	其他不锈钢制管道管(石油或天然气无缝钢铁管道管)	5	17	17	千克	7AB
7304191000	其他215.9毫米≤外径≤406.4毫米的管道管(石油或天然气无缝钢铁管道管铸铁的除外)	5	17	17	千克	AB
7304192000	其他114.3毫米<外径<215.9毫米的管道管(石油或天然气无缝钢铁管道管铸铁的除外)	5	17	17	千克	AB
7304193000	其他外径≤114.3毫米的管道管(石油或天然气无缝钢铁管道管铸铁的除外)	5	17	17	千克	AB
7304199000	其他管道管(石油或天然气无缝钢铁管道管铸铁的除外)	5	17	17	千克	AB
7304221000	不锈钢制外径≤168.3毫米钻管(钻探石油及天然气用)	4	17	17	千克	7AB
7304229000	其他不锈钢制钻管(钻探石油及天然气用)	4	17	17	千克	7AB
7304231000	其他外径≤168.3毫米钻管(钻探石油及天然气用，铸铁的除外)	4	17	17	千克	AB
7304239000	其他钻管(钻探石油及天然气用铸铁的除外)	4	17	17	千克	AB

商品编号	商品名称及备注	进口关税税率(%)		增值税率(%)	计量单位	监管条件
		最惠国	普通			
7304240000	其他不锈钢制钻探石油及天然气用的套管及导管	4	17	17	千克	7AB
7304290000	其他钻探石油及天然气用的套管及导管(铸铁的除外)	4	17	17	千克	AB
7304311000	冷轧的钢铁制无缝锅炉管(冷拔或冷轧的铁或非合金钢制的,包括内螺纹)	4	17	17	千克	AB
7304312000	冷轧的铁制无缝地质钻管、套管(冷拔或冷轧的铁或非合金钢制的)	8	17	17	千克	AB
7304319000	其他冷轧的铁制无缝圆形截面管(冷拔或冷轧的铁或非合金钢制的)	4	17	17	千克	AB
7304391000	非冷拔或冷轧的铁制无缝锅炉管	4	17	17	千克	AB
7304392000	非冷轧的铁制无缝地质钻管、套管(非冷拔或冷轧的铁或非合金钢制的)	5	17	17	千克	AB
7304399000	非冷轧的铁制其他无缝管(非冷拔或冷轧的铁或非合金钢制的)	4	17	17	千克	AB
7304411000	冷轧的不锈钢制无缝锅炉管(冷拔或冷轧的,包括内螺纹)	10	17	17	千克	7AB
7304419000	冷轧的不锈钢制的其他无缝管(冷拔或冷轧的)	10	40	17	千克	AB7
7304491000	非冷轧(拔)不锈钢制无缝锅炉管(包括内螺纹)	10	17	17	千克	7AB
7304499000	非冷轧的不锈钢制其他无缝管(冷拔或冷轧的除外)	10	40	17	千克	AB7
7304511000	冷轧的其他合金钢无缝锅炉管(冷拔或冷轧的,包括内螺纹)	4	17	17	千克	AB
7304512000	冷轧的其他合金钢无缝地质钻管、套管(冷拔或冷轧的)	4	17	17	千克	AB
7304519000	冷轧的其他合金钢制其他无缝管(冷拔或冷轧的)	4	17	17	千克	AB
7304591000	非冷轧其他合金钢无缝锅炉管(非冷拔或冷轧的)	4	17	17	千克	AB
7304592000	非冷轧其他合金钢无缝地质钻管、套管(冷拔或冷轧的除外)	4	17	17	千克	AB
7304599000	非冷轧其他合金钢制无缝圆形截面管(冷拔或冷轧的除外)	4	17	17	千克	AB
7304900000	未列名无缝钢铁管及空心异型材(铸铁除外)	4	17	17	千克	AB
7305	**其他圆形截面钢铁管(例如,焊、铆及用类似方法接合的管),外径超过406.4毫米**					
7305110000	纵向埋弧焊接石油、天然气粗钢管(粗钢管指外径超过406.4毫米)	7	17	17	千克	AB
7305120000	其他纵向焊接石油、天然气粗钢管(粗钢管指外径超过406.4毫米)	3	17	17	千克	AB
7305190000	其他石油、天然气粗钢管(粗钢管指外径超过406.4毫米)	7	17	17	千克	AB
7305200000	其他钻探石油、天然气用粗套管(粗套管指外径超过406.4毫米)	7	17	17	千克	AB
7305310000	纵向焊接的其他粗钢铁管(粗钢铁管指外径超过406.4毫米)	6	30	17	千克	AB
7305390000	其他方法焊接其他粗钢铁管(粗钢铁管指外径超过406.4毫米)	6	30	17	千克	AB
7305900000	未列名圆形截面粗钢铁管(粗钢铁管指外径超过406.4毫米)	6	30	17	千克	AB
7306	**其他钢铁管及空心异型材(例如,辊缝、焊、铆及类似方法接合的)**					
7306110000	不锈钢焊缝石油及天然气管道管	7	17	17	千克	7AB
7306190000	非不锈钢焊缝石油及天然气管道管	7	17	17	千克	AB
7306210000	不锈钢焊缝钻探石油及天然气用套管及导管	3	17	17	千克	7AB

商品编号	商品名称及备注	进口关税税率(%) 最惠国	普通	增值税率(%)	计量单位	监管条件
7306290000	其他钻探石油及天然气用套管及导管	3	17	17	千克	AB
7306301100	其他铁或非合金钢圆形截面焊缝管外径≤10毫米,壁厚度≤0.7毫米(细焊缝管指外径不超过406.4毫米)	3	30	17	千克	B
7306301900	其他铁或非合金钢圆形截面焊缝管外径≤10毫米,壁厚>0.7毫米(细焊缝管指外径不超过406.4毫米)	3	30	17	千克	B
7306309000	其他铁或非合金钢圆形截面焊缝管,外径>10毫米(细焊缝管指外径不超过406.4毫米)	3	30	17	千克	B
7306400000	不锈钢其他圆形截面细焊缝管(细焊缝管指外径不超过406.4毫米)	6	30	17	千克	7
7306500000	其他合金钢的圆形截面细焊缝管(细焊缝管指外径不超过406.4毫米)	3	30	17	千克	
7306610000	矩形或正方形截面的其他焊缝管	3	30	17	千克	
7306690000	其他非圆形截面的其他焊缝管	3	30	17	千克	
7306900010	多壁式管道(直接与化学品接触表面由特殊耐腐蚀材料制成)	6	30	17	千克	3AB
7306900090	未列名其他钢铁管及空心异型材	6	30	17	千克	AB
7307	**钢铁管子附件(例如,接头、肘管、管套)**					
7307110000	无可锻性铸铁制管子附件	5	20	17	千克	
7307190000	可锻性铸铁及铸钢管子附件	8	20	17	千克	
7307210000	不锈钢制法兰	8.4	20	17	千克	
7307220000	不锈钢制螺纹肘管、弯管、管套	8.4	20	17	千克	
7307230000	不锈钢制对焊件	8.4	20	17	千克	
7307290000	不锈钢制其他管子附件	8.4	20	17	千克	
7307910000	未列名钢铁制法兰(不锈钢除外)	7	20	17	千克	
7307920000	未列名钢铁制螺纹肘管、弯管、管套(不锈钢除外)	4	20	17	千克	
7307930000	未列名钢铁制对焊件(不锈钢除外)	7	20	17	千克	
7307990000	未列名钢铁制其他管子附件(不锈钢除外)	4	20	17	千克	
7308	**钢铁结构体(品目94.06的活动房屋除外)及其部件(例如,桥梁及桥梁体段、闸门、塔楼、格构杆、屋顶、屋顶框架、门窗及其框架、门槛、百叶窗、栏杆、支柱及立柱);上述结构体用的已加工钢铁板、杆、角材、型材、异型材、管子及类似品**					
7308100000	钢铁制桥梁及桥梁体段	8	30	17	千克	
7308200000	钢铁制塔楼及格构杆	8.4	30	17	千克	
7308300000	钢铁制门窗及其框架、门槛	10	50	17	千克	
7308400000	钢铁制脚手架模板坑凳用支柱及类似设备	8.4	30	17	千克	
7308900000	其他钢铁结构体及部件(包括结构体用的已加工钢板、型材、管子及类似品)	4	30	17	千克	
7309	**盛装物料用的钢铁囤、柜、罐、桶及类似容器(装压缩气体或液化气体的除外),容积超过300升,不论是否衬里或隔热,但无机械或热力装置**					
7309000000	容积>300升钢铁制盛物容器(容积>300升的囤、柜、桶、罐、听及类似容器)	10.5	35	17	千克	
7310	**盛装物料用的钢铁柜、桶、罐、听、盒及类似容器(装压缩气体或液化气体的除外),容积不超过300升,不论是否衬里或隔热,但无机械或热力装置**					

商品编号	商 品 名 称 及 备 注	进口关税税率(%)		增值税率(%)	计量单位	监管条件
		最惠国	普通			
7310100010	100 升<总容积≤300 升的容器(与所处理或盛放的化学品接触表面由特殊耐腐蚀材料制成)	10.5	40	17	千克	3
7310100090	50 升≤容积≤300 升的其他钢铁制盛物容器(钢铁柜、桶、罐、听及类似容器)	10.5	40	17	千克	
7310210000	容积<50 升焊边或卷边接合钢铁罐	17.5	70	17	千克	
7310290000	其他容积<50 升的盛物容器(容积<50 升的钢铁柜、桶、罐、听及类似容器)	17.5	70	17	千克	A
7311	**装压缩气体或液化气体用的钢铁容器**					
7311001000	装压缩或液化气的钢铁容器(指零售包装用)	17.5	70	17	千克	6AB
7311009000	其他装压缩或液化气的容器(指非零售包装用)	8	17	17	千克	6AB
7312	**非绝缘的钢铁绞股线、绳、缆、编带、吊索及类似品**					
7312100000	非绝缘的钢铁绞股线、绳、缆	4	20	17	千克	AB
7312900000	非绝缘钢铁编带、吊索及类似品	4	20	17	千克	
7313	**带刺钢铁丝;围篱用的钢铁绞带或单股扁丝(不论是否带刺)及松绞的双股丝**					
7313000000	带刺钢铁丝、围篱用钢铁绞带(还包括单股扁丝及松绞的双股丝)	7	70	17	千克	
7314	**钢铁丝制的布(包括环形带)、网、篱、格栅;网眼钢铁板**					
7314120000	不锈钢制的机器环形带	12	20	17	千克	
7314140000	不锈钢制的其他机织品	12	20	17	千克	
7314190000	其他钢丝制机织品	7	20	17	千克	
7314200000	交点焊接的粗钢铁丝网、篱及格栅(其丝的最大截面尺寸≥3 毫米,网眼尺寸≥100 平方厘米)	7	70	17	千克	
7314310000	交点焊接的镀或涂锌细钢铁丝网、篱及隔栅(其丝的最大截面尺寸<3 毫米,网眼尺寸<100 平方厘米)	7	70	17	千克	
7314390000	交点焊接的其他细钢铁丝网、篱及隔栅(其丝的最大截面尺寸<3 毫米,网眼尺寸<100 平方厘米)	7	70	17	千克	
7314410000	镀或涂锌的钢铁丝网、篱及格栅	8	20	17	千克	
7314420000	涂塑的钢铁丝网、篱及格栅	8	20	17	千克	
7314490000	其他钢铁丝网、篱及格栅	8	20	17	千克	
7314500000	网眼钢铁板	8	70	17	千克	
7315	**钢铁链及其零件**					
7315111000	自行车滚子链	12	80	17	千克	
7315112000	摩托车滚子链	12	80	17	千克	
7315119000	其他滚子链(自行车链、摩托车链除外)	12	80	17	千克	
7315120000	其他铰接链(滚子链除外)	12	80	17	千克	
7315190000	铰接链零件(包括自行车链、摩托车链、其他滚子链零件)	12	80	17	千克	
7315200000	防滑链	12	80	17	千克	
7315810000	日字环节链	12	80	17	千克	
7315820000	其他焊接链(日字环节链除外)	12	80	17	千克	
7315890000	未列名链	12	80	17	千克	
7315900000	非铰接链零件	10	80	17	千克	
7316	**钢铁锚、多爪锚及其零件**					
7316000000	钢铁锚、多爪锚及其零件	10	40	17	千克	

商品编号	商品名称及备注	进口关税税率(%) 最惠国	普通	增值税率(%)	计量单位	监管条件
7317	**钢铁制的钉、平头钉、图钉、波纹钉、U形钉(品目83.05的货品除外)及类似品,不论钉头是否用其他材料制成,但不包括铜头钉**					
7317000000	铁钉、图钉、平头钉及类似品(不论钉头是否用其他材料制成,但不包括铜头钉)	10	80	17	千克	
7318	**钢铁制的螺钉、螺栓、螺母、方头螺钉、钩头螺钉、铆钉、销、开尾销、垫圈(包括弹簧垫圈)及类似品**					
7318110000	方头螺钉	10	80	17	千克	
7318120001	非用于民用航空器维护和修理的其他木螺钉	10	80	17	千克	
7318120090	其他木螺钉	10	80	17	千克	
7318130000	钩头螺钉及环头螺钉	10	80	17	千克	
7318140001	非用于民用航空器维护和修理的自攻螺钉	10	80	17	千克	
7318140090	其他自攻螺钉	10	80	17	千克	
7318151001	抗拉强度≥800兆帕,杆径>6毫米的其他螺钉及螺栓(不论是否带有螺母或垫圈,非用于民用航空器维护和修理的)	8	80	17	千克	
7318151090	其他抗拉强度≥800兆帕的螺钉及螺栓(不论是否带有螺母或垫圈)	8	80	17	千克	
7318159001	杆径>6毫米的其他螺钉及螺栓(不论是否带有螺母或垫圈,非用于民用航空器维护和修理的)	8	80	17	千克	
7318159090	其他螺钉及螺栓(不论是否带有螺母或垫圈)	8	80	17	千克	
7318160000	螺母	8	80	17	千克	
7318190000	未列名螺纹制品	5	80	17	千克	
7318210001	弹簧垫圈及其他防松垫圈(非用于民用航空器维护和修理的)	10	80	17	千克	
7318210090	其他弹簧垫圈及其他防松垫圈	10	80	17	千克	
7318220001	其他垫圈(非用于民用航空器维护和修理的)	10	80	17	千克	
7318220090	其他垫圈	10	80	17	千克	
7318230000	铆钉	10	80	17	千克	
7318240000	销及开尾销	10	80	17	千克	
7318290000	其他无螺纹紧固件	10	80	17	千克	
7319	**钢铁制的手工缝针、编织针、引针、钩针、刺绣穿孔锥及类似制品;其他品目未列名的钢铁制安全别针及其他别针**					
7319401000	安全别针(钢铁制)	10	90	17	千克	
7319409000	其他别针(钢铁制)	10	90	17	千克	
7319900000	未列名钢铁制针及类似品	10	80	17	千克	
7320	**钢铁制弹簧及弹簧片**					
7320101000	铁道车辆用片簧及簧片	6	14	17	千克	
7320102000	汽车用片簧及簧片	10	14	17	千克	
7320109000	其他片簧及簧片	10	50	17	千克	
7320201000	铁道车辆用螺旋弹簧	6	14	17	千克	
7320209000	其他螺旋弹簧	10	50	17	千克	
7320901000	铁道车辆用其他弹簧	6	14	17	千克	
7320909000	其他弹簧	12	50	17	千克	
7321	**非电热的钢铁制家用炉、灶(包括附有集中供暖用的热水锅的炉)、烤肉架、烤炉、煤气灶、加热板和类似非电热的家用器具及其零件**					

商品编号	商品名称及备注	进口关税税率(%) 最惠国	进口关税税率(%) 普通	增值税率(%)	计量单位	监管条件
7321110000	可使用气体燃料的家用炉灶	15	80	17	千克/个	6
7321121000	煤油炉	21	80	17	千克/个	
7321129000	其他使用液体燃料的家用炉灶	21	80	17	千克/个	
7321190000	其他炊事器具及加热板,包括使用固体燃料的	21	80	17	千克/个	
7321810000	可使用气体燃料的其他家用器具	23	80	17	千克/个	6
7321820000	使用液体燃料的其他家用器具	21	80	17	千克/个	
7321890000	其他器具,包括使用固体燃料的	21	80	17	千克/个	
7321900000	非电热家用器具零件	12	80	17	千克	
7322	**非电热的钢铁制集中供暖用散热器及其零件;非电热的钢铁制空气加热器、暖气分布器(包括可分布新鲜空气或调节空气的)及其零件,装有电动风扇或鼓风机**					
7322110000	非电热铸铁制集中供暖用散热器(包括零件)	21	80	17	千克	
7322190000	非电热钢制集中供暖用散热器(包括零件)	21	80	17	千克	
7322900000	非电热空气加热器、暖气分布器(包括零件)	20	80	17	千克	
7323	**餐桌、厨房或其他家用钢铁器具及其零件;钢铁丝绒;钢铁制擦锅器、洗刷擦光用的块垫、手套及类似品**					
7323100000	钢铁丝绒、擦锅器、洗擦用块垫等	14	80	17	千克	A
7323910000*	餐桌、厨房等家用铸铁制器具(包括零件、非搪瓷的)	20	80	17	千克	A
7323920000*	餐桌、厨房等家用铸铁制搪瓷器(包括零件、已搪瓷的)	20	100	17	千克	AB
7323930000	餐桌、厨房等家用不锈钢器具(包括零件、已搪瓷的)	12	80	17	千克	AB
7323941000*	面盆,钢铁制,已搪瓷(铸铁的除外)	20	100	17	千克	AB
7323942000*	烧锅,钢铁制,已搪瓷(铸铁的除外)	20	100	17	千克	AB
7323949000	其他餐桌、厨房等家用钢铁制搪器(铸铁除外)	20	100	17	千克	AB
7323990000	其他餐桌、厨房等用钢铁器具	20	80	17	千克	A
7324	**钢铁制卫生器具及其零件**					
7324100000*	不锈钢制洗涤槽及脸盆	18	80	17	千克	
7324210000	铸铁制浴缸(不论是否搪瓷)	10	100	17	千克	
7324290000*	其他钢铁制浴缸(不论是否搪瓷)	30	100	17	千克	
7324900000*	其他钢铁制卫生器具及零件	25	100	17	千克	
7325	**其他钢铁铸造制品**					
7325101000	工业用无可锻性铸铁制品	7	40	17	千克	
7325109000	其他无可锻性铸铁制品	20	90	17	千克	
7325910000	可锻性铸铁及铸钢研磨机的研磨球(包括其类似品)	10.5	40	17	千克	
7325991000	工业用未列名可锻性铸铁制品(包括铸钢制品)	10.5	40	17	千克	
7325999000	非工业用未列名可锻性铸铁制品(包括铸钢制品)	20	90	17	千克	
7326	**其他钢铁制品**					
7326110000	钢铁制研磨机用研磨球及类似品(经锻造或冲压后,未经进一步加工)	10.5	40	17	千克	
7326191000	工业用未列名钢铁制品(经锻造或冲压后,未经进一步加工)	10.5	40	17	千克	
7326199000	非工业用钢铁制品(经锻造或冲压后,未经进一步加工)	20	90	17	千克	
7326201000	工业用钢铁丝制品	10	40	17	千克	
7326209000	非工业用钢铁丝制品	18	90	17	千克	
7326901000	其他工业用钢铁制品	10.5	40	17	千克	
7326909000	其他非工业用钢铁制品	8	90	17	千克	

第七十四章 铜及其制品

注释：

本章所用有关名词解释如下：

一、精炼铜

按重量计含铜量至少为99.85%的金属；或按重量计含铜量至少为97.5%，但其他各种元素的含量不超过下表中规定的限量的金属：

其他元素表

元	素	所含重量百分比
Ag	银	0.25
As	砷	0.5
Cd	镉	1.3
Cr	铬	1.4
Mg	镁	0.8
Pb	铅	1.5
S	硫	0.7
Sn	锡	0.8
Te	碲	0.8
Zn	锌	1
Zr	锆	0.3
其他元素(1)，每种		0.3

(1)其他元素，例如铝、铍、钴、铁、锰、镍、硅。

二、铜合金

除未精炼铜以外的金属物质，按重量计含铜量大于其他元素单项含量，但：

（一）按重量计至少有一种其他元素的含量超过上表中规定的限量；

（二）按重量计其他元素的总含量超过2.5%。

三、铜母合金

含有其他元素，但按重量计含铜量超过10%的合金，该合金无实用可锻性，通常用做生产其他合金的添加剂或用做冶炼有色金属的脱氧剂、脱硫剂及类似用途。但按重量计含磷量超过15%的磷化铜归入品目28.48。

四、条、杆

轧、挤、拔或锻制的实心产品，非成卷的，其全长截面均为圆形、椭圆形、矩形（包括正方形）、等边三角形或规则外凸多边形（包括相对两边为弧拱形，另外两边为等长平行直线的“扁圆形”及“变形矩形”）。对于矩形（包括正方形）、三角形或多边形截面的产品，其全长边角可经磨圆。矩形（包括“变形矩形”）截面的产品，其厚度应大于宽度的1/10。所述条、杆也包括同样形状及尺寸的铸造或烧结产品。该产品在铸造或烧结后再经加工（简单剪修或去氧化皮的除外），但不具有其他品目所列制品或产品的特征。

线锭及坯段已具锥形尾端或经其他简单加工以便送入机器制成盘条或管子等的，仍应作为未锻轧铜归入品目74.03。

五、型材及异型材

轧、挤、拔、锻制的产品或其他成型产品，不论是否成卷，其全长截面相同，但与条、杆、丝、板、片、带、箔、管的定义不相符合。同时也包括同样形状的铸造或烧结产品。该产品在铸造或烧结后再经加工（简单剪修或去氧化皮的除外），但不具有其他品目所列制品或产品的特征。

六、丝

盘卷的轧、挤或拔制实心产品，其全长截面均为圆形、椭圆形、矩形（包括正方形）、等边三角形或规则外凸多边形（包括相对两边为弧拱形，另外两边为等长平行直线的“扁圆形”及“变形矩形”）。对于矩形（包括正方形）、三角形或多边形截面的产品，其全长边角可经磨圆。矩形（包括“变形矩形”）截面的产品，其厚度应大于宽度的1/10。

七、板、片、带、箔

成卷或非成卷的平面产品（品目74.03的未锻轧产品除外），截面均为厚度相同的实心矩形（不包括正方形），不论边角是否磨圆（包括相对两边为弧拱形，另外两边为等长平行直线的“变形矩形”），并且符合以下规格：

（一）矩形（包括正方形）的，厚度不超过宽度的1/10；

（二）矩形或正方形以外形状的，任何尺寸，但不具有其他品目所列制品或产品的特征。

品目74.09及74.10还适用于具有花样（例如，凹槽、肋条形、格槽、珠粒及菱形）的板、片、带、箔以及穿孔、抛光、涂层或制成瓦楞形的这类产品，但不具有其他品目所列制品或产品的特征。

八、管

全长截面及管壁厚度相同并只有一个闭合空间的空心产品，成卷或非成卷的，其截面为圆形、椭圆形、矩形（包括正方形）、等边三角形或规则外凸多边形。对于截面为矩形（包括正方形）、等边三角形或规则外凸多边形的产品，不论全长边角是否磨圆，只要其内外截面为同一圆心并为同样形状及同一轴向，也可视为管子。上述截面的管子可经抛光、涂层、弯曲、攻丝、钻孔、缩腰、胀口、成锥形或装法兰、颈圈或套环。

子目注释：

本章所用有关名词解释如下：

一、铜锌合金（黄铜）

铜与锌的合金，不论是否含有其他元素。含有其他元素时：

按重量计含锌量应大于其他各种元素的单项含量；

按重量计含镍量应低于5%［参见铜镍锌合金（德银）］；

按重量计含锡量应低于3%［参见铜锡合金（青铜）］。

二、铜锡合金（青铜）

铜与锡的合金，不论是否含有其他元素。含有其他元素时，按重量计含锡量应大于其他各种元素的单项含量。当按重量计含锡量在3%及以上时，锌的含量可大于锡的含量，但必须小于10%。

三、铜镍锌合金（德银）

铜、镍、锌的合金，不论是否含有其他元素，按重量计含镍量在5%及以上[参见铜锌合金（黄铜）]。

四、铜镍合金

铜与镍的合金，不论是否含有其他元素，但按重量计含锌量不得大于1%。

含有其他元素时，按重量计含镍量应大于其他各种元素的单项含量。

商品编号	商品名称及备注	进口关税税率（%）		增值税率（%）	计量单位	监管条件
		最惠国	普通			
7401	**铜锍；沉积铜（泥铜）**					
7401000010*	沉积铜（泥铜）	2	11	17	千克	9A
7401000090*	铜锍	2	11	17	千克	
7402	**未精炼铜；电解精炼用的铜阳极**					
7402000001*	未精炼铜、电解精炼用铜阳极（含黄金价值部分）	2	11	0	千克	7
7402000090*	未精炼铜、电解精炼用铜阳极（非黄金价值部分）	2	11	17	千克	7
7403	**未锻轧的精炼铜及铜合金**					
7403111100*	精炼铜的阴极（未锻轧的，按重量计铜含量超过99.9935%的）	2	11	17	千克	7
7403111900*	其他精炼铜的阴极（未锻轧的）	2	11	17	千克	7
7403119000*	精炼铜的阴极型材（未锻轧的）	2	11	17	千克	7
7403120000*	精炼铜的线锭（未锻轧的）	2	11	17	千克	7
7403130000*	精炼铜的坯段（未锻轧的）	2	11	17	千克	7
7403190000*	其他未锻轧的精炼铜	2	11	17	千克	7
7403210000*	未锻轧的铜锌合金（黄铜）	1	14	17	千克	7
7403220000*	未锻轧的铜锡合金（青铜）	1	17	17	千克	7
7403290000*	未锻轧的其他铜合金（铜母合金除外，包括未锻轧的白铜或德银）	1	17	17	千克	7
7404	**铜废碎料**					
7404000010*	以回收铜为主的废电机等（包括废电机、电线、电缆、五金电器）	1.5	11	17	千克	7AP
7404000090*	其他铜废碎料	1.5	11	17	千克	7AP
7405	**铜母合金**					
7405000000*	铜母合金	4	17	17	千克	
7406	**铜粉及片状粉末**					
7406101000	精炼铜制非片状粉末	3	14	17	千克	7
7406102000	白铜或德银制非片状粉末	6	40	17	千克	7
7406103000	铜锌合金（黄铜）制非片状粉末	6	30	17	千克	
7406104000	铜锡合金（青铜）制非片状粉末	6	30	17	千克	
7406109000	其他铜合金制非片状粉末	6	30	17	千克	7
7406201000	精炼铜制片状粉末	4	14	17	千克	7
7406202000	白铜或德银制片状粉末	6	40	17	千克	7
7406209000	其他铜合金制片状粉末	6	30	17	千克	7
7407	**铜条、杆、型材及异型材**					
7407101000*	铬锆铜制的条、杆、型材及异型材	4	14	17	千克	7
7407109000*	其他精炼铜条、杆、型材及异型材	4	14	17	千克	7
7407211100*	铜锌合金（黄铜）条、杆（直线度≤0.5毫米/米）	7	20	17	千克	7

商品编号	商品名称及备注	进口关税税率(%)		增值税率(%)	计量单位	监管条件
		最惠国	普通			
7407211900*	其他铜锌合金(黄铜)条、杆(直线度>0.5毫米/米)	7	20	17	千克	7
7407219000*	铜锌合金(黄铜)型材及异型材	7	20	17	千克	7
7407290000*	其他铜合金条、杆、型材及异型材(包括白铜或德银的条、杆、型材及异型材)	7	20	17	千克	7
7408	铜丝					
7408110000*	最大截面尺寸>6毫米的精炼铜丝	4	14	17	千克	7
7408190001*	其他含氧量<5PPM的精炼铜丝(截面尺寸≤6毫米)	4	14	17	千克	7
7408190090*	其他截面尺寸≤6毫米的精炼铜丝	4	14	17	千克	7
7408210000*	铜锌合金(黄铜)丝	7	20	17	千克	7
7408221000*	铜镍锌铅合金(加铅德银)丝	8	40	17	千克	7
7408229000*	其他铜镍合金(白铜)丝或铜镍锌合金(德银)丝	8	40	17	千克	7
7408290000*	其他铜合金丝	7	20	17	千克	7
7409	**铜板、片及带,厚度>0.15毫米**					
7409111000*	成卷的精炼铜板、片、带(厚度>0.15毫米,含氧量不超过10PPM的)	4	14	17	千克	7
7409119000*	其他成卷的精炼铜板、片、带(厚度>0.15毫米)	4	14	17	千克	7
7409190000*	其他精炼铜板、片、带(厚度>0.15毫米)	4	14	17	千克	7
7409210000*	成卷的铜锌合金(黄铜)板、片、带(厚度>0.15毫米)	7	20	17	千克	7
7409290000*	其他铜锌合金(黄铜)板、片、带(厚度>0.15毫米)	7	20	17	千克	7
7409310000*	成卷的铜锡合金(青铜)板、片、带(厚度>0.15毫米)	7	20	17	千克	7
7409390000*	其他铜锡合金板、片、带(厚度>0.15毫米)	7	20	17	千克	7
7409400000*	白铜或德银制板、片、带(厚度>0.15毫米)	7	40	17	千克	7
7409900000*	其他铜合金板、片、带(厚度>0.15毫米)	7	20	17	千克	7
7410	**铜箔(不论是否印花或用纸、纸板、塑料或类似材料衬背),厚度(衬背除外)≤0.15毫米**					
7410110001*	覆铜板及印刷线路板用铜箔(厚度≤0.15毫米)	4	14	17	千克	7
7410110090	其他无衬背的精炼铜箔(厚度≤0.15毫米)	4	14	17	千克	7
7410121000	无衬背铜镍合金箔或铜镍锌合金箔(厚度≤0.15毫米)	7	40	17	千克	7
7410129000	无衬背的其他铜合金箔(厚度≤0.15毫米)	7	20	17	千克	7
7410211000	有衬背的精炼铜制印刷电路用覆铜板[厚度(衬背除外)≤0.15毫米]	4	14	17	千克	7
7410219000	有衬背的其他精炼铜箔[厚度(衬背除外)≤0.15毫米]	4	14	17	千克	7
7410221000	有衬背铜镍合金箔或铜镍锌合金箔[厚度(衬背除外)≤0.15毫米]	7	40	17	千克	7
7410229000	有衬背的其他铜合金箔[厚度(衬背除外)≤0.15毫米]	7	20	17	千克	7
7411	铜管					
7411101100	外径≤25毫米的带有内(外)螺纹或翅片的精炼铜管	4	14	17	千克	7
7411101901*	其他含氧量<5PPM,外径≤25毫米的精炼铜管	4	14	17	千克	7
7411101990	外径≤25毫米的其他精炼铜管	4	14	17	千克	7
7411102000	外径>70毫米的精炼铜管	4	14	17	千克	7
7411109000	其他精炼铜管	4	14	17	千克	7
7411211000	盘卷的铜锌合金(黄铜)管	7	20	17	千克	7
7411219000	其他铜锌合金(黄铜)管	7	20	17	千克	7
7411220000	白铜或德银管	7	40	17	千克	7
7411290000	其他铜合金管	7	20	17	千克	7

商品编号	商品名称及备注	进口关税税率(%)		增值税率(%)	计量单位	监管条件
		最惠国	普通			
7412	**铜制管子附件(例如,接头、肘管、管套)**					
7412100000	精炼铜管子附件	4	14	17	千克	
7412201000	铜镍合金或铜镍锌合金管子配件	7	40	17	千克	
7412209000	其他铜合金管子配件	7	20	17	千克	
7413	**非绝缘的铜丝绞股线、缆、编带及类似品**					
7413000000	非绝缘的铜丝绞股线、缆、编带等	5	14	17	千克	AB
7415	**铜制或钢铁制带铜头的钉、平头钉、图钉、U形钉(品目83.05的货品除外)及类似品;铜制螺钉、螺栓、螺母、钩头螺钉、铆钉、销、开尾销、垫圈(包括弹簧垫圈)及类似品**					
7415100000	铜钉、平头钉、图钉、U形钉及类似品(包括钢铁制带铜头的)	8	80	17	千克	
7415210000	铜垫圈(包括弹簧垫圈)	10	80	17	千克	
7415290000	铜制其他无螺纹制品	10	80	17	千克	
7415331000	铜制木螺钉(包括钢铁制带铜头的)	8	80	17	千克	
7415339000	铜制其他螺钉、螺栓、螺母(包括钢铁制带铜头的)	8	80	17	千克	
7415390000	其他铜制螺纹制品	10	80	17	千克	
7418	**餐桌、厨房或其他家用铜制器具及其零件;铜制刷锅器、洗刷擦光用的块垫、手套及类似品;铜制卫生器具及其零件**					
7418101000	擦锅器及洗刷擦光用的块垫、手套(包括类似品,铜制)	18	80	17	千克	A
7418102000	非电热的铜制家用烹饪器具及其零件	20	80	17	千克	A
7418109000*	其他餐桌厨房等家用铜制器具及其零件	18	80	17	千克	A
7418200000*	铜制卫生器具及其零件	18	80	17	千克	
7419	**其他铜制品**					
7419100000	铜链条及其零件	14	80	17	千克	
7419911000	工业用铸造、模压、冲压其他铜制品(未进一步加工)	10	40	17	千克	
7419919000	非工业用铸造、模压、冲压铜制品(未进一步加工)	20	80	17	千克	
7419992000	铜弹簧	10	40	17	千克	
7419993000	铜丝制的布(包括环形带)	7	20	17	千克	
7419994000	铜丝制的网、格栅、网眼铜板	8	20	17	千克	
7419995000	非电热的铜制家用供暖器	20	80	17	千克	
7419999100	工业用其他铜制品	10	40	17	千克	
7419999900	非工业用其他铜制品	20	80	17	千克	

第七十五章　镍及其制品

注释：

本章所用有关名词解释如下：

一、条、杆

轧、挤、拔或锻制的实心产品，非成卷的，其全长截面均为圆形、椭圆形、矩形（包括正方形）、等边三角形或规则外凸多边形（包括相对两边为弧拱形，另外两边为等长平行直线的"扁圆形"及"变形矩形"）。对于矩形（包括正方形）、三角形或多边形截面的产品，其全长边角可经磨圆。矩形（包括"变形矩形"）截面的产品，其厚度应大于宽度的1/10。所述条、杆也包括同样形状及尺寸的铸造或烧结产品。该产品在铸造或烧结后再经加工（简单剪修或去氧化皮的除外），但不具有其他品目所列制品或产品的特征。

二、型材及异型材

轧、挤、拔、锻制的产品或其他成型产品，不论是否成卷，其全长截面相同，但与条、杆、丝、板、片、带、箔、管的定义不相符合。同时也包括同样形状的铸造或烧结产品。该产品在铸造或烧结后再经加工（简单剪修或去氧化皮的除外），但不具有其他品目所列制品或产品的特征。

三、丝

盘卷的轧、挤或拔制实心产品，其全长截面均为圆形、椭圆形、矩形（包括正方形）、等边三角形或规则外凸多边形（包括相对两边为弧拱形，另外两边为等长平行直线的"扁圆形"及"变形矩形"）。对于矩形（包括正方形）、三角形或多边形截面的产品，其全长边角可经磨圆。矩形（包括"变形矩形"）截面的产品，其厚度应大于宽度的1/10。

四、板、片、带、箔

成卷或非成卷的平面产品（品目75.02的未锻轧产品除外），截面均为厚度相同的实心矩形（不包括正方形），不论边角是否磨圆（包括相对两边为弧拱形，另外两边为等长平行直线的"变形矩形"），并且符合以下规格：

（一）矩形（包括正方形）的，厚度不超过宽度的1/10；

（二）矩形或正方形以外形状的，任何尺寸，但不具有其他品目所列制品或产品的特征。

品目75.06还适用于具有花样（例如，凹槽、肋条形、格槽、珠粒及菱形）的板、片、带、箔以及穿孔、抛光、涂层或制成瓦楞形的这类产品，但不具有其他品目所列制品或产品的特征。

五、管

全长截面及管壁厚度相同并只有一个闭合空间的空心产品，成卷或非成卷的，其截面为圆形、椭圆形、矩形（包括正方形）、等边三角形或规则外凸多边形。对于截面为矩形（包括正方形）、等边三角形或规则外凸多边形的产品，不论全长边角是否磨圆，只要其内外截面为同一圆心并为同样形状及同一轴向，也可视为管子。上述截面的管子可经抛光、涂层、弯曲、攻丝、钻孔、缩腰、胀口、成锥形或装法兰、颈圈或套环。

子目注释：

一、本章所用有关名词解释如下：

（一）非合金镍

按重量计镍及钴的含量至少为99%的金属，但：

1. 按重量计含钴量不超过1.5%；

2. 按重量计其他各种元素的含量不超过下表中规定的限量：

其他元素表

元　　素	所含重量百分比
Fe　铁	0.5
O　氧	0.4
其他元素，每种	0.3

（二）镍合金

按重量计含镍量大于其他元素单项含量的金属物质，但：

1. 按重量计含钴量超过1.5%；

2. 按重量计至少有一种其他元素的含量超过上表中规定的限量；

3. 除镍及钴以外，按重量计其他元素的总含量超过1%。

二、子目号7508.10所称"丝"，不受本章注释三的限制，仅适用于任何截面形状，但截面直径不超过6毫米的产品，不论是否盘卷。

商品编号	商品名称及备注	进口关税税率(%)		增值税率(%)	计量单位	监管条件
		最惠国	普通			
7501	**镍锍、氧化镍烧结物及镍冶炼的其他中间产品**					
7501100000*	镍锍	3	11	17	千克	4xy
7501201000*	镍湿法冶炼中间品	3	11	17	千克	4xy
7501209000*	其他氧化镍烧结物、镍的其他中间产品	3	11	17	千克	4xy
7502	**未锻轧镍**					
7502101000*	未锻轧非合金镍,但钴含量不超过0.005%(按重量计镍、钴总量在99.99%及以上的)	3	11	17	千克	4xy
7502109000*	其他未锻轧非合金镍	3	11	17	千克	4xy
7502200000*	未锻轧镍合金	3	11	17	千克	4xy
7503	**镍废碎料**					
7503000000*	镍废碎料	1.5	11	17	千克	4APxy
7504	**镍粉及片状粉末**					
7504001000	非合金镍粉及片状粉末	4	17	17	千克	3
7504002000	合金镍粉及片状粉末	4	17	17	千克	
7505	**镍条、杆、型材及异型材或丝**					
7505110000	纯镍条、杆、型材	6	14	17	千克	
7505120000	合金镍条、杆、型材	6	14	17	千克	
7505210000	纯镍丝	6	17	17	千克	
7505220000	合金镍丝	6	17	17	千克	
7506	**镍板、片、带、箔**					
7506100000	纯镍板、片、带、箔	6	14	17	千克	
7506200000	镍合金板、片、带、箔	6	14	17	千克	
7507	**镍管及管子附件(例如,接头、肘管、管套)**					
7507110000	纯镍管	6	17	17	千克	
7507120000	合金镍管	6	17	17	千克	
7507200000	镍及镍合金管子附件	6	17	17	千克	
7508	**其他镍制品**					
7508101000	镍丝制的布	6	20	17	千克	
7508108000	工业用镍丝制的网及格栅	6	40	17	千克	
7508109000	其他镍丝制的网及格栅	6	70	17	千克	
7508901000*	电镀用镍阳极	4	14	17	千克	
7508908000	其他工业用镍制品(镍丝布、网及格栅除外)	6	40	17	千克	
7508909000	其他非工业用镍制品(镍丝布、网及格栅除外)	6	70	17	千克	

第七十六章　铝及其制品

注释：

本章所用有关名词解释如下：

一、条、杆

轧、挤、拔或锻制的实心产品，非成卷的，其全长截面均为圆形、椭圆形、矩形（包括正方形）、等边三角形或规则外凸多边形（包括相对两边为弧拱形，另外两边为等长平行直线的"扁圆形"及"变形矩形"）。对于矩形（包括正方形）、三角形或多边形截面的产品，其全长边角可经磨圆。矩形（包括"变形矩形"）截面的产品，其厚度应大于宽度的1/10。所述条、杆也包括同样形状及尺寸的铸造或烧结产品。该产品在铸造或烧结后再经加工（简单剪修或去氧化皮的除外），但不具有其他品目所列制品或产品的特征。

二、型材及异型材

轧、挤、拔、锻制的产品或其他成型产品，不论是否成卷，其全长截面相同，但与条、杆、丝、板、片、带、箔、管的定义不相符合。同时也包括同样形状的铸造或烧结产品。该产品在铸造或烧结后再经加工（简单剪修或去氧化皮的除外），但不具有其他品目所列制品或产品的特征。

三、丝

盘卷的轧、挤或拔制实心产品，其全长截面均为圆形、椭圆形、矩形（包括正方形）、等边三角形或规则外凸多边形（包括相对两边为弧拱形，另外两边为等长平行直线的"扁圆形"及"变形矩形"）。对于矩形（包括正方形）、三角形或多边形截面的产品，其全长边角可经磨圆。矩形（包括"变形矩形"）截面的产品，其厚度应大于宽度的1/10。

四、板、片、带、箔

成卷或非成卷的平面产品（品目76.01的未锻轧产品除外），截面均为厚度相同的实心矩形（不包括正方形），不论边角是否磨圆（包括相对两边为弧拱形，另外两边为等长平行直线的"变形矩形"），并且符合以下规格：

（一）矩形（包括正方形）的，厚度不超过宽度的1/10；

（二）矩形或正方形以外形状的，任何尺寸，但不具有其他品目所列制品或产品的特征。品目76.06和76.07还适用于具有花样（例如，凹槽、肋条形、格槽、珠粒及菱形）的板、片、带、箔以及穿孔、抛光、涂层或制成瓦楞形的这类产品，但不具有其他品目所列制品或产品的特征。

五、管

全长截面及管壁厚度相同并只有一个闭合空间的空心产品，成卷或非成卷的，其截面为圆形、椭圆形、矩形（包括正方形）、等边三角形或规则外凸多边形。对于截面为矩形（包括正方形）、等边三角形或规则外凸多边形的产品，不论全长边角是否磨圆，只要其内外截面为同一圆心并为同样形状及同一轴向，也可视为管子。上述截面的管子可经抛光、涂层、弯曲、攻丝、钻孔、缩腰、胀口、成锥形或装法兰、颈圈或套环。

子目注释：

一、本章所用有关名词解释如下：

（一）非合金铝

按重量计含铝量至少为99%的金属，但其他各种元素的含量不超过下表中规定的限量：

其他元素表

元　　素	所含重量百分比
Fe + Si（铁 + 硅）	1
其他元素（1），每种	0.1（2）

（1）其他元素，例如，铬、铜、镁、锰、镍、锌。

（2）含铜成分可大于0.1%，但不得大于0.2%，且铬和锰的含量均不得超过0.05%。

（二）铝合金

按重量计含铝量大于其他元素单项含量的金属物质，但：

1. 按重量计至少有一种其他元素或铁加硅的含量大于上表中规定的限量；

2. 按重量计其他元素的总含量超过1%。

二、子目号7616.91所称"丝"，不受本章注释三的限制，仅适用于任何截面形状、截面直径不超过6毫米的产品，不论是否盘卷。

商品编号	商品名称及备注	进口关税税率（%）		增值税率（%）	计量单位	监管条件
		最惠国	普通			
7601	**未锻轧铝**					
7601101000*	未锻轧非合金铝（按重量计含铝量在99.95%及以上）	5	14	17	千克	
7601109000*	其他未锻轧非合金铝	5	14	17	千克	
7601200000*	未锻轧铝合金	7	14	17	千克	

商品编号	商品名称及备注	进口关税税率(%) 最惠国	普通	增值税率(%)	计量单位	监管条件
7602	**铝废碎料**					
7602000010*	以回收铝为主的废电线等(包括废电线、电缆、五金电器)	1.5	14	17	千克	7AP
7602000090*	其他铝废碎料	1.5	14	17	千克	7AP
7603	**铝粉及片状粉末**					
7603100010	颗粒<500微米的微细球形铝粉(颗粒均匀,铝含量≥97%)	6	30	17	千克	3A
7603100090	其他非片状铝粉	6	30	17	千克	
7603200000	片状铝粉末	7	30	17	千克	
7604	**铝条、杆、型材及异型材**					
7604101000*	非合金制铝条、杆	5	30	17	千克	
7604109000*	非合金制铝型材、异型材	5	30	17	千克	
7604210000*	铝合金制空心异型材	5	30	17	千克	A
7604291011*	柱形实心体铝合金[在293K(20℃)时的极限抗拉强度能达到460兆帕(0.46×10⁹牛顿/平方米)或更大(截面周长≥210毫米)]	5	30	17	千克	3A
7604291019*	柱形实心体铝合金[在293K(20℃)时的极限抗拉强度能达到460兆帕(0.46×10⁹牛顿/平方米)或更大(截面周长<210毫米)]	5	30	17	千克	3A
7604291091*	其他铝合金制条、杆(截面周长≥210毫米)	5	30	17	千克	A
7604291099*	其他铝合金制条、杆(截面周长<210毫米)	5	30	17	千克	A
7604299000*	其他铝合金制型材、异型材	5	30	17	千克	A
7605	**铝丝**					
7605110000*	最大截面尺寸>7毫米的非合金铝丝	8	17	17	千克	
7605190000*	最大截面尺寸≤7毫米的非合金铝丝	8	17	17	千克	
7605210000*	最大截面尺寸>7毫米的铝合金丝	8	17	17	千克	
7605290000*	最大截面尺寸≤7毫米的铝合金丝	8	17	17	千克	
7606	**铝板、片及带,厚度>0.2毫米**					
7606112100*	非合金铝制铝塑复合矩形板、片及带(包括正方形)(0.3毫米≤厚度≤0.36毫米)	6	50	17	千克	A
7606112900*	其他非合金铝制矩形板、片及带(包括正方形)(0.3毫米≤厚度≤0.36毫米)	6	50	17	千克	A
7606119100*	0.2毫米<厚<0.3毫米或厚>0.36毫米非合金铝制铝塑复合矩形板、片及带(包括正方形)	6	30	17	千克	A
7606119900*	0.2毫米<厚<0.3毫米或厚>0.36毫米非合金铝制矩形其他板、片及带(包括正方形)	6	30	17	千克	A
7606122000*	铝合金制矩形的薄板、片及带(包括正方形)(薄板指0.2毫米<厚度<0.28毫米)	6	30	17	千克	A
7606123000*	铝合金制矩形的中厚板、片及带(包括正方形)(中厚板指0.28毫米≤厚度≤0.35毫米)	6	30	17	千克	A
7606125100*	0.35毫米<厚度≤4毫米铝合金制铝塑复合的矩形厚板、片及带(包括正方形)	6	50	17	千克	A
7606125900*	其他0.35毫米<厚度≤4毫米铝合金制矩形厚板、片及带(包括正方形)	6	50	17	千克	A
7606129000*	厚度>4毫米铝合金制矩形的厚板、片及带(包括正方形)	6	50	17	千克	A
7606910000*	非合金铝制非矩形的板、片及带(厚度>0.2毫米)	6	30	17	千克	
7606920000*	铝合金制非矩形的板、片及带(厚度>0.2毫米)	10	30	17	千克	A

商品编号	商品名称及备注	进口关税税率(%)		增值税率(%)	计量单位	监管条件
		最惠国	普通			
7607	**铝箔(不论是否印花或用纸、纸板、塑料或类似材料衬背),厚度(衬背除外)≤0.2毫米**					
7607111000	轧制后未进一步加工的无衬背铝箔(厚度≤0.007毫米)	6	35	17	千克	
7607112000	轧制后未进一步加工的无衬背铝箔(0.007毫米<厚度≤0.01毫米)	6	35	17	千克	
7607119000	轧制后未进一步加工的无衬背铝箔(0.01毫米<厚度≤0.2毫米)	6	35	17	千克	
7607190001*	化成箔(厚度≤0.2毫米)	6	35	17	千克	
7607190090	其他无衬背铝箔(厚度≤0.2毫米)	6	35	17	千克	
7607200000	有衬背铝箔(厚度≤0.2毫米)	6	35	17	千克	
7608	**铝管**					
7608100000	纯铝管	8	30	17	千克	
7608201010	外径≤10厘米的管状铝合金[在293K(20℃)时的极限抗拉强度能达到460兆帕(0.46×10^9牛顿/平方米)或更大]	8	30	17	千克	3A
7608201090	外径≤10厘米的其他合金制铝管	8	30	17	千克	A
7608209110	外径>10厘米,壁厚度≤25毫米的管状铝合金[在293K(20℃)时的极限抗拉强度能达到460兆帕(0.46×10^9牛顿/平方米)或更大]	8	30	17	千克	3A
7608209190	外径>10厘米,壁厚度≤25毫米的其他合金制铝管	8	30	17	千克	A
7608209910	外径>10厘米,其他管状铝合金[在293K(20℃)时的极限抗拉强度能达到460兆帕(0.46×10^9牛顿/平方米)或更大]	8	30	17	千克	3A
7608209990	外径>10厘米,其他合金制铝管	8	30	17	千克	A
7609	**铝制管子附件(例如,接头、肘管、管套)**					
7609000000	铝制管子附件	8	35	17	千克	
7610	**铝制结构体(品目94.06的活动房屋除外)及其部件(例如,桥梁及桥梁体段、塔、格构杆、屋顶、屋顶框架、门窗及其框架、门槛、栏杆、支柱及立柱);上述结构体用的已加工铝板、杆、型材、异型材、管子及类似品**					
7610100000	铝制门窗及其框架、门槛	25	80	17	千克	
7610900000	其他铝制结构体及其部件(包括结构体用的已加工铝板、型材、管子及类似品)	6	50	17	千克	
7611	**盛装物料用的铝制囤、柜、罐、桶及类似容器(装压缩气体或液化气体的除外),容积超过300升,不论是否衬里或隔热,但无机械或热力装置**					
7611000000	容积>300升的铝制囤、罐等容器(盛装物料用的,装压缩气体或液化气体的除外)	12	35	17	千克	
7612	**盛装物料用的铝制桶、罐、听、盒及类似容器包括软管容器及硬管容器(装压缩气体或液化气体的除外),容积不超过300升,不论是否衬里或隔热,但无机械或热力装置**					
7612100000	铝制软管容器	12	50	17	千克	
7612901000	铝制易拉罐及罐体	30	100	17	千克	A
7612909000	容积≤300升的铝制囤、罐等容器(盛装物料用的,装压缩气体或液化气体的除外)	12	70	17	千克	
7613	**装压缩气体或液化气体用的铝制容器**					

商品编号	商品名称及备注	进口关税税率(%) 最惠国	普通	增值税率(%)	计量单位	监管条件
7613001000	零售包装装压缩、液化气体铝容器(铝及铝合金制)	12	70	17	千克	
7613009000	非零售装装压缩、液化气体铝容器(铝及铝合金制)	6	17	17	千克	6
7614	**非绝缘的铝制绞股线、缆、编带及类似品**					
7614100000	带钢芯的铝制绞股线、缆、编带(非绝缘的)	6	20	17	千克	AB
7614900000	不带钢芯的铝制绞股线、缆、编带(非绝缘的)	6	20	17	千克	
7615	**餐桌、厨房或其他家用铝制器具及其零件;铝制擦锅器、洗刷擦光用的块垫、手套及类似品;铝制卫生器具及其零件**					
7615101000	擦锅器及洗刷擦光用的块垫、手套(包括类似品,铝制)	18	90	17	千克	A
7615109010*	铝制高压锅	15	90	17	千克	AB
7615109090*	其他餐桌厨房等家用铝制器具及其零件	15	90	17	千克	A
7615200000	铝制卫生器具及其零件	18	90	17	千克	
7616	**其他铝制品**					
7616100000	铝钉、螺钉、螺母、垫圈等紧固件	10	40	17	千克	
7616910000	铝丝制的布、网、篱及格栅(包括栅栏)	10	40	17	千克	
7616991010	高度小于直径的柱形实心体铝合金[在293K(20℃)时的极限抗拉强度能达到460兆帕(0.46×10^9牛顿/平方米)或更大]	10	40	17	千克	3
7616991090	其他工业用铝制品(不包括铝丝布、网、格栅及栅栏)	10	40	17	千克	
7616999000	其他非工业用铝制品(不包括铝丝布、网、格栅及栅栏)	15	80	17	千克	

第七十八章　铅及其制品

注释：

本章所用有关名词解释如下：

一、条、杆

轧、挤、拔或锻制的实心产品，非成卷的，其全长截面均为圆形、椭圆形、矩形（包括正方形）、等边三角形或规则外凸多边形（包括相对两边为弧拱形，另外两边为等长平行直线的“扁圆形”及“变形矩形”）。对于矩形（包括正方形）、三角形或多边形截面的产品，其全长边角可经磨圆。矩形（包括“变形矩形”）截面的产品，其厚度应大于宽度的1/10。所述条、杆也包括同样形状及尺寸的铸造或烧结产品。该产品在造铸或烧结后再经加工（简单剪修或去氧化皮的除外），但不具有其他品目所列制品或产品的特征。

二、型材及异型材

轧、挤、拔、锻制的产品或其他成型产品，不论是否成卷，其全长截面相同，但与条、杆、丝、板、片、带、箔、管的定义不相符合。同时也包括同样形状的铸造或烧结产品。该产品在铸造或烧结后再经加工（简单剪修或去氧化皮的除外），但不具有其他品目所列制品或产品的特征。

三、丝

盘卷的轧、挤或拔制实心产品，其全长截面均为圆形、椭圆形、矩形（包括正方形）、等边三角形或规则外凸多边形（包括相对两边为弧拱形，另外两边为等长平行直线的“扁圆形”及“变形矩形”）。对于矩形（包括正方形）、三角形或多边形截面的产品，其全长边角可经磨圆。矩形（包括“变形矩形”）截面的产品，其厚度应大于宽度的1/10。

四、板、片、带、箔

成卷或非成卷的平面产品（品目78.01的未锻轧产品除外），截面均为厚度相同的实心矩形（不包括正方形），不论边角是否磨圆（包括相对两边为弧拱形，另外两边为等长平行直线的“变形矩形”），并且符合以下规格：

（一）矩形（包括正方形）的，厚度不超过宽度的1/10；

（二）矩形或正方形以外形状的，任何尺寸，但不具有其他品目所列制品或产品的特征。

品目78.04还适用于具有花样（例如，凹槽、肋条形、格槽、珠粒及菱形）的板、片、带、箔以及穿孔、抛光、涂层或制成瓦楞形的这类产品，但不具有其他品目所列制品或产品的特征。

五、管

全长截面及管壁厚度相同并只有一个闭合空间的实心产品，成卷或非成卷的，其截面为圆形、椭圆形、矩形（包括正方形）、等边三角形或规则外凸多边形。对于截面为矩形（包括正方形）、等边三角形或规则外凸多边形的产品，不论全长边角是否磨圆，只要其内外截面为同一圆心并为同样形状及同一轴向，也可视为管子。上述截面的管子可经抛光、涂层、弯曲、攻丝、钻孔、缩腰、胀口、成锥形或装法兰、颈圈或套环。

子目注释：

本章所称“精炼铅”，是指：

按重量计含铅量至少为99.9%的金属，但其他各种元素的含量不超过下表中规定的限量：

其他元素表

元	素	所含重量百分比
Ag	银	0.02
As	砷	0.005
Bi	铋	0.05
Ca	钙	0.002
Cd	镉	0.002
Cu	铜	0.08
Fe	铁	0.002
S	硫	0.002
Sb	锑	0.005
Sn	锡	0.005
Zn	锌	0.002
其他（例如碲），每种		0.001

商品编号	商品名称及备注	进口关税税率（%）		增值税率（%）	计量单位	监管条件
		最惠国	普通			
7801	**未锻轧铅**					
7801100000*	未锻轧精炼铅	3	20	17	千克	
7801910000	未锻轧铅锑合金（锑元素在合金元素中是最主要的元素）	3	20	17	千克	
7801990000	未锻轧的其他铅合金	3	20	17	千克	
7802	**铅废碎料**					
7802000000*	铅废碎料	1.5	10	17	千克	9
7804	**铅板、片、带、箔；铅粉及片状粉末**					

商品编号	商品名称及备注	进口关税税率(%)		增值税率(%)	计量单位	监管条件
		最惠国	普通			
7804110000	铅片、带及厚度≤0.2毫米的箔(铅箔衬背厚度不受0.2毫米限制)	6	30	17	千克	
7804190000	铅及铅合金板(包括厚度>0.2毫米的箔)	6	30	17	千克	
7804200000	铅及铅合金粉末、片状粉末	6	35	17	千克	
7806	**其他铅制品**					
7806001000	铅及铅合金条、杆、丝、型材、异型材	6	30	17	千克	
7806009000	其他铅制品	6	40	17	千克	

第七十九章　锌及其制品

注释：

本章所用名词解释如下：

一、条、杆

轧、挤、拔或锻制的实心产品，非成卷的，其全长截面均为圆形、椭圆形、矩形(包括正方形)、等边三角形或规则外凸多边形(包括相对两边为弧拱形，另外两边为等长平行直线的“扁圆形”及“变形矩形”。对于矩形(包括正方形)、三角形或多边形截面的产品，其全长边角可经磨圆。矩形(包括“变形矩形”)截面的产品，其厚度应大于宽度的1/10。所述条、杆也包括同样形状及尺寸的铸造或烧结产品。该产品在铸造或烧结后再经加工(简单剪修或去氧化皮的除外)，但不具有其他品目所列制品或产品的特征。

二、型材及异型材

轧、挤、拔、锻制的产品或其他成型产品，不论是否成卷，其全长截面相同，但与条、杆、丝、板、片、带、箔、管的定义不相符合。同时也包括同样形状的铸造或烧结产品。该产品在铸造或烧结后再经加工(简单剪修或去氧化皮的除外)，但不具有其他品目所列制品或产品的特征。

三、丝

盘卷的轧、挤或拔制实心产品，其全长截面均为圆形、椭圆形、矩形(包括正方形)、等边三角形或规则外凸多边形(包括相对两边为弧拱形，另外两边为等长平行直线的“扁圆形”及“变形矩形”)。对于矩形(包括正方形)、三角形或多边形截面的产品，其全长边角可经磨圆。矩形(包括“变形矩形”)截面的产品，其厚度应大于宽度的1/10。

四、板、片、带、箔

成卷或非成卷的平面产品(品目79.01的未锻轧产品除外)，截面均为厚度相同的实心矩形(不包括正方形)，不论边角是否磨圆(包括相对两边为弧拱形，另外两边为等长平行直线的“变形矩形”)，并且符合以下规格：

(一)矩形(包括正方形)的，厚度不超过宽度的1/10；

(二)矩形或正方形以外形状的，任何尺寸，但不具有其他品目所列制品或产品的特征。

品目79.05还适用于具有花样(例如，凹槽、肋条形、格槽、珠粒及菱形)的板、片、带、箔以及穿孔、抛光、涂层或制成瓦楞形的这类产品，但不具有其他品目所列制品或产品的特征。

五、管

全长截面及管壁厚度相同并只有一个闭合空间的空心产品，成卷或非成卷的，其截面为圆形、椭圆形、矩形(包括正方形)、等边三角形或规则外凸多边形。对于截面为矩形(包括正方形)、等边三角形或规则外凸多边形的产品，不论全长边角是否磨圆，只要其内外截面为同一圆心并为同样形状及同一轴向，也可视为管子。上述截面的管子可经抛光、涂层、弯曲、攻丝、钻孔、缩腰、胀口、成锥形或装法兰、颈圈或套环。

子目注释：

本章所述有关名词解释如下：

一、非合金锌

按重量计含锌量至少为97.5%的金属。

二、锌合金

按重量计含锌量大于其他元素单项含量的金属物质，但按重量计其他元素的总含量超过2.5%。

三、锌末

冷凝锌雾所得的锌末。该产品由球形微粒组成，比锌粉更为精细，按重量计至少80%的微粒可以通过孔径为63微米的筛子，而且必须含有按重量计至少为85%的金属锌。

商品编号	商品名称及备注	进口关税税率(%) 最惠国	进口关税税率(%) 普通	增值税率(%)	计量单位	监管条件
7901	**未锻轧锌**					
7901111000*	含锌量≥99.995%的未锻轧锌	3	20	17	千克	4xy
7901119000*	99.99%≤含锌量<99.995%的未锻轧锌	3	20	17	千克	4xy
7901120000*	含锌量<99.99%的未锻轧锌	3	20	17	千克	4xy
7901200000*	未锻轧锌合金	3	20	17	千克	4xy
7902	**锌废碎料**					
7902000000*	锌废碎料	1.5	20	17	千克	AP
7903	**锌末、锌粉及片状粉末**					
7903100000	锌末(包括锌合金)	6	20	17	千克	AB

商品编号	商品名称及备注	进口关税税率(%)		增值税率(%)	计量单位	监管条件
		最惠国	普通			
7903900010	颗粒<500微米的锌及其合金(含量≥97%,不论球形、椭球体、雾化、片状、研碎金属燃料)	6	20	17	千克	3A
7903900090	其他锌粉及片状粉末	6	20	17	千克	AB
7904	**锌条、杆、型材及异型材或丝**					
7904000000	锌及锌合金条、杆、型材、丝	6	30	17	千克	
7905	**锌板、片、带、箔**					
7905000000	锌板、片、带、箔	6	30	17	千克	
7907	**其他锌制品**					
7907002000	锌管及锌制管子附件(例如,接头、肘管、管套)	6	30	17	千克	
7907003000	电池壳体坯料(锌饼)	6	40	17	千克	
7907009000	其他锌制品	6	40	17	千克	

第八十章　锡及其制品

注释：

本章所用有关名词解释如下：

一、条、杆

轧、挤、拔或锻制的实心产品，非成卷的，其全长截面均为圆形、椭圆形、矩形（包括正方形）、等边三角形或规则外凸多边形（包括相对两边为弧拱形，另外两边为等长平行直线的"扁圆形"及"变形矩形"）。对于矩形（包括正方形）、三角形或多边形截面的产品，其全长边角可经磨圆。矩形（包括"变形矩形"）截面的产品，其厚度应大于宽度的1/10。所述条、杆也包括同样形状及尺寸的铸造或烧结产品。该产品在铸造或烧结后再经加工（简单剪修或去氧化皮的除外），但不具有其他品目所列制品或产品的特征。

二、型材及异型材

轧、挤、拔、锻制的产品或其他成型产品，不论是否成卷，其全长截面相同，但与条、杆、丝、板、片、带、箔、管的定义不相符合。同时也包括同样形状的铸造或烧结产品。该产品在铸造或烧结后再经加工（简单剪修或去氧化皮的除外），但不具有其他品目所列制品或产品的特征。

三、丝

盘卷的轧、挤或拔制实心产品，其全长截面均为圆形、椭圆形、矩形（包括正方形）、等边三角形或规则外凸多边形（包括相对两边为弧拱形，另外两边为等长平行直线的"扁圆形"及"变形矩形"）。对于矩形（包括正方形）、三角形或多边形截面的产品，其全长边角可经磨圆。矩形（包括"变形矩形"）截面的产品，其厚度应大于宽度的1/10。

四、板、片、带、箔

成卷或非成卷的平面产品（品目80.01的未锻轧产品除外），截面均为厚度相同的实心矩形（不包括正方形），不论边角是否磨圆（包括相对两边为弧拱形，另外两边为等长平行直线的"变形矩形"），并且符合以下规格：

（一）矩形（包括正方形）的，厚度不超过宽度的1/10；

（二）矩形或正方形以外形状的，任何尺寸，但不具有其他品目所列制品或产品的特征。

五、管

全长截面及管壁厚度相同并只有一个闭合空间的空心产品，成卷或非成卷的，其截面圆形、椭圆形、矩形（包括正方形）、等边三角形或规则外凸多边形。对于截面为矩形（包括正方形）、等边三角形或规则外凸多边形的产品，不论全长边角是否磨圆，只要其内外截面为同一圆心并为同样形状及同一轴向，也可视为管子。上述截面的管子可经抛光、涂层、弯曲、攻丝、钻孔、缩腰、胀口、成锥形或装法兰、颈圈或套环。

子目注释：

本章所用有关名词解释如下：

一、非合金锡

按重量计含锡量至少为99%的金属，但含铋量或含铜量不超过下表中规定的限量：

其他元素表

元素		所含重量百分比
Bi	铋	0.1
Cu	铜	0.4

二、锡合金

按重量计含锡量大于其他元素单项含量的金属物质，但：

（一）按重量计其他元素的总含量超过1%；

（二）按重量计含铋量或含铜量应等于或大于上表中规定的限量。

商品编号	商品名称及备注	进口关税税率（%）最惠国	进口关税税率（%）普通	增值税率（%）	计量单位	监管条件
8001	**未锻轧锡**					
8001100000*	未锻轧非合金锡	3	20	17	千克	4xy
8001201000	锡基巴毕脱合金	3	20	17	千克	4xy
8001202100	按重量计含铅量在0.1%以下的焊锡	3	30	17	千克	4xy
8001202900	其他焊锡	3	30	17	千克	4xy
8001209000	其他锡合金	3	30	17	千克	4xy
8002	**锡废碎料**					
8002000000*	锡废碎料	1.5	30	17	千克	4APxy
8003	**锡条、杆、型材及异型材或丝**					

商品编号	商 品 名 称 及 备 注	进口关税税率(%)		增值税率(%)	计量单位	监管条件
		最惠国	普通			
8003000000	锡及锡合金条、杆、型材、丝	8	40	17	千克	4xy
8007	**其他锡制品**					
8007002000	锡板、片及带,厚度超过0.2毫米	8	40	17	千克	4xy
8007003000	锡箔,厚度(衬背除外)≤0.2毫米,锡粉及片状粉末(锡箔不论是否印花或用纸、纸板、塑料或类似材料衬背)	8	40	17	千克	
8007004000	锡管及管子附件(例如,接头、肘管、管套)	8	45	17	千克	4xy
8007009000	其他锡制品	8	80	17	千克	

第八十一章　其他贱金属、金属陶瓷及其制品

子目注释：

第七十四章注释中有关“条、杆”、“型材及异型材”、“丝”及“板、片、带、箔”的规定也适用于本章。

商品编号	商品名称及备注	进口关税税率(%)		增值税率(%)	计量单位	监管条件
		最惠国	普通			
8101	**钨及其制品，包括废碎料**					
8101100010*	颗粒<500微米的钨及其合金(含量≥97%，不论球形、椭球体、雾化、片状、研碎金属燃料)	6	20	17	千克	3
8101100090*	其他钨粉末	6	20	17	千克	4xy
8101940000*	未锻轧钨(包括简单烧结的条、杆)	3	20	17	千克	4xy
8101960000	钨丝	8	20	17	千克	
8101970000*	钨废碎料	3	20	17	千克	4APxy
8101991000	锻轧钨条、杆；型材及异型材，板、片、带、箔(但简单烧结而成条、杆的除外)	5	30	17	千克	
8101999000	其他钨制品	8	70	17	千克	
8102	**钼及其制品，包括废碎料**					
8102100000*	钼粉	6	20	17	千克	4xy
8102940000*	未锻轧钼(包括简单烧结的条、杆)	3	20	17	千克	4xy
8102950000	锻轧钼条、杆、型材(不包括简单烧结的条、杆)	8	30	17	千克	
8102960000	钼丝	8	20	17	千克	
8102970000*	钼废碎料	3	20	17	千克	49xy
8102990000	钼制品	8	70	17	千克	4xy
8103	**钽及其制品，包括废碎料**					
8103201100	松装密度<2.2克/立方厘米的钽粉	6	14	17	千克	4xy
8103201900	其他钽粉	6	14	17	千克	4xy
8103209000	其他未锻轧钽，包括简单烧结而成的条、杆	6	14	17	千克	4xy
8103300000*	钽废碎料	6	14	17	千克	4APxy
8103901100	直径<0.5毫米的钽丝	8	30	17	千克	4xy
8103901900	其他钽丝	8	30	17	千克	4xy
8103909010	钽坩埚(容积在50毫升至2升之间，钽纯度≥98%)	8	30	17	千克	3
8103909090	其他锻轧钽及其制品	8	30	17	千克	4xy
8104	**镁及其制品，包括废碎料**					
8104110000*	含镁量≥99.8%的未锻轧镁	6	20	17	千克	
8104190000*	其他未锻轧的镁及镁合金	6	20	17	千克	
8104200000*	镁废碎料	1.5	20	17	千克	AP
8104300010	颗粒<500微米的镁及其合金(含量≥97%，不论球形、椭球体、雾化、片状、研碎金属燃料)	8	30	17	千克	3
8104300090	其他已分级的镁锉屑、车屑、颗粒；粉末	8	30	17	千克	
8104901000	锻轧镁	8	30	17	千克	

商品编号	商品名称及备注	进口关税税率(%) 最惠国	进口关税税率(%) 普通	增值税率(%)	计量单位	监管条件
8104902010	镁金属基复合材料(包括各种结构件和制品、各种预成形件,其中增强材料的比拉伸强度 $>7.62\times10^4$ 米和比模量 $>3.18\times10^6$ 米)	8.4	70	17	千克	3
8104902090	其他镁制品	8.4	70	17	千克	B
8105	**钴锍及其他冶炼钴时所得的中间产品;钴及其制品,包括废碎料**					
8105201000*	钴湿法冶炼中间品	4	14	17	千克	4xy
8105209001*	钴锍及其他冶炼钴时所得中间产品	4	14	17	千克	4xy
8105209010	钴≥99.5%的超细钴粉(费氏粒度0.8~1.5微米,松装密度0.4~0.8克/立方厘米)	4	14	17	千克	
8105209090	其他钴锍、未锻轧钴、粉末	4	14	17	千克	4xy
8105300000	钴锍废碎料	4	14	17	千克	49xy
8105900000	其他钴及制品	8	30	17	千克	4xy
8106	**铋及其制品,包括废碎料**					
8106001011*	高纯度未锻轧的铋(纯度≥99.99%,含银量低于十万分之一)	3	20	17	千克	3
8106001019	高纯度未锻轧的铋废料、粉末(纯度≥99.99%,含银量低于十万分之一)	3	20	17	千克	3
8106001091*	其他未锻轧铋	3	20	17	千克	4xy
8106001092	其他未锻轧铋废碎料	3	20	17	千克	4APxy
8106001099	其他未锻轧铋粉末	3	20	17	千克	4xy
8106009010	高纯度铋及铋制品(纯度≥99.99%,含银量低于十万分之一)	8	30	17	千克	3
8106009090	其他铋及铋制品	8	30	17	千克	4xy
8107	**镉及其制品,包括废碎料**					
8107200000	未锻轧镉、粉末	3	14	17	千克	
8107300000	镉废碎料	3	14	17	千克	9
8107900000	其他镉及镉制品	8	30	17	千克	
8108	**钛及其制品,包括废碎料**					
8108202100	未锻轧海绵钛	3	14	17	千克	4xy
8108202910	颗粒<500微米的钛及其合金(含量≥97%,不论球形、椭球体、雾化、片状、研碎金属燃料)	3	14	17	千克	3
8108202990	其他未锻轧钛	3	14	17	千克	4xy
8108203000	钛的粉末	3	14	17	千克	4ABxy
8108300000	钛废碎料	3	14	17	千克	4APxy
8108901010	钛合金,实心圆柱体,包括锻件(20℃下极限抗拉强度≥900兆帕,外径超过75毫米)	8	30	17	千克	3
8108901020	钛金属基复合材料的条、杆、型材及异型材(其中增强材料的比拉伸强度 $>7.62\times10^4$ 米和比模量 $>3.18\times10^7$ 米)	8	30	17	千克	3
8108901090	其他钛条、杆、型材及异型材	8	30	17	千克	
8108902000	钛丝	8	30	17	千克	
8108903100*	厚度≤0.8毫米钛板、片、带、箔	8	30	17	千克	
8108903210*	钛金属基复合材料的板、片、带、箔(其中增强材料的比拉伸强度 $>7.62\times10^4$ 米和比模量 $>3.18\times10^7$ 米,厚度>0.8毫米)	8	30	17	千克	3

商品编号	商品名称及备注	进口关税税率(%)		增值税率(%)	计量单位	监管条件
		最惠国	普通			
8108903290*	其他厚度>0.8毫米钛板、片、带、箔	8	30	17	千克	
8108904010	钛合金管(20℃下极限抗拉强度≥900兆帕,外径>75毫米)	8	30	17	千克	3
8108904090	其他钛管	8	30	17	千克	
8108909000	其他钛及钛制品	8	30	17	千克	
8109	**锆及其制品,包括废碎料**					
8109200010	颗粒<500微米的锆及其合金(含量≥97%,不论球形、椭球体、雾化、片状、研碎金属燃料)	3	20	17	千克	3
8109200090	其他未锻轧锆;粉末	3	20	17	千克	3AB
8109300000	锆废碎料	3	20	17	千克	3AP
8109900010	锆管(铪与锆重量比低于1:500的锆金属和合金的管或组件)	8	30	17	千克	3
8109900090	其他锻轧锆及锆制品	8	30	17	千克	3
8110	**锑及其制品,包括废碎料**					
8110101000*	未锻轧锑	3	30	17	千克	4xy
8110102000	锑粉末	3	30	17	千克	4ABxy
8110200000	锑废碎料	3	30	17	千克	49Bxy
8110900000	其他锑及锑制品	8	40	17	千克	4xy
8111	**锰及其制品,包括废碎料**					
8111001010*	未锻轧锰废碎料	3	20	17	千克	49Bxy
8111001090*	未锻轧锰;粉末	3	20	17	千克	4ABxy
8111009000	其他锰及制品	8	30	17	千克	4xy
8112	**铍、铬、锗、钒、镓、铪、铟、铼、铌、铊及其制品,包括废碎料**					
8112120000	未锻轧铍、铍粉末	3	30	17	千克	3AB
8112130000	铍废碎料	3	30	17	千克	39
8112190000	其他铍及其制品	8	30	17	千克	3
8112210000*	未锻轧铬;铬粉末	3	20	17	千克	4xy
8112220000*	铬废碎料	3	20	17	千克	49Bxy
8112290000	其他铬及其制品	3	20	17	千克	4xy
8112510000	未锻轧铊;铊粉末	3	20	17	千克	AB
8112520000	铊废碎料	3	20	17	千克	9
8112590000	其他铊及其制品	8	30	17	千克	
8112921010	未锻轧锗废碎料	3	20	17	千克	4APxy
8112921090	未锻轧的锗;锗粉末	3	20	17	千克	4xy
8112922001*	未锻轧、废碎料或粉末状的钒氮合金	3	20	17	千克	4xy
8112922010	未锻轧的钒废碎料	3	20	17	千克	4APxy
8112922090	未锻轧的钒;钒粉末	3	20	17	千克	4xy
8112923001*	未锻轧的铟	3	20	17	千克	4xy
8112923002*	铟粉末	3	20	17	千克	4xy
8112923090*	未锻轧铟废碎料	3	20	17	千克	49xy
8112924010*	铌废碎料	3	20	17	千克	4APxy
8112924090*	未锻轧的铌;铌粉末	3	20	17	千克	4xy
8112929011	未锻轧的铪废碎料	3	20	17	千克	3AP
8112929019	未锻轧的铪;粉末	3	20	17	千克	3A
8112929091	未锻轧的镓、铼废碎料	3	20	17	千克	4APxy

商品编号	商品名称及备注	进口关税税率(%)		增值税率(%)	计量单位	监管条件
		最惠国	普通			
8112929099	未锻轧的镓、铼;粉末	3	20	17	千克	4ABxy
8112991000	其他锗及其制品	3	20	17	千克	4xy
8112992001*	其他钒氮合金	3	20	17	千克	4xy
8112992090	其他钒及其制品	3	20	17	千克	4xy
8112993000	锻轧的铟及其制品	8	20	17	千克	4xy
8112994000	锻轧的铌及其制品	8	20	17	千克	4xy
8112999010	锻轧的铪及其制品	8	30	17	千克	3
8112999090	锻轧的镓、铼及其制品	8	30	17	千克	4xy
8113	**金属陶瓷及其制品,包括废碎料**					
8113001010	颗粒或粉末状碳化钨废碎料	8.4	30	17	千克	AP
8113001090	颗粒或粉末状其他金属陶瓷及其制品	8.4	30	17	千克	
8113009010	其他碳化钨废碎料,颗粒或粉末除外	8.4	30	17	千克	AP
8113009090	其他金属陶瓷及其制品,颗粒或粉末除外(包括废料)	8.4	30	17	千克	

第八十二章　贱金属工具、器具、利口器、餐匙、餐叉及其零件

注释：

一、除喷灯、轻便锻炉、带支架的砂轮、修指甲和修脚用器具及品目 82. 09 的货品外，本章仅包括带有用下列材料制成的刀片、工作刃、工作面或其他工作部件的物品：

（一）贱金属；

（二）硬质合金或金属陶瓷；

（三）装于贱金属、硬质合金或金属陶瓷底座上的宝石或半宝石（天然、合成或再造）；

（四）附于贱金属底座上的磨料，当附上磨料后，所具有的切齿、沟、槽或类似结构仍保持其特性及功能。

二、本章所列物品的贱金属零件，应与该制品归入同一品目，但具体列名的零件及手工工具的工具夹具（品目 84. 66）除外。第十五类注释二所述的通用零件，均不归入本章。电动剃须刀及电动毛发推剪的刀头、刀片应归入品目 85. 10。

三、由品目 82. 11 的一把或多把刀具与品目 82. 15 至少数量相同的物品构成的成套货品应归入品目 82. 15。

商品编号	商品名称及备注	进口关税税率（%）		增值税率（%）	计量单位	监管条件
		最惠国	普通			
8201	**锹、铲、镐、锄、叉及耙；斧子、钩刀及类似砍伐工具；各种修枝用剪刀；镰刀、秣刀、树篱剪、伐木楔子及其他农业、园艺或林业用手工工具**					
8201100010	含植物性材料的锹及铲	8	50	13	千克/把	AB
8201100090	其他锹及铲	8	50	13	千克/把	
8201300010	含植物性材料的镐、锄、耙	8	50	13	千克/把	AB
8201300090	其他镐、锄、耙	8	50	13	千克/把	
8201400010	含植物性材料的砍伐工具（包括斧子、钩刀及类似砍伐工具）	8	50	13	千克/把	AB
8201400090	其他斧子、钩刀及类似砍伐工具	8	50	13	千克/把	
8201500010	含植物性材料的单手操作农用剪（包括家禽剪）	8	50	13	千克/把	AB
8201500090	其他修枝剪等单手操作农用剪（包括家禽剪）	8	50	13	千克/把	
8201600010	含植物性材料的双手操作农用剪	8	50	13	千克/把	AB
8201600090	其他修枝等双手操作农用剪	8	50	13	千克/把	
8201901010	含植物性材料的农业、园艺、林业用叉	8	50	13	千克/把	AB
8201901090	其他农业、园艺、林业用叉	8	50	13	千克/把	
8201909010	含植物性材料的农业、园艺、林业用手工工具	8	50	13	千克/把	AB
8201909090	其他农业、园艺、林业用手工工具	8	50	13	千克/把	
8202	**手工锯；各种锯的锯片（包括切条、切槽或无齿锯片）**					
8202100000	手工锯	8.4	50	17	千克/把	
8202200000	带锯片	8	20	17	千克/条	
8202310000	带有钢制工作部件的圆锯片（包括切条或切槽锯片）	8	20	17	千克/片	
8202391000	带有天然或合成金刚石、立方氮化硼制的工作部件的圆锯片，包括部件（包括切条或切槽锯片）	8	20	17	千克/片	
8202399000	其他圆锯片，包括部件（包括切条或切槽锯片）	8	20	17	千克/片	
8202400000	链锯片	8	20	17	千克/条	
8202911000	加工金属用的机械锯的直锯片	8	20	17	千克/片	
8202919000	加工金属用的非机械锯的直锯片	8	50	17	千克/片	
8202991000	机械锯用的其他锯片	8.4	20	17	千克/片	
8202999000	非机械锯用的其他锯片	10.5	50	17	千克/片	

商品编号	商 品 名 称 及 备 注	进口关税税率(%)		增值税率(%)	计量单位	监管条件
		最惠国	普通			
8203	**钢锉、木锉、钳子(包括剪钳)、镊子、白铁剪、切管器、螺栓切头器、打孔冲子及类似手工工具**					
8203100000	钢锉、木锉及类似工具	10.5	50	17	千克/把	
8203200000	钳子、镊子及类似工具	10.5	50	17	千克/把	
8203300000	白铁剪及类似工具	10.5	50	17	千克/把	
8203400000	切管器、螺栓切头器、打孔冲子等	10.5	50	17	千克/把	
8204	**手动扳手及扳钳(包括转矩扳手,但不包括丝锥扳手);可互换的扳手套筒,不论是否带手柄**					
8204110000	固定式的手动扳手及板钳	10.5	50	17	千克/把	
8204120000	可调式的手动扳手及板钳	10	50	17	千克/把	
8204200000	可互换的扳手套筒(不论是否带手柄)	10	50	17	千克/套	
8205	**其他品目未列名的手工工具(包括玻璃刀);喷灯;台钳、夹钳及类似品,但作为机床附件或零件的除外;砧;轻便锻炉;带支架的手摇或脚踏砂轮**					
8205100000	手工钻孔或攻丝工具	10	50	17	千克/个	
8205200000	手工锤子	10	50	17	千克/个	
8205300000	木工用刨子、凿子及类似切削工具	10.5	50	17	千克/个	
8205400000	螺丝刀	10.5	50	17	千克/个	
8205510000	其他家用手工工具	10.5	50	17	千克/个	
8205590000	其他手工工具(包括玻璃刀)	10	50	17	千克/个	
8205600000	喷灯	10	50	17	千克/个	
8205700000	台钳、夹钳及类似品	10.5	50	17	千克/个	
8205900000	其他,包括由本品目项下两个或多个子目所列物品组成的成套货品(包括砧、轻便锻炉、带支架的手摇或脚踏砂轮)	10.5	50	17	千克	
8206	**由品目82.02至82.05中两个或多个品目所列工具组成的零售包装成套货品**					
8206000000	成套工具组成的零售包装货品(由品目82.02至82.05中两个或多个品目所列工具组成的)	10.5	50	17	千克	
8207	**手工工具(不论是否有动力装置)及机床(例如,锻压、冲压、攻丝、钻孔、镗孔、铰孔及铣削、车削或上螺丝用的机器)的可互换工具,包括金属拉拔或挤压用模以及凿岩或钻探工具**					
8207130000	带金属陶瓷工作部件的凿岩工具(包括钻探工具)	8	20	17	千克	
8207191000	带金刚石等工作部件的凿岩工具(金刚石等包括立方氮化硼,本子目包括钻探工具)	8	20	17	千克	
8207199000	带其他材料工作部件的凿岩工具(包括钻探工具)	8	20	17	千克	
8207201000	带金刚石等工作部件的金属拉拔模(金刚石等包括立方氮化硼,本子目包括金属挤压用模)	8	20	17	千克/套	
8207209000	带其他材料工作部件的金属模(包括金属挤压用模)	8	20	17	千克/套	
8207300001*	加工小轿车车身冲压件用的4种关键模具(侧围外板、翼子板、拼接整体侧围内板、拼焊整体侧围加强板用模具)	8	20	17	千克	
8207300002*	加工小轿车车身冲压件用的4种特种模具(σb≥980牛顿/平方毫米的冷冲压、热成型、内高压成型和铝板用模具)	8	20	17	千克	
8207300090	其他锻压或冲压工具	8	20	17	千克	
8207400000	攻丝工具	8	20	17	千克/件	

商品编号	商品名称及备注	进口关税税率(%)		增值税率(%)	计量单位	监管条件
		最惠国	普通			
8207501000	带金刚石等工作部件的钻孔工具(凿岩或钻探用的除外,金刚石等包括立方氧化硼)	8	20	17	千克/件	
8207509000	带其他材料工作部件的钻孔工具(凿岩或钻探用的除外)	8	20	17	千克/件	
8207601000	带金刚石等工作部件的镗孔工具(金刚石等包括立方氮化硼,本子目包括铰孔工具)	8	20	17	千克/件	
8207609000	带其他材料工作部件的镗孔工具(包括铰孔工具)	8	20	17	千克/件	
8207701000	带有天然或合成金刚石、立方氮化硼制的工作部件的铣削工具	8	20	17	千克/件	
8207709000	其他铣削工具	8	20	17	千克/件	
8207801000	带有天然或合成金刚石、立方氮化硼制的工作部件的车削工具	8	20	17	千克/件	
8207809000	其他车削工具	8	20	17	千克/件	
8207901000	带金刚石工作部件的其他互换工具(金刚石包括立方氮化硼)	8	20	17	千克/件	
8207909000	其他可互换工具(带有其他材料制的工作部件)	8	20	17	千克/件	
8208	**机器或机械器具的刀及刀片**					
8208101100	经镀或涂层的硬质合金制的金工机械用刀及刀片(金属加工用)	8	20	17	千克	
8208101900	其他硬质合金制的金工机械用刀及刀片(金属加工用)	8	20	17	千克	
8208109000	其他金工机械用刀及刀片(金属加工用)	8	20	17	千克	
8208200000	木工机械用刀及刀片(木器加工用)	8	20	17	千克	
8208300000	厨房或食品加工机器用刀及刀片(厨房器具或食品加工机器用)	8	20	17	千克	A
8208400000	农、林业机器用刀及刀片(农业、园艺、林业机器用)	8	20	13	千克	
8208900000	其他机器或机械器具用刀及刀片(其他用途)	8	20	17	千克	
8209	**未装配的工具用金属陶瓷板、杆、刀头及类似品**					
8209001000	未装配的工具用金属陶瓷板	8	20	17	千克	
8209002100	未装配的工具用金属陶瓷条、杆(晶粒度<0.8微米)	8	20	17	千克	
8209002900	其他未装配的工具用金属陶瓷条、杆(晶粒度≥0.8微米)	8	20	17	千克	
8209003000	未装配的工具用金属陶瓷刀头	8	20	17	千克	
8209009000	未装配的工具用金属陶瓷板、条、杆、刀头的类似品	8	20	17	千克	
8210	**用于加工或调制食品或饮料的手动机械器具,重量不超过10千克**					
8210000000	加工调制食品、饮料用手动机械(重量不超过10千克)	18	80	17	千克	A
8211	**有刃口的刀及其刀片,不论是否有锯齿(包括整枝刀),但品目82.08的刀除外**					
8211100000*	以刀为主的成套货品	18	80	17	千克/套	
8211910000*	刃面固定的餐刀	18	80	17	千克/把	AB
8211920000	刃面固定的其他刀	12	80	17	千克/把	
8211930000*	刃面不固定的刀	18	80	17	千克/把	
8211940000	品目82.11所列刀的刀片	14	80	17	千克	
8211950000	贱金属制的刀柄	12	80	17	千克	
8212	**剃刀及其刀片(包括未分开的刀片条)**					
8212100000	剃刀	12	80	17	千克/把	
8212200000	安全剃刀片(包括未分开的刀片条)	14	80	17	千克/片	

商品编号	商品名称及备注	进口关税税率(%)		增值税率(%)	计量单位	监管条件
		最惠国	普通			
8212900000	剃刀零件	12	80	17	千克	
8213	**剪刀、裁缝剪刀及类似品、剪刀片**					
8213000000	剪刀、裁缝剪刀及类似品、剪刀片	12	80	17	千克	
8214	**其他利口器(例如,理发推剪、屠刀、砍骨刀、切肉刀、切菜刀、裁纸刀);修指甲及修脚用具(包括指甲锉)**					
8214100000	裁纸刀、信刀、改错刀、铅笔刀及刀片	12	80	17	千克	
8214200000	修指甲及修脚用具(包括指甲锉)	18	90	17	千克	
8214900010	切菜刀等厨房用利口器	18	80	17	千克	A
8214900090	理发推子等其他利口器	18	80	17	千克	
8215	**餐匙、餐叉、长柄勺、漏勺、糕点夹、鱼刀、黄油刀、糖块夹及类似的厨房或餐桌用具**					
8215100000	成套含镀贵金属制厨房或餐桌用具(成套货品,至少其中一件是镀贵金属的)	18	80	17	千克	A
8215200000	成套的其他厨房或餐桌用具(成套货品,没有一件是镀贵金属的)	18	80	17	千克	A
8215910000	非成套镀贵金属制厨房或餐桌用具(非成套货品,镀贵金属的)	18	80	17	千克	A
8215990000*	其他非成套的厨房或餐桌用具(非成套货品,没镀贵金属的)	18	80	17	千克	A

第八十三章　贱金属杂项制品

注释：

一、在本章，贱金属零件应与制品一同归类。但品目73.12、73.15、73.17、73.18及73.20的钢铁制品或其他贱金属（第七十四章至第七十六章及第七十八章至第八十一章）制的类似物品不应视为本章制品的零件。

二、品目83.02所称"脚轮"，是指直径（对于有胎的，连胎计算在内，下同）不超过75毫米的或直径虽超过75毫米，但所装轮或胎的宽度必须小于30毫米的脚轮。

商品编号	商品名称及备注	进口关税税率（%）		增值税率（%）	计量单位	监管条件
		最惠国	普通			
8301	**贱金属制的锁（钥匙锁、数码锁及电动锁）；贱金属制带锁的扣环及扣环框架；上述锁的贱金属制钥匙**					
8301100000	挂锁	14	80	17	千克/把	
8301201000	机动车用中央控制门锁	10	80	17	千克/套	
8301209000	其他机动车用锁	10	80	17	千克/套	
8301300000	家具用锁	14	80	17	千克/个	
8301400000	其他锁	14	80	17	千克/个	
8301500000	带锁的扣环及扣环框架	14	80	17	千克	
8301600000	锁零件	12	80	17	千克	
8301700000	钥匙	10	80	17	千克	
8302	**用于家具、门窗、楼梯、百叶窗、车厢、鞍具、衣箱、盒子及类似品的贱金属附件及架座；贱金属制帽架、帽钩、托架及类似品；用贱金属做支架的小脚轮；贱金属制的自动闭门器**					
8302100000	铰链（折叶）	10	80	17	千克	
8302200000	用贱金属做支架的小脚轮	12	80	17	千克	
8302300000	机车用贱金属附件及架座	10	80	17	千克	
8302410000	建筑用贱金属配件及架座	14	80	17	千克	
8302420000	家具用贱金属配件及架座	12	80	17	千克	
8302490000	其他用贱金属配件及架座	12	80	17	千克	
8302500000	帽架、帽钩、托架及类似品	14	80	17	千克	
8302600000	自动闭门器	12	80	17	千克/个	
8303	**装甲或加强的贱金属制保险箱、保险柜及保险库的门和带锁保险储存橱、钱箱、契约箱及类似品**					
8303000000	保险箱、柜、保险库的门（及带锁保险储存厨、钱箱、契约箱及类似品）	14	50	17	千克	
8304	**贱金属制的档案柜、卡片索引柜、文件盘、文件篮、笔盘、公章架及类似的办公用具，但品目94.03的办公室家具除外**					
8304000000	贱金属档案柜、文件箱等办公用具（品目94.03的办公室家具除外）	10.5	80	17	千克	
8305	**活页夹、卷宗夹的贱金属附件，贱金属制的信夹、信角、文件夹、索引标签及类似的办公用品；贱金属制的成条订书钉（例如，供办公室、室内装饰或包装用）**					
8305100000	活页夹或宗卷夹的附件	10.5	80	17	千克	
8305200000	成条订书钉	10.5	80	17	千克	
8305900000	信夹、信角、文件夹等办公用品及零件	10.5	80	17	千克	

商品编号	商品名称及备注	进口关税税率(%)		增值税率(%)	计量单位	监管条件
		最惠国	普通			
8306	**非电动的贱金属铃、钟、锣及类似品;贱金属雕塑像及其他装饰品;贱金属相框或画框及类似框架;贱金属镜子**					
8306100000	非电动铃、钟、锣及其类似品	8	80	17	千克	
8306210000	镀贵金属的雕塑像及其他装饰品(贱金属制)	8	100	17	千克	
8306291000	景泰蓝雕塑像及其他装饰品(贱金属制)	8	100	17	千克	
8306299000	其他雕塑像及其他装饰品(贱金属制)	8	100	17	千克	
8306300000	相框、画框及类似框架、镜子	8	100	17	千克	
8307	**贱金属软管,不论是否有附件**					
8307100000	钢铁制软管,可有配件	8.4	35	17	千克	
8307900000	其他贱金属软管,可有配件	8.4	35	17	千克	
8308	**贱金属制的扣、钩、环、眼及类似品,用于衣着、鞋靴、天篷、提包、旅行用品或其他制成品;贱金属制的管形铆钉及开口铆钉;贱金属制的珠子及亮晶片**					
8308100000	贱金属制钩、环及眼	10.5	80	17	千克	
8308200000	贱金属制管形铆钉及开口铆钉	10.5	80	17	千克	
8308900000	贱金属制珠子及亮晶片	10.5	80	17	千克	
8309	**贱金属制的塞子、盖子(包括冠形瓶塞、螺口盖及倒水塞)、瓶帽、螺口塞、塞子帽、封志及其他包装用附件**					
8309100000	贱金属制冠形瓶塞	18	90	17	千克	
8309900000	盖子、瓶帽、螺口塞封志等包装用附件(贱金属制)	12	80	17	千克	
8310	**贱金属制的标志牌、铭牌、地名牌及类似品、号码、字母及类似标志,但品目 94.05 的货品除外**					
8310000000	标志牌、铭牌、号码、字母等标志(贱金属制,品目 94.05 的货品除外)	18	80	17	千克	
8311	**贱金属或硬质合金制的丝、条、管、板、电极及类似品,以焊剂涂面或以焊剂为芯,用于焊接或沉积金属、硬质合金;贱金属粉粘聚而成的丝或条,供金属喷镀用**					
8311100000	以焊剂涂面的贱金属电极,电弧焊用	8	30	17	千克	
8311200000	以焊剂为芯的贱金属制焊丝(电弧焊用)	8	30	17	千克	
8311300000	以焊剂涂面或作芯的贱金属条或丝(钎焊或气焊用)	8	30	17	千克	
8311900000	贱金属粘聚成的丝或条(供金属喷镀用)	8	30	17	千克	

第十六类　机器、机械器具、电气设备及其零件；录音机及放声机、电视图像、声音的录制和重放设备及其零件、附件

注释：

一、本类不包括：

（一）第三十九章的塑料或税目40.10的硫化橡胶制的传动带、输送带；除硬质橡胶以外的硫化橡胶制的机器、机械器具、电气器具或其他专门技术用途的物品（税目40.16）；

（二）机器、机械器具或其他专门技术用途的皮革、再生皮革（品目42.05）或毛皮（品目43.03）的制品；

（三）各种材料（例如，第三十九章、第四十章、第四十四章、第四十八章及第十五类的材料）制的筒管、卷轴、纡子、锥形筒管、芯子、线轴及类似品；

（四）提花机及类似机器用的穿孔卡片（例如，归入第三十九章、第四十八章或第十五类的）；

（五）纺织材料制的传动带、输送带及带料（品目59.10）或技术上用的其他纺织材料制品（品目59.11）；

（六）品目71.02至71.04的宝石或半宝石（天然、合成或再造）或品目71.16的完全以宝石或半宝石制成的物品，但已加工未装配的唱针用蓝宝石和钻石除外（品目85.22）；

（七）第十五类注释二所规定的贱金属制通用零件（第十五类）及塑料制的类似品（第三十九章）；

（八）钻管（品目73.04）；

（九）金属丝、带制的环形带（第十五类）；

（十）第八十二章或第八十三章的物品；

（十一）第十七类的物品；

（十二）第九十章的物品；

（十三）钟、表或第九十一章的其他物品；

（十四）品目82.07的可互换工具及品目96.03的作为机器零件的刷子；类似的可互换工具应按其构成工作部件的材料归类（例如，归入第四十章、第四十二章、第四十三章、第四十五章、第五十九章或品目68.04、68.09）；

（十五）第九十五章的物品；

（十六）打字机色带或类似色带，不论是否装轴或装盒（按其材料属性归类；如已上油或经其他方法处理能着色的，应归入品目96.12）。

二、除本类注释一、第八十四章注释一及第八十五章注释一另有规定的以外，机器零件（不属于品目84.84、85.44、85.45、85.46或85.47所列物品的零件）应按下列规定归类：

（一）凡在第八十四章、第八十五章的品目（品目84.09、84.31、84.48、84.66、84.73、84.87、85.03、85.22、85.29、85.38及85.48除外）列名的货品，均应归入该两章的相应品目；

（二）专用于或主要用于某一种机器或同一品目的多种机器（包括品目84.79或85.43的机器）的零件，应与该种机器一并归类，或酌情归入品目84.09、84.31、84.48、84.66、84.73、85.03、85.22、85.29、85.38；但能同时主要用于品目85.17和85.25至85.28所列机器的零件，应归入品目85.17；

（三）所有其他零件应酌情归入品目84.09、84.31、84.48、84.66、84.73、85.03、85.22、85.29或85.38，如不能归入上述品目，则应归入品目84.87或85.48。

三、由两部及两部以上机器装配在一起形成的组合式机器，或具有两种及两种以上互补或交替功能的机器，除条文另有规定的以外，应按具有主要功能的机器归类。

四、由不同独立部件（不论是否分开或由管道、传动装置、电缆或其他装置连接）组成的机器（包括机组），如果组合后明显具有一种第八十四章或第八十五章某个品目所列功能，则全部机器应按其功能归入有关品目。

五、上述各注释所称“机器”，是指第八十四章或第八十五章各品目所列的各种机器、设备、装置及器具。

第八十四章　核反应堆、锅炉、机器、机械器具及其零件

注释：

一、本章不包括：

（一）石磨、石碾及第六十八章的其他物品；

（二）陶瓷材料制的机器或器具（例如泵）以及任何材料制机器或器具的陶瓷制零件（第六十九章）；

（三）实验室用玻璃器（品目70.17）；玻璃制的机器、器具或其他专门技术用途的物品及其零件（品目70.19或70.20）；

（四）品目73.21或73.22的物品或其他贱金属制的类似物品（第七十四章至第七十六章或第七十八章至第八十一章）；

（五）品目85.08的真空吸尘器；

（六）品目85.09的家用电动器具；品目85.25的数字式照相机；

（七）非机动的手工操作地板清扫器（品目96.03）。

二、除第十六类注释三及本章注释九另有规定以外，如果某种机器或器具既符合品目84.01至84.24或品目84.86中一个或几个品目的规定，又符合品目84.25至84.80中一个或几个品目的规定，则应酌情归入品目84.01至84.24或品目84.86中的相应品目，而不归入品目84.25至84.80中的有关品目。

但品目84.19不包括：

（一）催芽装置、孵卵器或育雏器（品目84.36）；

（二）谷物调湿机（品目84.37）；

（三）萃取糖汁的浸提装置（品目84.38）；

（四）纱线、织物及纺织制品的热处理机器（品目84.51）；

（五）温度变化（即使必不可少）仅作为辅助功能的机器设备。

品目84.22不包括：

（一）缝合袋子或类似品用的缝纫机；

（二）品目84.72的办公室用机器。

品目84.24不包括：

（一）喷墨印刷（打印）机器（品目84.43）；或

（二）水射流切割机（品目84.56）。

三、如果用于加工各种材料的某种机床既符合品目84.56的规定，又符合品目84.57、84.58、84.59、84.60、84.61、84.64或84.65的规定，则应归入品目84.56。

四、品目84.57仅适用于可以完成下列不同形式机器操作的金属加工机床，但车床（包括车削中心）除外：

（一）按照机械加工程序从刀具库中自动更换刀具（加工中心）；

（二）同时或顺序地自动使用不同的动力头对固定不动的工件进行加工（单工位组合机床）；

（三）自动将工件送向不同的动力头（多工位组合机床）。

五、（一）品目84.71所称"自动数据处理设备"，是指具有如下功能的机器：

1. 存储处理程序及执行程序直接需要的起码的数据；

2. 按照用户的要求随意编辑程序；

3. 按照用户指令进行算术计算；以及

4. 在运行过程中，可不需人为干预而通过逻辑判断，执行一个处理程序，这个处理程序可改变计算机指令的执行。

（二）自动数据处理设备可以是一套由若干单独部件所组成的系统。

（三）除本注释（四）及（五）另有规定的以外，一个部件如果符合下列所有规定，即可视为自动数据处理系统的一部分：

1. 专用于或主要用于自动数据处理系统；

2. 可以直接或通过一个或几个其他部件同中央处理机相连接；

3. 能够以本系统所使用的方式（代码或信号）接收或传送数据。

自动数据处理设备的部件如果单独报验，应归入品目84.71。但是，键盘、X－Y坐标输入装置及盘（片）式存储部件，只要符合上述注释（三）2及（三）3所列的规定，应一律作为品目84.71的部件归类。

（四）品目84.71不包括单独报验的下述设备，即使它们符合上述注释五（三）的所有规定：

1. 打印机、复印机、传真机，不论是否组合式；

2. 发送或接收声音、图像或其他数据的设备，包括无线或有线网络（例如，局域网或广域网）通信设备；

3. 扬声器及传声器（麦克风）；

4. 电视摄像机、数字照相机及视频摄录一体机；

5. 监视器及投影机，未装有电视接收装置。

（五）装有自动数据处理设备或与自动数据处理设备连接使用，但却从事数据处理以外的某项专门功能的机器，应按其功能归入相应的品目，对于无法按功能归类的，应归入未列名品目。

六、品目84.82还包括最大直径及最小直径与标称直径相差均不超过1%或0.05毫米（以相差数值较小的为准）的抛光钢珠，其他钢珠归入品目73.26。

七、具有一种以上用途的机器在归类时，其主要用途可作为唯一的用途对待。

除本章注释二、第十六类注释三另有规定的以外，凡任何品目都未列明其主要用途的机器，以及没有哪一种用途是主要用途的机器，均应归入品目84.79。品目84.79还包括将金属丝、纱线或其他各种材料以及它们的混合材料制成绳、缆的机器（例如，捻股机、绞扭机、制缆机）。

八、品目84.70所称"袖珍式"仅适用于外形尺寸不超过170毫米×100毫米×45毫米的机器。

九、（一）第八十五章注释八（一）及八（二）同样适用于本条注释及品目84.86中所称"半导体器件"及"集成电路"。但是，本条注释及品目84.86所称"半导体器件"，也包括光敏半导体器件及发光二极管。

（二）本条注释及品目84.86所称"平板显示器的制造"，包括将各层基片制造成平板，但不包括玻璃的制造或将印刷电路板或其他电子元件装配在平板上。所称"平板显示"不包括阴极射线管技术。

（三）品目84.86也包括下列机器及装置，其专用或主要用于：

1. 制造或修补掩膜版及刻线；

2. 组装半导体器件或集成电路；

3. 升降、搬运、装卸单晶柱、晶圆、半导体器件、集成电路及平板显示器。

（四）除十六类注释一及第八十四章注释一另有规定的以外，符合品目84.86规定的机器及装置，应归入该品目而不归入本手册的其他品目。

子目注释：

一、子目号8471.49所称"系统"，是指各部件符合第八十四章章注五（二）所列条件，并且至少由一个中央处理部件、一个输入部件（例如，键盘或扫描仪）和一个输出部件（例如，视频显示器或打印机）组成的自动数据处理设备。

二、子目号8482.40仅包括滚柱直径相同，最大不超过5毫米，且长度至少是直径3倍的圆滚柱轴承，滚柱的两端可以磨圆。

商品编号	商品名称及备注	进口关税税率(%)		增值税率(%)	计量单位	监管条件
		最惠国	普通			
8401	**核反应堆；核反应堆的未辐照燃料元件（释热元件）；同位素分离机器及装置**					
8401100000	核反应堆	2	8	17	千克	3
8401200000	同位素分离机器、装置及其零件	1	8	17	个/千克	3
8401301000	未辐照燃料元件（释热元件）	2	8	17	千克	
8401309000	未辐照燃料元件（释热元件）的零件	1	8	17	千克	
8401401000	核反应堆未辐照相关组件	1	8	17	千克	
8401402000	核反应堆堆内构件	1	8	17	千克	3
8401409010	核反应堆压力容器（包括其顶板）（专门设计或制造来用于容纳核反应堆的堆芯）	1	8	17	千克	3
8401409020	核反应堆控制棒和设备（专用于核反应堆裂变控制棒、支承结构或悬吊结构等）	1	8	17	千克	3
8401409030	核反应堆压力管（专用于容纳核燃料元件和一次冷却剂的，压力＞5.1兆帕）	1	8	17	千克	3
8401409090	其他核反应堆零件	1	8	17	千克	
8402	**蒸汽锅炉（能产生低压水蒸气的集中供暖用的热水锅炉除外）；过热水锅炉**					
8402111000	蒸发量≥900吨/时发电用蒸汽水管锅炉	3	11	17	台/千克	6AB
8402119000	其他蒸发量＞45吨/时的蒸汽水管锅炉	14	35	17	台/千克	6OAB
8402120010	纸浆厂废料锅炉（蒸发≤45吨/时蒸汽水管锅炉）	5	35	17	台/千克	6OAB
8402120090	其他蒸发量未超45吨/时水管锅炉	5	35	17	台/千克	6OAB
8402190000	其他蒸汽锅炉（包括混合式锅炉）	5	35	17	台/千克	6OAB
8402200000	过热水锅炉	16	35	17	台/千克	6OAB
8402900000	蒸汽锅炉及过热水锅炉的零件	2	11	17	千克	
8403	**集中供暖用的热水锅炉，但品目84.02的货品除外**					
8403101000	家用型热水锅炉（但品目84.02的货品除外）	10	80	17	台	6OAB
8403109000	其他集中供暖用的热水锅炉（但品目84.02的货品除外）	10	80	17	台	6OAB
8403900000	集中供暖用热水锅炉的零件	6	80	17	千克	
8404	**品目84.02或84.03所列锅炉的辅助设备（例如，节热器、过热器、除灰器、气体回收器）；水蒸气或其他蒸汽动力装置的冷凝器**					
8404101000	蒸汽锅炉、过热水锅炉的辅助设备（例如，节热器、过热器、除灰器、气体回收器）	7	35	17	千克	6OBA
8404102000	集中供暖用热水锅炉的辅助设备（例如，节热器、过热器、除灰器、气体回收器）	10	80	17	千克	6BA
8404200000	水及其他蒸汽动力装置的冷凝器	14	35	17	千克	6OBA
8404901000	集中供暖热水锅炉辅助设备的零件	10	80	17	千克	
8404909000	其他辅助设备用零件（编号84041010、84042000所列辅助设备的）	7	35	17	千克	
8405	**煤气发生器，不论有无净化器；乙炔发生器及类似水解气体发生器，不论有无净化器**					
8405100000	煤气、乙炔及类似水解气体发生器（不论有无净化器）	14	30	17	千克	BA

商品编号	商品名称及备注	进口关税税率(%)		增值税率(%)	计量单位	监管条件
		最惠国	普通			
8405900000	煤气、乙炔等气体发生器的零件	8	30	17	千克	
8406	**汽轮机**					
8406100000	船舶动力用汽轮机	5	35	17	台/千瓦	
8406811000	40兆瓦＜功率≤100兆瓦的其他汽轮机(功率指输出功率)	5	35	17	台/千瓦	O
8406812000	100兆瓦＜功率≤350兆瓦的其他汽轮机(功率指输出功率)	5	35	17	台/千瓦	O
8406813000	功率＞350兆瓦的其他汽轮机(功率指输出功率)	6	11	17	台/千瓦	O
8406820000	功率≤40兆瓦的其他汽轮机(功率指输出功率)	5	35	17	台/千瓦	O
8406900000	汽轮机用的零件	2	11	17	千克	
8407	**点燃往复式或旋转式活塞内燃发动机**					
8407101000	输出功率≤298千瓦航空器内燃引擎(指点燃往复式或旋转式)	2	11	17	台/千瓦	6
8407102000	输出功率＞298千瓦航空器内燃引擎(指点燃往复式或旋转式)	2	11	17	台/千瓦	6
8407210000	船舶用舷外点燃式引擎(指点燃往复式或旋转式活塞内燃发动机)	8	35	17	台/千瓦	6
8407290000	船舶用其他未列名点燃式引擎(指点燃往复式或旋转式活塞内燃发动机,舷外式的除外)	8	20	17	台/千瓦	6
8407310000	排气量≤50毫升往复式活塞引擎(第八十七章所列车辆用的点燃往复式活塞发动机,不超过50毫升)	10	35	17	台/千瓦	y4xAB6
8407320000	50毫升＜排气量≤250毫升往复式活塞引擎(第八十七章所列车辆用的点燃往复式活塞发动机)	10	35	17	台/千瓦	y4xAB6
8407330000	250毫升＜排气量≤1000毫升往复活塞引擎(第八十七章所列车辆的点燃往复式活塞发动机)	10	70	17	台/千瓦	ABO6
8407341001*	缸内直接喷射的汽油发动机,1000毫升＜排气量≤2500毫升(第八十七章所列车辆的点燃往复式活塞发动机)	10	70	17	台/千瓦	AB6O
8407341002*	升功率≥75千瓦的多点喷射涡轮增压汽油发动机,1000毫升＜排气量≤2500毫升(第八十七章车辆的点燃往复式活塞发动机,缸内直喷式除外)	10	70	17	台/千瓦	AB6O
8407341090	其他1000毫升＜排气量≤3000毫升车辆的往复式活塞引擎(第八十七章所列车辆的点燃往复式活塞发动机)	10	70	17	台/千瓦	AB6O
8407342010	排气量≥5.9升的天然气发动机(第八十七章所列车辆用的点燃往复式活塞发动机)	10	35	17	台/千瓦	AB6O
8407342090	其他＞3000毫升车用往复式活塞引擎(第八十七章所列车辆用的点燃往复式活塞发动机)	10	35	17	台/千瓦	AB6O
8407901000	沼气发动机	12	35	17	台/千瓦	6
8407909001*	转速＜3600转/分汽油发动机(发电机用)	18	35	17	台/千瓦	O6
8407909002*	转速＜4650转/分汽油发动机(品目84.26、84.28～84.30所列机械用)	18	35	17	台/千瓦	O6
8407909003*	立式输出轴汽油发动机(非第八十七章所列车辆用其他往复式活塞发动机)	18	35	17	台/千瓦	6
8407909004*	转速＜4650转/分汽油发动机(品目84.27所列机械用)	18	35	17	台/千瓦	O6
8407909090	其他往复或旋转式活塞内燃引擎(非第八十七章所列车辆用其他点燃往复式或旋转式活塞发动机)	18	35	17	台/千瓦	O6
8408	**压燃式活塞内燃发动机(柴油或半柴油发动机)**					
8408100000	船舶用柴油发动机(指压燃式活塞内燃发动机)	5	11	17	台/千瓦	BO6

商品编号	商品名称及备注	进口关税税率(%) 最惠国	进口关税税率(%) 普通	增值税率(%)	计量单位	监管条件
8408201001*	输出功率在441千瓦(600马力)及以上的柴油发动机	9	14	17	台/千瓦	OB6
8408201002*	257千瓦≤输出功率<441千瓦的柴油发动机(350马力≤输出功率<600马力)	9	14	17	台/千瓦	OB6
8408201010	功率≥132.39千瓦拖拉机用柴油机	9	14	13	台/千瓦	OB6
8408201090	功率≥132.39千瓦其他用柴油机[指八十七章车辆用压燃式活塞内燃发动机(132.39千瓦=180马力)]	9	14	17	台/千瓦	OB6
8408209001*	40千瓦≤额定功率<132.39千瓦的轿车用柴油发动机	25	35	17	台/千瓦	6BO
8408209010	功率<132.39千瓦拖拉机用柴油机	25	35	13	台/千瓦	6BO
8408209090	功率<132.39千瓦其他用柴油机(指第八十七章车辆用压燃式活塞内燃发动机)	25	35	17	台/千瓦	6BO
8408901000	机车用柴油发动机(压燃式活塞内燃发动机)	6	11	17	台/千瓦	BO6
8408909111	功率≤14千瓦农业用单缸柴油机[非八十七章车辆用压燃式活塞内燃发动机(14千瓦=19.05马力)]	5	35	13	台/千瓦	6B
8408909119	功率≤14千瓦农业用柴油发动机[非八十七章车辆用压燃式活塞内燃发动机(14千瓦=19.05马力)]	5	35	13	台/千瓦	6B
8408909191	功率≤14千瓦其他用单缸柴油机[非八十七章车辆用压燃式活塞内燃发动机(14千瓦=19.05马力)]	5	35	17	台/千瓦	6B
8408909199	功率≤14千瓦其他用柴油发动机[非八十七章车辆用压燃式活塞内燃发动机(14千瓦=19.05马力)]	5	35	17	台/千瓦	6B
8408909210	转速<4650转/分柴油发动机,14千瓦<功率<132.39千瓦(品目84.26~84.30所列工程机械用)	8.4	35	17	台/千瓦	6BO
8408909220	14千瓦<功率<132.39千瓦的农业用柴油机[非八十七章车辆用压燃式活塞内燃发动机(1千瓦=1.36马力)]	8.4	35	13	台/千瓦	6B
8408909290	14千瓦<功率<132.39千瓦的其他用柴油机[非八十七章车辆用压燃式活塞内燃发动机(1千瓦=1.36马力)]	8.4	35	17	台/千瓦	6BO
8408909310	功率≥132.39千瓦的农业用柴油机[非八十七章用压燃式活塞内燃发动机(132.39千瓦=180马力]	5	14	13	台/千瓦	B6
8408909390	功率≥132.39千瓦其他用柴油发动机[非八十七章用压燃式活塞内燃发动机(132.39千瓦=180马力]	5	14	17	台/千瓦	OB6
8409	**专用于或主要用于品目84.07或84.08所列发动机的零件**					
8409100000	航空器发动机用零件(指专用于或主要用于品目84.07或84.08所列航空器发动机的零件)	2	11	17	千克	
8409911000	船舶用点燃式发动机专用零件(指专用于或主要用于点燃式活塞内燃发动机的)	6	17	17	千克	
8409919100*	电控燃油喷射装置(指专用于或主要用于点燃式活塞内燃发动机的)	5	35	17	千克/套	O
8409919920	废气再循环(EGR)装置(专用或主要用于内燃发动机)	5	35	17	千克	
8409919930	连杆(专用或主要用于内燃发动机)	5	35	17	千克	
8409919940	喷嘴(专用或主要用于内燃发动机)	5	35	17	千克	
8409919950	气门摇臂(专用或主要用于内燃发动机)	5	35	17	千克	
8409919990	其他点燃式活塞内燃发动机用零件	5	35	17	千克	
8409991000	其他船舶发动机专用零件	5	11	17	千克	
8409992000	其他机车发动机专用零件	2	11	17	千克	
8409999100	其他功率≥132.39千瓦发动机的专用零件(132.39千瓦=180马力)	2	11	17	千克	
8409999901*	电控柴油喷射装置(指品目84.08所列的其他发动机用)	8.4	35	17	千克	O

商品编号	商品名称及备注	进口关税税率(%)		增值税率(%)	计量单位	监管条件
		最惠国	普通			
8409999990	其他发动机的专用零件(指品目84.07或84.08所列的其他发动机)	8.4	35	17	千克	
8410	**水轮机、水轮及其调节器**					
8410110000	功率≤1000千瓦的水轮机及水轮	10	35	17	台	
8410120000	功率1000千瓦~10000千瓦的水轮机及水轮(指超过1000千瓦,但不超过10000千瓦的)	10	35	17	台	
8410131000	功率>30000千瓦冲击式水轮机及水轮	10	35	17	台	
8410132000	功率>35000千瓦贯流水轮机及水轮	10	35	17	台	
8410133000	功率>200000千瓦水泵式水轮机及水轮	10	35	17	台	
8410139000	功率>10000千瓦的其他水轮机及水轮	10	35	17	台	
8410901000	水轮机及水轮的调节器	6	35	17	千克/套	O
8410909000	水轮机及水轮的其他零件(不包括调节器)	6	35	17	千克	O
8411	**涡轮喷气发动机,涡轮螺桨发动机及其他燃气轮机**					
8411111000	涡轮风扇发动机(推力≤25千牛顿)	1	11	17	台	3
8411119000	其他涡轮喷气发动机(推力≤25千牛顿)	1	11	17	台	
8411121000	涡轮风扇发动机(推力>25千牛顿)	1	11	17	台	3
8411129010	小型燃烧率高轻型涡轮喷气发动机(推力≥90千牛顿的涡轮喷气发动机)	1	11	17	台	3
8411129090	其他涡轮喷气发动机(推力>25千牛顿)	1	11	17	台	
8411210000	功率≤1100千瓦的涡轮螺桨发动机	2	11	17	台/千瓦	
8411221000	1100千瓦<功率≤2238千瓦涡轮螺桨引擎	2	11	17	台/千瓦	
8411222000	2238千瓦<功率≤3730千瓦涡轮螺桨引擎	2	11	17	台/千瓦	
8411223000	功率>3730千瓦涡轮螺桨引擎	2	11	17	台/千瓦	
8411810001*	涡轮轴航空发动机(功率≤5000千瓦)	15	35	17	台/千瓦	
8411810090	功率≤5000千瓦的其他燃气轮机	15	35	17	台/千瓦	
8411820000	功率>5000千瓦的其他燃气轮机	3	35	17	台/千瓦	O
8411910000	涡轮喷气或涡轮螺桨发动机用零件	1	11	17	千克	
8411991001*	涡轮轴航空发动机用零件	5	35	17	千克	
8411991090	其他涡轮轴发动机用零件	5	35	17	千克	
8411999000	其他燃气轮机用零件	5	35	17	千克	
8412	**其他发动机及动力装置**					
8412101010	冲压喷气发动机(包括超燃冲压喷气发动机)	3	11	17	台	3
8412101020	脉冲喷气发动机	3	11	17	台	3
8412101030	组合循环发动机	3	11	17	台	3
8412101090	其他航空、航天器用喷气发动机(涡轮喷气发动机除外)	3	11	17	台	
8412109000	非航空、航天器用喷气发动机(涡轮喷气发动机除外)	10	35	17	台	
8412210000	直线作用的液压动力装置(液压缸)	12	35	17	台	
8412291000	液压马达	10	35	17	台	O
8412299000	其他液压动力装置	14	35	17	台	O
8412310001*	三坐标测量机用平衡气缸	14	35	17	台	
8412310090	其他直线作用的气压动力装置(气压缸)	14	35	17	台	
8412390000	其他气压动力装置	14	35	17	台	O
8412800010	液体火箭发动机(推力≥90千牛顿可贮存推进剂的)	10	35	17	台	3
8412800020	固体火箭发动机(总冲≥1100千牛顿秒的)	10	35	17	台	3
8412800090	其他发动机及动力装置	10	35	17	台	
8412901010	燃烧调节装置(冲压或脉冲喷气发动机的)	2	11	17	千克	3

商品编号	商品名称及备注	进口关税税率(%)		增值税率(%)	计量单位	监管条件
		最惠国	普通			
8412901020	火箭发动机的壳体	2	11	17	千克	3
8412901090	航空、航天器用喷气发动机的零件(涡轮喷气发动机的零件,编号8412901010除外)	2	11	17	千克	
8412909000	其他发动机及动力装置的零件	8	35	17	千克	
8413	**液体泵,不论是否装有计量装置;液体提升机**					
8413110000*	分装燃料或润滑油的泵,用于加油站或车库(其装有或可装计量装置)	10	30	17	台	
8413190000*	其他装有或可装计量装置的泵	10	30	17	台	
8413200000	手泵(但编号841311或841319的货品除外)	10	30	17	台	
8413302100	180马力及以上发动机用燃油泵(活塞式内燃发动机用的)	3	30	17	台	
8413302900	其他燃油泵(活塞式内燃发动机用的)	3	30	17	台	
8413303000	润滑油泵(活塞式内燃发动机用的)	3	30	17	台	
8413309000	冷却剂泵(活塞式内燃发动机用的)	3	30	17	台	
8413400000	混凝土泵	8	30	17	台	
8413501010*	农业用气动往复式排液泵	10	40	13	台	
8413501020*	气动式耐腐蚀波纹或隔膜泵(流量>0.6立方米/小时,接触表面由特殊耐腐蚀材料制成)	10	40	17	台	3
8413501090*	其他非农业用气动往复式排液泵	10	40	17	台	
8413502010*	农业用电动往复式排液泵	10	40	13	台	
8413502020*	电动式耐腐蚀波纹或隔膜泵(流量>0.6立方米/小时,接触表面由特殊耐腐蚀材料制成)	10	40	17	台	3
8413502030*	电动往复式排液多重密封泵(两用物项管制)	10	40	17	台	3
8413502090*	其他非农业用电动往复式排液泵	10	40	17	台	
8413503101*	农业用柱塞泵	10	40	13	台	
8413503190*	其他非农业用柱塞泵	10	40	17	台	
8413503901*	其他农业用液压往复式排液泵	10	40	13	台	
8413503920*	液压式耐腐蚀波纹或隔膜泵(流量>0.6立方米/小时,接触表面由特殊耐腐蚀材料制成)	10	40	17	台	3
8413503990*	其他非农业用液压往复式排液泵	10	40	17	台	
8413509010*	其他农用往复式排液泵	10	40	13	台	
8413509020*	其他耐腐蚀波纹或隔膜泵(流量大于0.6立方米/小时,接触表面由特殊耐腐蚀材料制成)	10	40	17	台	3
8413509090*	其他非农用往复式排液泵	10	40	17	台	
8413602101*	农业用电动齿轮泵(回转式排液泵)	10	40	13	台	
8413602110*	电动齿轮多重密封泵(非农业用回转式排液泵)	10	40	17	台	3
8413602190*	其他非农业用电动齿轮泵(回转式排液泵,多重密封泵除外)	10	40	17	台	
8413602201*	农业用回转式液压油泵(输入转速>2000转/分,输入功率>190千瓦,最大流量>2×280升/分)	10	40	13	台	
8413602202*	非农业用回转式液压油泵(输入转速>2000转/分,输入功率>190千瓦,最大流量>2×280升/分)	10	40	17	台	
8413602210*	其他农业用液压齿轮泵(回转式排液泵)	10	40	13	台	
8413602220*	液压齿轮多重密封泵(非农业用回转式排液泵)	10	40	17	台	3
8413602290*	其他非农业用液压齿轮泵(回转式排液泵,多重密封泵除外)	10	40	17	台	
8413602901*	其他农业用齿轮泵(回转式排液泵)	10	40	13	台	

商品编号	商品名称及备注	进口关税税率(%)		增值税率(%)	计量单位	监管条件
		最惠国	普通			
8413602990*	其他非农业用齿轮泵(回转式排液泵)	10	40	17	台	
8413603101*	农业用电动叶片泵(回转式排液泵)	10	40	13	台	
8413603110*	电动叶片多重密封泵(非农业用回转式排液泵)	10	40	17	台	3
8413603190*	其他非农业用电动叶片泵(回转式排液泵,多重密封泵除外)	10	40	17	台	
8413603201*	农业用液压叶片泵(回转式排液泵)	10	40	13	台	
8413603210*	液压叶片多重密封泵(非农业用回转式排液泵)	10	40	17	台	3
8413603290*	其他非农业用液压叶片泵(回转式排液泵,多重密封泵除外)	10	40	17	台	
8413603901*	其他农业用叶片泵(回转式排液泵)	10	40	13	台	
8413603990*	其他非农业用叶片泵(回转式排液泵)	10	40	17	台	
8413604001*	农业用螺杆泵(回转式排液泵)	10	40	13	台	
8413604010*	螺杆多重密封泵(非农业用回转式排液泵)	10	40	17	台	3
8413604090*	其他非农业用螺杆泵(回转式排液泵,多重密封泵除外)	10	40	17	台	
8413605001*	农业用径向柱塞泵(回转式排液泵)	10	40	13	台	
8413605090*	其他非农业用径向柱塞泵(回转式排液泵)	10	40	17	台	
8413606001*	农业用轴向柱塞泵(回转式排液泵)	10	40	13	台	
8413606090*	其他非农业用轴向柱塞泵(回转式排液泵)	10	40	17	台	
8413609010*	农业用其他回转式排液泵	10	40	13	台	
8413609090*	其他回转式排液泵	10	40	17	台	
8413701010	农业用其他离心泵(转速≥10000 转/分)	8	40	13	台	
8413701020	液体推进剂用泵(转速≥10000 转/分,出口压力≥7000 千帕的)	8	40	17	台	3
8413701030	离心泵多重密封泵(两用物项管制)	8	40	17	台	3
8413701090	其他非农用离心泵(转速≥10000 转/分)	8	40	17	台	
8413709110*	农业用电动潜油泵及潜水电泵(转速<10000 转/分)	10	40	13	台	
8413709190*	其他非农业用电动潜油泵及潜水电泵(转速<10000 转/分)	10	40	17	台	
8413709910	其他农业用离心泵(转速<10000 转/分)	8	40	13	台	
8413709920	一次冷却剂泵(全密封驱动泵,有惯性质量系统的泵,及鉴定为 NC-1 泵等)	8	40	17	台	3
8413709930	转速<10000 转/分的离心式屏蔽泵(流量>0.6 立方米/小时,接触表面由特殊耐腐蚀材料制成)	8	40	17	台	3
8413709940	转速<10000 转/分的离心式磁力泵(流量>0.6 立方米/小时,接触表面由特殊耐腐蚀材料制成)	8	40	17	台	3
8413709950	液体推进剂用泵(8000 转/分<转速<10000 转/分,出口压力≥7000 千帕的)	8	40	17	台	3
8413709960	其他离心泵多重密封泵(两用物项管制)	8	40	17	台	3O
8413709990	其他非农业用离心泵(转速<10000 转/分)	8	40	17	台	
8413810010	农业用其他液体泵	8	40	13	台	
8413810020	生产重水用多级泵(专门为利用氨—氢交换法生产重水而设计或制造的多级泵)	8	40	17	台	3
8413810090	其他非农用液体泵	8	40	17	台	
8413820000	液体提升机	8	30	17	台	
8413910000	泵用零件	5	30	17	千克	
8413920000*	液体提升机用零件	6	30	17	千克	

商品编号	商品名称及备注	进口关税税率(%)		增值税率(%)	计量单位	监管条件
		最惠国	普通			
8414	**空气泵或真空泵、空气及其他气体压缩机、风机、风扇;装有风扇的通风罩或循环气罩,不论是否装有过滤器**					
8414100010*	耐腐蚀真空泵(流量>5立方米/小时,接触表面由特殊耐腐蚀材料制成)	8	30	17	台	3
8414100020*	真空泵(抽气口≥38厘米,速度≥15千升/秒,产生<10^{-4}托极限真空度)	8	30	17	台	3
8414100030*	能在含UF_6气氛中使用的真空泵(用铝、镍或含镍高于60%的合金制成或为衬里的)	8	30	17	台	3
8414100040*	专门设计或制造的抽气能力≥5立方米/分的真空泵(专用于同位素气体扩散浓缩)	8	30	17	台	3
8414100050*	能在含UF_6气氛中使用的真空泵(耐UF_6腐蚀的,也可用氟碳密封和特殊工作流体)	8	30	17	台	3
8414100090*	其他真空泵	8	30	17	台	
8414200000	手动或脚踏式空气泵	8	30	17	台/千克	
8414301101*	功率≤0.4千瓦的冷藏、冷冻箱用无级变速压缩机	8	80	17	台	AB
8414301102*	功率≤0.4千瓦的冷藏、冷冻箱用定速压缩机	8	80	17	台	AB
8414301190	其他小型电驱动冷藏或冷冻箱用压缩机(小型指电动机额定功率≤0.4千瓦)	8	80	17	台	AB
8414301202*	0.4千瓦<功率≤5千瓦的冷藏、冷冻箱用定速压缩机	10	80	17	台	AB
8414301290	其他中型电驱动冷藏或冷冻箱用压缩机(指0.4千瓦<电动机额定功率≤5千瓦)	10	80	17	台	AB
8414301301*	0.4千瓦<功率≤5千瓦的空气调节器用无级变速压缩机	10	80	17	台	A
8414301302*	0.4千瓦<功率≤5千瓦的空气调节器用定速压缩机	10	80	17	台	A
8414301390	其他小型电动机驱动空调器用压缩机(指0.4千瓦<电动机额定功率≤5千瓦的)	10	80	17	台	A
8414301401*	功率>5千瓦的空气调节器用无级变速压缩机	10	80	17	台	AB
8414301402*	功率>5千瓦的空气调节器用定速压缩机	10	80	17	台	AB
8414301490	其他大型电动机驱动空调器用压缩机(大型指电动机额定功率>5千瓦的)	10	80	17	台	AB
8414301501*	电动机额定功率>5千瓦的电动机驱动的无级变速压缩机(冷冻或冷藏设备用)	10	30	17	台	AB
8414301502*	电动机额定功率>5千瓦的电动机驱动定速压缩机(冷冻或冷藏设备用)	10	30	17	台	AB
8414301590	其他大型电动机驱动冷冻或冷藏设备用压缩机(大型指电动机额定功率>5千瓦的)	10	30	17	台	AB
8414301901*	其他制冷设备用无级变速压缩机	10	30	17	台	A
8414301902*	其他制冷设备用定速压缩机	10	30	17	台	A
8414301990	电动机驱动其他用于制冷设备的压缩机	10	30	17	台	A
8414309010	汽车空调压缩机	9	80	17	台	
8414309090	非电机驱动其他制冷设备用压缩机	9	80	17	台	
8414400000	装在拖车底盘上的空气压缩机	8	30	17	台	
8414511000	功率≤125瓦的吊扇(本身装有一个输出功率≤125瓦的电动机)	20	130	17	台	A
8414512000	其他功率≤125瓦的换气扇(装有一输出功率≤125瓦的电动机)	20	130	17	台	AB

商品编号	商品名称及备注	进口关税税率(%)		增值税率(%)	计量单位	监管条件
		最惠国	普通			
8414513000	功率≤125瓦有旋转导风轮的风扇(本身装有一个输出功率≤125瓦的电动机)	12	130	17	台	B
8414519100	功率≤125瓦的台扇(本身装有一个输出功率≤125瓦的电动机)	10	130	17	台	AB
8414519200	功率≤125瓦的落地扇(本身装有一个输出功率≤125瓦的电动机)	10	130	17	台	AB
8414519300	功率≤125瓦的壁扇(本身装有一个输出功率≤125瓦的电动机)	10	130	17	台	AB
8414519900	其他功率≤125瓦其他风机、风扇(本身装有一个输出功率≤125瓦的电动机)	10	130	17	台	B
8414591000	其他吊扇(电动机输出功率>125瓦的)	8	30	17	台	AB
8414592000	其他换气扇(电动机输出功率>125瓦的)	8	30	17	台	AB
8414593000	其他离心通风机	10	30	17	台	
8414599010	罗茨式鼓风机	8	30	17	台	AB
8414599020	吸气>1立方米/分的耐UF_6腐蚀的鼓风机(轴向离心式或正排量鼓风机,压力比在2:1和6:1之间)	8	30	17	台	3AB
8414599030	吸气≥2立方米/分的耐UF_6腐蚀鼓风机(轴向离心式或正排量鼓风机,压力比在1.2:1和6:1之间)	8	30	17	台	3AB
8414599040	吸气≥56立方米/秒的鼓风机(用于循环硫化氢气体的单级、低压头离心式鼓风机)	8	30	17	台	3AB
8414599050	电子产品散热用轴流风扇	8	30	17	台	AB
8414599091	其他台扇、落地扇、壁扇(电动机输出功率超过125瓦的)	8	30	17	台	AB
8414599099	其他风机、风扇	8	30	17	台	AB
8414601000*	抽油烟机(指罩的平面最大边长≤120厘米,装有风扇的)	10	130	17	台	
8414609011	生物安全柜(符合世界卫生组织规定的生物安全水平三级标准,罩的最大边长≤120厘米)	10	130	17	台	3B
8414609012	活动(柔软的)隔离装置;手套箱(具有与三级生物安全柜类似标准,罩的最大边长≤120厘米)	10	130	17	台	3B
8414609013	层流罩(柜)(垂直流密闭通风柜,具有三级生物安全柜类似标准,罩的最大边长≤120厘米)	10	130	17	台	3B
8414609014	吸收塔(两用物项管制,罩的最大边长≤120厘米)	10	130	17	台	3B
8414609015	带有风扇的高效空气粒子过滤单元的封闭洁净设备[高效空气粒子过滤单元(HEPA),罩的最大边长≤120厘米]	10	130	17	台	3B
8414609016	厌氧微生物柜(具有与三级生物安全柜类似标准,罩的最大边长≤120厘米)	10	130	17	台	3
8414609090	其他≤120厘米的通风罩或循环气罩(指罩的平面最大边长≤120厘米,装有风扇的)	10	130	17	台	
8414801000	燃气轮机用的自由活塞式发生器	8	50	17	台	
8414802000	二氧化碳压缩机	7	30	17	台	
8414803000	发动机用增压器	7	30	17	台	
8414809010	吸气>1立方米/分的耐UF_6腐蚀压缩机(轴向离心式或正排量压缩机,压力比在2:1和6:1之间)	7	30	17	台	3
8414809020	MLIS用UF_6/载气压缩机(能在UF_6环境中长期操作UF_6/载气混合气压缩机)	7	30	17	台	3
8414809030	吸气≥56立方米/秒的压缩机(用于循环硫化氢气体的单级、低压头离心式压缩机)	7	30	17	台	3

商品编号	商品名称及备注	进口关税税率(%)		增值税率(%)	计量单位	监管条件
		最惠国	普通			
8414809040	吸气≥2立方米/分的耐UF_6腐蚀压缩机(轴向离心式或正排量压缩机,压力比在1.2:1和6:1之间)	7	30	17	台	3
8414809051	其他生物安全柜(符合世界卫生组织规定的生物安全水平三级标准)	7	30	17	台	3B
8414809052	其他活动(柔软的)隔离装置与其他手套箱(具有与三级生物安全柜类似标准)	7	30	17	台	3B
8414809053	其他层流罩(柜)(垂直流密闭通风柜,具有与三级生物安全柜类似标准)	7	30	17	台	3B
8414809054	其他吸收塔(两用物项管制)	7	30	17	台	3B
8414809055	其他带有风扇的高效空气粒子过滤单元的封闭洁净设备[高效空气粒子过滤单元(HEPA)]	7	30	17	台	3B
8414809056	其他厌氧微生物柜(具有与三级生物安全柜类似标准)	7	30	17	台	3
8414809090	其他空气泵、气体压缩机及通风罩(通风罩指装有风扇的通风罩或循环气罩,平面边长>120厘米)	7	30	17	台	
8414901100*	压缩机进、排气阀片(用于制冷设备的)	8	80	17	千克	
8414901900*	编号84143011~84143014及84143090的零件(指编号84143011~84143014及84143090所列机器的其他零件)	8	80	17	千克	
8414902000*	编号84145110至84145199及84146000机器零件(指上述编号内的吊扇换气扇等,还包括编号84146000机器零件)	12	130	17	千克	
8414909010*	分子泵(气体离心机的静态部件,专门设计或制造的内部有已加工或挤压的螺纹槽和已加工的腔的泵体)	7	30	17	千克	3
8414909090*	品目84.14其他未列名零件	7	30	17	千克	
8415	**空气调节器,装有电扇及调温、调湿装置,包括不能单独调湿的空调器**					
8415101000	独立窗式或壁式空气调节器(装有电扇及调温、调湿装置,包括不能单独调湿的空调器)	15	130	17	台	AB
8415102100	制冷量≤4000大卡/时分体式空调,窗式或壁式(装有电扇及调温、调湿装置,包括不能单独调湿的空调器)	15	130	17	台	AB
8415102200	制冷量>4000大卡/时分体式空调,窗式或壁式(装有电扇及调温、调湿装置,包括不能单独调湿的空调器)	15	90	17	台	AB
8415200000*	机动车辆上供人使用的空气调节器(指机动车辆上供人使用的空气调节器)	20	110	17	台	A
8415811000	制冷量≤4000大卡/时热泵式空调器(装有制冷装置及一个冷热循环换向阀的)	15	130	17	台	A
8415812000*	制冷量>4000大卡/时热泵式空调器(装有制冷装置及一个冷热循环换向阀的)	20	90	17	台	AB
8415821000	制冷量≤4000大卡/时的其他空调器(仅装有制冷装置,而无冷热循环装置的)	15	130	17	台	A
8415822000*	制冷量>4000大卡/时的其他空调(仅装有制冷装置,而无冷热循环装置的)	20	90	17	台	AB
8415830000	未装有制冷装置的空调器	10	90	17	台	A
8415901000*	制冷量≤4000大卡/时空调的零件(指编号84151010、84151021、84158110、84158210所列设备的零件)	10	130	17	千克	
8415909000*	制冷量>4000大卡/时空调的零件(指编号84151022、84152000、84158120、84158220、84158300所列设备)	10	90	17	千克	

商品编号	商品名称及备注	进口关税税率(%)		增值税率(%)	计量单位	监管条件
		最惠国	普通			
8416	**使用液体燃料、粉状固体燃料或气体燃料的炉用燃烧器;机械加煤机,包括其机械炉箅、机械出灰器及类似装置**					
8416100000	使用液体燃料的炉用燃烧器	10	35	17	千克	6
8416201101*	溴化锂空调用天然气燃烧机	10.5	35	17	千克	6
8416201190	其他使用天然气的炉用燃烧器	10.5	35	17	千克	6
8416201900	使用其他气的炉用燃烧器	10.5	35	17	千克	6
8416209001*	溴化锂空调用复式燃烧机	10.5	35	17	千克	6
8416209090	其他使用粉状固体燃料炉用燃烧器(包括其他复式燃烧器)	10.5	35	17	千克	6
8416300000	机械加煤机及类似装置(包括机械炉箅、机械出灰器)	8.4	35	17	千克	6
8416900000	炉用燃烧器、机械加煤机等的零件(包括机械炉箅、机械出灰器及类似装置用的零件)	6	35	17	千克	
8417	**非电热的工业或实验室用炉及烘箱,包括焚烧炉**					
8417100000	矿砂、金属的焙烧、熔化用炉(含烘箱及黄铁矿的焙烧、溶化或其他热处理用炉及烘箱)	10	35	17	台	6OA
8417200000	面包房用烤炉及烘箱等(包括做饼干用的)	10	35	17	台	A
8417801000	炼焦炉	10	35	17	台	6A
8417802000	放射性废物焚烧炉	5	35	17	台	6A
8417803000	水泥回转窑	10	35	17	台	AO
8417804000	石灰石分解炉	10	35	17	台	A
8417809010	平均温度>1000℃的耐腐蚀焚烧炉(为销毁管制化学品或化学弹药用)	10	35	17	台	36AO
8417809090	其他非电热的工业用炉及烘箱(包括实验室用炉、烘箱和焚烧炉)	10	35	17	台	6OA
8417901000	海绵铁回转窑的零件	7	35	17	千克	
8417902000	炼焦炉的零件	7	35	17	千克	
8417909000	其他非电热工业用炉及烘箱的零件(包括实验室用炉及烘箱的零件和焚烧炉零件)	7	35	17	千克	
8418	**电气或非电气的冷藏箱、冷冻箱及其他制冷设备;热泵,但品目84.15的空气调节器除外**					
8418101000	容积>500升冷藏—冷冻组合机(各自装有单独外门的)	10	100	17	台/千克	AB
8418102000	200升<容积≤500升冷藏冷冻组合机(各自装有单独外门的)	15	130	17	台/千克	AB
8418103000	容积≤200升冷藏—冷冻组合机(各自装有单独外门的)	15	130	17	台/千克	AB
8418211000	容积>150升压缩式家用型冷藏箱	10	130	17	台/千克	AB
8418212000	压缩式家用型冷藏箱(50升<容积≤150升)	10	130	17	台/千克	AB
8418213000	容积≤50升压缩式家用型冷藏箱	10	130	17	台/千克	AB
8418291000	半导体制冷式家用型冷藏箱	30	130	17	台/千克	AB
8418292000	电气吸收式家用型冷藏箱	15	130	17	台/千克	A
8418299000	其他家用型冷藏箱	30	130	17	台/千克	AB
8418301000	制冷温度≤-40℃的柜式冷冻箱(客积≤800升)	9	50	17	台/千克	AB
8418302100	制冷温度>-40℃大的其他柜式冷冻箱(大的指500升<容积≤800升)	23	100	17	台/千克	AB
8418302900	制冷温度>-40℃小的其他柜式冷冻箱(小的指容积≤500升)	30	130	17	台/千克	AB
8418401000	制冷温度≤-40℃的立式冷冻箱(容积≤900升)	9	50	17	台/千克	AB

商品编号	商品名称及备注	进口关税税率(%)		增值税率(%)	计量单位	监管条件
		最惠国	普通			
8418402100	制冷温度>-40℃大的立式冷冻箱(大的指500升<容积≤900升)	15	100	17	台/千克	AB
8418402900	制冷温度>-40℃小的立式冷冻箱(小的指容积≤500升)	30	130	17	台/千克	AB
8418500000	装有冷藏或冷冻装置的其他设备,用于存储及展示(包括柜、箱、展示台、陈列箱及类似品)	10	100	17	台/千克	AB
8418612010	压缩式制冷机组的热泵(介质为氢、氦的可冷却到≤23K且排热>150瓦)	10	90	17	台/千克	3
8418612090	其他压缩式热泵,品目84.15的空气调节器除外	10	90	17	台/千克	
8418619000	其他热泵,品目84.15的空气调节器除外	15	130	17	台/千克	
8418692010	其他压缩式制冷设备(介质为氢或氦,可冷却到≤23K且排热>150瓦)	10	90	17	台/千克	3
8418692090	其他制冷机组	10	90	17	台/千克	
8418699010	带制冷装置的发酵罐(不发散气溶胶,且容积>20升)	10	130	17	台/千克	3
8418699020	制冰机、冰激凌机	10	130	17	台/千克	AB
8418699090	其他制冷设备	10	130	17	台/千克	
8418910000	冷藏或冷冻设备专用的特制家具	18	130	17	千克	
8418991000*	制冷机组及热泵用零件	10	90	17	千克	
8418999100*	制冷温度≤-40℃冷冻设备零件	9.5	50	17	千克	
8418999200*	制冷温度>-40℃大冷藏设备零件(大仅指容积>500升的冷藏或冷冻设备用的零件)	10	100	17	千克	
8418999910*	耐腐蚀冷凝器(20平方米>换热面积>0.15平方米)	10	130	17	千克	3
8418999990*	品目84.18其他制冷设备用零件	10	130	17	千克	
8419	**利用温度变化处理材料的机器、装置及类似的实验室设备,例如,加热、烹煮、烘炒、蒸馏、精馏、消毒、灭菌、汽蒸、干燥、蒸发、气化、冷凝、冷却的机器设备,不论是否电热的(不包括品目85.14的炉,烘箱及其他设备),但家用的除外;非电热的快速热水器或贮备式热水器**					
8419110000	非电热燃气快速热水器	35	100	17	台	AB
8419191000	太阳能热水器	35	100	17	台	AB
8419199000	其他非电热的快速或贮备式热水器	35	100	17	台	AB
8419200000	医用或实验室用其他消毒器具	4	30	17	台	A
8419310000	农产品干燥器	8	30	13	台	A
8419320000	木材、纸浆、纸或纸板用干燥器	9	30	17	台	A
8419391000	微空气流动陶瓷坯件干燥器	9	30	17	台	A
8419399001*	生产奶粉用干燥器	9	30	17	台	A
8419399002*	污泥涡轮干燥机	9	30	17	台	A
8419399010	冻干设备(10千克≤24小时凝冰量≤1000千克,并可蒸汽消毒)	9	30	17	台	3A
8419399020	烟丝烘干机	9	30	17	台	AO
8419399030	干燥箱(具有与三级生物安全柜类似标准)	9	30	17	台	3A
8419399090	其他用途的干燥器	9	30	17	台	A
8419401000	提净塔	10	30	17	台	A
8419402000	精馏塔	10	30	17	台	A
8419409010	氢-低温蒸馏塔(温度≤-238℃,压力为0.5~5兆帕,内径≥1米等条件)	10	30	17	台	3AO
8419409020	耐腐蚀蒸馏塔(内径>0.1米,接触表面由特殊耐腐蚀材料制成)	10	30	17	台	3AO

商品编号	商 品 名 称 及 备 注	进口关税税率(%)		增值税率(%)	计量单位	监管条件
		最惠国	普通			
8419409090	其他蒸馏或精馏设备	10	30	17	台	AO
8419500010	热交换器(专用于核反应堆的一次冷却剂回路的)	10	30	17	台	3ABO
8419500020	蒸汽发生器(专用于核反应堆内生成的热量输送到进水以产生蒸汽的)	10	30	17	台	3AB
8419500030	冷却 UF_6 的热交换器(在压差为 100 千帕下渗透压力变化率小于 10 帕/时)	10	30	17	台	3AB
8419500040	冷却气体用热交换器(用耐 UF_6 腐蚀材料制成或加以保护的)	10	30	17	台	3ABO
8419500050	耐腐蚀热交换器(0.15 平方米<换热面积<20 平方米)	10	30	17	台	3ABO
8419500090	其他热交换装置	10	30	17	台	OAB
8419601100	制氧机(制氧量≥15000 立方米/小时)	12	30	17	台	A
8419601900	其他制氧机(制氧量<15000 立方米/小时)	13	30	17	台	A
8419609010	液化器(将来自级联的 UF_6 气体压缩并冷凝成液态 UF_6)	10	30	17	台	3AO
8419609090	其他液化空气或其他气体用的机器	10	30	17	台	AO
8419810000*	加工热饮料、烹调、加热食品的机器	10	30	17	台	A
8419891000	加氢反应器	0	30	17	台	A
8419899010	带加热装置的发酵罐(不发散气溶胶,且容积大于 20 升)	0	30	17	台	3AO
8419899021	凝华器(或冷阱)(从扩散级联中取出 UF_6 并可再蒸发转移)	0	30	17	台	3AO
8419899022	低温制冷设备(能承受 -120℃或更低的温度)	0	30	17	台	3A
8419899023	UF_6 冷阱(能承受 -20℃或更低的温度)	0	30	17	台	3AO
8419899090	其他利用温度变化处理材料的机器(包括类似的实验室设备)	0	30	17	台	AO
8419901000	热水器用零件	0	100	17	千克	
8419909000	品目 84.19 的机器设备用零件(其他利用温度变化处理材料的机器等用零件)	4	30	17	千克	
8420	**研光机或其他滚压机器及其滚筒,但加工金属或玻璃用的除外**					
8420100001*	织物轧光机	8.4	30	17	台	
8420100090	其他研光机或滚压机器(加工金属或玻璃用的除外)	8.4	30	17	台	
8420910000	研光机或其他滚压机器的滚筒	8	30	17	个/千克	
8420990000	研光机或其他滚压机的未列名零件	8	30	17	千克	
8421	**离心机,包括离心干燥机;液体或气体的过滤、净化机器及装置**					
8421110000	奶油分离器	8.4	30	17	台	A
8421121000	干衣量≤10 千克的离心干衣机	17.5	70	17	台	
8421129000	干衣量>10 千克的离心干衣机	8	30	17	台	
8421191000*	脱水机	10	30	17	台	
8421192000	固液分离机	10	30	17	台	
8421199020	液-液离心接触器(为化学交换过程的铀浓缩而专门设计或制造的)	10	30	17	台	3
8421199030	离心分离器,包括倾析器(不发散气溶胶、可对致病性微生物进行连续分离的)	10	30	17	台	3
8421199090	其他离心机及离心干燥机	10	30	17	台	
8421211000*	家用型过滤或净化水的机器及装置	25	63	17	台/千克	AB
8421219100	船舶压载水处理设备	5	50	17	台/千克	B

商品编号	商品名称及备注	进口关税税率(%)		增值税率(%)	计量单位	监管条件
		最惠国	普通			
8421219901*	喷灌设备用叠式净水过滤器	5	50	17	台/千克	B
8421219990	其他非家用型过滤或净化水的装置	5	50	17	台/千克	B
8421220000	过滤或净化饮料的机器及装置(过滤或净化水的装置除外)	12	40	17	台	AB
8421230000	内燃发动机的滤油器	10	40	17	个	
8421291000	压滤机	5	40	17	个	O
8421299040	液体截流过滤设备(可连续分离致病性微生物、毒素和细胞培养物)	5	40	17	个	3
8421299090	其他液体的过滤、净化机器及装置	5	40	17	个	
8421310000	内燃发动机的进气过滤器	10	40	17	个	
8421391000*	家用型气体过滤、净化机器及装置	15	100	17	个	B
8421392100	工业用静电除尘器	5	40	17	个	B
8421392200	工业用袋式除尘器	5	40	17	个	B
8421392300	工业用旋风式除尘器	5	40	17	个	B
8421392900	其他工业用除尘器	5	40	17	个	B
8421393001*	摩托车发动机排气过滤及净化装置	5	40	17	个	B
8421393090	其他内燃发动机排气过滤及净化装置	5	40	17	个	B
8421394000	烟气脱硫装置	5	40	17	个	B
8421395000	烟气脱硝装置	5	40	17	个	B
8421399000	其他气体过滤、净化机器及装置	5	40	17	个	B
8421911000	干衣量≤10 千克离心干衣机零件	0	70	17	千克	
8421919011	离心机壳/收集器(容纳气体离心机的转筒组件的耐 UF_6 部件)	0	30	17	千克	3
8421919012	收集器(由内径不同的同心管组成用于供取 UF_6 气体的管件)	0	30	17	千克	3
8421919013	气体扩散膜(由耐 UF_6 材料制成 的多细孔过滤薄膜)	0	30	17	千克	3
8421919014	扩散室(含一个进气管两个出气管的容纳气体扩散膜的密闭式容器)	0	30	17	千克	3
8421919090	其他离心机用零件	0	30	17	千克	
8421991000*	家用型过滤、净化装置用零件	10	100	17	千克	
8421999000	其他过滤、净化装置用零件	5	40	17	千克	
8422	**洗碟机;瓶子及其他容器的洗涤或干燥机器;瓶、罐、箱、袋或其他容器装填、封口、密封、贴标签的机器;瓶、罐、管、筒或类似容器的包封机器;其他包装或打包机器(包括热缩包装机器);饮料充气机**					
8422110000*	家用型洗碟机	10	90	17	台/千克	B
8422190000	非家用型洗碟机	14	90	17	台/千克	
8422200000	瓶子及其他容器的洗涤或干燥机器	10	35	17	台	B
8422301001*	乳品加工用自动化灌装设备	12	45	17	台	OA
8422301090	其他饮料及液体食品灌装设备	12	45	17	台	OA
8422302100	全自动水泥灌包机	12	45	17	台	
8422302900	其他水泥包装机	12	45	17	台	
8422303001*	全自动无菌灌装生产线用包装机(加工速度≥20000 只/小时)	10	35	17	台	OA
8422303090	其他包装机	10	35	17	台	OA
8422309001*	全自动无菌灌装生产线用贴吸管机(加工速度≥22000 只/小时)	10	35	17	台	A
8422309010	充装设备(两用物项管制)	10	35	17	台	3A

商品编号	商品名称及备注	进口关税税率(%)		增值税率(%)	计量单位	监管条件
		最惠国	普通			
8422309090	饮料充气机及其他包封机	10	35	17	台	A
8422400000	其他包装或打包机器(包括热缩包装机器)	10	35	17	台	
8422901000*	洗碟机用零件	10.5	90	17	千克	
8422902000	饮料及液体食品灌装设备用零件	8.5	45	17	千克	A
8422909000	品目84.22其他未列名机器零件	8.5	35	17	千克	
8423	**衡器(感量为50毫克或更精密的天平除外),包括计数或检验用的衡器;衡器用的各种砝码、秤砣**					
8423100000	体重计、婴儿秤及家用秤	10.5	80	17	台	
8423201000	输送带上连续称货的电子皮带秤	10	80	17	台	
8423209000	输送带上连续称货的其他秤	10	80	17	台	
8423301000	定量包装秤	10.5	80	17	台	
8423302000	定量分选秤	10.5	80	17	台	
8423303000	配料秤	10.5	80	17	台	
8423309000	恒定秤、库秤及其他包装秤、分选秤	10.5	80	17	台	
8423811000	最大称量≤30千克的计价秤	10.5	80	17	台	A
8423812000	最大称量≤30千克的弹簧秤	10.5	80	17	台	
8423819000	最大称量≤30千克的其他衡器	10.5	80	17	台	
8423821000	30千克<最大称量≤5000千克的地中衡	10.5	80	17	台	
8423829000	30千克<最大称量≤5000千克的其他衡器	10.5	80	17	台	
8423891000	最大秤量>5000千克的地中衡	10	80	17	台	
8423892000	最大秤量>5000千克的轨道衡	10	80	17	台	
8423893000	最大秤量>5000千克的吊秤	10	80	17	台	
8423899000	最大秤量>5000千克的其他衡器	10	80	17	台	
8423900000	衡器用的各种砝码、秤砣及其零件	10	80	17	千克	
8424	**液体或粉末的喷射、散布或喷雾的机械器具(不论是否手工操作);灭火器,不论是否装药;喷枪及类似器具;喷汽机、喷砂机及类似的喷射机器**					
8424100000	灭火器(不论是否装药)	8.4	70	17	个	A
8424200000	喷枪及类似器具	8.4	40	17	个	
8424300000	喷汽机、喷砂机及类似喷射机器	8.4	40	17	台	
8424810000	农业或园艺用喷射、喷雾机械器具	8	30	13	台	
8424891000	家用型喷射、喷雾机械器具	0	80	17	台/千克	B
8424899100	船用洗舱机	0	30	17	台	
8424899910	分离喷嘴(由狭缝状、曲率半径极小的弯曲通道组成,内有分离楔尖)	0	30	17	台	3
8424899990	其他用途的喷射、喷雾机械器具	0	30	17	台	
8424901000	灭火器用的零件	0	70	17	千克	
8424902000	家用型喷射、喷雾器具的零件	0	80	17	千克	
8424909000	其他喷雾器具及喷汽机等用零件(编号84242000、84243000、84248990所列器具的零件)	0	30	17	千克	
8425	**滑车及提升机,但倒卸式提升机除外;卷扬机及绞盘;千斤顶**					
8425110000	电动滑车及提升机(倒卸式提升机及提升车辆用的提升机除外)	6	30	17	台	B
8425190000	非电动滑车及提升机(倒卸式提升机及提升车辆用的提升机除外)	5	30	17	台	B

商品编号	商品名称及备注	进口关税税率(%)		增值税率(%)	计量单位	监管条件
		最惠国	普通			
8425311000	矿井口卷扬装置及专为井下使用设计的卷扬机,电动的	10	30	17	台	
8425319000	其他电动卷扬机及绞盘	5	30	17	台	
8425391000	矿井口卷扬装置及专为井下使用设计的卷扬机,非电动的	10	30	17	台	
8425399000	其他非电动卷扬机及绞盘	5	30	17	台	
8425410000	车库中使用的固定千斤顶系统	3	30	17	台	B
8425421000	液压千斤顶	3	30	17	台	B
8425429000	提升车辆用液压提升机	5	30	17	台	
8425491000	其他千斤顶	5	30	17	台	B
8425499000	其他提升车辆用提升机	10	30	17	台	
8426	**船用桅杆式起重机;起重机,包括缆式起重机;移动式吊运架、跨运车及装有起重机的工作车**					
8426112000	通用桥式起重机	8	30	17	台	
8426119000	其他固定支架的高架移动式起重机	8	30	17	台	
8426120000	胶轮移动式吊运架及跨运车	6	30	17	台	
8426191000	装船机	5	30	17	台	
8426192100	抓斗式卸船机	5	30	17	台	
8426192900	其他卸船机	5	30	17	台	O
8426193000	龙门式起重机	10	30	17	台	O
8426194100	门式装卸桥	10	30	17	台	
8426194200	集装箱装卸桥	10	30	17	台	O
8426194300	其他动臂式装卸桥	10	30	17	台	
8426194900	其他装卸桥	10	30	17	台	
8426199000	其他高架移动式起重吊运设备	10	30	17	台	
8426200000	塔式起重机	10	30	17	台	O
8426300000	门座式起重机及座式旋臂起重机	6	30	17	台	O
8426411001*	55吨轮胎式起重机	5	30	17	台	OB
8426411090	其他轮胎式起重机	5	30	17	台	OB
8426419000	其他带胶轮的自推进起重机械	5	30	17	台	B
8426491000	履带式自推进起重机械	8	30	17	台	O
8426499000	其他不带胶轮的自推进起重机械	13	30	17	台	
8426910000	供装于公路车辆的其他起重机械	10	30	17	台	B
8426990000	其他起重机械	6	30	17	台	
8427	**叉车;其他装有升降或搬运装置的工作车**					
8427101000	有轨巷道堆垛机	9	30	17	台	AB
8427102000	无轨巷道堆垛机	9	30	17	台	AB
8427109000	其他电动机推动的机动叉车或升降搬运车	9	30	17	台	AB
8427201000	集装箱叉车	9	30	17	台	BA
8427209000	其他机动叉车及有升降装置工作车(包括装有搬运装置的机动工作车)	9	30	17	台	BA
8427900000	其他叉车及可升降的工作车(工作车指装有升降或搬运装置)	9	30	17	台	BA
8428	**其他升降、搬运、装卸机械(例如,升降机、自动梯、输送机、缆车)**					
8428101001*	无障碍升降机	8	30	17	台	A
8428101090	其他载客电梯	8	30	17	台	A
8428109000	其他升降机及倒卸式起重机	6	30	17	台	A

商品编号	商品名称及备注	进口关税税率（%）		增值税率（%）	计量单位	监管条件
		最惠国	普通			
8428200000	气压升降机及输送机	5	30	17	台	
8428310000	地下连续运货或材料升降、输送机	5	30	17	台	
8428320000	其他斗式连续运货升降、输送机	5	30	17	台	
8428330000	其他带式连续运货升降、输送机	5	30	17	台	
8428391000	其他链式连续运送货升降、输送机	5	30	17	台	
8428392000	辊式连续运送货升降、输送机	5	30	17	台	
8428399000	其他未列名连续运货升降、输送机	5	30	17	台	
8428400000	自动梯及自动人行道	5	30	17	台	A
8428601000	货运架空索道	8	30	17	台	
8428602100	单线循环式客运架空索道	8	30	17	台	
8428602900	非单线循环式客运架空索道	8	30	17	台	
8428609000	缆车、座式升降机等用牵引装置（包括滑雪拉索）	8	30	17	台	
8428901000	矿车推动机、铁道机车等的转车台（包括货车转车台、货车倾卸装置及类似铁道货车搬运装置）	10	30	17	台	
8428902000	机械式停车设备	5	30	17	台	
8428903100	堆取料机械	5	30	17	台	
8428903900	其他装卸机械	5	30	17	台	
8428909010	放化分离作业和热室用遥控机械手（能贯穿0.6米以上热室壁或壁厚为0.6米以上热室顶）	5	30	17	台	3
8428909020	核反应堆燃料装卸机（用于在核反应堆中插入或取出燃料的操作设备）	5	30	17	台	3
8428909090	其他升降、搬运、装卸机械	5	30	17	台	
8429	**机动推土机、侧铲推土机、筑路机、平地机、铲运机、机械铲、挖掘机、机铲装载机、捣固机械及压路机**					
8429111000	功率>235.36千瓦的履带式推土机（包括侧铲推土机，发动机输出功率235.36千瓦=320马力）	7	17	17	台	OA
8429119000	功率≤235.36千瓦的履带式推土机（包括侧铲推土机，发动机输出功率235.36千瓦=320马力）	7	30	17	台	AO
8429191000	功率>235.36千瓦其他推土机（非履带式，包括侧铲推土机，功率235.36千瓦=320马力）	7	17	17	台	A
8429199000	功率≤235.36千瓦的其他推土机（非履带式，包括侧铲推土机，功率235.36千瓦=320马力）	7	30	17	台	A
8429201000	功率>235.36千瓦的筑路机及平地机（发动机输出功率235.36千瓦=320马力）	5	17	17	台	A
8429209000	其他筑路机及平地机（发动机输出功率≤235.36千瓦的）	5	30	17	台	OA
8429301000	斗容量>10立方米的铲运机	3	17	17	台	A
8429309000	斗容量≤10立方米的铲运机	5	30	17	台	A
8429401100	机重≥18吨的震动式压路机	7	20	17	台	OA
8429401900	其他机动压路机	8	40	17	台	OA
8429409000	其他未列名捣固机械及压路机	6	30	17	台	OA
8429510000	前铲装载机	5	30	17	台	A
8429521100	轮胎式挖掘机（上部结构可转360度的）	8	30	17	台	OA
8429521200	履带式挖掘机（上部结构可转360度的）	8	30	17	台	OA
8429521900	其他挖掘机（上部结构可转360度的）	8	30	17	台	OA
8429529000	其他上部结构可转360度的机械（包括机械铲及机铲装载机）	8	30	17	台	OA

商品编号	商品名称及备注	进口关税税率(%)		增值税率(%)	计量单位	监管条件
		最惠国	普通			
8429590000	其他机械铲、挖掘机及机铲装载机	8	30	17	台	OA
8430	**泥土、矿物或矿石的运送、平整、铲运、挖掘、捣固、压实、开采或钻探机械；打桩机及拔桩机；扫雪机及吹雪机**					
8430100000	打桩机及拔桩机	10	30	17	台	
8430200000	扫雪机及吹雪机	10	30	17	台	
8430310000	自推进截煤机、凿岩机(包括自推进隧道掘进机)	10	30	17	台	O
8430390000	其他非自推进截煤机凿岩机(包括非自推隧道掘进机)	6	30	17	台	
8430411100	钻探深度≥6千米其他石油钻探机(自推进的，包括天然气钻探机)	5	11	17	台	
8430411900	其他自推进石油及天然气钻探机(钻探深度在6千米以下的)	5	17	17	台	
8430412100	钻探深度≥6千米的其他钻探机(自推进的)	5	11	17	台	
8430412200	深度＜6千米履带式自推进钻机(指石油及天然气钻探机)	5	17	17	台	
8430412900	钻探深度＜6千米的其他钻探机(自推进的)	5	17	17	台	
8430419000	其他自推进的凿井机械	5	30	17	台	
8430490000	非自推进的其他钻探或凿井机械	5	30	17	台	
8430501000	其他自推进采油机械	3	17	17	台	
8430502000	矿用电铲	7	30	17	台	
8430503100	牙轮直径≥380毫米的采矿钻机(自推进的)	5	30	17	台	
8430503900	牙轮直径＜380毫米的采矿钻机(自推进的)	5	30	17	台	
8430509000	其他自推进未列名平整、压实等机械	5	30	17	台	
8430610000	非自推进捣固或压实机械	6	30	17	台	
8430691100	转筒直径≥3米的工程钻机(非自动推进)	6	30	17	台	
8430691900	转筒直径＜3米的工程钻机(非自动推进)	6	30	17	台	
8430692000	非自推进铲运机	6	30	17	台	
8430699000	其他非自推进未列名机械	6	30	17	台	
8431	**专用于或主要用于品目84.25至84.30所列机械的零件**					
8431100000	滑车、绞盘、千斤顶等机械用零件(品目84.25所列机械用的)	3	30	17	千克	
8431200000*	其他装有升降装置工作车用零件(品目84.27所列机械用的)	6	30	17	千克	
8431310001*	无障碍升降机的零件	3	30	17	千克	
8431310090	其他升降机、倒卸式起重机零件(包括自动梯零件)	3	30	17	千克	
8431390000	品目84.28所列其他机械的零件(升降机、倒卸式起重机、自动梯的零件除外)	5	30	17	千克	
8431410000*	戽斗、夹斗、抓斗及其他铲斗	6	17	17	个/千克	
8431420000	推土机或侧铲推土机用铲	6	17	17	个/千克	
8431431000	石油或天然气钻探机用零件	4	11	17	千克	
8431432000	其他钻探机用零件	4	11	17	千克	
8431439000	其他凿井机用零件(编号843041、843049所列机械的)	5	17	17	千克	
8431491000	矿用电铲用零件	5	17	17	千克	
8431499000	品目84.26、84.29、84.30的其他零件(前述具体列名的机械零件除外)	5	17	17	千克	
8432	**农业、园艺及林业用整地或耕作机械；草坪及运动场地滚压机**					
8432100000	犁	5	30	13	台/千克	

商品编号	商品名称及备注	进口关税税率(%)		增值税率(%)	计量单位	监管条件
		最惠国	普通			
8432210000	圆盘耙	5	30	13	台/千克	
8432290000	其他耙、松土机等耕作机械(包括中耙机、除草机及耕耘机)	4	30	13	台/千克	
8432301100	谷物播种机	4	30	13	台	
8432301900	其他播种机	4	30	13	台	
8432302100	马铃薯种植机	4	30	13	台	
8432302900	其他种植机	4	30	13	台	
8432303100	水稻插秧机	4	30	13	台	
8432303900	其他移植机(栽植机)	4	30	13	台	
8432400000	施肥机	4	30	13	台	
8432801000	草坪及运动场地滚压机	7	40	17	台	
8432809000	其他未列名整地或耕作机械	4	30	13	台	
8432900000	整地或耕作机械、滚压机零件(品目84.32所列机械用的)	4	17	17	千克	
8433	**收割机、脱粒机,包括草料打包机;割草机;蛋类、水果或其他农产品的清洁、分选、分级机器,但品目84.37的机器除外**					
8433110000	机动旋转式割草机(旋转式指切割装置在同一水平面上旋转,用于草坪、公园)	6	30	13	台	
8433190000	草坪、公园等用其他割草机(包括运动场地)	6	30	17	台	
8433200000	其他割草机(包括牵引装置用的刀具杆)	4	30	13	台	
8433300000	其他干草切割、翻晒机器	5	30	13	台	
8433400000	草料打包机(包括收集打包机)	5	30	13	台	
8433510001*	功率≥160马力的联合收割机	8	17	13	台	
8433510090	功率<160马力的联合收割机	8	17	13	台	
8433520000	其他脱粒机	8	30	13	台	
8433530001*	功率≥160马力的土豆、甜菜收获机	8	30	13	台	
8433530090	其他根茎或块茎收获机	8	30	13	台	
8433591001*	功率≥160马力的甘蔗收获机	8	30	13	台	
8433591090	其他甘蔗收获机	8	30	13	台	
8433592000*	棉花采摘机	8	30	13	台	
8433599001*	自走式青储饲料收获机	8	30	13	台	
8433599002*	茶叶采摘机	8	30	13	台	
8433599090	其他收割机及脱粒机	8	30	13	台	
8433600000	蛋类、水果等清洁、分选、分级机(包括其他农产品清洁、分选、分级机,品目84.37的机器除外)	5	30	13	台	
8433901000	联合收割机用零件	5	11	17	千克	
8433909000	品目84.33所列其他机械零件	3	17	17	千克	
8434	**挤奶机及乳品加工机器**					
8434100000	挤奶机	10	20	13	台	
8434200000*	乳品加工机器	6	30	17	台	A
8434900000	挤奶机及乳品加工机器用零件	5	17	17	千克	A
8435	**制酒、制果汁或制类似饮料用的压榨机、轧碎机及类似机器**					
8435100000	制酒、果汁等的压榨、轧碎机(包括制类似饮料用机器)	10	30	17	台	A
8435900000	制酒、果汁等压榨、轧碎机零件	6	30	17	千克	A
8436	**农业、园艺、林业、家禽饲养业或养蜂业用的其他机器,包括装有机械或热力装置的催芽设备;家禽孵卵器及育雏器**					
8436100000	动物饲料配制机	7	30	13	台	

商品编号	商品名称及备注	进口关税税率(%)		增值税率(%)	计量单位	监管条件
		最惠国	普通			
8436210000	家禽孵卵器及育雏器	5	30	13	台	
8436290000	家禽饲养用机器	10	30	13	台	
8436800001*	青储饲料切割上料机	10	30	13	台	
8436800090	农业、林业、园艺等用的其他机器(包括装有机械或热力装置的催芽设备)	10	30	13	台	
8436910000	家禽饲养机、孵卵器及育雏器零件	6	17	17	千克	
8436990000	品目84.36所列其他机器的零件	6	17	17	千克	
8437	**种子、谷物或干豆的清洁、分选或分级机器;谷物磨粉业加工机器或谷物、干豆加工机器,但农业用机器除外**					
8437101000	光学色差颗粒选别机(色选机)	10	30	13	台	
8437109000	种子谷物其他清洁、分选、分级机(包括干豆的清洁、分选或分级机)	10	30	13	台	
8437800000	谷物磨粉业加工机器(包括谷物、干豆加工机器,但农业用机器除外)	10	30	17	台	A
8437900000	品目84.37所列机械的零件	6	30	17	千克	
8438	**本章其他品目未列名的食品、饮料工业用的生产或加工机器,但提取、加工动物油脂或植物固定油脂的机器除外**					
8438100010	糕点生产线	7	30	17	台	A
8438100090	通心粉、面条的生产加工机器(包括类似产品的加工机)	7	30	17	台	A
8438200000	生产糖果、可可粉、巧克力的机器	8	30	17	台	A
8438300000	制糖机器	10	30	17	台	A
8438400000	酿酒机器	7	30	17	台	A
8438500000	肉类或家禽加工机器	7	30	17	台/千克	A
8438600000	水果、坚果或蔬菜加工机器	10	30	17	台/千克	A
8438800000	本章其他未列名食品等加工机器(包括饮料工业用加工机器,加工动、植物油脂的机器除外)	8.5	30	17	台/千克	A
8438900000	食品、饮料工业用机器的零件(品目84.38所列机械的)	5	30	17	千克	A
8439	**纤维素纸浆、纸及纸板的制造或整理机器**					
8439100000	制造纤维素纸浆的机器	8.4	30	17	台	O
8439200000	纸或纸板的抄造机器	8.4	30	17	台	O
8439300000	纸或纸板的整理机器	8.4	30	17	台	O
8439910000	制造纤维素纸浆的机器零件	6	30	17	千克	
8439990000	制造或整理纸及纸板的机器零件	6	30	17	千克	
8440	**书本装订机器,包括锁线订书机**					
8440101000	锁线订书机	10	35	17	台	
8440102000	胶订机	12	35	17	台	
8440109000	其他书本装订机	12	35	17	台	
8440900000	书本装订机器的零件(包括锁线订书机的零件)	8	35	17	千克	
8441	**其他制造纸浆制品、纸制品或纸板制品的机器,包括各种切纸机**					
8441100000	切纸机	12	50	17	台	
8441200000	制造包、袋或信封的机器	12	30	17	台	
8441301000	纸塑铝复合罐生产设备(但模制成型机器除外)	13.5	30	17	台	
8441309000	其他制造箱、盒及类似容器的机器(但模制成型机器除外)	13.5	30	17	台	
8441400000	纸浆、纸或纸板制品模制成型机器	12	30	17	台	O

商品编号	商品名称及备注	进口关税税率（%）		增值税率（%）	计量单位	监管条件
		最惠国	普通			
8441801000	制造纸塑铝软包装生产设备	12	30	17	台	
8441809000	其他制造纸浆制品、纸制品的机器（包括制造纸板制品的机器）	12	30	17	台	O
8441901001*	切纸机用弧形辊	8	50	17	千克	
8441901090	其他切纸机零件	8	50	17	千克	
8441909000	其他制造纸浆、纸制品的机器零件	8.4	30	17	千克	
8442	**制版用的机器、器具及设备（品目84.56至84.65的机床除外）；印刷用版（片）、滚筒及其他印刷部件；制成供印刷用（例如，刨平、压纹或抛光）的板（片）、滚筒及石板**					
8442301000	铸字机	9	35	17	台	
8442302100*	计算机直接制版机器（CTP）	9	35	17	台	
8442302900	其他制版机器、器具及设备	9	35	17	台	
8442309000	其他设备（包括照相排版及其他排字设备，不论是否有铸字装置）	9	35	17	台	
8442400001*	计算机直接制版机器用零件	7	20	17	千克	
8442400090	其他铸字、排字、制版机器的零件	7	20	17	千克	
8442500000	印刷用版、滚筒及其他印刷部件（包括制成供印刷用[如刨平、压纹或抛光）的板、滚筒及石板]	7	35	17	千克	
8443	**用品目84.42的印刷用版（片）、滚筒及其他印刷部件进行印刷的机器；其他打印机、复印机及传真机，不论是否组合式；上述机器的零件及附件**					
8443110000	卷取进料式胶印机（用品目84.42项下商品进行印刷的机器）	10	35	17	台	O
8443120000	办公室用片取进料式胶印机（片尺寸不超过22×36厘米，用品目84.42项下商品进行印刷的机器）	12	35	17	台	
8443131100	平张纸进料式单色胶印机（用品目84.42项下商品进行印刷的机器）	10	35	17	台	O
8443131200	平张纸进料式双色胶印机（用品目84.42项下商品进行印刷的机器）	10	35	17	台	O
8443131301*	四色平张纸胶印机（对开单张单面印刷速度≥16000张/小时）	10	35	17	台	O
8443131302*	四色平张纸胶印机（对开单张双面印刷速度≥13000张/小时）	10	35	17	台	O
8443131303*	四色平张纸胶印机（全张或超全张单张单面印刷速度≥13000张/小时）	10	35	17	台	O
8443131390	其他四色平张纸胶印机（用品目84.42项下商品进行印刷的机器）	10	35	17	台	O
8443131901*	五色及以上平张纸胶印机（对开单张单面印刷速度≥16000张/小时）	10	35	17	台	O
8443131902*	五色及以上平张纸胶印机（对开单张双面印刷速度≥13000张/小时）	10	35	17	台	O
8443131903*	五色及以上平张纸胶印机（全张或超全张单张单面印刷速度≥13000张/小时）	10	35	17	台	O
8443131990	其他平张纸进料式胶印机（用品目84.42项下商品进行印刷的机器）	10	35	17	台	O
8443139000	其他胶印机（用品目84.42项下商品进行印刷的机器）	10	35	17	台	O

商品编号	商品名称及备注	进口关税税率(%)		增值税率(%)	计量单位	监管条件
		最惠国	普通			
8443140000	卷取进料式凸版印刷机,但不包括苯胺印刷机(用品目84.42项下商品进行印刷的机器)	12	35	17	台	
8443150000	除卷取进料式以外的凸版印刷机,但不包括苯胺印刷机(用品目84.42项下商品进行印刷的机器)	12	35	17	台	
8443160001*	苯胺印刷机,线速度≥300米/分钟,幅宽度≥800毫米(柔性版印刷机,用品目84.42项下商品进行印刷的机器)	10	35	17	台	
8443160002*	机组式柔性版印刷机,线速度≥160米/分钟,250毫米≤幅宽<800毫米(具有烫印或全息或丝网印刷功能单元的)	10	35	17	台	
8443160090	其他苯胺印刷机(柔性版印刷机,用品目84.42项下商品进行印刷的机器)	10	35	17	台	
8443170001*	凹版印刷机,印刷速度≥350米/分钟(用品目84.42项下商品进行印刷的机器)	18	35	17	台	
8443170090	其他凹版印刷机(用品目84.42项下商品进行印刷的机器)	18	35	17	台	
8443192101*	纺织用圆网印花机	10	35	17	台	O
8443192190	其他圆网印刷机(用品目84.42项下商品进行印刷的机器)	10	35	17	台	O
8443192201*	纺织用平网印花机	10	35	17	台	O
8443192210	用于光盘生产的盘面印刷机(用品目84.42项下商品进行印刷的机器)	10	35	17	台	6O
8443192290	其他平网印刷机(用品目84.42项下商品进行印刷的机器)	10	35	17	台	O
8443192900	其他网式印刷机(用品目84.42项下商品进行印刷的机器)	10	35	17	台	O
8443198000	未列名印刷机(网式印刷机除外,用品目84.42项下商品进行印刷的机器)	8	35	17	台	O
8443311010*	静电感光式多功能一体加密传真机(可与自动数据处理设备或网络连接)	10	70	17	台	M
8443311090*	其他静电感光式多功能一体机(可与自动数据处理设备或网络连接)	10	70	17	台	
8443319010	其他具有打印和复印两种功能的机器(可与自动数据处理设备或网络连接)	0	17	17	台	A
8443319020	其他多功能一体加密传真机(兼有打印、复印中一种及以上功能的机器)	0	17	17	台	ABM
8443319090	其他具有打印、复印或传真中两种及以上功能的机器(具有打印和复印两种功能的机器除外,可与自动数据处理设备或网络连接)	0	17	17	台	AB
8443321100	专用于品目84.71所列设备的针式打印机(可与自动数据处理设备或网络连接)	0	14	17	台	A
8443321200	专用于品目84.71所列设备的激光打印机(可与自动数据处理设备或网络连接)	0	14	17	台	A
8443321300	专用于品目84.71所列设备的喷墨打印机(可与自动数据处理设备或网络连接)	0	14	17	台	A
8443321400	专用于品目84.71所列设备的热敏打印机(可与自动数据处理设备或网络连接)	0	14	17	台	A
8443321900	专用于品目84.71所列设备的其他打印机(可与自动数据处理设备或网络连接)	0	14	17	台	A
8443322101*	幅宽>60厘米的喷墨印刷设备(可与自动数据处理设备或网络连接)	8	30	17	台	
8443322190	其他数字式喷墨印刷机(可与自动数据处理设备或网络连接)	8	30	17	台	

商品编号	商品名称及备注	进口关税税率(%)		增值税率(%)	计量单位	监管条件
		最惠国	普通			
8443322201*	幅宽度≥32.9厘米的静电照相印刷设备(激光印刷机)(可与自动数据处理设备或网络连接)	8	35	17	台	
8443322290	其他数字式静电照相印刷机(激光印刷机)(可与自动数据处理设备或网络连接)	8	35	17	台	
8443322900	其他数字式印刷设备(可与自动数据处理设备或网络连接)	8	30	17	台	
8443329010	其他加密传真机(可与自动数据处理设备或网络连接)	0	17	17	台	ABM
8443329090	其他印刷(打印)机、复印机、传真机和电传打字机(可与自动数据处理设备或网络连接)	0	17	17	台	AB
8443391100	将原件直接复印(直接法)的静电感光复印设备(不可与自动数据处理设备或网络连接)	0	70	17	台	
8443391200	将原件通过中间体转印(间接法)的静电感光复印设备(不可与自动数据处理设备或网络连接)	10	70	17	台	
8443392100	带有光学系统的其他感光复印设备(不可与自动数据处理设备或网络连接)	0	70	17	台	
8443392200	接触式的其他感光复印设备(不可与自动数据处理设备或网络连接)	20	70	17	台	
8443392300	热敏的其他感光复印设备(不可与自动数据处理设备或网络连接)	20	70	17	台	
8443392400	热升华的其他感光复印设备(不可与自动数据处理设备或网络连接)	20	70	17	台	
8443393100	数字式喷墨印刷机(不可与自动数据处理设备或网络连接)	8	30	17	台	
8443393200	数字式静电照相印刷机(激光印刷机)(不可与自动数据处理设备或网络连接)	8	35	17	台	
8443393900	其他数字式印刷设备(不可与自动数据处理设备或网络连接)	8	30	17	台	
8443399000	其他印刷(打印)机、复印机(不可与自动数据处理设备或网络连接)	0	30	17	台	
8443911101*	卷筒料自动给料机,给料线速度≥12米/秒	12	35	17	千克/台	O
8443911190	其他卷筒料给料机	12	35	17	千克/台	O
8443911900*	其他印刷用辅助机器(用品目84.42项下商品进行印刷的机器附件)	12	35	17	千克/台	O
8443919001*	胶印机用墨量遥控装置(包括墨色控制装置、墨量调节装置、墨斗体等组成部分)	6	20	17	千克	O
8443919090*	其他用品目84.42项下商品进行印刷的机器零件与附件	6	20	17	千克	
8443991000	数字印刷设备用辅助机器(非用品目84.42项下商品进行印刷的机器附件)	12	35	17	千克	O
8443992100	热敏打印头	6	20	17	千克/个	
8443992901*	压电式喷墨头(非用品目84.42项下商品进行印刷的机器零件)	6	20	17	千克	
8443992990	其他数字印刷设备的零件(非用品目84.42项下商品进行印刷的机器零件)	6	20	17	千克	
8443999010	其他印刷(打印)机、复印机及传真机的感光鼓和含感光鼓的碳粉盒	0	35	17	千克	
8443999090	其他印刷(打印)机、复印机及传真机的零件和附件	0	35	17	千克	
8444	**化学纺织纤维挤压、拉伸、变形或切割机器**					
8444001000	合成纤维长丝纺丝机	10	30	17	台	

商品编号	商品名称及备注	进口关税税率(%)		增值税率(%)	计量单位	监管条件
		最惠国	普通			
8444002000	合成纤维短丝纺丝机	10	30	17	台	
8444003000	人造纤维纺丝机	10	30	17	台	
8444004000	化学纤维变形机	10	30	17	台	
8444005000	化学纤维切断机	10	30	17	台	
8444009000	其他化纤挤压、拉伸、切割机器	10	30	17	台	
8445	**纺织纤维的预处理机器;纺纱机、并线机、加捻机及其他生产纺织纱线的机器;摇纱机、络纱机(包括卷纬机)及品目84.46或84.47所列机器用的纺织纱线的机器**					
8445111100	棉纤维型清梳联合机	10	30	17	台	ABO
8445111200	棉纤维型自动抓棉机	10	30	17	台	ABO
8445111300	棉纤维型梳棉机	10	30	17	台	ABO
8445111900	其他棉纤维型梳理机	10	30	17	台	ABO
8445112000	毛纤维型梳理机	10	30	17	台	ABO
8445119001*	宽幅非织造布梳理机(工作幅宽>3.5米,工作速度>120米/分钟)	10	30	17	台	AB
8445119090	其他纺织纤维梳理机	10	30	17	台	AB
8445121000	棉精梳机	10	30	17	台	ABO
8445122000	毛精梳机	10	30	17	台	ABO
8445129000	其他纺织纤维精梳机	10	30	17	台	AB
8445131000	纺织纤维拉伸机	10	30	17	台	AB
8445132100	棉纺粗纱机	10	30	17	台	AB
8445132200	毛纺粗纱机	10	30	17	台	AB
8445132900	其他纺织纤维粗纱机	10	30	17	台	AB
8445190000	纺织纤维的其他预处理机器	10	30	17	台	AB
8445203100	自由端转杯纺纱机	10	30	17	台	ABO
8445203200	自由端喷气纺纱机	10	30	17	台	AB
8445203900	其他自由端纺纱机	10	30	17	台	AB
8445204100	环锭棉细纱机	10.5	40	17	台	ABO
8445204200	环锭毛细纱机	10	40	17	台	AB
8445204900	其他环锭细纱机	10	40	17	台	AB
8445209000	其他纺纱机	10	30	17	台	A
8445300000	并线机或加捻机	10	30	17	台	AB
8445401000*	自动络筒机	10	30	17	台	ABO
8445409000	卷纬机及摇纱机、络纱机	10	30	17	台	AB
8445901000	整经机	10	30	17	台	ABO
8445902000	浆纱机	10	30	17	台	OAB
8445909000	其他生产及处理纺织纱线的机器(处理品目84.46或84.47所列机器用的纺织纱线的机器)	10	30	17	台	OAB
8446	**织机**					
8446100000	所织织物宽度≤30厘米的织机	8	30	17	台	A
8446211000	织物宽度>30厘米的梭织动力地毯织机	12	35	17	台	A
8446219000	织物宽度>30厘米的其他梭织动力织机	10	30	17	台	AB
8446290000	织物宽度>30厘米的梭织非动力织机	10	30	17	台	A
8446302000	织物宽度>30厘米的剑杆织机	8	30	17	台	AO
8446303000	织物宽度>30厘米的片梭织机	8	30	17	台	AO
8446304000	织物宽度>30厘米的喷水织机	8	30	17	台	OA

商品编号	商品名称及备注	进口关税税率(%)		增值税率(%)	计量单位	监管条件
		最惠国	普通			
8446305000*	织物宽度>30厘米的喷气织机	8	30	17	台	AO
8446309000	织物宽度>30厘米的其他无梭织机	8	30	17	台	OA
8447	**针织机、缝编机及制粗松螺旋花线、网眼薄纱、花边、刺绣品、装饰带、编织带或网的机器及簇绒机**					
8447110000	圆筒直径≤165毫米的圆形针织机	8	30	17	台	AB
8447120000	圆筒直径>165毫米的圆形针织机	8	30	17	台	AB
8447201100	特里科经编机	8	30	17	台	A
8447201200	拉舍尔经编机	8	30	17	台	A
8447201900	其他经编机	8	30	17	台	A
8447202000	平型纬编机	8	30	17	台	AB
8447203000	缝编机	8	30	17	台	A
8447901100	地毯织机	7	35	17	台	A
8447901900	其他簇绒机(地毯织机除外)	8	30	17	台	A
8447902000	绣花机	8	30	17	台	A
8447909000	品目84.47其他编号未列名机器(包括制粗松螺旋花线、网眼薄纱、编织带或网的机器)	10	30	17	台	A
8448	**品目84.44、84.45、84.46或84.47所列机器的辅助机器(例如,多臂机、提花机、自停装置及换梭装置);专用于或主要用于品目84.44、84.45、84.46或84.47所列机器的零件、附件(例如,锭子、锭壳、钢丝针布、梳、喷丝头、梭子、综丝、综框、针织机用针)**					
8448110001*	多臂机或提花机(转速指标500转/分以上)	8	20	17	千克	
8448110090	多臂机或提花机所用卡片缩小、复制、穿孔或汇编机器(包括其所用的卡片缩小、复制、穿孔或汇编机器)	8	20	17	千克	
8448190000	品目84.44至84.47的机器的辅助机器	8	20	17	千克	
8448202000	喷丝头或喷丝板	6	14	17	个/千克	
8448209000	纤维挤压机及辅助机器的其他零件(包括附件,品目84.44的机器用)	6	17	17	千克	
8448310000	钢丝针布	6	17	17	千克	
8448320000	其他纺织纤维预处理机器的零件、附件(钢丝针布除外)	6	17	17	千克	
8448331000*	络筒锭	6	17	17	个/千克	
8448339000	其他锭子、锭壳、纺丝环、钢丝圈	6	17	17	千克	
8448391000	气流杯	6	14	17	个/千克	
8448392000*	电子清纱器	6	17	17	个/千克	
8448393000*	空气捻接器	6	17	17	个/千克	
8448394000*	环锭细纱机紧密纺装置	6	17	17	个/千克	
8448399000*	品目84.45所列机器的其他零件、附件(指纺织纱线机器及预处理机的零件、附件)	6	17	17	千克	
8448420000	织机用筘、综丝、综框	6	50	17	千克	
8448491000	接、投梭箱	6	17	17	个/千克	
8448492000*	引纬、送经装置	6	17	17	个/千克	
8448493000	梭子	6	50	17	个/千克	
8448499000*	织机及其辅助机器用其他零件、附件	6	17	17	千克	
8448512000	针织机用28号以下的弹簧针、钩针(包括复合针)	6	50	17	千克	
8448519000	沉降片、其他织针及成圈机件	6	17	17	千克	
8448590000*	品目84.47机器用的其他零件、附件(指针织等机器及其辅助机器的零件、附件)	6	17	17	千克	

商品编号	商品名称及备注	进口关税税率(%) 最惠国	进口关税税率(%) 普通	增值税率(%)	计量单位	监管条件
8449	**成匹、成形的毡呢或无纺织物制造或整理机器,包括制毡呢帽机器,帽模**					
8449001001*	高速针刺机,针刺频率>2000次/分钟	8	30	17	台/千克	
8449001090	其他针刺机	8	30	17	台/千克	
8449002001*	高速宽幅水刺设备(工作幅宽>3.5米,工作速度>250米/分钟,水刺压力≥400帕)	8	30	17	台/千克	
8449002090	其他水刺设备	8	30	17	台/千克	
8449009000	其他成匹、成形的毡呢制造或整理机器(包括无纺织物制造或整理机,制毡呢帽机,帽模)	8	30	17	千克	
8450	**家用型或洗衣房用洗衣机,包括洗涤干燥两用机**					
8450111000	干衣量≤10千克全自动波轮式洗衣机	10	130	17	台	AB
8450112000*	干衣量≤10千克全自动滚筒式洗衣机	10	130	17	台	AB
8450119000	其他干衣量≤10千克的全自动洗衣机	10	130	17	台	AB
8450120000	装有离心甩干机的非全自动洗衣机(干衣量≤10千克)	30	130	17	台	A
8450190000	干衣量≤10千克的其他洗衣机	30	130	17	台	AB
8450200000*	干衣量>10千克的洗衣机	10	80	17	台	
8450901000	干衣量≤10千克的洗衣机零件	5	130	17	千克	
8450909000*	干衣量>10千克的洗衣机零件	16	80	17	千克	
8451	**纱线、织物及纺织制品的洗涤、清洁、绞拧、干燥、熨烫、挤压(包括熔压)、漂白、染色、上浆、整理、涂布或浸渍机器(品目84.50的机器除外);列诺伦(亚麻油地毡)及类似铺地制品的布基或其他底布的浆料涂布机器;纺织物的卷绕、退绕、折叠、剪切或剪齿边机器**					
8451100000	干洗机	21	80	17	台	
8451210000	干衣量≤10千克的干燥机	15	80	17	台	
8451290000	干衣量>10千克的其他干燥机	8	30	17	台	
8451300000	熨烫机及挤压机(包括熔压机)	8	30	17	台	
8451400000	其他洗涤、漂白或染色机器	8.4	20	17	台	
8451500000	织物的卷绕、退绕、折叠、剪切机器(包括剪齿边机)	8	20	17	台	
8451800001*	服装定型焙烘炉、服装液氨整理机、预缩机、罐蒸机	12	30	17	台	
8451800002*	剪绒、洗缩联合机;剪毛联合机;柔软整理机	12	30	17	台	
8451800003*	定型机、精炼机、丝光机、磨毛机	12	30	17	台	
8451800004*	涂层机	12	30	17	台	
8451800090	品目84.51未列名的其他机器	12	30	17	台	
8451900000	品目84.51所列机器的零件	8	20	17	千克	
8452	**缝纫机,但品目84.40的锁线订书机除外;缝纫机专用的特制家具、底座及罩盖;缝纫机针**					
8452101000	多功能家用型缝纫机	21	80	17	台	B
8452109100	其他家用型手动式缝纫机	21	80	17	台	
8452109900	其他家用型缝纫机	21	80	17	台	B
8452211000	非家用自动平缝机	12	40	17	台	
8452212000	非家用自动包缝机	12	40	17	台	
8452213000	非家用自动绷缝机	12	40	17	台	
8452219000	其他非家用自动缝纫机	12	40	17	台	
8452290000	其他非自动缝纫机(家用型除外)	12	40	17	台	
8452300000	缝纫机针	14	100	17	千克	

商品编号	商品名称及备注	进口关税税率(%)		增值税率(%)	计量单位	监管条件
		最惠国	普通			
8452901100	家用缝纫机用旋梭	14	80	17	千克	
8452901900	家用缝纫机用其他零件(旋梭除外)	14	80	17	千克	
8452909100	非家用缝纫机用旋梭	14	80	17	千克	
8452909200	非家用缝纫机用特制家具、底座和罩盖及其零件	14	100	17	千克	
8452909900	非家用缝纫机用其他零件(旋梭除外)	14	80	17	千克	
8453	**生皮、皮革的处理、鞣制或加工机器;鞋靴、毛皮及其他皮革制品的制作或修理机器,但缝纫机除外**					
8453100000	生皮、皮革的处理或加工机器(包括鞣制机)	8.4	30	17	台	
8453200000	鞋靴制作或修理机器(缝纫机除外)	8.4	30	17	台	
8453800000	毛皮及其他皮革的制作或修理机器(缝纫机除外)	8.4	30	17	台	
8453900000	品目84.53所列机器的零件(皮革等处理、加工或修理机器的)	8	30	17	千克	
8454	**金属冶炼及铸造用的转炉、浇包、锭模及铸造机**					
8454100000	金属冶炼及铸造用转炉	8.4	35	17	台	
8454201010	VOD炉(真空脱气炉)	8.4	35	17	台	O
8454201090	其他炉外精炼设备	8.4	35	17	台	O
8454209000	其他金属冶炼及铸造用锭模及浇包	8.4	35	17	台	
8454301000	冷室压铸机	12	35	17	台	O
8454302100	方坯连铸机	10	35	17	台	
8454302200	板坯连铸机	12	35	17	台	O
8454302900	其他钢坯连铸机	12	35	17	台	O
8454309000	其他金属冶炼及铸造用铸造机	12	35	17	台	
8454901000	炉外精炼设备的零件	8	20	17	千克	
8454902100	钢坯连铸机用结晶器	8	20	17	千克	
8454902200	钢坯连铸机用振动装置	8	20	17	千克	
8454902900	钢坯连铸机用其他零件	8	20	17	千克	
8454909000	其他冶炼等用转炉及铸造机的零件(包括浇包、锭模的零件)	8	20	17	千克	
8455	**金属轧机及其轧辊**					
8455101000	热轧管机	12	35	17	台	
8455102000	冷轧管机	12	35	17	台	O
8455103000	定、减径轧管机	12	35	17	台	O
8455109000	其他金属轧管机	12	35	17	台	O
8455211000	其他金属板材热轧机	15	35	17	台	O
8455212000	型钢轧机	15	35	17	台	O
8455213000	金属线材轧机	15	35	17	台	O
8455219000	其他金属热轧或冷热联合轧机	15	35	17	台	O
8455221000	金属板材冷轧机	10	35	17	台	O
8455229010	铝箔粗轧机	15	35	17	台	
8455229090	其他金属冷轧机	15	35	17	台	
8455300000	金属轧机用轧辊	8.4	20	17	个	
8455900000	金属轧机的其他零件	8	20	17	千克	
8456	**用激光、其他光、光子束、超声波、放电、电化学法、电子束、离子束或等离子弧处理各种材料的加工机床;水射流切割机**					

商品编号	商品名称及备注	进口关税税率(%)		增值税率(%)	计量单位	监管条件
		最惠国	普通			
8456100010	辐照元件激光切割机(切割燃料包壳以使辐照核材料能溶解,含遥控设备)	0	30	17	台	3AO
8456100090	其他用激光或其他光或光子束处理的机床	0	30	17	台	AO
8456200000	用超声波处理各种材料的加工机床	10	30	17	台	AB
8456301010	数控放电加工机床(两轴或多轴成形控制的无线型放电加工机床)	9.7	30	17	台	3ABO
8456301090	其他数控的放电处理加工机床	9.7	30	17	台	ABO
8456309010	非数控放电加工机床(两轴或多轴成形控制的无线型放电加工机床)	10	30	17	台	3AB
8456309090	其他非数控的放电处理加工机床	10	30	17	台	AB
8456901000	等离子切割机	0	30	17	台	AO
8456902000	水射流切割机	0	30	17	台	A
8456909000	其他方法处理材料的加工机床(包括电化学法、电子束、离子束等的加工机床)	0	30	17	台	AO
8457	**加工金属的加工中心、单工位组合机床及多工位组合机床**					
8457101000	立式加工金属的加工中心	9.7	20	17	台	AO
8457102000	卧式加工金属的加工中心	9.7	20	17	台	AO
8457103000	龙门式加工金属的加工中心	9.7	20	17	台	AO
8457109000	其他加工金属的加工中心	9.7	20	17	台	AO
8457200000	加工金属的单工位组合机床	8	20	17	台	OA
8457300000	加工金属的多工位组合机床	5	20	17	台	OAB
8458	**切削金属的车床(包括车削中心)**					
8458110000	切削金属的数控卧式车床(包括车削中心)	9.7	20	17	台	AO
8458190000	切削金属的其他卧式车床	12	50	17	台	AB
8458910000	切削金属的其他数控车床(包括车削中心)	5	20	17	台	ABO
8458990000	切削金属的其他车床	12	50	17	台	AB
8459	**切削金属的钻床、镗床、铣床、攻丝机床(包括直线移动式动力头钻床),但品目84.58的车床(包括车削中心)除外**					
8459100000	切削金属的直线移动式动力头钻床(但品目84.58的车床除外)	15	50	17	台	AB
8459210000	切削金属的其他数控钻床(但品目84.58的车床除外)	9.7	20	17	台	ABO
8459290000	切削金属的其他钻床(但品目84.58的车床除外)	15	50	17	台	AB
8459310000	切削金属的其他数控镗铣机床(但品目84.58的车床除外)	9.7	20	17	台	OAB
8459390000	切削金属的其他镗铣机床(但品目84.58的车床除外)	10	50	17	台	AB
8459401000	切削金属的其他数控镗床(但品目84.58的车床除外)	9.7	20	17	台	OAB
8459409000	切削金属的其他镗床(但品目84.58的车床除外)	15	50	17	台	AB
8459510000	切削金属的升降台式数控铣床(但品目84.58的车床除外)	9.7	20	17	台	OAB
8459590000	切削金属的其他升降台式铣床(但品目84.58的车床除外)	15	50	17	台	AB
8459611000	切削金属的其他龙门数控铣床	5	20	17	台	OAB
8459619000	切削金属的其他数控铣床(但品目84.58的车床及龙门铣床除外)	5	20	17	台	OAB
8459691000	切削金属的其他龙门非数控铣床(但品目84.58的车床除外)	12	50	17	台	AB
8459699000	切削金属的其他非数控铣床(但品目84.58的车床及龙门铣床除外)	12	50	17	台	AB
8459700000	切削金属的其他攻丝机床(但品目84.58的车床除外)	12	50	17	台	AB

商品编号	商品名称及备注	进口关税税率(%) 最惠国	进口关税税率(%) 普通	增值税率(%)	计量单位	监管条件
8460	**用磨石、磨料或抛光材料对金属或金属陶瓷进行去毛刺、刃磨、磨削、珩磨、研磨、抛光或其他精加工机床,但品目84.61的切齿机、齿轮磨床或齿轮精加工机床除外**					
8460110000	加工金属的数控平面磨床(含加工金属陶瓷,任一坐标定位精度至少0.01毫米)	9.7	20	17	台	OAB
8460190000	加工金属的其他平面磨床(含加工金属陶瓷)	15	50	17	台	B
8460211000	加工金属的数控外圆磨床(含加工金属陶瓷,任一坐标定位精度至少是0.01毫米)	9.7	20	17	台	OAB
8460212000	加工金属的数控内圆磨床(含加工金属陶瓷,任一坐标定位精度至少是0.01毫米)	9.7	20	17	台	OAB
8460219000	加工金属的其他数控磨床(含加工金属陶瓷,任一坐标定位精度至少是0.01毫米)	9.7	20	17	台	OAB
8460291000	加工金属的其他外圆磨床(含加工金属陶瓷,任一坐标定位精度至少是0.01毫米)	15	50	17	台	OAB
8460292000	加工金属的其他内圆磨床(含加工金属陶瓷,任一坐标定位精度至少是0.01毫米)	15	50	17	台	OAB
8460293000	加工金属的非数控轧辊磨床(含加工金属陶瓷,任一坐标定位精度至少是0.01毫米)	13	50	17	台	
8460299000	加工金属的其他磨床(含加工金属陶瓷,任一坐标定位精度至少是0.01毫米)	13	50	17	台	AB
8460310000	加工金属的数控刃磨机床(含加工金属陶瓷)	9.7	20	17	台	AB
8460390000	加工金属的其他刃磨机床(含加工金属陶瓷)	15	50	17	台	AB
8460401000	金属珩磨机床	13	50	17	台	AB
8460402000	金属研磨机床	13	50	17	台	AB
8460901000	加工金属的砂轮机(含加工金属陶瓷)	15	50	17	台	B
8460902000	金属抛光机床	15	50	17	台	A
8460909000	其他用磨石、磨料加工金属的机床	15	50	17	台	A
8461	**切削金属或金属陶瓷的刨床、牛头刨床、插床、拉床、切齿机、齿轮磨床或齿轮精加工机床、锯床、切断机及其他品目未列名的切削机床**					
8461201000	切削金属或金属陶瓷的牛头刨床	15	50	17	台	B
8461202000	切削金属或金属陶瓷的插床	15	50	17	台	B
8461300000	切削金属或金属陶瓷的拉床	12	50	17	台	B
8461401000	切削金属的数控切齿机、齿轮磨床(含加工金属陶瓷,包括数控齿轮精加工机床)	9.7	20	17	台	OA
8461409000	切削金属的其他切齿机、齿轮磨床(含加工金属陶瓷,包括其他齿轮精加工机床)	15	50	17	台	A
8461500010	辐照元件刀具切割机[切割燃料包壳以使辐照核材料能溶解(含遥控设备)]	12	50	17	台	3B
8461500090	其他锯床或切断机	12	50	17	台	B
8461901100	切削金属或金属陶瓷的龙门刨床	15	50	17	台	B
8461901900	切削金属或金属陶瓷的其他刨床	15	50	17	台	B
8461909000	切削金属或金属陶瓷的未列名机床	12	50	17	台	B
8462	**加工金属的锻造(包括模锻)或冲压机床;加工金属的弯曲、折叠、矫直、矫平、剪切、冲孔或开槽机床;其他加工金属或硬质合金的压力机**					
8462101000	加工金属的数控锻造或冲压机床(包括锻锤、模锻)	9.7	20	17	台	BO

商品编号	商品名称及备注	进口关税税率(%)		增值税率(%)	计量单位	监管条件
		最惠国	普通			
8462109000	非数控锻造或冲压机床(指加工金属用的,包括锻锤、模锻)	12	50	17	台	BO
8462211000	加工金属的数控矫直机床	9.7	20	17	台	B
8462219000	加工金属的数控弯曲、折叠或矫平机床	9.7	20	17	台	OB
8462291000	加工金属的非数控矫直机床	10	50	17	台	B
8462299000	加工金属的非数控弯曲、折叠或矫平机床	10	50	17	台	OB
8462311000	加工金属的数控板带纵剪机(冲剪两用机除外)	7	20	17	台	OB
8462312000	加工金属的数控板带横剪机(冲剪两用机除外)	7	20	17	台	OB
8462319000	加工金属的其他数控剪切机床(冲剪两用机除外)	7	20	17	台	OB
8462391000	加工金属的非数控板带纵剪机(冲剪两用机除外)	10	50	17	台	B
8462392000	加工金属的非数控板带横剪机(冲剪两用机除外)	10	50	17	台	B
8462399000	加工金属的其他非数控剪切机床(冲剪两用机除外)	10	50	17	台	B
8462411100	自动模式数控步冲压力机(包括冲剪两用机)	9.7	20	17	台	B
8462411900	其他数控冲床(包括冲剪两用机)	9.7	20	17	台	BO
8462419000	其他数控的冲孔或开槽机床,包括冲剪两用机(数控冲床除外)	9.7	20	17	台	B
8462490000	加工金属的非数控冲孔,开槽机(包括冲剪两用机)	10	50	17	台	B
8462911000	金属型材挤压机	10	50	17	台	OB
8462919000	其他液压压力机(加工金属或硬质合金)	10	50	17	台	B
8462991000	机械压力机	10	50	17	台	BO
8462999000	品目84.62的其他机床	10	50	17	台	B
8463	**金属或金属陶瓷的其他非切削加工机床**					
8463101100	拉拔力为300吨及以下的金属冷拔管机(包括金属陶瓷的冷拔管机)	10	50	17	台	
8463101900	300吨以上的金属冷拔管机(包括金属陶瓷的冷拔管机)	10	50	17	台	
8463102000	金属及金属陶瓷的拔丝机	10	50	17	台	
8463109000	其他金属或金属陶瓷的拉拔机	10	50	17	台	
8463200000	金属或金属陶瓷的螺纹滚轧机	15	50	17	台	
8463300000	金属或金属陶瓷丝的加工机	10	50	17	台	
8463900010	滚压成形机床(数控,装3个以上压辊)	10	50	17	台	3
8463900020	具有滚压功能的旋压成形机床(数控,装3个以上压辊)	10	50	17	台	3
8463900090	其他非切削加工机床(是指加工金属或金属陶瓷的)	10	50	17	台	
8464	**石料、陶瓷、混凝土、石棉水泥或类似矿物材料的加工机床、玻璃冷加工机床**					
8464101000	圆盘锯(加工石料、陶瓷、混凝土、石棉水泥或类似矿物材料)	0	30	17	台	
8464102000	钢丝锯(加工石料、陶瓷、混凝土、石棉水泥或类似矿物材料)	0	30	17	台	
8464109000	加工矿物等材料的其他锯床(加工石料、陶瓷、混凝土、石棉水泥或类似矿物材料)	0	30	17	台	
8464201000	玻璃研磨或抛光机床	0	30	17	台	
8464209000	加工矿物等材料的研磨或抛光机床(加工石料、陶瓷、混凝土、石棉水泥等类似矿物材料)	0	30	17	台	
8464901100	玻璃切割机(玻璃冷加工机床)	0	30	17	台	
8464901200	玻璃刻花机(玻璃冷加工机床)	0	30	17	台	
8464901900	其他玻璃冷加工机床	0	30	17	台	

商品编号	商品名称及备注	进口关税税率(%) 最惠国	普通	增值税率(%)	计量单位	监管条件
8464909000	其他加工矿物等材料的机床	0	30	17	台	
8465	**木材、软木、骨、硬质橡胶、硬质塑料或类似硬质材料的加工机床(包括用打钉或打U形钉、胶粘或其他方法组合前述材料的机器)**					
8465100000	不需变换工具即可进行加工的机床(加工木材、软木、骨、硬质橡胶、硬质塑料及其他硬质材料)	10	30	17	台	B
8465910000	加工木材等材料的锯床(加工木材、软木、骨、硬质橡胶、硬质塑料及其他硬质材料)	10	30	17	台	B
8465920000	加工木材等材料的刨、铣、切削机器(加工木材、软木、骨、硬质橡胶、硬质塑料及其他硬质材料)	10	30	17	台	B
8465930000	加工木材等材料的研磨或抛光机器,含砂磨(加工木材、软木、骨、硬质橡胶、硬质塑料及其他硬质材料)	10	30	17	台	B
8465940000	加工木材等材料的弯曲或装配机器(加工木材、软木、骨、硬质橡胶、硬质塑料及其他硬质材料)	10	30	17	台	B
8465950000	加工木材等材料的钻孔或凿榫机器(加工木材、软木、骨、硬质橡胶、硬质塑料及其他硬质材料)	10	30	17	台	B
8465960000	加工木材等材料的剖、切、刮削机器(加工木材、软木、骨、硬质橡胶、硬质塑料及其他硬质材料)	10	30	17	台	B
8465990000	加工木材等材料的其他机床(加工木材、软木、骨、硬质橡胶、硬质塑料及其他硬质材料)	10	30	17	台	B
8466	**专用于或主要用于品目84.56至84.65所列机器的零件、附件,包括工件或工具的夹具、自启板牙切头、分度头及其他专用于机床的附件;各种手提工具的工具夹具**					
8466100000	工具夹具及自启板牙切头(用于品目84.56~84.65所列机器的)	7	17	17	千克	
8466200000	工件夹具(用于品目84.56~84.65所列机器的)	7	17	17	千克	
8466300000	分度头及其他专用于机床的附件(用于品目84.56~84.65所列机器的)	7	17	17	千克	
8466910000	品目84.64所列机器用的零件(加工石料等机器用零件、附件)	0	17	17	千克	
8466920000	品目84.65所列机器用的零件(加工木材等机器用零件、附件)	6	17	17	千克	
8466931000	刀库及自动换刀装置(品目84.56~84.61机器用)	0	17	17	千克	
8466939000	品目84.56~84.61机器用其他零件	0	17	17	千克	
8466940010	滚压成形机床用芯轴(转筒成形用的芯轴,内径在75毫米至400毫米之间)	6	17	17	千克	3
8466940020	有滚压功能的旋压成形机用芯轴(转筒成形用的芯轴,内径在75毫米至400毫米之间)	6	17	17	千克	3
8466940090	品目84.62~84.63机器用其他零件	6	17	17	千克	
8467	**手提式风动或液压工具及本身装有电动或非电动动力装置的手提式工具**					
8467110000	旋转式手提风动工具(包括旋转冲击式的)	8	30	17	台	
8467190000	其他手提式风动工具	8	30	17	台	
8467210000	手提式电动钻	10	30	17	台	BA
8467221000	手提式电动链锯	10	30	17	台	BA
8467229000	其他手提式电锯	10	30	17	台	BA

商品编号	商品名称及备注	进口关税税率(%)		增值税率(%)	计量单位	监管条件
		最惠国	普通			
8467291000	手提式电动砂磨工具	10	30	17	台	BA
8467292000	手提式电刨	10	30	17	台	BA
8467299000	其他手提式电动工具	10	30	17	台	A
8467810000	手提式液压或其他动力链锯(电动和风动的除外)	8	30	17	台	
8467890000	其他手提式液压或其他动力工具(电动和风动的除外)	8	30	17	台	
8467911000	编号 84672210 的链锯用零件	6	30	17	千克	
8467919000	编号 846781 的链锯用的零件	6	30	17	千克	
8467920000	风动的工具零件	6	30	17	千克	
8467991000	其他手提式电动工具用零件	10	30	17	千克	
8467999000	其他手提式动力工具用的零件	6	30	17	千克	
8468	**焊接机器及装置,不论是否兼有切割功能,但品目 85.15 的货品除外;气体加温表面回火机器及装置**					
8468100000	手提喷焊器	12	30	17	台	
8468200010	自动焊接机[将端塞焊接于燃料细棒(或棒)的自动焊接机]	12	30	17	台	3
8468200090	其他气体焊接或表面回火机器及装置	12	30	17	台	
8468800000	其他焊接机器及装置(品目 85.15 的货品除外)	12	30	17	台	
8468900000*	焊接机器用零件	7	30	17	千克	
8469	**打字机,但品目 84.43 的打印机除外;文字处理机**					
8469001100	文字处理机(品目 84.43 的打印机除外)	0	40	17	台	
8469001200	自动打字机(品目 84.43 的打印机除外)	12	40	17	台	
8469002000	其他电动打字机(品目 84.43 的打印机除外)	12	40	17	台	
8469003000	其他非电动打字机(品目 84.43 的打印机除外)	12	40	17	台	
8470	**计算机器及具有计算功能的袖珍式数据记录、重现及显示机器;装有计算装置的会计计算机、邮资盖戳机、售票机及类似机器;现金出纳机**					
8470100000	电子计算器及袖珍式数据录放机器(不需外接电源,录放指具有计算功能的数据记录、重现及显示)	0	80	17	台	
8470210000	装有打印装置的电子计算器	0	80	17	台	
8470290000	其他电子计算器	0	80	17	台	
8470300000	其他计算机器	0	40	17	台	
8470501000	销售点终端出纳机	0	40	17	台	
8470509000	其他现金出纳机	0	40	17	台	
8470900000	会计计算机、邮资盖戳机、售票机及类似机器	0	40	17	台	
8471	**自动数据处理设备及其部件;其他品目未列名的磁性或光学阅读机、将数据以代码形式转录到数据记录媒体的机器及处理这些数据的机器**					
8471300000	便携式自动数据处理设备(重量≤10 千克,至少由一个中央处理器、键盘和显示器组成)	0	70	17	台	A
8471411000	巨、大、中型自动数据处理设备	0	14	17	台	3
8471412000	小型自动数据处理设备	0	14	17	台	3
8471414000	微型机	0	70	17	台	A
8471419000	其他数据处理设备(同一机壳内至少有一个 CPU 和一个输入输出部件,包括组合式)	0	70	17	台	
8471491000	以系统形式报验的巨、大、中型机(计算机指自动数据处理设备)	0	29	17	台	3

商品编号	商品名称及备注	进口关税税率(%)		增值税率(%)	计量单位	监管条件
		最惠国	普通			
8471492000	以系统形式报验的小型计算机(计算机指自动数据处理设备)	0	29	17	台	3
8471494000	以系统形式报验的微型机	0	70	17	台	
8471499100	其他分散型工业过程控制设备(以系统形式报验的)	0	70	17	台	
8471499900	以系统形式报验的其他计算机	0	70	17	台	
8471501000	巨、大、中型机处理部件(不论是否在同一机壳内有一或两个存储、输入或输出部件)	0	14	17	台	3
8471502000	小型机的处理部件(不论是否在同一机壳内有一或两个存储、输入或输出部件)	0	14	17	台	3
8471504000	微型机的处理部件(不论是否在同一机壳内有一或两个存储、输入或输出部件)	0	70	17	台	
8471509000	编号 847141 或 847149 以外设备的处理部件(不论是否在同一机壳内有一或两个存储、输入或输出部件)	0	70	17	台	
8471604000	巨、大、中及小型计算机用终端(输入或输出部件,不论是否在同一机壳内有存储部件)	0	14	17	台	
8471605000	自动数据处理设备的扫描器	0	14	17	台	
8471606000	自动数据处理设备的数字化仪	0	14	17	台	
8471607100	键盘	0	40	17	个	
8471607200	鼠标器	0	40	17	个	
8471609000	计算机的其他输入或输出部件(计算机指自动数据处理设备)	0	14	17	台	
8471701000	计算机硬盘驱动器(计算机指自动数据处理设备)	0	14	17	台	
8471702000	自动数据处理设备的软盘驱动器	0	14	17	台	
8471703010	具有刻录功能的光盘驱动器(自动数据处理设备的光盘驱动器)	0	14	17	台	
8471703090	其他光盘驱动器(自动数据处理设备的光盘驱动器)	0	14	17	台	
8471709000	自动数据处理设备的其他存储部件	0	14	17	台	
8471800000	其他自动数据处理设备的部件	0	40	17	台	
8471900010	专用于复制的光盘刻录机(也称光盘复读机)	0	40	17	台	
8471900090	未列名的磁性或光学阅读器(包括将数据以代码形式转录的机器及处理这些数据的机器)	0	40	17	台	
8472	**其他办公室用机器(例如,胶版复印机、油印机、地址印写机、自动付钞机、硬币分类、计数及包装机、削铅笔机、打洞机或订书机)**					
8472100000	胶版复印机、油印机	14	40	17	台	
8472301000	邮政信件分拣及封装设备	10	40	17	台	
8472309000	其他信件折叠、分类、开或闭封机(包括信件装封机及粘贴邮票机和盖销邮票机)	14	40	17	台	
8472901000	自动柜员机	0	40	17	台	
8472902100	办公室用打洞机	0	40	17	台	
8472902200	办公室用订书机	0	40	17	台	
8472902900	其他装订用办公室机器	0	40	17	台	
8472903000	碎纸机	0	40	17	台	
8472904000	地址印写机及地址铭牌压印机	14	40	17	台	
8472909000	其他办公室用机器(包括硬币分类、计数、包装机和削笔机等)	0	40	17	台	

商品编号	商品名称及备注	进口关税税率(%)		增值税率(%)	计量单位	监管条件
		最惠国	普通			
8473	**专用于或主要用于品目84.69至84.72所列机器的零件、附件(罩套、提箱及类似品除外)**					
8473100000	打字机、文字处理机的零件、附件	8	35	17	千克	
8473210000	品目84.70所列电子计算器的零附件(系指编号847010、847021及847029所列的电子计算器的)	0	50	17	千克	
8473290000	品目84.70所列其他机器的零附件(系指编号847030、847040、847050及847090所列机器的)	0	35	17	千克	
8473301000	大、中、小型计算机的零件(包括大、中、小型机的中央处理部件的零件)	0	14	17	千克	
8473309000	品目84.71所列其他机器零附件	0	40	17	千克	
8473401000*	自动柜员机用出钞器	10.5	35	17	千克	
8473409001*	钞票清分机零附件	10.5	35	17	千克	
8473409090	其他办公室用机器零附件	10.5	35	17	千克	
8473500000	品目84.69至84.72中所列机器零附件(用于品目84.69至84.72中两个或两个以上品目所列机器的)	0	35	17	千克	
8474	**泥土、石料、矿石或其他固体(包括粉状、浆状)矿物质的分类、筛选、分离、洗涤、破碎、磨粉、混合或搅拌机器;固体矿物燃料、陶瓷坯泥、未硬化水泥、石膏材料或其他粉状、浆状矿产品的粘聚或成型机器;铸造用砂模的成型机器**					
8474100000	分类、筛选、分离或洗涤机器(用于泥土、石料、矿石或其他固体物质的)	5	30	17	台	
8474201000	齿辊式破碎及磨粉机器(用于泥土、石料、矿石或其他固体物质的)	5	30	17	台	
8474202000	球磨式磨碎或磨粉机(用于泥土、石料、矿石或其他固体物质的)	5	30	17	台	
8474209000	破碎或磨粉用机器(用于泥土、石料、矿石或其他固体物质的)	5	30	17	台	
8474310000	混凝土或砂浆混合机器(用于泥土、石料、矿石或其他固体物质的)	7	30	17	台	
8474320000	矿物与沥青的混合机器(用于泥土、石料、矿石或其他固体物质的)	7	30	17	台	
8474390000	其他混合或搅拌机器(用于泥土、石料、矿石或其他固体物质的)	5	30	17	台	
8474801000	其他辊压成型机	5	30	17	台	
8474802000	其他模压成型机	5	30	17	台	
8474809010	纸面角线石膏板搅拌成型机	5	30	17	台	
8474809090	品目84.74未列名的其他机器(如矿产品的粘聚或成型机器及铸造用砂模的成型机器)	5	30	17	台	
8474900000	品目84.74所列机器的零件	5	30	17	千克	
8475	**白炽灯泡、灯管、放电灯管、电子管、闪光灯泡及类似品的封装机器;玻璃或玻璃制品的制造或热加工机器**					
8475100000	白炽灯泡、灯管等的封装机(包括放电灯管、电子管、闪光灯泡等)	8	30	17	台	
8475210000	制造光导纤维及预制棒的机器	10	30	17	台	
8475291100	连续式玻璃热弯炉	10	30	17	台	
8475291200	玻璃纤维拉丝机(光纤拉丝机除外)	10	30	17	台	

商品编号	商品名称及备注	进口关税税率(%)		增值税率(%)	计量单位	监管条件
		最惠国	普通			
8475291900	其他玻璃及制品热加工机器	10	30	17	台	
8475299000	其他玻璃及制品的制造加工机器	10	30	17	台	
8475900000	品目84.75所列机器的零件(灯泡等封装机及玻璃等制造机器的零件)	8	30	17	千克	
8476	**自动售货机(例如,出售邮票、香烟、食品或饮料的机器),包括钱币兑换机**					
8476210000	可加热或制冷的饮料自动销售机	14	50	17	台	A
8476290000	其他饮料自动销售机(装有加热或制冷装置的除外)	15	50	17	台	A
8476810000	装有加热或制冷装置的自动售货机(饮料自动销售机除外)	14	50	17	台	
8476890000	无加热或制冷装置的自动售货机(包括钱币兑换机)	15	50	17	台	
8476900000	品目84.76所列机器的零件	10	50	17	千克	
8477	**本章其他品目未列名的橡胶或塑料及其产品的加工机器**					
8477101010	用于光盘生产的精密注塑机(加工塑料的)	0	45	17	台	6O
8477101090	其他注塑机	0	45	17	台	
8477109000	其他注射机	0	30	17	台	
8477201000	塑料造粒机	5	30	17	台	
8477209000	其他加工塑料或橡胶的挤出机	5	30	17	台	
8477301000	挤出吹塑机	5	30	17	台	
8477302000	注射吹塑机	5	30	17	台	
8477309000	其他吹塑机	5	30	17	台	
8477401000	塑料中空成型机	5	30	17	台	
8477402000	塑料压延成型机	5	30	17	台	
8477409000	真空模塑及其他热成型机器	5	30	17	台	
8477510000	用于充气轮胎模塑或翻新的机器(包括内胎模塑或用其他方法成型的机器)	5	30	17	台	
8477590000	其他模塑机、成型机	5	30	17	台	
8477800000	未列名的橡胶或塑料加工机器	5	30	17	台	
8477900000	橡胶、塑料等加工机机器的零件	0	30	17	千克	
8478	**本章其他品目未列名的烟草加工及制作机器**					
8478100000	其他的烟草加工及制作机器(本章其他编号未列名的)	5	30	17	台	O
8478900000*	烟草加工及制作机器用的零件	10	30	17	千克	O
8479	**本章其他品目未列名的具有独立功能的机器及机械器具**					
8479102100	沥青混凝土摊铺机	8	30	17	台	O
8479102200	稳定土摊铺机	8	30	17	台	
8479102900	其他摊铺机	8	30	17	台	O
8479109000	其他公共工程用的机器	8	30	17	台	
8479200000	提取加工动物或植物油脂的机器	10	30	17	台	A
8479300000	木碎料板或木纤维板的其他挤压机(包括其他木材或软木处理机器)	10	30	17	台	
8479400000*	绳或缆的制造机器	7	30	17	台	
8479501000	多功能工业机器人	0	20	17	台	
8479509010	机器人,末端操纵装置[能处理高能炸药或能抗大于 5×10^4 戈瑞(硅)辐射的]	0	30	17	台	3
8479509090	其他工业机器人(多功能工业机器人除外)	0	30	17	台	
8479600000	蒸发式空气冷却器	10	30	17	台	AB

商品编号	商品名称及备注	进口关税税率(%) 最惠国	普通	增值税率(%)	计量单位	监管条件
8479710000	机场用旅客登机桥	0	30	17	台	AB
8479790000	非机场用旅客登机(船)桥	0	30	17	台	AB
8479811000	处理金属的其他绕线机	9.5	30	17	台	
8479819000	其他处理金属的机械	9.5	30	17	台	
8479820010	两用物项管制搅拌器(耐腐蚀热交换器、搅拌器用,带搅拌的发酵罐)	7	30	17	台	3
8479820090	其他混合、搅拌、轧碎、研磨机器(包括筛选、均化、乳化机器)	7	30	17	台	
8479891000	船用舵机及陀螺稳定器	0	14	17	台	
8479892000	空气增湿器及减湿器	0	70	17	台	
8479894000	其他邮政用包裹、印刷品分拣设备	0	30	17	台	AB
8479895000	放射性废物压实机	0	30	17	台	
8479896100	自动插件机	0	30	17	台	AB
8479896200	自动贴片机	0	30	17	台	AB
8479896900	其他印刷电路板上装配元器件机器	0	30	17	台	AB
8479899200	自动化立体仓储设备(具有独立功能的)	0	30	17	台	AB
8479899910	用于光盘生产的金属母盘生产设备(具有独立功能的)	0	30	17	台	6ABO
8479899920	用于光盘生产的黏合机(具有独立功能的)	0	30	17	台	6ABO
8479899930	用于光盘生产的真空金属溅镀机(具有独立功能的)	0	30	17	台	6ABO
8479899940	保护胶涂覆机及染料层旋涂机(光盘生产用,具有独立功能的)	0	30	17	台	6ABO
8479899951	等静压压力机(两用物项管制机器及机械器具)	0	30	17	台	3AB
8479899952	生物反应器(两用物项管制机器及机械器具)	0	30	17	台	3AB
8479899953	恒化器(两用物项管制机器及机械器具)	0	30	17	台	3AB
8479899954	连续灌流系统(两用物项管制机器及机械器具)	0	30	17	台	3AB
8479899955	三坐标或多坐标联动和程控的纤维缠绕机(两用物项管制机器及机械器具)	0	30	17	台	3AB
8479899959	其他两用物项管制机器及机械器具	0	30	17	台	3AB
8479899960	绕线机(能卷绕直径在75毫米至400毫米、长度为600毫米或更长的)	0	30	17	台	3AB
8479899990	本章其他未列名机器及机械器具(具有独立功能的)	0	30	17	台	AB
8479901000	船舶用舵机及陀螺稳定器零件	0	14	17	千克	
8479902000	空气增湿器及减湿器零件	0	70	17	千克	
8479909010	绕线机的精密芯轴(专用于编号8479899060绕线机的精密芯轴)	0	20	17	千克	3
8479909090	品目84.79所列机器的其他零件	0	20	17	千克	
8480	**金属铸造用型箱;型模底板;阳模;金属用型模(锭模除外)、硬质合金、玻璃、矿物材料橡胶或塑料用型模**					
8480100000	金属铸造用型箱	10	20	17	千克	
8480200000	型模底板	8	20	17	千克	
8480300000	阳模	10	20	17	千克	
8480411000	压铸模(金属、硬质合金用)	8	20	17	千克	
8480412000	粉末冶金用压模	8	20	17	千克	
8480419000	其他金属、硬质合金用注模或压模	8	20	17	千克	
8480490000	其他金属、硬质合金用其他型模(注模或压模除外)	8	20	17	千克	
8480500000	玻璃用型模	8.4	20	17	套/千克	

商品编号	商品名称及备注	进口关税税率(%)		增值税率(%)	计量单位	监管条件
		最惠国	普通			
8480600000	矿物材料用型模	8.4	20	17	套/千克	
8480711000	硫化轮胎用囊式型模(注模或压模)	0	20	17	套/千克	
8480719010	用于光盘生产的专用模具(注模或压模)	0	20	17	套/千克	6O
8480719090	其他塑料或橡胶用注模或压模	0	20	17	套/千克	
8480790010	农用双壁波纹管生产线用其他模具	5	20	17	套/千克	
8480790090	塑料或橡胶用其他型模	5	20	17	套/千克	
8481	**用于管道、锅炉、罐、桶或类似品的龙头、旋塞、阀门及类似装置,包括减压阀及恒温控制阀**					
8481100001*	喷灌设备用减压阀(用于管道、锅炉、罐、桶或类似品的)	5	30	17	套/千克	B
8481100090	其他减压阀(用于管道、锅炉、罐、桶或类似品的)	5	30	17	套/千克	B
8481201000	油压传动阀(用于管道、锅炉、罐、桶或类似品的)	5	30	17	套/千克	B
8481202000	气压传动阀(用于管道、锅炉、罐、桶或类似品的)	5	30	17	套/千克	B
8481300000*	止回阀(用于管道、锅炉、罐、桶或类似品的)	5	30	17	套/千克	B
8481400000	安全阀或溢流阀(用于管道、锅炉、罐、桶或类似品的)	5	30	17	套/千克	B
8481802110	两用物项管制的电磁式换向阀	7	30	17	套/千克	3B
8481802190	其他电磁式换向阀(用于管道、锅炉、罐、桶或类似品的)	7	30	17	套/千克	B
8481802910	两用物项管制的其他换向阀	7	30	17	套/千克	3B
8481802990	其他换向阀(用于管道、锅炉、罐、桶或类似品的)	7	30	17	套/千克	B
8481803110	两用物项管制的电子膨胀流量阀	7	30	17	套/千克	3B
8481803190	其他电子膨胀流量阀(用于管道、锅炉、罐、桶或类似品的)	7	30	17	套/千克	B
8481803910	两用物项管制的其他流量阀	7	30	17	套/千克	3B
8481803990	其他流量阀(用于管道、锅炉、罐、桶或类似品的)	7	30	17	套/千克	B
8481804010*	两用物项管制的其他阀门	7	30	17	套/千克	3B
8481804090*	其他阀门(用于管道、锅炉、罐、桶或类似品的)	7	30	17	套/千克	B
8481809000	未列名龙头、旋塞及类似装置(用于管道、锅炉、罐、桶或类似品的)	5	50	17	套/千克	
8481901000*	阀门用零件(用于管道、锅炉、罐、桶或类似品的)	8	30	17	千克	
8481909000	龙头、旋塞及类似装置的零件(用于管道、锅炉、罐、桶或类似品的)	8	50	17	千克	
8482	**滚动轴承**					
8482101000	调心球轴承(滚珠轴承)	8	20	17	套	
8482102000	深沟球轴承(滚珠轴承)	8	20	17	套	
8482103000	角接触轴承(滚珠轴承)	8	20	17	套	
8482104000	推力球轴承(滚珠轴承)	8	20	17	套	
8482109000	其他滚珠轴承	8	20	17	套	
8482200000	锥形滚子轴承(包括锥形滚子组件)	8	20	17	套	
8482300000*	鼓形滚子轴承	8	20	17	套	
8482400000*	滚针轴承	8	20	17	套	
8482500000	其他圆柱形滚子轴承	8	20	17	套	
8482800000	其他滚动轴承及球、柱混合轴承	8	20	17	套	
8482910000*	滚珠、滚针及滚柱	8	20	17	千克	
8482990000*	滚动轴承的其他零件	6	20	17	千克	
8483	**传动轴(包括凸轮轴及曲柄轴)及曲柄;轴承座及滑动轴承;齿轮及齿轮传动装置;滚珠或滚子螺杆传动装置;齿轮箱及其他变速装置,包括扭矩变换器;飞轮及滑轮,包括滑轮组;离合器及联轴器(包括万向节)**					

商品编号	商品名称及备注	进口关税税率(%)		增值税率(%)	计量单位	监管条件
		最惠国	普通			
8483101100	船舶用柴油机曲轴	6	14	17	个	
8483101900	其他船舶用传动轴	6	14	17	个	
8483109000*	其他传动轴及曲柄(包括凸轮轴及曲柄轴)	6	30	17	个	
8483200000*	装有滚珠或滚子轴承的轴承座	6	30	17	个	
8483300010*	磁悬浮轴承(轴承组合件,由悬浮在充满阻尼介质的环形磁铁组成)	6	30	17	个	3
8483300020*	轴承/阻尼器(安装在阻尼器上的具有枢轴/盖的轴承)	6	30	17	个	3
8483300090*	其他未装有滚珠或滚子轴承的轴承座;其他滑动轴承	6	30	17	个	
8483401000	滚子螺杆传动装置	8	30	17	个	
8483402001*	磨煤机用行星齿轮减速器(由螺旋伞齿轮加行星齿轮二级立式减速机构组成,转盘外圆直径为1300~2400毫米)	8	30	17	个	
8483402090	其他行星齿轮减速器	8	30	17	个	
8483409000	其他传动装置及变速装置(指齿轮及齿轮传动装置、齿轮箱和扭矩变换器)	8	30	17	个	
8483500000	飞轮及滑轮(包括滑轮组)	8	30	17	个	
8483600001*	压力机用组合式湿式离合/制动器(离合扭矩为60~300千牛米,制动扭矩为30~100千牛米)	8	30	17	个	
8483600090	离合器及联轴器(包括万向节)	8	30	17	个	
8483900000	品目84.83所列货品用其他零件(包括单独报验的带齿的轮、链轮及其他传动元件)	8	30	17	千克	
8484	**密封垫或类似接合衬垫,用金属片与其他材料制成或用双层或多层金属片制成;成套或各种不同材料的密封垫或类似接合衬垫,装于袋、套或类似包装内;机械密封件**					
8484100000*	密封垫或类似接合衬垫(用金属片与其他材料制成或用双层及多层金属片制成)	8	30	17	千克	
8484200010*	耐 UF_6 腐蚀的转动轴封(专门设计的真空密封装置,缓冲气体泄漏率1000立方厘米/m)	8	30	17	千克	3
8484200020*	转动轴封(专门设计的带有密封式进气口和出气口的转动轴封)	8	30	17	千克	3
8484200030*	MLIS用转动轴封(专门设计的带密封进气口和出气口的转动轴封)	8	30	17	千克	3
8484200090*	其他机械密封件	8	30	17	千克	
8484900000*	其他材料制密封垫及类似接合衬垫(成套或各种不同材料制,装于袋、套或类似包装内)	8	30	17	千克	
8486	**专用于或主要用于制造半导体单晶柱或晶圆、半导体器件、集成电路或平板显示器的机器及装置;本章注释九(三)规定的机器及装置;零件及附件**					
8486101000	利用温度变化处理单晶硅的机器及装置(制造单晶柱或晶圆用的)	0	30	17	台	
8486102000	制造单晶柱或晶圆用的研磨设备	0	30	17	台	
8486103000	制造单晶柱或晶圆用的切割设备	0	30	17	台	
8486104000	制造单晶柱或晶圆用的化学机械抛光设备(CMP)	0	30	17	台	
8486109000	其他制造单晶柱或晶圆用的机器及装置	0	30	17	台	
8486201000	氧化、扩散、退火及其他热处理设备(制造半导体器件或集成电路用的)	0	30	17	台	
8486202100	制造半导体器件或集成电路用化学气相沉积装置[化学气相沉积装置(CVD)]	0	30	17	台	

商品编号	商 品 名 称 及 备 注	进口关税税率(%)		增值税率(%)	计量单位	监管条件
		最惠国	普通			
8486202200	制造半导体器件或集成电路用物理气相沉积装置[物理气相沉积装置(PVD)]	0	30	17	台	
8486202900	其他制造半导体器件或集成电路用薄膜沉积设备	0	30	17	台	
8486203100	制造半导体器件或集成电路用分步重复光刻机(步进光刻机)	0	100	17	台	
8486203900	其他将电路图投影或绘制到感光半导体材料上的装置(制造半导体器件或集成电路用的)	0	100	17	台	
8486204100	制造半导体器件或集成电路用等离子体干法刻蚀机	0	30	17	台	
8486204900	其他制造半导体器件或集成电路用刻蚀及剥离设备	0	30	17	台	
8486205000	制造半导体器件或集成电路用离子注入机	0	11	17	台	
8486209000	其他制造半导体器件或集成电路用机器及装置	0	30	17	台	
8486301000	制造平板显示器用扩散、氧化、退火及其他热处理设备	0	30	17	台	
8486302100	制造平板显示器用化学气相沉积装置(CVD)	0	30	17	台	
8486302200	制造平板显示器用物理气相沉积装置(PVD)	0	30	17	台	
8486302900	其他制造平板显示器用薄膜沉积设备	0	30	17	台	
8486303100	制造平板显示器用分步重复光刻机	0	100	17	台	
8486303900	其他将电路图投影或绘制到感光半导体材料上的装置(制造平板显示器用的机器及装置)	0	100	17	台	
8486304100*	制造平板显示器用超声波清洗装置	10	30	17	台	
8486304900	其他制造平板显示器用湿法蚀刻、显影、剥离、清洗装置	0	30	17	台	
8486309000	其他制造平板显示器用的机器及装置	0	30	17	台	
8486401000	主要用于或专用于制作和修复掩膜版或投影掩膜版的装置[掩膜版(Mask),投影掩膜版(Reticle)]	0	70	17	台	
8486402100	塑封机(主要用于或专用于装配与封装半导体器件和集成电路的设备)	5	30	17	台	
8486402201*	全自动铝丝焊接机(主要用于或专用于装配与封装半导体器件和集成电路的设备)	8	30	17	台	
8486402290	其他引线键合装置(主要用于或专用于装配与封装半导体器件和集成电路的设备)	8	30	17	台	
8486402900	其他主要或专用于装配封装半导体器件和集成电路的设备	0	17	17	台	
8486403100	IC 工厂专用的自动搬运机器人	0	20	17	台	
8486403900	其他用于升降、装卸、搬运集成电路等的设备(升降、装卸、搬运单晶柱、晶圆、半导体器件、集成电路和平板显示器的装置)	5	30	17	台	
8486901000	升降、搬运、装卸机器用零件或附件(编号 848640 项下商品用,但自动搬运设备用除外)	5	30	17	千克	
8486902000	引线键合装置用零件或附件(编号 848640 项下商品用)	6	30	17	千克	
8486909100	带背板的溅射靶材组件	0	17	17	千克	
8486909900	其他品目 84.86 项下商品用零件和附件	0	17	17	千克	
8487	**本章其他品目未列名的机器零件,不具有电气接插件、绝缘体、线圈、触点或其他电气器材特征的**					
8487100000	船用推进器及桨叶	6	14	17	千克	
8487900000	本章其他编号未列名的机器零件(不具有电气接插件、绝缘体、线圈或其他电气器材特征的)	8	30	17	千克	

第八十五章 电机、电气设备及其零件;录音机及放声机、电视图像、声音的录制和重放设备及其零件、附件

注释:

一、本章不包括:

(一)电暖的毯子、褥子、足套及类似品,电暖的衣服、靴、鞋、耳套或其他供人穿戴的电暖物品;

(二)品目70.11的玻璃制品;

(三)品目84.86的机器及装置;

(四)用于医疗、外科、牙科或兽医的真空设备(品目90.18);或

(五)第九十四章的电热家具。

二、品目85.01至85.04不适用于品目85.11、85.12、85.40、85.41或85.42的货品,但金属槽汞弧整流器仍归入品目85.04。

三、品目85.09仅包括通常供家用的下列电动机械器具:

(一)任何重量的地板打蜡机、食品研磨机及食品搅拌器和水果或蔬菜的榨汁机;

(二)重量不超过20千克的其他机器。

但该品目不适用于风机、风扇或装有风扇的通风罩及循环气罩(不论是否装有过滤器,品目84.14)、离心干衣机(品目84.21)、洗碟机(品目84.22)、家用洗衣机(品目84.50)、滚筒式或其他形式的熨烫机器(品目84.20或84.51)、缝纫机(品目84.52)、电剪子(品目84.67)或电热器具(品目85.16)。

四、品目85.23所称:

(一)"固态、非易失性存储器件"(例如,"闪存卡"或"电子闪存卡")是指带有接口的存储器件,其在同一壳体内包含一块或多块闪存(FLASH E^2 PROM),以集成电路的形式装配在一块印刷电路板上。它们可以包括一个集成电路形式的控制器及分立无源元件,例如,电容器及电阻器。

(二)所称"智能卡",是指装有一块或多块集成电路[微处理器、随机存取存储器(RAM)或只读存储器(ROM)]芯片的卡。这些卡可带有触点、磁条或嵌入式天线,但不包含任何其他有源或无源电路元件。

五、品目85.34所称"印刷电路",是指采用各种印制方法(例如,压印、覆镀、腐蚀)或采用"膜电路"工艺,将导线、接点或其他印制元件(例如,电感器、电阻器、电容器)按预定的图形单独或互相连接地印制在绝缘基片上的电路,但能够产生、整流、调制或放大电信号的元件(例如,半导体元件)除外。

所称"印刷电路",不包括装有非印制元件的电路,也不包括单个的分立式电阻器、电容器及电感器,但印刷电路可配有非经印刷的连接元件。

用同样工艺制得的无源元件及有源元件组成的薄膜电路或厚膜电路应归入品目85.42。

六、品目85.36所称"光导纤维、光导纤维束或光缆用连接器",是指在有线数字通讯设备中,简单机械地把光纤端部相连成一线的连接器。它们不具备诸如对信号进行放大、再生或修正等其他功能。

七、品目85.37不包括电视接收机或其他电气设备用的无绳红外遥控器(品目85.43)。

八、品目85.41及85.42所称:

(一)"二极管、晶体管及类似的半导体器件",是指那些依靠外加电场引起电阻率的变化而进行工作的半导体器件。

(二)"集成电路",是指:

1. 单片集成电路,即电路元件(二极管、晶体管、电阻器、电容器、电感器等)主要整体制作在一片半导体材料或化合物半导体材料(例如,掺杂硅、砷化镓、硅锗或磷化铟)基片的表面,并不可分割地连接在一起的电路。

2. 混合集成电路,即通过薄膜或厚膜工艺制得的无源元件(电阻器、电容器、电感器等)和通过半导体工艺制得的有源元件(二极管、晶体管、单片集成电路等)用互连或连接线不可分割地组合在同一绝缘基片(玻璃、陶瓷等)上的电路。这种电路也可包括分立元件。

3. 多芯片集成电路是由两个或多个单片集成电路不可分割地组合在一片或多片绝缘基片上构成的电路,不论是否带有引线框架,但不带有其他有源或无源的电路元件。

本注释所述物品在归类时,即使本协调制度其他品目涉及上述物品,尤其是物品的功能,仍应优先考虑归入品目85.41及85.42。

九、品目85.48所称"废原电池、废原电池组及废蓄电池",是指因破损、拆解、耗尽或其他原因而不能再使用或充电的上述电池。

子目注释:

子目8527.12仅包括有内置放大器的盒式磁带放声机但无内置扬声器的盒式磁带放声机,它不需外接电源即能工作,且外形尺寸不超过170毫米×100毫米×45毫米。

商品编号	商品名称及备注	进口关税税率(%)		增值税率(%)	计量单位	监管条件
		最惠国	普通			
8501	**电动机及发电机(不包括发电机组)**					
8501101000	输出功率≤37.5瓦玩具电动机	24.5	80	17	台	B
8501109101*	激光视盘机机芯精密微型电机(直径≤24毫米,功率<1.5瓦,面振精度≤20微米,步进移动量<34微米)	9	70	17	台	B
8501109190	其他机座最大尺寸在20~39毫米微电机(输出功率不超过37.5瓦)	9	70	17	台	B
8501109901*	功率≤0.5瓦非用于激光视盘机机芯的微型电机(圆柱形直径≤6毫米,高≤25毫米;扁圆型直径≤15毫米,厚度≤5毫米)	9	35	17	台	B
8501109990	其他微电机(输出功率不超过37.5瓦)	9	35	17	台	B
8501200000	输出功率>37.5瓦的交直流两用电动机	12	35	17	台	B
8501310000	其他输出功率≤750瓦的直流电动机、发电机	12	35	17	台	B
8501320000	750瓦<输出功率≤75千瓦的直流电动机、发电机	10	35	17	台	B
8501330000	75千瓦<输出功率≤375千瓦的直流电动机、发电机	5	35	17	台	B
8501340000	输出功率>375千瓦的直流电动机、发电机	12	35	17	台	B
8501400000	单相交流电动机	12	35	17	台	B
8501510010	发电机(功率≥40瓦特,频率600~2000赫兹,谐波畸变低于10%等)	5	35	17	台	3B
8501510090	其他输出功率≤750瓦多相交流电动机	5	35	17	台	B
8501520000	750瓦<输出功率≤75千瓦的多相交流电动机	10	35	17	台	B
8501530001*	高速电力机车交流异步牵引电动机[用于(200千米/小时)电力机车]	12	35	17	台	B
8501530090	其他功率>75千瓦多相交流电动机	12	35	17	台	B
8501610000	输出功率≤75千伏安交流发电机	5	30	17	台/千瓦	OB
8501620000	75千伏安<输出功率≤375千伏安交流发电机	12	30	17	台/千瓦	OB
8501630000	375千伏安<输出功率≤750千伏安交流发电机	12	30	17	台/千瓦	OB
8501641000	750千伏安<输出功率≤350兆伏安交流发电机	10	30	17	台/千瓦	OB
8501642000	350兆伏安<输出功率≤665兆伏安交流发电机	5.8	14	17	台/千瓦	OB
8501643000	输出功率>665兆伏安交流发电机	6	11	17	台/千瓦	OB
8502	**发电机组及旋转式变流机**					
8502110000	输出功率≤75千伏安柴油发电机组(包括半柴油发电机组)	10	45	17	台/千瓦	B
8502120000	75千伏安<输出功率≤375千伏安柴油发电机组(包括半柴油发电机组)	10	45	17	台/千瓦	OB
8502131000	375千伏安<输出功率≤2兆伏安柴油发电机组(包括半柴油发电机组)	10	45	17	台/千瓦	OB
8502132000	输出功率>2兆伏安柴油发电机组(包括半柴油发电机组)	10	30	17	台/千瓦	O
8502200000	装有点燃式活塞发动机的发电机组(内燃的)	10	45	17	台/千瓦	
8502310000	风力发电设备	8	30	17	台/千瓦	B
8502390000	其他发电机组(风力驱动除外)	10	30	17	台/千瓦	B
8502400000	旋转式变流机	10	30	17	台	
8503	**专用于或主要用于品目85.01或85.02所列机器的零件**					
8503001000	玩具用电动机等微电动机零件(编号85011010及85011091所列电动机零件)	12	70	17	千克	

商品编号	商品名称及备注	进口关税税率(%)		增值税率(%)	计量单位	监管条件
		最惠国	普通			
8503002000	输出功率>350兆伏安交流发电机零件(编号85016420及85016430所列发电机零件)	3	11	17	千克	
8503003000*	风力发电设备的零件(编号85023100所列发电机组零件)	3	30	17	千克	
8503009010	电动机定子(用于真空中频率600~2000赫兹、功率50~1000伏安条件下)	8	30	17	千克	3
8503009090	其他电动机、发电机(组)零件	8	30	17	千克	
8504	**变压器、静止式变流器(例如整流器)及电感器**					
8504101000	电子镇流器	10	35	17	个	B
8504109000	其他放电灯或放电管用镇流器	10	35	17	个	B
8504210000	额定容量≤650千伏安液体介质变压器	10.5	50	17	个	OB
8504220000	650千伏安<额定电压≤10兆伏安液体介质变压器	12.6	50	17	个	OB
8504231100	10<额定容量<220兆伏安液体变压器	10	50	17	个	OB
8504231200	220≤额定容量<330兆伏安液体变压器	10	50	17	个	OB
8504231300	330≤额定容量<400兆伏安液体变压器	10	50	17	个	OB
8504232100	400≤额定容量<500兆伏安液体变压器	6	11	17	个	B
8504232900	额定容量≥500兆伏安液体变压器	6	11	17	个	BO
8504311000	额定容量不超过1千伏安的互感器	5	50	17	个	OB
8504319000	额定容量≤1千伏安的其他变压器	5	50	17	个	OB
8504321000	1千伏安<额定容量≤16千伏安的互感器	5	50	17	个	B
8504329000	1千伏安<额定容量≤16千伏安的其他变压器	5	50	17	个	OB
8504330000	16千伏安<额定容量≤500千伏安其他变压器	5	50	17	个	OB
8504340000	额定容量>500千伏安的其他变压器	14	50	17	个	OB
8504401300	品目84.71所列机器用的稳压电源	0	40	17	个	A
8504401400*	功率<1千瓦直流稳压电源(稳压系数低于万分之一,品目84.71所列机器用除外)	7	80	17	个	
8504401500	功率<10千瓦其他交流稳压电源(精度低于千分之一)	0	80	17	个	
8504401910	同位素电磁分离器离子源磁体电源(高功率直流型)	0	50	17	个	3
8504401920	直流高功率电源(能8小时连续产生100伏、500安电流,稳定度优于0.1%)	0	50	17	个	3
8504401930	高压直流电源(能8小时连续产生20千伏、1安电流,稳定度优于0.2%)	0	50	17	个	3
8504401940	同位素电磁分离器离子源高压电源	0	50	17	个	3
8504401990	其他稳压电源	0	50	17	个	
8504402000	不间断供电电源(UPS)	10	50	17	台	
8504403010	两用物项管制的逆变器(功率≥40瓦特,频率600~2000赫兹,谐波畸变低于10%等)	10	30	17	个	3
8504403090	其他逆变器	10	30	17	个	
8504409101*	具有变流功能的半导体模块(自动数据处理设备机器及组件、电讯设备用的)	0	30	17	个	s
8504409109*	其他具有变流功能的半导体模块	10	30	17	个	
8504409901	静止式变流器(自动数据处理设备机器及组件、电讯设备用)	0	30	17	个	s
8504409902	ITA产品用的印刷电路组件(包括外接组件,如符合PCMCIA标准的卡)	0	30	17	个	s
8504409903*	高速电力机车的牵引变流器[用于(200千米/小时)电力机车]	10	30	17	个	

商品编号	商品名称及备注	进口关税税率(%)		增值税率(%)	计量单位	监管条件
		最惠国	普通			
8504409904*	汽车冲压线用压力机变频调速装置	10	30	17	个	
8504409930	频率变换器(专用8503009010电动机定子的频率变换器)	10	30	17	个	3
8504409940	两用物项管制的频率变换器(功率≥40瓦特,频率600~2000赫兹,谐波畸变低于10%等)	10	30	17	个	3
8504409950	电源(真空或受控环境感应炉用电源,额定输出功率≥5千瓦)	10	30	17	个	3
8504409960	模块式电脉冲发生器(在16毫秒内输出电流>101安,密封在防尘罩内,温宽范围大)	10	30	17	个	3
8504409990	其他未列名静止式变流器	10	30	17	个	
8504500000	其他电感器	0	35	17	个	
8504901100	额定容量>400兆伏安液体介质变压器零件	5	11	17	千克	
8504901900	其他变压器零件	8	50	17	千克	
8504902000	稳压电源及不间断供电电源零件	8	50	17	千克	
8504909000	其他静止式变流器及电感器零件	8	30	17	千克	
8505	**电磁铁;永磁铁及磁化后准备制永磁铁的物品;电磁铁或永磁铁卡盘、夹具及类似的工件夹具;电磁联轴节、离合器及制动器;电磁起重吸盘**					
8505111000	稀土永磁体	7	20	17	千克	
8505119000	其他金属的永磁体(包括其他金属磁化后准备制永磁体的物品)	7	20	17	千克	
8505190010	磁极块(直径大于2米,用在同位素电磁分离器内)	7	20	17	千克	3
8505190090	非金属永磁体(包括非金属磁化后准备制永磁体的物品)	7	20	17	千克	
8505200000	电磁联轴节、离合器及制动器	8	20	17	千克	
8505901000	电磁起重吸盘	8	20	17	个/千克	
8505909010	超导螺线电磁体(产生超过2个泰斯拉磁场,长径比≥2,内径≥300毫米等)	8	20	17	个/千克	3
8505909090	其他电磁夹具等及品目85.05的零件	8	20	17	个/千克	
8506	**原电池及原电池组**					
8506101100	扣式碱性锌锰的原电池及原电池组	20	80	17	个	BA
8506101200	圆柱形碱性锌锰的原电池及原电池组	20	80	17	个	BA
8506101900	其他碱性锌锰的原电池及原电池组	20	80	17	个	BA
8506109000	其他二氧化锰的原电池及原电池组	20	80	17	个	BA
8506300000	氧化汞的原电池及原电池组	14	40	17	个	BA
8506400000	氧化银的原电池及原电池组	14	40	17	个	AB
8506500000	锂的原电池及原电池组	14	40	17	个	AB
8506600000	锌空气的原电池及原电池组	14	40	17	个	AB
8506800000	其他原电池及原电池组	14	40	17	个	AB
8506901000	二氧化锰原电池或原电池组的零件	14	80	17	千克	AB
8506909000	其他原电池组或原电池组的零件	10	40	17	千克	AB
8507	**蓄电池,包括隔板,不论是否矩形(包括正方形)**					
8507100000	启动活塞式发动机用铅酸蓄电池	10	90	17	个	AB
8507200000	其他铅酸蓄电池(启动活塞式发动机用铅酸蓄电池除外)	10	90	17	个	AB
8507300000	镍镉蓄电池	10	40	17	个	AB
8507400000	镍铁蓄电池	12	40	17	个	AB
8507500000	镍氢蓄电池	12	40	17	个	AB
8507600000	锂离子蓄电池	12	40	17	个	AB

商品编号	商品名称及备注	进口关税税率(%)		增值税率(%)	计量单位	监管条件
		最惠国	普通			
8507800000	其他蓄电池	12	40	17	个	AB
8507901000*	铅酸蓄电池零件	10	90	17	千克	AB
8507909000*	其他蓄电池零件	8	40	17	千克	AB
8508	**真空吸尘器**					
8508110000	电动的真空吸尘器(功率不超过1500瓦,且带有容积不超过20升的集尘袋或其他集尘容器)	10	130	17	台/千克	AB
8508190000	其他电动的真空吸尘器	0	30	17	台/千克	AB
8508600000	其他真空吸尘器(非电动)	0	30	17	台/千克	AB
8508701000	编号85081100所列吸尘器用零件	12	100	17	千克	
8508709000	其他真空吸尘器零件	0	20	17	千克	
8509	**家用电动器具,品目85.08的真空吸尘器除外**					
8509401000*	水果或蔬菜的榨汁机	10	100	17	台/千克	AB
8509409000*	食品研磨机、搅拌器	10	100	17	台/千克	AB
8509801000	地板打蜡机	30	100	17	台/千克	B
8509802000	厨房废物处理器	20	100	17	台/千克	B
8509809000*	其他家用电动器具	30	100	17	台/千克	BA
8509900000*	家用电动器具的零件	12	100	17	千克	
8510	**电动剃须刀、电动毛发推剪及电动脱毛器**					
8510100000*	电动剃须刀	30	100	17	个	B
8510200000	电动毛发推剪	30	100	17	个	B
8510300000	电动脱毛器	20	100	17	个	B
8510900000*	品目85.10所列货品的零件	24.5	100	17	千克	
8511	**点燃式或压燃式内燃发动机用的电点火及电启动装置(例如,点火磁电机、永磁直流发电机、点火线圈、火花塞、电热塞及启动电机);附属于上述内燃发动机的发电机(例如,直流发电机、交流发电机)及断流器**					
8511100000	火花塞	10	30	17	个	
8511201000	点火磁电机、永磁直流发电机(包括磁飞轮,指机车、航空器及船舶用)	5	11	17	个	
8511209000	其他点火磁电机、磁飞轮(包括永磁直流发电机)	10	30	17	个	
8511301000	分电器及点火线圈(指机车、航空器、船舶用)	5	11	17	个	
8511309000	其他用途用分电器、点火线圈	8.4	30	17	个	
8511401000	启动电机及两用启动发电机(指机车、航空器、船舶用)	5	11	17	个	
8511409100	输出功率≥132.39千瓦启动电机(输出功率在180马力及以上的发动机用)	8.4	30	17	个	
8511409900	其他用途的启动电机(包括两用启动发电机)	8.4	30	17	个	
8511501000	其他机车、航空器、船舶用发电机	5	11	17	个	
8511509000	其他附属于内燃发动机的发电机	8.4	30	17	个	
8511800000	发动机用电点火、启动的其他装置(指点燃式或压燃式内燃发动机用的)	8.4	30	17	个	
8511901000	车船飞机用电点火、启动装置零件(指品目85.11所列供机车、航空器及船舶用各种装置的零件)	4.5	11	17	千克	
8511909000	其他用电点火、电启动装置的零件(指品目85.11所列供其他用途的各种装置的零件)	5	30	17	千克	

商品编号	商品名称及备注	进口关税税率(%)		增值税率(%)	计量单位	监管条件
		最惠国	普通			
8512	**自行车或机动车辆用的电气照明或信号装置(品目85.39的物品除外)、风挡刮水器、除霜器及去雾器**					
8512100000	自行车用照明或视觉信号装置	10.5	45	17	个	
8512201000	机动车辆用照明装置	10	45	17	个	
8512209000	其他照明或视觉信号装置(包括机动车辆用视觉装置)	10	45	17	个	
8512301100	机动车辆用喇叭、蜂鸣器	10	45	17	个	
8512301200	机动车辆用防盗报警器	10	40	17	个	
8512301900	机动车辆用其他音响信号装置	10	45	17	个	
8512309000	其他车辆用电器音响信号装置	10	45	17	个	
8512400000	车辆风挡刮水器、除霜器及去雾器	10	45	17	个	
8512900000	品目85.12所列装置的零件(指车辆等用照明、信号装置,风挡刮水器,除霜器等零件)	8	45	17	千克	
8513	**自供能源(例如,使用干电池、蓄电池、永磁发电机)的手提式电灯,但品目85.12的照明装置除外**					
8513101000	手电筒	15	100	17	个	
8513109000	其他自供能源手提式电灯(但品目85.12的照明装置除外)	17.5	70	17	个	
8513901000	手电筒零件	14	100	17	千克	
8513909000	其他自供能源手提式电灯零件	14	70	17	千克	
8514	**工业或实验室用电炉及电烘箱(包括通过感应的或电介质的);工业或实验室用其他通过感应或介质损耗对材料进行热处理的设备**					
8514101000	可控气氛热处理炉	0	30	17	台	
8514109000	工业用其他电阻加热炉及烘箱(包括实验室用)	0	30	17	台	
8514200010	真空感应炉或受控环境感应炉(工作温度>850℃,感应线圈直径≤600毫米,功率≥5千瓦)	0	30	17	台	3
8514200090	其他感应或介质损耗工作炉及烘箱(包括实验室用)	0	30	17	台	
8514300020	电弧重熔炉和铸造用炉(容量1000~20000立方厘米,使用自耗电极,工作温度1700℃以上)	0	30	17	台	3
8514300030	电子束熔化炉(功率≥50千瓦,能在>1200℃的熔化温度工作)	0	30	17	台	3
8514300040	等离子体雾化和熔化炉(功率≥50千瓦,能在>1200℃的熔化温度工作)	0	30	17	台	3
8514300090	工业用其他电炉及电烘箱(包括实验室用)	0	30	17	台	
8514400001*	焊缝中频退火装置	10	30	17	台	
8514400090	其他感应或介质损耗的加热设备(包括实验室用)	10	30	17	台	
8514901000	炼钢电炉用零件	8	30	17	千克	
8514909000	工业用电阻加热炉及烘箱等零件(指品目85.14所列货品的零件)	0	30	17	千克	
8515	**电气(包括电热气体)、激光、其他光、光子束、超声波、电子束、磁脉冲或等离子弧焊接机器及装置,不论是否兼有切割功能;用于热喷金属或金属陶瓷的电气机器及装置**					
8515110000	钎焊机器及装置用烙铁及焊枪	10	30	17	个	
8515190000	其他钎焊机器及装置	10	30	17	台	
8515211000	直缝焊管机(全自动或半自动的)	10	30	17	台	
8515219000	其他全自动或半自动电阻焊接机器(包括焊接装置)	10	30	17	台	AO
8515290000	其他电阻焊接机器及装置	10	30	17	台	A

商品编号	商品名称及备注	进口关税税率(%)		增值税率(%)	计量单位	监管条件
		最惠国	普通			
8515311000	螺旋焊管机(全自动或半自动的)	10	30	17	台	B
8515319000	其他电弧(包括等离子弧)焊接机及装置(全自动或半自动的)	10	30	17	台	BAO
8515390000	其他电弧(等离子弧)焊接机器及装置(非全自动或半自动的)	10	30	17	台	BAO
8515800010	电子束、激光自动焊接机[将端塞焊接于燃料细棒(或棒)的自动焊接机]	8	30	17	台	3
8515800090	其他焊接机器及装置	8	30	17	台	
8515900000*	电气等焊接机器及装置零件(包括激光、其他光、光子束、超声波、电子束、磁脉冲等)	6	30	17	千克	
8516	**电热的快速热水器、储存式热水器、浸入式液体加热器;电气空间加热器及土壤加热器;电热的理发器具(例如,电吹风机、电卷发器、电热发钳)及干手器;电熨斗;其他家用电热器具;加热电阻器,但品目85.45的货品除外**					
8516101000	储存式电热水器	10	100	17	个	AB
8516102000	即热式电热水器	10	100	17	个	AB
8516109000	其他电热水器	10	100	17	个	AB
8516210000	电气储存式散热器	35	100	17	个	B
8516291000	电气土壤加热器	10	40	17	个	
8516292000	辐射式空间加热器	10	100	17	个	B
8516293100	风扇式对流空间加热器	10	100	17	个	B
8516293200	充液式对流空间加热器	10	100	17	个	B
8516293900	其他对流式空间加热器	10	100	17	个	B
8516299000	电气空间加热器	10	100	17	个	B
8516310000	电吹风机	10	100	17	个	AB
8516320000	其他电热理发器具	35	100	17	个	AB
8516330000	电热干手器	35	100	17	个	AB
8516400000*	电熨斗	35	100	17	个	AB
8516500000*	微波炉	15	130	17	个	AB
8516601000	电磁炉	15	130	17	个	AB
8516603000*	电饭锅	15	130	17	个	AB
8516604000	电炒锅	15	130	17	个	AB
8516605000*	电烤箱	15	130	17	个	AB
8516609000*	其他电热炉(包括电热板、加热环、烧烤炉及烘烤器)	15	130	17	个	AB
8516711000*	滴液式咖啡机	32	130	17	个	AB
8516712000*	蒸馏渗滤式咖啡机	32	130	17	个	AB
8516713000*	泵压式咖啡机	32	130	17	个	AB
8516719000*	其他电热咖啡机和茶壶	32	130	17	个	AB
8516721000	家用自动面包机	32	130	17	个	AB
8516722000	片式烤面包机(多士炉)	32	130	17	个	AB
8516729000	其他电热烤面包器	32	130	17	个	AB
8516791000	电热饮水机	32	100	17	台	BA
8516799000*	其他电热器具	32	100	17	个	BA
8516800000	加热电阻器	10	40	17	个	
8516901000	土壤加热器及加热电阻器零件	8	40	17	千克	
8516909000*	品目85.16所列货品的其他零件	12	100	17	千克	

商品编号	商品名称及备注	进口关税税率(%)		增值税率(%)	计量单位	监管条件
		最惠国	普通			
8517	**电话机,包括用于蜂窝网络或其他无线网络的电话机、其他发送或接收声音、图像或其他数据用的设备,包括有线或无线网络(例如,局域网或广播网)的通信设备,品目84.43、85.25、85.27或85.28的发送或接收设备除外**					
8517110010	无绳加密电话机	0	30	17	台	ABM
8517110090	其他无绳电话机	0	30	17	台	AB
8517121011	GSM 数字式手持无线电话整套散件	0	20	17	台	ABO
8517121019	其他 GSM 数字式手持无线电话机	0	20	17	台	ABO
8517121021	CDMA 数字式手持无线电话整套散件	0	20	17	台	ABO
8517121029	其他 CDMA 数字式手持无线电话机	0	20	17	台	ABO
8517121090	其他手持式无线电话机(包括车载式无线电话机)	0	20	17	台	ABO
8517122000	对讲机(用于蜂窝网络或其他无线网络的)	0	17	17	台	
8517129000	其他用于蜂窝网络或其他无线网络的电话机	0	14	17	台	O
8517180010	其他加密电话机	0	30	17	台	ABM
8517180090	其他电话机	0	30	17	台	AB
8517611010	GSM 式移动通信基地站	0	14	17	台	O
8517611020	CDMA 式移动通信基地站	0	14	17	台	O
8517611030	TACS 式移动通信基地站	0	14	17	台	
8517611090	其他移动通信基地站	0	14	17	台	O
8517619000	其他基站	0	14	17	台	O
8517621100	局用电话交换机、长途电话交换机、电报交换机,数字式	0	17	17	台	
8517621200	数字移动通信交换机	0	40	17	台	O
8517621900	其他数字式程控电话交换机	0	40	17	台	A
8517622100	光端机及脉冲编码调制设备(PCM)	0	17	17	台	O
8517622200	波分复用光传输设备	0	30	17	台	O
8517622910	光通讯加密路由器	0	30	17	台	AMO
8517622990	其他光通讯设备	0	30	17	台	OA
8517623100	非光通讯网络时钟同步设备	0	30	17	台	
8517623210	非光通讯加密以太网络交换机	0	30	17	台	MO
8517623290	其他非光通讯以太网络交换机	0	30	17	台	O
8517623300	IP 电话信号转换设备	0	30	17	台	A
8517623400	调制解调器	0	30	17	台	AO
8517623500	集线器	0	40	17	台	A
8517623610	非光通讯加密路由器	0	40	17	台	M
8517623690	其他路由器	0	40	17	台	
8517623700	有线网络接口卡	0	30	17	台	
8517623900	其他有线数字通信设备	0	30	17	台	O
8517629200	无线网络接口卡	0	14	17	台	
8517629300	无线接入固定台	0	14	17	台	
8517629400	无线耳机	0	14	17	个	
8517629900	其他接收、转换并发送或再生音像或其他数据用的设备	0	14	17	台	O
8517691001	用于呼叫、提示和寻呼的便携式接收器	0	14	17	台	ABs
8517691090	其他无线通信设备	9	14	17	台	ABO
8517699000	其他有线通信设备	0	30	17	台	
8517701000	数字式程控电话或电报交换机零件	0	14	17	千克	
8517702000	光端机、脉冲编码调制设备的零件	0	14	17	千克	O
8517703000	手持式无线电话机用零件(天线除外)	0	17	17	千克	

商品编号	商品名称及备注	进口关税税率(%)		增值税率(%)	计量单位	监管条件
		最惠国	普通			
8517704000	对讲机用零件(天线除外)	8	20	17	千克	
8517706000	光通信设备的激光收发模块	0	30	17	千克	
8517707001	无线电话电报装置的天线	0	20	17	千克	s
8517707090	品目85.17所列设备用其他天线及其零件	2	20	17	千克	
8517709000	品目85.17所列其他通信设备零件	0	20	17	千克	
8518	**传声器(麦克风)及其座架;扬声器,不论是否装成音箱;耳机、耳塞,不论是否装有传声器,由传声器及一个或多个扬声器组成的组合机;音频扩大器;电气扩音机组**					
8518100001	电讯用频率在300~3400赫兹麦克风(直径不超过10毫米,高不超过3毫米)	0	40	17	个	s
8518100090*	其他传声器(麦克风)及其座架	10	40	17	个	
8518210000*	单喇叭音箱	10	40	17	个	BA
8518220000*	多喇叭音箱	10	40	17	个	BA
8518290000	其他扬声器	0	40	17	个	B
8518300000	耳机、耳塞机(包括传声器与扬声器的组合机)	0	40	17	个	
8518400001	电器扩音器(列入ITA的有线电话重复器用的)	0	40	17	台	s
8518400090	其他音频扩大器	12	40	17	台	A
8518500000	电气扩音机组	10	40	17	套	
8518900001	编号8518400001所列货品的零件(列入ITA的有线电话重复器用的)	0	40	17	千克	s
8518900090	品目85.18所列货品的其他零件	10.5	40	17	千克	
8519	**声音录制或重放设备,未装有声音录制装置**					
8519200010	以特定支付方式使其工作的激光唱机(用硬币、钞票、银行卡、代币或其他支付方式使其工作)	20	80	17	台	AB
8519200090	其他以特定支付方式使其工作的声音录制或重放设备(用硬币、钞票、银行卡、代币或其他支付方式使其工作)	20	80	17	台	
8519300000	转盘(唱机唱盘)	30	130	17	台	
8519500000	电话应答机	0	80	17	台	
8519811100	未装有声音录制装置的盒式磁带型声音重放装置(编辑节目用放声机除外)	17	130	17	台	AB
8519811200	装有声音重放装置的盒式磁带型录音机	30	130	17	台	AB
8519811900	其他使用磁性媒体的声音录制或重放设备	20	80	17	台	6AB
8519812100	激光唱机,未装有声音录制装置	30	80	17	台	AB
8519812910	具有录音功能的激光唱机	20	80	17	台	6AB
8519812990	其他使用光学媒体的声音录制或重放设备	20	80	17	台	AB
8519813100*	装有声音重放装置的闪速存储器型声音录制设备	20	80	17	台	6AB
8519813900*	其他使用半导体媒体的声音录制或重放设备	20	80	17	台	6AB
8519891000	不带录制装置的其他唱机,不论是否带有扬声器(使用磁性、光学或半导体媒体的除外)	30	130	17	台	A
8519899000*	其他声音录制或重放设备(使用磁性、光学或半导体媒体的除外)	20	80	17	台	6AB
8521	**视频信号录制或重放设备,不论是否装有高频调谐器**					
8521101100*	广播级磁带录像机(不论是否装有高频调谐放大器)	见附表3	见附表3	17	台	A
8521101900	其他磁带型录像机(不论是否装有高频调谐放大器)	见附表3	见附表3	17	台	A
8521102000	磁带放像机(不论是否装有高频调谐放大器)	见附表3	见附表3	17	台	A

商品编号	商品名称及备注	进口关税税率(%)		增值税率(%)	计量单位	监管条件
		最惠国	普通			
8521901110	具有录制功能的视频高密光盘(VCD)播放机(不论是否装有高频调谐放大器)	20	130	17	台	AB
8521901190	其他视频高密光盘(VCD)播放机(不论是否装有高频调谐放大器)	20	130	17	台	AB
8521901210	具有录制功能的数字化视频光盘(DVD)播放机(不论是否装有高频调谐放大器)	20	130	17	台	AB
8521901290	其他数字化视频光盘(DVD)播放机(不论是否装有高频调谐放大器)	20	130	17	台	AB
8521901910	具有录制功能的其他激光视盘播放机(不论是否装有高频调谐放大器)	20	130	17	台	AB
8521901990	其他激光视盘播放机(不论是否装有高频调谐放大器)	20	130	17	台	AB
8521909001*	光盘型广播级录像机	20	130	17	台	6A
8521909010	用于光盘生产的金属母盘生产设备(不论是否装有高频调谐放大器)	20	130	17	台	6AO
8521909090	其他视频信号录制或重放设备(不论是否装有高频调谐放大器)	20	130	17	台	6A
8522	**专用于或主要用于品目85.19或85.21所列设备的零件、附件**					
8522100000	拾音头	35	130	17	个/千克	
8522901000	转盘或唱机用零件、附件	25	130	17	千克	
8522902100	录音机走带机构(机芯)(不论是否装有磁头)	25	100	17	千克	B
8522902200	磁头	25	100	17	个/千克	
8522902300	磁头零件	20	100	17	千克	
8522902900*	盒式磁带录音机或放声机其他零件	30	100	17	千克	
8522903101*	具有刻录功能激光视盘机机芯	30	100	17	千克	
8522903102*	车载导航仪视频播放机机芯	30	100	17	千克	
8522903190	其他激光视盘机的机芯	30	100	17	千克	
8522903901*	激光视盘机的激光收发装置(激光头)	30	100	17	千克	
8522903902*	激光视盘机激光收发装置用零件	30	100	17	千克	
8522903909*	其他视频信号录制或重放设备的零件	30	100	17	千克	
8522909100*	车载音频转播器或发射器	20	80	17	台/千克	
8522909900*	品目85.19或85.21所列设备的其他零件	20	80	17	千克	
8523	**录制声音或其他信息用的圆盘、磁带、固态非易失性数据存储器件、"智能卡"及其他媒体,不论是否已录制,包括供复制圆盘用的母片及母带,但不包括第三十七章的产品**					
8523211000	未录制的磁条卡	17.5	70	17	个/千克	
8523212000	已录制的磁条卡	15	130	13	个/千克	
8523291100	未录制磁盘	0	14	17	个/千克	
8523291900	已录制磁盘	0	14	13	个/千克	
8523292100	未录制的宽度不超过4毫米的磁带	0	130	17	盘/千克	A
8523292200	未录制的宽度超过4毫米,但不超过6.5毫米的磁带	0	130	17	盘/千克	
8523292300	未录制的宽度超过6.5毫米的磁带	0	20	17	盘/千克	
8523292800*	重放声音或图像信息的磁带(已录制的录音带、录像带)	10	130	13	盘/千克	Z
8523292900	已录制的其他磁带	0	14	17	盘/千克	Z
8523299000	其他磁性媒体	0	14	17	盘/千克	Z
8523410000	未录制光学媒体	0	14	17	张/千克	

商品编号	商品名称及备注	进口关税税率(%)		增值税率(%)	计量单位	监管条件
		最惠国	普通			
8523491000*	仅用于重放声音信息的已录制光学媒体	10	130	13	张/千克	Z
8523492000	用于重放声音、图像以外信息的光学媒体(品目84.71所列机器用,已录制)	0	14	13	张/千克	
8523499000	其他已录制光学媒体	0	14	17	张/千克	Z
8523511000	未录制的固态非易失性存储器件(闪速存储器)	0	70	17	个/千克	
8523512000	已录制的固态非易失性存储器件(闪速存储器)	0	14	13	个/千克	
8523521000	未录制的"智能卡"	0	21	13	个/千克	
8523529000	其他"智能卡"	0	21	13	个/千克	
8523591000	其他未录制的半导体媒体	0	70	17	个/千克	
8523592000	其他已录制的半导体媒体	0	14	13	个/千克	
8523801100	已录制唱片	15	130	13	张/千克	Z
8523801900	其他唱片	0	70	17	张/千克	
8523802100	未录制的品目84.71所列机器用其他媒体(磁性、光学或半导体媒体除外)	0	14	17	张/千克	
8523802900	其他品目84.71所列机器用其他媒体(磁性、光学或半导体媒体除外)	0	14	17	张/千克	
8523809100	未录制的其他媒体(磁性、光学或半导体媒体除外)	0	14	13	张/千克	
8523809900	其他媒体(磁性、光学或半导体媒体除外)	0	14	13	张/千克	Z
8525	**无线电广播、电视发送设备,不论是否装有接收装置或声音的录制、重放装置;电视摄像机;数字照相机及视频摄录一体机**					
8525500000	无线电广播、电视用发送设备	0	30	17	台	O
8525601000	无线电广播、电视用卫星地面站设备(装有接收装置的发送设备)	0	14	17	台	O
8525609000	其他装有接收装置的无线电广播、电视发送设备	0	30	17	台	O
8525801110	抗辐射电视摄像机[能抗 5×10^4 戈瑞(硅)以上辐射而又不会降低使用质量]	10	17	17	台	3A
8525801190	其他特种用途电视摄像机	10	17	17	台	A
8525801200	非特种用途广播级电视摄像机	见附表3	见附表3	17	台	A
8525801301*	手机用摄像组件(由镜头+CCD/CMOS+数字信号处理电路三部分构成)	见附表3	见附表3	17	台	
8525801302*	高清摄像头(必须满足以下三个条件:1. 镜头元件必须使用5层玻璃镜头;2. 使用USB 2.0高速接口;3. 硬件传感器像素达到130万及以上)	见附表3	见附表3	17	台	
8525801390	其他非特种用途电视摄像机及其他摄像组件(其他摄像组件由非广播级镜头+CCD/CMOS+数字信号处理电路构成)	见附表3	见附表3	17	台	
8525802100	特种用途的数字照相机	0	17	17	台	
8525802200	非特种用途的单镜头反光型数字照相机	0	见附表3	17	台	
8525802500	非特种用途其他可换镜头数字照相机	0	见附表3	17	台	
8525802900	非特种用途的其他数字照相机(单镜头反光型除外)	0	见附表3	17	台	
8525803100	特种用途视频摄录一体机	0	17	17	台	A
8525803200	非特种用途的广播级视频摄录一体机	0	见附表3	17	台	A
8525803300	非特种用途的家用型视频摄录一体机	0	130	17	台	A
8525803900	非特种用途的其他视频摄录一体机(非广播级、非多用途)	0	见附表3	17	台	A
8526	**雷达设备、无线电导航设备及无线电遥控设备**					

商品编号	商 品 名 称 及 备 注	进口关税税率(%)		增值税率(%)	计量单位	监管条件
		最惠国	普通			
8526101010	用于导弹、火箭等的导航雷达设备(用于弹道导弹、运载火箭、探空火箭等的目标探测)	2	8	17	台	3
8526101090	其他导航用雷达设备	2	8	17	台	O
8526109001*	飞机机载雷达(包括气象雷达、地形雷达和空中交通管制应答系统)	5	14	17	台	3
8526109002*	雷达生命探测仪	5	14	17	台	O
8526109011	用于导弹、火箭等的机载雷达设备(用于弹道导弹、运载火箭、探空火箭等的目标探测)	5	14	17	台	3
8526109091	用于导弹、火箭等的其他雷达设备(用于弹道导弹、运载火箭、探空火箭等的目标探测)	5	14	17	台	3
8526109099	其他雷达设备	5	14	17	台	O
8526911000	机动车辆用无线电导航设备	2	8	17	台	
8526919010	制导装置(使300千米射程导弹达到≤10千米圆公算偏差)	2	8	17	台	3O
8526919090	其他无线电导航设备	2	8	17	台	O
8526920000	无线电遥控设备	5	14	17	台	O
8527	**无线电广播接收设备,不论是否与声音的录制、重放装置或时钟组合在同一机壳内**					
8527120000	不需外接电源袖珍盒式磁带收放机	20	130	17	台	
8527130000	不需外接电源收录(放)音组合机	15	130	17	台	
8527190000	不需外接电源无线电收音机	15	130	17	台	
8527210000*	需外接电源汽车收录(放)音组合机	15	130	17	台	B
8527290000*	需外接电源汽车用无线电收音机	15	130	17	台	B
8527910000*	其他收录(放)音组合机	15	130	17	台	AB
8527920000	带时钟的收音机	15	130	17	台	
8527990000*	其他收音机	27	130	17	台	BA
8528	**监视器及投影机,未装电视接收装置;电视接收装置,不论是否装有无线电收音装置或声音、图像的录制或重放装置**					
8528410000	专用或主要用于品目84.71商品的阴极射线管监视器	0	40	17	台	6AB
8528491000	其他彩色的阴极射线管监视器	30	130	17	台	6AB
8528499000	其他单色的阴极射线管监视器	19	100	17	台	6AB
8528511000	专用或主要用于品目84.71商品的液晶监视器	0	40	17	台	AB
8528519000	其他专用或主要用于品目84.71商品的监视器	0	40	17	台	AB
8528591001*	专用于车载导航仪的液晶监视器	30	130	17	台	6AB
8528591090	其他彩色的监视器	30	130	17	台	6AB
8528599000	其他单色的监视器	19	100	17	台	6AB
8528610010	专用或主要用于品目84.71商品的彩色投影机	0	14	17	台	A
8528610090	其他专用或主要用于品目84.71商品的投影机	0	14	17	台	A
8528691000	其他彩色的投影机	30	130	17	台	6A
8528699000	其他单色的投影机	15	100	17	台	A
8528711000	彩色的卫星电视接收机(在设计上不带有视频显示器或屏幕的)	30	130	17	台	AO
8528718000	其他彩色的电视接收装置(在设计上不带有视频显示器或屏幕的)	30	130	17	台	AB
8528719000	单色的电视接收装置(在设计上不带有视频显示器或屏幕的)	15	100	17	台	AB
8528721100	其他彩色的模拟电视接收机,带阴极射线显像管的	30	130	17	台	6AB

商品编号	商品名称及备注	进口关税税率(%)		增值税率(%)	计量单位	监管条件
		最惠国	普通			
8528721200	其他彩色的数字电视接收机,阴极射线显像管的	30	130	17	台	6AB
8528721900	其他彩色的电视接收机,阴极射线显像管的	30	130	17	台	6AB
8528722100	彩色的液晶显示器的模拟电视接收机	30	130	17	台	AB
8528722200	彩色的液晶显示器的数字电视接收机	30	130	17	台	AB
8528722900	其他彩色的液晶显示器的电视接收机	30	130	17	台	AB
8528723100	彩色的等离子显示器的模拟电视接收机	30	130	17	台	AB
8528723200	彩色的等离子显示器的数字电视接收机	30	130	17	台	AB
8528723900	其他彩色的等离子显示器的电视接收机	30	130	17	台	AB
8528729100	其他彩色的模拟电视接收机	30	130	17	台	AB
8528729200	其他彩色的数字电视接收机	30	130	17	台	AB
8528729900	其他彩色的电视接收机	30	130	17	台	AB
8528730000	其他单色的电视接收机	15	100	17	台	6AB
8529	**专用于或主要用于品目 85.25 至 85.28 所列装置或设备的零件**					
8529101000	雷达及无线电导航设备天线及零件(包括天线反射器)	1.5	8	17	千克	
8529102000	收音机、电视机天线及其零件(包括收音机的组合机用的天线及零件)	0	90	17	千克	
8529109021	卫星电视接收用天线	2	20	17	千克	O
8529109029	其他无线广播电视用天线(品目 85.25 至 85.28 所列其他装置或设备的,包括天线反射器)	2	20	17	千克	O
8529109090	其他无线电设备天线及其零件(品目 85.25 至 85.28 所列其他装置或设备的,包括天线反射器)	2	20	17	千克	
8529901011	卫星电视接收用解码器	0	30	17	千克	O
8529901012	卫星电视接收用收视卡	0	30	17	千克	O
8529901013	卫星电视接收用器件板卡	0	30	17	千克	O
8529901014	卫星电视接收用专用零件	0	30	17	千克	O
8529901090	其他电视发送、差转等设备零件(包括其他卫星电视地面接收转播设备零件)	0	30	17	千克	
8529904100	特种用途的电视摄像机等设备用零件(也包括视频摄录一体机、数字照相机的零件)	8	17	17	千克	
8529904201*	摄录一体机、数码相机、手机用取像模块	12	100	17	千克	
8529904290	其他非特种用途的取像模块	12	100	17	千克	
8529904900*	摄像机、摄录一体机、数码相机的其他零件	12	100	17	千克	
8529905000	雷达及无线电导航设备零件	1.5	8	17	千克	
8529906000*	收音机及其组合机的其他零件	15	130	17	千克	
8529908100*	彩色电视机零件(等离子显像组件及其零件除外,高频调谐器除外)	15	80	17	千克	
8529908200*	等离子显像组件及其零件(含滤光片)	15	80	17	千克	
8529908900	其他电视机零件(高频调谐器除外)	0	50	17	千克	
8529909011	卫星电视接收用高频调谐器	0	57	17	千克	O
8529909019	其他高频调谐器	0	57	17	千克	
8529909090	品目 85.25 至 85.28 所列设备其他零件	0	57	17	千克	
8530	**铁道、电车道、道路或内河航道、停车场、港口或机场用的电气信号、安全或交通管理设备(品目 86.08 的货品除外)**					
8530100000	铁道或电车道用电气信号等设备(包括安全或交通管理设备)	10	20	17	个	O

商品编号	商品名称及备注	进口关税税率(%)		增值税率(%)	计量单位	监管条件
		最惠国	普通			
8530800000	其他用电气信号、安全、交通设备(指道路或内河航道、停车场、港口、机场用)	8	20	17	个	O
8530900000	品目85.30所列设备的零件(包括电车道、道路、港口、机场用电气信号安全、交管设备)	8	20	17	千克	
8531	**电气音响或视觉信号装置(例如,电铃、电笛、显示板、防盗或防火报警器),但品目85.12或85.30的货品除外**					
8531100000	防盗或防火报警器及类似装置	10	40	17	个	A
8531200000	有液晶装置或发光管的显示板	0	70	17	个	
8531801001*	音量不超过110分贝的小型蜂鸣器	15	70	17	个	B
8531801090	其他蜂鸣器	15	70	17	个	B
8531809000	其他电气音响或视觉信号装置	10	70	17	个	
8531901000	防盗、防火及类似装置用零件	0	40	17	千克	A
8531909000	其他音响或视觉信号装置用零件	0	70	17	千克	
8532	**固定、可变或可调(微调)电容器**					
8532100000	固定电容器、电力电容器(用于50/60赫兹电路,额定无功功率不低于0.5千瓦)	0	20	17	千克/千个	
8532211000	片式钽电容器	0	35	17	千克/千个	
8532219000	其他钽电容器	0	35	17	千克/千个	
8532221000	片式铝电解电容器	0	35	17	千克/千个	
8532229000	其他铝电解电容器	0	35	17	千克/千个	
8532230000	单层瓷介电容器	0	35	17	千克/千个	
8532241000	片式多层瓷介电容器	0	35	17	千克/千个	
8532249000	其他多层瓷介电容器	0	35	17	千克/千个	
8532251000	片式纸介质或塑料介质电容器	0	35	17	千克/千个	
8532259000	其他纸介质或塑料介质电容器	0	35	17	千克/千个	
8532290000	其他固定电容器	0	35	17	千克/千个	
8532300000	其他可变或可调(微调)电容器	0	35	17	千克/千个	
8532901000	编号85321000所列电容器零件	0	20	17	千克	
8532909000	其他电容器零件(编号85321000所列电容器零件除外)	0	35	17	千克	
8533	**电阻器(包括变阻器及电位器),但加热电阻器除外**					
8533100000	合成或薄膜式固定碳质电阻器	0	50	17	千克/千个	
8533211000	额定功率≤20瓦片式固定电阻器(额定功率≤20瓦片式电阻除外)	0	50	17	千克/千个	
8533219000	额定功率≤20瓦其他固定电阻器(额定功率≤20瓦片式电阻除外)	0	50	17	千克/千个	
8533290000	其他额定功率>20瓦固定电阻器	0	50	17	千克/千个	
8533310000	额定功率≤20瓦线绕可变电阻器(包括变阻器及电位器)	0	50	17	千克/千个	
8533390000	额定功率>20瓦电位器(包括变阻器及电位器)	0	50	17	千克/千个	
8533400000	其他可变电阻器(包括变阻器及电位器)	0	50	17	千克/千个	
8533900000	各种电阻器零件(包括变阻器及电位器)	0	50	17	千克	
8534	**印刷电路**					
8534001000	四层以上的印刷电路	0	35	17	块/千克	
8534009000	四层及以下的印刷电路	0	50	17	块/千克	

商品编号	商品名称及备注	进口关税税率(%)		增值税率(%)	计量单位	监管条件
		最惠国	普通			
8535	**电路的开关、保护或连接用的电气装置(例如,开关、熔断器、避雷器、电压限幅器、电涌抑制器、插头及其他连接器、接线盒),用于电压超过1000伏的线路**					
8535100000	电路熔断器(电压>1000伏)	14	50	17	个/千克	BA
8535210000	电压<72.5千伏自动断路器(用于电压超过1000伏的线路)	14	50	17	个/千克	BA
8535291000	72.5千伏≤电压≤220千伏的自动断路器	14	50	17	个/千克	B
8535292000	220千伏<电压≤750千伏的自动断路器	14	50	17	个/千克	B
8535299000	电压>750千伏的其他自动断路器	10	50	17	个/千克	B
8535301000	72.5千伏≤电压≤220千伏的隔离开关及断续开关	10	50	17	个/千克	BA
8535302000	220千伏<电压≤750千伏隔离开关及断续开关	10	50	17	个/千克	BA
8535309000	其他隔离开关及断续开关(用于电压超过1000伏的线路)	10	50	17	个/千克	BA
8535400000	避雷器、电压限幅器及电涌抑制器(用于电压超过1000伏的线路)	18	50	17	个/千克	B
8535900010	触发式火花隙(阳极延迟时间≤15毫秒,阳极峰值额定电流≥500安)	10	50	17	千克	3B
8535900020	具有快速开关功能的模件或组件(阳极峰值电压≥2001伏;电流≥501安;接通时间≤2毫秒)	10	50	17	千克	3B
8535900090	其他电压>1000伏电路开关等电气装置	10	50	17	千克	B
8536	**电路的开关、保护或连接用的电气装置(例如,开关、继电器、熔断器、电涌抑制器、插头、插座、灯座及其他连接器、接线盒),用于电压不超过1000伏的线路;光导纤维、光导纤维束或光缆用连接器**					
8536100000	熔断器(电压≤1000伏)	10	50	17	个/千克	BA
8536200000	电压≤1000伏自动断路器	9	50	17	个/千克	BA
8536300000	电压≤1000伏其他电路保护装置	9	50	17	个/千克	BA
8536411000	电压≤36伏的继电器	10	50	17	个/千克	B
8536419000	36伏<电压≤60伏的继电器	10	50	17	个/千克	AB
8536490000	电压>60伏的继电器(用于电压≤1000伏的线路)	10	50	17	个/千克	AB
8536500000	电压≤1000伏的其他开关	0	50	17	个/千克	AB
8536610000	电压≤1000伏的灯座	10	50	17	个/千克	B
8536690000	电压≤1000伏的插头及插座	0	50	17	个/千克	B
8536700000	光导纤维、光导纤维束或光缆用连接器	8	30	17	千克	
8536900000	其他≤1000伏电路开关等电气装置	0	50	17	千克	AB
8537	**用于电气控制或电力分配的盘、板、台、柜及其他基座,装有两个或多个品目85.35或85.36所列的装置,包括装有第九十章所列的仪器或装置,以及数控装置,但品目85.17的交换机除外**					
8537101101*	机床用可编程序控制器(PLC)	5	14	17	个/千克	
8537101110	调节和编程控制器(编号8479899960绕线机用)	5	14	17	个/千克	3
8537101190	其他可编程控制器(用于电压≤1000伏的线路)	5	14	17	个/千克	
8537101901*	机床用其他数控单元(包括单独进口的CNC操作单元)	5	14	17	个/千克	
8537101990	其他非机床用数控装置(用于电压≤1000伏的线路)	5	14	17	个/千克	
8537109001*	电梯用控制柜及控制柜专用印刷电路板(电压≤1000伏的线路)	8.4	50	17	个/千克	
8537109021	控制器[用于机器人或末端操纵装置(详见核两用清单)]	8.4	50	17	个/千克	3

商品编号	商品名称及备注	进口关税税率(%)		增值税率(%)	计量单位	监管条件
		最惠国	普通			
8537109022	数字控制器(专用于编号8479899071电动式振动试验系统)	8.4	50	17	个/千克	3
8537109090	其他电力控制或分配的装置(电压不超过1000伏的线路)	8.4	50	17	个/千克	A
8537201000	电压≥500千伏高压开关装置(全封闭组合式高压开关装置电压500千伏及以上的线路)	8.4	30	17	台/千克	B
8537209000	其他电力控制或分配装置[包括盘、板(含数控装置)]	8.4	50	17	千克	
8538	**专用于或主要用于品目85.35、85.36或85.37所列装置的零件**					
8538101000	编号85372010所列装置的零件(电压≥500千伏线路用全封闭组合式高压开关装置用)	8.4	50	17	千克	
8538109000	品目85.37货品用的其他盘、板等(未装有开关装置)	7	50	17	千克	
8538900000	品目85.35、85.36、85.37装置的零件(专用于或主要用于)	7	50	17	千克	
8539	**白炽灯泡、放电灯管,包括封闭式聚光灯及紫外线灯管或红外线灯泡;弧光灯**					
8539100000	封闭式聚光灯	10	45	17	只	
8539211000	科研、医疗专用卤钨灯	8	20	17	只	
8539212000	火车、航空器及船舶用卤钨灯	8	20	17	只	
8539213000	机动车辆用卤钨灯	10	45	17	只	
8539219000	其他用卤钨灯	10.5	70	17	只	
8539221000	科研、医疗用功率≤200瓦白炽灯泡(功率不超过200瓦,额定电压超过100伏)	10.5	20	17	只	B
8539229000	其他用功率≤200瓦白炽灯泡(功率不超过200瓦,额定电压超过100伏)	5	70	17	只	B
8539291000	科研、医疗专用其他白炽灯泡	5	20	17	只	B
8539292000	火车、航空及船舶用其他白炽灯泡	10.5	20	17	只	
8539293000	机动车辆用其他白炽灯泡	5	45	17	只	B
8539299100	12伏及以下未列名的白炽灯泡	12	70	17	只	B
8539299900	其他未列名的白炽灯泡	12	70	17	只	B
8539311000	科研、医疗专用热阴极荧光灯	8	20	17	只	B
8539312000	火车、航空器、船舶用热阴极荧光灯	8	20	17	只	B
8539319100	紧凑型热阴极荧光灯	8	70	17	只	B
8539319900	其他用途用热阴极荧光灯	8	70	17	只	B
8539323000	钠蒸汽灯	8	20	17	只	
8539324001*	彩色液晶投影机用的照明光源(汞蒸汽灯)	8	20	17	只	
8539324090	其他汞蒸汽灯	8	20	17	只	
8539329000	金属卤化物灯	8	70	17	只	
8539391000	科研、医疗专用其他放电灯	8	20	17	只	
8539392000	火车、航空器、船舶用其他放电灯	8	20	17	只	
8539399001*	液晶显示器背光模组用冷阴极灯管	8	70	17	只	
8539399090	其他用途的其他放电灯管	8	70	17	只	
8539410000	弧光灯	8	20	17	只	
8539490000	紫外线或红外线灯	8	20	17	只	
8539900000	品目85.39所列货品的零件	8	20	17	千克	
8540	**热电子管、冷阴极管或光阴极管(例如,真空管或充气管、汞弧整流管、阴极射线管、电视摄像管)**					
8540110000	彩色阴极射线电视显像管(包括视频监视器用阴极射线管)	12	40	17	只	6AB

商品编号	商品名称及备注	进口关税税率(%)		增值税率(%)	计量单位	监管条件
		最惠国	普通			
8540120000	单色阴极射线电视显像管(包括视频监视器用阴极射线管)	15	40	17	只	6AB
8540201000	电视摄像管	12	35	17	只	
8540209010	电子条纹相机的条纹显像管(专用于编号9006590040的条纹显像管)	8	17	17	只	3
8540209090	其他电视摄像管;其他变像管及图像增强管;其他光阴极管	8	17	17	只	
8540401000	点距<0.4毫米彩色数据/图形显示管(指屏幕荧光点间距<0.4毫米)	8	17	17	只	6
8540402000	单色数据/图形显示管	8	17	17	只	6
8540601000	雷达显示管	6	14	17	只	
8540609000	其他阴极射线管	8	17	17	只	6
8540710000	磁控管	8	17	17	只	
8540791000	速调管	8	17	17	只	
8540799000	其他微波管(不包括栅控管)	8	17	17	只	
8540810000	接收管或放大管	8	17	17	只	
8540890010	光电倍增管(光电阴极面积大于20平方厘米,并且阳极脉冲上升时间小于1纳秒)	8	17	17	只	3
8540890090	其他电子管(包括光阴极管或汞弧整流管)	8	17	17	只	
8540911000*	电视显像管零件	6	40	17	千克	
8540912000	雷达显示管零件	5	14	17	千克	
8540919000*	其他阴极射线管零件	8	17	17	千克	
8540991000	电视摄像管零件	8	35	17	千克	
8540999000	其他热电子管、冷阴极管零件(包括光阴极管或汞弧整流管)	8	17	17	千克	
8541	**二极管、晶体管及类似的半导体器件;光敏半导体器件,包括不论是否装在组件内或组装成块的光电池;发光二极管;已装配的压电晶体**					
8541100000	二极管(光敏、发光二极管除外)	0	30	17	个/千克	
8541210000	耗散功率<1瓦的晶体管(不含光敏晶体管)	0	30	17	个/千克	
8541290000	耗散功率≥1瓦的晶体管(不含光敏晶体管)	0	30	17	个/千克	
8541300000	半导体及可控硅等开关元件(不含光敏器件)	0	30	17	个/千克	
8541401000	发光二极管	0	30	17	个/千克	
8541402000	太阳能电池	0	30	17	个/千克	
8541409000	其他光敏半导体器件(包括不论是否装在组件内或组装成块的光电池)	0	30	17	个/千克	
8541500000	其他半导体器件	0	30	17	个/千克	
8541600000	已装配的压电晶体	0	30	17	个/千克	
8541900000	品目85.41所列货品零件	0	30	17	千克	
8542	**集成电路**					
8542310000	用做处理器及控制器的集成电路(不论是否带有存储器、转换器、逻辑电路、放大器、时钟及时序电路或其他电路)	0	24	17	个/千克	
8542320000	用做存储器的集成电路	0	24	17	个/千克	
8542330000	用做放大器的集成电路	0	24	17	个/千克	
8542390000	其他集成电路	0	24	17	个/千克	
8542900000	其他集成电路及微电子组件零件	0	30	17	千克	
8543	**本章其他品目未列名的具有独立功能的电气设备及装置**					
8543100010	脉冲电子加速器(峰值能量为500千电子伏或更高)	5	11	17	台	3

商品编号	商品名称及备注	进口关税税率(%)		增值税率(%)	计量单位	监管条件
		最惠国	普通			
8543100020	中子发生器系统,包括中子管(真空下,利用静电加速来诱发氚-氘核反应)	5	11	17	台	3
8543100090	其他粒子加速器	5	11	17	台	
8543201000	输出信号频率<1500兆赫的通用信号发生器	15	80	17	台	
8543209010	高速脉冲发生器(脉冲上升时间小于500ps)	8	20	17	台	3
8543209090	其他输出信号频率≥1500兆赫的通用信号发生器	8	20	17	台	
8543300010	电化学还原槽;锂汞齐电解槽(电化学还原槽为化学交换过程的铀浓缩设计的)	0	35	17	台	3
8543300020	产氟电解槽(每小时产250克以上)	0	35	17	台	3
8543300090	其他电镀、电解或电泳设备及装置	0	35	17	台	
8543709100	金属、矿藏探测器	0	17	17	台	
8543709200	其他高、中频放大器	0	17	17	台	
8543709300	电篱网激发器	10	35	17	台	
8543709910	飞行数据记录器、报告器	0	35	17	台	
8543709920	无线广播电视用激励器(具有独立功能)	0	35	17	台	O
8543709930	模/数转换器(能设计或改进成军用,或设计成抗辐射的)	0	35	17	台	3
8543709940	质谱仪用的离子源(原子质量单位≥230,分辨率>2/230)	0	35	17	台	3
8543709950	密码机(包括电话密码机、传真密码机等)、密码卡	0	35	17	台	M
8543709990	其他未列名的具有独立功能的电气设备及装置	0	35	17	台	
8543901000	粒子加速器用零件	0	11	17	千克	
8543902100	输出信号频率<1500兆赫通用信号发生器零件	0	80	17	千克	
8543902900	输出信号频率≥1500兆赫通用信号发生器零件	0	20	17	千克	
8543903000	金属,矿藏探测器用零件	0	17	17	千克	
8543904000	高、中频放大器用零件	0	17	17	千克	
8543909000	其他品目85.43项下电气设备零件	0	35	17	千克	
8544	**绝缘(包括漆包或阳极化处理)电线、电缆(包括同轴电缆)及其他绝缘电导体,不论是否有接头;由每根被覆光纤组成的光缆,不论是否与电导体装配或装有接头**					
8544110000*	铜制绕组电线	10	70	17	千克	AB
8544190000	其他绕组电线(非铜制)	20	70	17	千克	AB
8544200000	同轴电缆及其他同轴电导体	10	20	17	千克	AB
8544302001*	车辆用电控柴油机的线束	10	20	17	千克	AB
8544302090	机动车辆用其他点火布线组及其他布线组	10	20	17	千克	AB
8544309000	其他用点火布线组及其他用布线组	5	70	17	千克	AB
8544421100	额定电压≤80伏有接头电缆	0	20	17	千克	AB
8544421900	额定电压≤80伏有接头电导体	0	70	17	千克	AB
8544422100	80伏<额定电压≤1000伏有接头电缆	0	20	17	千克	AB
8544422900	80伏<额定电压≤1000伏有接头电导体	0	70	17	千克	AB
8544491100	额定电压≤80伏其他电缆	0	20	17	千克	AB
8544491900	额定电压≤80伏其他电导体	0	70	17	千克	AB
8544492100	80伏<额定电压≤1000伏其他电缆	6	20	17	千克	AB
8544492900	80伏<额定电压≤1000伏其他电导体	12	70	17	千克	AB
8544601200	1000伏<额定电压≤35千伏的电缆	10	50	17	千克	AB
8544601300	35千伏<额定电压≤110千伏的电缆	8.4	20	17	千克	AB
8544601400	110千伏<额定电压≤220千伏的电缆	8.4	20	17	千克	AB
8544601900	额定电压>220千伏的电缆	8.4	20	17	千克	AB
8544609001*	额定电压≥500千伏的气体绝缘金属封闭输电线	21	70	17	千克	AB

商品编号	商品名称及备注	进口关税税率(%)		增值税率(%)	计量单位	监管条件
		最惠国	普通			
8544609090	额定电压>1000伏的其他电导体	21	70	17	千克	AB
8544700000	光缆	0	20	17	千克	A
8545	**碳电极、碳刷、灯碳棒、电池碳棒及电气设备用的其他石墨或碳精制品,不论是否带金属**					
8545110000	炉用碳电极(不论是否带金属)	8	35	17	千克	3
8545190000	其他碳电极(不论是否带金属)	10.5	35	17	千克	3
8545200000	碳刷(不论是否带金属)	10.5	35	17	千克	
8545900000	灯碳棒,电池碳棒及其他石墨制品(不论是否带金属)	10.5	35	17	千克	3
8546	**各种材料制的绝缘子**					
8546100000	玻璃制绝缘子	10.5	35	17	千克	
8546201000	输变电线路绝缘瓷套管	6	35	17	千克	B
8546209001*	输变电架空线路用长棒形瓷绝缘子瓷件(单支长度为1~2米,实芯)	12	35	17	千克	B
8546209090	其他陶瓷制绝缘子(包括非输变电线路绝缘瓷套管)	12	35	17	千克	B
8546900000	其他材料制绝缘子	10	35	17	千克	
8547	**电气机器、器具或设备用的绝缘零件,除了为装配需要而在模制时装入的小金属零件(例如,螺纹孔)以外,全部用绝缘材料制成,但品目85.46的绝缘子除外;内衬绝缘材料的贱金属制线路导管及其接头**					
8547100000	陶瓷制绝缘零件	8	35	17	千克	
8547200000	塑料制绝缘零件	8	35	17	千克	
8547901000	内衬绝缘材料的贱金属导管,接头	10	50	17	千克	
8547909000	其他材料制绝缘配件	8	35	17	千克	
8548	**原电池、原电池组及蓄电池的废碎料;废原电池、废原电池组及废蓄电池;机器或设备的本章其他品目未列名的电气零件**					
8548100000	电池废碎料及废电池[指原电池(组)和蓄电池的废碎料,废原电池(组)及废蓄电]	8	36	17	千克	9
8548900001*	电磁干扰滤波器	12	40	17	千克	
8548900010	可调脉冲单模染料振荡器(平均输出功率>1瓦,重复率>1千赫兹,脉宽<100ns可见光范围)	12	40	17	千克	3
8548900020	可调脉冲染料激光放大器和振荡器(不包括单模振荡器)(平均输出功率>30瓦,重复率>1千赫兹,脉宽<100ns可见光范围)	12	40	17	千克	3
8548900090	八十五章其他编号未列名的电气零件	12	40	17	千克	

第十七类　车辆、航空器、船舶及有关运输设备

注释：

一、本类不包括品目 95.03 或 95.08 的物品以及品目 95.06 的长雪橇、平底雪橇及类似品。

二、本类所称"零件"及"零件、附件"，不适用于下列货品，不论其是否确定为供本类货品使用：

（一）各种材料制的接头、垫圈或类似品（按其构成材料归类或归入品目 84.84）或硫化橡胶（硬质橡胶除外）的其他制品（品目 40.16）；

（二）第十五类注释二所规定的贱金属制通用零件（第十五类）或塑料制的类似品（第三十九章）；

（三）第八十二章的物品（工具）；

（四）品目 83.06 的物品；

（五）品目 84.01 至 84.79 的机器或装置及其零件；品目 84.81 或 84.82 的物品及品目84.83的物品（这些物品是构成发动机或其他动力装置所必需的）；

（六）电机或电气设备（第八十五章）；

（七）第九十章的物品；

（八）第九十一章的物品；

（九）武器（第九十三章）；

（十）品目 94.05 的灯具或照明装置；

（十一）作为车辆零件的刷子（品目 96.03）。

三、第八十六章至第八十八章所称"零件"或"附件"，不适用于那些非专用于或非主要用于这几章所列物品的零件、附件。同时符合这几章内两个或两个以上品目规定的零件、附件，应按其主要用途归入相应的品目。

四、在本类中：

（一）既可在道路上又可在轨道上行驶的特殊构造车辆，应归入第八十七章的相应品目；

（二）水陆两用机动车辆，应归入第八十七章的相应品目；

（三）可兼作地面车辆使用的特殊构造的航空器，应归入第八十八章的相应品目。

五、气垫运输工具应按本类最相似的运输工具归类，其规定如下：

（一）在导轨上运行的（气垫火车），归入第八十六章；

（二）在陆地行驶或水陆两用的，归入第八十七章；

（三）在水上航行的，不论能否在海滩或浮码头登陆及能否在冰上行驶，一律归入第八十九章。

气垫运输工具的零件、附件，应按照上述规定，与最相类似的运输工具的零件、附件一并归类。

气垫火车的导轨固定装置及附件应与铁道轨道固定装置及附件一并归类。气垫火车运行系统的信号、安全或交通管理设备应与铁路的信号、安全或交通管理设备一并归类。

第八十六章　铁道及电车道机车、车辆及其零件；铁道及电车道轨道固定装置及其零件、附件；各种机械（包括电动机械）交通信号设备

注释：

一、本章不包括：

（一）木制或混凝土制的铁道或电车道轨枕及气垫火车用的混凝土导轨（品目44.06或68.10）；

（二）品目 73.02 的铁道及电车道辅轨用钢铁材料；

（三）品目 85.30 的电气信号、安全或交通管理设备。

二、品目 86.07 主要适用于：

（一）轴、轮、行走机构、金属轮箍、轮圈、毂及轮子的其他零件；

（二）车架、底架、转向架；

（三）轴箱；制动装置；

（四）车辆缓冲器；钩或其他联结器及车厢走廊联结装置；

（五）车身。

三、除上述注释一另有规定的以外，品目 86.08 包括：

（一）已装配的轨道、转车台、站台缓冲器、量载规；

（二）铁道及电车道、道路、内河航道、停车场、港口或机场用的臂板信号机、机械信号盘、平交道口控制器、信号及道岔控制器及其他机械（包括电动机械）信号、安全或交通管理设备，不论是否装有电力照明装置。

商品编号	商品名称及备注	进口关税税率(%)		增值税率(%)	计量单位	监管条件
		最惠国	普通			
8601	**铁道电力机车,由外部电力或蓄电池驱动**					
8601101100	微机控制的外部直流电动铁道机车	3	11	17	辆	
8601101900	由外部直流电驱动的其他铁道机车	3	11	17	辆	
8601102000	由外部交流电驱动的铁道机车	3	11	17	辆	O
8601109000	由其他外部电力驱动的铁道机车	3	11	17	辆	O
8601200000	由蓄电池驱动的铁道电力机车	3	11	17	辆	
8602	**其他铁道机车;机车煤水车**					
8602101000	微机控制的柴油电力铁道机车	3	11	17	辆	
8602109000	其他柴油电力铁道机车	3	11	17	辆	
8602900000	其他铁道机车及机车煤水车	3	11	17	辆	
8603	**铁道及电车道用的机动客车、货车、敞车,但品目86.04的货品除外**					
8603100000	由外电力驱动铁道用机动客车、货车(包括电车道用的,但品目86.04的货品除外)	3	11	17	辆	O
8603900000	其他铁道用机动客车、货车、敞车(包括电车道用的,但品目86.04的货品除外)	3	11	17	辆	
8604	**铁道及电车道用的维修或服务车,不论是否机动(例如,工场车、起重机车、道碴捣固车、轨道校正车、检验车及查道车)**					
8604001100	隧道限界检查车(不论是否机动)	3	14	17	辆	
8604001200	钢轨在线打磨列车(不论是否机动)	3	14	17	辆	
8604001900	铁道及电车道用其他检验、查道车(不论是否机动)	5	14	17	辆	O
8604009100	电气化接触网架线机(轨行式)(不论是否机动)	5	20	17	辆	
8604009900	铁道及电车道用其他维修车辆(包括服务车,不论是否机动)	7	20	17	辆	
8605	**铁道及电车道用的非机动客车;行李车、邮政车和其他铁道及电车道用的非机动特殊用途车辆(品目86.04的货品除外)**					
8605001000	铁道用非机动客车	5	14	17	辆	
8605009000	电车道用的非机动客车,行李车等(还包括邮政车和其他铁道用的非机动特殊车辆)	5	14	17	辆	
8606	**铁道及电车道用的非机动有篷及无篷货车**					
8606100000	铁道用非机动油罐货车及类似车(包括电车道用,但不包括容积50立方米液化气铁路槽车)	5	14	17	辆	
8606300000	铁道用非机动自卸货车(包括电车道用,但编号860610的货品除外)	5	14	17	辆	
8606910000	铁道用非机动带篷及封闭货车(包括电车道用)	5	14	17	辆	
8606920000	铁道用非机动厢高>60厘米敞篷货车(包括电车道用)	5	14	17	辆	
8606990000	品目86.06所列其他未列名非机动车	5	14	17	辆	
8607	**铁道及电车道机车或其他车辆的零件**					
8607110000	铁道及电车道机车的驾驶转向架(包括铁道及电车道其他车辆用的)	3	11	17	套/千克	
8607120000	铁道及电车道机车非驾驶转向架(包括铁道及电车道其他车辆用的)	3	11	17	套/千克	

商品编号	商 品 名 称 及 备 注	进口关税税率(%)		增值税率(%)	计量单位	监管条件
		最惠国	普通			
8607191000	铁道及电车道机车用车轴(包括铁道及电车道其他车辆用的)	3	11	17	根/千克	A
8607199000	铁道及电车道机车用其他轴、轮(包括其他零件,含铁道及电车道其他车辆用的)	3	11	17	千克	A
8607210000	铁道及电车道机车用空气制动器(包括零件,含铁道及电车道其他车辆用的)	3	11	17	千克	
8607290000	铁道及电车道机车用非空气制动器(包括零件,含铁道及电车道其他车辆用的)	3	11	17	千克	
8607300000	铁道及电车道机车用钩、联结器(包括缓冲器及其零件,含铁道及电车道其他车辆用的)	3	11	17	千克	
8607910000	铁道及电车道机车用其他零件	3	11	17	千克	
8607990000	铁道及电车道非机车用其他零件	3	11	17	千克	
8608	**铁道及电车道轨道固定装置及附件;供铁道、电车道、道路、内河航道、停车场、港口或机场用的机械(包括电动机械)信号、安全或交通管理设备;上述货品的零件**					
8608001000	轨道自动计轴设备	3	20	17	千克/台	
8608009000	铁道及电车道轨道固定装置及配件(包括交通机械信号,安全或交通管理设备及其零件)	4	20	17	千克	
8609	**集装箱(包括运输液体的集装箱),经特殊设计、装备适用于各种运输方式**					
8609001100	20英尺的保温式集装箱	10.5	35	17	个	AB
8609001200	20英尺的罐式集装箱	10.5	35	17	个	AB
8609001900	其他20英尺集装箱	10.5	35	17	个	AB
8609002100	40英尺的保温式集装箱	10.5	35	17	个	AB
8609002200	40英尺的罐式集装箱	10.5	35	17	个	AB
8609002900	其他40英尺的集装箱	10.5	35	17	个	AB
8609003000	45、48、53英尺的集装箱	10.5	35	17	个	AB
8609009000	其他集装箱(包括运输液体的集装箱)	10.5	35	17	个	AB

第八十七章　车辆及其零件、附件，但铁道及电车道车辆除外

注释：

一、本章不包括仅可在钢轨上运行的铁道及电车道车辆。

二、本章所称“牵引车、拖拉机”，是指主要为牵引或推动其他车辆、器具或重物的车辆。除了上述主要用途以外，不论其是否还具有装运工具、种子、肥料或其他货品的辅助装置。

用于安装在品目87.01的牵引车、拖拉机上，作为可替换设备的机器或作业工具，即使与牵引车、拖拉机一同进口或出口，不论是否已安装在车上，仍应归入其各自相应品目。

三、装有驾驶室的机动车辆底盘，应归入品目87.02～87.04，而不归入品目87.06。

四、品目87.12包括所有儿童两轮车，其他儿童脚踏车归入品目95.03。

商品编号	商品名称及备注	进口关税税率(%) 最惠国	进口关税税率(%) 普通	增值税率(%)	计量单位	监管条件
8701	**牵引车、拖拉机(品目87.09的牵引车除外)**					
8701100000	手扶拖拉机	9	20	13	辆	B6
8701200000	半挂车用的公路牵引车	6	20	17	辆	46AOxy
8701300010	履带式拖拉机	6	20	13	辆	AB6
8701300090	履带式牵引车	6	20	17	辆	AB6
8701901101*	功率>150马力的轮式拖拉机	8	20	13	辆	6AB
8701901190	其他轮式拖拉机	8	20	13	辆	6AB
8701901901*	其他功率>150马力的拖拉机	8	20	13	辆	6AB
8701901990	其他拖拉机	8	20	13	辆	AB6
8701909000	其他牵引车(不包括品目87.09的牵引车)	8	20	17	辆	AB6
8702	**客运机动车辆,10座及以上(包括驾驶座)**					
8702102000	机坪客车(机场专用车)	4	90	17	辆	6ABO
8702109100	30座及以上大型客车(柴油型)(指装有柴油或半柴油发动机的30座及以上的客运车)	25	90	17	辆	46ABOxy
8702109201	20座≤座位≤23座装有压燃式活塞内燃发动机的客车	25	230	17	辆	46ABOxy
8702109290	24座≤座位≤29座装有压燃式活塞内燃发动机的客车	25	230	17	辆	46ABOxy
8702109300	10座≤座位≤19座装有压燃式活塞内燃发动机的客车	25	230	17	辆	46ABOxy
8702901000	30座及以上大型客车(其他型)(指装有其他发动机的30座及以上的客运车)	25	90	17	辆	46ABOxy
8702902001	20座≤座位≤23座装有非压燃式活塞内燃发动机的客车	25	230	17	辆	46ABOxy
8702902090	24座≤座位≤29座装有非压燃式活塞内燃发动机的客车	25	230	17	辆	46ABOxy
8702903000	10座≤座位≤19座装有非压燃式活塞内燃发动机的客车	25	230	17	辆	46ABOxy
8703	**主要用于载人的机动车辆(品目87.02的货品除外),包括旅行小客车及赛车**					
8703101100	全地形车	25	150	17	辆	46Bxy
8703101900	高尔夫球车及其他类似车	25	150	17	辆	6
8703109000	其他,雪地行走专用车	25	150	17	辆	6
8703213001	排量≤1升的装有点燃往复式活塞内燃发动机的小轿车	25	230	17	辆	46ABOxy
8703213090	排量≤1升的装有点燃往复式活塞内燃发动机小轿车的成套散件	25	230	17	辆	46BOxy
8703214001	排量≤1升的带点燃往复式活塞内燃发动机的越野车(4轮驱动)	25	230	17	辆	46ABOxy

商品编号	商品名称及备注	进口关税税率(%) 最惠国	进口关税税率(%) 普通	增值税率(%)	计量单位	监管条件
8703214090	排量≤1升的带点燃往复式活塞内燃发动机的越野车(4轮驱动)的成套散件	25	230	17	辆	46ABOxy
8703215001	排量≤1升的带点燃往复式活塞内燃发动机的小客车(9座及以下)	25	230	17	辆	46ABOxy
8703215090	排量≤1升的带点燃往复式活塞内燃发动机的小客车的成套散件(9座及以下)	25	230	17	辆	46ABOxy
8703219001	排量≤1升的带点燃往复式活塞内燃发动机的其他车辆	25	230	17	辆	46ABOxy
8703219090	排量≤1升的带点燃往复式活塞内燃发动机的其他车辆的成套散件	25	230	17	辆	46ABOxy
8703223001	1升<排量≤1.5升带点燃往复式活塞内燃发动机的小轿车	25	230	17	辆	46ABOxy
8703223090	1升<排量≤1.5升带点燃往复式活塞内燃发动机的小轿车的成套散件	25	230	17	辆	46ABOxy
8703224001	1升<排量≤1.5升带点燃往复活塞内燃发动机四轮驱动越野车	25	230	17	辆	46ABOxy
8703224090	1升<排量≤1.5升带点燃往复活塞内燃发动机四轮驱动越野车的成套散件	25	230	17	辆	46ABOxy
8703225001	1升<排量≤1.5升带点燃往复式活塞内燃发动机小客车(9座及以下)	25	230	17	辆	46ABOxy
8703225090	1升<排量≤1.5升带点燃往复式活塞内燃发动机小客车的成套散件(9座及以下)	25	230	17	辆	46ABOxy
8703229001	1升<排量≤1.5升带点燃往复式活塞内燃发动机的其他车	25	230	17	辆	46ABOxy
8703229090	1升<排量≤1.5升带点燃往复式活塞内燃发动机的其他车的成套散件	25	230	17	辆	46ABOxy
8703234101	1.5升<排量≤2升装点燃往复式活塞内燃发动机的小轿车	25	230	17	辆	46ABOxy
8703234190	1.5升<排量≤2升装点燃往复式活塞内燃发动机的小轿车的成套散件	25	230	17	辆	46ABOxy
8703234201	1.5升<排量≤2升装点燃往复式活塞内燃发动机的越野车(4轮驱动)	25	230	17	辆	46ABOxy
8703234290	1.5升<排量≤2升装点燃往复式活塞内燃发动机的越野车的成套散件(4轮驱动)	25	230	17	辆	46ABOxy
8703234301	1.5升<排量≤2升装点燃往复式活塞内燃发动机的小客车(9座及以下的)	25	230	17	辆	46ABOxy
8703234390	1.5升<排量≤2升装点燃往复式活塞内燃发动机的小客车的成套散件(9座及以下的)	25	230	17	辆	46ABOxy
8703234901	1.5升<排量≤2升装点燃往复式活塞内燃发动机的其他载人车辆	25	230	17	辆	46ABOxy
8703234990	1.5升<排量≤2升装点燃往复式活塞内燃发动机的其他载人车辆的成套散件	25	230	17	辆	46ABOxy
8703235101	2升<排量≤2.5升装点燃往复式活塞内燃发动机的小轿车	25	230	17	辆	46ABOxy
8703235190	2升<排量≤2.5升装点燃往复式活塞内燃发动机的小轿车的成套散件	25	230	17	辆	46ABOxy
8703235201	2升<排量≤2.5升装点燃往复式活塞内燃发动机的越野车(4轮驱动)	25	230	17	辆	46ABOxy

商品编号	商 品 名 称 及 备 注	进口关税税率(%)		增值税率(%)	计量单位	监管条件
		最惠国	普通			
8703235290	2 升＜排量≤2.5 升装点燃往复式活塞内燃发动机的越野车的成套散件(4 轮驱动)	25	230	17	辆	46ABOxy
8703235301	2 升＜排量≤2.5 升装点燃往复式活塞内燃发动机的小客车(9 座及以下)	25	230	17	辆	46ABOxy
8703235390	2 升＜排量≤2.5 升装点燃往复式活塞内燃发动机的小客车的成套散件(9 座及以下)	25	230	17	辆	46ABOxy
8703235901	2 升＜排量≤2.5 升装点燃往复式活塞内燃发动机的其他载人车辆	25	230	17	辆	46ABOxy
8703235990	2 升＜排量≤2.5 升装点燃往复式活塞内燃发动机的其他载人车辆的成套散件	25	230	17	辆	46ABOxy
8703236101	2.5 升＜排量≤3 升装点燃往复式活塞内燃发动机的小轿车	25	270	17	辆	46AOxy
8703236190	2.5 升＜排量≤3 升装点燃往复式活塞内燃发动机的小轿车的成套散件	25	270	17	辆	46Oxy
8703236201	2.5 升＜排量≤3 升装点燃往复式活塞内燃发动机越野车(4 轮驱动)	25	270	17	辆	46AOxy
8703236290	2.5 升＜排量≤3 升装点燃往复式活塞内燃发动机越野车的成套散件(4 轮驱动)	25	270	17	辆	46Oxy
8703236301	2.5 升＜排量≤3 升装点燃往复式活塞内燃发动机的小客车	25	270	17	辆	46AOxy
8703236390	2.5 升＜排量≤3 升装点燃往复式活塞内燃发动机的小客车的成套散件	25	270	17	辆	46Oxy
8703236901	2.5 升＜排量≤3 升装点燃往复式活塞内燃发动机的其他载人车辆(不包括非 4 轮驱动越野车)	25	270	17	辆	46AOxy
8703236902	2.5 升＜排量≤3 升装点燃往复式活塞内燃发动机的非 4 轮驱动越野车	25	270	17	辆	46AOxy
8703236991	2.5 升＜排量≤3 升装点燃往复式活塞内燃发动机的非 4 轮驱动越野车的成套散件	25	270	17	辆	46Oxy
8703236999	2.5 升＜排量≤3 升装点燃往复式活塞内燃发动机的其他载人车辆的成套散件(不包括非 4 轮驱动越野车的成套散件)	25	270	17	辆	46Oxy
8703241101	3 升＜排量≤4 升装点燃往复式活塞内燃发动机小轿车	25	270	17	辆	46ABOxy
8703241190	3 升＜排量≤4 升装点燃往复式活塞内燃发动机小轿车的成套散件	25	270	17	辆	46ABOxy
8703241201	3 升＜排量≤4 升装点燃往复式活塞内燃发动机越野车(4 轮驱动)	25	270	17	辆	46ABOxy
8703241290	3 升＜排量≤4 升装点燃往复式活塞内燃发动机越野车的成套散件(4 轮驱动)	25	270	17	辆	46BOxy
8703241301	3 升＜排量≤4 升装点燃往复式活塞内燃发动机的小客车(9 座及以下)	25	270	17	辆	46ABOxy
8703241390	3 升＜排量≤4 升装点燃往复式活塞内燃发动机的小客车的成套散件(9 座及以下)	25	270	17	辆	46ABOxy
8703241901	3 升＜排量≤4 升装点燃往复式活塞内燃发动机的其他载人车辆(不包括非 4 轮驱动越野车)	25	270	17	辆	46ABOxy
8703241902	3 升＜排量≤4 升装点燃往复式活塞内燃发动机的非 4 轮驱动越野车	25	270	17	辆	46ABOxy

商品编号	商品名称及备注	进口关税税率（%）		增值税率（%）	计量单位	监管条件
		最惠国	普通			
8703241991	3升＜排量≤4升装点燃往复式活塞内燃发动机的非4轮驱动越野车成套散件	25	270	17	辆	46ABOxy
8703241999	3升＜排量≤4升装点燃往复式活塞内燃发动机的其他载人车辆的成套散件（不包括非4轮驱动越野车成套散件）	25	270	17	辆	46ABOxy
8703242101	排量＞4升装点燃往复式活塞内燃发动机的小轿车	25	270	17	辆	46ABOxy
8703242190	排量＞4升装点燃往复式活塞内燃发动机的小轿车的成套散件	25	270	17	辆	46ABOxy
8703242201	排量＞4升装点燃往复式活塞内燃发动机的越野车（4轮驱动）	25	270	17	辆	46ABOxy
8703242290	排量＞4升装点燃往复式活塞内燃发动机的越野车的成套散件（4轮驱动）	25	270	17	辆	46BOxy
8703242301	排量＞4升装点燃往复式活塞内燃发动机的小客车（9座及以下）	25	270	17	辆	46ABOxy
8703242390	排量＞4升装点燃往复式活塞内燃发动机的小客车的成套散件（9座及以下）	25	270	17	辆	46ABOxy
8703242901	排量＞4升装点燃往复式活塞内燃发动机的其他载人车辆（不包括非4轮驱动越野车）	25	270	17	辆	46ABOxy
8703242902	排量＞4升装点燃往复式活塞内燃发动机的非4轮驱动越野车	25	270	17	辆	46ABOxy
8703242991	排量＞4升装点燃往复式活塞内燃发动机的非4轮驱动越野车的成套散件	25	270	17	辆	46ABOxy
8703242999	排量＞4升装点燃往复式活塞内燃发动机的其他载人车辆的成套散件（不包括非4轮驱动越野车成套散件）	25	270	17	辆	46ABOxy
8703311101	排量≤1升装压燃往复式活塞内燃发动机小轿车	25	230	17	辆	46ABOxy
8703311190	排量≤1升装压燃往复式活塞内燃发动机小轿车的成套散件	25	230	17	辆	46ABOxy
8703311901	排量≤1升装压燃往复式活塞内燃发动机的其他载人车辆	25	230	17	辆	46ABOxy
8703311990	排量≤1升装压燃往复式活塞内燃发动机的其他载人车辆的成套散件	25	230	17	辆	46ABOxy
8703312101	1升＜排量≤1.5升装压燃往复式活塞内燃发动机的小轿车	25	230	17	辆	46ABOxy
8703312190	1升＜排量≤1.5升装压燃往复式活塞内燃发动机的小轿车的成套散件	25	230	17	辆	46ABOxy
8703312201	1升＜排量≤1.5升装压燃式活塞内燃发动机的越野车（4轮驱动）	25	230	17	辆	46ABOxy
8703312290	1升＜排量≤1.5升装压燃式活塞内燃发动机的越野车的成套散件（4轮驱动）	25	230	17	辆	46ABOxy
8703312301	1升＜排量≤1.5升装压燃往复式活塞内燃发动机的小客车（9座及以下的）	25	230	17	辆	46ABOxy
8703312390	1升＜排量≤1.5升装压燃往复式活塞内燃发动机的小客车的成套散件（9座及以下）	25	230	17	辆	46ABOxy
8703312901	1升＜排量≤1.5升装压燃往复式活塞内燃发动机的其他载人车辆	25	230	17	辆	46ABOxy
8703312990	1升＜排量≤1.5升装压燃往复式活塞内燃发动机的其他载人车辆的成套散件	25	230	17	辆	46ABOxy
8703321101	1.5＜排量≤2升装压燃往复式活塞内燃发动机的小轿车	25	230	17	辆	46ABOxy

商品编号	商品名称及备注	进口关税税率(%)		增值税率(%)	计量单位	监管条件
		最惠国	普通			
8703321190	1.5<排量≤2升装压燃往复式活塞内燃发动机的小轿车的成套散件	25	230	17	辆	46ABOxy
8703321201	1.5<排量≤2升装压燃往复式活塞内燃发动机的越野车(4轮驱动)	25	230	17	辆	46ABOxy
8703321290	1.5<排量≤2升装压燃往复式活塞内燃发动机的越野车的成套散件(4轮驱动)	25	230	17	辆	46ABOxy
8703321301	1.5<排量≤2升装压燃往复式活塞内燃发动机的小客车(9座及以下)	25	230	17	辆	46ABOxy
8703321390	1.5<排量≤2升装压燃往复式活塞内燃发动机的小客车的成套散件(9座及以下)	25	230	17	辆	46ABOxy
8703321901	1.5<排量≤2升装压燃往复式活塞内燃发动机的其他载人车辆	25	230	17	辆	46ABOxy
8703321990	1.5<排量≤2升装压燃往复式活塞内燃发动机的其他载人车辆的成套散件	25	230	17	辆	46ABOxy
8703322101	2<排量≤2.5升装压燃往复式活塞内燃发动机的小轿车	25	230	17	辆	46ABOxy
8703322190	2<排量≤2.5升装压燃往复式活塞内燃发动机的小轿车的成套散件	25	230	17	辆	46ABOxy
8703322201	2<排量≤2.5升装压燃往复式活塞内燃发动机的越野车(4轮驱动)	25	230	17	辆	46ABOxy
8703322290	2<排量≤2.5升装压燃往复式活塞内燃发动机的越野车的成套散件(4轮驱动)	25	230	17	辆	46ABOxy
8703322301	2<排量≤2.5升装压燃往复式活塞内燃发动机的小客车(9座及以下)	25	230	17	辆	46ABOxy
8703322390	2<排量≤2.5升装压燃往复式活塞内燃发动机的小客车的成套散件(9座及以下)	25	230	17	辆	46ABOxy
8703322901	2<排量≤2.5升装压燃往复式活塞内燃发动机的其他载人车辆	25	230	17	辆	46ABOxy
8703322990	2<排量≤2.5升装压燃往复式活塞内燃发动机的其他载人车辆的成套散件	25	230	17	辆	46ABOxy
8703331101	2.5<排量≤3升装压燃往复式活塞内燃发动机的小轿车	25	270	17	辆	46ABOxy
8703331190	2.5<排量≤3升装压燃往复式活塞内燃发动机的小轿车的成套散件	25	270	17	辆	46ABOxy
8703331201	2.5<排量≤3升装压燃往复式活塞内燃发动机的越野车(4轮驱动)	25	270	17	辆	46ABOxy
8703331290	2.5<排量≤3升装压燃往复式活塞内燃发动机的越野车的成套散件(4轮驱动)	25	270	17	辆	46ABOxy
8703331301	2.5<排量≤3升装压燃往复式活塞内燃发动机的小客车(9座及以下)	25	270	17	辆	46ABOxy
8703331390	2.5<排量≤3升装压燃往复式活塞内燃发动机的小客车的成套散件(9座及以下)	25	270	17	辆	46ABOxy
8703331901	2.5<排量≤3升装压燃往复式活塞内燃发动机的其他载人车辆(不包括非4轮驱动越野车)	25	270	17	辆	46ABOxy
8703331902	2.5<排量≤3升装压燃往复式活塞内燃发动机的非4轮驱动越野车	25	270	17	辆	46ABOxy
8703331991	2.5<排量≤3升装压燃往复式活塞内燃发动机的非4轮驱动越野车的成套散件	25	270	17	辆	46ABOxy

商品编号	商 品 名 称 及 备 注	进口关税税率(%)		增值税率(%)	计量单位	监管条件
		最惠国	普通			
8703331999	2.5<排量≤3 升装压燃往复式活塞内燃发动机的其他载人车辆的成套散件(不包括非4轮驱动越野车成套散件)	25	270	17	辆	46ABOxy
8703332101	3<排量≤4 升装压燃往复式活塞内燃发动机的小轿车	25	270	17	辆	46ABOxy
8703332190	3<排量≤4 升装压燃往复式活塞内燃发动机的小轿车的成套散件	25	270	17	辆	46ABOxy
8703332201	3<排量≤4 升装压燃往复式活塞内燃发动机的越野车(4轮驱动)	25	270	17	辆	46ABOxy
8703332290	3<排量≤4 升装压燃往复式活塞内燃发动机的越野车的成套散件(4轮驱动)	25	270	17	辆	46ABOxy
8703332301	3<排量≤4 升装压燃往复式活塞内燃发动机的小客车(9座及以下)	25	270	17	辆	46ABOxy
8703332390	3<排量≤4 升装压燃往复式活塞内燃发动机的小客车的成套散件(9座及以下)	25	270	17	辆	46ABOxy
8703332901	3<排量≤4 升装压燃往复式活塞内燃发动机的其他载人车辆(不包括非4轮驱动越野车)	25	270	17	辆	46ABOxy
8703332902	3<排量≤4 升装压燃往复式活塞内燃发动机的非4轮驱动越野车	25	270	17	辆	46ABOxy
8703332991	3<排量≤4 升装压燃往复式活塞内燃发动机的非4轮驱动越野车成套散件	25	270	17	辆	46ABOxy
8703332999	3<排量≤4 升装压燃往复式活塞内燃发动机的其他载人车辆的成套散件(不包括非4轮驱动越野车成套散件)	25	270	17	辆	46ABOxy
8703336101	排量>4 升装压燃往复式活塞内燃发动机的小轿车	25	270	17	辆	46ABOxy
8703336190	排量>4 升装压燃往复式活塞内燃发动机的小轿车的成套散件	25	270	17	辆	46ABOxy
8703336201	排量>4 升装压燃往复式活塞内燃发动机的越野车(4轮驱动)	25	270	17	辆	46ABOxy
8703336290	排量>4 升装压燃往复式活塞内燃发动机的越野车的成套散件(4轮驱动)	25	270	17	辆	46ABOxy
8703336301	排量>4 升装压燃往复式活塞内燃发动机的小客车(9座及以下)	25	270	17	辆	46ABOxy
8703336390	排量>4 升装压燃往复式活塞内燃发动机的小客车的成套散件(9座及以下)	25	270	17	辆	46ABOxy
8703336901	排量>4 升装压燃往复式活塞内燃发动机的其他载人车辆(不包括非4轮驱动越野车)	25	270	17	辆	46ABOxy
8703336902	排量>4 升装压燃往复式活塞内燃发动机非4轮驱动越野车	25	270	17	辆	46ABOxy
8703336991	排量>4 升装压燃往复式活塞内燃发动机非4轮驱动越野车的成套散件	25	270	17	辆	46ABOxy
8703336999	排量>4 升装压燃往复式活塞内燃发动机其他载人车辆的成套散件(不包括非4轮驱动越野车成套散件)	25	270	17	辆	46ABOxy
8703900001	其他型排量≤1 升的其他载人车辆	25	270	17	辆	46ABOxy
8703900002	其他型 1.5 升<排量≤2 升的其他载人车辆	25	270	17	辆	46ABOxy
8703900003	其他型 2 升<排量≤2.5 升的其他载人车辆	25	270	17	辆	46ABOxy
8703900004	其他型 2.5 升<排量≤3 升的其他载人车辆(不包括编号8703900014 所述小轿车和越野车)	25	270	17	辆	46ABOxy
8703900005	其他型 3 升<排量≤4 升的其他载人车辆(不包括编号8703900015 所述小轿车和越野车)	25	270	17	辆	46ABOxy

商品编号	商品名称及备注	进口关税税率(%)		增值税率(%)	计量单位	监管条件
		最惠国	普通			
8703900006	其他型排量>4升的其他载人车辆(不包括编号8703900016所述小轿车和越野车)	25	270	17	辆	46ABOxy
8703900007	其他型1升<排量≤1.5升的其他载人车辆	25	270	17	辆	46ABOxy
8703900010	电动汽车和其他无法区分排气量的载人车辆	25	270	17	辆	6ABO
8703900014	其他型2.5升<排量≤3升的小轿车、越野车	25	270	17	辆	46ABOxy
8703900015	其他型3升<排量≤4升的小轿车、越野车	25	270	17	辆	46ABOxy
8703900016	其他型排量>4升的小轿车、越野车	25	270	17	辆	46ABOxy
8703900091	其他型排量>2.5升的小轿车、越野车的成套散件	25	270	17	辆	6ABO
8703900099	其他型载人车辆的成套散件	25	270	17	辆	6ABO
8704	**货运机动车辆**					
8704103000	非公路用电动轮货运自卸车	6	20	17	辆	OAB6
8704109000	其他非公路用货运自卸车	6	20	17	辆	ABO6
8704210000	柴油型其他小型货车(装有压燃式活塞内燃发动机,小型指车辆总重量≤5吨)	25	70	17	辆	46ABOxy
8704223000	柴油型其他中型货车(装有压燃式活塞内燃发动机,中型指5吨<车辆总重量<14吨)	20	70	17	辆	46ABOxy
8704224000	柴油型其他重型货车(装有压燃式活塞内燃发动机,重型指14吨≤车辆总重≤20吨)	20	40	17	辆	46ABOxy
8704230001*	固井水泥车、压裂车、混砂车底盘(车辆总重量>35吨,装驾驶室)	15	40	17	辆	46ABOxy
8704230002*	起重≥55吨的汽车起重机用底盘(装有压燃式活塞内燃发动机)	15	40	17	辆	46ABOxy
8704230003*	车辆总重量≥31吨的清障车专用底盘	15	40	17	辆	46ABOxy
8704230090	柴油型的其他超重型货车(装有压燃式活塞内燃发动机,超重型指车辆总重量>20吨)	15	40	17	辆	46ABOxy
8704310000	总重量≤5吨的其他货车(汽油型,装有点燃式活塞内燃发动机)	25	70	17	辆	46ABOxy
8704323000	5吨<总重量≤8吨的其他货车(汽油型,装有点燃式活塞内燃发动机)	20	70	17	辆	46ABOxy
8704324000	总重量>8吨的其他货车(汽油型,装有点燃式活塞内燃发动机)	20	70	17	辆	46ABOxy
8704900000	装有其他发动机的货车	25	70	17	辆	46ABOxy
8705	**特殊用途的机动车辆(例如,抢修车、起重车、救火车、混凝土搅拌车、道路清洁车、喷洒车、流动工场车及流动放射线检查车),但主要用于载人或运货的车辆除外**					
8705102100	起重重量≤50吨的全路面起重车	15	30	17	辆	6AO
8705102200	50<起重重量≤100吨的全路面起重车	10	30	17	辆	6AO
8705102300	起重重量>100吨的全路面起重车	10	30	17	辆	6AO
8705109100	起重重量≤50吨的其他机动起重车	15	30	17	辆	6AO
8705109200	50<起重重量≤100吨的其他起重车	10	30	17	辆	6AO
8705109300	起重重量>100吨的其他机动起重车	10	30	17	辆	6AO
8705200000	机动钻探车	12	17	17	辆	6AO
8705301000	装有云梯的机动救火车	3	8	17	辆	AB6O
8705309000	其他机动救火车	3	8	17	辆	AB6O
8705400000	机动混凝土搅拌车	15	35	17	辆	AB6O
8705901000	无线电通信车	9	35	17	辆	AB6O

商品编号	商品名称及备注	进口关税税率(%)		增值税率(%)	计量单位	监管条件
		最惠国	普通			
8705902000	机动放射线检查车	9	14	17	辆	6AO
8705903000	机动环境监测车	12	20	17	辆	6AO
8705904000	机动医疗车	12	30	17	辆	6AO
8705905100	航空电源车(频率为400赫兹)	12	30	17	辆	O6
8705905900	其他机动电源车(频率为400赫兹航空电源车除外)	12	30	17	辆	6AO
8705906000	飞机加油车、调温车、除冰车	12	35	17	辆	OAB6
8705907000	道路(包括跑道)扫雪车	12	35	17	辆	OAB6
8705908000	石油测井车、压裂车、混沙车	12	35	17	辆	OAB6
8705909001*	跑道除冰车	12	35	17	辆	AB6O
8705909030	用于导弹、火箭等的车辆(为弹道导弹、运载火箭等运输、装卸和发射而设计的)	12	35	17	辆	36AB
8705909090	其他特殊用途的机动车辆(主要用于载人或运货的车辆除外)	12	35	17	辆	AB6O
8706	**装有发动机的机动车辆底盘,品目87.01至87.05所列车辆用**					
8706001000	非公路用货运自卸车底盘(装有发动机的)	8	14	17	台	6
8706002100	车辆总重量≥14吨的货车底盘(装有发动机的)	10	30	17	台	46AOxy
8706002200	车辆总重量<14吨的货车底盘(装有发动机的)	10	45	17	台	46AOxy
8706003000	大型客车底盘(装有发动机的)	20	70	17	台	46Oxy
8706004000	汽车起重机底盘(装有发动机的)	20	100	17	台	6AO
8706009000	其他机动车辆底盘(装有发动机的,品目87.01、87.03和87.05所列车辆用)	10	100	17	台	46AOxy
8707	**机动车辆的车身(包括驾驶室),品目87.01至87.05所列车辆用**					
8707100000	小型载人机动车辆车身(含驾驶室)(品目87.03所列车辆用)	10	100	17	台	6O
8707901000	大型客车用车身(含驾驶室)(30座以下客车用)	10	70	17	台	6O
8707909000	其他车辆用车身(含驾驶室)(品目87.01至87.02、87.04、87.05的车辆用)	10	70	17	台	6O
8708	**机动车辆的零件、附件,品目87.01至87.05所列车辆用**					
8708100000	缓冲器(保险杠)及其零件(品目87.01至87.05的车辆用)	10	100	17	千克	6
8708210000	坐椅安全带(品目87.01至87.05的车辆用)	10	100	17	千克	6A
8708293000	机动车辆用车窗玻璃升降器	10	100	17	千克	6
8708294100	汽车电动天窗	10	100	17	套/千克	6
8708294200	汽车手动天窗	10	100	17	套/千克	6
8708295100	侧围	10	100	17	千克	6
8708295200	车门	10	100	17	个/千克	6
8708295300	发动机罩盖	10	100	17	千克	6
8708295400	前围	10	100	17	千克	6
8708295500	行李箱盖(或背门)	10	100	17	千克	6
8708295600	后围	10	100	17	千克	6
8708295700	翼子板(或叶子板)	10	100	17	千克	6
8708295900	其他车身覆盖件	10	100	17	千克	6
8708299000	其他车身未列名零部件(包括驾驶室的零件、附件)	10	100	17	千克	6
8708301000	装在蹄片上的制动摩擦片	10	100	17	千克	6
8708302100	牵引车、拖拉机、非公路用自卸车用防抱死制动系统	6	11	17	千克	6

商品编号	商品名称及备注	进口关税税率(%)		增值税率(%)	计量单位	监管条件
		最惠国	普通			
8708302900	其他车辆用防抱死制动系统	10	100	17	千克	6
8708309100	牵引车、拖拉机用制动器及其零件(包括助力制动器及其零件)	6	14	17	千克	6
8708309200	大型客车用制动器及其零件(包括助力制动器及其零件)	10	70	17	千克	6
8708309300	非公路自卸车用制动器及其零件(包括助力制动器及其零件)	6	11	17	千克	6
8708309400	柴、汽油轻型货车用制动器及零件(指编号87042100、87042230、87043100、87043230所列总重量≤14吨的车辆用)	10	45	17	千克	6
8708309500	柴、汽油型重型货车用制动器及其零件(指编号87042240、87042300及87043240所列车辆用)	10	30	17	千克	6
8708309600	特种车用制动器及其零件(指品目87.05所列车辆用,包括助动器及零件)	10	100	17	千克	6
8708309910	其他机动车辆用制动器(包括助力制动器)	10	100	17	千克	6O
8708309990	其他机动车辆用制动器(包括助力制动器)的零件	10	100	17	千克	6
8708401000	牵引车、拖拉机用变速箱及其零件	6	14	17	个/千克	6
8708402000	大型客车用变速箱及其零件	10	70	17	个/千克	6
8708403001*	扭矩>1500牛米非公路自卸车用变速箱	6	11	17	个/千克	6
8708403090	其他非公路自卸车用变速箱及其零件	6	11	17	个/千克	6
8708404000	柴、汽油轻型货车用变速箱及其零件(指编号87042100、87042230、87043100、87043230所列≤14吨的车辆用)	10	45	17	个/千克	6
8708405000	其他柴、汽油型重型货车用变速箱及其零件(指编号87042240、87042300及87043240所列车辆用)	10	30	17	个/千克	6
8708406000	特种车用变速箱及其零件(指品目87.05所列车辆用)	10	100	17	个/千克	6
8708409101*	小轿车用自动换挡变速箱(4挡及4挡以下除外)	10	100	17	个/千克	6O
8708409102*	小轿车用自动换挡变速箱的零件(4挡及4挡以下除外)	10	100	17	个/千克	6
8708409191	其他小轿车用自动换挡变速箱	10	100	17	个/千克	6O
8708409199	其他小轿车用自动换挡变速箱的零件	10	100	17	个/千克	6
8708409910	其他未列名机动车辆用变速箱	10	100	17	个/千克	6O
8708409990	其他未列名机动车辆用变速箱的零件	10	100	17	个/千克	6
8708507100	牵引车、拖拉机用驱动桥及其零件(装有差速器的,不论是否装有其他传动件)	6	14	17	个/千克	6
8708507201*	轴荷≥10吨的中后驱动桥的零件	10	70	17	个/千克	6
8708507291	其他大型客车用驱动桥(装有差速器的,不论是否装有其他传动件)	10	70	17	个/千克	6O
8708507299	其他大型客车用驱动桥的零件(装有差速器的,不论是否装有其他传动件)	10	70	17	个/千克	6
8708507300	非公路自卸车用驱动桥及其零件(装有差速器的,不论是否装有其他传动件)	6	11	17	个/千克	6
8708507410	柴、汽油型轻型货车用驱动桥(87042100、87042230、87043100、87043230所列总重量≤14吨车辆用,装差速器)	10	45	17	个/千克	6O
8708507490	柴、汽油型轻型货车用驱动桥的零件(87042100、87042230、87043100、87043230所列总重量≤14吨车辆用,装差速器)	10	45	17	个/千克	6
8708507510	其他柴、汽油型重型货车用驱动桥(指编号87042240、87042300及87043240所列车辆用)	10	30	17	个/千克	6O
8708507590	其他柴、汽油型重型货车用驱动桥的零件(指编号87042240、87042300及87043240所列车辆用)	10	30	17	个/千克	6

商品编号	商品名称及备注	进口关税税率(%)		增值税率(%)	计量单位	监管条件
		最惠国	普通			
8708507610	特种车用驱动桥(指品目87.05所列车辆用,装有差速器,不论是否装有其他传动件)	10	100	17	个/千克	6O
8708507690	特种车用驱动桥的零件(指品目87.05所列车辆用,装有差速器,不论是否装有其他传动件)	10	100	17	个/千克	6
8708507910	未列名机动车辆用驱动桥(装有差速器的,不论是否装有其他传动件)	10	100	17	个/千克	6O
8708507990	未列名机动车辆用驱动桥的零件(装有差速器的,不论是否装有其他传动件)	10	100	17	个/千克	6
8708508100	牵引车、拖拉机用非驱动桥及零件	6	14	17	千克	6
8708508200	座位≥30座的客车用非驱动桥及其零件	15	70	17	千克	6
8708508300	非公路自卸车用非驱动桥及零件	6	11	17	千克	6
8708508400	柴、汽油轻型货车用非驱动桥及零件(编号87042100、87042230、87043100、87043230所列总重量≤14吨的车辆用,装差速器)	10	45	17	千克	6
8708508500	柴汽油重型货车用非驱动桥及零件(指编号87042240、87042300及87043240所列车辆用)	10	30	17	千克	6
8708508600	特种车用非驱动桥及其零件(指品目87.05所列车辆用)	10	100	17	千克	6
8708508910	未列名机动车辆用非驱动桥	10	100	17	千克	6O
8708508990	未列名机动车辆用非驱动桥的零件	10	100	17	千克	6
8708701000	牵引车及拖拉机用车轮及其零、附件(不包括品目87.09的牵引车)	6	14	17	千克	6
8708702000	大型客车用车轮及其零、附件(指30座及以上的客运车)	10	70	17	千克	6
8708703000	非公路货运自卸车用车轮及其零件	6	11	17	千克	6
8708704000	中小型货车用车轮及其零件(指总重量<14吨的货运车辆)	10	45	17	千克	6
8708705000	大型货车用车轮及其零件(指编号87042240、87042300及87043240所列车辆用)	10	30	17	千克	6
8708706000	特种车用车轮及其零件(指品目87.05所列车辆用)	10	100	17	千克	6
8708709000	其他车辆用车轮及其零附件	10	100	17	千克	6
8708801000	品目87.03所列车辆用的悬挂系统(包括减震器)及其零件	10	100	17	千克	6
8708809000	其他机动车辆用的悬挂系统(包括减震器)及其零件	10	100	17	千克	6
8708911000	水箱散热器	10	100	17	个/千克	6
8708912000	机油冷却器	10	100	17	个/千克	6
8708919000	其他散热器及其零件(包括水箱散热器、机油冷却器的零件)	10	100	17	个/千克	6
8708920000	机动车辆的消声器(消音器)及排气管及其零件	10	100	17	千克	6
8708931000	牵引车、拖拉机用离合器及其零件	6	14	17	千克	6
8708932000	座位≥30的客车用离合器及其零件	10	70	17	千克	6
8708933000	非公路自卸车用离合器及其零件	6	11	17	千克	6
8708934000	柴、汽油轻型货车用离合器及零件(编号87042100、87042230、87043100、87043230所列总重量≤14吨的车辆用)	10	45	17	千克	6
8708935000	柴、汽油型重型货车离合器及零件(编号87042240、87042300、87043240所列车辆用)	10	30	17	千克	6
8708936000	特种车用的离合器及其零件(指品目87.05所列车辆用)	10	100	17	千克	6
8708939000	未列名机动车辆用离合器及其零件	10	100	17	千克	6
8708941000	牵引车、拖拉机用转向盘、转向柱及其零件(包括转向器)	6	14	17	千克	6
8708942001*	座位≥30的客车用转向器零件	10	70	17	千克	6

商品编号	商品名称及备注	进口关税税率(%) 最惠国	进口关税税率(%) 普通	增值税率(%)	计量单位	监管条件
8708942090	大型客车用其他转向盘、转向柱及其零件(包括转向器)	10	70	17	千克	6
8708943000	非公路自卸车用转向盘、转向柱及其零件(包括转向器)	6	11	17	千克	6
8708944000	柴、汽油轻型货车用转向盘、转向柱、转向器及其零件(编号87042100、87042230、87043100、87043230所列总重量≤14吨的车辆用)	10	45	17	千克	6
8708945001*	总重≥14吨的柴油型货车转向器的零件	10	30	17	千克	6
8708945090	其他重型货车用转向盘、转向柱、转向器及其零件(指编号87042240、87042300及87043240所列车辆用)	10	30	17	千克	6
8708946000	特种车用转向盘、转向柱及转向器及其零件(指品目87.05所列车辆用)	10	100	17	千克	6
8708949001*	采用电动转向系统的转向盘、转向柱、转向器及其零件	10	100	17	千克	6
8708949090	其他未列名机动车辆用转向盘、转向柱及其零件(包括转向器)	10	100	17	千克	6
8708950000	机动车辆用带充气系统的安全气囊及其零件	10	100	17	千克	6
8708991000	牵引车及拖拉机用其他零附件(车轮及其零附件除外,不包括品目87.09的牵引车)	6	14	17	千克	6
8708992100	编号87021091及87029010所列车辆用车架	25	70	17	千克	6
8708992900	大型客车用其他零附件(车轮及其零附件除外,指30座及以上的客运车)	25	70	17	千克	6
8708993100	非公路自卸车用车架	6	11	17	千克	6
8708993900*	非公路用自卸车未列名零部件(车轮及其零件除外)	6	11	17	千克	6
8708994100	中小型货车用车架(指总重量<14吨的货运车辆用)	25	45	17	千克	6
8708994900	中小型货车用其他零附件(车轮及其零附件除外,指总重量<14吨的货运车辆)	25	45	17	千克	6
8708995100	编号87042240、87042300、87043240所列车辆(含总重量>8吨的汽油货车)用车架	10	30	17	千克	6
8708995900	总重≥14吨柴油货车用其他零部件(指编号87042240、87042300、87043240所列车辆用,含总重>8吨汽油货车)	10	30	17	千克	6
8708996000	特种车用其他零附件(指品目87.05所列车辆用)	15	100	17	千克	6
8708999100	其他品目87.01至87.04所列车辆用车架	10	100	17	千克	6O
8708999200	其他车辆用传动轴(品目87.01至87.04所列车辆用)	10	100	17	千克	6
8708999901*	混合动力汽车动力传动装置(由发电机、电动机和动力分配装置组成,品目87.01至87.04所列车辆用)	10	100	17	千克	6
8708999990	机动车辆用未列名零件、附件(品目87.01至87.04所列车辆用)	10	100	17	千克	6
8709	**短距离运输货物的机动车辆,未装有提升或搬运设备,用于工厂、仓库、码头或机场;火车站台上用的牵引车;上述车辆的零件**					
8709111000	电动的短距离牵引车(未装有提升或搬运设备,包括火车站台上用的电动牵引车)	10	30	17	辆	6
8709119000	电动的其他短距离运货车(未装有提升或搬运设备,用于工厂、仓库、码头或机场)	10	30	17	辆	6
8709191000	非电动的短距离牵引车(未装有提升或搬运设备,包括火车站台上用非电动牵引车)	10.5	30	17	辆	6
8709199000	非电动的其他短距离运货车(未装有提升或搬运设备,用于工厂、仓库、码头或机场)	10.5	30	17	辆	6
8709900000	短距离运货车、站台牵引车用零件	8.4	17	17	千克	6

商品编号	商 品 名 称 及 备 注	进口关税税率(%) 最惠国	进口关税税率(%) 普通	增值税率(%)	计量单位	监管条件
8710	**坦克及其他机动装甲战斗车辆,不论是否装有武器;上述车辆的零件**					
8710001000	坦克及其他机动装甲战斗车辆	15	100	17	辆	6
8710009000	坦克及其他机动装甲战斗车辆零件	15	100	17	千克	6
8711	**摩托车(包括机器脚踏两用车)及装有辅助发动机的脚踏车,不论有无边车;边车**					
8711100010	微马力摩托车及脚踏两用车(装有往复式活塞发动机,微马力指排气量=50毫升)	45	150	17	辆	y4xAB6
8711100090	微马力摩托车及脚踏两用车(装有往复式活塞发动机,微马力指排气量<50毫升)	45	150	17	辆	6AB
8711201000	50毫升<排量≤100毫升装往复式活塞内燃发动机摩托车及脚踏两用车	45	150	17	辆	y4xAB6
8711202000	100毫升<排量≤125毫升装往复式活塞内燃发动机摩托车及脚踏两用车	45	150	17	辆	y4xAB6
8711203000	125毫升<排量≤150毫升装往复式活塞内燃发动机摩托车及脚踏两用车	45	150	17	辆	y4xAB6
8711204000	150毫升<排量≤200毫升装往复式活塞内燃发动机摩托车及脚踏两用车	45	150	17	辆	y4xAB6
8711205000	200毫升<排量≤250毫升装往复式活塞内燃发动机摩托车及脚踏两用车	45	150	17	辆	y4xAB6
8711301000	250毫升<排量≤400毫升装往复式活塞内燃发动机摩托车及脚踏两用车	45	150	17	辆	46ABxy
8711302000	400毫升<排量≤500毫升装往复式活塞内燃发动机摩托车及脚踏两用车	45	150	17	辆	46ABxy
8711400000	500毫升<排量≤800毫升装往复式活塞内燃发动机摩托车及脚踏两用车	40	150	17	辆	46ABxy
8711500000	800毫升<排量装往复式活塞内燃发动机摩托车及脚踏两用车	30	150	17	辆	46ABxy
8711901010	电动自行车	45	150	17	辆	AB6
8711901090	其他电动及电动助力的摩托车及边车(包括机器脚踏两用车、脚踏车)	45	150	17	辆	AB6
8711909001	排量≤250毫升摩托车及脚踏两用车	45	150	17	辆	6AB
8711909002	排量>250毫升摩托车及脚踏两用车	45	150	17	辆	6AB
8711909009	其他无法区分排气量的摩托车及脚踏两用车	45	150	17	辆	6AB
8711909090	装有其他辅助发动机的脚踏车及边车	45	150	17	辆	6AB
8712	**自行车及其他非机动脚踏车(包括运货三轮脚踏车)**					
8712002000	竞赛型自行车	13	130	17	辆	B6
8712003000	山地自行车	13	130	17	辆	B6
8712004100	16、18、20英寸越野自行车	13	130	17	辆	B6
8712004900	其他越野自行车(包括运货三轮车)	13	130	17	辆	B6
8712008110	12~16英寸的未列名自行车	13	130	17	辆	B6
8712008190	11英寸及以下的未列名自行车	13	130	17	辆	B6
8712008900	其他未列名自行车	13	130	17	辆	B6
8712009000	其他非机动脚踏车	23	130	17	辆	B6
8713	**残疾人用车,不论是否机动或其他机械驱动**					

商品编号	商品名称及备注	进口关税税率(%)		增值税率(%)	计量单位	监管条件
		最惠国	普通			
8713100000	非机械驱动的残疾人用车	6	20	0	辆	6
8713900000	其他机动残疾人用车	4	20	0	辆	6
8714	**零件、附件,品目87.11至87.13所列车辆用**					
8714100001*	星型轮及碟刹件	30	100	17	千克	6
8714100010	摩托车架	30	100	17	千克	46xy
8714100090	摩托车其他零件、附件(包括机动脚踏两用车的零件、附件)	30	100	17	千克	6
8714200000	残疾人车辆用零件、附件	5	17	17	千克	6
8714910000	非机动脚踏车车架、轮叉及其零件	12	80	17	千克	B6
8714921000	非机动脚踏车等的轮圈	12	80	17	千克	B6
8714929000	非机动脚踏车等的辐条	12	80	17	千克	B6
8714931000	非机动脚踏车等的轮毂(倒轮制动毂及毂闸除外)	12	80	17	千克	B6
8714932000	非机动脚踏车等的飞轮(倒轮制动毂及毂闸除外)	12	80	17	千克	B6
8714939000	非机动脚踏车等的链轮(倒轮制动毂及毂闸除外)	12	80	17	千克	B6
8714940000	非机动脚踏车等的制动器及其零件(包括倒轮制动鼓及鼓闸)	12	80	17	千克	B6
8714950000	非机动脚踏车等的鞍座	12	80	17	千克/个	B6
8714961000	非机动脚踏车等的脚蹬及其零件	12	80	17	千克	B6
8714962000	非机动脚踏车等的曲柄链轮及其零件	12	80	17	千克	B6
8714990000	非机动脚踏车等的其他零件、附件	12	80	17	千克	B6
8715	**婴孩车及其零件**					
8715000000	婴孩车及其零件	20	80	17	千克	6AB
8716	**挂车及半挂车或其他非机械驱动车辆及其零件**					
8716100000	供居住或野营用厢式挂车及半挂车	10	35	17	辆	6
8716200000	农用自装或自卸式挂车及半挂车	10	35	17	辆	6
8716311000	油罐挂车及半挂车	10	20	17	辆	6A
8716319000	其他罐式挂车及半挂车	10	35	17	辆	6A
8716391000	货柜挂车及半挂车	10	20	17	辆	6A
8716399000	其他货运挂车及半挂车	10	35	17	辆	6A
8716400000	其他未列名挂车及半挂车	10	35	17	辆	6A
8716800000	其他未列名非机械驱动车辆	10	80	17	辆	6
8716900000	挂车、半挂车及非机动车用零件	10	35	17	千克	6

第八十八章　航空器、航天器及其零件

子目注释：

子目号 8802.11 至 8802.40 所称“空载重量”，是指航空器在正常飞行情况下，除去机组人员、燃料及非永久性安装设备后的重量。

商品编号	商品名称及备注	进口关税税率（%）		增值税率（%）	计量单位	监管条件
		最惠国	普通			
8801	**气球及飞艇；滑翔机、悬挂滑翔机及其他无动力航空器**					
8801001000	滑翔机及悬挂滑翔机	3	11	17	架	
8801009000	气球、飞艇及其他无动力航空器（滑翔机除外）	3	11	17	架	
8802	**其他航空器（例如，直升机、飞机）；航天器（包括卫星）及其运载工具，亚轨道运载工具**					
8802110000	空载重量不超过 2 吨的直升机	2	11	17	架	O
8802121000	2 吨 < 空载重量 ≤ 7 吨的直升机	2	11	17	架	O
8802122000	空载重量 > 7 吨的直升机	2	11	17	架	O
8802200010	无人驾驶航空飞行器（空载重量 < 2 吨）	5	11	17	架	3O
8802200090	其他小型飞机及其他航空器（小型指空载重量 ≤ 2 吨的）	5	11	17	架	
8802300000	中型飞机及其他航空器（中型指 2 吨 < 空载重量 ≤ 15 吨）	4	11	17	架	O
8802401001*	25 吨 ≤ 空载重量 ≤ 45 吨客运飞机	5	11	17	架	O
8802401090	15 吨 < 空载重量 ≤ 45 吨的其他大型飞机及其他航空器（25 吨 ≤ 空载重量 ≤ 45 吨客运飞机除外）	5	11	17	架	O
8802402000	特大型飞机及其他航空器（特大型指空载重量 > 45 吨）	1	11	17	架	O
8802600000	航天器（包括卫星）及其运载工具（包括亚轨道运载工具）	2	11	17	架	
8803	**品目 88.01 或 88.02 所列货品的零件**					
8803100000	飞机用推进器、水平旋翼及零件（指品目 88.02 所列货品用的）	1	11	17	千克	
8803200000	飞机用起落架及其零件（指品目 88.02 所列货品用的）	1	11	17	千克	
8803300000	飞机及直升机用其他零件	1	11	17	千克	
8803900010	两用物项管制的火箭及其零部件	0	11	17	千克	3
8803900090	其他未列名的航空器、航天器零件（指品目 88.01 或 88.02 所列货品用的）	0	11	17	千克	
8804	**降落伞（包括可操纵降落伞及滑翔伞）、旋翼降落伞及其零件、附件**					
8804000000	降落伞及其零件、附件（包括可操纵降落伞、滑翔伞及旋翼降落伞）	2	11	17	千克	
8805	**航空器的发射装置、甲板停机装置或类似装置和地面飞行训练器及其零件**					
8805100000	航空器的发射装置及其零件等（包括甲板停机装置或类似装置及其零件）	1.5	11	17	千克	
8805210000	空战模拟器及其零件	1.5	11	17	千克	
8805290000	其他地面飞行训练器及其零件	1.5	11	17	千克	O

第八十九章　船舶及浮动结构体

注释：

已装配、未装配或已拆卸的船体、未完工或不完整的船舶以及未装配或已拆卸的完整船舶，如果不具有某种船舶的基本特征，应归入品目89.06。

商品编号	商 品 名 称 及 备 注	进口关税税率(%) 最惠国	进口关税税率(%) 普通	增值税率(%)	计量单位	监管条件
8901	**巡航船、游览船、渡船、货船、驳船及其类似的客运或货运船舶**					
8901101010	高速客船(包括主要用于客运的类似船舶)	5	14	17	艘	O
8901101090	其他机动巡航船游览船及各式渡船(包括主要用于客运的类似船舶)	5	14	17	艘	O
8901109000	非机动巡航船、游览船及各式渡船(以及主要用于客运的类似船舶)	8	30	17	艘	
8901201100	载重量≤10万吨的成品油船	9	14	17	艘	O
8901201200	10万吨<载重量≤30万吨成品油船	9	14	17	艘	
8901201300	载重量>30万吨的成品油船	6	14	17	艘	
8901202100	载重量≤15万吨的原油船	9	14	17	艘	O
8901202200	15万吨<载重量≤30万吨的原油船	9	14	17	艘	
8901202300	载重量>30万吨的原油船	6	14	17	艘	
8901203100	容积≤2万立方米液化石油气船	9	14	17	艘	O
8901203200	容积>2万立方米液化石油气船	6	14	17	艘	
8901204100	容积≤2万立方米液化天然气船	9	14	17	艘	
8901204200	容积>2万立方米液化天然气船	6	14	17	艘	
8901209000	其他油船	9	14	17	艘	O
8901300000	冷藏船(但编号890120的船舶除外)	9	14	17	艘	
8901902100	可载6000标准箱及以下的集装箱船	9	14	17	艘	O
8901902200	可载6000标准箱以上的集装箱船	6	14	17	艘	
8901903100	载重2万吨及以下的滚装船	9	14	17	艘	O
8901903200	载重2万吨以上的滚装船	6	14	17	艘	
8901904100	载重量≤15万吨散货船	9	14	17	艘	O
8901904200	15万吨<载重量≤30万吨散货船	9	14	17	艘	
8901904300	载重量>30万吨的散货船	9	14	17	艘	
8901905000	机动多用途船	9	14	17	艘	O
8901908000	其他机动货运船舶及客货兼运船舶	9	14	17	艘	O
8901909000	非机动货运船舶及客货兼运船舶	8	30	17	艘	O
8902	**捕鱼船；加工船及其他加工保藏鱼类产品的船舶**					
8902001000	机动捕鱼船(包括加工船及其他加工保藏鱼类产品的船舶)	7	14	17	艘	O
8902009000	非机动捕鱼船	8	30	17	艘	
8903	**娱乐或运动用快艇及其他船舶；划艇及轻舟**					
8903100000	充气的娱乐或运动用快艇(包括充气的划艇及轻舟)	10	30	17	艘	
8903910001	8米<长度<90米的机动帆船(不论是否装有辅助发动机)	8	30	17	艘	
8903910090	其他帆船(不论是否装有辅助发动机)	8	30	17	艘	
8903920001	8米<长度<90米的汽艇(装有舷外发动机的除外)	10.5	30	17	艘	

商品编号	商品名称及备注	进口关税税率(%)		增值税率(%)	计量单位	监管条件
		最惠国	普通			
8903920090	其他汽艇(装有舷外发动机的除外)	10.5	30	17	艘	
8903990001	8米<长度<90米的娱乐或运动用其他机动船舶或快艇(包括划艇及轻舟)	10	30	17	艘	
8903990090	娱乐或运动用其他船舶或快艇(包括划艇及轻舟)	10	30	17	艘	
8904	**拖轮及顶推船**					
8904000000	拖轮及顶推船	9	14	17	艘	O
8905	**灯船、消防船、挖泥船、起重船及其他不以航行为主要功能的船舶;浮船坞;浮动或潜水式钻探或生产平台**					
8905100000	挖泥船	3	11	17	艘	O
8905200000	浮动或潜水式钻探或生产平台	6	11	17	座	O
8905901000	浮船坞	8	30	17	个	O
8905909000	其他不以航行为主要功能的船舶(包括灯船、消防船、起重船)	3	11	17	个	O
8906	**其他船舶,包括军舰及救生船,但划艇除外**					
8906100000	军舰	5	14	17	艘	
8906901000	其他未列名的机动船舶(包括救生船,但划艇除外)	5	14	17	艘	
8906902000	其他非机动船舶	8	30	17	艘	
8906903000	未制成或不完整的船舶,包括船舶分段	8	30	17	艘	
8907	**其他浮动结构体(例如,筏、柜、潜水箱、浮码头、浮筒及航标)**					
8907100000	充气筏	8	30	17	艘	
8907900010	含植物性材料的浮动结构体(例如,筏、柜、潜水箱、浮筒及航标)	8	30	17	个	
8907900090	其他浮动结构体(例如,筏、柜、潜水箱、浮筒及航标)	8	30	17	个	
8908	**供拆卸的船舶及其他浮动结构体**					
8908000000	供拆卸的船舶及其他浮动结构体	3	11	17	艘/千克	ABP

第十八类　光学、照相、电影、计量、检验、医疗或外科用仪器及设备、精密仪器及设备；钟表；乐器；上述物品的零件、附件

第九十章　光学、照相、电影、计量、检验、医疗或外科用仪器及设备、精密仪器及设备；上述物品的零件、附件

注释：

一、本章不包括：

（一）机器、设备或其他专门技术用途的硫化橡胶（硬质橡胶除外）制品（品目40.16）、皮革或再生皮革制品（品目42.05）或纺织材料制品（品目59.11）。

（二）纺织材料制的承托带及其他承托物品，其承托器官的作用仅依靠自身的弹性（例如，孕妇用的承托带，用于胸部、腹部、关节或肌肉的承托绷带）（第十一类）。

（三）品目69.03的耐火材料制品；品目69.09的实验室、化学或其他专门技术用途的陶瓷器。

（四）品目70.09的未经光学加工的玻璃镜及品目83.06或第七十一章的非光学元件的贱金属或贵金属制的镜子。

（五）品目70.07、70.08、70.11、70.14、70.15或70.17的货品。

（六）第十五类注释二所规定的贱金属制通用零件（第十五类）或塑料制的类似品（第三十九章）。

（七）品目84.13的带计量装置的泵；计数和检验用的衡器或单独报验的天平砝码（品目84.23）；升降、起重及搬运机械（品目84.25至84.28）；纸张或纸板的各种切割机器（品目84.41）；品目84.66的用于机床上调整工件或工具的附件，包括具有读度用的光学装置的附件（例如，"光学"分度头），但其本身主要是光学仪器的除外（例如，校直望远镜）；计算机器（品目84.70）；品目84.81的阀门及其他装置；品目84.86的机器及装置（包括将电路图投影或绘制到感光半导体材料上的装置）。

（八）自行车或机动车辆用探照灯或聚光灯（品目85.12）；品目85.13的手提式电灯；电影录音机、还音机及转录机（品目85.19）；拾音头或录音头（品目85.22）；电视摄像机、数字照相机及视频摄录一体机（品目85.25）；雷达设备、无线电导航设备或无线电遥控设备（品目85.26）；光导纤维、光导纤维束或光缆用连接器（品目85.36）；品目85.37的数字控制装置；品目85.39的封闭式聚光灯；品目85.44的光缆。

（九）品目94.05的探照灯及聚光灯。

（十）第九十五章的物品。

（十一）容量的计量器具（按其构成的材料归类）。

（十二）卷轴、线轴及类似芯子（按其构成材料归类，例如，归入品目39.23或第十五类）。

二、除上述注释一另有规定的以外，本章各品目所列机器、设备、仪器或器具的零件、附件，应按下列规定归类：

（一）凡零件、附件本身已构成本章或第八十四章、第八十五章或第九十一章各品目（品目84.87、85.48或90.33除外）所包括的货品，应一律归入其相应的品目；

（二）其他零件、附件，如果专用于或主要用于某种或同一品目项下的多种机器、仪器或器具（包括品目90.10、90.13或90.31的机器、仪器或器具），应归入相应机器、仪器或器具的品目；

（三）所有其他零件、附件均应归入品目90.33。

三、第十六类的注释三及四的规定也适用于本章。

四、品目90.05不包括武器用望远镜瞄准具、潜艇或坦克上的潜望镜式望远镜及本章或第十六类的机器、设备、仪器或器具用的望远镜；这类望远镜瞄准具及望远镜应归入品目90.13。

五、计量或检验用的光学仪器、器具或机器，如果既可归入品目90.13，又可归入90.31，则应归入品目90.31。

六、品目90.21所称"矫形器具"，是指下列用途的器具：

——预防和矫正人体畸变；

——生病、手术或受伤后人体部位的支撑或固定；

矫形器具包括用于矫正畸形的鞋及特种鞋垫，但需符合下列任一条件：

（一）定制的。

（二）成批生产的；单独报验且不成双的、设计为左右两脚同样适用。

七、品目90.32仅适用于：

（一）液体或气体的流量、液位、压力或其他变化量的自动控制仪器及装置或温度自动控制装置，不论是否依靠要被自控的因素所发生的电现象来进行工作，这些仪器或装置将被自控因素调到并保持在一设定值上，通过持续或定期测量实际值来保持稳定，修正偏差；

（二）电量自动调节器及自动控制非电量的仪器或装置，依靠要被控制的因素所发生的电现象来进行工作，这些仪器或装置将被控制的因素调到并保持在一设定值上，通过持续或定期测量实际值来保持稳定，修正偏差。

商品编号	商品名称及备注	进口关税税率（%）		增值税率（%）	计量单位	监管条件
		最惠国	普通			
9001	**光导纤维及光导纤维束；光缆，但品目85.44的货品除外；偏振材料制的片及板；未装配的各种材料制透镜（包括隐形眼镜片）、棱镜、反射镜及其他光学元件，但未经光学加工的玻璃制上述元件除外**					
9001100001	非色散位移单模光纤（G652，包括G652A、G652B、G652C、G652D等）	5	20	17	千克	
9001100009	其他光导纤维（但品目85.44的货品除外）	5	20	17	千克	
9001100090	光导纤维束及光缆（但品目85.44的货品除外）	5	20	17	千克	
9001200001*	液晶显示板用偏振材料制的片及板	8	20	17	千克	
9001200002*	液晶投影仪用偏光板	8	20	17	千克	
9001200090	其他偏振材料制的片及板	8	20	17	千克	
9001300000*	隐形眼镜片	10	70	17	片	
9001401000*	玻璃制变色镜片	20	90	17	片	
9001409100	玻璃制太阳镜片	20	90	17	片	
9001409900	玻璃制其他眼镜片（变色镜片、太阳镜片除外）	20	70	17	片	
9001501000*	非玻璃材料制变色镜片	20	90	17	片	
9001509100	非玻璃材料制太阳镜片	20	90	17	片	
9001509900*	非玻璃材料制其他眼镜片（变色镜片、太阳镜片除外）	20	70	17	片	
9001901000	彩色滤光片	8	20	17	千克	
9001909001*	光通信用微光组件的光学元件（包括波长800～1700纳米薄膜滤光片，自聚焦透镜，法拉第旋转片）	8	20	17	千克	
9001909002*	微型镜片（激光视盘机激光收发装置用）	8	20	17	千克	
9001909003*	背投电视机显示屏（包括非涅耳透镜屏幕、双透镜屏幕和保护屏）	8	20	17	千克	
9001909004*	液晶显示屏背光模组的光学元件（包括导光板、反射板、扩散片、增亮片）	8	20	17	千克	
9001909090	品目90.01未列名的其他光学元件（未经光学加工的玻璃制元件除外）	8	20	17	千克	
9002	**已装配的各种材料制透镜、棱镜、反射镜及其他光学元件，作为仪器或装置的零件、配件，但未经光学加工的玻璃制上述元件除外**					
9002111000	特殊用途照相机用物镜（指编号90061000～90063000所列的照相机）	8	14	17	千克/个	
9002112000	缩微阅读机用物镜	8	14	17	千克/个	
9002113100*	单反相机镜头	15	80	17	千克/个	
9002113900*	其他相机用镜头（单反相机除外）	15	80	17	千克/个	
9002119001*	数字光处理器和彩色液晶投影机的镜头及镜头组件	15	80	17	千克/个	
9002119090	其他照相机，投影仪等用物镜（包括照片放大机用物镜）	15	80	17	千克/个	
9002191000	摄影机或放映机用物镜	15	40	17	千克/个	
9002199001*	摄像机、摄录一体机的镜头	15	50	17	千克/个	
9002199090	品目90.02未列名的其他物镜	15	50	17	千克/个	
9002201000	照相机用滤色镜	15	80	17	千克/个	

商品编号	商品名称及备注	进口关税税率(%)		增值税率(%)	计量单位	监管条件
		最惠国	普通			
9002209000	其他光学仪器或装置滤色镜	15	40	17	千克/个	
9002901000	照相机用未列名光学元件(但物镜,滤色镜除外)	15	80	17	千克	
9002909010	抗辐射镜头(能抗 5×10^4 戈瑞(硅)以上辐射而又不会降低使用质量)	15	40	17	千克	3
9002909090	其他光学仪器用未列名光学元件(但物镜,滤色镜除外)	15	40	17	千克	
9003	**眼镜架及其零件**					
9003110000*	塑料制眼镜架	18	70	17	副	
9003190010*	濒危动物产品制眼镜架	10	70	17	副	FE
9003190090*	其他非塑料材料制眼镜架	10	70	17	副	
9003900000*	眼镜架零件	10	70	17	千克	
9004	**矫正视力、保护眼睛或其他用途的眼镜、挡风镜及类似品**					
9004100000*	太阳镜	20	100	17	副	
9004901000*	变色镜	16	100	17	副	
9004909000*	其他眼镜(但太阳镜,变色镜除外)	20	90	17	副	
9005	**双筒望远镜、单筒望远镜、其他光学望远镜及其座架;其他天文仪器及其座架,但不包括射电天文仪器**					
9005100000	双筒望远镜	15	50	17	个	
9005801000	天文望远镜及其他天文仪器	3	8	17	台	
9005809000	其他光学望远镜(包括单筒望远镜)	12	50	17	台	
9005901000	天文望远镜及其他天文仪器用零件(包括座架)	2	8	17	千克	
9005909000	其他望远镜零件、附件(包括座架)	8	30	17	千克	
9006	**照相机(电影摄影机除外);照相闪光灯装置及闪光灯泡,但品目 85.39 的放电灯泡除外**					
9006101000	电子分色机	12	20	17	台	
9006109000	其他制版照相机	10	20	17	台	AB
9006300000	特种用途的照相机(主要是指水下、航空测量或体内器官检查等用;法庭或犯罪学用的比较照相机)	9	17	17	台	
9006400000	一次成像照相机	5	70	17	台	
9006510000	通过镜头取景的照相机(单镜头反光式(SLR),使用胶片宽度≤35 毫米)	25	100	17	架	
9006521000	缩微照相机,使用缩微胶卷、胶片或其他缩微品(使用胶片宽度 <35 毫米)	9	17	17	架	
9006529000	使用胶片宽度 <35 毫米的其他照相机	25	100	17	架	
9006530000	其他照相机(使用胶片宽度为 35 毫米)	20	100	17	架	
9006591000	激光照相排版设备(使用胶片宽度 >35 毫米)	9	35	17	台	AB
9006599010	分幅相机(记录速率超过 225000 帧/秒)	25	100	17	架	3AB
9006599020	电子(或电子快门)分幅相机(帧曝光时间为 51 纳秒或更短)	25	100	17	架	3AB
9006599030	条纹相机(书写速度 >0.5 毫米/微秒)	25	100	17	架	3AB
9006599040	电子条纹相机(时间分辨率≤51 纳秒)	25	100	17	架	3AB
9006599090	使用胶片宽度 >35 毫米的其他照相机	25	100	17	架	
9006610001*	照相手机用闪光灯组件	18	80	17	个	
9006610090	其他放电式(电子式)闪光灯装置	18	80	17	个	
9006691000	闪光灯泡	18	80	17	个	
9006699000	其他照相闪光灯装置	18	80	17	个	

商品编号	商品名称及备注	进口关税税率(%)		增值税率(%)	计量单位	监管条件
		最惠国	普通			
9006911000	特种用途照相机的零件、附件(指编号90061000~90063000所列的照相机的)	8	17	17	千克	
9006912000	一次成像照相机的零件、附件	5	100	17	千克	
9006919100*	照相机自动调焦组件	10	100	17	千克/套	
9006919200*	其他照相机的快门组件(特种相机和一次成像相机用除外)	10	100	17	千克/套	
9006919900*	其他照相机的其他零件、附件(特种相机和一次成像相机用除外)	10	100	17	千克	
9006990000	照相闪光灯装置及闪光灯泡的零件	12	80	17	千克	
9007	**电影摄影机、放映机,不论是否带有声音的录制或重放装置**					
9007101000	高速电影摄影机	14	40	17	台	
9007109000	其他电影摄影机	14	40	17	台	
9007201001*	2K及以上分辨率的硬盘式数字电影放映机	14	40	17	台	
9007201090	其他数字式放映机	14	40	17	台	
9007209000	其他放映机	14	40	17	台	
9007910000*	电影摄影机用零件、附件	8.4	40	17	千克	
9007920000*	电影放映机用零件、附件	8.4	40	17	千克	
9008	**影像投影仪,但电影用除外;照片(电影片除外)放大机及缩片机**					
9008501000	幻灯机	14	40	17	台	
9008502000	缩微品的阅读机(不论是否可以进行复制)	10	17	17	台	
9008503100	正射投影仪(不包括幻灯机)	18	40	17	台	
9008503900	其他影像投影仪	18	40	17	台	
9008504000	照片(电影片除外)放大机及缩片机	20	80	17	台	
9008901000	缩微阅读机的零件、附件	8	17	17	千克	
9008902000	照片放大机及缩片机的零件、附件	14	80	17	千克	
9008909000	其他影像投影仪的零件、附件	14	40	17	千克	
9010	**本章其他品目未列名的照相(包括电影)洗印用装置及设备;负片显示器;银幕及其他投影屏幕**					
9010101000	电影用胶卷的自动显影装置及设备(还包括成卷感光纸的自动显影装置)	14	40	17	台	
9010102000	特种照相胶卷自动显影装置及设备(还包括成卷感光纸的自动显影装置)	8.4	20	17	台	
9010109100	彩色胶卷用自动显影及设备	25	100	17	台	
9010109900	其他胶卷的自动显影装置及设备(还包括成卷感光纸的自动显影装置)	15	100	17	台	
9010501000	负片显示器	14	50	17	台	
9010502100	电影用的洗印装置	14	40	17	台	
9010502200	特种照相用的洗印装置	8.4	20	17	台	
9010502900	其他照相用的洗印装置	17	100	17	台	
9010600000	银幕及其他投影屏幕	14	50	17	个	
9010901000	电影洗印用洗印装置的零件、附件	0	40	17	千克	
9010902000	特种照相洗印用装置的零件、附件	0	20	17	千克	
9010909000	其他洗印用装置的零件、附件	0	100	17	千克	
9011	**复式光学显微镜,包括用于缩微照相、显微电影摄影及显微投影的**					

商品编号	商品名称及备注	进口关税税率(%)		增值税率(%)	计量单位	监管条件
		最惠国	普通			
9011100000	立体显微镜	0	14	17	台	B
9011200000	缩微照相等用的其他显微镜(还包括显微摄影及显微投影用)	0	14	17	台	
9011800000	其他显微镜	7	14	17	台	B
9011900000	复式光学显微镜的零件、附件	0	14	17	千克	
9012	**显微镜,但光学显微镜除外;衍射设备**					
9012100000	非光学显微镜及衍射设备	0	14	17	台	
9012900000	非光学显微镜及衍射设备的零件	0	14	17	千克	
9013	**其他品目未列名的液晶装置;激光器,但激光二极管除外;本章其他品目未列名的光学仪器及器具**					
9013100000	武器用望远镜瞄准具及其他望远镜(包括潜望镜式望远镜及作为机器或器具部件的望远镜)	8	14	17	个	
9013200001*	2.5GB/S及以上SDH、波分复用光传输设备980纳米、1480纳米的泵浦激光器	6	11	17	个	
9013200002*	激光切割机用气体激光发生器,切割功率≥2千瓦	6	11	17	个	
9013200020	AVLIS、MLIS和CRISLA激光系统	6	11	17	个	3
9013200030	氩离子激光器(平均输出功率≥40瓦、工作波长400纳米~515纳米)	6	11	17	个	3
9013200040	紫翠玉激光器(带宽≤0.005纳米,重复率>125赫兹,功率>30瓦等)	6	11	17	个	3
9013200050	脉冲二氧化碳激光器(重复率>250赫兹,功率>500瓦,脉冲宽度<200纳秒等)	6	11	17	个	3
9013200060	脉冲受激准分子激光器(XeF、XeCl、KrF型,重复率>250赫兹,功率>500瓦等)	6	11	17	个	3
9013200070	铜蒸汽激光器(平均输出功率≥40瓦特、工作波长500纳米~600纳米)	6	11	17	个	3
9013200080	掺钕激光器(非玻璃激光器)(两用物项管制商品)	6	11	17	个	3
9013200090	其他激光器(但激光二极管除外)	6	11	17	个	
9013801000	放大镜	12	50	17	个	
9013802000	光学门眼	12	50	17	个	
9013803001*	32英寸及以上不含背光模组的液晶显示板(第九十章其他品目未列名的)	5	50	17	个	
9013803090	其他液晶显示板(第九十章其他品目未列名的)	5	50	17	个	
9013809000	其他装置,仪器及器具(第九十章其他品目未列名的)	5	17	17	个	
9013901000	激光器,望远镜等装置的零件,附件(指编号90131000及90132000所列货品用零件、附件)	6	11	17	千克	
9013902000	液晶显示板的零,附件	8	17	17	千克	
9013909000	品目90.13所列其他货品的零附件	8	17	17	千克	
9014	**定向罗盘;其他导航仪器及装置**					
9014100000	定向罗盘	2	8	17	个	
9014201010*	无人航空飞行器的自动驾驶仪	2	8	17	个	3
9014201090*	其他自动驾驶仪	2	8	17	个	
9014209011*	航空惯性导航仪	2	8	17	个	3
9014209012	其他航天惯性导航仪(天文陀螺盘及其他利用天体或卫星进行导航的装置)	2	8	17	个	3
9014209013	陀螺稳定平台	2	8	17	个	3

商品编号	商 品 名 称 及 备 注	进口关税税率（%）		增值税率（%）	计量单位	监管条件
		最惠国	普通			
9014209015	陀螺仪（额定漂移率<0.5度/小时的陀螺仪）	2	8	17	个	3
9014209016	专门设计的导航信息处理机（用于弹道导弹、运载火箭、探空火箭等的目标探测）	2	8	17	个	3
9014209017	地形等高线绘制设备（用于弹道导弹、运载火箭、探空火箭等的目标探测）	2	8	17	个	3
9014209018	场景绘图及相关设备（用于弹道导弹、运载火箭、探空火箭等的目标探测）	2	8	17	个	3
9014209090	其他航空或航天导航仪器及装置（但罗盘除外）	2	8	17	个	
9014800010	比例误差<0.25%的加速度表	2	8	17	个	3
9014800020	高度表（用于弹道导弹、运载火箭、探空火箭等的目标探测）	2	8	17	个	3
9014800090	其他导航仪器及装置	2	8	17	个	
9014901000*	自动驾驶仪用的零件、附件	1.5	8	17	千克	
9014909000	其他导航仪器及装置的零件、附件	1.5	8	17	千克	
9015	**大地测量（包括摄影测量）、水道测量、海洋、水文、气象或地球物理用仪器及装置，不包括罗盘；测距仪**					
9015100000	测距仪	9	14	17	台	
9015200000	经纬仪及视距仪	9	14	17	台	
9015300000	水平仪	9	14	17	台	
9015400000	摄影测量用仪器及装置	9	14	17	千克	
9015800010	机载或舰载重力仪（精度为1毫伽或更好、稳态记录时间至多为2分钟的）	5	14	17	台	3
9015800020	机载或舰载重力梯度仪（精度为1毫伽或更好、稳态记录时间至多为2分钟的）	5	14	17	台	3
9015800090	其他测量仪器及装置	5	14	17	台	
9015900010	机、舰载重力仪和重力梯度仪部件	5	14	17	千克	3
9015900090	其他大地测量仪及装置的零、附件	5	14	17	千克	
9016	**感量为50毫克或更精密的天平，不论是否带有砝码**					
9016001000	感量为0.1毫克或更精密的天平	9	14	17	台/千克	
9016009000	0.1毫克<感量≤50毫克的天平	10.5	30	17	台/千克	
9017	**绘图、划线或数学计算仪器及器具（例如绘图机、比例缩放仪、分度规、绘图工具、计算尺及盘式计算器）；本章其他品目未列名的手用测量长度的器具（例如，量尺、量带、千分尺及卡尺）**					
9017100000	绘图台及绘图机，不论是否自动	8	20	17	台	
9017200000	其他绘图、划线或数学计算器具	0	70	17	个	
9017300000	千分尺、卡尺及量规	8	20	17	个	
9017800000	其他手用测量长度的器具（仅指第九十章其他品目未列名的）	8	20	17	个	
9017900000	绘图计算器具等仪器的零件、附件（品目90.17所列仪器及器具的零件、附件）	0	20	17	千克	
9018	**医疗、外科、牙科或兽医用仪器及器具，包括闪烁扫描装置、其他电气医疗装置及视力检查仪器**					
9018110000	心电图记录仪	5	17	17	台/千克	6AO
9018121000	B型超声波诊断仪	7	35	17	台/千克	6OA
9018129100	彩色超声波诊断仪	5	17	17	台/千克	6OA
9018129900	其他超声波扫描诊断装置	5	17	17	台/千克	6A

商品编号	商 品 名 称 及 备 注	进口关税税率(%)		增值税率(%)	计量单位	监管条件
		最惠国	普通			
9018131000	成套的核磁共振成像装置(医疗、外科、牙科或兽医用)	4	17	17	套/千克	6OA
9018139000	核磁共振成像装置用零件(医疗、外科、牙科或兽医用)	4	17	17	个/千克	6OA
9018140000	闪烁摄影装置	5	17	17	台/千克	6A
9018193000	病员监护仪	4	17	17	台/千克	6A
9018194100	听力计	4	17	17	台/千克	6A
9018194900	其他听力诊断装置	4	17	17	台/千克	6A
9018199000	其他电气诊断装置(编号 90181000 中未列名的)	4	17	17	台/千克	6A
9018200000	紫外线及红外线装置	4	17	17	台/千克	6A
9018310000	注射器(不论是否装有针头)	8	50	17	个/千克	6A
9018321000	管状金属针头	8	50	17	千克	6A
9018322000	缝合用针	4	17	17	千克	6A
9018390000	导管、插管及类似品	4	17	17	个/千克	6A
9018410000	牙钻机(不论是否与其他牙科设备组装在同一底座上)	4	17	17	台/千克	6A
9018491000	装有牙科设备的牙科用椅	4	17	17	台/千克	6A
9018499000	牙科用其他仪器及器具(但不包括牙钻机或牙科用椅)	4	17	17	台/千克	6A
9018500000	眼科用其他仪器及器具	4	17	17	千克	6A
9018901000	听诊器	4	17	17	个/千克	6
9018902000	血压测量仪器及器具	4	17	17	个/千克	6A
9018903000	内窥镜	4	17	17	台/千克	6A
9018904000	肾脏透析设备(人工肾)	4	17	17	台/千克	6A
9018905000	透热疗法设备	4	17	17	台/千克	6A
9018906000	输血设备	4	17	17	台/千克	6A
9018907000	麻醉设备	4	17	17	台/千克	6A
9018908000*	宫内节育器	4	17	0	个/千克	6A
9018909000	其他医疗、外科或兽医用仪器器具	4	17	17	台/千克	6A
9019	**机械疗法器具;按摩器具;心理功能测验装置;臭氧治疗器;氧气治疗器、喷雾治疗器、人工呼吸器及其他治疗用呼吸器具**					
9019101000	按摩器具	15	40	17	台/千克	AB
9019109000	机械疗法器具,心理功能测验装置	4	30	17	台/千克	
9019200000	臭氧治疗器,氧气治疗器等器具(还包括喷雾治疗器、人工呼吸器或其他治疗用呼吸器具)	4	17	17	台/千克	
9020	**其他呼吸器具及防毒面具,但不包括既无机械零件又无可互换过滤器的防护面具**					
9020000000*	其他呼吸器具及防毒面具(但不包括既无机械零件又无可互换过滤器的防护面具)	8	30	17	千克	
9021	**矫形器具,包括支具、外科手术带、疝气带;夹板及其他骨折用具;人造的人体部分;助听器及为弥补生理缺陷或残疾而穿戴、携带或植入人体内的其他器具**					
9021100000	矫形或骨折用器具(但不包括人造关节)	4	17	17	千克	
9021210000	假牙	4	17	17	千克	
9021290000	假牙固定件	4	17	17	千克	
9021310000	人造关节	4	17	17	千克/套	
9021390000	其他人造的人体部分	4	17	17	千克	
9021400000	助听器,不包括零件、附件	4	17	17	个	

商品编号	商品名称及备注	进口关税税率(%)		增值税率(%)	计量单位	监管条件
		最惠国	普通			
9021500000	心脏起搏器,不包括零件、附件	4	17	17	个	A
9021901100	血管支架	4	17	17	千克/个	
9021901900	其他支架	4	17	17	千克/个	
9021909001*	人工耳蜗植入装置	4	17	17	千克	
9021909090	其他弥补生理缺陷,残疾用器具等(包括穿戴、携带或植入人体内的器具及零件)	4	17	17	千克	
9022	**X射线或α射线、β射线、γ射线的应用设备,不论是否用于医疗、外科、牙科或兽医,包括射线照相及射线治疗设备,X射线管及其他X射线发生器、高压发生器、控制板及控制台、荧光屏、检查或治疗用的桌、椅及类似品**					
9022120000	X射线断层检查仪	4	11	17	台	6OA
9022130000	其他牙科用X射线应用设备	4	11	17	台	6OA
9022140010	医用直线加速器	4	11	17	台	6OA
9022140090	其他医疗或兽医用X射线应用设备	4	11	17	台	6OA
9022191001	采用X光机技术或X射线加速器技术的X射线安全检查设备(能量大于100千电子伏,不包括采用X射线交替双能加速器技术的第二代X射线安全检查设备)	4	11	17	台	6A
9022191090	其他低剂量X射线安全检查设备	4	11	17	台	6A
9022192000	X射线无损探伤检测仪	4	11	17	台	6A
9022199010	X射线全自动燃料芯块检查台(专门设计或制造用于检验燃料芯块的最终尺寸和表面缺陷)	4	11	17	台	36A
9022199090	其他X射线应用设备	4	11	17	台	6A
9022210000	医疗用α、β、γ射线设备(外科、牙科或兽医用)	4	11	17	台	6A
9022291000	γ射线无损探伤检测仪	6	11	17	台	6A
9022299010	γ射线全自动燃料芯块检查台(专门设计或制造用于检验燃料芯块的最终尺寸和表面缺陷)	6	11	17	台	36A
9022299090	其他非医疗用α、β、γ射线设备	6	11	17	台	6A
9022300000	X射线管	2	11	17	个	6A
9022901000	X射线影像增强器	6	11	17	个/千克	6OA
9022909001*	射线发生器的零部件	6	11	17	千克	6
9022909020	闪光X射线发生器(峰值能量≥500千电子伏)	6	11	17	千克	36O
9022909030	X射线断层检查仪专用探测器	6	11	17	千克	6O
9022909090	品目90.22所列其他设备及零件(包括高压发生器、控制板及控制台、荧光屏等)	6	11	17	千克	6
9023	**专供示范(例如,教学或展览)而无其他用途的仪器、装置及模型**					
9023000000	专供示范的仪器、装置及模型[(例如,教学或展览)而无其他用途]	7	20	17	千克	
9024	**各种材料(例如,金属、木材、纺织材料、纸张、塑料)的硬度、强度、压缩性、弹性或其他机械性能的试验机器及器具**					
9024101000	电子万能试验机	7	20	17	台	
9024102000	硬度计	7	20	17	台	
9024109000	其他金属材料的试验用机器及器具	7	20	17	台	
9024800000	非金属材料的试验用机器及器具	5	20	17	台	
9024900000	各种材料的试验用机器零件、附件	6	20	17	千克	

商品编号	商品名称及备注	进口关税税率(%)		增值税率(%)	计量单位	监管条件
		最惠国	普通			
9025	**记录式或非记录式的液体比重计及类似的浮子式仪器、温度计、高温计、气压计、湿度计、干湿球湿度计及其组合装置**					
9025110000	可直接读数的液体温度计	4	40	17	个	
9025191000	非液体的工业用温度计及高温计	8.4	20	17	个	
9025199001*	红外线人体测温仪	8.4	80	17	个	
9025199090	非液体的其他温度计、高温计	8.4	80	17	个	
9025800000	其他温度计、比重计、湿度计等仪器	11	30	17	个	
9025900001*	红外线测温仪传感器元件	8	20	17	千克	
9025900090	其他比重计、温度计等类似仪器的零件	8	20	17	千克	
9026	**液体或气体的流量、液位、压力或其他变化量的测量或检验仪器及装置(例如,流量计、液位计、压力表、热量计),但不包括品目90.14、90.15、90.28或90.32的仪器及装置**					
9026100000	测量、检验液体流量或液位的仪器	0	17	17	个	
9026201010	锰铜压力计(压力超过100千帕)	0	17	17	个	3
9026201090	其他压力、差压变送器	0	17	17	个	
9026209010	压力传感器(两用物项管制商品)	0	17	17	个	3
9026209090	其他测量、检验压力的仪器及装置	0	17	17	个	
9026800000	液体或气体的其他测量或检验仪器(除液体流量或液位及压力以外的其他变量的检测仪器)	0	17	17	个	
9026900000	液体或气体的测量或检验仪器零件(主要是进行流量、液位、压力或其他变化量的测量或检验)	0	17	17	千克	
9027	**理化分析仪器及装置(例如,偏振仪、折光仪、分光仪、气体或烟雾分析仪);测量或检验黏性、多孔性、膨胀性、表面张力及类似性能的仪器及装置;测量或检验热量、声量或光量的仪器及装置(包括曝光表);检镜切片机**					
9027100010	用于连续操作的气体检测器[可用于出口管制的化学品或有机化合物(含有磷、硫、氟或氯,其浓度低于0.3毫克/立方米)的检测,或为检测受抑制的胆碱酯酶的活性而设计]	7	17	17	台	3
9027100090	其他气体或烟雾分析仪	7	17	17	台	
9027201100	气相色谱仪	0	17	17	台	
9027201200	液相色谱仪	0	17	17	台	
9027201900	其他色谱仪	0	17	17	台	
9027202000	电泳仪	0	17	17	台	
9027300000	分光仪、分光光度计及摄谱仪[使用光学射线(紫外线、可见光、红外线)的]	0	17	17	台	
9027500000	使用光学射线的其他仪器及装置(光学射线是指紫外线、可见光、红外线)	0	17	17	台	
9027801100	集成电路生产用氦质谱检漏台	0	17	17	台	
9027801200	质谱联用仪	0	17	17	台	
9027801910	UF_6质谱仪/离子源(能从UF_6气流中在线取得供料、产品或尾料样品谱仪)	0	17	17	台	3
9027801920	测大于230质量单位离子质谱仪(分辨率高于2/230)	0	17	17	台	3
9027801990	其他质谱仪	0	17	17	台	
9027809100	曝光表	14	70	17	个	
9027809900	其他理化分析仪器及装置(包括测量或检验黏性及类似性能的仪器及装置)	0	17	17	台	

商品编号	商品名称及备注	进口关税税率(%)		增值税率(%)	计量单位	监管条件
		最惠国	普通			
9027900000	检镜切片机、理化分析仪器零件	0	17	17	千克	
9028	**生产或供应气体、液体及电力用的计量仪表,包括它们的校准仪表**					
9028101000	煤气表(包括它们的校准仪表)	10	30	17	个	
9028109000	其他气量计(包括它们的校准仪表)	10	30	17	个	
9028201000	水表(包括它们的校准仪表)	10	30	17	个	
9028209000	其他液量计(包括它们的校准仪表)	10	30	17	个	
9028301100	单相感应式电度表(包括它们的校准仪表)	10	30	17	个	B
9028301200	三相感应式电度表(包括它们的校准仪表)	10	30	17	个	B
9028301300	单相电子式(静止式)电度表(包括它们的校准仪表)	10	30	17	个	B
9028301400	三相电子式(静止式)电度表(包括它们的校准仪表)	10	30	17	个	B
9028301900	其他电度表(包括它们的校准仪表)	10	30	17	个	B
9028309000	其他电量计(包括它们的校准仪表)	10	30	17	个	B
9028901000	工业用计量仪表零件、附件	8.4	30	17	千克	
9028909000	非工业用计量仪表零件、附件	8.4	50	17	千克	
9029	**转数计、产量计数器、车费计、里程计、步数计及类似仪表;速度计及转速表,品目 90.14 及 90.15 的仪表除外;频闪观测仪**					
9029101000	转数计	15	50	17	个	
9029102000	车费计、里程计	15	35	17	个	
9029109000	产量计数器、步数计及类似仪表	15	35	17	个	
9029201000	车辆用速度计	10	35	17	个	
9029209000	其他速度计及转速表,频闪观测仪(车辆用速度计除外)	10	35	17	个	
9029900000	转数计、车费计及类似仪表零件(品目 90.14 及 90.15 的仪表零件除外)	6	35	17	千克	
9030	**示波器、频谱分析仪及其他用于电量测量或检验的仪器和装置,但不包括品目 90.28 的各钟仪表;α 射线、β 射线、γ 射线、X 射线、宇宙射线或其他离子射线的测量或检验仪器及装置**					
9030100000	离子射线的测量或检验仪器及装置	5	20	17	台	
9030201000	300 兆赫以下的通用示波器(指测试频率小于 300 兆赫兹的示波器)	8	80	17	台	
9030209000	其他示波器(包括 300 兆赫兹的通用示波器)	5	20	17	台	
9030311000	五位半及以下的数字万用表,不带记录装置	15	130	17	台	B
9030319000	其他万用表,不带记录装置(五位半及以下的数字万用表除外)	5	20	17	台	B
9030320000	万用表,带记录装置	8	20	17	台	
9030331000	五位半及以下的数字电流、电压表,不带记录装置	15	130	17	台	B
9030332000	电阻测试仪,不带记录装置(不带记录装置的)	14	80	17	台	
9030339000	检测电压、电流及功率的其他仪器,不带记录装置	9	20	17	台	B
9030390000	其他带记录装置的检测电压、电流、电阻或功率的仪器(万用表除外)	8	20	17	台	B
9030401000	12.4 千兆赫兹以下数字式频率计	0	80	17	台	
9030409000	其他无线电通讯专用仪器及装置(12.4 千兆赫兹以下数子式频率计除外)	0	20	17	台	

商品编号	商品名称及备注	进口关税税率(%)		增值税率(%)	计量单位	监管条件
		最惠国	普通			
9030820000	检测半导体晶片或器件的仪器(包括测试或检验半导体晶片或元器件用的装置)	0	20	17	台	
9030841000	电感及电容测试仪(装有记录装置的)	10	80	17	台	
9030849000	其他电量的测量或检验仪器及装置(装有记录装置的)	8	20	17	台	
9030891000	其他电感及电容测试仪(未装有记录装置的)	14	80	17	台	
9030899010	中子探测和测量仪表(专用于测定核反应堆堆芯内中子通量的)	8	20	17	台	3
9030899090	其他电量的测量或检验仪器及装置(未装有记录装置的)	8	20	17	台	
9030900001	检测半导体晶片及器件的仪器零件(包括附件)	0	17	17	千克	s
9030900002	ITA 产品用的印刷电路组件(包括外接组件,如符合 PCMCIA 标准的卡)	0	17	17	千克	s
9030900090	品目 90.30 所属货品的零件及附件	7	17	17	千克	
9031	**本章其他品目未列名的测量或检验仪器、器具及机器;轮廓投影仪**					
9031100010	陀螺动态平衡测试仪	7	17	17	台	3
9031100090	其他机械零件平衡试验机	7	17	17	台	
9031200010	陀螺/马达运转试验台	7	17	17	台	3
9031200020	加速度表测试台	7	17	17	台	3
9031200030	试车台(能试推力 >90KN 火箭发动机的或同时测量三个推力分量的)	7	17	17	台	3
9031200040	惯性平台测试台(测试平台包括高精度离心机和转台)	7	17	17	台	3
9031200090	其他试验台	7	17	17	台	
9031410000	制造半导体器件的检测仪和器具(第九十章其他品目未列名的,包括检测光掩模及光栅用的)	0	17	17	台	
9031491000	轮廓投影仪	10	20	17	台	
9031492000	光栅测量装置(第九十章其他品目未列名的)	0	17	17	台	
9031499010	光盘质量在线检测仪及离线检测仪	0	17	17	台	6O
9031499090	其他光学测量或检验仪器和器具(第九十章其他品目未列名的)	0	17	17	台	
9031801000	光纤通信及光纤性能测试仪	5	17	17	台	
9031802000	坐标测量仪	5	17	17	台	
9031803100	超声波探伤检测仪	5	17	17	台	
9031803200	磁粉探伤检测仪	5	17	17	台	
9031803300*	涡流探伤检测仪	5	17	17	台	
9031803900	其他无损探伤检测仪器(射线探伤仪除外)	5	17	17	台	
9031809001*	跑道摩擦系数测试仪	5	17	17	台	
9031809010	惯性测量单元测试仪	5	17	17	台	3
9031809020	陀螺调谐测试仪	5	17	17	台	3
9031809090	其他测量、检验仪器、器具及机器(指第九十章其他品目未列名的)	5	17	17	台	
9031900020	惯性测量单元稳定元件加工夹具	0	17	17	千克	3
9031900030	惯性平台平衡夹具	0	17	17	千克	3
9031900090	品目 90.31 的仪器及器具的其他零件(第九十章其他品目未列名的)	0	17	17	千克	
9032	**自动调节或控制仪器及装置**					
9032100000	恒温器	7	17	17	台	

商品编号	商品名称及备注	进口关税税率(%)		增值税率(%)	计量单位	监管条件
		最惠国	普通			
9032200000	恒压器	7	17	17	台	
9032810000	其他液压或气压的仪器及装置(自动调节或控制用)	7	17	17	台	
9032891100	列车自动防护系统(ATP)车载设备	7	17	17	台	
9032891200	列车自动运行系统(ATO)车载设备	7	17	17	台	
9032891900	其他列车自动控制系统(ATC)车载设备	7	17	17	台	
9032899001*	三坐标测量机用自动控制柜	7	17	17	台	
9032899002*	飞机自动驾驶系统(包括自动驾驶、电子控制飞行、自动故障分析、警告系统配平系统及推力监控设备及其相关仪表)	7	17	17	台	
9032899003*	机床用成套数控伺服装置(包括 CNC 操作单元,带有配套的伺服放大器和伺服电机)	7	17	17	台	
9032899004*	风力发电设备用控制器	7	17	17	台	
9032899005*	电子驻车制动系统(自动控制、调节装置)	7	17	17	台	
9032899006*	电喷点火程序控制单元(自动控制、调节装置)	7	17	17	台	
9032899020	组合喷气发动机的燃烧调节装置(自动控制、调节装置)	7	17	17	台	3
9032899090	其他自动调节或控制仪器及装置	7	17	17	台	
9032900001*	飞机自动驾驶系统的零件(包括自动驾驶、电子控制飞行、自动故障分析、警告系统配平系统及推力监控设备及其相关仪表的零件)	5	17	17	千克	
9032900090	其他自动调节或控制仪器零件、附件	5	17	17	千克	
9033	**第九十章所列机器、器具、仪器或装置用的本章其他品目未列名的零件、附件**					
9033000000	第九十章其他编号未列名零、附件(指第九十章所列机器、器具、仪器或装置用)	6	17	17	千克	

第九十一章　钟表及其零件

注释：

一、本章不包括：

（一）钟表玻璃及钟锤（按其构成材料归类）；

（二）表链（根据不同情况，归入品目71.13或71.17）；

（三）第十五类注释二所规定的贱金属制通用零件（第十五类）、塑料制的类似品（第三十九章）及贵金属或包贵金属制的类似品（一般归入品目71.15）；但钟、表发条则应作为钟、表的零件归类（品目91.14）；

（四）轴承滚珠（根据不同情况，归入品目73.26或84.82）；

（五）品目84.12的物品，不需擒纵器可以工作的；

（六）滚珠轴承（品目84.82）；

（七）第八十五章的物品，本身未组装在或未与其他零件组装在钟、表机芯内，也未组装成专用于或主要用于钟、表机芯零件的。

二、品目91.01仅包括表壳完全以贵金属或包贵金属制的表，以及用贵金属或包贵金属与品目71.01至71.04的天然、养殖珍珠或宝石、半宝石（天然、合成或再造）合制的表。用贱金属上镶嵌贵金属制成表壳的表应归入品目91.02。

三、本章所称"表芯"，是指由摆轮及游丝、石英晶体或其他能确定时间间隔的装置来进行调节的机构，并带有显示器或可装机械指示器的系统。表芯的厚度不超过12毫米，长、宽或直径不超过50毫米。

四、除注释一另有规定的以外，钟、表的机芯及其他零件，既适用于钟或表，又适用于其他物品（例如精密仪器）的，均应归入本章。

商品编号	商品名称及备注	进口关税税率（%）		增值税率（%）	计量单位	监管条件
		最惠国	普通			
9101	**手表、怀表及其他表，包括秒表，表壳用贵金属或包贵金属制成的**					
9101110000	机械指示式的贵金属电子手表（表壳用贵金属或包贵金属制成的）	11	100	17	只	
9101191000	光电显示式的贵金属电子手表（表壳用贵金属或包贵金属制成的）	16	100	17	只	
9101199000	其他贵金属电子手表（表壳用贵金属或包贵金属制成的）	15	100	17	只	
9101210010	含濒危动物皮自动上弦贵金属机械手表（表壳用贵金属或包贵金属制成的）	11	80	17	只	EF
9101210090	其他自动上弦贵金属机械手表（表壳用贵金属或包贵金属制成的）	11	80	17	只	
9101290010	含濒危动物皮非自动上弦贵金属机械手表（表壳用贵金属或包贵金属制成的）	15	80	17	只	EF
9101290090	其他非自动上弦贵金属机械手表（表壳用贵金属或包贵金属制成的）	15	80	17	只	
9101910000	贵金属电子怀表及其他电子表（表壳用贵金属或包贵金属制成的）	15	100	17	只	
9101990000	贵金属机械怀表及其他机械表（指表壳用贵金属或包贵金属制成的）	20	80	17	只	
9102	**手表、怀表及其他表，包括秒表，但品目91.01的货品除外**					
9102110000	机械指示式的其他电子手表（贵金属或包贵金属制壳的除外）	12.5	100	17	只	
9102120000	光电显示式的其他电子手表（贵金属或包贵金属制壳的除外）	23	100	17	只	
9102190000	其他电子手表（贵金属或包贵金属制壳的除外）	15	100	17	只	

商品编号	商品名称及备注	进口关税税率（%）		增值税率（%）	计量单位	监管条件
		最惠国	普通			
9102210010	含濒危动物皮其他自动上弦的机械手表（用贵金属或包贵金属制壳的除外）	11	80	17	只	EF
9102210090	其他自动上弦的机械手表（用贵金属或包贵金属制壳的除外）	11	80	17	只	
9102290010	含濒危动物皮其他非自动上弦机械手表（用贵金属或包贵金属制壳的除外）	15	80	17	只	EF
9102290090	其他非自动上弦的机械手表（用贵金属或包贵金属制壳的除外）	15	80	17	只	
9102910000	电力驱动的电子怀表及其他电子表（手表除外，也不包括表壳用贵金属或包贵金属制成的表）	15	100	17	只	
9102990000	其他机械怀表、秒表及其他表（用贵金属或包贵金属制壳的除外）	20	80	17	只	
9103	**以表芯装成的钟，但不包括品目91.04的钟**					
9103100000	以表芯装成的电子钟（不包括品目91.04的钟）	23	100	17	只	
9103900000	以表芯装成的机械钟（不包括品目91.04的钟）	20	100	17	只	
9104	**仪表板钟及车辆、航空器、航天器或船舶用的类似钟**					
9104000000	仪表板钟及车辆船舶等用的类似钟（包括航空器和航天器用）	10	100	17	只	
9105	**其他钟**					
9105110000	电子闹钟	23	100	17	只	
9105190000	机械闹钟	20	100	17	只	
9105210000	电子挂钟	23	100	17	只	
9105290000	机械挂钟	20	100	17	只	
9105911000	电子天文钟（由电力驱动）	3	8	17	只	
9105919000	其他电子钟（由电力驱动，闹钟、挂钟、天文钟除外）	23	100	17	只	
9105990000	其他机械钟（闹钟、挂钟除外）	16	100	17	只	
9106	**时间记录器以及测量、记录或指示时间间隔的装置，装有钟、表机芯或同步电动机的（例如，考勤钟、时刻记录器）**					
9106100000	考勤钟、时刻记录器	16	50	17	只	
9106900000	其他时间记录器及其他类似装置（包括测量、记录或指示时间的装置）	16	50	17	只	
9107	**装有钟、表机芯或同步电动机的定时开关**					
9107000000	定时开关（装有钟、表机芯或同步电动机的）	12	50	17	个	
9108	**已组装的完整表芯**					
9108110000*	已组装的机械指示式完整电子表芯	16	80	17	只	
9108120000	已组装的光电显示式完整电子表芯	16	80	17	只	
9108190000	其他已组装的完整电子表芯（编号91081100和91081200除外）	16	80	17	只	
9108200000	已组装的自动上弦完整表芯	16	80	17	只	
9108901000	已组装表面≤33.8毫米机械完整表芯（表面尺寸在33.8毫米及以下，非自动上弦）	16	80	17	只	
9108909000	其他已组装完整机械表芯（表面尺寸超过33.8毫米，非自动上弦）	16	80	17	只	
9109	**已组装的完整钟芯**					

商品编号	商品名称及备注	进口关税税率(%)		增值税率(%)	计量单位	监管条件
		最惠国	普通			
9109100000	已组装的完整电子钟芯	16	100	17	只	
9109900000	已组装的完整机械钟芯	16	100	17	只	
9110	**未组装或部分组装的完整钟、表机芯(机芯套装件);已组装的不完整钟、表机芯;未组装的不完整钟、表机芯**					
9110110000	未组装的完整表机芯(包括部分组装)	16	80	17	只	
9110120000	已组装的不完整表机芯	16	70	17	千克	
9110190000	未组装的不完整表机芯	16	70	17	千克	
9110901000	未组装的完整的钟机芯(包括部分组装)	16	100	17	千克/只	
9110909000	不完整的钟机芯(不论是否已组装)	16	80	17	千克	
9111	**表壳及其零件**					
9111100010	按重量计含金量在80%及以上的黄金表壳	14	80	17	只	J
9111100090	其他贵金属或包贵金属制的表壳	14	80	17	只	
9111200000	贱金属制的表壳(不论是否镀金或镀银)	14	80	17	只	
9111800000	非金属制的表壳	14	80	17	只	
9111900000	表壳的零件	14	80	17	千克	
9112	**钟壳和本章所列其他货品的类似外壳及其零件**					
9112200000	钟壳和本章其他商品的类似外壳	14	80	17	只	
9112900000	钟壳零件	12	80	17	千克	
9113	**表带及其零件**					
9113100010	按重量计含金量在80%及以上的黄金表带	20	130	17	千克	J
9113100090	其他贵金属或包贵金属制的表带及零件	20	130	17	千克	
9113200000	贱金属制的表带及其零件(不论是否镀金或镀银)	14	100	17	千克	
9113900010	濒危动物皮制的表带及其零件	14	100	17	千克	FE
9113900090	其他非金属制的表带及其零件	14	100	17	千克	
9114	**钟、表的其他零件**					
9114100000	钟、表的发条(包括游丝)	14	50	17	千克	
9114300000	钟面或表面	14	50	17	千克	
9114400000	钟、表的夹板及横担(过桥)	14	50	17	千克	
9114901000	钟、表的宝石轴承	14	50	17	千克	
9114909000	钟、表的其他零件(品目91.14中其他未列名的)	14	70	17	千克	

第九十二章　乐器及其零件、附件

注释：

一、本章不包括：

（一）第十五类注释二所规定的贱金属制通用零件（第十五类）或塑料制的类似品（第三十九章）；

（二）第八十五章或第九十章的传声器、扩大器、扬声器、耳机、开关、频闪观测仪及其他附属仪器、器具或设备，虽用于本章物品但未与该物品组成一体或安装在同一机壳内；

（三）玩具乐器或器具（品目95.03）；

（四）清洁乐器用的刷子（品目96.03）；

（五）收藏品或古物（品目97.05或97.06）。

二、用于演奏品目92.02、92.06所列乐器的弓、槌及类似品，如果与该乐器一同进口或出口，数量合理，用途明确，应归入有关乐器的相应品目。

品目92.09的卡片、盘或卷，即使与乐器一同进口或出口，也不视为该乐器的组成部分，而应作为单独进口或出口的物品对待。

商品编号	商品名称及备注	进口关税税率（%）		增值税率（%）	计量单位	监管条件
		最惠国	普通			
9201	**钢琴，包括自动钢琴；拨弦古钢琴及其他键盘弦乐器**					
9201100000	竖式钢琴	17.5	70	17	台	
9201200001*	完税价格≥5万美元的大钢琴	17.5	70	17	台	
9201200090	其他大钢琴	17.5	70	17	台	
9201900000	其他钢琴（包括自动钢琴、拨弦古钢琴及其他键盘弦乐器）	17.5	70	17	台	
9202	**其他弦乐器（例如，吉他、小提琴、竖琴）**					
9202100011*	完税价格≥1.5万美元的含濒危动物皮弓弦乐器	17.5	70	17	只	FE
9202100019	其他含濒危动物皮的弓弦乐器	17.5	70	17	只	FE
9202100091*	完税价格≥1.5万美元的不含野生动物皮弓弦乐器	17.5	70	17	只	
9202100099	其他弓弦乐器	17.5	70	17	只	
9202900010	含濒危动物成分的其他弦乐器	17.5	70	17	只	FE
9202900090	其他弦乐器	17.5	70	17	只	
9205	**管乐器（例如，键盘管风琴、手风琴、单簧管、小号、风笛），但游艺场风琴及手摇风琴除外**					
9205100001*	完税价格≥2000美元的铜管乐器	17.5	70	17	只	
9205100090	其他铜管乐器	17.5	70	17	只	
9205901000	键盘管风琴、簧风琴及类似乐器（包括游离金属簧片键盘乐器，游艺场风琴及手摇风琴除外）	20	80	17	只	
9205902000	手风琴及类似乐器（但游艺场风琴及手摇风琴除外）	21	80	17	只	
9205903000	口琴	21	80	17	只	
9205909001*	完税价格≥1万美元的其他管乐器（但游艺场风琴及手摇风琴除外）	17.5	70	17	只	
9205909090	其他管乐器（但游艺场风琴及手摇风琴除外）	17.5	70	17	只	
9206	**打击乐器（例如，鼓、木琴、铙、钹、响板、响葫芦）**					
9206000010	含濒危动物皮的打击乐器（例如，鼓、木琴、钹、响板）	17.5	70	17	只	ABEF
9206000090	其他打击乐器（例如，鼓、木琴、钹、响板）	17.5	70	17	只	
9207	**通过电产生或扩大声音的乐器（例如，电风琴、电吉他、电手风琴）**					
9207100000*	通过电产生或扩大声音的键盘乐器（手风琴除外）	30	100	17	只	
9207900000	其他通过电产生或扩大声音的乐器	30	100	17	个	

商品编号	商 品 名 称 及 备 注	进口关税税率(%)		增值税率(%)	计量单位	监管条件
		最惠国	普通			
9208	**百音盒、游艺场风琴、手摇风琴、机械鸣禽、乐锯及本章其他品目未列名的其他乐器;各种媒诱音响器、哨子、号角、口吹音响信号器**					
9208100000	百音盒	22	80	17	个	
9208900000	第九十二章其他编号未列名的其他乐器(包括游艺场风琴、手摇风琴、机械鸣禽、乐锯等)	22	80	17	个	
9209	**乐器的零件(例如百音盒的机械装置)、附件(例如,机械乐器用的卡片、盘及带卷);节拍器、音叉及各种定音管**					
9209300000	乐器用的弦	17.5	70	17	千克	
9209910000	钢琴的零件、附件	17.5	70	17	千克	
9209920000	品目 92.02 所列乐器的零件、附件	17.5	70	17	千克	
9209940000*	品目 92.07 所列乐器的零件、附件	17.5	70	17	千克	
9209991000	节拍器、音叉及定音管	17.5	70	17	千克	
9209992000	百音盒的机械装置	17.5	70	17	千克	
9209999000	本章其他编号未列名的乐器零件	17.5	70	17	千克	

第十九类　武器、弹药及其零件、附件

第九十三章　武器、弹药及其零件、附件

注释：

一、本章不包括：

（一）第三十六章的货品（例如，火帽、雷管、信号弹）；

（二）第十五类注释二所规定的贱金属制通用零件（第十五类）或塑料制的类似品（第三十九章）；

（三）装甲战斗车辆（品目87.10）；

（四）武器用的望远镜瞄准具及其他光学装置（第九十章），但安装在武器上或与武器一同进口或出口以备安装在该武器上的除外；

（五）弓、箭、钝头击剑或玩具（第九十五章）；

（六）收藏品及古物（品目97.05或97.06）。

二、品目93.06所称“零件”，不包括品目85.26的无线电设备及雷达设备。

商品编号	商品名称及备注	进口关税税率（%）		增值税率（%）	计量单位	监管条件
		最惠国	普通			
9301	**军用武器，但左轮手枪、其他手枪及品目93.07的兵器除外**					
9301101000	自推进的火炮武器	13	80	17	座	
9301109000	其他火炮武器	13	80	17	座	
9301200000	火箭发射装置；火焰喷射器（还包括手榴弹发射器；鱼雷发射管及类似发射装置）	13	80	17	个	
9301900000	其他军用武器（但左轮手枪、其他手枪及品目93.07的兵器除外）	13	80	17	支	
9302	**左轮手枪及其他手枪，但品目93.03或93.04的货品除外**					
9302000000	左轮手枪及其他手枪（品目93.03或93.04的货品除外）	13	80	17	支	
9303	**靠爆炸药发射的其他火器及类似装置（例如，运动用猎枪及步枪、前装枪、维利式信号枪及其他专为发射信号弹的装置、发射空包弹的左轮手枪和其他手枪、弩枪式无痛捕杀器、抛缆枪**					
9303100000	前装枪	13	80	17	支	
9303200000	其他运动、狩猎或打靶用滑膛枪（包括滑膛来复枪）	13	80	17	支	
9303300000	其他运动、狩猎或打靶用步枪	13	80	17	支	
9303900000	其他火器及类似装置（指靠爆炸药发射的）	13	80	17	支	
9304	**其他武器（例如，弹簧枪、气枪、气手枪、警棍），但不包括品目93.07的货品**					
9304000000	其他武器，如弹簧枪、气枪、警棍等（不包括品目93.07的货品）	13	80	17	支	
9305	**品目93.01至93.04所列物品的零件、附件**					
9305100000	左轮手枪或其他手枪的零件及附件	13	80	17	千克	
9305200000	品目93.03的猎枪或步枪用零件及附件	13	80	17	千克	
9305910000	其他军用武器用零件、附件（品目93.01的军用武器用零件、附件）	13	80	17	千克	

商品编号	商品名称及备注	进口关税税率(%)		增值税率(%)	计量单位	监管条件
		最惠国	普通			
9305990000	其他武器的零件、附件(指品目93.02至93.04所列其他物品的零件)	13	80	17	千克	
9306	**炸弹、手榴弹、鱼雷、地雷、水雷、导弹及类似武器及其零件;子弹、其他弹药和射弹及其零件,包括弹丸及弹垫**					
9306210000	猎枪弹	13	80	17	千克	
9306290000	猎枪弹的零件及气枪弹丸	13	80	17	千克	
9306308000	铆接机或类似工具的子弹及其零件(包括弩枪式无痛捕杀器用。)	13	80	17	千克	
9306309000	其他子弹及其零件	13	80	17	千克	
9306900010	两用物项管制的导弹及其零件(能把500千克以上有效载荷投掷到300千米以上的)	13	80	17	千克	3
9306900020	运载火箭(能把500千克以上有效载荷投掷到300千米以上的)	13	80	17	千克	3
9306900030	探空火箭(能把500千克以上有效载荷投掷到300千米以上的)	13	80	17	千克	3
9306900040	巡航导弹(能把500千克以上有效载荷投掷到300千米以上的)	13	80	17	千克	3
9306900090	其他弹药和射弹及其零件(包括炸弹、手榴弹、鱼雷、地雷、水雷、导弹等)	13	80	17	千克	
9307	**剑、短弯刀、刺刀、长矛和类似的武器及其零件;刀鞘、剑鞘**					
9307000010	濒危动物制的刀鞘、剑鞘	13	80	17	千克	FE
9307000090	其他剑、刀、长矛和类似的武器及其零件(包括刀鞘、剑鞘)	13	80	17	千克	

第二十类　杂项制品

第九十四章　家具；寝具、褥垫、弹簧床垫、软坐垫及类似的填充制品；未列名灯具及照明装置；发光标志、发光铭牌及类似品；活动房屋

注释：

一、本章不包括：

（一）第三十九章、第四十章或第六十三章充气或充水的褥垫、枕头及坐垫；

（二）落地镜［例如，品目70.09的试衣镜（旋转镜）］；

（三）第七十一章的物品；

（四）第十五类注释二所规定的贱金属制通用零件（第十五类）、塑料制的类似品（第三十九章）或品目83.03的保险箱；

（五）冷藏或冷冻设备专用的特制家具（品目84.18）；缝纫机专用的特制家具（品目84.52）；

（六）第八十五章的灯具及照明装置；

（七）品目85.18、85.19、85.21或品目85.25至85.28所列装置专用的特制家具（应分别归入品目85.18、85.22或85.29）；

（八）品目87.14的物品；

（九）带品目90.18所列牙科用器具或漱口盂的牙科用椅（品目90.18）；

（十）第九十一章的物品（例如，钟及钟壳）；

（十一）玩具家具、玩具灯或玩具照明装置（品目95.03）、台球桌或其他供游戏用的特制家具（品目95.04）、魔术用的特制家具或中国灯笼及类似的装饰品（电气彩灯串除外）（品目95.05）。

二、品目94.01至94.03的物品（零件除外），只适用于落地式的物品。

对下列物品，即使是悬挂的、固定在墙壁上的或叠摞的，仍归入上述各品目：

（一）碗橱、书柜、其他架式家具（包括与将其固定于墙上的支撑物一同报验的单层搁架）及组合家具；

（二）坐具及床。

三、（一）品目94.01至94.03所列货品的零件，不包括玻璃（包括镜子）、大理石或其他石料以及第六十八章及第六十九章所列任何其他材料的片、块（不论是否切割成形，但未与其他零件组装）。

（二）品目94.04的货品，如果单独进口或出口，不能作为品目94.01、94.02或94.03所列货品的零件归类。

四、品目94.06所称“活动房屋”，是指在工厂制成成品或制成部件并一同进口或出口，供以后在有关地点上组装的房屋，例如，工地用房、办公室、学校、店铺、工作棚、车房或类似的建筑物。

商品编号	商品名称及备注	进口关税税率（%）		增值税率（%）	计量单位	监管条件
		最惠国	普通			
9401	**坐具（包括能作床用的两用椅，但品目94.02的货品除外）及其零件**					
9401100000	飞机用坐具	0	100	17	个/千克	
9401201000	皮革或再生皮革面的机动车辆用坐具	10	100	17	个/千克	
9401209000	其他机动车辆用坐具	10	100	17	个/千克	
9401300000	可调高度的转动坐具	0	100	17	个/千克	
9401401000	皮革或再生皮革面的能作床用的两用椅（但庭园坐具或野营设备除外）	0	100	17	个/千克	
9401409000	其他能作床用的两用椅（但庭园坐具或野营设备除外）	0	100	17	个/千克	
9401510000	竹制或藤制的坐具	0	100	17	个/千克	AB
9401590000	柳条及类似材料制的坐具	0	100	17	个/千克	AB
9401611000	皮革或再生皮革面的装软垫的木框架的其他坐具	0	100	17	个/千克	AB

商品编号	商品名称及备注	进口关税税率(%)		增值税率(%)	计量单位	监管条件
		最惠国	普通			
9401619000	其他装软垫的木框架的坐具	0	100	17	个/千克	AB
9401690010	其他濒危木框架的坐具	0	100	17	个/千克	ABEF
9401690090	其他木框架的坐具(不包括编号 94011000 ~ 94015000 的坐具)	0	100	17	个/千克	AB
9401711000	皮革或再生皮革面的装软垫的金属框架的坐具	0	100	17	个/千克	
9401719000	其他装软垫的金属框架的坐具	0	100	17	个/千克	
9401790000	其他金属框架的坐具(不包括编号 94011000 ~ 94015000 的坐具)	0	100	17	个/千克	
9401801000	石制的其他坐具	0	100	17	个/千克	
9401809010	其他濒危木制坐具	0	100	17	个/千克	EF
9401809090	其他坐具	0	100	17	个/千克	
9401901100	机动车辆用坐椅调角器	10	100	17	套/千克	
9401901900	机动车辆用其他座具零件	0	100	17	千克	
9401909000	其他座具的零件	0	100	17	千克	
9402	**医疗、外科、牙科或兽医用家具(例如,手术台、检查台、带机械装置的病床、牙科用椅);有旋转、倾斜、升降装置的理发用椅及类似椅;上述物品的零件**					
9402101000	理发用椅及其零件	0	100	17	个/千克	
9402109000	牙科及类似用途的椅及其零件	0	30	17	个/千克	
9402900000	其他医疗,外科,兽医用家具及零件(如手术台、检查台、带机械装置的病床等)	0	30	17	件/千克	
9403	**其他家具及零件**					
9403100000	办公室用金属家具	0	100	17	件/千克	
9403200000	其他金属家具	0	100	17	件/千克	
9403300010	濒危木制办公室用木家具	0	100	17	件/千克	ABFE
9403300090	其他办公室用木家具	0	100	17	件/千克	AB
9403400010	濒危木制厨房用木家具	0	100	17	件/千克	ABFE
9403400090	其他厨房用木家具	0	100	17	件/千克	AB
9403501010	卧室用濒危红木制家具	0	100	17	件/千克	ABFE
9403501090	其他卧室用红木制家具	0	100	17	件/千克	AB
9403509100	卧室用漆木家具	0	100	17	件/千克	AB
9403509910	卧室用其他濒危木家具	0	100	17	件/千克	ABFE
9403509990	卧室用其他木家具	0	100	17	件/千克	AB
9403601010	濒危红木制其他家具(非卧室用)	0	100	17	件/千克	ABFE
9403601090	其他红木制家具(非卧室用)	0	100	17	件/千克	AB
9403609100	其他漆木家具(非卧室用)	0	100	17	件/千克	AB
9403609910	濒危木制其他家具(非卧室用)	0	100	17	件/千克	ABFE
9403609990	其他木家具(非卧室用)	0	100	17	件/千克	AB
9403700000	塑料家具	0	100	17	件/千克	
9403810000	竹制或藤制的家具	0	100	17	件/千克	AB
9403891000	柳条及类似材料制的家具	0	100	17	件/千克	AB
9403892000	石制的家具	0	100	17	件/千克	
9403899000	其他材料制的家具	0	100	17	件/千克	
9403900010	飞机内厨房家具零件	0	100	17	千克	
9403900090	其他品目 94.03 所列物品的零件	0	100	17	千克	

商品编号	商品名称及备注	进口关税税率(%)		增值税率(%)	计量单位	监管条件
		最惠国	普通			
9404	**弹簧床垫;寝具及类似用品,装有弹簧、内部用任何材料填充、衬垫或用海绵橡胶、泡沫塑料制成,不论是否包面,(例如,褥垫、棉被、羽绒被、靠垫、坐垫及枕头)**					
9404100000*	弹簧床垫	20	100	17	个/千克	
9404210010*	蔺草包面的垫子(单件面积大于1平方米,无论是否包边)	20	100	17	个/千克	4ABxy
9404210090*	海绵橡胶或泡沫塑料制褥垫(不论是否包面)	20	100	17	个/千克	
9404290000*	其他材料制褥垫	20	100	17	个/千克	
9404301010*	濒危野禽羽毛或羽绒填充的睡袋	20	130	17	个/千克	FEB
9404301090*	其他羽毛或羽绒填充的睡袋	20	130	17	个/千克	B
9404309000*	其他睡袋	20	100	17	个/千克	
9404901010*	濒危野禽羽绒或羽毛填充其他寝具(含类似品)	20	130	17	千克	FEB
9404901090*	其他羽绒或羽毛填充的其他寝具(含类似品)	20	130	17	千克	B
9404902010*	濒危兽毛填充的寝具(用野生兽毛填充的,含盖被及类似品)	20	130	17	千克	EF
9404902090*	其他兽毛填充的其他寝具(含类似品)	20	130	17	千克	
9404903000*	丝棉填充的其他寝具及类似品	20	130	17	千克	
9404904000*	化纤棉填充的其他寝具及类似品	20	130	17	千克	
9404909000*	其他材料制寝具及类似品	20	130	17	千克	
9405	**其他品目未列名的灯具及照明装置,包括探照灯、聚光灯及其零件;装有固定光源的发光标志、发光名牌及类似品,以及其他品目未列名的这些货品的零件**					
9405100000	枝形吊灯(包括天花板或墙壁上的照明装置,但露天或街道上的除外)	10	80	17	个/千克	B
9405200000	电气台灯、床头灯、落地灯	20	80	17	台/千克	B
9405300000	圣诞树用的成套灯具	16	100	17	套/千克	B
9405401000	探照灯	17.5	70	17	台/千克	B
9405402000	聚光灯	17.5	70	17	台/千克	AB
9405409000	其他电灯及照明装置	10	80	17	千克	AB
9405500000	非电气灯具及照明装置	20	80	17	千克	
9405600000	发光标志、发光铭牌及类似品	20	80	17	千克	
9405910000	品目94.05所列物品的玻璃制零件	20	70	17	千克	
9405920000	品目94.05所列物品的塑料制零件	20	70	17	千克	
9405990000	品目94.05所列物品其他材料制零件	20	70	17	千克	
9406	**活动房屋**					
9406000010	用动植物材料制作的活动房屋	10	70	17	千克	AB
9406000020	带有风扇的高效空气粒子过滤单元(HEPA)的封闭洁净室	10	70	17	千克	3
9406000090	其他活动房屋	10	70	17	千克	

第九十五章　玩具、游戏品、运动用品及其零件、附件

注释：

一、本章不包括：

（一）蜡烛（品目34.06）；

（二）品目36.04的烟花、爆竹或其他烟火制品；

（三）已切成一定长度但未制成钓鱼线的纱线、单丝、绳、肠线及类似品（第三十九章、品目42.06或第十一类）；

（四）品目42.02、43.03或43.04的运动用袋或其他容器；

（五）第六十一章或第六十二章的纺织品制的运动服或化装舞会服装；

（六）第六十三章的纺织品制的旗帜及小船或滑行车用帆；

（七）第六十四章的运动鞋靴（带冰刀或滑轮的溜冰鞋除外）或第六十五章的运动用帽；

（八）手杖、鞭子、马鞭或类似品（品目66.02）及其零件（品目66.03）；

（九）品目70.18的未装配的玩偶或其他玩具用的玻璃假眼；

（十）第十五类注释二所规定的贱金属制通用零件（第十五类）或塑料制的类似货品（第三十九章）；

（十一）品目83.06的铃、钟、锣及类似品；

（十二）液体泵（品目84.13）、液体或气体的过滤、净化机器及装置（品目84.21）、电动机（品目85.01）、变压器（品目85.04）；录制声音或其他信息用的圆盘、磁带、固态非易失性数据存储器件、“智能卡”及其他媒体，不论是否已录制（品目85.23）；无线电遥控设备（品目85.26）或无绳红外线遥控器件（品目85.43）；

（十三）第十七类的运动用车辆（长雪橇、平底雪橇及类似品除外）；

（十四）儿童两轮车（品目87.12）；

（十五）运动用船艇，例如，轻舟、赛艇（第八十九章）及其桨、橹和类似品（木制的归入第四十四章）；

（十六）运动及户外游戏用的眼镜、护目镜及类似品（品目90.04）；

（十七）媒诱音响器及哨子（品目92.08）；

（十八）第九十三章的武器及其他物品；

（十九）各种电气彩灯串（品目94.05）；

（二十）球拍线、帐篷或类似的野营用品、分指手套、连指手套及露指手套（按其构成材料归类）；

（二十一）餐具、厨房用具、盥洗用品、地毯及纺织材料制的其他铺地制品、服装、床上及餐桌用织物制品、盥洗及厨房用织物制品及具有实用功能的类似货品（按其构成材料归类）。

二、本章包括珍珠、养珠、宝石或半宝石（天然、合成或再造）、贵金属或包贵金属只作为小零件的物品。

三、除上述注释一另有规定的以外，凡专用于或主要用于本章各编号所列物品的零件、附件，应与有关物品一并归类。

四、除上述注释一另有规定的以外，品目95.03特别适用于该品目物品和一项或多项其他物品组合而成的货品，但上述组合的货品不能视为归类总规则三（二）所指的成套货品，且在单独报验时应归入其他品目，只要该货品零售包装在一起，且组合后具备了玩具的基本特征，仍归入本品目。

五、品目95.03不包括因其设计、形状或构成材料可确认为专供动物使用的物品，例如，宠物玩具（归入其相应的品目）。

子目注释：

一、子目9504.50包括：

（一）在电视机、监视器或其他外部屏幕或表面上重放图像的视频游戏控制器；或

（二）自带显示屏的视频游戏设备，不论是否便携式。

本子目不包括用硬币、钞票、银行卡、代币或任何其他支付方式使其工作的视频游戏控制器或设备（子目9504.30）。

商品编号	商品名称及备注	进口关税税率（%）		增值税率（%）	计量单位	监管条件
		最惠国	普通			
9503	**三轮车、踏板车、踏板汽车及类似的带轮玩具；玩偶车；玩偶；其他玩具；缩小（按比例缩小）的模型及类似的娱乐用模型，不论是否活动；各种智力玩具**					
9503001000	三轮车、踏板车、踏板汽车和类似的带轮玩具；玩偶车	0	80	17	千克	B
9503002100	动物玩偶，不论是否着装	0	80	17	个/千克	AB
9503002900	其他玩偶，不论是否着装	0	80	17	个/千克	AB
9503003100	缩小（按比例缩小）的电动火车模型	0	80	17	千克	AB
9503003900	其他缩小（按比例缩小）的全套模型组件（不论是否活动）	0	80	17	套/千克	AB
9503004000	其他建筑套件及建筑玩具	0	80	17	套/千克	AB

商品编号	商 品 名 称 及 备 注	进口关税税率(%)		增值税率(%)	计量单位	监管条件
		最惠国	普通			
9503005000	玩具乐器	0	80	17	千克	AB
9503006000	智力玩具	0	80	17	套/千克	AB
9503008100	组装成套或全套的其他玩具	0	80	17	套/千克	AB
9503008200	其他带动力装置的玩具及模型	0	80	17	个/千克	AB
9503008900	其他未列名玩具	0	80	17	个/千克	AB
9503009000	玩具、模型零件	0	80	17	千克	AB
9504	**视频游戏控制器及设备、游艺场所、桌上或室内游戏用品,包括弹球机、台球、娱乐专用桌及保龄球自动球道设备**					
9504200010	濒危木制的台球用品及附件	0	80	17	千克	EF
9504200090	其他台球用品及附件	0	80	17	千克	
9504301000	用特定支付方式使其工作的电子游戏机(用硬币、钞票、银行卡、代币或其他支付方式使其工作的)	0	130	17	台/千克	6O
9504309000	用特定支付方式工作的其他游戏用品,保龄球自动球道设备除外(用硬币、钞票、银行卡、代币或其他支付方式使其工作的)	0	80	17	台/千克	6O
9504400000	扑克牌	0	80	17	副	
9504501000	视频游戏控制器及设备(电视用)(与电视接收机配套使用的,编号950430的货品除外)	0	130	17	台/千克	6O
9504509000	其他视频游戏控制器及设备(编号950430的货品除外)	0	130	17	台/千克	6O
9504901000	其他电子游戏机	0	130	17	台/千克	6O
9504902100	保龄球自动分瓶机	0	80	17	台/千克	
9504902200	保龄球	0	80	17	个	
9504902300	保龄球瓶	0	80	17	个	
9504902900	其他保龄球自动球道设备及器具	0	80	17	台/千克	
9504903000	象棋、跳棋等棋类用品(包括中国象棋、国际象棋)	0	80	17	副/千克	
9504904000	麻将及类似桌上游戏用品	0	80	17	副/千克	
9504909000	其他游艺场、桌上或室内游戏用品(包括弹球机)	0	80	17	台/千克	
9505	**节日(包括狂欢节)用品或其他娱乐用品,包括魔术道具及嬉戏品**					
9505100010	含动植物性材料的圣诞用品(不包括成套圣诞节灯具)	0	100	17	千克	AB
9505100090	其他圣诞节用品(不包括成套圣诞节灯具)	0	100	17	千克	
9505900000	其他节日用品或娱乐用品(包括魔术道具及嬉戏品)	0	100	17	千克	B
9506	**一般的体育活动、体操、竞技及其他运动(包括乒乓球运动)或户外游戏用的本章其他品目未列名用品及设备;游泳池或戏水池**					
9506110000	滑雪屐	14	50	17	双	
9506120000	滑雪屐扣件(滑雪屐带)	14	50	17	千克	
9506190000	其他滑雪用具	14	50	17	千克	
9506210000	帆板	12	50	17	个/千克	
9506290000	其他水上运动用具(包括滑水板、冲浪板)	14	50	17	个/千克	
9506310000	完整的高尔夫球棍	14	50	17	根	
9506320000	高尔夫球	12	50	17	个	
9506390000	其他高尔夫球用具	14	50	17	千克	
9506401000	乒乓球	12	50	17	百个/千克	
9506409000*	其他乒乓球运动用品及器械	14	50	17	千克	
9506510000	草地网球拍(不论是否装弦)	14	50	17	副	

商品编号	商品名称及备注	进口关税税率(%)		增值税率(%)	计量单位	监管条件
		最惠国	普通			
9506590000	其他网球拍、羽毛球拍或类似球拍	14	50	17	副	
9506610000	草地网球	12	50	17	个	
9506621000*	篮球、足球、排球	12	50	17	个	
9506629000	其他可充气的球	12	50	17	个	
9506690000	其他球(但高尔夫球及乒乓球除外)	12	50	17	个	
9506701000	溜冰鞋(包括装有冰刀的溜冰靴)	14	50	17	双/千克	
9506702000	旱冰鞋	14	50	17	双/千克	
9506911100*	跑步机(包括设备)	12	50	17	台/千克	B
9506911900*	其他健身及康复器械(包括设备)	12	50	17	千克	B
9506912000*	滑板	12	50	17	个/千克	
9506919000*	一般的体育活动、体操或竞技用品(包括设备)	12	50	17	千克	
9506990000	其他未列名的第九十五章用品及设备(包括户外游戏用品及设备,如游冰池、戏水池)	12	50	17	个/千克	
9507	**钓鱼竿、钓鱼钩及其他钓鱼用品;捞鱼网、捕蝶网及类似网;子“鸟”(品目92.08或97.05的货品除外)以及类似的狩猎用品**					
9507100010	用植物性材料制作的钓鱼竿	21	80	17	副/千克	AB
9507100090	其他钓鱼竿	21	80	17	副/千克	
9507200000	钓鱼钩(无论有无系钩丝)	21	80	17	千克	
9507300000	钓线轮	21	80	17	个/千克	
9507900000	其他用品(包括捞鱼网、捕蝶网及类似网、囮子“鸟”(品目92.08或97.05的货品除外)及类似狩猎用品)	21	80	17	个/千克	
9508	**旋转木马、秋千、射击用靶及其他游乐场的娱乐设备;流动马戏团及流动动物园;流动剧团**					
9508100010	有濒危动物的流动马戏团(包括流动动物园)	15	100	17	千克	FEAB
9508100090	其他流动马戏团及流动动物园	15	100	17	千克	AB
9508900000	其他游乐场娱乐设备;流动剧团	15	100	17	千克	AB

第九十六章　杂项制品

注释：

一、本章不包括：

（一）化妆盥洗用笔（第三十三章）；

（二）第六十六章的制品（例如，伞或手杖的零件）；

（三）仿首饰（品目71.17）；

（四）第十五类注释二所规定的贱金属制通用零件（第十五类）或塑料制的类似品（第三十九章）；

（五）第八十二章的利口器及其他物品，其柄或其他零件是雕刻或模塑材料制的；但品目96.01或96.02适用于单独进口或出口的上述物品的柄或其他零件；

（六）第九十章的物品，例如，眼镜架（品目90.03）、数学绘图笔（品目90.17）、各种牙科、医疗、外科或兽医专用刷子（品目90.18）；

（七）第九十一章的物品（例如，钟壳或表壳）；

（八）乐器及其零件、附件（第九十二章）；

（九）第九十三章的物品（武器及其零件）；

（十）第九十四章的物品（例如，家具、灯具及照明装置）；

（十一）第九十五章的物品（玩具、游戏品、运动用品）；

（十二）艺术品、收藏品及古物（第九十七章）。

二、品目96.02所称"植物质或矿物质雕刻材料"，是指：

（一）用于雕刻的硬种子、硬果核、硬果壳、坚果及类似植物材料（例如，象牙果及棕榈子）；

（二）琥珀、海泡石、粘聚琥珀、粘聚海泡石、黑玉及其矿物代用品。

三、品目96.03所称"制帚、制刷用成束、成簇的材料"，仅指未装配的成束、成簇的兽毛、植物纤维或其他材料。这些成束、成簇的材料无需分开即可安装在帚、刷之上，或只需经过简单加工（例如将顶端修剪成形）即可安装的。

四、除品目96.01至96.06或96.15的货品以外，本章的物品还包括全部或部分用贵金属、包贵金属、珍珠、养珠、宝石或半宝石（天然、合成或再造）制成的物品。而且，品目96.01至96.06及96.15包括珍珠、养珠、宝石或半宝石（天然、合成或再造）、贵金属或包贵金属只作为小零件的物品。

商品编号	商品名称及备注	进口关税税率（%）		增值税率（%）	计量单位	监管条件
		最惠国	普通			
9601	**已加工的兽牙、骨、玳瑁壳、角、鹿角、珊瑚、珍珠母及其他动物质雕刻材料及其制品（包括塑模制品）**					
9601100010	已加工的濒危兽牙及其制品	20	100	17	千克	AFEB
9601100090	其他已加工的兽牙及其制品	20	100	17	千克	AB
9601900010	其他已加工濒危动物质雕刻料（包括其制品）	20	100	17	千克	AFEB
9601900090	其他已加工动物质雕刻料及其制品	20	100	17	千克	AB
9602	**已加工的植物质或矿物质雕刻材料及其制品；蜡、硬脂、天然树胶、天然树脂或塑型膏制成的模塑或雕刻制品以及其他品目未列名的模塑或雕刻制品；已加工的未硬化明胶（品目35.03的明胶除外）及未硬化明胶制品**					
9602001000	装药用胶囊	10.5	40	17	千克	
9602009000	已加工植物或矿物质雕刻料及制品（指已加工的，包括蜡、硬脂、天然树胶、脂制模塑或雕刻）	25	100	17	千克	AB
9603	**帚、刷（包括作为机器、器具、车辆零件的刷）、非机动的手工操作地板清扫器、拖把及毛掸；供制帚、刷用的成束或成簇的材料；油漆块垫及滚筒；橡皮扫帚（橡皮辊除外）**					
9603100000	用枝条或其他植物材料捆扎成的帚（包括刷，不论是否有把）	25	100	17	把	AB
9603210000*	牙刷（包括齿板刷）	25	100	17	把	
9603290010	野生动物毛制剃须刷，发刷（包括睫毛刷等人体化妆刷）	15	100	17	支	FE
9603290090	剃须刷，发刷，睫毛刷等人体化妆刷（包括作为器具零件的编号960329所属的刷）	15	100	17	支	

商品编号	商品名称及备注	进口关税税率(%)		增值税率(%)	计量单位	监管条件
		最惠国	普通			
9603301010	濒危动物毛制的画笔	25	100	17	支	FE
9603301090	其他画笔	25	100	17	支	
9603302010	濒危动物毛制的毛笔	20	100	17	支	FE
9603302090	其他毛笔	20	100	17	支	
9603309010	濒危动物毛制化妆用的类似笔	25	100	17	支	FE
9603309090	其他化妆用的类似笔	25	100	17	支	
9603401100	猪鬃制漆刷及类似品	20	100	17	把	
9603401900	其他材料制漆刷及类似刷	23	100	17	把	
9603402000	油漆块垫及滚筒	23	100	17	个	
9603501100	作为机器、器具零件的金属丝刷	14	50	17	个	
9603501900	作为车辆零件的金属丝刷	14	100	17	个	
9603509110	濒危动物毛制作为机器零件其他刷(包括器具零件的其他刷)	14	50	17	个	FE
9603509190	其他作为机器、器具零件的其他刷	14	50	17	个	
9603509910	濒危动物毛制作为车辆零件其他刷	14	100	17	个	FE
9603509990	其他作为车辆零件的其他刷	14	100	17	个	
9603901010	濒危野禽羽毛掸	21	130	17	个	AFEB
9603901090	其他羽毛掸	21	130	17	个	AB
9603909010	濒危动物毛、鬃、尾制其他帚,刷(包括拖把及其他毛掸)	15	100	17	个	AFEB
9603909020	其他动植物材料制帚、刷、拖把等(包括动植物材料制非机动的手工操作地板清扫器、毛掸)	15	100	17	个	AB
9603909090	其他材料制帚、刷、拖把及毛掸(包括其他材料制非机动的手工操作地板清扫器等)	15	100	17	个	
9604	**手用粗筛、细筛**					
9604000000	手用粗筛、细筛	21	100	17	个	AB
9605	**个人梳妆、缝纫或清洁鞋靴、衣服用的成套旅行用具**					
9605000000	个人梳妆、缝纫等用成套旅行用品(包括清洁鞋靴、衣服用的)	15	100	17	套	
9606	**纽扣、揿扣、纽扣芯及纽扣和揿扣的其他零件;纽扣坯**					
9606100000	揿扣及其零件	21	100	17	千克	
9606210000	塑料制纽扣(未用纺织材料包裹的)	21	100	17	千克	
9606220000	贱金属制纽扣(未用纺织材料包裹的)	15	100	17	千克	
9606290010	含濒危动物成分的其他纽扣	15	100	17	千克	FE
9606290090	其他纽扣	15	100	17	千克	
9606300000	纽扣芯及纽扣的其他零件(包括纽扣坯)	15	100	17	千克	
9607	**拉链及其零件**					
9607110000	装有贱金属齿的拉链	21	130	17	米/千克	
9607190000	其他拉链	21	130	17	米/千克	
9607200000	拉链零件	21	130	17	千克	
9608	**圆珠笔;毡尖及其他渗水式笔尖笔及唛头笔;自来水笔、铁笔型自来水笔及其他钢笔;蜡纸铁笔;活动铅笔;钢笔杆、铅笔套及类似的笔套;上述物品的零件(包括帽、夹),但品目96.09的货品除外**					
9608100000	圆珠笔	15	80	17	支	
9608200000	毡尖和其他渗水式笔尖笔及唛头笔	21	80	17	支	

商品编号	商 品 名 称 及 备 注	进口关税税率(%)		增值税率(%)	计量单位	监管条件
		最惠国	普通			
9608301000	墨汁画笔	21	80	17	支	
9608302000	自来水笔	21	80	17	支	
9608309000	其他钢笔(包括铁笔型自来水笔)	21	80	17	支	
9608400000	活动铅笔	21	80	17	支	
9608500000	含有两种笔及以上的成套货品(指品目96.08所列的各种笔)	21	80	17	套	
9608600000	圆珠笔芯(指由圆珠笔头和墨芯构成)	21	80	17	支	
9608910000	钢笔头及笔尖粒	12	70	17	支	
9608991000	机器、仪器用笔	17.5	40	17	支/千克	
9608992000	蜡纸铁笔,钢笔杆,铅笔杆等(包括类似笔杆,但品目96.09的货品除外)	21	80	17	支/千克	
9608999000	其他笔零件(包括笔帽、笔夹,但品目96.09的货品除外)	21	80	17	千克	
9609	**铅笔(品目96.08的铅笔除外)、颜色铅笔、铅笔芯、蜡笔、图画碳笔、书写或绘画用粉笔及裁缝划粉**					
9609101000	铅笔	21	80	17	千克/百支	B
9609102000	颜色铅笔	21	80	17	千克	B
9609200000	铅笔芯,黑的或其他颜色的	21	80	17	千克	B
9609900000	蜡笔,图画碳笔,书写或绘画用粉笔(包括裁缝划笔)	15	80	17	千克	B
9610	**具有书写或绘画面的石板、黑板及类似板,不论是否镶框**					
9610000000	具有书写或绘画面的石板、黑板(包括类似板,不论是否镶框)	15	80	17	千克	
9611	**手用日期戳、封缄戳、品目戳及类似印戳(包括标签压印器);手工操作的排字盘及带有排字盘的手印器**					
9611000010	含濒危动物成分的手用日期戳(包括封缄戳及类似印戳)	21	80	17	千克	FE
9611000090	手用日期戳、封缄戳及类似印戳(包括编号戳、标签压印器;手工排字盘及带有字盘的手印器)	21	80	17	千克	
9612	**打字机色带或类似色带,已上油或经其他方法处理能着色的,不论是否装轴或装盒;印台,不论是否已加印油或带盒子**					
9612100000	打字机色带或类似色带(已上油或经其他方法处理能着色的,不论是否装轴或装盒)	10.5	35	17	个/千克	
9612200000	印台(不论是否已加印油或带盒子)	25	100	17	个	
9613	**香烟打火机和其他打火器(不论是机械的,还是电气的)及其零件,但打火石及打火机芯除外**					
9613100000	一次性袖珍气体打火机	25	130	17	个	B
9613200000	可充气袖珍气体打火机	25	130	17	个	B
9613800000	其他打火器	25	130	17	个	B
9613900000	打火机及打火器零件(但打火石及打火机芯除外)	25	130	17	千克	
9614	**烟斗(包括烟斗头)和烟嘴及其零件**					
9614001010	含濒危动物成分的烟斗及烟斗头(仅指野生哺乳类牙齿制产品)	25	130	17	个/千克	ABEF
9614001020	用植物性材料制作的烟斗及烟斗头	25	130	17	个/千克	AB
9614001090	其他烟斗及烟斗头	25	130	17	个/千克	
9614009010	含濒危野生动物成分的烟嘴及其零件(仅指野生哺乳类牙齿制产品)	25	130	17	千克	FE

商品编号	商品名称及备注	进口关税税率(%)		增值税率(%)	计量单位	监管条件
		最惠国	普通			
9614009090	其他烟嘴及其零件	25	130	17	千克	
9615	**梳子、发夹及类似品;发卡、卷发夹、卷发器或类似品及其零件,但品目85.16的货品除外**					
9615110000	硬质橡胶、塑料制梳子、发夹等(包括其类似品)	18	130	17	千克	
9615190010	含濒危动物成分的其他材料制梳子(包括角质发夹等,金属、塑料及家畜来源的产品除外)	18	130	17	千克	FE
9615190020	用其他动植物材料制的梳子(包括角质发夹等,金属、塑料及家畜来源的产品除外)	18	130	17	千克	
9615190090	其他材料制梳子、角质发夹等(包括类似品,但橡胶、塑料制的除外)	18	130	17	千克	
9615900000	其他发夹、卷发器等及其零件(包括卷发针、卷发夹等,但品目85.16的货品除外)	18	130	17	千克	
9616	**香水喷雾器或类似的化妆用喷雾器及其座架、喷头;粉扑及粉拍,施敷脂粉或化妆品用**					
9616100000	香水喷雾器或类似的化妆用喷雾器(包括座架、喷头)	18	130	17	千克	
9616200000	施敷脂粉或化妆品用粉扑及粉拍	18	130	17	千克	
9617	**带壳的保温瓶和其他真空容器及其零件,但玻璃瓶胆除外**					
9617001100	玻璃内胆制保温瓶(玻璃胆除外)	24	130	17	个/千克	
9617001900	其他保温瓶(玻璃胆除外)	24	130	17	个/千克	
9617009000	其他真空容器及零件(包括保温瓶的零件)(玻璃胆除外)	18	130	17	千克	
9618	**裁缝用人体模型及其他人体活动模型;橱窗装饰用自动模型及其他活动陈列品**					
9618000010	用植物性材料制作的人体模型	21	80	17	千克	AB
9618000090	裁缝用其他人体模型(包括橱窗装饰用的自动模型及其他活动陈列品)	21	80	17	千克	
9619	**任何材料制的卫生巾(护垫)及止血塞、婴儿尿布及尿布衬里和类似品**					
9619001000	尿裤及尿布	7.5	80	17	千克	AB
9619002000	卫生巾(护垫)及止血塞	10	80	17	千克	AB
9619009000	尿布衬里及本品目商品的类似品[卫生巾(护垫)及止血塞、婴儿尿布及尿布衬里的类似物品]	14	80	17	千克	AB

第二十一类　艺术品、收藏品及古物

第九十七章　艺术品、收藏品及古物

注释：

一、本章不包括：

（一）品目 49.07 的未经使用的邮票、印花税票、邮政信笺（印有邮票的纸品）及类似的票证；

（二）作舞台、摄影的布景及类似用途的已绘制画布（品目 59.07），但可归入品目 97.06 的除外；

（三）天然或养殖珍珠、宝石或半宝石（品目 71.01 至 71.03）。

二、品目 97.02 所称"雕版画、印制画、石印画的原本"，是指以艺术家完全手工制作的单块或数块印版直接印制出来的黑白或彩色原本，不论艺术家使用何种方法或材料，但不包括使用机器或照相制版方法制作的。

三、品目 97.03 不适用于成批生产的复制品及具有商业性质的传统手工艺品，即使这些物品是由艺术家设计或制造的。

四、（一）除上述注释一至三另有规定的以外，可归入本章各品目的物品，均应归入本章的相应品目而不归入本手册的其他品目；

（二）品目 97.06 不适用于可以归入本章其他各品目的物品。

五、已装框的油画、粉画及其他绘画、版画、拼贴画及类似装饰板，如果框架的种类及价值与作品相称，应与作品一并归类。如果框架的种类及价值与作品不相称，应分别归类。

商品编号	商 品 名 称 及 备 注	进口关税税率（%）		增值税率（%）	计量单位	监管条件
		最惠国	普通			
9701	**油画、粉画及其他手绘画，但带有手工绘制及手工描饰的制品或品目 49.06 的图纸除外；拼贴画及类似装饰板**					
9701101000*	手绘油画、粉画及其他画的原件（但带有手工绘制及手工描饰的制品或品目 49.06 的图纸除外）	12	50	17	幅	
9701102000	手绘油画、粉画及其他画的复制品（但手工绘制及手工描饰的制品或品目 49.06 的图纸除外）	14	50	17	幅	
9701900010	含濒危动物成分的拼贴画（包括类似装饰板，指一切源自濒危动物的产品）	14	50	17	千克	ABFE
9701900020	用其他动植物材料制作的拼贴画（包括类似装饰板，指一切源自野生动物的产品）	14	50	17	千克	AB
9701900090	其他拼贴画及类似装饰板	14	50	17	千克	
9702	**雕版画、印制画、石印画的原本**					
9702000000*	雕版画、印制画、石印画的原本	12	50	17	幅	
9703	**各种材料制的雕塑品原件**					
9703000010*	濒危动植物材料制的雕塑品原件（指一切源自濒危动植物的产品）	12	50	17	幅	FE
9703000090*	其他各种材料制的雕塑品原件	12	50	17	幅	
9704	**使用过或未使用过的邮票、印花税票、邮戳印记、首日封、邮政信笺（印有邮票的纸品）及类似品，但品目 49.07 的货品除外**					
9704001000	邮票（指使用过的或虽未使用过但不是指运国流通及新发行的）	8	50	17	千克	

商品编号	商品名称及备注	进口关税税率(%)		增值税率(%)	计量单位	监管条件
		最惠国	普通			
9704009000	印花税票及类似票证等(指使用过的或虽未使用过但不是指运国流通及新发行的)	14	50	17	千克	
9705	**具有动物学、植物学、矿物学、解剖学、历史学、考古学、古生物学、人种学或钱币学意义的收集品及珍藏品**					
9705000010	含濒危动植物的收藏品(具有动植物学意义的)	0	0	17	千克	ABFE
9705000090	具有动、植、矿物学意义的收藏品(还包括具有解剖、历史、考古、古生物学意义的收藏品)	0	0	17	千克	AB
9706	**超过一百年的古物**					
9706000010	超过一百年的濒危野生动植古物(具收藏或文史价值的)	0	0	17	千克	ABFE
9706000090	其他超过一百年的古物	0	0	17	千克	

第二十二类　特殊交易品及未分类商品

第九十八章　特殊交易品及未分类商品

商品编号	商 品 名 称 及 备 注	进口关税税率(%)		增值税率(%)	计量单位	监管条件
		最惠国	普通			
9801	**未分类商品**					
9801001000	≤2000 元人民币的非税、非证进口商品	0	0	0	千克	
9801009000	其他未分类商品	0	0	0	千克	
9801300000	流通中的货币现钞(包括纸币及硬币)	0	0	0	千克	T
9803	**计算机软件(仅用于出口,不包括与产品固化或集成为一体的软件)**					
9803001000	定制型系统软件(指构成计算机系统或其他数字计算装置运行环境,平台的操作系统软件,支持应用软件运行)	0	0	0	套	
9803002000	定制型支撑软件(指在操作系统软件和应用软件之间,提供应用软件设计、系统测试运行等辅助功能的软件)	0	0	0	套	
9803003000	定制型应用软件	0	0	0	套	
9803009000	其他定制型软件	0	0	0	套	

2012年出口商品关税、暂定及特别关税税率表

商品编号	商品名称	出口税率(%)	2012年暂定税率(%)	2012年特别出口税率(%)
0301921010	花鳗鲡鱼苗	20		
0301921020	欧洲鳗鲡鱼苗	20		
0301921090	其他鳗鱼(鳗鲡属)苗	20		
0506100000	经酸处理的骨胶原及骨	40		
0506901110	含牛羊成分的骨废料(未经加工或仅经脱脂等加工的)	40		
0506901190	含牛羊成分的骨粉(未经加工或仅经脱脂等加工的)	40		
0506901910	其他骨废料(未经加工或仅经脱脂等加工的)	40		
0506901990	其他骨粉(未经加工或仅经脱脂等加工的)	40		
0506909011	已脱胶的虎骨(指未经加工或经脱脂等加工的)	40	0	
0506909019	未脱胶的虎骨(指未经加工或经脱脂等加工的)	40		
0506909021	已脱胶的豹骨(指未经加工或经脱脂等加工的)	40	0	
0506909029	未脱胶的豹骨(指未经加工或经脱脂等加工的)	40		
0506909031	已脱胶的濒危野生动物的骨及角柱(不包括虎骨、豹骨,指未经加工或经脱脂等加工的)	40	0	
0506909039	未脱胶的濒危野生动物的骨及角柱(不包括虎骨、豹骨,指未经加工或经脱脂等加工的)	40		
0506909091	已脱胶的其他骨及角柱(不包括虎骨、豹骨,指未经加工或经脱脂等加工的)	40	0	
0506909099	未脱胶的其他骨及角柱(不包括虎骨、豹骨,指未经加工或经脱脂等加工的)	40		
2504101000	鳞片状天然石墨		20	
2504109900	其他粉末状天然石墨		20	
2504900000	其他天然石墨		20	
2508500000	红柱石、蓝晶石及硅线石,不论是否煅烧		10	
2508600000	富铝红柱石		10	
2510101000	未碾磨磷灰石		35	
2510109000	其他未碾磨天然磷酸钙(包括天然磷酸铝钙及磷酸盐白垩,磷灰石除外)		35	
2510201000	已碾磨磷灰石		35	
2510209000	其他已碾磨天然磷酸钙(包括天然磷酸铝钙及磷酸盐白垩)		35	
2511100000	天然硫酸钡(重晶石)		10	
2511200000	天然碳酸钡(毒重石)(不论是否煅烧,但品目28.16的氧化钡除外)		10	

商品编号	商品名称	出口税率(%)	2012 年暂定税率(%)	2012 年特别出口税率(%)
2519100000	天然碳酸镁(菱镁矿)		5	
2519901000	熔凝镁氧矿(电熔镁,包括喷补料)		10	
2519902000	烧结镁氧矿(重烧镁,包括喷补料)		10	
2519903000	碱烧镁(轻烧镁)		5	
2519909910	其他氧化镁含量>70%及以上的矿产品		5	
2519909990	其他氧化镁		5	
2526102000	未破碎及未研粉的滑石(不论是否粗加修整或仅用锯或其他方法切割成矩形板块)		10	
2526202001	滑石粉(体积百分比≥90%的,产品颗粒度≤18 微米的)		5	
2526202090	已破碎或已研粉的其他天然滑石		10	
2529210000	按重量计氟化钙含量≤97%的萤石		15	
2529220000	按重量计氟化钙含量>97%的萤石		15	
2530101000	未膨胀的绿泥石		10	
2530902010	按重量计中重稀土总含量≥30%的稀土金属矿		15	
2530902090	其他稀土金属矿		15	
2530909992	其他品目未列名氧化镁含量≥70%的矿产品		5	
2601111000	未烧结铁矿砂及其精矿(平均粒度<0.8 毫米的,焙烧黄铁矿除外)		10	
2601112000	未烧结铁矿砂及其精矿(0.8 毫米≤平均粒度≤6.3 毫米的,焙烧黄铁矿除外)		10	
2601119000	平均粒度>6.3 毫米的未烧结铁矿砂及其精矿(焙烧黄铁矿除外)		10	
2601120000	已烧结铁矿砂及其精矿(焙烧黄铁矿除外)		10	
2601200000	焙烧黄铁矿		10	
2602000000	锰矿砂及其精矿(包括以干重计含锰量≥20%的锰铁矿及其精矿)		15	
2603000010	铜矿砂及其精矿(黄金价值部分)		10	
2603000090	铜矿砂及其精矿(非黄金价值部分)		10	
2604000001	镍矿砂及其精矿(黄金价值部分)		15	
2604000090	镍矿砂及其精矿(非黄金价值部分)		15	
2605000001	钴矿砂及其精矿(黄金价值部分)		15	
2605000090	钴矿砂及其精矿(非黄金价值部分)		15	
2607000001	铅矿砂及其精矿(黄金价值部分)	30		
2607000090	铅矿砂及其精矿(非黄金价值部分)	30		
2608000001	灰色饲料氧化锌(氧化锌 ZnO 含量>80%)	30	0	
2608000090	其他锌矿砂及其精矿	30		
2609000000	锡矿砂及其精矿	50	20	
2610000000	铬矿砂及其精矿		15	
2611000000	钨矿砂及其精矿	20		
2612100000	铀矿砂及其精矿		10	
2612200000	钍矿砂及其精矿		10	
2613100000	已焙烧钼矿砂及其精矿		15	
2613900000	其他钼矿砂及其精矿		15	
2614000000	钛矿砂及其精矿		10	

商品编号	商品名称	出口税率(%)	2012年暂定税率(%)	2012年特别出口税率(%)
2615100000	锆矿砂及其精矿		10	
2615901000	水合钽铌原料(钽铌矿富集物)	30		
2615909010	铌、钽精矿及其矿砂	30		
2615909090	钒矿砂;钒精矿	30		
2616100000	银矿砂及其精矿		10	
2616900001	黄金矿砂		10	
2616900009	其他贵金属矿砂及其精矿		10	
2617101000	生锑(锑精矿,选矿产品)	20		
2617109001	其他锑矿砂及其精矿(黄金价值部分)		10	
2617109090	其他锑矿砂及其精矿(非黄金价值部分)		10	
2617901000	朱砂(辰砂)		10	
2617909000	其他矿砂及其精矿		10	
2618001001	主要含锰的冶炼钢铁产生的粒状熔渣,锰含量>25 %(包括熔渣砂)		10	
2618001090	其他主要含锰的冶炼钢铁产生的粒状熔渣(包括熔渣砂)		10	
2618009000	其他的冶炼钢铁产生的粒状熔渣(包括熔渣砂)		10	
2619000010	轧钢产生的氧化皮		10	
2619000021	冶炼钢铁所产生的含钒浮渣、熔渣,五氧化二钒含量>25%(冶炼钢铁所产生的粒状熔渣除外)		10	
2619000029	其他冶炼钢铁所产生的含钒浮渣、熔渣(冶炼钢铁所产生的粒状熔渣除外)		10	
2619000030	含铁>80%的冶炼钢铁产生的渣钢		10	
2619000090	冶炼钢铁产生的其他熔渣、浮渣及其他废料(冶炼钢铁所产生的粒状熔渣除外)		10	
2620110000	含硬锌的矿渣、矿灰及残渣(冶炼钢铁所产生灰、渣的除外)		10	
2620190010	含锌>12%的烧结铅锌冶炼矿渣(用做锌冶炼的原料)		10	
2620190090	含其他锌的矿渣、矿灰及残渣(冶炼钢铁所产生灰、渣的除外)		10	
2620210000	含铅汽油淤渣及含铅抗震化合物的淤渣		10	
2620290000	其他主要含铅的矿渣、矿灰及残渣(冶炼钢铁所产生灰、渣的除外)		10	
2620300000	主要含铜的矿渣、矿灰及残渣(冶炼钢铁所产生灰、渣的除外)		10	
2620600000	含砷、汞、铊及混合物矿渣、矿灰与残渣(用于提取或生产砷、汞、铊及其化合物)		10	
2620910000	含锑、铍、镉、铬及混合物的矿渣、矿灰及残渣		10	
2620991000	其他主要含钨的矿渣、矿灰及残渣		10	
2620999011	含其他金属及其化合物的矿渣、矿灰及残渣,五氧化二钒含量>25%的(冶炼钢铁所产生的除外)		10	
2620999019	含其他金属及其化合物的矿渣、矿灰及残渣,10%<五氧化二钒含量≤25%的(冶炼钢铁所产生的除外)		10	
2620999020	含铜>10%的铜冶炼转炉渣、其他铜冶炼渣		10	
2620999090	含其他金属及其化合物的矿渣、矿灰及残渣(冶炼钢铁所产生灰、渣的除外)		10	
2701110010	无烟煤(不论是否粉化,但未制成型)		10	
2701110090	无烟煤滤料		10	
2701121000	未制成型的炼焦烟煤(不论是否粉化)		10	
2701129000	其他烟煤(不论是否粉化,但未制成型)		10	

商品编号	商品名称	出口税率(%)	2012 年暂定税率(%)	2012 年特别出口税率(%)
2701190000	其他煤(不论是否粉化,但未制成型)		10	
2701200000	煤砖、煤球及类似用煤制固体燃料		10	
2702100000	褐煤(不论是否粉化,但未制成型)		10	
2702200000	制成型的褐煤		10	
2703000010	泥炭(草炭)[沼泽(湿地)中,地上植物枯死、腐烂堆积而成的有机矿体(不论干湿)]		10	
2703000090	泥煤(包括肥料用泥煤,不论是否成型)		10	
2704001000	焦炭或半焦炭(煤、褐煤或泥煤制成的,不论是否成型)		40	
2706000090	其他从煤、褐煤或泥煤蒸馏所得的焦油及矿物焦油(不论是否脱水或部分蒸馏,包括再造焦油)		15	
2707100000	粗苯		10	
2709000000	石油原油(包括从沥青矿物提取的原油)		5	
2804690000	按重量计其他含硅量<99.99%的硅		15	
2804701000	黄磷(白磷)	20		
2804709010	红磷	20	10	
2804709090	其他磷	20	10	
2805301100	钕(未相互混合或相互熔合)		25	
2805301200	镝(未相互混合或相互熔合)		25	
2805301300	铽(未相互混合或相互熔合)		25	
2805301400	镧(未相互混合或相互熔合)		25	
2805301510	颗粒<500 微米的铈及其合金(含量≥97%,不论球形,椭球体,雾化,片状,研碎金属燃料;未相互混合或相互熔合)		25	
2805301590	其他金属铈(未相互混合或相互熔合)		25	
2805301600	金属镨(未相互混合或相互熔合)		25	
2805301700	金属钇(未相互混合或相互熔合)		25	
2805301913	金属钐(未相互混合或相互熔合)		25	
2805301914	金属铕(未相互混合或相互熔合)		25	
2805301915	金属钪(未相互混合或相互熔合)		25	
2805301990	其他稀土金属(未相互混合或相互熔合)		25	
2805302110	按重量计中重稀土总含量≥30%电池级的稀土金属、钪及钇(已相互混合或相互熔合)		25	
2805302190	其他电池级的稀土金属、钪及钇(已相互混合或相互熔合)		25	
2805302910	按重量计中重稀土总含量≥30%的其他稀土金属、钪及钇(已相互混合或相互熔合)		25	
2805302990	其他稀土金属、钪及钇(已相互混合或相互熔合)		25	
2809201900	其他磷酸及偏磷酸、焦磷酸(食品级磷酸除外)		7	
2811110000	氢氟酸		15	
2814100000	氨		7	
2814200010	氨水(含量≥10%)		7	
2814200090	其他氨水		7	
2822009000	其他钴的氧化物及氢氧化物(包括商品氧化钴,但四氧化三钴除外)		10	
2825301000	五氧化二钒		5	
2825600001	锗的氧化物		5	
2825700000	钼的氧化物及氢氧化物		5	
2825901100	钨酸		5	

商品编号	商品名称	出口税率(%)	2012 年暂定税率(%)	2012 年特别出口税率(%)
2825901200	三氧化钨		5	
2825901910	蓝色氧化钨		5	
2825901990	其他钨的氧化物及氢氧化物		5	
2826129000	其他氟化铝		5	
2826191010	氟化氢铵		5	
2826191090	其他铵的氟化物		5	
2826192010	氟化钠		5	
2826192020	氟化氢钠		5	
2826192090	其他钠的氟化物		5	
2826199010	氟化钾		5	
2826199020	氟化氢钾		5	
2826199030	氟化铅、四氟化铅、氟化镉		5	
2826199090	其他氟化物		5	
2826909010	氟钽酸钾	30		
2827101000	肥料用氯化铵		7	旺季(1~6月,11、12月):75%
2833110000	硫酸二钠		5	
2834211000	肥料用硝酸钾		7	
2841701000	钼酸铵		5	
2841709000	其他钼酸盐		5	
2841801000	仲钨酸铵		5	
2841802000	钨酸钠		5	
2841803000	钨酸钙		5	
2841804000	偏钨酸铵		5	
2841809000	其他钨酸盐		5	
2846101000	氧化铈		15	
2846102000	氢氧化铈		15	
2846103000	碳酸铈		15	
2846109010	氰化铈		15	
2846109090	铈的其他化合物		15	
2846901100	氧化钇		25	
2846901200	氧化镧		15	
2846901300	氧化钕		15	
2846901400	氧化铕		25	
2846901500	氧化镝		25	
2846901600	氧化铽		25	
2846901700	氧化镨		25	
2846901992	按重量计中重稀土总含量≥30%的其他氧化稀土(灯用红粉、氧化铈除外)		15	
2846901999	其他氧化稀土(灯用红粉、氧化铈除外)		15	
2846902100	氯化铽		25	
2846902200	氯化镝		25	
2846902300	氯化镧		25	
2846902400	氯化钕		15	

商品编号	商品名称	出口税率(%)	2012 年暂定税率(%)	2012 年特别出口税率(%)
2846902500	氯化镨		15	
2846902600	氯化钇		15	
2846902810	按重量计中重稀土总含量≥30%的混合氯化稀土		15	
2846902890	其他混合氯化稀土		15	
2846902900	其他未混合氯化稀土		15	
2846903100	氟化铽		15	
2846903200	氟化镝		15	
2846903300	氟化镧		15	
2846903400	氟化钕		15	
2846903500	氟化镨		15	
2846903600	氟化钇		15	
2846903900	其他氟化稀土		15	
2846904100	碳酸镧		15	
2846904200	碳酸铽		25	
2846904300	碳酸镝		25	
2846904400	碳酸钕		15	
2846904500	碳酸镨		15	
2846904600	碳酸钇		15	
2846904810	按重量计中重稀土总含量≥30%的混合碳酸稀土		15	
2846904890	其他混合碳酸稀土		15	
2846904900	其他未混合碳酸稀土		15	
2846909100	镧的其他化合物		25	
2846909200	钕的其他化合物		25	
2846909300	铽的其他化合物		25	
2846909400	镝的其他化合物		25	
2846909500	镨的其他化合物		25	
2846909600	钇的其他化合物		25	
2846909910	按重量计中重稀土总含量≥30%的稀土金属、钪的其他化合物(铈的化合物除外)		25	
2846909990	其他稀土金属、钪的其他化合物(铈的化合物除外)		25	
2849902000	碳化钨		5	
2902200000	苯	40	0	
3102100001	尿素(配额内,不论是否水溶液)[①]		旺季(1~6月,11、12月):35%;淡季(7~10月):当出口价格不高于基准价格时,7%;当出口价格高于基准价格时,税率=(1.07-基准价格/出口价格)×100%(基准价格按2.1元/千克计算)	旺季:75%

商品编号	商品名称	出口税率(%)	2012 年暂定税率(%)	2012 年特别出口税率(%)
3102100090	尿素(配额外,不论是否水溶液)①		旺季(1~6 月,11、12 月):35%;淡季(7~10 月):当出口价格不高于基准价格时,7%;当出口价格高于基准价格时,税率=(1.07-基准价格/出口价格)×100%(基准价格按2.1 元/千克计算)	旺季:75%
3102400000	硝酸铵与碳酸钙等的混合物(包括硝酸铵与其他无效肥及无机物的混合物)		7	
3102500000	硝酸钠		7	
3102600000	硝酸钙和硝酸铵的复盐及混合物		7	
3102800000	尿素及硝酸铵混合物的水溶液(包括氨水溶液)		7	
3102901000	氰氨化钙		7	
3102909000	其他矿物氮肥及化学氮肥(包括上述编号未列名的混合物)		7	旺季(1~6 月,11、12 月):75%
3103101000	重过磷酸钙		7	旺季(1~5 月,10~12 月):75%
3103109000	其他过磷酸钙		7	
3103900000	其他矿物磷肥或化学磷肥		7	旺季(1~5 月,10~12 月):75%
3104209000	其他氯化钾		30	75
3104300000	硫酸钾		30	75
3104901000	光卤石、钾盐及其他天然粗钾盐		30	75
3104909000	其他矿物钾肥及化学钾肥		30	75
3105100010	制成片状及类似形状或零售包装的硝酸铵(零售包装每包毛重≤10 千克)		7	旺季(1~5 月,10~12 月):75%
3105100090	制成片状及类似形状或零售包装的第三十一章其他货品(零售包装每包毛重≤10 千克)		7	旺季(1~5 月,10~12 月):75%
3105200001	化学肥料或矿物肥料(配额内,含氮、磷、钾三种肥效元素)		1~9 月:35%;10~12 月:20%	75
3105200090	化学肥料或矿物肥料(配额外,含氮、磷、钾三种肥效元素)		1~9 月:35%;10~12 月:20%	75

商品编号	商品名称	出口税率(%)	2012年暂定税率(%)	2012年特别出口税率(%)
3105300001	磷酸氢二铵(配额内)[①]		旺季(1~5月,10~12月):35%;淡季(6~9月):当出口价格不高于基准价格时,7%;当出口价格高于基准价格时,税率=(1.07-基准价格/出口价格)×100%(基准价格按3.4元/千克计算)	旺季:75%
3105300090	磷酸氢二铵(配额外)[①]		旺季(1~5月,10~12月):35%;淡季(6~9月):当出口价格不高于基准价格时,7%;当出口价格高于基准价格时,税率=(1.07-基准价格/出口价格)×100%(基准价格按3.4元/千克计算)	旺季:75%
3105400000	磷酸二氢铵(包括磷酸二氢铵与磷酸氢二铵的混合物)[①]		旺季(1~5月,10~12月):35%;淡季(6~9月):当出口价格不高于基准价格时,7%;当出口价格高于基准价格时,税率=(1.07-基准价格/出口价格)×100%(基准价格按2.9元/千克计算)	旺季:75%
3105510000	含有硝酸盐及磷酸盐的肥料(包括矿物肥料或化学肥料)		7	
3105590000	其他含氮、磷两种元素肥料(包括矿物肥料或化学肥料)		7	旺季(1~5月,10~12月):75%
3105600000	含磷、钾两种元素的肥料(包括矿物肥料或化学肥料)		7	

商品编号	商品名称	出口税率(%)	2012 年暂定税率(%)	2012 年特别出口税率(%)
3105900000	其他肥料		7	旺季(1 ~ 5 月, 10 ~ 12 月):75%
3824909100	按重量计含滑石 >50% 的混合物		10	
4103901100	退鞣山羊板皮[本章注释一(三)所述不包括的生皮除外]	20		
4103901900	非退鞣山羊板皮[本章注释一(三)所述不包括的生皮除外]	20		
4401210010	濒危针叶木木片或木粒		15	
4401210090	其他针叶木木片或木粒		15	
4401220010	濒危非针叶木木片或木粒		15	
4401220090	其他非针叶木木片或木粒		15	
4409101010	一边或面制成连续形状的濒危针叶木制地板条、块(包括未装拼的拼花地板用板条及缘板)		10	
4409101090	一边或面制成连续形状的其他针叶木地板条、块(包括未装拼的拼花地板用板条及缘板)		10	
4409291010	一边或面制成连续形状的拉敏木地板条、块(包括未装拼的拉敏木拼花地板用板条及缘板)		10	
4409291020	一边或面制成连续形状的桃花心木地板条、块(包括未装拼的桃花心木拼花地板用板条及缘板)		10	
4409291030	一边或面制成连续形状的其他濒危木地板条、块(包括未装拼的其他濒危木拼花地板用板条及缘板)		10	
4409291090	一边或面制成连续形状的其他非针叶木地板条、块(包括未装拼的其他非针叶木拼花地板用板条及缘板)		10	
4419003100	木制一次性筷子		10	
4421902110	一次性拉敏木制圆签、圆棒、冰果棒、压舌片(包括类似的一次性制品)		10	
4421902120	一次性濒危木制圆签、圆棒、冰果棒、压舌片(包括类似的一次性制品)		10	
4421902190	一次性其他木制圆签、圆棒、冰果棒、压舌片(包括类似的一次性制品)		10	
4701000000	机械木浆		10	
4702000000	化学木浆,溶解级		10	
4703110000	未漂白针叶木碱木浆或硫酸盐木浆(溶解级的除外)		10	
4703190000	未漂白非针叶木碱木浆等(包括硫酸盐木浆,但溶解级的除外)		10	
4703210000	漂白针叶木碱木浆或硫酸盐木浆(包括半漂白的,溶解级的除外)		10	
4703290000	漂白非针叶木碱木浆或硫酸盐木浆(包括半漂白的,溶解级的除外)		10	
4704110000	未漂白的针叶木亚硫酸盐木浆(溶解级的除外)		10	
4704190000	未漂白的非针叶木亚硫酸盐木浆(溶解级的除外)		10	
4704210000	漂白的针叶木亚硫酸盐木浆(包括半漂白的,溶解级的除外)		10	
4704290000	漂白的非针叶木亚硫酸盐木浆(包括半漂白的,溶解级的除外)		10	
4705000000	机械与化学联合制浆法制的木浆		10	
4706200000	从回收纸或纸板提取的纤维浆		10	
4706300000	其他纤维状纤维素竹浆(包括机械浆、化学浆、半化学浆)		10	
4706910000	其他纤维状纤维素机械浆		10	
4706920000	其他纤维状纤维素化学浆		10	
4706930000	用机械和化学联合法制得的其他纤维状纤维素浆		10	

商品编号	商品名称	出口税率(%)	2012年暂定税率(%)	2012年特别出口税率(%)
7201100000	非合金生铁,按重量计含磷量≤0.5%	20	25	
7201200000	非合金生铁,按重量计含磷量>0.5%	20	25	
7201500010	合金生铁	20	25	
7201500090	镜铁	20	25	
7202110000	锰铁,按重量计含碳量>2%	20		
7202190000	锰铁,按重量计含碳量≤2%	20		
7202210010	硅铁,55%<含硅量≤90%	25		
7202210090	硅铁,含硅量>90%	25		
7202290010	硅铁,30%≤含硅量≤55%	25		
7202290090	硅铁,含硅量<30%	25		
7202300000	硅锰铁	20		
7202410000	铬铁,按重量计含碳量>4%	40	20	
7202490000	铬铁,按重量计含碳量≤4%	40	20	
7202500000	硅铬铁		20	
7202600000	镍铁		20	
7202700000	钼铁		20	
7202801000	钨铁		20	
7202802000	硅钨铁		20	
7202910000	钛铁及硅钛铁		20	
7202929000	其他钒铁		20	
7202930010	铁钽铌合金(钽含量<10%)		20	
7202930090	其他铌铁		20	
7202991100	钕铁硼合金速凝永磁片		20	
7202991900	其他钕铁硼合金		20	
7202999110	按重量计中重稀土总含量≥30%的铁合金(按重量计稀土元素总含量>10%)		25	
7202999191	稀土硅铁合金(按重量计稀土元素总含量>10%)		25	
7202999199	其他按重量计稀土元素总含量>10%的铁合金		25	
7202999900	其他铁合金		20	
7203100001	热压铁块		25	
7203100090	直接从铁矿还原的铁产品(铁团、铁粒及类似形状)		25	
7203900000	其他海绵铁产品或纯度≥99.94%的铁(包括块、团、团粒及类似形状)		25	
7204100000	铸铁废碎料	40		
7204210000	不锈钢废碎料	40		
7204290000	其他合金钢废碎料	40		
7204300000	镀锡钢铁废碎料	40		
7204410000	机械加工中产生的钢铁废料(机械加工指车、刨、铣、磨、锯、锉、剪、冲加工)	40		
7204490010	废汽车压件	40		
7204490020	以回收钢铁为主的废五金电器	40		
7204490090	未列名钢铁废碎料	40		
7204500000	供再熔的碎料钢铁锭	40		
7205100090	其他生铁、镜铁及钢铁颗粒		25	
7205290000	生铁、镜铁及其他钢铁粉末		25	

商品编号	商品名称	出口税率(%)	2012年暂定税率(%)	2012年特别出口税率(%)
7206100000	铁锭及非合金钢锭		25	
7206900000	其他初级形状的铁及非合金钢		25	
7207110000	宽度<厚度两倍的矩形截面钢坯(含碳量<0.25%)		25	
7207120000	其他矩形截面钢坯[含碳量<0.25%(正方形截面除外)]		25	
7207190000	其他含碳量<0.25%的钢坯		25	
7207200000	含碳量≤0.25%的钢坯		25	
7213100000	铁或非合金钢制热轧盘条(带有轧制过程中产生的变形)		15	
7213200000	其他易切削钢制热轧盘条(不带有轧制过程中产生的变形)		15	
7213910000	圆截面直径<14毫米的其他热轧盘条(不带有轧制过程中产生的变形)		15	
7213990000	其他热轧盘条(不带有轧制过程中产生的变形)		15	
7214200000	铁或非合金钢的热加工条、杆(带有轧制过程中产生变形;热加工指热轧、热拉拔或热挤压)		15	
7214300000	易切削钢的热加工条、杆(不带有轧制过程中产生变形;热加工指热轧、热拉拔、热挤压)		15	
7214910000	其他矩形截面的条、杆(正方形除外)		15	
7214990000	其他热加工条、杆		15	
7215100000	其他易切削钢制冷加工条、杆(包括冷成形)		15	
7215500000	其他冷加工或冷成形的条、杆		15	
7215900000	铁及非合金钢的其他条、杆		15	
7218100000	不锈钢锭及其他初级形状产品		15	
7218910000	矩形截面的不锈钢半制成品(正方形截面除外)		15	
7218990000	其他不锈钢半制成品		15	
7219131200	3毫米≤厚<4.75毫米未经酸洗的热轧不锈钢卷板(除热轧外未经进一步加工宽度≥600毫米,含锰≥5.5%铬锰系不锈钢)		10	
7219132200	3毫米≤厚<4.75毫米经酸洗的热轧不锈钢卷板(除热轧外未经进一步加工宽度≥600毫米,含锰≥5.5%铬锰系不锈钢)		10	
7219141200	厚度<3毫米未经酸洗的热轧不锈钢卷板(除热轧外未经进一步加工宽度≥600毫米,含锰≥5.5%铬锰系不锈钢)		10	
7219142200	厚度<3毫米经酸洗的热轧不锈钢卷板(除热轧外未经进一步加工宽度≥600毫米,含锰≥5.5%铬锰系不锈钢)		10	
7224100000	其他合金钢锭及其他初级形状		15	
7224901000	粗铸锻件坯(单件重量≥10吨)		15	
7224909000	其他合金钢坯(其他合金钢锭及其他初级形态的)		15	
7401000010	沉积铜(泥铜)		15	
7401000090	铜锍		15	
7402000001	未精炼铜、电解精炼用铜阳极(含黄金价值部分)	30	15	
7402000090	未精炼铜、电解精炼用铜阳极(非黄金价值部分)	30	15	
7403111100	精炼铜的阴极(未锻轧的,按重量计铜含量>99.9935%的)	30	5	
7403111900	其他精炼铜的阴极(未锻轧的)	30	10	
7403119000	精炼铜的阴极型材(未锻轧的)	30	10	
7403120000	精炼铜的线锭(未锻轧的)	30	10	
7403130000	精炼铜的坯段(未锻轧的)	30	10	
7403190000	其他未锻轧的精炼铜	30	10	
7403210000	未锻轧的铜锌合金(黄铜)	30	5	

商品编号	商品名称	出口税率(%)	2012年暂定税率(%)	2012年特别出口税率(%)
7403220000	未锻轧的铜锡合金(青铜)	30	5	
7403290000	未锻轧的其他铜合金(铜母合金除外,包括未锻轧的白铜或德银)	30	5	
7404000010	以回收铜为主的废电机等(包括废电机、电线、电缆、五金电器)	30	15	
7404000090	其他铜废碎料	30	15	
7405000000	铜母合金		10	
7407101000	铬锆铜制的条、杆、型材及异型材	30	0	
7407109000	其他精炼铜条、杆、型材及异型材	30	0	
7407211100	铜锌合金(黄铜)条、杆(直线度≤0.5毫米/米)	30	0	
7407211900	其他铜锌合金(黄铜)条、杆(直线度>0.5毫米/米)	30	0	
7407219000	铜锌合金(黄铜)型材及异型材	30	0	
7407290000	其他铜合金条、杆、型材及异型材(包括白铜或德银的条、杆、型材及异型材)	30	0	
7408110000	最大截面尺寸>6毫米的精炼铜丝	30	0	
7408190001	其他含氧量<5PPM的精炼铜丝(截面尺寸≤6毫米)	30	0	
7408190090	其他截面尺寸≤6毫米的精炼铜丝	30	0	
7408210000	铜锌合金(黄铜)丝	30	0	
7408221000	铜镍锌铅合金(加铅德银)丝	30	0	
7408229000	其他铜镍合金(白铜)丝或铜镍锌合金(德银)丝	30	0	
7408290000	其他铜合金丝	30	0	
7409111000	成卷的精炼铜板、片、带(厚度>0.15毫米,含氧量≤10PPM的)	30	0	
7409119000	其他成卷的精炼铜板、片、带(厚度>0.15毫米)	30	0	
7409190000	其他精炼铜板、片、带(厚度>0.15毫米)	30	0	
7409210000	成卷的铜锌合金(黄铜)板、片、带(厚度>0.15毫米)	30	0	
7409290000	其他铜锌合金(黄铜)板、片、带(厚度>0.15毫米)	30	0	
7409310000	成卷的铜锡合金(青铜)板、片、带(厚度>0.15毫米)	30	0	
7409390000	其他铜锡合金板、片、带(厚度>0.15毫米)	30	0	
7409400000	白铜或德银制板、片、带(厚度>0.15毫米)	30	0	
7409900000	其他铜合金板、片、带(厚度>0.15毫米)	30	0	
7502101000	未锻轧非合金镍,但钴含量≤0.005%(按重量计镍、钴总量≥99.99%的)	40	5	
7502109000	其他未锻轧非合金镍	40	15	
7502200000	未锻轧镍合金	40	15	
7503000000	镍废碎料		10	
7508901000	电镀用镍阳极	40	15	
7601101000	未锻轧非合金铝(按重量计含铝量≥99.95%)	30	0	
7601109000	其他未锻轧非合金铝	30	15	
7601200000	未锻轧铝合金	30	15	
7602000010	以回收铝为主的废电线等(包括废电线、电缆、五金电器)	30	15	
7602000090	其他铝废碎料	30	15	
7604101000	非合金制铝条、杆	20	15	
7604109000	非合金制铝型材、异型材	20	0	
7604210000	铝合金制空心异型材	20	0	
7604291011	柱形实心体铝合金[在293K(20℃)时的极限抗拉强度能达到460兆帕(0.46×10^9牛顿/平方米)或更大(截面周长≥210毫米)]	20	15	

商品编号	商品名称	出口税率（%）	2012 年暂定税率（%）	2012 年特别出口税率（%）
7604291019	柱形实心体铝合金[在 293K(20℃)时的极限抗拉强度能达到 460 兆帕(0.46×10^9 牛顿/平方米)或更大(截面周长<210 毫米)]	20	5	
7604291091	其他铝合金制条、杆(截面周长≥210 毫米)	20	15	
7604291099	其他铝合金制条、杆(截面周长<210 毫米)	20	5	
7604299000	其他铝合金制型材、异型材	20	0	
7605110000	最大截面尺寸>7 毫米的非合金铝丝	20	0	
7605190000	最大截面尺寸≤7 毫米的非合金铝丝	20	0	
7605210000	最大截面尺寸>7 毫米的铝合金丝	20	0	
7605290000	最大截面尺寸≤7 毫米的铝合金丝	20	0	
7606112100	非合金铝制铝塑复合矩形板、片及带(包括正方形)(0.3 毫米≤厚度≤0.36 毫米)	20	0	
7606112900	其他非合金铝制矩形板、片及带(包括正方形)(0.3 毫米≤厚度≤0.36 毫米)	20	0	
7606119100	0.2 毫米<厚度<0.3 毫米或厚度>0.36 毫米非合金铝制铝塑复合矩形板、片及带(包括正方形)	20	0	
7606119900	0.2 毫米<厚度<0.3 毫米或厚度>0.36 毫米非合金铝制矩形其他板、片及带(包括正方形)	20	0	
7606122000	铝合金制矩形薄板、片及带(包括正方形)(薄板指 0.2 毫米<厚度<0.28 毫米)	20	0	
7606123000	铝合金制矩形中厚板、片及带(包括正方形)(中厚板指 0.28 毫米≤厚度≤0.35 毫米)	20	0	
7606125100	0.35 毫米<厚度≤4 毫米铝合金制铝塑复合的矩形厚板、片及带(包括正方形)	20	0	
7606125900	其他 0.35 毫米<厚度≤4 毫米铝合金制矩形厚板、片及带(包括正方形)	20	0	
7606129000	厚度>4 毫米铝合金制矩形的厚板、片及带(包括正方形)	20	0	
7606910000	非合金铝制非矩形的板、片及带(厚度>0.2 毫米)	20	0	
7606920000	铝合金制非矩形的板、片及带(厚度>0.2 毫米)	20	0	
7801100000	未锻轧精炼铅		10	
7802000000	铅废碎料		10	
7901111000	含锌量≥99.995%的未锻轧锌	20	0	
7901119000	99.99%≤含锌量<99.995%的未锻轧锌	20	5	
7901120000	含锌量<99.99%的未锻轧锌	20	15	
7901200000	未锻轧锌合金	20	0	
7902000000	锌废碎料		10	
8001100000	未锻轧非合金锡		10	
8002000000	锡废碎料		10	
8101100010	颗粒<500 微米的钨及其合金(含量≥97%,不论球形、椭球体、雾化、片状、研碎金属燃料)		5	
8101100090	其他钨粉末		5	
8101940000	未锻轧钨(包括简单烧结的条、杆)		5	
8101970000	钨废碎料		15	
8102100000	钼粉		5	
8102940000	未锻轧钼(包括简单烧结的条、杆)		5	
8102970000	钼废碎料		15	
8103300000	钽废碎料		10	

商品编号	商品名称	出口税率（%）	2012 年暂定税率（%）	2012 年特别出口税率（%）
8104110000	含镁量≥99.8%的未锻轧镁		10	
8104190000	其他未锻轧的镁及镁合金		10	
8104200000	镁废碎料		10	
8110101000	未锻轧锑	20	5	
8110102000	锑粉末	20		
8110200000	锑废碎料	20		
8111001010	未锻轧锰废碎料		20	
8111001090	未锻轧锰；粉末		20	
8112210000	未锻轧铬；铬粉末		15	
8112220000	铬废碎料		15	
8112923001	未锻轧的铟		5	
8112923002	铟粉末		5	
8112923090	未锻轧铟废碎料		5	

注：

①出口价格包括海关认可的货物货价、货物运至中华人民共和国境内输出地点装载前的运输及其相关费用、保险费，但是其中包含的出口关税税额，应当予以扣除。有关税率计算结果四舍五入保留3位小数。

附　　表

附表 1

2012 年进口商品暂定税率表

商品编号	商品名称	2012 年暂定税率(%)
0106121100	改良种用鲸、海豚及鼠海豚(鲸目哺乳动物);改良种用海牛及儒艮(海牛目哺乳动物)(包括人工驯养、繁殖的)	0
0106419001	赤眼蜂	0
0106499001	捕食螨	0
0303311000	冻格陵兰庸鲽鱼(鱼肝及鱼卵除外)	5
0303320000	冻鲽鱼(鱼肝及鱼卵除外)	2
0303510000	冻鲱鱼(大西洋鲱鱼、太平洋鲱鱼)(鱼肝及鱼卵除外)	2
0303630000	冻鳕鱼(大西洋鳕鱼、太平洋鳕鱼、格陵兰鳕鱼)(鱼肝及鱼卵除外)	2
0404100000	乳清及改性乳清(不论是否浓缩、加糖或其他甜物质)	2
0511911110	濒危鱼的受精卵	0
0511911190	其他受精鱼卵	0
0802419000	鲜或干的其他未去壳栗子(板栗除外)(不论是否去壳或去皮)	20
0802429000	鲜或干的其他去壳栗子(板栗除外)(不论是否去皮)	20
0802510000	鲜或干的未去壳阿月浑子果(开心果)	5
0802520000	鲜或干的去壳阿月浑子果(开心果)	5
0802902000	鲜或干的白果(不论是否去壳或去皮)	20
1211903600	鲜或干的甘草(不论是否切割、压碎或研磨成粉)	0
1212219000	其他适合供人食用的鲜、冷、冻或干海草及藻类(不论是否碾磨)	2
1212290000	不适合供人食用的鲜、冷、冻或干海草及藻类(不论是否碾磨)	2
1302120000	甘草液汁及浸膏	0
1302199001	苦参碱	3
1502100000	牛、羊油脂(但品目 15.03 的货品除外)	4
1502900000	其他牛、羊脂肪(但品目 15.03 的货品除外)	4
1511902001	固态棕榈硬脂(50℃≤熔点≤56℃)(未经化学改性)	2
1520000000	粗甘油、甘油水及甘油碱液	8
1801000000	生或焙炒的整颗或破碎的可可豆	2
1901100010	供婴幼儿食用的零售包装配方奶粉(可可含量<5%乳品制)	5
1901100090	供婴幼儿食用的零售包装食品(可可含量<40%粉、淀粉或麦精制、或可可含量<5%乳品制)	5
1901900000	麦精、粮食粉等制食品及乳制食品(可可含量<40%粉、淀粉或麦精制或可可含量<5%乳品制)	5
2106909001	乳蛋白部分水解配方、乳蛋白深度水解配方、氨基酸配方特殊婴幼儿奶粉	10
2207200010	任何浓度的改性乙醇	5

商品编号	商品名称	2012年暂定税率(%)
2207200090	任何浓度的其他酒精	5
2309909000	其他配制的动物饲料	4
2403910010	再造烟草	40
2502000000	未焙烧的黄铁矿	0
2503000000	各种硫磺(升华硫磺、沉淀硫磺及胶态硫磺除外)	1
2504101000	磷片状天然石墨	1
2505100000	硅砂及石英砂(不论是否着色)	1
2505900010	标准砂(不论是否着色,第二十六章的金属矿砂除外)	1
2505900090	其他天然砂(不论是否着色,第二十六章的金属矿砂除外)	1
2506100000	石英(天然砂除外)	1
2506200000	石英岩(不论是否粗加修整或仅用锯或其他方法切割成矩形板、块)	1
2508300000	耐火黏土,不论是否煅烧(包括矾土、焦宝石及其他耐火黏土)	1
2510101000	未碾磨磷灰石	0
2510201000	已碾磨磷灰石	0
2511100000	天然硫酸钡(重晶石)	1
2515110000	原状或粗加修整的大理石及石灰华	0
2515120000	矩形大理石及石灰华(用锯或其他方法切割成矩形)	0
2515200000	其他石灰质碑用或建筑用石、蜡石	0
2516110000	原状或粗加修整花岗岩	0
2516120000	矩形花岗岩(用锯或其他方法切割成矩形)	0
2516200001	原状或粗加修整砂岩	0
2516200090	矩形(包括正方形)砂岩(用锯或其他方法切割成矩形的板、块)	0
2519100000	天然碳酸镁(菱镁矿)	1
2519901000	熔凝镁氧矿(电熔镁,包括喷补料)	1
2519902000	烧结镁氧矿(重烧镁,包括喷补料)	1
2519903000	碱烧镁(轻烧镁)	1
2519909910	其他氧化镁含量在70%及以上的矿产品	1
2526102000	未破碎及未研粉的滑石(不论是否粗加修整或仅用锯或其他方法切割成矩形板、块)	1
2526202001	滑石粉(体积百分比90%及以上的产品颗粒度≤18微米的)	1
2526202090	已破碎或已研粉的其他天然滑石	1
2528001000	天然硼砂及其精矿(不论是否煅烧,不含从天然盐水析离的硼酸盐)	0
2528009000	其他天然硼酸盐及精矿;天然粗硼酸,含硼酸干重不超过85%	0
2530909901	天青石	1
2530909902	锂辉石矿	0
2530909910	废镁砖	1
2530909930	未煅烧的水镁石	1
2618001001	主要含锰的冶炼钢铁产生的粒状熔渣,含锰量>25%(包括熔渣砂)	2
2619000021	冶炼钢铁所产生的含钒浮渣、熔渣、氧化皮及其他废料,五氧化二钒含量>25%(冶炼钢铁所产生的粒状熔渣除外)	2
2620999011	含其他金属及其化合物的矿渣、矿灰及残渣,五氧化二钒>25%(冶炼钢铁所产生的除外)	2
2701110010	无烟煤(不论是否粉化,但未制成型)	0
2701110090	无烟煤滤料	0
2701121000	未制成型的炼焦煤(不论是否粉化)	0
2701129000	其他烟煤(不论是否粉化,但未制成型)	0
2701190000	其他煤(不论是否粉化,但未制成型)	0
2701200000	煤砖、煤球及类似用煤制固体燃料	0

商品编号	商品名称	2012年暂定税率(%)
2702100000	褐煤(不论是否粉化,但未制成型)	0
2702200000	制成型的褐煤	0
2704001000	焦炭或半焦炭(煤、褐煤或泥煤制成的,不论是否成型)	0
2704009000	甑炭	0
2705000010	煤气	1
2705000090	水煤气、炉煤气及类似气体(石油气及其他烃类气除外)	1
2706000001	含蒽油≥50%及沥青≥40%的"炭黑油"	1
2706000090	其他从煤、褐煤或泥煤蒸馏所得的焦油及矿物焦油(不论是否脱水或部分蒸馏,包括再造焦油)	1
2707300000	粗二甲苯	2
2707500000	其他芳烃混合物(250℃时蒸馏出芳烃含量以体积计在65%及以上)	3
2708200001	针状沥青焦	3
2710121001	车用汽油及航空汽油,不含生物柴油(铅含量每升不超过0.013克)	1
2710121002	车用汽油及航空汽油,不含生物柴油(铅含量每升超过0.013克)	1
2710122000	石脑油,不含生物柴油	0
2710129101	壬烯,不含生物柴油(碳九异构体混合物含量高于90%)	4
2710129910	异戊烯同分异构体混合物,不含生物柴油	5
2710191100	航空煤油,不含生物柴油	0
2710191910	正构烷烃(C9~C13),不含生物柴油	2
2710192100	轻柴油,不含生物柴油	0
2710192200	5~7号燃料油,不含生物柴油	1
2710192910	蜡油,不含生物柴油(350℃以下馏出物体积<20%,550℃以下馏出物体积>80%)	0
2711120000	液化丙烷	1
2711139000	其他液化丁烷	1
2801302000	溴	1
2802000000	升华、沉淀、胶态硫磺	1
2804500001	碲	0
2804619011	含硅量不少于99.99%的多晶硅废碎料	1
2804619019	其他含硅量不少于99.99%的多晶硅	1
2804909000	其他硒	0
2805110000	钠	1
2805120010	高纯度钙[金属杂质(除镁外)含量<1‰,硼含量小于十万分之一]	1
2805120090	其他钙	1
2805190000	其他碱金属及碱土金属	1
2805301100	钕(未相互混合或相互熔合)	0
2805301200	镝(未相互混合或相互熔合)	0
2805301300	铽(未相互混合或相互熔合)	0
2805301400	镧(未相互混合或相互熔合)	0
2805301510	颗粒<500μm的铈及其合金(含量≥97%,不论球形、椭球体、雾化、片状、研碎金属燃料;未相互混合或相互熔合)	0
2805301590	其他金属铈(未相互混合或相互熔合)	0
2805301600	金属镨(未相互混合或相互熔合)	0
2805301700	金属钇(未相互混合或相互熔合)	0
2805301913	金属钐(未相互混合或相互熔合)	0
2805301914	金属铕(未相互混合或相互熔合)	0
2805301915	金属钪(未相互混合或相互熔合)	0
2805301990	其他稀土金属(未相互混合或相互熔合)	0

商品编号	商品名称	2012 年暂定税率(%)
2805302110	按重量计中重稀土总含量≥30% 电池级的稀土金属、钪及钇(已相互混合或相互熔合)	0
2805302190	其他电池级的稀土金属、钪及钇(已相互混合或相互熔合)	0
2805302910	按重量计中重稀土总含量≥30% 的其他稀土金属、钪及钇(已相互混合或相互熔合)	0
2805302990	其他稀土金属、钪及钇(已相互混合或相互熔合)	0
2807000010	硫酸	1
2807000090	发烟硫酸	1
2812101000	氯化亚砜(亚硫酰氯,氧氯化硫)	2
2814100000	氨	0
2814200010	氨水(含量≥10%)	0
2814200090	其他氨水	0
2816400000	锶或钡的氧化物、氢氧化物(及其过氧化物)	2
2818200000	氧化铝,但人造刚玉除外	0
2822001000	四氧化三钴	2
2822009000	其他钴的氧化物及氢氧化物(包括商品氧化钴,但四氧化三钴除外)	2
2825400000	镍的氧化物及氢氧化物	2
2826909001	六氟磷酸锂	2
2834211000	肥料用硝酸钾	1
2834299001	硝酸钡	2
2836600000	碳酸钡	1
2836910000	锂的碳酸盐	2
2836920000	锶的碳酸盐	2
2836993000	碳酸钴	2
2839900001	锆的硅酸盐	2
2840110000	无水四硼酸钠	2
2840190000	其他四硼酸钠	2
2841900001	钴酸锂	2
2846101000	氧化铈	0
2846102000	氢氧化铈	0
2846103000	碳酸铈	0
2846109010	氰化铈	0
2846109090	铈的其他化合物	0
2846901100	氧化钇	0
2846901200	氧化镧	0
2846901300	氧化钕	0
2846901400	氧化铕	0
2846901500	氧化镝	0
2846901600	氧化铽	0
2846901700	氧化镨	0
2846901920	氧化铒	0
2846901930	氧化钆	0
2846901940	氧化钐	0
2846901970	氧化镱	0
2846901980	氧化钪	0
2846901991	灯用红粉	0
2846901992	按重量计中重稀土总含量≥30% 的其他氧化稀土(灯用红粉、氧化铈除外)	0

商品编号	商品名称	2012年暂定税率(%)
2846901999	其他氧化稀土(灯用红粉、氧化铈除外)	0
2846902100	氯化铽	0
2846902200	氯化镝	0
2846902300	氯化镧	0
2846902400	氯化钕	0
2846902500	氯化镨	0
2846902600	氯化钇	0
2846902810	按重量计中重稀土总含量≥30%的混合氯化稀土	0
2846902890	其他混合氯化稀土	0
2846902900	其他未混合氯化稀土	0
2846903100	氟化铽	0
2846903200	氟化镝	0
2846903300	氟化镧	0
2846903400	氟化钕	0
2846903500	氟化镨	0
2846903600	氟化钇	0
2846903900	其他氟化稀土	0
2846904100	碳酸镧	0
2846904200	碳酸铽	0
2846904300	碳酸镝	0
2846904400	碳酸钕	0
2846904500	碳酸镨	0
2846904600	碳酸钇	0
2846904810	按重量计中重稀土总含量≥30%的混合碳酸稀土	0
2846904890	其他混合碳酸稀土	0
2846904900	其他未混合碳酸稀土	0
2846909100	镧的其他化合物	0
2846909200	钕的其他化合物	0
2846909300	铽的其他化合物	0
2846909400	镝的其他化合物	0
2846909500	镨的其他化合物	0
2846909600	钇的其他化合物	0
2846909910	按重量计中重稀土总含量≥30%的稀土金属、钪的其他化合物(铈的化合物除外)	0
2846909990	其他稀土金属、钪的其他化合物(铈的化合物除外)	0
2901220000	丙烯	1
2903150000	1,2-二氯乙烷(ISO)	1
2903210000	氯乙烯	1
2905121000	正丙醇	3
2905320000	1,2-丙二醇	3
2905399001	1,3-丙二醇	3
2905450000	丙三醇(甘油)	3
2906131000	固醇	3
2907121100	间甲酚	3
2907121200	邻甲酚	3
2907191010	邻异丙基(苯)酚	2
2907191090	邻仲丁基酚	2
2907210000	间苯二酚及其盐	3

商品编号	商品名称	2012 年暂定税率(%)
2909410000	2,2'-氧联二乙醇(二甘醇)	3
2912190001	乙二醛	3
2915501000	丙酸	3
2920909001	碳酸二苯酯	2
2921192000	异丙胺	2
2921430020	邻甲苯胺	3
2922421000	谷氨酸	5
2926100000	丙烯腈(即2-丙烯腈、乙烯基氰)	3
2926909020	己二腈	1
2930909040	DL-羟基蛋氨酸	5
3002100010	生长因子(不论是否通过修饰或生物工艺加工制得,具有免疫调节作用)	0
3002100090	其他抗血清、其他血份及免疫制品(不论是否通过修饰或生物工艺加工制得)	0
3002200000	人用疫苗	0
3002904010	两用物项管制遗传物质和基因修饰生物体	0
3002904090	其他遗传物质和基因修饰生物体	0
3002909011	濒危动物血制品	0
3002909019	其他人血制品、动物血制品	0
3002909091	两用物项管制毒素	0
3002909092	苏云金杆菌	0
3002909099	人血、其他毒素等[包括培养微生物(不包括酵母)及类似产品]	0
3103101000	重过磷酸钙	1
3103109000	其他过磷酸钙	1
3103900000	其他矿物磷肥或化学磷肥	1
3104209000	其他氯化钾	1
3104300000	硫酸钾	1
3104901000	光卤石、钾盐及其他天然粗钾盐	1
3104909000	其他矿物钾肥及化学钾肥	1
3105100010	制成片状及类似形状或零售包装的硝酸铵(零售包装每包毛重不超过10千克)	1
3105100090	制成片状及类似形状或零售包装的第三十一章其他货品(零售包装每包毛重不超过10千克)	1
3105400000	磷酸二氢铵(包括磷酸二氢铵与磷酸氢二铵的混合物)	1
3105510000	含有硝酸盐及磷酸盐的肥料(包括矿物肥料或化学肥料)	1
3105590000	其他含氮、磷两种元素肥料(包括矿物肥料或化学肥料)	1
3105600000	含磷、钾两种元素的肥料(包括矿物肥料或化学肥料)	1
3105900000	其他肥料	1
3208201001	分散于或溶于非水介质的光导纤维用涂料(主要成分为聚胺酯丙烯酸酯类化合物,以丙烯酸聚合物为基本成分)	6
3208901001	分散于或溶于非水介质的光导纤维用涂料(主要成分为聚胺酯丙烯酸酯类化合物,以聚胺酯类化合物为基本成分)	6
3210000001	其他光导纤维用涂料	6
3301250000	其他薄荷油(包括浸膏及净油)	5
3301299910	黄樟油	7
3301301000	鸢尾凝脂(香膏类)	10
3304300000	指(趾)甲化妆品	10
3304990010	护肤品(包括防晒油或晒黑油,但药品除外)	5
3305200000	烫发剂	10

商品编号	商品名称	2012年暂定税率(%)
3305300000	定型剂	10
3401199000	其他有机表面活性产品及制品(包括用肥皂或洗涤剂浸、涂或包覆的纸、絮胎及无纺织物)	10
3401200000	其他形状的肥皂(除条状、块状或模制形状以外的)	10
3402900001	十二烷基苯磺酸钙甲醇溶液(非零售包装,十二烷基苯磺酸钙含量高于70%)	7
3403110000	含有石油类的处理纺织等材料制剂[指含石油或沥青矿物油(重量<70%)的制剂]	8
3403190000	其他含有石油或矿物提取油类制剂[指含石油或沥青矿物油(重量<70%)的制剂]	8
3403910000	其他处理纺织等材料的制剂(包括处理皮革、毛皮或其他材料的制剂)	8
3503001001	明胶	5
3505100000	糊精及其他改性淀粉	6
3701100000	未曝光的X光感光硬片及平面软片	10
3701302400	未曝光照相制版用CTP版(任何一边>255毫米)	4.7元/平方米
3702429201	未曝光红色或红外激光胶片[宽长胶卷指宽度>800毫米,长度>1000米]	1.05元/平方米
3702552000	未曝光的彩色电影胶卷(16毫米<宽度≤35毫米,长度>30米)	6元/平方米
3707100001	不含银的感光乳液剂	4
3707902000	复印机用化学制剂(不包括上光漆、胶水、黏合剂及类似制剂)	5
3707909001	打印机或多功能一体机用化学制剂	5
3801100010	核级石墨(纯度高于百万分之五硼当量,密度>1.50克/立方厘米)	3
3801100020	人造细晶粒整体石墨(20℃下的密度、拉伸断裂应变、热膨胀系数符合特殊要求)	3
3801100090	其他人造石墨	3
3815120010	载铂催化剂(为了从重水中回收氚或为了生产重水而专门设计或制备,用于加速氢和水之间的氢同位素交换反应)	4
3815120090	其他以贵金属为活性物的载体催化剂	4
3823120000	油酸	8
3823190001	植物酸性油(酸性油仅指精炼所得的)	5
3823700000	工业用脂肪醇	9
3824909901	高钛渣(二氧化钛质量百分含量>70%的)	0
3824909902	生产等离子显示屏用的银电极、介质、障蔽、荧光粉浆料	3
3824909903	电极浆料(主要成分为金属和有机溶剂)	3
3901100001	初级形状比重<0.94的聚乙烯(进口CIF价高于3800美元/吨)	3
3901200001	初级形状比重≥0.94的聚乙烯(进口CIF价高于3800美元/吨)	3
3902100010	电工级初级形状聚丙烯树脂(灰分含量不大于30PPM)	3
3906909001	聚丙烯酸钠	3
3907201000	聚四亚甲基醚二醇	3
3907300001	初级形状溴质量≥18%或进口CIF价>3800美元/吨的环氧树脂(如溶于溶剂,以纯环氧树脂折算溴的百分比含量)	4
3907400000	初级形状的聚碳酸酯	3
3907700000	初级形状的聚乳酸	3
3911900001	芳基酸与芳基胺预缩聚物	3
3911900003	改性三羟乙基脲酸酯类预缩聚物	3
3911900005	偏苯三酸酐和异氰酸预缩聚物	3
3912110001	未塑化二醋酸纤维素等(包括未塑化三醋酸纤维素)	1
3920101000	乙烯聚合物制电池隔膜	3

商品编号	商品名称	2012 年暂定税率(%)
3920910001	聚乙烯醇缩丁醛膜(厚度不超过 3 毫米)(非泡沫料的,未用其他材料强化、层压、支撑)	3
3920999001	聚酰亚胺膜,厚度≤0.03 毫米(未用其他材料强化、层压、支撑)	3
3921909001	离子交换膜	5
4001100000	天然胶乳(不论是否预硫化)	10%或 720 元/吨,两者从低
4001210000	天然橡胶烟胶片	20%或 1600 元/吨,两者从低
4001220000	技术分类天然橡胶(TSNR)[初级形状(胶乳、烟胶片除外)或板、片、带]	20%或 2000 元/吨,两者从低
4011200011	客或货运车用新的充气子午线轮胎(指机动车辆用橡胶轮胎,断面宽度≥30 英寸)	3
4011200019	断面宽≥30 英寸客或货车用新非子午线充气橡胶轮胎	3
4011610011	断面宽≥24 英寸人字形子午线轮胎(新充气橡胶轮胎,含胎面类似人字形的,农林车辆机械用)	6
4011610019	断面宽≥24 英寸人字形非子午线轮胎(新充气橡胶轮胎,含胎面类似人字形的,农林车辆机械用)	6
4011630011	断面宽≥24 英寸人字形子午线轮胎(建筑业,工业用,辋圈>61 厘米,新充气橡胶胎,含类人字形)	8
4011630019	断面宽≥24 英寸人字形非子午线轮胎(建筑业,工业用,辋圈>61 厘米,新充气橡胶胎,含类人字形)	8
4011690011	断面宽≥30 英寸人字形子午线轮胎(其他用途,新充气橡胶轮胎,含胎面类似人字形的)	6
4011690019	断面宽≥30 英寸人字形非子午线轮胎(其他用途,新充气橡胶轮胎,含胎面类似人字形的)	6
4011920011	其他断面宽度≥24 英寸子午线轮胎(新充气橡胶轮胎,非人字形胎面,农林车辆机械用)	6
4011920019	其他断面宽≥24 英寸非子午线轮胎(新充气橡胶轮胎,非人字形胎面,农林车辆机械用)	6
4011940011	其他断面宽度≥24 英寸子午线轮胎(建筑业,工业用,辋圈>61 厘米,新充气橡胶胎,非人字形胎面)	8
4011940019	其他断面宽≥24 英寸非子午线轮胎(建筑业,工业用,辋圈>61 厘米,新充气橡胶胎,非人字形胎面)	8
4011990011	其他断面宽度≥30 英寸子午线轮胎(其他用途,新充气橡胶轮胎,非人字形胎面)	5
4011990019	其他断面宽≥30 英寸非子午线轮胎(其他用途,新充气橡胶轮胎,非人字形胎面)	5
4012130000	航空器用翻新轮胎	8
4012901000	航空器用实心或半实心橡胶轮胎(包括橡胶胎面及橡胶轮胎衬带)	1
4013901000	航空器用橡胶内胎	1
4104111110	蓝湿濒危野牛皮(全粒面未剖或粒面剖层,经鞣制不带毛)	3
4104111190	全粒面未剖层或粒面剖层蓝湿牛皮(经鞣制不带毛)	3
4104191110	其他蓝湿濒危野牛皮(经鞣制不带毛)	3
4104191190	其他蓝湿牛皮(经鞣制不带毛)	3
4104192010	其他湿濒危野马皮(经鞣制不带毛)	5
4104192090	其他湿马皮(经鞣制不带毛)	5
4104410010	濒危野牛马干革(全粒面未剖或粒面剖层,经鞣制不带毛)	3
4104410090	全粒面未剖层或粒面剖层干革(经鞣制不带毛)	3
4105101000	蓝湿绵羊或羔羊皮(经鞣制不带毛)	10
4106210001	蓝湿山羊皮(经鞣制不带毛)	10
4106311010	蓝湿鹿豚、姬猪皮(经鞣制不带毛)	10

商品编号	商品名称	2012年暂定税率(%)
4106311090	其他蓝湿猪皮(经鞣制不带毛)	10
4107121010	粒面剖层整张濒危野牛皮(经鞣制或半硝后进一步加工,羊皮纸化处理)	6
4107121090	粒面剖层整张牛皮(经鞣制或半硝后进一步加工,羊皮纸化处理)	6
4408901210	温带濒危非针叶木制饰面用木单板(厚度≤6毫米,针叶木、热带木除外)	1
4408901290	其他温带非针叶木制饰面用木单板(厚度≤6毫米,针叶木、热带木除外)	1
4408901911	家具饰面用濒危木单板(厚度≤6毫米)	1
4408901919	其他家具饰面用单板(厚度≤6毫米)	1
4408902911	其他濒危木制胶合板用旋切单板(厚度≤6毫米)	1
4408902991	其他木制胶合板用旋切单板(厚度≤6毫米)	1
4501100000	未加工或简单加工的天然软木	1
4802201000	照相原纸(未经涂布的,成卷或成张)	5
4806400000	高光泽透明或半透明纸(成卷或成张的)	5
4807000000	成卷或成张的复合纸及纸板(未经表面涂布或未浸渍,不论内层是否有加强材料)	5
4811511000	漂白的彩色相纸用双面涂塑厚纸(每平方米重量超过150克,成卷或成张的)	1
4907009001	特许权使用凭证(包括软件升级许可证、软件用户许可证等)	0
4911991001	印有自动数据处理设备用程序的纸张	0
5210110011	未漂白与聚酯短纤混纺的棉制府绸(指每平米重≤200克,含棉85%以下,含平细布)	6
5210110012	未漂白与聚酯短纤混纺棉机织平布(指每平米重≤200克,≤68号,含棉85%以下)	6
5210110013	未漂白与聚酯短纤混纺棉奶酪布(指每平米重≤200克,含棉85%以下)	6
5210110014	未漂白与聚酯短纤混纺棉印染用布(指每平米重≤200克,43~68号,含棉85%以下)	6
5210110015	未漂白与聚酯短纤混纺棉巴里纱(指每平米重≤200克,≥69号,含棉85%以下,含薄细布)	6
5210110091	未漂白与其他化纤混纺棉府绸(指每平米重≤200克,含棉85%以下,含细平布)	6
5210110092	未漂白与其他化纤混纺棉机织平布(指每平米重≤200克,≤68号,含棉85%以下)	6
5210110093	未漂白与其他化纤混纺棉奶酪布(指每平米重≤200克,含棉85%以下)	6
5210110094	未漂白与其他化纤混纺棉印染用布(指每平米重≤200克,43~68号,含棉85%以下)	6
5210110095	未漂白与其他化纤混纺棉巴里纱(指每平米重≤200克,≥69号,含棉85%以下,含薄细布)	6
5210191010	未漂白与聚酯短纤混纺3/4线或双面棉斜纹布(每平米重≤200克,含棉85%以下)	6
5210191090	未漂白与其他化纤混纺3/4线或双面棉斜纹布(每平米重≤200克,含棉85%以下)	6
5210199011	其他未漂白与聚酯短纤混纺的缎布(每平米重≤200克,含棉85%以下)	6
5210199012	其他未漂白与聚酯短纤混纺斜纹布(每平米重≤200克,含棉85%以下)	6
5210199013	其他未漂白与聚酯短纤混纺牛津布(每平米重≤200克,含棉85%以下)	6
5210199019	其他未漂白与聚酯短纤混纺棉布(每平米重≤200克,含棉85%以下)	6
5210199091	其他未漂白与其他化纤混纺缎布(每平米重≤200克,含棉85%以下)	6
5210199092	其他未漂白与其他化纤混纺斜纹布(每平米重≤200克,含棉85%以下)	6

商品编号	商品名称	2012 年暂定税率(%)
5210199093	其他未漂白与其他化纤混牛津布(每平米重≤200 克,含棉 85% 以下)	6
5210199099	其他未漂白与其他化纤混纺棉布(每平米重≤200 克,含棉 85% 以下)	6
5211110011	未漂白与聚酯短纤混纺棉府绸(每平方米重>200 克,含棉 85% 以下,含细平布)	6
5211110012	未漂白与聚酯短纤混纺棉机织平布(每平方米重>200 克,含棉 85% 以下)	6
5211110019	未漂白与聚酯短纤混纺棉平纹帆布(每平方米重>200 克,含棉 85% 以下)	6
5211110091	未漂白与其他化纤混纺棉府绸(每平方米重>200 克,含棉 85% 以下,含细平布)	6
5211110092	未漂白与其他化纤混纺棉机织平布(每平方米重>200 克,含棉 85% 以下)	6
5211110099	未漂白与其他化纤混纺棉平纹帆布(每平方米重>200 克,含棉 85% 以下)	6
5211120010	未漂白聚酯短纤混纺斜纹棉布(每平米重>200 克,含棉 85% 以下,3/4 线斜纹布,双面斜纹布)	6
5211120090	未漂白其他化纤混纺斜纹棉布(每平米重>200 克,含棉 85% 以下,3/4 线斜纹布,双面斜纹布)	6
5211190011	未漂白与聚酯短纤混纺其他棉缎布(每平米重>200 克,含棉 85% 以下)	6
5211190012	未漂白与聚酯短纤混纺其他棉斜纹布(每平米重>200 克,含棉 85% 以下)	6
5211190013	未漂白与聚酯短纤混纺其他棉帆布(每平米重>200 克,含棉 85% 以下)	6
5211190019	未漂白与聚酯短纤混纺其他棉布(每平米重>200 克,含棉 85% 以下)	6
5211190091	未漂白与其他化纤混纺其他棉缎布(每平米重>200 克,含棉 85% 以下)	6
5211190092	未漂白与其他化纤混纺其他棉斜纹布(每平米重>200 克,含棉 85% 以下)	6
5211190093	未漂白与其他化纤混纺其他棉帆布(每平米重>200 克,含棉 85% 以下)	6
5211190099	未漂白与其他化纤混纺其他棉布(每平米重>200 克,含棉 85% 以下)	6
5212110011	未漂白的其他混纺棉布(每平米重≤200 克,与 36% 及以上精梳羊毛或动物细毛混纺)	6
5212110019	未漂白的其他混纺棉布(每平米重≤200 克,与 36% 以下精梳羊毛或动物细毛混纺)	6
5212110021	未漂白的其他混纺棉布(每平米重≤200 克,与 36% 及以上其他羊毛或动物细毛混纺)	6
5212110029	未漂白的其他混纺棉布(每平米重≤200 克,与其他羊毛或动物细毛混纺)	6
5212110030	未漂白的其他混纺府绸及细平布(每平米重≤200 克,与化纤、羊毛/动物细毛以外其他纤维混纺)	6
5212110040	未漂白的其他混纺棉机织平布(每平米重≤200 克,与化纤、羊毛/动物细毛以外其他纤维混纺)	6
5212110050	未漂白的其他混纺棉印染布(每平米重≤200 克,与化纤、羊毛/动物细毛以外其他纤维混纺)	6
5212110060	未漂白其他混纺棉奶酪布、薄细布、巴里纱(每平米重≤200 克,与化纤、羊毛/动物细毛以外其他纤维混纺)	6
5212110070	未漂白的其他混纺棉缎布(每平米重≤200 克,与化纤、羊毛/动物细毛以外其他纤维混纺)	6
5212110081	未漂白的其他混纺斜纹棉布(每平米重≤200 克,与化纤、羊毛/动物细毛以外其他纤维混纺)	6

商品编号	商品名称	2012年暂定税率(%)
5212110089	未漂白的其他混纺棉牛津布(每平米重≤200克,与化纤、羊毛/动物细毛以外其他纤维混纺)	6
5212110090	未漂白的其他混纺棉布(每平米重≤200克,与化纤、羊毛/动物细毛以外其他纤维混纺)	6
5212210011	未漂白其他混纺棉布(每平米重>200克,与36%及以上精梳羊毛/动物细毛混纺)	6
5212210019	未漂白其他混纺棉布(每平米重>200克,与36%及以下精梳羊毛/动物细毛混纺)	6
5212210021	未漂白其他混纺棉布(每平米重>200克,与36%及以上其他羊毛/动物细毛混纺)	6
5212210029	未漂白其他混纺棉布(每平米重>200克,与36%及以下其他羊毛/动物细毛混纺)	6
5212210030	未漂白其他混纺府绸及平细布(每平米重>200克,与化纤以外其他纤维混纺)	6
5212210040	未漂白其他混纺棉机织平布(每平米重>200克,与化纤以外其他纤维混纺)	6
5212210050	未漂白其他混纺棉帆布(每平米重>200克,与化纤以外其他纤维混纺)	6
5212210060	未漂白其他混纺棉缎布(每平米重>200克,与化纤以外其他纤维混纺)	6
5212210070	未漂白其他混纺斜纹棉布(每平米重>200克,与化纤以外其他纤维混纺)	6
5212210090	未漂白其他混纺棉布(每平米重>200克,与化纤以外其他纤维混纺)	6
5301210000	破开或打成的亚麻	1
5301300000	亚麻短纤及废麻(包括废麻纱线及回收纤维)	4
5306200000	亚麻多股纱线或缆线	5
5504102901	高湿模量未梳木制非阻燃粘胶纤维(湿强≥2.0cn/dtex,干强≥3.0cn/dtex)(干伸>14%,湿伸>18%,纤度0.89~2.67dtex)	2
5601300010	由两种或以上有机聚合物纺制的纤维(横截面为皮芯结构或并列结构或海岛结构,长度≤5毫米)	5
6306291000	棉制帐篷	7
6306299000	其他纺织材料制帐篷	7
6306401000	棉制充气褥垫	7
6306402000	化纤制充气褥垫	7
6306409000	其他纺织材料制充气褥垫	7
6307100011	棉制抹布、拖布及擦光布	7
6307100019	其他纺织材料抹布、拖布及擦光布	7
6307100021	棉制汽车修理厂加油站等工厂用巾	7
6307100029	其他纺材制汽车修理厂等工厂用巾	7
6307100030	棉毛圈织物制酒吧用布[(46-57)厘米×(38-43)厘米]	7
6307100041	棉制擦碗布	7
6307100049	其他纺织材料制擦碗布	7
6307100090	其他擦拭用布等(含抹布及类似擦拭用布)	7
6307200000	救生衣及安全带	10
6806100001	矿物纤维,渣球含量<5%	5
6807100001	聚酯—铜复合胎基改性沥青根阻防水卷材	1
6815993921	碳含量>90%特种碳纤维纱线(比模量≥12.3×10^6米,比极限抗拉强度≥0.3×10^6米)	15
6815993991	其他碳含量>90%碳纤维纱线	15
6904900000	陶瓷制铺地砖、支撑或填充用砖(包括类似品)	15

商品编号	商品名称	2012 年暂定税率(%)
6905100000	陶瓷制屋顶瓦	15
6905900000	其他建筑用陶瓷制品(包括烟囱罩通风帽、烟囱衬壁、建筑装饰物)	15
6906000000	陶瓷套管、导管、槽管及管子配件	10
6907100010	瓷砖、陶瓷等产品,未打磨上釉陶瓷(表面最宽<7 厘米)	12
6907100090	未上釉的小陶瓷砖、瓦、块及类似品(小指最大表面积可置入边长<7 厘米的方格为限)	12
6907900000	未上釉的大陶瓷砖、瓦、块及类似品(大指最大表面积超过编号 690710 所列规格的)	8
6909900000	农业、运输或盛装货物用陶瓷容器	15
6911101000	瓷餐具	8
6911102000	瓷厨房器具	10
6912001000	陶餐具	10
6912009000	陶制厨房器具(包括家用或盥洗用的)	10
7002201000	光导纤维预制棒	4
7002311000	光导纤维用波导级石英玻璃管(未经加工,熔凝石英或其他熔凝硅石制)	3
7002390001	光通信用微光组件的玻璃毛细管、定位管(外径<3 毫米)	3
7003190001	液晶或有机发光二极管(OLED)显示屏用原板玻璃(铸、轧制的非夹丝玻璃板、片,未着色,透明及不具吸收层的,未经其他加工)	3
7004900001	光学平板玻璃,厚度<0.7 毫米(未着色,透明及不具吸收层的,未经其他加工)	9
7005290002	液晶或有机发光二极管(OLED)显示屏用原板玻璃(非夹丝浮法玻璃板、片)	3
7006000001	液晶玻璃基板(经弯曲、磨边、镂刻、钻孔、涂珐琅等加工,未镶框或装配)	4
7007111001	空载重量≥25 吨飞机的挡风玻璃	1
7007190001	低铁钢化太阳能电池组件封装专用玻璃(指最大含铁量 0.02% Fe_2O_3,厚度为 2.5 毫米~3.5 毫米的玻璃)	12
7009910001	槽式太阳能抛物面反射镜	10
7011209001	显示管玻壳及其零件(包括零件,但未装有配件)	6
7013220000	铅晶质玻璃制高脚杯(玻璃陶瓷制的除外)	15
7013330000	铅晶质玻璃制其他杯(玻璃陶瓷制的除外)	15
7013410000	铅晶质玻璃制餐桌、厨房用器皿(不包括杯子,玻璃陶瓷制的除外)	15
7014009001	滤波玻璃(带有抗红外和防反射薄膜的)	9
7015101000	视力矫正眼镜用变色镜片坯件(未经光学加工的)	15
7015109000	其他视力矫正眼镜用镜片坯件(未经光学加工的)	10
7015902000	平光变色镜片坯件(未经光学加工的)	10
7018900000	灯工方法制的玻璃塑像及玻璃饰品,玻璃假眼(仿首饰除外,医用假眼除外)	10
7019520001	覆铜板用玻璃纤维长丝平纹布,开纤或每平米重≤180 克(宽度>30 厘米,单根纱线细度≤136 特)	8
7020001100	导电玻璃	7
7020001902	等离子模块生产用高应变点玻璃(应变点≥550℃)	5
7020009901	石英玻璃,平整度≤1 微米	4
7101101100	未分级的天然黑珍珠(不论是否加工,但未制成制品)	0
7101109100	其他天然黑珍珠(不论是否加工,但未制成制品)	0
7101211001	未分级、未加工的养殖黑珍珠(未制成制品)	0
7101219001	其他未加工的养殖黑珍珠(未制成制品)	0
7101221001	未分级、已加工的养殖黑珍珠(未制成制品)	0
7101229001	其他已加工的养殖黑珍珠(未制成制品)	0

商品编号	商品名称	2012年暂定税率(%)
7104901201	蓝宝石衬底(由人造刚玉加工而成)(厚度<0.5毫米)	1
7112922001	铂含量>3%的其他含有铂或铂化合物的废碎料(但含有其他贵金属除外,主要用于回收铂)	0
7115901010	银制工业、实验室用制品	0
7115901020	金制工业、实验室用制品	0
7115901090	其他工业、实验室用贵或包贵金制品	0
7202410000	铬铁,按重量计含碳量>4%	1
7202490000	铬铁,按重量计含碳量≤4%	1
7202600000	镍铁	1
7202930010	铁钽铌合金(钽含量<10%)	1
7202930090	其他铌铁	1
7203100001	热压铁块	0
7204100000	铸铁废碎料	0
7204300000	镀锡钢铁废碎料	0
7204410000	机械加工中产生的钢铁废料(机械加工指车、刨、铣、磨、锯、锉、剪、冲加工)	0
7226999001	铁镍合金带材(生产集成电路框架用)(宽度<600毫米)	4
7323910000	餐桌、厨房等家用铸铁制器具(包括零件、非搪瓷的)	10
7323920000	餐桌、厨房等家用铸铁制搪瓷器(包括零件、已搪瓷的)	10
7323941000	面盆,钢铁制,已搪瓷(铸铁的除外)	10
7323942000	烧锅,钢铁制,已搪瓷(铸铁的除外)	10
7324100000	不锈钢制洗涤槽及脸盆	10
7324290000	其他钢铁制浴缸(不论是否搪瓷)	15
7324900000	其他钢铁制卫生器具及零件	15
7401000090	铜锍	0
7402000001	未精炼铜、电解精炼用铜阳极(含黄金价值部分)	0
7402000090	未精炼铜、电解精炼用铜阳极(非黄金价值部分)	0
7403111100	精炼铜的阴极(未锻轧的,按重量计铜含量>99.9935%的)	0
7403111900	其他精炼铜的阴极(未锻轧的)	0
7403119000	精炼铜的阴极型材(未锻轧的)	0
7403120000	精炼铜的线锭(未锻轧的)	0
7403130000	精炼铜的坯段(未锻轧的)	0
7403190000	其他未锻轧的精炼铜	0
7404000010	以回收铜为主的废电机等(包括废电机、电线、电缆、五金电器)	0
7404000090	其他铜废碎料	0
7408190001	其他含氧量<5PPM的精炼铜丝(截面尺寸≤6毫米)	2
7410110001	覆铜板及印刷线路板用铜箔(厚度≤0.15毫米)	3
7411101901	其他含氧量<5PPM,外径≤25毫米的精炼铜管	2
7418109000	其他餐桌厨房等家用铜制器具及其零件	10
7418200000	铜制卫生器具及其零件	10
7501100000	镍锍	0
7501201000	镍湿法冶炼中间品	0
7501209000	其他氧化镍烧结物、镍的其他中间产品	0
7502101000	未锻轧非合金镍,但钴含量≤0.005%(按重量计镍、钴总量≥99.99%的)	0
7502109000	其他未锻轧非合金镍	0
7503000000	镍废碎料	1
7601109000	其他未锻轧非合金铝	0

商品编号	商品名称	2012 年暂定税率(%)
7602000010	以回收铝为主的废电线等(包括废电线、电缆、五金电器)	0
7602000090	其他铝废碎料	0
7606112900	其他非合金铝制矩形板、片及带(包括正方形)(0.3 毫米≤厚度≤0.36 毫米)	4
7607190001	化成箔(厚度≤0.2 毫米)	3
7615109010	铝制高压锅	10
7615109090	其他餐桌厨房等家用铝制器具及其零件	10
7901111000	含锌量≥99.995%的未锻轧锌	1
7901119000	99.99%≤含锌量<99.995%的未锻轧锌	1
7901120000	含锌量<99.99%的未锻轧锌	1
7901200000	未锻轧锌合金	1
7902000000	锌废碎料	1
8101970000	钨废碎料	1
8103300000	钽废碎料	0
8105201000	钴湿法冶炼中间品	0
8105209001	钴锍及其他冶炼钴时所得中间产品	0
8106001011	高纯度未锻轧的铋(纯度≥99.99%,含银量低于十万分之一)	1
8106001091	其他未锻轧铋	1
8108903100	厚度≤0.8 毫米钛板、片、带、箔	4
8108903210	钛金属基复合材料的板、片、带、箔(其中增强材料的比拉伸强度>7.62×10^4 米和比模量>3.18×10^7 米,厚度>0.8 毫米)	4
8108903290	其他厚度>0.8 毫米钛板、片、带、箔	4
8112922001	未锻轧、废碎料或粉末状的钒氮合金	0
8112924010	铌废碎料	1
8112924090	未锻轧的铌,铌粉末	1
8112992001	其他钒氮合金	0
8207300001	加工小轿车车身冲压件用的 4 种关键模具(侧围外板、翼子板、拼接整体侧围内板、拼焊整体侧围加强板用模具)	4
8207300002	加工小轿车车身冲压件用的 4 种特种模具(σb≥980 牛/平方毫米的冷冲压、热成型、内高压成型和铝板用模具)	4
8211100000	以刀为主的成套货品	10
8211910000	刃面固定的餐刀	10
8211930000	刃面不固定的刀	10
8215990000	其他非成套的厨房或餐桌用具(非成套货品,没镀贵金属的)	10
8407341001	缸内直接喷射的汽油发动机,1000 毫升<排气量≤2500 毫升(第八十七章所列车辆的点燃往复式活塞发动机)	8
8407341002	升功率≥75 千瓦的多点喷射涡轮增压汽油发动机,1000 毫升<排气量≤2500 毫升(八十七章车辆的点燃往复式活塞发动机,缸内直喷式除外)	5
8407909001	转速<3600 转/分汽油发动机(发电机用)	8
8407909002	转速<4650 转/分汽油发动机(品目 84.26、84.28~84.30 所列机械用)	8
8407909003	立式输出轴汽油发动机(非第八十七章所列车辆用其他往复式活塞发动机)	9
8407909004	转速<4650 转/分汽油发动机(品目 84.27 所列机械用)	6
8408201001	输出功率≥441 千瓦的柴油发动机(600 马力)	4
8408201002	257 千瓦≤输出功率<441 千瓦的柴油发动机(350≤马力<600)	5
8408209001	升功率≥40 千瓦的额定功率<132.39 千瓦的轿车用柴油发动机	10
8409919100	电控燃油喷射装置(指专用于或主要用于点燃式活塞内燃发动机的)	2
8409999901	电控柴油喷射装置(指品目 84.08 所列的其他发动机用)	5
8411810001	涡轮轴航空发动机(功率≤5000 千瓦)	7

商品编号	商品名称	2012年暂定税率(%)
8411991001	涡轮轴航空发动机用零件	0
8412310001	三坐标测量机用平衡气缸	7
8413110000	分装燃料或润滑油的泵,用于加油站或车库(其装有或可装计量装置)	6
8413190000	其他装有或可装计量装置的泵	6
8413501010	农业用气动往复式排液泵	6
8413501020	气动式耐腐蚀波纹或隔膜泵(流量>0.6立方米/小时,接触表面由特殊耐腐蚀材料制成)	6
8413501090	其他非农业用气动往复式排液泵	6
8413502010	农业用电动往复式排液泵	6
8413502020	电动式耐腐蚀波纹或隔膜泵(流量>0.6立方米/小时,接触表面由特殊耐腐蚀材料制成)	6
8413502030	电动往复式排液多重密封泵(两用物项管制)	6
8413502090	其他非农业用电动往复式排液泵	6
8413503101	农业用柱塞泵	6
8413503190	其他非农业用柱塞泵	6
8413503901	其他农业用液压往复式排液泵	6
8413503920	液压式耐腐蚀波纹或隔膜泵(流量>0.6立方米/小时,接触表面由特殊耐腐蚀材料制成)	6
8413503990	其他非农业用液压往复式排液泵	6
8413509010	其他农用往复式排液泵	6
8413509020	其他耐腐蚀波纹或隔膜泵(流量>0.6立方米/小时,接触表面由特殊耐腐蚀材料制成)	6
8413509090	其他非农用往复式排液泵	6
8413602101	农业用电动齿轮泵(回转式排液泵)	6
8413602110	电动齿轮多重密封泵(非农业用回转式排液泵)	6
8413602190	其他非农业用电动齿轮泵(回转式排液泵,多重密封泵除外)	6
8413602201	农业用回转式液压油泵(输入转速>2000转/分,输入功率>190千瓦,最大流量>2×280升/分)	3
8413602202	非农业用回转式液压油泵(输入转速>2000转/分,输入功率>190千瓦,最大流量>2×280升/分)	3
8413602210	其他农业用液压齿轮泵(回转式排液泵)	6
8413602220	液压齿轮多重密封泵(非农业用回转式排液泵)	6
8413602290	其他非农业用液压齿轮泵(回转式排液泵,多重密封泵除外)	6
8413602901	其他农业用齿轮泵(回转式排液泵)	6
8413602990	其他非农业用齿轮泵(回转式排液泵)	6
8413603101	农业用电动叶片泵(回转式排液泵)	6
8413603110	电动叶片多重密封泵(非农业用回转式排液泵)	6
8413603190	其他非农业用电动叶片泵(回转式排液泵,多重密封泵除外)	6
8413603201	农业用液压叶片泵(回转式排液泵)	6
8413603210	液压叶片多重密封泵(非农业用回转式排液泵)	6
8413603290	其他非农业用液压叶片泵(回转式排液泵,多重密封泵除外)	6
8413603901	其他农业用叶片泵(回转式排液泵)	6
8413603990	其他非农业用叶片泵(回转式排液泵)	6
8413604001	农业用螺杆泵(回转式排液泵)	6
8413604010	螺杆多重密封泵(非农业用回转式排液泵)	6
8413604090	其他非农业用螺杆泵(回转式排液泵,多重密封泵除外)	6
8413605001	农业用径向柱塞泵(回转式排液泵)	6
8413605090	其他非农业用径向柱塞泵(回转式排液泵)	6

商品编号	商品名称	2012年暂定税率(%)
8413606001	农业用轴向柱塞泵(回转式排液泵)	6
8413606090	其他非农业用轴向柱塞泵(回转式排液泵)	6
8413609010	农业用其他回转式排液泵	6
8413609090	其他回转式排液泵	6
8413709110	农业用电动潜油泵及潜水电泵(转速<10000转/分)	6
8413709190	其他非农业用电动潜油泵及潜水电泵(转速<10000转/分)	6
8413920000	液体提升机用零件	4
8414100010	耐腐蚀真空泵(流量>5立方米/小时,接触表面由特殊耐腐蚀材料制成)	5
8414100020	真空泵(抽气口≥38厘米,速度≥15kl/s,产生<10^{-4}托极限真空度)	5
8414100030	能在含UF_6气氛中使用的真空泵(用铝、镍或含镍高于60%的合金制成或为衬里的)	5
8414100040	专门设计或制造的抽气能力≥5立方米/分的真空泵(专用于同位素气体扩散浓缩)	5
8414100050	能在含UF_6气氛中使用的真空泵(耐UF_6腐蚀的,也可用氟碳密封和特殊工作流体)	5
8414100090	其他真空泵	5
8414301101	功率≤0.4千瓦的冷藏、冷冻箱用无级变速压缩机	3
8414301102	功率≤0.4千瓦的冷藏、冷冻箱用定速压缩机	5
8414301202	0.4千瓦<功率≤5千瓦的冷藏、冷冻箱用定速压缩机	6
8414301301	0.4千瓦<功率≤5千瓦的空气调节器用无级变速压缩机	3
8414301302	0.4千瓦<功率≤5千瓦的空气调节器用定速压缩机	6
8414301401	功率>5千瓦的空气调节器用无级变速压缩机	3
8414301402	功率>5千瓦的空气调节器用定速压缩机	6
8414301501	电动机额定功率>5千瓦的电动机驱动的无级变速压缩机(冷冻或冷藏设备用)	4
8414301502	电动机额定功率>5千瓦的电动机驱动定速压缩机(冷冻或冷藏设备用)	6
8414301901	其他制冷设备用无级变速压缩机	4
8414301902	其他制冷设备用定速压缩机	6
8414601000	抽油烟机(指罩的平面最大边长不超过120厘米,装有风扇的)	6
8414901100	压缩机进、排气阀片(用于制冷设备的)	5
8414901900	编号84143011至84143014及84143090的零件(指编号84143011至84143014及84143090所列机器的其他零件)	5
8414902000	编号84145110至84145199及84146000机器零件(指上述编号内的吊扇换气扇等,还包括编号84146000机器零件)	6
8414909010	分子泵(气体离心机的静态部件,专门设计或制造的内部有已加工或挤压的螺纹槽和已加工的腔的泵体)	4
8414909090	品目84.14其他未列名零件	4
8415200000	机动车辆上供人使用的空气调节器(指机动车辆上供人使用的空气调节器)	10
8415812000	制冷量>4千大卡/时热泵式空调器(装有制冷装置及一个冷热循环换向阀的)	12
8415822000	制冷量>4千大卡/时的其他空调(仅装有制冷装置,而无冷热循环装置的)	12
8415901000	制冷量≤4千大卡/时空调的零件(指编号84151010、84151021、84158110、84158210所列设备的零件)	6

商品编号	商品名称	2012年暂定税率(%)
8415909000	制冷量>4千大卡/时空调的零件(指84151022、84152000、84158120、84158220、84158300所列设备)	6
8416201101	溴化锂空调用天然气燃烧机	5
8416209001	溴化锂空调用复式燃烧机	5
8418991000	制冷机组及热泵用零件	6
8418999100	制冷温度≤-40℃冷冻设备零件	6
8418999200	制冷温度>-40℃大冷藏设备零件(大仅指容积>500升的冷藏或冷冻设备用的零件)	6
8418999910	耐腐蚀冷凝器(20平方米>换热面积>0.15平方米)	6
8418999990	品目84.18其他制冷设备用零件	6
8419399001	生产奶粉用干燥器	4
8419399002	污泥涡轮干燥机	4
8419810000	加工热饮料、烹调、加热食品的机器	6
8420100001	织物轧光机	6
8421191000	脱水机	6
8421211000	家用型过滤或净化水的机器及装置	12
8421219901	喷灌设备用叠式净水过滤器	0
8421391000	家用型气体过滤、净化机器及装置	8
8421393001	摩托车发动机排气过滤及净化装置	3
8421991000	家用型过滤、净化装置用零件	6
8422110000	家用型洗碟机	6
8422301001	乳品加工用自动化灌装设备	6
8422303001	全自动无菌灌装生产线用包装机(加工速度≥20000只/小时)	6
8422309001	全自动无菌灌装生产线用贴吸管机(加工速度≥22000只/小时)	6
8422901000	洗碟机用零件	6
8426411001	55吨轮胎式起重机	3
8428101001	无障碍升降机	4
8431200000	其他装有升降装置工作车用零件(品目84.27所列机械用的)	3
8431310001	无障碍升降机的零件	1
8431410000	戽斗、夹斗、抓斗及其他铲斗	3
8433510001	功率≥160马力的联合收割机	5
8433530001	功率≥160马力的土豆、甜菜收获机	4
8433591001	功率≥160马力的甘蔗收获机	4
8433592000	棉花采摘机	5
8433599001	自走式青储饲料收获机	5
8433599002	茶叶采摘机	4
8434200000	乳品加工机器	2
8436800001	青储饲料切割上料机	3
8441901001	切纸机用弧形辊	4
8442302100	计算机直接制版机器(CTP)	3
8442400001	计算机直接制版机器用零件	0
8443131301	四色平张纸胶印机(对开单张单面印刷速度≥16000张/小时)	7
8443131302	四色平张纸胶印机(对开单张双面印刷速度≥13000张/小时)	7
8443131303	四色平张纸胶印机(全张或超全张单张单面印刷速度≥13000张/小时)	7
8443131901	五色及以上平张纸胶印机(对开单张单面印刷速度≥16000张/小时)	7
8443131902	五色及以上平张纸胶印机(对开单张双面印刷速度≥13000张/小时)	7
8443131903	五色及以上平张纸胶印机(全张或超全张单张单面印刷速度≥13000张/小时)	7

商品编号	商品名称	2012 年暂定税率(%)
8443160001	苯胺印刷机,线速度≥300 米/分,幅宽≥800 毫米(柔性版印刷机,用品目 84.42 项下商品进行印刷的机器)	3
8443160002	机组式柔性版印刷机,线速度≥160 米/分,250 毫米≤幅宽<800 毫米(具有烫印或全息或丝网印刷功能单元的)	5
8443170001	凹版印刷机,印刷速度≥350 米/分(用品目 84.42 项下商品进行印刷的机器)	9
8443192101	纺织用圆网印花机	6
8443192201	纺织用平网印花机	6
8443311010	静电感光式多功能一体加密传真机(可与自动数据处理设备或网络连接)	3
8443311090	其他静电感光式多功能一体机(可与自动数据处理设备或网络连接)	3
8443322101	幅宽>60 厘米的喷墨印刷设备(可与自动数据处理设备或网络连接)	3
8443322201	幅宽≥32.9 厘米的静电照相印刷设备(激光印刷机)(可与自动数据处理设备或网络连接)	3
8443911101	卷筒料自动给料机,给料线速度≥12 米/秒	4
8443911900	其他印刷用辅助机器(用品目 84.42 项下商品进行印刷的机器附件)	6
8443919001	胶印机用墨量遥控装置(包括墨色控制装置、墨量调节装置、墨斗体等组成部分)	0
8443919090	其他用品目 84.42 项下商品进行印刷的机器零件与附件	3
8443992901	压电式喷墨头(非用品目 84.42 项下商品进行印刷的机器零件)	3
8445119001	宽幅非织造布梳理机(工作幅宽>3.5 米,工作速度>120 米/分)	6
8445401000	自动络筒机	4
8446305000	织物宽>30 厘米的喷气织机	0
8448110001	多臂机或提花机(转速指标 500 转/分以上)	4
8448331000	络筒锭	3
8448392000	电子清纱器	3
8448393000	空气捻接器	3
8448394000	环锭细纱机紧密纺装置	0
8448399000	品目 84.45 所机器的其他零件、附件(指纺织纱线机器及预处理机的零件、附件)	3
8448492000	引纬、送经装置	3
8448499000	织机及其辅助机器用其他零、附件	3
8448590000	品目 84.47 机器用的其他零件、附件(指针织等机器及其辅助机器的零件、附件)	3
8449001001	高速针刺机,针刺频率>2000 次/分钟	6
8449002001	高速宽幅水刺设备(工作幅宽>3.5 米,工作速度>250 米/分钟,水刺压力≥400 帕)	6
8450112000	干衣量≤10 千克全自动滚筒式洗衣机	6
8450200000	干衣量>10 千克的洗衣机	6
8450909000	干衣量>10 千克的洗衣机零件	5
8451800001	服装定型焙烘炉、服装液氨整理机、预缩机、罐蒸机	10
8451800002	剪绒、洗缩联合机、剪毛联合机、柔软整理机	10
8451800003	定型机、精炼机、丝光机、磨毛机	10
8451800004	涂层机	8
8468900000	焊接机器用零件	3
8473401000	自动柜员机出钞器	1
8473409001	钞票清分机零附件	3
8478900000	烟草加工及制作机器用的零件	5

商品编号	商品名称	2012年暂定税率(%)
8479400000	绳或缆的制造机器	5
8481100001	喷灌设备用减压阀(用于管道、锅炉、罐、桶或类似品的)	2
8481300000	止回阀(用于管道、锅炉、罐、桶或类似品的)	3
8481804010	两用物项管制的其他阀门	3
8481804090	其他阀门(用于管道、锅炉、罐、桶或类似品的)	3
8481901000	阀门用零件(用于管道、锅炉、罐、桶或类似品的)	4
8482300000	鼓形滚子轴承	4
8482400000	滚针轴承	4
8482910000	滚珠、滚针及滚柱	4
8482990000	滚动轴承的其他零件	3
8483109000	其他传动轴及曲柄(包括凸轮轴及曲柄轴)	3
8483200000	装有滚珠或滚子轴承的轴承座	3
8483300010	磁悬浮轴承(轴承组合件,由悬浮在充满阻尼介质的环形磁铁组成)	3
8483300020	轴承/阻尼器(安装在阻尼器上的具有枢轴/盖的轴承)	3
8483300090	其他未装有滚珠或滚子轴承的轴承座;其他滑动轴承	3
8483402001	磨煤机用行星齿轮减速器(由螺旋伞齿轮加行星齿轮二级立式减速机构组成,转盘外圆直径为1300毫米~2400毫米)	2
8483600001	压力机用组合式湿式离合/制动器(离合扭矩为60~300千牛米,制动扭矩为30~100千牛米)	4
8484100000	密封垫或类似接合衬垫(用金属片与其他材料制成或用双层及多层金属片制成)	5
8484200010	耐UF_6腐蚀的转动轴封(专门设计的真空密封装置,缓冲气体泄漏率1000立方厘米/分)	5
8484200020	转动轴封(专门设计的带有密封式进气口和出气口的转动轴封)	5
8484200030	MLIS用转动轴封(专门设计的带密封进气口和出气口的转动轴封)	5
8484200090	其他机械密封件	5
8484900000	其他材料制密封垫及类似接合衬垫(成套或各种不同材料制,装于袋、套或类似包装内)	5
8486304100	制造平板显示器用超声波清洗装置	0
8486402201	全自动铝丝焊接机(主要用于或专用于装配与封装半导体器件和集成电路的设备)	4
8501109101	激光视盘机机芯精密微型电机(直径≤24毫米,功率<1.5瓦,面振精度≤20微米,步进移动量<34微米)	5
8501109901	功率≤0.5瓦非用于激光视盘机机芯的微型电机(圆柱形直径≤6毫米,高≤25毫米;扁圆型直径≤15毫米,厚≤5毫米)	5
8501530001	高速(200千米/时)电力机车变流异步牵引电动机(用于电力机车)	3
8503003000	风力发电设备的零件(编号85023100所列发电机组零件)	1
8504401400	功率<1千瓦直流稳压电源(稳压系数低于万分之一,品目84.71所列机器用除外)	3
8504409101	具有变流功能的半导体模块(自动数据处理设备机器及组件、电讯设备用的)	0
8504409109	其他具有变流功能的半导体模块	0
8504409903	高速(200千米/时)电力机车的牵引变流器(用于电力机车)	3
8504409904	汽车冲压线用压力机变频调速装置	5
8507901000	铅酸蓄电池零件	5
8507909000	其他蓄电池零件	5
8509401000	水果或蔬菜的榨汁机	6
8509409000	食品研磨机、搅拌器	6

商品编号	商品名称	2012 年暂定税率(%)
8509809000	其他家用电动器具	15
8509900000	家用电动器具的零件	6
8510100000	电动剃须刀	15
8510900000	品目 85.10 所列货品的零件	12
8514400001	焊缝中频退火装置	7
8515900000	电气等焊接机器及装置零件(包括激光、其他光、光子束、超声波、电子束磁脉冲等)	3
8516400000	电熨斗	17
8516500000	微波炉	8
8516603000	电饭锅	8
8516605000	电烤箱	8
8516609000	其他电热炉(包括电热板、加热环、烧烤炉及烘烤器)	8
8516711000	滴液式咖啡机	16
8516712000	蒸馏渗滤式咖啡机	16
8516713000	泵压式咖啡机	16
8516719000	其他电热咖啡机和茶壶	16
8516799000	其他电热器具	16
8516909000	品目 85.16 所列货品的其他零件	8
8518100090	其他传声器(麦克风)及其座架(列入 ITA 的电讯用麦克风除外)	6
8518210000	单喇叭音箱	6
8518220000	多喇叭音箱	6
8519813100	装有声音重放装置的闪速存储器型声音录制设备	12
8519813900	其他使用半导体媒体的声音录制或重放设备	12
8519899000	其他声音录制或重放设备(使用磁性、光学或半导体媒体的除外)	12
8521101100	广播级磁带录像机(不论是否装有高频调谐放大器)	完税价格不超过 5000 美元/台:15%;完税价格高于 5000 美元/台:3%,加 4380 元
8521909001	光盘型广播级录像机	完税价格不超过 7000 美元/台:15%;完税价格高于 7000 美元/台:5%,加 4760 元
8522902900	盒式磁带录音机或放声机其他零件	15
8522903101	具有刻录功能激光视盘机机芯	17
8522903102	车载导航仪视频播放机机芯	17
8522903901	激光视盘机的激光收发装置(激光头)	12
8522903902	激光视盘机激光收发装置用零件	5
8522903909	其他视频信号录制或重放设备的零件	12
8522909100	车载音频转播器或发射器	10
8522909900	品目 85.19 至 85.21 所列设备的其他零件	10
8523292800	重放声音或图像信息的磁带(已录制的录音带、录像带)	6
8523491000	仅用于重放声音信息的已录制光学媒体	6
8525801301	手机用摄像组件(由镜头 + CCD/CMOS + 数字信号处理电路三部分构成)	2
8525801302	高清摄像头(必须满足以下三个条件:1. 镜头元件必须使用 5 层玻璃镜头;2. 使用 USB 2.0 高速接口;3. 硬件传感器像素达到 130 万及以上)	10
8526109001	飞机机载雷达(包括气象雷达,地形雷达和空中交通管制应答系统)	1
8526109002	雷达生命探测仪	2
8527210000	需外接电源汽车收录(放)音组合机	8
8527290000	需外接电源汽车用无线电收音机	8

商品编号	商品名称	2012年暂定税率(%)
8527910000	其他收录(放)音组合机	8
8527990000	其他收音机	8
8528591001	专用于车载导航仪的液晶监视器	15
8529904201	摄录一体机、数码相机、手机用取像模块	2
8529904900	摄像机、摄录一体机、数码相机的其他零件	2
8529906000	收音机及其组合机的其他零件	7
8529908100	彩色电视机零件(等离子显像组件及其零件除外)(高频调谐器除外)	6
8529908200	等离子显像组件及其零件(含滤光片)	5
8531801001	音量≤110分贝的小型蜂鸣器	7.5
8537101101	机床用可编程序控制器(PLC)	3
8537101901	机床用其他数控单元(包括单独进口的CNC操作单元)	3
8537109001	电梯用控制柜及控制柜专用印刷电路板(电压不超过1000伏的线路)	4
8539324001	彩色液晶投影机用的照明光源(汞蒸汽灯)	3
8539399001	液晶显示器背光模组用冷阴极灯管	3
8540911000	电视显像管零件	3
8540919000	其他阴极射线管零件	4
8544110000	铜制绕组电线	6
8544302001	车辆用电控柴油机的线束	5
8544609001	额定电压≥500千伏的气体绝缘金属封闭输电线	10
8546209001	输变电架空线路用长棒形瓷绝缘子瓷件(单支长度为1~2米,实芯)	3
8548900001	电磁干扰滤波器	3
8701901101	功率>150马力的轮式拖拉机	5
8701901901	其他功率>150马力的拖拉机	5
8704230001	固井水泥车、压裂车、混砂车底盘(车辆总重量>35吨,装驾驶室)	10
8704230002	起重≥55吨汽车起重机用底盘(装有压燃式活塞内燃发动机)	8
8704230003	车辆总重量≥31吨清障车专用底盘	10
8705909001	跑道除冰车	10
8708403001	扭矩>1500牛米非公路自卸车用变速箱	3
8708409101	小轿车用自动换挡变速箱(4挡及4挡以下除外)	6.5
8708409102	小轿车用自动换挡变速箱的零件(4挡及4挡以下除外)	6.5
8708507201	轴荷≥10吨的中后驱动桥的零件	8
8708942001	30座及以上客车用转向器零件	8
8708945001	总重≥14吨柴油型货车转向器的零件	8
8708949001	采用电动转向系统的转向盘、转向柱、转向器及其零件	8
8708993900	非公路用自卸车未列名零部件(车轮及其零件除外)	3
8708999901	混合动力汽车动力传动装置(由发电机、电动机和动力分配装置组成,品目87.01至87.04所列车辆用)	6
8714100001	星型轮及碟刹件	10
8802401001	25吨≤空载重量≤45吨客运飞机	1
9001200001	液晶显示板用偏振材料制的片及板	6
9001200002	液晶投影仪用偏光板	6
9001300000	隐形眼镜片	6
9001401000	玻璃制变色镜片	15
9001501000	非玻璃材料制变色镜片	15
9001509900	非玻璃材料制其他眼镜片(变色镜片、太阳镜片除外)	12
9001909001	光通信用微光组件的光学元件(包括波长800~1700纳米薄膜滤光片,自聚焦透镜,法拉第旋转片)	0
9001909002	微型镜片(激光视盘机激光收发装置用)	3

商品编号	商品名称	2012 年暂定税率(%)
9001909003	背投电视机显示屏(包括非涅耳透镜屏幕、双透镜屏幕和保护屏)	6
9001909004	液晶显示屏背光模组的光学元件(包括导光板、反射板、扩散片、增亮片)	2
9002113100	单反相机镜头	4
9002113900	其他相机用镜头(单反相机除外)	4
9002119001	数字光处理器和彩色液晶投影机的镜头及镜头组件	4
9002199001	摄像机、摄录一体机的镜头	4
9003110000	塑料制眼镜架	12
9003190010	濒危动物产品制眼镜架	6
9003190090	其他非塑料材料制眼镜架	6
9003900000	眼镜架零件	6
9004100000	太阳镜	12
9004901000	变色镜	10
9004909000	其他眼镜(但太阳镜,变色镜除外)	12
9006610001	照相手机用闪光灯组件	4
9006919100	照相机自动调焦组件	6
9006919200	其他照相机的快门组件(特种相机和一次成像相机用除外)	6
9006919900	其他照相机的其他零件、附件(特种相机和一次成像相机用除外)	6
9007201001	2K 及以上分辨率的硬盘式数字电影放映机	8
9007910000	电影摄影机用零件、附件	5
9007920000	电影放映机用零件、附件	5
9013200001	2.5GB/S 及以上 SDH、波分复用光传输设备 980 纳米、1480 纳米的泵浦激光器	3
9013200002	激光切割机用气体激光发生器,切割功率≥2 千瓦	3
9013803001	32 英寸及以上不含背光模组的液晶显示板(九十章其他品目未列名的)	3
9014201010	无人航空飞行器的自动驾驶仪	1
9014201090	其他自动驾驶仪	1
9014209011	航空惯性导航仪	1
9014901000	自动驾驶仪用的零件、附件	1
9018908000	宫内节育器	0
9020000000	其他呼吸器具及防毒面具(但不包括既无机械零件又无可互换过滤器的防护面具)	4
9021909001	人工耳蜗植入装置	0
9022909001	射线发生器的零部件	1
9025199001	红外线人体测温仪	4
9025900001	红外线测温仪传感器元件	3
9031803300	涡流探伤检测仪	3
9032899001	三坐标测量机用自动控制柜	3
9032899002	飞机自动驾驶系统(包括自动驾驶、电子控制飞行、自动故障分析、警告系统配平系统及推力监控设备及其相关仪表)	1
9032899003	机床用成套数控伺服装置(包括 CNC 操作单元,带有配套的伺服放大器和伺服电机)	3
9032899004	风力发电设备用控制器	4
9032899005	电子驻车制动系统(自动控制、调节装置)	4
9032899006	电喷点火程序控制单元(自动控制、调节装置)	3
9032900001	飞机自动驾驶系统的零件(包括自动驾驶、电子控制飞行、自动故障分析、警告系统配平系统及推力监控设备及其相关仪表的零件)	1
9108110000	已组装的机械指示式完整电子表芯	10
9201200001	完税价格≥5 万美元的大钢琴	1

商品编号	商品名称	2012年暂定税率(%)
9202100011	完税价格≥1.5万美元的含濒危动物皮弓弦乐器	1
9202100091	完税价格≥1.5万美元的不含野生动物皮弓弦乐器	1
9205100001	完税价格≥2000美元的铜管乐器	1
9205909001	完税价格≥1万美元的其他管乐器(但游艺场风琴及手摇风琴除外)	1
9207100000	通过电产生或扩大声音的键盘乐器(手风琴除外)	15
9209940000	品目92.07所列乐器的零件、附件	10
9404100000	弹簧床垫	10
9404210010	蔺草包面的垫子(单件面积大于1平方米,无论是否包边)	10
9404210090	海绵橡胶或泡沫塑料制褥垫(不论是否包面)	10
9404290000	其他材料制褥垫	10
9404301010	濒危野禽羽毛或羽绒填充的睡袋	10
9404301090	其他羽毛或羽绒填充的睡袋	10
9404309000	其他睡袋	10
9404901010	濒危野禽羽绒或羽毛填充其他寝具(含类似品)	10
9404901090	其他羽绒或羽毛填充的其他寝具(含类似品)	10
9404902010	濒危兽毛填充的寝具(用野生兽毛填充的,含盖被及类似品)	10
9404902090	其他兽毛填充的其他寝具(含类似品)	10
9404903000	丝棉填充的其他寝具及类似品	10
9404904000	化纤棉填充的其他寝具及类似品	10
9404909000	其他材料制寝具及类似品	10
9506409000	其他乒乓球运动用品及器械	7
9506621000	篮球、足球、排球	6
9506911100	跑步机(包括设备)	6
9506911900	其他健身及康复器械(包括设备)	6
9506912000	滑板	6
9506919000	一般的体育活动、体操或竞技用品(包括设备)	6
9603210000	牙刷(包括齿板刷)	10
9701101000	手绘油画、粉画及其他画的原件(但带有手工绘制及手工描饰的制品或品目49.06的图纸除外)	6
9702000000	雕版画、印制画、石印画的原本	6
9703000010	濒危动植物材料制的雕塑品原件(指一切源自濒危动植物的产品)	6
9703000090	其他各种材料制的雕塑品原件	6

附表 2

2012 年进口商品消费税税率表

商品编码	商品名称	税率	备注
2106902000	制造饮料用的复合酒精制品	5%	
2203000000	麦芽酿造的啤酒	进口完税价格≥370 美元/吨的麦芽酿造啤酒，税率为 250 元/吨 进口完税价格＜370 美元/吨的麦芽酿造啤酒，税率为 220 元/吨	1 千克＝0.988 升
2204100000	葡萄汽酒	10%	
2204210000	小包装的鲜葡萄酿造的酒（小包装指装入两升及以下容器的）	10%	
2204290000	其他包装鲜葡萄酿造的酒（其他包装指装入两升以上容器的）	10%	
2204300000	其他酿酒葡萄汁（品目 2009 以外的）	10%	
2205100000	小包装的味美思酒及类似酒（两升及以下容器包装，加植物或香料的用鲜葡萄酿造的酒）	10%	
2205900000	其他包装的味美思酒及类似酒（两升以上容器包装，加植物或香料的用鲜葡萄酿造的酒）	10%	
2206001000	黄酒	240 元/吨	1 千克＝0.962 升
2206009000	其他发酵饮料（未列名的发酵饮料混合物及发酵饮料与无酒精饮料的混合物）	10%	
2207100000	酒精浓度在 80% 及以上的未改性乙醇	5%	
2207200010	任何浓度的改性乙醇	5%	
2207200090	任何浓度的其他酒精	5%	
2208200000	蒸馏葡萄酒制得的烈性酒	20%＋1 元/千克	1 升＝0.912 千克
2208300000	威士忌酒	20%＋1 元/千克	
2208400000	朗姆酒及其他甘蔗蒸馏酒	20%＋1 元/千克	
2208500000	杜松子酒	20%＋1 元/千克	
2208600000	伏特加酒	20%＋1 元/千克	
2208700000	利口酒及柯迪尔酒	20%＋1 元/千克	
2208901000	龙舌兰酒	20%＋1 元/千克	
2208902000	白酒	20%＋1 元/千克	
2208909001	酒精浓度在 80% 以下的未改性乙醇	5%	
2208909021	含濒危野生动植物成分的薯类蒸馏酒	20%＋1 元/千克	
2208909029	其他薯类蒸馏酒	20%＋1 元/千克	
2208909091	其他蒸馏酒及酒精饮料	20%＋1 元/千克	
2208909099	其他蒸馏酒及酒精饮料	20%＋1 元/千克	
2402100000	烟草制的雪茄烟	36%	

商品编码	商品名称	税率	备注
2402200000	烟草制的卷烟	每标准条进口完税价格≥50元人民币,45% + 150元/标准箱	1标准条=200支;1标准箱=5万支
		每标准条进口完税价格<50元人民币,30% + 150元/标准箱	
2402900001	烟草代用品制的卷烟	每标准条进口完税价格≥50元人民币,45% + 150元/标准箱	
		每标准条进口完税价格<50元人民币,30% + 150元/标准箱	
2402900009	烟草代用品制的雪茄烟	36%	
2403110000	供吸用的本章子目注释所述的水烟料(不论是否含有任何比例的烟草代用品)	30%	
2403190000	其他供吸用的烟草(不论是否含有任何比例的烟草代用品)	30%	
2403910010	再造烟草	30%	
2403910090	均化烟草	30%	
2403990090	其他烟草及烟草代用品的制品	30%	烟草精汁除外
2710121001	车用汽油及航空汽油,不含生物柴油(铅含量每升不超过0.013克)	1.0元/升	1千克=1.388升
2710121002	车用汽油及航空汽油,不含生物柴油(铅含量每升超过0.013克)	1.4元/升	1千克=1.388升
2710122000	石脑油,不含生物柴油	1.0元/升	1千克=1.385升
2710123000	橡胶溶剂油、油漆溶剂油、抽提溶剂油,不含生物柴油	1.0元/升	1千克=1.282升
2710192100	轻柴油	0.8元/升	1千克=1.176升
2710192200	5~7号燃料油	0.8元/升	1千克=1.015升
2710192910	蜡油:350℃以下馏出物体积百分比小于20%,550℃以下馏出物体积百分比大于80%	0.8元/升	1千克=1.015升
2710192920	重柴油	0.8元/升	1千克=1.015升
2710192990	其他柴油及燃料油	0.8元/升	1千克=1.015升
2710199100	润滑油	1.0元/升	1千克=1.126升
2710199200	润滑脂	1.0元/升	
2710199300	润滑油基础油	1.0元/升	
2710199900	其他重油及重油制品	0.8元/升	
3302109001	生产食品、饮料用混合香料及制品(含以香料为基本成分的混合物,按容量计酒精浓度>0.5%)	5%	
3303000000	香水及花露水	30%	
3304100010	含濒危植物成分唇用化妆品	30%	
3304100090	其他唇用化妆品	30%	
3304200010	含濒危植物成分眼用化妆品	30%	
3304200090	其他眼用化妆品	30%	
3304300000	指(趾)甲化妆品	30%	
3304910090	粉,不论是否压紧	30%	
3304990091	其他含濒危植物成分美容化妆品	30%	不包括护肤品
3304990099	其他美容化妆品	30%	不包括护肤品
3604100000	烟花,爆竹	15%	

商品编码	商品名称	税率	备注
4011100090	机动小客车用新充气非子午线轮胎(橡胶轮胎,包括旅行小客车及赛车用)	3%	子午线轮胎是指在轮胎结构中,胎体帘子线按子午线方向排列,并有钢丝帘线排列几乎接近圆周方向的带束层紧胎体的轮胎
4011200019	断面宽度≥24 英寸的客或货车用新的非子午线充气橡胶轮胎	3%	
4011200099	客或货车用新的其他非子午线充气橡胶轮胎	3%	
4011400000	摩托车用新的充气橡胶轮胎	3%	
4011610019	断面宽≥24 英寸人字形非子午线轮胎(新充气橡胶轮胎,含胎面类似人字形的,农林车辆机械用)	3%	
4011610099	其他人字形胎面非子午线轮胎(新充气橡胶轮胎,含胎面类似人字形的,农林车辆机械用)	3%	
4011620019	断面宽≥24 英寸人字形非子午线轮胎(建筑业、工业用,辋圈≤61 厘米,新充气橡胶胎,含类似人字形)	3%	
4011620099	其他人字形胎面非子午线轮胎(建筑业、工业用,辋圈≤61 厘米,新充气橡胶胎,含类似人字形)	3%	
4011630019	断面宽≥24 英寸人字形非子午线轮胎(建筑业、工业用,辋圈>61 厘米,新充气橡胶胎,含类人字形)	3%	
4011630099	其他人字形胎面非子午线轮胎(建筑业、工业用,辋圈>61 厘米,新充气橡胶胎,含类似人字形)	3%	
4011690019	断面宽≥24 英寸人字形非子午线轮胎(其他用途,新充气橡胶轮胎,含胎面类似人字形的)	3%	
4011690099	其他人字形胎面非子午线轮胎(其他用途,新充气橡胶轮胎,含胎面类似人字形的)	3%	
4011920019	其他断面宽≥24 英寸非子午线轮胎(新充气橡胶轮胎,非人字形胎面,农林车辆机械用)	3%	
4011920099	其他新的充气橡胶非子午线轮胎(新充气橡胶轮胎,非人字形胎面,农林车辆机械用)	3%	
4011930019	其他断面宽≥24 英寸非子午线轮胎(建筑业、工业用,辋圈≤61 厘米,新充气橡胶胎,非人字形胎面)	3%	
4011930099	其他新的充气橡胶非子午线轮胎(建筑业、工业用,辋圈≤61 厘米,新充气橡胶胎,非人字形胎面)	3%	
4011940019	其他断面宽≥24 英寸非子午线轮胎(建筑业、工业用,辋圈>61 厘米,新充气橡胶胎,非人字形胎面)	3%	
4011940099	其他新的充气橡胶非子午线轮胎(建筑业、工业用,辋圈>61 厘米,新充气橡胶胎,非人字形胎面)	3%	
4011990019	其他断面宽≥24 英寸非子午线轮胎(其他用途,新充气橡胶轮胎,非人字形胎面)	3%	
4011990099	其他新的充气橡胶非子午线轮胎(其他用途,新充气橡胶轮胎,非人字形胎面)	3%	
4012201090	汽车用旧的充气橡胶非子午线轮胎	3%	
4012209090	其他用旧的充气橡胶非子午线轮胎	3%	
4012902090	汽车用实心或半实心非子午线轮胎(还包括可互换橡胶胎面及橡胶轮胎衬带)	3%	
4012909090	其他用实心或半实心非子午线轮胎(还包括可互换橡胶胎面及橡胶轮胎衬带)	3%	
4013100000	汽车用橡胶内胎[机动小客车(包括旅行小客车及赛车)、客运车或货运车用]	3%	
4013909000	其他用橡胶内胎	3%	

商品编码	商品名称	税率	备注
4409101010	一边或面制成连续形状的濒危针叶木制地板条、块(包括未装拼的拼花地板用板条及缘板)	5%	
4409101090	一边或面制成连续形状的其他针叶木地板条、块(包括未装拼的拼花地板用板条及缘板)	5%	
4409291010	一边或面制成连续形状的拉敏木地板条、块(包括未装拼的拼花地板用板条及缘板)	5%	
4409291020	一边或面制成连续形状的桃花心木地板条、块(包括未装拼的拼花地板用板条及缘板)	5%	
4409291030	一边或面制成连续形状的其他濒危木地板条、块(包括未装拼的拼花地板用板条及缘板)	5%	
4409291090	一边或面制成连续形状的其他非针叶木地板条、块(包括未装拼的拼花地板用板条及缘板)	5%	
4419003100	木制一次性筷子	5%	
7101101100	未分级的天然黑珍珠(不论是否加工,但未制成制品)	10%	
7101101900	其他未分级的天然珍珠(不论是否加工,但未制成制品)	10%	
7101109100	其他天然黑珍珠(不论是否加工,但未制成制品)	10%	
7101109900	其他天然珍珠(不论是否加工,但未制成制品)	10%	
7101211001	未分级、未加工的养殖黑珍珠(未制成制品)	10%	
7101211090	其他未分级、未加工的养殖珍珠(未制成制品)	10%	
7101219001	其他未加工的养殖黑珍珠(未制成制品)	10%	
7101219090	其他未加工的养殖珍珠(未制成制品)	10%	
7101221001	未分级、已加工的养殖黑珍珠(未制成制品)	10%	
7101221090	其他未分级、已加工的养殖珍珠(未制成制品)	10%	
7101229001	其他已加工的养殖黑珍珠(未制成制品)	10%	
7101229090	其他已加工的养殖珍珠(未制成制品)	10%	
7103100000	未加工宝石或半宝石(经简单锯开或粗制成形,未成串或镶嵌)	10%	
7103910000	经其他加工的红、蓝、绿宝石(未成串或镶嵌)	10%	
7103991000	经其他加工的翡翠(未成串或镶嵌)	10%	
7103999000	经其他加工的其他宝石或半宝石(未成串或镶嵌)	10%	
7104209000	未加工合成或再造其他宝石或半宝石(经简单锯开或粗制成形,未成串或镶嵌)	10%	
7104901201	蓝宝石衬底(由人造刚玉加工而成)(厚度 <0.5 毫米)	10%	
7104901290	其他工业用蓝宝石(合成或再造宝石、半宝石)	10%	
7104901900	其他工业用合成或再造宝石、半宝石	10%	
7104909900	其他非工业用合成宝石或半宝石(未成串或镶嵌)	10%	
7105900000	其他天然或合成宝石或半宝石粉末	10%	
7113209010	镶嵌濒危物种制品以贱金属为底的包贵金属制首饰(包括零件)	10%	

商品编码	商品名称	税率	备注
7113209090	其他以贱金属为底的包贵金属制首饰(包括零件)	10%	
7116100000	天然或养殖珍珠制品	10%	
7116200000	钻石其他宝石或半宝石制品	10%	
8702109201	20座≤座位≤23座装有压燃式活塞内燃发动机的客车	5%	
8702109300	10座≤座位≤19座装有压燃式活塞内燃发动机的客车	5%	
8702902001	20座≤座位≤23座装有非压燃式活塞内燃发动机的客车	5%	
8702903000	10座≤座位≤19座装有非压燃式活塞内燃发动机的客车	5%	
8703213001	排气量≤1升的装有点燃往复式活塞内燃发动机的小轿车	1%	
8703214001	排量≤1升的带点燃往复式活塞内燃发动机的越野车(四轮驱动)	1%	
8703215001	排量≤1升的带点燃往复式活塞内燃发动机的小客车(9座及以下)	1%	
8703219001	排量≤1升的带点燃往复式活塞内燃发动机的其他车辆	1%	
8703223001	1升<排量≤1.5升带点燃往复式活塞内燃发动机小轿车	3%	
8703224001	1升<排量≤1.5升带点燃往复活塞内燃发动机四轮驱动越野车	3%	
8703225001	1升<排量≤1.5升带点燃往复式活塞内燃发动机小客车(9座及以下)	3%	
8703229001	1升<排量≤1.5升带点燃往复式活塞内燃发动机其他车	3%	
8703234101	1.5升<排量≤2升装点燃往复式活塞内燃发动机小轿车	5%	
8703234201	1.5升<排量≤2升装点燃往复式活塞内燃发动机越野车(四轮驱动)	5%	
8703234301	1.5升<排量≤2升装点燃往复式活塞内燃发动机小客车(9座及以下的)	5%	
8703234901	1.5升<排量≤2升装点燃往复式活塞内燃发动机的其他载人车辆	5%	
8703235101	2升<排量≤2.5升装点燃往复式活塞内燃发动机小轿车	9%	
8703235201	2升<排量≤2.5升装点燃往复式活塞内燃发动机越野车(四轮驱动)	9%	
8703235301	2升<排量≤2.5升装点燃往复式活塞内燃发动机小客车(9座及以下的)	9%	
8703235901	2升<排量≤2.5升装点燃往复式活塞内燃发动机的其他载人车辆	9%	
8703236101	2.5升<排量≤3升装点燃往复式活塞内燃发动机小轿车	12%	
8703236201	2.5升<排量≤3升装点燃往复式活塞内燃发动机越野车(四轮驱动)	12%	

商品编码	商品名称	税率	备注
8703236301	2.5升<排量≤3升装点燃往复式活塞内燃发动机小客车(9座及以下的)	12%	
8703236901	2.5升<排量≤3升装点燃往复式活塞内燃发动机的其他载人车辆	12%	
8703236902	2.5升<排量≤3升装点燃往复式活塞内燃发动机的非四轮驱动越野车	12%	
8703241101	3升<排量≤4升装点燃往复式活塞内燃发动机小轿车	25%	
8703241201	3升<排量≤4升装点燃往复式活塞内燃发动机越野车(四轮驱动)	25%	
8703241301	3升<排量≤4升装点燃往复式活塞内燃发动机的小客车(9座及以下的)	25%	
8703241901	3升<排量≤4升装点燃往复式活塞内燃发动机的其他载人车辆	25%	
8703241902	3升<排量≤4升装点燃往复式活塞内燃发动机的非四轮驱动越野车	25%	
8703242101	排气量>4升装点燃往复式活塞内燃发动机小轿车	40%	
8703242201	排气量>4升装点燃往复式活塞内燃发动机越野车(四轮驱动)	40%	
8703242301	排气量>4升装点燃往复式活塞内燃发动机的小客车(9座及以下的)	40%	
8703242901	排量>4升装点燃往复式活塞内燃发动机的其他载人车辆	40%	
8703242902	排量>4升装点燃往复式活塞内燃发动机的非四轮驱动越野车	40%	
8703311101	排气量≤1升的装有压燃往复式活塞内燃发动机小轿车	1%	
8703311901	排量≤1升的装有压燃往复式活塞内燃发动机的其他载人车辆	1%	
8703312101	1升<排气量≤1.5升装压燃往复式活塞内燃发动机小轿车	3%	
8703312201	1升<排气量≤1.5升装压燃式活塞内燃发动机越野车(四轮驱动)	3%	
8703312301	1升<排气量≤1.5升装压燃往复式活塞内燃发动机小客车(9座及以下的)	3%	
8703312901	1升<排量≤1.5升装压燃往复式活塞内燃发动机的其他载人车辆	3%	
8703321101	1.5升<排量≤2升装压燃往复式活塞内燃发动机小轿车	5%	
8703321201	1.5升<排量≤2升装压燃往复式活塞内燃发动机越野车(四轮驱动)	5%	
8703321301	1.5升<排量≤2升装压燃往复式活塞内燃发动机小客车(9座及以下的)	5%	
8703321901	1.5升<排量≤2升装压燃往复式活塞内燃发动机的其他载人车辆	5%	
8703322101	2升<排量≤2.5升装压燃往复式活塞内燃发动机小轿车	9%	

商品编码	商品名称	税率	备注
8703322201	2升<排量≤2.5升装压燃往复式活塞内燃发动机越野车(四轮驱动)	9%	
8703322301	2升<排量≤2.5升装压燃往复式活塞内燃发动机小客车(9座及以下的)	9%	
8703322901	2升<排量≤2.5升装压燃往复式活塞内燃发动机的其他载人车辆	9%	
8703331101	2.5升<排量≤3升装压燃往复式活塞内燃发动机小轿车	12%	
8703331201	2.5升<排量≤3升装压燃往复式活塞内燃发动机越野车(四轮驱动)	12%	
8703331301	2.5升<排量≤3升装压燃往复式活塞内燃发动机小客车(9座及以下的)	12%	
8703331901	2.5升<排量≤3升装压燃往复式活塞内燃发动机的其他载人车辆	12%	
8703331902	2.5升<排量≤3升装压燃往复式活塞内燃发动机的非四轮驱动越野车	12%	
8703332101	3升<排量≤4升装压燃往复式活塞内燃发动机小轿车	25%	
8703332201	3升<排量≤4升装压燃往复式活塞内燃发动机越野车(四轮驱动)	25%	
8703332301	3升<排量≤4升装压燃往复式活塞内燃发动机小客车(9座及以下的)	25%	
8703332901	3升<排量≤4升装压燃往复式活塞内燃发动机的其他载人车辆	25%	
8703332902	3升<排量≤4升装压燃往复式活塞内燃发动机的非四轮驱动越野车	25%	
8703336101	排量>4升装压燃往复式活塞内燃发动机小轿车	40%	
8703336201	排量>4升装压燃往复式活塞内燃发动机越野车(四轮驱动)	40%	
8703336301	排量>4升装压燃往复式活塞内燃发动机小客车(9座及以下的)	40%	
8703336901	排量>4升装压燃往复式活塞内燃发动机其他载人车辆	40%	
8703336902	排量>4升装压燃往复式活塞内燃发动机非四轮驱动越野车	40%	
8703900001	其他型排气量≤1升的其他载人车辆	1%	
8703900002	其他型1.5升<排气量≤2升的其他载人车辆	5%	
8703900003	其他型2升<排气量≤2.5升的其他载人车辆	9%	
8703900004	其他型2.5升<排气量≤3升的其他载人车辆	12%	
8703900005	其他型3升<排气量≤4升的其他载人车辆	25%	
8703900006	其他型排气量>4升的其他载人车辆	40%	
8703900007	其他型1升<排气量≤1.5升的其他载人车辆	3%	
8703900014	其他型2.5升<排气量≤3升的小轿车、越野车	12%	
8703900015	其他型3升<排气量≤4升的小轿车、越野车	25%	
8703900016	其他型排气量>4升的小轿车、越野车	40%	

商品编码	商品名称	税率	备注
8711100010	微马力摩托车及脚踏两用车(装有往复式活塞发动机,微马力指排气量=50毫升)	3%	
8711100090	微马力摩托车及脚踏两用车(装有往复式活塞发动机,微马力指排气量<50毫升)	3%	
8711201000	50毫升<排量≤100毫升装往复式活塞内燃发动机摩托车及脚踏两用车	3%	
8711202000	100毫升<排量≤125毫升装往复式活塞内燃发动机摩托车及脚踏两用车	3%	
8711203000	125毫升<排量≤150毫升装往复式活塞内燃发动机摩托车及脚踏两用车	3%	
8711204000	150毫升<排量≤200毫升装往复式活塞内燃发动机摩托车及脚踏两用车	3%	
8711205000	200毫升<排量≤250毫升装往复式活塞内燃发动机摩托车及脚踏两用车	3%	
8711301000	250毫升<排量≤400毫升装往复式活塞内燃发动机摩托车及脚踏两用车	10%	
8711302000	400毫升<排量≤500毫升装往复式活塞内燃发动机摩托车及脚踏两用车	10%	
8711400000	500毫升<排量≤800毫升装往复式活塞内燃发动机摩托车及脚踏两用车	10%	
8711500000	排量>800毫升装往复式活塞内燃发动机摩托车及脚踏两用车	10%	
8711909001	排量≤250毫升摩托车及脚踏两用车	3%	
8711909002	排量>250毫升摩托车及脚踏两用车	10%	
8711909009	其他无法区分排气量的摩托车及脚踏两用车	3%	
8903910001	8米<长度<90米的机动帆船	10%	
8903920001	8米<长度<90米的汽艇	10%	
8903990001	8米<长度<90米的娱乐或运动用其他机动船舶或快艇	10%	
9101110000	机械指示式的贵金属电子手表	进口关税完税价格在10000元人民币及以上时,税率为20%	
9101191000	光电显示式的贵金属电了手表	进口关税完税价格在10000元人民币及以上时,税率为20%	
9101199000	其他贵金属电子手表	进口关税完税价格在10000元人民币及以上时,税率为20%	
9101210010	含濒危动物皮自动上弦贵金属机械手表	进口关税完税价格在10000元人民币及以上时,税率为20%	
9101210090	其他自动上弦贵金属机械手表	进口关税完税价格在10000元人民币及以上时,税率为20%	
9101290010	含濒危动物皮非自动上弦贵金属机械手表	进口关税完税价格在10000元人民币及以上时,税率为20%	

商品编码	商品名称	税率	备注
9101290090	其他非自动上弦贵金属机械手表	进口关税完税价格在10000元人民币及以上时,税率为20%	
9102110000	机械指示式的其他电子手表	进口关税完税价格在10000元人民币及以上时,税率为20%	
9102120000	光电显示式的其他电子手表	进口关税完税价格在10000元人民币及以上时,税率为20%	
9102190000	其他电子手表	进口关税完税价格在10000元人民币及以上时,税率为20%	
9102210010	含濒危动物皮其他自动上弦的机械手表	进口关税完税价格在10000元人民币及以上时,税率为20%	
9102210090	其他自动上弦的机械手表	进口关税完税价格在10000元人民币及以上时,税率为20%	
9102290010	含濒危动物皮其他非自动上弦机械手表	进口关税完税价格在10000元人民币及以上时,税率为20%	
9102290090	其他非自动上弦的机械手表	进口关税完税价格在10000元人民币及以上时,税率为20%	
9506310000	完整的高尔夫球棍	10%	
9506320000	高尔夫球	10%	

附表 3

2012 年进口商品从量税、复合税税率表

税则号列	商品名称(简称)	普通税率	2012 年最惠国税率
02071200	冻的整只鸡	5.6 元/千克	1.3 元/千克
02071411	冻的带骨鸡块(包括鸡胸脯、鸡大腿等)	4.2 元/千克	0.6 元/千克
02071419	冻的不带骨鸡块(包括鸡胸脯、鸡大腿等)	9.5 元/千克	0.7 元/千克
02071421	冻的鸡翼(不包括翼尖)	8.1 元/千克	0.8 元/千克
02071422	冻的鸡爪	3.2 元/千克	0.5 元/千克
02071429	冻的其他鸡杂碎(包括鸡翼尖、鸡肝等)	3.2 元/千克	0.5 元/千克
05040021	冷、冻的鸡肫(即鸡胃)	7.7 元/千克	1.3 元/千克
22030000	麦芽酿造的啤酒	7.5 元/升	0
27090000	石油原油(包括从沥青矿物提取的原油)	85 元/吨	0
37013021	未曝光照相制版用激光照排片(任何一边 >255 毫米)	70 元/平方米	3.7 元/平方米
37013022	未曝光照相制版用 PS 版(任何一边 >255 毫米)	70 元/平方米	8.1 元/平方米
37013024	未曝光照相制版用 CTP 版(任何一边 >255 毫米)	70 元/平方米	8.1 元/平方米
37013025	柔性印刷版(任何一边 >255 毫米)	70 元/平方米	15 元/平方米
37013029	其他未曝光照相制版用感光硬软片(任何一边 >255 毫米)	70 元/平方米	15 元/平方米
37023190	未曝光无齿孔彩色窄胶卷(窄胶卷指宽度≤105 毫米,彩色摄影用)	433 元/平方米	67 元/平方米
37023220	照相制版涂卤化银液无齿孔窄胶卷(成卷未曝光感光胶片,窄胶卷指宽度≤105 毫米)	104 元/平方米	4.5 元/平方米
37023290	其他涂卤化银乳液无齿孔窄胶卷(成卷未曝光感光胶片,窄胶卷指宽度≤105 毫米)	202 元/平方米	21 元/平方米
37023920	照相制版用其他无齿孔窄感光胶卷(成卷未曝光感光胶片,窄胶卷指宽度≤105 毫米)	104 元/平方米	12 元/平方米
37023990	其他用无齿孔窄感光胶卷(成卷未曝光感光胶片,窄胶卷指宽度≤105 毫米)	202 元/平方米	24 元/平方米
37024100	未曝光无齿孔宽长彩色胶卷(宽长胶卷指宽度 >610 毫米,长度 >200 米)	202 元/平方米	7.1 元/平方米
37024221	印刷电路板制造用光致抗蚀干膜(指宽度 >610 毫米,长度 >200 米)	110 元/平方米	0.6 元/平方米
37024229	照相制版其他未曝光无齿宽长胶卷(宽长指宽度 >610 毫米,长度 >200 米)	110 元/平方米	1.6 元/平方米
37024292	红色或红外激光胶片	213 元/平方米	2.4 元/平方米
37024299	黑白其他未曝光无齿孔宽长胶卷(宽长胶卷指宽度 >610 毫米,长度 >200 米)	213 元/平方米	7 元/平方米
37024321	照相制版用激光照排片(宽度 >610 毫米,长度≤200 米)	104 元/平方米	1.8 元/平方米
37024329	其他照相制版用未曝光无齿孔胶卷(指宽度 >610 毫米,长度≤200 米)	104 元/平方米	3.7 元/平方米
37024390	彩色或黑白其他用未曝光无齿孔中长胶卷(中长胶卷指宽度 >610 毫米,长度≤200 米)	202 元/平方米	17 元/平方米
37024421	照相制版用未曝光激光照排片(105 毫米 < 宽度≤610 毫米)	115 元/平方米	2.0 元/平方米
37024422	印刷电路板制造用光致抗蚀干膜(105 毫米 < 宽度≤610 毫米)	115 元/平方米	0.9 元/平方米

税则号列	商品名称(简称)	普通税率	2012 年最惠国税率
37024429	其他照相制版用无齿孔未曝光胶卷(105 毫米 < 宽度≤610 毫米)	115 元/平方米	2.9 元/平方米
37024490	彩色或黑白其他用无齿孔未曝光中宽胶卷(中宽胶卷指 105 毫米 < 宽度≤610 毫米)	202 元/平方米	27 元/平方米
37025200	彩色摄影用未曝光彩色胶卷,宽度≤16 毫米	433 元/平方米	95 元/平方米
37025300	幻灯片用未曝光彩色摄影胶卷(16 毫米 < 宽度≤35 毫米,长度≤30 米)	433 元/平方米	128 元/平方米
37025410	非幻灯片用彩色摄影胶卷(宽度 = 35 毫米,长度≤2 米)	433 元/平方米	22 元/平方米
37025490	其他非幻灯片用彩色摄影胶卷(16 毫米 < 宽度≤35 毫米,长度≤30 米)	433 元/平方米	24 元/平方米
37025520	未曝光的窄长彩色电影胶卷(窄长胶卷指 16 毫米 < 宽度≤35 毫米,长度 > 30 米)	232 元/平方米	9 元/平方米
37025590	其他未曝光窄长彩色胶卷(窄长胶卷指 16 毫米 < 宽度≤35 毫米,长度 > 30 米)	433 元/平方米	27 元/平方米
37025620	未曝光的中宽彩色电影胶卷(中宽胶卷指宽度 > 35 毫米)	232 元/平方米	13 元/平方米
37025690	其他未曝光的中宽彩色胶卷(中宽胶卷指宽度 > 35 毫米)	433 元/平方米	74 元/平方米
37029600	未曝光非彩色胶卷(宽度≤35 毫米,长度≤30 米)	210 元/平方米	21 元/平方米
37029700	未曝光非彩色胶卷(宽度≤35 毫米,长度 > 30 米)	210 元/平方米	9 元/平方米
37029800	未曝光的非彩色胶卷,宽度 > 35 毫米	210 元/平方米	10 元/平方米
85211011	广播级磁带录像机	完税价格不高于 2000 美元/台:130%;完税价格高于 2000 美元/台:6%,加 20600 元	完税价格不高于 2000 美元/台:30%;完税价格高于 2000 美元/台:3%,加 4374 元
85211019	其他磁带录像机	完税价格不高于 2000 美元/台:130%;完税价格高于 2000 美元/台:6%,加 20600 元	完税价格不高于 2000 美元/台:30%;完税价格高于 2000 美元/台:3%,加 4374 元
85211020	磁带放像机	完税价格不高于 2000 美元/台:130%;完税价格高于 2000 美元/台:6%,加 20600 元	完税价格不高于 2000 美元/台:30%;完税价格高于 2000 美元/台:3%,加 4374 元
85258012	非特种用途的广播级电视摄像机	完税价格不高于 5000 美元/台:130%;完税价格高于 5000 美元/台:6%,加 51500 元	完税价格不高于 5000 美元/台:35%;完税价格高于 5000 美元/台:3%,加 12960 元
85258013	非特种用途的其他电视摄像机	完税价格不高于 5000 美元/台:130%;完税价格高于 5000 美元/台:6%,加 51500 元	完税价格不高于 5000 美元/台:35%;完税价格高于 5000 美元/台:3%,加 12960 元
85258022	非特种用途的单镜头反光型数字照相机	完税价格不高于 5000 美元/台:130%;完税价格高于 5000 美元/台:6%,加 51500 元	0
85258025	非特种用途的其他可换镜头的数字照相机	完税价格不高于 5000 美元/台:130%;完税价格高于 5000 美元/台:6%,加 51500 元	0

税则号列	商品名称(简称)	普通税率	2012年最惠国税率
85258029	非特种用途的其他数字照相机	完税价格不高于5000美元/台:130%;完税价格高于5000美元/台:6%,加51500元	0
85258032	非特种用途的广播级视频摄录一体机	完税价格不高于5000美元/台:130%;完税价格高于5000美元/台:6%,加51500元	0
85258039	非特种用途的其他视频摄录一体机(家用型摄录一体机除外)	完税价格不高于5000美元/台:130%;完税价格高于5000美元/台:6%,加51500元	0

附表 4

入境旅客行李物品和个人邮递物品进口税税则归类表

税号	物品类别	范围	税率
01000000	食品、饮料	食品:包括水产品、乳制品、糖制品、调味品、食品添加剂,燕窝、冬虫夏草、高丽参、红参、西洋参、人参、鹿茸、阿胶、奶粉及其他保健品、补品等; 饮料:包括茶叶、咖啡等其他非酒精类饮料。	10%
02000000	酒类	酿造酒:包括啤酒、葡萄酒、黄酒、果酒、日本清酒、米酒、香槟酒等; 蒸馏酒:包括白兰地、威士忌、伏特加、朗姆酒、金酒、中国白酒等; 配制酒:包括药酒、保健酒、鸡尾酒、利口酒、龙舌蓝、柯迪尔酒、日本梅酒等。	50%
03000000	烟草	包括卷烟、雪茄烟、烟丝、烟叶、碎烟、烟梗、烟末等。	50%
04000000	纺织原材料及其制成品	纺织原材料:包括棉、麻、毛、真丝、人造丝及其他材料制线、丝、纱、绳,棉、麻、毛、真丝、人造纤维、合成纤维纺织品和针织品等; 布:包括棉、麻、毛、真丝、人造丝及其他材料制的布; 衣着:包括外衣裤、内衣裤、衬衫、T 恤衫等; 床上用品:包括毛毯、被子、床罩等; 其他:包括棉、麻、毛、真丝制品,头巾、围巾、领带、帽子、手套、袜子、手帕、毛巾、浴巾、桌布、窗帘布等。	20%
05000000	皮革、皮毛及其制成品	皮革:包括皮革、皮毛; 衣着:包括皮革、皮毛制成的衣着; 其他:包括皮革、皮毛制成的围巾、帽子、手套、皮带、皮钱包、皮手袋、皮箱等。	20%
06000000	鞋靴	皮鞋:包括各种皮革、皮毛制成的鞋; 皮靴:包括各种皮革、皮毛制成的靴; 运动鞋:包括日常生活中所穿着的各种材料制的具有运动休闲功能的鞋、靴; 其他:包括鞋面、底、跟、鞋带、鞋油、鞋粉、橡胶及塑胶屐皮等。	10%
07000000	表、钟及其配件、附件	高档手表:完税价格在人民币 10000 元及以上的手表。	30%
		表:包括高档手表外其他各种表; 钟:包括闹钟、座钟、挂钟、台钟、落地钟等; 配件附件:包括各种表、钟的配件、附件。	20%
08000000	金、银、珠宝及其制品	包括金、银、珠宝及其制品,包金饰品。	10%
09000000	化妆品	香水:包括男士香水、古龙水、女士香水、中性香水、情侣香水、运动香水、简装香水、Q 版香水、香水套装等; 清洁类:包括洗面奶、卸妆水(乳)、清洁霜(蜜)、面膜、面膜粉、面膜膏、花露水、痱子粉、爽身粉、剃须膏、洗甲液、唇部卸妆液等; 护理类:包括护肤膏(霜、乳液)、化妆水、发乳、发油、发蜡、焗油膏、护甲水(霜)、指甲硬化剂、润唇膏等; 美容/修饰类:包括粉饼、胭脂、眼影、眼线笔(液)、眉笔、定型摩丝、发胶、染发剂、烫发剂、睫毛液(膏)、生发剂、脱毛剂、指甲油、唇膏、唇彩、唇线笔等。	50%

税号	物品类别	范围	税率
10000000	医疗、保健及美容器材	医疗器材:包括呼吸器具、矫形器具、夹板及其他骨折用具,血糖计、血糖试纸、电动洗眼机、红外线耳探热针、空气制氧机、治疗用雾化机、电动血压计、病人用拐杖、病人用轮椅等及上述物品的配件、附件; 保健器材:包括按摩床、按摩椅等及上述物品的配件、附件; 美容器材:包括蒸汽仪、喷雾器、化妆/美容专用工具等及上述物品的配件、附件。	10%
11000000	厨卫用具	厨房用具:包括各种材料制的餐具、刀具、炊具、灶具,锅、壶、盘、碗、筷子、勺、铲、餐刀、餐叉、切菜刀、案板、削皮刀、手动绞肉机、食品研磨机、搅拌器、煤气灶、煤气点火器等; 卫生用具、洁具:包括水龙头、淋浴用具等。	10%
		厨房用具:包括微波炉、电磁炉、抽油烟机、家用洗碗机、电烤箱、电炉灶等电器类用具; 卫生用具、洁具:包括电热水器等电器类用具。	20%
12000000	家具	包括各种材料制的沙发、组合式家具、柜、橱、台、桌、椅、书架、床、床垫、坐垫等。	10%
13000000	空调及其配件、附件	包括空气调节器及其配件、附件等。	20%
14000000	电冰箱及其配件、附件	压缩式:包括单门式、双门式、三门式、多门式、双门对开式电冰箱等; 其他:包括其他制冷方式如半导体制冷式电冰箱,各种冰柜等; 配件附件:上述物品的配件、附件。	20%
15000000	洗衣设备及其配件、附件	包括波轮式洗衣机、滚筒式洗衣机、干衣机/烘干机 、洗衣干衣一体机等及上述物品的配件、附件。	20%
16000000	电视机及其配件、附件	包括液晶电视机、等离子电视机、显像管(CRT)电视机、电视收音联合机、电视收音录音联合机、电视录像联合机等及上述物品的配件、附件。	20%
17000000	摄影(像)设备及其配件、附件	包括照相机、数码照相机、摄像机、数码摄像机、照相制版机、照相机镜头、放大机,存储卡、胶卷、胶片、感光纸、镜箱、闪光灯、滤色镜、测光表、曝光表、遮光罩、水下摄影罩、半身镜、接镜环、取景器、自拍器、洗像盒、显影罐等。	20%
18000000	影音家电及其配件、附件	包括录音笔、录音机、收音机、MP3 播放机、MP4 播放机、收录音机、数码录放音器、电唱机、激光电唱机、放像机、激光视盘机、(单)功能座、音箱、自动伴唱机、卡拉 OK 混音器等及上述物品的配件、附件。	20%
19000000	计算机及其外围设备	包括个人计算机及其存储、输入、输出设备和附件、零部件。	20%
20000000	书报、刊物及其他各类印刷品	包括书报、刊物及其他各类印刷品。	10%
21000000	教育专用的电影片、幻灯片、原版录音带、录像带	包括教育专用的电影片、幻灯片、原版录音带、录像带、地球仪、解剖模型、人体骨骼模型、教育用示意牌等。	10%
22000000	文具用品	包括各种书写用具及材料、照相簿、集邮簿、印刷日历、月历、放大镜、绘图用具、绘图用颜料、装订用具、手摇、电动削铅笔器、算盘、誊写钢板等。	10%
23000000	邮票	包括中国及境外各种邮票、小型张、纪念封等。	10%
24000000	乐器	包括各类键盘弦乐器、风琴、手风琴、管乐器、打击乐器、节拍器、音叉和各种定音器等及上述乐器的配件、附件。	10%
25000000	体育用品	高尔夫球及球具:包括高尔夫球杆、高尔夫球、高尔夫球包、高尔夫球手套、高尔夫球鞋。	30%
		包括高尔夫球外各种球类,各种棋类、健身器具,一般体育活动、体操、竞技、游泳、滑冰、滑雪及其他户内外活动用具、鞋及其配件、附件,如航空、航海模型等。	10%

税号	物品类别	范围	税率
26000000	自行车、三轮车及其配件、附件	包括不带发动机、电动机的自行车、三轮车、童车,及上述物品的配件、附件。	20%
27000000	其他物品	包括电话机、传真机、游戏机、缝纫机、编织机、剪草机、润滑油、油漆、室内装修用品、酒精,非皮质手提包、箱,香皂、牙膏、牙粉、牙线、漱口水、洗/护发液、浴液、洗手液,各类玩具、钓鱼用具、手动工具、便携式小型望远镜、眼镜、毛衣编织机,上述物品的配件、附件,艺术品、收藏品等。	10%
		包括便携式复印机、灯具、咖啡机、电动榨汁机、电风扇、电烫斗、电吹风机、电动剃须刀、电动毛发推剪器、地板打蜡机、增湿机、除湿机、增除湿一体机、电暖器、空气清新机、家用吸尘器、电压整流器、电插头、开关、电动工具、家用地毯洗涤机等居家室内常用电器用具,上述物品的配件、附件。	20%

注:

本表未列明物品的归类原则:

1. 按物品的主要功能(或用途)归类;

2. 物品的主要功能(或用途)无法确定时,按该物品各项功能(或用途)中税率最高的税号归类;

3. 物品不能按照上述1、2条归入相应税号时,归入“其他物品”类别中的“其他”;

4. 已归入某一税号的物品按其主要功能(或用途)归入相应项。主要功能(或用途)无法确定时,归入其各功能中所适用完税价格最高的项。

附表 5

入境旅客行李物品和个人邮递物品完税价格表

税号	品名及规格	单位	完税价格（人民币:元）	税率
01000000	食品、饮料			
01010000	－食品			
01010100	－－水产品			
01010110	－－－鱼翅	千克	3000	10%
01010120	－－－干鲍鱼	千克	5000	10%
01010130	－－－鲜鲍鱼	千克	1000	10%
01010140	－－－瑶柱	千克	1000	10%
01010150	－－－海参、海马	千克	1500	10%
01010160	－－－花胶	千克	1500	10%
01010190	－－－其他	千克	另行确定	10%
01010200	－－燕窝			
01010210	－－－燕盏	千克	15000	10%
01010220	－－－燕饼	千克	8000	10%
01010230	－－－燕碎	千克	5000	10%
01010300	－－冬虫夏草	千克	50000	10%
01010400	－－参	千克	1500	10%
01010500	－－鹿茸	千克	2000	10%
01010600	－－阿胶	千克	250	10%
01010700	－－奶粉	千克	200	10%
01010800	－－调味品	千克	200	10%
01019900	－－其他			
01019910	－－－保健食品	千克	另行确定	10%
01019990	－－－其他	千克	另行确定	10%
01020000	－饮料			
01020100	－－茶叶	千克	200	10%
01020200	－－咖啡	千克	200	10%
01029900	－－其他			
01029910	－－－保健饮料	千克	另行确定	10%
01029990	－－－其他	千克	另行确定	10%
02000000	酒类			
02010000	－酿造酒			
02010100	－－啤酒	瓶(不超过750毫升)	5	50%

税号	品名及规格	单位	完税价格（人民币:元）	税率
02010200	－－葡萄酒(12度及以下)	瓶(不超过750毫升)	100	50%
02010300	－－葡萄酒(12度以上)	瓶(不超过750毫升)	200	50%
02019900	－－其他	瓶(不超过750毫升)	另行确定	50%
02020000	－蒸馏酒			
02020100	－－白兰地	瓶(不超过750毫升)	500	50%
02020200	－－威士忌	瓶(不超过750毫升)	500	50%
02029900	－－其他	瓶(不超过750毫升)	另行确定	50%
02030000	－配制酒			
02030100	－－药酒	瓶(不超过750毫升)	200	50%
02039900	－－其他	瓶(不超过750毫升)	另行确定	50%
03000000	烟草			
03010000	－卷烟	支	0.5	50%
03020000	－雪茄烟	支	10	50%
03030000	－烟丝	克	0.5	50%
03990000	－其他	克、支	另行确定	50%
04000000	纺织原材料及其制成品			
04010000	－纺织原材料			
04010100	－－棉、麻、毛、人造丝质地的原材料	千克	50	20%
04010200	－－丝质原材料	千克	100	20%
04019900	－－其他	千克	另行确定	20%
04020000	－布			
04020100	－－棉、麻、毛、人造丝质地的布	米	50	20%
04020200	－－丝质布	米	80	20%
04029900	－－其他	千克	另行确定	20%
04030000	－衣着			
04030100	－－外衣裤			
04030110	－－－衣	件	300	20%
04030120	－－－裤	条	200	20%
04030200	－－内衣裤	件、条	100	20%
04030300	－－衬衫/T恤衫	件	200	20%
04039900	－－其他	件	另行确定	20%
04040000	－床上用品			
04040100	－－毛毯、被子、床罩	条、件	400	20%
04049900	－－其他	件	另行确定	20%
04990000	－其他			

税号	品名及规格	单位	完税价格（人民币:元）	税率
04990100	－－棉制品	条、件	80	20%
04990200	－－麻、毛、真丝制品	条、件	150	20%
04999900	－－其他	条、件	另行确定	20%
05000000	皮革、皮毛及其制成品			
05010000	－皮革	千克	300	20%
05020000	－衣着			
05020100	－－裘皮衣	件	另行确定	20%
05029900	－－其他	件	1500	20%
05990000	－其他	件、条	另行确定	20%
06000000	鞋靴			
06010000	－皮鞋	双	300	10%
06020000	－皮靴	双	400	10%
06030000	－运动鞋	双	200	10%
06990000	－其他	双	另行确定	10%
07000000	表、钟及其配件、附件			
07010000	－表			
07010100	－－高档手表(完税价格在人民币10000元及以上)	块	另行确定	30%
07010200	－－电子表	块	200	20%
07010300	－－机械表	块	500	20%
07019900	－－其他	块	200	20%
07020000	－钟			
07020100	－－闹钟、座钟、挂钟、台钟	个、台	200	20%
07020200	－－落地钟	台	600	20%
07029900	－－其他	台	另行确定	20%
07030000	－配件、附件	件	另行确定	20%
08000000	金、银、珠宝及其制品	件	另行确定	10%
09000000	化妆品			
09010000	－香水	瓶	100	50%
09020000	－清洁类			
09020100	－－面膜	张	20	50%
09029900	－－其他	件	另行确定	50%
09030000	－护理类			
09030100	－－眼霜	支、瓶	100	50%
09030200	－－日、晚霜及乳液	支、瓶	100	50%
09030300	－－精华液/素	支、瓶	150	50%

税号	品名及规格	单位	完税价格（人民币:元）	税率
09030400	－－润唇膏	支	20	50%
09039900	－－其他	件	另行确定	50%
09040000	－美容/修饰类			
09040100	－－粉底	盒、支	100	50%
09040200	－－睫毛液(膏)	支、瓶	50	50%
09040300	－－指甲油	瓶	20	50%
09040400	－－唇膏	支	50	50%
09049900	－－其他	件	另行确定	50%
10000000	医疗、保健及美容器材			
10010000	－医疗器材			
10010100	－－血糖计	个	500	10%
10010200	－－血糖试纸	张	5	10%
10010300	－－电动洗眼机	台	100	10%
10010400	－－红外线耳探热针	个	200	10%
10010500	－－空气制氧机	台	2000	10%
10010600	－－治疗用雾化机	台	2000	10%
10010700	－－电动血压计	个	500	10%
10019900	－－其他	件	另行确定	10%
10020000	－保健器材			
10020100	－－按摩床	张	10000	10%
10020200	－－按摩椅	张	5000	10%
10029900	－－其他	件	另行确定	10%
10030000	－美容器材			
10030100	－－蒸汽仪	台	200	10%
10030200	－－喷雾器	台	400	10%
10030300	－－化妆/美容专用工具	件	50	10%
10039900	－－其他	件	另行确定	10%
11000000	厨卫用具			
11010000	－厨房用具			
11010100	－－餐具/刀具	个、把	20	10%
11010200	－－炊具	件	100	10%
11010300	－－灶具	件	1000	10%
11010400	－－微波炉	台	600	20%
11010500	－－电磁炉	台	800	20%
11010600	－－抽油烟机	台	1000	20%

税号	品名及规格	单位	完税价格（人民币:元）	税率
11010700	－－家用洗碗机	台	1500	20%
11019900	－－其他			
11019910	－－－电器用具	台	另行确定	20%
11019990	－－－其他	件、个	另行确定	10%
11020000	－卫生用具、洁具			
11020100	－－热水器			
11020110	－－－电热水器	台	1000	20%
11020190	－－－其他	台	800	10%
11029900	－－其他	件	另行确定	10%
12000000	家具			
12010000	－小件家具（长、宽、高均小于等于70厘米）			
12010100	－－实木	件	另行确定	10%
12019900	－－其他	件	100	10%
12990000	－其他			
12990100	－－实木家具	件	另行确定	10%
12990200	－－金属家具	件	500	10%
12990300	－－藤、竹家具	件	600	10%
12990400	－－塑料家具	件	200	10%
12990500	－－玻璃家具	件	500	10%
12990600	－－复合家具	件	另行确定	10%
12990700	－－软体家具			
12990710	－－－真皮	件	1000	10%
12990720	－－－其他	件	600	10%
12999900	－－其他	件	500	10%
13000000	空调及其配件、附件			
13010000	－立式			
13010100	－－3匹以下	台	3000	20%
13010200	－－3匹及以上	台	5000	20%
13020000	－配件、附件	个	另行确定	20%
13990000	－其他			
13990100	－－家用中央空调（户式中央空调）	台	另行确定	20%
13999900	－－其他			
13999910	－－－1匹及以下	台	1000	20%
13999920	－－－1匹以上2匹以下	台	2000	20%
13999930	－－－2匹	台	3000	20%

税号	品名及规格	单位	完税价格（人民币:元）	税率
13999940	－－－2 匹以上	台	另行确定	20%
14000000	电冰箱及其配件、附件			
14010000	－压缩式			
14010100	－－100 公升及以下	台	1000	20%
14010200	－－101～200 公升	台	2000	20%
14010300	－－201～250 公升	台	3000	20%
14010400	－－251～300 公升	台	5000	20%
14010500	－－301～400 公升	台	10000	20%
14010600	－－401～500 公升	台	15000	20%
14010700	－－501 公升及以上	台	20000	20%
14020000	－配件、附件	件	另行确定	20%
14990000	－其他	台	另行确定	20%
15000000	洗衣设备及其配件、附件			
15010000	－洗衣机			
15010100	－－波轮式	台	1000	20%
15010200	－－滚筒式	台	2000	20%
15019900	－－其他	台	另行确定	20%
15020000	－干衣机/烘干机	台	800	20%
15030000	－洗衣干衣一体机	台	3000	20%
15040000	－配件、附件	件	另行确定	20%
15990000	－其他	个	另行确定	20%
16000000	电视机及其配件、附件			
16010000	－液晶电视机			
16010100	－－20 英寸及以下	台	1500	20%
16010200	－－21 英寸至 32 英寸	台	5000	20%
16010300	－－33 英寸至 42 英寸	台	12000	20%
16010400	－－43 英寸及以上	台	另行确定	20%
16020000	－等离子电视机			
16020100	－－32 英寸及以下	台	4000	20%
16020200	－－33 英寸至 42 英寸	台	8000	20%
16020300	－－43 英寸及以上	台	另行确定	20%
16030000	－显像管（CRT）电视机			
16030100	－－29 英寸及以下	台	1000	20%
16030200	－－29 英寸以上	台	2000	20%
16040000	－配件、附件	件、个	50	20%

税号	品名及规格	单位	完税价格（人民币:元）	税率
16990000	－其他	台	另行确定	20%
17000000	摄影(像)设备及其配件、附件			
17010000	－单镜头反光型照相机机身			
17010100	－－数码	台	5000	20%
17019900	－－其他	台	4000	20%
17020000	－镜头			
17020100	－－标准镜头(135 相机的标准镜头焦距为 50 毫米,120 相机为 75 毫米,110 相机为 20 毫米)	个	1000	20%
17029900	－－其他	个	另行确定	20%
17030000	－照相机			
17030100	－－数码	台	2000	20%
17039900	－－其他	台	另行确定	20%
17040000	－摄像机			
17040100	－－数码			
17040110	－－－200 万像素以下	台	5000	20%
17040120	－－－200 万像素及以上	台	10000	20%
17049900	－－其他	件	另行确定	20%
17050000	－配件、附件			
17050100	－－数码存储卡			
17050110	－－－存储容量 4G 以下	个	300	20%
17050120	－－－存储容量 4G 及以上	个	另行确定	20%
17050200	－－闪光灯	个	500	20%
17050300	－－支架	个	300	20%
17050400	－－胶卷	个	20	20%
17059900	－－其他	件	另行确定	20%
18000000	影音家电及其附件、配件			
18010000	－便携式影音设备			
18010100	－－录音笔	台	200	20%
18010200	－－录音机	台	200	20%
18010300	－－收音机	台	200	20%
18010400	－－MP3 播放机	台	100	20%
18010500	－－MP4 播放机			
18010510	－－－显示屏幕 2 英寸及以下	台	500	20%
18010520	－－－显示屏幕 2 英寸以上	台	1000	20%
18019900	－－其他	台	另行确定	20%
18020000	－音响设备			

税号	品名及规格	单位	完税价格（人民币:元）	税率
18020100	––电唱机（含便携式激光唱机）	台	500	20%
18020200	––放像机	台	500	20%
18020300	––录像机	台	800	20%
18020400	––激光视盘机			
18020410	–––便携式（VCD 、DVD）	台	800	20%
18020490	–––其他（LD、VCD、DVD 等）	台	500	20%
18020500	––（单）功能座（功放、调谐、均衡等）	台	800	20%
18020600	––音箱	个	1000	20%
18020700	––组合音响（标准配置型可含功放、调谐、录音、激光唱盘、均衡、LD、VCD、DVD 等视盘功能、处理器及配套的音箱，由功能座组合的音响只能含一个视盘功能座）	套	3000	20%
18020800	––收音、录音、激光唱盘一体机	台	1000	20%
18029900	––其他	件	另行确定	20%
18030000	–配件、附件			
18030100	––唱片	张	50	20%
18030200	––录音带（非教育专用）	盘	10	20%
18030300	––录像带（非教育专用）	盘	30	20%
18030400	––激光唱盘（CD）	张	30	20%
18030500	––激光视盘（LD、VCD、DVD 等）	张	50	20%
18039900	––其他	个、件、	另行确定	20%
18990000	–其他	个、台	另行确定	20%
19000000	计算机及其外围设备			
19010000	–计算机			
19010100	––台式个人计算机主机	台	2000	20%
19010200	––主机、显示器一体机	台	3000	20%
19010300	––笔记本电脑	台	5000	20%
19010400	––个人数字助理（PDA）	台	1000	20%
19010500	––配件			
19010510	–––主板	块	500	20%
19010520	–––中央处理器（CPU）	个	500	20%
19010530	–––内存条			
19010531	––––512M 及以下	条	300	20%
19010532	––––1G	条	600	20%
19010533	––––2G 及以上	条	1800	20%
19010540	–––功能卡	块	300	20%
19010590	–––其他	块、个	另行确定	20%

税号	品名及规格	单位	完税价格 （人民币:元）	税率
19019900	－－其他	台	另行确定	20%
19020000	－外围设备			
19020100	－－鼠标	个	50	20%
19020200	－－键盘	个	80	20%
19020300	－－音箱	套	150	20%
19020400	－－显示器			
19020410	－－－液晶(LCD)			
19020411	－－－－19英寸以下	台	1000	20%
19020412	－－－－19英寸	台	2000	20%
19020413	－－－－19英寸以上	台	另行确定	20%
19020420	－－－显像管(CRT)			
19020421	－－－－17英寸及以下	台	500	20%
19020422	－－－－17英寸以上	台	800	20%
19020490	－－－其他	台	另行确定	20%
19020500	－－打印机			
19020510	－－－激光打印机			
19020511	－－－－黑白	台	1000	20%
19020512	－－－－彩色	台	3000	20%
19020520	－－－喷墨打印机	台	500	20%
19020530	－－－针式打印机	台	1000	20%
19020540	－－－多功能一体打印机	台	另行确定	20%
19020590	－－－其他	台	另行确定	20%
19020600	－－扫描仪	台	1000	20%
19020700	－－视频投影仪	台	15000	20%
19020800	－－驱动器			
19020810	－－－CD	台	100	20%
19020820	－－－DVD	台	250	20%
19020890	－－－其他	台	另行确定	20%
19020900	－－存储器			
19020910	－－－硬盘/移动硬盘			
19020911	－－－－200G及以下	个	500	20%
19020912	－－－－200G以上	个	另行确定	20%
19020920	－－－U盘	个	100	20%
19020990	－－－其他	个、盒	另行确定	20%
19029900	－－其他	台	另行确定	20%

税号	品名及规格	单位	完税价格（人民币:元）	税率
20000000	书报、刊物及其他各类印刷品		另行确定	10%
21000000	教育专用的电影片、幻灯片、原版录音带、录像带			
21010000	－幻灯片	片	10	10%
21020000	－录音带	盘	10	10%
21030000	－录像带	盘	50	10%
21990000	－其他	件	另行确定	10%
22000000	文具用品			
22010000	－电子计算器	个	200	10%
22020000	－电子字典/记事簿	个	300	10%
22030000	－钢笔	支	50	10%
22990000	－其他	件	另行确定	10%
23000000	邮票			
23010000	－中国邮票、小型张	张	另行确定	10%
23020000	－港澳台、外国邮票	张	5	10%
23030000	－港澳台、外国小型张、纪念封	张	10	10%
24000000	乐器			
24010000	－钢琴			
24010100	－－三角钢琴	架	90000	10%
24010200	－－立式钢琴	架	15000	10%
24010300	－－电子钢琴	架	5000	10%
24019900	－－其他	架	另行确定	10%
24020000	－电子琴			
24020100	－－49 键以下	台	800	10%
24020200	－－49 键及以上	台	3000	10%
24990000	－其他			
24990100	－－萨克斯	把	10000	10%
24990200	－－电子吉他	把	2000	10%
24990300	－－数码小提琴	把	5000	10%
24999900	－－其他	件	另行确定	10%
25000000	体育用品			
25010000	－高尔夫球及球具			
25010100	－－球杆	根	800	30%
25010200	－－球	个	30	30%
25019900	－－其他	件	另行确定	30%
25020000	－运动器具			

税号	品名及规格	单位	完税价格（人民币:元）	税率
25020100	－－网球拍	个	1000	10%
25020200	－－羽毛球拍	个	300	10%
25029900	－－其他	件	另行确定	10%
25030000	－多功能健身器具			
25030100	－－跑步机	件	2000	10%
25030200	－－健身车	件	1000	10%
25030300	－－综合训练器	件	3000	10%
25039900	－－其他	件	另行确定	10%
25990000	－其他	件	另行确定	10%
26000000	自行车、三轮车及其配件、附件			
26010000	－自行车	辆	500	20%
26020000	－三轮车	辆	500	20%
26030000	－童车	辆	100	20%
26040000	－配件、附件	件	30	20%
26990000	－其他	件	另行确定	20%
27000000	其他物品			
27010000	－便携式复印机	台	2000	20%
27020000	－灯具	件	另行确定	20%
27030000	－咖啡机	台	4000	20%
27040000	－电动榨汁机	台	100	20%
27050000	－剪草机	台	2000	10%
27060000	－电风扇	台	400	20%
27070000	－电熨斗	个	200	20%
27080000	－电吹风机	个	200	20%
27090000	－电动剃须刀	个	200	20%
27100000	－地板打蜡机	台	500	20%
27110000	－增/除湿机、增除湿一体机	台	1500	20%
27120000	－电暖器	台	1000	20%
27130000	－空气清新机	台	1000	20%
27140000	－家用吸尘器			
27140100	－－400瓦及以下	台	400	20%
27140200	－－500瓦以上（每增加100瓦加价100元）	台	500	20%
27150000	－电话机			
27150100	－－普通电话机	台	200	10%
27150200	－－手持移动电话	台	1500	10%

税号	品名及规格	单位	完税价格（人民币:元）	税率
27150300	－－电话传真机	台	1000	10%
27150400	－－可视电话	台	1000	10%
27150500	－－配件、附件	件	200	10%
27159900	－－其他	台	另行确定	10%
27160000	－游戏机			
27160100	－－光盘游戏机	台	1500	10%
27160200	－－卡式游戏机	台	400	10%
27160300	－－配件、附件			
27160310	－－－游戏盘、卡	张、个	60	10%
27160390	－－－其他	件	另行确定	10%
27169900	－－其他	件	另行确定	10%
27170000	－缝纫机、编织机			
27170100	－－手动	台	400	10%
27170200	－－电动	台	800	10%
27170300	－－电子	台	2000	10%
27170400	－－配件、附件（机头按整机完税价格80%估价）	件	50	10%
27990000	－其他			
27990100	－－电器用具	件	另行确定	20%
27999900	－－其他	件	另行确定	10%

注：

1. 边疆地区民族特需商品的完税价格可按照总署另行审定后的完税价格执行；

2. 本表所列完税价格与应税物品实际价格相差悬殊达到3倍（或1/3）及以上程度的，经现场科级领导同意，可采取另行确定价格原则或按物品实际价格计征税赋。

附表 6

2012 年进口商品协定税率表

税则号列	商品描述	最惠国税率(%)	协定税率(%)																					
			东盟										亚太	智利	巴基斯坦	新加坡	新西兰	秘鲁	哥斯达黎加	香港	澳门	台湾
			文莱	柬埔寨	印尼	老挝	马来西亚	缅甸	菲律宾	新加坡	泰国	越南										
01012900	其他马	10	0	0	0	0	0	0	0	0	0	0		3	5		0	7	0			
01013090	其他驴	10	0	0	0	0	0	0	0	0	0	0		3	5		0	7	0			
01019000	骡	10	0	0	0	0	0	0	0	0	0	0		3	5		0	7	0			
01022900	其他家牛	10	0	0	0	0	0	0	0	0	0	0		3	5		0	7	0			
01023900	其他水牛	10	0	0	0	0	0	0	0	0	0	0		3	5		0	7	0			
01029090	其他牛	10	0	0	0	0	0	0	0	0	0	0		3	5		0	7	0			
01039110	重量<10 千克的猪	10	0	0	0	0	0	0	0	0	0	0		0	5		0	0	0			
01039120	重量在 10~50 千克的猪,包括 10 千克	10	0	0	0	0	0	0	0	0	0	0		0	5		0	0	0			
01039200	重量≥50 千克的猪	10	0	0	0	0	0	0	0	0	0	0		0	5		0	0	0			
01041090	其他绵羊	10	0	0	0	0	0	0	0	0	0	0		0	5		0	0	0			
01042090	其他山羊	10	0	0	0	0	0	0	0	0	0	0		0	5		0	0	0			
01051190	重量≤185 克的其他鸡	10	0	0	0	0	0	0	0	0	0	0		3	5		0	7	0			
01051290	重量≤185 克的其他火鸡	10	0	0	0	0	0	0	0	0	0	0		3	5		0	7	0			
01051390	重量≤185 克的其他鸭	10	0	0	0	0	0	0	0	0	0	0		0	5		0	0	0			
01051490	重量≤185 克的其他鹅	10	0	0	0	0	0	0	0	0	0	0		0	5		0	0	0			
01051590	重量≤185 克的其他珍珠鸡	10	0	0	0	0	0	0	0	0	0	0		0	5		0	0	0			
01059490	重量>185 克的其他鸡	10	0	0	0	0	0	0	0	0	0	0		0	5		0	0	0			
01059991	重量>185 克的非改良种用鸭	10	0	0	0	0	0	0	0	0	0	0		0	5		0	0	0			
01059992	重量>185 克的非改良种用鹅	10	0	0	0	0	0	0	0	0	0	0		0	5		0	0	0			
01059993	重量>185 克的非改良种用珍珠鸡	10	0	0	0	0	0	0	0	0	0	0		0	5		0	0	0			
01059994	重量>185 克的非改良种用火鸡	10	0	0	0	0	0	0	0	0	0	0		0	5		0	0	0			
01061190	其他灵长目动物	10	0	0	0	0	0	0	0	0	0	0		0	5		0	0	0			
01061211	改良种用鲸、海豚及鼠海豚;海牛及儒艮	10	0	0	0	0	0	0	0	0	0	0		0	5		0	0	0			
01061219	其他鲸、海豚及鼠海豚;海牛及儒艮	10	0	0	0	0	0	0	0	0	0	0		0	5		0	0	0			
01061229	其他海豹、海狮及海象	10	0	0	0	0	0	0	0	0	0	0		3	5		0	7	0			

税则号列	商品描述	最惠国税率(%)	协定税率(%)																			
			东盟										亚太	智利	巴基斯坦	新加坡	新西兰	秘鲁	哥斯达黎加	香港	澳门	台湾
			文莱	柬埔寨	印尼	老挝	马来西亚	缅甸	菲律宾	新加坡	泰国	越南										
01061390	其他骆驼及其他骆驼科动物	10	0	0	0	0	0	0	0	0	0	0		3	5		0	7	0			
01061490	其他家兔及野兔	10	0	0	0	0	0	0	0	0	0	0		3	5		0	7	0			
01061990	其他哺乳动物	10	0	0	0	0	0	0	0	0	0	0		3	5		0	7	0			
01062020	食用爬行动物	10	0	0	0	0	0	0	0	0	0	0		0	5		0	0	0			
01062090	其他爬行动物	10	0	0	0	0	0	0	0	0	0	0		0	5		0	0	0			
01063190	其他猛禽	10	0	0	0	0	0	0	0	0	0	0		0	5		0	0	0			
01063290	其他鹦形目鸟	10	0	0	0	0	0	0	0	0	0	0		0	5		0	0	0			
01063390	其他鸵鸟;鸸鹋	10	0	0	0	0	0	0	0	0	0	0		0	5		0	0	0			
01063921	乳鸽	10	0	0	0	0	0	0	0	0	0	0		0	5		0	0	0			
01063923	野鸭	10	0	0	0	0	0	0	0	0	0	0		0	5		0	0	0			
01063929	其他食用鸟	10	0	0	0	0	0	0	0	0	0	0		0	5		0	0	0			
01063990	其他鸟	10	0	0	0	0	0	0	0	0	0	0		0	5		0	0	0			
01064190	其他蜂	10	0	0	0	0	0	0	0	0	0	0	9	3	5		0	7	0			
01064990	其他昆虫	10	0	0	0	0	0	0	0	0	0	0	9	3	5		0	7	0			
01069090	其他动物	10	0	0	0	0	0	0	0	0	0	0	9	3	5		0	7	0			
02011000	整头及半头鲜、冷牛肉	20	0	0	0	0	0	0	0	0	0	0		0			8.9	16	17.3			
02012000	鲜、冷的带骨牛肉	12	0	0	0	0	0	0	0	0	0	0		3.6	6		5.3	9.9	10.4			
02013000	鲜、冷的去骨牛肉	12	0	0	0	0	0	0	0	0	0	0		3.6	6		5.3	9.9	10.4			
02021000	冻的整头及半头牛肉	25	0	0	0	0	0	0	0	0	0	0		0			11.1	20	15			
02022000	冻的带骨牛肉	12	0	0	0	0	0	0	0	0	0	0		3.6	6		5.3	9.9	7.2			
02023000	冻的去骨牛肉	12	0	0	0	0	0	0	0	0	0	0		3.6	6		5.3	9.9	7.2			
02031110	鲜、冷的整头及半头乳猪肉	20	0	0	0	0	0	0	0	0	0	0		0			0	14	12			
02031190	其他鲜、冷的整头及半头猪肉	20	0	0	0	0	0	0	0	0	0	0		0			0	8	12			
02031200	鲜、冷的带骨猪前腿、后腿及其肉块	20	0	0	0	0	0	0	0	0	0	0		6			0	14	12			
02031900	其他鲜、冷猪肉	20	0	0	0	0	0	0	0	0	0	0		0			0	0	12			
02032110	冻整头及半头乳猪肉	12	0	0	0	0	0	0	0	0	0	0		3.6	6		0	8.4	7.2			
02032190	其他冻整头及半头猪肉	12	0	0	0	0	0	0	0	0	0	0		3.6	6		0	8.4	7.2			
02032200	冻的带骨猪前腿、后腿及其肉块	12	0	0	0	0	0	0	0	0	0	0		0	6		0	4.8	7.2			
02032900	其他冻猪肉	12	0	0	0	0	0	0	0	0	0	0		0	6		0	9.6	7.2			
02041000	鲜或冷的整头及半头羔羊	15	0	0	0	0	0	0	0	0	0	0		0	12		6.7	12	13			

税则号列	商品描述	最惠国税率(%)	协定税率(%)																		
			东盟										亚太	智利	巴基斯坦	新加坡	新西兰	秘鲁	哥斯达黎加	香港	澳门	台湾
			文莱	柬埔寨	印尼	老挝	马来西亚	缅甸	菲律宾	新加坡	泰国	越南										
02042100	鲜或冷的整头及半头绵羊肉	23	0	0	0	0	0	0	0	0	0	0		0			10.2	18.4	19.9			
02042200	鲜或冷的带骨绵羊肉	15	0	0	0	0	0	0	0	0	0	0		0	12		6.7	12	13			
02042300	鲜或冷的去骨绵羊肉	15	0	0	0	0	0	0	0	0	0	0		0	12		6.7	11.2	13			
02043000	冻的整头及半头羔羊	15	0	0	0	0	0	0	0	0	0	0		4.5	12		6.7	12.4	13			
02044100	冻的整头及半头绵羊肉	23	0	0	0	0	0	0	0	0	0	0		6.9			10.2	18.9	19.9			
02044200	冻的其他带骨绵羊肉	12	0	0	0	0	0	0	0	0	0	0		3.6	6		5.3	9.9	10.4			
02044300	冻的其他去骨绵羊肉	15	0	0	0	0	0	0	0	0	0	0		4.5	12		6.7	12.4	13			
02045000	鲜、冷、冻的山羊肉	20	0	0	0	0	0	0	0	0	0	0		0			8.9	15	17.3			
02050000	鲜、冷、冻的马、驴、骡肉	20	0	0	0	0	0	0	0	0	0	0		0			0	14	12			
02061000	鲜、冷的牛杂碎	12	0	0	0	0	0	0	0	0	0	0		0	6		5.3	9	7.2			
02062100	冻牛舌	12	0	0	0	0	0	0	0	0	0	0		3.6	6		0	8.4	7.2			
02062200	冻牛肝	12	0	0	0	0	0	0	0	0	0	0		0	6		0	4.8	7.2			
02062900	其他冻牛杂碎	12	0	0	0	0	0	0	0	0	0	0		3.6	6		0	8.4	7.2			
02063000	鲜、冷的猪杂碎	20	0	0	0	0	0	0	0	0	0	0		0			0	14	12			
02064100	冻猪肝	20	0	0	0	0	0	0	0	0	0	0		0			0	14	12			
02064900	其他冻猪杂碎	12	0	0	0	0	0	0	0	0	0	0		3.6	6		0	8.4	7.2			
02068000	鲜、冷的羊、马、驴、骡杂碎	20	0	0	0	0	0	0	0	0	0	0		0			8.9	15	12			
02069000	冻的羊、马、驴、骡杂碎	18	0	0	0	0	0	0	0	0	0	0		5.4	14.4		8	14.8	10.8			
02071100	整只，鲜或冷的鸡	20	0	0	0	0	0	0	0	0	0	0		0			0	8	12			
02071200	整只，冻的鸡	1.3元/千克	0		0		0	0	0	0	0	0		0.39元/千克			0	0.9元/千克	0.8元/千克			
02071311	鲜或冷的带骨鸡块	20	0	0	0	0	0	0	0	0	0	0		0			0	8	12			
02071319	鲜或冷的其他鸡块	20	0	0	0	0	0	0	0	0	0	0		0			0	8	12			
02071321	鲜或冷的鸡翼(不包括翼尖)	20	0	0	0	0	0	0	0	0	0	0		0			0	8	12			
02071329	鲜或冷的其他鸡杂碎	20	0	0	0	0	0	0	0	0	0	0		0			0	8	12			
02071411	冻的带骨鸡块	0.6元/千克	0		0	0	0	0	0	0	0	0		0	0.3元/千克		0	0.2元/千克	0			

税则号列	商品描述	最惠国税率(%)	协定税率(%)																			
			东盟										亚太	智利	巴基斯坦	新加坡	新西兰	秘鲁	哥斯达黎加	香港	澳门	台湾
			文莱	柬埔寨	印尼	老挝	马来西亚	缅甸	菲律宾	新加坡	泰国	越南										
02071419	冻的其他鸡块	0.7元/千克	0		0	0	0	0	0	0	0	0		0.21元/千克	0.35元/千克		0	0.5元/千克	0			
02071421	冻的鸡翼(不包括翼尖)	0.8元/千克	0		0	0	0	0	0	0	0	0		0	0.4元/千克		0	0.3元/千克	0			
02071422	鲜、冷、冻鸡爪	0.5元/千克	0		0	0	0	0	0	0	0	0		0.15元/千克	0.25元/平方米		0	0.35元/千克	0			
02071429	冻的其他鸡杂碎	0.5元/千克	0		0	0	0	0	0	0	0	0		0.15元/千克	0.25元/千克		0	0.35元/千克	0			
02072400	整只,鲜或冷的火鸡	20	0	0	0	0	0	0	0	0	0	0		0			0	8	12			
02072500	整只,冻的火鸡	20	0	0	0	0	0	0	0	0	0	0		6			0	14	12			
02072600	鲜或冷的火鸡块及杂碎	20	0	0	0	0	0	0	0	0	0	0		0			0	8	12			
02072700	冻的火鸡块及杂碎	10	0	0	0	0	0	0	0	0	0	0		3	5		0	7	0			
02074100	鲜或冷的整只鸭	20	0	0	0	0	0	0	0	0	0	0		0			0	14	12			
02074200	冻的整只鸭	20	0	0	0	0	0	0	0	0	0	0		0			0	14	12			
02074300	鲜或冷的鸭肥肝	20	0	0	0	0	0	0	0	0	0	0		0			0	14	12			
02074400	鲜或冷的其他鸭	20	0	0	0	0	0	0	0	0	0	0		0			0	14	12			
02074500	冻的其他鸭	20	0	0	0	0	0	0	0	0	0	0		0			0	14	12			
02075100	鲜或冷的整只鹅	20	0	0	0	0	0	0	0	0	0	0		0			0	14	12			
02075200	冻的整只鹅	20	0	0	0	0	0	0	0	0	0	0		0			0	14	12			
02075300	鲜或冷的鹅肥肝	20	0	0	0	0	0	0	0	0	0	0		0			0	14	12			
02075400	鲜或冷的其他鹅	20	0	0	0	0	0	0	0	0	0	0		0			0	14	12			
02075500	冻的其他鹅	20	0	0	0	0	0	0	0	0	0	0		0			0	14	12			
02076000	鲜、冷、冻珍珠鸡	20	0	0	0	0	0	0	0	0	0	0		0			0	14	12			
02081010	鲜或冷藏的家兔肉或野兔,不包括兔头	20	0	0	0	0	0	0	0	0	0	0		6			0	14	12			
02081020	冻家兔或野兔,不包括兔头	20	0	0	0	0	0	0	0	0	0	0		6			0	14	12			
02081090	鲜、冷、冻的家兔及野兔食用杂碎	20	0	0	0	0	0	0	0	0	0	0		6			0	14	12			

税则号列	商品描述	最惠国税率(%)	协定税率(%)																			
			东盟										亚太	智利	巴基斯坦	新加坡	新西兰	秘鲁	哥斯达黎加	香港	澳门	台湾
			文莱	柬埔寨	印尼	老挝	马来西亚	缅甸	菲律宾	新加坡	泰国	越南										
02083000	鲜、冷、冻的灵长目动物的肉及其食用杂碎	23	0	0	0	0	0	0	0	0	0	0		0			4	16.1	13.8			
02084000	鲜、冷、冻鲸、海豚及鼠海豚;鲜、冷、冻海牛及儒艮;鲜、冷、冻海豹、海狮及海象	23	0	0	0	0	0	0	0	0	0	0		0			4	16.1	13.8			
02085000	鲜、冷、冻的爬行动物的肉及其食用杂碎	23	0	0	0	0	0	0	0	0	0	0		0			4	16.1	13.8			
02086000	鲜、冷、冻骆驼及其他骆驼科动物	23	0	0	0	0	0	0	0	0	0	0		0			4	16.1	13.8			
02089010	鲜、冷、冻的乳鸽肉及其食用杂碎	20	0	0	0	0	0	0	0	0	0	0		6			0	14	12			
02089090	其他鲜、冷、冻肉及食用杂碎	23	0	0	0	0	0	0	0	0	0	0		0			4	16.1	13.8			
02091000	未炼制猪脂肪	20	0	0	0	0	0	0	0	0	0	0		6			0	14	12			
02099000	未炼制家禽脂肪	20	0	0	0	0	0	0	0	0	0	0		6			0	14	12			
02101110	干、熏、盐制的带骨猪腿	25	0	0	0	0	0	0	0	0	0	0		0			4	10	15			
02101190	干、熏、盐制的带骨猪腿肉块	25	0	0	0	0	0	0	0	0	0	0		0			4	10	15			
02101200	干、熏、盐制的猪腹肉	25	0	0	0	0	0	0	0	0	0	0		0			4	10	15			
02101900	干、熏、盐制的其他猪肉	25	0	0	0	0	0	0	0	0	0	0		7.5			4	17.5	15			
02102000	干、熏、盐制的牛肉	25	0	0	0	0	0	0	0	0	0	0		0			4	17.5	15			
02109100	干、熏、盐制的灵长目动物肉及食用杂碎	25	0	0	0	0	0	0	0	0	0	0		0			4	17.5	15			
02109200	干、熏、盐制的鲸、海豚及鼠海豚的;海牛及儒艮的;海豹、海狮及海象的肉及食用杂碎	25	0	0	0	0	0	0	0	0	0	0		0			4	17.5	15			
02109300	干、熏、盐制的爬行动物肉及食用杂碎	25	0	0	0	0	0	0	0	0	0	0		0			4	17.5	15			
02109900	干、熏、盐制的其他肉及食用杂碎	25	0	0	0	0	0	0	0	0	0	0		7.5			4	17.5	15			
03011100	淡水观赏鱼	17.5	0	0	0	0	0	0	0	0	0	0		0	14		0	7	14	0		
03011900	其他观赏鱼	17.5	0	0	0	0	0	0	0	0	0	0		0	14		0	7	14	0		
03019190	其他活鳟鱼	10.5	0	0	0	0	0	0	0	0	0	0	8	0	5		0	4.2	8.4			
03019290	其他活鳗鱼	10	0	0	0	0	0	0	0	0	0	0	6.7	0	5		0	0	8			
03019390	其他鲤科鱼	10.5	0	0	0	0	0	0	0	0	0	0	8	0	5		0	4.2	8.4			
03019491	大西洋蓝鳍金枪鱼	10.5	0	0	0	0	0	0	0	0	0	0	8	3.2	5		0	4.2	8.4	0		
03019492	太平洋蓝鳍金枪鱼	10.5	0	0	0	0	0	0	0	0	0	0	8	3.2	5		0	7.4	8.4	0		0
03019590	其他活南方蓝鳍金枪鱼	10.5	0	0	0	0	0	0	0	0	0	0	8	3.2	5		0	4.2	8.4	0		

税则号列	商品描述	最惠国税率(%)	协定税率(%)																		
			东盟										亚太	智利	巴基斯坦	新加坡	新西兰	秘鲁	哥斯达黎加	香港	澳门	台湾
			文莱	柬埔寨	印尼	老挝	马来西亚	缅甸	菲律宾	新加坡	泰国	越南										
03019991	活罗非鱼	10.5	0	0	0	0	0	0	0	0	0	0		3.2	5		0	7.4	8.4	0		
03019992	活鲀	10.5	0	0	0	0	0	0	0	0	0	0	8	3.2	5		0	4.2	8.4	0		
03019993	其他鲤科鱼	10.5	0	0	0	0	0	0	0	0	0	0	8	0	5		0	4.2	8.4			
03019999	其他活鱼	10.5	0	0	0	0	0	0	0	0	0	0	8	3.2	5		0	7.4	8.4	0		0
03021100	鲜、冷鳟鱼	12	0	0	0	0	0	0	0	0	0	0		3.6	6		0	8.4	9.6			
03021300	鲜、冷大麻哈鱼	10	0	0	0	0	0	0	0	0	0	0		3	5		0	7	8			
03021410	鲜、冷大西洋鲑鱼	10	0	0	0	0	0	0	0	0	0	0		3	5		0	7	8			
03021420	鲜、冷多瑙哲罗鱼	10	0	0	0	0	0	0	0	0	0	0		3	5		0	7	8			
03021900	其他鲜、冷鲑鱼	12	0	0	0	0	0	0	0	0	0	0	8	0	5		0	4.8	9.6			
03022100	鲜、冷庸鲽鱼	12	0	0	0	0	0	0	0	0	0	0	9	0	5		0	4.8	9.6			
03022200	鲜、冷鲽鱼	12	0	0	0	0	0	0	0	0	0	0	9	0	5		0	4.8	9.6			
03022300	鲜、冷鳎鱼	12	0	0	0	0	0	0	0	0	0	0	9	0	5		0	4.8	9.6			
03022400	鲜、冷大菱鲆	12	0	0	0	0	0	0	0	0	0	0	6	3.6	5		0	8.4	9.6			
03022900	其他鲜、冷比目鱼	12	0	0	0	0	0	0	0	0	0	0	6	3.6	5		0	8.4	9.6			
03023100	鲜、冷长鳍金枪鱼	12	0	0	0	0	0	0	0	0	0	0	9	3.6	5		0	8.4	9.6			
03023200	鲜、冷黄鳍金枪鱼	12	0	0	0	0	0	0	0	0	0	0	9	0	5		0	4.8	9.6	0		
03023300	鲜、冷鲣鱼或狐鲣	12	0	0	0	0	0	0	0	0	0	0	8	0	5		0	4.8	9.6			
03023400	鲜、冷大眼金枪鱼	12	0	0	0	0	0	0	0	0	0	0		0	6		0	4.8	9.6			
03023510	鲜、冷大西洋蓝鳍金枪鱼	12	0	0	0	0	0	0	0	0	0	0		0	6		0	4.8	9.6			
03023520	鲜、冷太平洋蓝鳍金枪鱼	12	0	0	0	0	0	0	0	0	0	0	8	0	5		0	4.8	9.6			
03023600	鲜、冷南方蓝鳍金枪鱼	12	0	0	0	0	0	0	0	0	0	0		0	6		0	4.8	9.6			
03023900	其他鲜、冷金枪鱼	12	0	0	0	0	0	0	0	0	0	0	8	0	5		0	4.8	9.6			
03024100	鲜、冷鲱鱼(大西洋鲱鱼、太平洋鲱鱼)	12	0	0	0	0	0	0	0	0	0	0	8	0	5		0	4.8	9.6			
03024200	鲜、冷鳀鱼	12	0	0	0	0	0	0	0	0	0	0	8	3.6	5		0	4.8	9.6	0		0
03024300	鲜、冷沙丁鱼(沙丁鱼、沙瑙鱼属)、小沙丁鱼属、黍鲱或西鲱	12	0	0	0	0	0	0	0	0	0	0	8	0	5		0	4.8	9.6			
03024400	鲜、冷鲭鱼	12	0	0	0	0	0	0	0	0	0	0	8	0	5		0	4.8	9.6			
03024500	鲜、冷对称竹荚鱼、新西兰竹荚鱼及竹荚鱼	12	0	0	0	0	0	0	0	0	0	0	8	3.6	5		0	4.8	9.6	0		0
03024600	鲜、冷军曹鱼	12	0	0	0	0	0	0	0	0	0	0	8	3.6	5		0	4.8	9.6	0		0

税则号列	商品描述	最惠国税率(%)	协定税率(%) 东盟																			
			文莱	柬埔寨	印尼	老挝	马来西亚	缅甸	菲律宾	新加坡	泰国	越南	亚太	智利	巴基斯坦	新加坡	新西兰	秘鲁	哥斯达黎加	香港	澳门	台湾
03024700	鲜、冷剑鱼	12	0	0	0	0	0	0	0	0	0	0	8	3.6	5		0	4.8	9.6	0		
03025100	鲜、冷鳕鱼	12	0	0	0	0	0	0	0	0	0	0	8	0	5		0	4.8	9.6			
03025200	鲜、冷黑线鳕鱼	12	0	0	0	0	0	0	0	0	0	0	8	0	5		0	4.8	9.6			
03025300	鲜、冷绿青鳕鱼	12	0	0	0	0	0	0	0	0	0	0	8	0	5		0	4.8	9.6			
03025400	鲜、冷狗鳕鱼	12	0	0	0	0	0	0	0	0	0	0	8	3.6	5		0	4.8	9.6	0		0
03025500	鲜、冷狭鳕鱼	12	0	0	0	0	0	0	0	0	0	0	8	3.6	5		0	4.8	9.6	0		0
03025600	鲜、冷蓝鳕鱼	12	0	0	0	0	0	0	0	0	0	0	8	3.6	5		0	4.8	9.6	0		0
03025900	鲜、冷其他鳕科鱼	12	0	0	0	0	0	0	0	0	0	0	8	3.6	5		0	4.8	9.6	0		0
03027100	鲜、冷罗非鱼	12	0	0	0	0	0	0	0	0	0	0		3.6	6		0	8.4	9.6			
03027200	鲜、冷鲶鱼	12	0	0	0	0	0	0	0	0	0	0	8	3.6	5		0	4.8	9.6	0		0
03027300	鲜、冷鲤科鱼	12	0	0	0	0	0	0	0	0	0	0	8	3.6	5		0	4.8	9.6	0		0
03027400	鲜、冷鳗鱼	12	0	0	0	0	0	0	0	0	0	0	8	0	5		0	4.8	9.6	0		
03027900	鲜、冷尼罗河鲈鱼及黑鱼	12	0	0	0	0	0	0	0	0	0	0	8	3.6	5		0	4.8	9.6	0		0
03028100	鲜、冷角鲨及其他鲨鱼	12	0	0	0	0	0	0	0	0	0	0	9	3.6	5		0	8.4	9.6	0		
03028200	鲜、冷魟鱼及鳐鱼	12	0	0	0	0	0	0	0	0	0	0	8	3.6	5		0	4.8	9.6	0		0
03028300	鲜、冷南极犬牙鱼	12	0	0	0	0	0	0	0	0	0	0	8	3.6	5		0	4.8	9.6	0		
03028400	鲜、冷尖吻鲈鱼	12	0	0	0	0	0	0	0	0	0	0	8	3.6	5		0	4.8	9.6	0		0
03028500	鲜、冷菱羊鲷	12	0	0	0	0	0	0	0	0	0	0	8	3.6	5		0	4.8	9.6	0		0
03028910	鲜、冷带鱼	12	0	0	0	0	0	0	0	0	0	0	8	3.6	8		0	8.4	9.6	0		
03028920	鲜、冷黄鱼	12	0	0	0	0	0	0	0	0	0	0	8	3.6	5		0	8.4	9.6	0		
03028930	鲜、冷鲳鱼	12	0	0	0	0	0	0	0	0	0	0	8	3.6	5		0	8.4	9.6	0		
03028940	鲜、冷鲀	12	0	0	0	0	0	0	0	0	0	0	8	3.6	5		0	8.4	9.6	0		
03028990	鲜、冷其他鱼	12	0	0	0	0	0	0	0	0	0	0	8	3.6	5		0	4.8	9.6	0		0
03029000	鲜、冷鱼肝及鱼卵	12	0	0	0	0	0	0	0	0	0	0		0	6		0	4.8	9.6			
03031100	冻红大麻哈鱼	10	0	0	0	0	0	0	0	0	0	0	6.7	3	5		0	7	8			
03031200	冻其他大麻哈鱼	10	0	0	0	0	0	0	0	0	0	0	6.7	3	5		0	7	8			
03031300	冻大西洋鲑鱼及多瑙哲罗鱼	10	0	0	0	0	0	0	0	0	0	0		3	5		0	7	8			
03031400	冻鳟鱼	12	0	0	0	0	0	0	0	0	0	0		3.6	6		0	8.4	9.6			
03031900	冻其他鲑科鱼	10	0	0	0	0	0	0	0	0	0	0	6.7	0	5		0	0	8			
03032300	冻罗非鱼	10	0	0	0	0	0	0	0	0	0	0	5	3	5		0	7	8			

税则号列	商品描述	最惠国税率（%）	协定税率（%）																			
			东盟										亚太	智利	巴基斯坦	新加坡	新西兰	秘鲁	哥斯达黎加	香港	澳门	台湾
			文莱	柬埔寨	印尼	老挝	马来西亚	缅甸	菲律宾	新加坡	泰国	越南										
03032400	冻鲶鱼	10	0	0	0	0	0	0	0	0	0	0	5	3	5		0	6.2	8	0		0
03032500	冻鲤科鱼	10	0	0	0	0	0	0	0	0	0	0	5	3	5		0	6.2	8	0		0
03032600	冻鳗鱼	12	0	0	0	0	0	0	0	0	0	0	8	3.6	8		0	8.4	9.6	0		
03032900	冻尼罗河鲈鱼及黑鱼	10	0	0	0	0	0	0	0	0	0	0	5	3	5		0	6.2	8	0		0
03033110	冻格陵兰庸鲽鱼	10	0	0	0	0	0	0	0	0	0	0	6.7	0	5		0	0	8	0		
03033190	冻庸鲽鱼	10	0	0	0	0	0	0	0	0	0	0	6.7	0	5		0	0	8	0		
03033200	冻鲽鱼	12	0	0	0	0	0	0	0	0	0	0	8	0	8		0	4.8	9.6			
03033300	冻鳎鱼	12	0	0	0	0	0	0	0	0	0	0	8	0	8		0	4.8	9.6			
03033400	冻大菱鲆	10	0	0	0	0	0	0	0	0	0	0	8	3	8		0	7	8			
03033900	其他冻比目鱼	10	0	0	0	0	0	0	0	0	0	0	8	3	8		0	7	8			
03034100	冻长鳍金枪鱼	12	0	0	0	0	0	0	0	0	0	0	9	0	5		0	4.8	9.6			
03034200	冻黄鳍金枪鱼	12	0	0	0	0	0	0	0	0	0	0	9	0	5		0	4.8	9.6			
03034300	冻鲣鱼或狐鲣	12	0	0	0	0	0	0	0	0	0	0	9	0	5		0	4.8	9.6			
03034400	冻大眼金枪鱼，但鱼肝及鱼卵除外	12	0	0	0	0	0	0	0	0	0	0		0	6		0	4.8	9.6	0		
03034510	冻大西洋蓝鳍金枪鱼	12	0	0	0	0	0	0	0	0	0	0		0	6		0	4.8	9.6			
03034520	冻太平洋蓝鳍金枪鱼	12	0	0	0	0	0	0	0	0	0	0	9	3.6	5		0	4.8	9.6			
03034600	冻南方蓝鳍金枪鱼，但鱼肝及鱼卵除外	12	0	0	0	0	0	0	0	0	0	0		0	6		0	4.8	9.6			
03034900	其他冻金枪鱼，但鱼肝及鱼卵除外	12	0	0	0	0	0	0	0	0	0	0	9	3.6	5		0	4.8	9.6			
03035100	冻鲱鱼（大西洋鲱鱼、太平洋鲱鱼），但鱼肝及鱼卵除外	10	0	0	0	0	0	0	0	0	0	0	6.7	0	5		0	0	8			
03035300	冻沙丁鱼、小沙丁鱼属、黍鲱或西鲱	12	0	0	0	0	0	0	0	0	0	0	8	3.6	5		0	8.4	9.6			
03035400	冻鲭鱼	10	0	0	0	0	0	0	0	0	0	0	6.7	3	6.7		0	6.2	8			
03035500	冻对称竹荚鱼、新西兰竹荚鱼及竹荚鱼	10	0	0	0	0	0	0	0	0	0	0	5	3	5		0	6.2	8	0		0
03035600	冻军曹鱼	10	0	0	0	0	0	0	0	0	0	0	5	3	5		0	6.2	8	0		0
03035700	冻剑鱼	10	0	0	0	0	0	0	0	0	0	0	5	3	5		0	0	8	0		
03036300	冻鳕鱼	10	0	0	0	0	0	0	0	0	0	0	6.7	0	5		0	0	8			
03036400	冻黑线鳕鱼	12	0	0	0	0	0	0	0	0	0	0	8	0	5		0	4.8	9.6			
03036500	冻绿青鳕鱼	12	0	0	0	0	0	0	0	0	0	0	8	0	5		0	4.8	9.6			
03036600	冻狗鳕鱼	12	0	0	0	0	0	0	0	0	0	0		3.6	6		0	8.4	9.6			
03036700	冻狭鳕鱼	10	0	0	0	0	0	0	0	0	0	0	5	3	5		0	6.2	8	0		0

税则号列	商品描述	最惠国税率（%）	协定税率（%）																				
			东盟										亚太	智利	巴基斯坦	新加坡	新西兰	秘鲁	哥斯达黎加	香港	澳门	台湾
			文莱	柬埔寨	印尼	老挝	马来西亚	缅甸	菲律宾	新加坡	泰国	越南										
03036800	冻蓝鳕鱼	10	0	0	0	0	0	0	0	0	0	0	5	3	5		0	6.2	8	0		0
03036900	其他冻鳕鱼	10	0	0	0	0	0	0	0	0	0	0	5	3	5		0	6.2	8	0		0
03038100	冻角鲨及其他鲨鱼	12	0	0	0	0	0	0	0	0	0	0	9	3.6	9		0	8.4	9.6			
03038200	冻魟鱼及鳐鱼	10	0	0	0	0	0	0	0	0	0	0	5	3	5		0	6.2	8	0		0
03038300	冻南极犬牙鱼	10	0	0	0	0	0	0	0	0	0	0	5	3	5		0	0	8	0		
03038400	冻尖吻鲈鱼	12	0	0	0	0	0	0	0	0	0	0	8	0	5		0	4.8	9.6	0		
03038910	冻带鱼	10	0	0	0	0	0	0	0	0	0	0	5	3	5		0	7	8	0		
03038920	冻黄鱼	10	0	0	0	0	0	0	0	0	0	0	5	3	5		0	7	8	0		
03038930	冻鲳鱼	10	0	0	0	0	0	0	0	0	0	0	5	3	5		0	7	8	0		
03038990	其他冻鱼	10	0	0	0	0	0	0	0	0	0	0	5	3	5		0	6.2	8	0		0
03039000	冻鱼肝及鱼卵	10	0	0	0	0	0	0	0	0	0	0	9	3	5		0		8			
03043100	鲜、冷罗非鱼片	12	0	0	0	0	0	0	0	0	0	0	9	3.6	5		0	8.4	7.2	0		
03043200	鲜、冷鲶鱼片	12	0	0	0	0	0	0	0	0	0	0	9	3.6	5		0	8.4	7.2	0		
03043300	鲜、冷尼罗河鲈鱼片	12	0	0	0	0	0	0	0	0	0	0	9	3.6	5		0	8.4	7.2	0		
03043900	鲜、冷鲤科鱼、鳗鱼、黑鱼片	12	0	0	0	0	0	0	0	0	0	0	9	3.6	5		0	8.4	7.2	0		
03044100	鲜、冷大麻哈鱼片	12	0	0	0	0	0	0	0	0	0	0	9	3.6	5		0	8.4	7.2	0		
03044200	鲜、冷鳟鱼片	12	0	0	0	0	0	0	0	0	0	0	9	3.6	5		0	8.4	7.2	0		
03044300	鲜、冷比目鱼片	12	0	0	0	0	0	0	0	0	0	0	9	3.6	5		0	8.4	7.2	0		
03044400	鲜、冷犀鳕科等鳕科鱼片	12	0	0	0	0	0	0	0	0	0	0	9	3.6	5		0	8.4	7.2	0		
03044500	鲜、冷剑鱼片	12	0	0	0	0	0	0	0	0	0	0	9	3.6	5		0	4.8	7.2	0		
03044600	鲜、冷南极犬牙鱼片	12	0	0	0	0	0	0	0	0	0	0	9	3.6	5		0	4.8	7.2	0		
03044900	鲜、冷其他鱼片	12	0	0	0	0	0	0	0	0	0	0	9	3.6	5		0	8.4	7.2	0		
03045100	鲜、冷罗非鱼等鱼鱼肉	12	0	0	0	0	0	0	0	0	0	0	9	3.6	5		0	8.4	7.2	0		
03045200	鲜、冷鲑科鱼肉	12	0	0	0	0	0	0	0	0	0	0	9	3.6	5		0	8.4	7.2	0		
03045300	鲜、冷犀鳕科等鳕科鱼肉	12	0	0	0	0	0	0	0	0	0	0	9	3.6	5		0	8.4	7.2	0		
03045400	鲜、冷剑鱼肉	12	0	0	0	0	0	0	0	0	0	0	9	3.6	5		0	4.8	7.2	0		
03045500	鲜、冷南极犬牙鱼肉	12	0	0	0	0	0	0	0	0	0	0	9	3.6	5		0	4.8	7.2	0		
03045900	鲜、冷其他鱼肉	12	0	0	0	0	0	0	0	0	0	0	9	3.6	5		0	8.4	7.2	0		
03046100	冻罗非鱼等鱼鱼片	10	0	0	0	0	0	0	0	0	0	0		3	5		0	0	0	0		
03046211	冻斑点叉尾鮰鱼片	10	0	0	0	0	0	0	0	0	0	0		3	5		0	0	0	0		

税则号列	商品描述	最惠国税率(%)	协定税率(%) 东盟 文莱	柬埔寨	印尼	老挝	马来西亚	缅甸	菲律宾	新加坡	泰国	越南	亚太	智利	巴基斯坦	新加坡	新西兰	秘鲁	哥斯达黎加	香港	澳门	台湾
03046219	冻其他叉尾鮰鱼片	10	0	0	0	0	0	0	0	0	0	0		3	5		0	0	0	0		
03046290	冻其他鲶鱼片	10	0	0	0	0	0	0	0	0	0	0		3	5		0	6.2	0	0		0
03046300	冻尼罗河鲈鱼片	10	0	0	0	0	0	0	0	0	0	0		3	5		0	6.2	0	0		0
03046900	冻鲤科鱼、鳗鱼、黑鱼片	10	0	0	0	0	0	0	0	0	0	0		3	5		0	6.2	0	0		0
03047100	冻鳕鱼片	10	0	0	0	0	0	0	0	0	0	0		3	5		0	6.2	0	0		0
03047200	冻黑线鳕鱼片	10	0	0	0	0	0	0	0	0	0	0		3	5		0	6.2	0	0		0
03047300	冻绿青鳕鱼片	10	0	0	0	0	0	0	0	0	0	0		3	5		0	6.2	0	0		0
03047400	冻狗鳕鱼片	10	0	0	0	0	0	0	0	0	0	0		3	5		0	6.2	0	0		0
03047500	冻狭鳕鱼片	10	0	0	0	0	0	0	0	0	0	0		3	5		0	6.2	0	0		0
03047900	冻其他鳕鱼片	10	0	0	0	0	0	0	0	0	0	0		3	5		0	6.2	0	0		0
03048100	冻大麻哈鱼、大西洋鲑鱼及多瑙哲罗鱼片	10	0	0	0	0	0	0	0	0	0	0		3	5		0	6.2	0	0		0
03048200	冻鳟鱼片	10	0	0	0	0	0	0	0	0	0	0		3	5		0	6.2	0	0		0
03048300	冻比目鱼片	10	0	0	0	0	0	0	0	0	0	0		3	5		0	6.2	0	0		0
03048400	冻剑鱼片	10	0	0	0	0	0	0	0	0	0	0		3	5		0	0	0	0		
03048500	冻南极犬牙鱼片	10	0	0	0	0	0	0	0	0	0	0		3	5		0	0	0	0		
03048600	冻鲱鱼片	10	0	0	0	0	0	0	0	0	0	0		3	5		0	6.2	0	0		0
03048700	冻金枪鱼、鲣鱼或狐鲣(鲣)片	10	0	0	0	0	0	0	0	0	0	0		3	5		0	6.2	0	0		0
03048900	冻其他鱼片	10	0	0	0	0	0	0	0	0	0	0		3	5		0	6.2	0	0		0
03049100	冻的剑鱼肉	10	0	0	0	0	0	0	0	0	0	0		3	5		0	0	0			
03049200	冻的南极犬牙鱼肉	10	0	0	0	0	0	0	0	0	0	0		3	5		0	0	0			
03049300	冻罗非鱼等鱼肉	10	0	0	0	0	0	0	0	0	0	0		3	5		0	0	0			
03049400	冻狭鳕鱼肉	10	0	0	0	0	0	0	0	0	0	0		3	5		0	0	0			
03049500	冻犀鳕科等鳕科鱼肉	10	0	0	0	0	0	0	0	0	0	0		3	5		0	0	0			
03049900	其他冻鱼肉	10	0	0	0	0	0	0	0	0	0	0		3	5		0	0	0			
03051000	供人食用的鱼粉及团粒	10	0	0	0	0	0	0	0	0	0	0		0	5		0	0	0		0	
03052000	干、熏、盐制的鱼肝及鱼卵	10	0	0	0	0	0	0	0	0	0	0		3	5		0		8			
03053100	干、盐腌罗非鱼等鱼鱼片	10	0	0	0	0	0	0	0	0	0	0	7.8	3	5		0	7	0	0	0	
03053200	干、盐腌犀鳕科等鳕科鱼片	10	0	0	0	0	0	0	0	0	0	0	7.8	3	5		0	7	0	0	0	
03053900	干、盐腌其他鱼片	10	0	0	0	0	0	0	0	0	0	0	7.8	3	5		0	7	0	0	0	

税则号列	商品描述	最惠国税率(%)	协定税率(%)																			
			东盟										亚太	智利	巴基斯坦	新加坡	新西兰	秘鲁	哥斯达黎加	香港	澳门	台湾
			文莱	柬埔寨	印尼	老挝	马来西亚	缅甸	菲律宾	新加坡	泰国	越南										
03054110	熏大西洋鲑鱼,食用杂碎除外	14	0	0	0	0	0	0	0	0	0	0		0	7		0	5.6	8.4			
03054120	熏鲱鱼,食用杂碎除外	14	0	0	0	0	0	0	0	0	0	0		0	11.2		0	5.6	8.4			
03054200	熏鲱鱼,食用杂碎除外	16	0	0	0	0	0	0	0	0	0	0		0	12.8		0	6.4	9.6			
03054300	熏鳟鱼,食用杂碎除外	14	0	0	0	0	0	0	0	0	0	0		4.2	11.2		0	9.8	8.4		0	
03054400	熏罗非鱼等鱼,食用杂碎除外	14	0	0	0	0	0	0	0	0	0	0		4.2	11.2		0	9.8	8.4		0	
03054900	熏其他鱼,食用杂碎除外	14	0	0	0	0	0	0	0	0	0	0		4.2	11.2		0	9.8	8.4		0	
03055100	干鳕鱼,食用杂碎除外	16	0	0	0	0	0	0	0	0	0	0		0	12.8		0	6.4	9.6		0	
03055910	干海马、干海龙	2	0	0	0	0	0	0	0	0	0	0		0	0		0	0	0			
03055990	干其他鱼,食用杂碎除外	16	0	0	0	0	0	0	0	0	0	0		4.8			0	11.2	12.8	0	0	
03056100	盐腌及盐渍的鲱鱼,食用杂碎除外	16	0	0	0	0	0	0	0	0	0	0	11.1	0	8		0	6.4	9.6			
03056200	盐腌及盐渍的鳕鱼,食用杂碎除外	16	0	0	0	0	0	0	0	0	0	0	12	0	8		0	6.4	9.6			
03056300	盐腌及盐渍的鳀鱼,食用杂碎除外	16	0	0	0	0	0	0	0	0	0	0	12	4.8	8		0	11.2	9.6			
03056400	盐腌及盐渍的罗非鱼等鱼,食用杂碎除外	16	0	0	0	0	0	0	0	0	0	0		4.8	12.8		0	11.2	9.6	0		
03056910	盐腌及盐渍的带鱼,食用杂碎除外	16	0	0	0	0	0	0	0	0	0	0		4.8	12.8		0	11.2	9.6	0		
03056920	盐腌及盐渍的黄鱼,食用杂碎除外	16	0	0	0	0	0	0	0	0	0	0		4.8	12.8		0	11.2	9.6	0		
03056930	盐腌及盐渍的鲳鱼,食用杂碎除外	16	0	0	0	0	0	0	0	0	0	0		4.8	12.8		0	11.2	9.6	0		
03056990	盐腌及盐渍的其他鱼,食用杂碎除外	16	0	0	0	0	0	0	0	0	0	0		4.8	12.8		0	11.2	9.6	0		
03057100	鲨鱼翅	15	0	0	0	0	0	0	0	0	0	0		4.5			0	10.5	12		0	
03057200	鱼头、鱼尾、鱼鳔	16	0	0	0	0	0	0	0	0	0	0		0	12.8		0	6.4	9.6			
03057900	其他可食用杂碎	16	0	0	0	0	0	0	0	0	0	0		0	12.8		0	6.4	9.6			
03061100	冻龙虾	10	0	0	0	0	0	0	0	0	0	0		0	5		0	0	0			
03061200	冻大螯虾	10	0	0	0	0	0	0	0	0	0	0	7.2	0	5		0	0	0			
03061410	冻梭子蟹	10	0	0	0	0	0	0	0	0	0	0		3	5		0	7	0			
03061490	其他冻蟹	10	0	0	0	0	0	0	0	0	0	0		3	5		0	7	0			
03061500	冻挪威海螯虾	16	0	0	0	0	0	0	0	0	0	0		4.8	12.8		0	11.2	9.6			
03061611	冻冷水小虾虾仁	8	0	0	0	0	0	0	0	0	0	0	4	0	0		0	0	0	0		
03061612	冻北方长额虾虾仁	5	0	0	0	0	0	0	0	0	0	0	2.5	0	0		0	0	0	0		
03061619	冻其他冷水小虾	5	0	0	0	0	0	0	0	0	0	0	2.5	0	0		0	0	0	0		
03061621	冻冷水对虾虾仁	8	0	0	0	0	0	0	0	0	0	0	4	0	0		0	0	0	0		

税则号列	商品描述	最惠国税率(%)	协定税率(%) 东盟 文莱	柬埔寨	印尼	老挝	马来西亚	缅甸	菲律宾	新加坡	泰国	越南	亚太	智利	巴基斯坦	新加坡	新西兰	秘鲁	哥斯达黎加	香港	澳门	台湾
03061629	冻其他冷水对虾	5	0	0	0	0	0	0	0	0	0	0	2.5	0	0		0	0	0	0		
03061711	冻小虾虾仁	8	0	0	0	0	0	0	0	0	0	0	4	0	0		0	0	0	0		
03061719	冻其他小虾	5	0	0	0	0	0	0	0	0	0	0	2.5	0	0		0	0	0	0		
03061721	冻对虾虾仁	8	0	0	0	0	0	0	0	0	0	0	4	0	0		0	0	0	0		
03061729	冻其他对虾	5	0	0	0	0	0	0	0	0	0	0	2.5	0	0		0	0	0	0		
03061911	冻淡水小龙虾仁	16	0	0	0	0	0	0	0	0	0	0		0	12.8		0	6.4	9.6			
03061919	冻带壳淡水小龙虾	16	0	0	0	0	0	0	0	0	0	0		0	12.8		0	6.4	9.6			
03061990	其他冻甲壳动物	16	0	0	0	0	0	0	0	0	0	0		4.8	12.8		0	11.2	9.6			
03062190	未冻的龙虾	15	0	0	0	0	0	0	0	0	0	0		0			0	6	9	0		
03062290	其他未冻的大螯虾	15	0	0	0	0	0	0	0	0	0	0		0	12		0	6	9	0		
03062491	未冻的中华绒毛蟹(大闸蟹)	14	0	0	0	0	0	0	0	0	0	0		4.2	7		0	5.6	8.4			
03062492	未冻的梭子蟹	14	0	0	0	0	0	0	0	0	0	0		4.2	11.2		0	9.8	8.4	0		
03062499	未冻的其他蟹	14	0	0	0	0	0	0	0	0	0	0		4.2			0	9.8	8.4	0		
03062590	未冻的其他挪威海螯虾	14	0	0	0	0	0	0	0	0	0	0		4.2	11.2		0	5.6	8.4	0		
03062620	鲜、冷冷水对虾	15	0	0	0	0	0	0	0	0	0	0		0	12		0	6	9	0		
03062690	未冻的其他冷水小虾及对虾	12	0	0	0	0	0	0	0	0	0	0		0	6		0	4.8	7.2	0		
03062720	鲜、冷对虾	15	0	0	0	0	0	0	0	0	0	0		0	12		0	6	9	0		
03062790	未冻的其他小虾及对虾	12	0	0	0	0	0	0	0	0	0	0		0	6		0	4.8	7.2	0		
03062990	其他带壳或去壳的未冻的甲壳动物	14	0	0	0	0	0	0	0	0	0	0		4.2	11.2		0	5.6	8.4	0		
03071190	活、鲜或冷的其他牡蛎(蚝)	14	0	0	0	0	0	0	0	0	0	0		4.2	11.2		0	9.8	8.4	0		
03071900	冻、干、盐腌或盐渍的牡蛎(蚝)	14	0	0	0	0	0	0	0	0	0	0		4.2	11.2		0	9.8	8.4	0		
03072190	其他活、鲜、冷扇贝	14	0	0	0	0	0	0	0	0	0	0		4.2	11.2		0	9.8	8.4	0		
03072900	其他冻、干、盐腌或盐渍的扇贝	14	0	0	0	0	0	0	0	0	0	0		4.2	11.2		0	8.8	8.4			
03073190	其他活、鲜、冷贻贝	14	0	0	0	0	0	0	0	0	0	0		0	11.2		0	5.6	8.4	0		
03073900	其他冻、干、盐制的贻贝	14	0	0	0	0	0	0	0	0	0	0	9.8	4.2	7		0	9.8	8.4			
03074190	其他活、鲜或冷墨鱼及鱿鱼	12	0	0	0	0	0	0	0	0	0	0		3.6	6		0	8.4	7.2	0		
03074900	其他冻、干、盐制的墨鱼及鱿鱼	12	0	0	0	0	0	0	0	0	0	0	10	3.6	10		0	8.4	7.2	0	0	
03075100	活、鲜、冷章鱼	17	0	0	0	0	0	0	0	0	0	0		5.1	13.6		0	11.9	10.2	0		
03075900	其他冻、干、盐制的章鱼	17	0	0	0	0	0	0	0	0	0	0		5.1	13.6		0	11.9	10.2	0	0	
03076090	其他蜗牛及螺,海螺除外	14	0	0	0	0	0	0	0	0	0	0		0	11.2		0	5.6	8.4			

税则号列	商品描述	最惠国税率(%)	协定税率(%)																			
			东盟										亚太	智利	巴基斯坦	新加坡	新西兰	秘鲁	哥斯达黎加	香港	澳门	台湾
			文莱	柬埔寨	印尼	老挝	马来西亚	缅甸	菲律宾	新加坡	泰国	越南										
03077191	活、鲜或冷的蛤	14	0	0	0	0	0	0	0	0	0	0		4.2	11.2		0	5.6	8.4	0		
03077199	活、鲜或冷的乌蛤及舟贝	14	0	0	0	0	0	0	0	0	0	0		4.2	11.2		0	9.8	8.4	0		
03077910	冻、干、盐腌或盐渍的蛤	10	0	0	0	0	0	0	0	0	0	0		3			0		0			
03077990	冻、干、盐腌或盐渍的乌蛤及舟贝	10	0	0	0	0	0	0	0	0	0	0		3			0	7	0		0	
03078190	活、鲜或冷的其他鲍鱼	14	0	0	0	0	0	0	0	0	0	0		4.2	11.2		0	9.8	8.4	0		
03078900	冻、干、盐腌或盐渍的鲍鱼	10	0	0	0	0	0	0	0	0	0	0		3	5		0		0	0	0	
03079190	活、鲜或冷的其他软体动物	14	0	0	0	0	0	0	0	0	0	0		4.2	11.2		0	9.8	8.4	0		
03079900	冻、干、盐腌或盐渍的软体动物	10	0	0	0	0	0	0	0	0	0	0		3			0	7	0		0	
03081190	活、鲜或冷的其他海参	14	0	0	0	0	0	0	0	0	0	0		4.2	11.2		0	9.8	8.4	0		
03081900	冻、干、盐腌或盐渍的海参	10	0	0	0	0	0	0	0	0	0	0		3			0	7	0			
03082190	活、鲜或冷的其他海胆	14	0	0	0	0	0	0	0	0	0	0		4.2	11.2		0	9.8	8.4	0		
03082900	冻、干、盐腌或盐渍的海胆	10	0	0	0	0	0	0	0	0	0	0		3			0	7	0		0	
03083019	活、鲜或冷的其他海蜇	14	0	0	0	0	0	0	0	0	0	0		4.2	11.2		0	9.8	8.4	0		
03083090	冻、干、盐腌或盐渍的海蜇	10	0	0	0	0	0	0	0	0	0	0		3			0	7	0		0	
03089012	活、鲜或冷的其他沙蚕	14	0	0	0	0	0	0	0	0	0	0		4.2	11.2		0	9.8	8.4	0		
03089019	活、鲜或冷的其他水生无脊椎动物	14	0	0	0	0	0	0	0	0	0	0		4.2	11.2		0	9.8	8.4	0		
03089090	冻、干、盐腌或盐渍的其他水生无脊椎动物	10	0	0	0	0	0	0	0	0	0	0		3			0	7	0		0	
04011000	脂肪含量未超过1%未浓缩及未加糖的乳及奶油	15	0	0	0	0	0	0	0	0	0	0		4.5	12		0	10.5	13		0	
04012000	脂肪含量在1%～6%未浓缩及未加糖的乳及奶油	15	0	0	0	0	0	0	0	0	0	0		4.5	12		7.5	10.5	13	0	0	
04014000	按重量计脂肪含量超过6%，但不超过10%的未浓缩及未加糖或其他甜物质的乳及奶油	15	0	0	0	0	0	0	0	0	0	0		4.5	12		7.5	10.5	13		0	
04015000	按重量计脂肪含量超过10%的未浓缩及未加糖或其他甜物质的乳及奶油	15	0	0	0	0	0	0	0	0	0	0		4.5	12		7.5	10.5	13		0	
04021000	脂肪含量≤1.5%的固状乳及奶油	10	0	0	0	0	0	0	0	0	0	0	7	3	5		5.8	8.2	8.7	0	0	
04022100	脂肪量>1.5%的未加糖固状乳及奶油	10	0	0	0	0	0	0	0	0	0	0	7	3	7		5.8	8.2	8.7	0	0	
04022900	脂肪量>1.5%的加糖固状乳及奶油	10	0	0	0	0	0	0	0	0	0	0		3	5		5.8	8.2	8.7	0	0	
04029100	浓缩但未加糖的非固状乳及奶油	10	0	0	0	0	0	0	0	0	0	0		3	5		5.8	7	8.7	0	0	

税则号列	商品描述	最惠国税率（%）	协定税率（%）																			
			东盟										亚太	智利	巴基斯坦	新加坡	新西兰	秘鲁	哥斯达黎加	香港	澳门	台湾
			文莱	柬埔寨	印尼	老挝	马来西亚	缅甸	菲律宾	新加坡	泰国	越南										
04029900	浓缩并已加糖的非固状乳及奶油	10	0	0	0	0	0	0	0	0	0	0		3	5		0	8.2	8.7			
04031000	酸乳	10	0	0	0	0	0	0	0	0	0	0		3	5		0	7	8.7	0	0	
04039000	酪乳及其他发酵或酸化的乳及奶油	20	0	0	0	0	0	0	0	0	0	0		6			0	14	17.3	0	0	
04041000	乳清及改性乳清	6	0	0	0	0	0	0	0	0	0	0		0	5		0	0	5.2			
04049000	其他编号未列名的含天然乳的产品	20	0	0	0	0	0	0	0	0	0	0		0			0	14	17.3			
04051000	黄油	10	0	0	0	0	0	0	0	0	0	0		3	5		5	7	8.7			
04052000	乳酱	10	0	0	0	0	0	0	0	0	0	0	8.1	0	5		0	0	8.7		0	
04059000	其他从乳中提取的脂和油	10	0	0	0	0	0	0	0	0	0	0		0	5		5	7	8.7			
04061000	鲜乳酪（未熟化或未固化的）	12	0	0	0	0	0	0	0	0	0	0		3.6	6		6	8.4	10.4	0	0	
04062000	各种磨碎或粉化的乳酪	12	0	0	0	0	0	0	0	0	0	0		0	6		0	9.6	10.4	0		
04063000	经加工的乳酪，但磨碎或粉化的除外	12	0	0	0	0	0	0	0	0	0	0		0	6		6	9.6	10.4			
04064000	蓝纹乳酪和娄地青霉生产的带有纹理的其他乳酪	15	0	0	0	0	0	0	0	0	0	0		0	12		0	10.5	13			
04069000	其他乳酪	12	0	0	0	0	0	0	0	0	0	0		0	6		6	8.4	10.4			
04072100	鲜鸡蛋	20	0	0	0	0	0	0	0	0	0	0		0			0	14	12			
04072900	其他鲜禽蛋	20	0	0	0	0	0	0	0	0	0	0		0			0	14	12			
04079010	咸蛋	20	0	0	0	0	0	0	0	0	0	0		0			0	8	12			
04079020	皮蛋	20	0	0	0	0	0	0	0	0	0	0		0			0	8	12			
04079090	其他蛋	20	0	0	0	0	0	0	0	0	0	0		0			0	8	12			
04081100	干蛋黄	20	0	0	0	0	0	0	0	0	0	0		0			0	14	12			
04081900	其他蛋黄	20	0	0	0	0	0	0	0	0	0	0		0			0	14	12			
04089100	干的其他去壳禽蛋	20	0	0	0	0	0	0	0	0	0	0		6			0	14	12			
04089900	其他去壳禽蛋	20	0	0	0	0	0	0	0	0	0	0		0			0	14	12	0		
04090000	天然蜂蜜	15	0	0	0	0	0	0	0	0	0	0		4.5	12		0	10.5	9			
04100010	燕窝	25	0	0	0	0	0	0	0	0	0	0		0			4	17.5	15	0	0	
04100041	鲜蜂王浆	15	0	0	0	0	0	0	0	0	0	0		0	12		0	10.5	9			
04100042	鲜蜂王浆粉	15	0	0	0	0	0	0	0	0	0	0		0	12		0	10.5	9			
04100043	蜂花粉	20	0	0	0	0	0	0	0	0	0	0		0			0	14	12			
04100049	其他蜂产品	20	0	0	0	0	0	0	0	0	0	0		0			0	14	12			
04100090	其他编号未列名的食用动物产品	20	0	0	0	0	0	0	0	0	0	0		0			0	14	12			5

税则号列	商品描述	最惠国税率(%)	协定税率(%)																		
			东盟										亚太	智利	巴基斯坦	新加坡	新西兰	秘鲁	哥斯达黎加	香港	澳门	台湾
			文莱	柬埔寨	印尼	老挝	马来西亚	缅甸	菲律宾	新加坡	泰国	越南										
05010000	未经加工的人发;废人发	15	0	0	0	0	0	0	0	0	0	0		0	12		0	10.5	9			
05021010	猪鬃	20	0	0	0	0	0	0	0	0	0	0		0			0	14	12			
05021020	猪毛	20	0	0	0	0	0	0	0	0	0	0		0			0	14	12			
05021030	猪鬃或猪毛的废料	20	0	0	0	0	0	0	0	0	0	0		0			0	14	12			
05029011	山羊毛	20	0	0	0	0	0	0	0	0	0	0		0			0	14	12			
05029012	黄鼠狼尾毛	20	0	0	0	0	0	0	0	0	0	0		0			0	14	12			
05029019	獾毛及其他制刷用兽毛	20	0	0	0	0	0	0	0	0	0	0		0			0	14	12			
05029020	獾毛及其他制刷用兽毛的废料	20	0	0	0	0	0	0	0	0	0	0		0			0	14	12			
05040011	整个或切块的盐渍猪肠衣(猪大肠头除外)	20	0	0	0	0	0	0	0	0	0	0	10	6	10		0	14	12			
05040012	整个或切块的盐渍绵羊肠衣	18	0	0	0	0	0	0	0	0	0	0	9	5.4	9		0	12.6	10.8			
05040013	整个或切块的盐渍山羊肠衣	18	0	0	0	0	0	0	0	0	0	0	9	5.4	9		0	12.6	10.8			
05040014	整个或切块的盐渍猪大肠头	20	0	0	0	0	0	0	0	0	0	0	10	6	10		0	14	12			
05040019	整个或切块的其他动物肠衣	18	0	0	0	0	0	0	0	0	0	0	9	5.4	9		0	12.6	10.8			
05040021	冷和冻的鸡肫	1.3元/千克	0	0	0		0	0	0	0	0	0	0.65元/千克	0.39元/千克	0.65元/千克		0	0.9元/千克	0.8元/千克			
05040029	鲜、冷、冻、干、盐制的其他动物胃	20	0	0	0	0	0	0	0	0	0	0	10	6	10		0	14	12			
05040090	鲜、冷、冻、干、盐制的其他动物肠、膀胱、胃	20	0	0	0	0	0	0	0	0	0	0	10	6	10		0	14	12			
05051000	填充用羽毛;羽绒	10	0	0	0	0	0	0	0	0	0	0	7.5	0	5		0	0	0			
05059010	羽毛或不完整羽毛的粉末及废料	10	0	0	0	0	0	0	0	0	0	0		0	5		0	0	0			
05059090	其他羽毛、羽绒,带有羽毛、羽绒的鸟皮及鸟体其他部分	10	0	0	0	0	0	0	0	0	0	0		0	5		0	0	0			
05061000	经酸处理的骨胶原及骨	12	0	0	0	0	0	0	0	0	0	0		0	6		0	4.8	7.2			
05069011	含牛羊成分的骨粉及骨废料	12	0	0	0	0	0	0	0	0	0	0		3.6	6		0	8.4	7.2			
05069019	骨粉及骨废料	12	0	0	0	0	0	0	0	0	0	0		3.6	6		0	8.4	7.2			
05069090	其他骨及角柱	12	0	0	0	0	0	0	0	0	0	0		3.6	6		0	8.4	9.6		0	
05071000	兽牙;兽牙粉末及废料	10	0	0	0	0	0	0	0	0	0	0		0	5		0	0	0			
05079010	羚羊角及其粉末和废料	3	0	0	0	0	0	0	0	0	0	0		0	0		0	0	0			
05079020	鹿茸及其粉末	11	0	0	0	0	0	0	0	0	0	0		0	5		0	4.4	6.6			

税则号列	商品描述	最惠国税率(%)	协定税率(%)																			
			东盟										亚太	智利	巴基斯坦	新加坡	新西兰	秘鲁	哥斯达黎加	香港	澳门	台湾
			文莱	柬埔寨	印尼	老挝	马来西亚	缅甸	菲律宾	新加坡	泰国	越南										
05079090	龟壳、鲸须、鲸须毛、鹿角及其他角	10	0	0	0	0	0	0	0	0	0	0		0	5		0	0	0			
05080010	珊瑚及水产品壳、骨的粉末及废料	12	0	0	0	0	0	0	0	0	0	0		3.6			0	8.4	7.2	0		
05080090	珊瑚及介、贝、棘皮动物的壳、骨	12	0	0	0	0	0	0	0	0	0	0		3.6	6		0	8.4	7.2	0		
05100010	黄药	3	0	0	0	0	0	0	0	0	0	0		0	0		0	0	0			
05100020	龙涎香、海狸香、灵猫香	7	0	0	0	0	0	0	0	0	0	0		0	5		0	0	0			
05100030	麝香	7	0	0	0	0	0	0	0	0	0	0		0	5		0	0	0			
05100040	斑蝥	7	0	0	0	0	0	0	0	0	0	0		0	5		0	0	0			
05100090	胆汁,配药用腺体及其他动物产品	6	0	0	0	0	0	0	0	0	0	0		0	5		0	0	0			
05119111	受精鱼卵	12	0	0	0	0	0	0	0	0	0	0		3.6	6		0	4.8	7.2			
05119119	其他鱼产品	12	0	0	0	0	0	0	0	0	0	0		3.6			0	8.4	7.2			
05119190	其他未列名水产品;第三章的死动物	12	0	0	0	0	0	0	0	0	0	0		3.6	6		0	8.4	7.2			
05119940	马毛及废马毛,不论是否制成有或无衬垫的毛片	15	0	0	0	0	0	0	0	0	0	0		0	12		0	10.5	9			
05119990	其他编号未列名的动物产品;不适合供人食用的第一章的死动物	12	0	0	0	0	0	0	0	0	0	0		0	6		0	8.4	7.2			
06011010	休眠的番红花球茎	4	0	0	0	0	0	0	0	0	0	0	2	0	0		0	0	0			
06011029	其他百合球茎	5	0	0	0	0	0	0	0	0	0	0	2.5	0	0		0	0	0			
06011099	其他休眠的鳞茎、块茎、块根等	5	0	0	0	0	0	0	0	0	0	0	2.5	0	0		0	0	0			
06012000	生长或开花的鳞茎等及菊苣植物	15	0	0	0	0	0	0	0	0	0	0	7.5	4.5	7.5		0	10.5	9			
06022090	其他食用水果及坚果树及灌木	10	0	0	0	0	0	0	0	0	0	0	5	3	5		0	7	0			
06023090	其他杜鹃	15	0	0	0	0	0	0	0	0	0	0		0	12		0	10.5	9			
06024090	其他玫瑰	15	0	0	0	0	0	0	0	0	0	0		0	12		0	10.5	9			
06029092	兰花	10	0	0	0	0	0	0	0	0	0	0		3	5		0	7	0			
06029093	菊花	10	0	0	0	0	0	0	0	0	0	0		3	5		0	7	0			
06029094	百合	10	0	0	0	0	0	0	0	0	0	0		3	5		0	7	0			
06029095	康乃馨	10	0	0	0	0	0	0	0	0	0	0		3	5		0	7	0			
06029099	其他非种用活植物	10	0	0	0	0	0	0	0	0	0	0	5	3	5		0	7	0			
06031100	鲜玫瑰	10	0	0	0	0	0	0	0	0	0	0	5	3	5		0	0	0			
06031200	鲜康乃馨	10	0	0	0	0	0	0	0	0	0	0	5	3	5		0	0	0			

税则号列	商品描述	最惠国税率(%)	协定税率(%) 东盟 文莱	柬埔寨	印尼	老挝	马来西亚	缅甸	菲律宾	新加坡	泰国	越南	亚太	智利	巴基斯坦	新加坡	新西兰	秘鲁	哥斯达黎加	香港	澳门	台湾
06031300	鲜兰花	10	0	0	0	0	0	0	0	0	0	0	5	3	5		0	0	0			0
06031400	鲜菊花	10	0	0	0	0	0	0	0	0	0	0	5	3	5		0	0	0			
06031500	鲜百合花	10	0	0	0	0	0	0	0	0	0	0	5	3	5		0	0	0			
06031900	其他鲜花	10	0	0	0	0	0	0	0	0	0	0	5	3	5		0	0	0			
06039000	干的及经过染色等加工的插花及花蕾	23	0	0	0	0	0	0	0	0	0	0	11.5	0	11.5		4	16.1	13.8	0		
06042010	鲜苔藓及地衣	23	0	0	0	0	0	0	0	0	0	0		6.9			4	16.1	13.8			
06042090	鲜植物枝、叶等	10	0	0	0	0	0	0	0	0	0	0		3	5		0	7	0			
06049010	其他苔藓及地衣	23	0	0	0	0	0	0	0	0	0	0		6.9			4	16.1	13.8			
06049090	其他植物枝、叶等	10	0	0	0	0	0	0	0	0	0	0		0	5		0	0	0	0		
07011000	种用马铃薯	13	0	0	0	0	0	0	0	0	0	0		0	6.5		0	5.2	7.8			
07019000	其他鲜或冷的马铃薯	13	0	0	0	0	0	0	0	0	0	0	9	0	5		0	5.2	7.8			
07020000	鲜或冷藏的番茄	13	0	0	0	0	0	0	0	0	0	0		0	6.5		0	5.2	7.8			
07031010	鲜或冷的洋葱	13	0	0	0	0	0	0	0	0	0	0	6.5	0	5		0	5.2	7.8			
07031020	鲜或冷的青葱	13	0	0	0	0	0	0	0	0	0	0	6.5	0	5		0	5.2	7.8			
07032010	鲜或冷藏的大蒜头	13	0	0	0	0	0	0	0	0	0	0	6.5	0	0		0	5.2	7.8			
07032020	鲜或冷藏的大蒜蒜薹及蒜苗(青蒜)	13	0	0	0	0	0	0	0	0	0	0	6.5	0	0		0	5.2	7.8			
07032090	其他鲜或冷藏的大蒜	13	0	0	0	0	0	0	0	0	0	0	6.5	0	0		0	5.2	7.8			
07039010	鲜或冷的韭葱	13	0	0	0	0	0	0	0	0	0	0		0	6.5		0	5.2	7.8			
07039020	鲜或冷的大葱	13	0	0	0	0	0	0	0	0	0	0		0	6.5		0	5.2	7.8			
07039090	鲜或冷的其他葱属蔬菜	13	0	0	0	0	0	0	0	0	0	0		0	6.5		0	5.2	7.8			
07041000	鲜或冷的菜花及硬花甘蓝	10	0	0	0	0	0	0	0	0	0	0		0	5		0	0	0			
07042000	鲜或冷的抱子甘蓝	13	0	0	0	0	0	0	0	0	0	0		0	6.5		0	5.2	7.8			
07049010	卷心菜	13	0	0	0	0	0	0	0	0	0	0		0	6.5		0	5.2	7.8			
07049020	西兰花	13	0	0	0	0	0	0	0	0	0	0		0	6.5		0	5.2	7.8			
07049090	鲜或冷的其他食用芥菜类蔬菜	13	0	0	0	0	0	0	0	0	0	0		0	6.5		0	5.2	7.8			
07051100	鲜或冷的结球莴苣(包心生菜)	10	0	0	0	0	0	0	0	0	0	0		0	0		0	0	0			
07051900	鲜或冷的其他莴苣	10	0	0	0	0	0	0	0	0	0	0		0	0		0	0	0			
07052100	鲜或冷的维特罗夫菊苣	13	0	0	0	0	0	0	0	0	0	0		0	0		0	5.2	7.8			
07052900	鲜或冷的其他菊苣	13	0	0	0	0	0	0	0	0	0	0		0	0		0	5.2	7.8			
07061000	鲜或冷的胡萝卜及萝卜	13	0	0	0	0	0	0	0	0	0	0		0	6.5		0	5.2	7.8			

税则号列	商品描述	最惠国税率（%）	协定税率（%） 东盟 文莱	东盟 柬埔寨	东盟 印尼	东盟 老挝	东盟 马来西亚	东盟 缅甸	东盟 菲律宾	东盟 新加坡	东盟 泰国	东盟 越南	亚太	智利	巴基斯坦	新加坡	新西兰	秘鲁	哥斯达黎加	香港	澳门	台湾
07069000	鲜或冷的小萝卜及类似食用根茎	13	0	0	0	0	0	0	0	0	0	0		0	6.5		0	5.2	7.8			
07070000	鲜或冷的黄瓜及小黄瓜	13	0	0	0	0	0	0	0	0	0	0	6.5	0	5		0	5.2	7.8			
07081000	鲜或冷的豌豆	13	0	0	0	0	0	0	0	0	0	0	6.5	0	0		0	5.2	7.8			
07082000	鲜或冷的豇豆及菜豆	13	0	0	0	0	0	0	0	0	0	0	6.5	0	0		0	5.2	7.8			
07089000	鲜或冷的其他豆类蔬菜	13	0	0	0	0	0	0	0	0	0	0	6.5	0	0		0	5.2	7.8			
07092000	鲜或冷的芦笋	13	0	0	0	0	0	0	0	0	0	0	6.5	0	0		0	0	7.8			
07093000	鲜或冷的茄子	13	0	0	0	0	0	0	0	0	0	0	6.5	0	0		0	5.2	7.8			
07094000	鲜或冷的芹菜，但块根芹除外	10	0	0	0	0	0	0	0	0	0	0		0	0		0	0	0			
07095100	鲜或冷的其他伞菌属蘑菇	13	0	0	0	0	0	0	0	0	0	0		0	0		0	5.2	7.8			
07095910	鲜或冷的松茸	13	0	0	0	0	0	0	0	0	0	0		0	0		0	5.2	7.8			
07095920	鲜或冷的香菇	13	0	0	0	0	0	0	0	0	0	0		0	0		0	5.2	7.8			
07095930	鲜或冷的金针菇	13	0	0	0	0	0	0	0	0	0	0		0	0		0	5.2	7.8			0
07095940	鲜或冷的草菇	13	0	0	0	0	0	0	0	0	0	0		0	0		0	5.2	7.8			
07095950	鲜或冷的口蘑	13	0	0	0	0	0	0	0	0	0	0		0	0		0	5.2	7.8			
07095960	鲜或冷的块菌	13	0	0	0	0	0	0	0	0	0	0		0	0		0	5.2	7.8			
07095990	鲜或冷的其他蘑菇	13	0	0	0	0	0	0	0	0	0	0		0	0		0	5.2	7.8			
07096000	鲜或冷的辣椒，包括甜椒	13	0	0	0	0	0	0	0	0	0	0	6.5	0	0		0	5.2	7.8			
07097000	鲜或冷的菠菜	13	0	0	0	0	0	0	0	0	0	0		0	0		0	5.2	7.8	0		
07099100	鲜或冷藏的洋蓟	13	0	0	0	0	0	0	0	0	0	0		0	0		0	5.2	7.8	0		
07099200	鲜或冷藏的油橄榄	13	0	0	0	0	0	0	0	0	0	0		0	0		0	5.2	7.8	0		
07099300	鲜或冷藏的南瓜、笋瓜及瓠瓜	13	0	0	0	0	0	0	0	0	0	0		0	0		0	5.2	7.8	0		
07099910	鲜或冷藏的竹笋	13	0	0	0	0	0	0	0	0	0	0		0	0		0	5.2	7.8			
07099990	鲜或冷藏的其他蔬菜	13	0	0	0	0	0	0	0	0	0	0		0	0		0	5.2	7.8	0		
07101000	冷冻马铃薯	13	0	0	0	0	0	0	0	0	0	0		0	6.5		0	5.2	7.8			
07102100	冷冻豌豆	13	0	0	0	0	0	0	0	0	0	0		0	6.5		0	5.2	7.8			
07102210	红小豆（赤豆）	13	0	0	0	0	0	0	0	0	0	0		0	6.5		0	5.2	7.8			
07102290	其他冷冻豇豆及菜豆	13	0	0	0	0	0	0	0	0	0	0		0	6.5		0	5.2	7.8			
07102900	冷冻其他豆类蔬菜	13	0	0	0	0	0	0	0	0	0	0		0	6.5		0	5.2	7.8			
07103000	冷冻菠菜	13	0	0	0	0	0	0	0	0	0	0		0	6.5		0	5.2	7.8			
07104000	冷冻甜玉米	10	0	0	0	0	0	0	0	0	0	0		0	5		0	0	0			

税则号列	商品描述	最惠国税率(%)	协定税率(%)																			
			东盟										亚太	智利	巴基斯坦	新加坡	新西兰	秘鲁	哥斯达黎加	香港	澳门	台湾
			文莱	柬埔寨	印尼	老挝	马来西亚	缅甸	菲律宾	新加坡	泰国	越南										
07108010	冷冻松茸	13	0	0	0	0	0	0	0	0	0	0		0	6.5		0	5.2	7.8			
07108020	冻其他蒜薹及蒜苗(青蒜)	13	0	0	0	0	0	0	0	0	0	0		0	6.5		0	5.2	7.8			
07108030	冻蒜头	13	0	0	0	0	0	0	0	0	0	0		0	6.5		0	5.2	7.8			
07108040	冻牛肝菌	13	0	0	0	0	0	0	0	0	0	0		0	6.5		0	5.2	7.8			
07108090	冷冻未列名蔬菜	13	0	0	0	0	0	0	0	0	0	0		0	6.5		0	5.2	7.8			
07109000	冷冻什锦蔬菜	10	0	0	0	0	0	0	0	0	0	0		0	5		0	0	0			
07112000	暂时保藏的油橄榄	13	0	0	0	0	0	0	0	0	0	0		0	0		0	5.2	7.8			
07114000	暂时保藏的黄瓜及小黄瓜	13	0	0	0	0	0	0	0	0	0	0		0	0		0	5.2	7.8			
07115112	盐水小白蘑菇	13	0	0	0	0	0	0	0	0	0	0		0	0		0	5.2	7.8			
07115119	盐水的其他伞菌属蘑菇	13	0	0	0	0	0	0	0	0	0	0		0	0		0	5.2	7.8			
07115190	其他伞菌属蘑菇	13	0	0	0	0	0	0	0	0	0	0		0	0		0	5.2	7.8			
07115911	盐水松茸	13	0	0	0	0	0	0	0	0	0	0		0	0		0	5.2	7.8			
07115919	盐水其他蘑菇及菌块	13	0	0	0	0	0	0	0	0	0	0		0	0		0	5.2	7.8			
07115990	暂时保藏的其他蘑菇及菌块	13	0	0	0	0	0	0	0	0	0	0		0	0		0	5.2	7.8			
07119031	盐水竹笋	13	0	0	0	0	0	0	0	0	0	0	6.5	0	0		0	5.2	7.8			
07119034	盐水大蒜	13	0	0	0	0	0	0	0	0	0	0	6.5	0	0		0	5.2	7.8			
07119039	盐水其他蔬菜;什锦蔬菜	13	0	0	0	0	0	0	0	0	0	0	6.5	0	0		0	5.2	7.8			
07119090	暂时保藏的其他蔬菜;什锦蔬菜	13	0	0	0	0	0	0	0	0	0	0	6.5	0	0		0	5.2	7.8			
07122000	干制洋葱	13	0	0	0	0	0	0	0	0	0	0		0	6.5		0	5.2	7.8			
07123100	干伞菌属蘑菇	13	0	0	0	0	0	0	0	0	0	0	9	0	5		0	5.2	7.8			
07123200	干木耳	13	0	0	0	0	0	0	0	0	0	0		0	6.5		0	5.2	7.8			
07123300	干银耳	13	0	0	0	0	0	0	0	0	0	0		0	6.5		0	5.2	7.8			
07123910	干香菇	13	0	0	0	0	0	0	0	0	0	0	9	0	5		0	5.2	7.8			
07123920	干金针菇	13	0	0	0	0	0	0	0	0	0	0	9	0	5		0	5.2	7.8			
07123930	干草菇	13	0	0	0	0	0	0	0	0	0	0	9	0	5		0	5.2	7.8			
07123940	干口蘑	13	0	0	0	0	0	0	0	0	0	0	9	0	5		0	5.2	7.8			
07123950	干牛肝菌	13	0	0	0	0	0	0	0	0	0	0	9	0	5		0	5.2	7.8			
07123990	其他干制蘑菇及块菌	13	0	0	0	0	0	0	0	0	0	0	9	0	9		0	5.2	7.8			
07129010	笋干丝	13	0	0	0	0	0	0	0	0	0	0		0	6.5		0	5.2	7.8			
07129020	紫萁(薇菜干)	13	0	0	0	0	0	0	0	0	0	0		0	6.5		0	5.2	7.8			

税则号列	商品描述	最惠国税率(%)	协定税率(%)																			
			东盟										亚太	智利	巴基斯坦	新加坡	新西兰	秘鲁	哥斯达黎加	香港	澳门	台湾
			文莱	柬埔寨	印尼	老挝	马来西亚	缅甸	菲律宾	新加坡	泰国	越南										
07129030	干金针菜(黄花菜)	13	0	0	0	0	0	0	0	0	0	0		0	6.5		0	5.2	7.8			
07129040	蕨菜干	13	0	0	0	0	0	0	0	0	0	0		0	6.5		0	5.2	7.8			
07129050	干制的大蒜	13	0	0	0	0	0	0	0	0	0	0		0	6.5		0	5.2	7.8			
07129060	干甜椒	13	0	0	0	0	0	0	0	0	0	0		0	6.5		0	5.2	7.8			
07129091	干制的辣根	13	0	0	0	0	0	0	0	0	0	0		0	6.5		0	5.2	7.8			
07129099	干制的其他蔬菜及什锦蔬菜	13	0	0	0	0	0	0	0	0	0	0		0	6.5		0	5.2	7.8			
07131090	其他干豌豆	5	0	0	0	0	0	0	0	0	0	0		0	0		0	0	0			
07132090	其他干鹰嘴豆	7	0	0	0	0	0	0	0	0	0	0		0	5		0	0	0			
07133190	其他干绿豆	3	0	0	0	0	0	0	0	0	0	0	1.5	0	0		0	0	0			
07133290	其他红小豆(赤豆)	3	0	0	0	0	0	0	0	0	0	0		0	0		0	0	0			
07133390	其他干芸豆	7.5	0	0	0	0	0	0	0	0	0	0		0	5		0	0	0			
07133400	干巴姆巴拉豆	7	0	0	0	0	0	0	0	0	0	0	3.5	0	0		0	0	0			
07133500	干牛豆	7	0	0	0	0	0	0	0	0	0	0	3.5	0	0		0	0	0			
07133900	干豇豆及菜豆	7	0	0	0	0	0	0	0	0	0	0	3.5	0	0		0	0	0			
07134090	其他干扁豆	7	0	0	0	0	0	0	0	0	0	0		0	5		0	0	0			
07135090	其他干蚕豆	7	0	0	0	0	0	0	0	0	0	0		0	5		0	0	0			
07136090	其他干木豆	7	0	0	0	0	0	0	0	0	0	0		0	5		0	0	0			
07139090	其他干豆	7	0	0	0	0	0	0	0	0	0	0		0	5		0	0	0			
07141010	鲜木薯	10	0	0	0	0	0	0	0	0	0	0		0	5		0	0	0			
07141020	干木薯	5	0	0	0	0	0	0	0	0	0	0		0	0		0	0	0			
07141030	冷或冻的木薯	10	0	0	0	0	0	0	0	0	0	0		0	5		0	0	0			
07142019	其他鲜甘薯	13	0	0	0	0	0	0	0	0	0	0	6.5	0	5		0	5.2	7.8			
07142020	干甘薯	13	0	0	0	0	0	0	0	0	0	0	6.5	0	5		0	5.2	7.8			
07142030	冷或冻的甘薯	13	0	0	0	0	0	0	0	0	0	0	6.5	0	5		0	5.2	7.8			
07143000	山药	13	0	0	0	0	0	0	0	0	0	0	6.5	0	5		0	5.2	7.8			
07144000	芋头	13	0	0	0	0	0	0	0	0	0	0	6.5	0	5		0	5.2	7.8			
07145000	箭叶黄体芋	13	0	0	0	0	0	0	0	0	0	0	6.5	0	5		0	5.2	7.8			
07149010	鲜、干或冷、冻的荸荠	13	0	0	0	0	0	0	0	0	0	0	6.5	0	5		0	5.2	7.8			
07149029	其他藕	13	0	0	0	0	0	0	0	0	0	0	6.5	0	5		0	5.2	7.8			
07149090	含有高淀粉或菊粉的其他类似根茎	13	0	0	0	0	0	0	0	0	0	0	6.5	0	5		0	5.2	7.8			

税则号列	商品描述	最惠国税率(%)	协定税率(%)																		
			东盟										亚太	智利	巴基斯坦	新加坡	新西兰	秘鲁	哥斯达黎加	香港	澳门	台湾
			文莱	柬埔寨	印尼	老挝	马来西亚	缅甸	菲律宾	新加坡	泰国	越南										
08011100	干的椰子	12	0	0	0	0	0	0	0	0	0	0	6	0	5		0	4.8	10.4		0	
08011200	未去内壳的鲜椰子	12	0	0	0	0	0	0	0	0	0	0	6	0	5		0	4.8	10.4			
08011990	其他鲜椰子	12	0	0	0	0	0	0	0	0	0	0	6	0	5		0	4.8	10.4			
08012100	鲜或干的未去壳巴西果	10	0	0	0	0	0	0	0	0	0	0		0	5		0	0	8.7		0	
08012200	鲜或干的去壳巴西果	10	0	0	0	0	0	0	0	0	0	0		0	5		0	0	8.7		0	
08013100	鲜或干的未去壳腰果	20	0	0	0	0	0	0	0	0	0	0		0			0	14	17.3		0	
08013200	鲜或干的去壳腰果	10	0	0	0	0	0	0	0	0	0	0		0	5		0	0	8.67		0	
08021100	鲜或干的未去壳巴旦杏	24	0	0	0	0	0	0	0	0	0	0		7.2			4	16.8	20.8		0	
08021200	鲜或干的去壳巴旦杏	10	0	0	0	0	0	0	0	0	0	0		3	5		0	7	8.67		0	
08022100	鲜或干的未去壳榛子	25	0	0	0	0	0	0	0	0	0	0		7.5			4	17.5	21.7		0	
08022200	鲜或干的去壳榛子	10	0	0	0	0	0	0	0	0	0	0		0	5		0	0	8.7		0	
08023100	鲜或干的未去壳核桃	25	0	0	0	0	0	0	0	0	0	0		7.5			4	17.5	21.7		0	
08023200	鲜或干的去壳核桃	20	0	0	0	0	0	0	0	0	0	0		6			0	14	17.3		0	
08024110	未去壳板栗	25	0	0	0	0	0	0	0	0	0	0		7.5			4	17.5	21.7		0	
08024190	未去壳其他栗子	25	0	0	0	0	0	0	0	0	0	0		7.5			4	17.5	21.7		0	
08024210	去壳板栗	25	0	0	0	0	0	0	0	0	0	0		7.5			4	17.5	21.7		0	
08024290	去壳其他栗子	25	0	0	0	0	0	0	0	0	0	0		7.5			4	17.5	21.7		0	
08025100	未去壳阿月浑子果	10	0	0	0	0	0	0	0	0	0	0		0	5		0	0	8.7		0	
08025200	去壳阿月浑子果	10	0	0	0	0	0	0	0	0	0	0		0	5		0	0	8.7		0	
08026190	未去壳其他马卡达姆坚果	24	0	0	0	0	0	0	0	0	0	0		0			4	16.8	20.8		0	
08026200	去壳马卡达姆坚果	24	0	0	0	0	0	0	0	0	0	0		0			4	16.8	20.8		0	
08027000	可乐果	24	0	0	0	0	0	0	0	0	0	0		0			4	16.8	20.8		0	
08028000	槟榔果	10	0	0	0	0	0	0	0	0	0	0	5	0	5		0	0	8.7		0	
08029020	鲜或干的白果	25	0	0	0	0	0	0	0	0	0	0		0			4	17.5	21.7		0	
08029030	鲜或干的松子仁	25	0	0	0	0	0	0	0	0	0	0		0			4	17.5	21.7		0	
08029090	其他鲜或干坚果	24	0	0	0	0	0	0	0	0	0	0		0			4	16.8	20.8		0	
08031000	鲜或干的芭蕉	10	0	0	0	0	0	0	0	0	0	0	6.9	3	5		0	7	8.7		0	0
08039000	鲜或干的其他香蕉	10	0	0	0	0	0	0	0	0	0	0	6.9	3	5		0	7	8.7		0	0
08041000	鲜或干的椰枣	15	0	0	0	0	0	0	0	0	0	0		0	0		0	10.5	13		0	
08042000	鲜或干的无花果	30	0	0	0	0	0	0	0	0	0	0		9	0		4	21	26		0	

税则号列	商品描述	最惠国税率(%)	协定税率(%)																			
			东盟																			
			文莱	柬埔寨	印尼	老挝	马来西亚	缅甸	菲律宾	新加坡	泰国	越南	亚太	智利	巴基斯坦	新加坡	新西兰	秘鲁	哥斯达黎加	香港	澳门	台湾
08043000	鲜或干的菠萝	12	0	0	0	0	0	0	0	0	0	0	7.9	0	0		0	4.8	10.4	0	0	
08044000	鲜或干的鳄梨	25	0	0	0	0	0	0	0	0	0	0	12.5	7.5	0		4	10	21.7		0	
08045010	鲜或干的番石榴	15	0	0	0	0	0	0	0	0	0	0	7.5	0	0		0	10.5	13		0	
08045020	鲜或干的芒果	15	0	0	0	0	0	0	0	0	0	0	10.6	0	0		0	6	13		0	
08045030	鲜或干的山竹果	15	0	0	0	0	0	0	0	0	0	0	7.5	0	0		0	6	13		0	
08051000	鲜或干的橙	11	0	0	0	0	0	0	0	0	0	0		3.3	0		4.9	6.9	9.5		0	0
08052010	鲜或干的蕉柑	12	0	0	0	0	0	0	0	0	0	0		3.6	0		5.3	8.4	10.4		0	
08052020	阔叶柑橘	12	0	0	0	0	0	0	0	0	0	0		3.6	0		5.3	8.4	10.4		0	
08052090	其他鲜或干的柑橘及杂交柑橘	12	0	0	0	0	0	0	0	0	0	0		3.6	0		5.3	7.5	10.4		0	
08054000	鲜或干的葡萄柚,包括柚	12	0	0	0	0	0	0	0	0	0	0		3.6	0		0	8.4	10.4	0	0	
08055000	鲜或干的柠檬及酸橙	11	0	0	0	0	0	0	0	0	0	0	5.5	3.3	0		4.9	6.9	9.5		0	0
08059000	其他鲜或干的柑橘属水果	30	0	0	0	0	0	0	0	0	0	0	15	0	0		4	12	26		0	
08061000	鲜葡萄	13	0	0	0	0	0	0	0	0	0	0		3.9	6.5		0	5.2	7.8			
08062000	葡萄干	10	0	0	0	0	0	0	0	0	0	0		3	5		0	7	0		0	
08071100	鲜西瓜	25	0	0	0	0	0	0	0	0	0	0	12.5	0	12.5		4	17.5	15			
08071910	鲜哈密瓜	12	0	0	0	0	0	0	0	0	0	0	6	0	5		0	4.8	7.2			0
08071920	鲜罗马甜瓜及加勒比甜瓜	12	0	0	0	0	0	0	0	0	0	0	6	3.6	5		0	8.4	7.2			
08071990	其他鲜甜瓜	12	0	0	0	0	0	0	0	0	0	0	6	3.6	5		0	8.4	9.6			
08072000	鲜木瓜	25	0	0	0	0	0	0	0	0	0	0		0			4	17.5	15			
08081000	鲜苹果	10	0	0	0	0	0	0	0	0	0	0		3	5		0	7	0			
08083010	鲜鸭梨及雪梨	12	0	0	0	0	0	0	0	0	0	0	10	3.6	5		0	8.4	7.2			
08083020	鲜香梨	12	0	0	0	0	0	0	0	0	0	0	10	3.6	5		0	8.4	7.2			
08083090	其他鲜梨	10	0	0	0	0	0	0	0	0	0	0		3	5		0	7	0			
08084000	鲜榅桲	16	0	0	0	0	0	0	0	0	0	0		4.8	12.8		0	11.2	9.6			
08091000	鲜杏	25	0	0	0	0	0	0	0	0	0	0		7.5			4	17.5	15			
08092100	鲜欧洲酸樱桃	10	0	0	0	0	0	0	0	0	0	0		0	5		0	7	0			
08092900	其他鲜樱桃	10	0	0	0	0	0	0	0	0	0	0		0	5		0	7	0			
08093000	鲜桃,包括鲜油桃	10	0	0	0	0	0	0	0	0	0	0		0	5		0	7	0			
08094000	鲜梅及李	10	0	0	0	0	0	0	0	0	0	0		0	5		0	7	0			
08101000	鲜草莓	14	0	0	0	0	0	0	0	0	0	0		4.2			0	6.8	9.3			

税则号列	商品描述	最惠国税率(%)	协定税率(%)																			
			东盟										亚太	智利	巴基斯坦	新加坡	新西兰	秘鲁	哥斯达黎加	香港	澳门	台湾
			文莱	柬埔寨	印尼	老挝	马来西亚	缅甸	菲律宾	新加坡	泰国	越南										
08102000	鲜的木莓、黑莓、桑葚及罗甘莓	25	0	0	0	0	0	0	0	0	0	0		7.5			4	17.5	15			
08103000	鲜黑、白或红的穗醋栗(加仑子)及醋栗	25	0	0	0	0	0	0	0	0	0	0		7.5			4	17.5	15			
08104000	鲜蔓越橘及越橘	30	0	0	0	0	0	0	0	0	0	0		9			4	12	18			
08105000	鲜猕猴桃	20	0	0	0	0	0	0	0	0	0	0	16.5	6	16		8.9	14	12			
08106000	鲜榴莲	20	0	0	0	0	0	0	0	0	0	0		0			0	14	12			
08107000	鲜柿子	20	0	0	0	0	0	0	0	0	0	0	16.4	6	16		0	8	12	0		
08109010	鲜荔枝	30	0	0	0	0	0	0	0	0	0	0	20	0	20		4	21	18			
08109030	鲜龙眼	12	0	0	0	0	0	0	0	0	0	0		0	6		0	4.8	7.2			
08109040	鲜红毛丹	20	0	0	0	0	0	0	0	0	0	0		0			0	14	12			
08109050	鲜蕃荔枝	20	0	0	0	0	0	0	0	0	0	0		0			0	8	12			
08109060	鲜杨桃	20	0	0	0	0	0	0	0	0	0	0		0			0	8	12			
08109070	莲雾	20	0	0	0	0	0	0	0	0	0	0	16.4	0	16		0	14	12			
08109080	火龙果	20	0	0	0	0	0	0	0	0	0	0	16.4	0	16		0	14	12			5
08109090	其他鲜果	20	0	0	0	0	0	0	0	0	0	0	16.4	6	16		0	8	12	0		
08111000	冷冻草莓	30	0	0	0	0	0	0	0	0	0	0		9			4	21	18			
08112000	冷冻其他浆果	30	0	0	0	0	0	0	0	0	0	0		9			4	21	18			
08119010	未去壳的冷冻栗子	30	0	0	0	0	0	0	0	0	0	0		0			4	21	18			
08119090	其他冷冻水果及坚果	30	0	0	0	0	0	0	0	0	0	0		9			4	21	18			
08121000	暂时保藏的樱桃	30	0	0	0	0	0	0	0	0	0	0		9			4	21	18			
08129000	暂时保藏的其他水果及坚果	25	0	0	0	0	0	0	0	0	0	0		7.5			4	18.8	15.3			
08131000	杏干	25	0	0	0	0	0	0	0	0	0	0		0			4	17.5	15		0	
08132000	梅干及李干	25	0	0	0	0	0	0	0	0	0	0		7.5			4	17.5	15		0	
08133000	苹果干	25	0	0	0	0	0	0	0	0	0	0		7.5			4	17.5	15		0	
08134010	龙眼干、肉	20	0	0	0	0	0	0	0	0	0	0		0			0	14	12		0	
08134020	柿饼	25	0	0	0	0	0	0	0	0	0	0		0			4	17.5	15		0	
08134030	干红枣	25	0	0	0	0	0	0	0	0	0	0		0			4	17.5	15		0	
08134040	荔枝干	25	0	0	0	0	0	0	0	0	0	0		0			4	17.5	15		0	
08134090	其他干果	25	0	0	0	0	0	0	0	0	0	0		7.5			4	17.5	15		0	
08135000	本章的什锦坚果或干果	18	0	0	0	0	0	0	0	0	0	0		0	14.4		0	12.6	10.8		0	
08140000	柑橘属水果或甜瓜的果皮	25	0	0	0	0	0	0	0	0	0	0		7.5			4	17.5	15		0	

税则号列	商品描述	最惠国税率（%）	协定税率（%）																			
			东盟										亚太	智利	巴基斯坦	新加坡	新西兰	秘鲁	哥斯达黎加	香港	澳门	台湾
			文莱	柬埔寨	印尼	老挝	马来西亚	缅甸	菲律宾	新加坡	泰国	越南										
09011100	未浸除咖啡碱的未焙炒咖啡	8												0			0		6.4			
09011200	已浸除咖啡碱的未焙炒咖啡	8												0			0					
09012100	未浸除咖啡碱的已焙炒咖啡	15												4.5			0		12	0	0	
09012200	已浸除咖啡碱的已焙炒咖啡	15	0	0	0	0	0	0	0	0	0	0		4.5	12		0				0	
09019010	咖啡豆荚及咖啡豆皮	10	0	0	0	0	0	0	0	0	0	0		0	5	0	0	0	0			
09019020	含咖啡的咖啡代用品	30	0	0	0	0	0	0	0	0	0	0		0		0	4				0	
09021010	每件净重≤3 千克的花茶	15	0	0	0	0	0	0	0	0	0	0	7.5	0	7.5	0	0	10.5	9		0	
09021090	每件净重≤3 千克的其他绿茶	15	0	0	0	0	0	0	0	0	0	0	7.5	0	7.5	0	0	10.5	9		0	0
09022010	每件净重＞3 千克的花茶	15	0	0	0	0	0	0	0	0	0	0	7.5	0	7.5	0	0	10.5	9		0	
09022090	每件净重＞3 千克的其他绿茶	15	0	0	0	0	0	0	0	0	0	0	7.5	0	7.5	0	0	10.5	9		0	0
09023010	每件净重≤3 千克的乌龙茶	15	0	0	0	0	0	0	0	0	0	0	7.5	0	7.5	0	0	10.5	9	0	0	0
09023020	每件净重≤3 千克的普洱茶	15	0	0	0	0	0	0	0	0	0	0	7.5	0	7.5	0	0	10.5	9	0	0	
09023090	每件净重≤3 千克的其他发酵、半发酵红茶	15	0	0	0	0	0	0	0	0	0	0	7.5	0	7.5	0	0	10.5	9	0	0	0
09024010	每件净重＞3 千克的乌龙茶	15	0	0	0	0	0	0	0	0	0	0	7.5	0	7.5	0	0	10.5	9	0	0	0
09024020	每件净重＞3 千克的普洱茶	15	0	0	0	0	0	0	0	0	0	0	7.5	0	7.5	0	0	10.5	9	0	0	
09024090	每件净重＞3 千克的其他红茶（已发酵）及半发酵茶	15	0	0	0	0	0	0	0	0	0	0	7.5	0	7.5	0	0	10.5	9	0	0	0
09030000	马黛茶	10	0	0	0	0	0	0	0	0	0	0		0	5	0	0	0	0			
09041100	未磨胡椒	20												0			0	14	12			
09041200	已磨胡椒	20											10	0	10		0	14	12	0		
09042100	未磨干辣椒	20	0	0	0	0	0	0	0	0	0	0	10	0	10	0	0	0	12	0		
09042200	已磨辣椒	20	0	0	0	0	0	0	0	0	0	0	10	0	10	0	0	0	12	0		
09051000	未磨香子兰豆	15	0	0	0	0	0	0	0	0	0	0		0	12	0	0	10.5	9			
09052000	已磨香子兰豆	15	0	0	0	0	0	0	0	0	0	0		0	12	0	0	10.5	9			
09061100	未磨锡兰肉桂	5	0	0	0	0	0	0	0	0	0	0		0	0		0	0	0			
09061900	其他未磨的肉桂及肉桂花	5	0	0	0	0	0	0	0	0	0	0		0	0		0	0	0			
09062000	已磨肉桂及肉桂花	15	0	0	0	0	0	0	0	0	0	0		0	12	0	0	10.5	9	0		
09071000	未磨丁香	3	0	0	0	0	0	0	0	0	0	0		0	0		0	0	0			
09072000	已磨丁香	3	0	0	0	0	0	0	0	0	0	0		0	0		0	0	0			

税则号列	商品描述	最惠国税率(%)	协定税率(%)																			
			东盟										亚太	智利	巴基斯坦	新加坡	新西兰	秘鲁	哥斯达黎加	香港	澳门	台湾
			文莱	柬埔寨	印尼	老挝	马来西亚	缅甸	菲律宾	新加坡	泰国	越南										
09081100	未磨肉豆蔻	8	0	0	0	0	0	0	0	0	0	0		0	5		0	0	0			
09081200	已磨肉豆蔻	8	0	0	0	0	0	0	0	0	0	0		0	5		0	0	0			
09082100	未磨肉豆蔻衣	8	0	0	0	0	0	0	0	0	0	0		0	5		0	0	0			
09082200	已磨肉豆蔻衣	8	0	0	0	0	0	0	0	0	0	0		0	5		0	0	0			
09083100	未磨豆蔻	3	0	0	0	0	0	0	0	0	0	0		0	0		0	0	0			
09083200	已磨豆蔻	3	0	0	0	0	0	0	0	0	0	0		0	0		0	0	0			
09092100	未磨芫荽子	15	0	0	0	0	0	0	0	0	0	0		0	12	0	0	10.5	9			
09092200	已磨芫荽子	15	0	0	0	0	0	0	0	0	0	0		0	12	0	0	10.5	9			
09093100	未磨枯茗子	15	0	0	0	0	0	0	0	0	0	0	7.5	0	7.5	0	0	10.5	9			
09093200	已磨枯茗子	15	0	0	0	0	0	0	0	0	0	0	7.5	0	7.5	0	0	10.5	9			
09096110	未磨八角茴香	20	0	0	0	0	0	0	0	0	0	0		0		0	0	14	12			
09096190	未磨其他茴香	15	0	0	0	0	0	0	0	0	0	0		0	12	0	0	10.5	9			
09096210	已磨八角茴香	20	0	0	0	0	0	0	0	0	0	0		0		0	0	14	12			
09096290	已磨其他茴香	15	0	0	0	0	0	0	0	0	0	0		0	12	0	0	10.5	9			
09101100	未磨姜	15	0	0	0	0	0	0	0	0	0	0	7.5	0	7.5	0	0	10.5	9			
09101200	已磨姜	15	0	0	0	0	0	0	0	0	0	0	7.5	0	7.5	0	0	10.5	9			
09102000	番红花	2	0	0	0	0	0	0	0	0	0	0		0	0		0	0	0			
09103000	姜黄	15	0	0	0	0	0	0	0	0	0	0	7.5	0	7.5	0	0	10.5	9	0		
09109100	混合调味香料	15	0	0	0	0	0	0	0	0	0	0	7.5	0	7.5	0	0	10.5	9	0	0	
09109900	其他调味香料	15	0	0	0	0	0	0	0	0	0	0		0	12	0	0	10.5	9	0		
10011100	种用硬粒小麦	65	20	20	20	20	20	20	20	20	20	20										
10011900	其他硬粒小麦	65	20	20	20	20	20	20	20	20	20	20										
10019100	种用其他小麦及混合麦	65	20	20	20	20	20	20	20	20	20	20										
10019900	其他小麦及混合麦	65	20	20	20	20	20	20	20	20	20	20										
10029000	其他黑麦	3	0	0	0	0	0	0	0	0	0	0		0	0		0	0	0			
10039000	其他大麦	3	0	0	0	0	0	0	0	0	0	0	0	0	0		0	0	0			
10049000	其他燕麦	2	0	0	0	0	0	0	0	0	0	0		0	0		0	0	0			
10061019	种用稻谷	65	20	20	20	20	20	20	20	20	20	20										
10061099	其他稻谷	65	20	20	20	20	20	20	20	20	20	20										
10062090	其他糙米	65	20	20	20	20	20	20	20	20	20	20										

税则号列	商品描述	最惠国税率(%)	协定税率(%)																			
			东盟										亚太	智利	巴基斯坦	新加坡	新西兰	秘鲁	哥斯达黎加	香港	澳门	台湾
			文莱	柬埔寨	印尼	老挝	马来西亚	缅甸	菲律宾	新加坡	泰国	越南										
10063090	其他精米	65	20	20	20	20	20	20	20	20	20	20										
10064010	籼米碎米	65	20	20	20	20	20	20	20	20	20	20										
10064090	其他碎米	65	20	20	20	20	20	20	20	20	20	20										
10079000	其他高粱	2	0	0	0	0	0	0	0	0	0	0		0	0		0	0	0			
10081000	荞麦	2	0	0	0	0	0	0	0	0	0	0		0	0		0	0	0			
10082100	种用谷子	2	0	0	0	0	0	0	0	0	0	0		0	0		0	0	0			
10082900	其他谷子	2	0	0	0	0	0	0	0	0	0	0		0	0		0	0	0			
10083000	加那利草子	2	0	0	0	0	0	0	0	0	0	0		0	0		0	0	0			
10084090	其他直长马唐	3	0	0	0	0	0	0	0	0	0	0		0	0		0	0	0			
10085090	其他昆诺阿藜	3	0	0	0	0	0	0	0	0	0	0		0	0		0	0	0			
10086090	其他黑小麦	3	0	0	0	0	0	0	0	0	0	0		0	0		0	0	0			
10089090	其他谷物	3	0	0	0	0	0	0	0	0	0	0		0	0		0	0	0			
11029019	其他大米细粉	40	20	20	20	20	20	20	20	20	20	20										
11029090	其他谷物细粉	5	0	0	0	0	0	0	0	0	0	0		0	0		0	0	0			
11031910	燕麦粗粒及粗粉	5	0	0	0	0	0	0	0	0	0	0		0	0		0	0	0			
11031990	其他谷物粗粒及粗粉	5	0	0	0	0	0	0	0	0	0	0		0	0		0	0	0			
11032090	其他谷物团粒	20	0	0	0	0	0	0	0	0	0	0		0		0	0	14	12			
11041200	滚压或制片的燕麦	20	0	0	0	0	0	0	0	0	0	0		6		0	0	14	12			
11041910	滚压或制片的大麦	20	0	0	0	0	0	0	0	0	0	0		0		0	0	14	12			
11041990	滚压或制片的其他谷物	20	0	0	0	0	0	0	0	0	0	0		0		0	0	14	12			
11042200	经其他加工的燕麦	20	0	0	0	0	0	0	0	0	0	0		6		0	0	14	12			
11042910	经其他加工的大麦	65	0	0	0	0	0	0	0	0	0	0		0		0	4	45.5	39			
11042990	经其他加工的其他谷物	20	0	0	0	0	0	0	0	0	0	0		0		0	0	14	12			
11043000	整粒或经加工的谷物胚芽	20	0	0	0	0	0	0	0	0	0	0		0		0	0	14	12			
11051000	马铃薯细粉、粗粉及粉末	15	0	0	0	0	0	0	0	0	0	0		0	12	0	0	6	9			
11052000	马铃薯粉片、颗粒及团粒	15	0	0	0	0	0	0	0	0	0	0		4.5	12	0	0	10.5	9			
11061000	干豆细粉、粗粉及粉末	10	0	0	0	0	0	0	0	0	0	0		0		0	0	0	0			
11062000	用品目07.14的西谷茎髓、植物根茎、块茎制成的细粉、粗粉、粉末	20	0	0	0	0	0	0	0	0	0	0		0		0	0	8	12			
11063000	水果及坚果的细粉、粗粉及粉末	20	0	0	0	0	0	0	0	0	0	0	10	6	10	0	0	14	12			

税则号列	商品描述	最惠国税率(%)	协定税率(%)																			
			东盟										亚太	智利	巴基斯坦	新加坡	新西兰	秘鲁	哥斯达黎加	香港	澳门	台湾
			文莱	柬埔寨	印尼	老挝	马来西亚	缅甸	菲律宾	新加坡	泰国	越南										
11071000	未焙制麦芽	10	0	0	0	0	0	0	0	0	0	0		3	5	0	0	7	0			
11072000	已焙制麦芽	10	0	0	0	0	0	0	0	0	0	0		3	5	0	0	7	0			
11081100	小麦淀粉	20	0	0	0	0	0	0	0	0	0	0		0		0	0	14	12			
11081200	玉米淀粉	20	0	0	0	0	0	0	0	0	0	0		0		0	0	8	12			
11081300	马铃薯淀粉	15	0	0	0	0	0	0	0	0	0	0		0	12	0	0	10.5	9			
11081400	木薯淀粉	10	0	0	0	0	0	0	0	0	0	0		0	5	0	0	0	0			
11081900	其他淀粉	20	0	0	0	0	0	0	0	0	0	0		0		0	0	14	12			
11082000	菊粉	20	0	0	0	0	0	0	0	0	0	0		0		0	0	14	12			
11090000	面筋,不论是否干制	18	0	0	0	0	0	0	0	0	0	0		0	14.4	0	0	12.6	10.8			
12019010	黄大豆	3	0	0	0	0	0	0	0	0	0	0	0	0.9	0		0	0	0			
12019020	黑大豆	3	0	0	0	0	0	0	0	0	0	0	0	0	0		0	0	0			
12019030	青大豆	3	0	0	0	0	0	0	0	0	0	0	0	0	0		0	0	0			
12019090	其他大豆	3	0	0	0	0	0	0	0	0	0	0	0	0	0		0	0	0			
12024100	去壳花生	15	0	0	0	0	0	0	0	0	0	0		0	12	0	0	10.5	9			
12024200	未去壳花生	15	0	0	0	0	0	0	0	0	0	0		0	12	0	0	10.5	9			
12030000	干椰子肉	15	0	0	0	0	0	0	0	0	0	0	7.5	0	7.5	0	0	10.5	9			
12040000	亚麻子	15	0	0	0	0	0	0	0	0	0	0		0	12	0	0	10.5	9			
12051090	其他低芥子酸油菜子	9	0	0	0	0	0	0	0	0	0	0	0	2.7	0		0	0	0			
12059090	其他油菜子	9	0	0	0	0	0	0	0	0	0	0	0	2.7	0		0	0	0			
12060090	其他葵花子	15	0	0	0	0	0	0	0	0	0	0		4.5	12	0	0	10.5	9			
12071090	其他棕榈果及棕榈仁	10	0	0	0	0	0	0	0	0	0	0		0	5	0	0	0	0			
12072900	其他棉子	15	0	0	0	0	0	0	0	0	0	0		0	12	0	0	10.5	9			
12073090	其他蓖麻子	15	0	0	0	0	0	0	0	0	0	0		0		0	0	10.5	9			
12074090	其他芝麻	10	0	0	0	0	0	0	0	0	0	0	9	0	9	0	0	0	0			
12075090	其他芥子	15	0	0	0	0	0	0	0	0	0	0		0	12	0	0	10.5	9			
12076090	其他红花子	20	0	0	0	0	0	0	0	0	0	0		0		0	0	14	12			
12077091	黑瓜子	20	0	0	0	0	0	0	0	0	0	0		0		0	0	14	12			
12077092	红瓜子	20	0	0	0	0	0	0	0	0	0	0		0		0	0	14	12			
12077099	其他瓜子	30	0	0	0	0	0	0	0	0	0	0		0		0	4	21	18			
12079100	罂粟子	20	0	0	0	0	0	0	0	0	0	0		0		0	0	14	12			

税则号列	商品描述	最惠国税率（%）	协定税率（%）																			
			东盟										亚太	智利	巴基斯坦	新加坡	新西兰	秘鲁	哥斯达黎加	香港	澳门	台湾
			文莱	柬埔寨	印尼	老挝	马来西亚	缅甸	菲律宾	新加坡	泰国	越南										
12079991	牛油树果	20	0	0	0	0	0	0	0	0	0	0		6		0	0	14	12			
12079999	其他含油子仁及果实	10	0	0	0	0	0	0	0	0	0	0		3	5	0	0	7	0			
12081000	大豆粉	9	0	0	0	0	0	0	0	0	0	0		0	5		0	0	0			
12089000	其他含油子仁或果实的细粉及粗粉	15	0	0	0	0	0	0	0	0	0	0		0	12	0	0	10.5	9			
12101000	未研磨也未制成团粒的啤酒花	20	0	0	0	0	0	0	0	0	0	0		0		0	0	14	12			
12102000	已研磨或制成团粒的啤酒花；蛇麻腺	10	0	0	0	0	0	0	0	0	0	0		0	5	0	0	0	0			
12112010	鲜或干的西洋参	7.5	0	0	0	0	0	0	0	0	0	0		0	5	0	0	0	0	0	0	
12112020	鲜或干的野山参（西洋参除外）	20	0	0	0	0	0	0	0	0	0	0	16.4	0	16	0	0	14	12			
12112091	其他鲜人参	20	0	0	0	0	0	0	0	0	0	0		0		0	0	14	12	0		
12112099	其他干人参	20	0	0	0	0	0	0	0	0	0	0		0		0	0	14	12	0		
12113000	古柯叶	9	0	0	0	0	0	0	0	0	0	0		0	5		0	0	0			
12114000	罂粟秆	9	0	0	0	0	0	0	0	0	0	0		0	5		0	0	0			
12119011	鲜或干的当归	6	0	0	0	0	0	0	0	0	0	0	3	0	0		0	0	0			
12119012	三七（田七）	6	0	0	0	0	0	0	0	0	0	0	3	0	0		0	0	0			
12119013	鲜或干的党参	6	0	0	0	0	0	0	0	0	0	0	3	0	0		0	0	0			
12119014	鲜或干的黄连	6	0	0	0	0	0	0	0	0	0	0	3	0	0		0	0	0			
12119015	鲜或干的菊花	6	0	0	0	0	0	0	0	0	0	0	3	0	0		0	0	0			
12119016	鲜或干的冬虫夏草	6	0	0	0	0	0	0	0	0	0	0	3	0	0		0	0	0		0	
12119017	鲜或干的贝母	6	0	0	0	0	0	0	0	0	0	0	3	0	0		0	0	0			
12119018	鲜或干的川芎	6	0	0	0	0	0	0	0	0	0	0	3	0	0		0	0	0			
12119019	鲜或干的半夏	6	0	0	0	0	0	0	0	0	0	0	3	0	0		0	0	0			
12119021	鲜或干的白芍	6	0	0	0	0	0	0	0	0	0	0	3	0	0		0	0	0			
12119022	鲜或干的天麻	6	0	0	0	0	0	0	0	0	0	0	3	0	0		0	0	0			
12119023	鲜或干的黄芪	6	0	0	0	0	0	0	0	0	0	0	3	0	0		0	0	0			
12119024	鲜或干的大黄、籽黄	6	0	0	0	0	0	0	0	0	0	0	3	0	0		0	0	0			
12119025	鲜或干的白术	6	0	0	0	0	0	0	0	0	0	0	3	0	0		0	0	0			
12119026	鲜或干的地黄	6	0	0	0	0	0	0	0	0	0	0	3	0	0		0	0	0			
12119027	鲜或干的槐米	6	0	0	0	0	0	0	0	0	0	0	3	0	0		0	0	0			
12119028	鲜或干的杜仲	6	0	0	0	0	0	0	0	0	0	0	3	0	0		0	0	0			
12119029	鲜或干的茯苓	6	0	0	0	0	0	0	0	0	0	0	3	0	0		0	0	0			

税则号列	商品描述	最惠国税率(%)	协定税率(%)																		
			东盟										亚太	智利	巴基斯坦	新加坡	新西兰	秘鲁	哥斯达黎加	香港	澳门	台湾
			文莱	柬埔寨	印尼	老挝	马来西亚	缅甸	菲律宾	新加坡	泰国	越南										
12119031	鲜或干的枸杞	6	0	0	0	0	0	0	0	0	0	0	3	0	0		0	0	0			
12119032	鲜或干的大海子	6	0	0	0	0	0	0	0	0	0	0	3	0	0		0	0	0			
12119033	鲜或干的沉香	3	0	0	0	0	0	0	0	0	0	0	1.5	0	0		0	0	0			
12119034	鲜或干的沙参	6	0	0	0	0	0	0	0	0	0	0	3	0	0		0	0	0			
12119035	鲜或干的青蒿	6	0	0	0	0	0	0	0	0	0	0		0	5		0	0	0			
12119036	鲜或干的甘草	6	0	0	0	0	0	0	0	0	0	0		0	5		0	0	0			
12119037	鲜或干的黄芩	6	0	0	0	0	0	0	0	0	0	0	3	0	0		0	0	0			
12119039	其他主要用做药料的鲜或干的植物	6	0	0	0	0	0	0	0	0	0	0	3	0	0		0	0	0			
12119050	主要用做香料的植物	8	0	0	0	0	0	0	0	0	0	0	4	0	0		0	3.2	0			
12119091	鲜或干的鱼藤根、除虫菊	3	0	0	0	0	0	0	0	0	0	0	1.5	0	0		0	0	0			
12119099	其他鲜或干的杀虫、杀菌用植物	9	0	0	0	0	0	0	0	0	0	0	4.5	0	4.5		0	0	0			
12122110	适合供人食用的海带	20	0	0	0	0	0	0	0	0	0	0	10	6	10	0	0	14	12			
12122120	适合供人食用的发菜	20	0	0	0	0	0	0	0	0	0	0	10	6	10	0	0	14	12			
12122131	适合供人食用的干裙带菜	15	0	0	0	0	0	0	0	0	0	0	7.5	4.5	7.5	0	0	11.2	9			
12122132	适合供人食用的鲜裙带菜	15	0	0	0	0	0	0	0	0	0	0	7.5	4.5	7.5	0	0	11.2	9			
12122139	适合供人食用的其他裙带菜	15	0	0	0	0	0	0	0	0	0	0	7.5	4.5	7.5	0	0	11.2	9			
12122141	适合供人食用的干紫菜	15	0	0	0	0	0	0	0	0	0	0	7.5	4.5	7.5	0	0	11.2	9			
12122142	适合供人食用的鲜紫菜	15	0	0	0	0	0	0	0	0	0	0	7.5	4.5	7.5	0	0	11.2	9			
12122149	适合供人食用的其他紫菜	15	0	0	0	0	0	0	0	0	0	0	7.5	4.5	7.5	0	0	11.2	9			
12122161	适合供人食用的干麒麟菜	15	0	0	0	0	0	0	0	0	0	0	7.5	4.5	7.5		0	11.2	9			
12122169	适合供人食用的其他麒麟菜	15	0	0	0	0	0	0	0	0	0	0	7.5	4.5	7.5		0	11.2	9			
12122171	适合供人食用的干江蓠	15	0	0	0	0	0	0	0	0	0	0	7.5	4.5	7.5		0	11.2	9			
12122179	适合供人食用的其他江蓠	15	0	0	0	0	0	0	0	0	0	0	7.5	4.5	7.5		0	11.2	9			
12122190	其他适合供人食用的海草及其他藻类	15	0	0	0	0	0	0	0	0	0	0	7.5	4.5	7.5	0	0	11.2	9			
12122900	其他海草及藻类	15	0	0	0	0	0	0	0	0	0	0	7.5	4.5	7.5	0	0	11.2	9			
12129100	鲜、冷、冻或干的甜菜	20	0	0	0	0	0	0	0	0	0	0		0		0	0	14	12			
12129200	刺槐豆	20	0	0	0	0	0	0	0	0	0	0	10	0	10	0	0	14	12			
12129300	甘蔗	20	0	0	0	0	0	0	0	0	0	0		0			0	14	12			
12129400	菊苣根	20	0	0	0	0	0	0	0	0	0	0		0			4	21	12			
12129911	主要供人食用的苦杏仁	20	0	0	0	0	0	0	0	0	0	0		6		0	0	14	12			

税则号列	商品描述	最惠国税率(%)	协定税率(%)																			
			东盟										亚太	智利	巴基斯坦	新加坡	新西兰	秘鲁	哥斯达黎加	香港	澳门	台湾
			文莱	柬埔寨	印尼	老挝	马来西亚	缅甸	菲律宾	新加坡	泰国	越南										
12129912	主要供人食用的甜杏仁	20	0	0	0	0	0	0	0	0	0	0		6		0	0	14	12			
12129919	主要供人食用的桃(包括油桃)、梅或李的核及核仁	20	0	0	0	0	0	0	0	0	0	0		6		0	0	14	12			
12129993	鲜、冷、冻或干的白瓜子	20	0	0	0	0	0	0	0	0	0	0		0		0	0	14	12			
12129994	鲜、冷、冻或干的莲子	20	0	0	0	0	0	0	0	0	0	0		0		0	0	14	12			
12129999	鲜、冷、冻或干的其他主要供人食用的其他品目未列明的果核、果仁及植物产品	30	0	0	0	0	0	0	0	0	0	0		0		0	4	21	18			
12130010	未经处理的稻草的茎、秆	12	0	0	0	0	0	0	0	0	0	0		0	6	0	0	4.8	7.2			
12130090	其他未经处理的谷类植物茎、秆及谷壳	12	0	0	0	0	0	0	0	0	0	0		0	6	0	0	4.8	7.2			
12141000	紫苜蓿粗粉及团粒	5	0	0	0	0	0	0	0	0	0	0		0	0		0	0	0			
12149000	芜菁甘蓝、饲料甜菜等其他植物饲料	9	0	0	0	0	0	0	0	0	0	0		0	5		0	0	0			
13012000	阿拉伯胶	15	0	0	0	0	0	0	0	0	0	0		0	0	0	0	6	9			
13019010	胶黄耆树胶	15	0	0	0	0	0	0	0	0	0	0		0	0	0	0	6	9			
13019020	乳香、没药及血竭	3	0	0	0	0	0	0	0	0	0	0		0	0		0	0	0			
13019030	阿魏	3	0	0	0	0	0	0	0	0	0	0		0	0		0	0	0			
13019040	松脂	15	0	0	0	0	0	0	0	0	0	0		0	0	0	0	6	9			
13019090	其他天然树胶、树脂	15	0	0	0	0	0	0	0	0	0	0		0	0	0	0	6	9			
13021200	甘草液汁及浸膏	6	0	0	0	0	0	0	0	0	0	0		0	5		0	0	0			
13021300	啤酒花液汁及浸膏	10	0	0	0	0	0	0	0	0	0	0		0	5	0	0	0	0			
13021910	生漆	20	0	0	0	0	0	0	0	0	0	0		6		0	0	14	12			
13021920	印楝素	3	0	0	0	0	0	0	0	0	0	0		0	0		0	0	0			
13021930	除虫菊或含鱼藤酮植物根茎的液汁及浸膏	3	0	0	0	0	0	0	0	0	0	0		0	0		0	0	0			
13021940	银杏的液汁及浸膏	20	0	0	0	0	0	0	0	0	0	0	15	6	15	0	0	14	12			
13021990	其他植物液汁及浸膏	20	0	0	0	0	0	0	0	0	0	0	15	6	15	0	0	14	12			
13022000	果胶、果胶酸盐及果胶酸酯	20	0	0	0	0	0	0	0	0	0	0		0		0	0	14	12			
13023100	琼脂	10	0	0	0	0	0	0	0	0	0	0		3	5	0	0	7	0			
13023200	刺槐豆、刺槐豆子或瓜尔豆制得的胶液及增稠剂	15	0	0	0	0	0	0	0	0	0	0	10	4.5	0	0	0	10.5	9			
13023911	卡拉胶	15	0	0	0	0	0	0	0	0	0	0		4.5	12	0	0	10.5	9			

税则号列	商品描述	最惠国税率（%）	协定税率（%）																				
			东盟										亚太	智利	巴基斯坦	新加坡	新西兰	秘鲁	哥斯达黎加	香港	澳门	台湾
			文莱	柬埔寨	印尼	老挝	马来西亚	缅甸	菲律宾	新加坡	泰国	越南										
13023912	褐藻胶	15	0	0	0	0	0	0	0	0	0	0		4.5	12	0	0	10.5	9			
13023919	其他海草及藻类制品	15	0	0	0	0	0	0	0	0	0	0		4.5	12	0	0	12.4	9			
13023990	其他植物胶液及增稠剂	15	0	0	0	0	0	0	0	0	0	0		4.5	12	0	0	11.2	9			
14011000	竹	10	0	0	0	0	0	0	0	0	0	0		0	5	0	0	0	0			
14012000	藤	10	0	0	0	0	0	0	0	0	0	0		0	5	0	0	0	0			
14019010	谷类植物的茎秆（麦秸除外）	10	0	0	0	0	0	0	0	0	0	0		3	5	0	0	7	0			
14019020	芦苇	10	0	0	0	0	0	0	0	0	0	0		0	5	0	0	0	0			
14019031	蔺草	10	0	0	0	0	0	0	0	0	0	0		0	5	0	0	0	0			
14019039	灯芯草属的其他主要作编结用的植物材料	10	0	0	0	0	0	0	0	0	0	0		0	5	0	0	0	0			
14019090	未列名主要作编结用的植物材料	10	0	0	0	0	0	0	0	0	0	0		3	5	0	0	7	0			
14042000	棉短绒	4	0	0	0	0	0	0	0	0	0	0		0	0		0	0	0			
14049010	主要供染料或鞣料用的植物原料	5	0	0	0	0	0	0	0	0	0	0	4.3	0	0		0	3.8	0			
14049090	其他植物产品	15	0	0	0	0	0	0	0	0	0	0		0		0	0	6	9			
15011000	猪油	10	0	0	0	0	0	0	0	0	0	0		0		0	0	0	0	0	0	
15012000	其他猪脂肪	10	0	0	0	0	0	0	0	0	0	0		0		0	0	0	0	0	0	
15019000	家禽脂肪	10	0	0	0	0	0	0	0	0	0	0		0		0	0	0	0	0	0	
15021000	牛、羊油脂	8	0	0	0	0	0	0	0	0	0	0	0	0	0		0	0	0		0	
15029000	其他牛、羊脂肪	8	0	0	0	0	0	0	0	0	0	0	0	0	0		0	0	0		0	
15030000	未经制作的猪油硬脂、油硬脂等	10	0	0	0	0	0	0	0	0	0	0		0		0	0	0	0		0	
15041000	鱼肝油及其分离品	12	0	0	0	0	0	0	0	0	0	0		0		0	0	4.8	7.2		0	
15042000	其他鱼油、脂及其分离品	12	0	0	0	0	0	0	0	0	0	0		3.6		0	0	7.5	7.2		0	
15043000	海生哺乳动物的油、脂及其分离品	14.4	0	0	0	0	0	0	0	0	0	0		0		0	0	5.8	8.64		0	
15050000	羊毛脂及羊毛脂肪物质	20	0	0	0	0	0	0	0	0	0	0		6		0	0	14	12			
15060000	其他动物油、脂及其分离品	20	0	0	0	0	0	0	0	0	0	0		0		0	0	14	12		0	
15081000	初榨花生油的分离品	10	0	0	0	0	0	0	0	0	0	0				0						
15089000	精制的花生油及其分离品	10	0	0	0	0	0	0	0	0	0	0				0						
15091000	初榨油橄榄油及其分离品	10	0	0	0	0	0	0	0	0	0	0		3		0	0	7	0		0	
15099000	精制的油橄榄油及其分离品	10	0	0	0	0	0	0	0	0	0	0		3		0	0	0	0	0	0	
15100000	其他橄榄油及其分离品	10	0	0	0	0	0	0	0	0	0	0		3		0	0	0	0		0	

税则号列	商品描述	最惠国税率(%)	协定税率(%) 东盟 文莱	柬埔寨	印尼	老挝	马来西亚	缅甸	菲律宾	新加坡	泰国	越南	亚太	智利	巴基斯坦	新加坡	新西兰	秘鲁	哥斯达黎加	香港	澳门	台湾
15121100	初榨葵花油或红花油的分离品	9	0	0	0	0	0	0	0	0	0	0									0	
15121900	精制的葵花油或红花油及其分离品	9	0	0	0	0	0	0	0	0	0	0									0	
15122100	初榨棉子油的分离品	10	0	0	0	0	0	0	0	0	0	0				0					0	
15122900	精制的棉子油及其分离品	10	0	0	0	0	0	0	0	0	0	0				0					0	
15131100	初榨椰子油分离品	9	0	0	0	0	0	0	0	0	0	0	4.5	0	4.5		0	0	0		0	
15131900	椰子油及其分离品	9	0	0	0	0	0	0	0	0	0	0	4.5	0	4.5		0	0	0		0	
15132100	初榨棕榈仁油或巴巴苏棕榈果油及其分离品	9	0	0	0	0	0	0	0	0	0	0		0			0	0	0		0	
15132900	精制的棕榈仁油或巴巴苏棕榈果油及其分离品	9	0	0	0	0	0	0	0	0	0	0		0			0	0	0		0	
15151100	初榨亚麻子油及其分离品	15	0	0	0	0	0	0	0	0	0	0		0		0	0	10.5	9		0	
15151900	精制的亚麻子油及其分离品	15	0	0	0	0	0	0	0	0	0	0		0		0	0	10.5	9		0	
15152100	初榨玉米油的分离品	10	0	0	0	0	0	0	0	0	0	0				0					0	
15152900	精制的玉米油及其分离品	10	0	0	0	0	0	0	0	0	0	0				0					0	
15153000	蓖麻油及其分离品	10	0	0	0	0	0	0	0	0	0	0		0		0	0	0	0		0	
15155000	芝麻油及其分离品	12	0	0	0	0	0	0	0	0	0	0		0		0	0	4.8	7.2		0	
15159010	希蒙得木油及其分离品	20	0	0	0	0	0	0	0	0	0	0		6		0	0		12		0	
15159020	印楝油及其分离品	20	0	0	0	0	0	0	0	0	0	0		6		0	0		12		0	
15159030	桐油及其分离品	20	0	0	0	0	0	0	0	0	0	0		0		0	0		12		0	
15159090	其他固定植物油、脂及其分离品	20	0	0	0	0	0	0	0	0	0	0		6		0	0		12		0	
15161000	氢化、酯化或反油酸化动物油、脂及其分离品,但未进一步加工的	5	0		0		0	0	0	0	0	0		0			0	0	0		0	
15162000	氢化、酯化或反油酸化植物油、脂及其分离品,但未进一步加工的	25	0	0	0	0	0	0	0	0	0	0		7.5			4	17.5	15		0	
15171000	人造黄油,非液态	30	0	0	0	0	0	0	0	0	0	0		9		0	4		18		0	
15179010	起酥油	25	0	0	0	0	0	0	0	0	0	0		0			4	17.5	15	0	0	
15179090	混合制成的食用油脂或制品	25	0	0	0	0	0	0	0	0	0	0		0			4	17.5	15	0	0	
15180000	化学改性的动、植物油、脂及其制品;其他编号未列名的非食用油、脂或制品	10	0	0	0	0	0	0	0	0	0	0		3		0	0	7	0		0	
15200000	粗甘油、甘油水及甘油碱液	20	0	0	0	0	0	0	0	0	0	0		0		0	0	14	12	0	0	
15211000	植物蜡	20	0	0	0	0	0	0	0	0	0	0		0		0	0	14	12			

税则号列	商品描述	最惠国税率(%)	协定税率(%) 东盟 文莱	柬埔寨	印尼	老挝	马来西亚	缅甸	菲律宾	新加坡	泰国	越南	亚太	智利	巴基斯坦	新加坡	新西兰	秘鲁	哥斯达黎加	香港	澳门	台湾
15219010	蜂蜡	20	0	0	0	0	0	0	0	0	0	0		0		0	0	14	12			
15219090	其他虫蜡及鲸蜡	20	0	0	0	0	0	0	0	0	0	0		0		0	0	14	12			
15220000	油鞣回收脂;加工处理油脂及动、植物蜡所剩残渣	20	0	0	0	0	0	0	0	0	0	0		0		0	0	14	12			
16010010	用天然肠衣做外包装的香肠及类似产品	15	0	0	0	0	0	0	0	0	0	0		4.5	12	0	0	10.5	9	0	0	
16010020	其他香肠及类似产品	15	0	0	0	0	0	0	0	0	0	0		4.5	12	0	0	10.5	9		0	
16010030	用香肠制成的食品	15	0	0	0	0	0	0	0	0	0	0		4.5	12	0	0	10.5	9		0	
16021000	肉或食用杂碎的均化食品	15	0	0	0	0	0	0	0	0	0	0		0	12	0	0	10.5	9			
16022000	制作或保藏的动物肝	15	0	0	0	0	0	0	0	0	0	0		0	12	0	0	10.5	9	0		
16023100	制作或保藏的火鸡肉及杂碎	15	0	0	0	0	0	0	0	0	0	0		0	12	0	0	10.5	9			
16023210	鸡罐头	15	0	0	0	0	0	0	0	0	0	0		4.5	12	0	0	10.5	9		0	
16023291	鸡胸肉	15	0	0	0	0	0	0	0	0	0	0		0	12	0	0	10.5	9	0		
16023292	鸡腿肉	15	0	0	0	0	0	0	0	0	0	0		4.5	12	0	0	10.5	9	0		
16023299	其他鸡肉	15	0	0	0	0	0	0	0	0	0	0		4.5	12	0	0	10.5	9	0	0	
16023910	其他品目01.05所列家禽肉及杂碎的罐头	15	0	0	0	0	0	0	0	0	0	0		0	12	0	0	10.5	9		0	
16023991	鸭肉	15	0	0	0	0	0	0	0	0	0	0		0	12	0	0	10.5	9	0		
16023999	经制作或保藏的其他品目01.05所列家禽肉及杂碎	15	0	0	0	0	0	0	0	0	0	0		0	12	0	0	10.5	9		0	
16024100	制作或保藏的猪后腿及其肉块	15	0	0	0	0	0	0	0	0	0	0		0	12	0	0	10.5	9		0	
16024200	制作或保藏的猪前腿及其肉块	15	0	0	0	0	0	0	0	0	0	0		0	12	0	0	10.5	9		0	
16024910	其他猪肉及杂碎的罐头	15	0	0	0	0	0	0	0	0	0	0		4.5	12	0	0	10.5	9		0	
16024990	制作或保藏的其他猪肉、杂碎及血	15	0	0	0	0	0	0	0	0	0	0		4.5	12	0	0	10.5	9	0	0	
16025010	牛肉及牛杂碎罐头	12	0	0	0	0	0	0	0	0	0	0		3.6	6	0	0	8.4	7.2		0	
16025090	其他制作或保藏的牛肉、杂碎及血	12	0	0	0	0	0	0	0	0	0	0		3.6	6	0	0	8.4	7.2	0	0	
16029010	其他肉及杂碎罐头	15	0	0	0	0	0	0	0	0	0	0		0	12	0	0	10.5	9		0	
16029090	经制作或保藏的其他肉、杂碎及血	15	0	0	0	0	0	0	0	0	0	0		0	12	0	0	10.5	9		0	
16030000	肉及水产品的精、汁	23	0	0	0	0	0	0	0	0	0	0		0		0	4	16.1	13.8	0		
16041110	制作或保藏的大西洋鲑鱼,整条或切块,但未绞碎	12	0	0	0	0	0	0	0	0	0	0		3.6	6	0	0		7.2			

税则号列	商品描述	最惠国税率(%)	协定税率(%)																			
			东盟										亚太	智利	巴基斯坦	新加坡	新西兰	秘鲁	哥斯达黎加	香港	澳门	台湾
			文莱	柬埔寨	印尼	老挝	马来西亚	缅甸	菲律宾	新加坡	泰国	越南										
16041190	制作或保藏的其他鲑鱼,整条或切块,但未绞碎	12	0	0	0	0	0	0	0	0	0	0		3.6	6	0	0		7.2			
16041200	制作或保藏的鲱鱼,整条或切块,但未绞碎	12	0	0	0	0	0	0	0	0	0	0		0	6	0	0	4.8	7.2			
16041300	制作或保藏的沙丁鱼、小沙丁鱼属、黍鲱或西鲱	5	0	0	0	0	0	0	0	0	0	0		1.5	0		0	3.1	0		0	
16041400	制作或保藏的金枪鱼、鲣鱼及狐鲣	5	0	0	0	0	0	0	0	0	0	0		1.5	0		0	0	0	0		
16041500	制作或保藏的鲭鱼,整条或切块,但未绞碎	12	0	0	0	0	0	0	0	0	0	0		3.6	6	0	0	7.5	7.2			
16041600	制作保藏的醍鱼(Anchovies),整条或切块,但未绞碎	12	0	0	0	0	0	0	0	0	0	0		3.6	6	0	0	7.5	7.2			
16041700	制作或保藏的鳗鱼	12	0	0	0	0	0	0	0	0	0	0	9.9	3.6	5	0	0		7.2	0		
16041920	制作或保藏的罗非鱼,整条或切块,但未绞碎	12	0	0	0	0	0	0	0	0	0	0		3.6	6	0	0		7.2	0		
16041931	制作或保藏的斑点叉尾鮰鱼	12	0	0	0	0	0	0	0	0	0	0	9.9	3.6	5	0	0		7.2	0		
16041939	制作或保藏的其他叉尾鮰鱼	12	0	0	0	0	0	0	0	0	0	0	9.9	3.6	5	0	0		7.2	0		
16041990	制作或保藏的其他鱼,整条或切块,但未绞碎	12	0	0	0	0	0	0	0	0	0	0	9.9	3.6	5	0	0		7.2	0	0	
16042011	鱼翅罐头	12	0	0	0	0	0	0	0	0	0	0	9.9	3.6	5	0	0	8.4	7.2	0	0	
16042019	其他制作或保藏的鱼罐头	12	0	0	0	0	0	0	0	0	0	0	9.9	3.6	5	0	0	8.4	7.2	0	0	
16042091	鱼翅	12	0	0	0	0	0	0	0	0	0	0	9.9	3.6	5	0	0	8.4	7.2	0	0	
16042099	其他制作或保藏的鱼	12	0	0	0	0	0	0	0	0	0	0	9.9	3.6	5	0	0	8.4	7.2	0	0	
16043100	鲟鱼子酱	12	0	0	0	0	0	0	0	0	0	0		0	6	0	0	4.8	7.2			
16043200	鲟鱼子酱代用品	12	0	0	0	0	0	0	0	0	0	0		0	6	0	0	4.8	7.2			
16051000	制作或保藏的蟹	5	0		0		0	0	0	0	0	0		1.5	0		0	0	0	0		
16052100	制作或保藏的非密封包装小虾及对虾	5	0	0	0	0	0	0	0	0	0	0		1.5	0		0	0	0	0		
16052900	制作或保藏的其他小虾及对虾	5	0	0	0	0	0	0	0	0	0	0		1.5	0		0	0	0	0		
16053000	制作或保藏的龙虾	5	0		0		0	0	0	0	0	0		0	0		0	0	0	0		
16054011	制作或保藏的淡水小龙虾仁	5	0		0		0	0	0	0	0	0		0	0		0	0	0			
16054019	制作或保藏的带壳淡水小龙虾	5	0		0		0	0	0	0	0	0		0	0		0	0	0			
16054090	制作或保藏的其他甲壳动物	5	0		0		0	0	0	0	0	0		0	0		0	0	0		0	

税则号列	商品描述	最惠国税率(%)	协定税率(%)																		
			东盟										亚太	智利	巴基斯坦	新加坡	新西兰	秘鲁	哥斯达黎加	香港	澳门	台湾
			文莱	柬埔寨	印尼	老挝	马来西亚	缅甸	菲律宾	新加坡	泰国	越南										
16055100	制作或保藏的牡蛎	5	0		0		0	0	0	0	0	0	3.9	1.5	0		0	3.1	0	0	0	
16055200	制作或保藏的扇贝	5	0		0		0	0	0	0	0	0	3.9	1.5	0		0	3.1	0	0	0	
16055300	制作或保藏的贻贝	5	0		0		0	0	0	0	0	0	3.9	1.5	0		0	3.1	0	0	0	
16055400	制作或保藏的墨鱼及鱿鱼	5	0		0		0	0	0	0	0	0	3.9	1.5	0		0	3.1	0	0	0	
16055500	制作或保藏的章鱼	5	0		0		0	0	0	0	0	0	3.9	1.5	0		0	3.1	0	0	0	
16055610	制作或保藏的蛤	5	0		0		0	0	0	0	0	0	3.9	1.5	0		0		0	0		
16055620	制作或保藏的鸟蛤及舟贝	5	0		0		0	0	0	0	0	0	3.9	1.5	0		0	3.1	0	0	0	
16055700	制作或保藏的鲍鱼	5	0		0		0	0	0	0	0	0	3.9	1.5	0		0	3.1	0	0	0	
16055800	制作或保藏的蜗牛及螺	5	0		0		0	0	0	0	0	0	3.9	1.5	0		0	3.1	0	0	0	
16055900	制作或保藏的其他软体动物	5	0		0		0	0	0	0	0	0	3.9	1.5	0		0	3.1	0	0	0	
16056100	制作或保藏的海参	5	0		0		0	0	0	0	0	0	3.9	1.5	0		0	3.1	0	0	0	
16056200	制作或保藏的海胆	5	0		0		0	0	0	0	0	0	3.9	1.5	0		0	3.1	0	0	0	
16056300	制作或保藏的海蜇	15	0	0	0	0	0	0	0	0	0	0		4.5	12	0	0		9	0		
16056900	制作或保藏的其他水生无脊椎动物	5	0		0		0	0	0	0	0	0	3.9	1.5	0		0	3.1	0	0	0	
17021100	无水乳糖,按重量计含量>99%	10	0	0	0	0	0	0	0	0	0	0		0	5	0	0	0	0		0	
17021900	其他乳糖及乳糖浆	10	0	0	0	0	0	0	0	0	0	0		0	5	0	0	0	0		0	
17022000	槭糖及槭糖浆	30	0	0	0	0	0	0	0	0	0	0		0		0	4	21	18		0	
17023000	低果糖含量的葡萄糖及糖浆	30	0	0	0	0	0	0	0	0	0	0		0		0	4	21	18		0	
17024000	中果糖含量的葡萄糖及糖浆	30	0	0	0	0	0	0	0	0	0	0		0		0	4	21	18		0	
17025000	化学纯果糖	30	0	0	0	0	0	0	0	0	0	0		0		0	4	21	18		0	
17026000	其他果糖及糖浆	30	0	0	0	0	0	0	0	0	0	0		0		0	4	21	18		0	
17029000	其他固体糖;人造蜜;焦糖	30	0	0	0	0	0	0	0	0	0	0		9		0	4	24.7	18	0	0	
17031000	甘蔗糖蜜	8	0	0	0	0	0	0	0	0	0	0		0	5		0	0	0			
17039000	其他糖蜜	8	0	0	0	0	0	0	0	0	0	0		0	5		0	0	0			
17041000	口香糖,不论是否裹糖	12	0	0	0	0	0	0	0	0	0	0	9.5	3.6	5	0	0	9.9	7.2	0		
17049000	其他不含可可的糖食	10	0	0	0	0	0	0	0	0	0	0	8.2	3	8.2	0	0	7	0	0	0	
18010000	生或焙炒的整颗或破碎的可可豆	8	0	0	0	0	0	0	0	0	0	0		0	5		0	3.2	0			
18020000	可可荚、壳、皮及废料	10	0	0	0	0	0	0	0	0	0	0		0	5	0	0	0	0			
18031000	未脱脂可可膏	10	0	0	0	0	0	0	0	0	0	0		0	5		0	0	0			
18032000	全脱脂或部分脱脂的可可膏	10	0	0	0	0	0	0	0	0	0	0		0	5		0	0	0			

税则号列	商品描述	最惠国税率(%)	协定税率(%)																			
			东盟										亚太	智利	巴基斯坦	新加坡	新西兰	秘鲁	哥斯达黎加	香港	澳门	台湾
			文莱	柬埔寨	印尼	老挝	马来西亚	缅甸	菲律宾	新加坡	泰国	越南										
18040000	可可油，可可脂	22	0	0	0	0	0	0	0	0	0	0		0			4	15.4	13.2			
18050000	未加糖或其他甜物质的可可粉	15	0	0	0	0	0	0	0	0	0	0		0	12		0	10.5	9			
18061000	含糖或其他甜物质的可可粉	10	0	0	0	0	0	0	0	0	0	0		3	5		0	7	0			
18062000	每件净重>2千克的含可可食品	10	0	0	0	0	0	0	0	0	0	0	7.7	3	5	0	0	7	0	0	0	
18063100	其他夹心块状或条状的含可可食品	8	0	0	0	0	0	0	0	0	0	0	6.4	0	5		0	0	0	0	0	
18063200	其他非夹心块状或条状的含可可食品	10	0	0	0	0	0	0	0	0	0	0	7.7	3	5	0	0	7	0	0	0	
18069000	其他巧克力及含可可的食品	8	0	0	0	0	0	0	0	0	0	0	6.4	0	5		0	0	0	0	0	
19011000	供婴幼儿食用的零售包装食品	15	0	0	0	0	0	0	0	0	0	0		4.5	12	0	0	10.5	9		0	
19012000	供焙烘面包糕点用的调制品及面团	25	0	0	0	0	0	0	0	0	0	0		7.5		0	4	17.5	15	0	0	
19019000	其他麦精制的其他编号未列名食品	10	0	0	0	0	0	0	0	0	0	0		3	5	0	0	7	0	0	0	
19021100	未包馅或未制作的含蛋生面食	15	0	0	0	0	0	0	0	0	0	0		4.5	12	0	0	10.5	9	0	0	
19021900	其他未包馅或未制作的生面食	15	0	0	0	0	0	0	0	0	0	0		4.5	12	0	0	10.5	9	0	0	
19022000	包馅面食	15	0	0	0	0	0	0	0	0	0	0		4.5	12	0	0	10.5	9	0	0	
19023010	米粉干	15	0	0	0	0	0	0	0	0	0	0		0	12	0	0	10.5	9		0	
19023020	粉丝	15	0	0	0	0	0	0	0	0	0	0		0	12	0	0	10.5	9		0	
19023030	即食或快熟面条	15	0	0	0	0	0	0	0	0	0	0	13.1	0	7.5	0	0	10.5	9	0	0	
19023090	其他面食	15	0	0	0	0	0	0	0	0	0	0	13.1	4.5	7.5	0	0	10.5	9		0	
19024000	古斯古斯面食	25	0	0	0	0	0	0	0	0	0	0		0		0	4	17.5	15		0	
19030000	珍粉及淀粉制成的珍粉代用品	15	0	0	0	0	0	0	0	0	0	0		0	12	0	0	10.5	9			
19041000	谷物或谷物产品经膨化或烘炒制的食品	25	0	0	0	0	0	0	0	0	0	0		7.5		0	4	17.5	15		0	
19042000	未烘炒谷物片制成的食品	30	0	0	0	0	0	0	0	0	0	0		0		0	4	24	18			
19043000	碾碎的干小麦	30	0	0	0	0	0	0	0	0	0	0		0		0	4	24	18		0	
19049000	其他谷物制品	30	0	0	0	0	0	0	0	0	0	0		0		0	4	22.5	18		0	
19051000	黑麦脆面包片	20	0	0	0	0	0	0	0	0	0	0		0		0	0	14	12		0	
19052000	姜饼及类似品	20	0	0	0	0	0	0	0	0	0	0		0		0	0	14	12		0	
19053100	甜饼干	15	0	0	0	0	0	0	0	0	0	0	12.4	4.5	12.4	0	0	10.5	9	0	0	
19053200	华夫饼干及圣餐饼	15	0	0	0	0	0	0	0	0	0	0	12.4	4.5	7.5	0	0	10.5	9	0	0	
19054000	面包干、吐司及类似的烤面包	20	0	0	0	0	0	0	0	0	0	0		0		0	0	14	12		0	
19059000	其他面包、糕点、饼干及其他焙烘糕饼	20	0	0	0	0	0	0	0	0	0	0	17.1	6	16	0	0	14	12	0	0	

税则号列	商品描述	最惠国税率(%)	协定税率(%)																		
			东盟										亚太	智利	巴基斯坦	新加坡	新西兰	秘鲁	哥斯达黎加	香港	澳门	台湾
			文莱	柬埔寨	印尼	老挝	马来西亚	缅甸	菲律宾	新加坡	泰国	越南										
20011000	用醋或醋酸制作的黄瓜及小黄瓜	25	0	0	0	0	0	0	0	0	0	0		0		0	4	17.5	15			
20019010	用醋制作的大蒜	25	0	0	0	0	0	0	0	0	0	0		0		0	4	17.5	15			
20019090	用醋制作的其他果、菜及食用植物	25	0	0	0	0	0	0	0	0	0	0		7.5		0	4	17.5	15		0	
20021010	非用醋制作的整个或切片番茄罐头	19	0	0	0	0	0	0	0	0	0	0		5.7		0	0	13.3	11.4		0	
20021090	非用醋制作的其他整个或切片番茄	25	0	0	0	0	0	0	0	0	0	0		7.5		0	4	17.5	15			
20029011	重量≤5 千克的番茄酱罐头	20	0	0	0	0	0	0	0	0	0	0		0		0	0	8	12		0	
20029019	重量 >5 千克的番茄酱罐头	20	0	0	0	0	0	0	0	0	0	0		0		0	0	8	12		0	
20029090	非用醋制作的绞碎番茄	18	0	0	0	0	0	0	0	0	0	0		0	14.4	0	0	7.2	10.8		0	
20031011	伞菌属小白蘑菇罐头	25	0	0	0	0	0	0	0	0	0	0		7.5		0	4	17.5	15		0	
20031019	其他非用醋制作的伞菌属蘑菇罐头	25	0	0	0	0	0	0	0	0	0	0		7.5		0	4	17.5	15		0	
20031090	非用醋制作的其他伞菌属蘑菇	25	0	0	0	0	0	0	0	0	0	0		7.5		0	4	17.5	15		0	
20039010	其他蘑菇及块菌罐头	25	0	0	0	0	0	0	0	0	0	0		0		0	4	17.5	15		0	
20039090	其他蘑菇及块菌	25	0	0	0	0	0	0	0	0	0	0		0		0	4	17.5	15		0	
20041000	非用醋制作的冷冻马铃薯	13	0	0	0	0	0	0	0	0	0	0		3.9	6.5	0	0	9.1	7.8			
20049000	非用醋制作的其他冷冻蔬菜	25	0	0	0	0	0	0	0	0	0	0		7.5		0	4	17.5	15			
20051000	非用醋制作的未冷冻均化蔬菜	25	0	0	0	0	0	0	0	0	0	0		0		0	4	17.5	15			
20052000	非用醋制作的未冷冻马铃薯	15	0	0	0	0	0	0	0	0	0	0		4.5	12	0	0	10.5	9	0		
20054000	非用醋制作的未冷冻豌豆	25	0	0	0	0	0	0	0	0	0	0		0		0	4	17.5	15			
20055111	非用醋或醋酸制作或保藏的未冷冻的赤豆馅罐头	25	0	0	0	0	0	0	0	0	0	0		0		0	4	17.5	15	0	0	
20055119	非用醋或醋酸制作或保藏的未冷冻的其他脱荚豇豆及菜豆罐头	25	0	0	0	0	0	0	0	0	0	0		0		0	4	17.5	15	0	0	
20055191	非用醋或醋酸制作或保藏的未冷冻的赤豆馅,不包括罐头	25	0	0	0	0	0	0	0	0	0	0		0		0	4	17.5	15			
20055199	非用醋或醋酸制作或保藏的未冷冻的其他脱荚豇豆及菜豆	25	0	0	0	0	0	0	0	0	0	0		0		0	4	17.5	15	0		
20055910	非用醋制作的其他豇豆及菜豆罐头	25	0	0	0	0	0	0	0	0	0	0		0		0	4	17.5	15		0	
20055990	非用醋制作的其他豇豆及菜豆	25	0	0	0	0	0	0	0	0	0	0		0		0	4	17.5	15			
20056010	非用醋制作的芦笋罐头	25	0	0	0	0	0	0	0	0	0	0		0		0	4	17.5	15		0	
20056090	非用醋制作的其他芦笋	25	0	0	0	0	0	0	0	0	0	0		0		0	4	17.5	15			
20057000	非用醋制作的未冷冻油橄榄	10	0	0	0	0	0	0	0	0	0	0		3	5	0	0	7	0			

税则号列	商品描述	最惠国税率(%)	协定税率(%)																			
			东盟																			
			文莱	柬埔寨	印尼	老挝	马来西亚	缅甸	菲律宾	新加坡	泰国	越南	亚太	智利	巴基斯坦	新加坡	新西兰	秘鲁	哥斯达黎加	香港	澳门	台湾
20058000	非用醋制作的未冷冻甜玉米	10	0	0	0	0	0	0	0	0	0	0		0	5	0	0	0	0			
20059110	非用醋制作或保藏的竹笋罐头	25	0	0	0	0	0	0	0	0	0	0		7.5		0	4	17.5	15		0	
20059190	非用醋制作或保藏的未冷冻的其他竹笋	25	0	0	0	0	0	0	0	0	0	0		7.5		0	4	17.5	15			
20059910	清水马蹄罐头	25	0	0	0	0	0	0	0	0	0	0		7.5		0	4	17.5	15		0	
20059920	蚕豆罐头	25	0	0	0	0	0	0	0	0	0	0		7.5		0	4	17.5	15		0	
20059940	榨菜	25	0	0	0	0	0	0	0	0	0	0		0		0	4	17.5	15			
20059950	咸蕨菜	25	0	0	0	0	0	0	0	0	0	0		0		0	4	17.5	15			
20059960	咸荞头	25	0	0	0	0	0	0	0	0	0	0		0		0	4	17.5	15			
20059991	其他蔬菜及什锦蔬菜罐头	25	0	0	0	0	0	0	0	0	0	0		7.5		0	4	10	15		0	
20059999	非用醋制作的其他蔬菜及什锦蔬菜	25	0	0	0	0	0	0	0	0	0	0		7.5		0	4	10	15			
20060010	蜜枣	30	0	0	0	0	0	0	0	0	0	0		0		0	4	21	18	0		
20060020	糖渍制橄榄	30	0	0	0	0	0	0	0	0	0	0		9		0	4	24.7	18	0		
20060090	其他糖渍蔬菜、水果、坚果、果皮	30	0	0	0	0	0	0	0	0	0	0		9		0	4	24.7	18	0	0	
20071000	烹煮制成的果子均化食品	30	0	0	0	0	0	0	0	0	0	0		9		0	4	24.7	18			
20079100	烹煮制成的柑橘属水果	30	0	0	0	0	0	0	0	0	0	0		0		0	4	21	18		0	
20079910	烹煮制成的其他果酱、果冻罐头	5	0	0	0	0	0	0	0	0	0	0		1.5	0		0	3.5	3		0	
20079990	烹煮制成的其他果酱、果冻	5	0	0	0	0	0	0	0	0	0	0		1.5	0		0	3.5	4.3		0	
20081110	花生米罐头	30	0	0	0	0	0	0	0	0	0	0		0		0	4		18	0	0	
20081120	烘焙花生	30	0	0	0	0	0	0	0	0	0	0		0		0	4		18	0	0	
20081130	花生酱	30	0	0	0	0	0	0	0	0	0	0		0		0	4		18			
20081190	其他非用醋制作的花生	30	0	0	0	0	0	0	0	0	0	0		0		0	4		18	0	0	
20081910	核桃仁罐头	20	0	0	0	0	0	0	0	0	0	0	10	6	10	0	0	14	12	0	0	
20081920	其他果仁罐头	13	0	0	0	0	0	0	0	0	0	0	6.5	3.9	5	0	0	9.1	7.8	0	0	
20081991	栗仁	10	0	0	0	0	0	0	0	0	0	0	5	3	5	0	0	7	0	0	0	
20081992	用其他方法制作或保藏的芝麻	10	0	0	0	0	0	0	0	0	0	0	5	3	5	0	0	0	0	0	0	
20081999	其他坚果及子仁	10	0	0	0	0	0	0	0	0	0	0	5	3	5	0	0	7	0	0	0	
20082010	菠萝罐头	15												0			0	10.5	13		0	
20082090	非用醋制作的其他菠萝	15												0			0	10.5	13			
20083010	柑橘属水果罐头	20	0	0	0	0	0	0	0	0	0	0		0		0	0	8	17.3		0	

税则号列	商品描述	最惠国税率(%)	协定税率(%) 东盟 文莱	柬埔寨	印尼	老挝	马来西亚	缅甸	菲律宾	新加坡	泰国	越南	亚太	智利	巴基斯坦	新加坡	新西兰	秘鲁	哥斯达黎加	香港	澳门	台湾
20083090	非用醋制作的其他柑橘属水果	20	0	0	0	0	0	0	0	0	0	0		0		0	0	8	0	0		
20084010	梨罐头	20	0	0	0	0	0	0	0	0	0	0		6		0	0	14	12		0	
20084090	非用醋制作的其他梨	20	0	0	0	0	0	0	0	0	0	0		6		0	0	14	12			
20085000	非用醋制作的杏	20	0	0	0	0	0	0	0	0	0	0		6		0	0	14	12			
20086010	用其他方法制作或保藏的樱桃罐头	20	0	0	0	0	0	0	0	0	0	0		6		0	0	14	12			
20086090	用其他方法制作或保藏的其他樱桃	20	0	0	0	0	0	0	0	0	0	0		6		0	0	14	12			
20087010	桃罐头	10	0	0	0	0	0	0	0	0	0	0		0	5	0	0	7	0		0	
20087090	非用醋制作的其他桃	20	0	0	0	0	0	0	0	0	0	0		6		0	0	14	12	0		
20088000	非用醋制作的草莓	15	0	0	0	0	0	0	0	0	0	0		4.5	12	0	0	10.5	9			
20089100	非用醋制作的棕榈芯	5	0	0	0	0	0	0	0	0	0	0		0	0		0	0	0			
20089300	用其他方法制作或保藏的蔓越橘	15	0	0	0	0	0	0	0	0	0	0		4.5	12	0	0	10.5	9	0	0	
20089700	用其他方法制作或保藏的什锦果实	10	0	0	0	0	0	0	0	0	0	0		3	5	0	0	7	0		0	
20089910	荔枝罐头	20	0	0	0	0	0	0	0	0	0	0		0		0	0	14	12	0	0	
20089920	龙眼罐头	15												0			0	10.5	9	0	0	
20089931	调味紫菜	15	0	0	0	0	0	0	0	0	0	0		0		0	0	10.5	9	0	0	
20089932	盐渍海带	15	0	0	0	0	0	0	0	0	0	0		4.5	12		0	10.5	9	0	0	
20089933	盐渍裙带菜	15	0	0	0	0	0	0	0	0	0	0		4.5	12		0	10.5	9	0	0	
20089939	其他海草及藻类制品	15	0	0	0	0	0	0	0	0	0	0		4.5	12		0	10.5	9	0	0	
20089990	未列名制作或保藏的水果、坚果	15	0	0	0	0	0	0	0	0	0	0		4.5	12	0	0	10.5	9	0	0	
20091100	冷冻的橙汁	7.5	0	0	0	0	0	0	0	0	0	0		0	5		3.3	5.2	0	0	0	
20091200	非冷冻的,白利糖度值≤20 的橙汁	30	0	0	0	0	0	0	0	0	0	0		9		0	13.3	21		0	0	
20091900	其他橙汁	30	0	0	0	0	0	0	0	0	0	0		0		0	13.3	21			0	
20092100	白利糖度值≤20 的葡萄柚(包括柚)汁	15	0	0	0	0	0	0	0	0	0	0		0	12	0	0	6	9	0	0	
20092900	其他葡萄柚(包括柚)汁	15	0	0	0	0	0	0	0	0	0	0		0	12	0	0	6	9		0	
20093110	白利糖度≤20 的柠檬汁	18	0	0	0	0	0	0	0	0	0	0	16.8	5.4	14.4	0	0	12.6	10.8	0	0	
20093190	其他未混合的白利糖度值≤20 的橘汁属水果汁	18	0	0	0	0	0	0	0	0	0	0	16.8	5.4	14.4	0	0	12.6	10.8	0	0	
20093910	白利糖度＞20 的柠檬汁	18	0	0	0	0	0	0	0	0	0	0	16.8	0	14.4	0	0	7.2	10.8		0	
20093990	其他未混合的柑橘属水果汁,白利糖度值≤20	18	0	0	0	0	0	0	0	0	0	0	16.8	0	14.4	0	0	7.2	10.8		0	

税则号列	商品描述	最惠国税率（%）	协定税率（%）																			
			东盟										亚太	智利	巴基斯坦	新加坡	新西兰	秘鲁	哥斯达黎加	香港	澳门	台湾
			文莱	柬埔寨	印尼	老挝	马来西亚	缅甸	菲律宾	新加坡	泰国	越南										
20094100	白利糖度值≤20 的菠萝汁	10												0			0	0	6	0	0	
20094900	其他菠萝汁	10												0			0	0	6		0	
20095000	番茄汁	30	0	0	0	0	0	0	0	0	0	0		0		0	4	21	18		0	
20096100	白利糖度值≤30 的葡萄汁，包括酿酒葡萄汁	20	0	0	0	0	0	0	0	0	0	0		6		0	0	15	12	0	0	
20096900	葡萄汁，包括酿酒葡萄汁	20	0	0	0	0	0	0	0	0	0	0		6		0	0	15	12		0	
20097100	白利糖度值≤20 的苹果汁	20	0	0	0	0	0	0	0	0	0	0		0		0	0	8	12	0	0	
20097900	其他苹果汁	20	0	0	0	0	0	0	0	0	0	0		6		0	0	14	12		0	
20098100	蔓越橘汁	20	0	0	0	0	0	0	0	0	0	0	10	6	10	0	0	14	12	0	0	
20098912	芒果汁	20	0	0	0	0	0	0	0	0	0	0	17.4	6	16	0	0	14	12	0	0	
20098913	西番莲果汁	20	0	0	0	0	0	0	0	0	0	0	17.4	6	16	0	0	14	12	0	0	
20098914	番石榴果汁	20	0	0	0	0	0	0	0	0	0	0	17.4	6	16	0	0	14	12	0	0	
20098919	其他未混合的水果汁	20	0	0	0	0	0	0	0	0	0	0	10	6	10	0	0	14	12	0	0	
20098920	其他未混合蔬菜汁	20	0	0	0	0	0	0	0	0	0	0	10	6	10	0	0	14	12	0	0	
20099010	混合水果汁	20	0	0	0	0	0	0	0	0	0	0	17.4	0	16	0	0	8	12	0	0	
20099090	混合蔬菜汁、水果与蔬菜的混合汁	20	0	0	0	0	0	0	0	0	0	0		0		0	0	8	12	0	0	
21011100	咖啡浓缩精汁	17	0	0	0	0	0	0	0	0	0	0		5.1	13.6	0	0		10.2	0	0	
21011200	以咖啡浓缩精汁或咖啡为基本成分的制品	30	0	0	0	0	0	0	0	0	0	0		9		0	4		18	0		
21012000	茶、马黛茶浓缩精汁及其制品	32	0	0	0	0	0	0	0	0	0	0	16	9.6	16	0	4	22.4	19.2	0	0	
21013000	烘焙咖啡代用品及其浓缩精汁	32	0	0	0	0	0	0	0	0	0	0		9.6		0	4		19.2			
21021000	活性酵母	25	0	0	0	0	0	0	0	0	0	0		7.5		0	4	17.5	15	0	0	
21022000	非活性酵母；已死的其他单细胞微生物	25	0	0	0	0	0	0	0	0	0	0		7.5		0	4	17.5	15		0	
21023000	发酵粉	25	0	0	0	0	0	0	0	0	0	0		0		0	4	17.5	15		0	
21031000	酱油	28	0	0	0	0	0	0	0	0	0	0		0		0	4	19.6	16.8	0	0	
21032000	番茄沙司及其他番茄调味汁	15	0	0	0	0	0	0	0	0	0	0		4.5	12	0	0	10.5	9	0	0	
21033000	芥子粉及其调味品	15	0	0	0	0	0	0	0	0	0	0		0	12	0	0	10.5	9		0	
21039010	味精	21	0	0	0	0	0	0	0	0	0	0	18.2	0	18.2	0	4	14.7	12.6	0	0	
21039020	别特油（Aromatic bitters）	21	0	0	0	0	0	0	0	0	0	0		6.3		0	4	17.3	12.6	0	0	
21039090	其他调味品	21	0	0	0	0	0	0	0	0	0	0	18.4	6.3	18.4	0	4	15.8	12.6	0	0	

税则号列	商品描述	最惠国税率（%）	协定税率（%）																			
			东盟										亚太	智利	巴基斯坦	新加坡	新西兰	秘鲁	哥斯达黎加	香港	澳门	台湾
			文莱	柬埔寨	印尼	老挝	马来西亚	缅甸	菲律宾	新加坡	泰国	越南										
21041000	汤料及其制品	15	0	0	0	0	0	0	0	0	0	0		4.5	12	0	0	10.5	9	0	0	
21042000	均化混合食品	32	0	0	0	0	0	0	0	0	0	0		9.6		0	4	22.4	19.2		0	
21050000	冰淇淋及其他冰制食品，不论是否含可可	19	0	0	0	0	0	0	0	0	0	0		5.7		0	0	13.3	11.4	0	0	
21061000	浓缩蛋白质及人造蛋白物质	10	0	0	0	0	0	0	0	0	0	0		3	5	0	0	7	0		0	
21069010	制造碳酸饮料的浓缩物	35	0	0	0	0	0	0	0	0	0	0		10.5		0	4	24.5	21	0	0	
21069020	制造饮料用的复合酒精制品	20	0	0	0	0	0	0	0	0	0	0		6		0	0	14	12	0	0	
21069030	蜂王浆制剂	3	0	0	0	0	0	0	0	0	0	0		0	0		0	0	0	0	0	
21069040	椰子汁	10						0					9	3	9		0	7	0	0	0	
21069090	其他编号未列名的食品	20	0	0	0	0	0	0	0	0	0	0	18.4	6	18.4	0	0	14	12	0	0	
22011010	未加糖及未加味的矿泉水	20	0	0	0	0	0	0	0	0	0	0		0		0	0	14	12	0	0	
22011020	未加糖及未加味的汽水	20	0	0	0	0	0	0	0	0	0	0		0		0	0	14	12		0	
22019010	天然水	10	0	0	0	0	0	0	0	0	0	0		0	5	0	0	0	0	0	0	
22019090	其他水、冰及雪	10	0	0	0	0	0	0	0	0	0	0		0	5	0	0	0	0	0		
22021000	加味、加糖或其他甜物质的水	20	0	0	0	0	0	0	0	0	0	0		6		0	0	14	12	0	0	
22029000	其他无酒精饮料	35	0	0	0	0	0	0	0	0	0	0	29.5	10.5	29.5	0	4	24.5	21	0	0	
22030000	麦芽酿造的啤酒	0																				
22041000	葡萄汽酒	14	0	0	0	0	0	0	0	0	0	0		4.2	11.2	0	0	9.8	8.4			
22042100	小包装的鲜葡萄酿造的酒	14	0	0	0	0	0	0	0	0	0	0		4.2	11.2	0	0	11.2	8.4	0		
22042900	其他包装的鲜葡萄酿造的酒	20	0	0	0	0	0	0	0	0	0	0		6		0	0	16	12			
22043000	其他酿酒葡萄汁	30	0	0	0	0	0	0	0	0	0	0		9		0	4	22.5	18			
22051000	小包装的味美思酒及类似酒	65	0	0	0	0	0	0	0	0	0	0		19.5		0	4	48.8	39			
22059000	其他包装的味美思酒及类似酒	65	0	0	0	0	0	0	0	0	0	0		0		0	4	48.8	39			
22060010	黄酒	40	0	0	0	0	0	0	0	0	0	0		0		0	4	31.2	25.4	0	0	
22060090	其他发酵饮料	40	0	0	0	0	0	0	0	0	0	0		0		0	4	31.2	25.4	0	0	
22071000	浓度≥80%的未改性乙醇	40	0	0	0	0	0	0	0	0	0	0		0	0	0	4	28	24		0	
22072000	任何浓度的改性乙醇及其他酒精	30	0	0	0	0	0	0	0	0	0	0		9	0	0	4	12	18			
22082000	蒸馏葡萄酒制得的烈性酒	10	0	0	0	0	0	0	0	0	0	0		3	5	0	0	7	0			
22083000	威士忌酒	10	0	0	0	0	0	0	0	0	0	0		3	5	0	0	7	0			

税则号列	商品描述	最惠国税率(%)	协定税率(%)																			
			东盟										亚太	智利	巴基斯坦	新加坡	新西兰	秘鲁	哥斯达黎加	香港	澳门	台湾
			文莱	柬埔寨	印尼	老挝	马来西亚	缅甸	菲律宾	新加坡	泰国	越南										
22084000	朗姆酒及蒸馏已发酵甘蔗产品制得的其他烈性酒	10	0	0	0	0	0	0	0	0	0	0		0	5	0	0	0	0			
22085000	杜松子酒	10	0	0	0	0	0	0	0	0	0	0		0	5	0	0	0	0			
22086000	伏特加酒	10	0	0	0	0	0	0	0	0	0	0	8.8	0	5	0	0	0	0			
22087000	利口酒及柯迪尔酒	10	0	0	0	0	0	0	0	0	0	0	8.8	3	5	0	0	7	0			
22089010	龙舌兰酒	10	0	0	0	0	0	0	0	0	0	0	8.8	0	5	0	0	0	0			
22089020	白酒	10	0	0	0	0	0	0	0	0	0	0	8.8	3	5	0	0	7	0		0	
22089090	其他蒸馏酒及酒精饮料	10	0	0	0	0	0	0	0	0	0	0	8.8	3	5	0	0	7	0		0	
22090000	醋及醋酸制得的醋代用品	20	0	0	0	0	0	0	0	0	0	0		6		0	0	14	12	0	0	
23011011	含牛羊成分的肉骨粉	2	0	0	0	0	0	0	0	0	0	0		0	0		0	0	0			
23011019	其他动物的肉骨粉	2	0	0	0	0	0	0	0	0	0	0		0	0		0	0	0			
23011020	油渣	5	0	0	0	0	0	0	0	0	0	0		0	0		0	0	0	0		
23011090	其他不适于供人食用的肉渣粉	5	0	0	0	0	0	0	0	0	0	0		0	0		0	0	0			
23012010	饲料用鱼粉	2	0	0	0	0	0	0	0	0	0	0	0	.6	0		0	0.8	1.6	0		
23012090	其他不适于供人食用的水产品渣粉	5	0	0	0	0	0	0	0	0	0	0	0	1.5	0		0	3.1	0	0		
23021000	玉米糠、麸及其他残渣	5	0	0	0	0	0	0	0	0	0	0		0	0		0	0	0			
23023000	小麦糠、麸及其他残渣	3	0	0	0	0	0	0	0	0	0	0		0	0		0	0	0			
23024000	其他谷物糠、麸及其他残渣	5	0	0	0	0	0	0	0	0	0	0		0	0		0	0	0			
23025000	豆类植物糠、麸及其他残渣	5	0	0	0	0	0	0	0	0	0	0		0	0		0	0	0	0		
23031000	制造淀粉过程中的残渣及类似品	5	0	0	0	0	0	0	0	0	0	0		0	0		0	0	0			
23032000	甜菜渣、甘蔗渣及制糖过程中的其他残渣	5	0	0	0	0	0	0	0	0	0	0		0	0		0	0	0			
23033000	酿造及蒸馏过程中的糟粕及残渣	5	0	0	0	0	0	0	0	0	0	0		0	0		0	0	0			
23040010	提炼豆油所得的油渣饼(豆饼)	5	0	0	0	0	0	0	0	0	0	0	0	1.5	0		0	0	0			
23040090	提炼豆油所得的其他固体残渣	5	0	0	0	0	0	0	0	0	0	0	0	0	0		0	0	0			
23050000	花生饼及类似油渣	5	0	0	0	0	0	0	0	0	0	0		0	0		0	0	0			
23061000	棉子油渣饼及固体残渣	5	0	0	0	0	0	0	0	0	0	0		0	0		0	0	0			
23062000	亚麻子油渣饼及固体残渣	5	0	0	0	0	0	0	0	0	0	0		0	0		0	0	0			
23063000	葵花子油渣饼及固体残渣	5	0	0	0	0	0	0	0	0	0	0		0	0		0	0	0			
23064100	低芥子酸的油菜子油渣饼及固体残渣	5	0	0	0	0	0	0	0	0	0	0		0	0		0	0	0			

税则号列	商品描述	最惠国税率(%)	协定税率(%)																		
			东盟																		
			文莱	柬埔寨	印尼	老挝	马来西亚	缅甸	菲律宾	新加坡	泰国	越南	亚太	智利	巴基斯坦	新加坡	新西兰	秘鲁	哥斯达黎加	香港	澳门	台湾
23064900	油菜子油渣饼及固体残渣	5	0	0	0	0	0	0	0	0	0	0		0	0		0	0	0			
23065000	椰子或干椰肉油渣饼及固体残渣	5	0	0	0	0	0	0	0	0	0	0	2.5	0	0		0	0	0			
23066000	油棕果或油棕仁油渣饼及固体残渣	5	0	0	0	0	0	0	0	0	0	0		0	0		0	0	0			
23069000	其他油渣饼及固体残渣	5	0	0	0	0	0	0	0	0	0	0		0	0		0	0	0			
23070000	葡萄酒渣、粗酒石	5	0	0	0	0	0	0	0	0	0	0		0	0		0	0	0			
23080000	动物饲料用其他植物产品	5	0	0	0	0	0	0	0	0	0	0		0	0		0	0	0			
23091010	零售包装的狗食或猫食罐头	15	0	0	0	0	0	0	0	0	0	0		4.5	12	0	0	10.5	9	0	0	
23091090	零售包装的其他狗食或猫食	15	0	0	0	0	0	0	0	0	0	0		4.5	12	0	0	10.5	9	0	0	
23099010	制成的饲料添加剂	5	0	0	0	0	0	0	0	0	0	0	2.5	1.5	0		0	3.5	0	0		
23099090	其他配制的动物饲料	6.5	0	0	0	0	0	0	0	0	0	0	3.3	2	0		0	4.6	0	0	0	
24011010	未去梗的烤烟	10											9.4	3	9.4		0					
24011090	其他未去梗的烟草	10												3			0					
24012010	部分或全部去梗的烤烟	10												3			0					
24012090	部分或全部去梗的其他烟草	10												3			0					
24013000	烟草废料	10												3			0	7				
24021000	烟草制的雪茄烟	25												7.5			4					
24022000	烟草制的卷烟	25												7.5			4					
24029000	烟草代用品制的雪茄烟及卷烟	25												7.5			4					
24031100	本章子目注释所述的水烟料	57											50	17.1	50		4					
24031900	其他供吸用的烟草	57											50	17.1	50		4					
24039100	“均化”或“再造”烟草	57												17.1			4					
24039900	其他烟草及烟草代用品的制品;烟草精汁	57												17.1			4					
25010020	纯氯化钠	3	0	0	0	0	0	0	0	0	0	0		0	0		0	0	0			
25020000	未焙烧的黄铁矿	3	0	0	0	0	0	0	0	0	0	0		0	0		0	0	0			
25030000	硫磺,但升华硫磺、沉淀硫磺及胶态硫磺除外	3	0	0	0	0	0	0	0	0	0	0		0	0		0	0	0			
25041010	鳞片状天然石墨	3	0	0	0	0	0	0	0	0	0	0		0	0		0	0	0			
25041091	球化石墨	3	0	0	0	0	0	0	0	0	0	0		0	0		0	0	0			
25041099	其他粉末状天然石墨	3	0	0	0	0	0	0	0	0	0	0		0	0		0	0	0			

税则号列	商品描述	最惠国税率(%)	协定税率(%)																			
			东盟										亚太	智利	巴基斯坦	新加坡	新西兰	秘鲁	哥斯达黎加	香港	澳门	台湾
			文莱	柬埔寨	印尼	老挝	马来西亚	缅甸	菲律宾	新加坡	泰国	越南										
25049000	其他天然石墨	3	0	0	0	0	0	0	0	0	0	0		0	0		0	0	0			
25051000	硅砂及石英砂,不论是否着色	3	0	0	0	0	0	0	0	0	0	0		0	0		0	0	0			
25059000	其他天然砂,不论是否着色	3	0	0	0	0	0	0	0	0	0	0		0	0		0	0	0			
25061000	石英	3	0	0	0	0	0	0	0	0	0	0		0	0		0	0	0			
25062000	石英岩,不论是否切割成矩形板、块	3	0	0	0	0	0	0	0	0	0	0		0	0		0	0	0			
25070010	不论是否煅烧的高岭土	3	0	0	0	0	0	0	0	0	0	0		0	0		0	0	0			
25070090	不论是否煅烧的类似土	3	0	0	0	0	0	0	0	0	0	0		0	0		0	0	0			
25081000	膨润土,不论是否煅烧	3	0	0	0	0	0	0	0	0	0	0		0	0		0	0	0			
25083000	耐火黏土,不论是否煅烧	3	0	0	0	0	0	0	0	0	0	0		0	0		0	0	0			
25084000	其他黏土,不论是否煅烧	3	0	0	0	0	0	0	0	0	0	0		0	0		0	0	0			
25085000	红柱石、蓝晶石及硅线石,不论是否煅烧	3	0	0	0	0	0	0	0	0	0	0		0	0		0	0	0			
25086000	富铝红柱石	3	0	0	0	0	0	0	0	0	0	0		0	0		0	0	0			
25087000	火泥及第纳斯土	3	0	0	0	0	0	0	0	0	0	0		0	0		0	0	0			
25090000	白垩	3	0	0	0	0	0	0	0	0	0	0		0	0		0	0	0			
25101010	未碾磨磷灰石	3	0	0	0	0	0	0	0	0	0	0		0	0		0	0	0			
25101090	未碾磨天然磷酸钙、天然磷酸铝钙及磷酸盐白垩,磷灰石除外	3	0	0	0	0	0	0	0	0	0	0		0	0		0	0	0			
25102010	已碾磨磷灰石	3	0	0	0	0	0	0	0	0	0	0		0	0		0	0	0			
25102090	已碾磨天然磷酸钙、天然磷酸铝钙及磷酸盐白垩,磷灰石除外	3	0	0	0	0	0	0	0	0	0	0		0	0		0	0	0			
25111000	天然硫酸钡(重晶石)	3	0	0	0	0	0	0	0	0	0	0		0	0		0	0	0			
25112000	天然碳酸钡(毒重石),不论是否煅烧	3	0	0	0	0	0	0	0	0	0	0		0	0		0	0	0			
25120010	硅藻土	3	0	0	0	0	0	0	0	0	0	0		0	0		0	0	0			
25120090	其他硅质化石粗粉及类似的硅质土	3	0	0	0	0	0	0	0	0	0	0		0	0		0	0	0			
25131000	浮石	3	0	0	0	0	0	0	0	0	0	0		0	0		0	0	0			
25132000	刚玉岩、天然刚玉砂、天然石榴石及其他天然磨料	3	0	0	0	0	0	0	0	0	0	0		0	0		0	0	0			
25140000	板岩,不论是否粗加修整或切割成矩形板块	3	0	0	0	0	0	0	0	0	0	0		0	0		0	0	0			
25151100	原状或粗加修整的大理石及石灰华	4	0	0	0	0	0	0	0	0	0	0		0	0		0	0	0			

税则号列	商品描述	最惠国税率(%)	协定税率(%)																			
			东盟										亚太	智利	巴基斯坦	新加坡	新西兰	秘鲁	哥斯达黎加	香港	澳门	台湾
			文莱	柬埔寨	印尼	老挝	马来西亚	缅甸	菲律宾	新加坡	泰国	越南										
25151200	矩形大理石及石灰华	4	0	0	0	0	0	0	0	0	0	0		0	0		0	0	0			
25152000	其他石灰质碑用或建筑用石；蜡石，不论是否粗加修整或切割成矩形板块	3	0	0	0	0	0	0	0	0	0	0		0	0		0	0	0			
25161100	原状或粗加修整的花岗岩	4	0	0	0	0	0	0	0	0	0	0	2	0	0		0	0	0			
25161200	矩形或正方形的花岗岩	4	0	0	0	0	0	0	0	0	0	0	2	0	0		0	0	0			
25162000	砂岩，不论是否粗加修整或切割成矩形板块	3	0	0	0	0	0	0	0	0	0	0	2.1	0	0		0	0	0			
25169000	其他碑用或建筑用石，不论是否粗加修整或切割成矩形板块	3	0	0	0	0	0	0	0	0	0	0	2.1	0	0		0	0	0			
25171000	通常做混凝土粒料、铺路、铁道路基或其他路基用的卵石、砾石及碎石，圆石子及燧石，不论是否热处理	4	0	0	0	0	0	0	0	0	0	0		0	0		0	0	0			
25172000	矿渣、浮渣及类似的工业残渣	3	0	0	0	0	0	0	0	0	0	0		0	0		0	0	0			
25173000	沥青碎石	3	0	0	0	0	0	0	0	0	0	0		0	0		0	0	0			
25174100	大理石碎粒、碎屑及粉末，不论是否热处理	3	0	0	0	0	0	0	0	0	0	0		0	0		0	0	0			
25174900	品目25.15及26.16所列各种石料的碎粒、碎屑及粉末，大理石的除外，不论是否热处理	3	0	0	0	0	0	0	0	0	0	0		0	0		0	0	0			
25181000	未煅烧或烧结的白云石，不论是否粗加修整或切割成矩形板块	3	0	0	0	0	0	0	0	0	0	0		0	0		0	0	0			
25182000	已煅烧或烧结的白云石，不论是否粗加修整或切割成矩形板块	3	0	0	0	0	0	0	0	0	0	0		0	0		0	0	0			
25183000	夯混白云石	3	0	0	0	0	0	0	0	0	0	0		0	0		0	0	0			
25191000	天然碳酸镁(菱镁矿)	3	0	0	0	0	0	0	0	0	0	0		0	0		0	0	0			
25199010	熔凝镁氧矿	3	0	0	0	0	0	0	0	0	0	0		0	0		0	0	0			
25199020	烧结镁氧矿(重烧镁)	3	0	0	0	0	0	0	0	0	0	0		0	0		0	0	0			
25199030	碱烧镁(轻烧镁)	3	0	0	0	0	0	0	0	0	0	0		0	0		0	0	0			
25199091	化学纯氧化镁	3	0	0	0	0	0	0	0	0	0	0		0	0		0	0	0			
25199099	非纯氧化镁	3	0	0	0	0	0	0	0	0	0	0		0	0		0	0	0			
25201000	生石膏；硬石膏	5	0	0	0	0	0	0	0	0	0	0		0	0		0	0	0	0		

税则号列	商品描述	最惠国税率（%）	协定税率（%）																		
			东盟										亚太	智利	巴基斯坦	新加坡	新西兰	秘鲁	哥斯达黎加	香港	澳门	台湾
			文莱	柬埔寨	印尼	老挝	马来西亚	缅甸	菲律宾	新加坡	泰国	越南										
25202010	牙科用熟石膏，不论是否着色及带有少量促凝剂或缓凝剂	5	0	0	0	0	0	0	0	0	0	0		1.5	0		0	0	0			
25202090	其他熟石膏，不论是否着色及带有少量促凝剂或缓凝剂	5	0	0	0	0	0	0	0	0	0	0		1.5	0		0	0	0			
25210000	石灰石助熔剂；通常用于制造石灰或水泥的石灰石及其他钙质石	5	0	0	0	0	0	0	0	0	0	0		0	0		0	0	0	0		
25221000	生石灰	5	0	0	0	0	0	0	0	0	0	0		1.5	0		0	0	0			
25222000	熟石灰	5	0	0	0	0	0	0	0	0	0	0		0	0		0	0	0			
25223000	水硬石灰	5	0	0	0	0	0	0	0	0	0	0		0	0		0	0	0			
25231000	水泥熟料，不论是否着色	8	0	0	0	0	0	0	0	0	0	0		0	5		0	0	0	0		0
25232100	白水泥，不论是否人工着色	6	0	0	0	0	0	0	0	0	0	0	4.5	0	0		0	0	0			0
25232900	其他硅酸盐水泥，不论是否着色	8	0	0	0	0	0	0	0	0	0	0	6	0	5		0	0	0	0	0	0
25233000	矾土水泥，不论是否着色	6	0	0	0	0	0	0	0	0	0	0		0	5		0	0	0			
25239000	其他水凝水泥，不论是否着色	8	0	0	0	0	0	0	0	0	0	0		0	5		0	0	0			
25241000	青石棉	5	0	0	0	0	0	0	0	0	0	0		0	0		0	0	0			
25249010	其他长纤维石棉	5	0	0	0	0	0	0	0	0	0	0		0	0		0	0	0			
25249090	其他石棉	5	0	0	0	0	0	0	0	0	0	0		0	0		0	0	0			
25251000	原状云母及劈开的云母片	5	0	0	0	0	0	0	0	0	0	0		0	0		0	0	0			
25252000	云母粉	5	0	0	0	0	0	0	0	0	0	0		0	0		0	0	0			
25253000	云母废料	5	0	0	0	0	0	0	0	0	0	0		0	0		0	0	0			
25261010	未破碎及未研粉的天然冻石，不论是否粗加修整或切割成矩形板块	3	0	0	0	0	0	0	0	0	0	0		0	0		0	0	0			
25261020	未破碎及未研粉的滑石，不论是否粗加修整或切割成矩形板块	3	0	0	0	0	0	0	0	0	0	0		0	0		0	0	0			
25262010	已破碎或已研粉的天然冻石	3	0	0	0	0	0	0	0	0	0	0		0	0		0	0	0			
25262020	已破碎或已研粉的天然滑石	3	0	0	0	0	0	0	0	0	0	0		0	0		0	0	0			
25280010	天然硼砂及其精矿，不论是否煅烧	3	0	0	0	0	0	0	0	0	0	0		0	0		0	0	0			
25280090	硼酸盐（硼砂除外），不论是否煅烧；天然粗硼酸，含硼酸干重≤85%	5	0	0	0	0	0	0	0	0	0	0		1.5	0		0	3.5	0			
25291000	长石	3	0	0	0	0	0	0	0	0	0	0		0	0		0	0	0			
25292100	按重量计氟化钙含量≤97%的萤石	3	0	0	0	0	0	0	0	0	0	0		0	0		0	0	0			

税则号列	商品描述	最惠国税率(%)	协定税率(%)																			
			东盟										亚太	智利	巴基斯坦	新加坡	新西兰	秘鲁	哥斯达黎加	香港	澳门	台湾
			文莱	柬埔寨	印尼	老挝	马来西亚	缅甸	菲律宾	新加坡	泰国	越南										
25292200	按重量计氟化钙含量>97%的萤石	3	0	0	0	0	0	0	0	0	0	0		0	0		0	0	0			
25293000	白榴石;霞石及霞石正长岩	5	0	0	0	0	0	0	0	0	0	0		0	0		0	0	0			
25301010	未膨胀的绿泥石	5	0	0	0	0	0	0	0	0	0	0		0	0		0	0	0			
25301020	未膨胀的蛭石及珍珠岩	5	0	0	0	0	0	0	0	0	0	0		0	0		0	0	0			
25302000	硫镁矾矿及泻盐矿(天然硫酸镁)	3	0	0	0	0	0	0	0	0	0	0		0	0		0	0	0			
25309010	矿物性药材	3	0	0	0	0	0	0	0	0	0	0		0	0		0	0	0			
25309091	硅灰石	3	0	0	0	0	0	0	0	0	0	0		0	0		0	0	0			
25309099	其他矿产品	3	0	0	0	0	0	0	0	0	0	0		0	0		0	0	0			
26179010	朱砂(辰砂)	3	0	0	0	0	0	0	0	0	0	0		0	0		0	0	0			
26180010	冶炼钢铁产生的锰渣	4	0	0	0	0	0	0	0	0	0	0		1.2	0		0	0	0			
26180090	冶炼钢铁产生的其他粒状熔渣(熔渣砂)	4	0	0	0	0	0	0	0	0	0	0		1.2	0		0	0	0			
26190000	冶炼钢铁产生的熔渣、浮渣、氧化皮及其他废料	4	0	0	0	0	0	0	0	0	0	0		1.2	0		0	0	0			
26201100	含硬锌的矿灰及残渣	4	0	0	0	0	0	0	0	0	0	0		1.2	0		0	0	0			
26201900	含其他锌的矿灰及残渣	4	0	0	0	0	0	0	0	0	0	0		1.2	0		0	0	0			
26202100	含铅汽油的淤渣及含铅抗震化合物的淤渣	4	0	0	0	0	0	0	0	0	0	0		0	0		0	0	0			
26202900	其他主要含铅的矿灰及残渣	4	0	0	0	0	0	0	0	0	0	0		0	0		0	0	0			
26203000	主要含铜的矿灰及残渣	4	0	0	0	0	0	0	0	0	0	0		1.2	0		0	0	0			
26204000	主要含铝的矿灰及残渣	4	0	0	0	0	0	0	0	0	0	0		0	0		0	0	0			
26206000	含砷、汞、铊及其混合物,用于提取或生产砷、汞、铊及其化合物的矿灰及残渣	4	0	0	0	0	0	0	0	0	0	0		0	0		0	0	0			
26209100	含锑、铍、镉、铬及其混合物的矿灰及残渣	4	0	0	0	0	0	0	0	0	0	0		0	0		0	0	0			
26209910	主要含钨的矿灰及残渣	4	0	0	0	0	0	0	0	0	0	0		1.2	0		0	0	0			
26209990	含其他金属及化合物的矿灰及残渣	4	0	0	0	0	0	0	0	0	0	0		1.2	0		0	0	0			
26211000	焚化城市垃圾所产生的灰、渣	4	0	0	0	0	0	0	0	0	0	0		0	0		0	0	0			
26219000	其他矿渣及矿灰	4	0	0	0	0	0	0	0	0	0	0		1.2	0		0	0	0	0		
27011100	未制成型的无烟煤,不论是否粉化	3	0	0	0	0	0	0	0	0	0	0		0	0		0	0	0			
27011210	未制成型的炼焦烟煤,不论是否粉化	3	0	0	0	0	0	0	0	0	0	0		0	0		0	0	0			

税则号列	商品描述	最惠国税率(%)	协定税率(%)																			
			东盟																			
			文莱	柬埔寨	印尼	老挝	马来西亚	缅甸	菲律宾	新加坡	泰国	越南	亚太	智利	巴基斯坦	新加坡	新西兰	秘鲁	哥斯达黎加	香港	澳门	台湾
27011290	未制成型的其他烟煤,不论是否粉化	6	0	0	0	0	0	0	0	0	0	0		0	5		0	0	0			
27011900	未制成型的其他煤,不论是否粉化	5	0	0	0	0	0	0	0	0	0	0	3.5	0	0		0	0	0			
27012000	煤砖、煤球及类似用煤制固体燃料	5	0	0	0	0	0	0	0	0	0	0		0	0		0	0	0			
27021000	褐煤	3	0	0	0	0	0	0	0	0	0	0		0	0		0	0	0			
27022000	制成型的褐煤	3	0	0	0	0	0	0	0	0	0	0		0	0		0	0	0			
27030000	泥煤(包括肥料用泥煤),不论是否成型	5	0	0	0	0	0	0	0	0	0	0		0	0		0	0	0			
27040010	煤制焦炭及半焦炭,不论是否成型	5	0	0	0	0	0	0	0	0	0	0	2.5	1.5	0		0	0	0			
27040090	甑炭	5	0	0	0	0	0	0	0	0	0	0	2.5	1.5	0		0	0	0			
27050000	煤气、水煤气、炉煤气及类似气体,石油气及其他烃类气除外	5	0	0	0	0	0	0	0	0	0	0		0	0		0	0	0			
27060000	从煤、褐煤或泥煤蒸馏所得的焦油及矿物焦油,不论是否脱水或部分蒸馏,包括再造焦油	6	0	0	0	0	0	0	0	0	0	0		0	5		0	0	0			
27071000	粗苯	6	0	0	0	0	0	0	0	0	0	0		0	5		0	0	0			
27072000	粗甲苯	6	0	0	0	0	0	0	0	0	0	0		0	5		0	0	0			
27073000	粗二甲苯	6	0	0	0	0	0	0	0	0	0	0		0	5		0	0	0			
27074000	萘	7	0	0	0	0	0	0	0	0	0	0	6	0	5		0	0	0			
27075000	其他芳烃混合物,温度在250℃时蒸馏出的芳烃含量以体积计(包括损耗)在65%及以上(以美国标准实验法D86为准)	7	0	0	0	0	0	0	0	0	0	0		0	5		0	0	0			
27079100	杂酚油	7	0	0	0	0	0	0	0	0	0	0		0	5		0	0	0			
27079910	酚	7	0	0	0	0	0	0	0	0	0	0		0	5		0	0	0			
27079990	蒸馏煤焦油所得的其他产品;芳族成分重量超过非芳族成分的类似产品	7	0	0	0	0	0	0	0	0	0	0		0	5		0	0	0			
27081000	从煤焦油或其他矿物焦油所得的沥青	7	0	0	0	0	0	0	0	0	0	0		2.1	5		0	0	0			
27082000	从煤焦油或其他矿物焦油所得的沥青焦	6	0	0	0	0	0	0	0	0	0	0		0	5		0	0	0			
27101210	车用汽油及航空汽油	5	0	0	0	0	0	0	0	0	0	0		1.5	0	0	0		0			
27101220	石脑油	6	0	0	0	0	0	0	0	0	0	0	5.4	1.8	0	0	0		0			
27101230	橡胶溶剂油、油漆溶剂油、抽提溶剂油	6												1.8			0		0			

税则号列	商品描述	最惠国税率(%)	协定税率(%)																			
			东盟										亚太	智利	巴基斯坦	新加坡	新西兰	秘鲁	哥斯达黎加	香港	澳门	台湾
			文莱	柬埔寨	印尼	老挝	马来西亚	缅甸	菲律宾	新加坡	泰国	越南										
27101291	壬烯	9												2.7			0		0			
27101299	其他轻油馏分产品	9												2.7			0		0			
27101911	航空煤油	9	0	0	0	0	0	0	0	0	0	0		2.7	5	0	0	0	0			0
27101912	灯用煤油	9												2.7			0	6.3	0			
27101919	其他煤油馏分产品	6	0	0	0	0	0	0	0	0	0	0		1.8	5	0	0	0	0			0
27101921	轻柴油	6												1.8			0	4.2	0			
27101922	5～7号燃料油	6	0	0	0	0	0	0	0	0	0	0		1.8	5	0	0	0	0			
27101929	其他柴油及其他燃料油	6	0	0	0	0	0	0	0	0	0	0		1.8	5	0	0	4.2	0		0	
27101991	润滑油	6	0	0	0	0	0	0	0	0	0	0	5.4	1.8	0		0	0	0	0	0	
27101992	润滑脂	6	0	0	0	0	0	0	0	0	0	0	5.4	1.8	0		0	0	0			
27101993	润滑油基础油	6	0	0	0	0	0	0	0	0	0	0		1.8	5		0	0	0			0
27101994	液体石蜡和重质液体石蜡	6	0	0	0	0	0	0	0	0	0	0	5.4	1.8	0		0	0	0			0
27101999	其他重油及重油制品	6	0	0	0	0	0	0	0	0	0	0		1.8	5		0	0	0	0		
27102000	石油及从沥青矿物提取的油类及以上述油为基本成分(按重量计≥70%)的其他品目未列名制品，含有生物柴油，但废油除外	6	0	0	0	0	0	0	0	0	0	0		1.8	0	0	0		0			0
27109100	含多氯联苯(PCBs)、多氯三联苯(PCTs)或多溴联苯(PBBs)的废油	6	0	0	0	0	0	0	0	0	0	0		0	5		0	0	3.6			
27109900	其他废油	6	0	0	0	0	0	0	0	0	0	0		0	5		0	0	3.6			
27111200	液化丙烷	5	0	0	0	0	0	0	0	0	0	0	3.5	1.5	0		0	0	0			
27111310	直接灌注香烟打火机及类似打火器用，其包装容器的容积>300立方厘米的液化丁烷	11	0	0	0	0	0	0	0	0	0	0		3.3	5	0	0	4.4	6.6			
27111390	其他液化丁烷	5	0	0	0	0	0	0	0	0	0	0		1.5	0		0	3.5	0			
27111400	液化的乙烯、丙烯、丁烯及丁二烯	5	0	0	0	0	0	0	0	0	0	0		0	0		0	0	0			
27111910	直接灌注香烟打火机及类似打火器用，其包装容器的容积>300立方厘米的其他液化燃料	10	0	0	0	0	0	0	0	0	0	0	7	3	5		0	0	0			

税则号列	商品描述	最惠国税率(%)	协定税率(%) 东盟 文莱	柬埔寨	印尼	老挝	马来西亚	缅甸	菲律宾	新加坡	泰国	越南	亚太	智利	巴基斯坦	新加坡	新西兰	秘鲁	哥斯达黎加	香港	澳门	台湾
27111990	其他液化石油气及烃类气	3	0	0	0	0	0	0	0	0	0	0	2.1	0	0		0	2.1	0			
27112900	其他气态石油气及烃类气	6	0	0	0	0	0	0	0	0	0	0		0	5		0	0	0			
27121000	凡士林	8	0	0	0	0	0	0	0	0	0	0		2.4	5		0	0	0			
27122000	石蜡,不论是否着色,按重量计含油小于0.75%	8	0	0	0	0	0	0	0	0	0	0		0	5		0	0	0			
27129010	微晶石蜡,不论是否着色	8	0	0	0	0	0	0	0	0	0	0		0	5		0	0	0			
27129090	其他矿物蜡及用合成或其他方法制得的类似产品,不论是否着色	8	0	0	0	0	0	0	0	0	0	0		0	5		0	0	0			
27131110	硫的重量百分比 <3% 的未煅烧石油焦	3	0	0	0	0	0	0	0	0	0	0		0	0		0	0	0			
27131190	未煅烧石油焦	3	0	0	0	0	0	0	0	0	0	0		0	0		0	0	0			
27131210	硫的重量百分比 <0.8% 的已煅烧石油焦	3	0	0	0	0	0	0	0	0	0	0		0	0		0	0	0			
27131290	已煅烧石油焦	3	0	0	0	0	0	0	0	0	0	0		0	0		0	0	0			
27132000	石油沥青	8	0	0	0	0	0	0	0	0	0	0	5.6	0	5		0	0	0			
27139000	其他石油或从沥青矿物提取油类的残渣	6	0	0	0	0	0	0	0	0	0	0		0	5		0	0	0			
27141000	沥青页岩、油页岩及焦油砂	6	0	0	0	0	0	0	0	0	0	0		0	5		0	0	0			
27149010	天然沥青(地沥青)	8	0	0	0	0	0	0	0	0	0	0		0	5		0	0	0			
27149020	乳化沥青	0																				
27149090	沥青岩	3	0	0	0	0	0	0	0	0	0	0		0	0		0	0	0			
27150000	以天然沥青(地沥青)、石油沥青、矿物焦油或矿物焦油沥青为基本成分的沥青混合物	8	0	0	0	0	0	0	0	0	0	0		2.4	5		0	0	0			
28011000	氯	5.5	0	0	0	0	0	0	0	0	0	0		1.7	5		0	0	0			
28012000	碘	5.5	0	0	0	0	0	0	0	0	0	0			5		0		0			
28013010	氟	5.5	0	0	0	0	0	0	0	0	0	0		0	0		0	0	0			
28013020	溴	5.5	0	0	0	0	0	0	0	0	0	0		0	0		0	0	0			
28020000	升华、沉淀、胶态硫磺	5.5	0	0	0	0	0	0	0	0	0	0		0	0		0	0	0			
28030000	碳(碳黑及其他编号未列名的其他形状的碳)	5.5	0	0	0	0	0	0	0	0	0	0	4.4	0	0		0	0	0	0		0

税则号列	商品描述	最惠国税率(%)	协定税率(%) 东盟 文莱	柬埔寨	印尼	老挝	马来西亚	缅甸	菲律宾	新加坡	泰国	越南	亚太	智利	巴基斯坦	新加坡	新西兰	秘鲁	哥斯达黎加	香港	澳门	台湾
28041000	氢	5.5	0	0	0	0	0	0	0	0	0	0		0	0		0	0	0	0		
28042100	氩	5.5	0	0	0	0	0	0	0	0	0	0		1.7	5		0	0	0	0		
28042900	其他稀有气体	5.5	0	0	0	0	0	0	0	0	0	0		0	5		0	0	0	0		
28043000	氮	5.5	0	0	0	0	0	0	0	0	0	0		0	5		0	0	0	0		
28044000	氧	5.5	0	0	0	0	0	0	0	0	0	0		1.7	5		0	0	0	0		
28045000	硼、碲	5.5	0	0	0	0	0	0	0	0	0	0		0	0		0	2.2	0			
28046117	电子工业用直径≥30厘米的单晶硅棒	4	0	0	0	0	0	0	0	0	0	0		0	0		0	0	0			
28046119	电子工业用7.5≤直径<30厘米的单晶硅棒	4	0	0	0	0	0	0	0	0	0	0		0	0		0	0	0			
28046120	电子工业用直径<7.5厘米的单晶硅棒	4	0	0	0	0	0	0	0	0	0	0		0	0		0	0	0			
28046190	其他含硅量≥99.99%的硅	4	0	0	0	0	0	0	0	0	0	0		0	0		0	0	0			
28046900	其他含硅量<99.99%的硅	4	0	0	0	0	0	0	0	0	0	0		0	0		0	0	0			
28047010	黄磷(白磷)	5.5	0	0	0	0	0	0	0	0	0	0		0	0		0	0	0			
28047090	其他磷	5.5	0	0	0	0	0	0	0	0	0	0		0	0		0	0	0			
28048000	砷	5.5	0	0	0	0	0	0	0	0	0	0		0	0		0	0	0			
28049010	经掺杂用于电子工业的硒晶体棒	4	0	0	0	0	0	0	0	0	0	0		1.2	0		0	2.8	0			
28049090	其他硒	5.5	0	0	0	0	0	0	0	0	0	0		1.7	0		0	4.9	0			
28051100	钠	5.5	0	0	0	0	0	0	0	0	0	0		0	0		0	0	0			
28051200	钙	5.5	0	0	0	0	0	0	0	0	0	0		0	0		0	0	0			
28051900	其他碱金属及碱土金属	5.5	0	0	0	0	0	0	0	0	0	0		0	0		0	0	0			
28053011	钕	5.5	0	0	0	0	0	0	0	0	0	0		0	0		0	0	0			
28053012	镝	5.5	0	0	0	0	0	0	0	0	0	0		0	0		0	0	0			
28053013	铽	5.5	0	0	0	0	0	0	0	0	0	0		0	0		0	0	0			
28053014	镧	5.5	0	0	0	0	0	0	0	0	0	0		0	0		0	0	0			
28053015	铈	5.5	0	0	0	0	0	0	0	0	0	0		0	0		0	0	0			
28053016	镨	5.5	0	0	0	0	0	0	0	0	0	0		0	0		0	0	0			
28053017	钇	5.5	0	0	0	0	0	0	0	0	0	0		0	0		0	0	0			
28053019	其他未相互混合或熔合的稀土金属、钪及钇	5.5	0	0	0	0	0	0	0	0	0	0		0	0		0	0	0			
28053021	已相互混合或熔合的稀土金属、钪及钇,电池级	5.5	0	0	0	0	0	0	0	0	0	0		0	0		0	0	0			

税则号列	商品描述	最惠国税率(%)	协定税率(%)																			
			东盟																			
			文莱	柬埔寨	印尼	老挝	马来西亚	缅甸	菲律宾	新加坡	泰国	越南	亚太	智利	巴基斯坦	新加坡	新西兰	秘鲁	哥斯达黎加	香港	澳门	台湾
28053029	其他已相互混合或熔合的稀土金属、钪及钇	5.5	0	0	0	0	0	0	0	0	0	0		0	0		0	0	0			
28054000	汞	5.5	0	0	0	0	0	0	0	0	0	0		1.7	0		0	0	0			
28061000	氯化氢(盐酸)	5.5	0	0	0	0	0	0	0	0	0	0		1.7	5		0	0	0			
28062000	氯磺酸	5.5	0	0	0	0	0	0	0	0	0	0		0	0		0	0	0			
28070000	硫酸、发烟硫酸	5.5	0	0	0	0	0	0	0	0	0	0		1.7	5		0	0	0			
28080000	硝酸及磺硝酸	5.5	0	0	0	0	0	0	0	0	0	0		1.7	5		0	0	0			
28091000	五氧化二磷	1	0	0	0	0	0	0	0	0	0	0		0	0		0	0	0			
28092011	食品级磷酸	1	0	0	0	0	0	0	0	0	0	0		0	0		0	0	0			
28092019	其他磷酸及偏磷酸、焦磷酸	1	0	0	0	0	0	0	0	0	0	0		0	0		0	0	0			
28092090	其他多磷酸	5.5	0	0	0	0	0	0	0	0	0	0		0	5		0	0	0			
28100010	硼的氧化物	5.5	0	0	0	0	0	0	0	0	0	0		1.7	0		0	3.8	0			
28100020	硼酸	5.5	0	0	0	0	0	0	0	0	0	0		1.7	0		0	3.8	0			
28111100	氟化氢(氢氟酸)	5.5	0	0	0	0	0	0	0	0	0	0		0	0		0	0	0			
28111910	氢氰酸	5.5	0	0	0	0	0	0	0	0	0	0		1.7	0		0	0	0			
28111990	其他无机酸	5.5	0	0	0	0	0	0	0	0	0	0		1.7	5		0	0	0			
28112100	二氧化碳	5.5	0	0	0	0	0	0	0	0	0	0		0	5		0	0	0	0		
28112200	二氧化硅	5.5	0	0	0	0	0	0	0	0	0	0		0	5		0	0	0		0	
28112900	其他非金属无机氧化物	5.5	0	0	0	0	0	0	0	0	0	0		1.7	5		0	0	0	0		
28121010	氯化亚砜	5.5	0	0	0	0	0	0	0	0	0	0		1.7	5		0	0	0			
28121020	氧氯化磷(磷酰氯;三氯氧磷)	5.5	0	0	0	0	0	0	0	0	0	0		1.7	5		0	0	0			
28121030	碳酰二氯(光气)	5.5	0	0	0	0	0	0	0	0	0	0		1.7	0		0	0	0			
28121041	一氯化硫(氯化硫)	5.5	0	0	0	0	0	0	0	0	0	0		1.7	0		0	0	0			
28121042	二氯化硫	5.5	0	0	0	0	0	0	0	0	0	0		1.7	0		0	0	0			
28121043	三氯化磷	5.5	0	0	0	0	0	0	0	0	0	0		1.7	0		0	0	0			
28121044	三氯化砷	5.5	0	0	0	0	0	0	0	0	0	0		1.7	0		0	0	0			
28121045	五氯化磷	5.5	0	0	0	0	0	0	0	0	0	0		1.7	0		0	0	0			
28121049	其他非金属氯化物	5.5	0	0	0	0	0	0	0	0	0	0		1.7	5		0	0	0			
28121090	其他非金属氯化物及氯氧化物	5.5	0	0	0	0	0	0	0	0	0	0		1.7	0		0	0	0			
28129011	三氟化氮	5.5	0	0	0	0	0	0	0	0	0	0		0	0		0	0	0			

税则号列	商品描述	最惠国税率(%)	协定税率(%)																			
			东盟										亚太	智利	巴基斯坦	新加坡	新西兰	秘鲁	哥斯达黎加	香港	澳门	台湾
			文莱	柬埔寨	印尼	老挝	马来西亚	缅甸	菲律宾	新加坡	泰国	越南										
28129019	其他氟化物及氟氧化物	5.5	0	0	0	0	0	0	0	0	0	0		0	0		0	0	0			
28129090	其他非金属卤化物及卤氧化物	5.5	0	0	0	0	0	0	0	0	0	0		0	0		0	0	0			
28131000	二硫化碳	5.5	0	0	0	0	0	0	0	0	0	0		0	0		0	0	0	0		
28139000	其他非金属硫化物,商品三硫化二磷	5.5	0	0	0	0	0	0	0	0	0	0		0	0		0	0	0			
28141000	氨	5.5	0	0	0	0	0	0	0	0	0	0		1.7	0		0	0	0			
28142000	氨水	5.5	0	0	0	0	0	0	0	0	0	0		0	0		0	0	0			
28151100	固体氢氧化钠	10											7	0	7		0	0	0			
28151200	氢氧化钠水溶液及液体烧碱	8											5.6	0	5.6		0	0	0			
28152000	氢氧化钾(苛性钾)	5.5	0	0	0	0	0	0	0	0	0	0		0	5		0	0	0			
28153000	过氧化钠及过氧化钾	5.5	0	0	0	0	0	0	0	0	0	0		0	0		0	0	0			
28161000	氢氧化镁及过氧化镁	5.5	0	0	0	0	0	0	0	0	0	0		0	5		0	0	0			
28164000	锶或钡的氧化物、氢氧化物及过氧化物	5.5	0	0	0	0	0	0	0	0	0	0		0	5		0	0	0			
28170010	氧化锌	5.5	0	0	0	0	0	0	0	0	0	0		0	0		0	3.4	0			
28170090	过氧化锌	5.5	0	0	0	0	0	0	0	0	0	0		0	0		0	3.8	0			
28181010	棕刚玉	5.5	0	0	0	0	0	0	0	0	0	0		0	0		0	0	0			
28181090	其他人造刚玉,不论是否已有化学定义	5.5	0	0	0	0	0	0	0	0	0	0		0	0		0	0	0			
28182000	氧化铝,但人造刚玉除外	8	0	0	0	0	0	0	0	0	0	0		0	5	0	0	0	0			
28183000	氢氧化铝	5.5	0	0	0	0	0	0	0	0	0	0		0	0		0	0	0			
28191000	三氧化铬	5.5	0	0	0	0	0	0	0	0	0	0		0	0		0	0	0			
28199000	其他铬的氧化物及氢氧化物	5.5	0	0	0	0	0	0	0	0	0	0		0	0		0	0	0			
28201000	二氧化锰	5.5	0	0	0	0	0	0	0	0	0	0		0	0		0	0	0			
28209000	其他锰的氧化物	5.5	0	0	0	0	0	0	0	0	0	0		0	0		0	0	0			
28211000	铁的氧化物及氢氧化物	5.5	0	0	0	0	0	0	0	0	0	0		0	0		0	0	0			
28212000	土色料	5.5	0	0	0	0	0	0	0	0	0	0		0	0		0	0	0			
28220010	四氧化三钴	5.5	0	0	0	0	0	0	0	0	0	0		0	0		0	0	0			
28220090	其他钴的氧化物及氢氧化物;商品氧化钴	5.5	0	0	0	0	0	0	0	0	0	0		0	0		0	0	0			
28230000	钛的氧化物	5.5	0	0	0	0	0	0	0	0	0	0		0	0		0	0	0			
28241000	一氧化铅(铅黄、黄丹)	5.5	0	0	0	0	0	0	0	0	0	0		1.7	0		0	0	0			
28249010	铅丹及铅橙	5.5	0	0	0	0	0	0	0	0	0	0		1.7	0		0	0	0			

税则号列	商品描述	最惠国税率（%）	协定税率（%）																			
			东盟										亚太	智利	巴基斯坦	新加坡	新西兰	秘鲁	哥斯达黎加	香港	澳门	台湾
			文莱	柬埔寨	印尼	老挝	马来西亚	缅甸	菲律宾	新加坡	泰国	越南										
28249090	其他铅的氧化物	5.5	0	0	0	0	0	0	0	0	0	0		0	0		0	0	0			
28251010	水合肼	5.5	0	0	0	0	0	0	0	0	0	0		0	0		0	0	0			
28251020	硫酸羟胺	5.5	0	0	0	0	0	0	0	0	0	0		0	5		0	0	0			
28251090	其他肼、胲及其无机盐	5.5	0	0	0	0	0	0	0	0	0	0		0	5		0	0	0			
28252010	氢氧化锂	5.5	0	0	0	0	0	0	0	0	0	0		0	0		0	0	0			
28252090	锂的氧化物	5.5	0	0	0	0	0	0	0	0	0	0		0	0		0	0	0			
28253010	五氧化二钒	5.5	0	0	0	0	0	0	0	0	0	0		0	0		0	0	0			
28253090	其他钒的氧化物及氢氧化物	5.5	0	0	0	0	0	0	0	0	0	0		0	0		0	0	0			
28254000	镍的氧化物及氢氧化物	5.5	0	0	0	0	0	0	0	0	0	0		0	0		0	0	0			
28255000	铜的氧化物及氢氧化物	5.5	0	0	0	0	0	0	0	0	0	0		1.7	0		0	0	0			
28256000	锗的氧化物及二氧化锆	5.5	0	0	0	0	0	0	0	0	0	0		0	0		0	0	0			
28257000	钼的氧化物及氢氧化物	5.5	0	0	0	0	0	0	0	0	0	0		1.7	0		0		0			
28258000	锑的氧化物	5.5	0	0	0	0	0	0	0	0	0	0		0	0		0	0	0			
28259011	钨酸	5.5	0	0	0	0	0	0	0	0	0	0		0	0		0	0	0			
28259012	三氧化钨	5.5	0	0	0	0	0	0	0	0	0	0		0	0		0	0	0			
28259019	其他钨的氧化物及氢氧化物	5.5	0	0	0	0	0	0	0	0	0	0		0	0		0	0	0			
28259021	三氧化二铋	5.5	0	0	0	0	0	0	0	0	0	0		0	0		0	0	0			
28259029	其他铋的氧化物及氢氧化物	5.5	0	0	0	0	0	0	0	0	0	0		0	0		0	0	0			
28259031	二氧化锡	5.5	0	0	0	0	0	0	0	0	0	0		0	0		0	0	0			
28259039	其他锡的氧化物及氢氧化物	5.5	0	0	0	0	0	0	0	0	0	0		0	0		0	0	0			
28259090	其他无机碱；其他金属的氧化物及氢氧化物及过氧化物	5.5	0	0	0	0	0	0	0	0	0	0		0	0		0	0	0			
28261210	无水氟化铝	5.5	0	0	0	0	0	0	0	0	0	0		0	0		0	0	0			
28261290	其他氟化铝	5.5	0	0	0	0	0	0	0	0	0	0		0	0		0	0	0			
28261910	铵的氟化物	5.5	0	0	0	0	0	0	0	0	0	0		0	0		0	0	0			
28261920	钠的氟化物	5.5	0	0	0	0	0	0	0	0	0	0		0	0		0	0	0			
28261990	其他氟化物	5.5	0	0	0	0	0	0	0	0	0	0		0	5		0	0	0			
28263000	六氟铝酸钠（人造冰晶石）	5.5	0	0	0	0	0	0	0	0	0	0		0	0		0	0	0			
28269010	氟硅酸盐	5.5	0	0	0	0	0	0	0	0	0	0		0	5		0	0	0	0		
28269090	氟铝酸盐及其他氟络盐	5.5	0	0	0	0	0	0	0	0	0	0		0	5		0	0	0			

税则号列	商品描述	最惠国税率(%)	协定税率(%)																			
			东盟										亚太	智利	巴基斯坦	新加坡	新西兰	秘鲁	哥斯达黎加	香港	澳门	台湾
			文莱	柬埔寨	印尼	老挝	马来西亚	缅甸	菲律宾	新加坡	泰国	越南										
28271010	肥料用氯化铵	4	0	0	0	0	0	0	0	0	0	0		0	0		0	0	0			
28271090	非肥料用氯化铵	5.5	0	0	0	0	0	0	0	0	0	0		0	5		0	0	0			
28272000	氯化钙	5.5	0	0	0	0	0	0	0	0	0	0		0	5		0	0	0			
28273100	氯化镁	5.5	0	0	0	0	0	0	0	0	0	0		0	5		0	0	0			
28273200	氯化铝	5.5	0	0	0	0	0	0	0	0	0	0		0	5		0	0	0			
28273500	氯化镍	5.5	0	0	0	0	0	0	0	0	0	0		0	5		0	0	0			
28273910	氯化锂	5.5	0	0	0	0	0	0	0	0	0	0	4.4	1.7	0		0		0			
28273920	氯化钡	5.5	0	0	0	0	0	0	0	0	0	0	4.4	1.7	0		0		0			
28273930	氯化钴	5.5	0	0	0	0	0	0	0	0	0	0	4.4	1.7	0		0	0	0			
28273990	其他未列名氯化物	5.5	0	0	0	0	0	0	0	0	0	0	4.4	1.7	0		0		0			
28274100	铜的氯氧化物及氢氧基氯化物	5.5	0	0	0	0	0	0	0	0	0	0		1.7	0		0	3.8	0			
28274910	锆的氯氧化物及氢氧基氯化物	5.5	0	0	0	0	0	0	0	0	0	0		0	5		0	0	0			
28274990	其他氯氧化物及氢氧基氯化物	5.5	0	0	0	0	0	0	0	0	0	0		0	5		0	0	0			
28275100	溴化钠及溴化钾	5.5	0	0	0	0	0	0	0	0	0	0		0	0		0	0	0			
28275900	其他溴化物及溴氧化物	5.5	0	0	0	0	0	0	0	0	0	0		0	5		0	0	0			
28276000	碘化物及碘氧化物	5.5	0	0	0	0	0	0	0	0	0	0		1.7	5		0		0			
28281000	商品次氯酸钙及其他钙的次氯酸盐	12	0	0	0	0	0	0	0	0	0	0	8.4	0	5	0	0	4.8	7.2			
28289000	次氯酸盐;亚氯酸盐及次溴酸盐	5.5	0	0	0	0	0	0	0	0	0	0		0	5		0	0	0			
28291100	氯酸钠	12	0	0	0	0	0	0	0	0	0	0		0	6	0	0	4.8	7.2			
28291910	氯酸钾(洋硝)	5.5	0	0	0	0	0	0	0	0	0	0		0	0		0	0	0			
28291990	其他氯酸盐	5.5	0	0	0	0	0	0	0	0	0	0		0	0		0	0	0			
28299000	高氯酸盐;溴酸盐及过溴酸盐;碘酸盐及高碘酸盐	5.5	0	0	0	0	0	0	0	0	0	0		1.7	5		0	0	0			
28301010	硫化钠	5.5	0	0	0	0	0	0	0	0	0	0		1.7	5		0	0	0			
28301090	其他钠的硫化物	5.5	0	0	0	0	0	0	0	0	0	0		1.7	0		0	0	0			
28309020	硫化锑	5.5	0	0	0	0	0	0	0	0	0	0		0	0		0	0	0			
28309030	硫化钴	5.5	0	0	0	0	0	0	0	0	0	0		0	0		0	0	0			
28309090	其他硫化物、多硫化物	5.5	0	0	0	0	0	0	0	0	0	0		0	5		0	0	0			
28311010	钠的连二硫酸盐	5.5	0	0	0	0	0	0	0	0	0	0		0	5		0	0	0			
28311020	钠的次硫酸盐	5.5	0	0	0	0	0	0	0	0	0	0		0	5		0	0	0			

税则号列	商品描述	最惠国税率（%）	协定税率（%）																			
			东盟										亚太	智利	巴基斯坦	新加坡	新西兰	秘鲁	哥斯达黎加	香港	澳门	台湾
			文莱	柬埔寨	印尼	老挝	马来西亚	缅甸	菲律宾	新加坡	泰国	越南										
28319000	其他连二亚硫酸盐及次硫酸盐	5.5	0	0	0	0	0	0	0	0	0	0		0	5		0	0	0			
28321000	钠的亚硫酸盐	5.5	0	0	0	0	0	0	0	0	0	0		1.7	5		0	0	0			
28322000	其他亚硫酸盐	5.5	0	0	0	0	0	0	0	0	0	0		0	0		0	0	0			
28323000	硫代硫酸盐	5.5	0	0	0	0	0	0	0	0	0	0		0	5		0	0	0			
28331100	硫酸钠	5.5	0	0	0	0	0	0	0	0	0	0		1.7	5		0	0	0			
28331900	钠的其他硫酸盐	5.5	0	0	0	0	0	0	0	0	0	0		0	5		0	0	0			
28332100	硫酸镁	5.5	0	0	0	0	0	0	0	0	0	0		1.7	5		0	0	0			
28332200	硫酸铝	5.5	0	0	0	0	0	0	0	0	0	0		1.7	5		0	0	0			
28332400	镍的硫酸盐	5.5	0	0	0	0	0	0	0	0	0	0		0	5		0	0	0			
28332500	铜的硫酸盐	5.5	0	0	0	0	0	0	0	0	0	0		1.7	5		0	0	0			
28332700	硫酸钡	5.5	0	0	0	0	0	0	0	0	0	0		0	5		0	0	0			
28332910	硫酸亚铁	5.5	0	0	0	0	0	0	0	0	0	0		0	5		0	0	0			
28332920	铬的硫酸盐	5.5	0	0	0	0	0	0	0	0	0	0		0	0		0	0	0			
28332930	硫酸锌	5.5	0	0	0	0	0	0	0	0	0	0		0	5		0	0	0			
28332990	其他硫酸盐	5.5	0	0	0	0	0	0	0	0	0	0		0	5		0	0	0			
28333010	钾铝矾	5.5	0	0	0	0	0	0	0	0	0	0		0	0		0	0	0			
28333090	其他矾	5.5	0	0	0	0	0	0	0	0	0	0		0	0		0	0	0			
28334000	过硫酸盐	5.5	0	0	0	0	0	0	0	0	0	0		0	5		0	0	0			
28341000	亚硝酸盐	5.5	0	0	0	0	0	0	0	0	0	0		0	5		0	0	0			
28342110	肥料用硝酸钾	4	0	0	0	0	0	0	0	0	0	0		1.2	0		0	0	0			
28342190	非肥料用硝酸钾	5.5	0	0	0	0	0	0	0	0	0	0		1.7	5		0	0	0			
28342910	硝酸钴	5.5	0	0	0	0	0	0	0	0	0	0		0	0		0	0	0			
28342990	其他硝酸盐	5.5	0	0	0	0	0	0	0	0	0	0		0	5		0	0	0			
28351000	次磷酸盐及亚磷酸盐	5.5	0	0	0	0	0	0	0	0	0	0		0	5		0	0	0			
28352200	磷酸一钠及磷酸二钠	5.5	0	0	0	0	0	0	0	0	0	0		0	5		0	0	0			
28352400	钾的磷酸盐	5.5	0	0	0	0	0	0	0	0	0	0		0	5		0	0	0			
28352510	饲料级的正磷酸氢钙（磷酸二钙）	5.5	0	0	0	0	0	0	0	0	0	0		0	5		0	0	0			
28352520	食品级的正磷酸氢钙（磷酸二钙）	5.5	0	0	0	0	0	0	0	0	0	0		0	5		0	0	0			
28352590	其他正磷酸氢钙（磷酸二钙）	5.5	0	0	0	0	0	0	0	0	0	0		0	5		0	0	0			
28352600	其他磷酸钙	5.5	0	0	0	0	0	0	0	0	0	0		0	5		0	0	0			

税则号列	商品描述	最惠国税率(%)	协定税率(%)																			
			东盟										亚太	智利	巴基斯坦	新加坡	新西兰	秘鲁	哥斯达黎加	香港	澳门	台湾
			文莱	柬埔寨	印尼	老挝	马来西亚	缅甸	菲律宾	新加坡	泰国	越南										
28352910	磷酸三钠	5.5	0	0	0	0	0	0	0	0	0	0		0	5		0	0	0			
28352990	其他磷酸盐	5.5	0	0	0	0	0	0	0	0	0	0		0	5		0	0	0			
28353110	食品级的三磷酸钠(三聚磷酸钠)	5.5	0	0	0	0	0	0	0	0	0	0		0	5		0	0	0			
28353190	其他三磷酸钠(三聚磷酸钠)	5.5	0	0	0	0	0	0	0	0	0	0		0	5		0	0	0			
28353911	食品级的六偏磷酸钠	5.5	0	0	0	0	0	0	0	0	0	0		0	5		0	0	0			
28353919	其他六偏磷酸钠	5.5	0	0	0	0	0	0	0	0	0	0		0	5		0	0	0			
28353990	其他多磷酸盐	5.5	0	0	0	0	0	0	0	0	0	0		0	5		0	0	0			
28362000	碳酸钠(纯碱)	5.5	0	0	0	0	0	0	0	0	0	0		0	5		0	0	0			
28363000	碳酸氢钠(小苏打)	5.5	0	0	0	0	0	0	0	0	0	0		0	5		0	0	0			
28364000	钾的碳酸盐	5.5	0	0	0	0	0	0	0	0	0	0		0	5		0	0	0			
28365000	碳酸钙	5.5	0	0	0	0	0	0	0	0	0	0		0	5		0	0	0			
28366000	碳酸钡	5.5	0	0	0	0	0	0	0	0	0	0		0	5		0	0	0			
28369100	锂的碳酸盐	5.5	0	0	0	0	0	0	0	0	0	0		1.7	5		0		0			
28369200	锶的碳酸盐	5.5	0	0	0	0	0	0	0	0	0	0		0	5		0	0	0			
28369910	碳酸镁	5.5	0	0	0	0	0	0	0	0	0	0		1.7	5		0	0	0			
28369930	碳酸钴	5.5	0	0	0	0	0	0	0	0	0	0		1.7	5		0	2.2	0			
28369940	商品碳酸铵及其他铵的碳酸盐	5.5	0	0	0	0	0	0	0	0	0	0		0	0		0	0	0			
28369950	碳酸锆	5.5	0	0	0	0	0	0	0	0	0	0		0	5		0	2.2	0			
28369990	其他碳酸盐;过碳酸盐	5.5	0	0	0	0	0	0	0	0	0	0		0	5		0	2.2	0		0	
28371110	氰化钠	5.5	0	0	0	0	0	0	0	0	0	0		1.7	0		0	0	0			
28371120	氧氰化钠	5.5	0	0	0	0	0	0	0	0	0	0	5	1.7	0		0	0	0			
28371910	氰化钾	5.5	0	0	0	0	0	0	0	0	0	0		0	0		0	0	0			
28371990	其他氰化物及氧氰化物	5.5	0	0	0	0	0	0	0	0	0	0		0	0		0	0	0			
28372000	氰络合物	5.5	0	0	0	0	0	0	0	0	0	0		0	0		0	0	0			
28391100	偏硅酸钠	5.5	0	0	0	0	0	0	0	0	0	0		0	5		0	0	0			
28391910	硅酸钠	5.5	0	0	0	0	0	0	0	0	0	0		0	5		0	0	0			
28391990	其他钠的硅酸盐;商品硅酸钠	5.5	0	0	0	0	0	0	0	0	0	0		0	5		0	0	0			
28399000	其他硅酸盐;商品碱金属硅酸盐	5.5	0	0	0	0	0	0	0	0	0	0		0	5		0	0	0			
28401100	无水四硼酸钠	5.5	0	0	0	0	0	0	0	0	0	0		0	0		0	0	0			
28401900	其他四硼酸钠	5.5	0	0	0	0	0	0	0	0	0	0		1.7	0		0	0	0			

税则号列	商品描述	最惠国税率(%)	协定税率(%)																			
			东盟																			
			文莱	柬埔寨	印尼	老挝	马来西亚	缅甸	菲律宾	新加坡	泰国	越南	亚太	智利	巴基斯坦	新加坡	新西兰	秘鲁	哥斯达黎加	香港	澳门	台湾
28402000	其他硼酸盐	5.5	0	0	0	0	0	0	0	0	0	0		0	0		0	2.2	0			
28403000	过硼酸盐	5.5	0	0	0	0	0	0	0	0	0	0		0	0		0	0	0			
28413000	重铬酸钠	5.5	0	0	0	0	0	0	0	0	0	0		0	0		0	0	0			
28415000	其他铬酸盐及重铬酸盐;过铬酸盐	5.5	0	0	0	0	0	0	0	0	0	0		0	5		0	0	0			
28416100	高锰酸钾	5.5	0	0	0	0	0	0	0	0	0	0		0	5		0	0	0			
28416910	锰酸锂	5.5	0	0	0	0	0	0	0	0	0	0		0	0		0	0	0			
28416990	其他亚锰酸盐、锰酸盐及高锰酸盐	5.5	0	0	0	0	0	0	0	0	0	0		0	0		0	0	0			
28417010	钼酸铵	5.5	0	0	0	0	0	0	0	0	0	0		1.7	5		0	0	0			
28417090	其他钼酸盐	5.5	0	0	0	0	0	0	0	0	0	0		1.7	5		0	0	0			
28418010	仲钨酸铵	5.5	0	0	0	0	0	0	0	0	0	0		0	0		0	0	0			
28418020	钨酸钠	5.5	0	0	0	0	0	0	0	0	0	0		0	0		0	0	0			
28418030	钨酸钙	5.5	0	0	0	0	0	0	0	0	0	0		0	0		0	0	0			
28418040	偏钨酸铵	5.5	0	0	0	0	0	0	0	0	0	0		0	0		0	0	0			
28418090	其他钨酸盐	5.5	0	0	0	0	0	0	0	0	0	0		0	0		0	0	0			
28419000	其他金属酸盐及过金属酸盐	5.5	0	0	0	0	0	0	0	0	0	0		0	5		0	0	0			
28421000	硅酸复盐及硅酸络盐(包括不论是否已有化学定义的硅铝酸盐)	5.5	0	0	0	0	0	0	0	0	0	0		0	5		0	0	0	0		
28429011	硫氰酸钠	5.5	0	0	0	0	0	0	0	0	0	0		0	5		0	0	0			
28429019	其他雷酸盐、氰酸盐及硫氰酸盐	5.5	0	0	0	0	0	0	0	0	0	0		0	5		0	0	0			
28429020	碲化镉	5.5	0	0	0	0	0	0	0	0	0	0		0	5		0	0	0			
28429030	锂镍钴锰氧化物	5.5	0	0	0	0	0	0	0	0	0	0		0	5		0	0	0			
28429040	磷酸铁锂	5.5	0	0	0	0	0	0	0	0	0	0		0	5		0	0	0			
28429090	其他无机酸盐及过氧酸盐,叠氮化物除外	5.5	0	0	0	0	0	0	0	0	0	0		0	5		0	0	0			
28431000	胶态贵金属	5.5	0	0	0	0	0	0	0	0	0	0		0	0		0	0	0			
28432100	硝酸银	5.5	0	0	0	0	0	0	0	0	0	0		0	0		0	0	0	0		
28432900	其他银化合物,不论是否已有化学定义	5.5	0	0	0	0	0	0	0	0	0	0		0	0		0	0	0	0		
28433000	金化合物,不论是否已有化学定义	5.5	0	0	0	0	0	0	0	0	0	0		0	0		0	0	0	0		
28439000	其他贵金属化合物,不论是否已有化学定义;贵金属汞齐	5.5	0	0	0	0	0	0	0	0	0	0		1.7	5		0	0	0	0		

税则号列	商品描述	最惠国税率(%)	协定税率(%)																			
			东盟										亚太	智利	巴基斯坦	新加坡	新西兰	秘鲁	哥斯达黎加	香港	澳门	台湾
			文莱	柬埔寨	印尼	老挝	马来西亚	缅甸	菲律宾	新加坡	泰国	越南										
28441000	天然铀及其化合物(包括其合金,分散体,陶瓷产品及混合物)	5.5	0	0	0	0	0	0	0	0	0	0		0	0		0	0	0			
28442000	U235浓缩铀、钚及它们的化合物(包括其合金、分散体、陶瓷产品及混合物)	5.5	0	0	0	0	0	0	0	0	0	0		0	0		0	0	0			
28443000	U235贫化铀、钍及它们的化合物(包括其合金、分散体、陶瓷产品及混合物)	5.5	0	0	0	0	0	0	0	0	0	0		0	0		0	0	0			
28444010	镭及镭盐(包括其合金、分散体、陶瓷产品及混合物)	4	0	0	0	0	0	0	0	0	0	0		0	0		0	0	0			
28444020	放射性钴及放射性钴盐(包括其合金、分散体、陶瓷产品及混合物)	4	0	0	0	0	0	0	0	0	0	0		0	0		0	0	0			
28444090	其他放射性元素同位素及其化合物(包括其合金、分散体、陶瓷产品及混合物);放射性残渣	5.5	0	0	0	0	0	0	0	0	0	0		0	0		0	0	0			
28445000	核反应堆已耗尽的燃料元件	5.5	0	0	0	0	0	0	0	0	0	0		0	0		0	0	0			
28451000	重水(氧化氘)	5.5	0	0	0	0	0	0	0	0	0	0		0	0		0	0	0			
28459000	其他同位素及其化合物,不论是否已有化学定义	5.5	0	0	0	0	0	0	0	0	0	0		0	0		0	0	0			
28461010	氧化铈	5.5	0	0	0	0	0	0	0	0	0	0	3.9	0	0		0	0	0			
28461020	氢氧化铈	5.5	0	0	0	0	0	0	0	0	0	0	3.9	0	0		0	0	0			
28461030	碳酸铈	5.5	0	0	0	0	0	0	0	0	0	0	3.9	0	0		0	0	0			
28461090	铈的其他化合物	5.5	0	0	0	0	0	0	0	0	0	0	3.9	0	0		0	0	0			
28469011	氧化钇	5.5	0	0	0	0	0	0	0	0	0	0		0	0		0	0	0			
28469012	氧化镧	5.5	0	0	0	0	0	0	0	0	0	0		0	0		0	0	0			
28469013	氧化钕	5.5	0	0	0	0	0	0	0	0	0	0		0	0		0	0	0			
28469014	氧化铕	5.5	0	0	0	0	0	0	0	0	0	0		0	0		0	0	0			
28469015	氧化镝	5.5	0	0	0	0	0	0	0	0	0	0		0	0		0	0	0			
28469016	氧化铽	5.5	0	0	0	0	0	0	0	0	0	0		0	0		0	0	0			
28469017	氧化镨	5.5	0	0	0	0	0	0	0	0	0	0		0	0		0	0	0			
28469019	其他氧化稀土	5.5	0	0	0	0	0	0	0	0	0	0		0	0		0	0	0			
28469021	氯化铽	5.5	0	0	0	0	0	0	0	0	0	0		0	0		0	0	0			
28469022	氯化镝	5.5	0	0	0	0	0	0	0	0	0	0		0	0		0	0	0			

税则号列	商品描述	最惠国税率(%)	协定税率(%) 东盟 文莱	柬埔寨	印尼	老挝	马来西亚	缅甸	菲律宾	新加坡	泰国	越南	亚太	智利	巴基斯坦	新加坡	新西兰	秘鲁	哥斯达黎加	香港	澳门	台湾
28469023	氯化镧	5.5	0	0	0	0	0	0	0	0	0	0		0	0		0	0	0			
28469024	氯化钕	5.5	0	0	0	0	0	0	0	0	0	0		0	0		0	0	0			
28469025	氯化镨	5.5	0	0	0	0	0	0	0	0	0	0		0	0		0	0	0			
28469026	氯化钇	5.5	0	0	0	0	0	0	0	0	0	0		0	0		0	0	0			
28469028	混合氯化稀土	5.5	0	0	0	0	0	0	0	0	0	0		0	0		0	0	0			
28469029	未混合氯化稀土	5.5	0	0	0	0	0	0	0	0	0	0		0	0		0	0	0			
28469031	氟化铽	5.5	0	0	0	0	0	0	0	0	0	0		0	0		0	0	0			
28469032	氟化镝	5.5	0	0	0	0	0	0	0	0	0	0		0	0		0	0	0			
28469033	氟化镧	5.5	0	0	0	0	0	0	0	0	0	0		0	0		0	0	0			
28469034	氟化钕	5.5	0	0	0	0	0	0	0	0	0	0		0	0		0	0	0			
28469035	氟化镨	5.5	0	0	0	0	0	0	0	0	0	0		0	0		0	0	0			
28469036	氟化钇	5.5	0	0	0	0	0	0	0	0	0	0		0	0		0	0	0			
28469039	其他氟化稀土	5.5	0	0	0	0	0	0	0	0	0	0		0	0		0	0	0			
28469041	碳酸镧	5.5	0	0	0	0	0	0	0	0	0	0		0	0		0	0	0			
28469042	碳酸铽	5.5	0	0	0	0	0	0	0	0	0	0		0	0		0	0	0			
28469043	碳酸镝	5.5	0	0	0	0	0	0	0	0	0	0		0	0		0	0	0			
28469044	碳酸钕	5.5	0	0	0	0	0	0	0	0	0	0		0	0		0	0	0			
28469045	碳酸镨	5.5	0	0	0	0	0	0	0	0	0	0		0	0		0	0	0			
28469046	碳酸钇	5.5	0	0	0	0	0	0	0	0	0	0		0	0		0	0	0			
28469048	混合碳酸稀土	5.5	0	0	0	0	0	0	0	0	0	0		0	0		0	0	0			
28469049	未混合碳酸稀土	5.5	0	0	0	0	0	0	0	0	0	0		0	0		0	0	0			
28469091	镧的其他化合物	5.5	0	0	0	0	0	0	0	0	0	0		0	0		0	0	0			
28469092	钕的其他化合物	5.5	0	0	0	0	0	0	0	0	0	0		0	0		0	0	0			
28469093	铽的其他化合物	5.5	0	0	0	0	0	0	0	0	0	0		0	0		0	0	0			
28469094	镝的其他化合物	5.5	0	0	0	0	0	0	0	0	0	0		0	0		0	0	0			
28469095	镨的其他化合物	5.5	0	0	0	0	0	0	0	0	0	0		0	0		0	0	0			
28469096	钇的其他化合物	5.5	0	0	0	0	0	0	0	0	0	0		0	0		0	0	0			
28469099	稀土金属、钇、钪的其他化合物	5.5	0	0	0	0	0	0	0	0	0	0		0	0		0	0	0			
28470000	过氧化氢(不论是否用尿素固化)	5.5	0	0	0	0	0	0	0	0	0	0		0	5		0	0	0			

税则号列	商品描述	最惠国税率(%)	协定税率(%)																			
			东盟										亚太	智利	巴基斯坦	新加坡	新西兰	秘鲁	哥斯达黎加	香港	澳门	台湾
			文莱	柬埔寨	印尼	老挝	马来西亚	缅甸	菲律宾	新加坡	泰国	越南										
28480000	磷化物，不论是否已有化学定义，但不包括磷铁	5.5	0	0	0	0	0	0	0	0	0	0		1.7	0		0	0	0			
28491000	碳化钙，不论是否已有化学定义	5.5	0	0	0	0	0	0	0	0	0	0		0	0		0	0	0			
28492000	碳化硅，不论是否已有化学定义	5.5	0	0	0	0	0	0	0	0	0	0		0	5		0	0	0			
28499010	碳化硼，不论是否已有化学定义	5.5	0	0	0	0	0	0	0	0	0	0		0	0		0	0	0			
28499020	碳化钨，不论是否已有化学定义	5.5	0	0	0	0	0	0	0	0	0	0		0	0		0	0	0			
28499090	其他碳化物，不论是否已有化学定义	5.5	0	0	0	0	0	0	0	0	0	0		0	0		0	0	0			
28500011	氮化锰	5.5	0	0	0	0	0	0	0	0	0	0	3.9	0	0		0	0	0	0		
28500019	其他氮化物	5.5	0	0	0	0	0	0	0	0	0	0	3.9	0	0		0	0	0	0		
28500090	氢化物、叠氮化物、硅化物及硼化物，不论是否已有化学定义，但可归入品目28.49的碳化物除外	5.5	0	0	0	0	0	0	0	0	0	0	3.9	0	0		0	0	0	0		
28521000	汞的有机或无机化合物，汞齐除外	5.5	0	0	0	0	0	0	0	0	0	0		0	0		0	0	0	0		
28529000	无化学定义的汞化合物	5.5	0	0	0	0	0	0	0	0	0	0		0	5		0	0	0			
28530010	饮用蒸馏水	5.5	0	0	0	0	0	0	0	0	0	0		1.7	0		0	0	0	0	0	
28530020	氯化氰	5.5	0	0	0	0	0	0	0	0	0	0		1.7	0		0	0	0			
28530030	镍钴锰氢氧化物	6.5	0	0	0	0	0	0	0	0	0	0		2	5		0	0	0	0	0	
28530090	其他无机化合物、液态空气、压缩空气、汞齐，但贵金属汞齐除外	5.5	0	0	0	0	0	0	0	0	0	0		1.7	5		0	0	0	0	0	
29011000	饱和无环烃	2	0	0	0	0	0	0	0	0	0	0		0	0		0	0	0	0		
29012100	乙烯	2	0	0	0	0	0	0	0	0	0	0		0	0		0	0	0			
29012200	丙烯	2	0	0	0	0	0	0	0	0	0	0		0	0		0	0	0			0
29012310	1 - 丁烯	2	0	0	0	0	0	0	0	0	0	0		0	0		0	0	0			
29012320	2 - 丁烯	2	0	0	0	0	0	0	0	0	0	0		0	0		0	0	0			
29012330	2 - 甲基丙稀	2	0	0	0	0	0	0	0	0	0	0		0	0		0	0	0			
29012410	1,3 - 丁二烯	2	0	0	0	0	0	0	0	0	0	0		0	0		0	0	0			0
29012420	异戊二烯	2	0	0	0	0	0	0	0	0	0	0		0	0		0	0	0			0
29012910	异戊烯	2	0	0	0	0	0	0	0	0	0	0		0	0		0	0	0			
29012920	乙炔	2	0	0	0	0	0	0	0	0	0	0		0	0		0	0	0			
29012990	其他不饱和无环烃	2	0	0	0	0	0	0	0	0	0	0		0	0		0	0	0			
29021100	环已烷	2	0	0	0	0	0	0	0	0	0	0		0	0		0	0	0			

税则号列	商品描述	最惠国税率(%)	协定税率(%)																			
			东盟										亚太	智利	巴基斯坦	新加坡	新西兰	秘鲁	哥斯达黎加	香港	澳门	台湾
			文莱	柬埔寨	印尼	老挝	马来西亚	缅甸	菲律宾	新加坡	泰国	越南										
29021910	蒎烯	2	0	0	0	0	0	0	0	0	0	0		0	0		0	0	0			
29021920	4－烷基－4'－烷基双环己烷	2	0	0	0	0	0	0	0	0	0	0		0	0		0	0	0			
29021990	其他环烷烃、环烯及环萜烯	2	0	0	0	0	0	0	0	0	0	0		0	0		0	0	0			
29022000	苯	2	0	0	0	0	0	0	0	0	0	0		0	0		0	0	0			
29023000	甲苯	2	0	0	0	0	0	0	0	0	0	0		0	0		0	0	0			
29024100	邻二甲苯	2	0	0	0	0	0	0	0	0	0	0		0	0		0	0	0			0
29024200	间二甲苯	2	0	0	0	0	0	0	0	0	0	0		0	0		0	0	0			0
29024300	对二甲苯	2	0	0	0	0	0	0	0	0	0	0		0	0		0	0	0			0
29024400	混合二甲苯异构体	2	0	0	0	0	0	0	0	0	0	0		0	0		0	0	0			0
29025000	苯乙烯	2											1.4	0	0		0	0	0			
29026000	乙苯	2	0	0	0	0	0	0	0	0	0	0		0	0		0	0	0			
29027000	异丙基苯	2	0	0	0	0	0	0	0	0	0	0		0	0		0	0	0			
29029010	四氢萘	2	0	0	0	0	0	0	0	0	0	0		0	0		0	0	0			
29029020	精萘	2	0	0	0	0	0	0	0	0	0	0		0	0		0	0	0			
29029030	十二烷基苯	2	0	0	0	0	0	0	0	0	0	0		0	0		0	0	0			0
29029040	4－(4'－烷基环己基)环己基乙烯	2	0	0	0	0	0	0	0	0	0	0		0	0		0	0	0			
29029090	其他芳香烃	2	0	0	0	0	0	0	0	0	0	0		0	0		0	0	0			
29031100	一氯甲烷及氯乙烷	5.5	0	0	0	0	0	0	0	0	0	0		0	0		0	0	0			
29031200	二氯甲烷	8	0	0	0	0	0	0	0	0	0	0		0	5		0	0	0	0		
29031300	氯仿(三氯甲烷)	10	0	0	0	0	0	0	0	0	0	0	9	0	5		0	0	0			0
29031400	四氯化碳	8	0	0	0	0	0	0	0	0	0	0		0	5		0	0	0			
29031500	1,2－二氯乙烷(ISO)	5.5												0			0		0			
29031910	1,1,1－三氯乙烷(甲基氯仿)	8	0	0	0	0	0	0	0	0	0	0		0	5		0	0	0			
29031990	其他无环烃的饱和氯化衍生物	5.5	0	0	0	0	0	0	0	0	0	0		0	5		0	0	0			
29032100	氯乙烯	5.5	0	0	0	0	0	0	0	0	0	0	3.9	0	0		0	0	0			0
29032200	三氯乙烯	8	0	0	0	0	0	0	0	0	0	0		0	5		0	0	0			
29032300	四氯乙烯	5.5	0	0	0	0	0	0	0	0	0	0		0	0		0	0	0			
29032910	3－氯－1－丙稀(氯丙稀)	5.5	0	0	0	0	0	0	0	0	0	0		0	0		0	0	0			
29032990	其他无环烃的不饱和氯化衍生物	5.5	0	0	0	0	0	0	0	0	0	0		0	0		0	0	0			
29033100	1,2－二溴乙烷(ISO)	5.5	0	0	0	0	0	0	0	0	0	0		0	5		0	0	0	0		

税则号列	商品描述	最惠国税率(%)	协定税率(%)																			
			东盟																			
			文莱	柬埔寨	印尼	老挝	马来西亚	缅甸	菲律宾	新加坡	泰国	越南	亚太	智利	巴基斯坦	新加坡	新西兰	秘鲁	哥斯达黎加	香港	澳门	台湾
29033910	全氟异丁烯(八氟异丁烯)	5.5	0	0	0	0	0	0	0	0	0	0		0	0		0	0	0			
29033990	其他无环烃的氟化、溴化或碘化衍生物	5.5	0	0	0	0	0	0	0	0	0	0		0	5		0	0	0	0		
29037100	一氯二氟甲烷	5.5	0	0	0	0	0	0	0	0	0	0		0	5		0	0	0			
29037200	二氯三氟乙烷	5.5	0	0	0	0	0	0	0	0	0	0		0	5		0	0	0			
29037300	二氯一氟乙烷	5.5	0	0	0	0	0	0	0	0	0	0		0	5		0	0	0			
29037400	一氯二氟乙烷	5.5	0	0	0	0	0	0	0	0	0	0		0	5		0	0	0			
29037500	二氯五氟丙烷	5.5	0	0	0	0	0	0	0	0	0	0		0	5		0	0	0			
29037600	溴氯二氟甲烷、溴三氟甲烷及二溴四氟乙烷	5.5	0	0	0	0	0	0	0	0	0	0		0	0		0	0	0			
29037710	三氯氟甲烷	5.5	0	0	0	0	0	0	0	0	0	0		0	5		0	0	0			
29037720	其他仅含氟和氯的甲烷、乙烷及丙烷的全卤化物	5.5	0	0	0	0	0	0	0	0	0	0		0	0		0	0	0			
29037790	其他仅含氟氯的无环烃全卤化衍生物	5.5	0	0	0	0	0	0	0	0	0	0		0	5		0	0	0			
29037800	其他无环烃全卤化衍生物	5.5	0	0	0	0	0	0	0	0	0	0		0	0		0	0	0			
29037910	其他仅含氟和氯的甲烷、乙烷及丙烷的卤化衍生物	5.5	0	0	0	0	0	0	0	0	0	0		0	5		0	0	0			
29037990	其他含有两种或两种以上不同卤素的无环烃卤化衍生物	5.5	0	0	0	0	0	0	0	0	0	0		0	0		0	0	0			
29038100	1,2,3,4,5,6－六氯环己烷[六六六(ISO)],包括林丹(ISO,INN)	5.5	0	0	0	0	0	0	0	0	0	0		0	0		0	0	0			
29038200	艾氏剂(ISO)、氯丹(ISO)及七氯(ISO)	5.5	0	0	0	0	0	0	0	0	0	0		0	0		0	0	0			
29038900	其他环烷烃或环烯烃等卤化衍生物	5.5	0	0	0	0	0	0	0	0	0	0		0	0		0	0	0			
29039110	邻二氯苯	5.5	0	0	0	0	0	0	0	0	0	0		0	0		0	0	0			
29039190	氯苯及对二氯苯	5.5	0	0	0	0	0	0	0	0	0	0		0	5		0	0	0			
29039200	六氯苯(ISO)及滴滴涕(ISO,INN)	5.5	0	0	0	0	0	0	0	0	0	0		0	0		0	0	0			
29039910	对氯甲苯	5.5	0	0	0	0	0	0	0	0	0	0		0	0		0	0	0			
29039920	3,4－二氯三氟甲苯	5.5	0	0	0	0	0	0	0	0	0	0		0	0		0	0	0			
29039930	4－(4'－烷基苯基)－1－(4'－烷基苯基)－2－氟苯	5.5	0	0	0	0	0	0	0	0	0	0		0	5		0	0	0			
29039990	其他芳烃卤化衍生物	5.5	0	0	0	0	0	0	0	0	0	0		0	5		0	0	0			
29041000	仅含磺基的衍生物及其盐和乙酯	5.5	0	0	0	0	0	0	0	0	0	0		0	5		0	0	0	0		

税则号列	商品描述	最惠国税率(%)	协定税率(%)																			
			东盟										亚太	智利	巴基斯坦	新加坡	新西兰	秘鲁	哥斯达黎加	香港	澳门	台湾
			文莱	柬埔寨	印尼	老挝	马来西亚	缅甸	菲律宾	新加坡	泰国	越南										
29042010	硝基苯	5.5	0	0	0	0	0	0	0	0	0	0		1.7	0		0	0	0			
29042020	硝基甲苯	5.5	0	0	0	0	0	0	0	0	0	0		1.7	0		0	0	0			
29042030	二硝基甲苯	5.5	0	0	0	0	0	0	0	0	0	0		1.7	0		0	0	0			
29042040	三硝基甲苯(TNT)	5.5	0	0	0	0	0	0	0	0	0	0		1.7	0		0	0	0			
29042090	其他仅含硝基或亚硝基衍生物	5.5	0	0	0	0	0	0	0	0	0	0		1.7	5		0	0	0			
29049011	邻硝基氯化苯	5.5	0	0	0	0	0	0	0	0	0	0		0	0		0	0	0			
29049012	间硝基氯化苯	5.5	0	0	0	0	0	0	0	0	0	0		0	0		0	0	0			
29049013	对硝基氯化苯	5.5	0	0	0	0	0	0	0	0	0	0		0	0		0	0	0			
29049020	二硝基氯化苯	5.5	0	0	0	0	0	0	0	0	0	0		0	0		0	0	0			
29049030	三氯硝基甲烷(氯化苦;硝基氯仿)	5.5	0	0	0	0	0	0	0	0	0	0		0	0		0	0	0			
29049090	其他烃的磺化、硝化、亚硝化衍生物,不论是否卤化	5.5	0	0	0	0	0	0	0	0	0	0		0	5		0	0	0			
29051100	甲醇	5.5	0	0	0	0	0	0	0	0	0	0		1.7	0		0		0	0		
29051210	丙醇	5.5	0	0	0	0	0	0	0	0	0	0		1.7	0		0	0	0			
29051220	异丙醇	5.5	0	0	0	0	0	0	0	0	0	0		1.7	0		0	0	0			0
29051300	正丁醇	5.5	0	0	0	0	0	0	0	0	0	0		0	0		0	0	0			0
29051410	异丁醇	5.5	0	0	0	0	0	0	0	0	0	0		0	0		0	0	0			0
29051420	仲丁醇	5.5	0	0	0	0	0	0	0	0	0	0		0	0		0	0	0			
29051430	叔丁醇	5.5	0	0	0	0	0	0	0	0	0	0		0	0		0	0	0			
29051610	正辛醇	5.5	0	0	0	0	0	0	0	0	0	0		0	5		0		0			
29051690	其他辛醇	5.5	0	0	0	0	0	0	0	0	0	0		0	5		0		0			
29051700	十二醇、十六醇及十八醇	7	0	0	0	0	0	0	0	0	0	0		0	5		0	0	0			
29051910	3,3-二甲基丁-2-醇(频哪基醇)	5.5	0	0	0	0	0	0	0	0	0	0		1.7	0		0	0	0			
29051990	其他饱和一元醇	5.5	0	0	0	0	0	0	0	0	0	0		0	5		0	0	0			
29052210	香叶醇、橙花醇	5.5	0	0	0	0	0	0	0	0	0	0		0	0		0	0	0			
29052220	香茅醇	5.5	0	0	0	0	0	0	0	0	0	0		0	5		0	0	0			
29052230	芳樟醇	5.5	0	0	0	0	0	0	0	0	0	0		0	5		0	0	0			
29052290	其他无环萜烯醇	5.5	0	0	0	0	0	0	0	0	0	0		0	5		0	0	0			
29052900	其他不饱和一元醇(无环萜烯醇除外)	5.5	0	0	0	0	0	0	0	0	0	0		0	5		0	0	0			
29053100	1,2-乙二醇	5.5												0			0		0			

税则号列	商品描述	最惠国税率(%)	协定税率(%)																			
			东盟										亚太	智利	巴基斯坦	新加坡	新西兰	秘鲁	哥斯达黎加	香港	澳门	台湾
			文莱	柬埔寨	印尼	老挝	马来西亚	缅甸	菲律宾	新加坡	泰国	越南										
29053200	丙二醇	5.5	0	0	0	0	0	0	0	0	0	0		0	5		0	0	0			
29053910	2,5-二甲基己二醇	4	0	0	0	0	0	0	0	0	0	0		0	0		0	0	0			
29053990	其他二元醇	5.5	0	0	0	0	0	0	0	0	0	0		0	5		0	0	0			
29054100	三羟甲基丙烷	5.5	0	0	0	0	0	0	0	0	0	0		0	0		0	0	0			
29054200	季戊四醇	5.5	0	0	0	0	0	0	0	0	0	0		1.7	5		0	0	0			
29054300	甘露糖醇	8	0	0	0	0	0	0	0	0	0	0		0	5		0	0	0			
29054400	山梨醇	14	0	0	0	0	0	0	0	0	0	0		0	11.2	0	0	5.6	8.4			
29054500	丙三醇(甘油)	14	0	0	0	0	0	0	0	0	0	0	11.2	0	7	0	0	5.6	8.4		0	
29054910	木糖醇	5.5	0	0	0	0	0	0	0	0	0	0		0	5		0	0	0			
29054990	其他多元醇	5.5	0	0	0	0	0	0	0	0	0	0		0	5		0	0	0			
29055100	乙氯维诺	5.5	0	0	0	0	0	0	0	0	0	0		0	0		0	0	0			
29055900	无环醇的卤化、磺化、硝化、或亚硝化的衍生物(乙氯维诺除外)	5.5	0	0	0	0	0	0	0	0	0	0		0	5		0	0	0			
29061100	薄荷醇	5	0	0	0	0	0	0	0	0	0	0		0	0		0	0	0			
29061200	环已醇、甲基环已醇、二甲基环已醇	5.5	0	0	0	0	0	0	0	0	0	0		0	5		0	0	0			
29061310	固醇	5.5	0	0	0	0	0	0	0	0	0	0		0	0		0	0	0			
29061320	肌醇	5.5	0	0	0	0	0	0	0	0	0	0		0	5		0	0	0			
29061910	萜品醇	5.5	0	0	0	0	0	0	0	0	0	0		1.7	5		0	0	0			
29061990	其他环烷醇、环烯醇及环萜烯醇	5.5	0	0	0	0	0	0	0	0	0	0		0	5		0	0	0			
29062100	苄醇	5	0	0	0	0	0	0	0	0	0	0		0	0		0	0	0			
29062910	2-苯基乙醇	5.5	0	0	0	0	0	0	0	0	0	0		0	5		0	0	0			
29062990	其他芳香醇及它们的衍生物	5.5	0	0	0	0	0	0	0	0	0	0		0	5		0	0	0			
29071110	苯酚	5.5	0	0	0	0	0	0	0	0	0	0		0	0		0	0	0			
29071190	苯酚的盐	5.5	0	0	0	0	0	0	0	0	0	0		0	0		0	0	0			
29071211	间甲酚	5.5	0	0	0	0	0	0	0	0	0	0		0	0		0	0	0			
29071212	邻甲酚	5.5	0	0	0	0	0	0	0	0	0	0		0	0		0	0	0			
29071219	其他甲酚(对甲酚)	5.5	0	0	0	0	0	0	0	0	0	0		0	5		0	0	0			
29071290	甲酚的盐	5.5	0	0	0	0	0	0	0	0	0	0		0	0		0	0	0			
29071310	壬基酚	5.5	0	0	0	0	0	0	0	0	0	0		0	0		0	0	0			
29071390	辛基酚及其异构体的盐和壬基酚盐	5.5	0	0	0	0	0	0	0	0	0	0		0	0		0	0	0			

税则号列	商品描述	最惠国税率(%)	协定税率(%)																		
			东盟										亚太	智利	巴基斯坦	新加坡	新西兰	秘鲁	哥斯达黎加	香港	澳门	台湾
			文莱	柬埔寨	印尼	老挝	马来西亚	缅甸	菲律宾	新加坡	泰国	越南										
29071510	β-萘酚(2-萘酚)	5.5	0	0	0	0	0	0	0	0	0	0		0	0		0	0	0			
29071590	其他萘酚及其盐	5.5	0	0	0	0	0	0	0	0	0	0		0	5		0	0	0			
29071910	邻仲丁基酚、邻异丙基酚	4	0	0	0	0	0	0	0	0	0	0		0	0		0	0	0			
29071990	其他一元酚	5.5	0	0	0	0	0	0	0	0	0	0		0	5		0	0	0			
29072100	间苯二酚及其盐	5.5	0	0	0	0	0	0	0	0	0	0		0	5		0	0	0			
29072210	对苯二酚	5.5	0	0	0	0	0	0	0	0	0	0		0	5		0	0	0			
29072290	对苯二酚的盐	5.5	0	0	0	0	0	0	0	0	0	0		0	0		0	0	0			
29072300	4,4'-异亚丙基联苯酚(双酚A)及其盐	5.5	0	0	0	0	0	0	0	0	0	0		0	5		0	0	0			
29072910	邻苯二酚	4	0	0	0	0	0	0	0	0	0	0		0	0		0	0	0			
29072990	其他多元酚;酚醇	5.5	0	0	0	0	0	0	0	0	0	0		0	5		0	0	0			
29081100	五氯苯酚(ISO)	5.5	0	0	0	0	0	0	0	0	0	0		0	5		0	0	0			
29081910	对氯苯酚	4	0	0	0	0	0	0	0	0	0	0		0	0		0	0	0			
29081990	其他仅含卤素取代基的酚及酚醇衍生物及其盐	5.5	0	0	0	0	0	0	0	0	0	0		0	5		0	0	0			
29089100	地乐酚(ISO)及其盐	5.5	0	0	0	0	0	0	0	0	0	0		0	5		0	0	0			
29089200	4,6-二硝基邻甲酚[二硝酚(ISO)]及其盐	5.5	0	0	0	0	0	0	0	0	0	0		0	5		0	0	0			
29089910	对硝基酚、对硝基酚钠	5.5	0	0	0	0	0	0	0	0	0	0		0	0		0	0	0			
29089990	其他酚及酚醇的卤化、磺化、硝化或亚硝化的等衍生物	5.5	0	0	0	0	0	0	0	0	0	0		0	5		0	0	0			
29091100	乙醚	5.5	0	0	0	0	0	0	0	0	0	0		0	0		0	0	0			
29091910	甲醚	5.5	0	0	0	0	0	0	0	0	0	0		0	5		0		0			
29091990	其他无环醚及其卤化、磺化、硝化或亚硝化衍生物:	5.5	0	0	0	0	0	0	0	0	0	0		0	5		0		0			
29092081	1,8-桉树脑	5.5	0	0	0	0	0	0	0	0	0	0		0	0		0	0	0			
29092089	其他环萜烯醚	5.5	0	0	0	0	0	0	0	0	0	0		0	0		0	0	0			
29092090	环烷醚、环烯醚或环萜烯醚及其卤化、磺化、硝化或亚硝化的衍生物	5.5	0	0	0	0	0	0	0	0	0	0		0	5		0	0	0			
29093010	1-烷氧基-4-(4-乙烯基环己基)-2,3-二氟苯	5.5	0	0	0	0	0	0	0	0	0	0		0	5		0	0	0			

税则号列	商品描述	最惠国税率(%)	协定税率(%) 东盟 文莱	柬埔寨	印尼	老挝	马来西亚	缅甸	菲律宾	新加坡	泰国	越南	亚太	智利	巴基斯坦	新加坡	新西兰	秘鲁	哥斯达黎加	香港	澳门	台湾
29093090	其他芳香醚及其卤化、磺化、硝化或亚硝化衍生物	5.5	0	0	0	0	0	0	0	0	0	0		0	5		0	0	0			
29094100	2,2'-氧联二乙醇(二甘醇)	5.5	0	0	0	0	0	0	0	0	0	0		0	0		0		0			0
29094300	乙二醇或二甘醇的单丁醚	5.5	0	0	0	0	0	0	0	0	0	0		0	5		0	0	0		0	0
29094400	乙二醇或二甘醇的其他单烷基醚	5.5	0	0	0	0	0	0	0	0	0	0		0	5		0	0	0			
29094910	间苯氧基苄醇	4	0	0	0	0	0	0	0	0	0	0		1.2	0		0	0	0			
29094990	其他醚醇及其卤化、磺化、硝化或亚硝化的衍生物	5.5	0	0	0	0	0	0	0	0	0	0		1.7	5		0	0	0			
29095000	醚酚、醚醇酚及其卤化、磺化、硝化或亚硝化的衍生物	5.5	0	0	0	0	0	0	0	0	0	0		0	5		0	0	0			
29096000	过氧化醇、过氧化醚、过氧化酮及其卤化、磺化、硝化或亚硝化的衍生物	5.5	0	0	0	0	0	0	0	0	0	0		1.7	5		0	0	0			
29101000	环氧乙烷(氧化乙烯)	5.5	0	0	0	0	0	0	0	0	0	0		0	0		0	0	0			
29102000	甲基环氧乙烷(氧化丙烯)	5.5	0	0	0	0	0	0	0	0	0	0		0	0		0	0	0			
29103000	1-氯-2,3-环氧丙烷(表氯醇)	5.5	0	0	0	0	0	0	0	0	0	0		0	5		0	0	0			0
29104000	狄氏剂(ISO,INN)	5.5	0	0	0	0	0	0	0	0	0	0		0	5		0	0	0			
29109000	三节环环氧化物,环氧醇(酚、醚)及其卤化、磺化、硝化或亚硝化的衍生物	5.5	0	0	0	0	0	0	0	0	0	0		0	5		0	0	0		0	
29110000	缩醛、半缩醛,不论是否含有其他含氧基,以及其卤化、磺化、硝化或亚硝化的衍生物	5.5	0	0	0	0	0	0	0	0	0	0		0	5		0	0	0			
29121100	甲醛	5.5	0	0	0	0	0	0	0	0	0	0		1.7	0		0	0	0			
29121200	乙醛	5.5	0	0	0	0	0	0	0	0	0	0		0	0		0	0	0			
29121900	其他无环醛(不含其他含氧基)	5.5	0	0	0	0	0	0	0	0	0	0		0	5		0	0	0			
29122100	苯甲醛	5.5	0	0	0	0	0	0	0	0	0	0		0	5		0	0	0			
29122910	铃兰醛(对叔丁基-α-甲基-氧化肉桂醛)	5.5	0	0	0	0	0	0	0	0	0	0		0	5		0	0	0			
29122990	其他环醛(不含其他含氧基)	5.5	0	0	0	0	0	0	0	0	0	0		0	5		0	0	0			
29124100	香草醛(3-甲氧基-4-羟基苯甲醛)	5.5	0	0	0	0	0	0	0	0	0	0		0	5		0	0	0			
29124200	乙基香草醛	5.5	0	0	0	0	0	0	0	0	0	0		0	5		0	0	0			
29124910	醛醇	5.5	0	0	0	0	0	0	0	0	0	0		0	5		0	0	0			

税则号列	商品描述	最惠国税率（%）	协定税率（%）																			
			东盟										亚太	智利	巴基斯坦	新加坡	新西兰	秘鲁	哥斯达黎加	香港	澳门	台湾
			文莱	柬埔寨	印尼	老挝	马来西亚	缅甸	菲律宾	新加坡	泰国	越南										
29124990	其他醛醚、醛酚，其他含氧基的醛	5.5	0	0	0	0	0	0	0	0	0	0		0	5		0	0	0			
29125000	环聚醛	5.5	0	0	0	0	0	0	0	0	0	0		0	0		0	0	0			
29126000	多聚甲醛	5.5	0	0	0	0	0	0	0	0	0	0		0	5		0	0	0			
29130000	品目29.12所列产品的卤化、磺化、硝化或亚硝化的衍生物	5.5	0	0	0	0	0	0	0	0	0	0		0	5		0	0	0			
29141100	丙酮	5.5	0	0	0	0	0	0	0	0	0	0		0	0		0	0	0			
29141200	丁酮	5.5	0	0	0	0	0	0	0	0	0	0		1.7	0		0	0	0		0	
29141300	4－甲基－2－戊酮	5.5	0	0	0	0	0	0	0	0	0	0		0	0		0	0	0			
29141900	其他不含其他含氧基的无环酮	5.5	0	0	0	0	0	0	0	0	0	0		0	5		0	0	0			
29142200	环已酮及甲基环已酮	5.5	0	0	0	0	0	0	0	0	0	0		0	0		0	0	0			
29142300	芷香酮及甲基芷香酮	5.5	0	0	0	0	0	0	0	0	0	0		0	0		0	0	0			
29142910	樟脑	5.5	0	0	0	0	0	0	0	0	0	0		0	5		0	0	0			
29142990	其他不含含氧基环烷酮、环烯酮或环萜烯酮	5.5	0	0	0	0	0	0	0	0	0	0		0	5		0	0	0			
29143100	苯丙酮(苯基丙－2－酮)	5.5	0	0	0	0	0	0	0	0	0	0		0	0		0	0	0			
29143910	苯乙酮	4	0	0	0	0	0	0	0	0	0	0		0	0		0	0	0			
29143990	其他不含其他含氧基的芳香酮	5.5	0	0	0	0	0	0	0	0	0	0		0	5		0	0	0			
29144000	酮醇及酮醛	5.5	0	0	0	0	0	0	0	0	0	0		0	5		0	0	0			
29145011	覆盆子酮	5.5	0	0	0	0	0	0	0	0	0	0		0	0		0	0	0			
29145019	其他酮酚	5.5	0	0	0	0	0	0	0	0	0	0		0	5		0	0	0			
29145020	2－羟基－4－甲氧基二苯甲酮	5.5	0	0	0	0	0	0	0	0	0	0		0	5		0	0	0			
29145090	酮酚及含其他含氧基酮	5.5	0	0	0	0	0	0	0	0	0	0		0	5		0	0	0			
29146100	蒽醌	5.5	0	0	0	0	0	0	0	0	0	0		0	5		0	0	0			
29146900	其他醌	5.5	0	0	0	0	0	0	0	0	0	0		0	0		0	0	0			
29147000	其他酮及醌的卤化、磺化、硝化或亚硝化的衍生物	5.5	0	0	0	0	0	0	0	0	0	0		0	5		0	0	0			
29151100	甲酸	5.5	0	0	0	0	0	0	0	0	0	0		0	5		0	0	0			
29151200	甲酸盐	5.5	0	0	0	0	0	0	0	0	0	0		1.7	5		0	0	0			
29151300	甲酸酯	5.5	0	0	0	0	0	0	0	0	0	0		0	5		0	0	0			
29152111	食品级冰乙酸	5.5	0	0	0	0	0	0	0	0	0	0		0	5		0	0	0			0
29152119	其他冰乙酸(冰醋酸)	5.5	0	0	0	0	0	0	0	0	0	0		0	5		0	0	0			0

税则号列	商品描述	最惠国税率(%)	协定税率(%)																			
			东盟										亚太	智利	巴基斯坦	新加坡	新西兰	秘鲁	哥斯达黎加	香港	澳门	台湾
			文莱	柬埔寨	印尼	老挝	马来西亚	缅甸	菲律宾	新加坡	泰国	越南										
29152190	其他乙酸	5.5	0	0	0	0	0	0	0	0	0	0		0	5		0	0	0			
29152400	乙酸酐	5.5	0	0	0	0	0	0	0	0	0	0		0	0		0	0	0			
29152910	乙酸钠	5.5	0	0	0	0	0	0	0	0	0	0		0	5		0	0	0			
29152990	其他乙酸盐	5.5	0	0	0	0	0	0	0	0	0	0		0	5		0	0	0			
29153100	乙酸乙酯	5.5	0	0	0	0	0	0	0	0	0	0		0	5		0	0	0			
29153200	乙酸乙烯酯	5.5	0	0	0	0	0	0	0	0	0	0		0	5		0	0	0			0
29153300	乙酸正丁酯	5.5	0	0	0	0	0	0	0	0	0	0		0	0		0	0	0			
29153600	地乐酚(ISO)乙酸酯	5.5	0	0	0	0	0	0	0	0	0	0		1.7	5		0	0	0			
29153900	其他乙酸酯	5.5	0	0	0	0	0	0	0	0	0	0		0	5		0	0	0			
29154000	一、二、三氯代乙酸及其盐和酯	5.5	0	0	0	0	0	0	0	0	0	0		0	5		0	0	0			
29155010	丙酸	5.5	0	0	0	0	0	0	0	0	0	0		0	5		0	0	0			
29155090	丙酸盐和酯	5.5	0	0	0	0	0	0	0	0	0	0		0	5		0	0	0			
29156000	丁酸、戊酸及其盐和酯	5.5	0	0	0	0	0	0	0	0	0	0		0	5		0	0	0			
29157010	硬脂酸	7	0	0	0	0	0	0	0	0	0	0		2.1	5		0	0	0			
29157090	棕榈酸及其盐和酯、硬脂酸盐、酯	5.5	0	0	0	0	0	0	0	0	0	0		1.7	5		0	0	0			
29159000	其他饱和无环一元羧酸及其酸酐	5.5	0	0	0	0	0	0	0	0	0	0		0	5		0	0	0		0	
29161100	丙烯酸及其盐	6.5	0	0	0	0	0	0	0	0	0	0		0			0	0	0			
29161210	丙烯酸甲酯	6.5	0	0	0	0	0	0	0	0	0	0		0	5	0	0	0	0			
29161220	丙烯酸乙酯	6.5	0	0	0	0	0	0	0	0	0	0		0	5	0	0	0	0			
29161230	丙烯酸丁酯	6.5	0	0	0	0	0	0	0	0	0	0		0	5	0	0	0	0			
29161240	丙烯酸异辛酯	6.5	0	0	0	0	0	0	0	0	0	0		0	5	0	0	0	0			
29161290	其他丙烯酸酯	6.5	0	0	0	0	0	0	0	0	0	0		0	5	0	0	0	0			
29161300	甲基丙烯酸及其盐	6.5	0	0	0	0	0	0	0	0	0	0		0	5		0	0	0			0
29161400	甲基丙烯酸酯	6.5	0	0	0	0	0	0	0	0	0	0		0	5		0	0	0			0
29161500	油酸、亚油酸或亚麻酸及其盐和酯	6.5	0	0	0	0	0	0	0	0	0	0		0	5		0	0	0	0		
29161600	乐杀螨(ISO)	6.5	0	0	0	0	0	0	0	0	0	0		0	5		0	0	0			
29161900	其他不饱和无环一元羧酸(包括其酸酐、酰卤化物、过氧化物和过氧酸及它们的衍生物)	6.5	0	0	0	0	0	0	0	0	0	0		0	5		0	0	0			
29162010	DV 菊酸甲酯、二溴菊酸	4	0	0	0	0	0	0	0	0	0	0		0	0		0	0	0			

税则号列	商品描述	最惠国税率(%)	协定税率(%)																			
			东盟																			
			文莱	柬埔寨	印尼	老挝	马来西亚	缅甸	菲律宾	新加坡	泰国	越南	亚太	智利	巴基斯坦	新加坡	新西兰	秘鲁	哥斯达黎加	香港	澳门	台湾
29162090	其他(环烷、环烯、环萜烯)一元羧酸(包括其酸酐、酰卤化物、过氧化物和过氧酸及它们的衍生物)	6.5	0	0	0	0	0	0	0	0	0	0		0	5		0	0	0			
29163100	苯甲酸及其盐和酯	6.5	0	0	0	0	0	0	0	0	0	0		0	5		0	0	0			
29163200	过氧化苯甲酰及苯甲酰氯	6.5	0	0	0	0	0	0	0	0	0	0		0	5		0	0	0			
29163400	苯乙酸及其盐	6.5	0	0	0	0	0	0	0	0	0	0		0	5		0	0	0			
29163910	邻甲基苯甲酸	6.5	0	0	0	0	0	0	0	0	0	0		0	5		0	0	0			
29163920	布洛芬	6.5	0	0	0	0	0	0	0	0	0	0		0	5		0	0	0			
29163990	其他芳香一元羧酸(包括其酸酐、酰卤化物、过氧化物和过氧酸及它们的衍生物)	6.5	0	0	0	0	0	0	0	0	0	0		0	5		0	0	0			
29171110	草酸	6.5	0	0	0	0	0	0	0	0	0	0		0	5		0	0	0			
29171120	草酸钴	9	0	0	0	0	0	0	0	0	0	0		0	5		0	0	0			
29171190	其他草酸盐和酯	6.5	0	0	0	0	0	0	0	0	0	0		0	5		0	0	0			
29171200	己二酸及其盐和酯	6.5	0	0	0	0	0	0	0	0	0	0		0	5		0	0	0			
29171310	癸二酸及其盐和酯	6.5	0	0	0	0	0	0	0	0	0	0		0	5		0	0	0			
29171390	壬二酸及其盐和酯	6.5	0	0	0	0	0	0	0	0	0	0		0	5		0	0	0			
29171400	马来酐	6.5	0	0	0	0	0	0	0	0	0	0		0	5		0	0	0			
29171900	其他无环多元羧酸(包括其酸酐、酰卤化物、过氧化物和过氧酸及它们的衍生物)	6.5	0	0	0	0	0	0	0	0	0	0		0	5		0	0	0		0	
29172010	四氢苯酐	4	0	0	0	0	0	0	0	0	0	0		0	0		0	0	0			
29172090	其他(环烷、环烯、环萜烯)多元羧酸(包括其酸酐、酰卤化物、过氧化物和过氧酸及它们的衍生物)	6.5	0	0	0	0	0	0	0	0	0	0		0	5		0	0	0			
29173200	邻苯二甲酸二辛酯	6.5	0	0	0	0	0	0	0	0	0	0		2	5		0	0	0			0
29173300	邻苯二甲酸二壬酯,邻苯二甲酸二癸酯	6.5	0	0	0	0	0	0	0	0	0	0		2	5		0	0	0			0
29173410	邻苯二甲酸二丁酯	6.5	0	0	0	0	0	0	0	0	0	0		2	5		0	0	0			
29173490	其他邻苯二甲酸酯	6.5	0	0	0	0	0	0	0	0	0	0		2	5		0	0	0			0
29173500	邻苯二甲酸酐(苯酐)	6.5	0	0	0	0	0	0	0	0	0	0		2	5		0	0	0			
29173611	精对苯二甲酸	6.5	0	0	0	0	0	0	0	0	0	0	6	0	6	0	0		0			

税则号列	商品描述	最惠国税率(%)	协定税率(%)																			
			东盟										亚太	智利	巴基斯坦	新加坡	新西兰	秘鲁	哥斯达黎加	香港	澳门	台湾
			文莱	柬埔寨	印尼	老挝	马来西亚	缅甸	菲律宾	新加坡	泰国	越南										
29173619	其他对苯二甲酸	6.5	0	0	0	0	0	0	0	0	0	0	6	0	6	0	0	0	0			
29173690	对苯二甲酸盐	6.5	0	0	0	0	0	0	0	0	0	0		0	5		0	0	0			
29173700	对苯二甲酸二甲酯	6.5	0	0	0	0	0	0	0	0	0	0		0	5		0	0	0			
29173910	间苯二甲酸	6.5	0	0	0	0	0	0	0	0	0	0		2	5		0	0	0			
29173990	其他芳香多元羧酸(包括其酸酐、酰卤化物、过氧化物和过氧酸及它们的衍生物)	6.5	0	0	0	0	0	0	0	0	0	0		2	5		0	0	0			
29181100	乳酸及其盐和酯	6.5	0	0	0	0	0	0	0	0	0	0		0	5		0	0	0			
29181200	酒石酸	6.5	0	0	0	0	0	0	0	0	0	0		2	5		0	0	0			
29181300	酒石酸盐及酒石酸酯	6.5	0	0	0	0	0	0	0	0	0	0		2	5		0	0	0			
29181400	柠檬酸	6.5	0	0	0	0	0	0	0	0	0	0		2	5		0	0	0			
29181500	柠檬酸盐及柠檬酸酯	6.5	0	0	0	0	0	0	0	0	0	0		0	5		0	0	0			
29181600	葡糖酸及其盐和酯	6.5	0	0	0	0	0	0	0	0	0	0		0	5		0	0	0			
29181800	乙酯杀螨醇(ISO)	6.5	0	0	0	0	0	0	0	0	0	0		0	5		0	0	0			
29181910	2,2-二苯基-2-羟基乙酸	6.5	0	0	0	0	0	0	0	0	0	0		0	5		0	0	0			
29181990	其他含醇基但不含其他含氧基的羧酸(包括其酸酐、酰卤化物、过氧化物和过氧酸及它们的衍生物)	6.5	0	0	0	0	0	0	0	0	0	0		0	5		0	0	0			
29182110	水杨酸、水杨酸钠	6.5	0	0	0	0	0	0	0	0	0	0		0	5		0	0	0			
29182190	其他水杨酸盐	6.5	0	0	0	0	0	0	0	0	0	0		0	5		0	0	0			
29182210	邻乙酰水杨酸(阿司匹林)	6	0	0	0	0	0	0	0	0	0	0		0	5		0	0	0			
29182290	邻乙酰水杨酸盐和酯	6.5	0	0	0	0	0	0	0	0	0	0		0	5		0	0	0			
29182300	水杨酸其他酯及其盐	6.5	0	0	0	0	0	0	0	0	0	0		0	5		0	0	0			
29182900	其他含酚基但不含其他含氧基羧酸及其酸酐(酰卤化物、过氧化物和过氧酸及它们的衍生物)	6.5	0	0	0	0	0	0	0	0	0	0		2	5		0	0	0		0	
29183000	含醛基或酮基不含其他含氧基羧酸及其酸酐(酰卤化物,过氧化物和过氧酸及它们的衍生物)	6.5	0	0	0	0	0	0	0	0	0	0		0	5		0	0	0			
29189100	2,4,5-涕(ISO)(2,4,5-三氯苯氧基乙酸)及其盐或酯	6.5	0	0	0	0	0	0	0	0	0	0		0	5		0	0	0			

税则号列	商品描述	最惠国税率（%）	协定税率（%）																			
			东盟																			
			文莱	柬埔寨	印尼	老挝	马来西亚	缅甸	菲律宾	新加坡	泰国	越南	亚太	智利	巴基斯坦	新加坡	新西兰	秘鲁	哥斯达黎加	香港	澳门	台湾
29189900	其他含其他附加含氧基羧酸及其酸酐（酰卤化物、过氧化物和过氧酸及它们的衍生物）	6.5	0	0	0	0	0	0	0	0	0	0		0	5		0	0	0			
29191000	三(2,3－二溴丙基)磷酸酯	6.5	0	0	0	0	0	0	0	0	0	0		0	5		0	0	0			
29199000	其他磷酸酯及其盐（包括乳磷酸盐），以及它们的卤化、磺化、硝化或亚硝化的衍生物	6.5	0	0	0	0	0	0	0	0	0	0		0	5		0	0	0			
29201100	对硫磷（ISO）及甲基对硫磷（ISO）	6.5	0	0	0	0	0	0	0	0	0	0		0	5		0	0	0			
29201900	其他硫代磷酸酯及其盐，以及它们的卤化、磺化、硝化或亚硝化的衍生物	6.5	0	0	0	0	0	0	0	0	0	0		0	5		0	0	0			
29209011	亚磷酸三甲酯	6.5	0	0	0	0	0	0	0	0	0	0		2	5		0	0	0			
29209012	亚磷酸三乙酯	6.5	0	0	0	0	0	0	0	0	0	0		2	5		0	0	0			
29209013	亚磷酸二甲酯	6.5	0	0	0	0	0	0	0	0	0	0		2	5		0	0	0			
29209014	亚磷酸二乙酯	6.5	0	0	0	0	0	0	0	0	0	0		2	5		0	0	0			
29209019	其他亚磷酸酯	6.5	0	0	0	0	0	0	0	0	0	0		2	5		0	0	0			
29209090	其他无机酸酯（不包括卤化氢的酯）及其盐，以及它们的卤化、磺化、硝化或亚硝化的衍生物	6.5	0	0	0	0	0	0	0	0	0	0		2	5		0	0	0			
29211100	甲胺、二甲胺或三甲胺及其盐	6.5	0	0	0	0	0	0	0	0	0	0		0	5		0	0	0			
29211910	二正丙胺	4	0	0	0	0	0	0	0	0	0	0		0	0		0	0	0			
29211920	异丙胺	6.5	0	0	0	0	0	0	0	0	0	0		0	5		0	0	0			
29211930	N,N－二(2－氯乙基)乙胺	6.5	0	0	0	0	0	0	0	0	0	0		0	5		0	0	0			
29211940	N,N－二(2－氯乙基)甲胺	6.5	0	0	0	0	0	0	0	0	0	0		0	5		0	0	0			
29211950	三(2－氯乙基)胺	6.5	0	0	0	0	0	0	0	0	0	0		0	5		0	0	0			
29211960	二烷氨基乙基－2－氯及其质子化盐	6.5	0	0	0	0	0	0	0	0	0	0		0	5		0	0	0			
29211990	其他无环单胺及其衍生物，以及它们的盐	6.5	0	0	0	0	0	0	0	0	0	0		0	5		0	0	0			
29212110	乙二胺	6.5	0	0	0	0	0	0	0	0	0	0		0	5		0	0	0			
29212190	乙二胺盐	6.5	0	0	0	0	0	0	0	0	0	0		0	5		0	0	0			
29212210	己二酸己二胺盐（尼龙－66盐）	6.5	0	0	0	0	0	0	0	0	0	0		0	5		0	0	0			
29212290	六亚甲基二胺及其他盐	6.5	0	0	0	0	0	0	0	0	0	0		0	5		0	0	0			

税则号列	商品描述	最惠国税率(%)	协定税率(%) 东盟 文莱	柬埔寨	印尼	老挝	马来西亚	缅甸	菲律宾	新加坡	泰国	越南	亚太	智利	巴基斯坦	新加坡	新西兰	秘鲁	哥斯达黎加	香港	澳门	台湾
29212900	其他无环多胺及其衍生物，以及它们的盐	6.5	0	0	0	0	0	0	0	0	0	0		0	5		0	0	0			
29213000	环(烷、烯、萜烯)单胺或多胺及衍生物，以及它们的盐	6.5	0	0	0	0	0	0	0	0	0	0		0	5		0	0	0			
29214110	苯胺	6.5	0	0	0	0	0	0	0	0	0	0		0	5		0	0	0			
29214190	苯胺盐	6.5	0	0	0	0	0	0	0	0	0	0		0	5		0	0	0			
29214200	苯胺衍生物及其盐	6.5	0	0	0	0	0	0	0	0	0	0		0	5		0	0	0			
29214300	甲苯胺及其衍生物，以及它们的盐	6.5	0	0	0	0	0	0	0	0	0	0		0	5		0	0	0			
29214400	二苯胺及其衍生物，以及它们的盐	6.5	0	0	0	0	0	0	0	0	0	0		0	5		0	0	0			
29214500	1－萘胺、2－萘胺及其衍生物及盐	6.5	0	0	0	0	0	0	0	0	0	0		0	5		0	0	0			
29214600	安非他明、苄非他明、右苯丙胺、乙非他明、芬坎法明、利非他明、左苯丙胺、美芬雷司、芬特明，以及它们的盐	6.5	0	0	0	0	0	0	0	0	0	0		0	5		0	0	0			
29214910	对异丙基苯胺	4	0	0	0	0	0	0	0	0	0	0		0	0		0	0	0			
29214920	二甲基苯胺	6.5	0	0	0	0	0	0	0	0	0	0		0	5		0	0	0			
29214930	2,6－甲基乙基苯胺	4	0	0	0	0	0	0	0	0	0	0		0	0		0	0	0			
29214940	2,6－二乙基苯胺	6.5	0	0	0	0	0	0	0	0	0	0		0	5		0	0	0			
29214990	其他芳香单胺及衍生物及它们的盐	6.5	0	0	0	0	0	0	0	0	0	0		0	5		0	0	0			
29215110	邻苯二胺	4	0	0	0	0	0	0	0	0	0	0		0	0		0	0	0			
29215190	间－、对－苯二胺、二氨基甲苯及其衍生物及它们的盐	6.5	0	0	0	0	0	0	0	0	0	0		0	5		0	0	0			
29215900	其他芳香多胺及衍生物及它们的盐	6.5	0	0	0	0	0	0	0	0	0	0		0	5		0	0	0			
29221110	莱克多巴胺和盐酸莱克多巴胺	6.5	0	0	0	0	0	0	0	0	0	0		0	5		0	0	0			
29221190	其他单乙醇胺及其盐	6.5	0	0	0	0	0	0	0	0	0	0		0	5		0	0	0			
29221200	二乙醇胺及其盐	6.5	0	0	0	0	0	0	0	0	0	0		0	5		0	0	0			
29221310	三乙醇胺	6.5	0	0	0	0	0	0	0	0	0	0		0	5		0	0	0			
29221320	三乙醇胺盐	6.5	0	0	0	0	0	0	0	0	0	0		0	5		0	0	0			
29221400	右丙氧吩及其盐	6.5	0	0	0	0	0	0	0	0	0	0		0	5		0	0	0			
29221910	乙胺丁醇	6.5	0	0	0	0	0	0	0	0	0	0		0	5		0	0	0			
29221921	二甲氨基乙醇及其质子化盐	6.5	0	0	0	0	0	0	0	0	0	0		0	5		0	0	0			
29221922	二乙氨基乙醇及其质子化盐	6.5	0	0	0	0	0	0	0	0	0	0		0	5		0	0	0			

税则号列	商品描述	最惠国税率(%)	协定税率(%)																		
			东盟										亚太	智利	巴基斯坦	新加坡	新西兰	秘鲁	哥斯达黎加	香港	澳门	台湾
			文莱	柬埔寨	印尼	老挝	马来西亚	缅甸	菲律宾	新加坡	泰国	越南										
29221929	其他二烷氨基乙-2-醇及其质子化	6.5	0	0	0	0	0	0	0	0	0	0		0	5		0	0	0			
29221930	乙基二乙醇胺	6.5	0	0	0	0	0	0	0	0	0	0		0	5		0	0	0			
29221940	甲基二乙醇胺	6.5	0	0	0	0	0	0	0	0	0	0		0	5		0	0	0			
29221950	本芴醇	6.5	0	0	0	0	0	0	0	0	0	0		0	5		0	0	0			
29221990	其他氨基醇及其醚、酯和它们的盐(但含有一种以上含氧基的除外)	6.5	0	0	0	0	0	0	0	0	0	0		0	5		0	0	0			
29222100	氨基羟基萘磺酸及其盐	6.5	0	0	0	0	0	0	0	0	0	0		0	5		0	0	0			
29222910	茴香胺、二茴香胺、氨基苯乙醚及其盐	6.5	0	0	0	0	0	0	0	0	0	0		0	5		0	0	0			
29222990	其他氨基(萘酚、酚)及醚、酯、盐(但含有一种以上含氧基的除外)	6.5	0	0	0	0	0	0	0	0	0	0		0	5		0	0	0			
29223100	安非拉酮、美沙酮和去甲美沙酮,以及它们的盐	6.5	0	0	0	0	0	0	0	0	0	0		0	5		0	0	0			
29223910	4-甲基甲卡西酮	6.5	0	0	0	0	0	0	0	0	0	0		0	5		0	0	0			
29223990	其他氨基醛、氨基酮、氨基醌及其盐(但含有一种以上含氧基的除外)	6.5	0	0	0	0	0	0	0	0	0	0		0	5		0	0	0			
29224110	赖氨酸	5	0	0	0	0	0	0	0	0	0	0		0	0		0	0	0			
29224190	赖氨酸酯和赖氨酸盐	6	0	0	0	0	0	0	0	0	0	0		0	5		0	0	0			
29224210	谷氨酸	10	0	0	0	0	0	0	0	0	0	0	8.6	0	5	0	0	0	0			
29224220	谷氨酸钠	10	0	0	0	0	0	0	0	0	0	0		0	5	0	0	0	0	0		
29224290	其他谷氨酸盐	6.5	0	0	0	0	0	0	0	0	0	0		0	5		0	0	0			
29224310	邻氨基苯甲酸(氨茴酸)	6.5	0	0	0	0	0	0	0	0	0	0		0	5		0	0	0			
29224390	邻氨基苯甲酸(氨茴酸)盐	6.5	0	0	0	0	0	0	0	0	0	0		0	5		0	0	0			
29224400	替利定及其盐	6.5	0	0	0	0	0	0	0	0	0	0		0	5		0	0	0			
29224910	其他氨基酸	6.5	0	0	0	0	0	0	0	0	0	0		0	5		0	0	0			
29224991	普鲁卡因	6	0	0	0	0	0	0	0	0	0	0		0	5		0	0	0			
29224999	其他氨基酸及其酯及它们的盐(但含有一种以上含氧基的除外)	6.5	0	0	0	0	0	0	0	0	0	0		0	5		0	0	0			
29225010	对羟基苯甘氨酸及其邓甲盐	6.5	0	0	0	0	0	0	0	0	0	0		0	5		0	0	0			
29225090	其他氨基醇酚、氨基酸酚及其他含氧基氨基化合物	6.5	0	0	0	0	0	0	0	0	0	0		0	5		0	0	0			
29231000	胆碱及其盐	6.5	0	0	0	0	0	0	0	0	0	0		0	5		0	0	0			

税则号列	商品描述	最惠国税率(%)	协定税率(%)																			
			东盟										亚太	智利	巴基斯坦	新加坡	新西兰	秘鲁	哥斯达黎加	香港	澳门	台湾
			文莱	柬埔寨	印尼	老挝	马来西亚	缅甸	菲律宾	新加坡	泰国	越南										
29232000	卵磷脂及其他磷氨基类脂	6.5	0	0	0	0	0	0	0	0	0	0		0	5		0	0	0			
29239000	其他季铵盐及季铵碱	6.5	0	0	0	0	0	0	0	0	0	0		0	5		0	0	0			
29241100	甲丙氨酯	6.5	0	0	0	0	0	0	0	0	0	0		0	5		0	0	0			
29241200	氯乙酰胺(ISO)、久效磷(ISO)及磷胺(ISO)	6.5	0	0	0	0	0	0	0	0	0	0		2	5		0	0	0			
29241910	二甲基甲酰胺	6.5	0	0	0	0	0	0	0	0	0	0		2	5		0	0	0	0		0
29241990	其他无环酰胺及其衍生物,以及它们的盐	6.5	0	0	0	0	0	0	0	0	0	0		2	5		0	0	0			
29242100	酰脲及其衍生物,以及它们的盐	6.5	0	0	0	0	0	0	0	0	0	0		0	5		0	0	0			
29242300	2-乙酰氨基苯甲酸(N-乙酰邻氨基苯甲酸)及其盐	6.5	0	0	0	0	0	0	0	0	0	0		0	5		0	0	0			
29242400	炔己蚁胺	6.5	0	0	0	0	0	0	0	0	0	0		0	5		0	0	0			
29242910	对乙酰氨基苯乙醚(非那西丁)	6	0	0	0	0	0	0	0	0	0	0		1.8	5		0	0	0			
29242920	对乙酰氨基酚(扑热息痛)	6	0	0	0	0	0	0	0	0	0	0		1.8	5		0	0	0			
29242930	阿斯巴甜	6.5	0	0	0	0	0	0	0	0	0	0		2	5		0	0	0		0	
29242990	其他环酰胺(包括环氨基甲酸酯)	6.5	0	0	0	0	0	0	0	0	0	0		2	5		0	0	0		0	
29251100	糖精及其盐	9	0	0	0	0	0	0	0	0	0	0		2.7	5		0	0	0			
29251200	格鲁米特	6.5	0	0	0	0	0	0	0	0	0	0		0	5		0	0	0			
29251900	其他酰亚胺及其衍生物、盐	6.5	0	0	0	0	0	0	0	0	0	0		0	5		0	0	0			
29252100	杀虫脒	6.5	0	0	0	0	0	0	0	0	0	0		0	5		0	0	0			
29252900	其他亚胺及其衍生物,以及它们的盐	6.5	0	0	0	0	0	0	0	0	0	0		0	5		0	0	0			
29261000	丙烯腈	6.5												0			0	0	0			
29262000	1-氰基胍(双氰胺)	6.5	0	0	0	0	0	0	0	0	0	0		0	5		0	0	0			
29263000	芬普雷司及其盐;美沙酮中间体(4-氰基-2-二甲氨基-4,4-二苯基丁烷)	6.5	0	0	0	0	0	0	0	0	0	0		0	5		0	0	0			
29269010	对氯氰苄	4	0	0	0	0	0	0	0	0	0	0		1.2	0		0	0	0			
29269020	间苯二甲腈	6.5	0	0	0	0	0	0	0	0	0	0		2	5		0	0	0			
29269090	其他腈基化合物	6.5	0	0	0	0	0	0	0	0	0	0		2	5		0	0	0	0		
29270000	重氮化合物、偶氮化合物及氧化偶氮化合物	6.5	0	0	0	0	0	0	0	0	0	0		0	5		0	0	0		0	
29280000	肼(联氨)及胲(羟胺)的有机衍生物	6.5	0	0	0	0	0	0	0	0	0	0		0	5		0	0	0			

税则号列	商品描述	最惠国税率(%)	协定税率(%)																			
			东盟																			
			文莱	柬埔寨	印尼	老挝	马来西亚	缅甸	菲律宾	新加坡	泰国	越南	亚太	智利	巴基斯坦	新加坡	新西兰	秘鲁	哥斯达黎加	香港	澳门	台湾
29291010	2,4 和 2,6 甲苯二异氰酸酯混合物(甲苯二异氰酸酯,TDI)	6.5	0	0	0	0	0	0	0	0	0	0		0	5		0	0	0			0
29291020	二甲苯二异氰酸酯(TODI)	6.5	0	0	0	0	0	0	0	0	0	0		0	5		0	0	0			
29291030	二苯基甲烷二异氰酸酯(纯 MDI)	6.5	0	0	0	0	0	0	0	0	0	0		0	5		0	0	0			
29291040	六亚甲基二异氰酸酯	6.5	0	0	0	0	0	0	0	0	0	0		0	5		0	0	0			
29291090	其他异氰酸酯	6.5	0	0	0	0	0	0	0	0	0	0		0	5		0	0	0			
29299010	环已基氨基磺酸钠(甜蜜素)	9	0	0	0	0	0	0	0	0	0	0		0	5		0	0	0			
29299020	二烷(甲、乙、正丙或异丙)氨基膦酰二卤	6.5	0	0	0	0	0	0	0	0	0	0		0	5		0	0	0			
29299030	二烷氨基膦酸二烷酯	6.5	0	0	0	0	0	0	0	0	0	0		0	5		0	0	0			
29299040	乙酰甲胺磷	6.5	0	0	0	0	0	0	0	0	0	0		0	5		0	0	0			
29299090	其他含氮基化合物	6.5	0	0	0	0	0	0	0	0	0	0		0	5		0	0	0			
29302000	其他硫代氨基甲酸盐(或酯)	6.5	0	0	0	0	0	0	0	0	0	0		2	5		0	0	0			
29303000	(一硫化、二硫化、三硫化)二烃氨基硫羰	6.5	0	0	0	0	0	0	0	0	0	0		0	5		0	0	0			
29304000	甲硫氨酸(蛋氨酸)	6.5	0	0	0	0	0	0	0	0	0	0		0	5		0	0	0			
29305000	敌菌丹(ISO)及甲胺磷(ISO)	6.5	0	0	0	0	0	0	0	0	0	0		2	5		0	0	0			
29309010	双巯丙氨酸(胱氨酸)	6.5	0	0	0	0	0	0	0	0	0	0		2	5		0	0	0			
29309020	二硫代碳酸酯(或盐)[黄原酸酯(或盐)]	6.5	0	0	0	0	0	0	0	0	0	0		2	5		0	0	0			
29309090	其他有机硫化合物	6.5	0	0	0	0	0	0	0	0	0	0		2	5		0	0	0	0		
29311000	四甲基铅及四乙基铅	6.5	0	0	0	0	0	0	0	0	0	0		2	5		0	0	0			
29312000	三丁基锡化合物	6.5	0	0	0	0	0	0	0	0	0	0		2	5		0	0	0			
29319000	其他有机－无机化合物	6.5	0	0	0	0	0	0	0	0	0	0		2	5		0	0	0			
29321100	四氢呋喃	6	0	0	0	0	0	0	0	0	0	0		0	5		0	0	0	0		0
29321200	2－糠醛	6	0	0	0	0	0	0	0	0	0	0		0	5		0	0	0			
29321300	糠醇及四氢糠醇	6	0	0	0	0	0	0	0	0	0	0		0	5		0	0	0			
29321900	其他结构上有非稠合呋喃环化合物(不论是否氢化)	6.5	0	0	0	0	0	0	0	0	0	0		0	5		0	0	0			
29322010	香豆素、甲基香豆素及乙基香豆素	6.5	0	0	0	0	0	0	0	0	0	0		0	5		0	0	0			
29322090	其他内酯	6.5	0	0	0	0	0	0	0	0	0	0		0	5		0	0	0			

税则号列	商品描述	最惠国税率(%)	协定税率(%)																			
			东盟										亚太	智利	巴基斯坦	新加坡	新西兰	秘鲁	哥斯达黎加	香港	澳门	台湾
			文莱	柬埔寨	印尼	老挝	马来西亚	缅甸	菲律宾	新加坡	泰国	越南										
29329100	4-丙烯基-1,2-亚甲二氧基苯	6.5	0	0	0	0	0	0	0	0	0	0		0	5		0	0	0			
29329200	1-(1,3-苯并二恶茂-5-基)丙-2-酮	6.5	0	0	0	0	0	0	0	0	0	0		0	5		0	0	0			
29329300	3,4-亚甲二氧基苯甲醛(胡椒醛)	6.5	0	0	0	0	0	0	0	0	0	0		0	5		0	0	0			
29329400	4-烯丙基-1,2-亚甲二氧基苯(黄樟脑)	6.5	0	0	0	0	0	0	0	0	0	0		0	5		0	0	0			
29329500	四氢大麻酚(所有异构体)	6.5	0	0	0	0	0	0	0	0	0	0		0	5		0	0	0			
29329910	7-羟基苯并呋喃(呋喃酚)	4	0	0	0	0	0	0	0	0	0	0		0	0		0	0	0			
29329920	联苯双酯	6.5	0	0	0	0	0	0	0	0	0	0		0	5		0	0	0			
29329930	蒿甲醚	6.5	0	0	0	0	0	0	0	0	0	0		0	5		0	0	0			
29329990	其他仅含氧杂原子的杂环化合物	6.5	0	0	0	0	0	0	0	0	0	0		0	5		0	0	0			
29331100	二甲基苯基吡唑酮(安替比林)及其衍生物	6.5	0	0	0	0	0	0	0	0	0	0	6	0	5		0	0	0			
29331920	安乃近	6	0	0	0	0	0	0	0	0	0	0		0	5		0	0	0			
29331990	其他结构上有非稠合吡唑环化合物(不论是否氢化)	6.5	0	0	0	0	0	0	0	0	0	0		0	5		0	0	0			
29332100	乙内酰脲及其衍生物	6.5	0	0	0	0	0	0	0	0	0	0		0	5		0	0	0			
29332900	其他结构上有非稠合咪唑环化合物(不论是否氢化)	6.5	0	0	0	0	0	0	0	0	0	0		0	5		0	0	0			
29333100	吡啶及其盐	6	0	0	0	0	0	0	0	0	0	0		0	5		0	0	0			0
29333210	哌啶(六氢吡啶)	4	0	0	0	0	0	0	0	0	0	0		0	0		0	0	0			
29333220	哌啶(六氢吡啶)盐	6.5	0	0	0	0	0	0	0	0	0	0		0	5		0	0	0			
29333300	阿芬太尼、阿尼利定、氰苯双哌酰胺、溴西泮、地芬诺新、地芬诺酯、地匹哌酮、芬太尼、凯托米酮、哌醋甲酯、喷他左辛、哌替啶、哌替啶中间体A、苯环利定、苯哌利定、哌苯甲醇、哌氰米特、丙吡兰和三甲利定,以及它们的盐	6.5	0	0	0	0	0	0	0	0	0	0		0	5		0	0	0			
29333910	二苯乙醇酸-3-奎宁环脂	6.5	0	0	0	0	0	0	0	0	0	0		0	5		0	0	0			
29333920	奎宁环-3-醇	6.5	0	0	0	0	0	0	0	0	0	0		0	5		0	0	0			

税则号列	商品描述	最惠国税率(%)	协定税率(%) 东盟 文莱	柬埔寨	印尼	老挝	马来西亚	缅甸	菲律宾	新加坡	泰国	越南	亚太	智利	巴基斯坦	新加坡	新西兰	秘鲁	哥斯达黎加	香港	澳门	台湾
29333990	其他结构上有非稠合吡啶环化合物(不论是否氢化)	6.5	0	0	0	0	0	0	0	0	0	0		0	5		0	0	0			
29334100	左非诺及其盐	6.5	0	0	0	0	0	0	0	0	0	0		0	5		0	0	0			
29334910	环丙氟哌酸	6.5	0	0	0	0	0	0	0	0	0	0	6	0	5		0	0	0			
29334990	其他含喹啉或异喹啉环系的化合物(但未经进一步稠合)	6.5	0	0	0	0	0	0	0	0	0	0		0	5		0	0	0			
29335200	丙二酰脲(巴比土酸)及其盐	6.5	0	0	0	0	0	0	0	0	0	0		0	5		0	0	0			
29335300	阿洛巴比妥、异戊巴比妥、巴比妥、布他比妥、正丁巴比妥、环己巴比妥、甲苯巴比妥、戊巴比妥、苯巴比妥、仲丁巴比妥、司可巴比妥和乙烯比妥,以及它们的盐	6.5	0	0	0	0	0	0	0	0	0	0		0	5		0	0	0			
29335400	其他丙二酰脲的衍生物,以及它们的盐	6.5	0	0	0	0	0	0	0	0	0	0		0	5		0	0	0			
29335500	氯普唑仑、甲氯喹酮等,以及它们的盐	6.5	0	0	0	0	0	0	0	0	0	0		0	5		0	0	0			
29335910	胞嘧啶	6.5	0	0	0	0	0	0	0	0	0	0	4.6	0	0		0	0	0			
29335990	其他结构上有嘧啶环或哌嗪环的化合物(不论是否氢化)	6.5	0	0	0	0	0	0	0	0	0	0	4.6	0	0		0	0	0			
29336100	三聚氰胺(蜜胺)	6.5	0	0	0	0	0	0	0	0	0	0		0	5		0	0	0			
29336910	三聚氰氯	6	0	0	0	0	0	0	0	0	0	0		0	5		0	0	0		0	
29336921	二氯异氰脲酸	6.5	0	0	0	0	0	0	0	0	0	0		0	5		0	0	0		0	
29336922	三氯异氰脲酸	6.5	0	0	0	0	0	0	0	0	0	0		0	5		0	0	0		0	
29336929	其他异氰脲酸氯化衍生物	6.5	0	0	0	0	0	0	0	0	0	0		0	5		0	0	0		0	
29336990	其他结构上含非稠合三嗪环化合物(不论是否氢化)	6.5	0	0	0	0	0	0	0	0	0	0		0	5		0	0	0		0	
29337100	6-己内酰胺	9												0			0		0			
29337200	氯巴占和甲乙哌酮	9	0	0	0	0	0	0	0	0	0	0		0	5		0	0	0			
29337900	其他内酰胺	9	0	0	0	0	0	0	0	0	0	0		0	5		0	0	0			
29339100	阿普唑仑、卡马西泮等,以及它们的盐	6.5	0	0	0	0	0	0	0	0	0	0		0	5		0	0	0			
29339900	其他仅含氮杂原子的杂环化合物	6.5	0	0	0	0	0	0	0	0	0	0		2	5		0	0	0			
29341000	结构上含有非稠合噻唑环的化合物(不论是否氢化)	6.5	0	0	0	0	0	0	0	0	0	0		0	5		0	0	0			

税则号列	商品描述	最惠国税率(%)	协定税率(%)																			
			东盟										亚太	智利	巴基斯坦	新加坡	新西兰	秘鲁	哥斯达黎加	香港	澳门	台湾
			文莱	柬埔寨	印尼	老挝	马来西亚	缅甸	菲律宾	新加坡	泰国	越南										
29342000	含一个苯并噻唑环系的化合物(但未经进一步稠合,不论是否氢化)	6.5	0	0	0	0	0	0	0	0	0	0		0	5		0	0	0			
29343000	含一个吩噻嗪环系的化合物(但未经进一步稠合,不论是否氢化)	6.5	0	0	0	0	0	0	0	0	0	0		0	5		0	0	0			
29349100	阿米雷司、溴替唑仑、氯噻西泮等,以及它们的盐	6.5	0	0	0	0	0	0	0	0	0	0		0	5		0	0	0			
29349910	磺内酯及磺内酰胺	6.5	0	0	0	0	0	0	0	0	0	0		2	5		0	0	0			
29349920	呋喃唑酮	6	0	0	0	0	0	0	0	0	0	0		1.8	5		0	0	0			
29349930	核酸及其盐	6.5	0	0	0	0	0	0	0	0	0	0		2	5		0	0	0			
29349940	奈韦拉平、依发韦仑、利托那韦及它们的盐	6.5	0	0	0	0	0	0	0	0	0	0		2	5		0	0	0			
29349950	克拉维酸及其盐	6.5	0	0	0	0	0	0	0	0	0	0		2	5		0	0	0			
29349960	7-苯乙酰氨基-3-氯甲基-4-头孢烷酸对甲氧基苄酯、7-氨基头孢烷酸、7-氨基脱乙酰氧基头孢烷酸	6	0	0	0	0	0	0	0	0	0	0	5	1.8	0		0	0	0			
29349990	其他杂环化合物	6.5	0	0	0	0	0	0	0	0	0	0		2	5		0	0	0			
29350010	磺胺嘧啶	6.5	0	0	0	0	0	0	0	0	0	0		0	5		0	0	0			
29350020	磺胺双甲基嘧啶	6.5	0	0	0	0	0	0	0	0	0	0		0	5		0	0	0			
29350030	磺胺甲恶唑	6.5	0	0	0	0	0	0	0	0	0	0		0	5		0	0	0			
29350090	其他磺(酰)胺	6.5	0	0	0	0	0	0	0	0	0	0		0	5		0	0	0			
29362100	未混合的维生素A及其衍生物	4	0	0	0	0	0	0	0	0	0	0		0	0		0	0	0		0	
29362200	未混合的维生素 B_1 及其衍生物	4	0	0	0	0	0	0	0	0	0	0		0	0		0	0	0		0	
29362300	未混合的维生素 B_2 及其衍生物	4	0	0	0	0	0	0	0	0	0	0		0	0		0	0	0		0	
29362400	未混合的D或DL-泛酸及其衍生物	4	0	0	0	0	0	0	0	0	0	0		0	0		0	0	0		0	
29362500	未混合的维生素 B_6 及其衍生物	4	0	0	0	0	0	0	0	0	0	0		0	0		0	0	0		0	
29362600	未混合的维生素 B_{12} 及其衍生物	4	0	0	0	0	0	0	0	0	0	0		0	0		0	0	0		0	
29362700	未混合的维生素C及其衍生物	4	0	0	0	0	0	0	0	0	0	0		1.2	0		0	0	0		0	
29362800	未混合的维生素E及其衍生物	4	0	0	0	0	0	0	0	0	0	0		0	0		0	0	0		0	
29362900	其他未混合的维生素及其衍生物	4	0	0	0	0	0	0	0	0	0	0		0	0		0	0	0		0	
29369000	维生素原、混合维生素及其衍生物	4	0	0	0	0	0	0	0	0	0	0		1.2	0		0	0	0		0	
29371100	生长激素及其衍生物和类似结构物	4	0	0	0	0	0	0	0	0	0	0		0	0		0	0	0			

税则号列	商品描述	最惠国税率(%)	协定税率(%) 东盟 文莱	东盟 柬埔寨	东盟 印尼	东盟 老挝	东盟 马来西亚	东盟 缅甸	东盟 菲律宾	东盟 新加坡	东盟 泰国	东盟 越南	亚太	智利	巴基斯坦	新加坡	新西兰	秘鲁	哥斯达黎加	香港	澳门	台湾
29371210	重组人胰岛素及其盐	4	0	0	0	0	0	0	0	0	0	0		0	0		0	0	0			
29371290	其他胰岛素及其盐	4	0	0	0	0	0	0	0	0	0	0		0	0		0	0	0			
29371900	其他多肽激素、蛋白激素、糖蛋白激素及其衍生物和类似结构物	4	0	0	0	0	0	0	0	0	0	0		0	0		0	0	0			
29372100	可的松、氢化可的松及脱氢可的松及脱氢皮质(甾)醇	4	0	0	0	0	0	0	0	0	0	0		0	0		0	0	0			
29372210	地塞米松	4	0	0	0	0	0	0	0	0	0	0		0	0		0	0	0			
29372290	其他皮质(甾)激素的卤化衍生物	4	0	0	0	0	0	0	0	0	0	0		0	0		0	0	0			
29372300	雌激素及孕激素	4	0	0	0	0	0	0	0	0	0	0		0	0		0	0	0			
29372900	其他甾族激素及其衍生物和类似结构物	4	0	0	0	0	0	0	0	0	0	0		0	0		0	0	0			
29375000	前列腺素、血栓烷和白细胞三烯及其衍生物和结构类似物	4	0	0	0	0	0	0	0	0	0	0		0	0		0	0	0			
29379000	其他天然或合成再制的激素及其衍生物和结构类似物,包括主要用做激素的改性链多肽	4	0	0	0	0	0	0	0	0	0	0		0	0		0	0	0			
29381000	芸香苷及其衍生物	6.5	0	0	0	0	0	0	0	0	0	0		0	5		0	0	0			
29389010	齐多夫定、拉米夫定、司他夫定、地达诺新及它们的盐	6.5	0	0	0	0	0	0	0	0	0	0		0	5		0	0	0			
29389090	其他天然或合成再制的苷及其盐、醚、酯和其他衍生物	6.5	0	0	0	0	0	0	0	0	0	0		0	5		0	2.6	0			
29391100	罂粟秆浓缩物、丁丙诺啡、可待因等,以及它们的盐	4	0	0	0	0	0	0	0	0	0	0		0	0		0	0	0			
29391900	其他鸦片碱及其衍生物,以及它们的盐	4	0	0	0	0	0	0	0	0	0	0		0	0		0	0	0			
29392000	其他金鸡纳生物碱及其衍生物,以及它们的盐	4	0	0	0	0	0	0	0	0	0	0		0	0		0	0	0			
29393000	咖啡因及其盐	4	0	0	0	0	0	0	0	0	0	0		0	0		0	0	0			
29394100	麻黄碱及其盐	4	0	0	0	0	0	0	0	0	0	0		0	0		0	0	0			
29394200	假麻黄碱及其盐	4	0	0	0	0	0	0	0	0	0	0		0	0		0	0	0			
29394300	d－去甲麻黄碱(INN)及其盐	4	0	0	0	0	0	0	0	0	0	0		0	0		0	0	0			
29394400	去甲麻黄碱及其盐	4	0	0	0	0	0	0	0	0	0	0		0	0		0	0	0			

税则号列	商品描述	最惠国税率(%)	协定税率(%) 东盟 文莱	柬埔寨	印尼	老挝	马来西亚	缅甸	菲律宾	新加坡	泰国	越南	亚太	智利	巴基斯坦	新加坡	新西兰	秘鲁	哥斯达黎加	香港	澳门	台湾
29394900	其他麻黄碱类及其盐	4	0	0	0	0	0	0	0	0	0	0		0	0		0	0	0			
29395100	芬乙茶碱(INN)及其盐	4	0	0	0	0	0	0	0	0	0	0		0	0		0	0	0			
29395900	其他茶碱和氨茶碱及其衍生物,以及它们的盐	4	0	0	0	0	0	0	0	0	0	0		0	0		0	0	0			
29396100	麦角新碱及其盐	4	0	0	0	0	0	0	0	0	0	0		0	0		0	0	0			
29396200	麦角胺及其盐	4	0	0	0	0	0	0	0	0	0	0		0	0		0	0	0			
29396300	麦角酸及其盐	4	0	0	0	0	0	0	0	0	0	0		0	0		0	0	0			
29396900	其他麦角生物碱及其衍生物,以及它们的盐	4	0	0	0	0	0	0	0	0	0	0		0	0		0	0	0			
29399110	可卡因及其盐	4	0	0	0	0	0	0	0	0	0	0		0	0		0	0	0			
29399190	芽子碱、左甲苯丙胺、去氧麻黄碱、去氧麻黄碱外消旋体,它们的盐、酯及其他衍生物;可卡因的酯及其他衍生物	4	0	0	0	0	0	0	0	0	0	0		0	0		0	0	0			
29399910	烟碱及其盐	4	0	0	0	0	0	0	0	0	0	0		0	0		0	0	0			
29399920	番木鳖碱(士的年)及其盐	4	0	0	0	0	0	0	0	0	0	0		0	0		0	0	0			
29399990	其他天然或合成再制的生物碱及其盐、醚、酯和其他衍生物	4	0	0	0	0	0	0	0	0	0	0		0	0		0	0	0			
29400000	化学纯糖,但蔗糖、乳糖、麦芽糖、葡萄糖及果糖除外;糖醚、糖酯及其盐,但不包括品目29.37、29.38、29.39的产品	6	0	0	0	0	0	0	0	0	0	0		0	5		0	0	0			
29411011	氨苄青霉素	6	0	0	0	0	0	0	0	0	0	0	5	0	0		0	0	0			
29411012	氨苄青霉素三水酸	6	0	0	0	0	0	0	0	0	0	0	5	0	0		0	0	0			
29411019	其他氨苄青霉素盐	6	0	0	0	0	0	0	0	0	0	0	5	0	0		0	0	0			
29411091	羟氨苄青霉素	4	0	0	0	0	0	0	0	0	0	0		0	0		0	0	0			
29411092	羟氨苄青霉素三水酸	4	0	0	0	0	0	0	0	0	0	0		0	0		0	0	0			
29411093	6氨基青霉烷酸(6APA)	4	0	0	0	0	0	0	0	0	0	0		0	0		0	0	0			
29411094	青霉素V	4	0	0	0	0	0	0	0	0	0	0		0	0		0	0	0			
29411095	磺苄青霉素	4	0	0	0	0	0	0	0	0	0	0		0	0		0	0	0			
29411096	邻氯青霉素	4	0	0	0	0	0	0	0	0	0	0		0	0		0	0	0			
29411099	其他青霉素及其衍生物,以及它们的盐	4	0	0	0	0	0	0	0	0	0	0		0	0		0	0	0			
29412000	链霉素及其衍生物,以及它们的盐	4	0	0	0	0	0	0	0	0	0	0		0	0		0	0	0			

税则号列	商品描述	最惠国税率(%)	协定税率(%)																			
			东盟										亚太	智利	巴基斯坦	新加坡	新西兰	秘鲁	哥斯达黎加	香港	澳门	台湾
			文莱	柬埔寨	印尼	老挝	马来西亚	缅甸	菲律宾	新加坡	泰国	越南										
29413011	四环素	4	0	0	0	0	0	0	0	0	0	0		0	0		0	0	0		0	
29413012	四环素盐	4	0	0	0	0	0	0	0	0	0	0		0	0		0	0	0		0	
29413020	四环素衍生物及其盐	4	0	0	0	0	0	0	0	0	0	0		0	0		0	0	0		0	
29414000	氯霉素及其衍生物,以及它们的盐	4	0	0	0	0	0	0	0	0	0	0		0	0		0	0	0			
29415000	红霉素及其衍生物,以及它们的盐	4	0	0	0	0	0	0	0	0	0	0		0	0		0	0	0		0	
29419010	庆大霉素及其衍生物,以及它们的盐	4	0	0	0	0	0	0	0	0	0	0		1.2	0		0	0	0			
29419020	卡那霉素及其衍生物,以及它们的盐	4	0	0	0	0	0	0	0	0	0	0		1.2	0		0	0	0			
29419030	利福平及其衍生物,以及它们的盐	4	0	0	0	0	0	0	0	0	0	0		1.2	0		0	0	0			
29419040	林可霉素及其衍生物,以及它们的盐	4	0	0	0	0	0	0	0	0	0	0		1.2	0		0	0	0			
29419052	头孢氨苄及其盐	6	0	0	0	0	0	0	0	0	0	0	5	1.8	0		0	0	0			
29419053	头孢唑啉及其盐	6	0	0	0	0	0	0	0	0	0	0	5	1.8	0		0	0	0			
29419054	头孢拉啶及其盐	6	0	0	0	0	0	0	0	0	0	0	5	1.8	0		0	0	0			
29419055	头孢三嗪(头孢曲松)及其盐	6	0	0	0	0	0	0	0	0	0	0	5	1.8	0		0	0	0			
29419056	头孢哌酮及其盐	6	0	0	0	0	0	0	0	0	0	0	5	1.8	0		0	0	0			
29419057	头孢噻肟及其盐	6	0	0	0	0	0	0	0	0	0	0	5	1.8	0		0	0	0			
29419058	头孢克罗及其盐	6	0	0	0	0	0	0	0	0	0	0	5	1.8	0		0	0	0			
29419059	其他头孢菌素及其衍生物,以及它们的盐	6	0	0	0	0	0	0	0	0	0	0	5	1.8	0		0	0	0			
29419060	麦迪霉素及其衍生物,以及它们的盐	6	0	0	0	0	0	0	0	0	0	0	4.2	1.8	0		0	0	0			
29419070	乙酰螺旋霉素及其衍生物,以及它们的盐	4	0	0	0	0	0	0	0	0	0	0		1.2	0		0	0	0			
29419090	其他抗菌素	6	0	0	0	0	0	0	0	0	0	0	5	1.8	0		0	0	0			
29420000	其他有机化合物	6.5	0	0	0	0	0	0	0	0	0	0		0	5		0	0	0			
30012000	腺体、其他器官及其分泌物提取物	3	0	0	0	0	0	0	0	0	0	0		0	0		0	0	0			
30019010	肝素及其盐	3	0	0	0	0	0	0	0	0	0	0		0	0		0	0	0			
30019090	其他未列名的人体或动物制品(供治疗或预防疾病用)	3	0	0	0	0	0	0	0	0	0	0		0	0		0	0	0			
30021000	抗血清、其他血分及修饰免疫制品(不论是否通过生物工艺加工制得)	3	0	0	0	0	0	0	0	0	0	0		0	0		0	0	0			
30022000	人用疫苗	3	0	0	0	0	0	0	0	0	0	0		0	0		0	0	0			
30023000	兽用疫苗	3	0	0	0	0	0	0	0	0	0	0		0	0		0	0	0			
30029010	石房蛤毒素	3	0	0	0	0	0	0	0	0	0	0		0	0		0	0	0			

税则号列	商品描述	最惠国税率(%)	协定税率(%)																			
			东盟										亚太	智利	巴基斯坦	新加坡	新西兰	秘鲁	哥斯达黎加	香港	澳门	台湾
			文莱	柬埔寨	印尼	老挝	马来西亚	缅甸	菲律宾	新加坡	泰国	越南										
30029020	蓖麻毒素	3	0	0	0	0	0	0	0	0	0	0		0	0		0	0	0			
30029030	细菌及病毒	3	0	0	0	0	0	0	0	0	0	0		0	0		0	0	0			
30029040	遗传物质和基因修饰生物体	3	0	0	0	0	0	0	0	0	0	0		0	0		0	0	0			
30029090	人血;治病、防病或诊断用动物血制品;其他毒素、培养微生物(不包括酵母)及类似产品	3	0	0	0	0	0	0	0	0	0	0		0	0		0	0	0	0		
30031011	含有氨苄青霉素的混合药品(两种或两种以上成分混合而成的,治病或防病用,未配定剂量或非零售包装)	6	0	0	0	0	0	0	0	0	0	0	4.5	0	0		0	0	0			
30031012	含有羟氨苄青霉素的混合药品(两种或两种以上成分混合而成的,治病或防病用,未配定剂量或非零售包装)	6	0	0	0	0	0	0	0	0	0	0	4.5	0	0		0	0	0			
30031013	含有青霉素 V 的混合药品(两种或两种以上成分混合而成的,治病或防病用,未配定剂量或非零售包装)	6	0	0	0	0	0	0	0	0	0	0	4.5	0	0		0	0	0			
30031019	含有其他青霉素及具有青霉烷酸结构的青霉素衍生物的混合药品(两种或两种以上成分混合而成的,治病或防病用,未配定剂量或非零售包装)	6	0	0	0	0	0	0	0	0	0	0	4.5	0	0		0	0	0			
30031090	其他含有链霉素的混合药品(两种或两种以上成分混合而成的,治病或防病用,未配定剂量或非零售包装)	6	0	0	0	0	0	0	0	0	0	0	4.5	0	0		0	0	0			
30032011	含有头孢噻肟的混合药品(两种或两种以上成分混合而成的,治病或防病用,未配定剂量或非零售包装)	6	0	0	0	0	0	0	0	0	0	0	5.4	0	0		0	0	0			
30032012	含有头孢他啶的混合药品(两种或两种以上成分混合而成的,治病或防病用,未配定剂量或非零售包装)	6	0	0	0	0	0	0	0	0	0	0	5.4	0	0		0	0	0			
30032013	含有头孢西丁的混合药品(两种或两种以上成分混合而成的,治病或防病用,未配定剂量或非零售包装)	6	0	0	0	0	0	0	0	0	0	0	5.4	0	0		0	0	0			

税则号列	商品描述	最惠国税率(%)	协定税率(%)																			
			东盟										亚太	智利	巴基斯坦	新加坡	新西兰	秘鲁	哥斯达黎加	香港	澳门	台湾
			文莱	柬埔寨	印尼	老挝	马来西亚	缅甸	菲律宾	新加坡	泰国	越南										
30032014	含有头孢替唑的混合药品(两种或两种以上成分混合而成的,治病或防病用,未配定剂量或非零售包装)	6	0	0	0	0	0	0	0	0	0	0	5.4	0	0		0	0	0			
30032015	含有头孢克罗的混合药品(两种或两种以上成分混合而成的,治病或防病用,未配定剂量或非零售包装)	6	0	0	0	0	0	0	0	0	0	0	5.4	0	0		0	0	0			
30032016	含有头孢呋辛的混合药品(两种或两种以上成分混合而成的,治病或防病用,未配定剂量或非零售包装)	6	0	0	0	0	0	0	0	0	0	0	5.4	0	0		0	0	0			
30032017	含有头孢三嗪(头孢曲松)的混合药品(两种或两种以上成分混合而成的,治病或防病用,未配定剂量或非零售包装)	6	0	0	0	0	0	0	0	0	0	0	5.4	0	0		0	0	0			
30032018	含有头孢哌酮的混合药品(两种或两种以上成分混合而成的,治病或防病用,未配定剂量或非零售包装)	6	0	0	0	0	0	0	0	0	0	0	5.4	0	0		0	0	0			
30032019	含有其他头孢菌素的混合药品(两种或两种以上成分混合而成的,治病或防病用,未配定剂量或非零售包装)	6	0	0	0	0	0	0	0	0	0	0	5.4	0	0		0	0	0			
30032090	其他含有其他抗菌素的混合药品(两种或两种以上成分混合而成的,治病或防病用,未配定剂量或非零售包装)	6	0	0	0	0	0	0	0	0	0	0	4.2	0	0		0	0	0			
30033100	含有胰岛素但不含抗菌素的混合药品(两种或两种以上成分混合而成的,治病或防病用,未配定剂量或非零售包装)	5	0	0	0	0	0	0	0	0	0	0	3.5	0	0		0	0	0			
30033900	含激素(胰岛素除外)或品目29.37其他产品,但不含抗菌素的混合药品(两种或两种以上成分混合而成的,治病或防病用,未配定剂量或非零售包装)	6	0	0	0	0	0	0	0	0	0	0	4.2	0	0		0	0	0			

税则号列	商品描述	最惠国税率（%）	协定税率（%）																			
			东盟										亚太	智利	巴基斯坦	新加坡	新西兰	秘鲁	哥斯达黎加	香港	澳门	台湾
			文莱	柬埔寨	印尼	老挝	马来西亚	缅甸	菲律宾	新加坡	泰国	越南										
30034010	含奎宁或其盐，但不含抗菌素及品目29.37的产品的混合药品（两种或两种以上成分混合而成的，治病或防病用，未配定剂量或非零售包装）	5	0	0	0	0	0	0	0	0	0	0		0	0		0	0	0			
30034090	含生物碱及其衍生物（奎宁或其盐除外），但不含抗菌素及品目29.37的激素或其他产品的混合药品（两种或两种以上成分混合而成的，治病或防病用，未配定剂量或非零售包装）	5	0	0	0	0	0	0	0	0	0	0		0	0		0	0	0			
30039010	含磺胺类的混合药品（两种或两种以上成分混合而成的，治病或防病用，未配定剂量或非零售包装）	6	0	0	0	0	0	0	0	0	0	0	4.2	1.8	0		0	0	0		0	
30039020	含有青蒿素及其衍生物药品	5	0	0	0	0	0	0	0	0	0	0		1.5	0		0	0	0		0	
30039090	含其他成分混合药品（两种或两种以上成分混合而成的，治病或防病用，未配定剂量或非零售包装）	5	0	0	0	0	0	0	0	0	0	0		1.5	0		0	0	0		0	
30041011	氨苄青霉素制剂（混合，治病或防病用，已配定剂量或制成零售包装）	6	0	0	0	0	0	0	0	0	0	0	4.5	1.8	0		0	0	0	0	0	
30041012	羟氨苄青霉素制剂（两种或两种以上成分混合而成的，治病或防病用，已配定剂量或制成零售包装）	6	0	0	0	0	0	0	0	0	0	0	4.5	1.8	0		0	0	0	0	0	
30041013	青霉素V制剂（两种或两种以上成分混合而成的，治病或防病用，已配定剂量或制成零售包装）	6	0	0	0	0	0	0	0	0	0	0	4.5	1.8	0		0	0	0	0	0	
30041019	其他青霉素制剂（混合或非混合，治病或防病用，已配定剂量或制成零售包装）	6	0	0	0	0	0	0	0	0	0	0	4.5	1.8	0		0	0	0	0	0	
30041090	含有其他青霉素及具有青霉烷酸结构的青霉素衍生物或链霉素及其衍生物的药品（混合或非混合，治病或防病用，已配定剂量或制成零售包装）	6	0	0	0	0	0	0	0	0	0	0	4.5	1.8	0		0	0	0	0	0	

税则号列	商品描述	最惠国税率(%)	协定税率(%)																			
			东盟																			
			文莱	柬埔寨	印尼	老挝	马来西亚	缅甸	菲律宾	新加坡	泰国	越南	亚太	智利	巴基斯坦	新加坡	新西兰	秘鲁	哥斯达黎加	香港	澳门	台湾
30042011	头孢噻肟制剂(混合或非混合,治病或防病用,已配定剂量或制成零售包装)	6	0	0	0	0	0	0	0	0	0	0	5	1.8	0		0	0	0	0		
30042012	头孢他啶制剂(混合或非混合,治病或防病用,已配定剂量或制成零售包装)	6	0	0	0	0	0	0	0	0	0	0	5	1.8	0		0	0	0	0		
30042013	头孢西丁制剂(混合或非混合,治病或防病用,已配定剂量或制成零售包装)	6	0	0	0	0	0	0	0	0	0	0	5	1.8	0		0	0	0	0		
30042014	头孢替唑制剂(混合或非混合,治病或防病用,已配定剂量或制成零售包装)	6	0	0	0	0	0	0	0	0	0	0	5	1.8	0		0	0	0	0		
30042015	头孢克罗制剂(混合或非混合,治病或防病用,已配定剂量或制成零售包装)	6	0	0	0	0	0	0	0	0	0	0	5	1.8	0		0	0	0	0		
30042016	头孢呋辛制剂(混合或非混合,治病或防病用,已配定剂量或制成零售包装)	6	0	0	0	0	0	0	0	0	0	0	5	1.8	0		0	0	0	0		
30042017	头孢三嗪(头孢曲松)制剂(混合或非混合,治病或防病用,已配定剂量或制成零售包装)	6	0	0	0	0	0	0	0	0	0	0	5	1.8	0		0	0	0	0		
30042018	头孢哌酮制剂(混合或非混合,治病或防病用,已配定剂量或制成零售包装)	6	0	0	0	0	0	0	0	0	0	0	5	1.8	0		0	0	0	0		
30042019	含有其他头孢菌素制剂(混合或非混合,治病或防病用,已配定剂量或制成零售包装)	6	0	0	0	0	0	0	0	0	0	0	5	1.8	0		0	0	0	0		
30042090	含有其他抗菌素的药品(混合或非混合,治病或防病用,已配定剂量或制成零售包装)	6	0	0	0	0	0	0	0	0	0	0	4.2	1.8	0		0	0	0	0	0	
30043110	含有重组人胰岛素但不含抗菌素的药品(混合或非混合,治病或防病用,已配定剂量或零售包装)	5	0	0	0	0	0	0	0	0	0	0	3.5	1.5	0		0	0	0			
30043190	含有其他胰岛素但不含抗菌素的药品(混合或非混合,治病或防病用,已配定剂量或零售包装)	5	0	0	0	0	0	0	0	0	0	0	3.5	1.5	0		0	0	0			

税则号列	商品描述	最惠国税率(%)	协定税率(%)																			
			东盟										亚太	智利	巴基斯坦	新加坡	新西兰	秘鲁	哥斯达黎加	香港	澳门	台湾
			文莱	柬埔寨	印尼	老挝	马来西亚	缅甸	菲律宾	新加坡	泰国	越南										
30043200	含肾上腺皮质激素但不含抗菌素的药品(混合或非混合,治病或防病用,已配定剂量或零售包装)	5	0	0	0	0	0	0	0	0	0	0	3.5	1.5	0		0	0	0	0		
30043900	含有品目29.37其他产品但不含抗菌素的药品(混合或非混合,治病或防病用,已配定剂量或零售包装)	5	0	0	0	0	0	0	0	0	0	0	3.5	1.5	0		0	0	0	0		
30044010	含有奎宁或其盐,但不含抗菌素及品目29.37的产品的药品(混合或非混合,治病或防病用,已配定剂量或零售包装)	5	0	0	0	0	0	0	0	0	0	0	4	1.5	0		0	0	0	0		
30044090	含有其他生物碱及其衍生物,但不含抗菌素及品目29.37的产品的药品(混合或非混合,治病或防病用,已配定剂量或零售包装)	5	0	0	0	0	0	0	0	0	0	0		1.5	0		0	0	0	0		
30045000	含有维生素或品目29.36其他产品的其他药品(混合或非混合,治病或防病用,已配定剂量或零售包装)	6	0	0	0	0	0	0	0	0	0	0	5	1.8	0		0	0	0		0	
30049010	含有磺胺类的药品(两种或两种以上成分混合而成的,治病或防病用,已配定剂量或零售包装)	6	0	0	0	0	0	0	0	0	0	0	4.2	1.8	0		0	0	0	0	0	
30049020	含联苯双酯的药品(混合或非混合,治病或防病用,已配定剂量或零售包装)	4	0	0	0	0	0	0	0	0	0	0	2.8	1.2	0		0	0	0		0	
30049051	中药酒(混合或非混合,治病或防病用,已配定剂量或零售包装)	3	0	0	0	0	0	0	0	0	0	0	2	0	0		0	0	0	0	0	
30049052	片仔癀(混合或非混合,治病或防病用,已配定剂量或零售包装)	3	0	0	0	0	0	0	0	0	0	0	2	0	0		0	0	0	0	0	
30049053	白药(混合或非混合,治病或防病用,已配定剂量或零售包装)	3	0	0	0	0	0	0	0	0	0	0	2	0	0		0	0	0	0	0	
30049054	清凉油(混合或非混合,治病或防病用,已配定剂量或零售包装)	3	0	0	0	0	0	0	0	0	0	0	2	0	0		0	0	0	0	0	
30049055	安宫牛黄丸	3	0	0	0	0	0	0	0	0	0	0	2	0	0		0	0	0	0	0	

税则号列	商品描述	最惠国税率(%)	协定税率(%)																			
			东盟										亚太	智利	巴基斯坦	新加坡	新西兰	秘鲁	哥斯达黎加	香港	澳门	台湾
			文莱	柬埔寨	印尼	老挝	马来西亚	缅甸	菲律宾	新加坡	泰国	越南										
30049059	其他中式成药(混合或非混合,治病或防病用,已配定剂量或零售包装)	3	0	0	0	0	0	0	0	0	0	0	2	0	0		0	0	0	0	0	
30049060	含有青蒿素及其衍生物的中成药	4	0	0	0	0	0	0	0	0	0	0		1.2	0		0	0	0	0	0	
30049090	其他药品(混合或非混合,治病或防病用,已配定剂量或零售包装)	4	0	0	0	0	0	0	0	0	0	0	2.8	1.2	0		0	0	0	0	0	
30051010	橡皮膏(经药物浸涂或制定零售包装供医疗、外科、牙科或兽医用)	5	0	0	0	0	0	0	0	0	0	0		1.5	0		0	0	0		0	
30051090	其他胶粘敷料及有胶粘涂层的物品(经药物浸涂或制定零售包装供医疗、外科、牙科或兽医用)	5	0	0	0	0	0	0	0	0	0	0		1.5	0		0	0	0		0	
30059010	药棉、纱布、绷带(经药物浸涂或制定零售包装供医疗、外科、牙科或兽医用)	5	0	0	0	0	0	0	0	0	0	0	3	1.5	0		0	0	0	0		
30059090	其他医用软填料及类似物品(经药物浸涂或制定零售包装供医疗、外科、牙科或兽医用)	5	0	0	0	0	0	0	0	0	0	0		1.5	0		0	0	0	0	0	
30061000	无菌外科肠线;无菌昆布、无菌黏合胶布、无菌吸收性止血材料、外科或牙科用无菌抗粘连阻隔材料及类似无菌材料	5	0	0	0	0	0	0	0	0	0	0		0	0		0	0	0	0	0	
30062000	血型试剂	3	0	0	0	0	0	0	0	0	0	0		0	0		0	0	0			
30063000	X 光检查造影剂;诊断试剂	4	0	0	0	0	0	0	0	0	0	0		0	0		0	0	0			
30064000	牙科黏固剂及其他牙科填料(包括骨骼黏固剂)	5	0	0	0	0	0	0	0	0	0	0		0	0		0	0	0			
30065000	急救药箱、药包	5	0	0	0	0	0	0	0	0	0	0		0	0		0	0	0			
30067000	专用于人类或作兽药用的凝胶制品,作为外科手术或体检时躯体部位的润滑剂,或者作为躯体和医疗器械之间的耦合剂	6.5	0	0	0	0	0	0	0	0	0	0		0	5		0	0	0	0		
30069100	可确定用于造口术用具	10	0	0	0	0	0	0	0	0	0	0	9.2	3	9.2	0	0	0	0	0	0	
30069200	废药物	5	0	0	0	0	0	0	0	0	0	0		0	0		0	0	0			
31010011	未经化学处理的鸟粪	3	0	0	0	0	0	0	0	0	0	0		0	0		0	0	0			

税则号列	商品描述	最惠国税率（%）	协定税率（%） 东盟 文莱	柬埔寨	印尼	老挝	马来西亚	缅甸	菲律宾	新加坡	泰国	越南	亚太	智利	巴基斯坦	新加坡	新西兰	秘鲁	哥斯达黎加	香港	澳门	台湾
31010019	未经化学处理的其他动植物肥料	6.5	0	0	0	0	0	0	0	0	0	0		2	5		0	0	0		0	
31010090	动植物产品经混合或化学处理的制成的肥料	4	0	0	0	0	0	0	0	0	0	0		1.2	0		0	0	0			
31021000	尿素（不论是否水溶液）	50											40		40							
31022100	硫酸铵	4	0	0	0	0	0	0	0	0	0	0		0	0		0	0	0			
31022900	硫酸铵和硝酸铵的复盐及混合物	4	0	0	0	0	0	0	0	0	0	0		0	0		0	0	0			
31023000	硝酸铵（不论是否水溶液）	4	0	0	0	0	0	0	0	0	0	0		1.2	0		0	0	0			
31024000	硝酸铵与碳酸钙或其他无肥效无机物的混合物	4	0	0	0	0	0	0	0	0	0	0		0	0		0	0	0			
31025000	硝酸钠	4	0	0	0	0	0	0	0	0	0	0		1.2	0		0	0	0			
31026000	硝酸钙和硝酸铵的复盐及混合物	4	0	0	0	0	0	0	0	0	0	0		1.2	0		0	0	0			
31028000	尿素及硝酸铵混合物的水溶液或氨水溶液	4	0	0	0	0	0	0	0	0	0	0		0	0		0	0	0			
31029010	氰氨化钙	4	0	0	0	0	0	0	0	0	0	0		0	0		0	0	0			
31029090	其他矿物氮肥及化学氮肥，包括上述编号未列名的混合物	4	0	0	0	0	0	0	0	0	0	0		1.2	0		0	0	0			
31031010	重过磷酸钙	4	0	0	0	0	0	0	0	0	0	0		0	0		0	0	0			
31031090	其他过磷酸钙	4	0	0	0	0	0	0	0	0	0	0		0	0		0	0	0			
31039000	其他矿物磷肥或化学磷肥	4	0	0	0	0	0	0	0	0	0	0		0	0		0	0	0			
31042010	分析纯的氯化钾	3	0	0	0	0	0	0	0	0	0	0		0	0		0	0	0			
31042090	其他氯化钾	3	0	0	0	0	0	0	0	0	0	0		0	0		0	0	0			
31043000	硫酸钾	3	0	0	0	0	0	0	0	0	0	0		0	0		0	0	0			
31049010	光卤石、钾盐及其他天然粗钾盐	3	0	0	0	0	0	0	0	0	0	0		0	0		0	0	0			
31049090	其他矿物钾肥及化学钾肥	3	0	0	0	0	0	0	0	0	0	0		0	0		0	0	0			
31051000	制成片状及类似形状或每包毛重不超过10千克的三十一章各货品	4	0	0	0	0	0	0	0	0	0	0		1.2	0		0	0	0	0		
31054000	磷酸二氢铵及磷酸二氢铵与磷酸氢二铵的混合物	4	0	0	0	0	0	0	0	0	0	0		0	0		0	0	0			
31055100	含有硝酸盐及磷酸盐的肥料	4	0	0	0	0	0	0	0	0	0	0		1.2	0		0	0	0			
31055900	其他含氮、磷两种肥效元素的矿物肥料或化学肥料	4	0	0	0	0	0	0	0	0	0	0		0	0		0	0	0			

税则号列	商品描述	最惠国税率(%)	协定税率(%)																			
			东盟										亚太	智利	巴基斯坦	新加坡	新西兰	秘鲁	哥斯达黎加	香港	澳门	台湾
			文莱	柬埔寨	印尼	老挝	马来西亚	缅甸	菲律宾	新加坡	泰国	越南										
31056000	含磷、钾两种元素的肥料	4	0	0	0	0	0	0	0	0	0	0		0	0		0	0	0			
31059000	其他肥料	4	0	0	0	0	0	0	0	0	0	0		1.2	0		0	0	0	0		
32011000	坚木浸膏	5	0	0	0	0	0	0	0	0	0	0		0	0		0	2	0			
32012000	荆树皮浸膏	6.5	0	0	0	0	0	0	0	0	0	0		0	5		0	2.6	0			
32019010	其他植物鞣料浸膏	6.5	0	0	0	0	0	0	0	0	0	0		0	5		0	2.6	0			
32019090	鞣酸及其盐、醚、酯和其他衍生物	6.5	0	0	0	0	0	0	0	0	0	0		0	5		0	2.6	0			
32021000	有机合成鞣料	6.5	0	0	0	0	0	0	0	0	0	0		0	5		0	2.6	0	0		
32029000	无机鞣料;鞣料制剂等,不论是否含有天然鞣料;预鞣用酶制剂	6.5	0	0	0	0	0	0	0	0	0	0		0	5		0	0	0	0	0	
32030011	天然靛蓝及以其为基本成分的制品,包括染料浸膏(不论是否已有化学定义)	6.5	0	0	0	0	0	0	0	0	0	0		2	5		0	5.8	0			
32030019	其他植物质着色料及以其为基本成分的制品包括染料浸膏(不论是否已有化学定义);三十二章注释三所述的以植物质着色料为基本成分的制品	6.5	0	0	0	0	0	0	0	0	0	0		2	5		0	5.8	0		0	
32030020	动物质着色料及以其为基本成分的制品包括染料浸膏(不论是否已有化学定义,但动物炭黑除外);三十二章注释三所述的以动物质着色料为基本成分的制品	6.5	0	0	0	0	0	0	0	0	0	0		2	5		0	5.8	0			
32041100	分散染料及以其为基本成分的制品(不论是否已有化学定义)	6.5	0	0	0	0	0	0	0	0	0	0	5.8	0	0		0	0	0			
32041200	酸性染料(不论是否预金属络合)及以其为基本成分的制品(不论是否已有化学定义);媒染染料及以其为基本成分的制品(不论是否已有化学定义)	6.5	0	0	0	0	0	0	0	0	0	0	5.8	0	0		0	2.6	0	0		0
32041300	碱性染料及以其为基本成分的制品(不论是否已有化学定义)	6.5	0	0	0	0	0	0	0	0	0	0	6	0	0		0	2.6	0			
32041400	直接染料及以其为基本成分的制品(不论是否已有化学定义)	6.5	0	0	0	0	0	0	0	0	0	0	6	0	0		0	0	0			0

税则号列	商品描述	最惠国税率(%)	协定税率(%) 东盟 文莱	东盟 柬埔寨	东盟 印尼	东盟 老挝	东盟 马来西亚	东盟 缅甸	东盟 菲律宾	东盟 新加坡	东盟 泰国	东盟 越南	亚太	智利	巴基斯坦	新加坡	新西兰	秘鲁	哥斯达黎加	香港	澳门	台湾
32041510	合成靛蓝(还原靛蓝)(不论是否已有化学定义)	6.5	0	0	0	0	0	0	0	0	0	0	6	0	0		0	0	0			
32041590	其他瓮染料(包括颜料用的)及以其为基本成分的制品(不论是否已有化学定义)	6.5	0	0	0	0	0	0	0	0	0	0	6	0	0		0	0	0			
32041600	活性染料及以其为基本成分的制品(不论是否已有化学定义)	6.5	0	0	0	0	0	0	0	0	0	0	5.8	0	0		0	0	0	0		0
32041700	颜料及以其为基本成分的制品(不论是否已有化学定义)	6.5	0	0	0	0	0	0	0	0	0	0	4.6	2	0		0	0	0	0		0
32041911	硫化黑(硫化青)及以其为基本成分的制品(不论是否已有化学定义)	6.5	0	0	0	0	0	0	0	0	0	0	6	0	0		0	0	0			
32041919	其他硫化染料及以其为基本成分的制品(不论是否已有化学定义)	6.5	0	0	0	0	0	0	0	0	0	0	6	0	0		0	0	0			
32041990	由编号320411至320419中两个或多个编号所列着色料组成的混合物,(不论是否已有化学定义)	6.5	0	0	0	0	0	0	0	0	0	0	6	0	0		0	0	0			0
32042000	用做荧光增白剂的有机合成产品(不论是否已有化学定义)	6.5	0	0	0	0	0	0	0	0	0	0	6	0	0		0	0	0	0		0
32049010	生物染色剂及染料指示剂(不论是否已有化学定义)	6.5	0	0	0	0	0	0	0	0	0	0	6	0	0		0	0	0			
32049090	其他用做发光体的有机合成产品(不论是否已有化学定义)	6.5	0	0	0	0	0	0	0	0	0	0	6	0	0		0	2.6	0			
32050000	色淀及三十二章注释三所述的以色淀为基本成分的制品	6.5	0	0	0	0	0	0	0	0	0	0		0	5		0	0	0			
32061110	钛白粉	6.5	0	0	0	0	0	0	0	0	0	0		0	5		0	0	0			0
32061190	干量计二氧化钛≥80%的颜料及制品,钛白粉除外	6.5	0	0	0	0	0	0	0	0	0	0		0	5		0	0	0			
32061900	二氧化钛为基料的颜料及制品,干量计二氧化钛<80%	10	0	0	0	0	0	0	0	0	0	0		0	5	0	0	0	0	0		0
32062000	铬化合物为基本成分的颜料及制品	6.5	0	0	0	0	0	0	0	0	0	0		0	5		0	0	0			
32064100	群青及以其为基本成分的制品	6.5	0	0	0	0	0	0	0	0	0	0		0	5		0	0	0			

税则号列	商品描述	最惠国税率（%）	协定税率（%）																			
			东盟										亚太	智利	巴基斯坦	新加坡	新西兰	秘鲁	哥斯达黎加	香港	澳门	台湾
			文莱	柬埔寨	印尼	老挝	马来西亚	缅甸	菲律宾	新加坡	泰国	越南										
32064210	锌钡白	6.5	0	0	0	0	0	0	0	0	0	0		0	5		0	0	0			
32064290	其他以硫化锌为基本成分的颜料和制品	6.5	0	0	0	0	0	0	0	0	0	0		0	5		0	0	0			
32064900	其他着色料及其制品；三十二章注释三所述的制品，但品目32.03、32.04及32.05的货品除外	6.5	0	0	0	0	0	0	0	0	0	0	3.3	0	0		0	0	0	0		0
32065000	用做发光体的无机产品，不论是否已有化学定义	6.5	0	0	0	0	0	0	0	0	0	0	5.9	0	5		0	0	0			
32071000	调制颜料、遮光剂、着色剂及类似制品（用于陶瓷、搪瓷及玻璃工业）	5	0	0	0	0	0	0	0	0	0	0		1.5	0		0	0	0			
32072000	珐琅和釉料、釉底料及类似制品（用于陶瓷、搪瓷及玻璃工业）	5	0	0	0	0	0	0	0	0	0	0		1.5	0		0	0	0			
32073000	光瓷釉及类似制品（用于陶瓷、搪瓷及玻璃工业）	5	0	0	0	0	0	0	0	0	0	0		0	0		0	0	0			
32074000	呈粉、粒状搪瓷玻璃料及其他玻璃	5	0	0	0	0	0	0	0	0	0	0		1.5	0		0	0	0			
32081000	分散或溶于非水介质的聚酯油漆及清漆等	10	0	0	0	0	0	0	0	0	0	0	9	3	5	0	0	7	0	0	0	0
32082010	分散或溶于非水介质的丙烯酸聚合物油漆及清漆	10	0	0	0	0	0	0	0	0	0	0	9	3	5	0	0	7	0			0
32082020	分散或溶于非水介质的乙烯聚合物油漆及清漆	10	0	0	0	0	0	0	0	0	0	0	9	3	5		0	7	0			
32089010	分散或溶于非水介质的聚胺酯类油漆及清漆	10	0	0	0	0	0	0	0	0	0	0	9	3	5	0	0	7	0			
32089090	分散或溶于非水介质其他油漆、清漆溶液	10	0	0	0	0	0	0	0	0	0	0	9	3	5	0	0	7	0	0	0	0
32091000	分散或溶于水介质的丙烯酸聚合物或乙烯聚合物油漆及清漆	10	0	0	0	0	0	0	0	0	0	0	9	3	5	0	0	7	0		0	
32099010	以环氧树脂为基本成分的溶于水介质其他聚合物油漆及清漆	10	0	0	0	0	0	0	0	0	0	0		3	5	0	0	0	0			0
32099020	以氟树脂为基本成分的溶于水介质其他聚合物油漆及清漆	10	0	0	0	0	0	0	0	0	0	0		3	5	0	0	0	0			
32099090	溶于水介质其他聚合物油漆及清漆	10	0	0	0	0	0	0	0	0	0	0		3	5	0	0	0	0	0		0

税则号列	商品描述	最惠国税率(%)	协定税率(%) 东盟 文莱	柬埔寨	印尼	老挝	马来西亚	缅甸	菲律宾	新加坡	泰国	越南	亚太	智利	巴基斯坦	新加坡	新西兰	秘鲁	哥斯达黎加	香港	澳门	台湾
32100000	其他油漆及清漆(包括瓷漆、大漆及水浆涂料);皮革用水性颜料	10	0	0	0	0	0	0	0	0	0	0	9	3	5	0	0	7	0	0	0	0
32110000	配制的催干剂	10	0	0	0	0	0	0	0	0	0	0		0	5	0	0	0	0			
32121000	压印箔	15	0	0	0	0	0	0	0	0	0	0		4.5	12	0	0	10.5	9			
32129000	制漆用颜料(分散于非水介质中呈液状或浆状的)及零售形状或零售包装的染料、色料	10	0	0	0	0	0	0	0	0	0	0		0	5	0	0	0	0			
32131000	成套的颜料(艺术家、学生和广告美工用的)	10	0	0	0	0	0	0	0	0	0	0		3	5		0	7	0			
32139000	非成套颜料、调色料及类似品(艺术家、学生和广告美工用的,片状、管装、罐装、瓶装、扁盒装等类似形状或包装的)	10	0	0	0	0	0	0	0	0	0	0	9	0	5		0	0	0			
32141010	半导体器件封装材料	9	0	0	0	0	0	0	0	0	0	0		2.7	5		0	0	0			
32141090	其他安装玻璃用油灰、接缝用油灰、树脂胶泥、嵌缝胶及其他类似胶粘剂;漆工用填料	9	0	0	0	0	0	0	0	0	0	0		2.7	5		0	0	0			
32149000	非耐火涂面制剂,涂门面、内墙、地板、天花板等用	9	0	0	0	0	0	0	0	0	0	0		2.7	5		0	0	0	0		
32151100	黑色印刷油墨(不论是否固体或浓缩)	6.5	0	0	0	0	0	0	0	0	0	0	4.6	2	0		0	0	0	0	0	
32151900	其他印刷油墨(不论是否固体或浓缩),黑色印刷油墨除外	6.5	0	0	0	0	0	0	0	0	0	0	4.6	2	0		0	0	0	0	0	0
32159010	书写墨水(不论是否固体或浓缩)	6.5	0	0	0	0	0	0	0	0	0	0		0	5		0	0	0	0	0	
32159090	绘图墨水及其他墨类(不论是否固体或浓缩)	10	0	0	0	0	0	0	0	0	0	0		0	5	0	0	4	0	0	0	
33011200	橙油(包括浸膏及净油)	20	0	0	0	0	0	0	0	0	0	0		0		0	0	14	12		0	
33011300	柠檬油(包括浸膏及净油)	20	0	0	0	0	0	0	0	0	0	0		0		0	0	8	12		0	
33011910	白柠檬油(酸橙油)(包括浸膏及净油)	20	0	0	0	0	0	0	0	0	0	0		0		0	0	8	12		0	
33011990	其他柑橘属果实的精油(包括浸膏及净油)	20	0	0	0	0	0	0	0	0	0	0		0		0	0	8	12		0	
33012400	胡椒薄荷油(包括浸膏及净油)	20	0	0	0	0	0	0	0	0	0	0		0		0	0	14	12		0	
33012500	其他薄荷油(包括浸膏及净油)	15	0	0	0	0	0	0	0	0	0	0	14	0	12	0	0	10.5	9		0	

税则号列	商品描述	最惠国税率(%)	协定税率(%)																			
			东盟										亚太	智利	巴基斯坦	新加坡	新西兰	秘鲁	哥斯达黎加	香港	澳门	台湾
			文莱	柬埔寨	印尼	老挝	马来西亚	缅甸	菲律宾	新加坡	泰国	越南										
33012910	樟脑油(包括浸膏及净油)	20	0	0	0	0	0	0	0	0	0	0		0		0	0	14	12		0	
33012920	香茅油(包括浸膏及净油)	15	0	0	0	0	0	0	0	0	0	0		0	12	0	0	10.5	9		0	
33012930	茴香油(包括浸膏及净油)	20	0	0	0	0	0	0	0	0	0	0		0		0	0	14	12		0	
33012940	桂油(包括浸膏及净油)	20	0	0	0	0	0	0	0	0	0	0		0		0	0	14	12		0	
33012950	山苍子油(包括浸膏及净油)	20	0	0	0	0	0	0	0	0	0	0		0		0	0	14	12		0	
33012960	桉叶油(包括浸膏及净油)	20	0	0	0	0	0	0	0	0	0	0		0		0	0	14	12		0	
33012991	老鹳草油(香叶油)(包括浸膏及净油)	20	0	0	0	0	0	0	0	0	0	0		0		0	0	14	12		0	
33012999	其他非柑橘属果实的精油(包括浸膏及净油)	15	0	0	0	0	0	0	0	0	0	0		0	12	0	0	6	9		0	
33013010	鸢尾凝脂	20	0	0	0	0	0	0	0	0	0	0		0		0	0	14	12		0	
33013090	其他香膏	20	0	0	0	0	0	0	0	0	0	0		0		0	0	14	12		0	
33019010	提取的油树脂	20	0	0	0	0	0	0	0	0	0	0	18	0	18	0	0	8	12		0	
33019020	柑橘属果实的精油脱萜所得的萜烯副产品	20	0	0	0	0	0	0	0	0	0	0	18	0	18	0	0	8	12		0	
33019090	用花香吸取法或浸渍法制定的含浓缩精油的脂肪、固定油、蜡及类似品;精油脱萜所得的萜烯副产品(柑橘属果实的除外);精油水溶液及水馏液	20	0	0	0	0	0	0	0	0	0	0	18	0	18	0	0	8	12		0	
33021010	生产饮料用的混合香料以及以香料为基本成分的制品,按容量计酒精浓度≤0.5%	15	0	0	0	0	0	0	0	0	0	0	12.8	4.5	7.5	0	0	10.5	9		0	
33021090	其他食品或饮料工业用混合香料以及以香料为基本成分的制品	15	0	0	0	0	0	0	0	0	0	0		4.5	12	0	0	10.5	9		0	
33029000	其他工业用混合香料及以香料为基本成分的混合物和制品	10	0	0	0	0	0	0	0	0	0	0		3	5	0	0	7	0	0	0	
33030000	香水及花露水	10	0	0	0	0	0	0	0	0	0	0	8.2	3	5	0	0	0	0	0	0	
33041000	唇用化妆品	10	0	0	0	0	0	0	0	0	0	0		3	5	0	0	0	0	0	0	
33042000	眼用化妆品	10	0	0	0	0	0	0	0	0	0	0		3	5	0	0	0	0	0	0	
33043000	指(趾)甲化妆品	15	0	0	0	0	0	0	0	0	0	0		4.5	12	0	0	10.5	9	0	0	
33049100	粉,不论是否压紧	10	0	0	0	0	0	0	0	0	0	0		3	5	0	0	0	0		0	
33049900	其他美容品或化妆品及护肤品	6.5	0	0	0	0	0	0	0	0	0	0		2	5.2	0	0	0	0	0	0	

税则号列	商品描述	最惠国税率(%)	协定税率(%) 东盟 文莱	柬埔寨	印尼	老挝	马来西亚	缅甸	菲律宾	新加坡	泰国	越南	亚太	智利	巴基斯坦	新加坡	新西兰	秘鲁	哥斯达黎加	香港	澳门	台湾
33051000	洗发剂(香波)	6.5	0	0	0	0	0	0	0	0	0	0	5.4	2	5	0	0	0	0	0	0	
33052000	烫发剂	15	0	0	0	0	0	0	0	0	0	0		0	12	0	0	10.5	9		0	
33053000	定型剂	15	0	0	0	0	0	0	0	0	0	0		4.5	12	0	0	10.5	9		0	
33059000	其他护发品	10	0	0	0	0	0	0	0	0	0	0	8.5	3	5	0	0	0	0	0	0	
33061010	牙膏	10	0	0	0	0	0	0	0	0	0	0	7	3	5	0	0	0	0	0	0	
33061090	其他洁齿品	10	0	0	0	0	0	0	0	0	0	0	7	3	5	0	0	0	0			
33062000	牙线	10	0	0	0	0	0	0	0	0	0	0	9.2	3	5		0	0	0			
33069000	其他口腔及牙齿清洁剂	10	0	0	0	0	0	0	0	0	0	0		3	5	0	0	0	0	0	0	
33071000	剃须用制剂	10	0	0	0	0	0	0	0	0	0	0	7	3	5	0	0	0	0			
33072000	人体除臭剂及止汗剂	10	0	0	0	0	0	0	0	0	0	0	7	3	5	0	0	0	0		0	
33073000	香浴盐及其他沐浴用制剂	10	0	0	0	0	0	0	0	0	0	0	8.5	3	5	0	0	0	0	0	0	
33074100	神香及其他通过燃烧散发香气制品	10	0	0	0	0	0	0	0	0	0	0		0	5	0	0	0	0	0		
33074900	室内除臭制品	10	0	0	0	0	0	0	0	0	0	0		3	5	0	0	0	0	0		
33079000	脱毛剂、其他编号未列名的芳香料制品及化妆盥洗品	9	0	0	0	0	0	0	0	0	0	0	6.3	0	5		0	0	0		0	
34011100	盥洗用肥皂及有机表面活性产品,条状、块状或模制形状的,以及用肥皂或洗涤剂浸渍、涂面或包覆的纸、絮胎、毡呢及无纺织物	10	0	0	0	0	0	0	0	0	0	0	8.3	3	8.3	0	0	0	0	0	0	
34011910	洗衣皂	10	0	0	0	0	0	0	0	0	0	0		0	5	0	0	0	0		0	
34011990	其他用肥皂及有机表面活性产品,条状、块状或模制形状的,以及用肥皂或洗涤剂浸渍、涂面或包覆的纸、絮胎、毡呢及无纺织物	15	0	0	0	0	0	0	0	0	0	0		0	12		0	10.5	9			
34012000	其他形状的肥皂	15	0	0	0	0	0	0	0	0	0	0	12.4	4.5	7.5		0	10.5	9	0	0	
34013000	洁肤用的有机表面活性产品及制品,液状或膏状并制成零售包装的,不论是否含有肥皂	10	0	0	0	0	0	0	0	0	0	0		3	5	0	0	0	0		0	
34021100	阴离子型有机表面活性剂	6.5	0	0	0	0	0	0	0	0	0	0	6	2	5		0	0	0	0	0	
34021200	阳离子型有机表面活性剂	6.5	0	0	0	0	0	0	0	0	0	0	6	0	5		0	0	0	0	0	
34021300	非离子型有机表面活性剂	6.5	0	0	0	0	0	0	0	0	0	0	5.9	2	5		0	0	0	0	0	0

税则号列	商品描述	最惠国税率(%)	协定税率(%)																			
			东盟																			
			文莱	柬埔寨	印尼	老挝	马来西亚	缅甸	菲律宾	新加坡	泰国	越南	亚太	智利	巴基斯坦	新加坡	新西兰	秘鲁	哥斯达黎加	香港	澳门	台湾
34021900	其他有机表面活性剂	6.5	0	0	0	0	0	0	0	0	0	0	6	2	5		0	0	0		0	
34022010	零售包装的合成洗涤粉	10	0	0	0	0	0	0	0	0	0	0	8.5	3	5	0	0	0	0		0	
34022090	零售包装有机表面活性剂制品(合成洗涤粉除外)	10	0	0	0	0	0	0	0	0	0	0	8.5	3	5	0	0	0	0	0	0	
34029000	非零售包装有机表面活性剂制品、洗涤剂及清洁剂	9	0	0	0	0	0	0	0	0	0	0	7.8	2.7	5	0	0	3.6	5.4	0	0	
34031100	用于纺织材料、皮革、毛皮或其他材料油脂处理的制剂(含有石油或从沥青矿物提取的油类且按重量计<70%)	10	0	0	0	0	0	0	0	0	0	0	9.5	0	5	0	0	0	0	0		
34031900	润滑剂(含有石油或从沥青矿物提取的油类且按重量计<70%)	10	0	0	0	0	0	0	0	0	0	0		3	5	0	0	0	0	0		
34039100	用于纺织、皮革、毛皮或其他材料油脂处理的制剂(不含有石油或从沥青矿物提取的油类)	10	0	0	0	0	0	0	0	0	0	0		3	5	0	0	7	0	0		
34039900	润滑剂(不含有石油或从沥青矿物提取的油类)	10	0	0	0	0	0	0	0	0	0	0		3	5	0	0	7	0		0	
34042000	聚乙二醇蜡	10	0	0	0	0	0	0	0	0	0	0		0	5		0	0	0			
34049000	其他人造蜡及调制蜡	10	0	0	0	0	0	0	0	0	0	0		0	5		0	7	0			
34051000	鞋靴或皮革用的上光剂及类似制品	10	0	0	0	0	0	0	0	0	0	0		3	5	0	0	7	0			
34052000	保养木制品的上光剂及类似制品	10	0	0	0	0	0	0	0	0	0	0		3	5	0	0	7	0	0		
34053000	车身用的上光剂及类似制品	10	0	0	0	0	0	0	0	0	0	0		3	5	0	0	7	0			
34054000	擦洗膏、去污粉及类似制品	10	0	0	0	0	0	0	0	0	0	0		0	5		0	0	0			
34059000	玻璃或金属用的光洁剂	10	0	0	0	0	0	0	0	0	0	0	8.5	3	5	0	0	7	0	0		
34060000	各种蜡烛及类似品	10	0	0	0	0	0	0	0	0	0	0		3	5	0	0	0	0		0	
34070010	牙科用蜡及造型膏	6.5	0	0	0	0	0	0	0	0	0	0		0	5		0	0	0			
34070020	以熟石膏为成分的牙科用其他制品	6.5	0	0	0	0	0	0	0	0	0	0		0	5		0	0	0			
34070090	塑型用膏	10	0	0	0	0	0	0	0	0	0	0		0	5		0	0	0			
35011000	酪蛋白	10	0	0	0	0	0	0	0	0	0	0		0	5	0	0	0	0			
35019000	酪蛋白衍生物;酪蛋白胶	10	0	0	0	0	0	0	0	0	0	0		3	5		0	7	0			
35021100	干的卵清蛋白	10	0	0	0	0	0	0	0	0	0	0		0	5		0	0	0			
35021900	其他卵清蛋白	10	0	0	0	0	0	0	0	0	0	0		0	5		0	0	0			

税则号列	商品描述	最惠国税率(%)	协定税率(%)																			
			东盟										亚太	智利	巴基斯坦	新加坡	新西兰	秘鲁	哥斯达黎加	香港	澳门	台湾
			文莱	柬埔寨	印尼	老挝	马来西亚	缅甸	菲律宾	新加坡	泰国	越南										
35022000	乳白蛋白,包括两种或两种以上的乳清蛋白浓缩物	10	0	0	0	0	0	0	0	0	0	0		0	5		0	0	0			
35029000	其他白蛋白及白蛋白盐及其衍生物	10	0	0	0	0	0	0	0	0	0	0		3	5		0	7	0	0		
35030010	明胶及其衍生物	12	0	0	0	0	0	0	0	0	0	0		0	6	0	0	4.8	7.2			
35030090	鱼胶;其他动物胶	12	0	0	0	0	0	0	0	0	0	0		0	6	0	0	4.8	7.2			
35040010	蛋白胨	3	0	0	0	0	0	0	0	0	0	0		0	0		0	0	0		0	
35040090	其他编号未列名蛋白质及其衍生物,皮粉	8	0	0	0	0	0	0	0	0	0	0		0	5		0	0	0		0	
35051000	糊精及其他改性淀粉	12	0	0	0	0	0	0	0	0	0	0		3.6	6	0	0	8.4	7.2	0	0	
35052000	以淀粉、糊精或其他改性淀粉为基本成分的胶	20	0	0	0	0	0	0	0	0	0	0		0		0	0	14	12			
35061000	适于作胶或黏合剂短筒的产品,零售包装每件净重≤1千克	10	0	0	0	0	0	0	0	0	0	0	9.2	3	5	0	0	7	0	0		0
35069110	以聚酰胺为基本成分的黏合剂短筒	10	0	0	0	0	0	0	0	0	0	0	7	3	5	0	0	7	0	0	0	0
35069120	以环氧树脂为基本成分的黏合剂短筒	10	0	0	0	0	0	0	0	0	0	0	7	3	5	0	0	7	0	0	0	0
35069190	以其他橡胶或塑料为基本成分的黏合剂短筒	10	0	0	0	0	0	0	0	0	0	0	7	3	5	0	0	7	0	0	0	0
35069900	其他调制胶、黏合剂短筒	10	0	0	0	0	0	0	0	0	0	0	8.6	3	5	0	0	7	0	0	0	0
35071000	粗制凝乳酶及其浓缩物	6	0	0	0	0	0	0	0	0	0	0		0	5		0	0	0			
35079010	碱性蛋白酶	6	0	0	0	0	0	0	0	0	0	0		1.8	5		0	0	0			
35079020	碱性脂肪酶	6	0	0	0	0	0	0	0	0	0	0		1.8	5		0	0	0			
35079090	其他酶及未列名的酶制品	6	0	0	0	0	0	0	0	0	0	0		1.8	5		0	0	0		0	
36010000	发射药	9	0	0	0	0	0	0	0	0	0	0		0	5		0	0	0			
36020010	硝铵炸药,但发射药除外	9	0	0	0	0	0	0	0	0	0	0		2.7	5		0	0	0			
36020090	其他配制炸药,但发射药除外	9	0	0	0	0	0	0	0	0	0	0		2.7	5		0	0	0			
36030000	安全导火索、导爆索;火帽或雷管;引爆器;电雷管	9	0	0	0	0	0	0	0	0	0	0		2.7	5		0	0	0			
36041000	烟花、爆竹	6	0	0	0	0	0	0	0	0	0	0		0	5		0	0	0			
36049000	信号弹、降雨火箭、浓雾信号弹及其他烟火制品	6	0	0	0	0	0	0	0	0	0	0		0	5		0	0	0			
36050000	火柴,但品目36.04的烟火制品除外	6	0	0	0	0	0	0	0	0	0	0		1.8	5		0	0	0			

税则号列	商品描述	最惠国税率(%)	协定税率(%)																			
			东盟										亚太	智利	巴基斯坦	新加坡	新西兰	秘鲁	哥斯达黎加	香港	澳门	台湾
			文莱	柬埔寨	印尼	老挝	马来西亚	缅甸	菲律宾	新加坡	泰国	越南										
36061000	灌注打火机等用的液体或液化气体燃料,其包装容器的容积≤300立方厘米	10	0	0	0	0	0	0	0	0	0	0		0	5		0	0	0	0		
36069011	已切成形可直接使用的铈铁及其他引火合金	9	0	0	0	0	0	0	0	0	0	0		0	5		0	0	0			
36069019	未切成形不可直接使用的铈铁及其他引火合金	9	0	0	0	0	0	0	0	0	0	0		0	5		0	0	0			
36069090	其他易燃材料制品	9	0	0	0	0	0	0	0	0	0	0		0	5		0	0	0			
37011000	未曝光的X光感光硬片及平面软片,用纸、纸板及纺织物以外任何材料制成	20												6			0	14	12			
37012000	未曝光的一次成像感光平片,用纸、纸板及纺织物以外任何材料制成	5	0	0	0	0	0	0	0	0	0	0		0	0		0	0	0			
37013021	激光照排片(任何一边超过255毫米),用纸、纸板及纺织物以外任何材料制成	3.7元/平方米												0			0	0	0		0	
37013022	PS版(预涂感光版)(任何一边超过255毫米),用纸、纸板及纺织物以外任何材料制成	8.1元/平方米												0			0	0	0		0	
37013024	CTP版	8.1元/平方米	0		0		0	0	0	0	0	0		0	4.05元/平方米		0	0	0		0	
37013025	柔性印刷版	15元/平方米												0			0	0	0		0	
37013029	其他未曝光照相制版用感光硬片及软片(任何一边超过255毫米),用纸、纸板及纺织物以外任何材料制成	15元/平方米												0			0	0	0		0	
37013090	未曝光其他用途的感光硬片及软片(任何一边超过255毫米),用纸、纸板及纺织物以外任何材料制成	20	0	0	0	0	0	0	0	0	0	0		0		0	0	14	12			

税则号列	商品描述	最惠国税率(%)	协定税率(%)																			
			东盟										亚太	智利	巴基斯坦	新加坡	新西兰	秘鲁	哥斯达黎加	香港	澳门	台湾
			文莱	柬埔寨	印尼	老挝	马来西亚	缅甸	菲律宾	新加坡	泰国	越南										
37019100	彩色摄影用未曝光彩色硬片及平面软片，用纸、纸板及纺织物以外任何材料制成，任何一边≤255毫米	22	0	0	0	0	0	0	0	0	0	0		0		0	4	15.4	13.2			
37019920	照相制版用其他未曝光软片及硬片，用纸、纸板及纺织物以外任何材料制成，任何一边≤255毫米	10	0	0	0	0	0	0	0	0	0	0		3	5		0	7	0			
37019990	其他用未曝光软片及硬片，用纸、纸板及纺织物以外任何材料制成，任何一边≤255毫米	25	0	0	0	0	0	0	0	0	0	0		7.5		0	4	17.5	15			
37021000	成卷的未曝光的X光感光胶片，用纸、纸板及纺织物以外任何材料制成	10												0			0	0	0			
37023110	彩色摄影用未曝光一次成像感光卷片，宽度≤105毫米，用纸、纸板及纺织物以外任何材料制成	5	0	0	0	0	0	0	0	0	0	0		0	0		0	0	0			
37023190	彩色摄影用未曝光无齿孔彩色胶卷，宽度≤105毫米，用纸、纸板及纺织物以外任何材料制成	67元/平方米	0	0	0	0	0	0	0	0	0	0		0		0	6.7元/平方米	46.9元/平方米	40.2元/平方米			
37023210	照相制版用未曝光涂卤化银液无齿孔一次成像感光卷片，宽度≤105毫米，用纸、纸板及纺织物以外任何材料制成	5	0	0	0	0	0	0	0	0	0	0		0	0		0	0	0			
37023220	照相制版用未曝光涂卤化银液无齿孔胶卷，宽度≤105毫米，用纸、纸板及纺织物以外任何材料制成	4.5元/平方米	0		0		0	0	0	0	0	0		0	2.25元/平方米		0	0	0			
37023290	其他未曝光涂乳液无齿孔胶卷，宽度≤105毫米，用纸、纸板及纺织物以外任何材料制成	21元/平方米	0		0		0	0	0	0	0	0		0		0	3.8元/平方米	14.7元/平方米	12.6元/平方米			
37023920	照相制版用未曝光未涂卤化银无齿孔感光胶卷，宽度≤105毫米，用纸、纸板及纺织物以外任何材料制成	12元/平方米	0		0		0	0	0	0	0	0		0	6元/平方米		0	0	0			

税则号列	商品描述	最惠国税率(%)	协定税率(%)																			
			东盟										亚太	智利	巴基斯坦	新加坡	新西兰	秘鲁	哥斯达黎加	香港	澳门	台湾
			文莱	柬埔寨	印尼	老挝	马来西亚	缅甸	菲律宾	新加坡	泰国	越南										
37023990	其他未曝光未涂卤化银无齿孔感光胶卷,宽度≤105 米,用纸、纸板及纺织物以外任何材料制成	24 元/平方米	0		0		0	0	0	0	0	0		0		0	4.3 元/平方米	16.8 元/平方米	14.4 元/平方米			
37024100	彩色摄影用未曝光无齿孔彩色胶卷,宽度>610 毫米,长度>200 米,用纸、纸板及纺织物以外任何材料制成	7.1 元/平方米												0			0	5 元/平方米	4.3 元/平方米			
37024221	印刷电路板制造用未曝光光致抗蚀干膜,宽度>610 毫米,长度>200 米,用纸、纸板及纺织物以外任何材料制成	0.6 元/平方米	0		0		0	0	0	0	0	0		0	0.3 元/平方米	0	0	0	0			
37024229	照相制版用其他未曝光无齿孔胶卷,宽度>610 毫米,长度>200 米,用纸、纸板及纺织物以外任何材料制成	1.6 元/平方米	0		0		0	0	0	0	0	0		0	0.8 元/平方米		0	0	0			
37024292	红色或红外激光胶片	2.4 元/平方米	0		0		0	0	0	0	0	0		0		0	0	1.7 元/平方米	1.4 元/平方米			
37024299	其他未曝光无齿孔宽长胶卷	7 元/平方米	0		0		0	0	0	0	0	0		0		0	0	4.9 元/平方米	4.2 元/平方米			
37024321	照相制版用未曝光无齿孔激光照排片,宽度>610 毫米,长度≤200 米,用纸、纸板及纺织物以外任何材料制成	1.8 元/平方米	0		0		0	0	0	0	0	0		0	0.9 元/平方米		0	0	0			
37024329	其他照相制版用未曝光无齿孔胶卷,宽度>610 毫米,长度≤200 米,用纸、纸板及纺织物以外任何材料制成	3.7 元/平方米	0		0		0	0	0	0	0	0		0	1.85 元/平方米		0	0	0			
37024390	其他用未曝光无齿孔胶卷,105 毫米<宽度≤610 毫米,长度≤200 米,用纸、纸板及纺织物以外任何材料制成	17 元/平方米	0		0		0	0	0	0	0	0		0		0	0	11.9 元/平方米	10.2 元/平方米			
37024421	照相制版用无齿孔未曝光激光照排片,105 毫米<宽度≤610 毫米,用纸、纸板及纺织物以外任何材料制成	2.0 元/平方米	0		0		0	0	0	0	0	0		0	1.0 元/平方米		0	0	0			

税则号列	商品描述	最惠国税率(%)	协定税率(%)																			
			东盟										亚太	智利	巴基斯坦	新加坡	新西兰	秘鲁	哥斯达黎加	香港	澳门	台湾
			文莱	柬埔寨	印尼	老挝	马来西亚	缅甸	菲律宾	新加坡	泰国	越南										
37024422	印刷电路板制造用未曝光光致抗蚀干膜,105毫米<宽度≤610毫米,用纸、纸板及纺织物以外任何材料制成	0.9元/平方米	0		0		0	0	0	0	0	0		0	0.45元/平方米		0	0	0			
37024429	其他照相制版用无齿孔未曝光胶卷,105毫米<宽度≤610毫米,用纸、纸板及纺织物以外任何材料制成	2.9元/平方米	0		0		0	0	0	0	0	0		0	1.45元/平方米		0	0	0			
37024490	其他用无齿孔未曝光胶卷,105毫米<宽度≤610毫米,用纸、纸板及纺织物以外任何材料制成	27元/平方米	0		0		0	0	0	0	0	0		0		0	0	18.9元/平方米	16.2元/平方米			
37025200	彩色摄影用未曝光彩色胶卷,宽度≤16毫米	95元/平方米	0		0		0	0	0	0	0	0		0		0	8元/平方米	66.5元/平方米	57元/平方米			
37025300	幻灯片用未曝光彩色摄影胶卷,16毫米<宽度≤35毫米,长度<30米,用纸、纸板及纺织物以外任何材料制成	128元/平方米	0		0		0	0	0	0	0	0		0		0	10.8元/平方米	89.6元/平方米	76.8元/平方米	0		
37025410	非幻灯片用未曝光彩色胶卷,宽度35毫米,长度≤2米,用纸、纸板及纺织物以外任何材料制成	22元/平方米												0			0	15.4元/平方米	13.2元/平方米	0		
37025490	非幻灯片用彩色摄影用未曝光彩色胶卷,16毫米<宽度<35毫米,2米<长度≤30米,用纸、纸板及纺织物以外任何材料制成	24元/平方米												0			0	16.8元/平方米	14.4元/平方米	0		
37025520	未曝光的彩色电影胶片,16毫米<宽度≤35毫米,长度>30米,用纸、纸板及纺织物以外任何材料制成	9元/平方米	6.92元/平方米	6.92元/平方米	6.92元/平方米	6.92元/平方米	6.92元/平方米	5.92元/平方米	6.92元/平方米	6.92元/平方米	6.92元/平方米	6.92元/平方米		2.7元/平方米			1.6元/平方米	6.3元/平方米	5.4元/平方米			
37025590	未曝光彩色摄影用胶卷,16毫米<宽度≤35毫米,长度>30米,用纸、纸板及纺织物以外任何材料制成,电影胶片除外	27元/平方米	13.5元/平方米	13.5元/平方米	13.5元/平方米	13.5元/平方米	13.5元/平方米	13.5元/平方米	13.5元/平方米	13.5元/平方米	13.5元/平方米	13.5元/平方米		8.1元/平方米			3.5元/平方米		16.2元/平方米			

税则号列	商品描述	最惠国税率(%)	协定税率(%)																			
			东盟																			
			文莱	柬埔寨	印尼	老挝	马来西亚	缅甸	菲律宾	新加坡	泰国	越南	亚太	智利	巴基斯坦	新加坡	新西兰	秘鲁	哥斯达黎加	香港	澳门	台湾
37025620	未曝光的彩色电影胶片,宽度>35毫米,用纸、纸板及纺织物以外任何材料制成	13元/平方米	0		0		0	0	0	0	0	0		0		0	2.1元/平方米	9.1元/平方米	7.8元/平方米			
37025690	未曝光的彩色摄影用胶卷,宽度>35毫米,用纸、纸板及纺织物以外任何材料制成,电影胶片除外	74元/平方米	0	0	0	0	0	0	0	0	0	0		0		0	7.8元/平方米	51.8元/平方米	44.4元/平方米			
37029600	未曝光非彩色胶卷,宽度≤35毫米,长度≤30米,用纸、纸板及纺织物以外任何材料制成	21元/平方米												0			0	14.7元/平方米	12.6元/平方米			
37029700	未曝光的非彩色胶卷,宽度≤35毫米,长度>30米,用纸、纸板及纺织物以外任何材料制成	9元/平方米												2.7元/平方米			0	6.3元/平方米	5.4元/平方米			
37029800	未曝光的非彩色胶卷,宽度>35毫米,用纸、纸板及纺织物以外任何材料制成	10元/平方米	0		0		0	0	0	0	0	0		0	8元/平方米	0	0	7元/平方米	6元/平方米			
37031010	成卷未曝光的感光纸及纸板,宽度>610毫米	18												5.4			0	12.6	10.8			
37031090	成卷未曝光的感光布,宽度>610毫米	18												5.4			0	12.6	10.8			
37032010	未曝光的彩色摄影用感光纸及纸板,非成卷或宽度≤610毫米	35	20	20	20	20	20	20	20	20	20	20		0			4		21	0		
37032090	未曝光的彩色摄影用感光布,非成卷或宽度≤610毫米	18												0			0	12.6	10.8	0		
37039010	未曝光的非彩色摄影用感光纸及纸板,非成卷或宽度≤610毫米	35	20	20	20	20	20	20	20	20	20	20		10.5			4		21			
37039090	未曝光的非彩色摄影用感光布,非成卷或宽度≤610毫米	18												5.4			0	12.6	10.8			
37040010	已曝光未冲洗的电影胶片	6.5	0	0	0	0	0	0	0	0	0	0		0	5		0	0	0			
37040090	已曝光未冲洗的摄影硬片、软片、纸、纸板及纺织物,电影胶片除外	18	0	0	0	0	0	0	0	0	0	0		0	14.4	0	0	12.6	10.8			
37051000	已曝光已冲洗供复制胶版用摄影硬片及软片	18	0	0	0	0	0	0	0	0	0	0		5.4	14.4	0	0	12.6	10.8			

税则号列	商品描述	最惠国税率(%)	协定税率(%)																			
			东盟										亚太	智利	巴基斯坦	新加坡	新西兰	秘鲁	哥斯达黎加	香港	澳门	台湾
			文莱	柬埔寨	印尼	老挝	马来西亚	缅甸	菲律宾	新加坡	泰国	越南										
37059029	已曝光已冲洗的缩微胶片，书籍、报刊用除外	4	0	0	0	0	0	0	0	0	0	0		0	0		0	0	0			
37059090	已曝光已冲洗的其他摄影硬片及软片	18	0	0	0	0	0	0	0	0	0	0		0	14.4	0	0	12.6	10.8			
37061090	已曝光已冲洗的电影胶片，宽度≥35毫米，不论是否配有声道或仅有声道，教学专用除外	5	0	0	0	0	0	0	0	0	0	0		1.5	0		0	0	0	0		
37069090	已曝光已冲洗的电影胶片，宽度<35毫米，不论是否配有声道或仅有声道，教学专用除外	4	0	0	0	0	0	0	0	0	0	0		0	0		0	0	0	0		
37071000	摄影用感光乳液	8	0	0	0	0	0	0	0	0	0	0		0	5		0	0	0		0	
37079010	冲洗胶卷及相片用化学制剂或摄影用未混合品（定量包装或零售包装可立即使用的）	16	0	0	0	0	0	0	0	0	0	0		4.8	12.8	0	0	11.2	9.6	0		
37079020	复印机用化学制剂或摄影用未混合品（定量包装或零售包装可立即使用的）	10	0	0	0	0	0	0	0	0	0	0		3	5	0	0	7	0	0	0	
37079090	其他摄影用化学制剂或摄影用未混合品（定量包装或零售包装可立即使用的）	8	0	0	0	0	0	0	0	0	0	0		2.4	5		0	0	0	0	0	
38011000	人造石墨	6.5	0	0	0	0	0	0	0	0	0	0		0	5		0	0	0	0		
38012000	胶态或半胶态石墨	6.5	0	0	0	0	0	0	0	0	0	0		0	5		0	0	0			
38013000	电极用碳糊及炉衬用的类似糊	6.5	0	0	0	0	0	0	0	0	0	0		0	5		0	0	0			
38019000	其他以石墨或其他碳为基料的糊状、块状、板块状、板状制品或半制品	6.5	0	0	0	0	0	0	0	0	0	0		0	5		0	0	0			
38021010	木质活性碳	6.5	0	0	0	0	0	0	0	0	0	0	5.5	0	5		0	0	0			
38021090	其他活性碳	6.5	0	0	0	0	0	0	0	0	0	0	5.5	0	5		0	0	0			
38029000	活性天然矿产品；动物炭黑（包括废动物炭黑）	10	0	0	0	0	0	0	0	0	0	0		3	5	0	0	7	0			
38030000	妥尔油，不论是否精炼	6.5	0	0	0	0	0	0	0	0	0	0		0	5		0	0	0			
38040000	木浆残余碱液，不论是否浓缩、脱糖或经化学处理，包括木素磺酸盐，但不包括品目38.03的妥尔油	6.5	0	0	0	0	0	0	0	0	0	0		0	5		0	0	0			

税则号列	商品描述	最惠国税率(%)	协定税率(%)																			
			东盟										亚太	智利	巴基斯坦	新加坡	新西兰	秘鲁	哥斯达黎加	香港	澳门	台湾
			文莱	柬埔寨	印尼	老挝	马来西亚	缅甸	菲律宾	新加坡	泰国	越南										
38051000	脂松节油、木松节油和硫酸松节油	6.5	0	0	0	0	0	0	0	0	0	0		0	5		0	0	0			
38059010	以α萜品醇为基本成分的松油，用蒸馏或其他方法从针叶木制得	6.5	0	0	0	0	0	0	0	0	0	0		2	5		0	0	0			
38059090	粗制二聚戊烯；亚硫酸盐松节油及其他粗制对异丙基苯甲烷；其他萜烯油，用蒸馏或其他方法从针叶木制得	6.5	0	0	0	0	0	0	0	0	0	0		0	5		0	0	0			
38061010	松香	10	0	0	0	0	0	0	0	0	0	0		0	5	0	0	0	0		0	
38061020	树脂酸	10	0	0	0	0	0	0	0	0	0	0		0	5		0	0	0		0	
38062010	松香盐及树脂酸盐	6.5	0	0	0	0	0	0	0	0	0	0		0	5		0	0	0		0	
38062090	松香或树脂酸衍生物的盐，但松香加合物的盐除外	6.5	0	0	0	0	0	0	0	0	0	0		0	5		0	0	0		0	
38063000	酯胶	6.5	0	0	0	0	0	0	0	0	0	0		0	5		0	0	0		0	
38069000	其他松香和树脂酸的衍生物；松香精及松香油；再熔胶	6.5	0	0	0	0	0	0	0	0	0	0		0	5		0	0	0		0	
38070000	木焦油；精制木焦油；木杂酚油；粗木精；植物沥青；以松香、树脂酸或植物沥青为基本成分的啤酒桶沥青及类似制品	6.5	0	0	0	0	0	0	0	0	0	0		0	5		0	0	0			
38085010	零售包装的本章注释一规定货物	9	0	0	0	0	0	0	0	0	0	0		2.7	5		0	0	0	0		
38085090	非零售包装的本章注释一规定货物	5	0	0	0	0	0	0	0	0	0	0		1.5			0	0	0	0		
38089111	蚊香	10	0	0	0	0	0	0	0	0	0	0	0	3	0		0	0	0		0	
38089119	零售包装杀虫剂	10	0	0	0	0	0	0	0	0	0	0	7	3	5		0	0	0	0	0	
38089190	非零售包装杀虫剂	6	0	0	0	0	0	0	0	0	0	0	4.2	1.8	0		0	0	0	0	0	
38089210	零售包装的杀菌剂	9	0	0	0	0	0	0	0	0	0	0		2.7	5		0	0	0			
38089290	非零售包装的杀菌剂	6	0	0	0	0	0	0	0	0	0	0		1.8	5		0	0	0			
38089311	零售包装的除草剂	9	0	0	0	0	0	0	0	0	0	0		2.7	5		0	0	0			
38089319	非零售包装的除草剂	5	0	0	0	0	0	0	0	0	0	0	4.5	1.5	0		0	0	0			
38089391	零售包装抗萌剂及植物生长调节剂	9	0	0	0	0	0	0	0	0	0	0	8.3	2.7	5		0	0	0			
38089399	非零售抗萌剂及植物生长调节剂	6	0	0	0	0	0	0	0	0	0	0	5.5	1.8	5		0	0	0			
38089400	消毒剂	9	0	0	0	0	0	0	0	0	0	0		2.7	5		0	0	0	0		
38089910	零售包装的杀鼠剂及其他类似产品	9	0	0	0	0	0	0	0	0	0	0		2.7	5		0	0	0			

税则号列	商品描述	最惠国税率（%）	协定税率（%）																			
			东盟																			
			文莱	柬埔寨	印尼	老挝	马来西亚	缅甸	菲律宾	新加坡	泰国	越南	亚太	智利	巴基斯坦	新加坡	新西兰	秘鲁	哥斯达黎加	香港	澳门	台湾
38089990	非零售包装的杀鼠剂及其他类似产品	9	0	0	0	0	0	0	0	0	0	0		2.7	5		0	0	0		0	
38091000	以淀粉物质为基本成分，纺织、造纸、制革及类似工业用的其他编号未列名的整理剂、染料加速着色或固色助剂及其他产品和制剂	10	0	0	0	0	0	0	0	0	0	0		0	0	0	0	0	0			
38099100	纺织工业及类似工业用其他编号未列名整理剂、染料加速着色剂或固色助剂及其他产品和制剂	6.5	0	0	0	0	0	0	0	0	0	0	6	0	0		0	0	0	0		
38099200	造纸工业用其他编号未列名整理剂、染料加速着色剂或固色助剂及其他产品和制剂	6.5	0	0	0	0	0	0	0	0	0	0		2	0		0	0	0	0		
38099300	制革工业用其他编号未列名整理剂、染料加速着色剂或固色助剂及其他产品和制剂	6.5	0	0	0	0	0	0	0	0	0	0		2	0		0	2.6	0	0		
38101000	金属表面酸洗剂；金属及其他材料制成的焊粉或焊膏	6.5	0	0	0	0	0	0	0	0	0	0	6	2	5		0	0	0	0	0	
38109000	焊接用的焊剂及其他辅助剂；作焊条芯子或焊条涂料用的制品	6.5	0	0	0	0	0	0	0	0	0	0		0	5		0	0	0			
38111100	以铅化合物为基本成分的抗震剂，用于矿物油或与矿物油同样用途的其他液体	6.5	0	0	0	0	0	0	0	0	0	0		0	5		0	0	0			
38111900	抗震剂（以铅化合物为基本成分的除外），用于矿物油或与矿物油同样用途的其他液体	6.5	0	0	0	0	0	0	0	0	0	0		0	5		0	0	0			
38112100	含有石油或从沥青矿物提取的油类的润滑油添加剂	6.5	0	0	0	0	0	0	0	0	0	0		2	5		0	0	0			
38112900	不含石油或从沥青矿物提取的油类的润滑油添加剂	6.5	0	0	0	0	0	0	0	0	0	0	5.5	0	5		0	0	0		0	
38119000	抗氧剂、防胶剂、黏度改良剂、防腐剂、配制添加剂，用于矿物油或与矿物油同样用途的其他液体	6.5	0	0	0	0	0	0	0	0	0	0		0	5		0	0	0	0	0	

税则号列	商品描述	最惠国税率(%)	协定税率(%)																			
			东盟										亚太	智利	巴基斯坦	新加坡	新西兰	秘鲁	哥斯达黎加	香港	澳门	台湾
			文莱	柬埔寨	印尼	老挝	马来西亚	缅甸	菲律宾	新加坡	泰国	越南										
38121000	配制的橡胶促进剂	6	0	0	0	0	0	0	0	0	0	0		0	5		0	0	0			
38122000	橡胶或塑料用复合增塑剂	6.5	0	0	0	0	0	0	0	0	0	0		2	5		0	0	0			
38123010	橡胶的防老剂	6	0	0	0	0	0	0	0	0	0	0		1.8	5		0	0	0	0		
38123090	其他橡胶、塑料用抗氧剂及其他稳定剂	6.5	0	0	0	0	0	0	0	0	0	0	4.6	2	0		0	0	0	0		
38130010	灭火器的装配药	6.5	0	0	0	0	0	0	0	0	0	0		0	5		0	0	0			
38130020	已装药的灭火弹	10	0	0	0	0	0	0	0	0	0	0		0	5		0	0	0			
38140000	其他编号未列名的有机复合溶剂及稀释剂;除漆剂	10	0	0	0	0	0	0	0	0	0	0	9	3	5	0	0	7	0	0	0	
38151100	以镍及其化合物为活性物的载体催化剂	6.5	0	0	0	0	0	0	0	0	0	0		2	5		0	0	0			
38151200	以贵金属及其化合物为活性物的载体催化剂	6.5	0	0	0	0	0	0	0	0	0	0		0	5		0	0	0	0		
38151900	其他载体催化剂	6.5	0	0	0	0	0	0	0	0	0	0	4.6	2	0		0	0	0			
38159000	其他未列名的反应引发剂、促进剂	6.5	0	0	0	0	0	0	0	0	0	0	6	2	5		0	0	0		0	
38160000	耐火水泥、灰泥、混凝土及类似耐火材料,但品目38.01的产品除外	6.5	0	0	0	0	0	0	0	0	0	0		2	5		0	0	0			
38170000	混合烷基苯及混合烷基萘,但品目27.07及29.02的产品除外	6.5	0	0	0	0	0	0	0	0	0	0		0	5		0	0	0			0
38190000	闸用液压油及其他液压传动用液体,不含石油或从沥青矿物提取的油类,或者按重量计石油或从沥青矿物提取的油类含量低于70%	6.5	0	0	0	0	0	0	0	0	0	0		0	5		0	0	0		0	
38200000	防冻剂及解冻剂	10	0	0	0	0	0	0	0	0	0	0		0	5	0	0	0	0		0	
38210000	制成的微生物培养基	3	0	0	0	0	0	0	0	0	0	0		0	0		0	0	0	0		
38220010	附于衬背上的诊断或实验用试剂,但品目32.02、32.06的货品除外	4	0	0	0	0	0	0	0	0	0	0		1.2	0		0	0	0	0		
38220090	无论是否附于衬背上的诊断或实验用配制试剂,但品目32.02、32.06的货品除外	5	0	0	0	0	0	0	0	0	0	0		1.5	0		0	0	0	0		
38231100	硬脂酸	16	0	0	0	0	0	0	0	0	0	0		4.8	12.8		0	11.2	9.6			
38231200	油酸	16	0	0	0	0	0	0	0	0	0	0		0	12.8	0	0	11.2	9.6	0		

税则号列	商品描述	最惠国税率(%)	协定税率(%)																			
			东盟										亚太	智利	巴基斯坦	新加坡	新西兰	秘鲁	哥斯达黎加	香港	澳门	台湾
			文莱	柬埔寨	印尼	老挝	马来西亚	缅甸	菲律宾	新加坡	泰国	越南										
38231300	妥尔油脂肪酸	16	0	0	0	0	0	0	0	0	0	0		0	12.8	0	0	11.2	9.6			
38231900	其他工业用单羧脂肪酸;精炼所得的酸性油	16	0	0	0	0	0	0	0	0	0	0		0	12.8	0	0	11.2	9.6	0	0	
38237000	工业用脂肪醇	13	0	0	0	0	0	0	0	0	0	0		0	6.5	0	0	5.2	7.8			
38241000	铸模及铸芯用黏合剂短筒	6.5	0	0	0	0	0	0	0	0	0	0		0	5		0	0	0			
38243000	自身混合或与金属黏合剂短筒混合的未烧结金属碳化物	6.5	0	0	0	0	0	0	0	0	0	0		0	5		0	0	0			
38244010	高效减水剂	6.5	0	0	0	0	0	0	0	0	0	0		2	5		0	0	0	0		
38244090	其他水泥、灰泥及混凝土用添加剂	6.5	0	0	0	0	0	0	0	0	0	0		2	5		0	0	0	0		
38245000	非耐火的灰泥及混凝土	6.5	0	0	0	0	0	0	0	0	0	0		2	5		0	0	0	0	0	
38246000	编号290544以外的山梨醇	14	0	0	0	0	0	0	0	0	0	0		0	11.2	0	0	5.6	8.4			
38247100	含全氯氟烃的,不论是否含氢氯氟烃、全氟烃或氢氟烃的含有甲烷、乙烷、丙烷卤化衍生物混合物	6.5	0	0	0	0	0	0	0	0	0	0		0	5		0	0	0	0	0	
38247200	含溴氯二氟甲烷、溴三氟甲烷或二溴四氟乙烷的含有甲烷、乙烷、丙烷卤化衍生物混合物	6.5	0	0	0	0	0	0	0	0	0	0		0	5		0	0	0			
38247300	含氢溴氟烃的含有甲烷、乙烷、丙烷卤化衍生物混合物	6.5	0	0	0	0	0	0	0	0	0	0		0	5		0	0	0	0	0	
38247400	含氢氯氟烃的,不论是否含全氟烃或氢氟烃,但不含全氯氟烃的含有甲烷、乙烷、丙烷卤化衍生物混合物	6.5	0	0	0	0	0	0	0	0	0	0		0	5		0	0	0	0	0	
38247500	含四氯化碳的含有甲烷、乙烷、丙烷卤化衍生物混合物	6.5	0	0	0	0	0	0	0	0	0	0	6	2	5		0	0	0	0	0	
38247600	含1,1,1-三氯乙烷(甲基氯仿)的含有甲烷、乙烷、丙烷卤化衍生物混合物	6.5	0	0	0	0	0	0	0	0	0	0	6	2	5		0	0	0	0	0	
38247700	含溴化甲烷(甲基溴)或溴氯甲烷的含有甲烷、乙烷、丙烷卤化衍生物混合物	6.5	0	0	0	0	0	0	0	0	0	0		0	5		0	0	0	0	0	
38247800	含全氟烃或氢氟烃的,但不含全氯氟烃或氢氯氟烃的含有甲烷、乙烷、丙烷卤化衍生物混合物	6.5	0	0	0	0	0	0	0	0	0	0	6	2	5		0	0	0	0	0	

税则号列	商品描述	最惠国税率(%)	协定税率(%)																			
			东盟																			
			文莱	柬埔寨	印尼	老挝	马来西亚	缅甸	菲律宾	新加坡	泰国	越南	亚太	智利	巴基斯坦	新加坡	新西兰	秘鲁	哥斯达黎加	香港	澳门	台湾
38247900	其他含有甲烷、乙烷、丙烷卤化衍生物的混合物	6.5	0	0	0	0	0	0	0	0	0	0		0	5		0	0	0	0	0	
38248100	含环氧乙烷的混合物及制品	6.5	0	0	0	0	0	0	0	0	0	0	6	2	5		0	0	0	0	0	
38248200	含多氯联苯、多氯三联苯或多溴联苯的混合物及制品	6.5	0	0	0	0	0	0	0	0	0	0	6	2	5		0	0	0	0	0	
38248300	含三(2,3－二溴丙基)磷酸酯的混合物及制品	6.5	0	0	0	0	0	0	0	0	0	0	6	2	5		0	0	0	0	0	
38249010	杂醇油	6.5	0	0	0	0	0	0	0	0	0	0	5.5	2	5		0	0	0			
38249020	除墨剂、蜡纸改正液及类似品	9	0	0	0	0	0	0	0	0	0	0	8.3	2.7	5	0	0	0	0			
38249030	增炭剂	6.5	0	0	0	0	0	0	0	0	0	0		2	5		0	0	0			
38249091	含滑石50%以上的混合物	6.5	0	0	0	0	0	0	0	0	0	0	6	0	5		0	0	0	0	0	
38249092	按重量计含氧化镁70%以上的混合物	6.5	0	0	0	0	0	0	0	0	0	0	6	0	5		0	2.6	0	0	0	
38249099	其他品目未列名的化学工业及其相关工业的化学产品及配制品	6.5	0	0	0	0	0	0	0	0	0	0	6	0	5		0	2.6	0	0	0	
38251000	城市垃圾	6.5	0	0	0	0	0	0	0	0	0	0		0	5		0	0	0			
38252000	下水道淤泥	6.5	0	0	0	0	0	0	0	0	0	0		0	5		0	0	0			
38253000	医疗废物	6.5	0	0	0	0	0	0	0	0	0	0		0	5		0	0	0			
38254100	含卤化物的废有机溶剂	6.5	0	0	0	0	0	0	0	0	0	0		0	5		0	0	0			
38254900	其他废有机溶剂	6.5	0	0	0	0	0	0	0	0	0	0		0	5		0	0	0			
38255000	废的金属酸洗液、液压油、制动油及防冻液	6.5	0	0	0	0	0	0	0	0	0	0		0	5	0	0	0	0			
38256100	主要含有机成分的化工及相关工业废物	6.5	0	0	0	0	0	0	0	0	0	0		2	5		0	0	0			
38256900	其他品目未列名的化工及相关工业废物	6.5	0	0	0	0	0	0	0	0	0	0		0	5		0	0	0			
38259000	其他品目未列名的化学工业及相关工业的副产品	6.5	0	0	0	0	0	0	0	0	0	0		0	5		0	0	0	0		
38260000	生物柴油及其混合物,不含或含有按重量计低于70%的石油或从沥青矿物提取的油类	6.5	0	0	0	0	0	0	0	0	0	0	6	0	5		0	2.6	0	0	0	
39011000	初级形状比重<0.94的聚乙烯	6.5											6	2	6		0		0	0	0	

税则号列	商品描述	最惠国税率(%)	协定税率(%)																			
			东盟																			
			文莱	柬埔寨	印尼	老挝	马来西亚	缅甸	菲律宾	新加坡	泰国	越南	亚太	智利	巴基斯坦	新加坡	新西兰	秘鲁	哥斯达黎加	香港	澳门	台湾
39012000	初级形状比重≥0.94的聚乙烯	6.5											6	2	6		0		0	0	0	
39013000	初级形状乙烯-乙酸乙烯酯共聚物	6.5	0	0	0	0	0	0	0	0	0	0	6	2	5		0	0	0	0		
39019010	初级形状的乙烯丙烯共聚物(乙丙橡胶,乙烯单体单元的含量大于丙烯单体单元)	6.5	0	0	0	0	0	0	0	0	0	0		0	5	0	0	0	0			
39019020	线型低密度聚乙烯	6.5	0	0	0	0	0	0	0	0	0	0		0	5	0	0		0			
39019090	其他初级形状的乙烯聚合物	6.5	0	0	0	0	0	0	0	0	0	0	6.3	0	5	0	0	0	0		0	
39021000	初级形状的聚丙烯	6.5	0	0	0	0	0	0	0	0	0	0		2	5	0	0		0	0	0	
39022000	初级形状的聚异丁烯	6.5	0	0	0	0	0	0	0	0	0	0		0	5		0	0	0			
39023010	初级形状的乙烯丙烯共聚物(乙丙橡胶丙烯单体单元的含量大于乙烯单体单元)	6.5	0	0	0	0	0	0	0	0	0	0	6	2	5	0	0	0	0	0		0
39023090	初级形状的其他丙烯共聚物	6.5	0	0	0	0	0	0	0	0	0	0	6	2	5	0	0	0	0	0		
39029000	其他初级形状的烯烃聚合物	6.5	0	0	0	0	0	0	0	0	0	0		0	5	0	0	0	0			0
39031100	初级形状的可发性聚苯乙烯	6.5	0	0	0	0	0	0	0	0	0	0	6	2	5	0	0	0	0			
39031910	初级形状的改性非可发性聚苯乙烯	6.5	0	0	0	0	0	0	0	0	0	0	6	0	5	0	0	0	0	0		
39031990	初级形状的其他聚苯乙烯	6.5	0	0	0	0	0	0	0	0	0	0	6	0	5	0	0	0	0	0		
39032000	初级形状苯乙烯-丙烯腈共聚物	12	0	0	0	0	0	0	0	0	0	0		0	6	0	0	4.8	7.2			0
39033010	初级形状的改性丙烯腈-丁二烯-苯乙烯共聚物	6.5	0	0	0	0	0	0	0	0	0	0	6	0	5	0	0	0	0	0	0	
39033090	其他丙烯腈-丁二烯-苯乙烯共聚物	6.5	0	0	0	0	0	0	0	0	0	0	6	0	5	0	0	0	0	0	0	
39039000	初级形状的其他苯乙烯聚合物	6.5	0	0	0	0	0	0	0	0	0	0	6	2	5	0	0	0	0	0		0
39041010	聚氯乙烯糊树脂	6.5	0	0	0	0	0	0	0	0	0	0	6	2	6	0	0	0	0			
39041090	其他初级形状的纯聚氯乙烯	6.5	0	0	0	0	0	0	0	0	0	0	6	2	6	0	0	0	0			
39042100	初级形状未塑化的聚氯乙烯	6.5	0	0	0	0	0	0	0	0	0	0		0	5	0	0	0	0	0		
39042200	初级形状已塑化的聚氯乙烯	6.5	0	0	0	0	0	0	0	0	0	0		2		0	0	0	0	0		
39043000	氯乙烯-乙酸乙烯酯共聚物	9	0	0	0	0	0	0	0	0	0	0	8.6	0	5		0	0	0			
39044000	初级形状的其他氯乙烯共聚物	12	0	0	0	0	0	0	0	0	0	0	11.4	0	6	0	0	8.4	7.2			
39045000	初级形状的偏二氯乙烯聚合物	6.5	0	0	0	0	0	0	0	0	0	0		0	5		0	0	0			
39046100	初级形状的聚四氟乙烯	10	0	0	0	0	0	0	0	0	0	0		0	5	0	0	0	0			
39046900	初级形状的其他氟聚合物	6.5	0	0	0	0	0	0	0	0	0	0		0	5		0	0	0			

税则号列	商品描述	最惠国税率(%)	协定税率(%)																			
			东盟										亚太	智利	巴基斯坦	新加坡	新西兰	秘鲁	哥斯达黎加	香港	澳门	台湾
			文莱	柬埔寨	印尼	老挝	马来西亚	缅甸	菲律宾	新加坡	泰国	越南										
39049000	初级形状的其他卤化烯烃聚合物	10	0	0	0	0	0	0	0	0	0	0		0	5		0	0	0			
39051200	聚乙酸乙烯酯的水分散体	10	0	0	0	0	0	0	0	0	0	0		3		0	0	7	0			
39051900	其他初级形状聚乙酸乙烯酯	10	0	0	0	0	0	0	0	0	0	0		0	5		0	0	0			
39052100	乙酸乙烯酯共聚物的水分散体	10	0	0	0	0	0	0	0	0	0	0		0	5	0	0	0	0			0
39052900	其他初级形状的乙酸乙烯酯共聚物	10	0	0	0	0	0	0	0	0	0	0		0	5	0	0	0	0			
39053000	初级形状的聚乙烯醇(不论是否含有未水解的乙酸酯基)	14	0	0	0	0	0	0	0	0	0	0		0	11.2	0	0	5.6	8.4			0
39059100	其他乙烯酯或乙烯基的共聚物	10	0	0	0	0	0	0	0	0	0	0		0	5		0	0	0			
39059900	其他乙烯酯或乙烯基的聚合物	10	0	0	0	0	0	0	0	0	0	0		3			0	7	0			
39061000	初级形状的聚甲基丙烯酸甲酯	6.5	0	0	0	0	0	0	0	0	0	0	6	0	5		0	0	0			0
39069010	聚丙稀酰胺	6.5	0	0	0	0	0	0	0	0	0	0	6	2	5		0	0	0	0		0
39069090	其他初级形状的丙烯酸聚合物	6.5	0	0	0	0	0	0	0	0	0	0	6	2	5		0	0	0	0		0
39071010	初级形状的聚甲醛	6.5	0	0	0	0	0	0	0	0	0	0	6	0	5	0	0	0	0			0
39071090	其他初级形状的聚缩醛	6.5	0	0	0	0	0	0	0	0	0	0	6	0	5	0	0	0	0			
39072010	聚四亚甲基醚二醇	6.5	0	0	0	0	0	0	0	0	0	0	6	0	5	0	0	0	0			0
39072090	其他初级形状的聚醚	6.5	0	0	0	0	0	0	0	0	0	0	6	0	5	0	0	0	0			
39073000	初级形状的环氧树脂	6.5	0	0	0	0	0	0	0	0	0	0	6	2	5	0	0	0	0	0		0
39074000	初级形状的聚碳酸酯	6.5	0	0	0	0	0	0	0	0	0	0	6.1	0	5		0	0	0	0		0
39075000	初级形状的醇酸树脂	10	0	0	0	0	0	0	0	0	0	0	9.5	3	5	0	0	7	0			0
39076011	高黏度聚对苯二甲酸乙二酯切片	6.5												0			0	0	0			
39076019	其他聚对苯二甲酸乙二酯切片	6.5												0			0	0	0		0	
39076090	其他初级形状聚对苯二甲酸乙二酯	6.5	0	0	0	0	0	0	0	0	0	0		0			0	0	0		0	
39077000	聚乳酸	6.5	0	0	0	0	0	0	0	0	0	0	6.2	2	5		0	0	0		0	
39079100	初级形状的不饱和聚酯	6.5	0	0	0	0	0	0	0	0	0	0		2	5	0	0	0	0			0
39079910	聚对苯二甲酸丁二酯	6.5	0	0	0	0	0	0	0	0	0	0	6.2	2	5		0	0	0	0	0	
39079990	初级形状的其他聚酯	6.5	0	0	0	0	0	0	0	0	0	0	6.2	2	5		0	0	0	0	0	0
39081011	聚酰胺 -6,6 切片	6.5	0	0	0	0	0	0	0	0	0	0		0	5	0	0	0	0	0		
39081012	聚酰胺 -6 切片	6.5	0	0	0	0	0	0	0	0	0	0		0	5	0	0	0	0	0		
39081019	初级形状聚酰胺切片	6.5	0	0	0	0	0	0	0	0	0	0		0	5	0	0	0	0	0		
39081090	其他初级形状的聚酰胺	6.5	0	0	0	0	0	0	0	0	0	0		0	5		0	0	0	0		

税则号列	商品描述	最惠国税率(%)	协定税率(%)																			
			东盟										亚太	智利	巴基斯坦	新加坡	新西兰	秘鲁	哥斯达黎加	香港	澳门	台湾
			文莱	柬埔寨	印尼	老挝	马来西亚	缅甸	菲律宾	新加坡	泰国	越南										
39089000	初级形状的其他聚酰胺	10	0	0	0	0	0	0	0	0	0	0		0	5	0	0	0	0			
39091000	初级形状的尿素树脂及硫尿树脂	6.5	0	0	0	0	0	0	0	0	0	0	6.1	2	5		0	0	0			0
39092000	初级形状的蜜胺树脂	6.5	0	0	0	0	0	0	0	0	0	0	6.1	0	5		0	0	0			0
39093010	聚合 MDI	6.5	0	0	0	0	0	0	0	0	0	0	6	2	5	0	0	0	0	0		
39093090	其他初级形状的其他氨基树脂	6.5	0	0	0	0	0	0	0	0	0	0		2	5	0	0	0	0			0
39094000	初级形状的酚醛树脂	6.5	0	0	0	0	0	0	0	0	0	0	6.1	2	5		0	0	0			0
39095000	初级形状的聚亚氨酯	6.5	0	0	0	0	0	0	0	0	0	0	6	2	5	0	0	0	0	0	0	0
39100000	初级形状的聚硅氧烷	6.5	0	0	0	0	0	0	0	0	0	0	6.1	0	5		0	0	0	0		0
39111000	初级形状的石油树脂、苯并呋喃－茚树脂、多萜树脂	6.5	0	0	0	0	0	0	0	0	0	0	6.1	0	5		0	0	0			0
39119000	其他初级形状的多硫化物、聚砜及三十九章注释三所规定的其他编号未列名新产品	6.5	0	0	0	0	0	0	0	0	0	0		0	5		0	0	0			
39121100	初级形状的未塑化醋酸纤维素	6.5	0	0	0	0	0	0	0	0	0	0		0	5		0	0	0			
39121200	初级形状的已塑化醋酸纤维素	6.5	0	0	0	0	0	0	0	0	0	0		0	5		0	0	0			
39122000	初级形状的硝酸纤维素	6.5	0	0	0	0	0	0	0	0	0	0		0	5		0	0	0			
39123100	初级形状的羧甲基纤维素及其盐	6.5	0	0	0	0	0	0	0	0	0	0		0	5		0	0	0			
39123900	初级形状的其他纤维素醚	6.5	0	0	0	0	0	0	0	0	0	0		2	5		0	0	0			
39129000	初级形状的其他未列名的纤维素(包括化学衍生物)	6.5	0	0	0	0	0	0	0	0	0	0		0	5		0	0	0	0		
39131000	初级形状的藻酸及盐和酯	10	0	0	0	0	0	0	0	0	0	0		3	5	0	0		0			
39139000	初级形状的其他未列名天然聚合物(包括改性天然聚合物)	6.5	0	0	0	0	0	0	0	0	0	0		0	5		0	0	0			
39140000	初级形状的离子交换剂	6.5	0	0	0	0	0	0	0	0	0	0		0	5		0	0	0			
39151000	乙烯聚合物的废碎料及下脚料	6.5	0	0	0	0	0	0	0	0	0	0		2	5	0	0	2.6	0	0	0	
39152000	苯乙烯聚合物的废碎料及下脚料	6.5	0	0	0	0	0	0	0	0	0	0		2	5	0	0	0	0	0	0	
39153000	氯乙烯聚合物的废碎料及下脚料	6.5	0	0	0	0	0	0	0	0	0	0		0	5	0	0	2.6	0	0	0	
39159010	聚对苯二甲酸乙二酯的塑料废碎料及下脚料	6.5	0	0	0	0	0	0	0	0	0	0		2	5	0	0	2.6	3.9	0	0	
39159090	其他塑料的废碎料及下脚料	6.5	0	0	0	0	0	0	0	0	0	0		2	5	0	0	2.6	3.9	0	0	
39161000	乙烯聚合物制单丝、条、杆及型材	10	0	0	0	0	0	0	0	0	0	0		3	5	0	0	7	0			

税则号列	商品描述	最惠国税率(%)	协定税率(%)																			
			东盟										亚太	智利	巴基斯坦	新加坡	新西兰	秘鲁	哥斯达黎加	香港	澳门	台湾
			文莱	柬埔寨	印尼	老挝	马来西亚	缅甸	菲律宾	新加坡	泰国	越南										
39162010	聚氯乙烯异型材	10	0	0	0	0	0	0	0	0	0	0	7	3	5		0	0	0			
39162090	氯乙烯聚合物制单丝、条、杆及型材	10	0	0	0	0	0	0	0	0	0	0	7	3	5		0	0	0			
39169010	聚酰胺制的单丝、条、杆及型材	10	0	0	0	0	0	0	0	0	0	0		0	5	0	0	0	0	0		
39169090	其他塑料制单丝、条、杆及型材	10	0	0	0	0	0	0	0	0	0	0		0	5	0	0	0	0			
39171000	硬化蛋白或纤维素材料制人造肠衣	10	0	0	0	0	0	0	0	0	0	0		3	5		0	0	0			
39172100	乙烯聚合物制的硬管	10	0	0	0	0	0	0	0	0	0	0		3	5	0	0	7	0			
39172200	丙烯聚合物制的硬管	10	0	0	0	0	0	0	0	0	0	0		0	5		0	0	0			
39172300	氯乙烯聚合物制的硬管	10	0	0	0	0	0	0	0	0	0	0		3	5	0	0	7	0	0		
39172900	其他塑料制的硬管	10	0	0	0	0	0	0	0	0	0	0		0	5	0	0	0	0			
39173100	塑料制的软管	10	0	0	0	0	0	0	0	0	0	0	7	3	5	0	0	0	0	0		
39173200	其他未装有附件的塑料制管子	6.5	0	0	0	0	0	0	0	0	0	0	4.6	2	0		0	0	0			
39173300	其他装有附件的塑料管子	6.5	0	0	0	0	0	0	0	0	0	0	4.6	2	0		0	0	0			
39173900	塑料制的其他管子	6.5	0	0	0	0	0	0	0	0	0	0	4.5	2	4.5	0	0	0	0			
39174000	塑料制的管子附件	10	0	0	0	0	0	0	0	0	0	0	7	3	5	0	0	7	0			
39181010	氯乙烯聚合物制糊墙品	10	0	0	0	0	0	0	0	0	0	0		3	5		0	7	0			
39181090	氯乙烯聚合物制的铺地制品	10	0	0	0	0	0	0	0	0	0	0		3	5		0	7	0			
39189010	其他塑料制的糊墙品	10	0	0	0	0	0	0	0	0	0	0		0	5		0	0	0	0		
39189090	其他塑料制的铺地制品	10	0	0	0	0	0	0	0	0	0	0		0	5		0	0	0	0		
39191010	丙烯酸树脂为基本成分的成卷胶粘板片条等,宽度≤20 厘米	6.5	0	0	0	0	0	0	0	0	0	0		2	5		0	0	0			
39191091	宽度≤20 厘米成卷的胶囊型反光膜	6.5	0	0	0	0	0	0	0	0	0	0		2	5		0	0	0			
39191099	其他材料制的,宽度≤20 厘米的其他成卷塑料胶粘板片等	6.5	0	0	0	0	0	0	0	0	0	0		2	5		0	0	0			0
39199010	其他胶囊型反光膜	6.5	0	0	0	0	0	0	0	0	0	0	4.6	2	0		0	0	0	0		
39199090	其他自粘塑料板、片、膜等材料	6.5	0	0	0	0	0	0	0	0	0	0	4.6	2	0		0	0	0	0		0
39201010	乙烯聚合物制电池隔膜	6.5	0	0	0	0	0	0	0	0	0	0	4.6	2	0		0	0	0	0		
39201090	其他乙烯聚合物制板、片、带	6.5	0	0	0	0	0	0	0	0	0	0	4.6	2	0		0	0	0	0	0	0
39202010	丙烯聚合物制电池隔膜	6.5	0	0	0	0	0	0	0	0	0	0		2	5		0	0	0	0		
39202090	其他丙烯聚合物制板、片、带	6.5	0	0	0	0	0	0	0	0	0	0		2	5		0	2.6	0	0	0	0
39203000	非泡沫聚苯乙烯板、片、膜、箔及扁条	6.5	0	0	0	0	0	0	0	0	0	0	4.6	2	0		0	0	0	0		0

税则号列	商品描述	最惠国税率(%)	协定税率(%) 东盟 文莱	柬埔寨	印尼	老挝	马来西亚	缅甸	菲律宾	新加坡	泰国	越南	亚太	智利	巴基斯坦	新加坡	新西兰	秘鲁	哥斯达黎加	香港	澳门	台湾
39204300	按重量计增塑剂含量不小于6%的聚氯乙烯板、片、膜、箔及扁条	6.5	0	0	0	0	0	0	0	0	0	0	4.5	0	4.5	0	0	0	0	0		0
39204900	按重量计增塑剂含量小于6%的聚氯乙烯板、片、膜、箔及扁条	6.5	0	0	0	0	0	0	0	0	0	0	4.5	2	4.5		0	0	0	0	0	0
39205100	聚甲基丙烯酸甲酯板片膜箔及扁条	6.5	0	0	0	0	0	0	0	0	0	0	4.6	0	0		0	0	0			0
39205900	其他丙烯酸聚合物板片膜箔及扁条	6.5	0	0	0	0	0	0	0	0	0	0		0	5		0	0	0			
39206100	聚碳酸酯制板、片、膜、箔及扁条	6.5	0	0	0	0	0	0	0	0	0	0	4.6	2	0		0	0	0			0
39206200	聚对苯二甲酸乙二酯板片膜箔扁条	6.5	0	0	0	0	0	0	0	0	0	0	4.6	0	0		0	0	0	0	0	0
39206300	不饱和聚酯板、片、膜、箔及扁条	10	0	0	0	0	0	0	0	0	0	0		0	5		0	0	0			
39206900	其他聚酯板、片、膜、箔及扁条	10	0	0	0	0	0	0	0	0	0	0	9	3	5	0	0	7	0			0
39207100	再生纤维素制板、片、膜、箔及扁条	6.5	0	0	0	0	0	0	0	0	0	0		0	5		0	0	0			
39207300	醋酸纤维素制板、片、膜、箔及扁条	6.5	0	0	0	0	0	0	0	0	0	0		0	5		0	0	0	0		
39207900	纤维素衍生物制板、片、膜箔及扁条	10	0	0	0	0	0	0	0	0	0	0		0	5		0	0	0			
39209100	聚乙烯醇缩丁醛板、片、膜、箔及扁条	6.5	0	0	0	0	0	0	0	0	0	0		0	5		0	0	0			
39209200	聚酰胺板、片、膜、箔及扁条	10	0	0	0	0	0	0	0	0	0	0		0	5	0	0	0	0			
39209300	氨基树脂板、片、膜、箔及扁条	6.5	0	0	0	0	0	0	0	0	0	0		0	5		0	0	0			
39209400	酚醛树脂板、片、膜、箔及扁条	10	0	0	0	0	0	0	0	0	0	0	7	0	5	0	0	0	0			
39209910	聚四氟乙烯制的非泡沫塑料板片	6.5	0	0	0	0	0	0	0	0	0	0		0	5		0	0	0			
39209990	其他塑料制的非泡沫塑料板片	6.5	0	0	0	0	0	0	0	0	0	0		0	5		0	0	0	0		0
39211100	泡沫聚苯乙烯板、片、带、箔及扁条	10	0	0	0	0	0	0	0	0	0	0	9	0	5		0	0	0			
39211210	泡沫聚氯乙烯人造革及合成革	9	0	0	0	0	0	0	0	0	0	0		2.7	5	0	0	0	0	0		0
39211290	泡沫聚氯乙烯板、片、带、箔及扁条	6.5	0	0	0	0	0	0	0	0	0	0		2	5		0	0	0	0		
39211310	泡沫聚氨酯制人造革及合成革	9	0	0	0	0	0	0	0	0	0	0	6.3	2.7	5	0	0	0	0	0		0
39211390	泡沫聚氨酯板、片、带、箔及扁条	6.5	0	0	0	0	0	0	0	0	0	0	4.6	2	0		0	0	0	0		
39211400	泡沫再生纤维素板、片、膜、箔及扁条	10	0	0	0	0	0	0	0	0	0	0		0	5		0	0	0			
39211910	其他泡沫塑料制人造革及合成革	9	0	0	0	0	0	0	0	0	0	0	6.3	0	5		0	0	0			
39211990	其他泡沫塑料板、片、膜、箔及扁条	6.5	0	0	0	0	0	0	0	0	0	0	4.6	0	0		0	0	0			0
39219020	嵌有玻璃纤维的聚乙烯板、片	6.5	0	0	0	0	0	0	0	0	0	0	4.6	2	0		0	0	0	0		
39219030	聚异丁烯为基本成分的附有人造毛毡的板、片、卷材	6.5	0	0	0	0	0	0	0	0	0	0	4.6	2	0		0	0	0	0		
39219090	未列名塑料板、片、膜、箔及扁条	6.5	0	0	0	0	0	0	0	0	0	0	4.6	2	0		0	0	0	0		0

税则号列	商品描述	最惠国税率(%)	协定税率(%)																			
			东盟										亚太	智利	巴基斯坦	新加坡	新西兰	秘鲁	哥斯达黎加	香港	澳门	台湾
			文莱	柬埔寨	印尼	老挝	马来西亚	缅甸	菲律宾	新加坡	泰国	越南										
39221000	塑料浴缸、淋浴盘及盥洗盆	10	0	0	0	0	0	0	0	0	0	0		0	5		0	0	0		0	
39222000	塑料马桶坐圈及盖	10	0	0	0	0	0	0	0	0	0	0		3	5		0	7	0		0	
39229000	塑料便盆、抽水箱等类似卫生洁具	10	0	0	0	0	0	0	0	0	0	0		3	5		0	0	0			
39231000	塑料制盒、箱及类似品	10	0	0	0	0	0	0	0	0	0	0	7	3	5	0	0	7	0	0	0	0
39232100	乙烯聚合物制袋及包	10	0	0	0	0	0	0	0	0	0	0		3	5	0	0	7	0	0	0	
39232900	其他塑料制的袋及包	10	0	0	0	0	0	0	0	0	0	0		3	5	0	0	7	0	0	0	
39233000	塑料制坛、瓶及类似品	6.5	0	0	0	0	0	0	0	0	0	0		2	5	0	0		0	0		
39234000	塑料制卷轴、纡子、筒管及类似品	10	0	0	0	0	0	0	0	0	0	0	7	0	5	0	0	0	0			
39235000	塑料制塞子、盖子及类似品	10	0	0	0	0	0	0	0	0	0	0		3	5	0	0	7	0	0		0
39239000	供运输或包装货物用其他塑料制品	10	0	0	0	0	0	0	0	0	0	0	7	3	5	0	0	7	0	0	0	0
39241000	塑料制餐具及厨房用具	10	0	0	0	0	0	0	0	0	0	0		3	5	0	0	7	0	0	0	
39249000	塑料制其他家庭用具及卫生或盥洗用具	10	0	0	0	0	0	0	0	0	0	0		3	5	0	0	7	0	0	0	
39251000	塑料制囤、柜、罐、桶及类似容器	10	0	0	0	0	0	0	0	0	0	0		3	5		0	7	0			
39252000	塑料制门、窗及其框架、门槛	10	0	0	0	0	0	0	0	0	0	0	7	3	5		0	7	0			
39253000	塑料制窗板、百叶窗及类似制品	10	0	0	0	0	0	0	0	0	0	0		0	5		0	0	0			
39259000	其他未列名的建筑用塑料制品	10	0	0	0	0	0	0	0	0	0	0		3	5		0	7	0	0		
39261000	办公室或学校用塑料制品	10	0	0	0	0	0	0	0	0	0	0		3	5	0	0	0	0			
39262011	聚氯乙稀制手套(包括分指手套、连指手套及露指手套)	10	0	0	0	0	0	0	0	0	0	0		3		0	0	0	0	0		
39262019	其他手套(包括分指手套、连指手套及露指手套)	10	0	0	0	0	0	0	0	0	0	0		3		0	0	0	0	0		
39262090	其他塑料制衣服及衣着附件	10	0	0	0	0	0	0	0	0	0	0		3		0	0	0	0	0		
39263000	塑料制家具、车厢及类似品的附件	10	0	0	0	0	0	0	0	0	0	0		3	5	0	0	7	0			
39264000	塑料制小雕塑品及其他装饰品	10	0	0	0	0	0	0	0	0	0	0	8.3	0	5		0	0	0			
39269010	塑料制机器及仪器用零件	10	0	0	0	0	0	0	0	0	0	0	9	3	5	0	0	7	0	0	0	0
39269090	其他塑料制品	10	0	0	0	0	0	0	0	0	0	0	9.2	3	9.2	0	0	7	0	0	0	0
40011000	天然胶乳	20												0			0		12			
40012100	天然橡胶烟胶片	20											17	0	17		0		12			
40012200	技术分类天然橡胶(TSNR)	20												0			0		12			
40012900	其他初级形状的天然橡胶	20											17	0	17		0		12			

税则号列	商品描述	最惠国税率（%）	协定税率（%）																			
			东盟										亚太	智利	巴基斯坦	新加坡	新西兰	秘鲁	哥斯达黎加	香港	澳门	台湾
			文莱	柬埔寨	印尼	老挝	马来西亚	缅甸	菲律宾	新加坡	泰国	越南										
40013000	巴拉塔胶、古塔波胶、银胶菊胶、糖胶树胶及类似的天然树胶	20	0	0	0	0	0	0	0	0	0	0		0		0	0	14	12			
40021110	羧基丁苯橡胶胶乳	7.5	0	0	0	0	0	0	0	0	0	0		0	5		0	0	0	0		
40021190	丁苯橡胶胶乳	7.5	0	0	0	0	0	0	0	0	0	0		0	5		0	0	0	0		
40021911	初级形状未经任何加工的丁苯橡胶	7.5	0	0	0	0	0	0	0	0	0	0		0	5		0	0	0	0		
40021912	初级形状的充油丁苯橡胶	7.5	0	0	0	0	0	0	0	0	0	0		0	5		0	0	0	0		
40021913	初级形状的热塑丁苯橡胶	7.5	0	0	0	0	0	0	0	0	0	0		0	5		0	0	0	0		
40021914	初级形状的充油热塑丁苯橡胶	7.5	0	0	0	0	0	0	0	0	0	0		0	5		0	0	0	0		
40021919	初级形状的其他丁苯橡胶及羧基丁苯橡胶	7.5												0			0	0	0	0		
40021990	丁苯橡胶及羧基丁苯橡胶板、片、带	7.5	0	0	0	0	0	0	0	0	0	0	7.1	0	5		0	0	0	0		
40022010	初级形状的丁二烯橡胶	7.5	0	0	0	0	0	0	0	0	0	0		0	5		0	0	0			
40022090	丁二烯橡胶板、片、带	7.5	0	0	0	0	0	0	0	0	0	0	7	0	5		0	0	0			
40023110	初级形状的异丁烯－异戊二烯橡胶	6	0	0	0	0	0	0	0	0	0	0	5.6	0	5		0	0	0			
40023190	异丁烯－异戊二烯橡胶板、片、带	7.5	0	0	0	0	0	0	0	0	0	0	7.1	0	5		0	0	0			
40023910	初级形状的其他卤代丁基橡胶	7.5	0	0	0	0	0	0	0	0	0	0		0	5		0	0	0			
40023990	卤代丁基橡胶板、片、带	7.5	0	0	0	0	0	0	0	0	0	0	7.1	0	5		0	0	0			
40024100	氯丁二烯橡胶胶乳	7.5	0	0	0	0	0	0	0	0	0	0	7.1	0	5		0	0	0			
40024910	初级形状的氯丁二烯橡胶	7.5	0	0	0	0	0	0	0	0	0	0		0	5		0	0	0			
40024990	氯丁二烯橡胶板、片、带	7.5	0	0	0	0	0	0	0	0	0	0	7.1	0	5		0	0	0			
40025100	丁腈橡胶胶乳	7.5	0	0	0	0	0	0	0	0	0	0	7.1	0	5		0	0	0			
40025910	初级形状的丁腈橡胶	7.5	0	0	0	0	0	0	0	0	0	0		0	5		0	0	0			
40025990	丁腈橡胶板、片、带	7.5	0	0	0	0	0	0	0	0	0	0		0	5		0	0	0			
40026010	初级形状的异戊二烯橡胶	3	0	0	0	0	0	0	0	0	0	0		0	0		0	0	0			
40026090	异戊二烯橡胶板、片、带	5	0	0	0	0	0	0	0	0	0	0	4.5	0	0		0	0	0			
40027010	初级形状的乙丙非共轭二烯橡胶	7.5	0	0	0	0	0	0	0	0	0	0		0	5		0	0	0			
40027090	乙丙非共轭二烯橡胶板、片、带	7.5	0	0	0	0	0	0	0	0	0	0	7.1	0	5		0	0	0			
40028000	天然橡胶与合成橡胶的混合物	7.5	0	0	0	0	0	0	0	0	0	0		0	5		0	0	0			
40029100	其他未列名的合成橡胶胶乳	7.5	0	0	0	0	0	0	0	0	0	0		0	5		0	0	0			
40029911	其他初级形状的合成橡胶	7.5	0	0	0	0	0	0	0	0	0	0		0	5		0	0	0	0		0

税则号列	商品描述	最惠国税率(%)	协定税率(%)																			
			东盟										亚太	智利	巴基斯坦	新加坡	新西兰	秘鲁	哥斯达黎加	香港	澳门	台湾
			文莱	柬埔寨	印尼	老挝	马来西亚	缅甸	菲律宾	新加坡	泰国	越南										
40029919	其他合成橡胶板、片、带	7.5	0	0	0	0	0	0	0	0	0	0		0	5		0	0	0	0		
40029990	从油类提取的油膏	4	0	0	0	0	0	0	0	0	0	0		0	0		0	0	0			
40030000	初级形状或板、片、带状再生橡胶	8	0	0	0	0	0	0	0	0	0	0		0	5		0	0	0	0		
40040000	橡胶(硬质橡胶除外)废碎料及下脚料及其粉、粒	8	0	0	0	0	0	0	0	0	0	0	7.6	0	5		0	0	0			
40051000	与碳黑等混合的未硫化复合橡胶	8	0	0	0	0	0	0	0	0	0	0		0	5		0	0	0		0	
40052000	未硫化的复合橡胶溶液及分散体	8	0	0	0	0	0	0	0	0	0	0		0	5		0	0	0			
40059100	其他未硫化的复合橡胶板、片、带	8	0	0	0	0	0	0	0	0	0	0		0	5		0	0	0			
40059900	其他未硫化的初级形状复合橡胶	8	0	0	0	0	0	0	0	0	0	0		0	5		0	0	0	0		
40061000	未硫化轮胎翻新用胎面补料胎条	8	0	0	0	0	0	0	0	0	0	0		0	5		0	0	0			
40069010	未硫化橡胶的杆、管或型材及异型材	8	0	0	0	0	0	0	0	0	0	0		0	5		0	0	0			
40069020	未硫化橡胶制品	14	0	0	0	0	0	0	0	0	0	0		0	11.2	0	0	5.6	8.4			
40070000	硫化橡胶线及绳	14	0	0	0	0	0	0	0	0	0	0		0	11.2	0	0	5.6	8.4	0		
40081100	海绵硫化橡胶制的板、片及带	8	0	0	0	0	0	0	0	0	0	0		0	5		0	0	0			
40081900	海绵硫化橡胶制型材、异型材及杆	8	0	0	0	0	0	0	0	0	0	0		0	5		0	0	0			
40082100	非海绵硫化橡胶制板、片及带	8	0	0	0	0	0	0	0	0	0	0		0	5		0	0	0			
40082900	非海绵硫化橡胶型材、异型材及杆	8	0	0	0	0	0	0	0	0	0	0		0	5		0	0	0			
40091100	未加强或未与其他材料合制硫化橡胶管,未装有附件	10.5	0	0	0	0	0	0	0	0	0	0		0	5	0	0	4.2	6.3			
40091200	未加强或未与其他材料合制硫化橡胶管,装有附件	10	0	0	0	0	0	0	0	0	0	0		0	5		0	0	0			
40092100	用金属加强或只与金属合制的硫化橡胶管,未装有附件	10.5	0	0	0	0	0	0	0	0	0	0		3.2	5	0	0	7.4	6.3			
40092200	用金属加强或只与金属合制的硫化橡胶管,装有附件	10	0	0	0	0	0	0	0	0	0	0		0	5	0	0	0	0			
40093100	用纺织材料加强或只与纺织材料合制硫化橡胶管,未装有附件	10.5	0	0	0	0	0	0	0	0	0	0		3.2	5	0	0	7.4	6.3			
40093200	用纺织材料加强或只与纺织材料合制硫化橡胶管,装有附件	10	0	0	0	0	0	0	0	0	0	0		0	5		0	0	0			
40094100	用其他材料加强或与其他材料合制硫化橡胶管,未装有附件	10.5	0	0	0	0	0	0	0	0	0	0		3.2	5	0	0	7.4	6.3			

税则号列	商品描述	最惠国税率(%)	协定税率(%)																			
			东盟										亚太	智利	巴基斯坦	新加坡	新西兰	秘鲁	哥斯达黎加	香港	澳门	台湾
			文莱	柬埔寨	印尼	老挝	马来西亚	缅甸	菲律宾	新加坡	泰国	越南										
40094200	用其他材料加强或与其他材料合制硫化橡胶管,装有附件	10	0	0	0	0	0	0	0	0	0	0		3	5	0	0	7	0			
40101100	金属加强的硫化橡胶输送带及带料	10	0	0	0	0	0	0	0	0	0	0		3	5		0	7	0			
40101200	纺织材料加强的硫化橡胶输送带及带料	10	0	0	0	0	0	0	0	0	0	0		3	5		0	7	0			
40101900	其他硫化橡胶制的输送带及带料	10	0	0	0	0	0	0	0	0	0	0		0	5		0	7	0			
40103100	梯形截面的环形传动带(三角带),V形肋状的,60厘米<外周长≤180厘米	8	0	0	0	0	0	0	0	0	0	0		0	5		0	0	0			
40103200	梯形截面的环形传动带(三角带),V形肋状的除外,60厘米<外周长≤180厘米	8	0	0	0	0	0	0	0	0	0	0		0	5		0	0	0			
40103300	180厘米<外周长≤240厘米的三角带,V形肋状的	8	0	0	0	0	0	0	0	0	0	0		0	5		0	0	0			
40103400	180厘米<外周长≤240厘米的三角带,V形肋状的除外	8	0	0	0	0	0	0	0	0	0	0		0	5		0	0	0			
40103500	60厘米<外周长≤150厘米的环形同步带	10	0	0	0	0	0	0	0	0	0	0		0	5	0	0	0	0			
40103600	150厘米<外周长≤198厘米的环形同步带	10	0	0	0	0	0	0	0	0	0	0		0	5		0	0	0			
40103900	其他硫化橡胶制的传动带及带料	8	0	0	0	0	0	0	0	0	0	0	7.6	0	5		0	0	0			
40111000	机动小客车用新的充气橡胶轮胎	10	0	0	0	0	0	0	0	0	0	0	9.4	3	5	0	0		0			0
40112000	客或货运车用新的充气橡胶轮胎	10	0	0	0	0	0	0	0	0	0	0	9.4	3	5	0	0	7	0			0
40113000	航空器用新的充气橡胶轮胎	1	0	0	0	0	0	0	0	0	0	0		0	0		0	0	0			
40114000	摩托车用新的充气橡胶轮胎	15	0	0	0	0	0	0	0	0	0	0		0	12	0	0	10.5	9			0
40115000	自行车用新的充气橡胶轮胎	20	0	0	0	0	0	0	0	0	0	0		0		0	0	14	12			5
40116100	农业或林业车辆及机器用人字形胎面或类似胎面的新充气橡胶轮胎	17.5	0	0	0	0	0	0	0	0	0	0		0	14	0	0	12.2	10.5			5
40116200	辋圈尺寸≤61厘米的建筑或工业搬运车辆及机器用人字形胎面或类似胎面的新充气橡胶轮胎	17.5	0	0	0	0	0	0	0	0	0	0		5.3	14	0	0	12.2	10.5			

税则号列	商品描述	最惠国税率(%)	协定税率(%)																			
			东盟										亚太	智利	巴基斯坦	新加坡	新西兰	秘鲁	哥斯达黎加	香港	澳门	台湾
			文莱	柬埔寨	印尼	老挝	马来西亚	缅甸	菲律宾	新加坡	泰国	越南										
40116300	辋圈>61厘米建筑或工业搬运车辆及机器用人字形胎面或类似胎面的新充气橡胶轮胎	17.5	0	0	0	0	0	0	0	0	0	0		5.3	14	0	0	12.2	10.5			
40116900	其他人字形胎面或类似胎面的新充气橡胶轮胎	17.5	0	0	0	0	0	0	0	0	0	0		5.3	14	0	0	12.2	10.5			5
40119200	农业或林业车辆及机器用非人字形胎面或类似胎面的新充气橡胶轮胎	25	0	0	0	0	0	0	0	0	0	0		0		0	4		15			5
40119300	辋圈尺寸≤61厘米的建筑或工业搬运车辆及机器用非人字形胎面或类似胎面的新充气橡胶轮胎	25	0	0	0	0	0	0	0	0	0	0		0		0	4		15			
40119400	辋圈>61厘米建筑或工业搬运车辆及机器用非人字形胎面或类似胎面的新充气橡胶轮胎	25	0	0	0	0	0	0	0	0	0	0		7.5		0	4		15			
40119900	其他新的充气橡胶轮胎	25	0	0	0	0	0	0	0	0	0	0		7.5		0	4		15			
40121100	机动小客车(包括旅行小客车及赛车)用翻新轮胎	20	0	0	0	0	0	0	0	0	0	0		0		0	0	14	12			
40121200	机动大客车或货运机动车用翻新轮胎	20	0	0	0	0	0	0	0	0	0	0		0		0	0	14	12	0		
40121300	航空器用翻新轮胎	20	0	0	0	0	0	0	0	0	0	0		0		0	0	14	12	0		
40121900	其他翻新轮胎	20	0	0	0	0	0	0	0	0	0	0		0		0	0	14	12			
40122010	汽车用旧的充气橡胶轮胎	25	0	0	0	0	0	0	0	0	0	0		0		0	4		15	0		
40122090	其他用途旧的充气橡胶轮胎	25	0	0	0	0	0	0	0	0	0	0		0		0	4		15	0		
40129010	航空器用实心或半实心橡胶轮胎	3	0	0	0	0	0	0	0	0	0	0		0	0		0	0	0			
40129020	汽车用实心或半实心橡胶轮胎	22	0	0	0	0	0	0	0	0	0	0		0		0	4	15.4	13.2			
40129090	其他用实心或半实心橡胶轮胎	22	0	0	0	0	0	0	0	0	0	0		0		0	4	15.4	13.2			
40131000	汽车用橡胶内胎	15	0	0	0	0	0	0	0	0	0	0	13	0	7.5	0	0	10.5	9			
40132000	自行车用橡胶内胎	15	0	0	0	0	0	0	0	0	0	0		0	12	0	0	10.5	9			
40139010	航空器用橡胶内胎	3	0	0	0	0	0	0	0	0	0	0		0	0		0	0	0			
40139090	其他用橡胶内胎	15	0	0	0	0	0	0	0	0	0	0		0	12	0	0	10.5	9			
40141000	硫化橡胶制避孕套	0																				
40149000	硫化橡胶制其他卫生及医疗用品	17.5	0	0	0	0	0	0	0	0	0	0		0	14	0	0	12.2	10.5		0	
40151100	硫化橡胶制外科用手套	8	0	0	0	0	0	0	0	0	0	0		0	5		0	0	0			

税则号列	商品描述	最惠国税率(%)	协定税率(%)																		
			东盟										亚太	智利	巴基斯坦	新加坡	新西兰	秘鲁	哥斯达黎加	香港	澳门	台湾
			文莱	柬埔寨	印尼	老挝	马来西亚	缅甸	菲律宾	新加坡	泰国	越南										
40151900	硫化橡胶制其他手套	18	0	0	0	0	0	0	0	0	0	0		0		0	0	12.6	10.8			
40159010	医疗用硫化橡胶衣着用品及附件	8	0	0	0	0	0	0	0	0	0	0		0	5		0	0	0			
40159090	其他硫化橡胶制衣着用品及附件	15	0	0	0	0	0	0	0	0	0	0		0		0	0	10.5	9			
40161010	硫化海绵橡胶制机器及仪器用零件	8	0	0	0	0	0	0	0	0	0	0		0	5		0	0	0			
40161090	硫化海绵橡胶制其他制品	15	0	0	0	0	0	0	0	0	0	0		0	12	0	0	10.5	9			
40169100	硫化橡胶制铺地制品及门垫	18	0	0	0	0	0	0	0	0	0	0		5.4		0	0	12.6	10.8	0		
40169200	硫化橡胶制橡皮擦	18	0	0	0	0	0	0	0	0	0	0		0			0	12.6	10.8			
40169310	硫化橡胶制机器、仪器用垫片、垫圈及其他密封垫	8	0	0	0	0	0	0	0	0	0	0		0	5		0	0	0	0		
40169390	硫化橡胶制其他用垫片、垫圈及其他密封垫	15	0	0	0	0	0	0	0	0	0	0		0		0	0	10.5	9	0		
40169400	硫化橡胶制船舶或码头的碰垫	18	0	0	0	0	0	0	0	0	0	0		0		0	0	12.6	10.8			
40169500	硫化橡胶制其他可充气制品	18	0	0	0	0	0	0	0	0	0	0		0		0	0	12.6	10.8		0	
40169910	硫化橡胶制机器及仪器用其他零件	8	0	0	0	0	0	0	0	0	0	0	7.6	0	5		0	0	0		0	
40169990	其他未列名硫化橡胶制品	10	0	0	0	0	0	0	0	0	0	0	9.5	3	5	0	0	7	0		0	
40170010	各种形状的硬质橡胶(包括废碎料)	8	0	0	0	0	0	0	0	0	0	0		0	5		0	0	0		0	
40170020	硬质橡胶制品	15	0	0	0	0	0	0	0	0	0	0		0	12	0	0	10.5	9		0	
41012011	规定重量范围内的未剖层整张生牛皮,经逆鞣处理的	8	0	0	0	0	0	0	0	0	0	0	6	0	5		0	0	0	0		
41012019	规定重量范围内的未剖层整张生牛皮,经逆鞣处理的除外	5	0	0	0	0	0	0	0	0	0	0		0	0		0	0	0	0		
41012020	规定重量范围内的未剖层整张生马皮	5	0	0	0	0	0	0	0	0	0	0		0	0		0	0	4	0		
41015011	经逆鞣处理的重量>16千克的整张生牛皮	8.4	0	0	0	0	0	0	0	0	0	0	7	0	5		0	0	0			
41015019	重量>16千克的整张生牛皮,经逆鞣处理的除外	5	0	0	0	0	0	0	0	0	0	0		0	0		0	0	0			
41015020	重量>16千克的整张生马皮	5	0	0	0	0	0	0	0	0	0	0		0	0		0	0	4			
41019011	其他(包括整张或半张的背皮及腹皮)经逆鞣处理的生牛皮	8.4	0	0	0	0	0	0	0	0	0	0	7	0	5		0	0	0			
41019019	其他(包括整张或半张的背皮及腹皮)生牛皮,经逆鞣处理的除外	5	0	0	0	0	0	0	0	0	0	0		0	0		0	0	0			

税则号列	商品描述	最惠国税率(%)	协定税率(%)																			
			东盟										亚太	智利	巴基斯坦	新加坡	新西兰	秘鲁	哥斯达黎加	香港	澳门	台湾
			文莱	柬埔寨	印尼	老挝	马来西亚	缅甸	菲律宾	新加坡	泰国	越南										
41019020	其他(包括整张或半张的背皮及腹皮)生马皮	5	0	0	0	0	0	0	0	0	0	0		0	0		0	0	4			
41021000	带毛的绵羊或羔羊生皮	7	0	0	0	0	0	0	0	0	0	0		2.1	5		0		5.6			
41022110	浸酸的不带毛绵羊或羔羊生皮,经逆鞣处理的	14	0	0	0	0	0	0	0	0	0	0		0	11.2	0	6.2		11.2			
41022190	浸酸的不带毛绵羊或羔羊生皮,经逆鞣处理的除外	9	0	0	0	0	0	0	0	0	0	0	8	0	5		0	0	7.2			
41022910	其他不带毛的绵羊或羔羊生皮,经逆鞣处理的	14	0	0	0	0	0	0	0	0	0	0		0	7	0	0	5.6	11.2			
41022990	其他不带毛的绵羊或羔羊生皮,经逆鞣处理的除外	7	0	0	0	0	0	0	0	0	0	0	6	0	5		0	0	5.6			
41032000	爬行动物的生皮	9	0	0	0	0	0	0	0	0	0	0		0	5		0	0	7.2			
41033000	生猪皮	9	0	0	0	0	0	0	0	0	0	0		0	5		0	0	7.2			
41039011	经逆鞣处理的山羊板皮	14	0	0	0	0	0	0	0	0	0	0		0	7	0	0	5.6	11.2			
41039019	山羊板皮,经逆鞣处理的除外	9	0	0	0	0	0	0	0	0	0	0		0	5		0	0	7.2			
41039021	经逆鞣处理的其他山羊或小山羊皮	14	0	0	0	0	0	0	0	0	0	0		0	7	0	0	5.6	11.2			
41039029	其他山羊或小山羊皮,经逆鞣处理的除外	9	0	0	0	0	0	0	0	0	0	0		0	5		0	0	7.2			
41039090	其他生皮	9	0	0	0	0	0	0	0	0	0	0		0	5		0	0	7.2	0		
41041111	全粒面未剖层或粒面剖层蓝湿牛皮	7	0	0	0	0	0	0	0	0	0	0	3.5	0	0		0	2.8	5.6			
41041119	其他全粒面未剖层或粒面剖层湿牛皮革	8	0	0	0	0	0	0	0	0	0	0	4	0	0		0	0	6.4	0		
41041120	全粒面未剖层或粒面剖层马皮革	5	0	0	0	0	0	0	0	0	0	0	2.5	0	0		0	0	4	0		
41041911	其他蓝湿牛皮	6	0	0	0	0	0	0	0	0	0	0	3	0	3		0	2.8	4.8			
41041919	其他湿牛皮革	7	0	0	0	0	0	0	0	0	0	0	3.5	0	0		0	0	5.6	0		
41041920	其他湿马皮革	7	0	0	0	0	0	0	0	0	0	0	3.5	0	0		0	0	5.6	0		
41044100	全粒面未剖层或粒面剖层干革(坯革)	5	0	0	0	0	0	0	0	0	0	0	3.5	0	0		0	0	4	0		
41044910	其他机器带用干革(坯革)	5	0	0	0	0	0	0	0	0	0	0	3.5	0	0		0	0	4			
41044990	其他干革(坯革)	7	0	0	0	0	0	0	0	0	0	0	4.9	0	4.9		0	0	5.6	0		
41051010	蓝湿绵羊或羔羊皮	14	0	0	0	0	0	0	0	0	0	0	7	0	5	0	6.2		11.2			
41051090	其他他绵羊或羔羊湿皮革	10	0	0	0	0	0	0	0	0	0	0	5	0	5		0	0	8			

税则号列	商品描述	最惠国税率(%)	协定税率(%) 东盟 文莱	柬埔寨	印尼	老挝	马来西亚	缅甸	菲律宾	新加坡	泰国	越南	亚太	智利	巴基斯坦	新加坡	新西兰	秘鲁	哥斯达黎加	香港	澳门	台湾
41053000	绵羊或羔羊干革(坯革)	8	0	0	0	0	0	0	0	0	0	0	5.6	0	5.6		0	0	6.4			
41062100	山羊或小山羊皮湿革	14	0	0	0	0	0	0	0	0	0	0	12	0	12	0	0	5.6	11.2			
41062200	山羊或小山羊皮干革(坯革)	14	0	0	0	0	0	0	0	0	0	0	9.8	0	9.8	0	6.2		11.2			
41063110	蓝湿猪皮	14	0	0	0	0	0	0	0	0	0	0		0	11.2	0	0	5.6	11.2			
41063190	其他猪皮湿革	14	0	0	0	0	0	0	0	0	0	0		0	7	0	0	5.6	11.2			
41063200	猪皮干革(坯革)	14	0	0	0	0	0	0	0	0	0	0		0	11.2	0	0	5.6	11.2			
41064000	爬行动物皮革	14	0	0	0	0	0	0	0	0	0	0		0	7	0	0	5.6	11.2			
41069100	其他未列名动物皮湿革(包括蓝湿皮革)	14	0	0	0	0	0	0	0	0	0	0		0	11.2	0	0	5.6	11.2			
41069200	其他未列名动物皮干革(坯革)	14	0	0	0	0	0	0	0	0	0	0		0	11.2	0	0	5.6	11.2			
41071110	已鞣全粒面未剖层整张牛皮革	8	0	0	0	0	0	0	0	0	0	0		0			0		6.4	0		
41071120	已鞣全粒面未剖层整张马皮革	5	0	0	0	0	0	0	0	0	0	0		0	0		0	0	4	0		
41071210	已鞣粒面剖层整张牛皮革	8	0	0	0	0	0	0	0	0	0	0		0			0		6.4	0		
41071220	已鞣粒面剖层整张马皮革	5	0	0	0	0	0	0	0	0	0	0		0	0		0	0	4	0		
41071910	已鞣机器带用整张牛马皮革	5	0	0	0	0	0	0	0	0	0	0		0	0		0	0	4			
41071990	其他已鞣整张牛马皮革	7	0	0	0	0	0	0	0	0	0	0		0			0		5.6	0		
41079100	已鞣全粒面未剖层非整张牛马皮革	5	0	0	0	0	0	0	0	0	0	0		0	0		0	0	4			
41079200	已鞣粒面剖层非整张牛马皮革	5	0	0	0	0	0	0	0	0	0	0		0			0	0	4			
41079910	已鞣机器带用非整张牛马皮革	5	0	0	0	0	0	0	0	0	0	0		0	0		0	0	4			
41079990	其他已鞣非整张牛马皮革	7	0	0	0	0	0	0	0	0	0	0		0			0	0	5.6	0		
41120000	已鞣进一步加工的不带毛绵羊或羔羊皮革	8	0	0	0	0	0	0	0	0	0	0	5.6	0	5.6		0	0	6.4	0		
41131000	已鞣进一步加工的不带毛山羊或小山羊皮革	14	0	0	0	0	0	0	0	0	0	0	9.8	0	9.8	0	6.2		11.2	0		
41132000	已鞣进一步加工的不带毛猪皮革	14	0	0	0	0	0	0	0	0	0	0		0		0	0	5.6	11.2	0		
41133000	已鞣进一步加工的不带毛爬行动物皮革	14	0	0	0	0	0	0	0	0	0	0		0	11.2	0	0	5.6	11.2			
41139000	其他已鞣进一步加工的不带毛动物皮革	14	0	0	0	0	0	0	0	0	0	0		0		0	0	5.6	11.2			
41141000	油鞣皮革	14	0	0	0	0	0	0	0	0	0	0		4.2		0	0	9.8	11.2			
41142000	漆皮及层压漆皮;镀金属皮革	10	0	0	0	0	0	0	0	0	0	0	9	3	9	0	0		8			

税则号列	商品描述	最惠国税率（%）	协定税率（%）																			
			东盟										亚太	智利	巴基斯坦	新加坡	新西兰	秘鲁	哥斯达黎加	香港	澳门	台湾
			文莱	柬埔寨	印尼	老挝	马来西亚	缅甸	菲律宾	新加坡	泰国	越南										
41151000	以皮革或皮革纤维为基本成分的再生皮革，成块、成张或成条，不论是否成卷	14	0	0	0	0	0	0	0	0	0	0		0		0	0		11.2			
41152000	皮革或再生皮革边角料；皮革粉末	14	0	0	0	0	0	0	0	0	0	0		0		0	0	5.6	11.2			
42010000	各种材料制成的鞍具及挽具，适合各种动物用	20	0	0	0	0	0	0	0	0	0	0	12	0	10	0	0	14	12		0	
42021110	以皮革、再生皮革作面的衣箱	15	0	0	0	0	0	0	0	0	0	0		0	12	0	0	10.5	9			
42021190	以皮革、再生皮革作面的箱包	10	0	0	0	0	0	0	0	0	0	0		0	5		0	0	0			
42021210	以塑料或纺织材料作面的衣箱	20	0	0	0	0	0	0	0	0	0	0	17	0	16	0	0	14	12			5
42021290	塑料或纺织材料作面的其他箱包	20	0	0	0	0	0	0	0	0	0	0	17	0	16	0	0	14	12		0	5
42021900	其他材料制箱包	20	0	0	0	0	0	0	0	0	0	0		0		0	0	14	12			5
42022100	以皮革、再生皮革作面的手提包	10	0	0	0	0	0	0	0	0	0	0	6.9	3	5		0	7	0	0	0	
42022200	以塑料片或纺织材料作面的手提包	10	0	0	0	0	0	0	0	0	0	0	8.2	3	5	0	0	7	0		0	0
42022900	以钢纸或纸板作面的手提包	20	0	0	0	0	0	0	0	0	0	0	14	0	14	0	0	14	12		0	
42023100	以皮革、再生皮革作面的钱包等物品	10	0	0	0	0	0	0	0	0	0	0	6.9	0	5		0	0	0		0	
42023200	以塑料或纺织品作面的钱包等物品	20	0	0	0	0	0	0	0	0	0	0	14	0	14	0	0	14	12		0	
42023900	以钢纸或纸板作面的钱包等物品	20	0	0	0	0	0	0	0	0	0	0	14	0	14	0	0	14	12			
42029100	皮革、再生皮革作面的其他容器	10	0	0	0	0	0	0	0	0	0	0	8.5	0	5		0	0	0		0	
42029200	以塑料或纺织材料作面的其他容器	10	0	0	0	0	0	0	0	0	0	0	8.5	3	5	0	0	7	0		0	
42029900	以钢纸或纸板作面的其他容器	20	0	0	0	0	0	0	0	0	0	0		0		0	0	14	12		0	
42031000	皮革或再生皮革制的衣服	10	0	0	0	0	0	0	0	0	0	0		3	0		0	7	0	0	0	
42032100	皮革或再生皮革制专供运动用手套	20	0	0	0	0	0	0	0	0	0	0	14	0	0	0	0	14	12	0	0	
42032910	皮革或再生皮革制的劳保手套	20	0	0	0	0	0	0	0	0	0	0		6	0	0	0	14	12	0	0	
42032990	皮革或再生皮革制的其他手套	20	0	0	0	0	0	0	0	0	0	0		6	0	0	0	14	12	0	0	
42033010	皮革或再生皮革制腰带	10	0	0	0	0	0	0	0	0	0	0		3	0		0	7	0	0	0	
42033020	皮革或再生皮革制的腰带及子弹带	10	0	0	0	0	0	0	0	0	0	0		3	0		0	7	0	0		
42034000	皮革或再生皮革制的其他衣着附件	20	0	0	0	0	0	0	0	0	0	0		0	0	0	0	14	12	0	0	
42050010	皮革或再生皮革制坐具套	12	0	0	0	0	0	0	0	0	0	0		0	6	0	0	4.8	7.2	0		
42050020	机器、机械器具或其他专门技术用途的皮革或再生皮革制品	8	0	0	0	0	0	0	0	0	0	0		0	5		0	0	0			
42050090	皮革或再生皮革的其他制品	12	0	0	0	0	0	0	0	0	0	0		0	6	0	0	8.4	7.2	0		
42060000	肠线、肠膜、膀胱或筋腱制品	20	0	0	0	0	0	0	0	0	0	0		0		0	0	14	12			

税则号列	商品描述	最惠国税率(%)	协定税率(%)																		
			东盟										亚太	智利	巴基斯坦	新加坡	新西兰	秘鲁	哥斯达黎加	香港	澳门	台湾
			文莱	柬埔寨	印尼	老挝	马来西亚	缅甸	菲律宾	新加坡	泰国	越南										
43011000	整张生水貂皮	15	0	0	0	0	0	0	0	0	0	0		0	12	0	0	10.5	9	0		
43013000	阿斯特拉罕等羔羊的整张生毛皮,不论是否带头、尾或爪	20	0	0	0	0	0	0	0	0	0	0		0		0	0	14	12	0		
43016000	整张生狐皮	20	0	0	0	0	0	0	0	0	0	0		0		0	0	14	12	0		
43018010	整张生兔皮	20	0	0	0	0	0	0	0	0	0	0		0		0	0	14	12	0		
43018090	整张的其他生毛皮	20	0	0	0	0	0	0	0	0	0	0		0		0	0	14	12	0		
43019010	黄鼠狼尾	20	0	0	0	0	0	0	0	0	0	0		0		0	0	14	12	0		
43019090	适合加工皮货用的其他未鞣头、尾、爪	20	0	0	0	0	0	0	0	0	0	0		0		0	0	14	12	0		
43021100	已鞣未缝制的整张水貂皮	12	0	0	0	0	0	0	0	0	0	0		0	6	0	0	4.8	7.2	0		
43021910	已鞣未缝制的贵重毛皮(貂皮、狐皮、水獭及旱獭等)	10	0	0	0	0	0	0	0	0	0	0		0	5		0	0	0	0		
43021920	已鞣未缝制的整张兔皮	10	0	0	0	0	0	0	0	0	0	0		0	5		0	0	0	0		
43021930	已鞣未缝制阿斯特拉罕等羔羊皮,不论是否带头、尾或爪	20	0	0	0	0	0	0	0	0	0	0		0		0	0	14	12	0		
43021990	已鞣未缝制的其他毛皮	10	0	0	0	0	0	0	0	0	0	0		0			0	0	0	0		
43022000	已鞣未缝制的头、尾、爪及其他块、片	20	0	0	0	0	0	0	0	0	0	0		0		0	0	14	12	0		
43023010	已鞣已缝制的贵重毛皮及其块、片	20	0	0	0	0	0	0	0	0	0	0		0		0	0	14	12	0		
43023090	已鞣已缝制的其他整张毛皮及块、片	20	0	0	0	0	0	0	0	0	0	0		0		0	0	14	12	0		
43031010	毛皮衣服	23	0	0	0	0	0	0	0	0	0	0		6.9		0	4	16.1	13.8	0		
43031020	毛皮衣着附件	18	0	0	0	0	0	0	0	0	0	0		5.4		0	0	12.6	10.8	0		
43039000	毛皮制其他物品	18	0	0	0	0	0	0	0	0	0	0		0	14.4	0	0	7.2	10.8	0		
43040010	人造毛皮	18	0	0	0	0	0	0	0	0	0	0		0		0	0	12.6	10.8	0		
43040020	人造毛皮制品	18	0	0	0	0	0	0	0	0	0	0		0	14.4	0	0	12.6	10.8	0		
44021000	竹炭	10.5	0	0	0	0	0	0	0	0	0	0		0	5	0	0	4.2	6.3			
44029000	木炭	10.5	0	0	0	0	0	0	0	0	0	0		0	5	0	0	4.2	6.3			
44041000	针叶木的箍木、木劈条、木桩、木棒及类似品,木片条	8	0	0	0	0	0	0	0	0	0	0		2.4	5	0	0	0	0			
44042000	非针叶木箍木、木劈条、木桩、木棒及类似品,木片条	8	0	0	0	0	0	0	0	0	0	0		2.4	5	0	0	0	0			
44050000	木丝及木粉	8	0	0	0	0	0	0	0	0	0	0		2.4	5	0	0	0	0			

税则号列	商品描述	最惠国税率(%)	协定税率(%)																			
			东盟										亚太	智利	巴基斯坦	新加坡	新西兰	秘鲁	哥斯达黎加	香港	澳门	台湾
			文莱	柬埔寨	印尼	老挝	马来西亚	缅甸	菲律宾	新加坡	泰国	越南										
44081011	用胶合板等多层板制的饰面用针叶木薄板,不论是否刨平、砂光或指榫结合	8												0			0	0	0			
44081019	饰面用针叶木薄板,不论是否刨平、砂光或指榫结合,用胶合板等多层板制的除外	4	0	0	0	0	0	0	0	0	0	0		1.2	0	0	0	0	0			
44081020	制胶合板用针叶木薄板,不论是否刨平、砂光或指榫结合	4	0	0	0	0	0	0	0	0	0	0		1.2	0	0	0	0	0			
44081090	其他针叶木薄板材,不论是否刨平、砂光或指榫结合	4	0	0	0	0	0	0	0	0	0	0		1.2	0	0	0	0	0			
44083111	用胶合板等多层板制的深红色红柳桉木、浅红色红柳桉木及巴栲红柳桉木制的饰面用薄板,不论是否刨平、砂光或指榫结合	10												0			0	0	0			
44083119	深红色红柳桉木、浅红色红柳桉木及巴栲红柳桉木制的饰面用薄板,不论是否刨平、砂光或指榫结合,用胶合板等多层板制的除外	4	0	0	0	0	0	0	0	0	0	0		0	0	0	0	0	0			
44083120	深红色红柳桉木、浅红色红柳桉木及巴栲红柳桉木制的胶合板用薄板,不论是否刨平、砂光或指榫结合	4	0	0	0	0	0	0	0	0	0	0		0	0	0	0	0	0			
44083190	深红色红柳桉木、浅红色红柳桉木及巴栲红柳桉木制的其他薄板,不论是否刨平、砂光或指榫结合	4	0	0	0	0	0	0	0	0	0	0		0	0	0	0	0	0			
44083911	用胶合板等多层板制的其他列名的热带木制的饰面用薄板,不论是否刨平、砂光或指榫结合	10												0			0	0	0			
44083919	其他列名的热带木制的饰面用薄板,不论是否刨平、砂光或指榫结合,用胶合板等多层板制的除外	4	0	0	0	0	0	0	0	0	0	0		0	0	0	0	0	0			
44083920	其他列名热带木制的胶合板用薄板,不论是否刨平、砂光或指榫结合	4	0	0	0	0	0	0	0	0	0	0		0	0	0	0	0	0			

税则号列	商品描述	最惠国税率（%）	协定税率（%）																			
			东盟										亚太	智利	巴基斯坦	新加坡	新西兰	秘鲁	哥斯达黎加	香港	澳门	台湾
			文莱	柬埔寨	印尼	老挝	马来西亚	缅甸	菲律宾	新加坡	泰国	越南										
44083990	其他列名的热带木制的其他薄板材，不论是否刨平、砂光或指榫结合	4	0	0	0	0	0	0	0	0	0	0		0	0	0	0	0	0			
44089011	用胶合板等多层板制的其他木制饰面用薄板，不论是否刨平、砂光或指榫结合	4												1.2			0	0	0			
44089012	温带非针叶木制饰面用单板	3	0	0	0	0	0	0	0	0	0	0		0	0	0	0	0	0			
44089013	竹制饰面用单板	4												1.2			0	0	0			
44089019	其他木制饰面用薄板，不论是否刨平、砂光或指榫结合，用胶合板等多层板制的除外	3	0	0	0	0	0	0	0	0	0	0		0	0	0	0	0	0			
44089021	其他温带非针叶木制胶合板用单板	3	0	0	0	0	0	0	0	0	0	0		0	0	0	0	0	0			
44089029	其他木制胶合板用单板	3	0	0	0	0	0	0	0	0	0	0		0	0	0	0	0	0			
44089091	其他温带非针叶木制木材	3	0	0	0	0	0	0	0	0	0	0		0	0	0	0	0	0			
44089099	其他木材	3	0	0	0	0	0	0	0	0	0	0		0	0	0	0	0	0			
44091010	针叶木地板条（块）	7.5	0	0	0	0	0	0	0	0	0	0		2.3	5	0	0	0	0			
44091090	一边或面制成连续形状的针叶木材，不论是否刨平、砂光或指榫结合	7.5	0	0	0	0	0	0	0	0	0	0		2.3	5	0	0	0	0			
44092110	竹制地板条	4	0	0	0	0	0	0	0	0	0	0		1.2	0	0	0	0	0			
44092190	一边或面制成连续形状的竹材，不论是否刨平、砂光或指榫结合	4	0	0	0	0	0	0	0	0	0	0		1.2	0	0	0	0	0			
44092910	其他非针叶木地板条	4	0	0	0	0	0	0	0	0	0	0		1.2	0	0	0	0	0			
44092990	一边或面制成连续形状的其他非针叶木材，不论是否刨平、砂光或指榫结合	4	0	0	0	0	0	0	0	0	0	0		1.2	0	0	0	0	0			
44111221	辐射松制的厚度不超过5毫米的中密度木纤维板，密度超过每立方厘米0.5克，但未超过每立方厘米0.8克	4															0					
44111321	辐射松制的厚度超过5毫米但未超过9毫米的中密度木纤维板，密度超过每立方厘米0.5克，但未超过每立方厘米0.8克	4															0					

税则号列	商品描述	最惠国税率(%)	协定税率(%)																			
			东盟										亚太	智利	巴基斯坦	新加坡	新西兰	秘鲁	哥斯达黎加	香港	澳门	台湾
			文莱	柬埔寨	印尼	老挝	马来西亚	缅甸	菲律宾	新加坡	泰国	越南										
44111421	辐射松制的厚度超过9毫米的中密度木纤维板,密度超过每立方厘米0.5克,但未超过每立方厘米0.8克	4															0					
44119310	辐射松制的其他木纤维板,密度超过每立方厘米0.5克,但未超过每立方厘米0.8克	4															0					
44121011	至少有一表层为热带木的竹胶合板	12												0			0	4.8	7.2			
44121019	其他仅由薄板制竹胶合板	4																				
44121020	竹面多层板	10													5		0	0	0			
44121099	其他竹面多层板	4	0	0	0	0	0	0	0	0	0	0		0	0	0	0	0	0			
44123100	其他至少有一表层为热带木薄板制的胶合板	12												0			0	4.8	0			
44123900	其他仅由薄木板制胶合板	4	0	0	0	0	0	0	0	0	0	0		1.2	0	0	0	0	0			
44129410	木块芯胶合板,侧板条芯胶合板及板条芯胶合板,至少有一表层是非针叶木	10													5							
44129499	其他木块芯胶合板,侧板条芯胶合板及板条芯胶合板	4	0	0	0	0	0	0	0	0	0	0		0	0	0	0	0	0			
44129910	至少有一表层是非针叶木的其他木面多层板	10													5							
44129999	其他木面多层板	4	0	0	0	0	0	0	0	0	0	0		0	0	0	0	0	0			
44130000	强化木	6	0	0	0	0	0	0	0	0	0	0		1.8	5	0	0	0	0			
44140010	辐射松制的画框、相框、镜框及类似品	20															0					
44151000	木箱及类似的包装容器;电缆卷筒	7.5	0	0	0	0	0	0	0	0	0	0		2.3	5	0	0	0	0			
44152010	辐射松制的木托板、箱形托盘及其他装载用木板;辐射松制制的托盘护框	7.5															0					
44160010	辐射松制的大桶、琵琶桶、盆和其他辐射松制箍桶及其零件,包括桶板	16															0					
44170010	辐射松制的工具、工具支架、工具柄、扫帚及刷子的身及柄;辐射松制鞋靴楦及楦头	16															0					

税则号列	商品描述	最惠国税率（%）	协定税率（%）																			
			东盟										亚太	智利	巴基斯坦	新加坡	新西兰	秘鲁	哥斯达黎加	香港	澳门	台湾
			文莱	柬埔寨	印尼	老挝	马来西亚	缅甸	菲律宾	新加坡	泰国	越南										
44181010	辐射松制的窗、法兰西式（落地）窗及其框架	4															0					
44182000	木门及其框架和门槛	4	0	0	0	0	0	0	0	0	0	0		1.2	0	0	0	0	0			
44184000	水泥构件的木模板	4	0	0	0	0	0	0	0	0	0	0		0	0		0	0	0			
44185000	木瓦及盖屋板	7.5	0	0	0	0	0	0	0	0	0	0		0	5		0	0	0			
44186000	柱和梁	4	0	0	0	0	0	0	0	0	0	0		1.2	0	0	0	0	0			
44187100	已拼装的马赛克地板	4	0	0	0	0	0	0	0	0	0	0		1.2	0	0	0	0	0			
44187210	竹制已拼装的多层地板	4	0	0	0	0	0	0	0	0	0	0		1.2	0	0	0	0	0			
44187290	其他已拼装的多层地板	4	0	0	0	0	0	0	0	0	0	0		1.2	0	0	0	0	0			
44187910	竹制已拼装的地板	4	0	0	0	0	0	0	0	0	0	0		1.2	0	0	0	0	0			
44187990	其他已拼装的地板	4	0	0	0	0	0	0	0	0	0	0		1.2	0	0	0	0	0			
44189010	竹制建筑用制品	4	0	0	0	0	0	0	0	0	0	0		1.2	0	0	0	0	0			
44189090	其他建筑用木工制品	4	0	0	0	0	0	0	0	0	0	0		1.2	0	0	0	0	0			
45011000	未加工或简单加工的天然软木	6	0	0	0	0	0	0	0	0	0	0		0	5		0	0	0			
45020000	除去表皮或粗切成方形或成块、板、片或条状的天然软木	8	0	0	0	0	0	0	0	0	0	0		0	5		0	0	0			
45031000	天然软木塞子	8	0	0	0	0	0	0	0	0	0	0		2.4	5		0	0	0			
45039000	其他天然软木制品	10.5	0	0	0	0	0	0	0	0	0	0		0	5	0	0	4.2	6.3			
45041000	块、板、片及条状压制软木；任何形状的砖、瓦；实心圆柱体，包括原片	8.4	0	0	0	0	0	0	0	0	0	0		0	5		0	0	0			
46012100	竹制的席子、席料、帘子	9	0	0	0	0	0	0	0	0	0	0		0	5		0	0	0		0	
46012200	藤制的席子、席料及帘子	9	0	0	0	0	0	0	0	0	0	0		0	5		0	0	0		0	
46012911	蔺草制的席子、席料及帘子	9	0	0	0	0	0	0	0	0	0	0		0	5		0	0	0		0	
46012919	其他草制的席子、席料及帘子	9	0	0	0	0	0	0	0	0	0	0		0	5		0	0	0			
46012921	苇帘	9	0	0	0	0	0	0	0	0	0	0		0	5		0	0	0			
46012929	芦苇制的席子、席料	9	0	0	0	0	0	0	0	0	0	0		0	5		0	0	0			
46012990	其他植物材料制席子、席料及帘子	9	0	0	0	0	0	0	0	0	0	0		0	5		0	0	0			
46019210	竹缏条及类似产品，不论是否缝合或宽条	9	0	0	0	0	0	0	0	0	0	0		0	5		0	0	0		0	
46019290	其他竹编结产品	9	0	0	0	0	0	0	0	0	0	0		0	5		0	0	0		0	

税则号列	商品描述	最惠国税率(%)	协定税率(%)																			
			东盟																			
			文莱	柬埔寨	印尼	老挝	马来西亚	缅甸	菲律宾	新加坡	泰国	越南	亚太	智利	巴基斯坦	新加坡	新西兰	秘鲁	哥斯达黎加	香港	澳门	台湾
46019310	藤缏条及类似产品,不论是否缝合成宽条	9	0	0	0	0	0	0	0	0	0	0		0	5		0	0	0		0	
46019390	其他藤编结产品	9	0	0	0	0	0	0	0	0	0	0		0	5		0		0		0	
46019411	稻草制的鞭条(绳)	10	0	0	0	0	0	0	0	0	0	0		0	5		0	0	0			
46019419	稻草制的其他编结材料产品	10	0	0	0	0	0	0	0	0	0	0		0	5		0	0	0			
46019491	其他植物编结材料的缏条及类似产品,不论是否缝合成宽条	9	0	0	0	0	0	0	0	0	0	0		0	5		0	0	0			
46019499	其他植物编结材料产品	9	0	0	0	0	0	0	0	0	0	0		0	5		0	0	0			
46019910	其他非植物编结材料的缏条及类似产品,不论是否缝合成宽条	9	0	0	0	0	0	0	0	0	0	0		0	5		0	0	0			
46019990	其他非植物编结材料产品	9	0	0	0	0	0	0	0	0	0	0		0	5		0	0	0			
46021100	竹编制的篮筐及其他制品	9	0	0	0	0	0	0	0	0	0	0		0	5		0	0	0			
46021200	藤编制的篮筐及其他制品	9	0	0	0	0	0	0	0	0	0	0		0	5		0		0			
46021910	草编制的篮筐及其他制品	9	0	0	0	0	0	0	0	0	0	0		0	5		0	0	0			
46021920	玉米皮编制的篮筐及其他制品	9	0	0	0	0	0	0	0	0	0	0		0	5		0	0	0			
46021930	柳条编制的篮筐及其他制品	9	0	0	0	0	0	0	0	0	0	0		0	5		0	0	0			
46021990	其他植物材料编制篮筐及其他制品	9	0	0	0	0	0	0	0	0	0	0		0	5		0		0			
46029000	其他编结材料制品及其他制品	9	0	0	0	0	0	0	0	0	0	0	8	0	5		0	0	0		0	
48022010	照相原纸	7.5																		0		
48022090	光敏、热敏、电敏纸,纸板的原纸、板	7.5																		0		
48024000	墙壁纸原纸	7.5																		0		
48025400	书写、印刷等用未涂布薄纸及纸板,不含用机械方法制得的纤维或所含前述纤维不超过全部纤维重量的10%	7.5																		0		
48025500	其他书写印刷等用未涂中厚纸(板),不含用机械方法制得的纤维或所含前述纤维不超过全部纤维重量的10%,成卷	5																		0		
48025600	书写、印刷等用未涂布中厚纸及纸板,不含用机械方法制得的纤维或所含前述纤维不超过全部纤维重量的10%,成张,一边≤435毫米,另一边≤297毫米	5																		0		

税则号列	商品描述	最惠国税率(%)	协定税率(%)																			
			东盟										亚太	智利	巴基斯坦	新加坡	新西兰	秘鲁	哥斯达黎加	香港	澳门	台湾
			文莱	柬埔寨	印尼	老挝	马来西亚	缅甸	菲律宾	新加坡	泰国	越南										
48025700	其他书写印刷等用未涂中厚纸(板),不含用机械方法制得的纤维或所含前述纤维不超过全部纤维重量的10%,其他成张	5																		0		
48025800	书写、印刷等用未涂布厚纸及纸板,不含用机械方法制得的纤维或所含前述纤维不超过全部纤维重量的10%	5																		0		
48026190	其他书写、印刷等用未涂布纸及纸板,所含用机械方法制得的纤维超过全部纤维重量的10%,成卷的其他纸	5																		0		
48026200	其他书写、印刷等用未涂布纸及纸板,所含用机械方法制得的纤维超过全部纤维重量的10%,成张的,一边≤435毫米、另一边≤297毫米(以未折叠计)	5																		0		
48026990	其他书写、印刷等用未涂布纸及纸板,所含用机械方法制得的纤维超过全部纤维重量的10%,成张的其他纸	5																		0		
48051100	半化学的瓦楞纸(瓦楞原纸)	7.5																		0		
48051200	草浆瓦楞原纸	7.5																		0		
48051900	其他瓦楞原纸	7.5																		0		
48052400	薄强韧箱纸板	7.5																		0		
48052500	厚强韧箱纸板	7.5																		0		
48059110	每平方米重量在150克及以下的电解电容器原纸	7.5																		0		
48059190	每平方米重量在150克及以下的薄纸及纸板	7.5																		0		
48059300	其他未经涂布厚纸及纸板	7.5																		0		

税则号列	商品描述	最惠国税率(%)	协定税率(%)																			
			东盟										亚太	智利	巴基斯坦	新加坡	新西兰	秘鲁	哥斯达黎加	香港	澳门	台湾
			文莱	柬埔寨	印尼	老挝	马来西亚	缅甸	菲律宾	新加坡	泰国	越南										
48101300	涂无机物书写(印刷)纸(板),不含用机械方法制得的纤维或所含前述纤维不超过全部纤维重量的10%,成卷的	5																		0		
48101400	涂无机物书写(印刷)纸(板),不含用机械方法制得的纤维或所含前述纤维不超过全部纤维重量的10%,成张的,一边≤435毫米,另一边≤297毫米(以未折叠计)	5																		0		
48101900	其他涂无机物书写(印刷)纸(板),不含用机械方法制得的纤维或所含前述纤维不超过全部纤维重量的10%,成张的	5																		0		
48102900	其他涂无机物的书写、印刷纸及纸板,所含用机械方法制得的纤维超过全部纤维重量的10%	5																		0		
48103100	涂无机物的薄漂白牛皮纸及纸板,书写、印刷或类似用途的除外	5																		0	0	
48103200	涂无机物的厚漂白牛皮纸及纸板,书写、印刷或类似用途的除外	5																		0	0	
48103900	涂无机物的其他牛皮纸及纸板,书写、印刷或类似用途的除外	5																		0	0	
48109200	其他涂无机物的多层纸及纸板	5																		0	0	
48109900	其他涂无机物的纸及纸板	7.5																		0	0	
48111000	焦油纸及纸板、沥青纸及纸板	7.5																		0	0	
48114100	自粘的胶粘纸及纸板	7.5																		0	0	
48114900	其他胶粘纸及纸板	7.5																		0	0	
48115110	漂白的彩色相纸用双面涂塑厚纸	7.5																		0	0	
48115190	漂白的其他涂、浸、盖厚纸及纸板	7.5																		0	0	
48115910	绝缘纸及纸板	7.5																		0	0	

税则号列	商品描述	最惠国税率(%)	协定税率(%)																			
			东盟										亚太	智利	巴基斯坦	新加坡	新西兰	秘鲁	哥斯达黎加	香港	澳门	台湾
			文莱	柬埔寨	印尼	老挝	马来西亚	缅甸	菲律宾	新加坡	泰国	越南										
48115991	镀铝的用塑料涂布、浸渍的其他纸及纸板	7.5																		0	0	
48115999	其他用塑料涂布、浸渍的其他纸及纸板	7.5																		0	0	
48116010	用蜡或油等涂布的绝缘纸及纸板	7.5																		0	0	
48116090	用蜡或油等涂布的其他纸及纸板	7.5																		0	0	
48119000	其他经涂布、浸渍、覆盖的纸及纸板	7.5																		0	0	
48185000	纸制衣服及衣着附件	7.5	0	0	0	0	0	0	0	0	0	0		0	5		0	0	0			
48191000	瓦楞纸或纸板制的箱、盒、匣	5																		0	0	
48192000	非瓦楞纸或纸板制可折叠箱、盒、匣	5																		0	0	
48193000	底宽≥40 厘米的纸袋	7.5	0	0	0	0	0	0	0	0	0	0		2.3	5	0	0	0	0			
48204000	多联商业表格纸、页间夹有复写纸的本	7.5	0	0	0	0	0	0	0	0	0	0		0	5		0	0	0			
48211000	纸或纸板印制的各种标签	7.5																		0	0	
48236100	竹浆纸、纸板制的盘、碟、盆、杯及类似品	7.5	0	0	0	0	0	0	0	0	0	0		2.3	5		0	0	0			
48236900	其他纸、纸板制的盘、碟、盆、杯及类似品	7.5	0	0	0	0	0	0	0	0	0	0		2.3	5		0	0	0			
48239020	神纸及类似用品	7.5	0	0	0	0	0	0	0	0	0	0		2.3	5		0	0	0			
48239030	纸扇	7.5	0	0	0	0	0	0	0	0	0	0		2.3	5		0	0	0			
48239090	其他纸及纸制品	7.5																		0	0	
49111090	其他商业广告品及类似印刷品	7.5																		0		
49119910	纸质的其他印刷品	7.5																		0		
49119990	其他印刷品	7.5																		0		
50010010	适于缫丝的桑蚕茧	6	0	0	0	0	0	0	0	0	0	0		0	5		0	0	0			
50010090	适于缫丝的其他蚕茧	6	0	0	0	0	0	0	0	0	0	0		0	5		0	0	0			
50020011	厂丝	9	0	0	0	0	0	0	0	0	0	0		0	5		0	0	0			
50020012	土丝	9	0	0	0	0	0	0	0	0	0	0		0	5		0	0	0			
50020013	双宫丝	9	0	0	0	0	0	0	0	0	0	0		0	5		0	0	0			
50020019	其他未加捻桑蚕丝	9	0	0	0	0	0	0	0	0	0	0		0	5		0	0	0			

税则号列	商品描述	最惠国税率（%）	协定税率（%）																			
			东盟																			
			文莱	柬埔寨	印尼	老挝	马来西亚	缅甸	菲律宾	新加坡	泰国	越南	亚太	智利	巴基斯坦	新加坡	新西兰	秘鲁	哥斯达黎加	香港	澳门	台湾
50020020	未加捻柞蚕丝	9	0	0	0	0	0	0	0	0	0	0		0	5		0	0	0			
50020090	未加捻其他生丝	9	0	0	0	0	0	0	0	0	0	0		0	5		0	0	0			
50030011	下茧、茧衣、长吐、滞头	9	0	0	0	0	0	0	0	0	0	0		0	5		0	0	0			
50030012	回收纤维	9	0	0	0	0	0	0	0	0	0	0		0	5		0	0	0			
50030019	其他	9	0	0	0	0	0	0	0	0	0	0		0	5		0	0	0			
50030091	绵球	9	0	0	0	0	0	0	0	0	0	0		0	5		0	0	0			
50030099	其他	9	0	0	0	0	0	0	0	0	0	0		0	5		0	0	0			
50040000	非供零售用丝纱线	6	0	0	0	0	0	0	0	0	0	0		0	5		0	0	0		0	
50050010	非供零售用绸丝纱线	6	0	0	0	0	0	0	0	0	0	0		0	5		0	0	0			
50050090	非供零售用其他绢纺纱线	6	0	0	0	0	0	0	0	0	0	0		0	5		0	0	0			
50060000	零售用丝纱线、绢纺纱线；蚕胶丝	6	0	0	0	0	0	0	0	0	0	0		0	5		0	0	0			
50071010	未漂白或漂白的绸丝机织物	10	0	0	0	0	0	0	0	0	0	0		0	5		0	0	0			
50071090	其他绸丝机织物	10	0	0	0	0	0	0	0	0	0	0		0	5		0	0	0			
50072011	未漂白或漂白的纯桑蚕丝机织物	10	0	0	0	0	0	0	0	0	0	0	9	0	5		0	0	0			
50072019	其他纯桑蚕丝机织物	10	0	0	0	0	0	0	0	0	0	0	9	0	5		0	0	0	0		
50072021	未漂白或漂白的纯柞蚕丝机织物	10	0	0	0	0	0	0	0	0	0	0	9	0	5		0	0	0			
50072029	其他纯柞蚕丝机织物	10	0	0	0	0	0	0	0	0	0	0	9	0	5		0	0	0			
50072031	未漂白或漂白的纯绢丝机织物	10	0	0	0	0	0	0	0	0	0	0	9	0	5		0	0	0			
50072039	其他纯绢丝机织物	10	0	0	0	0	0	0	0	0	0	0	9	0	5		0	0	0			
50072090	其他纯丝机织物	10	0	0	0	0	0	0	0	0	0	0	9	0	5		0	0	0			
50079010	未漂白或漂白其他丝机织物	10	0	0	0	0	0	0	0	0	0	0	8.5	0	5		0	0	0			
50079090	其他丝机织物	10	0	0	0	0	0	0	0	0	0	0	8.5	0	5		0	7	0			
51011100	未梳的含脂剪羊毛	38	20	20	20	20	20	20	20	20	20	20										
51011900	未梳的其他含脂羊毛	38	20	20	20	20	20	20	20	20	20	20										
51012100	未梳的脱脂剪羊毛（未碳化）	38	20	20	20	20	20	20	20	20	20	20										
51012900	未梳的其他脱脂羊毛（未碳化）	38	20	20	20	20	20	20	20	20	20	20										
51013000	未梳碳化羊毛	38	20	20	20	20	20	20	20	20	20	20									0	

税则号列	商品描述	最惠国税率(%)	协定税率(%)																			
			东盟										亚太	智利	巴基斯坦	新加坡	新西兰	秘鲁	哥斯达黎加	香港	澳门	台湾
			文莱	柬埔寨	印尼	老挝	马来西亚	缅甸	菲律宾	新加坡	泰国	越南										
51021100	未梳喀什米尔山羊毛	9	0	0	0	0	0	0	0	0	0	0		0	5		0	0	0			
51021910	未梳兔毛	9	0	0	0	0	0	0	0	0	0	0		0	5		0	0	0			
51021920	未梳其他山羊绒	9	0	0	0	0	0	0	0	0	0	0		0	5		0	0	0			
51021930	未梳骆驼毛、骆驼绒	9	0	0	0	0	0	0	0	0	0	0		0	5		0	0	0			
51021990	未梳的其他动物细毛	9	0	0	0	0	0	0	0	0	0	0		0	5		0	3.6	0			
51022000	未梳的动物粗毛	9	0	0	0	0	0	0	0	0	0	0		0	5		0	0	0			
51031010	羊毛落毛	38	20	20	20	20	20	20	20	20	20	20										
51031090	其他动物细毛落毛	9	0	0	0	0	0	0	0	0	0	0		0	5		0	0	0			
51032010	羊毛废料	13.5	0	0	0	0	0	0	0	0	0	0		4.1	6.8	0	0	9.4	8.1			
51032090	其他动物细毛废料	9	0	0	0	0	0	0	0	0	0	0		0	5		0	0	0			
51033000	动物粗毛废料	9	0	0	0	0	0	0	0	0	0	0		0	5		0	0	0			
51040010	羊毛回收纤维	15	0	0	0	0	0	0	0	0	0	0		0	12	0	0	10.5	9			
51040090	其他动物细毛或粗毛的回收纤维	5	0	0	0	0	0	0	0	0	0	0		0	0		0	0	0			
51053100	已梳喀什米尔山羊毛	5	0	0	0	0	0	0	0	0	0	0		0	0		0	0	0			
51053910	已梳兔毛	5	0	0	0	0	0	0	0	0	0	0		0	0		0		0			
51053921	已梳无毛山羊绒	5	0	0	0	0	0	0	0	0	0	0		0	0		0		0			
51053929	其他已梳山羊绒	5	0	0	0	0	0	0	0	0	0	0		0	0		0		0			
51053990	其他已梳动物细毛	5	0	0	0	0	0	0	0	0	0	0		0	0		0		0			
51054000	已梳动物粗毛	5	0	0	0	0	0	0	0	0	0	0		0	0		0		0			
51061000	非供零售用粗梳纯羊毛纱线	5	0	0	0	0	0	0	0	0	0	0		0	0		0	2	0	0	0	
51062000	非供零售用粗梳混纺羊毛纱线	5	0	0	0	0	0	0	0	0	0	0		0	0		0	2	0	0	0	
51071000	非供零售用精梳纯羊毛纱线	5	0	0	0	0	0	0	0	0	0	0	2.5	0	0		0	2	0	0	0	
51072000	非供零售用精梳混纺羊毛纱线	5	0	0	0	0	0	0	0	0	0	0		0	0		0	2	0		0	
51081011	按重量计山羊绒的含量在85%及以上的非供零售用的粗梳纱线	5	0	0	0	0	0	0	0	0	0	0	4.3	0	0		0	0	0		0	
51081019	按重量计其他动物细毛含量在85%及以上的非供零售用的粗梳纱线	5	0	0	0	0	0	0	0	0	0	0	4.3	0	0		0	0	0		0	
51081090	按重量计动物细毛含量在85%以下的非供零售用的粗梳纱线	5	0	0	0	0	0	0	0	0	0	0	4.3	0	0		0	2	0		0	

税则号列	商品描述	最惠国税率(%)	协定税率(%)																			
			东盟										亚太	智利	巴基斯坦	新加坡	新西兰	秘鲁	哥斯达黎加	香港	澳门	台湾
			文莱	柬埔寨	印尼	老挝	马来西亚	缅甸	菲律宾	新加坡	泰国	越南										
51082011	按重量计山羊绒含量在85%及以上的非供零售用的精梳纱线	5	0	0	0	0	0	0	0	0	0	0		0	0		0		0		0	
51082019	按重量计其他动物细毛含量在85%及以上的非供零售用的精梳纱线	5	0	0	0	0	0	0	0	0	0	0		0	0		0		0		0	
51082090	按重量计动物细毛含量在85%以下的非供零售用的精梳纱线	5	0	0	0	0	0	0	0	0	0	0		0	0		0		0		0	
51091011	按重量计山羊绒含量在85%及以上的供零售用的纱线	6	0	0	0	0	0	0	0	0	0	0		0	5		0	0	0			
51091019	按重量计其他动物细毛含量在85%及以上的供零售用的纱线	6	0	0	0	0	0	0	0	0	0	0		0	5		0	0	0			
51091090	按重量计羊毛含量在85%及以上的供零售用的纱线	6	0	0	0	0	0	0	0	0	0	0		0	5		0	2.4	0			
51099011	供零售用的其他山羊绒纱线	6	0	0	0	0	0	0	0	0	0	0		0	5		0		0			
51099019	供零售用的其他动物细毛纱线	6	0	0	0	0	0	0	0	0	0	0		0	5		0		0			
51099090	供零售用的羊毛纱线	6	0	0	0	0	0	0	0	0	0	0		0	5		0		0			
51100000	动物粗毛或马毛的纱线	6	0	0	0	0	0	0	0	0	0	0		0	5		0	2.4	0		0	
51111111	按重量计山羊绒含量在85%及以上,每平方米重量不超过300克的山羊绒机织物	10	0	0	0	0	0	0	0	0	0	0	8.5	0	5	0	0	0	0			
51111119	按重量计其他动物细毛含量在85%及以上,每平方米重量不超过300克的其他动物细毛机织物	10	0	0	0	0	0	0	0	0	0	0	8.5	0	5	0	0	0	0			
51111190	按重量计羊毛含量在85%及以上,每平方米重量不超过300克的羊毛机织物	10	0	0	0	0	0	0	0	0	0	0	8.5	0	5	0	0	7	0			
51111911	按重量计山羊绒含量在85%及以上,每平方米重量超过300克的山羊绒的机织物	10	0	0	0	0	0	0	0	0	0	0	8.5	0	5	0	0	0	0			
51111919	按重量计其他动物细毛含量在85%及以上,每平方米超过300克的其他动物细毛机织物	10	0	0	0	0	0	0	0	0	0	0	8.5	0	5	0	0	0	0			

税则号列	商品描述	最惠国税率(%)	协定税率(%)																			
			东盟										亚太	智利	巴基斯坦	新加坡	新西兰	秘鲁	哥斯达黎加	香港	澳门	台湾
			文莱	柬埔寨	印尼	老挝	马来西亚	缅甸	菲律宾	新加坡	泰国	越南										
51111990	按重量计羊毛含量在85%及以上，每平方米超过300克的羊毛机织物	10	0	0	0	0	0	0	0	0	0	0	8.5	0	5	0	0	7	0			
51112000	与化纤长丝混纺粗梳毛布	10	0	0	0	0	0	0	0	0	0	0		0	5	0	0	0	0			
51113000	与化纤短纤混纺粗梳毛布	10	0	0	0	0	0	0	0	0	0	0	8.5	0	5	0	0	0	0			
51119000	与其他纤维混纺的粗梳毛布	10	0	0	0	0	0	0	0	0	0	0		0	5	0	0	0	0			
51121100	重量≤200克/平方米精梳全毛布	10	0	0	0	0	0	0	0	0	0	0	5	0	5	0	0	7	0	0	0	
51121900	重量>200克/平方米精梳全毛布	10	0	0	0	0	0	0	0	0	0	0	5	0	5	0	0	7	0	0	0	
51122000	与化纤长丝混纺精梳毛布	10	0	0	0	0	0	0	0	0	0	0		0	5	0	0	0	0		0	
51123000	与化纤短纤混纺精梳毛布	10	0	0	0	0	0	0	0	0	0	0		0	5	0	0	0	0		0	
51129000	与其他纤维混纺精梳毛布	10	0	0	0	0	0	0	0	0	0	0		0	5	0	0	7	0		0	
51130000	动物粗毛或马毛机织物	10	0	0	0	0	0	0	0	0	0	0		0	5	0	0	0	0		0	
52010000	未梳的棉花	40	20	20	20	20	20	20	20	20	20	20										
52021000	废棉纱线	10	0	0	0	0	0	0	0	0	0	0		0		0	0	7	0			
52029100	棉的回收纤维	10	0	0	0	0	0	0	0	0	0	0		0		0	0	0	0	0		
52029900	其他废棉	10	0	0	0	0	0	0	0	0	0	0		0		0	0		0			
52041100	非供零售用全棉缝纫线	5	0	0	0	0	0	0	0	0	0	0		0			0	0	0			
52041900	非供零售用其他棉缝纫线	5	0	0	0	0	0	0	0	0	0	0		0			0	0	0			
52042000	零售用棉制缝纫线	5	0	0	0	0	0	0	0	0	0	0		0			0	2	0			
52051100	非零售粗梳粗支纯棉单纱	5	0	0	0	0	0	0	0	0	0	0	3.5	0	3.5		0	0	0	0	0	0
52051200	非零售粗梳中支纯棉单纱	5	0	0	0	0	0	0	0	0	0	0	3.5	0	3.5		0	2	0	0		0
52051300	非零售粗梳细支纯棉单纱	5	0	0	0	0	0	0	0	0	0	0	3.5	0	3.5		0	0	0	0		
52051400	非零售粗梳较细支纯棉单纱	5	0	0	0	0	0	0	0	0	0	0	3.5	0	3.5		0	2	0	0		
52051500	非零售粗梳特细支纯棉单纱	5	0	0	0	0	0	0	0	0	0	0	3.5	0	3.5		0	0	0			
52052100	非零售精梳粗支纯棉单纱	5	0	0	0	0	0	0	0	0	0	0	3.5	0	3.5		0	0	0	0		
52052200	非零售精梳中支纯棉单纱	5	0	0	0	0	0	0	0	0	0	0	3.5	0	3.5		0	2	0	0		
52052300	非零售精梳细支纯棉单纱	5	0	0	0	0	0	0	0	0	0	0	3.5	0	3.5		0	2	0	0		
52052400	非零售精梳较细支纯棉单纱	5	0	0	0	0	0	0	0	0	0	0	3.5	0	3.5		0	2	0	0		
52052600	非零售精梳较特细支纯棉单纱	5	0	0	0	0	0	0	0	0	0	0		0			0	0	0	0		
52052700	非零售精梳特细支纯棉单纱	5	0	0	0	0	0	0	0	0	0	0		0			0	2	0	0		
52052800	非零售精梳超细支纯棉单纱	5	0	0	0	0	0	0	0	0	0	0		0			0	0	0	0		

税则号列	商品描述	最惠国税率(%)	协定税率(%)																			
			东盟										亚太	智利	巴基斯坦	新加坡	新西兰	秘鲁	哥斯达黎加	香港	澳门	台湾
			文莱	柬埔寨	印尼	老挝	马来西亚	缅甸	菲律宾	新加坡	泰国	越南										
52053100	非零售粗梳粗支纯棉多股纱	5	0	0	0	0	0	0	0	0	0	0	4.5	0	4.5		0		0	0	0	
52053200	非零售粗梳中支纯棉多股纱	5	0	0	0	0	0	0	0	0	0	0	3.5	0	3.5		0	2	0	0	0	
52053300	非零售粗梳细支纯棉多股纱	5	0	0	0	0	0	0	0	0	0	0		0			0	2	0	0	0	
52053400	非零售粗梳较细支纯棉多股纱	5	0	0	0	0	0	0	0	0	0	0		0			0	0	0	0	0	
52053500	非零售粗梳特细支纯棉多股纱	5	0	0	0	0	0	0	0	0	0	0		0			0	0	0		0	
52054100	非零售精梳粗支纯棉多股纱	5	0	0	0	0	0	0	0	0	0	0	4.5	0	4.5		0		0	0	0	
52054200	非零售精梳中支纯棉多股纱	5											3.5	0	3.5		0	2	0	0	0	
52054300	非零售精梳细支纯棉多股纱	5	0	0	0	0	0	0	0	0	0	0		0			0		0	0	0	
52054400	非零售精梳较细支纯棉多股纱	5	0	0	0	0	0	0	0	0	0	0		0			0	2	0	0	0	
52054600	非零售精梳较特细支纯棉多股纱	5	0	0	0	0	0	0	0	0	0	0	4.5	0	4.5		0	0	0	0	0	
52054700	非零售精梳特细支纯棉多股纱	5	0	0	0	0	0	0	0	0	0	0	4.5	0	4.5		0	0	0	0	0	
52054800	非零售精梳超细支纯棉多股纱	5	0	0	0	0	0	0	0	0	0	0	4.5	0	4.5		0	2	0	0	0	
52061100	非零售粗梳粗支混纺棉单纱	5	0	0	0	0	0	0	0	0	0	0	3.5	0	3.5		0		0	0	0	
52061200	非零售粗梳中支混纺棉单纱	5	0	0	0	0	0	0	0	0	0	0	3.5	0	3.5		0	0	0	0	0	0
52061300	非零售粗梳细支混纺棉单纱	5	0	0	0	0	0	0	0	0	0	0		0			0	0	0	0	0	
52061400	非零售粗梳较细支混纺棉单纱	5	0	0	0	0	0	0	0	0	0	0		0			0	2	0	0	0	
52061500	非零售粗梳特细支混纺棉单纱	5	0	0	0	0	0	0	0	0	0	0	3.5	0	3.5		0	0	0	0	0	
52062100	非零售精梳粗支混纺棉单纱	5	0	0	0	0	0	0	0	0	0	0	4.5	0	4.5		0	0	0	0	0	
52062200	非零售精梳中支混纺棉单纱	5	0	0	0	0	0	0	0	0	0	0		0			0	2	0	0	0	0
52062300	非零售精梳细支混纺棉单纱	5	0	0	0	0	0	0	0	0	0	0		0			0	0	0	0	0	
52062400	非零售精梳较细支混纺棉单纱	5	0	0	0	0	0	0	0	0	0	0		0			0	2	0	0	0	0
52062500	非零售精梳特细支混纺棉单纱	5	0	0	0	0	0	0	0	0	0	0		0			0	0	0	0	0	
52063100	非零售粗梳粗支混纺棉多股纱	5	0	0	0	0	0	0	0	0	0	0		0			0	0	0	0	0	
52063200	非零售粗梳中支混纺棉多股纱	5	0	0	0	0	0	0	0	0	0	0		0			0	2	0	0	0	
52063300	非零售粗梳细支混纺棉多股纱	5	0	0	0	0	0	0	0	0	0	0		0			0	0	0	0	0	
52063400	非零售粗梳较细混纺棉多股纱	5	0	0	0	0	0	0	0	0	0	0		0			0	0	0	0	0	
52063500	非零售粗梳特细混纺棉多股纱	5	0	0	0	0	0	0	0	0	0	0		0			0	0	0	0	0	
52064100	非零售精梳粗支混纺棉多股纱	5	0	0	0	0	0	0	0	0	0	0		0			0	0	0	0	0	
52064200	非零售精梳中支混纺棉多股纱	5	0	0	0	0	0	0	0	0	0	0		0			0	0	0	0	0	
52064300	非零售精梳细支混纺棉多股纱	5	0	0	0	0	0	0	0	0	0	0		0			0	0	0	0	0	

税则号列	商品描述	最惠国税率(%)	协定税率(%)																			
			东盟										亚太	智利	巴基斯坦	新加坡	新西兰	秘鲁	哥斯达黎加	香港	澳门	台湾
			文莱	柬埔寨	印尼	老挝	马来西亚	缅甸	菲律宾	新加坡	泰国	越南										
52064400	非零售精梳较细混纺棉多股纱	5	0	0	0	0	0	0	0	0	0	0		0			0	0	0	0	0	
52064500	非零售精梳特细混纺棉多股纱	5	0	0	0	0	0	0	0	0	0	0		0			0	0	0	0	0	
52071000	供零售用纯棉纱线	6	0	0	0	0	0	0	0	0	0	0	5	0	5		0	2.4	0			
52079000	供零售用混纺棉纱线	6	0	0	0	0	0	0	0	0	0	0		0	5		0	0	0			
52081100	未漂白轻质全棉平纹布	10	0	0	0	0	0	0	0	0	0	0		0	0		0	0	0	0		
52081200	未漂白较轻质全棉平纹布	10	0	0	0	0	0	0	0	0	0	0		0	0	0	0	0	0	0		
52081300	未漂白轻质全棉三、四线斜纹布	10	0	0	0	0	0	0	0	0	0	0	8.5	0	0		0	0	0	0		
52081900	未漂白轻质其他全棉机织物	10	0	0	0	0	0	0	0	0	0	0		0	0	0	0	0	0	0		
52082100	漂白的轻质全棉平纹布	10	0	0	0	0	0	0	0	0	0	0		0	0		0	0	0	0		
52082200	漂白的较轻质全棉平纹布	10	0	0	0	0	0	0	0	0	0	0		0	0	0	0	0	0	0		
52082300	漂白的轻质全棉三、四线斜纹布	12	0	0	0	0	0	0	0	0	0	0		0	0	0	0	4.8	7.2	0		
52082900	漂白的轻质其他全棉机织物	10	0	0	0	0	0	0	0	0	0	0		0	0		0	0	0	0		
52083100	染色的轻质全棉平纹布	10	0	0	0	0	0	0	0	0	0	0		0	0		0	0	0	0		0
52083200	染色的较轻质全棉平纹布	10	0	0	0	0	0	0	0	0	0	0	8.5	0	0	0	0	0	0	0		0
52083300	染色的轻质全棉三、四线斜纹布	10	0	0	0	0	0	0	0	0	0	0	8.5	0	0		0	0	0	0		
52083900	染色的轻质其他全棉机织物	10	0	0	0	0	0	0	0	0	0	0	8.5	0	0	0	0	0	0	0		0
52084100	色织的轻质全棉平纹布	10	0	0	0	0	0	0	0	0	0	0		0	0	0	0	0	0	0		
52084200	色织的较轻质全棉平纹布	10	0	0	0	0	0	0	0	0	0	0	7	0	0	0	0	0	0	0		0
52084300	色织的轻质全棉三、四线斜纹布	10	0	0	0	0	0	0	0	0	0	0		0	0		0	0	0	0		
52084900	色织的轻质其他全棉机织物	10	0	0	0	0	0	0	0	0	0	0	9	0	0	0	0	0	0	0		
52085100	印花的轻全棉平纹布	10	0	0	0	0	0	0	0	0	0	0		0	0		0	0	0	0		
52085200	印花的较轻全棉平纹布	10	0	0	0	0	0	0	0	0	0	0	8.5	0	0	0	0	0	0	0		
52085910	印花的轻质全棉三、四线斜纹布	10	0	0	0	0	0	0	0	0	0	0		0	0		0	0	0	0		
52085990	印花的轻质其他全棉机织物	10	0	0	0	0	0	0	0	0	0	0	8.5	0	0		0	0	0	0		0
52091100	未漂白重质全棉平纹布	10												0	0		0		0	0		
52091200	未漂白重质全棉三、四线斜纹布	10	0	0	0	0	0	0	0	0	0	0	7	0	0	0	0	0	0	0		
52091900	未漂白重质其他全棉机织物	10	0	0	0	0	0	0	0	0	0	0		0	0	0	0	0	0	0		
52092100	漂白的重质全棉平纹布	12	0	0	0	0	0	0	0	0	0	0		0	0	0	0	4.8	7.2	0		
52092200	漂白的重质全棉三、四线斜纹布	12	0	0	0	0	0	0	0	0	0	0		0	0	0	0	4.8	7.2	0		
52092900	漂白的重质其他全棉机织物	12	0	0	0	0	0	0	0	0	0	0		0	0	0	0	4.8	7.2	0		

税则号列	商品描述	最惠国税率（%）	协定税率（%）																			
			东盟										亚太	智利	巴基斯坦	新加坡	新西兰	秘鲁	哥斯达黎加	香港	澳门	台湾
			文莱	柬埔寨	印尼	老挝	马来西亚	缅甸	菲律宾	新加坡	泰国	越南										
52093100	染色的重质全棉平纹布	10	0	0	0	0	0	0	0	0	0	0	8.5	0	0	0	0	0	0	0		0
52093200	染色的重质全棉三、四线斜纹布	10	0	0	0	0	0	0	0	0	0	0	8.5	0	0	0	0	0	0	0		0
52093900	染色的重质其他全棉机织物	10	0	0	0	0	0	0	0	0	0	0	8.5	0	0	0	0	0	0	0		0
52094100	色织的重质全棉平纹布	10	0	0	0	0	0	0	0	0	0	0		0	0	0	0	0	0	0		0
52094200	色织的重质全棉粗斜纹布（劳动布）	10	0	0	0	0	0	0	0	0	0	0	8.5	0	0	0	0	0	0	0	0	0
52094300	其他三线或四线斜纹机织物，包括双面斜纹机织物	10	0	0	0	0	0	0	0	0	0	0	9.3	0	0		0	0	0	0		
52094900	色织的重质其他全棉机织物	10	0	0	0	0	0	0	0	0	0	0		0	0	0	0	0	0	0		
52095100	印花的重质全棉平纹布	10	0	0	0	0	0	0	0	0	0	0	9.3	0	0	0	0	0	0	0		
52095200	印花的重质全棉三、四线斜纹布	10	0	0	0	0	0	0	0	0	0	0		0	0		0	0	0	0		
52095900	印花的重质其他全棉机织物	10	0	0	0	0	0	0	0	0	0	0	8.5	0	0		0	0	0	0		
52101100	与化纤混纺未漂白轻质平纹棉布	12	0	0	0	0	0	0	0	0	0	0	10.2	0	0	0	0	4.8	7.2	0		
52101910	化纤混纺未漂白轻质三、四线斜纹棉布	12	0	0	0	0	0	0	0	0	0	0		0	0	0	0	4.8	7.2	0		
52101990	与化纤混纺未漂白轻质其他棉布	12	0	0	0	0	0	0	0	0	0	0		0	0	0	0	4.8	7.2	0		
52102100	与化纤混纺漂白的轻质平纹棉布	14	0	0	0	0	0	0	0	0	0	0		0	0	0	0	5.6	8.4	0		
52102910	化纤混纺漂白的轻质三、四线斜纹棉布	14	0	0	0	0	0	0	0	0	0	0		0	0	0	0	5.6	8.4	0		
52102990	与化纤混纺漂白的轻质其他棉布	14	0	0	0	0	0	0	0	0	0	0		0	0	0	0	5.6	8.4			
52103100	与化纤混纺染色的轻质平纹棉布	10	0	0	0	0	0	0	0	0	0	0	8.5	0	0	0	0	0	0	0		0
52103200	化纤混纺染色的轻质三、四线斜纹棉布	10	0	0	0	0	0	0	0	0	0	0	8.5	0	0	0	0	0	0	0		
52103900	与化纤混纺染色的轻质其他棉布	10	0	0	0	0	0	0	0	0	0	0	8.5	0	0	0	0	7	0	0		0
52104100	与化纤混纺色织的轻质平纹棉布	10	0	0	0	0	0	0	0	0	0	0		0	0	0	0	0	0	0		0
52104910	化纤混纺色织的轻质三、四线斜纹棉布	10	0	0	0	0	0	0	0	0	0	0		0	0	0	0	0	0	0		
52104990	与化纤混纺色织的轻质其他棉布	10	0	0	0	0	0	0	0	0	0	0		0	0	0	0	0	0	0		0
52105100	与化纤混纺印花的轻质平纹棉布	10	0	0	0	0	0	0	0	0	0	0		0	0		0	0	0			
52105910	化纤混纺印花的轻质三、四线斜纹棉布	10	0	0	0	0	0	0	0	0	0	0		0	0		0	0	0			
52105990	与化纤混纺印花的轻质其他棉布	10	0	0	0	0	0	0	0	0	0	0		0	0		0	0	0			
52111100	与化纤混纺未漂白重质平纹棉布	12	0	0	0	0	0	0	0	0	0	0		0	0	0	0	4.8	7.2	0		
52111200	化纤混纺未漂白重质三、四线斜纹棉布	12	0	0	0	0	0	0	0	0	0	0		0	0	0	0	4.8	7.2	0		
52111900	与化纤混纺未漂白重质其他棉布	12	0	0	0	0	0	0	0	0	0	0		0	0	0	0	4.8	7.2	0		
52112000	与化纤混纺漂白的重质其他棉布	14	0	0	0	0	0	0	0	0	0	0		0	0	0	0	5.6	8.4	0		

税则号列	商品描述	最惠国税率(%)	协定税率(%)																		
			东盟										亚太	智利	巴基斯坦	新加坡	新西兰	秘鲁	哥斯达黎加	香港	澳门	台湾
			文莱	柬埔寨	印尼	老挝	马来西亚	缅甸	菲律宾	新加坡	泰国	越南										
52113100	与化纤混纺染色的重质平纹棉布	10	0	0	0	0	0	0	0	0	0	0	8.5	0	0	0	0	0	0	0		
52113200	化纤混纺染色的重质三、四线斜纹棉布	10	0	0	0	0	0	0	0	0	0	0	8.5	0	0	0	0	0	0	0		
52113900	与化纤混纺染色的重质其他棉布	10	0	0	0	0	0	0	0	0	0	0	8.5	0	0	0	0	7	0	0		0
52114100	与化纤混纺色织的重质平纹棉布	10	0	0	0	0	0	0	0	0	0	0		0	0		0	0	0	0		
52114200	与化纤混纺色织的重质粗斜纹棉布	10	0	0	0	0	0	0	0	0	0	0		0	0	0	0	0	0	0		
52114300	其他三、四线斜纹机织物，包括双面斜纹机织物	10	0	0	0	0	0	0	0	0	0	0		0	0		0	0	0	0		
52114900	与化纤混纺色织的重质其他棉布	10	0	0	0	0	0	0	0	0	0	0		0	0	0	0	0	0			
52115100	与化纤混纺印花的重质平纹棉布	10	0	0	0	0	0	0	0	0	0	0		0	0		0	0	0			
52115200	化纤混纺印花的重质三、四线斜纹棉布	10	0	0	0	0	0	0	0	0	0	0		0	0		0	0	0			
52115900	与化纤混纺印花的重质其他棉布	10	0	0	0	0	0	0	0	0	0	0	8.5	0	0		0	0	0			
52121100	未漂白的其他混纺轻质棉布	12	0	0	0	0	0	0	0	0	0	0		0	0	0	0	4.8	7.2	0		
52121200	漂白的其他混纺轻质棉布	14	0	0	0	0	0	0	0	0	0	0		0	0	0	0	5.6	8.4	0		
52121300	染色的其他混纺轻质棉布	10	0	0	0	0	0	0	0	0	0	0		0	0		0	0	0	0		
52121400	色织的其他混纺轻质棉布	10	0	0	0	0	0	0	0	0	0	0		0	0		0	0	0			
52121500	印花的其他混纺轻质棉布	10	0	0	0	0	0	0	0	0	0	0		0	0		0	0	0			
52122100	未漂白的其他混纺重质棉布	12	0	0	0	0	0	0	0	0	0	0		0	0	0	0	4.8	7.2	0		
52122200	漂白的其他混纺重质棉布	14	0	0	0	0	0	0	0	0	0	0		0	0	0	0	5.6	8.4	0		
52122300	染色的其他混纺重质棉布	10	0	0	0	0	0	0	0	0	0	0		0	0		0	0	0	0		
52122400	色织的其他混纺重质棉布	10	0	0	0	0	0	0	0	0	0	0		0	0		0	0	0			
52122500	印花的其他混纺重质棉布	10	0	0	0	0	0	0	0	0	0	0		0	0		0	0	0			
53011000	生的或沤制的亚麻	6	0	0	0	0	0	0	0	0	0	0		0	5		0	0	0			
53012100	破开或打成的亚麻	6	0	0	0	0	0	0	0	0	0	0		0	5		0	0	0			
53012900	栉梳或经其他加工未纺制的亚麻	6	0	0	0	0	0	0	0	0	0	0		0	5		0	0	0			
53013000	亚麻短纤及废麻	6	0	0	0	0	0	0	0	0	0	0		0	5		0	0	0			
53021000	生的或沤制的大麻	6	0	0	0	0	0	0	0	0	0	0		0	5		0	0	0			
53029000	经加工、未纺的大麻、大麻短纤及废麻	6	0	0	0	0	0	0	0	0	0	0		0	5		0	0	0			
53031000	生或沤制黄麻，其他纺织用韧皮纤维	5	0	0	0	0	0	0	0	0	0	0		0	0		0	0	0			
53039000	经加工、未纺的黄麻及其他纺织用韧皮纤维	5	0	0	0	0	0	0	0	0	0	0		0	0		0	0	0			

税则号列	商品描述	最惠国税率(%)	协定税率(%)																			
			东盟										亚太	智利	巴基斯坦	新加坡	新西兰	秘鲁	哥斯达黎加	香港	澳门	台湾
			文莱	柬埔寨	印尼	老挝	马来西亚	缅甸	菲律宾	新加坡	泰国	越南										
53050011	生的苎麻	5	0	0	0	0	0	0	0	0	0	0		0	0		0	0	0			
53050012	经加工、未纺制的苎麻	5	0	0	0	0	0	0	0	0	0	0		0	0		0	0	0			
53050013	苎麻的短纤及废麻	5	0	0	0	0	0	0	0	0	0	0		0	0		0	0	0			
53050019	其他苎麻	5	0	0	0	0	0	0	0	0	0	0		0	0		0	0	0			
53050020	经加工、未纺制的蕉麻及蕉麻废料	3	0	0	0	0	0	0	0	0	0	0		0	0		0	0	0			
53050091	经加工、未纺的西沙尔麻及其他龙舌兰类纤维	5	0	0	0	0	0	0	0	0	0	0		0	0		0	0	0			
53050092	加工、未纺的椰壳纤维及椰壳纤维废料	5	0	0	0	0	0	0	0	0	0	0	4	0	0		0	0	0			
53050099	经加工的其他未列名纺织用植物纤维及其废麻	5	0	0	0	0	0	0	0	0	0	0		0	0		0	0	0			
53061000	亚麻单纱	6	0	0	0	0	0	0	0	0	0	0		0	5		0	0	0	0	0	
53062000	亚麻多股纱线或缆线	10	0	0	0	0	0	0	0	0	0	0		0	5		0	0	0	0	0	
53071000	黄麻及其他纺织用韧皮纤维单纱	6	0	0	0	0	0	0	0	0	0	0		0	5		0	0	0		0	
53072000	黄麻及其他纺织用韧皮纤维多股纱或缆线	6	0	0	0	0	0	0	0	0	0	0		0	5		0	0	0		0	
53081000	椰壳纤维纱线	6	0	0	0	0	0	0	0	0	0	0		0	5		0	0	0		0	
53082000	大麻纱线	6	0	0	0	0	0	0	0	0	0	0		0	5		0	0	0		0	
53089011	未漂白或漂白的全苎麻纱线	6	0	0	0	0	0	0	0	0	0	0		0	5		0	0	0		0	
53089012	全苎麻色纱线	6	0	0	0	0	0	0	0	0	0	0		0	5		0	0	0		0	
53089013	未漂白或漂白的混纺苎麻纱线	6	0	0	0	0	0	0	0	0	0	0		0	5		0	0	0		0	
53089014	混纺苎麻色纱线	6	0	0	0	0	0	0	0	0	0	0		0	5		0	0	0		0	
53089091	纸纱线	6	0	0	0	0	0	0	0	0	0	0		0	5		0	0	0		0	
53089099	其他植物纺织纤维纱线	6	0	0	0	0	0	0	0	0	0	0		0	5		0	0	0		0	
53091110	未漂白全亚麻机织物	10	0	0	0	0	0	0	0	0	0	0		0	0		0	0	0			
53091120	漂白的全亚麻机织物	10	0	0	0	0	0	0	0	0	0	0		0	0		0	0	0			
53091900	其他全亚麻机织物	10	0	0	0	0	0	0	0	0	0	0	9.3	0	0		0	0	0	0		
53092110	未漂白的混纺亚麻机织物	10	0	0	0	0	0	0	0	0	0	0		0	0		0	0	0			
53092120	漂白的混纺亚麻机织物	10	0	0	0	0	0	0	0	0	0	0		0	0		0	0	0			
53092900	其他混纺亚麻机织物	10	0	0	0	0	0	0	0	0	0	0	8.5	0	0		0	0	0	0		
53101000	未漂白黄麻或其他韧皮纤维织物	10	0	0	0	0	0	0	0	0	0	0		0	5		0	0	0			
53109000	其他黄麻机织物或韧皮纤维织物	10	0	0	0	0	0	0	0	0	0	0		0	5		0	0	0			

税则号列	商品描述	最惠国税率(%)	协定税率(%)																			
			东盟										亚太	智利	巴基斯坦	新加坡	新西兰	秘鲁	哥斯达黎加	香港	澳门	台湾
			文莱	柬埔寨	印尼	老挝	马来西亚	缅甸	菲律宾	新加坡	泰国	越南										
53110012	未漂白全苎麻机织物	10	0	0	0	0	0	0	0	0	0	0		0	5		0	0	0			
53110013	其他全苎麻机织物	12	0	0	0	0	0	0	0	0	0	0		0	6	0	0	4.8	7.2			
53110014	未漂白混纺苎麻机织物	10	0	0	0	0	0	0	0	0	0	0		0	5		0	0	0			
53110015	其他混纺苎麻机织物	12	0	0	0	0	0	0	0	0	0	0		0	6	0	0	4.8	7.2			
53110020	纸纱线机织物	10	0	0	0	0	0	0	0	0	0	0		0	5		0	0	0			
53110030	大麻的机织物	10	0	0	0	0	0	0	0	0	0	0	9.3	0	5		0	0	0			
53110090	其他纺织用植物纤维机织物	10	0	0	0	0	0	0	0	0	0	0	9.3	0	5		0	0	0			
54011010	非供零售用合成纤维长丝缝纫线	5	0	0	0	0	0	0	0	0	0	0		0	0		0	0	0	0	0	0
54011020	供零售用合成纤维长丝缝纫线	5	0	0	0	0	0	0	0	0	0	0		0	0		0	0	0			
54012010	非供零售用人纤长丝缝纫线	5	0	0	0	0	0	0	0	0	0	0		0	0		0	0	0			
54012020	供零售用人纤长丝缝纫线	5	0	0	0	0	0	0	0	0	0	0		0	0		0	0	0			
54021110	非零售用聚间苯二甲酰间苯二胺纺制的长丝高强力纱	5	0	0	0	0	0	0	0	0	0	0		0	0		0	0	0		0	
54021120	非零售用聚对苯二甲酰对苯二胺纺制的长丝高强力纱	5	0	0	0	0	0	0	0	0	0	0		0	0		0	0	0		0	
54021190	非零售用其他芳香族聚酰胺纺制的长丝高强力纱	5	0	0	0	0	0	0	0	0	0	0		0	0		0	0	0		0	
54021910	非零售用聚酰胺-6 纺制的长丝高强力纱	5	0	0	0	0	0	0	0	0	0	0		0	0		0	0	0		0	
54021920	非零售用聚酰胺-6,6 纺制的长丝高强力纱	5	0	0	0	0	0	0	0	0	0	0		0	0		0	0	0		0	
54021990	非零售用其他尼龙长丝高强纱	5	0	0	0	0	0	0	0	0	0	0		0	0		0	0	0		0	
54022000	非零售聚酯长丝高强力纱	5	0	0	0	0	0	0	0	0	0	0		0	0		0	0	0		0	0
54023111	非零售用聚酰胺-6 纺制的细弹力丝	5	0	0	0	0	0	0	0	0	0	0		0	0		0	0	0	0	0	
54023112	非零售用聚酰胺-6,6 纺制的细弹力丝	5	0	0	0	0	0	0	0	0	0	0		0	0		0	0	0	0	0	
54023113	非零售用芳香族聚酰胺纺制的细弹力丝	5	0	0	0	0	0	0	0	0	0	0		0	0		0	0	0	0	0	
54023119	非零售其他细尼龙弹力丝	5	0	0	0	0	0	0	0	0	0	0		0	0		0	0	0	0	0	
54023190	非零售其他细尼龙变形纱线	5	0	0	0	0	0	0	0	0	0	0		0	0		0	0	0	0	0	
54023211	非零售用聚酰胺-6 纺制的粗弹力丝	5	0	0	0	0	0	0	0	0	0	0		0	0		0	0	0	0	0	
54023212	非零售用聚酰胺-6,6 纺制的粗弹力丝	5	0	0	0	0	0	0	0	0	0	0		0	0		0	0	0	0	0	

税则号列	商品描述	最惠国税率(%)	协定税率(%)																			
			东盟										亚太	智利	巴基斯坦	新加坡	新西兰	秘鲁	哥斯达黎加	香港	澳门	台湾
			文莱	柬埔寨	印尼	老挝	马来西亚	缅甸	菲律宾	新加坡	泰国	越南										
54023213	非零售用芳香族聚酰胺纺制的粗弹力丝	5	0	0	0	0	0	0	0	0	0	0		0	0		0	0	0	0	0	
54023219	非零售其他粗尼龙弹力丝	5	0	0	0	0	0	0	0	0	0	0		0	0		0	0	0	0	0	
54023290	非零售其他粗尼龙变形纱线	5	0	0	0	0	0	0	0	0	0	0	4.5	0	0		0	0	0	0	0	
54023310	非零售聚酯弹力丝	5	0		0		0	0	0	0	0	0		0	0		0	0	0		0	0
54023390	非零售其他聚酯变形纱线	5												0	0		0	0	0		0	
54023400	非零售用聚丙烯变形纱线	5	0	0	0	0	0	0	0	0	0	0		0	0		0	0	0		0	
54023900	非零售其他合成纤维长丝变形纱线	5	0	0	0	0	0	0	0	0	0	0		0	0		0	0	0		0	
54024410	弹性氨纶纱线，未加捻或捻度每米不超过50转	5	0	0	0	0	0	0	0	0	0	0		0	0		0	0	0		0	
54024490	其他弹性纱线，未加捻或捻度每米不超过50转	5	0	0	0	0	0	0	0	0	0	0	4.7	0	0		0	0	0	0	0	
54024510	聚酰胺-6纺制的其他单纱，未加捻或捻度每米不超过50转	5	0	0	0	0	0	0	0	0	0	0	4.7	0	0		0	0	0		0	
54024520	聚酰胺-6,6纺制的其他单纱，未加捻或捻度每米不超过50转	5	0	0	0	0	0	0	0	0	0	0	4.7	0	0		0	0	0		0	
54024530	芳香族聚酰胺纺制的其他单纱，未加捻或捻度每米不超过50转	5	0	0	0	0	0	0	0	0	0	0	4.7	0	0		0	0	0		0	
54024590	其他尼龙或聚酰胺纱线纺制的，未加捻或捻度每米不超过50转的单纱	5	0	0	0	0	0	0	0	0	0	0	4.7	0	0		0	0	0		0	
54024600	其他部分定向聚酯纱线，未加捻或捻度每米不超过50转	5												0	0		0	0	0		0	
54024700	其他聚酯纱线，未加捻或捻度每米不超过50转	5											4.7	0	0		0	0	0		0	
54024800	其他聚丙烯纱线，未加捻或捻度每米不超过50转	5	0	0	0	0	0	0	0	0	0	0		0	0		0	0	0		0	
54024910	断裂强度≥22cN/dtex，且初始模量≥750cN/dtex的聚乙烯纱线	5	0	0	0	0	0	0	0	0	0	0		0	0		0	0	0		0	
54024990	其他纱线，未加捻或捻度每米不超过50转	5	0	0	0	0	0	0	0	0	0	0		0	0		0	0	0		0	
54025110	非零售用聚酰胺-6纺制的加捻单纱	5												0	0		0	0	0		0	

税则号列	商品描述	最惠国税率(%)	协定税率(%)																			
			东盟										亚太	智利	巴基斯坦	新加坡	新西兰	秘鲁	哥斯达黎加	香港	澳门	台湾
			文莱	柬埔寨	印尼	老挝	马来西亚	缅甸	菲律宾	新加坡	泰国	越南										
54025120	非零售用聚酰胺-6,6纺制的加捻单纱	5	0	0	0	0	0	0	0	0	0	0		0	0		0	0	0		0	
54025130	非零售用芳香族聚酰胺纺制的加捻单纱	5	0	0	0	0	0	0	0	0	0	0		0	0		0	0	0		0	
54025190	非零售用其他尼龙加捻单纱	5	0	0	0	0	0	0	0	0	0	0		0	0		0	0	0		0	
54025200	非零售加捻的其他聚酯加捻单纱	5											4.3	0	0		0	0	0		0	
54025910	非零售用聚丙烯加捻单纱	5	0	0	0	0	0	0	0	0	0	0		0	0		0	0	0		0	
54025920	断裂强度≥22cN/dtex,且初始模量≥750cN/dtex的聚乙烯纱线	5	0	0	0	0	0	0	0	0	0	0		0	0		0	0	0		0	
54025990	非零售加捻的其他合成纤维长丝单纱	5	0	0	0	0	0	0	0	0	0	0		0	0		0	0	0		0	
54026110	非零售用聚己内酰胺(尼龙-6)制多股纱线	5	0	0	0	0	0	0	0	0	0	0		0	0		0	0	0		0	
54026120	非零售用聚酰胺-6,6制多股纱线	5	0	0	0	0	0	0	0	0	0	0		0	0		0	0	0		0	
54026130	非零售用芳香族聚酰胺制多股纱线	5	0	0	0	0	0	0	0	0	0	0		0	0		0	0	0		0	
54026190	非零售用其他尼龙制多股纱线	5	0	0	0	0	0	0	0	0	0	0		0	0		0	0	0		0	
54026200	非零售聚酯多股纱线	5	0	0	0	0	0	0	0	0	0	0		0	0		0	0	0		0	0
54026910	非零售用聚丙烯多股纱线	5	0	0	0	0	0	0	0	0	0	0		0	0		0	0	0		0	
54026920	非零售用氨纶多股纱线	5	0	0	0	0	0	0	0	0	0	0		0	0		0	0	0		0	
54026990	非零售其他合成纤维长丝多股纱线	5	0	0	0	0	0	0	0	0	0	0		0	0		0	0	0		0	
54031000	非零售粘胶纤维高强力纱	5	0	0	0	0	0	0	0	0	0	0		0	0		0	0	0		0	
54033110	竹制非零售未捻的粘胶纤维单纱	5	0	0	0	0	0	0	0	0	0	0		0	0		0	0	0		0	
54033190	其他非零售未捻的粘胶纤维单纱	5	0	0	0	0	0	0	0	0	0	0		0	0		0	0	0		0	
54033210	竹制非零售加捻的粘胶纤维单纱	5	0	0	0	0	0	0	0	0	0	0		0	0		0	0	0		0	
54033290	其他非零售加捻的粘胶纤维单纱	5	0	0	0	0	0	0	0	0	0	0		0	0		0	0	0		0	
54033310	非零售二醋酸纤维单纱	5	0	0	0	0	0	0	0	0	0	0		0	0		0	0	0		0	
54033390	非零售其他醋酸纤维单纱	5	0	0	0	0	0	0	0	0	0	0		0	0		0	0	0		0	
54033900	非零售其他人造纤维长丝单纱	5	0	0	0	0	0	0	0	0	0	0		0	0		0	0	0		0	
54034100	非零售粘胶长丝多股纱线或缆线	5	0	0	0	0	0	0	0	0	0	0		0	0		0	0	0		0	
54034200	非零售醋酸长丝多股纱线或缆线	5	0	0	0	0	0	0	0	0	0	0		0	0		0	0	0		0	
54034900	非零售其他人造纤维长丝多股纱或缆线	5	0	0	0	0	0	0	0	0	0	0		0	0		0	0	0		0	

税则号列	商品描述	最惠国税率(%)	协定税率(%)																			
			东盟																			
			文莱	柬埔寨	印尼	老挝	马来西亚	缅甸	菲律宾	新加坡	泰国	越南	亚太	智利	巴基斯坦	新加坡	新西兰	秘鲁	哥斯达黎加	香港	澳门	台湾
54041100	细度≥67分特、截面尺寸≤1毫米的弹性单丝	5	0		0		0	0	0	0	0	0		0	0		0	0	0	0		
54041200	细度≥67分特、截面尺寸≤1毫米的聚丙烯单丝	5	0		0		0	0	0	0	0	0		0	0		0	0	0	0		
54041900	细度≥67分特、截面尺寸≤1毫米的其他合成纤维单丝	5	0		0		0	0	0	0	0	0		0	0		0	0	0	0		
54049000	其他宽≤5毫米合成纺织材料制扁条及类似品	5	0		0		0	0	0	0	0	0		0	0		0	0	0			
54050000	细度≥67分特、截面尺寸≤1毫米人造纤维单丝；宽≤5毫米扁条及类似品	5	0	0	0	0	0	0	0	0	0	0		0	0		0	0	0			
54060010	供零售用合成纤维长丝纱线	5	0	0	0	0	0	0	0	0	0	0		0	0		0	0	0			
54060020	供零售用人造纤维长丝纱线	5	0	0	0	0	0	0	0	0	0	0		0	0		0	0	0			
54071010	尼龙或其他聚酰胺高强力纱制机织物	10	0	0	0	0	0	0	0	0	0	0		0	0	0	0	0	0	0		0
54071020	聚酯高强力纱制机织物	10	0	0	0	0	0	0	0	0	0	0		0	0	0	0	0	0			0
54072000	合成纤维扁条及类似品的机织物	10	0	0	0	0	0	0	0	0	0	0		0	0	0	0	0	0			
54073000	多层平行纱线相互层叠并黏合机织物	10	0	0	0	0	0	0	0	0	0	0		0	0	0	0	0	0			
54074100	未漂白或漂白的纯尼龙布	10	0	0	0	0	0	0	0	0	0	0		0	0	0	0	0	0	0		0
54074200	染色的纯尼龙布	10	0	0	0	0	0	0	0	0	0	0	9.5	0	0	0	0	0	0	0	0	0
54074300	色织的纯尼龙布	10	0	0	0	0	0	0	0	0	0	0	7	0	0	0	0	0	0	0		0
54074400	印花的纯尼龙布	10	0	0	0	0	0	0	0	0	0	0		0	0	0	0	0	0			
54075100	未漂白或漂白纯聚酯变形长丝布	10	0	0	0	0	0	0	0	0	0	0	7	0	0	0	0	0	0			0
54075200	染色的纯聚酯变形长丝布	10	0	0	0	0	0	0	0	0	0	0	9.5	0	0	0	0	0	0	0		0
54075300	色织的纯聚酯变形长丝布	10	0	0	0	0	0	0	0	0	0	0		0	0	0	0	0	0			0
54075400	印花的纯聚酯变形长丝布	10	0	0	0	0	0	0	0	0	0	0		0	0	0	0	0	0			0
54076100	其他纯聚酯非变形长丝布	10	0	0	0	0	0	0	0	0	0	0	9.5	0	0	0	0	0	0	0	0	0
54076900	其他纯聚酯长丝布	10	0	0	0	0	0	0	0	0	0	0	9.5	0	0	0	0	0	0			0
54077100	未漂白或漂白其他纯合成纤维长丝布	10	0	0	0	0	0	0	0	0	0	0	8.8	0	0	0	0	0	0	0		0
54077200	染色的其他纯合成纤维长丝布	10	0	0	0	0	0	0	0	0	0	0	9.5	0	0	0	0	0	0	0		0
54077300	色织的其他纯合成纤维长丝布	10	0	0	0	0	0	0	0	0	0	0		0	0	0	0	0	0			
54077400	印花的其他纯合成纤维长丝布	10	0	0	0	0	0	0	0	0	0	0	9.5	0	0	0	0	0	0			

税则号列	商品描述	最惠国税率（%）	协定税率（%）																			
			东盟										亚太	智利	巴基斯坦	新加坡	新西兰	秘鲁	哥斯达黎加	香港	澳门	台湾
			文莱	柬埔寨	印尼	老挝	马来西亚	缅甸	菲律宾	新加坡	泰国	越南										
54078100	未漂或漂白的与棉混纺合成纤维长丝布	10	0	0	0	0	0	0	0	0	0	0		0	0	0	0	0	0	0		
54078200	染色的与棉混纺合成纤维长丝布	10	0	0	0	0	0	0	0	0	0	0		0	0	0	0	0	0	0		0
54078300	色织的与棉混纺合成纤维长丝布	10	0	0	0	0	0	0	0	0	0	0		0	0	0	0	0	0			0
54078400	印花的与棉混纺合成纤维长丝布	10	0	0	0	0	0	0	0	0	0	0		0	0	0	0	0	0			
54079100	未漂或漂白的其他混纺合成纤维长丝布	10	0	0	0	0	0	0	0	0	0	0		0	0	0	0	0	0	0		
54079200	染色的其他混纺合成纤维长丝布	10	0	0	0	0	0	0	0	0	0	0		0	0	0	0	0	0	0		0
54079300	色织的其他混纺合成纤维长丝布	10	0	0	0	0	0	0	0	0	0	0		0	0	0	0	0	0			0
54079400	印花的其他混纺合成纤维长丝布	10	0	0	0	0	0	0	0	0	0	0		0	0	0	0	0	0			
54081000	粘胶长丝高强力纱的机织物	10	0	0	0	0	0	0	0	0	0	0		0	0	0	0	0	0			
54082110	粘胶长丝制未漂白或漂白的机织物	12	0	0	0	0	0	0	0	0	0	0		0	0	0	0	4.8	7.2			
54082120	醋酸长丝制未漂白或漂白的机织物	12	0	0	0	0	0	0	0	0	0	0		0	0	0	0	4.8	7.2			
54082190	其他人造长丝制未漂白或漂白的机织物	12	0	0	0	0	0	0	0	0	0	0		0	0	0	0	4.8	7.2			
54082210	纯粘胶长丝制染色机织物	10	0	0	0	0	0	0	0	0	0	0		0	0	0	0	0	0	0		
54082220	纯醋酸长丝制染色机织物	10	0	0	0	0	0	0	0	0	0	0		0	0	0	0	0	0	0		0
54082290	纯其他人造长丝制染色机织物	10	0	0	0	0	0	0	0	0	0	0		0	0	0	0	0	0	0		0
54082310	纯粘胶长丝制色织机织物	10	0	0	0	0	0	0	0	0	0	0		0	0	0	0	0	0			
54082320	纯醋酸长丝制色织机织物	10	0	0	0	0	0	0	0	0	0	0		0	0	0	0	0	0			
54082390	纯其他人造长丝制色织机织物	10	0	0	0	0	0	0	0	0	0	0		0	0	0	0	0	0			0
54082410	纯粘胶长丝制印花机织物	10	0	0	0	0	0	0	0	0	0	0		0	0	0	0	0	0	0		
54082420	纯醋酸长丝制印花机织物	10	0	0	0	0	0	0	0	0	0	0		0	0	0	0	0	0	0		
54082490	纯其他人造长丝制印花机织物	10	0	0	0	0	0	0	0	0	0	0		0	0	0	0	0	0	0		
54083100	未漂白或漂白人造纤维长丝混纺布	10	0	0	0	0	0	0	0	0	0	0		0	0	0	0	0	0			
54083200	染色的人纤长丝混纺布	10	0	0	0	0	0	0	0	0	0	0	9.5	0	0	0	0	0	0			0
54083300	色织的人纤长丝混纺布	10	0	0	0	0	0	0	0	0	0	0		0	0	0	0	0	0			
54083400	印花的人纤长丝混纺布	10	0	0	0	0	0	0	0	0	0	0		0	0	0	0	0	0			
55011000	尼龙或其他聚酰胺长丝丝束	5	0	0	0	0	0	0	0	0	0	0		0	0		0	0	0			
55012000	聚酯长丝丝束	5												0	0		0	0	0			
55013000	聚丙烯腈长丝丝束	5											4.5	0	0		0		0			

税则号列	商品描述	最惠国税率(%)	协定税率(%)																			
			东盟																			
			文莱	柬埔寨	印尼	老挝	马来西亚	缅甸	菲律宾	新加坡	泰国	越南	亚太	智利	巴基斯坦	新加坡	新西兰	秘鲁	哥斯达黎加	香港	澳门	台湾
55014000	聚丙烯长丝丝束	5	0	0	0	0	0	0	0	0	0	0		0	0		0	0	0	0		
55019000	其他合成纤维长丝丝束	5	0	0	0	0	0	0	0	0	0	0		0	0		0	0	0	0		
55020010	二醋酸纤维丝束	3	0	0	0	0	0	0	0	0	0	0	2.1	0	0		0	0	0			
55020090	其他人造纤维长丝丝束	5	0	0	0	0	0	0	0	0	0	0	3.5	0	0		0	0	0			
55031110	未梳的聚间苯二甲酰间苯二胺纺制的合成纤维短纤	5	0	0	0	0	0	0	0	0	0	0		0	0		0	0	0			
55031120	未梳的聚对苯二甲酰对苯二胺纺制的合成纤维短纤	5	0	0	0	0	0	0	0	0	0	0		0	0		0	0	0			
55031190	未梳的其他芳香聚酰胺纺制的合成纤维短纤	5	0	0	0	0	0	0	0	0	0	0		0	0		0	0	0			
55031900	未梳的尼龙或其他聚酰胺合成纤维短纤	5	0	0	0	0	0	0	0	0	0	0		0	0		0	0	0			
55032000	未梳的聚酯合成纤维短纤	5											4.5	0	0		0	0	0			
55033000	未梳的聚丙烯腈合成纤维短纤	5											4.5	0	0		0	2	0			
55034000	未梳的聚丙烯合成纤维短纤	5	0	0	0	0	0	0	0	0	0	0		0	0		0	0	0			
55039010	聚苯硫醚制未梳的纤维短纤	5	0	0	0	0	0	0	0	0	0	0		0	0		0	0	0			0
55039090	未梳的其他合成纤维短纤	5	0	0	0	0	0	0	0	0	0	0		0	0		0	0	0			0
55041010	竹制未梳的粘胶纤维短纤	5	0	0	0	0	0	0	0	0	0	0		0	0		0	0	0			
55041021	木制未梳的阻燃的粘胶纤维短纤	5	0	0	0	0	0	0	0	0	0	0		0	0		0	0	0			
55041029	其他木制未梳的粘胶纤维短纤	5	0	0	0	0	0	0	0	0	0	0		0	0		0	0	0			
55041090	其他未梳的粘胶纤维短纤	5	0	0	0	0	0	0	0	0	0	0		0	0		0	0	0			
55049000	未梳的其他人造纤维短纤	5	0	0	0	0	0	0	0	0	0	0		0	0		0	0	0			0
55051000	合成纤维废料	5	0	0	0	0	0	0	0	0	0	0		0	0		0	2	0			
55052000	人造纤维废料	5	0	0	0	0	0	0	0	0	0	0		0	0		0	0	0	0		
55061011	已梳的聚间苯二甲酰间苯二胺纤维短纤	5	0	0	0	0	0	0	0	0	0	0		0	0		0	0	0			
55061012	已梳的聚对苯二甲酰对苯二胺纤维短纤	5	0	0	0	0	0	0	0	0	0	0		0	0		0	0	0			
55061019	已梳的其他芳香族聚酰胺纤维短纤	5	0	0	0	0	0	0	0	0	0	0		0	0		0	0	0			
55061090	已梳的尼龙或其他聚酰胺纤维短纤	5	0	0	0	0	0	0	0	0	0	0		0	0		0	0	0			
55062000	已梳的聚酯纤维短纤	5											4.5	0	4.5		0	0	0			

税则号列	商品描述	最惠国税率（%）	协定税率（%）																			
			东盟										亚太	智利	巴基斯坦	新加坡	新西兰	秘鲁	哥斯达黎加	香港	澳门	台湾
			文莱	柬埔寨	印尼	老挝	马来西亚	缅甸	菲律宾	新加坡	泰国	越南										
55063000	已梳的聚丙烯腈及其变性纤维短纤	5											4.5	0	4.5		0	0	0			
55069010	聚苯硫醚制已梳的纤维短纤	5	0	0	0	0	0	0	0	0	0	0		0	0		0	0	0			
55069090	已梳的其他合成纤维短纤	5	0	0	0	0	0	0	0	0	0	0		0	0		0	0	0			
55070000	已梳的人造纤维短纤	5	0	0	0	0	0	0	0	0	0	0		0	0		0	0	0			
55081000	合成纤维短纤纺制的缝纫线	5	0		0		0	0	0	0	0	0	4.5	0	0		0	0	0	0	0	
55082000	人造纤维短纤纺制的缝纫线	5	0	0	0	0	0	0	0	0	0	0		0	0		0	0	0			
55091100	非零售纯尼龙短纤单纱	5	0	0	0	0	0	0	0	0	0	0		0	0		0	0	0	0	0	
55091200	非零售纯尼龙短纤多股纱线	5	0	0	0	0	0	0	0	0	0	0		0	0		0	0	0	0	0	
55092100	非零售纯聚酯短纤单纱	5	0		0		0	0	0	0	0	0		0	0		0	0	0	0	0	
55092200	非零售纯聚酯短纤多股纱线	5	0		0		0	0	0	0	0	0		0	0		0	0	0	0	0	
55093100	非零售纯聚丙烯腈短纤单纱	5	0		0		0	0	0	0	0	0		0	0		0	0	0	0	0	
55093200	非零售纯聚丙烯腈短纤多股纱线	5	0		0		0	0	0	0	0	0	4.8	0	0		0	2	0	0	0	0
55094100	非零售纯其他合成纤维短纤单纱	5	0		0		0	0	0	0	0	0		0	0		0	0	0	0	0	
55094200	非零售纯其他合成纤维短纤多股纱线	5	0		0		0	0	0	0	0	0		0	0		0	0	0	0	0	
55095100	非零售与人造纤维短纤混纺聚酯短纤纱	5	0		0		0	0	0	0	0	0		0	0		0	0	0	0	0	
55095200	非零售与毛混纺聚酯短纤纱线	5	0		0		0	0	0	0	0	0		0	0		0	0	0	0	0	
55095300	非零售与棉混纺聚酯短纤纱线	5	0		0		0	0	0	0	0	0	3.5	0	0		0	2	0	0	0	0
55095900	非零售其他混纺聚酯短纤纱线	5	0		0		0	0	0	0	0	0		0	0		0	0	0	0	0	
55096100	非零售与毛混纺腈纶短纤纱线	5	0		0		0	0	0	0	0	0		0	0		0	2	0	0	0	
55096200	非零售与棉混纺腈纶短纤纱线	5	0		0		0	0	0	0	0	0	4.8	0	0		0	0	0	0	0	
55096900	非零售与其他混纺腈纶短纤纱线	5	0		0		0	0	0	0	0	0		0	0		0	2	0	0	0	
55099100	非零售与毛混纺其他合成纤维短纤纱线	5	0		0		0	0	0	0	0	0		0	0		0	0	0	0	0	
55099200	非零售与棉混纺其他合成纤维短纤纱线	5	0		0		0	0	0	0	0	0		0	0		0	2	0	0	0	0
55099900	非零售与其他混纺合成纤维短纤纱线	5	0		0		0	0	0	0	0	0		0	0		0	0	0	0	0	
55101100	非零售纯人造纤维短纤单纱	5	0	0	0	0	0	0	0	0	0	0	4.5	0	0		0	0	0	0	0	0
55101200	非零售纯人造纤维短纤多股纱线	5	0	0	0	0	0	0	0	0	0	0		0	0		0	0	0	0	0	0
55102000	非零售与毛混纺人造纤维短纤纱线	5	0	0	0	0	0	0	0	0	0	0		0	0		0	0	0	0	0	
55103000	非零售与棉混纺人造纤维短纤纱线	5	0	0	0	0	0	0	0	0	0	0	3.5	0	0		0	0	0	0	0	0

税则号列	商品描述	最惠国税率（%）	协定税率（%）																			
			东盟																			
			文莱	柬埔寨	印尼	老挝	马来西亚	缅甸	菲律宾	新加坡	泰国	越南	亚太	智利	巴基斯坦	新加坡	新西兰	秘鲁	哥斯达黎加	香港	澳门	台湾
55109000	非零售与其他混纺人造纤维短纤纱线	5	0	0	0	0	0	0	0	0	0	0	4.5	0	0		0	0	0	0	0	
55111000	零售用纯合成纤维短纤纱线	5	0		0		0	0	0	0	0	0		0	0		0	0	0			
55112000	零售用混纺合成纤维短纤纱线	5	0		0		0	0	0	0	0	0		0	0		0	0	0			
55113000	零售用人造纤维短纤纱线	5	0	0	0	0	0	0	0	0	0	0		0	0		0	0	0			
55121100	未漂或漂白的纯聚酯布	15	0	0	0	0	0	0	0	0	0	0	10.5	0	0	0	0	12.6	10.1			5
55121900	其他纯聚酯布	10	0	0	0	0	0	0	0	0	0	0		0	0	0	0	7	0	0		0
55122100	未漂或漂白的纯腈纶布	13	0	0	0	0	0	0	0	0	0	0		0	0	0	0	5.2	7.8			
55122900	其他纯腈纶布	10	0	0	0	0	0	0	0	0	0	0	9.3	0	0	0	0	0	0			
55129100	未漂或漂白的纯其他合成纤维布	18	0	0	0	0	0	0	0	0	0	0		0	0	0	0	12.6	10.8			
55129900	其他纯合成纤维布	10	0	0	0	0	0	0	0	0	0	0		0	0	0	0	0	0	0	0	0
55131110	与棉混纺未漂白的轻质聚酯平纹布	16	0	0	0	0	0	0	0	0	0	0		0	0	0	0	11.2	9.6	0		
55131120	与棉混纺漂白的轻质聚酯平纹布	15	0	0	0	0	0	0	0	0	0	0		0	0	0	0	10.5	9	0		
55131210	与棉混纺未漂白的轻质聚酯斜纹布	16	0	0	0	0	0	0	0	0	0	0		0	0	0	0	11.2	9.6	0		
55131220	与棉混纺漂白的轻质聚酯斜纹布	18	0	0	0	0	0	0	0	0	0	0		0	0	0	0	12.6	10.8	0		
55131310	与棉混纺未漂白的其他轻质聚酯布	16	0	0	0	0	0	0	0	0	0	0		0	0	0	0	11.2	9.6			
55131320	与棉混纺漂白的其他轻质聚酯布	18	0	0	0	0	0	0	0	0	0	0		0	0	0	0	12.6	10.8			
55131900	与棉混纺未漂白或漂白的轻质其他合成纤维布	18	0	0	0	0	0	0	0	0	0	0		0	0	0	0	12.6	10.8			
55132100	与棉混纺染色的轻质聚酯平纹布	10	0	0	0	0	0	0	0	0	0	0	9.1	0	0	0	0	0	0	0	0	0
55132310	与棉混纺染色的轻质聚酯斜纹布	10	0	0	0	0	0	0	0	0	0	0		0	0	0	0	0	0	0		
55132390	与棉混纺染色的其他轻质聚酯布	10	0	0	0	0	0	0	0	0	0	0		0	0	0	0	0	0			
55132900	与棉混纺染色的轻质其他合成纤维布	10	0	0	0	0	0	0	0	0	0	0		0	0	0	0	0	0			
55133100	与棉混纺色织的轻质聚酯平纹布	10	0	0	0	0	0	0	0	0	0	0		0	0	0	0	0	0	0		
55133910	与棉混纺色织的轻质聚酯斜纹布	10	0	0	0	0	0	0	0	0	0	0	8.8	0	0	0	0	0	0	0		
55133920	与棉混纺色织的其他轻质聚酯布	10	0	0	0	0	0	0	0	0	0	0		0	0	0	0	0	0	0		
55133990	与棉混纺色织的轻质其他合成纤维布	10	0	0	0	0	0	0	0	0	0	0		0	0	0	0	0	0			
55134100	与棉混纺印花的轻质聚酯平纹布	10	0	0	0	0	0	0	0	0	0	0		0	0	0	0	0	0			
55134910	与棉混纺印花的轻质聚酯斜纹布	10	0	0	0	0	0	0	0	0	0	0		0	0	0	0	0	0			
55134920	与棉混纺印花的其他轻质聚酯布	10	0	0	0	0	0	0	0	0	0	0		0	0	0	0	0	0			
55134990	与棉混纺印花的轻质其他合成纤维布	10	0	0	0	0	0	0	0	0	0	0		0	0	0	0	0	0			

税则号列	商品描述	最惠国税率(%)	协定税率(%) 东盟																		
			文莱	柬埔寨	印尼	老挝	马来西亚	缅甸	菲律宾	新加坡	泰国	越南	亚太	智利	巴基斯坦	新加坡	新西兰	秘鲁	哥斯达黎加	香港	澳门	台湾
55141110	与棉混纺未漂白的重质聚酯平纹布	16	0	0	0	0	0	0	0	0	0	0	14.4	0	0	0	0	11.2	9.6			
55141120	与棉混纺漂白的重质聚酯平纹布	18	0	0	0	0	0	0	0	0	0	0		0	0	0	0	12.6	10.8			
55141210	与棉混纺未漂白的重质聚酯斜纹布	16	0	0	0	0	0	0	0	0	0	0		0	0	0	0	11.2	9.6	0		
55141220	与棉混纺漂白的重质聚酯斜纹布	18	0	0	0	0	0	0	0	0	0	0		0	0	0	0	12.6	10.8	0		
55141911	与棉混纺未漂白的重质其他聚酯布	16	0	0	0	0	0	0	0	0	0	0		0	0	0	0	11.2	9.6			
55141912	与棉混纺漂白的重质其他聚酯布	18	0	0	0	0	0	0	0	0	0	0		0	0	0	0	12.6	10.8			
55141990	与棉混纺未漂白或漂白的重质其他合成纤维布	16	0	0	0	0	0	0	0	0	0	0	15.2	0	0	0	0	11.2	9.6			
55142100	与棉混纺染色的重质聚酯平纹布	10	0	0	0	0	0	0	0	0	0	0		0	0	0	0	0	0	0		
55142200	与棉混纺染色的重质聚酯斜纹布	10	0	0	0	0	0	0	0	0	0	0		0	0	0	0	0	0	0		
55142300	与棉混纺染色的其他重质聚酯布	10	0	0	0	0	0	0	0	0	0	0		0	0	0	0	0	0			
55142900	与棉混纺染色的重质其他合成维纤布	10	0	0	0	0	0	0	0	0	0	0		0	0	0	0	0	0			
55143010	与棉混纺色织的重质聚酯平纹布	10	0	0	0	0	0	0	0	0	0	0		0	0	0	0	0	0	0		
55143020	与棉混纺色织的重质聚酯斜纹布	10	0	0	0	0	0	0	0	0	0	0		0	0	0	0	0	0	0		
55143030	与棉混纺色织的其他重质聚酯布	10	0	0	0	0	0	0	0	0	0	0		0	0	0	0	0	0			
55143090	与棉混纺色织的重质其他合成纤维布	10	0	0	0	0	0	0	0	0	0	0		0	0	0	0	0	0			
55144100	与棉混纺印花的重质聚酯平纹布	10	0	0	0	0	0	0	0	0	0	0		0	0	0	0	0	0			
55144200	与棉混纺印花的重质聚酯斜纹布	10	0	0	0	0	0	0	0	0	0	0		0	0	0	0	0	0			
55144300	与棉混纺印花的其他重质聚酯布	10	0	0	0	0	0	0	0	0	0	0		0	0	0	0	0	0			
55144900	与棉混纺印花的重质其他合成纤维布	10	0	0	0	0	0	0	0	0	0	0		0	0	0	0	0	0			
55151100	与粘胶纤维短纤混纺的聚酯布	10	0	0	0	0	0	0	0	0	0	0	8.8	0	0	0	0	0	0			0
55151200	与化纤长丝混纺的聚酯布	10	0	0	0	0	0	0	0	0	0	0	9	0	0	0	0	0	0			0
55151300	与毛混纺的聚酯布	10	0	0	0	0	0	0	0	0	0	0		0	0	0	0	0	0			
55151900	与其他纤维混纺的聚酯布	10	0	0	0	0	0	0	0	0	0	0	9	0	0	0	0	0	0			
55152100	与化纤长丝混纺的腈纶布	10	0	0	0	0	0	0	0	0	0	0		0	0	0	0	0	0			
55152200	与毛混纺的腈纶布	12	0	0	0	0	0	0	0	0	0	0		0	0	0	0	4.8	7.2			
55152900	与其他纤维混纺的腈纶布	10	0	0	0	0	0	0	0	0	0	0		0	0	0	0	0	0			
55159100	与化纤长丝混纺的其他合成纤维短纤布	10	0	0	0	0	0	0	0	0	0	0		0	0	0	0	0	0			
55159900	与其他纤维混纺的其他合成纤维短纤布	10	0	0	0	0	0	0	0	0	0	0	9	0	0	0	0	0	0			

税则号列	商品描述	最惠国税率(%)	协定税率(%)																			
			东盟										亚太	智利	巴基斯坦	新加坡	新西兰	秘鲁	哥斯达黎加	香港	澳门	台湾
			文莱	柬埔寨	印尼	老挝	马来西亚	缅甸	菲律宾	新加坡	泰国	越南										
55161100	未漂白或漂白的纯人造纤维短纤布	12	0	0	0	0	0	0	0	0	0	0		0	0	0	0	4.8	7.2	0		
55161200	染色的纯人造纤维短纤布	10	0	0	0	0	0	0	0	0	0	0		0	0	0	0	0	0	0		0
55161300	色织的纯人造纤维短纤布	10	0	0	0	0	0	0	0	0	0	0		0	0	0	0	0	0	0		
55161400	印花的纯人造纤维短纤布	10	0	0	0	0	0	0	0	0	0	0		0	0	0	0	0	0	0		
55162100	与化纤长丝混纺未漂白或漂白的人造纤维布	12	0	0	0	0	0	0	0	0	0	0		0	0	0	0	4.8	7.2	0		
55162200	与化纤长丝混纺的染色人造纤维布	10	0	0	0	0	0	0	0	0	0	0	9.5	0	0	0	0	0	0	0		0
55162300	与化纤长丝混纺的色织人造纤维布	10	0	0	0	0	0	0	0	0	0	0		0	0	0	0	0	0	0		
55162400	与化纤长丝混纺的印花人造纤维布	10	0	0	0	0	0	0	0	0	0	0		0	0	0	0	0	0	0		
55163100	与毛混纺的未漂或漂白人造纤维布	12	0	0	0	0	0	0	0	0	0	0		0	0	0	0	4.8	7.2	0		
55163200	与毛混纺的染色人造纤维布	10	0	0	0	0	0	0	0	0	0	0		0	0	0	0	0	0	0		
55163300	与毛混纺的色织人造纤维布	10	0	0	0	0	0	0	0	0	0	0		0	0	0	0	0	0	0		
55163400	与毛混纺的印花人造纤维布	10	0	0	0	0	0	0	0	0	0	0		0	0	0	0	0	0	0		
55164100	与棉混纺的未漂或漂白人造纤维布	12	0	0	0	0	0	0	0	0	0	0		0	0	0	0	4.8	7.2	0		
55164200	与棉混纺的染色人造纤维布	12	0	0	0	0	0	0	0	0	0	0		0	0	0	0	4.8	7.2	0		
55164300	与棉混纺的色织人造纤维布	10	0	0	0	0	0	0	0	0	0	0		0	0	0	0	0	0	0		
55164400	与棉混纺的印花人造纤维布	10	0	0	0	0	0	0	0	0	0	0		0	0	0	0	0	0	0		
55169100	与其他纤维混纺未漂白或漂白的人造纤维布	12	0	0	0	0	0	0	0	0	0	0		0	0	0	0	4.8	7.2	0		
55169200	与其他纤维混纺的染色人造纤维布	10	0	0	0	0	0	0	0	0	0	0		0	0	0	0	0	0	0		
55169300	与其他纤维混纺的色织人造纤维布	10	0	0	0	0	0	0	0	0	0	0		0	0	0	0	0	0	0		
55169400	与其他纤维混纺的印花人造纤维布	10	0	0	0	0	0	0	0	0	0	0	9.4	0	0	0	0	0	0	0		
56012100	棉制的絮胎及其他絮胎制品	10	0	0	0	0	0	0	0	0	0	0		0	5	0	0	0	0		0	
56012210	化学纤维制的卷烟滤嘴	12	0	0	0	0	0	0	0	0	0	0		0	6	0	0	4.8	7.2			
56012290	化学纤维制的絮胎及其他絮胎制品	12	0	0	0	0	0	0	0	0	0	0		0		0	0	4.8	7.2			0
56012900	其他材料制絮胎及其他絮胎制品	10	0	0	0	0	0	0	0	0	0	0		0	5	0	0	0	0			
56013000	纺织纤维屑、纤维粉末及球结	10	0	0	0	0	0	0	0	0	0	0		0	5	0	0	0	0			
56021000	针刺机制毡呢及纤维缝编织物	10	0	0	0	0	0	0	0	0	0	0		0	5	0	0	0	0			
56022100	未浸、涂的毛制其他毡呢	10	0	0	0	0	0	0	0	0	0	0		0	5	0	0	0	0			
56022900	未浸、涂的其他纺织材料制其他毡呢	10	0	0	0	0	0	0	0	0	0	0		0	5	0	0	0	0			

税则号列	商品描述	最惠国税率(%)	协定税率(%) 东盟 文莱	柬埔寨	印尼	老挝	马来西亚	缅甸	菲律宾	新加坡	泰国	越南	亚太	智利	巴基斯坦	新加坡	新西兰	秘鲁	哥斯达黎加	香港	澳门	台湾
56029000	经浸、涂、包覆或层压的其他毡呢	10	0	0	0	0	0	0	0	0	0	0		0	5	0	0	0	0			
56031110	每平方米≤25克经浸渍化纤长丝无纺织物	10	0	0	0	0	0	0	0	0	0	0	8.5	0	0	0	0	0	0			0
56031190	每平方米≤25克的其他化纤长丝无纺织物	10	0	0	0	0	0	0	0	0	0	0	8.5	0	0	0	0	0	0			
56031210	25克<每平方米≤70克浸渍化纤长丝无纺织物	10	0	0	0	0	0	0	0	0	0	0	8.5	0	0	0	0	0	0	0	0	
56031290	25克<每平方米≤70克其他化纤长丝无纺织物	10	0	0	0	0	0	0	0	0	0	0		0	0	0	0	0	0	0	0	0
56031310	70克<每平方米≤150克浸渍化纤长丝无纺织物	10	0	0	0	0	0	0	0	0	0	0	8.5	0	0	0	0	0	0		0	0
56031390	70克<每平方米≤150克其他化纤长丝无纺织物	10	0	0	0	0	0	0	0	0	0	0		0	0	0	0	0	0		0	0
56031410	每平方米>150克经浸渍化纤长丝无纺织物	10	0	0	0	0	0	0	0	0	0	0	8.5	0	0	0	0	0	0			0
56031490	每平方米>150克的其他化纤长丝无纺织物	10	0	0	0	0	0	0	0	0	0	0	7	0	0	0	0	0	0			0
56039110	每平方米≤25克经浸渍其他无纺织物	10	0	0	0	0	0	0	0	0	0	0	8.5	0	0	0	0	0	0			
56039190	每平方米≤25克的其他无纺织物	10	0	0	0	0	0	0	0	0	0	0	8.5	0	0	0	0	0	0			
56039210	25克<每平方米≤70克浸渍其他无纺织物	10	0	0	0	0	0	0	0	0	0	0	8.5	0	0	0	0	0	0	0	0	
56039290	25克<每平方米≤70克其他无纺织物	10	0	0	0	0	0	0	0	0	0	0	9.3	0	0		0	0	0	0	0	0
56039310	70克<每平方米≤150克浸渍其他无纺织物	10	0	0	0	0	0	0	0	0	0	0	8.5	0	0	0	0	0	0	0	0	
56039390	70克<每平方米≤150克的其他无纺织物	10	0	0	0	0	0	0	0	0	0	0	9.3	0	0	0	0	0	0	0	0	0
56039410	每平方米>150克经浸渍其他无纺织物	10	0	0	0	0	0	0	0	0	0	0	8.5	0	0	0	0	0	0	0		0
56039490	每平方米>150克的其他无纺织物	10	0	0	0	0	0	0	0	0	0	0	9.3	0	0	0	0	0	0	0		0
56041000	用纺织材料包覆的橡胶线及绳	5	0		0		0	0	0	0	0	0		0	0		0	0	0		0	
56049000	用橡、塑浸渍涂布的其他纺织纱线	5	0		0		0	0	0	0	0	0		0	0		0	0	0		0	
56050000	含金属纱线	5	0		0		0	0	0	0	0	0		0	0		0	0	0		0	

税则号列	商品描述	最惠国税率(%)	协定税率(%)																		
			东盟										亚太	智利	巴基斯坦	新加坡	新西兰	秘鲁	哥斯达黎加	香港	澳门	台湾
			文莱	柬埔寨	印尼	老挝	马来西亚	缅甸	菲律宾	新加坡	泰国	越南										
56060000	绳绒线及粗松螺旋花线	5	0		0		0	0	0	0	0	0		0	0		0	0	0		0	
56072100	剑麻或其他龙舌兰纤维制包扎用绳	5	0	0	0	0	0	0	0	0	0	0		0	0		0	0	0		0	
56072900	剑麻或龙舌兰纤维制其他线绳索缆	5	0	0	0	0	0	0	0	0	0	0		0	0		0	0	0		0	
56074100	聚乙烯或聚丙烯制包扎用绳	5	0		0		0	0	0	0	0	0		0	0		0	0	0		0	
56074900	聚乙烯或聚丙烯制线、绳、索、缆	5	0		0		0	0	0	0	0	0		0	0		0	0	0		0	
56075000	其他合纤制线、绳、索、缆	5	0		0		0	0	0	0	0	0		0	0		0	0	0		0	0
56079010	蕉麻或硬质纤维制线、绳、索、缆	5	0	0	0	0	0	0	0	0	0	0		0	0		0	0	0		0	
56079090	其他纺织材料制线、绳、索、缆	5	0		0		0	0	0	0	0	0		0	0		0	0	0		0	
56081100	化纤材料制成的渔网	10	0	0	0	0	0	0	0	0	0	0		0	5		0	7	0			
56081900	化纤材料制成的其他网	12	0	0	0	0	0	0	0	0	0	0		0	6	0	0	4.8	7.2			0
56089000	其他纤维制成的渔网及其他网	10	0	0	0	0	0	0	0	0	0	0		0	5		0	0	0	0		
56090000	用纱线、扁条、绳、索、缆制其他物品	10	0	0	0	0	0	0	0	0	0	0		0	5		0	0	0			
57011000	羊毛结织栽绒地毯及其他铺地制品	14	0	0	0	0	0	0	0	0	0	0		0		0	0	5.6	8.4			
57019010	化纤结织栽绒地毯及其他铺地制品	16	0	0	0	0	0	0	0	0	0	0		0	12.8	0	0	11.2	9.6			
57019020	丝制结织栽绒地毯及铺地制品	14	0	0	0	0	0	0	0	0	0	0		0	7	0	0	5.6	8.4			
57019090	其他材料结织栽绒地毯及铺地制品	14	0	0	0	0	0	0	0	0	0	0		0	7	0	0	5.6	8.4			
57021000	“开来姆”等手织地毯	14	0	0	0	0	0	0	0	0	0	0		0	0	0	0	5.6	8.4			
57022000	椰壳纤维制的铺地制品	14	0	0	0	0	0	0	0	0	0	0		0	0	0	0	5.6	8.4			
57023100	未制成的毛制起绒地毯及铺地制品	10	0	0	0	0	0	0	0	0	0	0		0	0	0	0	0	0			
57023200	未制成的化纤起绒地毯及铺地制品	16	0	0	0	0	0	0	0	0	0	0		0	0	0	0	11.2	9.6			
57023900	未制成其他纺织材料起绒铺地制品	14	0	0	0	0	0	0	0	0	0	0		0	0	0	0	5.6	8.4			
57024100	制成的毛制起绒地毯及铺地制品	10	0	0	0	0	0	0	0	0	0	0		0	0	0	0	0	0			
57024200	制成的化纤起绒地毯及铺地制品	10	0	0	0	0	0	0	0	0	0	0		0	0	0	0	0	0			
57024900	制成的其他纺织材料起绒铺地制品	14	0	0	0	0	0	0	0	0	0	0	9.3	0	0	0	0	5.6	8.4			
57025010	未制成毛制非起绒地毯及铺地制品	14	0	0	0	0	0	0	0	0	0	0		0	0	0	0	5.6	8.4			
57025020	未制成化纤非起绒地毯及铺地制品	16	0	0	0	0	0	0	0	0	0	0		0	0	0	0	11.2	9.6			
57025090	未制成其他纺织材料非起绒地毯及铺地制品	14	0	0	0	0	0	0	0	0	0	0		0	0	0	0	5.6	8.4			
57029100	制成的毛制非起绒地毯及铺地制品	14	0	0	0	0	0	0	0	0	0	0		0	0	0	0	5.6	8.4			
57029200	制成的化纤非起绒地毯及铺地制品	16	0	0	0	0	0	0	0	0	0	0		0	0	0	0	11.2	9.6			

税则号列	商品描述	最惠国税率(%)	协定税率(%)																			
			东盟										亚太	智利	巴基斯坦	新加坡	新西兰	秘鲁	哥斯达黎加	香港	澳门	台湾
			文莱	柬埔寨	印尼	老挝	马来西亚	缅甸	菲律宾	新加坡	泰国	越南										
57029900	制成的其他纺织材料非起绒地毯及铺地制品	14	0	0	0	0	0	0	0	0	0	0		0	0	0	0	5.6	8.4			
57031000	毛制簇绒地毯及其他簇绒铺地制品	14	0	0	0	0	0	0	0	0	0	0		0		0	0	5.6	8.4			
57032000	尼龙簇绒地毯及其他簇绒铺地制品	10	0	0	0	0	0	0	0	0	0	0		0	5	0	0	0	0			
57033000	化纤簇绒地毯及其他簇绒铺地制品	10	0	0	0	0	0	0	0	0	0	0		0		0	0	0	0			
57039000	其他纺织材料簇绒地毯及其他簇绒铺地制品	14	0	0	0	0	0	0	0	0	0	0		0	11.2	0	0	5.6	8.4			
57041000	小块毡呢地毯及其他毡呢铺地制品	14	0	0	0	0	0	0	0	0	0	0		0	7	0	0	5.6	8.4			
57049000	大块毡呢地毯及其他毡呢铺地制品	10	0	0	0	0	0	0	0	0	0	0		0	5	0	0	0	0			
57050010	毛制其他地毯及其他铺地制品	14	0	0	0	0	0	0	0	0	0	0		0	11.2	0	0	5.6	8.4			
57050020	化纤制其他地毯及其他铺地制品	10	0	0	0	0	0	0	0	0	0	0		0	5	0	0	0	0			
57050090	其他纺织材料制其他地毯及铺地制品	14	0	0	0	0	0	0	0	0	0	0		0	11.2	0	0	5.6	8.4			
58011000	毛制起绒机织物及绳绒织物	10	0	0	0	0	0	0	0	0	0	0		0	0	0	0	0	0			
58012100	不割绒的棉制纬起绒织物	12	0	0	0	0	0	0	0	0	0	0		0	0	0	0	4.8	7.2			
58012200	割绒的棉制灯芯绒	10	0	0	0	0	0	0	0	0	0	0		0	0		0	0	0	0		0
58012300	其他棉制纬起绒织物	10	0	0	0	0	0	0	0	0	0	0		0	0		0	0	0			
58012600	棉制绳绒织物	10	0	0	0	0	0	0	0	0	0	0		0	0		0	0	0			
58012710	棉制的不割绒的经起绒织物(棱纹绸)	10	0	0	0	0	0	0	0	0	0	0		0	0		0	0	0			
58012720	棉制的割绒的经起绒织物	10	0	0	0	0	0	0	0	0	0	0		0	0		0	0	0	0		
58013100	不割绒的化纤制纬起绒织物	10	0	0	0	0	0	0	0	0	0	0		0	0	0	0	0	0			
58013200	割绒的化纤制灯芯绒	10	0	0	0	0	0	0	0	0	0	0		0	0	0	0	0	0			
58013300	其他化纤纬起绒织物	10	0	0	0	0	0	0	0	0	0	0		0	0	0	0	0	0			0
58013600	化纤绳绒织物	10	0	0	0	0	0	0	0	0	0	0		0	0	0	0	0	0			
58013710	化学纤维制的不割绒的经起绒织物(棱纹绸)	10	0	0	0	0	0	0	0	0	0	0		0	0	0	0	0	0			
58013720	化学纤维制的割绒的经起绒织物	10	0	0	0	0	0	0	0	0	0	0		0	0	0	0	0	0			
58019010	丝及绢丝制起绒机织物及绳绒织物	10	0	0	0	0	0	0	0	0	0	0		0	0	0	0	0	0			
58019090	其他材料制起绒机织物及绳绒织物	10	0	0	0	0	0	0	0	0	0	0		0	0	0	0	0	0			
58021100	未漂白棉毛巾织物及类似毛圈机织物	12	0	0	0	0	0	0	0	0	0	0		0	0	0	0	4.8	7.2		0	
58021900	其他棉毛巾织物及类似毛圈机织物	10	0	0	0	0	0	0	0	0	0	0		0	0	0	0	0	0		0	
58022010	丝及绢丝毛巾织物及类似毛圈机织物	12	0	0	0	0	0	0	0	0	0	0		0	0	0	0	4.8	7.2		0	

税则号列	商品描述	最惠国税率(%)	协定税率(%)																			
			东盟										亚太	智利	巴基斯坦	新加坡	新西兰	秘鲁	哥斯达黎加	香港	澳门	台湾
			文莱	柬埔寨	印尼	老挝	马来西亚	缅甸	菲律宾	新加坡	泰国	越南										
58022020	羊毛等毛巾织物及类似毛圈机织物	12	0	0	0	0	0	0	0	0	0	0		0	0	0	0	4.8	7.2		0	
58022030	化纤毛巾织物及类似毛圈机织物	14	0	0	0	0	0	0	0	0	0	0		0	0	0	0	5.6	8.4		0	
58022090	其他纺织材料毛巾织物及类似毛圈织物	12	0	0	0	0	0	0	0	0	0	0		0	0	0	0	4.8	7.2		0	
58023010	丝及绢丝制簇绒织物	10	0	0	0	0	0	0	0	0	0	0		0	0	0	0	0	0			
58023020	羊毛或动物细毛制簇绒织物	10	0	0	0	0	0	0	0	0	0	0		0	0	0	0	0	0			
58023030	棉或麻制簇绒织物	10	0	0	0	0	0	0	0	0	0	0		0	0		0	0	0			
58023040	化学纤维制簇绒织物	10	0	0	0	0	0	0	0	0	0	0		0	0	0	0	7	0			
58023090	其他纺织材料制簇绒织物	10	0	0	0	0	0	0	0	0	0	0		0	0	0	0	0	0			
58030010	棉制纱罗	10	0	0	0	0	0	0	0	0	0	0		0	5		0	0	0			
58030020	丝及绢丝制纱罗	10	0	0	0	0	0	0	0	0	0	0		0	5	0	0	0	0			
58030030	化学纤维制纱罗	10	0	0	0	0	0	0	0	0	0	0		0	5	0	0	0	0			
58030090	其他纺织材料制纱罗	10	0	0	0	0	0	0	0	0	0	0		0	5	0	0	0	0			
58041010	丝及绢丝网眼薄纱及其他网眼织物	10	0	0	0	0	0	0	0	0	0	0	7	0	5	0	0	0	0			
58041020	棉制网眼薄纱及其他网眼织物	10	0	0	0	0	0	0	0	0	0	0	7	0	5		0	0	0			
58041030	化纤制网眼薄纱及其他网眼织物	12	0	0	0	0	0	0	0	0	0	0	8.4	0	5	0	0	4.8	7.2			0
58041090	其他纺织材料网眼薄纱及其他网眼织物	10	0	0	0	0	0	0	0	0	0	0	7	0	5	0	0	0	0			0
58042100	化纤机制花边	10	0	0	0	0	0	0	0	0	0	0		0	5	0	0	0	0	0	0	0
58042910	丝及绢丝机制花边	10	0	0	0	0	0	0	0	0	0	0		0	5	0	0	0	0			
58042920	棉机制花边	10	0	0	0	0	0	0	0	0	0	0		0	5		0	0	0			
58042990	其他纺织材料制机制花边	10	0	0	0	0	0	0	0	0	0	0		0	5	0	0	0	0			
58043000	手工制花边	10	0	0	0	0	0	0	0	0	0	0		0	5	0	0	0	0			
58050010	手工针绣嵌花装饰毯	12	0	0	0	0	0	0	0	0	0	0		0	6	0	0	4.8	7.2			
58050090	“哥白林”等手织装饰毯	12	0	0	0	0	0	0	0	0	0	0		0	6	0	0	4.8	7.2			
58061010	棉或麻狭幅起绒机织物及绳绒织物	10	0	0	0	0	0	0	0	0	0	0		0	5		0	0	0			
58061090	其他材料狭幅起绒织物及绳绒织物	10	0	0	0	0	0	0	0	0	0	0	9.1	0	5	0	0	0	0			0
58062000	含弹性纱线≥5%的狭幅织物	10	0	0	0	0	0	0	0	0	0	0		0	5	0	0	0	0	0	0	0
58063100	棉制其他狭幅机织物	10	0	0	0	0	0	0	0	0	0	0		0	5		0	0	0			
58063200	化纤制其他狭幅机织物	10	0	0	0	0	0	0	0	0	0	0	7	0	5	0	0	0	0		0	0

税则号列	商品描述	最惠国税率(%)	协定税率(%)																			
			东盟										亚太	智利	巴基斯坦	新加坡	新西兰	秘鲁	哥斯达黎加	香港	澳门	台湾
			文莱	柬埔寨	印尼	老挝	马来西亚	缅甸	菲律宾	新加坡	泰国	越南										
58063910	丝及绢丝制其他狭幅机织物	10	0	0	0	0	0	0	0	0	0	0		0	5	0	0	0	0			
58063920	毛制其他狭幅机织物	10	0	0	0	0	0	0	0	0	0	0		0	5	0	0	0	0			
58063990	其他材料制其他狭幅机织物	10	0	0	0	0	0	0	0	0	0	0		0	5	0	0	0	0			
58064010	棉或麻黏合有经纱无纬纱狭幅织物	10	0	0	0	0	0	0	0	0	0	0		0	5		0	0	0			
58064090	其他材料黏合有经纱无纬纱狭幅织物	10	0	0	0	0	0	0	0	0	0	0		0	5	0	0	0	0			
58071000	机织非绣制纺织材料标签、徽章等	10	0	0	0	0	0	0	0	0	0	0	8.5	0	8.5	0	0	7	0	0	0	0
58079000	非机织非绣制纺织材料标签、徽章等	10	0	0	0	0	0	0	0	0	0	0		0	5	0	0	0	0			
58081000	成匹的编带	10	0	0	0	0	0	0	0	0	0	0		0		0	0	0	0		0	
58089000	非绣制成匹装饰带、流苏、绒球	10	0	0	0	0	0	0	0	0	0	0		0	5	0	0	0	0		0	
58090010	与棉混制金属线布及含金属纱线布	10	0	0	0	0	0	0	0	0	0	0		0	5	0	0	0	0			
58090020	与化纤混制金属线布及含金属纱布	10	0	0	0	0	0	0	0	0	0	0		0	5	0	0	0	0			
58090090	其他金属线布及含金属纱线布	10	0	0	0	0	0	0	0	0	0	0		0	5	0	0	0	0			
58101000	不见底布的刺绣品	10	0	0	0	0	0	0	0	0	0	0		0	5	0	0	0	0			
58109100	棉制见底布的刺绣品	10	0	0	0	0	0	0	0	0	0	0		0		0	0	7	0			
58109200	化学纤维制见底布刺绣品	10	0	0	0	0	0	0	0	0	0	0		0	5	0	0	0	0			0
58109900	其他纺织材料制见底布刺绣品	10	0	0	0	0	0	0	0	0	0	0		0	5	0	0	0	0			
58110010	丝及绢丝制绗缝被褥状纺织品	10	0	0	0	0	0	0	0	0	0	0		0	0	0	0	0	0			
58110020	羊毛或动物细毛制绗缝被褥状纺织品	10	0	0	0	0	0	0	0	0	0	0		0	0	0	0	0	0			
58110030	棉制绗缝被褥状纺织品	10	0	0	0	0	0	0	0	0	0	0		0	0		0	0	0			
58110040	化学纤维制绗缝被褥状纺织品	12	0	0	0	0	0	0	0	0	0	0		0	0	0	0	4.8	7.2			
58110090	其他纺织材料制绗缝被褥状纺织品	10	0	0	0	0	0	0	0	0	0	0		0	0	0	0	0	0			
59011010	用胶或淀粉涂布的棉或麻纺织物	10	0	0	0	0	0	0	0	0	0	0		0	5	0	0	0	0			
59011020	用胶或淀粉涂布的化纤纺织物	10	0	0	0	0	0	0	0	0	0	0		0	5	0	0	0	0			
59011090	用胶或淀粉涂布的其他纤维纺织物	10	0	0	0	0	0	0	0	0	0	0		0	5	0	0	0	0			
59019010	制成的油画布	10	0	0	0	0	0	0	0	0	0	0		0	5		0	0	0			
59019091	棉或麻制描图布、帽里硬衬布等	10	0	0	0	0	0	0	0	0	0	0		0	5		0	0	0			
59019092	化纤制描图布、帽里硬衬布等	10	0	0	0	0	0	0	0	0	0	0		0	5		0	0	0			
59019099	其他纺织纤维制描图布、帽里硬衬布等	10	0	0	0	0	0	0	0	0	0	0		0	5		0	0	0			
59021010	聚酰胺-6(尼龙-6)制的帘子布	10	0	0	0	0	0	0	0	0	0	0	9	0	5	0	0	0	0			
59021020	聚酰胺-6,6(尼龙-6,6)制的帘子布	10	0	0	0	0	0	0	0	0	0	0	9	0	5	0	0	0	0			

税则号列	商品描述	最惠国税率(%)	协定税率(%)																			
			东盟										亚太	智利	巴基斯坦	新加坡	新西兰	秘鲁	哥斯达黎加	香港	澳门	台湾
			文莱	柬埔寨	印尼	老挝	马来西亚	缅甸	菲律宾	新加坡	泰国	越南										
59021090	其他尼龙等高强力纱制的帘子布	10	0	0	0	0	0	0	0	0	0	0	9	0	5	0	0	0	0			
59022000	聚酯高强力纱制的帘子布	10	0	0	0	0	0	0	0	0	0	0	9	0	5	0	0	0	0			
59029000	粘胶纤维高强力纱制帘子布	10	0	0	0	0	0	0	0	0	0	0		0	5		0	0	0			
59031010	用聚氯乙烯浸、涂的绝缘布或带	10	0	0	0	0	0	0	0	0	0	0	8.5	0	5		0	0	0			
59031020	用聚氯乙烯浸、涂的人造革	10	0	0	0	0	0	0	0	0	0	0	8.5	0	5	0	0	0	0	0		0
59031090	用聚氯乙烯浸、涂的其他纺织物	10	0	0	0	0	0	0	0	0	0	0	8.5	0	5	0	0	0	0	0		0
59032010	用聚氨基甲酸酯浸、涂的绝缘布或带	10	0	0	0	0	0	0	0	0	0	0	8.5	0	5		0	0	0			
59032020	用聚氨基甲酸酯浸、涂的人造革	10	0	0	0	0	0	0	0	0	0	0	8.5	0	5	0	0	0	0			0
59032090	用聚氨基甲酸酯浸、涂的其他纺织物	10	0	0	0	0	0	0	0	0	0	0	8.5	0	8.5	0	0	0	0	0		0
59039010	用其他塑料浸、涂的绝缘布或带	10	0	0	0	0	0	0	0	0	0	0	8.5	0	5		0	0	0			
59039020	用其他塑料浸、涂的人造革	10	0	0	0	0	0	0	0	0	0	0	8.5	0	5	0	0	0	0			0
59039090	用其他塑料浸、涂的其他纺织物	10	0	0	0	0	0	0	0	0	0	0	8.5	0	8.5	0	0	0	0	0		0
59041000	列诺伦(亚麻油地毡)	14	0	0	0	0	0	0	0	0	0	0		0	11.2	0	0	5.6	8.4			
59049000	以织物为底涂布的铺地品	14	0	0	0	0	0	0	0	0	0	0		0	7	0	0	5.6	8.4			
59050000	糊墙织物	10	0	0	0	0	0	0	0	0	0	0		0	5	0	0	0	0			
59061010	用橡胶处理宽≤20 厘米纺织绝缘胶粘带	10	0	0	0	0	0	0	0	0	0	0		0	5		0	0	0			
59061090	用橡胶处理宽≤20 厘米其他纺丝胶粘带	10	0	0	0	0	0	0	0	0	0	0		0	5	0	0	0	0			
59069100	用橡胶处理的针织或钩编的纺织物	10	0	0	0	0	0	0	0	0	0	0		0	5	0	0	0	0			0
59069910	用橡胶处理宽其他绝缘布或带	10	0	0	0	0	0	0	0	0	0	0		0	5		0	0	0			
59069990	用橡胶处理的其他纺织物	10	0	0	0	0	0	0	0	0	0	0		0	5	0	0	0	0			0
59070010	用其他材料浸、涂的绝缘布或带	10	0	0	0	0	0	0	0	0	0	0	8.5	0	5		0	0	0			
59070020	用其他材料浸、涂的已绘制画布	10	0	0	0	0	0	0	0	0	0	0	8.5	0	5		0	0	0			
59070090	用其他材料浸、涂的其他纺织物	10	0	0	0	0	0	0	0	0	0	0	8.5	0	5	0	0	0	0			
59080000	纺织材料制灯芯、炉芯等和煤气灯纱筒及纱罩	10	0	0	0	0	0	0	0	0	0	0		0	5		0	0	0			
59090000	纺织材料制水龙软管及类似管子	8	0	0	0	0	0	0	0	0	0	0		0	5		0	0	0		0	
59100000	纺织材料制的传动带或输送带及带料	8	0	0	0	0	0	0	0	0	0	0		0	5		0	0	0			0
59111010	包覆纺锤用浸胶的起绒狭幅织物	8	0	0	0	0	0	0	0	0	0	0	7.2	0	5		0	0	0			

税则号列	商品描述	最惠国税率(%)	协定税率(%)																			
			东盟										亚太	智利	巴基斯坦	新加坡	新西兰	秘鲁	哥斯达黎加	香港	澳门	台湾
			文莱	柬埔寨	印尼	老挝	马来西亚	缅甸	菲律宾	新加坡	泰国	越南										
59111090	其他涂胶等针布及专门技术用途的纺织物起绒狭幅织物	8	0	0	0	0	0	0	0	0	0	0		0	5		0	0	0			
59112000	筛布	8	0	0	0	0	0	0	0	0	0	0		0	5		0	0	0			
59113100	造纸等机器用轻的环状或有连接装置的布或毡呢	8	0	0	0	0	0	0	0	0	0	0		0	5		0	0	0			
59113200	造纸等机器用重的环状或有连接装置的布或毡呢	8	0	0	0	0	0	0	0	0	0	0		0	5		0	0	0			
59114000	用于榨油机器或类似机器的滤布	8	0	0	0	0	0	0	0	0	0	0		0	5		0	0	0			
59119000	其他专门技术用途纺织产品及制品	8	0	0	0	0	0	0	0	0	0	0		0	5		0	0	0			
60011000	针织或钩编的长毛绒织物	10	0	0	0	0	0	0	0	0	0	0	8.5	0	0	0	0	0	0			
60012100	棉制针织或钩编的毛圈绒头织物	10	0	0	0	0	0	0	0	0	0	0	8.5	0	0		0	0	0			
60012200	化纤制针织或钩编毛圈绒头织物	10	0	0	0	0	0	0	0	0	0	0	8.5	0	0	0	0	0	0			
60012900	其他材料制针织或钩编毛圈绒头布	12	0	0	0	0	0	0	0	0	0	0		0	0	0	0	4.8	7.2			
60019100	棉制针织或钩编起绒织物	10	0	0	0	0	0	0	0	0	0	0	7	0	0		0	0	0			
60019200	化纤制针织或钩编起绒织物	10	0	0	0	0	0	0	0	0	0	0	8.5	0	0	0	0	0	0	0	0	0
60019900	其他纤维制针织或钩编起绒织物	12	0	0	0	0	0	0	0	0	0	0		0	0	0	0	4.8	7.2			
60024010	宽≤30 厘米,弹性纱线≥5% 棉针织、钩编织物	10	0	0	0	0	0	0	0	0	0	0	8.5	0	0		0	0	0			
60024020	宽≤30 厘米,弹性纱线≥5% 丝及绢丝制针织、钩编织物	10	0	0	0	0	0	0	0	0	0	0	8.5	0	0	0	0	0	0			
60024030	宽≤30 厘米,弹性纱线≥5% 合成纤维制针织、钩编织物	10	0	0	0	0	0	0	0	0	0	0		0	0	0	0	0	0			
60024040	宽≤30 厘米,弹性纱线≥5% 人造纤维制针织、钩编织物	10	0	0	0	0	0	0	0	0	0	0		0	0	0	0	0	0			
60024090	宽≤30 厘米,弹性纱线≥5% 其他纺织材料针织、钩编织物	10	0	0	0	0	0	0	0	0	0	0	7	0	0	0	0	0	0			
60029010	宽≤30 厘米含橡胶线的棉针织、钩编织物	10	0	0	0	0	0	0	0	0	0	0	8.5	0	0		0	0	0			
60029020	宽≤30 厘米含橡胶线的丝及绢丝制针织、钩编织物	10	0	0	0	0	0	0	0	0	0	0	8.5	0	0	0	0	0	0			

税则号列	商品描述	最惠国税率(%)	协定税率(%)																			
			东盟										亚太	智利	巴基斯坦	新加坡	新西兰	秘鲁	哥斯达黎加	香港	澳门	台湾
			文莱	柬埔寨	印尼	老挝	马来西亚	缅甸	菲律宾	新加坡	泰国	越南										
60029030	宽≤30厘米含橡胶线的合成纤维制针织、钩编织物	10	0	0	0	0	0	0	0	0	0	0	5	0	0	0	0	0	0			
60029040	宽≤30厘米含橡胶线的人造纤维制针织、钩编织物	10	0	0	0	0	0	0	0	0	0	0	5	0	0	0	0	0	0			
60029090	宽≤30厘米含橡胶线的其他纺织材料针织、钩编织物	10	0	0	0	0	0	0	0	0	0	0	8.5	0	0	0	0	0	0			
60031000	宽≤30厘米羊毛或动物细毛制的针织、钩编织物	10	0	0	0	0	0	0	0	0	0	0		0	0	0	0	0	0			
60032000	宽≤30厘米其他棉制的针织、钩编织物	10	0	0	0	0	0	0	0	0	0	0		0	0		0	0	0			
60033000	宽≤30厘米合成纤维制的针织、钩编织物	10	0	0	0	0	0	0	0	0	0	0	9.4	0	0	0	0	0	0			
60034000	宽≤30厘米人造纤维制的针织、钩编织物	10	0	0	0	0	0	0	0	0	0	0	9.4	0	0	0	0	0	0			
60039000	宽≤30厘米其他针织、钩编织物	10	0	0	0	0	0	0	0	0	0	0		0	0	0	0	0	0			
60041010	宽>30厘米,弹性纱线≥5%棉针织、钩编织物	10	0	0	0	0	0	0	0	0	0	0	7	0	0	0	0	0	0	0		
60041020	宽>30厘米,弹性纱线≥5%丝及绢丝制针织、钩编织物	10	0	0	0	0	0	0	0	0	0	0	8.5	0	0	0	0	0	0			
60041030	宽>30厘米,弹性纱线≥5%合成纤维制针织、钩编织物	10	0	0	0	0	0	0	0	0	0	0		0	0	0	0	0	0	0	0	0
60041040	宽>30厘米,弹性纱线≥5%人造纤维制针织、钩编织物	10	0	0	0	0	0	0	0	0	0	0		0	0	0	0	0	0	0	0	
60041090	宽>30厘米,弹性纱线≥5%其他纺织材料针织、钩编织物	10	0	0	0	0	0	0	0	0	0	0	8.5	0	0	0	0	0	0	0	0	0
60049010	宽>30厘米含橡胶线的棉针织、钩编织物	10	0	0	0	0	0	0	0	0	0	0	8.5	0	0		0	0	0	0		
60049020	宽>30厘米含橡胶线的丝及绢丝制针织、钩编织物	10	0	0	0	0	0	0	0	0	0	0	8.5	0	0	0	0	0	0			
60049030	宽>30厘米含橡胶线的合成纤维制针织、钩编织物	10	0	0	0	0	0	0	0	0	0	0		0	0	0	0	0	0	0	0	0

税则号列	商品描述	最惠国税率(%)	协定税率(%)																			
			东盟										亚太	智利	巴基斯坦	新加坡	新西兰	秘鲁	哥斯达黎加	香港	澳门	台湾
			文莱	柬埔寨	印尼	老挝	马来西亚	缅甸	菲律宾	新加坡	泰国	越南										
60049040	宽＞30厘米含橡胶线的人造纤维制针织、钩编织物	10	0	0	0	0	0	0	0	0	0	0		0	0	0	0	0	0	0	0	
60049090	宽＞30厘米含橡胶线的其他纺织材料针织、钩编织物	10	0	0	0	0	0	0	0	0	0	0	7	0	0	0	0	0	0	0	0	0
60052100	未漂白或漂白棉制的其他经编织物	10	0	0	0	0	0	0	0	0	0	0		0	0		0	0	0	0		
60052200	染色棉制的其他经编织物	10	0	0	0	0	0	0	0	0	0	0		0	0		0	0	0	0		
60052300	色织棉制的其他经编织物	10	0	0	0	0	0	0	0	0	0	0		0	0		0	0	0	0		
60052400	印花棉制的其他经编织物	10	0	0	0	0	0	0	0	0	0	0		0	0		0	0	0	0		
60053100	未漂白或漂白合成纤维制的其他经编织物	10	0	0	0	0	0	0	0	0	0	0	8.5	0	0	0	0	0	0			0
60053200	染色合成纤维制的其他经编织物	10	0	0	0	0	0	0	0	0	0	0	8.5	0	0	0	0	0	0			0
60053300	色织合成纤维制的其他经编织物	10	0	0	0	0	0	0	0	0	0	0	8.5	0	0	0	0	0	0			
60053400	印花合成纤维制的其他经编织物	10	0	0	0	0	0	0	0	0	0	0	8.5	0	0	0	0	0	0			
60054100	未漂白或漂白人造纤维制的其他经编织物	10	0	0	0	0	0	0	0	0	0	0	8.5	0	0	0	0	0	0			
60054200	染色人造纤维制的其他经编织物	10	0	0	0	0	0	0	0	0	0	0	8.5	0	0	0	0	0	0			
60054300	色织人造纤维制的其他经编织物	10	0	0	0	0	0	0	0	0	0	0	8.5	0	0	0	0	0	0			
60054400	印花人造纤维制的其他经编织物	10	0	0	0	0	0	0	0	0	0	0	8.5	0	0	0	0	0	0			
60059010	羊毛或动物细毛制的其他经编织物	12	0	0	0	0	0	0	0	0	0	0		0	0	0	0	4.8	7.2			
60059090	其他纺织材料经编织物	12	0	0	0	0	0	0	0	0	0	0		0	0	0	0	4.8	7.2			
60061000	羊毛或动物细毛制的其他针织、钩编织物	12	0	0	0	0	0	0	0	0	0	0		0	0	0	0	4.8	7.2			
60062100	未漂白或漂白棉制的其他针织、钩编织物	10	0	0	0	0	0	0	0	0	0	0	7	0	0		0	0	0	0	0	
60062200	染色棉制的其他针织、钩编织物	10	0	0	0	0	0	0	0	0	0	0	8.5	0	0	0	0	0	0	0	0	
60062300	色织棉制的其他针织、钩编织物	10	0	0	0	0	0	0	0	0	0	0	7	0	0	0	0	0	0	0	0	
60062400	印花棉制的其他针织、钩编织物	10	0	0	0	0	0	0	0	0	0	0	8.5	0	0		0	0	0	0	0	0
60063100	未漂白或漂白合成纤维制的其他针织、钩编织物	10	0	0	0	0	0	0	0	0	0	0	8.5	0	0	0	0	0	0	0	0	0
60063200	染色合成纤维制的其他针织、钩编织物	10	0	0	0	0	0	0	0	0	0	0	8.5	0	0	0	0	0	0	0	0	0
60063300	色织合成纤维制的其他针织、钩编织物	10	0	0	0	0	0	0	0	0	0	0	8.5	0	0	0	0	0	0	0	0	0

税则号列	商品描述	最惠国税率(%)	协定税率(%)																			
			东盟										亚太	智利	巴基斯坦	新加坡	新西兰	秘鲁	哥斯达黎加	香港	澳门	台湾
			文莱	柬埔寨	印尼	老挝	马来西亚	缅甸	菲律宾	新加坡	泰国	越南										
60063400	印花合成纤维制的其他针织、钩编织物	10	0	0	0	0	0	0	0	0	0	0	8.5	0	0	0	0	0	0	0	0	0
60064100	未漂白或漂白人造纤维制的其他针织、钩编织物	10	0	0	0	0	0	0	0	0	0	0	8.5	0	0	0	0	0	0	0	0	
60064200	染色人造纤维制的其他针织、钩编织物	10	0	0	0	0	0	0	0	0	0	0	8.5	0	0	0	0	0	0	0	0	0
60064300	色织人造纤维制的其他针织、钩编织物	10	0	0	0	0	0	0	0	0	0	0	8.5	0	0	0	0	0	0	0	0	
60064400	印花人造纤维制的其他针织、钩编织物	10	0	0	0	0	0	0	0	0	0	0	8.5	0	0	0	0	0	0	0	0	
60069000	未列名针织、钩编织物	12	0	0	0	0	0	0	0	0	0	0	10.2	0	0	0	0	4.8	7.2			
61012000	棉制针织或钩编男式大衣、防风衣	17.5	0	0	0	0	0	0	0	0	0	0	14	0	14	0	0	12.2	10.5	0	0	
61013000	化纤制针织或钩编男式大衣等	17.5	0	0	0	0	0	0	0	0	0	0	12.3	0	8.8	0	0	12.2	10.5	0	0	
61019010	毛制针织或钩编男式大衣、防风衣	25	0	0	0	0	0	0	0	0	0	0	18	0	18	0	4	17.5	15	0	0	
61019090	其他纺织材料制针织或钩编男式大衣、防风衣	17.5	0	0	0	0	0	0	0	0	0	0	12.3	0	8.8	0	0	12.2	10.5	0	0	
61021000	毛制针织或钩编女式大衣、防风衣	25	0	0	0	0	0	0	0	0	0	0	18	0	18	0	4	17.5	15	0	0	
61022000	棉制针织或钩编女式大衣、防风衣	17.5	0	0	0	0	0	0	0	0	0	0	14	0	14	0	0		10.5	0	0	
61023000	化纤制针织或钩编女式大衣等	17.5	0	0	0	0	0	0	0	0	0	0	12.3	0	8.8	0	0	12.2	10.5	0	0	
61029000	其他纺织材料制针织或钩编女式大衣、防风衣	20	0	0	0	0	0	0	0	0	0	0	13.8	0	10	0	0	14	12	0	0	
61031010	毛制针织或钩编男式西服套装	25	0	0	0	0	0	0	0	0	0	0	18	0	18	0	4	17.5	15	0	0	
61031020	合纤制针织或钩编男西服套装	25	0	0	0	0	0	0	0	0	0	0	18	0	18	0	4	17.5	15	0	0	
61031090	其他纺织材料制针织或钩编男式西服套装	17.5	0	0	0	0	0	0	0	0	0	0	12.3	0	8.8	0	0	12.2	10.5	0	0	
61032200	棉制针织或钩编男式便服套装	20	0	0	0	0	0	0	0	0	0	0	14.8	0	14.8	0	0	14	12	0	0	
61032300	合纤制针织或钩编男便服套装	25	0	0	0	0	0	0	0	0	0	0	18	0	18	0	4	17.5	15	0	0	
61032910	毛制针织或钩编男式便服套装	25	0	0	0	0	0	0	0	0	0	0	18	0	18	0	4	17.5	15	0	0	
61032990	其他纺织材料制针织或钩编男式便服套装	25	0	0	0	0	0	0	0	0	0	0	18	0	18	0	4	17.5	15		0	
61033100	毛制针织或钩编男式上衣	16	0	0	0	0	0	0	0	0	0	0	11.7	0	8	0	0	11.2	9.6	0	0	
61033200	棉制针织或钩编男式上衣	16	0	0	0	0	0	0	0	0	0	0	12	0	8	0	0	11.2	9.6	0	0	
61033300	合纤制针织或钩编男式上衣	19	0	0	0	0	0	0	0	0	0	0	13.6	0	9.5	0	0	13.3	11.4	0	0	
61033900	其他纺织材料制针织或钩编男式上衣	16	0	0	0	0	0	0	0	0	0	0	11.7	0	8	0	0	11.2	9.6	0	0	
61034100	毛制针织或钩编男长裤、工装裤等	16	0	0	0	0	0	0	0	0	0	0	11.7	0	8	0	0	11.2	9.6	0	0	

税则号列	商品描述	最惠国税率(%)	协定税率(%) 东盟 文莱	柬埔寨	印尼	老挝	马来西亚	缅甸	菲律宾	新加坡	泰国	越南	亚太	智利	巴基斯坦	新加坡	新西兰	秘鲁	哥斯达黎加	香港	澳门	台湾
61034200	棉制针织或钩编男长裤、工装裤等	16	0	0	0	0	0	0	0	0	0	0	13.6	0	8	0	0	11.2	9.6	0	0	
61034300	合纤制针织或钩编男长裤等	17.5	0	0	0	0	0	0	0	0	0	0	12.3	0	8.8	0	0	12.2	10.5	0	0	
61034900	其他纺织材料制针织或钩编男长裤等	16	0	0	0	0	0	0	0	0	0	0	11.7	0	8	0	0	11.2	9.6	0	0	
61041300	合纤制针织或钩编女西服套装	25	0	0	0	0	0	0	0	0	0	0	18	0	18	0	4	17.5	15	0	0	
61041910	毛制针织或钩编女式西服套装	17.5	0	0	0	0	0	0	0	0	0	0	12.3	0	8.8	0	0	12.2	10.5	0	0	
61041920	棉制针织或钩编女式西服套装	17.5	0	0	0	0	0	0	0	0	0	0	14	0	14	0	0	12.2	10.5	0	0	
61041990	其他纺织材料制针织或钩编女式西服套装	17.5	0	0	0	0	0	0	0	0	0	0	12.3	0	8.8	0	0	12.2	10.5	0	0	
61042200	棉制针织或钩编女式便服套装	17.5	0	0	0	0	0	0	0	0	0	0	14	0	14	0	0	12.2	10.5	0	0	
61042300	合纤制针织或钩编女便服套装	25	0	0	0	0	0	0	0	0	0	0	18	0	18	0	4	17.5	15	0	0	
61042910	毛制针织或钩编女式便服套装	17.5	0	0	0	0	0	0	0	0	0	0	12.3	0	8.8	0	0	12.2	10.5	0	0	
61042990	其他纺织材料制针织或钩编女式便服套装	15	0	0	0	0	0	0	0	0	0	0	10.4	0	7.5	0	0	10.5	9	0	0	
61043100	毛制针织女式上衣	16	0	0	0	0	0	0	0	0	0	0	11.7	0	8	0	0	11.2	9.6	0	0	
61043200	棉制针织女式上衣	16	0	0	0	0	0	0	0	0	0	0	13.6	0	13.6	0	0	11.2	9.6	0	0	
61043300	合纤制针织女上衣	19	0	0	0	0	0	0	0	0	0	0	13.6	0	9.5	0	0	13.3	11.4	0	0	
61043900	其他纺织材料制针织女上衣	16	0	0	0	0	0	0	0	0	0	0	11.7	0	8	0	0	11.2	9.6	0	0	
61044100	毛制针织或钩编连衣裙	16	0	0	0	0	0	0	0	0	0	0	11.7	0	8	0	0	11.2	9.6	0	0	
61044200	棉制针织或钩编连衣裙	16	0	0	0	0	0	0	0	0	0	0	13.6	0	8	0	0	11.2	9.6	0	0	
61044300	合纤制针织或钩编连衣裙	17.5	0	0	0	0	0	0	0	0	0	0	12.3	0	8.8	0	0	12.2	10.5	0	0	
61044400	人纤制针织或钩编连衣裙	16	0	0	0	0	0	0	0	0	0	0	11.7	0	8	0	0	11.2	9.6	0	0	
61044900	其他纺织材料制针织或钩编连衣裙	16	0	0	0	0	0	0	0	0	0	0	11.7	0	8	0	0	11.2	9.6	0	0	
61045100	毛制针织或钩编裙子及裙裤	14	0	0	0	0	0	0	0	0	0	0	10.8	0	7	0	0	5.6	8.4	0	0	
61045200	棉制针织裙子及裙裤	14	0	0	0	0	0	0	0	0	0	0	10.3	0	7	0	0	5.6	8.4	0	0	
61045300	合纤制针织或钩编裙子及裙裤	16	0	0	0	0	0	0	0	0	0	0	11.7	0	8	0	0	11.2	9.6	0	0	
61045900	其他纺织材料制针织或钩编裙子及裙裤	14	0	0	0	0	0	0	0	0	0	0	10.8	0	7	0	0	5.6	8.4	0	0	
61046100	毛制针织或钩编女长裤、工装裤等	16	0	0	0	0	0	0	0	0	0	0	11.7	0	8	0	0	11.2	9.6	0	0	
61046200	棉制针织或钩编女长裤、工装裤等	16	0	0	0	0	0	0	0	0	0	0	13.6	0	8	0	0	11.2	9.6	0	0	
61046300	合纤制针织或钩编女长裤等	17.5	0	0	0	0	0	0	0	0	0	0	12.3	0	8.8	0	0	12.2	10.5	0	0	
61046900	其他纺织材料制针织或钩编女长裤等	16	0	0	0	0	0	0	0	0	0	0	12	0	8	0	0	11.2	9.6	0	0	

税则号列	商品描述	最惠国税率（%）	协定税率（%）																			
			东盟										亚太	智利	巴基斯坦	新加坡	新西兰	秘鲁	哥斯达黎加	香港	澳门	台湾
			文莱	柬埔寨	印尼	老挝	马来西亚	缅甸	菲律宾	新加坡	泰国	越南										
61051000	棉制针织或钩编男衬衫	16	0	0	0	0	0	0	0	0	0	0	13.6	0	13.6	0	0		9.6	0	0	5
61052000	化纤制针织或钩编男衬衫	17.5	0	0	0	0	0	0	0	0	0	0	12.3	0	8.8	0	0	12.2	10.5	0	0	
61059000	其他纺织材料制针织或钩编男衬衫	16	0	0	0	0	0	0	0	0	0	0	11.7	0	8	0	0	11.2	9.6	0	0	
61061000	棉制针织或钩编女衬衫	16	0	0	0	0	0	0	0	0	0	0	13.6	0	8	0	0	11.2	9.6	0	0	
61062000	化纤制针织或钩编女衬衫	17.5	0	0	0	0	0	0	0	0	0	0	12.3	0	8.8	0	0	12.2	10.5	0	0	
61069000	其他纺织材料制针织或钩编女衬衫	16	0	0	0	0	0	0	0	0	0	0	11.7	0	8	0	0	11.2	9.6	0	0	5
61071100	棉制针织或钩编男内裤及三角裤	14	0	0	0	0	0	0	0	0	0	0		0	11.2	0	0	9.8	8.4	0	0	
61071200	化纤制针织或钩编男内裤及三角裤	16	0	0	0	0	0	0	0	0	0	0	10.9	0	8	0	0	11.2	9.6	0	0	
61071910	丝及绢丝制针织或钩编男内裤及三角裤	14	0	0	0	0	0	0	0	0	0	0	9.3	0	7	0	0	5.6	8.4	0	0	
61071990	其他纺织材料制针织或钩编男内裤及三角裤	14	0	0	0	0	0	0	0	0	0	0	9.3	0	7	0	0	5.6	8.4	0	0	
61072100	棉制针织或钩编男长睡衣及睡衣裤	14	0	0	0	0	0	0	0	0	0	0		0	11.2	0	0		8.4	0		
61072200	化纤制针织或钩编男睡衣裤	16	0	0	0	0	0	0	0	0	0	0	10.9	0	8	0	0	11.2	9.6	0	0	
61072910	丝及绢丝制针织或钩编男长睡衣及睡衣裤	14	0	0	0	0	0	0	0	0	0	0	9.3	0	7	0	0	5.6	8.4	0		
61072990	其他纺织材料制针织或钩编男长睡衣及睡衣裤	14	0	0	0	0	0	0	0	0	0	0	9.3	0	7	0	0	5.6	8.4	0		
61079100	棉制针织或钩编男浴衣、晨衣	14	0	0	0	0	0	0	0	0	0	0		0	7	0	0	5.6	8.4	0		
61079910	化纤制针织或钩编男浴衣、晨衣	16	0	0	0	0	0	0	0	0	0	0	10.9	0	8	0	0	11.2	9.6	0		
61079990	其他纺织材料制针织或钩编男浴衣、晨衣	14	0	0	0	0	0	0	0	0	0	0	9.3	0	7	0	0	5.6	8.4			
61081100	化纤制针织或钩编长衬裙及衬裙	16	0	0	0	0	0	0	0	0	0	0	10.9	0	8	0	0	11.2	9.6	0		
61081910	棉制针织或钩编女式长衬裙及衬裙	14	0	0	0	0	0	0	0	0	0	0		0	7	0	0	5.6	8.4	0		
61081920	丝及绢丝制针织或钩编女式长衬裙及衬裙	14	0	0	0	0	0	0	0	0	0	0		0	7	0	0	5.6	8.4	0		
61081990	其他纺织材料制针织或钩编女式长衬裙及衬裙	14	0	0	0	0	0	0	0	0	0	0	9.3	0	7	0	0	5.6	8.4	0		
61082100	棉制针织或钩编女三角裤及短衬裤	14	0	0	0	0	0	0	0	0	0	0		0	11.2	0	0	5.6	8.4	0	0	
61082200	化纤制针织或钩编女三角裤及短衬裤	16	0	0	0	0	0	0	0	0	0	0	10.9	0	8	0	0	11.2	9.6	0	0	

税则号列	商品描述	最惠国税率(%)	协定税率(%) 东盟 文莱	东盟 柬埔寨	东盟 印尼	东盟 老挝	东盟 马来西亚	东盟 缅甸	东盟 菲律宾	东盟 新加坡	东盟 泰国	东盟 越南	亚太	智利	巴基斯坦	新加坡	新西兰	秘鲁	哥斯达黎加	香港	澳门	台湾
61082910	丝及绢丝制针织或钩编女三角裤及短衬裤	14	0	0	0	0	0	0	0	0	0	0	9.3	0	7	0	0	5.6	8.4	0	0	
61082990	其他纺织材料制针织或钩编女三角裤及短衬裤	14	0	0	0	0	0	0	0	0	0	0	9.3	0	7	0	0	5.6	8.4	0	0	
61083100	棉制针织或钩编女睡衣及睡衣裤	14	0	0	0	0	0	0	0	0	0	0		0	11.2	0	0	9.8	8.4	0	0	
61083200	化纤制针织或钩编女睡衣及睡衣裤	16	0	0	0	0	0	0	0	0	0	0	10.9	0	8	0	0	11.2	9.6	0	0	
61083910	丝及绢丝制针织或钩编女睡衣及睡衣裤	14	0	0	0	0	0	0	0	0	0	0	9.3	0	7	0	0	5.6	8.4	0		
61083990	其他纺织材料制针织或钩编女睡衣及睡衣裤	14	0	0	0	0	0	0	0	0	0	0	9.3	0	7	0	0	5.6	8.4	0		
61089100	棉制针织或钩编女浴衣、晨衣	14	0	0	0	0	0	0	0	0	0	0		0	11.2	0	0	9.8	8.4	0	0	
61089200	化纤制针织或钩编女浴衣、晨衣	16	0	0	0	0	0	0	0	0	0	0	10.9	0	8	0	0	11.2	9.6	0	0	
61089900	其他纺织材料制针织或钩编女浴衣、晨衣	14	0	0	0	0	0	0	0	0	0	0	9.3	0	7	0	0	5.6	8.4	0	0	
61091000	棉制针织或钩编T恤衫、汗衫等	14	0	0	0	0	0	0	0	0	0	0	9.4	0	9.4	0	0	9.8	8.4	0	0	
61099010	丝及绢丝制针织或钩编T恤衫、汗衫等	14	0	0	0	0	0	0	0	0	0	0	9.3	0	7	0	0	5.6	8.4	0	0	
61099090	其他纺织材料制针织或钩编T恤衫、汗衫等	14	0	0	0	0	0	0	0	0	0	0	9.3	0	9.3	0	0	9.8	8.4	0	0	
61101100	羊毛制针织或钩编套头衫等	14	0	0	0	0	0	0	0	0	0	0	9.3	0	0	0	0	9.8	8.4	0	0	0
61101200	喀什米尔山羊细毛制针织或钩编套头衫等	14	0	0	0	0	0	0	0	0	0	0	9.3	0	0	0	0	5.6	8.4	0	0	
61101910	其他山羊细毛制针织或钩编套头衫等	14	0	0	0	0	0	0	0	0	0	0	9.3	0	0	0	0	5.6	8.4	0	0	
61101920	兔毛制针织或钩编套头衫等	14	0	0	0	0	0	0	0	0	0	0	9.3	0	0	0	0	5.6	8.4	0	0	
61101990	其他毛制针织或钩编套头衫等	14	0	0	0	0	0	0	0	0	0	0	9.3	0	0	0	0	9.8	8.4	0	0	
61102000	棉制针织或钩编套头衫等	14	0	0	0	0	0	0	0	0	0	0	11	0	0	0	0	9.8	8.4	0	0	0
61103000	化纤制针织或钩编套头衫等	16	0	0	0	0	0	0	0	0	0	0	10.9	0	0	0	0	11.2	9.6	0	0	5
61109010	丝及绢丝制针织或钩编套头衫等	14	0	0	0	0	0	0	0	0	0	0	9.3	0	0	0	0	5.6	8.4	0	0	
61109090	其他纺织材料制针织或钩编套头衫等	14	0	0	0	0	0	0	0	0	0	0	9.3	0	0	0	0	9.8	8.4	0	0	
61112000	棉制针织或钩编婴儿服装及附件	14	0	0	0	0	0	0	0	0	0	0		0	11.2	0	0	5.6	8.4	0	0	
61113000	合纤制针织婴儿服装及附件	16	0	0	0	0	0	0	0	0	0	0	10.9	0	8	0	0	11.2	9.6	0	0	
61119010	毛制针织或钩编婴儿服装及附件	14	0	0	0	0	0	0	0	0	0	0	9.3	0	7	0	0	5.6	8.4	0	0	

税则号列	商品描述	最惠国税率（%）	协定税率（%）																			
			东盟										亚太	智利	巴基斯坦	新加坡	新西兰	秘鲁	哥斯达黎加	香港	澳门	台湾
			文莱	柬埔寨	印尼	老挝	马来西亚	缅甸	菲律宾	新加坡	泰国	越南										
61119090	其他纺织材料制针织或钩编婴儿服装及附件	14	0	0	0	0	0	0	0	0	0	0	9.3	0	7	0	0	9.8	8.4	0	0	
61121100	棉制针织或钩编运动服	16	0	0	0	0	0	0	0	0	0	0	13.6	0	8	0	0	11.2	9.6	0	0	
61121200	合纤制针织或钩编运动服	17.5	0	0	0	0	0	0	0	0	0	0	12.3	0	8.8	0	0	12.2	10.5	0	0	
61121900	其他纺织材料制针织或钩编运动服	16	0	0	0	0	0	0	0	0	0	0	11.7	0	8	0	0	11.2	9.6	0	0	
61122010	棉制针织或钩编滑雪服	16	0	0	0	0	0	0	0	0	0	0	13.6	0	8	0	0	11.2	9.6			
61122090	其他纺织材料制针织或钩编滑雪服	19	0	0	0	0	0	0	0	0	0	0	13.6	0	9.5	0	0	13.3	11.4			
61123100	合纤制针织或钩编男式游泳服	17.5	0	0	0	0	0	0	0	0	0	0	12.3	0	8.8	0	0	12.2	10.5	0		
61123900	其他纺织材料制针织或钩编男式游泳服	16	0	0	0	0	0	0	0	0	0	0	11.7	0	8	0	0	11.2	9.6	0		
61124100	合纤制针织或钩编女式游泳服	17.5	0	0	0	0	0	0	0	0	0	0	12.3	0	8.8	0	0	12.2	10.5	0		5
61124900	其他纺织材料制针织或钩编女式游泳服	16	0	0	0	0	0	0	0	0	0	0	11.7	0	8	0	0	11.2	9.6	0		
61130000	涂层经处理针织或钩编织物制服装	16	0	0	0	0	0	0	0	0	0	0	11.7	0	8	0	0	11.2	9.6	0	0	
61142000	棉制针织或钩编的其他服装	16	0	0	0	0	0	0	0	0	0	0		0	12.8	0	0		9.6	0	0	
61143000	化纤制针织或钩编的其他服装	17.5	0	0	0	0	0	0	0	0	0	0		0	14	0	0	12.2	10.5	0	0	
61149010	毛制针织或钩编的其他服装	16	0	0	0	0	0	0	0	0	0	0		0	12.8	0	0	11.2	9.6	0		
61149090	其他纺织材料制针织或钩编的其他服装	16	0	0	0	0	0	0	0	0	0	0		0	12.8	0	0	11.2	9.6	0		
61151000	渐紧压袜类连裤袜	16	0	0	0	0	0	0	0	0	0	0	9.3	0	8	0	0	11.2	9.6	0		
61152100	单丝＜67分特合纤制连裤袜等	16	0	0	0	0	0	0	0	0	0	0	14.4	0	12.8	0	0	11.2	9.6	0	0	
61152200	单丝≥67分特合纤制连裤袜等	16	0	0	0	0	0	0	0	0	0	0	10.9	0	8	0	0	11.2	9.6		0	5
61152910	棉制针织或钩编连裤袜及紧身裤袜	14	0	0	0	0	0	0	0	0	0	0		0	11.2	0	0	5.6	8.4		0	
61152990	其他纺织材料制针织连裤袜及紧身裤袜	14	0	0	0	0	0	0	0	0	0	0	9.3	0	7	0	0	5.6	8.4		0	0
61153000	单丝＜67分特制针织或钩编女筒袜	14	0	0	0	0	0	0	0	0	0	0	9.3	0	7	0	0	5.6	8.4			
61159400	毛制针织或钩编短袜及其他袜类	14	0	0	0	0	0	0	0	0	0	0		0	11.2	0	0	5.6	8.4	0		
61159500	棉制针织或钩编短袜及其他袜类	14	0	0	0	0	0	0	0	0	0	0		0	11.2	0	0	9.8	8.4	0		
61159600	合纤制针织或钩编短袜及其他袜类	16	0	0	0	0	0	0	0	0	0	0	10.9	0	8	0	0	11.2	9.6	0		
61159900	其他纺织材料制针织或钩编短袜及其他袜类	14	0	0	0	0	0	0	0	0	0	0	9.3	0	7	0	0	5.6	8.4	0		0

税则号列	商品描述	最惠国税率（%）	协定税率（%）																			
			东盟										亚太	智利	巴基斯坦	新加坡	新西兰	秘鲁	哥斯达黎加	香港	澳门	台湾
			文莱	柬埔寨	印尼	老挝	马来西亚	缅甸	菲律宾	新加坡	泰国	越南										
61161000	塑料或橡胶浸渍的针织或钩织手套	14	0	0	0	0	0	0	0	0	0	0		0		0	0	5.6	8.4	0		
61169100	毛制其他针织或钩编手套	14	0	0	0	0	0	0	0	0	0	0		0	7	0	0	5.6	8.4	0		
61169200	棉制其他针织或钩编手套	14	0	0	0	0	0	0	0	0	0	0		0		0	0	5.6	8.4	0	0	
61169300	合纤制其他针织或钩编手套	16	0	0	0	0	0	0	0	0	0	0	10.9	0	8	0	0	11.2	9.6	0	0	
61169900	其他纺织材料制针织或钩编手套	14	0	0	0	0	0	0	0	0	0	0	9.3	0	9.3	0	0	9.8	8.4	0		
61171011	山羊绒制披巾、头巾、围巾、披纱、面纱及类似品	14	0	0	0	0	0	0	0	0	0	0	9.3	0	0	0	0	9.8	8.4	0		
61171019	其他动物细毛制披巾、头巾、围巾、披纱、面纱及类似品	14	0	0	0	0	0	0	0	0	0	0	9.3	0	0	0	0	9.8	8.4	0		
61171020	羊毛制披巾、头巾、围巾、披纱、面纱及类似品	14	0	0	0	0	0	0	0	0	0	0	9.3	0	0	0	0	9.8	8.4	0		
61171090	其他制的披巾、头巾、围巾、披纱、面纱及类似品	14	0	0	0	0	0	0	0	0	0	0	9.3	0	0	0	0	9.8	8.4	0		
61178010	针织或钩编领带及领结	14	0	0	0	0	0	0	0	0	0	0	9.3	0	0	0	0	5.6	8.4	0		0
61178090	针织或钩编其他衣着附件	14	0	0	0	0	0	0	0	0	0	0	9.3	0	0	0	0	9.8	8.4	0		0
61179000	其他针织或钩编衣着零件	14	0	0	0	0	0	0	0	0	0	0	7	0	0	0	0	5.6	8.4	0	0	0
62011100	毛制男式大衣、斗篷及类似品	16	0	0	0	0	0	0	0	0	0	0	11.7	0	8	0	0	11.2	9.6	0	0	
62011210	棉制男式羽绒服	16	0	0	0	0	0	0	0	0	0	0		0	12.8	0	0	11.2	9.6	0	0	
62011290	棉制男式大衣、斗篷及类似品	16	0	0	0	0	0	0	0	0	0	0		0	12.8	0	0	11.2	9.6	0	0	
62011310	化纤制男式羽绒服	17.5	0	0	0	0	0	0	0	0	0	0	12.3	0	8.8	0	0	12.2	10.5	0	0	
62011390	化纤制男式大衣、斗篷及类似品	17.5	0	0	0	0	0	0	0	0	0	0	12.3	0	8.8	0	0	12.2	10.5	0	0	
62011900	其他纺织材料制男式大衣、斗篷及类似品	16	0	0	0	0	0	0	0	0	0	0	11.7	0	8	0	0	11.2	9.6	0	0	
62019100	毛制男式带风帽防寒短上衣、防风衣	16	0	0	0	0	0	0	0	0	0	0	11.7	0	8	0	0	11.2	9.6	0	0	
62019210	棉制男式其他羽绒服	16	0	0	0	0	0	0	0	0	0	0		0	12.8	0	0	11.2	9.6	0	0	
62019290	棉制男式带风帽防寒短上衣、防风衣	16	0	0	0	0	0	0	0	0	0	0		0	12.8	0	0	11.2	9.6	0	0	
62019310	化纤制男式其他羽绒服	17.5	0	0	0	0	0	0	0	0	0	0	12.3	0	8.8	0	0	12.2	10.5	0	0	
62019390	化纤制男式防寒短上衣、防风衣	17.5	0	0	0	0	0	0	0	0	0	0	12.3	0	8.8	0	0	12.2	10.5	0	0	
62019900	其他纺织材料制男式防寒短上衣、防风衣	16	0	0	0	0	0	0	0	0	0	0	11.7	0	8	0	0	11.2	9.6	0	0	
62021100	毛制女式大衣、斗篷及类似品等	16	0	0	0	0	0	0	0	0	0	0	11.7	0	8	0	0	11.2	9.6	0	0	

税则号列	商品描述	最惠国税率(%)	协定税率(%)																				
			东盟																				
			文莱	柬埔寨	印尼	老挝	马来西亚	缅甸	菲律宾	新加坡	泰国	越南	亚太	智利	巴基斯坦	新加坡	新西兰	秘鲁	哥斯达黎加	香港	澳门	台湾
62021210	棉制女式羽绒服	16	0	0	0	0	0	0	0	0	0	0		0	12.8	0	0	11.2	9.6	0	0	
62021290	棉制女式大衣、斗篷及类似品等	16	0	0	0	0	0	0	0	0	0	0		0	12.8	0	0	11.2	9.6	0	0	
62021310	化纤制女式羽绒服	19	0	0	0	0	0	0	0	0	0	0	13.6	0	9.5	0	0	13.3	11.4	0	0	
62021390	化纤制女式大衣、斗篷及类似品	19	0	0	0	0	0	0	0	0	0	0	13.6	0	9.5	0	0	13.3	11.4	0	0	
62021900	其他纺织材料制女式大衣、斗篷及类似品	16	0	0	0	0	0	0	0	0	0	0	11.7	0	8	0	0	11.2	9.6	0	0	
62029100	毛制女式带风帽防寒短上衣、防风衣	16	0	0	0	0	0	0	0	0	0	0	11.7	0	8	0	0	11.2	9.6	0	0	
62029210	棉制女式其他羽绒服	16	0	0	0	0	0	0	0	0	0	0		0	12.8	0	0	11.2	9.6	0	0	
62029290	棉制女式带风帽防寒短上衣、防风衣	16	0	0	0	0	0	0	0	0	0	0		0	12.8	0	0	11.2	9.6	0	0	
62029310	化纤制女式其他羽绒服	17.5	0	0	0	0	0	0	0	0	0	0	12.3	0	8.8	0	0	12.2	10.5	0	0	
62029390	化纤制女式防风衣等	17.5	0	0	0	0	0	0	0	0	0	0	12.3	0	8.8	0	0	12.2	10.5	0	0	
62029900	其他纺织材料制防风衣、防风短上衣等	16	0	0	0	0	0	0	0	0	0	0	11.7	0	8	0	0	11.2	9.6	0	0	
62031100	毛制男式西服套装	17.5	0	0	0	0	0	0	0	0	0	0	12.3	0	8.8	0	0	12.2	10.5	0	0	
62031200	合纤制男式西服套装	17.5	0	0	0	0	0	0	0	0	0	0	12.3	0	8.8	0	0	12.2	10.5	0	0	
62031910	丝及绢丝制男式西服套装	17.5	0	0	0	0	0	0	0	0	0	0	12.3	0	8.8	0	0	12.2	10.5	0	0	
62031990	其他纺织材料制男式西服套装	17.5	0	0	0	0	0	0	0	0	0	0	12.3	0	8.8	0	0	12.2	10.5	0	0	
62032200	棉制男式便服套装	17.5	0	0	0	0	0	0	0	0	0	0		0	14	0	0	12.2	10.5	0	0	
62032300	合纤制男式便服套装	17.5	0	0	0	0	0	0	0	0	0	0	12.3	0	8.8	0	0	12.2	10.5	0	0	
62032910	丝及绢丝制男式便服套装	17.5	0	0	0	0	0	0	0	0	0	0	12.3	0	8.8	0	0	12.2	10.5		0	
62032920	毛制男式便服套装	17.5	0	0	0	0	0	0	0	0	0	0	12.3	0	8.8	0	0	12.2	10.5	0	0	
62032990	其他纺织材料制男式便服套装	17.5	0	0	0	0	0	0	0	0	0	0	12.3	0	8.8	0	0	12.2	10.5	0	0	
62033100	毛制男式上衣	16	0	0	0	0	0	0	0	0	0	0	11.7	0	8	0	0	11.2	9.6	0	0	
62033200	棉制男式上衣	16	0	0	0	0	0	0	0	0	0	0	14.4	0	12.8	0	0	11.2	9.6	0	0	
62033300	合纤制男式上衣	17.5	0	0	0	0	0	0	0	0	0	0	12.3	0	8.8	0	0	12.2	10.5	0	0	
62033910	丝及绢丝制男式上衣	16	0	0	0	0	0	0	0	0	0	0	11.7	0	8	0	0	11.2	9.6	0	0	
62033990	其他纺织材料制男式上衣	16	0	0	0	0	0	0	0	0	0	0	11.7	0	8	0	0	11.2	9.6	0	0	
62034100	毛制男式长裤、工装裤等	16	0	0	0	0	0	0	0	0	0	0	11.7	0	8	0	0	11.2	9.6	0	0	
62034210	棉制男式阿拉伯裤	16	0	0	0	0	0	0	0	0	0	0	12.9	0	8	0	0	11.2	9.6	0	0	
62034290	棉制男式长裤、工装裤等	16	0	0	0	0	0	0	0	0	0	0	12.9	0	8	0	0	11.2	9.6	0	0	
62034310	合成纤维制男式阿拉伯裤	17.5	0	0	0	0	0	0	0	0	0	0	13.1	0	8.8	0	0	12.2	10.5	0	0	

税则号列	商品描述	最惠国税率(%)	协定税率(%)																			
			东盟																			
			文莱	柬埔寨	印尼	老挝	马来西亚	缅甸	菲律宾	新加坡	泰国	越南	亚太	智利	巴基斯坦	新加坡	新西兰	秘鲁	哥斯达黎加	香港	澳门	台湾
62034390	合纤制男式长裤、工装裤等	17.5	0	0	0	0	0	0	0	0	0	0	13.1	0	8.8	0	0	12.2	10.5	0	0	
62034910	其他纺织材料制男式阿拉伯裤	16	0	0	0	0	0	0	0	0	0	0	11.7	0	8	0	0	11.2	9.6	0	0	
62034990	其他纺织材料制男童裤、工装裤	16	0	0	0	0	0	0	0	0	0	0	11.7	0	8	0	0	11.2	9.6	0	0	
62041100	毛制女式西服套装	17.5	0	0	0	0	0	0	0	0	0	0	12.3	0	8.8	0	0	12.2	10.5	0	0	
62041200	棉制女式西服套装	17.5	0	0	0	0	0	0	0	0	0	0		0	14	0	0	12.2	10.5	0	0	
62041300	合纤制女式西服套装	17.5	0	0	0	0	0	0	0	0	0	0	12.3	0	8.8	0	0	12.2	10.5	0	0	
62041910	丝及绢丝制女式西服套装	17.5	0	0	0	0	0	0	0	0	0	0	12.3	0	8.8	0	0	12.2	10.5	0	0	
62041990	其他纺织材料制女式西服套装	17.5	0	0	0	0	0	0	0	0	0	0	12.3	0	8.8	0	0	12.2	10.5	0	0	
62042100	毛制女式便服套装	17.5	0	0	0	0	0	0	0	0	0	0	12.3	0	8.8	0	0	12.2	10.5	0	0	
62042200	棉制女式便服套装	17.5	0	0	0	0	0	0	0	0	0	0		0	14	0	0	12.2	10.5	0	0	
62042300	合纤制女式便服套装	20	0	0	0	0	0	0	0	0	0	0	13.8	0	10	0	0	14	12	0	0	
62042910	丝及绢丝制女式便服套装	20	0	0	0	0	0	0	0	0	0	0	13.8	0	10	0	0	14	12		0	
62042990	其他纺织材料制女式便服套装	14	0	0	0	0	0	0	0	0	0	0	9.9	0	7	0	0	5.6	8.4	0	0	
62043100	毛制女式上衣	16	0	0	0	0	0	0	0	0	0	0	11.7	0	8	0	0	11.2	9.6	0	0	
62043200	棉制女式上衣	16	0	0	0	0	0	0	0	0	0	0		0	12.8	0	0	11.2	9.6	0	0	
62043300	合纤制女式上衣	17.5	0	0	0	0	0	0	0	0	0	0	12.3	0	8.8	0	0	12.2	10.5	0	0	
62043910	丝及绢丝制女式上衣	16	0	0	0	0	0	0	0	0	0	0	11.7	0	8	0	0	11.2	9.6	0	0	
62043990	其他纺织材料制女式上衣	16	0	0	0	0	0	0	0	0	0	0	11.7	0	8	0	0	11.2	9.6	0	0	
62044100	毛制连衣裙	16	0	0	0	0	0	0	0	0	0	0	11.7	0	8	0	0	11.2	9.6	0	0	
62044200	棉制连衣裙	16	0	0	0	0	0	0	0	0	0	0		0	12.8	0	0	11.2	9.6	0	0	
62044300	合纤制女式连衣裙	17.5	0	0	0	0	0	0	0	0	0	0	12.3	0	8.8	0	0	12.2	10.5	0	0	
62044400	人纤制女式连衣裙	16	0	0	0	0	0	0	0	0	0	0	11.7	0	8	0	0	11.2	9.6	0	0	
62044910	丝及绢丝制连衣裙	16	0	0	0	0	0	0	0	0	0	0	11.7	0	8	0	0	11.2	9.6	0	0	
62044990	其他纺织材料制连衣裙	16	0	0	0	0	0	0	0	0	0	0	11.7	0	8	0	0	11.2	9.6	0	0	
62045100	毛制裙子及裙裤	14	0	0	0	0	0	0	0	0	0	0	9.3	0	7	0	0	5.6	8.4	0	0	
62045200	棉制裙子及裙裤	14	0	0	0	0	0	0	0	0	0	0		0	11.2	0	0	5.6	8.4	0	0	
62045300	合纤制裙子及裙裤	16	0	0	0	0	0	0	0	0	0	0	11.7	0	8	0	0	11.2	9.6	0	0	
62045910	丝及绢丝制裙子及裙裤	14	0	0	0	0	0	0	0	0	0	0	9.3	0	7	0	0	5.6	8.4	0	0	
62045990	其他纺织材料制裙子及裙裤	14	0	0	0	0	0	0	0	0	0	0	9.3	0	7	0	0	9.8	8.4	0	0	
62046100	毛制女式长裤、工装裤等	16	0	0	0	0	0	0	0	0	0	0	11.7	0	8	0	0	11.2	9.6	0	0	

税则号列	商品描述	最惠国税率(%)	协定税率(%)																			
			东盟										亚太	智利	巴基斯坦	新加坡	新西兰	秘鲁	哥斯达黎加	香港	澳门	台湾
			文莱	柬埔寨	印尼	老挝	马来西亚	缅甸	菲律宾	新加坡	泰国	越南										
62046200	棉制女式长裤、工装裤等	16	0	0	0	0	0	0	0	0	0	0	14.4	0	12.8	0	0	11.2	9.6	0	0	
62046300	合纤制女式长裤、工装裤等	17.5	0	0	0	0	0	0	0	0	0	0	12.3	0	8.8	0	0	12.2	10.5	0	0	
62046900	其他纺织材料制女式长裤、工装裤等	16	0	0	0	0	0	0	0	0	0	0	12	0	8	0	0	11.2	9.6	0	0	
62052000	棉制男衬衫	16	0	0	0	0	0	0	0	0	0	0	8	0	8	0	0	11.2	9.6	0	0	
62053000	化纤制男衬衫	16	0	0	0	0	0	0	0	0	0	0	11.7	0	8	0	0	11.2	9.6	0	0	
62059010	丝及绢丝制男衬衫	16	0	0	0	0	0	0	0	0	0	0	11.7	0	8	0	0	11.2	9.6	0	0	
62059020	毛制男衬衫	16	0	0	0	0	0	0	0	0	0	0	11.7	0	8	0	0	11.2	9.6	0	0	
62059090	其他纺织材料制男衬衫	16	0	0	0	0	0	0	0	0	0	0	11.7	0	8	0	0	11.2	9.6	0	0	
62061000	丝及绢丝制女式衬衫	16	0	0	0	0	0	0	0	0	0	0	11.7	0	8	0	0	11.2	9.6	0	0	
62062000	毛制女衬衫	16	0	0	0	0	0	0	0	0	0	0	11.7	0	8	0	0	11.2	9.6	0	0	
62063000	棉制女衬衫	16	0	0	0	0	0	0	0	0	0	0	13.6	0	8	0	0	11.2	9.6	0	0	
62064000	化纤制女衬衫	17.5	0	0	0	0	0	0	0	0	0	0	12.3	0	8.8	0	0	12.2	10.5	0	0	
62069000	其他纺织材料制女衬衫	16	0	0	0	0	0	0	0	0	0	0	11.7	0	8	0	0	11.2	9.6	0	0	
62071100	棉制男式内裤及三角裤	14	0	0	0	0	0	0	0	0	0	0	10.3	0	7	0	0	9.8	8.4	0	0	
62071910	丝制男式内裤及三角裤	14	0	0	0	0	0	0	0	0	0	0		0	7	0	0	5.6	8.4	0	0	
62071920	化纤制男式内裤及三角裤	16	0	0	0	0	0	0	0	0	0	0		0	12.8	0	0	11.2	9.6	0	0	
62071990	其他纺织材料制男式内裤及三角裤	14	0	0	0	0	0	0	0	0	0	0		0	7	0	0	5.6	8.4	0	0	
62072100	棉制男式长睡衣及睡衣裤	14	0	0	0	0	0	0	0	0	0	0		0	11.2	0	0	5.6	8.4	0		
62072200	化纤制男式长睡衣及睡衣裤	16	0	0	0	0	0	0	0	0	0	0		0	12.8	0	0	11.2	9.6	0		
62072910	丝及绢丝制男式长睡衣及睡衣裤	14	0	0	0	0	0	0	0	0	0	0		0	7	0	0	5.6	8.4			
62072990	其他纺织材料制男式长睡衣及睡衣裤	14	0	0	0	0	0	0	0	0	0	0		0	7	0	0	5.6	8.4			
62079100	棉制男式浴衣、晨衣及类似品	14	0	0	0	0	0	0	0	0	0	0		0	11.2	0	0	5.6	8.4	0	0	
62079910	丝及绢丝制男浴衣、晨衣及类似品	14	0	0	0	0	0	0	0	0	0	0	12.6	0	7	0	0	5.6	8.4	0	0	
62079920	化纤制男浴衣、晨衣及类似品	16	0	0	0	0	0	0	0	0	0	0		0	12.8	0	0	11.2	9.6	0	0	
62079990	其他纺织材料制男浴衣、晨衣及类似品	14	0	0	0	0	0	0	0	0	0	0	12.6	0	7	0	0	5.6	8.4	0	0	
62081100	化纤制长衬裙及衬裙	16	0	0	0	0	0	0	0	0	0	0		0	12.8	0	0	11.2	9.6	0		
62081910	丝及绢丝制长衬裙及衬裙	14	0	0	0	0	0	0	0	0	0	0		0	7	0	0	5.6	8.4	0		
62081920	棉制长衬裙及衬裙	14	0	0	0	0	0	0	0	0	0	0		0	7	0	0	5.6	8.4	0		
62081990	其他纺织材料制长衬裙及衬裙	14	0	0	0	0	0	0	0	0	0	0		0	7	0	0	5.6	8.4	0		
62082100	棉制女式睡衣及睡衣裤	14	0	0	0	0	0	0	0	0	0	0	10.3	0	7	0	0	5.6	8.4	0	0	

税则号列	商品描述	最惠国税率（%）	协定税率（%） 东盟																			
			文莱	柬埔寨	印尼	老挝	马来西亚	缅甸	菲律宾	新加坡	泰国	越南	亚太	智利	巴基斯坦	新加坡	新西兰	秘鲁	哥斯达黎加	香港	澳门	台湾
62082200	化纤制女式睡衣及睡衣裤	16	0	0	0	0	0	0	0	0	0	0		0	12.8	0	0	11.2	9.6	0	0	
62082910	丝及绢丝制女式睡衣及睡衣裤	14	0	0	0	0	0	0	0	0	0	0		0	7	0	0	5.6	8.4	0		
62082990	其他纺织材料制女式睡衣及睡衣裤	14	0	0	0	0	0	0	0	0	0	0		0	7	0	0	5.6	8.4	0		
62089100	棉制女式背心、内衣、浴衣及类似品	14	0	0	0	0	0	0	0	0	0	0		0	11.2	0	0	9.8	8.4	0	0	
62089200	化纤制女式背心、内衣及类似品	16	0	0	0	0	0	0	0	0	0	0		0	12.8	0	0	11.2	9.6	0	0	5
62089910	丝制女式背心、内衣及类似品	14	0	0	0	0	0	0	0	0	0	0	12.6	0	7	0	0	5.6	8.4	0	0	
62089990	其他纺织材料制女式背心、内衣及类似品	14	0	0	0	0	0	0	0	0	0	0	12.6	0	7	0	0	5.6	8.4	0	0	
62092000	棉制婴儿服装及衣着附件	14	0	0	0	0	0	0	0	0	0	0		0	7	0	0	5.6	8.4	0	0	
62093000	合纤制婴儿服装及衣着附件	16	0	0	0	0	0	0	0	0	0	0		0	12.8	0	0	11.2	9.6	0	0	
62099010	毛制婴儿服装及衣着附件	14	0	0	0	0	0	0	0	0	0	0		0	7	0	0	5.6	8.4	0	0	
62099090	其他纺织材料制婴儿服装及衣着附件	14	0	0	0	0	0	0	0	0	0	0		0	7	0	0	5.6	8.4	0	0	
62101010	毛制毡呢或无纺织物服装	16	0	0	0	0	0	0	0	0	0	0	11.7	0	8	0	0	11.2	9.6	0	0	
62101020	棉或麻制毡呢或无纺织物服装	16	0	0	0	0	0	0	0	0	0	0		0	12.8	0	0	11.2	9.6	0	0	
62101030	化纤制毡呢或无纺织物服装	17.5	0	0	0	0	0	0	0	0	0	0	12.3	0	8.8	0	0	12.2	10.5	0	0	
62101090	其他纺织材料制毡呢或无纺织物服装	16	0	0	0	0	0	0	0	0	0	0		0	12.8	0	0	11.2	9.6	0	0	
62102000	用塑料、橡胶等处理的织物制男大衣等	16	0	0	0	0	0	0	0	0	0	0	11.7	0	8	0	0	11.2	9.6	0	0	
62103000	用塑料、橡胶等处理的织物制女大衣等	16	0	0	0	0	0	0	0	0	0	0	11.7	0	8	0	0	11.2	9.6	0	0	
62104000	用塑料、橡胶等处理的织物制的其他男式服装	16	0	0	0	0	0	0	0	0	0	0	11.7	0	8	0	0	11.2	9.6	0	0	
62105000	用塑料、橡胶等处理的织物制的其他女式服装	16	0	0	0	0	0	0	0	0	0	0	11.7	0	8	0	0	11.2	9.6	0	0	
62111100	男式游泳服	16	0	0	0	0	0	0	0	0	0	0	11.7	0	8	0	0	11.2	9.6	0	0	
62111200	女式游泳服	16	0	0	0	0	0	0	0	0	0	0	11.7	0	8	0	0	11.2	9.6	0		
62112010	棉制滑雪服	16	0	0	0	0	0	0	0	0	0	0		0	12.8	0	0	11.2	9.6	0		
62112090	其他纺织材料制滑雪服	19	0	0	0	0	0	0	0	0	0	0	13.6	0	9.5	0	0	13.3	11.4	0		
62113210	棉制男式阿拉伯袍	16	0	0	0	0	0	0	0	0	0	0		0	12.8	0	0	11.2	9.6	0		
62113220	棉制男式运动服	16	0	0	0	0	0	0	0	0	0	0		0		0	0	11.2	9.6	0	0	
62113290	棉制其他男式服装	16	0	0	0	0	0	0	0	0	0	0		0		0	0	11.2	9.6	0	0	
62113310	化纤制男式阿拉伯袍	17.5	0	0	0	0	0	0	0	0	0	0	12.3	0	8.8	0	0	12.2	10.5	0		
62113320	化纤制男式运动服	18	0	0	0	0	0	0	0	0	0	0	12.3	0	12.3	0	0	12.6	10.8	0	0	

税则号列	商品描述	最惠国税率(%)	协定税率(%) 东盟 文莱	柬埔寨	印尼	老挝	马来西亚	缅甸	菲律宾	新加坡	泰国	越南	亚太	智利	巴基斯坦	新加坡	新西兰	秘鲁	哥斯达黎加	香港	澳门	台湾
62113390	化纤制其他男式服装	17.5	0	0	0	0	0	0	0	0	0	0	12.3	0	12.3	0	0	12.2	10.5	0	0	
62113910	丝及绢丝制男式运动服及其他服装	16	0	0	0	0	0	0	0	0	0	0	11.7	0	8	0	0	11.2	9.6	0	0	
62113920	毛制男式运动服及其他服装	16	0	0	0	0	0	0	0	0	0	0	11.7	0	8	0	0	11.2	9.6	0	0	
62113990	其他纺织材料制男式运动服及其他服装	16	0	0	0	0	0	0	0	0	0	0	11.7	0	8	0	0	11.2	9.6	0	0	
62114210	棉制女式运动服	16	0	0	0	0	0	0	0	0	0	0		0	12.8	0	0	11.2	9.6	0	0	
62114290	棉制其他女式服装	16	0	0	0	0	0	0	0	0	0	0		0	12.8	0	0	11.2	9.6	0	0	
62114310	化纤制女式运动服	17.5	0	0	0	0	0	0	0	0	0	0	12.3	0	8.8	0	0	12.2	10.5	0	0	
62114390	化纤制其他女式服装	17.5	0	0	0	0	0	0	0	0	0	0	12.3	0	8.8	0	0	12.2	10.5	0	0	
62114910	丝及绢丝制女式运动服及其他服装	16	0	0	0	0	0	0	0	0	0	0	11.7	0	8	0	0	11.2	9.6	0	0	
62114990	其他纺织材料制女式运动服及其他服装	16	0	0	0	0	0	0	0	0	0	0	11.7	0	8	0	0	11.2	9.6	0	0	
62121010	化纤制胸罩	16	0	0	0	0	0	0	0	0	0	0	14.4	0	12.8	0	0	11.2	9.6	0	0	5
62121090	其他纺织材料制胸罩	14	0	0	0	0	0	0	0	0	0	0	12.6	0	7	0	0	5.6	8.4	0	0	0
62122010	化纤制束腰带及腹带	16	0	0	0	0	0	0	0	0	0	0		0	12.8	0	0	11.2	9.6	0	0	5
62122090	其他纺织材料制束腰带及腹带	14	0	0	0	0	0	0	0	0	0	0		0	11.2	0	0	5.6	8.4	0	0	0
62123010	化纤制紧身胸衣	16	0	0	0	0	0	0	0	0	0	0		0	12.8	0	0	11.2	9.6	0	0	
62123090	其他纺织材料制紧身胸衣	14	0	0	0	0	0	0	0	0	0	0		0	7	0	0	5.6	8.4	0	0	
62129010	化纤制吊裤带、吊袜带等	16	0	0	0	0	0	0	0	0	0	0	14.4	0	12.8	0	0	11.2	9.6	0	0	5
62129090	其他纺织材料制吊裤带、吊袜带等	14	0	0	0	0	0	0	0	0	0	0	12.6	0	7	0	0	5.6	8.4	0	0	0
62132010	棉制刺绣手帕	14	0	0	0	0	0	0	0	0	0	0		0	7	0	0	5.6	8.4	0		
62132090	其他棉制手帕	14	0	0	0	0	0	0	0	0	0	0		0	11.2	0	0	5.6	8.4	0		
62139020	其他纺织材料制刺绣手帕	14	0	0	0	0	0	0	0	0	0	0		0	7	0	0	5.6	8.4			
62139090	其他纺织材料制手帕	14	0	0	0	0	0	0	0	0	0	0		0	7	0	0	5.6	8.4	0		
62141000	丝制披巾、头巾、围巾及类似品	14	0	0	0	0	0	0	0	0	0	0		0	11.2	0	0	5.6	8.4	0		
62142010	羊毛制披巾、领巾、围巾、披纱、面纱及类似品	14	0	0	0	0	0	0	0	0	0	0		0	11.2	0	0	9.8	8.4	0		
62142020	山羊绒制披巾、领巾、围巾、披纱、面纱及类似品	14	0	0	0	0	0	0	0	0	0	0		0	11.2	0	0	9.8	8.4	0		
62142090	其他动物细毛制披巾、领巾、围巾、披纱、面纱及类似品	14	0	0	0	0	0	0	0	0	0	0		0	11.2	0	0	9.8	8.4	0		

税则号列	商品描述	最惠国税率(%)	协定税率(%)																			
			东盟										亚太	智利	巴基斯坦	新加坡	新西兰	秘鲁	哥斯达黎加	香港	澳门	台湾
			文莱	柬埔寨	印尼	老挝	马来西亚	缅甸	菲律宾	新加坡	泰国	越南										
62143000	合纤制披巾、头巾及类似品	16	0	0	0	0	0	0	0	0	0	0		0	12.8	0	0	11.2	9.6	0		
62144000	人纤制披巾、头巾及类似品	14	0	0	0	0	0	0	0	0	0	0		0	11.2	0	0	5.6	8.4	0		
62149000	其他纺织材料制披巾、头巾及类似品	14	0	0	0	0	0	0	0	0	0	0		0	11.2	0	0	5.6	8.4	0		
62151000	丝及绢丝制领带及领结	14	0	0	0	0	0	0	0	0	0	0		0	11.2	0	0	5.6	8.4	0		
62152000	化纤制领带及领结	16	0	0	0	0	0	0	0	0	0	0	14.4	0	12.8	0	0	11.2	9.6	0		
62159000	其他纺织材料制领带及领结	14	0	0	0	0	0	0	0	0	0	0		0	7	0	0	5.6	8.4	0		
62160000	非针织非钩编手套	14	0	0	0	0	0	0	0	0	0	0		0		0	0	5.6	8.4	0	0	
62171010	非针织非钩编袜子及袜套	14	0	0	0	0	0	0	0	0	0	0	12.2	0	7	0	0	5.6	8.4			0
62171020	非针织非钩编和服腰带	14	0	0	0	0	0	0	0	0	0	0	12.2	0	7	0	0	5.6	8.4	0		0
62171090	非针织非钩编服装或衣着附件	14	0	0	0	0	0	0	0	0	0	0	12.2	0	12.2	0	0	5.6	8.4	0		0
62179000	非针织非钩编服装或衣着零件	14	0	0	0	0	0	0	0	0	0	0	12.6	0	12.6	0	0	5.6	8.4	0	0	0
63011000	电暖毯	16	0	0	0	0	0	0	0	0	0	0		0	12.8	0	0	11.2	9.6			
63012000	毛制毯子及旅行毯	16	0	0	0	0	0	0	0	0	0	0		0	12.8	0	0	11.2	9.6		0	
63013000	棉制毯子及旅行毯	16	0	0	0	0	0	0	0	0	0	0		0	12.8	0	0	11.2	9.6		0	
63014000	合纤制毯子及旅行毯	17.5	0	0	0	0	0	0	0	0	0	0		0	14	0	0	12.2	10.5		0	
63019000	其他纺织材料制毯子及旅行毯	16	0	0	0	0	0	0	0	0	0	0		0	12.8	0	0	11.2	9.6		0	5
63021010	棉制针织或钩编的床上用织物制品	14	0	0	0	0	0	0	0	0	0	0		0	0	0	0	5.6	8.4			
63021090	其他纺织材料制针织或钩编的床上用织物制品	14	0	0	0	0	0	0	0	0	0	0		0	0	0	0	5.6	8.4			
63022110	棉制印花床单	14	0	0	0	0	0	0	0	0	0	0		0	0	0	0	5.6	8.4			
63022190	棉制印花床上用织物制品	14	0	0	0	0	0	0	0	0	0	0		0	0	0	0	5.6	8.4			
63022210	化纤制印花床单	16	0	0	0	0	0	0	0	0	0	0		0	0	0	0	11.2	9.6			
63022290	化纤制印花床上用织物制品	16	0	0	0	0	0	0	0	0	0	0		0	0	0	0	11.2	9.6			
63022910	丝及绢丝制印花床上用织物制品	14	0	0	0	0	0	0	0	0	0	0		0	0	0	0	5.6	8.4			
63022920	麻制印花床上用织物制品	14	0	0	0	0	0	0	0	0	0	0		0	0	0	0	5.6	8.4			
63022990	其他纺织材料制印花床上用织物制品	14	0	0	0	0	0	0	0	0	0	0		0	0	0	0	5.6	8.4			
63023110	棉制刺绣其他床上用织物制品	14	0	0	0	0	0	0	0	0	0	0		0	0	0	0	5.6	8.4			
63023191	棉制其他床单	14	0	0	0	0	0	0	0	0	0	0		0	0	0	0	5.6	8.4			
63023192	棉制其他毛巾被	14	0	0	0	0	0	0	0	0	0	0		0	0	0	0	5.6	8.4			
63023199	棉制其他床上用织物制品	14	0	0	0	0	0	0	0	0	0	0		0	0	0	0	5.6	8.4			

税则号列	商品描述	最惠国税率（%）	协定税率（%）																			
			东盟										亚太	智利	巴基斯坦	新加坡	新西兰	秘鲁	哥斯达黎加	香港	澳门	台湾
			文莱	柬埔寨	印尼	老挝	马来西亚	缅甸	菲律宾	新加坡	泰国	越南										
63023210	化纤制刺绣其他床上用织物制品	16	0	0	0	0	0	0	0	0	0	0		0	0	0	0	11.2	9.6			
63023290	化纤制其他床上用织物制品	16	0	0	0	0	0	0	0	0	0	0		0	0	0	0	11.2	9.6			
63023910	丝及绢丝制其他床上用织物制品	14	0	0	0	0	0	0	0	0	0	0		0	0	0	0	5.6	8.4			
63023921	麻制刺绣的其他床上用织物制品	14	0	0	0	0	0	0	0	0	0	0		0	0	0	0	5.6	8.4			
63023929	麻制其他床上用织物制品	14	0	0	0	0	0	0	0	0	0	0		0	0	0	0	5.6	8.4			
63023991	其他纺织材料制刺绣床上用织物制品	14	0	0	0	0	0	0	0	0	0	0		0	0	0	0	5.6	8.4			
63023999	其他纺织材料制其他床上用织物制品	14	0	0	0	0	0	0	0	0	0	0		0	0	0	0	5.6	8.4			
63024010	手工针织或钩编的餐桌用织物制品	14	0	0	0	0	0	0	0	0	0	0		0	0	0	0	5.6	8.4			
63024090	其他针织或钩编的餐桌用织物制品	14	0	0	0	0	0	0	0	0	0	0		0	0	0	0	5.6	8.4			
63025110	棉制刺绣其他餐桌用织物制品	14	0	0	0	0	0	0	0	0	0	0		0	0	0	0	5.6	8.4	0		
63025190	棉制其他餐桌用织物制品	14	0	0	0	0	0	0	0	0	0	0		0	0	0	0	5.6	8.4	0	0	
63025310	化纤制刺绣其他餐桌织物制品	14	0	0	0	0	0	0	0	0	0	0		0	0	0	0	5.6	8.4			
63025390	化纤制其他餐桌用织物制品	16	0	0	0	0	0	0	0	0	0	0		0	0	0	0	11.2	9.6			
63025911	亚麻制刺绣其他餐桌用织物制品	14	0	0	0	0	0	0	0	0	0	0		0	0	0	0	5.6	8.4			
63025919	亚麻制其他餐桌用织物制品	14	0	0	0	0	0	0	0	0	0	0		0	0	0	0	5.6	8.4			
63025990	其他纺织材料制餐桌用织物制品	14	0	0	0	0	0	0	0	0	0	0		0	0	0	0	5.6	8.4			
63026010	棉制浴巾	14	0	0	0	0	0	0	0	0	0	0		0	0	0	0	5.6	8.4			0
63026090	棉制盥洗及厨房用毛巾织物	14	0	0	0	0	0	0	0	0	0	0		0	0	0	0	5.6	8.4			0
63029100	棉制其他盥洗及厨房织物制品	14	0	0	0	0	0	0	0	0	0	0		0	0	0	0	5.6	8.4			
63029300	化纤制其他盥洗及厨房织物制品	16	0	0	0	0	0	0	0	0	0	0		0	0	0	0	11.2	9.6	0		
63029910	亚麻制其他盥洗及厨房织物制品	14	0	0	0	0	0	0	0	0	0	0		0	0	0	0	5.6	8.4			
63029990	其他材料制其他盥洗及厨房织物	14	0	0	0	0	0	0	0	0	0	0		0	0	0	0	5.6	8.4			
63031210	合纤制针织的窗帘等	16	0	0	0	0	0	0	0	0	0	0		0	0	0	0	11.2	9.6			
63031220	合纤制钩编的窗帘等	16	0	0	0	0	0	0	0	0	0	0		0	0	0	0	11.2	9.6			
63031931	棉制针织的窗帘等	14	0	0	0	0	0	0	0	0	0	0		0	0	0	0	5.6	8.4			
63031932	棉制钩编的窗帘等	14	0	0	0	0	0	0	0	0	0	0		0	0	0	0	5.6	8.4			
63031991	其他纺织材料制针织的窗帘等	14	0	0	0	0	0	0	0	0	0	0		0	0	0	0	5.6	8.4			
63031992	其他纺织材料制钩编的窗帘等	14	0	0	0	0	0	0	0	0	0	0		0	0	0	0	5.6	8.4			
63039100	棉制非针织非钩编窗帘等	14	0	0	0	0	0	0	0	0	0	0		0	0	0	0	5.6	8.4			
63039200	合纤制非针织非钩编窗帘等	16	0	0	0	0	0	0	0	0	0	0		0	0	0	0	11.2	9.6	0		

税则号列	商品描述	最惠国税率(%)	协定税率(%) 东盟 文莱	柬埔寨	印尼	老挝	马来西亚	缅甸	菲律宾	新加坡	泰国	越南	亚太	智利	巴基斯坦	新加坡	新西兰	秘鲁	哥斯达黎加	香港	澳门	台湾
63039900	其他纺织材料制非针织非钩编窗帘等	14	0	0	0	0	0	0	0	0	0	0		0	0	0	0	5.6	8.4			
63041121	手工针织床罩	14	0	0	0	0	0	0	0	0	0	0		0	7	0	0	5.6	8.4		0	
63041129	非手工针织床罩	14	0	0	0	0	0	0	0	0	0	0		0	7	0	0	5.6	8.4		0	
63041131	手工钩编床罩	14	0	0	0	0	0	0	0	0	0	0		0	7	0	0	5.6	8.4			
63041139	非手工钩编床罩	14	0	0	0	0	0	0	0	0	0	0		0	7	0	0	5.6	8.4			
63041910	丝及绢丝制非针织非钩编床罩	14	0	0	0	0	0	0	0	0	0	0		0	7	0	0	5.6	8.4			
63041921	棉或麻制非针织非钩编刺绣床罩	14	0	0	0	0	0	0	0	0	0	0		0	7	0	0	5.6	8.4			
63041929	棉或麻制其他非针织非钩编床罩	14	0	0	0	0	0	0	0	0	0	0		0		0	0	5.6	8.4			
63041931	化纤制非针织非钩编刺绣床罩	16	0	0	0	0	0	0	0	0	0	0		0	12.8	0	0	11.2	9.6			
63041939	化纤制其他非针织非钩编床罩	16	0	0	0	0	0	0	0	0	0	0		0	12.8	0	0	11.2	9.6			
63041991	其他纺织材料制非针织非钩编刺绣床罩	14	0	0	0	0	0	0	0	0	0	0		0	7	0	0	5.6	8.4			
63041999	其他材料制其他非针织非钩编床罩	14	0	0	0	0	0	0	0	0	0	0		0	7	0	0	5.6	8.4			
63049121	手工针织的其他装饰制品	14	0	0	0	0	0	0	0	0	0	0		0	7	0	0	5.6	8.4			
63049129	非手工针织的其他装饰制品	14	0	0	0	0	0	0	0	0	0	0		0	7	0	0	5.6	8.4		0	
63049131	手工钩编的其他装饰制品	14	0	0	0	0	0	0	0	0	0	0		0	11.2	0	0	5.6	8.4			
63049139	非手工钩编的其他装饰制品	14	0	0	0	0	0	0	0	0	0	0		0	7	0	0	5.6	8.4			
63049210	棉制非针织非钩编的其他刺绣装饰制品	14	0	0	0	0	0	0	0	0	0	0		0	7	0	0	5.6	8.4			
63049290	棉制非针织或钩编的其他装饰制品	14	0	0	0	0	0	0	0	0	0	0		0	11.2	0	0	5.6	8.4			
63049310	合纤制非针织非钩编其他刺绣装饰制品	16	0	0	0	0	0	0	0	0	0	0		0	12.8	0	0	11.2	9.6			
63049390	合纤制其他非针织非钩编装饰制品	16	0	0	0	0	0	0	0	0	0	0		0	12.8	0	0	11.2	9.6			
63049910	丝制非针织非钩编的装饰制品	14	0	0	0	0	0	0	0	0	0	0		0	7	0	0	5.6	8.4			
63049921	麻制非针织非钩编的其他刺绣装饰制品	14	0	0	0	0	0	0	0	0	0	0		0	7	0	0	5.6	8.4			
63049929	麻制其他非针织非钩编的装饰制品	14	0	0	0	0	0	0	0	0	0	0		0	7	0	0	5.6	8.4			
63049990	其他纺织材料制非针织非钩编装饰制品	14	0	0	0	0	0	0	0	0	0	0		0	7	0	0	5.6	8.4			
63051000	黄麻或其他韧皮纤维制货物包装袋	10	0	0	0	0	0	0	0	0	0	0		0	5		0	0	0			
63052000	棉制货物包装袋	16	0	0	0	0	0	0	0	0	0	0		0	12.8	0	0	11.2	9.6			

税则号列	商品描述	最惠国税率（%）	协定税率（%） 东盟 文莱	柬埔寨	印尼	老挝	马来西亚	缅甸	菲律宾	新加坡	泰国	越南	亚太	智利	巴基斯坦	新加坡	新西兰	秘鲁	哥斯达黎加	香港	澳门	台湾
63053200	化纤制的散装货物储运软袋	16	0	0	0	0	0	0	0	0	0	0		0	12.8	0	0	11.2	9.6			
63053300	聚乙烯或聚丙烯扁条制其他货物包装袋	16	0	0	0	0	0	0	0	0	0	0	13.6	0	8	0	0	11.2	9.6			
63053900	其他化纤制货物包装袋	16	0	0	0	0	0	0	0	0	0	0		0	12.8	0	0	11.2	9.6			
63059000	其他纺织材料制货物包装袋	14	0	0	0	0	0	0	0	0	0	0		0	11.2	0	0	5.6	8.4			
63061200	合纤制油苫布、天篷及遮阳篷	16	0	0	0	0	0	0	0	0	0	0		0	0	0	0	11.2	9.6			
63061910	麻制油苫布、天篷及遮阳篷	14	0	0	0	0	0	0	0	0	0	0		0	0	0	0	5.6	8.4			
63061920	棉制油苫布、天篷及遮阳篷	14	0	0	0	0	0	0	0	0	0	0		0	0	0	0	5.6	8.4			
63061990	其他纺织材料制油苫布、天篷及遮阳篷	14	0	0	0	0	0	0	0	0	0	0		0	0	0	0	5.6	8.4			
63062200	合纤制帐篷	16	0	0	0	0	0	0	0	0	0	0		0	0	0	0	11.2	9.6			
63062910	棉制帐篷	14	0	0	0	0	0	0	0	0	0	0		0	0	0	0	5.6	8.4			
63062990	其他纺织材料制帐篷	14	0	0	0	0	0	0	0	0	0	0		0	0	0	0	5.6	8.4			
63063010	合纤制风帆	16	0	0	0	0	0	0	0	0	0	0		0	0	0	0	11.2	9.6	0		
63063090	其他纺织材料制风帆	14	0	0	0	0	0	0	0	0	0	0		0	0	0	0	5.6	8.4			
63064010	棉制充气褥垫	14	0	0	0	0	0	0	0	0	0	0		0	0	0	0	5.6	8.4			
63064020	化纤制充气褥垫	16	0	0	0	0	0	0	0	0	0	0		0	0	0	0	11.2	9.6			
63064090	其他纺织材料制充气褥垫	14	0	0	0	0	0	0	0	0	0	0		0	0	0	0	5.6	8.4			
63069010	棉制其他野营用品	14	0	0	0	0	0	0	0	0	0	0		0	0	0	0	5.6	8.4			
63069020	麻制其他野营用品	14	0	0	0	0	0	0	0	0	0	0		0	0	0	0	5.6	8.4			
63069030	化学纤维制其他野营用品	16	0	0	0	0	0	0	0	0	0	0		0	0	0	0	11.2	9.6			
63069090	其他野营用品	14	0	0	0	0	0	0	0	0	0	0		0	0	0	0	5.6	8.4			
63071000	擦地布、擦碗布等	14	0	0	0	0	0	0	0	0	0	0	11.9	0	7	0	0	5.6	8.4			0
63072000	救生衣及安全带	14	0	0	0	0	0	0	0	0	0	0		0	11.2	0	0	5.6	8.4			
63079000	其他纺织材料制成品	14	0	0	0	0	0	0	0	0	0	0		0	11.2	0	0	5.6	8.4	0	0	
63080000	零售包装成套物品	14	0	0	0	0	0	0	0	0	0	0		0	7	0	0	5.6	8.4			
63090000	旧衣物	14	0	0	0	0	0	0	0	0	0	0		0	7	0	0	5.6	8.4			
63101000	经分拣的纺织材料制碎织物等	14	0	0	0	0	0	0	0	0	0	0		0	11.2	0	0	5.6	8.4			
63109000	纺织材料制其他碎织物等	14	0	0	0	0	0	0	0	0	0	0		0		0	0	5.6	8.4			
64011010	橡胶制鞋面的装金属护头的塑料、橡胶制防水鞋靴	24	0	0	0	0	0	0	0	0	0	0	12	0	12	0	4	16.8	14.4			

税则号列	商品描述	最惠国税率(%)	协定税率(%)																		
			东盟										亚太	智利	巴基斯坦	新加坡	新西兰	秘鲁	哥斯达黎加	香港	澳门	台湾
			文莱	柬埔寨	印尼	老挝	马来西亚	缅甸	菲律宾	新加坡	泰国	越南										
64011090	塑料制鞋面的装金属护头的塑料、橡胶制防水鞋靴	24	0	0	0	0	0	0	0	0	0	0	12	0	12	0	4	16.8	14.4			
64019210	橡胶制鞋面的橡胶、塑料底及面的中、短筒防水靴	24	0	0	0	0	0	0	0	0	0	0	12	0	12	0	4	16.8	14.4			
64019290	塑料制鞋面的橡胶、塑料底及面的中、短筒防水靴	24	0	0	0	0	0	0	0	0	0	0	12	0	12	0	4	16.8	14.4			
64019900	其他橡胶、塑料制外底及鞋面防水靴	24	0	0	0	0	0	0	0	0	0	0	12	0	12	0	4	16.8	14.4			
64021200	橡胶、塑料底及面的滑雪靴	10	0	0	0	0	0	0	0	0	0	0	5	0	5		0	0	0			
64021900	橡胶、塑料制底及面的其他运动靴	24	0	0	0	0	0	0	0	0	0	0	12	0	12	0	4	16.8	14.4			
64022000	橡胶、塑料的将鞋面条带栓塞在鞋底上的鞋	24	0	0	0	0	0	0	0	0	0	0	12	0	12	0	4	16.8	14.4			
64029100	其他橡胶、塑料短筒靴(过踝)	24	0	0	0	0	0	0	0	0	0	0	12	0	12	0	4	16.8	14.4		0	
64029910	橡胶制鞋面的其他橡胶、塑料鞋靴	24	0	0	0	0	0	0	0	0	0	0	12	0	12	0	4	16.8	14.4		0	
64029921	以机织物或其他纺织材料作衬底的	24	0	0	0	0	0	0	0	0	0	0	12	0	12	0	4	16.8	14.4		0	
64029929	塑料制鞋面的其他橡胶、塑料鞋靴	24	0	0	0	0	0	0	0	0	0	0	12	0	12	0	4	16.8	14.4		0	
64031200	皮革制鞋面的滑雪靴	24	0	0	0	0	0	0	0	0	0	0		0		0	4	16.8	14.4			
64031900	皮革制鞋面的其他运动鞋靴	15	0	0	0	0	0	0	0	0	0	0		0	12	0	0	10.5	9		0	
64032000	皮革条带为鞋面的皮底鞋	24	0	0	0	0	0	0	0	0	0	0		0		0	4	16.8	14.4		0	
64034000	装有金属护鞋头的其他皮革面鞋靴	24	0	0	0	0	0	0	0	0	0	0		0		0	4	16.8	14.4			
64035111	低于小腿的内底长度 < 24 厘米的皮革制外底皮革面的短筒靴(过踝)	10	0	0	0	0	0	0	0	0	0	0		0	5		0	0	0		0	
64035119	低于小腿的内底长度 ≥24 厘米的皮革制外底皮革面的短筒靴(过踝)	10	0	0	0	0	0	0	0	0	0	0		0	5		0	0	0			
64035191	其他内底长度 < 24 厘米的皮革制外底的皮革面短筒靴(过踝)	10	0	0	0	0	0	0	0	0	0	0		0	5		0	0	0			
64035199	其他内底长度 ≥24 厘米的皮革制外底皮革面短筒靴(过踝)	10	0	0	0	0	0	0	0	0	0	0		0	5		0	0	0			
64035900	皮革制外底的皮革面其他鞋靴	10	0	0	0	0	0	0	0	0	0	0		0	5		0	7	0		0	
64039111	其他低于小腿的内底长度 < 24 厘米的皮革面的短筒靴(过踝)	10	0	0	0	0	0	0	0	0	0	0		0	5	0	0	0	0		0	

税则号列	商品描述	最惠国税率(%)	协定税率(%)																		
			东盟										亚太	智利	巴基斯坦	新加坡	新西兰	秘鲁	哥斯达黎加	香港	澳门	台湾
			文莱	柬埔寨	印尼	老挝	马来西亚	缅甸	菲律宾	新加坡	泰国	越南										
64039119	其他低于小腿的内底长度≥24 厘米的皮革面的短筒靴(过踝)	10	0	0	0	0	0	0	0	0	0	0		0	5	0	0	0	0		0	
64039191	其他内底长度<24 厘米的皮革面短筒靴(过踝)	10	0	0	0	0	0	0	0	0	0	0		0	5	0	0	0	0		0	
64039199	其他内底长度≥24 厘米的皮革面短筒靴(过踝)	10	0	0	0	0	0	0	0	0	0	0		0	5	0	0	0	0		0	
64039900	皮革制面的其他鞋靴	10	0	0	0	0	0	0	0	0	0	0	8.5	0	5	0	0	0	0		0	
64041100	纺织材料制鞋面的运动鞋靴	24	0	0	0	0	0	0	0	0	0	0	12	0	12	0	4	16.8	14.4		0	
64041900	纺织材料制鞋面胶底的其他鞋靴	24	0	0	0	0	0	0	0	0	0	0	12	0	12	0	4	16.8	14.4		0	
64042000	纺织材料制鞋面皮革底的鞋靴	24	0	0	0	0	0	0	0	0	0	0	12	0	12	0	4	16.8	14.4			
64051010	橡胶、塑料、皮革及再生皮革制外底的皮革或再生皮革制面的其他鞋靴	24	0	0	0	0	0	0	0	0	0	0	12	0	12	0	4	16.8	14.4			
64051090	其他材料制外底的皮革或再生皮革制面的其他鞋靴	24	0	0	0	0	0	0	0	0	0	0	12	0	12	0	4	16.8	14.4			
64052000	纺织材料制面的其他鞋靴	22	0	0	0	0	0	0	0	0	0	0	11	0	11	0	4	15.4	13.2			
64059010	橡胶、塑料、皮革及再生皮革制外底的其他材料制面的鞋靴	15	0	0	0	0	0	0	0	0	0	0	10.5	0	7.5	0	0	10.5	9			
64059090	其他材料制外底的其他材料制面的鞋靴	15	0	0	0	0	0	0	0	0	0	0	10.5	0	7.5	0	0	10.5	9			
64061000	鞋面及其零件,硬衬除外	15	0	0	0	0	0	0	0	0	0	0	13.2	0	7.5	0	0	10.5	9			0
64062010	橡胶制的外底及鞋跟	15	0	0	0	0	0	0	0	0	0	0		0	12	0	0	10.5	9			0
64062020	塑料制的外底及鞋跟	15	0	0	0	0	0	0	0	0	0	0		0	12	0	0	10.5	9			
64069010	木制鞋靴零件,活动式鞋内底等	15	0	0	0	0	0	0	0	0	0	0	10.5	0	7.5	0	0	10.5	9			
64069090	其他材料制鞋靴、护腿等零件	15	0	0	0	0	0	0	0	0	0	0	10.5	0	7.5	0	0	10.5	9	0	0	0
65010000	毡呢制帽坯及圆帽片	22	0	0	0	0	0	0	0	0	0	0		0		0	4	15.4	13.2			
65020000	编结或用条带拼制的帽坯	20	0	0	0	0	0	0	0	0	0	0		0		0	0	14	12			
65040000	编结或用条带拼制成的帽类	20	0	0	0	0	0	0	0	0	0	0		0		0	0	14	12			
65050010	发网	10	0	0	0	0	0	0	0	0	0	0		0	5		0	0	0			
65050020	钩编的帽类	20	0	0	0	0	0	0	0	0	0	0	19	6	19	0	0	14	12			
65050091	成品毡呢帽类	22	0	0	0	0	0	0	0	0	0	0		0		0	4	15.4	13.2			
65050099	针织或成匹织物制成的帽类	20	0	0	0	0	0	0	0	0	0	0	19	6	19	0	0	14	12		0	

税则号列	商品描述	最惠国税率(%)	协定税率(%)																			
			东盟										亚太	智利	巴基斯坦	新加坡	新西兰	秘鲁	哥斯达黎加	香港	澳门	台湾
			文莱	柬埔寨	印尼	老挝	马来西亚	缅甸	菲律宾	新加坡	泰国	越南										
65061000	安全帽	10	0	0	0	0	0	0	0	0	0	0		0	5		0	0	0			
65069100	橡胶或塑料制帽类	10	0	0	0	0	0	0	0	0	0	0		3	5		0	0	0			
65069910	皮革制帽类	10	0	0	0	0	0	0	0	0	0	0		3	5		0	0	0			
65069920	毛皮制帽类	10	0	0	0	0	0	0	0	0	0	0		0	5		0	0	0	0		
65069990	其他材料制的未列名帽类	24	0	0	0	0	0	0	0	0	0	0		7.2		0	4	16.8	14.4			
65070000	帽类附件	24	0	0	0	0	0	0	0	0	0	0		0		0	4	16.8	14.4		0	
66011000	庭园用伞及类似品	14	0	0	0	0	0	0	0	0	0	0		0	7	0	0	5.6	8.4			
66019100	折叠伞	10	0	0	0	0	0	0	0	0	0	0		0	5		0	0	0			
66019900	其他伞	10	0	0	0	0	0	0	0	0	0	0		0	5		0	0	0			
66020000	手杖、带座手杖、鞭子及类似品	10	0	0	0	0	0	0	0	0	0	0		0	5		0	0	0			
66032000	伞骨	14	0	0	0	0	0	0	0	0	0	0		0	11.2	0	0	5.6	8.4			
66039000	伞、手杖及鞭子的其他零件及饰品	14	0	0	0	0	0	0	0	0	0	0		0	11.2	0	0	5.6	8.4			
67010000	已加工羽毛、羽绒及其制品	20	0	0	0	0	0	0	0	0	0	0		0		0	0	14	12		0	
67021000	塑料制花、叶、果实及其制品	20	0	0	0	0	0	0	0	0	0	0		0		0	0	14	12			
67029010	羽毛制花、叶、果实及其制品	20	0	0	0	0	0	0	0	0	0	0		0		0	0	14	12			
67029020	丝或绢丝制花、叶、果实及其制品	24	0	0	0	0	0	0	0	0	0	0		0		0	4	16.8	14.4			
67029030	化学纤维制花、叶、果实及其制品	24	0	0	0	0	0	0	0	0	0	0		0		0	4	16.8	14.4			
67029090	其他材料制花、叶、果实及其制品	20	0	0	0	0	0	0	0	0	0	0		0		0	0	14	12			
67030000	经梳理、稀疏等方法加工的人发及假发材料	20	0	0	0	0	0	0	0	0	0	0	18	0	18	0	0	14	12			
67041100	合成纺织材料制整头假发	25	0	0	0	0	0	0	0	0	0	0		0		0	4	17.5	15			
67041900	合成纺织材料制其他假发、须等	25	0	0	0	0	0	0	0	0	0	0		0		0	4	17.5	15		0	
67042000	人发制假发、须、眉及类似品	15	0	0	0	0	0	0	0	0	0	0		0	12	0	0	10.5	9		0	
67049000	其他材料制假发、须眉及类似品	25	0	0	0	0	0	0	0	0	0	0		0		0	4	17.5	15		0	
68010000	长方砌石、路缘石、扁平石	12	0	0	0	0	0	0	0	0	0	0		0	6	0	0	4.8	7.2		0	
68021010	大理石制砖、瓦、方块及类似品	24	0	0	0	0	0	0	0	0	0	0	19.2	0	0	0	4	9.6	14.4		0	
68021090	其他石料制砖瓦、方块及类似品	20	0	0	0	0	0	0	0	0	0	0	16	0	0	0	0	8	12		0	
68022110	具有一个平面的大理石及制品	10	0	0	0	0	0	0	0	0	0	0		0	0	0	0	0	0		0	
68022120	石灰华	24	0	0	0	0	0	0	0	0	0	0		0	0	0	4	9.6	14.4		0	
68022190	具有一个平面的石灰华及蜡石及制品	24	0	0	0	0	0	0	0	0	0	0		0	0	0	4	9.6	14.4			

税则号列	商品描述	最惠国税率(%)	协定税率(%)																		
			东盟										亚太	智利	巴基斯坦	新加坡	新西兰	秘鲁	哥斯达黎加	香港	澳门	台湾
			文莱	柬埔寨	印尼	老挝	马来西亚	缅甸	菲律宾	新加坡	泰国	越南										
68022300	具有一个平面的花岗岩及制品	10	0	0	0	0	0	0	0	0	0	0	9.2	0	0		0	0	0		0	
68022910	具有一个平面的其他石灰石及制品	24	0	0	0	0	0	0	0	0	0	0		0	0	0	4	16.8	14.4		0	
68022990	具有一个平面的其他石及制品	15	0	0	0	0	0	0	0	0	0	0		0	0	0	0	10.5	9		0	
68029110	大理石、石灰华及蜡石制石刻	24	0	0	0	0	0	0	0	0	0	0		0	0	0	4	9.6	14.4		0	
68029190	其他大理石、石灰华及蜡石及制品	10	0	0	0	0	0	0	0	0	0	0		0	0		0	0	0		0	
68029210	其他石灰石制石刻	24	0	0	0	0	0	0	0	0	0	0		0	0	0	4	16.8	14.4		0	
68029290	其他加工形式石灰石制品	10	0	0	0	0	0	0	0	0	0	0		0	0		0	7	0		0	
68029311	花岗岩制墓碑石	24	0	0	0	0	0	0	0	0	0	0		0	0	0	4	16.8	14.4		0	
68029319	其他花岗岩制石刻	24	0	0	0	0	0	0	0	0	0	0		0	0	0	4	16.8	14.4		0	
68029390	其他加工形式花岗岩制品	10	0	0	0	0	0	0	0	0	0	0	9.2	0	0		0	0	0		0	
68029910	其他石制成的石刻	24	0	0	0	0	0	0	0	0	0	0		7.2	0	0	4	9.6	14.4		0	
68029990	其他石及制品	24	0	0	0	0	0	0	0	0	0	0		7.2	0	0	4	9.6	14.4		0	
68030010	板岩制品	20	0	0	0	0	0	0	0	0	0	0		0		0	0	14	12		0	
68030090	已加工板岩及板岩或粘聚板岩制品	20	0	0	0	0	0	0	0	0	0	0		0		0	0	14	12			
68041000	碾磨或磨浆用石磨、石碾	8	0	0	0	0	0	0	0	0	0	0		0	5		0	0	0			
68042100	金刚石制石磨、石碾及砂轮	8	0	0	0	0	0	0	0	0	0	0		0	5		0	0	0			
68042210	其他砂轮	8	0	0	0	0	0	0	0	0	0	0		0	5		0	0	0			
68042290	其他石磨、石碾及类似品	8	0	0	0	0	0	0	0	0	0	0		0	5		0	0	0			
68042310	天然石料制的砂轮	8	0	0	0	0	0	0	0	0	0	0		0	5		0	0	0			
68042390	天然石料制其他石磨、石碾等	8	0	0	0	0	0	0	0	0	0	0		0	5		0	0	0			
68043010	手用琢磨油石	8	0	0	0	0	0	0	0	0	0	0	6.4	0	5		0	0	0			
68043090	手用其他磨石及抛光石	8	0	0	0	0	0	0	0	0	0	0	6.4	0	5		0	0	0			
68051000	砂布	8	0	0	0	0	0	0	0	0	0	0		2.4	5		0	0	0			
68052000	砂纸	8	0	0	0	0	0	0	0	0	0	0		2.4	5		0	0	0			
68053000	其他材料为底的天然或人造研磨料	8	0	0	0	0	0	0	0	0	0	0		0	5		0	0	0			
68061000	矿渣棉、岩石棉及类似矿质棉	10.5	0	0	0	0	0	0	0	0	0	0		0	5	0	0	4.2	6.3			
68062000	页状硅石、膨胀黏土、泡沫矿渣	10.5	0	0	0	0	0	0	0	0	0	0		0	5	0	0	4.2	6.3			
68069000	其他矿物材料的混合物及制品	10	0	0	0	0	0	0	0	0	0	0		0	5		0	0	0			
68071000	成卷的沥青或类似原料的制品	12	0	0	0	0	0	0	0	0	0	0		0	6	0	0	4.8	7.2			
68079000	其他形状的沥青或类似原料的制品	12	0	0	0	0	0	0	0	0	0	0	9.6	0	5	0	0	4.8	7.2			

税则号列	商品描述	最惠国税率(%)	协定税率(%) 东盟																			
			文莱	柬埔寨	印尼	老挝	马来西亚	缅甸	菲律宾	新加坡	泰国	越南	亚太	智利	巴基斯坦	新加坡	新西兰	秘鲁	哥斯达黎加	香港	澳门	台湾
68080000	镶板、平板、瓦、砖及类似品	10.5	0	0	0	0	0	0	0	0	0	0		0	5	0	0	4.2	6.3			
68091100	纸贴面未饰的石膏板、片、砖、瓦及类似品	28	0	0	0	0	0	0	0	0	0	0		8.4		0	4	19.6	16.8			
68091900	以其他材料贴面加强的未饰石膏板	25	0	0	0	0	0	0	0	0	0	0		0		0	4	17.5	15			
68099000	其他石膏制品	25	0	0	0	0	0	0	0	0	0	0		0		0	4	17.5	15			
68101100	水泥制建筑用砖及石砌块	10.5	0	0	0	0	0	0	0	0	0	0	8.4	0	5	0	0	4.2	6.3	0		
68101910	人造石制砖、瓦、扁平石及类似品	10.5	0	0	0	0	0	0	0	0	0	0	8.4	3.2	5	0	0	4.2	6.3		0	
68101990	水泥制其他砖、瓦、扁平石	10.5	0	0	0	0	0	0	0	0	0	0	8.4	3.2	5	0	0	4.2	6.3			
68109110	钢筋混凝土和预应力混凝土管、杆、板、桩等	10.5	0	0	0	0	0	0	0	0	0	0		0	5	0	0	4.2	6.3	0		
68109190	其他水泥制建筑或土木工程用预制构件	10.5	0	0	0	0	0	0	0	0	0	0		0	5	0	0	4.2	6.3	0		
68109910	铁道用水泥枕	8	0	0	0	0	0	0	0	0	0	0		0	5		0	0	0			
68109990	水泥、混凝土或人造石制其他制品	10.5	0	0	0	0	0	0	0	0	0	0		0	5	0	0	4.2	6.3			
68114010	含石棉的瓦楞板	5	0	0	0	0	0	0	0	0	0	0		0	0		0	0	0			
68114020	含石棉的片、板、砖、瓦及类似品	10.5	0	0	0	0	0	0	0	0	0	0		3.2	5	0	0	4.2	6.3			
68114030	含石棉的管子及管子配件	8	0	0	0	0	0	0	0	0	0	0		0	5		0	0	0			
68114090	含石棉的其他制品	8.4	0	0	0	0	0	0	0	0	0	0		0	5		0	0	0			
68118100	不含石棉的瓦楞板	5	0	0	0	0	0	0	0	0	0	0		0	0		0	0	0			
68118200	不含石棉的片、板、砖、瓦及类似品	10.5	0	0	0	0	0	0	0	0	0	0		3.2	5	0	0	4.2	6.3			
68118910	不含石棉的管子及管子配件	8	0	0	0	0	0	0	0	0	0	0		0	5		0	0	0			
68118990	不含石棉的其他制品	8.4	0	0	0	0	0	0	0	0	0	0		0	5		0	0	0			
68128000	青石棉或青石棉混合物制品	10.5	0	0	0	0	0	0	0	0	0	0		0	5	0	0	4.2	6.3			
68129100	其他石棉或石棉混合物制的服装	10.5	0	0	0	0	0	0	0	0	0	0		0	5	0	0	4.2	6.3			
68129200	其他石棉或石棉混合物制的纸、麻丝板	10.5	0	0	0	0	0	0	0	0	0	0		0	5	0	0	4.2	6.3			
68129300	其他成片成卷的压缩石棉纤维接合材料	10.5	0	0	0	0	0	0	0	0	0	0		0	5	0	0	4.2	6.3			
68129900	其他石棉或石棉混合物制品	10	0	0	0	0	0	0	0	0	0	0		0	5		0	0	0			
68132010	含石棉的闸衬、闸垫	10	0	0	0	0	0	0	0	0	0	0		3	5		0	0	0			
68132090	含石棉的磨擦料及其他用于制动等用途制品	12	0	0	0	0	0	0	0	0	0	0		3.6	6	0	0	4.8	7.2			

税则号列	商品描述	最惠国税率(%)	协定税率(%)																		
			东盟										亚太	智利	巴基斯坦	新加坡	新西兰	秘鲁	哥斯达黎加	香港	澳门	台湾
			文莱	柬埔寨	印尼	老挝	马来西亚	缅甸	菲律宾	新加坡	泰国	越南										
68138100	不含石棉的闸衬、闸垫	10	0	0	0	0	0	0	0	0	0	0		3	5		0	0	0			
68138900	不含石棉的磨擦料及其他用于制动等用途制品	12	0	0	0	0	0	0	0	0	0	0		3.6	6	0	0	4.8	7.2			
68141000	粘聚或复制云母制的板、片、带	10.5	0	0	0	0	0	0	0	0	0	0		0	5	0	0	4.2	6.3			
68149000	其他已加工的云母及其制品	10.5	0	0	0	0	0	0	0	0	0	0		0	5	0	0	4.2	6.3			
68151000	非电器用的石墨或其他碳精制品	15	0	0	0	0	0	0	0	0	0	0		0	12	0	0	10.5	9			
68152000	泥煤制品	15	0	0	0	0	0	0	0	0	0	0		0	12	0	0	10.5	9			
68159100	含菱镁矿、白云石或铬铁矿的制品	15	0	0	0	0	0	0	0	0	0	0		0	12	0	0	10.5	9			
68159920	碳纤维	17.5	0	0	0	0	0	0	0	0	0	0		5.3		0	0	12.2	10.5			
68159931	碳布	17.5	0	0	0	0	0	0	0	0	0	0		5.3		0	0	12.2	10.5			
68159932	碳纤维预浸料	17.5	0	0	0	0	0	0	0	0	0	0		5.3		0	0	12.2	10.5			
68159939	其他碳纤维制品	17.5	0	0	0	0	0	0	0	0	0	0		5.3		0	0	12.2	10.5			
68159990	其他未列名石制品及矿物制品	17.5	0	0	0	0	0	0	0	0	0	0		5.3		0	0	12.2	10.5			
69010000	硅质化石粉或类似硅土制的砖、瓦	8	0	0	0	0	0	0	0	0	0	0	6.4	0	5		0	0	0			
69021000	含>50%镁、钙、铬耐火砖及类似品	8	0	0	0	0	0	0	0	0	0	0		2.4	5		0	0	0			
69022000	含>50%氧化铝、硅耐火砖及类似品	8	0	0	0	0	0	0	0	0	0	0		2.4	5		0	0	0			
69029000	其他耐火砖及耐火陶瓷建材制品	8	0	0	0	0	0	0	0	0	0	0		0	5		0	0	0			
69031000	含>50%石墨其他耐火陶瓷制品	8	0	0	0	0	0	0	0	0	0	0		0	5		0	0	0			
69032000	含>50%氧化铝其他耐火陶瓷制品	8	0	0	0	0	0	0	0	0	0	0		2.4	5		0	0	0			
69039000	其他耐火陶瓷制品	8	0	0	0	0	0	0	0	0	0	0		2.4	5		0	0	0			
69041000	陶瓷制建筑用砖	15	0	0	0	0	0	0	0	0	0	0		0	12	0	0	10.5	9			
69049000	陶瓷制铺地砖、支撑或填充用砖	24.5	0	0	0	0	0	0	0	0	0	0		0		0	4	17.2	14.7			
69051000	陶瓷制屋顶瓦	24.5	0	0	0	0	0	0	0	0	0	0		0		0	4	17.2	14.7			
69059000	其他建筑用陶瓷制品	24.5	0	0	0	0	0	0	0	0	0	0		0		0	4	17.2	14.7			
69060000	陶瓷套管、导管、槽管及管子配件	15	0	0	0	0	0	0	0	0	0	0		0	12	0	0	10.5	9			
69071000	未上釉的小陶瓷砖、瓦、块及类似品	24.5	0	0	0	0	0	0	0	0	0	0		0		0	4	17.2	14.7			
69079000	未上釉的大陶瓷砖、瓦、块及类似品	12	0	0	0	0	0	0	0	0	0	0		0	6	0	0	4.8	7.2			
69081000	上釉的小陶瓷砖、瓦、块及类似品	12	0	0	0	0	0	0	0	0	0	0	10.4	0	5	0	0	4.8	7.2			
69089000	上釉的大陶瓷砖、瓦、块及类似品	12	0	0	0	0	0	0	0	0	0	0		0	6	0	0	4.8	7.2			
69091100	实验室、化学或其他技术用瓷器	8	0	0	0	0	0	0	0	0	0	0		0	5		0	0	0			

税则号列	商品描述	最惠国税率（%）	协定税率（%）																			
			东盟										亚太	智利	巴基斯坦	新加坡	新西兰	秘鲁	哥斯达黎加	香港	澳门	台湾
			文莱	柬埔寨	印尼	老挝	马来西亚	缅甸	菲律宾	新加坡	泰国	越南										
69091200	莫氏硬度≥9的技术用陶瓷器	8	0	0	0	0	0	0	0	0	0	0		0	5		0	0	0			
69091900	其他实验室、化学用陶瓷器	8	0	0	0	0	0	0	0	0	0	0		2.4	5		0	0	0			
69099000	农业用、运输或盛装货物用陶瓷容器	21	0	0	0	0	0	0	0	0	0	0		0		0	4	14.7	12.6			
69101000	瓷制脸盆、浴缸及类似卫生器具	10	0	0	0	0	0	0	0	0	0	0	9	0	5	0	0	0	0			
69109000	陶制脸盆、浴缸及类似卫生器具	10	0	0	0	0	0	0	0	0	0	0		3	5	0	0	0	0			
69111010	瓷餐具	12	0	0	0	0	0	0	0	0	0	0	10	3.6	5	0	0	4.8	7.2			
69111020	瓷厨房器具	15	0	0	0	0	0	0	0	0	0	0	12.5	4.5	7.5	0	0	10.5	9			
69119000	其他家用或盥洗用瓷器	24.5	0	0	0	0	0	0	0	0	0	0	20	0	20	0	4	17.2	14.7			
69120010	陶餐具	15	0	0	0	0	0	0	0	0	0	0		4.5	12	0	0	10.5	9			
69120090	陶制厨房器具	15	0	0	0	0	0	0	0	0	0	0		4.5	12	0	0	10.5	9			
69131000	瓷塑像及其他装饰用瓷制品	15	0	0	0	0	0	0	0	0	0	0		0	12	0	0	10.5	9			
69139000	陶塑像及其他装饰用陶制品	15	0	0	0	0	0	0	0	0	0	0		4.5	12	0	0	10.5	9			
69141000	其他瓷制品	24.5	0	0	0	0	0	0	0	0	0	0		0		0	4	17.2	14.7			
69149000	其他陶制品	10	0	0	0	0	0	0	0	0	0	0		0	5	0	0	0	0			
70010000	废碎玻璃及玻璃块料	12	0	0	0	0	0	0	0	0	0	0		0	6	0	0	4.8	7.2			
70021000	未加工的玻璃球	12	0	0	0	0	0	0	0	0	0	0		0	6	0	0	4.8	7.2			
70022010	光导纤维预制棒	6	0	0	0	0	0	0	0	0	0	0		0	5		0	0	0			
70022090	其他未加工的玻璃棒	12	0	0	0	0	0	0	0	0	0	0		0	6	0	0	4.8	7.2			
70023110	光导纤维用波导级石英玻璃管	5	0	0	0	0	0	0	0	0	0	0		0	0	0	0	0	0			
70023190	熔融石英或熔融硅石制其他玻璃管	14	0	0	0	0	0	0	0	0	0	0		0	11.2	0	0	5.6	8.4			
70023200	其他未加工的玻璃管	12	0	0	0	0	0	0	0	0	0	0		0	6	0	0	4.8	7.2			
70023900	未列名、未加工的玻璃管	12	0	0	0	0	0	0	0	0	0	0		0	6	0	0	4.8	7.2			
70031200	铸、轧制着色的非夹丝玻璃板、片	15	0	0	0	0	0	0	0	0	0	0		0	12	0	0	10.5	9			
70031900	铸、轧制的其他非夹丝玻璃板、片	17.5	0	0	0	0	0	0	0	0	0	0		0	14	0	0	12.2	10.5			5
70032000	铸、轧制的夹丝玻璃板、片	15	0	0	0	0	0	0	0	0	0	0		0	12	0	0	10.5	9			
70033000	铸、轧制的玻璃型材及异型材	15	0	0	0	0	0	0	0	0	0	0		0	12	0	0	10.5	9			
70042000	拉、吹制的着色玻璃板、片	17.5	0	0	0	0	0	0	0	0	0	0		0	14	0	0	12.2	10.5			
70049000	拉、吹制的其他玻璃板、片	17.5	0	0	0	0	0	0	0	0	0	0		0	14	0	0	12.2	10.5			
70051000	有吸收层非夹丝浮法或抛光玻璃板	15	0	0	0	0	0	0	0	0	0	0		0	12	0	0	10.5	9			
70052100	其他着色非夹丝浮法玻璃板、片	15	0	0	0	0	0	0	0	0	0	0		4.5	12	0	0	10.5	9			

税则号列	商品描述	最惠国税率(%)	协定税率(%)																			
			东盟										亚太	智利	巴基斯坦	新加坡	新西兰	秘鲁	哥斯达黎加	香港	澳门	台湾
			文莱	柬埔寨	印尼	老挝	马来西亚	缅甸	菲律宾	新加坡	泰国	越南										
70052900	其他非夹丝浮法玻璃板、片	15	0	0	0	0	0	0	0	0	0	0		4.5	12	0	0	10.5	9			
70053000	夹丝浮法玻璃板、片	17.5	0	0	0	0	0	0	0	0	0	0		0	14	0	0	12.2	10.5			
70060000	经其他加工品目70.03～70.05的玻璃	15	0	0	0	0	0	0	0	0	0	0		0	12	0	0	10.5	9			0
70071110	航空航天器及船舶用钢化安全玻璃	2	0	0	0	0	0	0	0	0	0	0		0	0		0	0	0	0		
70071190	车辆用钢化安全玻璃	10	0	0	0	0	0	0	0	0	0	0		0	5		0	0	0	0		
70071900	其他钢化安全玻璃	14	0	0	0	0	0	0	0	0	0	0		4.2	11.2	0	0	5.6	8.4			
70072110	航空航天器及船舶用层压安全玻璃	2	0	0	0	0	0	0	0	0	0	0		0	0		0	0	0			
70072190	车辆用层压安全玻璃	20	0	0	0	0	0	0	0	0	0	0		6		0	0	14	12			
70072900	其他层压安全玻璃	14	0	0	0	0	0	0	0	0	0	0		4.2	11.2	0	0	5.6	8.4			
70080010	中空或真空隔温、隔音玻璃	14	0	0	0	0	0	0	0	0	0	0		0	11.2	0	0	5.6	8.4			
70080090	其他多层隔温、隔音玻璃组件	14	0	0	0	0	0	0	0	0	0	0		0	11.2	0	0	5.6	8.4			
70091000	车辆后视镜	10	0	0	0	0	0	0	0	0	0	0		3	5	0	0	0	0			0
70099100	其他未镶框玻璃镜(包括后视镜)	21	0	0	0	0	0	0	0	0	0	0		6.3		0	4	14.7	12.6			
70099200	其他镶框玻璃镜(包括后视镜)	12	0	0	0	0	0	0	0	0	0	0	10.8	3.6	5	0	0	4.8	7.2			
70101000	玻璃安瓿	14	0	0	0	0	0	0	0	0	0	0		4.2	11.2	0	0	5.6	8.4			
70102000	玻璃制的塞、盖及类似封口器	14	0	0	0	0	0	0	0	0	0	0		0	11.2	0	0	5.6	8.4			
70109010	装运货物或保藏用的玻璃大容器	14	0	0	0	0	0	0	0	0	0	0		4.2	11.2	0	0	5.6	8.4			
70109020	装运货物或保藏用的玻璃中容器	14	0	0	0	0	0	0	0	0	0	0		4.2	11.2	0	0	5.6	8.4			
70109030	装运货物或保藏用的玻璃小容器	14	0	0	0	0	0	0	0	0	0	0		4.2	11.2	0	0	5.6	8.4			
70109090	装运货物或保藏用的玻璃特小容器	14	0	0	0	0	0	0	0	0	0	0		4.2	11.2	0	0	5.6	8.4			
70111000	电灯用未封口玻璃外壳及玻璃零件	21	0	0	0	0	0	0	0	0	0	0		0		0	4	14.7	12.6			
70112010	显像管玻壳及其零件	10	0	0	0	0	0	0	0	0	0	0	7	0	5		0	0	0			
70112090	阴极射线管用玻壳及零件	10	0	0	0	0	0	0	0	0	0	0	7	0	5		0	0	0			
70119010	电子管未封口玻璃外壳及玻璃零件	8	0	0	0	0	0	0	0	0	0	0		0	5		0	0	0			
70119090	其他类似品用未封口玻璃外壳零件	21	0	0	0	0	0	0	0	0	0	0		0		0	4	14.7	12.6			
70131000	玻璃陶瓷制玻璃器皿	24.5	0	0	0	0	0	0	0	0	0	0		0		0	4	17.2	14.7			
70132200	铅晶质高脚杯	24.5	0	0	0	0	0	0	0	0	0	0		0		0	4	17.2	14.7			
70132800	其他高脚杯	8	0	0	0	0	0	0	0	0	0	0		0	5	0	0	0	0			
70133300	其他铅晶质玻璃杯	24.5	0	0	0	0	0	0	0	0	0	0		0		0	4	17.2	14.7			
70133700	其他玻璃杯	8	0	0	0	0	0	0	0	0	0	0		0	5	0	0	0	0			

税则号列	商品描述	最惠国税率(%)	协定税率(%) 东盟 文莱	柬埔寨	印尼	老挝	马来西亚	缅甸	菲律宾	新加坡	泰国	越南	亚太	智利	巴基斯坦	新加坡	新西兰	秘鲁	哥斯达黎加	香港	澳门	台湾
70134100	铅晶质玻璃制餐桌、厨房用器皿	24.5	0	0	0	0	0	0	0	0	0	0		0		0	4	17.2	14.7			
70134200	低膨胀系数玻璃制餐桌厨房用器皿	10	0	0	0	0	0	0	0	0	0	0		0	5	0	0	0	0			
70134900	其他玻璃制餐桌、厨房用器皿	10	0	0	0	0	0	0	0	0	0	0		0	5	0	0	0	0			
70139100	其他铅晶质玻璃器皿	10	0	0	0	0	0	0	0	0	0	0		0	5	0	0	0	0			
70139900	其他玻璃器皿	10	0	0	0	0	0	0	0	0	0	0		3	5	0	0	0	0			
70140010	光学仪器用光学元件毛坯	10	0	0	0	0	0	0	0	0	0	0		0	5	0	0	0	0		0	
70140090	其他未经光学加工的信号玻璃器	17.5	0	0	0	0	0	0	0	0	0	0		0	14	0	0	12.2	10.5			
70151010	视力矫正眼镜用变色镜片坯件	21	0	0	0	0	0	0	0	0	0	0		0		0	4	14.7	12.6			
70151090	其他视力矫正眼镜用镜片坯件	17.5	0	0	0	0	0	0	0	0	0	0		0	14	0	0	12.2	10.5			
70159010	钟表玻璃	17.5	0	0	0	0	0	0	0	0	0	0		0	14	0	0	12.2	10.5			
70159020	平光变色镜片坯件	18	0	0	0	0	0	0	0	0	0	0		0	14.4	0	0	12.6	10.8			
70159090	品目70.15的其他未经光学加工玻璃	12	0	0	0	0	0	0	0	0	0	0		0	6	0	0	4.8	7.2			
70161000	供镶嵌或装饰用玻璃马赛克	22	0	0	0	0	0	0	0	0	0	0		0		0	4	15.4	13.2			
70169010	花饰铅条窗玻璃及类似品	24	0	0	0	0	0	0	0	0	0	0		0		0	4	16.8	14.4			
70169090	建筑用压制或模制铺面玻璃块、砖	18	0	0	0	0	0	0	0	0	0	0		0		0	0	12.6	10.8			
70172000	其他玻璃制实验室等用玻璃器	8	0	0	0	0	0	0	0	0	0	0		0	5		0	0	0			
70179000	其他实验室、卫生及配药用玻璃器	8	0	0	0	0	0	0	0	0	0	0		0	5		0	0	0			
70181000	玻璃珠、仿珍珠及类似小件玻璃品	10	0	0	0	0	0	0	0	0	0	0		0	5	0	0	0	0			
70182000	直径≤1毫米的玻璃珠	20	0	0	0	0	0	0	0	0	0	0		0		0	0	14	12			
70189000	玻璃假眼;灯工方法制的玻璃塑像及玻璃饰品	20	0	0	0	0	0	0	0	0	0	0		0		0	0	14	12			
70191100	长度≤50毫米的短切玻璃纤维	12	0	0	0	0	0	0	0	0	0	0		0	6	0	0	4.8	7.2			0
70191200	玻璃纤维粗纱	12	0	0	0	0	0	0	0	0	0	0		0	6	0	0	4.8	7.2			
70191900	玻璃纤维、梳条、纱线	10	0	0	0	0	0	0	0	0	0	0		0	5		0	0	0		0	0
70193100	玻璃纤维(包括玻璃棉)制的席	5	0	0	0	0	0	0	0	0	0	0		0	0		0	0	0			
70193200	玻璃纤维(包括玻璃棉)制的薄片	14	0	0	0	0	0	0	0	0	0	0		0	11.2	0	0	5.6	8.4			
70193900	玻璃纤维制的网及类似无纺产品	10.5	0	0	0	0	0	0	0	0	0	0		3.2	5	0	0	4.2	6.3			0
70194000	玻璃纤维粗纱机织物	12	0	0	0	0	0	0	0	0	0	0		0	6	0	0	4.8	7.2			
70195100	宽度≤30毫米的玻璃纤维机织物	12	0	0	0	0	0	0	0	0	0	0		0	6	0	0	4.8	7.2	0		
70195200	每平方米≤250克的玻璃长丝平纹织物	12	0	0	0	0	0	0	0	0	0	0		0	6	0	0	4.8	7.2	0	0	

税则号列	商品描述	最惠国税率(%)	协定税率(%)																			
			东盟										亚太	智利	巴基斯坦	新加坡	新西兰	秘鲁	哥斯达黎加	香港	澳门	台湾
			文莱	柬埔寨	印尼	老挝	马来西亚	缅甸	菲律宾	新加坡	泰国	越南										
70195900	其他玻璃纤维机织物	12	0	0	0	0	0	0	0	0	0	0	8.4	0	5	0	0	4.8	7.2	0	0	
70199010	玻璃棉及其制品	7	0	0	0	0	0	0	0	0	0	0		2.1	5		0	0	0		0	
70199021	每平方米重量 <450 克的玻璃纤维布浸胶制品	7	0	0	0	0	0	0	0	0	0	0		2.1	5		0	0	0		0	
70199029	其他玻璃纤维布浸胶制品	7	0	0	0	0	0	0	0	0	0	0		2.1	5		0	0	0		0	
70199090	其他玻璃纤维及其制品	7	0	0	0	0	0	0	0	0	0	0		2.1	5		0	0	0		0	
70200011	导电玻璃	10.5	0	0	0	0	0	0	0	0	0	0		3.2	5	0	0	4.2	6.3	0		
70200012	绝缘子用玻璃伞盘	10.5	0	0	0	0	0	0	0	0	0	0	9.5	3.2	5	0	0	4.2	6.3			
70200019	其他工业用玻璃制品	10.5	0	0	0	0	0	0	0	0	0	0	8.9	3.2	5	0	0	4.2	6.3			
70200091	保温瓶或其他保温器用玻璃胆	21	0	0	0	0	0	0	0	0	0	0		0		0	4	14.7	12.6	0		
70200099	其他非工业用玻璃制品	15	0	0	0	0	0	0	0	0	0	0	12.8	4.5	7.5	0	0	10.5	9			
71011011	未分级的天然黑珍珠	21	0	0	0	0	0	0	0	0	0	0		0		0	4	14.7	12.6			
71011019	其他未分级的天然珍珠	21	0	0	0	0	0	0	0	0	0	0		0		0	4	14.7	12.6			
71011091	其他天然黑珍珠	21	0	0	0	0	0	0	0	0	0	0		0		0	4	14.7	12.6			
71011099	其他天然珍珠	21	0	0	0	0	0	0	0	0	0	0		0		0	4	14.7	12.6			
71012110	未分级、未加工的养殖珍珠	21	0	0	0	0	0	0	0	0	0	0		0		0	4	14.7	12.6			
71012190	其他未加工的养殖珍珠	21	0	0	0	0	0	0	0	0	0	0		0		0	4	14.7	12.6			
71012210	未分级、已加工的养殖珍珠	21	0	0	0	0	0	0	0	0	0	0		0		0	4	14.7	12.6			
71012290	其他已加工的养殖珍珠	21	0	0	0	0	0	0	0	0	0	0		0		0	4	14.7	12.6			
71021000	未分级钻石	3	0	0	0	0	0	0	0	0	0	0		0	0		0	0	0			
71023100	未加工或简单加工非工业用钻石	3	0	0	0	0	0	0	0	0	0	0		0	0		0	0	0	0		
71023900	其他非工业用钻石	8	0	0	0	0	0	0	0	0	0	0	0	0	0		0	0	0			
71031000	未加工宝石或半宝石	3	0	0	0	0	0	0	0	0	0	0	2.8	0	0		0	0	0			
71039100	经其他加工的红、蓝、绿宝石	8	0	0	0	0	0	0	0	0	0	0	4	0	0		0	0	0			
71039910	经其他加工的翡翠	8	0	0	0	0	0	0	0	0	0	0	4	0	0		0	0	0			
71039990	经其他加工的其他宝石或半宝石	8	0	0	0	0	0	0	0	0	0	0	4	0	0		0	3.2	0			
71041000	压电石英	6	0	0	0	0	0	0	0	0	0	0		0	5		0	0	0			
71049011	其他工业用合成或再造的钻石	6	0	0	0	0	0	0	0	0	0	0		0	5		0	0	0			
71049012	工业用蓝宝石	6	0	0	0	0	0	0	0	0	0	0		0	5		0	0	0			

税则号列	商品描述	最惠国税率(%)	协定税率(%)																			
			东盟										亚太	智利	巴基斯坦	新加坡	新西兰	秘鲁	哥斯达黎加	香港	澳门	台湾
			文莱	柬埔寨	印尼	老挝	马来西亚	缅甸	菲律宾	新加坡	泰国	越南										
71049019	其他工业用合成或再造的其他宝石或半宝石	6	0	0	0	0	0	0	0	0	0	0		0	5		0	0	0			
71049091	其他非工业用合成钻石	8	0	0	0	0	0	0	0	0	0	0		0	5		0	0	0			
71049099	其他非工业用合成其他宝石或半宝石	8	0	0	0	0	0	0	0	0	0	0		0	5		0	0	0			
71070000	以贱金属为底的包银材料	10.5	0	0	0	0	0	0	0	0	0	0		0	5	0	0	4.2	6.3			
71090000	以贱金属或银为底的包金材料	10.5	0	0	0	0	0	0	0	0	0	0		0	5	0	0	4.2	6.3			
71101990	其他半制成铂	3	0	0	0	0	0	0	0	0	0	0		0	0		0	0	0	0		
71102990	其他半制成钯	3	0	0	0	0	0	0	0	0	0	0		0	0		0	0	0	0		
71103990	其他半制成铑	3	0	0	0	0	0	0	0	0	0	0		0	0		0	0	0			
71104990	其他半制成铱、锇、钌	3	0	0	0	0	0	0	0	0	0	0		0	0		0	0	0			
71110000	以贱金属、银或金为底的包铂材料	3	0	0	0	0	0	0	0	0	0	0		0	0		0	0	0			
71123010	含银或银化合物的灰	8	0	0	0	0	0	0	0	0	0	0		0	5		0	0	0			
71123090	其他含贵金属或贵金属化合物的灰	6	0	0	0	0	0	0	0	0	0	0		0	5		0	0	0			
71129120	其他含金或金化合物的废碎料	6	0	0	0	0	0	0	0	0	0	0		0	5		0	0	0			
71129220	其他含铂或铂化合物的废碎料	6	0	0	0	0	0	0	0	0	0	0		1.8	5		0	0	0			
71129910	含银及银化合物的废碎料	8	0	0	0	0	0	0	0	0	0	0		2.4	5		0	0	0			
71129920	含有其他贵金属或贵金属化合物的废碎料	6	0	0	0	0	0	0	0	0	0	0		1.8	5		0	0	0			
71131110	镶嵌钻石的银首饰及其零件	20	0	0	0	0	0	0	0	0	0	0	16.5	6	16	0	0	14	12	0	0	
71131190	其他银首饰及其零件	20	0	0	0	0	0	0	0	0	0	0	16.5	6	16	0	0	14	12	0	0	
71131911	镶嵌钻石的黄金制首饰及其零件	20	0	0	0	0	0	0	0	0	0	0	14	6	14	0	0	14	12	0	0	
71131919	其他黄金制首饰及其零件	20	0	0	0	0	0	0	0	0	0	0	16	6	16	0	0	14	12	0	0	
71131921	镶嵌钻石的铂制首饰及其零件	35	0	0	0	0	0	0	0	0	0	0	28	10.5	28	0	4	24.5	21	0	0	
71131929	其他铂制首饰及其零件	35	0	0	0	0	0	0	0	0	0	0	28	10.5	28	0	4	24.5	21	0	0	
71131991	镶嵌钻石的其他贵金属制首饰及其零件	35	0	0	0	0	0	0	0	0	0	0	28	10.5	28	0	4	24.5	21	0	0	
71131999	其他贵金属制首饰及其零件	35	0	0	0	0	0	0	0	0	0	0	28	10.5	28	0	4	24.5	21	0	0	
71132010	镶嵌钻石的以贱金属为底的包贵金属制首饰	35	0	0	0	0	0	0	0	0	0	0	30	0	30	0	4	24.5	21	0	0	
71132090	其他以贱金属为底的包贵金属制首饰	35	0	0	0	0	0	0	0	0	0	0	30	0	30	0	4	24.5	21	0	0	
71141100	银器及零件	35	0	0	0	0	0	0	0	0	0	0		0		0	4	14	21	0	0	

税则号列	商品描述	最惠国税率（%）	协定税率（%）																			
			东盟										亚太	智利	巴基斯坦	新加坡	新西兰	秘鲁	哥斯达黎加	香港	澳门	台湾
			文莱	柬埔寨	印尼	老挝	马来西亚	缅甸	菲律宾	新加坡	泰国	越南										
71141900	其他贵金属制金银器及零件	35	0	0	0	0	0	0	0	0	0	0		0		0	4	24.5	21	0	0	
71142000	以贱金属为底的包贵金属制金银器	35	0	0	0	0	0	0	0	0	0	0		0		0	4	24.5	21	0	0	
71151000	金属丝布或格栅状的铂催化剂	3	0	0	0	0	0	0	0	0	0	0		0	0		0	0	0	0		
71159010	工业或实验室用贵或包贵金属制品	3	0	0	0	0	0	0	0	0	0	0		0	0		0	0	0	0	0	
71159090	其他用途的贵或包贵金属制品	35	0	0	0	0	0	0	0	0	0	0		0		0	4	24.5	21	0	0	
71161000	天然或养殖珍珠制品	35	0	0	0	0	0	0	0	0	0	0		0		0	4	24.5	21	0	0	
71162000	宝石或半宝石制品	35	0	0	0	0	0	0	0	0	0	0		10.5		0	4	24.5	21	0	0	
71171100	贱金属制袖扣、饰扣	35	0	0	0	0	0	0	0	0	0	0		0		0	4	24.5	21	0	0	
71171900	其他贱金属制仿首饰	17	0	0	0	0	0	0	0	0	0	0	15.3	5.1	13.6	0	0	11.9	10.2	0	0	
71179000	未列名材料制仿首饰	35	0	0	0	0	0	0	0	0	0	0	30	10.5	30	0	4	24.5	21	0	0	
72011000	非合金生铁，含磷量≤0.5%	1	0	0	0	0	0	0	0	0	0	0		0	0		0	0	0			
72012000	非合金生铁，含磷量>0.5%	1	0	0	0	0	0	0	0	0	0	0		0	0		0	0	0			
72015000	合金生铁、镜铁	1	0	0	0	0	0	0	0	0	0	0		0	0		0	0	0			
72021100	锰铁，含碳量>2%	2	0	0	0	0	0	0	0	0	0	0		0	0		0	0	0			
72021900	锰铁，含碳量≤2%	2	0	0	0	0	0	0	0	0	0	0		0	0		0	0	0			
72022100	硅铁，含硅量>55%	2	0	0	0	0	0	0	0	0	0	0		0	0		0	0	0			
72022900	硅铁，含硅量≤55%	2	0	0	0	0	0	0	0	0	0	0		0	0		0	0	0			
72023000	硅锰铁	2	0	0	0	0	0	0	0	0	0	0		0	0		0	0	0			
72024100	铬铁，含碳量>4%	2	0	0	0	0	0	0	0	0	0	0		0	0		0	0	0			
72024900	铬铁，含碳量≤4%	2	0	0	0	0	0	0	0	0	0	0		0	0		0	0	0			
72025000	硅铬铁	2	0	0	0	0	0	0	0	0	0	0		0	0		0	0	0			
72026000	镍铁	2	0	0	0	0	0	0	0	0	0	0		0	0		0	0	0			
72027000	钼铁	2	0	0	0	0	0	0	0	0	0	0		0	0		0	0	0			
72028010	钨铁	2	0	0	0	0	0	0	0	0	0	0		0	0		0	0	0			
72028020	硅钨铁	2	0	0	0	0	0	0	0	0	0	0		0	0		0	0	0			
72029100	钛铁及硅钛铁	2	0	0	0	0	0	0	0	0	0	0		0	0		0	0	0			
72029210	按重量计含钒量在75%及以上的钒铁	9	0	0	0	0	0	0	0	0	0	0		0	5		0	0	0			
72029290	其他钒铁	9	0	0	0	0	0	0	0	0	0	0		0	5		0	0	0			
72029300	铌铁	2	0	0	0	0	0	0	0	0	0	0		0	0		0	0	0			
72029911	钕铁硼速凝永磁片	2	0	0	0	0	0	0	0	0	0	0		0	0		0	0	0			

税则号列	商品描述	最惠国税率(%)	协定税率(%)																			
			东盟																			
			文莱	柬埔寨	印尼	老挝	马来西亚	缅甸	菲律宾	新加坡	泰国	越南	亚太	智利	巴基斯坦	新加坡	新西兰	秘鲁	哥斯达黎加	香港	澳门	台湾
72029912	钕铁硼磁粉	2	0	0	0	0	0	0	0	0	0	0		0	0		0	0	0			
72029919	其他钕铁硼合金	2	0	0	0	0	0	0	0	0	0	0		0	0		0	0	0			
72029991	按重量计稀土元素总含量在10%以上的其他铁合金	2	0	0	0	0	0	0	0	0	0	0		0	0		0	0	0			
72029999	其他铁合金	2	0	0	0	0	0	0	0	0	0	0		0	0		0	0	0			
72031000	直接从铁矿还原的铁产品	2	0	0	0	0	0	0	0	0	0	0		0	0		0	0	0			
72039000	其他海绵铁,产品纯度>99.94%	2	0	0	0	0	0	0	0	0	0	0		0	0		0	0	0			
72041000	铸铁废碎料	2	0	0	0	0	0	0	0	0	0	0		0	0		0	0	0			
72043000	镀锡钢铁废碎料	2	0	0	0	0	0	0	0	0	0	0		0	0		0	0	0			
72044100	机械加工中产生的废料	2	0	0	0	0	0	0	0	0	0	0		0	0		0	0	0			
72051000	生铁、镜铁及钢铁颗粒	2	0	0	0	0	0	0	0	0	0	0		0	0		0	0	0			
72052100	合金钢粉末	2	0	0	0	0	0	0	0	0	0	0		0	0		0	0	0			
72052900	生铁、镜铁及其他钢铁粉末	2	0	0	0	0	0	0	0	0	0	0		0	0		0	0	0			
72061000	铁及非合金钢锭	2	0	0	0	0	0	0	0	0	0	0		0	0		0	0	0			
72069000	其他初级形状的铁及非合金钢	2	0	0	0	0	0	0	0	0	0	0		0	0		0	0	0			
72071100	宽度<厚度两倍的矩形截面钢坯,含碳量<0.25%	2	0	0	0	0	0	0	0	0	0	0		0	0		0	0	0			
72071200	其他矩形截面钢坯,含碳量<0.25%	2	0	0	0	0	0	0	0	0	0	0		0	0		0	0	0			
72071900	其他含碳量<0.25%的钢坯	2	0	0	0	0	0	0	0	0	0	0		0	0		0	0	0			
72072000	含碳量≥0.25%的钢坯	2	0	0	0	0	0	0	0	0	0	0		0	0		0	0	0			
72081000	轧压花纹的热轧卷材	5	0	0	0	0	0	0	0	0	0	0		0	0		0	0	0			
72082500	厚度≥4.75毫米其他经酸洗的热轧卷材	5	0	0	0	0	0	0	0	0	0	0		0	0		0	0	0			
72082610	屈服强度大于355牛顿/平方毫米,3毫米≤厚度<4.75毫米其他经酸洗热轧卷材	5	0	0	0	0	0	0	0	0	0	0		0	0		0	0	0			
72082690	其他3毫米≤厚度<4.75毫米其他经酸洗热轧卷材	5	0	0	0	0	0	0	0	0	0	0		0	0		0	0	0			
72082710	厚度<1.5毫米的其他经酸洗的热轧卷材	5	0	0	0	0	0	0	0	0	0	0		0	0		0	0	0			

税则号列	商品描述	最惠国税率(%)	协定税率(%)																			
			东盟										亚太	智利	巴基斯坦	新加坡	新西兰	秘鲁	哥斯达黎加	香港	澳门	台湾
			文莱	柬埔寨	印尼	老挝	马来西亚	缅甸	菲律宾	新加坡	泰国	越南										
72082790	其他厚度<3毫米的其他经酸洗的热轧卷材	5	0	0	0	0	0	0	0	0	0	0		0	0		0	0	0			0
72083600	厚度>10毫米的其他热轧卷材	6	0	0	0	0	0	0	0	0	0	0		0	5		0	0	0			
72083700	4.75毫米≤厚度≤10毫米的其他热轧卷材	5	0	0	0	0	0	0	0	0	0	0		0	0		0	0	0			
72083810	屈服强度大于355牛顿/平方毫米,3毫米≤厚度<4.75毫米的其他卷材	5	0	0	0	0	0	0	0	0	0	0		0	0		0	0	0			
72083890	其他3毫米≤厚度<4.75毫米的其他卷材	5	0	0	0	0	0	0	0	0	0	0		0	0		0	0	0			0
72083910	厚度<1.5毫米的其他热轧卷材	3	0	0	0	0	0	0	0	0	0	0		0	0		0	0	0			
72083990	其他厚度<3毫米的其他热轧卷材	3	0	0	0	0	0	0	0	0	0	0		0	0		0	0	0			0
72084000	轧有凸起花纹的热轧非卷材	6	0	0	0	0	0	0	0	0	0	0		0	5		0	0	0			
72085110	厚度>50毫米的其他热轧非卷材	6	0	0	0	0	0	0	0	0	0	0		1.8	5		0	0	0			
72085120	20毫米<厚度≤50毫米的其他热轧非卷材	6	0	0	0	0	0	0	0	0	0	0		1.8	5		0	0	0			
72085190	其他厚度>10毫米的其他热轧非卷材	6	0	0	0	0	0	0	0	0	0	0		1.8	5		0	0	0			
72085200	4.75毫米≤厚度≤10毫米的热轧非卷材	6	0	0	0	0	0	0	0	0	0	0		0	5		0	0	0			
72085310	屈服强度大于355牛顿/平方毫米,3毫米≤厚度<4.75毫米的热轧非卷材	6	0	0	0	0	0	0	0	0	0	0	5.1	0	0		0	0	0			
72085390	其他3毫米≤厚度<4.75毫米的热轧非卷材	6	0	0	0	0	0	0	0	0	0	0	5.1	0	0		0	0	0			
72085410	厚度<1.5毫米的热轧非卷材	6	0	0	0	0	0	0	0	0	0	0	5.1	0	0		0	0	0			
72085490	其他厚度<3毫米的热轧非卷材	6	0	0	0	0	0	0	0	0	0	0	5.1	0	0		0	0	0			
72089000	其他热轧铁或非合金钢宽平板轧材	6	0	0	0	0	0	0	0	0	0	0		0	5		0	0	0			
72091510	屈服强度大于355牛顿/平方毫米,厚度≥3毫米的冷轧卷材	6	0	0	0	0	0	0	0	0	0	0		0	5		0	0	0			
72091590	其他厚度≥3毫米的冷轧卷材	6	0	0	0	0	0	0	0	0	0	0		0	5		0	0	0			
72091610	屈服强度大于275牛顿/平方毫米,1毫米<厚度<3毫米的冷轧卷材	6	0	0	0	0	0	0	0	0	0	0	4.2	1.8	0		0	0	0			
72091690	其他1毫米<厚度<3毫米的冷轧卷材	6	0	0	0	0	0	0	0	0	0	0	4.2	1.8	0		0	0	0			0

税则号列	商品描述	最惠国税率(%)	协定税率(%)																			
			东盟										亚太	智利	巴基斯坦	新加坡	新西兰	秘鲁	哥斯达黎加	香港	澳门	台湾
			文莱	柬埔寨	印尼	老挝	马来西亚	缅甸	菲律宾	新加坡	泰国	越南										
72091710	屈服强度大于275牛顿/平方毫米 0.5毫米≤厚度≤1毫米的冷轧卷材	3	0	0	0	0	0	0	0	0	0	0	2.1	0	0		0	0	0			
72091790	其他0.5毫米≤厚度≤1毫米的冷轧卷材	3	0	0	0	0	0	0	0	0	0	0	2.1	0	0		0	0	0			0
72091810	厚度<0.3毫米的冷轧卷材	6	0	0	0	0	0	0	0	0	0	0	4.2	1.8	0		0	0	0			
72091890	其他厚度<0.5毫米的冷轧卷材	6	0	0	0	0	0	0	0	0	0	0	4.2	1.8	0		0	0	0			0
72092500	厚度≥3毫米的冷轧非卷材	6	0	0	0	0	0	0	0	0	0	0		0	5		0	0	0			
72092600	1毫米<厚度<3毫米的冷轧非卷材	6	0	0	0	0	0	0	0	0	0	0		0	5		0	0	0			
72092700	0.5毫米≤厚度≤1毫米的冷轧非卷材	6	0	0	0	0	0	0	0	0	0	0	4.2	0	0		0	0	0			
72092800	厚度<0.5毫米的冷轧非卷材	6	0	0	0	0	0	0	0	0	0	0		0	5		0	0	0			
72099000	其他冷轧铁或非合金钢宽平板轧材	6	0	0	0	0	0	0	0	0	0	0	4.2	0	0		0	0	0			
72101100	镀锡的铁或非合金钢厚宽平板轧材	10	0	0	0	0	0	0	0	0	0	0		0	5	0	0	0	0			
72101200	镀锡的铁或非合金钢薄宽平板轧材	5	0	0	0	0	0	0	0	0	0	0		1.5	0		0	0	0			
72102000	镀铅的铁或非合金钢宽平板轧材	4	0	0	0	0	0	0	0	0	0	0		0	0		0	0	0			
72103000	电镀锌的铁或非合金钢宽板材	8	0	0	0	0	0	0	0	0	0	0		0	5		0	0	0			0
72104100	镀锌的瓦楞形铁或非合金钢宽板材	8	0	0	0	0	0	0	0	0	0	0		0	5		0	0	0			
72104900	镀锌的其他形铁或非合金钢宽板材	4	0	0	0	0	0	0	0	0	0	0		0	0		0	0	0			0
72105000	镀氧化铬的铁或非合金钢宽板材	8	0	0	0	0	0	0	0	0	0	0		0	5		0	0	0			
72106100	镀或涂铝锌合金的铁宽平板轧材	8	0	0	0	0	0	0	0	0	0	0		2.4	5		0	0	0			
72106900	其他镀或涂铝的铁宽平板轧材	8	0	0	0	0	0	0	0	0	0	0		0	5		0	0	0			
72107000	涂漆或涂塑的铁或非合金钢宽板材	4	0	0	0	0	0	0	0	0	0	0		1.2	0		0	0	0	0		
72109000	涂镀其他材料铁或非合金钢宽板材	8	0	0	0	0	0	0	0	0	0	0		0	5		0	0	0			
72111300	未轧花纹的四面轧制的热轧非卷材	6	0	0	0	0	0	0	0	0	0	0		0	5		0	0	0			
72111400	厚度≥4.75毫米的其他热轧板材	6	0	0	0	0	0	0	0	0	0	0		0	5		0	0	0			
72111900	其他热轧铁或非合金钢窄板材	6	0	0	0	0	0	0	0	0	0	0		0	5		0	0	0			
72112300	冷轧含碳量<0.25%的板材	6	0	0	0	0	0	0	0	0	0	0		0	5		0	0	0			
72112900	冷轧其他铁或非合金钢窄板材	6	0	0	0	0	0	0	0	0	0	0		0	5		0	0	0			
72119000	冷轧的铁或非合金钢其他窄板材	6	0	0	0	0	0	0	0	0	0	0		1.8	5		0	0	0			
72121000	镀或涂锡的铁或非合金钢窄板材	5	0	0	0	0	0	0	0	0	0	0		0	0		0	0	0			
72122000	电镀锌的铁或非合金钢窄板材	8	0	0	0	0	0	0	0	0	0	0		0	5		0	0	0			

税则号列	商品描述	最惠国税率(%)	协定税率(%) 东盟 文莱	柬埔寨	印尼	老挝	马来西亚	缅甸	菲律宾	新加坡	泰国	越南	亚太	智利	巴基斯坦	新加坡	新西兰	秘鲁	哥斯达黎加	香港	澳门	台湾
72123000	其他镀或涂锌的铁窄板材	8	0	0	0	0	0	0	0	0	0	0		2.4	5		0	0	0			
72124000	涂漆或涂塑的铁或非合金钢窄板材	4	0	0	0	0	0	0	0	0	0	0		1.2	0		0	0	0	0		
72125000	涂镀其他材料铁或非合金钢窄板材	8	0	0	0	0	0	0	0	0	0	0		0	5		0	0	0			
72126000	经包覆的铁或非合金钢窄板材	8	0	0	0	0	0	0	0	0	0	0		0	5		0	0	0			
72131000	带有轧制花纹的热轧盘条	3	0	0	0	0	0	0	0	0	0	0		0	0		0	0	0			
72132000	其他易切削钢制热轧盘条	3	0	0	0	0	0	0	0	0	0	0		0	0		0	0	0			
72139100	直径<14 毫米圆截面的其他热轧盘条	5	0	0	0	0	0	0	0	0	0	0	4.3	1.5	0		0	0	0			
72139900	其他热轧盘条	5	0	0	0	0	0	0	0	0	0	0		0	0		0	0	0			
72141000	锻造的铁或非合金钢条、杆	7	0	0	0	0	0	0	0	0	0	0		2.1	5		0	0	0			
72142000	热加工带有轧制花纹的条、杆	3	0	0	0	0	0	0	0	0	0	0	0	0	0		0	0	0	0		
72143000	热加工易切削钢的条、杆	7	0	0	0	0	0	0	0	0	0	0		0	5		0	0	0			
72149100	热加工其他矩形截面的条、杆	3	0	0	0	0	0	0	0	0	0	0		0	0		0	0	0			
72149900	热加工其他条、杆	3	0	0	0	0	0	0	0	0	0	0		0	0		0	0	0			
72151000	冷加工其他易切削钢制条、杆	7	0	0	0	0	0	0	0	0	0	0		0	5		0	0	0			
72155000	冷加工或冷成形的其他条、杆	7	0	0	0	0	0	0	0	0	0	0		0	5		0	0	0			
72159000	铁及非合金钢的其他条、杆	3	0	0	0	0	0	0	0	0	0	0		0	0		0	0	0			
72161010	截面高度<80 毫米的 H 形钢	3	0	0	0	0	0	0	0	0	0	0		0	0		0	0	0			
72161020	截面高度<80 毫米的工字钢	3	0	0	0	0	0	0	0	0	0	0		0	0		0	0	0			
72161090	截面高度<80 毫米的 U 形钢	3	0	0	0	0	0	0	0	0	0	0		0	0		0	0	0			
72162100	热加工截面高度<80 毫米的角钢	6	0	0	0	0	0	0	0	0	0	0		1.8	5		0	0	0			
72162200	热加工截面高度<80 毫米的丁字钢	6	0	0	0	0	0	0	0	0	0	0		0	5		0	0	0			
72163100	热加工截面高度≥80 毫米的槽形钢	6	0	0	0	0	0	0	0	0	0	0		1.8	5		0	0	0			
72163210	截面高度>200 毫米的工字钢	6	0	0	0	0	0	0	0	0	0	0		0	5		0	0	0			
72163290	热加工截面高度≥80 毫米的工字钢	6	0	0	0	0	0	0	0	0	0	0		0	5		0	0	0			
72163311	截面高度>800 毫米的 H 形缸	6	0	0	0	0	0	0	0	0	0	0		0	5		0	0	0			
72163319	截面高度≥200 毫米的 H 形钢	6	0	0	0	0	0	0	0	0	0	0		0	5		0	0	0			
72163390	其他截面高度≥80 毫米的 H 形钢	6	0	0	0	0	0	0	0	0	0	0		0	5		0	0	0			
72164010	热加工截面高度≥80 毫米的角钢	3	0	0	0	0	0	0	0	0	0	0		0	0		0	0	0			
72164020	热加工截面高度≥80 毫米的丁字钢	3	0	0	0	0	0	0	0	0	0	0		0	0		0	0	0			
72165010	热加工乙字钢	6	0	0	0	0	0	0	0	0	0	0		0	5		0	0	0			

税则号列	商品描述	最惠国税率(%)	协定税率(%)																			
			东盟										亚太	智利	巴基斯坦	新加坡	新西兰	秘鲁	哥斯达黎加	香港	澳门	台湾
			文莱	柬埔寨	印尼	老挝	马来西亚	缅甸	菲律宾	新加坡	泰国	越南										
72165020	热加工球扁钢	3	0	0	0	0	0	0	0	0	0	0		0	0		0	0	0			
72165090	热加工其他角材、型材及异型材	3	0	0	0	0	0	0	0	0	0	0		0	0		0	0	0			
72166100	冷加工板材制的角材、型材及异型材	3	0	0	0	0	0	0	0	0	0	0		0	0		0	0	0			
72166900	冷加工其他角材、型材及异型材	3	0	0	0	0	0	0	0	0	0	0		0	0		0	0	0			
72169100	冷加工其他板材制角材、型材及异型材	3	0	0	0	0	0	0	0	0	0	0		0	0		0	0	0			
72169900	其他角材、型材及异型材	3	0	0	0	0	0	0	0	0	0	0		0	0		0	0	0			
72171000	未镀或涂层的铁丝或非合金钢丝	8	0	0	0	0	0	0	0	0	0	0		2.4	5		0	0	0			0
72172000	镀或涂锌的铁丝或非合金钢丝	8	0	0	0	0	0	0	0	0	0	0		2.4	5		0	0	0			
72173010	镀或涂铜的铁丝或非合金钢丝	8	0	0	0	0	0	0	0	0	0	0	6.4	2.4	5		0	0	0			
72173090	镀或涂其他贱金属的铁丝或非合金钢丝	8	0	0	0	0	0	0	0	0	0	0	6.4	2.4	5		0	0	0			
72179000	其他铁丝或非合金钢丝	8	0	0	0	0	0	0	0	0	0	0		0	5		0	0	0	0		
72181000	不锈钢锭及其他初级形状产品	2	0	0	0	0	0	0	0	0	0	0		0	0		0	0	0			
72189100	矩形截面的不锈钢半制成品	2	0	0	0	0	0	0	0	0	0	0		0	0		0	0	0			
72189900	其他不锈钢半制成品	2	0	0	0	0	0	0	0	0	0	0		0	0		0	0	0			
72191100	厚度 > 10 毫米热轧不锈钢卷板	4	0	0	0	0	0	0	0	0	0	0		0	0		0	0	0			
72191200	4.75 毫米≤厚度≤10 毫米热轧不锈钢卷板	4	0	0	0	0	0	0	0	0	0	0		0	0		0	0	0			0
72191312	按重量计含锰量在 5.5% 及以上的未经酸洗 3 毫米≤厚度 < 4.75 毫米铬锰系不锈钢	4	0	0	0	0	0	0	0	0	0	0		0	0		0	0	0			
72191319	3 毫米≤厚度 < 4.75 毫米的未经酸洗的其他不锈钢卷板	4	0	0	0	0	0	0	0	0	0	0		0	0		0	0	0			0
72191322	按重量计含锰量在 5.5% 及以上的经酸洗 3 毫米≤厚度 < 4.75 毫米铬锰系不锈钢	4	0	0	0	0	0	0	0	0	0	0		0	0		0	0	0			
72191329	3 毫米≤厚度 < 4.75 毫米的经酸洗的其他不锈钢卷板	4	0	0	0	0	0	0	0	0	0	0		0	0		0	0	0			0
72191412	按重量计含锰量在 5.5% 及以上的未经酸洗厚度 < 3 毫米的铬锰系不锈钢	4	0	0	0	0	0	0	0	0	0	0		0	0		0	0	0			

税则号列	商品描述	最惠国税率（%）	协定税率（%）																			
			东盟																			
			文莱	柬埔寨	印尼	老挝	马来西亚	缅甸	菲律宾	新加坡	泰国	越南	亚太	智利	巴基斯坦	新加坡	新西兰	秘鲁	哥斯达黎加	香港	澳门	台湾
72191419	厚度<3毫米的未经酸洗的其他不锈钢卷板	4	0	0	0	0	0	0	0	0	0	0		0	0		0	0	0			
72191422	按重量计含锰量在5.5%及以上的经酸洗厚度<3毫米的铬锰系不锈钢	4	0	0	0	0	0	0	0	0	0	0		0	0		0	0	0			
72191429	厚度<3毫米的经酸洗的其他不锈钢卷板	4	0	0	0	0	0	0	0	0	0	0		0	0		0	0	0			
72192100	厚度>10毫米的热轧不锈钢平板	10	0	0	0	0	0	0	0	0	0	0	9.3	0	5	0	0	0	0	0		
72192200	4.75毫米≤厚度≤10毫米的热轧不锈钢平板	10	0	0	0	0	0	0	0	0	0	0	9.3	3	5	0	0	7	0	0		
72192300	3毫米≤厚度<4.75毫米的热轧不锈钢平板	10	0	0	0	0	0	0	0	0	0	0	9.3	0	5	0	0	0	0			0
72192410	1毫米<厚度<3毫米的热轧不锈钢平板	10	0	0	0	0	0	0	0	0	0	0	9.3	0	5	0	0	0	0			0
72192420	0.5毫米≤厚度≤1毫米的热轧不锈钢平板	10	0	0	0	0	0	0	0	0	0	0	9.3	0	5	0	0	0	0			
72192430	厚度<0.5毫米的热轧不锈钢平板	10	0	0	0	0	0	0	0	0	0	0	9.3	0	5	0	0	0	0			
72193100	厚度≥4.75毫米的冷轧不锈钢板	10	0	0	0	0	0	0	0	0	0	0		3	5	0	0	7	0			0
72193200	3毫米≤厚度<4.75毫米的冷轧不锈钢板材	10	0	0	0	0	0	0	0	0	0	0		3	5	0	0	7	0			0
72193310	1毫米<厚度<3毫米的冷轧按重量计含锰量≥5.5%的铬锰系不锈钢板材	10	0	0	0	0	0	0	0	0	0	0		3	5	0	0	7	0	0		0
72193390	其他1毫米<厚度<3毫米的冷轧不锈钢板材	10	0	0	0	0	0	0	0	0	0	0		3	5	0	0	7	0	0		0
72193400	0.5毫米≤厚度≤1毫米的冷轧不锈钢板材	10	0	0	0	0	0	0	0	0	0	0		3	5	0	0	7	0	0		0
72193500	厚度<0.5毫米的冷轧不锈钢板材	10	0	0	0	0	0	0	0	0	0	0		3	5	0	0	7	0	0		0
72199000	其他不锈钢冷轧板材	10	0	0	0	0	0	0	0	0	0	0		0	5	0	0	0	0			0
72201100	厚度≥4.75毫米的热轧不锈钢带材	10	0	0	0	0	0	0	0	0	0	0		0	5	0	0	0	0	0		
72201200	厚度<4.75毫米的热轧不锈钢带材	10	0	0	0	0	0	0	0	0	0	0		0	5	0	0	0	0			
72202020	厚度≤0.35毫米的冷轧不锈钢带材	10	0	0	0	0	0	0	0	0	0	0		0	5	0	0	0	0			

税则号列	商品描述	最惠国税率(%)	协定税率(%)																			
			东盟										亚太	智利	巴基斯坦	新加坡	新西兰	秘鲁	哥斯达黎加	香港	澳门	台湾
			文莱	柬埔寨	印尼	老挝	马来西亚	缅甸	菲律宾	新加坡	泰国	越南										
72202030	0.35毫米<厚度<3毫米的冷轧不锈钢带材	10	0	0	0	0	0	0	0	0	0	0		0	5	0	0	0	0			
72202040	厚度≥3毫米的冷轧不锈钢带材	10	0	0	0	0	0	0	0	0	0	0		0	5	0	0	0	0			
72209000	其他不锈钢带材	10	0	0	0	0	0	0	0	0	0	0		0	5	0	0	0	0			0
72210000	不锈钢热轧条、杆	10	0	0	0	0	0	0	0	0	0	0	8	0	5	0	0	0	0			
72221100	热加工的圆形截面不锈钢条、杆	10	0	0	0	0	0	0	0	0	0	0	9	0	5	0	0	0	0			
72221900	热加工的其他截面形状不锈钢条、杆	10	0	0	0	0	0	0	0	0	0	0	9	0	5	0	0	0	0			
72222000	冷成形或冷加工的不锈钢条、杆	10	0	0	0	0	0	0	0	0	0	0		0	5	0	0	0	0			
72223000	其他不锈钢条、杆	10	0	0	0	0	0	0	0	0	0	0	8.9	0	5	0	0	0	0			
72224000	不锈钢角材、型材及异型材	10	0	0	0	0	0	0	0	0	0	0		0	5	0	0	0	0			
72230000	不锈钢丝	10	0	0	0	0	0	0	0	0	0	0		3	5	0	0	0	0	0		
72241000	其他合金钢锭及其他初级形状	2	0	0	0	0	0	0	0	0	0	0		0	0		0	0	0			
72249010	单重≥10吨的粗铸锻件坯	2	0	0	0	0	0	0	0	0	0	0		0	0		0	0	0			
72249090	其他合金钢坯	2	0	0	0	0	0	0	0	0	0	0		0	0		0	0	0			
72251100	取向性硅电钢宽板	3	0	0	0	0	0	0	0	0	0	0	2.1	0	0		0	0	0			
72251900	其他硅电钢宽板	6	0	0	0	0	0	0	0	0	0	0		0	5		0	0	0			0
72253000	宽度≥600毫米的热轧其他合金钢卷材	3	0	0	0	0	0	0	0	0	0	0		0	0		0	0	0			
72254000	宽度≥600毫米的热轧其他合金钢材	3	0	0	0	0	0	0	0	0	0	0		0	0		0	0	0			
72255000	宽度≥600毫米的冷轧其他合金钢板材	3	0	0	0	0	0	0	0	0	0	0		0	0		0	0	0			
72259100	电镀锌的其他合金钢宽平板轧材	7	0	0	0	0	0	0	0	0	0	0		0	5		0	0	0			
72259200	其他镀或涂锌的其他合金钢宽板材	7	0	0	0	0	0	0	0	0	0	0		0	5		0	0	0			
72259910	宽度≥600毫米的高速钢平板轧材	3	0	0	0	0	0	0	0	0	0	0		0	0		0	0	0			
72259990	宽度≥600毫米的其他合金钢平板轧材	7	0	0	0	0	0	0	0	0	0	0		0	5		0	0	0			
72261100	取向性硅电钢窄板	3	0	0	0	0	0	0	0	0	0	0		0	0		0	0	0			
72261900	其他硅电钢窄板	3	0	0	0	0	0	0	0	0	0	0		0	0		0	0	0			
72262000	宽度<600毫米的高速钢平板轧材	3	0	0	0	0	0	0	0	0	0	0		0	0		0	0	0			
72269100	宽度<600毫米的热轧其他合金钢板材	3	0	0	0	0	0	0	0	0	0	0		0	0		0	0	0			
72269200	宽度<600毫米的冷轧其他合金钢板材	3	0	0	0	0	0	0	0	0	0	0		0	0		0	0	0			
72269910	电镀锌的其他合金钢窄平板轧材	7	0	0	0	0	0	0	0	0	0	0		0	5		0	0	0			
72269920	其他镀或涂锌的其他合金钢窄板材	7	0	0	0	0	0	0	0	0	0	0		0	5		0	0	0			

税则号列	商品描述	最惠国税率(%)	协定税率(%) 东盟 文莱	东盟 柬埔寨	东盟 印尼	东盟 老挝	东盟 马来西亚	东盟 缅甸	东盟 菲律宾	东盟 新加坡	东盟 泰国	东盟 越南	亚太	智利	巴基斯坦	新加坡	新西兰	秘鲁	哥斯达黎加	香港	澳门	台湾
72269990	宽度<600毫米的其他合金板材	7	0	0	0	0	0	0	0	0	0	0		0	5		0	0	0			
72271000	高速钢的热轧盘条	3	0	0	0	0	0	0	0	0	0	0		0	0		0	0	0			
72272000	硅锰钢的热轧盘条	6	0	0	0	0	0	0	0	0	0	0		0	5		0	0	0			
72279000	不规则盘卷的其他合金钢热轧条杆	3	0	0	0	0	0	0	0	0	0	0		0	0		0	0	0			
72281000	其他高速钢的条、杆	3	0	0	0	0	0	0	0	0	0	0		0	0		0	0	0			
72282000	其他硅锰钢的条、杆	6	0	0	0	0	0	0	0	0	0	0		0	5		0	0	0			
72283000	其他合金钢热加工条、杆	3	0	0	0	0	0	0	0	0	0	0		0	0		0	0	0			
72284000	其他合金钢锻造条、杆	3	0	0	0	0	0	0	0	0	0	0		0	0		0	0	0			
72285000	其他合金钢冷成形或冷加工条、杆	3	0	0	0	0	0	0	0	0	0	0		0	0		0	0	0			
72286000	其他合金钢条、杆	3	0	0	0	0	0	0	0	0	0	0		0	0		0	0	0			
72287010	履带板型钢	6	0	0	0	0	0	0	0	0	0	0		1.8	5		0	0	0			
72287090	其他合金钢角材、型材及异型材	6	0	0	0	0	0	0	0	0	0	0		1.8	5		0	0	0			
72288000	其他合金钢空心钻钢	7	0	0	0	0	0	0	0	0	0	0		2.1	5		0	0	0			
72292000	硅锰钢丝	7	0	0	0	0	0	0	0	0	0	0		0	5		0	0	0			
72299010	高速钢丝	3	0	0	0	0	0	0	0	0	0	0		0	0		0	0	0			
72299090	其他合金钢丝	7	0	0	0	0	0	0	0	0	0	0		2.1	5		0	0	0			
73011000	钢铁板桩	7	0	0	0	0	0	0	0	0	0	0	6.3	0	5		0	0	0			
73012000	焊接的钢铁角材、型材及异型材	7	0	0	0	0	0	0	0	0	0	0		0	5		0	0	0			
73021000	钢轨	6	0	0	0	0	0	0	0	0	0	0		0	5		0	0	0			
73023000	道岔尖轨、辙叉、尖轨拉杆	8	0	0	0	0	0	0	0	0	0	0		0	5		0	0	0			
73024000	钢铁制鱼尾板、钢轨垫板	7	0	0	0	0	0	0	0	0	0	0		0	5		0	0	0			
73029010	钢铁轨枕	6	0	0	0	0	0	0	0	0	0	0	5.1	0	0		0	0	0			
73029090	其他铁道电车道铺轨用钢铁材料	7	0	0	0	0	0	0	0	0	0	0	6	0	5		0	0	0			
73030010	内径>500毫米的铸铁圆形截面管	4	0	0	0	0	0	0	0	0	0	0		0	0		0	0	0			
73030090	其他铸铁管及空心异型材	4	0	0	0	0	0	0	0	0	0	0		0	0		0	0	0			
73041110	215.9毫米≤外径≤406.4毫米的不锈钢制石油或天然气套管	5	0	0	0	0	0	0	0	0	0	0		0	0		0	0	0			
73041120	114.3毫米<外径<215.9毫米的不锈钢制石油或天然气套管	5	0	0	0	0	0	0	0	0	0	0		0	0		0	0	0			
73041130	外径≤114.3毫米的不锈钢制石油或天然气套管	5	0	0	0	0	0	0	0	0	0	0		0	0		0	0	0			

税则号列	商品描述	最惠国税率(%)	协定税率(%)																			
			东盟										亚太	智利	巴基斯坦	新加坡	新西兰	秘鲁	哥斯达黎加	香港	澳门	台湾
			文莱	柬埔寨	印尼	老挝	马来西亚	缅甸	菲律宾	新加坡	泰国	越南										
73041190	其他不锈钢制石油或天然气套管	5	0	0	0	0	0	0	0	0	0	0		0	0		0	0	0			
73041910	215.9毫米≤外径≤406.4毫米的非不锈钢制石油或天然气套管	5	0	0	0	0	0	0	0	0	0	0		0	0		0	0	0			
73041920	114.3毫米<外径<215.9毫米的非不锈钢制石油或天然气套管	5	0	0	0	0	0	0	0	0	0	0		0	0		0	0	0			
73041930	外径≤114.3毫米的非不锈钢制石油或天然气套管	5	0	0	0	0	0	0	0	0	0	0		0	0		0	0	0			
73041990	其他非不锈钢制石油或天然气套管	5	0	0	0	0	0	0	0	0	0	0		0	0		0	0	0			
73042210	外径≤168.3毫米的不锈钢制钻管	4	0	0	0	0	0	0	0	0	0	0		1.2	0		0	0	0			
73042290	其他不锈钢制钻管	4	0	0	0	0	0	0	0	0	0	0		1.2	0		0	0	0			
73042310	外径≤168.3毫米的非不锈钢制钻管	4	0	0	0	0	0	0	0	0	0	0		1.2	0		0	0	0			
73042390	其他非不锈钢制钻管	4	0	0	0	0	0	0	0	0	0	0		1.2	0		0	0	0			
73042400	其他不锈钢制钻探石油用天然气套管、导管	4	0	0	0	0	0	0	0	0	0	0	2	0	0		0	0	0			
73042900	钻探石油及天然气用的套管及导管	4	0	0	0	0	0	0	0	0	0	0	2	0	0		0	0	0			
73043110	冷轧的钢铁制无缝锅炉管	4	0	0	0	0	0	0	0	0	0	0		1.2	0		0	0	0			
73043120	冷轧的铁制无缝地质钻管、套管	8	0	0	0	0	0	0	0	0	0	0		2.4	5		0	0	0			
73043190	其他冷轧的铁制无缝圆形截面管	4	0	0	0	0	0	0	0	0	0	0		1.2	0		0	0	0			
73043910	非冷轧的铁制无缝锅炉管	4	0	0	0	0	0	0	0	0	0	0		0	0		0	0	0	0		
73043920	非冷轧的铁制无缝地质钻管管、套管	5	0	0	0	0	0	0	0	0	0	0		0	0		0	0	0	0		
73043990	非冷轧的铁制其他无缝管	4	0	0	0	0	0	0	0	0	0	0		0	0		0	0	0	0		
73044110	冷轧的不锈钢制无缝锅炉管	10	0	0	0	0	0	0	0	0	0	0		0	5	0	0	0	0			
73044190	冷轧的不锈钢制其他无缝管	10	0	0	0	0	0	0	0	0	0	0		0	5	0	0	0	0			
73044910	非冷轧的不锈钢制无缝锅炉管	10	0	0	0	0	0	0	0	0	0	0		0	5	0	0	0	0			
73044990	非冷轧的不锈钢制其他无缝管	10	0	0	0	0	0	0	0	0	0	0		0	5	0	0	0	0			
73045110	冷轧的其他合金钢无缝锅炉管	4	0	0	0	0	0	0	0	0	0	0		0	0		0	0	0			
73045120	冷轧的其他合金钢无缝地质钻管、套管	4	0	0	0	0	0	0	0	0	0	0		0	0		0	0	0			
73045190	冷轧的其他合金钢制其他无缝管	4	0	0	0	0	0	0	0	0	0	0		0	0		0	0	0			
73045910	非冷轧的其他合金钢无缝锅炉管	4	0	0	0	0	0	0	0	0	0	0		1.2	0		0	0	0			
73045920	非冷轧的其他合金钢无缝地质钻管、套管	4	0	0	0	0	0	0	0	0	0	0		1.2	0		0	0	0			
73045990	非冷轧的其他合金钢制无缝圆形截[illegible]	4	0	0	0	0	0	0	0	0	0	0		1.2	0		0	0	0			

税则号列	商品描述	最惠国税率（%）	协定税率（%）																			
			东盟										亚太	智利	巴基斯坦	新加坡	新西兰	秘鲁	哥斯达黎加	香港	澳门	台湾
			文莱	柬埔寨	印尼	老挝	马来西亚	缅甸	菲律宾	新加坡	泰国	越南										
73049000	未列名无缝钢铁管及空心异型材	4	0	0	0	0	0	0	0	0	0	0		0	0		0	0	0			
73051100	纵向埋弧焊接石油、天然气粗钢管	7	0	0	0	0	0	0	0	0	0	0		2.1	5		0	0	0			
73051200	其他纵向焊接石油、天然气粗钢管	3	0	0	0	0	0	0	0	0	0	0		0	0		0	0	0			
73051900	其他石油、天然气粗钢管	7	0	0	0	0	0	0	0	0	0	0		0	5		0	0	0			
73052000	其他钻探石油、天然气用粗套管	7	0	0	0	0	0	0	0	0	0	0		0	5		0	0	0			
73053100	纵向焊接的其他粗钢铁管	6	0	0	0	0	0	0	0	0	0	0		1.8	5		0	0	0			
73053900	其他方法焊接的其他粗钢铁管	6	0	0	0	0	0	0	0	0	0	0		1.8	5		0	0	0			
73059000	未列名圆形截面粗钢铁管	6	0	0	0	0	0	0	0	0	0	0		0	5		0	0	0			
73061100	不锈钢焊缝石油、天然气管道管	7	0	0	0	0	0	0	0	0	0	0		0	5		0	0	0			
73061900	其他石油、天然气管道管	7	0	0	0	0	0	0	0	0	0	0		0	5		0	0	0			
73062100	不锈钢焊缝钻探石油、天然气用套管、导管	3	0	0	0	0	0	0	0	0	0	0		0	0		0	0	0			
73062900	其他钻探石油天然气用套、导管	3	0	0	0	0	0	0	0	0	0	0		0	0		0	0	0			
73063011	壁厚≤0.7毫米，外径≤10毫米的其他铁或非合金刚圆形截面焊缝管	3	0	0	0	0	0	0	0	0	0	0		0	0		0	0	0			
73063019	壁厚>0.7毫米，外径≤10毫米的其他铁或非合金刚圆形截面焊缝管	3	0	0	0	0	0	0	0	0	0	0		0	0		0	0	0			
73063090	外径>10毫米的其他铁或非合金刚圆形截面焊缝管	3	0	0	0	0	0	0	0	0	0	0		0	0		0	0	0			
73064000	不锈钢其他圆形截面细焊缝管	6	0	0	0	0	0	0	0	0	0	0		0	5		0	0	0			
73065000	其他合金钢的圆形截面细焊缝管	3	0	0	0	0	0	0	0	0	0	0		0	0		0	0	0			
73066100	矩形或正方形截面的其他焊缝管	3	0	0	0	0	0	0	0	0	0	0		0	0		0	0	0			
73066900	其他非圆形截面的其他焊缝管	3	0	0	0	0	0	0	0	0	0	0		0	0		0	0	0			
73069000	未列名的其他钢铁管及空心异型材	6	0	0	0	0	0	0	0	0	0	0		1.8	5		0	0	0			
73071100	无可锻性铸铁制管子附件	5	0	0	0	0	0	0	0	0	0	0		0	0		0	0	0			
73071900	可锻性铸铁及铸钢管子附件	8	0	0	0	0	0	0	0	0	0	0		2.4	5		0	0	0			
73072100	不锈钢制法兰	8.4	0	0	0	0	0	0	0	0	0	0	6.7	0	5		0	0	0			
73072200	不锈钢制螺纹肘管、弯管、管套	8.4	0	0	0	0	0	0	0	0	0	0		0	5		0	0	0	0		
73072300	不锈钢制对焊件	8.4	0	0	0	0	0	0	0	0	0	0		0	5		0	0	0			
73072900	不锈钢制其他管子附件	8.4	0	0	0	0	0	0	0	0	0	0		2.5	5		0	0	0	0		
73079100	未列名钢铁制法兰	7	0	0	0	0	0	0	0	0	0	0		0	5		0	0	0			

税则号列	商品描述	最惠国税率(%)	协定税率(%) 东盟 文莱	柬埔寨	印尼	老挝	马来西亚	缅甸	菲律宾	新加坡	泰国	越南	亚太	智利	巴基斯坦	新加坡	新西兰	秘鲁	哥斯达黎加	香港	澳门	台湾
73079200	未列名钢铁制螺纹肘管、弯管、管套	4	0	0	0	0	0	0	0	0	0	0		0	0		0	0	0			
73079300	未列名钢铁制对焊件	7	0	0	0	0	0	0	0	0	0	0		0	5		0	0	0			
73079900	未列名钢铁制其他管子附件	4	0	0	0	0	0	0	0	0	0	0		1.2	0		0	0	0			
73081000	钢铁制桥梁及桥梁体段	8	0	0	0	0	0	0	0	0	0	0		2.4	0		0	0	0			
73082000	钢铁制塔楼及格构杆	8.4	0	0	0	0	0	0	0	0	0	0		2.5	0		0	0	0			
73083000	钢铁制门窗及其框架、门槛	10	0	0	0	0	0	0	0	0	0	0		0	0	0	0	0	0	0		
73084000	钢铁制脚手架模板坑凳用支柱及类似设备	8.4	0	0	0	0	0	0	0	0	0	0		2.5	0		0	0	0			
73089000	其他钢铁结构体及部件	4	0	0	0	0	0	0	0	0	0	0		1.2	0		0	0	0	0		
73090000	容积>300升的钢铁制盛物容器	10.5	0	0	0	0	0	0	0	0	0	0		3.2	5	0	0	7.4	6.3			
73101000	容积50～300升的钢铁制盛物容器	10.5	0	0	0	0	0	0	0	0	0	0		3.2	5	0	0	7.4	6.3	0		
73102100	容积<50升的焊边或卷边接合钢铁罐	17.5	0	0	0	0	0	0	0	0	0	0		5.3	14	0	0	12.2	10.5	0		
73102900	其他容积<50升的盛物容器	17.5	0	0	0	0	0	0	0	0	0	0		5.3	14	0	0	12.2	10.5	0		
73110010	装压缩或液化气的钢铁容器	17.5	0	0	0	0	0	0	0	0	0	0		5.3	14	0	0	12.2	10.5	0		
73110090	其他装压缩或液化气的容器	8	0	0	0	0	0	0	0	0	0	0		2.4	5		0	0	0	0		
73121000	非绝缘的钢铁绞股线、绳、缆	4	0	0	0	0	0	0	0	0	0	0		1.2	0		0	0	0			
73129000	非绝缘钢铁编带、吊索及类似品	4	0	0	0	0	0	0	0	0	0	0		0	0		0	0	0			
73130000	带刺钢铁丝、围篱用钢铁绞带	7	0	0	0	0	0	0	0	0	0	0	6.3	2.1	5		0	0	0			
73141200	不锈钢制的机器用环形带	12	0	0	0	0	0	0	0	0	0	0		0	6	0	0	4.8	7.2			
73141400	不锈钢制的机织品	12	0	0	0	0	0	0	0	0	0	0		0	6	0	0	4.8	7.2			
73141900	其他钢铁丝制机织品	7	0	0	0	0	0	0	0	0	0	0		0	3.5		0	0	0			
73142000	交点焊接的粗钢铁丝网、篱及格栅	7	0	0	0	0	0	0	0	0	0	0		0	5		0	0	0	0		
73143100	交点焊接的镀或涂锌细钢铁丝网	7	0	0	0	0	0	0	0	0	0	0		0	5		0	0	0	0		
73143900	交点焊接的其他细钢铁丝网、篱	7	0	0	0	0	0	0	0	0	0	0		0	5		0	0	0	0		
73144100	其他镀锌的钢铁丝网、篱及格栅	8	0	0	0	0	0	0	0	0	0	0	6	2.4	5		0	0	0			
73144200	其他涂塑的钢铁丝网、篱及格栅	8	0	0	0	0	0	0	0	0	0	0		0	5		0	0	0			
73144900	其他钢铁丝网、篱及格栅	8	0	0	0	0	0	0	0	0	0	0		2.4	5		0	0	0			
73145000	网眼钢铁板	8	0	0	0	0	0	0	0	0	0	0		0	5		0	0	0	0		
73151110	自行车滚子链	12	0	0	0	0	0	0	0	0	0	0		0	6	0	0	4.8	7.2	0		

税则号列	商品描述	最惠国税率(%)	协定税率(%)																			
			东盟																			
			文莱	柬埔寨	印尼	老挝	马来西亚	缅甸	菲律宾	新加坡	泰国	越南	亚太	智利	巴基斯坦	新加坡	新西兰	秘鲁	哥斯达黎加	香港	澳门	台湾
73151120	摩托车滚子链	12	0	0	0	0	0	0	0	0	0	0		0	6	0	0	4.8	7.2	0		
73151190	其他滚子链	12	0	0	0	0	0	0	0	0	0	0		0	6	0	0	4.8	7.2	0		
73151200	其他铰接链	12	0	0	0	0	0	0	0	0	0	0		0	6	0	0	4.8	7.2			
73151900	铰接链零件	12	0	0	0	0	0	0	0	0	0	0		0	6	0	0	4.8	7.2			
73152000	防滑链	12	0	0	0	0	0	0	0	0	0	0		0	6	0	0	4.8	7.2			
73158100	日字环节链	12	0	0	0	0	0	0	0	0	0	0		0	6	0	0	4.8	7.2			
73158200	其他焊接链	12	0	0	0	0	0	0	0	0	0	0		0	6	0	0	4.8	7.2			
73158900	未列名链	12	0	0	0	0	0	0	0	0	0	0		3.6	6	0	0	8.4	7.2			
73159000	非铰接链零件	10	0	0	0	0	0	0	0	0	0	0		0	5		0	0	0			
73160000	钢铁锚、多爪锚及其零件	10	0	0	0	0	0	0	0	0	0	0		0	5		0	0	0			
73170000	铁钉、图钉、平头钉及类似品	10	0	0	0	0	0	0	0	0	0	0		3	5		0	7	0			
73181100	方头螺钉	10	0	0	0	0	0	0	0	0	0	0		3	5		0	7	0			
73181200	其他木螺钉	10	0	0	0	0	0	0	0	0	0	0		3	5		0	7	0			
73181300	钩头螺钉及环头螺钉	10	0	0	0	0	0	0	0	0	0	0		0	5		0	0	0			
73181400	自攻螺钉	10	0	0	0	0	0	0	0	0	0	0		3	5	0	0	7	0			
73181510	抗拉强度≥800 兆帕的螺钉及螺栓,不论是否带有螺母或垫圈	8	0	0	0	0	0	0	0	0	0	0	4	2.4	0		0	3.2	0	0		
73181590	其他螺钉及螺栓	8	0	0	0	0	0	0	0	0	0	0	4	2.4	0		0	3.2	0	0		
73181600	螺母	8	0	0	0	0	0	0	0	0	0	0		2.4	5		0	0	0			
73181900	未列名螺纹制品	5	0	0	0	0	0	0	0	0	0	0		0	0		0	0	0			
73182100	弹簧垫圈及其他防松垫圈	10	0	0	0	0	0	0	0	0	0	0		0	5	0	0	0	0	0		
73182200	其他垫圈	10	0	0	0	0	0	0	0	0	0	0		0	5	0	0	7	0			
73182300	铆钉	10	0	0	0	0	0	0	0	0	0	0		0	5	0	0	0	0	0		
73182400	销及开尾销	10	0	0	0	0	0	0	0	0	0	0		0	5	0	0	0	0			
73182900	其他无螺纹紧固件	10	0	0	0	0	0	0	0	0	0	0		3	5	0	0	0	0			
73194010	安全别针	10	0	0	0	0	0	0	0	0	0	0		0	5		0	0	0			
73194090	其他别针	10	0	0	0	0	0	0	0	0	0	0		0	5		0	0	0		0	
73199000	未列名钢铁制针及类似品	10	0	0	0	0	0	0	0	0	0	0		0	5		0	7	0			
73201010	铁道车辆用片簧及簧片	6	0	0	0	0	0	0	0	0	0	0		0	5		0	0	0			
73201020	汽车用片簧及簧片	10	0	0	0	0	0	0	0	0	0	0		0	5		0	0	0			

税则号列	商品描述	最惠国税率(%)	协定税率(%)																			
			东盟										亚太	智利	巴基斯坦	新加坡	新西兰	秘鲁	哥斯达黎加	香港	澳门	台湾
			文莱	柬埔寨	印尼	老挝	马来西亚	缅甸	菲律宾	新加坡	泰国	越南										
73201090	其他片簧及簧片	10	0	0	0	0	0	0	0	0	0	0		0	5	0	0	0	0			
73202010	铁道车辆用螺旋弹簧	6	0	0	0	0	0	0	0	0	0	0		1.8	5		0	0	0			
73202090	其他螺旋弹簧	10	0	0	0	0	0	0	0	0	0	0	8.5	3	5	0	0	0	0			
73209010	铁道车辆用其他弹簧	6	0	0	0	0	0	0	0	0	0	0		0	5		0	0	0			
73209090	其他弹簧	12	0	0	0	0	0	0	0	0	0	0		0	6	0	0	4.8	7.2			
73211100	可使用气体燃料的家用炉灶	15	0	0	0	0	0	0	0	0	0	0		4.5	12	0	0	10.5	9			
73211210	煤油炉	21	0	0	0	0	0	0	0	0	0	0		0		0	4	14.7	12.6			
73211290	其他使用液体燃料的家用炉灶	21	0	0	0	0	0	0	0	0	0	0		0		0	4	14.7	12.6			
73211900	其他炊事用具及加热板	21	0	0	0	0	0	0	0	0	0	0		0		0	4	14.7	12.6			
73218100	可使用气体燃料的其他家用器具	23	0	0	0	0	0	0	0	0	0	0	13.8	0	11.5	0	4	16.1	13.8			
73218200	使用液体燃料的其他家用器具	21	0	0	0	0	0	0	0	0	0	0		6.3		0	4	14.7	12.6			
73218900	其他非电热家用器具	21	0	0	0	0	0	0	0	0	0	0		6.3		0	4	14.7	12.6			
73219000	非电热家用器具零件	12	0	0	0	0	0	0	0	0	0	0	9.6	3.6	5	0	0	8.4	7.2			
73221100	非电热铸铁制集中供暖用散热器	21	0	0	0	0	0	0	0	0	0	0		0		0	4	14.7	12.6			
73221900	非电热钢制集中供暖用散热器	21	0	0	0	0	0	0	0	0	0	0		0		0	4	14.7	12.6			
73229000	非电热空气加热器、暖气分布器	20	0	0	0	0	0	0	0	0	0	0		6		0	0	14	12			
73231000	钢铁丝绒、擦锅器、洗擦用块垫等	14	0	0	0	0	0	0	0	0	0	0		4.2	11.2	0	0	9.8	8.4			
73239100	餐桌、厨房等家用铸铁制器具	20	0	0	0	0	0	0	0	0	0	0		0		0	0	14	12			
73239200	餐桌、厨房等家用铸铁制搪瓷器	20	0	0	0	0	0	0	0	0	0	0		0		0	0	14	12			
73239300	餐桌、厨房等家用不锈钢器具	12	0	0	0	0	0	0	0	0	0	0	8.4	3.6	5	0	0	4.8	7.2	0	0	
73239410	钢铁制搪瓷面盆	20	0	0	0	0	0	0	0	0	0	0		6		0	0	14	12			
73239420	钢铁制搪瓷烧锅	20	0	0	0	0	0	0	0	0	0	0		6		0	0	14	12			
73239490	其他餐桌、厨房等家用钢铁制搪瓷器	20	0	0	0	0	0	0	0	0	0	0		6		0	0	14	12			
73239900	其他餐桌、厨房等用钢铁器具	20	0	0	0	0	0	0	0	0	0	0		6		0	0	14	12			
73241000	不锈钢制洗涤槽及脸盆	18	0	0	0	0	0	0	0	0	0	0		0		0	0	12.6	10.8	0		
73242100	铸铁制浴缸	10	0	0	0	0	0	0	0	0	0	0		3	5	0	0	7	0			
73242900	其他钢铁制浴缸	30	0	0	0	0	0	0	0	0	0	0		0		0	4	21	18			
73249000	其他钢铁制卫生器具及零件	25	0	0	0	0	0	0	0	0	0	0		7.5		0	4	17.5	15			
73251010	工业用无可锻性制品	7	0	0	0	0	0	0	0	0	0	0		0	5		0	0	0			
73251090	其他无可锻性铸铁制品	20	0	0	0	0	0	0	0	0	0	0		0		0	0	14	12			

税则号列	商品描述	最惠国税率(%)	协定税率(%)																			
			东盟										亚太	智利	巴基斯坦	新加坡	新西兰	秘鲁	哥斯达黎加	香港	澳门	台湾
			文莱	柬埔寨	印尼	老挝	马来西亚	缅甸	菲律宾	新加坡	泰国	越南										
73259100	可锻性铸铁及铸钢研磨机的研磨球	10.5	0	0	0	0	0	0	0	0	0	0		3.2	5	0	0	7.4	6.3			
73259910	工业用未列名可锻性铸铁制品	10.5	0	0	0	0	0	0	0	0	0	0	8.9	3.2	5	0	0	7.4	6.3			
73259990	非工业用未列名可锻性铸铁制品	20	0	0	0	0	0	0	0	0	0	0	12	6	10	0	0	14	12			
73261100	钢铁制研磨机用研磨球及类似品	10.5	0	0	0	0	0	0	0	0	0	0		3.2	5	0	0	7.4	6.3			
73261910	工业用未列名钢铁制品	10.5	0	0	0	0	0	0	0	0	0	0		3.2	5	0	0	7.4	6.3			
73261990	非工业用未列名钢铁制品	20	0	0	0	0	0	0	0	0	0	0		6		0	0	14	12			
73262010	工业用钢铁丝制品	10	0	0	0	0	0	0	0	0	0	0	5	0	5	0	0	0	0			
73262090	非工业用钢铁丝制品	18	0	0	0	0	0	0	0	0	0	0	12.6	0	9	0	0	12.6	10.8			
73269010	其他工业用钢铁制品	10.5	0	0	0	0	0	0	0	0	0	0	8.9	3.2	5	0	0	7.4	6.3	0		
73269090	其他非工业用钢铁制品	8	0	0	0	0	0	0	0	0	0	0	6.8	2.4	5	0	0	0	0	0		
74010000	铜锍、沉积铜(泥铜)	2	0	0	0	0	0	0	0	0	0	0		0	0		0	0	0			
74020000	未精炼铜、电解精炼用铜阳极	2	0	0	0	0	0	0	0	0	0	0		0	0		0		0			
74031111	按重量计铜含量 > 99.9935% 的阴极精炼铜	2	0	0	0	0	0	0	0	0	0	0		0	0		0	0	0			
74031119	其他阴极精炼铜	2	0	0	0	0	0	0	0	0	0	0		0	0		0	0	0			
74031190	精炼铜阴极型材	2	0	0	0	0	0	0	0	0	0	0		0	0		0	0	0			
74031200	精炼铜的线锭	2	0	0	0	0	0	0	0	0	0	0		0	0		0	0	0			
74031300	精炼铜的坯段	2	0	0	0	0	0	0	0	0	0	0		0	0		0	0	0			
74031900	其他未锻轧的精炼铜	2	0	0	0	0	0	0	0	0	0	0		0	0		0	0	0			
74032100	未锻轧的铜锌合金(黄铜)	1	0	0	0	0	0	0	0	0	0	0		0	0		0	0	0		0	
74032200	未锻轧的铜锡合金(青铜)	1	0	0	0	0	0	0	0	0	0	0		0	0		0	0	0			
74032900	未锻轧的其他铜合金	1	0	0	0	0	0	0	0	0	0	0		0	0		0	0	0			
74040000	铜废碎料	1.5	0	0	0	0	0	0	0	0	0	0		0	0		0		0	0		
74050000	铜母合金	4	0	0	0	0	0	0	0	0	0	0		1.2	0		0	0	0	0		
74061010	精炼铜制非片状粉末	3	0	0	0	0	0	0	0	0	0	0		0	0		0	0	0			
74061020	白铜或德银制非片状粉末	6	0	0	0	0	0	0	0	0	0	0		1.8	5		0	0	0			
74061030	铜锌合金(黄铜)制非片状铜粉粉末	6	0	0	0	0	0	0	0	0	0	0		1.8	5		0	0	0			
74061040	铜锡合金(青铜)制非片状铜粉粉末	6	0	0	0	0	0	0	0	0	0	0		1.8	5		0	0	0			
74061090	其他铜合金制非片状粉末	6	0	0	0	0	0	0	0	0	0	0		1.8	5		0	0	0			
74062010	精炼铜制片状粉末	4	0	0	0	0	0	0	0	0	0	0		1.2	0		0	0	0			

税则号列	商品描述	最惠国税率(%)	协定税率(%)																			
			东盟										亚太	智利	巴基斯坦	新加坡	新西兰	秘鲁	哥斯达黎加	香港	澳门	台湾
			文莱	柬埔寨	印尼	老挝	马来西亚	缅甸	菲律宾	新加坡	泰国	越南										
74062020	白铜或德银制片状粉末	6	0	0	0	0	0	0	0	0	0	0		1.8	5		0	0	0			
74062090	其他铜合金制片状粉末	6	0	0	0	0	0	0	0	0	0	0		1.8	5		0	0	0			
74071010	铬锆铜制条、杆、型材及异型材	4	0	0	0	0	0	0	0	0	0	0		1.2	0		0	0	0			0
74071090	其他精炼铜条、杆、型材及异型材	4	0	0	0	0	0	0	0	0	0	0		1.2	0		0	0	0			0
74072111	直线度≤0.5毫米/米铜锌合金条、杆	7	0	0	0	0	0	0	0	0	0	0		2.1	5		0	0	0		0	0
74072119	其他铜锌合金条、杆	7	0	0	0	0	0	0	0	0	0	0		2.1	5		0	0	0		0	0
74072190	其他黄铜条、杆、型材及异型材	7	0	0	0	0	0	0	0	0	0	0		2.1	5		0	0	0		0	0
74072900	其他铜合金条、杆、型材及异型材	7	0	0	0	0	0	0	0	0	0	0		0	5		0	0	0			0
74081100	最大截面尺寸>6毫米的精炼铜丝	4	0	0	0	0	0	0	0	0	0	0	2.8	1.2	0		0	2.8	0			0
74081900	截面尺寸≤6毫米的精炼铜丝	4	0	0	0	0	0	0	0	0	0	0	3.4	1.2	0		0	0	0	0		0
74082100	黄铜丝	7	0	0	0	0	0	0	0	0	0	0		2.1	5		0	0	0			0
74082210	铜镍锌铅合金(加铅德银)丝	8	0	0	0	0	0	0	0	0	0	0		0	5		0	0	0			
74082290	其他白铜丝或德银(铜镍锌合金)丝	8	0	0	0	0	0	0	0	0	0	0		0	5		0	0	0			
74082900	其他铜合金丝	7	0	0	0	0	0	0	0	0	0	0		0	5		0	0	0			
74091110	含氧量≤10PPM,厚度>0.15毫米的盘卷精炼铜板、片、带	4	0	0	0	0	0	0	0	0	0	0		1.2	0		0	0	0			
74091190	厚度>0.15毫米的其他盘卷精炼铜板、片、带	4	0	0	0	0	0	0	0	0	0	0		1.2	0		0	0	0			
74091900	其他精炼铜板、片、带	4	0	0	0	0	0	0	0	0	0	0		1.2	0		0	0	0			0
74092100	成卷的黄铜板、片、带	7	0	0	0	0	0	0	0	0	0	0		2.1	5		0	0	0	0		0
74092900	其他黄铜板、片、带	7	0	0	0	0	0	0	0	0	0	0		2.1	5		0	0	0	0		0
74093100	成卷的青铜板、片、带	7	0	0	0	0	0	0	0	0	0	0		0	5		0	0	0			0
74093900	其他青铜板、片、带	7	0	0	0	0	0	0	0	0	0	0		0	5		0	0	0			0
74094000	白铜或德银制板、片、带	7	0	0	0	0	0	0	0	0	0	0		2.1	5		0	0	0			0
74099000	其他铜合金板、片、带	7	0	0	0	0	0	0	0	0	0	0		0	5		0	0	0	0		0
74101100	无衬背的精炼铜箔	4	0	0	0	0	0	0	0	0	0	0	2.8	1.2	0		0	0	0	0		0
74101210	无衬背的白铜或德银铜箔	7	0	0	0	0	0	0	0	0	0	0		0	5		0	0	0			0
74101290	无衬背的其他铜合金箔	7	0	0	0	0	0	0	0	0	0	0		0	5		0	0	0			0
74102110	印刷电路用覆铜板	4	0	0	0	0	0	0	0	0	0	0	3.4	0	0		0	0	0	0	0	0
74102190	有衬背的其他精炼铜箔	4	0	0	0	0	0	0	0	0	0	0	3.4	0	0		0	0	0	0	0	0

税则号列	商品描述	最惠国税率(%)	协定税率(%)																			
			东盟										亚太	智利	巴基斯坦	新加坡	新西兰	秘鲁	哥斯达黎加	香港	澳门	台湾
			文莱	柬埔寨	印尼	老挝	马来西亚	缅甸	菲律宾	新加坡	泰国	越南										
74102210	有衬背的白铜或德银铜箔	7	0	0	0	0	0	0	0	0	0	0		0	5		0	0	0			
74102290	有衬背的其他铜合金箔	7	0	0	0	0	0	0	0	0	0	0		0	5		0	0	0			
74111011	外径≤25 毫米的带有内(外)螺纹或翅片的精炼铜管	4	0	0	0	0	0	0	0	0	0	0	2.8	1.2	0		0	0	0			
74111019	外径≤25 毫米的其他精炼铜管	4	0	0	0	0	0	0	0	0	0	0	2.8	1.2	0		0	0	0			
74111020	外径 > 70 毫米的精炼铜管	4	0	0	0	0	0	0	0	0	0	0	2.8	1.2	0		0	0	0			
74111090	其他精炼铜管	4	0	0	0	0	0	0	0	0	0	0	2.8	1.2	0		0	0	0			
74112110	盘卷黄铜管	7	0	0	0	0	0	0	0	0	0	0		2.1	5		0	0	0	0		
74112190	铜锌合金(黄铜)管	7	0	0	0	0	0	0	0	0	0	0		2.1	5		0	0	0	0		
74112200	白铜或德银管	7	0	0	0	0	0	0	0	0	0	0		0	5		0	0	0			
74112900	其他铜合金管	7	0	0	0	0	0	0	0	0	0	0		0	5		0	0	0			
74121000	精炼铜管子附件	4	0	0	0	0	0	0	0	0	0	0		0	0		0	0	0			
74122010	白铜或德银管子配件	7	0	0	0	0	0	0	0	0	0	0	6	2.1	5		0	0	0			
74122090	其他铜合金管子配件	7	0	0	0	0	0	0	0	0	0	0	6	2.1	5		0	0	0			
74130000	非绝缘的铜丝绞股线、缆、编带等	5	0	0	0	0	0	0	0	0	0	0		1.5	0		0	0	0			
74151000	铜钉、平头钉、图钉、U 形钉及类似品	8	0	0	0	0	0	0	0	0	0	0		0	5		0	0	0			
74152100	铜垫圈(包括弹簧垫圈)	10	0	0	0	0	0	0	0	0	0	0		0	5	0	0	0	0	0		
74152900	铜制其他无螺纹制品	10	0	0	0	0	0	0	0	0	0	0		0	5	0	0	0	0	0		
74153310	铜制木螺钉	8	0	0	0	0	0	0	0	0	0	0		2.4	5		0	0	0	0		
74153390	铜制其他螺钉螺栓螺母	8	0	0	0	0	0	0	0	0	0	0		2.4	5		0	0	0	0		
74153900	其他铜制螺纹制品	10	0	0	0	0	0	0	0	0	0	0		0	5		0	0	0	0		
74181010	擦锅器及洗刷擦光用的块垫、手套	18	0	0	0	0	0	0	0	0	0	0		5.4	14.4	0	0	12.6	10.8			
74181020	非电热的铜制家用烹饪、供暖器具	20	0	0	0	0	0	0	0	0	0	0		6		0	0	14	12			
74181090	餐桌厨房等家用铜制器具及其零件	18	0	0	0	0	0	0	0	0	0	0		0	14.4	0	0	12.6	10.8			
74182000	铜制卫生器具及其零件	18	0	0	0	0	0	0	0	0	0	0		0		0	0	12.6	10.8			
74191000	铜链条及其零件	14	0	0	0	0	0	0	0	0	0	0		0	11.2	0	0	5.6	8.4	0		
74199110	工业用铸造、模压、冲压其他铜制品	10	0	0	0	0	0	0	0	0	0	0		0	5	0	0	0	0			
74199190	非工业用铸造、模压、冲压铜制品	20	0	0	0	0	0	0	0	0	0	0		0		0	0	14	12			
74199920	铜弹簧	10	0	0	0	0	0	0	0	0	0	0		0	5		0	0	0			
74199930	铜丝制的布(包括环形带)	7	0	0	0	0	0	0	0	0	0	0		0	5.6		0	0	0			

税则号列	商品描述	最惠国税率(%)	协定税率(%) 东盟 文莱	柬埔寨	印尼	老挝	马来西亚	缅甸	菲律宾	新加坡	泰国	越南	亚太	智利	巴基斯坦	新加坡	新西兰	秘鲁	哥斯达黎加	香港	澳门	台湾
74199940	铜丝制的网、格栅、网眼和铜板	8	0	0	0	0	0	0	0	0	0	0		0	6.4		0	0	0			
74199950	非电热的铜制家用供暖器及其零件	20	0	0	0	0	0	0	0	0	0	0		6		0	0	14	12			
74199991	工业用其他铜制品	10	0	0	0	0	0	0	0	0	0	0	8.5	3	5	0	0	0	0			
74199999	非工业用其他铜制品	20	0	0	0	0	0	0	0	0	0	0	17	6	16	0	0	14	12			
75011000	镍锍	3	0	0	0	0	0	0	0	0	0	0		0	0		0	0	0			
75012010	镍湿法冶炼中间品	3	0	0	0	0	0	0	0	0	0	0		0	0		0	0	0			
75012090	氧化镍烧结物、镍的其他中间产品	3	0	0	0	0	0	0	0	0	0	0		0	0		0	0	0			
75021010	按重量计镍、钴总量≥99.99%,但钴含量≤0.005%的非合金镍	3	0	0	0	0	0	0	0	0	0	0		0	0		0	0	0			
75021090	其他非合金镍	3	0	0	0	0	0	0	0	0	0	0		0	0		0	0	0			
75022000	未锻轧镍合金	3	0	0	0	0	0	0	0	0	0	0		0	0		0	0	0			
75030000	镍废碎料	1.5	0	0	0	0	0	0	0	0	0	0		0	0		0	0	0			
75040010	非合金镍粉及片状粉末	4	0	0	0	0	0	0	0	0	0	0		0	0		0	0	0			
75040020	合金镍粉及片状粉末	4	0	0	0	0	0	0	0	0	0	0		0	0		0	0	0			
75051100	纯镍条、杆、型材及异型材	6	0	0	0	0	0	0	0	0	0	0		0	5		0	0	0			
75051200	合金镍条、杆、型材及异型材	6	0	0	0	0	0	0	0	0	0	0		0	5		0	0	0			
75052100	纯镍丝	6	0	0	0	0	0	0	0	0	0	0		0	5		0	0	0			
75052200	镍合金丝	6	0	0	0	0	0	0	0	0	0	0		0	5		0	0	0			
75061000	纯镍板、片、带、箔	6	0	0	0	0	0	0	0	0	0	0		0	5		0	0	0			
75062000	镍合金板、片、带、箔	6	0	0	0	0	0	0	0	0	0	0		0	5		0	0	0	0		
75071100	纯镍管	6	0	0	0	0	0	0	0	0	0	0		0	5		0	0	0			
75071200	镍合金管	6	0	0	0	0	0	0	0	0	0	0		0	5		0	0	0			
75072000	镍及镍合金管子附件	6	0	0	0	0	0	0	0	0	0	0		0	5		0	0	0			
75081010	镍丝制的布	6	0	0	0	0	0	0	0	0	0	0		0	5		0	0	0			
75081080	工业用镍丝制的网及格栅	6	0	0	0	0	0	0	0	0	0	0		0	5		0	0	0			
75081090	其他镍丝制的网及格栅	6	0	0	0	0	0	0	0	0	0	0		0	5		0	0	0			
75089010	电镀用镍阳极	4	0	0	0	0	0	0	0	0	0	0		0	0		0	0	0			
75089080	其他工业用镍制品	6	0	0	0	0	0	0	0	0	0	0		0	5		0	0	0			
75089090	其他非工业用镍制品	6	0	0	0	0	0	0	0	0	0	0		0	5		0	0	0			

税则号列	商品描述	最惠国税率(%)	协定税率(%)																			
			东盟										亚太	智利	巴基斯坦	新加坡	新西兰	秘鲁	哥斯达黎加	香港	澳门	台湾
			文莱	柬埔寨	印尼	老挝	马来西亚	缅甸	菲律宾	新加坡	泰国	越南										
76011010	按重量计含铝量≥99.95%的未锻轧非铝合金	5	0	0	0	0	0	0	0	0	0	0		0	0		0	0	0	0		
76011090	其他非锻轧非铝合金	5	0	0	0	0	0	0	0	0	0	0		0	0		0	0	0	0		
76012000	未锻轧铝合金	7	0	0	0	0	0	0	0	0	0	0	6	0	5		0	2.8	0		0	
76020000	铝废碎料	1.5	0	0	0	0	0	0	0	0	0	0		0	0		0		0	0		
76031000	非片状铝粉	6	0	0	0	0	0	0	0	0	0	0		1.8	5		0	0	0			
76032000	片状铝粉末	7	0	0	0	0	0	0	0	0	0	0		0	5		0	0	0			
76041010	非合金铝条、杆	5	0	0	0	0	0	0	0	0	0	0		1.5	0		0	0	0			
76041090	非合金铝型材及异型材	5	0	0	0	0	0	0	0	0	0	0		1.5	0		0	0	0			
76042100	铝合金制空心异型材	5	0	0	0	0	0	0	0	0	0	0		0	0		0	0	0			
76042910	铝合金条、杆	5	0	0	0	0	0	0	0	0	0	0	3.5	0	0		0	0	0			
76042990	铝合金型材及异型材	5	0	0	0	0	0	0	0	0	0	0	3.5	0	0		0	0	0			
76051100	纯铝制的粗丝	8	0	0	0	0	0	0	0	0	0	0		2.4	5		0	0	0			
76051900	纯铝制的细丝	8	0	0	0	0	0	0	0	0	0	0	6.8	0	5		0	0	0	0		
76052100	铝合金制的粗丝	8	0	0	0	0	0	0	0	0	0	0		0	5		0	0	0			
76052900	铝合金制的细丝	8	0	0	0	0	0	0	0	0	0	0		0	5		0	0	0			
76061121	0.3毫米≤厚度<0.36毫米的非合金铝与塑料复合的矩形板片带	6	0	0	0	0	0	0	0	0	0	0	4.2	0	0		0	0	0			
76061129	其他0.3毫米≤厚度<0.36毫米的非合金铝制矩形铝板片带	6	0	0	0	0	0	0	0	0	0	0	4.2	0	0		0	0	0			
76061191	其他非合金铝与塑料复合的矩形板片带	6	0	0	0	0	0	0	0	0	0	0	4.2	0	0		0	0	0	0		0
76061199	纯铝制矩形的其他板、片及带	6	0	0	0	0	0	0	0	0	0	0	4.2	0	0		0	0	0	0		0
76061220	厚度<0.28毫米的铝合金制矩形铝板片带	6	0	0	0	0	0	0	0	0	0	0	4.2	0	0		0	0	0	0		0
76061230	0.28毫米≤厚度≤0.35毫米的铝合金制矩形铝板片带	6	0	0	0	0	0	0	0	0	0	0	4.2	0	0		0	0	0	0		0
76061251	0.35毫米<厚度≤0.4毫米的铝合金与塑料复合的矩形板片带	6	0	0	0	0	0	0	0	0	0	0	4.2	0	0		0	0	0	0		
76061259	其他0.35毫米<厚度≤0.4毫米的铝合金制矩形铝板片带	6	0	0	0	0	0	0	0	0	0	0	4.2	0	0		0	0	0	0		

税则号列	商品描述	最惠国税率(%)	协定税率(%) 东盟 文莱	柬埔寨	印尼	老挝	马来西亚	缅甸	菲律宾	新加坡	泰国	越南	亚太	智利	巴基斯坦	新加坡	新西兰	秘鲁	哥斯达黎加	香港	澳门	台湾
76061290	厚度＞0.4毫米的铝合金制矩形铝板片带	6	0	0	0	0	0	0	0	0	0	0	4.2	0	0		0	0	0	0		
76069100	纯铝制非矩形的板、片及带	6	0	0	0	0	0	0	0	0	0	0		0	5		0	0	0	0		0
76069200	铝合金制非矩形的板、片及带	10	0	0	0	0	0	0	0	0	0	0		0	5	0	0	0	0	0		0
76071110	厚度≤0.007毫米的无衬背铝箔	6	0	0	0	0	0	0	0	0	0	0	5.7	1.8	5		0	0	0			
76071120	0.007毫米＜厚度≤0.01毫米的无衬背铝箔	6	0	0	0	0	0	0	0	0	0	0	5.7	1.8	5		0	0	0			
76071190	轧制后未进一步加工的无衬背铝箔	6	0	0	0	0	0	0	0	0	0	0	5.7	1.8	5		0	0	0			0
76071900	其他无衬背铝箔	6	0	0	0	0	0	0	0	0	0	0	5.1	1.8	5		0	0	0			0
76072000	有衬背铝箔	6	0	0	0	0	0	0	0	0	0	0		1.8	5		0	0	0	0		0
76081000	纯铝管	8	0	0	0	0	0	0	0	0	0	0		2.4	5		0	0	0			
76082010	外径≤10厘米的铝合金管	8	0	0	0	0	0	0	0	0	0	0		2.4	5		0	0	0			
76082091	外径＞10厘米，壁厚≤25毫米铝合金管	8	0	0	0	0	0	0	0	0	0	0		2.4	5		0	0	0			
76082099	其他铝合金管	8	0	0	0	0	0	0	0	0	0	0		2.4	5		0	0	0			
76090000	铝制管子附件	8	0	0	0	0	0	0	0	0	0	0		0	5		0	0	0			
76101000	铝制门窗及其框架、门槛	25	0	0	0	0	0	0	0	0	0	0		0		0	4	17.5	15			
76109000	其他铝制结构体及其部件	6	0	0	0	0	0	0	0	0	0	0		1.8	5		0	0	0			
76110000	容积＞300升的铝制囤、罐等容器	12	0	0	0	0	0	0	0	0	0	0		0	6	0	0	4.8	7.2			
76121000	铝制软管容器	12	0	0	0	0	0	0	0	0	0	0		3.6	6	0	0	8.4	7.2			
76129010	铝制易拉罐及罐体	30	0	0	0	0	0	0	0	0	0	0		9		0	4	21	18			
76129090	容积≤300升的铝制囤、罐等容器	12	0	0	0	0	0	0	0	0	0	0		3.6	6	0	0	8.4	7.2			
76130010	零售包装装压缩、液化气体的铝容器	12	0	0	0	0	0	0	0	0	0	0		0	6	0	0	4.8	7.2			
76130090	非零售包装装压缩、液化气体的铝容器	6	0	0	0	0	0	0	0	0	0	0		0	5		0	0	0			
76141000	带钢芯的铝制绞股线、缆、编带	6	0	0	0	0	0	0	0	0	0	0		0	5		0	0	0			
76149000	不带钢芯的铝制绞股线、缆、编带	6	0	0	0	0	0	0	0	0	0	0		0	5		0	0	0			
76151010	擦锅器及洗刷擦光用的块垫、手套	18	0	0	0	0	0	0	0	0	0	0		0	14.4	0	0	12.6	10.8			
76151090	餐桌厨房等家用铝制器具及其零件	15	0	0	0	0	0	0	0	0	0	0		4.5	12	0	0	10.5	9			
76152000	铝制卫生器具及其零件	18	0	0	0	0	0	0	0	0	0	0		5.4	14.4	0	0	12.6	10.8			
76161000	铝钉、螺钉、螺母、垫圈等紧固件	10	0	0	0	0	0	0	0	0	0	0	8.5	0	5	0	0	0	0	0		
76169100	铝丝制的布、网、篱及格栅	10	0	0	0	0	0	0	0	0	0	0		0		0	0	0	0			

税则号列	商品描述	最惠国税率（%）	协定税率（%）																		
			东盟										亚太	智利	巴基斯坦	新加坡	新西兰	秘鲁	哥斯达黎加	香港	澳门	台湾
			文莱	柬埔寨	印尼	老挝	马来西亚	缅甸	菲律宾	新加坡	泰国	越南										
76169910	其他工业用铝制品	10	0	0	0	0	0	0	0	0	0	0	8.5	3	5	0	0	7	0			
76169990	其他非工业用铝制品	15	0	0	0	0	0	0	0	0	0	0	12.8	4.5	7.5	0	0	10.5	9			
78011000	未锻轧精炼铅	3	0	0	0	0	0	0	0	0	0	0		0	0		0	0	0			
78019100	未锻轧铅锑合金	3	0	0	0	0	0	0	0	0	0	0		0	0		0	0	0			
78019900	未锻轧的其他铅合金	3	0	0	0	0	0	0	0	0	0	0		0	0		0	0	0			
78020000	铅废碎料	1.5	0	0	0	0	0	0	0	0	0	0		0	0		0	0	0			
78041100	铅片、带及厚度≤0.2毫米的箔	6	0	0	0	0	0	0	0	0	0	0		0	5		0	0	0			
78041900	铅及铅合金板、厚度>0.2毫米的箔	6	0	0	0	0	0	0	0	0	0	0		0	5		0	0	0			
78042000	铅及铅合金粉末、片状粉末	6	0	0	0	0	0	0	0	0	0	0		0	5		0	0	0			
78060010	铅及铅合金条、杆、丝、型材	6	0	0	0	0	0	0	0	0	0	0		0	5		0	0	0			
78060090	其他铅制品	6	0	0	0	0	0	0	0	0	0	0		0	5		0	0	0			
79011110	按重量计含锌量≥99.995%的未锻轧锌	3	0	0	0	0	0	0	0	0	0	0		0	0		0	0	0			
79011190	99.99%≤含锌量<99.995%的未锻轧锌	3	0	0	0	0	0	0	0	0	0	0		0	0		0	0	0			
79011200	含锌量<99.99%的未锻轧锌	3	0	0	0	0	0	0	0	0	0	0		0	0		0	0	0			
79012000	未锻轧锌合金	3	0	0	0	0	0	0	0	0	0	0		0	0		0	0	0	0		
79020000	锌废碎料	1.5	0	0	0	0	0	0	0	0	0	0		0	0		0	0	0			
79031000	锌末	6	0	0	0	0	0	0	0	0	0	0		0	5		0	0	0			
79039000	锌粉及片状粉末	6	0	0	0	0	0	0	0	0	0	0		0	5		0	0	0			
79040000	锌及锌合金条、杆、型材、丝	6	0	0	0	0	0	0	0	0	0	0		0	5		0	2.4	0			
79050000	锌板、片、带、箔	6	0	0	0	0	0	0	0	0	0	0		1.8	5		0	2.4	0			
79070020	锌管及锌制管子附件	6	0	0	0	0	0	0	0	0	0	0		0	5		0	2.4	0			
79070030	电池壳体坯料（锌饼）	6	0	0	0	0	0	0	0	0	0	0		0	5		0	5.3	0			
79070090	其他非工业用锌制品	6	0	0	0	0	0	0	0	0	0	0		0	5		0	2.4	0			
80011000	未锻轧非合金锡	3	0	0	0	0	0	0	0	0	0	0		0	0		0	0	0	0		
80012010	锡基巴毕脱合金	3	0	0	0	0	0	0	0	0	0	0		0	0		0	0	0	0		
80012021	按重量计含铅量<0.1%的焊锡	3	0	0	0	0	0	0	0	0	0	0		0	0		0	0	0	0	0	
80012029	其他焊锡	3	0	0	0	0	0	0	0	0	0	0		0	0		0	0	0	0	0	
80012090	其他锡合金	3	0	0	0	0	0	0	0	0	0	0		0	0		0	0	0	0		

税则号列	商品描述	最惠国税率(%)	协定税率(%)																			
			东盟										亚太	智利	巴基斯坦	新加坡	新西兰	秘鲁	哥斯达黎加	香港	澳门	台湾
			文莱	柬埔寨	印尼	老挝	马来西亚	缅甸	菲律宾	新加坡	泰国	越南										
80020000	锡废碎料	1.5	0	0	0	0	0	0	0	0	0	0		0	0		0	0	0	0		
80030000	锡及锡合金条、杆、型材、丝	8	0	0	0	0	0	0	0	0	0	0		0	5		0	0	0	0		
80070020	锡及锡合金板、片及带,厚度>0.2毫米	8	0	0	0	0	0	0	0	0	0	0		0	5		0	0	0			
80070030	锡箔、锡粉及片状粉末	8	0	0	0	0	0	0	0	0	0	0		0	5		0	0	0			
80070040	锡及锡合金管、管子附件	8	0	0	0	0	0	0	0	0	0	0		0	5		0	0	0			
80070090	其他锡制品	8	0	0	0	0	0	0	0	0	0	0		0	6.4		0	0	0	0		
81011000	钨粉	6	0	0	0	0	0	0	0	0	0	0		0	5		0	0	0			
81019400	未锻轧钨	3	0	0	0	0	0	0	0	0	0	0		0	0		0	0	0			
81019600	钨丝	8	0	0	0	0	0	0	0	0	0	0		0	5		0	0	0			
81019700	钨废碎料	3	0	0	0	0	0	0	0	0	0	0		0	0		0	0	0			
81019910	锻轧钨条、杆、型材;废碎料	5	0	0	0	0	0	0	0	0	0	0		0	0		0	0	0			
81019990	其他钨制品	8	0	0	0	0	0	0	0	0	0	0		0	5		0	0	0			
81021000	钼粉	6	0	0	0	0	0	0	0	0	0	0		0	5		0	0	0			
81029400	未锻轧钼、钼废碎料	3	0	0	0	0	0	0	0	0	0	0		0	0		0	0	0			
81029500	锻轧钼条、杆、型材、板、片、带、箔	8	0	0	0	0	0	0	0	0	0	0		0	5		0	0	0			
81029600	钼丝	8	0	0	0	0	0	0	0	0	0	0		0	5		0	0	0			
81029700	钼废碎料	3	0	0	0	0	0	0	0	0	0	0		0	0		0	0	0			
81029900	钼制品	8	0	0	0	0	0	0	0	0	0	0		0	5		0	0	0			
81032011	松装密度<2.2克/立方厘米的钽粉	6	0	0	0	0	0	0	0	0	0	0		0	5		0	0	0			
81032019	松装密度≥2.2克/立方厘米的钽粉	6	0	0	0	0	0	0	0	0	0	0		0	5		0	0	0			
81032090	未锻轧钽	6	0	0	0	0	0	0	0	0	0	0		0	5		0	0	0			
81033000	钽废碎料	6	0	0	0	0	0	0	0	0	0	0		0	5		0	0	0			
81039011	直径<0.5毫米的钽丝	8	0	0	0	0	0	0	0	0	0	0		0	5		0	0	0			
81039019	直径≥0.5毫米的钽丝	8	0	0	0	0	0	0	0	0	0	0		0	5		0	0	0			
81039090	其他锻轧钽及其制品	8	0	0	0	0	0	0	0	0	0	0		0	5		0	0	0			
81041100	含镁量≥99.8%的未锻轧镁	6	0	0	0	0	0	0	0	0	0	0	4.2	0	0		0	0	0			
81041900	其他未锻轧的镁及镁合金	6	0	0	0	0	0	0	0	0	0	0		0	5		0	0	0			
81042000	镁废碎料	1.5	0	0	0	0	0	0	0	0	0	0		0	0		0	0	0			
81043000	已分级的镁锉屑、车屑、颗粒;粉末	8	0	0	0	0	0	0	0	0	0	0		0	5		0	0	0			
81049010	锻轧镁	8	0	0	0	0	0	0	0	0	0	0		0	5		0	0	0			

税则号列	商品描述	最惠国税率(%)	协定税率(%)																			
			东盟										亚太	智利	巴基斯坦	新加坡	新西兰	秘鲁	哥斯达黎加	香港	澳门	台湾
			文莱	柬埔寨	印尼	老挝	马来西亚	缅甸	菲律宾	新加坡	泰国	越南										
81049020	镁制品	8.4	0	0	0	0	0	0	0	0	0	0		0	5		0	0	0			
81052010	钴湿法冶炼中间品	4	0	0	0	0	0	0	0	0	0	0		0	0		0	0	0			
81052090	钴锍及其他钴冶炼时所得的中间产品、未锻轧钴、粉末	4	0	0	0	0	0	0	0	0	0	0		0	0		0	0	0			
81053000	钴锍废碎料	4	0	0	0	0	0	0	0	0	0	0		0	0		0	0	0			
81059000	其他钴及制品	8	0	0	0	0	0	0	0	0	0	0		2.4	5		0	0	0			
81060010	未锻轧铋、废碎料、粉末	3	0	0	0	0	0	0	0	0	0	0		0	0		0	0	0			
81060090	其他铋及铋制品	8	0	0	0	0	0	0	0	0	0	0		0	5		0	0	0			
81072000	未锻轧镉、粉末	3	0	0	0	0	0	0	0	0	0	0		0	0		0		0			
81073000	镉废碎料	3	0	0	0	0	0	0	0	0	0	0		0	0		0	0	0			
81079000	其他镉及镉制品	8	0	0	0	0	0	0	0	0	0	0		0	5		0	0	0			
81082021	海绵钛	3	0	0	0	0	0	0	0	0	0	0		0	0		0	0	0			
81082029	其他未锻轧钛	3	0	0	0	0	0	0	0	0	0	0		0	0		0	0	0			
81082030	钛粉末	3	0	0	0	0	0	0	0	0	0	0		0	0		0	0	0			
81083000	钛废碎料	3	0	0	0	0	0	0	0	0	0	0		0	0		0	0	0			
81089010	钛条、杆、型材及异型材	8	0	0	0	0	0	0	0	0	0	0		0	5		0	0	0			
81089020	钛丝	8	0	0	0	0	0	0	0	0	0	0		0	5		0	0	0			
81089031	厚度≤0.8 毫米钛板、片、带、箔	8	0	0	0	0	0	0	0	0	0	0		0	5		0	0	0			
81089032	厚度 >0.8 毫米钛板、片、带、箔	8	0	0	0	0	0	0	0	0	0	0		0	5		0	0	0			
81089040	钛管	8	0	0	0	0	0	0	0	0	0	0		0	5		0	0	0			
81089090	其他钛及钛制品	8	0	0	0	0	0	0	0	0	0	0		0	5		0	0	0			
81092000	未锻轧锆、粉末	3	0	0	0	0	0	0	0	0	0	0		0	0		0	0	0			
81093000	锆废碎料	3	0	0	0	0	0	0	0	0	0	0		0	0		0	0	0			
81099000	锻轧锆及锆制品	8	0	0	0	0	0	0	0	0	0	0		0	5		0	0	0			
81101010	未锻轧锑	3	0	0	0	0	0	0	0	0	0	0		0	0		0	0	0			
81101020	锑粉末	3	0	0	0	0	0	0	0	0	0	0		0	0		0	0	0			
81102000	锑废碎料	3	0	0	0	0	0	0	0	0	0	0		0	0		0	0	0			
81109000	其他锑及锑制品	8	0	0	0	0	0	0	0	0	0	0		0	5		0	0	0			
81110010	未锻轧锰、锰废碎料、粉末	3	0	0	0	0	0	0	0	0	0	0		0	0		0	0	0			
81110090	其他锰及制品	8	0	0	0	0	0	0	0	0	0	0		0	5		0	0	0			

税则号列	商品描述	最惠国税率(%)	协定税率(%)																			
			东盟										亚太	智利	巴基斯坦	新加坡	新西兰	秘鲁	哥斯达黎加	香港	澳门	台湾
			文莱	柬埔寨	印尼	老挝	马来西亚	缅甸	菲律宾	新加坡	泰国	越南										
81121200	未锻轧铍、粉末	3	0	0	0	0	0	0	0	0	0	0		0	0		0	0	0			
81121300	铍废碎料	3	0	0	0	0	0	0	0	0	0	0		0	0		0	0	0			
81121900	其他铍及其制品	8	0	0	0	0	0	0	0	0	0	0		0	5		0	0	0			
81122100	未锻轧铬、粉末	3	0	0	0	0	0	0	0	0	0	0		0	0		0	0	0			
81122200	铬废碎料	3	0	0	0	0	0	0	0	0	0	0		0	0		0	0	0			
81122900	其他铬制品	3	0	0	0	0	0	0	0	0	0	0		0	0		0	0	0			
81125100	未锻轧铊、粉末	3	0	0	0	0	0	0	0	0	0	0		0	0		0	0	0			
81125200	铊废碎料	3	0	0	0	0	0	0	0	0	0	0		0	0		0	0	0			
81125900	其他铊制品	8	0	0	0	0	0	0	0	0	0	0		0	5		0	0	0			
81129210	未锻轧锗	3	0	0	0	0	0	0	0	0	0	0		0	0		0	0	0			
81129220	未锻轧钒	3	0	0	0	0	0	0	0	0	0	0		0	0		0	0	0			
81129230	未锻轧铟、铟废碎料、粉末	3	0	0	0	0	0	0	0	0	0	0		0	0		0	0	0			
81129240	未锻轧铌、铌废碎料、粉末	3	0	0	0	0	0	0	0	0	0	0		0	0		0	0	0			
81129290	未锻轧的未列名贱金属及其制品	3	0	0	0	0	0	0	0	0	0	0		0	0		0	0	0			
81129910	锗及其制品	3	0	0	0	0	0	0	0	0	0	0		0	0		0	0	0			
81129920	钒及其制品	3	0	0	0	0	0	0	0	0	0	0		0	0		0	0	0			
81129930	锻扎铟及其制品	8	0	0	0	0	0	0	0	0	0	0		2.4	5		0	0	0			
81129940	锻扎铌及其制品	8	0	0	0	0	0	0	0	0	0	0		2.4	5		0	0	0			
81129990	锻轧的未列名贱金属及其制品	8	0	0	0	0	0	0	0	0	0	0		2.4	0		0	0	0			
81130010	金属陶瓷颗粒、粉末	8.4	0	0	0	0	0	0	0	0	0	0		0	5		0	0	0			0
81130090	其他金属陶瓷及其制品，包括废碎料	8.4	0	0	0	0	0	0	0	0	0	0		0	5		0	0	0			0
82011000	锹及铲	8	0	0	0	0	0	0	0	0	0	0		0	5		0	0	0			
82013000	镐、锄、耙	8	0	0	0	0	0	0	0	0	0	0		0	5		0	0	0			
82014000	斧子、钩刀及类似砍伐工具	8	0	0	0	0	0	0	0	0	0	0		0	5		0	0	0			
82015000	修枝剪等单手操作农用剪	8	0	0	0	0	0	0	0	0	0	0		0	5		0	0	0			
82016000	修枝剪等双手操作农用剪	8	0	0	0	0	0	0	0	0	0	0		0	5		0	0	0			
82019010	农用叉	8	0	0	0	0	0	0	0	0	0	0		0	5		0	0	0			
82019090	其他农业、园艺、林业用手工工具	8	0	0	0	0	0	0	0	0	0	0		0	5		0	0	0			
82021000	手工锯	8.4	0	0	0	0	0	0	0	0	0	0		0	5		0	0	0			
82022000	带锯片	8	0	0	0	0	0	0	0	0	0	0		0	5		0	0	0			

税则号列	商品描述	最惠国税率(%)	协定税率(%)																			
			东盟																			
			文莱	柬埔寨	印尼	老挝	马来西亚	缅甸	菲律宾	新加坡	泰国	越南	亚太	智利	巴基斯坦	新加坡	新西兰	秘鲁	哥斯达黎加	香港	澳门	台湾
82023100	带有钢制工作部件的圆锯片	8	0	0	0	0	0	0	0	0	0	0		0	5		0	0	0			
82023910	带有天然或合成金刚石、立方氮化硼制工作部件的圆锯片	8	0	0	0	0	0	0	0	0	0	0		0	5		0	0	0	0		
82023990	其他圆锯片,包括部件	8	0	0	0	0	0	0	0	0	0	0		0	5		0	0	0	0		
82024000	链锯片	8	0	0	0	0	0	0	0	0	0	0		0	5		0	0	0			
82029110	加工金属用的机械锯的直锯片	8	0	0	0	0	0	0	0	0	0	0	7	0	5		0	0	0			
82029190	加工金属用的非机械锯的直锯片	8	0	0	0	0	0	0	0	0	0	0		0	5		0	0	0			
82029910	机械锯用的其他锯片	8.4	0	0	0	0	0	0	0	0	0	0		0	5		0	0	0			
82029990	非机械锯用的其他锯片	10.5	0	0	0	0	0	0	0	0	0	0		0	5	0	0	4.2	6.3			
82031000	钢锉、木锉及类似工具	10.5	0	0	0	0	0	0	0	0	0	0		0	5	0	0	4.2	6.3			
82032000	钳子、镊子及类似工具	10.5	0	0	0	0	0	0	0	0	0	0		0		0	0	4.2	6.3		0	0
82033000	白铁剪及类似工具	10.5	0	0	0	0	0	0	0	0	0	0		0	5	0	0	4.2	6.3			
82034000	切管器、螺栓切头器、打孔冲子等	10.5	0	0	0	0	0	0	0	0	0	0		0	5	0	0	4.2	6.3			
82041100	固定式的手动扳手及板钳	10.5	0	0	0	0	0	0	0	0	0	0		0	5	0	0	4.2	6.3			
82041200	可调式的手动扳手及板钳	10	0	0	0	0	0	0	0	0	0	0		0	5		0	0	0			0
82042000	可互换的扳手套筒	10	0	0	0	0	0	0	0	0	0	0		0	5		0	0	0			
82051000	手工钻孔或攻丝工具	10	0	0	0	0	0	0	0	0	0	0		0	5		0	0	0			
82052000	手工锤子	10	0	0	0	0	0	0	0	0	0	0		0	5		0	0	0			0
82053000	木工用刨子、凿子及类似切削工具	10.5	0	0	0	0	0	0	0	0	0	0		0	5	0	0	4.2	6.3			
82054000	手工螺丝刀	10.5	0	0	0	0	0	0	0	0	0	0		0	5	0	0	4.2	6.3			0
82055100	其他家用手工工具	10.5	0	0	0	0	0	0	0	0	0	0		3.2	5	0	0	4.2	6.3			
82055900	其他手工工具	10	0	0	0	0	0	0	0	0	0	0	8.5	0	5		0	0	0			0
82056000	喷灯	10	0	0	0	0	0	0	0	0	0	0		0	5		0	0	0			
82057000	台钳、夹钳及类似品	10.5	0	0	0	0	0	0	0	0	0	0		0	5	0	0	4.2	6.3			
82059000	成套手工工具	10.5	0	0	0	0	0	0	0	0	0	0		0	5	0	0	4.2	6.3			
82060000	成套工具组成的零售包装货品	10.5	0	0	0	0	0	0	0	0	0	0		3.2	5	0	0	4.2	6.3			
82071300	带金属陶瓷工作部件的凿岩工具	8	0	0	0	0	0	0	0	0	0	0		2.4	5		0	0	0			
82071910	带超硬材料部件的凿岩或钻探工具	8	0	0	0	0	0	0	0	0	0	0		2.4	5		0	3.2	0			
82071990	带其他材料工作部件的凿岩工具	8	0	0	0	0	0	0	0	0	0	0		2.4	5		0	0	0			
82072010	带超硬部件的金属拉拔或挤压用模	8	0	0	0	0	0	0	0	0	0	0		0	5		0	0	0			0

税则号列	商品描述	最惠国税率(%)	协定税率(%) 东盟 文莱	柬埔寨	印尼	老挝	马来西亚	缅甸	菲律宾	新加坡	泰国	越南	亚太	智利	巴基斯坦	新加坡	新西兰	秘鲁	哥斯达黎加	香港	澳门	台湾
82072090	其他金属拉拔或挤压用模	8	0	0	0	0	0	0	0	0	0	0		0	5		0	0	0			0
82073000	锻压或冲压工具	8	0	0	0	0	0	0	0	0	0	0	6.8	2.4	5		0	0	0	0		0
82074000	攻丝工具	8	0	0	0	0	0	0	0	0	0	0		0	5		0	0	0			0
82075010	带超硬材料部件的钻孔工具	8	0	0	0	0	0	0	0	0	0	0		2.4	5		0	3.2	0	0		0
82075090	带其他材料工作部件的钻孔工具	8	0	0	0	0	0	0	0	0	0	0		2.4	5		0	0	0	0		0
82076010	带超硬材料部件的镗孔或铰孔工具	8	0	0	0	0	0	0	0	0	0	0		0	5		0	0	0			0
82076090	其他镗孔或铰孔工具	8	0	0	0	0	0	0	0	0	0	0		0	5		0	0	0			
82077010	带有天然或合成金刚石、立方氮化硼制的工作部件的铣削工具	8	0	0	0	0	0	0	0	0	0	0		2.4	5		0	0	0	0		0
82077090	其他铣削工具	8	0	0	0	0	0	0	0	0	0	0		2.4	5		0	0	0	0		0
82078010	带有天然或合成金刚石、立方氮化硼制的车削工具	8	0	0	0	0	0	0	0	0	0	0	6.8	0	5		0	0	0			0
82078090	其他车削工具	8	0	0	0	0	0	0	0	0	0	0	6.8	0	5		0	0	0			0
82079010	带超硬材料部件的其他可互换工具	8	0	0	0	0	0	0	0	0	0	0	6.8	0	5		0	0	0	0		0
82079090	其他可互换工具	8	0	0	0	0	0	0	0	0	0	0	6.8	0	5		0	0	0	0		0
82081011	经镀或涂层的硬质合金制的金工机械用刀及刀片	8	0	0	0	0	0	0	0	0	0	0		0	5		0	0	0	0		
82081019	其他硬质合金制的金工机械用刀及刀片	8	0	0	0	0	0	0	0	0	0	0		0	5		0	0	0	0		
82081090	其他金工机械用刀及刀片	8	0	0	0	0	0	0	0	0	0	0		0	5		0	0	0	0		
82082000	木工机械用刀及刀片	8	0	0	0	0	0	0	0	0	0	0		0	5		0	0	0			0
82083000	厨房或食品加工机器用刀及刀片	8	0	0	0	0	0	0	0	0	0	0		0	5		0	0	0			
82084000	农、林业机器用刀及刀片	8	0	0	0	0	0	0	0	0	0	0		0	5		0	0	0			0
82089000	其他机器或机械器具用刀及刀片	8	0	0	0	0	0	0	0	0	0	0	7.2	0	5		0	0	0			0
82090010	未装配的工具用金属陶瓷板	8	0	0	0	0	0	0	0	0	0	0	7.2	0	5		0	0	0			
82090021	晶粒度 <0.8 微米的金属陶瓷条、杆	8	0	0	0	0	0	0	0	0	0	0	7.2	0	5		0	0	0			
82090029	其他未装配的工具用金属陶瓷条、杆	8	0	0	0	0	0	0	0	0	0	0	7.2	0	5		0	0	0			
82090030	未装配的工具用金属陶瓷刀头	8	0	0	0	0	0	0	0	0	0	0	7.2	0	5		0	0	0			
82090090	其他未装配的工具用金属陶瓷类似品	8	0	0	0	0	0	0	0	0	0	0	7.2	0	5		0	0	0			
82100000	加工调制食品、饮料用手动机械	18	0	0	0	0	0	0	0	0	0	0	16.2	5.4	14.4	0	0	12.6	10.8		0	
82111000	以刀为主的成套货品	18	0	0	0	0	0	0	0	0	0	0		0	0	0	0	12.6	10.8			

税则号列	商品描述	最惠国税率(%)	协定税率(%)																			
			东盟										亚太	智利	巴基斯坦	新加坡	新西兰	秘鲁	哥斯达黎加	香港	澳门	台湾
			文莱	柬埔寨	印尼	老挝	马来西亚	缅甸	菲律宾	新加坡	泰国	越南										
82119100	刃面固定的餐刀	18	0	0	0	0	0	0	0	0	0	0		0	0	0	0	12.6	10.8			
82119200	刃面固定的其他刀	12	0	0	0	0	0	0	0	0	0	0		0	0	0	0	4.8	7.2			
82119300	可换刃面刀	18	0	0	0	0	0	0	0	0	0	0		0	0	0	0	12.6	10.8			
82119400	品目 82.11 所列刀的刀片	14	0	0	0	0	0	0	0	0	0	0		0	0	0	0	5.6	8.4			
82119500	贱金属制的刀柄	12	0	0	0	0	0	0	0	0	0	0		0	0	0	0	4.8	7.2			
82121000	剃刀	12	0	0	0	0	0	0	0	0	0	0		0	0	0	0	4.8	7.2			
82122000	安全剃刀片	14	0	0	0	0	0	0	0	0	0	0		4.2	0	0	0	5.6	8.4			
82129000	剃刀零件	12	0	0	0	0	0	0	0	0	0	0		0	0	0	0	4.8	7.2			
82130000	剪刀、裁缝剪刀及类似品、剪刀片	12	0	0	0	0	0	0	0	0	0	0	10.8	0	0	0	0	4.8	7.2			
82141000	裁纸刀、信刀、铅笔刀及刀片	12	0	0	0	0	0	0	0	0	0	0	10.8	0	5	0	0	4.8	7.2			
82142000	修指甲及修脚用具(包括指甲锉)	18	0	0	0	0	0	0	0	0	0	0	16.2	5.4	16.2	0	0	12.6	10.8			
82149000	理发推子、切菜刀等其他利口器	18	0	0	0	0	0	0	0	0	0	0		0		0	0	12.6	10.8			
82151000	成套的含镀贵金属制厨房或餐桌用具	18	0	0	0	0	0	0	0	0	0	0		5.4	0	0	0	12.6	10.8			
82152000	成套的其他厨房或餐桌用具	18	0	0	0	0	0	0	0	0	0	0		0	0	0	0	12.6	10.8			
82159100	非成套的镀贵金属制厨房或餐桌用具	18	0	0	0	0	0	0	0	0	0	0		0	0	0	0	12.6	10.8			
82159900	其他非成套的厨房或餐桌用具	18	0	0	0	0	0	0	0	0	0	0		5.4	0	0	0	12.6	10.8	0		
83011000	挂锁	14	0	0	0	0	0	0	0	0	0	0		0	11.2	0	0	5.6	8.4			
83012010	机动车用中央控制门锁	10												0			0	0	0			
83012090	其他机动车用锁	10												0			0	0	0			
83013000	家具用锁	14	0	0	0	0	0	0	0	0	0	0		0	11.2	0	0	5.6	8.4			
83014000	其他锁	14	0	0	0	0	0	0	0	0	0	0		4.2	11.2	0	0	5.6	8.4			
83015000	带锁的扣环及扣环框架	14	0	0	0	0	0	0	0	0	0	0		0	11.2	0	0	5.6	8.4	0		
83016000	锁零件	12	0	0	0	0	0	0	0	0	0	0		0	6	0	0	4.8	7.2			
83017000	钥匙	10	0	0	0	0	0	0	0	0	0	0		0	5		0	0	0			
83021000	铰链(折叶)	10	0	0	0	0	0	0	0	0	0	0		3	5		0	0	0	0		
83022000	用贱金属支架的小脚轮	12	0	0	0	0	0	0	0	0	0	0		3.6	6	0	0	4.8	7.2			
83023000	机动车辆用贱金属附件及架座	10	0	0	0	0	0	0	0	0	0	0		0	5		0	0	0			
83024100	建筑用贱金属配件及架座	14	0	0	0	0	0	0	0	0	0	0		0	11.2	0	0	5.6	8.4			
83024200	家具用贱金属配件及架座	12	0	0	0	0	0	0	0	0	0	0		3.6	6	0	0	4.8	7.2			
83024900	其他用贱金属配件及架座	12	0	0	0	0	0	0	0	0	0	0		0	6	0	0	4.8	7.2			

税则号列	商品描述	最惠国税率（%）	协定税率（%）																			
			东盟										亚太	智利	巴基斯坦	新加坡	新西兰	秘鲁	哥斯达黎加	香港	澳门	台湾
			文莱	柬埔寨	印尼	老挝	马来西亚	缅甸	菲律宾	新加坡	泰国	越南										
83025000	帽架、帽钩、托架及类似品	14	0	0	0	0	0	0	0	0	0	0		4.2	11.2	0	0	5.6	8.4			
83026000	自动闭门器	12	0	0	0	0	0	0	0	0	0	0		0	6	0	0	4.8	7.2			
83030000	保险箱、柜、保险库的门	14	0	0	0	0	0	0	0	0	0	0		4.2	11.2	0	0	5.6	8.4			
83040000	贱金属档案柜、文件箱等办公用具	10.5	0	0	0	0	0	0	0	0	0	0		0	5	0	0	4.2	6.3	0		
83051000	活页夹或宗卷夹的附件	10.5	0	0	0	0	0	0	0	0	0	0		3.2	5	0	0	4.2	6.3			
83052000	成条订书钉	10.5	0	0	0	0	0	0	0	0	0	0		0	5	0	0	4.2	6.3			
83059000	信夹、信角、文件夹等办公用品	10.5	0	0	0	0	0	0	0	0	0	0		0	5	0	0	4.2	6.3	0		
83061000	非电动铃、钟、锣及其类似品	8	0	0	0	0	0	0	0	0	0	0		0	5		0	0	0			
83062100	镀贵金属的雕塑像及其他装饰品	8	0	0	0	0	0	0	0	0	0	0		0	5		0	0	0			
83062910	景泰蓝雕塑像及其他装饰品	8	0	0	0	0	0	0	0	0	0	0		2.4	5		0	0	0			
83062990	其他雕塑像及其他装饰品	8	0	0	0	0	0	0	0	0	0	0		2.4	5	0	0	0	0			
83063000	相框、画框及类似框架、镜子	8	0	0	0	0	0	0	0	0	0	0		0	5		0	0	0			
83071000	钢铁制软管，可有配件	8.4	0	0	0	0	0	0	0	0	0	0		0	5		0	0	0			
83079000	其他贱金属软管，可有配件	8.4	0	0	0	0	0	0	0	0	0	0		0	5		0	0	0	0		
83081000	贱金属制钩、环及眼	10.5	0	0	0	0	0	0	0	0	0	0		0	5	0	0	4.2	6.3	0		
83082000	贱金属制管形铆钉及开口铆钉	10.5	0	0	0	0	0	0	0	0	0	0		0	5	0	0	4.2	6.3	0		
83089000	贱金属制珠子及亮晶片	10.5	0	0	0	0	0	0	0	0	0	0		0	5	0	0	4.2	6.3	0		
83091000	贱金属制冠形瓶塞	18	0	0	0	0	0	0	0	0	0	0		0	14.4	0	0	7.2	10.8	0		
83099000	盖子、瓶帽、螺口塞封志等包装用配件	12	0	0	0	0	0	0	0	0	0	0		3.6	6	0	0	4.8	7.2	0		
83100000	标志牌、铭牌、号码、字母等标志	18	0	0	0	0	0	0	0	0	0	0		0		0	0	12.6	10.8			
83111000	焊剂涂面的贱金属电极、电弧焊用	8	0	0	0	0	0	0	0	0	0	0		2.4	5		0	0	0	0		
83112000	以焊剂为芯的贱金属制焊丝	8	0	0	0	0	0	0	0	0	0	0		0	5		0	0	0	0		
83113000	以焊剂涂面或做芯的贱金属条或丝	8	0	0	0	0	0	0	0	0	0	0		2.4	5		0	0	0	0		
83119000	贱金属粘聚成的丝或条	8	0	0	0	0	0	0	0	0	0	0	5.6	2.4	5		0	0	0	0		
84011000	核反应堆	2	0	0	0	0	0	0	0	0	0	0		0	0		0	0	0			
84012000	同位素分离机器、装置及其零件	1	0	0	0	0	0	0	0	0	0	0		0	0		0	0	0			
84013010	未辐照燃料元件（释热元件）	2	0	0	0	0	0	0	0	0	0	0		0	0		0	0	0			
84013090	未辐照燃料元件的零件	1	0	0	0	0	0	0	0	0	0	0		0	0		0	0	0			
84014010	未辐照相关组件	1	0	0	0	0	0	0	0	0	0	0		0	0		0	0	0			
84014020	堆内构件	1	0	0	0	0	0	0	0	0	0	0		0	0		0	0	0			

税则号列	商品描述	最惠国税率(%)	协定税率(%)																			
			东盟										亚太	智利	巴基斯坦	新加坡	新西兰	秘鲁	哥斯达黎加	香港	澳门	台湾
			文莱	柬埔寨	印尼	老挝	马来西亚	缅甸	菲律宾	新加坡	泰国	越南										
84014090	其他核反应堆零件	1	0	0	0	0	0	0	0	0	0	0		0	0		0	0	0			
84021110	蒸发量≥900 吨/时的发电锅炉	3	0	0	0	0	0	0	0	0	0	0	2.5	0	0		0	0	0			
84021190	45 吨/时＜蒸发量＜900 吨/时的发电锅炉	14	0	0	0	0	0	0	0	0	0	0	13.3	4.2	7	0	0	5.6	8.4			
84021200	蒸发量≤45 吨/时的水管锅炉	5	0	0	0	0	0	0	0	0	0	0	3.9	0	0		0	0	0			
84021900	其他蒸汽锅炉	5	0	0	0	0	0	0	0	0	0	0		0	0		0	0	0			
84022000	过热水锅炉	16	0	0	0	0	0	0	0	0	0	0		0	12.8	0	0	11.2	9.6			
84029000	蒸汽锅炉及过热水锅炉的零件	2	0	0	0	0	0	0	0	0	0	0		0	0		0	0	0			
84031010	家用型集中供暖用的热水锅炉	10	0	0	0	0	0	0	0	0	0	0	9.5	0	5		0	0	0			
84031090	其他集中供暖用的热水锅炉	10	0	0	0	0	0	0	0	0	0	0	9.5	0	5		0	0	0			
84039000	集中供暖用热水锅炉的零件	6	0	0	0	0	0	0	0	0	0	0		0	5		0	0	0			
84041010	蒸汽锅炉、过热水锅炉的辅助设备	7	0	0	0	0	0	0	0	0	0	0	3.5	0	0		0	0	0			
84041020	集中供暖用热水锅炉的辅助设备	10	0	0	0	0	0	0	0	0	0	0	5	0	5		0	0	0			
84042000	水及其他蒸汽动力装置的冷凝器	14	0	0	0	0	0	0	0	0	0	0		0	11.2	0	0	5.6	8.4			
84049010	集中供暖热水锅炉辅助设备的零件	10	0	0	0	0	0	0	0	0	0	0	0	0	0		0	0	0			
84049090	其他辅助设备用零件	7	0	0	0	0	0	0	0	0	0	0	0	0	0		0	0	0			
84051000	煤气、乙炔及类似水解气体发生器	14	0	0	0	0	0	0	0	0	0	0		4.2	11.2	0	0	5.6	8.4			
84059000	煤气、乙炔等气体发生器的零件	8	0	0	0	0	0	0	0	0	0	0		0	5		0	0	0			
84061000	船舶动力用汽轮机	5	0	0	0	0	0	0	0	0	0	0		0	0		0	0	0			
84068110	40 兆瓦＜输出功率≤100 兆瓦的汽轮机	5	0	0	0	0	0	0	0	0	0	0		0	0		0	0	0			
84068120	100 兆瓦＜输出功率≤350 兆瓦的汽轮机	5	0	0	0	0	0	0	0	0	0	0		0	0		0	0	0			
84068130	输出功率＞350 兆瓦的汽轮机	6	0	0	0	0	0	0	0	0	0	0		0	5		0	0	0			
84068200	输出功率≤40 兆瓦的汽轮机	5	0	0	0	0	0	0	0	0	0	0		0	0		0	0	0			
84069000	汽轮机用的零件	2	0	0	0	0	0	0	0	0	0	0		0	0		0	0	0			
84071010	输出功率≤298 千瓦的航空器点燃式发动机	2	0	0	0	0	0	0	0	0	0	0		0	0		0	0	0			
84071020	输出功率＞298 千瓦的航空器点燃式发动机	2	0	0	0	0	0	0	0	0	0	0		0	0		0	0	0			
84072100	船舶用舷外点燃式发动机	8	0	0	0	0	0	0	0	0	0	0		0	5		0	0	0			

税则号列	商品描述	最惠国税率(%)	协定税率(%)																			
			东盟																			
			文莱	柬埔寨	印尼	老挝	马来西亚	缅甸	菲律宾	新加坡	泰国	越南	亚太	智利	巴基斯坦	新加坡	新西兰	秘鲁	哥斯达黎加	香港	澳门	台湾
84072900	船舶用其他未列名点燃式发动机	8	0	0	0	0	0	0	0	0	0	0		0	5		0	0	0			
84073100	排气量≤50毫升的往复式活塞发动机	10	0	0	0	0	0	0	0	0	0	0		0	5		0	0	0			
84073200	排气量50～250毫升的往复式活塞发动机	10	0	0	0	0	0	0	0	0	0	0		0	5		0	0	0			
84073300	排气量250～1000毫升的往复式活塞发动机	10	0	0	0	0	0	0	0	0	0	0		0	8	0	0	0	0	0		
84073410	排气量1000～3000毫升的往复式活塞发动机	10											7	0	7		0		0	0		
84073420	排气量>3000毫升往复式活塞发动机	10											7	0	7		0		0	0		
84079010	沼气发动机	12	0	0	0	0	0	0	0	0	0	0		0	6	0	0	4.8	7.2			
84079090	其他点燃往复或旋转式内燃发动机	18	0	0	0	0	0	0	0	0	0	0		0		0	0	12.6	10.8			
84081000	船舶用压燃式内燃发动机	5	0	0	0	0	0	0	0	0	0	0	2.5	1.5	0	0	0	0	0			
84082010	输出功率≥132.39千瓦的车用柴油发动机	9											6.3	2.7	6.3		0	0	0	0		
84082090	输出功率<132.39千瓦的车用柴油发动机	25	20	20	20	20	20	20	20	20	20	20	17.5	7.5	17.5		4		15			
84089010	机车用柴油发动机	6	0	0	0	0	0	0	0	0	0	0	5.4	1.8	0		0	0	0			
84089091	功率≤14千瓦的其他用柴油发动机	5	0	0	0	0	0	0	0	0	0	0	4.5	1.5	0		0	0	0			
84089092	14千瓦<功率<132.39千瓦的其他柴油发动机	8.4	0	0	0	0	0	0	0	0	0	0	7.6	2.5	5		0	0	0			
84089093	功率≥132.39千瓦的其他用柴油发动机	5	0	0	0	0	0	0	0	0	0	0	4.5	1.5	0		0	0	0			
84091000	航空器发动机用零件	2	0	0	0	0	0	0	0	0	0	0		0	0		0	0	0			
84099110	船舶用点燃式发动机专用零件	6	0	0	0	0	0	0	0	0	0	0	4.2	0	0		0	0	0			
84099191	电控燃油喷射装置	5	0	0	0	0	0	0	0	0	0	0	3.5	0	0	0	0	0	0			
84099199	其他点燃式活塞内燃发动机用零件	5	0	0	0	0	0	0	0	0	0	0	3.5	0	0	0	0	0	0			
84099910	其他船舶发动机专用零件	5	0	0	0	0	0	0	0	0	0	0	4.5	1.5	0	0	0	2	0			
84099920	其他机车发动机专用零件	2	0	0	0	0	0	0	0	0	0	0	1.5	0	0		0	0	0			
84099991	功率≥132.39千瓦的发动机的专用零件	2	0	0	0	0	0	0	0	0	0	0	1.5	0	0		0	0	0			
84099999	其他未列名发动机的专用零件	8.4	0	0	0	0	0	0	0	0	0	0	8	2.5	5	0	0	0	0			

税则号列	商品描述	最惠国税率(%)	协定税率(%)																			
			东盟										亚太	智利	巴基斯坦	新加坡	新西兰	秘鲁	哥斯达黎加	香港	澳门	台湾
			文莱	柬埔寨	印尼	老挝	马来西亚	缅甸	菲律宾	新加坡	泰国	越南										
84101100	功率≤1000千瓦的水轮机及水轮	10	0	0	0	0	0	0	0	0	0	0		0	5		0	0	0			
84101200	功率1000千瓦~1万千瓦的水轮机及水轮	10	0	0	0	0	0	0	0	0	0	0		0	5	0	0	0	0			
84101310	功率>3万千瓦的冲击式水轮机及水轮	10	0	0	0	0	0	0	0	0	0	0		0	5	0	0	0	0			
84101320	功率>3.5万千瓦的贯流水轮机及水轮	10	0	0	0	0	0	0	0	0	0	0		0	5	0	0	0	0			
84101330	功率>20万千瓦的水泵式水轮机及水轮	10	0	0	0	0	0	0	0	0	0	0		0	5		0	0	0			
84101390	其他功率>1万千瓦的水轮机及水轮	10	0	0	0	0	0	0	0	0	0	0		0	5		0	0	0			
84109010	水轮机及水轮的调节器	6	0	0	0	0	0	0	0	0	0	0		0	5		0	0	0			
84109090	水轮机及水轮的其他零件	6	0	0	0	0	0	0	0	0	0	0		0	5		0	0	0			
84111110	推力≤25千牛顿的涡轮风扇发动机	1	0	0	0	0	0	0	0	0	0	0		0	0		0	0	0			
84111190	推力≤25千牛顿的其他涡轮喷气发动机	1	0	0	0	0	0	0	0	0	0	0		0	0		0	0	0			
84111210	推力>25千牛顿的涡轮风扇发动机	1	0	0	0	0	0	0	0	0	0	0	0	0	0		0	0	0			
84111290	推力>25千牛顿的其他涡轮喷气发动机	1	0	0	0	0	0	0	0	0	0	0	.5	0	0		0	0	0			
84112100	功率≤1100千瓦的涡轮螺桨发动机	2	0	0	0	0	0	0	0	0	0	0		0	0		0	0	0			
84112210	功率1100~2238千瓦的涡轮螺桨发动机	2	0	0	0	0	0	0	0	0	0	0		0	0		0	0	0			
84112220	功率2238~3730千瓦的涡轮螺桨发动机	2	0	0	0	0	0	0	0	0	0	0		0	0		0	0	0			
84112230	功率>3730千瓦的涡轮螺桨发动机	2	0	0	0	0	0	0	0	0	0	0		0	0		0	0	0			
84118100	功率≤5000千瓦的其他燃气轮机	15	0	0	0	0	0	0	0	0	0	0		4.5	12	0	0	10.5	9			
84118200	功率>5000千瓦的其他燃气轮机	3	0	0	0	0	0	0	0	0	0	0		0	0		0	0	0			
84119100	涡轮喷气或涡轮螺桨发动机用零件	1	0	0	0	0	0	0	0	0	0	0		0	0		0	0	0			
84119910	涡轮轴发动机用零件	5	0	0	0	0	0	0	0	0	0	0		1.5	0		0	0	0			
84119990	其他燃气轮机用零件	5	0	0	0	0	0	0	0	0	0	0		1.5	0		0	0	0			
84121010	航空、航天器用喷气发动机	3	0	0	0	0	0	0	0	0	0	0		0	0		0	0	0			
84121090	非航空、航天器用喷气发动机	10	0	0	0	0	0	0	0	0	0	0		0	5		0	0	0			
84122100	直线作用的液压动力装置(液压缸)	12	0	0	0	0	0	0	0	0	0	0		3.6	6	0	0	8.4	7.2	0		0

税则号列	商品描述	最惠国税率(%)	协定税率(%) 东盟 文莱	柬埔寨	印尼	老挝	马来西亚	缅甸	菲律宾	新加坡	泰国	越南	亚太	智利	巴基斯坦	新加坡	新西兰	秘鲁	哥斯达黎加	香港	澳门	台湾
84122910	液压马达	10	0	0	0	0	0	0	0	0	0	0		3	5	0	0	0	0			
84122990	其他液压动力装置	14	0	0	0	0	0	0	0	0	0	0		4.2	11.2	0	0	5.6	8.4			
84123100	直线作用的气压动力装置(气压缸)	14	0	0	0	0	0	0	0	0	0	0	13.3	0	7	0	0	5.6	8.4			0
84123900	其他气压动力装置	14	0	0	0	0	0	0	0	0	0	0		0	11.2	0	0	5.6	8.4			
84128000	其他发动机及动力装置	10	0	0	0	0	0	0	0	0	0	0		0	5		0	0	0			
84129010	航空、航天器用喷气发动机的零件	2	0	0	0	0	0	0	0	0	0	0		0	0		0	0	0			
84129090	其他发动机及动力装置的零件	8	0	0	0	0	0	0	0	0	0	0		0	5		0	0	0			
84131100	分装燃料或润滑油的泵	10	0	0	0	0	0	0	0	0	0	0		0	5	0	0	0	0			
84131900	其他装有或可装计量装置的泵	10	0	0	0	0	0	0	0	0	0	0		0	5	0	0	0	0			
84132000	手泵	10	0	0	0	0	0	0	0	0	0	0		0	5	0	0	0	0			
84133021	输出功率≥132.39 千瓦(180 马力)的发动机用燃油泵	3	0	0	0	0	0	0	0	0	0	0	2.5	0	0		0	0	0			
84133029	其他燃油泵	3	0	0	0	0	0	0	0	0	0	0		0	0		0	0	0			
84133030	润滑油泵	3	0	0	0	0	0	0	0	0	0	0		0	0		0	0	0			
84133090	其他燃油泵、润滑油泵或冷却剂泵	3	0	0	0	0	0	0	0	0	0	0	2.5	0	0		0	0	0			
84134000	混凝土泵	8	0	0	0	0	0	0	0	0	0	0		2.4	5		0	0	0	0		
84135010	气动式往复式排液泵	10	0	0	0	0	0	0	0	0	0	0		0	5	0	0	0	0			
84135020	电动式往复式排液泵	10	0	0	0	0	0	0	0	0	0	0		0	5	0	0	0	0	0		
84135031	往复式柱塞泵	10	0	0	0	0	0	0	0	0	0	0		3	5	0	0	0	0			
84135039	其他液压式往复泵	10	0	0	0	0	0	0	0	0	0	0		3	5	0	0	0	0			
84135090	其他往复式排液泵	10	0	0	0	0	0	0	0	0	0	0		3	5	0	0	7	0			
84136021	电动式齿轮回转泵	10	0	0	0	0	0	0	0	0	0	0		0	5	0	0	0	0			
84136022	液压式齿轮回转泵	10	0	0	0	0	0	0	0	0	0	0		0	5		0	0	0			
84136029	其他齿轮回转泵	10	0	0	0	0	0	0	0	0	0	0		0	5		0	0	0			
84136031	电动式叶片回转泵	10	0	0	0	0	0	0	0	0	0	0		0	5		0	0	0			
84136032	液压式叶片回转泵	10	0	0	0	0	0	0	0	0	0	0		0	5		0	0	0			
84136039	其他叶片回转泵	10	0	0	0	0	0	0	0	0	0	0		0	5		0	0	0			
84136040	螺杆回转泵	10	0	0	0	0	0	0	0	0	0	0		0	5		0	0	0			
84136050	径向柱塞泵	10	0	0	0	0	0	0	0	0	0	0		0	5		0	0	0			
84136060	轴向柱塞泵	10	0	0	0	0	0	0	0	0	0	0		0	5		0	0	0			

税则号列	商品描述	最惠国税率（%）	协定税率（%）																			
			东盟										亚太	智利	巴基斯坦	新加坡	新西兰	秘鲁	哥斯达黎加	香港	澳门	台湾
			文莱	柬埔寨	印尼	老挝	马来西亚	缅甸	菲律宾	新加坡	泰国	越南										
84136090	其他回转式排液泵	10	0	0	0	0	0	0	0	0	0	0		0	5	0	0	0	0			
84137010	转速≥10000 转/分离心泵	8	0	0	0	0	0	0	0	0	0	0	7.6	0	5		0	0	0			
84137091	电动潜油泵及潜水电泵	10	0	0	0	0	0	0	0	0	0	0		0	5	0	0	0	0			
84137099	其他离心泵	8	0	0	0	0	0	0	0	0	0	0	7.6	0	5		0	0	0	0		
84138100	其他液体泵	8	0	0	0	0	0	0	0	0	0	0	4	0	0		0	0	0			0
84138200	液体提升机	8	0	0	0	0	0	0	0	0	0	0		0	5		0	0	0			
84139100	液体泵用零件	5	0	0	0	0	0	0	0	0	0	0	2.5	0	0		0	0	0	0		0
84139200	液体提升机用零件	6	0	0	0	0	0	0	0	0	0	0		0	5		0	0	0			
84141000	真空泵	8	0	0	0	0	0	0	0	0	0	0		0	5		0	0	0			0
84142000	手动或脚踏式空气泵	8	0	0	0	0	0	0	0	0	0	0		0	5		0	0	0			
84143011	功率≤0.4 千瓦的冷藏、冷冻箱用压缩机	8	0	0	0	0	0	0	0	0	0	0	5.9	2.4	5	0	0	0	0	0		
84143012	功率 0.4～5 千瓦的冷藏、冷冻箱用压缩机	10	0	0	0	0	0	0	0	0	0	0	8.5	3	5	0	0	7	0	0		
84143013	功率 0.4～5 千瓦的空气调节器用压缩机	10	0	0	0	0	0	0	0	0	0	0	8.5	3	5	0	0	7	0	0		0
84143014	功率 >5 千瓦的空气调节器用压缩机	10	0	0	0	0	0	0	0	0	0	0	8.5	3	5	0	0	7	0	0		0
84143015	冷冻或冷藏设备用，电动机额定功率 >5 千瓦的电动机驱动压缩机	10	0	0	0	0	0	0	0	0	0	0	9.2	3	5		0	7	0	0		
84143019	其他制冷设备用压缩机	10	0	0	0	0	0	0	0	0	0	0	9	3	5	0	0	7	0	0		
84143090	非电机驱动的压缩机	9	0	0	0	0	0	0	0	0	0	0	8.1	2.7	5	0	0	0	0	0		
84144000	装在拖车底盘上的空气压缩机	8	0	0	0	0	0	0	0	0	0	0		2.4	5		0	0	0	0		
84145110	功率≤125 瓦的吊扇	20	0	0	0	0	0	0	0	0	0	0		0		0	0	14	12			
84145120	功率≤125 瓦的换气扇	20	0	0	0	0	0	0	0	0	0	0		0		0	0	14	12			5
84145130	功率≤125 瓦，有旋转导风轮的风扇	12	0	0	0	0	0	0	0	0	0	0		0	6	0	0	4.8	7.2			
84145191	功率≤125 瓦的台扇	10	0	0	0	0	0	0	0	0	0	0		0	5		0	0	0			
84145192	功率≤125 瓦的落地扇	10	0	0	0	0	0	0	0	0	0	0		0	5		0	0	0			
84145193	功率≤125 瓦的壁扇	10	0	0	0	0	0	0	0	0	0	0		0	5		0	0	0			
84145199	功率≤125 瓦的其他风扇、风机	10	0	0	0	0	0	0	0	0	0	0		0	5	0	0	0	0			0
84145910	其他吊扇	8	0	0	0	0	0	0	0	0	0	0	7.2	2.4	5		0	0	0			
84145920	其他换气扇	8	0	0	0	0	0	0	0	0	0	0	7.2	2.4	5		0	0	0			

税则号列	商品描述	最惠国税率(%)	协定税率(%) 东盟 文莱	柬埔寨	印尼	老挝	马来西亚	缅甸	菲律宾	新加坡	泰国	越南	亚太	智利	巴基斯坦	新加坡	新西兰	秘鲁	哥斯达黎加	香港	澳门	台湾
84145930	离心通风机	10	0	0	0	0	0	0	0	0	0	0	9.5	3	5	0	0	7	0			
84145990	其他风扇,风机	8	0	0	0	0	0	0	0	0	0	0	7.2	2.4	5		0	0	0			0
84146010	抽油烟机	10	0	0	0	0	0	0	0	0	0	0		0	5		0	0	0			
84146090	罩最大边长≤120厘米的通风罩或循环气罩	10	0	0	0	0	0	0	0	0	0	0		0	5	0	0	0	0			
84148010	燃气轮机用的自由活塞式发生器	8	0	0	0	0	0	0	0	0	0	0	5.6	2.4	5		0	0	0			
84148020	二氧化碳压缩机	7	0	0	0	0	0	0	0	0	0	0	4.9	2.1	0		0	0	0			
84148030	发动机用增压器	7	0	0	0	0	0	0	0	0	0	0	4.9	0	0		0		0			
84148090	其他气体压缩机及通风罩或循环气罩	7	0	0	0	0	0	0	0	0	0	0	4.9	0	0		0	0	0	0		0
84149011	用于制冷设备的压缩机进、排气阀片	8	0	0	0	0	0	0	0	0	0	0	7.2	2.4	5		0	0	0			
84149019	其他用于制冷设备的压缩机零件	8	0	0	0	0	0	0	0	0	0	0	7.2	2.4	5		0	0	0			0
84149020	风机、风扇、通风罩及循环气罩零件	12	0	0	0	0	0	0	0	0	0	0	11.4	3.6	6	0	0	8.4	7.2			0
84149090	品目84.14其他所列机器零件	7	0	0	0	0	0	0	0	0	0	0	6.5	2.1	5		0	0	0	0		0
84151010	独立窗式或壁式空气调节器	15	0	0	0	0	0	0	0	0	0	0	13.5	0	7.5	0	0	10.5	9			
84151021	分体式制冷量≤4000大卡/时的窗式或壁式空气调节器	15	0	0	0	0	0	0	0	0	0	0	13.5	0	7.5	0	0	10.5	9			
84151022	分体式制冷量>4000大卡/时的窗式或壁式空气调节器	15	0	0	0	0	0	0	0	0	0	0	13.5	0	7.5	0	0	10.5	9			
84152000	机动车辆上供人使用的空气调节器	20												6			0		12	0		
84158110	制冷量≤4000大卡/时的热泵式空调器	15	0	0	0	0	0	0	0	0	0	0		0	12	0	0	10.5	9			
84158120	制冷量>4000大卡/时的热泵式空调器	20	0	0	0	0	0	0	0	0	0	0		0		0	0	14	12			
84158210	制冷量≤4000大卡/时的其他空调器	15	0	0	0	0	0	0	0	0	0	0		0	12	0	0	10.5	9			
84158220	制冷量>4000大卡/时的其他空调器	20	0	0	0	0	0	0	0	0	0	0		0		0	0	14	12			
84158300	未装有制冷装置的空调器	10	0	0	0	0	0	0	0	0	0	0		0	5	0	0	0	0			
84159010	制冷量≤4000大卡/时空调的零件	10	0	0	0	0	0	0	0	0	0	0	8	0	5	0	0	0	0	0		
84159090	制冷量>4000大卡/时空调的零件	10	0	0	0	0	0	0	0	0	0	0	8	0	5	0	0	0	0	0		0
84161000	使用液体燃料的炉用燃烧器	10	0	0	0	0	0	0	0	0	0	0	9.5	3	5	0	0	0	0			
84162011	使用天然气的燃烧器	10.5	0	0	0	0	0	0	0	0	0	0		0	5	0	0	4.2	6.3			
84162019	其他使用气体燃料的炉用燃烧器	10.5	0	0	0	0	0	0	0	0	0	0		0	5	0	0	4.2	6.3			
84162090	使用粉状固体燃料的炉用燃烧器	10.5	0	0	0	0	0	0	0	0	0	0		0	5	0	0	4.2	6.3			
84163000	机械加煤机及类似装置	8.4	0	0	0	0	0	0	0	0	0	0		0	5		0	0	0			

税则号列	商品描述	最惠国税率(%)	协定税率(%)																			
			东盟										亚太	智利	巴基斯坦	新加坡	新西兰	秘鲁	哥斯达黎加	香港	澳门	台湾
			文莱	柬埔寨	印尼	老挝	马来西亚	缅甸	菲律宾	新加坡	泰国	越南										
84169000	炉用燃烧器、机械加煤机等的零件	6	0	0	0	0	0	0	0	0	0	0		0	5		0	0	0			
84171000	矿砂、金属的热处理用炉及烤箱	10	0	0	0	0	0	0	0	0	0	0		0	5	0	0	0	0			
84172000	面包房用烤炉及烘箱等	10	0	0	0	0	0	0	0	0	0	0		0	5		0	0	0			
84178010	炼焦炉	10	0	0	0	0	0	0	0	0	0	0		0	5		0	0	0			
84178020	放射性废物焚烧炉	5	0	0	0	0	0	0	0	0	0	0		0	0		0	0	0			
84178030	水泥回转窑	10	0	0	0	0	0	0	0	0	0	0		0	5	0	0	0	0			
84178040	石灰石分解炉	10	0	0	0	0	0	0	0	0	0	0		0	5		0	0	0			
84178090	其他非电热的工业用炉及烘箱	10	0	0	0	0	0	0	0	0	0	0		0	5	0	0	0	0			0
84179010	海绵铁回转窑的零件	7	0	0	0	0	0	0	0	0	0	0		0	5		0	0	0			
84179020	炼焦炉的零件	7	0	0	0	0	0	0	0	0	0	0		0	5		0	0	0			
84179090	其他非电热工业用炉及烘箱的零件	7	0	0	0	0	0	0	0	0	0	0		0	5		0	0	0			
84181010	容积＞500 升的冷藏—冷冻组合机	10	0	0	0	0	0	0	0	0	0	0		3	5	0	0	7	0			
84181020	200 升＜容积≤500 升的冷藏—冷冻组合机	15	0	0	0	0	0	0	0	0	0	0		4.5	12	0	0	10.5	9			
84181030	容积≤200 升的冷藏—冷冻组合机	15	0	0	0	0	0	0	0	0	0	0		4.5	12	0	0	10.5	9			
84182110	容积＞150 升的压缩式家用型冷藏箱	10	0	0	0	0	0	0	0	0	0	0		3	5	0	0	0	0			
84182120	50 升＜容积≤150 升的压缩式家用型冷藏箱	10	0	0	0	0	0	0	0	0	0	0	9	3	5	0	0	0	0			
84182130	容积≤50 升的压缩式家用型冷藏箱	10	0	0	0	0	0	0	0	0	0	0	9	3	5	0	0	0	0			
84182910	半导体制冷式家用型冷藏箱	30	0	0	0	0	0	0	0	0	0	0		0		0	4	21	18			
84182920	电气吸收式家用型冷藏箱	15	0	0	0	0	0	0	0	0	0	0		0	12	0	0	10.5	9			
84182990	其他家用型冷藏箱	30	0	0	0	0	0	0	0	0	0	0		0		0	4	21	18			
84183010	制冷温度≤－40℃，容积≤800 升的柜式冷冻箱	9	0	0	0	0	0	0	0	0	0	0		0	5		0	0	0		0	
84183021	制冷温度＞－40℃，容积 500～800 升的柜式冷冻箱	23	0	0	0	0	0	0	0	0	0	0		0		0	4	16.1	13.8		0	
84183029	制冷温度＞－40℃，容积≤500 升的柜式冷冻箱	30	0	0	0	0	0	0	0	0	0	0		0		0	4	21	18		0	
84184010	制冷温度≤－40℃，容积≤900 升的立式冷冻箱	9	0	0	0	0	0	0	0	0	0	0		0	5		0	0	0		0	

税则号列	商品描述	最惠国税率（%）	协定税率（%）																			
			东盟										亚太	智利	巴基斯坦	新加坡	新西兰	秘鲁	哥斯达黎加	香港	澳门	台湾
			文莱	柬埔寨	印尼	老挝	马来西亚	缅甸	菲律宾	新加坡	泰国	越南										
84184021	制冷温度＞－40℃，容积500～900升的立式冷冻箱	15	0	0	0	0	0	0	0	0	0	0		0	12	0	0	10.5	9		0	
84184029	制冷温度＞－40℃，容积≤500升的立式冷冻箱	30	0	0	0	0	0	0	0	0	0	0		0		0	4	21	18		0	
84185000	其他装有冷藏或冷冻装置的柜、箱、展示台	10	0	0	0	0	0	0	0	0	0	0		3	5	0	0	7	0	0	0	
84186120	压缩式热泵，品目84.15的空气调节器除外	10	0	0	0	0	0	0	0	0	0	0	7	0	5	0	0	0	0			
84186190	其他热泵，品目84.15的空气调节器除外	15	0	0	0	0	0	0	0	0	0	0	7	4.5	7	0	0	10.5	9		0	
84186920	其他制冷机组	10	0	0	0	0	0	0	0	0	0	0	7	0	5	0	0	0	0		0	
84186990	其他制冷设备	10	0	0	0	0	0	0	0	0	0	0	7	0	5	0	0	7	0		0	
84189100	冷藏或冷冻设备用特制家具零件	18	0	0	0	0	0	0	0	0	0	0	17.1	0	14.4	0	0	12.6	10.8			
84189910	制冷机组及热泵用零件	10	0	0	0	0	0	0	0	0	0	0		3	5	0	0	7	0			
84189991	制冷温度≤－40℃的冷冻设备零件	9.5	0	0	0	0	0	0	0	0	0	0		2.9	5		0	0	0		0	
84189992	制冷温度＞－40℃，容积＞500升的冷藏设备零件	10	0	0	0	0	0	0	0	0	0	0		3	5		0	7	0		0	
84189999	品目84.18的其他制冷设备用零件	10	0	0	0	0	0	0	0	0	0	0		3	5	0	0	7	0		0	
84191100	燃气快速热水器	35	0	0	0	0	0	0	0	0	0	0		10.5		0	4	24.5	21			
84191910	太阳能热水器	35	0	0	0	0	0	0	0	0	0	0		0		0	4	24.5	21			5
84191990	其他非电热的快速或贮备式热水器	35	0	0	0	0	0	0	0	0	0	0		0		0	4	24.5	21			5
84192000	医用或实验室用消毒器具	4	0	0	0	0	0	0	0	0	0	0		1.2	0		0	0	0			
84193100	农产品干燥器	8	0	0	0	0	0	0	0	0	0	0		0	5		0	0	0			
84193200	木材、纸浆、纸或纸板用干燥器	9	0	0	0	0	0	0	0	0	0	0		2.7	5		0	0	0			0
84193910	微空气流动陶瓷坯件干燥器	9	0	0	0	0	0	0	0	0	0	0	4.5	2.7	4.5		0	0	0			
84193990	其他用途的干燥器	9	0	0	0	0	0	0	0	0	0	0	4.5	2.7	4.5		0	0	0			0
84194010	提净塔	10	0	0	0	0	0	0	0	0	0	0		0	5	0	0	0	0			
84194020	精馏塔	10	0	0	0	0	0	0	0	0	0	0		0	5	0	0	0	0			
84194090	其他蒸馏或精馏设备	10	0	0	0	0	0	0	0	0	0	0		0	5	0	0	0	0			
84195000	热交换装置	10	0	0	0	0	0	0	0	0	0	0	9.5	3	5	0	0	7	0	0		0
84196011	制氧量≥15000立方米/小时的制氧机	12	0	0	0	0	0	0	0	0	0	0		0	6	0	0	4.8	7.2	0		

税则号列	商品描述	最惠国税率（%）	协定税率（%）																			
			东盟										亚太	智利	巴基斯坦	新加坡	新西兰	秘鲁	哥斯达黎加	香港	澳门	台湾
			文莱	柬埔寨	印尼	老挝	马来西亚	缅甸	菲律宾	新加坡	泰国	越南										
84196019	制氧量＜15000 立方米/小时的制氧机	13	0	0	0	0	0	0	0	0	0	0		0	6.5	0	0	5.2	7.8	0		
84196090	其他液化空气或其他气体的机器	10	0	0	0	0	0	0	0	0	0	0		0	5	0	0	0	0	0		
84198100	加工热饮料、烹调、加热食品的机器	10	0	0	0	0	0	0	0	0	0	0		3	5	0	0	7	0			
84199090	品目 84.19 的其他机器设备用零件	4	0	0	0	0	0	0	0	0	0	0		1.2	0		0	0	0	0		0
84201000	砑光机或其他滚压机器	8.4	0	0	0	0	0	0	0	0	0	0		2.5	5		0	0	0			0
84209100	砑光机或其他滚压机器的滚筒	8	0	0	0	0	0	0	0	0	0	0		0	5		0	0	0			
84209900	砑光机或其他滚压机器的未列名零件	8	0	0	0	0	0	0	0	0	0	0		0	5		0	0	0			
84211100	奶油分离器	8.4	0	0	0	0	0	0	0	0	0	0		0	5		0	0	0			
84211210	干衣量≤10 千克的离心干衣机	17.5	0	0	0	0	0	0	0	0	0	0		5.3	14	0	0	12.2	10.5			
84211290	干衣量＞10 千克的离心干衣机	8	0	0	0	0	0	0	0	0	0	0		2.4	5		0	0	0			
84211910	脱水机	10	0	0	0	0	0	0	0	0	0	0		3	5		0	0	0			
84211920	固液分离机	10	0	0	0	0	0	0	0	0	0	0		3	5	0	0	0	0			
84211990	其他离心机	10	0	0	0	0	0	0	0	0	0	0		3	5	0	0	0	0			
84212110	家用型过滤或净化水的机器及装置	25	0	0	0	0	0	0	0	0	0	0	17.5	7.5	17.5	0	4	17.5	15	0	0	
84212191	船舶压载水处理设备	5	0	0	0	0	0	0	0	0	0	0	3.5	1.5	0		0	0	0	0	0	0
84212199	其他过滤或净化水的装置	5	0	0	0	0	0	0	0	0	0	0	3.5	1.5	0		0	0	0	0	0	0
84212200	过滤或净化饮料的机器及装置	12	0	0	0	0	0	0	0	0	0	0		0	6	0	0	4.8	7.2		0	
84212300	内燃发动机的燃油过滤器	10	0	0	0	0	0	0	0	0	0	0		3	5	0	0	7	0	0		
84212910	其他压滤机	5	0	0	0	0	0	0	0	0	0	0	3.5	1.5	0		0	0	0	0		
84212990	其他液体的过滤、净化机器及装置	5	0	0	0	0	0	0	0	0	0	0	3.5	1.5	0		0	0	0	0		0
84213100	内燃发动机的进气过滤器	10	0	0	0	0	0	0	0	0	0	0		3	5		0	7	0	0		
84213910	家用型气体过滤、净化机器及装置	15	0	0	0	0	0	0	0	0	0	0	10.5	4.5	7.5	0	0	10.5	9	0		0
84213921	工业用静电除尘器	5	0	0	0	0	0	0	0	0	0	0	3.5	1.5	0		0	0	0	0		0
84213922	工业用袋式除尘器	5	0	0	0	0	0	0	0	0	0	0	3.5	1.5	0		0	0	0	0		
84213923	工业用旋风式除尘器	5	0	0	0	0	0	0	0	0	0	0	3.5	1.5	0		0	0	0	0		0
84213929	工业用其他除尘器	5	0	0	0	0	0	0	0	0	0	0	3.5	1.5	0		0	0	0	0		0
84213930	内燃发动机排气过滤及净化装置	5	0	0	0	0	0	0	0	0	0	0	3.5	1.5	0		0	0	0	0		
84213940	烟气脱硫装置	5	0	0	0	0	0	0	0	0	0	0	3.5	1.5	0		0	0	0	0		0
84213950	烟气脱硝装置	5	0	0	0	0	0	0	0	0	0	0	3.5	1.5	0		0	0	0	0		0
84213990	其他气体的过滤、净化机器及装置	5	0	0	0	0	0	0	0	0	0	0	3.5	1.5	0		0	0	0	0		0

税则号列	商品描述	最惠国税率(%)	协定税率(%)																		
			东盟																		
			文莱	柬埔寨	印尼	老挝	马来西亚	缅甸	菲律宾	新加坡	泰国	越南	亚太	智利	巴基斯坦	新加坡	新西兰	秘鲁	哥斯达黎加	香港	澳门	台湾
84219910	家用型过滤、净化装置用零件	10	0	0	0	0	0	0	0	0	0	0	9	3	5	0	0	7	0	0		
84219990	其他过滤、净化装置用零件	5	0	0	0	0	0	0	0	0	0	0	4.5	1.5	0		0	0	0	0		0
84221100	家用型洗碟机	10	0	0	0	0	0	0	0	0	0	0		0	5		0	0	0			
84221900	非家用型洗碟机	14	0	0	0	0	0	0	0	0	0	0		0	11.2	0	0	5.6	8.4			
84222000	瓶子及其他容器的洗涤或干燥机器	10	0	0	0	0	0	0	0	0	0	0		3	5	0	0	7	0		0	
84223010	饮料及液体食品罐装设备	12	0	0	0	0	0	0	0	0	0	0	8.4	3.6	5	0	0	4.8	7.2	0		
84223021	水泥全自动灌包机	12	0	0	0	0	0	0	0	0	0	0	8.4	3.6	5	0	0	8.4	7.2	0		
84223029	其他水泥包装机	12	0	0	0	0	0	0	0	0	0	0	8.4	3.6	5	0	0	8.4	7.2	0		
84223030	其他包装机	10	0	0	0	0	0	0	0	0	0	0	7	3	5	0	0	7	0	0		
84223090	其他装填密封等包封机器	10	0	0	0	0	0	0	0	0	0	0	7	3	5	0	0	7	0	0		
84224000	其他包装或打包机器	10	0	0	0	0	0	0	0	0	0	0	9.5	3	5	0	0	7	0	0		
84229010	洗碟机用零件	10.5	0	0	0	0	0	0	0	0	0	0		3.2	5	0	0	7.4	6.3			
84229020	饮料及液体食品灌装设备用零件	8.5	0	0	0	0	0	0	0	0	0	0		2.6	5		0	0	0			
84229090	品目84.22其他未列名机器零件	8.5	0	0	0	0	0	0	0	0	0	0		2.6	5		0	0	0	0		
84231000	体重计、婴儿秤及家用秤	10.5	0	0	0	0	0	0	0	0	0	0		0	5	0	0	4.2	6.3		0	
84232010	电子皮带秤	10	0	0	0	0	0	0	0	0	0	0		0	5		0	0	0			
84232090	其他输送带上连续称货的秤	10	0	0	0	0	0	0	0	0	0	0		0	5		0	0	0			
84233010	定量包装秤	10.5	0	0	0	0	0	0	0	0	0	0		0	5	0	0	4.2	6.3			
84233020	定量分选秤	10.5	0	0	0	0	0	0	0	0	0	0		0	5	0	0	4.2	6.3			
84233030	配料秤	10.5	0	0	0	0	0	0	0	0	0	0		0	5	0	0	4.2	6.3			
84233090	其他恒定秤、物料定量装袋或容器用秤	10.5	0	0	0	0	0	0	0	0	0	0		0	5	0	0	4.2	6.3			
84238110	最大称量≤30千克的计价秤	10.5	0	0	0	0	0	0	0	0	0	0		0	5	0	0	4.2	6.3			
84238120	最大称量≤30千克的弹簧秤	10.5	0	0	0	0	0	0	0	0	0	0		0	5	0	0	4.2	6.3			
84238190	最大称量≤30千克的其他衡器	10.5	0	0	0	0	0	0	0	0	0	0		0	5	0	0	4.2	6.3			
84238210	30千克<最大称量≤5000千克的地中衡	10.5	0	0	0	0	0	0	0	0	0	0		0	5	0	0	4.2	6.3			
84238290	30千克<最大称量≤5000千克的其他衡器	10.5	0	0	0	0	0	0	0	0	0	0		0	5	0	0	4.2	6.3			
84238910	其他地中衡	10	0	0	0	0	0	0	0	0	0	0		3	5		0	7	0			
84238920	其他轨道衡	10	0	0	0	0	0	0	0	0	0	0		3	5		0	7	0			

税则号列	商品描述	最惠国税率（%）	协定税率（%）																			
			东盟										亚太	智利	巴基斯坦	新加坡	新西兰	秘鲁	哥斯达黎加	香港	澳门	台湾
			文莱	柬埔寨	印尼	老挝	马来西亚	缅甸	菲律宾	新加坡	泰国	越南										
84238930	其他吊秤	10	0	0	0	0	0	0	0	0	0	0		3	5		0	7	0			
84238990	其他衡器	10	0	0	0	0	0	0	0	0	0	0		3	5		0	7	0			
84239000	衡器用的各种砝码、秤砣及其零件	10	0	0	0	0	0	0	0	0	0	0		0	5	0	0	0	0			
84241000	灭火器	8.4	0	0	0	0	0	0	0	0	0	0		0	5		0	0	0			
84242000	喷枪及类似器具	8.4	0	0	0	0	0	0	0	0	0	0	8	0	5		0	0	0			
84243000	喷气机、喷砂机及类似喷射机	8.4	0	0	0	0	0	0	0	0	0	0		0	5		0	0	0			0
84248100	农业或园艺用喷射、喷雾机械器具	8	0	0	0	0	0	0	0	0	0	0	7.6	2.4	5		0	0	0	0		
84251100	电动滑车及提升机	6	0	0	0	0	0	0	0	0	0	0		0	5		0	0	0			
84251900	非电动滑车及提升机	5	0	0	0	0	0	0	0	0	0	0		1.5	0		0	0	0			
84253110	矿井口电动卷扬装置及专为井下使用设计的电动卷扬机	10	0	0	0	0	0	0	0	0	0	0		0	5		0	0	0			
84253190	其他电动卷扬机及绞盘	5	0	0	0	0	0	0	0	0	0	0		1.5	0		0	0	0			
84253910	其他矿井口卷扬装置及其他专为井下使用设计的卷扬机	10	0	0	0	0	0	0	0	0	0	0		0	5		0	0	0			
84253990	其他非电动卷扬机及绞盘	5	0	0	0	0	0	0	0	0	0	0		1.5	0		0	0	0	0		
84254100	车库中使用的固定千斤顶系统	3	0	0	0	0	0	0	0	0	0	0	2.5	0	0		0	0	0			
84254210	其他液压千斤顶	3	0	0	0	0	0	0	0	0	0	0		0	0		0	0	0			
84254290	提升车辆用液压提升机	5	0	0	0	0	0	0	0	0	0	0		1.5	0		0	0	0			
84254910	其他千斤顶	5	0	0	0	0	0	0	0	0	0	0		1.5	0		0	0	0			
84254990	其他提升车辆用提升机	10	0	0	0	0	0	0	0	0	0	0		3	5		0	7	0			
84261120	通用桥式起重机	8	0	0	0	0	0	0	0	0	0	0		2.4	5		0	0	0			
84261190	其他固定支架的高架移动式起重机	8	0	0	0	0	0	0	0	0	0	0		2.4	5		0	0	0			
84261200	胶轮移动式吊运架及跨运车	6	0	0	0	0	0	0	0	0	0	0		0	5		0	0	0			
84261910	装船机	5	0	0	0	0	0	0	0	0	0	0	2.5	0	0		0	0	0			
84261921	抓斗式卸船机	5	0	0	0	0	0	0	0	0	0	0	3.5	0	0		0	0	0			
84261929	其他卸船机	5	0	0	0	0	0	0	0	0	0	0	3.5	0	0		0	0	0			
84261930	龙门式起重机	10	0	0	0	0	0	0	0	0	0	0	7	0	5		0	0	0			
84261941	门式装卸桥	10	0	0	0	0	0	0	0	0	0	0	7	0	5		0	0	0			
84261942	集装箱装卸桥	10	0	0	0	0	0	0	0	0	0	0	7	0	5		0	0	0			
84261943	其他动臂式装卸桥	10	0	0	0	0	0	0	0	0	0	0	7	0	5		0	0	0			

税则号列	商品描述	最惠国税率(%)	协定税率(%) 东盟 文莱	柬埔寨	印尼	老挝	马来西亚	缅甸	菲律宾	新加坡	泰国	越南	亚太	智利	巴基斯坦	新加坡	新西兰	秘鲁	哥斯达黎加	香港	澳门	台湾
84261949	其他装卸桥	10	0	0	0	0	0	0	0	0	0	0	7	0	5		0	0	0			
84261990	其他高架移动式起重机等	10	0	0	0	0	0	0	0	0	0	0	7	0	5	0	0	0	0			
84262000	塔式起重机	10	0	0	0	0	0	0	0	0	0	0		0	5		0	0	0			
84263000	门座式起重机及座式旋臂起重机	6	0	0	0	0	0	0	0	0	0	0		0	5		0	0	0			
84264110	轮胎式起重机	5	0	0	0	0	0	0	0	0	0	0		1.5	0		0	0	0			
84264190	其他带胶轮的自推进起重机	5	0	0	0	0	0	0	0	0	0	0		1.5	0		0	0	0			
84264910	履带式起重机	8	0	0	0	0	0	0	0	0	0	0		2.4	5		0	0	0	0		
84264990	其他不带胶轮的自推进起重机	13	0	0	0	0	0	0	0	0	0	0		3.9	6.5	0	0	9.1	7.8	0		
84269100	供装于公路车辆的其他起重机	10	0	0	0	0	0	0	0	0	0	0		0	5		0	0	0			
84269900	其他起重设备	6	0	0	0	0	0	0	0	0	0	0		1.8	5		0	0	0			
84271010	有轨巷道堆垛机	9	0	0	0	0	0	0	0	0	0	0		2.7	5		0	0	0			
84271020	无轨巷道堆垛机	9	0	0	0	0	0	0	0	0	0	0		2.7	5		0	0	0			
84271090	其他电动机推进的叉车及可升降工作车	9	0	0	0	0	0	0	0	0	0	0		2.7	5		0	0	0			
84272010	集装箱叉车	9	0	0	0	0	0	0	0	0	0	0	8.6	0	5		0	0	0			
84272090	其他机动叉车及有类似装置的工作车	9	0	0	0	0	0	0	0	0	0	0	8.6	0	5		0	0	0			
84279000	其他叉车及可升降的工作车	9	0	0	0	0	0	0	0	0	0	0		0	5		0	0	0			
84281010	载客电梯	8	0	0	0	0	0	0	0	0	0	0	5.6	0	5	0	0	0	0	0	0	
84281090	其他升降机及倒卸式起重机	6	0	0	0	0	0	0	0	0	0	0	4.2	0	0		0	0	0	0	0	0
84282000	气压升降机及输送机	5	0	0	0	0	0	0	0	0	0	0		1.5	0		0	0	0			
84283100	地下连续运货或材料升降、输送机	5	0	0	0	0	0	0	0	0	0	0		0	0		0	0	0			
84283200	其他斗式连续运货升降、输送机	5	0	0	0	0	0	0	0	0	0	0		0	0		0	0	0	0		
84283300	其他带式连续运货升降、输送机	5	0	0	0	0	0	0	0	0	0	0	4.3	1.5	0		0	0	0	0		0
84283910	链式连续运送货物的升降、输送机	5	0	0	0	0	0	0	0	0	0	0	3.5	1.5	0		0	0	0	0		0
84283920	辊式连续运送货物的升降、输送机	5	0	0	0	0	0	0	0	0	0	0	3.5	1.5	0		0	0	0	0		0
84283990	其他未列名连续运货升降、输送机	5	0	0	0	0	0	0	0	0	0	0	3.5	1.5	0		0	0	0	0		0
84284000	自动梯及自动人行道	5	0	0	0	0	0	0	0	0	0	0		0	0		0	0	0			
84286010	货运架空索道	8	0	0	0	0	0	0	0	0	0	0		0	5		0	0	0			
84286021	单线循环式客运架空索道	8	0	0	0	0	0	0	0	0	0	0		0	5		0	0	0			
84286029	其他客运架空索道	8	0	0	0	0	0	0	0	0	0	0		0	5		0	0	0			

税则号列	商品描述	最惠国税率(%)	协定税率(%)																			
			东盟										亚太	智利	巴基斯坦	新加坡	新西兰	秘鲁	哥斯达黎加	香港	澳门	台湾
			文莱	柬埔寨	印尼	老挝	马来西亚	缅甸	菲律宾	新加坡	泰国	越南										
84286090	其他缆车、座式升降机用牵引装置	8	0	0	0	0	0	0	0	0	0	0		0	5		0	0	0			
84289010	矿车推动机、铁道机车等的转车台	10	0	0	0	0	0	0	0	0	0	0		0	5		0	0	0			
84289020	机械式停车设备	5	0	0	0	0	0	0	0	0	0	0		1.5	0		0	0	0	0		
84289031	堆取料机械	5	0	0	0	0	0	0	0	0	0	0		1.5	0		0	0	0	0		0
84289039	其他装卸机械	5	0	0	0	0	0	0	0	0	0	0		1.5	0		0	0	0	0		0
84289090	其他升降、搬运、装卸机械	5	0	0	0	0	0	0	0	0	0	0		1.5	0		0	0	0	0		0
84291110	功率＞235.36 千瓦的履带式推土机	7	0	0	0	0	0	0	0	0	0	0		2.1	5		0	0	0			
84291190	功率≤235.36 千瓦的履带式推土机	7	0	0	0	0	0	0	0	0	0	0		2.1	5		0	0	0			
84291910	功率＞235.36 千瓦的其他推土机	7	0	0	0	0	0	0	0	0	0	0		0	5		0	0	0			
84291990	功率≤235.36 千瓦的其他推土机	7	0	0	0	0	0	0	0	0	0	0		0	5		0	0	0			
84292010	功率＞235.36 千瓦的筑路机及平地机	5	0	0	0	0	0	0	0	0	0	0		1.5	0		0	0	0			
84292090	其他筑路机及平地机	5	0	0	0	0	0	0	0	0	0	0		1.5	0		0	0	0			
84293010	斗容量＞10 立方米的铲运机	3	0	0	0	0	0	0	0	0	0	0		0	0		0	0	0			
84293090	斗容量≤10 立方米的铲运机	5	0	0	0	0	0	0	0	0	0	0		0	0		0	0	0			
84294011	机重≥18 吨的震动式压路机	7	0	0	0	0	0	0	0	0	0	0		2.1	5		0	0	0			
84294019	其他机动压路机	8	0	0	0	0	0	0	0	0	0	0		2.4	5		0	0	0			
84294090	其他未列名捣固机械及压路机	6	0	0	0	0	0	0	0	0	0	0		1.8	5		0	0	0			
84295100	前铲装载机	5	0	0	0	0	0	0	0	0	0	0		1.5	0		0	0	0			
84295211	轮胎式挖掘机	8	0	0	0	0	0	0	0	0	0	0	7.2	2.4	5		0	0	0			
84295212	履带式挖掘机	8	0	0	0	0	0	0	0	0	0	0		2.4	5		0	0	0	0		
84295219	其他挖掘机	8	0	0	0	0	0	0	0	0	0	0	7.2	2.4	5		0	0	0			
84295290	其他上部结构可转 360 度的挖掘机类似机械	8	0	0	0	0	0	0	0	0	0	0	7.2	2.4	5		0	0	0			
84295900	其他机械铲、挖掘机及机铲装载机	8	0	0	0	0	0	0	0	0	0	0		2.4	5		0	0	0			
84301000	打桩机及拔桩机	10	0	0	0	0	0	0	0	0	0	0		0	5		0	0	0			
84302000	扫雪机及吹雪机	10	0	0	0	0	0	0	0	0	0	0		0	5		0	0	0			
84303100	自推进截煤机、采石机及掘进机	10	0	0	0	0	0	0	0	0	0	0		3	5	0	0	7	0			
84303900	其他非自推进截煤机、采石机及掘进机	6	0	0	0	0	0	0	0	0	0	0		0	5		0	0	0			
84304111	钻探深度≥6000 米的自推进石油钻探机	5	0	0	0	0	0	0	0	0	0	0		1.5	0		0	0	0	0		

税则号列	商品描述	最惠国税率(%)	协定税率(%)																			
			东盟										亚太	智利	巴基斯坦	新加坡	新西兰	秘鲁	哥斯达黎加	香港	澳门	台湾
			文莱	柬埔寨	印尼	老挝	马来西亚	缅甸	菲律宾	新加坡	泰国	越南										
84304119	其他自推进石油及天然气钻探机	5	0	0	0	0	0	0	0	0	0	0		1.5	0		0	0	0	0		
84304121	钻探深度≥6000米的其他钻探机	5	0	0	0	0	0	0	0	0	0	0		1.5	0		0	0	0	0		
84304122	钻探深度<6000米的履带式自推进钻机	5	0	0	0	0	0	0	0	0	0	0		1.5	0		0	0	0	0		
84304129	钻探深度<6000米的其他自推进钻机	5	0	0	0	0	0	0	0	0	0	0		1.5	0		0	0	0	0		
84304190	其他自推进的凿井机械	5	0	0	0	0	0	0	0	0	0	0		1.5	0		0	0	0	0		
84304900	非自推进的钻探或凿井机械	5	0	0	0	0	0	0	0	0	0	0		1.5	0		0	0	0			
84305010	其他自推进的采油机械	3	0	0	0	0	0	0	0	0	0	0		0	0		0	0	0			
84305020	矿用电铲	7	0	0	0	0	0	0	0	0	0	0		2.1	5		0	0	0			
84305031	牙轮直径≥380毫米的采矿牙轮钻机	5	0	0	0	0	0	0	0	0	0	0		1.5	0		0	0	0			
84305039	牙轮直径<380毫米的采矿牙轮钻机	5	0	0	0	0	0	0	0	0	0	0		1.5	0		0	0	0			
84305090	其他自推进的未列名机械	5	0	0	0	0	0	0	0	0	0	0		1.5	0		0	0	0			
84306100	非自推进的捣固或压实机械	6	0	0	0	0	0	0	0	0	0	0		0	5		0	0	0			
84306911	钻筒直径>3米的工程钻机	6	0	0	0	0	0	0	0	0	0	0		0	5		0	0	0			
84306919	钻筒直径≤3米的工程钻机	6	0	0	0	0	0	0	0	0	0	0		0	5		0	0	0			
84306920	非自推进的铲运机	6	0	0	0	0	0	0	0	0	0	0		0	5		0	0	0			
84306990	其他非自推进的未列名机械	6	0	0	0	0	0	0	0	0	0	0		0	5		0	0	0			
84311000	滑车、绞盘、千斤顶等机械用零件	3	0	0	0	0	0	0	0	0	0	0		0	0		0	0	0			
84312000	叉车及装有升降装置工作车用零件	6	0	0	0	0	0	0	0	0	0	0	5.4	0	0		0	0	0			
84313100	升降机、倒卸式起重机或自动梯的零件	3	0	0	0	0	0	0	0	0	0	0		0	0		0	0	0			
84313900	品目84.28所列其他机械的零件	5	0	0	0	0	0	0	0	0	0	0	2.5	1.5	0		0	0	0	0		
84314100	戽斗、铲斗、抓斗及夹斗	6	0	0	0	0	0	0	0	0	0	0	5.4	1.8	0		0	0	0			
84314200	推土机或侧铲推土机用铲	6	0	0	0	0	0	0	0	0	0	0		0	5		0	0	0			
84314310	石油或天然气钻探机用零件	4	0	0	0	0	0	0	0	0	0	0	2.8	1.2	0		0	0	0	0		
84314320	其他钻探机用零件	4	0	0	0	0	0	0	0	0	0	0	2.8	1.2	0		0	0	0	0		
84314390	其他凿井机用零件	5	0	0	0	0	0	0	0	0	0	0	3.5	1.5	0		0	0	0	0		
84314910	矿用电铲用零件	5	0	0	0	0	0	0	0	0	0	0	4.5	1.5	0		0	0	0	0		
84314990	品目84.26、84.29、84.30的其他零件	5	0	0	0	0	0	0	0	0	0	0	4.5	1.5	0		0	0	0	0		
84321000	犁	5	0	0	0	0	0	0	0	0	0	0		0	0		0	0	0			
84322100	圆盘耙	5	0	0	0	0	0	0	0	0	0	0		0	0		0	0	0			

税则号列	商品描述	最惠国税率（%）	协定税率（%）																			
			东盟										亚太	智利	巴基斯坦	新加坡	新西兰	秘鲁	哥斯达黎加	香港	澳门	台湾
			文莱	柬埔寨	印尼	老挝	马来西亚	缅甸	菲律宾	新加坡	泰国	越南										
84322900	其他耙、松土机等耕作机械	4	0	0	0	0	0	0	0	0	0	0		0	0		0	0	0			
84323011	谷物播种机	4	0	0	0	0	0	0	0	0	0	0	3.5	0	0		0	0	0			
84323019	其他播种机	4	0	0	0	0	0	0	0	0	0	0	3.5	0	0		0	0	0			
84323021	马铃薯种植机	4	0	0	0	0	0	0	0	0	0	0	3.5	0	0		0	0	0			
84323029	其他种植机	4	0	0	0	0	0	0	0	0	0	0	3.5	0	0		0	0	0			
84323031	水稻插秧机	4	0	0	0	0	0	0	0	0	0	0	3.5	0	0		0	0	0			
84323039	其他移植机（栽植机）	4	0	0	0	0	0	0	0	0	0	0	3.5	0	0		0	0	0			
84324000	施肥机	4	0	0	0	0	0	0	0	0	0	0		0	0		0	0	0			
84328010	草坪及运动场地滚压机	7	0	0	0	0	0	0	0	0	0	0		0	5		0	0	0			
84328090	其他未列名整地或耕作机械	4	0	0	0	0	0	0	0	0	0	0		0	0		0	0	0			
84329000	整地或耕作机械、滚压机零件	4	0	0	0	0	0	0	0	0	0	0		1.2	0		0	0	0			
84331100	机动旋转式割草机	6	0	0	0	0	0	0	0	0	0	0		0	5		0	0	0			
84331900	草坪、公园等用其他割草机	6	0	0	0	0	0	0	0	0	0	0		0	5		0	0	0			
84332000	其他割草机	4	0	0	0	0	0	0	0	0	0	0		0	0		0	0	0			
84333000	其他干草切割、翻晒机器	5	0	0	0	0	0	0	0	0	0	0		0	0		0	0	0			
84334000	草料打包机	5	0	0	0	0	0	0	0	0	0	0		0	0		0	0	0			
84335100	联合收割机	8	0	0	0	0	0	0	0	0	0	0	7.6	0	5		0	0	0			
84335200	其他脱粒机	8	0	0	0	0	0	0	0	0	0	0		0	5		0	0	0			
84335300	根茎或块茎收获机	8	0	0	0	0	0	0	0	0	0	0		0	5		0	0	0			
84335910	甘蔗收获机	8	0	0	0	0	0	0	0	0	0	0		2.4	5		0	0	0			
84335920	棉花采摘机	8	0	0	0	0	0	0	0	0	0	0		2.4	5		0	0	0			
84335990	其他收割机	8	0	0	0	0	0	0	0	0	0	0		2.4	5		0	0	0			
84336000	蛋类、水果等清洁、分选、分级机	5	0	0	0	0	0	0	0	0	0	0		1.5	0		0	0	0			
84339010	联合收割机用零件	5	0	0	0	0	0	0	0	0	0	0		0	0		0	0	0			
84339090	品目 84.33 所列其他机械零件	3	0	0	0	0	0	0	0	0	0	0		0	0		0	0	0			
84341000	挤奶机	10	0	0	0	0	0	0	0	0	0	0		0	5		4.4		0			
84342000	乳品加工机器	6	0	0	0	0	0	0	0	0	0	0		1.8	5		0	0	0			
84349000	挤奶机及乳品加工机器用零件	5	0	0	0	0	0	0	0	0	0	0		1.5	0		0	0	0			
84351000	制酒、果汁等压榨、轧碎机	10	0	0	0	0	0	0	0	0	0	0		3	5		0	0	0		0	
84359000	制酒、果汁等压榨、轧碎机零件	6	0	0	0	0	0	0	0	0	0	0		0	5		0	0	0			

税则号列	商品描述	最惠国税率（%）	协定税率（%） 东盟 文莱	东盟 柬埔寨	东盟 印尼	东盟 老挝	东盟 马来西亚	东盟 缅甸	东盟 菲律宾	东盟 新加坡	东盟 泰国	东盟 越南	亚太	智利	巴基斯坦	新加坡	新西兰	秘鲁	哥斯达黎加	香港	澳门	台湾
84361000	动物饲料配制机	7	0	0	0	0	0	0	0	0	0	0		0	5		0	0	0			
84362100	家禽孵卵器及育雏器	5	0	0	0	0	0	0	0	0	0	0		0	0		0	0	0			
84362900	家禽饲养用机器	10	0	0	0	0	0	0	0	0	0	0		3	5		0	0	0			
84368000	农业、林业、园艺等用的其他机器	10	0	0	0	0	0	0	0	0	0	0		0	5		0	0	0			
84369100	家禽饲养机、孵卵器及育雏器零件	6	0	0	0	0	0	0	0	0	0	0		0	5		0	0	0			
84369900	品目84.36所列其他机器的零件	6	0	0	0	0	0	0	0	0	0	0		0	5		0	0	0			
84371010	光学色差颗粒选别机（色选机）	10	0	0	0	0	0	0	0	0	0	0		0	5		0	0	0			
84371090	其他种子、谷物或干豆的清洁、分选或分级机	10	0	0	0	0	0	0	0	0	0	0		0	5		0	0	0			
84378000	谷物磨粉业加工机器	10	0	0	0	0	0	0	0	0	0	0	8.5	0	5		0	0	0			
84379000	品目84.37所列机械的零件	6	0	0	0	0	0	0	0	0	0	0		0	5		0	0	0			
84381000	糕点、通心粉、面条的生产加工机器	7	0	0	0	0	0	0	0	0	0	0		2.1	5		0	0	0			
84382000	生产糖果、可可粉、巧克力的机器	8	0	0	0	0	0	0	0	0	0	0		2.4	5		0	0	0			
84383000	制糖机器	10	0	0	0	0	0	0	0	0	0	0		0	5		0	0	0			
84384000	酿酒机器	7	0	0	0	0	0	0	0	0	0	0		0	5		0	0	0			
84385000	肉类或家禽加工机器	7	0	0	0	0	0	0	0	0	0	0		2.1	5		0	0	0			
84386000	水果、坚果或蔬菜加工机器	10	0	0	0	0	0	0	0	0	0	0		3	5	0	0	7	0			
84388000	八十四章其他未列名食品等的加工机器	8.5	0	0	0	0	0	0	0	0	0	0	8.1	2.6	5		0	0	0			0
84389000	食品、饮料工业用机器的零件	5	0	0	0	0	0	0	0	0	0	0		1.5	0		0	0	0			
84391000	制造纤维素纸浆的机器	8.4	0	0	0	0	0	0	0	0	0	0		2.5	5		0	0	0			
84392000	纸或纸板的抄造机器	8.4	0	0	0	0	0	0	0	0	0	0		0	5		0	0	0			0
84393000	纸或纸板的整理机器	8.4	0	0	0	0	0	0	0	0	0	0		0	5		0	0	0			0
84399100	制造纤维素纸浆的机器零件	6	0	0	0	0	0	0	0	0	0	0		1.8	5		0	0	0			
84399900	制造或整理纸及纸板的机器零件	6	0	0	0	0	0	0	0	0	0	0	3	1.8	0		0	0	0			
84401010	锁线装订机	10	0	0	0	0	0	0	0	0	0	0		0	5		0	0	0			
84401020	胶订机	12	0	0	0	0	0	0	0	0	0	0		0	6	0	0	4.8	7.2			
84401090	其他书本装订机器	12	0	0	0	0	0	0	0	0	0	0		0	6	0	0	4.8	7.2			
84409000	书本装订机器的零件	8	0	0	0	0	0	0	0	0	0	0		0	5		0	0	0			
84411000	切纸机	12	0	0	0	0	0	0	0	0	0	0		3.6	6	0	0	4.8	7.2			0

税则号列	商品描述	最惠国税率(%)	协定税率(%)																			
			东盟																			
			文莱	柬埔寨	印尼	老挝	马来西亚	缅甸	菲律宾	新加坡	泰国	越南	亚太	智利	巴基斯坦	新加坡	新西兰	秘鲁	哥斯达黎加	香港	澳门	台湾
84412000	制造包、袋或信封的机器	12	0	0	0	0	0	0	0	0	0	0	11.4	3.6	6	0	0	8.4	7.2			
84413010	纸塑铝复合罐生产设备	13.5	0	0	0	0	0	0	0	0	0	0	12.8	4.1	6.8	0	0	9.4	8.1			
84413090	其他制造箱、盒、桶及类似容器的机器	13.5	0	0	0	0	0	0	0	0	0	0	12.8	4.1	6.8	0	0	9.4	8.1			
84414000	纸浆、纸或纸板制品模制成型机器	12	0	0	0	0	0	0	0	0	0	0		0	6	0	0	4.8	7.2			
84418010	制造纸塑铝软包装的生产设备	12	0	0	0	0	0	0	0	0	0	0	11.4	3.6	6	0	0	4.8	7.2			
84418090	其他制造纸浆制品、纸制品的机器	12	0	0	0	0	0	0	0	0	0	0	11.4	3.6	6	0	0	4.8	7.2			0
84419010	切纸机零件	8	0	0	0	0	0	0	0	0	0	0		2.4	5		0	0	0			
84419090	其他制造纸浆、纸制品的机器零件	8.4	0	0	0	0	0	0	0	0	0	0		2.5	5		0	0	0			
84423010	铸字机	9	0	0	0	0	0	0	0	0	0	0		0	5		0	0	0			
84423021	计算机直接制版设备	9	0	0	0	0	0	0	0	0	0	0		0	5		0	0	0			
84423029	其他制版机器、器具及设备	9	0	0	0	0	0	0	0	0	0	0		0	5		0	0	0			
84423090	其他铸字、制版用机器、器具及设备	9	0	0	0	0	0	0	0	0	0	0		0	5		0	0	0			
84424000	铸字、排字、制版机器的零件	7	0	0	0	0	0	0	0	0	0	0		0	5		0	0	0			
84425000	活字、印刷用版、片及其他部件	7	0	0	0	0	0	0	0	0	0	0		0	5		0	0	0	0		
84431100	卷取进料式胶印机	10	0	0	0	0	0	0	0	0	0	0	7	3	5		0	7	0			
84431200	办公室用片取进料式胶印机	12	0	0	0	0	0	0	0	0	0	0		0	6	0	0	4.8	7.2			
84431311	平张纸进料式单色胶印机	10	0	0	0	0	0	0	0	0	0	0	7	3	5		0	0	0			
84431312	平张纸进料式双色胶印机	10	0	0	0	0	0	0	0	0	0	0	7	3	5		0	0	0			
84431313	平张纸进料式四色胶印机	10	0	0	0	0	0	0	0	0	0	0	7	3	5		0	0	0			
84431319	平张纸进料式其他胶印机	10	0	0	0	0	0	0	0	0	0	0	7	3	5		0	0	0			
84431390	其他胶印机	10	0	0	0	0	0	0	0	0	0	0	7	3	5		0	0	0			
84431400	卷取进料式凸版印刷机	12	0	0	0	0	0	0	0	0	0	0		0	6	0	0	4.8	7.2	0		
84431500	其他凸版印刷机	12	0	0	0	0	0	0	0	0	0	0		3.6	6	0	0	4.8	7.2			
84431600	苯胺印刷机	10	0	0	0	0	0	0	0	0	0	0		3	5		0	0	0			
84431700	照相凹版印刷机	18	0	0	0	0	0	0	0	0	0	0	16.2	0	14.4	0	0	12.6	10.8			
84431921	圆网印刷机	10	0	0	0	0	0	0	0	0	0	0	9	0	5		0	0	0			
84431922	平网印刷机	10	0	0	0	0	0	0	0	0	0	0	9	0	5		0	0	0			0
84431929	其他网式印刷机	10	0	0	0	0	0	0	0	0	0	0	9	0	5	0	0	0	0			0
84431980	其他印刷机	8	0	0	0	0	0	0	0	0	0	0	7.2	0	5		0	0	0	0		0
84433110	静电感光式多功能机	10	0	0	0	0	0	0	0	0	0	0		3	5	0	0	0	0			

税则号列	商品描述	最惠国税率(%)	协定税率(%)																			
			东盟										亚太	智利	巴基斯坦	新加坡	新西兰	秘鲁	哥斯达黎加	香港	澳门	台湾
			文莱	柬埔寨	印尼	老挝	马来西亚	缅甸	菲律宾	新加坡	泰国	越南										
84433221	可以网络连接的喷墨印刷机	8	0	0	0	0	0	0	0	0	0	0		0	5	0	0	0	0			
84433222	可以网络连接的静电照相印刷机(激光印刷机)	8	0	0	0	0	0	0	0	0	0	0	7.2	0	5		0	0	0			
84433229	可以网络连接的其他数字印刷设备	8	0	0	0	0	0	0	0	0	0	0	7.2	0	5		0	0	0			
84433912	间接法静电感光复印设备	10	0	0	0	0	0	0	0	0	0	0		3	5	0	0	0	0			
84433922	接触式感光复印设备	20	0	0	0	0	0	0	0	0	0	0		0		0	0	14	12			
84433923	热敏复印设备	20	0	0	0	0	0	0	0	0	0	0		0		0	0	14	12			
84433924	热升华复印设备	20	0	0	0	0	0	0	0	0	0	0		0		0	0	14	12			
84433931	其他独立的喷墨印刷机	8	0	0	0	0	0	0	0	0	0	0		0	5	0	0	0	0			
84433932	其他独立的静电照相印刷机(激光印刷机)	8	0	0	0	0	0	0	0	0	0	0	7.2	0	5		0	0	0			
84433939	其他独立的数字印刷设备	8	0	0	0	0	0	0	0	0	0	0	7.2	0	5	0	0	0	0			
84433990	其他独立的电传打字机	0																				
84439111	卷筒料给料机	12	0	0	0	0	0	0	0	0	0	0		3.6	6	0	0	4.8	7.2			
84439119	其他传统印刷机用辅助机器	12	0	0	0	0	0	0	0	0	0	0		3.6	6	0	0	4.8	7.2			
84439190	传统印刷机用零件及附件	6	0	0	0	0	0	0	0	0	0	0		0	5		0	0	0			
84439910	数字印刷设备用辅助机器	12	0	0	0	0	0	0	0	0	0	0		3.6	6	0	0	4.8	7.2			
84439921	热敏打印头	6	0	0	0	0	0	0	0	0	0	0		0	5		0	2.4	0			
84439929	数字印刷设备的其他零件	6	0	0	0	0	0	0	0	0	0	0		0	5		0	2.4	0			
84440010	合成纤维长丝纺丝机	10	0	0	0	0	0	0	0	0	0	0	7	0	5		0	0	0			0
84440020	合成纤维短丝纺丝机	10	0	0	0	0	0	0	0	0	0	0	7	0	5		0	0	0			
84440030	人造纤维纺丝机	10	0	0	0	0	0	0	0	0	0	0	7	0	5		0	0	0			
84440040	化学纤维变形机	10	0	0	0	0	0	0	0	0	0	0	7	0	5		0	0	0			
84440050	化学纤维切断机	10	0	0	0	0	0	0	0	0	0	0	7	0	5		0	0	0			
84440090	其他化学纤维挤压、拉伸、变形或切割机器	10	0	0	0	0	0	0	0	0	0	0	7	0	5		0	0	0			
84451111	棉纤维清梳联合机	10	0	0	0	0	0	0	0	0	0	0	9	0	5		0	0	0			
84451112	棉纤维自动抓棉机	10	0	0	0	0	0	0	0	0	0	0	9	0	5		0	0	0			
84451113	棉纤维梳棉机	10	0	0	0	0	0	0	0	0	0	0	9	0	5		0	0	0			
84451119	其他棉纤维梳理机	10	0	0	0	0	0	0	0	0	0	0	9	0	5		0	0	0			
84451120	毛纤维梳理机	10	0	0	0	0	0	0	0	0	0	0	9	0	5		0	0	0			

税则号列	商品描述	最惠国税率(%)	协定税率(%)																			
			东盟										亚太	智利	巴基斯坦	新加坡	新西兰	秘鲁	哥斯达黎加	香港	澳门	台湾
			文莱	柬埔寨	印尼	老挝	马来西亚	缅甸	菲律宾	新加坡	泰国	越南										
84451190	其他纺织纤维梳理机	10	0	0	0	0	0	0	0	0	0	0	9	0	5		0	0	0			
84451210	棉纺织纤维精梳机	10	0	0	0	0	0	0	0	0	0	0		0	5		0	0	0			
84451220	毛纺织纤维精梳机	10	0	0	0	0	0	0	0	0	0	0		0	5		0	0	0			
84451290	其他纺织纤维精梳机	10	0	0	0	0	0	0	0	0	0	0		0	5		0	0	0			
84451310	拉伸机	10	0	0	0	0	0	0	0	0	0	0		0	5		0	0	0			
84451321	棉纺粗纱机	10	0	0	0	0	0	0	0	0	0	0		0	5		0	0	0			
84451322	毛纺粗纱机	10	0	0	0	0	0	0	0	0	0	0		0	5		0	0	0			
84451329	其他粗纱机	10	0	0	0	0	0	0	0	0	0	0		0	5		0	0	0			
84451900	纺织纤维的其他预处理机器	10	0	0	0	0	0	0	0	0	0	0	9	3	5		0	7	0			
84452031	转杯纺纱机	10	0	0	0	0	0	0	0	0	0	0	9	0	5		0	0	0			
84452032	喷气纺纱机	10	0	0	0	0	0	0	0	0	0	0		0	5		0	0	0			
84452039	其他自由端纺纱机	10	0	0	0	0	0	0	0	0	0	0		0	5		0	0	0			
84452041	棉环锭细纱机	10.5	0	0	0	0	0	0	0	0	0	0	9.5	0	5	0	0	4.2	6.3			
84452042	毛环锭细纱机	10	0	0	0	0	0	0	0	0	0	0		0	5		0	0	0			
84452049	其他环锭细纱机	10	0	0	0	0	0	0	0	0	0	0		0	5		0	0	0			
84452090	其他纺纱机	10	0	0	0	0	0	0	0	0	0	0	9	0	5		0	0	0			
84453000	并线机或加捻机	10	0	0	0	0	0	0	0	0	0	0	9	0	5		0	0	0			
84454010	自动络筒机	10	0	0	0	0	0	0	0	0	0	0	9	3	5		0	7	0			
84454090	其他络纱机(包括卷纬机)或摇纱机	10	0	0	0	0	0	0	0	0	0	0	9	3	5		0	7	0			
84459010	整经机	10	0	0	0	0	0	0	0	0	0	0	9	3	5		0	0	0			
84459020	浆纱机	10	0	0	0	0	0	0	0	0	0	0	9	3	5		0	0	0			
84459090	其他生产及处理纺织纱线的机器	10	0	0	0	0	0	0	0	0	0	0	9	3	5		0	0	0			
84461000	所织织物宽度≤30 厘米的织机	8	0	0	0	0	0	0	0	0	0	0	7.2	0	5		0	0	0			
84462110	所织织物宽度＞30 厘米的梭织动力地毯织机	12	0	0	0	0	0	0	0	0	0	0	10.8	3.6	5	0	0	8.4	7.2			
84462190	所织织物宽度＞30 厘米的其他梭织动力织机	10	0	0	0	0	0	0	0	0	0	0	9	3	5	0	0	7	0			
84462900	所织织物宽度＞30 厘米的梭织非动力织机	10	0	0	0	0	0	0	0	0	0	0		3	5		0	7	0			
84463020	所织织物宽度＞30 厘米的剑杆织机	8	0	0	0	0	0	0	0	0	0	0	6.8	2.4	5		0	0	0			
84463030	所织织物宽度＞30 厘米的片梭织机	8	0	0	0	0	0	0	0	0	0	0	5.6	2.4	5		0	0	0			

税则号列	商品描述	最惠国税率(%)	协定税率(%) 东盟 文莱	柬埔寨	印尼	老挝	马来西亚	缅甸	菲律宾	新加坡	泰国	越南	亚太	智利	巴基斯坦	新加坡	新西兰	秘鲁	哥斯达黎加	香港	澳门	台湾
84463040	所织织物宽度>30厘米的喷水织机	8	0	0	0	0	0	0	0	0	0	0	6.8	2.4	5		0	0	0			0
84463050	所织织物宽度>30厘米的喷气织机	8	0	0	0	0	0	0	0	0	0	0	6.8	2.4	5		0	0	0			
84463090	所织织物宽度>30厘米的其他无梭织机	8	0	0	0	0	0	0	0	0	0	0	6.8	2.4	5		0	0	0			
84471100	圆筒直径≤165毫米的圆形针织机	8	0	0	0	0	0	0	0	0	0	0	7	0	5		0	0	0			0
84471200	圆筒直径>165毫米的圆形针织机	8	0	0	0	0	0	0	0	0	0	0		0	5		0	0	0			0
84472011	特里科经编机	8	0	0	0	0	0	0	0	0	0	0	6.8	0	5		0	0	0			
84472012	拉舍尔经编机	8	0	0	0	0	0	0	0	0	0	0	6.8	0	5		0	0	0			
84472019	其他经编机	8	0	0	0	0	0	0	0	0	0	0	6.8	0	5		0	0	0			
84472020	平型纬编机	8	0	0	0	0	0	0	0	0	0	0	6.8	0	5		0	0	0			0
84472030	缝编机	8	0	0	0	0	0	0	0	0	0	0	6.8	0	5		0	0	0			
84479011	地毯织机	7	0	0	0	0	0	0	0	0	0	0	4.9	0	0		0	0	0			
84479019	其他簇绒机	8	0	0	0	0	0	0	0	0	0	0	5.6	0	5		0	0	0			
84479020	绣花机	8	0	0	0	0	0	0	0	0	0	0	6.8	0	5		0	0	0			
84479090	品目84.47的其他未列名机器	10	0	0	0	0	0	0	0	0	0	0	5	0	5		0	0	0			
84481100	多臂机或提花机	8	0	0	0	0	0	0	0	0	0	0		0	5		0	0	0			
84481900	品目84.44至84.47所列的其他辅助机器	8	0	0	0	0	0	0	0	0	0	0		0	5		0	0	0			
84482020	喷丝头或喷丝板	6	0	0	0	0	0	0	0	0	0	0		0	5		0	0	0			
84482090	纤维挤压机及其辅助机器的其他零附件	6	0	0	0	0	0	0	0	0	0	0		0	5		0	0	0			
84483100	钢丝针布	6	0	0	0	0	0	0	0	0	0	0		0	5		0	0	0			
84483200	纺织纤维预处理机器的其他零附件	6	0	0	0	0	0	0	0	0	0	0		0	5		0	0	0			
84483310	络筒锭	6	0	0	0	0	0	0	0	0	0	0		0	5		0	0	0			
84483390	其他锭子、锭壳、纺丝环、钢丝圈	6	0	0	0	0	0	0	0	0	0	0		0	5		0	0	0			
84483910	气流杯	6	0	0	0	0	0	0	0	0	0	0		0	5		0	0	0			
84483920	电子清纱器	6	0	0	0	0	0	0	0	0	0	0		0	5		0	0	0			
84483930	空气捻接器	6	0	0	0	0	0	0	0	0	0	0		0	5		0	0	0			
84483940	环锭细纱机紧密纺装置	6	0	0	0	0	0	0	0	0	0	0		0	5		0	0	0			
84483990	品目84.45所列机器的其他零附件	6	0	0	0	0	0	0	0	0	0	0		0	5		0	0	0			
84484200	织机用筘、综丝及综框	6	0	0	0	0	0	0	0	0	0	0		0	5		0	0	0			

税则号列	商品描述	最惠国税率(%)	协定税率(%)																			
			东盟										亚太	智利	巴基斯坦	新加坡	新西兰	秘鲁	哥斯达黎加	香港	澳门	台湾
			文莱	柬埔寨	印尼	老挝	马来西亚	缅甸	菲律宾	新加坡	泰国	越南										
84484910	接、投梭箱	6	0	0	0	0	0	0	0	0	0	0		0	5		0	0	0			
84484920	引纬、送经装置	6	0	0	0	0	0	0	0	0	0	0		0	5		0	0	0			
84484930	梭子	6	0	0	0	0	0	0	0	0	0	0		0	5		0	0	0			
84484990	织机及其辅助机器用其他零附件	6	0	0	0	0	0	0	0	0	0	0		0	5		0	0	0			
84485120	针织机用28号以下的弹簧针、钩针及复合针	6	0	0	0	0	0	0	0	0	0	0		0	5		0	0	0			
84485190	沉降片、其他织针及成圈机件	6	0	0	0	0	0	0	0	0	0	0		0	5		0	0	0			
84485900	品目84.47机器用的其他零附件	6	0	0	0	0	0	0	0	0	0	0		0	5		0	0	0	0		0
84490010	针刺机	8	0	0	0	0	0	0	0	0	0	0		0	5		0	0	0			
84490020	水刺设备	8	0	0	0	0	0	0	0	0	0	0		0	5		0	0	0			
84490090	其他毡呢或无纺织物制造或整理机器;帽模	8	0	0	0	0	0	0	0	0	0	0		0	5		0	0	0			
84501110	干衣量≤10千克的波轮式全自动洗衣机	10	0	0	0	0	0	0	0	0	0	0	8.7	3	5	0	0	0	0			
84501120	干衣量≤10千克的滚筒式全自动洗衣机	10	0	0	0	0	0	0	0	0	0	0	8.7	3	5	0	0	0	0			
84501190	干衣量≤10千克的其他全自动洗衣机	10	0	0	0	0	0	0	0	0	0	0	8.7	3	5	0	0	0	0			
84501200	装有离心甩干机的非全自动洗衣机	30	0	0	0	0	0	0	0	0	0	0	24.9	0	24.9	0	4	21	18			
84501900	干衣量≤10千克的其他洗衣机	30	0	0	0	0	0	0	0	0	0	0		0		0	4	21	18			
84502000	干衣量>10千克的洗衣机	10	0	0	0	0	0	0	0	0	0	0		0	5		0	0	0			
84509010	干衣量≤10千克的洗衣机零件	5	0	0	0	0	0	0	0	0	0	0	4.2	0	0		0	0	0			
84509090	干衣量>10千克的洗衣机零件	16	0	0	0	0	0	0	0	0	0	0	14.4	0	12.8	0	0	11.2	9.6			
84511000	干洗机	21	0	0	0	0	0	0	0	0	0	0	16	0	16	0	4	14.7	12.6			
84512100	干衣量≤10千克的干燥机	15	0	0	0	0	0	0	0	0	0	0	13.5	4.5	7.5	0	0	10.5	9			
84512900	干衣量>10千克的干燥机	8	0	0	0	0	0	0	0	0	0	0	7.2	0	5		0	0	0			
84513000	熨烫机及挤压机(包括熔压机)	8	0	0	0	0	0	0	0	0	0	0	7.2	0	5	0	0	0	0			
84514000	洗涤、漂白或染色机器	8.4	0	0	0	0	0	0	0	0	0	0	7	0	5		0	0	0	0	0	0
84515000	纺织物卷绕、退绕、折叠、剪切或剪齿边机器	8	0	0	0	0	0	0	0	0	0	0	7.2	2.4	5		0	0	0			0
84518000	品目84.51所列其他未列名的机器	12	0	0	0	0	0	0	0	0	0	0	10.8	3.6	5	0	0	8.4	7.2	0		0
84519000	品目84.51所列机器的零件	8	0	0	0	0	0	0	0	0	0	0	7.2	0	5		0	0	0			

税则号列	商品描述	最惠国税率(%)	协定税率(%) 东盟 文莱	柬埔寨	印尼	老挝	马来西亚	缅甸	菲律宾	新加坡	泰国	越南	亚太	智利	巴基斯坦	新加坡	新西兰	秘鲁	哥斯达黎加	香港	澳门	台湾
84521010	多功能家用缝纫机	21	0	0	0	0	0	0	0	0	0	0	17	6.3	16.8	0	4	14.7	12.6			
84521091	手动式家用型缝纫机	21	0	0	0	0	0	0	0	0	0	0	17	6.3	16.8	0	4	14.7	12.6			
84521099	其他家用型缝纫机	21	0	0	0	0	0	0	0	0	0	0	17	6.3	16.8	0	4	14.7	12.6			
84522110	非家用自动平缝机	12	0	0	0	0	0	0	0	0	0	0	10.7	3.6	5	0	0	4.8	7.2			
84522120	非家用自动包缝机	12	0	0	0	0	0	0	0	0	0	0	10.7	3.6	5	0	0	4.8	7.2			0
84522130	非家用自动绷缝机	12	0	0	0	0	0	0	0	0	0	0	10.7	3.6	5	0	0	4.8	7.2			0
84522190	其他非家用自动缝纫机	12	0	0	0	0	0	0	0	0	0	0	10.7	3.6	5	0	0	4.8	7.2			0
84522900	其他非家用非自动缝纫机	12	0	0	0	0	0	0	0	0	0	0	10.8	3.6	5	0	0	4.8	7.2	0		
84523000	缝纫机针	14	0	0	0	0	0	0	0	0	0	0	12.6	0	7	0	0	5.6	8.4			
84529011	家用型缝纫机用旋梭	14	0	0	0	0	0	0	0	0	0	0	9.8	4.2	7	0	0	5.6	8.4			
84529019	家用型缝纫机用其他零件	14	0	0	0	0	0	0	0	0	0	0	9.8	4.2	7	0	0	5.6	8.4			
84529091	其他缝纫机用旋梭	14	0	0	0	0	0	0	0	0	0	0	9.8	4.2	7	0	0	5.6	8.4			
84529092	其他缝纫机专用的特制家具、底座和罩盖及其零件	14	0	0	0	0	0	0	0	0	0	0		0	11.2	0	0	5.6	8.4			
84529099	其他缝纫机用其他零件	14	0	0	0	0	0	0	0	0	0	0	9.8	4.2	7	0	0	5.6	8.4			0
84531000	生皮、皮革的处理、鞣制或加工机器	8.4	0	0	0	0	0	0	0	0	0	0	8	2.5	5		0	0	0			
84532000	鞋靴制作或修理机器	8.4	0	0	0	0	0	0	0	0	0	0	8	0	5		0	0	0			
84538000	毛皮及其他皮革的制作或修理机器	8.4	0	0	0	0	0	0	0	0	0	0		0	5		0	0	0			
84539000	品目84.53所列机器的零件	8	0	0	0	0	0	0	0	0	0	0		0	5		0	0	0			
84541000	金属冶炼及铸造用转炉	8.4	0	0	0	0	0	0	0	0	0	0		0	5		0	0	0			
84542010	炉外精炼设备	8.4	0	0	0	0	0	0	0	0	0	0		0	5		0	0	0			
84542090	其他金属冶炼及铸造用锭模及浇包	8.4	0	0	0	0	0	0	0	0	0	0		0	5		0	0	0			
84543010	冷室压铸机	12	0	0	0	0	0	0	0	0	0	0	11.4	0	6	0	0	4.8	7.2			
84543021	方坯连铸机	10	0	0	0	0	0	0	0	0	0	0	9.5	0	5		0	0	0			
84543022	板坯连铸机	12	0	0	0	0	0	0	0	0	0	0	11.4	0	6	0	0	4.8	7.2			
84543029	其他钢坯连铸机	12	0	0	0	0	0	0	0	0	0	0	11.4	0	6	0	0	4.8	7.2			
84543090	其他金属冶炼及铸造用铸造机	12	0	0	0	0	0	0	0	0	0	0	11.4	0	6	0	0	4.8	7.2			
84549010	炉外精炼设备用零件	8	0	0	0	0	0	0	0	0	0	0		2.4	5		0	0	0			
84549021	结晶器	8	0	0	0	0	0	0	0	0	0	0		2.4	5		0	0	0			
84549022	振动装置	8	0	0	0	0	0	0	0	0	0	0		2.4	5		0	0	0			

税则号列	商品描述	最惠国税率（%）	协定税率（%）																				
			东盟										亚太	智利	巴基斯坦	新加坡	新西兰	秘鲁	哥斯达黎加	香港	澳门	台湾
			文莱	柬埔寨	印尼	老挝	马来西亚	缅甸	菲律宾	新加坡	泰国	越南										
84549029	其他钢坯连铸机用零件	8	0	0	0	0	0	0	0	0	0	0		2.4	5		0	0	0			
84549090	其他冶炼等用转炉及铸造机的零件	8	0	0	0	0	0	0	0	0	0	0		2.4	5		0	0	0			
84551010	热轧管机	12	0	0	0	0	0	0	0	0	0	0	8.4	0	5	0	0	4.8	7.2			
84551020	冷轧管机	12	0	0	0	0	0	0	0	0	0	0	8.4	0	5	0	0	4.8	7.2			
84551030	定、减径轧管机	12	0	0	0	0	0	0	0	0	0	0	8.4	0	5	0	0	4.8	7.2			
84551090	其他金属轧管机	12	0	0	0	0	0	0	0	0	0	0	8.4	0	5	0	0	4.8	7.2			
84552110	板材热轧机	15	0	0	0	0	0	0	0	0	0	0	10.5	4.5	7.5	0	0	10.5	9			
84552120	型钢轧机	15	0	0	0	0	0	0	0	0	0	0	10.5	4.5	7.5	0	0	10.5	9			
84552130	线材轧机	15	0	0	0	0	0	0	0	0	0	0	10.5	4.5	7.5	0	0	10.5	9			
84552190	其他金属热轧或冷热联合轧机	15	0	0	0	0	0	0	0	0	0	0	10.5	4.5	7.5	0	0	10.5	9			
84552210	板材冷轧机	10	0	0	0	0	0	0	0	0	0	0		0	5		0	0	0			
84552290	其他金属冷轧机	15	0	0	0	0	0	0	0	0	0	0		0	12	0	0	10.5	9			
84553000	金属轧机用轧辊	8.4	0	0	0	0	0	0	0	0	0	0		0	5		0	0	0			
84559000	金属轧机的其他零件	8	0	0	0	0	0	0	0	0	0	0	4	0	0		0	0	0			
84562000	用超声波处理各种材料的加工机床	10	0	0	0	0	0	0	0	0	0	0		0	5	0	0	0	0			
84563010	数控的用放电处理各种材料的加工机床	9.7	0	0	0	0	0	0	0	0	0	0		0	5		0	0	0			
84563090	非数控的用放电处理各种材料的加工机床	10	0	0	0	0	0	0	0	0	0	0		0	5	0	0	0	0			
84571010	立式加工中心	9.7	0	0	0	0	0	0	0	0	0	0	6.8	0	5		0	0	0			
84571020	卧式加工中心	9.7	0	0	0	0	0	0	0	0	0	0	8.8	0	5		0	0	0			
84571030	龙门式加工中心	9.7	0	0	0	0	0	0	0	0	0	0	6.8	0	5		0	0	0			
84571090	其他加工金属的加工中心	9.7	0	0	0	0	0	0	0	0	0	0	6.8	0	5		0	0	0			
84572000	加工金属的单工位组合机床	8	0	0	0	0	0	0	0	0	0	0		0	5		0	0	0			
84573000	加工金属的多工位组合机床	5	0	0	0	0	0	0	0	0	0	0		1.5	0		0	0	0			
84581100	切削金属的数控卧式车床	9.7	0	0	0	0	0	0	0	0	0	0		0	5		0	0	0	0		0
84581900	切削金属的非数控卧式车床	12	0	0	0	0	0	0	0	0	0	0		0	6	0	0	4.8	7.2	0		
84589100	切削金属的其他数控车床	5	0	0	0	0	0	0	0	0	0	0		0	0		0	0	0			0
84589900	切削金属的其他车床	12	0	0	0	0	0	0	0	0	0	0		0	6	0	0	4.8	7.2			
84591000	切削金属的直线移动式动力头钻床	15	0	0	0	0	0	0	0	0	0	0		0	12	0	0	10.5	9			

税则号列	商品描述	最惠国税率(%)	协定税率(%)																			
			东盟										亚太	智利	巴基斯坦	新加坡	新西兰	秘鲁	哥斯达黎加	香港	澳门	台湾
			文莱	柬埔寨	印尼	老挝	马来西亚	缅甸	菲律宾	新加坡	泰国	越南										
84592100	切削金属的数控钻床	9.7	0	0	0	0	0	0	0	0	0	0		0	5		0	0	0			0
84592900	切削金属的其他钻床	15	0	0	0	0	0	0	0	0	0	0		0	12	0	0	10.5	9			
84593100	切削金属的数控镗铣机床	9.7	0	0	0	0	0	0	0	0	0	0		0	5		0	0	0			
84593900	切削金属的其他镗铣机床	10	0	0	0	0	0	0	0	0	0	0		0	5		0	0	0			
84594010	切削金属的数控镗床	9.7	0	0	0	0	0	0	0	0	0	0		0	5		0	0	0			
84594090	切削金属的其他镗床	15	0	0	0	0	0	0	0	0	0	0		0	12	0	0	10.5	9			
84595100	切削金属的升降台式数控铣床	9.7	0	0	0	0	0	0	0	0	0	0		0	5		0	0	0			
84595900	切削金属的其他升降台式铣床	15	0	0	0	0	0	0	0	0	0	0		0	12	0	0	10.5	9			
84596110	切削金属的数控龙门铣床	5	0	0	0	0	0	0	0	0	0	0		0	0		0	0	0			
84596190	切削金属的其他数控铣床	5	0	0	0	0	0	0	0	0	0	0		0	0		0	0	0			
84596910	切削金属的非数控龙门铣床	12	0	0	0	0	0	0	0	0	0	0	10	0	5	0	0	4.8	7.2			
84596990	切削金属的其他铣床	12	0	0	0	0	0	0	0	0	0	0	11	0	6	0	0	4.8	7.2			
84597000	切削金属的其他攻丝机床	12	0	0	0	0	0	0	0	0	0	0		0	6	0	0	4.8	7.2			
84601100	数控平面磨床	9.7	0	0	0	0	0	0	0	0	0	0		0	5		0	0	0			0
84601900	其他平面磨床	15	0	0	0	0	0	0	0	0	0	0		0	12	0	0	10.5	9			
84602110	数控外圆磨床	9.7	0	0	0	0	0	0	0	0	0	0		0	5		0	0	0			
84602120	数控内圆磨床	9.7	0	0	0	0	0	0	0	0	0	0		0	5		0	0	0			
84602190	其他数控磨床	9.7	0	0	0	0	0	0	0	0	0	0		0	5		0	0	0			
84602910	其他外圆磨床	15	0	0	0	0	0	0	0	0	0	0		0	12	0	0	10.5	9			
84602920	其他内圆磨床	15	0	0	0	0	0	0	0	0	0	0		0	12	0	0	10.5	9			
84602930	非数控轧辊磨床	13	0	0	0	0	0	0	0	0	0	0		0	6.5	0	0	5.2	7.8			
84602990	其他磨床	13	0	0	0	0	0	0	0	0	0	0		0	6.5	0	0	5.2	7.8			
84603100	数控刃磨(工具或刀具)机床	9.7	0	0	0	0	0	0	0	0	0	0		0	5		0	0	0			
84603900	其他刃磨(工具或刀具)机床	15	0	0	0	0	0	0	0	0	0	0		0	12	0	0	10.5	9	0		
84604010	珩磨机床	13	0	0	0	0	0	0	0	0	0	0		0	6.5	0	0	5.2	7.8			
84604020	研磨机床	13	0	0	0	0	0	0	0	0	0	0		0	6.5	0	0	5.2	7.8			0
84609010	砂轮机	15	0	0	0	0	0	0	0	0	0	0		4.5	12	0	0	10.5	9			0
84609020	抛光机床	15	0	0	0	0	0	0	0	0	0	0		4.5	12	0	0	10.5	9			0
84609090	其他磨削等精加工机床	15	0	0	0	0	0	0	0	0	0	0		4.5	12	0	0	10.5	9			
84612010	牛头刨床	15	0	0	0	0	0	0	0	0	0	0		0	12	0	0	10.5	9			

税则号列	商品描述	最惠国税率(%)	协定税率(%)																			
			东盟										亚太	智利	巴基斯坦	新加坡	新西兰	秘鲁	哥斯达黎加	香港	澳门	台湾
			文莱	柬埔寨	印尼	老挝	马来西亚	缅甸	菲律宾	新加坡	泰国	越南										
84612020	插床	15	0	0	0	0	0	0	0	0	0	0		0	12	0	0	10.5	9			0
84613000	拉床	12	0	0	0	0	0	0	0	0	0	0		0	6	0	0	4.8	7.2			0
84614010	数控切齿机、齿轮磨床或齿轮精加工机床	9.7	0	0	0	0	0	0	0	0	0	0		0	5		0	0	0			
84614090	非数控切齿机、齿轮磨床齿轮精加工机床	15	0	0	0	0	0	0	0	0	0	0		0	12	0	0	10.5	9			
84615000	锯床或切断机	12	0	0	0	0	0	0	0	0	0	0		0	6	0	0	4.8	7.2			0
84619011	龙门刨床	15	0	0	0	0	0	0	0	0	0	0		0	12	0	0	10.5	9			0
84619019	其他刨床	15	0	0	0	0	0	0	0	0	0	0		0	12	0	0	10.5	9			0
84619090	品目84.61的未列名机床	12	0	0	0	0	0	0	0	0	0	0		0	6	0	0	4.8	7.2			
84621010	数控锻造或冲压机床及锻锤	9.7	0	0	0	0	0	0	0	0	0	0	6.8	2.9	5		0	0	0			0
84621090	非数控锻造或冲压机床及锻锤	12	0	0	0	0	0	0	0	0	0	0	8.4	3.6	5	0	0	8.4	7.2			0
84622110	数控矫直机	9.7	0	0	0	0	0	0	0	0	0	0		0	5		0	0	0			
84622190	数控的其他弯曲、折叠、矫直或矫平机床	9.7	0	0	0	0	0	0	0	0	0	0		0	5		0	0	0			
84622910	非数控矫直机	10	0	0	0	0	0	0	0	0	0	0		3	5		0	7	0			
84622990	非数控的其他弯曲、折叠、矫直或矫平机床	10	0	0	0	0	0	0	0	0	0	0		3	5	0	0	7	0			
84623110	数控的板带纵剪机	7	0	0	0	0	0	0	0	0	0	0		0	5		0	0	0			
84623120	数控的板带横剪机	7	0	0	0	0	0	0	0	0	0	0		0	5		0	0	0			
84623190	数控的其他剪切机床	7	0	0	0	0	0	0	0	0	0	0		0	5		0	0	0			
84623910	非数控板带纵剪机	10	0	0	0	0	0	0	0	0	0	0	9.5	0	5		0	0	0			
84623920	非数控板带横剪机	10	0	0	0	0	0	0	0	0	0	0	9.5	0	5		0	0	0			
84623990	其他剪切机床	10	0	0	0	0	0	0	0	0	0	0	9.5	0	5		0	0	0			
84624111	自动换模式数控步冲压力机	9.7	0	0	0	0	0	0	0	0	0	0		0	5		0	0	0			
84624119	其他数控冲床	9.7	0	0	0	0	0	0	0	0	0	0		0	5		0	0	0			
84624190	其他数控冲孔、开槽机,冲剪两用机	9.7	0	0	0	0	0	0	0	0	0	0		0	5		0	0	0			
84624900	非数控冲孔、开槽机,冲剪两用机	10	0	0	0	0	0	0	0	0	0	0		0	5	0	0	0	0			0
84629110	金属型材挤压机	10	0	0	0	0	0	0	0	0	0	0	9.2	3	5		0	0	0			
84629190	其他液压压力机	10	0	0	0	0	0	0	0	0	0	0	9.2	3	5	0	0	0	0			
84629910	其他机械压力机	10	0	0	0	0	0	0	0	0	0	0	9.5	3	5	0	0	0	0			0

税则号列	商品描述	最惠国税率(%)	协定税率(%)																			
			东盟										亚太	智利	巴基斯坦	新加坡	新西兰	秘鲁	哥斯达黎加	香港	澳门	台湾
			文莱	柬埔寨	印尼	老挝	马来西亚	缅甸	菲律宾	新加坡	泰国	越南										
84629990	品目 84.62 的未列名机床	10	0	0	0	0	0	0	0	0	0	0	9.5	3	5	0	0	0	0			
84631011	拉拔力≤300 吨的冷拔管机	10	0	0	0	0	0	0	0	0	0	0		0	5		0	0	0			
84631019	其他冷拔管机	10	0	0	0	0	0	0	0	0	0	0		0	5	0	0	0	0			0
84631020	拔丝机	10	0	0	0	0	0	0	0	0	0	0		0	5		0	0	0			
84631090	其他金属杆、管、型材及类似品的拉拔机	10	0	0	0	0	0	0	0	0	0	0		0	5		0	0	0			
84632000	金属或金属陶瓷的螺纹滚轧机	15	0	0	0	0	0	0	0	0	0	0		0	12	0	0	10.5	9			
84633000	金属丝加工机	10	0	0	0	0	0	0	0	0	0	0		0	5		0	0	0			
84639000	其他非切削加工机床	10	0	0	0	0	0	0	0	0	0	0		3	5		0	7	0			
84651000	不需变换工具即可进行加工的机床	10	0	0	0	0	0	0	0	0	0	0		3	5	0	0	7	0	0		
84659100	加工木材等材料的锯床	10	0	0	0	0	0	0	0	0	0	0		3	5		0	7	0	0		
84659200	加工木材等材料的刨、铣或切削机器	10	0	0	0	0	0	0	0	0	0	0		0	5	0	0	0	0	0		
84659300	加工木材等材料的研磨或抛光机器	10	0	0	0	0	0	0	0	0	0	0		0	5		0	0	0	0		
84659400	加工木材等材料的弯曲或装配机器	10	0	0	0	0	0	0	0	0	0	0		0	5	0	0	0	0			
84659500	加工木材等材料的钻孔或凿榫机器	10	0	0	0	0	0	0	0	0	0	0		0	5	0	0	0	0	0		
84659600	加工木材等材料的剖、切或刮削机器	10	0	0	0	0	0	0	0	0	0	0		0	5	0	0	0	0			
84659900	加工木材等材料的其他机床	10	0	0	0	0	0	0	0	0	0	0		3	5	0	0	7	0	0		
84661000	工具夹具及自启板牙切头	7	0	0	0	0	0	0	0	0	0	0		0	5		0	0	0			
84662000	工件夹具	7	0	0	0	0	0	0	0	0	0	0	4.9	0	0		0	0	0			0
84663000	分度头及其他专用于机床的附件	7	0	0	0	0	0	0	0	0	0	0		0	5		0	0	0			
84669200	品目 84.65 所列机器用的零附件	6	0	0	0	0	0	0	0	0	0	0		0	5		0	0	0	0		
84669400	品目 84.62 ~ 84.63 机器用其他零附件	6	0	0	0	0	0	0	0	0	0	0		1.8	5		0	0	0			0
84671100	旋转式手提风动工具	8	0	0	0	0	0	0	0	0	0	0		0	5		0	0	0			
84671900	其他手提式风动工具	8	0	0	0	0	0	0	0	0	0	0		0	5		0	0	0			
84672100	电动钻	10	0	0	0	0	0	0	0	0	0	0	9	3	5	0	0	7	0	0		
84672210	电动链锯	10	0	0	0	0	0	0	0	0	0	0	9	3	5		0	7	0	0		
84672290	其他电动锯	10	0	0	0	0	0	0	0	0	0	0	9	3	5	0	0	7	0	0		
84672910	电动砂磨工具	10	0	0	0	0	0	0	0	0	0	0	8	3	5	0	0	7	0	0		
84672920	电刨	10	0	0	0	0	0	0	0	0	0	0	8	3	5		0	7	0	0		
84672990	其他电动工具	10	0	0	0	0	0	0	0	0	0	0	8	3	5	0	0	7	0	0		

税则号列	商品描述	最惠国税率(%)	协定税率(%) 东盟 文莱	柬埔寨	印尼	老挝	马来西亚	缅甸	菲律宾	新加坡	泰国	越南	亚太	智利	巴基斯坦	新加坡	新西兰	秘鲁	哥斯达黎加	香港	澳门	台湾
84678100	手提式液压或其他动力链锯	8	0	0	0	0	0	0	0	0	0	0		0	5		0	0	0			
84678900	其他手提式液压或其他动力工具	8	0	0	0	0	0	0	0	0	0	0		0	5		0	0	0			
84679110	电动链锯用零件	6	0	0	0	0	0	0	0	0	0	0	4.8	0	0		0	0	0	0		
84679190	其他链锯用零件	6	0	0	0	0	0	0	0	0	0	0		0	5		0	0	0			
84679200	风动工具零件	6	0	0	0	0	0	0	0	0	0	0		0	5		0	0	0			
84679910	其他手提式电动工具用零件	10	0	0	0	0	0	0	0	0	0	0	9	0	5	0	0	0	0	0		
84679990	其他手提式工具用零件	6	0	0	0	0	0	0	0	0	0	0		0	5		0	0	0			
84681000	手提喷焊器	12	0	0	0	0	0	0	0	0	0	0		0	6	0	0	4.8	7.2			
84682000	其他气体焊或表面回火机器及装置	12	0	0	0	0	0	0	0	0	0	0		0	6	0	0	4.8	7.2			
84688000	其他焊接机器及装置	12	0	0	0	0	0	0	0	0	0	0		0	6	0	0	4.8	7.2			
84689000	焊接机器用零件	7	0	0	0	0	0	0	0	0	0	0		0	5		0	0	0			
84690012	自动打字机	12	0	0	0	0	0	0	0	0	0	0		0	6	0	0	4.8	7.2			
84690020	其他电动打字机	12	0	0	0	0	0	0	0	0	0	0	10.8	0	5	0	0	4.8	7.2			
84690030	其他非电动打字机	12	0	0	0	0	0	0	0	0	0	0		0	6	0	0	4.8	7.2			
84721000	胶版复印机、油印机	14	0	0	0	0	0	0	0	0	0	0		0	11.2	0	0	5.6	8.4			
84723010	邮政信件分拣及封装设备	10	0	0	0	0	0	0	0	0	0	0		0	5		0	0	0			
84723090	其他信件分类、折叠、信封装封机等机器	14	0	0	0	0	0	0	0	0	0	0		0	7	0	0	5.6	8.4			
84729040	地址印写机及地址铭牌压印机	14	0	0	0	0	0	0	0	0	0	0		0	11.2	0	0	5.6	8.4			
84731000	打字机、文字处理机的零附件	8	0	0	0	0	0	0	0	0	0	0		0	5		0	0	0			
84734010	自动柜员机用出钞器	10.5	0	0	0	0	0	0	0	0	0	0		0	5	0	0	4.2	6.3			
84734090	品目 84.72 所列其他办公室用机器零附件	10.5	0	0	0	0	0	0	0	0	0	0		0	5	0	0	4.2	6.3			
84741000	固体矿物的分类、筛选、分离或洗涤机器	5	0	0	0	0	0	0	0	0	0	0		1.5	0		0	0	0			
84742010	齿辊式破碎及磨粉机器	5	0	0	0	0	0	0	0	0	0	0		1.5	0		0	0	0			
84742020	球磨式破碎及磨粉机器	5	0	0	0	0	0	0	0	0	0	0		1.5	0		0	0	0			
84742090	其他破碎及磨粉机器	5	0	0	0	0	0	0	0	0	0	0		1.5	0		0	0	0			
84743100	混凝土或砂浆混合机器	7	0	0	0	0	0	0	0	0	0	0		0	5		0	0	0			
84743200	矿物与沥青的混合机器	7	0	0	0	0	0	0	0	0	0	0		2.1	5		0	0	0			
84743900	其他混合或搅拌机器	5	0	0	0	0	0	0	0	0	0	0		1.5	0		0	0	0			

税则号列	商品描述	最惠国税率(%)	协定税率(%) 东盟 文莱	东盟 柬埔寨	东盟 印尼	东盟 老挝	东盟 马来西亚	东盟 缅甸	东盟 菲律宾	东盟 新加坡	东盟 泰国	东盟 越南	亚太	智利	巴基斯坦	新加坡	新西兰	秘鲁	哥斯达黎加	香港	澳门	台湾
84748010	固体矿物的辊压成型机	5	0	0	0	0	0	0	0	0	0	0	4.5	1.5	0		0	0	0			
84748020	模压成型机	5	0	0	0	0	0	0	0	0	0	0	4.5	1.5	0		0	0	0			
84748090	品目84.74所列的其他机器	5	0	0	0	0	0	0	0	0	0	0	4.5	1.5	0		0	0	0			
84749000	品目84.74所列机器的零件	5	0	0	0	0	0	0	0	0	0	0		1.5	0		0	2	0			
84751000	白炽灯泡、灯管等的封装机	8	0	0	0	0	0	0	0	0	0	0		2.4	5		0	0	0			
84752100	制造光导纤维及其预制棒的机器	10	0	0	0	0	0	0	0	0	0	0		0	5	0	0	0	0			
84752911	连续式玻璃热弯炉	10	0	0	0	0	0	0	0	0	0	0		0	5		0	0	0			
84752912	玻璃纤维拉丝机(光纤拉丝机除外)	10	0	0	0	0	0	0	0	0	0	0		0	5		0	0	0			
84752919	其他玻璃热加工设备	10	0	0	0	0	0	0	0	0	0	0		0	5	0	0	0	0			
84752990	其他玻璃及其制品的制造或热加工机器	10	0	0	0	0	0	0	0	0	0	0		0	5		0	0	0			
84759000	品目84.75所列机器的零件	8	0	0	0	0	0	0	0	0	0	0		2.4	5		0	0	0			
84762100	装有加热或制冷装置的饮料自动销售机	14	0	0	0	0	0	0	0	0	0	0		4.2	11.2	0	0	5.6	8.4			
84762900	其他饮料自动销售机	15	0	0	0	0	0	0	0	0	0	0		0	12	0	0	10.5	9			
84768100	装有加热或制冷装置的自动售货机	14	0	0	0	0	0	0	0	0	0	0		0	7	0	0	5.6	8.4			
84768900	其他自动售货机	15	0	0	0	0	0	0	0	0	0	0		4.5	12	0	0	10.5	9			
84769000	品目84.76所列机器的零件	10	0	0	0	0	0	0	0	0	0	0		0	5		0	0	0			
84772010	塑料造粒机	5	0	0	0	0	0	0	0	0	0	0	4.5	0	0		0	0	0	0		0
84772090	其他加工橡胶或塑料的挤出机	5	0	0	0	0	0	0	0	0	0	0	4.5	0	0		0	0	0	0		0
84773010	挤出吹塑机	5	0	0	0	0	0	0	0	0	0	0		1.5	0		0	0	0	0		
84773020	注射吹塑机	5	0	0	0	0	0	0	0	0	0	0		1.5	0		0	0	0	0		
84773090	其他吹塑机	5	0	0	0	0	0	0	0	0	0	0		1.5	0		0	0	0	0		
84774010	塑料中空成型机	5	0	0	0	0	0	0	0	0	0	0	4.5	0	0		0	0	0			0
84774020	塑料压延成型机	5	0	0	0	0	0	0	0	0	0	0	4.5	0	0		0	0	0			0
84774090	其他真空模塑及热成型机器	5	0	0	0	0	0	0	0	0	0	0	4.5	0	0		0	0	0			0
84775100	用于充气轮胎或内胎模塑或翻新的机器	5	0	0	0	0	0	0	0	0	0	0		1.5	0		0	0	0			
84775900	其他橡胶或塑料的模塑机、成型机	5	0	0	0	0	0	0	0	0	0	0	3.5	0	0		0	0	0	0		0
84778000	其他橡胶或塑料加工机器	5	0	0	0	0	0	0	0	0	0	0	4.5	0	0		0	0	0	0		0
84781000	其他未列名的烟草加工及制作机器	5	0	0	0	0	0	0	0	0	0	0	2.5	0	0		0	0	0			

税则号列	商品描述	最惠国税率(%)	协定税率(%)																			
			东盟										亚太	智利	巴基斯坦	新加坡	新西兰	秘鲁	哥斯达黎加	香港	澳门	台湾
			文莱	柬埔寨	印尼	老挝	马来西亚	缅甸	菲律宾	新加坡	泰国	越南										
84789000	烟草加工及制作机器用的零件	10	0	0	0	0	0	0	0	0	0	0		0	5		0	0	0			
84791021	沥青混凝土摊铺机	8	0	0	0	0	0	0	0	0	0	0	5.6	2.4	5		0	0	0			
84791022	稳定土摊铺机	8	0	0	0	0	0	0	0	0	0	0	5.6	2.4	5		0	0	0			
84791029	其他摊铺机	8	0	0	0	0	0	0	0	0	0	0	5.6	2.4	5		0	0	0			
84791090	其他公共工程用的机器	8	0	0	0	0	0	0	0	0	0	0	5.6	2.4	5		0	0	0			
84792000	提取加工动物或植物油脂的机器	10	0	0	0	0	0	0	0	0	0	0		3	5	0	0	0	0			
84793000	木碎料板或木纤维板的挤压机	10	0	0	0	0	0	0	0	0	0	0		0	5		0	0	0			
84794000	绳或缆的制造机器	7	0	0	0	0	0	0	0	0	0	0		0	5		0	0	0			
84796000	蒸发式空气冷却器	10	0	0	0	0	0	0	0	0	0	0	9	0	5		0	0	0			
84798110	绕线机	9.5	0	0	0	0	0	0	0	0	0	0	9	2.9	5		0	0	0	0		0
84798190	其他处理金属的机械	9.5	0	0	0	0	0	0	0	0	0	0	9	2.9	5		0	0	0	0		0
84798200	其他混合、研磨、筛选、均化等机器	7	0	0	0	0	0	0	0	0	0	0	4.9	0	0		0	0	0			0
84801000	金属铸造用型箱	10	0	0	0	0	0	0	0	0	0	0		0	5		0	0	0			
84802000	型模底板	8	0	0	0	0	0	0	0	0	0	0		0	5		0	0	0			
84803000	阳模	10	0	0	0	0	0	0	0	0	0	0		0	5	0	0	0	0			
84804110	压铸模	8	0	0	0	0	0	0	0	0	0	0	5.6	0	5		0	3.2	0	0		0
84804120	粉末冶金用压模	8	0	0	0	0	0	0	0	0	0	0	5.6	0	5		0	3.2	0	0		0
84804190	其他金属、硬质合金用注模或压模	8	0	0	0	0	0	0	0	0	0	0	5.6	0	5		0	3.2	0	0		0
84804900	金属、硬质合金用其他型模	8	0	0	0	0	0	0	0	0	0	0	5.6	0	5		0	0	0			
84805000	玻璃用型模	8.4	0	0	0	0	0	0	0	0	0	0		0	5		0	0	0			
84806000	矿物材料用型模	8.4	0	0	0	0	0	0	0	0	0	0		2.5	5		0	0	0			
84807900	塑料或橡胶用其他型模	5	0	0	0	0	0	0	0	0	0	0	3.5	0	0		0	0	0	0		0
84811000	减压阀	5	0	0	0	0	0	0	0	0	0	0		1.5	0		0	0	0			
84812010	油压传动阀	5	0	0	0	0	0	0	0	0	0	0		1.5	0		0	0	0			
84812020	气压传动阀	5	0	0	0	0	0	0	0	0	0	0		1.5	0		0	0	0			0
84813000	止回阀	5	0	0	0	0	0	0	0	0	0	0		1.5	0		0	0	0			0
84814000	安全阀或溢流阀	5	0	0	0	0	0	0	0	0	0	0		1.5	0		0	0	0			0
84818021	电磁换向阀	7	0	0	0	0	0	0	0	0	0	0	4.9	2.1	0		0	2.8	0	0		0
84818029	其他换向阀	7	0	0	0	0	0	0	0	0	0	0	4.9	2.1	0		0	2.8	0	0		0
84818031	电子膨胀阀	7	0	0	0	0	0	0	0	0	0	0	4.9	2.1	0		0	2.8	0	0		0

税则号列	商品描述	最惠国税率(%)	协定税率(%)																			
			东盟										亚太	智利	巴基斯坦	新加坡	新西兰	秘鲁	哥斯达黎加	香港	澳门	台湾
			文莱	柬埔寨	印尼	老挝	马来西亚	缅甸	菲律宾	新加坡	泰国	越南										
84818039	其他流量阀	7	0	0	0	0	0	0	0	0	0	0	4.9	2.1	0		0	2.8	0	0		0
84818040	其他阀门	7	0	0	0	0	0	0	0	0	0	0	4.9	2.1	0		0	2.8	0	0		0
84818090	未列名龙头、旋塞及类似装置	5	0	0	0	0	0	0	0	0	0	0		1.5	0		0	2	0	0		
84819010	阀门用零件	8	0	0	0	0	0	0	0	0	0	0		2.4	5		0	0	0			0
84819090	龙头、旋塞及类似装置的零件	8	0	0	0	0	0	0	0	0	0	0		2.4	5		0	0	0			0
84821010	调心球轴承	8	0	0	0	0	0	0	0	0	0	0	7.6	2.4	5	0	0	0	0	0		
84821020	深沟球轴承	8	0	0	0	0	0	0	0	0	0	0	7.6	2.4	5	0	0	0	0	0		
84821030	角接触轴承	8	0	0	0	0	0	0	0	0	0	0	7.6	2.4	5	0	0	0	0	0		
84821040	推力球轴承	8	0	0	0	0	0	0	0	0	0	0	7.6	2.4	5	0	0	0	0	0		
84821090	其他滚珠轴承	8	0	0	0	0	0	0	0	0	0	0	7.6	2.4	5	0	0	0	0	0		
84822000	锥形滚子轴承	8	0	0	0	0	0	0	0	0	0	0		0	5		0	0	0			
84823000	鼓形滚子轴承	8	0	0	0	0	0	0	0	0	0	0		0	5		0	0	0			
84824000	滚针轴承	8	0	0	0	0	0	0	0	0	0	0		0	5		0	0	0			0
84825000	其他圆柱形滚子轴承	8	0	0	0	0	0	0	0	0	0	0		0	5	0	0	0	0			
84828000	其他滚动轴承及球、柱混合轴承	8	0	0	0	0	0	0	0	0	0	0	5.6	2.4	5		0	0	0			
84829100	滚珠、滚针及滚柱	8	0	0	0	0	0	0	0	0	0	0		0	5		0	0	0			
84829900	滚动轴承的其他零件	6	0	0	0	0	0	0	0	0	0	0		0	5		0	0	0			0
84831011	船舶用柴油机曲轴	6	0	0	0	0	0	0	0	0	0	0	5.1	1.8	5		0	0	0	0	0	
84831019	其他船舶用传动轴	6	0	0	0	0	0	0	0	0	0	0	5.1	1.8	5		0	0	0	0	0	
84831090	其他传动轴及曲柄	6	0	0	0	0	0	0	0	0	0	0	5.4	1.8	5		0	0	0	0	0	
84832000	装有滚珠或滚子轴承的轴承座	6	0	0	0	0	0	0	0	0	0	0		0	5		0	0	0		0	
84833000	未装滚珠或滚子轴承的轴承座	6	0	0	0	0	0	0	0	0	0	0		1.8	5		0	0	0		0	
84834010	滚子螺杆传动装置	8	0	0	0	0	0	0	0	0	0	0	5.6	2.4	5		0	0	0	0	0	0
84834020	行星齿轮减速器	8	0	0	0	0	0	0	0	0	0	0	5.6	2.4	5		0	0	0	0	0	
84834090	其他齿轮及齿轮传动装置	8	0	0	0	0	0	0	0	0	0	0	5.6	2.4	5		0	0	0	0	0	0
84835000	飞轮、滑轮及滑轮组	8	0	0	0	0	0	0	0	0	0	0		0	5		0	0	0		0	
84836000	离合器及联轴器(包括万向节)	8	0	0	0	0	0	0	0	0	0	0		0	5		0	0	0		0	
84839000	单独报验的带齿的轮及其他传动元件;零件	8	0	0	0	0	0	0	0	0	0	0		2.4	5		0	3.2	0	0	0	0
84841000	金属片密封垫或类似接合衬垫	8	0	0	0	0	0	0	0	0	0	0		0	5		0	0	0			0

税则号列	商品描述	最惠国税率（%）	协定税率（%） 东盟 文莱	柬埔寨	印尼	老挝	马来西亚	缅甸	菲律宾	新加坡	泰国	越南	亚太	智利	巴基斯坦	新加坡	新西兰	秘鲁	哥斯达黎加	香港	澳门	台湾
84842000	机械密封件	8	0	0	0	0	0	0	0	0	0	0		0	5		0	0	0			
84849000	其他材料制密封垫及类似接合衬垫	8	0	0	0	0	0	0	0	0	0	0		0	5		0	0	0			
84863041	制造平板显示器用的超声波清洗装置	10	0	0	0	0	0	0	0	0	0	0		0	5	0	0	0	0			
84864021	专用于装配与封装半导体器件或集成电路的塑封机	5	0	0	0	0	0	0	0	0	0	0	4.5	0	0		0	0	0			
84864022	专用于装配与封装半导体器件或集成电路的引线键合设备	8	0	0	0	0	0	0	0	0	0	0	7.6	0	5		0	0	0	0		
84864039	其他集成电路或液晶显示屏工厂专用升降、装卸、搬运装置	5	0	0	0	0	0	0	0	0	0	0	3.5	1.5	0		0	0	0			
84869010	升降、搬运、装卸机器用零件及附件（自动搬运设备用除外）	5	0	0	0	0	0	0	0	0	0	0	2.5	1.5	0		0	0	0			
84869020	引线键合装置用零件及附件	6	0	0	0	0	0	0	0	0	0	0	5.7	0	5		0	0	0			
84871000	船用推进器及桨叶	6	0	0	0	0	0	0	0	0	0	0		0	5		0	0	0			
84879000	本章其他编号未列名机器零件	8	0	0	0	0	0	0	0	0	0	0		2.4	5		0	0	0	0		0
85011010	输出功率≤37.5 瓦玩具电动机	24.5	0	0	0	0	0	0	0	0	0	0	23.3	0	23.3	0	4	17.2	14.7	0		5
85011091	20 毫米≤机座直径＜39 毫米微电机	9	0	0	0	0	0	0	0	0	0	0	8.6	0	5	0	0	0	0	0		
85011099	其他输出功率≤37.5 瓦微电机	9	0	0	0	0	0	0	0	0	0	0	8.6	0	5	0	0	0	0	0		0
85012000	输出功率＞37.5 瓦交直流两用电动机	12	0	0	0	0	0	0	0	0	0	0		3.6	6	0	0	8.4	7.2			
85013100	输出功率≤750 瓦直流电动机、发电机	12	0	0	0	0	0	0	0	0	0	0	11	0	6	0	0	4.8	7.2	0	0	0
85013200	750 瓦＜输出功率≤75 千瓦直流电动机、发电机	10	0	0	0	0	0	0	0	0	0	0		0	5	0	0	0	0			
85013300	75 千瓦＜输出功率≤375 千瓦直流电动机、发电机	5	0	0	0	0	0	0	0	0	0	0		1.5	0		0	0	0			
85013400	输出功率＞375 千瓦直流电动机、发电机	12	0	0	0	0	0	0	0	0	0	0		3.6	6	0	0	4.8	7.2			
85014000	单相交流电动机	12	0	0	0	0	0	0	0	0	0	0		3.6	6	0	0	8.4	7.2			
85015100	输出功率≤750 瓦多相交流电动机	5	0	0	0	0	0	0	0	0	0	0		0	0		0	0	0			
85015200	750 瓦＜输出功率≤75 千瓦多相交流电动机	10	0	0	0	0	0	0	0	0	0	0		0	5	0	0	0	0			
85015300	输出功率＞75 千瓦多相交流电动机	12	0	0	0	0	0	0	0	0	0	0	11.4	0	6	0	0	4.8	7.2			
85016100	输出功率≤75 千伏安交流发电机	5	0	0	0	0	0	0	0	0	0	0		1.5	0		0	0	0			

税则号列	商品描述	最惠国税率(%)	协定税率(%) 东盟 文莱	柬埔寨	印尼	老挝	马来西亚	缅甸	菲律宾	新加坡	泰国	越南	亚太	智利	巴基斯坦	新加坡	新西兰	秘鲁	哥斯达黎加	香港	澳门	台湾
85016200	75千伏安<输出功率≤375千伏安交流发电机	12	0	0	0	0	0	0	0	0	0	0		3.6	6	0	0	8.4	7.2			
85016300	375千伏安<输出功率≤750千伏安交流发电机	12	0	0	0	0	0	0	0	0	0	0		3.6	6	0	0	8.4	7.2			
85016410	750千伏安<输出功率<350兆伏安交流发电机	10	0	0	0	0	0	0	0	0	0	0		3	5	0	0	7	0			
85016420	350千伏安≤输出功率<665兆伏安交流发电机	5.8	0	0	0	0	0	0	0	0	0	0		1.7	5		0	0	0			
85016430	输出功率≥665兆伏安交流发电机	6	0	0	0	0	0	0	0	0	0	0		1.8	5		0	0	0			
85021100	输出功率≤75千伏安柴油发电机组	10	0	0	0	0	0	0	0	0	0	0		0	5	0	0	0	0	0		
85021200	75千伏安<输出功率≤375千伏安柴油发电机组	10	0	0	0	0	0	0	0	0	0	0		3	5	0	0	7	0	0		
85021310	375千伏安<输出功率≤2兆伏安柴油发电机组	10	0	0	0	0	0	0	0	0	0	0	7	0	5	0	0	0	0	0		
85021320	输出功率>2兆伏安柴油发电机组	10	0	0	0	0	0	0	0	0	0	0	7	0	5	0	0	0	0	0		
85022000	装有点燃式活塞发动机的发电机组	10	0	0	0	0	0	0	0	0	0	0		0	5	0	0	0	0			
85023100	风力驱动的发电机组	8	0	0	0	0	0	0	0	0	0	0		0	5		0	0	0			
85023900	其他发电机组	10	0	0	0	0	0	0	0	0	0	0		0	5		0	0	0			
85024000	旋转式变流机	10	0	0	0	0	0	0	0	0	0	0		0	5		0	0	0			
85030010	玩具用电动机微电机零件	12	0	0	0	0	0	0	0	0	0	0	11.4	3.6	6	0	0	8.4	7.2	0		0
85030020	输出功率>350兆伏安的交流发电机零件	3	0	0	0	0	0	0	0	0	0	0	2.5	0	0		0	0	0	0		
85030030	风力驱动发电机组的零件	3	0	0	0	0	0	0	0	0	0	0	2.5	0	0		0	0	0	0		
85030090	其他电动机、发电机(组)零件	8	0	0	0	0	0	0	0	0	0	0	7.6	2.4	5		0	0	0	0		0
85041010	电子镇流器	10	0	0	0	0	0	0	0	0	0	0		3	5	0	0	7	0		0	
85041090	其他放电灯或放电管用镇流器	10	0	0	0	0	0	0	0	0	0	0		3	5		0	7	0		0	
85042100	额定容量≤650千伏安的液体介质变压器	10.5	0	0	0	0	0	0	0	0	0	0		3.2	5	0	0	7.4	6.3			
85042200	650千伏安<额定容量≤10兆伏安的液体介质变压器	12.6	0	0	0	0	0	0	0	0	0	0		3.8	6.3	0	0	8.8	7.56			

税则号列	商品描述	最惠国税率(%)	协定税率(%)																			
			东盟																			
			文莱	柬埔寨	印尼	老挝	马来西亚	缅甸	菲律宾	新加坡	泰国	越南	亚太	智利	巴基斯坦	新加坡	新西兰	秘鲁	哥斯达黎加	香港	澳门	台湾
85042311	10 兆伏安＜额定容量≤220 兆伏安的液体变压器	10	0	0	0	0	0	0	0	0	0	0	7	0	5		0	0	0			
85042312	200 兆伏安≤额定容量＜330 兆伏安的液体变压器	10	0	0	0	0	0	0	0	0	0	0	7	0	5		0	0	0			
85042313	330 兆伏安≤额定容量＜400 兆伏安的液体变压器	10	0	0	0	0	0	0	0	0	0	0	7	0	5		0	0	0			
85042321	400 兆伏安≤额定容量＜500 兆伏安的液体变压器	6	0	0	0	0	0	0	0	0	0	0	4.2	0	0		0	0	0			
85042329	其他额定容量≥500 兆伏安的液体变压器	6	0	0	0	0	0	0	0	0	0	0	4.2	0	0		0	0	0			
85043110	额定容量≤1 千伏安的互感器	5	0	0	0	0	0	0	0	0	0	0	4.3	0	0		0	0	0		0	0
85043190	额定容量≤1 千伏安的其他变压器	5	0	0	0	0	0	0	0	0	0	0	4.3	0	0	0	0	0	0	0	0	0
85043210	1 千伏安＜额定容量≤16 千伏安的互感器	5	0	0	0	0	0	0	0	0	0	0		0	0		0	0	0		0	
85043290	1 千伏安＜额定容量≤16 千伏安的其他变压器	5	0	0	0	0	0	0	0	0	0	0		0	0		0	0	0		0	
85043300	16 千伏安＜额定容量≤500 千伏安的其他变压器	5	0	0	0	0	0	0	0	0	0	0		1.5	0		0	0	0		0	
85043400	额定容量＞500 千伏安的其他变压器	14	0	0	0	0	0	0	0	0	0	0		0	11.2	0	0	5.6	8.4		0	
85044014	功率＜1 千瓦的高精度直流稳压电源	7	0	0	0	0	0	0	0	0	0	0	5.6	2.1	5		0	2.8	0			
85044020	不间断供电电源(UPS)	10	0	0	0	0	0	0	0	0	0	0	8.5	0	5	0	0	0	0	0		
85044030	逆变器	10	0	0	0	0	0	0	0	0	0	0		3	5	0	0	7	0	0	0	
85044091	具有变流功能的半导体模块	10	0	0	0	0	0	0	0	0	0	0		3	5	0	0	7	0	0	0	
85044099	其他未列名静止式变流器	10	0	0	0	0	0	0	0	0	0	0		3	5	0	0	7	0	0	0	
85049011	额定容量＞400 千伏安的液体介质变压器零件	5	0	0	0	0	0	0	0	0	0	0	4.5	0	0		0	0	0	0		
85049019	其他变压器零件	8	0	0	0	0	0	0	0	0	0	0	4.5	0	4.5		0	0	0	0		0
85049020	稳压电源及不间断供电电源零件	8	0	0	0	0	0	0	0	0	0	0	5.6	0	5		0	0	0	0	0	0
85049090	其他静止式变流器及电感器零件	8	0	0	0	0	0	0	0	0	0	0	5.6	0	5		0	0	0	0	0	0
85051110	稀土永磁体	7	0	0	0	0	0	0	0	0	0	0		0	5		0	0	0			0
85051190	其他金属的永磁体	7	0	0	0	0	0	0	0	0	0	0		0	5		0	0	0	0		0

税则号列	商品描述	最惠国税率（%）	协定税率（%）																			
			东盟										亚太	智利	巴基斯坦	新加坡	新西兰	秘鲁	哥斯达黎加	香港	澳门	台湾
			文莱	柬埔寨	印尼	老挝	马来西亚	缅甸	菲律宾	新加坡	泰国	越南										
85051900	非金属永磁体	7	0	0	0	0	0	0	0	0	0	0	6.7	0	5		0	0	0	0		
85052000	电磁联轴节、离合器及制动器	8	0	0	0	0	0	0	0	0	0	0	7.6	0	5		0	0	0			
85059010	电磁起重吸盘	8	0	0	0	0	0	0	0	0	0	0		0	5		0	0	0			
85059090	电磁夹具等及品目85.02的零件	8	0	0	0	0	0	0	0	0	0	0	7.6	0	5		0	0	0			
85061011	扣式碱性锌锰电池	20	0	0	0	0	0	0	0	0	0	0		0		0	0	14	12	0		
85061012	圆柱形碱性锌锰电池	20	0	0	0	0	0	0	0	0	0	0		0		0	0	14	12	0		
85061019	其他碱性锌锰电池	20	0	0	0	0	0	0	0	0	0	0		0		0	0	14	12	0		
85061090	二氧化锰的原电池及原电池组	20	0	0	0	0	0	0	0	0	0	0		0		0	0	14	12	0		
85063000	氧化汞的原电池及原电池组	14	0	0	0	0	0	0	0	0	0	0		0	11.2	0	0	5.6	8.4			
85064000	氧化银的原电池及原电池组	14	0	0	0	0	0	0	0	0	0	0		0	11.2	0	0	5.6	8.4			
85065000	锂的原电池及原电池组	14	0	0	0	0	0	0	0	0	0	0		0	11.2	0	0	5.6	8.4			
85066000	锌空气的原电池及原电池组	14	0	0	0	0	0	0	0	0	0	0		0	11.2	0	0	5.6	8.4			
85068000	其他原电池及原电池组	14	0	0	0	0	0	0	0	0	0	0		0	11.2	0	0	5.6	8.4	0		
85069010	二氧化锰原电池或原电池组的零件	14	0	0	0	0	0	0	0	0	0	0		0	11.2	0	0	5.6	8.4			
85069090	其他原电池组或原电池组的零件	10	0	0	0	0	0	0	0	0	0	0		0	5	0	0	0	0			
85071000	启动活塞式发动机用铅酸蓄电池	10	0	0	0	0	0	0	0	0	0	0	6.9	3	5	0	0	7	0			
85072000	其他铅酸蓄电池	10	0	0	0	0	0	0	0	0	0	0	6.9	0	5	0	0	0	0			
85073000	镍镉蓄电池	10	0	0	0	0	0	0	0	0	0	0	8	0	5	0	0	0	0	0		
85074000	镍铁蓄电池	12	0	0	0	0	0	0	0	0	0	0	9.6	0	5	0	0	4.8	7.2			
85075000	镍氢蓄电池	12	0	0	0	0	0	0	0	0	0	0	9.6	0	5	0	0	4.8	7.2	0		
85076000	锂离子蓄电池	12	0	0	0	0	0	0	0	0	0	0	9.6	0	5	0	0	4.8	7.2	0		0
85078000	其他蓄电池	12	0	0	0	0	0	0	0	0	0	0	9	0	5	0	0	4.8	7.2	0		
85079010	铅酸蓄电池零件	10	0	0	0	0	0	0	0	0	0	0		0	5		0	0	0	0		
85079090	其他蓄电池零件	8	0	0	0	0	0	0	0	0	0	0		0	5		0	0	0	0		
85081100	功率不超过1500瓦，且带有容积不超过20升的电动真空吸尘器	10	0	0	0	0	0	0	0	0	0	0	8.2	0	5	0	0	0	0	0		0
85087010	编号85081100所列电动真空吸尘器用零件	12	0	0	0	0	0	0	0	0	0	0		0	6	0	0	4.8	7.2	0		
85094010	水果或蔬菜榨汁机	10	0	0	0	0	0	0	0	0	0	0		0	5	0	0	0	0		0	
85094090	食品研磨机及搅拌器或果、菜榨汁器	10	0	0	0	0	0	0	0	0	0	0		0	5	0	0	0	0			0

税则号列	商品描述	最惠国税率（%）	协定税率（%）																			
			东盟																			
			文莱	柬埔寨	印尼	老挝	马来西亚	缅甸	菲律宾	新加坡	泰国	越南	亚太	智利	巴基斯坦	新加坡	新西兰	秘鲁	哥斯达黎加	香港	澳门	台湾
85098010	地板打蜡机	30	0	0	0	0	0	0	0	0	0	0		9		0	4	21	18			
85098020	厨房废物处理器	20	0	0	0	0	0	0	0	0	0	0		0		0	0	14	12			
85098090	其他家用电动器具	30	0	0	0	0	0	0	0	0	0	0		9		0	4	21	18			
85099000	家用电动器具的零件	12	0	0	0	0	0	0	0	0	0	0		0	6	0	0	4.8	7.2	0		
85101000	电动剃须刀	30	0	0	0	0	0	0	0	0	0	0		0		0	4	21	18			
85102000	电动毛发推剪	30	0	0	0	0	0	0	0	0	0	0		0		0	4	21	18	0		
85103000	电动脱毛器	20	0	0	0	0	0	0	0	0	0	0		0		0	0	14	12		0	
85109000	品目85.10所列货品的零件	24.5	0	0	0	0	0	0	0	0	0	0		0		0	4	17.2	14.7			
85111000	火花塞	10	0	0	0	0	0	0	0	0	0	0		0	5	0	0	7	0			
85112010	车、船、飞机等用点火磁电机、永磁直流发电机、磁飞轮	5	0	0	0	0	0	0	0	0	0	0		0	0		0	0	0			
85112090	其他点火磁电机、磁飞轮	10	0	0	0	0	0	0	0	0	0	0		0	5		0	0	0			
85113010	分电器及点火线圈	5	0	0	0	0	0	0	0	0	0	0		0	0		0	0	0			
85113090	其他用途用分电器、点火线圈	8.4	0	0	0	0	0	0	0	0	0	0		0	5		0	0	0			
85114010	机车等用启动电机及两用启动发电机	5	0	0	0	0	0	0	0	0	0	0		0	0		0	0	0			
85114091	输出功率≥132.39千瓦启动电机	8.4	0	0	0	0	0	0	0	0	0	0		0	5		0	0	0			
85114099	其他用途的启动电机	8.4	0	0	0	0	0	0	0	0	0	0		0	5		0	0	0			
85115010	其他机车、航空器、船舶用发电机	5	0	0	0	0	0	0	0	0	0	0		1.5	0		0	0	0			
85115090	其他附属于内燃发动机的发电机	8.4	0	0	0	0	0	0	0	0	0	0		2.5	5		0	0	0			
85118000	发动机用电点火、启动的其他装置	8.4	0	0	0	0	0	0	0	0	0	0		2.5	5		0	0	0			
85119010	机车、船、航空器用电点火、启动装置零件	4.5	0	0	0	0	0	0	0	0	0	0		0	0		0	0	0			
85119090	其他用电点火、电启动装置的零件	5	0	0	0	0	0	0	0	0	0	0		0	0		0	0	0			
85121000	自行车用照明或视觉信号装置	10.5	0	0	0	0	0	0	0	0	0	0		0	5	0	0	4.2	6.3			
85122010	机动车辆用照明装置	10												0			0	0	0			0
85122090	其他机动车用照明或视觉信号装置	10												0			0	0	0			
85123011	机动车辆用喇叭、蜂鸣器	10											8.5	0	8.5		0	0	0			
85123012	防盗报警器	10	0	0	0	0	0	0	0	0	0	0	9	3	5		0	0	0			
85123019	其他机动车辆用音响信号装置	10											8.5	0	8.5		0	0	0			
85123090	其他车辆用音响信号装置	10											8.5	0	8.5		0	0	0			

税则号列	商品描述	最惠国税率(%)	协定税率(%)																			
			东盟										亚太	智利	巴基斯坦	新加坡	新西兰	秘鲁	哥斯达黎加	香港	澳门	台湾
			文莱	柬埔寨	印尼	老挝	马来西亚	缅甸	菲律宾	新加坡	泰国	越南										
85124000	车辆风挡刮水器、除霜器及去雾器	10												0			0	0	0			
85129000	品目85.12所列装置的零件	8	0	0	0	0	0	0	0	0	0	0		0	5		0	0	0			0
85131010	手电筒	15	0	0	0	0	0	0	0	0	0	0	13.2	4.5	7.5	0	0	10.5	9		0	
85131090	其他自供能源手提式电灯	17.5	0	0	0	0	0	0	0	0	0	0		5.3	14	0	0	12.2	10.5		0	
85139010	手电筒零件	14	0	0	0	0	0	0	0	0	0	0		0	11.2	0	0	5.6	8.4	0	0	
85139090	其他自供能源手提式电灯零件	14	0	0	0	0	0	0	0	0	0	0		0	11.2	0	0	5.6	8.4	0	0	
85144000	其他通过感应或介质损耗工作的加热设备	10	0	0	0	0	0	0	0	0	0	0		0	5	0	0	0	0			
85149010	炼钢电炉用零件	8	0	0	0	0	0	0	0	0	0	0		0	5		0	0	0			
85151100	钎焊机器及装置用烙铁及焊枪	10	0	0	0	0	0	0	0	0	0	0		0	5	0	0	0	0			
85151900	其他钎焊机器及装置	10	0	0	0	0	0	0	0	0	0	0		0	5	0	0	0	0			
85152110	直缝焊管机	10	0	0	0	0	0	0	0	0	0	0		3	5		0	0	0	0		
85152190	其他全自动或半自动电阻焊接机	10	0	0	0	0	0	0	0	0	0	0		3	5	0	0	0	0	0		
85152900	其他电阻焊接机器及装置	10	0	0	0	0	0	0	0	0	0	0	9.5	0	5	0	0	0	0			
85153110	自动螺旋焊管机	10	0	0	0	0	0	0	0	0	0	0		3	5		0	0	0			
85153190	其他全自动或半自动电弧焊接机器	10												3			0	0	0			
85153900	其他电弧焊接机器及装置	10	0	0	0	0	0	0	0	0	0	0		3	5		0	0	0			
85158000	其他焊接机器及装置	8	0	0	0	0	0	0	0	0	0	0	7.6	0	5		0	0	0	0		0
85159000	电气等焊接机器及装置零件	6	0	0	0	0	0	0	0	0	0	0	5.7	0	5		0	0	0	0		
85161010	储存式电热水器	10	0	0	0	0	0	0	0	0	0	0		3	5	0	0	0	0			
85161020	即热式电热水器	10	0	0	0	0	0	0	0	0	0	0		3	5	0	0	0	0			
85161090	其他电热的快速热水器、浸入式液体加热器	10	0	0	0	0	0	0	0	0	0	0		3	5	0	0	0	0			
85162100	电气储存式散热器	35	0	0	0	0	0	0	0	0	0	0		0		0	4	24.5	21		0	5
85162910	电气土壤加热器	10	0	0	0	0	0	0	0	0	0	0		3	5		0	0	0	0	0	
85162920	辐射式空间加热器	10	0	0	0	0	0	0	0	0	0	0		3	5	0	0	0	0	0	0	
85162931	风扇式对流式空间加热器	10	0	0	0	0	0	0	0	0	0	0		3	5	0	0	0	0	0	0	
85162932	充液式对流式空间加热器	10	0	0	0	0	0	0	0	0	0	0		3	5	0	0	0	0	0	0	
85162939	其他对流式空间加热器	10	0	0	0	0	0	0	0	0	0	0		3	5	0	0	0	0	0	0	
85162990	电气空间加热器	10	0	0	0	0	0	0	0	0	0	0		3	5	0	0	0	0	0	0	

税则号列	商品描述	最惠国税率（%）	协定税率（%）																			
			东盟										亚太	智利	巴基斯坦	新加坡	新西兰	秘鲁	哥斯达黎加	香港	澳门	台湾
			文莱	柬埔寨	印尼	老挝	马来西亚	缅甸	菲律宾	新加坡	泰国	越南										
85163100	电吹风机	10	0	0	0	0	0	0	0	0	0	0		0	5	0	0	0	0		0	
85163200	其他电热理发器具	35	0	0	0	0	0	0	0	0	0	0		0		0	4	24.5	21		0	
85163300	电热干手器	35	0	0	0	0	0	0	0	0	0	0		0		0	4	24.5	21		0	
85164000	电熨斗	35	0	0	0	0	0	0	0	0	0	0		0		0	4	24.5	21		0	5
85165000	微波炉	15	0	0	0	0	0	0	0	0	0	0	13.5	0	7.5	0	0	10.5	9			
85166010	电磁炉	15	0	0	0	0	0	0	0	0	0	0		0	12	0	0	10.5	9		0	
85166030	电饭锅	15	0	0	0	0	0	0	0	0	0	0		0	12	0	0	10.5	9		0	0
85166040	电炒锅	15	0	0	0	0	0	0	0	0	0	0		0	12	0	0	10.5	9		0	
85166050	电烤箱	15	0	0	0	0	0	0	0	0	0	0		0	12	0	0	10.5	9		0	0
85166090	其他电热炉	15	0	0	0	0	0	0	0	0	0	0		0	12	0	0	10.5	9		0	
85167110	滴液式咖啡机	32	0	0	0	0	0	0	0	0	0	0		0		0	4	22.4	19.2		0	
85167120	蒸馏渗滤式咖啡机	32	0	0	0	0	0	0	0	0	0	0		0		0	4	22.4	19.2		0	
85167130	泵压式咖啡机	32	0	0	0	0	0	0	0	0	0	0		0		0	4	22.4	19.2		0	
85167190	其他电热咖啡机或茶壶	32	0	0	0	0	0	0	0	0	0	0		0		0	4	22.4	19.2		0	
85167210	家用自动面包机	32	0	0	0	0	0	0	0	0	0	0		0		0	4	22.4	19.2		0	5
85167220	片式烤面包机（多士炉）	32	0	0	0	0	0	0	0	0	0	0		0		0	4	22.4	19.2		0	
85167290	电热烤面包器	32	0	0	0	0	0	0	0	0	0	0		0		0	4	22.4	19.2		0	
85167910	电热饮水机	32	0	0	0	0	0	0	0	0	0	0		0		0	4	22.4	19.2		0	
85167990	其他电热器具	32	0	0	0	0	0	0	0	0	0	0		0		0	4	22.4	19.2		0	
85168000	加热电阻器	10	0	0	0	0	0	0	0	0	0	0		0	5	0	0	0	0			
85169010	土壤加热器及加热电阻器零件	8	0	0	0	0	0	0	0	0	0	0		0	5		0	0	0	0		
85169090	品目 85.16 所列货品的其他零件	12	0	0	0	0	0	0	0	0	0	0		0	6	0	0	4.8	7.2	0		
85176910	其他无线设备	9	0	0	0	0	0	0	0	0	0	0		0	0		0	0	0			
85177040	对讲机用（天线除外）	8	0	0	0	0	0	0	0	0	0	0	5.6	2.4	5		0	0	0	0		
85177070	品目 85.17 所列设备用天线及其零件	2	0	0	0	0	0	0	0	0	0	0		0	0		0	0	0			
85181000	传声器（麦克风）及其座架	10	0	0	0	0	0	0	0	0	0	0		0	5	0	0	0	0	0		0
85182100	单喇叭音箱	10	0	0	0	0	0	0	0	0	0	0		3	5	0	0	0	0			
85182200	多喇叭音箱	10	0	0	0	0	0	0	0	0	0	0		3	5	0	0	7	0			
85184000	音频扩大器	12	0	0	0	0	0	0	0	0	0	0		3.6	6	0	0	8.4	7.2	0		0
85185000	电气扩音机组	10	0	0	0	0	0	0	0	0	0	0		0	5	0	0	0	0			

税则号列	商品描述	最惠国税率（%）	协定税率（%）东盟 文莱	柬埔寨	印尼	老挝	马来西亚	缅甸	菲律宾	新加坡	泰国	越南	亚太	智利	巴基斯坦	新加坡	新西兰	秘鲁	哥斯达黎加	香港	澳门	台湾
85189000	品目85.18所列货品的零件	10.5	0	0	0	0	0	0	0	0	0	0		0	5	0	0	4.2	6.3	0		0
85192000	用硬币、钞票、银行卡、代币使其工作的声音录放设备	20	0	0	0	0	0	0	0	0	0	0	16.4	0	16.4	0	0	14	12			
85193000	转盘（唱机唱盘）	30	0	0	0	0	0	0	0	0	0	0		0		0	4	21	18			
85195000	电话应答机	0																				
85198111	不带录音功能的盒式磁带型声音重放装置，编辑节目用放声机除外	17	0	0	0	0	0	0	0	0	0	0		0	13.6	0	0	11.9	10.2			
85198112	装有声音重放装置的盒式磁带型录音机	30	0	0	0	0	0	0	0	0	0	0		0		0	4	21	18			
85198119	其他使用磁性媒体的声音录放机	20	0	0	0	0	0	0	0	0	0	0	16.4	0	16.4	0	0	14	12			
85198121	不带录音功能的激光唱机	30	0	0	0	0	0	0	0	0	0	0	26	0	26	0	4	21	18			
85198129	使用光学媒体的其他声音录放装置	20	0	0	0	0	0	0	0	0	0	0	16.4	0	16	0	0	14	12			
85198131	闪速存储器型声音录放机	20	0	0	0	0	0	0	0	0	0	0		6		0	0	14	12			
85198139	使用半导体媒体的其他声音录放装置	20	0	0	0	0	0	0	0	0	0	0	16.4	0	16.4	0	0	14	12			
85198910	不带录制装置的其他唱机，不论是否带有扬声器	30	0	0	0	0	0	0	0	0	0	0		0		0	4	21	18			
85198990	其他声音录制或重放设备	20	0	0	0	0	0	0	0	0	0	0	16.4	0	16	0	0	14	12			
85211011	广播级录像机	①	0	0	0	0	0	0	0	0	0	0	②	0	②	0	③	④	⑤			
85211019	其他磁带录像机	①	0	0	0	0	0	0	0	0	0	0	⑥	0	⑥	0	③	④	⑤			
85211020	磁带放像机	①	0	0	0	0	0	0	0	0	0	0	⑦	0	⑦	0	③	④	⑤			
85219011	视频高密光盘机 VCD	20	0	0	0	0	0	0	0	0	0	0	16	0	16	0	0	14	12			
85219012	数字化视频光盘机 DVD	20	0	0	0	0	0	0	0	0	0	0	16	0	16	0	0	14	12			
85219019	其他激光视盘放像机	20	0	0	0	0	0	0	0	0	0	0	16	0	16	0	0	14	12			
85219090	其他视频信号录制或重放设备	20	0	0	0	0	0	0	0	0	0	0	16	6	16	0	0	14	12	0		
85221000	拾音头	35	0	0	0	0	0	0	0	0	0	0		0		0	4	24.5	21	0		
85229010	转盘或唱机用零附件	25	0	0	0	0	0	0	0	0	0	0	20	0	20	0	4	17.5	15	0		
85229021	录音机走带机构（机芯）	25	0	0	0	0	0	0	0	0	0	0	22.5	0	22.5	0	4	17.5	15	0		
85229022	磁头	25	0	0	0	0	0	0	0	0	0	0	22.5	0	22.5	0	4	17.5	15	0		
85229023	磁头零件	20	0	0	0	0	0	0	0	0	0	0	18	0	18	0	0	14	12	0		
85229029	盒式磁带录音机或放声机其他零件	30	0	0	0	0	0	0	0	0	0	0	27	0	27	0	4	21	18	0		

税则号列	商品描述	最惠国税率(%)	协定税率(%)																			
			东盟										亚太	智利	巴基斯坦	新加坡	新西兰	秘鲁	哥斯达黎加	香港	澳门	台湾
			文莱	柬埔寨	印尼	老挝	马来西亚	缅甸	菲律宾	新加坡	泰国	越南										
85229031	激光视盘机的机芯	30	0	0	0	0	0	0	0	0	0	0	21	0	21	0	4	21	18	0		
85229039	其他视频信号录放设备的零件附件	30	0	0	0	0	0	0	0	0	0	0	21	0	21	0	4	21	18	0		
85229091	车载音频转播器或发射器	20	0	0	0	0	0	0	0	0	0	0	16	0	16	0	0	14	12	0		
85229099	声音录制或重放设备用其他零件	20	0	0	0	0	0	0	0	0	0	0	16	0	16	0	0	14	12	0		
85232110	未录制的磁条卡	17.5	0	0	0	0	0	0	0	0	0	0		0	14	0	0	12.2	10.5	0	0	
85232120	已录制的磁条卡	15	0	0	0	0	0	0	0	0	0	0		0	12	0	0	10.5	9	0	0	
85232928	用于重放声音或图像信息的磁带	10	0	0	0	0	0	0	0	0	0	0		3	5	0	0	0	0	0		
85234910	仅用于重放声音信息的光学媒体	10	0	0	0	0	0	0	0	0	0	0		3	5		0	0	0	0	0	
85238011	已录制的唱片	15	0	0	0	0	0	0	0	0	0	0		0	12	0	0	10.5	9		0	
85258011	特种用途电视摄像机	10	0	0	0	0	0	0	0	0	0	0	9	0	5	0	0	0	0			
85258012	非特种用途的广播级电视摄像机	⑧	0	0	0	0	0	0	0	0	0	0	⑨	0	⑨	0	⑩	⑪	⑫			
85258013	非特种用途的其他电视摄像机	⑧	0	0	0	0	0	0	0	0	0	0	⑨	0	⑨	0	⑩	⑪	⑫		0	5
85261010	导航用雷达设备	2	0	0	0	0	0	0	0	0	0	0		0	0		0	0	0			
85261090	其他雷达设备	5	0	0	0	0	0	0	0	0	0	0		0	0		0	0	0			
85269110	机动车辆用	2	0	0	0	0	0	0	0	0	0	0		0	0		0	0	0			
85269190	其他无线电导航设备	2	0	0	0	0	0	0	0	0	0	0		0	0		0	0	0			
85269200	无线电遥控设备	5	0	0	0	0	0	0	0	0	0	0		0	0		0	0	0			
85271200	不需外接电源袖珍盒式磁带收放机	20	0	0	0	0	0	0	0	0	0	0		0		0	0	14	12			
85271300	不需外接电源收录(放)音组合机	15	0	0	0	0	0	0	0	0	0	0		0	12	0	0	10.5	9			
85271900	不需外接电源无线电收音机	15	0	0	0	0	0	0	0	0	0	0		0	12	0	0	10.5	9			
85272100	需外接电源汽车收录(放)音组合机	15	0	0	0	0	0	0	0	0	0	0		0	12	0	0	10.5	9			
85272900	需外接电源汽车用无线电收音机	15	0	0	0	0	0	0	0	0	0	0		0	12	0	0	10.5	9			
85279100	其他收录(放)音组合机	15	0	0	0	0	0	0	0	0	0	0		0	12	0	0	10.5	9			
85279200	带时钟的收音机	15	0	0	0	0	0	0	0	0	0	0		0	12	0	0	10.5	9			
85279900	其他收音机	27	0	0	0	0	0	0	0	0	0	0		0		0	4	18.9	16.2			
85284910	其他彩色阴极射线管监视器	30	0	0	0	0	0	0	0	0	0	0	26	9	26	0	4	21	18		0	
85284990	单色的阴极射线管监视器	19	0	0	0	0	0	0	0	0	0	0	15.2	5.7	15.2	0	0	13.3	11.4		0	
85285910	其他彩色监视器	30	0	0	0	0	0	0	0	0	0	0	26	9	26	0	4	21			0	

税则号列	商品描述	最惠国税率(%)	协定税率(%)																			
			东盟																			
			文莱	柬埔寨	印尼	老挝	马来西亚	缅甸	菲律宾	新加坡	泰国	越南	亚太	智利	巴基斯坦	新加坡	新西兰	秘鲁	哥斯达黎加	香港	澳门	台湾
85285990	单色的其他监视器	19	0	0	0	0	0	0	0	0	0	0	15.2	5.7	15.2	0	0	13.3	11.4		0	
85286910	其他彩色投影机	30	0	0	0	0	0	0	0	0	0	0	25.5	9	25.5	0	4	21	18	0	0	
85286990	单色的其他投影机	15	0	0	0	0	0	0	0	0	0	0		4.5	12	0	0	10.5	9		0	
85287110	不带显示屏的彩色卫星电视接收机	30											24	9	24		4		18			
85287180	不带显示屏的其他彩色电视接收机	30	0	0	0	0	0	0	0	0	0	0	21	9	21	0	4		18			
85287190	单色的不带视频显示器的电视接收机	15	0	0	0	0	0	0	0	0	0	0		4.5	12	0	0	10.5	9		0	
85287211	其他彩色模拟电视接收机，带阴极射线显像管的	30											21	9	21		4		18			
85287212	其他彩色数字电视接收机，带阴极射线显像管的	30											21	9	21		4		18			
85287219	其他彩色电视接收机，带阴极射线显像管的	30											21	9	21		4		18			
85287221	其他彩色模拟电视接收机，带液晶显示器的	30	20	20	20	20	20	20	20	20	20	20	21	9	21		4				0	
85287222	其他彩色数字电视接收机，带液晶显示器的	30	20	20	20	20	20	20	20	20	20	20	21	9	21		4					
85287229	其他彩色电视接收机，带液晶显示器的	30	20	20	20	20	20	20	20	20	20	20	21	9	21		4				0	
85287231	其他彩色模拟电视接收机，带等离子显示器的	30	20	20	20	20	20	20	20	20	20	20	21	9	21		4				0	
85287232	其他彩色数字电视接收机，带等离子显示器的	30	20	20	20	20	20	20	20	20	20	20	21	9	21		4					
85287239	其他彩色电视接收机，带等离子显示器的	30	20	20	20	20	20	20	20	20	20	20	21	9	21		4				0	
85287291	其他彩色模拟电视接收机	30	12	20	20	20	20	20	12	12	20	20	21	9	21		4	21	18			
85287292	其他彩色数字电视接收机	30	12	20	20	20	20	20	12	12	20	20	21	9	21		4					
85287299	其他彩色电视接收机	30	12	20	20	20	20	20	12	12	20	20	21	9	21		4		18			
85287300	其他单色的电视接收装置	15	0	0	0	0	0	0	0	0	0	0		4.5	12	0	0	10.5	9		0	
85291010	雷达及无线电导航设备天线及零件	1.5	0	0	0	0	0	0	0	0	0	0		0	0		0	0	0	0		
85291090	其他无线电设备天线及其零件	2	0	0	0	0	0	0	0	0	0	0		0	0		0	0	0			
85299041	特种用途电视摄像机、静像视频摄影机及其他视频摄录一体机，数字相机零件	8	0	0	0	0	0	0	0	0	0	0	6.8	2.4	5		0	0	0	0		

税则号列	商品描述	最惠国税率(%)	协定税率(%)																			
			东盟										亚太	智利	巴基斯坦	新加坡	新西兰	秘鲁	哥斯达黎加	香港	澳门	台湾
			文莱	柬埔寨	印尼	老挝	马来西亚	缅甸	菲律宾	新加坡	泰国	越南										
85299042	非特种用途的取像模块	12	0	0	0	0	0	0	0	0	0	0	10.8	3.6	5	0	0	8.4	7.2	0		0
85299049	其他电视摄像机、静像视频摄像机及其他视频摄录一体机、数字相机零件	12	0	0	0	0	0	0	0	0	0	0	10.8	3.6	5	0	0	4.8	7.2	0		0
85299050	雷达及无线电导航设备零件	1.5	0	0	0	0	0	0	0	0	0	0	1.4	0	0		0	0	0			
85299060	收音机及其组合机的其他零件	15	0	0	0	0	0	0	0	0	0	0	12	4.5	7.5	0	0	10.5	9	0		
85299081	彩色电视机零件	15	0	0	0	0	0	0	0	0	0	0	12	0	7.5	0	0	10.5				
85299082	等离子显像组件及其零件	15	0	0	0	0	0	0	0	0	0	0	12	0	7.5		0					
85301000	铁道或电车道用电气信号等设备	10	0	0	0	0	0	0	0	0	0	0		0	5		0	0	0			
85308000	其他用电气信号、安全、交通设备	8	0	0	0	0	0	0	0	0	0	0		2.4	5		0	0	0			
85309000	品目85.30所列设备的零件	8	0	0	0	0	0	0	0	0	0	0		0	5		0	0	0			
85311000	防盗或防火报警器及类似装置	10	0	0	0	0	0	0	0	0	0	0		0	5	0	0	0	0	0		
85318010	蜂鸣器	15	0	0	0	0	0	0	0	0	0	0		0	12	0	0	10.5	9	0		
85318090	其他电气音响或视觉信号装置	10	0	0	0	0	0	0	0	0	0	0		0	5	0	0	0	0	0		
85351000	电路熔断器(电压>1000伏)	14	0	0	0	0	0	0	0	0	0	0		0	11.2	0	0	5.6	8.4			
85352100	电压<72.5千伏的自动断路器	14	0	0	0	0	0	0	0	0	0	0		0	11.2	0	0	5.6	8.4			
85352910	用于72.5千伏≤电压≤220千伏的线路的自动断路器	14	0	0	0	0	0	0	0	0	0	0		0	5		0	0	0			
85352920	用于220千伏<电压≤750千伏的线路的自动断路器	14	0	0	0	0	0	0	0	0	0	0		0	5		0	0	0			
85352990	其他电压≥72.5千伏的自动断路器	10	0	0	0	0	0	0	0	0	0	0		0	5		0	0	0			
85353010	用于72.5千伏≤电压≤220千伏的线路的隔离开关及断续开关	10	0	0	0	0	0	0	0	0	0	0		0	5		0	0	0			
85353020	用于220千伏<电压≤750千伏的线路的隔离开关及断续开关	10	0	0	0	0	0	0	0	0	0	0		0	5		0	0	0			
85353090	其他隔离开关及断续开关	10	0	0	0	0	0	0	0	0	0	0		0	5		0	0	0			
85354000	避雷器、电压限幅器及电涌抑制器	18	0	0	0	0	0	0	0	0	0	0		0		0	0	12.6	10.8	0		
85359000	其他电压>1000伏的电路开关等电气装置	10	0	0	0	0	0	0	0	0	0	0	9.5	3	5	0	0	7	0	0		
85361000	熔断器(电压≤1000伏)	10	0	0	0	0	0	0	0	0	0	0		0	5	0	0	0	0	0		0
85362000	电压≤1000伏的自动断路器	9	0	0	0	0	0	0	0	0	0	0		0	5		0	0	0	0		
85363000	电压≤1000伏其他电路保护装置	9	0	0	0	0	0	0	0	0	0	0		0	5		0	0	0	0		

税则号列	商品描述	最惠国税率(%)	协定税率(%)																		
			东盟																		
			文莱	柬埔寨	印尼	老挝	马来西亚	缅甸	菲律宾	新加坡	泰国	越南	亚太	智利	巴基斯坦	新加坡	新西兰	秘鲁	哥斯达黎加	香港	澳门	台湾
85364110	用于电压≤36 伏的线路的继电器	10	0	0	0	0	0	0	0	0	0	0		0	5	0	0	0	0			
85364190	用于 36 伏＜电压≤60 伏的线路的继电器	10	0	0	0	0	0	0	0	0	0	0		0	5	0	0	0	0			
85364900	电压＞60 伏的继电器	10	0	0	0	0	0	0	0	0	0	0		3	5	0	0	7	0	0		
85366100	电压≤1000 伏的灯座	10	0	0	0	0	0	0	0	0	0	0		0	5	0	0	0	0			
85367000	光导纤维、光导纤维束或光缆用连接器	8	0	0	0	0	0	0	0	0	0	0		2.4	5		0	0	0	0	0	
85371011	可编程序控制器	5	0	0	0	0	0	0	0	0	0	0	2.5	1.5	0		0	0	0	0		0
85371019	其他数控装置	5	0	0	0	0	0	0	0	0	0	0	2.5	1.5	0		0	0	0	0		0
85371090	其他电力控制或分配的装置	8.4	0	0	0	0	0	0	0	0	0	0	4.2	2.5	0		0	0	0	0	0	
85372010	电压≥500 千伏高压开关装置	8.4	0	0	0	0	0	0	0	0	0	0	4.2	2.5	0		0	0	0			
85372090	其他电力控制或分配装置	8.4	0	0	0	0	0	0	0	0	0	0	4.2	2.5	0		0	0	0	0		
85381010	编号 85372010 所列装置的零件	8.4	0	0	0	0	0	0	0	0	0	0	4.2	2.5	0		0	0	0			
85381090	品目 85.37 货品用的其他盘、板等	7	0	0	0	0	0	0	0	0	0	0	3.5	2.1	0		0	0	0			
85389000	品目 85.35、85.36 或 85.37 装置的零件	7	0	0	0	0	0	0	0	0	0	0		2.1	5		0	0	0	0		0
85391000	封闭式聚光灯	10	0	0	0	0	0	0	0	0	0	0		0	5		0	0	0			
85392110	科研、医疗专用卤钨灯	8	0	0	0	0	0	0	0	0	0	0		2.4	5		0	0	0			
85392120	火车、航空器及船舶用卤钨灯	8	0	0	0	0	0	0	0	0	0	0		2.4	5		0	0	0			
85392130	机动车辆用卤钨灯	10	0	0	0	0	0	0	0	0	0	0		3	5		0	0	0			
85392190	其他卤钨灯	10.5	0	0	0	0	0	0	0	0	0	0		3.2		0	0	4.2	6.3			
85392210	科研、医疗用功率≤200 瓦白炽灯泡	10.5	0	0	0	0	0	0	0	0	0	0		3.2	5	0	0	4.2	6.3			
85392290	其他用功率≤200 瓦白炽灯泡	5	0	0	0	0	0	0	0	0	0	0		1.5	0		0	0	0			
85392910	科研、医疗专用其他白炽灯泡	5	0	0	0	0	0	0	0	0	0	0		1.5	0		0	0	0			
85392920	火车、航空及船舶用其他白炽灯泡	10.5	0	0	0	0	0	0	0	0	0	0		3.2	5	0	0	4.2	6.3			
85392930	机动车辆用其他白炽灯泡	5	0	0	0	0	0	0	0	0	0	0		1.5	0		0	0	0			
85392991	电压≤12 伏未列名的白炽灯泡	12	0	0	0	0	0	0	0	0	0	0		3.6	6	0	0	4.8	7.2	0		
85392999	其他未列名的白炽灯泡	12	0	0	0	0	0	0	0	0	0	0		3.6	6	0	0	4.8	7.2			
85393110	科研、医疗专用热阴极荧光灯	8	0	0	0	0	0	0	0	0	0	0		2.4	5		0	0	0			
85393120	火车、航空器、船舶用热阴极荧光灯	8	0	0	0	0	0	0	0	0	0	0		2.4	5		0	0	0			
85393191	紧凑型荧光灯	8	0	0	0	0	0	0	0	0	0	0		2.4	5		0	0	0			

税则号列	商品描述	最惠国税率(%)	协定税率(%) 东盟 文莱	柬埔寨	印尼	老挝	马来西亚	缅甸	菲律宾	新加坡	泰国	越南	亚太	智利	巴基斯坦	新加坡	新西兰	秘鲁	哥斯达黎加	香港	澳门	台湾
85393199	其他热阴极荧光灯	8	0	0	0	0	0	0	0	0	0	0		2.4	5		0	0	0			
85393230	钠蒸气灯	8	0	0	0	0	0	0	0	0	0	0		0	5		0	0	0			
85393240	汞蒸气灯	8	0	0	0	0	0	0	0	0	0	0		0	5		0	0	0			
85393290	金属卤化物灯	8	0	0	0	0	0	0	0	0	0	0		0	5		0	0	0			
85393910	科研、医疗专用其他放电灯	8	0	0	0	0	0	0	0	0	0	0		0	5		0	0	0			
85393920	火车、航空器、船舶用其他放电灯	8	0	0	0	0	0	0	0	0	0	0		0	5		0	0	0			
85393990	其他用途的其他放电灯管	8	0	0	0	0	0	0	0	0	0	0		0	5		0	0	0		0	0
85394100	弧光灯	8	0	0	0	0	0	0	0	0	0	0		0	5		0	0	0			
85394900	紫外线或红外线灯	8	0	0	0	0	0	0	0	0	0	0		0	5		0	0	0			
85399000	品目85.39所列货品的零件	8	0	0	0	0	0	0	0	0	0	0		0	5		0	0	0			0
85401100	彩色阴极射线电视显像管	12	0	0	0	0	0	0	0	0	0	0		0	6	0	0	4.8	7.2			
85401200	黑白或单色阴极射线电视显像管	15	0	0	0	0	0	0	0	0	0	0		0	12	0	0	10.5	9			
85402010	电视摄像管	12	0	0	0	0	0	0	0	0	0	0		0	6	0	0	4.8	7.2			
85402090	变像管、图像增强管及光阴极管	8	0	0	0	0	0	0	0	0	0	0		0	5		0	0	0			
85404010	彩色的数据/图形显示管,屏幕荧光点间距小于0.4毫米	8	0	0	0	0	0	0	0	0	0	0		0	5		0	0	0	0		
85404020	单色的数据/图形显示管	8	0	0	0	0	0	0	0	0	0	0		0	5		0	0	0			
85406010	雷达显示管	6	0	0	0	0	0	0	0	0	0	0		0	5		0	0	0			
85406090	其他阴极射线管	8	0	0	0	0	0	0	0	0	0	0		0	5		0	0	0			
85407100	磁控管	8	0	0	0	0	0	0	0	0	0	0		0	5		0	0	0			
85407910	调速管	8	0	0	0	0	0	0	0	0	0	0		0	5		0	0	0			
85407990	其他微波管	8	0	0	0	0	0	0	0	0	0	0		0	5		0	0	0			
85408100	接收管或放大管	8	0	0	0	0	0	0	0	0	0	0		0	5		0	0	0			
85408900	其他电子管	8	0	0	0	0	0	0	0	0	0	0		0	5		0	0	0			0
85409110	电视显像管零件	6	0	0	0	0	0	0	0	0	0	0		0	5		0	0	0			
85409120	雷达显示管零件	5	0	0	0	0	0	0	0	0	0	0		0	0		0	0	0			
85409190	其他阴极射线管零件	8	0	0	0	0	0	0	0	0	0	0		0	5		0	0	0			
85409910	电视摄像管零件	8	0	0	0	0	0	0	0	0	0	0		0	5		0	0	0			
85409990	其他热电子管、冷阴极管零件	8	0	0	0	0	0	0	0	0	0	0		0	5		0	0	0			
85431000	其他粒子加速器	5	0	0	0	0	0	0	0	0	0	0		0	0		0	0	0			

税则号列	商品描述	最惠国税率(%)	协定税率(%)																			
			东盟										亚太	智利	巴基斯坦	新加坡	新西兰	秘鲁	哥斯达黎加	香港	澳门	台湾
			文莱	柬埔寨	印尼	老挝	马来西亚	缅甸	菲律宾	新加坡	泰国	越南										
85432010	输出信号频率<1500兆赫兹的通用信号发生器	15	0	0	0	0	0	0	0	0	0	0		4.5	12	0	0	10.5	9			0
85432090	输出信号频率≥1500兆赫兹的通用信号发生器	8	0	0	0	0	0	0	0	0	0	0		2.4	5		0	0	0			0
85437093	电篱网激发器	10	0	0	0	0	0	0	0	0	0	0		0	5	0	0	0	0			
85441100	铜制绕组电线	10	0	0	0	0	0	0	0	0	0	0	7	0	5	0	0	0	0	0	0	0
85441900	其他绕组电线	20	0	0	0	0	0	0	0	0	0	0		0		0	0	14	12			
85442000	同轴电缆及其他同轴电导体	10	0	0	0	0	0	0	0	0	0	0	9	3	5	0	0	7	0			0
85443020	机动车辆用点火布线组及其他布线组	10												0			0	0	0			
85443090	车辆用点火布线组	5												0			0	0	0			
85444921	80伏<耐压≤1000伏的无接头电缆	6	0	0	0	0	0	0	0	0	0	0	4.2	1.8	0		0	0	0	0		
85444929	80伏<耐压≤1000伏的无接头电导体	12	0	0	0	0	0	0	0	0	0	0	8.4	3.6	5	0	0	4.8	7.2	0	0	0
85446012	额定电压≤35千伏的电缆	10	0	0	0	0	0	0	0	0	0	0	8.9	3	5	0	0	0	0	0		
85446013	35千伏<额定电压≤110千伏的电缆	8.4	0	0	0	0	0	0	0	0	0	0	8	2.5	5		0	0	0	0		
85446014	110千伏<额定电压≤220千伏的电缆	8.4	0	0	0	0	0	0	0	0	0	0	8	2.5	5		0	0	0	0		
85446019	其他额定电压>1000伏的电缆	8.4	0	0	0	0	0	0	0	0	0	0	8	2.5	5		0	3.4	0	0		
85446090	耐压>1000伏的其他电导体	21	0	0	0	0	0	0	0	0	0	0	20	6.3	20	0	4	14.7	12.6	0		
85447000	光缆	0																				
85451100	炉用碳电极	8	0	0	0	0	0	0	0	0	0	0		0	5		0	0	0			
85451900	其他碳电极	10.5	0	0	0	0	0	0	0	0	0	0		0	5	0	0	4.2	6.3			
85452000	碳刷	10.5	0	0	0	0	0	0	0	0	0	0		3.2	5	0	0	4.2	6.3			
85459000	灯碳棒、电池碳棒及其他石墨制品	10.5	0	0	0	0	0	0	0	0	0	0		0	5	0	0	4.2	6.3			
85461000	玻璃制绝缘子	10.5	0	0	0	0	0	0	0	0	0	0		0	5	0	0	4.2	6.3			
85462010	输变电线路绝缘瓷套管	6	0	0	0	0	0	0	0	0	0	0		1.8	5		0	0	0			
85462090	其他陶瓷制绝缘子	12	0	0	0	0	0	0	0	0	0	0		3.6	6	0	0	8.4	7.2			
85469000	其他材料制绝缘子	10	0	0	0	0	0	0	0	0	0	0		0	5	0	0	0	0			
85471000	陶瓷制绝缘零件	8	0	0	0	0	0	0	0	0	0	0		0	5		0	0	0			
85472000	塑料制绝缘零件	8	0	0	0	0	0	0	0	0	0	0		0	5		0	0	0	0		
85479010	内衬绝缘材料的贱金属导管及其接头	10	0	0	0	0	0	0	0	0	0	0		0	5	0	0	0	0			
85479090	其他材料制绝缘配件	8	0	0	0	0	0	0	0	0	0	0		0	5		0	0	0			

税则号列	商品描述	最惠国税率（%）	协定税率（%）																			
			东盟										亚太	智利	巴基斯坦	新加坡	新西兰	秘鲁	哥斯达黎加	香港	澳门	台湾
			文莱	柬埔寨	印尼	老挝	马来西亚	缅甸	菲律宾	新加坡	泰国	越南										
85481000	电池废碎料及废电池	8	0	0	0	0	0	0	0	0	0	0		2.4	5		0	0	0			
85489000	八十五章其他未列名的电气零件	12	0	0	0	0	0	0	0	0	0	0		0	6	0	0	4.8	7.2			
86011011	微机控制的外部直流电动铁道机车	3	0	0	0	0	0	0	0	0	0	0		0	0		0	0	0			
86011019	由外部直流电驱动的其他铁道机车	3	0	0	0	0	0	0	0	0	0	0		0	0		0	0	0			
86011020	由外部交流电驱动的铁道机车	3	0	0	0	0	0	0	0	0	0	0		0	0		0	0	0			
86011090	由其他外部电力驱动的铁道机车	3	0	0	0	0	0	0	0	0	0	0		0	0		0	0	0			
86012000	由蓄电池驱动的铁道电力机车	3	0	0	0	0	0	0	0	0	0	0		0	0		0	0	0			
86021010	微机控制的柴油电力铁道机车	3	0	0	0	0	0	0	0	0	0	0		0	0		0	0	0			
86021090	其他柴油电力铁道机车	3	0	0	0	0	0	0	0	0	0	0		0	0		0	0	0			
86029000	其他铁道机车及机车煤水车	3	0	0	0	0	0	0	0	0	0	0		0	0		0	0	0			
86031000	由外电力驱动铁道及电车道用机动客车、货车、敞车	3	0	0	0	0	0	0	0	0	0	0		0	0		0	0	0			
86039000	其他铁道及电车道用机动客车、货车、敞车	3	0	0	0	0	0	0	0	0	0	0		0	0		0	0	0			
86040011	隧道限界检查车	3	0	0	0	0	0	0	0	0	0	0		0	0		0	0	0			
86040012	钢轨在线打磨列车	3	0	0	0	0	0	0	0	0	0	0		0	0		0	0	0			
86040019	铁道及电车道用其他检验车及查道车	5	0	0	0	0	0	0	0	0	0	0		1.5	0		0	0	0			
86040091	电气化接触网架线机（轨行式）	5	0	0	0	0	0	0	0	0	0	0		1.5	0		0	0	0			
86040099	铁道及电车道用其他维修或服务车	7	0	0	0	0	0	0	0	0	0	0		2.1	5		0	0	0			
86050010	铁道及电车道用非机动客车	5	0	0	0	0	0	0	0	0	0	0		0	0		0	0	0			
86050090	铁道及电车道用其他非机动客车	5	0	0	0	0	0	0	0	0	0	0		0	0		0	0	0			
86061000	铁道及电车道用非机动油罐货车及类似车	5	0	0	0	0	0	0	0	0	0	0		0	0		0	0	0			
86063000	铁道及电车道用非机动自卸货车	5	0	0	0	0	0	0	0	0	0	0		0	0		0	0	0			
86069100	铁道及电车道用非机动带篷及封闭货车	5	0	0	0	0	0	0	0	0	0	0		0	0		0	0	0			
86069200	铁道及电车道用非机动厢高 >60 厘米敞篷货车	5	0	0	0	0	0	0	0	0	0	0		0	0		0	0	0			
86069900	品目 86.06 所列其他未列名非机动车	5	0	0	0	0	0	0	0	0	0	0		0	0		0	0	0			
86071100	铁道及电车道机车的驾驶转向架	3	0	0	0	0	0	0	0	0	0	0		0	0		0	0	0			
86071200	铁道及电车道机车非驾驶转向架	3	0	0	0	0	0	0	0	0	0	0		0	0		0	0	0			

税则号列	商品描述	最惠国税率(%)	协定税率(%)																			
			东盟										亚太	智利	巴基斯坦	新加坡	新西兰	秘鲁	哥斯达黎加	香港	澳门	台湾
			文莱	柬埔寨	印尼	老挝	马来西亚	缅甸	菲律宾	新加坡	泰国	越南										
86071910	铁道及电车道机车用车轴	3	0	0	0	0	0	0	0	0	0	0		0	0		0	0	0			
86071990	转向轮及其零件	3	0	0	0	0	0	0	0	0	0	0		0	0		0	0	0			
86072100	铁道及电车道机车用空气制动器及其零件	3	0	0	0	0	0	0	0	0	0	0		0	0		0	0	0			
86072900	铁道及电车道机车用非空气制动器	3	0	0	0	0	0	0	0	0	0	0		0	0		0	0	0			
86073000	铁道及电车道机车用钩、联结器、缓冲器及其零件	3	0	0	0	0	0	0	0	0	0	0		0	0		0	0	0			
86079100	铁道及电车道机车用其他零件	3	0	0	0	0	0	0	0	0	0	0		0	0		0	0	0			
86079900	铁道及电车道非机车用其他零件	3	0	0	0	0	0	0	0	0	0	0		0	0		0	0	0			
86080010	轨道自动计轴设备	3	0	0	0	0	0	0	0	0	0	0		0	0		0	0	0			
86080090	铁道及电车道轨道固定装置及附件	4	0	0	0	0	0	0	0	0	0	0		0	0		0	0	0			
86090011	20 英尺保温式集装箱	10.5	0	0	0	0	0	0	0	0	0	0		3.2	5	0	0	4.2	6.3			
86090012	20 英尺罐式集装箱	10.5	0	0	0	0	0	0	0	0	0	0		3.2	5	0	0	4.2	6.3			
86090019	20 英尺其他集装箱	10.5	0	0	0	0	0	0	0	0	0	0		3.2	5	0	0	4.2	6.3			
86090021	40 英尺保温式集装箱	10.5	0	0	0	0	0	0	0	0	0	0		3.2	5	0	0	4.2	6.3			
86090022	40 英尺罐式集装箱	10.5	0	0	0	0	0	0	0	0	0	0		3.2	5	0	0	4.2	6.3			
86090029	40 英尺其他集装箱	10.5	0	0	0	0	0	0	0	0	0	0		3.2	5	0	0	4.2	6.3			
86090030	45、48、53 英尺的集装箱	10.5	0	0	0	0	0	0	0	0	0	0		3.2	5	0	0	4.2	6.3			
86090090	其他集装箱	10.5	0	0	0	0	0	0	0	0	0	0		3.2	5	0	0	4.2	6.3			
87011000	手扶拖拉机	9	0	0	0	0	0	0	0	0	0	0		0	5		0	0	0			
87012000	半挂车用的公路牵引车	6												0			0		0			
87013000	履带式牵引车、拖拉机	6	0	0	0	0	0	0	0	0	0	0		0	5		0	0	0			
87019011	轮式拖拉机	8	0	0	0	0	0	0	0	0	0	0		0	5		0	0	0			
87019019	其他拖拉机	8	0	0	0	0	0	0	0	0	0	0		0	5		0	0	0			
87019090	其他牵引车	8	0	0	0	0	0	0	0	0	0	0		0	5		0	0	0			
87021020	机坪客车	4	0	0	0	0	0	0	0	0	0	0		0	0		0	0	0			
87021091	座位数≥30 座的大型客车(柴油型)	25												0			4		15			
87021092	20 座≤座位数≤29 座的客车	25												0			4		15			
87021093	10 座≤座位数≤19 座的客车	25												0			4		15			
87029010	座位数≥30 座的大型客车(非柴油型)	25	20	20	20	20	20	20	20	20	20	20		0			4		15			

税则号列	商品描述	最惠国税率(%)	协定税率(%) 东盟 文莱	柬埔寨	印尼	老挝	马来西亚	缅甸	菲律宾	新加坡	泰国	越南	亚太	智利	巴基斯坦	新加坡	新西兰	秘鲁	哥斯达黎加	香港	澳门	台湾
87029020	20座≤座位数≤29座的客车(非柴油型)	25	20	20	20	20	20	20	20	20	20	20		0			4		15			
87029030	10座≤座位数≤19座的客车(非柴油型)	25	20	20	20	20	20	20	20	20	20	20		0			4	17.5	15			
87031011	全地形车	25	0	0	0	0	0	0	0	0	0	0		0		0	4	17.5	15			
87031019	其他高尔夫球车及类似车辆	25	0	0	0	0	0	0	0	0	0	0		0		0	4	17.5	15			
87031090	雪地行走专用车	25	0	0	0	0	0	0	0	0	0	0		0		0	4	17.5	15			
87032130	排气量≤1000毫升的小轿车	25											22.5	0	22.5		4		15			
87032140	排气量≤1000毫升的越野车(4轮驱动)	25											22.5	0	22.5		4		15			
87032150	排气量≤1000毫升,9座及以下的小客车	25											22.5	0	22.5		4		15			
87032190	排气量≤1000毫升的其他车辆	25											22.5	0	22.5		4		15			
87032230	1升<排气量≤1.5升的小轿车	25											22.5	0	22.5		4		15			
87032240	1升<排气量≤1.5升的越野车	25											22.5	0	22.5		4		15			
87032250	1升<排气量≤1.5升,9座及以下的小客车	25											22.5	0	22.5		4		15			
87032290	1升<排气量≤1.5升的其他车辆	25											22.5	0	22.5		4		15			
87032341	1.5升<排气量≤2升的小轿车	25											22.5	0	22.5		4		15			
87032342	1.5升<排气量≤2升的越野车	25											22.5	0	22.5		4		15			
87032343	1.5升<排气量≤2升,9座及以下的小客车	25											22.5	0	22.5		4		15			
87032349	1.5升<排气量≤2升的其他车辆	25											22.5	0	22.5		4		15			
87032351	2升<排气量≤2.5升的小轿车	25											22.5	0	22.5		4		15			
87032352	2升<排气量≤2.5升的越野车	25											22.5	0	22.5		4		15			
87032353	2升<排气量≤2.5升,9座及以下的小客车	25											22.5	0	22.5		4		15			
87032359	2升<排气量≤2.5升的其他车辆	25											22.5	0	22.5		4		15			
87032361	2.5升<排气量≤3升的小轿车	25											22.5	0	22.5		4		15			
87032362	2.5升<排气量≤3升的越野车	25	0	0	0	0	0	0	0	0	0	0	22.5	0	22.5	0	4		15			

税则号列	商品描述	最惠国税率(%)	协定税率(%)																			
			东盟																			
			文莱	柬埔寨	印尼	老挝	马来西亚	缅甸	菲律宾	新加坡	泰国	越南	亚太	智利	巴基斯坦	新加坡	新西兰	秘鲁	哥斯达黎加	香港	澳门	台湾
87032363	2.5升<排气量≤3升,9座及以下的小客车	25	0	0	0	0	0	0	0	0	0	0	22.5	0	22.5	0	4		15			
87032369	2.5升<排气量≤3升的其他车辆	25	0	0	0	0	0	0	0	0	0	0	22.5	0	22.5	0	4		15			
87032411	3升<排气量≤4升的小轿车	25											22.5	0	22.5		4		15			
87032412	3升<排气量≤4升的越野车	25											22.5	0	22.5		4		15			
87032413	3升<排气量≤4升,9座及以下的小客车	25											22.5	0	22.5		4		15			
87032419	3升<排气量≤4升的其他车辆	25											22.5	0	22.5		4		15			
87032421	排气量>4升的小轿车	25											22.5	0	22.5		4		15			
87032422	排气量>4升的越野车	25											22.5	0	22.5		4		15			
87032423	排气量>4升,9座及以下的小客车	25											22.5	0	22.5		4		15			
87032429	排气量>4升的其他车辆	25											22.5	0	22.5		4		15			
87033111	排气量≤1升的柴油型小轿车	25												0			4		15			
87033119	排气量≤1升的柴油型其他车辆	25	0	0	0	0	0	0	0	0	0	0		0		0	4	17.5	15			
87033121	1升<排气量≤1.5升的柴油型小轿车	25												0			4		15			
87033122	1升<排气量≤1.5升的柴油型越野车	25												0			4		15			
87033123	1升<排气量≤1.5升,9座及以下的柴油型小客车	25												0			4		15			
87033129	1升<排气量≤1.5升的柴油型其他车辆	25	0	0	0	0	0	0	0	0	0	0		0		0	4	17.5	15			
87033211	1.5升<排气量≤2升的柴油型小轿车	25											22.5	0	22.5		4		15			
87033212	1.5升<排气量≤2升的柴油型越野车	25											22.5	0	22.5		4		15			
87033213	1.5升<排气量≤2升,9座及以下的柴油型小客车	25											22.5	0	22.5		4		15			
87033219	1.5升<排气量≤2升的柴油型其他车辆	25											22.5	0	22.5		4		15			
87033221	2升<排气量≤2.5升的柴油型小轿车	25											22.5	0	22.5		4		15			
87033222	2升<排气量≤2.5升的柴油型越野车	25											22.5	0	22.5		4		15			
87033223	2升<排气量≤2.5升,9座及以下的柴油型小客车	25											22.5	0	22.5		4		15			

税则号列	商品描述	最惠国税率(%)	协定税率(%)																			
			东盟																			
			文莱	柬埔寨	印尼	老挝	马来西亚	缅甸	菲律宾	新加坡	泰国	越南	亚太	智利	巴基斯坦	新加坡	新西兰	秘鲁	哥斯达黎加	香港	澳门	台湾
87033229	2 升＜排气量≤2.5 升的柴油型其他车辆	25											22.5	0	22.5		4		15			
87033311	2.5 升＜排气量≤3 升的柴油型小轿车	25	0	0	0	0	0	0	0	0	0	0	22.5	0	22.5	0	4		15			
87033312	2.5 升＜排气量≤3 升的柴油型越野车	25	0	0	0	0	0	0	0	0	0	0	22.5	0	22.5	0	4		15			
87033313	2.5 升＜排气量≤3 升,9 座及以下的柴油型小客车	25	0	0	0	0	0	0	0	0	0	0	22.5	0	22.5	0	4		15			
87033319	2.5 升＜排气量≤3 升的柴油型其他车辆	25	0	0	0	0	0	0	0	0	0	0	22.5	0	22.5	0	4		15			
87033321	3 升＜排气量≤4 升的柴油型小轿车	25	0	0	0	0	0	0	0	0	0	0	22.5	0	22.5	0	4		15			
87033322	3 升＜排气量≤4 升的柴油型越野车	25	0	0	0	0	0	0	0	0	0	0	22.5	0	22.5	0	4		15			
87033323	3 升＜排气量≤4 升,9 座及以下的柴油型小客车	25	0	0	0	0	0	0	0	0	0	0	22.5	0	22.5	0	4		15			
87033329	3 升＜排气量≤4 升的柴油型其他车辆	25	0	0	0	0	0	0	0	0	0	0	22.5	0	22.5	0	4		15			
87033361	排气量＞4 升的柴油型小轿车	25	0	0	0	0	0	0	0	0	0	0	22.5	0	22.5	0	4		15			
87033362	排气量＞4 升的柴油型越野车	25	0	0	0	0	0	0	0	0	0	0	22.5	0	22.5	0	4		15			
87033363	排气量＞4 升,9 座及以下的柴油型小客车	25	0	0	0	0	0	0	0	0	0	0	22.5	0	22.5	0	4		15			
87033369	排气量＞4 升的柴油型其他车辆	25	0	0	0	0	0	0	0	0	0	0	22.5	0	22.5	0	4		15			
87039000	装有压燃式内燃发动机的其他载人机动车辆	25	0	0	0	0	0	0	0	0	0	0	22.5	0	22.5	0	4	17.5	15			
87041030	非公路用电动轮货运自卸车	6	0	0	0	0	0	0	0	0	0	0		0	5		0	0	0			
87041090	其他非公路用货运自卸车	6	0	0	0	0	0	0	0	0	0	0		0	5		0	0	0			
87042100	柴油型其他小型货车	25												0			4		15			
87042230	柴油型其他中型货车	20											18	0	18		0	14	12			
87042240	柴油型其他重型货车	20											18	0	18		0	14	12			
87042300	柴油型的其他超重型货车	15												0			0		9			
87043100	汽油型≤5 吨的其他货车	25	20	20	20	20	20	20	20	20	20	20		7.5			4		15			
87043230	5 吨＜汽油型≤8 吨的其他货车	20												0			0	14	12			
87043240	汽油型＞8 吨的其他货车	20												0			0	14	12			
87049000	装有其他发动机的货车	25	0	0	0	0	0	0	0	0	0	0		0		0	4	17.5	15			

税则号列	商品描述	最惠国税率(%)	协定税率(%)																			
			东盟										亚太	智利	巴基斯坦	新加坡	新西兰	秘鲁	哥斯达黎加	香港	澳门	台湾
			文莱	柬埔寨	印尼	老挝	马来西亚	缅甸	菲律宾	新加坡	泰国	越南										
87051021	最大起重重量≤50 吨的全路面汽车起重车	15	0	0	0	0	0	0	0	0	0	0		0	12	0	0	10.5	9			
87051022	50 吨＜最大起重重量≤100 吨的全路面汽车起重车	10	0	0	0	0	0	0	0	0	0	0		0	5	0	0	0	0			
87051023	最大起重重量＞100 吨的全路面汽车起重车	10	0	0	0	0	0	0	0	0	0	0		0	5	0	0	0	0			
87051091	最大起重重量≤50 吨的其他汽车起重车	15	0	0	0	0	0	0	0	0	0	0		0	12	0	0	10.5	9			
87051092	50 吨＜最大起重重量≤100 吨的其他汽车起重车	10	0	0	0	0	0	0	0	0	0	0		0	5	0	0	0	0			
87051093	最大起重重量＞100 吨的其他汽车起重车	10	0	0	0	0	0	0	0	0	0	0		0	5	0	0	0	0			
87052000	机动钻探车	12	0	0	0	0	0	0	0	0	0	0		0	6	0	0	4.8	7.2			
87053010	装有云梯的救火车	3	0	0	0	0	0	0	0	0	0	0		0	0		0	0	0			
87053090	其他机动救火车	3	0	0	0	0	0	0	0	0	0	0		0	0		0	0	0			
87054000	机动混凝土搅拌车	15	0	0	0	0	0	0	0	0	0	0	13.5	0	7.5	0	0	10.5	9			
87059010	无线电通信车	9	0	0	0	0	0	0	0	0	0	0	8.1	0	5	0	0	0	0			
87059020	机动放射线检查车	9	0	0	0	0	0	0	0	0	0	0	8.1	0	5		0	0	0			
87059030	机动环境监测车	12	0	0	0	0	0	0	0	0	0	0	10.8	0	5	0	0	4.8	7.2			
87059040	机动医疗车	12	0	0	0	0	0	0	0	0	0	0	10.8	0	5	0	0	4.8	7.2			
87059051	航空电源车(频率为 400 赫兹)	12	0	0	0	0	0	0	0	0	0	0	10.8	0	5	0	0	4.8	7.2			
87059059	其他机动电源车	12	0	0	0	0	0	0	0	0	0	0	10.8	0	5	0	0	4.8	7.2			
87059060	飞机加油车、调温车、除冰车	12	0	0	0	0	0	0	0	0	0	0	10.8	0	5	0	0	4.8	7.2			
87059070	道路(包括跑道)扫雪车	12	0	0	0	0	0	0	0	0	0	0	10.8	0	5	0	0	4.8	7.2			
87059080	石油测井车、压裂车、混沙车	12	0	0	0	0	0	0	0	0	0	0	10.8	0	5	0	0	4.8	7.2			
87059090	其他特殊用途的机动车辆	12	0	0	0	0	0	0	0	0	0	0	10.8	0	5	0	0	4.8	7.2			
87060010	非公路用货运自卸车底盘	8	0	0	0	0	0	0	0	0	0	0		0	5		0	0	0			
87060021	车辆总重量≥14 吨的货车底盘	10												0			0		0			
87060022	车辆总重量＜14 吨的货车底盘	10												0			0	0	0			
87060030	大型客车底盘	20	0	0	0	0	0	0	0	0	0	0		0		0	0		12			
87060040	汽车起重机底盘	20	0	0	0	0	0	0	0	0	0	0		0		0	0	14	12			

税则号列	商品描述	最惠国税率(%)	协定税率(%)																			
			东盟										亚太	智利	巴基斯坦	新加坡	新西兰	秘鲁	哥斯达黎加	香港	澳门	台湾
			文莱	柬埔寨	印尼	老挝	马来西亚	缅甸	菲律宾	新加坡	泰国	越南										
87060090	其他机动车辆底盘	10	0	0	0	0	0	0	0	0	0	0		0		0	0	0	0			
87071000	品目87.03所列车辆用车身(含驾驶室)	10	0	0	0	0	0	0	0	0	0	0		0		0	0	0	0			
87079010	编号87021092、87021093、87029020及87029030所列车辆用车身	10	0	0	0	0	0	0	0	0	0	0	9	0	5	0	0	0	0			
87079090	其他车辆用车身(含驾驶室)	10	0	0	0	0	0	0	0	0	0	0	9	0	5	0	0	0	0			
87081000	缓冲器(保险杠)及其零件	10	0	0	0	0	0	0	0	0	0	0	9.6	0	5	0	0	0	0			0
87082100	坐椅安全带	10	0	0	0	0	0	0	0	0	0	0		0	5	0	0	0	0		0	
87082930	车窗玻璃升降器	10	0	0	0	0	0	0	0	0	0	0	9	0	9		0	0	0	0		0
87082941	汽车电动天窗	10	0	0	0	0	0	0	0	0	0	0	9	0	5	0	0	0	0	0		0
87082942	汽车手动天窗	10	0	0	0	0	0	0	0	0	0	0	9	0	5	0	0	0	0	0		0
87082951	侧围	10	0	0	0	0	0	0	0	0	0	0	9	0	5	0	0	0	0			0
87082952	车门	10	0	0	0	0	0	0	0	0	0	0	9	0	5	0	0	0	0			0
87082953	发动机罩盖	10	0	0	0	0	0	0	0	0	0	0	9	0	5	0	0	0	0			0
87082954	前围	10	0	0	0	0	0	0	0	0	0	0	9	0	5	0	0	0	0			0
87082955	行李箱盖(或背门)	10	0	0	0	0	0	0	0	0	0	0	9	0	5	0	0	0	0			0
87082956	后围	10	0	0	0	0	0	0	0	0	0	0	9	0	5	0	0	0	0			0
87082957	翼子板(或叶子板)	10	0	0	0	0	0	0	0	0	0	0	9	0	5	0	0	0	0			0
87082959	车身的其他覆盖件	10	0	0	0	0	0	0	0	0	0	0	9	0	5	0	0	0	0			0
87082990	车身的未列名零部件	10	0	0	0	0	0	0	0	0	0	0	9	0	5	0	0	0	0			0
87083010	装在蹄片上的制动摩擦片	10	0	0	0	0	0	0	0	0	0	0		0	5	0	0	7	0			
87083021	牵引车、拖拉机、非公路自卸车用防抱死制动系统(ABS)	6	0	0	0	0	0	0	0	0	0	0	5.4	0	0		0	0	0			
87083029	其他车辆用防抱死制动系统(ABS)	10											9	0	9		0	0	0			
87083091	牵引车、拖拉机用制动器及其零件	6	0	0	0	0	0	0	0	0	0	0	5.4	0	0		0	0	0			
87083092	大型客车用制动器及其零件	10											9	0	9		0	0	0			
87083093	非公路自卸车用制动器及其零件	6	0	0	0	0	0	0	0	0	0	0	5.4	0	0		0	0	0			
87083094	柴、汽油轻型货车用制动器及零件	10											9	0	9		0	0	0			
87083095	柴油型重型货车用制动器及其零件	10	0	0	0	0	0	0	0	0	0	0	9	0	5	0	0	0	0			
87083096	特种车用制动器及其零件	10	0	0	0	0	0	0	0	0	0	0	9	0	5	0	0	0	0			
87083099	其他未列名机动车辆用制动器及零件	10											9	0	9		0	0	0			

税则号列	商品描述	最惠国税率(%)	协定税率(%)																			
			东盟										亚太	智利	巴基斯坦	新加坡	新西兰	秘鲁	哥斯达黎加	香港	澳门	台湾
			文莱	柬埔寨	印尼	老挝	马来西亚	缅甸	菲律宾	新加坡	泰国	越南										
87084010	牵引车、拖拉机用变速箱及零件	6	0	0	0	0	0	0	0	0	0	0		0	5		0	0	0			0
87084020	大型客车用变速箱及零件	10												0			0		0			0
87084030	非公路自卸车用变速箱及零件	6	0	0	0	0	0	0	0	0	0	0		0	5		0		0			0
87084040	柴、汽油轻型货车用变速箱及零件	10												0			0		0			0
87084050	其他柴油型重型货车用变速箱及零件	10												0			0		0			0
87084060	特种车用变速箱及零件	10	0	0	0	0	0	0	0	0	0	0		0	5	0	0	0	0			0
87084091	自动换挡变速箱及零件	10												0			0		0			
87084099	未列名机动车辆用变速箱及零件	10	0	0	0	0	0	0	0	0	0	0		0		0	0		0			0
87085071	牵引车、拖拉机用驱动桥及零件	6	0	0	0	0	0	0	0	0	0	0	5.4	0	0		0	0	0			
87085072	其他大型客车用驱动桥及零件	10											9	0	9		0	0	0			
87085073	非公路自卸车用驱动桥及零件	6	0	0	0	0	0	0	0	0	0	0	5.4	0	0		0	0	0			
87085074	柴、汽油型轻型货车用驱动桥及零件	10											9	0	9		0	0	0			
87085075	其他柴油型重型货车用驱动桥及零件	10											9	0	9		0	0	0			
87085076	特种车用驱动桥及零件	10	0	0	0	0	0	0	0	0	0	0	9	0	5	0	0	0	0			
87085079	未列名机动车辆用驱动桥及零件	10											9	0	9		0	0	0			
87085081	牵引车、拖拉机用非驱动桥及零件	6	0	0	0	0	0	0	0	0	0	0		0	5		0	0	0			
87085082	座位≥30客车用非驱动桥及零件	15	0	0	0	0	0	0	0	0	0	0		0	9.7	0	0	10.5	9			
87085083	非公路自卸车用非驱动桥及零件	6	0	0	0	0	0	0	0	0	0	0		0	5		0	0	0			
87085084	柴、汽油轻货车用非驱动桥及零件	10	0	0	0	0	0	0	0	0	0	0		0	5	0	0	0	0			
87085085	柴油重型货车用非驱动桥及零件	10	0	0	0	0	0	0	0	0	0	0		0	5	0	0	0	0			
87085086	特种车用非驱动桥及其零件	10	0	0	0	0	0	0	0	0	0	0		0	5	0	0	0	0			
87085089	未列名机动车辆用非驱动桥及零件	10	0	0	0	0	0	0	0	0	0	0		0	5	0	0	0	0			
87087010	牵引车及拖拉机用车轮及其零附件	6	0	0	0	0	0	0	0	0	0	0		0	5		0	0	0			0
87087020	大型客车用车轮及其零附件	10	0	0	0	0	0	0	0	0	0	0		0	5	0	0	0	0			0
87087030	非公路货运自卸车用车轮及其零件	6	0	0	0	0	0	0	0	0	0	0		0	5		0	0	0			0
87087040	中小型货车用车轮及其零件	10	0	0	0	0	0	0	0	0	0	0		0	5	0	0	0	0			0
87087050	大型货车用车轮及其零件	10	0	0	0	0	0	0	0	0	0	0		0	5	0	0	0	0			0
87087060	特种车用车轮及其零件	10	0	0	0	0	0	0	0	0	0	0		0	5	0	0	0	0			0
87087090	其他车辆用车轮及其零附件	10	0	0	0	0	0	0	0	0	0	0		0	5	0	0	0	0			0

税则号列	商品描述	最惠国税率(%)	协定税率(%)																			
			东盟										亚太	智利	巴基斯坦	新加坡	新西兰	秘鲁	哥斯达黎加	香港	澳门	台湾
			文莱	柬埔寨	印尼	老挝	马来西亚	缅甸	菲律宾	新加坡	泰国	越南										
87088010	品目87.03所列车辆用的悬挂减震器及零件	10	0	0	0	0	0	0	0	0	0	0	9	0	5	0	0	0	0			
87088090	机动车辆用的其他悬挂减震器及零件	10	0	0	0	0	0	0	0	0	0	0	9	0	5	0	0	0	0			
87089110	水箱散热器	10	0	0	0	0	0	0	0	0	0	0		0	5	0	0	0	0			
87089120	机油冷却器	10	0	0	0	0	0	0	0	0	0	0		0	5	0	0	0	0			
87089190	其他散热器及其零件	10	0	0	0	0	0	0	0	0	0	0		0	5	0	0	0	0			
87089200	机动车辆的消声器及排气管及零件	10	0	0	0	0	0	0	0	0	0	0		0	5	0	0	0	0			
87089310	牵引车、拖拉机用离合器及其零件	6	0	0	0	0	0	0	0	0	0	0		0	5		0	0	0			
87089320	座位≥30客车用离合器及其零件	10	0	0	0	0	0	0	0	0	0	0		0	5	0	0	0	0			
87089330	非公路自卸车用离合器及其零件	6	0	0	0	0	0	0	0	0	0	0		0	5		0	0	0			
87089340	柴、汽油轻型货车用离合器及零件	10	0	0	0	0	0	0	0	0	0	0		0	5	0	0	0	0			
87089350	总重≥14吨柴油货车离合器及零件	10	0	0	0	0	0	0	0	0	0	0		0	5	0	0	0	0			
87089360	特种车用的离合器及其零件	10	0	0	0	0	0	0	0	0	0	0		0	5	0	0	0	0			
87089390	未列名机动车辆用离合器及其零件	10	0	0	0	0	0	0	0	0	0	0		0	5	0	0	0	0			
87089410	牵引车、拖拉机用转向盘、转向柱及转向器及零件	6	0	0	0	0	0	0	0	0	0	0		0	5		0	0	0			
87089420	大型客车用转向盘、转向柱及转向器及零件	10	0	0	0	0	0	0	0	0	0	0		0	5	0	0	0	0			
87089430	非公路自卸车用转向盘、转向柱及转向器及零件	6	0	0	0	0	0	0	0	0	0	0		0	5		0	0	0			
87089440	柴、汽油轻货车用转向盘、转向柱及转向器及零件	10	0	0	0	0	0	0	0	0	0	0		0	5	0	0	0	0			
87089450	柴油型重型货车用转向盘、转向柱及转向器及零件	10	0	0	0	0	0	0	0	0	0	0		0	5	0	0	0	0			
87089460	特种车用转向盘、转向柱及转向器及零件	10	0	0	0	0	0	0	0	0	0	0		0	5	0	0	0	0			
87089490	未列名机动车辆用转向盘、转向柱及转向器及零件	10	0	0	0	0	0	0	0	0	0	0		0	5	0	0	0	0			
87089500	机动车辆的安全气囊装置	10											9	0	9		0		0	0		
87089910	牵引车及拖拉机用其他零附件	6	0	0	0	0	0	0	0	0	0	0		0	5		0	0	0			

税则号列	商品描述	最惠国税率(%)	协定税率(%)																			
			东盟										亚太	智利	巴基斯坦	新加坡	新西兰	秘鲁	哥斯达黎加	香港	澳门	台湾
			文莱	柬埔寨	印尼	老挝	马来西亚	缅甸	菲律宾	新加坡	泰国	越南										
87089921	编号87021091及87029010所列车辆用车架	25	0	0	0	0	0	0	0	0	0	0		0		0	4	17.5	15			
87089929	大型客车用其他零附件	25	0	0	0	0	0	0	0	0	0	0		0		0	4	17.5	15			
87089931	编号87041030及87041090所列车辆用车架	6	0	0	0	0	0	0	0	0	0	0		0	5		0	0	0			
87089939	非公路货运自卸车用其他零附件	6	0	0	0	0	0	0	0	0	0	0		0	5		0	0	0			
87089941	编号87042100、87042230、87043100及87043230所列车辆用车架	25	0	0	0	0	0	0	0	0	0	0		0		0	4	17.5	15			
87089949	中小型货车用其他零附件	25	0	0	0	0	0	0	0	0	0	0		0		0	4	17.5	15			
87089951	编号87042240、87042300及87043240所列车辆用车架	10	0	0	0	0	0	0	0	0	0	0		0	5	0	0	0	0			
87089959	总重≥14吨货车用其他零附件	10	0	0	0	0	0	0	0	0	0	0		0	5	0	0	0	0			
87089960	特种车用其他零附件	15	0	0	0	0	0	0	0	0	0	0		0	12	0	0	10.5	9			
87089991	其他编号所列车辆用车架	10	0	0	0	0	0	0	0	0	0	0		0	5	0	0	0	0			0
87089992	汽车传动轴	10	0	0	0	0	0	0	0	0	0	0		0	5	0	0	0	0			0
87089999	机动车辆用未列名零附件	10	0	0	0	0	0	0	0	0	0	0		0	5	0	0	0	0			0
87091110	短距离运输货物电动牵引车	10	0	0	0	0	0	0	0	0	0	0		0	5	0	0	0	0			
87091190	其他电动短距离运货车	10	0	0	0	0	0	0	0	0	0	0		0	5	0	0	0	0			
87091910	短距离运输货物其他牵引车	10.5	0	0	0	0	0	0	0	0	0	0		0	5	0	0	4.2	6.3			
87091990	其他非电动短距离运货车	10.5	0	0	0	0	0	0	0	0	0	0		0	5	0	0	4.2	6.3			
87099000	短距离运货车、站台牵引车用零件	8.4	0	0	0	0	0	0	0	0	0	0		0	5		0	0	0			
87100010	坦克及其他机动装甲战斗车辆	15	0	0	0	0	0	0	0	0	0	0		0	12	0	0	10.5	9			
87100090	坦克及其他机动装甲战斗车辆零件	15	0	0	0	0	0	0	0	0	0	0		0	12	0	0	10.5	9			
87111000	汽油型微马力摩托车及脚踏两用车	45	0	0	0	0	0	0	0	0	0	0		0		0	4	31.5	27			
87112010	装有往复式活塞发动机,气缸容量超过50毫升,但不超过100毫升的汽油型小马力摩托车及脚踏两用车	45	0	0	0	0	0	0	0	0	0	0		0		0	4	31.5	27			
87112020	装有往复式活塞发动机,气缸容量超过100毫升,但不超过125毫升的汽油型小马力摩托车及脚踏两用车	45	0	0	0	0	0	0	0	0	0	0		0		0	4	31.5	27			

税则号列	商品描述	最惠国税率(%)	协定税率(%)																			
			东盟										亚太	智利	巴基斯坦	新加坡	新西兰	秘鲁	哥斯达黎加	香港	澳门	台湾
			文莱	柬埔寨	印尼	老挝	马来西亚	缅甸	菲律宾	新加坡	泰国	越南										
87112030	装有往复式活塞发动机，气缸容量超过125毫升，但不超过150毫升的汽油型小马力摩托车及脚踏两用车	45	0	0	0	0	0	0	0	0	0	0		0		0	4	31.5	27			
87112040	装有往复式活塞发动机，气缸容量超过150毫升，但不超过200毫升的汽油型小马力摩托车及脚踏两用车	45	0	0	0	0	0	0	0	0	0	0		0		0	4		27			
87112050	装有往复式活塞发动机，气缸容量超过200毫升，但不超过250毫升的汽油型小马力摩托车及脚踏两用车	45	0	0	0	0	0	0	0	0	0	0		0		0	4		27			
87113010	汽油型中小马力摩托车及脚踏两用车	45	0	0	0	0	0	0	0	0	0	0	32.8	0	32.8	0	4		27			
87113020	汽油型中大马力摩托车及脚踏两用车	45	0	0	0	0	0	0	0	0	0	0	32.8	0	32.8	0	4		27			
87114000	汽油型大马力摩托车及脚踏两用车	40	0	0	0	0	0	0	0	0	0	0		0		0	4		24			
87115000	汽油型超大马力摩托车及类似车	30	0	0	0	0	0	0	0	0	0	0		0		0	4		18			
87119010	电动的或电动助力的摩托车（包括机器脚踏两用车）	45	0	0	0	0	0	0	0	0	0	0		0		0	4		27			
87119090	装有其他发动机的摩托车及边车	45	0	0	0	0	0	0	0	0	0	0		0		0	4		27			
87120020	竞赛型自行车	13	0	0	0	0	0	0	0	0	0	0	9.1	0	5	0	0	5.2	7.8			0
87120030	山地自行车	13	0	0	0	0	0	0	0	0	0	0	9.1	0	5	0	0	5.2	7.8			0
87120041	16、18、20英寸自行车	13	0	0	0	0	0	0	0	0	0	0	9.1	0	5	0	0	5.2	7.8			0
87120049	其他越野自行车	13	0	0	0	0	0	0	0	0	0	0	9.1	0	5	0	0	5.2	7.8			0
87120081	16英寸及以下的未列名自行车	13	0	0	0	0	0	0	0	0	0	0	9.1	0	5	0	0	5.2	7.8		0	0
87120089	其他未列名自行车	13	0	0	0	0	0	0	0	0	0	0	9.1	0	5	0	0	5.2	7.8		0	0
87120090	其他非机动脚踏车	23	0	0	0	0	0	0	0	0	0	0	16.1	0	16.1	0	4	16.1	13.8		0	5
87131000	非机械驱动的残疾人用车	6	0	0	0	0	0	0	0	0	0	0		0	5		0	0	0			
87139000	其他机动残疾人用车	4	0	0	0	0	0	0	0	0	0	0		0	0		0	0	0			
87141000	摩托车及机动脚踏两用车用零附件	30	0	0	0	0	0	0	0	0	0	0		0		0	4	21	18			
87142000	残疾人车辆用零附件	5	0	0	0	0	0	0	0	0	0	0		0	0		0	0	0			
87149100	非机动脚踏车车架、轮叉及其零件	12	0	0	0	0	0	0	0	0	0	0		0	6	0	0	4.8	7.2			0
87149210	轮圈	12	0	0	0	0	0	0	0	0	0	0		0	6	0	0	4.8	7.2			0
87149290	辐条	12	0	0	0	0	0	0	0	0	0	0		0	6	0	0	4.8	7.2			0
87149310	非机动脚踏车的轮毂	12	0	0	0	0	0	0	0	0	0	0		0	6	0	0	4.8	7.2			0

税则号列	商品描述	最惠国税率（%）	协定税率（%） 东盟 文莱	柬埔寨	印尼	老挝	马来西亚	缅甸	菲律宾	新加坡	泰国	越南	亚太	智利	巴基斯坦	新加坡	新西兰	秘鲁	哥斯达黎加	香港	澳门	台湾
87149320	飞轮	12	0	0	0	0	0	0	0	0	0	0		0	6	0	0	4.8	7.2			0
87149390	其他非机动脚踏车的飞轮	12	0	0	0	0	0	0	0	0	0	0		0	6	0	0	4.8	7.2			0
87149400	非机动脚踏车的制动器及其零件	12	0	0	0	0	0	0	0	0	0	0		0	6	0	0	4.8	7.2			0
87149500	非机动脚踏车的鞍座	12	0	0	0	0	0	0	0	0	0	0		0	6	0	0	4.8	7.2			0
87149610	非机动脚踏车脚蹬及其零件	12	0	0	0	0	0	0	0	0	0	0		0	6	0	0	4.8	7.2			0
87149620	非机动脚踏车曲柄、链轮及其零件	12	0	0	0	0	0	0	0	0	0	0		0	6	0	0	4.8	7.2			0
87149900	非机动脚踏车的其他零附件	12	0	0	0	0	0	0	0	0	0	0	8.4	0	5	0	0	4.8	7.2			0
87150000	婴孩车及其零件	20	0	0	0	0	0	0	0	0	0	0		0		0	0	14	12		0	
87161000	供居住或野营用厢式挂车及半挂车	10	0	0	0	0	0	0	0	0	0	0		0	5	0	0	0	0			
87162000	农用自装或自卸式挂车及半挂车	10	0	0	0	0	0	0	0	0	0	0		0	5		0	0	0			
87163110	油罐挂车及半挂车	10	0	0	0	0	0	0	0	0	0	0		0	5	0	0	0	0			
87163190	其他罐式挂车及半挂车	10	0	0	0	0	0	0	0	0	0	0		0	5		0	0	0			
87163910	货柜挂车及半挂车	10	0	0	0	0	0	0	0	0	0	0		0	5		0	0	0			
87163990	其他货运挂车及半挂车	10	0	0	0	0	0	0	0	0	0	0		0	5		0	0	0			
87164000	其他未列名挂车及半挂车	10	0	0	0	0	0	0	0	0	0	0		0	5		0	0	0			
87168000	其他未列名非机械驱动车辆	10	0	0	0	0	0	0	0	0	0	0		0	5	0	0	0	0		0	
87169000	挂车、半挂车及非机动车用零件	10	0	0	0	0	0	0	0	0	0	0		0	5	0	0	0	0			
88010010	滑翔机及悬挂滑翔机	3	0	0	0	0	0	0	0	0	0	0		0	0		0	0	0			
88010090	气球、飞艇及其他无动力航空器	3	0	0	0	0	0	0	0	0	0	0		0	0		0	0	0			
88021100	空载重量≤2 吨的直升机	2	0	0	0	0	0	0	0	0	0	0		0	0		0	0	0			
88021210	2 吨＜空载重量≤7 吨的直升机	2	0	0	0	0	0	0	0	0	0	0		0	0		0	0	0			
88021220	空载重量＞7 吨的直升机	2	0	0	0	0	0	0	0	0	0	0		0	0		0	0	0			
88022000	小型飞机及其他航空器	5	0	0	0	0	0	0	0	0	0	0		1.5	0		0	0	0			
88023000	中型飞机及其他航空器	4	0	0	0	0	0	0	0	0	0	0		1.2	0		0	0	0			
88024010	大型飞机及其他航空器	5	0	0	0	0	0	0	0	0	0	0	3.5	0	0		0	0	0			
88024020	特大型飞机及其他航空器	1	0	0	0	0	0	0	0	0	0	0	0.7	0	0		0	0	0			
88026000	航天器（包括卫星）及其运载工具	2	0	0	0	0	0	0	0	0	0	0		0	0		0	0	0			
88031000	飞机等用推进器、水平旋翼及零件	1	0	0	0	0	0	0	0	0	0	0		0	0		0	0	0			
88032000	飞机等用起落架及其零件	1	0	0	0	0	0	0	0	0	0	0		0	0		0	0	0			
88033000	飞机及直升机的其他零件	1	0	0	0	0	0	0	0	0	0	0		0	0		0	0	0			

税则号列	商品描述	最惠国税率(%)	协定税率(%) 东盟 文莱	柬埔寨	印尼	老挝	马来西亚	缅甸	菲律宾	新加坡	泰国	越南	亚太	智利	巴基斯坦	新加坡	新西兰	秘鲁	哥斯达黎加	香港	澳门	台湾
88040000	降落伞及其零附件	2	0	0	0	0	0	0	0	0	0	0		0	0		0	0	0			
88051000	航空器的发射装置及其零件等	1.5	0	0	0	0	0	0	0	0	0	0		0	0		0	0	0			
88052100	空战模拟器及其零件	1.5	0	0	0	0	0	0	0	0	0	0		0	0		0	0	0			
88052900	其他地面飞行训练器及其零件	1.5	0	0	0	0	0	0	0	0	0	0		0	0		0	0	0			
89011010	机动巡航船、游览船及各式渡船	5	0	0	0	0	0	0	0	0	0	0		1.5	0	0	0	0	0	0		
89011090	非机动巡航船、游览船及各式渡船	8	0	0	0	0	0	0	0	0	0	0		2.4	5		0	0	0			
89012011	载重≤10 万吨的成品油船	9												0			0	0	0			
89012012	10 万吨＜载重≤30 万吨的成品油船	9												0			0	0	0			
89012013	载重＞30 万吨的成品油船	6												0			0	0	0			
89012021	载重≤15 万吨的原油船	9												0			0	0	0			
89012022	15 万吨＜载重≤30 万吨的原油船	9												0			0	0	0			
89012023	载重＞30 万吨的原油船	6												0			0	0	0			
89012031	容积≤20000 立方米的液化石油气船	9												0			0	0	0			
89012032	容积＞20000 立方米的液化石油气船	6												0			0	0	0			
89012041	容积≤20000 立方米的液化天然气船	9												0			0	0	0			
89012042	容积＞20000 立方米的液化天然气船	6												0			0	0	0			
89012090	其他液货船	9												0			0	0	0			
89013000	冷藏船	9	0	0	0	0	0	0	0	0	0	0		0	5	0	0	0	0			
89019021	可载标准集装箱≤6000 箱的机动集装箱船	9												2.7			0	0	0			
89019022	可载标准集装箱＞6000 箱的机动集装箱船	6												1.8			0	0	0			
89019031	载重≤2 万吨的机动滚装船	9												2.7			0	0	0			
89019032	载重＞2 万吨的机动滚装船	6												1.8			0	0	0			
89019041	载重≤15 万吨的机动散货船	9												2.7			0	0	0			
89019042	15 万吨＜载重≤30 万吨的机动散货船	9												2.7			0	0	0			
89019043	载重＞30 万吨的机动散货船	9												2.7			0	0	0			
89019050	机动多用途船	9												2.7			0	0	0			
89019080	其他机动货运船舶	9	0	0	0	0	0	0	0	0	0	0		2.7	5	0	0	0	0			

税则号列	商品描述	最惠国税率(%)	协定税率(%) 东盟 文莱	柬埔寨	印尼	老挝	马来西亚	缅甸	菲律宾	新加坡	泰国	越南	亚太	智利	巴基斯坦	新加坡	新西兰	秘鲁	哥斯达黎加	香港	澳门	台湾
89019090	非机动货运船舶及客货兼运船舶	8	0	0	0	0	0	0	0	0	0	0		2.4	5	0	0	0	0			
89020010	机动捕鱼船	7	0	0	0	0	0	0	0	0	0	0		2.1	5	0	0	0	0			
89020090	非机动捕鱼船	8	0	0	0	0	0	0	0	0	0	0		2.4	5		0	0	0			
89031000	充气的娱乐或运动用快艇	10	0	0	0	0	0	0	0	0	0	0		0	5		0	0	0			
89039100	帆船	8	0	0	0	0	0	0	0	0	0	0		2.4	5		0	0	0			
89039200	汽艇	10.5	0	0	0	0	0	0	0	0	0	0		3.2	5	0	0	7.4	6.3	0		
89039900	娱乐或运动用其他船舶或快艇	10	0	0	0	0	0	0	0	0	0	0		3	5		0	0	0			
89040000	拖轮及顶推船	9	0	0	0	0	0	0	0	0	0	0		2.7	5	0	0	0	0			
89051000	挖泥船	3	0	0	0	0	0	0	0	0	0	0		0	0		0	0	0			
89052000	浮动或潜水式钻探或生产平台	6	0	0	0	0	0	0	0	0	0	0		0	5		0	0	0			
89059010	浮船坞	8												2.4			0	0	0			
89059090	其他不以航行为主要功能的船舶	3	0	0	0	0	0	0	0	0	0	0		0	0		0	0	0			
89061000	军舰	5	0	0	0	0	0	0	0	0	0	0		0	0		0	0	0			
89069010	其他未列名的机动船舶	5	0	0	0	0	0	0	0	0	0	0		1.5	0		0	0	0			
89069020	非机动船舶	8	0	0	0	0	0	0	0	0	0	0		2.4	5		0	0	0			
89069030	未制成或不完整的船舶,包括船舶分段	8	0	0	0	0	0	0	0	0	0	0		2.4	5		0	0	0			
89071000	充气筏	8	0	0	0	0	0	0	0	0	0	0		0	5		0	0	0			
89079000	其他浮动结构体	8	0	0	0	0	0	0	0	0	0	0		2.4	5		0	0	0			
89080000	供拆卸的船舶及其他浮动结构体	3	0	0	0	0	0	0	0	0	0	0		0	0		0	0	0			
90011000	光导纤维束及光缆	5	0	0	0	0	0	0	0	0	0	0	4.5	0	0		0	0	0	0		
90012000	偏振材料制的片及板	8	0	0	0	0	0	0	0	0	0	0	7.6	0	5		0	0	0	0		
90013000	隐形眼镜片	10	0	0	0	0	0	0	0	0	0	0		0	5	0	0	0	0	0		
90014010	玻璃制变色镜片	20	0	0	0	0	0	0	0	0	0	0		0		0	0	14	12	0		
90014091	玻璃制太阳镜片	20	0	0	0	0	0	0	0	0	0	0		0		0	0	14	12	0		
90014099	玻璃制其他眼镜片	20	0	0	0	0	0	0	0	0	0	0		0		0	0	14	12	0		
90015010	非玻璃材料制变色镜片	20	0	0	0	0	0	0	0	0	0	0		0		0	0	14	12	0		
90015091	非玻璃材料制太阳镜片	20	0	0	0	0	0	0	0	0	0	0		0		0	0	14	12	0		
90015099	非玻璃材料制其他眼镜片	20	0	0	0	0	0	0	0	0	0	0		0		0	0	14	12	0		
90019010	彩色滤光片	8	0	0	0	0	0	0	0	0	0	0	7.6	0	5		0	0	0	0		
90019090	其他光学元件	8	0	0	0	0	0	0	0	0	0	0	7.6	0	5		0	0	0	0		

税则号列	商品描述	最惠国税率(%)	协定税率(%) 东盟 文莱	柬埔寨	印尼	老挝	马来西亚	缅甸	菲律宾	新加坡	泰国	越南	亚太	智利	巴基斯坦	新加坡	新西兰	秘鲁	哥斯达黎加	香港	澳门	台湾
90021110	特殊用途照相机用物镜	8	0	0	0	0	0	0	0	0	0	0		0	5		0	0	0			
90021120	缩微阅读机用物镜	8	0	0	0	0	0	0	0	0	0	0		0	5		0	0	0			
90021131	单反相机镜头	15	0	0	0	0	0	0	0	0	0	0		0	12	0	0	10.5	9			
90021139	其他照相机用镜头	15	0	0	0	0	0	0	0	0	0	0		0	12	0	0	10.5	9			
90021190	其他照相机、投影仪等用物镜	15	0	0	0	0	0	0	0	0	0	0		0	12	0	0	10.5	9			0
90021910	摄影机或放映机用物镜	15	0	0	0	0	0	0	0	0	0	0		0	12	0	0	10.5	9			
90021990	品目 90.02 未列名的其他物镜	15	0	0	0	0	0	0	0	0	0	0		0	12	0	0	10.5	9	0		0
90022010	照相机用滤色镜	15	0	0	0	0	0	0	0	0	0	0	14.3	0	12	0	0	10.5	9			
90022090	其他光学仪器或装置滤色镜	15	0	0	0	0	0	0	0	0	0	0	14.3	0	12	0	0	10.5	9			
90029010	照相机用未列名光学元件	15	0	0	0	0	0	0	0	0	0	0		4.5	12	0	0	10.5	9	0		0
90029090	其他光学仪器用未列名光学元件	15	0	0	0	0	0	0	0	0	0	0		4.5	12	0	0	10.5	9	0		0
90031100	塑料制眼镜架	18	0	0	0	0	0	0	0	0	0	0		0		0	0	12.6	10.8	0	0	
90031900	非塑料材料制眼镜架	10	0	0	0	0	0	0	0	0	0	0		3	5		0	0	0	0	0	
90039000	眼镜架零件	10	0	0	0	0	0	0	0	0	0	0		0	5		0	0	0	0		
90041000	太阳镜	20	0	0	0	0	0	0	0	0	0	0		6		0	0	14	12	0	0	
90049010	变色镜	16	0	0	0	0	0	0	0	0	0	0		0	12.8	0	0	11.2	9.6	0	0	
90049090	其他眼镜	20	0	0	0	0	0	0	0	0	0	0		0		0	0	14	12	0	0	
90051000	双筒望远镜	15	0	0	0	0	0	0	0	0	0	0		0	12	0	0	10.5	9			
90058010	天文望远镜及其他天文仪器	3	0	0	0	0	0	0	0	0	0	0		0	0		0	0	0			
90058090	其他光学望远镜	12	0	0	0	0	0	0	0	0	0	0		0	6	0	0	4.8	7.2			
90059010	天文望远镜及其他天文仪器用零件	2	0	0	0	0	0	0	0	0	0	0		0	0		0	0	0			
90059090	其他望远镜零附件	8	0	0	0	0	0	0	0	0	0	0		0	5		0	0	0			
90061010	电子分色机	12	0	0	0	0	0	0	0	0	0	0		0	6	0	0	4.8	7.2			
90061090	其他制版照相机	10	0	0	0	0	0	0	0	0	0	0		0	5		0	0	0			
90063000	特种用途的照相机	9	0	0	0	0	0	0	0	0	0	0		0	5		0	0	0			
90064000	一次成像照相机	5	0	0	0	0	0	0	0	0	0	0		0	0		0	0	0			
90065100	通过镜头取景的照相机	25	0	0	0	0	0	0	0	0	0	0		0		0	4		15			
90065210	缩微照相机	9	0	0	0	0	0	0	0	0	0	0		0	5		0	0	0			
90065290	使用胶片宽 <35 毫米的其他照相机	25	0	0	0	0	0	0	0	0	0	0		0		0	4		15			
90065300	其他照相机	20	0	0	0	0	0	0	0	0	0	0		6		0	0	14	12			

税则号列	商品描述	最惠国税率(%)	协定税率(%)																		
			东盟										亚太	智利	巴基斯坦	新加坡	新西兰	秘鲁	哥斯达黎加	香港	澳门	台湾
			文莱	柬埔寨	印尼	老挝	马来西亚	缅甸	菲律宾	新加坡	泰国	越南										
90065910	激光照排设备	9	0	0	0	0	0	0	0	0	0	0		0	5	0	0	0	0			
90065990	其他照相机	25	0	0	0	0	0	0	0	0	0	0		0		0	4		15			
90066100	放电式(电子式)闪光灯装置	18	0	0	0	0	0	0	0	0	0	0		0		0	0	12.6	10.8			
90066910	闪光灯泡、方形闪光灯及类似品	18	0	0	0	0	0	0	0	0	0	0		0	14.4	0	0	12.6	10.8			
90066990	其他照相闪光灯装置	18	0	0	0	0	0	0	0	0	0	0		0	14.4	0	0	12.6	10.8			
90069110	特种用途照相机的零附件	8	0	0	0	0	0	0	0	0	0	0	5.6	0	5		0	0	0	0		
90069120	一次成像照相机的零附件	5	0	0	0	0	0	0	0	0	0	0	3.5	0	0		0	0	0	0		
90069191	照相机自动调焦组件	10	0	0	0	0	0	0	0	0	0	0	7	0	5	0	0	0	0	0		
90069192	其他照相机的快门组件	10	0	0	0	0	0	0	0	0	0	0	7	0	5	0	0	0	0	0		
90069199	其他照相机的其他零附件	10	0	0	0	0	0	0	0	0	0	0	7	0	5	0	0	0	0	0		
90069900	照相闪光灯装置及闪光灯泡的零件	12	0	0	0	0	0	0	0	0	0	0		0	6	0	0	4.8	7.2			
90071010	高速摄影机	14	0	0	0	0	0	0	0	0	0	0		4.2	7	0	0	5.6	8.4			
90071090	其他摄影机	14	0	0	0	0	0	0	0	0	0	0		0	11.2	0	0	5.6	8.4			
90072010	数字式放映机	14	0	0	0	0	0	0	0	0	0	0		0	11.2	0	0	5.6	8.4	0		
90072090	放映机	14	0	0	0	0	0	0	0	0	0	0		0	11.2	0	0	5.6	8.4			
90079100	电影摄影机用零附件	8.4	0	0	0	0	0	0	0	0	0	0		0	5		0	0	0			
90079200	电影放映机用零附件	8.4	0	0	0	0	0	0	0	0	0	0		0	5		0	0	0			
90085010	幻灯机	14	0	0	0	0	0	0	0	0	0	0		0	7	0	0	5.6	8.4			
90085020	缩微胶卷、缩微胶片或其他缩微品的阅读机,不论是否可以进行复制	10	0	0	0	0	0	0	0	0	0	0		0	5		0	0	0			
90085031	正射投影仪	18	0	0	0	0	0	0	0	0	0	0		0		0	0	12.6	10.8			
90085039	其他影像投影仪	18	0	0	0	0	0	0	0	0	0	0		5.4		0	0	12.6	10.8			
90085040	照片(电影片除外)放大机及缩片机	20	0	0	0	0	0	0	0	0	0	0		0		0	0	14	12			
90089010	缩微阅读机的零附件	8	0	0	0	0	0	0	0	0	0	0		0	5		0	0	0			
90089020	照片放大机及缩片机的零附件	14	0	0	0	0	0	0	0	0	0	0		0	7	0	0	5.6	8.4			
90089090	其他影像投影仪的零附件	14	0	0	0	0	0	0	0	0	0	0		0	11.2	0	0	5.6	8.4			
90101010	电影用胶卷的自动显影装置及设备	14	0	0	0	0	0	0	0	0	0	0		4.2	7	0	0	5.6	8.4	0		
90101020	特种照相胶卷自动显影装置及设备	8.4	0	0	0	0	0	0	0	0	0	0		2.5	5		0	0	0	0		
90101091	彩色胶卷用自动显影及设备	25	0	0	0	0	0	0	0	0	0	0		7.5		0	4	17.5	15	0		
90101099	其他胶卷的自动显影装置及设备	15	0	0	0	0	0	0	0	0	0	0		4.5	12	0	0	10.5	9	0		

税则号列	商品描述	最惠国税率(%)	协定税率(%)																			
			东盟										亚太	智利	巴基斯坦	新加坡	新西兰	秘鲁	哥斯达黎加	香港	澳门	台湾
			文莱	柬埔寨	印尼	老挝	马来西亚	缅甸	菲律宾	新加坡	泰国	越南										
90105010	负片显示器	14	0	0	0	0	0	0	0	0	0	0		0	7	0	0	5.6	8.4			
90105021	电影用的洗印装置	14	0	0	0	0	0	0	0	0	0	0		0	11.2	0	0	5.6	8.4			
90105022	特种照相用的洗印装置	8.4	0	0	0	0	0	0	0	0	0	0		0	5		0	0	0			
90105029	其他照相用的洗印装置	17	0	0	0	0	0	0	0	0	0	0		0	13.6	0	0	11.9	10.2			
90106000	银幕及其他投影屏幕	14	0	0	0	0	0	0	0	0	0	0		0	11.2	0	0	5.6	8.4			
90118000	其他显微镜	7	0	0	0	0	0	0	0	0	0	0		0	5		0	0	0			
90131000	武器用望远镜瞄准具及其他望远镜	8	0	0	0	0	0	0	0	0	0	0		0	5		0	0	0			
90132000	激光器	6	0	0	0	0	0	0	0	0	0	0		0	5		0	0	0		0	
90138010	放大镜	12	0	0	0	0	0	0	0	0	0	0	8.4	0	5	0	0	4.8	7.2	0	0	
90138020	光学门眼	12	0	0	0	0	0	0	0	0	0	0	8.4	0	5	0	0	4.8	7.2			
90138030	液晶显示板	5	0	0	0	0	0	0	0	0	0	0		0	0		0			0	0	
90138090	其他液晶装置及光学仪器	5	0	0	0	0	0	0	0	0	0	0		0	0		0	0	0	0	0	
90139010	激光器、望远镜等装置的零附件	6	0	0	0	0	0	0	0	0	0	0		0	5		0	0	0	0	0	
90139020	编号 90138030 所列货品用零附件	8	0	0	0	0	0	0	0	0	0	0		0	5		0	0	0	0	0	
90139090	品目 90.13 所列其他货品的零附件	8	0	0	0	0	0	0	0	0	0	0		0	5		0	0	0	0	0	
90141000	定向罗盘	2	0	0	0	0	0	0	0	0	0	0		0	0		0	0	0			
90142010	自动驾驶仪	2	0	0	0	0	0	0	0	0	0	0		0	0		0	0	0			
90142090	其他航空或航天导航仪器及装置(罗盘除外)	2	0	0	0	0	0	0	0	0	0	0		0	0		0	0	0			
90148000	其他导航仪器及装置	2	0	0	0	0	0	0	0	0	0	0		0	0		0	0	0			
90149010	自动驾驶仪用零件、附件	1.5	0	0	0	0	0	0	0	0	0	0		0	0		0	0	0			
90149090	其他导航仪器及设备用零件、附件	1.5	0	0	0	0	0	0	0	0	0	0		0	0		0	0	0			
90151000	测距仪	9	0	0	0	0	0	0	0	0	0	0		0	5		0	0	0			
90152000	经纬仪及视距仪	9	0	0	0	0	0	0	0	0	0	0		0	5		0	0	0			
90153000	水平仪	9	0	0	0	0	0	0	0	0	0	0		0	5		0	0	0			
90154000	摄影测量用仪器及装置	9	0	0	0	0	0	0	0	0	0	0		0	5		0	0	0			
90158000	其他大地测量仪器及装置	5	0	0	0	0	0	0	0	0	0	0	3.5	1.5	0		0	0	0			
90159000	大地测量仪器及装置的零附件	5	0	0	0	0	0	0	0	0	0	0		0	0		0	0	0			
90160010	感量为 0.1 毫克或更精密的天平	9	0	0	0	0	0	0	0	0	0	0		0	5		0	0	0			
90160090	0.1 毫克 <感量≤50 毫克的天平	10.5	0	0	0	0	0	0	0	0	0	0		0	5	0	0	4.2	6.3			

税则号列	商品描述	最惠国税率（%）	协定税率（%）																			
			东盟										亚太	智利	巴基斯坦	新加坡	新西兰	秘鲁	哥斯达黎加	香港	澳门	台湾
			文莱	柬埔寨	印尼	老挝	马来西亚	缅甸	菲律宾	新加坡	泰国	越南										
90171000	绘图台及绘图机，不论是否自动	8	0	0	0	0	0	0	0	0	0	0		0	5		0	0	0			
90173000	千分尺、卡尺及量规	8	0	0	0	0	0	0	0	0	0	0		0	5		0	0	0			
90178000	其他手用测量长度的器具	8	0	0	0	0	0	0	0	0	0	0		0	5		0	0	0			
90181100	心电图记录仪	5	0	0	0	0	0	0	0	0	0	0		0	0		0	0	0			
90181210	B 型超声波诊断仪	7	0	0	0	0	0	0	0	0	0	0	6	0	0		0	0	0			
90181291	彩色超声波诊断仪	5	0	0	0	0	0	0	0	0	0	0	4.5	0	0		0	0	0			
90181299	其他超声扫描装置	5	0	0	0	0	0	0	0	0	0	0	4.5	0	0		0	0	0			
90181310	核磁共振成像装置	4	0	0	0	0	0	0	0	0	0	0		0	0		0	0	0	0		
90181390	其他核磁共振成像装置	4	0	0	0	0	0	0	0	0	0	0		0	0		0	0	0	0		
90181400	闪烁摄影装置	5	0	0	0	0	0	0	0	0	0	0		0	0		0	0	0			
90181930	病员监护仪	4	0	0	0	0	0	0	0	0	0	0	3.5	0	0		0	0	0			
90181941	听力计	4	0	0	0	0	0	0	0	0	0	0	3.5	0	0		0	0	0			
90181949	其他听力诊断装置	4	0	0	0	0	0	0	0	0	0	0	3.5	0	0		0	0	0			
90181990	其他电气诊断装置	4	0	0	0	0	0	0	0	0	0	0	3.5	0	0		0	0	0			
90182000	紫外线及红外线装置	4	0	0	0	0	0	0	0	0	0	0		0	0		0	0	0			
90183100	注射器	8	0	0	0	0	0	0	0	0	0	0	7.6	2.4	0		0	0	0			
90183210	管状金属针头	8	0	0	0	0	0	0	0	0	0	0	7	0	0		0	0	0			
90183220	缝合用针	4	0	0	0	0	0	0	0	0	0	0	3.5	0	0		0	0	0			
90183900	导管、插管及类似品	4	0	0	0	0	0	0	0	0	0	0		1.2	0		0	0	0			
90184100	牙钻机	4	0	0	0	0	0	0	0	0	0	0		0	0		0	0	0			
90184910	装有牙科设备的牙科用椅	4	0	0	0	0	0	0	0	0	0	0		1.2	0		0	0	0			
90184990	牙科用其他仪器及器具	4	0	0	0	0	0	0	0	0	0	0		1.2	0		0	0	0			
90185000	眼科用其他仪器及器具	4	0	0	0	0	0	0	0	0	0	0	3.5	1.2	0		0	0	0			
90189010	听诊器	4	0	0	0	0	0	0	0	0	0	0	3.5	1.2	0		0	0	0	0		
90189020	血压测量仪器及器具	4	0	0	0	0	0	0	0	0	0	0	3.5	1.2	0		0	0	0	0		
90189030	内窥镜	4	0	0	0	0	0	0	0	0	0	0	3.5	1.2	0		0	0	0	0		
90189040	肾脏透析设备（人工肾）	4	0	0	0	0	0	0	0	0	0	0	3.5	1.2	0		0	0	0	0		
90189050	透热疗法设备	4	0	0	0	0	0	0	0	0	0	0	3.5	1.2	0		0	0	0	0		
90189060	输血设备	4	0	0	0	0	0	0	0	0	0	0	3.5	1.2	0		0	0	0	0		
90189070	麻醉设备	4	0	0	0	0	0	0	0	0	0	0	3.5	1.2	0		0	0	0	0		

税则号列	商品描述	最惠国税率(%)	协定税率(%)																			
			东盟										亚太	智利	巴基斯坦	新加坡	新西兰	秘鲁	哥斯达黎加	香港	澳门	台湾
			文莱	柬埔寨	印尼	老挝	马来西亚	缅甸	菲律宾	新加坡	泰国	越南										
90189080	宫内节育器	4	0	0	0	0	0	0	0	0	0	0	2	1.2	0		0	0	0	0		
90189090	品目 90.18 中未列名的医疗仪器	4	0	0	0	0	0	0	0	0	0	0	3.5	1.2	0		0	0	0	0	0	
90191010	按摩器具	15	0	0	0	0	0	0	0	0	0	0		4.5	12	0	0	10.5	9	0		
90191090	机械疗法器具、心理功能测验装置	4	0	0	0	0	0	0	0	0	0	0		1.2	0		0	0	0	0		
90192000	臭氧治疗器、氧气治疗器等器具	4	0	0	0	0	0	0	0	0	0	0		0	0		0	0	0		0	
90200000	其他呼吸器具及防毒面具	8	0	0	0	0	0	0	0	0	0	0		2.4	5		0	0	0	0	0	
90211000	矫形或骨折用器具	4	0	0	0	0	0	0	0	0	0	0		1.2	0		0	0	0			
90212100	假牙	4	0	0	0	0	0	0	0	0	0	0		0	0		0	0	0	0		
90212900	牙齿固定件	4	0	0	0	0	0	0	0	0	0	0		0	0		0	0	0			
90213100	人造关节	4	0	0	0	0	0	0	0	0	0	0		0	0		0	0	0			0
90213900	其他人造的人体部分	4	0	0	0	0	0	0	0	0	0	0		1.2	0		0	0	0			
90214000	助听器,不包括零附件	4	0	0	0	0	0	0	0	0	0	0		0	0		0	0	0			
90215000	心脏起搏器,不包括零附件	4	0	0	0	0	0	0	0	0	0	0		0	0		0	0	0			
90219011	血管支架	4	0	0	0	0	0	0	0	0	0	0		1.2	0		0	0	0			
90219019	其他支架	4	0	0	0	0	0	0	0	0	0	0		1.2	0		0	0	0			
90219090	其他品目 90.21 中未列名的矫形器具	4	0	0	0	0	0	0	0	0	0	0		1.2	0		0	0	0			
90221200	X 射线断层检查仪	4	0	0	0	0	0	0	0	0	0	0	2.8	0	0		0	0	0			
90221300	其他牙科用 X 射线应用设备	4	0	0	0	0	0	0	0	0	0	0		0	0		0	0	0			
90221400	其他医疗或兽医用 X 射线应用设备	4	0	0	0	0	0	0	0	0	0	0		0	0		0	0	0			
90221910	低剂量 X 射线安全检查设备	4	0	0	0	0	0	0	0	0	0	0		0	0		0	0	0			
90221920	X 射线无损探伤检测仪	4	0	0	0	0	0	0	0	0	0	0		0	0		0	0	0	0		
90221990	其他非医疗用 X 射线设备	4	0	0	0	0	0	0	0	0	0	0		0	0		0	0	0	0		
90222100	医疗用 α、β、γ 射线设备	4	0	0	0	0	0	0	0	0	0	0		0	0		0	0	0			
90222910	γ 射线无损探伤检测仪	6	0	0	0	0	0	0	0	0	0	0		0	5		0	0	0			
90222990	其他非医疗用 α、β、γ 射线设备	6	0	0	0	0	0	0	0	0	0	0		0	5		0	0	0			
90223000	X 射线管	2	0	0	0	0	0	0	0	0	0	0		0	0		0	0	0			
90229010	X 射线影像增强器	6	0	0	0	0	0	0	0	0	0	0		1.8	5		0	0	0			
90229090	品目 90.22 所列其他设备及零件	6	0	0	0	0	0	0	0	0	0	0		1.8	5		0	0	0			
90230000	专供示范的仪器、装置及模型	7	0	0	0	0	0	0	0	0	0	0		0	5		0	0	0			
90241010	电子万能试验机	7	0	0	0	0	0	0	0	0	0	0	6.5	0	5		0	0	0			

税则号列	商品描述	最惠国税率(%)	协定税率(%) 东盟 文莱	柬埔寨	印尼	老挝	马来西亚	缅甸	菲律宾	新加坡	泰国	越南	亚太	智利	巴基斯坦	新加坡	新西兰	秘鲁	哥斯达黎加	香港	澳门	台湾
90241020	硬度计	7	0	0	0	0	0	0	0	0	0	0	6.5	0	5		0	0	0			
90241090	其他金属材料的试验用机器及器具	7	0	0	0	0	0	0	0	0	0	0	6.5	0	5		0	0	0			
90248000	非金属材料的试验用机器及器具	5	0	0	0	0	0	0	0	0	0	0		0	0		0	0	0			
90249000	各种材料的试验用机器零附件	6	0	0	0	0	0	0	0	0	0	0		0	5		0	0	0			
90251100	可直接读数的液体温度计	4	0	0	0	0	0	0	0	0	0	0		0	0		0	0	0		0	
90251910	非液体的工业用温度计及高温计	8.4	0	0	0	0	0	0	0	0	0	0	8	2.5	5		0	0	0			
90251990	非液体的其他温度计、高温计	8.4	0	0	0	0	0	0	0	0	0	0	8	2.5	5		0	0	0		0	
90258000	其他温度计、比重计、湿度计等仪器	11	0	0	0	0	0	0	0	0	0	0		3.3	5	0	0	7.7	6.6			
90259000	比重计、温度计等类似仪器的零件	8	0	0	0	0	0	0	0	0	0	0	7.6	2.4	5		0	0	0			
90271000	气体或烟雾分析仪	7	0	0	0	0	0	0	0	0	0	0		2.1	5		0	0	0	0		
90278091	曝光表	14	0	0	0	0	0	0	0	0	0	0		0	11.2	0	0	5.6	8.4			
90281010	煤气表	10	0	0	0	0	0	0	0	0	0	0		0	5		0	0	0			
90281090	其他气量计	10	0	0	0	0	0	0	0	0	0	0		0	5	0	0	0	0			
90282010	水表	10	0	0	0	0	0	0	0	0	0	0		3	5	0	0	0	0			
90282090	其他液量计	10	0	0	0	0	0	0	0	0	0	0		3	5	0	0	7	0			
90283011	单相感应式电度表	10	0	0	0	0	0	0	0	0	0	0		3	5		0	0	0	0		
90283012	三相感应式电度表	10	0	0	0	0	0	0	0	0	0	0		3	5		0	0	0	0		
90283013	单相电子式(静止式)电度表	10	0	0	0	0	0	0	0	0	0	0		3	5		0	0	0	0		
90283014	三相电子式(静止式)电度表	10	0	0	0	0	0	0	0	0	0	0		3	5		0	0	0	0		
90283019	其他电度表	10	0	0	0	0	0	0	0	0	0	0		3	5		0	0	0	0		
90283090	其他电量计	10	0	0	0	0	0	0	0	0	0	0		3	5	0	0	0	0	0		
90289010	工业用计量仪表零附件	8.4	0	0	0	0	0	0	0	0	0	0		2.5	5		0	0	0			
90289090	非工业用计量仪表零附件	8.4	0	0	0	0	0	0	0	0	0	0		2.5	5		0	0	0			
90291010	转数计	15	0	0	0	0	0	0	0	0	0	0		0	12	0	0	10.5	9			
90291020	车费计、里程计	15	0	0	0	0	0	0	0	0	0	0		0	12	0	0	10.5	9			
90291090	产量计数器、步数计及类似仪表	15	0	0	0	0	0	0	0	0	0	0		0	12	0	0	10.5	9			
90292010	车辆用速度计	10	0	0	0	0	0	0	0	0	0	0		0	5		0	0	0			
90292090	其他速度计及转速表、频闪观测仪	10	0	0	0	0	0	0	0	0	0	0		0	5		0	0	0			
90299000	转数计、车费计及类似仪表零件	6	0	0	0	0	0	0	0	0	0	0		0	5		0	0	0			
90301000	离子射线的测量或检验仪器及装置	5	0	0	0	0	0	0	0	0	0	0		0	0		0	0	0			

税则号列	商品描述	最惠国税率(%)	协定税率(%)																			
			东盟																			
			文莱	柬埔寨	印尼	老挝	马来西亚	缅甸	菲律宾	新加坡	泰国	越南	亚太	智利	巴基斯坦	新加坡	新西兰	秘鲁	哥斯达黎加	香港	澳门	台湾
90302010	测试频率<300 兆赫的通用示波器	8	0	0	0	0	0	0	0	0	0	0		0	5	0	0	0	0			
90302090	其他阴极射线示波器	5	0	0	0	0	0	0	0	0	0	0		0	0		0	0	0			
90303110	量程≤五位半的数字万用表,不带记录装置	15	0	0	0	0	0	0	0	0	0	0		0	12	0	0	10.5	9		0	
90303190	其他不带记录装置的万用表	5	0	0	0	0	0	0	0	0	0	0		0	0		0	0	0			
90303200	带记录装置的万用表	8	0	0	0	0	0	0	0	0	0	0		0	5		0	0	0			
90303310	量程≤五位半的数字电流表、电压表,不带记录装置	15	0	0	0	0	0	0	0	0	0	0		4.5	12	0	0	10.5	9	0		
90303320	不带记录装置的电阻测试仪	14	0	0	0	0	0	0	0	0	0	0		4.2	11.2	0	0	5.6	8.4	0		
90303390	检测电压、电流及功率的其他仪器,不带记录装置	9	0	0	0	0	0	0	0	0	0	0		2.7	5		0	0	0	0		
90303900	检测电压、电流、电阻或功率的其他仪器,带记录装置	8	0	0	0	0	0	0	0	0	0	0		0	5		0	0	0			
90308410	电感及电容测试仪	10	0	0	0	0	0	0	0	0	0	0		0	5	0	0	0	0			
90308490	其他电量的测量或检验仪器及装置	8	0	0	0	0	0	0	0	0	0	0		0	5		0	0	0			
90308910	其他电感及电容测试仪	14	0	0	0	0	0	0	0	0	0	0		4.2	11.2	0	0	5.6	8.4			
90308990	其他电量的测量或检验仪器及装置	8	0	0	0	0	0	0	0	0	0	0		2.4	5		0	0	0			
90309000	品目 90.30 所属货品的零件及附件	7	0	0	0	0	0	0	0	0	0	0		0	5		0	0	0	0		
90311000	机械零件平衡试验机	7	0	0	0	0	0	0	0	0	0	0	6.5	0	5		0	0	0			
90312000	试验台	7	0	0	0	0	0	0	0	0	0	0		0	5		0	0	0			
90314910	轮廓投影仪	10	0	0	0	0	0	0	0	0	0	0		0	5		0	0	0			
90314920	光栅测量装置	0																				
90318010	光纤通信及光纤性能测试仪	5	0	0	0	0	0	0	0	0	0	0	4	1.5	0		0	0	0	0		
90318020	坐标测量仪	5	0	0	0	0	0	0	0	0	0	0		1.5	0		0	0	0	0		
90318031	超声波探伤检测仪	5	0	0	0	0	0	0	0	0	0	0	4	1.5	0		0	0	0	0		
90318032	磁粉探伤检测仪	5	0	0	0	0	0	0	0	0	0	0	4	1.5	0		0	0	0	0		
90318033	涡流探伤检测仪	5	0	0	0	0	0	0	0	0	0	0	4	1.5	0		0	0	0	0		
90318039	其他无损探伤检测仪器(射线探伤仪除外)	5	0	0	0	0	0	0	0	0	0	0	4	1.5	0		0	0	0	0		
90318090	未列名测量、检验仪器器具及机器	5	0	0	0	0	0	0	0	0	0	0	4	1.5	0		0	0	0	0		0
90321000	恒温器	7	0	0	0	0	0	0	0	0	0	0		0	5		0	0	0	0		

税则号列	商品描述	最惠国税率(%)	协定税率(%)																			
			东盟										亚太	智利	巴基斯坦	新加坡	新西兰	秘鲁	哥斯达黎加	香港	澳门	台湾
			文莱	柬埔寨	印尼	老挝	马来西亚	缅甸	菲律宾	新加坡	泰国	越南										
90322000	恒压器	7	0	0	0	0	0	0	0	0	0	0		0	5		0	0	0	0		
90328100	液压或气压的其他仪器及装置	7	0	0	0	0	0	0	0	0	0	0	6.5	0	5		0	0	0	0		
90328911	列车自动防护系统(ATP)车载设备	7	0	0	0	0	0	0	0	0	0	0		2.1	5		0	0	0	0		
90328912	列车自动运行系统(ATO)车载设备	7	0	0	0	0	0	0	0	0	0	0		2.1	5		0	0	0	0		
90328919	其他列车自动控制系统(ATC)车载设备	7	0	0	0	0	0	0	0	0	0	0		2.1	5		0	0	0	0		
90328990	非液压或气压的其他自动调节或控制仪器及装置	7	0	0	0	0	0	0	0	0	0	0		2.1	5		0	0	0	0		
90329000	自动调节或控制仪器零附件	5	0	0	0	0	0	0	0	0	0	0		0	0		0	0	0			
90330000	九十章未列名零附件	6	0	0	0	0	0	0	0	0	0	0		0	5		0	0	0			
91011100	机械指示式的贵金属电子手表	11	0	0	0	0	0	0	0	0	0	0	9.9	0	5	0	0	4.4	6.6			
91011910	光电显示式的贵金属电子手表	16	0	0	0	0	0	0	0	0	0	0		0	12.8	0	0	11.2	9.6			
91011990	其他贵金属电子手表	15	0	0	0	0	0	0	0	0	0	0		0	12	0	0	10.5	9			
91012100	自动上弦的贵金属机械手表	11	0	0	0	0	0	0	0	0	0	0		0	5	0	0	4.4	6.6			
91012900	非自动上弦贵金属机械手表	15	0	0	0	0	0	0	0	0	0	0		0	12	0	0	10.5	9			
91019100	贵金属电子怀表及其他电子表	15	0	0	0	0	0	0	0	0	0	0		0	12	0	0	10.5	9			
91019900	贵金属机械怀表及其他机械表	20	0	0	0	0	0	0	0	0	0	0		0		0	0	14	12			
91021100	机械指示式的其他电子手表	12.5	0	0	0	0	0	0	0	0	0	0	11.1	3.8	6.2	0	0	5	7.5	0	0	
91021200	光电显示式的其他电子手表	23	0	0	0	0	0	0	0	0	0	0		0		0	4	16.1	13.8	0	0	
91021900	其他电子手表	15	0	0	0	0	0	0	0	0	0	0		0	12	0	0	10.5	9			
91022100	其他自动上弦的机械手表	11	0	0	0	0	0	0	0	0	0	0		3.3	5	0	0	4.4	6.6	0		
91022900	其他非自动上弦的机械手表	15	0	0	0	0	0	0	0	0	0	0		0	12	0	0	10.5	9	0		
91029100	电力驱动的电子怀表及其他电子表	15	0	0	0	0	0	0	0	0	0	0		0	12	0	0	10.5	9			
91029900	其他机械怀表、秒表及其他表	20	0	0	0	0	0	0	0	0	0	0		0		0	0	14	12			
91031000	以表芯装成的电子钟	23	0	0	0	0	0	0	0	0	0	0		0		0	4	16.1	13.8	0	0	
91039000	以表芯装成的机械钟	20	0	0	0	0	0	0	0	0	0	0		0		0	0	14	12			
91040000	仪表板钟及车辆船舶等用的类似钟	10	0	0	0	0	0	0	0	0	0	0		0	5		0	0	0			
91051100	电子闹钟	23	0	0	0	0	0	0	0	0	0	0		0		0	4	16.1	13.8	0	0	
91051900	机械闹钟	20	0	0	0	0	0	0	0	0	0	0		0		0	0	14	12			
91052100	电子挂钟	23	0	0	0	0	0	0	0	0	0	0		6.9		0	4	16.1	13.8			

税则号列	商品描述	最惠国税率(%)	协定税率(%) 东盟 文莱	柬埔寨	印尼	老挝	马来西亚	缅甸	菲律宾	新加坡	泰国	越南	亚太	智利	巴基斯坦	新加坡	新西兰	秘鲁	哥斯达黎加	香港	澳门	台湾
91052900	机械挂钟	20	0	0	0	0	0	0	0	0	0	0		0		0	0	14	12			
91059110	电子天文钟	3	0	0	0	0	0	0	0	0	0	0		0	0		0	0	0			
91059190	其他电子钟	23	0	0	0	0	0	0	0	0	0	0		0		0	4	16.1	13.8			
91059900	其他机械钟	16	0	0	0	0	0	0	0	0	0	0		0	12.8	0	0	11.2	9.6			
91061000	考勤钟、时刻记录器	16	0	0	0	0	0	0	0	0	0	0		0	12.8	0	0	11.2	9.6			
91069000	其他时间记录器及其他类似装置	16	0	0	0	0	0	0	0	0	0	0		4.8	12.8	0	0	11.2	9.6			
91070000	定时开关	12	0	0	0	0	0	0	0	0	0	0		0	6	0	0	4.8	7.2			
91081100	已组装的机械指示式完整电子表芯	16	0	0	0	0	0	0	0	0	0	0		0	12.8	0	0	11.2	9.6	0	0	
91081200	已组装的光电显示式完整电子表芯	16	0	0	0	0	0	0	0	0	0	0		0	12.8	0	0	11.2	9.6	0	0	
91081900	其他已组装的完整电子表芯	16	0	0	0	0	0	0	0	0	0	0	12	0	8	0	0	11.2	9.6	0	0	
91082000	已组装的自动上弦完整表芯	16	0	0	0	0	0	0	0	0	0	0		0	12.8	0	0	11.2	9.6			
91089010	已组装表面尺寸≤33.8毫米机械完整表芯	16	0	0	0	0	0	0	0	0	0	0		0	12.8	0	0	11.2	9.6			
91089090	其他已组装完整机械表芯	16	0	0	0	0	0	0	0	0	0	0		0	12.8	0	0	11.2	9.6	0	0	
91091000	已组装的完整电子钟芯	16	0	0	0	0	0	0	0	0	0	0		0	12.8	0	0	11.2	9.6			
91099000	已组装的完整机械钟芯	16	0	0	0	0	0	0	0	0	0	0		0	12.8	0	0	11.2	9.6			
91101100	未组装的完整表机芯	16	0	0	0	0	0	0	0	0	0	0		0	12.8	0	0	11.2	9.6			
91101200	已组装的不完整表机芯	16	0	0	0	0	0	0	0	0	0	0		0	12.8	0	0	11.2	9.6			
91101900	未组装的不完整表机芯	16	0	0	0	0	0	0	0	0	0	0		0	12.8	0	0	11.2	9.6			
91109010	未组装的完整的钟机芯	16	0	0	0	0	0	0	0	0	0	0		0	12.8	0	0	11.2	9.6			
91109090	不完整的钟机芯	16	0	0	0	0	0	0	0	0	0	0		0	12.8	0	0	11.2	9.6			
91111000	贵金属或包贵金属制的表壳	14	0	0	0	0	0	0	0	0	0	0		0	11.2	0	0	5.6	8.4			
91112000	贱金属制的表壳	14	0	0	0	0	0	0	0	0	0	0	10	0	7	0	0	5.6	8.4	0	0	
91118000	非金属制的表壳	14	0	0	0	0	0	0	0	0	0	0		0	11.2	0	0	5.6	8.4			
91119000	表壳的零件	14	0	0	0	0	0	0	0	0	0	0		0	11.2	0	0	5.6	8.4			
91122000	钟壳	14	0	0	0	0	0	0	0	0	0	0		0	11.2	0	0	5.6	8.4			
91129000	钟壳零件	12	0	0	0	0	0	0	0	0	0	0		0	6	0	0	4.8	7.2			
91131000	贵金属或包贵金属制的表带及零件	20	0	0	0	0	0	0	0	0	0	0		0		0	0	14	12			
91132000	贱金属制的表带及其零件	14	0	0	0	0	0	0	0	0	0	0		0	11.2	0	0	5.6	8.4	0	0	
91139000	非金属制的表带及其零件	14	0	0	0	0	0	0	0	0	0	0		0	11.2	0	0	5.6	8.4	0		
91141000	钟、表的发条	14	0	0	0	0	0	0	0	0	0	0		0	7	0	0	5.6	8.4			

税则号列	商品描述	最惠国税率(%)	协定税率(%)																		
			东盟										亚太	智利	巴基斯坦	新加坡	新西兰	秘鲁	哥斯达黎加	香港	澳门	台湾
			文莱	柬埔寨	印尼	老挝	马来西亚	缅甸	菲律宾	新加坡	泰国	越南										
91143000	钟面或表面	14	0	0	0	0	0	0	0	0	0	0		0	11.2	0	0	5.6	8.4			
91144000	钟、表的夹板及横担(过桥)	14	0	0	0	0	0	0	0	0	0	0		0	11.2	0	0	5.6	8.4			
91149010	钟、表的宝石轴承	14	0	0	0	0	0	0	0	0	0	0		0	7	0	0	5.6	8.4			
91149090	钟、表的其他零件	14	0	0	0	0	0	0	0	0	0	0		0	11.2	0	0	5.6	8.4	0	0	
92011000	竖式钢琴	17.5	0	0	0	0	0	0	0	0	0	0		0	14	0	0	12.2	10.5		0	
92012000	大钢琴	17.5	0	0	0	0	0	0	0	0	0	0		0	14	0	0	12.2	10.5			
92019000	其他钢琴	17.5	0	0	0	0	0	0	0	0	0	0		0	14	0	0	12.2	10.5			
92021000	弓弦乐器	17.5	0	0	0	0	0	0	0	0	0	0		0	14	0	0	12.2	10.5			
92029000	其他弦乐器	17.5	0	0	0	0	0	0	0	0	0	0		0	14	0	0	12.2	10.5			
92051000	铜管乐器	17.5	0	0	0	0	0	0	0	0	0	0		0	14	0	0	12.2	10.5			
92059010	键盘管风琴、簧风琴及类似乐器	20	0	0	0	0	0	0	0	0	0	0		0		0	0	14	12			
92059020	手风琴及类似乐器	21	0	0	0	0	0	0	0	0	0	0		0		0	4	14.7	12.6			
92059030	口琴	21	0	0	0	0	0	0	0	0	0	0		0		0	4	14.7	12.6			
92059090	其他管乐器,但游艺场风琴和手摇风琴除外	17.5	0	0	0	0	0	0	0	0	0	0		5.3	14	0	0	12.2	10.5			
92060000	打击乐器	17.5	0	0	0	0	0	0	0	0	0	0		0	14	0	0	7	10.5			
92071000	通过电产生或扩大声音的键盘乐器	30	0	0	0	0	0	0	0	0	0	0		0		0	4	21	18			
92079000	其他通过电产生或扩大声音的乐器	30	0	0	0	0	0	0	0	0	0	0		0		0	4	21	18			
92081000	百音盒	22	0	0	0	0	0	0	0	0	0	0		0		0	4	15.4	13.2			
92089000	九十二章未列名的其他乐器	22	0	0	0	0	0	0	0	0	0	0		0		0	4	15.4	13.2			
92093000	乐器用的弦	17.5	0	0	0	0	0	0	0	0	0	0		0	14	0	0	12.2	10.5			
92099100	钢琴的零附件	17.5	0	0	0	0	0	0	0	0	0	0		0	14	0	0	12.2	10.5			
92099200	品目92.02所列乐器的零附件	17.5	0	0	0	0	0	0	0	0	0	0		0	14	0	0	12.2	10.5			
92099400	品目92.07所列乐器的零附件	17.5	0	0	0	0	0	0	0	0	0	0		0	14	0	0	12.2	10.5			
92099910	节拍器、音叉及定音管	17.5	0	0	0	0	0	0	0	0	0	0		0	14	0	0	12.2	10.5			
92099920	百音盒的机械装置	17.5	0	0	0	0	0	0	0	0	0	0		0	14	0	0	12.2	10.5			
92099990	九十二章其他编号未列名的乐器零件	17.5	0	0	0	0	0	0	0	0	0	0		0	14	0	0	12.2	10.5			
93011010	自动推进的火炮武器	13	0	0	0	0	0	0	0	0	0	0		0	6.5	0	0	5.2	7.8			
93011090	其他火炮武器	13	0	0	0	0	0	0	0	0	0	0		3.9	6.5	0	0	5.2	7.8			
93012000	火箭发射装置、火焰喷射器等	13	0	0	0	0	0	0	0	0	0	0		0	6.5	0	0	5.2	7.8			

税则号列	商品描述	最惠国税率（%）	协定税率（%）																			
			东盟										亚太	智利	巴基斯坦	新加坡	新西兰	秘鲁	哥斯达黎加	香港	澳门	台湾
			文莱	柬埔寨	印尼	老挝	马来西亚	缅甸	菲律宾	新加坡	泰国	越南										
93019000	其他军用武器	13	0	0	0	0	0	0	0	0	0	0		3.9	6.5	0	0	5.2	7.8			
93020000	左轮手枪及其他手枪	13	0	0	0	0	0	0	0	0	0	0		0	6.5	0	0	5.2	7.8			
93031000	前装枪	13	0	0	0	0	0	0	0	0	0	0		0	6.5	0	0	5.2	7.8			
93032000	其他运动、狩猎或打靶用滑膛枪	13	0	0	0	0	0	0	0	0	0	0		0	6.5	0	0	5.2	7.8			
93033000	其他运动、狩猎或打靶用步枪	13	0	0	0	0	0	0	0	0	0	0		0	6.5	0	0	5.2	7.8			
93039000	其他火器及类似装置	13	0	0	0	0	0	0	0	0	0	0		0	6.5	0	0	5.2	7.8			
93040000	其他武器（如弹簧枪、气枪、警棍等）	13	0	0	0	0	0	0	0	0	0	0		0	6.5	0	0	5.2	7.8			
93051000	左轮手枪或其他手枪的零件及附件	13	0	0	0	0	0	0	0	0	0	0		0	6.5	0	0	5.2	7.8			
93052000	猎枪或步枪用零件及附件	13	0	0	0	0	0	0	0	0	0	0		0	6.5	0	0	5.2	7.8			
93059100	军用武器的零附件	13	0	0	0	0	0	0	0	0	0	0		0	6.5	0	0	5.2	7.8			
93059900	其他武器的零附件	13	0	0	0	0	0	0	0	0	0	0		0	6.5	0	0	5.2	7.8			
93062100	猎枪弹	13	0	0	0	0	0	0	0	0	0	0		0	6.5	0	0	5.2	7.8			
93062900	猎枪弹的零件及气枪弹丸	13	0	0	0	0	0	0	0	0	0	0		0	6.5	0	0	5.2	7.8			
93063080	接机或类似工具用子弹及其零件	13	0	0	0	0	0	0	0	0	0	0		0	6.5	0	0	5.2	7.8			
93063090	其他子弹及其零件	13	0	0	0	0	0	0	0	0	0	0		0	6.5	0	0	5.2	7.8			
93069000	其他弹药和射弹及其零件	13	0	0	0	0	0	0	0	0	0	0		3.9	6.5	0	0	5.2	7.8			
93070000	剑、刀、长矛和类似的武器及其零件	13	0	0	0	0	0	0	0	0	0	0		0	6.5	0	0	5.2	7.8			
94012010	皮革或再生皮革面的机动车辆用坐具	10												0			0	0	0		0	
94012090	机动车辆用坐具	10												0			0	0	0		0	
94019011	机动车辆的坐椅调角器	10												3			0	7	0	0		
94041000	弹簧床垫	20	0	0	0	0	0	0	0	0	0	0		6		0	0	14	12			
94042100	海绵橡胶或泡沫塑料制褥垫	20	0	0	0	0	0	0	0	0	0	0		0		0	0	14	12	0	0	
94042900	其他材料制褥垫	20	0	0	0	0	0	0	0	0	0	0	14	6	14	0	0	14	12	0	0	
94043010	羽毛或羽绒填充的睡袋	20	0	0	0	0	0	0	0	0	0	0		0		0	0	14	12		0	
94043090	其他睡袋	20	0	0	0	0	0	0	0	0	0	0		0		0	0	14	12		0	
94049010	羽绒或羽毛填充的寝具及类似品	20	0	0	0	0	0	0	0	0	0	0		6		0	0	14	12	0	0	
94049020	兽毛填充的寝具及类似品	20	0	0	0	0	0	0	0	0	0	0		6		0	0	14	12	0	0	
94049030	丝棉填充的寝具及类似品	20	0	0	0	0	0	0	0	0	0	0		6		0	0	14	12	0	0	
94049040	化纤棉填充的寝具及类似品	20	0	0	0	0	0	0	0	0	0	0		6		0	0	14	12	0	0	
94049090	其他材料制的寝具及类似品	20	0	0	0	0	0	0	0	0	0	0		6		0	0	14	12	0	0	

税则号列	商品描述	最惠国税率(%)	协定税率(%)																			
			东盟																			
			文莱	柬埔寨	印尼	老挝	马来西亚	缅甸	菲律宾	新加坡	泰国	越南	亚太	智利	巴基斯坦	新加坡	新西兰	秘鲁	哥斯达黎加	香港	澳门	台湾
94051000	枝形吊灯	10	0	0	0	0	0	0	0	0	0	0		3	5		0	0	0			
94052000	电气台灯、床头灯、落地灯	20	0	0	0	0	0	0	0	0	0	0		6		0	0	14	12			
94053000	圣诞树用的成套灯具	16	0	0	0	0	0	0	0	0	0	0		0	12.8	0	0	11.2	9.6			
94054010	探照灯	17.5	0	0	0	0	0	0	0	0	0	0		5.3	14	0	0	12.2	10.5		0	
94054020	聚光灯	17.5	0	0	0	0	0	0	0	0	0	0		5.3	14	0	0	12.2	10.5		0	
94054090	其他电灯及照明装置	10	0	0	0	0	0	0	0	0	0	0		3	5	0	0	0	0		0	
94055000	非电气灯具及照明装置	20	0	0	0	0	0	0	0	0	0	0		0		0	0	14	12			
94056000	发光标志、发光铭牌及类似品	20	0	0	0	0	0	0	0	0	0	0		0		0	0	14	12	0		
94059100	品目94.05所列物品的玻璃制零件	20	0	0	0	0	0	0	0	0	0	0		0		0	0	14	12			
94059200	品目94.05所列物品的塑料制零件	20	0	0	0	0	0	0	0	0	0	0		0		0	0	14	12		0	
94059900	品目94.05所列物品其他材料制零件	20	0	0	0	0	0	0	0	0	0	0		6		0	0	14	12		0	
94060000	活动房屋	10	0	0	0	0	0	0	0	0	0	0	7	3	5	0	0	7	0			
95061100	滑雪屐	14	0	0	0	0	0	0	0	0	0	0		0	0	0	0	5.6	8.4			
95061200	滑雪屐扣件(滑雪屐带)	14	0	0	0	0	0	0	0	0	0	0		0	0	0	0	5.6	8.4			
95061900	其他滑雪用具	14	0	0	0	0	0	0	0	0	0	0		0	0	0	0	5.6	8.4			
95062100	帆板	12	0	0	0	0	0	0	0	0	0	0		0	0	0	0	4.8	7.2			
95062900	其他水上运动用具	14	0	0	0	0	0	0	0	0	0	0		0	0	0	0	5.6	8.4	0		
95063100	完整的高尔夫球棍	14	0	0	0	0	0	0	0	0	0	0		0	0	0	0	5.6	8.4			
95063200	高尔夫球	12	0	0	0	0	0	0	0	0	0	0		0	0	0	0	4.8	7.2			
95063900	其他高尔夫球用具	14	0	0	0	0	0	0	0	0	0	0		0	0	0	0	5.6	8.4			0
95064010	乒乓球	12	0	0	0	0	0	0	0	0	0	0		3.6	0	0	0	4.8	7.2			
95064090	其他乒乓球运动用品及器械	14	0	0	0	0	0	0	0	0	0	0		4.2	0	0	0	5.6	8.4			
95065100	草地网球拍	14	0	0	0	0	0	0	0	0	0	0		0	0	0	0	5.6	8.4			
95065900	其他网球拍、羽毛球拍或类似球拍	14	0	0	0	0	0	0	0	0	0	0		0	0	0	0	5.6	8.4			
95066100	草地网球	12	0	0	0	0	0	0	0	0	0	0		0	0	0	0	4.8	7.2			
95066210	篮球、足球、排球	12	0	0	0	0	0	0	0	0	0	0		3.6	0	0	0	4.8	7.2			
95066290	其他可充气的球	12	0	0	0	0	0	0	0	0	0	0		3.6	0	0	0	4.8	7.2			
95066900	其他球	12	0	0	0	0	0	0	0	0	0	0		0	0	0	0	4.8	7.2			
95067010	溜冰鞋	14	0	0	0	0	0	0	0	0	0	0	12	0	0	0	0	5.6	8.4			
95067020	旱冰鞋	14	0	0	0	0	0	0	0	0	0	0	12	0	0	0	0	5.6	8.4			

税则号列	商品描述	最惠国税率(%)	协定税率(%)																			
			东盟										亚太	智利	巴基斯坦	新加坡	新西兰	秘鲁	哥斯达黎加	香港	澳门	台湾
			文莱	柬埔寨	印尼	老挝	马来西亚	缅甸	菲律宾	新加坡	泰国	越南										
95069111	跑步机	12	0	0	0	0	0	0	0	0	0	0		3.6	0	0	0	4.8	7.2	0		0
95069119	其他健身及康复器械	12	0	0	0	0	0	0	0	0	0	0		3.6	0	0	0	4.8	7.2	0		0
95069120	滑板	12	0	0	0	0	0	0	0	0	0	0		3.6	0	0	0	4.8	7.2	0		
95069190	一般的体育活动、体操或竞技用品	12	0	0	0	0	0	0	0	0	0	0		3.6	0	0	0	4.8	7.2	0	0	
95069900	其他未列名的九十五章用品及设备	12	0	0	0	0	0	0	0	0	0	0		3.6	0	0	0	4.8	7.2	0	0	
95071000	钓鱼竿	21	0	0	0	0	0	0	0	0	0	0		0		0	4	14.7	12.6			
95072000	钓鱼钩	21	0	0	0	0	0	0	0	0	0	0		6.3		0	4	14.7	12.6			
95073000	钓线轮	21	0	0	0	0	0	0	0	0	0	0		0		0	4	14.7	12.6			
95079000	其他钓鱼用品	21	0	0	0	0	0	0	0	0	0	0	18.9	0	18.9	0	4	14.7	12.6			
95081000	流动马戏团及流动动物园	15	0	0	0	0	0	0	0	0	0	0		0	12	0	0	10.5	9			
95089000	其他旋转木马、秋千等游乐场娱乐设备	15	0	0	0	0	0	0	0	0	0	0		4.5	12	0	0	10.5	9			
96011000	已加工的兽牙及其制品	20	0	0	0	0	0	0	0	0	0	0		0		0	0	14	12			
96019000	其他已加工动物质雕刻料及其制品	20	0	0	0	0	0	0	0	0	0	0		0		0	0	14	12			
96020010	装药用胶囊	10.5	0	0	0	0	0	0	0	0	0	0		0	5	0	0	4.2	6.3			
96020090	已加工植物或矿物质雕刻料及制品	25	0	0	0	0	0	0	0	0	0	0		0		0	4	17.5	15			
96031000	用枝条或其他植物材料捆扎成的帚	25	0	0	0	0	0	0	0	0	0	0		0		0	4	17.5	15		0	
96032100	牙刷,包括齿板刷	25	0	0	0	0	0	0	0	0	0	0		0		0	4	17.5	15	0	0	
96032900	剃须刷、发刷、睫毛刷等人体化妆用刷	15	0	0	0	0	0	0	0	0	0	0	13.5	4.5	7.5	0	0	10.5	9		0	
96033010	画笔	25	0	0	0	0	0	0	0	0	0	0	15	7.5	15	0	4	17.5	15			
96033020	毛笔	20	0	0	0	0	0	0	0	0	0	0	18	6	18	0	0	14	12			
96033090	化妆用的类似笔	25	0	0	0	0	0	0	0	0	0	0	22.5	7.5	22.5	0	4	17.5	15			
96034011	猪鬃制漆刷及类似刷	20	0	0	0	0	0	0	0	0	0	0		0		0	0	14	12			
96034019	其他材料制漆刷及类似刷	23	0	0	0	0	0	0	0	0	0	0		0		0	4	16.1	13.8			
96034020	油漆块垫及滚筒	23	0	0	0	0	0	0	0	0	0	0		0		0	4	16.1	13.8			
96035011	作为机器、器具零件的金属丝刷	14	0	0	0	0	0	0	0	0	0	0		4.2	11.2	0	0	5.6	8.4			
96035019	作为车辆零件的金属丝刷	14	0	0	0	0	0	0	0	0	0	0		4.2	7	0	0	5.6	8.4			
96035091	作为机器、器具零件的其他刷	14	0	0	0	0	0	0	0	0	0	0		4.2	11.2	0	0	5.6	8.4			
96035099	作为车辆零件的其他刷	14	0	0	0	0	0	0	0	0	0	0		4.2	7	0	0	5.6	8.4			
96039010	羽毛掸	21	0	0	0	0	0	0	0	0	0	0	18.9	6.3	18.9	0	4	14.7	12.6			
96039090	其他帚、刷、拖把及其他毛掸	15	0	0	0	0	0	0	0	0	0	0		4.5		0	0	10.5	9			

税则号列	商品描述	最惠国税率（%）	协定税率（%） 东盟																			
			文莱	柬埔寨	印尼	老挝	马来西亚	缅甸	菲律宾	新加坡	泰国	越南	亚太	智利	巴基斯坦	新加坡	新西兰	秘鲁	哥斯达黎加	香港	澳门	台湾
96040000	手用粗筛、细筛	21	0	0	0	0	0	0	0	0	0	0		0		0	4	14.7	12.6			
96050000	个人梳妆、缝纫等用成套旅行用品	15	0	0	0	0	0	0	0	0	0	0		0	12	0	0	10.5	9			
96061000	揿扣及其零件	21	0	0	0	0	0	0	0	0	0	0		0		0	4	14.7	12.6			
96062100	塑料制纽扣，未用纺织材料包裹	21	0	0	0	0	0	0	0	0	0	0		0		0	4	14.7	12.6			5
96062200	贱金属制，未用纺织材料包裹的纽扣	15	0	0	0	0	0	0	0	0	0	0		0	12	0	0	10.5	9	0	0	0
96062900	其他纽扣	15	0	0	0	0	0	0	0	0	0	0		0	12	0	0	10.5	9	0		
96063000	纽扣芯及纽扣的其他零件	15	0	0	0	0	0	0	0	0	0	0		0	12	0	0	10.5	9	0		
96071100	装有贱金属齿的拉链	21	0	0	0	0	0	0	0	0	0	0		0		0	4	14.7	12.6	0	0	
96071900	其他拉链	21	0	0	0	0	0	0	0	0	0	0	14.7	0	14.7	0	4	14.7	12.6	0	0	
96072000	拉链零件	21	0	0	0	0	0	0	0	0	0	0		0		0	4	14.7	12.6			
96081000	圆珠笔	15	0	0	0	0	0	0	0	0	0	0	13.5	4.5	7.5	0	0	10.5	9			
96082000	毡尖和其他渗水式笔尖笔及唛头笔	21	0	0	0	0	0	0	0	0	0	0		0		0	4	14.7	12.6			
96083010	墨汁画笔	21	0	0	0	0	0	0	0	0	0	0		0		0	4	14.7	12.6			
96083020	自来水笔	21	0	0	0	0	0	0	0	0	0	0		0		0	4	14.7	12.6			
96083090	其他钢笔	21	0	0	0	0	0	0	0	0	0	0		0		0	4	14.7	12.6			
96084000	活动铅笔	21	0	0	0	0	0	0	0	0	0	0		0		0	4	14.7	12.6			
96085000	含有两种及以上笔的成套货品	21	0	0	0	0	0	0	0	0	0	0		0		0	4	14.7	12.6			
96086000	圆珠笔芯	21	0	0	0	0	0	0	0	0	0	0		0		0	4	14.7	12.6	0	0	
96089100	钢笔头及笔尖粒	12	0	0	0	0	0	0	0	0	0	0		0	6	0	0	4.8	7.2	0	0	
96089910	机器、仪器用笔	17.5	0	0	0	0	0	0	0	0	0	0		0	14	0	0	12.2	10.5	0		
96089920	蜡纸铁笔、钢笔杆、铅笔杆等	21	0	0	0	0	0	0	0	0	0	0		0		0	4	14.7	12.6	0	0	
96089990	其他笔零件	21	0	0	0	0	0	0	0	0	0	0		0		0	4	14.7	12.6	0	0	
96091010	铅笔	21	0	0	0	0	0	0	0	0	0	0		6.3		0	4	14.7	12.6			
96091020	颜色铅笔	21	0	0	0	0	0	0	0	0	0	0		6.3		0	4	14.7	12.6			
96092000	铅笔芯，黑的或其他颜色的	21	0	0	0	0	0	0	0	0	0	0		6.3		0	4	14.7	12.6			
96099000	蜡笔、图画碳笔、书写或绘画用粉笔	15	0	0	0	0	0	0	0	0	0	0		4.5	12	0	0	10.5	9			
96100000	具有书写或绘画面的石板、黑板	15	0	0	0	0	0	0	0	0	0	0		0	12	0	0	10.5	9			
96110000	手用日期戳、封缄戳、编号戳及类似印戳	21	0	0	0	0	0	0	0	0	0	0		6.3		0	4	14.7	12.6			
96121000	打字机色带或类似色带	10.5	0	0	0	0	0	0	0	0	0	0		0	5	0	0	4.2	6.3		0	

税则号列	商品描述	最惠国税率（%）	协定税率（%）																		
			东盟										亚太	智利	巴基斯坦	新加坡	新西兰	秘鲁	哥斯达黎加	香港	澳门	台湾
			文莱	柬埔寨	印尼	老挝	马来西亚	缅甸	菲律宾	新加坡	泰国	越南										
96122000	印台	25	0	0	0	0	0	0	0	0	0	0		0		0	4	17.5	15			
96131000	一次性袖珍气体打火机	25	0	0	0	0	0	0	0	0	0	0		7.5		0	4	17.5	15			
96132000	可充气袖珍气体打火机	25	0	0	0	0	0	0	0	0	0	0		0		0	4	17.5	15			
96138000	其他打火器	25	0	0	0	0	0	0	0	0	0	0		0		0	4	17.5	15			
96139000	打火机及打火器零件	25	0	0	0	0	0	0	0	0	0	0		0		0	4	17.5	15			
96140010	烟斗及烟斗头	25	0	0	0	0	0	0	0	0	0	0		0		0	4	17.5	15			
96140090	烟嘴及其零件	25	0	0	0	0	0	0	0	0	0	0		0		0	4	17.5	15			
96151100	硬质橡胶或塑料制梳子、发夹及类似品	18	0	0	0	0	0	0	0	0	0	0	16.2	5.4	14.4	0	0	12.6	10.8			
96151900	其他材料制梳子、发夹及类似品	18	0	0	0	0	0	0	0	0	0	0		0		0	0	12.6	10.8			
96159000	其他发夹、卷发器等及其零件	18	0	0	0	0	0	0	0	0	0	0	16.2	0	14.4	0	0	12.6	10.8			
96161000	香水喷雾器或类似的化妆用喷雾器	18	0	0	0	0	0	0	0	0	0	0	16.2	5.4	14.4	0	0	12.6	10.8			
96162000	施敷脂粉或化妆品用粉扑及粉拍	18	0	0	0	0	0	0	0	0	0	0	16.2	0	14.4	0	0	12.6	10.8			
96170011	玻璃内胆制保温瓶	24	0	0	0	0	0	0	0	0	0	0		0		0	4	16.8	14.4	0		
96170019	其他保温瓶	24	0	0	0	0	0	0	0	0	0	0		0		0	4	16.8	14.4	0		
96170090	其他真空容器及零件	18	0	0	0	0	0	0	0	0	0	0		0		0	0	12.6	10.8	0		
96180000	裁缝用人体模型及其他人体模型	21	0	0	0	0	0	0	0	0	0	0		0		0	4	14.7	12.6			
96190010	尿布及尿裤	7.5	0	0	0	0	0	0	0	0	0	0		0			0	3	4.5	0	0	0
96190020	卫生巾（护垫）及止血塞	10	0	0	0	0	0	0	0	0	0	0		0	7.5		0	0	0	0	0	0
96190090	任何材料制的卫生巾或尿布的类似品	14	0	0	0	0	0	0	0	0	0	0	9.3	0	7.5	0	0	11.2	8.4	0	0	0
97011010	手绘油画、粉画及其他画的原件	12	0	0	0	0	0	0	0	0	0	0		3.6	6	0	0	8.4	7.2			
97011020	手绘油画、粉画及其他画的复制品	14	0	0	0	0	0	0	0	0	0	0		4.2	11.2	0	0	5.6	8.4			
97019000	拼贴画及类似装饰板	14	0	0	0	0	0	0	0	0	0	0		0	11.2	0	0	5.6	8.4			
97020000	雕版画、印制画、石印画的原本	12	0	0	0	0	0	0	0	0	0	0		0	6	0	0	8.4	7.2			
97030000	各种材料制的雕塑品原件	12	0	0	0	0	0	0	0	0	0	0		0	6	0	0	4.8	7.2			
97040010	使用或未使用的邮票	8	0	0	0	0	0	0	0	0	0	0		0	5		0	0	0	0	0	
97040090	其他使用或未使用的印花税票及类似票证	14	0	0	0	0	0	0	0	0	0	0		0	7	0	0	5.6	8.4	0	0	

注：

①完税价格不高于2000美元/台:30%；完税价格高于2000美元/台:3%，加4374元。

②完税价格不高于2000美元/台:16%；完税价格高于2000美元/台:3%，加2103元。

③完税价格不高于2000美元/台:4%;完税价格高于2000美元/台:3%,加150元。
④完税价格不高于2000美元/台:21%;完税价格高于2000美元/台:2.1%,加3061.8元。
⑤完税价格不高于2000美元/台:18%;完税价格高于2000美元/台:1.8%,加2624.4元。
⑥完税价格不高于2000美元/台:24.5%;完税价格高于2000美元/台:3%,加3483元。
⑦完税价格不高于2000美元/台:18%;完税价格高于2000美元/台:3%,加2430元。
⑧完税价格不高于5000美元/台:35%;完税价格高于5000美元/台:3%,加12960元。
⑨完税价格不高于5000美元/台:29.3%;完税价格高于5000美元/台:3%,加10854元。
⑩完税价格不高于5000美元/台:4%;完税价格高于5000美元/台:3%,加375元。
⑪完税价格不高于5000美元/台:24.5%;完税价格高于5000美元/台:2.1%,加9072元。
⑫完税价格不高于5000美元/台:21%;完税价格高于5000美元/台:1.8%,加7776元。

附表 7

2012 年进口商品特惠税率表

序号	税则号列	商品名称(简称)	最惠国税率(%)	特惠税率(%)				
				亚太2国①	东盟			最不发达37国②
					缅甸	柬埔寨	老挝	
1	01012100	改良种用马	0					0
2	01012900	其他马	10					0
3	01013010	改良种用驴	0					0
4	01013090	其他驴	10					0
5	01019000	骡	10					0
6	01022100	改良种用家牛	0					0
7	01022900	其他家牛	10		0	0	0	0
8	01023100	改良种用水牛	0					0
9	01023900	其他水牛	10		0	0	0	0
10	01029010	改良种用其他牛	0					0
11	01029090	其他牛	10		0	0	0	0
12	01031000	改良种用猪	0					0
13	01039110	重量<10 千克的猪	10		0	0		0
14	01039120	重量在 10~50 千克的猪,包括 10 千克	10		0	0		0
15	01039200	重量≥50 千克的猪	10		0	0	0	0
16	01041010	改良种用的绵羊	0					0
17	01041090	其他绵羊	10					0
18	01042010	改良种用的山羊	0					0
19	01042090	其他山羊	10					0
20	01051110	重量≤185 克的改良种用鸡	0					0
21	01051190	重量≤185 克的其他鸡	10		0		0	0
22	01051210	重量≤185 克的改良种用火鸡	0					0
23	01051290	重量≤185 克的其他火鸡	10					0
24	01051310	重量≤185 克的改良种用鸭	0					0
25	01051390	重量≤185 克的其他鸭	10				0	0
26	01051410	重量≤185 克的改良种用鹅	0					0
27	01051490	重量≤185 克的其他鹅	10				0	0
28	01051510	重量≤185 克的改良种用珍珠鸡	0					0
29	01051590	重量≤185 克的其他珍珠鸡	10				0	0
30	01059410	重量>185 克的改良种用鸡	0					0
31	01059490	重量>185 克的其他鸡	10					0
32	01059910	重量>185 克的其他改良种用家禽	0					0
33	01059991	重量>185 克的非改良种用鸭	10					0
34	01059992	重量>185 克的非改良种用鹅	10					0
35	01059993	重量>185 克的非改良种用珍珠鸡	10					0
36	01059994	重量>185 克的非改良种用火鸡	10					0
37	01061110	改良种用灵长目动物	0					0
38	01061190	其他灵长目动物	10					0
39	01061211	改良种用鲸、海豚及鼠海豚;海牛及儒艮	10					0
40	01061219	其他鲸、海豚及鼠海豚;海牛及儒艮	10					0

序号	税则号列	商品名称(简称)	最惠国税率(%)	特惠税率(%)				
				亚太2国①	东盟			最不发达37国②
					缅甸	柬埔寨	老挝	
41	01061221	改良种用海豹、海狮及海象	0					0
42	01061229	其他海豹、海狮及海象	10					0
43	01061310	改良种用骆驼及其他骆驼科动物	0					0
44	01061390	其他骆驼及其他骆驼科动物	10					0
45	01061410	改良种用家兔及野兔	0					0
46	01061490	其他家兔及野兔	10					0
47	01061910	改良种用哺乳动物	0					0
48	01061990	其他哺乳动物	10					0
49	01062011	改良种用鳄鱼苗	0					0
50	01062019	其他改良种用爬行动物	0					0
51	01062020	食用爬行动物	10		0			0
52	01062090	其他爬行动物	10					0
53	01063110	改良种用猛禽	0					0
54	01063190	其他猛禽	10					0
55	01063210	改良种用鹦形目鸟	0					0
56	01063290	其他鹦形目鸟	10					0
57	01063310	改良种用鸵鸟;鸸鹋	0					0
58	01063390	其他鸵鸟;鸸鹋	10					0
59	01063910	其他改良种用鸟	0					0
60	01063921	乳鸽	10		0			0
61	01063923	野鸭	10		0			0
62	01063929	其他食用鸟	10		0			0
63	01063990	其他鸟	10					0
64	01064110	改良种用蜂	0					0
65	01064190	其他蜂	10					0
66	01064910	改良种用其他昆虫	0					0
67	01064990	其他昆虫	10					0
68	01069011	改良种用蛙苗	0					0
69	01069019	其他改良种用动物	0					0
70	01069090	其他动物	10					0
71	02011000	整头及半头鲜、冷牛肉	20			0	0	0
72	02012000	鲜、冷的带骨牛肉	12			0	0	0
73	02013000	鲜、冷的去骨牛肉	12			0		0
74	02021000	冻的整头及半头牛肉	25			0	0	0
75	02022000	冻的带骨牛肉	12			0	0	0
76	02023000	冻的去骨牛肉	12			0		0
77	02031110	鲜、冷的整头及半头乳猪肉	20			0	0	0
78	02031190	其他鲜、冷的整头及半头猪肉	20			0	0	0
79	02031200	鲜、冷的带骨猪前腿、后腿及其肉块	20			0	0	0
80	02031900	其他鲜、冷猪肉	20			0	0	0
81	02032110	冻整头及半头乳猪肉	12			0	0	0
82	02032190	其他冻整头及半头猪肉	12			0	0	0
83	02032200	冻的带骨猪前腿、后腿及其肉块	12			0	0	0
84	02032900	其他冻猪肉	12			0		0

序号	税则号列	商品名称(简称)	最惠国税率(%)	特惠税率(%)				
				亚太2国[①]	东盟			最不发达37国[②]
					缅甸	柬埔寨	老挝	
85	02061000	鲜、冷的牛杂碎	12			0	0	0
86	02062100	冻牛舌	12			0	0	0
87	02062200	冻牛肝	12			0	0	0
88	02062900	其他冻牛杂碎	12			0	0	0
89	02063000	鲜、冷的猪杂碎	20		0	0	0	0
90	02064100	冻猪肝	20			0	0	0
91	02064900	其他冻猪杂碎	12			0	0	0
92	02068000	鲜、冷的羊、马、驴、骡杂碎	20			0		0
93	02069000	冻的羊、马、驴、骡杂碎	18			0		0
94	02071100	整只,鲜或冷的鸡	20		0	0	0	0
95	02071200	整只,冻的鸡	1.3元/千克		0	0	0	0
96	02071311	鲜或冷的带骨鸡块	20		0	0	0	0
97	02071319	鲜或冷的其他鸡块	20		0	0	0	0
98	02071321	鲜或冷的鸡翼(不包括翼尖)	20		0	0	0	0
99	02071329	鲜或冷的其他鸡杂碎	20		0	0	0	0
100	02071411	冻的带骨鸡块	0.6元/千克		0	0	0	0
101	02071419	冻的其他鸡块	0.7元/千克		0	0	0	0
102	02071421	冻的鸡翼(不包括翼尖)	0.8元/千克		0	0	0	0
103	02071422	鲜、冷、冻鸡爪	0.5元/千克		0	0	0	0
104	02071429	冻的其他鸡杂碎	0.5元/千克		0	0	0	0
105	02072400	整只,鲜或冷的火鸡	20				0	0
106	02072500	整只,冻的火鸡	20				0	0
107	02072600	鲜或冷的火鸡块及杂碎	20				0	0
108	02072700	冻的火鸡块及杂碎	10				0	0
109	02074100	鲜或冷的整只鸭	20		0	0	0	0
110	02074200	冻的整只鸭	20		0	0	0	0
111	02074300	鲜或冷的鸭肥肝	20			0	0	0
112	02074400	鲜或冷的其他鸭	20		0	0	0	0
113	02074500	冻的其他鸭	20		0	0	0	0
114	02075100	鲜或冷的整只鹅	20		0	0	0	0
115	02075200	冻的整只鹅	20		0	0	0	0
116	02075300	鲜或冷的鹅肥肝	20			0	0	0
117	02075400	鲜或冷的其他鹅	20		0	0	0	0
118	02075500	冻的其他鹅	20		0	0	0	0
119	02076000	鲜、冷、冻珍珠鸡	20			0	0	0
120	02101110	干、熏、盐制的带骨猪腿	25			0	0	0
121	02101190	干、熏、盐制的带骨猪腿肉块	25			0	0	0
122	02101200	干、熏、盐制的猪腹肉	25			0	0	0
123	02101900	干、熏、盐制的其他猪肉	25		0	0		0

序号	税则号列	商品名称(简称)	最惠国税率(%)	特惠税率(%)				
				亚太2国①	东盟			最不发达37国②
					缅甸	柬埔寨	老挝	
124	02102000	干、熏、盐制的牛肉	25			0	0	0
125	02109100	干、熏、盐制的灵长目动物肉及食用杂碎	25			0	0	0
126	02109200	鲸、海豚及鼠海豚的;海牛及儒艮的;海豹、海狮及海象的肉及食用杂碎	25			0	0	0
127	02109300	干、熏、盐制的爬行动物肉及食用杂碎	25			0	0	0
128	02109900	干、熏、盐制的其他肉及食用杂碎	25			0	0	0
129	03011100	淡水观赏鱼	17.5					0
130	03011900	其他观赏鱼	17.5					0
131	03019110	鳟鱼苗	0					0
132	03019190	其他活鳟鱼	10.5					0
133	03019210	鳗鱼苗	0					0
134	03019290	其他活鳗鱼	10		0	0		0
135	03019310	鲤科鱼鱼苗	0					0
136	03019390	其他鲤科鱼	10.5		0	0		0
137	03019410	大西洋及太平洋蓝鳍金枪鱼鱼苗	0					0
138	03019491	大西洋蓝鳍金枪鱼	10.5		0	0		0
139	03019492	太平洋蓝鳍金枪鱼	10.5		0	0		0
140	03019510	南方蓝鳍金枪鱼鱼苗	0					0
141	03019590	其他活南方蓝鳍金枪鱼	10.5		0	0		0
142	03019911	鲈鱼鱼苗	0					0
143	03019912	鲟鱼鱼苗	0					0
144	03019919	其他鱼苗	0					0
145	03019991	活罗非鱼	10.5		0	0		0
146	03019992	活鲀	10.5		0	0		0
147	03019993	其他鲤科鱼	10.5		0	0		0
148	03019999	其他活鱼	10.5		0	0		0
149	03021100	鲜、冷鳟鱼	12					0
150	03021300	鲜、冷大麻哈鱼	10					0
151	03021410	鲜、冷大西洋鲑鱼	10					0
152	03021420	鲜、冷多瑙哲罗鱼	10					0
153	03021900	其他鲜、冷鲑鱼	12					0
154	03022100	鲜、冷庸鲽鱼	12					0
155	03022200	鲜、冷鲽鱼	12					0
156	03022300	鲜、冷鳎鱼	12					0
157	03022400	鲜、冷大菱鲆	12			0		0
158	03022900	其他鲜、冷比目鱼	12			0		0
159	03023100	鲜、冷长鳍金枪鱼	12			0		0
160	03023200	鲜、冷黄鳍金枪鱼	12					0
161	03023300	鲜、冷鲣鱼或狐鲣	12					0
162	03023400	鲜、冷大眼金枪鱼	12		0	0		0
163	03023510	鲜、冷大西洋蓝鳍金枪鱼	12		0	0		0
164	03023520	鲜、冷太平洋蓝鳍金枪鱼	12		0	0		0
165	03023600	鲜、冷南方蓝鳍金枪鱼	12		0	0		0
166	03023900	其他鲜、冷金枪鱼	12		0	0		0

序号	税则号列	商品名称(简称)	最惠国税率(%)	特惠税率(%)				
				亚太2国[①]	东盟			最不发达37国[②]
					缅甸	柬埔寨	老挝	
167	03024100	鲜、冷鲱鱼(大西洋鲱鱼、太平洋鲱鱼)	12					0
168	03024200	鲜、冷鳀鱼	12		0	0		0
169	03024300	鲜、冷沙丁鱼(沙丁鱼、沙瑙鱼属)、小沙丁鱼属、黍鲱或西鲱	12					0
170	03024400	鲜、冷鲭鱼	12					0
171	03024500	鲜、冷对称竹荚鱼、新西兰竹荚鱼及竹荚鱼	12		0	0		0
172	03024600	鲜、冷军曹鱼	12		0	0		0
173	03024700	鲜、冷剑鱼	12					0
174	03025100	鲜、冷鳕鱼	12					0
175	03025200	鲜、冷黑线鳕鱼	12					0
176	03025300	鲜、冷绿青鳕鱼	12					0
177	03025400	鲜、冷狗鳕鱼	12		0	0		0
178	03025500	鲜、冷狭鳕鱼	12		0	0		0
179	03025600	鲜、冷蓝鳕鱼	12		0	0		0
180	03025900	鲜、冷其他鳕科鱼	12		0	0		0
181	03027100	鲜、冷罗非鱼	12		0	0		0
182	03027200	鲜、冷鲶鱼	12		0	0		0
183	03027300	鲜、冷鲤科鱼	12		0	0		0
184	03027400	鲜、冷鳗鱼	12		0			0
185	03027900	鲜、冷尼罗河鲈鱼及黑鱼	12		0	0		0
186	03028100	鲜、冷角鲨及其他鲨鱼	12					0
187	03028200	鲜、冷魟鱼及鳐鱼	12		0	0		0
188	03028300	鲜、冷南极犬牙鱼	12		0	0		0
189	03028400	鲜、冷尖吻鲈鱼	12		0	0		0
190	03028500	鲜、冷菱羊鲷	12		0	0		0
191	03028910	鲜、冷带鱼	12					0
192	03028920	鲜、冷黄鱼	12					0
193	03028930	鲜、冷鲳鱼	12					0
194	03028940	鲜、冷鲀	12		0	0		0
195	03028990	鲜、冷其他鱼	12		0	0		0
196	03029000	鲜、冷鱼肝及鱼卵	12			0		0
197	03031100	冻红大麻哈鱼	10			0		0
198	03031200	冻其他大麻哈鱼	10			0		0
199	03031300	冻大西洋鲑鱼及多瑙哲罗鱼	10					0
200	03031400	冻鳟鱼	12					0
201	03031900	冻其他鲑科鱼	10					0
202	03032300	冻罗非鱼	10	0	0	0		0
203	03032400	冻鲶鱼	10	0	0	0		0
204	03032500	冻鲤科鱼	10	0	0	0		0
205	03032600	冻鳗鱼	12					0
206	03032900	冻尼罗河鲈鱼及黑鱼	10	0	0	0		0
207	03033110	冻格陵兰庸鲽鱼	10					0
208	03033190	冻庸鲽鱼	10					0
209	03033200	冻鲽鱼	12					0

序号	税则号列	商品名称(简称)	最惠国税率(%)	特惠税率(%)				
				亚太2国①	东盟			最不发达37国②
					缅甸	柬埔寨	老挝	
210	03033300	冻鳎鱼	12					0
211	03033400	冻大菱鲆	10					0
212	03033900	其他冻比目鱼	10					0
213	03034100	冻长鳍金枪鱼	12					0
214	03034200	冻黄鳍金枪鱼	12					0
215	03034300	冻鲣鱼或狐鲣	12					0
216	03034400	冻大眼金枪鱼,但鱼肝及鱼卵除外	12		0	0		0
217	03034510	冻大西洋蓝鳍金枪鱼	12		0	0		0
218	03034520	冻太平洋蓝鳍金枪鱼	12		0	0		0
219	03034600	冻南方蓝鳍金枪鱼,但鱼肝及鱼卵除外	12		0	0		0
220	03034900	其他冻金枪鱼,但鱼肝及鱼卵除外	12		0	0		0
221	03035100	冻鲱鱼(大西洋鲱鱼、太平洋鲱鱼),但鱼肝及鱼卵除外	10					0
222	03035300	冻沙丁鱼、小沙丁鱼属、黍鲱或西鲱	12					0
223	03035400	冻鲭鱼	10					0
224	03035500	冻对称竹荚鱼、新西兰竹荚鱼及竹荚鱼	10	0	0	0		0
225	03035600	冻军曹鱼	10	0	0	0		0
226	03035700	冻剑鱼	10	0				0
227	03036300	冻鳕鱼	10					0
228	03036400	冻黑线鳕鱼	12					0
229	03036500	冻绿青鳕鱼	12					0
230	03036600	冻狗鳕鱼	12					0
231	03036700	冻狭鳕鱼	10	0	0	0		0
232	03036800	冻蓝鳕鱼	10	0	0	0		0
233	03036900	其他冻鳕鱼	10	0	0	0		0
234	03038100	冻角鲨及其他鲨鱼	12					0
235	03038200	冻魟鱼及鳐鱼	10	0	0	0		0
236	03038300	冻南极犬牙鱼	10	0	0	0		0
237	03038400	冻尖吻鲈鱼	12					0
238	03038910	冻带鱼	10	0	0	0		0
239	03038920	冻黄鱼	10	0	0	0		0
240	03038930	冻鲳鱼	10	0	0	0		0
241	03038990	其他冻鱼	10	0	0	0		0
242	03039000	冻鱼肝及鱼卵	10					0
243	03043100	鲜、冷罗非鱼片	12		0			0
244	03043200	鲜、冷鲶鱼片	12		0			0
245	03043300	鲜、冷尼罗河鲈鱼片	12		0			0
246	03043900	鲜、冷鲤科鱼、鳗鱼、黑鱼片	12		0			0
247	03044100	鲜、冷大麻哈鱼片	12		0			0
248	03044200	鲜、冷鳟鱼片	12		0			0
249	03044300	鲜、冷比目鱼片	12		0			0
250	03044400	鲜、冷犀鳕科等鳕科鱼片	12		0			0
251	03044500	鲜、冷剑鱼片	12		0			0
252	03044600	鲜、冷南极犬牙鱼片	12		0			0

序号	税则号列	商品名称(简称)	最惠国税率(%)	特惠税率(%)				
				亚太2国[①]	东盟			最不发达37国[②]
					缅甸	柬埔寨	老挝	
253	03044900	鲜、冷其他鱼片	12		0			0
254	03045100	鲜、冷罗非鱼等鱼鱼肉	12		0			0
255	03045200	鲜、冷鲑科鱼肉	12		0			0
256	03045300	鲜、冷犀鳕科等鳕科鱼肉	12		0			0
257	03045400	鲜、冷剑鱼肉	12		0			0
258	03045500	鲜、冷南极犬牙鱼肉	12		0			0
259	03045900	鲜、冷其他鱼肉	12		0			0
260	03046100	冻罗非鱼等鱼鱼片	10		0	0		0
261	03046211	冻斑点叉尾鮰鱼片	10					0
262	03046219	冻其他叉尾鮰鱼片	10					0
263	03046290	冻其他鲶鱼片	10		0	0		0
264	03046300	冻尼罗河鲈鱼片	10		0	0		0
265	03046900	冻鲤科鱼、鳗鱼、黑鱼片	10		0	0		0
266	03047100	冻鳕鱼片	10		0	0		0
267	03047200	冻黑线鳕鱼片	10		0	0		0
268	03047300	冻绿青鳕鱼片	10		0	0		0
269	03047400	冻狗鳕鱼片	10		0	0		0
270	03047500	冻狭鳕鱼片	10		0	0		0
271	03047900	冻其他鳕鱼片	10		0	0		0
272	03048100	冻大麻哈鱼、大西洋鲑鱼及多瑙哲罗鱼片	10		0	0		0
273	03048200	冻鳟鱼片	10		0	0		0
274	03048300	冻比目鱼片	10		0	0		0
275	03048400	冻剑鱼片	10		0	0		0
276	03048500	冻南极犬牙鱼片	10		0	0		0
277	03048600	冻鲱鱼片	10		0	0		0
278	03048700	冻金枪鱼、鲣鱼或狐鲣(鲣)片	10		0	0		0
279	03048900	冻其他鱼片	10		0	0		0
280	03049100	冻的剑鱼肉	10	0	0			0
281	03049200	冻的南极犬牙鱼肉	10	0	0			0
282	03049300	冻罗非鱼等鱼鱼肉	10	0	0			0
283	03049400	冻狭鳕鱼肉	10	0	0			0
284	03049500	冻犀鳕科等鳕科鱼肉	10	0	0			0
285	03049900	其他冻鱼肉	10	0	0			0
286	03051000	供人食用的鱼粉及团粒	10					0
287	03052000	干、熏、盐制的鱼肝及鱼卵	10					0
288	03053100	干、盐腌罗非鱼等鱼鱼片	10	0	0			0
289	03053200	干、盐腌犀鳕科等鳕科鱼片	10	0	0			0
290	03053900	干、盐腌其他鱼片	10	0	0			0
291	03054300	熏鳟鱼,食用杂碎除外	14	0	0			0
292	03054400	熏罗非鱼等鱼,食用杂碎除外	14	0	0			0
293	03054900	熏其他鱼,食用杂碎除外	14	0	0			0
294	03055910	干海马、干海龙	2	0	0	0		0
295	03055990	干其他鱼,食用杂碎除外	16	0	0			0
296	03056200	盐腌及盐渍的鳕鱼,食用杂碎除外	16					0

序号	税则号列	商品名称(简称)	最惠国税率(%)	特惠税率(%)				
				亚太2国①	东盟			最不发达37国②
					缅甸	柬埔寨	老挝	
297	03056400	盐腌及盐渍的罗非鱼等鱼,食用杂碎除外	16	0	0			0
298	03056910	盐腌及盐渍的带鱼,食用杂碎除外	16	0	0			0
299	03056920	盐腌及盐渍的黄鱼,食用杂碎除外	16	0	0			0
300	03056930	盐腌及盐渍的鲳鱼,食用杂碎除外	16	0	0			0
301	03056990	盐腌及盐渍的其他鱼,食用杂碎除外	16	0	0			0
302	03057100	鲨鱼翅	15	0	0	0		0
303	03061100	冻龙虾	10		0			0
304	03061200	冻大螯虾	10			0		0
305	03061410	冻梭子蟹	10	0	0	0		0
306	03061490	其他冻蟹	10	0	0	0		0
307	03061500	冻挪威海螯虾	16		0			0
308	03061611	冻冷水小虾虾仁	8		0	0		0
309	03061612	冻北方长额虾虾仁	5		0	0		0
310	03061619	冻其他冷水小虾	5		0	0		0
311	03061621	冻冷水对虾虾仁	8		0	0		0
312	03061629	冻其他冷水对虾	5		0	0		0
313	03061711	冻小虾虾仁	8		0	0		0
314	03061719	冻其他小虾	5		0	0		0
315	03061721	冻对虾虾仁	8		0	0		0
316	03061729	冻其他对虾	5		0	0		0
317	03061911	冻淡水小龙虾仁	16		0			0
318	03061919	冻带壳淡水小龙虾	16		0			0
319	03061990	其他冻甲壳动物	16			0		0
320	03062110	未冻的龙虾种苗	0					0
321	03062190	未冻的龙虾	15		0	0		0
322	03062210	大螯虾种苗	0					0
323	03062290	其他未冻的大螯虾	15		0	0		0
324	03062410	蟹种苗	0					0
325	03062491	未冻的中华绒毛蟹(大闸蟹)	14			0		0
326	03062492	未冻的梭子蟹	14			0		0
327	03062499	未冻的其他蟹	14			0		0
328	03062510	未冻的挪威海螯虾种苗	0					0
329	03062590	未冻的其他挪威海螯虾	14		0	0		0
330	03062610	未冻的冷水小虾及对虾种苗	0					0
331	03062620	鲜、冷冷水对虾	15		0	0		0
332	03062690	未冻的其他冷水小虾及对虾	12		0			0
333	03062710	未冻的其他小虾及对虾种苗	0					0
334	03062720	鲜、冷对虾	15		0	0		0
335	03062790	未冻的其他小虾及对虾	12		0	0		0
336	03062910	其他食用甲壳动物种苗	0					0
337	03062990	其他带壳或去壳的未冻的甲壳动物	14		0	0		0
338	03071110	活、鲜或冷的牡蛎(蚝)种苗	0					0
339	03071190	活、鲜或冷的其他牡蛎(蚝)	14		0			0
340	03071900	冻、干、盐腌或盐渍的牡蛎(蚝)	14		0			0

序号	税则号列	商品名称(简称)	最惠国税率(%)	特惠税率(%)				
				亚太2国①	东盟			最不发达37国②
					缅甸	柬埔寨	老挝	
341	03072110	扇贝(包括海扇)种苗	0					0
342	03072190	其他活、鲜、冷扇贝	14		0			0
343	03072900	其他冻、干、盐腌或盐渍的扇贝	14		0			0
344	03073110	贻贝种苗	0					0
345	03073190	其他活、鲜、冷贻贝	14		0	0		0
346	03073900	其他冻、干、盐制的贻贝	14		0	0		0
347	03074110	墨鱼及鱿鱼种苗	0					0
348	03074190	其他活、鲜或冷墨鱼及鱿鱼	12		0	0		0
349	03074900	其他冻、干、盐制的墨鱼及鱿鱼	12		0	0		0
350	03075900	其他冻、干、盐制的章鱼	17					0
351	03076010	蜗牛及螺的种苗,海螺种苗除外	0					0
352	03076090	其他蜗牛及螺,海螺除外	14			0		0
353	03077110	活、鲜或冷的蛤、鸟蛤及舟贝种苗	0					0
354	03077199	活、鲜或冷的鸟蛤及舟贝	14		0	0		0
355	03077910	冻、干、盐腌或盐渍的蛤	10					0
356	03077990	冻、干、盐腌或盐渍的鸟蛤及舟贝	10		0	0		0
357	03078110	活、鲜或冷的鲍鱼种苗	0					0
358	03078190	活、鲜或冷的其他鲍鱼	14		0	0		0
359	03078900	冻、干、盐腌或盐渍的鲍鱼	10		0	0		0
360	03079110	活、鲜或冷的其他软体动物种苗	0					0
361	03079190	活、鲜或冷的其他软体动物	14		0	0		0
362	03079900	冻、干、盐腌或盐渍的软体动物	10		0	0		0
363	03081110	活、鲜或冷的海参种苗	0					0
364	03081190	活、鲜或冷的其他海参	14		0	0		0
365	03081900	冻、干、盐腌或盐渍的海参	10		0	0		0
366	03082110	活、鲜或冷的海胆种苗	0					0
367	03082190	活、鲜或冷的其他海胆	14		0	0		0
368	03082900	冻、干、盐腌或盐渍的海胆	10		0	0		0
369	03083011	活、鲜或冷的海蜇种苗	0					0
370	03083019	活、鲜或冷的其他海蜇	14		0	0		0
371	03083090	冻、干、盐腌或盐渍的海蜇	10		0	0		0
372	03089011	活、鲜或冷的其他水生无脊椎动物种苗	0					0
373	03089012	活、鲜或冷的其他沙蚕	14		0	0		0
374	03089019	活、鲜或冷的其他水生无脊椎动物	14		0	0		0
375	03089090	冻、干、盐腌或盐渍的其他水生无脊椎动物	10		0	0		0
376	04011000	脂肪含量未超1%未浓缩及未加糖的乳及奶油	15					0
377	04012000	脂肪含量在1%~6%未浓缩及未加糖的乳及奶油	15					0
378	04014000	按重量计脂肪含量超过6%,但不超过10%的未浓缩及未加糖或其他甜物质的乳及奶油	15					0
379	04015000	按重量计脂肪含量超过10%的未浓缩及未加糖或其他甜物质的乳及奶油	15					0
380	04021000	脂肪含量≤1.5%固状乳及奶油	10					0
381	04022100	脂肪量>1.5%未加糖固状乳及奶油	10					0
382	04022900	脂肪量>1.5%的加糖固状乳及奶油	10					0

序号	税则号列	商品名称(简称)	最惠国税率(%)	特惠税率(%)				
				亚太2国[①]	东盟			最不发达37国[②]
					缅甸	柬埔寨	老挝	
383	04029100	浓缩但未加糖的非固状乳及奶油	10					0
384	04029900	浓缩并已加糖的非固状乳及奶油	10					0
385	04031000	酸乳	10					0
386	04051000	黄油	10					0
387	04052000	乳酱	10					0
388	04059000	其他从乳中提取的脂和油	10					0
389	04061000	鲜乳酪(未熟化或未固化的)	12					0
390	04069000	其他乳酪	12					0
391	04071100	种用鸡蛋	0					0
392	04071900	种用其他禽蛋	0					0
393	04072100	鲜鸡蛋	20		0	0		0
394	04072900	其他鲜禽蛋	20		0	0		0
395	04079010	咸蛋	20		0			0
396	04090000	天然蜂蜜	15			0	0	0
397	04100010	燕窝	25		0	0		0
398	04100090	其他编号未列名的食用动物产品	20		0			0
399	05040029	鲜、冷、冻、干、盐制的其他动物胃	20					0
400	05051000	填充用羽毛;羽绒	10					0
401	05059010	羽毛或不完整羽毛的粉末及废料	10					0
402	05059090	其他羽毛,羽绒,带有羽毛,羽绒的鸟皮及鸟体其他部分	10					0
403	05061000	经酸处理的骨胶原及骨	12				0	0
404	05069011	含牛羊成分的骨粉及骨废料	12				0	0
405	05069019	骨粉及骨废料	12				0	0
406	05069090	其他骨及角柱	12				0	0
407	05071000	兽牙;兽牙粉末及废料	10					0
408	05079010	羚羊角及其粉末和废料	3					0
409	05079020	鹿茸及其粉末	11					0
410	05079090	龟壳、鲸须、鲸须毛、鹿角及其他角	10					0
411	05080010	珊瑚及水产品壳、骨的粉末及废料	12					0
412	05080090	珊瑚及介、贝、棘皮动物的壳、骨	12					0
413	05100010	黄药	3					0
414	05100040	斑蝥	7					0
415	05100090	胆汁,配药用腺体及其他动物产品	6					0
416	05111000	牛的精液	0					0
417	05119111	受精鱼卵	12					0
418	05119119	其他鱼产品	12					0
419	05119190	其他未列名水产品;第三章的死动物	12					0
420	05119910	动物精液(牛的精液除外)	0					0
421	05119920	动物胚胎	0					0
422	05119930	蚕种	0					0
423	05119990	其他编号未列名的动物产品;不适合供人食用的第一章的死动物	12					0
424	06011010	休眠的番红花球茎	4				0	0

序号	税则号列	商品名称(简称)	最惠国税率(%)	特惠税率(%)				
				亚太2国[①]	东盟			最不发达37国[②]
					缅甸	柬埔寨	老挝	
425	06011021	种用百合球茎	0					0
426	06011029	其他百合球茎	5				0	0
427	06011091	种用休眠的鳞茎、块茎、块根等	0					0
428	06011099	其他休眠的鳞茎、块茎、块根等	5				0	0
429	06021000	无根插枝及接穗	0					0
430	06022010	食用水果及坚果树的种用苗木	0					0
431	06022090	其他食用水果及坚果树及灌木	10					0
432	06023010	种用杜鹃	0					0
433	06024010	种用玫瑰	0					0
434	06029010	蘑菇菌丝	0					0
435	06029091	其他种用苗木	0					0
436	06029092	兰花	10					0
437	06029093	菊花	10					0
438	06029094	百合	10					0
439	06029095	康乃馨	10					0
440	06029099	其他非种用活植物	10					0
441	06031100	鲜玫瑰	10				0	0
442	06031200	鲜康乃馨	10				0	0
443	06031300	鲜兰花	10				0	0
444	06031400	鲜菊花	10				0	0
445	06031500	鲜百合花	10				0	0
446	06031900	其他鲜花	10				0	0
447	06039000	干的及经过染色等加工的插花及花蕾	23				0	0
448	06042090	鲜植物枝、叶等	10					0
449	06049090	其他植物枝、叶等	10					0
450	07011000	种用马铃薯	13					0
451	07019000	其他鲜或冷的马铃薯	13			0		0
452	07020000	鲜或冷藏的番茄	13					0
453	07031010	鲜或冷的洋葱	13		0	0		0
454	07031020	鲜或冷的青葱	13		0	0		0
455	07039010	鲜或冷的韭葱	13			0		0
456	07039020	鲜或冷的大葱	13			0		0
457	07039090	鲜或冷的其他葱属蔬菜	13			0		0
458	07041000	鲜或冷的菜花及硬花甘蓝	10					0
459	07049010	卷心菜	13				0	0
460	07049020	西兰花	13				0	0
461	07049090	鲜或冷的其他食用芥菜类蔬菜	13				0	0
462	07051100	鲜或冷的结球莴苣(包心生菜)	10					0
463	07051900	鲜或冷的其他莴苣	10					0
464	07070000	鲜或冷的黄瓜及小黄瓜	13			0		0
465	07081000	鲜或冷的豌豆	13			0		0
466	07082000	鲜或冷的豇豆及菜豆	13			0	0	0
467	07089000	鲜或冷的其他豆类蔬菜	13			0		0
468	07092000	鲜或冷的芦笋	13					0

序号	税则号列	商品名称(简称)	最惠国税率(%)	特惠税率(%)				
				亚太2国①	东盟			最不发达37国②
					缅甸	柬埔寨	老挝	
469	07093000	鲜或冷的茄子	13					0
470	07094000	鲜或冷的芹菜,但块根芹除外	10					0
471	07095100	鲜或冷的其他伞菌属蘑菇	13			0		0
472	07095910	鲜或冷的松茸	13			0		0
473	07095920	鲜或冷的香菇	13			0		0
474	07095930	鲜或冷的金针菇	13			0		0
475	07095940	鲜或冷的草菇	13			0		0
476	07095950	鲜或冷的口蘑	13			0		0
477	07095990	鲜或冷的其他蘑菇	13			0		0
478	07096000	鲜或冷的辣椒,包括甜椒	13			0		0
479	07097000	鲜或冷的菠菜	13					0
480	07099100	鲜或冷藏的洋蓟	13			0		0
481	07099200	鲜或冷藏的油橄榄	13			0		0
482	07099300	鲜或冷藏的南瓜、笋瓜及瓠瓜	13			0		0
483	07099910	鲜或冷藏的竹笋	13			0	0	0
484	07099990	鲜或冷藏的其他蔬菜	13			0		0
485	07102210	红小豆(赤豆)	13			0		0
486	07102290	其他冷冻豇豆及菜豆	13			0		0
487	07102900	冷冻其他豆类蔬菜	13			0		0
488	07104000	冷冻甜玉米	10					0
489	07108010	冷冻松茸	13					0
490	07108020	冻其他蒜薹及蒜苗(青蒜)	13			0		0
491	07108030	冻蒜头	13			0		0
492	07108040	冻牛肝菌	13			0		0
493	07108090	冷冻未列名蔬菜	13			0		0
494	07109000	冷冻什锦蔬菜	10			0		0
495	07122000	干制洋葱	13					0
496	07123100	干伞菌属蘑菇	13					0
497	07129010	笋干丝	13					0
498	07129091	干制的辣根	13					0
499	07129099	干制的其他蔬菜及什锦蔬菜	13					0
500	07131010	种用豌豆	0					0
501	07131090	其他干豌豆	5					0
502	07132010	种用鹰嘴豆	0					0
503	07132090	其他干鹰嘴豆	7					0
504	07133110	种用绿豆	0					0
505	07133190	其他干绿豆	3		0	0		0
506	07133210	种用红小豆(赤豆)	0					0
507	07133290	其他红小豆(赤豆)	3			0		0
508	07133310	种用芸豆	0					0
509	07133390	其他干芸豆	7.5			0		0
510	07133400	干巴姆巴拉豆	7			0		0
511	07133500	干牛豆	7			0		0
512	07133900	干豇豆及菜豆	7			0		0

序号	税则号列	商品名称(简称)	最惠国税率(%)	特惠税率(%)				
				亚太2国[1]	东盟			最不发达37国[2]
					缅甸	柬埔寨	老挝	
513	07134010	种用扁豆	0					0
514	07134090	其他干扁豆	7					0
515	07135010	种用蚕豆	0					0
516	07135090	其他干蚕豆	7					0
517	07136010	种用干木豆	0					0
518	07136090	其他干木豆	7					0
519	07139010	种用干豆	0					0
520	07139090	其他干豆	7					0
521	07141010	鲜木薯	10			0	0	0
522	07141020	干木薯	5			0	0	0
523	07141030	冷或冻的木薯	10			0	0	0
524	07142011	种用鲜甘薯	0			0	0	0
525	07142019	其他鲜甘薯	13			0	0	0
526	07142020	干甘薯	13			0	0	0
527	07142030	冷或冻的甘薯	13			0	0	0
528	07143000	山药	13			0	0	0
529	07145000	箭叶黄体芋	13			0	0	0
530	07149010	鲜、干或冷、冻的荸荠	13			0	0	0
531	07149021	种用藕	0					0
532	07149029	其他藕	13			0	0	0
533	07149090	含有高淀粉或菊粉的其他类似根茎	13			0	0	0
534	08011100	干的椰子	12			0		0
535	08011200	未去内壳的鲜椰子	12			0		0
536	08011910	种用椰子	0					0
537	08011990	其他鲜椰子	12			0		0
538	08012100	鲜或干的未去壳巴西果	10					0
539	08012200	鲜或干的去壳巴西果	10					0
540	08013100	鲜或干的未去壳腰果	20			0		0
541	08013200	鲜或干的去壳腰果	10		0	0		0
542	08021200	鲜或干的去壳巴旦杏	10					0
543	08022200	鲜或干的去壳榛子	10					0
544	08026110	未去壳种用马卡达姆坚果	0					0
545	08028000	槟榔果	10					0
546	08031000	鲜或干的芭蕉	10			0	0	0
547	08039000	鲜或干的其他香蕉	10			0	0	0
548	08043000	鲜或干菠萝	12			0		0
549	08044000	鲜或干鳄梨	25			0		0
550	08045020	鲜或干芒果	15					0
551	08051000	鲜或干橙	11					0
552	08054000	鲜或干的葡萄柚,包括柚	12					0
553	08055000	鲜或干的柠檬及酸橙	11					0
554	08071910	鲜哈密瓜	12					0
555	08071920	鲜罗马甜瓜及加勒比甜瓜	12					0
556	08071990	其他鲜甜瓜	12					0

序号	税则号列	商品名称(简称)	最惠国税率(%)	特惠税率(%)				
				亚太2国[①]	东盟			最不发达37国[②]
					缅甸	柬埔寨	老挝	
557	08072000	鲜木瓜	25			0		0
558	08081000	鲜苹果	10					0
559	08092100	鲜欧洲酸樱桃	10					0
560	08092900	其他鲜樱桃	10					0
561	08093000	鲜桃,包括鲜油桃	10					0
562	08101000	鲜草莓	14					0
563	08106000	鲜榴莲	20			0		0
564	08109030	鲜龙眼	12			0		0
565	08134010	龙眼干、肉	20			0		0
566	08134020	柿饼	25			0		0
567	08134030	干红枣	25			0		0
568	08134040	荔枝干	25			0		0
569	08134090	其他干果	25			0		0
570	09011100	未浸除咖啡碱的未焙炒咖啡	8			0	0	0
571	09011200	已浸除咖啡碱的未焙炒咖啡	8			0	0	0
572	09012100	未浸除咖啡碱的已焙炒咖啡	15			0	0	0
573	09012200	已浸除咖啡碱的已焙炒咖啡	15			0	0	0
574	09019010	咖啡豆荚及咖啡豆皮	10			0	0	0
575	09019020	含咖啡的咖啡代用品	30			0	0	0
576	09021090	每件净重≤3千克的其他绿茶	15					0
577	09022090	每件净重>3千克的其他绿茶	15					0
578	09023090	每件净重≤3千克的其他发酵、半发酵红茶	15					0
579	09024010	每件净重>3千克的乌龙茶	15		0	0	0	0
580	09024020	每件净重>3千克的普洱茶	15		0	0	0	0
581	09024090	每件净重>3千克的其他红茶(已发酵)及半发酵茶	15		0	0	0	0
582	09030000	马黛茶	10					0
583	09051000	未磨香子兰豆	15					0
584	09052000	已磨香子兰豆	15					0
585	09061100	未磨锡兰肉桂	5					0
586	09061900	其他未磨的肉桂及肉桂花	5					0
587	09071000	未磨丁香	3			0		0
588	09072000	已磨丁香	3			0		0
589	09081100	未磨肉豆蔻	8			0	0	0
590	09081200	已磨肉豆蔻	8			0	0	0
591	09082100	未磨肉豆蔻衣	8			0	0	0
592	09082200	已磨肉豆蔻衣	8			0	0	0
593	09083100	未磨豆蔻	3			0	0	0
594	09083200	已磨豆蔻	3			0	0	0
595	09101100	未磨姜	15			0	0	0
596	09101200	已磨姜	15			0	0	0
597	09102000	番红花	2					0
598	09103000	姜黄	15			0		0
599	09109100	混合调味香料	15					0
600	09109900	其他调味香料	15					0

序号	税则号列	商品名称(简称)	最惠国税率(%)	特惠税率(%)				
				亚太2国[①]	东盟			最不发达37国[②]
					缅甸	柬埔寨	老挝	
601	10021000	种用黑麦	0					0
602	10029000	其他黑麦	3					0
603	10031000	种用大麦	0					0
604	10039000	其他大麦	3					0
605	10041000	种用燕麦	0					0
606	10049000	其他燕麦	2					0
607	10071000	种用高粱	0					0
608	10081000	荞麦	2					0
609	10082100	种用谷子	2				0	0
610	10082900	其他谷子	2				0	0
611	10083000	加那利草子	2				0	0
612	10084010	种用直长马唐	0					0
613	10084090	其他直长马唐	3				0	0
614	10085010	种用昆诺阿藜	0					0
615	10085090	其他昆诺阿藜	3				0	0
616	10086010	种用黑小麦	0					0
617	10086090	其他黑小麦	3				0	0
618	10089010	其他种用谷物	0					0
619	10089090	其他谷物	3				0	0
620	11029090	其他谷物细粉	5			0		0
621	11031910	燕麦粗粒及粗粉	5					0
622	11031990	其他谷物粗粒及粗粉	5			0		0
623	11061000	干豆细粉、粗粉及粉末	10			0		0
624	11062000	用品目07.14的西谷茎髓、植物根茎、块茎制成的细粉、粗粉、粉末	20		0	0	0	0
625	11081400	木薯淀粉	10					0
626	12011000	种用大豆	0					0
627	12019010	黄大豆	3			0	0	0
628	12019020	黑大豆	3			0	0	0
629	12019030	青大豆	3			0	0	0
630	12019090	其他大豆	3					0
631	12023000	种用花生	0					0
632	12024100	去壳花生	15				0	0
633	12024200	未去壳花生	15				0	0
634	12030000	干椰子肉	15			0		0
635	12051010	种用的低芥子酸油菜子	0					0
636	12059010	其他种用油菜子	0					0
637	12060010	种用葵花子	0					0
638	12071010	种用棕榈果及棕榈仁	0					0
639	12071090	其他棕榈果及棕榈仁	10			0		0
640	12072100	种用棉子	0					0
641	12073010	种用蓖麻子	0					0
642	12073090	其他蓖麻子	15		0	0	0	0
643	12074010	种用芝麻	0					0

序号	税则号列	商品名称(简称)	最惠国税率(%)	特惠税率(%) 亚太2国[①]	东盟 缅甸	东盟 柬埔寨	东盟 老挝	最不发达37国[②]
644	12074090	其他芝麻	10		0	0	0	0
645	12075010	种用芥子	0					0
646	12076010	种用红花子	0					0
647	12077010	种用甜瓜子	0					0
648	12077099	其他瓜子	30					0
649	12079910	其他种用含油子仁及果实	0					0
650	12079991	牛油树果	20		0			0
651	12079999	其他含油子仁及果实	10		0	0	0	0
652	12081000	大豆粉	9			0		0
653	12089000	其他含油子仁或果实的细粉及粗粉	15			0		0
654	12091000	糖甜菜子	0					0
655	12092100	紫苜蓿子	0					0
656	12092200	三叶草子	0					0
657	12092300	羊茅子	0					0
658	12092400	草地早熟禾子	0					0
659	12092500	黑麦草种子	0					0
660	12092910	甜菜子,糖甜菜子除外	0					0
661	12092990	其他饲料植物种子	0					0
662	12093000	草本花卉植物种子	0					0
663	12099100	蔬菜种子	0					0
664	12099900	其他种植用的种子、果实及孢子	0					0
665	12102000	已研磨或制成团粒的啤酒花;蛇麻腺	10					0
666	12112010	鲜或干的西洋参	7.5					0
667	12113000	古柯叶	9			0		0
668	12114000	罂粟秆	9			0		0
669	12119011	鲜或干的当归	6			0		0
670	12119012	三七(田七)	6			0		0
671	12119013	鲜或干的党参	6					0
672	12119014	鲜或干的黄连	6					0
673	12119015	鲜或干的菊花	6			0		0
674	12119016	鲜或干的冬虫夏草	6			0		0
675	12119017	鲜或干的贝母	6			0		0
676	12119018	鲜或干的川芎	6			0		0
677	12119019	鲜或干的半夏	6			0		0
678	12119021	鲜或干的白芍	6			0		0
679	12119022	鲜或干的天麻	6			0		0
680	12119023	鲜或干的黄芪	6			0		0
681	12119024	鲜或干的大黄、籽黄	6			0		0
682	12119025	鲜或干的白术	6			0		0
683	12119026	鲜或干的地黄	6			0		0
684	12119027	鲜或干的槐米	6			0		0
685	12119028	鲜或干的杜仲	6			0		0
686	12119029	鲜或干的茯苓	6		0	0	0	0
687	12119031	鲜或干的枸杞	6			0		0

序号	税则号列	商品名称(简称)	最惠国税率(%)	特惠税率(%)				
				亚太2国[①]	东盟			最不发达37国[②]
					缅甸	柬埔寨	老挝	
688	12119032	鲜或干的大海子	6			0		0
689	12119033	鲜或干的沉香	3			0		0
690	12119034	鲜或干的沙参	6			0		0
691	12119035	鲜或干的青蒿	6			0		0
692	12119036	鲜或干的甘草	6					0
693	12119037	鲜或干的黄芩	6		0	0	0	0
694	12119039	其他主要用做药料的鲜或干的植物	6		0	0	0	0
695	12119050	主要用做香料的植物	8			0		0
696	12119091	鲜或干的鱼藤根、除虫菊	3			0		0
697	12119099	其他鲜或干的杀虫、杀菌用植物	9			0		0
698	12122161	适合供人食用的干麒麟菜	15					0
699	12122190	其他适合供人食用的海草及其他藻类	15					0
700	12122900	其他海草及藻类	15					0
701	12129300	甘蔗	20		0	0	0	0
702	12129400	菊苣根	20					0
703	12129999	鲜、干其他主要供人食用的	30					0
704	12130010	未经处理的稻草的茎、秆	12			0		0
705	12130090	其他未经处理的谷类植物茎、秆及谷壳	12			0		0
706	12141000	紫苜蓿粗粉及团粒	5			0		0
707	12149000	芜菁甘蓝、饲料甜菜等其他植物饲料	9			0		0
708	13012000	阿拉伯胶	15					0
709	13019020	乳香、没药及血竭	3					0
710	13019030	阿魏	3					0
711	13019040	松脂	15					0
712	13019090	其他天然树胶、树脂	15					0
713	13021100	鸦片液汁及浸膏	0					0
714	13021200	甘草液汁及浸膏	6					0
715	13021300	啤酒花液汁及浸膏	10					0
716	13021920	印楝素	3					0
717	13021930	除虫菊或含鱼藤酮植物根茎的液汁及浸膏	3					0
718	13023100	琼脂	10					0
719	14011000	竹	10			0	0	0
720	14012000	藤	10			0	0	0
721	14019010	谷类植物的茎秆(麦秸除外)	10			0		0
722	14019020	芦苇	10			0		0
723	14019031	蔺草	10			0		0
724	14019039	灯芯草属的其他主要作编结用的植物材料	10			0		0
725	14019090	未列名主要用做编结用的植物材料	10			0		0
726	14042000	棉短绒	4					0
727	14049010	主要供染料或鞣料用的植物原料	5					0
728	14049090	其他植物产品	15					0
729	15011000	猪油	10					0
730	15012000	其他猪脂肪	10					0
731	15019000	家禽脂肪	10					0

序号	税则号列	商品名称(简称)	最惠国税率(%)	特惠税率(%) 亚太2国[①]	东盟 缅甸	东盟 柬埔寨	东盟 老挝	最不发达37国[②]
732	15021000	牛、羊油脂	8					0
733	15029000	其他牛、羊脂肪	8					0
734	15030000	未经制作的猪油硬脂、油硬脂等	10					0
735	15131900	椰子油及其分离品	9					0
736	15152100	初榨玉米油的分离品	10			0	0	0
737	15152900	精制的玉米油及其分离品	10			0	0	0
738	15153000	蓖麻油及其分离品	10			0	0	0
739	15155000	芝麻油及其分离品	12			0	0	0
740	15159010	希蒙得木油及其分离品	20			0		0
741	15159030	桐油及其分离品	20			0		0
742	15159090	其他固定植物油、脂及其分离品	20		0	0	0	0
743	15161000	氢化、酯化或反油酸化动物油、脂及其分离品,但未进一步加工的	5					0
744	15180000	化学改性的动、植物油、脂及其制品;其他编号未列名的非食用油、脂或制品	10					0
745	16041300	制作或保藏的沙丁鱼、小沙丁鱼属、黍鲱或西鲱	5			0		0
746	16041400	制作或保藏的金枪鱼、鲣鱼及狐鲣	5			0		0
747	16041700	制作或保藏的鳗鱼	12					0
748	16041931	制作或保藏的斑点叉尾鮰鱼	12					0
749	16041939	制作或保藏的其他叉尾鮰鱼	12					0
750	16041990	制作或保藏的其他鱼,整条或切块,但未绞碎	12					0
751	16051000	制作或保藏的蟹	5					0
752	16052100	制作或保藏的非密封包装小虾及对虾	5			0		0
753	16052900	制作或保藏的其他小虾及对虾	5			0		0
754	16053000	制作或保藏的龙虾	5			0		0
755	16054011	制作或保藏的淡水小龙虾仁	5			0		0
756	16054019	制作或保藏的带壳淡水小龙虾	5			0		0
757	16054090	制作或保藏的其他甲壳动物	5			0		0
758	16055100	制作或保藏的牡蛎	5					0
759	16055200	制作或保藏的扇贝	5					0
760	16055300	制作或保藏的贻贝	5					0
761	16055400	制作或保藏的墨鱼及鱿鱼	5					0
762	16055500	制作或保藏的章鱼	5					0
763	16055610	制作或保藏的蛤	5					0
764	16055620	制作或保藏的鸟蛤及舟贝	5					0
765	16055700	制作或保藏的鲍鱼	5					0
766	16055800	制作或保藏的蜗牛及螺	5					0
767	16055900	制作或保藏的其他软体动物	5					0
768	16056100	制作或保藏的海参	5					0
769	16056200	制作或保藏的海胆	5					0
770	16056300	制作或保藏的海蜇	15					0
771	16056900	制作或保藏的其他水生无脊椎动物	5					0
772	17021100	无水乳糖,按重量计含量>99%	10					0
773	17021900	其他乳糖及乳糖浆	10					0

序号	税则号列	商品名称(简称)	最惠国税率(%)	特惠税率(%) 亚太2国[1]	东盟 缅甸	东盟 柬埔寨	东盟 老挝	最不发达37国[2]
774	17029000	其他固体糖;人造蜜;焦糖	30					0
775	17031000	甘蔗糖蜜	8					0
776	17039000	其他糖蜜	8					0
777	17041000	口香糖,不论是否裹糖	12					0
778	17049000	其他不含可可的糖食	10					0
779	18010000	生或焙炒的整颗或破碎的可可豆	8					0
780	18020000	可可荚、壳、皮及废料	10					0
781	18040000	可可油,可可脂	22					0
782	18063100	其他夹心块状或条状的含可可食品	8					0
783	18069000	其他巧克力及含可可的食品	8					0
784	19021100	未包馅或未制作的含蛋生面食	15					0
785	19021900	其他未包馅或未制作的生面食	15					0
786	19022000	包馅面食	15					0
787	19023030	即食或快熟面条	15					0
788	19030000	珍粉及淀粉制成的珍粉代用品	15					0
789	19053100	甜饼干	15	7.5				0
790	19053200	华夫饼干及圣餐饼	15	7.5				0
791	19059000	其他面包、糕点、饼干及其焙烘糕饼	20	10				
792	20019010	用醋制作的大蒜	25	12.5				
793	20019090	用醋制作的其他果、菜及食用植物	25	12.5				
794	20041000	非用醋制作的冷冻马铃薯	13					0
795	20060010	蜜枣	30		0			0
796	20060020	糖渍制橄榄	30		0			0
797	20060090	其他糖渍蔬菜、水果、坚果、果皮	30		0			0
798	20079100	烹煮制成的柑橘属水果	30		0			0
799	20079910	烹煮制成的其他果酱、果冻罐头	5	2.5				0
800	20079990	烹煮制成的其他果酱、果冻	5	2.5				0
801	20081120	烘焙花生	30			0		0
802	20081910	核桃仁罐头	20			0	0	0
803	20081920	其他果仁罐头	13			0	0	0
804	20081991	栗仁	10			0	0	0
805	20081999	其他坚果及子仁	10			0	0	0
806	20082010	菠萝罐头	15				0	0
807	20082090	非用醋制作的其他菠萝	15				0	0
808	20083010	柑橘属水果罐头	20				0	0
809	20083090	非用醋制作的其他柑橘属水果	20				0	0
810	20084010	梨罐头	20				0	0
811	20084090	非用醋制作的其他梨	20				0	0
812	20087010	桃罐头	10				0	0
813	20087090	非用醋制作的其他桃	20				0	0
814	20089100	非用醋制作的棕榈芯	5			0		0
815	20089300	用其他方法制作或保藏的蔓越橘	15			0		0
816	20089700	用其他方法制作或保藏的什锦果实	10			0		0
817	20089920	龙眼罐头	15			0		0

序号	税则号列	商品名称(简称)	最惠国税率(%)	特惠税率(%)				
				亚太2国[1]	东盟			最不发达37国[2]
					缅甸	柬埔寨	老挝	
818	20089931	调味紫菜	15			0		0
819	20089932	盐渍海带	15			0		0
820	20089933	盐渍裙带菜	15			0		0
821	20089939	其他海草及藻类制品	15			0		0
822	20089990	未列名制作或保藏的水果、坚果	15			0		0
823	20091100	冷冻的橙汁	7.5			0	0	0
824	20091200	非冷冻的,白利糖度值≤20的橙汁	30			0	0	0
825	20091900	其他橙汁	30			0		0
826	20092100	白利糖度值≤20的葡萄柚(包括柚)汁	15				0	0
827	20092900	其他葡萄柚(包括柚)汁	15				0	0
828	20093110	白利糖度≤20的柠檬汁	18	9		0		0
829	20093190	其他未混合的白利糖度值≤20的桔汁属水果汁	18	9		0		0
830	20093910	白利糖度>20的柠檬汁	18	9		0		0
831	20093990	其他未混合的柑橘属水果汁,白利糖度值≤20	18	9		0		0
832	20094100	白利糖度值≤20的菠萝汁	10			0		0
833	20094900	其他菠萝汁	10			0	0	0
834	20095000	番茄汁	30	15			0	0
835	20098100	蔓越橘汁	20		0		0	0
836	20098912	芒果汁	20		0		0	0
837	20098913	西番莲果汁	20		0			0
838	20098914	番石榴果汁	20		0		0	0
839	20098919	其他未混合的水果汁	20		0		0	0
840	20098920	其他未混合蔬菜汁	20		0			0
841	20099010	混合水果汁	20	10		0	0	0
842	20099090	混合蔬菜汁、水果与蔬菜的混合汁	20	10		0	0	0
843	21011100	咖啡浓缩精汁	17					0
844	21031000	酱油	28			0		0
845	21032000	番茄沙司及其他番茄调味汁	15			0		0
846	21033000	芥子粉及其调味品	15			0		0
847	21039090	其他调味品	21					0
848	21069030	蜂王浆制剂	3				0	0
849	21069040	椰子汁	10		0		0	0
850	22011010	未加糖及未加味的矿泉水	20					0
851	22011020	未加糖及未加味的汽水	20					0
852	22029000	其他无酒精饮料	35					0
853	22030000	麦芽酿造的啤酒	0					0
854	22082000	蒸馏葡萄酒制得的烈性酒	10					0
855	22083000	威士忌酒	10					0
856	22084000	朗姆酒及蒸馏已发酵甘蔗产品制得的其他烈性酒	10					0
857	22085000	杜松子酒	10					0
858	22086000	伏特加酒	10					0
859	22087000	利口酒及柯迪尔酒	10					0
860	22089020	白酒	10					0
861	22089090	其他蒸馏酒及酒精饮料	10					0

序号	税则号列	商品名称(简称)	最惠国税率(%)	特惠税率(%)				
				亚太2国[1]	东盟			最不发达37国[2]
					缅甸	柬埔寨	老挝	
862	23011011	含牛羊成分的肉骨粉	2					0
863	23011019	其他动物的肉骨粉	2					0
864	23011020	油渣	5					0
865	23011090	其他不适于供人食用的肉渣粉	5					0
866	23012010	饲料用鱼粉	2					0
867	23012090	其他不适于供人食用的水产品渣粉	5					0
868	23021000	玉米糠、麸及其他残渣	5					0
869	23023000	小麦糠、麸及其他残渣	3					0
870	23024000	其他谷物糠、麸及其他残渣	5					0
871	23025000	豆类植物糠、麸及其他残渣	5					0
872	23031000	制造淀粉过程中的残渣及类似品	5					0
873	23032000	甜菜渣、甘蔗渣及制糖过程中的其他残渣	5					0
874	23033000	酿造及蒸馏过程中的糟粕及残渣	5					0
875	23040010	提炼豆油所得的油渣饼(豆饼)	5					0
876	23040090	提炼豆油所得的其他固体残渣	5					0
877	23050000	花生饼及类似油渣	5					0
878	23061000	棉子油渣饼及固体残渣	5					0
879	23062000	亚麻子油渣饼及固体残渣	5				0	0
880	23063000	葵花子油渣饼及固体残渣	5					0
881	23065000	椰子或干椰肉油渣饼及固体残渣	5			0		0
882	23066000	油棕果或油棕仁油渣饼及固体残渣	5			0		0
883	23069000	其他油渣饼及固体残渣	5				0	0
884	23070000	葡萄酒渣、粗酒石	5					0
885	23099010	制成的饲料添加剂	5					0
886	23099090	其他配制的动物饲料	6.5					0
887	24013000	烟草废料	10					0
888	25010011	食用盐	0					0
889	25010019	其他盐	0					0
890	25010020	纯氯化钠	3				0	0
891	25010030	海水	0					0
892	25020000	未焙烧的黄铁矿	3					0
893	25041010	鳞片状天然石墨	3					0
894	25041091	球化石墨	3					0
895	25041099	其他粉末状天然石墨	3					0
896	25049000	其他天然石墨	3					0
897	25051000	硅砂及石英砂,不论是否着色	3					0
898	25059000	其他天然砂,不论是否着色	3					0
899	25061000	石英	3					0
900	25062000	石英岩,不论是否切割成矩形板、块	3					0
901	25070010	不论是否煅烧的高岭土	3					0
902	25070090	不论是否煅烧的类似土	3					0
903	25081000	膨润土,不论是否煅烧	3					0
904	25083000	耐火黏土,不论是否煅烧	3					0
905	25084000	其他黏土,不论是否煅烧	3					0

序号	税则号列	商品名称(简称)	最惠国税率(%)	特惠税率(%)				
				亚太2国[①]	东盟			最不发达37国[②]
					缅甸	柬埔寨	老挝	
906	25085000	红柱石,蓝晶石及硅线石,不论是否煅烧	3					0
907	25086000	富铝红柱石	3					0
908	25087000	火泥及第纳斯土	3					0
909	25090000	白垩	3					0
910	25101010	未碾磨磷灰石	3					0
911	25101090	未碾磨天然磷酸钙、天然磷酸铝钙及磷酸盐白垩,磷灰石除外	3					0
912	25102010	已碾磨磷灰石	3					0
913	25102090	已碾磨天然磷酸钙、天然磷酸铝钙及磷酸盐白垩,磷灰石除外	3					0
914	25120010	硅藻土	3					0
915	25120090	其他硅质化石粗粉及类似的硅质土	3					0
916	25131000	浮石	3					0
917	25132000	刚玉岩、天然刚玉砂、天然石榴石及其他天然磨料	3					0
918	25140000	板岩,不论是否粗加修整或切割成矩形板块	3					0
919	25151100	原状或粗加修整大理石及石灰华	4					0
920	25151200	矩形大理石及石灰华	4					0
921	25152000	其他石灰质碑用或建筑用石;蜡石,不论是否粗加修整或切割成矩形板块	3					0
922	25161100	原状或粗加修整的花岗岩	4					0
923	25161200	矩形或正方形的花岗岩	4					0
924	25162000	砂岩,不论是否粗加修整或切割成矩形板块	3					0
925	25169000	其他碑用或建筑用石,不论是否粗加修整或切割成矩形板块	3					0
926	25171000	通常做混凝土粒料、铺路、铁道路基或其他路基用的卵石、砾石及碎石,圆石子及燧石,不论是否热处理	4					0
927	25172000	矿渣、浮渣及类似的工业残渣	3					0
928	25173000	沥青碎石	3					0
929	25174100	大理石碎粒、碎屑及粉末,不论是否热处理	3					0
930	25174900	品目25.15及26.16所列各种石料的碎粒、碎屑及粉末,大理石的除外,不论是否热处理	3					0
931	25181000	未煅烧或烧结的白云石,不论是否粗加修整或切割成矩形板块	3					0
932	25182000	已煅烧或烧结的白云石,不论是否粗加修整或切割成矩形板块	3					0
933	25183000	夯混白云石	3					0
934	25191000	天然碳酸镁(菱镁矿)	3					0
935	25199010	熔凝镁氧矿	3					0
936	25199020	烧结镁氧矿(重烧镁)	3					0
937	25199030	碱烧镁(轻烧镁)	3					0
938	25199091	化学纯氧化镁	3					0
939	25199099	非纯氧化镁	3					0
940	25201000	生石膏;硬石膏	5				0	0
941	25202010	牙科用熟石膏,不论是否着色及带有少量促凝剂或缓凝剂	5				0	0

序号	税则号列	商品名称(简称)	最惠国税率(%)	特惠税率(%)				
				亚太2国[①]	东盟			最不发达37国[②]
					缅甸	柬埔寨	老挝	
942	25202090	其他熟石膏,不论是否着色及带有少量促凝剂或缓凝剂	5				0	0
943	25210000	石灰石助熔剂;通常用于制造石灰或水泥的石灰石及其他钙质石	5					0
944	25221000	生石灰	5					0
945	25222000	熟石灰	5					0
946	25223000	水硬石灰	5					0
947	25231000	水泥熟料,不论是否着色	8					0
948	25232100	白水泥,不论是否人工着色	6					0
949	25232900	其他硅酸盐水泥,不论是否着色	8					0
950	25233000	矾土水泥,不论是否着色	6					0
951	25239000	其他水凝水泥,不论是否着色	8					0
952	25251000	原状云母及劈开的云母片	5					0
953	25252000	云母粉	5					0
954	25253000	云母废料	5					0
955	25261010	未破碎及未研粉的天然冻石,不论是否粗加修整或切割成矩形板块	3					0
956	25261020	未破碎及未研粉的滑石,不论是否粗加修整或切割成矩形板块	3					0
957	25262010	已破碎或已研粉的天然冻石	3					0
958	25262020	已破碎或已研粉的天然滑石	3					0
959	25280010	天然硼砂及其精矿,不论是否煅烧	3					0
960	25280090	硼酸盐(硼砂除外),不论是否煅烧;天然粗硼酸,含硼酸干重≤85%	5					0
961	25291000	长石	3					0
962	25292100	按重量计氟化钙含量≤97%的萤石	3					0
963	25292200	按重量计氟化钙含量>97%的萤石	3					0
964	25293000	白榴石;霞石及霞石正长岩	5					0
965	25301010	未膨胀的绿泥石	5					0
966	25301020	未膨胀的蛭石及珍珠岩	5					0
967	25302000	硫镁矾矿及泻盐矿(天然硫酸镁)	3					0
968	25309010	矿物性药材	3					0
969	25309020	稀土金属矿	0					0
970	25309091	硅灰石	3					0
971	25309099	其他矿产品	3					0
972	26011110	平均粒径<0.8毫米的未煅烧铁矿砂及其精矿;但焙烧黄铁矿除外	0					0
973	26011120	0.8毫米≤平均粒径≤6.3毫米的未煅烧铁矿砂及其精矿;但焙烧黄铁矿除外	0					0
974	26011190	平均粒径>6.3毫米的未烧结铁矿砂及其精矿,但焙烧黄铁矿除外	0					0
975	26011200	已烧结铁矿砂及其精矿	0					0
976	26012000	焙烧黄铁矿	0					0
977	26020000	锰矿砂及其精矿,包括以干重计含锰量≥20%的锰铁矿砂及其精矿	0					0

序号	税则号列	商品名称(简称)	最惠国税率(%)	特惠税率(%)				
				亚太2国[①]	东盟			最不发达37国[②]
					缅甸	柬埔寨	老挝	
978	26030000	铜矿砂及其精矿	0					0
979	26040000	镍矿砂及其精矿	0					0
980	26050000	钴矿砂及其精矿	0					0
981	26060000	铝矿砂及其精矿	0					0
982	26070000	铅矿砂及其精矿	0					0
983	26080000	锌矿砂及其精矿	0					0
984	26090000	锡矿砂及其精矿	0					0
985	26100000	铬矿砂及其精矿	0					0
986	26110000	钨矿砂及其精矿	0					0
987	26121000	铀矿砂及其精矿	0					0
988	26122000	钍矿砂及其精矿	0					0
989	26131000	已焙烧钼矿砂及其精矿	0					0
990	26139000	其他钼矿砂及其精矿	0					0
991	26140000	钛矿砂及其精矿	0					0
992	26151000	锆矿砂及其精矿	0					0
993	26159010	水合钽铌原料(钽铌富集物)	0					0
994	26159090	其他铌钽钒矿砂及其精矿	0					0
995	26161000	银矿砂及其精矿	0					0
996	26169000	其他贵金属矿砂及其精矿	0					0
997	26171010	生锑(锑精矿,选矿产品)	0					0
998	26171090	其他锑矿砂及其精矿	0					0
999	26179010	朱砂(辰砂)	3					0
1000	26179090	其他矿砂及其精矿	0					0
1001	26201100	含硬锌的矿灰及残渣	4					0
1002	26201900	含其他锌的矿灰及残渣	4					0
1003	26202100	含铅汽油的淤渣及含铅抗震化合物的淤渣	4					0
1004	26202900	其他主要含铅的矿灰及残渣	4					0
1005	26203000	主要含铜的矿灰及残渣	4					0
1006	26204000	主要含铝的矿灰及残渣	4					0
1007	26206000	含砷、汞、铊及其混合物,用于提取或生产砷、汞、铊及其化合物的矿灰及残渣	4					0
1008	26209100	含锑、铍、镉、铬及其混合物的矿灰及残渣	4					0
1009	26209910	主要含钨的矿灰及残渣	4					0
1010	26209990	含其他金属及化合物的矿灰及残渣	4					0
1011	26211000	焚化城市垃圾所产生的灰、渣	4					0
1012	26219000	其他矿渣及矿灰	4					0
1013	27011100	未制成型的无烟煤,不论是否粉化	3				0	0
1014	27011210	未制成型的炼焦烟煤,不论是否粉化	3				0	0
1015	27011290	未制成型的其他烟煤,不论是否粉化	6				0	0
1016	27011900	未制成型的其他煤,不论是否粉化	5				0	0
1017	27012000	煤砖、煤球及类似用煤制固体燃料	5				0	0
1018	27021000	褐煤	3					0
1019	27022000	制成型的褐煤	3					0
1020	27071000	粗苯	6					0

序号	税则号列	商品名称(简称)	最惠国税率(%)	特惠税率(%) 亚太2国[①]	东盟 缅甸	东盟 柬埔寨	东盟 老挝	最不发达37国[②]
1021	27072000	粗甲苯	6					0
1022	27073000	粗二甲苯	6					0
1023	27074000	萘	7					0
1024	27075000	其他芳烃混合物,温度在250℃时蒸馏出的芳烃含量以体积计(包括损耗)≥65%(以美国标准实验法D86为准)	7					0
1025	27079100	杂酚油	7					0
1026	27079910	酚	7					0
1027	27079990	蒸馏煤焦油所得的其他产品;芳族成分重量超过非芳族成分的类似产品	7					0
1028	27090000	石油原油及从沥青矿物提取的原油	0					0
1029	27101991	润滑油	6					0
1030	27111100	液化天然气	0					0
1031	27112100	气态天然气	0					0
1032	27121000	凡士林	8					0
1033	27122000	石蜡,不论是否着色,按重量计含油<0.75%	8					0
1034	27129010	微晶石蜡,不论是否着色	8					0
1035	27129090	其他矿物蜡及用合成或其他方法制得的类似产品,不论是否着色	8					0
1036	27131110	硫的重量百分比<3%的未煅烧石油焦	3					0
1037	27131190	未煅烧石油焦	3					0
1038	27131210	硫的重量百分比<0.8%的已煅烧石油焦	3					0
1039	27131290	已煅烧石油焦	3					0
1040	27132000	石油沥青	8					0
1041	27139000	其他石油或从沥青矿物提取油类的残渣	6					0
1042	27141000	沥青页岩、油页岩及焦油砂	6					0
1043	27149010	天然沥青(地沥青)	8					0
1044	27149020	乳化沥青	0					0
1045	27149090	沥青岩	3					0
1046	27150000	以天然沥青(地沥青)、石油沥青、矿物焦油或矿物焦油沥青为基本成分的沥青混合物	8					0
1047	27160000	电力	0					0
1048	28030000	碳(碳黑及其他编号未列名的其他形状的碳)	5.5					0
1049	28041000	氢	5.5					0
1050	28042100	氩	5.5					0
1051	28042900	其他稀有气体	5.5					0
1052	28043000	氮	5.5					0
1053	28044000	氧	5.5					0
1054	28045000	硼、碲	5.5					0
1055	28046117	电子工业用直径≥30厘米单晶硅棒	4					0
1056	28046119	电子工业用7.5厘米≤直径<30厘米单晶硅棒	4					0
1057	28046120	电子工业用直径<7.5厘米单晶硅棒	4					0
1058	28046190	其他含硅量≥99.99%的硅	4					0
1059	28046900	其他含硅量<99.99%的硅	4					0

序号	税则号列	商品名称(简称)	最惠国税率(%)	特惠税率(%) 亚太2国[1]	东盟 缅甸	东盟 柬埔寨	东盟 老挝	最不发达37国[2]
1060	28047010	黄磷(白磷)	5.5					0
1061	28047090	其他磷	5.5					0
1062	28048000	砷	5.5					0
1063	28049010	经掺杂用于电子工业的硒晶体棒	4					0
1064	28111100	氟化氢(氢氟酸)	5.5					0
1065	28111910	氢氰酸	5.5					0
1066	28111990	其他无机酸	5.5					0
1067	28112100	二氧化碳	5.5					0
1068	28112200	二氧化硅	5.5					0
1069	28112900	其他非金属无机氧化物	5.5					0
1070	28141000	氨	5.5					0
1071	28142000	氨水	5.5					0
1072	28151100	固体氢氧化钠	10					0
1073	28151200	氢氧化钠水溶液及液体烧碱	8					0
1074	28152000	氢氧化钾(苛性钾)	5.5					0
1075	28153000	过氧化钠及过氧化钾	5.5					0
1076	28170010	氧化锌	5.5					0
1077	28170090	过氧化锌	5.5					0
1078	28181010	棕刚玉	5.5					0
1079	28181090	其他人造刚玉,不论是否已有化学定义	5.5					0
1080	28182000	氧化铝,但人造刚玉除外	8					0
1081	28183000	氢氧化铝	5.5					0
1082	28191000	三氧化铬	5.5					0
1083	28199000	其他铬的氧化物及氢氧化物	5.5					0
1084	28201000	二氧化锰	5.5					0
1085	28209000	其他锰的氧化物	5.5					0
1086	28211000	铁的氧化物及氢氧化物	5.5					0
1087	28212000	土色料	5.5					0
1088	28251010	水合肼	5.5					0
1089	28251020	硫酸羟胺	5.5					0
1090	28251090	其他肼、胲及其无机盐	5.5					0
1091	28252010	氢氧化锂	5.5					0
1092	28252090	锂的氧化物	5.5					0
1093	28253010	五氧化二钒	5.5					0
1094	28253090	其他钒的氧化物及氢氧化物	5.5					0
1095	28254000	镍的氧化物及氢氧化物	5.5					0
1096	28255000	铜的氧化物及氢氧化物	5.5					0
1097	28256000	锗的氧化物及二氧化锆	5.5					0
1098	28257000	钼的氧化物及氢氧化物	5.5					0
1099	28258000	锑的氧化物	5.5					0
1100	28259011	钨酸	5.5					0
1101	28259012	三氧化钨	5.5					0
1102	28259019	其他钨的氧化物及氢氧化物	5.5					0
1103	28259021	三氧化二铋	5.5					0

序号	税则号列	商品名称(简称)	最惠国税率(%)	特惠税率(%) 亚太2国[①]	东盟 缅甸	东盟 柬埔寨	东盟 老挝	最不发达37国[②]
1104	28259029	其他铋的氧化物及氢氧化物	5.5					0
1105	28259031	二氧化锡	5.5					0
1106	28259039	其他锡的氧化物及氢氧化物	5.5					0
1107	28259090	其他无机碱;其他金属的氧化物及氢氧化物及过氧化物	5.5					0
1108	28261210	无水氟化铝	5.5					0
1109	28261290	其他氟化铝	5.5					0
1110	28261910	铵的氟化物	5.5					0
1111	28261920	钠的氟化物	5.5					0
1112	28261990	其他氟化物	5.5					0
1113	28263000	六氟铝酸钠(人造冰晶石)	5.5					0
1114	28269010	氟硅酸盐	5.5					0
1115	28269090	氟铝酸盐及其他氟络盐	5.5					0
1116	28271010	肥料用氯化铵	4					0
1117	28271090	非肥料用氯化铵	5.5					0
1118	28272000	氯化钙	5.5					0
1119	28273100	氯化镁	5.5					0
1120	28273200	氯化铝	5.5					0
1121	28273500	氯化镍	5.5					0
1122	28273910	氯化锂	5.5					0
1123	28273920	氯化钡	5.5					0
1124	28273930	氯化钴	5.5					0
1125	28273990	其他未列名氯化物	5.5					0
1126	28274100	铜的氯氧化物及氢氧基氯化物	5.5					0
1127	28274910	锆的氯氧化物及氢氧基氯化物	5.5					0
1128	28274990	其他氯氧化物及氢氧基氯化物	5.5					0
1129	28275100	溴化钠及溴化钾	5.5					0
1130	28275900	其他溴化物及溴氧化物	5.5					0
1131	28276000	碘化物及碘氧化物	5.5					0
1132	28301010	硫化钠	5.5					0
1133	28301090	其他钠的硫化物	5.5					0
1134	28309020	硫化锑	5.5					0
1135	28309030	硫化钴	5.5					0
1136	28309090	其他硫化物、多硫化物	5.5					0
1137	28332100	硫酸镁	5.5					0
1138	28332200	硫酸铝	5.5					0
1139	28332400	镍的硫酸盐	5.5					0
1140	28332500	铜的硫酸盐	5.5					0
1141	28332700	硫酸钡	5.5					0
1142	28332910	硫酸亚铁	5.5					0
1143	28332920	铬的硫酸盐	5.5					0
1144	28332930	硫酸锌	5.5					0
1145	28332990	其他硫酸盐	5.5					0
1146	28333010	钾铝矾	5.5					0

序号	税则号列	商品名称(简称)	最惠国税率(%)	特惠税率(%) 亚太2国[①]	东盟 缅甸	柬埔寨	老挝	最不发达37国[②]
1147	28333090	其他矾	5.5					0
1148	28334000	过硫酸盐	5.5					0
1149	28341000	亚硝酸盐	5.5					0
1150	28342110	肥料用硝酸钾	4					0
1151	28342190	非肥料用硝酸钾	5.5					0
1152	28342910	硝酸钴	5.5					0
1153	28342990	其他硝酸盐	5.5					0
1154	28351000	次磷酸盐及亚磷酸盐	5.5					0
1155	28352200	磷酸一钠及磷酸二钠	5.5					0
1156	28352400	钾的磷酸盐	5.5					0
1157	28352510	饲料级的正磷酸氢钙(磷酸二钙)	5.5					0
1158	28352520	食品级的正磷酸氢钙(磷酸二钙)	5.5					0
1159	28352590	其他正磷酸氢钙(磷酸二钙)	5.5					0
1160	28352600	其他磷酸钙	5.5					0
1161	28352910	磷酸三钠	5.5					0
1162	28352990	其他磷酸盐	5.5					0
1163	28353110	食品级的三磷酸钠(三聚磷酸钠)	5.5					0
1164	28353190	其他三磷酸钠(三聚磷酸钠)	5.5					0
1165	28353911	食品级的六偏磷酸钠	5.5					0
1166	28353919	其他六偏磷酸钠	5.5					0
1167	28353990	其他多磷酸盐	5.5					0
1168	28362000	碳酸钠(纯碱)	5.5					0
1169	28363000	碳酸氢钠(小苏打)	5.5					0
1170	28364000	钾的碳酸盐	5.5					0
1171	28365000	碳酸钙	5.5					0
1172	28366000	碳酸钡	5.5					0
1173	28369100	锂的碳酸盐	5.5					0
1174	28369200	锶的碳酸盐	5.5					0
1175	28369910	碳酸镁	5.5					0
1176	28369930	碳酸钴	5.5					0
1177	28369940	商品碳酸铵及其他铵的碳酸盐	5.5					0
1178	28369950	碳酸锆	5.5					0
1179	28369990	其他碳酸盐;过碳酸盐	5.5					0
1180	28413000	重铬酸钠	5.5					0
1181	28415000	其他铬酸盐及重铬酸盐;过铬酸盐	5.5					0
1182	28416100	高锰酸钾	5.5					0
1183	28416910	锰酸锂	5.5					0
1184	28416990	其他亚锰酸盐、锰酸盐及高锰酸盐	5.5					0
1185	28417010	钼酸铵	5.5					0
1186	28417090	其他钼酸盐	5.5					0
1187	28418010	仲钨酸铵	5.5					0
1188	28418020	钨酸钠	5.5					0
1189	28418030	钨酸钙	5.5					0
1190	28418040	偏钨酸铵	5.5					0

序号	税则号列	商品名称(简称)	最惠国税率(%)	特惠税率(%) 亚太2国[①]	东盟 缅甸	东盟 柬埔寨	东盟 老挝	最不发达37国[②]
1191	28418090	其他钨酸盐	5.5					0
1192	28419000	其他金属酸盐及过金属酸盐	5.5					0
1193	28441000	天然铀及其化合物(包括其合金,分散体,陶瓷产品及混合物)	5.5					0
1194	28442000	U235浓缩铀、钚及它们的化合物(包括其合金,分散体,陶瓷产品及混合物)	5.5					0
1195	28443000	U235贫化铀、钍及它们的化合物(包括其合金,分散体,陶瓷产品及混合物)	5.5					0
1196	28444010	镭及镭盐(包括其合金,分散体,陶瓷产品及混合物)	4					0
1197	28444020	放射性钴及放射性钴盐(包括其合金,分散体,陶瓷产品及混合物)	4					0
1198	28444090	其他放射性元素同位素及其化合物(包括其合金,分散体,陶瓷产品及混合物);放射性残渣	5.5					0
1199	28529000	无化学定义的汞化合物	5.5					0
1200	29054300	甘露糖醇	8					0
1201	29071110	苯酚	5.5					0
1202	29071190	苯酚的盐	5.5					0
1203	29071211	间甲酚	5.5					0
1204	29071212	邻甲酚	5.5					0
1205	29071219	其他甲酚(对甲酚)	5.5					0
1206	29071290	甲酚的盐	5.5					0
1207	29071310	壬基酚	5.5					0
1208	29071390	辛基酚及其异构体的盐和壬基酚盐	5.5					0
1209	29071510	β-萘酚(2-萘酚)	5.5					0
1210	29071590	其他萘酚及其盐	5.5					0
1211	29071910	邻仲丁基酚、邻异丙基酚	4					0
1212	29071990	其他一元酚	5.5					0
1213	29072100	间苯二酚及其盐	5.5					0
1214	29072210	对苯二酚	5.5					0
1215	29072290	对苯二酚的盐	5.5					0
1216	29072300	4,4'-异亚丙基联苯酚(双酚A)及其盐	5.5					0
1217	29072910	邻苯二酚	4					0
1218	29072990	其他多元酚;酚醇	5.5					0
1219	29091100	乙醚	5.5					0
1220	29092081	1,8-桉树脑	5.5					0
1221	29092089	其他环萜烯醚	5.5					0
1222	29092090	环烷醚、环烯醚或环萜烯醚及其卤化、磺化、硝化、或亚硝化的衍生物	5.5					0
1223	29093010	1-烷氧基-4-(4-乙烯基环己基)-2,3-二氟苯	5.5					0
1224	29093090	其他芳香醚及其卤化、磺化、硝化或亚硝化衍生物	5.5					0
1225	29094300	乙二醇或二甘醇的单丁醚	5.5					0
1226	29094400	乙二醇或二甘醇的其他单烷基醚	5.5					0
1227	29094910	间苯氧基苄醇	4					0
1228	29094990	其他醚醇及其卤化、磺化、硝化、或亚硝化的衍生物	5.5					0

序号	税则号列	商品名称(简称)	最惠国税率(%)	特惠税率(%) 亚太2国[①]	东盟 缅甸	东盟 柬埔寨	东盟 老挝	最不发达37国[②]
1229	29095000	醚酚、醚醇酚及其卤化、磺化、硝化、或亚硝化的衍生物	5.5					0
1230	29096000	过氧化醇、过氧化醚、过氧化酮及其卤化、磺化、硝化、或亚硝化的衍生物	5.5					0
1231	29151100	甲酸	5.5					0
1232	29151200	甲酸盐	5.5					0
1233	29151300	甲酸酯	5.5					0
1234	29152111	食品级冰乙酸	5.5					0
1235	29152119	其他冰乙酸(冰醋酸)	5.5					0
1236	29152190	其他乙酸	5.5					0
1237	29152400	乙酸酐	5.5					0
1238	29152910	乙酸钠	5.5					0
1239	29152990	其他乙酸盐	5.5					0
1240	29153100	乙酸乙酯	5.5					0
1241	29153200	乙酸乙烯酯	5.5					0
1242	29153300	乙酸正丁酯	5.5					0
1243	29153600	地乐酚(ISO)乙酸酯	5.5					0
1244	29153900	其他乙酸酯	5.5					0
1245	29154000	一、二、三氯代乙酸及其盐和酯	5.5					0
1246	29155010	丙酸	5.5					0
1247	29155090	丙酸盐和酯	5.5					0
1248	29156000	丁酸、戊酸及其盐和酯	5.5					0
1249	29157010	硬脂酸	7					0
1250	29157090	棕榈酸及其盐和酯、硬脂酸盐、酯	5.5					0
1251	29159000	其他饱和无环一元羧酸及其酸酐	5.5					0
1252	29362100	未混合的维生素A及其衍生物	4					0
1253	29362200	未混合的维生素 B_1 及其衍生物	4					0
1254	29362300	未混合的维生素 B_2 及其衍生物	4					0
1255	29362400	未混合的D或DL-泛酸及其衍生物	4					0
1256	29362500	未混合的维生素 B_6 及其衍生物	4					0
1257	29362600	未混合的维生素 B_{12} 及其衍生物	4					0
1258	29362700	未混合的维生素C及其衍生物	4					0
1259	29362800	未混合的维生素E及其衍生物	4					0
1260	29362900	其他未混合的维生素及其衍生物	4					0
1261	29369000	维生素原、混合维生素及其衍生物	4					0
1262	29391100	罂粟秆浓缩物、丁丙诺啡、可待因等,以及它们的盐	4					0
1263	29391900	其他鸦片碱及其衍生物,以及它们的盐	4					0
1264	29392000	其他金鸡纳生物碱及其衍生物,以及它们的盐	4					0
1265	29393000	咖啡因及其盐	4					0
1266	29394100	麻黄碱及其盐	4					0
1267	29394200	假麻黄碱及其盐	4					0
1268	29394300	d-去甲麻黄碱(INN)及其盐	4					0
1269	29394400	去甲麻黄碱及其盐	4					0
1270	29394900	其他麻黄碱类及其盐	4					0

序号	税则号列	商品名称(简称)	最惠国税率(%)	特惠税率(%) 亚太2国[①]	东盟 缅甸	东盟 柬埔寨	东盟 老挝	最不发达37国[②]
1271	29395100	芬乙茶碱(INN)及其盐	4					0
1272	29395900	其他茶碱和氨茶碱及其衍生物,以及它们的盐	4					0
1273	29396100	麦角新碱及其盐	4					0
1274	29396200	麦角胺及其盐	4					0
1275	29396300	麦角酸及其盐	4					0
1276	29396900	其他麦角生物碱及其衍生物,以及它们的盐	4					0
1277	29399110	可卡因及其盐	4					0
1278	29399190	芽子碱、左甲苯丙胺、去氧麻黄碱、去氧麻黄碱外消旋体,它们的盐、酯及其他衍生物;可卡因的酯及其他衍生物	4					0
1279	29399910	烟碱及其盐	4					0
1280	29399920	番木鳖碱(士的年)及其盐	4					0
1281	29399990	其他天然或合成再制的生物碱及其盐、醚、酯和其他衍生物	4					0
1282	29400000	化学纯糖,但蔗糖、乳糖、麦芽糖、葡萄糖及果糖除外;糖醚、糖酯及其盐,但不包括品目29.37、29.38、29.39的产品	6					0
1283	29411011	氨苄青霉素	6					0
1284	29411012	氨苄青霉素三水酸	6					0
1285	29411019	其他氨苄青霉素盐	6					0
1286	29411091	羟氨苄青霉素	4					0
1287	29411092	羟氨苄青霉素三水酸	4					0
1288	29411093	6 氨基青霉烷酸(6APA)	4					0
1289	29411094	青霉素 V	4					0
1290	29411095	磺苄青霉素	4					0
1291	29411096	邻氯青霉素	4					0
1292	29411099	其他青霉素及其衍生物,以及它们的盐	4					0
1293	29412000	链霉素及其衍生物,以及它们的盐	4					0
1294	29413011	四环素	4					0
1295	29413012	四环素盐	4					0
1296	29413020	四环素衍生物及其盐	4					0
1297	29414000	氯霉素及其衍生物,以及它们的盐	4					0
1298	29415000	红霉素及其衍生物,以及它们的盐	4					0
1299	29419010	庆大霉素及其衍生物,以及它们的盐	4					0
1300	29419020	卡那霉素及其衍生物,以及它们的盐	4					0
1301	29419030	利福平及其衍生物,以及它们的盐	4					0
1302	29419040	林可霉素及其衍生物,以及它们的盐	4					0
1303	29419052	头孢氨苄及其盐	6					0
1304	29419053	头孢唑啉及其盐	6					0
1305	29419054	头孢拉啶及其盐	6					0
1306	29419055	头孢三嗪(头孢曲松)及其盐	6					0
1307	29419056	头孢哌酮及其盐	6					0
1308	29419057	头孢噻肟及其盐	6					0
1309	29419058	头孢克罗及其盐	6					0

序号	税则号列	商品名称(简称)	最惠国税率(%)	特惠税率(%) 亚太2国[1]	东盟 缅甸	柬埔寨	老挝	最不发达37国[2]
1310	29419059	其他头孢菌素及其衍生物,以及它们的盐	6					0
1311	29419060	麦迪霉素及其衍生物,以及它们的盐	6					0
1312	29419070	乙酰螺旋霉素及其衍生物,以及它们的盐	4					0
1313	29419090	其他抗菌素	6					0
1314	29420000	其他有机化合物	6.5					0
1315	30021000	抗血清、其他血份及免疫制品(不论是否修饰通过生物工艺加工制得)	3					0
1316	30022000	人用疫苗	3					0
1317	30023000	兽用疫苗	3					0
1318	30029010	石房蛤毒素	3					0
1319	30029020	蓖麻毒素	3					0
1320	30029030	细菌及病毒	3					0
1321	30029040	遗传物质和基因修饰生物体	3					0
1322	30029090	人血;治病、防病或诊断用动物血制品;其他毒素、培养微生物(不包括酵母)及类似产品	3					0
1323	30031011	含有氨苄青霉素的混合药品(两种或两种以上成分混合而成的,治病或防病用,未配定剂量或非零售包装)	6					0
1324	30031012	含有羟氨苄青霉素的混合药品(两种或两种以上成分混合而成的,治病或防病用,未配定剂量或非零售包装)	6					0
1325	30031013	含有青霉素V的混合药品(两种或两种以上成分混合而成的,治病或防病用,未配定剂量或非零售包装)	6					0
1326	30031019	含有其他青霉素及具有青霉烷酸结构的青霉素衍生物的混合药品(两种或两种以上成分混合而成的,治病或防病用,未配定剂量或非零售包装)	6					0
1327	30031090	其他含有链霉素的混合药品(两种或两种以上成分混合而成的,治病或防病用,未配定剂量或非零售包装)	6					0
1328	30032011	含有头孢噻肟的混合药品(两种或两种以上成分混合而成的,治病或防病用,未配定剂量或非零售包装)	6					0
1329	30032012	含有头孢他啶的混合药品(两种或两种以上成分混合而成的,治病或防病用,未配定剂量或非零售包装)	6					0
1330	30032013	含有头孢西丁的混合药品(两种或两种以上成分混合而成的,治病或防病用,未配定剂量或非零售包装)	6					0
1331	30032014	含有头孢替唑的混合药品(两种或两种以上成分混合而成的,治病或防病用,未配定剂量或非零售包装)	6					0
1332	30032015	含有头孢克罗的混合药品(两种或两种以上成分混合而成的,治病或防病用,未配定剂量或非零售包装)	6					0
1333	30032016	含有头孢呋辛的混合药品(两种或两种以上成分混合而成的,治病或防病用,未配定剂量或非零售包装)	6					0
1334	30032017	含有头孢三嗪(头孢曲松)的混合药品(两种或两种以上成分混合而成的,治病或防病用,未配定剂量或非零售包装)	6					0
1335	30032018	含有头孢哌酮的混合药品(两种或两种以上成分混合而成的,治病或防病用,未配定剂量或非零售包装)	6					0

序号	税则号列	商品名称(简称)	最惠国税率(%)	特惠税率(%) 亚太2国[①]	东盟 缅甸	柬埔寨	老挝	最不发达37国[②]
1336	30032019	含有其他头孢菌素的混合药品(两种或两种以上成分混合而成的,治病或防病用,未配定剂量或非零售包装)	6					0
1337	30032090	其他含有其他抗菌素的混合药品(两种或两种以上成分混合而成的,治病或防病用,未配定剂量或非零售包装)	6					0
1338	30033100	含有胰岛素但不含抗菌素的混合药品(两种或两种以上成分混合而成的,治病或防病用,未配定剂量或非零售包装)	5					0
1339	30033900	含激素(胰岛素除外)或品目29.37其他产品,但不含抗菌素的混合药品(两种或两种以上成分混合而成的,治病或防病用,未配定剂量或非零售包装)	6					0
1340	30034010	含奎宁或其盐,但不含抗菌素及品目29.37的产品的混合药品(两种或两种以上成分混合而成的,治病或防病用,未配定剂量或非零售包装)	5					0
1341	30034090	含生物碱及其衍生物(奎宁或其盐除外),但不含抗菌素及品目29.37的激素或其他产品的混合药品(两种或两种以上成分混合而成的,治病或防病用,未配定剂量或非零售包装)	5					0
1342	30039010	含磺胺类的混合药品(两种或两种以上成分混合而成的,治病或防病用,未配定剂量或非零售包装)	6					0
1343	30039020	含有青蒿素及其衍生物药品	5					0
1344	30039090	含其他成分混合药品(两种或两种以上成分混合而成的,治病或防病用,未配定剂量或非零售包装)	5					0
1345	30041011	氨苄青霉素制剂(混合,治病或防病用,已配定剂量或制成零售包装)	6					0
1346	30041012	羟氨苄青霉素制剂(两种或两种以上成分混合而成的,治病或防病用,已配定剂量或制成零售包装)	6					0
1347	30041013	青霉素V制剂(两种或两种以上成分混合而成的,治病或防病用,已配定剂量或制成零售包装)	6					0
1348	30041019	其他青霉素制剂(混合或非混合,治病或防病用,已配定剂量或制成零售包装)	6					0
1349	30041090	含有其他青霉素及具有青霉烷酸结构的青霉素衍生物或链霉素及其衍生物的药品(混合或非混合,治病或防病用,已配定剂量或制成零售包装)	6					0
1350	30042011	头孢噻肟制剂(混合或非混合,治病或防病用,已配定剂量或制成零售包装)	6					0
1351	30042012	头孢他啶制剂(混合或非混合,治病或防病用,已配定剂量或制成零售包装)	6					0
1352	30042013	头孢西丁制剂(混合或非混合,治病或防病用,已配定剂量或制成零售包装)	6					0
1353	30042014	头孢替唑制剂(混合或非混合,治病或防病用,已配定剂量或制成零售包装)	6					0
1354	30042015	头孢克罗制剂(混合或非混合,治病或防病用,已配定剂量或制成零售包装)	6					0

序号	税则号列	商品名称(简称)	最惠国税率(%)	特惠税率(%) 亚太2国[1]	东盟 缅甸	东盟 柬埔寨	东盟 老挝	最不发达37国[2]
1355	30042016	头孢呋辛制剂(混合或非混合,治病或防病用,已配定剂量或制成零售包装)	6					0
1356	30042017	头孢三嗪(头孢曲松)制剂(混合或非混合,治病或防病用,已配定剂量或制成零售包装)	6					0
1357	30042018	头孢哌酮制剂(混合或非混合,治病或防病用,已配定剂量或制成零售包装)	6					0
1358	30042019	含有其他头孢菌素制剂(混合或非混合,治病或防病用,已配定剂量或制成零售包装)	6					0
1359	30042090	含有其他抗菌素的药品(混合或非混合,治病或防病用,已配定剂量或制成零售包装)	6					0
1360	30043110	含有重组人胰岛素但不含抗菌素的药品(混合或非混合,治病或防病用,已配定剂量或零售包装)	5					0
1361	30043190	含有其他胰岛素但不含抗菌素的药品(混合或非混合,治病或防病用,已配定剂量或零售包装)	5					0
1362	30043200	含肾上腺皮混合或非混合质激素,但不含抗菌素的药品(治病或防病用,已配定剂量或零售包装)	5					0
1363	30043900	含有品目 29.37 其他产品,但不含抗菌素的药品(混合或非混合,治病或防病用,已配定剂量或零售包装)	5					0
1364	30044010	含有奎宁或其盐,但不含抗菌素及品目 29.37 的产品的药品(混合或非混合,治病或防病用,已配定剂量或零售包装)	5					0
1365	30044090	含有其他生物碱及其衍生物,但不含抗菌素及品目 29.37 的产品的药品(混合或非混合,治病或防病用,已配定剂量或零售包装)	5					0
1366	30045000	含有维生素或品目 29.36 其他产品的其他药品(混合或非混合,治病或防病用,已配定剂量或零售包装)	6					0
1367	30049010	含有磺胺类的药品(两种或两种以上成分混合而成的,治病或防病用,已配定剂量或零售包装)	6					0
1368	30049020	含联苯双酯的药品(混合或非混合,治病或防病用,已配定剂量或零售包装)	4					0
1369	30049051	中药酒(混合或非混合,治病或防病用,已配定剂量或零售包装)	3					0
1370	30049052	片仔癀(混合或非混合,治病或防病用,已配定剂量或零售包装)	3					0
1371	30049053	白药(混合或非混合,治病或防病用,已配定剂量或零售包装)	3					0
1372	30049054	清凉油(混合或非混合,治病或防病用,已配定剂量或零售包装)	3					0
1373	30049055	安宫牛黄丸	3					0
1374	30049059	其他中式成药(混合或非混合,治病或防病用,已配定剂量或零售包装)	3					0
1375	30049060	含有青蒿素及其衍生物的中成药	4					0
1376	30051010	橡皮膏(经药物浸涂或制定零售包装供医疗、外科、牙科或兽医用)	5					0
1377	30051090	其他胶粘敷料及有胶粘涂层的物品(经药物浸涂或制定零售包装供医疗、外科、牙科或兽医用)	5					0

序号	税则号列	商品名称(简称)	最惠国税率(%)	特惠税率(%) 亚太2国[①]	东盟 缅甸	柬埔寨	老挝	最不发达37国[②]
1378	30059010	药棉、纱布、绷带(经药物浸涂或制定零售包装供医疗、外科、牙科或兽医用)	5					0
1379	30059090	其他医用软填料及类似物品(经药物浸涂或制定零售包装供医疗、外科、牙科或兽医用)	5					0
1380	30061000	无菌外科肠线;无菌昆布、无菌黏合胶布、无菌吸收性止血材料、外科或牙科用无菌抗粘连阻隔材料及类似无菌材料	5					0
1381	30062000	血型试剂	3					0
1382	30063000	X 光检查造影剂;诊断试剂	4					0
1383	30064000	牙科粘固剂及其他牙科填料(包括骨骼粘固剂)	5					0
1384	30065000	急救药箱、药包	5					0
1385	30066010	以激素等为基本成分的化学避孕药	0					0
1386	30066090	其他化学避孕药物	0					0
1387	30067000	专用于人类或作兽药用的凝胶制品,作为外科手术或体检时躯体部位的润滑剂,或者作为躯体和医疗器械之间的耦合剂	6.5					0
1388	30069100	可确定用于造口术用具	10					0
1389	30069200	废药物	5					0
1390	31010011	未经化学处理的鸟粪	3					0
1391	31010019	未经化学处理的其他动植物肥料	6.5					0
1392	31010090	动植物产品经混合或化学处理的制成的肥料	4					0
1393	32030011	天然靛蓝及以其为基本成分的制品,包括染料浸膏(不论是否已有化学定义)	6.5					0
1394	32030019	其他植物质着色料及以其为基本成分的制品包括染料浸膏(不论是否已有化学定义);三十二章注释三所述的以植物质着色料为基本成分的制品	6.5					0
1395	32030020	动物质着色料及以其为基本成分的制品包括染料浸膏(不论是否已有化学定义,但动物炭黑除外);三十二章注释三所述的以动物质着色料为基本成分的制品	6.5					0
1396	32041100	分散染料及以其为基本成分的制品(不论是否已有化学定义)	6.5					0
1397	32041200	酸性染料(不论是否预金属络合)及以其为基本成分的制品(不论是否已有化学定义);媒染染料及以其为基本成分的制品(不论是否已有化学定义)	6.5					0
1398	32041300	碱性染料及以其为基本成分的制品(不论是否已有化学定义)	6.5					0
1399	32041400	直接染料及以其为基本成分的制品(不论是否已有化学定义)	6.5					0
1400	32041510	合成靛蓝(还原靛蓝)(不论是否已有化学定义)	6.5					0
1401	32041590	其他瓮染料(包括颜料用的)及以其为基本成分的制品(不论是否已有化学定义)	6.5					0
1402	32041600	活性染料及以其为基本成分的制品(不论是否已有化学定义)	6.5					0

序号	税则号列	商品名称(简称)	最惠国税率(%)	特惠税率(%)				
				亚太2国[①]	东盟			最不发达37国[②]
					缅甸	柬埔寨	老挝	
1403	32041700	颜料及以其为基本成分的制品(不论是否已有化学定义)	6.5					0
1404	32041911	硫化黑(硫化青)及以其为基本成分的制品(不论是否已有化学定义)	6.5					0
1405	32041919	其他硫化染料及以其为基本成分的制品(不论是否已有化学定义)	6.5					0
1406	32041990	由编号320411至320419中两个或多个编号所列着色料组成的混合物(不论是否已有化学定义)	6.5					0
1407	32042000	用做荧光增白剂的有机合成产品(不论是否已有化学定义)	6.5					0
1408	32049010	生物染色剂及染料指示剂(不论是否已有化学定义)	6.5					0
1409	32049090	其他用做发光体的有机合成产品(不论是否已有化学定义)	6.5					0
1410	32050000	色淀及三十二章注释三所述的以色淀为基本成分的制品	6.5					0
1411	32061110	钛白粉	6.5					0
1412	32061190	干量计二氧化钛≥80%的颜料及制品,钛白粉除外	6.5					0
1413	32061900	二氧化钛为基料的颜料及制品,干量计二氧化钛<80%	10					0
1414	32062000	铬化合物为基本成分的颜料及制品	6.5					0
1415	32064100	群青及以其为基本成分的制品	6.5					0
1416	32064210	锌钡白	6.5					0
1417	32064290	其他以硫化锌为基本成分的颜料和制品	6.5					0
1418	32064900	其他着色料及其制品;三十二章注释三所述的制品,但品目32.03、32.04及32.05的货品除外	6.5					0
1419	32065000	用做发光体的无机产品,不论是否已有化学定义	6.5					0
1420	32071000	调制颜料、遮光剂、着色剂及类似制品(用于陶瓷、搪瓷及玻璃工业)	5					0
1421	32072000	珐琅和釉料、釉底料及类似制品(用于陶瓷、搪瓷及玻璃工业)	5					0
1422	32073000	光瓷釉及类似制品(用于陶瓷、搪瓷及玻璃工业)	5					0
1423	32074000	呈粉、粒状搪瓷玻璃料及其他玻璃	5					0
1424	32081000	分散或溶于非水介质的聚酯油漆及清漆等	10					0
1425	32091000	分散或溶于水介质的丙烯酸聚合物或乙烯聚合物油漆及清漆	10					0
1426	32100000	其他油漆及清漆(包括瓷漆/大漆及水浆涂料);皮革用水性颜料	10					0
1427	32139000	非成套颜料、调色料及类似品(艺术家、学生和广告美工用的,片状、管装、罐装、瓶装、扁盒装等类似形状或包装的)	10					0
1428	32141010	半导体器件封装材料	9					0
1429	32141090	其他安装玻璃用油灰、接缝用油灰、树脂胶泥、嵌缝胶及其他类似胶粘剂;漆工用填料	9					0
1430	32149000	非耐火涂面制剂,涂门面、内墙、地板、天花板等用	9					0
1431	32151100	黑色印刷油墨(不论是否固体或浓缩)	6.5					0

序号	税则号列	商品名称(简称)	最惠国税率(%)	特惠税率(%)				
				亚太2国[①]	东盟			最不发达37国[②]
					缅甸	柬埔寨	老挝	
1432	32151900	其他印刷油墨(不论是否固体或浓缩),黑色印刷油墨除外	6.5					0
1433	32159010	书写墨水(不论是否固体或浓缩)	6.5					0
1434	32159090	绘图墨水及其他墨类(不论是否固体或浓缩)	10					0
1435	33011300	柠檬油(包括浸膏及净油)	20					0
1436	33012500	其他薄荷油(包括浸膏及净油)	15					0
1437	33012920	香茅油(包括浸膏及净油)	15					0
1438	33012999	其他非柑橘属果实的精油(包括浸膏及净油)	15					0
1439	33019090	用花香吸取法或浸渍法制定的含浓缩精油的脂肪、固定油、蜡及类似品;精油脱萜所得的萜烯副产品(柑橘属果实的除外);精油水溶液及水馏液	20					0
1440	33021090	其他食品或饮料工业用混合香料,以及以香料为基本成分的制品	15					0
1441	33029000	其他工业用混合香料及以香料为基本成分的混合物和制品	10					0
1442	33030000	香水及花露水	10					0
1443	33051000	洗发剂(香波)	6.5					0
1444	33059000	其他护发品	10					0
1445	33061010	牙膏	10					0
1446	33074100	神香及其他通过燃烧散发香气制品	10					0
1447	33074900	室内除臭制品	10					0
1448	33079000	脱毛剂、其他编号未列名的芳香料制品及化妆盥洗品	9					0
1449	34011100	盥洗用肥皂及有机表面活性产品,条状、块状或模制形状的,以及用肥皂或洗涤剂浸渍、涂面或包覆的纸、絮胎、毡呢及无纺织物	10	0				0
1450	34011910	洗衣皂	10					0
1451	34012000	其他形状的肥皂	15	0				0
1452	34013000	洁肤用的有机表面活性产品及制品,液状或膏状并制成零售包装的,不论是否含有肥皂	10					0
1453	34021100	阴离子型有机表面活性剂	6.5					0
1454	34021200	阳离子型有机表面活性剂	6.5					0
1455	34021300	非离子型有机表面活性剂	6.5					0
1456	34021900	其他有机表面活性剂	6.5					0
1457	34029000	非零售包装有机表面活性剂制品、洗涤剂及清洁剂	9					0
1458	34031900	润滑剂(含有石油或从沥青矿物提取的油类且按重量计<70%)	10					0
1459	34049000	其他人造蜡及调制蜡	10					0
1460	34070010	牙科用蜡及造型膏	6.5					0
1461	34070020	以熟石膏为成分的牙科用其他制品	6.5					0
1462	35040010	蛋白胨	3					0
1463	35040090	其他税号未列名蛋白质及其衍生物,皮粉	8					0
1464	35061000	适于作胶或黏合剂短筒的产品,零售包装每件净重≤1千克	10					0
1465	35069110	以聚酰胺为基本成分的黏合剂短筒	10					0
1466	35069120	以环氧树脂为基本成分的黏合剂短筒	10					0

序号	税则号列	商品名称(简称)	最惠国税率(%)	特惠税率(%) 亚太2国[①]	东盟 缅甸	柬埔寨	老挝	最不发达37国[②]
1467	35069190	以其他橡胶或塑料为基本成分的黏合剂短筒	10					0
1468	35069900	其他调制胶、黏合剂短筒	10					0
1469	35071000	粗制凝乳酶及其浓缩物	6					0
1470	35079010	碱性蛋白酶	6					0
1471	35079020	碱性脂肪酶	6					0
1472	35079090	其他酶及未列名的酶制品	6					0
1473	36030000	安全导火索、导爆索;火帽或雷管;引爆器;电雷管	9					0
1474	36050000	火柴,但品目36.04的烟火制品除外	6					0
1475	36069011	已切成形可直接使用的铈铁及其他引火合金	9					0
1476	36069019	未切成形不可直接使用的铈铁及其他引火合金	9					0
1477	36069090	其他易燃材料制品	9					0
1478	37012000	未曝光的一次成像感光平片,用纸、纸板及纺织物以外任何材料制成	5					0
1479	37023110	彩色摄影用未曝光一次成像感光卷片,宽度≤105毫米,用纸、纸板及纺织物以外任何材料制成	5					0
1480	37023210	照相制版用未曝光涂卤化银液无齿孔一次成像感光卷片,宽度≤105毫米,用纸、纸板及纺织物以外任何材料制成	5					0
1481	37059010	已曝光已冲洗的教学专用幻灯片	0					0
1482	37059021	书籍、报刊用的已曝光已冲洗的缩微胶片	0					0
1483	37061010	已曝光已冲洗的教学专用电影胶片,宽度≥35毫米,不论是否配有声道或仅有声道	0					0
1484	37061090	已曝光已冲洗的电影胶片,宽度≥35毫米,不论是否配有声道或仅有声道,教学专用除外	5					0
1485	37069010	已曝光已冲洗的教学专用电影胶片,宽度<35毫米,不论是否配有声道或仅有声道	0					0
1486	37069090	已曝光已冲洗的电影胶片,宽度<35毫米,不论是否配有声道或仅有声道,教学专用除外	4					0
1487	37071000	摄影用感光乳液	8					0
1488	37079020	复印机用化学制剂或摄影用未混合品(定量包装或零售包装,可立即使用的)	10					0
1489	37079090	其他摄影用化学制剂或摄影用未混合品(定量包装或零售包装,可立即使用的)	8					0
1490	38011000	人造石墨	6.5					0
1491	38012000	胶态或半胶态石墨	6.5					0
1492	38013000	电极用碳糊及炉衬用的类似糊	6.5					0
1493	38019000	其他以石墨或其他碳为基料的糊状、块状、板块状、板状制品或半制品	6.5					0
1494	38030000	妥尔油,不论是否精炼	6.5					0
1495	38051000	脂松节油、木松节油和硫酸松节油	6.5					0
1496	38059010	以α萜品醇为基本成分的松油,用蒸馏或其他方法从针叶木制得	6.5					0
1497	38059090	粗制二聚戊烯;亚硫酸盐松节油及其他粗制对异丙基苯甲烷;其他萜烯油,用蒸馏或其他方法从针叶木制得	6.5					0

序号	税则号列	商品名称(简称)	最惠国税率(%)	特惠税率(%) 亚太2国[1]	东盟 缅甸	东盟 柬埔寨	东盟 老挝	最不发达37国[2]
1498	38085010	零售包装的三十八章注释一规定货物	9					0
1499	38085090	非零售包装的三十八章注释一规定货物	5					0
1500	38089111	蚊香	10					0
1501	38089119	零售包装杀虫剂	10					0
1502	38089190	非零售包装杀虫剂	6					0
1503	38089210	零售包装的杀菌剂	9					0
1504	38089290	非零售包装的杀菌剂	6					0
1505	38089311	零售包装的除草剂	9					0
1506	38089319	非零售包装的除草剂	5					0
1507	38089391	零售包装抗萌剂及植物生长调节剂	9					0
1508	38089399	非零售抗萌剂及植物生长调节剂	6					0
1509	38089400	消毒剂	9					0
1510	38089910	零售包装的杀鼠剂及其他类似产品	9					0
1511	38089990	非零售包装的杀鼠剂及其他类似产品	9					0
1512	38091000	以淀粉物质为基本成分,纺织、造纸、制革及类似工业用的其他编号未列名的整理剂、染料加速着色或固色助剂及其他产品和制剂	10					0
1513	38099100	纺织工业及类似工业用其他编号未列名整理剂、染料加速着色剂或固色助剂及其他产品和制剂	6.5					0
1514	38099200	造纸工业用其他编号未列名整理剂、染料加速着色剂或固色助剂及其他产品和制剂	6.5					0
1515	38099300	制革工业用其他编号未列名整理剂、染料加速着色剂或固色助剂及其他产品和制剂	6.5					0
1516	38101000	金属表面酸洗剂;金属及其他材料制成的焊粉或焊膏	6.5					0
1517	38109000	焊接用的焊剂及其他辅助剂;作焊条芯子或焊条涂料用的制品	6.5					0
1518	38121000	配制的橡胶促进剂	6					0
1519	38122000	橡胶或塑料用复合增塑剂	6.5					0
1520	38123010	橡胶的防老剂	6					0
1521	38123090	其他橡胶、塑料用抗氧剂及其他稳定剂	6.5					0
1522	38130010	灭火器的装配药	6.5					0
1523	38130020	已装药的灭火弹	10					0
1524	38140000	其他编号未列名的有机复合溶剂及稀释剂;除漆剂	10					0
1525	38151100	以镍及其化合物为活性物的载体催化剂	6.5					0
1526	38151200	以贵金属及其化合物为活性物的载体催化剂	6.5					0
1527	38151900	其他载体催化剂	6.5					0
1528	38159000	其他未列名的反应引发剂、促进剂	6.5					0
1529	38170000	混合烷基苯及混合烷基萘,但品目27.07及29.02的产品除外	6.5					0
1530	38180011	7.5厘米≤直径≤15.24厘米的单晶硅切片	0					0
1531	38180019	经掺杂用于电子工业的,已切成圆片、薄片或类似形状,直径>15.24厘米的单晶硅片	0					0
1532	38180090	经掺杂用于电子工业的化学元素,已切成圆片、薄片或类似形状,单晶硅片除外;经掺杂用于电子工业的化合物	0					0

序号	税则号列	商品名称(简称)	最惠国税率(%)	特惠税率(%) 亚太2国[①]	东盟 缅甸	东盟 柬埔寨	东盟 老挝	最不发达37国[②]
1533	38200000	防冻剂及解冻剂	10					0
1534	38220010	附于衬背上的诊断或实验用试剂,但品目32.02、32.06的货品除外	4					0
1535	38220090	无论是否附于衬背上的诊断或实验用配制试剂,但品目32.02、32.06的货品除外	5					0
1536	38241000	铸模及铸芯用黏合剂短筒	6.5					0
1537	38243000	自身混合或与金属黏合剂短筒混合的未烧结金属碳化物	6.5					0
1538	38244010	高效减水剂	6.5					0
1539	38244090	其他水泥、灰泥及混凝土用添加剂	6.5					0
1540	38245000	非耐火的灰泥及混凝土	6.5					0
1541	38247100	含全氯氟烃的,不论是否含氢氯氟烃、全氟烃或氢氟烃的含有甲烷、乙烷、丙烷卤化衍生物混合物	6.5					0
1542	38247200	含溴氯二氟甲烷、溴三氟甲烷或二溴四氟乙烷的含有甲烷、乙烷、丙烷卤化衍生物混合物	6.5					0
1543	38247300	含氢溴氟烃的含有甲烷、乙烷、丙烷卤化衍生物混合物	6.5					0
1544	38247400	含氢氯氟烃的,不论是否含全氟烃或氢氟烃,但不含全氯氟烃的含有甲烷、乙烷、丙烷卤化衍生物混合物	6.5					0
1545	38247500	含四氯化碳的含有甲烷、乙烷、丙烷卤化衍生物混合物	6.5					0
1546	38247600	含1,1,1-三氯乙烷(甲基氯仿)的含有甲烷、乙烷、丙烷卤化衍生物混合物	6.5					0
1547	38247700	含溴化甲烷(甲基溴)或溴氯甲烷的含有甲烷、乙烷、丙烷卤化衍生物混合物	6.5					0
1548	38247800	含全氟烃或氢氟烃的,但不含全氯氟烃或氢氯氟烃的含有甲烷、乙烷、丙烷卤化衍生物混合物	6.5					0
1549	38247900	其他含有甲烷、乙烷、丙烷卤化衍生物的混合物	6.5					0
1550	38248100	含环氧乙烷的混合物及制品	6.5					0
1551	38248200	含多氯联苯、多氯三联苯或多溴联苯的混合物及制品	6.5					0
1552	38248300	含三(2,3-二溴丙基)磷酸酯的混合物及制品	6.5					0
1553	38249010	杂醇油	6.5					0
1554	38249020	除墨剂、蜡纸改正液及类似品	9					0
1555	38249030	增炭剂	6.5					0
1556	38249091	含滑石50%以上的混合物	6.5					0
1557	38249092	按重量计含氧化镁70%以上的混合物	6.5					0
1558	38249099	其他品目未列名的化学工业及其相关工业的化学产品及配制品	6.5					0
1559	38260000	生物柴油及其混合物,不含或含有按重量计低于70%的石油或从沥青矿物提取的油类	6.5					0
1560	39019020	线型低密度聚乙烯	6.5					0
1561	39022000	初级形状的聚异丁烯	6.5					0
1562	39023010	初级形状的乙烯丙烯共聚物(乙丙橡胶丙烯单体单元的含量大于乙烯单体单元)	6.5					0
1563	39023090	初级形状的其他丙烯共聚物	6.5					0

序号	税则号列	商品名称(简称)	最惠国税率(%)	特惠税率(%) 亚太2国[①]	东盟 缅甸	柬埔寨	老挝	最不发达37国[②]
1564	39029000	其他初级形状的烯烃聚合物	6.5					0
1565	39031100	初级形状的可发性聚苯乙烯	6.5					0
1566	39031910	初级形状的改性非可发性聚苯乙烯	6.5					0
1567	39031990	初级形状的其他聚苯乙烯	6.5					0
1568	39033010	初级形状的改性丙烯腈－丁二烯－苯乙烯共聚物	6.5					0
1569	39033090	其他丙烯腈－丁二烯－苯乙烯共聚物	6.5					0
1570	39039000	初级形状的其他苯乙烯聚合物	6.5					0
1571	39041010	聚氯乙烯糊树脂	6.5					0
1572	39041090	其他初级形状的纯聚氯乙烯	6.5					0
1573	39042100	初级形状未塑化的聚氯乙烯	6.5					0
1574	39042200	初级形状已塑化的聚氯乙烯	6.5					0
1575	39043000	氯乙烯－乙酸乙烯酯共聚物	9					0
1576	39045000	初级形状的偏二氯乙烯聚合物	6.5					0
1577	39046100	初级形状的聚四氟乙烯	10					0
1578	39046900	初级形状的其他氟聚合物	6.5					0
1579	39049000	初级形状的其他卤化烯烃聚合物	10					0
1580	39061000	初级形状的聚甲基丙烯酸甲酯	6.5					0
1581	39069010	聚丙稀酰胺	6.5					0
1582	39069090	其他初级形状的丙烯酸聚合物	6.5					0
1583	39071010	初级形状的聚甲醛	6.5					0
1584	39071090	其他初级形状的聚缩醛	6.5					0
1585	39072010	聚四亚甲基醚二醇	6.5					0
1586	39072090	其他初级形状的聚醚	6.5					0
1587	39073000	初级形状的环氧树脂	6.5					0
1588	39074000	初级形状的聚碳酸酯	6.5					0
1589	39075000	初级形状的醇酸树脂	10					0
1590	39076011	高黏度聚对苯二甲酸乙二酯切片	6.5					0
1591	39076019	其他聚对苯二甲酸乙二酯切片	6.5					0
1592	39076090	其他初级形状聚对苯二甲酸乙二酯	6.5					0
1593	39077000	聚乳酸	6.5					0
1594	39079100	初级形状的不饱和聚酯	6.5					0
1595	39079910	聚对苯二甲酸丁二酯	6.5					0
1596	39079990	初级形状的其他聚酯	6.5					0
1597	39081011	聚酰胺－6,6 切片	6.5					0
1598	39081012	聚酰胺－6 切片	6.5					0
1599	39081019	初级形状聚酰胺切片	6.5					0
1600	39081090	其他初级形状的聚酰胺	6.5					0
1601	39089000	初级形状的其他聚酰胺	10					0
1602	39091000	初级形状的尿素树脂及硫尿树脂	6.5					0
1603	39092000	初级形状的蜜胺树脂	6.5					0
1604	39093010	聚合 MDI	6.5					0
1605	39093090	其他初级形状的其他氨基树脂	6.5					0
1606	39094000	初级形状的酚醛树脂	6.5					0
1607	39095000	初级形状的聚亚氨酯	6.5					0

序号	税则号列	商品名称(简称)	最惠国税率(%)	特惠税率(%) 亚太2国[①]	东盟 缅甸	东盟 柬埔寨	东盟 老挝	最不发达37国[②]
1608	39100000	初级形状的聚硅氧烷	6.5					0
1609	39111000	初级形状的石油树脂、苯并呋喃-茚树脂、多萜树脂	6.5					0
1610	39119000	其他初级形状的多硫化物、聚砜及三十九章注释三所规定的其他编号未列名新产品	6.5					0
1611	39131000	初级形状的藻酸及盐和酯	10					0
1612	39139000	初级形状的其他未列名天然聚合物(包括改性天然聚合物)	6.5					0
1613	39140000	初级形状的离子交换剂	6.5					0
1614	39151000	乙烯聚合物的废碎料及下脚料	6.5					0
1615	39152000	苯乙烯聚合物的废碎料及下脚料	6.5					0
1616	39153000	氯乙烯聚合物的废碎料及下脚料	6.5					0
1617	39159010	聚对苯二甲酸乙二酯的塑料废碎料及下脚料	6.5					0
1618	39159090	其他塑料的废碎料及下脚料	6.5					0
1619	39172100	乙烯聚合物制的硬管	10					0
1620	39172200	丙烯聚合物制的硬管	10					0
1621	39172300	氯乙烯聚合物制的硬管	10					0
1622	39172900	其他塑料制的硬管	10					0
1623	39173100	塑料制的软管	10					0
1624	39173200	其他未装有附件的塑料制管子	6.5					0
1625	39173300	其他装有附件的塑料管子	6.5					0
1626	39173900	塑料制的其他管子	6.5					0
1627	39174000	塑料制的管子附件	10					0
1628	39191010	丙烯酸树脂为基本成分的成卷胶粘板片条等,宽度≤20厘米	6.5					0
1629	39191091	宽度≤20厘米成卷的胶囊型反光膜	6.5					0
1630	39191099	其他材料制的,宽度≤20厘米的其他成卷塑料胶粘板片等	6.5					0
1631	39199010	其他胶囊型反光膜	6.5					0
1632	39199090	其他自粘塑料板、片、膜等材料	6.5					0
1633	39201010	乙烯聚合物制电池隔膜	6.5					0
1634	39201090	其他乙烯聚合物制板、片、带	6.5					0
1635	39202010	丙烯聚合物制电池隔膜	6.5					0
1636	39202090	其他丙烯聚合物制板、片、带	6.5					0
1637	39203000	非泡沫聚苯乙烯板、片、膜、箔及扁条	6.5					0
1638	39204300	按重量计增塑剂含量≥6%的聚氯乙烯板、片、膜、箔及扁条	6.5					0
1639	39204900	按重量计增塑剂含量<6%的聚氯乙烯板、片、膜、箔及扁条	6.5					0
1640	39205100	聚甲基丙烯酸甲酯板、片、膜、箔及扁条	6.5					0
1641	39205900	其他丙烯酸聚合物板、片、膜、箔及扁条	6.5					0
1642	39206100	聚碳酸酯制板、片、膜、箔及扁条	6.5					0
1643	39206200	聚对苯二甲酸乙二酯板、片、膜、箔、扁条	6.5					0
1644	39206300	不饱和聚酯板、片、膜、箔及扁条	10					0
1645	39206900	其他聚酯板、片、膜、箔及扁条	10					0
1646	39207100	再生纤维素制板、片、膜、箔及扁条	6.5					0

序号	税则号列	商品名称(简称)	最惠国税率(%)	特惠税率(%)				
				亚太2国①	东盟			最不发达37国②
					缅甸	柬埔寨	老挝	
1647	39207300	醋酸纤维素制板、片、膜、箔及扁条	6.5					0
1648	39207900	纤维素衍生物制板、片、膜箔及扁条	10					0
1649	39209100	聚乙烯醇缩丁醛板、片、膜、箔及扁条	6.5					0
1650	39209200	聚酰胺板、片、膜、箔及扁条	10					0
1651	39209300	氨基树脂板、片、膜、箔及扁条	6.5					0
1652	39209400	酚醛树脂板、片、膜、箔及扁条	10					0
1653	39209910	聚四氟乙烯制的非泡沫塑料板片	6.5					0
1654	39209990	其他塑料制的非泡沫塑料板片	6.5					0
1655	39211100	泡沫聚苯乙烯板、片、带、箔及扁条	10					0
1656	39211210	泡沫聚氯乙烯人造革及合成革	9					0
1657	39211290	泡沫聚氯乙烯板、片、带、箔及扁条	6.5					0
1658	39211310	泡沫聚氨酯制人造革及合成革	9					0
1659	39211390	泡沫聚氨酯板、片、带、箔及扁条	6.5					0
1660	39211400	泡沫再生纤维素板、片、膜、箔及扁条	10					0
1661	39211910	其他泡沫塑料制人造革及合成革	9					0
1662	39211990	其他泡沫塑料板、片、膜、箔及扁条	6.5					0
1663	39219020	嵌有玻璃纤维的聚乙烯板、片	6.5					0
1664	39219030	聚异丁烯为基本成分的附有人造毛毡的板、片、卷材	6.5					0
1665	39219090	未列名塑料板、片、膜、箔及扁条	6.5					0
1666	39221000	塑料浴缸、淋浴盘及盥洗盆	10				0	0
1667	39222000	塑料马桶坐圈及盖	10				0	0
1668	39229000	塑料便盆、抽水箱等类似卫生洁具	10					0
1669	39231000	塑料制盒、箱及类似品	10					0
1670	39232900	其他塑料制的袋及包	10					0
1671	39233000	塑料制坛、瓶及类似品	6.5					0
1672	39235000	塑料制塞子、盖子及类似品	10					0
1673	39241000	塑料制餐具及厨房用具	10	0				0
1674	39249000	塑料制其他家庭用具及卫生或盥洗用具	10					0
1675	39251000	塑料制囤、柜、罐、桶及类似容器	10					0
1676	39261000	办公室或学校用塑料制品	10					0
1677	39262090	其他塑料制衣服及衣着附件	10					0
1678	39263000	塑料制家具、车厢及类似品的附件	10					0
1679	39264000	塑料制小雕塑品及其他装饰品	10					0
1680	39269010	塑料制机器及仪器用零件	10					0
1681	39269090	其他塑料制品	10					0
1682	40021110	羧基丁苯橡胶胶乳	7.5					0
1683	40021190	丁苯橡胶胶乳	7.5					0
1684	40021911	初级形状未经任何加工的丁苯橡胶	7.5					0
1685	40021912	初级形状的充油丁苯橡胶	7.5					0
1686	40021913	初级形状的热塑丁苯橡胶	7.5					0
1687	40021914	初级形状的充油热塑丁苯橡胶	7.5					0
1688	40021919	初级形状的其他丁苯橡胶及羧基丁苯橡胶	7.5					0
1689	40021990	丁苯橡胶及羧基丁苯橡胶板、片、带	7.5					0
1690	40022010	初级形状的丁二烯橡胶	7.5					0

序号	税则号列	商品名称(简称)	最惠国税率(%)	特惠税率(%) 亚太2国[①]	东盟 缅甸	柬埔寨	老挝	最不发达37国[②]
1691	40022090	丁二烯橡胶板、片、带	7.5					0
1692	40023110	初级形状的异丁烯－异戊二烯橡胶	6					0
1693	40023190	异丁烯－异戊二烯橡胶板、片、带	7.5					0
1694	40023910	初级形状的其他卤代丁基橡胶	7.5					0
1695	40023990	卤代丁基橡胶板、片、带	7.5					0
1696	40024100	氯丁二烯橡胶胶乳	7.5					0
1697	40024910	初级形状的氯丁二烯橡胶	7.5					0
1698	40024990	氯丁二烯橡胶板、片、带	7.5					0
1699	40025100	丁腈橡胶胶乳	7.5					0
1700	40025910	初级形状的丁腈橡胶	7.5					0
1701	40025990	丁腈橡胶板、片、带	7.5					0
1702	40026010	初级形状的异戊二烯橡胶	3					0
1703	40026090	异戊二烯橡胶板、片、带	5					0
1704	40027010	初级形状的乙丙非共轭二烯橡胶	7.5					0
1705	40027090	乙丙非共轭二烯橡胶板、片、带	7.5					0
1706	40028000	天然橡胶与合成橡胶的混合物	7.5					0
1707	40029100	其他未列名的合成橡胶胶乳	7.5					0
1708	40029911	其他初级形状的合成橡胶	7.5					0
1709	40029919	其他合成橡胶板、片、带	7.5					0
1710	40029990	从油类提取的油膏	4					0
1711	40030000	初级形状或板、片、带状再生橡胶	8					0
1712	40051000	与碳黑等混合的未硫化复合橡胶	8					0
1713	40052000	未硫化的复合橡胶溶液及分散体	8					0
1714	40059100	其他未硫化的复合橡胶板、片、带	8					0
1715	40059900	其他未硫化的初级形状复合橡胶	8					0
1716	40061000	未硫化轮胎翻新用胎面补料胎条	8					0
1717	40069010	未硫化橡胶的杆、管或型材及异型材	8					0
1718	40081100	海绵硫化橡胶制的板、片及带	8					0
1719	40081900	海绵硫化橡胶制型材、异型材及杆	8					0
1720	40082100	非海绵硫化橡胶制板、片及带	8					0
1721	40082900	非海绵硫化橡胶型材、异型材及杆	8					0
1722	40103100	梯形截面的环形传动带(三角带),V形肋状的,外周长超过60厘米,但不超过180厘米	8					0
1723	40103200	梯形截面的环形传动带(三角带),V形肋状的除外,外周长超过60厘米,但不超过180厘米	8					0
1724	40103300	180厘米<外周长≤240厘米的三角带,V形肋状的	8					0
1725	40103400	180厘米<外周长≤240厘米的三角带,V形肋状的除外	8					0
1726	40103900	其他硫化橡胶制的传动带及带料	8					0
1727	40111000	机动小客车用新的充气橡胶轮胎	10					0
1728	40113000	航空器用新的充气橡胶轮胎	1					0
1729	40119200	农业或林业车辆及机器用非人字形胎面或类似胎面的新充气橡胶轮胎	25					0
1730	40139010	航空器用橡胶内胎	3					0
1731	40141000	硫化橡胶制避孕套	0					0

序号	税则号列	商品名称(简称)	最惠国税率(%)	特惠税率(%) 亚太2国[①]	东盟 缅甸	东盟 柬埔寨	东盟 老挝	最不发达37国[②]
1732	40151100	硫化橡胶制外科用手套	8					0
1733	40151900	硫化橡胶制其他手套	18					0
1734	40159010	医疗用硫化橡胶衣着用品及附件	8					0
1735	40161010	硫化海绵橡胶制机器及仪器用零件	8					0
1736	40169310	硫化橡胶制机器、仪器用垫片、垫圈及其他密封垫	8					0
1737	40169390	硫化橡胶制其他用垫片、垫圈及其他密封垫	15					0
1738	40169910	硫化橡胶制机器及仪器用其他零件	8					0
1739	40169990	其他未列名硫化橡胶制品	10					0
1740	41012011	规定重量范围内的未剖层整张生牛皮,经逆鞣处理的	8					0
1741	41012019	规定重量范围内的未剖层整张生牛皮,经逆鞣处理的除外	5			0	0	0
1742	41012020	规定重量范围内的未剖层整张生马皮	5			0	0	0
1743	41015011	经逆鞣处理的重量>16千克的整张生牛皮	8.4					0
1744	41015019	重量>16千克的整张生牛皮,经逆鞣处理的除外	5			0	0	0
1745	41015020	重量>16千克的整张生马皮	5			0	0	0
1746	41019011	其他(包括整张或半张的背皮及腹皮)经逆鞣处理的生牛皮	8.4					0
1747	41019019	其他(包括整张或半张的背皮及腹皮)生牛皮,经逆鞣处理的除外	5			0	0	0
1748	41019020	其他(包括整张或半张的背皮及腹皮)生马皮	5			0	0	0
1749	41021000	带毛的绵羊或羔羊生皮	7					0
1750	41022190	浸酸的不带毛绵羊或羔羊生皮,经逆鞣处理的除外	9					0
1751	41022990	其他不带毛的绵羊或羔羊生皮,经逆鞣处理的除外	7					0
1752	41032000	爬行动物的生皮	9					0
1753	41033000	生猪皮	9		0			0
1754	41039019	山羊板皮,经逆鞣处理的除外	9					0
1755	41039029	其他山羊或小山羊皮,经逆鞣处理的除外	9					0
1756	41039090	其他生皮	9		0			0
1757	41041111	全粒面未剖层或粒面剖层蓝湿牛皮	7	1.4				0
1758	41041119	其他全粒面未剖层或粒面剖层湿牛皮革	8	2				0
1759	41041120	全粒面未剖层或粒面剖层马皮革	5	2				0
1760	41041911	其他蓝湿牛皮	6	1.4				0
1761	41041919	其他湿牛皮革	7	1.8				0
1762	41041920	其他湿马皮革	7	2.1				0
1763	41044100	全粒面未剖层或粒面剖层干革(坯革)	5	2				0
1764	41044910	其他机器带用干革(坯革)	5	0				0
1765	41044990	其他干革(坯革)	7	2.1				0
1766	41051010	蓝湿绵羊或羔羊皮	14	2.1				0
1767	41051090	其他绵羊或羔羊湿皮革	10	2				0
1768	41053000	绵羊或羔羊干革(坯革)	8	4.8				0
1769	41062100	山羊或小山羊皮湿革	14	2.1				0
1770	41062200	山羊或小山羊皮干革(坯革)	14	8.4				0
1771	41063110	蓝湿猪皮	14	4.2				
1772	41063190	其他猪皮湿革	14	4.2				

序号	税则号列	商品名称(简称)	最惠国税率(%)	特惠税率(%) 亚太2国[①]	东盟 缅甸	柬埔寨	老挝	最不发达37国[②]
1773	41063200	猪皮干革(坯革)	14	4.2				
1774	41064000	爬行动物皮革	14	0				0
1775	41069100	其他未列名动物皮湿革(包括蓝湿皮革)	14	0				0
1776	41069200	其他未列名动物皮干革(坯革)	14	0				0
1777	41071120	已鞣全粒面未剖层整张马皮革	5					0
1778	41071220	已鞣粒面剖层整张马皮革	5					0
1779	41071910	已鞣机器带用整张牛马皮革	5					0
1780	41079100	已鞣全粒面未剖层非整张牛马皮革	5					0
1781	41079200	已鞣粒面剖层非整张牛马皮革	5					0
1782	41079910	已鞣机器带用非整张牛马皮革	5					0
1783	41079990	其他已鞣非整张牛马皮革	7					0
1784	41120000	已鞣进一步加工的不带毛绵羊或羔羊皮革	8					0
1785	41131000	已鞣进一步加工的不带毛山羊或小山羊皮革	14					0
1786	41133000	已鞣进一步加工的不带毛爬行动物皮革	14					0
1787	41139000	其他已鞣进一步加工的不带毛动物皮革	14					0
1788	41152000	皮革或再生皮革边角料;皮革粉末	14	4.2				
1789	42010000	各种材料制成的鞍具及挽具,适合各种动物用	20	8				0
1790	42021110	以皮革、再生皮革作面的衣箱	15	8.3				
1791	42021190	以皮革、再生皮革作面的箱包	10	8				0
1792	42021290	塑料或纺织材料作面的其他箱包	20					0
1793	42021900	其他材料制箱包	20	8				0
1794	42022100	以皮革、再生皮革作面的手提包	10					0
1795	42022200	以塑料片或纺织材料作面的手提包	10					0
1796	42022900	以钢纸或纸板作面的手提包	20	8				
1797	42023100	以皮革、再生皮革作面的钱包等物品	10					0
1798	42023200	以塑料或纺织品作面的钱包等物品	20					0
1799	42023900	以钢纸或纸板作面的钱包等物品	20	8				
1800	42029100	皮革、再生皮革作面的其他容器	10					0
1801	42029200	以塑料或纺织材料作面的其他容器	10					0
1802	42031000	皮革或再生皮革制的衣服	10	8				0
1803	42032910	皮革或再生皮革制的劳保手套	20	8				
1804	42032990	皮革或再生皮革制的其他手套	20	8				
1805	42033010	皮革或再生皮革制腰带	10	8				0
1806	42033020	皮革或再生皮革制的腰带及子弹带	10	8				0
1807	42034000	皮革或再生皮革制的其他衣着附件	20	8				
1808	42050010	皮革或再生皮革制坐具套	12	7.8				0
1809	42050020	机器、机械器具或其他专门技术用途的皮革或再生皮革制品	8					0
1810	42050090	皮革或再生皮革的其他制品	12	7.8				0
1811	43021920	已鞣未缝制的整张兔皮	10					0
1812	43021930	已鞣未缝制阿斯特拉罕等羔羊皮,不论是否带头、尾或爪	20					0
1813	43021990	已鞣未缝制的其他毛皮	10					0
1814	43031010	毛皮衣服	23	10.4				

序号	税则号列	商品名称(简称)	最惠国税率(%)	特惠税率(%)				
				亚太2国[①]	东盟			最不发达37国[②]
					缅甸	柬埔寨	老挝	
1815	43031020	毛皮衣着附件	18	9.9				
1816	43039000	毛皮制其他物品	18	9.9				
1817	43040010	人造毛皮	18	10.8				
1818	43040020	人造毛皮制品	18	10.8				
1819	44011000	薪柴	0					0
1820	44012100	针叶木木片或木粒	0					0
1821	44012200	非针叶木木片或木粒	0					0
1822	44013100	木屑棒	0					0
1823	44013900	其他锯末、木废料及碎片,不论是否粘结成原木段、块、片或类似形状	0					0
1824	44031000	用油漆、着色剂、防腐剂等处理的原木	0					0
1825	44032010	红松和樟子松	0					0
1826	44032020	白松(云杉和冷杉)	0					0
1827	44032030	辐射松	0					0
1828	44032040	落叶松	0					0
1829	44032090	其他针叶木	0					0
1830	44034100	深红色红柳桉木、浅红色红柳桉木及巴栲红柳桉木原木	0					0
1831	44034910	柚木原木	0					0
1832	44034920	奥克曼(奥克榄)原木	0					0
1833	44034930	龙脑香木原木	0					0
1834	44034940	山樟(香木)原木	0					0
1835	44034950	印加木(波罗格)原木	0					0
1836	44034960	大干巴豆(门格里斯或康派斯)原木	0					0
1837	44034970	异翅香木原木	0					0
1838	44034990	其他方法处理的其他热带原木	0					0
1839	44039100	栎木原木	0					0
1840	44039200	山毛榉木原木	0					0
1841	44039910	楠木原木	0					0
1842	44039920	樟木原木	0					0
1843	44039930	红木原木	0					0
1844	44039940	泡桐木原木	0					0
1845	44039950	水曲柳原木	0					0
1846	44039960	北美硬阔叶木原木(包括樱桃木、黑胡桃木、枫木)	0					0
1847	44039980	其他未列名的温带非针叶原木	0					0
1848	44039990	其他未列名非针叶原木	0					0
1849	44050000	木丝及木粉	8					0
1850	44061000	未浸渍的铁道及电车道枕木	0					0
1851	44069000	已浸渍的铁道及电车道枕木	0					0
1852	44071010	红松和樟子松厚板材	0					0
1853	44071020	白松(云杉和冷杉)厚板材	0					0
1854	44071030	辐射松厚板材	0					0
1855	44071040	花旗松厚板材	0					0
1856	44071090	其他针叶木厚板材	0					0

序号	税则号列	商品名称(简称)	最惠国税率(%)	特惠税率(%) 亚太2国[1]	东盟 缅甸	柬埔寨	老挝	最不发达37国[2]
1857	44072100	桃花心木板材,经纵锯、纵切、刨切,不论是否刨平、砂光或指榫结合,厚度超过6毫米	0					0
1858	44072200	维罗蔻、细孔绿心樟、轻木板材,经纵锯、纵切、刨切,不论是否刨平、砂光或指榫结合,厚度超过6毫米	0					0
1859	44072500	深红色红柳桉木、浅红色红柳桉木及巴栲红柳桉木板材,经纵锯、纵切、刨切,不论是否刨平、砂光或指榫结合,厚度超过6毫米	0					0
1860	44072600	白柳桉木、白色红柳桉木、白色柳桉木、黄色红柳桉木及阿兰木,经纵锯、纵切、刨切,不论是否刨平、砂光或指榫结合,厚度超过6毫米	0					0
1861	44072700	卡雅楝木板材,经纵锯、纵切、刨切,不论是否刨平、砂光或指榫结合,厚度超过6毫米	0					0
1862	44072800	绿柄桑木板材,经纵锯、纵切、刨切,不论是否刨平、砂光或指榫结合,厚度超过6毫米	0					0
1863	44072910	柚木板材,经纵锯、纵切、刨切,不论是否刨平、砂光或指榫结合,厚度超过6毫米	0					0
1864	44072920	非洲桃花心木板材	0					0
1865	44072930	波罗格板材	0					0
1866	44072990	其他列名的热带木板材,经纵锯、纵切、刨切,不论是否刨平、砂光或指榫结合,厚度超过6毫米	0					0
1867	44079100	栎木板材,经纵锯、纵切、刨切,不论是否刨平、砂光或指榫结合,厚度超过6毫米	0					0
1868	44079200	山毛榉木板材,经纵锯、纵切、刨切,不论是否刨平、砂光或指榫结合,厚度超过6毫米	0					0
1869	44079300	枫木厚板材	0					0
1870	44079400	樱桃木厚板材	0					0
1871	44079500	白蜡木厚板材	0					0
1872	44079910	樟木、楠木、红木板材,经纵锯、纵切、刨切,不论是否刨平、砂光或指榫结合,厚度超过6毫米	0					0
1873	44079920	泡桐木板材,经纵锯、纵切、刨切,不论是否刨平、砂光或指榫结合,厚度超过6毫米	0					0
1874	44079930	北美硬阔叶木(含樱桃木、枫木、黑胡桃木)厚板材	0					0
1875	44079980	其他温带非针叶木厚板材	0					0
1876	44079990	其他木板材,经纵锯、纵切、刨切,不论是否刨平、砂光或指榫结合,厚度超过6毫米	0					0
1877	44091010	针叶木地板条(块)	7.5					0
1878	44091090	一边或面制成连续形状的针叶木材,不论是否刨平、砂光或指榫结合	7.5					0
1879	44092110	竹制地板条	4					0
1880	44092190	一边或面制成连续形状的竹材,不论是否刨平、砂光或指榫结合	4					0
1881	44092910	其他非针叶木地板条	4					0
1882	44121099	其他竹面多层板	4					0
1883	44123900	其他仅由薄木板制胶合板	4					0
1884	44129499	其他木块芯胶合板、侧板条芯胶合板及板条芯胶合板	4					0

序号	税则号列	商品名称(简称)	最惠国税率(%)	特惠税率(%)				
				亚太2国[①]	东盟 缅甸	东盟 柬埔寨	东盟 老挝	最不发达37国[②]
1885	44130000	强化木	6					0
1886	44151000	木箱及类似的包装容器;电缆卷筒	7.5					0
1887	44182000	木门及其框架和门槛	4					0
1888	44184000	水泥构件的木模板	4					0
1889	44185000	木瓦及盖屋板	7.5					0
1890	44186000	柱和梁	4					0
1891	44187100	已拼装的马赛克地板	4					0
1892	44189010	竹制建筑用制品	4					0
1893	44189090	其他建筑用木工制品	4					0
1894	44190031	木制一次性筷子	0					0
1895	44190032	竹制一次性筷子	0					0
1896	44190091	竹制其他餐具及厨房用具	0					0
1897	44190099	其他木制餐具及厨房用具	0					0
1898	44201011	木刻	0					0
1899	44201012	竹刻	0					0
1900	44201020	木扇	0					0
1901	44201090	其他木制小雕像及其他装饰品	0					0
1902	44209010	镶嵌木	0					0
1903	44209090	木盒子及类似品;非落地式木家具	0					0
1904	44211000	木衣架	0					0
1905	44219010	木卷轴、纡子、筒管、线轴及类似品	0					0
1906	44219021	木制园签、园棒、冰果棒、压舌片及类似一次性制品	0					0
1907	44219022	竹制园签、园棒、冰果棒、压舌片及类似一次性制品	0					0
1908	44219090	其他未列名的木制品	0					0
1909	45019010	软木废料	0					0
1910	45019020	软木废料及碎、粒、粉状的软木	0					0
1911	45020000	除去表皮或粗切成方形或成块、板、片或条状的天然软木	8					0
1912	45031000	天然软木塞子	8					0
1913	45039000	其他天然软木制品	10.5					0
1914	45041000	块、板、片及条状压制软木;任何形状的砖、瓦;实心圆柱体,包括原片	8.4					0
1915	45049000	其他压制软木及其制品	0					0
1916	46012100	竹制的席子、席料、帘子	9				0	0
1917	46012200	藤制的席子、席料及帘子	9				0	0
1918	46012911	蔺草制的席子、席料及帘子	9				0	0
1919	46012919	其他草制的席子、席料及帘子	9				0	0
1920	46012921	苇帘	9				0	0
1921	46012929	芦苇制的席子、席料	9				0	0
1922	46012990	其他植物材料制席子、席料及帘子	9				0	0
1923	46019210	竹缏条及类似产品,不论是否缝合成宽条	9				0	0
1924	46019290	其他竹编结产品	9					0
1925	46019310	藤缏条及类似产品,不论是否缝合成宽条	9				0	0

序号	税则号列	商品名称(简称)	最惠国税率(%)	特惠税率(%)				
				亚太2国[①]	东盟			最不发达37国[②]
					缅甸	柬埔寨	老挝	
1926	46019491	其他植物编结材料的缏条及类似产品,不论是否缝合成宽条	9				0	0
1927	46019499	其他植物编结材料产品	9					0
1928	46019910	其他非植物编结材料的缏条及类似产品,不论是否缝合成宽条	9				0	0
1929	46021100	竹编制的篮筐及其他制品	9			0		0
1930	46021200	藤编制的篮筐及其他制品	9			0		0
1931	46021910	草编制的篮筐及其他制品	9			0		0
1932	46021920	玉米皮编制的篮筐及其他制品	9			0		0
1933	46021930	柳条编制的篮筐及其他制品	9			0		0
1934	46021990	其他植物材料编制篮筐及其他制品	9			0		0
1935	46029000	其他编结材料制品及其他制品	9			0		0
1936	47010000	机械木浆	0					0
1937	47020000	化学木浆,溶解级	0					0
1938	47031100	未漂白针叶木碱木浆或硫酸盐木浆	0					0
1939	47031900	未漂白非针叶木碱木浆或硫酸盐木浆	0					0
1940	47032100	漂白针叶木碱木浆或硫酸盐木浆	0					0
1941	47032900	漂白非针叶木碱木浆或硫酸盐木浆	0					0
1942	47041100	未漂白的针叶木亚硫酸盐木浆	0					0
1943	47041900	未漂白的非针叶木亚硫酸盐木浆	0					0
1944	47042100	漂白的针叶木亚硫酸盐木浆	0					0
1945	47042900	漂白的非针叶木亚硫酸盐木浆	0					0
1946	47050000	半化学木浆	0					0
1947	47061000	棉短绒纸浆	0					0
1948	47062000	从回收纸或纸板提取的纤维浆	0					0
1949	47063000	竹浆	0					0
1950	47069100	其他纤维状纤维素机械浆	0					0
1951	47069200	其他纤维状纤维素化学浆	0					0
1952	47069300	用机械和化学联合法制得的浆	0					0
1953	47071000	未漂白牛皮、瓦楞纸或纸板废碎品	0					0
1954	47072000	漂白化学木浆制的未经本体染色纸和纸板废碎品	0					0
1955	47073000	机械木浆制的纸或纸板的废碎品	0					0
1956	47079000	其他回收纸或纸板	0					0
1957	48185000	纸制衣服及衣着附件	7.5					0
1958	48193000	底宽≥40厘米的纸袋	7.5					0
1959	48204000	多联商业表格纸、页间夹有复写纸的本	7.5					0
1960	48236100	竹浆纸、纸板制的盘、碟、盆、杯及类似品	7.5					0
1961	48236900	其他纸、纸板制的盘、碟、盆、杯及类似品	7.5					0
1962	48239020	神纸及类似用品	7.5					0
1963	48239030	纸扇	7.5					0
1964	49011000	单张的书籍、小册子及类似印刷品	0					0
1965	49019100	字典、百科全书	0					0
1966	49019900	其他书籍、小册子及类似的印刷品	0					0
1967	49021000	每周至少出版四次的报纸、杂志	0					0

序号	税则号列	商品名称(简称)	最惠国税率(%)	特惠税率(%)				
				亚太2国①	东盟			最不发达37国②
					缅甸	柬埔寨	老挝	
1968	49029000	其他报纸、杂志及期刊	0					0
1969	49030000	儿童图画书、绘画或涂色书	0					0
1970	49040000	乐谱原稿或印本	0					0
1971	49051000	地球仪、天体仪	0					0
1972	49059100	成册的各种印刷的地图及类似图表	0					0
1973	49059900	其他各种印刷的地图及类似图表	0					0
1974	49060000	设计图纸原稿或手稿及其复制件	0					0
1975	49070020	钞票	0					0
1976	49070030	证券凭证	0					0
1977	49100000	印刷的各种日历,包括日历芯	7.5					0
1978	49111010	无商业价值的广告品及类似印刷品	0					0
1979	50010010	适于缫丝的桑蚕茧	6					0
1980	50010090	适于缫丝的其他蚕茧	6					0
1981	50020011	厂丝	9					0
1982	50020012	土丝	9					0
1983	50020013	双宫丝	9					0
1984	50020019	其他未加捻桑蚕丝	9					0
1985	50020020	未加捻柞蚕丝	9					0
1986	50020090	未加捻其他生丝	9					0
1987	50030011	下茧、茧衣、长吐、滞头	9					0
1988	50030012	回收纤维	9					0
1989	50030019	其他	9					0
1990	50030091	绵球	9					0
1991	50030099	其他	9					0
1992	50040000	非供零售用丝纱线	6					0
1993	50050010	非供零售用绸丝纱线	6					0
1994	50050090	非供零售用其他绢纺纱线	6					0
1995	50060000	零售用丝纱线、绢纺纱线;蚕胶丝	6					0
1996	50071010	未漂白或漂白的绸丝机织物	10				0	0
1997	50071090	其他绸丝机织物	10				0	0
1998	50072011	未漂白或漂白的纯桑蚕丝机织物	10				0	0
1999	50072019	其他纯桑蚕丝机织物	10				0	0
2000	50072021	未漂白或漂白的纯柞蚕丝机织物	10				0	0
2001	50072029	其他纯柞蚕丝机织物	10				0	0
2002	50072031	未漂白或漂白的纯绢丝机织物	10				0	0
2003	50072039	其他纯绢丝机织物	10				0	0
2004	50072090	其他纯丝机织物	10				0	0
2005	50079010	未漂白或漂白其他丝机织物	10				0	0
2006	50079090	其他丝机织物	10				0	0
2007	51021100	未梳喀什米尔山羊毛	9					0
2008	51021910	未梳兔毛	9					0
2009	51021920	未梳其他山羊绒	9					0
2010	51021930	未梳骆驼毛、骆驼绒	9					0
2011	51022000	未梳的动物粗毛	9					0

序号	税则号列	商品名称(简称)	最惠国税率(%)	特惠税率(%) 亚太2国[①]	东盟 缅甸	东盟 柬埔寨	东盟 老挝	最不发达37国[②]
2012	51031090	其他动物细毛落毛	9					0
2013	51033000	动物粗毛废料	9					0
2014	51040090	其他动物细毛或粗毛的回收纤维	5					0
2015	51053100	已梳喀什米尔山羊毛	5					0
2016	51053910	已梳兔毛	5					0
2017	51053921	已梳无毛山羊绒	5					0
2018	51053929	其他已梳山羊绒	5					0
2019	51054000	已梳动物粗毛	5					0
2020	51061000	非供零售用粗梳纯羊毛纱线	5					0
2021	51062000	非供零售用粗梳混纺羊毛纱线	5					0
2022	51071000	非供零售用精梳纯羊毛纱线	5					0
2023	51072000	非供零售用精梳混纺羊毛纱线	5					0
2024	51081011	按重量计山羊绒的含量在85%及以上的非供零售用的粗梳纱线	5					0
2025	51081019	按重量计其他动物细毛含量在85%及以上的非供零售用的粗梳纱线	5					0
2026	51081090	按重量计动物细毛含量在85%以下的非供零售用的粗梳纱线	5					0
2027	51082011	按重量计山羊绒含量在85%及以上的非供零售用的精梳纱线	5					0
2028	51082019	按重量计其他动物细毛含量在85%及以上的非供零售用的精梳纱线	5					0
2029	51082090	按重量计动物细毛含量在85%以下的非供零售用的精梳纱线	5					0
2030	51091011	按重量计山羊绒含量在85%及以上的供零售用的纱线	6					0
2031	51091019	按重量计其他动物细毛含量在85%及以上的供零售用的纱线	6					0
2032	51091090	按重量计羊毛含量在85%及以上的供零售用的纱线	6					0
2033	51099011	供零售用的其他山羊绒纱线	6					0
2034	51099019	供零售用的其他动物细毛纱线	6					0
2035	51099090	供零售用的羊毛纱线	6					0
2036	51100000	动物粗毛或马毛的纱线	6					0
2037	51121100	重量≤200克/平方米的精梳全毛布	10					0
2038	51121900	重量>200克/平方米的精梳全毛布	10		0	0	0	0
2039	51122000	与化纤长丝混纺精梳毛布	10					0
2040	51123000	与化纤短纤混纺精梳毛布	10					0
2041	51129000	与其他纤维混纺精梳毛布	10					0
2042	51130000	动物粗毛或马毛机织物	10					0
2043	52029100	棉的回收纤维	10					0
2044	52041100	非供零售用全棉缝纫线	5				0	0
2045	52041900	非供零售用其他棉缝纫线	5					0
2046	52042000	零售用棉制缝纫线	5				0	0
2047	52051100	非零售粗梳粗支纯棉单纱	5		0	0	0	0
2048	52051200	非零售粗梳中支纯棉单纱	5		0	0	0	0

序号	税则号列	商品名称(简称)	最惠国税率(%)	特惠税率(%) 亚太2国[①]	东盟 缅甸	东盟 柬埔寨	东盟 老挝	最不发达37国[②]
2049	52051300	非零售粗梳细支纯棉单纱	5					0
2050	52051400	非零售粗梳较细支纯棉单纱	5		0		0	0
2051	52051500	非零售粗梳特细支纯棉单纱	5					0
2052	52052100	非零售精梳粗支纯棉单纱	5		0			0
2053	52052200	非零售精梳中支纯棉单纱	5					0
2054	52052300	非零售精梳细支纯棉单纱	5					0
2055	52052400	非零售精梳较细支纯棉单纱	5		0		0	0
2056	52052600	非零售精梳较特细支纯棉单纱	5					0
2057	52052700	非零售精梳特细支纯棉单纱	5					0
2058	52052800	非零售精梳超细支纯棉单纱	5					0
2059	52053200	非零售粗梳中支纯棉多股纱	5					0
2060	52053300	非零售粗梳细支纯棉多股纱	5					0
2061	52053400	非零售粗梳较细支纯棉多股纱	5					0
2062	52053500	非零售粗梳特细支纯棉多股纱	5					0
2063	52054200	非零售精梳中支纯棉多股纱	5					0
2064	52054300	非零售精梳细支纯棉多股纱	5					0
2065	52054400	非零售精梳较细支纯棉多股纱	5					0
2066	52054600	非零售精梳较特细支纯棉多股纱	5					0
2067	52054700	非零售精梳特细支纯棉多股纱	5					0
2068	52054800	非零售精梳超细支纯棉多股纱	5					0
2069	52061300	非零售粗梳细支混纺棉单纱	5					0
2070	52061400	非零售粗梳较细支混纺棉单纱	5					0
2071	52061500	非零售粗梳特细支混纺棉单纱	5					0
2072	52062300	非零售精梳细支混纺棉单纱	5					0
2073	52062400	非零售精梳较细支混纺棉单纱	5					0
2074	52062500	非零售精梳特细支混纺棉单纱	5					0
2075	52063300	非零售粗梳细支混纺棉多股纱	5					0
2076	52063400	非零售粗梳较细混纺棉多股纱	5					0
2077	52063500	非零售粗梳特细混纺棉多股纱	5					0
2078	52064300	非零售精梳细支混纺棉多股纱	5					0
2079	52064400	非零售精梳较细混纺棉多股纱	5					0
2080	52064500	非零售精梳特细混纺棉多股纱	5					0
2081	52079000	供零售用混纺棉纱线	6					0
2082	52082200	漂白的较轻质全棉平纹布	10		0	0	0	0
2083	52083100	染色的轻质全棉平纹布	10					0
2084	52083200	染色的较轻质全棉平纹布	10					0
2085	52083300	染色的轻质全棉三、四线斜纹布	10		0	0	0	0
2086	52083900	染色的轻质其他全棉机织物	10					0
2087	52084200	色织的较轻质全棉平纹布	10					0
2088	52084900	色织的轻质其他全棉机织物	10		0	0	0	0
2089	52085100	印花的轻质全棉平纹布	10					0
2090	52085200	印花的较轻质全棉平纹布	10					0
2091	52091100	未漂白重质全棉平纹布	10					0
2092	52091900	未漂白重质其他全棉机织物	10					0

序号	税则号列	商品名称(简称)	最惠国税率(%)	特惠税率(%)				
				亚太2国[①]	东盟			最不发达37国[②]
					缅甸	柬埔寨	老挝	
2093	52092100	漂白的重质全棉平纹布	12					0
2094	52093100	染色的重质全棉平纹布	10		0	0	0	0
2095	52093200	染色的重质全棉三、四线斜纹布	10		0	0	0	0
2096	52093900	染色的重质其他全棉机织物	10		0	0	0	0
2097	52094200	色织的重质全棉粗斜纹布(劳动布)	10		0	0	0	0
2098	52095100	印花的重质全棉平纹布	10					0
2099	52095900	印花的重质其他全棉机织物	10					0
2100	52101100	与化纤混纺未漂白轻质平纹棉布	12					0
2101	52101990	与化纤混纺未漂白轻质其他棉布	12					0
2102	52102100	与化纤混纺漂白的轻质平纹棉布	14					0
2103	52103100	与化纤混纺染色的轻质平纹棉布	10					0
2104	52104990	与化纤混纺色织的轻质其他棉布	10					0
2105	52105100	与化纤混纺印花的轻质平纹棉布	10					0
2106	52105990	与化纤混纺印花的轻质其他棉布	10					0
2107	52111100	与化纤混纺未漂白重质平纹棉布	12					0
2108	52111200	化纤混纺未漂白重质三、四线斜纹棉布	12					0
2109	52111900	与化纤混纺未漂白重质其他棉布	12					0
2110	52113100	与化纤混纺染色的重质平纹棉布	10					0
2111	52113900	与化纤混纺染色的重质其他棉布	10					0
2112	52121100	未漂白的其他混纺轻质棉布	12					0
2113	52122100	未漂白的其他混纺重质棉布	12					0
2114	52122500	印花的其他混纺重质棉布	10					0
2115	53011000	生的或沤制的亚麻	6					0
2116	53012100	破开或打成的亚麻	6					0
2117	53012900	栉梳或经其他加工未纺制的亚麻	6					0
2118	53013000	亚麻短纤及废麻	6					0
2119	53021000	生的或沤制的大麻	6					0
2120	53029000	经加工、未纺的大麻、大麻短纤及废麻	6					0
2121	53031000	生或沤制黄麻,其他纺织用韧皮纤维	5	0	0	0	0	0
2122	53039000	经加工、未纺的黄麻及其他纺织用韧皮纤维	5		0	0	0	0
2123	53050011	生的苎麻	5					0
2124	53050012	经加工、未纺制的苎麻	5					0
2125	53050013	苎麻的短纤及废麻	5					0
2126	53050019	其他苎麻	5					0
2127	53050020	经加工、未纺制的蕉麻及蕉麻废料	3					0
2128	53050091	经加工、未纺的西沙尔麻及其他龙舌兰类纤维	5					0
2129	53050092	加工、未纺的椰壳纤维及椰壳纤维废料	5		0	0	0	0
2130	53050099	经加工的其他未列名纺织用植物纤维及其废麻	5					0
2131	53061000	亚麻单纱	6					0
2132	53062000	亚麻多股纱线或缆线	10					0
2133	53071000	黄麻及其他纺织用韧皮纤维单纱	6	3		0		0
2134	53072000	黄麻及其他纺织用韧皮纤维多股纱或缆线	6	3		0		0
2135	53081000	椰壳纤维纱线	6					0
2136	53082000	大麻纱线	6					0

序号	税则号列	商品名称(简称)	最惠国税率(%)	特惠税率(%)				
				亚太2国[①]	东盟			最不发达37国[②]
					缅甸	柬埔寨	老挝	
2137	53089011	未漂白或漂白的全苎麻纱线	6					0
2138	53089012	全苎麻色纱线	6					0
2139	53089013	未漂白或漂白的混纺苎麻纱线	6					0
2140	53089014	混纺苎麻色纱线	6					0
2141	53089091	纸纱线	6					0
2142	53089099	其他植物纺织纤维纱线	6					0
2143	53091110	未漂白全亚麻机织物	10					0
2144	53091120	漂白的全亚麻机织物	10					0
2145	53091900	其他全亚麻机织物	10					0
2146	53092110	未漂白的混纺亚麻机织物	10					0
2147	53092120	漂白的混纺亚麻机织物	10					0
2148	53092900	其他混纺亚麻机织物	10					0
2149	53101000	未漂白黄麻或其他韧皮纤维织物	10	5		0		0
2150	53109000	其他黄麻机织物或韧皮鲜为纤维织物	10	5		0		0
2151	53110012	未漂白全苎麻机织物	10					0
2152	53110013	其他全苎麻机织物	12					0
2153	53110014	未漂白混纺苎麻机织物	10					0
2154	53110020	纸纱线机织物	10					0
2155	53110030	大麻的机织物	10					0
2156	53110090	其他纺织用植物纤维机织物	10					0
2157	54011010	非供零售用合成纤维长丝缝纫线	5					0
2158	54011020	供零售用合成纤维长丝缝纫线	5					0
2159	54012010	非供零售用人纤长丝缝纫线	5					0
2160	54012020	供零售用人纤长丝缝纫线	5					0
2161	54021110	非零售用聚间苯二甲酰间苯二胺纺制的长丝高强力纱	5					0
2162	54021120	非零售用聚对苯二甲酰对苯二胺纺制的长丝高强力纱	5					0
2163	54021190	非零售用其他芳香族聚酰胺纺制的长丝高强力纱	5					0
2164	54021910	非零售用聚酰胺-6纺制的长丝高强力纱	5					0
2165	54021920	非零售用聚酰胺-6,6纺制的长丝高强力纱	5					0
2166	54021990	非零售用其他尼龙长丝高强纱	5					0
2167	54022000	非零售聚酯长丝高强力纱	5					0
2168	54023111	非零售用聚酰胺-6纺制的细弹力丝	5					0
2169	54023112	非零售用聚酰胺-6,6纺制的细弹力丝	5					0
2170	54023113	非零售用芳香族聚酰胺纺制的细弹力丝	5					0
2171	54023119	非零售其他细尼龙弹力丝	5					0
2172	54023190	非零售其他细尼龙变形纱线	5					0
2173	54023211	非零售用聚酰胺-6纺制的粗弹力丝	5					0
2174	54023212	非零售用聚酰胺-6,6纺制的粗弹力丝	5					0
2175	54023213	非零售用芳香族聚酰胺纺制的粗弹力丝	5					0
2176	54023219	非零售其他粗尼龙弹力丝	5					0
2177	54023290	非零售其他粗尼龙变形纱线	5					0
2178	54023310	非零售聚酯弹力丝	5					0

序号	税则号列	商品名称(简称)	最惠国税率(%)	特惠税率(%)				
				亚太2国[①]	东盟			最不发达37国[②]
					缅甸	柬埔寨	老挝	
2179	54023390	非零售其他聚酯变形纱线	5					0
2180	54023400	非零售用聚丙烯变形纱线	5					0
2181	54023900	非零售其他合成纤维长丝变形纱线	5					0
2182	54024410	弹性氨纶纱线,未加捻或捻度每米不超过50转	5					0
2183	54024490	其他弹性纱线,未加捻或捻度每米不超过50转	5					0
2184	54024510	聚酰胺-6纺制的其他单纱,未加捻或捻度每米不超过50转	5					0
2185	54024520	聚酰胺-6,6纺制的其他单纱,未加捻或捻度每米不超过50转	5					0
2186	54024530	芳香族聚酰胺纺制的其他单纱,未加捻或捻度每米不超过50转	5					0
2187	54024590	其他尼龙或聚酰胺纱线纺制的,未加捻或捻度每米不超过50转的单纱	5					0
2188	54024600	其他部分定向聚酯纱线,未加捻或捻度每米不超过50转	5					0
2189	54024700	其他聚酯纱线,未加捻或捻度每米不超过50转	5					0
2190	54024800	其他聚丙烯纱线,未加捻或捻度每米不超过50转	5					0
2191	54024910	断裂强度≥22cN/dtex,且初始模量≥750cN/dtex的聚乙烯纱线	5					0
2192	54024990	其他纱线,未加捻或捻度每米不超过50转	5					0
2193	54025110	非零售用聚酰胺-6纺制的加捻单纱	5					0
2194	54025120	非零售用聚酰胺-6,6纺制的加捻单纱	5					0
2195	54025130	非零售用芳香族聚酰胺纺制的加捻单纱	5					0
2196	54025190	非零售用其他尼龙加捻单纱	5					0
2197	54025200	非零售加捻的其他聚酯加捻单纱	5					0
2198	54025910	非零售用聚丙烯加捻单纱	5					0
2199	54025920	断裂强度≥22cN/dtex,且初始模量≥750cN/dtex的聚乙烯纱线	5					0
2200	54025990	非零售加捻的其他合成纤维长丝单纱	5					0
2201	54026110	非零售用聚已内酰胺(尼龙-6)制多股纱线	5					0
2202	54026120	非零售用聚酰胺-6,6制多股纱线	5					0
2203	54026130	非零售用芳香族聚酰胺制多股纱线	5					0
2204	54026190	非零售用其他尼龙制多股纱线	5					0
2205	54026200	非零售聚酯多股纱线	5					0
2206	54026910	非零售用聚丙烯多股纱线	5					0
2207	54026920	非零售用氨纶多股纱线	5					0
2208	54026990	非零售其他合成纤维长丝多股纱线	5					0
2209	54031000	非零售粘胶纤维高强力纱	5					0
2210	54033110	竹制非零售未捻的粘胶纤维单纱	5					0
2211	54033190	其他非零售未捻的粘胶纤维单纱	5					0
2212	54033210	竹制非零售加捻的粘胶纤维单纱	5					0
2213	54033290	其他非零售加捻的粘胶纤维单纱	5					0
2214	54033310	非零售二醋酸纤维单纱	5					0
2215	54033390	非零售其他醋酸纤维单纱	5					0
2216	54033900	非零售其他人造纤维长丝单纱	5					0

序号	税则号列	商品名称(简称)	最惠国税率(%)	特惠税率(%)				
				亚太2国①	东盟			最不发达37国②
					缅甸	柬埔寨	老挝	
2217	54034100	非零售粘胶长丝多股纱线或缆线	5					0
2218	54034200	非零售醋酸长丝多股纱线或缆线	5					0
2219	54034900	非零售其他人造纤维长丝多股纱或缆线	5					0
2220	54041100	细度≥67分特、截面尺寸≤1毫米的弹性单丝	5					0
2221	54041200	细度≥67分特、截面尺寸≤1毫米的聚丙烯单丝	5					0
2222	54041900	细度≥67分特、截面尺寸≤1毫米的其他合成纤维单丝	5					0
2223	54049000	其他宽≤5毫米合成纺织材料制扁条及类似品	5					0
2224	54050000	细度≥67分特、截面尺寸≤1毫米人造纤维单丝;宽≤5毫米扁条及类似品	5					0
2225	54060010	供零售用合成纤维长丝纱线	5					0
2226	54060020	供零售用人造纤维长丝纱线	5					0
2227	54074200	染色的纯尼龙布	10		0	0	0	0
2228	54075200	染色的纯聚酯变形长丝布	10		0	0	0	0
2229	54076100	其他纯聚酯非变形长丝布	10					0
2230	54076900	其他纯聚酯长丝布	10					0
2231	54077200	染色的其他纯合成纤维长丝布	10		0	0	0	0
2232	54078200	染色的与棉混纺合成纤维长丝布	10					0
2233	54079200	染色的其他混纺合成纤维长丝布	10		0	0	0	0
2234	54083200	染色的人纤长丝混纺布	10					0
2235	55011000	尼龙或其他聚酰胺长丝丝束	5					0
2236	55012000	聚酯长丝丝束	5					0
2237	55013000	聚丙烯腈长丝丝束	5					0
2238	55014000	聚丙烯长丝丝束	5					0
2239	55019000	其他合成纤维长丝丝束	5					0
2240	55020010	二醋酸纤维丝束	3					0
2241	55020090	其他人造纤维长丝丝束	5					0
2242	55031110	未梳的聚间苯二甲酰间苯二胺纺制的合成纤维短纤	5					0
2243	55031120	未梳的聚对苯二甲酰对苯二胺纺制的合成纤维短纤	5					0
2244	55031190	未梳的其他芳香聚酰胺纺制的合成纤维短纤	5					0
2245	55031900	未梳的尼龙或其他聚酰胺合成纤维短纤	5					0
2246	55032000	未梳的聚酯合成纤维短纤	5					0
2247	55033000	未梳的聚丙烯腈合成纤维短纤	5					0
2248	55034000	未梳的聚丙烯合成纤维短纤	5					0
2249	55039010	聚苯硫醚制未梳的纤维短纤	5					0
2250	55039090	未梳的其他合成纤维短纤	5					0
2251	55041010	竹制未梳的粘胶纤维短纤	5					0
2252	55041021	木制未梳的阻燃的粘胶纤维短纤	5					0
2253	55041029	其他木制未梳的粘胶纤维短纤	5					0
2254	55041090	其他未梳的粘胶纤维短纤	5					0
2255	55049000	未梳的其他人造纤维短纤	5					0
2256	55051000	合成纤维废料	5					0
2257	55052000	人造纤维废料	5					0
2258	55061011	已梳的聚间苯二甲酰间苯二胺纤维短纤	5					0

序号	税则号列	商品名称(简称)	最惠国税率(%)	特惠税率(%)				
				亚太2国[①]	东盟			最不发达37国[②]
					缅甸	柬埔寨	老挝	
2259	55061012	已梳的聚对苯二甲酰对苯二胺纤维短纤	5					0
2260	55061019	已梳的其他芳香族聚酰胺纤维短纤	5					0
2261	55061090	已梳的尼龙或其他聚酰胺纤维短纤	5					0
2262	55062000	已梳的聚酯纤维短纤	5					0
2263	55063000	已梳的聚丙烯腈及其变性纤维短纤	5					0
2264	55069010	聚苯硫醚制已梳的纤维短纤	5					0
2265	55069090	已梳的其他合成纤维短纤	5					0
2266	55070000	已梳的人造纤维短纤	5					0
2267	55081000	合成纤维短纤纺制的缝纫线	5					0
2268	55082000	人造纤维短纤纺制的缝纫线	5					0
2269	55091100	非零售纯尼龙短纤单纱	5					0
2270	55091200	非零售纯尼龙短纤多股纱线	5					0
2271	55092100	非零售纯聚酯短纤单纱	5					0
2272	55092200	非零售纯聚酯短纤多股纱线	5					0
2273	55093100	非零售纯聚丙烯腈短纤单纱	5					0
2274	55093200	非零售纯聚丙烯腈短纤多股纱线	5					0
2275	55094100	非零售纯其他合成纤维短纤单纱	5					0
2276	55094200	非零售纯其他合成纤维短纤多股纱线	5					0
2277	55095100	非零售与人造纤维短纤混纺聚酯短纤纱	5					0
2278	55095200	非零售与毛混纺聚酯短纤纱线	5					0
2279	55095300	非零售与棉混纺聚酯短纤纱线	5					0
2280	55095900	非零售其他混纺聚酯短纤纱线	5					0
2281	55096100	非零售与毛混纺腈纶短纤纱线	5					0
2282	55096200	非零售与棉混纺腈纶短纤纱线	5					0
2283	55096900	非零售与其他混纺腈纶短纤纱线	5					0
2284	55099100	非零售与毛混纺其他合成纤维短纤纱线	5					0
2285	55099200	非零售与棉混纺其他合成纤维短纤纱线	5					0
2286	55099900	非零售与其他混纺合成纤维短纤纱线	5					0
2287	55101100	非零售纯人造纤维短纤单纱	5					0
2288	55101200	非零售纯人造纤维短纤多股纱线	5					0
2289	55102000	非零售与毛混纺人造纤维短纤纱线	5					0
2290	55103000	非零售与棉混纺人造纤维短纤纱线	5					0
2291	55109000	非零售与其他混纺人造纤维短纤纱线	5					0
2292	55111000	零售用纯合成纤维短纤纱线	5					0
2293	55112000	零售用混纺合成纤维短纤纱线	5					0
2294	55113000	零售用人造纤维短纤纱线	5					0
2295	55121100	未漂或漂白的纯聚酯布	15					0
2296	55121900	其他纯聚酯布	10					0
2297	55122100	未漂或漂白的纯腈纶布	13					0
2298	55129900	其他纯合成纤维布	10		0	0	0	0
2299	55132900	与棉混纺染色的轻质其他合成纤维布	10					0
2300	55134100	与棉混纺印花的轻质聚酯平纹布	10		0	0	0	0
2301	55142300	与棉混纺染色的其他重质聚酯布	10		0	0	0	0
2302	55142900	与棉混纺染色的重质其他合成维纤布	10					0

序号	税则号列	商品名称(简称)	最惠国税率(%)	特惠税率(%)				
				亚太2国[1]	东盟			最不发达37国[2]
					缅甸	柬埔寨	老挝	
2303	55152200	与毛混纺的腈纶布	12					0
2304	55161100	未漂白或漂白的纯人造纤维短纤布	12					0
2305	55169200	与其他纤维混纺的染色人造纤维布	10					0
2306	56012290	化学纤维制的絮胎及其他絮胎制品	12					0
2307	56012900	其他材料制絮胎及其他絮胎制品	10					0
2308	56029000	经浸、涂、包覆或层压的其他毡呢	10					0
2309	56031110	每平方米≤25克的经浸渍化纤长丝无纺织物	10		0	0	0	0
2310	56031210	25克<每平方米≤70克的浸渍化纤长丝无纺织物	10		0	0	0	0
2311	56031290	25克<每平方米≤70克的其他化纤长丝无纺织物	10					0
2312	56031390	70克<每平方米≤150克的其他化纤长丝无纺织物	10					0
2313	56031490	每平方米>150克的其他化纤长丝无纺织物	10					0
2314	56039290	25克<每平方米≤70克的其他无纺织物	10		0	0	0	0
2315	56039490	每平方米>150克的其他无纺织物	10		0	0	0	0
2316	56041000	用纺织材料包覆的橡胶线及绳	5		0	0	0	0
2317	56049000	用橡、塑浸渍涂布的其他纺织纱线	5					0
2318	56050000	含金属纱线	5					0
2319	56060000	绳绒线及粗松螺旋花线	5					0
2320	56072100	剑麻或其他龙舌兰纤维制包扎用绳	5					0
2321	56072900	剑麻或龙舌兰纤维制其他线、绳、索、缆	5					0
2322	56074100	聚乙烯或聚丙烯制包扎用绳	5					0
2323	56074900	聚乙烯或聚丙烯制线、绳、索、缆	5					0
2324	56075000	其他合纤制线、绳、索、缆	5					0
2325	56079010	蕉麻或硬质纤维制线、绳、索、缆	5					0
2326	56079090	其他纺织材料制线、绳、索、缆	5	2.5	0	0	0	0
2327	56081100	化纤材料制成的渔网	10					0
2328	56089000	其他纤维制成的渔网及其他网	10					0
2329	56090000	用纱线、扁条、绳、索、缆制其他物品	10	0				0
2330	57011000	羊毛结织栽绒地毯及其他铺地制品	14					0
2331	57019010	化纤结织栽绒地毯及其他铺地制品	16					0
2332	57021000	“开来姆”等手织地毯	14	0				0
2333	57023100	未制成的毛制起绒地毯及铺地制品	10					0
2334	57023900	未制成其他纺织材料起绒铺地制品	14	0				0
2335	57024100	制成的毛制起绒地毯及铺地制品	10					0
2336	57024200	制成的化纤起绒地毯及铺地制品	10					0
2337	57031000	毛制簇绒地毯及其他簇绒铺地制品	14					0
2338	57032000	尼龙簇绒地毯及其他簇绒铺地制品	10					0
2339	57033000	化纤簇绒地毯及其他簇绒铺地制品	10					0
2340	57039000	其他纺织材料簇绒地毯及其他簇绒铺地制品	14	0				0
2341	57049000	大块毡呢地毯及其他毡呢铺地制品	10					0
2342	57050010	毛制其他地毯及其他铺地制品	14	0				0
2343	57050020	化纤制其他地毯及其他铺地制品	10	0				0
2344	57050090	其他纺织材料制其他地毯及铺地制品	14	0				0
2345	58011000	毛制起绒机织物及绳绒织物	10					0
2346	58012200	割绒的棉制灯芯绒	10					0

序号	税则号列	商品名称(简称)	最惠国税率(%)	特惠税率(%)				
				亚太2国[①]	东盟			最不发达37国[②]
					缅甸	柬埔寨	老挝	
2347	58012300	其他棉制纬起绒织物	10					0
2348	58012600	棉制绳绒织物	10					0
2349	58012710	棉制的不割绒的经起绒织物(棱纹绸)	10					0
2350	58012720	棉制的割绒的经起绒织物	10					0
2351	58013100	不割绒的化纤制纬起绒织物	10					0
2352	58013200	割绒的化纤制灯芯绒	10					0
2353	58013300	其他化纤纬起绒织物	10		0	0	0	0
2354	58013600	化纤绳绒织物	10					0
2355	58013710	化学纤维制的不割绒的经起绒织物(棱纹绸)	10					0
2356	58013720	化学纤维制的割绒的经起绒织物	10					0
2357	58019010	丝及绢丝制起绒机织物及绳绒织物	10					0
2358	58019090	其他材料制起绒机织物及绳绒织物	10					0
2359	58021100	未漂白棉毛巾织物及类似毛圈机织物	12	0				0
2360	58021900	其他棉毛巾织物及类似毛圈机织物	10					0
2361	58022010	丝及绢丝毛巾织物及类似毛圈机织物	12	0				0
2362	58022020	羊毛等毛巾织物及类似毛圈机织物	12	0				0
2363	58022030	化纤毛巾织物及类似毛圈机织物	14	0				0
2364	58022090	其他纺织材料毛巾织物及类似毛圈织物	12	0				0
2365	58023010	丝及绢丝制簇绒织物	10					0
2366	58023020	羊毛或动物细毛制簇绒织物	10					0
2367	58023030	棉或麻制簇绒织物	10					0
2368	58023040	化学纤维制簇绒织物	10					0
2369	58023090	其他纺织材料制簇绒织物	10					0
2370	58030010	棉制纱罗	10					0
2371	58030020	丝及绢丝制纱罗	10					0
2372	58030030	化学纤维制纱罗	10					0
2373	58030090	其他纺织材料制纱罗	10					0
2374	58041010	丝及绢丝网眼薄纱及其他网眼织物	10					0
2375	58041020	棉制网眼薄纱及其他网眼织物	10					0
2376	58041030	化纤制网眼薄纱及其他网眼织物	12		0	0	0	0
2377	58041090	其他纺织材料网眼薄纱及其他网眼织物	10					0
2378	58042100	化纤机制花边	10					0
2379	58042910	丝及绢丝机制花边	10					0
2380	58042920	棉机制花边	10		0	0	0	0
2381	58042990	其他纺织材料制机制花边	10					0
2382	58043000	手工制花边	10					0
2383	58050010	手工针绣嵌花装饰毯	12					0
2384	58050090	"哥白林"等手织装饰毯	12					0
2385	58061010	棉或麻狭幅起绒机织物及绳绒织物	10					0
2386	58061090	其他材料狭幅起绒织物及绳绒织物	10		0	0	0	0
2387	58062000	含弹性纱线≥5%的狭幅织物	10		0	0	0	0
2388	58063100	棉制其他狭幅机织物	10		0	0	0	0
2389	58063200	化纤制其他狭幅机织物	10		0	0	0	0
2390	58063910	丝及绢丝制其他狭幅机织物	10					0

序号	税则号列	商品名称(简称)	最惠国税率(%)	特惠税率(%)				
				亚太2国①	东盟			最不发达37国②
					缅甸	柬埔寨	老挝	
2391	58063920	毛制其他狭幅机织物	10					0
2392	58063990	其他材料制其他狭幅机织物	10					0
2393	58064010	棉或麻黏合有经纱无纬纱狭幅织物	10					0
2394	58064090	其他材料黏合有经纱无纬纱狭幅织物	10					0
2395	58071000	机织非绣制纺织材料标签、徽章等	10		0	0	0	0
2396	58079000	非机织非绣制纺织材料标签、徽章等	10					0
2397	58081000	成匹的编带	10					0
2398	58089000	非绣制成匹装饰带、流苏、绒球	10		0	0	0	0
2399	58090010	与棉混制金属线布及含金属纱线布	10					0
2400	58090020	与化纤混制金属线布及含金属纱布	10					0
2401	58090090	其他金属线布及含金属纱线布	10					0
2402	58101000	不见底布的刺绣品	10					0
2403	58109100	棉制见底布的刺绣品	10					0
2404	58109200	化学纤维制见底布刺绣品	10					0
2405	58109900	其他纺织材料制见底布刺绣品	10					0
2406	58110010	丝及绢丝制绗缝被褥状纺织品	10					0
2407	58110020	羊毛或动物细毛制绗缝被褥状纺织品	10					0
2408	58110030	棉制绗缝被褥状纺织品	10					0
2409	58110040	化学纤维制绗缝被褥状纺织品	12					0
2410	58110090	其他纺织材料制绗缝被褥状纺织品	10					0
2411	59011010	用胶或淀粉涂布的棉或麻纺织物	10					0
2412	59011020	用胶或淀粉涂布的化纤纺织物	10					0
2413	59011090	用胶或淀粉涂布的其他纤维纺织物	10					0
2414	59019010	制成的油画布	10					0
2415	59019091	棉或麻制描图布、帽里硬衬布等	10		0	0	0	0
2416	59019092	化纤制描图布、帽里硬衬布等	10					0
2417	59019099	其他纺织纤维制描图布、帽里硬衬布等	10					0
2418	59021010	聚酰胺-6(尼龙-6)制的帘子布	10					0
2419	59021020	聚酰胺-6,6(尼龙-6,6)制的帘子布	10					0
2420	59021090	其他尼龙等高强力纱制的帘子布	10					0
2421	59022000	聚酯高强力纱制的帘子布	10					0
2422	59029000	粘胶纤维高强力纱制帘子布	10					0
2423	59031010	用聚氯乙烯浸、涂的绝缘布或带	10					0
2424	59031020	用聚氯乙烯浸、涂的人造革	10					0
2425	59031090	用聚氯乙烯浸、涂的其他纺织物	10					0
2426	59032010	用聚氨基甲酸酯浸、涂的绝缘布或带	10					0
2427	59032020	用聚氨基甲酸酯浸、涂的人造革	10					0
2428	59032090	用聚氨基甲酸酯浸、涂的其他纺织物	10					0
2429	59039010	用其他塑料浸、涂的绝缘布或带	10					0
2430	59039020	用其他塑料浸、涂的人造革	10					0
2431	59039090	用其他塑料浸、涂的其他纺织物	10		0	0	0	0
2432	59050000	糊墙织物	10					0
2433	59061010	用橡胶处理宽≤20厘米的纺织绝缘胶粘带	10					0
2434	59061090	用橡胶处理宽≤20厘米的其他纺丝胶粘带	10					0

序号	税则号列	商品名称(简称)	最惠国税率(%)	特惠税率(%)				
				亚太2国①	东盟			最不发达37国②
					缅甸	柬埔寨	老挝	
2435	59069100	用橡胶处理的针织或钩编的纺织物	10					0
2436	59069910	用橡胶处理的其他绝缘布或带	10					0
2437	59069990	用橡胶处理的其他纺织物	10					0
2438	59070010	用其他材料浸、涂的绝缘布或带	10					0
2439	59070020	用其他材料浸、涂的已绘制画布	10					0
2440	59070090	用其他材料浸、涂的其他纺织物	10					0
2441	59080000	纺织材料制灯芯、炉芯等和煤气灯纱筒及纱罩	10					0
2442	59090000	纺织材料制水龙软管及类似管子	8					0
2443	59100000	纺织材料制的传动带或输送带及带料	8					0
2444	59111010	包覆纺锤用浸胶的起绒狭幅织物	8					0
2445	59111090	其他涂胶等针布及专门技术用途的纺织物起绒狭幅织物	8					0
2446	59112000	筛布	8					0
2447	59113100	造纸等机器用轻的环状或有连接装置的布或毡呢	8					0
2448	59113200	造纸等机器用重的环状或有连接装置的布或毡呢	8					0
2449	59114000	用于榨油机器或类似机器的滤布	8					0
2450	59119000	其他专门技术用途纺织产品及制品	8					0
2451	60011000	针织或钩编的长毛绒织物	10					0
2452	60012100	棉制针织或钩编的毛圈绒头织物	10					0
2453	60012200	化纤制针织或钩编毛圈绒头织物	10					0
2454	60019100	棉制针织或钩编起绒织物	10					0
2455	60019200	化纤制针织或钩编起绒织物	10					0
2456	60024010	宽≤30厘米,弹性纱线≥5%的棉针织、钩编织物	10					0
2457	60024020	宽≤30厘米,弹性纱线≥5%的丝及绢丝制针织、钩编织物	10					0
2458	60024030	宽≤30厘米,弹性纱线≥5%的合成纤维制针织、钩编织物	10					0
2459	60024040	宽≤30厘米,弹性纱线≥5%的人造纤维制针织、钩编织物	10					0
2460	60024090	宽≤30厘米,弹性纱线≥5%的其他纺织材料针织、钩编织物	10					0
2461	60029010	宽≤30厘米的含橡胶线的棉针织、钩编织物	10		0	0	0	0
2462	60029020	宽≤30厘米的含橡胶线的丝及绢丝制针织、钩编织物	10					0
2463	60029030	宽≤30厘米的含橡胶线的合成纤维制针织、钩编织物	10		0	0	0	0
2464	60029040	宽≤30厘米的含橡胶线的人造纤维制针织、钩编织物	10					0
2465	60029090	宽≤30厘米的含橡胶线的其他纺织材料针织、钩编织物	10					0
2466	60031000	宽≤30厘米的羊毛或动物细毛制的针织、钩编织物	10					0
2467	60032000	宽≤30厘米的其他棉制的针织、钩编织物	10					0
2468	60033000	宽≤30厘米的合成纤维制的针织、钩编织物	10					0
2469	60034000	宽≤30厘米的人造纤维制的针织、钩编织物	10					0
2470	60039000	宽≤30厘米的其他针织、钩编织物	10					0
2471	60041010	宽>30厘米,弹性纱线≥5%的棉针织、钩编织物	10		0	0	0	0
2472	60041020	宽>30厘米,弹性纱线≥5%的丝及绢丝制针织、钩编织物	10					0

序号	税则号列	商品名称(简称)	最惠国税率(%)	特惠税率(%)				
				亚太2国[①]	东盟			最不发达37国[②]
					缅甸	柬埔寨	老挝	
2473	60041030	宽>30厘米,弹性纱线≥5%的合成纤维制针织、钩编织物	10					0
2474	60041040	宽>30厘米,弹性纱线≥5%的人造纤维制针织、钩编织物	10					0
2475	60041090	宽>30厘米,弹性纱线≥5%的其他纺织材料针织、钩编织物	10					0
2476	60049010	宽>30厘米的含橡胶线的棉针织、钩编织物	10					0
2477	60049020	宽>30厘米的含橡胶线的丝及绢丝制针织、钩编织物	10					0
2478	60049030	宽>30厘米的含橡胶线的合成纤维制针织、钩编织物	10					0
2479	60049040	宽>30厘米的含橡胶线的人造纤维制针织、钩编织物	10					0
2480	60049090	宽>30厘米的含橡胶线的其他纺织材料针织、钩编织物	10					0
2481	60052100	未漂白或漂白棉制的其他经编织物	10					0
2482	60052200	染色棉制的其他经编织物	10					0
2483	60052300	色织棉制的其他经编织物	10					0
2484	60052400	印花棉制的其他经编织物	10					0
2485	60053100	未漂白或漂白合成纤维制的其他经编织物	10					0
2486	60053200	染色合成纤维制的其他经编织物	10		0	0	0	0
2487	60053300	色织合成纤维制的其他经编织物	10					0
2488	60053400	印花合成纤维制的其他经编织物	10					0
2489	60054100	未漂白或漂白人造纤维制的其他经编织物	10					0
2490	60054200	染色人造纤维制的其他经编织物	10					0
2491	60054300	色织人造纤维制的其他经编织物	10					0
2492	60054400	印花人造纤维制的其他经编织物	10					0
2493	60062100	未漂白或漂白棉制的其他针织、钩编织物	10					0
2494	60062200	染色棉制的其他针织、钩编织物	10		0	0	0	0
2495	60062300	色织棉制的其他针织、钩编织物	10		0	0	0	0
2496	60062400	印花棉制的其他针织、钩编织物	10					0
2497	60063100	未漂白或漂白合成纤维制的其他针织、钩编织物	10					0
2498	60063200	染色合成纤维制的其他针织、钩编织物	10					0
2499	60063300	色织合成纤维制的其他针织、钩编织物	10					0
2500	60063400	印花合成纤维制的其他针织、钩编织物	10					0
2501	60064100	未漂白或漂白人造纤维制的其他针织、钩编织物	10					0
2502	60064200	染色人造纤维制的其他针织、钩编织物	10					0
2503	60064300	色织人造纤维制的其他针织、钩编织物	10					0
2504	60064400	印花人造纤维制的其他针织、钩编织物	10					0
2505	61012000	棉制针织或钩编男式大衣、防风衣	17.5					0
2506	61013000	化纤制针织或钩编男式大衣等	17.5					0
2507	61022000	棉制针织或钩编女式大衣、防风衣	17.5					0
2508	61023000	化纤制针织或钩编女式大衣等	17.5					0
2509	61031090	其他纺织材料制针织或钩编男式西服套装	17.5				0	0
2510	61032200	棉制针织或钩编男式便服套装	20				0	0
2511	61032990	其他纺织材料制针织或钩编男式便服套装	25				0	0
2512	61033200	棉制针织或钩编男式上衣	16		0	0	0	0

序号	税则号列	商品名称(简称)	最惠国税率(%)	特惠税率(%)				
				亚太2国[①]	东盟			最不发达37国[②]
					缅甸	柬埔寨	老挝	
2513	61033300	合纤制针织或钩编男式上衣	19			0		0
2514	61033900	其他纺织材料制针织或钩编男式上衣	16			0	0	0
2515	61034100	毛制针织或钩编男长裤、工装裤等	16	0				0
2516	61034200	棉制针织或钩编男长裤、工装裤等	16	6.4	0	0	0	0
2517	61034300	合纤制针织或钩编男长裤等	17.5	0		0		0
2518	61034900	其他纺织材料制针织或钩编男长裤等	16	0		0	0	0
2519	61041910	毛制针织或钩编女式西服套装	17.5					0
2520	61041920	棉制针织或钩编女式西服套装	17.5				0	0
2521	61041990	其他纺织材料制针织或钩编女式西服套装	17.5				0	0
2522	61042200	棉制针织或钩编女式便服套装	17.5				0	0
2523	61042990	其他纺织材料制针织或钩编女式便服套装	15					0
2524	61043100	毛制针织女式上衣	16					0
2525	61043200	棉制针织女式上衣	16		0	0	0	0
2526	61043300	合纤制针织女上衣	19			0		0
2527	61043900	其他纺织材料制针织女上衣	16			0		0
2528	61044200	棉制针织或钩编连衣裙	16					0
2529	61044300	合纤制针织或钩编连衣裙	17.5			0		0
2530	61044400	人纤制针织或钩编连衣裙	16			0		0
2531	61044900	其他纺织材料制针织或钩编连衣裙	16			0		0
2532	61045200	棉制针织裙子及裙裤	14					0
2533	61045300	合纤制针织或钩编裙子及裙裤	16			0		0
2534	61045900	其他纺织材料制针织或钩编裙子及裙裤	14		0	0	0	0
2535	61046100	毛制针织或钩编女长裤、工装裤等	16					0
2536	61046200	棉制针织或钩编女长裤、工装裤等	16	6.4				0
2537	61046300	合纤制针织或钩编女长裤等	17.5					0
2538	61046900	其他纺织材料制针织或钩编女长裤等	16	0				0
2539	61051000	棉制针织或钩编男衬衫	16	11.2	0	0	0	0
2540	61052000	化纤制针织或钩编男衬衫	17.5	0				0
2541	61059000	其他纺织材料制针织或钩编男衬衫	16	0				0
2542	61061000	棉制针织或钩编女衬衫	16	6.4	0	0	0	0
2543	61062000	化纤制针织或钩编女衬衫	17.5	0				0
2544	61069000	其他纺织材料制针织或钩编女衬衫	16	0				0
2545	61071100	棉制针织或钩编男内裤及三角裤	14	5.6	0	0	0	0
2546	61072100	棉制针织或钩编男长睡衣及睡衣裤	14	5.6	0	0	0	0
2547	61072200	化纤制针织或钩编男睡衣裤	16	0				0
2548	61072910	丝及绢丝制针织或钩编男长睡衣及睡衣裤	14	0				0
2549	61072990	其他纺织材料制针织或钩编男长睡衣及睡衣裤	14	0	0	0	0	0
2550	61081910	棉制针织或钩编女式长衬裙及衬裙	14					0
2551	61082100	棉制针织或钩编女三角裤及短衬裤	14		0	0	0	0
2552	61082200	化纤制针织或钩编女三角裤及短衬裤	16					0
2553	61083100	棉制针织或钩编女睡衣及睡衣裤	14	5.6	0	0	0	0
2554	61083200	化纤制针织或钩编女睡衣及睡衣裤	16	0				0
2555	61083910	丝及绢丝制针织或钩编女睡衣及睡衣裤	14	0				0
2556	61083990	其他纺织材料制针织或钩编女睡衣及睡衣裤	14	0				0

序号	税则号列	商品名称(简称)	最惠国税率(%)	特惠税率(%)				
				亚太2国[①]	东盟			最不发达37国[②]
					缅甸	柬埔寨	老挝	
2557	61089100	棉制针织或钩编女浴衣、晨衣	14		0	0	0	0
2558	61089200	化纤制针织或钩编女浴衣、晨衣	16					0
2559	61091000	棉制针织或钩编T恤衫、汗衫等	14		0	0	0	0
2560	61099010	丝及绢丝制针织或钩编T恤衫、汗衫等	14	0				0
2561	61099090	其他纺织材料制针织或钩编T恤衫、汗衫等	14	0	0	0	0	0
2562	61101100	羊毛制针织或钩编套头衫等	14	0	0	0	0	0
2563	61101200	喀什米尔山羊细毛制针织或钩编套头衫等	14					0
2564	61101910	其他山羊细毛制针织或钩编套头衫等	14					0
2565	61101990	其他毛制针织或钩编套头衫等	14					0
2566	61102000	棉制针织或钩编套头衫等	14	5.6	0	0	0	0
2567	61103000	化纤制针织或钩编套头衫等	16	0				0
2568	61109010	丝及绢丝制针织或钩编套头衫等	14	0				0
2569	61109090	其他纺织材料制针织或钩编套头衫等	14	0				0
2570	61112000	棉制针织或钩编婴儿服装及附件	14					0
2571	61113000	合纤制针织婴儿服装及附件	16					0
2572	61119010	毛制针织或钩编婴儿服装及附件	14					0
2573	61121200	合纤制针织或钩编运动服	17.5					0
2574	61122010	棉制针织或钩编滑雪服	16					0
2575	61130000	涂层经处理针织或钩编织物制服装	16	0				0
2576	61142000	棉制针织或钩编的其他服装	16	6.4				0
2577	61143000	化纤制针织或钩编的其他服装	17.5					0
2578	61152910	棉制针织或钩编连裤袜及紧身裤袜	14					0
2579	61153000	单丝<67分特制针织或钩编女筒袜	14	0				0
2580	61159500	棉制针织或钩编短袜及其他袜类	14					0
2581	61159600	合纤制针织或钩编短袜及其他袜类	16					0
2582	61161000	塑料或橡胶浸渍的针织或钩织手套	14					0
2583	61169100	毛制其他针织或钩编手套	14					0
2584	61169300	合纤制其他针织或钩编手套	16					0
2585	61169900	其他纺织材料制针织或钩编手套	14					0
2586	61171011	山羊绒制披巾、头巾、围巾、披纱、面纱及类似品	14					0
2587	61171019	其他动物细毛制披巾、头巾、围巾、披纱、面纱及类似品	14					0
2588	61171020	羊毛制披巾、头巾、围巾、披纱、面纱及类似品	14					0
2589	61171090	其他制的披巾、头巾、围巾、披纱、面纱及类似品	14					0
2590	61178010	针织或钩编领带及领结	14					0
2591	61178090	针织或钩编其他衣着附件	14					0
2592	61179000	其他针织或钩编衣着零件	14					0
2593	62011100	毛制男式大衣、斗篷及类似品	16					0
2594	62011290	棉制男式大衣、斗篷及类似品	16					0
2595	62011310	化纤制男式羽绒服	17.5					0
2596	62011390	化纤制男式大衣、斗篷及类似品	17.5					0
2597	62011900	其他纺织材料制男式大衣、斗篷及类似品	16					0
2598	62019100	毛制男式带风帽防寒短上衣、防风衣	16					0
2599	62019210	棉制男式其他羽绒服	16					0

序号	税则号列	商品名称(简称)	最惠国税率(%)	特惠税率(%)				
				亚太2国[①]	东盟			最不发达37国[②]
					缅甸	柬埔寨	老挝	
2600	62019290	棉制男式带风帽防寒短上衣、防风衣	16		0	0	0	0
2601	62019310	化纤制男式其他羽绒服	17.5					0
2602	62019390	化纤制男式防寒短上衣、防风衣	17.5					0
2603	62019900	其他纺织材料制男式防寒短上衣、防风衣	16		0			0
2604	62021100	毛制女式大衣、斗篷及类似品等	16					0
2605	62021290	棉制女式大衣、斗篷及类似品等	16					0
2606	62021310	化纤制女式羽绒服	19					0
2607	62021390	化纤制女式大衣、斗篷及类似品	19					0
2608	62021900	其他纺织材料制女式大衣、斗篷及类似品	16					0
2609	62029290	棉制女式带风帽防寒短上衣、防风衣	16					0
2610	62029310	化纤制女式其他羽绒服	17.5					0
2611	62029390	化纤制女式防风衣等	17.5					0
2612	62029900	其他纺织材料制防风衣、防风短上衣等	16					0
2613	62031100	毛制男式西服套装	17.5					0
2614	62031200	合纤制男式西服套装	17.5					0
2615	62032200	棉制男式便服套装	17.5					0
2616	62032300	合纤制男式便服套装	17.5					0
2617	62033100	毛制男式上衣	16	9.6	0	0	0	0
2618	62033200	棉制男式上衣	16	11.2	0	0	0	0
2619	62033300	合纤制男式上衣	17.5					0
2620	62033910	丝及绢丝制男式上衣	16	9.6				0
2621	62033990	其他纺织材料制男式上衣	16	9.6				0
2622	62034100	毛制男式长裤、工装裤等	16	0				0
2623	62034210	棉制男式阿拉伯裤	16	11.2				
2624	62034290	棉制男式长裤、工装裤等	16	11.2	0	0	0	0
2625	62034390	合纤制男式长裤、工装裤等	17.5					0
2626	62034910	其他纺织材料制男式阿拉伯裤	16	0				0
2627	62034990	其他纺织材料制男童裤、工装裤	16	0				0
2628	62043100	毛制女式上衣	16					0
2629	62043200	棉制女式上衣	16	6.4	0	0	0	0
2630	62043300	合纤制女式上衣	17.5	0				0
2631	62043910	丝及绢丝制女式上衣	16	0				0
2632	62043990	其他纺织材料制女式上衣	16	0				0
2633	62044100	毛制连衣裙	16					0
2634	62044200	棉制连衣裙	16		0	0	0	0
2635	62044300	合纤制女式连衣裙	17.5					0
2636	62044400	人纤制女式连衣裙	16					0
2637	62044910	丝及绢丝制连衣裙	16					0
2638	62044990	其他纺织材料制连衣裙	16					0
2639	62045100	毛制裙子及裙裤	14					0
2640	62045200	棉制裙子及裙裤	14					0
2641	62045300	合纤制裙子及裙裤	16					0
2642	62045910	丝及绢丝制裙子及裙裤	14					0
2643	62045990	其他纺织材料制裙子及裙裤	14					0

序号	税则号列	商品名称(简称)	最惠国税率(%)	特惠税率(%)				
				亚太2国[①]	东盟			最不发达37国[②]
					缅甸	柬埔寨	老挝	
2644	62046100	毛制女式长裤、工装裤等	16					0
2645	62046200	棉制女式长裤、工装裤等	16	11.2	0	0	0	0
2646	62046300	合纤制女式长裤、工装裤等	17.5					0
2647	62046900	其他纺织材料制女式长裤、工装裤等	16					0
2648	62052000	棉制男衬衫	16	6.4	0	0	0	0
2649	62053000	化纤制男衬衫	16	0				0
2650	62059010	丝及绢丝制男衬衫	16	0				0
2651	62059020	毛制男衬衫	16	0				0
2652	62059090	其他纺织材料制男衬衫	16	0				0
2653	62061000	丝及绢丝制女衬衫	16					0
2654	62063000	棉制女衬衫	16	6.4	0	0	0	0
2655	62064000	化纤制女衬衫	17.5					0
2656	62069000	其他纺织材料制女衬衫	16	0				0
2657	62071100	棉制男式内裤及三角裤	14					0
2658	62072100	棉制男式长睡衣及睡衣裤	14		0	0	0	0
2659	62072990	其他纺织材料制男式长睡衣及睡衣裤	14		0	0	0	0
2660	62079100	棉制男式浴衣、晨衣及类似品	14					0
2661	62079920	化纤制男浴衣、晨衣及类似品	16					0
2662	62079990	其他纺织材料制男浴衣、晨衣及类似品	14					0
2663	62081920	棉制长衬裙及衬裙	14					0
2664	62082100	棉制女式睡衣及睡衣裤	14		0	0	0	0
2665	62082200	化纤制女式睡衣及睡衣裤	16		0	0	0	0
2666	62089100	棉制女式背心、内衣、浴衣及类似品	14		0	0	0	0
2667	62089200	化纤制女式背心、内衣及类似品	16		0	0	0	0
2668	62089990	其他纺织材料制女式背心、内衣及类似品	14					0
2669	62092000	棉制婴儿服装及衣着附件	14					0
2670	62093000	合纤制婴儿服装及衣着附件	16					0
2671	62101010	毛制毡呢或无纺织物服装	16	0				0
2672	62101020	棉或麻制毡呢或无纺织物服装	16	6.4				
2673	62101030	化纤制毡呢或无纺织物服装	17.5	0				0
2674	62101090	其他纺织材料制毡呢或无纺织物服装	16	0				0
2675	62102000	用塑料、橡胶等处理的织物制男大衣等	16	0				0
2676	62103000	用塑料、橡胶等处理的织物制女大衣等	16					0
2677	62104000	用塑料、橡胶等处理的织物制的其他男式服装	16	0				0
2678	62105000	用塑料、橡胶等处理的织物制的其他女式服装	16	0				0
2679	62111200	女式游泳服	16					0
2680	62112010	棉制滑雪服	16					0
2681	62113220	棉制男式运动服	16					0
2682	62113290	棉制其他男式服装	16					0
2683	62113320	化纤制男式运动服	18					0
2684	62113390	化纤制其他男式服装	17.5					0
2685	62114210	棉制女式运动服	16					0
2686	62114290	棉制其他女式服装	16					0
2687	62114310	化纤制女式运动服	17.5					0

序号	税则号列	商品名称（简称）	最惠国税率（%）	特惠税率（%）				
				亚太2国①	东盟			最不发达37国②
					缅甸	柬埔寨	老挝	
2688	62114390	化纤制其他女式服装	17.5					0
2689	62114990	其他纺织材料制女式运动服及其他服装	16					0
2690	62121010	化纤制胸罩	16		0	0	0	0
2691	62121090	其他纺织材料制胸罩	14					0
2692	62122090	其他纺织材料制束腰带及腹带	14					0
2693	62123090	其他纺织材料制紧身胸衣	14					0
2694	62132010	棉制刺绣手帕	14				0	0
2695	62132090	其他棉制手帕	14				0	0
2696	62139020	其他纺织材料制刺绣手帕	14				0	0
2697	62139090	其他纺织材料制手帕	14				0	0
2698	62141000	丝制披巾、头巾、围巾及类似品	14					0
2699	62142010	羊毛制披巾、领巾、围巾、披纱、面纱及类似品	14					0
2700	62142020	山羊绒制披巾、领巾、围巾、披纱、面纱及类似品	14					0
2701	62142090	其他动物细毛制披巾、领巾、围巾、披纱、面纱及类似品	14					0
2702	62143000	合纤制披巾、头巾及类似品	16					0
2703	62144000	人纤制披巾、头巾及类似品	14					0
2704	62149000	其他纺织材料制披巾、头巾及类似品	14					0
2705	62151000	丝及绢丝制领带及领结	14					0
2706	62152000	化纤制领带及领结	16					0
2707	62159000	其他纺织材料制领带及领结	14					0
2708	62160000	非针织非钩编手套	14					0
2709	62171020	非针织非钩编和服腰带	14					0
2710	62171090	非针织非钩编服装或衣着附件	14		0	0	0	0
2711	62179000	非针织非钩编服装或衣着零件	14		0	0	0	0
2712	63012000	毛制毯子及旅行毯	16					0
2713	63013000	棉制毯子及旅行毯	16					0
2714	63014000	合纤制毯子及旅行毯	17.5					0
2715	63019000	其他纺织材料制毯子及旅行毯	16					0
2716	63021010	棉制针织或钩编的床上用织物制品	14					0
2717	63022110	棉制印花床单	14					0
2718	63022190	棉制印花床上用织物制品	14					0
2719	63022210	化纤制印花床单	16					0
2720	63022290	化纤制印花床上用织物制品	16					0
2721	63023110	棉制刺绣其他床上用织物制品	14					0
2722	63023191	棉制其他床单	14					0
2723	63023199	棉制其他床上用织物制品	14					0
2724	63023210	化纤制刺绣其他床上用织物制品	16					0
2725	63023290	化纤制其他床上用织物制品	16					0
2726	63023999	其他纺织材料制其他床上用织物制品	14					0
2727	63024090	其他针织或钩编的餐桌用织物制品	14					0
2728	63025190	棉制其他餐桌用织物制品	14					0
2729	63025390	化纤制其他餐桌用织物制品	16					0
2730	63026010	棉制浴巾	14					0

序号	税则号列	商品名称(简称)	最惠国税率(%)	特惠税率(%)				
				亚太2国[①]	东盟			最不发达37国[②]
					缅甸	柬埔寨	老挝	
2731	63026090	棉制盥洗及厨房用毛巾织物	14					0
2732	63029100	棉制其他盥洗及厨房织物制品	14					0
2733	63031931	棉制针织窗帘等	14					0
2734	63039100	棉制非针织非钩编窗帘等	14					0
2735	63039200	合纤制非针织非钩编窗帘等	16					0
2736	63039900	其他纺织材料制非针织非钩编窗帘等	14					0
2737	63041131	手工钩编床罩	14					0
2738	63041139	非手工钩编床罩	14					0
2739	63041929	棉或麻制其他非针织非钩编床罩	14					0
2740	63049121	手工针织的其他装饰制品	14					0
2741	63049129	非手工针织的其他装饰制品	14					0
2742	63049290	棉制非针织或钩编的其他装饰制品	14					0
2743	63049390	合纤制其他非针织、非钩编装饰制品	16					0
2744	63049910	丝制非针织非钩编的装饰制品	14					0
2745	63049990	其他纺织材料制非针织非钩编装饰制品	14					0
2746	63051000	黄麻或其他韧皮纤维制货物包装袋	10	0				0
2747	63052000	棉制货物包装袋	16					0
2748	63053200	化纤制散装货物储运软袋	16					0
2749	63059000	其他纺织材料制货物包装袋	14					0
2750	63062200	合纤制帐篷	16					0
2751	63062990	其他纺织材料制帐篷	14					0
2752	63064020	化纤制充气褥垫	16					0
2753	63069010	棉制其他野营用品	14					0
2754	63072000	救生衣及安全带	14					0
2755	63079000	其他纺织材料制成品	14		0	0	0	0
2756	63101000	经分拣的纺织材料制碎织物等	14					0
2757	63109000	纺织材料制其他碎织物等	14		0	0	0	0
2758	64021200	橡胶、塑料底及面的滑雪靴	10					0
2759	64029910	橡胶制鞋面的其他橡胶、塑料鞋靴	24					0
2760	64029921	以机织物或其他纺织材料作衬底的	24					0
2761	64029929	塑料制鞋面的其他橡胶、塑料鞋靴	24					0
2762	64031200	皮革制鞋面的滑雪靴	24			0		0
2763	64031900	皮革制鞋面的其他运动鞋靴	15			0		0
2764	64032000	皮革条带为鞋面的皮底鞋	24			0		0
2765	64034000	装有金属护鞋头的其他皮革面鞋靴	24			0		0
2766	64035111	低于小腿的内底长度<24厘米的皮革制外底皮革面的短筒靴(过踝)	10			0		0
2767	64035119	低于小腿的内底长度≥24厘米的皮革制外底皮革面的短筒靴(过踝)	10			0		0
2768	64035191	其他内底长度<24厘米的皮革制外底的皮革面短筒靴(过踝)	10			0		0
2769	64035199	其他内底长度≥24厘米的皮革制外底皮革面短筒靴(过踝)	10			0		0
2770	64035900	皮革制外底的皮革面其他鞋靴	10			0		0

序号	税则号列	商品名称(简称)	最惠国税率(%)	特惠税率(%)				
				亚太2国①	东盟			最不发达37国②
					缅甸	柬埔寨	老挝	
2771	64039111	其他低于小腿的内底长度<24厘米的皮革面的短筒靴(过踝)	10			0		0
2772	64039119	其他低于小腿的内底长度≥24厘米的皮革面的短筒靴(过踝)	10			0		0
2773	64039191	其他内底长度<24厘米的皮革面短筒靴(过踝)	10			0		0
2774	64039199	其他内底长度≥24厘米的皮革面短筒靴(过踝)	10			0		0
2775	64039900	皮革制面的其他鞋靴	10			0		0
2776	64062010	橡胶制的外底及鞋跟	15					0
2777	64062020	塑料制的外底及鞋跟	15					0
2778	65050010	发网	10					0
2779	65050020	钩编的帽类	20					0
2780	65050099	针织或成匹织物制成的帽类	20					0
2781	65069920	毛皮制帽类	10					0
2782	65069990	其他材料制的未列名帽类	24					0
2783	66019100	折叠伞	10					0
2784	66039000	伞、手杖及鞭子的其他零件及饰品	14					0
2785	67041100	合成纺织材料制整头假发	25					0
2786	67041900	合成纺织材料制其他假发、须等	25					0
2787	67042000	人发制假发、须、眉及类似品	15					0
2788	67049000	其他材料制假发、须、眉及类似品	25					0
2789	68021010	大理石制砖、瓦、方块及类似品	24					0
2790	68022110	具有一个平面的大理石及制品	10					0
2791	68022300	具有一个平面的花岗岩及制品	10					0
2792	68022990	具有一个平面的其他石及制品	15					0
2793	68029190	其他大理石、石灰华及蜡石及制品	10					0
2794	68029290	其他加工形式石灰石制品	10					0
2795	68029390	其他加工形式花岗岩制品	10					0
2796	68029990	其他石及制品	24					0
2797	68041000	碾磨或磨浆用石磨、石碾	8					0
2798	68042100	金刚石制石磨、石碾及砂轮	8					0
2799	68042210	其他砂轮	8					0
2800	68042290	其他石磨、石碾及类似品	8					0
2801	68042310	天然石料制砂轮	8					0
2802	68042390	天然石料制其他石磨、石碾等	8					0
2803	68043010	手用琢磨油石	8					0
2804	68043090	手用其他磨石及抛光石	8					0
2805	68051000	砂布	8					0
2806	68052000	砂纸	8					0
2807	68053000	其他材料为底的天然或人造研磨料	8					0
2808	68061000	矿渣棉、岩石棉及类似矿质棉	10.5					0
2809	68062000	页状硅石、膨胀黏土、泡沫矿渣	10.5					0
2810	68069000	其他矿物材料的混合物及制品	10					0
2811	68101100	水泥制建筑用砖及石砌块	10.5					0
2812	68101910	人造石制砖、瓦、扁平石及类似品	10.5					0

序号	税则号列	商品名称(简称)	最惠国税率(%)	特惠税率(%)				
				亚太2国[①]	东盟			最不发达37国[②]
					缅甸	柬埔寨	老挝	
2813	68101990	水泥制其他砖、瓦、扁平石	10.5					0
2814	68109110	钢筋混凝土和预应力混凝土管、杆、板、桩等	10.5					0
2815	68109190	其他水泥制建筑或土木工程用预制构件	10.5					0
2816	68109910	铁道用水泥枕	8					0
2817	68109990	水泥、混凝土或人造石制其他制品	10.5					0
2818	68128000	青石棉或青石棉混合物制品	10.5					0
2819	68129100	其他石棉或石棉混合物制的服装	10.5					0
2820	68129200	其他石棉或石棉混合物制的纸、麻丝板	10.5					0
2821	68129300	其他成片成卷的压缩石棉纤维接合材料	10.5					0
2822	68129900	其他石棉或石棉混合物制品	10					0
2823	68132010	含石棉的闸衬、闸垫	10					0
2824	68138100	不含石棉的闸衬、闸垫	10					0
2825	68141000	粘聚或复制云母制的板、片、带	10.5					0
2826	68149000	其他已加工的云母及其制品	10.5					0
2827	68151000	非电器用的石墨或其他碳精制品	15					0
2828	68159920	碳纤维	17.5					0
2829	68159931	碳布	17.5					0
2830	68159932	碳纤维预浸料	17.5					0
2831	68159939	其他碳纤维制品	17.5					0
2832	68159990	其他未列名石制品及矿物制品	17.5					0
2833	69021000	镁、钙、铬含量>50%的耐火砖及类似品	8					0
2834	69022000	氧化铝、硅含量>50%的耐火砖及类似品	8					0
2835	69029000	其他耐火砖及耐火陶瓷建材制品	8					0
2836	69031000	石墨含量>50%的其他耐火陶瓷制品	8				0	0
2837	69032000	氧化铝含量>50%的其他耐火陶瓷制品	8				0	0
2838	69039000	其他耐火陶瓷制品	8				0	0
2839	69041000	陶瓷制建筑用砖	15					0
2840	69091100	实验室、化学或其他技术用瓷器	8					0
2841	69091200	莫氏硬度≥9的技术用陶瓷器	8					0
2842	69091900	其他实验室、化学用陶瓷器	8					0
2843	69101000	瓷制脸盆、浴缸及类似卫生器具	10					0
2844	69109000	陶制脸盆、浴缸及类似卫生器具	10					0
2845	69111010	瓷餐具	12					0
2846	69120010	陶餐具	15					0
2847	69131000	瓷塑像及其他装饰用瓷制品	15					0
2848	69139000	陶塑像及其他装饰用陶制品	15					0
2849	69149000	其他陶制品	10					0
2850	70042000	拉、吹制的着色玻璃板、片	17.5					0
2851	70071110	航空航天器及船舶用钢化安全玻璃	2					0
2852	70071190	车辆用钢化安全玻璃	10					0
2853	70072110	航空航天器及船舶用层压安全玻璃	2					0
2854	70072190	车辆用层压安全玻璃	20					0
2855	70091000	车辆后视镜	10					0
2856	70099200	其他镶框玻璃镜(包括后视镜)	12					0

序号	税则号列	商品名称(简称)	最惠国税率(%)	特惠税率(%)				
				亚太2国①	东盟			最不发达37国②
					缅甸	柬埔寨	老挝	
2857	70109090	装运货物或保藏用的玻璃特小容器	14					0
2858	70131000	玻璃陶瓷制玻璃器皿	24.5					0
2859	70132800	其他高脚杯	8					0
2860	70133700	其他玻璃杯	8					0
2861	70134200	低膨胀系数玻璃制餐桌厨房用器皿	10					0
2862	70134900	其他玻璃制餐桌、厨房用器皿	10					0
2863	70139100	其他铅晶质玻璃器皿	10					0
2864	70139900	其他玻璃器皿	10					0
2865	70140010	光学仪器用光学元件毛坯	10					0
2866	70159090	品目70.15的其他未经光学加工玻璃	12					0
2867	70171000	实验室、卫生及配药用玻璃器	0					0
2868	70172000	其他玻璃制实验室等用玻璃器	8					0
2869	70179000	其他实验室、卫生及配药用玻璃器	8					0
2870	70181000	玻璃珠、仿珍珠及类似小件玻璃品	10					0
2871	70191100	长度≤50毫米的短切玻璃纤维	12					0
2872	70191200	玻璃纤维粗纱	12					0
2873	70191900	玻璃纤维、梳条、纱线	10					0
2874	70193100	玻璃纤维(包括玻璃棉)制的席	5					0
2875	70193900	玻璃纤维制的网及类似无纺产品	10.5					0
2876	70194000	玻璃纤维粗纱机织物	12					0
2877	70195100	宽度≤30毫米的玻璃纤维机织物	12					0
2878	70195200	每平方米≤250克的玻璃长丝平纹织物	12					0
2879	70195900	其他玻璃纤维机织物	12					0
2880	70199010	玻璃棉及其制品	7					0
2881	70199021	每平方米重量<450克的玻璃纤维布浸胶制品	7					0
2882	70199029	其他玻璃纤维布浸胶制品	7					0
2883	70199090	其他玻璃纤维及其制品	7					0
2884	70200011	导电玻璃	10.5					0
2885	70200012	绝缘子用玻璃伞盘	10.5					0
2886	70200019	其他工业用玻璃制品	10.5					0
2887	70200099	其他非工业用玻璃制品	15					0
2888	71021000	未分级钻石	3					0
2889	71022100	未加工或简单加工的工业用钻石	0					0
2890	71022900	其他工业用钻石	0					0
2891	71023100	未加工或简单加工非工业用钻石	3					0
2892	71023900	其他非工业用钻石	8					0
2893	71031000	未加工宝石或半宝石	3				0	0
2894	71039100	经其他加工的红、蓝、绿宝石	8				0	0
2895	71039910	经其他加工的翡翠	8					0
2896	71039990	经其他加工的其他宝石或半宝石	8					0
2897	71041000	压电石英	6					0
2898	71042010	未加工合成或再造钻石	0					0
2899	71042090	未加工合成或再造其他宝石或半宝石	0					0
2900	71049011	其他工业用合成或再造的钻石	6					0

序号	税则号列	商品名称(简称)	最惠国税率(%)	特惠税率(%)				
				亚太2国[①]	东盟			最不发达37国[②]
					缅甸	柬埔寨	老挝	
2901	71049012	工业用蓝宝石	6					0
2902	71049019	其他工业用合成或再造的其他宝石或半宝石	6					0
2903	71049091	其他非工业用合成钻石	8					0
2904	71049099	其他非工业用合成其他宝石或半宝石	8					0
2905	71051010	天然钻石	0					0
2906	71051020	人工合成的钻石	0					0
2907	71059000	天然或合成宝石或半宝石粉末	0					0
2908	71061011	平均粒径<3微米的非片状银粉	0					0
2909	71061019	平均粒径≥3微米的非片状银粉	0					0
2910	71061021	平均粒径<10微米的片状银粉	0					0
2911	71061029	其他银粉	0					0
2912	71069110	纯度≥99.99%的未锻造银	0					0
2913	71069190	其他未锻造银	0					0
2914	71069210	纯度≥99.99%的半制成银	0					0
2915	71069290	其他半制成银	0					0
2916	71070000	以贱金属为底的包银材料	10.5				0	0
2917	71081100	非货币用金粉	0					0
2918	71081200	非货币用未锻造金	0					0
2919	71081300	非货币用半制成金	0				0	0
2920	71082000	货币用未锻造金(包括镀铂的金)及金粉	0					0
2921	71090000	以贱金属或银为底的包金材料	10.5					0
2922	71101100	未锻造或粉末状铂	0					0
2923	71101910	板、片状铂	0					0
2924	71101990	其他半制成铂	3					0
2925	71102100	未锻造或粉末状钯	0					0
2926	71102910	板、片状钯	0					0
2927	71102990	其他半制成钯	3					0
2928	71103100	未锻造或粉末状铑	0					0
2929	71103910	板、片状铑	0					0
2930	71103990	其他半制成铑	3					0
2931	71104100	未锻造或粉末状铱、锇、钌	0					0
2932	71104910	板、片状铱、锇、钌	0					0
2933	71104990	其他半制成铱、锇、钌	3					0
2934	71123010	含银或银化合物的灰	8					0
2935	71123090	其他含贵金属或贵金属化合物的灰	6					0
2936	71129110	金及包金的废碎料	0					0
2937	71129120	其他含金或金化合物的废碎料	6					0
2938	71129210	铂及包铂的废碎料	0					0
2939	71129220	其他含铂或铂化合物的废碎料	6					0
2940	71129910	含银及银化合物的废碎料	8					0
2941	71129920	含有其他贵金属或贵金属化合物的废碎料	6					0
2942	71129990	其他贵金属或包贵金属的废碎料	0					0
2943	71131190	其他银首饰及其零件	20					0
2944	71131929	其他铂制首饰及其零件	35					0

序号	税则号列	商品名称（简称）	最惠国税率（%）	特惠税率（%） 亚太2国[1]	东盟 缅甸	东盟 柬埔寨	东盟 老挝	最不发达37国[2]
2945	71131999	其他贵金属制首饰及其零件	35					0
2946	71141100	银器及零件	35					0
2947	71142000	以贱金属为底的包贵金属制金银器	35					0
2948	71151000	金属丝布或格栅状的铂催化剂	3					0
2949	71159010	工业或实验室用贵或包贵金属制品	3					0
2950	71162000	宝石或半宝石制品	35					0
2951	71171900	其他贱金属制仿首饰	17					0
2952	71179000	未列名材料制仿首饰	35					0
2953	71181000	非法定货币的硬币（金币除外）	0					0
2954	71189000	其他硬币	0					0
2955	72011000	非合金生铁，含磷量≤0.5%	1					0
2956	72012000	非合金生铁，含磷量＞0.5%	1					0
2957	72015000	合金生铁、镜铁	1					0
2958	72021100	锰铁，含碳量＞2%	2					0
2959	72021900	锰铁，含碳量≤2%	2					0
2960	72022100	硅铁，含硅量＞55%	2					0
2961	72022900	硅铁，含硅量≤55%	2					0
2962	72023000	硅锰铁	2					0
2963	72024100	铬铁，含碳量＞4%	2					0
2964	72024900	铬铁，含碳量≤4%	2					0
2965	72025000	硅铬铁	2					0
2966	72026000	镍铁	2					0
2967	72027000	钼铁	2					0
2968	72028010	钨铁	2					0
2969	72028020	硅钨铁	2					0
2970	72029100	钛铁及硅钛铁	2					0
2971	72029210	按重量计含钒量≥75%的钒铁	9					0
2972	72029290	其他钒铁	9					0
2973	72029300	铌铁	2					0
2974	72029911	钕铁硼速凝永磁片	2					0
2975	72029912	钕铁硼磁粉	2					0
2976	72029919	其他钕铁硼合金	2					0
2977	72029991	按重量计稀土元素总含量＞10%的其他铁合金	2					0
2978	72029999	其他铁合金	2					0
2979	72041000	铸铁废碎料	2					0
2980	72042100	不锈钢废碎料	0					0
2981	72042900	其他合金钢废碎料	0					0
2982	72043000	镀锡钢铁废碎料	2					0
2983	72044100	机械加工中产生的废料	2					0
2984	72044900	其他钢铁废碎料	0					0
2985	72045000	供再熔的碎料钢铁锭	0					0
2986	72051000	生铁、镜铁及钢铁颗粒	2					0
2987	72052100	合金钢粉末	2					0
2988	72052900	生铁、镜铁及其他钢铁粉末	2					0

序号	税则号列	商品名称(简称)	最惠国税率(%)	特惠税率(%)				
				亚太2国[①]	东盟			最不发达37国[②]
					缅甸	柬埔寨	老挝	
2989	72081000	轧压花纹的热轧卷材	5					0
2990	72082500	厚度≥4.75毫米其他经酸洗的热轧卷材	5					0
2991	72082610	屈服强度大于355牛顿/平方毫米,3毫米≤厚度<4.75毫米其他经酸洗热轧卷材	5					0
2992	72082690	其他3毫米≤厚度<4.75毫米其他经酸洗热轧卷材	5					0
2993	72082710	厚度<1.5毫米的其他经酸洗的热轧卷材	5					0
2994	72082790	其他厚度<3毫米的其他经酸洗的热轧卷材	5					0
2995	72083600	厚度>10毫米的其他热轧卷材	6					0
2996	72083700	4.75毫米≤厚度≤10毫米的其他热轧卷材	5					0
2997	72083810	屈服强度大于355牛顿/平方毫米,3毫米≤厚度<4.75毫米的其他卷材	5					0
2998	72083890	其他3毫米≤厚度<4.75毫米的其他卷材	5					0
2999	72083910	厚度<1.5毫米的其他热轧卷材	3					0
3000	72083990	其他厚度<3毫米的其他热轧卷材	3					0
3001	72084000	轧有凸起花纹的热轧非卷材	6					0
3002	72085110	厚度>50毫米的其他热轧非卷材	6					0
3003	72085120	20毫米<厚度≤50毫米的其他热轧非卷材	6					0
3004	72085190	其他厚度>10毫米的其他热轧非卷材	6					0
3005	72085200	4.75毫米≤厚度≤10毫米的热轧非卷材	6					0
3006	72085310	屈服强度>355牛顿/平方毫米,3毫米≤厚度<4.75毫米的热轧非卷材	6					0
3007	72085390	其他3毫米≤厚度<4.75毫米的热轧非卷材	6					0
3008	72085410	厚度<1.5毫米的热轧非卷材	6					0
3009	72085490	其他厚度<3毫米的热轧非卷材	6					0
3010	72089000	其他热轧铁或非合金钢宽平板轧材	6					0
3011	72091510	屈服强度>355牛顿/平方毫米,厚度≥3毫米的冷轧卷材	6					0
3012	72091590	其他厚度≥3毫米的冷轧卷材	6					0
3013	72091610	屈服强度>275牛顿/平方毫米,1毫米<厚度<3毫米的冷轧卷材	6					0
3014	72091690	其他1毫米<厚度<3毫米的冷轧卷材	6					0
3015	72091710	屈服强度>275牛顿/平方毫米,0.5毫米≤厚度≤1毫米的冷轧卷材	3					0
3016	72091790	其他0.5毫米≤厚度≤1毫米的冷轧卷材	3					0
3017	72091810	厚度<0.3毫米的冷轧卷材	6					0
3018	72091890	其他厚度<0.5毫米的冷轧卷材	6					0
3019	72092500	厚度≥3毫米的冷轧非卷材	6					0
3020	72092600	1毫米<厚度<3毫米的冷轧非卷材	6					0
3021	72092700	0.5毫米≤厚度≤1毫米的冷轧非卷材	6					0
3022	72092800	厚度<0.5毫米的冷轧非卷材	6					0
3023	72099000	其他冷轧铁或非合金钢宽平板轧材	6					0
3024	72101100	镀锡的铁或非合金钢厚宽平板轧材	10					0
3025	72101200	镀锡的铁或非合金钢薄宽平板轧材	5					0
3026	72102000	镀铅的铁或非合金钢宽平板轧材	4					0
3027	72103000	电镀锌的铁或非合金钢宽板轧材	8					0

序号	税则号列	商品名称(简称)	最惠国税率(%)	特惠税率(%)				
				亚太2国[①]	东盟			最不发达37国[②]
					缅甸	柬埔寨	老挝	
3028	72104100	镀锌的瓦楞形铁或非合金钢宽板材	8					0
3029	72104900	镀锌的其他形铁或非合金钢宽板材	4					0
3030	72105000	镀氧化铬的铁或非合金钢宽板材	8					0
3031	72106100	镀或涂铝锌合金的铁宽平板轧材	8					0
3032	72106900	其他镀或涂铝的铁宽平板轧材	8					0
3033	72107000	涂漆或涂塑的铁或非合金钢宽板材	4					0
3034	72109000	涂镀其他材料铁或非合金钢宽板材	8					0
3035	72111300	未轧花纹的四面轧制的热轧非卷材	6					0
3036	72111400	厚度≥4.75毫米的其他热轧板材	6					0
3037	72111900	其他热轧铁或非合金钢窄板材	6					0
3038	72112300	冷轧含碳量<0.25%的板材	6					0
3039	72112900	冷轧其他铁或非合金钢窄板材	6					0
3040	72119000	冷轧的铁或非合金钢其他窄板材	6					0
3041	72121000	镀或涂锡的铁或非合金钢窄板材	5					0
3042	72122000	电镀锌的铁或非合金钢窄板材	8					0
3043	72123000	其他镀或涂锌的铁窄板材	8					0
3044	72124000	涂漆或涂塑的铁或非合金钢窄板材	4					0
3045	72125000	涂镀其他材料铁或非合金钢窄板材	8					0
3046	72126000	经包覆的铁或非合金钢窄板材	8					0
3047	72131000	带有轧制花纹的热轧盘条	3					0
3048	72132000	其他易切削钢制热轧盘条	3					0
3049	72139100	直径<14毫米圆截面的其他热轧盘条	5					0
3050	72139900	其他热轧盘条	5					0
3051	72141000	锻造的铁或非合金钢条、杆	7					0
3052	72142000	热加工带有轧制花纹的条、杆	3					0
3053	72143000	热加工易切削钢的条、杆	7					0
3054	72149100	热加工其他矩形截面的条杆	3					0
3055	72149900	热加工其他条、杆	3					0
3056	72151000	冷加工其他易切削钢制条、杆	7					0
3057	72155000	冷加工或冷成形的其他条、杆	7					0
3058	72159000	铁及非合金钢的其他条、杆	3					0
3059	72161010	截面高度<80毫米的H形钢	3					0
3060	72161020	截面高度低于80毫米的工字钢	3					0
3061	72161090	截面高度<80毫米U形钢	3					0
3062	72162100	热加工截面高度<80毫米角钢	6					0
3063	72162200	热加工截面高度<80毫米丁字钢	6					0
3064	72163100	热加工截面高度≥80毫米槽形钢	6					0
3065	72163210	截面高度在200毫米以上的工字钢	6					0
3066	72163290	热加工截面高度≥80毫米工字形钢	6					0
3067	72163311	截面高度在800毫米以上的H形钢	6					0
3068	72163319	截面高度≥200毫米H形钢	6					0
3069	72163390	其他截面高度≥80毫米H形钢	6					0
3070	72164010	热加工截面高度≥80毫米角钢	3					0
3071	72164020	热加工截面高度≥80毫米丁字钢	3					0

序号	税则号列	商品名称(简称)	最惠国税率(%)	特惠税率(%)				
				亚太2国[①]	东盟			最不发达37国[②]
					缅甸	柬埔寨	老挝	
3072	72165010	热加工乙字钢	6					0
3073	72165020	热加工球扁钢	3					0
3074	72165090	热加工其他角材、型材及异型材	3					0
3075	72166100	冷加工板材制的角材、型材及异型材	3					0
3076	72166900	冷加工其他角材、型材及异型材	3					0
3077	72169100	冷加工其他板材制角材、型材及异型材	3					0
3078	72169900	其他角材、型材及异型材	3					0
3079	72171000	未镀或涂层的铁丝或非合金钢丝	8					0
3080	72172000	镀或涂锌的铁丝或非合金钢丝	8					0
3081	72173010	镀或涂铜的铁丝或非合金钢丝	8					0
3082	72173090	镀或涂其他贱金属的铁丝或非合金钢丝	8					0
3083	72179000	其他铁丝或非合金钢丝	8					0
3084	72181000	不锈钢锭及其他初级形状产品	2					0
3085	72189100	矩形截面的不锈钢半制成品	2					0
3086	72189900	其他不锈钢半制成品	2					0
3087	72191100	厚度>10 毫米热轧不锈钢卷板	4					0
3088	72191200	4.75 毫米≤厚度≤10 毫米热轧不锈钢卷板	4					0
3089	72191312	按重量计含锰量≥5.5%,3 毫米≤厚度<4.75 毫米的铬锰系不锈钢	4					0
3090	72191319	3 毫米≤厚度<4.75 毫米的未经酸洗的其他不锈钢卷板	4					0
3091	72191322	按重量计含锰量≥5.5%,3 毫米≤厚度<4.75 毫米经酸洗的铬锰系不锈钢	4					0
3092	72191329	3 毫米≤厚度<4.75 毫米的经酸洗的其他不锈钢卷板	4					0
3093	72191412	按重量计含锰量≥5.5%,厚度<3 毫米未经酸洗的铬锰系不锈钢	4					0
3094	72191419	厚度<3 毫米的未经酸洗的其他不锈钢卷板	4					0
3095	72191422	按重量计含锰量≥5.5%,厚度<3 毫米经酸洗的铬锰系不锈钢	4					0
3096	72191429	厚度<3 毫米的经酸洗的其他不锈钢卷板	4					0
3097	72230000	不锈钢丝	10					0
3098	72241000	其他合金钢锭及其他初级形状	2					0
3099	72249010	单重≥10 吨的粗铸锻件坯	2					0
3100	72249090	其他合金钢坯	2					0
3101	72251100	取向性硅电钢宽板	3					0
3102	72251900	其他硅电钢宽板	6					0
3103	72253000	宽度≥600 毫米的热轧其他合金钢卷材	3					0
3104	72254000	宽度≥600 毫米的热轧其他合金钢材	3					0
3105	72255000	宽度≥600 毫米的冷轧其他合金钢板材	3					0
3106	72259100	电镀锌的其他合金钢宽平板轧材	7					0
3107	72259200	其他镀或涂锌的其他合金钢宽板材	7					0
3108	72259910	宽度≥600 毫米的高速钢平板轧材	3					0
3109	72259990	宽度≥600 毫米的其他合金钢平板轧材	7					0
3110	72261100	取向性硅电钢窄板	3					0

序号	税则号列	商品名称(简称)	最惠国税率(%)	特惠税率(%) 亚太2国[1]	东盟 缅甸	柬埔寨	老挝	最不发达37国[2]
3111	72261900	其他硅电钢窄板	3					0
3112	72262000	宽度＜600毫米的高速钢平板轧材	3					0
3113	72269100	宽度＜600毫米的热轧其他合金钢板材	3					0
3114	72269200	宽度＜600毫米的冷轧其他合金钢板材	3					0
3115	72269910	电镀锌的其他合金钢窄平板轧材	7					0
3116	72269920	其他镀或涂锌的其他合金钢窄板材	7					0
3117	72269990	宽度＜600毫米的其他合金板材	7					0
3118	72271000	高速钢的热轧盘条	3					0
3119	72272000	硅锰钢的热轧盘条	6					0
3120	72279000	不规则盘卷的其他合金钢热轧条、杆	3					0
3121	72281000	其他高速钢的条、杆	3					0
3122	72282000	其他硅锰钢的条、杆	6					0
3123	72283000	其他合金钢热加工条、杆	3					0
3124	72284000	其他合金钢锻造条、杆	3					0
3125	72285000	其他合金钢冷成形或冷加工条、杆	3					0
3126	72286000	其他合金钢条、杆	3					0
3127	72287010	履带板型钢	6					0
3128	72287090	其他合金钢角材、型材及异型材	6					0
3129	72288000	其他合金钢空心钻钢	7					0
3130	73011000	钢铁板桩	7					0
3131	73012000	焊接的钢铁角材、型材及异型材	7					0
3132	73021000	钢轨	6					0
3133	73023000	道岔尖轨、辙叉、尖轨拉杆	8					0
3134	73024000	钢铁制鱼尾板、钢轨垫板	7					0
3135	73029010	钢铁轨枕	6					0
3136	73029090	其他铁道电车道铺轨用钢铁材料	7					0
3137	73030010	内径＞500毫米的铸铁圆形截面管	4					0
3138	73030090	其他铸铁管及空心异型材	4					0
3139	73041110	215.9毫米≤外径≤406.4毫米的不锈钢制石油或天然气套管	5					0
3140	73041120	114.3毫米＜外径＜215.9毫米的不锈钢制石油或天然气套管	5					0
3141	73041130	外径≤114.3毫米的不锈钢制石油或天然气套管	5					0
3142	73041190	其他不锈钢制石油或天然气套管	5					0
3143	73041910	215.9毫米≤外径≤406.4毫米的非不锈钢制石油或天然气套管	5					0
3144	73041920	114.3毫米＜外径＜215.9毫米的非不锈钢制石油或天然气套管	5					0
3145	73041930	外径≤114.3毫米的非不锈钢制石油或天然气套管	5					0
3146	73041990	其他非不锈钢制石油或天然气套管	5					0
3147	73042210	外径≤168.3毫米的不锈钢制钻管	4					0
3148	73042290	其他不锈钢制钻管	4					0
3149	73042310	外径≤168.3毫米的非不锈钢制钻管	4					0
3150	73042390	其他非不锈钢制钻管	4					0

序号	税则号列	商品名称(简称)	最惠国税率(%)	特惠税率(%) 亚太2国[①]	东盟 缅甸	柬埔寨	老挝	最不发达37国[②]
3151	73042400	其他不锈钢制钻探石油用天然气套管、导管	4					0
3152	73042900	钻探石油及天然气用的套管及导管	4					0
3153	73043110	冷轧的钢铁制无缝锅炉管	4					0
3154	73043120	冷轧的铁制无缝地质钻管、套管	8					0
3155	73043190	其他冷轧的铁制无缝圆形截面管	4					0
3156	73043910	非冷轧的铁制无缝锅炉管	4					0
3157	73043920	非冷轧的铁制无缝地质钻管套管	5					0
3158	73043990	非冷轧的铁制其他无缝管	4					0
3159	73045110	冷轧的其他合金钢无缝锅炉管	4					0
3160	73045120	冷轧的其他合金钢无缝地质钻套管	4					0
3161	73045190	冷轧的其他合金钢制其他无缝管	4					0
3162	73045910	非冷轧其他合金钢无缝锅炉管	4					0
3163	73045920	非冷轧其他合金钢无缝地质钻套管	4					0
3164	73045990	非冷轧其他合金钢制无缝圆形截面管	4					0
3165	73049000	未列名无缝钢铁管及空心异型材	4					0
3166	73051100	纵向埋弧焊接石油、天然气粗钢管	7					0
3167	73051200	其他纵向焊接石油、天然气粗钢管	3					0
3168	73051900	其他石油、天然气粗钢管	7					0
3169	73052000	其他钻探石油、天然气用粗套管	7					0
3170	73053100	纵向焊接的其他粗钢铁管	6					0
3171	73053900	其他方法焊接其他粗钢铁管	6					0
3172	73059000	未列名圆形截面粗钢铁管	6					0
3173	73061100	不锈钢焊缝石油、天然气管道管	7					0
3174	73061900	其他石油、天然气管道管	7					0
3175	73062100	不锈钢焊缝钻探石油天然气用套、导管	3					0
3176	73062900	其他钻探石油天然气用套、导管	3					0
3177	73063011	壁厚≤0.7毫米,外径≤10毫米的其他铁或非合金刚圆形截面焊缝管	3					0
3178	73063019	壁厚>0.7毫米,外径≤10毫米的其他铁或非合金刚圆形截面焊缝管	3					0
3179	73063090	外径>10毫米的其他铁或非合金刚圆形截面焊缝管	3					0
3180	73064000	不锈钢其他圆形截面细焊缝管	6					0
3181	73065000	其他合金钢的圆形截面细焊缝管	3					0
3182	73066100	矩形或正方形截面的其他焊缝管	3					0
3183	73066900	其他非圆形截面的其他焊缝管	3					0
3184	73069000	未列名其他钢铁管及空心异型材	6					0
3185	73071100	无可锻性铸铁制管子附件	5					0
3186	73071900	可锻性铸铁及铸钢管子附件	8					0
3187	73072100	不锈钢制法兰	8.4					0
3188	73072200	不锈钢制螺纹肘管、弯管、管套	8.4					0
3189	73072300	不锈钢制对焊件	8.4					0
3190	73072900	不锈钢制其他管子附件	8.4					0
3191	73079100	未列名钢铁制法兰	7					0
3192	73079200	未列名钢铁制螺纹肘管、弯管、管套	4					0

序号	税则号列	商品名称(简称)	最惠国税率(%)	特惠税率(%) 亚太2国[①]	东盟 缅甸	东盟 柬埔寨	东盟 老挝	最不发达37国[②]
3193	73079300	未列名钢铁制对焊件	7					0
3194	73079900	未列名钢铁制其他管子附件	4					0
3195	73081000	钢铁制桥梁及桥梁体段	8					0
3196	73082000	钢铁制塔楼及格构杆	8.4					0
3197	73083000	钢铁制门窗及其框架、门槛	10					0
3198	73084000	钢铁制脚手架模板坑凳用支柱及类	8.4					0
3199	73089000	其他钢铁结构体及部件	4					0
3200	73090000	容积>300升钢铁制盛物容器	10.5					0
3201	73101000	容积50~300升钢铁制盛物容器	10.5					0
3202	73102900	其他容积<50升的盛物容器	17.5					0
3203	73129000	非绝缘钢铁编带、吊索及类似品	4					0
3204	73130000	带刺钢铁丝、围篱用钢铁绞带	7					0
3205	73141200	不锈钢制的机器用环形带	12					0
3206	73141400	不锈钢制的机织品	12					0
3207	73141900	其他钢铁丝制机织品	7					0
3208	73142000	交点焊接的粗钢铁丝网、篱及格栅	7					0
3209	73143100	交点焊接的镀或涂锌细钢铁丝网	7					0
3210	73143900	交点焊接的其他细钢铁丝网、篱	7					0
3211	73144100	其他镀锌的钢铁丝网、篱及格栅	8					0
3212	73144200	其他涂塑的钢铁丝网、篱及格栅	8					0
3213	73144900	其他钢铁丝网、篱及格栅	8					0
3214	73145000	网眼钢铁板	8					0
3215	73158200	其他焊接链	12					0
3216	73181510	抗拉强度≥800兆帕的螺钉及螺栓,不论是否带有螺母或垫圈	8					0
3217	73181590	其他螺钉及螺栓	8					0
3218	73181600	螺母	8					0
3219	73181900	未列名螺纹制品	5					0
3220	73182100	弹簧垫圈及其他防松垫圈	10					0
3221	73182200	其他垫圈	10					0
3222	73182300	铆钉	10					0
3223	73182400	销及开尾销	10					0
3224	73182900	其他无螺纹紧固件	10					0
3225	73194010	安全别针	10					0
3226	73199000	未列名钢铁制针及类似品	10					0
3227	73201010	铁道车辆用片簧及簧片	6					0
3228	73201020	汽车用片簧及簧片	10					0
3229	73201090	其他片簧及簧片	10					0
3230	73202010	铁道车辆用螺旋弹簧	6					0
3231	73202090	其他螺旋弹簧	10					0
3232	73209010	铁道车辆用其他弹簧	6					0
3233	73209090	其他弹簧	12					0
3234	73219000	非电热家用器具零件	12					0
3235	73229000	非电热空气加热器、暖气分布器	20					0

序号	税则号列	商品名称(简称)	最惠国税率(%)	特惠税率(%)				
				亚太2国[①]	东盟			最不发达37国[②]
					缅甸	柬埔寨	老挝	
3236	73239300	餐桌、厨房等家用不锈钢器具	12					0
3237	73241000	不锈钢制洗涤槽及脸盆	18					0
3238	73251010	工业用无可锻性制品	7					0
3239	73269010	其他工业用钢铁制品	10.5					0
3240	73269090	其他非工业用钢铁制品	8					0
3241	74010000	铜锍、沉积铜(泥铜)	2				0	0
3242	74020000	未精炼铜、电解精炼用铜阳极	2					0
3243	74031111	按重量计铜含量>99.9935%的阴极精炼铜	2					0
3244	74031119	其他阴极精炼铜	2					0
3245	74031190	精炼铜阴极型材	2					0
3246	74031200	精炼铜的线锭	2					0
3247	74031300	精炼铜的坯段	2					0
3248	74031900	其他未锻轧的精炼铜	2					0
3249	74032100	未锻轧的铜锌合金(黄铜)	1					0
3250	74032200	未锻轧的铜锡合金(青铜)	1					0
3251	74032900	未锻轧的其他铜合金	1					0
3252	74040000	铜废碎料	1.5				0	0
3253	74061010	精炼铜制非片状粉末	3					0
3254	74061020	白铜或德银制非片状粉末	6					0
3255	74061030	铜锌合金(黄铜)制非片状铜粉粉末	6					0
3256	74061040	铜锡合金(青铜)制非片状铜粉粉末	6					0
3257	74061090	其他铜合金制非片状粉末	6					0
3258	74062010	精炼铜制片状粉末	4					0
3259	74062020	白铜或德银制片状粉末	6					0
3260	74062090	其他铜合金制片状粉末	6					0
3261	74071010	铬锆铜制条、杆、型材及异型材	4					0
3262	74071090	其他精炼铜条、杆、型材及异型材	4					0
3263	74072111	直线度≤0.5毫米/米铜锌合金条、杆	7					0
3264	74072119	其他铜锌合金条、杆	7					0
3265	74072190	其他黄铜条、杆、型材及异型材	7					0
3266	74072900	其他铜合金条、杆、型材及异型材	7					0
3267	74081100	最大截面尺寸>6毫米的精炼铜丝	4					0
3268	74081900	截面尺寸≤6毫米的精炼铜丝	4					0
3269	74082100	黄铜丝	7					0
3270	74082210	铜镍锌铅合金(加铅德银)丝	8					0
3271	74082290	其他白铜丝或德银(铜镍锌合金)丝	8					0
3272	74082900	其他铜合金丝	7					0
3273	74091110	含氧量≤10PPM,厚度>0.15毫米的盘卷精炼铜板、片、带	4					0
3274	74091190	厚度>0.15毫米的其他盘卷精炼铜板、片、带	4					0
3275	74091900	其他精炼铜板、片、带	4					0
3276	74092100	成卷的黄铜板、片、带	7					0
3277	74092900	其他黄铜板、片、带	7					0
3278	74093100	成卷的青铜板、片、带	7					0

序号	税则号列	商品名称(简称)	最惠国税率(%)	特惠税率(%) 亚太2国[①]	东盟 缅甸	柬埔寨	老挝	最不发达37国[②]
3279	74093900	其他青铜板、片、带	7					0
3280	74094000	白铜或德银制板、片、带	7					0
3281	74099000	其他铜合金板、片、带	7					0
3282	74111011	外径≤25毫米的带有内(外)螺纹或翅片的精炼铜管	4					0
3283	74111019	外径≤25毫米的其他精炼铜管	4					0
3284	74111020	外径>70毫米的精炼铜管	4					0
3285	74111090	其他精炼铜管	4					0
3286	74112110	盘卷黄铜管	7					0
3287	74112190	铜锌合金(黄铜)管	7					0
3288	74112200	白铜或德银管	7					0
3289	74112900	其他铜合金管	7					0
3290	74121000	精炼铜管子附件	4					0
3291	74122010	白铜或德银管子配件	7					0
3292	74122090	其他铜合金管子配件	7					0
3293	74130000	非绝缘的铜丝绞股线、缆、编带等	5					0
3294	74151000	铜钉、平头钉、图钉、U形钉及类似品	8					0
3295	74152100	铜垫圈(包括弹簧垫圈)	10					0
3296	74152900	铜制其他无螺纹制品	10					0
3297	74153310	铜制木螺钉	8					0
3298	74153390	铜制其他螺钉、螺栓、螺母	8					0
3299	74153900	其他铜制螺纹制品	10					0
3300	74181010	擦锅器及洗刷擦光用的块垫、手套	18					0
3301	74181090	餐桌厨房等家用铜制器具及其零件	18					0
3302	74182000	铜制卫生器具及其零件	18					0
3303	74199110	工业用铸造、模压、冲压其他铜制品	10					0
3304	74199930	铜丝制的布(包括环形带)	7					0
3305	74199940	铜丝制的网、格栅、网眼和铜板	8					0
3306	74199991	工业用其他铜制品	10					0
3307	74199999	非工业用其他铜制品	20					0
3308	75011000	镍锍	3					0
3309	75012010	镍湿法冶炼中间品	3					0
3310	75012090	氧化镍烧结物、镍的其他中间产品	3					0
3311	75021010	按重量计镍、钴总量≥99.99%的,但钴含量≤0.005%的非合金镍	3					0
3312	75021090	其他非合金镍	3					0
3313	75022000	未锻轧镍合金	3					0
3314	75030000	镍废碎料	1.5					0
3315	75051100	纯镍条、杆、型材及异型材	6					0
3316	75051200	合金镍条、杆、型材及异型材	6					0
3317	75052100	纯镍丝	6					0
3318	75052200	镍合金丝	6					0
3319	76011010	按重量计含铝量≥99.95%的未锻轧非铝合金	5					0
3320	76011090	其他非锻轧非铝合金	5					0
3321	76012000	未锻轧铝合金	7					0

序号	税则号列	商品名称(简称)	最惠国税率(%)	特惠税率(%)				
				亚太2国[①]	东盟			最不发达37国[②]
					缅甸	柬埔寨	老挝	
3322	76020000	铝废碎料	1.5					0
3323	76031000	非片状铝粉	6					0
3324	76032000	片状铝粉末	7					0
3325	76041010	非合金铝条、杆	5					0
3326	76041090	非合金铝型材及异形材	5					0
3327	76042100	铝合金制空心异型材	5					0
3328	76042910	铝合金条、杆	5					0
3329	76042990	铝合金型材及异形材	5					0
3330	76061121	0.3毫米≤厚度<0.36毫米的非合金铝与塑料复合的矩形板、片、带	6					0
3331	76061129	其他0.3毫米≤厚度<0.36毫米的非合金铝制矩形铝板、片、带	6					0
3332	76061191	其他非合金铝与塑料复合的矩形板、片、带	6					0
3333	76061199	纯铝制矩形的其他板、片及带	6					0
3334	76061220	厚度<0.28毫米的铝合金制矩形铝板、片、带	6					0
3335	76061230	0.28毫米≤厚度≤0.35毫米的铝合金制矩形铝板、片、带	6					0
3336	76061251	0.35毫米<厚度≤0.4毫米的铝合金与塑料复合的矩形板、片、带	6					0
3337	76061259	其他0.35毫米<厚度≤0.4毫米的铝合金制矩形铝板、片、带	6					0
3338	76061290	厚度>0.4毫米的铝合金制矩形铝板、片、带	6					0
3339	76069100	纯铝制非矩形的板、片及带	6					0
3340	76069200	铝合金制非矩形的板、片及带	10					0
3341	76081000	纯铝管	8					0
3342	76082010	外径≤10厘米的铝合金管	8					0
3343	76082091	外径>10厘米,壁厚≤25毫米铝合金管	8					0
3344	76082099	其他铝合金管	8					0
3345	76090000	铝制管子附件	8					0
3346	76109000	其他铝制结构体及其部件	6					0
3347	76121000	铝制软管容器	12					0
3348	76129090	容积≤300升的铝制囤、罐等容器	12					0
3349	76141000	带钢芯的铝制绞股线、缆、编带	6					0
3350	76149000	不带钢芯的铝制绞股线、缆、编带	6					0
3351	76151010	擦锅器及洗刷擦光用的块垫、手套	18					0
3352	76151090	餐桌厨房等家用铝制器具及其零件	15					0
3353	76161000	铝钉、螺钉、螺母、垫圈等紧固件	10					0
3354	76169100	铝丝制的布、网、篱及格栅	10					0
3355	76169910	其他工业用铝制品	10					0
3356	76169990	其他非工业用铝制品	15					0
3357	78011000	未锻轧精炼铅	3					0
3358	78019100	未锻轧铅锑合金	3					0
3359	78019900	未锻轧的其他铅合金	3					0
3360	78041100	铅片、带及厚度≤0.2毫米的箔	6					0

序号	税则号列	商品名称（简称）	最惠国税率（%）	特惠税率（%）亚太2国[①]	东盟 缅甸	柬埔寨	老挝	最不发达37国[②]
3361	78041900	铅及铅合金板、厚度＞0.2毫米的箔	6					0
3362	78042000	铅及铅合金粉末、片状粉末	6					0
3363	78060010	铅及铅合金条、杆、丝、型材	6					0
3364	78060090	其他铅制品	6					0
3365	79011110	按重量计含锌量≥99.995%的未锻轧锌	3					0
3366	79011190	99.99%≤含锌量＜99.995%的未锻轧锌	3					0
3367	79011200	含锌量＜99.99%的未锻轧锌	3					0
3368	79012000	未锻轧锌合金	3					0
3369	79020000	锌废碎料	1.5					0
3370	79031000	锌末	6					0
3371	79039000	锌粉及片状粉末	6					0
3372	79050000	锌板、片、带、箔	6					0
3373	79070020	锌管及锌制管子附件	6					0
3374	79070030	电池壳体坯料（锌饼）	6					0
3375	79070090	其他非工业用锌制品	6					0
3376	80011000	未锻轧非合金锡	3					0
3377	80012010	锡基巴毕脱合金	3					0
3378	80012021	按重量计含铅量＜0.1%的焊锡	3					0
3379	80012029	其他焊锡	3					0
3380	80012090	其他锡合金	3					0
3381	80030000	锡及锡合金条、杆、型材、丝	8					0
3382	81052010	钴湿法冶炼中间品	4					0
3383	81052090	钴锍及其他钴冶炼时所得的中间产品、未锻轧钴、粉末	4					0
3384	81053000	钴锍废碎料	4					0
3385	81059000	其他钴及制品	8					0
3386	81110010	未锻轧锰；锰废碎料；粉末	3					0
3387	81110090	其他锰及制品	8					0
3388	81121200	未锻轧铍、粉末	3					0
3389	81121300	铍废碎料	3					0
3390	81121900	其他铍及其制品	8					0
3391	81122100	未锻轧铬、粉末	3					0
3392	81122200	铬废碎料	3					0
3393	81122900	其他铬制品	3					0
3394	81125100	未锻轧铊、粉末	3					0
3395	81125200	铊废碎料	3					0
3396	81125900	其他铊制品	8					0
3397	81129210	未锻轧锗	3					0
3398	81129220	未锻轧钒	3					0
3399	81129230	未锻轧铟、铟废碎料、粉末	3					0
3400	81129240	未锻轧铌、铌废碎料、粉末	3					0
3401	81129290	未锻轧的未列名贱金属及其制品	3					0
3402	81129910	锗及其制品	3					0
3403	81129920	钒及其制品	3					0

序号	税则号列	商品名称(简称)	最惠国税率(%)	特惠税率(%) 亚太2国[1]	东盟 缅甸	东盟 柬埔寨	东盟 老挝	最不发达37国[2]
3404	81129930	锻扎铟及其制品	8					0
3405	81129940	锻扎铌及其制品	8					0
3406	81129990	锻轧的未列名贱金属及其制品	8					0
3407	82011000	锹及铲	8					0
3408	82013000	镐、锄、耙	8					0
3409	82014000	斧子、钩刀及类似砍伐工具	8					0
3410	82015000	修枝剪等单手操作农用剪	8					0
3411	82016000	修枝剪等双手操作农用剪	8					0
3412	82019010	农用叉	8					0
3413	82019090	其他农业、园艺、林业用手工工具	8					0
3414	82021000	手工锯	8.4					0
3415	82022000	带锯片	8					0
3416	82023100	带有钢制工作部件的圆锯片	8					0
3417	82023910	带有天然或合成金刚石、立方氮化硼制工作部件的圆锯片	8					0
3418	82023990	其他圆锯片,包括部件	8					0
3419	82024000	链锯片	8					0
3420	82029110	加工金属用的机械锯的直锯片	8					0
3421	82029190	加工金属用的非机械锯的直锯片	8					0
3422	82029910	机械锯用的其他锯片	8.4					0
3423	82031000	钢锉、木锉及类似工具	10.5					0
3424	82041100	固定式的手动扳手及板钳	10.5					0
3425	82041200	可调式的手动扳手及板钳	10					0
3426	82052000	手工锤子	10					0
3427	82054000	手工螺丝刀	10.5					0
3428	82071300	带金属陶瓷工作部件的凿岩工具	8					0
3429	82071910	带超硬材料部件的凿岩或钻探工具	8					0
3430	82071990	带其他材料工作部件的凿岩工具	8					0
3431	82072010	带超硬部件的金属拉拔或挤压用模	8					0
3432	82072090	其他金属拉拔或挤压用模	8					0
3433	82073000	锻压或冲压工具	8					0
3434	82074000	攻丝工具	8					0
3435	82075010	带超硬材料部件的钻孔工具	8					0
3436	82075090	带其他材料工作部件的钻孔工具	8					0
3437	82076010	带超硬材料部件的镗孔或铰孔工具	8					0
3438	82076090	其他镗孔或铰孔工具	8					0
3439	82077010	带有天然或合成金刚石、立方氮化硼制的工作部件的铣削工具	8					0
3440	82077090	其他铣削工具	8					0
3441	82078010	带有天然或合成金刚石、立方氮化硼制的车削工具	8					0
3442	82078090	其他车削工具	8					0
3443	82079010	带超硬材料部件的其他可互换工具	8					0
3444	82079090	其他可互换工具	8					0
3445	82082000	木工机械用刀及刀片	8					0

序号	税则号列	商品名称(简称)	最惠国税率(%)	特惠税率(%) 亚太2国[①]	东盟 缅甸	东盟 柬埔寨	东盟 老挝	最不发达37国[②]
3446	82083000	厨房或食品加工机器用刀及刀片	8					0
3447	82090010	未装配的工具用金属陶瓷板	8					0
3448	82090021	晶粒度<0.8微米的金属陶瓷条、杆	8					0
3449	82090029	其他未装配的工具用金属陶瓷条、杆	8					0
3450	82090030	未装配的工具用金属陶瓷刀头	8					0
3451	82090090	其他未装配的工具用金属陶瓷类似品	8					0
3452	82119200	刃面固定的其他刀	12					0
3453	82119500	贱金属制的刀柄	12					0
3454	82121000	剃刀	12					0
3455	82129000	剃刀零件	12					0
3456	82130000	剪刀、裁缝剪刀及类似品、剪刀片	12					0
3457	82141000	裁纸刀、信刀、铅笔刀及刀片	12					0
3458	82142000	修指甲及修脚用具(包括指甲锉)	18					0
3459	82159900	其他非成套的厨房或餐桌用具	18					0
3460	83012010	机动车用中央控制门锁	10					0
3461	83012090	其他机动车用锁	10					0
3462	83013000	家具用锁	14					0
3463	83014000	其他锁	14					0
3464	83016000	锁零件	12					0
3465	83017000	钥匙	10					0
3466	83021000	铰链(折叶)	10					0
3467	83022000	用贱金属支架的小脚轮	12					0
3468	83023000	机动车辆用贱金属附件及架座	10					0
3469	83024200	家具用贱金属配件及架座	12					0
3470	83024900	其他用贱金属配件及架座	12					0
3471	83026000	自动闭门器	12					0
3472	83040000	贱金属档案柜、文件箱等办公用具	10.5					0
3473	83051000	活页夹或宗卷夹的附件	10.5					0
3474	83052000	成条订书钉	10.5					0
3475	83059000	信夹、信角、文件夹等办公用品	10.5					0
3476	83061000	非电动铃、钟、锣及其类似品	8					0
3477	83062100	镀贵金属的雕塑像及其他装饰品	8					0
3478	83062910	景泰蓝雕塑像及其他装饰品	8					0
3479	83062990	其他雕塑像及其他装饰品	8					0
3480	83063000	相框、画框及类似框架、镜子	8					0
3481	83071000	钢铁制软管,可有配件	8.4					0
3482	83079000	其他贱金属软管,可有配件	8.4					0
3483	83081000	贱金属制钩、环及眼	10.5					0
3484	83082000	贱金属制管形铆钉及开口铆钉	10.5					0
3485	83089000	贱金属制珠子及亮晶片	10.5					0
3486	83099000	盖子、瓶帽、螺口塞、封志等包装用配件	12					0
3487	83111000	焊剂涂面的贱金属电极,电弧焊用	8					0
3488	83112000	以焊剂为芯的贱金属制焊丝	8					0
3489	83113000	以焊剂涂面或作芯的贱金属条或丝	8					0

序号	税则号列	商品名称(简称)	最惠国税率(%)	特惠税率(%)				
				亚太2国[①]	东盟			最不发达37国[②]
					缅甸	柬埔寨	老挝	
3490	83119000	贱金属粘聚成的丝或条	8					0
3491	84061000	船舶动力用汽轮机	5					0
3492	84068110	40兆瓦<输出功率≤100兆瓦的汽轮机	5					0
3493	84068120	100兆瓦<输出功率≤350兆瓦的汽轮机	5					0
3494	84068130	输出功率>350兆瓦的汽轮机	6					0
3495	84068200	输出功率≤40兆瓦的汽轮机	5					0
3496	84069000	汽轮机用的零件	2					0
3497	84091000	航空器发动机用零件	2					0
3498	84099110	船舶用点燃式发动机专用零件	6					0
3499	84099191	电控燃油喷射装置	5					0
3500	84099199	其他点燃式活塞内燃发动机用零件	5					0
3501	84099910	其他船舶发动机专用零件	5					0
3502	84099920	其他机车发动机专用零件	2					0
3503	84099991	功率≥132.39千瓦发动机的专用零件	2					0
3504	84099999	其他未列名发动机的专用零件	8.4					0
3505	84111110	推力≤25千牛顿的涡轮风扇发动机	1					0
3506	84111190	推力≤25千牛顿的其他的涡轮喷气发动机	1					0
3507	84111210	推力>25千牛顿的涡轮风扇发动机	1					0
3508	84111290	推力>25千牛顿的其他涡轮喷气发动机	1					0
3509	84112100	功率≤1100千瓦的涡轮螺桨发动机	2					0
3510	84112210	功率1100~2238千瓦涡轮螺桨发动机	2					0
3511	84112220	功率2238~3730千瓦涡轮螺桨发动机	2					0
3512	84112230	功率>3730千瓦涡轮螺桨发动机	2					0
3513	84118200	功率>5000千瓦的其他燃气轮机	3					0
3514	84119100	涡轮喷气或涡轮螺桨发动机用零件	1					0
3515	84119910	涡轮轴发动机用零件	5					0
3516	84119990	其他燃气轮机用零件	5					0
3517	84121010	航空、航天器用喷气发动机	3					0
3518	84129010	航空、航天器用喷气发动机的零件	2					0
3519	84129090	其他发动机及动力装置的零件	8					0
3520	84131100	分装燃料或润滑油的泵	10					0
3521	84131900	其他装有或可装计量装置的泵	10					0
3522	84132000	手泵	10					0
3523	84133021	输出功率≥132.39千瓦(180马力)的发动机用燃油泵	3					0
3524	84133029	其他燃油泵	3					0
3525	84133030	润滑油泵	3					0
3526	84133090	其他燃油泵、润滑油泵或冷却剂泵	3					0
3527	84134000	混凝土泵	8					0
3528	84135010	气动式往复式排液泵	10					0
3529	84135020	电动式往复式排液泵	10					0
3530	84135031	往复式柱塞泵	10					0
3531	84135039	其他液压式往复泵	10					0
3532	84135090	其他往复式排液泵	10					0

序号	税则号列	商品名称(简称)	最惠国税率(%)	特惠税率(%)				
				亚太2国[①]	东盟			最不发达37国[②]
					缅甸	柬埔寨	老挝	
3533	84136021	电动式齿轮回转泵	10					0
3534	84136022	液压式齿轮回转泵	10					0
3535	84136029	其他齿轮回转泵	10					0
3536	84136031	电动式叶片回转泵	10					0
3537	84136032	液压式叶片回转泵	10					0
3538	84136039	其他叶片回转泵	10					0
3539	84136040	螺杆回转泵	10					0
3540	84136050	径向柱塞泵	10					0
3541	84136060	轴向柱塞泵	10					0
3542	84136090	其他回转式排液泵	10					0
3543	84137010	转速≥10000转/分离心泵	8					0
3544	84137091	电动潜油泵及潜水电泵	10					0
3545	84137099	其他离心泵	8					0
3546	84138100	其他液体泵	8					0
3547	84138200	液体提升机	8					0
3548	84139100	液体泵用零件	5					0
3549	84139200	液体提升机用零件	6					0
3550	84143011	功率≤0.4千瓦的冷藏、冷冻箱用压缩机	8					0
3551	84143012	功率0.4~5千瓦的冷藏、冷冻箱用压缩机	10					0
3552	84143013	功率0.4~5千瓦的空气调节器用压缩机	10					0
3553	84143014	功率>5千瓦的空气调节器用压缩机	10					0
3554	84143015	冷冻或冷藏设备用,电动机额定功率>5千瓦的电动机驱动压缩机	10					0
3555	84143019	其他制冷设备用压缩机	10					0
3556	84143090	非电机驱动的压缩机	9					0
3557	84145110	功率≤125瓦的吊扇	20				0	0
3558	84145120	功率≤125瓦的换气扇	20				0	0
3559	84145130	功率≤125瓦,有旋转导风轮的风扇	12				0	0
3560	84145191	功率≤125瓦的台扇	10				0	0
3561	84145192	功率≤125瓦的落地扇	10				0	0
3562	84145193	功率≤125瓦的壁扇	10				0	0
3563	84145199	功率≤125瓦其他风扇、风机	10				0	0
3564	84145990	其他扇、风机	8					0
3565	84146010	抽油烟机	10				0	0
3566	84146090	罩最大边长≤120厘米的通风罩或循环气罩	10				0	0
3567	84149011	用于制冷设备的压缩机进、排气阀片	8				0	0
3568	84158300	未装有制冷装置的空调器	10					0
3569	84159010	制冷量≤4千大卡/时等空调的零件	10					0
3570	84159090	制冷量>4千大卡/时等空调的零件	10					0
3571	84181010	容积>500升冷藏—冷冻组合机	10					0
3572	84182110	容积>150升压缩式家用型冷藏箱	10					0
3573	84182120	50升<容积≤150升压缩式家用型冷藏箱	10					0
3574	84182130	容积≤50升压缩式家用型冷藏箱	10					0
3575	84183010	制冷温度≤-40℃,容积≤800升柜式冷冻箱	9					0

序号	税则号列	商品名称(简称)	最惠国税率(%)	特惠税率(%)				
				亚太2国[①]	东盟			最不发达37国[②]
					缅甸	柬埔寨	老挝	
3576	84184010	制冷温度≤-40℃,容积≤900升立式冷冻箱	9					0
3577	84185000	其他装有冷藏或冷冻装置的柜、箱、展示台	10					0
3578	84186120	压缩式热泵,品目84.15的空气调节器除外	10					0
3579	84186920	其他制冷机组	10					0
3580	84186990	其他制冷设备	10					0
3581	84189910	制冷机组及热泵用零件	10					0
3582	84189991	制冷温度≤-40℃冷冻设备零件	9.5					0
3583	84189992	制冷温度>-40℃,容积>500升冷藏设备零件	10					0
3584	84189999	品目84.18的其他制冷设备用零件	10					0
3585	84193100	农产品干燥器	8				0	0
3586	84193200	木材、纸浆、纸或纸板用干燥器	9				0	0
3587	84195000	热交换装置	10				0	0
3588	84198100	加工热饮料、烹调、加热食品的机器	10				0	0
3589	84198910	加氢反应器	0				0	0
3590	84198990	其他利用温度变化处理材料的机器	0				0	0
3591	84199010	热水器用零件	0					0
3592	84201000	研光机或其他滚压机器	8.4					0
3593	84209100	研光机或其他滚压机器的滚筒	8					0
3594	84209900	研光机或其他滚压机的未列名零件	8					0
3595	84212990	其他液体的过滤、净化机器及装置	5					0
3596	84213930	内燃发动机排气过滤及净化装置	5					0
3597	84213940	烟气脱硫装置	5					0
3598	84213950	烟气脱硝装置	5					0
3599	84213990	其他气体的过滤、净化机器及装置	5					0
3600	84219110	干衣量≤10千克的离心干衣机零件	0					0
3601	84219190	其他离心机用零件	0					0
3602	84219990	其他过滤、净化装置用零件	5					0
3603	84221100	家用型洗碟机	10					0
3604	84222000	瓶子及其他容器的洗涤或干燥机器	10					0
3605	84223010	饮料及液体食品罐装设备	12					0
3606	84223021	水泥全自动灌包机	12					0
3607	84223029	其他水泥包装机	12					0
3608	84223030	其他包装机	10					0
3609	84223090	其他装填密封等包封机器	10					0
3610	84224000	其他包装或打包机器	10					0
3611	84229010	洗碟机用零件	10.5					0
3612	84229020	饮料及液体食品灌装设备用零件	8.5					0
3613	84229090	品目84.22其他未列名机器零件	8.5					0
3614	84231000	体重计、婴儿秤及家用秤	10.5					0
3615	84232010	电子皮带秤	10					0
3616	84232090	其他输送带上连续称货的秤	10					0
3617	84233010	定量包装秤	10.5					0
3618	84233020	定量分选秤	10.5					0
3619	84233030	配料秤	10.5					0

序号	税则号列	商品名称(简称)	最惠国税率(%)	特惠税率(%) 亚太2国①	东盟 缅甸	东盟 柬埔寨	东盟 老挝	最不发达37国②
3620	84233090	其他恒定秤、物料定量装袋或容器用秤	10.5					0
3621	84238110	最大称量≤30千克的计价秤	10.5					0
3622	84238120	最大称量≤30千克的弹簧秤	10.5					0
3623	84238190	最大称量≤30千克的其他衡器	10.5					0
3624	84238210	最大称量30~5000千克的地中衡	10.5					0
3625	84238290	最大称量30~5000千克的其他衡器	10.5					0
3626	84238910	其他地中衡	10					0
3627	84238920	其他轨道衡	10					0
3628	84238930	其他吊秤	10					0
3629	84238990	其他衡器	10					0
3630	84239000	衡器用的各种砝码、秤砣及其零件	10					0
3631	84248910	家用型喷射、喷雾机械器具	0					0
3632	84248991	船用洗舱机	0					0
3633	84248999	其他液体粉末喷射机械	0					0
3634	84249010	灭火器用的零件	0					0
3635	84249020	家用型喷射、喷雾器具的零件	0					0
3636	84249090	其他喷雾器具及喷气机等用的零件	0					0
3637	84251100	电动滑车及提升机	6					0
3638	84251900	非电动滑车及提升机	5					0
3639	84253110	矿井口电动卷扬装置;专为井下使用设计的电动卷扬机	10					0
3640	84253190	其他电动卷扬机及绞盘	5					0
3641	84253910	其他矿井口卷扬装置;其他专为井下使用设计的卷扬机	10					0
3642	84253990	其他非电动卷扬机及绞盘	5					0
3643	84254100	车库中使用的固定千斤顶系统	3					0
3644	84254210	其他液压千斤顶	3					0
3645	84254290	提升车辆用液压提升机	5					0
3646	84254910	其他千斤顶	5					0
3647	84254990	其他提升车辆用提升机	10					0
3648	84261120	通用桥式起重机	8					0
3649	84261190	其他固定支架的高架移动式起重机	8					0
3650	84261200	胶轮移动式吊运架及跨运车	6					0
3651	84261910	装船机	5					0
3652	84261921	抓斗式卸船机	5					0
3653	84261929	其他卸船机	5					0
3654	84261930	龙门式起重机	10					0
3655	84261941	门式装卸桥	10					0
3656	84261942	集装箱装卸桥	10					0
3657	84261943	其他动臂式装卸桥	10					0
3658	84261949	其他装卸桥	10					0
3659	84261990	其他高架移动式起重机等	10					0
3660	84262000	塔式起重机	10					0
3661	84263000	门座式起重机及座式旋臂起重机	6					0

序号	税则号列	商品名称(简称)	最惠国税率(%)	特惠税率(%)				
				亚太2国[①]	东盟			最不发达37国[②]
					缅甸	柬埔寨	老挝	
3662	84264110	轮胎式起重机	5					0
3663	84264190	其他带胶轮的自推进起重机	5					0
3664	84264910	履带式起重机	8					0
3665	84269100	供装于公路车辆的其他起重机	10					0
3666	84269900	其他起重设备	6					0
3667	84271010	有轨巷道堆垛机	9					0
3668	84271020	无轨巷道堆垛机	9					0
3669	84271090	其他电动机推进的叉车及可升降工作车	9					0
3670	84272010	集装箱叉车	9					0
3671	84272090	其他机动叉车及有类似装置工作车	9					0
3672	84279000	其他叉车及可升降的工作车	9					0
3673	84281010	载客电梯	8					0
3674	84281090	其他升降机及倒卸式起重机	6					0
3675	84282000	气压升降机及输送机	5					0
3676	84283100	地下连续运货或材料升降、输送机	5					0
3677	84283200	其他斗式连续运货升降、输送机	5					0
3678	84283300	其他带式连续运货升降、输送机	5					0
3679	84283910	链式连续运送货物的升降机及输送机	5					0
3680	84283920	辊式连续运送货物的升降机及输送机	5					0
3681	84283990	其他未列名连续运货升降、输送机	5					0
3682	84284000	自动梯及自动人行道	5					0
3683	84286010	货运架空索道	8					0
3684	84286021	单线循环式客运架空索道	8					0
3685	84286029	其他客运架空索道	8					0
3686	84286090	其他缆车、座式升降机用牵引装置	8					0
3687	84289010	矿车推动机、铁道机车等的转车台	10					0
3688	84289020	机械式停车设备	5					0
3689	84289031	堆取料机械	5					0
3690	84289039	其他装卸机械	5					0
3691	84289090	其他升降、搬运、装卸机械	5					0
3692	84291110	功率>235.36千瓦的履带式推土机	7					0
3693	84291190	功率≤235.36千瓦的履带式推土机	7					0
3694	84291910	功率>235.36千瓦的其他推土机	7					0
3695	84291990	功率≤235.36千瓦的其他推土机	7					0
3696	84292010	功率>235.36千瓦的筑路机及平地机	5					0
3697	84292090	其他筑路机及平地机	5					0
3698	84293010	斗容量>10立方米的铲运机	3					0
3699	84293090	斗容量≤10立方米的铲运机	5					0
3700	84294011	机重≥18吨的震动式压路机	7					0
3701	84294019	其他机动压路机	8					0
3702	84294090	其他未列名捣固机械及压路机	6					0
3703	84295100	前铲装载机	5					0
3704	84295211	轮胎式挖掘机	8					0
3705	84295212	履带式挖掘机	8					0

序号	税则号列	商品名称(简称)	最惠国税率(%)	特惠税率(%) 亚太2国[①]	东盟 缅甸	东盟 柬埔寨	东盟 老挝	最不发达37国[②]
3706	84295219	其他挖掘机	8					0
3707	84295290	其他上部结构可转360度的挖掘机类似机械	8					0
3708	84295900	其他机械铲、挖掘机及机铲装载机	8					0
3709	84301000	打桩机及拔桩机	10					0
3710	84302000	扫雪机及吹雪机	10					0
3711	84303100	自推进截煤机、采石机及掘进机	10					0
3712	84303900	其他非自推进截煤机、采石机及掘进机	6					0
3713	84304111	钻探深度≥6000米的自推进石油钻探机	5					0
3714	84304119	其他自推进石油及天然气钻探机	5					0
3715	84304121	钻探深度≥6000米的其他钻探机	5					0
3716	84304122	钻探深度<6000米履带式自推进钻机	5					0
3717	84304129	钻探深度<6000米的其他自推进钻机	5					0
3718	84304190	其他自推进的凿井机械	5					0
3719	84304900	非自推进的钻探或凿井机械	5					0
3720	84305010	其他自推进采油机械	3					0
3721	84305020	矿用电铲	7					0
3722	84305031	牙轮直径≥380毫米的采矿牙轮钻机	5					0
3723	84305039	牙轮直径<380毫米的采矿牙轮钻机	5					0
3724	84305090	其他自推进未列名机械	5					0
3725	84306100	非自推进捣固或压实机械	6					0
3726	84306911	钻筒直径>3米的工程钻机	6					0
3727	84306919	钻筒直径≤3米的工程钻机	6					0
3728	84306920	非自推进铲运机	6					0
3729	84306990	其他非自推进未列名机械	6					0
3730	84311000	滑车、绞盘、千斤顶等机械用零件	3					0
3731	84312000	叉车及装有升降装置工作车用零件	6					0
3732	84313100	升降机、倒卸式起重机或自动梯的零件	3					0
3733	84313900	品目84.28所列其他机械的零件	5					0
3734	84314100	戽斗、铲斗、抓斗及夹斗	6					0
3735	84314200	推土机或侧铲推土机用铲	6					0
3736	84314310	石油或天然气钻探机用零件	4					0
3737	84314320	其他钻探机用零件	4					0
3738	84314390	其他凿井机用零件	5					0
3739	84314910	矿用电铲用零件	5					0
3740	84314990	品目84.26、84.29、84.30的其他零件	5					0
3741	84321000	犁	5					0
3742	84322100	圆盘耙	5					0
3743	84339090	品目84.33所列其他机械零件	3					0
3744	84381000	糕点、通心粉、面条的生产加工机器	7					0
3745	84382000	生产糖果、可可粉、巧克力的机器	8					0
3746	84383000	制糖机器	10					0
3747	84384000	酿酒机器	7					0
3748	84385000	肉类或家禽加工机器	7					0
3749	84386000	水果、坚果或蔬菜加工机器	10					0

序号	税则号列	商品名称(简称)	最惠国税率(%)	特惠税率(%)				
				亚太2国[①]	东盟			最不发达37国[②]
					缅甸	柬埔寨	老挝	
3750	84388000	八十四章其他未列名食品等加工机器	8.5					0
3751	84389000	食品、饮料工业用机器的零件	5					0
3752	84391000	制造纤维素纸浆的机器	8.4					0
3753	84392000	纸或纸板的抄造机器	8.4					0
3754	84393000	纸或纸板的整理机器	8.4					0
3755	84399100	制造纤维素纸浆的机器零件	6					0
3756	84399900	制造或整理纸及纸板的机器零件	6					0
3757	84411000	切纸机	12					0
3758	84412000	制造包、袋或信封的机器	12					0
3759	84414000	纸浆、纸或纸板制品模制成型机器	12					0
3760	84418010	制造纸塑铝软包装的生产设备	12					0
3761	84418090	其他制造纸浆制品、纸制品的机器	12					0
3762	84419010	切纸机零件	8					0
3763	84419090	其他制造纸浆、纸制品的机器零件	8.4					0
3764	84423010	铸字机	9					0
3765	84423021	计算机直接制版设备	9					0
3766	84423029	其他制版机器、器具及设备	9					0
3767	84423090	其他铸字、制版用机器、器具及设备	9					0
3768	84424000	铸字、排字、制版机器的零件	7					0
3769	84425000	活字、印刷用版、片及其他部件	7					0
3770	84431100	卷取进料式胶印机	10					0
3771	84431200	办公室用片取进料式胶印机	12					0
3772	84431311	平张纸进料式单色胶印机	10					0
3773	84431312	平张纸进料式双色胶印机	10					0
3774	84431313	平张纸进料式四色胶印机	10					0
3775	84431319	平张纸进料式其他胶印机	10					0
3776	84431390	其他胶印机	10					0
3777	84431400	卷取进料式凸版印刷机	12					0
3778	84431500	其他凸版印刷机	12					0
3779	84431600	苯胺印刷机	10					0
3780	84431921	圆网印刷机	10					0
3781	84431922	平网印刷机	10					0
3782	84431929	其他网式印刷机	10					0
3783	84431980	其他印刷机	8					0
3784	84433110	静电感光式多功能机	10					0
3785	84433190	其他多功能机	0					0
3786	84433211	针式打印机	0					0
3787	84433212	激光打印机	0					0
3788	84433213	喷墨打印机	0					0
3789	84433214	热敏打印机	0					0
3790	84433219	其他打印机	0					0
3791	84433221	可以网络连接的喷墨印刷机	8					0
3792	84433222	可以网络连接的静电照相印刷机(激光印刷机)	8					0
3793	84433229	可以网络连接的其他数字印刷设备	8					0

序号	税则号列	商品名称(简称)	最惠国税率(%)	特惠税率(%)				
				亚太2国①	东盟			最不发达37国②
					缅甸	柬埔寨	老挝	
3794	84433290	其他可与网络连接的传真机或打字机	0					0
3795	84433911	直接法静电感光复印设备	0					0
3796	84433912	间接法静电感光复印设备	10					0
3797	84433921	带有光学系统的感光复印设备	0					0
3798	84433931	其他独立的喷墨印刷机	8					0
3799	84433932	其他独立的静电照相印刷机(激光印刷机)	8					0
3800	84433939	其他独立的数字印刷设备	8					0
3801	84433990	其他独立的电传打字机	0					0
3802	84439111	卷筒料给料机	12					0
3803	84439119	其他传统印刷机用辅助机器	12					0
3804	84439190	传统印刷机用零件及附件	6					0
3805	84439910	数字印刷设备用辅助机器	12					0
3806	84439921	热敏打印头	6					0
3807	84439929	数字印刷设备的其他零件	6					0
3808	84439990	其他打印机、复印机、传真机用零件	0					0
3809	84451111	棉纤维清梳联合机	10					0
3810	84451112	棉纤维自动抓棉机	10					0
3811	84451113	棉纤维梳棉机	10					0
3812	84451119	其他棉纤维梳理机	10					0
3813	84451120	毛纤维梳理机	10					0
3814	84451190	其他纺织纤维梳埋机	10					0
3815	84451210	棉纺织纤维精梳机	10					0
3816	84451220	毛纺织纤维精梳机	10					0
3817	84451290	其他纺织纤维精梳机	10					0
3818	84451310	拉伸机	10					0
3819	84451321	棉纺粗纱机	10					0
3820	84451322	毛纺粗纱机	10					0
3821	84451329	其他粗纱机	10					0
3822	84451900	纺织纤维的其他预处理机器	10					0
3823	84452031	转杯纺纱机	10					0
3824	84452032	喷气纺纱机	10					0
3825	84452039	其他自由端纺纱机	10					0
3826	84452041	棉环锭细纱机	10.5					0
3827	84452042	毛环锭细纱机	10					0
3828	84452049	其他环锭细纱机	10					0
3829	84452090	其他纺纱机	10					0
3830	84453000	并线机或加捻机	10					0
3831	84454010	自动络筒机	10					0
3832	84454090	其他络纱机(包括卷纬机)或摇纱机	10					0
3833	84459010	整经机	10					0
3834	84459020	浆纱机	10					0
3835	84459090	其他生产及处理纺织纱线的机器	10					0
3836	84471100	圆筒直径≤165毫米的圆形针织机	8					0
3837	84471200	圆筒直径>165毫米的圆形针织机	8					0

序号	税则号列	商品名称(简称)	最惠国税率(%)	特惠税率(%) 亚太2国[①]	东盟 缅甸	柬埔寨	老挝	最不发达37国[②]
3838	84472011	特里科经编机	8					0
3839	84472012	拉舍尔经编机	8					0
3840	84472019	其他经编机	8					0
3841	84472020	平型纬编机	8					0
3842	84472030	缝编机	8					0
3843	84479011	地毯织机	7					0
3844	84479019	其他簇绒机	8					0
3845	84479020	绣花机	8					0
3846	84479090	品目84.47的其他未列名机器	10					0
3847	84481100	多臂机或提花机	8					0
3848	84481900	品目84.44～84.47所列的其他辅助机器	8					0
3849	84482020	喷丝头或喷丝板	6					0
3850	84482090	纤维挤压机及其辅助机器的其他零附件	6					0
3851	84483100	钢丝针布	6					0
3852	84483200	纺织纤维预处理机器的其他零附件	6					0
3853	84483310	络筒锭	6					0
3854	84483390	其他锭子、锭壳、纺丝环、钢丝圈	6					0
3855	84483910	气流杯	6					0
3856	84483920	电子清纱器	6					0
3857	84483930	空气捻接器	6					0
3858	84483940	环锭细纱机紧密纺装置	6					0
3859	84483990	品目84.45所列机器的其他零附件	6					0
3860	84484200	织机用筘、综丝及综框	6					0
3861	84484910	接、投梭箱	6					0
3862	84484920	引纬、送经装置	6					0
3863	84484930	梭子	6					0
3864	84484990	织机及其辅助机器用其他零附件	6					0
3865	84485120	针织机用28号以下的弹簧针、钩针及复合针	6					0
3866	84485190	沉降片、其他织针及成圈机件	6					0
3867	84485900	品目84.47机器用的其他零附件	6					0
3868	84501110	干衣量≤10千克的波轮式全自动洗衣机	10					0
3869	84501120	干衣量≤10千克的滚筒式全自动洗衣机	10					0
3870	84501190	干衣量≤10千克的其他全自动洗衣机	10					0
3871	84502000	干衣量>10千克的洗衣机	10					0
3872	84509010	干衣量≤10千克的洗衣机零件	5					0
3873	84512900	干衣量>10千克的干燥机	8					0
3874	84513000	熨烫机及挤压机(包括熔压机)	8					0
3875	84514000	洗涤、漂白或染色机器	8.4					0
3876	84515000	纺织物卷绕、退绕、折叠、剪切或剪齿边机器	8					0
3877	84518000	品目84.51所列其他未列名的机器	12					0
3878	84519000	品目84.51所列机器的零件	8					0
3879	84522110	非家用自动平缝机	12					0
3880	84522120	非家用自动包缝机	12					0
3881	84522130	非家用自动绷缝机	12					0

序号	税则号列	商品名称(简称)	最惠国税率(%)	特惠税率(%) 亚太2国[①]	东盟 缅甸	柬埔寨	老挝	最不发达37国[②]
3882	84522190	其他非家用自动缝纫机	12					0
3883	84522900	其他非家用非自动缝纫机	12					0
3884	84529091	其他缝纫机用旋梭	14					0
3885	84529099	其他缝纫机用其他零件	14					0
3886	84541000	金属冶炼及铸造用转炉	8.4					0
3887	84542010	炉外精炼设备	8.4					0
3888	84542090	其他金属冶炼及铸造用锭模及浇包	8.4					0
3889	84543010	冷室压铸机	12					0
3890	84543021	方坯连铸机	10					0
3891	84543022	板坯连铸机	12					0
3892	84543029	其他钢坯连铸机	12					0
3893	84543090	其他金属冶炼及铸造用铸造机	12					0
3894	84549010	炉外精炼设备用零件	8					0
3895	84549021	结晶器	8					0
3896	84549022	振动装置	8					0
3897	84549029	其他钢坯连铸机用零件	8					0
3898	84549090	其他冶炼等用转炉及铸造机的零件	8					0
3899	84551010	热轧管机	12					0
3900	84551020	冷轧管机	12					0
3901	84551030	定、减径轧管机	12					0
3902	84551090	其他金属轧管机	12					0
3903	84553000	金属轧机用轧辊	8.4					0
3904	84559000	金属轧机的其他零件	8					0
3905	84561000	用激光等处理各种材料的加工机床	0					0
3906	84569010	等离子切割机	0					0
3907	84569020	水射流切割机	0					0
3908	84569090	其他用电化学、电子束处理材料的加工机床	0					0
3909	84581100	切削金属的数控卧式车床	9.7					0
3910	84581900	切削金属的非数控卧式车床	12					0
3911	84589100	切削金属的其他数控车床	5					0
3912	84589900	切削金属的其他车床	12					0
3913	84592100	切削金属的数控钻床	9.7					0
3914	84593100	切削金属的数控镗铣机床	9.7					0
3915	84593900	切削金属的其他镗铣机床	10					0
3916	84594010	切削金属的数控镗床	9.7					0
3917	84595100	切削金属的升降台式数控铣床	9.7					0
3918	84596110	切削金属的数控龙门铣床	5					0
3919	84596190	切削金属的其他数控铣床	5					0
3920	84596910	切削金属的非数控龙门铣床	12					0
3921	84596990	切削金属的其他铣床	12					0
3922	84597000	切削金属的其他攻丝机床	12					0
3923	84601100	数控平面磨床	9.7					0
3924	84602110	数控外圆磨床	9.7					0
3925	84602120	数控内圆磨床	9.7					0

序号	税则号列	商品名称(简称)	最惠国税率(%)	特惠税率(%) 亚太2国①	东盟 缅甸	东盟 柬埔寨	东盟 老挝	最不发达37国②
3926	84602190	其他数控磨床	9.7					0
3927	84603100	数控刃磨(工具或刀具)机床	9.7					0
3928	84614010	数控切齿机、齿轮磨床或齿轮精加工机床	9.7					0
3929	84621010	数控锻造或冲压机床及锻锤	9.7					0
3930	84621090	非数控锻造或冲压机床及锻锤	12					0
3931	84622110	数控矫直机	9.7					0
3932	84622190	数控的其他弯曲、折叠、矫直或矫平机床	9.7					0
3933	84622910	非数控矫直机	10					0
3934	84622990	非数控的其他弯曲、折叠、矫直或矫平机床	10					0
3935	84623110	数控的板带纵剪机	7					0
3936	84623120	数控的板带横剪机	7					0
3937	84623190	数控的其他剪切机床	7					0
3938	84623910	非数控板带纵剪机	10					0
3939	84623920	非数控板带横剪机	10					0
3940	84623990	其他剪切机床	10					0
3941	84624111	自动换模式数控步冲压力机	9.7					0
3942	84624119	其他数控冲床	9.7					0
3943	84624190	其他数控冲孔、开槽机,冲剪两用机	9.7					0
3944	84624900	非数控冲孔、开槽机,冲剪两用机	10					0
3945	84629110	金属型材挤压机	10					0
3946	84629190	其他液压压力机	10					0
3947	84629910	其他机械压力机	10					0
3948	84629990	品目84.62的未列名机床	10					0
3949	84641010	圆盘锯	0					0
3950	84641020	钢丝锯	0					0
3951	84641090	其他加工矿物等材料的锯床	0					0
3952	84642010	玻璃研磨或抛光机床	0					0
3953	84642090	其他加工矿物等材料的研磨或抛光机床	0					0
3954	84649011	切割机	0					0
3955	84649012	刻花机	0					0
3956	84649019	玻璃的其他冷加工机床	0					0
3957	84649090	其他品目84.64的未列名机床	0					0
3958	84661000	工具夹具及自启板牙切头	7					0
3959	84662000	工件夹具	7					0
3960	84663000	分度头及其他专用于机床的附件	7					0
3961	84669100	品目84.64所列机器用的零附件	0					0
3962	84669200	品目84.65所列机器用的零附件	6					0
3963	84669310	刀库及自动换刀装置	0					0
3964	84669390	品目84.56~84.61机器用其他零附件	0					0
3965	84669400	品目84.62~84.63机器用其他零附件	6					0
3966	84671100	旋转式手提风动工具	8					0
3967	84671900	其他手提式风动工具	8					0
3968	84672100	电动钻	10					0
3969	84672210	电动链锯	10					0

序号	税则号列	商品名称(简称)	最惠国税率(%)	特惠税率(%) 亚太2国①	东盟 缅甸	柬埔寨	老挝	最不发达37国②
3970	84672290	其他电动锯	10					0
3971	84672910	电动砂磨工具	10					0
3972	84672920	电刨	10					0
3973	84672990	其他电动工具	10					0
3974	84678100	手提式液压或其他动力链锯	8					0
3975	84678900	其他手提式液压或其他动力工具	8					0
3976	84679110	电动链锯用零件	6					0
3977	84679190	其他链锯用零件	6					0
3978	84679200	风动工具零件	6					0
3979	84679910	其他手提式电动工具用零件	10					0
3980	84679990	其他手提式工具用零件	6					0
3981	84681000	手提喷焊器	12					0
3982	84682000	其他气体焊或表面回火机器及装置	12					0
3983	84688000	其他焊接机器及装置	12					0
3984	84689000	焊接机器用零件	7					0
3985	84690011	文字处理机	0					0
3986	84701000	电子计算器及袖珍式数据录放机器	0					0
3987	84702100	装有打印装置的电子计算器	0					0
3988	84702900	其他电子计算器	0					0
3989	84703000	其他计算机器	0					0
3990	84705010	销售点终端出纳机	0					0
3991	84705090	其他现金出纳机	0					0
3992	84709000	邮资盖戳机、售票机及类似机器	0					0
3993	84713000	便携式自动数据处理设备	0					0
3994	84714110	巨、大、中型计算机	0					0
3995	84714120	小型机	0					0
3996	84714140	微型机	0					0
3997	84714190	其他自动数据处理单体机	0					0
3998	84714910	以系统形式进口的巨、大、中型计算机	0					0
3999	84714920	以系统形式进口的小型计算机	0					0
4000	84714940	以系统形式进口的微型机	0					0
4001	84714991	分散型工业过程控制设备	0					0
4002	84714999	以系统形式报验的其他计算机	0					0
4003	84715010	巨、大、中型机处理部件	0					0
4004	84715020	小型机的处理部件	0					0
4005	84715040	微型机的处理部件	0					0
4006	84715090	847141、847149以外设备的其他处理部件	0					0
4007	84716040	巨、大、中及小型计算机用终端	0					0
4008	84716050	扫描仪	0					0
4009	84716060	数字化仪	0					0
4010	84716071	键盘	0					0
4011	84716072	鼠标器	0					0
4012	84716090	自动处理设备的其他输入或输出部件	0					0
4013	84717010	硬盘驱动器	0					0

序号	税则号列	商品名称(简称)	最惠国税率(%)	特惠税率(%)				
				亚太2国[①]	东盟			最不发达37国[②]
					缅甸	柬埔寨	老挝	
4014	84717020	软盘驱动器	0					0
4015	84717030	光盘驱动器	0					0
4016	84717090	自动数据处理设备的其他存储部件	0					0
4017	84718000	其他自动数据处理设备的其他部件	0					0
4018	84719000	未列名的磁性或光学阅读器及其他数据处理设备	0					0
4019	84723010	邮政信件分拣及封装设备	10					0
4020	84729010	自动柜员机	0					0
4021	84729021	打洞机	0					0
4022	84729022	订书机	0					0
4023	84729029	其他装订用机器	0					0
4024	84729030	碎纸机	0					0
4025	84729090	其他办公室用机器	0					0
4026	84731000	打字机、文字处理机的零附件	8					0
4027	84732100	品目84.70所列电子计算器的零附件	0					0
4028	84732900	品目84.70所列其他机器的零附件	0					0
4029	84733010	数字式大、中、小型计算机零附件	0					0
4030	84733090	品目84.71所列计算机的其他零附件	0					0
4031	84734010	自动柜员机用出钞器	10.5					0
4032	84734090	品目84.72所列其他办公室用机器零附件	10.5					0
4033	84735000	品目84.69~84.72中所列机器零附件	0					0
4034	84741000	固体矿物的分类、筛选、分离或洗涤机器	5					0
4035	84742010	齿辊式破碎及磨粉机器	5					0
4036	84742020	球磨式破碎及磨粉机器	5					0
4037	84742090	其他破碎及磨粉机器	5					0
4038	84743100	混凝土或砂浆混合机器	7					0
4039	84743200	矿物与沥青的混合机器	7					0
4040	84743900	其他混合或搅拌机器	5					0
4041	84748010	固体矿物的辊压成型机	5					0
4042	84748020	模压成型机	5					0
4043	84748090	品目84.74所列的其他机器	5					0
4044	84749000	品目84.74所列机器的零件	5					0
4045	84751000	白炽灯泡、灯管等的封装机	8					0
4046	84752100	制造光导纤维及其预制棒的机器	10					0
4047	84752911	连续式玻璃热弯炉	10					0
4048	84752912	玻璃纤维拉丝机(光纤拉丝机除外)	10					0
4049	84752919	其他玻璃热加工设备	10					0
4050	84752990	其他玻璃及其制品的制造或热加工机器	10					0
4051	84759000	品目84.75所列机器的零件	8					0
4052	84769000	品目84.76所列机器的零件	10					0
4053	84771010	注塑机	0					0
4054	84771090	其他加工橡胶或塑料的注射机	0					0
4055	84772010	塑料造粒机	5					0
4056	84772090	其他加工橡胶或塑料的挤出机	5					0
4057	84773010	挤出吹塑机	5					0

序号	税则号列	商品名称(简称)	最惠国税率(%)	特惠税率(%) 亚太2国[①]	东盟 缅甸	东盟 柬埔寨	东盟 老挝	最不发达37国[②]
4058	84773020	注射吹塑机	5					0
4059	84773090	其他吹塑机	5					0
4060	84774010	塑料中空成型机	5					0
4061	84774020	塑料压延成型机	5					0
4062	84774090	其他真空模塑及热成型机器	5					0
4063	84775100	用于充气轮胎或内胎模塑或翻新的机器	5					0
4064	84775900	其他橡胶或塑料的模塑机、成型机	5					0
4065	84778000	其他橡胶或塑料加工机器	5					0
4066	84779000	橡胶、塑料等加工机器的零件	0					0
4067	84791021	沥青混凝土摊铺机	8					0
4068	84791022	稳定土摊铺机	8					0
4069	84791029	其他摊铺机	8					0
4070	84791090	其他公共工程用的机器	8					0
4071	84792000	提取加工动物或植物油脂的机器	10					0
4072	84793000	木碎料板或木纤维板的挤压机	10					0
4073	84794000	绳或缆的制造机器	7					0
4074	84795010	多功能工业机器人	0					0
4075	84795090	其他工业机器人	0					0
4076	84796000	蒸发式空气冷却器	10					0
4077	84797100	机场用旅客登机桥	0					0
4078	84797900	其他旅客登机(船)桥	0					0
4079	84798110	绕线机	9.5					0
4080	84798190	其他处理金属的机械	9.5					0
4081	84798200	其他混合、研磨、筛选、均化等机器	7					0
4082	84798910	船舶用舵机及陀螺稳定器	0					0
4083	84798920	空气增湿器及减湿器	0					0
4084	84798940	邮政用包裹、印刷品分拣设备	0					0
4085	84798950	放射性废物压实机	0					0
4086	84798961	自动插件机	0					0
4087	84798962	自动贴片机	0					0
4088	84798969	印刷电路电路板的其他加工设备	0					0
4089	84798992	自动化立体仓储设备	0					0
4090	84798999	本章其他编号未列名机器及机械器具	0					0
4091	84799010	船舶用舵机及陀螺稳定器零件	0					0
4092	84799020	空气增湿器及减湿器零件	0					0
4093	84799090	品目84.79所列机器的其他零件	0					0
4094	84801000	金属铸造用型箱	10					0
4095	84802000	型模底板	8					0
4096	84803000	阳模	10					0
4097	84804110	压铸模	8					0
4098	84804120	粉末冶金用压模	8					0
4099	84804190	其他金属、硬质合金用注模或压模	8					0
4100	84804900	金属、硬质合金用其他型模	8					0
4101	84805000	玻璃用型模	8.4					0

序号	税则号列	商品名称(简称)	最惠国税率(%)	特惠税率(%) 亚太2国①	特惠税率(%) 东盟 缅甸	特惠税率(%) 东盟 柬埔寨	特惠税率(%) 东盟 老挝	特惠税率(%) 最不发达37国②
4102	84806000	矿物材料用型模	8.4					0
4103	84807110	硫化轮胎用囊式型模	0					0
4104	84807190	其他塑料或橡胶用注模或压模	0					0
4105	84807900	塑料或橡胶用其他型模	5					0
4106	84811000	减压阀	5					0
4107	84812010	油压传动阀	5					0
4108	84812020	气压传动阀	5					0
4109	84813000	止回阀	5					0
4110	84814000	安全阀或溢流阀	5					0
4111	84818021	电磁换向阀	7					0
4112	84818029	其他换向阀	7					0
4113	84818031	电子膨胀阀	7					0
4114	84818039	其他流量阀	7					0
4115	84818040	其他阀门	7					0
4116	84818090	未列名龙头、旋塞及类似装置	5					0
4117	84819010	阀门用零件	8					0
4118	84819090	龙头、旋塞及类似装置的零件	8					0
4119	84821010	调心球轴承	8					0
4120	84821020	深沟球轴承	8					0
4121	84821030	角接触轴承	8					0
4122	84821040	推力球轴承	8					0
4123	84821090	其他滚珠轴承	8					0
4124	84822000	锥形滚子轴承	8					0
4125	84823000	鼓形滚子轴承	8					0
4126	84824000	滚针轴承	8					0
4127	84825000	其他圆柱形滚子轴承	8					0
4128	84828000	其他滚动轴承及球、柱混合轴承	8					0
4129	84829100	滚珠、滚针及滚柱	8					0
4130	84829900	滚动轴承的其他零件	6					0
4131	84831011	船舶用柴油机曲轴	6					0
4132	84831019	其他船舶用传动轴	6					0
4133	84831090	其他传动轴及曲柄	6					0
4134	84832000	装有滚珠或滚子轴承的轴承座	6					0
4135	84833000	未装滚珠或滚子轴承的轴承座	6					0
4136	84834010	滚子螺杆传动装置	8					0
4137	84834020	行星齿轮减速器	8					0
4138	84834090	其他齿轮及齿轮传动装置	8					0
4139	84835000	飞轮、滑轮及滑轮组	8					0
4140	84836000	离合器及联轴器(包括万向节)	8					0
4141	84839000	单独报验的带齿的轮及其他传动元件;零件	8					0
4142	84841000	金属片密封垫或类似接合衬垫	8					0
4143	84842000	机械密封件	8					0
4144	84849000	其他材料制密封垫及类似接合衬垫	8					0
4145	84861010	利用温度变化处理单晶硅的机器及装置	0				0	0

序号	税则号列	商品名称(简称)	最惠国税率(%)	特惠税率(%) 亚太2国①	东盟 缅甸	东盟 柬埔寨	东盟 老挝	最不发达37国②
4146	84861020	制作单晶硅或晶圆的研磨设备	0					0
4147	84861030	制作单晶硅或晶圆的切割设备	0					0
4148	84861040	制作单晶硅或晶圆的化学机械抛光设备	0					0
4149	84861090	制作单晶硅或晶圆的其他设备	0					0
4150	84862010	制造半导体器件或集成电路用的热处理设备	0				0	0
4151	84862021	制造半导体器件或集成电路用的化学气相沉积装置	0					0
4152	84862022	制造半导体器件或集成电路用的物理气相沉积装置	0					0
4153	84862029	制造半导体器件或集成电路用的其他薄膜沉积设备	0					0
4154	84862031	制造半导体器件或集成电路用的分步重复光刻机	0					0
4155	84862039	制造半导体器件或集成电路用的其他光刻设备	0					0
4156	84862041	制造半导体器件或集成电路用的等离子体干法刻蚀机	0					0
4157	84862049	制造半导体器件或集成电路用的其他刻蚀及剥离设备	0					0
4158	84862050	制造半导体器件或集成电路用的离子注入机	0					0
4159	84862090	制造半导体器件或集成电路用的其他机器及装置	0					0
4160	84863010	制造平板显示器用的热处理设备	0				0	0
4161	84863021	制造平板显示器用的化学气相沉积装置	0					0
4162	84863022	制造平板显示器用的物理气相沉积装置	0					0
4163	84863029	制造平板显示器用的其他薄膜沉积设备	0					0
4164	84863031	制造平板显示器用的分步重复光刻机	0					0
4165	84863039	制造平板显示器用的其他光刻设备	0					0
4166	84863041	制造平板显示器用的超声波清洗装置	10					0
4167	84863049	制造平板显示器用的其他湿法蚀刻、显影、剥离、清洗装置	0					0
4168	84863090	制造平板显示器用的其他机器及装置	0					0
4169	84864010	专用于制作和修复掩膜版的装置	0					0
4170	84864021	专用于装配与封装半导体器件或集成电路的塑封机	5					0
4171	84864022	专用于装配与封装半导体器件或集成电路的引线键合设备	8					0
4172	84864029	专用于装配与封装半导体器件或集成电路的机器及装置	0					0
4173	84864031	集成电路工厂专用的自动搬运机器人	0					0
4174	84864039	其他集成电路或液晶显示屏工厂专用升降、装卸、搬运装置	5					0
4175	84869010	升降、搬运、装卸机器用零件及附件(自动搬运设备用除外)	5					0
4176	84869020	引线键合装置用零件及附件	6					0
4177	84869090	其他半导体器件、集成电路、液晶显示器生产专用设备的零件及附件	0					0
4178	84869091	带背板的溅射靶材组件	0					0
4179	84871000	船用推进器及桨叶	6					0
4180	84879000	本章其他编号未列名机器零件	8					0
4181	85011091	20毫米≤机座直径<39毫米微电机	9					0
4182	85011099	其他输出功率≤37.5瓦微电机	9					0

序号	税则号列	商品名称(简称)	最惠国税率(%)	特惠税率(%)				
				亚太2国①	东盟			最不发达37国②
					缅甸	柬埔寨	老挝	
4183	85012000	输出功率>37.5瓦交直流两用电动机	12					0
4184	85013100	输出功率≤750瓦直流电动机、发电机	12					0
4185	85013200	750瓦<输出功率≤75千瓦直流电动机、发电机	10					0
4186	85013300	75千瓦<输出功率≤375千瓦直流电动机、发电机	5					0
4187	85013400	输出功率>375千瓦直流电动机、发电机	12					0
4188	85014000	单相交流电动机	12					0
4189	85015100	输出功率≤750瓦多相交流电动机	5					0
4190	85015200	750瓦<输出功率≤75千瓦多相交流电动机	10					0
4191	85015300	输出功率>75千瓦多相交流电动机	12					0
4192	85016100	输出功率≤75千伏安交流发电机	5					0
4193	85016200	75千伏安<输出功率≤375千伏安交流发电机	12					0
4194	85016300	375千伏安<输出功率≤750千伏安交流发电机	12					0
4195	85016410	750千伏安<输出功率≤350兆伏安交流发电机	10					0
4196	85016420	350千伏安<输出功率≤665兆伏安交流发电机	5.8					0
4197	85016430	输出功率>665兆伏安交流发电机	6					0
4198	85021100	输出功率≤75千伏安柴油发电机组	10					0
4199	85021200	75千伏安<输出功率≤375千伏安柴油发电机组	10					0
4200	85021310	375千伏安<输出功率≤2兆伏安柴油发电机组	10					0
4201	85021320	输出功率>2兆伏安柴油发电机组	10					0
4202	85022000	装有点燃式活塞发动机的发电机组	10					0
4203	85023100	风力驱动的发电机组	8					0
4204	85023900	其他发电机组	10					0
4205	85024000	旋转式变流机	10					0
4206	85030010	玩具用电动机微电机零件	12					0
4207	85030020	输出功率>350兆伏安交流发电机零件	3					0
4208	85030030	风力驱动发电机组的零件	3					0
4209	85030090	其他电动机、发电机(组)零件	8					0
4210	85041010	电子镇流器	10					0
4211	85041090	其他放电灯或放电管用镇流器	10					0
4212	85042100	额定容量≤650千伏安液体介质变压器	10.5					0
4213	85042200	650千伏安<额定容量≤10兆伏安液体介质变压器	12.6					0
4214	85042311	10兆伏安<额定容量<220兆伏安液体变压器	10					0
4215	85042312	220兆伏安≤额定容量<330兆伏安液体变压器	10					0
4216	85042313	330兆伏安≤额定容量<400兆伏安液体变压器	10					0
4217	85042321	400兆伏安≤额定容量<500兆伏安液体变压器	6					0
4218	85042329	其他额定容量≥500兆伏安液体变压器	6					0
4219	85043110	额定容量≤1千伏安的互感器	5					0
4220	85043190	额定容量≤1千伏安的其他变压器	5					0
4221	85043210	1千伏安<额定容量≤16千伏安的互感器	5					0
4222	85043290	1千伏安<额定容量≤16千伏安其他变压器	5					0
4223	85043300	16千伏安<额定容量≤500千伏安其他变压器	5					0
4224	85044013	品目84.71所列机器用的稳压电源	0					0
4225	85044014	功率<1千瓦高精度直流稳压电源	7					0
4226	85044015	功率<10千瓦高精度交流稳压电源	0					0

序号	税则号列	商品名称(简称)	最惠国税率(%)	特惠税率(%) 亚太2国[①]	东盟 缅甸	东盟 柬埔寨	东盟 老挝	最不发达37国[②]
4227	85044019	其他稳压电源	0					0
4228	85044020	不间断供电电源(UPS)	10					0
4229	85044030	逆变器	10					0
4230	85044091	具有变流功能的半导体模块	10					0
4231	85044099	其他未列名静止式变流器	10					0
4232	85045000	其他电感器	0					0
4233	85049011	额定容量>400千伏安液体介质变压器零件	5					0
4234	85049019	其他变压器零件	8					0
4235	85049020	稳压电源及不间断供电电源零件	8					0
4236	85049090	其他静止式变流器及电感器零件	8					0
4237	85051110	稀土永磁体	7					0
4238	85051190	其他金属的永磁体	7					0
4239	85051900	非金属永磁体	7					0
4240	85052000	电磁联轴节、离合器及制动器	8					0
4241	85059010	电磁起重吸盘	8					0
4242	85059090	电磁夹具等及品目85.02的零件	8					0
4243	85068000	其他原电池及原电池组	14					0
4244	85079010	铅酸蓄电池零件	10	5				
4245	85079090	其他蓄电池零件	8	4				0
4246	85081100	功率≤1500瓦,且带有容积≤20升的电动真空吸尘器	10					0
4247	85081900	其他电动真空吸尘器	0					0
4248	85086000	其他真空吸尘器	0					0
4249	85087090	其他真空吸尘器用零件	0					0
4250	85112010	车、船、飞机等用点火磁电机、永磁直流发电机、磁飞轮	5					0
4251	85112090	其他点火磁电机、磁飞轮	10					0
4252	85113010	分电器及点火线圈	5					0
4253	85113090	其他用途用分电器、点火线圈	8.4					0
4254	85114010	机车等用启动电机及两用启动发电机	5					0
4255	85114091	输出功率≥132.39千瓦启动电机	8.4					0
4256	85114099	其他用途的启动电机	8.4					0
4257	85115010	其他机车、航空器、船舶用发电机	5					0
4258	85115090	其他附属于内燃发动机的发电机	8.4					0
4259	85118000	发动机用电点火、启动的其他装置	8.4					0
4260	85119010	机车、船、航空器用电点火、启动装置零件	4.5					0
4261	85119090	其他用电点火、电启动装置的零件	5					0
4262	85121000	自行车用照明或视觉信号装置	10.5					0
4263	85122010	机动车辆用照明装置	10					0
4264	85122090	其他机动车用照明或视觉信号装置	10					0
4265	85123011	机动车辆用喇叭、蜂鸣器	10					0
4266	85123012	防盗报警器	10					0
4267	85123019	其他机动车辆用音响信号装置	10					0
4268	85123090	其他车辆用音响信号装置	10					0

序号	税则号列	商品名称(简称)	最惠国税率(%)	特惠税率(%)				
				亚太2国①	东盟			最不发达37国②
					缅甸	柬埔寨	老挝	
4269	85124000	车辆风挡刮水器、除霜器及去雾器	10					0
4270	85129000	品目85.12所列装置的零件	8					0
4271	85131010	手电筒	15					0
4272	85139010	手电筒零件	14					0
4273	85141010	可控气氛热处理炉	0					0
4274	85141090	工业、实验室用其他电阻加热炉及烘箱	0					0
4275	85142000	工业、实验室用通过感应或介质损耗工作的炉及烘箱	0					0
4276	85143000	工业、实验室用其他电炉及电烘箱	0					0
4277	85144000	其他通过感应或介质损耗工作的加热设备	10					0
4278	85149010	炼钢电炉用零件	8					0
4279	85149090	工业用电阻加热炉及烘箱等零件	0					0
4280	85151100	钎焊机器及装置用烙铁及焊枪	10					0
4281	85151900	其他钎焊机器及装置	10					0
4282	85152110	直缝焊管机	10					0
4283	85152190	其他全自动或半自动电阻焊接机	10					0
4284	85152900	其他电阻焊接机器及装置	10					0
4285	85153110	自动螺旋焊管机	10					0
4286	85153190	其他全自动或半自动电弧焊接机器	10					0
4287	85153900	其他电弧焊接机器及装置	10					0
4288	85158000	其他焊接机器及装置	8					0
4289	85159000	电气等焊接机器及装置零件	6					0
4290	85161010	储存式电热水器	10					0
4291	85161020	即热式电热水器	10					0
4292	85161090	其他电热的快速热水器、浸入式液体加热器	10					0
4293	85162910	电气土壤加热器	10					0
4294	85162920	辐射式空间加热器	10					0
4295	85162931	风扇式对流式空间加热器	10					0
4296	85162932	充液式对流式空间加热器	10					0
4297	85162939	其他对流式空间加热器	10					0
4298	85162990	电气空间加热器	10					0
4299	85163100	电吹风机	10					0
4300	85168000	加热电阻器	10					0
4301	85169010	土壤加热器及加热电阻器零件	8					0
4302	85169090	品目85.16所列货品的其他零件	12					0
4303	85171100	无绳电话机	0					0
4304	85171210	手持(包括车载)式无线电话机	0					0
4305	85171220	对讲机	0					0
4306	85171290	用于蜂窝网络或无线网络的其他电话机	0					0
4307	85171800	其他电话机	0					0
4308	85176110	移动通信基站	0					0
4309	85176190	其他通信基站	0					0
4310	85176211	数字式局用电话交换机;长途电话交换机;电报交换机	0					0
4311	85176212	数字式移动通信交换机	0					0

序号	税则号列	商品名称(简称)	最惠国税率(%)	特惠税率(%)				
				亚太2国[①]	东盟			最不发达37国[②]
					缅甸	柬埔寨	老挝	
4312	85176219	数字式其他电话交换机	0					0
4313	85176221	光端机及脉冲编码调制设备	0					0
4314	85176222	波分复用光传输设备	0					0
4315	85176229	其他光通讯设备	0					0
4316	85176231	通信网络时钟同步设备	0					0
4317	85176232	以太网络交换机	0					0
4318	85176233	IP电话信号交换机	0					0
4319	85176234	调制解调器	0					0
4320	85176235	集线器	0					0
4321	85176236	路由器	0					0
4322	85176237	有线网络接口卡	0					0
4323	85176239	其他有线数字通信设备	0					0
4324	85176292	无线网络接口卡	0					0
4325	85176293	无线接入固定台	0					0
4326	85176294	无线耳机	0					0
4327	85176299	其他接收、转换并且发送或再生声音、图像或数据用的设备	0					0
4328	85176910	其他无线设备	9					0
4329	85176990	其他有线设备	0					0
4330	85177010	数字式程控电话或电报交换机零件	0					0
4331	85177020	光端机、脉冲编码调制设备的零件	0					0
4332	85177030	手持式无线电话机用(天线除外)	0					0
4333	85177040	对讲机用(天线除外)	8					0
4334	85177060	光通信设备的激光收发模块	0					0
4335	85177070	品目85.17所列设备用天线及其零件	2					0
4336	85177090	发送或接收声音、图像或数据的设备用其他零件	0					0
4337	85181000	传声器(麦克风)及其座架	10					0
4338	85182100	单喇叭音箱	10					0
4339	85182200	多喇叭音箱	10					0
4340	85182900	其他扬声器	0					0
4341	85183000	其他耳机、耳塞机	0					0
4342	85184000	音频扩大器	12					0
4343	85185000	电气扩音机组	10					0
4344	85189000	品目85.18所列货品的零件	10.5					0
4345	85195000	电话应答机	0					0
4346	85229091	车载音频转播器或发射器	20					0
4347	85229099	声音录制或重放设备用其他零件	20					0
4348	85232911	未录制磁盘	0					0
4349	85232919	已录制磁盘	0					0
4350	85232921	宽度≤4毫米的未录制磁带	0					0
4351	85232922	4毫米<宽度≤6.5毫米的未录制磁带	0					0
4352	85232923	宽度>6.5毫米的未录制磁带	0					0
4353	85232928	用于重放声音或图像信息的磁带	10					0
4354	85232929	已录制其他信息的磁带	0					0

序号	税则号列	商品名称(简称)	最惠国税率(%)	特惠税率(%)				
				亚太2国[①]	东盟			最不发达37国[②]
					缅甸	柬埔寨	老挝	
4355	85232990	其他磁性媒体	0					0
4356	85234100	未录制的光学媒体	0					0
4357	85234920	用于重放声音、图像以外信息的,品目84.71所列机器用的光学媒体	0					0
4358	85234990	其他已录制的光学媒体	0					0
4359	85235110	未录制信息的闪速存储器	0					0
4360	85235120	已录制信息的闪速存储器	0					0
4361	85235210	未录制内容的“智能卡”	0					0
4362	85235290	已录制内容的“智能卡”	0					0
4363	85235910	未录制信息的其他半导体媒体	0					0
4364	85235920	已录制信息的其他半导体媒体	0					0
4365	85238019	未录制的唱片	0					0
4366	85238021	品目84.71所列机器用未录制内容的其他媒体	0					0
4367	85238029	品目84.71所列机器用已录制内容的其他媒体	0					0
4368	85238091	其他未录制内容的媒体	0					0
4369	85238099	其他已录制内容的媒体	0					0
4370	85255000	广播电视发送设备	0					0
4371	85256010	卫星地面站设备	0					0
4372	85256090	其他装有接收装置的广播电视发送设备	0					0
4373	85258021	特种用途的数字照相机	0					0
4374	85258022	非特种用途的单反数字照相机	0					0
4375	85258025	非特种用途的,其他可换镜头的数字照相机	0					0
4376	85258029	非特种用途的其他数字照相机	0					0
4377	85258031	特种用途的视频摄录一体机	0					0
4378	85258032	非特种用途的广播级视频摄录一体机	0					0
4379	85258033	非特种用途的家用视频摄录一体机	0					0
4380	85258039	非特种用途的其他视频摄录一体机	0					0
4381	85284100	计算机及其他自动数据处理设备用的阴极射线管监视器	0					0
4382	85285110	计算机及其他自动数据处理设备用的液晶显示器	0					0
4383	85285190	计算机及其他自动数据处理设备用的其他显示器	0					0
4384	85286100	计算机及其他自动数据处理设备用的投影机	0					0
4385	85291020	收音机、电视机天线及其零件	0					0
4386	85299010	电视发送、差转等设备零件	0					0
4387	85299060	收音机及其组合机的其他零件	15					0
4388	85299089	其他电视机零件	0					0
4389	85299090	品目85.25~85.28所列设备的零件	0					0
4390	85308000	其他用电气信号、安全、交通设备	8					0
4391	85309000	品目85.30所列设备的零件	8					0
4392	85311000	防盗或防火报警器及类似装置	10					0
4393	85312000	有液晶装置或发光管的显示板	0					0
4394	85319010	防盗、防火及类似装置用零件	0					0
4395	85319090	其他音响或视觉信号装置用零件	0					0
4396	85321000	固定电容器(电力电容器)	0					0

序号	税则号列	商品名称(简称)	最惠国税率(%)	特惠税率(%)				
				亚太2国①	东盟			最不发达37国②
					缅甸	柬埔寨	老挝	
4397	85322110	片式钽电容器	0					0
4398	85322190	其他钽电容器	0					0
4399	85322210	片式铝电解电容器	0					0
4400	85322290	其他铝电解电容器	0					0
4401	85322300	单层瓷介电容器	0					0
4402	85322410	片式多层瓷介电容器	0					0
4403	85322490	其他多层瓷介电容器	0					0
4404	85322510	片式纸介质或塑料介质电容器	0					0
4405	85322590	其他纸介质或塑料介质电容器	0					0
4406	85322900	其他固定电容器	0					0
4407	85323000	其他可变或可调(微调)电容器	0					0
4408	85329010	编号85321000所列电容器零件	0					0
4409	85329090	其他电容器零件	0					0
4410	85331000	合成或薄膜式固定碳质电阻器	0					0
4411	85332110	额定功率≤20瓦片式固定电阻器	0					0
4412	85332190	额定功率≤20瓦其他固定电阻器	0					0
4413	85332900	其他额定功率>20瓦固定电阻器	0					0
4414	85333100	额定功率≤20瓦线绕可变电阻器	0					0
4415	85333900	额定功率>20瓦电位器	0					0
4416	85334000	其他可变电阻器	0					0
4417	85339000	各种电阻器零件	0					0
4418	85340010	大于四层的印刷电路	0					0
4419	85340090	小于等于四层的印刷电路	0					0
4420	85352910	用于72.5千伏≤电压≤220千伏的线路的自动断路器	14					0
4421	85352920	用于220千伏<电压≤750千伏的线路的自动断路器	14					0
4422	85352990	其他电压≥72.5千伏自动断路器	10					0
4423	85353010	用于72.5千伏≤电压≤220千伏的线路的隔离开关及断续开关	10					0
4424	85353020	用于220千伏<电压≤750千伏的线路的隔离开关及断续开关	10					0
4425	85353090	其他隔离开关及断续开关	10					0
4426	85359000	其他>1000伏电路开关等电气装置	10					0
4427	85361000	熔断器(电压≤1000伏)	10					0
4428	85362000	电压≤1000伏自动断路器	9					0
4429	85363000	电压≤1000伏其他电路保护装置	9					0
4430	85364110	用于电压≤36伏线路的继电器	10					0
4431	85364190	用于36伏<电压≤60伏线路的继电器	10					0
4432	85364900	电压>60伏的继电器	10					0
4433	85365000	电压≤1000伏的其他开关	0					0
4434	85366100	电压≤1000伏的灯座	10					0
4435	85366900	电压≤1000伏的插头及插座	0					0
4436	85367000	光导纤维、光导纤维束或光缆用连接器	8					0
4437	85369000	其他≤1000伏电路开关等电气装置	0					0

序号	税则号列	商品名称(简称)	最惠国税率(%)	特惠税率(%) 亚太2国[1]	东盟 缅甸	东盟 柬埔寨	东盟 老挝	最不发达37国[2]
4438	85371011	可编程序控制器	5					0
4439	85371019	其他数控装置	5					0
4440	85371090	其他电力控制或分配的装置	8.4					0
4441	85372010	电压≥500 千伏高压开关装置	8.4					0
4442	85372090	其他电力控制或分配装置	8.4					0
4443	85381010	编号 85372010 所列装置的零件	8.4					0
4444	85381090	品目 85.37 货品用的其他盘、板等	7					0
4445	85389000	品目 85.35、85.36 或 85.37 装置的零件	7					0
4446	85391000	封闭式聚光灯	10					0
4447	85392110	科研、医疗专用卤钨灯	8					0
4448	85392120	火车、航空器及船舶用卤钨灯	8					0
4449	85392130	机动车辆用卤钨灯	10					0
4450	85392190	其他卤钨灯	10.5					0
4451	85392210	科研、医疗用功率≤200 瓦白炽灯泡	10.5					0
4452	85392290	其他用功率≤200 瓦白炽灯泡	5					0
4453	85392910	科研、医疗专用其他白炽灯泡	5					0
4454	85392920	火车、航空及船舶用其他白炽灯泡	10.5					0
4455	85392930	机动车辆用其他白炽灯泡	5					0
4456	85392991	电压≤12 伏未列名的白炽灯泡	12					0
4457	85392999	其他未列名的白炽灯泡	12					0
4458	85393110	科研、医疗专用热阴极荧光灯	8					0
4459	85393120	火车、航空器、船舶用热阴极荧光灯	8					0
4460	85393191	紧凑型荧光灯	8					0
4461	85393199	其他热阴极荧光灯	8					0
4462	85393230	钠蒸气灯	8					0
4463	85393240	汞蒸气灯	8					0
4464	85393290	金属卤化物灯	8					0
4465	85393910	科研、医疗专用其他放电灯	8					0
4466	85393920	火车、航空器、船舶用其他放电灯	8					0
4467	85393990	其他用途的其他放电灯管	8					0
4468	85394100	弧光灯	8					0
4469	85394900	紫外线或红外线灯	8					0
4470	85399000	品目 85.39 所列货品的零件	8					0
4471	85402090	变像管、图像增强管及光阴极管	8					0
4472	85404010	彩色的数据/图形显示管,屏幕荧光点间距 < 0.4 毫米	8					0
4473	85404020	单色的数据/图形显示管	8					0
4474	85406010	雷达显示管	6					0
4475	85406090	其他阴极射线管	8					0
4476	85407100	磁控管	8					0
4477	85407910	调速管	8					0
4478	85407990	其他微波管	8					0
4479	85408100	接收管或放大管	8					0
4480	85408900	其他电子管	8					0

序号	税则号列	商品名称(简称)	最惠国税率(%)	特惠税率(%) 亚太2国[①]	东盟 缅甸	东盟 柬埔寨	东盟 老挝	最不发达37国[②]
4481	85409110	电视显像管零件	6					0
4482	85409120	雷达显示管零件	5					0
4483	85409190	其他阴极射线管零件	8					0
4484	85409910	电视摄像管零件	8					0
4485	85409990	其他热电子管、冷阴极管零件	8					0
4486	85411000	二极管	0					0
4487	85412100	耗散功率<1瓦的晶体管	0					0
4488	85412900	耗散功率≥1瓦的晶体管	0					0
4489	85413000	半导体及可控硅等开关元件	0					0
4490	85414010	发光二极管	0					0
4491	85414020	太阳能电池	0					0
4492	85414090	其他光敏半导体器件,包括不论是否装在组件内或组装成块的光电池	0					0
4493	85415000	其他半导体器件	0					0
4494	85416000	已装配的压电晶体	0					0
4495	85419000	品目85.41所列货品零件	0					0
4496	85423100	集成电路处理器及控制器,不论是否带有存储器、转换器、逻辑电路、放大器、时钟及时序电路或其他电路	0					0
4497	85423200	集成电路存储器	0					0
4498	85423300	集成电路放大器	0					0
4499	85423900	其他集成电路	0					0
4500	85429000	集成电路的零件	0					0
4501	85431000	其他粒子加速器	5					0
4502	85432090	输出信号频率≥1500兆赫兹的通用信号发生器	8					0
4503	85433000	电镀、电介或电泳设备及装置	0					0
4504	85437091	金属、矿藏探测器	0					0
4505	85437092	高、中频放大器	0					0
4506	85437093	电篱网激发器	10					0
4507	85437099	未列名的电气设备及装置	0					0
4508	85439010	粒子加速器用零件	0					0
4509	85439021	输出信号频率<1500兆赫兹通用信号发生器零件	0					0
4510	85439029	输出信号频率≥1500兆赫兹通用信号发生器零件	0					0
4511	85439030	金属、矿藏探测器用零件	0					0
4512	85439040	高、中频放大器用零件	0					0
4513	85439090	八十五章其他未列名电气设备的零件	0					0
4514	85441100	铜制绕组电线	10					0
4515	85442000	同轴电缆及其他同轴电导体	10					0
4516	85443020	机动车辆用点火布线组及其他布线组	10					0
4517	85443090	车辆用点火布线组	5					0
4518	85444211	耐压≤80伏有接头电缆	0					0
4519	85444219	耐压≤80伏有接头电导体	0					0
4520	85444221	80伏<耐压≤1000伏有接头电缆	0					0
4521	85444229	80伏<耐压≤1000伏有接头电导体	0					0

序号	税则号列	商品名称(简称)	最惠国税率(%)	特惠税率(%)				
				亚太2国[①]	东盟			最不发达37国[②]
					缅甸	柬埔寨	老挝	
4522	85444911	耐压≤80 伏无接头电缆	0					0
4523	85444919	耐压≤80 伏无接头电导体	0					0
4524	85444921	1000 伏≥耐压>80 伏无接头电缆	6					0
4525	85444929	1000 伏≥耐压>80 伏无接头电导体	12					0
4526	85446012	额定电压≤35 千伏的电缆	10					0
4527	85446013	35 千伏<额定电压≤110 千伏的电缆	8.4					0
4528	85446014	110 千伏<额定电压≤220 千伏的电缆	8.4					0
4529	85446019	其他额定电压>1000 伏的电缆	8.4					0
4530	85447000	光缆	0					0
4531	85451100	炉用碳电极	8					0
4532	85451900	其他碳电极	10.5					0
4533	85452000	碳刷	10.5					0
4534	85459000	灯碳棒、电池碳棒及其他石墨制品	10.5					0
4535	85461000	玻璃制绝缘子	10.5					0
4536	85462010	输变电线路绝缘瓷套管	6					0
4537	85462090	其他陶瓷制绝缘子	12					0
4538	85469000	其他材料制绝缘子	10					0
4539	85471000	陶瓷制绝缘零件	8					0
4540	85472000	塑料制绝缘零件	8					0
4541	85479010	内衬绝缘材料的贱金属导管及其接头	10					0
4542	85479090	其他材料制绝缘配件	8					0
4543	85481000	电池废碎料及废电池	8	4				
4544	86011011	微机控制的外部直流电动铁道机车	3					0
4545	86011019	由外部直流电驱动的其他铁道机车	3					0
4546	86011020	由外部交流电驱动的铁道机车	3					0
4547	86011090	由其他外部电力驱动的铁道机车	3					0
4548	86012000	由蓄电池驱动的铁道电力机车	3					0
4549	86021010	微机控制的柴油电力铁道机车	3					0
4550	86021090	其他柴油电力铁道机车	3					0
4551	86029000	其他铁道机车及机车煤水车	3					0
4552	86031000	由外电力驱动铁道及电车道用机动客车、货车、敞车	3					0
4553	86039000	其他铁道及电车道用机动客车、货车、敞车	3					0
4554	86040011	隧道限界检查车	3					0
4555	86040012	钢轨在线打磨列车	3					0
4556	86040019	铁道及电车道用其他检验车及查道车	5					0
4557	86040091	电气化接触网架线机(轨行式)	5					0
4558	86040099	铁道及电车道用其他维修或服务车	7					0
4559	86050010	铁道及电车道用非机动客车	5					0
4560	86050090	铁道及电车道用其他非机动客车	5					0
4561	86061000	铁道及电车道用非机动油罐货车及类似车	5					0
4562	86063000	铁道及电车道用非机动自卸货车	5					0
4563	86069100	铁道及电车道用非机动带篷及封闭货车	5					0
4564	86069200	铁道及电车道用非机动厢高>60 厘米敞篷货车	5					0
4565	86069900	品目 86.06 所列其他未列名非机动车	5					0

序号	税则号列	商品名称(简称)	最惠国税率(%)	特惠税率(%)				
				亚太2国[①]	东盟			最不发达37国[②]
					缅甸	柬埔寨	老挝	
4566	86071100	铁道及电车道机车的驾驶转向架	3					0
4567	86071200	铁道及电车道机车非驾驶转向架	3					0
4568	86071910	铁道及电车道机车用车轴	3					0
4569	86071990	转向轮及其零件	3					0
4570	86072100	铁道及电车道机车用空气制动器及其零件	3					0
4571	86072900	铁道及电车道机车用非空气制动器	3					0
4572	86073000	铁道及电车道机车用钩、联结器、缓冲器及其零件	3					0
4573	86079100	铁道及电车道机车用其他零件	3					0
4574	86079900	铁道及电车道非机车用其他零件	3					0
4575	86080010	轨道自动计轴设备	3					0
4576	86080090	铁道及电车道轨道固定装置及附件	4					0
4577	86090011	20英尺保温式集装箱	10.5					0
4578	86090012	20英尺罐式集装箱	10.5					0
4579	86090019	20英尺其他集装箱	10.5					0
4580	86090021	40英尺保温式集装箱	10.5					0
4581	86090022	40英尺罐式集装箱	10.5					0
4582	86090029	40英尺其他集装箱	10.5					0
4583	86090030	45、48、53英尺的集装箱	10.5					0
4584	86090090	其他集装箱	10.5					0
4585	87041030	非公路用电动轮货运自卸车	6					0
4586	87041090	其他非公路用货运自卸车	6					0
4587	87051022	50吨<最大起重重量≤100吨的全路面汽车起重车	10					0
4588	87051023	最大起重重量>100吨的全路面汽车起重车	10					0
4589	87051092	50吨<最大起重重量≤100吨的其他汽车起重车	10					0
4590	87051093	最大起重重量>100吨的其他汽车起重车	10					0
4591	87052000	机动钻探车	12					0
4592	87053010	装有云梯的救火车	3					0
4593	87053090	其他机动救火车	3					0
4594	87059010	无线电通信车	9					0
4595	87059020	机动放射线检查车	9					0
4596	87081000	缓冲器(保险杠)及其零件	10					0
4597	87082100	坐椅安全带	10					0
4598	87082930	车窗玻璃升降器	10					0
4599	87082941	汽车电动天窗	10					0
4600	87082942	汽车手动天窗	10					0
4601	87082951	侧围	10					0
4602	87082952	车门	10					0
4603	87082953	发动机罩盖	10					0
4604	87082954	前围	10					0
4605	87082955	行李箱盖(或背门)	10					0
4606	87082956	后围	10					0
4607	87082957	翼子板(或叶子板)	10					0
4608	87082959	车身的其他覆盖件	10					0
4609	87082990	车身的未列名零部件	10					0

序号	税则号列	商品名称(简称)	最惠国税率(%)	特惠税率(%)				
				亚太2国[①]	东盟			最不发达37国[②]
					缅甸	柬埔寨	老挝	
4610	87083010	装在蹄片上的制动摩擦片	10					0
4611	87083021	牵引车、拖拉机、非公路自卸车用防抱死制动系统(ABS)	6					0
4612	87083029	其他车辆用防抱死制动系统(ABS)	10					0
4613	87083091	牵引车、拖拉机用制动器及其零件	6					0
4614	87083092	大型客车用制动器及其零件	10					0
4615	87083093	非公路自卸车用制动器及其零件	6					0
4616	87083094	柴、汽油轻型货车用制动器及零件	10					0
4617	87083095	柴油型重型货车用制动器及其零件	10					0
4618	87083096	特种车用制动器及其零件	10					0
4619	87083099	其他未列名机动车辆用制动器及零件	10					0
4620	87084010	牵引车、拖拉机用变速箱及零件	6					0
4621	87084060	特种车用变速箱及零件	10					0
4622	87085071	牵引车、拖拉机用驱动桥及零件	6					0
4623	87085072	其他大型客车用驱动桥及零件	10					0
4624	87085073	非公路自卸车用驱动桥及零件	6					0
4625	87085074	柴、汽油型轻型货车用驱动桥及零件	10					0
4626	87085075	其他柴油型重型货车用驱动桥及零件	10					0
4627	87085076	特种车用驱动桥及零件	10					0
4628	87085079	未列名机动车辆用驱动桥及零件	10					0
4629	87085081	牵引车、拖拉机用非驱动桥及零件	6					0
4630	87085083	非公路自卸车用非驱动桥及零件	6					0
4631	87085084	柴、汽油轻货车用非驱动桥及零件	10					0
4632	87085085	柴油重型货车用非驱动桥及零件	10					0
4633	87085086	特种车用非驱动桥及其零件	10					0
4634	87085089	未列名机动车辆用非驱动桥及零件	10					0
4635	87087010	牵引车及拖拉机用车轮及其零附件	6					0
4636	87087020	大型客车用车轮及其零附件	10					0
4637	87087030	非公路货运自卸车用车轮及其零件	6					0
4638	87087040	中小型货车用车轮及其零件	10					0
4639	87087050	大型货车用车轮及其零件	10					0
4640	87087060	特种车用车轮及其零件	10					0
4641	87087090	其他车辆用车轮及其零附件	10					0
4642	87088010	品目87.03所列车辆用的悬挂减震器及零件	10					0
4643	87088090	机动车辆用的其他悬挂减震器及零件	10					0
4644	87089110	水箱散热器	10					0
4645	87089120	机油冷却器	10					0
4646	87089190	其他散热器及其零件	10					0
4647	87089200	机动车辆的消声器及排气管及零件	10					0
4648	87089310	牵引车、拖拉机用离合器及其零件	6					0
4649	87089320	座位≥30的客车用离合器及其零件	10					0
4650	87089330	非公路自卸车用离合器及其零件	6					0
4651	87089340	柴、汽油轻型货车用离合器及零件	10					0
4652	87089350	总重≥14吨柴油货车离合器及零件	10					0

序号	税则号列	商品名称(简称)	最惠国税率(%)	特惠税率(%) 亚太2国①	东盟 缅甸	东盟 柬埔寨	东盟 老挝	最不发达37国②
4653	87089360	特种车用的离合器及其零件	10					0
4654	87089390	未列名机动车辆用离合器及其零件	10					0
4655	87089410	牵引车、拖拉机用转向盘、转向柱及转向器及零件	6					0
4656	87089420	大型客车用转向盘、转向柱及转向器及零件	10					0
4657	87089430	非公路自卸车用转向盘、转向柱及转向器及零件	6					0
4658	87089440	柴、汽油轻货车用转向盘、转向柱及转向器及零件	10					0
4659	87089450	柴油型重型货车用转向盘、转向柱及转向器及零件	10					0
4660	87089460	特种车用转向盘、转向柱及转向器及零件	10					0
4661	87089490	未列名机动车辆用转向盘、转向柱及转向器及零件	10					0
4662	87089910	牵引车及拖拉机用其他零附件	6					0
4663	87089931	编号87041030及87041090所列车辆用车架	6					0
4664	87089939	非公路货运自卸车用其他零附件	6					0
4665	87089951	编号87042240、87042300及87043240所列车辆用车架	10					0
4666	87089959	总重≥14吨货车用其他零附件	10					0
4667	87089991	其他编号所列车辆用车架	10					0
4668	87089992	汽车传动轴	10					0
4669	87089999	机动车辆用未列名零附件	10					0
4670	87091110	短距离运输货物电动牵引车	10					0
4671	87091190	其他电动短矩离运货车	10					0
4672	87091910	短距离运输货物其他牵引车	10.5					0
4673	87091990	其他非电动短矩离运货车	10.5					0
4674	87099000	短距离运货车、站台牵引车用零件	8.4					0
4675	87120041	16、18、20英寸自行车	13					0
4676	87142000	残疾人车辆用零附件	5					0
4677	87169000	挂车、半挂车及非机动车用零件	10					0
4678	88010010	滑翔机及悬挂滑翔机	3					0
4679	88010090	气球、飞艇及其他无动力航空器	3					0
4680	88021100	空载重量≤2吨的直升机	2					0
4681	88021210	2吨<空载重量≤7吨的直升机	2					0
4682	88021220	空载重量>7吨的直升机	2					0
4683	88022000	小型飞机及其他航空器	5					0
4684	88023000	中型飞机及其他航空器	4					0
4685	88024010	大型飞机及其他航空器	5					0
4686	88024020	特大型飞机及其他航空器	1					0
4687	88026000	航天器(包括卫星)及其运载工具	2					0
4688	88031000	飞机等用推进器、水平旋翼及零件	1					0
4689	88032000	飞机等用起落架及其零件	1					0
4690	88039000	其他未列名的航空器、航天器零件	0					0
4691	88040000	降落伞及其零附件	2					0
4692	88051000	航空器的发射装置及其零件等	1.5					0
4693	88052900	其他地面飞行训练器及其零件	1.5					0
4694	89031000	充气的娱乐或运动用快艇	10					0
4695	89039100	帆船	8					0

序号	税则号列	商品名称(简称)	最惠国税率(%)	特惠税率(%) 亚太2国[①]	东盟 缅甸	柬埔寨	老挝	最不发达37国[②]
4696	89039200	汽艇	10.5					0
4697	89039900	娱乐或运动用其他船舶或快艇	10					0
4698	89040000	拖轮及顶推船	9					0
4699	89051000	挖泥船	3					0
4700	89052000	浮动或潜水式钻探或生产平台	6					0
4701	89059010	浮船坞	8					0
4702	89059090	其他不以航行为主要功能的船舶	3					0
4703	89069010	其他未列名的机动船舶	5					0
4704	89069020	非机动船舶	8					0
4705	89069030	未制成或不完整的船舶,包括船舶分段	8					0
4706	89071000	充气筏	8					0
4707	89079000	其他浮动结构体	8					0
4708	89080000	供拆卸的船舶及其他浮动结构体	3					0
4709	90011000	光导纤维束及光缆	5					0
4710	90012000	偏振材料制的片及板	8					0
4711	90013000	隐形眼镜片	10					0
4712	90019010	彩色滤光片	8					0
4713	90019090	其他光学元件	8					0
4714	90021110	特殊用途照相机用物镜	8					0
4715	90021120	缩微阅读机用物镜	8					0
4716	90021139	其他照相机用镜头	15					0
4717	90021190	其他照相机、投影仪等用物镜	15					0
4718	90021990	品目90.02未列名的其他物镜	15					0
4719	90029090	其他光学仪器用未列名光学元件	15					0
4720	90058010	天文望远镜及其他天文仪器	3					0
4721	90058090	其他光学望远镜	12					0
4722	90059010	天文望远镜及其他天文仪器用零件	2					0
4723	90059090	其他望远镜零附件	8					0
4724	90061010	电子分色机	12					0
4725	90061090	其他制版照相机	10					0
4726	90063000	特种用途的照相机	9					0
4727	90064000	一次成像照相机	5					0
4728	90065210	缩微照相机	9					0
4729	90065910	激光照排设备	9					0
4730	90069110	特种用途照相机的零附件	8	0				0
4731	90069120	一次成像照相机的零附件	5	0				0
4732	90069191	照相机自动调焦组件	10	0				0
4733	90069192	其他照相机的快门组件	10	0				0
4734	90069199	其他照相机的其他零附件	10	0				0
4735	90069900	照相闪光灯装置及闪光灯泡的零件	12					0
4736	90101020	特种照相胶卷自动显影装置及设备	8.4					0
4737	90105022	特种照相用的洗印装置	8.4					0
4738	90109010	电影洗印用洗印装置的零附件	0					0
4739	90109020	特种照相洗印用装置的零附件	0					0

序号	税则号列	商品名称(简称)	最惠国税率(%)	特惠税率(%)				
				亚太2国①	东盟			最不发达37国②
					缅甸	柬埔寨	老挝	
4740	90109090	其他洗印用装置的零附件	0					0
4741	90111000	立体显微镜	0					0
4742	90112000	缩微照相等用的其他显微镜	0					0
4743	90119000	复式光学显微镜的零附件	0					0
4744	90121000	其他非光学显微镜及衍射设备	0					0
4745	90129000	非光学显微镜及衍射设备的零件	0					0
4746	90141000	定向罗盘	2					0
4747	90142010	自动驾驶仪	2					0
4748	90142090	其他航空或航天导航仪器及装置(罗盘除外)	2					0
4749	90148000	其他导航仪器及装置	2					0
4750	90149010	自动驾驶仪用零件、附件	1.5					0
4751	90151000	测距仪	9					0
4752	90152000	经纬仪及视距仪	9					0
4753	90153000	水平仪	9					0
4754	90154000	摄影测量用仪器及装置	9					0
4755	90158000	其他大地测量仪器及装置	5					0
4756	90159000	大地测量仪器及装置的零附件	5					0
4757	90160010	感量为0.1毫克或更精密的天平	9					0
4758	90160090	0.1毫克<感量≤50毫克的天平	10.5					0
4759	90171000	绘图台及绘图机,不论是否自动	8					0
4760	90172000	其他绘图、划线或数学计算器具	0					0
4761	90173000	千分尺、卡尺及量规	8					0
4762	90178000	其他手用测量长度的器具	8					0
4763	90179000	绘图计算器具等仪器的零附件	0					0
4764	90181100	心电图记录仪	5					0
4765	90181210	B型超声波诊断仪	7					0
4766	90181291	彩色超声波诊断仪	5					0
4767	90181299	其他超声扫描装置	5					0
4768	90181310	核磁共振成像成套装置	4					0
4769	90181390	其他核磁共振成象装置	4					0
4770	90181400	闪烁摄影装置	5					0
4771	90181930	病员监护仪	1					0
4772	90181941	听力计	4					0
4773	90181949	其他听力诊断装置	4					0
4774	90181990	其他电气诊断装置	4					0
4775	90182000	紫外线及红外线装置	4					0
4776	90183100	注射器	8					0
4777	90183210	管状金属针头	8					0
4778	90183220	缝合用针	4					0
4779	90183900	导管、插管及类似品	4					0
4780	90184100	牙钻机	4					0
4781	90184910	装有牙科设备的牙科用椅	4					0
4782	90184990	牙科用其他仪器及器具	4					0
4783	90185000	眼科用其他仪器及器具	4					0

序号	税则号列	商品名称(简称)	最惠国税率(%)	特惠税率(%) 亚太2国[1]	东盟 缅甸	柬埔寨	老挝	最不发达37国[2]
4784	90189010	听诊器	4					0
4785	90189020	血压测量仪器及器具	4					0
4786	90189030	内窥镜	4					0
4787	90189040	肾脏透析设备(人工肾)	4					0
4788	90189050	透热疗法设备	4					0
4789	90189060	输血设备	4					0
4790	90189070	麻醉设备	4					0
4791	90189080	宫内节育器	4					0
4792	90189090	品目90.18中未列名的医疗仪器	4					0
4793	90191090	机械疗法器具、心理功能测验装置	4					0
4794	90192000	臭氧治疗器、氧气治疗器等器具	4					0
4795	90200000	其他呼吸器具及防毒面具	8					0
4796	90211000	矫形或骨折用器具	4					0
4797	90212100	假牙	4					0
4798	90212900	牙齿固定件	4					0
4799	90213100	人造关节	4					0
4800	90213900	其他人造的人体部分	4					0
4801	90214000	助听器,不包括零附件	4					0
4802	90215000	心脏起搏器,不包括零附件	4					0
4803	90219011	血管支架	4					0
4804	90219019	其他支架	4					0
4805	90219090	其他品目90.21中未列名的矫形器具	4					0
4806	90221200	X射线断层检查仪	4					0
4807	90221300	其他牙科用X射线应用设备	4					0
4808	90221400	其他医疗或兽医用X射线应用设备	4					0
4809	90221910	低剂量X射线安全检查设备	4					0
4810	90221920	X射线无损探伤检测仪	4					0
4811	90221990	其他非医疗用X射线设备	4					0
4812	90222100	医疗用α、β、γ射线设备	4					0
4813	90222910	γ射线无损探伤检测仪	6					0
4814	90222990	其他非医疗用α、β、γ射线设备	6					0
4815	90223000	X射线管	2					0
4816	90229010	X射线影像增强器	6					0
4817	90229090	品目90.22所列其他设备及零件	6					0
4818	90230000	专供示范的仪器、装置及模型	7					0
4819	90241010	电子万能试验机	7					0
4820	90241020	硬度计	7					0
4821	90241090	其他金属材料的试验用机器及器具	7					0
4822	90248000	非金属材料的试验用机器及器具	5					0
4823	90249000	各种材料的试验用机器零附件	6					0
4824	90251100	可直接读数的液体温度计	4					0
4825	90251910	非液体的工业用温度计及高温计	8.4					0
4826	90251990	非液体的其他温度计、高温计	8.4					0
4827	90259000	比重计、温度计等类似仪器的零件	8					0

序号	税则号列	商品名称(简称)	最惠国税率(%)	特惠税率(%)				
				亚太2国①	东盟			最不发达37国②
					缅甸	柬埔寨	老挝	
4828	90261000	测量、检验液体流量或液位的仪器	0					0
4829	90262010	压力/差压变送器	0					0
4830	90262090	测量、检验压力的仪器及装置	0					0
4831	90268000	液体或气体的其他测量或检验仪器	0					0
4832	90269000	液体或气体的测量或检验仪器零件	0					0
4833	90271000	气体或烟雾分析仪	7					0
4834	90272011	气相色谱仪	0					0
4835	90272012	液相色谱仪	0					0
4836	90272019	其他色谱仪	0					0
4837	90272020	电泳仪	0					0
4838	90273000	分光仪、分光光度计及摄谱仪	0					0
4839	90275000	使用光学射线的其他仪器及装置	0					0
4840	90278011	集成电路生产用氦质谱捡漏台	0					0
4841	90278012	质谱联用仪	0					0
4842	90278019	其他质谱仪	0					0
4843	90278099	其他理化分析仪器及装置	0					0
4844	90279000	检镜切片机;理化分析仪器零件	0					0
4845	90289010	工业用计量仪表零附件	8.4					0
4846	90289090	非工业用计量仪表零附件	8.4					0
4847	90299000	转数计、车费计及类似仪表零件	6					0
4848	90301000	离子射线的测量或检验仪器及装置	5					0
4849	90302010	测试频率<300兆赫的通用示波器	8					0
4850	90302090	其他阴极射线示波器	5					0
4851	90303190	其他不带记录装置的万用表	5					0
4852	90303200	带记录装置的万用表	8					0
4853	90303390	检测电压、电流及功率的其他仪器,不带记录装置	9					0
4854	90303900	检测电压、电流、电阻或功率的其他仪器,带记录装置	8					0
4855	90304010	测试频率<12.4千兆赫兹数字式频率计	0					0
4856	90304090	其他无线电通讯专用仪器及装置	0					0
4857	90308200	检测半导体晶片或器件的仪器	0					0
4858	90308490	其他电量的测量或检验仪器及装置	8					0
4859	90308990	其他电量的测量或检验仪器及装置	8					0
4860	90309000	品目90.30所属货品的零件及附件	7					0
4861	90311000	机械零件平衡试验机	7					0
4862	90312000	试验台	7					0
4863	90314100	制造半导体器件时检验半导体晶片、器件或检验光掩模或光栅用	0					0
4864	90314910	轮廓投影仪	10					0
4865	90314920	光栅测量装置	0					0
4866	90314990	其他光学测量或检验仪器和器具	0					0
4867	90318010	光纤通信及光纤性能测试仪	5					0
4868	90318020	坐标测量仪	5					0
4869	90318031	超声波探伤检测仪	5					0
4870	90318032	磁粉探伤检测仪	5					0

序号	税则号列	商品名称(简称)	最惠国税率(%)	特惠税率(%)				
				亚太2国[①]	东盟			最不发达37国[②]
					缅甸	柬埔寨	老挝	
4871	90318033	涡流探伤检测仪	5					0
4872	90318039	其他无损探伤检测仪器(射线探伤仪除外)	5					0
4873	90318090	未列名测量、检验仪器器具及机器	5					0
4874	90319000	品目90.31的仪器及器具的零件	0					0
4875	90321000	恒温器	7					0
4876	90322000	恒压器	7					0
4877	90328100	液压或气压的其他仪器及装置	7					0
4878	90328911	列车自动防护系统(ATP)车载设备	7					0
4879	90328912	列车自动运行系统(ATO)车载设备	7					0
4880	90328919	其他列车自动控制系统(ATC)车载设备	7					0
4881	90328990	非液压或气压的其他自动调节或控制仪器及装置	7					0
4882	90329000	自动调节或控制仪器零附件	5					0
4883	90330000	九十章未列名零附件	6					0
4884	91051100	电子闹钟	23					0
4885	91059110	电子天文钟	3					0
4886	91139000	非金属制的表带及其零件	14					0
4887	92021000	弓弦乐器	17.5					0
4888	92029000	其他弦乐器	17.5					0
4889	92051000	铜管乐器	17.5					0
4890	92060000	打击乐器	17.5					0
4891	92099200	品目92.02所列乐器的零附件	17.5					0
4892	92099990	本章其他编号未列名的乐器零件	17.5					0
4893	93070000	剑、刀、长矛和类似的武器及其零件	13					0
4894	94011000	飞机用坐具	0					0
4895	94013000	可调高度的转动坐具	0					0
4896	94014010	皮革或再生皮革面的能作床用的两用椅	0					0
4897	94014090	能作床用的两用椅	0					0
4898	94015100	竹、藤制坐具	0				0	0
4899	94015900	柳条及类似材料制的坐具	0				0	0
4900	94016110	皮革或再生皮革面的装软垫的木框架其他坐具	0					0
4901	94016190	装软垫的木框架的其他坐具	0					0
4902	94016900	其他木框架的坐具	0					0
4903	94017110	皮革或再生皮革面的装软垫的金属框架其他坐具	0					0
4904	94017190	带软垫的金属框架的坐具	0					0
4905	94017900	其他金属框架的坐具	0					0
4906	94018010	石制坐具	0					0
4907	94018090	其他坐具	0					0
4908	94019011	机动车辆的坐椅调角器	10					0
4909	94019019	机动车辆用坐具的其他零件	0					0
4910	94019090	其他用途坐具的零件	0					0
4911	94021010	理发用椅及其零件	0					0
4912	94021090	牙科及类似用途的椅及其零件	0					0
4913	94029000	其他医疗、外科或兽医用家具及零件	0					0
4914	94031000	办公室用金属家具	0					0

序号	税则号列	商品名称(简称)	最惠国税率(%)	特惠税率(%)				
				亚太2国[①]	东盟			最不发达37国[②]
					缅甸	柬埔寨	老挝	
4915	94032000	其他金属家具	0					0
4916	94033000	办公室用木家具	0			0	0	0
4917	94034000	厨房用木家具	0			0		0
4918	94035010	卧室用红木制家具	0			0		0
4919	94035091	卧室用漆木家具	0			0		0
4920	94035099	卧室用其他木家具	0			0		0
4921	94036010	其他红木制家具	0			0		0
4922	94036091	其他漆木家具	0			0		0
4923	94036099	其他木家具	0			0		0
4924	94037000	塑料家具	0					0
4925	94038100	竹、藤制家具	0			0		0
4926	94038910	柳条及类似材料制家具	0			0		0
4927	94038920	石制的家具	0					0
4928	94038990	其他材料制的家具	0					0
4929	94039000	品目94.03所列物品的零件	0					0
4930	94042100	海绵橡胶或泡沫塑料制褥垫	20					0
4931	94042900	其他材料制褥垫	20					0
4932	94043010	羽毛或羽绒填充的睡袋	20					0
4933	94043090	其他睡袋	20					0
4934	94049010	羽绒或羽毛填充的寝具及类似品	20					0
4935	94049020	兽毛填充的寝具及类似品	20					0
4936	94049030	丝棉填充的寝具及类似品	20					0
4937	94049040	化纤棉填充的寝具及类似品	20					0
4938	94049090	其他材料制的寝具及类似品	20					0
4939	94051000	枝形吊灯	10					0
4940	94052000	电气台灯、床头灯、落地灯	20					0
4941	94053000	圣诞树用的成套灯具	16					0
4942	94054010	探照灯	17.5					0
4943	94054020	聚光灯	17.5					0
4944	94054090	其他电灯及照明装置	10					0
4945	94059900	品目94.05所列物品其他材料制零件	20					0
4946	94060000	活动房屋	10					0
4947	95030010	供儿童乘骑的带轮玩具及玩偶车	0					0
4948	95030021	玩具动物	0					0
4949	95030029	其他玩偶	0					0
4950	95030031	玩具电动火车	0					0
4951	95030039	其他缩小(按比例缩小)的全套模型组件	0					0
4952	95030040	其他建筑套件及建筑玩具	0					0
4953	95030050	玩具乐器	0					0
4954	95030060	智力玩具	0					0
4955	95030081	组装成套的其他玩具	0					0
4956	95030082	其他带动力装置的玩具及模型	0					0
4957	95030089	其他未列名玩具	0					0

序号	税则号列	商品名称(简称)	最惠国税率(%)	特惠税率(%)				
				亚太2国[①]	东盟			最不发达37国[②]
					缅甸	柬埔寨	老挝	
4958	95030090	玩具的零件	0					0
4959	95042000	台球用品及附件	0					0
4960	95043010	投币式电子游戏机	0					0
4961	95043090	投币式其他游戏用品	0					0
4962	95044000	扑克牌	0					0
4963	95045010	电视电子游戏机	0					0
4964	95045090	其他视频游戏控制器及设备	0					0
4965	95049010	其他电子游戏机	0					0
4966	95049021	保龄球自动分瓶机	0					0
4967	95049022	保龄球	0					0
4968	95049023	保龄球瓶	0					0
4969	95049029	其他保龄球自动球道设备及器具	0					0
4970	95049030	中国象棋、国际象棋、跳棋等棋类用品	0					0
4971	95049040	麻将及类似桌上游戏用品	0					0
4972	95049090	其他游艺场、桌上或室内游戏用品	0					0
4973	95051000	圣诞节用品	0					0
4974	95059000	其他节日用品或娱乐用品	0					0
4975	95063100	完整的高尔夫球棍	14					0
4976	95063900	其他高尔夫球用具	14					0
4977	95069190	一般的体育活动、体操或竞技用品	12					0
4978	95072000	钓鱼钩	21					0
4979	96019000	其他已加工动物质雕刻料及其制品	20					0
4980	96020090	已加工植物或矿物质雕刻料及制品	25					0
4981	96032900	剃须刷、发刷、睫毛刷等人体化妆用刷	15					0
4982	96062100	塑料制纽扣,未用纺织材料包裹	21					0
4983	96062200	贱金属制,未用纺织材料包裹的纽扣	15					0
4984	96062900	其他纽扣	15					0
4985	96063000	纽扣芯及纽扣的其他零件	15					0
4986	96071100	装有贱金属齿的拉链	21					0
4987	96081000	圆珠笔	15					0
4988	96083020	自来水笔	21					0
4989	96083090	其他钢笔	21					0
4990	96091010	铅笔	21					0
4991	96121000	打字机色带或类似色带	10.5					0
4992	96151100	硬质橡胶或塑料制梳子、发夹及类似品	18					0
4993	96151900	其他材料制梳子、发夹及类似品	18					0
4994	96159000	其他发夹、卷发器等及其零件	18					0
4995	96190010	尿布及尿裤	7.5					0
4996	96190020	卫生巾(护垫)及止血塞	10					0
4997	96190090	任何材料制的卫生巾或尿布的类似品	14					0
4998	97011010	手绘油画、粉画及其他画的原件	12					0

序号	税则号列	商品名称(简称)	最惠国税率(%)	特惠税率(%) 亚太2国①	东盟 缅甸	东盟 柬埔寨	东盟 老挝	最不发达37国②
4999	97011020	手绘油画、粉画及其他画的复制品	14					0
5000	97019000	拼贴画及类似装饰板	14					0
5001	97030000	各种材料制的雕塑品原件	12					0
5002	97040010	使用或未使用的邮票	8					0
5003	97050000	具有动、植、矿物学意义的收藏品	0					0
5004	97060000	超过一百年的古物	0					0

注:

① 亚太2国:孟加拉人民共和国、老挝人民民主共和国

② 最不发达37国:埃塞俄比亚联邦民主共和国、贝宁共和国、布隆迪共和国、厄立特里亚国、吉布提共和国、刚果民主共和国、几内亚共和国、几内亚比绍共和国、科摩罗联盟、利比里亚共和国、马达加斯加共和国、马里共和国、马拉维共和国、毛里塔尼亚伊斯兰共和国、莫桑比克共和国、卢旺达共和国、塞拉利昂共和国、苏丹共和国、坦桑尼亚联合共和国、多哥共和国、乌干达共和国、赞比亚共和国、莱索托王国、乍得共和国、中非共和国、阿富汗伊斯兰共和国、孟加拉国人民共和国、尼泊尔联邦民主共和国、东帝汶民主共和国、也门共和国、萨摩亚独立国、瓦努阿图共和国、赤道几内亚共和国、安哥拉共和国、塞内加尔共和国、尼日尔共和国、索马里联邦共和国。

附表 8

2012 年进口关税与进口环节代征税(消费税及增值税)计税常数表

关税税率(%)	消费税税率(%)											
	1	3	5	9	10	12	15	20	25	30	36	40
0	0.1818	0.2062	0.2316	0.2857	0.3000	0.3295	0.3765	0.4625	0.5600	0.6714	0.8281	0.9500
3.0	0.2173	0.2424	0.2685	0.3243	0.3390	0.3694	0.4178	0.5064	0.6068	0.7216	0.8830	1.0085
4.0	0.2291	0.2544	0.2808	0.3371	0.3520	0.3827	0.4315	0.5210	0.6224	0.7383	0.9013	1.0280
5.0	0.2409	0.2665	0.2932	0.3500	0.3650	0.3960	0.4453	0.5356	0.6380	0.7550	0.9195	1.0475
6.0	0.2527	0.2786	0.3055	0.3629	0.3780	0.4093	0.4591	0.5503	0.6536	0.7717	0.9378	1.0670
6.5	0.2586	0.2846	0.3116	0.3693	0.3845	0.4160	0.4659	0.5576	0.6614	0.7801	0.9470	1.0768
7.5	0.2705	0.2966	0.3239	0.3821	0.3975	0.4293	0.4797	0.5722	0.6770	0.7968	0.9652	1.0963
8.0	0.2764	0.3027	0.3301	0.3886	0.4040	0.4359	0.4866	0.5795	0.6848	0.8051	0.9744	1.1060
10.0	0.3000	0.3268	0.3547	0.4143	0.4300	0.4625	0.5141	0.6088	0.7160	0.8386	1.0109	1.1450
10.5	0.3059	0.3328	0.3609	0.4207	0.4365	0.4691	0.5210	0.6161	0.7238	0.8469	1.0201	1.1548
11.0	0.3118	0.3389	0.3671	0.4271	0.4430	0.4758	0.5279	0.6234	0.7316	0.8553	1.0292	1.1645
12.0	0.3236	0.3509	0.3794	0.4400	0.4560	0.4891	0.5416	0.6380	0.7472	0.8720	1.0475	1.1840
12.5	0.3295	0.3570	0.3855	0.4464	0.4625	0.4957	0.5485	0.6453	0.7550	0.8804	1.0566	1.1938
14.0	0.3473	0.3751	0.4040	0.4657	0.4820	0.5157	0.5692	0.6673	0.7784	0.9054	1.0841	1.2230
15.0	0.3591	0.3871	0.4163	0.4786	0.4950	0.5290	0.5829	0.6819	0.7940	0.9221	1.1023	1.2425
16.0	0.3709	0.3992	0.4286	0.4914	0.5080	0.5423	0.5967	0.6965	0.8096	0.9389	1.1206	1.2620
17.5	0.3886	0.4173	0.4471	0.5107	0.5275	0.5622	0.6174	0.7184	0.8330	0.9639	1.1480	1.2913
20.0	0.4182	0.4474	0.4779	0.5429	0.5600	0.5955	0.6518	0.7550	0.8720	1.0057	1.1938	1.3400
21.0	0.4300	0.4595	0.4902	0.5557	0.5730	0.6088	0.6655	0.7696	0.8876	1.0224	1.2120	1.3595
22.0	0.4418	0.4715	0.5025	0.5686	0.5860	0.6220	0.6793	0.7843	0.9032	1.0391	1.2303	1.3790
23.0	0.4536	0.4836	0.5148	0.5814	0.5990	0.6353	0.6931	0.7989	0.9188	1.0559	1.2486	1.3985
25.0	0.4773	0.5077	0.5395	0.6071	0.6250	0.6619	0.7206	0.8281	0.9500	1.0893	1.2852	1.4375
30.0	0.5364	0.5680	0.6011	0.6714	0.6900	0.7284	0.7894	0.9013	1.0280	1.1729	1.3766	1.5350
35.0	0.5955	0.6284	0.6626	0.7357	0.7550	0.7949	0.8582	0.9744	1.1060	1.2564	1.4680	1.6325
40.0	0.6545	0.6887	0.7242	0.8000	0.8200	0.8614	0.9271	1.0475	1.1840	1.3400	1.5594	1.7300
45.0	0.7136	0.7490	0.7858	0.8643	0.8850	0.9278	0.9959	1.1206	1.2620	1.4236	1.6508	1.8275
57.0	0.8555	0.8937	0.9336	1.0186	1.0410	1.0874	1.1611	1.2961	1.4492	1.6241	1.8702	2.0615
65.0	0.9500	0.9902	1.0321	1.1214	1.1450	1.1938	1.2712	1.4131	1.5740	1.7579	2.0164	2.2175

注:

1. 鉴于应征消费税的进口商品的法定增值税税率均为17%,故本表省略了增值税税率一栏,但所列常数均已包括增值税在内。
2. 常数计算公式为:

$$常数=\frac{进口关税税率+消费税税率+增值税税率+进口关税税率\times增值税税率}{1-消费税税率}$$

附表 9

2012 年进口关税与进口环节代征税（增值税）计税常数表

关税税率（%）	增值税税率（%）		关税税率（%）	增值税税率（%）		关税税率（%）	增值税税率（%）	
	13	17		13	17		13	17
0	0. 1300	0. 1700	10. 0	0. 2430	0. 2870	22. 0	0. 3786	0. 4274
1. 0	0. 1413	0. 1817	10. 5	0. 2487	0. 2929	23. 0	0. 3899	0. 4391
1. 5	0. 1470	0. 1876	11. 0	0. 2543	0. 2987	24. 0	0. 4012	0. 4508
2. 0	0. 1526	0. 1934	12. 0	0. 2656	0. 3104	24. 5	0. 4069	0. 4567
3. 0	0. 1639	0. 2051	12. 5	0. 2713	0. 3163	25. 0	0. 4125	0. 4625
4. 0	0. 1752	0. 2168	12. 6	0. 2724	0. 3174	25. 9	0. 4227	0. 4730
4. 5	0. 1809	0. 2227	13. 0	0. 2769	0. 3221	26. 8	0. 4328	0. 4836
5. 0	0. 1865	0. 2285	13. 5	0. 2826	0. 3280	27. 0	0. 4351	0. 4859
5. 5	0. 1922	0. 2344	14. 0	0. 2882	0. 3338	28. 0	0. 4464	0. 4976
5. 8	0. 1955	0. 2379	14. 4	0. 2927	0. 3385	30. 0	0. 4690	0. 5210
6. 0	0. 1978	0. 2402	15. 0	0. 2995	0. 3455	32. 0	0. 4916	0. 5444
6. 5	0. 2035	0. 2461	15. 5	0. 3052	0. 3514	35. 0	0. 5255	0. 5795
7. 0	0. 2091	0. 2519	16. 0	0. 3108	0. 3572	38. 0	0. 5594	0. 6146
7. 5	0. 2148	0. 2578	16. 9	0. 3210	0. 3677	40. 0	0. 5820	0. 6380
8. 0	0. 2204	0. 2636	17. 0	0. 3221	0. 3689	42. 3	0. 6080	0. 6649
8. 4	0. 2249	0. 2683	17. 5	0. 3278	0. 3748	44. 5	0. 6329	0. 6907
8. 5	0. 2261	0. 2695	18. 0	0. 3334	0. 3806	45. 0	0. 6385	0. 6965
9. 0	0. 2317	0. 2753	19. 0	0. 3447	0. 3923	50. 0	0. 6950	0. 7550
9. 5	0. 2374	0. 2812	20. 0	0. 3560	0. 4010	57. 0	0. 7741	0. 8369
9. 7	0. 2396	0. 2835	21. 0	0. 3673	0. 4157	65. 0	0. 8645	0. 9305

注：

常数 = 进口关税税率 + 增值税税率 + 进口关税税率 × 增值税税率

附表 10

计量单位换算表

面(地)积换算

公制		英美制			
平方米	平方厘米	平方码	平方英尺	平方英寸	平方尺
1	10000	1.1960	10.7639	1550	9
0.0001	1	0.00012	0.00108	0.155	0.0009
0.8361	8361	1	9	1296	7.525
0.0929	929	0.1111	1	144	0.836
0.00065	6.45	0.00077	0.00694	1	0.0058
0.111	1111	0.133	1.196	172.2	1

长度换算

公制		中国市制	英美制		
米	厘米	尺	码	英尺	英寸
1	100	3	1.094	3.2808	39.37
0.01	1	0.03	0.01094	0.03281	0.3937
0.3333	33.33	1	0.3646	1.094	13.123
0.9144	91.44	2.743	1	3	36
0.3048	30.48	0.9144	0.3334	1	12
0.0254	2.54	0.0762	0.0278	0.833	1

1 米 = 100 厘米 = 1000 毫米

重量换算(一)

公制	英制	美制	港制
公吨	长吨	短吨	司马担
1	0.9842	1.1023	16.535
1.016	1	1.12	16.8
0.9072	0.8929	1	15
0.05	0.04921	0.0551	0.8267
0.0508	0.05	0.056	0.8402
0.0605	0.0594	0.0667	1

港制 1 司马担 = 100 司马斤
公制 1 公吨 = 10 公担
英制 1 长吨 = 20 英担(CWT)
1 英担 = 50.8024 千克
美制 1 短吨 = 20 短担(CWT)
1 短担 = 100 磅 = 45.36 千克

公制	中国市制	英美制
千克	斤	磅
1000	2000	2204.6
1016	2032	2242
907	1814	2000
50	100	110.23
50.8	101.6	112
60.48	120.96	133.33
1	2	2.2046
0.5	1	1.1023
0.4536	0.9072	1

重量换算(二)

公制		英美制常衡		英美制金衡或药衡		中国市制
千克	克	磅	唡	磅	唡	两
1	1000	2.2046	35.2736	2.679	31.1507	20
0.001	1	0.0022	0.03527	0.00268	0.0321	0.02
0.4536	453.59	1	16	1.2153	14.5833	9.072
0.02835	28.35	0.0625	1	0.07595	0.9114	0.567
0.3732	373.24	0.82286	13.1657	1	12	7.465
0.0311	31.10	0.06857	1.0971	0.08333	1	0.622
0.05	50	0.1102	1.76368	0.13396	1.6075	1

宝石:1 克拉 =0.2 克　　　1 金衡 =155.5 克拉

容(体)积换算(一)

公制	中国市制	英制	美制
升	升	英加仑	美加仑
1	1	0.22	0.264
4.546	4.546	1	1.201
3.785	3.785	0.833	1

1000 升 =1 立方米　　　1 升 =1000 毫升 =1000 立方厘米(c.c.)

英制 1 加仑 =277.42 立方英寸　　　英制 1 加仑 =231 立方英寸

容(体)积换算(二)

公制		英美制			中国市制
立方米	立方厘米	立方码	立方英尺	立方英寸	立方尺
1	1000000	1.303	35.3147	61024	27
0.000001	1	0.0000013	0.00004	0.06102	0.000027
0.7636	764555	1	27	46656	20.643
0.02832	28317	0.037	1	1728	0.7646
0.000016	16.387	0.00002	0.00058	1	0.00044
0.037	37037	0.0484	1.308	2260	1

木材体积单位换算

板(Board Foot Measure,BFM):

指厚一英寸、面积一平方英尺的木材

板材的换算:100 板 =2.36 立方米

原木的换算:100 板 =5 立方米(近似值)

功率换算

1 千瓦(kW)=1.34 英制马力(hp)=1.36 公制马力(hp)

1 英制马力 =0.746 千瓦(kW)

1 公制马力 =0.735 千瓦(kW)

$$1\ 千伏安(kVA) = \frac{千瓦(kW)}{0.80}$$

粮谷重量容积换算

品名	1 公吨折合蒲式耳	1 蒲式耳折合	
		磅	千克
小麦、大豆	36. 743	60	27. 216
玉米	39. 368	56	25. 402
大麦(英制)	44. 092	50	22. 68
大麦(美制)	45. 931	48	21. 773

1 英制蒲式耳(1. 0321 美制蒲式耳)合 36. 3677 升。

石(原)油重量、容积换算

国别	1 公吨折合			
	千升	美制桶	英制加仑	美制加仑
美国、印度尼西亚	1. 18	7. 4	259. 1	310. 6
伊朗、沙特阿拉伯	1. 19	7. 49	261. 8	314. 5
日本	1. 11	6. 99	244. 5	293. 3
英国、科威特	1. 16	7. 31	255. 8	306. 7
委内瑞拉	1. 09	6. 84	239. 2	287. 4

注:世界平均比重的原油通常以 1 公吨 =7. 35 桶(每桶为 42 美制加仑)或 1174 升计。

常用度量衡英文名称和简写

名称	英文名称	简写	名称	英文名称	简写
克	gram	g.	码	yard	yd.
千克	kilogram	kg.	英尺	foot	ft.
公担	quintal	q.	英寸	inch	in.
公吨	metric ton	m. t.	平方米	square metre	sq. m.
长吨	long ton	l. t.	平方英尺	square foot	sq. ft
短吨	short ton	sh. t.	平方码	square yard	sq. yd
英担	hundredweight	cwt.	立方米	cubic metre	cu. m.
美担	hundredweight	cwt.	立方英尺	cubic toor	cu. ft.
磅	pound	lb.	升	litre	l.
唡(常衡)	ounce	oz.	毫升	millilitre	ml.
(金衡)	ounce	oz. t	加仑	gallon	gal.
司马担	picul		蒲式耳	bushel	bu.
米	metre	m.	克拉	carat	car.
公里	kilometre	km.	马力	horse power	hp.
厘米	centimetre	cm.	千瓦	kilowatt	kw.
毫米	millimetre	mm.	公吨度	metric ton unit	m. t. u.